明代宦官史料长编

胡丹 辑考

中册

凤凰出版社

卷　六

孝宗弘治朝（1487—1505）

成化二十三年九月壬寅，上（孝宗）即皇帝位，遂颁诏大赦天下。诏曰："……其以明年为弘治元年。夫当居正体元之初，宜布更新恤下之典，合行事条，开示于后：一、……一、各处织造纻丝、纱罗、绫细等项，除额办岁造并工部奏派之数照旧解运外，其余苏、杭、嘉、湖并应天府等处差人坐守织造者悉皆停免，已织完者照数起解，未完者并已征物料交与所在官司，准作岁造内支用，差去内外人员即便回京，违者罪之。一、……一、在外镇守、分守、守备内外等官，近年假以进贡为名，佥取民间皂隶，出办银两，贻害地方。今后不许额外进贡，沿途扰害军民，皂隶革罢。一、……一、腾骧等四卫余丁，今后不许泛滥投充勇士、正军，虚费粮赏。其各卫所余丁止许投本卫所军，不许妄投各监局人匠，脱免祖军，及内外正军不许投充将军，其舍余民匠人等投充将军试量身力不及者，发回当差，不许收充校尉，违者罪之。一、……一、兰州、临清镇守，四川管银课、江西烧造饶器、广东新添守珠池内官，悉令回京；提督大岳太和山潘记、浙江市舶提举司林槐并原守珠池内官各照旧，俱不许分守地方，兼理海道，敕书缴换。一、武臣与内臣同守一方、一省者，皆名镇守，挂印武臣得名总兵官，副参皆名协守；副参武臣与内臣同守数城并大关者皆名分守，其余武臣与内臣同守一城者皆名守备，已有定例，体统不紊。兵部查有僭称镇守并总兵官名色及妄请关防符验者，悉令改正缴还，原有关防者换与。其镇守等官奏带家人、头目，止许五名，过多者查取回京。一、……一、近年以来，天下军民财力困竭，各处一应造作除城垣、墩台、关隘、仓廒、运河等项例该修理及有修理未完者，所司指实具奏定夺外，其余内外衙门修建寺塔庵观庙宇房屋墙垣等项一应不急之务，悉皆停止，不许擅自移文兴工。差去盖造襄府内外官员着同巡抚官提督，布、按二司委官，照旧制修盖。其在外军卫有司非奉朝廷明文，一夫不许擅役，一钱不许擅科，违者治以重罪。一、……一、内外官员军民僧道人等，今后不许指以古迹，辄便奏讨修盖寺观名额护敕，因而占夺军民地土。如有已经奏准未修盖者，即便停止，违者治以重罪。……（《明孝宗实录》，二，11—23）

丙午，工部奏："兹者营造山陵丧仪应用物料甚夥，不免取办于民，但甫颁宽恤之诏，遽尔责民供办，恐有乖德音，请如天顺八年例，先以内府各监局见储物料支用。"从之。（二，25）　丁未，礼科等科给事中韩重等上疏曰："通政司掌司事礼部左侍郎李孜省，奸邪小人，逋逃赃吏，潜住京邸，奔竞权门，以书符咒水蛊惑人心，托受箓修斋希求进用，始则交结太监梁芳、韦兴、陈喜以为援引之谋，继则依附外戚万喜、万达、万祥以通幸进之路，误蒙先帝滥受亚卿。又如太常寺卿等官邓常恩、赵玉芝、凌中、顾玒、顾经、曾克彰[①]、黄大经、江怀、李成等，俱以市井庸流，穿窬小辈，或假金丹为射利之策，或作淫巧为进身之媒，所引奸邪不止此辈。及照法王领占竹、扎巴坚参等，佛子释迦哑儿答、国师舍剌星吉等，俱以西番腥膻之徒，污我中华礼义之教，玉食锦衣，坐受尚方之赐，棕舆御杖，僭用王者之仪，献顶骨数珠，进枯髅法碗，以秽污之物冒升赏之荣。太医院掌院事通政使等官施钦、任义、胡廷寅、仲兰、刘文泰、章渊、郑文贵、蒋宗儒、钱宗甫等，俱以庸医滥叨重用，或因进药小效而冒受金帛，或以子弟假通医术而擅开军役。当先帝不豫之时，偏执方药，先后不同，旬日之间，宫车晏驾。罪恶深重，法所难容。伏望皇上独断乾刚，大彰天讨，下各

① 曾克彰，《宪宗实录》作"连克彰"。

官于狱,明正典刑,以为左道害正之戒。”监察御史陈毂等亦上疏曰:“李孜省以尸祝鄙夫、执鞭贱隶,夤缘内监,倚梁芳等为先容,交结外家,藉万喜等为内援。扶鸾召鬼,受箓修斋,引市井之徒称金丹之客,以邓常恩等为腹心,曾克彰等为羽翼,厕银台之要职,污宗伯之清衔,青紫多出其门,除拜或由其意,苞苴载道,请托盈门。书朱字符而入宫,用玉图书而称旨,黄袱进誊写之妖书,朱砂养修炼之秘药,奏青词咒诅于便殿,建寺观震动于乾宫,气焰薰天,名教扫地。领占竹、扎巴坚参等以妖髡而受法王之名,释迦哑儿答、著肌领占等以胡丑而窃佛子之号,锦衣玉食,后拥前呵,斫枯髅以为法碗,行净至宫,穿朽骨而作念珠,登坛授戒,遂使术误金丹,气伤龙脉,一时寝庙不宁,旬日宫车晏驾。百官痛心,万姓切齿,虽擢发莫数其罪,粉身犹有余辜。太医院官施钦等术非传世之良,滥受尚医之职,平时昧于调护,临事遂至仓皇,投剂乖方,事上不敬。俱乞执送法司,明正典刑,以为臣子不忠之戒。”上俱答曰:“李孜省、邓常恩、赵玉芝、凌中、顾玒、顾经、曾克彰、黄大经、江怀、李成引用奸邪,左道害正,宜置诸重罪。但宅忧中,姑从宽,俱谪戍甘州等卫。梁芳、韦兴、陈喜降南京御用监少监,闲住。万喜降指挥使,万达、万祥降副千户。法王、佛子、国师、禅师,番僧冒滥升赏,糜费钱物数多,命礼部即审处以闻。施钦、仲兰降院使,任义、章渊、刘文泰降院判,郑文贵降御医,蒋宗儒、钱宗甫降医士,胡廷寅削其官。”(二,26—29) 河南等道监察御史谢秉中等上疏曰:“近年幸门大开,或由异端方术,或以奇技淫巧、琴棋书画,厮养胥徒多寅缘传旨,升授官职,糜耗国用,滥污名器。番僧入中国多至千余人,百姓逃避差役,多令子弟从学番教僧道,官自善世、真人以下不下百数。佛子、法王、大国师例铸金印,供用拟于王者。又京师射利之徒货鬻宝石,制为奇玩,交通近侍,进入内府,支价百倍,币帛钱物车载而出,虚耗府库,请悉追究治罪。”诏冗员令司礼监官及吏、礼、兵、工四部查处，僧道官礼部查处，鬻宝石者锦衣卫根究以闻。（二，29）　庚戌，敕礼部，以即位恩，颁赐在京文武群臣及军民人等。公、侯、驸马、伯人赐银二十两，一品、二品十五两，三品十两，四品八两，五品六两，六品、七品五两，八品、九品四两，杂职三两。……又赐敕所未载者，南京守备并各处镇守、巡抚、总副、游击官各银十两、纻丝二表里，分守、守备内外官各银五两、纻丝一表里。（二，34—35）　赐甘肃总兵官署都督同知王玺、监枪奉御左杰[1]、前巡抚左佥都御史侯瓒及有功官军并赤斤蒙古卫夷兵彩段银绢各有差，追录镇番卫伏菜山等处御寇功也。（二，35—36）

九月辛亥，营建大行皇帝陵寝于天寿山，荐名“茂陵”，命内官监太监黄顺、御马监太监李良、太傅兼太子太师保国公朱永、工部左侍郎陈政提督军夫人匠营造，赐之敕曰：“尔等须同心协力，区画有方，抚恤得宜，作急用工，俾人劳逸均而事易集，庶副委任之重。其管工内外官并头目人等敢有役占卖放及交收物料、贪图刁蹬、酷害下人者，轻则尔等重加惩治，重则指实奏闻区处。故谕。”（三，37）　保定府黑洋淀地一百余顷，原系三千营牧马草场，为本营太监廖屏、带俸指挥万通占种。保国公朱永奏其事，遣给事中夏昂会同御史周南往勘。至是报上，命复之。（三，42）　乙卯，山陵启土，遣驸马都尉周景、王增、蔡震、杨伟分告长陵、献陵、景陵、裕陵，太监黄顺、李良、保国公朱永分告天寿山后土及司工之神。（三，45）　壬戌。初，御马监太监黎春及军人冯增等占种顺天府郑村坝等处马房草场官地，东厂太监罗祥发其事，先帝命治增等罪，春等姑置之，且命内官同户部科道官勘实以闻。及给事中宋琮等勘报至，户部因言：据勘报册内有私造寺庵四处、无主坟二千七百余冢，又有民地之未征粮者颇多，类在未立马房前所创立、埋葬、开垦者。上曰：“居民余地令照例起

[1] 左杰，疑为“屈杰”之误。

科，寺庵坟茔各仍旧勿动。”(三,51—52)【考】罗祥孝宗之初罢东厂，卒于弘治二年，墓志见本年附。

十月庚午，户部奏南京闲住右少监陈喜辞还所赐濬县卫河西岸退滩地，其中多有夺诸小民者，今宜下所司阅实，如系民间征粮之地，仍给主管业，无粮者给贫民佃种，从轻起科。从之。(四,66)

壬申，南京闲住右少监梁芳辞还原赐和远官店及永清县庄田，诏以店赐都督同知张峦，庄田令有司守视。(四,67)　丁丑，罢左军都督府都督同知李俊署府事，止令坐营。先是，俊当直宿皇城四门，因过光禄寺，从太监杨信饮酒，比出，东上门已闭，不得入。事闻，命逮治之。俊惧，援近例自陈乞解戎事。上因而宥之，故有是命。(四,78)

十月癸未，尚衣监太监廖屏养病，辞还先赐保定府定兴县庄田百七十二顷有奇，命户部遣人守视。(五,83)　戊子，兵部疏上传升武官锦衣卫指挥佥事王荣等七百一十四员，其款十有四，曰皇亲，曰保母，曰女户，曰恩荫，曰录用，曰通事，曰勋卫，曰散骑及匠人、舍人、旗校、勇士、军民人等，仍请行南京兵部及各巡抚、巡按一体奏革。上是之，命勋卫、散骑及皇亲锦衣卫指挥同知孙纯宗等五十一员俱仍旧，其皇亲指挥同知王荣、正千户郭勇、章瑄、张俊、王清、王钦、潘成、岳秀、王敏、姚福员十员降百户，邵安、邵喜降冠带小旗，百户李祥、陈经、万安、万泰革职，保母指挥同知吕永昌、佥事胡瑶、千户张浩等六员，女户百户吴宽、张铭并勇士王端亦仍旧，余女户千户韩全、刘瓒、施仁降百户，百户祝瑁等九员降冠带小旗。恩荫太监韦泰等孙百户韦玺等三十八员不动，余太监裴当、张敏等侄指挥使张质、千户裴安、裴玺等十五员降百户录用，太监孙清侄千户孙通等三员不动，余太监陈玄、覃礼侄千户陈泰、覃安等七十五员降冠带小旗，其匠艺、舍人、旗校、勇士、监生、军民人等出身传升者二品降正千户，三品副千户，四品百户，五品冠带总旗，六品冠带小旗，各带俸着役，差操终身；内各项官员原有功升、功袭及原系通事者仍查其功次，定与职役闻奏，其款目有未载者，止革传升职事，存其旧职云。（五，90—91）

十一月戊戌，革京、通等处仓场总督太监二员。京、通二仓及淮安、徐州、临清三仓监督内官七员，俱天顺元年以后增设者也。（六，98）　乙巳，巡按直隶监察御史司马亜上疏言：……各处镇守内臣贻害不小，尤望决意取回，如南京守备必不可已，亦惟精选廉靖老成者一二人足矣。命所司知之。（六，106）　己酉，南京陕西等道监察御史缪樗等言八事："（**一曰勤正学。二曰择正人。**）三曰复旧制，谓《皇明祖训》内官之设止于供事内府，今地方机务、边城要地及钱粮课办市舶等事，内官率多干预。乞敕廷臣议处，凡在外镇守、分守、守备内官照正统年间原设者斟酌去留，南京守备止择清谨者一人，与文武大臣共理留务，余各关、各局量留二名监督，虽内府库局衙门亦乞俱照原额设官，禁其收受钱粮，不得刁难需觅，凡有公务，一从该部干理。四曰务节俭，谓迩者宫掖之间颇尚玩好，弃千金仅易一珠，献财宝辄沾一命，镇守、守备内官征敛民财，远市珍异花鸟进贡，络绎于道。乞躬行节俭，以先天下，凡百玩好，悉皆斥绝。（**五曰慎名器。六曰一政令。七曰饬武备。八曰斥异端。**）"命下其奏于所司。（六，107—110）

十一月丁巳，巡按直隶监察御史汤鼐上疏言："陛下初即大位，视朝之余，宜御文华殿，择侍从之官，端方谨厚如少詹事刘健、右谕德谢迁，通敏直谅如右谕德程敏政、右谕德吴宽等，置之左右，少降辞色，自《皇明祖训》、《祖训条章》而始，命其讲解敷析，间取典谟、训诰及《贞观政要》、《通鉴纲目》、《大学衍义》等书，日命讲说二三篇，考验历代帝王兴衰治乱存亡之由以为鉴戒。至如吏部尚书李裕、内阁学士尹直、礼部侍郎黄景、都御史刘敷素称奸邪，奔竞无耻，或夤缘太监<u>尚铭</u>、<u>梁芳</u>、<u>韦兴</u>、<u>陈喜</u>等以进用，或附会小人李孜省、邓常恩等以欺罔先帝，坏天下之士风，败国家之礼法；又太监萧敬、李荣曩因科道弹劾罢黜，后夤缘复用，遂掇拾言者之罪，贬窜殆尽，致言官皆委靡不振而内外小人益肆奔竞，伏望明正典刑，勿事姑息。及将传奉得官之人编发烟瘴边方，以示戒于天下。臣言所未尽者，乞许科道再从实指奏，然后慎选端方有气节学识，能轻富贵之人，如致仕尚书王竑、王恕、巡抚都御史彭韶、致仕佥事张懋等，量其才德，擢任内阁、吏部、都察院，并取回前贬窜言事之官，以激厉天下气节，以培植国家元气命脉。"上曰："祖训诸书朕常敬览，萧敬已别用，李荣亦调孝陵神宫监去矣，其余官员贤否进退，公论已定。下其奏于所司。"(七，135—137)　　戊午，命逮问闲住少监梁芳、韦兴、陈喜及谪戍人李孜省、邓常恩、赵玉芝、吴猷、黄大经、黄越等于锦衣卫狱，以印绶监太监蒋琮言芳等邪术害正，又假造寺观庙塔，费库藏银不可胜纪，罪大罚轻故也。(七，138—139)　　己未，监察御史陈孜言九事："(**一、谨修身。**)一、慎政务。国家政务，我祖宗既设司礼监掌行，又命内阁大学士共理，内外相维，可否相济。近来政务之决，间有大学士不与闻者，今后政务不分大小，俱下司礼监及内阁公同商确，取自圣裁；其有极重大者，乞敕多官计议，奏请区处。(**一、明赏罚。一、任贤才。一、选边将。一、禁奢侈。一、储钱粮。一、重农事。一、实军伍。**)"命下其奏于所司。(七，139—141)　　辛酉，彭城卫千户陈祯奏：……天下方镇内外官动以进贡为名，假一科十，而府州县官转相效尤，民力告竭。至如建立皇庄，仍遣内臣董之，为害非细。夫天下一家，尺地莫非王土，又何用皇庄为也？……仍乞遣官丈量庄田顷亩，悉拨小民佃种起科，通谕各王府并皇亲家，自后毋再奏乞庄田。并方镇官毋再进贡方物，永为定制，则天下生民得享太平之治于无穷矣。命下其奏于所司。(七，141—142)　　甲子，巡按直隶御史姜洪上疏言八事："(**一曰正君心。二曰务圣学。三曰纳谏诤。**)四曰辨邪正，谓内外大臣奸邪者多，如司礼太监萧敬之赋性阴险，既退复用；大学士万安、刘吉之浮沉取容，老不知退；学士尹直、礼部侍郎黄景之奸邪无耻，吏部侍郎刘宣、都察院都御史刘敷老懦无为；吏部尚书李裕依附李孜省，贪冒无忌；户部尚书李敏、大理寺丞宋经谄事梁芳，资其荐引；刑部尚书杜铭年力衰迈，进取弥锐，请皆罢归田里，或谪之远方，以为人臣不忠之戒。致仕尚书王恕、王竑、李秉俱才德高茂，志节忠贞，去任侍讲谢铎、编修张元桢、检讨陈献章、佥事章懋、评事黄仲昭俱学问渊博，议论持正，御史强珍、徐镛、于大节，给事中王徽、萧显、贺钦，主事王纯，员外郎林俊俱忠直敢言，武臣则指挥同知许宁廉能骁勇，军民推服。至于在位之臣，内则太监怀恩，迥出同辈，忠清守法，外则尚书余子俊、马文升，都御史彭韶，少詹事杨守陈，侍郎张悦，或才或行，皆堪任使，请礼召用，信任勿疑，庶文武得人，政事修举。五曰禁近习，谓我太祖高皇帝内府虽设监局，然一监止四五人，一局止二三人，官不过四品，未有干预朝廷之政者。近年员数益多，布列中外，恃势纵横，害政已甚。如梁芳、陈喜辈虽已贬黜，然泛设之数尚未裁革，请悉取回，以免民害。其内臣安静忠谨者宜奖劝之，俾之改过从善。（**六曰黜异端。**）七曰省进奉，谓南方上进之物，如时鲜、段匹、兵器之类，或荐太庙，或供国用，固不可缺，其余花石、禽鸟请皆禁止勿进，其玩（**按，玩或为他之误**）不急之物，筛簸、板枋、巾帽、染皂之类，请令京师有司自造供用，庶免内臣监运，驿递兵民困苦之累。（**八曰慎始终。**）”上曰：“所言多已施行，其干系朝廷大臣者自有处置，所司知之。”（七，150—153）　乙丑，巡抚顺天等府右副都御史彭韶劾奏黄花镇守备奉御孙鉴在镇年久，人情稔熟，都指挥王玉扶同行事，纪律不严，请俱罢之。上命罢玉，鉴仍留守备。（七，154）

十二月丁丑，命给护送梓宫内官及官军马刍豆。（八，166）

壬午，训导王纪言守京城九门内官监收商税弊多而课不增，户部议覆，以为监收主事原有二员，宜增差二员，御史原止一员，兼巡城，宜差四员，专一监税。上曰：“不必增差，第令各官用心监收,毋得欺隐以损国课。”(八,168)　乙酉,户部覆奏南京礼部郎中李谅所陈二事,其曰理财用者,谓成化末年尝差太监宋玉支长芦运司盐十万引卖之两淮等处,以所得价银织买上供段匹于南京,近已奉诏停止织造,其前后所支引盐、所卖银两、所织段匹俱无的数,请差官稽考。其曰清屯田者……得旨:“织造内官已取回,不必差官查勘,余准议。”(八,171—172)　丙戌,录陕西靖虏卫杀贼功,赏镇守太监欧贤、巡抚都御史贾奭、总兵官都督同知白玘各纻丝二表里,余官军升赏有差。(八,172)　己丑,巡按直隶监察御史曹璘上疏言十事:“(**一、修圣学。一、纳谏诤。一、公任使。一、释怨女。**)一、慎将领,谓近年多用内臣在京坐营、在外镇守及分守、守备、监枪,将领为之掣肘,乞一切取回,慎选将领,责其成功,如有疏虞,严置于法。(**一、谨细微。一、节财用。一、宽租赋。一、息异端。**)一、惜名器,谓迩者贼臣李孜省等左道害政已置于法,但其所得诰敕犹在,乞尽追夺;太监梁芳奏以指挥袁辂地建寺因而准袭广平侯爵,是辂以数亩之地而封侯,勋臣闻之将必解体,乞为黜削。”命下其奏于所司。(八,174—176)　辛卯,李孜省死于狱。孜省,江西南昌人,初为吏,待选京师。成化丁酉,因太监钱义、柯兴(**抱本柯作何,误**)以祈祷术见先帝,试之验,传授太常寺丞。言官劾之,改上林苑监丞。未几传升通政司右通政,赐金冠、法剑各一,图书印二,文曰“忠贞和直”,曰“妙悟道玄”,有所奏请,用以封进。孜省又日采取符箓诸书以献,宠信日隆。八年间,官至礼部左侍郎掌通政司事。恃恩骄恣,有忤已者必害之。(**孜省左右诸臣进退略。**)是时又有临江人邓常恩、番禺人赵玉芝并晓方术。常恩由太监陈喜进,传升太常卿,以符愈孝肃太后疾,赐图书,印曰“橐籥阴阳”。玉芝由太监高谅进,以修玄谷,立世经天,人归德颂,累官太常卿,并受恩宠,然其势皆不若孜省之甚。上即位,科道首以为言,于是下三人者于狱,追所赐冠、剑、印章,分遣戍陕西边卫,遇赦当还。印绶监太监蒋琮言孜省等罪大不当赦,复械系至京，下锦衣卫狱。孜省不胜楚掠，至是死，而常恩、玉芝犹系狱云。（八，178—180）　癸巳，命钦天监监正李华致仕。先是，钦天监冠带儒士朱祚陈本监利病……谓国朝外设观象台，令天文生占候，内设灵台，令内臣占候，用较察异同勤惰，而近时外台生每预报，内台官雷同附和，又本监历书政事，内台往往干预，皆宜禁止。……事下礼部覆奏，谓其言皆可行，并劾华行事乖谬，难以表率僚属，上俱从之。（八，181—182）

本年附

艺文·碑铭·太监罗祥墓记

御用监太监罗公墓碑记

赐进士第、正议大夫、资治尹、奉敕总督粮储、户部左侍郎闵人吴原撰文。赐进士第、兵科给事中□苏鲁昂书丹。赐进士第、太仆寺寺丞江东熊宗德篆盖。

弘治建元之二年己酉岁（1489）阴日，太监罗公以疾卒于□前。近侍太监刘公通具题，乞恩葬祭。朝廷念公历事四朝，勤劳屡效，廉介素彰，赐宝钞一万以营葬，仍遣刘公谕祭于公之丧次。于是卜以庚戌岁（三年，1490）二月吉旦，葬于宛平县京西乡之原。公自宣德癸丑（八年，1433）选入内禁，守己平淡，临事端确，且天性至诚，惟善是向。在宣宗、英宗朝，遂办监事。公不嗜利，不诡随，孑立尽职。至宪宗朝，位进御用监太监，内益老成有守。朝廷因各王府有违，祖训累降，敕旨命公同驸马都尉、刑曹亚卿、锦衣堂官及巡抚都宪，前诣各府推鞫事情。公务体至公，不畏威势，允副上意。至于秀府薨逝，钦命司礼太监偕公，会巡抚、布、按等官，水陆起送灵柩宫眷。公殷勤周悉，不负委托，蟒衣玉带，累蒙恩赐。戚畹分理财产，光禄提督钱粮，以至九门盘点兵器，与夫监籴京储以赈饥，关领内帑以给军，公受兹□□□□，恪遵□法。及设东厂以纠不轨，公任而复辞，辞而复任者三。朝廷惟公倚重，公惟不欺心、不坏法，中外咸仰公之安静。迨今上嗣统之初，公恳□求退，得以提督本监外三厂事，优游自适。一旦卧疾，度弗能□，乃召□太监刘公通，嘱以后事，遂……。若公者……我朝内相中之伟人,而刘公亦可谓善继其后者矣。及葬毕,朝廷复恩赐荫下三人以□御马监勇士,守公之□,奉祀香火,荣莫大焉。公讳祥,字□□,享年六旬有二,湖广辰州□□人也。是为记。弘治三年……日立。

(北京门头沟区西峰寺村西出土。《北京图书馆藏中国历代石刻拓片汇编》第53册,第9页)

弘治元年戊申(1488)

正月庚子,南京大仆寺寺丞文林言八事:"(**一、开言路。一、谨好恶。一、察几微。一、简贤材。一、崇宽厚。一、勤政事。**)一、饬武备,今之边帅多出幸门,监军辄用中贵,一有缓急,胡以应之?愿者究历代并祖宗选将监军之法,付托得人,庶乎有备无患。"疏入,命所司详议以闻。(九,185—187)　甲寅,监察御史汤鼐言:"我太祖高皇帝钦定《大诰》、《大明律令》,《稽古定制》、《教民榜(**此处遗一文字**)》、《马政条例》等书,又敕礼部疏其节要,定为条例,榜谕天下。而承平日久,法玩弊滋,风宪不能申明,有司不知遵守,以致政教废弛,风俗败坏,甚至皇上新布诏条亦未闻有举而行之者。请申明旧制,有仍前玩视者罪之。礼部尚书周洪谟治家无法,党附权臣,方其盛时,曲为佞谀,及其失势,显奏诋排;右侍郎倪岳急于功名,昵近权要,太监黄赐母丧,衰服送葬,徒步柩前;左侍郎张悦前为佥都御史,身服马尾衬裙,以表式百僚之人,为市井浮华之饰;南京兵部尚书马文升身任兵曹,连姻武职,奉命出镇,纵子奢淫;少傅刘吉与万安、尹直同一奸贪,直、安斥去而吉与丘濬进官,恬然受之,不以为异,请大明黜陟,以示劝惩。"又劾太监萧敬、李荣,请明正其罪,因荐谪降进士李文祥、敖毓元堪任科道,请还之于朝。疏入,上曰:"申明旧典事其令所司举行,今后有用马尾服饰者令锦衣卫缉捕,余皆泛言,不允。"(九,191—192)　壬戌,虏寇密云、古北口、烧坑窖,射伤军民,巡按御史曹英劾奏分守左少监杨友、署都指挥佥事张琼之罪,诏宥之。(九,198)　甲子,命支南京内府承运库原收夏税折麦银一万七千余两准给应天等六卫官军月粮，以灾伤缺粮，从南京户部请也。（九，199）　乙丑，都察院左都御史马文升等言："岳镇济渎等祠庙皆有前太监陈喜及奸人邓常恩所造石函，函周遭有符篆，中贮泥金书道经一卷及金银钱数枚，诸色宝石十数颗，五谷各一升，似为魇镇之术者。每祠庙又有先帝遣陈喜致祭祝文，其文不知何人所撰，皆刻之于石。窃观本朝故事，凡改元之初及水旱灾伤则致祭镇岳海渎之神，例命翰林院撰文而各分遣廷臣以往，未闻用外官撰文，内臣往祭者；况石函魇镇，世无此理，今常恩等已正宪典，其石函石碑尚存，于先帝圣德恐不能无损。乞令所在有司毁之，凡函中所贮者各遣人验实进缴以灭其迹，抑以杜将来之渐。"从之。（九，200—201）

户部员外郎张伦言二事："一、惜爵赏。近见内臣每蒙蟒衣玉带之赐，大臣概进师保之职，以此轻与，恐示人以僭也。愿惜名器之重，操予夺之柄，使人不得以侥幸，果有勋庸显著者始以是褒之。一、免差遣。窃见天下民伪日滋，狱讼蜂起，有辄登闻状奏以渎圣听，每差官校人等体勘，以致人心惊疑，地方为之摇动。有盗贼窃发，妖言为幻，每差校尉缉捕，以致妄执平人、希谋升赏者，往往有之。近年设立东厂，密查臣僚过失，因而黜罚，其至恩仇分明，致陷无辜者多矣。伏望圣慈今后在外有事不系机密重情，免差官校，惟责巡抚、巡按等官勘报。其东厂之设，祖宗所无，并宜废罢。"命所司知之。（九，201—202）

闰正月丁卯，宥方士邓常恩、赵玉芝死，复遣戍边卫。李孜省既死于狱，法司具常恩等罪状，拟交结内官夤缘作弊者律斩，妻子流二千里，遇赦应免，仍发戍原卫。上因而宥之，常恩徙镇夷千户所，玉芝仍肃州卫，竟得逃其死云。是日又有济宁人崔凤、乐清人谢转、莆田人吴猷、麻城人黄大经及其子越并逮自戍所，覆问坐死，俱宥之，复戍边卫。凤附太监柯兴，传升指挥佥事，转以捕鬼术得以补鸿胪寺主簿；猷能扶箕降仙，掌灵济宫事；

大经以识篆文得太常寺少卿，越亦至鸿胪寺丞。其夤缘乱政，皆与孜省同，败亦相类，皆太监尚铭、梁芳、韦兴、钱义等所荐进也。(一〇,204)　初，太监梁芳、韦兴、张轩、莫英、陈喜先后以献珍珠得宠，一时后宫器用以珍宝相尚，京师上下亦然。芳等益搜访于民间，物价腾踊，一珠至数十金，市者皆乘以取富。于是指挥使张纪、指挥佥事任义，千户冯宇、沈达，百户杨春，所镇抚徐昌、袁凯与贾人冯谦、王通、李祥、王智、夏线儿等日求采供献，至是以言官劾奏下狱。上曰："纪等交结内侍，进献珍玩，盗支内府财物数多，虽遇赦，难依常例。纪、义、宇、达俱发辽东铁岭卫，春等六人发口外开平卫，俱永远充军；昌、凯革职，调永宁卫。"(一〇,204—205)　己巳，都察院左都御史马文升言十五事："一、……一、请敕户、礼、工三部各查内府衙门自洪武至正统间供用之物及工价银两，某年用若干，某年增若干，取自宸断，量加减省，以为定例，不许各衙门再奏增添。一、请敕兵部通行天下都、布二司各行所属，将各里军户充军卫所官旗姓名、籍贯、充军来历年月审勘无差，各造文册，江南者送南京兵部，江北者送兵部，以备查照。及行清军御史严督所属，用心清理。其京营官军，候山陵毕日，兵部奏请，命内臣并本部堂上官各一人会同各营总兵官查理见操军马，务足团营原额；仍敕南京守备官会同南京兵部一体清查，管军官不许擅役工作，仍加意操练，以收成功。"上以所言多切时弊，命所司议处以闻。(一〇,210—211)　兵部言："朝廷以符验给驿，所以示信于天下。旧例，惟镇守等官并都、布、按三司及边卫得以关领。近年以来，监仓、守备、兵备等官一概妄请，重为驿传之患。自今除镇守、总兵、巡抚、协守、分守、游击等内外官，但系监枪、守备、兵备等内外官曾领符验者，请通查类缴，仍令镇守、巡抚、总兵等官各将所赍符验字号分给应用。"从之。(一〇,211)

甲申，遣太监蔡用往广西访取孝穆皇太后亲属，仍敕总镇两广太监韦眷、总督军务兼巡抚右都御史宋旻、总兵官安远侯柳景并镇守广西太监刘袒、巡按监察御史、都布按三司等官曰:“今特命太监蔡用会同尔等计议,除尔眷等各守地方,尔旻及巡按御史、三司掌印官即随同去平乐府贺县,督委官员,拘取本县桂岭乡迎恩里龙堂村耆老人等到官询访孝穆皇太后宗支的派有无见在。果有存者,尔用等即差的当人员将当房家小起拨船只人夫,应付廪给口粮,沿途照管来京,毋或疏虞。此实重事,毋纵容下人徇私受嘱,将异姓外族军民人等冒报顶补,紊乱宗姓,亦不许指此为由,惊扰人民,其慎之慎之。故敕。”(一○,226—227)　丙戌,礼部覆奏左都御史马文升所奏四事……其曰节财用者,成化四年以前每岁用甘松等料共千六百三十五斤,以后增至千八百八十五斤,十一年后又增至二千六百八十五斤,虽称各年间有拖欠,本部亦已累行催纳。缘俱系民间出办,差人解运,劳费实多。其光禄寺供用牲口,正统年间每年各色数止四万,至天顺间渐增数多。成化年奏准,每年不过十万。十六年以鸡三千折猪三千,鹅五百折羊五百,添派湖广等处买办,以小易大,价过十倍。况近年以来,各处凶荒,人民艰食,乞将内府供用库二次增添香料数内量减一二,光禄寺牲口原纳鸡鹅者免其折纳猪羊,仍于十万数内量减,以苏民困。上曰:“所言皆是。逐术士,尔部中仍出榜禁约。香料照成化四年数解纳折纳猪羊,令光禄寺计算以闻。”(一○,230—232)　甲午,赐故司礼监太监怀恩祭葬,祠额曰“显忠”。恩,直隶苏州府人,本姓马,宣德间入禁中,赐姓怀。累升至太监,掌司礼监事。其为人公廉直谅,识义理,通典故,在宪宗朝左右承弼,动必以祖宗为准,直言正色,无所避忌,宪宗雅重之。至于谋断大事,扶植国本,不惑群议,人不敢干以私。晚罹谗谮,司香祖陵,天下以为讪。上在东宫时已悉知之,及即位,即驿召至京,仍掌司礼。其于新政多所裨益,未久而卒。上震悼不置,特隆赙恤。内臣建祠赐额者,自王振、刘永诚之后,恩实与焉,盖朝廷朝希阔殊特之典。此外贤如覃吉、覃昌、韦泰辈皆有之,越是以来，祠额寖广，祭尤众，不能悉记矣。(一〇,236)【考】《国朝献征录》卷一一七《寺人》之《太监怀恩传》全据实录，惟“无所避忌”后，“宪宗雅重之”前，有“一闻万安、刘吉、彭华、尹直入阁办事，叹曰：‘内阁用此四人，可谓无人矣！’”又有《太监怀恩事迹》：“林俊之劾继晓也，下之诏狱，事且不测。怀恩叩首诤曰：‘不可。自古未闻有杀谏官者。我太祖、太宗之时，大开言路，故底盛治。今欲杀谏官，将失百官心，奈何！臣不敢奉诏。’上大怒曰：‘汝与俊合谋讪我，不然彼安知宫中事？’举所御砚掷之。恩以首承砚，不中，复怒仆其卓。恩脱帽解带于御前，号哭不起，曰：‘不能复事陛下矣。’上命左右扶出。至东华门，使谓镇抚司曰：‘若等谄梁芳，合谋倾俊，俊死，若等不得独生。’乃还归，卧于家，曰：‘中风矣！’不复起视事。上无可奈何，命医调治，使者旁午于道，俊狱得解。时星变，黜传奉官，御马监太监张敏(按《明史・怀恩传》误作王敏)请于上，凡马坊传奉不复动。敏袖疏来谒，跪于庭，恩徐曰：‘起，起。病足不能为礼。’问来何为？曰：‘已得旨，马坊传奉不复动。’恩大言曰：‘星之示变，专为我辈内臣坏朝廷之法也。外官何能为？今甫欲正法，汝又来坏之。他日天雷将击汝首矣！’指其坐曰：‘吾不能居此，汝来居之。汝兄弟一家遍居权要，又欲居我位乎？’敏素骄贵，又老辈也，闻其言不敢吐气，归家中气而死。章瑾以贡宝石进镇抚司，命怀恩传旨，恩曰：‘镇抚掌天下之狱，极武臣之美选也，奈何以货得之？’不肯传。上曰：‘汝违吾命乎？’恩曰：‘非敢违命，恐违法也。’不得已，乃命覃昌传之。恩曰：‘倘外廷有谏，吾言尚可行也。’时俞[余]子俊为兵部尚书，恩讽之曰：‘第执奏，吾为汝从中赞之。’俞[余]谢不敢，恩叹曰：‘吾固知外廷之无人也。’时都御史王恕屡上疏切直，恩力扶之，卒免于祸。每恕疏至，恩叹曰：‘天下忠义，斯人而已！’及弘治初，言路大开，进言者过为激切，或指内臣为刀锯之余，覃昌大怒，恩曰：‘彼言是也，吾侪本刑余之人，又何怒焉？’[1]初，内藏积金凡十窖，窖凡若干万，盖累朝储之以备边，未尝轻费。景泰末颇事奢侈，英宗在南内闻之，叹曰：‘累世之积，其尽乎！’甫复位，即往视之，则金皆在，缺其一角耳，旋节他费补完之。成化中，梁

① 《太监怀恩事迹》以上文字与王鏊《王文恪公笔记・怀恩》同；而以下至“不易太子矣”，又与《王文恪公笔记・梁芳》同，惟《笔记》文字略简，但所本必无异。

芳、韦兴等用事，奇技淫巧、祷祠宫观宝石之事兴，于是十窖俱罄悬。久之，上一日指示芳等曰：'帑藏之空，皆尔二人为之。'兴惧，不敢言，芳仰言曰：'臣为陛下造齐天之福，何谓虚费？'因数三官庙、显灵宫之类曰：'此皆陛下后世齐天之福也。'上不怿，起曰：'吾不与汝计，后之人必有与汝计者。'盖指东宫也。芳等退而惧，寝室俱废。时上钟爱兴王，或为芳计曰：'不如谋于昭德(**万贵妃**)，劝上易之，立兴王。是昭德无子而有子，兴王无国而有国，如此可保富贵于无穷，岂直免祸哉！'芳大以为然，言于昭德，劝上易储。时怀恩在司礼监，曰：'此事只在怀恩。'上间召怀恩，微露其意，恩免冠叩头曰：'奴死不敢从，宁陛下杀恩，无使天下之人杀恩也。'伏地哭，不起，上不怿而罢。恩退，闭门不出。诏往凤阳守陵。恩既去，次及覃昌，昌曰：'以怀太监之力量尚不能支，我何能为？'忧不知所出，或为之谋曰：'不如谋之阁下，使分其责。'昌以为然。于是各赐金一箧，乃诣阁下言之。万安默然不对，次刘吉，亦默然。上又质责昌，昌无以答，屡欲自经死。会泰山震，内灵台奏曰：'泰山东岱，应在东朝，得喜乃解。'上曰：'彼亦应天象乎？'曰：'陛下即上帝，东朝即上帝之子也，何谓无应？'上首肯，始诏为东驾选妃，不易太子矣。"按《事迹》牵连覃昌记之，《明史·怀恩传》实据此而节录，唯曰："怀恩，高密人，兵部侍郎戴纶族弟也。宣宗杀纶，并籍恩父太仆卿希文家。恩方幼，被宫为小黄门，赐名怀恩。"与实录不合。考怀恩有侄姓马，实录当是。

二月乙未朔，南京户部主事卢锦言："太祖高皇帝每御大政，悉从府部官面奏区处，又召近臣如学士詹同、给事中吴去疾等相与讲明。太宗皇帝能体此意，凡事皆于晚朝，以尽委曲；又命学士胡广等七人俱入内阁，与论政事。近来批本，学士在阁下者只闻内臣传说，不得面陈所见，其府部官亦不得面奏区处，故恩[威]柄不觉下移。自今凡御内朝、批本及一切政事必敕内阁及该科都给事中、该衙门官同至御前面议可否，裁自圣心行之。盖必有学士则内臣不得以自专，有都给事中则学士、内臣不得以声势相倚。又近岁推用大臣止拘资格，初不问其才行之短长，故人多依阿固宠，间有一二贤者，则争相排斥，使不能立于其位。乞自今访求潜心治体、才识刚明、善文学者或五七人，俱任学士，日就内阁，以备顾问；又访忠贞直谅、畅明治体者六人，俱任都给事中，且就六科，以听宣谕。若学士，取其作文字，都给事中取其领奏札，则亦何所用哉？诚使学士、都给事中皆贤，则府部大臣不得以幸进矣；大臣皆贤，则僚属不得以溷淆矣；僚属皆贤，则出补布、按二司职任必无不称矣。”命下其奏于所司。(一一,237—239)　辛丑，命内府供应黄蜡岁纳八万五千斤，以近年尝增至十二万斤，故特减之。(一一,241)　辛亥，南京监察御史余濬言：……浙江镇守太监张庆、广东镇守太监韦眷宜取回，以除民害。……命下其奏于所司。(一一,251)　丙辰，太监覃昌传旨，谕在京诸司：“朝廷政事，祖宗俱有成宪，今后五府、六部、都察院、通政司、大理寺等衙门务须遵守，毋得互相嘱托，有亏公道。如内外官敢有写帖子嘱托者，内官连人送与东厂杨鹏，外官送与锦衣卫朱骥，奏来处治。若容隐不奏者，事发俱治以重罪。”(一一,253)　丁巳。先是，御马监左少监郭镛请预选女子于宫中或诸王馆读书习礼，以待服阕之日册封二妃，广衍储嗣。既而左春坊左庶子兼翰林院侍读谢迁上疏曰：伏闻陛下因内侍进言，欲选妃嫔以充后宫。臣愚，闻之且骇且惧，以为陛下聪明神圣，岂宜有此举动？……从之。初郭镛请预选女子于宫中或诸王馆读书习礼，以待服阕之日册封二妃，广衍储嗣，不为无见。而谢迁乃进此谀词，献谄以误孝庙，继嗣之不广，皆此邪谋启之也。(一一,256—259)　庚申。先是，虏寇广宁，协守右参将都指挥使崔胜等连败之，斩首十九级，并追获被虏人畜。镇守太监韦郎[朗]、巡抚都御史刘潺、总兵官缑谦至是以捷闻，命降敕奖励，奏捷人各赏钞一千贯。(一一,261)　甲子。初，御用监匠人章瑾作奇巧以媚太监梁芳，因鬻宝石，盗内府财物不可胜纪，传升至锦衣卫指挥佥事，镇抚司理刑，寻调南京锦衣卫。至是以言官谢秉中等劾奏，命械系至京鞫之，狱具，发陕西肃州卫永远充军。(一一,266—267)

三月庚午，礼科都给事中李孟旸言五事："一、两广边徼重地，军政废弛，行伍缺乏，而广州特甚。然亦不独广州，天下皆然，各卫所军士差役百出，将领不知抚恤，往往变名易姓，逃避他所。镇守太监、总兵、都御史又各拣选听候，跟随官军多至千余名，彼此不得禁治。临阵对敌，此辈常后，论功行赏，乃独居先；甚者各植私党，转祸为福，以致边务不协。都御史为纠劾之官，战伐或非所长，若失机等事与总兵等官概治以罪，恐有惧罪隐匿贼情之弊。乞行各镇巡等官，常饬兵备，毋致怠玩。各清军御史某年清解某处军人若干，备行彼处清军御史一一查究，卫所卖放者治以重罪，仍行各镇，除副参游击、奇兵、游兵外，余悉听总镇等官操练调度。都御史止许提督操练，禁革奸弊，将官有失机等事，悉许纠举。一、……"命所司议处以闻。（一二，274—276）　戊寅，赐故齐庶人贤烌子三人、孙二人名并给其子女婚嫁之资，仍增给宅舍以居之，以南京守备太监等官言贤烌妻苏氏寡居已久，子女俱过时未婚嫁，又原赐房舍狭隘故也。（一二，280）　庚辰。初，河南钧州民米忠妄称有黄白术，因尚衣监太监李禧进升太常寺四品散官，赏银三百两，盐六万引。后还钧州，挟势害人，以贱直市邻人居，又匿所贷于氏白金不还，于氏发其事。至是事觉，命逮下锦衣卫狱鞫治之。（一二，282）　己丑，命前南京守备太监钱能仍南京闲住，不许来京。时南京监察御史吴泰等言能尝镇守云南及守备南京，贪暴太甚，今虽休退，其求进之心未已，宜早禁而预绝之。故有是命。（一二，287）

四月丁酉，监察御史曹璘言："居庸关为京师北门，旧设隆庆卫军二千七百余人，今多投充内府为军匠，以影射差役，而本处自架炮、守口、备御永宁城外，不及一千。乞敕兵部重核各监局人匠系隆庆卫者，果有技艺不可缺则量留供应，余悉送原卫编操。"从之。（一三，294）　戊戌，国子监生张裕上疏言：镇守、守备内官除辽东、大同、宣府、延绥等边境宜如旧，其余河南等腹里地方，俱乞取回别用。……礼部会议，以为河南等处不惟添设内官数多，而巡抚等项官亦多有因事添设者，宜待事宁之日取回别用；其广东镇守太监韦眷虽亦系边方，然特为民害，宜别选公廉勤慎者代之。……上曰："韦眷并河南等处镇守内官且不动，余准议。"(一三，294—295)　　辛丑，礼部会官议覆工部主事林沂所陈四事，……其曰用天讨者，谓："近来用法多略于奸宄豪猾而详于寒远之人，如前广东布政使陈选，清介正直，素著蹇谔，天下冀其大用，而为太监韦眷所诬，刑部员外郎李行、巡按御史徐同爱覆勘，阿附掊摭以死，具于广州民张谨所奏者甚详。今朝臣前以诬被黜者咸次第擢用，惟选之冤未白，乞敕法司重行勘问，抵眷、行、同爱之罪，追复选官，以快人心、伸忠愤。又东厂、锦衣卫所获罪囚，招词已具，纵有冤抑无敢辩理者，乞申敕法司随冤执奏，会官辩问，俾有生之伦咸沾好生之德。又今天下承平日久，将不得人，军多逃亡，兵之精壮者身役私门，不肯事事，老弱之在役者衣粮不时，器械不利。内外屯兵之地又有坐营、镇守、分守、守备内官，盖朝廷以为私人而托之心腹者也。臣伏见祖宗之时，东征西伐，无思不服，固未尝有此。自有此制以来，平居则陵轹将帅，使节制不专，临事则疑谋怯敌，使师失其律，幸而成功则冒夺以为己有。多拥士卒以办月钱则行伍空矣，交通无籍以纳粮草则仓场虚矣。臣愿储将材、修武举、严滥选之罪，革监军之号则兵之积弊可去矣。此言除教养将材兵部见行，其陈选之冤宜行法司查理复职，东厂、锦衣卫所拟罪犯如有冤抑乞许法司奏请区处，乃为允当。"俱从之。(一三，298—299)【考】同书同卷本月辛酉，"刑部覆奏工部主事林沂所陈乞追复广东布政使陈选官并抵镇守太监韦眷诬奏及刑部员外郎李行、巡按御史徐同爱阿附勘报之罪，议以行等原勘奏词本拟选奏事不实，例应还职，似未有阿附之意，然选居官勤慎，死未昭雪，情有可悯，乞追复其官，并敕有司以礼安葬，亦清朝劝善之义也。上是其言，谓陈选既原勘还职，林沂何乃妄奏，欲抵勘官罪，宜治以罪，姑宥之。"

壬寅。先是，山西垣曲、阳城等县饥民流移者甚众，因啸聚劫掠。镇守太监刘政、巡抚都御史叶淇分委左参政刘忠、佥事郝志义、平阳府知府李琮等招捕之，饥民就招抚者五千有奇，擒获强贼八百有奇，诸县悉平。兵部请赏其功，诏给赏琮及知县茹绍贤、王琮、陈润等，余升职、去任者已之。(一三，299—300)　黜掌尚宝司事左通政李溥、尚宝监奉御姜荣。先是，溥及司丞胡恭用宝奉天门，互相忿争，荣殴溥至破鼻流血。既罢，恭以语中书舍人孙廷臣，而廷臣尝求补尚宝司丞，吏部谓其以传奉得官，不可而止。廷臣不平，故发其事。下所司究治，溥、恭共匿其实。有旨并逮荣置对，荣坐徒，溥、恭坐杖，俱赎罪还职。上以荣逞凶，辱四品朝官于奉天门，甚为不法，溥忍辱不言，有玷朝列，俱难处以常例。荣令司礼监杖二十，降小火者，溥冠带闲住，恭准拟。廷臣之奏溥也，以陈言时政为辞，并讦司丞杨泰、中书舍人傅潮、刘称等之短，验问多诬，而泰以公错失举赎杖，廷臣亦坐徒还职。(一三，300)　乙巳。初，海州卫备御都指挥佥事李杲与布商谋伪称中官之布，分散军士，约以米偿之，取利倍常，而本卫指挥佥事靳通、百户谢宣、盖州卫指挥佥事刘潏、百户卢英俱顺从，为之营办。事觉，巡按山东监察御史陈宽具疏以闻，请俱逮治如律。都察院覆奏，从之。(一三，302)　丁巳，赐督工太监黄顺、李良并太傅兼太子太师保国公朱永、工部左侍郎陈政及营造官军匠作人等银币、羊、酒、钞锭有差。(一三，317)　庚申。初，河内人李恕以符箓经咒惑人，因得出入内府，尝因内侍王聪请托验封司郎中曾鉴于朝，鉴不许；又尝假太监韦钊书以物遗武选司郎中范絅、陈洵。絅及洵家人受之，以事记宛平县知县狄宗文，宗文许之，恕因而诈取人财物，前后以百数；又尝以应禁书寄锦衣卫百户王龙。缉事者发其奸，词所连及四十人。狱具，上命杖恕百，并王龙发边远充军，鉴坐与内臣相见，赎杖还职；洵、絅适当考察，降一级调外任；宗文冠带闲住，余赎罪、决杖有差。(一三，318—319)

癸亥,监察御史杜忠言真定府木植旧惟该府委官督同税课司抽分,成化年来,添差内臣一员监督,带领人众,未免骚扰,乞取回京,仍旧委官抽分印解。事下工部覆奏,不允。(一三,323)

五月丁卯,南京刑科给事中周纮等言:"伏见南京今年闰正月雷电交作,大雪连朝,谨按《春秋》传曰:'正月雷未可以出,电未可以见。'而大雷电,此阳失节也;雷已出,电已见,则雪不当复降,而大雨雪,此阴气纵也。臣等私忧过计,敢昧死为陛下陈之:《皇明祖训》乃太祖高皇帝贻谋家法,诚国家万世之成规,伏望陛下于《祖训》一书常在心目。若《首章》之要曰:人之奸良固为难识,知其良而不能用,知其奸而不能去,则误国自此始。《持守》之要曰:朝堂决政,众论称善,即当施行,一官之语未可以为必然;或燕闲之际,一人之言,尤加审察,故朝无偏听之弊,权谋与决,皆出于己。陛下试思所以察奸良、谨持守者,果有合于《祖训》欤?若《慎国政》之要曰:广耳目,不偏听,所以防壅蔽而通下情。《内官》之要曰:各监官职,各有职掌,不过内府饮食常用之物,并不干预他事。陛下试思所以慎国政、御内官者,果不违于《祖训》欤?不特此耳,宫中府中,裁处万几,一以《祖训》而省察焉,则陛下之心即高皇帝之心,陛下之法即高皇帝之法,而天下无难处之事矣。且君臣上下,分虽相悬,而元首股肱,一体无间。若轩墀之间,邈若秦越,朝对之顷,曾不逾时;常参者旧例之朝仪,面奏者有司之细事,其得奉清闲、侍左右,委托腹心,运筹帷幄,不过近习便佞而已。伏闻我祖宗列圣,延见臣僚,无间朝夕,或于《大诰》首著'君臣同游'之篇,或于燕饮命赋醉学士之歌,或召对便殿从容赐坐,或同游内苑相与赋诗,真有都俞吁咈气象,所以百二十年来天下治安,民享其福。伏望陛下万几之暇,命内阁府部大臣及文学近侍等官,以时请对,更番上直,凡政治之得失,军民之利病,从容咨访,面与裁决,则不惟君臣上下情意交孚而无偏听壅蔽之患,抑群臣心术邪正、才识短长,举不能逃睿鉴之下矣。"上纳之。(一四,329—331)　　庚午。先是,南京户部员外郎周从时言:"陛下即位以来,进退人材,各得其道。比因科道之言,凡在外巡抚、方面等官不职者已降调有差,然而在内太监等官亦有甚不职者,如汪直、钱能、蔡用辈,各宜置之于法,追其赃货以充给边、救荒之用,仍将南北各监管事并各处镇守内臣察其善恶以为去留,天下幸甚、宗社幸甚。"上曰:"从时所言朝廷自有处置,但奏内'宗社'等字失于提写,礼部仍看详以闻。"礼部言从时事属不谨。上命刑部逮治其罪,已而释之。(一四,332)　　辛未,致仕南京吏部尚书钱溥卒。溥字原溥,直隶华亭县人,正统四年进士。太监王振访可教内侍书者,或荐溥,试《蔷薇露诗》,大见称赏,特授翰林院检讨。(迁官略。)溥和易通敏,词翰有声,但性既嗜进,所行亦轻脱。有太监王伦者,尝受业于溥,当英庙大渐时,伦出就溥舍,妄议政事人物,被缉访下狱。罪且不测,有左右之者,乃得从轻典,其出为知县以此,其后累被弹劾,尚得迁尚书而去。(一四,334—335)【考】陆容《菽园杂记》卷六:"钱原溥学士回自谪所,道江西,布政使翁公世资作诗送之。序云:'天顺间,先生尝谓兵部尚书陈汝言曰:方今论功行赏,殆无虚日。而母后徽号未加,得非阙典与?汝言即以先生之言入奏,英宗大加称赏,随付史氏以行。岁甲申,英庙上宾,先生遂为权贵所挤,而有顺德之行。皇上一日御经筵,阅讲臣,独以先生不在为问,遂下吏部召还,复旧官。'予尝以是质之内阁供奉谢伯寮,云:岁甲申以下一段失实。盖原溥尝在内书堂教书,今之近侍若怀恩辈皆多出其讲下。其出以附王伦,其入以怀公之力也。"　　乙亥,赐神宫监太监陆恺保定府定兴县等处地二百顷,从其请也。(一四,338)　　南京兵部疏上武职冗员,由皇亲传升、乞升者南京锦衣卫千户宋祯、百户尹辅、尹忠、府军后卫指挥佥事赵钟,由功臣恩荫乞世袭者锦衣卫指挥佥事徐伯宽,由太监乞升者锦衣卫指挥同知黄琳,副千户黄灏、殷瓒、唐善、陈庆,百户黄渌、黄润、靳珊、靳瑛、靳福、罗忠、夏昭、李昱、张斌、张俊、袁刚、保钦、陈安、陈智、覃振、卢玉,所镇抚黄淇、黄泽、黄涎、靳瓒、靳源、靳庆、靳和、卢清、卢刚、黄忠、洪玉、李智，由军民保升者锦衣卫百户许达、水军左卫副千户麦富，由功升乞调者锦衣卫署指挥同知赵承文、聂端，指挥佥事林源，正千户郑禧、韩銧，百户邓玉，署正千户汪瑚、汪瑄，百户刘泰、锁住、广受、陈禄、黄瑛共五十三人以请。事下兵部，以为宜如在京例降革。诏宋祯、郑禧、赵钟、尹辅、尹忠、靳珊、袁刚、保钦、覃振、陈安、陈智、陈禄、黄瑛、殷瓒俱仍旧，徐伯宽仍授百户，黄琳指挥佥事，唐善百户，洪玉不许世袭，汪瑚、汪瑄、刘泰、锁住、广受俱由冒功升者革职充军，余黄灏等三十人俱如例递降，夺其见任，所降职不由军功者不得世袭。(一四，338—339)　戊寅。先是，兵部尚书余子俊等以清理军职贴黄事竣，会同原清黄官都察院右副都御史边镛、左春坊左庶子兼翰林院侍读学士李杰及尚宝司少卿胡恭、司丞杨泰、兵科给事中鲁昂等用宝于奉天门，时尚宝监内官赵聪等就门旁便舍具酒食邀之。聪继以他事下锦衣卫狱，有并发其会食事者，上怒，令各具实以闻。子俊等请罪，俱宥之。(一四，343)　甲申，南京十三道监察御史缪樗等言："今年三月二十六日，南京内府花园失火，止而复起，不知焚毁房屋几何。本日晚，又有狂夫不知所从来，至长安右门下发言悖慢，叩环大呼，良久遁去。惟花园禁严之地，长安宫阙之门，变异如此，关系非轻。而守备等官视为泛常，守卫官军有同儿戏，乞治之以戒将来。成国公朱仪衰老怠事，南宁伯毛文软懦无为，兵部尚书耿裕忠厚有余，治才不足，太监陈祖生、郑强立心憸险，处事乖违。居常则彼此偷安，临事则互相坐视，防范之政无闻，守备之职安在？小变若是，大事可知。况南京乃祖宗根本重地，岂宜委之庸劣，任其废弛而不加之意。乞将各官罢黜，别选贤能，以充任使。"时南京六科给事中方向等亦以是为言。上曰："既内园失火，又狂夫呼喝长安门，当时守备、参赞等官乃略不经意，其令具实以闻。"(一四，346—347)　南京守御浦子口指挥崔钰为守备太监陈祖生所捶而死，其母汪氏诉于朝，祖生亦具奏自辩，且谓钰母之奏有嗾之者。命遣锦衣卫指挥佥事杨刚往会南京法司鞫之，狱具，上以祖生擅于私第捶人，奏词又多不实，当寘之法，以守备任重，姑释之。（一四，347—348）　庚寅，岁加光禄寺厨役布人一匹，从提督太监杨信请也。（一四，355）

六月癸卯，巡抚大同都御史许进等奏："自古驭夷之道未尝不以怀柔为上策，今小王子……来贡夷人一千五百三十九、马骡四千九百三十，已暂验入边，安置大同馆，其入贡人数乞为裁定。"兵部覆议，宜如其言，令太监金辅、大通事杨铭往彼译审正使、副使、头目、从人若干及分为等第赴京，其余俱留大同，以礼馆待，候给赏赐；仍令户、礼、工三部各差官沿途馆伴。上是之，使臣令五百人来京。（一五，368—369）　甲辰，南京户科给事中方向等以雷震南京洪武门脊左吻兽及孝陵道旁柏树，因劾内阁大学士刘吉依阿固宠，徐溥巧图升进，南京守备太监陈祖生、郑强阴险贪恣，成国公朱仪、南宁伯毛文柔懦不立，尚书耿裕纪纲弗严，周洪谟逢迎为悦，侍郎倪岳有玷名教，吕雯庸劣黩货，都御史边镛、太常寺卿翟瑛、右通政陈琬躐取通显，太仆寺卿李温、少卿林凤狡猾躁竞，太常寺卿掌祭酒事徐琼学识肤浅，通政使张苗不识政体，鸿胪寺卿周嵩老懦无为，少卿牛纶久病废职，乞并黜之以消天变。南京广西等道监察御史李鼎等亦以为言。上曰："朝廷用人，自有公道，所言未必尽实，张苗、周嵩、牛纶可令致仕，余仍旧供职。"（一五，369—370）　戊申，命都察院左都御史马文升提督团营操练。先是，鸿胪寺右少卿李鐩奏："京营操练旧以文武大臣协同提督，顷年以来止用武职总兵而文臣不与，乞于文职大臣内简命一员往任其事，或遇有警，即同征剿，则文武相资而戎务有备矣。"事下廷议，列衔以请，上命文升莅其事，赐之敕曰："朕惟国家费粮赏以养军士，无非为卫国安民之计。先因五军、三千、神机三大营官军有名无实，役占数多，曾命内外官员会同清理，拣选精壮官军十二万，分为十二营操练，每营用内外官各一员坐营管操，既又重加拣选补换。兹命尔同太监傅恭、李良、太傅兼太子太师保国公朱永、太保兼太子太傅襄城侯李瑾通行提督，务令各营官军常川操练，马匹如法喂养，器械必须整齐，武艺必须精熟，使人人可以临阵应敌，折冲御侮，不至如往时虚应故事，乃为尽职。然欲得其勇力，在养其锐气，尔等尤须加意抚恤，不许该管官员科扰役占。其坐营管操内外官并把总以下官敢有不遵号令者，听尔等参奏拿问。如役占军士五名以下者降一级，五名以上者降二级，马匹私借骑用及拨与骑坐者五匹以下降一级，五匹以上降二级，俱仍发边远立功。提督官若容情故纵，或被人举发，或朝廷缉访得出，一体治罪。军士缺伍，听于三大营选拨，其三大营太监、总兵官仍自照旧操练所留官军以壮威武，每月两次赴十二营与尔等会操试验。遇有调发，公同计议，不得自分彼此。尔等受朝廷简命，宜竭忠尽诚，持廉秉公，以强兵卫民、安夏攘夷为己任，毋因循以度日，毋姑息以徇情，毋举措乖方以贾怨，惟兵强马壮，武备修举，斯尔等之能。不然，惟尔弗任，其钦承朕命毋怠。故谕。”(一五，376—378)　乙卯，养病户科给事中贺钦以升陕西布政司右参议上疏辞，许之。钦成化初因岁旱，与同官胡智、董旻自劾求退，不允，未几乞养病去。至是因擢用，以母丧辞，且陈四事：“(**一曰资真儒以讲圣学。二曰荐贤才以辅治道。**)三曰遵祖训以处内官，言内府诸衙门之设，《皇明祖训》纪其职掌，不过礼仪关防诸事而已，在内不许干预朝政，在外亦无镇守、监枪等名目，乞悉遵祖训，永固邦本。(**四曰兴礼乐以化天下。**)”奏入，上谓所言浮泛难行，下所司知之。(一五，379—380)　戊午，降提督勇士中军都督府都督佥事王钦、梁宏为都指挥佥事。先是，钦、宏因太监李良乞升前职，科道官交章劾奏，已得旨：王钦等职领禁兵，成命已定，不可复易。至是科道官复上奏……上曰：“朝廷用人多自推举，王钦等既不应骤升，革去都督，仍令照

旧管事。”(一五,381—382)

七月戊辰,以异物见景宁山中,命减浙江银课,汰坑冶官,责镇守官罪状。先是二月二十六日,浙江景宁县屏风山有异物成群,其状如马,大如羊,其色白,数以万计,首尾相衔,从西南石牛山浮空而去,自午至申乃灭,居民老幼男女无弗见者。耆老梁秉高言:“正统间亦有此异,地方不宁,本县频年旱灾,民力耗竭。复见此异,莫不震惧。”巡按浙江御史畅亨言弭灾三事:“一曰减税利,谓温、处二府银坑岁额课银二万二千二百四十余两,近来矿脉衰耗,比之初年什不及一,而太监张庆岁取耗银又三千两,皆百姓卖子鬻产以充其数。官司逼迫,有因而自尽及散为盗贼者,乞量为裁损,止因所得多寡征之。二曰裁冗员,谓浙江布按二司、温处二府、松阳等县俱有添设专管银场参议、佥事、通判、县丞等官,近来矿脉既微,课额减旧,而各官具在,请量加裁减。三曰除奸弊,谓太监张庆以进贡为名敛百姓财物,岁计数万,而所贡之物仍出民间,卖钞鬻盐,岁时馈献,商税之利,锱铢不遗,金玉珍玩、奇禽异卉充满第宅,土木人工无时休暇,而又擅作威福,滥受词讼,私立行事,惊疑人心。官吏受其辱挫,军民被其荼毒,乞下庆于理,籍其所积以助经费。”奏下礼部议,令所司行之。于是吏、户二部请以银课及坑冶官行巡视浙江侍郎彭韶并续差御史同三司官公议裁省,都察院以庆尝遇赦,请征还京师以释民怨。诏银课冗员如奏勘处,张庆姑令自陈罪状以凭处治,仍行浙江大小官员各加修省以消天变,有不加意者罪之。(一六,388—389)

甲戌,监察御史曹璘言:“近日以来,星陨地震,太白岁星昼见,禁门有雷击之异,皇陵有雨雹颓瓦之异,南京有内园失火、狂夫叫阍之异,景宁有白气冲天之异。臣愿陛下避殿服素,减膳撤乐,讲学不倦,孝思不忘,察奸权求直言,简辅臣择近习,防夷狄之患,急兵食之谋,不然臣恐上天之意未易回也。其言察权奸者,谓陛下身居大戚而少监郭镛乃劝选妃嫔以广继嗣,幸遇圣明,以礼部之言而寝。今镛未斥逐且见宠用,乞罢之以解臣民之惑。(**其言求直言、简辅臣者略。**)其言择近习者,谓私自净身,自祖宗朝以来累有禁令,今自宫求进者尤多,乞严断以绝之。且内官、内使近又特设书馆,命翰林词臣教之,词臣多缘此而显擢,内官亦假儒术以文奸,乞罢内官之倚任,革内馆之教书,一遵成宪,出宸断,亲近儒臣,以求治道。(**其曰防夷狄急兵食者略。**)”上曰:“讲学、持孝、听言与郭镛用事,朕自有处置。大臣进退,前此有成旨。内馆教书设立已久,如何废之?……况奏内言多轻率,字复讹别,宜治以不谨之罪,姑置不问,下所司知之。”(一六,393—395)　乙亥,太子太保、吏部尚书王恕言:“臣近以疾在告,闻朝廷升用内官颇多,又闻有蟒衣、庄田之赐,不知果由圣意否?望裁革之。”上曰:“比所升内官以昔时侍春官年久,兹遇节日,量加升赏耳,非有他也,姑置之。”(一六,397)【考】王恕《陈言辅治奏状》(《明经世文编》卷三九):“伏睹《祖训条章》,内府各监局等衙门内官俱有定员,各有职掌,洪武、永乐年间未尝额外滥设,其太监等官非历练老成,纵有聪明才俊,亦不轻授。近年以来则不然矣。前者陛下将内官论年递降,盖矫往年滥升之弊,欲复祖宗之旧制,诚是也。臣于病中风闻,近日又升一起内官,其数颇多,不知是日前递降者,不知另是一起也?前既以为滥而递降之,今何不以为滥而复升之?似乎不可。陛下嗣位之初,人心归向,如古之二帝三王,本朝太祖、太宗复见于今日,莫不称颂而爱戴之。盖闻陛下在青宫时,存心正大,不喜声色,不贵货利。及登宝位,又罢贡献织造,屏去一应珍奇玩好之物,治近习蠹国乱政、邪术欺君罔上之罪,并逐剌麻番僧、法王佛子国师,革罢传奉冗员,追回滥赏庄田、蟒衣等项,裁抑奢侈奔竞。凡此数事,皆坏名器、损国体、伤民财,臣民所不欲而不能革,非一日矣。陛下一旦而尽革之,此天下臣民所以称颂而爱戴之也。夫何未久而又滥升内官如此?若复滥赏庄田、蟒衣,将见前数事,不数年复如旧矣。欲天下臣民称颂而爱戴之如今日,恐不可得,此天命去就、人心离合之几也,可不慎与!况今北虏在边,灾异迭见,此正君臣上下同加修省之时,而国政如此,其何以服远人、弭天变?伏望陛下自今伊始,于出入起居之时,发号施令之际，务要惟精惟一，允执厥中，远宗尧舜之道，近守祖宗之法，决不可为巧言所惑，蹈袭前事，上拂天意，下失人心，而为社稷忧。臣诚激于中，词不能婉，无任战栗陨越之至。”　甲申，辽东都指挥佥事王远、三万卫指挥佥事李荣守备开原，坐虏入寇，失亡人畜数多，罪当充军。上以情轻律重，免充军，各降一级，巡守都指挥等官高启等逮问如律，分守太监蓝莹戴罪杀贼。（一六，401—402）　戊子，巡按云南监察御史何悌言：“陛下即位以来，节冗费、去珍玩，又诏天下毋得违例贡献，天下臣民无不仰戴。今镇守太监王举欲贡金厢宝石帽顶，不宜受之以玷新政。”上曰：“进贡事已禁止，举又何得妄为？礼部即谕止之，并通行各镇守官毋得违犯。”（一六，403）　己丑，改发充军人萧崇玉于陕西镇夷千户所，仍杖之百而遣之。崇玉，江西庐陵人，寄籍襄阳县，以符水术居武当山，太监陈喜荐之，官至太常寺丞。先帝数召见，献方书，赐白金先后数百两，宝剑一，图书印二，曰“至真玄妙”，曰“丹霞岁月”。与李孜省等声势相倚，惑乱朝市，交结近侍。成化末，丁忧还襄阳，服除北上，会孜省等败，有诏逐捕，发榆林充军。崇玉仍挟妓妾潜避南京，至是捕获，送南京刑部论罪，故改发之。（一六，406—407）　辛卯，兵部郎中陆容言：“近御马监太监李良等乞升都指挥王钦、梁宏为都督佥事，臣曾论其不可，未蒙俞允。续因科道论谏，将钦等乞升职事革去，大小臣僚无不称快。然不立法以为善后之计，设使异日小人之贪冒干进者又有王钦、梁宏其人，近臣之招权窃柄者又有李良其人，则乞升、转升之途又将有甚于今者矣。乞将臣先次所言著为定令，凡贤才之屈在下位者照旧荐举，群小之营求乞升者如法禁革，所司不能奉公守法致有滥进者听言官指实纠之，以尊国法，以正百官。”下吏、兵二部覆奏：“今后文武大小官员有缺，须从本部铨选推举，果有大材屈在下僚，听在廷大臣及在外抚按等官荐用，更不许营求升职；其内外书办等官有缺，亦不许奏乞量升，违者参送法司，不分原官有无，俱发为民，并坐举者以罪。若本部容情不参，听言官纠劾。”上是其言，命今后一应人员不许营求内外权要，冒滥升职，违者重罪之。(一六，407—408)

八月己亥，巡抚甘肃右副都御史罗明言：“甘肃镇守、分守内外官因近有传奉不次之擢，竞尚贡献，各遣人于所属边卫派取方物，名以采办，其实扣除军士月粮、马价，或巧取番人犬马珍奇等物以充，又起膳乳等房(**乾隆《甘州府志》作“设膳乳诸户”**)，佥派厨役，造办酥油等物。及起运之时，沿途骚扰，不可胜言。自皇上嗣登大宝，已有停免之诏，奈何守臣不体圣心，仍蹈旧辙，兼年例进贡未蒙停免，乞一切罢之，以苏边困。”上曰：“甘肃边地艰难，进贡事俱遵诏书例停免，礼部移文使知之。”(一七，411)【考】乾隆《甘州府志》卷二《世纪下》：“甘镇志曰：疏通贡额自公始。”　乙巳，虏寇甘肃山丹、永昌，镇守总兵官右都督周玉等劾奏指挥王瑾等并副总兵张宽、太监张睿失于防御之罪。事下兵部覆奏，宜令巡按御史查究，因言总兵官周玉、巡抚右副都御史罗明不知引咎自责，亦宜论之以法。上从其言，玉与明姑宥之。(一七，416)　辛亥，虏犯独石、马营等处，杀伤戍卒，镇守宣府太监孙振奏其事，命逮问提调指挥徐宣、王麒，守备都指挥高钺、杜荣，分守参将绳律、杨彪，俱俟贼情宁日议罪；分守赤城太监杨聪及分守张家口堡太监张刚俱降右监丞。(一七，420)　丁巳，南京守备太监蒋琮奏：“扬州仪真地方罗肆桥旧有通江港可开闸放船，成化间巡河工部郎中郭昇奏浚通河，面置二闸，潮满则开，潮退则闭，船只经过，无复盘费损伤之患。时有奸豪侵占牵路，于沿河水次起盖浮铺为买卖者，恐斯闸一开，必致拆改，往往以河水易泄为辞，欲隳其成。昇因力辩浮议，条陈五利，冀以行之久远，而司漕运者误听奸词，擅行筑塞，致令往来船艘仍前受害。近坝居民谓为得计，就于临河牵路起盖文天祥祠宇，欲使后来不敢轻易改拆，而守备指挥亦于闸上擅自盖亭，索取财物。乞依前修浚开放及将奸豪侵占牵路所盖铺店、祠宇俱为拆改，则奸弊可革，便利可兴。”工部覆奏，命巡抚官会同总兵官从公勘议以闻。(一七,422—423) 己未,南京守备太监蒋琮奏:"臣近过德州间,怨叹之声满路,皆言都御史张鼎创为新法,于真定、河间等陆路十有余里筑长垣,掘壕堑,欲以御盗,不知旷野沙洼,高下不一,一经风雨,立就坍塌。况两墙夹路,中间狭隘,若遇强贼数十为群,则前行者先受其害,不惟妄费人力,抑且贻患将来,当此农月,不当兴不急之务。"兵部覆奏,上曰:"官得其人,盗贼自息,筑墙掘堑,徒尔劳民。所司可即移文谕鼎止之。"(一七,424—425)

九月壬申,命户部每岁三月选差属官一员奉敕自通州抵仪真催督漕舟。往岁差官例不请敕,至是从南京守备太监蒋琮奏,以为责轻人玩,故有是命。(一八,432) 甲戌,守备南京太监蒋琮言,自张家湾至仪真坝增设巡河等官数多,乞取回,以其事各委所在官司带管便。吏部言:"各官因事增设,似难裁革。"命查永乐以来各官名数以闻。吏部覆奏,命革沽头闸主事并南直隶巡河郎中,其事委两淮巡盐御史兼管,余如旧。(一八,433) 丙子,命皇亲纪贵为锦衣卫指挥同知,纪旺指挥佥事,仍赐诰命,赠其三代。寻又赐奴婢人役及第宅庄田、金帛器物甚众。时太监蔡用奉旨往广西访求皇亲,以二人驰驿至京,云是孝穆皇太后再从兄弟,且具其考妣葬所以闻,故有是命。(一八,435)

十月庚子。初,太监黄顺奏请起复匠官潘俊等供役,吏部执奏,谓不可以小官而开夺情起复之门。得旨:"匠官乃手艺之人,且业已许之矣。"吏部执奏如初。诏从之。(一九,446) 初,洪武中设黄册库于玄武湖中,户部委官同给事中一员管理,五日一晒晾籍册,及有事查理,移文内府请钥,方许过湖。近岁守备人员于边湖滩岸开垦作田,致湖面淤塞,人得往来。南京御史余濬言于朝,行南京户部委主事卢锦会勘。锦时与给事中方向同管库,亦尝于库傍洲上垦田种植蔬瓜,又于湖滩放牧牲畜及擅伐芦苇易银为修理费。太监陈祖生等命巡捕百户崔昇执库夫姜信等鞫之,具奏其事。刑部尚书何乔新以为守备官与御史更相奏讦,必有欺弊,请行南京三法司逮锦等覆实。其御史所奏守备管事,令南京户部亟勘以闻。从之。是后太监郭镛因勘田过湖,王智刚等因湖田而告芦洲事,御史以嘱托而劾蒋琮,郭镛以被劾而讦御史,更奏迭诋,狱讼连年,纷纷不止云。(一九,446—447) 辛亥,追录四川茂州斩获番贼功,镇守太监刘雅、巡抚都御史刘璋、右参将都指挥沈运各升一级。璋时已升侍郎,仍赏纻丝二表里,其余官军人等二百五十余人升赏有差。(一九,456) 己未,以崇王见泽之奏,命司礼监拨与内官二人、内使四人,使婢令本府自买十人,仍贻书与王。(一九,461)

十一月丙寅,追录成化十九年以后云南南安、嶍峨等处平贼功,官军七百七十二人升赏有差,镇守太监覃平、总兵官黔国公沐琮各赏纻丝二表里、银十五两,巡抚都御史程宗、巡按御史汪山、分守左参政周正、分巡佥事刘福各纻丝二表里、银十两。(二〇,467—468) 甲戌,太监金辅送北虏贡使,归自大同,疏上备边事宜,谓宣府、大同宜增修城堡,其木植请量采备用,并禁约密云地方军民之冒禁采樵者;又宣府新河等堡旧无马军,请调腹里马军防御。上曰:“今年腹里地方多被灾伤,供饷艰苦,修边事且预戒各边俟明年再议,木植亦不必采,余如奏行之。”(二〇,474—475)

癸未。先是,镇守浙江太监张庆行事不法,为巡按御史畅亨所奏,庆因奏亨奉诏考察官去留不公,如知府蔡敞等十二员不宜去而去,县丞张励不宜留而留。奏下吏部,请行巡视浙江刑部侍郎彭韶覆勘。至是,韶奏言亨所考察官员皆会同布、按二司官,去留多合公论。内金华府丁忧通判张玺因更派粮长,不愿应役者多赴上司告免,上司疑其进退有弊,因考不谨,今访玺年力方强,颇有才志。驿丞黎珙先被人告其赃私,考作不谨,今已问明还职。知府蔡敞年虽已老,筋力未衰,俱宜存留。县丞张励已告老疾致仕。奏下吏部覆奏:“蔡敞自陈衰老,乞致仕。张玺既已移易粮长，上司疑其有弊，即素无清誉之人。驿丞黎珙既被人告其赃私，虽问明还职，访知本官委不端谨，俱不可留，乞仍罢黜。畅亨既考黎珙不谨，复令还职；张励既准告老，乃复存留，俱行事欠当。各官既当考退，张庆乃奏亨考察不公，似有回互妄奏之情，俱合有罪。”奏上，得旨：“蔡敞自陈衰老，令致仕。张玺、黎珙仍存留。张庆先已回奏处置矣，姑置勿论。畅亨行事欠当，本当逮问，姑贷之，仍停俸两月。”（二〇，478—479）　甲申，妖僧继晓伏诛。晓，湖广江夏县人，姓黄氏。成化中以星命之术因太监梁芳以进，大见亲幸，赏赉甚厚。请给护敕，旌其门曰“孝行”，复请太监蔡忠第以居。后以其隘，又移居都督马俊宅，请赐额于门曰“辅教寺”。屡进邪说，有人所不得闻者。升国师，因以创寺请，遂许购民居百余家以成之，所居前后多寘妇女。又赏袈裟、念珠等物，群小多依附以求进。及回湖广，以黄帕裹其一臂，谓尝经御手所执也。至是刑部拟晓罪死，妻子流二千里，以犯在赦前，请发原籍为民。大理寺审允，有旨令科道官看详。刑科都给事中陈璠、浙江道监察御史魏璋等交奏晓罪大恶极，刑部所拟不当，并请正芳引进邪人之罪。上是之，命即斩晓于市，妻子为奴，财产入官；芳既充军，姑贷其死，命南京守备官重杖之八十，仍充役；刑部尚书何乔新等令具实以闻。于是刑部、大理寺官各自陈状，得旨：“堂上官停俸一月，经该司属官各两月。”（二〇，480—481）

十二月戊申，太监曹整出镇湖广，奏以头目八人自随，各支廪给，请令旗、令牌各十面。兵部言：“近奉诏例，镇守许奏带头目五名，分守三名，止给口粮，所赐旗牌亦各止五面。今整所奏皆非例，乞赐裁抑。”上从之，惟头目官舍仍与八名，令整加意钤束之。（二一，494）　戊午，降福建永宁卫金门千户所正千户张臻、延平卫左千户所正千户萧泰俱本所百户。臻，南京守备太监本之弟，泰，司礼监太监敬之弟，成化中皆以传升至千户世袭，至是以冗员裁革，例应降冠带总旗，尚从恩荫款目得降授不世袭

云。(二一,502—503)

弘治二年己酉(1489)

正月丁卯,命户部以天顺中所赐故太监叶达固安县田二百二十五顷入官别用,并通查先蒙赐田今病故者各开具以闻。(二二,507) 庚辰,巡抚江西右副都御史李昂劾宁府内官、仪宾人等多纵家人置庄田,夺民产,而税粮仍令民输,军校复骚扰为民害,乞加禁止。都察院覆奏,从之。(二二,512) 丙戌。先是,成化二十二年及二十三年冬,虏连入兰州境杀虏居民二百余人,掠孳蓄以万计,守备都指挥佥事张雄等匿不以闻,反冒报功次。下所司勘问,久不得实,复命给事中胡瑞会巡按御史覆之,始得本末,乃具疏雄及太监蓝蕙防守无备,致贼连岁深入,而都督同知白玘、都指挥佥事白珍、李从各拥兵不救,雄隐匿罔上,其罪尤深,太监欧贤、巡抚都御史贾奭、兵备副使边完俱素无备御,及巡按御史吕璋,副使翁遂、陆珩,参议刘宪、高弼,参政马震,佥事杨纯等勘事迟违,俱有罪;而都指挥杨义部下所伤不多,陈缙有追获所掠之功,差可少赎。下三法司详谳以闻,狱具,得旨:"蓝蕙降左监丞,张雄降三级,白玘、边完、白珍、李从降一级,陈缙、杨义俱赎罪还职,吕璋等各停俸三月,欧贤降敕切责,贾奭已致仕,宥之。"(二二,515—516) 丁亥,兵部奏:"比者镇守内官及宗室之亲往往违制乞升武职,非所以重惜名器。况天下财赋岁征不足以供岁用,所在仓庾空竭,闾阎穷困,廪禄滥费将何以充?请自今凡违例奏请者一切停罢。"上从其言,仍命该科官识之,后有妄比事例夤缘乞升者指实劾奏。(二二,516) 巡抚湖广右副都御史梁璟言:"前奉旨修理襄府,今工完者已十七八,但德安诸府县岁歉,夫匠难于佥解,而督工太监张兴等原带来匠官人等五十余人月支廪饩约用银百五十余两,所费悉出于民,诚为艰困。乞召兴等还而释军民之赴役者,惟令本府护卫军校余丁以渐修理,功

亦可成。”事下工部覆奏，从之。(二二,517)

二月壬辰，内阁大学士刘吉等上疏言：“钦蒙皇上命太监韦泰等传奉圣意，以一冬无雪、春初风旱，又四川奏报地震灾异颇重，欲求所以弭灾之道，且欲致祈祷。臣等仰惟皇上即位以来，维新之政，以次举行，今当岁首，虽或天道欠顺，只宜镇静以安人心。(下言撙节及应天以实略。)”上纳之。(二三,520—521)　癸巳，命以原赐故太监金兴肃宁县田二百一十顷给民佃种，亩征银三分。(二三,522)　己酉，南京沿江芦场俱系军民开垦，办纳粮课及各窑厂采取供用柴薪。成化初，江浦县界新生沙洲六段，县人先后告官承业，以补沉江田亩之数。洲与内官监原拨芦场相邻，江东巡检司旧管工部芦场二所亦相比，近瓦屑坝下有废官房酒楼地一区，石城门外有湖池一所，旧尝收积木料及蓄放水獭、老鸦，其后事已悉赋居人，岁供税银百五十两于守备厅公用。太监黄赐时奸人悉以献于三厂，指为原拨供用之数，赐及后差太监张本等受之，尽收其利而岁额租课复责偿诸人，相承至太监蒋琮不改。成化二十三年，诏书令投献山场湖荡地土悉归于民，县人相继奏言，下南京监察御史姜绾等覆按。而琮屡以揭帖嘱托，使断归三厂，绾等遂连名劾琮，谓“以守备重臣与小民争利，假公事以饰私情，用揭帖而抗诏旨，扬言阴中，胁以必从”，因历数琮变乱成法，欲以内臣为言官，一罪也；妒害大臣，妄奏都御史秦纮，二罪也；怒河闸官失于迎送而欲奏罢之，三罪也；滥批词状送各衙门，不由通政司，四罪也；分差内官于钱粮处所，纵其侵渔，五罪也；按季取受班匠工银，六罪也；收留罢闲都事林时用，拨置害人，七罪也；官员稍不顺承，辄查脚色，阴加察访，惊疑人心，八罪也；妄奏主事周琦管库，欺罔朝廷，九罪也；保举罢革内臣，窃陛下之权，使恩归于己，十罪也；且今士夫侧耳，人人自危，军民负苦，怨声载道，乞下琮于理，明正其罪，以为怀奸坏事之戒。刑部覆奏，谓琮处事乖方，以致言官劾奏，第所言琮罪必须覆按，请移

文南京刑部，会同都察院、大理寺等官勘处奏报。上命如议行之。(二三,531—532)

三月癸亥，命司礼监太监韦泰、兵部尚书马文升会同提督京营文武大臣简阅各营士马。(二四,541)　乙丑，虏寇宣府独石、马营，杀伤逻卒，执千户刘忠以去。诏逮问守备署都指挥张广、左监丞陶亮，分守参将绳律、太监杨聪姑宥之。(二四,541—542)

己巳，开设广东从化县及从化守御千户所。总镇两广等官太监韦眷等奏："广州、番南二县杨武、巳由等都，大朗、郭塘等堡，山势凶恶，人性强梗，贼徒流劫不时，官司遥远，难于抚治。横潭村在诸堡之间，山川秀丽，水路并通，四五里程袤广周围约(**按，下有脱文**)，欲于其地添设从化县治、儒学、阴阳、医学以治教之，仍设从化守御千户所，即调广州左右等卫千百户童英等十二员领军屯守。"事下户、兵二部覆议，从之。(二四,547)　甲申，保国公朱永奏："侯家营皇庄与三千营牧马草场接壤，先已遣官勘立封界，而管庄内臣今犹阻挠其间。"得旨："除皇庄五十四顷外，余皆拨回三千营牧马。"(二四,556)

四月癸巳，巡抚甘肃都御史罗明奏："甘州官军积欠秋青草，而总、镇等官各据草湖，相传为业，请令退出，给军采草饲马，而各官量给数顷。"户部议给太监二百顷，总兵官百五十顷，副总兵、监枪内臣各七顷，其余百顷，以分给军士。各官既有饲马资，不得复支仓场草料。从之。(二五,561—562)　甲午，南京守备太监陈祖生等奏："近者甲字等库之火由各内官从人止宿其中所致，自今南京内府库藏凡积贮钱粮处所俱乞严为之禁，不得令人出入止宿。"从之。(二五,562)　乙未，降太常寺寺丞张晖为本寺典簿，令于文华殿书办。晖，浙江镇守大监庆之侄，由承差任驿丞，升至寺丞，随庆于浙江管押进贡。后以巡视侍郎彭韶言，取回京别用。晖既至，吏部拟改除外任，晖自乞降品秩仍任京职，从之。(二五,562—563)　丁酉，敕太监苗逵往南京督造卫士红毡袄及雨笼五千事。(二五,565)　辛丑。初,湖广无岁进鱼鲊例,成化七年镇守太监始进二千五百斤,十七年以后增至二万一百二十二斤,用船至十一二艘。至是,礼部以巡抚等官恤灾之奏,请止令有司减数进献,毋重为沿途军民驿递之扰。上命镇守内官造办如成化七年之数,船止用二艘,科扰需索为害者罪之。(二五,566)　丙午,镇守山西太监刘政等奏:"山西连年灾伤,岁用不足,乞将往年借拨宣府粮十一万五千七百五十石取还,或将京储银拨十万两,或变卖河东运司盐数十万引以补王府禄米及文武官军俸粮。"户部言:"宣府所借粮年久难以取还,运司盐近例停止,难擅开中,京储系供给边方,不当支与腹里官军。今不得已,令查山西所属户口食盐,自成化十七年至弘治二年,已纳钞未关支者于河东运司关支,卖银折给禄粮,每石不得过三钱,仍暂以京储银四万两运去应用。"从之。(二五,568)　丁未,巡抚湖广都御史梁璟奏:"湖广岁饥民困,而武当山道士滥费无厌,请为裁省。"下户部议覆,命原给油、蜡、香炷等各减三之一,均州岁办獐羊皮等料及户口食盐等钞绢不许截留以修宫观,有司军卫月止拨丁夫三百五十人修理洒扫。　免福建福安县银矿课一年,从镇守太监陈道奏也。(二五,569)　时有诏,革福建兴化乡巡检司,镇守太监陈道等奏:"汀州鼓楼冈及箸菜山俱山险多盗,难于防守,乞免革之而迁置于鼓楼冈,箸菜山仍增设一巡检司为宜。"兵部覆奏,从之。(二五,569—570)　壬子,巡抚湖广都御史梁璟言:"比礼科给事中张九功奏请查革武当山供给道士及额外进贡之扰民者,礼部移文臣等覆议,近奉登极诏旨,停止一切额外贡献,今提督武当山太监韦贵等已贡茶梅,复贡黄精、竹笋,俱非永乐十四年所定常贡之数,乞赐停免。又永乐中,武当山食粮道士不过四百,近至八百余人,道童亦有千余,乞照额放免,以省冗食。又太监陈喜别带道士三十余人,俱领敕护持,往往离本宫百余里外深山之中,或擅创庵观,或寄住民家,甚至招集无赖,强占土田，不遵提督等官约束，恐岁月滋久，酿成他患，乞追回原敕，额外者递还原籍，庵观拆毁，田土归之旧主。”从之。(二五,571—572)

五月丁卯，南京监察御史李端巡视长安四门仓场，坐对承天右门，指挥徐政发告，守备太监陈祖生等以闻，端因奏守门内臣索要财物、指挥杨瓒率军围绕，惊疑人心，及陈祖生挟私诬陷等事。下锦衣卫勘问无实，法司拟端赎徒还职，得旨："端不循礼法，事觉又不输情，降调边任。”为四川永宁宣抚司经历。端初坐长安门外，有告守门内臣坐于千步廊下索要财物者，端将察之，入门，内臣揖之坐，端忘其然也，遂与坐，后因以为常，又数以事检束内臣之生事者，故及。(二六,583)　　己卯，镇守宣府太监孙振等奏："成化初，都御史叶盛巡抚宣府，买官牛千八百余具，并置农具种子，拨军士于顺圣川及各路团种闲田，令收粮易银买马，以补官马损耗，边人称便。后总督军务尚书余子俊改其田为屯田，掣团种军士于他所操守，马价既无从资补，屯粮复重为军累，请如旧拨军团种。”从之。(二六,587—588)

六月壬辰。先是，户部因直隶兴州右屯卫千户彭山之奏，请通行各边巡抚都御史同管粮郎中等官清查内外守臣见占种庄田并空闲地土顷亩数目，随宜酌处，每镇守、分守、监枪、守备内臣名下仍存留地土若干，总兵、副参、游击、分守、守备武臣名下存留若干，其余拨与屯军种纳子粒，或召人承种，减轻纳粮。至是又因巡按监察御史许锐之奏，复请通行催查，俟回报至日奏请定夺。从之。(二七,596)　　庚子。先是，有盗入南京内府甲字库，因失火延烧钱布等物至数十万，已而获盗，具得前后诸同盗事情。刑部请论如法，并劾守备太监陈祖生、成国公朱仪、参赞尚书耿裕等各失于防范。上以各盗情犯深重，难照常例处分，命同行失火者二人及进库六次至十次者七人俱处以极刑，其不进库及进而次数少者及窝藏者十四人民俱并家小发广西柳州卫充军，内使充种菜净军，监丞、副使充守更内使，余依拟发落，守备等官姑宥之，仍谕令今后督察军马、城池、钱粮、门禁，加慎毋怠。(二七，597—598)　　癸丑，时有诏调陕西兵马四千于庄浪、红城备冬，陕西守臣欧贤等言："所部官军不过五万，除备甘宁外所余无几，今复有此调遣，恐外重内轻，请止选安会、庄浪马队三千为游兵，东西应援，似为得策。"上曰："甘肃为陕西藩蔽，且红城无险阻难守，原调兵马欧贤等宜即如数选足，依期督行备御，不可自分彼此，致误事机。"(二七，601)　　丙辰，长随何鼎(**又作何文鼎**)奏："官可幸得则朝廷不尊，禄可乞求则官爵不重。窃观古今法制，容有因时制宜不可守为常者，如锦衣卫官校行事得升，盖因当时人心未定，故暂为此慑伏奸雄之具，此一时之权也。后以为例，往往行事得升，故本卫官多不啻数百，縻费廪禄，殊失祖宗建官本意。继例而升，年久益繁。况乞恩传奉非治世美事，皇上御极之初，灼见其非，已行沙汰，中外称快。但其间犹多漏网，而近来复有夤缘以启幸门者，伏望圣明深念宗社生民之重，历览古今坏事之源，戒姑息而振乾刚，特敕吏、兵二部审核文非考中本等程式者，武非军功并行事升者，自天顺元年至今一切革去，以杜幸门，以弘至治，以谨履霜之戒，实天下后世大庆幸也。"上命所司查议以闻。(二七，602—603)

七月戊午，命守密云署都指挥佥事张琼、都知监左少监杨友俱赎徒还职，坐虏入小石门剽掠，杀逻卒，失于防御也。(二八，605)

辛酉，增给京营马明年春季内草一月，如例折银。旧例，京场草止供御马监并将军、勇士等项马匹支用，京营马令各军夏秋采草以备冬春之用，例不支给。正统间暂支两月，其后袭以为常。至是司礼监太监韦泰奉命选团营军，请暂添一月，故有是命。(二八，606)　　壬戌，吏部覆奏长随何鼎所言请革传奉、乞升事，谓："前此传奉官员本部因科道交章论劾，已奏汰五百六十余员，此外惟中书舍人万弘玠、刘韦、刘鋐三人系大学士万安等子孙，存留未汰。盖当先帝时亦尝沙汰传奉，内三人奉有荫授不动之旨，故本部复以前留旨具奏，非无故脱漏也。近太医院降职院使方贤奏求复职致仕，及太常寺请复革罢传奉司乐徐启端，本部俱执奏不可，初未尝辄徇其请，是传奉幸门未尝开也。今鼎欲审查天顺元年以来文非考中、武非军功者一切革去，其意甚美，但天顺改元至今三十余年，其幸进之人存者无几，间亦有迁转别官者，如前大学士李贤子璋今升至尚宝司卿，刘定之子称今升至南京尚宝司丞，是盖由历俸年深，循资升职，非无故而升者。近商辂子良辅除工部主事，孙汝谦除尚宝司丞，御史钟同子越除通政司知事之类，是盖由恩荫除授，非无阶而得者；此外又有保升为太医院官，为钦天监官，为工部所属衙门官，为五府都事等官及跟随总兵等官、书办官者，亦非全是传奉人数，今若又概行查革，将不胜其革且有不可革者。伏望皇上鉴纳，镇以安静，不必追其既往，自今以后内外大小衙门官员俱令照依旧额，随缺选补，不以轻授匪人，自然奔竞可息，官爵可重，朝廷尊而天下治矣。若往者方革而来者又许，则亦何益之有。”从之。(二八，607—609)

己巳，礼科都给事中韩重等以灾异言四事：“一、存敬畏以应天心。谓凡遇大事、决大疑，乞不时召见大臣，俯垂咨访，遇大寒大暑虽暂止经筵，乞仍令讲官进讲章，留心省览，无益斋醮一切停罢。一、慎用人以奉天命。谓兵部左侍郎何琮、都察院左副都御史边镛皆舆论不协，掌太常寺事礼部左侍郎丁永中、掌通政司事工部右侍郎谢宇、南京通政司左通政徐世英、南京工部尚书程宗皆公论不容，乞各罢其职；御马监太监郭镛、南京守备太监蒋琮皆生事扰人，乞各置之闲散。一、祛弊政以销天怒。谓内官范麒麟既盗库物，又纵火烧库，内官开泰击王亲至死，乞各正其罪。光禄寺器皿乞专取办于工部，免令折罚银两，各仓库监收官乞严加禁约，不许巧取财物。一、谨号令以肃天威。谓不许保官，已有成命，不可因近幸之请而又准官校升职。军民坐铺已有定令，不可因宠昵之奏而又准军匠优免，仍将番僧锁南坚参及恩荫张晖一例发遣处置。”监察御史茆钦等亦以是为言，并劾光禄寺卿胡恭贪猥侵克，乞罢其职。上曰：“汝等言是，存敬畏朕自举行，何琮、边镛、丁永中、谢宇姑留治事，徐世英、程宗、胡恭令致仕，蒋琮、郭镛待南京勘事官回奏处之，光禄寺不必折罚银两，各仓库监收官巧取财物者准禁约，官校升职兵部看详以闻，范麒麟、开泰并锁南坚参、张晖先有旨处置矣，已之。”（二八，614—615）

癸酉，工部尚书贾俊等以灾异言八事：一、……一、内官各监局近来派办物料比常数有加至五六倍者，请敕所司撙节减省。……一、各监局军民匠多通识字人等作弊，妄开见役为在逃，往往行勾扰害，请此后犯者均治以罪。一、……上从其议，仍令移文内外衙门务为撙节财费，减省工役，以苏民困。（二八，619—620）

甲戌，礼部进宪宗纯皇帝大祥奉安神主仪注：一、八月二十一日，太常寺奏斋戒祭祀。二十三日免朝，遣官诣太庙行祭告礼。二十四日免朝，内侍设神主辇一并册、宝亭二于几筵殿前丹陛上，上浅淡服行祭告礼如常仪。祭毕，司礼监官诣几筵前跪奏，请神主升辇，诣太庙奉安。奏讫，内侍二员捧神主，内侍四员捧册、宝，俱由殿中门出，安奉于辇及彩亭。册、宝亭前行，内侍擎执伞扇，侍卫如仪。上随行至右顺门，上易祭服升辂后，随至午门外，仪卫、伞扇前导至庙街门内，仪卫、伞扇分列于太庙南门外之右，上降辂，司礼监官导上诣神主辇前奏跪。上跪，司礼监官于上左跪神主辇前奏请神主奉安太庙。奏讫，赞俯伏，兴，上俯伏，兴。导引官前导，内侍二员捧神主，内侍四员捧册、宝前行，上后随由中门入至寝庙。奉安讫，上叩头，兴，导引官导上由殿东栏干内转出至前殿丹陛上，祭祀如时祭仪。文武官祭服随班行礼。祭毕，诣奉先殿行奉安神位礼。一、先期于奉天门书写神位毕，内臣捧至武英殿上施朱漆。至是日，奉置于殿中彩亭内。候太庙祭毕，上仍祭服升辂，诣武英殿前降辂升殿。奉迎神位内侍八员举神位亭由中门出，上升辂后，随由思善门入至奉先殿门外。上降辂，司礼监官导上诣神位亭前奏跪。上跪，司礼监官于上左跪于神位亭前奏请神位奉安奉先殿。奏讫，赞俯伏，兴，上俯伏，兴。导引官前导，内侍二员于亭内捧神位前行，上后随由中门入至奉先殿奉安讫，上叩头，兴，就位行祭告礼用乐。一、神主辇既出几筵殿外，内侍撤去几筵帷幔等物，奉焚于洁处。(二八，620—622)　丙子，礼部尚书耿裕等以灾异言七事："(**一、寅畏天戒**。)一、减省贡献。谓各处镇守内官与挂印总兵官今后遇庆贺万寿圣节，各仍旧进马二匹，不许过多，其副总兵、参将、协守、分守、守备内外官俱不许进贡科扰，违者许参奏究治。一、停止折纳。谓鸡猪鹅羊其价多寡不伦，乞令光禄寺止折纳猪三千口、羊五百只，其鸡鹅仍旧解纳为便。一、革退军厨。谓光禄寺厨役原额六千三百八十四名，成化十一年奏添五百名，二十三年太监山青又奏添一千名，每名月食粮一石，又日支白米八合，滥费无已，乞将青奏添之数悉令革退，遇大庖厨等处缺役，即于原额厨役内拣选佥补，以后内外官不许辄奏投收。(**一、慎重教职。一、改调官员**。)"上曰："寅畏天戒是防微杜渐之意，朕当体行。光禄寺折纳猪准减一千口，军厨仍旧，其余皆准行。"(二八，623—625)　兵部以长随何鼎之奏，备查武官原由缉事升职及先次漏报并今次例后传乞升者都指挥同知覃泰等百二十余人上请去留，命俱存留，待各子孙袭代之日照例定夺。(二八，625)　己卯，户部尚书李敏等以灾异上疏，言："臣惟灾异之来，率由民心积怨所致。切见畿内之地，皇庄有五，共地一万二千八百余顷；勋戚、太监等官庄田三百三十有二，共地三万三千一百余顷。比来管庄官校人等往往招集无赖群小，称为庄头、伴当、佃户、家人名目，占民地土，敛民财物，夺民孳畜，甚至污人妇女，戕人性命，民心伤痛入骨。少与分辩，辄被诬奏，至差官校拘拿，举家惊憾，怨声交作。灾异之兴，皆由于此。且皇庄之设，在祖宗时未有，正统间以诸王未封，供用浩繁，不欲重征小民，又见彼时地广民稀，因其闲地立庄以资供用。诸王之国，地仍归官，其后因袭，遂有皇庄之名。且普天之下，莫非王土，若以此地为皇庄，则其余者非朝廷之土乎？今若革去管庄之人，拨付小民耕种，亩征银三分，岁可得银三万八千余两，比之官校掌管，所得尤多。以此银归之内帑，充各宫用度，则不显立皇庄之名而有实用之效矣。其勋戚、太监等官下投充管庄家人亦宜尽革，就于居民佃户择其年高有行者掌管，如例征银，有司收完，听各官家人领用。则受田之家享自然之利，佃田之人免剥害之苦，尚何天意之不可回哉！"上曰："皇庄留与朕弟诸王，其余功臣等项田土管业已定，难令有司督办，俱如旧。今后管庄之人敢有生事害人者，听巡按御史指实参奏，从重治之。"（二八，628—630）

八月戊戌，录弘治元年辽东岐山台杀贼功，官军升赏有差，镇守太监韦朗、巡抚都御史刘潺各赏银十两、纻丝二表里，及右参将都指挥使崔胜、左监丞（抱本左作右）郝林、都督佥事孙贵各纻丝二表里。（二九，654）　己亥，刑部左侍郎彭韶言：……又如近问犯人孙泰等，事连内使刘玉通同外戚，谋复亲藩爵位，以此贪浊之人，蟠伏宫禁，幸而事露，正宜治以重罪以振乾纲，夫何止将孙泰等付外问罪而刘玉乃留中发落？恐非至正之道。……疏入，上曰："宗鼎、刘玉已发落，其余朕自审处。"（二九，654—656）壬寅，卢沟河堤坏，命新宁伯谭祐、工部侍郎陈政同内官监太监李兴及科道官各一员督官军二万筑之。（二九，657）　丙午，录成化二十三年十二月陕西靖虏卫杀贼功，官军升赏有差，镇守太监欧贤、巡抚都御史贾奭、前总兵官都督同知白玘各赏银十两、纻丝二表里，兵备副使边完、督饷右参议高弼、刘琼各彩币纻丝二表里，守备都指挥使廖斌以病故，令其子升实授一级世袭。（二九，658）　庚戌，虏入宣府赤城等墩，掠军士八人，被伤者二人，兵部请治守备等官都指挥宋辅等罪。命辅等六人俱逮问，分守左参将绳律、右监丞杨聪及守备左监丞陶亮俱戴罪杀贼，待有功之

日议奏，其镇守太监孙振、总兵官李杲、副总兵卢钦降敕切责之。(二九，659—660)

九月丙辰朔，礼科给事中孙孺等奏："奉旨清查畿内诸已故太监庄田，中间有转卖寄托及佃户自占者，凡二千七百一十八顷有奇。"户部请籍之于官，召民佃种。上命不及二十顷者仍与管业人耕种，准民田例征粮；二十顷以上者量除五顷，三十顷以上者每三十顷递除五顷，并留与见管业人耕种纳粮，不愿耕种者听；余地并收入官，召人佃种。(三〇，665)　丁已，虏屡入大同玖川岭及大尖山等墩，虏百户一员，杀掠军民十二人。兵部劾分守参将李玙、太监石岩等失于防守，及镇守太监覃平、巡抚都御史许进、总兵官神英、刘宁坐视之罪。诏玙、岩戴罪杀贼，平等姑宥之，守备都指挥曹绅等下巡按御史逮问。(三〇，666)　壬戌，时木邦、孟密累岁仇杀，上以镇守云南黔国公沐琮、太监王举、巡抚都御史王诏不能抚治，降敕诘责之曰："孟密逼凌木邦旧主，侵夺其地，累抚不从。究其所由，虽曩罕弄强横无道，亦尔等平昔威武不振、号令不严所致，且闻尔等委去抚谕官员往往暗受夷赂，召侮启衅，孟密小夷乃敢为恣肆如此。尔等恬不介意，岂不甚孤朝廷委托之重。论法皆难辞罪，姑从宽降敕切责，自今尔等宜痛加警省，整搠军马，振扬威武，申严号令，以詟服夷众。其孟密事情可抚则抚，可剿则剿，审实具奏，以凭区处。务使木邦侵地可复，孟密旧恶可消，事安夷安，地方宁靖，斯尔等之能。如或仍前姑息，纵其交恶，以贻后患，宪典具存，朕恩难再，尔等其慎之。故敕。"(三〇，671)　丙子，徽王见沛奏："河南左布政使徐恪擅革本府承奉司吏，请治以罪。"上以《祖训条章》并《诸司职掌》俱无承奉司吏典，贻书谕王及各王知之，吏典令照例裁革；谓徐恪处事率易，停其俸两月。(三〇，675)

十月戊子，镇守江西太监太监邓原以地方稍宁，请裁革赣县、宁都、兴国、广昌、信丰、会昌、雩都、石城、瑞金、龙南、安远十一县先年奏准添设管民快县丞各一员。吏部因请并福建上杭、武平二县添设县丞裁革。从之。(三一,684)　丁酉,占城国王古来既返国,复遣弟卜古良等移咨两广守臣,言安南仍肆侵占,居处无所,乞如永乐时差官督兵守护。镇守太监韦眷、巡抚都御史秦纮等会议以请。事下兵部覆……(三一,694)　庚子。初,速坛阿黑麻之去哈密也,留牙兰及夷众六十余人守之。至是,哈密都指挥阿木郎觇知其虚弱,请援于守臣,调赤金、罕东兵夜袭攻其城,牙兰遁去,斩获颇多。事闻,下兵部议,命降敕奖谕镇守太监傅德等。(三一,696—697)　癸卯,南京监察御史姜绾等既劾奏太监蒋琮罪,刑部请移文于南京法司核实。琮上疏自辩,谓其在京尝劾奏江西奸人李孜省等罪状,黜其党与,守备南京又尝纠发诸司过犯,以此诸人连谋构陷。因条析绾等所言而泛及御史刘恺、方岳及南京诸司违法事,且谓刑部尚书何乔新、主事曾望宏皆孜省同乡奸党,而绾亦江西人,以故乔新不详虚实,附和加参。有旨行南京并勘。而太监郭镛奉使两广过南京,适法司会官于后湖,勘主事卢锦、给事中方向占种湖田事,镛因驾官舟过湖观望。御史孙纮等以擅游禁地劾之,镛还而自辩,因言锦、向违法事多而言官蒙蔽不发,请遣官覆按。上命太监何穆、大理寺少卿杨谧、锦衣卫指挥杨纲偕往。绾等及琮更相奏诉,绾等凡四章,琮凡六章,皆付穆等勃治。奏至,谓其各因私忿,烦渎圣聪,琮不当占管投献芦洲湖地、私嘱勘官及擅收班匠工银,而所讦御史等官违法事及何乔新、曾望宏为李孜省奸党,其言皆诬;绾等不当道辱监生及失举卢锦占种湖田事,而所劾蒋琮违法事如妄保内臣、批发状词亦多不实,请并加逮问。都察院议以为穆等所奏止是勘词,无诸人疑状,而琮、绾续奏又未勘报,请仍行穆等重勘归结。于是绾及御史金章、刘逊、孙纮、纪杰、曹玉、谭肃、徐礼、余濬皆就逮而琮所占官房酒楼地悉归之官云。(三一,700—702)

乙巳,复罢福建浦城县陈伯废坑银冶,其岁办银课准以丁粮补

纳,从镇守太监陈道请也。(三一,703)

十一月乙丑,录陕西剿除回贼功,镇守太监欧贤、巡抚都御史萧祯、总兵官都督佥事周玺及官军人等俱给赏有差。(三二,714)

戊寅,兵部奏龙门所杀贼获功,官军例应给赏,其督军左监丞陶亮有功在前,误事在后,乞裁处。得旨:“陶亮准以功赎罪,其余如例赏之。”　庚辰,录江西安远县剿杀流贼功,官军民人等给赏有差,镇守太监邓原、巡抚都御史李昂及巡按御史王嵩等给赏如例。(三二,719)

十二月庚寅,虏入大同青山等墩杀掠守墩军士,兵部请治守备都指挥秦恭、分守参将张玺、太监陆誾罪,命恭等俱戴罪杀贼,仍移文镇守太监覃平、总兵官都督神英、巡抚都御史许进等各加严效职,毋怠玩致寇。(三三,722)　甲辰。内府养鹰军余百名,旧例月各支米三斗,御马监少监陈贵请加至一石。户部覆奏,以为不可,命人加二斗。(三三,728)

弘治三年庚戌(1490)

正月辛未,降应天府府尹杨守随为广西布政司右参政,南京刑部郎中赵璧为江西吉安府通判,南京大理寺左寺正闻钊为湖广华容县知县,南京户科给事中方向为云南多罗驿驿丞。先是,南京监察御史劾奏守备太监蒋琮不法事,太监郭镛公差至南京,因奏向管理后湖黄册,牧羊于湖滩之上,户部主事卢锦鬻官地芦薪以修公廨,而璧、钊、守随勘问,止坐锦为民,谓向无罪,所拟未当,御史不行劾奏,俱党比不公。上复命司礼监太监何穆、大理寺少卿杨谧等会南京内外守备官重勘,拟向、璧、钊俱赎杖还职,守随俟朝觐毕逮问。得旨:“向降边方杂职,守随、璧、钊俱降一级调外任。”(三四,739—740)　壬申,司礼监太监何穆、大理寺少卿杨谧等按核南京守备太监蒋琮及御史姜绾等互奏事状,下都察院会刑部议:“绾等行事多失,有乖风纪,琮累陈辩辞,诬陷人罪，及太监陈祖生、郑强（《中官考四》此处有钱能二字，是）等各因袭受献洲场之类，并南京刑部侍郎阮勤、都察院佥都御史虞瑶、大理寺卿吴道宏、寺丞屠勋拟罪不当，致仕南京工部尚书程宗、见任侍郎黄孔昭因袭前弊，俱宜逮治。具琮与缙等讦奏词所连及者百余人，经年未结，官吏人民皆失职业，乞早为决断。”上曰：“御史不顾大体，构词讦奏，烦渎朝廷。姜绾、刘逊、余濬、孙纮、缪樗、纪杰、方岳各降一级，刘恺降二级，俱调外任；蒋琮亦有不实，姑宥之，陈祖生、郑强、钱能、李荣、程宗免问，黄孔昭、阮勤、虞瑶、吴道宏、屠勋各停俸三月。”于是绾调桂阳州，逊沣州，濬平度州，纮胶州，樗莒州，杰同州，岳泰州，俱判官；恺浏阳县县丞。初，绾等下狱而琮犹治事，众论不平，刑科都给事中陈璚、监察御史伊宏等各上疏争之，谓如按事者则琮与御史皆当下狱，如都察院议则俱合待勘，罪同法异，难以服人；且以一内臣而置御史十人于狱，台院为空，传之四方，殊累大体。礼科都给事中韩重等亦以为言，皆不听。至是，绾等降调命下，众议纷然而琮之势日重，然其祸实自此始矣。琮小有才，言语狂诞，为同类所恶，上亦厌之。每为正言以迎合上意，及继晓、李孜省等遇赦，琮奏请复治，上悦之。既守备南京，骄恣不法，绾等劾之，琮支词深辩，勘官亦右琮而抑绾等，故绾等落职而不及琮云。（三四，740—742）　癸酉，南京内府花园上元、江宁二县岁拨夫二百供浇灌之役，民颇被其扰，左都御史马文升及应天府丞冀绮请罢之，守备太监陈祖生等因陈累朝种树及夫役增减之数，乞存留如旧。事下南京工部议处，右侍郎黄孔昭言：“种树以备宗庙荐新之用，园丁亦难尽革，请如天顺八年诏例，仍岁拨夫八十名。”从之。（三四，742—743）　戊寅，湖广道监察御史张宾等上奏曰：“法者，天下之公，万世不可易者也。近太监蒋琮与御史姜绾等奏讦，情同而罪不同，何以示劝惩于将来？况南京根本重地，琮阴险奸邪，暴横生事，岂宜久居是任？”刑科给事中赵竑等奏曰：“诸葛亮有言：宫中府中，俱为一体，陟罚臧否，不宜异同。姜绾等劾蒋琮者四,琮亦奏辩者六,其违法同,其烦扰朝廷亦同,奏诉不实亦同。狱成,绾等降外任而琮独不问,是琮与绾等罪同而罚异,似非公平正大之体也。”户部尚书李敏等奏曰:“政令归一则人心悦服,否则人心不服而国体乖。今姜绾等与蒋琮所奏事情各有不实,绾等降谪,琮独宥免,是政令不一也。知者谓御史烦扰朝廷,不知者谓御史纠劾内臣得罪,不伤国体乎?”上曰:“业已处分矣。”既而敏等复以为言,上曰:“朕以蒋琮守备重任,不宜轻动,非有他也,其勿复言。”(三四,747—748)　壬午,太子太保、吏部尚书王恕言:“南京守备太监蒋琮与御史姜绾等讦奏失实,俱有罪,今绾等降外任,侍郎黄孔昭亦以勘事罚俸,琮乃独蒙恩宥,人多不平,乞追还前旨,以消物议。此事近屡有言者,奉旨辄以事既发落罢之。臣惟人之大伦,君臣也,父子也,臣所学者忠孝之道,今臣亲已去世,虽欲孝谁为孝?幸有圣天子在上且身居臣邻之地,匡辅谏诤是其职也,是以政治阙失知无不言,言无不尽,期于补阙而成美。若陛下曰可,臣亦曰可,陛下曰否,臣亦曰否,则非陛下起臣之意,亦非臣之志也。夫事未得其当,虽十易之不为过,要于其当而后已,若谓已发落者不可易,则古所谓从谏如流者岂皆未发落事乎?”上曰:“朕以守备重任,不宜轻动,何为复如此说?不允。”(三四,751—752)

三月丁巳,录山西代州等处擒获妖贼王良等功,军士升二级者二人,加赏者四十七人,给赏者百五十九人,镇守太监刘政岁加禄米十二石,巡抚都御史翟瑄、巡按监察御史吴裕、参将王昇各加俸一级,分巡副使熊翀、分守参议徐庄、都指挥于瑢各赐彩段有差。(三六,774)　己卯。初,清平伯吴琮、兵科给事中刘孟出使淮府回,印绶监劾其所赍制节黄纱罩破损,琮等上疏待罪。上曰:“琮等不行敬谨,法当究问,姑宥之,仍各停俸一月。”(三六,788)

四月丙戌,虏入宣府独石乱泉寺等处杀伤官军,兵部奏其事。命下巡按御史逮问把总指挥等官，守备奉御张胜、分守参将盛忠俱戴罪杀贼，都指挥高钺、监丞陶亮等四人姑宥之。(三七,790)

五月辛酉，命湖广今年以前坐派内府供用物料，出布政司并各府州赃罚等银代民买纳，以巡抚都御史郑时言灾伤民穷故也。(三八,808)　壬戌，修筑卢沟桥成，内官监太监李兴乞升文思院副使潘俊等官。吏部尚书王恕言："官匠营造，乃其职分，自成化初年以前，修河筑堤并无升官事例，至十九年以后修筑卢沟桥决口、恭慎夫人坟墓、大慈恩寺殿宇，始滥升匠官并钦天监、太医院等衙门官，日增月益，大坏名器。比因科道之言，一切罢去，识者以为太平盛事。今一旦复滥升如旧，人其谓何？比者营先帝山陵，所役军匠至四万人，亦未有升职者，此役较之山陵不及三分之一，顾欲妄滥升官，甚失轻重之序。况修城等役今方并兴，若俱照例，其为冗滥，又复如前，岂不为新政之累？"上从其言，命给赏有差。(三八,808—809)　命各处镇守官不得擅执军职及受理词讼，从都御史秦纮奏也。(三八,809)　己巳，虏入辽东镇北、威远二堡劫掠人畜，兵部奏其事。命逮问守堡指挥王珍等，分守太监蓝莹、右参将刘祥令各戴罪自效，守备都指挥陈概俟贼情宁日罪之。(三八,810—811)　庚午，撒马儿罕速鲁坛阿黑麻王及土鲁番速坛阿黑麻王各遣使贡狮子并哈剌虎剌等兽，陕西镇守太监傅德、总兵官周玉等先图形来上，随遣人驰驿起送。巡按监察御史陈瑶论其糜费骚扰，请却之。事下礼部议，谓宜量容一二人赴京，依例给赏，其余使人并所贡兽一切却回，量给犒劳；且劾镇守等官，以为圣明在御，屡却外夷贡献异物，德等不能奉顺德意，顾为画图奏进，请治以罪。上曰："尔等所言是。既贡使将至陕西，不必阻回，令镇巡官止起送一二人来京，其余给与口粮，令住城内候事完量与赏劳，发遣还国。狮子等每兽日止给一羊，不许妄费。傅德等姑贷其罪，仍移文谕之。"(三八,811)　丙子。先是，工部以山东登州卫岁运布钞自海道往给辽东军士，乞下福建布政司造海船二艘以助之。镇守福建太监陈道言："福州近年山木消乏，且自此至登州海道险远，恐有人船俱没之患，请备银万五千两送南京龙江提举司造海船为便。"从之。(三八,814)

六月己亥，礼部覆奏户科给事中郑宗仁所陈供应一事，谓四时节令宴赏及斋醮等费日增于前，宜从节省。命尚膳监、光禄寺供应止照弘治元年例行，以后增加者悉从减省。(三九,825—826)

丁未，虏入大同宁远墩劫掠军士，兵部奏其事。命逮问把总都指挥等官，守备都指挥曹绅、分守左参将李玙、太监石岩各戴罪自效。(三九,828)

七月壬子，户部议覆户科给事中郑宗仁等陈言事，请每季命科道官巡视内府甲字等库，蓟州管粮郎中每秋成时稽考永平、山海等处边关营寨所积粮数，会巡关御史平价籴补。从之。(四〇,829)　乙丑，治纪贵、纪旺等诈冒皇亲罪有差。初，孝穆皇太后尝自谓广西贺县人，家姓纪氏，亲族幼弗能知也，太监郭镛闻而识之。上在东宫时，太监陆恺者本姓李，自称为孝穆皇太后亲兄，镛心知其伪，弗发。恺尝托镇守两广太监顾恒访其叔李福边与兄以来，恺姊婿韦父成知其家无人，乃冒承之，得官田数顷，府县遂以戚畹目之而增设其所居里名曰"迎恩"。纪贵者，亦本李姓，名父贵，及弟祖旺谋于田主邓璋曰："韦乃异姓，犹可冒以致富，我同姓，顾不可乎?"璋遂与伪撰宗系图上之府县，且讦父成之伪，府县亦莫之辩也。上即位，遣太监蔡用往访，求无所得，里老遂妄举父贵、祖旺以对，用欲取悦于上，弗复究实，遂与都御史宋旻、太监韦眷、安远侯柳景、御史唐相、布政使侯英、按察使林符、都指挥纪瑛、知府李庭芝、通判俞玑共成之，以二人至。诏改父贵为纪贵，祖旺为纪旺，授官赐第并金帛庄田奴婢甚众。父成歆艳其贵，因从至京争辩。上命镛偕恺审验，镛比用力为弥缝，令父成驰驿归。未几，上命镛往祭纪氏先茔且焚黄，继命工部郎中顾余庆修治茔墓。湖广监生蒋灏、周绅知父贵等诈，乃挟其佃户连山县獞人李友广偕来，教之争诉以徼后福。时听选知县廖宾，广西平乐县人，计右父贵，为之奏辩。会以友广为诈，下户部发遣，而尚书李敏亦言其可疑。上命司礼监、内阁及多官会审，竟莫能辩，乃遣户科左给事中孙圭、监察御史滕祐往廉之。灏与绅恐圭等去得其情，又令江西分宜县人高龙往连山诈称锦衣卫百户，潜来侦察，虚喝县人具友广贯址供状，冒为孝穆皇太后族，俟科道官至，但据此上之。圭等至贺县，微行遍询于人，悉其伪也。乃还，劾用等欺罔，下狱，命多官鞫治。法司议拟以闻，得旨："纪父贵、祖旺诈冒母后宗支，滥受官职，高龙诈称私行体察事务，扇惑人民，俱依律处决；郭镛本知其伪党，比蔡用欺罔不言，亦当诛，姑宥之，黜为小火者，南京新房闲住；周绅、蒋灏、廖宾俱为民，李友广摆站；陆恺致起伪端，法尤难宥，但尝有奉侍陵寝劳勤，发茂陵司香。"既而翰林院侍读曾彦、都御史屠镛等请宥李父贵、李祖旺、高龙之死，以为其情可矜。上从其言，以父贵、祖旺充福建镇海卫军，高龙充辽东铁岭卫军。（四〇，834—837）

甲戌，黜代府革爵武邑王聪沬为庶人。聪沬，代王之庶长子，初以使酒殴死乐工革爵。代王薨，命摄府事，聪沬益酗暴，居丧无礼，置酒作乐，召妓者歌舞，极诸淫纵。内使谏者，辄非法拷掠，或触其怒，以石鼓压胸，囊沙覆口，死者数人。承奉正通保潜入京奏其事，聪沬使典膳胡宽等追之。宽等至京，亦各举奏。下山西镇、巡等官核实，如通保等言，上曰："聪沬稔恶弗悛，故违祖训，难居藩辅，降为庶人，并宫眷迁之太原城内居住。敕乐昌王聪涓摄管府事。"（四〇，842—843）

八月辛巳朔，巡按浙江监察御史张文言："陛下即位之初，取回浙江织造内官，官民无不称快。近者既差工部官分督岁造段匹，又差内官管造上用段匹，浙江官民，莫不怨嗟，盖以内官带领下人，所在骚扰，不胜其害故也。且国家财赋仰给东南，民力不可不恤。今年此地三四月间多雨，五六月间又旱，处州等府流贼聚众攻劫才散，人民之不安也甚矣，再加扰害，何可支持？乞将差出织造内官查取回还，其合用段匹止差工部官督催，如有过限不完及不堪用者，所司官员照例治罪，则民不重困，地方得以少安。”工部覆奏，不允。(四一,849)　　癸未。初，宁晋伯刘福叔祖太监刘永诚蒙赐武清县利上屯庄田二百五十余顷，因侵占牧马草场地二百余顷，积租米至十五万石、银至四千余两。比奉旨钦赏庄田其人已故者收入官，每三十顷递除五顷与其遗嗣，福得留四十一顷有奇。至是，巡按监察御史邹鲁发其侵占草场事，福诉之。下户部议：“今之皇庄及赐功臣等项庄田大概俱是牧马草场余地，其始也，奸贪之徒诈称空闲投献，势要之家奏乞，及其久也，卷册埋没，疆界不明，又从而乘机开种，于是草场日益窄狭。今邹鲁奏刘福侵占前地固当，但福自其祖父以来相继管业，已非一日，宜行法司通会查照奏请。”上曰：“刘福占地收租，法当逮治，但念其叔祖曾有军功及其父相承管业，姑贷之，仍停俸三月。利上屯地于应得递除外，仍留二十顷供奉刘永诚香火，余地并草场俱收入官。”(四一,850—851)　　丁亥，南京守备太监陈祖生等奏请增奉先殿每日供献品物。礼部覆议，谓德、懿、熙、仁四庙品物定自太祖，高庙品物定自太宗，丰俭适宜，莫敢增损。若为朝廷尽祀先之礼，欲尽其丰盛，虽竭天下之奉亦何所不可致？而其中牲口杂羞不过鸡、鹅、糕饼，其俭约如此，盖欲以俭德示圣子神孙，俾万世守之，以为家法者，今臣下岂敢擅议增减。但祖生等奏谓南京光禄寺所支生料数少，恐为厨役之累，乞量为增给。上以为然，令间日增鹅一鸡二。(四一,852—853)　　己丑，大同总兵官王玺等奏本镇有警，请调偏头关精兵驻西路策应，山西镇守太监刘政等执以为不可。兵部覆奏：“近有成命，大同有急则调延绥游兵三千于西路驻扎，仍调宣府游兵三千、奇兵三千并力应援，其偏头关兵留以自卫，不必他调。”从之。(四一,853—854)

乙未，分守密云、古北口等处内官监左少监田亮奏援杨友例，乞免听蓟州镇、巡等官节制。兵部议谓："密云、古北口分守内外官先年径隶京师，不受节制者，以便于警报。近奉成命，俱属蓟州镇、巡等官节制者，则以便于并力捍御，亮所请宜勿许。"上特许之。(四一,858)　己亥，调巡抚宣府都察院右佥都御史强珍为南京通政使司右通政。先是，珍与镇守太监孙振等奏留前总兵官缑谦，谓其才力尚可效用。兵科参谦到任甫半年，失机已四次，珍雷同奏保，其罪尤甚。兵部以闻，故有是命。(四一,859—860)

庚子，巡抚云南都御史王诏等奏："故镇守太监王举不遵诏例，造作奇玩器物，额外进贡，请以其物之重大难致如屏风、石床之类发本处库藏收贮，金银器皿镕化之，与宝石、珍珠、象牙、漆器等物解送户、工二部备用，其寄养象只堪充仪卫者解京，不堪者付与近边土官，令出马以给驿递。"得旨，并解送来京。(四一,860)

戊申。先是，大兴隆寺修斋，理刑知县王岳骑而过寺，监斋长随李彪辱之，使跽于寺前，内使袁安言于太监韦鲜得解。监察御史任仪劾奏安并及岳。下镇抚司鞫治，乃知事本于彪，仪劾安误也，又误以大兴隆寺为庆寿寺，并逮仪下刑部狱。御史武清等疏救之。上曰："仪举劾乖谬，不得无罪。清等不待处分，辄为申解，亦当坐以回护之罪。姑宥之。"已而部狱上，任仪调陕西中部县知县，王岳冠带闲住，李彪问拟如律，袁安等释之。(四一,864)

九月乙丑，监察御史白鸾言："白河抽分竹木局月抽柴草不多，而官攒军士四十二员名岁食粮四百余石，以所抽之货较所食之米，十不偿一，且置有用之人于无用之地，宜革罢，归并广积局抽分。"事下工部覆奏，以为白河局系设立旧规，内官监、惜薪司岁用柴草木炭率皆取办于此，况其地相去颇远，难以归并；其白河军士宜行经该抽分监察御史选其壮者三十名归伍，存留十名仍旧巡视。从之。(四二,872—873)

闰九月庚辰朔，选锦衣等卫所幼丁三百充内府供用库工匠。

(四三,879)　乙酉,工科左给事中王敞言:"国家财赋大半仰给苏杭等处,今雨旸愆期,民多流徙,内臣奉旨催督织造,供亿之烦倍于往昔,惟期速成,不恤民怨,乞降旨取回,止令巡抚等官责成所司,自可集事。"工部覆请,命内官不必取回,姑戒敕之。(四三,880)

丙戌,光禄寺卿胡恭等奏:"近以廷臣谏议,请节缩财用,有旨令尚膳监及本寺备办供应只照弘治元年例行,以后增者悉存从减省,并令本寺查各项供应可议减省折用者备开奏闻,今斟酌疏上,请裁为定例。"上命仍会同尚膳监再查处明白以闻。(四三,881—882)

十月乙卯,太子太保、吏部尚书王恕等言:"赏罚者朝廷之大柄,陛下自即位以来,赏必当功,罚必当罪,天下臣民无不称颂。但迩者修理京城河桥,从太监李兴之请,工匠升官者四人,冠带者五人,此皆前所未有。臣等职居铨选,义当尽言,岂意再尽之陈,莫回九重之听。臣等仰窥圣意,岂不知臣等所言近理,第以为业已许之不可更改耳。然朝廷政事苟未得其当,虽十易之不为过,要于其当而后已,不然末流之弊,将有不可救药。若以为前事既往不可追改,自今以始,亦望慎于将来,今后内外官员但有为人奏乞升官坏名器者,乞明许科道官参奏执问,庶奔竞可息,名器可重而赏罚无不当矣。"上曰:"此以后事,朕自有处置。"(四四,891—892)　庚申。先是,迤西贡使满剌土儿的等还,欲遣内官监左监丞张芾伴送至甘肃,且令内阁写敕与之。于是大学士刘吉等奏:"张芾之差,旧无此例,缘此等敕书有关夷情事体,不敢不言。何则?迤西速坛阿黑麻本一蕞尔小夷,往年进贡,多受恩赏,一旦背恩忘义,将朝廷所立都督罕慎杀死,其轻侮中国,罪恶甚矣。若命一大将统领雄兵,捣其巢穴,灭其种类,揆之人心天理,亦不为过。或不即讨,如古之帝王封闭玉门关,绝其贡使,不容往来,犹为不失中国大体。今皆不能顾,乃宠其使臣,厚加优待,临行又差内官伴送,此何理哉?仰惟皇上凡事悉遵祖宗成宪，不意今秋无故召各番使进入大内看戏狮子，遂使各夷得以面近天颜，大赉御品，夸耀而出。京城内外有识之人无不寒心，以为自祖宗朝以来未尝见有此事。戎狄豺狼，非我族类，其心必异，何乃屈万乘之尊为奇兽之玩，至使异类之人得以亵近哉！今若又差内官伴送，不惟近处人心惊忧，将见自京师抵甘肃一路所过需索应付，人心无不嗟怨，其为圣政之累岂小小哉！况今差来使臣满剌土儿的系罕慎妻父马黑麻打力，系哈密久住之人，今皆忍心害理，忘主事仇，实逆天无道之人。阿黑麻又聚集人马，欲抢肃州，见今边将奏其名虽进贡，实则设诈缓兵，兵部议奏整兵堤备，及将今次使臣回至甘肃拘留，不许放回。此正事体紧关慎处之时，皇上若不止张芾之差，彼使臣回国，阿黑麻必谓中国帝王亦可通情希宠，大臣谋国，君不听信，其奈我何。长夷狄之志，损中国之威，违祖宗之制，贻军民之患，莫此为甚。乞令礼部照例止差通事伴送各夷回还为当。或者有以往日怕六湾回曾差内官韦洛伴送为言，不知彼往广东泛海，须造船只，与此不同。如臣等言不可信，乞令多官会看定夺。”奏上，芾遂不遣。（四四，895—897）

十一月癸卯，瓦剌太师遣使入贡，过脱罗干部，因与其使偕来，边臣以闻。上命大通事指挥杨铭往验之得实，遂却回脱罗干使者，复敕太监杨穆临边验放瓦剌使臣，许二百人入京，余留边关以俟给赏。（四五，914）　甲辰，内阁大学士刘吉等言：“……又如江西磁器，内府所收计亦足用，今又无故差内官烧造，未免扰人。南海子墙垣自有海户可以修筑，今劳动军士数千，将及经年，未见毕工。其他差官勘事等项，尤为烦琐不能悉言。乞将沙河桥、南海子做工军士尽放回营休息，烧造磁器内官停止不差，是亦弭灾修省之一端。其余政事缺失，军民疾苦，各衙门官有陈请者尤望皇上虚心听纳，次第举行，则可以转祸为福，易灾为祥矣。”上曰：“灾变叠见，朕深忧惧，思图消复，惟在恤民。今卿等言天寒，军士久劳工役及烧造内官骚扰地方，诚宜停止。其令金山口、沙河桥、南海子及王府做工军人等俱与休息，江西烧造磁器内官不必差，庶副朕畏天恤民之意。”(四五,914—916)

十二月辛酉，吏科都给事中张九功、监察御史杜忠等交章劾奏司礼监太监萧敬俭邪奸险，强辩饰非，作聪明伤善类，乞黜之以消天变。上曰：“汝等劾人不遵宪纲，萧敬已有前旨处置，何为复劾，今后再不许奏扰。”(四六,924)　辛酉，岐府左长史朱绶等奏：“臣闻为治有体，内外不许侵越。王府外设长史，职专辅导，选自进士，假职翰林，任亦非轻；内设承奉，谨按《皇明祖训》，承奉掌管王府杂事，有事呈长史司发落。顷者兵部奏请亲王出府，仪卫司并群牧所等官校俱属长史司带管，承奉副陈伟乃传送令旨，令承奉斟酌拨用，变乱祖法，背违圣旨，意欲擅专国政，乞赐明断，使内外各有定守。”时承奉正信保亦奏绶等擅回私家。上下礼部议，以为王府内外官职守，旧制具存，兼有兵部题奉近例，所宜遵奉。绶及信保等俱奉恩命，不能协和办理，互相奏讦，宜逮治其罪。得旨俱宥之，谕令协和办事，勿蹈故辙。(四六,924—925)　壬戌，六部等衙门尚书等官王恕等以星变奉诏言：“经筵讲学，乞不间寒暑。各寺观斋醮、西天厂诵经供应太侈，费财害民，元宵灯火筵宴及保圣等夫人岁祀乞各裁减停止。畜养狮子等兽，饲以生羊，有伤仁心，甚为无益。续进番僧，刊印番经，既费民财，又伤礼教，乞放遣。停止增设松潘巡抚大臣、京通仓监守内臣。添差催攒段匹部属、织造内臣，俱为民病，乞取回京。南海子等处修造工役、光禄寺岁用柴炭采办，乞暂停止。……畿内皇庄并公侯等庄田乞每亩止令纳细粮五升，或粗粮一斗。……所司缉访妖言、强盗、人命重情多有冤抑，乞令法司各与辩理，不许拘以成案，畏祸不辩；枷号罪人或致死亡，乞暂宥之，止问应得罪名。盐法壅塞，商人不至，乞为疏通。镇守等官头目数多，乞照例查革。光禄寺军厨千名，锦衣卫近选看宝幼丁五十名,俱乞革退着役。”上曰:“经筵讲学,朕当自勉。供应品物已令裁减,元宵灯火筵宴即令罢之。保圣夫人等祭祀,太常寺查议来说。狮子等兽止喂生肉,不用活羊,看守人役减半。番僧除原存留外,余查数闻奏。各处添设内官及织造官员俱不动。军厨并尚宝监幼丁、问刑参语亦仍旧。军厨月粮各减二斗,其余如议行之。”(四六,927—929)　壬申,吏部左侍郎彭韶奏:“内臣在上左右,人所畏惮,今兵马仓储细大之事尽付其手,凡有章奏,无不先允而后议,该部承行不复审处,是失政体也。至有殴人致死者竟不诘问,狱成复宥,无所忌惮,是失刑威也。耗财妄费,不惟不禁而又助之,死者或给还葬银,存者或许盖祠讨地,第宅服食逾制,声势移人。伏望陛下上法祖宗,乾刚独断,褒良善而亲忠直,远佞媚而斥奢纵,威福必由己出,则万世之永图也。但一日万几,安能劳心周溥,愿执其要以御之。乞自今午朝无奏常事,惟议急务,如大升除、大灾异、紧急钱粮、紧关工程、囚犯之类令各衙门先期具奏事由,圣驾定日出御左顺门,侍班、守卫一如午朝之仪,该会议者各官就于御前公议。如升除大臣,明言某官堪任,某官不堪任,内阁辅臣亦同详论可否,议定辄行,口奏取旨,次日补本。若该本衙门自行者,亦就御前逐一陈说。若事大难悉面议者听各官博议于先,候至朝时再议奏行。仍乞温颜俯询曲折,如此不惟世事日熟、圣明耳目(**按,此处当有脱字**)而群臣高下邪正亦自可见。有事则行,不分寒暑,无事则止,勿劳圣驾,既不废午朝之故典,又可率群臣之兴事,则凡时政得失、军民利病自可以次第弛张矣。”下礼部覆奏,谓:“祖宗设官分职,凡军马、钱粮、礼制、刑狱悉付所司,朝廷惟揽其纲,以责其成。自今近侍人员凡有陈奏请求事务,必须各付所司查奏定夺,不必先允后下,致令所司难于审处。若午朝事仪则本部原奉敕旨,各衙门如有机密重事许赴御前具奏,不必别为议拟。”从之。然午朝竟无请对政事者,不过文具,徒为烦扰废事,故不久竟罢云。(四六,936—937)　命

分守开原右参将刘祥与协守广宁右参将崔胜两易其任，以祥在开原与分守太监蓝莹不协故也。(四六，937—938)

本年附

艺文·《八闽通志》序及太监陈道跋

黄仲昭序："(**闽省文献渐盛而久无志。**)顾私家无力，不能尽得八郡之志，以备检阅；而书人笔札之属，亦无所取给，盖有志而未能者久之。适今御用监太监五羊陈公(道)奉命镇闽，雅好文事，藩臬诸君子因以诸郡之志久旷不修为言。公慨然曰：'谁可属笔者?'诸君子佥以仲昭为宜。公乃具书币俾行部，宪臣踵门而请焉。(**修例略。**)建宁旧志已亡，成化初郡守安成刘钺尝修之，未及成而迁官，遂并携以去。陈公特遣使诣其家访得之，今悉因其所载者采之。(**略。**)采取诸郡事迹及纲领纂修之事者，提学佥宪金陵任君彦常实任之。若夫饩廪笔札书人刻工之费，则皆陈公所自区画，一芥不以烦有司。用是仲昭得以优游岁月，以卒其事云。"

陈道跋："成化庚子(十六年，1480)，予奉命镇闽，欲知其风土俗尚，始求八郡之志观焉。然事多叠出，文无统纪，搜考之余，令人厌倦。乃欲鼎新修纂，顾难其人也。巡按暨藩、臬二司合谋而欲成之，以大理寺副黄仲昭先生荐，予因致书币敦请，属以是书。其事皆因八郡所修之志而采辑者，然始而分类立例，终而删润去取，皆出于先生之手。自成化甲辰(二十年，1480)至弘治己酉(二年，1489)，凡六阅岁而始成。夫郡国有志，实史氏之所资也。其所载善可劝，恶可惩，全闽风土之美，文物之盛，咸有足征，其所系岂小也哉！然自宋季迄于我朝，至于今日，数百年全志始得纂辑通为一书，一览在目，先生之功亦大矣。予尝曰：'非予无以成先生之功，非先生无以成予之志。'信矣。后之来者能相续而修之，俾传之于无穷，不亦韪欤。锓板既成，用跋其始末云。弘治三年，岁在庚戌，敕镇守福建御用太监。"

(黄仲昭纂《八闽通志》)

弘治四年辛亥(1491)

正月乙未，巡抚大同右佥都御史许进与分守太监石岩不相能，各讦奏诸不法事，命礼科给事中袁达、刑部郎中韩绍宗往勘。岩奏达等比进，乃改命都察院左佥都御史李介、大理寺左少卿杨澄、锦衣卫指挥使季成往，介等具疏其实。岩以多支马价、扣官粮偿私债召还京，进奏事亦有不实，调外任为兖州府知府。(四七，949)

二月己酉，命云南都司都指挥佥事方玺提督屯田，云南左卫指挥使马铉分守迤西地方，从镇守太监覃平等请也。　内官监奏修沙河桥，乞拨官军二万五千人，益以长陵等五卫夫力，庶几工得速成。工部尚书贾俊等覆奏："四方灾变日闻，乾象示警，况见营太庙后殿，修桥之役难于并举，请俟岁丰别议。"从之。(四八，961)　壬戌，固安郡主卒。主，景皇帝之女，母后汪氏，成化二年下嫁仪宾王宪，至是卒。……于是命司礼监官董丧事，祭葬恩典悉从厚，但免报讣诸王府。(四八，966)【考】郡主圹志见本年附。

己巳，南京监察御史李端澄等劾奏司礼监太监萧敬柔佞机巧，屡被弹劾，罢黜未几，复蒙召用，未及浃旬，妖星适见，乞将本官仍置闲散，以消天变。不允。(四八，971)　庚午，内府宝钞司言："本司岁造供用草纸七十二万张，该部每季止拨轮班匠十二名，不足供役，请量增其数。"工部覆奏："各处匠役其初为一年或二年一班，后乃定为四年一班，其中又有南部上工及造船、炒铁、运筏与夫修建王府之役，间亦有征价免役者，以是当班之数日减于前，而内外监局并诸司应用之数皆前此酌量奏拟，已为定例，不宜纷更。"从之。(四八，976—977)　壬申，内府供用库新收幼匠三百名，每人月给米五斗。(四八，979)

三月己卯，内官监太监李广督修在京王府，乞月增应役官军口粮人四斗、盐一斤，已得请。户部言京储岁入有限，官军原有月粮一石，今给赐过多，恐后不可继。上从之，命止给口粮人二斗。(四九，984)

四月乙丑，上以天气炎热，特敕司礼监太监韦泰同三法司等官审录罪囚,敕曰:"朕惟刑狱重事,自古帝王必致谨于斯,盖以刑得其平则足以辅治弼教而召天地之和,刑失其平则冤抑无伸、感灾致沴,亦有所不免焉。朕为民主,仰体上天好生之心,每于刑狱,特加慎重。兹当天气炎热之时,虑恐轻重罪囚或有冤抑,不无致伤和气,特命尔公同三法司堂上官将见监问罪囚逐一从公审录,死罪情真罪当者照例监候听决,其有情可矜、罪可疑、事无证佐可结正并枷号者具奏处置,徒流以下便减等发落,笞罪俱释放,毋令淹滞。审问之际,尤须详察言词,旁询知证而断之以理,毋惑于浮言,毋拘于成案,务得实情以全民命。其原勘问官有故失入等罪俱不追究。尔受兹委任,务殚心悉虑以称朕好生之意,庶几天心昭格,和气致祥有可期焉。尔其钦哉。故谕。"命刑部郎中陈章、何说审录南北直隶囚徒。(五〇,1003—1004)　戊辰,礼科左给事中韩鼎言:"近者陛下以兴王婚礼,赐余盐万引助其用,所以笃亲亲而尽友爱者至矣。而兴王亦能仰体圣意,于差出支盐内使路费、口粮皆有给赐,盖恐其扰人生事,贻累地方也。然臣闻差去内使二人,各带家人四五人、军校二十余人,其军校又各带家人随行,窃恐此辈营求图利,乘机害人。乞敕该部计处,或止差内使一人,量带家人一二人,或仍行巡盐御史委运司官以鬻盐价银解部转送王府,庶盐法不坏而皇上亲亲之爱亦可全矣。"上命原差内使二人许带家人、军校共八人,其盐令巡按御史同内使就彼鬻之,解银来京,毋致迟误。(五〇,1006—1007)

五月戊寅。初,李父贵之冒孝穆皇太后宗支也,皆其田主邓璋及子宗茂为之谋,而贺县知县黄琏、守御千户房顺与知其事不能举。及太监蔡用访求,都御史宋旻檄广西佥事黄钥代副使林符保勘,与太监韦眷皆依附不能辨。给事中孙圭、御史滕祐廉其伪,乃并劾之,下巡按监察御史逮问。至是狱上,得旨:"邓璋造意运谋,并家属发陕西庄浪卫充军,财产没官。黄琏、房顺四川松潘卫充军,邓宗茂等发陕西驿递摆站,黄钥冠带闲住,林符降二级调别任，余四十人杖而释之。韦眷以老疾免逮问，降左少监，回京闲住。”于是降符为广东南雄府知府。（五一，1009—1010）【考】韦眷墓在广州，久已被盗，1964年发掘清理，出土墓碑上有碑文三行，上款作“大明弘治八年十一月初五日吉日”，中行作“钦命总镇两广内官监太监韦公之墓”，下行作“孝男相等泣血立石”（广州市文物管理处《广州东山明太监韦眷墓清理简报》，《考古》1977年第4期）。可知韦眷卒于弘治八年，迁葬于广州先营之永泰寺茔（见成化二十一年之“本年附”）。然其墓志未见著录。　庚辰，复赐茂陵神宫监太监陆恺定兴县地百七十二顷有奇。初，恺以冒称皇亲得赐庄田甚多，李父贵等事败，所赐尽归之官。至是恺复以为请，户部执不可，上以恺奉陵寝有劳，命姑从宽量与之。（五一，1010）　甲申。先是，辽东开原等处卒被虏者七人，镇守官劾备御都指挥陈概、指挥文杰等罪，命概、杰俱候边事宁日逮问，分守太监蓝莹、右参将崔胜、副总兵罗雄俱戴罪杀贼，指挥马玺等八人下巡按御史鞫之。（五一，1012）

辛卯，御药房太监覃文传旨，升御医徐生为太医院院判。时院判员缺，本院举上一人，吏部不可，内批遂以徐生补之。御医许观言：“前此本院会考御医、医士人等，有一等、二等之分，生名在二等，不当越次补官。”吏部请于考中一等御医内举用，生夤缘求升，宜治其罪。上曰：“既有前例，吏部仍会礼部、太医院同御药房太监推选。”吏部言：“旧例，太医院员缺先呈本部具奏，乃下本院推举，送部除授，无同内臣推举事例。”得旨：“既不必会选，徐生曾用药有效，升院判。”由是科道交劾生违例求升，太监覃文又开传奉之路，乞罪生以为传升之戒。上曰：“御医专以用药有效为功，生用药曾效，因此升职，尔等何乃有此言？不允。”（五一，1015）

六月戊申，广东广德州等处猺贼邓饭主等自成化间聚众二千余人，流劫州县，杀虏官民八百余人，烧毁民居无算。总镇太监王敬、总督都御史秦纮、总兵官毛锐等奉命征剿。（**斩获略。**）捷

闻,上命赏奏捷者新钞千贯,总镇等官赐敕奖励。(五二,1025—1026)

辛亥。初,虏入辽东威远堡等处,军士被虏者十四人,被伤者五人。镇守太监韦朗劾奏巡守指挥马鼎、备御都指挥宋溥、裴震等及分守太监蓝莹、右参将崔胜之罪,且分别功过轻重,谓马鼎等七员追回被虏百户李深,率众御敌,曾被射伤,比之裴震等罪有可恕。得旨,以马鼎等并李深各罚俸两月,裴震等俱逮问,蓝莹、崔胜仍戴罪杀贼。　直隶淮安府知府徐镛奏:"本府常盈仓岁收粮不过四五万石,乞取回监收内官二员、收粮经历一员。"下户部议以为便。上命汰经历,内官仍旧。(五二,1027)　戊辰,录古北口羊川墩等处杀贼功,兵部拟升一级、加赏者一人,升一级者六十三人,给赏者六十二人,量赏者三百三十一人,其右监丞杨聪、左参将绳律拟以功赎罪。议上,从之。(五二,1034)

九月癸卯,给内府供用库幼匠三百人岁各布一匹、绵花一斤,从太监张韶等请也。(五五,1078)

十月甲辰朔。初有旨,命给内府尚衣监匠役米馔。光禄寺卿胡恭言此辈俱有本等月粮,又曰支直米可无复与。上命姑依旨送用,工完即止。(五六,1079)　丙午,辽王宠淓奏镇国将军恩鑛、恩钝、恩鎗、奉国将军恩鐗、中尉恩鎲、恩鍊、恩钢等听仪宾袁镛招集恶少,夺人财产,捶死平人。上恶其不道,命镇守湖广左监丞刘雅密启辽王拘恩鑛等幽之,其所集凶徒即遣人往捕,并袁镛等皆问拟明白以闻,不许疏漏。(五六,1079—1080)　丙辰,兵部疏上四川擒剿邻境野王刚功过以闻。得旨,以按察司副使董龄等八人功多过少,俱复职;主簿李鉴等六人功过相等,罚俸三月;指挥胡铠过多功少,降一级;通判戴琚等八人有过无功,降二级;知县钱润降四级,典史蒋杰冠带闲住,以镇守太监林槐、巡抚都御史邢表、巡按监察御史欧阳旦有督属功,各赏银币二表里,都指挥刘昇、参政郑龄、佥事宋德有督捕功,各一表里,其余官兵人等有功及阵亡者给赏有差。(五六,1085—1086)　庚申,虏寇甘肃,杀掠颇众，分守右参将都指挥佥事彭清领兵蹑之，获其马匹器杖并所掠人畜，镇守太监傅德请治失守之罪，上以清有追获功，特贷之。(五六,1087)

十一月丁丑，虏驻牧古北口，分守少监田亮连遣牒者诇之，前后被杀者七人，射伤走回者五人。兵部言亮及把总指挥佥事张锐轻率寡谋，请按其罪。命宥之，令亮戴罪杀贼，锐罚俸两月。(五七,1096)　壬午，巡抚河南都御史徐恪言："自古有国家者多轻东南、备西北，然汉之刘濞、唐之庞勋、元之方国珍辈，往往起于东南，致成大患。今东南民力已竭，加水旱为灾，去冬又彗扫天津，当东南分野，此正陛下体天心、恤民隐之日。伏望如即位初诏，令苏、杭、嘉、湖等处织造内外官员、匠作人等一一取回，凡内府近日派出织造花样各行停止，仍令巡抚、巡按等官咨询舆情，凡可以轻徭薄税、息民养兵及防微备患之计，悉听举行，不作无益，与民更始，庶几应天以实而灾异可消。"上令工部通查所取回内臣以闻，工部覆请，已而竟不行。(五七,1100—1101)　庚寅，兵部疏上湖广官军剿野王刚功过以闻。命罚都指挥许瑾、华瑜俸各三月，降千户蒯瑄及知县谢定等四人官各一级，主簿董全二级，赏右副都御史戴珊、太监韦贵、指挥使康泰彩币有差。(五七,1104)　辛卯，命崇文门宣课分司商税兼收五等钞，以钞一千贯有率，内新好钞为一等，次折腰舒间者为二等，次折腰磨动者为三等，次磨动微损者为四等，次损角者为五等，各得二百，从东厂太监杨鹏奏也。(五七,1104—1105)

十二月戊午，镇守贵州太监汪[江]德奏："苗贼七富架等僭称王号，杀掠都匀、清平诸处，请讨之。"下廷议……上曰："苗贼恃险为恶，守臣平时既不能防守，有警又不能调度，以致失误事机，却乃请兵掩饰，科道官其记之，待事宁日疏闻。增兵防用、积粮待用皆如所议行。"【考】江德，其墓志见本年附。　岷府南渭王长子膺鏍性狠戾，所为多不法，又烝其父之宫人，人有忤者辄捶之至死，或缚于柱射之，男女死者数十人；与诸弟处如仇雠，尝置毒于食欲杀之。弟膺钞妻赵美而艳，膺鏍每淫于其弟妇。王使膺钞迁居以避膺鏍，反倡言赵与他人通，逼使自缢以灭口，并捶死膺钞生母，又率人围膺钞第。膺钞逾墙得免，奔永州府诉之，复遣人奏其事。上命巡按监察御史及二司官会勘。太监刘雅入府拘宫人鞫讯得实，刑部议拟以闻。上以膺鏍败伦伤化，罪恶深重，降庶人居之凤阳之高墙，家属令南渭王管摄；膺钞奏事亦有不实，减禄米三之一；被烝宫人令自尽；其党恶群小处决者一人，杖一百，发边远充军者十五人。(五八,1118—1120)　　甲子，土鲁番速坛阿黑麻王遣使臣写亦满速儿等进贡驼马方物并献还金印一颗、城池十一座、人口五百余，甘肃守臣以闻，具疏言哈密初服，人心未定，切恐群夷摇动，别启衅端，瓦剌闻风，或有他谋。欲将……事下兵部覆奏，以甘肃守臣所言宜从，仍请敕一道，赍付镇守大监傅德[①]、总兵官右都督周玉，奖其先能运谋成功，及升任巡抚右副都御史冯续，勉其协谋，以图后效，及各严督守分等官，操练军马，以备不虞。从之。(五八,1124—1125)　　戊辰。先是，有遗火于凤阳皇陵山场者，延爇九十余里，毁大树数千株，巡按监察御史劾中都正留守王正等。下狱逮问，赎杖还职。(五八,1127—1128)

本年附

艺文・碑铭・固安郡主圹志

郡主讳(**按，碑文讳下原空**)，恭仁康定景皇帝之女，母妃汪氏，正统十四年正月二十七日巳时生。成化六年二月初十日封为固安郡主，下嫁宗人府仪宾王宪。弘治四年二月十一日亥时薨，享年四十三岁。讣闻，上哀悼，赐棺椁、斋粮、麻布，命司礼监左监丞王珍董丧事，遣官致祭，仍命内官监办丧仪，工部营葬域，恩典皆从厚。圣慈仁寿太皇太后、皇太后、中宫，

---

① 傅德，原作“傅悳”，“德”、“悳”通，各本取字不一，今皆统一作“德”。

在京亲王、公主皆遣祭焉。呜呼！郡主为国懿亲，早膺封命，勤俭孝敬之德、柔嘉淑慎之仪，著闻宫壶，寿虽不遐，而休光庆泽异于等夷，可谓生荣死哀者也。子男王道，弘治四年五月初九日辰时葬翠微山之原，爰述其概，纳诸幽圹，用垂不朽云。

（拓题《王宪妻朱氏圹志》。《北京石景山区历代碑志选·墓志铭》，第46页）

艺文·碑铭·太监江德[①]墓志

明故都知监太监延平江公墓志铭

赐进士、嘉议大夫、礼部右侍郎……兼经筵讲官、前太子谕德……国史三山林瀚撰文。赐正二品禄、正议大夫、资治尹、太常寺卿、直……内阁经筵……钱塘林章书丹。提督十二营诸军事兼神机营总兵官、掌中军都督府事、荣禄大夫、柱国、太保兼太子太傅新宁……谭祐篆盖。

镇守贵州都知监太监江公，以弘治九年丙辰（1496）闰三月十六日卒于官。有司以闻，上念宫掖旧臣，许归榇于京畿，且命官谕祭、营葬事，赐宝钞锭二千，皆特恩也。司礼太监陈公于公为懿亲，以予同出闽产，乃遣公之弟锦衣百户忠，奉状请铭其墓。予虽前未荆识，然闻公贤名旧矣。曩壬子岁（弘治五年，1492），都匀苗寇群扰我疆宇，虔刘我居民，势日鸱张可虑。朝廷命将征之，敕公监督军务。乃会总兵官镇远侯顾公溥，暨巡抚方岳百职事，设策进兵，一鼓剪之，境土赖以宁谧，而宸衷南顾之忧纾矣。复念贵藩人才视昔聿盛，疏请如云南设科取士，奉诏增解额五人，人以是多贤之。公之重文事、成武功有若此者，予奚容以不文辞哉！

公讳德，字洪载，姓江氏。世为延平尤溪右族。父祖诚，号敬庵，隐居种德，乡人以长者称之。母林氏，有懿行。公生于正统壬戌（七年，1442）正月十有一日。幼器度俊伟不凡，甫八岁选入内廷，逮事清宁宫。出入宫闱，动循矩度。天顺改元丁丑（1457），宪宗纯皇帝正位东宫，简公侍从，小心勤慎，夙夜罔敢少懈。己卯（三年，1459）复登近侍之选，为英宗睿皇帝所爱重。历升御马监左监丞。甲申（天顺八年，1464），转裕陵神宫监。成化丁酉（十三年，1477），进献陵神宫监右少监、太监。弘治己酉（二年，1489），改都知监，佩玺书出镇贵州。至则宣布德意，抚士卒，缮城池，威立

① 墓志原作"悳"，各本实录、方志或用"德"，或用"悳"，今例同"傅德"，皆作"德"。

爱行,兵民安辑。比平都匀奏凯,荷赐蟒衣玉带,岁给禄米二十四石。恩虽隆厚,而公感激图报,未始以寇靖民康而少懈厥心也。讵意年仅五十有五,遽以疾终。未究所施,远迩罔不慨惜。公天性坦夷,与物无竞,友爱锦衣最笃。公暇辄留心文墨,乐亲贤士大夫,以质所学,盖蔚然中贵之良,人未易及也。卒之明年夏五月壬寅朔,葬于都门外沟泥河之原。谨按状采其梗概,用志于石,而系之以铭。铭曰:

惟公器度,蔚乎其良。惟公才识,卓乎其长。入侍宫闱,寸心翼翼。出镇雄藩,芳声籍籍。剪厥臣寇,民生以宁。广厥贤路,士类以兴。胡不永年,倏尔去世。一方旄倪,拊膺垂涕。于皇恤典,重祭高坟。寿千百载,繄兹铭文。

(《新中国出土墓志·北京》第143号)

弘治五年壬子(1492)

正月壬辰,兵部疏上福建征剿流贼官功过,诏功多无过加赏者按察副使马亜等三人,有功无过及功大过小量赏者署都指挥佥事沈贵、右布政使蒋云汉等三人,功多过少令仍旧管事者参政魏瀚、佥事王弼等三十一人,功可赎罪罚俸三月者指挥使杨珽等六人,功难赎罪降一级者七人冠带闲住者四人,镇守太监陈道赏银十两,巡按监察御史吴一贯彩段一表里。(五九,1132—1133)【考】陈道此后实录无事迹,弘治九年卒于任,墓志见本年附。　故事,社稷坛春秋祭每用铺坛五色土二[①]百六十石,顺天府民取而输之神宫监,石加八斗。本府言:"土以饬坛,义取别其方色,初不以多为贵,况小民取之山谷,劳费不赀,请著为定例,庶民劳可纾而有司亦无延误之失。"命工部尚书贾俊会神宫监、太常寺核用土多寡之数。俊等至坛相度,言常年所输土用以铺坛,厚可二寸四分,若厚止一寸则仅用百一十石而足,遂以为请。得旨:"铺坛土止以厚一寸为度,令今后但如此数办纳。"(五九,1133)

---

① 二,阁本作"六"。据后文"厚止一寸则仅用百一十石而足",当以"二"为是。

二月壬寅朔，兵部以凉州、永昌、镇番等处一二年以来达贼入境者数次，人畜被虏者甚众，军职降罚者数十员，请逮问守备、协副、把总、提调等官都指挥朱瑄等二十八人，镇、巡、总兵傅德、周玉、王继亦请量示罚治，且通行甘肃、宁夏、延绥镇巡等官各探贼巢穴所在，议所以用兵之宜。上从之，以协、副文钟已升充参将，免提问，罚其俸二月，傅德等姑宥之。(六〇,1143)　戊申，松滋王府镇国将军恩鑛、恩钍、恩鎗私入荆州府支岁禄，辽王禁之，怨，欲抵奏辽王。王发其事，上降敕责之。既而仪宾袁镛复诱恩鑛等招引群小，夺军民商贾之利，人苦之，至有缢死者。远安王府奉国中尉恩鵍、恩鍊、恩钢、豪坲、长阳王府镇国将军恩錭、恩鏟、松滋王府辅国将军恩镒效之，同恶相济，人情骚然。辽王复奏其事。下都察院鞫实，命镇守监丞刘雅潜启辽王，即将恩鑛、恩钍、恩鎗、恩鵍、恩鍊、恩钢等各隔别严禁，时加关防，毋令出外，捕获导引为恶者并袁镛等拟罪以闻恩。鑛等衔之，欲谋杀辽王。王又奏之，复命往勘得实。上曰：(**各宗室处置略**。)(六〇,1147—1148)　丁卯，虏入大同阳和卫境杀逻卒，兵部请罪其哨守指挥任祥等及守备都指挥同知周宗、曹绅、奉御杨兴、分守右监丞杨定、左参将李玙。命周宗等五人姑令戴罪杀贼，任祥等下巡按监察御史逮问。(六〇,1158)　庚午，巡按陕西监察御史张文言："顷者司礼监一再传写帖子，令陕西、甘肃二处守臣如所降图式织彩妆绒毾曳撒数百事。臣以为陛下有天下之大，固当享天下之奉，但所需之物徒以燕闲之服在于得已。古有惜百金之费者，今织造财物非一方所能办集而工必远募，肆皆创置，其费不止数千，此尤所当惜也。矧陕西岁歉之余，民病未起，星变地震之异往往有之，正侧身修行之日，可恬不知忧而徒以华靡为事乎？夫朝廷之事，必由有司而达于天下，今帖子出于内监则工部之设似为无用。然臣于是窃有以知圣心必有不自安于此者，故不欲令有司显然行之。进德之机，实在于是，扩而充之，何往不善？今谓宜暂停所织，以其价银振业饥民，或第织十数事，则一方之民可以少安，亦圣德增修之一事也。”工部覆奏，谓文言可从，有旨减所织之半。(六〇,1159—1160)

三月辛未朔，虏入宣府西河口等处杀掠人畜，守臣请罪分守右参将杨彪、右监丞张刚及把总指挥秦鉴等五人。命彪、刚待虏情宁日再议，余下巡按监察御史逮问。(六一,1161)　丙子，虏屡入甘州乐善堡等处，军士被杀者五人，虏者三人，兵部请治守备都指挥朱瑄、王智、分守右少监纪能及提督指挥宋昶等罪。命朱瑄、王智、纪能俱戴罪杀贼，宋昶下巡按监察御史逮问。　虏入大同南山墩等处，军士被掠者五人，兵部请治分守太监左敬、右参将秦恭、守备右监丞邹玉、都指挥佥事张镇及哨守指挥使蒋忠等罪。命左敬等四人宥之，张镇等下巡按御史逮问。(六一,1163)

戊寅，以册立皇太子礼成，赏两京文武群臣并守卫、京操官军人等：公侯驸马伯、左右都督、都督同知、尚书、右都御史，每员纻丝二表里，内大红织金胸背一表里；都督佥事、仪宾、左右侍郎、副都御史、通政使、大理卿、都指挥使、都指挥同知、佥事、锦衣卫指挥使、指挥同知、佥事、太常光禄、太仆卿、府尹、左右通政、大理太常太仆少卿、少詹事、祭酒、鸿胪卿、顺天府丞、各卫掌印指挥使，每员大红织金纻丝一表里；通政司参议、大理寺丞、各卫指挥使、指挥同知、佥事、春坊谕德、司经局洗马、尚宝司卿、少卿、太医院使、钦天监正、光禄寺鸿胪寺少卿，每员青绿织金纻丝一表里；文武衙门五品、六品、七品官，每员青绿素纻丝一表里；大汉将军之为千百户者，每员纻丝一表里，各衙门七品首领官、五城副兵马、京县县丞、五官灵台郎、上林苑监、监丞，并八品、九品杂职及国子监官，每员青绿纱一匹；皇亲都指挥每员大红织金纻丝一表里，指挥千百户每员青绿织金纻丝一表里；南京守备官及公侯伯、都督、尚书、都御史以下至给事中给赏如在京例，遣官赍赐之。守卫、京操官军及将军、力士、校尉、勇士等，每人银一两，锦衣卫左所等官、尚膳监办膳官，每人绢一匹；旗校军奴并各监局军匠、太常寺牺牲所旗军并锦衣卫力士，每人米一石；内府民匠、光禄寺厨役、尚膳监军厨及太常寺厨役每人米七斗。（六一，1181—1183）　癸未，管巾帽局事太监黄瑜等奏本局人匠逃亡数多而工作甚繁，请于在京各卫及顺天府所属募取千人习学。兵部议谓："在京各卫军匠比旧额已逃亡过半，其该管官旗或以己俸代偿月钱，或以月粮觅人应役，况近日军余已拣选送操，若又募充匠役，增者未必可用，一旦逃去，复为官旗增害矣。各监局亦将比例求增，何以塞其请哉？宜但以逃亡之数付清军御史严督有司清补，庶人匠可增而官无贻累。"得旨：命即移文清军御史，限今年十月内俱解部应役，毋容情隐匿。（六一，1183—1184）【考】黄瑜此后实录无事迹，卒于弘治十五年，墓志见本年附。　乙酉，调宣府龙门所守备左监丞陶亮于万全左卫，都指挥佥事朱永于西阳河堡，以守备万全左卫太监谢铨、西阳河堡指挥使邓林各代之。亮性凶戾，数凭势侮同官，永不能平，因事忿争，守臣劾之，故有是命。（六一，1184）　辛卯，两广总镇太监王敬、总督都御史闵珪、总兵官毛锐以广西古田县獞贼为梗，调兵剿之，分四哨以进，副总兵马俊一哨自临桂县入，贼伏林箐中射之，俊及参议马铉、千户王珊等俱死。事闻，上以贼害总兵、方面，此事甚大，三司守土官平日既不能抚治，有警又不能赞画，俱停其俸；广西镇守太监王廉逗遛误事，同哨领军都指挥宋宁、麻林坐视不救，俱革去冠带；王敬、闵珪、毛锐指示无策，并巡按御史郑惟桓各停俸三之二，并戴罪杀贼，事平之日奏处。其用兵剿贼方略，命速议行之。（六一，1188—1189）【考】此役闵珪有诗纪之，见《游龙隐岩诗刻》[1]，诗后有纪："弘治五年春，大征古田，班师之暇，钦差总镇两广等处地方太监王公敬、钦差镇守两广总兵官征蛮将军伏羌伯毛公锐、钦差镇守广西太监王公

① 石在广西桂林。载《北京图书馆藏中国历代石刻拓本汇编》第53册，第14页。

廉,同游龙隐岩,索予赋诗,为书二律,以纪岁月耳。钦差总督两广军务兼理巡抚、资善大夫、都察院右都御史吴兴闵珪书。”

四月乙卯,徽府纪善龚天锡奏本府有不遵祖宪二十一事,乞差官区处。礼部覆奏,上命司礼监太监李荣、驸马都尉周景赍敕谕王,使之自新,所奏事听荣等随宜改正,其造端拨置人犯解京问罪。既而王亦自疏服罪且辩天锡所奏之诬,命并行荣等处之。(六二,1198—1199)

五月戊戌。先是,总督军务兼巡抚两广都御史朱英欲撙节粮储,议每军岁支月米九石,余三石折银九钱。后桂林等卫以岁凶请通支本色,左布政使李孟旸等议,且每石给银五钱,稍俟岁丰如旧。旗军戴仲名等仍请增给不得,怨孟旸等,以激变胁之,军人秦记复从嗖[嗾]之。副总兵马俊不之禁,指挥冯晟等七人复语仲名以俊意,仲名遂聚众几千人奔出城外,参政杨守随遇之,几为所害。大掠民财,多污辱妇女。镇守太监王廉等招仲名还,悉获其党,具以事闻。上命给事中叶绅等往会巡抚、巡按官出榜宣谕,胁从者皆勿问,仍按仲名等罪状。……绅等奏上,上以仲名等三人党恶聚众,主谋倡乱,命斩之,枭其首;……以王廉不能抚制,令回京,差官代之;都指挥同知顾刚、按察司副使陈寓并李孟旸、杨守随不能约束审处,发擿奸谋,致地方受害,令巡按监察御史逮问并去任右布政使等官沈晖等议处以闻。(六三,1227—1228)

六月丁未,虏入宣府小白阳堡等处杀掠人畜,守臣劾守备都指挥白玉、指挥邓林、李循、太监谢铨、分守左参将绳律、右监丞杨聪及把总指挥曹洪等罪。命白玉待贼情宁日逮问,杨聪、谢铨戴罪杀贼,绳律、邓林、李循各罚俸两月,曹洪等俱逮问之。(六四,1233—1234)

七月癸未,虏入宣府镇安门墩,遮获逻卒,守臣请罪分守右监丞杨聪、右参将绳律、守备都指挥孙良、守墩百户戴琪等。命

琪等下巡按御史逮问，聪等并戴罪杀贼。(六五,1245—1246)

八月甲辰，周府清河王同鏞与宫人李氏并孟氏之父宣出府夜游，巡更小甲止之。王令厨役左亮执小甲以归，令孟、李二氏截其两耳。事闻，上以王狂纵残忍，宜治以重典，姑降敕切责，仍敕周王约束之，镇巡官严加防守，孟宣、左亮各杖一百，孟、李二氏令镇守太监蓝忠入府杖之。(六六,1260)　　辛亥，兵部以土鲁番献还哈密城池金印，疏上有功官军。得旨升赏者，忠顺王陕巴赏银百两，镇守太监傅德、总兵官都督周玉、巡抚都御史王继各彩段二表里、银十两，参将彭清、兵备副使刘寅各一表里、银五两。(六六,1268)　　戊午，荆府仪宾王釜、内使宋贵以谢恩来京，事竣不辞而还。礼部请下巡按御史逮问，从之。(六六,1270)　丙寅，惜薪司左司副何鼎奏，通州仓贮粮，一时权宜，初非经久，军士不便于关支，警急不便于防守，请于都城隙地增置仓廒，移通州仓粮于其中；且请修浚大通桥以东石闸河道，令漕舟直至桥下，以省转挽之劳。户部会议，以为京仓之建固善，但时诎未可举赢；河闸之说，请试之果便然后施行。从之。(六六,1272—1273)

九月辛巳。初，荆府荆靖王妃魏氏生子见潚、见溥，夫人王氏生见濍。魏氏钟爱见溥，凡金帛必倍与之。见潚不平。靖王薨，见潚嗣位，锢魏氏于宫中，减去衣服饮食，抑郁而死。见潚怒不已，令舁其柩自窦间以出，遂欲杀见溥。(**王杀其弟见溥、见潭，逼淫其妃及他恶略。**)见濍惧及祸，密疏奏之。上命法司勘鞫，具得实，乃遣太监白俊、驸马都尉蔡震拘之至京，遗书于诸王，共议其罪以闻。命何氏自尽，削茆氏封号、冠服，以见濍举奏不早，亦不尽实，减其禄三之一。(六七,1278—1280)【考】此事勘处，首尾两年，后续见同书卷八〇，弘治六年九月己亥："先是，荆王见潚有罪，命降为庶人，居之西内之高墙。既而见潚复奏其弟樊山王见濍不法事，见濍因再发其不轨事，命太监韦宁、大理寺右寺丞王嵩、锦衣卫都指挥佥事陈云往核之。宁等具奏见潚多置弓弩、筑土山、操演船马、广积生铁、收器械，其子祐柄相济为恶，见滜亦有淫虐诸事。上曰:'见潚戕害诸弟,逼奸弟妇,棰死弟母,灭绝天理,伤败彝伦,又潜蓄异谋,其诸不法事不可悉数,穷凶极恶,天地所不容,国法所不宥,即令自尽。内使宋贵等逮问如律,其祐柄、见滜事仍会皇亲等官议处以闻'。"宋贵事见同书卷八二,弘治六年十一月庚申,"荆庶人见潚之杀都昌王见潭也,内使宋贵实预谋,已而避之。法司拟贵为从,不加功,应赎杖徒,送司礼监发遣。后以弓箭、土山事再犯,不应依律勿论。奏上,有旨令覆问。法司仍从前拟,且谓贵罪犯深重,事出非常,非有司所敢擅议。上以宋贵导助潚戕害同气,岂可谓从不加功?前已失刑,再犯他罪,亦不可例以勿论,特命斩之,而诘法司以失刑。于是刑部、大理寺皆上章待罪,命宥之,而各罚其属官俸一月。"又卷八六,弘治七年三月乙巳,"司礼监太监韦宁、大理寺丞王嵩、锦衣卫都指挥陈云奉命往湖广勘荆庶人见潚事,至是具实奏上,赐之敕曰:'得尔宁等勘报见潚奏其弟樊山王见滜与楚府永安王等事情,俱系诬捏,又因得见潚诸不法事。法司论其穷凶极恶,国法难宥,已令自尽,其子女祐柄等并宫眷(有)封号者俱从降革,具见管理府事都梁王敕内。敕至,尔等启知都梁王,召祐柄等到府,依敕施行。'敕都梁王祐櫚曰:(**敕文略**)"

十月甲辰,司设监太监许诚奏钟鼓司缺人,乞将本司闲住官王贯及革职官刘玘、郑豫、张贵、刘杰、臧贤应役。礼部议不可许,得旨:"刘玘、郑豫、张贵、刘杰给与冠带,并王贯月食米一石,令在钟鼓司教习乐艺,臧贤既系有罪革退人数,其已之。"(六八,1288—1289)　虏入宣府龙门所等处杀掠官军。罚分守参将绳律、杨彪俸两月,监丞杨聪、张刚及守备太监谢铨、奉御贺能俱戴罪杀贼,其提调等官指挥邓林等下巡按御史逮问。(六八,1289)　乙卯,虏入大同分水岭等处,军士及幼女被掠者四人。命提问守墩千百户柳芳等四人如律,罚分守参将李玙、守备都指挥曹伸[绅]俸各两月,与分守监丞杨定俱仍戴罪杀贼。(六八,1297)　壬戌。先是,钦天监监正李华犯罪被黜,因同中官择茂陵地,自叙其劳,奏获复任。礼部议谓本监例不用有过之人,命华仍致仕。(六八,1303)　贵州苗作乱,命镇守湖广镇远侯顾溥充行军总兵官、巡抚都御史邓廷瓒提督军务兼理粮饷，镇守太监江德监督军务，都督王通协同统军，巡按御史黄玹随军纪功，率官军并土兵八万人讨之。(六八,1304)

十一月甲戌，虏入宁夏威镇堡等处，军士被杀者五人，伤者一人，牧马被掠者八十一匹。命逮问哨守指挥刘琦等五人，罚总兵李俊、副总兵罗钦俸各两月，镇守太监张睿、巡抚都御史韩文姑贷之。(六九,1311)

十二月庚戌，虏入陕西兰州，军士被杀者一人，被掠者二人。命停守备都指挥梁瑄俸，令戴罪杀贼，镇、巡等官简颙等姑贷之。(七〇,1319)　甲寅，升锦衣卫带俸都指挥佥事梁宏为署都督佥事，仍坐勇士营。宏先附太监李良，保升府职，以言官劾罢，至是复夤缘以进。御史周琰等极论其奔竞之罪，上不听，且诘责琰等。(七〇,1321)

本年附

艺文・碑铭・太监陈道墓志铭

明镇守福建御用监太监陈公神道碑

赐进士出身、光禄大夫、柱国、少傅兼太子太傅、户部尚书、谨身殿大学士、知制诰、国史总裁、同知经筵事洛阳刘健撰。钦差总督两广军务兼理巡抚、都察院左都御史、资善大夫湖南邓廷瓒书。赐进士出身、通奉大夫、广西等处承宣布政使司右布政使番禺陈棫篆。

弘治九年(1496)九月廿有六日己巳，公卒于福建之福州。其子珪报讣于朝，上念公久镇之劳，特许归葬其乡，赐祭葬礼，进珪一官，为锦衣副千户，珪弟璐为广东香山守御千户所镇抚，录遗功也。明年丁巳秋，珪等葬公于张冈山麓。越三载，庚申(十三年,1500)始铭。

公讳道，字安理，世为广东顺德人。曾祖讳思敬，祖讳宗亮，父讳胤良，俱不仕。公以景泰庚午(元年,1450)入侍禁庭，选送内书堂就业，遂肆力六艺间，尤工楷书，崭然露头角于行辈中，先达咸器重其材，交誉之，争令出己门下。成化戊子(四年,1468)，由长随进奉御。丙申(十二年,

1476),升御用监右监丞。丁酉(十三年,1477)转左。己亥(十五年,1479)升左少监,署监事。所任以勤慎闻,宪庙深加宠遇。庚子岁(十六年,1480),会福建镇守缺员,简阅内庭,谓公可任,遂进阶本监太监,受符节领镇事。

福建古闽地,去京师数千里,连山际海,居人杂夷,市舶丛委,夷性黠悍,有司绳以法,往往乘险伏机,以逆将吏,服叛靡常,号称难治。公下车,召吏士属耆老询以军民利病,悉罢行之。葺城池,固封守,捍海隄,建桥梁,养济有院,预备有储,百凡废务,次第修举。暇则兴贤讲武,以崇儒风,以作士气。未几漳州流贼作乱,攻掠城邑,公率将士斩获其党人,赖以安。持政务大体,不以威福自用,因革从宜,民不告惫,境内肃然,诸镇称简静有体者,归公焉。累蒙优诏巽谕,旌以殊服。在镇十有七年,吏习民安,若不知有公者。卒之日,居民痛悼如失所怙恃。公雅性崇俭朴,无贵富气习,自号"水月道人"以示志。尤耿介不以私干人,人亦不敢干以私。居一室,左右图书澹然若儒生,教诸族子甚严,亲为课其业次。从兄子珪,醇谨可仕,立为后继,昭穆焉。今年春,珪宦于京师,诣予拜且泣,曰:"先人服劳王事,垂四十年,终始一节,身保宠荣,殁正□垅于先人足矣。丰碑未立,无以垂示子孙,罪在不肖,敢请铭诸贞石,俾生平忠爱清慎之迹,托斯文传焉,以光耀后世,亦先人志也。"予夷考公为人,盖所谓不践迹,亦不入于室者,世之□进嗜利生无为死无闻名教所不录,公其免夫。公昔受业书堂,予实奉命典教事,有师友义,乃不辞其铭。

(碑立于弘治十三年。咸丰《顺德县志》卷二〇《金石略二》)

【考】陈道在任所建有多座寺庙,颇雄于资。乾隆《福州府志》卷四六《名宦一·朱文》载:文,弘治间巡按福建,"镇守中官陈道物故,资货巨万,文请籍其数以佐公帑之乏。时论韪之。"

艺文·碑铭·太监黄瑜墓志

明故尚膳监太监黄公墓志铭

赐进士出身、光禄大夫、柱国、少傅兼太子太傅、吏部尚书、侍经筵钧阳马文升撰。赐进士出身、资善大夫、工部尚书、侍经筵彬阳曾鉴书。特进光禄大夫、左柱国、太师兼太子太师、英国公、监修国史、知经筵事、提督五军十二营诸军事总兵官、掌后军都督府古汴张懋篆。

弘治十五年壬戌(1502)秋九月有九日,太监黄公自内出,卒于公所,得年七十。时皇上御宴,未及奏。越二日,其僚属合名下官以其事具闻,上惊讶震怜,命奏官舆出之归,发丧私第。寻请祭葬,上许之,命阅录额例如其数。

按状:公讳瑜,姓黄氏,福建延平人也。正统间,值弗靖兵革,所至合门罹难,独遗公籍于官。景泰辛未(二年,1451),简入禁庭,渐升长随。天顺丁丑(元年,1457),英庙复位,见公动止端谨,足为幼习范,命侍春宫。

甲申(八年,1464),除奉御。是年十月,升巾帽局右副使。成化改元,升左副使。二年,准佥押。癸巳(九年,1473),升大使。庚子(十六年,1480),转尚膳监右少监。辛丑(十七年,1481),迁左少监。壬寅(十八年,1482),进太监,仍署局事。

及今上嗣位之初,念公旧臣,忠诚雅净,有辅翼绩,命掌巾帽局印。为行辈率约,凡事无大小,悉归综理。自是恩下雨然,寻锡以蟒衣玉带,内府骑马,时爱优厚。公自始迄今,得事四朝,历官八阶。其宅心类纯,笃于简俭,不事警炫华媚,大过人矣。

侄一,曰臣。孙一,曰斌,臣之所出也。义男二:曰铎,曰住,以公荫,俱荣充勇士。初,事闻,上命公名下司苑局右副使张靖辈董丧事,卜今十月十六日,葬于都城西宛平县香山乡海甸之原。其张公靖奉状请铭,为幽圹录纳,作不朽计,予弗获辞,乃序而铭之。铭曰:

呜呼皇天,眷不偶然。嗟哉黄公,来自闽川。简官内司,分曹禁垣。不作罔累,乃施善贤。志焉则笃,坚之弥坚。心焉则宏,渊渊其渊。祇事四朝,荣受八迁。惟皇有爱,锡福万绵。弗克永终,大归冥玄。延平心志,朝夕鸣鹃。海甸志石,千古遗编。

(《新中国出土墓志·北京》第157号)

弘治六年癸丑(1493)

正月辛卯,内府承运库以本库民匠逃亡者多,请行顺天等府责限追捕,如本户丁绝者补以他户。工部议谓今天下官民军匠俱有定籍,匠之丁绝者难以他户更补,惟逃亡者当拘遣赴工。得旨,命行该府县并五城兵马司严行挨解,若果无人,查其初起是

何州县，行移原籍官司，按名勾解，丁尽户绝者别选人补之。(七一,1339—1340)

二月甲辰，分守怀来右参将都指挥同知盛忠私令军人出境伐木，为虏所杀，忠匿之。会奉御张胜之侄与忠家人相殴，胜发其事，忠亦以他事奏胜，都察院拟罪以请。上曰："忠、胜同事不和，互相讦奏，难以再任。各纳米，完日忠回本都司，带俸差操，胜取回京，令司礼监处治。"(七二,1347)　　乙巳，襄王祐材之妃父前襄阳县主簿井海与义男王福怙宠骄纵，淫人妇女，夺人财物，复以事诱王棰杀十一人，与仪卫副王信、承奉阎德等同恶相济。事闻，命所司按问，王具疏请罪。上曰："王听人左使，捶杀人命数多，有违祖训，本当重治，既自陈孤幼失训，姑念亲亲，曲加宽贷，仍降敕切责。井海等主谋拨置，情犯深重，姑免死，发广东神电卫。王福及王信发海南卫，俱充军，家属随住；阎德等巡按御史逮问如律。"(七二,1348)　　辛酉，令供用库幼匠三百名该班日俱于光禄寺关支饭食。(七二,1359)

三月乙亥。先是，虏入龙门所瓦房沟，守备指挥陈雄等即率所部兵斩首十七级，获马六十二匹，器仗一百八十二事。既而守备马营堡指挥姚信等复率兵御虏于乾营儿等处，斩首三级，获马六匹，器仗七十一事。横沟守兵又斩虏首三级，尖山墩守兵斩虏首二级。事闻，下守臣核实，兵部议拟覆奏："有功官军二百八十五人升赏有差，分守等官左监丞陶亮，右监丞杨聪、张刚，右参将绳律、杨彪各有统兵制胜之功，陶亮如例给赏，聪等四人皆先以他事戴罪杀贼，宜令以功赎罪。"议上，从之。(七三,1366)

五月丙寅，虏入宁夏之庙山墩，镇、巡等官命指挥王良、赵玺领兵三百拒之，(**接战不利，略。**)镇、巡官以闻，并自劾失律之罪。兵部言："宁夏已屡失利，朝廷皆贷之，守臣漫不知警，复有此败，不一惩之，无以戒后。"上是之，命停巡抚都御史韩文、总兵官李俊俸，并镇守太监张睿俱令戴罪杀贼，王良等三人下巡按御史逮问。

（七五，1403—1404） 丁丑，陕西永昌卫宁远堡有自虏中来者二人，谍者诘之，知其为汉人被掠者，把总指挥袁镇利其所赍，使人诱之出境而杀之，百户丁恺掩为斩捕功，镇及指挥史彬亦各以领军应援，报功于官。死者之家发其事，兵部以镇妄杀无辜，罪恶深重，请并丁恺、史彬俱论以重法，谓分守副总兵陶祯、左少监纪能失于审勘，亦不得无罪。上命镇、恺、彬俱下巡按御史逮问，祯、能姑贷之，祯仍停俸三月。（七五，1423—1424） 庚辰，南京内府供用库奏缺速香。户部议发南京内帑钱买千一百三十斤以备五年之用，从之。（七五，1429）

六月壬申，总镇两广太监王敬、都御史闵珪等奏："前此广西古田县獞贼掩杀副总兵马俊等，臣等调军征剿桐木、唐背等七巢，咸破之，斩捕四百余级，其擎江、古塔等百余巢亦就招抚，地方颇宁。"奏下兵部，差次其功，请赎前罪。上曰："既地方颇宁，功可赎罪，王敬、闵珪等俱宥之，诸司官凡停俸者令仍旧支给。"（七七，1484—1485） 兵部覆奏监察御史周琰言各边失机，欲乞不连坐内臣、都御史，宜令主将或副参等官统领军马追杀虏寇，不能料敌制胜、轻率寡谋以致失机者则罪止各官，内臣、都御史不及同行者不坐；若各路分守、守备官不能设备，被虏入境，或贪功启衅，亦镇、巡、总兵官威令不行所致，厥罪惟均。从之。（七七，1485）

戊子，甘肃镇、巡等官太监傅德等奏："哈密夷人有自土鲁番来者报速坛阿黑麻纠集虏众，牧马北山，欲待草青马肥时分为二路直抵甘肃，会兵为一，攻城抢掠，防患之计，不可不虑。"事下兵部覆议："……请移文巡视侍郎张海、都督缑谦会同镇、巡等官，令副总兵张怀、右参将彭清同心协谋，凡可保障守御者事事有备，仍将东路各城兵马亦严加整饬，仍令陕西镇、巡官将陕西并洮、河、岷三处原选官军委官分领，于安定、会宁、兰州等处驻扎，如甘凉有警，以陕西官军移向兰州，洮、河、岷官军移向庄浪，果肃州警急，听张海等调用。所在刍粮储偫，请移文户部查处，以备支用。”从之。(七七,1492—1494)　　庚寅,甘肃镇、巡等官太监傅德等奏:“近得兵部移文,言凡哈密夷人来奔者送赴苦峪各处,夷人亦并散遣,毋令散布肃州。今五月将终,寄住夷人播种已毕,计日望秋,若遽从发遣,纵使量给种粮,止可救济目前,以后仍前缺食,或复逃回肃州,或被逆虏扑掠,恐彼各怀疑贰,因致他虞,反堕阿黑麻奸计。乞将各夷暂存肃州、甘州、山丹、永昌、凉州安住,以系其心,分散势力,以防不测,待来春斟酌夷情事势,量给种粮,发去苦峪住种。”事下兵部,覆奏如德等议,从之。(七七,1494—1495)

八月庚寅,命太岳太和山岁用香烛、洒扫军夫及道士所乞均州食盐俱仍旧,斋粮月支米麦共五斗,岁衣布一匹。初,用都御史梁璟奏,裁减各宫观之费三之一,军夫万一千六百余,盐课仍输有司,阖境称便。至是以太监潘纪言,悉还其旧,惟道士月粮减一斗,岁衣减一匹云。(七九,1519)

九月己亥,太监韦泰传旨,行取四川光相寺番僧国师领占竹来居大慈恩寺。(八〇,1522)　　甲辰,虏入密云塘山,军士往探,遇虏而走,跌死者二人。命罚分守右参将王志及提调指挥佥事张龄俸各一月,其分守太监田亮姑宥之。(八〇,1525—1526)

十月丙戌,虏入大同商家庄及东水沟,掠男妇八人,伤者一人。命罚守备都指挥周琮俸两月,分守太监左敬、右参将秦恭、守备右监丞邹玉、都指挥阎福俱仍前戴罪杀贼,把总指挥袁迅等俟贼情稍宁逮治之。(八一,1544)

十二月己巳。初,京城九门各有守卫军卒,籍禁甚严。成化中,门卒往往纳赂门官,因而纵免,名曰“纳办月钱”,乃令科道、兵部官各一员巡视。至是,太监陈良等奏请不遣科道官,止留兵部主事一员,每月二次点视。从之。(八三,1559)　　辛未,虏入大同关头墩等处,人畜有被杀掠者。命把总指挥等官俟春暖逮问,罚左参将李玙、都指挥曹绅俸各两月,并右监丞杨定俱令戴罪杀贼。（八三，1560）　丙戌。内府供用库香烛匠旧例日给直米四合，至是太监李璋等为请，命增给四合。（八三，1564—1565）

本年附

艺文·碑铭·王老老墓志

内供奉老老王氏墓志铭

弘治六年（1493）夏四月十四日，内供奉王老老卒于其子御马监太监博罗之私第。博罗以闻，且乞归治丧事，诏许之。博罗哭之，哀敛者一依丧礼，尝所与往来者皆走位哭，无不叹讶其孝。且欲铭其幽堂之石，以内官监太监罗公所为行状来请。

按博罗西域河西凉州部人，其先世尝为其部入贡阙下，心慕留焉，不果，归语其家。博罗父哈喇库春尚幼也，闻之心动。及长，有名位为贝勒，华言平章也。凡与部大人相谋，语及京国，必举手南向膜拜，示不敢犯意。由是益不悦于其渠。正统二年（1437），太监鲁安将命，节制边兵于甘，诱徕备至，哈喇库春与妻即老老也，革襁博罗，自其部潜来款军门内附。安为驿闻，因得隶戎籍京师。然不习水土，寻卒，葬于都城西香山乡煤厂村之原。时博罗甫八岁，独于［与］母居二月，选入内供奉，历事睿、景、纯三皇帝及圣慈仁寿太皇太后、皇太后，所以保翊圣躬，弼成内教，与有劳焉。今皇帝之在青宫也，亦以老重之。凡廷掖号内供奉之老曰“老老”云者，美称也。以成化二十一年（1485）请许退休于私第，恩赐白金文绮无算。博罗以劳序累迁至今官，时告省在侧。春秋八十有八，可谓荣寿令终者也。孙男二：长曰成，次曰寿。寿以战功授锦衣卫后所百户，皆能相博罗，于生致其养，于卒致其葬。葬之五月二十一日，墓则合平章公哈喇库春之旧也。呜呼！其可铭也已。铭曰：

永巷宵征，五十霜星。天闲谁扃，有力如虎。执辔如组，厥子孔武。为大长秋，银珰锦裘。禁掖宣猷，今为燕人。燕土宜坟，宜子宜孙。

（罗玘《圭峰集》卷一四《墓志铭》）

艺文·碑铭·左监丞博罗墓志

御马监左监丞博罗墓志铭

弘治十一年（1498）冬十一月，上将明年郊。凡郊，法驾以卤簿从，卤簿马万驷,太仆不与焉,咸出于中厩之良,御马监是也。监之官太监,下少监。少监、左右监丞夙戒虔恭,训饬奚厮。箕以剉尘,菽以火熬,栉鬣膏骏,比物齐毛。穷殚日夜,或时辟易,调骋凿冰,以濯以饮,则多丞主之。右监丞博罗以七十犹在事,然卒以是撼,顿得心胃疾气,壅逆膨脝,阨塞口张,呼呷彻昼夜。从子成、锦衣百户寿,更迭入侍。有以闻太皇太后者,亟遣宫监来视,且赐银半铤市善药。然医工烹粉和剂成,寿捧以进,歠辄呕出,或掉首不歠,势愈剧,狂悸掠发羌语。寿惊曰:“是返本候也。”急以毳蒙身首,拥出私宅,阖扇张帟,蕴火床下,熨脐摩足达旦,至二十五日属纩绝,卜以十二月某日葬城西香山煤厂村之茔。

博罗,西域凉州部人也。正统丁巳(二年,1437),甫八岁,以其父平章哈喇库春来内附,留京师。库春死,与母王老老选入宫,备洒扫。成化丁亥(三年,1467)进长随,出理外厩。乙未(十一年,1475),进奉御。甲辰(二十年,1484)进至御马监左监丞。乙巳(二十一年,1485)遂至太监,移理北厩,厩称治。太皇太后时,皇太后赐银五铤、绮一、帛一,旌之。先皇帝亦如太后之赐而银杀其二焉。

今皇帝之初,左迁复为左监丞。宿卫六十有二年,在职凡三十二,牝牡骊黄,驽骥汗血,饮饲渴饮,痒搔瘠疗,真其生知性能,处得其据,而死其官。前老老之丧,斩斩一依丧礼,知丐余铭,今其葬也,奚宜泯泯无闻?况寿哀哀誓必得余铭。铭曰:

雏离纥干,翰飞戾天。天阊天闲,居之盘盘。鵕鸃之冠,且毁且完。老而大还,吁其安安。

(罗玘《圭峰集》卷一五)

艺文·碑铭·西竺寺碑

李纶撰《西天寺碑》:“(**寺渊源略**。)兹寺之建,岁月弥久,殿堂廊庑不免乎霜雪之薄蚀,墙垣基址难免乎风雨之摧颓。于时内官监太监罗公秀、陈公庭出游之暇,睹其名山福地,遂尔凋落,则前人之功,不几废矣。乃与其徒大能仁寺西天国师释迦哑而塔、禅师津答室哩佥议,各出己资,固维新之具。闻于上,特赐白金若干,中宫、东宫益加宠惠,中外善信咸助其工。(**下略**。)大明弘治六年八月吉日,内官监太监罗秀、陈庭、国师释迦哑而塔等立。”

碑阴题名:大檀越太监:韦敬、曾敏、王瑀、罗荫、黄宣、戴亮、陈玹、山青、秦德、陈富、覃文、陈贵、武忠、苗逵、王荣、王斌、黄准、席忠、陈定、银保、郑林(**第一行,右起**)、王巽、孟鉴、杨清、蓝贤、唐闰、受保、郑兴、李镕、王贤、卢寿、韦端、张续、李舟、何彰、江望、的由(**第二行**)、杨绣、黎田、晋福、杜锦、孙和、吴钊、计原、银保(**按此人与第一行重复**)、傅锐、杨沂(**第三行**)、谢友、蒲本、盘福、陈陶、张海、王瑾、隆昇、商得保、袁玘、马仲、张表、凌德、永成、扶瑜、邢济(**第四行。下西天宗派僧众及善人从略。**)

(碑在北京海淀区大觉寺旁。《北京图书馆藏中国历代石刻拓本汇编》第53册,第20—21页)

弘治七年甲寅(1494)

二月丁丑,虏入古北口地方,杀逻卒三人,命罚分守右参将王志倖三月,与太监田亮俱戴罪杀贼,哨守官逮治之。(八五,1590)

戊寅,复王越为都察院右都御史(**阁本右作左,是**),致仕。初,越附阿太监汪直,历升太子少保、兵部尚书兼左都御史,寻封威宁伯,加太子太傅。其子春为指挥同知,时指挥使,昕为百户。一时气焰可畏,人多愤其开边启衅而莫之敢言。后直败,科道始交劾其罪,遂革爵,发安陆州为民,其子各除名。既而越累疏称冤,上命廷臣会议,议者不能执,并录其功过以请,乃得是命,并复其子春为正千户,时仍为百户,俱原卫所带俸。(八五,1590—1591)【考】《明史·王越传》:"弘治七年,越屡疏讼冤,诏复左都御史,致仕。越年七十,耄矣,复结中官李广,以中旨召掌都察院事。给事中季源、御史王一言等交章论,乃寝。"　己卯,宣府洗马林堡逻卒出境哨探,被贼杀者九人。命罚分守杨彪倖三月,与太监谢迁[①]仍戴罪杀贼,其守备指挥程虎等逮治之。(八五,1591)　癸未,命以原赐故御用监太监白俊武清县庄田七十六顷还官。(八五,1592)　工部覆奏监察御史张泰等请免差织造内臣事,谓苏、松诸府方以灾告,民困未苏,

① 谢迁,当为"谢铨"之误,时任万全守备。

宜从泰等所言，上供之数本部请移文所司如式织造，仍令巡抚宪臣督之，其余赏赐供用之类暂乞停免。有旨仍遣官。于(是)工科都给事中王敞等亦以为言，谓陛下去岁尝以灾异召还差去官员，中外臣民无不称便，傥以前日之举为当，则于今日廷臣之议必能俯从。不允。(八五，1592—1593)

三月癸巳，贵州苗贼平。镇守贵州太监江德、总兵官顾溥、都御史邓廷瓒、都督佥事王通等会调官军、土兵征剿都匀长官司寨苗乜富架、长脚等，分路并进。兵备副使吴倬等遣熟苗诈降乜富架，诱令入寇，因伏兵擒之，并执其二子。诸路乘胜深入，抵其巢穴，擒长脚并其子阿网，凡破一百一十余寨，斩首俘获万余。捷闻，命降敕奖励德等，奏捷人升锦衣卫所镇抚，赐衣一袭、钞一千贯。(八六，1597—1598)　丁巳，山西镇守太监刘政、按察司兵备副使胡汉、守备署都指挥王儒、刘淮修筑偏头关边墙一百二十五里，补黄河边墙二千六百余丈，添筑宁武墩堡十座，挑浚横山壕堑长二里，添筑雁门关墙及铲削壕堑共五十八处。奏上得旨，以政等修筑有功，赐彩段有差。(八六，1609)

四月丙寅，礼部尚书倪岳等以灾异陈言时政，一谓司苑局种菜军一千名，皆五府属卫差拨应役，管局内官多令出免役钱，逃亡者责卫官代出，甚至破荡家产。成化间设嘉蔬千户一所，专理其事，上下称便，内官寻奏革之，请复设为宜。一谓内府军匠多为内官办纳月钱，逃亡者不听注销清补，惟令本卫官代纳，虽屡有严禁而其弊如故，乞令该卫有逃故者即移文各监局注销为宜。兵部覆奏，以为可行。皆不允。(八七，1614—1615)　甲戌。先是内府供用库奏乞移文广东买办马牙香数万斤，户部执奏无例，至是查有成化间两次买办例，检举请罪。得旨，命买香五万斤，陆续送用；户部既检举，堂上官停俸一月，该司官两月。(八七，1615)

辛巳，内府织染局以匠役逃亡者多，乞于京卫军余拣选壮丁一千名习学工作。兵部执不可，请就本局人匠中选幼丁三百名。

上从之,仍令原逃亡者所司速为清解补役。(八七,1618)

五月戊戌,黜南京兵部郎中娄性为民。先是,南京守备太监蒋琮奏性逞威擅权,欺凌军职,承委修运河辄于宿州禹庙后创建生祠,塑己像其中,及假托修造会同馆、武学,侵克在官皂隶银诸不法事。上命刑科给事中任伦、刑部郎中盛洪、锦衣卫千户赵良、御史刘玮堪问未结,而琮复奏性潜易案卷,伦等阿附掩饰,又奏南京兵部员外郎袁燫侵欺马快船价,事亦连性。性具疏自辩。会南京广洋卫指挥同知石文通亦奏琮开掘聚宝山,有伤皇陵王气,及殴死商人、占役军匠、侵夺官地、私造马船诸罪。琮又屡奏不已,株连蔓引几数百人,遂成大狱。刑部乃奏差司礼监太监赵忠同大理寺右少卿马中锡、锦衣卫都指挥佥事杨荣会勘。至是狱具,性坐入己赃,革职为民;南京兵部主事姚玺为性补易案卷,赎徒还职,余坐罪有差。时南京兵部侍郎王继以不举燫罪,为忠等所奏,继适考满至京,遂逮就都察院狱,拟赎杖还职,命宥继罪。琮等俱逮问,所掘聚宝山口令南京守备等官填补。性小有才,喜事好动,欲以躐取通显,卒用是致祸。既而疏求复官,会司礼监官奉命刑部录囚,性就堂下膜拜,哀鸣不已,闻者皆笑之。(八八,1626—1628)【考】蒋琮处置,见同书卷九二,九月己丑:"先是,南京守备司礼监太监蒋琮奏讦娄性,已差司礼监太监赵忠、大理寺少卿马中锡等案核。会南京广洋卫指挥同知石文通亦奏琮开掘聚宝山,有伤皇陵王气及诸不法事,忠等案核至皆实。得旨下南京都察院逮问,至是狱具。上曰:'蒋琮掘断聚宝山脉,打死人命,违法多端,本当处死,姑宥之,发孝陵充净军种菜。'琮稍通书史,好延接人士,自以为人莫己若,南京科道等官忤之者多得罪,众怨疾之而莫能去也。初琮讦性时,疑二当道者庇之,扬言欲举二家不法事。二家恐,因文通欲奏琮,遂潜令增入开掘聚宝山事,始得正其罪云。"　甲辰,命内官监太监李兴、平江伯陈锐往同都御史刘大夏治张秋河决,赐之敕曰:"朕惟天下之水,黄河为大;国家之计,漕运为重。即今河决张秋,有妨运道,先命都御史刘大夏往治之,未见成功,兹特命尔等前去总督修理。尔等至彼,会同大夏相与讲究,次第施行,仍会各该巡抚、巡按并管河官,自河南上流及山东、直隶河患所经之处,逐一躬亲踏勘,从长计议,何处应疏导以杀其势,何处应修补以防其决,何处应筑塞以制其横溃,何处应浚深以收其泛滥。或多为之委,使水力分散以泄其大势,或疏塞并举,使挽河入淮以复其故道,虽然事有缓急而施行之际必以当急为先。今河既中决,运渠干浅,京储不继,事莫急焉。尔等必须多方设法,使粮运通行,不致过期,以亏岁额,斯尔之能。然此乃国家大事,或敕内该载不尽事理,尔等有所见闻,听尔便宜而行。其一应合用竹木麻铁等料、应役军民夫匠人力,如原先科派、起集不够,方许量为加添,不可轻信人言,过为科差。恒念此时濒河军民方困饥疫,不幸值此大役,甚不聊生,万一功有不成,物为徒费,或生他变,悔之何及！各该司府州卫等衙门委任集办并借用顺带夫料等项,不许推调,稽违误事。有应奏闻者,奏来处置。其见用官属非不胜任者不必改委,所委文武职官敢有误事作弊者,轻则听尔量情责罚,重则文职五品以下拿送问刑衙门问理,四品以上方面、军职参奏究治。尔等受兹重任,必思廉以律己,勤以建功,广询博访,事不必专于一己,深谋远虑,计必出于万全。仍禁戢下人,使不敢怙势作威以凌人招贿,爱惜物用,使不至假公营私以浪费冒支。所用军夫尤宜用心抚恤,必使劳逸均平,不至失所,如此则役不徒兴而大功可成矣。不然则劳民力于无用之地,弃民财于不测之渊,咎将谁归？尔等其钦承朕命,毋怠毋忽。”(八八,1628—1631)

六月丁卯,给内府酒醋面局幼匠二百名米人月五斗。(八九,1646)　己卯,录平贵州苗寇功,加行军总兵官镇守湖广镇远侯顾溥太子太保,仍岁增禄米二百石;赐监督军务镇守贵州太监江德禄米岁二十四石;升提督军务巡抚右副都御史邓廷瓒为右都御史,仍巡抚地方,协同统军;镇守都督佥事王通署右都督,随军

纪功巡按御史黄玹为南京大理寺右寺丞。(**下升赏略**。)(八九,1650)

七月丁未,太监韦泰传旨,升御用监官匠千户张玘、检校李纶等四人各二级,人匠徐原初等三十人各二级。(九〇,1659)

甲寅,吏部尚书耿裕等言:"去岁奉旨,大小官员有不由本部推举传乞升授、沮坏选法者,许参送法司,问黜为民。近御用监官匠李纶及人匠徐原初等俱以传旨升授,正与前例有碍,乞令李纶等仍候九年考满,照例升用,徐原初候遇缺拟除,庶几良法美意不为小人所破坏。"兵部尚书马文升等亦言:"祖宗旧制,武职非有军功不升,非西北边方大功亦循例止升一级。近御用监官匠特以制造微劳而张玘等传升二级者四人,升一级者三十人,恐各边将士闻而解体。"皆不听。(九〇,1664)

〇 任自垣《敕建大岳太和山志》卷二《诰副墨第一》:"八月癸亥,敕御用监太监扶安、尚衣监太监余庆、御用监左少监张昺:'今命尔等管领黄船,并马快船只,装送真武圣像并供器等项,前去大岳太和山奉安,就修斋醮。已敕湖广三司,并管山内外官员,预先整理伺候应用。尔等沿途务要十分仔细,用心照管,不许丝毫怠忽。到湖广布政司,率同三司委官护送至山奉安,事毕回京。凡事须要公同计议处置停当,不许因而生事,扰害下人。如违,责有所归。尔等敬之慎之,故敕。弘治七年八月初九日。'"按,同日并分敕太和山太监潘记、参议陈睿,令其"预先措办该用一应物件并人夫等项,俟候至日应用";及敕湖广三司,"即便公同计议,各委堂上官员,管理合用修斋品物及一应物件,并扛抬人夫等项,预先整理俟候应用。凡事悉听扶安等处置,临时有当用者即与措办"。是岁十二月二十八日,扶安等管送真武圣像于大圣南岩宫奉安,八年正月十五日于净乐宫修金箓大斋七昼夜。

九月庚寅,巡抚直隶都御史何鉴奏:"今年春夏以来,淫雨大注,山水暴涨,太湖泛溢,所在田庐悉为飘没,加以连岁灾伤,民病益甚,如不预为之处则民将流离失所,意外之患恐有不能无者,乞将明年各卫所该造军器暂为停免,织造官暂为取回。"工部覆奏,谓江南灾荒诚有如鉴所言者,宜从其请。得旨:"造军器准暂停止,织造官不必取回。”(九二,1687) 壬寅,兵部奏:“自弘治五年十月以后虏入甘肃庄浪及古浪地方杀官军二十五人,伤六十人,掠男妇十人、官布二千四百余匹、银六百四十余两、牛马八百有奇;(**下分述虏入永昌、凉州、镇番、山丹等处杀掠状略。**)巡按御史勘报得实,今不深治之不足以警其后,自镇、巡等官以下俱请逮至京治其罪。”得旨:“巡抚都御史冯续及协副都指挥赵承文罚俸各半年,并镇守太监傅德、分守少监纪能俱戴罪杀贼,前总兵官周玉、分守左参将文锦罚俸各三月,兵备副使柯忠罚俸两月,分守副总兵陶祯及守备指挥陈铠功可赎罪,宥之;守备都指挥王智已故,候其子承袭时降二级,余守备指挥等官李杲等二十八人俱逮问如律。”(九二,1695—1696)

十月壬戌,命遂安伯陈韶领官军万人修内府万春、寿安等宫及各处殿宇房屋墙垣桥梁,从内官监太监李广言也。时钦天监以年岁不利,请候弘治十年兴工,而兵部尚书马文升、英国公张懋等亦合词奏云……(**言团营军士苦于差役,致逃亡甚多,乞缓兴工。**)上仍命给之。(九三,1704—1705) 戊辰,湖广苗贼入靖州关硖堡,杀百户一人、军十人,并虏掠居民孳畜。兵部请逮问守备都指挥房昂等十六人及分守左参将史瑄、知州何东,且言镇守太监刘雅、巡抚都御史韩文亦当治罪。命房昂等巡按御史逮问,史瑄、何东各罚俸三月,刘雅等姑宥之。(九三,1710—1711) 癸酉,镇守江西太监邓原奏:“袁州卫官军往年尝调二百人守备宁县,八十四人守备新昌,今袁州自有寇贼,乞取原调宁县者归本卫操守。”兵部覆奏,并新昌者取回,仍命守臣谕令两县各佥选民快自守,有警调附近卫所官军相兼备御。(九三,1711—1712) 甲戌,山东按察司副使杨茂元奏:“张秋之役,官多而责任不专,供亿甚巨,日费百金。臣闻各官初祭河神,天气阴晦,帛不能燃,久之似焚,不焚之处宛然人面,耳目口鼻皆具,万目咸见,众口骇叹。神示此怪,岂偶然哉!乞取太监李兴、总兵陈锐回京,专任都御史刘大夏以责其成功。若太监、总兵官不可取回，亦乞将带来匠作人等尽行取回，量留一二名以备役使。”又言黄河之水必当浚其上流，使复故道，则漕运可通。今欲作滚水坝，徒费工力。又言河南之民不欲黄河入境，但见山东委官往彼增筑贾鲁堤，即谋欲杀之，此非细故，乞令河南巡抚等官严加禁约。事下工部议，谓治水患、恤民隐，俱朝廷重事，茂元所言取回差官人匠，乞为裁处。其欲止滚水坝，请行兴等会议处置。河南之民阻筑河堤，亦请行巡抚等官禁约。上令会官议处以闻。于是工部会多官廷议，以为自兴等至张秋之后，始与大夏相地势水势所宜，即决口西南开越河一道，致粮运可以通济，且今霜降水落，正系修筑之时，而调到官军民夫数多，亦正可并工修筑。请仍令兴、锐、大夏同心协力，务底成功，仍惜财恤民，减省冗费，严禁所部人匠不许生事害人。其工役人等加意抚恤，毋致失所。河南之民该管有司不行禁止者一体治以重罪。从之。（九三，1712—1713）　戊寅，山东按察司副使杨茂元奏：“山东连年荒旱，今岁积雨为灾，兼修塞张秋决河，供给不赀，差科繁数，请取回镇守临清右监丞李全别用。”兵部覆奏，谓临清镇守官尝取回别用，一旦复设，中外骇讶，宜从茂元所请；凡在临清内外供给，亦请悉从节省。上曰：“临清地方亦须用人守镇，李全不必取回，余如议行之。”（九三，1714）【考】杨茂元因言事被谪，事见《孝宗实录》卷九九，弘治八年四月辛巳：“先是，都御史刘大夏、太监李兴、平江伯陈锐奉命治张秋河决，初至祭大河之神，时天气阴晦，帛不能燃，久之欲[似]焚，不焚之处宛如人面，耳目口鼻皆具。山东按察司副使杨茂元闻之，以为神明示此，必有警戒，又闻兴等参随人众，饩廪之外，日费银七两，又见同知王珣呈银二千两，不足十日之费，遂上奏欲取回兴等，专委大夏，以免地方烦扰；又谓水者阴象，后戚之家威权大盛，假名姓者不可胜数，乞裁抑之以消灾变；又欲放回画士以绝淫巧，罢山东镇守内臣以苏民困。上谓成大事者不惜小费，兴等皆不取回，惟令工部移文，速其成功，仍令兴节省浮费，约束所部，毋生事扰民。兴等因诉茂元所奏皆妄，下巡抚都御史熊翀、巡按御史王槐勘实，皆言焚帛之异在始祭一日，特形似偶然，日费之数盖有司所拟以备不足，茂元得之传闻，遂为地方过虑。其实廪饩之外，兴等未尝过取，而茂元于兴等亦非仇诬，第所奏工食银数以少为多，不能无罪。刑部因请下御史逮问，上不允，命执送锦衣卫狱。于是刑科都给事中庞泮等言：'茂元身居风宪，过虑地方，偶有一得之愚，遂为三事之献。乃者千里械系而来，大班反接而见，无异累囚，陛下所以处茂元者虽未究厥终而一綮见之间已不胜其辱矣。本为纳忠而反以速祸，本为报国而反以辱身，区区一茂元固不足惜，但恐人人自危，括囊相戒，保位持禄，谀佞成风，甚非国家之福。'十三道并南京十三道亦论救之。狱具，刑部拟茂元赎杖还职，得旨：'茂元奏事不实，降二级调别任。'遂降为湖广长沙府同知。初茂元病痔漏剧，自分不复能仕，乃锐欲掠名而去，将与巡按御史攻讦，又谓其不足异。会李兴綮辱按察正官，茂元适代视篆，惧其波及，遂密遣人奏之。从父守阯时在翰林，欲沮之弗得。既谪，病良愈，始复悔之。"

十一月丁酉，工科右给事中柴昇言："臣往时闻有旨，令各处守臣访取画士，以为风闻，不敢妄言。及见山东副使杨茂元所奏，内开司礼监太监覃昌等传旨，始得其实。臣窃以此等事端断非圣心之所乐为，或出于左右之人阴谋巧伺，误投圣听，特陛下不察，遂成其私耳。已而山西镇守太监刘政奏送画士白玺等十八人，俱送御用监，是则画士之索不止山东，殆将遍于天下矣。无乃陛下真欲充耳目之玩、侈心志之好邪？仰惟皇上临御以来，不役耳目，百度惟贞，何乃一旦转移，遂至于此。纵使万几之暇将欲游心翰墨、玩情图籍，亦惟求之秘府所藏，何假纶音招延，四方宣播？诚非所以崇圣德、扬休声也。况比来天灾时变，在处水旱虫荒，是皆不能不贻九重之忧，奚暇留意于此！伏望大施刚断，将取来画士仍各遣回，未来者止令勿来，庶不眩惑群听，有坏清明之政。"工部覆奏，谓画士访求，虽若细务，四方观听，所系匪轻，且此辈倘蒙收录，朝夕乘间，亦足上移圣心，乞如昇所言。疏入有旨：待各处送到时处置。(九四，1725—1726)【考】覃昌卒于弘治八年，此条为实录最后纪事，墓志因著于本年附。　戊申，录庄浪卫红城子堡等处杀贼有功官军，升一级者二十六人，给赏者五十人，量赏者四百五十一人，其分守少监纪能、都指挥杨荣及守备都指挥等官鲁麟、文绵、唐玺、王原、兵备副使柯忠各赏纻丝二表里。　虏入大同镇虏卫境，军士被虏者二人，命守墩千户刘完等三人俱下巡按监察御史逮问，分定右监丞杨定、参将李玙、守备奉御吴通、都指挥张镇等宥之，戴罪杀贼，以玙戴罪数多，仍罚俸三月。(九四，1731)

十二月己未，巡抚顺天等府都御史屠勋奏："古北口潮河川实京畿北门重地，今分守密云太监田亮、参将王志同住密云中卫，相距古北口百余里，缓急之间应援不及，宜令王志移驻密云后卫，稍近川口而以所管振武营官军分驻二处，扼其险隘，以便策应。"兵部覆奏："密云后卫正当古北口、潮河川之冲，专为守关而设，若移参将于此则营舍必须事为之处，劳费不赀，况振武营官军止有千数，若分而为二，未免兵势寡弱，惟简委都指挥或指挥二员，分拨本营官军五百，令其率领备御，半年一更，有警则令参将截杀，分守策应。"从之。(九五，1738—1739)　乙丑，镇守宣府太监孙振奏："虏入怀来四海冶堡教场，掠采薪军，又入独石、马营野鸡山等墩掠汲水军，管墩百户文盔、提调千户唐文等俱以失误致寇，守备指挥刘宣、杜钰、都指挥陈广、奉御张瓒、监丞徐玉、分守参政孙成、绳律及监丞杨聪俱督治不严，各宜治罪。"兵部覆奏：文盔等宜如所议，绳律、杨聪前已八次失误，令戴罪杀贼，徐玉亦四次，宜皆逮问，或与张瓒、孙成俱加重罚以图后功。命盔等逮问，律等戴罪，律(按，律疑为瓒)、成仍停俸两月。(九五，1741—1742)　丙寅，六科、十三道以虏连入永昌、凉州等处，多杀掠人畜，请治镇守太监傅德、前总兵官周玉、巡抚都御史冯续及副总兵陶祯之罪。兵部覆奏，命镇守延绥太监陆訚与德两易其任，另推举有才识者往代续回京别用，其余事情待御史勘报处治。时周玉已养病回，亦待勘报处之。(九五，1742)　庚午，改张秋名为安平镇，建庙祀真武、龙王、天妃，赐额曰"显惠"，从太监李兴等请也。　　壬申,升山东布政司左参政张缙为通政司右通政,提调沙河至德州河道。太监李兴等言缙修河有功,今决河已塞,仍须令管理河道,因以命之。(九五,1745)　　甲戌,太监李兴、平江伯陈锐、都御史刘大夏以筑塞张秋决口功成闻奏,上遣行人赍羊酒往劳之;以黄陵冈工程未可已也,命工部集议以闻。于是议谓张秋决口虽已塞完,但今天寒土冻,恐来春冻土融化,或雨水泛溢,复有后患。其黄陵冈在张秋上流,亦宜筑塞。但水势汹涌,随筑随决,恐非一时所能成功,请仍留兴等三人,来春量起丁夫,再培筑张秋决口及新旧河岸,务令坚厚,以期永久。其东昌、临清、德州一带河道亦须逐一经理,复讲究黄陵冈事宜可疏可筑,相机而行,必求允当而后已,俟事毕兴、锐具奏先回,大夏仍会同各巡抚等官用心修理,如贾鲁河、孙家渡口、四府营并马雄家口等处,亦宜再加疏筑,使运道疏通,以为经久之计。议上,有旨命安平镇等处河道及南旺湖水利仍令兴、锐、大夏设法疏筑修浚,功完具奏,待报回京。(九五,1747—1748)

本年附

艺文・太监覃昌墓志

司礼监太监葵庵覃公墓志铭

高皇帝当平定天下之后,建官分职,以理庶务;又仿周礼,即御府设监局库,以内臣分理之,若司礼监其一也。自宣德、正统以来,司礼之选益重,盖其职专掌礼仪、参预机务,非积学制行、通达政事,鲜克当之。若太监覃公,其可谓称其职矣。

公讳昌,字景隆,别号葵庵,世家庆远府宜山县,为广右著姓。父讳敬才,娶韦氏,生公兄弟姊妹八人。正统丁卯(十二年,1447),岭表兵扰,公避乱山谷间,及事平,兄弟辈俱先亡,独遗公与弟旺及季妹莲而已。时悉送诣京师。公时年幼,而姿甚美,乃选入内庭,被旨与旺同学书馆,而受业于故尚书文安刘公、学士恒简林公。已而公复被拔进学于文华殿之东庑,特命故学士文懿吕公、少保文僖倪公教之。

天顺丁丑(1457),英宗复位,宪宗时在东宫讲学,命公伴读。甲申(1464),宪宗嗣位,擢奉御,再擢针工局右副使,管局事。成化乙酉(二年,1466),始进司礼监右少监。乙巳(二十一年,1485)命掌本监印。

丁未(二十三年,1487),今上嗣位,乞侍山陵,不允。弘治戊申(元年,1488),求退愈切,上重其老成,数勉留之。癸丑(六年,1493)十月,公疾作,遣医视,且使人存问不绝。及疾笃,门下尚衣监太监宁公诚具奏,始命归私第。是夜,竟卒,实乙卯(八年,1495)正月九日,距生宣德癸丑(八年,1433)九月十二日,享年六十有三。

没之日,上闻,悼惜不已,特命本监太监李公华率宁公等经纪丧事,所赙甚厚,三遣礼部谕祭,工部给棺营坟,坟有祠,赐额曰"褒德"。恩数稠叠,皆出常等。圣慈仁寿太皇太后、皇太后、中宫亦皆致赙,内外之人相率吊祭,有善人已矣之叹,可谓难得也。

公为人孝行追其先,恩义周于族。弟旺官承运库奉御,以[已]卒,言及必流涕。季妹为择婿,归于腾骧右卫指挥使陈宽,封淑人。笃于故旧,久而不忘。及与人交,重信义,持己谦恭,惟以盈满为戒,不自骄侈。事上忠诚而不欺,待下慈厚而不刻。至于御前议处大事,默赞圣政,慎密周详,而人不知者盖多矣。惟朝廷大礼,多公掌行,其次第可纪者:选吉王妃一,封宸妃捧册二,尊上圣慈仁寿皇太后徽号充内副使捧册三,皇子五位冠相礼四,封兴王等五王充内副使五,封贵妃等十妃宣册六,尊加圣慈仁寿太皇太后徽号捧册七,附宪宗神主于太庙捧主八,选兴王妃九,封寿王等五王充内副使十,立皇太子充内副使捧册节十一,新建太庙夹室成奉安懿祖皇帝皇后神主十二,此其大者也。平生蒙列圣恩宠,有御食厩马之命,蟒衣玉带之颁,庄田禄米之给,至于金帛奇物,时有赏赉,不可胜计。又尝赐象牙图书二,其文曰"忠诚不怠"、"谦亨忠敬",金石图书各一,其文曰"才华明敏"、"补衮宣化",皆所以表著公之才德云。

(徐溥撰,《国朝献征录》卷一一七《寺人》)

艺文·碑铭·左监丞梁端寿藏铭

明故南京司礼监左监丞梁公寿藏铭

嘉议大夫、南京吏部左侍郎、国志总裁、文华殿赐一品服东吴钱溥撰。

敕南京守备、掌中军都督府事、成国公凤阳朱仪书。敕参赞机务、南京兵部尚书、都察院右副都御史、资善大夫三原王恕篆。

公姓梁氏,名端,字玄中,其先系安南国谅江府平河县人。生于永乐四年(1406)。既长,十有□岁,时天朝兵南下,取公来归。至永乐十八年(1420),公年十四,奉太宗皇帝敕,取赴京师。洪熙元年(1425),选入内书馆读书。公天性聪敏,动止端谨,博通书史,知古今大义。宣德二年(1427)七月内,选入司礼监历事,年方十六。正统间,京师大兴工,营建奉天等殿,上知公精于书算,谙练庶务,命总掌书算。合用一应钱粮物料,并给赏文武官员及官军、匠作银两、钞锭、彩段等物,明白奏准。用过之物,一一分理回奏。天顺元年(1457),奉英宗皇帝圣谕,但遇斋戒之期,于武英等殿侍上抚琴,及各调音韵诗词。应答称旨,上甚悦之,特加恩宠。遇圣驾游幸各处,日侍左右,命书写御览,并算数等事,尤为精敏。天顺三年(1459),敕命前往广东等处采取珍珠。五年,寻奉敕留公镇守珠池地方,防护盗取。后六年,不幸遭广西流贼攻破城池,被贼拘留一旬,幸遇广西右参将都督孙公麒,统领官军剿杀贼寇,获公得脱大难,贼首谓公为善之报也。未几,奉敕取回南京优养。成化四年(1468),取赴京,升南京司礼监奉御。后十五年,加升左监丞,职掌南京内府宪章。公为人刚直明敏,练达老成,振立纪纲,执法守礼,人皆畏服,名誉益著。

公感上恩德,自年十四时历事列圣,以今弘治七年(1494)四月廿七日终,享年九十。而蔗境优游无事,乃预为寿域于聚宝门之南、聚宝山向阳之地,堪为千年寿域,树木立石,又作石门、石兽。是地系古刹塔院,今七十余年,岁久颓废,公特捐己赀,从新修理,创造佛殿、墙垣,造三佛、罗汉、伽蓝、祖师、天王,以次完备。其塔院四至:东至宝光寺,北至高座寺,西北至雨花台,西南连山陌路。周回墙垣,其一百八十堵。公乃立石,用纪岁月,以垂永久。乃请予为文,以表其事。予惟公之预为寿藏而不讳,可谓达生知命者矣,其贤于人也远哉,予故不辞。公之请用表于石,俾后之人知所敬焉。复系之以铭曰:

粤维南交,笃生伟人。际此明时,入侍神圣。委重司礼,祇慎益勤。屡加眷顾,恩宠弥新。执法守礼,纲纪斯陈。蔗境优游,年跻九旬。凤台之南,山势嶙峋。预卜佳城,于焉蜕身。达生知命,无愧天民。益隆寿祉,垂千万春。

（江苏南京出土。《北京图书馆藏中国历代石刻拓本汇编》第53册，第28页）

艺文·碑铭·兜率寺天梯路记

弘治六年正月二十九日，御用监太监王公瑞奉上命往小西天诸寺给散布施，事竟复命，路经天梯，道石蹬崎岖，坡崖陡峻，上下往来者甚艰，若非攀引则不可进，否则有颠仆之虞。公纵适坂堤，俯仰游目，忻然有修葺意。距道二里许，兜率寺在焉，公少憩于内，问诸老僧："此梯造就何年？"僧曰："此梯高拔天成也。寺必因梯而立名，其来远甚，肇建元末，屡遭兵燹，又况时代凋谢，寺道倾圮久矣。迨我圣朝文□□嘉，永乐间住山僧然义偕内官监太监向公福善、倪公忠重修梯道，以便往来，今八十年余。岁月弥深，梯道弥毁，然旧址虽存，而登临不快者居多。"公闻之，此志遂决，捐囊金鸠材石。一时同侪好义闻而劝善者比比，未几，化崎岖而为坦夷，易榛莽而为福地，其造善之功，可胜计耶！（下略。）弘治七年，岁在甲寅，夏六月吉日立。东华门管事奉御郭渊到、工部副使历阳王用镌。

（石在北京房山区上方山。《北京图书馆藏中国历代石刻拓本汇编》第53册，第30页）

弘治八年乙卯(1495)

正月己未，刑部尚书彭韶卒。韶字凤仪，福建莆田县人，天顺元年进士。……累升四川按察司副使、按察使、广东左布政使。时太监梁芳弟锦衣卫千户德采禽鸟进贡扰民，韶言其状，调贵州左布政使。寻升都察院右副都御史，巡抚应天等府。召为大理寺卿，未至，以论镇守进贡害民，改右副都御史，巡抚顺天等府兼整饬边务。（九六，1763—1765）　癸丑，初永乐间，因征北虏，获羊万余，令顺天府所属州县分牧，岁办羊毛价银九百六十余两，输司设监供用，谓之"长生羊毛"。弘治间，府尹黄杰言岁久羊已无存，牧养人户坐是亦多逃绝，其价皆见存户赔纳，民甚苦之。已得旨除豁，不复追征。至是，司设监复以前令为言，事下所司看详，工部具前旨以请。上曰："羊亡毛存，是无名之征也，况已有前旨，其悉除之。"（九六，1773—1774）

二月壬戌。先是,镇守甘肃太监傅德等奏哈密卫秃兀儿夷人乩儿的乩党土鲁番为恶,其家属宜安置广西边方,以离散其党。兵部议行兵部侍郎张海等覆核……解送广西事体为宜。从之。(九七,1778—1779)　乙亥,沅陵王府内使袁钦潜赴京奏乞仍于内府供役,命送刑部问罪如律,递回本府。(九七,1785)　庚辰,神宫监太监陆恺仍援孝穆皇太后外亲之故,为其妹李氏奏乞岐王所辞永清县庄田为业。户部议谓恺所奏庄田计九百余顷,俱系本部奏准留待亲王出府听候恩命给拨之数,今若归之李氏,他日亲王出府,又将何所给之?得旨,俱留拨给亲王,不许勋戚等家奏请。(九七,1787—1788)

三月壬辰,升河南布政司右参议张鼐为河南按察司副使,专治河道;大名府知府李瓒为山东布政司右参政,仍掌府事兼防守河堤。时修河功成,太监李兴等言鼐、瓒及按察司佥事李善劳效尤著,请各进秩以劝来者,且为善后之计。吏部言鼐、瓒资格当升,善升未久,请俟别用。从之。修筑黄陵冈河口功成,建黄河神祠以镇之,赐额曰“昭应”,令有司春秋致祭,从太监李兴等请也。(九八,1793)　乙未,先是有旨,下兵部拨船八十一艘,送长随、内使、小火者五十四人往南京各衙门应役。时适无官船,兵部欲借倩民船,因请以通州等水次仓米或顺天府都税司课钞给船户为雇直。户部言钱粮本部所掌,非兵部所得拟议,且二项所储皆未可轻动。上令河西务管钞关官验民船大小给与雇直,不为例。(九八,1794—1795)　丁酉,内府承运库复奏帑储缺乏,乞遣官开坑取矿,以备供应。户部议谓取矿利小害多,且奉诏封闭已久,不可再改,请令河西务等七钞关将今年秋冬及明年春夏各季钱钞仍折银解纳,天下诸司见收赃罚银物并空月皂隶粮草余价等银除先议三分取一外,再取一分,金则尽解,或暂将两淮输边盐银改拨十二万两送用。上复令再议经久可行之策,于是户部会廷臣议谓所鬻淮盐余银除前议送十二万两之外,尚存六万两,河西务等七钞关未解到银并今年秋冬二季及明年尽取四季约计银十四万余两，请先以此应用，并支太仓库银买金一千两供应；其浙江等布政司及苏松等府当输内帑钱粮尚欠百万，请如数征完，则于经常权宜之策似为两得。如欲于常制之外别求经久可行之法，恐征敛无艺，非明时所宜有也。议上，从之。（九八，1795—1796）　辛亥，命户部运太仓银三十万两于内承运库备用。（九八，1809）

四月壬戌，命太监金辅、李珍、行人司行人王献臣往朝鲜国封世子李㦕为国王，赐之敕曰：（**敕文略。**）（九九，1818）【考】李珍亦朝鲜人。朝鲜《成宗实录》卷一三六，成化十七年十二月壬戌，成宗御殿，问中朝事，"上曰：李珍亦有宠乎？（韩）致亨曰：亦甚宠焉。珍本为姜玉之子，而呼郑同为父。其人指挥凡事，稍有气势，然气象不若郑国[同]，珍每言承差往来本国事。"　戊寅，太常寺以郊庙山川社稷坛及先师孔子庙祭服、乐器俱岁久敝坏，乞命所司修治之。上曰："礼莫大于祀天，而乐废坏不称，心甚缺然。其祀天中和乐特令御用监制造，其余祭服、乐器皆令工部造办如式，用副朕敬神之意。"　己卯，出内库脱损旧甲七万副，命工部增料成造。（九九，1826）

五月乙酉。工部带俸郎中蒯钢先以木工管理营造，累官至工部右侍郎。上即位，以科道论劾，降顺天府治中。久之，复升今官。至是三年考满，年已七十一岁，例当致仕，内官监太监李广奏留之，上命复职。（一〇〇，1833）　丙申，虏数入宣府龙门所等处杀虏人畜，事闻，命右参将孙成罚俸三月，并右监丞杨聪、徐玉、奉御张瓒俱仍戴罪杀贼，前左参将绳律以去任贷之。　戊戌，虏入辽东镇北堡等处，逻卒被伤者四人，掠者五人。事闻，命备御都指挥李继祖等六人下巡按御史逮问，分守太监蓝莹、右参将焦元俱令戴罪杀贼。（一〇〇，1839）　己酉，甘肃镇巡等官太监陆訚等奏："甘凉地方无险可恃，虏易出没，原拟调来客兵各自为统，号令不专，且临警征调，兵来贼退，缓不及事，请令延绥副总兵朱瑾并都指挥尹玉等所领兵万三千人各还本镇操守,止于榆林、宣府、大同三镇各选精兵一千五百并固原等处精选五百共五千人,令谋勇经战官管领,限秋至边,以听调度,及拣选驮正马匹,给与银两,仍请差给事中、御史各一人奉敕纪功并同守巡官拣选督发前项官军,以图实效。"下兵部覆奏,仍请选原拟甘凉策应官军三千并朱瑾所领游兵三千,都指挥乌铭所领固原、靖虏、环庆近选精兵三千,尹玉所领见在兵一千,专防守河桥,三路俱限七月赴固原、兰州操候,其遇虏所获首级不必再差纪功官,止送巡按监察御史并巡守官处验实纪功。议上从之,命赏策应官军银人一两。(一〇〇,1844—1845)

六月癸丑,巡按陕西监察御史张泰奏:"甘州屯田肥饶者多为太监、总兵等官占据而官军则含怨赔粮,衣食不足,何以责其御敌?又有甘州城北湖可以牧马,亦为各官所据,请遣官会镇、巡等官清出给军,庶可以养其锐气。其宁夏、榆林等边请一体清查。"户部覆奏。得旨,令巡按监察御史会同查勘拨给,不许仍前占据。(一〇一,1847) 甲寅,北虏野乜克力之地其酋长曰亦剌思王,曰满哥王,曰亦不剌因王,各遣其头目川哥儿等三十四人款肃州塞,言为迤北大达子劫杀,欲避之近边住牧,恐中国不信,乞容入贡及互市。甘肃镇、巡等官太监陆訚、都督刘宁、都御史许进会奏,谓彼以善意来而拒之恐生别患,请许之……兵部覆奏,谓住牧互市可许,入贡及擒捕之事不可许。上以夷情重大,命廷臣会议,以为……宜谕以远途跋涉、服食不同,虑生疾病,谕之不止,仍拟奏议处。其西域各夷除土鲁番外,余有愿入贡者请仍旧许之为便。从之。(一〇一,1847—1848) 癸酉。先是,武骧右卫革职千户朱通奏把总指挥彭麟等鬻放军士、冒支月粮诸不法事,辞所连及甚众,上命给事中吴仕伟、御史祁司员、郎中胡汝砺、夏昇会御马监太监宁瑾按之。瑾邀仕伟等入监,讽以事多掣肘,遂奏称内府非鞫狱之所,禁军无清查之例。上命下麟及通于狱,余皆不问。兵科都给事中杨瑛等劾麟及指挥使陈宽俱膺重寄，肆为奸贪；麟一人鬻放军士八百余人，岁冒月粮八千余石；勇士把总署都督佥事梁洪及指挥吴安、卢茂、柏莹擅役卫士，导从出入；腾骧二卫指挥同知句洪、田忠夤缘把总，致额外增设一员，其罪与麟等同，俱难轻贷。皇上初命仕伟等按问，中外咸谓百年宿弊一旦可除，而瑾等曲加掩护，遂止下通等二人于狱，余悉不问，是所谓朝令夕改，非所以昭大信于天下也。彼谓内府衙门难于鞫狱，则勇士教场亦系公廨，独不可以鞫乎？谓禁兵不宜清理，则皇城守卫亦时点视，是独非禁兵乎？鬻放既不加罪则将来效尤者必多，万一有意外之虞，其谁与守？瑾巧言庇奸，仕伟等循默依违，俱有罪。乞别敕司礼监太监并户、兵二部堂上官各一员，仍会科道官一一验治。监察御史熊达等亦以为言。上以事已施行，下所司知之。至是，刑部具狱并欲治洪等罪，得旨："麟鬻放军士数多，情罪深重，照例并妻子发边卫永远充军。仍命都察院榜示禁约。通赎罪毕并其子调在京别卫。洪与宽等已有前旨，俱免究问。"(一〇一，1854—1856)　工部奏南京兵仗局所造军器、火器自正统以来费用殆尽，请补造以备将来之用。上曰："内局军器其即督工补造，务在坚致适用。"(一〇一，1856)

七月丁亥，虏数入宣府独石、马营等处杀虏军士男妇共四十九人。命提调指挥黄伦等下巡按御史逮问，守备都指挥陈广、指挥姚信及分守参将孙成、白玉、杨彪各罚俸三月，并守备奉御张瓒等五员仍戴罪杀贼，镇守太监孙振、总兵官马仪、都御史陈纪宥之。(一〇二，1862—1863)　丁酉，命益王至国之初，宫眷人众月给米各三斗，内官、内使四斗，至五月即止。(一〇二，1870)　内官监太监李兴、平江伯陈锐、都御史刘大夏言："臣等奉命修河，今安平镇、黄陵冈、荆隆等决口与大名府等处堤岸俱修筑坚固，贾鲁河、孙家渡、四府营、南旺湖及诸处泉源并兖州、东昌一带漕河俱疏浚通利，回京之期伏俟进止。"上赐敕召还。(一〇二，1870—1871)

甲辰，虏入宣府境杀掠人畜，命罚分守右参将孙成俸两月，与奉御张瓒仍戴罪杀贼，其守备指挥刘宣等下巡按御史逮问。(一〇二,1876)　丁未，虏入宣府永宁境杀掠人畜，命罚分守参将白玉、孙成俸各两月，与分守监丞杨聪、守备监丞徐玉、奉御张瓒仍戴罪杀贼，守备都指挥孙良等下巡按御史逮问。(一〇二,1877)

八月甲寅。初，甘肃游击将军鲁麟奏永昌之败，责在副总兵陶祯，给事中杨瑛等因劾甘肃镇巡官废弛边备之罪。上命巡按御史张泰按之。总兵官都督同知刘宁复奏甘肃贼势猖獗，皆由守臣不和、长奸玩寇、不恤军士所致。仍敕张泰并勘奏，具得其罪状。兵部因劾奏镇守太监傅德、巡抚都御史冯续、故总兵都督周玉不职，屡被北虏西番寇抄，丧人畜器械无算，傅德、周玉[①]盗种屯田三百余顷，冯续减削官军粮饷之半，甘凉军士衔此三人入骨，如因循数年，则河西之地非国家有也；分守凉州右少监纪能、协副都指挥赵承文、协守甘州都指挥张怀失守地方，被寇杀虏人口五百余名、孳畜二万余；甘肃游击将军鲁麟轻率损军，分守左参将颜玉等迟误军务，分守参议李瀫、卫镇抚季谅、巡按御史王表勘报稽迟，亦不能无罪。得旨："傅德、冯续废弛边备，启衅误事，情罪既重，并纪能、赵承文、张怀逮送锦衣卫狱鞫之。周玉待其子袭职时降二级。鲁麟等待边方宁日，巡按御史逮问。李瀫、季谅、王表各罚俸三月。"(一〇三,1880—1781)【考】张泰勘报及镇巡等官处置，见《孝宗实录》卷一一二，九年四月丁亥："初，监察御史张泰奉命往甘肃勘指挥鲁麟所奏镇守太监傅德等罪具实，覆奏傅德占种军田二百七十余顷，巡抚都御史冯续克减粮价，止给其半，出征官军支过行粮，又于月粮内除之，以是边军皆怨。有指挥乃敬与其仆共杀一虏，德欲买为家人功。敬不从，德怒，欲杀其仆。仆逃之西番，德遣人往捕之，因杀其老幼，虏其牛羊。续不之禁。又捕仆妻子，死狱中。自是番人结仇，频年入寇，

① "总兵都督周玉"下21字据广本、抱本补。

所失人畜以千计，德等俱匿不以闻。又虏数入大小牧羊川等处劫掠，分守少监纪能、都指挥赵承文、副总兵陶祯不能防御，前后被杀伤者三百四十人，虏去者三百二十人，所失牛、羊、驼马二万余，器械衣粮称是，德等亦匿不奏。上命锦衣卫执德等至京，下刑部狱。德等屡奏连年御寇有功，谓泰挟私陷害，不伏其辜。至是刑部狱上，德等俱坐守备不设，应边远充军而并叙其前后功绩，取自上裁。于是俱免充军，德降内使，南京新房闲住；能降三级，长陵司香；承文降三级，原卫带俸差操；续发口外为民。”　辛未，虏入大同，射死守堡指挥湛清。命守备都指挥周琮等下巡按御史逮问，罚分守右参将秦恭俸两月，与太监左敬俱戴罪杀贼。(一〇三，1889—1790)　甲戌。内官监太监李广以丹术符水见宠任，权倾中外。有富家子袁相赂广，选为驸马都尉。尚主有期而物议沸腾，至彻宫禁。科道交章劾广罪且请黜相。得旨，袁相黜回，驸马别选；因诘责太监萧敬并杨穆、韦记受命选婚，乃以不谨，致有人言，法当究治，姑贷其罪。以科道所言李广招权纳赂等事无指陈实迹，已之。(一〇三，1891—1792)

九月壬午，以修河工完，命内官监太监李兴岁加禄米二百十四石①，平江伯陈锐加太保兼太子太傅，仍岁加禄米二百石，都察院右副都御史刘大夏升左副都御史，各赏银二十两、纻丝二表里。(一〇四，1899)　甲申，分守密云右监丞王增奏密云去蓟州千里而听受蓟州镇守官节制，不便。兵部言：“近者三卫虏贼入寇，势渐猖獗，本路兵力寡弱，非借重蓟州镇守之援，恐缓急不足以自卫，宜仍受节制。”得旨，令免听节制。(一〇四，1900)　壬辰，南京守备司礼监太监陈祖生奏：“魏国公徐俌每承命孝陵致祭，皆由红券门并金门、陵门之右门入至殿内行礼，事属僭逾，宜令改正。”俌上章辩，以为入必由红券门者，所以重祖宗之祭，尊皇上之命，出则由旁小门者，所以守臣下之分，循守故事，几及百年，

① 百，广本、抱本无，是。加禄米二十四石，即升二级。

岂敢擅易。事下礼部议，谓今长陵等陵及太庙每遣官致祭，所由之门并行礼殿内与孝陵事体大略相同，宜令俌如旧行礼。从之。(一〇四，1901—1902)　癸巳，爪哇国王不剌各得那眉遣使入贡，遇风舟坏，溺死者百万(**按，万当为余之误**)人并漂没方物，所余者惟金叶表文。提督广东市舶司事太监王宣等以闻，请别遣人赍表文以进。从之。(一〇四，1902)　庚子，以河南、山东等处镇巡等官尝与有修河之功，赏太监蓝忠、李全，都御史徐恪、熊翀、史琳，监察御史阎价、王槐白金、彩段有差。(一〇四，1903)　癸卯，进士高台奏："方今镇守官类多带从人，广营第宅，又恣其下营谋书记，主写文案，包替卒役，永充班头，需索民财，侵扰商人，阻坏盐法，亏害驿递，奸民又因之投充行户以避徭役，骚扰地方，其害不一，乞皆禁止。"命下所司知之。先是，浙江镇守太监张庆以病取回，台浙人，故上此奏。　虏入辽东开原境，掠戍卒七人以去。诏守备指挥张端等六人下巡按御史逮问，罚分守右参将焦元俸三月，与太监蓝莹俱仍戴罪杀贼。(一〇四，1906)

十月己未，总督两广军务都察院右都御史唐珣卒。珣字廷贵，直隶华亭县人，天顺元年进士。授四川合州知州，锄强植弱，有能声，升南京刑部员外郎、郎中，出为福州知府。时有男子诈为中贵人入闽，威势张甚，佥事以下多被笞辱，莫敢谁何。珣独疑之，乃壁人于浴室，窥之得实，即座上执之，寘于法。诸司骇服。(一〇五，1912—1913)　庚申，礼部尚书倪岳等言："永乐、宣德间造各王府，规制俭约。近来务极宏丽，伤财害民。乞敕内官监，今后凡造王府，悉遵永乐、宣德间式样画图，务从俭约，以恤民困。"上曰："既永乐、宣德间王府规制皆祖宗所定，诚宜遵奉，所司其备查以闻。"(一〇五，1913)　壬戌，南京太常寺卿郑纪进《圣功图》，且言……今皇太子既正储位，教法未立，加冠有期，宫臣未备。臣谨采前代并圣朝储君童冠受学践阼等事凡百条，每条摘其事实，图画于前，又录其出处，断论于后，取《易》蒙卦之义，名曰《圣功图》。伏望宣付东宫讲官，以备讲读，庶皇太子见此图画，必乐观而易晓，讲官因此图画可以指示而解说，然后次第以及经书字史，以广其见闻，则教法立矣。复选六卿有德望者兼宫臣、师保之职，别选儒臣方直骨鲠者补一府两坊之缺，以内阁大臣领之，俾更番侍直；其近侍内臣亦必慎选年四五十以上、读书知理、质朴敢言者充之，不用少年新进浮薄之人，亦以司礼监官领之，则宫臣备矣。下所司知之。纪所上图饰以金碧，将取悦禁中，谋为宫僚，闻者耻之。(一〇五，1914—1915)

十一月甲申，礼部尚书倪岳等以灾异修省，会同五府、六部、都察院等衙门条陈三十二事：一、……一、停止织造。苏、松、杭、嘉等府赋役繁重，凡织造之事请暂行停止。一、……一、减收粮斛。内府各衙门收受白粮，任情加耗，以致粮户破家荡产，请痛加禁革。一、监收皮张。各处解送巾帽局底皮，该局拣选过刻，其指为不堪者辄割裂破坏，然后退还，人不能堪。请差科道官同该局验收，如有前弊，许令参奏。一、定估计料。凡有兴作，会计物料，匠作多估妄费，率至十倍。今后遇有兴作在内，乞委该部同该监官计料，在外悉听本部计料，俱令科道官各一员核实。一、清查马匹。坝上等马房多有虚数，冒支草料，请令踏勘草场给事中、御史会同该部委官，一年两次清查，务得实数，以革虚冒。一、添支粮饷。内府各监局人匠滥支月粮，在京各衙门公差官员滥支廪给，请各定与则例：监局民匠支粮三斗，幼丁匠二斗；内外官员公差在京城者不许支廪给料草，五十里之外有县治驿站者许支廪给，百里之外应付马匹草料；在京寻常工作官军匠役不支口粮，五十里之外支二斗，百里之外支四斗。一、……一、审清刑狱。各处灾异非常，恐有冤狱，请特差官或令所在镇巡等官审录。一、清查匠役。在京各监局军民匠役不下数万，每遇兴作辄行雇募，请敕司礼监太监、兵、工二部堂上官、科道官各一员会同查理。一、……(一〇六，1928—1932)【考】所言内“监收皮张”款，巾帽局太监有奏，见《孝宗实录》卷一〇八，九年正月庚子："掌巾帽局事太监黄瑜等奏：'各州县岁解水牛底等皮乞如旧例于本局自收，不必差科道官监纳，且验州县原来印记。'工部覆奏，以为：'本局收皮过刻，中选者十无一二，余皆冲破退出。廷臣会奏，如内府十库例遣科道官监收以革其弊，且皮张所以无印记者正以拣退太多，在京买补，或州县原非出产，往往赍价缘途买纳，今若必欲印记，非惟远民往返甚艰，亦恐终难完纳；且会议之初，特蒙俞允，今恩命甫行而遽反，非所以示信于天下。'上命如旧例，不必差官，皮张不中者不许冲破，重贻民困。"　乙酉，晋府宁化王钟鈵既以罪革岁禄冠服而凶残益甚，多阑妇女入府中，稍失意辄痛加棰楚，或斫足髡首，或囊土压面，前后死者六七人。校尉吴刚、白宗善逢迎，每令入宫，与妃武氏及婢妾乱，一婢不从辄杀之。嫡母赵氏惊恐成疾薨。生母刘氏饮宴间谕以好言，钟鈵怒，举酒器掷之，刘氏走而免。有陈媪者病狂，裸而缚于树，烧铁绳缠而烙之。求与庶母李氏奸，不从，亦杖而刺之。又恐其事闻，欲纵火焚其宫而自杀。群婢妾不胜其毒，夜聚而逃，为逻者所获。镇守太监刘政、巡抚都御史张敷(华)、巡按御史白鸾各奏其事，上命太监罗禄、大理寺丞王鉴之、锦衣卫指挥佥事叶广往会都御史顾佐按之。钟鈵使其徒曹锦以重贿祈脱罪，不得。既而宫人等皆畏迫不敢言，禄等遂从而信之，奏薄其罪。钟鈵反诬其弟钟鐀与武妃奸，因痛棰妃及其子奇澸。生母刘氏奔救之，钟鈵啮其肩，仆于地，以杖伤其口，流血污衣。又逼奇澸使证武妃奸，捶掠几死，宫人张喜儿等护出之。于是其事悉露。政等奏禄、鉴之、广所按不实，而钟鈵亦具奏自文，词连都指挥佥事袁杲、左布政使陈清、按察使李琮、副使陈金。上复命太监陈宽、刑部侍郎戴珊、锦衣卫指挥同知王仁覆按得实。上犹恐其冤，命诸廷臣于诸王馆会鞫之。至是，都察院奏钟鈵妃武氏执不承奸，事涉暧昧，生母刘氏有悔言，而其余所犯皆实，请重行国法，以为宗藩戒，并劾敷华及禄等罪。上曰："钟鈵不孝，淫乱事情尚在可疑，但闺门不正，违法多端，不宜君国，降为庶人，送凤阳高墙内禁锢终身，仍命有司给其薪米。武氏革去妃号，令回府养其姑。逃出宫婢悉杖送浣衣局。吴刚、白宗蛊惑宗藩，导之为恶，他罪亦重，皆处斩。锦等八人发边卫充军。奇瀗情有可悯，姑恕其罪，俟请封之日礼部具由以闻。张敷华、顾佐、白鸾各罚俸三月，袁杲、陈清、李琮、陈金各五月，罗禄、王鉴之、叶广、刘政姑宥之。”(一〇六，1939—1941)　　己酉，工部覆奏前会议暂停工役事，得旨：“皇陵朝房、内承运库、古今通集库、混堂司、六科廊、皇亲房屋工程暂且停止。”既而复请以已派物料未解至者令该府州县收贮，俟异时取用，命仍解赴内官监收贮，不许那移别用。(一〇六，1948)

十二月庚申，虏入宣府龙门所等处寇抄，命罚分守左参将白玉俸一月，与右监丞杨聪、徐玉俱仍戴罪杀贼。(一〇七，1954)　己巳，虏寇辽东铁岭城，掠戍卒四人以去，命逮问守备指挥使王承勋等八人，罚分守右参将焦元俸两月，与太监蓝莹仍戴罪杀贼。(一〇七，1962)　　甲戌，虏入古北口境，戍卒死者一人，男妇被掠者五人。命巡关指挥黄俊等四人下巡按御史逮问，罚分守参将吴钊俸三月，与右监丞王增俱仍戴罪杀贼。(一〇七，1966)

本年附

艺文・碑铭・龙王庙碑

余何撰并书《重建都龙王庙碑记》：“(**昌平东南五里，白浮村北凤凰山上有都龙王庙，乃前朝敕建。**)前人所以设其庙宇，以妥其神灵，俾之得以庙食百世，非谄也，宜也。弘治八年春，司礼监太监郭公福，于本年三月内转内官监太监，钦差守备天寿山，即金陵之所在也。公自下车以来，惟欲保养军士，以护卫城池，使皇陵无惊寝之忧，宝山如磐石之固。不意自春至夏，连月不雨，未免伤天地之太和，蠹国家之根本。公笃于为国为民者，得不以是为虑耶？于是偕同官守备都指挥佥事解公端，侧身修省，斋戒沐浴，亲诣于本庙都龙王之前，俯身丹悃，仰叩神聪，将以效桑林之祷，将以销云汉之灾。然精神所格,有感即通,不三日而甘霖大降,万汇皆苏,者复荣,死者复生,草木皆被弃恩,人民共享其乐。兹当平秩西成,丰年有庆,一皆神之功也。公以为神既有功,人所当报,若非更新其庙,何以益显其灵?乃捐金帛,命工匠以重建之。(**下略**。)钦差守备黄花镇都知监右监丞吴英。弘治八年,岁次乙卯,冬十月吉旦立。"

碑阴"坛月□名",有长陵等五监神宫监太监、少监、监丞、奉御、长随内使、工部厂监工官长随内使、司礼监长随内使,及长陵等五卫指挥等官题名。

(碑在北京昌平马池口龙山顶。《北京图书馆藏中国历代石刻拓本汇编》第53册,第37、38页)

艺文·碑铭·北镇庙碑

张岫撰《重修北镇庙记》:"庙去广宁城西五里,规模卑狭,殿宇渗漏。永乐辛丑(十九年,1421),我太宗文皇帝敕都司建立祠宇,饬严祀事。历年既久,圮剥弗治。成化癸卯(十九年,1483),御马监太监韦公朗来镇东辽,首谒斯庙,极有兴修之志。虽已命工葺理,未称心力。弘治甲寅(七年,1494)三月,旱,祷之辄应,公勃然谓余曰:'北镇朝廷尊严,边方仰赖,庙貌倾颓,盍葺理焉。'具其事,请命于上,以成夙志。于是协推素有才干致仕指挥闵质专董其事,(**起工于弘治七年夏,毕工于八年秋**。)今韦公以中贵重臣,荷累朝之荣遇,守镇东土,多历年所,独以北镇一庙不数年而两新之,若职务之当先者,具以俸赀千缗一朝委之于不还之地而无难色,即此而观则其平日利人济物之心,无非忘利而循义,决胜运筹之谋无非行义而讨不义也。非素明于义而由正路之君子,能如是乎?不然则曰:'镇守,吾职也,吾知不失边备耳,奚暇他为哉!'视庙貌之倾颓、岁时之丰凶,若越人视秦人之肥瘠,漠然不动于中焉,其如韦公何!"

(嘉靖《辽东志》卷二《建置志·祠祀》)

弘治九年丙辰(1496)

正月己丑,承运库太监龙绶等奏本库段匹缺用,请支长芦盐二万八千引,令本库内官于两淮鬻之,以供织造。户部覆奏:"盐课得利,惟两淮居多,故各边开中商人乐于应令。若此例行则价减而利微，应令者少，万一边方有警，将何以给？所得甚微，所损甚大，盐法将自此而坏矣。惟将两淮余盐每引易银一两，可得二万八千两，以备织造支给。”从之，令每引增银二钱。（一〇八，1977）

庚子，镇守陕西太监刘琊奏：“秦府会宁县君自仪宾胥钦死后，为奸民杨鼎诱之出府，往来凤翔地方居住。今已送还本府，然有玷宗室。乞敕各王府，凡郡主、县君有孀居者，除年老有子外，但系年幼无出者，宜令聚处一府，拨老成内使并年长宫人守视，不许擅自出入，致有他虞。”礼部覆奏：“宜如所请，若有他虞，罪坐守视之人，仍行彼处军卫有司一体防范。”从之。（一〇八，1982—1983） 戊申，署承运库事太监秦文等奏，仍乞照太监龙绶所奏长芦盐引以供织造。户部言当照前旨断以不疑，各官果欲沿途收买物料，请以太仓余银二千两先给之，而盐引不可与。上竟与之。（一〇八，1988）

二月辛酉，以故太监白俊武清县庄田七十六顷有奇赐神宫监太监陆恺，从其请也。（一〇九，2000） 乙丑，工部尚书刘璋等言：“近年工役浩繁，物料先派者未完而后派者已至，太监韦宁等所奏止甲字等库铁窗门损坏，在所当修，而太监李祺遂欲并修各库披房，似为可缓，宜暂停止以纾民困。”命俱接续修理。（一〇九，2001） 丁卯，给内府织染局新收余丁幼匠二百七十人月米各七斗。 工部奏：“先是因言者建议各处岁办皮张折收银两给散边军，今内库所收衣鞋仅有三十余万，不足以备给赏之需，宜移文浙江、江西、山西、河南、山东、湖广等布政司并顺天等府州县，自明年为始，每五年惟麂皮、狐皮如旧征解，余照原定则例折造衣鞋。”从之。（一〇九，2003） 己巳，录广西杀贼功，加总镇太监王敬禄米岁二十四石，总兵官伏羌伯毛锐禄米岁二百石，总督都御史闵珪、唐珣俱赏纻丝四表里、白金二十两，副总兵署都督佥事郭鋐实授都督佥事，巡按监察御史林廷选加俸一级，参政徐镛、佥事陈烓各赏纻丝二表里、白金十两，镇守广西太监张瑄纻丝三表里、白金十两,官军人等升赏有差。(一〇九,2004)【考】朱彝尊《静志居诗话》卷二三《中涓》录张瑄《平南乌江道中》诗一首,云其为"弘治中内官监太监"。

三月乙酉,虏入大同境杀掠军士,命分守太监左敬等俱戴罪杀贼,仍罚分守参将秦恭俸一月,守备以下都指挥阎福等五人各两月。(一一〇,2010)　庚寅,增给内府酒醋面局幼丁匠人米月三斗,通前为八斗,从署局事太监刘保请也。(一一〇,2012)　辛丑,虏入黄花镇杀掠人畜。命守备都指挥于宣下巡按御史逮问,以监丞吴英到任未久宥之,令戴罪杀贼。(一一〇,2016)　甲辰,虏入宣府永宁境杀掠军士。命防守指挥康节等下巡按御史逮问,分守右参将孙成及守备奉御张瓒俱仍戴罪杀贼。(一一〇,2017)

闰三月戊申朔,虏入蓟州境,军士被杀者二人。命守寨官下巡按监察御史逮问,管墩等官各罚俸一月,分守监丞孙敏、都指挥杨胜等令戴罪杀贼。　己酉,虏入辽东东州堡境,军士被掠者三人。命巡督都指挥张玺等五人下巡按御史逮治,指挥王振等各罚俸一月,其分守副总兵罗雄、右参将焦元、太监蓝莹俱令戴罪杀贼。(一一一,2019)　壬申,罚太子少保、户部尚书叶淇俸三月。先是,淇殿试读卷时,力疾供事,久跪疲乏,蹶于上前。上遣太监韦泰问其轻重,意其必自引咎而淇遂不请,上怒,乃有是命。(一一一,2026—2027)　癸酉,以故太监覃昌武清县庄田六十四顷赐神宫监太监陆恺。(一一一,2027)

四月丁亥,录万全右卫杀贼官军,升赏有差,分守太监谢诠[①]、参将杨彪准以功赎罪,守备指挥舒能等量赏之。虏入大同平虏卫境,杀千户一人,虏逻卒一人,巡抚都御史奏其事。命守墩官下巡按御史逮问,罚分守参将秦恭俸三月,并太监左敬仍戴罪杀贼。(一一二,2034)　虏数入宣府云州等堡杀掠人畜,守备官

① 谢诠,或作"谢铨"。

匿不以闻。至是被掠者自虏中逃回，巡抚等官奏其事。兵部请治分守参将白玉、监丞杨聪、守备指挥李循、监丞徐玉等罪。上命白玉等下巡按监察御史逮问，杨聪已取回京，宥之。（一一二，2034—2035）　庚寅，虏再入蓟州燕河营之境，杀逻卒三人。命把总指挥刘镇等五人下巡按监察御史逮问，罚分守右参将杨胜俸两月，与守备奉御高孜俱戴罪杀贼。（一一二，2040）

五月庚申，南京监察御史张弘宜等奏："今天下农夫蚕妇劳瘁万状，公私交征，靡有宁时，遇灾蠲税，征敛如故。其军民转输，终岁勤动，或值风涛，尽为鱼鳖。及至京通各仓，多差内官监收，每石勒要分例银，因而借贷，出息赔偿，岁复一岁。军则扣除月粮，民则累及身家。他若起解军需，该送两京内府上纳，多差内官监收，每物俱要分例银。解户无由自通，必托人馈送，展转欺诈，费倍本物。商贾货贩，节经关市监收课税，俱委部属，前后务以相胜，天下之民益困而供办日加，宗亲国戚益蕃而求请不已。伏望皇上特敕户部，查内府自洪武、永乐以来一切供办，定为中制，各处灾伤从实蠲免；京通各仓免差内官监收解送，物料该部验中，差官送库，不用解户交纳，多取课税者有禁。至若宗亲国戚，常禄已赡其用，凡关市之征、山泽之利，不许奏请，上侵国赋，下夺民利。著之于令，以为定式。"下户部议，此皆节用爱民之急务，惟皇上昭俭于上，示朴为先，使内外臣民晓然知圣意则财足而民安矣。上曰："禁约多收课税及违例求讨者俱如御史言行，其余姑已之。"（一一三，2054—2056）　庚午，虏入宣府马营堡等处杀掠人畜，守臣请治分守参将白玉等罪。命俟边情宁日逮问，右少监康禄以到边未久，宥之。（一一三，2057—2058）

六月辛未，虏入大同石门儿墩等处，杀墩卒二人。命守墩官下巡按御史逮问，罚守备都指挥阎福俸两月，分守右参将秦恭俸一月，与分守太监左敬、守备监丞邹玉俱戴罪杀贼。　先是，内官监以工役繁兴，请暂停增修仓廒之役，有旨令不必停止。至是工部覆奏，请先造五十间，余俟各处工役告完，以渐修盖。从之。(一一四,2061)　甲申，工科都给事中柴昇等奏：“近命真、保定二府佥惜薪司抬柴夫，与顺天府共当一年。二府前无此役，百姓闻命，不胜惊骇，至相率诉免。然成命已定，不可改已。臣等查得旧例，每夫一月出价银一两四钱，诚恐太重，民不堪命，乞将二府抬柴夫照依在京直堂、看监及柴薪皂隶事例，每夫一年出银十两或十二两，庶二府之民少宽其力。”事下工部覆奏，谓宜如昇等言，每夫一年出银十二两，既不损民，亦不缺用。上从其议，然竟不果行。(一一四,2062)　丁酉，右少监杨友镇守贵州，奏带头目家人及马匹。得旨：“头目准带五名，不支口粮，家人带六名，马二匹。是后内外镇守官视此为例。”(一一四,2070—2071)　壬寅。先是，上以湖广镇巡等官迟误奏报贼情，下巡按御史查勘。至是，御史曾昂劾奏镇守太监刘雅、总兵官顾溥、前巡抚都御史徐恪罪，请逮治之。雅等亦奏贼已就擒。俱下都察院覆奏。上命免逮问，溥与恪仍各罚俸两月。(一一四,2074)

七月乙卯，虏入宣府柴沟堡等处寇钞，守臣请罪提调指挥周镇、管墩百户江雄及分守参将杨彪等。兵部言：“自去年以来，虏入宣府地方者十一次，杀虏军士凡四十六人，镇守太监孙振、总兵官都督马仪、巡抚都御史陈纪亦不得无罪。”命镇、雄俱逮问，彪及指挥张昇、秦宣、郑杰，奉御贺能、监丞徐玉，都指挥张俊、太监谢诠、少监唐禄等俱戴罪杀贼，仍罚昇、宣、杰俸各两月，俊、彪各一月，振、仪、纪姑宥之。(一一五,2087)　己未，录克复哈密功，官军五千五百三十九人升赏有差，加镇守太监陆訚禄米岁二十四石，升总兵官右都督刘宁为左都督，仍岁加俸一百石，巡抚左佥都御史许进为右副都御史，右少监沈让为左少监，副总兵都指挥佥事彭清为都指挥使，督饷郎中杨奇、佥事孟准及验功御史张恕、副使李旻、佥事葛萱各给赏有差。(一一五,2088)　壬戌，增给内府织染局幼匠四百二十九人月米各一石。(一一五,2089)　戊辰，虏数入宣府云川堡等处，军士被射伤者二人，被掠者五人。罚分守都指挥陈雄俸三月，与右少监唐禄、右监丞徐玉俱戴罪杀贼。(一一五，2092)

八月壬辰，虏入宣府云州堡及龙门卫境，掠军人器仗以去。镇巡官劾分守左参将白玉、右少监唐禄、守备右监丞徐玉、指挥张昇、王来等罪。命唐禄、徐玉仍戴罪杀贼，白玉等并张昇俱待边情宁日逮问。(一一六，2098)　丙申，虏数寇陕西永昌、凉州等处杀掠人畜，镇巡等官劾分守右参将郭鋐、右监丞梁玉及守备指挥濮钦等罪。兵部覆奏，命罚鋐俸三月，与玉俱戴罪杀贼，钦等俟边情宁日逮问。(一一六，2100)　辛丑，虏百骑突入宣府之独石界，攻镇宁墩，掠守墩者五人去。镇巡官奏其事，且言本墩原无器杖，墩西南隅亦倾圮不治，乞罪分守都指挥张俊及少监唐禄等罪。兵部覆奏："宣府为京师北门，今丑虏辄以数十骑深入，脱有大举，其何能御？宜并治镇守重臣，以为戒。"上从之，命张俊、唐禄及镇守太监孙振、总兵官马仪俱戴罪自效，仍谕沿边墩台，务悉心整备，毋或仍前废弛。(一一六，2103—2104)

九月丁未，兵部奏："京师九门，每门守视军士原二百余人，指挥、千百户各数员，后添设守门内官数多，军士多被私役，守门者不过羸弱五六十人，各铺柝声不闻，其原设器械亦各敝坏不可陈列。顷岁盗自正阳门越城而出，近日黑熊上西直门城墙，门禁废弛，一至于此。且城河之水来自西湖，常须盈满，亦可助险，比因滨湖之家引水灌田，以致浅涸。乞令本部及工部各差官一员，通查九门守卫器械，修废补缺。仍委本部点城官时一点阅，若军人失伍数多，守门官俱逮问，指挥至三十名、千户二十名以上者调外卫差操。仍乞定守门内臣员数，不得增设军伴，除正数外有私役者罢斥之。并禁西湖滨河人家不得引水灌溉，违者治罪。"上曰："京城门禁，事体甚重，但承平既久，积弊多端，因循玩愒，不可不及时整备。守门内官每门不得过四员，余悉如所拟而行。”(一一七,2110—2111)　　壬子,工部尚书徐贯等言:“江西、湖广抄造纸札系内府供用之数,固不可缺。但湖广累年盖造王府未完,灾伤未苏,民困已极,未到纸札尚一百五十六万张,合用银四万五千余两,若复一并催督,恐小民重困,意外之虞,不可不虑;且江西纸札已经起解,亦足以应目前之用,其湖广未到者欲暂停止,待工完及年丰之日责令完解。”得旨:不必停止,仍陆续解纳。(一一七,2115—2116)　　庚申,虏入宣府柴沟堡,军士被杀伤者二人,虏者四人。镇巡官劾分守太监谢铨、参将杨彪、守备奉御贺能、指挥秦宣、舒能罪。上命罚彪俸一月,宣、能俸各两月,与铨等俱戴罪杀贼。(一一七,2116—2117)　虏两入密云、古北杀掠人畜。镇巡等官劾分守参将吴钊、监丞王增等罪。兵部覆奏,谓兵备副使张琏莅职已久,亦不得无罪,请并治之。上命罚钊、琏俸各两月,与增俱戴罪杀贼。(一一七,2117)

十月戊寅,虏自大同天城卫界潜入宣府西阳堡掠杀男妇八人,两镇守臣劾分守大同左参将李玙、右监丞杨定、守备天城都指挥张镇、奉御吴通、分守万全右参将杨彪、太监谢诠、守备西阳堡都指挥朱永、奉御贺能等罪。兵部覆奏,上命罚玙、俸两月,彪、永俸各一月,与定、通、诠俱仍戴罪杀贼,镇下巡按御史治之。(一一八,2124)　　戊戌,命户部运太仓银五十万两于内承运库。兵部奏:“近例,镇巡官封管之内被虏入境杀掠人积至二十以上、孳畜二百以上者,本部举奏。甘肃地方自弘治八年二月至今年四月凡被虏杀掠者前后一百八十五人、孳畜五百余,镇巡等官不得无罪,但其地内无黄河之险,外无边墙之限,守御为难,况连遭虏患之余,地方伤残已极,较之他镇亦有不同者。”上命姑宥之。(一一八,2136)　　癸卯,守备蓟州鲇鱼石等关奉御罗纲令军士出境伐木,被虏杀死者各二人。镇巡官请治分守参将刘祥及守关千户等官之罪。上命罚祥俸两月,纲等发巡按御史逮问之。(一一八,2138)

十一月庚戌，虏入宣府四海治堡杀掠人畜，命罚分守参将孙成俸两月，与分守奉御张瓒俱戴罪杀贼。（一一九，2142）　己未。先是，分守开原太监蓝莹遣人上疏乞休，遂移文镇守太监韦朗、总兵官李杲，具道其事。朗等因荐监枪监丞都林[①]代之。既而莹遣人寝其疏不上，而朗等之奏已达。兵部言莹阴持两端，事涉欺罔，朗等率易具奏，请并坐以罪。命蓝莹下巡按御史逮问，韦朗、李杲姑宥之。（一一九，2143—2144）　壬申，给内府尚衣监幼匠一千人月米各一石。（一一九，2146）　录广西破贼功，官军二千九百七十九人升赏有差，镇守太监刘祉、王廉各赏彩段二表里、白金十两；右参政王霁、洪汉，副使徐瑁，佥事黄钥，都指挥杨玉、宋宁、杨观，知府罗珦各二表里，巡按御史郑惟桓、佥事刘信、陈嘉谟各一表里。（一一九，2146—2147）

十二月丁酉。先是，彭城卫千户吴能以其女满仓儿付张媪者鬻之，媪鬻于乐妇张氏而诒言周官人家。后张氏携女往临清居三载，复挈归，转鬻于乐工焦义。义又鬻于乐工袁璘，璘使为娼。时能已久没，有以告能妻聂氏者。聂氏往觅诸歌肆，女怨母鬻己，不复认。久之，聂氏及其子政率众攘之以归。璘赎以十金，聂氏不从，且讼于官。刑部郎中丁哲与员外郎王爵共理其事，既得实而璘不服，哲乃重加笞楚，越数日死，女断归聂氏。刑部主事孔琦、监察御史陈玉往视璘死状，吏仵以死报，遂付仵作瘗之。璘妻往求尸，仵作不与，遂诉冤于东厂太监杨鹏，逮聂氏及张氏等讯之。张氏妄称女乃其妹，生于临清民家者，女之言亦然。媒者遂言此非聂氏女，聂氏女先已鬻于周皇亲家。诸证人畏刑，皆如其言。鹏遂奏之，下锦衣卫狱。镇抚司奏哲苛刻偏徇，殴死无辜，爵依阿枉断，玉、琦相视不明，乞各正其罪。上以事关伦理人命，令三法司、锦衣卫务究其实。乃索女于皇亲长宁

① 嘉靖《辽东志》卷五《官师志·监枪内宦》无都林，可为补之。

伯周彧家。或言其家本未尝买聂氏女而聂氏、张氏各执一辞。狱久不决，复命府部大臣及科道官廷鞫之，张氏及女始吐实。都察院奏谓哲因公事殴人致死，罪当徒，爵、玉、琦及聂氏、吴政并女皆不应从重罪，当杖。刑部典吏徐珪因上疏，言："哲断女狱甚允当。而杨鹏之侄尝淫于是女，且以他事憾哲，意图报复，乃因袁璘病死，欲陷哲于死地。令贾校尉者密告女，俾异词而与校尉刘胜共执聂氏拷掠，使诬伏，因妄称刑官偏酷，故勘致死无辜，而镇抚司互相蒙蔽，证成其狱。皇上令三法司、锦衣卫会问而三法司畏惧东厂，始终莫敢辩明，必待群臣鞫之朝堂，乃不能隐。且既知此女为聂氏所出，则此女自诬其母，罪不容诛，而仅拟之以杖，哲与吴政等皆无罪被诬而反加之以徒，一事之中，轻重倒置，盖东厂之势为群臣所畏如此。臣在刑部三年，每见鞫问盗贼，多因东厂、镇抚司所获，其间有称校尉挟仇诬陷者，有称校尉为人报仇者，有称校尉受首恶之赃而以为从令傍人抵其罪者，东厂一切不问，惟任巡捕官校擅用刑罚，迫之诬伏，刑官不过据其词以拟罪，纵使洞见真情，孰敢擅更一字。往者臣虽知之，犹未敢必以为然，今以哲事观之，始信之深而为昔年枉死诸人嗟叹不已。夫如是，岂不致伤天地之和气乎？乃知四方灾异迭见有由然也。臣愿陛下革去东厂，戮杨鹏叔侄并贾校尉及此女于市；刘胜等及镇抚司官谪戍极边，子孙不许承袭；丁哲、王爵、孔琦、陈玉各进一阶以酬被诬受辱之苦；各官及聂氏淹禁日久，乞以诸罪人财产偿其所费，则天意可回、太平可致矣。如不革东厂，则推选谨厚中官如陈宽、韦泰者以当此任，仍选大臣一员与之共理。其镇抚司理刑不必专用锦衣卫官，乞推选在京各卫一二人及刑部主事一人共莅其事，或三年、六年一更，则巡捕官校莫敢作弊，岂复有擅用刑罚、诬及不辜者乎？臣披肝露胆，直言至此，顾一介微躯，左右前后皆东厂、镇抚司之人，岂能免于虎口？与其死于虎口，孰若死于朝廷之手？愿斩臣首而行臣言，仍给臣妻子传食，护送骸骨以归，则臣身虽死心亦安矣。”上曰：“徐珪假以建言为由，词语妄诞，都察院其考讯之。”都察院以珪奏事不实，拟赎徒还役。大理寺审允以闻。上曰：“都察院奉命鞫问，何不具实奏请？大理寺又辄审允？各令具疏以对。”于是皆上疏请罪。宥之，仍罚左都御史闵珪、右副都御史杨谧俸各三月，大理寺卿王轼、左少卿王嵩、左右寺丞王鉴之、何钧俸各一月，徐珪赎徒毕发原籍为民。既而刑科都给事中庞泮等奏：“哲等鞫问狱词，覆奏已余三月，尚未得旨。系狱者凡三十八人，其间亦有连逮轻罪者皆不得释，或贫乏孤寡，天寒岁迫，无食无衣，诚可矜悯。臣等仰窥圣意，特以此事前后不同，真伪难信，故欲迟留日月，访察详明，真明慎用刑之深意也。但囚禁日久，人情不堪，况府部大臣荷国厚恩，居股肱之任，何心何颜忍负陛下，乃于一乐妇之贱，敢为欺蔽而不以实闻乎？脱异日果廉得有别女曰满仓儿者出，彼将何所逃其罪乎？揆之情理，决可信不疑（**阁本作决不可信**），请不必过劳圣虑，为此踟蹰也。”上乃命满仓儿杖毕送浣衣局，丁哲给偿袁璘埋葬之费，发原籍为民，王爵及孔琦、陈玉俱赎杖还职。（一二〇，2159—2164）

本年附

艺文・碑铭・太监梁宣墓志

明故内官监太监梁公墓志铭

赐进士出身、嘉议大夫、礼部右侍郎兼翰林院侍读学士、知制诰、经筵官、兼修国史长沙李东阳撰。儒林郎、大理寺右寺副兼司经局正字、侍经筵、预国史玉牒事长洲刘棨书。提督十二营诸军事兼神机营总兵官、掌中军都督府事、荣禄大夫、柱国、太保兼太子太傅、新宁伯滁阳谭祐篆盖。

今上在储宫时，内外诸侍从之臣随所分职，各共厥事。上既登极，罔不蒙钦录，沾宠遇，其不幸而没者则为之优恤，有恒格所不及，若太监梁公，其一也。公讳宣，其先世为广西人，府曰平乐，县曰贺，乡曰开山。天顺癸未(七年,1463),公被选入禁庭。时尚幼,莫详其父母名氏,顾天性孝谨,语及辄呜咽不自胜。寻以材质简入内书馆,命翰林儒臣教以经训书法,辄能诵习,侪辈有胥侮狎者必谨避之。师傅老长,咸加器许曰:"是其所就,非汩汩居人后者。"积数年,当成化甲午(十年,1474),入御用监书办,勤慎自效,未尝罹咎责。戊戌(十四年,1478),始侍宫坊。丁未(二十三年,1487),擢官为奉御。未几,进内官监右监丞。弘治改元戊申(1488),转左监丞,签内织染局事。己酉(二年,1489),进右少监,转左少监。辛亥(四年,1491),升太监。监事丛委,凡所受任,夙夜勤劬,弗敢少怠,动称意旨。眷顾日益隆,赐予骈叠,最后有蟒衣玉带之赉。久之,命分领神机营事。训练士马,必遵令式,有声戎阃间。乃今年丙辰(九年,1496)四月十七日以疾卒,年四十有五而已。

讣闻,上为悼惜,赐白金、宝镪若干为赙,命尚衣监太监覃公舆、梁公嵩董丧葬事,遣礼官谕祭者再,敕有司营圹域。盖自中使不十年而官至高品,可谓难已。人之有材质干力者,固系于所遇如此哉!公义子广,卜以是年五月二十六日,葬公都城西八里宛平县之香山乡。惜薪司正贾公性与公同业,相知深且久,乃以大理刘寺副棨所具状为公请铭。予尝侍宫坊讲读,知公名,谓于其存没之际,国家令典可以考见,不可以无纪,乃为作铭。铭曰:

五岭西南,去国万里。公来自兹,入侍天子。青宫禁地,内监高官。昼日三接,恩数孔殷。谓宜寿康,中道而仆。皇则念之,恤典尤厚。何以赙之,宝镪累千。何以祭之,纶音载宣。何以葬之,官有兆域。公归其间,永奠幽宅。公灵有知,宁怀旧乡。刻石著铭,永世其光。

(北京石景山区地铁八宝山站附近出土。《北京市石景山区历代碑志选·墓志铭》,第68页)

艺文·碑铭·法云寺碑

王瓒撰《重修法云寺碑记》:"法云寺在永安城东十里许,即昌平南邵村也。其先乃蓬山之右,黄山宝泉之旧刹也,即今天寿山是焉。永乐己丑(七年,1409)六月十二日,内官监太监谢安传奉圣旨,挪移出山外,仍命钦天监官王侃等相看,于此督工起盖殿宇僧房凡若干楹,乃更名曰般若寺。永乐庚子(十八年,1420)七月十五日,奉圣旨:'还着僧人圆庆住持此寺。'

至宣德壬子(七年,1432)八月内,有内官监太监沐敬重修见新。天顺丁丑(元年,1457)七月十五日,太监陈谨奏请扁名,蒙□敕赐法云。(**抵今寒暑几更,是寺竟废。略。**)适有神宫监右监丞洪公保,因先公太监陈公遗骸殡于此寺之后,凡遇春秋之际,公必拜扫于此,其抱本追远之□亦行至耶。公睹□刹之倾颓,遂兴重修之盛举,慨然发资,乐于修治,将使倾者而复矗,颓者而复饰矣。(**略。**)寺南香火地四顷,则太监陈贡、吴昱、王开之所施也。余特述其本末,以畀征文者记之。时弘治九年,岁在丙辰,孟夏吉旦。前卫辉府辉县儒学训导守制昌平王璿大用撰文。监戎掾黄安世宁书丹并篆额。"

(碑在北京昌平南邵村。《北京图书馆藏中国历代石刻拓本汇编》第53册,第46页)

弘治十年丁巳(1497)

正月乙丑,命内官监收充幼匠二百六十五人于锦衣卫镇抚司带管,月支粮一石。(一二一,2169) 初,尚膳监奉御赵瑄疏列直隶保定府雄县等处闲地,献为东宫官庄。户部奏瑄违例投献以启利端,宜治其罪。有旨下瑄锦衣卫狱。镇抚司言各处闲田必因民间所得不均,致生忿怨,遂有投献之图,请遣官勘实,召民佃种起科,或入官别用。诏遣内外官各一人,会巡抚、巡按官勘实以闻。户部言:"东宫毓德之初,不宜敛怨。且今天下财用俱穷而畿内尤病,如保定一府,自税粮外,家养马,户当差,近又增派抬柴夫千名,岁价银二万余两。即此土地所出且不能办,岂宜一一搜括?用是请罪投献者以安民,非谓彼处果无闲地也。圣明下瑄于理,实生民之幸。今复遣官踏勘,圣意所在固非臣等所敢知,但此地系河淤退滩,遇旱则有,遇涝则无,非常年可种之田,万一从其所拟,或以起科,或以别用,诚恐地力既竭,民命不堪,岂皇上子育百姓之心哉!若曰贫富不均,致民忿怨,止是瑄等进献,未闻被害之人奏告,纵有告者,彼处抚按官自能断理,岂可因此无故一概搜括。况勘官一出,地方必扰,恐有意外之虑。且直隶地方自太祖、太宗定赋之后，纵有空闲，任民开垦，百年以来，未尝更易。若因其言遂准行勘，后必有希恩报怨之人尤而效之，则是土地与夺，出于奸人，渐不可长。伏望皇上轸念畿民艰难，罢遣内外官员，悉照祖宗旧制，听民耕种，以固根本，实盛德事也。”上以业已差官，令姑俟之。(一二一，2169—2170)

二月甲戌，内阁大学士徐溥等奏：“臣等伏睹陛下临御之初，讲学修德，敬天勤民，无所不至，天下之人皆以为尧舜之治可指日而俟也。近年以来，视朝渐迟，或日高数丈，殊非美事。臣等已尝屡言，不敢渎论。内殿奏事，旧制每日二次，若有紧急事情不时闻奏，今止一次，遂以为常。批答之出，动经累日，各衙门题奏本或稽留数月，或竟不发出，事多壅滞，不得即行。且本朝列圣自洪武以至天顺年间，时常面召儒臣，咨议政事，今朝参之外不得一望天颜，所以通达下情者惟在章奏，又不以时断决，其于政体实为有碍。至于经筵、日讲，所以明义理、是非之端，陈古今治乱之迹，成就君德，裨益治道，惟在于此。今每岁进讲不过数日，去年春夏日讲止得三次，秋冬经筵止得一次，较之初政，似有不同。臣等窃闻人君之心必有所系，不系于此，必系于彼，正士既疏则邪说得以乘间而入。向来颇闻有以修斋设醮、烧丹炼药之说进者。夫斋醮之事乃异端惑世求利之术，圣王之所必禁。宋徽宗崇信道流，科仪符箓，一时最盛，及金兵围城，方士郭京犹诳称作法，卒使乘舆播迁，社稷失守，求福未得，反以招祸。今内庭禁地，修建不时，赏赉无算，黜退道官复升真人，赐以玉带，恩宠服色过于公卿，远近传闻，无不骇异。至若烧炼之事，其害尤惨。盖金石之药性多酷烈，一入肠腑，为祸百端。唐宪宗药发致疾，遂殒其身，虽杖杀柳泌，何救于事？惟汉武帝始虽迷惑，终知悔悟，谓天下岂有仙人，尽妖妄耳。于是文成、武利之徒相继诛死，故虽海内虚耗，亦以寿终。今龙虎山上清宫、神乐观、祖师殿及内府番经厂皆焚毁无遗，神如有灵，何不自保？天厌其伪，亦已甚明。况依方而炼，计日而待，所成者何丹，所验者何药？如其无效则圣明所照亦可以洞悟矣。若亲儒臣、明正道、行善政，自足以感召嘉祥，培益圣寿，永享和平之福，何假于彼异端之说哉！且自古奸臣佞人蛊惑君心以自肆其欲者，必以太平无事为言。祸患一来，悔之无及。唐相李绛有言：'忧先于事可以无忧，事至而忧无益于事。'今承平日久，溺于宴安，自目前观之，似乎无事。然工役繁兴，科派重叠，财谷耗竭，兵马疲敝，生民困穷，日甚一日，愁叹之声上干和气；荧惑失度，太阳无光，天鸣地震，草木妖异，四方奏报殆无虚月。将然之患，诚为可忧。陛下深居九重，言路之臣皆畏罪隐默，臣等若复不言，谁肯为陛下言者。伏愿陛下严早朝之节，复奏事之期，勤讲学之功，优接下之礼，远邪佞之人，斥诬罔之说，则圣德日新，圣政日理，亿万年太平之业可保无虞矣。"奏入，上嘉纳之。时李广以修炼服食之说进，中外以为忧而无敢言者，故溥等及之。（一二二，2178—2181）　甲午，故御用监太监廖恭原赐庄地五顷，先有旨令入官，给民佃种。至是，恭侄锦衣卫镇抚玘乞复赐管业。户部议不可，特与之，令照例起科。（一二二，2188）　戊戌，巡按四川监察御史荣华奏："四川松潘自茂州入为南路，自油安入为东路，比者番人据险，南路不通，其东路往来者必用钱买路。守备诸军往往为番人种田，田功毕复追偿所食过粟，又每肆劫掠，军士以是疲困。巡抚官以用威慑为启衅，遂专务持重，不事巡理。幕府月取军粮买酒布与番人，名曰赏番，其实买和也。中国畏番人如是，数年后恐番益横矣。自今乞令巡抚官如故事，每半年在边治理。其镇守太监常在省城守护藩国，无事不许出巡。庶彼此不至观望推调，地方可以无虞。"下兵部覆奏，得旨从之，仍谕令内官不许无故劳扰地方。（一二二，2190—2191）

三月戊申，给南京内官监民匠一千二百五十名食米每人月三斗，从南京内官监请也。（一二三，2197）　辛酉，户科给事中李禄言四事:"(**一、广边储。一、立守御。一、一法令。**)一、裁冗员。谓先年在京仓场及上林苑海子等衙门管事内臣止有二三员,今增至六七员或一二十员,政令不一,况多侵渔之弊,乞量为取回。"命所司议处以闻。(一二三,2202)　　癸亥,时内官何鼎因言事被系,太监杨鹏、戴义[1]并进司礼监。刑科都给事中庞泮、监察御史黄山等言:"鼎素著狂直,其言倘有可采,宜赐褒显;如其狂妄,亦宜曲赐优容,以来忠谏,奈何禁锢之而欲加之罪乎?且鹏行事乖违,人心愤怨,义素行不谨,得罪先朝,而使之遽参机务,不厌众心,乞还鼎职并斥罢鹏、义。"疏入,上曰:"何鼎妄写无名奏草,轻率具奏,又自荐求用,以是系之。且内外事体具有旧规,尔等何由知其事,乃辄奏扰?其具实以闻。"泮等引咎。宥之,各罚俸六月。(一二三,2205—2206)　　丁卯,礼部主事李昆上疏言:"近日内官何鼎因言下狱,彼时言官非有私于鼎而营救之也,得旨致诘所闻之由。臣以为陛下不惟不宥鼎罪而反推鞫不已,不惟不听言者而反致诘所由。且鼎近臣也,而直言之祸如此,况疏远者乎?科道言官也,而不得其言如此,况非言官者乎?今当陛下求言之日而进言之难如此,况平日乎?万一事有关于庙社机密者,谁敢复冒危履险为陛下极言之乎?乞曲宥何鼎之狂直,俯听言官之章疏,实宗社无疆之幸也。"吏部办事进士吴宗周亦以为言,且谓鼎所言臣不知其何事,原其心无非为陛下社稷计耳,不意转欲致鼎于法,科道上疏论救,皆蒙诘责,至今待罪。臣以为求言而反罪言者,是欲其入而闭之门,窃为陛下不取也,乞并赦之以养直臣之气。俱下其奏于所司。(一二三,2207—2208)【考】郎瑛《七修类稿》卷一四《国事类·本朝内官忠能》:"(何鼎)性俭,好读书,冬夏衣服止是数袭。弘治间,目见张后兄弟出入宫中,心甚忿之,以为祖宗法度不许外人到此。一日孝宗与张饮,偶起如厕,除御冠于执事者。张戏之,又带酒污官人,鼎

---

[1] 戴义,《明史·庞泮传》误作"戴礼"。

遂持瓜候宫门击之。赖太监李广传露得脱。明日上疏，随被张后杖死海子。时翰林某有诗曰‘外戚擅权天下有，内臣抗疏古今无。道合比干惟异世，心于巷伯却同符’之句。”《明史·宦官传》：“何鼎，余杭人，一名文鼎，性忠直。弘治初，为长随，上疏请革传奉官，为侪辈所忌。寿宁侯张鹤龄兄弟出入宫禁，尝侍内庭宴。帝如厕，鹤龄倚酒戴帝冠，鼎心怒。他日鹤龄复窥御帷，鼎持大瓜欲击之，奏言：‘二张大不敬，无人臣礼。’皇后激帝怒，下鼎锦衣狱。问主使，鼎曰：‘有。’问为谁，曰：‘孔子、孟子也。’给事中庞泮、御史吴山及尚书周经、主事李昆、进士吴宗周先后论救，帝以后故，俱不纳。后竟使太监李广杖杀鼎。帝追思之，赐祭勒其文于碑。是时，中官多守法，奉诏出镇者，福建邓原、浙江麦秀、河南蓝忠、宣府刘清，皆谦洁爱民。兵部上其事，赐敕旌励。”《酌中志》卷二二《见闻琐事杂记》：“孝庙时皇亲恣横，太监何文鼎掌乾清门，心不平，引祖宗家法极言直谏。文鼎与鲍太监忠契厚，方草疏时，不令忠知。比灯下誊真之际，有一杠在门旁立者，忽一步一步行至案前，鼎怒骂曰：‘我为国尽言，尔何物么麽敢来吓阻我耶？’疏上，上大震怒，系鼎诏狱，杂追治之，务究所主使者。文鼎毒惨备尝，曰：‘有两人，俱是山东籍贯，不可拘。’按讯者曰：‘姑言之。’对曰：‘孔子、孟子也。’鼎既死，犹能于禁中拽铜缸作声，若称冤者。中外叹息。上亦感悟，怜之，特令勒石以祭焉。”　庚午，新造卤簿大驾成，赏督造内官及匠役等钞锭、绢布有差。(一二三,2209)

四月戊寅。先是，奉御赵瑄指献雄县等处闲田可作皇庄。命巡抚都御史高铨等勘报，谓闲田止七十余顷，皆与小民征粮地土相参。户部言畿民困极，藉此补助，宜令管业如故而重治瑄罪，以警于后。从之。(一二四,2213)　癸未，户部尚书周经等奏：“比年[者]内官何鼎因建言得罪，下锦衣卫狱。臣等不知鼎所言何事，意必言过讦直，干冒圣聪，罪之诚宜。然窃思之，皇上方以灾异求言而复有此事，似与前诏相戾，天下之人将从此以言为讳，重于国体有损。且前代人臣尝有言忤权贵，祸出不测者，彼惟图快私忿，不顾怨归人主，载之史册，遗恨后世。伏望皇上远鉴前代，益笃畏天之诚，释鼎令仍旧任使，俾天下之人知皇上求言之诏不为虚文，则凡有志于爱君忧国者亦将披肝沥胆为皇上言之，天下岂有不治者哉！臣等备员大臣，不能随事救正，有愧于鼎多矣。今睹国体有损，又复尸素不言，虽圣恩优容，未即加诛，何以逭天下之责乎？"上曰："尔辈职居大臣，所掌者钱谷民瘼重事，当言者不言，却将何鼎事情妄言引救，甚昧大体。本当重治，姑宥之。"(一二四，2216—2217)　丁亥，礼科左给事中叶绅等陈修省八事："一、御经筵。谓迩来经筵稀御，日讲不举，画工、琴士承恩于便殿，教坊杂剧呈技于左右，此圣学所以少怠也，乞罢斥之而亲近儒臣。一、敏听断。谓迩来听断少滞，视朝时晏，鳌山观灯或彻晓不休，宫中燕享或竟日乃已，此圣政所以少倦也，乞撙节之而一遵初政。一、禁传奉。谓太监李广以千户王英选用乳保为之传升指挥，以周玉、李恕仆隶厮役为之乞升官职，以致文武官多不由所司而选，名器之滥莫甚于此，乞行裁革。一、黜异端。谓太监李广荧惑圣心，召集道流，以致黄白修炼之术、丹药符箓之伎杂进并兴，伤风坏教，乞加黜罢。(**一、息工役。一、遵祖训。一、黜不职。**)一、去大奸。谓太监李广有大罪八：一、诳陛下以烧炼之名而进不经之药；二、为皇太子立寄坛之名而有暖疏之说；三、拨置皇亲，希要恩宠；四、盗引玉泉，经绕私第；五、首辟倖门，大肆奸贪；六、太常卿崔志端、真人王应祷皆称广为教主、主人，而广为传升官职、求赐玉带，要结邪人，玷辱名器；七、畿甸百姓疲惫已极，乃假果户为名，侵夺土地，几至激变良民；八、东南民力困竭亦甚，凡有输纳，巧取其利，以致远方之民倾荡家产。他如近而驸马贵戚事之如父，外而总兵、镇守呼之为公，乞置之于法，以为后戒。"时御史张缙等亦以为言。上曰："御经筵、敏听断、息工役朕已行矣，余姑置之。"(一二四，2218—2221)　己丑，虏入大同云川卫境，戍卒被掠者五人。命逮问守哨百户朱玉等三人，罚分守右参将都指挥秦恭俸两月，与分守太监左敬仍戴罪杀贼。(一二四，2221)

五月壬子。先是，织造内臣请增支浙江盐运司盐价银二万引。户部尚书周经等议,以为原奏有云春秋二运支拨,似欲因此岁以为常,则盐利必亏而边储无所赖矣。请令于官盐内依例拨解二万引价,听其贴助,不许援此为例。得旨:“已准者许其支用,后每岁止与五千引。”(一二五,2228—2229)　癸丑,工部郎中王寿奏:“盔甲厂岁造盔甲军器等凡三千六百有奇,正统间两局原役军民匠合五千七百余人,当时内外提督官止太监、内使、侍郎各一员。迩年以来,匠役逃亡三去其一而内官增添几二十员,役占者多,供事者少,乞将内官取回,止留一员提督,军器物料各岁减其半;若物料已收有余者准下年之数,逃匠移文清解仍每季差科道官一员会本部堂上官考验,庶宿弊可清,财不妄费。”工部覆奏,有旨:“提督等官俱留办事,此后物料照成化二十三年减革例行,人匠照例役使,不许过多,差官考验仍旧。”(一二五,2229)

己巳,虏入大同境,营连三十里。命宣府、大同镇巡等官各上战守方略并军马刍粮之数。延绥镇巡官选官军五千,令副总兵朱瑾将之,以为应援。京营选精兵万人、驮马五千匹,人给银一两,命平江伯陈锐充总兵官,太监杨穆为监督,庄鉴、马昇充左右参将,待报启行。仍选团营马步军二万以备调用,马取足于顺天府及太仆寺,刍粮令户部亟处之。(一二五,2236)

六月辛未朔,南京吏部尚书倪岳等陈修省二十事:“一、法祖宗。乞将累朝宝训置诸左右,凡所施为,取以为法。一、谨好尚。近闻宣索古琴,人皆骇愕,恐邪媚之徒缘之而进,乞早赐疏斥。一、并差遣。乞将应天织造责之守备官,苏杭织造责之巡抚官,将新遣内臣取回。(**一、恤军民。一、罢工作。一、选武将。一、严操江。一、防要害。**)一、减添设。乞将景泰以后添设官员,弘治以后添设衙门,悉从裁革。(**一、积边储。一、整边备。一、均吏役。一、处军粮。一、禁奸弊。**)一、定输纳。江西、湖广及南直隶府州县钱粮俱于南京内府交纳,该管内臣多方勒取,请此后钱粮俱于所司看验完足,送入内府,会科道官公同验收,不许刁难。(**一、省淹禁。一、宽贫**

四。一、清军丁。一、审营缮。一、广言路。)”上曰:“法祖宗、谨好尚、广言路朕自处置,余下所司知之。”(一二六,2237—2240)【考】同书卷一二八,八月庚午朔:“工部覆议:南京吏部尚书倪岳等所陈罢营建、审营缮、防要害、定输纳、并差遣五事,皆切中时弊,宜如所言。得旨:‘织造内官不必取回,余悉从之。’”按,弘治、正德间织造内臣,《明故处士怡庵官公(志恩)合葬墓志铭》(《北京图书馆藏中国历代石刻拓本汇编》第54册,第83页)载:“先祖永乐初有司奉诏旨起应内府织染局役,迨公嗣役,以迈迹自励,殚厥心力”,其次子珵“应祖役,弘治、正德间从内府各监局太监韩公义、杨公轨、孙公锐、张公玉、浦公智奉敕苏杭等处织造”。　己卯,兵科都给事中杨瑛等言:“大同军储、营堡宜命户、兵二部大臣各一员经画之,在场见牧、听征马匹宜取回京营,或散牧近地,以便调用。密云切近京师,其分守内外官宜从近日巡抚等官建议,改属蓟州镇守官节制,本处宜增兵防守。”事下廷臣覆议,遂推经画大臣,疏上户部左侍郎刘大夏、右侍郎韩文、兵部左侍郎李介、右侍郎王宗彝以请;密云与燕河营、马兰谷二处分为东、西、中三路,俱听蓟州镇守官节制,密云防守益以兵马各一千,仍请每军赏银二两、布二匹,预办军装。未得旨,瑛等又奏请命文武[职]大臣一员同太监杨穆、平江伯陈锐拣选团营听征人马,就令参赞机务,其听征官军于临期赏赐外,宜预支俸粮四月、布一匹,以赡其家属。于是兵部复疏上工部右侍郎史琳、都察院右副都御史杨谧,待启行时加以参赞名目,其大同听征官军赏赐银布之数及密云防守官军预支俸粮俱宜预定月数,以安其心。上纳之,命刘大夏、李介俱兼都察院左佥都御史,整饬大同、宣府兵粮,李澄令速往防御,听征官军即命李介同杨穆、陈锐拣选,督军名目临期奏请处分,赏赐银布俱依前议行,俸粮许预支三月。(一二六,2241—2243)

八月乙酉。先是,虏入古北口境,官军死者二十九人,伤者四十八人,及丧器械马匹甚众。分守右监丞王增、参将吴钊、兵备副使张琏、千户邢煜等下巡按御史逮问,拟钊处斩,增及煜等充军，琏赎徒还职。上以增等情轻律重，免充军，增降内使，煜等各降二级，余从所拟。(一二八，2275)【考】王增应即取回，寻卒。因其降为内使，故墓志只称“中官”，见本年附。

九月乙丑，虏入宣府境，杀军士十人，掠男妇三十四人，孳畜九百有奇。分守参将杨彪、守备指挥杜荣等十七人命下巡按御史逮问，镇守太监孙振、分守左监丞葛全俱戴罪杀贼，总兵官都督阮兴、巡抚都御史马中锡、协守副总兵都指挥韩玉各罚俸两月。(一二九，2290)

十月丁亥，英国公张懋言二事，一谓内府供应柴炭价银太高，一谓公、侯、驸马、伯、都督及内官等营葬供役人数太多，乞请为裁损。工部议谓柴炭价银宜如懋所言裁损，其营葬夫役凡公、侯、驸马府拨夫二十名，顺天府十二名；左、右都督及同知、佥事等官府拨夫十二名，顺天府八名；内官有特旨兼造享堂者府拨夫二十五名，顺天府加五名，比例造坟者府拨夫二十名，顺天府亦加五名，其山陵运薪炭夫悉如旧。从之。(一三〇，2306)　辛卯，兵部尚书马文升等奏：“臣观历代兵制，不使权归于一人。汉制有南、北军，南军护守皇宫，禁卫之兵也；北军拱护京师，征讨之兵也。各有所掌而南军尤托之心腹，其防奸之意严且密矣。我太祖高皇帝有天下，法古为治，制兵之法极其周悉，故置十六卫亲军指挥使司，不隶五府，为禁兵，即古之南军也。其他卫俱属五府，以备征讨，即古之北军也。永乐中复设亲军指挥使司十二卫，又选天下卫所官军年力精壮者及虏中走回男子收作勇士，常数千余人，俱属御马监，更番上直，委心腹内外官统领，其盔甲器械俱异他军。成化以来，勇士精壮者少，其数乃至九千之上，每郊祀驾出，勇士盔甲与各营无异，禁兵渐至废弛。此外虽有将军、围子手，不过于早朝侍卫，退朝后即散回家，皇城之内防奸者无几，其守卫皇城各门官军疲弊尤甚。乞敕御马监掌印内臣同提督勇士并腾骧四卫营太监将见在勇士并四卫操军逐一拣选年力精壮者各若干名,编次成伍,并选老成头目管领操练,常令在于御马监分番上直。仍敕皇城各门守门内官各钤束官军,搜检出入。”疏入,上曰:“禁兵最重,令该监掌印、提督官会同严加拣选,照依旧规操练上直,毋得视常怠忽。”(一三〇,2307—2309)

十一月甲辰,虏再入蓟州龙洞谷关等处,杀戍卒七人,伤者四人,虏者一人。命逮问把总指挥高冲等九人,罚分守右参将刘祥俸一月,与守备奉御王海俱戴罪杀贼。(一三一,2315—2316)

辛亥,太监李广奏请预造弘治十一年元宵烟火。工部言所须物料为费不赀,况今两广、陕西边情未宁,凤阳等处盗起,各处灾异迭见,似此无益之费请暂赐停免,或量为节损,以体上天仁爱之心,以昭恭俭之德。命减三之一。(一三一,2320)

十二月己丑,下礼部祠祭司郎中王云凤于锦衣卫狱,降为河南陕州知州。初,云凤尝上疏言事,词甚激切,疏留中不下。至是驾省牲南郊还,云凤于驾后乘马,为缉事校尉所奏,遂有是命。(一三二,2338)【考】焦竑《玉堂丛语》卷四《侃直》:“王公云凤为祠部郎时,上疏请斩李广,广恨之。会驾还自泰坛,嗾校尉诬王驾后乘马,下诏狱。群珰议助广,为上言,重其罚。徐文靖公(溥)争之曰:‘余闻天子驾后,从千乘万骑,未闻罪乘马者,尔辈欲借此快忿,外廷宁无抗辩者邪?’王由是得从末减,出知陕州。”

本年附

典制·敕谕·镇守福建太监邓原敕谕

御马监太监邓原,今特命尔前去镇守福建地方,兼管银场,抚恤兵民,操练兵马,防御贼寇,禁革奸弊。凡一应合行事宜,须与巡按及三司等官公同计议停当而行,不许偏执己见,有妨重务。遇有城池坍塌,量拨军夫修理。草寇生发,即调官军剿捕。其余非奉朝廷明文,一夫不许擅差,一毫不许擅科。尔为朝廷内臣,受兹重寄,务在持廉秉公,正己律人,尽心经理,必使军民安妥,地方宁靖,斯称任使。如或操守不谨,措置失当,致令凶恶恣肆,良善受害,罪有所归。尔其儆之慎之。故谕。弘治十年正月二十七日。

（碑额题“皇帝敕谕”四字，碑今存福建漳浦县赤土乡溪东村果林场福寿院遗址）

【考】乾隆《福州府志》卷一八《公署一》：“巡抚都察院署，在福星坊嵩山麓（《闽都记》）。其地为闽五州诸侯馆，宋时尚书王祖道宅。（《万历府志》）。明洪武初为驸马都尉王恭公署，正统间镇守内官居之。嘉靖初改为提学道署。”

典制·敕谕·太和山提督李祺敕谕

弘治十年四月二十七日，皇帝敕谕内官监太监李祺：“今命尔提督大岳太和山宫观，虔奉祀事。尔与湖广布政司右参议陈濬，率同玉虚宫提点、均州千户所千户，督令军余，时常洒扫洁净。但遇宫观殿宇损坏及桥梁路道坍塌淤塞，即便修理完整。无事之日，操练正伍官军，守备城池，防御贼盗。或草寇生发，本所官军相应调用，公同计议施行。其余征差并运粮、屯田等项，一体优免。尔仍不妨本务，兼分守湖广行都司并荆州、襄阳、郧阳三处府州县卫所及附近淅川、内乡、商州、洛南、山阳、白河各处山场哨堡，巡司督令，操练官军民壮，修理城堡器械，督同各该守备、兵备、抚民、分巡等官，从长计议而行。不许互相矛盾，有乖事体。倘有寇盗窃发，量调所属官军民快，作急扑灭，毋令滋蔓。若各官事有干涉，仍前不报者，听尔等指实参奏。其应与各镇守、巡抚等官计议者，亦须公同计议，应奏请者，具奏定夺。尔为内臣，受兹委托，尤须持廉秉公，输忠殚虑。务俾祀事严肃，地方宁静，不许丝毫怠忽。如违，责有所归。尔其敬之慎之。故谕。”

弘治十七年闰四月初七日内官监太监齐玄、弘治十八年十一月二十六日印绶监太监韦兴、正德二年六月二十日内官监太监龚辇、正德五年九月初七日御用监太监周景，以上俱同弘治十年内官监太监李祺敕。

（《大岳太和山志》卷三《列圣敕谕·敕提督内臣》）

艺文·太监陈永安荣升序

太监陈公荣贺序

弘治十年（1497）夏五月望前二日，诏以午门正陈公为内官监左少监，提督巡察光禄寺事。未几，诏兼入侍乾清宫，赐大金、彩币甚厚。明年夏五月望后三日，御笔书“太监陈永安”五字于牙牌以赐。又三日命下，升太监,佥书监事,仍兼提督寺事。甫一岁而蒙圣天子宠眷知遇若此,盛矣哉!光禄卿李公与其僚寀以莅事者得人,可相济也,请一言以为庆,且道其详。云公字一宁,涿郡人,景泰中入内廷。英宗初以俊秀送司礼监书堂,从故阁老保斋先生刘文安公、眉山先生万文康公读书习字。以聪颖得名,同舍多不及。久之,送御用监学琴,而公不以自足,读书勤,字益工,尤善鉴别古法书名画,词林诸公多爱敬之。宪宗初,命司筦于午门,升奉御,进副与正。几三十年,勤慎不怠。暨于今上,遂知公贤劳而进用之,有提督监察之命焉,岂一日之积哉!公之在光禄也,以兴利祛弊为己责,凡九庙之祼享、三宫之膳馐、公卿百官之节食、经帏东宫之讲宴、四夷朝使往来之赐馔,务致丰洁以副主上。敬先事亲,礼下绥远之至意。又以余力创天鹅之浴池二、宝装果楼并膳盒之库厅二,葺大官诸署仓库沟渠井亭之类几百余,规措有方,不劳而成。功日著,誉日兴,上眷日隆,而公图报之忠日切,宜诸公之有斯庆也。

惟高庙定制,宫府一体,既设台部百司以敷政于外,又设诸监局以治事于内,内外相峙,庶务毕张;事相涉者,然后参用,以相成其大,要得人则事济,非其人则事盭,不可不慎也。若陈公以瓌伟之资、闿爽之才,本之以好学,加之以久事,当上心而服众望,其职安有不举者哉。虽然光禄所司金谷之出纳,甚重且剧,然终一事耳,功之所及者宰夫饔人之属而已,未足展布也。他日荷殊宠,预宥密,责益大,功益闳,士夫之嘉羡于公者益盛而皆于光禄勋卜之矣。予在词林识公,每史馆之暇,与朋辈造焉,啜茶观画,听琴对弈,恒至终日,知其远到之器也,故于诸公之请辞弗获而书以授之,俾为庆之张本云。

(程敏政《篁墩文集》卷三五)

艺文·碑铭·太监罗照谕祭碑及墓表

谕祭碑

维弘治十年,岁次丁巳,二月癸酉朔,初八日庚辰,皇帝遣内官监太监罗荫(**照之兄**),谕祭于司设监太监罗照曰:"尔以淳笃之质,简入禁庭,历事有年,累升太监。方兹委用,胡遽沦亡。讣音来闻,特赐以祭。尔灵不昧,尚克歆承。"

明故司设监太监罗公墓表

赐进士第、中宪大夫、贵州□□司副使……。赐进士第、奉政大夫、刑部郎中……尚宝司丞、承德郎、直文华殿……。

公讳照，姓罗氏，世为广东广州府顺德县大梁村人。高曾以下皆弗仕，父□秉，母龙氏，生公兄弟四人：长……绩；次荫，内官监太监；次即公。景泰庚午（元年，1450）简入内庭。辛未（二年，1451）选送内馆读书。丙子（七年，1456），入司设监书办。成化戊子（四年，1468），擢长随。甲午（十年，1474），升奉御。丙申（十二年，1476），迁右监丞，莅□□。庚子（十六年，1480）……未几升右少监。壬寅（十八年，1482），升左少监。丁未（二十三年，1487），进太监。公之忠谨见称于侪辈。

弘治戊申（元年，1488），例降左监丞……二其心，随迁右少监。壬子（五年，1492），转左少监。癸丑（六年，1493），复进太监。是年重□卤簿大驾，命公总理，既而工完。时公已得疾，上召公，见公□疾以见，上甚悯之，赐五彩金织斗牛大红纻丝以慰其劳。自是疾增□，弘治十年（1497）二月初八日卒，□寿六十。讣闻，上嗟悼，赐宝镪五千缗，太皇太后赐白金五十两为赙，遣荫董治丧葬，命翰林撰文，礼部谕祭，恩至渥也。以卒之年二月十二日葬公于宛平县香山乡城子里崇化寺……戊午三月十九日。侄男三：曰全，曰盛，俱义官；曰桥。公自幼聪敏，读书知礼，孝友慈祥，好施予，视旧……喜恬淡，于利泊然。历事四朝，凡祀天地、享太庙，公所司之事居多，未尝不在左右，以故身后犹子罗福、罗杰俱□□□。公虽没而朝廷益加眷注，历升斯职，皆以年劳，无非分逾越，以是人多贤之。宜□□□□□于斯惜。乃因太监□□状……石，用垂于□□，表而出之，以示来者。弘治十一年□月□日立。

（北京市门头沟区城子崇化庄出土。《北京图书馆藏中国历代石刻拓本汇编》第53册，第51、64页）

艺文·碑铭·中官王增墓志

明故中官王公墓志铭

赐进士出身、奉□大夫、吏部郎中太原乔宇撰。赐进士出身、□训大夫、刑部员外郎广阳吕杰书。赐进士出身、□林郎、广东道监察御史襄阳李良篆。

有谒者王瑾，变服向吾哭且革，而告曰："吾不幸，不意吾弟之遽死也。吾兄弟不戚戚者，赖有吾弟为之助也。今死矣，将何以塞吾居世者之望，而慰吾父母于地下?"又曰："人之死生，亦大矣。吾不忍没吾弟之可偿于人者之行于扫地，愿为之志铭，以白于世。"且为人弟而能致兄长之感受，非诚于恭敬者，不能也。按状，公讳增，系出保定新城名里之巨族也。天顺丁丑(元年，1457)，公被选入禁庭，位司礼监左少监樊公为宗。比樊公见公敦实，而遂以家事命理焉，无不如意。成化癸巳(九年，1473)，属针工局，上命管理成造赏赐各王府长子、将军、仪宾婚礼及内里官衣服等项。丁酉(十三年，1477)，选习武备。公廉简便捷，事罔不慎。庚子(十六年，1480)，擢为奉御。

弘治甲寅(七年，1494)进副使。乙卯(八年，1495)，升都知监右监丞。一有所属，举力勉之，而鲜有败事。自是，上愈重焉。久之，命分守密云、古北口事，乃赐金帛、良马，以彰殊渥。公素材干，非落落居人后者。登是地，师千军，属人皆英奋厥武。则夫关塞、城堡、墩台、墙垣崩溃倒塌者，无不率力修葺，计所曰六十有五，而筑补则二百五十有奇焉。凡所督理，夙夜勤勚，弗敢少怠。

适今八月二十七日，公以疾卒，年五十有二。而事为之隆于后者，于今线矣。公父母早逝，兄弟三人：长瑾，次聚。弟勉为理家尊望。侄五：长雄，次进、昭、钺，为瑾之所出者；举，为聚之所出者。孙二：长继宗，次才，乃雄之子。是辈皆公丧之哭悼者。瑾居长，为公卜厝于都城西玉河乡之原，而以九月初九日为公葬焉。时讣闻，上乃命司礼监奉御王公、巾帽局左副使郭公偕董丧葬事。夫王公，乃公之叔弟，而郭公性与公同业，相知深且久，乃以状为公请铭。铭曰：

不懈于位，不替乃谋。克协心志，休征是遒。人亦有言，良不遄死。寿将及耆，于公足矣。富贵不蹇兮，鼎裀其昌。令闻不没兮，内外其彰。公归有所兮，零宅荒芜。公铭不朽兮，夕阳千古。

(《新中国出土墓志·北京》第142号)

艺文·碑铭·黄新谕祭碑

维弘治十年，岁次丁巳，五月壬寅朔，十七日戊午，皇帝遣御马监太监陈贵，谕祭于御马监太监黄新曰："尔以敦谨之质，通敏之才，简入内庭，历侍列圣，小心寅畏，劳勚实多。眷尔老成，方隆委用，胡为婴疾，竟至长终。爰推恤恩，特赐葬祭，尔灵不昧，尚克歆承。”

维弘治十年，岁次丁巳，六月辛未朔，初七日丁丑，皇帝遣御马监太监陈贵，谕祭于御马监太监黄新曰：“念尔云亡，首七奄至。载赐以祭，用示殊恩。灵其有知，庶克歆慰。”

维弘治十年，岁次丁巳，六月辛未朔，十五日乙酉，皇帝遣御马监太监陈贵，谕祭于御马监太监黄新曰：“念尔云亡，葬期奄至。载赐以祭，用示殊恩。灵其有知，庶克歆慰。”

（碑在北京海淀区青龙桥西娘娘府。《北京图书馆藏中国历代石刻拓本汇编》第53册，第53页）

弘治十一年戊午(1498)

正月甲辰，传旨升工部军器局副使为大使者一人，冠带匠为副使者八人，匠役赐冠带者十七人，皆尚衣监应役者也。（一三三，2344—2345）

二月己巳，迤北小王子久不贡，至是遣使臣人等六千人至边求入贡。许入关者二千人，入京者五百人，敕太监邓瑢、大通事王英往视之。（一三四，2353） 乙亥，命南京户部每十年一次奏差内官并科道部属官各一员查盘南京内府各库藏钱粮，有侵盗亏欠之弊者治其罪。（一三四，2357） 己卯，辽东东宁卫指挥使刘宁奏镇守太监韦朗、巡抚都御史张岫及都指挥使胡忠等诸不法，因发朗及太监汪直、都御史陈钺成化间杀进贡夷人冒功事。命给事中王宸、刑部郎中尹嘉言、锦衣卫副千户姚让往勘之。久而未决，复遣大理寺右寺丞何钧等往，始得其状。拟忠等罪有差，朗、直、钺诱杀冒功事虽既往，亦当追论，宁以私忿诬奏十人以上，当重治，并劾宸及嘉言、让各不职，请皆寘之于法。上以朗等罪应究治，第奉有先帝成命，俱宥之，岫令致仕，刘宁降二级，调陕西镇番卫差操，忠等准拟。（一三四，2358—2359）

三月庚戌，守备鲇鱼石等关营都知监奉御罗纠私役军士出

境采木,被贼杀伤四人。下巡按御史逮问。纠拟充军,都察院覆奏,命降二级,令回京。(一三五,2370—2371)

五月己亥,府部臣英国公张懋等言:"顷岁工役太繁,内而寿安、钦安宫、西七所、毓秀亭之修建,外而神乐观、太仓、城楼及皇亲屋宇之创造,近者又于兴济县建真武祠,使三军壮气耗于转输之勤,万民膏血浪为土木之饰。又改造织金彩妆闪色诸罗段纱,织造羊绒彩妆闪色诸衣物,计其工料价银所需不下百万,中官缘此规利,有司缘此剥下。其织造中亦有东宫所服用者,奇巧靡丽,皆祖宗以来之所未有。况东宫方在幼冲,睿性未定,当示以恭俭之德,不当以奢靡导之。伏望于前项工役已行者损其规制,未行者悉令停免,至于织造之过侈、中官之督造,亦皆停止取回,实天下之大幸而臣等之至望也。"上曰:"卿等所言有理。即今天气向炎,工役未完者待督工官奏来停免,段匹完造织造其已派者仍旧输纳,此后节省事宜朝廷自有斟酌。"(一三七,2387—2388)

辛丑,镇守辽东太监任良等奏:"广宁边墙旧皆筑土为之,每为霖潦所坏,虏因得以潜入,我军难于防守。兹欲以砖甓甃砌,计其成功有三岁之劳而可以享永久之逸。"事下工部覆奏,从之。(一三七,2388)

甲辰,户部尚书周经等奏:"近奉旨以内织染局罗段缺用,命浙江运司支盐价银二万引,付太监韩义、麦秀织造。惟天下盐运司之设专为军饷计也,近年以来,官盐则为亲王之所陈乞,私盐则为内官之所夹带。成化时取充赏赐,所费甚巨,以致价贱利微,商人不至,一遇边患,束手无策。然而本色犹堆积以需开中,折色犹送京以济边急,则初设遗意犹存也。今织染局复为此举,臣恐弊端日起,国计日坏。伏读《皇明祖训》有曰"内府饮食常用之物,官府上下行移,不免取办于民,是以文繁生弊,故设酒醋面、织染等局于内,取其不劳民而便于用",由是观之,则各局供应诸物岁有定数,织造乃其常职。若曰取用有加则南京、苏、浙已于例外织造,若曰匠役不足则其平日招取者不下千余,皆食廪饩，所为何事？是段匹未必缺而乃导陛下以劳民伤财之事，以重违祖宗垂示之典。况臣等先以旱灾请停织造，已奉圣明自有斟酌之谕，则此举者或恐圣心偶未之思耳。不然，则祖宗之法如此之善，其训如此之严，而圣心纳言如此之近，盐法之系于民命边方者如此之重且急也，何忍以一时之小费而不惜此四者之尽废耶？"上曰："盐价业已准行，但织造不急用者内织染局官再奏来处置。"户部覆虑内臣遂援此为例，请断其后。得旨："盐价除今岁外，此后只岁以五千引给之。"（一三七，2389—2390）　戊申，传旨升府军卫百户吴顺及冠带总小旗等二十二人为锦衣卫副千户、百户、所镇抚等官，军器局副使孙林等十二人为大使、副使等官，工匠李仲良等十七人俱赐冠带，俱御用监应役者也。虏数百骑驻肃州境外之喇哈兀速泉，将入寇，分守右参将杨翥率千户田志深调汉番兵迎袭之。虏遁去，翥等追至黑山，兵备副使李旻亦率众至，合兵与战，败之。又追至夹山及琐琐林，皆败之，斩首四十级，获马二百四十一匹，器仗千数。镇守太监陆訚等以捷闻。命訚等写敕奖励，差来人升一级，赏纻丝一袭、钞千贯。（一三七，2392）

六月戊辰，虏数入宣府独石、马营等处，军士前后死者七人，伤者二人，男妇被虏者十人。下巡按监察御史勘问，以守备右监丞徐玉、都指挥陈雄、分守右监丞唐禄、指挥穆荣并诸提调管理官高鉴等十一人守备不设，问拟免杖充军，但俱情轻律重而禄、玉、雄、荣复有功可赎。都察院覆奏，得旨："高鉴等八人各降一级，带俸差操；唐禄等四人宥之，陈雄、穆荣仍各罚俸三月。"（一三八，2397）　癸酉，虏入古浪、庄浪、凉州、永昌、山丹境，军士死者十六人，伤者十人，掠去牛马百余。兵部请治提调守备等官罪。命指挥等官叶森等十二人俱逮问，左监丞梁玉、左参将颜玉、副总兵熊冈、都指挥左方姑宥之，方仍罚俸两月。（一三八，2398）

七月辛丑，虏入宣府境，杀军士十六人，伤者八人，掠男妇三十五人。分守参将杨彪等二十八人下巡按御史逮问，奉御贺能、监丞葛全仍令戴罪杀贼，都指挥姚信以去任宥之。(一三九,2406)

己酉，总制边务(**阁本边务作三边**)太子太保、左都御史王越率师袭贺兰山后虏贼。先是敕谕总制越云："贺兰山后乃虏贼巢穴，累次寇边，皆自彼而入，使其住居年久，熟知地方，或诱引北虏大众，或招来野乜克力等夷，为患不小，尔须运谋追剿，毋令滋蔓。"越自宁夏遣将，分路发兵，延绥副总兵都指挥同知朱瑾领兵二千出南路，宁夏镇守太监张僴、总兵官都督同知李俊领兵二千出中路，副总兵都指挥使张安、监枪右监丞郝善领兵二千出北路，越居中制之。张安、郝善分为二哨，北哨行五十余里至花果园，遇贼击之，斩十三级，南哨至蒲草沟，贼(**按，贼字衍**)望见畜产遍野，(贼)弃不顾，急从沙窝遁去，七人不及走，斩之，其一人衣甲居幞甚整，意其酋也。合兵追至大把都，贼集其众，分为三面，并力驰突。我军下马，用枪铳御之，贼稍却，骑乘势急击之，斩十级。日晡，张安收兵回，伏兵道旁。贼来袭，遇伏走，郝善领兵截其去路，复追斩八级。又追至柳沟儿，斩三级，贼西遁，乃还宁夏城。凡得贼首四十二、骆驼十九、马百二十二、牛羊器仗千数。是役也，安、善功为多。兵部上其事，拟官军升二级者二人，升一级者四十七人，升署一级者七十三人，给赏者千六百三十五人。上俱从之，因加越少保兼太子太傅，左都御史如故；升张安、郝善官各一级，赏张僴、李俊、朱瑾及领兵参将吴江、督饷右佥都御史张祯叔、管粮佥事李端澄银币有差。(一三九,2408—2409)　　辛亥，抚治郧阳都御史黎福等会勘襄府枣阳王府内使尹旻妄彰宫丑、诬告死罪，及仪宾何宗良殴打职官、白溶砍伐王坟树木罪状，各赎徒还职，仍以旻等情重律轻请。刑部覆奏，从之，命旻南京孝陵卫充净军，宗良、溶革职闲住。(一三九,2410)　　壬子，工部尚书徐贯等言太监李广等所奏钦安殿等处设斋醮所用旛竿非祖宗旧制，且宫禁之内不宜用此。上曰："尔等言是，其勿造。"(一三九,2410)　　庚申，巡按山东监察御史冯清劾奏辽东总兵官李杲、镇守太监任良、协守右参将孙文毅等烧荒迟延，军无纪律，致遗弃军器等物，并劾巡抚都御史张玉、巡按御史郭镛不行举奏及都指挥李鉴等不举呈查究，俱乞治罪。上命罚杲、玉、文毅俸各三月，镛俸两月，其余各逮治之。(一三九，2416)

九月丁酉，给太监秦文等两淮盐价银二万四千两，为织造之用，其原请长芦盐八千引已之。(一四一，2438)　　壬寅，户部尚书周经等奏："近奉旨令右少监莫英、太监宋玉、刘璟监督京、通仓事。臣等惟人君法令所以行诸天下而人莫敢不遵者，信故也，使行之未几辄自背之，虽有善政，人谁肯信。皇上登极之初，裁革各仓监收内官，近虽稍增于前，旋纳言官之谏，令今后俱依成化二十三年裁减事例，官省事简，一时传诵，以为美谈。不意今日复有莫英三人之命，大与前旨相反，弊甫革而复生，令方行而自沮，诚为可惜。且京、通两仓原设止总督一员、监督二员而已，当时各治其事，未见废坠，后虽渐加，无益有损。且生一事则有一事之害，增一官则有一官之费。况人品不同，执拗者误事，贪婪者侵削，下至件当、书写一切亲信者恃势求索，无所不至。故军斗脱逃，官解负累，年复一年，未有穷已。伏望皇上将新添监督官俱赐取回，以后惟照成化二十三年之例差补，则法令之行，天下贴然信之矣。"上曰："莫英等业已委用，姑已之。"(一四一，2439—2440)【考】莫英成化朝有献宝石之讥，弘治朝总督仓场，外臣以冗官谏阻。卒于正德十三年，其卒后之传颇为之辩白，见本年附。

十月乙亥，晓刻，上遣太监萧敬召内阁臣于左顺门宣旨曰："昨夜清宁宫失火，朕奉侍圣祖母彻旦不寐，今尚不敢离左右，欲暂免朝参，可乎？"时大学士刘健有事于西山，李东阳、谢迁对曰："宫闱大变，太皇太后圣心震惊，皇上问安视膳，诚孝方切。事在从宜，即宣鸿胪寺免朝一日可也。"敬复奏，乃命免朝。(一四二，2449)　　辛巳，刑科都给事中张朝用等言："内官监太监李广招权纳贿，其门如市，兹幸罪恶贯盈，自速其死，朝野闻之，罔不称快。然广所余金帛何啻千万，要皆夤缘嗜进之徒多方馈送者，此而不惩，何以示戒？乞拘李广亲信任事之人，责取簿籍，付之法司，鞫问明白，从实具奏，仍将夤缘得进者夺官褫爵，以清仕路。陕西道监察御史丘天祐等亦以为言。”疏入，上曰：“奔竞交结者仍令科道官指名以闻。”(一四二，2454)【考】《明史·李广传》：“李广，孝宗时太监也。以符箓祷祀蛊帝，因为奸弊，矫旨授传奉官，如成化间故事，四方争纳贿赂。又擅夺畿内民田，专盐利巨万。起大第，引玉泉山水，前后绕之。给事叶绅、御史张缙等交章论劾，帝不问。十一年，广劝帝建毓秀亭于万岁山。亭成，幼公主殇。未几，清宁宫灾。日者言广建亭犯岁忌，太皇太后恚曰：‘今日李广，明日李广，果然祸及矣。’广惧自杀。”

癸未，司设监太监蔡昭为故内官监太监李广请祠额祭葬，有旨许之，内阁大学士刘健等言：“内臣祠额祭葬，近年以来虽或有之，乃朝廷奖善褒功之意，实非常典。今李广之死，罪恶贯盈，万口称快，皆谓其欺罔之情、赃滥之迹，悉已败露，圣心昭鉴，必正其罪，以为奸邪不臣之戒。而乃赐之祭葬，又赐之祠额，是使欺罔赃滥之人与忠谨善良者混而无别，诚恐上累圣德，下拂人心，其于国典政体关碍不细。所乞祠额及祭文，臣等未敢拟进。”上命祭文仍旧撰进，祠额已之。(一四二，2456—2457)　乙酉，内官监太监李广之死，有中使至其舍，得簿籍以闻，皆中外官馈遗广者，或黄米若干石，白米若干石。上不信，曰：“此妄也，吾尝至广第，岂足以容是米哉？”左右言：“所谓黄米者金也，白米者银也，馈遗者恐人知，故为此隐语耳。”上震怒。于是中外纷然，而不得簿籍，乃妄意臆度，上疏劾奏，未得报施行。吏部员外郎张彩复奏请寘诸国法，以为：“圣德仁厚，恐或至于姑息；事久怒弛，或流于轻贷。如辽东镇守等官妄杀进贡夷人，冒受功赏，此古今无赦之诛也，近日事已勘明而陛下乃宽容之。太监汪直、梁芳等挠乱国典，荧惑上心，获脱万死之诛，幸矣，前日已摈不用而陛下复召还之。广平日招权纳赂，致陛下受奸谀荧惑之名而不自知，军民罹贪残剥削之苦而无所诉。今幸踪迹败露，陛下纵不追戮其罪，岂可并置其恶党于度外而漫不惩戒乎？伏望断自圣心，勿入左右解释之言而必正以法，凡有所营求馈遗重多者，大臣则容令自陈致仕，小臣则通查罢黜，其事有所枉、罪有所脱者咸厘正之，庶国体、事宜两全无失。”下所司知之。（一四二，2457—2458）　丁亥，免明年上元节所用烟火，以后坐派修理钱粮，内官监斟酌从减，不许过多，从工部尚书徐贯等奏也。（一四二，2460）　己丑，监察御史王约奏：“内官监太监李广欺君罔上，引用奸邪，纳贿招权，排斥忠鲠，其存日文武大臣及方面镇巡等官与广有尺帛之交者即奔竞小人也，乞查广私记簿籍，则其人可知矣。迩来传奉冗官及降谪外任者多由广蔽惑圣聪，私意进退，乞为查究。且广虽死，类广者尚多，伏望陛下防微杜渐，凡左右近侍之人必亲察其贤否，使奸邪谗佞不得以售其术，则阳明用事，阴邪退隐，应天之实，宜无过于此者。”命下其奏于所司。（一四二，2461—2462）　辛卯，户科左给事中卢亨以清宁宫灾言法祖修政四事：“一杜乞升之官，一省工作之费，一敏听断而无留滞，一恤困穷以重邦本。且言清宁宫修造宜检故太监李广遗财以充其用。又南京太监梁芳、韦兴、陈喜、汪直蠹政檀权，罪不容逭，近者夤缘李广复得取回，是又将以坏先帝者坏陛下矣，宜赐屏斥以快人心，此实弭灾之尤者也。”疏入，命所司知之。（一四二，2462—2463）　翰林院编修罗玘奏：“管子之言曰：‘礼义廉耻，是谓四维。’近科道官劾奏内外文武臣僚贿结故太监李广以求荣进，极其丑恶，信有之，其于廉耻礼义盖已扫地矣，何以表正百僚、风示天下？不意圣明在上而有是事，臣实耻之。是宜悉置之法，痛断根株，为将来戒。然臣以管见窃譬之，今有人于此颈项忽生瘤瘿，借集二医治之，其一曰是必割去之便，其一曰是必饮以内消之药便，然割之其去甚速而其身则危，内消其去甚迟而其身固无恙也。然则陛下将听割之之说乎？

将听内消之说乎？今日之事是皆大瘤瘿也，是不可置而不治而又不可求其速效而峻治之，何也？其间有居部寺之尊，有专将帅之寄，自天下四夷而望之，必皆以为丙、魏、姚、宋、方、召、卫、霍，凛然恒有畏惧之心而不敢慢易窃发者，以此而已。今一旦指其名而暴其恶，则将谓我堂堂天朝且然，则虽实有丙、魏、姚、宋之徒，方、召、卫、霍之辈，彼亦不复信矣，此大可忧也。又凡人之情，窘迫穷急，苟可以免一时之祸，于凡贵戚之家、近习之门，钻刺乞哀，何所不至，将有甚于前日求李广者。是闭一门，又开一门，塞一穴，又穿一穴，灭一李广，又生数李广，此亦可虑也。况科道官所劾奏者得于风闻，其所谓簿籍者亦不知实有实无、某名某姓，盖其为朝廷耳目之官，苟有所闻，不敢不言。今陛下既使其指名言之，万一捕风捉影，以张作李，《书》曰'火炎昆岗，玉石俱焚'，亦可哀也。此臣所谓割瘤之说也。古者刑不上大夫，为其近于君也，尊其近于君者，所以尊君也。今日之所劾者，皆高爵大官，具瞻重位，于陛下可谓近矣。谚曰'投鼠忌器'，器犹忌之，况此辈近陛下之日已久，岂可不加之意哉！然不可遂已也，已之则廉耻之风愈丧，奔竞之门愈开，法何以行，治日以替，其患有不可胜言者矣。臣愚，伏望陛下曲全言官，免其指名，惟降旨密谕之，凡尝贿结于李广者使之各自称疾引退，而限以二三月之内，或因考察两京大臣而以他事黜其尤甚者数十人，阳若不知，阴实加谴，如其顽然不动，随以正典行焉。此臣所谓内消之说也。陛下神谟庙算，已有定画，岂待草茅之言以为进止哉！臣闻言遭此荡无廉耻之徒而为此暧昧难扬之事，欲臆度言之，恐与簿籍所记或相矛盾，欲据其素行以决其有无，又恐邪人厚貌深情而或类正士，正士或不矜细行而反类邪人，百尔揣摸，莫之适从。因此沮丧，恐其自今以后，凡遇大利害，宁匿而不言，彼自为计得矣，其如天下何？臣是以越职冒死为言焉。惟陛下俯垂采纳，潜消已成之党，永绝未起之祸，安反侧子之心，作敢言者之气，不胜幸甚！"奏入，命所司知之。(一四二，2463—2466)　壬辰，户科给事中徐昂言："织造太多，宜停止；诈伪太多，宜禁约；任将太疏，宜简择；工役太盛，宜止兴济县修庙之役；谏诤太疏，宜复大班弹劾之典。"命所司知之。　下锦衣卫指挥佥事周玉、乐工刘实等四人于锦衣卫狱。玉以厨役为太监李广所昵，因冒袭同姓千户，寻乞升指挥佥事。实以乐工媚事广，亦见信用，一时奔竞无耻者多假二人赂广以求进。至是因科道官追劾广并疏玉等罪状上请，故有是命。(一四二，2467)

十一月癸巳朔，刑科右给事中王洧言："太监汪直、梁芳、韦兴、陈喜向者近侍殿廷，窃弄威权，紊乱朝政，获罪先朝，已经摈黜。今又取而付之以皇陵香火之寄，使其密迩京师，夤缘进用，为患非细，乞仍降谪，以绝其觊觎之心。"下所司知之。(一四三，2471)　乙未，翰林院检讨刘瑞言："上天示变，人主当深自戒惧，庶几灾异可回。迩者清宁宫灾，皇上既竭诚祭告而斋醮祈禳复纷然而举，此岂应天之道？愿罢去斋醮，一意内修。近年以来，经筵、日讲势分悬殊，愿正讲之余，或召大学士，或留讲官，许令侍坐，从容商论治道。故太监李广门下所收内臣，宜寘之法，以为近习之戒。前太监汪直、都御史王越开边衅、排正直，今兹之来，觊觎复旧，乞并罢黜以纾天下之愤。山东按察司副使杨茂元、礼部郎中王云凤俱以言事获罪，乞矜其狂直，或召复原官，或超升品秩，以作天下敢谏之气。比年土木大兴，在京师者如万春等宫、寿宁侯第宅、毓秀亭、兴济真武庙，在外省者兴、岐、衡、雍、汝、泾等府，累岁经年，骚扰不息。即今毓秀亭已闻拆毁，愿扩此心以及其余，凡可停止者速行停止，如不可者亦宜减约。都匀之捷，都御史邓廷瓒等冒其功，贺兰山之征，都御史王钺[越]开其衅，乞敕兵部会同科道、法司官明查密访其实奏闻，以彰欺罔之罪。"疏入，命所司知之。(一四三，2473—2474)　户部主事李世亨言："……太监李广引进内外官员，渔猎天下财物，动以万计。乞命官查考出自上赐者仍收入内府,其余解送辽东、大同等处边库备用。又监督通仓太监贿赂公行,往年太监无收粮之例,今则妄行收受矣;往年伴当无纳钱之例,今则巧取百出矣;往年军斗无做工之例,今则私役百至矣。乞查照宣德、正统年间原设额数,其余尽行裁革。……”疏上,命所司知之。(一四三,2474—2475)　戊戌,兵科给事中王缜言:“总制边务左都御史王钺[越]老奸巨猾,素无廉耻,先年交结奸邪,擅权害政,先帝因言官论列,洞烛其奸,除名为民,天下称快。今复纳贿推门,百计营求,得总制三边,言官交论,卒不能破。大奸大恶,无出其右,交结李广者,亦无出其右,况以大奸总兵于外而权臣为援于内,势尤可虑。乞削其兵权,罢归田里,以为奸邪之戒。”命下其奏于所司。(一四三,2476—2477)　都给事中张朝用、监察御史丘天祐等奉旨疏上交结李广之人,谓臣等所闻武臣如保国公朱晖、恭顺侯吴鉴、丰城侯李玺、遂安伯陈韶、成山伯王镛、宁晋伯刘福、都督孙贵、副总兵朱瑾,文臣如吏部尚书屠镛、户部尚书周经、礼部尚书徐琼、刑部尚书白昂、工部尚书徐贯、礼部侍郎程敏政、兵部侍郎王宗彝、工部侍郎史琳、林凤、都察院左都御史王越、右都御史李蕙、右副都御史彭礼、通政司左参议姜清、太常寺卿崔志瑞[端]、李温、少卿李杰、寺丞王福广、太仆寺少卿杨瑛、河南左参政张琡、右参政李瓒、山东右参政谢文、按察使赵鹤龄、副使田滳、邓公辅,此辈贿赂虽有多寡,交内虽有浅深,然皆心术奸邪,踪迹诡秘,吮痈舐痔,何所不为,婢膝奴颜,无复羞耻。是可忍也,孰不可忍,此而不治,后将奚惩?伏望大奋明威,特加罪黜,以正典宪。风闻之言,恐有未尽,仍乞敕司礼监发下李广贿货簿籍,容法司逐一查究。上以所劾干碍人众且无指陈实迹,命俱仍旧供职,簿籍亦不必追究。(一四三,2477—2478)　庚子,太子少保、户部尚书周经上疏言:“昨者科道官劾奏故太监李广并劾奏奔竞李广之人,亦将臣姓名诬陷其中。伏蒙圣恩宽大,一切宥之不问,臣虽随众廷谢,然实含伤忍痛,无以自明。若不控诉于上,则天下之人必以臣为奔竞无耻之人矣。万死之冤,莫加于是。切念臣叨举天顺四年进士,蒙列圣累加超擢,进至今秩。臣受三朝大恩,如天地之大,如山岳之高,如江海之深,常愧报之涓埃,惟省躬淬砺,务精白一心,始终一节,以求无负。如果奔竞如科道言,是夷狄也,是禽兽也,当自死灭,奚待谴责!不知科道官风闻何人之言?听信何人之指?以臣奔竞李广。夫李广今已死矣,故彼敢于肆击死虎以诬陷臣;使广若在,臣纵奔竞,彼亦退缩如畏犬,敢狂吠哉!且人奔竞李广者,将冀其进言帷幄,图进取耳。圣心试忆李广在时,曾亦言及臣姓名乎?其有与无,莫逃圣鉴。抑闻奔竞李广之人必馈遗金币等物以交结之,又必开列数目姓名以进,使之不忘。今李广受贿籍簿固在,乞敕法司将李广家人严加鞫问,仍查问簿籍曾否有臣姓名。然馈遗亦不须多,但有寸金尺帛,即系交结,即将臣斩首市朝,以为奔竞无耻者之戒。若臣果无干涉,亦乞昭示恩纶,为臣洗雪,使天下晓然知臣非奔竞李广者,庶使臣展布四体,以终事圣明,不独感之于心而已。若使含污忍垢,苟就班行,必将悲伤抑郁,死填沟壑,目且不瞑。仰惟圣仁如天,不令一夫失所,而忍使臣如是哉?此臣一生名节所系,故覙缕言之,不复畏罪,惟陛下矜察。"疏入,命所司知之。(一四三,2479—2481) 癸卯,礼科都给事中涂旦等言:"……近者差内官往苏杭等处织造段匹、陕西等处织造羊绒织金彩妆曳撒秃袖、江西烧造各样磁器,俱极淫巧。又取福建丝布,追督甚急。况各处连年灾伤,边方多事,重以骚扰,百姓何以堪命?伏望一遵旧制,非常额者一切停止,不宜停止者责期进纳,所遣内官通行取回,庶可以宽民力。故太监李广蛊惑圣心,造烟火则乞升工匠十三人,造毓秀亭则乞升官匠三十余人,又乞升五官司历六七人。近者烟火已停止,毓秀亭已拆毁,而乞升官员尚未罢革,乞并将李广夤缘传奉者通行黜退。近来添设衙门官员太多,乞查在京在外,不拘九门、仓库、工部各厂、巡河、边方腹里、各司府州县，但系景泰年间以后添设官员，弘治年间以后添设衙门，除紧急边方不动外，其余会官议处，可减者减之，务遵祖宗旧制，以苏民困。盐法之设，非边方有事不许开中，近年积弊浸多，乞敕该部申明请求之禁，增重夹带之罚，仍将已给织造盐引、盐价追夺还官。新增织造者亦皆停止。……都御史王钺[越]交结太监汪直，变乱成法，开边启衅，先帝已断发为民，寻令以左都御史致仕。近又夤缘太监李广，以至今职，乞仍发为民，以杜奸邪之门。且李广罪恶贯盈，事已败露而死，乃复赐之祭葬，是褒善之典加于首恶之人，何以劝戒将来？乞赐停止。近年以来，中外臣工或因言事得罪，或因他事诖误，充军为民、降调致仕，养病如汤鼐、刘概、吉人、丁哲皆罪在可宥，如杨茂元、王云凤、武衢、何乔新、刘大夏、林俊、曹璘皆才非可弃，乞通查充军者放回为民，为民者复职，降调者升迁，致仕养病者起用，天下幸甚。"监察御史张天衢等亦以为言，且谓祖宗以来，亲近大臣，斥远邪佞，伏望取以为法。内府甲字等库及京、通内外仓等处添设内官数多，乞量为裁革；其镇守太监如临清李全、江西董让、陕西刘瑯、四川房懋皆贪酷害民之尤者，乞尽行取回，以纾民困。天下州县人户徭役乞行巡抚等官委官详审，务使均平。疏入，上曰："纳忠言，朕当自处。王钺[越]既用之边方矣，置勿论。其余令所司斟酌以闻。"(一四三，2485—2488)　兵科给事中艾洪言："各处镇守太监皆苛敛横索，以积货财为计，利归内官则怨归朝廷，其流毒生民，贻患国家，盖有不可胜言者。乞赐查究，其系祖宗朝设者，虽未能遽废，然亦当痛加戒饬，以革其弊，其余添设地方，俱宜量取回京。"下所司知之。(一四三，2488)　监察御史胡献奏："诸司官有交通太监李广进用者，李广虽死，簿籍犹存，如左都御史屠滽得升为吏部尚书，闲住都御史王钺[越]得起复为左都御史，右副都御史李蕙得升为右都御史，此三人者，身为大臣，帅众为奸，宜先正其罪，然后次第行罚。然李广所以得售其奸者,由陛下议论政事不就外廷而但决诸内,不信任大臣而信任李广辈也。臣闻祖宗时惟御内阁商决章奏,或召部院大臣面议可否,自成化初年,此礼始废,伏望查考旧制而举行之。且祖宗经筵、日讲皆陈说时政得失,以开明心术,又欲常接见儒臣,涵养德性,今则日讲殆废,经筵虽行,只应故事。臣愿陛下复日讲,择讲官,凡时政得失皆许陈说,庶为有益。又京、通二仓总督、监督内臣,但遇收粮,每粮万石,索银十两,以每年军粮四百万石计之,人得银四千两;又各占斗给[级]二三百人,使纳月钱。且监督收粮自有户部委官,此等内官只是坐受银两,有害无益。臣愿陛下尽行革去,只留一人,使掌敕书,则军斗获少息矣。京操军士来自数千里外,苦不可言,而总兵、坐营、都司等官各分入己,使纳月钱,此何理也?乞严加痛禁以苏军士之困。东厂校尉本为缉访大奸弊而设,近来校尉畏避权要,莫敢缉拿,所行之事但为皇亲、太监报复私怨,如监察御史武衢得罪寿宁侯张鹤龄及太监杨鹏,刑部主事毛广得罪太监韦泰,皆为缉事校尉所发,推求细事,坐以罪名,举朝皆知其情,无敢言者。臣亦知今日言之,后日亦为校尉所发,然忠臣无贰心,宁言之而得罪,不敢不言以尸位也。臣又思之,陛下每遇灾异即修省不暇,如去年春因灾异求言,科道官及礼部郎中王云凤、户部主事胡爟皆尝条奏奸弊,留中不报,云凤转以得罪,如此则与不修省何异?臣愿陛下断自圣躬,凡奏疏之可行与奸弊之当革者皆为施行,则修省有实而灾异可弭矣。"下所司知之。(一四三,2488—2491)【考】同书卷一四四,闰十一月乙亥:"降监察御史胡献为湖广蓝山县县丞。献既奏太监韦泰并寿宁侯张鹤龄,鹤龄、泰各具疏奏辩。有旨下献锦衣卫狱,至是狱上,以风闻不实,降二级调外任"。　刑部主事陈凤梧言:"兹者清宁宫灾,四方灾异迭见,意者陛下致中和之道有未至与?抑大臣宰相燮理阴阳之责有未尽与?臣愿陛下加幽独谨戒之功,严法祖敬天之道,绝游玩、去奸佞,亲近儒臣以讲论治道,延访疏远以询察民情,毋徒视朝数刻而退,经筵一讲而罢。又乞申饬大臣、宰相以辅德格心为任,以忧国爱民为心,进退人才必循乎公道,兴革利害必合乎舆论,君臣上下交相儆戒,则灾异自弭矣。然上下儆戒固非一事,臣姑以其大者言之:寿宁侯张鹤龄兄弟年富力强,宜导之以正而全安之,乞早赐戒饬,以盈满为惧,择博学端方之士与之游处,则可以永享爵禄而与国咸休矣。故太监何文鼎(按,即何鼎)爱君忧国,因忤太监李广而殛死;刑部郎中丁哲明刑慎法,因笞乐工而去官;办事吏徐珪抗章直言,因救丁哲而革役,是皆人心愤厄不平者也。乞将何文鼎特赐褒赠葬祭,取回丁哲,超升数级,及将徐珪量授一官,庶以激劝忠贞之气。"下所司知之。(一四三,2491—2492)　　壬子,五府、六部等衙门英国公张懋等应诏言三十四事:"……曰清盐法。欲将累年王府奏讨各运司食盐一切停罢,听其照旧自买食用,并以后内臣织造再不许奏讨盐引,及行巡盐御史查审见开盐课,果有势要之家隐名报中、侵夺害人者,指实参奏。曰革冗官。欲将云南金齿、山东临清、辽东辽阳、四川建昌镇守太监取回,其提督湖广太和山内臣不许分守湖广行都司地方,看守广东廉州府珠池内臣不许兼管琼州府卫所地方,蓟州等处地方若鲇鱼石、黄崖口、一头营、峨嵋山、滦阳、刘家口、山海,宣府地方若永宁、怀安、万全左卫、龙门所,大同地方若朔州暖会隘口、天城、大同左卫各有守备内臣,俱多设无益,亦合取回。曰省工作。凡无益之工、不急之务悉皆停止。曰罢织造。欲将各处织造内臣通行取回,其织造段匹等项暂且停免。曰禁奢靡。欲朝廷躬行俭德以先天下,勋戚之家勿轻假借,勿妄锡予。曰革滥设。欲将京、通二仓及各马牛羊房、内府各库并上林苑监海子等处内官查照成化二十三年事例量存数员,其临清、徐州、淮安三水次仓内官照天顺八年事例止留一员。曰正赃犯。欲将已死太监李广财物尽数没官。曰防奸伪。今后差官给精微批,锦衣卫官校不许仍赍驾帖,为害非细。曰止斋醮。除万寿圣节，两宫圣旦及春祈秋报其余一切停止。（**曰遵旧制。曰节供用。**）曰省供给。欲将各马房马匹拣选良者存留，其余变卖银两，送太仆寺收贮。仍踏勘原设草场多余地土耕种成熟及无人耕种者，召人佃种，俱征子粒草束，于各马房收贮。（**曰禁暴害。曰苏民困。**）曰明禁例。公差内外官员奏讨该用车船等项，俱下兵部照依见行事例转行前路官司应付，不许擅自具本，过数奏讨。（**曰恤漕卒。曰奖恬退。曰均民差。曰恤官军。曰便商税。曰停派办。**）曰添监收。欲内府巾帽局照依甲字等库事例，差委科道官监收。（**曰禁通事。**）曰悯囚徒。今后该有军伴、仪从，衙门官员拨到囚徒，止用跟随，不许仍前逼要财物。曰祛民害。各处镇守、分守等项内外官员并带去官舍人等，廪给口粮止给本色，不许例外多索银两。曰禁科敛。欲行各处巡抚、巡按官禁约各府州县卫所官员，不许科敛财物、交结上官，侵克肥已。曰省差官。各处盖造王府仍照旧例，工部差官一员，会同彼处镇巡等官，从长计料，不许差委内官并带匠官作头人等。曰复旧例。今后亲王之国，车船数目兵部俱照成化年旧例拨送，不许求讨过多，旗校人等宜从户部查照支给行粮，免行应付口粮。钦差太监一员总理其事，不必多差。其承奉、长史令钤束下人，不许纵容附搭客商买载私盐等货。曰省滥选。今后选用奶子，该用物件，官为措置，免卫所科派，其总委官员亦乞革去，只令各卫委官管领。（**曰兼抽分。**）”上曰：“卿等所言令所司各查参处分。”（一四三，2497—2502）【考】内八事下兵部议覆，见同书卷一四四，闰十一月乙酉：“兵部覆奏府、部等衙门所言裁冗员、革添设、省工作、苏民困、明禁例、恤官军、祛民害、省滥选八事，谓……又正统间各处虽有镇守等内臣，然其数尚少。成化以来，临清、金齿、腾冲添设镇守三员，辽阳、建昌、燕河营、马兰谷添设分守四员，蓟州永平、宣府大同各城堡又添设守备十五员，此皆宜取回别用者。况以提督湖广太岳太和内臣而兼分守行都司等处，看守广东珠池内臣而兼管廉、琼等地方，此皆止宜令如旧专理一事者。……又各处公差进贡人员，每有多索驿递,有司车船廪给人夫之扰,而南京进贡内臣尤甚。请今后凡公差内外人员不许于公行文移内多写船只廪给及添写'军卫有司等衙门应付'字样,如朦胧具奏者,本部仍减去不行。……又各处镇守、分守及公差内外官员随行官舍人等,请严加禁约。又国朝有礼仪房之设,先于京县五城兵马司及金吾等二十八卫择取乳妇,预养其中,以俟应用。初以锦衣卫千户一员管辖,近千户黄英以太监李广传升本卫指挥,遂恃势科扰军民,请革退,止令各卫以千户轮直管事。上曰:'镇守、分守等内臣并管礼仪房指挥俱仍旧不动,团营官军除清宁宫上工外,此外再不许动拨,余准议。'" 命暂免陕西织造。上用羊绒,其小民旧欠岁派物料,令勘实奏免。(一四三,2502)　乙卯,户部覆议府、部等衙门所陈清盐法、革滥设、恤漕卒、均民差、便商税、省供给者,所言俱可从,惟商人税钞止折一钱者恐各处轻重不同,事例亦异,宜照例每贯折钱二文。议入,上曰:"王府织造奏乞引盐、添设内官、各马房马匹草料俱如旧行,余如所议。"(一四三,2503)　庚申。初,巡抚宣府都御史马中锡以关严废弛,势要之人往往私起关文,赴京交通贿赂,辎重往来,骚扰道路,奏请设立号簿于巡抚衙门,以为符券,给付使者,方许入关,内外称宜。至是镇守太监刘清奏其不便,事下兵部议,以中锡所言有益关隘,不宜辄罢,此后镇守、总兵、巡抚官会奏差人,不必挂号,其镇守、总兵等官虽起符验关文,不系军务者,仍如中锡所议。疏入,上从清言,中锡所奏竟不行。(一四三,2505)

闰十一月辛未。先是,寿王之国,本府内外官承奉宋祥等沿途科索,临清兵备副使陈璧禁之不得,反为所扑;又纵其下损坏军民房屋,抢夺市肆货物。义官胡鼐等奏其事,璧亦奏祥等兴贩私盐无算,请重加究治。下都察院覆奏,请差给事中并刑部郎中各一员,会同巡按监察御史审勘,仍移文送王太监梁义等约束本府官校,自临清以南抵四川,所在一体禁约。从之。(一四四,2509—2510)【考】同书卷一四九,弘治十二年四月辛亥:"湖广按察司副使陈寓言:近寿王之国,道经武昌府,随行太监梁义等五员,工部员外郎及南京工、户、礼三部主事各一员。义等五员通同承奉宋祥等共折收夫价银一千余两，至蕲、黄、岳、荆等府皆然，所得银两动以万计。请今后亲王之国，止差谨饬太监一员，其他并部官俱免遣，合行事宜令所在官司整理，则事体不妨而民亦少安。事下工部议，以为亲王之国，原无差官例，自弘治七年始有之。况差去官员别无他事，徒增烦扰，今后请仍如旧例，本部与南京工部不必差官。从之”。又卷一五六，十二年十一月己卯："初，寿王之国，承奉宋祥、赵凤、典膳时俊等所过系掠官吏，责献茶果钱，州县不胜荼毒，率鸠贷富民钱以应之。至临清州，吏侦知德州所赂银钱几三百两，以白兵备按察司副使陈璧，璧令勿与，祥、凤衔之。会璧随镇巡官朝王，祥立王侧，挥内使执而殴之，流血被面。护送太监梁义止之乃解。时各船军校亦执梃登岸，毁居民屋舍，抢掠货物，城中为之罢市。已而义欲以闻王，乃召璧慰谕之，令义笞祥、凤等，事遂已。顷之，东厂发押马内官曹玉潞河驿胁索钱物事，有旨俟王抵国验问，而临清军民及璧皆奏其事于朝，且盘获祥所贩私盐六万三千余引。上遣给事中丘俊等往验之得实，并劾长史王春、秦诚通不能谏正之罪，命下四川巡抚、巡按官逮治，以在赦前，奏拟祥、凤免徒革职，解京奏请，时俊免杖还职，春及诚通免杖，如例调选，且以曹玉等胁钱主名闻。命祥、凤解京，送司礼监奏请处治。俊、春诚通俱改调别府，曹玉等逮治如律。"　甲戌，礼部覆奏府、部等衙门所言定册封事，谓各王府册封冠服宜依时造完颁给。上曰："今后内府各衙门造冠服等物，务依次速完，不许迟违。"(一四四，2510)　丙子，刑科给事中吴世忠等勘报大同总兵官都督神英、副总兵都指挥赵昶因私忿构隙，边备废弛，威令不行。巡抚都御史刘瓛奏报军情不实，以攻倒墩台为雨塌，以虏掠军士为自逃，并镇守太监孙振，游击将军刘淮，参将李玙、秦恭，闲住都督马仪，致仕都督宋澄，奉御侯能、吴通，监丞李岑、杨定，都指挥李敬、刘江、蔡瑁、叶椿、王辅、周琮、赵玺、黄泰、张永、刘善、宋辅，参政毕孝，郎中陈一经等罪状及军舍赵晟等私卖军需货物于夷人，俱乞准例处分。刑部覆奏，上命晟等二人处斩，余十人并家属发广西奉议等卫充军，英、瓛、振取回，英闲住，瓛、振别用，昶、淮并玙、一经俱逮问。论者谓瓛以风宪大臣不能正身率众，纠正将官失职，顾为掩蔽罔上，以盖罪愆，其不即谴责，盖当国者为之庇云。(一四四，2512—2513)　丁丑，礼科给事中吴仕伟言三事：一、比来内官营求出镇，剥削军民，近日李广败露，事可知矣，今宜一切取回。京营武职役使军伴俱有定额，比来任意占役，包纳月钱，乘轿燕乐，不习武事，乞命官究处。又各处清军之弊随解随亡，乞量地远近，更相拨补。兵部覆奏，上曰："镇守内臣俱如故，余从所议。"(一四四，2514)　虏入辽东懿路城境掠人畜，兵部请治分守、守备等官罪。诏提问都指挥李钦等三人，罚右参将焦元俸三月，右监丞黄延宥之。(一四四，2514—2515)　乙酉。先是，命福建织造上供丝布九百余匹，中有不堪者八百匹，令退回再织。工部因礼科都给事中涂旦等之言，请停免以苏民困。得旨罢其未织者。(一四四，2519)

十二月乙未，都察院覆奏府、部等衙门所言故太监李广招权纳贿，赃物累巨万计，庄田盐货尤多，乞籍其所有，尽没于官。不允。(一四五，2527)　丙申，南京兵科给事中杨廉等奏："近者论事之臣谓太监李广已死，其平日赃物巨万，簿籍尚存，姓名可考，欲一一究竟其事，明正其罪。伏闻陛下初欲行之，既而中止，岂因编修罗玘有不必查究之说而左右之人又从而傅会之欤？迩来群奸肆志，内外交通，忠直之士欲发之而未得其路，以为无左验，恐不足以取信于陛下也。今幸而李广自死，又有簿籍可证，盖祖宗在天之灵，特此以告陛下也。若复纵而不治，岂不失事机之会哉？况白米、黄米之隐语已哗然于中外，而某官、某人之馈送想亦昭然于圣心，在国法既所难容，于事体亦岂可已？但其倡为不必查究、冀存大体之说者，乃谄谀侧媚之徒，自以此为邀结奸邪之地耳！孰若昭然发露，明示典刑，俾小人知媚灶之决不可为，鬼责之竟不能免，惩一二而千万人皆悦，其为世道计，岂不大哉！况近日言官方奉诏弹劾而吏部尚书屠滽率先攟摭，以为攻击言官之倡。臣历观前代小人欲遂其奸谋，必自排去言官始，言路之势不振则人主之势日孤，此事关系匪轻，伏惟圣明留意加察。”南京福建道御史洪远等亦以为言，且指滽及刑部尚书白昂为奸佞魁首，乞并玘罢归田里。上曰：“此事已处分矣。”并玘等俱置勿论。盖玘尝为太监萧敬门馆而敬庇之也。(一四五，2527—2528)　戊申，盗劫湖广桃源县狱，囚人有被杀死者。事闻，上以镇守太监刘雅、总兵官镇远侯顾溥奏报稽缓，诘问其故。雅等上疏伏罪。命宥之。(一四五，2537—2538)　己酉，巡抚辽东都御史张玉奏：“虏寇长安等堡，都指挥刘纲、指挥范锴率兵御之，伏兵四起，锴等为所困，纲被射死，指挥二人、千户六人、旗军四十六人俱为所杀，虏去马一百三十余匹，器杖甚众。”事下兵部，劾奏镇守太监任良、总兵官都督佥事李杲、副总兵张澄、左监丞刘恭失于防御之罪。命任良、李杲、张玉姑不逮问，待查勘至日与张澄等一并闻奏。(一四五，2538—2539)

本年附

艺文·太监莫英传

白石主人传①

赐进士出身、朝列大夫、南京国子监祭酒、前……奉政大夫、尚宝司卿、内阁供诰敕事……征仕郎、中书舍人、直内阁、预修玉牒、国……

白石主人者，广东肇庆恩平良族也，姓莫，名英，字国器。附都之西山有白石别业，因曰：“予游于斯，乐于斯，死即葬于斯。”是为白石主人。少时，父母命省其姑于沙冈，为流贼劫去，官兵得之，遂诬为幼男进用。入内书馆，进书办供用库，授奉御，转副使，升大使。侍宪宗皇帝，升内官监右少监。谏神仙事，忤旨，犹升太监，赐蟒衣。同列蒋琮谮之，降长随，降小火者。及琮得罪，皇帝悟前诬，稍复奉御，监上林苑，寻复内官监左监丞，复右少监。督京仓，用荐者复左少监，复太监，用司礼。奏复蟒衣，赐玉

① 莫英墓在北京石景山白石港，今存石坊上题“总督粮储内官监太监莫公神道”；两断碑，一为《白石主人传》（湛若水撰），一为《莫公神道碑铭》（大学士蒋冕撰）。志文由双塔�武人拓录提供。

带,加总督。

初,琮以郊祀不与赐,讪上,英即以大义责之,遂见嫌。内官梁氏之子斥去其父,父自家来也,英谕以父子之恩,不喻,出己资归之。宪宗时,人或怀惠,遗以数千金,却之曰:“吾日饭一盂耳,于吾何有?”或荐至御司房,则辞。推东宫伴读,则又辞。取六局官,则又辞。上使之访仙术,则谏。使之建延寿塔,则欲止之,会以谏止。监上林,则曰:“果实充而已。”督京仓,则曰:“出纳充而已。”欲广近场火道,以民怨奏止之。仓官吏旧无俸养,则曰:“是教之偷也。”奏赡之月粮而弊息。暇则焚香,好读书,至忠义事,则义气益激发。或为之私谋,则曰:“用舍,命也。”或语之时事,则俯而默。友爱其弟豪,至友也,食亦食,出亦归,弗归弗食。诫其弟雄之遗孤违仁与豪之子违礼曰:“余生也不辰,亏厥身为若人,惟名教之辜。惟尔二人,其谨就乃师友,力乃学,其乃有光于余。尔之弗学,惟余弗光,惟尔之辜,尔辜则浮于余。”乃仁、礼游交于贤士大夫之间,屹有立志。君子曰:“可以观厥自矣。”生景泰元年(1450)月,卒正德十三年(1518)三月。讣闻,上命近官治其丧。

太史论曰:予待罪金马,阅史馆宪宗朝章奏,稍波及莫太监英,以英侍宫闱也。及与仁、礼二子游,因相见,退然而如士夫,入必让行,行而循墙;分庭而升坐,执主位甚礼,闲曰:“吾入内府,俯首而行,不敢仰视,以此自存耳。”或引以柄用,不答,夫然后知白石公之贤,又知天下古今毁誉,不足考信,而人未易以类知也。及去上林,人遮道留之。死之日,旁仓之人,若失父母然。岂可诬哉!故述其行之可采者,无亦使其无传焉?

正德十五年(1520)三月吉日立。

艺文·碑铭·太监郑旺寿藏记

太监郑公寿藏记

都城之北,安定关之南,距光熙门有地一区,太监郑公之所营,以为寿藏者也。兆在其先府君圹左,其后岌然奠之以土,峰其前,莹然环之以清流,诚堪舆家所谓吉壤者。爰画其内以为域,缭以崇垣,限之石门,作堂其中,而屋其左右,致享有严,守奉有常,讫工而境益胜。公遣人以状诣余,曰:“不佞荷国厚恩,被简任,日夜思惟图报称万一,无愧先人于九原。惟是地也,将以委身焉,宜有记以示后人,用无忘君父之赐,敢以为请。”乃按状而书之曰：

公名旺，字德懋，世家广州顺德，其所居曰泷水都先洞甲六冲尾。自祖以上，率以力善闻。考讳棁福，号处静居士，赠武略将军、锦衣卫千户；妣霍氏，继廖氏，俱赠宜人。公，霍宜人之子也。生有美质，以景泰庚午（元年，1450）被选入内庭，勤慎自将，若老成人，遂命进学司礼监书堂，从故学士永新刘文安公讲习课试，恒先诸生。久之，通经史大义，词翰并工，而于暇日兼业武事。恒语人曰："文武一道也。"癸酉（四年，1453）选侍乾清宫，奉宸扆跸，一循矩度。甲戌（五年，1454）授长随。一日演武万岁山下，公马步骑射，连发皆中的，其诸武艺亦精绝过人，观者叹服。

英宗皇帝临御，有搜岐狩圃之志，乃转公御马监，治猎事，屡出畋永平、山海诸处，还奏称旨。宪宗皇帝嗣位，再转尚膳监，益善其职。成化庚寅（六年，1470），升奉御，选侍昭德宫，升织染局右副使。辛卯（七年，1471）进左副使，莅局事，特赐蟒衣。壬辰（八年，1472）升大使。癸巳（九年，1473），升御马监太监，仍署局事，赐五品带禄。甲午（十年，1474），许内府乘骑。庚子（十六年，1480）命掌安喜宫事，凡内帑所贮珍异，缅缅然著之簿历，出纳周慎，略无遗爽。寻选侍今上皇帝于春宫。丁未（二十三年，1487）兼侍乾清宫，受恩赉无虚旬。

弘治纪元，例左迁织染局大使。甫九日，上知公素谨畏，复御马监左少监。又以公富文学，命教书乾清宫内书堂。逾月复重公材武，命兼督神机左掖兵。辛亥（四年，1491），复太监。壬子（五年，1492）督鼓勇营，团练诸军。乙卯（八年，1495），兼莅鞍辔、军器二局事。丙辰（九年，1496），命总督皇城四门并京城九门。丁巳（十年，1497），领东厂机宜缺员，内司以数时名上，皆无当圣心者，特以命公。越八日，召兼侍乾清宫。又三月，仍兼莅监事。其在东厂，凡密告玩法，事无大小，皆躬自审覆，情状允当而后行，无辜免坐者甚众。戊午（十一年，1498），有恶党谋逆者，前后未发，公获之以闻，诏捕诛之。以其功授弟雄锦衣卫百户，又从破敌凉州，进副千户。公年逾六十，手不释卷，虽贵而服用泊然若儒生，因自号朴庵，以见志焉。惟汉唐以来，中贵之贤者，若史游之育蒙着训，吕强之殚忠奉公，杨复光之抚军伐叛，流芳史册，谈者尚之。公历事四朝，几五十年，内掌宫教，外典师旅，司筦钥，刑暴乱，以谨弗常，艺兼文武，守励清恪，宠荣盛矣。而行之以抝谦，委任隆矣，而持之以简靖，视古人可匹休而无让者，则传所谓尽瘁之忠、归全之孝，公将有焉。余承乏春坊，侍今上讲读十年，实与公相闻，不可以终逊也，遂撮其要而著之，使来者知公之为人，因以取征焉。

（程敏政《篁墩文集》卷二〇）

艺文·碑铭·太监阎通墓志

明故御马监太监阎公墓志铭

赐进士出身、光禄大夫、柱国、少傅兼太子太傅、户部尚书、谨身殿大学士、知制诰、国史总裁、同知经筵事洛阳刘健撰文。文华殿直、奉直大夫、鸿胪寺右少卿、前中书舍人安城李纶书丹。奉敕提督三千营总兵官、掌右军都督府事、太子太傅、遂安伯古渝陈韶篆盖。

弘治十一年(1498)六月二十一日，御马监太监阎公卒。讣闻，上悼惜之，特赐新钞三万贯、白米四十石、斋粮五十石、麻布五十匹，及□香油蜡等物，命礼部谕祭，工部造坟安葬，建享堂，赐额曰“旌勤”，仍命内官监太监杨公雄、杨公旺、杜公恭董丧事。上以公随侍年久，悼惜不已，又与中宫各赐白金二百两、彩币八表里，太皇太后、皇太后、东宫各赐白金五十两、彩币四表里，凡旃檀异香及尚方油蜡悉从厚。盖近来中贵恤典之盛，所未有也。公之弟侄辈将以是岁八月二十一日奉柩葬，以礼部右侍郎兼翰林学士程公敏政状来请铭。成化中，余与公同事今上皇帝于青宫，有旧，不克辞，乃按其状序而铭之。

公讳通，姓阎氏，世为顺天府之三河人。高曾而上，多不仕。祖讳贵，始以武功累官武德将军、大宁前卫正千户。父讳聚，嗣其职，复以子胜贵，赠怀远将军、腾骧右卫指挥同知。母于氏，赠淑人。

公自幼俊颖，正统丁卯(十二年，1447)被选入内庭，不数年授银作局副使，侍乾清宫。英宗皇帝复位，慎择近臣，察公可用，命提督鞍辔、军器二局，兼理神机营。宪宗皇帝嗣位，宠任有加。成化乙未(十一年，1475)，擢春宫典兵局郎，随侍今上。

丁未(二十三年，1487)，今上登极，进升御马监太监，莅事，兼提督勇士、四卫营，有蟒衣玉带之赐。是年奉命之山东，班[颁]赏于鲁、德二府。弘治改元(1488)冬，复奉命四川，班[颁]赏蜀府，及授之敕符簿。壬子(五年，1492)，命提督三千营，兼哨马营事。癸丑(六年，1493)，永康公主婚礼,命公典其事。乙卯(八年,1495)夏,益王之国建昌,命公护送。丙辰(九年,1496),复命提督五军营。公固辞不受,岁加禄米至三十六石。至是以疾卒,距其生宣德辛亥(六年,1431)正月十四日,享年六十有八。

公历三圣五十年,管御帑,典兵戎,司内厩,奉使四方,无虚岁。受恩宠,被赐赉,同侪者多莫与齿。然公性孝友,每时祀,极其丰洁。兄弟五人,兄胜、能,弟成、清、顺,皆辑睦有礼。从子钰、宗、锐、泰、山、铸、铜、钺、林、昶、釴十余人,皆训育有成。而阎氏之族益盛,士大夫与公识者咸称之。公尝营寿藏于三河西南二十里初家庄之原,少师宜兴徐公(溥)为之记,今葬即其地也。铭曰:

京畿望族,世家贤裔。内庭妙选,时鲜与俪。历事列圣,宠数屡加。一疾弗起,有识咸嗟。□典载隆,□□深念。善始令终,夫何所憾。初原之地,生有寿藏。铭以掩之,惟吉惟昌。

(《新中国出土墓志·河北》第180号)

弘治十二年己未(1499)

正月乙丑,录肃州官军破虏功,升二级者一人,升一级者四十人,给赏者千一百八十四人,分守参将都指挥佥事杨翥、兵备副使李旻各升一级,总制边务都御史王越、镇守太监陆訚、总兵官彭清及监枪少监沈让、左副总兵郭鋐、巡按御史周琰等各赏银币有差。时越已卒,给其家。(一四六,2561)

二月己亥,工部覆奏南京吏部尚书倪岳等所言五事,其曰并省重复者,谓南京内府库藏每年二季计料修理,多借公营私。又南京织造事,前差去二内臣干集有余,近添差太监郑山提督,诚为劳扰。请如所奏,凡库藏或一二年或三五年,遇有损坏,临时具奏修理,其添差太监郑山乞赐革罢。其曰减造军器者,谓近奉有成例,凡天下军器岁令减半成造,但未行之两京。今南京兵仗局成造盔甲之类,积至四百五十余万件,颇足应用,请行南京兵、工二部将戊字库原收军器委官盘验,有敝坏者逐渐修理,待修完日照例减半成造。其曰裁抑侵克者,谓南京龙江关、大胜港抽分局设有御史、主事监督,不知何时添差内臣,请照在京抽分例,专委御史、主事,取回内臣,不然亦宜禁其计筹索取,生事害人。其曰减省差遣者,谓内府针工、巾帽二局每年奏差内臣四员往南京取用麂皮等料,所至劳扰,请免差在京内臣,令守备太监督令南京二局依时造办,选差内臣起运至京。其曰量停造作者,谓内府各监局所需生漆肥皂等物、火罩等器、象牙鹁鸽头硝弹弓等料,费用不赀,请令各监局斟酌计处,或停止,或减免,今后遇有取用,务经本部转行南京工部,不许径自派办。其南京监局多破物料及留难解户,措要财物,请行南京内外守备官严加禁约。上曰:"织造、抽分并取用物料内官俱仍旧不动,余如议。"(一四七,2581—2582) 辛丑,朵颜等三卫达虏寇辽东义州,官军败之,追出塞,斩首百四十九级,获马百二匹。镇守太监任良、总兵官李杲、都御史张玉以捷闻。赐敕奖励,升奏捷者二人官各一级,仍各赐衣一袭、钞一千贯。(一四七,2584) 庚戌,辽东官军后追败三卫达虏于宁远之境,斩首四十四级,获马二十匹。镇巡等官太监任良等再以捷闻。仍赐敕奖励,升奏捷者二人官各一级,赐衣一袭、钞一千贯。(一四七,2588—2589)

三月癸亥,虏入辽东开原等处杀掠人畜,命巡按御史提问备御守备等官都指挥王宗等,其分守右佥将焦元、右监丞黄延仍令戴罪杀贼。(一四八,2598) 甲子,虏入辽东宁远境杀掳人畜,命巡按御史逮问都指挥钱英等,其镇巡等官太监任良等俟英等狱具以闻。 乙丑,命分守开原右参将都指挥佥事焦元回京闲住,以镇守太监任良奏其不法事状,勘问有实也。(一四八,2599)

甲戌,虏入宣府万全右卫境,人畜有被掠者。命逮问把总等官指挥秦宣等三人,守备奉御贺能、分守监丞葛全、参将白玉俱令戴罪杀贼。(一四八,2605—2606)

四月庚寅朔。先是,以内台官奏,拨锦衣卫余丁百人执洒扫役,人月给粮一石,光禄寺仍日给直米八合。户部尚书周经等执奏，以为不可。上以业已准行，不允。户部又言："祖宗设立内台，典以内官，职专占候，不惟欲知灾祥之便，又以关防外台之欺。其地至密，所以看守洒扫皆不使外人得预，独与各监局异者，盖防微杜渐，为久远之虑也。况私习天文，律有明禁，今一旦增入外人，名为看守、洒扫，自典守者论之，似为便利，诚恐日复一日，往来稔熟，奸者设心以潜伺，愚者腾口以妄言，鼓惑众听，致误大事，未免追究倡议之人。故与其钤束于后，孰若痛绝于初？与其爱惜成命于一时，孰若慎重成宪于万世？况京操余丁，劳苦万状，止支粮四斗，今内台应役，有何勤苦而廪食乃加厚至此，恐失京操者之心。异日或比例陈请，太仓之粟，縻费何有止极？伏望收回成命，仍禁自今不得违例奏请，庶事体允当。"上曰："内台禁密之地，诚不宜外人出入。卿等所言有理，余丁俱革回原卫当差。"（一四九，2617—2618）　辛卯，巡抚宣府都御史马中锡以疾辞任，已得旨，准回原籍调治。至是，镇守太监刘清奏称中锡在任公正严明，下情悦服，今一时小疾，于事无妨，乞令留之以慰人望。上曰："马中锡病痊之日令有司奏来起用。"（一四九，2618）　丙午，虏数寇辽东沈阳等堡，掠去男妇五十人、马十五匹，守臣劾分守、提调等官左监丞刘恭、都指挥高启等罪。兵部以前此虏寇辽阳，杀都指挥刘鉴等，入长营堡虏掠人畜，恭等俱合有罪。今边事少宁，宜下巡按御史究问。命都指挥刘璘、百户金亮等御史逮问，恭、启免逮问，令戴罪自效，启仍罚俸一月。（一四九，2631）　己酉，尚衣监太监秦文奉旨南京督造段匹，请增支长芦监五万引，鬻之于南，取价充用。户部议不可。命与长芦盐二万引，其三万引准于两淮运司以盐价给之。　虏入辽东铁岭卫境杀掠人畜，命逮问备御都指挥高钦等四人，分守参将焦元先已取回闲住，并监丞黄延宥之，仍令延戴罪杀贼。（一四九，2632）

庚戌，辽东广宁守备都指挥王臣既死于贼，有旨命巡按御史察勘。至是御史罗贤勘报，都察院覆奏，指挥朱俊等四人俱下所司逮问。兵部再议，谓据贤所奏则都指挥李雄、指挥董镇等五人，与俊等同有失机罪状，而贤又谓雄等功可赎罪，然迹其所获功次，多幼男妇女，必非临阵对敌之人，恐有掩杀之弊，请并与俊等逮问查勘。其镇巡等官太监任良等三人先既有提督不严之罪，后亦有部下杀贼之功，其赏罚请自上裁。从之，命任良等三人仍俟查勘至日闻奏。(一四九,2632—2633)　壬子，虏入大同左卫境，军士死者二人，男妇被虏者十五人。命逮问都指挥阎福等罪，其分守太监左敬待边情宁日闻奏。(一四九,2636)

五月辛酉。先是，有旨命光禄寺置簿籍，凡进上供等物于宫中，其戗金朱红等器皿俱附写验入，尚膳监并各宫直日太监照数发出，如有损少，听提督太监参究，该寺每季具损失之数以闻。至是光禄寺卿李鐩言："今年春季进膳并修斋等项器皿共二万三千三百四十五件未出。"命尚膳监将未出器皿查还本寺。(一五〇,2641)　癸亥，虏入大同境，守墩军被执者三人，守臣劾分守太监左敬、都指挥阎福等罪。命福等逮问，敬候边事宁日以闻。(一五〇,2642)　乙丑，镇守大同都督佥事王玺等奏谍报虏贼五营，约有数万，四营起往东行，一营欲来宣府复仇，请先为之备。兵科右给事中屈伸亦奏："虏众临边，乞将团营原选听征官军责付平江伯陈锐统领，以都督二人佐之，以备调用。"事下兵部覆奏："……往年因北边有警，尝命京营太监杨穆、平江伯陈锐及都督二员，选官军二万听征。今请于团营原选官军内简精兵万人，命大将一员统之，以俟调遣，仍佐以都督二员，其军士甲伏[仗]驮马之数及银、布之赐，俱如前例。"从之，命杨穆、陈锐及都督刘宁、杨玉仍旧操候。(一五〇,2643—2644)【考】杨穆其后实录无事迹，卒于弘治十六年，墓志见本年附。　辛未，辽东沈阳等处数被虏杀掠人畜，丧失军器，兵部请逮治提调都指挥金俊等罪，谓副总兵张澄先缘他事查勘未报，分守左监丞刘恭方戴罪杀贼，参将焦元已回京闲住，请自上裁。命金俊等逮问如律，张澄待查勘至日闻奏，刘恭仍戴罪杀贼，焦元既去任，置之。(一五〇,2645)　乙酉，以内府甲字等库原贮诸色杂物给在京文武官，准弘治七年至十一年折色俸钞。(一五〇,2655)　戊子。先是，大同左卫等处连被虏贼入境，墩军、余丁、男妇被杀掳者三十三人，孳畜被掠者一百有奇。宣府青边口等处贼拥众入境，男妇被掳者一百人，军士死伤者四人，孳畜被掠者一百七十有奇。巡按监察御史请通治两镇镇巡等官罪。兵部覆奏："宣府太监刘清、总兵官庄鉴、都御史马中锡及东路参将陶祯已有旨免罪，游击将军张俊及监枪右监丞吴琳论功似可赎罪，而大同太监刘云、总兵官王玺、都御史洪汉及副总兵马昇、游击将军王杲虽所属被杀掳人畜数多，然到任未久，情亦可恕。"上曰："刘云等既新任，免究治，令戴罪杀贼。张俊功可赎罪，并吴琳姑宥之。"(一五〇,2657—2658)

六月癸巳。先是，虏数入密云境，杀男妇四人，掠二十四人、马六匹，指挥宗琇、陈纲等俱以失于御备，下巡按监察御史逮问。奏拟边远充军，且劾分守右参将吴玉、右监丞韦祥、兵备副使张琏号令不严，及去任太监刘云、总兵官定西侯蒋骥节制无方之罪。上以琇等俱情轻律重，免充军，琇等五人各降二级，纲等三人降一级，并带俸差操；骥、玉、祥、琏俱免逮问，令戴罪杀贼；玉、琏仍罚俸二月；云既去任，贷之。(一五一,2664—2665)　乙未，录宣府破虏功，游击将军都指挥佥事张俊、分守右少监唐禄、右参将都指挥同知姚信各升一级，镇守太监刘清、总兵官都督佥事庄鉴、巡抚都御史马中锡各赏彩币二表里、白金二十两，监枪右监丞吴琳、分守左参将都指挥佥事白玉、左监丞葛全各彩币二表里、白金十两，巡按御史边宪、分巡佥事贾时、协守都指挥佥事慕勋、管粮户部郎中姚珩各彩币一表里，其余官舍旗军五千三百余人升赏有差。(一五一,2665—2666)　丁巳，端门守门官奉御王玺等以本门左直房五间空闲，奏讨居住。下工部察奏，谓本房系左右春坊、司经局等衙门候朝公会、书押文移及收贮卷籍之所，凡东宫官属侍班讲读亦于此伺候，不系空闲房屋。有旨，既系各衙门公会之所，今后不许奏讨。(一五一，2679)【考】此房后仍由内官奏乞所得，见《武宗实录》卷二九，正德二年八月乙酉："掌詹事府事礼部左侍郎兼翰林院学士刘机等奏端门内之左有房五间，乃詹事府及左右春坊、司经局候朝之所，兼置诸司印信文卷什器于其中。迩因署门事右少监李显等奏乞，皆以与之。缘近侍诸司端门内各有直房，望念臣等春宫官属，尝效微劳，祗候出入，无所栖止，特敕该部查照卷宗，奏请定夺。诏既有文案在内，准留与两间。"　戊午，传旨升司礼监冠带匠人十人为文思院副使。(一五一，2680)

七月己巳，虏连寇宣府，拥众入新河口等堡，杀掠七十余人，命守备指挥王震等候边事宁日逮问，分守都指挥杨英、参将陈雄等并议罪以闻，镇守太监刘清、总兵官庄鉴姑宥之。　虏入大同西路，杀逻卒二人，掠戍卒八人并孳畜五十余。命逮问把总指挥孙贵等，分守太监左敬、参将秦恭等并议罪以闻。(一五二，2688)

己卯，户部请令内府宝钞、广惠等十库官吏给由者从户部委官核报其勤怠，吏部据以署考，从之。(一五二，2694)

八月戊子朔，巡按直隶监察御史张纶言："真定府抽分厂原系本府委官监督，近添差内臣一员督理，缘所抽木植岁止万余，事易办理，乞召还内臣以省劳扰。"工部覆奏，不允。(一五三，2703)

辛卯。吴瑞者，广东文昌县人，成化中与同乡刘求等十三人于钦州贸易，遭风飘至安南海边，逻者得之，送本国。求等俱发屯田，以瑞独少，宫之。弘治十年，国王黎灏卒，瑞往东津点军，得谅山卫军杨三，知归路，缘山行九日达龙州，住头目韦琛家，谋告守备官送还。琛不欲。久之，安南国知之，恐泄其国事，遣探儿持百金为赎。琛少之，议未决，而凭祥州知州李广宁闻之，率兵夺送于分守官。都御史邓廷瓒遣送至京，礼部请罪琛为边人之戒，奖广宁为土官之劝。从之，瑞送司礼监给役。(一五三，2704—2705)　癸巳，虏数入辽东开原境杀掠人畜，命逮问都指挥高

钦、金俊等，分守右监丞黄廷[延]仍令戴罪杀贼。(一五三，2707)

癸卯，户科都给事中卢亨等言："顷者管庄内臣张瑢等奏居民殴伤佃户，究问涉虚，并丈量地亩已明而瑢仍奏差官覆勘岐府新乞庄田，欲自收子粒，皆得允旨。命下之日，物议纷然。且国之所恃以安者土地、人民而已，必得人心之和而后土地可保，今宗蕃[藩]勋戚陈乞庄田者岁无虚月，管庄之人攫取民财，势如狼虎。瑢等诬奏情状已白，其请覆勘者盖图翻异以饰己非，秋收在迩，民必惊扰，挈家逃匿，场圃尽空。王府收租，新定则例行之未几辄自变之，使天下王府皆相效尤，许之则失小民之心，不许则有厚薄之嫌，乞收回成命，罢黜瑢等，别用守法内官管理岐府庄田，令有司征收如故。"上曰："此事业已行矣，所言已之。"(一五三，2714—2715)　　甲辰，虏数入辽东沈阳中卫境杀掳人畜，命逮治都指挥张俊等罪，其副总兵张澄、左监丞刘恭待勘报前次失机事情，至日并以闻奏。(一五三，2716)　　辛亥，巡按云南监察御史谢朝宣奏："孟养夷酋思陆本麓川叛贼遗孽……夷情狃诈，未可轻处。臣窃见云南会城去腾冲、孟养隔远，声势难接，朝廷故于金、腾等处添设镇守太监为抚夷安民之计。但在会城者权分于不统，在金、腾者事失于怀私，虽尝阳却思陆之贽，边方官军受害亦多矣。臣闻太监吉庆到任以来，贪暴无状，私设牢狱，酷用刑法，群小为之腹心，科敛所部私觌仪物，锢死军职，卖放金齿操军四百名，使纳银具；尝因抚夷渡江被惊，追责潞江安抚司出银赎魂，征求峻急，逼逐夷民逃窜异土；尝至腾冲擅作威福，絷系官舍，军士惊扰，众相鼓噪，几致他变。以此观之，前日思陆所以敢于馈送者，安知不因其贪以饵之也，所以却之者，安知不有待于后也。臣闻蛮莫等处乃水陆会通之地，夷方器用咸自此出，货利之盛，非他方比，以故思陆屡抚不退。况迩年以来，透漏边情不止恭们、段和而已，又有江西、云南大理逋逃之民多赴之。盖镇夷关巡检司职微势轻，不能禁治故也。云南官员一差抚夷，即谋多赍违禁货物，往彼馈送互市，漏我虚实，为彼腹心。臣愚计之，孟养甲兵不能当中原一二大县，以云南之势临之易于压卵，奈何一调即来，屡抚不退，皆镇巡等官失之于初，逋逃奸人谋之于中，抚夷官员坏之于后，失今不制，必成痈肿。伏望陛下怜悯边民困苦，云南镇守太监止存一员，取回一员别用，革除镇夷关巡检司，专委守备都指挥或指挥一员拒守，以备奸人逃亡，兼盘诘抚夷官赃货，捕系以闻。抚夷官有能抚谕思陆退还地方，照拟军功升赏，若蛮莫等处归之，木邦、孟密犹启争端，请移腾冲司于蛮莫，或量分二三，所以为守御。如思陆仍不听抚谕，然后决于用兵，使无噍类，以为土官不法之戒。”事下兵部议：太监吉庆先已奏留镇守如故，请移文庆等，及今瘴消时，令金、腾二司操练军马，蓄积刍粮，并行附近陇干等处土官衙门，一体整搠夷兵，以示必征，其余事宜亦行庆等议拟以闻。从之。(一五三，2722—2724)

九月壬戌，掌锦衣卫事都指挥同知李珍卒。珍，河南洛阳县人，司礼监太监荣之从子也。以军功累升都指挥佥事，成化中管镇抚司事，弘治中进掌卫事，升同知。至是卒，赐祭葬。珍虽处贵盛，然谦厚不扰，亦为人所称云。(一五四，2734)【考】同书卷一五[illegible]十月壬子：“命锦衣卫都指挥同知李珍之子旻世袭指挥使。珍，[illegible]从子也。”按，李荣卒于正德七年，其墓志见该年附。　　己卯，英国公张懋奏：“五军营军马乃祖宗禁兵，军务旧有成规，近年事体更张，纷纭掣肘，偏执难行。臣年几六十，筋力顿衰，乞解兵柄。”得旨：“卿勋旧重臣，方切委任，不准所辞。所言事体更张，掣肘难行，兵部其核实以闻。”兵部覆奏，谓懋与平江伯陈锐、太监宁瑾、金辅俱奉敕提督五军营，义须同心共事，不宜自恣己私，更张事体。但懋所奏未有指实，无从核究，请行令懋及瑾、辅、锐等各反躬自省，以尽下庇六师，上报九重之义。上曰：“各官俱受朝廷重托，务要协和行事，不许徇私偏执，致误军务。”(一五四，2750—2751)　　丙戌，内阁大学士刘健等言：“昨司礼监太监陈宽传奉圣旨：‘今后凡有拟票文书，卿等自行书封密进，不许令人代写。钦此。'除钦遵外，臣等仰见皇上委任腹心，慎重机务，开决壅蔽、防闲漏泄之意。《易》曰'君不密则失臣，臣不密则失身，几事不密则害成'，正为此也。臣等俱以庸驽，谬承简任，辅导无状，尸素有年。圣谕下临，扪心知感，窃惟内阁之职，所以承德弼违，献可替否，辅佐朝廷，裁决政务，与百司庶府职掌不同，中间事情，诚为秘密。在祖宗朝，凡有咨访论议，或亲赐临幸，或召见便殿，或奉天门，或左顺门，屏开左右，造膝面谕，以为常制。臣等不暇远引，且如宣宗章皇帝屡幸内阁，御座所在，至今臣等不敢中坐。英宗睿皇帝亦尝召李贤、陈文、彭时，或遣司礼监太监如牛玉、怀恩一二人到阁计议。① 上有密旨，则用御前之宝封示，下有章疏，则用文渊阁印封进，直至御前开拆，此臣等耳闻目见者也。因循至今，事体渐异，朝参、讲读之外，不得复奉天颜，虽司礼监太监亦少至内阁，朝廷有命令必传之太监，太监传之管文书官，管文书官方传至臣等。内阁有陈说，必达之管文书官，管文书官达之太监，太监乃达至御前。至于誊写之职，例委制敕房中书一二人，臣等虽[illegible]戒饬，而经历太多，耳目太广，岂能保无漏泄？宜有如皇上所谕者，臣等自当涤虑省躬，尽忠补过，以副圣心。但内阁文书多系机密，凡事关得失利病，职在辅导，不敢阿顺缄默，未免有所陈奏。缘臣等不习楷书，字画钝拙，恐不能一一自写，除事理重大者自行书写封进，以听圣裁，其余仍乞容令中书代写，臣等亦当申严戒饬，勿致漏泄。皇上若有咨议，仍乞照祖宗故事，或召臣等面谕，或亲赐御批数字封下，或遣太监密传圣意，使臣等有所遵奉，庶情得通达，事无漏泄，实为便益。"上纳之。（一五四，2756—2758）【考】陆容《菽园杂记》卷四："李文达公贤在内阁时，太监曹吉祥

① 广、抱、阁三本实录该条"睿皇帝"下有"视朝将罢，不时面召李贤，宪宗纯皇帝"15字，是。见《明经世文编》卷五二《刘文靖公奏疏一》所载刘健《论票拟疏》。

尝在左顺门,令人请说话。文达语云:'圣上宣召则来,太监请,不来也。'曹乃令二火者掖而至,文达云:'太监误矣,此处乃天子顾问之地,某等乃谨候顾问之官。太监传圣上之命,有事来说,自合到此,岂可令人来召耶!'曹云:'吾适病足耳,先生幸恕罪也。'闻李公殁后,有事,司礼监只令散本内官来说,太监不亲至。今日阁老请太监议事,亦不至矣。内阁体势之轻,又非前比。"

十月戊子,以清宁宫工完,命督工太监李兴、黄瓒、姚训、英国公张懋、兵部尚书马文升各子侄一人为锦衣卫百户,工部尚书徐贯升太子太保,尚书如故。(一五五,2760)　　庚寅,吏科给事中周玺奏:"迩者清宁宫落成,太监李兴疏供事之人上请,俱蒙升职,如营缮司郎中李堂亦有升京职二级之命。且往岁传升止于杂流,近日内降渐及正途,国是日非,公道以废。乞照前监修太庙给赏给事中王纶等事例,堂止量给以赏,以杜憸邪奔竞之门,以长礼义廉耻之风。"不允。既而堂亦疏辞升职,从之,仍升俸二级。(一五五,2761)　　癸巳。初,江西按察司副使吴琼尝延南昌学生刘希孟教其子,希孟因与琼家人招权取贿。会同舍生张应奇盗葬乡民王珍坟地,珍讼,请府责应奇迁葬。应奇乃因希孟赂琼家人,间言之,琼下府覆按。顷之,提学佥事苏葵行县回,应奇复诉诸葵,葵为下其词于府。珍乃以情讼诸镇守太监董让,捕应奇、希孟拷问,且令引琼及葵皆受其赂,遂以其事闻。上命刑部郎中盛洪等往会巡按监察御史鞫之。时琼以考察冠带闲住,洪等以琼知情,与家人同罪,拟赎徒,仍冠带闲住;葵违制受词,拟赎杖还职。皆犯在赦前,免科。让违例受词,亦以赦免劾。希孟、应奇俱行止有亏,例为民。狱上,俱从之。初葵尝以事忤让,让欲因此陷之,颇以言胁按事者,后穷治无所得,故卒得免云。(一五五,2766—2767)　　庚子,南京刑科给事中史后等奏请革去南京锦衣卫指挥佥事陈禄、所镇抚陈玠及南京光禄寺监事陈璋近日传升之职以抑侥幸。吏、兵二部覆奏,请从所言。上不允。三人皆南京故守备太监陈祖生家人也。(一五五,2774—2775)　壬寅,传旨升针工局冠带人匠王宣等十六人俱工部文思院副使,阎忠等四人俱与冠带。(一五五,2776)　辛亥。初,兵部会议,请以锦衣及腾骧等四卫军旗、勇士、校尉六万八千余人选补团营之缺。有旨,命给事中蔚春等清查。后御马监太监宁瑾等奏宿卫禁兵,乞免清查。得旨从之,且令今后各衙门查理戎务,不许以五卫混同开奏。于是春等及兵部皆上疏论其不可。诏不允。(一五五,2782—2783)

十一月庚申,南京监察御史张璠奏:"南京内府甲字等库岁收湖广、江西、南直隶等处折粮绵苎布,揽纳者多弊,输纳之民被害而官军不获实惠,乞为裁处。"户部请以弘治十三、十四年绵布一匹暂折征银三钱,苎布一匹折银二钱,与布兼支,以后仍征本色。从之。(一五六,2793—2794)　乙丑,虏入宁夏境,杀百户一人、旗军二十四人,伤四十八人,掠马八十匹。兵部请行巡按监察御史,将都指挥以下停俸,俟防冬毕按罪闻奏,镇巡等官亦请量示罚治。上从之,命太监张僩、总兵官郭鍧、都御史王珣及监枪监丞郝善俱戴罪杀贼,鍧、珣仍各罚俸一月。(一五六,2796)　乙亥,兵科都给事中于宣等劾奏辽东镇守总兵官都督佥事李杲、镇守太监任良、巡抚都御史张玉上报辽阳等处被杀掳官军人畜数目与巡按御史张隆所奏不同,并劾杲等失机罪状。兵科给事中蔚春复劾杲等谋寡力怯,失机偾事,诱杀虏人,冀免罪戾,杲及任良贪暴素著,杲髀成痼疾,张玉束手无策,相助匿非,军士怨愤,久不协附,请按治其罪。兵部会廷臣议,请取杲等还京。上命待顾佐按事报至以闻。(一五六,2801)　戊寅,监察御史韩春等奏:"天道有阴阳,犹王者有刑赏。王者有赏无刑不能成治化,犹天道有春夏无秋冬不能成岁功。辽东镇守太监任良、总兵官李杲、巡抚都御史张玉受阃外之寄,任抚安之责,蝇营狗苟,虎噬狼贪,或货利是殖而诛求无艺,或谋勇无闻而战守失利,或风纪不扬而政务纵弛。况诱杀虏众，大开边衅，以致黠虏报复，地方伤残。匿败报捷，欺罔不忠，揆厥所为，宜服上刑。近日言者屡白其罪，下廷臣集议，谓其不职，法当取回待罪。中外之论，谓必置此辈于法，讵意迟回数日，尚获宽诏，假以期日，良等何为而得此哉！臣等谨按月令，冬月天子是察阿党则罪无有掩蔽，今正陛下察罪用刑之月也，良等宜服上刑，不讨其罪而又宽假之，若是如天命何？如治化何？夫罪不可纵，渐不可长，良等既知为胡虏所切齿，军民所怨憝，公议所不容，地方不能久居，将复怙恩放浪，贪残纵弛，殆有甚于旧者。诚恐人不堪命，背华即夷，导虏南侵，辽东之祸方殷而未已也。"命所司知之。(一五六,2802—2803)

十二月戊子，六科、十三道既交章劾辽东守臣之不职者，请各征还。不从。于是兵部尚书马文升等奏："人君之德莫大于听纳，天下公论莫出于廷议，边方弊政莫大于武备之废弛。今辽东总兵官李杲始由参守宣府有罪不诛，调守兹任，体肥髀疡，不能骑射，在镇年久，卧享富贵，颇肆骄淫。都御史张玉材非抚御，不能禁革奸弊，群下不畏，同事轻侮。太监任良刚愎自用，贿利是求，以致边备废弛，胡虏凭陵，失机偾事，匿败不闻，负辜已深而乃任纵下人恣为诱杀，情罪昭灼。先以廷臣会议，请各征还，次以谏官论列，请各更代。有旨报寝，命下之日，士论沸腾，恐杲等自知罪恶，不惟无心职事，抑恐众心不附，而外夷终怀疑贰，乞俯从廷臣之议，少重言官之请，征杲等还，候勘报至日，果有诱杀之情则置之重法，否则别为议处。"命任良等姑不取回，促顾佐并按复奏。(一五七,2814—2815)　锦衣卫掌镇抚司事都指挥佥事黄英私役军校，为百户何珍所诉。下都察院鞫之，拟罪降一级，带俸差操。命赎杖毕复职管事，仍罚俸五月。英，太监顺之侄也。(一五七,2816)　　壬寅，虏入永昌及凉州境，军民被伤者七人，被掠者二十人，马被掠者十六匹。命逮问指挥孙经等罪，分守左监丞梁玉、副总兵刘胜、游击将军赵铉俟经等问罪毕日并以闻奏。(一五七,2823)　甲辰,御用监太监李本为其侄监生李宗礼乞选京职,下吏部看详,言宗礼选期自有资次,俟及期当照例考试,量其才能高下授以内外相应官职。从之。(一五七,2823)　乙巳,传旨升内府织染局供办锦衣卫所镇抚徐纲、沈让为百户,金吾右卫百户刘濬为副千户,冠带匠役金昶等二十四人俱为文思院副使,匠人李阿保等二十三人俱为皮作局副使,并仍旧办事。(一五七,2824)

戊申,虏入大同左卫境,军士被掠者一人,男妇十三人,马牛羊六十有奇。命守备都指挥叶春、新任左监丞蔡恩俱戴罪杀贼,分守参将秦恭、太监左敬及防守指挥陈纪等俟边警宁日逮问。(一五七,2827)　庚戌。初,孝陵神宫监太监韦敬傍陵左龙山下预造葬域,掘树木,营享堂,又多占园军纳钱,孝陵卫指挥张文亦于回龙禁山下开甃鱼池。两人以忿争各讦其事,有旨令下狱对状。文即先驰至京奏辩而敬亦自诉无罪。寻命刑部右侍郎陈道等往按之,具得其实。法司以敬、文事在赦前,俱拟奏事不实,赎徒还职。命并免赎,文降二级,并家属调辽东宁海卫差操,敬送司礼监奏请处治。(一五七,2829)

本年附

艺文・碑铭・太监杨穆墓志

大明故内官监太监杨公墓志铭

赐进士第、资善大夫、兵部尚书、奉敕提督十二营军务华容刘大夏撰文。特进光禄大夫、左柱国、太师兼太子太师、英国公、奉敕提督十二营诸军事、五军营总兵官、掌后军都督府事、监修国史、知经筵事古汴张懋篆盖。敕提督三千营团营、掌前军都督府事、太子太保、镇远侯维扬顾溥书丹。

弘治癸亥(十六年,1503)二月九日,皇上有事于南郊。内官监太监杨公时在扈从列。及坛,疾偶作。归第,益剧。上出内药赐之,数迎医诊视。越六日,竟不起。距其生正统壬戌(七年,1442)八月十日,得年六十有二。

讣闻,上为震悼,命有司给葬祭,遣太监覃鉴等董其丧,赐赙甚厚,盖殊恩也。是岁四月一日,当祔葬公于先陇之侧,其犹子煇偕弟焌以予与公尝同掌军旅事,涕泣持状,以铭为请。呜呼!予将何词以为公慰哉!

公讳穆,字德深,号未能道人。其先世居陕西之鄠县。祖讳大,以行义见称于时。父行三,号静庵处士,承戍甘州,始隶籍焉。公生而秀敏,六岁入内庭,即授长随。及冠,英庙诏典御府帑藏,出纳惟慎,同侪咸推服之。

今上在春宫时,宪庙为择侍从,以公忠谨可托,擢典兵局丞。奉职无过举。及上正位宸极,录公宿劳,升太监,掌兵仗局事,兼摄神机中军,复领鼓勇营事,赐蟒衣玉带。四使藩府,皆清慎无公私扰。庚戌(三年,1490),北虏入贡,公实莅其事,宣布恩威,赫赫有容。虏使虽倍常数,宴会间无敢喧哗者。

上以是知公可大用,进提督十二营。公再辞,不允,乃就任。无私役,无偏听,不数月而利兴弊革。昔以侵渔掊尅为事者,皆却足屏息。六军之众,安之如慈母,颂之为佛子焉。其处机务,言悉中肯綮,同事公卿勋戚有所商度,未尝不虚襟以听,援古证今,必折之至当而后已。

丁巳(十年,1497),虏寇云中,上将遣将往讨之,命公监其军。时予与总兵饷,偕元戎会公议。众议预给士卒赏赐,公徐曰:"国用未裕,师行尚迟,姑俟事定,而给之便。"厥后,师不果行,省白金数万两。予时已窃贤公,及再起同事,心犹未能谅公他所为,而日察公事迹,乃有士夫行义,贵富中所不易得者。自是,益敬服焉。营队长有讦告军中弊者,其人素不驯,众怒,欲杖之。公不可,曰:"此人受杖固宜,但军中一时骤闻,以为吾辈不采舆言,谁复以情诉于上?而吾自此耳目锢矣。"于是,止罢其领队。武学旧未有碑,公受命阅武至学,遂捐己资,为砻石费。既而有以学中旧文呈者,公命刻之。或嫌无公名,公曰:"我知举此废典而已。此文可励诸生,便自当用,何必置名以要誉哉!"盖公之立心处事,余所亲见者,每类此。即此以例其余,则数十年间,所以裨辅于内者,亦可想矣。

公严毅恭俭,平生言笑取与,一无所苟。服食不为重锦兼味,而独嗜读书,能了大义。历事五朝,忠谨一节。被上恩遇以来,岁加禄米至六十石。间御书"居仁由义"等字,以宠异之。而公退自韬抑,未尝肯为外人言也。静庵处士卒于甘，公责已不逮养，乃迎母夫人张来京，筑邸，属二侄供事虔甚。及卒，诏许自治丧，而厚赐之。公遂得迁处士合葬于七园村之原，即公今所祔地也。铭曰：

圣神抚运，统一寰宇。清乾宁坤，恬文熙武。惟公敬承，惟上倚毗。惟才之良，靡用弗宜。左右五朝，服勤帷幄。靖共正直，执事有恪。内典兵仗，外总兵营。利兴弊革，德布令行。峻陟崇资，丕昭异数。貌滋益恭，进退为度。公卿勋戚，同事几年。有言及公，□□□贤。六军戴恩，如受饱燠。私语及公，至目为佛。时有久速，义无成亏。公逝不留，当宁兴思。降赙自天，给葬且□。□□□□，□幽有赉。七园之原，其封若堂。百千万年，寿此石章。

（《新中国出土墓志·北京》第159号）

弘治十三年庚申(1500)

正月癸亥，传旨升工部营缮所所副一人，文思院大使三人，副使六人，皮作局副使二十人，皆尚衣监供事者也。(一五八,2839)

戊辰，都御史顾佐奉命勘事，还自辽东，奏称总兵官李杲、太监任良、都御史张玉令亲信总旗鲁麟等转督锦州、义州备御官鲁勋、王玺，计诱泰宁夷人入给盐米，因以醉取之，斩首二百六十九人，继又转督宁远守备官崔鉴、镇夷守备官鲁祥、镇静堡提调官钱英俱用鲁勋之策，斩首四十四人。事下兵部，议以杲等素无镇御之略而以诈取藩篱之夷，是失向化之心，请正其法。上曰："勋等罪宜重治，但事无证佐，又干人众，姑从轻处治。勋及王玺、鲁麟各降一级，带俸差操，杲、良、玉降敕切责，余俱免追究，其升赏事俱置不行。"(一五八,2840)　　丙子，时有旨命尚衣监太监赵荣监督通州仓，户部尚书周经等言："本部前奉登极诏旨，令各处管粮内外官员自天顺元年以后添设可并省者俱取回别用，弘治十年又以言官奏，令各仓场管事内官见在者姑留，以后仍照诏例减革，天下相传，以为美事。讵意近日京、通二仓总督、监督添至五六员，役占馈送科索不胜其扰，乞如前旨裁革，以俟有缺再补。"

上曰:“各官既已差用,姑置之。以后止许设总督二员,京、通监督各三员,著为令。”(一五八,2841)

二月戊申,御马监太监韦敏等奏:“司礼监故太监韦泰久效勤劳,乞命其侄孙锦衣卫带俸指挥佥事玺象房管事,及升翰林院带俸序班瑔等为中书舍人等官。”吏部覆奏:泰勤劳可念,但本部累奉圣旨,今后文武官员不许乞恩升职,伏乞圣裁。上命姑已之。(一五九,2865)

三月丙辰,命给总督京、通仓场太监蔡用关防。户部尚书周经等言:“两仓事宜总于本部,内外官员监督者分理收放,总督者执其大纲,文移甚简,故开设之时止给关防一颗,命本部侍郎掌之,凡事与太监同堂而议,会案而行,正欲彼此协心,一事权而示至公。今别给关防则议同心异,事本定而人自扰,非所宜也。”不听。(一六〇,2867)　戊寅,命福建备倭把总指挥五年一更,总督巡海官三月一次出巡,互相更代,并行辽东等处,从镇守太监邓原奏也。(一六〇,2877)

四月甲申朔。福建福州府故有二徐真君祠,其冠袍例三年遣内官赍换,后以知府蒋濙及给事中许天锡奏其骚扰,改命太常寺官赍换。至是尚衣监太监宁诚奏乞仍差内官。礼部覆奏,谓遣太常寺官便,而六科、十三道亦交章论之。上曰:“冠袍每十年一次,遣内官赍去,但不许沿途及到彼需索骚扰,镇巡并有司等官亦不许科敛馈送,违者令巡按监察御史奏治之。”(一六一,2881)

癸巳,都御史顾佐奉命并勘镇守太监任良、总兵官李杲、巡抚都御史张玉诱杀之罪,谓其燕安玩愒,武备不修,以致虏寇屡次深入,杀伤官军,掳掠人畜,其隐匿之计虽云未成而不职之愆实不可掩,宜公示谴责,以戒将来。巡按监察御史张隆亦奏去岁义州之捷,有于本城杀舍余及取囚人首以报级者,镇守等官坐视不理,广宁拘禁答话达子桶思歌等以启仇,铁岭千户沈瓘等谋杀虏中走回男子以报功,皆良等纪纲不振所致,乞将此三人取回,选人代之。兵部覆奏，请自良以下至分守少监刘恭、副总兵张澄、右参将史赟、胡忠、都指挥崔鉴等俱逮问究治。命刘恭等俟宁宣等问结后奏闻处置，任良等纵容诱杀，累误事机，欺罔多端，即差官代回，俟至日以闻。(一六一，2883)　　癸卯。先是，北虏拥众自威远等卫入境抢掠，游击将军王杲等出军御之败绩，其阵亡被伤之数俱未疏上。兵科右给事中屈伸等劾之，以为王玺等平时不能守御，以致丑虏深入，其罪固不待言，及据奏报，又止称游兵官军亏折数多而不言亏折若干，乡村人畜被虏亦众而不言被虏若干。……乞敕大臣一员驰往查勘，重治其罪。巡按监察御史赵鉴亦奏其事，(**言官军被杀伤及虏抢掠状略。**)臣惟王杲猥鄙无能，轻举妄动，右参将秦恭婴城坐视，副总兵马昇逗遛观望，分守左监丞侯能不能协赞杀贼，请并王玺、刘云、洪汉及监枪监丞韦忠各治以失律之罪。兵部覆奏，谓伸等所言皆当，仍请先存恤诸死伤者之家。上从之，命误事人员且不逮治，即遣有风力给事中一员查勘明白，奏来处置。乃命吏科给事中许天锡往按之。(一六一，2888—2890)　　乙巳，兵部以大同边报叠至，再以总兵及提督军务等官请。上命平江伯陈锐挂靖虏将军印，充总兵官，太监金辅监督军务，户部左侍郎许进兼都察院左佥都御史提督军务，都督刘宁充副总兵，杨玉充左参将，太监姚举监枪，俱往大同御寇，各赐敕遣之。(一六一，2895)　　癸丑，礼科都给事中宁举等以灾异言十事："(**一、延接群臣。一、策免大臣。一、博选将才。一、筹兵食。一、严赏罚。一、修马政。一、裁冗官。**)一、慎重差遣。谓在外提督、监督各处仓场、甲字等十库、坝上等二十四马房、正阳等九门及各处镇守、分守、监枪等项，用一贤者，民皆受福，否则为害不少，乞敕该部将镇守、分守、监枪内臣访察，从实疏名上请，如纯良安静、颇知守己者存留管事，有大贪大恶、纵容家人生事害军民者，行取回京，仍将添设之数悉从裁省。一、停省织造。谓陕西织造绒褐袍服，大为一方之害。夫褐乃毛布，非至贵者所宜服用，且差去内臣所领人匠俱费供给而丝缕并挑花人匠又取之江南，计其工价，每绒褐一匹，所费不下一二百两。况今陕西边报日至，民力已竭，岂能堪此？及苏、杭等处织造近来颁降花样数万，追征尤急，乞将织造绒褐暂为停止，内臣人等俱各取回，并将苏杭等处屡颁花样省减，以宽民力。”上命所司详拟以闻。(一六一，2904—2905)　监察御史刘芳等以灾异言十事：“(**一、选将官。**)一、实军伍。谓京师根本之地而军士逃亡者过半，况有各仓斗级并军匠、看厂、养豹等项差役，俱属内府衙门，不归营伍，其锦衣、腾骧等卫军士不下十余万人，又不系操练之数。近年虽立团营，而役占卖放者多。方今虏势猖獗，已发京军应援，恐彼知我虚实，乘机深入，实可寒心。乞敕兵部堂上并科道官各一员，通查粮册，将老弱者量拨各处应役，其精壮者尽送团营操练。一、严赏罚。谓各边军士百死一生，得获虏级，每被总、镇等官跟随头目攘为己功，设或失律，又多隐匿。其阵亡并被虏之家不蒙恤典，而总、镇等官百计夤缘，求免罪戾，赏罚不行，以致人心愤结，多不用命。乞将辽东等处失律总、镇、副、参等官逮系来京，明正其罪，其官军阵亡并被虏之家量加优恤，此后军士斩获虏级，若总、镇等官纵容头目攘夺报功，头目照买功事例充军，总、镇等官一体罢黜。一、节财用。谓近者屡差内臣往陕西、苏杭织造驼绒段匹、饶州烧造磁器，凡诸工作，动费不赀，况所差者假公营私，用一造百。又光禄寺除上供外，其他斋醮赐予等项数倍往年，每借太仓军储银两，动以万计。乞取回各处督造内臣，减省光禄寺无名供应，以安民心。一、汰冗员。谓在外各省、各边添设水利、屯田、分守、守备等官，在京仓场库局并各厂、九门添设总督、提督、监督等官，又乞恩传升各官，比之祖宗时俸给糜费数倍。乞敕各该衙门通查内外添设并传奉等官，除事体重大者量与存留，其余一遵旧制革去。(**一慎刑狱。一清国课。**)一、罢不职。谓往岁臣等科道官将不职大臣疏名劾奏，皇上曲为优容，未尝屏去一人，而所斥逐者特一二言事之臣耳。缘此奸佞得志，忠臣解体。伏望检阅旧牍，将原劾尚书徐琼、白昂、徐贯及南京侍郎黎福等早赐罢黜，并四川、两广、江西镇守官房懋、王敬、董让贪婪凶恶，尤宜取回。（一勤顾问。）”上命所司详议以闻。（一六一，2905—2909）【考】房懋屡被劾，弘治中取回，卒于正德八年，墓志见本年附。

五月戊午，吏部覆科道官所陈策免刑部尚书白昂、工部尚书徐贯等及取回四川、两广镇守太监房懋、王敬之奏，上曰：“徐贯已致仕去，余俟其自陈至日处之。”（一六二，2912—2913）　癸亥，虏拥众入大同左卫境，自四月十七日至二十三日大肆杀掠，游击将军张俊率兵御之于东荆庄，依河驻营，先遣兵三百径趋城南邀击其前，复分兵三百以应之。贼三万余骑集攻俊营，俊身先士卒，面被箭，益奋。贼不能克，退驻河北。左副总兵马昇逗遛不进。巡抚都御史洪汉劾昇及守备都指挥许鉴、叶椿，参将秦恭，左监丞蔡恩、侯能、韦忠，游击将军王杲、副总兵白玉、总兵官王玺、太监刘云等；并自劾请罪，谓俊虽有前劳，亦多亡失，功过不相掩，并请裁处。上曰：“张俊以寡御众，谋勇可嘉。王玺统领重兵，畏怯退缩，纵贼肆掠，刘云、洪汉镇巡地方，不能运谋设策，赞襄剿贼，并马昇等诸失误事情，兵部即看详以闻。”兵部覆奏，谓张俊之劳宜先给赏，其有功官军请勘报定拟升赏，马昇、王杲、秦恭请送总兵官陈锐等军前杀贼，以图后功，许鉴、蔡恩等俱戴罪杀贼，待事宁日逮问，王玺、刘云、洪汉待勘报至日议奏处置。上从之，命王玺等三人俱同戴罪杀贼。（一六二，2914—2916）　丁卯，五府、六部等衙门奏：“近者，钦天监奏彗星，云南奏地震，边方奏虏情，皇上因礼部之言，下诏修省。臣等会议，条陈十八事，伏望皇上一一体而行之：一、……一、节财用。光禄寺岁用果品等料、牲口等物，每年该部会派各有定额，近为赊买行户物价，屡借用太仓官银，数年间将至十万两，又内承运库收各处折粮及矿课等项银两，每岁户部进入自有定数，近者额外三次取入太仓官银应用，共一百三十万两。前项银两悉皆征取于民，所以备兵荒之用，不宜别项支费。今者宴赉斋醮十倍于前,又有内官、外戚、僧道之赏。伏望特敕该寺堂上官,会同巡视科道等官,将供应之数逐一查出,明白具奏;诸凡无名之赏及斋醮等费悉皆停止,今后该寺不许借支太仓银两,其该库用过银数仍行户部按季知会。一、省差遣。京、通二仓及各马房、内府各库、京城各门、上林苑监海子等处先年管事内官止有二三十员,皇上临御之初,盖尝裁减其京、通二仓,止留总督二员、京通各监督三员,永为定规,近又夤缘内降,加添数多,虐害军民,不可胜言。伏望照先年减革事例,于见差内官中间选醇谨清正者照数存留,其余尽行取回。一、处庄田。天下各处空闲地土多被王府并内外勋戚之家奏为庄田,户部奏准,每亩征收子粒银三分,俱送各该州县收贮,业主差人关领。近来奏乞太滥,又有不照前例起科者,如寿宁侯河间府地土内有沙硷妨占等项,每亩征银五分。又如兴王分外奏乞湖广赤马、野猪二湖淤地千三百余顷,内有军民千七百余家,住种年久,所司踏勘明白,得旨俱与王管业。既令自行管业则虎狼军校恣意诛求,势所必至。伏望皇上仍将河间地土、湖广淤地照例每亩征银三分,各该有司收贮,待业主差人关领,其家人军校不许违例自征。一、清盐法。各处王府例不给盐,有之亦一时特恩,后来比例奏乞,遂以为常。而两淮价高,奏乞尤多,其关盐之人夹带兴贩,漫无纪极;又有织造内臣奏乞两淮盐价及长芦引盐,越境发卖,恣意兴贩,莫敢禁制。况势家隐名报中,侵夺商利,盐法因之大坏,即今大同、宣府有警,粮草支费不赀,且陕西、延绥等处近各奏准开中引盐,失今不为计处,则各处客商固有召之不来者矣。伏望将累年王府奏乞食盐一切停罢,以后内臣织造亦不许奏乞,仍行各巡盐监察御史查审见开盐课,中间若有势家隐名报中者,指实具奏,照例裁革。一、申禁例。在京在外一应内外官员该用车船人夫、廪给口粮俱有见例,近年南京公差并进鲜等项回还,装载空柜物件,其原差内官往往违例奏请车船夫马及旗校人等，一概索取廪给，沿途搭载私货。往岁曾因灾异裁减，近复奏请仍旧，乞严为禁革，违者许科道官劾奏，兵部亦不许阿从应付。一、修武备。即今多事之际，朝廷命将出师，已用军士一万，又以一万听征，其团营之数已缺二万，意外之患，不可不防。乞差公正太监及兵部堂上、科道官一员，查照户部粮册尽数查出，分布各营操练，锦衣、腾骧等卫所亲军衙门一体清出操练，仍以科道官纠察奸弊，内府一应工作之事暂令停止。（**一、壮军威。一、恤官军。**）一、止织造。近差内臣往陕西织造上用各色羊绒，又自弘治七年起至十三年止，南京、苏杭差内官织造上用各色织金纻丝，共八万四千七百六十四。乞将各处差去织造内臣取回，停止工作，以苏民困。一、恤边民。近该司礼监递出印信揭帖，成造预备各王之国所用幄殿、帐房、床张、铺陈等件合用白绵羊等毛三万五千斤、白硝山羊皮千五百张、白山羊绒三百斤，俱分派陕西等处买办，乞暂停止。一、停改造。近御用监成造山川坛中和乐一副，合用金箔等料分派浙江并苏州等处买办，又传旨造奉天殿中和乐一副，数内亦用金箔等料，尚未坐派。见在乐器尽堪应用，今重造二副，派办物料动以万计，乞暂停造。一、惜供应。光禄寺每年奏换献新、告庙、进宫等项祭桌、膳盒及黄红罗、油绢、销金大小盖袱，多至万余。进宫器皿已有旨，令当日照数发出，以备供应，仍敕提督太监置簿，每日稽考。今黄红罗袱进御之时，入者有数，出者无稽，诚为可惜。乞今后稽考出入，责令本寺内外官员用心收贮，不许轻易费弃。一、黜异端。频年以来，崇尚僧道，广作斋醮，遣真人王应褀赍领银两，前去武当山龙虎山修斋设醮，又显灵宫因陈应褔广买地基，开拓修饰，一次斋醮则赏赐过倍，又数遣人出外烧香祈祷。王应褀等素无道术，又乏行检，乞断自宸衷，毋惑邪议，凡为异端者悉皆斥逐，各处修斋者一切停止。（**一、警骄惰。**）一、防诈伪。精微批必经比号，故矫诈无所施，驾帖因不比号，则真伪不可辨。近年以来，官校差出止赍驾帖,少有给批,目今边方多事,万一有不逞之徒伪造驾帖赍至,所在真伪莫辨。乞今后凡有差出人员,务令出批为照,以防意外之患。”上曰:“卿等所言切中时弊,早视朝、勤听政朕自有处置,汰冗员、节财用、省差遣、处庄田、清盐法、止织造、恤边民、停改造、黜异端各衙门查奏定夺,其余俱准行。”(一六二,2917—2925)【考】兵、工二部所覆见同卷本月辛巳:“兵部覆奏科道官所言筹兵食、实军伍、裁冗官、慎差遣、罢不职数事,上曰:‘内外役使军伴名数照旧例行,不许过多。内府军匠、京仓军斗及养豹者,锦衣、腾骧等卫军士不必查点。裁冗官、汰冗员、慎差遣、罢不职四事俱察奏定夺,烧造、珠池内官已有旨仍旧,房懋等不必取回,余皆如议。’工部覆奏府部等官所言停省织造事,谓陕西织造羊绒及浙江添造段匹,实为地方扰累,乞暂行停止并取回监造内官。有旨:‘两处织造令内府该衙门查勘有无应用以闻。’”户部所覆见同书卷一六四,七月丁巳:“户部覆议府部等衙门及六科所陈四事:(**曰节财用。曰处田庄**。)其曰省差遣者,谓各仓库、各门、各马牛羊房增添内官三百七员,各处已有本部委官监督收放,禁奸防弊,乞每处止留一二员,仍著为令。其曰清盐法者,谓王府陈乞食盐,每府岁千引,将来分封无穷,何所取给。其织造段匹,用盐价则增银,发卖则越境,况夹带私盐,求利无餍,势要报中,侵夺商利,盐法大坏,乞罢食盐之例,杜织造之请,治势要之罪。上曰:‘节用财,朕自处分。省差遣,司礼监查奏定夺。各王府食盐仍旧,织造盐引惟于两淮支价应用。’”　戊辰,是日,司礼监太监陈宽传旨:致仕太子太保刑部尚书白昂、太子太保工部尚书徐贯、太子少保户部尚书周经、太子少保礼部尚书徐琼俱历事累朝,效劳年久,昂、贯加太子太傅,仍赐以敕,经、琼加太子太保。(一六二,2926)　乙亥,司礼监太监陈宽传旨:“近日因召吏部尚书屠滽,咨以铨衡政事,而滽辄奏向日科道言臣事皆挟私。尔科道职司耳目,如何不察是非,轻率妄奏?其具实以闻。”于是滽亦惶惧谢罪,上曰:“屠滽召见奏对辄言己事,不达大体。既服罪,姑贷之。”(一六二,2929)

六月丁亥,命延绥造战车一千辆及长刀器械为御虏备,从镇守太监曾敏奏也。(一六三,2938)　辛卯,复命署都指挥佥事刘全守备临清。全在临清，以员冗罢。镇守太监李全奏谓要冲地方，宜令全仍旧守备。从之。(一六三,2941)　　乙未，虏数入大同灭胡墩等处杀虏人畜，分守都指挥阎福、守备都指挥张铉俱下巡按监察御史逮问，拟充军，且谓顷以参将秦恭免，暂令福代之，而铉代福(守)备左卫城，视有常职者罪或有间，福亦常督军追还所虏，功可赎罪，并奏劾秦恭、左监丞蔡恩亦宜治问。上以情轻律重，皆免充军，铉降一级，广等二级，俱带俸差操；福宥之，恭、恩免逮问，仍令戴罪杀贼。(一六三,2950—2951)　　戊戌。先是，监督太监金辅、总兵官平江伯陈锐、提督军务侍郎许进等，议委大同总兵官王玺、宣府副总兵白玉及游击将军张俊各领官军分地御虏，至是进劾奏玺、玉二人所守之地连被杀虏人畜，请治重罪，别选将代之而降敕责玉，令戴罪自效。上曰："许进参奏将官，乃不与监督、总兵会本同奏，其偏执不和如此！兵部即推举宜为提督者代之回京，其所奏事情仍议处以闻。"(一六三,2953)　南京监察御史李裕中等以边患言六事："一(谓)愿近法祖宗，夙兴视朝，使群臣知陛下有忧勤之心。……仍敕各边镇巡等官举堪为将官者试其才能，稍优廪饩，以俟有功升用。其镇守官隐占精壮军余，悉令退出操备，仍将近日误事将官重寘刑典，官军死事者厚加褒恤，以示劝惩。一谓佛老为害，我祖宗特以其传流已久，姑存而未革耳，今乃用之修设斋醮，殆无虚日。昔宋溺意斋醮祈禳，致有金人之祸，伏望以宋为鉴，移其所费以劳边军。一谓近来乞恩传升之官倍加于昔。如尚宝司少卿祝祥以贵戚葭莩而改职南京，锦衣卫指挥佥事陈禄以内臣恩私而升官，臣等尝特论之，皆未施行，乞敕吏、兵二部备查文武官但由传升者悉皆革去。若曰已往勿论，今后不许，是乃外迫公议，内惧忤旨，姑为宛转之说以欺人，非尽忠于陛下者也。一谓……一谓灾异迭见，及胡虏入寇，皆庶官不职所致。如礼部尚书徐琼屡劾不退，大理寺少卿刘瓛夤缘留用，南京户部侍郎郑纪奔竞嗜利，兵部侍郎黎福衰病不振，太监任良贪刻无厌，引惹边衅，将官王玺畏怯不进，失误军机，此皆不职之尤者也。乞将徐琼等放归田里，任良等明正典刑，使庶官知所激厉，以趋事功。"命下其奏于所司。时镇守辽东太监任良、总兵官李杲、巡抚都御史张玉以罪取回，仍各具疏自辩。兵部覆奏，谓良等饰词奏扰，请正其罪。上命杲、玉各致仕，良俟至京日别用。(一六三，2953—2955)　庚子，上以太监金辅、平江伯陈锐统兵征剿虏寇，日久无功，都取回京。命太监扶安监督军务，保国公朱晖挂征虏大将军印，充总兵官，都督佥事神英充右参将，再领京营官军五千往大同等处征剿虏寇。(一六三，2957)【考】同月己酉："命都察院右都御史史琳提督大同等处军务，赐之敕曰：'近因虏寇拥众侵犯大同等处地方，已命太监苗逵监督军务，保国公朱晖充总兵官，及尔前去征剿。今闻前贼虽以退去，虑恐秋高马肥，复来为患，粮草、马匹等项不可不预为整理。特命尔先去会同大同、宣府镇巡等官，并督原差管粮等官，先将各边粮料、草束、马匹查理见存若干(**及相应措置略**)"显系监军先命扶安，随改用苗逵。　丙午，虏入大同境，杀虏戍卒三人，兵部请并治分守左参将陶祯等罪。命罚百户刘鋐等俸各两月，祯及右少监杨定、守备都指挥许鉴、左监丞蔡恩等俱戴罪杀贼。　命兵仗局造神臂弓及飞枪等军器。(一六三，2962)

七月戊午，巡抚陕西都御史熊翀言："顷蒙遣官织造各色织金彩妆羊绒共五百余匹，近织成才二十匹，工程已阅十月，费用已逾万两。而织造物料、工役悉取给于四方。今天象示戒，胡虏猖獗，陕西、榆林、宁夏烟火连接，仓庾刍饷，在在空虚，夫以服御而比之边民孰为重轻？以织造而较之修禳，孰为缓急？伏望断自宸衷，取回内臣，罢其织造，此亦回天意、消边患之一事也。"事下工部覆奏。不允。(一六四，2974)　庚午，六科、十三道交章劾奏总兵官平江伯陈锐、监督军务太监金辅、提督军务侍郎许进、副总兵都督刘宁及监枪太监姚举，谓各官初到大同，(**无能避战，致虏深入掠杀状略。**)又锐与宁自到大同后，面同心异，动辄矛盾，飞谤相射，自为敌国，其何以节制两镇而共济戎务？在锐则阘茸起戎，重遗边患，在宁则怀奸托疾，逗遛无功，厥罪惟均，法应显戮，乞并辅、进、举等下之于理，明正其罪，以为误事负国者之戒。兵部覆奏，上曰："各官奉命征讨，不能奋勇设策，致虏寇恣肆抢掠，地方受害，本当逮治，姑从轻处置：锐、宁革禄俸闲住，辅革管营，进致仕，举宥之。"(一六四，2984—2986)　甲戌，南京吏部等衙门尚书秦民悦等以星变上言："一、……一、近年以来，京、通等仓总督、监督内臣多至十一二员，各卫管粮经历则有五六十员，各仓官攒则以数百员计。冗官浩费，漕政废弛，每年漕运官军用银计十四万余两，致使借贷预卖口粮，怨声动天，有伤和气。乞下所司裁减冗员，杜绝侵馈。一、……一、臣等近闻守边内臣奏伐沿边林木，以便调军追虏，为此计者必苟图木植之利者也。况此树木岁久成林，可以为我藩篱，可以隘彼驰突，一旦去之，何异借寇兵而赍盗粮。……一、近日移文南京成造醮器十二万件，取内府香料八十万斤，供费转输，苦不可言。伏望躬行节俭，罢出异端，以回天意。一、……一、今天下之民财力凋弊，而运河马快船只昼夜不休，加以工役烦兴，灾异日至，乞减马快船等并各项厨料香料、岁造岁办、织造改造及南京成造物件量为停止。一、……一、南京内府甲字库所收宜兴县递年折税麻布，今计十三万余匹，渐致损坏，乞暂将弘治十三年以后麻布每匹征银一钱二分，类解内府，准作绵苎布匹，给散军士应用。一、……一、南京凡有兴作，钱粮取之工部，人力取之中府，而监管官员则听于内官监等衙门，事无统纪，弊端百出。今后兴作必须食粮住坐与轮班等匠相兼为之，如系大役，内官监委官会同科道官相计，以法从事。一、旧制，物料悉由工部转行司府州县解纳，今内批径行南京守备委内官监等衙门转行取办，倍取横征，有所不免。乞敕该部议处，使事体归一。一、芜湖至南京三百余里而客货两经抽分，宜罢芜湖抽分及裁减龙江、瓦屑坝内官冗员，自浒墅至淮安五百余里而船户三经纳料，亦宜罢其一，临清金沙洲等关批钞宜以舟料不以货征，则国课不亏而民力苏矣。”命所司看详以闻。(一六四，2987—2991)

八月庚寅，修南京内织染局廨舍。(一六五，3001)　　辛卯，南京户科给事中张宦陈备边八事：“(一、揽将材。一、运粮草。)一、搜士卒。谓宜清查在京腾骧四卫及内府勇士，量留供役，其余三丁择一送操，及有私投隐匿者遣发边卫杀贼自效。(一、调西军。一、举参谋。一、恤边军。一、慎关口。一、重将官。)”命所司知之。(一六五，3002—3003)　　丙申，工部覆南京吏部尚书等官秦民悦等所奏，谓南京龙江关、瓦屑坝二抽分竹木局旧例月给抽分内官茶果钞三十贯，其后内官掊取数十百倍，乞止令折收银三十两，此外有横取害人者坐以赃罪。荆州、芜湖、龙江三抽分厂岁抽分物料俱以供修补漕船及光禄寺成造器皿之用，其言内臣干预抽分，渔利害人，请如所奏，行南京工部查处。上是之，命抽分仍照旧例行。(一六五，3009)　　己亥，工部覆南京吏部尚书秦民悦等所言稽考工作及公派物料：“今后南京内府常行工作令住坐匠役与班匠相兼用工，果有重大之役请令内官监会同科道官计定物料，行取应用，不许续行科派，为侵渔之计，违者许科道纠举。又内府各监局修造物料俱由本部转行南京工部坐派，不得用各监局印信揭帖，径从南京守备内臣移文南京工部取办。今仍请行南京工部，凡前项径行征派未解者俱各停止。”从之。(一六五，3010)　　癸卯，时刑部侍郎陈道等奉命选军，而腾骧四卫一所勇士军人俱不在选数，兵部请除御马监马房两班并外马房养马及上直军士外，其余空闲之数并拣选操练，以备紧急调用。不从。(一六五，3011)

十月甲申，录收复哈密功，赏镇守甘肃太监陆訚、总兵官都督彭清、巡抚都御史周季麟各彩段二表里、白金十两，参将杨翥、少监沈让、都指挥佥事巫忠及哈密千户哈只哈三彩段一表里、白金五两，副总兵都指挥李玙，兵备副使陈珍、李旻、张贯，巡按监察御史周琰、李咨各彩段一表里，其余官舍旗军及夷人番兵一百十八人升赏有差。(一六七，3029—3030)　戊子，命司礼监太监会同各营内外提督官阅视京营武职，较量其艺能第等以闻。(一六七，3031)

十一月丙辰，调江西按察司佥事苏葵为四川佥事，仍提调学校。葵在江西忤镇守太监董让，被诬奏，后事雪复职，因奏乞放归田里，或更调他方，故有是命。(一六八，3049)　丁巳，吏科给事中许天锡奉敕查勘大同、威远等处失机事状，还奏监枪监丞韦忠、分守监丞侯能、守备监丞蔡恩，都指挥许鉴、叶椿，按伏都指挥黄泰、尉景，宣府副总兵白玉无备御进剿功。有旨逮问。提督军务都御史史琳言边事方亟，正用人之际，请宽玉等罪，待事宁日究治。从之。(一六八，3049—3050)　乙丑，虏入马兰谷境杀掠军士，命逮治守备左监丞郭顺及把总指挥刘翰等四人，以参将白琮至任未久宥之。(一六八，3052)　己巳。初，天下都司卫所造完军器解至京师，皆贮之九门城楼以便关领。后内官监太监陈良请送内库交收，由是留难需索，费用不赀，解人苦之。至是各处解到斩马大刀万五千五百，兵部请仍旧贮之城楼为便。有旨命工部收贮，类送内库，有留难需索者罪之。　提督鞍辔、军器二局太监吕通请募收匠役二千名，令赴局供事。工部覆奏，请止收七百名并旧三百为一千名，此外不许多收糜费廪饩。从之。(一六八，3054)

十二月丁亥，工科给事中张文奏："近日太监李兴有灯节烟火之请，伏蒙皇上参酌旧典，以三分为率，命减去分半。兴复改奏，止减一分。夫以李兴导欲献谀，为圣德累，而当国计者复不能一争之，臣不知其何以为心。(**下言四方多灾乱，请今次上元鳌山烟火及百官筵宴俱停免，以其费给军饷略。**)"工部覆奏，命仍减半成造。(一六九，3059—3060)　丁酉，传旨升御马监坐营署都指挥同知吴安为都督佥事，后府带俸。(一六九，3064)　戊戌，吏科给事

(中)许天锡自大同还，奏上威远城失机罪状，谓初虏自大清山墩数道并入，东南行，右参将秦恭、副总兵马昇得谍报，各领所部士马会威远，约游击将军王杲共御之，更遣人驰报镇守太监刘云、总兵官王玺、巡抚都御史洪汉等为防备。(**杲轻敌大败，略。**)时恭营草沟堡，昇营布家屯，距杲战处各十里许，不敢进。玺及云、汉以失亡众，惧谴责，故不覆实而但以杲、昇所报与虏战状奏闻。杲等失误军机，玺等奏报不实，俱宜治罪。于是兵科都给事中柴昇等劾奏："王杲贪功邀利，轻举寡谋，亏损大众，以挫国威，固不容诛，然马昇统领奇兵营与杲近，使犄角救援则威远之败必不至此，顾乃逗遛不进，论罪盖有浮于杲者。况昇与秦恭平昔各婴守一城，惟知自卫纵虏，出入束手无计，失律畔职，其罪可知。王玺身为主将，手握重兵，才勇不逮，纪律无闻，曾三次出兵，俱半途而返。主帅如此则偏裨何所用命？三军何所指挥？刘云受腹心之寄，权侔总兵，顾玩寇偷安，坐观成败。洪汉缪膺风纪之司，参预军国之务，平时不能严饬边备以保障地方，遇警不能发踪指示以慑服虏寇，当王杲败北之后乃与玺、云共为蒙蔽。夫大同地方正我国家北门锁钥而所用之人皆如此，此所以强虏肆凭凌之暴，全镇罹杀戮之惨，使数十年全胜地方一旦极败大坏，不可振起，尚可赦而不问乎？"监察御史沈元等亦奏言："迩年各边军法大抵严于疏贱而略于贵近，是以镇守等官率苟且贪婪，使边备废弛。今大同失利，远近震惊，处分不当则四方解体，动关安危，不可不慎。"上命逮系杲、玺、汉等至京，三法司、锦衣卫会鞫之。狱上，得旨："马昇、秦恭、王杲依律处决，王玺并家属发陕西镇番卫充军，洪汉革职闲住，刘云等九人下巡按御史逮治。"(一六九，3064—3067)　　辛丑，虏再寇大同，纵兵南掠百余里，时左副总兵姚信屯威远，游击将军陈广、李祥屯平虏，张雄屯左卫，并分守参将蔡瑁等各闭城自守，虏复得利而去。巡按御史请逮问信等四人、都指挥许鉴等六人及监丞侯能、蔡恩、李岑、总兵官张俊、太监陆訚、都御史刘宇等之罪。兵部覆奏,有旨:“信等革冠带,鉴等俱停俸,并能、俊等俱各戴罪杀贼,待边情宁日究治。”(一六九,3067) 乙巳,虏入蓟州境,军士死者三人,被虏者五人。诏提问把总等官指挥刘翰等九人,罚分守右参将白琮俸一月,与左监丞郭顺俱戴罪杀贼。(一六九,3071) 己酉,先是海西野人都指挥尚古因乞升都督不遂,遂有犯边之谋,且久阻诸属夷,俱不入贡。至是,成讨温卫女直伍因住等百三十余人至开原马市求贡,且言尚古亦有归顺之渐,分守开原监丞黄延、参将胡忠抚之。镇巡等官奏谓此延、忠二人善抚所致,请少加劳赐。从之。(一六九,3074—3075)

本年附

艺文·碑铭·太监韦岢墓志

明故内官监右少监韦公墓志铭

尚书户部郎、进阶亚中大夫、光禄寺卿、直文华殿云间张天骏撰文。中宪大夫、太仆寺少卿、直文华殿、奉敕提督书篆事安城李纶书丹。征仕郎、中书舍人维扬张瓒篆盖。

呜呼,有才而不克大用者固众,人所共惜也;才不大用而年不底于上寿者,又庸非众人所深惜者欤?吾于少监韦公作铭,不能不临文兴叹,为人才惜也。按公姓韦氏,讳岢,字克明,世居广西平乐府贺县桂岭乡东水巨族。自幼天性敏达,器识不凡,父母乡人咸爱重之。公自天顺癸未(七年,1463)选入内府司礼监书堂肄业。成化癸巳(九年,1473)奏拨内织染局书办。成化己亥(十五年,1479)除长随。壬寅(十八年,1482)擢奉御。公侍宪宗皇帝,旦夕承命,恭谨无违。癸卯(十九年,1483)升本局右副使佥押。弘治戊申(元年,1488)降奉御,革佥押。本年着管文书。己酉(二年,1489),复本局右副使。甲寅(七年,1494),仍旧佥押。戊午(十一年,1498)升大使。本年叠升内官监右少监,仍署局事。一切施为,事不废弛。侍三朝忠勤一致,屡赐飞鱼之服,恩至渥矣。弘治十五年壬戌(1503),是岁公年五十有一,偶患风疾,奉钦依准外私宅调理。冬十二月二十日,气绝不苏,人皆交口赞颂之,谓其才当大用,谅不如是而止哉。上闻讣哀悼弥切，特赐諭祭一坛，宝镪三千缗，命奉御梁忠治丧，礼文无不周备。其侄曰宠，受锦衣卫冠带总旗，守法奉公，克承家业，不事奢侈，皆公平日教养，底于成立。公以今年正月二十三日葬于阜城关外三里河之原。

(北京西城区三里河出土。《北京图书馆藏中国历代石刻拓本汇编》第53册，第93页)

艺文·碑铭·太监房懋墓志

明故司设监太监房公墓志铭

特进光禄大夫、左柱国、少师……华盖殿大学士……。特进光禄大夫、柱国、太师兼……敕提督十二团营军务总兵官……大夫、光禄寺卿、直文华殿……经筵……。

公讳懋，字时勉，勉斋其别号也。始居澶渊，相传为唐梁国公之后，乔徙居山……县。祖讳源，亡于兵。祖妣张氏，携其四孤，宽、胜、友、刚，避地大名府开州东明□之……籍焉。父宽，母崔氏，实生公，年五岁，为舅氏所育，以俊逸简入内庭，正统己丑[①]冬也。越三载，诏选司礼监内书馆读书，授学于翰林院学士。公天资明敏，过目成诵，端庄沉静，动止老成，识者知其非凡才也。景泰庚午(元年，1450)，进阶长随。至成化丁亥(三年，1467)，累官至司设监太监，赐蟒衣、玉带、禄米，许乘马行禁垣。殊恩异典，重沾叠沐，德业才望，烨然称著成化。公且以恬退是尚，乞休致未蒙俞允。己亥(十五年，1479)，疏再上，情词恳切，准本监外厂调护。受命之余，优游桑梓，日与文人墨士笑谈诗酒，无复进取之心。

弘治癸丑(六年，1493)，四川总镇员缺，公奉敕以往。既就道，慨然以抚绥自任，兴利除害，民受其赐。期月之间，政清□简，上安下顺，风化为之一新。朝廷方以得人为喜，而公夙昔退休之志，拳拳不忘。居无何，上疏固辞，孝庙怜其久在远镇，诏驰驿归老于家。所居都城北，轩窗虚敞，坐远尘嚣，焚香燕息，气爽□□，怡怡旦暮，不知老之将至。高情雅況，殆非流辈可及也。盖公天性旷达，不为富贵所溺。□□奉亲，尤为脍炙人口，太夫人在堂时，公每食或得珍味，必先献而后食。太夫人殁，哀恸□□，三日不食，徒跣足，扶柩安厝，丧礼无所不备。事父尤孝，同侪之得于观感者，赖以兴□。正德癸酉(八年，1513)夏，疾复作，竟弗起，五月二十二日

① 正统无己丑或乙丑，疑为己巳(正统十四年)，房懋生正统六年，时年9岁。

也。兄整，参随在镇，归于途，娶荆氏，生子三人；□娶崔氏。次照，娶仝氏。次杰，娶宁氏。孙男一，诚。弟英，以武功升镇衣卫正千户，娶贾氏。公生□□辛酉（六年，1441）四月十七日，得寿七十有三。讣闻，上为悼惜，□赐米布为赙，遣神宫监太监廖昕谕祭，工部治茔城。命神宫监太监廖公昕治其丧。卜以是年七月十九日，定以顺天府宛平县香山乡七图□□原。墓有祠，额曰"旌劳。"有敕护守，皆特恩也。廖公持状请予铭。铭曰：

有美梁国，为唐名相。东鲁之胄，衣冠相望。今几百年，乃复见公。煌煌蟒玉，报德旌功。□□□退，既明且哲。徜徉林麓，完名全节。恤典重重，幽泉永贲。存没光荣，时所难致。松柏森森，郁然风气。贞石勒铭，垂休百世。

（北京海淀香山出土。《北京图书馆藏中国历代石刻拓本汇编》第54册，第2页）

艺文·碑铭·太监刘赟墓志

大明故尚膳监太监刘公墓志铭

应诏山人临川黎珏撰文。中书舍人永嘉赵式书丹。锦衣勋卫古汴张钦篆盖。

公，讳赟，字廷玉，山东济南府陵县思义乡人。天顺八年（1464），选侍仁寿宫。成化间，累升尚膳监右少监，佥监事。今上即位，钦差荐祭先皇帝，升太监。赐飞鱼服、蟒龙袍、玉带，纹绮段匹等赐不可具述。弘治己未（十二年，1499）夏，卧疾。至庚申（十三年，1500）春三月六日，殁。距生年正统丁巳（二年，1437），寿六十有四。讣闻，上赐谕祭，圣祖母遣奉御刘值治丧事。公名下织染局副使魏景与公养子刘增、刘山佥议，以殁之年夏四月十一日，葬于西直门外去广源闸不远永禧寺之旁。地乃公生时所卜之寿藏，守墓则公请度二小僧圆寿、圆秀，以为香火图。公墓上手，神宫监杨公景寿藏，上手西下，近侍李公彪寿藏。三墓品列，盖同家以义聚者也。魏与刘增、刘山等，奉状再四乞为铭，为铭之曰：

于赫山东，吾刘大宗。发祥启瑞，生公实公。早膺廷选，入侍宸聪。忠勤敬谨，著闻三宫。肆承恩眷，雨露沨瀜。夫何一疾，竟殒厥躬。卜葬有地，五气萃中。永禧寺右，吉窀惟塽。吾铭告后，其庆斯鸿。

（《新中国出土墓志·北京》第151号）

艺文·碑铭·太监赵新墓志

明内官监左监丞赵公墓志铭

赐进士第、大理寺左少卿、前都察院右佥都御史济南刘瓛撰文。赐进士出身、承德郎、顺天府通判三山李廷仪书丹。太子太傅、掌右军都督府事、遂安伯古渝陈韶篆盖。

弘治十三年(1500)正月十六日,内官监左监丞赵公以疾闻于上,乞移私第。许之,命其下典簿吕公宪视以汤药,加以调护。越二十九日,竟不作而卒。卜以是年三月初六日,葬于宛平县香山乡之原。先事宪持其儒士吴钦所述事状,请为铭。按:公讳新,字尚美,姓赵氏,湖广兴国大冶人。考伯公。妣叶氏。生子三,公其一也。

公少颖敏,颇通书义。稍长,言行雅饬不浮。天顺庚辰(四年,1460),膺选入侍内禁。小心端谨,众多器之。英宗朝,声闻日著,授职内官监监事。宪宗嗣统,屡升,寻位本监太监。公持守益坚,而遇事必为。上眷顾之,特赐赉以蟒衣、玉带、禄米焉。然恩宠虽隆,而心恒谦抑。公退,辄杜门披阅国史,且延访师儒,讲究古今得失,于势利澹如也。

迨宪宗登遐,公哀临几毁。乃谢事,徒跣就次陵侧,夙夜忧惶,恭事几筵无怠。未几,皇上悯其勤劳,起为寿王府承奉。其在府也,一务大体,不屑细故,备尝启沃,王亦嘉纳。中外称之,以得辅导之方。比王之国,遂召入乾清宫供事,授以左监丞。其事皇上,视列圣尤有加焉。

呜呼!公之为人,惇厚温裕,缜密不肆。若是,宜永其年,无何今遽已矣,享年五十有八。行既有状,墓必有铭,古之制也,故铭之。铭曰:

秉心维贞,业事维寅。忠于君不忘乎亲,食于朝不私乎身。终始弗替,托有而人。年逾艾兮死非夭,首正丘兮斯其仁。

(《新中国出土墓志·北京》第150号)

艺文·碑铭·圆通寺碑

张骏撰《敕赐圆通禅寺重修碑文》:"御马监右少监王公全,世为恒山茂族,龆年闾里以孝闻,进入内庭,事君忠荩。天顺八年,钦除上林苑海子管事。勤劳有年,历升前职,仍属本海事。每于进贡之日,憩于兹寺。目睹殿宇倾颓,墙垣坍塌,乃发处心,一力鼎建。成化庚子(十六年,1480),悉舍己资,营办物料。明春正月四日兴工,未及半载,因敕修造海内桥梁,命公董其事，寺工暂止。弘治甲寅（七年，1494）春，协同内官监太监杨公穆、神宫监太监林公衢、尚膳监太监韦公定、杨公戬、内官监右监丞高公谅，赞助其成。寺之街南，共买地四十亩，作菜园果园，以及辘轳耕作之具，悉充僧众香火之需。其林公、韦公、杨公、高公、王公，奉御王公鉴、沈公聪，长随陈公仲，复于本寺西隅常住之地十亩，视其土脉之腴，悦其形势之美，各捐己资，购为寿藏，预为身后之谋，可谓达生委命者矣。予因太监群公之请，遂不辞而为之赞曰：（**略**。）弘治十三年，岁次庚申，孟冬几日立。"

（碑在北京丰台区分中寺村。《北京图书馆藏中国历代石刻拓本汇编》第53册，第78页）

弘治十四年辛酉(1501)

二月辛巳，时司设监奏改造龙毯、素毯一百四件，工部覆奏，谓此毯虽一事，然所用羊毛则取之山陕，绵纱等料则取之河南，毯匠则取之苏松，成造则拟式于南京，动经数载，劳费百端，乞特赐停止，以恤民困。不然，亦请俟边事宁息、民力少苏议之。有旨令陆续成造。（一七一，3102）　壬午，司设监奏本监造作工数多而军民匠逃绝者众，乞照兵仗局收充幼匠事例，选用军民之家谙晓匠艺壮丁二千名应役。工部议谓兵仗局所造者军器，可权宜招收幼匠，以济急务，司设监所造者止床帐轿乘等常事，不宜引以为例，请行停止。有旨令收充一千名应役。（一七一，3102—3103）

丁亥，户部覆议太监苗逵等奏请运太仓银二十万于大同以备军饷，上从之，因命备查大同、宣府、延绥及偏头等关见在粮草之数以闻，仍遣官分行管理，务足主客兵之用，毋致迟慢误事。（一七一，3106）　丁酉，兵部奉旨会议御虏安边事宜："（**一、设总制。一、求大将。一、节财用。一、恤民力。**）一、选禁兵。谓腾骧四卫官军并余丁原无差役，请选其精壮一万，居常操练。（**一、戒将官。一、严法令。**）一重将权。谓请于制敕内明著其临阵不用命者就斩之以徇，使官军不敢犯令。（**一、制器具。一、给马匹。一、画方略。一、选前**

锋。一、练兵卒。)一、裁冗官。谓蓟州、宣府、大同地方相距不过千里而设内官共二十三人,役占军士以数千计,乞如辽东、延绥之制,照数罢革。(**一、定统领。一、足边储。**)其定统领一事从否惟命,余仍请如前议。"上曰:"设总制、裁冗官、选前锋已之,大将不必他求,止宜令各官尽心办事,余如所议行。"(一七一,3113—3115)　己亥,兵部尚书马文升以陕西地震上疏曰:"地震之变,为夷狄侵凌之兆。今小王子、火筛跳梁边境而海内民困财竭,兵微将寡,纪纲未大振,法令未尽行,乞侧身修省,行仁政以养斯民,修武备以固边塞,撙节府库之金帛,停免无益之斋醮,止传奉无功之官,禁奏讨多余之地;遵祖宗故事,清晨视朝,日奏事二次。且今陕西用兵,乞将本处织造绒褐内臣取回,以苏一方之困。仍乞遣官祭告西土岳镇之神,并以震压死伤之家量为赈恤。如此则内治修而北虏不足畏矣。"上曰:"览奏,具见忠爱之意,视朝、奏事朕自加省,织造绒褐内官即取回,其余俱准行。"(一七一,3116—3117)壬寅,内府针工局请比例招收幼匠一千名,工部议谓往年尚衣监招匠一千名而兵仗局效之,遂招二千名,军器局、司设监又效之,各招一千名。今针工局复效尤以请,安知将来无再效之者?弊源一开,其流无已,冗食日众而糜费益广,不知所以善其后者,乞断自宸衷,特赐停止。命收五百名应役。(一七一,3119)　丙午。先是,户部奉旨以太仓银四十五万两送内承运库。户科都给事中童瑞等上言:"边事方殷而太仓所贮银两甚少,乞将各处解到该送内帑银两会计,公用外余皆存留,以补不足,或复将取进者仍发太仓收贮。"事下尚书侣钟等议拟:"今次取进银两惟折支军官俸及册封成造支用,本年各处折粮银两该送内帑者计算,除类送各边年例外,余皆收贮太仓,以备边用。"得旨从之。承运库复乞照旧进库,钟等复议,欲候各处拖欠粮银并钞关折银至日送库,补其不敷。复得旨,内库银两照旧进送,各处拖欠折粮银并钞关折银解到,补还太仓。(一七一,3120)　命司礼监太监陈宽同兵

部尚书马文升查选三大营及各监局、卫所杂差军士之精壮者，补团营不足之数，其团营之老弱者退出别用。(一七一，3121)

三月己酉朔。先是，虏大入延绥神木堡，乘胜掠紫陌沟等处，总兵官陈瑛、副总兵朱瑾、镇守太监曾敏、巡抚都御史王嵩奏报不实，下巡按监察御史验问，复不以实奏。礼科都给事中宁举请遣官即讯之，上命召瑛、瑾还，遣兵科给事中艾洪、刑部郎中黄玮往会巡按御史查勘。既而六科、十三道交章言："虏以延绥得利，故敢复窥大同，使稍遭挫败，岂至数举入寇，使疆场骚然至此。今大同王杲等已正其罪，请逮瑛、瑾置狱并召敏、嵩还，以轻重议刑。"得旨："俟勘报至日议之。"至是洪等还，具言瑛等退避玩寇，敏、嵩坐视蒙蔽之实，并丧亡人畜器械，数请治其罪。乃逮敏、嵩并瑛、瑾下法司鞫之，佥言："瑛职居主将，手握重兵，分地有定，不设备而戒严，及贼临境，不固守而弃去，偏将告急，不速应援，属官奋勇，反行沮抑，以致虏势纵横，生灵荼毒，律宜斩。瑾分领官军，职在协守，平居则弛于边备，遇警则惟图自卫，虽兼程以往援，终退缩而纵寇，宜发边远充军。敏领兵分守，先自掣回，嵩巡抚边陲，方略无闻，会奏贼情，复多隐匿，俱当赎徒还职。"诏瑛、瑾准拟，敏谪长陵司香，嵩降三级致仕。吏部拟授嵩陕西布政司右参议。从之。(一七二，3123—3124)

四月庚辰，辽东开原、清阳等处累被贼入境杀虏人畜，都指挥王琰等下巡按监察御史逮问，俱拟充军。上以情轻律重，降琰等二人官各二级，带俸差操，罚都指挥王宗等八人俸各三月，参将胡忠俸一月，忠与分守左监丞黄廷仍戴罪杀贼。(一七三，3145)

癸未，镇守大同太监陆誾上防边七事："一、大同小边外无险阻，贼易驰突，宜挑品字窖，坑深阔各四五尺，有山冈处则筑墙三四道，使虏骑不得长驱。一、大小边墙年久隳圮，且墩堠稀疏，难于防御，又地气多寒，军士瞭望尤苦，乞稍增高厚筑一丈有余，上为垛口，昼夜传筹巡验，墩台空处增筑之。各置铜锣、木牌、木梆,遇有贼至,昼则击梆,夜则击锣,将数书之于牌,急相传递,则易为应援。一、小边以里,地势平漫,未尝设立城堡。宜东自宣府阳和,西抵偏头关老营,每三十里筑一堡,设衙门仓场,起营房,令官军千人久驻屯种,命都指挥一人为把总,其防御参将仍移于新设要害之地。一、大同旧无营垒,临时挑治,率多危迫。宜度水浆便利之地,每十里增筑一垒,高深一丈,使互相联络,易为战守。一、大同军民住种乡村,有远至百里者,往来遇贼,人畜常被杀掠。宜择其地便,或三五村,分别军民,筑一砦堡,务令高坚,给以兵器,有警各令军卫有司收遂入堡,如失守者,分军民坐所司之罪。一、西路僻远,止一路墩台,仓卒难达。宜于平虏、井坪、朔州三城烽火分接,往南至朔州古城,北至马邑、山阴诸卫,直抵大同城南,量墩台相去远近,于中增设。瞭见虏数多少,宜先定传报之则,昼举号旗,夜举灯笼,使相次飞报。一、大同亦有险山峻岭,虏骑多伏于下,令轻骑据高冈窥我虚实。宜于冈领之上筑墩台,无事以近地屯种之人守之,有警则增军瞭望,以破虏之阴计。"事下兵部,议谓小边增设城堡,令官军久驻,则兵分势寡,可如辽东例,每四十里择地增筑一城,可容千人,仍分番守之为便,其余皆可行。从之。(一七三,3148—3150)　　甲申。先是,内使刘雄过仪真,知县徐淮不以时供应,雄怒,弃关文渡江,诉诸守备太监傅容奏其事。命械系淮,付锦衣卫拷鞫之。时给事中许天锡、监察御史冯允中皆上疏请宥淮而六科、十三道亦继以为言,皆不允。刑部拟淮赎杖还职,命免赎,对品调除边方。(一七三,3150—3151)　　丁亥。先是,虏犯蓟州马兰谷小毛山口,逻卒死者九人,掠去者二人,男妇燔死者十五人。命逮问把总指挥夏仁等八人罪,罚分守右参将高瑛俸一月,与左监丞邢玉俱戴罪杀贼,镇守太监张忭、总兵官阮兴、巡抚都御史洪钟姑宥之。(一七三,3152—3153)　　戊子,时提督军务都御史史琳与参将神英领军将行,琳虑兵寡不敌,请大发京军以继之。兵部议请益兵七千,通前为一万，分三发以往。从之。遂命监督太监苗逵、总兵官朱晖等即择日启行。既而晖亦奏虏猖獗，非往年比，更乞益兵并假以便宜之权，且请分兵为两路，一自居庸抵大同而西，一自保定而西。兵部覆奏，再命都督李俊、李澄充左右参将，俊领马队七千，澄领步队三千，先后从保定行，逵、晖及监枪少监[①]从宣府、大同并进。赐逵等敕曰："近延绥等处守臣节报达贼拥众近边，不时侵犯，今特命尔监督军务，保国公朱晖挂印，充总兵官，都御史史琳提督军务，太监朱秀管领神机铳炮，都督同知李俊、都督佥事杨玉、神英、李澄充左右参将，统领京营官军前去会合征剿。尔等至彼，从长计议，相机调度，分布要害，设伏出奇。或遏其冲突，或邀其归路，或掩其不备，直捣巢穴，务中机宜。大同、宣府、偏头关及陕西、宁夏、甘凉等处游、奇等兵俱听随宜调用。如遇宁夏等处各路有警，即便挑选精兵，分投前去，会合截杀。参将而下及所在各该镇巡等官悉听节制，官军头目人等敢有违犯号令者，重以军法处治，其有临阵退缩不用命者，指挥以下就便斩首示众，然后奏闻。其斩获首级俱送纪功官处审验明白，从实开报，以凭升赏，不许冒滥。合用赏犒银两，于户部奏准数内支用，若有杀贼奇功，该给银牌勘合者，尔等公同纪功官就于军前给与，以励人心。其纪功御史务要随同军前纪功。事有难拘常例及敕内该载未尽者，听尔等便宜处置。尔等受兹简命，宜尽心竭力，设策运谋，申严纪律，明正赏罚，以振作军威，殄灭虏寇，绥靖地方，庶不负朕委托。尔惟钦哉。事宁之日，具奏回京。"（一七三，3153—3155）　甲辰，司设监太监韦鲜等奏："近收充幼匠一千名，乞通附籍锦衣卫，月支米一石，岁给之冬衣布花。"户部议不可，请量给米五斗，花布免支。命月给米八斗。（一七三，3166）

---

① 此言"监枪少监"，然后文记"领神机铳炮"（即监枪）者为"太监"朱秀。本年十一月壬辰条录河套功，亦云太监。

五月壬戌，监察御史张纶以灾异上疏，乞将近差去苏杭等处织造内臣已行者取回，未行者停止。工部覆奏请(**按，请字衍**)。不允。(一七四，3181—3182)　己巳，内官监太监李兴请建僧寺一所于大兴县东皋村，以僧录司左觉义定锜住持，仍乞赐寺额护敕。又以寺西有官路，不便于寺，乞以其私地易路东苜蓿官地为之。得旨，仍升定锜为右讲经兼本寺住持，赐寺额曰“隆禧”。礼科都给事中宁举等劾之，谓：“陛下自即位以来，未闻修建寺观庵院，亦未闻轻赐寺额，滥升僧官，今兴乃恃恩陈情，作俑建寺，有坏成宪，罪一；自知私创非宜，奏乞寺额，又请护敕，使天下后世讥议陛下崇此异端，有亏圣德，罪二；兴犹恐朝廷不信，乃以祝延圣寿，护国祐民为辞，窃惟内官修建寺观，不过自为身后香火之供，眼前福田之计，其于圣寿何预？似此欺诳，有负圣恩，罪三；且无故乞升僧官定锜职事，以致奸僧得志，有滥恩典，罪四；又苜蓿之地乃我祖宗用以牧马之所，今以其私便辄欲易之，恐自今贵戚之臣但有庄所接壤官地，皆将比例兑易，其变乱成法，罪五。伏望断自宸衷，毁所建寺，停罢寺额、护敕，不许兑易苜蓿官地，仍褫定锜职，治之罪，以为奸僧交通内臣坏法者戒。”奏入，命所司看详以闻。礼部覆奏，请悉如举等言，以彰国法。上以前既有旨，置勿论。既而户部又奏谓苜蓿地宜令改正还官，从之。(一七四，3184—3185)　御马监坐营都指挥佥事句洪坐挟妓饮酒，多占操军，为总旗杨成所告。下都察院逮治，命三法司、锦衣卫会鞫之。未对簿，东厂捕杨成等三人，以捏词胁财抵罪，洪因奏辩。得旨复职。都察院执不可，复下洪狱。考竟，乃坐洪赎徒，降一级，原卫带俸差操。(一七四，3185—3186)　甲戌，改云南大理府通判刘杰为顺天府通判，从其叔镇守陕西太监云请也。都给事中王洧等交章论劾，请逮治杰，仍究云先年镇守偾事之罪。不从。(一七四，3186)

六月戊寅，户科给事中丛兰等言近奉旨拣选官军，正阳等九门官军宜并从拣选。提督九门太监陈良等奏称门禁要害，不可暂离，乞免拣选。有旨许之。兰等复言门军轮班守门，则下班之日可选，况应役者少，办钱免役者多，拣选之法不宜独免。事下兵部覆奏，从之。（一七五，3189）【考】陈良卒于正德三年，实录此后无事迹，其墓志见本年附。　己丑，分守延绥西路左参将曹雄等御虏于石涝池堡等处，斩首二十五颗，获马一百五十余匹，器械二千四百余事。提督都御史史琳等以闻，命赏琳及雄并镇守太监刘政、总兵官张安、巡抚都御史陈寿银币有差。（一七五，3192）　甲午，兵部尚书马文升奉旨同太监陈宽及科道官二员续选京营官军堪听征者万一千一百有奇，命提督、坐营等官操练待用，有仍前私役科敛者重治之。（一七五，3195）　丙午，府部等衙门以灾异陈言三十一事："（**一、崇圣德。一、览群策。**）一、汰冗官。欲将景泰以后添设内外官员如镇守、守备、协守、分守并兵备、屯田等项悉与裁革，及弘治间添设州县衙门悉与改正。又各衙门属官出外公干，久不还任，今后宜以办事官代之。（**一、定事例。一、息健讼。**）一、停织造。欲将各处织造太监通取回京，其应造纱罗等项俱暂停止。（**一、清传奉。一、止斋醮。**）一、重名器。内府各监局官匠有供事年久、效劳颇多者，止宜加赏，应升官者量与文官署职，以荣其身。一、慎驾帖。今后叛逆等事方差锦衣卫官校赍驾帖，其余俱下法司，转行巡抚、巡按官勘问，有应解京者就彼差官押解。（**一、励武职。**）一、节冗食。欲将逃故军民人匠移文天下勾取，定限到京，及通查各监局新收人役，量留三之一，止月给米五斗。一、省门官。京城九门添设至七八员者量为减免。（**一、清屯田。一、通商贾。一、减价直。一、简吏役。一、节供应。一、助边储。一、轸连坐。一、宽武职。一、禁招亡。一、祛积弊。**）一、停起取。兵仗局成造神器，起取广西铎木，乞将解到者撙节使用，未解者暂令停止。（**一、苏运军。**）一、谨地方。浙江、福建俱江南巨藩，乞照江西例添设巡抚官一员，以备地方意外之虞。（**一、恤哨军。一、严责成。一、减防军。一、严铸**

印。)”上曰:“卿等所言皆切时务,崇圣德,朝廷自有处置,揽群策、汰冗官、定事例、停织造、清传奉、重名器、慎驾帖、节冗食、省门官、减价直、助边储、轸连坐、停起取、谨地方,所司各具奏定夺,其余俱准行。”(一七五,3201—3205)【考】工部覆奏见卷一七七,闰七月癸未:“工部议覆府部等衙门所陈节冗食事,谓近来内府监局以人匠逃缺为名,往往奏招人匠,将至万余,岁支粮米,动以数万计。请如所奏,凡新收匠役量留三之一,俱月给米五斗,革去冬衣布花,今后如有仍前奏请招匠者,许科道官指实参奏。其各监局官原系额设者许照钦定则例役使人匠,若添设者量加减半。不允。”

七月丁未朔。初,虏贼驻兵塞下,攻辽阳迤东诸堡,分守副总兵孙文毅、少监刘恭率官军四千余赴之。虏窥迤西无备,乘虚折[拆]边墙四十余道,拥八千余骑,分道直入长胜诸屯堡,大肆杀掠,老弱尽死,少壮者驱絷以去,畜产禾稼荡尽,辽东大震。镇巡等官太监孙振等奏报,匿不以实,巡按监察御史车梁以闻。兵部议请遣官按问文毅、恭等罪状并核实杀虏官军人畜之数,奏闻裁处。上从之,命吏科右给事中钟渤、刑部郎中王益谦往会巡按监察御史按问之,赐之敕曰:“辽阳长胜等堡被掳杀掠,百年以来无如此惨,皆缘副总兵孙文毅等坐不设备。及太监孙振等奏报,止开近堡杀虏官军,其深入腹里抢杀数目未见开报。朕念生灵荼毒,地方疲弊,事情重大,与寻常失误不同,特敕尔等前往彼处,同巡按御史照依兵部议奏事理,先将孙文毅、刘恭行令住俸,戴罪杀贼。一面吊见在人卷到官,从公研审,逐一访勘贼入境时孙文毅、刘恭曾否统领官军,驻扎何处防御,因何不留官军防守该堡及官军曾否与贼对战,其阵亡杀虏人畜数目及孙文毅等有无故捏手本,图逭己罪情由。务见的实,将紧关人犯自指挥以下即便提问,其孙文毅、刘恭并干碍太监孙振、总兵官蒋骥、都御史陈瑶指实参奏,其彼处招抚尚书事情并付尔等查勘,亦要得实奏来处治。尔等受兹委托,须持廉秉公,悉心访勘,务俾事情明白,法令昭彰,如或扶同苟且，罪有所归。故敕。”（一七六，3207—3209）　初，整饬蓟州等处边备都御史洪钟奏潮河川功成，上遣司礼监太监李璋、工部右侍郎张达阅视之，敕曰：“近该都御史洪钟奏潮河川新开功成，旧河水势分泄，可免冲决，砌城筑台可御虏寇。又所砌墙内得地数百顷，可拨军士承种以益边储。又于蓟州、永平、山海一带修筑长城五万余丈，堤岸三百余里，墙堡亦以百计，欲乞差官阅视加赏。今特命尔等前去功完处所，查照本官所奏并兵部拟奏事理并增筑边墙墩堡等处，逐一阅视，如果足为捍敌远图，不系目前浅计，画图贴说，并将有功官军分别等第，明白开奏，以凭赏劳。若是徒费工力，无益于事，亦要指实奏来。故敕。”（一七六，3209—3210）　戊午，虏数入宣府德胜关、张家口等处杀虏人畜，命逮问提调指挥冀顺等二十人之罪，其分守参将杨英、少监唐禄并守备少监葛全、监丞徐玉命俟冀顺等问结后并以闻奏。（一七六，3219）　己未，虏入甘州靖安堡等处虏戍卒男妇二十人，掠孳畜六百八十余，官军追还戍卒二人及孳畜六百。守臣以闻，兵部请治百户周英等四人罪，因言自弘治十一年七月以来，虏入甘肃境者十八次，先后杀虏官军人口凡三百四十二，被掠马畜凡六千三百有奇，其总兵官彭清、前镇守太监刘琊、巡抚都御史刘璋边务废弛如此，请并究治，以警其后。命周英等逮问如律，清、琊、璋姑宥之，使戴罪杀贼，清仍罚俸两月，璋一月。（一七六，3219—3220）　虏入蓟州马兰谷境，杀百户一人、戍卒七人，虏三人以去。命逮问守备监丞罗观养、孙敏、分守参将白琮、高英及把总指挥赵昶等十五人，其阵亡官军之应给赏者，令具例以闻。（一七六，3220）　庚申。先是，永宁卫雁尾山至居庸关之石缝山，东西四十余里，南北七十余里，火延烧七昼夜，风大火烈，焚林木略尽，去皇陵禁山仅二十余里。命逮问把总指挥孙衡等三人罪，其分守太监梁嵩、去任参将黄镇、守备奉御张瓒、指挥王玺等姑宥之。（一七六，3220—3221）　癸亥，贵州镇巡等官调军往剿贼妇米鲁及福佑等,营于阿马坡,为贼所败,官军死者三十四人,虏都指挥吴远,放兵剽劫普安州,几陷。镇守太监杨友、总兵官丰润伯曹恺、巡抚都御史钱钺请发湖广永顺、保靖、四川酉阳、播州、广西泗城州及贵州宣慰司土兵,会官军克期进讨。既而杨友复奏,谓初调兵擒剿,出巡抚、总兵官意,使官军轻率失利,都指挥吴远被虏。臣意在躬亲招抚,掣我官军,赚出吴远,然后请兵征剿。巡抚、总兵等官不用臣言,使掣肘难行,亦尝会奏请兵,乞分豁臣罪。事下兵部覆议,谓守臣当贼势未盛之时不能早图扑灭,米鲁、福佑逃遁不行追剿。既知其复归普安,纠众弄兵,戕害其夫及其子女,绝其宗裔,杀戮人民,势已猖獗,遣兵临敌,不知设备,致贼劫营,官军被杀,将官为虏,丧师损威,罪实难逭,杨友、钱钺、曹恺俱宜取回治罪。但今方有事,姑令戴罪自效。杨友镇守一方,调度军马必与总兵、巡抚议行,每奏皆友为首,今事败之后乃妄言巧饰,冀免罪戾。今湖广苗寇未宁,其保靖、永顺及泗城土兵方在调用,不可再调,请止调播州土兵五千、酉阳及湖广两江口长官司土兵各三千,与贵州宣慰使司土兵二万讨之,云南汉土官军五千则营于界上要地,截其归路,仍请大臣一员提督军务,巡按监察御史纪功,禁革奸弊,仍令核实贵州官军偾事之由及云南守臣失擒米鲁之故,俟事平按罪。上从之,于是命南京户部尚书王轼兼都察院左副都御史,往贵州提督军务,赐敕遣之。(一七六,3222—3224)　乙丑,监督军务太监苗逵等檄召宣府、大同等处选逻卒二百五十人赴延绥哨探,宣府总兵官张俊持不可,逵等劾俊故违节制,请治之罪。兵部议谓宣府逻卒止知本处乡导,延绥河套数千余里,地利夷险,非素所谙悉,且俊实为地方虑,恐未可治罪。命逵等所取逻卒发至延绥军前听用,张俊姑宥之。(一七六,3225)　丁卯,征虏大将军总兵官保国公朱晖、提督军务都御史史琳及监督太监苗逵帅五路之师从红城子墩出塞,乘夜捣虏巢于河套。虏已先觉,徙家北遁,军还,斩首三级,得所掳故敕三道、骆驼五、马四百二十六、牛六十、羊千八十、器械二千五百有奇。事闻，命赐敕奖励逵等，赏赍奏事人钞各一千贯。逵等拟奏事状，命兵部看详以闻。(一七六，3232—3233)　辛未，监督太监苗逵等奏宁塞等营堡草束不充，请移军驻近地。户部议谓延绥自用兵以来，本部经画军饷不遗余力，但督饷者一时区处未集，是以逵等累请再发太仓银十万两给之，仍请敕逵等拣选军不堪战、马不堪乘者于附近之处暂就刍粮，不得一概擅移，有误征剿。上从之，命太仓银速运以往，仍移文李鐩等急为处置，以济匮乏。拣选兵马以就粮草，令苗逵等酌处停当，不许怠忽误事。(一七六，3237—3238)

闰七月丁丑朔，命贵州都司都指挥使王宁、都指挥同知王泰赞画监督太监苗逵等军前方略，从兵部请也。　辽阳副总兵孙文毅有罪，并分守右少监刘恭俱令差去勘事给事中等官逮问闻奏，仍命兵部推有谋勇者代文毅分守。(一七七，3241)　乙酉，宁夏总兵官郭鍧、副总兵傅钊、右参将马隆、左参将左方分兵御虏于盐池等处，先后斩首二十级，擒二十人，获战马五十九，追回所掠人口一十二、驼马牛羊一千九百余。镇守太监张僴、巡抚都御史王珣以闻，兵部言："本镇官军不及延绥三分之一，镇巡等官乃能协谋奋勇杀贼，请并给羊、酒、彩币以劳之，凡阵亡阵伤官军及前失机误事者并行巡按监察御史按验以闻。都指挥王泰身先士卒，死于锋镝，忠勇可嘉，请令镇巡等官致祭，仍厚恤其家。"上是之，仍诏移文镇巡等官，令用心防御，不许怠忽误事。(一七七，3245—3246)　己丑，兵科给事中艾洪言："巡抚辽东都御史陈瑶本憸壬之士，刚愎自用，滥膺抚巡之责，虚负赞理之名，安边谋谟，一无所展，诱降启衅，贻害地方。镇守太监孙振、总兵官定西侯蒋骥素昧远猷，巧为欺罔，虏贼连肆抢掠，若罔闻知，专务扶同，不闻敌忾，此三人者，罪实同科。臣愚以为，尚古犯边之日，宜即差人晓谕，其不退听，当兴问罪之师。计不出此，反诱其来朝,使一人获利而众夷梗化。故猛革忒木儿辈假以为词,举兵入寇。推原其始,罪在瑶等。况尚古见在会同馆,病且危笃,设有不虞,非惟本夷构怨,传闻诸夷,复起别辞,边圉自此多事矣。请会推有风力谋勇官往代其任,逮瑶等还下狱治罪。"命所司知之。(一七七,3250—3251)　　辛卯,虏数入蓟州驻操营等处杀虏人畜,命逮问提调指挥张寅等二十一人罪,其守备监丞郭顺、孙敏、分守参将白琮、高瑛等命俟张寅等问结后闻奏处置。(一七七,3251—3252)　　甲午,御用监太监王瑞等赍送玄武神像之武当山,奏带随行官舍、勇士、人匠八十余人,及用黄马快船六十余艘。给事中宁举、监察御史顾潜等交章谏止,不允。吏部尚书倪岳、兵部尚书马文升等言之尤力。上曰:"卿等所言,具见忠爱,但事既举行,难以中止。差去官员人等不许沿途生事扰人,已有敕严加戒谕矣。"(一七七,3255—3256)　　辛丑,监督军务太监苗逵等劾奏左参将马仪前延缓军机及神木之役又不由节制,遇虏辄战,请治以罪。上曰:"马仪本当究治,但边方有事,姑宥之。"　太监李兴督修内府门并社稷坛等处,请添军士六千以供役。兵部拟暂拨神机营五千下军一千人,俟秋班官军至日仍代回操练。命特免之。

监督军务太监苗逵等以虏警方急而宁夏总兵等官郭鍧等咨报迟缓,请究治之。兵部覆奏,上命降敕责鍧等,令逵等用心调度防御。(一七七,3261)　　己巳,内阁大学士刘健等言:"昨司礼监传出揭帖,令臣等撰敕并祝文,欲差内臣往武当山送像挂旛,修设斋醮。臣等闻命,惊惕莫知所指。其神之有无,事之可否,臣等姑未暇陈,窃闻此山宫观像设富丽已极,增添易换,徒见劳扰,实为无益。况今四方灾异迭出,顺天、河南、山东等处沿河一带雨水泛涨,田禾淹没,人民穷困,州县驿递本等应付尚不能堪。湖广地方苗贼肆乱,军旅方兴,粮饷供馈犹恐不给,如又动此大役,拨给船只必至千百,差拨人夫何止千万,非惟逼迫逃亡,抑恐激成祸变。又况陕西、辽东虏贼猖獗,军饷尤急,外患方殷而内地先困，其间生民愁苦之情，地方凋敝之状，君门万里，恐皇上不得而知。臣等备员指[辅]导，深切忧惧。近因边需窘急，请节财用，亦尝论及此事，荷蒙圣明特赐采纳，不数日间乃有是命，臣等平时无格心之学，上启圣聪，斥绝邪妄，若又阿谀承顺，为此劳民伤财之举，以负委任之重，罪将何逃。伏乞收回成命，停止无益之事务，内修外攘，以安宗社，天下幸甚。"疏入，上纳之。（一七七，3266）

八月丙午朔，太监李兴以修城军夫不足，复请益军。命发团营官军二千供役。（一七八，3267）　　癸丑，贵州镇守太监杨友奏晋安州夷妇米鲁等已听抚谕，送出原获官马四十匹，其原杀死官军人命约十月大兵不至当如土俗出财物赔偿。兵部议谓夷情谲诈难信，方其卒兵拒杀官军，不即兴师问罪，及效夷俗责偿，至长寇奸而损国威，非计也。且杨友先尝请兵征剿，及米鲁欲降，又独奏以为己功，当治其罪，请下总制官王轼等议处其宜以闻。从之。（一七八，3274）　　己巳，礼部议覆户科都给事中童瑞等所言崇俭约之奏，谓光禄寺所供斋醮茶食果桌攒盘之类，自弘治元年以后增加太多，致民劳财匮，请如瑞等及给事中倪议[①]所奏，量所撙节，定为中制，以裕财用。上是之，命今后光禄寺供应仍照弘治元年例，屡年增加者悉从减省。（一七八，3282）【考】焦竑《玉堂丛语》卷四《献替》："光禄寺之设，供奉内府御膳，备办使臣外夷宴享而已。近成化、弘治以来，添有坐家长随七八十员，又传添汤饭内臣百五十余员。天下常贡已不足用，内责京师铺户买办，官中不给，负累市井赊借。至是，(刘)大夏因应天、凤阳、苏松等处民饥盗起，因以前事执奏曰：'光禄日办桌面，不胜查算，日杀牲无虑数百，既非节财之道，亏爱物之仁。'疏入，上为之恻然，即下令裁减，官民乃苏。后光禄卿艾璞曰：'刘东山此奏，岁省光禄银钱八十余万，古称"仁人之言，其利溥哉"，此之谓也。'"　兵部覆奏府部及科道官所言览群策、汰冗官、省门官三事，谓……又国朝

① 倪议，广本作"倪谦"，疑应是"倪仪"，时任礼科给事中。

设官分职,旧有成法,历岁额外添设,倍于原额,俸给之费,皆出于民。请自景泰以后添注内外镇守、守备、协守、分守、兵备等官一体裁革,其曹州等处带管兵备佥事一员乃本司额设官兼领其事,非其他添设者之比,请仍留之。又京城九官[门]内官旧止二三员,续添至七八员,各役占军士,有妨备御,请量减免。上是之,命建言事件仍如前陆续覆奏,其有例见行及曾经议奏者不许重覆烦扰,曹州兵备官仍旧。(一七八,3283—3284) 辛未,司礼监太监陈宽传旨:“今后凡建言事件但系各衙门已经议拟覆奏有例见行,别无处置者,俱立案,不许再行覆奏。”(一七八,3285) 乙亥,兵科都给事中屈伸等奏:“监督太监苗逵、保国公朱晖、都御史史琳等奏谍报得虏毡帐器物,知天兵一振,丑虏潜伏。据奏,则似边警稍宁,便可论功行赏矣。及据八月二十日陕西奏报,虏酋小王子等七八万骑从宁夏花马池深入固原迤南,分路抢掠,火光营盘数十余里,又且埋伏阻路,势甚猖獗,由此观之,则边疆失守,地方伤残,关陕动摇之势朝不保夕,传至都下,人人为之惊疑。而逵等实专制三边,声势联络,少有动息,岂得不知?又况各于八月初六日奏称达贼大势俱往内地抢掠,调度行事,难以遥制,佥议朱晖领都督马仪并京营头目及游击张雄、李祥统兵,即于初六日启行,节制各该将官。兵部于八月二十二日覆奏贼情,已拟朱晖等俱会韦州,必能申严号令,并力剿贼,捷音可期。岂期朱晖于八月十一日仍与苗逵等会奏,则是未尝赴韦州也。谨按逵、晖、琳三人受此重权,罔思立功报国,顾乃玩日愒时,互为欺蔽。榆林贼势稍缓,便谓奔窜,内地声息紧急,若罔闻知。况今虏帐之遗留即前空剿之故智,堕彼奸计,略不自惭,方且称捣巢为奇绩,指弃物为畏威,若律诛心之法,罪在不原。但念用人之际,权为使过,伏望圣明留神独断,仍令史琳同朱晖速往韦州,随贼声势,相度机宜,督调军马,屯驻要害,固我之志以遏其来,乘彼之归以击其惰,务以虏贼殄灭为期,庶可少赎前罪。”命降敕切责逵

等，令用心调度杀贼，不许仍前怠玩。（一七八，3289—3291）

九月丙申，户部覆奏礼科都给事中宁举、监察御史华琏等所言惜财用、禁掊克、拯灾伤三事，谓……又漕运军士及各处解户远涉险阻，劳苦万端，既至京师，辄被各仓库内臣诛求贿赂，不则抑勒留难，以致运纳不敷，往往借贷取足，艰窘有不忍言。乞严禁约，仍查各仓库内臣员数上请，每处量择廉谨者一二人存留监视，其余尽行裁减。……上从之。（一七九，3306—3308）　庚子，录榆林等处杀贼有功并阵亡、阵伤官军，升一级者六十五人，给赏者三千七百五十人，因加镇守太监刘正［政］禄米岁十一［二］石，巡抚都御史陈寿俸一级，升总兵官张安、游击将军李祥、右参将曹雄各一级，赏左参将王戟、副总兵吴江、游击将军张雄、都指挥佥事阎纲等银币有差。（一七九，3310）

十月乙丑，监察御史王用核实榆林捕斩虏功，内止二人为壮贼，余悉幼男妇女，遂劾都指挥郑胤等三人及分守参政李旻、分巡佥事苏泰之罪，请并逮镇守太监刘政、总兵官张安究治之。命胤、旻、泰等俱待边事宁日逮问，政等令各具实以闻。（一八〇，3321—3322）　丁卯，传旨升工部营缮所所副陈海等三十二人官各一级，以太监李兴奏言海等修理午门等处有功也。吏部复引前旨，谓海等夤缘乞升，宜送法司治罪。上复命已之。（一八〇，3324—3325）　庚午，兵部议覆巡按贵州监察御史陈恪所奏，谓贼妇米鲁之祸，其原起于守臣拥兵，不能捍御，方且为之枝词乞降，失机偾事，请自镇守太监杨友、总兵官曹恺以下俱令戴罪杀贼，俟事平议处其罪，并行尚书王轼等速行剿捕，毋致仍前误事。从之。（一八〇，3327）

十一月乙酉，吏科右给事中钟渤、刑部郎中王益谦会巡按监察御史按问分守辽阳副总兵孙文毅、少监刘恭、守堡指挥使白玺等失于备虏，丧亡男妇一千九百四十有奇、畜产三千二百，并按备御海州都指挥佥事李继祖，虏至不援；刘恭又坐占地取贿及边吏诱引尚古入贡之罪，且得其状还奏之。且劾总兵蒋骥、巡抚都御史陈瑶纳侮邀功，又不严饬军令，致虏深入，及分守开原右参将胡忠、左监丞黄延诱夷启衅。下刑部议，文毅、玺论斩；恭赎徒追赃毕，取回闲住；继祖及指挥张钦等五人皆远卫充军，忠、延逮问。(一八一，3334—3335)　丙戌，虏前入甘州重岗等诸堡，官军死伤者九十余人。守臣劾奏都指挥等官张经等九人罪，请并副总兵刘胜、左监丞梁玉俱逮治之。命梁玉、刘胜待张经等逮问毕日闻奏。(一八一，3335)　庚寅，尚衣监太监秦文等奏："原给长芦运司盐二万引，尚未足织造之用，请再于两淮给盐价银三万两。"户部覆奏，请略加裁损。命如数与之。(一八一，3336)　壬辰，河套捣巢之役，纪功监察御史王用报有功官军万余名上，兵部定拟升赏四千四百五十余人。有旨再拟，将行大赉。兵部覆奏，以为官军捣巢虽有微劳，斩首之功止于三级，若过蒙殊恩，诚于国论未协。况今南北苗寇，所在窃发，百力支持，犹恐不逮，予夺不谨则无以激劝忠义。人有幸心，莫肯致死，而将来冒功图赏者不知几何，流弊无穷，渐不可长。命官军人等照原拟升赏，内奋不顾身并被伤者二百十人各升署一级，赏太监苗逵、保国公朱晖、都御史史琳各彩币二表里、白金二十两，太监朱秀、刘政，侍郎李鐩、都督张安、刘宁，都御史陈寿并都指挥李祥、张雄、刘宁、姚信、张铭、御史王用、佥事苏泰银币有差。(一八一，3337—3338)

十二月己丑，贵州贼妇米鲁及福祐等自官军失利于阿马坡之后日肆猖獗，劫屯堡，攻城池，云贵道梗。至是拥众万余劫官军营，虏统兵镇守太监杨友以去，右布政使间鋋、按察使刘福并都指挥李宗武、郭仁、史韬、李雄、吴达等俱被害。(一八二，3359)

戊辰，监丞刘记、都御史陈璚等奉命勘河南睢州等处地五千二百一十余顷，久不能决，因奏言：据周府奏则以为原出钦赐庄地，据巡抚官奏则以为护卫屯田，两具以请。户部覆奏，上命给周府管业。(一八二，3361)　己巳，提督军务太监苗逵、征虏大将军保国公朱晖、监督军务都御史史琳各奏虏贼已出套北遁，而大同守臣亦奏边境稍宁，请班师以省供应之费。兵部再会官议，谓宜选京营精兵三千，留参将杨玉领之以助防御，其余官军令逵等三人悉率还京。从之。（一八二，3363）

本年附

艺文·碑铭·太监陈良墓志

明故内官监太监陈公墓志铭

赐进士第、奉直大夫、刑部山东清吏司员外郎西蜀刘武臣撰文。征仕郎、中书舍人、直文渊阁、经筵玉牒官广阳李淇书丹。赐进士、奉议大夫、吏部郎中、直文渊阁、侍经筵官阜城沈冬魁篆盖。

公讳良，字仲善，姓陈氏，号崖庵，福建之长乐人。长乐有镇曰海路，公世居焉。厥族最巨，邑人因□□路陈氏以别其族。曾祖以谱逸忘其讳，祖讳志郎，考讳外生，俱不试。外生躬躬木质，有先民风。妣马氏，秉德贞淑，六姻称之。公生而骨相不类群儿，术者异之，目为贵人。正统己巳（十四年，1449），公时年二十有六，用有司荐入内府，英宗命翰林儒臣教之。已而命入司礼监文书房供事。英宗复辟，授奉御，为皇太子伴读官。未几，改针工局右副使，转内官监左少监。英宗升遐，皇太子嗣统，是为宪宗。宪宗以公旧臣，仍令给侍左右。公理宫掖事有条绪，宪宗悦，益宠任之。成化庚寅（六年，1470），畿内饥，京师米价腾踊，有旨命公偕户部尚书薛远赈济，且发太仓米五十余万硕，属公监粜。公计处精核，全活者众。朝廷嘉公绩，升本监太监。甲午（十年，1474）六月，命公领玺书提督都城九门暨皇城四门。公持廉秉公，一时宿弊刬革殆尽。孝宗每有事南郊，公奖率军士昼夜巡逻，禁令斩斩。弘治癸丑（六年，1493），大礼成后，诏以公有保障功，赐蟒衣玉带，时论荣之。正德丙寅（元年，1506），是为今上登极之明年矣，以老疾疏求退，上重违公意，特命即其故宅调理。

戊辰（三年，1508）正月二十有二日疾作，终于正寝。距生永乐癸卯（二十一年，1423）十月二十有五日，享年八十有六。讣闻，上震悼，赐宝镪万缗赙焉，且遣太监陈庄祭之，仍属庄监其丧。公之从子伟将以卒之年二月十有六日葬公都城之西四里许钓鱼台之阳。公厚重而明直，谅而文，偶居移日，或不交一谈，而出谋发虑，往往出人意表。政务当更张者肆力施行，锐不可夺。诸凡奏疏，皆自起稿草，不假于人。酷好诗律，信意写出，多斐然成篇，可讽咏也。然其性尚谦退，不以此自多，故同列敬而爱之。出入禁闼五十余年，小心慎密，未尝有过，乃若其赈济保障之功，则谈者莫不歆艳之，而皆以其寿逾耄耋，生死光荣，为食天之报。呜呼！其信然哉，其信然哉！兹伟奉状来请铭，予以谓不俞其请，无以为世劝，乃铭之。铭曰：

吾以赈济之功，见公笃于仁；以保障之功，见公之笃于义；而以膺寿，福善始终也。又见公获天之庇，伟哉公乎，含笑入地。后公者谁，绎兹遗事。

正德三年，岁次戊辰，二月吉日，孝侄男伟刻石。

（北京市海淀区钓鱼台出土。《北京图书馆藏中国历代石刻拓本汇编》第53册，第138页）

史事

周经《大同重修大边碑》："弘治庚申（十三年，1500），虏肆寇虐，小边之外，据为牧场，而民庶牛马杀掠无算，出师以御，往往失利。当宁以为忧，乃召佥都御史刘公宇于山东，太监陆公訚于甘州，都督佥事庄公鉴于宣府，俾以抚绥其人民而总治其军事。协心靖恭，法行威立，虏闻之即遁去，时辛酉岁（十四年，1501）也。"（嘉靖增修《大同府志》卷一二《古今文章》）

艺文·碑铭·正觉寺敕谕碑

皇帝敕谕官员军民人等：朝廷之于旧臣，虽其身没已久，犹必悯念而优恤之，以笃始终之义。司礼监太监黄高，历事累朝，实多劳勚。其在皇考，委任尤隆。肆朕毓德春宫，奉命日侍左右，朝夕保护，克效勤诚。高没有年，朕念之不置。兹者，司礼监太监扶安奏称，高存日于西城坊买到指挥李信、蒋汉等屋基，盖□佛寺之所，东至宝禅寺，西至金王□□□官，街北抵帽儿巷。佛殿后为其祠堂，已赐寺额曰正觉。□择西直门外松林庄买到□民尚镛、吴信等起科庄地五顷六十三亩，以供本寺香火。□□买到宛平县香山乡民人□得山等山地一段，为坟茔，东至大沟，西至□□□，南至大□，北至清凉寺。坟前□□□堂已赐祠额曰褒善。安今续为买到下庄白口社民人刘景□等起科地一顷三十亩，以供坟祠香火。前项地亩俱已免其一应杂泛差役，朕虑其日后□有势豪强横，□□□加侵损扰害，特降敕禁约，凡官员军民僧俗人等敢有不□□旨□其寺□□□□上有所侵扰者，必重罪不宥。故谕。弘治十四年三月初八日。

（碑在北京西城区宝禅寺街。《北京图书馆藏中国历代石刻拓本汇编》第53册，第81页）

弘治十五年壬戌（1502）

正月丙子，征虏大将军保国公朱晖、监督太监苗逵、提督军务都御史史琳等率师还京师，上命内臣赐羊酒往劳于榆河驿。（一八三，3372）　　戊寅。先是，镇守甘肃太监刘瑯、总兵官彭清、巡抚都御史刘璋以纪律欠严致寇，有旨俱令戴罪自效，清、璋仍罚俸有差。至是，瑯自言到边未久，且尝追贼有功，乞宥其罪。上命并清、璋俱宥之。（一八三，3372—3373）　　辛卯。先是，宁夏有功并阵亡军已蒙赏劳，惟报舍人并召募土兵赏劳未及，镇守太监张涧[僴]以闻，且言监枪左监丞郝善战阵有功，按察司佥事李端澄督饷有劳，又舍人苏禄骁勇出众，斩首数级，竟死锋镝，尤可悯惜，请并加赏赉，以慰人心。从之。（一八三，3377—3378）

二月辛亥，镇守大同太监陆訚有疾，乞回京调治。不允。（一八四，3390—3391）　　己未。初，卫恭王瞻埏以所赐顺义县地二十三顷有奇施大慈恩寺，至是岐惠王祐榆坟成，适在界内。恭王坟司香奉御曹德请以奉香火，命议处以闻。户部议分为三其二以奉二王香火，一仍留本寺。从之。（一八四，3396）

三月乙亥。先是，大同守臣以修筑大边事竣闻，上命兵部右侍郎熊绣往阅实。绣还，奏谓所筑高深坚厚，视昔有加。命加镇守太监陆訚禄米岁十二石，升总兵官都督佥事庄鉴为都督同知，巡抚都察院右佥都史刘宇为右副都御史，其巡按、协守、分守、守备等官一百五十一人给赏有差。（一八五，3403）　　丁丑。先是，湖广靖州苗贼李再万等负其险固，数流劫乡村，抚之不服，捕之则遁。至是，镇守太监刘雅、总兵官永康侯徐锜、巡抚都御史阎仲宇等调汉土官军人等，分哨截杀，自冬徂春，破贼寨四十余处，斩获贼首李再万等一百三十九人，就擒者二千七百七十余人，俘获幼男妇女暨追回被虏人口九百有奇。事闻，命降敕奖励雅等，赏奏捷人各纻丝衣一袭、新钞一千贯。(一八五，3404—3405)　追录云南官军剿捕师宗、弥勒等州盗贼功，升一级者五十一人，署一级者一人，余五百六十二人给赏有差，加镇守太监刘昶禄米岁十二石，总兵官沐崑岁一百石，升巡抚都御史李士实、前布政使陈金、参政徐节俸各一级，副使王臣、致仕副使陈嵩、都指挥佥事孙辅、刘桓、张骥官各一级，陈嵩仍致仕，土官知府凤英升散官一级。(一八五，3405)　辛巳，都察院右都御史史琳陈边务十三事，大略欲于陕西韦州城添设一卫所，十字涧修筑城池，水泉毒其上流以敝虏人马，缓科征、取回清军匠官以苏民困，改神木、镇羌千户所为卫，添兵榆林旧城，外筑保障，内积刍粮，而于楼子营增按伏之兵，取回守备内臣以革占役军人之弊，清军役以实军伍，足马匹以备调遣，至于各城堡内则添置驴骡，毋令战马走递。兵部覆奏，谓所言多可从，而于取回内臣之言尤恳切。上曰："守备内臣卿等再议以闻，余从所议。"(一八五，3407—3408)　癸未，命取回饶州府督造磁器内官，从巡抚都御史韩邦问奏也。(一八五，3408—3409)【考】夏燮《明通鉴》卷三九："先是即位之初，以浮梁景德镇所造御用瓷器最多且久，费不赀，命督造中官还。寻复遣之。至是复撤。"　乙未，尚膳监太监王安等为故太监庄旺之侄桐乞恩，比例送国子监读书。礼科给事中倪仪劾之，谓安等妄行奏请，故违成宪，乞治其罪。礼部议谓旧无此例，近因太监孙振之侄汉得请，故王安等遂引以为例，请并孙汉发回原学肄业，庶幸进之徒知所惩戒。上从其言，命王安等姑宥之。(一八五，3414—3415)　时有旨，命御马监左监丞孙叙镇守云南金齿、腾冲地方。兵部覆奏："腾冲地方内臣所宜革去，巡抚、巡按等官相继论列，未蒙宸断，今太监吉庆病故，一旦复有此命，物论不能无疑，乞特赐裁革，毋重贻地方之害。"不允。(一八五,3415)

四月己酉，兵科都给事中屈伸、监察御史陈恪等复交章言："金齿、腾冲地方不宜复设内臣镇守，所遣左监丞孙叙尚未行，乞收回成命。"上以既有前旨，不允。　镇守大同太监陆訚奏辞所赐禄米而为其弟正千户玉、侄百户宣乞升职世袭，兵部执不可。命陆訚禄米不准辞，玉、宣准各升一级。【考】陆訚母吴氏卒于弘治十七年，墓志见本年附。　镇守江西太监董让等奏："南昌左卫旗军原额四千七百五十三人，今差拨事故者居多而在城操练者止百四十一人，乞行令江西各问刑衙门并清军御史，将新问充军人犯及清出各项迷失、埋没等项军丁，俱从宜发本卫填补原数。"兵部覆奏，从之。(一八六,3424)　壬子，虏潜入密云大角谷境，军士被虏者一人，男妇伤死者四人。命逮问把总指挥王振等三人，分守右监丞韦祥、右参将吴玉戴罪杀贼。(一八六,3425—3426)　庚申，兵部以巡按监察御史勘报大同左副总兵官姚信等失机之罪。命信及游击将军陈廛逮问如律，游击将军李祥、张雄等仍待边事宁日奏闻，镇守太监陆訚、总兵官张俊、都御史刘宇俱宥之。(一八六,3430)　乙丑，礼部议覆南京太常寺卿杨一清等所奏，谓自洪武以来，本寺收贮积余神帛凡九百八十余段，内鲜明堪用者五百二十三段，足充南京四年祭祀之用，请行南京司礼监暂免派征织造，其不堪者请用《礼记》"祭服弊则焚之，祭器弊则理之"义，令所司焚化。从之。(一八六,3432—3433)　分守开原右参将胡忠坐因令科敛所部财物，左监丞黄延决人不如法致死，下巡按御史逮问，各赎杖还职。(一八六,3433)

五月庚寅，录榆林御贼功，官军升一级者二十一人，给赏者六百二十七人，太监刘镇、总兵官张安、游击将军李祥、副总兵吴江、参将王戟、都指挥郑胤、阎刚各赏白金、彩段有差。(一八七,

3449—3450)　癸巳,巡按江西监察御史王哲奏:"江西地方连遭盗贼,而瑞州一府尤甚,军卫府县官恐致激变,既不敢申捕,二司守巡官因循更代,亦不肯严督,巡抚都御史韩邦问常居之地去会城甚远,急难于申报,镇守太监董让亦未见有所施设,乞赐裁处。"兵部覆奏,上曰:"江西贼情重大如此,何为隐匿蒙蔽,不即扑灭?其降敕切责让及邦问,令亟用心督捕,不许仍前怠玩。"(一八七,3452—3453)　福建沙县贼首胡天秀聚众三百余人,劫掠南、沙二县,分巡副使曾昂督延平府同知丁隆等率兵剿之,斩捕百四十七人,擒四十人,惟天秀未获,至是亦就擒,镇守太监邓原、巡按监察御史陈玉以闻。原又言首贼及党恶既获,其被胁逃回者请抚令安业。兵部覆议,从之,仍令督捕余党,务令尽绝。(一八七,3453)　甲午,录宣府镇门川、小马道等处御虏功,官军升赏有差,分守左少监唐禄赏彩段二表里,左参将杨英、姚信各一表里。(一八七,3453—3454)

六月甲辰,户部以灾异陈三事:一谓京城九门所收商税,宜专委部属官主之,其守门内外官勿令干与。……从之。(一八八,3463)　丙午,巡抚辽东都御史韩重奏镇守太监孙振、总兵官蒋骥头目家人以修城堡,浪领银八百两,乞为查勘。从之,因命各边支用银两皆勘报以闻。刑科给事中杨褫自陕西还,奏边方事宜:"一弥边患。谓固原旧有备御参将、兵备等官,近又添设副总兵、游击等官,供亿甚费,请令固原自为一镇,照广西梧州事例,总兵官及太监则常居固原,巡抚官则九月至二年二月在固原,三月至八月往来陕西会城巡历,则副总兵、游击等官不必添设而供可省矣。二实边伍……"兵部议,谓言多可行,但固原自为一镇,事体重大,请行令镇巡等官议处闻。从之。(一八八,3464—3465)

戊申,六科、十三道交章劾奏云南金、腾镇守左监丞孙叙、江西镇守太监董让、辽东梁玘、山西陈逵不职,俱乞回京,别选人更代。前辽总兵官定西侯蒋骥及今降调叙州知府陈瑶罪重罚轻,乞照王玺、洪汉等事例降革。下兵部覆奏。命孙叙不必取回，梁玘、董让、陈逵待勘报至日闻奏，蒋骥、陈瑶已有处分矣，置之。(一八八，3466—3467)　　壬子，兵部以灾异陈三事："一、杜倖门。谓近年乞恩升职者三百有余，乞将在京各卫所凡不由军功升职者一一查奏裁革，应存留者减支半俸，如有由军功相参授职者止存军功职事，如有似前夤缘请乞，照例问罪降调。二、恤人言。谓大同、宣府、蓟州三镇添设内臣过多，私役虐害，军马日渐消耗。近该廷臣集议，请将三镇守备内臣十六员尽行裁革，蓟州一镇止留二员，改为分守，与中、东二路参将同居一城，未蒙俞允，乞仍照原拟裁革，以解边人之困。三、杜杂进。谓各边及腹里地方多有无籍之徒投充势要官下旗舍军余等役，奏称报效，其各边镇守等官亦于额外朦胧奏带，支费甚多，一遇剿贼，冒报功次。今后俱听臣考验，果有谙晓兵法、熟闲弓马者，方许其去，其余并额外人员俱各发回原籍原卫各供职役。"疏奏，命通查闻奏。(一八八，3468—3469)　　癸丑，内官监太监王庸于德胜门外创起寺宇，以寺额为请。礼部议谓私创寺宇，律有明条，先帝又有成命，况近日宗室以此请者已奉旨不允，今岂宜徇庸所请。乞毁其所创，以为妄奏者戒。诏已之。(一八八，3470)　　丁巳，分守密云右监丞韦祥、右参将吴玉、兵备副使钱德承奏古北潮河达贼出没不时，示寡伏众以诱我，关营官军力寡，乞照旧例量拨京军防守。事下兵部覆议："据祥等所奏，虏贼出没，其数不多，各关营官军若无私役，亦足防守；其请乞京军，又不关白镇巡等官，未可轻发，宜下巡抚都御史洪钟会镇守官计议回覆。"从之。(一八八，3473—3474)

兵部覆奏监察御史车梁所言严禁例以祛边患事，谓各边镇守、分守、内外等官私占官军，立为"标下"名色，营私害政，请申严禁例，尽数革退，送营操备，违者治罪。从之。(一八八，3474)　　己巳，镇守河南太监蓝忠引疾奏乞退休，而军民颂其善政，保留之，巡抚、巡按等官以闻。兵部覆奏，言忠仁恕公平，为镇守内臣称首，诚有如军民所颂及抚、按等官所奏保者，乞赐慰留，以为内臣镇守者之劝。有旨："蓝忠老成廉清，军民保留，令用心照旧镇守地方。"(一八八，3482—3483)

七月丁丑，南京工科给事中徐沂言："外岁[①]顷年以来，投充家人假托名色，大肆恣横，乞敕法司严加禁约，照例治罪。各处管仓廒、市舶、织造等项内臣添设名数倍于往昔，乞为裁革。"命下其奏于所司。(一八九，3486)　戊子，山西偏头关等处修筑边墙墩台成，命赏镇守太监陈逵、巡抚都御史魏绅、副总兵都指挥使李玙彩段各四表里，其余有功官二十三员给赏有差。(一八九，3490)

庚寅，太监苗逵、保国公朱晖、都御史史琳等奏河套捣巢官军未赏者七千二百七十余人，乞并给赏。兵部以功薄赏滥，执不可。命官军既出境捣巢有劳，可人赏布二匹。(一八九，3492)

八月癸卯，征还镇守辽东太监梁玘及巡抚都御史韩重，别举堪任者代之。玘为人贪残刚愎，重尝劾其私罪，玘亦讦奏重，上命给事中等官往按其事。兵部以边方多事而边臣不和，恐误大计，请急更之，故有是命。(一九〇，3501)　己酉，南京监察御史余敬等言七事："(**一曰黜不职。一曰全外戚。**)一曰纾民困。谓浙江等处皆差内臣镇守，尊宠逾分，威福自由，一日之费，不可胜计。又如南京龙江抽分竹木等局内官，兼管计筹，巧取至有'开门'、'起筹'等项名色。南京内府承运等库、东安等门亦设内官兼管，凡遇纳官钱物，百计需索，在京十库，弊亦如之，乞一切取回。各处解纳两京钱粮物料等项，俱该部交收，按季类送各库收贮。一曰清戎伍。谓在京各卫军士精壮殷富者往往影射买闲，驱而操练者不过老弱贫穷之卒。又如腾骧四卫军士不与操练，内府御马监勇士专名养马，其安闲独异他卫，以故夤缘投充者多。宜敕该部并科

① 外岁，校勘记言："(广、抱、阁)三本'岁'作'戚'，是也。"然"外戚"二字应在"投充"之前。

道等官一一清查，勇士祖充者每名许余丁二名帮贴养马，其余每三丁选精壮一丁，与腾骧四卫正军并送操练，若近年投充者则发各卫操守。一曰省输运。谓南京起运物料、进贡时鲜，俱用马快船装载，所费甚多。乞将起运物料若器皿、板枋、竹木之类量为裁减，或五年三年一次造运，如马槽、椅卓之数北方可造者，则南京解送工价，工部自造应用。若金鱼、苔菜、石榴等物，皆北方所有者，就在此进荐。若香料已经起运数多及禽鸟、花树不急之物，俱宜停止。其非北方所产若枇杷、新笋、鲜鱼、鲥鱼、杨梅、藕鲜之类，则定其每年合用多寡数目及船只则例，并严禁押运人员沿途需索害民之弊。一曰节国用。谓锦衣卫等衙门传奉官无虑数千员，内府及南京各监局滥收军民人匠无虑数千人，岁支俸粮无虑数十万石。又如南京宝钞提举司既不印造而钞纸匠二百七十七名，岁支米千六百六十余石。南京太医院既不进方药而医士一百五十二名，岁支米八百余石。宜将传奉官员尽行革罢，钞纸匠悉遣，当差医士等精通艺业者量留备用，内府监局人匠有不谙本艺及滥收者亦皆裁革。一曰罢不急。谓南京工部造朱红漆器等项，计用料价银万四百余两。南京内局织画绢长阔各贰丈余，日用二十余工，织不满尺。又闻太仓州织纻布、福建织丝布、陕西织驼绒，其工费皆不可胜计，乞一切罢止。”时南京工科给事中徐沂等亦上章论列时政，大旨略同，而其所谓禁侵夺、明赏罚者则谓……及各边地方失机误事，往往有之，及奏勘得实，止拟官军罪名，太监、总兵等官即从宽贷，或停俸，或戴罪，未闻明昭国法，以正常刑。伏望陛下俯察人情，明正朱晖之罪，将冒功升赏人员尽数追夺，其各边镇守等官不协心防御致失机误事者，亦依律例一体治罪。命下其奏于所司。（一九〇，3504—3507）　　辛亥，遣驸马都尉马诚诣凤阳祭告皇陵及山川之神。先是，守备凤阳内官监太监倪文奏：“自本年七月初三日暴风猛雨交作，于是皇陵、皇城、万岁山、独山、龙兴寺等一山圆丘、方丘、南山及一应坛壝树木拔折者无虑万余株,官民屋舍吹倒者一千五百余间,槐柳等木不可胜计。”于是礼部尚书张昇等引咎请罪,因请行两京文武官员及凤阳守土大小官员各加修省,毋或怠忽,仍请照例遣大臣一员祭告皇陵及山川之神,以慰圣祖在天之灵。上纳之,故有是命。(一九〇,3513)　初,御用监太监金辅、杨雄、樊清奉命送泾王之国,长史张显、范兆祥、承奉韦瑢、张贤等沿途多有征索,驿官不胜榜笞,至有自溺死者。行至天津,减曳黄船夫百名,责令纳银,而瑢及显等皆自增夫数,散各船者竞系掠索钱,二人被杖而死,其家各诉于辅。辅集讯舟人,得内使李顺家人,行杖者执之。仪卫正张璠即以擅执王府从人,称令旨,差校尉擒捕三卫官。指挥贺勇等惧而闭城,遂二日不朝。黄船留六日而发,殿后者复群掠柴市居民货物。时辅鼓吹先行,瑢等以辅受赂,专制拨夫,谮于王,王与辅由是遂有言。辅奏显、瑢等贪暴,王惑其言,不可禁。王亦奏辅始至府即由中门入,读诏踞[倨]慢,在途专擅欺侮。前后各数疏。而东厂缉事者亦发李顺等击死役夫之事。有旨捕顺等至京拷治,遣工科右给事中周玺、刑部郎中毛实往按之,得辅取鱼不献、鼓吹先行二事及瑢、贤、显、兆祥等罪状以闻。又言天津散夫时,王止令如例,盖上体圣明节用爱人之心,下防左右生事扰民之弊,奏有不实,终非本心,必承奉、长史掩饰蒙蔽之过,且瑢尝阻辅启请,于王前称呼尔我,其纵肆可知,请重治其罪。命锦衣卫逮系瑢等至京鞫治之,辅等俟至京日令司礼监奏请处治,指挥贺勇等二十八人、仓[沧]州吏目韩天爵等三人及军余十八人俱连逮罪坐有差。(一九〇,3513—3515)

九月甲午,虏五千余骑犯辽东长安堡,掠杀人畜,副总兵刘祥等伏兵御之,斩首五十级,获马百余匹。巡抚都御史韩重以捷闻,令降敕奖励及镇守太监梁玘等,升奏捷二人官各一级,仍赏纻丝衣一袭、钞一千贯。(一九一,3535)

十月乙巳,降右少监刘恭官三级,仍分守辽阳。恭在辽阳,私役军余千余人，占种官地三百余亩，赃以千计，为都御史陈瑶所劾，下巡按监察御史勘之。会虏寇东州，大肆杀掠，恭等失于防御，御史覆请罪之。俱下勘事给事中钟渤、郎中王益谦覆核逮问，有旨罢其分守。而恭复自疏乞留，乃有是命。于是兵部及科道各论其贪黩之罪，乞罢黜，且言东州之败，总兵孙文毅已坐死罪，恭不宜独免。不听。(一九二，3539)　　己酉，赐楚府辅国将军均锘死。均锘，永安懿简王之孙镇国将军季城之子也，强暴自恣，数胁取人财。其从兄均锚及均铬皆早卒，嫂王氏、杨氏寡居，均锘逼而淫之，又烝庶母余氏，或延过其第，通宵不返。侍女銮英发之，楚王以闻。命司礼监太监扶安、都御史陈璹往验之，辞服。有旨："均锘罪恶深重，及余氏俱令自尽。王氏、杨氏忍耻不首，革其封号，仍令本府约束。其助均锘为恶者唐荣等五人俱充军。"(一九二，3542—3543)

十一月甲午。先是，内府承运库以缺供用珍珠，请下南海采办。至是广东守臣言地方灾伤兼以黎贼之扰，乞暂停止。从之。(一九三，3564)【考】《明通鉴》卷三九："甲午，始罢广东采珠，召中官还。自十二年之采，中官岁守之费以万计，而所得不偿。是年得珠较多，而岁久珠老不堪用，上始悟而罢之。"先是，同书十二年十月："是月，命采珠于廉州。旧制，广东珠池十年一采，而守珠中官英宗始设。天顺间，尝一采之，至是以中官请，复有是命"。　　丁酉，录宁夏双井滩等处御虏功，官军升赏有差，领军左监丞郝善、左参将左方、右参将马隆、都指挥卫勇、焦洪各赏彩段二表里，督饷佥事李端澄一表里。(一九三，3566)

十二月甲辰。先是，分守开原右参将胡忠及左监丞黄延俱以诱致夷人尚古下巡按监察御史逮问，奏拟忠充军，延赎杖还职。忠具奏自辩，都察院复奏忠令人远入夷寨招致尚古，又多放夷人入关，罪固难掩，但下则惑于通事白洪之言，上则制于镇巡官之令，苟图目前，不知远虑。今尚古升职回卫，蒋骥、陈瑶、黄延俱从末减而忠独加重，宜不能服其心。且比以私使□人境外虏掠，律亦未当，请覆治之。时给事中邹文盛、郎中杨茂仁方按事山东，遂以命之。文盛等还，言忠所奏辩间有饰辞，前勘给事中钟渤等所劾，当以充军固不为过，以骥、瑶律之则罪同罚异。于是都察院请会刑部、大理寺详议，皆言忠之招致尚古，有镇巡之命，而其入朝实骥、瑶强之，比律充军，诚为未当。但骥、瑶之宥免出自特旨，非常例，亦难援比。忠本与黄延同事，罪当同科，宜坐奏事不以实，赎徒还职。从之。(一九四，3571—3572)　庚戌，命太监金辅充正使，李珍充副使，册封朝鲜国王李㦕之嫡长子显为世子，并赐世子织金纱罗、纻丝衣各一袭。(一九四，3574)【考】考朝鲜《燕山君日记》卷四九，二使次年四月至鲜京，七月归。朝鲜在明宦官，以金辅来使最多，地位最高，其奉使所为亦素无行，而有"奸谲"、"奸黠"之称。此行强令世子行亲授之礼，又多失仪，弘治十六年四月戊午，朝鲜臣启曰："臣观金辅所为傲慢，此行尤甚，岂可尽副其心？我土人入中朝，受命来者非一，如姜玉、金兴、郑同，或至敦化门外下马，或推殿下坐北面；郑同则至于手执交倚[椅]徙置，不敢仰视。今金辅唐突若此，臣实痛心。"《燕山君日记》卷五〇，弘治十六年七月庚午："上使金辅卒。"朝鲜令右议政柳洵护丧归明。　壬子，录湖广讨平苗贼功，官军升一级者二百六十九人，署一级者三百二十二人，余一千六百四十二人给赏有差，赏太监刘雅、总兵官永康侯徐锜各彩段四表里、银五十两；升巡抚右副都御史阎仲宇为左副都御史，仍加俸一级，本院管事；巡按纪功监察御史王冠、王约各升俸一级。(一九四，3574—3575)

辛酉，巡抚辽东都御史韩重下狱，赎徒还职。初，重之巡抚辽东也，镇守太监梁玘倚势为害，军职见者必先以贿乃许入，无者辄系笞之。有所差遣，即使人随索其贿。闻民有良马，必贱市之。多夺民田，至二百八十余顷，以军余佃之。又占军余二百七十，余人纳钱而免其役。广宁城内外及山海关旧有店舍，商人过者皆倍其征所得货物，令市肆转货而厚征其入，稻麦及他货亦然，良马常数十匹，边徼苦之。重至，劾奏其罪。上命给事中邹文盛、郎中杨茂仁往按之。玘亦上奏自辩，且诉重之短。重复与总兵杨玉奏玘私役军士出关樵采，为虏所杀，法宜究问，俱下文盛等按问。顷之，重及玘皆征还，文盛等考验玘事皆如重言，惟三岔河商店误言为玘所占，及所使樵采者非关外地，失于核实，具疏以闻。事下刑部，请逮系玘、重，会都察院、大理寺、锦衣卫杂治之。既得旨，而玘屡奏病甚，乞俟稍差[瘥]就狱，上许之。于是刑部言玘罪状已明，不必与重置对，而重久系，请先拟罪出之。重竟坐奏事不以实赎徒，而令玉陈状以闻。(一九四，3581—3582)

本年附

艺文・碑铭・太监陆訚母吴氏墓志

诰封太恭人吴氏墓志铭

赐进士出身、翰林院学士、奉议大夫、同修国史、经筵讲官兼太子讲读官仁和江澜撰。赐进士、正议大夫、资治尹、兵部左侍郎、前都察院右副都御史浮光熊翀书。赐进士及第、奉训大夫、左春坊左谕德兼翰林院侍读、经筵讲官、皇太子讲读官京口靳贵篆。

锦衣卫千户陆君宣，介其姻兄同官刘君□诣予言曰："宣祖母太恭人不幸以疾卒于京城教忠坊之第，逾月矣，葬有日，请为之铭。"乃□□出其友人兵部武选司员外永敷所撰事状，曰："是惟吾祖母德善之□述□使无文以掩诸幽，则无以□□□以示永久。"

予辞之不获，按状：太恭人姓吴氏，讳妙果，世为畿内霸州文安人，乡称巨族。父□隐居乐善，不求闻达。母赵氏，亦出望族，有贤行。太恭人生而柔顺敏□，容貌庄整，不妄言笑，平居足未□□□□静专之德，出于天性。习女事，凡缝纫刺绣极其工□。父母钟爱之，不以与凡子，必欲得名阀归之。陆氏闻其贤，强委禽焉，是为赠明威将军、锦衣卫指挥佥事讳贵之配。陆固名阀，未大以振，卒致光显者，皆太恭人之助也。太恭人育德深□，尤谨妇道，处家勤俭，事舅姑孝谨以至，待卑幼族党皆有恩惠，外内咸宜之。

明威以小旗起家,正统己巳(十四年,1449)随驾北征,殁于战阵。讣闻,太恭人哀毁几不欲生。时二子皆在童稚,念陆氏宗祀,含哀茹苦,以抚以教,皆底成立。长誾入侍掖庭,小心谨畏,受上知遇,累迁御马监太监,奉敕镇守大同,节制边疆,军威振肃。次玉,累树军功,历升锦衣卫指挥佥事。明威之赠,玉之推也。太恭人所以食报于天者,庶其在此。明威之受恩于地下者,谓非太恭人教育之功之所致邪?太恭人虽处富盛,犹不忘俭素,每见诸子侄服饰华严辄不怿。太监公初出镇时,侍太恭人侧,不忍遽离。太恭人训诲谆谆,惟以守法奉公、竭诚图报为言。太监公孝心纯笃,凡在镇数遣使问安。太恭人喜溢颜面而尤申戒勉,使毋怠。锦衣职居禁近,挥佥公勤慎周密,安分循理,得于太恭人之教为多。

弘治甲子(十七年,1504)五月忽遘疾,医祷弗愈。疾革,召挥佥公曰:"吾赖汝辈,至有今日。恩封禄养,福亦备矣。汝兄弟素友爱,吾死之后,尚一乃心,吾目瞑矣。他日见汝兄,亦当以此言告之。"又戒诸孙曰:"家势盛则怙宠以取败者多矣,尔等能习尚礼义,世守职业,吾愿足矣。"又曰:"举丧宜从俭,不必务为观美,厚葬非吾欲也。"言讫而逝,实是岁六月一日也。距其生永乐壬寅(二十年,1422)八月初十日,享寿八十有三。讣闻,太监公恳疏求解镇归襄事,上不允,赙宝楮五千贯,仍命有司为营葬域,遣官谕祭于其家,皆□□□。挥佥公二子:长永,次宣。宣即求铭者。曾孙男一:埜。挥佥公偕诸子□以是岁八月初三日□□葬都城西香山之原。呜呼!若太恭人者,生死光荣,可以无憾矣。铭曰:

于归于陆,克振厥家。以昌其族,抚育二子。□□孔劳,□□□□。其德维何,勤俭孝敬。其□维何,始终有庆。子姓绳绳,世孰与同。讣音□□,□□□□。□□骈□,光荣莫既。香山之原,高坟峨□,□□有文。

(北京阜成门外下关慈惠寺出土。《北京图书馆藏中国历代石刻拓本汇编》第53册,第110页)

弘治十六年癸亥(1503)

正月戊子。先是,分守大同西路右参将都指挥蔡瑁、宣府游击将军张雄坐虏贼入寇,皆革冠带,并守备都指挥许鉴、叶椿、指挥温恭等各停俸,与分守监丞侯能、守备监丞蔡恩、李岑俱戴罪杀贼。至是瑁以久负罪，兼边陲已宁，无所效力，乃疏其修筑墩墙、挑浚壕堑之功，欲乞复冠带。兵部覆奏，命瑁等俱冠带给俸及能等仍戴罪杀贼。（一九五，3594）　己丑。初，凉州卫城内止有内官及副总兵各一员，协同分守，后又增协副一员参谋军事。至是巡抚都御史刘璋以官多事简，请裁其增设者，并奏西宁守备都指挥蒋琛、兵备副使宋礼俱不职，请择人代之。兵部覆奏。命协副都指挥李锐及礼皆取回别用，琛原卫带俸。（一九五，3595）　辛卯，镇守辽东太监朱秀奏："本镇守备、备御官员有缺，例皆镇巡等官选用。比来径自委任，多不协众论，遂致边务废弛。今后有缺，宜令都司推举堪任者，会镇巡等官选试任用。又辽东所属各驿马少，每拨战马摆堡递送，马多倒死，累军赔偿，乞以苑马寺马给军骑操，其次等孳生马尽派拨缺马驿分贴助应付。"兵部覆奏："各边守备，本部推举简用，其备御、把总从镇巡等官各举所知，会议任补，若所委不当，听巡按御史访黜，或具奏。其苑马寺次等马，行巡抚官量给应用，并按核各驿马少之弊。"从之。（一九五，3595—3596）　乙未，镇守辽东太监朱秀、都督佥事杨玉、巡抚都御史张鼐奏："去岁十二月，泰宁三卫虏贼夜寇瑞昌堡境，射伤建州入贡夷人及剽掠驿传车牛。宁远备御都指挥张天祥等率军赴之，从尖山台追至歪头山，贼反迎敌，为我军斩首二十七级，又追至高庙儿，获所掠车牛，复斩首十一级。"命降敕奖励秀等，赏奏捷者纻丝衣一袭、新钞一千贯。（一九五，3604—3605）

二月庚申，命各王府及内外勋戚之家管庄内使、家人有生事害人者罪之，每庄止许一人，庄所多者亦不得过三人。（一九六，3624）　甲子，巡抚辽东都御史张鼐、巡按监察御史王献臣交奏分守右少监刘恭贪虐罪重，请如初旨取回，不可再用。兵部覆奏，谓所言宜从。上曰："恭已降级矣，其令如旧分守，不必取回。"（一九六，3627）

三月甲戌，致仕南京工部右侍郎徐恪卒。恪字公肃，直隶常熟县人,成化二年进士,授工科给事中。升湖广布政司左参议。时中贵岁于武当取笋以贡,已而欲并及荆、襄、郧阳诸府,恪执不可,事遂已。历升河南右参政、左布政使。徽王府承奉司自置吏,恪以为非制,革之。王怒,奏恪侮己。上直恪而遗书于王。迁右副都御史,巡抚其地。抑豪右,宽逋赋,而均徭役一事,民尤便之。改巡抚湖广,适藩王之国,中使载盐数百艘,抑市于民,恪捕其为首者寘于法,盐久格不得售。弘治八年,内批迁南京工部右侍郎。恪以升职不由外廷论荐,上疏自明且求退甚力,朝廷勉留之,乃供职。十一年引疾乞休致,给驿归,至是卒。(一九七,3636—3637)　丙子,分守独石、马营等处左少监唐禄奏官军缺草饲马,欲于草场支领。户部议:"旧例,各边官军非出百里外用兵者止令自行采草饲马,但今告乏,宜行宣府巡抚、管粮官核实,将堆积五年以上草量给两月,而以应给料豆扣除还官,仍行各边严督有马官军及时采草备用,毋仍怠事奏扰。"从之。　录福建沙县平贼功,升九品散官者十二人,给赏者三百八十六人,赏镇守太监邓原彩段二表里,巡按监察御史陈玉一表里。(一九七,3638)

戊寅。先是命甘肃开中两淮、云南、四川盐以备军饷,至是四川、云南盐无人报中者十三万七千二百七十八引,镇守太监刘瑯请改拨济用。户部议以两淮运司弘治十一、十二年常股、存积盐十七万引与之,其云南、四川中剩之数各令布政司鬻之,其价银仍解赴甘肃从之。(一九七,3639)　癸未,总制陕西军务户部尚书秦纮奏:"宁夏镇守太监张僴报虏中走回军余谓小王子四十万众驻察罕脑儿之地,续至黄河岸下营。臣面审之,则谓虏众老幼四十万分为四路,此欲逐水草以便牧猎也,而宁夏守臣倡为虚声,直谓四十万众意欲来战,或无功则诿于众寡不敌,其平居畏怯如此,临敌何以制胜。乞令各边守臣,今后奏报贼情皆不得虚传以惊疑人心。"兵部核奏,请通行戒饬。有旨:"张僴等且宥其罪,今后各边如有声息,务从实具奏,不得增减事情及隐匿不报,违者重治以罪。"(一九七,3643)　　丁亥,巡抚云南都御史陈金奏:"云南远在万里而金、腾地方尤为逼近外夷,太监王举骚扰之后,吉庆继之,剥害尤甚。巡抚等官奏乞裁革,已得允命,又遣左监丞孙叙代之,闻者骇愕,以为地方之害复生。且金、腾去省不远,有镇守云南太监刘昶处之以静,总兵官黔国公沐崑守之以常,而臣与巡按御史绳之以法,已足控制诸夷,抚绥边徼。若又添官镇守,诚为多事。即使孙叙到彼全无渔猎,然每日供应,未免劳人。若更科索骚扰,则军民必至逃亡,边夷将有他变。乞仍如前旨裁革。"兵部覆奏,不允。(一九七,3644)

四月丁未,巡抚河南都御史孙需、巡抚宣府都御史刘聪及各巡按监察御史各奏河南镇守太监蓝忠、宣府镇守太监刘清奉公守法,安静不烦,请赐敕奖励,以劝其余。兵部议谓忠在河南巨藩,清在边陲要镇,既各以守己爱民为抚、按官员腾章上荐,此外如福建太监邓原、浙江太监麦秀二人亦皆舆论所与,俱可嘉尚,请各赐敕旌奖,遍谕各处镇守官,使咸知感发。从之。(一九八,3666—3667)【考】余永麟《北窗琐语》:"秀之嘉善巨族曹琼获一香炉,高可二寸余,阔称是,以美玉镂海东青捉天鹅为盖,真绝美者也。渐闻于镇守麦太监,麦囚琼索之,其子良不得已而献焉。后为司礼监之有力者所夺。正德间,盗窃得之,复货于吴下。"此麦太监即麦秀,以此观之,未必真贤。

丙辰,罢鼓勇营坐营都指挥佥事康泰。时太监苗逵奉部提督十二营,会诸军于教场宣敕,泰以疾不至,总兵官以阻坏军法劾之,故有是命。(一九八,3670—3671)　　乙丑,南京兵部尚书参赞机务王继卒。继,字述之,河南祥符县人,成化二年进士,授云南道监察御史,巡按山西。藩府有欲胁夺民居者,畏继风裁而止。历升陕西按察司佥事、副使,山西按察使、福建右布政使。其为按察使时,有上章谓紫碧山产石胆可益寿者,有旨令中官采取,经岁不获,民甚苦之。继上疏白其妄,事乃寝。寻擢都察院右副都御史,巡抚陕西。(一九八,3673)

五月甲戌。先是，镇守辽东太监朱秀言广宁乃辽东中路，见设参将一员，统官军三千，与东路辽阳策应，相距四百里，每遇警动，调援不及事，乞于东路沈阳增设游击一员，分兵为奇正，偕副总兵协守。下镇巡等官会议，至是秀偕总兵官杨玉、巡抚都御史张鼐奏请，暂以协守广宁参将崔鉴于副总兵部内简拨精兵二千及召募土军一千往彼驻扎，分为两班，一班分布沿边城堡按伏，一班在城操练，候调追击策应。兵部覆奏，谓秀等言宜从，但东路残破，若鉴所统军马俱选于副将部下，则兵分力弱，事势愈难，宜令镇巡官再行斟酌，或以崔鉴原领广宁官军及副将部下各遴选一千并土兵一千驻彼防御，候贼情稍定具奏区处。从之。(一九九，3684—3685)　　壬午，修内府司礼监新房。(一九九，3690)

六月丙申朔，减苏杭织造三分之一。先是，府部等衙门请暂停织造并取回内臣，未几，太监邓瑢又以供应不足奏乞照旧织造。于是工部极言天变可畏，民命可恤，恩典不可虚，大信不可失，乞仍前停止，不然亦乞量为宽减，故有是命。(二〇〇，3701)

壬子。初，黔国公沐崑之祖英始平云南，奉命留镇其地，许于所属临安、腾冲等处垦田自给，不烦有司。相传至太傅琮，无有所改。琮卒，夫人王氏总家政，性贪而狠，任用非人，以阍者赵昇等为心腹，云南后卫指挥汪昱等为爪牙，指以崑当嗣爵及丧费为名，令于旧租外各加一倍，昱等因挟势竞为残刻。昇等督租，需索无艺，其害遍于境内，而王氏属尊，崑知之不能禁也。都御史李士实具奏其事，请遣王氏还守琮坟。王氏闻之，遂挟昇等还南京，崑亦列士实罪状奏之。覆勘无迹，事[士]实所奏间有出于风闻，而额外加租及昇等所犯皆实，于是太监刘昶、都御史陈金、巡按监察御史何琛等会奏。事下都察院议，因言王氏治家无法，纵恶贪求，崑偏信妄言，及士实询访不详之罪。谓昇等害及一方，律以常刑，不足示戒，宜治罪毕，仍押南京守坟。昱等宜逮问，改调边方，或令降级，以后管庄人有仍蹈旧辙者悉依今议施行。上从之，命宥王氏，崑、士实等皆不问。(二〇〇,3716—3717)　　乙卯，印绶监太监宋逵(广、抱、阁三本逵皆作达)奏："本监见收巡按直隶监察御史印四十颗，而各项公差，如踏勘草场、会问事情、印马、巡关、捕盗等，御史关领数多，存留数少，乞敕都察院查照永乐、宣德旧规，著为定例。"于是左都御史戴珊等奏："在京在外凡与给事中等官同事者，如查盘仓粮、清理屯田、印马捕盗、踏勘草场、查点牧马、巡光禄寺、巡库巡城、点闸京营、抽分等差，俱免给印，其各处巡按、刷卷、清军、提学、巡关、巡盐、巡河、巡仓、监军、纪功、巡江等差官，俱各照旧关领。"从之。(二〇〇,3718—3719)

七月辛未，命荣王禄米一万石内，常德府给白米五千石，各府给粳米五千石，两淮运司岁给盐三百引。仍令常德府俟王至国之初，供膳米并内使人等食米，五月以后停止。(二〇一,3727)

乙亥，分守密云、古北口左监丞(广、抱、阁三本左皆作右)韦祥、右参将署都指挥吴玉、守备遵化滦阳等官[关]右监丞罗观养、守备蓟州鲇鱼石等关右监丞李富、守备山海等处左监丞邢玉(阁本邢作郭)、分守燕河营等处右参将署都指挥高瑛、分守马兰峪等处右参将都指挥白琮各坐虏入境杀掠人畜，又奏报不实，下巡按御史逮问，赎杖还职。(二〇一,3730)　　丙戌，江西按察司佥事任汉上地方事宜，一谓……一谓江西地狭产薄而科赋比常加倍，景德镇烧造磁器所费不赀，卫所军士有半年不得支粮者。乞暂将解京折粮银两并起运充军粮米减半坐派，多剩存留，以济军士；其军需颜料并磁器之类亦暂停免二三年。一谓贵溪县上清宫近年累遣内臣赍香建醮，器皿、香料、果品之费动以千计。况本宫先毁于火，所司又区画搭盖殿宇门庑百十余间，及往来迎送夫马廪给铺陈皆小民供办艰苦。乞罢止差官建醮，著为令。……命下具奏于所司。(二〇一,3738—3740)　　壬辰，吉府仪宾史策有罪，革职闲住。策尚吉府善化郡主，吉王以策与主俱少也，令内官王胜护其家。策与胜有言，十五年正月朔，策以朝贺不至被责，疑胜之构于王也，衔之。策父元谋所报胜者,率家人夜入仪宾宅,伺胜睡,刺其喉杀之而分其所有。事觉,所司当元谋杀人为首律,斩,策从而不加功,减等杖一百,徒三年。上以律轻情重,命杖策一百而削其官。(二〇一,3745)

八月癸卯,司礼监太监萧敬传旨:"《本草》旧本繁简不同,翰林院其遣官二员,会同太医院官删繁补缺,纂辑成书,以便观览。"……时上好医药,于南城合修诸丸剂,以赐臣民。太监张愉[瑜]主其事。文泰等以此被宠,赏赐无算。上亲御宸翰书药方赐之,故《本草》亦在南城开局。(二〇二,3754—3756)

九月甲子朔。初,内官监太监李兴、工部尚书曾鉴奉命改铸朝钟,既成,计费白金十余万两,兴、鉴皆受赏,匠官溥玖等各升职加俸有差。未三月而钟璺,工科都给事中马子聪、监察御史宋恺等劾兴、鉴等监造不如法之罪。命姑宥之,鉴仍罚俸一月,傅玖等所升职事、俸粮、冠带俱夺之。　　乙丑,镇守辽东太监梁玘与巡抚都御史韩重相讦奏,有旨逮问,后勘官核实奏报,重改巡抚湖广,而玘累称病不结正,至是复乞宽假。得旨:"梁玘既久病,免逮问,降三级送长陵司香。"(二〇三,3773)　　丁丑,南京守备太监傅容等奏:"应天及凤、庐二府并滁、和二州大旱灾重,民穷盗发,欲将南京户部所收水兑余米,差官给赈。"户部议请如奏,上命选部属及府州县正佐有风力者领其事务,令饥窘军民均沾实惠,毋纵下人夤缘作弊,虚费钱粮。(二〇三,3780)

十月癸卯,贼掠万全洗马林堡。命逮问守备指挥刘杲等,罚分守参将署都指挥佥事李稽俸一月,前分守少监葛全既去任,宥之。(二〇四,3791)　　甲辰。先是,巡按湖广监察御史王约奏:"比者岐王之薨,臣访诸父老,皆谓王未尝有疾,自承奉副高悦得罪于王,王奏之,有旨械至京,悦不就执,潜赴京扬言诉理,王闻而顿足嗟叹,悒悒不乐者累日,俄而告薨。乞追究其故,明正其罪。"下都察院覆奏,命俟司礼监太监戴义护王柩还京日以闻。义还,具言王得疾始末,无他。与约奏具复下镇巡等官勘报,谓先时传言父老皆已物故，本府宫眷及内外人等已回京，无从质问。都察院请令内臣将取回宫眷人等覆审，务竟其事。上曰："既传闻之言，无从审证，置之。"（二〇四，3791—3792）　乙卯。先是，内官监太监龙绶以供应段匹缺乏，请支两淮盐价以给织造，命支三万两。户部覆议："运司盐课为边储救荒而设，祖宗之时，盐法最严，未尝轻用。近以织造支给数多，特从廷议，命再不许奏乞盐价织造，行之未久，遽难更改，乞仍旧停止。"从之。（二〇四，3802）　工部奏近以府部等官疏请停止织造，已得旨停止并取回内臣，然停止未久又复举行，仍乞断自宸衷，将供用并赏赐内外官员段匹量为节减，候时和年丰别议处置。从之。（二〇四，3803）

十一月戊辰，申严惜薪司等处刁徒揽纳柴炭之禁。（二〇五，3810）　癸未，南京户部员外郎李嘉祥监收长安等门仓粮，上疏言："先时粮米入城，守门内官每千石索过门钱千文，以后渐加，今或有至万余者。又往年盘粮，例差内官一员，所取不过银二三两，名为'茶果钱'。今每门增内官一员，每员索银二十两，或有至三四十两者，此外巧立名色，百方诛求，日肆鞭棰，其最甚者为内官李通、左监丞马瑞（**抱本瑞作端**），乞明正其罪，以励其余；仍榜于各门禁之，尤乞裁省盘粮内官员额，庶几少宽民力。"奏下法司议，请如奏施行。有旨，命查勘明白以闻。（二〇五，3816—3817）
癸巳，镇守浙江太监麦秀奏宁波等府县地方灾伤，乞将未解绫纱、纸札及派取织造银两量为停减，待年丰补解，并明年一应坐派军需等项亦量减省。工部覆奏，上命段匹减半解纳。（二〇五，3822）

本年附

艺文·碑铭·太监景聪墓表

御马监太监景公墓表

公讳聪，姓景氏，世为贵州大族。天顺间入内庭。成化初，宪宗皇帝

□□□御不久，转供用库大使。又四五年，转御用监少监，升太监，兼视团营事。弘治改元，上践阼，特命公率师坐守东直门，寻用兼理神机营军务。入则乾清宫答应。凡受赐银、缎，织金飞鱼、蟒服，玉带，禁城乘骑，恩数不可具述。弘治壬戌(十五年，1502)秋八月，不幸病故，享年五旬有四。上闻讣悼惜，遣礼部官谕祭，赐缎若干缗，营葬于都城西四十里永济寺之旁。明年，其同官张公恕，念公之德隐而弗彰，求文表诸墓。夫公自少蒙朝廷恩眷，荣矣！终而沐朝廷祭葬，哀矣！其生功荣，其死也哀。

赐进士出身、嘉议大夫、工部左侍郎(**下缺**)

御用监太监陈元，锦衣卫镇抚梁山(**下缺**)

内府供用库奉御赵□□□太监张□□

大明弘治十六年(1503)，岁次癸亥(**下缺**)

(碑在北京石景山法海寺以东，已残。志文由双塔邨人提供)

艺文・碑铭・状元记及跋

碑阳：王恕撰《状元记》。(**文略**。)

碑阴：弘治壬戌岁(十五年，1502)，礼部贡天下士于大廷，皇上临轩策问，翼日胪传，擢陕西西安武功康君海第一为状元。泥金驰至，陕之巡抚、巡按暨藩、臬群工，相顾欣叹弗已，即并谋协力，建坊牌于省城通衢中，以侈其荣，而恢张其盛，山川草木耸动改观，亦极一时之光矣。时钦差镇守御用监太监晋阳刘公云，素敦重儒术，虑恐岁久罹风雨摧剥，复丐三原王冢宰老先生为文，镵诸石，竖诸学宫，以昭示有永。其用心尤厚矣哉！夫学校人才之渊薮，状元才俊之缀旒，而镇守又实一方斯文衿辖所赖以纲维提挈，以转移而振起之者也。国家右文弘化，养士于学校，取士于科目，盖期收良材以为嘉用。公力图斯举，将使□青衿捋翠藻者顾瞻，琬琰咸感激□□□□，殆不自知其为阳和薰蒸之泽矣。公其得作人□括，以克副明天子图治之睿意哉。《诗》曰："古之人无□誉髦斯士。"吾于兹验之。然则丰碑巍峨，雄章璀璨，固非徒事观美而已也。敬羡之余，□□此为多士劝，且告诸后人。呜呼！诸士子其尚知所懋哉。赐进士第、中顺大夫、奉敕提督学校、陕西按察司副使、前翰林院国史检讨、经筵官上蔡李逊学跋。

艺文·碑铭·刘云祭文宣王刻石

维弘治十六年，岁次癸亥，十一月甲子朔，初一日甲子，钦差镇守陕西等处地方御用监太监刘云，谨以牲醴之奠，敢昭告于大成至圣文宣王曰："天眷万世，笃生素王。道同天地之悠久，德并日月之辉光。有功有德，庙祀无疆。兹惟关陕，世号天府。岳灵钟秀，英贤接武。迩者壬戌甲科，郡人康海大魁天下，名扬百代。云钦承上命，来镇兹土。遘斯文之盛事，喜清世之得人。立坊牌于通衢，镌记文于学宫。庶纪岁月于永久，抑启后学之奋庸。今兹良吉，竖此穹碑，虑恐震惊圣贤，惟王在天之灵，鉴此纯诚，尚祈神贶，永庇群英。谨告。"

（石在陕西西安。《北京图书馆藏中国历代石刻拓本汇编》第53册，第97、98、103页）

弘治十七年甲子（1504）

二月戊申，时有旨朝阳门外修建延寿塔一座并殿宇廊庑墙垣，命内阁撰敕，令司礼监太监李荣、内官监太监李兴提督建造。内阁大学士刘健等言："……伏望陛下大奋乾刚，特收成命，将前项塔寺即为停止，其敕书免令臣等拟撰，宗社幸甚，生民幸甚！"时府部大臣及科道等官亦交章论，奏请罢其役。上曰："卿等言是，其即停止之。"（二〇八，3866—3869）

三月庚午，南京守备太监傅容、成国公朱辅、参赞机务兵部尚书韩文等奏："今十七年例应差御史照刷南京并淮、扬、庐、凤等府文卷，但地方饥馑，急须赈济，乞暂免差遣。"都察院覆奏，谓御史刷卷系祖宗旧制，非地方重伤，不许奏免。今南京守备官合词上请，宜令南京诸司暂免差官，其庐、凤等府州俟户部查报，若果灾重，一体停免，待有秋之日另行奏请。从之。（二〇九，3883）

戊寅，兵科给事中杨一渶上疏言："近南京守备太监余庆弟思源、义男成，同日授锦衣卫职，画匠吕纪子泰、儒士黎珏、赵垚夤缘于御用监办事，中书科食粮。安得以有用之财养此无用之辈哉，请为罢黜。"上曰："余思源等业已升用，其已之。"（二〇九，3891）

甲申，命太监李兴、保国公朱晖、工部右侍郎张达董山陵祔葬之役，赐之敕曰："今将奉大行圣慈仁寿太皇太后梓宫祔葬裕陵，特命尔等把总提督兴工，其早夜勤慎，戒谕用工军夫匠作，各加敬谨，不许喧哗亵渎，皇堂内不许闲杂人等擅入。近来做工官军负累疲敝，尔等须严加禁约管工内官、内使及头目、作头人等，毋得肆为凌虐，勒取财物及扰害居民，致生嗟怨，违者治罪。"(二〇九，3897)

四月丙午，遣英国公张懋总官军防护，赐之敕曰……遣太监苗逵等总督巡视，赐之敕曰："兹奉孝肃太皇太后梓宫安厝山陵，特命尔等预往，入皇堂内洒扫宫殿，整点器具，务要十分洁净齐备，不许纤毫缺少怠忽。梓宫向止，尤须奉安停当。各官原敕内有名人员该入皇堂者不许带领闲杂人等擅入，尔等仍管束带去官校，用心巡视。灵驾至陵及掩土之时，官员人等敢有喧闹亵渎、怠慢误事者，听尔等具实回奏。尔其慎之慎之。故敕。"(二一〇，3919—3920)　甲寅。初，赐皇亲会昌伯孙忠永清县义河、宝坻县把门城、老鸦口田二千四百八十一顷。后孙氏宠衰，乃以把门城田一千二百顷赐太监辰保。久之，辰保卒，皇亲庆云侯周寿奏乞之。寿方贵幸，乃展改四至，益占孙氏田。忠曾孙铭袭侯爵，与叔指挥瓒等各分赐地，铭与其侄贤私以五百顷易寿银四百五十两。丰润县柳科港内有牧马草场，岁征银市马；玉田县萝卜窝、香河县横水、三湾田共万余顷，皆办纳粮银之数，铭等各佃其中。皇亲建昌侯张延龄妻，瓒继室周氏女也，瓒卒，周氏自陈无嗣，乃以义河、老鸦口两处所有田四百余顷，更援柳科港诸处孙氏田，俱混作己业，辞畀延龄，上不知而允之。其地与寿连者稍侵寿界，毁其封堆。时寿宠渐衰，延龄方贵幸，寿心不平，两家奴仆遂相掊击。寿、延龄各奏其事，上命户部左侍郎王俨、左少监朱信、锦衣卫都指挥佥事叶广勘量以闻……(二一〇，3921—3922)

闰四月癸亥。初，江西新建人谢福、陈金、徐九龄及其弟九应等流劫乡村……（九龄兄弟既得脱，遂僭称官号，四出劫掠，杀掳官民，焚毁室庐。）初贼之起也，州县蒙蔽不以实闻，镇巡等官亦不以为意。及既炽，镇守太监董让始议遣兵督捕，文移称指挥杨泰堪为将领，官兵不用命者以军法处治，各道巡守等官让皆不用。巡抚都御史韩邦问出巡，诣让计事不得见。巡按监察御史王哲奏之，且谓贼势猖獗如此而让隐蔽不言，请征还别用。让亦奏哲擅作威福，凌忽镇巡及擅执无罪等事。有旨命清理屯田户科左给事中蔚春、清军监察御史何歆会问，春以嫌去，刑科给事中汤礼敬继之。哲、让更相辩奏，遂命刑部郎中邵蕡会都御史林俊及礼敬等按之。至是蕡奏哲所言让事多实，哲应接镇巡颇伤慢易，纠奏批呈亦多不审，布政使林泮以下申报事情失实，让及邦问不加详审（佥事沈），清故纵贼首，贻患一方，佥事茆钦避嫌不举，并应逮问。时邦问及清等先去任，上命悉宥之，泮以下各停俸一月。（二一一，3929—3931）　　丁卯。先是，兵部尚书刘大夏等会奏救荒弭盗事宜，命查议事当举行者以闻。至是条列具奏：一、传、乞升授文武官并匠官，除见任管事外，其余月俸暂为停止，待年丰定夺。一、内府各监局及光禄寺招收幼匠厨役多至万人，乞命科道及该部官拣选堪用者存留，每名止许月支米五斗，其余发回原藉原卫。一、……一、光禄寺供应猪羊等料比旧加至数倍，贻累铺户，内臣汤饭日渐传增，各监匠作月粮已增至一石，又重支直米，以岁计之，至十余万石，宜尽裁革。一、……一、皇城各门、京通二仓、水次诸仓、坝上各马牛房并甲子等库及上林苑管事内臣俱有额员，近来增至数倍，至于内府各衙门亦然宜量为厘革。一、腾骧等四卫军人勇士多有冒名及投充者，宜严加清核。一、……一、斋醮无益之费并各处送香、挂袍俱暂停免。一、……一、内外监局库厂等衙门凡遇解纳物料，多加倍折收，宜严禁之，其巾帽局岁例成造内官内使靴帽皮张仍照例折价。一、外夷进贡，宜令镇巡官差官伴送赴京，事毕仍令伴送出境，免致差人在途生事。一、南京苏浙等处差官织造并带去人匠宜悉取回，如供应不敷，止行镇巡官督令所司织办。一、司苑局宜复设嘉蔬所，专理种菜，选官任之，庶军民不至蒙害。一、惜薪司抬柴夫每名出银十两，亦足雇役，不宜加取。一、太医院额办药材，多有本地不产，买办于京者，或至堆积陈腐，徒费钱财，今后缺用者仍旧解纳，其余宜暂停止。上曰："传乞升授官并招收幼匠厨役、光禄寺供应、各衙门添官、四卫军人勇士并织造、柴夫，所司查奏定夺，余皆准行。"(二一一,3931—3934)　庚辰，司礼监太监陈宽传旨："近来内外衙门弊政多端，军民受害，以致上干和气，深切朕怀。紧要革弊事宜，各衙门便查议明白，开具以闻。"(二一一,3944—3945)　辛巳。先是，镇守河南太监刘瑯奏乞皂隶、柴夫，特与皂隶五十名。至是六科、十三道官交章言柴薪皂隶本为外官养廉而设，自来内官劳效(劳效乙)，亦唯厚加赏赐，且名数多寡，视官职崇卑，虽尚书极品不过十二名而止，而瑯之所得四倍尚书。况此门一开，陈乞者将纷然而至。乞收回成命，仍加敕责，俾知所警。事下兵部覆奏，以为各官言出忠恳，宜赐施行。命以三十名与之。(二一一,3945—3946)

丙戌，取太仓银十五万两于内承运库支用。(二一一,3948)　丁亥，监察御史何天衢言数事："一、锦衣卫官近年传升、乞升者宜悉革罢。一、京通二仓添差总督、监督内臣止留总督一二，同侍郎关防拨粮，余皆革去。一、淮安等处奏添理刑主事、兵备副使、徐州管河郎中、安平镇管河通政俱乞革去。一、天顺元年以后各处添设兵备及治农捕盗等官乞酌量去留。一、近年皇亲或请庄田，或需盐利，或占民居以营店房，或夺民产以为己业，乞敕廷臣会议，将赐过庄田、盐利并夺占民居、民产尽行查复，不时之赏、无已之求，亦从停免。"命所司详议以闻。(二一一,3948—3949)

五月辛卯，吏科给事中许天锡奏："……臣又闻之，祖宗之朝，其御内官也，恩不泛施，法不轻贷，而内府二十四监局以及内外各衙门管事人员各有定额。近年以来，内府各监局掌印、佥书者多至三四十员，而内外各衙门管事者逐渐增添，不知其数。留都之下，概亦加多。怙恃凭陵，奢豪暴殄，或侵占官民田土，或渔猎公私货财，或滥招匠役而浪费官钱，或卖放军人以营办私蓄，庄庵遍野，甲第联云，膏粱厌饫于舆台，文绣衣被乎狗马，蠹蚀朝廷之命脉，涂塈生灵之膏血。乞敕司礼监会同内阁，将各监局等衙门掌印、佥书、管事内官内使通行考察，严加裁革，而南京各监局亦行议奏，一体考察，如有欺蔽依阿，悉从科道官纠举。以后或三年，或五六年一次，著为定例。仰祈圣明俯鉴，即赐施行。"上曰："此奏所言，深切时弊，各衙门即看详以闻。"（二一二，3956—3957）【考】工部议覆见同书卷二一三，六月甲子："工部覆奏吏科给事中许天锡所言两京各监局添设内官数多事，谓织染局见管事并监工内官二十二员，盔甲厂十员，比之先年加至数倍，请如所奏，特敕司礼监会官考选，定拟名数，永为定额。上命司礼监查处以闻"。　兵部奏上弭灾革弊事宜："一、畿内百姓之害。凡坛场合用纯黑马骡，例行太仆寺于寄养孳牧马内拣选，送御马监交收。乡户因非土产，皆投托积年揽户，每马一匹用银七八十两，骡用四五十两，人户遇派此役，无不倾荡家业，鬻及男女。今宜预具实数，每马一匹定与价银十五两，骡十两，于太仆寺原贮马价支给，送本监自行收买。一、里河军民之害。南京每年运送各项物料并竹木、板枋、马槽、筛簸等物赴京及回，南京内臣带回空厢包袱并运去内官衣帽等项，多者带船至二三十只。以一船计之，自仪真至京换夫，地方十九处，雇夫银无虑五六十两，而官要帮钱，甲夫自给，不在其内。若赍有军卫有司关文，则大小衙门皆受其害。宜行南京兵部查勘每年来京船所载某物可以从权减省，某物可以在京自造，其回南京内臣每人止拨与船一只，若官物数多，验物拨与，不许泛滥奏讨及奏内擅开'军卫有司'字样。"疏入，上是其言，命黑马骡待本监缺用奏请，照数给价；马快船只更查议以闻。（二一二，3957—3959）　刑部奏上革弊弭灾事宜："一、……一、近岁京城奸民包揽钱粮，勒取货财，代为关节,而各仓监局厂库内外管事并势要之人交通受纳,事发止坐揽头,而得财之人略不穷究。请令缉事衙门,今后缉获揽头,须追究得财之人,并送法司,明正其罪。”议入,俱从之。(二一二,3960)　壬辰,兵部言:“近本部奉旨具奏弭灾事宜,凡传升、乞升官请暂停月俸,幼匠厨役请加沙汰,各项管事内官请不再增添,四卫勇士军人请不许冒滥,是皆弊政之大者。然事属外廷者俱蒙准行,而稍涉禁近者仍令查奏,臣等至愚,莫知所以,乞俯赐鉴纳,断然行之。”命传升、乞升文武官疏名以闻,幼匠厨役月米减三斗,各门并仓库等处内官司礼监查奏定夺,勇士并四卫军人御马监具名数以闻。　命取回南京并苏、浙等处织造内臣,止行镇巡等官督理织造,从兵部尚书刘大夏等奏也。(二一二,3962)【考】去年六月丙申,革苏杭织造三分之一,至此悉取织造内臣回京。《明通鉴》卷四〇据实录改写,言“先是,以曾鉴言仅罢三分之一,至是大夏请悉罢,召中官还,令镇、巡官领之”。实含混致误,织造之数并未“悉罢”,只是尽召内臣回京。　甲午,户部奏上革弊弭灾事宜:“(**一、清盐法**。)一、革冗员。近年各仓库、门房添设内臣太多,贪贿之状难以名言,宜照旧每处量留一二员,余俱取回。一、清库弊。甲字十库收受各省布绢诸物,永乐时止有五库,库设内官一员,后增库为十,官亦如之。库有铺户,不过六十人,季终则换,库夫不过一百二十人,年终则换。近来父出子入,更历五六十年,遇有钱粮,百计吓取。如纳布绢丝绵,每斤匹索银五分,银硃靛花每百斤索银三十两,换补者倍之。臣闻松江一府岁使用银七八千两,余可知矣。添设内官多者八九员,势家贵戚亦来分用,今日之弊,无大于此者。宜照旧每库量留一二员,同科道官验收,库夫铺户依旧佥换,违者罪之。一、各马房马数不许人知,祖宗一时用兵之权耳。近司其事者以是藉口,以为侵克草料之谋,任其虚报,坐派粮草。乞敕各官季终以见在马数开进御览,下之本部,臣等凭此会计草料,每月同委官点马支放,如有沮废者劾奏治罪。”上曰:“各处管事内官查永乐、正统年原额并今见在员数以闻，余准议。"后户部奏原额不过三十余员，近添至三百三十一员。命司礼监查奏定夺。(二一二,3963—3965)　戊戌。初，云南景东卫指挥吴勇侵盗官银千余两，图所以自脱者，因其时有云雾昏晦，遂张大其事，称是日天黑昼晦，居民瞑目冻饿。镇守太监刘昶等皆信而奏之，遂遣南京刑部左侍郎樊莹往巡视，有发其伪者，莹具以闻。命逮治之，布政使李韶、按察使王弁等以勘报稽违，各罚俸一月，昶等贷之。(二一二,3968)　壬寅，兵部覆奏礼科都给事中李禄及监察御史饶塘所言三事：一、……一、各处镇守内外官私带人役数多，生事扰民，请令巡按官查勘，各官例外者俱发回原役。一、镇守河南太监刘瑯奏乞柴薪皂隶近已有旨，于五十名内减二十名，但镇守官旧无此例，请尽行停免。上曰："刘瑯奏乞皂隶仍照前旨行，余从所议。"(二一二,3971—3972)　镇守陕西太监刘云前镇守大同时尝以失机为科道官所劾，云奏西边有警，冀逭其狱。至是事宁，法司请逮问如律，上曰："云罪当追究，第先已迁他镇矣，其姑宥之。"(二一二,3972)　丁巳，户部覆议提督粮储户部右侍郎陈清所言革弊事宜："一、十九马房仓及在外御马仓新添内臣数多，草一万束取纳户银百五十两，甚者二百两，豆一千石亦然。又多报马数以图侵渔，所支草料又不尽用，所以马多瘦死。宜命御马监太监同科道官稽其实数，每月主事同内官放支草料。一、京通仓尚书、太监等官随从军斗俱有钦定之数，近来各纵私意，每员少者不下百名，办纳月钱。宜令巡仓监察御史拨给如旧，违者奏闻治罪。一、通州仓近添海巡斗子三十余名，运粮到仓，百计扰害，宜令革罢。"上曰："清所言弊政，尔等出榜禁约，犯者重罪之。今后提督、巡视仓场官员指实纠举，徇情容隐者连坐不贷。"(二一二,3986—3987)

六月辛酉，工部覆奏礼科都给事中李禄、监察御史饶塘等所言工役弊政事，谓各处解到匠役大率公用其一，私取其二，凡遇兴作，内官监即奏乞官军应役，军士不通匠艺，致累卫所雇人应役。今后请行天下诸司，所属班匠有力者照例每人月征银六钱解部，以备雇役之用，其无力者责令依班上工，遇有重大工程，奏拨官军，止出力役，不许出钱雇工。上从之，命做工官军所司加意抚恤，敢有生事科扰者重罪不宥。(二一三，3993—3994)　甲戌。初，陕西延安府巨积仓火，焚谷草四万九千余束，仓副使赵瑄因纳商人贿，多报所输数，仍嗾巡视官军妄称灾以脱罪。镇巡官不之察，亦以灾闻。户部奏差户科给事中许诰往会巡按监察御史核实，乃失误警巡所致，并廉得瑄所为奸状，问拟充军，余人坐罪有差，所焚草束责偿如例。因劾延安卫百户王英、陈幹，陕西都司都指挥宋英、把琮，按察司总理边储佥事丁翊、分巡副使张繖、布政司分守参政史简、巡抚都御史陈寿、总兵官都督张安、镇守太监刘保失于督察之罪。都察院覆奏，谓各官职务有专总，治罪亦当区别轻重，陈寿、把琮皆事前迁职，律当纪录。上命陈幹、王英、宋英、丁翊下巡按监察御史逮问，罚史简、张繖俸各二月，陈寿、把琮纪过，刘保、张安宥之。然延安仓场僻在山冈，隔绝烟火，当时虽称密使人侦察，竟不明火所由起云。(二一三，4000—4001)

丁丑，录广东官军剿平黎贼功，升一级者一百八十四人，署一级者三十三人，其余八千五十一人给赏有差，加总镇太监王敬禄米岁十二石，加伏羌伯毛锐太子太傅，升右都御史潘蕃为左都御史，各赏纻丝四表里、银三十两；佥事王希旦升俸一级，赏纻丝一表里、银十两，副使胡富、佥事方良永、左参议管琪、知府石璧各纻丝一表。(二一三，4004)　虏数入蓟州潘家口等处杀掠人畜，镇巡等官奏其事。命把总指挥甘淋等待地方宁日逮问，副总兵白琮、左参将高瑛、守备监丞邢玉、罗观养、奉御张谦等俱宥之，瑛仍罚俸一月。(二一三，4004—4005)　辛巳，有自虏中逃回者报虏有异谋。内阁具揭帖，请会同司礼监及兵部尚书，照成化年例于左顺门译审。(二一三，4006)　癸未，工部覆奏顺天府府尹蔺琦等所言减柴价、定营葬、宽科差、节派办四事，谓易州山厂原额砍柴夫一万九千九百二十五名，分派山东、山西并顺天、真、保定等府，四季征银解厂，采烧柴炭，以供惜薪司等衙门岁例之用。河间、顺德、大名、广平、永平五府原无砍柴夫役，止有惜薪司抬柴夫，每年三千名，与顺天、真、保定三府每三年轮流共当，已为定例。今琦等欲将本府所属砍柴夫价均派河间五府属，但五府既有抬柴人夫，又有别项重差，况本府先年抬柴人夫独当一年而砍柴夫役照旧不动，近年既与真、保定二府共当一年，已为轻省，请仍行本府，照见行事例，按季征解，不许留难侵克。又在京公、侯、驸马、伯赐葬，本府各拨夫匠十二名，左、右都督以下各八名，太监各二十五名，有旨盖造享堂者三十名，每名俱出银一两五钱，此事奏准定例。近年以来，造文武大臣或夫人或真人坟，各出工料价银，有多至千两者。缘本府无见在可支银两，故蔺琦等欲将本府并州县各儒学缺官柴薪皂隶及空月斋夫、赃罚、赎罪等银自弘治十六年以后俱存本府收贮支用，如有不敷，方派人民应办。真人病故者，欲照先年奏准事例，止与夫二百名，不许违例过支。又神木厂苫盖苇芦，本府岁派夫一百名，每名该出银一十两，今琦等欲量减夫数，请照成化二十一年事例，止岁派六十名为宜。其本府岁办浣衣局柴炭煤炸，近增添数多，自明年为始请止令岁办共一十万斤，永为定规。又二年一办司苑司蓟秸等料，亦请量减三分之一。议上，俱从之。(二一三，4013—4015)　甲申。先是，辽东镇巡官劾奏备御铁岭都指挥费锦及指挥王用、惠绮、金振等失机之罪，下巡按监察御史余濂查勘，具上其事，并劾分守开原参将胡忠、监丞黄延、镇守太监朱秀、总兵官都督杨玉、巡抚都御史张鼐各不职；又谓胡忠、王用二人颇有功可录，请赐裁处。都察院覆奏，得旨："费锦等俟地方宁日逮问，胡忠准以功赎罪，朱秀等并黄延姑宥之，令戴罪杀贼。"(二一三，4015—4016)　丙戌，户部议覆大学士李东阳所奏，请自今以始，凡冗食之徒如传、乞升官及滥充勇士之类,尽行裁革;核实仓场、牛马,无使虚费刍粟;检约勋戚庄田,无使侵渔民业;其仓库、门苑内官,命司礼监查奏定夺;州县徭税,不许额外科派;仍望皇上奋乾刚以独断于上,公好恶、崇素俭以率先于下,禁令不以贵戚而移,赏赐不以夤缘而得。从之。(二一三,4016—4017)

七月癸巳,时大同等处节报虏贼在边,有旨下兵部选京营官军二万听征,因命御马监太监苗逵监督军务,保国公朱晖挂征虏大将军印,充总兵官,都察院右都御史史琳提督军务,并令司设监太监张林管领神枪,都督李俊、神英充左右参将,待报启行。既又命兵部再选官军一万并推堪任参将者二员领之,墩军被杀伤者令镇巡官阅实具奏,其余事情令所司各看详以闻。(二一四,4023—4024)【考】《明通鉴》卷四〇:"中官苗逵力劝出师,上为之动。越三日癸未,大同败问至,复召兵部尚书刘大夏于便殿,问曰:'卿在广,闻苗逵捣巢功乎?'对曰:'臣闻之,俘妇稚十数耳,赖朝廷威德,全师以归。不然,未可知也。'上默然……时都御史戴珊同召,亦从旁赞决。上遽曰:'微卿曹,朕几误!'由是不果出。"　　癸卯,上召大学士刘健等至暖阁谕曰:"刘宇在大同尽用心,近又虑及潮河川难守,欲行令凿品字窖及以所制铁子炮送与备用,亦是为国,可量与恩典,以励人心。"皆奏曰:"未知圣意是何恩典?"上曰:"可与赏赐。"皆应曰:"诺。"上又曰:"凿窖制炮,是刘宇独奏,今难独赏,吴江、陆訚亦皆用心防御辛苦,可并赏且降敕奖励之。"又曰:"辽东张天祥事亦是大狱,今欲令明白。今天祥虽死,张斌尚坐死罪,昨张洪又诉冤抑。"健等皆对曰:"此事乃御史举奏,法司会勘,张洪诉本又该都察院覆奏,令御史审勘矣。"上袖出东厂缉事揭帖云:"已令人密访,其情如此:当时御史王献臣止凭一指挥告诱杀情词,吴一贯等亦不曾亲诣,止凭参政宁举等勘报,事多不实。今欲将一干人犯提解来京,令三法司、锦衣卫于午门前会问,方见端的。"因以揭帖付健,云:"将去整理。"健等退,复言都察院本既已批出,东厂揭帖又不可施行，须待会勘至日再议。次日，太监陈宽、萧敬等于左顺门传旨，令为施行。健等再奏曰："臣等非敢固违，但成命已出，猝然改命，恐非事体。且此事干证皆在彼处，恐劳人动众耳。"上曰："此乃大狱，虽千人亦须来。若事不明白，边将谁肯效死？赏罚事重，朕不敢私。但欲得其情实，若果系扑杀，贪功起衅，岂可纵之？若果被诬，须为伸雪。"(二一四，4031—4033)　　丁巳，直隶太平府知府周进隆奏："本府所属芜湖县系工部抽分厂所在，每岁南京差内臣四员催攒木植，本县止有站船一十三只，每内臣各留一只，逐一索取，供应扰民。乞令所司委官运送，或止差内臣一员领运。"事下南京工部议处，以为宜令芜湖抽分官拣选堪中木植，印烙完备，各该监局每年止差内臣一员领运，往回不过二十日以里，不许预先假以催攒为由，久住扰害。工部覆奏，从之。(二一四，4041—4042)

八月庚辰。初，腾骧等四卫军人勇士诡冒甚多，廷臣因灾荒建议，请命科道部属官阅实，既而内批止令御马监查数上请。至是数上，兵部覆奏，谓本监勇士见数一万一千七百八十余名、军人三万一百七十余名，岁费仓粮五十万石而无益于用，请仍如前议，差官阅实。上从之，命即选差科道部属官清查，明白闻奏。(二一五，4057—4058)

○ 夏燮《明通鉴》卷四〇："是月，复召刘大夏论军务。上欲宿兵近地为左、右辅，大夏言：'保定设都司，统五卫，祖宗意当亦如此。请遣还操军万人为西卫，纳京东兵密云、蓟州为东卫。'从之。先是，大夏尝乘间言四方镇守中官之害，上问状，对曰：'臣在两广，见诸文武大吏供亿，不能敌一镇守，其烦费可知。'上曰：'然祖宗来设此久，安能遽革！第自今必廉如邓原、麦秀者而后用，不然则已之。'大夏顿首称善。大夏每被召，跪御榻前，上左右顾，近侍辄引避。尝对久，惫不能兴，呼司礼太监李荣掖之出。荣等阳修好于大夏而阴衔之。至是因请设东、西卫，中官监京营者恚失兵，揭蜚语宫门。上以语大夏曰：'宫门岂外人能至，必此曹不利失兵耳。'由是间不得行。《明鉴》曰：中官监织造，苛扰贪黩，其弊百出，孝宗以刘大夏之言罢之，可谓能断矣。然既知中官之不可监织造，宁不知其不可为镇守者,而犹以祖制为词。铁牌之禁,独非祖制乎?夫昏椓之伦,其性皆全于阴,其才则狡险而已,其志则富贵而已,而乃以廉望之,是以望君子者望小人也。若麦秀之在浙,邓原之在闽,千百中不一二,且度亦不过彼善于此耳,何若专任疆吏之为得乎?使大夏更力陈之,孝宗未必不从其议,何乃一闻择廉之语,辄为顿首称善!此《三编》御批所以深为大夏惜也。"

九月庚子。先是,命吏科给事中许天锡、监察御史何琛同太监黎春清查各马房等处马、驼、牛、羊实数,会计料草,至是天锡等奏马、驼诸物共四千九百七十一匹只,岁费豆六万九千七百四十石、草百四十七万五千六百四束,但内外官每岁虚报数目,多支豆十七万七千余石、草四百三十五万四千余束。即此例之,积岁可知。怙势玩法,罪不可赦。上曰:"内外官欺弊冒支,年久数多,论法本当究治,既人众,姑宥之,今后如前作弊者治以重罪。"(二一六,4069—4070)

○ 夏燮《明通鉴》卷四〇:九月"丁巳,经筵进讲,太监李荣等有以触忌为言者。上闻之,谕辅臣曰:'讲书须要明白,直言不讳。可传语诸讲官,不必顾忌。'是时天颜和悦,似以昨所传未的,恐讲官因此观望,规谏不闻,故特示之,俾知上意所向云。"【考】李东阳《燕对录》:九月三十日,"少顷,又曰:'昨日令李荣来说,日讲时刘机讲"陈善闭邪","陈"字解做"陈说"不是,止云"敷陈其说"乃可耳。'皆应曰:'诺。'臣(刘)健曰:'昨李荣又说"以善道启沃他","他"字不是。'上微笑曰:'"他"字也不妨,大抵讲书须要明白透彻,直言无讳。道理皆《四书》上原有的,不是纂出,若不说尽也无进益。且先生辈与翰林院是辅导之职,皆所当言。'臣健对曰:'臣等若不敢言,则其余百官无敢言者矣。'上曰:'然。'臣(谢)迁曰:'圣明如此,讲官愈好尽心。'臣东阳曰:'今年圣学缉熙,中外臣民无不仰戴,臣等敢不仰承圣意。'皆叩头谢。上又曰:'先生辈可传与他,不必顾忌,昨所讲似有顾忌耳。'又曰:'"他"字亦不妨,昨因话偶及此,意以为不若"启沃之"更好,然不必深计也。'皆复谢而出。是日,天颜和悦,似以昨所传未的,恐讲官因此有所观望,故特示详悉如此。盖经筵讲章自数岁以来始去旧时谀颂之习,加以规谏,未尝少忤,及闻此谕,益知上意所向云。"

十月壬戌,分守居庸关都指挥佥事吴琦与分守太监梁嵩争坐

不协，嵩奏之。命调琦分守黄花镇，以守备黄花镇署都指挥佥事罗杰代之。(二一七,4080)

十一月辛卯，吏科给事中许天锡、监察御史何琛以马、牛等房奸弊，陈十四事："一、谨饲秣。各房马不过三千六百七十余匹，瘦病者不可胜数，其下场不支草料时不过夏秋草肥之际三两月耳，各官惟图克减，专恃牧放，啮至草根而后止。养马旗军买闲殆尽，及其倒失，不过销号而已。乞敕总督太监不时巡历勘验，凡瘦病倒失不系天行时气者，追问掌管官及医兽人等，三匹以上送问，若相容欺蔽，令科道官及缉事者劾奏，驼、牛、羊房俱依此例。一、立卷籍。臣等至坝上等处，吊取马、牛卷籍，至有无片纸只字者。盖管事官恶其害己，隐匿泯没，臣等止凭御马监原给木牌所载马牛来历、脚色类验，编次成册。宜令各官照册立为卷籍，后有增者则嗣书左方，有损者则明开项下，岁终据以会计。一、烙木牌。御马监原给各马木牌，备书毛齿来历，但无印烙，或因马死而匿之以冒顶别马，或自造以私马应点。乞敕御马监议拟字样火印，通行印烙，有损者追牌送监，增者另给之。牛房木牌，乞敕尚膳监亦如此例行。一、给印票。宜令养马军职备纸，诣户部该司刷花栏空票百张，号簿一扇，编号印记，票发军职，十日一次书见在马、牛等及当用草料之数，各仓凭之给放，票尽诣司对号，如前印编。一、明印烙。各房马、牛印烙不明者，皆谓年久生合，荡烙未深。然今已有实数，乞敕御马、尚膳二监差官各再印烙，重着皮角。一、省虚费。坝上蓄各色牛七十余只，频年羁养，不为供用。姑以东房一白水牛言之，已经二十三年，计逐年草料当银一千一百余两，余牛皆然。乞加看验，发牺牲所、光禄寺内牛房，以备供用。一、定刍料。各房每日马支料四升，牛支料三升，草俱一束，惟西马等马(**按，马疑为房**)挤乳马、水牛所支太多，宜定令马料六升，牛料八升，草俱一束，驹犊免支。一、均分派。各房马数不同，少者犹可观，多者瘦损殊甚，皆分派不均所致。后有新增马,宜量其多寡分给。一、处薪刍。养马官军煮料私爨,以草代薪,且一年之内三个月下场,牧放止余九个月,其各仓收草有加耗苫盖,又有藁秸、芦席、荆签、桩橛等物,若再令秋后采取蒿草及盘廒折垛腾出席柴烂草之类,亦足以供数月之刍薪矣。一、查出纳。蕃牧千户所军五百名,各种牛房地,岁纳银一千二百五十两,俟买补牛。自成化十五年至今,展转侵渔,无从稽考。乞敕户部委官,每月查其见数,置籍书记,付各仓官攒收掌,月终诣部注销。一、并牧养。永乐初,设里牛房挤乳以供膳羞,外房牧养以俟孳息。宣德间,吴家驼草场内又添设牛房,臣等见其牛独少且多瘦损,盖因原无房屋,日夜露处。宜遵永乐旧规,革除房仓,其牛并入外房,其地给军佃种。一、择乳牛。内外房牛若存八百只牧养得宜,足以备供应矣。内外官员遇其倒死,惟买瘦小者补之,一则图其价贱,得以侵渔,一则幸复倒失,可以罔利。宜将三房见在牛九百二十五只拣其不堪者估卖,贮价于官,以俟买补。一、处牲口。司牲司、司牧局见存牛、羊止二百八十七只,近来添设管事官太多,原设养牲军民三百户,岁费料草二十余万。乞敕光禄寺作急取用场地,给种纳银,民户发县补役,司、局事简,宜并为一。一、减差占。各房户部委官六员分管,盖先年粮多故也。今马牛实数及一岁所费仅往年十之二三,宜减委官之半。管事内官近户部遵奉明诏查数裁革,伏乞早示雄断。"下户部覆议,以为信可举行。上曰:"谨饲秣、立卷籍、查出纳、择乳牛准行,余十事再看详以闻。"(二一八,4094—4098)　辛亥,命户部运折粮银十五万两于承运库支用。(二一八,4111)

十二月丁丑。初,武成中卫中所军余郑旺生女名王女儿[1],

---

① 《孝宗实录》校勘记云:"抱本王作玉,下同,是也。"然内廷之例,女子皆以其父姓,称"某女儿"(或"某某女"),"王女儿"即王某之女。《武宗实录》亦作"王女儿","玉"实非是也。如《治世余闻》下篇卷四记此事,其中有一宫女,名"黄女儿",王黄音近,或即王女儿。

右肋有痘疮瘢，脊上有汤溃痕，年十二鬻之东宁伯家，未几转为沈通政家婢。后旺传闻驼子庄郑安家有女在内，将为皇亲，旺疑其女也。至京师谋诸所亲锦衣卫舍余妥刚及其弟洪，令访之。洪教旺具帖子疏来历，导之入皇城玄武门外，遇乾清宫内使刘山，洪以情恳之。后月余，旺持米面馈山，尚未得女处。山后访之宫人郑金莲，果得王女儿者于高墙里。山告之故，女曰："吾父周姓，非郑也。"山知旺女尝三易主，出即诡云"汝女自谓曾被鬻者再，方将认而疑之"。旺信以为其女也，自是累持果食、缯帛之类付山，令遗女。山皆匿之，每出衣靴、布绢诸物与旺，谓为女所答者。山一日言于妥洪曰："王女儿为上人，进乾清宫矣，尔辈皆皇亲也。"戒令勿泄。洪传报郑旺，旺以夸其里族，众相率以货贿馈旺者凡六百余人。旺因置聚宝历一册，籍其姓名，最后旺以酒脯付山递入，庆女诞辰。山又匿之，随以褥鞋、绢帕、菜物报旺。旺将诣齐驸马家，驸马子见之，亦信其为皇亲也，出豹皮一并马鞍辔、纱罗衣襦赠旺及其妻赵氏。旺家人辈遂肆作声势。为缉事官校所发，逮捕旺等，并执刘山、王女儿，于上前亲鞫之。山谬援王女儿以脱罪。事未决，下锦衣卫狱杖讯，则王女儿父母姓氏及其年齿生时、入宫来历悉与郑旺所称不合，令旺妻赵氏辨视，王女儿肋背亦无瘢痕可验。于是皆词伏，王女儿实周姓，非郑旺女，而虚喝以规货利，皆出刘山之奸。拟刘山造妖言律，郑旺、妥刚、妥洪傅用惑众罪皆斩，其余徒杖有差。狱上，得旨："刘山交通内外，妄捏妖言，诳诱扇惑，情犯深重，其即凌迟处死，不必覆奏，仍令诸内侍往视行刑。余从所拟。"(二一九，4127—4129)【考】此事正德初年又起波澜，事见《武宗实录》卷三一，正德三年十月己亥："初，武成中卫军余郑旺有女名王女儿者，幼鬻之高通政家，因以进内。弘治末，旺阴结内使刘山求自通，山为言：今名郑金莲者，即若女也，在周太后宫，为东驾所自出。语寖上闻，孝庙怒磔山于市，旺亦论死，寻赦免。至是又为浮言，如前所云。居人王玺觊与旺共厚利，因潜入东安门宣言国母郑居幽若干年，欲面奏上。东厂执以闻。下刑部鞫治，拟妖言律。两人不承服，大理寺驳谳者再，乃具狱以请。诏如山例，皆置之极刑云。”陈洪谟《治世余闻》下篇卷四亦载此事，可参看。　**辛巳，命监察御史陈珀清查腾骧等四卫军人勇士之滥冒及役占者。在先朝时，廷臣屡建此议，皆报罢，至是上始锐意行之。**(二一九，4135—4136)

○《明通鉴》卷四〇：“是冬，以南京鸿胪卿王璟为佥都御史，巡抚保定。时以庄田故，遣缇骑逮民二万余人，畿辅骚动。璟抗疏切谏，尚书韩文等在内持之，管庄内臣稍得召还。”

本年附

艺文·碑铭·承奉正康景墓志

秦府承奉正康公墓志铭

秦府左长史、奉政大夫汝南强晟撰文。秦府致仕左长史、进阶太中大夫云中吴文书丹。秦府致仕左长史、进阶中顺大夫阳城原宗善篆盖。

皇明弘治甲子(十七年，1504)三月二十九日，秦府承奉正康公以疾卒于内署，溯其生正统辛酉(六年，1441)二月七日，至是享寿盖六十四。讣闻，我国祖母秦简王妃哀悼殊甚，即命秦昭王长子遣承奉副贾公能掌行丧礼，又分委门正史潼综理庶务。既棺敛，其义嗣内官张沂、内使王泾、白润、王鹏、义孙韩金，卜以是年闰四月一日奉葬于城西敕建崇仁寺之侧，从治命也。沂等以予知公之深，哀恳请志其墓石，义弗可拒。

按状：公讳景，世为陕右兴平之巨族。厥祖若考，咸有隐德，乡里称之曰良士。公自孺附内寺籍，既而被选入秦邸，其宣力于厥职者，实多历年所。成化间，秦惠王念其劳，既奏保为典服正。厥后，秦简王察其忠，复奏转为承奉副。公性质实，当事无所顾避，内外咸服其直。及我简王薨逝，昭王入继，会承奉正缺员，复奏升今秩。未几，昭王又薨，今王嗣幼冲，藩府多事，公以身殉国，毙而后已。古人所谓忠于所事者，其亦无所愧哉！公存日，所往还者皆时之名贵，及公殁，陕之镇、巡、藩、臬诸公，暨诸缙绅赴吊者，冠盖相望于途。于乎！若公者，亦庶几生荣死哀者矣。是宜铭，铭曰：

孔道后遮，南山前峙。右拥平原，东邻敕寺。维公令终，爰宅于是。百世保之，同休慈氏。

（《新中国出土墓志·陕西》第317号）

艺文·碑铭·蜀府承奉副谷清墓志

明蜀府承奉副谷公墓志铭[①]

赐进士、奉训大夫、守山东武定州里人赵永祯撰文。赐进士、奉直大夫、户部员外郎里人郑洁德书丹。蜀府明威将军、左护卫指挥佥事里人张峘篆盖。

公讳清，字蕴秀，新津县人。祖□高，父朝祖，咸有隐德。公生而岐异，景泰中，以秀□入侍内庭，端简□重，有老成器局。□师讲授，悉领要义。天顺中，和园（**即蜀和王**）当国，励行藩服，登□□□。公时已□□兰之□矣。初□□□，至是没焉。谷公已而被遇定园（**即蜀定王**）以及怀园（**蜀怀王**），眷注荐至，始有向用之渐。成化己丑（五年，1469），奏□宪宗皇帝特授蜀府门正，与司喉舌出纳惟谨。上方有意大用之，□□□节勉学以□□□□□□□□□以□□自见。戊戌（成化十四年，1478），惠园（**即蜀惠王**）在位，□□用公，疏名奏请，升承奉司承奉副。秉钧贰政，内臣荣遇，亦云至哉。历任□二十有八年，乃弘治甲子（十七年，1504）孟冬辛未，卒于公署。讣入，上悼念不已，遣官门正秦嵩、张宗伟，中侍荣瑄、宋□经理丧葬，锡祭凡十。悼亡之典，抑又至焉。

公传□□籍，□事□为，而事上□□□□□□□，一本于诚，故能上副□□，中睦□□，□□人望，一时□□□□□□□□□□所□勤心纳忠，清□退□，可无愧矣。生于正统戊午（三年，1438）十二月十四日，寿六十有七，

① 成都市红牌楼同时发掘清理太监墓9座，除谷清墓发现墓志外，同时还出土了6块买地券，依年代序，分别为“蜀府承奉副”谷清〔正统三年（1438）—弘治十七年（1504）〕、“敕赐承奉正”谷茂〔弘治十五年（1502）—隆庆六年（1572）〕、“敕赐典服”谷逵〔正德十年（1515）—万历九年（1581）〕、“皇明敕赐典膳”谷以登〔嘉靖九年（1530）—万历三十一年（1603）〕、“皇明敕赐承奉正”谷应华〔嘉靖二十四年（1545）—万历四十二年（1614）〕、“蜀府内奉”故官何珊〔正德十六年（1521）—万历十九年（1591）〕，并嘉靖四十年（1561）残碑一块，文曰：“皇明□赐飞鱼品服蜀藩承奉司掌印承奉正……谷公……”拓片见《成都市红牌楼明蜀太监墓群发掘简报》，载《成都考古发现（2003）》，第484—487页。

以□□十一月十六日礼葬成都南郭无□乡之原。以侄孙昂承祀。养子二,曰永□、永山。侄三,曰永□、永安、永隆。侄孙四,曰昂、忠、恩、□。昂,百户,即承祀者;忠,宜(**按,疑应作仪**)宾。侄女一,适吴□□其外孙焉。

嗟夫!公以忠爱之德,翊□家邦,□承五叶,福获□□□无涯涘,而仅□□□□□仁昔必□□□此□之曰命定于□□□□□□□□□□造物□□易生。初惟□顺理守正□可□□自□视之。公官不出乡而荣贵□于内□,寿不□德而恩耀贲□九原,天之报施,又□其不□若是邪?没之三日,昂奉状公行请铭以□□。永祯□□公爰,不□敢辞,谨序而铭之。铭曰:

□岳巍峨,匪石莫能负其形;广厦□□,□柱莫能倚其□。名藩大国,□□□□。□持王度,为□之□。公相王家,上□列□。保□司平,□功惟□。将方倚重,公遽云亡。兰□□□,玉□□□。□上哲明,□□攸□。□仁其□,□□其□。□□宜□,尔后宜□。□□□人,孰不□怵。□僚悼念,士类□然。□□□凄,□□□□。公□□余,□□□□。□□□□,惟以昭德。于乎休哉!镌字余正中。

〔成都市文物考古研究所《成都市红牌楼明蜀太监墓群发掘简报》,《成都考古发现(2003)》,第485页〕

艺文·碑铭·关公庙碑

李东阳撰《重修汉寿亭侯关公庙碑》:"关侯之祀遍天下,在京都者,祀典之外不知其几也。东直门东八里庄云□桥之西旧有庙一间,乃御马监太监钱公喜所建,湫隘弗称,久益就圮,而空名尚存,仅仅不绝。比者右监丞冉公祥、左监丞王公觐分领坝上北马房事,道所经历,其迩且习,每一瞻拜,辄慨焉兴憾。乃相与捐所积资,市木陶瓦暨诸具物,卜日将事而材木尚弗给。已而本监太监黎公春暨司设监太监叶公彰等咸乐成之,官士耆庶施金帛为助者日益众。经始于弘治壬戌(十五年,1502)春正月,至癸亥(十六年,1503)秋九月而成。(**下略**。)大明弘治十七年四月一十四日御马监右监丞冉祥立石。"

(碑在北京朝阳区东直门外大亮马桥。《北京图书馆藏中国历代石刻拓本汇编》第53册,第105页)

弘治十八年乙丑(1505)

正月庚戌。旧例,陕西巡抚都御史常于会城居守。至是,镇守陕西太监刘云等奏环、庆地方虏多军少,不足防守,乞分调陕西备御官军援之。兵部议谓事急调兵无及于事,请命都御史杨一清不必拘定常例,往来平凉、固原等处,经略处置。从之。(二二〇,4149—4150)

二月甲子。先是,有旨差科道官查御马监军旗勇士之诡冒者,太监宁瑾奏止之。上为改命司礼监太监一员同瑾等查处。给事中张弘至以为言,兵部亦执奏,请如初旨。上曰:"查理禁兵,诚为重事,尔等既有此奏,可仍差堂上官一员同原差科道官从实清查,具奏处置。"(二二一,4158)【考】焦竑《玉堂丛语》卷二《政事》:"孝庙一日召刘大夏,谕曰:'诸司弊政,虽诏厘革,然闻弊莫甚于内厩(御马监——括号内为原书小注。下同)及御厨(光禄寺)。将一清之,如何?'公对曰:'是干左右,赖圣见定而自主之耳。'先是,勇士及工匠,率中官苍头、京师无赖子弟,一人而冒三四名,大为国储耗。上遂敕佐司马熊绣及给事、御史,尽削籍置行伍,计一月顿减冗食十余万金,内外称快。"卷四《献替》:"腾骧四卫勇士额三四万人,率虚籍,岁糜钱谷数十万,多入奄人家。廷臣屡请稽核,辄被挠。十八年,命(兵部侍郎熊)绣清厘,未竟而孝宗崩。朝政渐变,绣力持不顾,得诡冒者万四千人。御马太监宁瑾等疏请复旧,给事、御史交章劾瑾,大夏亦力争,武宗不得已从之,而宥瑾等不问。"　丁卯,御马监太监宁瑾上会计御马豆、草数,比之往年,豆减四万八千余石,草减四十五万束。户部请自今征派,岁以是为准。上从之,命今后有虚增马数,会计过多者,户部从公参究以闻。(二二一,4166)　癸酉,虏围灵州久不克,因解去,散入内地四掠。指挥仇钺设伏,要其归路,总兵官李祥复督诸军驰援,战走之,斩首三十二级,获战马六十四匹,追回被虏男女十一人、驼马驴骡牛羊三千六百九十四。事闻,命赐敕奖励镇守太监葛全、总兵李祥、巡抚都御史刘宪,奏事人赏钞一千贯。(二二一,4172)

丙子。先是,巡抚真定等府都御史王沂奏准令真、保定二府协助顺天府抬柴夫二千名,每名月征银一两四钱,差官解顺天府雇工应役,免其解夫,民以为便。至是,惜薪司奏请敕工部移文三府,仍旧起夫,送司上工。下工部会议,谓成命已定,不宜纷更,请仍行顺天府,即将二府解到银,照数雇夫应用。从之,仍命惜薪司该管人员不许凌虐夫役,致令逃窜。(二二一,4173—4174)　壬午,虏入宁夏劫掠人畜,领军等官都指挥佥事杨忠等下巡按御史逮问,镇守太监葛全、巡抚都御史刘宪姑宥之。(二二一,4177)　乙酉,广东流贼二百余人攻劫福建漳浦县南诏城驿库,放遣囚徒,肆掠居民货物,男妇死者五人,被执留者三十余人。镇守福建太监邓原以闻,且请移漳州卫千户所为南诏城守御千户所,以便防御。兵部覆奏,谓所言可行,请并行福建、广东各镇巡官悉心缉捕盗贼,务在得获。从之。(二二一,4178)

三月辛丑。江西都司都指挥文锦数以镀银鞍辔、文绮飞鱼撒袋之类馈献钟陵王觐锥而贷其金。事觉,命司礼监少监刘辅、大理寺寺丞邓璋往会镇巡等官勘问,拟锦杖一百,发边卫充军。刑部覆奏,从之。(二二二,4193)　辛亥,镇守陕西太监刘云奏:"宁夏备御官军皆在腹里西安、凤翔等卫所分拨,每年十二月初到彼,至后年季春始归,休息未定,又复促发,人实不堪。请如延绥例,各就其中分为两班,庶几劳逸均适,官军有息肩之日。"兵部议谓所言可行,请行陕西、宁夏镇巡官斟酌处置,从之。(二二二,4207—4208)

四月己未,降宁府钟陵王觐锥及其子镇国将军宸漇俱为庶人。觐锥府宫人张环佩逃出,巡逻官执讯之,并得觐锥父子诸不法事。宁王宸濠及镇巡官先后具奏。上命司礼监少监刘辅、大理寺寺丞邓璋勘实。法司议上,得旨:"觐锥纵欲乱常,欺污子妾,致死人命,私置军器,违法多端。宸漇不谏父恶,私通宫人。俱应重治,姑从轻,革爵,降为庶人,送凤阳看守祖陵。家人杨源儿等处绞，张环佩等令自尽，余治罪有差。”（二二三，4209）　庚申，四川镇守太监石岩、巡抚都御史刘洪等奏：“松潘等处各寨番族尝为边患，杀指挥王橘等数十人，朝廷命镇守贵州都督颜玉为总兵官，调兵征之。番族闻之，皆悔罪乞哀，自斩元恶首级以献。请姑罢兵，惟令松茂副、参、兵备递相抚化，游击等官分番防御，亦足以坐收安集之功。其副总兵以下诸拊循有功者，请量加升赏。”兵部议所言宜从。命赐敕奖励岩、洪等，仍令兵部看详岩等所奏事宜并阅实有功官军以闻。（二二三，4210）　丁卯，镇守甘肃太监杨定、巡抚都御史毕亨等奏：“哈密忠顺王陕巴，臣等已遣人自苦峪护送还国，又谕令赤斤、罕东二卫及哈密都督奄克孛剌、写亦虎仙等辅翼之，仍拘土鲁番之幼子真帖木儿于甘州夷馆养给，徐议处置。”事闻，兵部议：今次镇巡官所处哈密事宜，比之曩昔，用力少而成功多，宜降敕奖谕。从之，其有功官员人等令通行查勘以闻。（二二三，4221—4222）　壬午，监察御史张津陈四事：一谓……一谓坝上等八马房牛犊浪费无用，顷从给事中许天锡言查革，旋以太监黎春之言中止，请仍如前旨行之。……命下其奏于所司。（二二三，4234）

五月己丑，虏入独石等处寇掠，下巡按御史勘问。奏上，请逮问守备都指挥马经、分守左参将杨英、左少监唐禄等罪。命姑宥之，俱令戴罪杀贼。（二二四，4240）　庚寅，上大渐。晓刻，遣司礼监太监戴义召内阁大学士刘健、李东阳、谢迁甚急。至乾清宫东暖阁御榻前，上燕服坐龙床御榻上，健等入至床上榻前，叩头问安。上曰：“热甚，不可耐。”命左右取水，以布拭舌。既乃曰：“朕嗣祖宗大统一十八年，今年三十六岁，乃得此疾，殆不能起。”健等跪奏曰：“皇上偶违和，何以遽言及此？臣等仰观圣体，神气充溢，万寿无疆，幸宽心调理。”上自序[叙]即位始末甚详，欲有所记录，于是太监扶安、李璋捧纸及砚，义执朱笔，跪于榻前，陈宽、萧敬、李荣俱跪于床下。上命义书于片纸曰：“朕昔侍太皇太后宫闱。及长，蒙先皇厚恩，选配昌国公张峦女为后。于弘治四年九月二十四日诞生皇子厚照，册立为皇太子，正位东宫。年已长成，主器婚配不可久虚，礼宜择配，可于今年举行。”皆逐句宣授，间有改易，粲然成章。书讫，上执健手，又曰：“先生辈辅导辛苦，朕备知之。”又曰：“东宫聪明，但年尚幼，先生辈可常常请他出来读书，辅导他做个好人。”健等皆饮泣，对曰：“东宫天性睿智，今年尽勤学，望皇上宽心少虑，以膺万福。”语久，玉音渐清，反复告谕，若不忍释，前后数百言，不能悉记，谨识其大者如此。时距升遐仅一日，而圣谕谆切，神思不乱。盖圣性之涵养有素，故始终之际，一得其正云。(二二四，4242—4244)　　辛卯，上崩。(二二四，4244)

本卷附

艺文·太监龚辇小传

朱彝尊《静志居诗话》卷二三《中涓》：“龚辇，字中道，南昌人。弘治中为内官监左丞。有《冲虚集》。俞汝成云：‘左丞雅事文墨，兼尚理学，冲虚一集，所谓空谷之音’。”按：龚辇曾任太和山提督，隆庆《大岳太和山志》卷七《艺文·诗》录其诗作一首，并有太监戴义、吕宪、李学诗各一。

史事·宦官与寺庙

沙门思胤《广济寺碑》，内府尚衣监太监署兵仗局事廖□捐资立石。(成化二十三年刻，碑在北京西城区阜成门内大街，《北京图书馆藏中国历代石刻拓本汇编》第52册，第193页)

翁□□撰《重修福宁禅寺碑记》：“都城崇文关东南三里许魏村社有寺曰福宁，莫详所始，世代相传，盖古刹也。岁久倾圮，芜秽不□治。壬子(弘治五年，1492)，惜薪司太监刘公新过而叹曰：‘是不葺，且废，无以称祝釐造福之意。’于是捐资，庀材鸠工，卜吉□新。”(正德十一年刻，碑在北京崇文区兴隆街。《北京图书馆藏中国历代石刻拓本汇编》第54册，第36页)

《礼拜寺碑》：内府酒醋面局右副使杨永捐资。(弘治九年刻，碑在北京宣武区牛街清真寺。《北京图书馆藏中国历代石刻拓本汇编》第53册，第47页)

《敕赐慧照寺修建记》：御马监太监阎兴奏乞寺额，并善女蒋氏为大檀越。（弘治十年刻，碑在北京东城区东四十三条。《北京图书馆藏中国历代石刻拓本汇编》第53册，第56页）

田仲贤撰《重修龙兴禅寺碑记》：助缘者有御用监太监李福胜。（弘治十二年刻，碑在北京房山区天开村。《北京图书馆藏中国历代石刻拓本汇编》第53册，第70页）

张骏《敕赐集善寺记》："集善寺，则今内官监少监高公嵩请以寺额者也。"（民国《沧县志》卷一三《事实志·金石》）

史事·贵阳营建

弘治《贵州图经新志》卷一《公署·太府》："（**在治城中，景泰间为巡抚都察院。**）天顺间，镇守太监居之。（**地势卑湿，**）弘治丙辰（九年，1496），镇守太监杨友撤而新之。"

弘治《贵州图经新志》卷二《贵州宣慰使司中·宫室》："三圣阁，在太府北，弘治十二年太监杨友建。圆通阁，在永祥寺后，成化间太监郑忠建。乐射亭，在太府西，弘治十三年太监杨友建。本人诗：'简命南来镇此城，故望制治恃清平。团标且为筹边结，高扁谁将乐射名。练武正期酬重寄，弯弓元不从闲情。近闻夷寇深□遁，一笑何妨累举觥。'"

钱钺《新建灵星门记》："成化岁丁未（**二十三年，1487**），都宪孔公镛以节钺按贵阳，执诸孙之礼，拜孔子于庙廷，慨门墙颓比弗称揭处，妥灵之意，谋之镇守张公成、都督吴公经、御史王公鉴之，将作而新之……"（弘治《贵州图经新志》卷二《贵州宣慰使司中·祠庙·文庙》）

弘治《贵州图经新志》卷三《贵州宣慰使司下·关》："控制桥，在太府前，弘治间镇守太监杨友建。"

卷　七

武宗正德朝(1505—1521)

弘治十八年五月丙申，令内外各衙门造葬仪冥器。　工部奉令旨停止工作，因条具所当停者，如太皇太后新庙、大明门外安换石栏等处工程及兵仗局战车飞枪、司设监龙毯，俱合如令。从之。(《明武宗实录》，一，7)　　己亥，司设监太监张瑜、掌太医院事右通政施钦、院判刘文泰、御医高廷和等有罪下狱。初，先帝以祷雨斋戒，偶感风寒，命瑜与太医院议方药。瑜私于文泰、廷和，不请诊视，辄用药以进，继与钦及院判方叔和、医士徐昊等进药，皆与证乖，先帝遂弥留弗兴。中外痛恨。英国公张懋等及给事中王震、薛金、御史陈世良等交劾其恶，以为庸医杀人，律科过失，特为常人设耳，若上误人主，失宗庙生灵之望，是为天下大害，罪在不赦，故合和御药误不依本方，谓之大不敬，列诸十恶，请加瑜等显戮，以泄神人之怒。令旨从懋等言，乃命锦衣卫执瑜等送都察院会多官鞫之。(一，9—10)　　壬寅，(武宗即皇帝位，)以明年为正德元年，大赦天下，与民更始，所有合行事宜，条列于后：一、……一、各处织造纻丝、罗、绫、䌷等项，除额造并工部奏派及婚礼之数照旧起运外，其苏、松、杭、嘉、湖并应天府等处改织并差人坐守织造者，悉皆停免；已织造者照数起解，未完者并已征物料交与所在官司，准作岁造内支用。……一、各马房仓库及各门等处添设管事内官数多，先帝已有成命，该部通查，具奏裁减。其各处添设守备等项内官不系旧额者，一体查奏取回。……一、各营操练军士，本以拱卫京师，近来往往借拨做工，负累疲敝，已有旨停止，除山陵所用外，今后敢有仍前奏讨者，许该部及科道官纠劾治重(罪)。其种菜、种蓝等项军士并各监局人匠，止令应当本等差役，若有逃故，照例清解，不许逼令卫所官员包赔月钱，违者一体究治。……一、各王府及镇守等官贡献方物，劳扰沿途军民，今后除旧例外，其余不急之物，悉皆停止。……(一,12—25)

乙巳，工部奏："大行皇帝丧仪所需一应物料，本部钱粮不敷，欲派在外司府办纳，恐缓不及事。伏读遗诏，惓惓以节用爱民为本，且谕令丧仪悉遵先帝遗制，无非欲皇上继序不忘，以绵宗社亿万载无疆之洪业也。乞敕内府诸司，凡成造葬仪冥器并山陵殿宇等项，务从减省，应用物料，先支见有者用之，不足乃斟酌措办。庶物料工程两无妨误，圣明初政之美风行八表，上而朝廷之惠以彰，下而黎元之心以得矣。"上是其言。(一,27)　丁未，礼部左侍郎李杰、钦天监监副倪谦同司礼监太监戴义，奏于茂陵西施家台得吉地，勘以奉安大行皇帝陵寝，然山陵事重，乞别命官覆视。而工科右给事中许天锡亦言……礼部议从其言。上是之，命访求精通地理人员，令太监扶安、李兴、覃观、右侍郎王华、少卿吴昊与俱往详定以闻。(一,27—28)　先是，太监李兴等请拨官军千人运丧仪物料，已许之矣。兵科给事中潘铎等启："近日令(**广本、托本令作停**)止工作，令旨方行而遽寝，恐于事体非宜，且兴等假公营私，意在剥削，宜如初令。"得旨，从铎等言，令本监自运。兴等复固以请。事下兵部，言："皇上嗣登大宝之初，正天下军民属望之日，收拾人心，此其机也。夫何纶音甫下，遽迩[尔]自违？矧今北虏寇边，军士岂宜轻役？乞仍敕本监从宜自处为便。"上复从之。(一,28)　戊申，虏大举入寇宣府……(总兵官都督佥事张)俊力疾，调监枪内官李增等兵五千人，人持三日粮，驰与虏战。(**战况略。**)(一,28)【考】《明通鉴》卷四〇："戊申，小王子犯宣府。时寇乘丧大入，连营二十余里。总兵官张俊，遣诸将(**分扼要害，诸军大困，士马死亡无算。**)俊及中官刘清、巡抚李进皆征还。"　己酉，都察院左都御史戴珊会英国公张懋、吏部尚书马文升等以张瑜等狱上,谓瑜尝奉命修理药料,与刘文泰及右参议丘钰假市药侵盗官钱,及纂修《本草》,又荐文泰及高廷和同事,并缘为奸。先帝不豫,瑜欲援引文泰等侥幸成功,辄用其药。施钦及院判方叔和、医士徐昊等相继诊视,俱药不对证。瑜、文泰、廷和宜比"诸司官与内官交结作弊而扶同奏启者"律,各斩,钦等罪各有差;且言右通政王玉、院使李宗周、院判张伦、钱钝、王盘等坐视用药非宜,隐忍不举。得旨:"瑜、文泰、廷和依律论死,钦、叔和革职闲住,昊发原籍为民,玉等各降二级,钰未尽之赃,追究以闻。"……时大臣有阴厚文泰者,故不用"合和御药大不敬"正条,而比依交结内官律,其后瑜等遂以为解脱之地,识者恨之。(一,30—31)　庚戌,命太监苗逵监督军务,保国公朱晖佩征虏将军印充总兵官,右都御史史琳提督军务,太监张林管理神枪铳炮,都督同知李俊、都督佥事神英充左参将,都指挥同知陈雄、都指挥佥事张澄充右参将,统领京营官军往宣府征剿,仍赐逵、晖、琳敕曰:"近宣府守臣节报虏贼拥众寇新开口等处,势甚猖獗,尔等共相机调度,分布要害,设伏出奇……"(一,31—32)　壬子,太监苗逵等奏参将李俊、神英所领兵少,乞益之。(一,34)　癸未,兵部言黄花镇屏蔽陵寝,切近京师,今虏寇为患,戍守单弱可虑,请益兵防守,仍罢守备内官以省役占。命即简都指挥一员,领团营步卒千人协同防守,守备内官姑仍旧,其役占军士尽令还伍。(一,35)　兵部奏:虏近入宣、大二镇,官军并力截杀,相持日久,游击将军张雄、穆荣俱战殁,总兵官张俊、副总兵白玉、黄镇、参将李稽、监枪内官李增乃能溃围还师,功虽未著,劳亦可悯,各请赐敕以旌其劳。……从之。(一,35—36)

六月丙辰,思恩府土官岑濬作乱,讨平之。岑氏世守思恩,至濬袭府事,肆为不法,屯兵聚粮,劫杀万计,攻夺田州府治,土官岑猛遂弃城遁。官司屡抚谕之,愈恣。总督两广左都御史潘蕃及太监韦经、总兵官毛锐等会奏请讨之,调集两广汉达官军、左右两江官目土兵及湖广官军土兵合十万八千余人，分为六哨。（**各取道共抵巢寨贼，濬死，思恩遂平。**）捷闻，上以蕃等有功，赐玺书劳勉之，奏捷者各升赏如例。（二，39—40）　西安门修铺起土，内官监太监李兴请借用五城夫甲，兵部以为民不堪命，且先帝有借用之禁，乃不许。（二，41）　戊午，营建大行皇帝陵于天寿山，荐名"泰陵"。敕太监李兴、新宁伯谭祐、工部左侍郎李鐩提督，发五军等三营官军万人供役，仍命科道官各一人点视。（二，51）　己未，赠贵州都指挥佥事史韬、郭仁、李宗武、都指挥使李雄俱特进荣禄大夫、同知都督府事。（**下武官各降祖职略。**）初，镇守太监杨友之征福佑、米鲁也，营于盘江西岸，谍报贼首阿方车将聚众劫营，韬请友避敌，移东岸。友与按察使刘福、右布政使间钲议，皆贪功不从。明日贼果至，虏友去，钲、福、雄、宗武、仁俱遇害，官军死者千三百人，韬出与贼斗，亦堕水死……（二，53—54）　癸亥。初，署承运库太监龙绶等奏："大行皇帝丧葬用度繁浩，又今方将举行徽号并大婚等礼，须用金五千余两；给赏内外官员人等，须用银一百八十万两有奇。库中所积不多，宜预行区处。"下户部集议，言："户、刑二部、都察院收贮赃罚等银、赎罪铜钱并太仓银总计不过银一百五万余两，即今给散在京军官春季俸银十万余两，辽东、宣府、甘肃各边年例及奏讨银又四十八万余两矣，拟支赃罚、赎罪银钱，行令顺天府收买金千两，其实在见银则留备各边粮草之用。盖今北方大旱，虏势猖獗，不可不虑，给赏之数宜先支承运库，所有不足则于各衙门借补。"议上，诏更议处。会给事中李贯、御史李良、臧凤有裁减查核之疏，因言："迩因宣府等处传报贼情，数日之间已用银三十八万余两，财用匮乏，莫今为甚。惟京军及各边官军劳苦窘急，须如旧给赏，此外一切礼仪赏赉宜如李贯等所言，悉遵遗诏减省，且查成化二十三年则例重加裁定……又先年所赏皇亲、驸马、功臣、内官、寺观庄田将八万余顷，每亩征银三分，岁约得银二十万两，宜遣官查解内库，以备给赏，俟库藏稍充，仍归业主。此皆因时权处以应目前之急，而边方意外之需又有当虑者，宜令承运库会同司礼监，将先年积贮金银查盘见数，仍会内阁计处。今后支用，务守祖宗成宪，计算库藏盈缩，量入为出，加意撙节，不经之费、无名之赏并无益工作，不得妄支。本库每年终具数开奏，听户部、户科查考，如御史李良议。若仍以斋醮等项为名，浪费支用，宜追究引诱之人，从重问拟，庶国计可充。”命再审议，乃言亲王赏赐宜仍旧典，各项庄田子粒银两量借一年，其南京内外守备、参赞及各处镇巡、分守、兵备等官赏如在京公侯等官例，俱给钞。上曰：“赏赐照成化二十三年则例，银两听以渐措置支给，庄田子粒已之，余如所议。”(二,58—61)

丙寅，大理寺左少卿张泰、锦衣卫都指挥使韦顺、巡抚都御史周季麟会勘蓟州草场地土，四月中奏上所处事宜，言其地通计四千九百四十余顷，御马监草场在侯家营者已足旧额八百顷一十亩之数，为团营委官贾昂所侵者三百二十五顷五十七亩，在青店庄者今实有五百一十四顷五十八亩。团营草场属之三千营者今实有……(**下列三千、五军、神机各营现有草场数略。**)各草场侵占民田屯地九百三十七顷四十九亩并附余地，皆宜给军民为业，仍封土浚壕以定其界，立碑深刻以纪其数，则官民各有所据而争端可杜。盖先是新宁伯谭祐以神机营草场不及旧额，尝遣给事中周旋往勘之，旋失于核实，擅增地九百余顷；御马监太监宁瑾又奏侯家营草场为皇庄及团营侵占数百顷，蓟州民孟昱等又奏征粮地为贾昂所侵，屡遣侍郎顾佐、熊翀、太监赵忠、黎鉴、杨俊、武定侯郭良、给事中潘铎、御史谢朝宣会同勘处。忠、鉴等执奏异词，已皆辞避，事久不结，乃改命泰、顺、季麟。泰等于御马监则据往年御史陈璧等所勘，于三营则据景泰中武清侯石亨所奏，参酌区处，拟上此奏。户部尚书韩文言：“如泰等所处则牧养有地，上可副朝廷慎重戎马之意，恒产不失，下可慰小民仰事俯育之愿矣。”奏上，先帝欲查议至再。文等言：“各草场勘处已明，惟神机营一处遣官踏勘已经四年，境内军民屡遭蹂躏，人心怨甚。盖鉴、良徒据旋所增，又佐、翀勘报之数，而不知忠、铎、朝宣所勘正与亨所奏之额吻合而无异也。且邦政莫急于马，固当重其牧放之地；邦本实在于民，尤恐妨其耕作之业。今蓟州军民彭钊等逃移失业者已二百八十余户矣，昱等安居此地，百有余年，其恋恋而不去，犹冀圣明矜念，复其故业，庶不捐亲戚、弃坟墓而他徙也。惟乞如臣等前后议拟而行便。”章留中再阅月，至是乃诏如所议。(二,67—70)　上以初即位，赐南京守备并参赞机务，各处镇守、巡抚、守备内外文武官白金、彩币有差，皇城、京城各门摆队官军及边军每名二两。(二,71)　乙亥，兵部奏：“湖广钧州太监齐玄原非额设，近又改为镇守，复增于旧；而西北沿边凡有兵马处皆添设监枪、分守、守备内臣，此边方之极弊也，乞悉遵诏旨取回，一应边事责之镇巡等官，庶少纾边方之困。”得旨：“齐玄既非额设，取回京，其余应裁减者仍通查议以闻。”　丙子，兵部言：“皇城四门以拱护宸居，京城九门以讥察奸宄，迩来门官太多，科占军士，过致逃亡，门禁渐弛，其流弊有不可言者。请遵诏旨，凡非旧额，一切裁革。”上命皇城四门仍旧，其余各门自今以四员为则，不许增，著为令。(二,78)　丁丑，内官监太监李兴奏：“营建山陵，阻于霖潦，运料军士不能备僦车之费，请于内外诸司假贷银四五万两，委官分行，僦车转输，以苏其困。”事下工部，以府藏空虚，无由措给，会官议取蓟州等处修边及各府逃夫银、泰安州香钱及济宁闸、苏松常桩草导河夫价，坐委工部、顺天府官，司其出纳，以备运辇，庶军士不困而山陵速成。从之。(二,79)

七月乙酉，工部奏山陵营造物料所费甚多，乞将南京御用等四监局今年应造供应诸物量为停减；而芜湖抽分厂应给监局板枋存其十五，如例易银，输送本部，以备营造之用。诏可之，以后仍旧。(三,89—90)　戊子。今年四月中，先帝用内织染局之奏，颁银鼠样皮十有七张于陕西，命镇巡等官选匠染造，自柘黄至出炉银亦十有七色。五月二十六日,都御史杨一清奏:“天子之服自朝祭至于燕闲,皆有成式,制皮为裘,取其轻暖而已,若银鼠皮,变染诸色,类多不正,义无所取,徒亏俭德;况三边重镇,顷属饥馑,民不聊生,乞为停止,用彰清明之治。”至是疏入,诏已染未染者悉输京。(三,91—92)　丙申,监察御史张津言:“坝上等八处马房所饲牛浪费无算,给事中许天锡在先帝时建白,宜验送牺牲所、光禄寺备用,已奉有俞旨矣,寻以太监黎春言,事遂中辍。是诏令不信于天下也。乞如旧查验分送,杜近幸沮挠之端以彰大信。”户部覆奏,从之。盖坝上马房有白水牛一只,成化十八年中官梁芳所进者也,养之已二十二年,日支豆一斗,草二束,计费银一千一百余两。诸如此类,于国用殊无一毫之补云。(三,100—101)　庚戌,兵科给事中徐忱等言:“太监苗逵既奏捷音而陆訚等寻奏声息,是贼犹故也;且所报攻次亦多含糊,又各官头目计千余人,有功辄攘,其害非细,请详核而禁之。”奏下,兵部议遣锦衣卫千户往勘其事。上以纪功官已屡遣矣,姑已之。(三,111)

辛亥,户部议覆南京六科给事中徐蕃等所言三事:一、审事体以一诏令。南京广惠等库钱粮,先帝从侍郎郑纪等言,令巡视科道等官实时验收,毋或稽缓以困解人。送船余丁、各色匠役等新添月粮,先帝从侍郎杨守阯等言悉令革去,近因太监傅容等奏,俱复其旧,宜遵原旨,该库钱粮依期验收,丁匠月粮减半支给。又盘验军器、巡点操马、编管战船、省御马监草料等事,已得请未行者,移文所司审处。(**下言平赋役以苏民困、严旧法以督粮储略。**)(三,111—112)

八月丙辰,大学士刘健、李东阳、谢迁言:“今年自六月以来,阴云蔽翳,大雨连绵,京畿内外民舍倾颓,田禾淹没,日复一日,为患未已。……近者陛下登极诏条一出,中外臣民欢呼动地,想望太平,但各该有司视为泛常,不即遵奉,经今两月之上,内外多余官员未闻查减某职,传奉乞升等项未闻查革何人,诸如此类,未易枚举。政壅于上而不得行，民望于下而不得遂，此阴阳所以失调，雨旸所以不顺也。如军器、鞍辔二局，各门、各马房仓库及各处分守、守备等项内官，旧设有数，今添至几倍，朝廷养军、养匠，钱粮万万，仅足供其使令，岂可不减？文武官员中有旷职偾事、虚糜廪禄者，岂可不黜？内官等监匠官、御用等监画士，多至数十百人，滥授官职，浪支俸禄，皆剥民膏脂以供无益，岂可不革？内承运库放支银两，全无印簿支销，二十年来，累数百万，以致府藏空竭，承领之人岂无侵克？本库内官自请查算，岂可不查？司钥库收贮铜钱，亦数百万，托称内府关支，其实置之无用。若洪武等钱不行，则新铸弘治通宝亦为虚费，岂可不用？今特旨批断者照旧不动，查例来看者展转不行，则其它弊政皆难除革。诏书所载，尽为空言，天下之耳目将何以新？天下之心志将何以系？至如内苑之珍禽奇兽，数且无算，宜尽放之以省食用之资。宫人一事，近在掖庭，非外官所得干预。窃恐先朝旧宫或有年岁老大及多余名数，不惟妄费供给，抑且不免怨嗟，亦宜疏放，或纵令宁家，或从便嫁遣，以大布好生之德，上延和气之祥。是皆国家要务，新政所当先者，惟圣明俯垂采纳，事干宫禁则断在不疑，责在有司则严加催督，其有未尽事宜，令所司查奏处置，务臻实效，不事虚文，庶可以调和阴阳，化灾为福，宗社臣民之庆也。”上嘉纳之。(四，122—124)【考】《明通鉴》卷四〇：“京师自六月淫雨至于是月。时东宫旧竖刘瑾，与马永成、谷大用、魏彬、张永、丘聚、高凤、罗祥等八人俱用事，谓之‘八党’，亦谓之‘八虎’，日导上游戏。由是怠于政事，遗诏中当兴罢者悉废格不行。大学士刘健等乃上言：‘陛下登极诏出，中外欢呼，想望太平。今两月矣……陛下悉牵制不行，无以慰四海之望。’上虽温诏答之，而左右宦竖日恣，增益日益众。每上出，带刀被甲拥驾后。内府诸监局佥书多者至百数十人，光禄日供，骤益数倍。健等极陈其弊，请勤政讲学。报闻而已。”　戊午，署承运库事太监龙绶言：“近日户部会官议，欲节财裕民，内及近侍官设为修建、买办、成造等名，盗取库银,以致经费不给。是诚有之,盖诸司支用,例有印信明文,工作例有籍记人匠,近年奸欺之徒,辄用白头题本,传取金银,莫能究其所用,用之有余,不以还官,又分外领银以为佣匠之费,其弊甚多。乞敕司礼监会同内阁、府部、科道官通查,自弘治元年正月初一日至十八年五月初六日,内府诸监局传取金银,其非有印信题本者,务见所造何物,所买何物,详具实数,造册备照,有余责令还官;自后有仍前泛滥传取者,听本库会同司礼监指实奏请究治,庶可杜绝时弊。又圣诞等节所赏银,有一人多或至一二百两者,亲王并公主、郡主、王妃千秋节令之赐,亦倍往年。诸如此类,既非劝功之典,实开蠹财之源,宜量其事之大小,以为赏之轻重,俾等分有常,给赏有序,亦初政防微杜渐之急务也。"绶又言:"近年所出,倍于所入,今圣诞、千秋、册封给赏,所用事节颇繁,请敕户部计议,每岁应进金银若干可足国用,其有非军国所急需之财,可供修建及斋醮者,听持于该部支取,庶缓急有备,不至告乏。"章下,尚书韩文言:"此库设在内庭,素无稽考,是以出入之数外臣不得与闻,传取之用,典守莫能裁遏。宜如绶言,一一查究,其合用进库银两,俟诸处输纳至日,以渐运送,专备军官折俸及册封、成造支用。有仍以斋醮等事蛊惑圣听,浪费财物者,本库岁终开奏,听该科并本部奏闻如律。凡内府赏赐,一遵祖宗旧制。因及西北虏警、东南水灾,可为深虑,欲崇俭戒侈,思患豫防。"上是之,传取之数,令司礼监备查以闻。(四,125—127) 庚申,太监陈宽传旨:练武等营太监韦敏、姚举、王庸等调耀武、显武、敢勇等营,尚衣等监太监何祥、谷大用、杨广、林贵、黎安、少监王刚、张昭等管神机等营左右哨、左右掖。(四,131) 兵科给事中杨一渶奏:"近年内外工作尽归内官监,工部不过奉行文书,工料奏讨无经,军工剥削滋甚,营伍不充,国脉虚耗。请令工作属内者由内官监差拨军匠,属外者由工部差拨人匠,若匠役不足,随宜奏请区画,营中军士不得妄行奏拨。又物料所产,因地之良[宜],不责有于无,如鱼课则取之湖广，龙荔则取之福建。顷因兵荒，遂乱前制，有以北方所产而派南方，有以山西所有而派湖广者，取非其有，重敛残民，在处相承，增添作弊，实立法无定故也。”下工部议，请今后内官监百凡工作及应用工料，会工部议处，军士会兵部量拨，则工料不至多费，军士亦可少苏；其上供之物，必随地所有，因年之丰凶，量为派办。仍令有司严核勘合，原派之数，吏胥不得洗补增加，则物价自平而吏弊可革。从之。（四，131—132）　乙丑，兵部请遵诏裁革各处添设监枪、分守、守备内臣二十四人。上曰：“今边警方急，正当防范之时，其勿革。”　丙寅，户部议覆科道所请，言：“司钥库铜钱宜命总督粮储侍郎同巡视库藏给事中、御史会本监官清查，如有侵欺等弊，听参究重治。自后内府诸监局有所取用，亦宜如承运库例，各具印信明文奏请，必有司礼监揭帖乃听关支，岁终仍具实在之数以备本部、该科稽考，有浪费之弊，究治如法，庶库藏可清而赏典不废。”上止令司礼监差官查点。盖太监庞瑮托言清查官入内迎送不便，展转阻挠，故其议卒不行。（四，135）　丁卯，致仕南京通政司右通政强珍卒。……为御史，负气敢言，尝按甘肃及江北诸府，人凛然畏之。按辽东，会权阉汪直挑衅偾事，时无敢论者。珍独上其罪，下诏狱，挞辱备至。谪戍辽东三年，有旨复职致仕。（四，137）　戊辰。初，雍王奏衡州地卑湿，寝宫殿宇朽蛀渗漏不可居……上曰：“王屡奏，必不得已，朕重违其情。”乃遣太监梁文、工部郎中张谧往修之。（四，138）　辛未，户部奏：“各仓库监局管事内官旧例每处多不过二三员，近年添设数多，如坝上仓添至十一员，上林苑监林衡署添至三十二员，其它大率类此，诚为冗滥。宜遵明诏查原额，各量存一二员，余悉取回，庶事有定体而人不受害。”上曰：“已处分矣。”盖查奏裁革，先帝将议行，故诏书及之。然盘踞已成窟穴，其议遂寝。（四，138—139）　乙亥，兵部请奉诏革皇城、京城添设守门内臣。上曰：“已设者不必革，后如诏。”

丙子,敕监督军务等官太监苗逵、保国公朱晖、都御史史琳回京,以自陈为言官所论且虏势稍缓故也。【考】《武宗实录》卷五,弘治十八年九月丁未:"命兵部右侍郎阎仲宇、大理寺左寺丞邓璋往大同核太监苗逵等用兵欺误事情。先是,六科给事中徐忱、十三道御史李天赋等交劾逵及保国公朱晖、都御史史琳老师费财,欺罔偾事,而晖听家人扰民,其罪尤甚,因及纪功御史刘淮不随军纪录,巡按御史夏时不奏报虏情,俱当罪。事下所司会议,请遣璋往勘之。逵上疏奏辩,得旨:'尔奉命剿贼,已有捷报,其余浮论,久当自明。仍令璋查理原报功次文册,不许偏枉。'科道复疏逵等欺误实状以请。命下璋并勘。璋难其事,言逵等报功之册二万余人,而御史淮已去其半,舆论犹以为滥,宜取先后文册,并拘官军人等,参互详审,以求其实,仍须兵部侍郎一员同事。上是之,遂命仲宇往。"《明通鉴》卷四〇:"晖之奏捷也,列有功将士二万余人,侍郎阎仲宇、大理丞邓璋往勘,所报多不实,而中官苗逵力持之。会太监刘瑾用事,乃悉如晖请。"　丁丑,翰林院编修毕济川言:"祭祷名山,精诚感格,无远不至,固不必遣人亲诣其地也。如龙虎山、武当山,先朝尝遣内臣往建醮筵,有司并缘科敛,动以千计,欺上罔下,害不可言。陛下崇正黜邪,必无是举。万一托此以展孝敬,但当遣官就近望祭,则无劳民伤财之患。"礼部覆奏,从之。(四,141)　戊寅,福建镇守太监邓原奏擒获建安妖贼刘宗保等三十七人。兵部覆议:"福建屡有贼情,先后捕获,而守臣奏报,未尝张大其事以觊恩典,其与小警则虚张声势以请兵,事平则历叙功劳以要赏者稍异,宜加旌别以示激劝。"上赐敕奖励。(四,143)　周府胙城王辅国将军同铋与镇守河南太监刘琊互相讦奏,周王睦榫亦奏同铋罪。先帝遣司礼监监丞段循、大理寺少卿张鸾、锦衣卫指挥使赵良往会巡抚都御史韩邦问鞫问。至是,具其罪状以上。盖同铋尝听奸民王瓒、张秀、谭臣等拨置,强以银物贷人,未及偿期辄倍取其息。有庖人祁奉者亦为瓒等所诱,借同铋银物若干,瓒等皆侵分之,奉仅得五之一。奉父祥赴琊诉焉。琊执瓒等痛棰之,追所侵仍归。同铋衔之。会汝阳王府辅国将军同钋拘留乐妇窦淑秀于宫中，瑯尝遣人启周王谕同钋出淑秀，同钋乃与之同缢而死。同铋遂奏同钋之死，由瑯及周府承奉王满、杨铸强逼致之，且讦瑯贪横及满、铸淫渎周惠王宫眷诸不法事。瑯及周王亦奏同铋尝奸舅母，立乐妇为夫人，又殴人致死。循等按验皆无实，遂劾瑯于常廪之外取驿县供给诸物过多，浪费帑银，增廨宇至数百间，以骆驼进送郡王，受其银币，又要受民词，任情决断，以秽行污蔑宗支；同铋母霍氏僭用龙床，营第侵三皇庙地界，招娼女优人聚集歌舞，又以私忿捏词赴京渎奏，有违祖训，于法皆应究治。事下都察院覆奏，谓瑯宜量移别用，周王及同铋宜赐敕示惩，瓒等应谪戍，但犯在赦前；又言同铋奸淫，勘既无实，瑯复奏其恃强劫持勘官，故不能尽法，欲令循等重勘，但形迹微隐，所贵保全，展转吹求，不无过当。先帝著令，凡官民人等奏诉牵连暧昧无稽之事，皆不究问，矧兹宗室，岂可违众而信单词？诏瓒、秀、臣仍发边卫充军，瑯调镇守蓟州，同铋写敕切责，周王置不问，循等令回京，而以镇守蓟州太监陈荣调河南镇守。（四，144—145）　辛巳，六科给事中周玺等、十三道御史耿明等，以淫雨为灾，各上疏言："天变不虚，咎在欺弊。迩者侍郎李温等通贿权奸，累劾不去；主事王纶奉敕核实功次，为太监苗逵力阻；裁减添设内臣，有司请如诏而不行；清理内库钱粮，已议会官而重委之司礼监；指挥田忠等督工山陵，纵军避役，兵部请其罪而竟获宥免，请寘诸欺蔽者于法以消天变。"掌钦天监事少卿吴昊亦言："自五月至今，八十余日，霪雨不时，其占为上慢下暴，号令无时，与玩狎不恭之人；又为天子居丧不哀，弋猎无度，奢侈繁兴，百姓愁怨之应。"俱下礼部议，谓宜纳玺等言，请自今防微虑患，亲贤远奸，昧爽临朝，躬俭率下，谨大丧则极表，断大政则勿贰，庶灾沴渐息，天意可回。上曰："灾异迭见，实由人事乖违，事关朕躬者自当警饬，尔中外文武群臣宜同加修省，政务所当兴革者，诸司其条具以闻，务切时弊，毋事虚文。"（四，146—147）　监察御史高良弼奏："近日星辰昼见，考之载籍，为阳微阴盛、臣下抗君父之征。臣切见太监苗逵受命监督戎务而辄肆欺罔，奏与御史刘淮亲冒矢石，斩获首级，是何异指鹿为马邪？且边民被虏，破产荡业，哭声动天，僵尸遍野，乃不能加一矢以雪其愤，徒闭城自守，其损国威甚矣！此上天所以垂象以警陛下也。乞枭逵首于边庭，以快将士之心，以示欺罔之戒。”疏入，上谓其语言狂悖，宜执问，姑宥之。(四，147—148)

九月甲申，致仕太子少保、户部尚书秦纮卒。纮，字世缨，山东单县人，景泰辛未进士，授南京山西道监察御史。锐于搏击。时司牧局内官傅锁儿肆恶贪贿，都人侧目，纮劾奏之，遂正其罪。又闻差中官往江南采办翠毛、鱼鱿等物，即疏止之。权贵因以事中纮，谪湖广北容驿驿丞。天顺初，升雄县知县。内官至县，猎有所需，纮不为礼，乃诬纮下御史狱，雄民赴京代诉者五千余人。调陕西府谷……(五，155—156)【考】《明史·秦纮传》：“奉御杜坚捕天鹅暴横，纮执杖其从者，坐下诏狱。……弘治元年以王恕荐，擢左副都御史，督漕运。明年三月进右都御史，总督两广军务。奏言中官、武将总镇两广者，率纵私人扰商贾，高居私家，擅理公事，贼杀不辜，交通土官为奸利。而天下镇守官皆得擅执军职，受民讼，非制，请严禁绝。总镇府故有赏功所，岁储金钱数万，费出无经，宜从都御史勾稽。广、潮、南、韶多盗，当设社学，编保甲，以绝盗源。帝悉从其请。”　乙酉，兵部覆科道官周玺等言：“淫雨为灾，皆时政蒙蔽所致，请如先议，取回各边分守等项内官李增等二十四员，皇城、京城守门内臣各止留四员，余皆裁革。山陵管工都指挥田忠等倡军逃逼[避]者十二员，请以法绳之。主事王纶奉敕纪功，沮于苗逵之奏，今改命大臣往核，请勿宽纵，庶尽弭灾之实。”上曰：“此数事已有旨处分矣。”(五，158—159)

丁亥，给事中葛嵩等奏：“京师诸卫官军，永乐初编于行伍者数十余万，今据食粮、给赏文册查之，在营者仅十之一二，各监局、园场役占亦多。其逃亡之清勾与否，及役占之有例与否，各该卫所必有始末文卷可考，宜令留守中等六十八卫各造小册，以见在、事故并役占等数目，详悉开具，以凭查核。兵部请如其言。”诏是之，令各卫所官吏亟从实开报，有徇情作弊者重治之。(五，160)　辛卯，上林苑海户刘宣等奏：“永乐年间开设苑囿，佥补海户七百九十四户，有丁二千三百余人，而其时莅事内官止一员，监工内使止十名。成化以来，增添员数，后已裁革过半。今提督之外，所增内官、内使又至一百四十余人，见存海户仅一千七百余丁，而私役纳钱者已逾千数，其给公家之役者无几，苦亦甚矣。乞裁革冗员，存私役之丁以充公役之数，庶民困少苏。”下所司知之。(五，161)　甲午，南京兵部尚书王轼奉诏条陈马快船只事宜，言：“每船大约一岁一差，计用米几二百石，银几(**广本几下有二字**)百两，军民劳困，诚所当恤。以岁运言之，如南京工部之器皿、马槽，光禄寺之醬酒，内官监之铜器膳盒，在京针工、巾帽二局内使督染于南之布绢，并给散之衣被巾帽，此正明诏所谓在京给料可以自造者也，宜以器皿之类即令工部及诸司办料成造，内官衣帽则两京各随便缝制给散，不必往来烦费。至如司礼等监、内官监起运竹木板枋竹器，亦宜于在京所税者取之，不足则令工部各处委官择其所税之坚好者，附入京官民船只载至张家湾，以便取用，岁可省差拨之船二百八十余只矣。又南京内守备及神宫监、司苑局岁进诸果菜、腌腊用船百十余只，其核桃、栗子、银杏、芥菜、苔紫、苏糕、蜜煎、樱桃、石榴、柿子、鲫鱼，皆明诏所谓北产优于南省者，自今宜于北取之。至于苗蕃、种姜、芋奶，不急之物，量为减免；藕鲜、荸荠、青梅、枇杷、杨梅、鲥鱼、糟鲜、冬笋等物，除备上供外，余亦宜量减十五。又江淮、济川二卫水夫，以田亩丁粮佥充者，十年则审编更易，遇有消乏，宜如旧佥替；若洪武间钦取夫船并免军充役者，后有逃亡，本宗丁尽户绝，宜遵诏即与除免。又快船每岁约用五百只外，余三百只在坞，宜斟酌暂停一百五十只勿修，以其守船正卒改应他役，可岁省月粮二万七千石。

又南京诸司岁用六百料马船八十八只，运送芦柴、城砖、白土及竹木板枋，每船费月粮二百四十余石，银一百余两，而往来留滞，所运不续所费。今芦柴之类，宜预积水次，使无守候之艰，至即验收，使无留难之苦，则船可减半而所运之物实倍于前。若竹木板枋用之南京者，宜取于龙江关、瓦屑坝所税，以省装运。盖此皆省费便民之急务也。”章下，兵部谓其言皆可行，惟成造器皿、马槽之类物料不足，须南京原造，有司征价解补；果品有关供用，取上裁。诏苗、姜并藕鲜等物俱勿减，余准议行。(五,163—166)　戊申，监察御史刘玉以灾异陈六事：“(**一端治本。二清化原。三亲大臣。四励庶官。**)五、择内侍。谓左右内臣，当慎其选，勿以趋事为贤，勿以阿意为忠。如司钥库太监庞瑮之奉命查盘，抗言沮挠；监督太监苗逵之损将挫师，敢为欺蔽；镇守河南太监刘瑯之凌灭宗支，科扰郡邑，新政之初，岂宜容此，请严加戒饬。(**六攘外夷。**)”下所司知之。(五,183—184)　户科给事中刘澭言：“先帝临御十八年，悯念民艰，痛惩时弊，极力振作，以图维新。不意此志不竟，大渐之际，召大学士刘健、李东阳、谢迁于卧榻，托以陛下，垂泣而语，期于克缵先业。今梓宫未葬，德音在耳，而政事多乖，号令不信。中外皇皇，人皆失望。如听商人李琳、谭景清买补残盐；张瑜、刘文泰等不亟诛以慰先帝之灵，而容其奏辩；太监刘瑯贻害河南，而仅得更调蓟州。边方多事，奏取各处内官；将官欺蔽，奏差科道根勘；户部奏革冗员，兵部奏革传乞，事皆报罢。夫先帝留健等三臣以辅皇上，而诸司章奏之下，大率恩侵于法，情掩夫公，是健等不得与闻而壅蔽之所由始也。今咎征已应，天戒凛然，伏愿深思遗命，信任老臣，政无大小，咨之内阁，参详可否；而诸司各具题奏之数赴内阁以查遗漏，则凡天下大利害、大得失，密勿之地，无弗与知，而庶政举、宗社安矣。”下所司知之。(五,184—185)　革光禄寺新添造酒内官杨俊、郭文，仍回本监供事，以户科给事中薛金奏寺内官冗耗财故也。(五,186)

十月丙辰，虏入镇夷守御千户所境杀掠，官军都指挥刘经以援兵不至，督战死之。指挥韩杰、亦麟、陈缙失机当坐死，胡良等守备不设，镇守太监杨定、监枪太监沈让、总兵官刘胜号令不严，而让、胜领军逗遛，尤当罪。巡按陕西御史杜旻上其状。诏杰等准拟，良等逮问，定、让、胜姑宥之，令戴罪杀贼，仍夺俸两月。(六，192)　辛酉，工科都给事中王缜言："近者太监张永请改筑通州新城，工部以民穷财尽，兴役为难，而陛下又欲户部会官再议。盖轸念营卒，停止工作，已有成命，今兹之议，得非欲诏旨之行以惬舆情乎？夫新城之筑已久，未闻他虞，乃无故而劳费，诚非急务，况泰陵之役方举，京营士卒未得息肩，乞寝其请为便。"工部覆奏，从之。(六，197)　壬戌，宥致仕巡抚贵州右副都御史钱钺、分守靖州都指挥使刘英罪，黜为民。……弘治十二年，钺巡抚贵州，与镇守少监杨友议征米鲁等以邀功赏。……时友、俊已死，钺、英、凤逮系至京，法司论三人罪，俱当谪戍边卫。……(六，198—200)　辛巳，给事中杨一漠劾奏太监刘瑯贪恶显著，不可使守要地，贻害蓟州，乞取回。上以瑯既致仕，姑置之。(六，206)

十一月癸未，户部集议漕运巡抚等官所言事宜：一、……一、通州仓及竹木厂既有军斗、军余，额外滥设馆夫民夫共二十五名，办纳内官月钱，大为民害，宜行革去。……从之。(七，211—213)

乙酉，兵部言："侍郎熊绣等奉敕清查腾骧四卫军人勇士，其诡冒食粮者一万三千九百有奇，宜除其名籍，舍余发原卫，民丁及失迷乡贯者发京卫，各收充军役，送营操练。自后内臣所进勇士，必实其家属，乃听补役、复役，必兵部月一验送而后廪之，凡五年必籍其人而核其数，卫官军政必由兵部考选贤否以定去留，著为例。"从之。御马监太监宁瑾等奏："腾骧等四卫勇士、旗军，乃祖宗设立禁兵，以备宿卫从，名为养马，实以防奸御侮也。其见役数少，又老疾逃绝者多，近查其冒籍者，改送别卫差操，恐本监人不足用，乞改正其籍，仍留本监。"上命兵部议处。于是给事中艾洪等言:"四卫勇士、旗军,多逋逃无籍之徒,蠹耗国用,故府部、科道官俱请厘革。孝宗皇帝特敕侍郎熊绣等清出诡冒之数,岁省钱粮数十余万,此先朝之善政,瑾等岂可阴肆邪术,蛊惑圣听,而轻易沮挠之哉?瑾尝叨侍孝肃皇太后,金币之赉无算,凡公差、休沐辄奏乞金银,多或千两,以为私费。创建大寺,用银数十万两,别墅名园,在在有之,其过难以枚举。去年孝肃升遐,恐有司香之命,乃诈称老疾,既而莅事如故。今又敢肆狂舌,暗邀人心,明纳贿赂,贪佞奸回,神人共愤。伏望寘瑾于法,庶几尽继述之大孝,以慰先帝在天之灵,而欺罔沮挠者亦知所警矣。"监察御史闫洁等亦奏言:"先帝初敕清查,瑾假以禁兵例不查点沮之。第圣意已定,不为所惑,今已经区处得宜,可以禁侵渔而杜虚耗矣。瑾未遂私图,挟奸罔奏,既谓缺少侍卫,又谓养马操练不足,情词不一,欺弊昭然。先帝之敕末载:欺公玩法、隐情怙终及抗违沮挠者,一体参奏处置。皇上明诏开示,亦谓率皇考遗志,扩而行之。今诏墨未干,法令具在,且山陵甫就,皇上方切痛念,必能仰遵成命,岂肯信奸纵恶而使弊政之仍存邪?"章俱下兵部。至是,尚书刘大夏等言:"无籍之徒,冒充禁兵,耗费国储,不可胜计,此百年宿蠹也。今一旦厘革,先帝龙驭虽已上宾,而善政贻谋,实宗社无疆之休。前弊方除,莅其事者自当惧罪不暇,而瑾等肆无忌惮,辄敢抗沮,大伤国体,又不止如前浪费钱粮而已。陛下嗣先帝之大统,宜守先帝之善政。若谓役使乏人,则宣德以前,进充未有今日之多,冒补未如今日之滥,亦未闻其用之不足也。况今查革之余,尚有二万四千四百二十余名,使官不私占,人皆供事,亦足用矣。臣等既奉旨议处,若于此欺罔之情容隐不言,则廷臣必能言之,科道官必能言之,天下之人必能言之。臣等上负国恩,何从逃罪?其查出冒充之人,宜如绣等所奏,特赐施行;诸玩法妄奏官员,俱合收考以为后戒。"上曰:"尔等所言良是。各官玩法妄奏,法应究问,第连及者多,故宥之。"(七,214—1025)

217)　壬辰，镇守福建太监邓原欲疏求谢事，福州等府卫军民群赴巡按御史饶榶处诉乞转奏借留。榶以闻，言原端厚简重，练达老成，宽仁俭素，抚驭有方，宜顺民情，留处其地，毋辄听其休致。下其章于所司。先是，原镇江西，安静不扰，郡县长贰来谒，谆谆以爱恤小民为劝，有非法酷虐者，原廉得辄以其刑刑之。尝因事过郡邑，学官诸生请谒文庙，原辞之曰："吾辈明[名]教中罪人，何面目见先圣哉！"竟不往。及移任之闽，所过百姓遮道愿留。原去后，继之者需求四出，人益思之。(七，223—224)　癸巳。锦衣卫所镇抚汪钰、总旗汪瓛，俱太监汪直养子也。钰在先朝以冒功累升都督佥事，瓛亦为锦衣百户，后皆革罢。左监丞王润以为奏请，复得进用。给事中潘希曾、御史陈天祥等交劾润夤缘欺罔，请寘于法。上特宥润而罢钰、瓛职役。(七，224)　庚子，命太监韦兴往太岳太和山司香兼分守湖广行都司地方。六科给事中周玺等、十三道御史曹来旬等各奏："初诏革天下守备内官非旧额者，今诏墨未干，弊端复作，何以全大信于天下？"且数兴罪恶，乞寝其命，仍加斥逐。并劾取回太监齐玄指以炼丹为名，糜费帑藏，乞寘于法。兵部郎中李永敷亦以为言。上皆不听。(七，227)

十二月乙卯。初，河南镇守太监刘琊乞佥皂隶五十名，上许之，科道交章论列，仅减二十名。至是，琊改守蓟州，巡抚都御史韩邦问言："河南连年灾伤，民财匮竭，镇守官例有应得供用，不宜踵袭前弊。"兵部覆奏革罢，从之。(八，236—237)　壬戌，加四川镇守太监石岩禄米岁十二石，升巡抚右佥都御史刘洪为右副都御史，副总兵朱廷、兵备副使张翼并岩侄文义各升一级。先是，松潘南路番夷据险为梗，而空龙、列柯二寨复杀虏官军，方请调兵征剿。无几何，廷与翼忽自言番夷见镇巡官榜谕，已愿自归免罪，而二寨各函送其凶逆之首矣。奏闻，兵部据空文为核实，遂有是命。文义者，本阳和卫人黄添祥，冒姓名为岩侄，岩为陈其抚谕效劳,兵部欲行覆勘,诏特与之云。议者以为,松潘番夷,上道劫掠,盖常事也。岩与洪始欲因以为功,遂张大其事,请兵于朝。既知功之不可幸成,蜀人亦以用兵为难,乃有榜谕之奏,且厚饵其酋长,造为函首投献之说,不知边吏之力果能制其死命否?盖岩有奥援,主之于内,蜀人皆知其伪而不敢言,上下相蒙甚矣。(八,244—245) 京卫武学生及尚膳监军厨以即位各陈乞给赏。许之。(八,246) 乙丑,五府、九卿、科道等官合奏:"各马、牛等房递年虚增头匹,不下数千,滥支粮草,不下数十万。先帝深知其弊,著为令典,每年一次,敕科道官查点,以凭会计。自是岁派料草,计省银二十七万四千余两。今陛下乃因御马监太监杨俊等夤缘具奏,但令俊等查数会计,科道等官停止勿差。此端一开,百弊复作,征求益滥,剥害愈甚。且言官交诤,拒而不信,户部执奏,拂而不从;当绍述之初而忽深远之计,敛四海之怨,徇左右之私,其为新政之累夫岂小哉!愿体先帝图治之意,仍令巡视草场科道官如原旨查点,寘俊等于法,以为后戒。"上曰:"卿等所言良是。查点会计仍遵先帝旨而行。俊等肆为欺弊[蔽],法当逮问,姑宥之。"(八,248) 壬申,庆成王奇湞奏本府辅国将军奇滔,因小忿辄自赴京具奏,乃劳遣中官送之。后有类此者,宜令外衙门遣官押送,庶不违于祖训。事下刑部,覆奏:"将军、中尉送以部寺属官,庶人送以办事官,郡县主君仍送以中官。"得旨:"今后将军而下越诉者,不必馆馈,止令办事官送回本府,严加管束。"(八,252) 甲戌,兵部尚书刘大夏言:"韦兴一人之用,似乎未足深惜,但朝廷治体之得失,皇上大孝之隆替,胥此焉系,非寻常用人比也。臣请为陛下言之:夫添设守备内官非旧额者一体取回,此近日明诏,本部奏革齐玄,又近日所奉旨也,方革复用,徒使新令不信于天下。况兴于成化年间引用俭邪,进献奇巧,大坏朝廷之法。先帝嗣统之初,斥兴不用,臣民痛快,天下共闻。今泰陵之土未干而令奸党之徒遽进,恐于圣孝不为无损。

其事似小，所亏甚大，乞从科道论列，罢兴勿用，庶几圣孝隆、治体得，而地方亦可望其安矣。"不从。（八，254—255）　巡按直隶监察御史夏时查勘宣府虞台岭失机罪状以上，遂劾都指挥曹泰等二十员杀贼不勇，参将张桓等十八员守备不设，参将李稽轻率偾事，副总兵白玉、黄镇束手畏敌，总兵官张俊调度失宜，镇守太监刘清、都御史李进，兵部请会文武大臣议处。上以失机事重，再令酌处以闻。于是议上，请逮清、进、俊、玉、镇、稽来京究问，分别其罪状轻重处之，桓、泰等三十八员则就彼逮问。上是之，令推可用者代清、进、俊回，而玉、镇、稽及桓、泰等俱令戴罪杀贼，待边情宁日究治。（八，255—256）　丁丑，礼科给事中等官葛嵩等奏清查过留守中等七十一卫所官军，原额为数三十三万九千二百六十五人，除逃亡一十八万九千二百二十五人，实在凡一十五万四十（**广本十作千**）人。其五军等十五营见在操练者并各卫见任者、优给优养纪录者、守门者、上直侍卫者、撞门夜巡者及鞍辔等局、铸钟等厂所役者一十一万六千四百一十七人，当如旧存留；各仓及各监局十有八处所占者三万三千六百二十三人，当裁革，送营操练；逃亡之数，仍宜移文御史清查解补。兵部覆奏，从之。（八，263）　戊寅，礼科都给事中周玺等言："（**前言五月以来，南北灾异频仍。**）窃惟应天之道以实而不以文，感通之实在此而不在彼。方今聪明日蔽，膏泽未施，讲学一暴而十寒，诏书朝更而夕改，武职冗员革去未几而复旧，镇守太监取回未到而复，并解户困于内官，盐法坏于戚畹，劾官虽罢而张元祯之大奸未去，重囚虽决而张瑜等之元恶尚留，边将虽取而不用，贤才虽任而不专，厚皇亲而轻出驾帖拿人，私进习而不用外官查库，下失人心，上干天怒。伏望亲近儒臣，讲学不倦；屏逐群小，信用老成；勿好骑射，勿事巡游；赏不因喜而或僭，罚不因怒而滥施；戒革镇守内臣，慎重颁行诏旨；仍诏诸司尽心兴革，明白上请；惟克果断，毋事因循；内外大小臣工，许令直言无隐。庶几和气致祥，灾异可息。若徒事祈祷，不修实德，将以求福适以召祸。”礼部议如玺等议，上是之。(八，264—265)　己卯，赏云南镇守太监刘昶、总兵官沐崑、巡抚都御史陈金各纻丝二表里，银二十两，升左参议郭绪俸一级，赏知府王嘉庆、张凤等二十五人有差。(**初，孟密、孟养、木邦等土夷构怨，云南守臣往谕乃平。略。**)上嘉各官抚定之功，故有是命。(八，266—267)

本年附

艺文·碑铭·太监黎义谕祭碑及墓志

谕祭

维弘治十八年，岁次乙丑，六月癸未朔，二十三日丙子，皇帝遣惜薪司司正杨玮谕祭于御马监太监黎义曰：“尔以明敏之资、醇谨之性，爰自早岁，简入内庭，历侍先朝，小心慎密，迨于事朕，益笃恭勤。宠遇方隆，胡遽云没。讣音奄至，良用悼嗟。追惟旧劳，宜申恩数，特赐赙葬，以慰尔灵。九原有知，尚其歆服。”

维弘治十八年，岁次乙丑，六月癸未朔，二十五日戊寅，皇帝遣惜薪司左司副赵宝谕祭于御马监太监黎义曰：“惟尔侍朕春宫，粤有年劳，方□委用，遽尔长终。首七倏临，载颁谕祭。尔灵不□，庶克承之。”

维弘治十八年，岁次乙丑，六月癸未朔，二十七日庚辰，皇帝遣惜薪司奉御陈德，谕祭于御马监太监黎义曰：“惟尔侍朕春宫，粤有年劳，方当委用，遽尔长终。窀穸倏临，载颁谕祭。尔灵不□，庶克承之。”

大明御马监太监黎公墓碑铭

赐进士及第、翰林院侍讲学士、奉训大夫、经筵讲官兼修国史会典南□白钺撰文。赐进士出身、翰林院国史编修□□赵永书丹。奉敕提督神机营总兵官、掌左军都督府事、前节制陕西等处地方、柱国、惠安伯□城张伟篆额。

弘治乙丑(十八年，1505)五月二十七日，御马监太监黎公卒。距其□景泰丙子(七年，1456)六月十二日，享年五十。讣闻，上震悼，赙钞三万缗、白米二十石，香烛各若干。敕礼部给斋粮、麻布五十石、匹，工部造棺营葬，树飨堂加式。遣司正杨玮、左司副赵宝、奉御陈德谕祭者三，仍命监护葬事。杨公等卜以七月初三日大葬于都城西翠微山之原。赵公与予同郡，故□□求请铭。既不获辞，乃按状序之。

公讳义，世家广西……皆隐德弗耀。公自幼即颖敏凝重，父母爱之，期以大门户。成化丙戌（二年，1466），选入内庭□□□公秀□□习□□□□擢直□□宫，历□□司左司副，□□进司正。壬子（四年，1468），升内官监□□□□□月□□□公谨恪……命事今上于东宫，授典药局郎，迁御马监左少监。□□旬，加太监，仍兼……

今上嗣登宝位，念公有辅翼功，赐玉带、金织斗牛衣，署惜薪司事，示异恩也。柄用有日，而公卒矣。公性恭俭好学，退直之暇，手不释卷，涉猎经史，明大义，留心方药，每有处疗，□应时取效。至于轻财敷义、秉公主信，盖素……然则□□□□之知，沐重□蕃之宠者，岂偶然哉！是宜铭，铭曰：

越山□□，越水□渊。钟奇炳灵，□□有焉。公降不□，亦云匪先。遭逢圣明，□震厥执。夙夜敬□，拥后翼前。□烁丽日，飞御甲天。恩光□烛，九垓八埏。□眷公劳，峻□□□。金衣玉带，霞晕□鲜。今□柄用，公寿□延。当□兴□，恤典□全。存没□□，□□与□。幽堂有述，以永厥传。□□□□，相向屹然。过车必式，曰惜哉此□。

（北京市石景山模式口法海寺南出土。《北京图书馆藏中国历代石刻拓本汇编》第53册，第114页）

艺文·太监段聪自撰寿藏记

守愚子寿藏记

昔赵邠卿先为寿藏，司空图预为冢圹，此皆达性知命者也。□□□为墓志，裴度自撰墓铭，此皆自述履历者也。予虽不敢僭拟于古人，窃见近□□有年至耄耋讳言终事，或身死财散而卒无所归者，又有濒死而嘱其子孙遍求显官名儒铺张德业以自夸诩于人者，予两病焉。弘治丁巳（十年，1497），予先卜宅兆于祖茔之右，兹维正德元年改元之春，遂并治归藏之所，因自述平生履历之实曰：

吾段氏，世居三河南庄社之原。景泰丙子（七年，1456），聪甫九岁，选入内廷。天顺丁丑（元年，1457），遣就翰林院官读书，甲申（八年，1464），选司礼监书办。成化辛卯（七年，1471），册封□恭皇太子，俾理典玺局事。

壬辰(八年,1472),皇太子薨逝,改长随执事,日供奉翰墨。明年升奉御,寻升内官监右监丞。乙未(十一年,1475),升针工局副使,佥管局事。又明年升大使。丁酉(十三年,1477),改升内官监太监,赐蟒衣玉带。己亥(十五年),俾佥监事,岁赐禄米十有二石,许禁中乘马。丙午(二十二年,1486),御书"秀气"二大字,并"文质彬彬"、"诚笃恭勤"二图书以赐之。

丁未(二十三年,1487),宪宗皇帝宾天,改神宫监太监,奉祀茂陵。寻左迁右监丞。弘治辛亥(四年,1491),升左监丞,供太庙事,辞弗获。岁壬子(五年,1492),册封今上为皇太子,改典玺局纪事,复以不克胜任辞,弗允。戊午(十一年,1498),仍许乘马禁中。越三年,改升御马监左少监。壬戌(十五年,1502),升太监,俱兼局事如初。累以疾辞任,俱不允。癸亥(十六年,1503),辑录《大学》、《中庸直解》,缮刻装潢成书,用便睿览。

乙丑(十八年,1505)仲夏之七日,孝宗皇帝宾天,上以从龙恩调司礼监太监,赐蟒衣玉带。自揣才轻位重,兼之宿疾未瘳,屡疏恳辞。上特诏曰:"有疾,宜从容调摄,以副眷怀,不必固辞。"复岁加赐禄米十二石。屡欲勉强任事而疾日益剧,乃力辞至于再三。上察予之情辞出于真诚,复诏曰:"汝宣力春宫有年,劳勚颇著,才切委任,奈累以疾辞,特许即外经厂养疾,仍令内供用库月给以米,惜薪司岁给以夫。"已而复官犹子一人于锦衣卫,以偿微劳,诚异数也。予之始终履历如此。呜呼!予承祖考世泽,历事四朝,窃禄五十余载,蒙列圣浩荡之恩,践更任使,曾无片长寸善可以报塞恩遇,死有余愧。他日得全要领以归,藏于斯为幸多矣,尚敢妄自称述功业,以夸诩于人耶?我后人切宜戒之。

正德改元丙寅岁(1506)三月二十八日守愚子自记。

(《新中国出土墓志·河北》第186号)

正德元年丙寅(1506)

正月壬辰,都察院右都御史史琳卒。(**履历略**。)宣府之役,斩虏首仅三人,而琳与(苗)逵、(朱)晖张大其功,且遣子鹤偕舍人苗翥奏捷,得升总旗。言官劾其庸懦无耻,士林丑之。(九,273—274)

甲午,大学士刘健、李东阳、谢迁疏言:"窃见去年圣驾看牲及时享太庙,内官内使随从数多。今年大祀郊坛,从者又多数倍。臣等历事累朝，见带刀、披甲等项内官甚少，宣德、正统以前尤少。祖宗深意，盖以敬天事神为重，不敢过为夸耀；且执事给役自有定额，服食供给亦有常限，不可过为冗滥故也。今祭大社、耕耤田、幸太学等礼在迩，社稷、先农坛地方窄狭，文武群臣守卫执事自有该用人数。国子监、先师庙，庭不过数丈，出入门巷不过数尺，太学师徒数千百人，伺候行礼，填塞挤杂，尚恐不容，若增添内侍，置之何地？乞敕司礼监查照正统以前旧例，定为名数，不使仍前混杂，庶国体清肃，人无窃议。臣等又见每日常朝驾过文华殿，随从之数渐亦增多，内府各监局题本，佥书官姓名或至七八十人，或至百数十人。伏睹先朝每遇登极之初，必一简选，今则但闻升擢，不计年资品级，新旧累积，贤否混淆。光禄寺传办桌面，日逐加增，已至七八十桌；承运等库关出赏赐，各该衙门役使人匠，不知几何；蟒龙玉带，内府乘马，不论其数。耗竭财用，坏乱名器，未及一年已至于此！仰惟皇上春秋鼎盛，将隆亿万载无穷之祚，此后何以处之？况自奉诏书查革冗滥，文武官员俱曾革去数百，各门、仓库及各处分守、守备等项内官照旧不动，恐非朝廷大公至正之道。臣等固尝论奏，奉旨准行，因循至今，其弊愈甚。臣等谬膺顾命，叨任腹心，日夜忧惶，莫知所措，不敢不昧死尽言。尤望皇上大奋乾刚，特施睿断，将前项冗官通行裁革，非分赏赐服色尽行追还，使制度光复于祖宗，诏令不失于天下，实社稷之福，苍生之幸也。”上嘉纳之，曰：“随从内使朕今有处分矣。”(九，274—276)　乙未，太监陈宽传旨：神机营中军二司内官监太监刘瑾管五千营，御用监太监张永管神机营中军并显武营，神机营右掖御马监太监徐智调中军头司管奋武营，而以司设监太监马永成代智，御马监太监王润代瑾。(九，277)

戊戌，兵部尚书刘大夏以给事中周玺等历数灾变，欲尽革弊政，以求感通之实，因言：“裁革冗员及取回添设内臣，本部尝蒙俞允之旨矣，奈何诏墨未干，倖门复启，如金琦已裁革，辄幸求管事，齐玄方取回即遣韦兴补之，皆臣等匡正无术，使陛下之诏旨徒颁而人心之欺玩如故。伏望罢琦事任，止存其千户职俸，革兴分守，止令于太和山司香。今后但有违命妄陈者，听言官及本部执奏，明正其罪，以为夤缘之戒。”不听。(九,280—281)　己亥，户科左给事中尚衡陈言四事：(**其言亲儒臣、重节义、论勋贵略。**)其论权豪沮坏盐法言：“近来皇亲、驸马、公侯、太监家人开中引盐，诡名包占，凭籍声势，强中强支。商人聚守，资本折阅，是以近日各边报中者视昔甚少。乞敕户部移文两淮，有如前沮坏者，听巡盐御史解京究问，则盐法疏通。”下所司知之。(九,281—282)　太监陈宽传旨，以尚宝监太监潘牛总镇两广地方，召前总镇太监韦经还。(九,282)　庚子，巡按直隶御史刘玉劾太监吴忠奉命选婚，不知敬慎，又纵其下人擅作威福，所在科索，动计百千，乞逮治之，更择老成以任其事。下所司知之。(九,283)　乙巳，六科给事中周玺等应诏陈八事。(**其言亲大臣以图治化，清弊政以固人心，省供奉以苏民力略。**)其重诏旨以惇大信略曰：伏读明诏，各马房仓库及各门等处添设管事内官数多，先帝已有成命，该部查议裁减，各处添设守备等项内官，悉查奏取回。近用太监王庸提督巡城点军，韦兴兼分守湖广行都司，明诏所载，自相抵牾，宜将二人罢黜取回。(**下言遵旧制以防诈伪，正贡赋以固邦本，惜名器以励庶官略。**)其汰不职以新治化略曰：今太监如内官监之李兴、镇守山西之陈逵、镇守辽东之朱秀，此城狐社鼠，所宜急退者也。(**下言武职、文臣不职者略。**)下所司知之。(九,285—289)　丁未，监察御史杨仪言，虏万一深入通州，所积仓粮徒遗之食，欲令在京官军人等预支数月而尽撤其仓迁置京城之隙地，其各马房亦宜如边境规制，筑为堡寨，徙外场所积草于内。时太监张永又请增筑通州新城。俱下廷臣集议，谓通仓共七百余间，猝不可迁，见粮共六百余万石，亦非旦夕支放可尽，不若增筑新城，以为保障粮储之计；而马房草场墙垣，则宜如仪言增修垛口角楼以防不测。从之。(九,295)

二月壬子，兵部奏近日言官交劾镇守江西太监董让废格诏书，敛怨蠹政，因并论太监刘瑯之在蓟州、朱云之在山东，皆贪酷诛求，重为民患，乞究治，别选廉静者代之。东昌府通判曹璞亦论云侵牟商贾，科索州县，宜速罢。得旨："去留在朝廷自处之。"(一〇,302)　给事中艾洪等劾将领之贪婪不职者……各疏其罪状，并论镇守太监刘云之在陕西，刘瑯之在蓟州，残民蠹政，俱乞罢黜。(一〇,302—303)　乙卯，巡抚都御史王璟请革皇庄，未有俞旨。其在真定等府、宁晋等县者，太监夏绶请岁加草场之税，又欲勿听小民争讼；其在静海、永清、隆平等县者，少监傅琢等请遣官履亩核实，以便管理；小河之在宁晋庄前者，太监张峻等又欲税往来客货，皆从之。时又以庄田之故，差官校赍驾帖逮捕民鲁堂等二百余人。璟及都给事中张文、监察御史叶永秀等极言其不便。户部初集廷臣议，谓千百顷琐琐之利，恐不足以孝养两宫，请革皇庄之名，通给小民领种。有旨令再议。于是尚书韩文等覆请，谓畿民当加存恤，若谓庄田以奉两宫，不可给散小民，则宜移文巡抚官核实，召人佃种，亩征银三分，解部输内库进用，其管庄内官悉召还，庶地方得免侵渔之患。上曰："卿等意在为国为民，所言良是。但朕奉顺慈闱，事非得已。管庄各留内官一人，校尉十人，余悉召还，子粒如拟征银，不许分毫多取。沿途往来厨传，俱止勿给。敢有仍前生事为民害者，令巡按御史具实以闻。"当议上时，大学士刘健等又言："皇庄既以进奉两宫，止令有司照数收银，亦足供用，若必以私人管业，反失朝廷尊亲之意。且管庄内官，假托威势，逼勒小民，其所科索，必逾常额；况所领官校，如饿豺狼，甚为民扰，以致荡家产、鬻儿女，怨声动地，逃移满路，京畿内外，盗贼纵横，亦由于此。诸如此弊，上之人岂得知之？今使利归群小，怨归朝廷，事极势穷，变生不测，在近地尤有可忧。所以廷臣合词议奏，望念宗社生民重计，以成大孝，问安视膳之余，从容奏请，倘得欣(广本欣作钦，是)允，实国家天下之幸。”然中人为渔利之计,锢蔽已深,竟不能尽革也。(一〇,304—305)　辛酉,赏甘肃镇守太监杨定、巡抚都御史毕亨、总兵官署都督佥事刘胜、兵备副使李瑞[端]澄各彩币二表里、银十两;巡按御史杜旻、兼管神枪太监沈让、副总兵白琮、参将吴紘、佥事官贤、曹玉银、币各半之;(下升赏略。)以复哈密国王陕巴功也。(一〇,309—310)　壬戌,太监陈宽传旨,以分守大同右卫都知监左监丞侯能镇守大同,而以御马监左监丞宋彬代能。分守金、腾参将卢和性贪暴……为分守内官孙叙所讦,而叙亦多索夷人金宝,初以平戛寨卖于莽勒,既而勒之,叔辉纳赂,又改畀之,且令人至夷地市宝石。和与之互讦,又邀截其奏。下巡按御史验问,俱拟斩;和所用千户李纶坐与夷通市,叙所用土官镇抚谢宏、赵铖坐强索财物,俱拟永远充军。都察院覆奏,和及纶、宏、铖如拟,叙减降充军。诏是之,发叙充孝陵神宫监军。(一〇,311)　乙丑,兵科都给事中艾洪等言:“给事中葛嵩等前此清查留守中等七十一卫官军匠余,议拟存留,裁革在司苑局者别(按,别疑为捌)处五百名,在嘉蔬所应革七百一十一人,在尚膳监者应革四百一人,在锦衣卫者应革一十一顷(广本十作千。实录校勘记:“顷疑应作项”),为七千五百七十七人。俱奉旨送操,诸司不得设辞沮挠。今乃以太监魏兴、萧寿、指挥赵鉴有言,遂降不必送操之旨。迩者边境数耸,行伍缺乏,议者尚欲召募以充之,况应革之人,皆廪食之数,顾使之受役巨室,办纳月钱,而坐耗国储,亏损邦政乎?且二三其令人无适从,乞果断必行,毋惑于近习之请,凡清查操练,一以前令从事。”得旨:“所言诸事俱已有成命矣。”既而嵩及给事中杨一渼亦以为言,欲罪兴等以为后戒,兵部覆奏,皆不听。(一〇,314)　戊辰,大学士刘健、李东阳、谢迁言:“昨司礼监递出户部、兵部、吏部、都察院各一本,传示圣意,令臣等拟断。臣等据理论事,皆不可行,逐一从公拟票上请,又蒙发下,不从所拟。臣等情意迫切,谨昧死为陛下陈之:(首言盐法之坏,次言军法之坏,三

言刑罚之坏，不可者三，从略。）选法之坏极矣：御用监书篆缺人，吏部奉旨考选送用，今乃令已黜人员通送本监考较优劣，不信铨衡而信宠幸，祖宗旧制，恐不如此；况夤缘传奉者奉诏裁革，曾不几时而遽闻此例，则官匠术士仿效成风，以邪路为当行，视诏书为故纸，其所关系亦非细故，此不可者四也。凡此四者，或该部掌行，或会官议奏，朝廷任贤图治，责在有司，不宜以一二人之私恩坏百年之定制，以一二人之邪说废万世之公论。况皇上春秋鼎盛，政令维新，而地震天鸣，白虹贯日，恒星昼见，太阳无光，盗贼纵横，夷虏猖獗，财匮民穷，怨谤交作；内外臣仆方且持禄固宠，乘机作弊，排忠直如仇雠，保奸邪如骨肉，日复一日，愈甚于前，祸乱之来，恐亦不远。臣等受知先帝，久侍青宫，叨任腹心，实同休戚，近者或旨从中出，略不与闻，或有所议拟，竟从改易，似此之类，不能悉举。而事穷势极，责亦难辞，若顾惜身家，共为阿顺，则欺君误国之罪，无所逃于天地之间矣。所有前项四本，不敢别拟，谨将原票封进，若以臣等迂愚，言不足信，则当乞身避位以让贤能。”不报。(一〇,316—318)　癸酉，户部覆议都给事中邹轩等所言裕民止盗事，其一谓贵戚藉所赐庄田，侵夺民产。盖长宁伯周彧赐田之在景州东光境内者，实民人高崇世业，往年为奸民仇害，投献中贵，遂以赐彧，而崇诉焉。逮之锦衣卫鞫问已明，宜令踏勘官员从公断理，勿畏势以虐民，仍行诸贵近或尝受献者俱遵诏旨，亟以还民。其一谓内府各监局、各库、各仓场及各门内官、内使人等，每缘收纳钱粮，刻削无厌。先帝晚年，洞察民隐，尝特降明旨，严加戒谕。今复玩愒，恬不知畏，故诸所解纳，百方巧取，粟米、布绢之价，往往倍于时估，民甚苦之。宜重刻戒谕之旨于诸司悬布，永示遵守。其一谓庄田子粒，贪暴者违例自收。盖公侯田土及牧马草场征银三分，令佃户自赴有司上纳，而后听业主领用，实虑管庄之人贪暴自恣，逼民逃窜也。今宜令巡抚、巡按重加榜谕，或违例致民失业者，业主有司一体究问。其一谓征税不经,甚至屠宰皆纳官钱。盖京城各门宣课司近闻日进供用库猪肉、丁字库羊皮,又岁时一再送进瓜果,皆旧制所无也,宜尽行革罢。若张家湾、芦沟桥二司经过客货非在彼发卖者,宜令径赴宣课司执[报]税,毋得重征。其崇文门分司五百贯以上例该起条者,宜如原税之数,勿令加倍。各门大小车辆及驴骡负载诸货,宜悉听巡视御史等官照例收取正税,不许守门内官仍前干与,分外过取。其一谓珍宝应禁而不之禁。盖近该内承运库太监龙绶等奏谓宝藏库宝石、西珠无可用者,欲本部区处进纳。臣等尝集府部群臣详议,时方凋敝,未能致此难得之物,况皇上新服厥命,正宜屏绝奇玩以培养俭德,宜敕所司,选诸内库所藏,取足成冠婚之礼而止,不必过求侈用,敢有夤缘举奏,务为蛊惑者,查照先年处置梁方[芳]例重加究治。奏入,上是之,曰:“先帝所颁戒谕之旨,令诸司翻刻,悬布遵行,有故违者罪无赦。”时廷臣集议绶等所奏之章留中将一月矣,于是亦得旨,不必买办。(一〇,321—323)

丁丑,大学士刘健、李东阳、谢迁奏:“(**前自劾略**。)臣等叨冒宠荣,忧惭无地,今不敢缕数,姑以其重者言之:商人谭景清等附托皇亲,奏讨残盐,而乃曲为庇护,宁使帑藏空虚,边饷匮乏,此政令之失一也。大同随征所开‘冲锋破敌’、‘三次当先’二项,旧制俱不该升,而乃查近年弊政,欲升数百冗员,以官职为人情,视爵禄如粪土,此政令之失二也。内府佥书、守门及各处添设分守、守备等官,奉旨减革者百无一二,而海子净身人又选入千余,至于蟒龙玉带滥赏无算,此政令之失三也。御用监书篆缺人,乃令革退人役通送本监考校。凡匠官卫士之查革者,皆将仿效成风,以邪路为当行,视诏书为故纸,此政令之失四也。他如皇庄田土已令巡抚官查数,又复差官踏勘,带领人役,骚扰地方。畿民贫困已极,何以堪之?此政令之失五也。皇亲家人妄奏畿民侵占田土,辄为出给驾帖,提解来京,镇抚司鞫实,俱与原奏不同,未免仍解本处官司问理,牵连负累,破家荡产,冤苦之声,致伤和气,此政令之失六也。韦兴、齐玄，蛊惑先朝，盗空府库，罪大恶极，一则夤缘分守，累劾不退，一则奏请追究，止令取回，迁延至今，未正典刑，此政令之失七也。各营执事官军及内府军匠、各仓军斗，俱经奏准，查赴团营。及各衙门乞留，仍复照旧，废营伍之籍，供私门之用，此政令之失八也。内承运库银两支销，累数百万，内府支用不给印票，该库内官自请查算，竟尔不行。司钥库铜钱，该部累奏支用，展转推延，至今不发，此政令之失九也。饶州磁器，奉诏蠲免二年，又令起运来用，此政令之失十也。似此之类，未易悉举。（**下请罢归略**。）”上曰：“所奏事令各衙门查奏定夺，卿等宜尽心辅导，以副倚任。”初，御用监以成造龙床、旗纛缺人书篆，请命吏部访求送用，及访获吴一中等八人奏送该监，又有旨欲将前所革退李鼎等六人一并送监，考其优劣以闻。吏部执奏不从。吏科给事中安奎言：“初诏汰黜冗滥，不下七百余员，鼎等六人夤缘复进，则其类将援以为例。倖门一开，纪纲顿坏，其为新政之累大矣，宜仍革为民，不必送考。”吏部请从奎言，上是之。（一〇，328—332）　六科、十三道交章言：“近日清查各项官军匠余、五军等营未补应操者一万七千八十有奇，留守中等卫所裁革应操者三万三千六百有奇。兵部覆题，已荷俞旨。未几，保国公朱晖、太监萧寿、魏兴、王佐、蔡用、高谅各托辞旧制，误惑圣聪，使清查徒为文具，营伍仍前空缺，万一有警，何以为备？乞置兴等于狱，正其阻挠兵政之罪。”上诘责诸臣曰：“诸事俱从旧制，况已前决，此曹何为辄肆奏扰？其不体宪纲甚矣，法当究治，姑贳之。”（一〇，333）　戊寅，提督修盖京、通仓厫监丞高谅奏留修仓军余之送操者，兵部参谅便私玩法，请治其罪。得旨，修仓军役如旧，高谅置不问。（一〇，334）

三月乙酉，都给事中艾洪等言：“近以虏寇宣、大，我军失利，太监陆訚暨御史刘淮等老师费财，冒功匿罪，差官往勘还报，奉旨谓訚等功可掩罪，淮等姑置之，仍令兵部查有功官军并‘冲锋破敌’、‘三次当先’之例以闻。臣等窃惟赏罚人君之大柄，近者将官假'冲锋破敌'、'三次当先'之名以幸功掩罪，或身在京师而冒报名姓，或令人顶替而妄作己功。前日大同之战，边军列前，多被杀伤，京军在后，辄蒙利益；纪录则属于京营，访勘独归于边伍。后有虏患，谁复用命哉！今宜停'冲锋'等冒滥之赏而特论边军之功，訚及总兵官吴江、都御史周南，虽幸收后功，难赎前罪。至于太监苗逵、保国公朱晖敷奏失实，又不待报班师，御史淮纪功之册，增减无据，主事王纶协同，失于救正，巡按御史夏时察勘失之稽迟，皆宜寘之于法，则赏罚明而纪纲振矣。"监察御史汤沐等亦以为言。上曰："功次俟查明酌处之。"(一一，344—345)

丙戌，巡按江西御史乔恕奏贵溪县龙虎山上清宫岁遣太监赍送香帛，所至扰民。自后所降香帛，宜止令本处镇守同三司官领其事。礼部议覆，从之。(一一，346)　己丑，录宣、大御虏功，官旗军舍人等擒斩为首从及鏖战、督阵、被伤、阵亡者四千六十一人，各升赏有差；先入贼阵并三次当先者一千三百五十六人，照例给赏。太监苗逵以监军，陆訚以镇守，各岁加禄米十二石；总兵官保国公朱晖加太保，故提督军务右都御史史琳赠太子少保、左都御史；大同总兵官都督佥事吴江、京营左参将都督佥事神英各升一级，总督粮储户部左侍郎王俨、巡抚大同右副都御史周南各加一级，监枪太监张琳、故京营右参将陈雄、延绥右参将王戟、副总兵曹雄、游击将军姜汉，各赏彩币二表里、银二十两，儧运粮储户部郎中孙禄、主事余寰各彩币一表里、银十两。(一一，350—351)　壬辰，六科给事中张文等、十三道御史李钺等各以星变天鸣上疏，(**一曰重辅导。**)一曰抑权幸。谓太监高凤恃宠弄权，交通李荣，引进商人谭景清，固欲买补革退残盐；李兴岁兴工役，宁瑾虚费钱粮，苗逵占恡地土，觊幸边功，宜究治以彰厥罪。(**下曰清弊源。**)下其章于所司。(一一，353—354)　戊戌，户部覆大学士刘健等所奏，请追收商人谭景清等残盐引目，给与原价；其皇庄田土不必差官往勘，请令巡抚都御史查明，召人领种，每年子粒有司如例征完，解部转进两宫；其内库金银等项，请依太监龙绶所奏，非具本传取者，敕下司礼监会同内阁查究，用余之数责令还官。上曰："庄田第令巡抚官勘明子粒，有司征完，交管庄内官进送；内库金银等项，令该库经管官员查奏。"(一一,355)　庚子，太监陈宽传旨：御马监太监王宏管神机营右掖三司。寻命宏管本营左掖并耀武营，张景昌管右掖三司。(一一,356—357)　辛丑，太监陈宽传旨：神机营左掖太监马永成调中军二司(抱本二作三)，管练武营，兵仗局大使孙和管神机营右掖。(一一,358)　丁未，南京东安门皇墙脊瓦并大报恩寺塔以雷震而损，守备太监傅容等既修葺皇墙，乃奏欲并修寺塔。工部议："根本重地，雷震禁垣，其灾非他所可比，天心示戒，祖宗之灵恐亦弗宁。若复修理寺塔，兴土木之工，劳军民之力，非所以答天戒也，愿已之。"上是其言，诏南京灾变非常，朕心祗惧，其令守备等官同加修省以回天意。(一一,360)　御马监太监陈贵奏各马房马多病，恐风水不利，乞相看迁改。上许之，命钦天监官倪谦往视。因谓其中檐水相射，房舍及众塔错列，有伤生气，宜迁改修理。给事中陶谐等言："马房建立已百余年，贵一旦归罪风水，欲事迁改，盖假公营私，图屋宅之新以极便安，因土木之兴以肆侵克耳；而谦等敢辄阿附，俱宜治罪。"工部尚书曾鉴等覆奏，上命如前旨修理。鉴等复执奏，谓马房原系钦天监相看营造，规制已定，今称房屋塔座有碍风水，必其后任意所增，宜令拆毁改正，葺以己赀，庶牧养无妨而民不劳费。从之。(一一,361—362)　戊申，尚膳监太监刘杲以病乞监督京仓，许之。户部右侍郎陈清、监察御史朱廷声各奏仓场近岁添设冗员，明诏方议裁革，岂可复增以失信于天下，请罢杲勿用。不从。(一一,362)

四月癸丑，管理马房太监陈贵、叶阳以马房屋宇墙垣倾圮，奏欲开耕草场地，以资修理之费。户科都给事中张文等言："我朝养马仿周人牧师之制，于内甸民耕之外，各营设置草场，每岁以夏秋牧放，纵其驰逐，故马大蕃息而武事以修，足以尊国势而防虏患也。近日锦衣卫指挥傅聪、御马监太监钱能，各缘父兄之故，请草场为业，既误听之，于是贵、阳遂有此奏。臣等考之正统时，提督人员有侵其地者，英宗皇帝令改正，戒再犯必杀无赦。成化中，太监李良、都督李玉、锦衣卫指挥刘纪等又各侵苜蓿地，宪宗皇帝罚玉俸三月，仍遣官核实，以正其经界焉。近年太监覃昌、陆恺奏讨香河等县草场，寿府、仁寿宫奏拨永清等县草场，给事中周旋等查出，孝宗皇帝又令照数还官。夫莫尊于母后，莫亲于皇弟，先帝且不得而私之，贵、阳、聪、能何人，乃敢以香火为请而留数百亩，以修理为辞而乞数千亩？是欲以一时之私情而坏累世之成宪，将必至于草场荡废，马政空虚而后已。武备削弱，戎狄生心，为国大患，有不可言者矣。乞绝其私请，令原差科、道官通行核实，辨别定界，备揭累朝禁约之旨，庶人知遵守，不敢轻犯。”上是之，仍令修理工完即止。(一二，368—370)　　庚申，巡按直隶御史夏时奏：“镇守宣府太监唐禄议欲分兵剿寇，总兵官都督佥事李杲沮之弗协，遂至纷争。主将失和，其何以令下？且禄尝分守独石，以轻进偾事，以诱杀徼功，幸而未(**按，未疑为蒙**)宥，乃弗悔悟，而果于怙终，殆不可畀之边寄也，请召还。”弗许。既而兵科给事中艾洪复奏，并论杲，乃皆降敕责之。兵部奏遵诏查出内外诸司滥占旗校、匠役八百六十人，宜尽革，惟用之太庙、诸陵者可留。上是之，乃并内外诸司所留用者俱令如旧，惟皇庄、东宫庄罢其数之溢于旧额者。(一二，374)　　丙子，兵部覆奏大学士刘健等所言韦兴蛊惑先朝，盗空府库，罪大恶极，未正典刑；各营执事官军及内府军匠、各仓军斗，屡请查送团营，乃以乞留，仍复照旧。仰荷明诏，令诸司查奏裁处，臣等谓兴在先朝已经斥逐，今复委用，深为治化之累，宜速取回。执事官军宜简其精锐者兑补团营老弱之数；各仓军斗，诸卫每年例送五百余人，内府各监局多有民匠、民厨应役，其守支军斗及占留军匠宜令一半送营操练。有旨"诸事各已处断",不从。(一二,385—386)　己卯。初命御马监太监牛宣守备南京,宣不欲往,乞改用。仍留本监,往大坝提督外厩。给事中倪议、王珝皆劾其不遵成命,请黜之。弗听。(一二,386—387)

五月庚辰朔,太监陈宽传旨,鼓勇营御用监太监吴轲调管敢勇营,内官监太监钟贤管神机营右哨头司并鼓勇营。宽又传旨,内官监太监姚举镇守江西地方。(一三,389)　壬午,兵部覆议都给事中周玺等所劾镇守山西太监陈逵、镇守辽东太监朱秀贪饕害民,宜代还;南京奉祀驸马都尉杨伟、操江安乡伯张恂、守备魏国公徐俌物议不容,宜谕令省躬思过;松潘副总兵朱廷不职,宜行四川守臣勘其可黜与否。报可,仍留逵、秀。　锦衣卫镇抚司管事指挥佥事王锐、象房管事指挥佥事张铭,以病嗽注门籍,不赴朝参。锐出城游玩,铭越关至涿州,东厂廉得其事,下刑部狱。铭,英国公懋子;锐,中官家人,皆恃势纵横。时太监王岳莅厂事,法甚厉,俱罪如律,革见任。(一三,391)　庚寅。先是,刑部奏:"旧例,五年大审录罪囚,南京命司礼监及守备官会三法司,在外分遣郎中、寺正等官会巡按御史,兹当五年之期,请如例行。"既得旨……(**刑部郎中、员外郎、大理寺副等官十三人往各省略**。)至是,三法司请司礼监官会审。上以命李荣,又以天气暄热,传旨令宽恤。既而荣及尚书闵珪、都御史张敷华、掌大理寺事尚书杨守随等会审,(**奏覆略**。)(一三,395—396)　太监陈宽传旨:惠安伯张伟,令同英国公张懋、保国公朱晖提督团营操练。(一三,396)

丙申,仍给南京内府神帛堂各匠役粮月三斗。(一三,404)　内织染局奏行苏、杭等府织造两宫上用等段计二万四千七百六十匹。尚书曾鉴等言四方多事,公私匮竭,科征不息,民何以勘?宜暂停或量减。上是之,曰:"既连岁灾伤,其减三分之半以苏民力。"(一三,404—405)　戊戌,吏科给事中吉时劾镇守辽东太监朱秀于山海关外八里铺奏立官店以驻往来车辆,初欲取其税以备犒夷之费耳，而乃私之，凡一车必银一两，过者皆不免焉，实未尝用之于公；又强占广宁石（按，石疑当作右）屯一卫军田至七十顷，余盖莫知其数也，往往役军佃种而时遣私人督之，贻边方之害甚矣，乞正其罪而择人代之。下其章于所司，未几秀罢归，兵部请如时言，停官店之税，以屯田给主。而秀奏辩，谓先朝有旨，听镇守官管业，非占侵者。兵部请治秀强辩之罪。诏宥之，店、田付镇守管业如故。(一三，407—408)　　己亥，太监陈宽传旨：御马监太监魏彬管神机营中军头司并奋武营。(一三，408)　　庚子，太监陈宽传旨：调神机营中军并显武营御用监太监张永于三千营，兼管三千哨马营，而以神机营中军二司御马监太监王润代永，内官监太监张恩代润。(一三，409)　　癸卯，南京吏部尚书林瀚等疏言："陛下嗣统以来，数月之内，天鸣星变，地震山移，乾道之不清，坤道之不宁甚矣。臣等谨条今时要务所当兴革者十二事，望俯赐允行，庶几天意可回，灾异可弭。（一、隆大孝。一、集群议。一、广言路。一、崇俭德。一、改州治。）一、省虚费。谓南京御马监马、骡八十余匹，初非御用，而役旗军七百余人，其外又用军民及匠不知其几，岁耗粮料草束，多为无益之费。且初定苜蓿地以供收马，今不课人采取而索价于诸卫，岁不下千百余两，俱宜查革。（一、增贡举。一、修武备。）一、省匠役。谓南京内官监在天顺时以修理花园，借取上元、江宁二县夫八十名，成化中又以起运筛簸铜丝、龙凤膳盒等，又借取供役一百八十九名，今数十年不行放免，岁令纳银千五十余两，官无所措，不免赋之于民，宜行裁革。（一、节工役。一、清吏役。一、清马政。）"章下所司看详。既而兵部为覆省虚费、修武备、清马政，工部覆省匠役，诏从之。(一三，409—412)　　甲辰。先是，总督粮储户部右侍郎陈清、兵科给事中徐忱各疏言仓库空虚可虑，户科都给事中张文等又极言国用不给，当亟议经制之宜。上曰："此重事也，户部宜（广本宜作其，应是）会多官议处画一，开具以闻。"于是尚书韩文会英国公张懋等议谓："京库银两岁入者为一百四十九万两有奇，以岁用言之，如给边折俸及内府成造宝册之类(抱本类作额)为一百万两，余皆贮之太仓以备饷边急用，故太仓之积多或至四百万，而少亦半之。近岁所入，以积欠蠲除，亏于原额，而所出乃过于常数焉，盖一岁之用已至五百余万两矣。今海内虚耗，兵荒相仍，以有限之财供无穷之费，若非痛惩侈靡，务为节缩，岂能转啬为丰，以济一时之急？"因条具经制八事：其一崇俭德。言君身为万化之本，乞敕司礼、御用等监，凡上用舆马、服饰、器用、玩好，屏去淫巧，务从朴素；光禄寺查减内外近侍官日常滥费酒馔，使臣民仰体圣意，翕然向化，尽革奢靡之俗。其一裁冗食。言冗滥者查革未尽，乞敕该部将内外诸司之事少官多者，文武官之传升、乞升者，军士之投充、占用者，光禄寺厨料之非急用者，内府各监局人匠之非额设者，内官等监派办物料之在所当缓者，尽为裁省，庶民力少纾。其一节冗费。言先朝财赋皆以十之七为经费而储其三，以备兵荒。迩来费出无经，国用愈困，乞令户部约祖宗以来岁赋之数，查正统以前岁用之则，酌为中制，永示遵守。自今非成造上用器物及王府册宝不得用金，非圣旦、千秋诸重事不得用银，每年输银于承运库不得过五十万两之数，凡庄严佛像及斋醮赏赉之类，俱不得妄求浪费。(下言罪人纳粟，处置盐法，清查积朽，钱钞折银略。)其一清查草场。言坝上等十九马房草场未曾清理，置之无用，乞敕科道部属官亲行踏勘，将马房傍近地量留若干牧马，其余给附近军民佃种，照例岁办子粒解部应用。议入，诏是之，仍令户部详究近年支用日渐增加多至数倍之由及运送各边银两已用未用之数，并有可行长策，仍议处以闻。(一三，412—415)

六月己酉朔，太监陈宽传旨，令御用监太监刘云南京守备，内官监太监刘璟镇守浙江，麦秀南京内织染局管事，御马监太监岑章镇守辽东。宽又传旨，调神机营中军三司司设监太监张英管神机营左掖并耀武营，而以御马监右少监杨春代英。辛亥,太监陈宽传旨,以御马监太监梁裕镇守福建,御用监太监张永镇守山东,兼管临清。宽又传旨,以五千营内官监太监刘瑾神机营把总,同提督十二营操练,调神机营中军二司并练武营司设监太监马永成代瑾,以内官监太监赖义代永成。(一四,417)　乙卯,南京科道官牧相等奏请自今百司章疏若关系朝廷大政必由内阁、六部,而以公论付台谏,勿令径从中出。礼部覆奏,谓其言当从。内批:"相等所言,朝廷自能酌处。"　太监陈宽传旨,以御马监奉御孙清镇守贵州地方。(一四,418)　丙辰,升赏榆林城高家堡有功官舍旗军人等二百七人有差,太监刘保、总兵官都督佥事张安、巡抚都御史文贵各赏彩币二表里。(一四,419)　甲子,太监陈宽传旨,以御马监太监王宏镇守蓟州、永平、山海等处,刘瑯即取回京别用。(一四,425)　乙丑,守备南京御用监太监刘云历叙功次,为其养子伟乞升锦衣卫千户。给事中艾洪等劾奏云昔在大同,以失误军机被劾,幸独免。改镇陕西,以诛求恣横被劾,幸召还。迩复夤缘守备,公议沸腾,乃又为子求官,上黩国典,下启幸门,乞革云守备,并伟寘之于理,以为妄求者之戒。兵部请如洪等言。诏守备已有成命。伟所请不行,然亦不之罪也。(一四,425—426)　丙寅,户部尚书韩文等奏:"京、通二仓总督太监二员,监督各二员(**广本、抱本二作三**),系先帝裁定之数,今总督已足数,监督尚剩三员,而太监赵忠等复以传奉至,将来供亿之烦,取给之扰,有不可胜言者,乞取回。"不允。(一四,426—427)　戊辰,遣内官祭中霤之神。以服制未终,乐设而不作。(一四,428)

庚午,工科给事中陶谐言:"迩来京城及各处灾异非常,乃者雷电交作,飘殿尾,拔社木,陛下当夙夜恐惧,增修德政,以回天意。奈何视为泛常,倾耳于太监丘聚、魏彬、马永成之流,而正人君子则惮于睹面;恣意于驰射钓猎之乐,而国政圣学则怠于究心。顷者大臣论谏,即蒙俞旨,是今圣心未格,必聚等窥伺意向,巧惑圣聪,是以陷其术中而不悟耳。昔唐宦者仇士良教其党曰:

‘天子不可令闻，常宜以奢靡娱其耳目，使无暇更及他学，则吾辈可以得志，切无使之读书亲儒生。彼见前代兴亡，知忧惧，则吾辈疏斥矣。’土良以此固宠专恣二十余年，聚等之术，殆此类也。陛下何乃徇之而不觉邪？乞查究日逐侍从游逸诸人如聚等，数其误国之罪，告于先帝，罪之弗赦，别选端静之人以充侍从。其司礼太监陈宽等受先帝之重托，而高凤、黄伟尤为青宫旧臣，坐视颠危，宜罢斥。所望痛戒逸游，如旧日讲，亲君子而远小人，庶可以消变异而保治安矣。”疏入，内批本内有讹字，令看详自劾。盖黄伟误作王伟。既而谐具疏引咎，诏宥之。(一四，432—433)【考】时人多误黄为王，如何良俊《四友斋丛说》卷六云“王伟太监，是小时与武宗同读书者，时适为南京内守备”，即是。　监察御史王涣因灾言修德应天五事：“其一，崇圣学以正君心。乞历考前代故事，参酌本朝成法，经筵外每日退朝即御便殿，或进师保，或召台谏，与之切劘治道，讲论时政。其二，申诏令以隆大孝。谓停织造，汰冗员，禁奏乞庄田、引盐，革添设守备内臣诸事，皆先帝欲有兴革而诏书所为扩而行之者也，乞必行以慰先帝在天之灵。其三，公赏罚以服人心。请自今勋戚及宦官有犯，悉付法司，如律例议拟。若乞哀权门，希图宥免者，许科道并原问官执奏。其四，绝内批以防欺弊。谓近日廷议欲查内帑财物及牧马草场，已得俞旨，而以太监宁瑾等有言，乃遂中沮。乞自今凡内臣疏奏，并令该科封驳及所司详议，不许径请内批以干外议。其五，节财用以恤民穷。乞敕所司通查天下财用每岁出入及光禄寺自国初至今岁用之数，会府部大臣并科道博议，通融计处，三年之内必求一年之积，庶国用常足。”下所司知之。(一四，434—435)　辛未，吏部主事孙磐应诏陈言，以为：“今日庶政之弊莫甚于以内臣典兵。夫臣以内称，阃外之事非其所任，纵使忠勤，且为外夷窃笑，况未必然乎？故前代盛时，未尝有此，惟唐、宋季世则有监军，其国遂以不永，岂非万世之永鉴哉？今各边镇守、分守、监枪诸内臣，托以腹心，而其诛求百计,实为腹心之病。役占健卒,置于标下,纵之生事,以为爪牙。或抑卖弓弦、缨子而总收军饷,或扣转仓粮、马料而坐支官价,或私猎走伤战马,或私种夺占耕牛。又有所谓家人、头目,皆无籍恶少,聚敛侵剥,势若虎狼,武职藉以夤缘,宪司不敢诘问。一遇有警出战,惟驱占剩羸卒当之,故不能勇斗决胜,及战有微功,虚张捷报,则皆附势挟贵者攘而有之,甚者迹未离于京师,名已登乎奏牍,使阵没者衔冤,被创者抱病,剥削沮丧,至于此极。欲兵威之振,边鄙之宁,得乎?乞鉴唐、宋之覆辙,遵太祖之成规,取沿边内臣回京,所带头目尽行革去。修内攘外,足食强兵,计莫有先于此者。"兵部以磐所奏语意周切,实安危所系,如山东临清之镇守,湖广行都司及密云、怀来、建昌之分守,宣、大、甘、宁、广宁之监枪,山海、龙门、永宁、大同、朔州之守备,是尤冗滥可革,请革之。其各处奏带头目亦宜严禁,不得违例逾数,庶边境之宿蠹可除,军士之锐气可作。奉旨:"各处分守、守备,近方裁革矣,其姑已之。"(一四,436—437)　　癸酉,六科给事中张良弼、十三道御史熊卓等以灾异迭见,上言八事:"(**曰正君德**。)曰求直言,谓近日言涉阙廷、事关权幸者俱不赐省,如遣官勘草场之命已下,而太监宁瑾沮之,新政不信如此,修省不过虚文而已。(**曰严考察**。)曰杜请托,谓近者供应库太监吴海等收抽税钱,督仓太监蔡用取晒夫钱,户部疏请禁革矣;太监张铭奏乞通州民地,徽世子乞彰德七地,户部已行查勘矣,寻皆复旧。又如太监陈贵、钱能、韦恒,指挥傅聪,民人季聪、罗纹,先后请求,无不赐允,政令靡常,何以服人心乎?(**曰禁求乞**。)曰公赏罚,谓都督佥事神英以贪冒逮问,镇守宣抚[府]太监刘清、巡抚都御史李进、总兵官张俊以失事取回,各称病引避,未正其罪。太监李兴伐禁山之树,取山陵之石,震惊陵寝,得罪祖宗;新宁伯谭祐、工部侍郎李鐩职司提督,厥罪惟均,而皆托病陈乞,侥觊优容,此而不罪,何以示戒?(**下曰弭盗贼,恤收纳略**。)"俱下所司知之。(一四,437—439)　内阁大学士刘健等言："臣等看得府部等衙门灾异陈言本，词意恳切，有臣等所不及知者，窃恐万机之繁，不暇遍览，谨摘其要语开具于后：一、单骑驰驱，轻出宫禁。一、频幸监局。一、泛舟海子。一、鹰犬弹射不离左右。一、内侍进献饮膳亦屑曲纳。此皆今日所当切戒者也，伏望留神警省，置之座隅，朝夕顾视，以成圣德。"(一四,439—440)　　癸酉，镇守浙江太监刘璟奏带头目十七人。兵部言璟违例，且其可带者止三人，其一人乃上直之数，十三人查无姓名贯址，疑无赖者夤缘援托，皆不可许。得旨："已准行矣，姑已之。"(一四,440)　　乙亥，礼科给事中葛嵩以灾异上言时政四事："(**其言黜贪酷、罢冗官略**。)一、先朝宫人尚多幽闭未放者，请悉出之，或归其亲族，或官为择嫁，无令权势之家逼娶之。一、近闻朝退之余多驰骋弓矢，顷见廷陛之前内官手执禽鸟，群然而出，询之乃知皆鹰房执事人也，不亦近于禽荒乎？此皆害政之大，致灾之由，乞赐省览采纳。"下所司知之。(一四,440—441)

七月辛巳。时国用不足，户科都给事中张文等疏宜节用。户部集议，谓文等所言冗食冗费，宜令光禄寺查算每年所征厨料并内外近侍官员每日所费酒馔，有不急之用，悉从裁省。得旨准行。于是该寺会计膳羞供应，视弘治元年日增一倍。礼部言："日费如此，岁费益多，宜仍令该寺详悉开具，凡昔无而今有者去之，昔少而今增者减之，必如旧规，庶储蓄充而民力舒矣。"上是之。(一五,444—445)　　壬午，南京六科给事中李光翰等言："间者礼部条奏灾异，圣心戒惧，诏诸司具兴革事宜。窃观灾异，皆阴盛阳微，意者为夷狄、宦官之应。如北虏寇边，太监苗逵、保国公朱晖、都御史史琳无功冒赏，将使夷狄益轻中国。大学士刘健、李东阳、谢迁疏陈盐法、边功利害，留中不报，而太监高凤、李荣纳赂招权，颠倒国是，将使老臣不安其位，乞追夺逵等赏赠，裁抑凤等权宠，精选内外主将，亲信内阁大臣，乃兴革之当先务者。"十三道御史陆崑等亦以为言，并欲裁抑新添南京守备内臣，广开言路，屏绝宴游骑射。上俱命所司知之。(一五，445—446)　癸未，夺监察御史郭东山、阮吉俸一月。东山奏罢新添镇守、分守、守备内臣，吉陈遵条例、精选举、出章疏、储将材、辑边人、省差遣六事，而字偶差误，上以镇守为故事，字误为不谨，故有是命。(一五，449—450)　户科都给事中张文、右给事中倪议、给事中刘漋、薛金，以灾异应诏陈言五事。其谨内批，谓迩者中外请乞，直从批答，无不赐准，其为各科参论或诸司执奏者，一切报罢。或是非不一，行止顿殊，字语冗长，事理乖舛，书而不法，后嗣何观？况患生所忽，事起细微，自今宜谨严以免诬上行私之患。其裁冗员，谓内臣迁改增添，纷然杂出，如刘杲、吴祺、韦儁、段循、赵忠兼督仓场，温祥、范亨、徐智、王岳骤进司礼，余庆、黄准、黄忠、刘云同守南京，牛宣督马房，马永成调军营，福建邓原以安静取回，山西陈逵以贪酷留镇，民穷财尽，官多事扰，乞通查省以遵明诏。其节恩礼，谓贵戚宗藩，比多请乞，如驸马崔元、林岳、建昌侯张延龄之乞田土，崇府、德府之奏子粒，徽府之拨屯地，蜀府之买引盐，宜一切停止以救民穷。其肃京储，谓京、通仓提督太监蔡用等欲将已革晒夫、囤墓各色钱物仍追收备用，奏赐俞允，岁计银七万四千两，其它多方巧取者固可类推，乞置之法，以为奸贪坏事者之戒。其清牧地，谓顷议清查十九马房草场地土，以余亩空闲，委弃可惜，与其为小人壑欲之资，孰与助边方万一之急？而太监宁瑾、陈贵等奏蒙停免，仍留牧放，以便已私。乞申前命，差官清查，仍置瑾等于法，以戒将来。疏词剀切，又多所触忤。有旨："镇守系祖宗旧设，其它予夺，各因其才过而黜陟之也。文等其具状自劾。"于是文等复执奏如初，但以言之粗率请伏罪。上曰："尔曹奏事不知敬谨，所当究治。既伏罪，宥之，仍罚俸各三月。"(一五，450—451)　户部尚书韩文复会英国公张懋等覆题，言："顷奉命，欲究冗费加增之由，查边方支用之数，并再陈可行长策。臣等追惟其故，银两之用，由于京军屡出，调度频繁，山陕饥荒，供亿加倍。往者孝庙登极，赏赐悉出内帑，户部止凑银三十余万两，今则银一百四十余万，皆自户部出矣；往者内府成造金册，皆取诸内库，今则户部节进过一万四千八百余两矣；往者户部进送内库银止备军官折俸，今则无名赏赐、无益斋醮，皆取而用之矣。此银费所以日增也。招收、投充之匠，传升、乞升之官，役占、影射之军，皆夤缘权贵，蠹公营私；或臣下建白而裁革不行，或方行裁革而旋复仍旧，深根滋蔓，潜耗京储，此冗食所以日增也。光禄寺供应，每告不敷，内监局工匠作，略无停息，至如玉带蟒衣一概滥赐，其余琐细，不能枚举，此冗费所以日增也。伏望皇上深惩宿弊，俟诸司查奏至日，应裁革、减省、停止者即赐施行；其各边解送银两，已用、未用数目及有无冒妄开支之弊，宜行各边巡按御史备查明白造册奏缴，以凭参究。（**下陈可行之策二略**。）又顺天、保定等府地方，先年赏赐内官庄田有年久而其人已故，家众受价典卖或投托勋贵隐匿为业，乞选差科道及本部属官各一员，会同抚巡查勘原赏顷亩，遵奉先帝敕旨，不及二十顷者仍与见管业之人，三十顷而上每三十顷递除五顷，与之佃种，如民田例，亩税银三分，余地并收入官，令有司招人佃种，各将租银解部。以上三事似亦可行，少助公家之费。”上曰：“然。屯田积谷乃饷边上策，汉之赵充国行于金城，唐之韩重华行于振武，其效昭然。可考沿边及辽东屯田，其择御史能者分行勘实。然贵臻实效，不可虚应故事。”（一五，451—454）　甲申，兵部尚书许进等奉诏上言兴革事宜：“（**一、重爵赏救时弊。一、减皂隶以苏民困**。）一、遵成命以振兵威。近清查内外诸司役占官军应裁革送操者三万三千六百二十三人，太监魏兴、萧寿夤缘阻格，而各官效尤，不退一军送操，清查之举，徒为虚文，请如前旨，断于必行，兴利除害，此其大者。一、革冗员以清门禁。谓皇城各门内官原额正、副各一员，后虽渐增，亦不过三四员，且无纳钱之例也。后虽听其稍取网巾钱，亦有定数。近来冗员数倍，诛求过多，军士守门三日，用钱万二三千，罄直米月粮犹不能办。京城九门守卒各二百，以官多占役者半之，是使禁卫之兵尽为私卒，望查旧例，止选廉谨者四员，余退回别用，仍严禁科扰。(**一、严比试以复旧法。**)一、苏困苦以隆继述。谓内府司苑局种菜、里外牛房养牛旗军，先年因所司占用侵克逃亡数多，一军逃则卫所官月偿银一两，即见役亦助米一石，议者病之，乃请立嘉蔬、蕃牧二所，选官管理，于事最便。未一年司苑局以不便己私，奏革嘉蔬所。乞如旧复立，不许该局干预，庶贫军得免科克之害。一、清文引以祛宿弊。内官家人出外，例给顺天府文引，近射利之徒投托告给，前往宣、大、辽、陕各边城堡，倚势为奸，扰军罔利，宜严加禁约。其非往边方者，照旧给与，亦必核实而行，年终该府仍通将内官家人给过文引总目奏缴，庶使人有所警。一、禁泛滥以省驿传。各处驿传疲困已甚，宜著为定例，凡遇内官差出，惟本身照例应付廪给马匹、车船、人夫，其奏带之人止应付口粮、驴匹、红船，不许违例奏扰。王府及镇守、分守内外官并三司所差奏事人员，非飞报军情诸重事，毋得泛滥起关，多勒夫马，需索酒食打[折]干之类。"得旨："遵成命、革冗员、苏困苦其再议以闻，余皆如拟。"兵部复执奏遵成命三事尤为治忽所关，宜监古人宫府一体之论，不为中沮，特赐允行，则社稷之幸也。不听。(一五，455—458)　　戊子，监察御史赵佑言："顷者灾变非常，诏下臣等同加修省，条陈弊政，何修省之心萌而复蔽，求言之诏出而自违？夫君德莫圣于从谏，臣罪莫大于逢君，如太监丘聚、马永成献鹰犬，导骑射，恐万一有伤圣体，遗忧两宫；镇守内臣邓原、麦秀颇简静不扰，而刘璟、梁裕乃挤而代之；户部议马房草场召民佃种，而宁瑾等竟得奏免；李兴擅伐陵寝树木，侵渔官钱，近坐大辟，足以快人心，风闻赂左右以求免；又如南京守备刘云，督仓赵忠、韦儁、段循，俱属增添，乞寘聚、永成于法，罢璟、裕差遣，清马房地土，治瑾等沮挠之罪，兴则速加诛戮以谢祖宗在天之灵。自后政令必咨询台阁大臣以定可否，而不为近习所摇，则君心正

而时弊革，天心顺而灾变消矣。"诏付所司知之。(一五，468—469)

乙未。初，户部已拟差员外郎董锐同给事中杨一渶、监察御史郭东山踏勘坝上等十九马房草场，取其余地，给民佃种。御马监太监宁瑾、陈贵奏谓草场创自永乐之初，百余年来未之有改。得旨："如瑾等奏，罢踏勘。"科道交章劾瑾等蛊惑圣聪，沮挠成命，亏朝廷之信，伤国家之体，乞执讯以正其罪而差官踏勘如初拟。尚书韩文覆请，上是之，而宥瑾等不治。(一五，472)　己亥，升太医院典簿张伦为院判。院判缺，御药房太监推伦当补。吏部言伦以庸医供奉御药，有误方降级，不当复用。然不能夺也。(一五，474—475)　乙巳，司礼监传旨，以大婚礼用银四十万两，令户部区处，送内承运库应用。户部言近者给边费广，银库空虚，宜暂送十万两进库供用；且言海内虚耗，加以水旱频仍，边储缺乏，皇上初服，宜慎俭德，以怀永图。礼有定制，固非臣下所敢轻议，然百凡赏赉，必酌时宜，从省约，庶几以身示朴，由近及远而财用丰。不听。(一五，478)

八月己酉，监察御史郑宣以风雷之变上言三事："其一曰迩者进言之臣，或忽于详审字画，用干天罚，传之四方，遂谓求言之诏晨下而罚俸之令夕行，未免为圣德之累，乞用其言而宽其责。其二曰内侍之必有老成练达，知畏天下之论，守祖宗之法，不敢逞私怙势者，宫闱之中能慎择其人以充任使，则于圣德不为无助。其三曰内阁学士所以备顾问，请退朝之暇，时赐延接，采纳谋猷；其日进章奏，必经圣览，仍择其重者与商略之，则灾异可弭矣。"下其章于所司。(一六，482)　乙卯，兵部奏："团营官军乃预选备征人役，故事：有巧技者准借用，仍给赏赐，工完回营，其它借役，不过一时。近百役辄行拨发，少则数千，多则数万，以致逃亡数多，操练人少，且借拨者俱被内官奏留私役，殊非养兵之初意也。其杂役之名有认工，有见工，有运料，有运灰，有运砖，有运土，有运石，有运柴，有打扫，有打草，此十役乃十害也。"得旨："已后凡有工程，具奏定夺。"(一六，486)　锦衣卫百户黄锦奏叔祖太监黄顺，英庙所赐隆平、束鹿二处庄田，顷者被人投献于德清公主府，乞归复管业。户部尚书韩文覆奏："赐田系一时特恩，顺既殁，自合还官，锦不宜奏扰。及照驸马都尉林岳既有录[禄]赐，亦不可假公主名，逾分陈乞，前田当还官，庶息二家之争，存朝廷之法。"从之。既而岳、锦犹互争不已。户部执奏，请切责岳而治锦之罪。上令仍与主为业。(一六，486—487)　令内官监左少监崔杲等往应天等府织造彩妆段匹，工部尚书曾鉴等奏曰："皇上嗣位下诏，停免织造，德音方布，何以辄复沮之？今东南水旱相仍，生民失业，意外之虞，所当豫防。况彩妆段一匹，用数十人之工，逾半年而后可完，分外所费，尤难悉数。窃惟服以彰德，赏以酬劳，赏之有节，则得之者宝藏珍重以为奇，滥则亦以寻常视之耳。伏望躬行节俭，裁抑赐予，或有应赏人员，止用织金段匹；差官宜暂免，勿使重困地方。"六科给事中陶谐等、十三道御史杜旻等亦具奏。弗听。(一六，487)　乙丑，太监陈宽传旨，册沈氏为贤妃，吴氏为德妃，命礼部具仪，择日来闻。(一六，489—490)　兵部尚书许进言："勇士名虽养马，实为禁兵，防奸御侮，关系为重。近进充者五百五十人，未论其身力武艺，其中尚多稚子年方五六岁者，此类以牧养则未能执辔，以操练则不任荷戈，每岁月粮为六千六百石，而冬衣不与焉。即今灾异频仍，仓储告乏，可复启滥收之门而增坐耗之蠹乎？望收回成命，俱各裁革，或敕御马监内官会同本部，从公阅其年貌膂力勘养马操练者留之，而裁其短小羸弱及家有二三名以上、年十五以下者。若前此查革诈冒之人，有仍复夤缘进充者，宜谪戍边卫。况内臣进充勇士，例在身后，未有生前进充，亦未有一时并进至四五百名之多者。乞通行戒谕，仍如前例施行，其见存者不许蹈前辙滥乞，以招物议，庶恩典不滥而官储可省。"既而给事中张襘亦以为言。俱不听。(一六，490—491)

己巳，刑科右给事中汤礼敬等奏："总镇两广太监韦经行取回京，擅移文索支官库银六百两，巡抚都御史潘蕃谕属吏加增，为巡按御史张津所发，请置于理。奉旨以为旧有雇募水手之例，而莫之究焉。诏命一下，人心惊骇，恐朝廷之法令自此不行，天下之弊端自此日开，贪污之风自此自长；且凡称旧制者，或群臣之所建议，或祖宗之所已行，出自朝廷而颁之天下者，始可谓之例也。今总镇太监在治所，官有廪给，其归途驿有夫船，有司望风应付，百尔无违，多索银两，亦何所用？自前太监王敬等巧立雇募水手之名，乃积弊之速当禁革者，可以为例而袭之乎？夫前实无例，经尚妄指以恣其贪；今以为例，自后奸贪之徒藉此而行，末流何所不至？请如津言，治经罪，追还原赃；蕃等承顺及敬等作俑之罪，亦从追究，庶法令昭彰而人知所惊惧矣。”章下都察院覆奏，上谓事已前决，姑已之，后不为例。（一六，492—493）　庚午，遣户部郎中程杲勘处房山县果园地。其地在县之坟山村，里民季聪等八家之祖各于山坡沟涧树梨、栗诸果以补助粮差。自宣德初赵府陈乞取利，以后权贵因相承为业。景泰初，户部核实地仅十余顷，而界内旧额征粮地乃八顷有余，时已拨给各家承种，如例起科纳粮者五十余年矣。至是聪及孟铎以前地及相连僧寺、民窑投献上林苑监太监韦恒等，遂为聪等奏除常税。户部言恒及聪等罪当究治。有旨特差官踏勘，还日处之。乃命杲往，会巡按御史勘处。（一六，495—496）　兵科给事中杨一渶言：“少监邓广、监丞王欣差往宁夏、甘肃监枪，司礼监未尝传旨到部，该部未尝补本到科，任用悉由于内庭，是非不关于廷议，真伪无从而辨，矫托或因以生，恐非宫府一体之义、祖宗防奸杜弊之深意也。况监枪乃镇守兼理之务，先设者当奉诏取回，今既不能，亦当因缺勿补以除边军之宿蠹，以示明诏之大信。”得旨：“监枪系旧例，官既差矣，姑已之。”（一六，496—497）　癸酉，南京守备太监傅容会同三法司长史审录罪囚，情可矜疑者十五人，应免枷项者五人，以请。有旨是之，十五人俱减死充军，其杀人者仍杖百遣之。（一六,499)　丙子,户科给事中薛金等奏:“近因巡视光禄寺,见各官每日传旨添设汤饭桌面,赏赐羊酒品物,用度太侈,宰杀数多,较之往年所籍记者,不啻数倍。又加虫蚁虎豹之食,取讨日滋,供用器皿有入无出,各官供事并杂流酒馔,或添数倍,殊非饩廪称事之义。今猪羊缺少,钱粮穷乏,铺户靠损,有司违慢,所入不足以偿所出。伏望陛下惜财用,屏嗜欲,敕诸司通查各冗费,如旧除革,以崇简约。其各处钱粮有已征未解,为奸人所侵匿者,亦宜严加查究,庶有司可免预借之扰。戗金朱红等器成造实艰,乞转令各宫管事内臣查考出入,毋得侵用弃毁。至于养牛挤乳,本寺既日常买办而良牧等署复行进纳,浪费实多,所宜减省。各署杂粮有余,久积腐辄弃之,宜暂解折银以助缺乏。”户部议覆:“各处钱粮已征作未征等弊,本部行原差查催官会同抚按清查究治。”从之。(一六,499—500)　御用监太监关秀等乞加织染所人匠月粮直米。户部尚书韩文等奏论秀不能裁减冗食,又欲例外增添,不过假此以为包纳月钱之计,宜通行各监局管事官员,务遵旧制,不许妄有陈乞。从之。(一六,500—501)　南京给事中徐暹等奏:“六月中旬雷震正阳门海马、天坛殿走兽,并禁门房柱,各有摧折。七月孝陵树木亦为雷火烧毁。灾异非常,宜求所以消弭之道,谨以七事上陈:(**一曰戒游佚以勤政学**。)二曰远邪佞以亲儒臣。宋儒程颐有言:人主一日之间,接贤士大夫之时多,亲宦官宫妾之时少,则可以涵养德性,熏陶气质。宜痛远左右邪佞之辈,不使得以眩聪明而移威福。时御便殿,召内阁及诸大臣与之切劘大道,讲图治理,或讲官日留三二人以备顾问,则无导谀熏染之损而有规讽辅养之益。(**三曰纳谏以开言路,四曰节财用以崇俭德**。)五曰正国法以快人心。张瑜、刘文泰、高廷和辈用药匪宜,致误先帝;太监李兴擅伐园陵木,宜即加显戮;新宁伯谭祐、侍郎李鐩与兴同事,依阿不举,及其败露,祐乃迁延,不欲就理,宜逮送法司,从重究治。六曰遵明诏以裁冗滥。各马房、仓库、各门及各处守备内官，虽奉明诏裁革，不闻少减，乃复添设，何以取信天下？宜悯生民困乏，凡添设之数，尽行取回，勿令仍旧贻害。七曰罢不职以协舆情。”下其章于有司。(一六，501—503)

九月戊寅，太监崔杲等以织造奏讨长芦往年支剩盐一万二千引。给事中陶谐、御史杜旻、邵清等皆极言其不可许。章下户部，尚书韩文等言：“盐课之设，专备边饷，初与织造无干。成化、弘治年间，弊端始开，先帝深知其害，即已停止。近日登极诏书复申明禁，寻遣风宪大臣分行清理，人方幸盐法将通而国计有赖矣。今若允杲等所奏，是诏为虚文而官为徒遣也，请并停织造如谐、旻等言。”不允。(一七，505—506)【考】韩文此疏名《为恳乞停止卖盐织造事》，详见《明经世文编》卷八五。　辛巳，御用监太监张永奏求已故太监吴忠辞退七里海等处庄田。户部言其违禁，当究治；且谓王者无私恩，人臣无私请，朝廷之地有限，人心之欲无穷，此端一开，何以制后？上令仍与永管业。(一七，508)　戊子，六科给事中徐昂、十三道御史杨仪等言：“太监崔杲等以织造奏讨引盐，假公售私，贪求无厌，利归于己，怨归于上，该部及科道官累以为言，不蒙俞允。昔先帝欲增内灵台军夫数百名，闻谏即止；又欲造延寿塔，工役已兴，因言而罢。此二事者，播诸四方，人人称庆，诚可传之万世也。乞以先帝之从谏为法，收回成命，庶法禁严明，贪婪知畏。”上曰：“盐引已屡有旨给之，尔等何为互相奏扰，再言必不宥。”(一七，512)　辛卯，大学士刘健、李东阳、谢迁以太监崔杲奏乞引盐，工部为之请敕，遂上言：“祖宗旧制，盐法本以备边，近年奏讨数多，成法尽坏。先帝深知其弊，特令该部查处。臣等亲承面命，议拟施行，而龙驭忽升，事功未就。恭遇皇上涣颁明诏，痛革弊端，特令大臣分投清理，天下传诵，称为圣明。奈何清理之使方行，织造之命随下；生财之源既塞，蠹财之弊复生。臣等若坐视不言，依阿顺旨，不惟负先帝面托之重，亦且亏皇上新政之明，前敕决不敢撰写。况太监崔杲奏讨引盐，不过变卖银两。若户部支与价银，尤为省径。若仍给引盐，听其支卖，必夹带数多，向来作弊射利之人因而附搭，则盐法之坏愈甚于前，清理之官殆为虚设，东南困敝之民恐生不测，西北兵荒之急何以应之？臣等之忧，有不止此。伏望收回成命，止照该部原拟给与价银织造，则供应不乏，盐法可行。”于是五府、九卿、科道等官亦上疏论其不可。时上意未决，犹欲全予盐引，乃于日讲罢，召健等复至暖阁，问曰：“昨差承运库太监王瓒、崔杲往南京、浙江织造，瓒等乞长芦盐一万二千引，户部止与六千引，半与价银，今可全与之。”健等同奏曰：“如是已足用矣。”上曰：“既与半价，何不全与引盐？”健等对曰：“户部亦是为朝廷撙节用度。”上曰：“该部既欲节用，何不留此半价，却以引盐与之？听其变卖，不亦两便乎？”健等曰：“价银有限，不若盐引之费为多。”上曰：“何故？”东阳对曰：“盐引数有夹带，如引一纸便夹带数十引，以此私盐壅滞，官盐不行。先帝临终，锐意整理盐法，正是今日急务也，不可不为远虑。”上曰：“若有夹带，事觉朝廷自有法度处之。”东阳对曰：“此辈若得明旨，即于船上张揭黄旗，书写‘钦赐皇盐’字样，势焰烜赫，州县驿递官吏酬应少误，即加笞辱，亦隐忍受之。至于盐商灶户，虽凌虐万状，谁敢呼冤？所以不若禁之于始。”健等亦共言之。上正色曰：“天下事岂专是内官坏了！譬如十个人中，也仅有三四个好人，坏事者十常六七，先生辈亦自知之。”如是者言之至再，盖是时已有先入之说矣。上复谓曰：“此事务要全行。”健等奏曰：“容臣等再议。”因叩头出至殿中。司礼监官追达圣意，亦答曰：“已奏过再议。”监官遽回奏，云“先生辈已承行矣”。健等至阁，复上疏极言：“自古帝王以从谏为圣，拒谏为失，国家治乱，常必由之。顾顺旨之言易入，逆耳之言难受，故治日常少，乱日常多。臣等每以此说进于陛下，诚欲陛下为圣德之君，天下成至治之世也。今文武公卿、台谏合词伏阙，皆谓盐法不可坏，而圣意坚执，排群议而行之，就使织造有益，奸弊不生，然上亏朝廷纳谏之明，下失群臣守法之义，所得几何，而所损者不可胜计矣。此虽一事，关系最重，臣等岂不知顺旨者有宠，逆耳者获罪，若贪位恋禄，殃民误国，则不独为陛下之罪人，抑亦为天下之罪人、万世之罪人矣。区区犬马之诚，犹望陛下廓天地之量，开日月之明，俯纳群言，仍从初议，以光圣德，天下幸甚。若以臣等迂愚，不能仰承上意，则乞别选贤能以充任使，将臣等放归田里，以免旷职之愆。"上曰："昨闻卿等面奏，今复览疏，朕心已悟。引盐不必全与，可支与十分之五，余如议，与价银。"(一七,513—516)　南京十三道御史李熙等以灾异条陈十事：一曰慎好尚以隆君德，请禁止驰逐鹰犬弹射之好。二曰速天讨以彰至孝，请速正太监张瑜等之罪。三曰抑奔竞以端荐举，如知府献谀而荐尚书，御史进谄而保太监，甚者都御史柳应辰为太监刘瑯保留，江西参政王纶为太监董让旌举，士习大坏，有伤国体。(**四曰储将材以振威武。五曰谨天戒以黜不职。六曰严考课以修庶官。七曰覆章疏以防壅弊。**)八曰清军伍以实营籍，宜令该部将内府衙门军匠、军斗定与额数，余悉送团营操练，仍行南京一体差官清查送操。(**九曰禁巡逻以安地方。十曰清盐法以防欺隐。**)(一七,516—519)【考】董让事迹之见于实录者，多以恶行被劾，正德元年卒，其墓志见本年附。

戊戌，罢差内官抽运木植。先是太监黄瓒等奏命太监许镛、右少监吕宪各赍敕往浙江等处抽运木植，以工部执奏，科道交章论列，乃寝其命。(一七,526)　　癸卯，钦天监五官监候杨源奏……(**所占星变略。**)上是之。源精于占候，见象纬异常则忧形于色，必据实具奏无所讳，然为刘瑾所恶，竟杖而毙之，士论伤焉。(一七,527—528)【考】杨源万历中赐祠额及谥，见《神宗实录》卷三二六，万历二十六年九月己酉："诏赐五官监候杨源祠额'显忠'，仍予议谥。先是，河南抚按题：据怀庆府孟县申，五官监候杨源系江西丰城人，乃忠臣浙江按察使杨瑄之子。正德元年七月源上疏，言占候得大角及心中动摇，天璇天玑天权星不明，乞安居深宫，绝远游猎，罢弓马，严号令，毋轻出入，辟除内侍宠倖游逸小人，节赏赐，止工役，亲元老大臣，日侍讲习诗书。疏下礼部，礼部言源占候之言深切时弊。源复疏言十月二十六日占候得连日霾雾交作，为众邪之气，阴昌于阳，臣欺于君，小人擅权，为下叛上，引警甚切。刘瑾怒，矫旨杖三十。源又疏言：‘自正德二年来，一向占候得火星入太微垣帝座前，或东或西，往来不一，乞思患预防。’瑾又大怒，骂源：‘尔何官，亦学为忠臣乎？’矫旨又杖三十，谪戍肃州。行至本县地方河阳驿，棒疮举发而死。其妻皮氏无资买棺以殓，乃斩芦藁葬于驿之后。至嘉靖年，黄河水溢，驿、墓俱淹没无存。今据本处乡民王笃信等结勘，原坟在于驿城东门之外。申乞转呈，立坟以葬衣冠，建祠以延血食。府道司覆查相同，除院道各捐俸银立祠修墓，俱已告完，呈乞具题，请赠谥祠额以旌忠烈。至是部覆得请，赐额拟谥，仍行该有司春秋祭祀，永为定典。”

十月己酉。初，尚书林瀚等请清查南京御马监马匹，给事中牧相、监察御史吕镗奉旨清查给军，太监李棠拘留不发。相等疏言：“本监原设马匹，年久无存，后将牧马所送印种马遂行收养，而滥役滥费之弊不可胜言。夫一军足以饲一马，本监见马仅八十九匹，而养马旗军役占至七百余名，皆按月输钱，又有看守金鞍库、料豆仓等余丁三百名，此滥役之弊也；计八十九匹之马，岁用饲秣草三万余包，豆一千六十(**广本十作百**)余石，今该部给草至六万包，豆一千五百石，又苜蓿园、莞豆园各有采取办纳，此滥费之弊也。况南京近年粮草告匮，戎马缺乏，岂可以有限之物供无穷之费哉？棠贪婪无厌，不知成命为重，肆无忌惮，宜明正其罪，仍追其占留马匹。今后该所及应天卫孳生马驹，俱听南京太仆寺印烙，给各卫旗军领养。其苜蓿、莞豆二园，行南京兵部差官踏勘，召人承佃起科，庶事体归一而浪费可绝。”既而棠等奏系洪武初额设，不可轻动，有旨遽从之。相等劾奏如初，下兵部，议宜如相等言。不听。(一八，534—535)　　壬子，刑部右侍郎郝志义卒。(**履历略**。)子举人序奏乞祭葬，逆瑾[①]以其雅不附己，衔之，寝其奏，仍革

① 逆瑾，指太监刘瑾。下同。

序举人。瑾败乃复。(一八,537)【考】此事之问拟各官亦得罪,见《武宗实录》卷二七,正德二年六月戊寅:"降刑部主事李璋为兴国州判官,许承芳为襄阳县知县。先是,刑部侍郎郝志义之子序为其父乞祭葬,诏下刑部鞫之。璋拟序不应,赎杖,不称旨;承芳以署印,遂并下锦衣卫狱。都察院拟璋违制,承芳不应律,俱赎杖还职。瑾犹不满,令杖璋二十,与芳各降职。"

癸丑,都给事中艾洪等劾都指挥佥事高得林以司礼监太监高凤之侄,命管锦衣卫事,内外偏重,恐非国家之福,乞并赐罢黜。不从。既而监察御史潘镗亦奏凤内为心膂,得林外为牙爪,非朝廷之体,亦非高氏之福;且旧制,锦衣卫堂上官俱从面简,以慎重其事,今旨从中下,则宦官弟侄更相效尤而选法坏矣,乞两罢之以惩垄断。兵部覆请,会凤先以病免,上曰:"得林既用矣,已之。"(一八,537—538)【考】高凤及其侄高得林、高荣夫妇墓志,见本年附。　甲寅,署内承运库太监秦文奏:"内府财用不充,事务繁剧,迩遇大丧、即位之礼相继举行,费已不赀。近日举行大婚礼,户部仅送银三十万两,用之六礼,用之铺宫,用之赏赐及内官监造妆奁、御用监造宝册、银作局造仪仗诸类,通计费金八千五百二十余两,银五十三万三千八百四十余两,是进入者少而费出者多,将来何以应之?况圣诞、千秋节所用,乘舆服御所用,诸王府册封用,皆不可缺;而官军折俸,每季该银十万余两,春季未给而夏秋又至矣,其将何所取办哉?"上览其奏,乃命集廷臣议处以闻。户部臣言:"财货之在天下,如水行地中,其源不浚,其流必竭。若不能节俭,用度无经,而欲讲求足国之道,良亦艰矣。今以岁入正数言之,夏税秋粮马草盐课折银及云南闸办、各钞关船料银两,通计仅一百五十余万两;以岁出正数言之,宣、大等六镇年例三十四万两,进库给军官俸粮共三十三万五千余两,至于内府成造宝册之类,其数不得与知,大约并前折俸不下五十万余两,通计用百余万两。然入每亏于原额而出乃过于常数,姑以弘治十八年五月以后言之,诸边年例之外,添送银二百七十七万四千余两,给赏征进京军六万九千六百余两，给过盐米商人二十五万余两，赏在京官军七十二万四千二百余两，给各边官军六十九万三千三百余两，陕西赈济二十万两，密云、居庸、紫荆、倒马等关召买粮草共一十二万八千余两，大婚礼取四十万两，买金送内库二万六千五百余两，通前年例，实用六百二十五万余两；又四川进金四千两，视旧例岁用之外，加至五六倍矣。欲望财用之足，帑藏之充，岂可得哉？伏望皇上悯生民财用之艰，躬行节俭，毋事虚文，今后成造，非乘舆器物及各王府宝册不得用金，非圣诞、千秋令节不得用银，凡游戏燕乐鹰犬玩好无益之费，无名之赏，一切罢止；仍严敕该库之莅事者，岁进银非军官折俸及成造仪仗妆奁，一毫不许妄支，其岁入五十万两之外，一分不许妄取，务敦俭约以图经久。”议入，上曰：“节以制度，不伤财，不害民，此圣人明训，理财之大道也。今财用匮乏，百姓艰难，朕自当力加节省，量入为出。管库人员于每岁出入之数，尤宜谨于会计，不许滥费妄支。”(一八，538—541)　乙卯，监察御史秦昂言：“淮浙盐法已命工部右侍郎兼左佥都御史张宪、右副都御史王琼分行清理，凡禁奸革弊，变通张弛之宜，当责之专任，巡盐御史可暂止勿差，已差者可召还，庶事无掣肘。”户部覆奏，谓大臣清理乃一时权宜，而禁奸革弊则御史专职也。况近者织造中官奏带长芦引盐，越境货卖，夹带私贩，其弊实多，非御史严加防范，人益无惧。巡盐之差宜如旧，但行令同心协力以清宿弊。上是之。(一八，541—542)　广东惠、潮二府土贼陈锦等为乱，佥事胡恩、都指挥何清、知府吕大川、张时泽等剿平之。……于是总镇太监潘忠、总兵官伏羌伯毛锐以捷闻。上降敕奖励忠等，赍奏人赏钞千贯。(一八，542)　戊午，少师兼太子太师吏部尚书华盖殿大学士刘健、少傅兼太子太傅礼部尚书武英殿大学士谢迁求去位，许之。先是健、迁与少傅李东阳以内侍刘瑾、马永成、高凤、罗祥、魏彬、丘聚、谷大用、张永等蛊惑上心，连章请诛之，皆留中不出。司礼监太监陈宽、李荣、王岳同至内阁议，且有发瑾等南京新房闲住之意。健等以为处之未尽，皆厉声曰："先帝临崩，执老臣手付以大事，今陵土未干而使嬖幸若此，他日何面目见先帝于地下乎？"宽等乃辞去，其意未决。而岳素忠直，且提督东厂，与太监范亨、徐智皆有涣群之谋，将请于上，有所处。八人者知之，以瑾尤巧佞狠戾，敢于为恶，乃谋使瑾入司礼监，与执事枢，以为脱祸固宠计。是夜，瑾遂传命榜笞岳、亨、智于内门，遣之南行。时健等以户部尚书韩文素刚正，令倡九卿伏阙固诤，而岳从中应之。吏部尚书焦芳乃泄其谋于八人，明早健及文等率九卿科道方伏阙，俄有旨宥瑾等，遂皆罢散。健等知事不可为，即日疏辞政柄。故事，辅臣乞休，必俟三四疏乃允。于是八人者惟恐健等去之不速，上意亦以健等数有直言逆耳，遂听之。虽赐敕给驿，命有司月给食米五石，岁给役夫八人，犹循旧典，而殊无眷恋之恩矣。一时朝野闻二老之去，莫不追伤先帝顾命，叹讶流涕而不能已。寻岳、亨行至临清，瑾使人追杀之，惟智幸免焉。(一八，543—544)【考】《国琛集》卷下："瑾因中伤岳，驾言岳授意九卿等官，令论列阉宦；且云请试之，谕岳欲杖朝官，观其解否。武宗如其试，岳果长跪乞宥。武宗怒甚，谪戍孝陵。行至临清，赐死于舟中。"　太监李荣传旨，命内官监太监杨森守备天寿山，余俊守备南京，三千营太监张永调神机营把总，提督十二营，调奋武营太监魏彬代永，效勇营太监吴轲[①]代彬，显武营太(监)王润代轲，尚衣监太监贾和代润，兼管神机营中军头司。既而命润仍管显武营，和管神机营中军头司并效勇营。(一八，544—545)【考】南京守备内官监太监余俊，正德十一年卒于官，实录仅此一见，其墓志见本年附。　己未，少傅兼太子太傅、户部尚书、谨身殿大学士李东阳乞致仕。(**疏言略**。)上曰："卿辅导有年，劳勚显著，受先帝顾命，托以匡弼，盖欲隆政治也。

---

① 《武宗实录》卷一三，正德元年五月庚辰条，作"鼓勇营御用监太监吴轲调管敢勇营"。

上天垂戒，朕自当省，卿可安心供职，以副委任，毋再固辞。”先是请诛瑾等疏，实东阳秉笔，第太监陈宽等至阁议时，东阳辞颇缓，中人皆以为事不由之，故与健等同日具疏恳求去位而东阳独留，人亦幸其留云。(一八,545—546)　陕西总制左副都御史杨一清奏宁夏镇守内官岁贡红花，播种浇灌，薅钼采摘，役军丁动以千计。其输送入京也，所至骚扰，为害甚多。地方孤悬河外，时有寇警，加之荒歉，军士尤宜宽恤，乞停其贡为便。工部覆奏，宜从所请。上不听，仍令进用。(一八,546)【考】此疏名《为乞恩停免进贡红花以恤边兵事》，详见《杨一清集》卷八《总制类》。　乙丑，太监李荣传旨，以御马监太监刘彝管福建市舶司事。　丙寅，太监李荣传旨，御马监太监陈贵镇守宣府等处地方。(一八,549)　甲戌，天寿山守备太监贾性所为多不法，淫刑致死无罪者六人，为东厂所发，下锦衣卫镇抚司逮问。狱具，送刑部，拟徒。诏以拟未当，令都察院会锦衣卫堂上官及科道官于阙下会审，改拟斩，遂劾刑部原问官朱鉴等失出死罪，大理寺官吴伟等参驳未详，并及其堂上官闵珪、杨守随等，俱宜究治。得旨，性减死，发充南海子净军，珪等并鉴等姑宥之。(一八,557)

十一月庚辰，南京守备太监傅容、成国公朱辅等以尚书林瀚等会奏南京营操官军诈病者月粮皆截日扣除，极言其不便，谓官军实患病者，宜仍给月粮。兵部议：“给粮养兵，正欲操练以备用也，若称病偷安，养之何益？自今实病者乃俟一月后住支，诈病者宜亟扣除，仍究其官旗作弊之罪。”得旨：患病三月以里者不必住支。(一九,560)　乙酉，守备凤阳太监倪文奏乞辖凤阳、庐州等府卫州县军民，上从之。兵部议：“凤阳内臣为守护陵寝设耳，其中都留守司八卫一所，例应听辖，其余府卫，事无干涉，文不过欲假权以济贪虐，不宜听。”上曰：“祖陵重地，其仍依文奏。”(一九,562)　丙戌，总督东厂太监丘聚言：“苏州等府纳户解折粮大布三十余万匹赴甲字库交收，自三月至今，仅收二万五千匹，余尚未完，必该库有留难之弊。乞户部定与限期，会官收受，有仍前留难者听巡视科道等官参究治罪。"户部谓聚言深中时弊，自后各处解布到库，每五万匹限十日内收完，否则必治其罪。上是之。（一九，563）　戊子。户部侍郎王俨先是往各边召商纳米，定与九一成色，盖每石米九分带谷一分也。分守独石马营左少监唐禄欲乘时牟利而不得，遂乃诡言九一米粗，必绝谷始可以充军饷。刑部主事俞□奉命会巡按御史勘实，具得其情，于是奏谓九一便于久贮，况今米价犹贵，须因时收受，待岁丰乃收绝谷，庶米商易召。户部覆奏："九一既便，特恐各仓场监收官攒人等徇情受嘱，不足其数耳，宜移文巡抚宪臣及管粮郎中，今后收米，俱欲足九一之数，若将三七、二八粗粝混收及有掺和糠秕等弊，治如例。"上是之。（一九，563—564）　丙申，敕兵部尚书阎仲宇同太监苗逵、英国公张懋等提督团营操练军马。（一九，568）

丁酉，南京十三道御史陆崑等疏言："自古奸臣欲擅人主之权，必先惑其心志，人主或不自觉，反信为贤，而祸乱随之。如秦赵高劝二世严刑肆志以悉耳目所好；齐和士开说其主，无自勤约，宜及少壮为乐；唐仇士良教其党常以奢靡娱其君，勿使亲近儒生，以知前代兴亡之故，卒之亡秦而祸齐、唐。使其君能听忠言而预斥之，必无此患矣。皇上嗣位以来，天下方颙然望治，未几乃宠幸阉寺，颠覆典刑。太监马永成、魏彬、傅兴、罗祥、谷大用蒙蔽左右，游宴无度，以致上干天和，灾异迭见。臣等屡言，未蒙省览，其意必谓宫中游乐，关何治乱？此正奸人所以欺其君者，殊不知人君一身为天地百神之主，系宗社安危之机，一或不谨，贻患非细。且陛下广殿细旃，岂知小民穷檐蔀屋，风雨之不庇；锦衣玉食，岂知小民祁寒暑雨，冻馁之弗堪；驰骋游宴，岂知小民疾首蹙额，赴诉之无路。迩者雷震西中门及天地坛，彗出紫微垣，夏秋亢旱，江南米价腾贵，京城内外盗贼充斥而陛下顾思纵欲，不一省念之乎？此臣等所以日夜皇皇，恨不碎首玉阶以清君侧之恶也。内阁、部院大臣受顾命之托者，所宜弘济艰难，随时匡救，言之不听，尤须伏阙死诤以悟圣心，顾乃怠缓悦从，间为忠义所激，论谏类多巽顺退托，其为身谋得矣，其如先帝付托、天下属望何哉？伏望陛下因事知惧，侧身修行，亟敕内阁、部院、科道官会同司礼监通查嬖幸马永成辈，尽行屏斥，以绝祸端。由是委任大臣，务学亲贤，讲求古今理乱以为劝戒，庶祸乱不作，灾异可弭。”上不能从，第下其章于所司。(一九,568—569) 南京十三道御史葛浩等言：“朝廷用人之途有限，而小人欲进之心无穷，幸门一开，则希恩求进，更相援引，而传乞之事多矣。圣明之朝，岂宜有此？迩者太监高凤辞免升赏，乃命其侄高得林锦衣卫堂上管事，坏祖宗铨选之法，违先帝推举之旨，挠陛下查革之诏。言官论列，竟置弗行，恐天下奸回以夤缘为得计，小人由此而竞进，岂可不加之意哉？伏望不惑近习，特赐英断，罢高得林官，仍治其罪，以惩幸进，则群小革心而纪纲亦振举矣。”章下所司知之。(一九,570) 壬寅，山西左布政使俞俊、河南右参政刘约为言官论劾，下巡抚官核勘，无贪残实迹。吏部覆请俱留用。时议谓俊以重货赂刘瑾，遂并约得留。(一九,572) 甲辰，户部尚书韩文落职闲住。先是文倡九卿随大学士刘健等伏阙请诛内侍刘瑾等，瑾等恨之，昼夜求文过不可得。适有解户以赝银输内库，事觉，归罪于文，降一级致仕。(一九,572) 户科左给事中徐昂上疏，言文历官年久，端谨素著，正色立朝，但赋性近缓，立法尚宽，偶致属官失检银课，今遽弃之，非所以全大体而隆远业也，乞听以旧官致仕。内批：“昂褒美文臣(**按，臣字衍**)，显有嘱托。”文遂落职，并除昂名。文驰去，乘小竹兜，夜不宿传舍，行李仅满一车。瑾密遣官校伺察，无以加其罪，而益憾之。(一九,572—573)【考】李梦阳《空同集》卷三九《秘录》：“初，今上即位，青宫旧阉等日导上犬马鹰犬，舞唱角牴，渐弃万几罔亲，时号八虎。而段敏[1]、黄伟虽旧阉，以端悫斥，不信用。会段坐病免死，于是户部尚书韩文每朝退，对属吏言，辍泣泪数行下，以阉故。而郎中李梦阳间说之曰：'公大臣也，义共国休戚，徒泣何益？'韩公曰：'奈何！'曰：'比谏臣有章入，交论诸阉，下之阁矣。夫三老者，顾命臣也，闻持谏官章甚力，公诚及此时率诸大臣殊死争，阁老以诸大臣争也，持必更易，力易为辞，事或可济也。'韩公于是捋须昂肩，毅然改容曰：'善，即事弗济，吾年足死矣，不死不足以报国。'翼日早朝，韩公密叩三老，三老许之，而倡诸大臣，诸大臣又无不踊跃喜者。韩公乃大喜，退而召梦阳，令具草。草具，韩公读而芟之曰：'是不可文，文，上弗省也；不可多，多，览弗竟也。'而王岳者亦青宫阉也，刚厉而无阿，颇亦恶其阉侪。初阁议持谏官章不肯下，诸阉者业窘，相对涕泣。会诸大臣疏又入，于是上遣司礼者八人齐诣阁议，一日而遣者三，而阁议持卒不肯下。而岳者，八人中人也，顾独曰：'议是。'明日忽有旨召诸大臣，诸大臣者，盖人人惴也。既入左掖行，吏部尚书许进首咎韩公曰：'公疏言何？'韩公于是故曳履徐徐行，而使吏部侍郎王鏊趋诣阁探动静。阁老刘健语鏊曰：'事已七八分济矣，诸公第持莫轻下。'至左顺门，阉首李荣手诸大臣疏曰：'有旨问诸先生。诸先生言良是，无非爱君忧国者，第奴侪事上久，不忍即置之法耳，幸少宽之，上自处耳。'众震惧，莫敢出一语答。李荣面韩公曰：'此举本出自公，公云何？'韩公曰：'今海内民穷盗起，水旱频仍，天变日增，文等备员卿佐，靡所匡救。而上始践祚，辄弃万几，游宴无度，狎匿群小，文等何得无言！'韩公言虽端，而气不劲，又鲜中肯綮。于是李荣哂而曰：'疏备矣，上非不知，今意第欲宽之耳。'诸公遂薨然而退。盖是日诸阉者窘，业自求安置南京，而阁议犹持不从，诸公乃竟尔尔退。惟王鏊仍前谓荣曰：'设上不处如何？'李荣曰：'荣颈有铁裹之邪，而敢坏国事？'荣入而事变矣。是夜，立召刘瑾入司礼而收王岳、范荣（**按，应为范亨**），诏窜南京，寻杀二人于途。已又连斥刘、谢二老，顾独恳留李，而韩公辈汹汹，咸拔茅散矣。变之起，大抵莫可详，而李荣则曰：'诸大臣退，而瑾侪绕上前跪伏哭，痛首触地曰："微上恩，奴侪磔喂狗矣。"上为之动。而瑾辈辄进曰："害奴侪者岳也。"上曰："何也？"

[1] 段敏，疑为"段聪"之误。聪之事迹见弘治十八年所附《守愚子寿藏记》。

曰:"岳前掌东厂也,谓谏官曰:先生有言第言。而阁议时岳又独是阁议,此其情何也?夫上狗马鹰兔,岳尝买献之否?上心所明也。今独咎奴侪。"既而益复伏地哭痛。上于是怒而收王岳。瑾又曰:"夫狗马鹰兔何损于万几?今左班官敢哗而无忌者,司礼监无人也,有则惟上所欲,而人不敢言矣。"上于是诏瑾入司礼监。'此其说亦近,第难尽信耳。又闻阁议时,健尝推案哭,谢亦亹亹訾訾罔休,独李未开口,得恳留云。"《继世纪闻》卷一所载有异:"韩文又率九卿共劾之。时司礼监太监王岳、范亨、徐智亦厌七人所为,相与为内应,刘健等助之。然王岳亦为上所信任,密奏外朝多官劾奏刘瑾等,不可不从。上不得已,允之。会天晚,待明旦发旨捕瑾等下狱。左右有以其事密告瑾者,瑾素与李阁老东阳有旧,重其诗文,密以韩文等所劾询之东阳,得其大略。瑾等惊觉,遂趋至御前,俯伏哀号,诉岳等内外交通,欲害我等。上以为无此事。瑾等曰:'若待明旦,臣等再不得见天颜矣,须今晚拿岳等三人送狱方可。'上不得已,颔之。瑾等即出传旨,夜捕岳等系狱。明日奏请,令刘瑾入司礼监,兼提督团营兵马,设内行官校巡察,丘聚提督东厂官校巡察,谷大用提督西厂官校巡察,张永等并司营务。王岳、范亨、徐智俱发南京充净军,行至临清,将王岳缢杀。由是权归瑾等,势倾中外。"

十二月辛亥,调户部主事苏时秀为镇江府通判。时秀监收城门钞课,忤刘瑾意,使东厂觉察其过,调之。(二〇,575)　丁巳,太监李荣传内旨,六科给事中俱令守科,日常至酉乃出,仍令锦衣卫直宿指挥不时点闸,违者以名闻。其奉京差非远出者亦如之。(二〇,577—578)　辛酉,太监李荣传旨:腾骧右卫都指挥使吴安升都督佥事,后军都督府带俸。(二〇,580)　丙寅,太监陈贵以镇守宣府奏带头目二十余人。兵部言:例止五人而贵属滥请,宜裁之。不听。(二〇,575)　己巳,命户部郎中郝海、工部员外郎毕昭会同漕运参将梁玺修理会通河,仍戒其毋得怠缓。河起大通桥,迄于张家湾,有闸数座,地形高下悬绝,蓄水甚难,卒不能通行舟楫。时中官用事者已预造剥船布囊,乘时射利,后运舟至湾则以囊强与之而索其钱,运卒苦之。(二〇,584)　辛未,升知县高显、何亮、张九逵、行人周用、胡镇为南京给事中，显、亮户科，九逵礼科，用兵科，镇工科。先是，南京给事中戴铣等奏黜权阉，并乞留顾命大臣刘健、谢迁等，诏锦衣卫官校执送诏狱。未至，吏部请委官暂掌印信，有旨不从，亟令推补。（二〇，585—586）

本年附

艺文·碑铭·太监董让墓志

明故江西镇守御用太监董公墓志铭

赐进士及第、中顺大夫、太常寺少卿兼翰林院学士、同修国史、知经筵事钱塘李旻撰。赐进士出身、光禄大夫、柱国、太子太保、刑部尚书、侍经筵、前都察院左都御史吴兴闵珪书。敕管三千营兼提督十二营总兵官、掌右军都督府诸军事、前征虏大将军、侍经筵、太保、保国公睢阳朱晖篆。

公姓董氏，讳让，字克谦，先浙之秀水人。太父文荣，父福，读书好礼，皆有隐操。祖母时氏，惠顺慈和，得妇道。母白氏，亦如之。生子二人：曰让，曰诚，长即公也。景泰丙子（七年，1456）选充掖庭内侍，内馆肄业，喜读书，尤善书法。公自幼敏慧有智识，盖亦天性然也。天顺戊寅（二年，1458），选入司礼监书办。英宗睿皇帝见而奇之，进御用监学琴。

成化丙戌（二年，1466），复改本监书办。乙未（十一年，1475），升典簿，掌监事。丁酉（十三年，1477），升右监丞。壬寅（十八年，1482），转左监丞，累迁至太监，管造金宝册。公奉职虔恭，夙夜匪懈，事毕，宪宗纯皇帝察其劳勩，赐蟒衣一袭。

弘治改元，以例左迁右监丞，仍掌监事。小心谨畏，上爱之，续命提督福建市舶司事。寻升左监丞。九年复升太监。上知公才力之优，克堪重寄，明年改镇江西及提督烧造磁器。公到任，首革奸弊，爱惜下民，百尔所行，惟务公道，军民帖然畏服。既奉命起盖益王府第及修葺教场，筑立城池台岸，公为之经营谋画，民不告劳，财不告乏，功亦随之甫成。其为为政大率类此。今上方欲倚用，未几寝疾，卒于江之公馆。实丙寅（正德元年，1506）五月十四日也，享年六十有七。

讣闻，上嗟悼久之，命有司护送柩还。至京，上命御用监太监等官阎公整等治丧事,复遣官谕祭及赐宝镪者,以十月二十五日卜葬于都城西赤水村之原。公素廉洁有为,事不苟且,先成化丁未(二十三年,1487),奉命凤阳起取盟津王,送回复府,途次往还,公私皆有馈饷,公力辞不受,时论归之,此尤人所难者。其后镇洪都,强盗邓迟八等攻劫剽掠,人莫能致。公设法剿捕,获丑类五千三百余名,不惟军民仰赖,而缙绅大夫亦伟其才也。事闻于朝,公具疏上奏,赐蟒衣玉带以旌异能。《书》曰"功懋,懋赏",公之谓也。前后共历四君,虽显晦随时,略不为之忻戚。临殁,复谓其家人曰:"惟以不能报国为憾。"再无他及。呜呼!为国爱民,如此其至公,亦可谓贤矣。宜乎终始保全,名誉远播,没而其有光也。公弟诚将葬,太监阎公等具状请铭,予悼其贤有可述为之。铭曰:

入侍惟勤,出守惟忠。公罔内外,咸有厥功。奕奕才猷,人孰与同。宠赉自天,名爵愈崇。历事四朝,德音孔隆。小心奉国,令始令终。圣泽洋洋,贲于丘封。勒之穹石,用垂不朽。

(北京市海淀区万寿路出土。《北京图书馆藏中国历代石刻拓本汇编》第53册,第124页)

艺文·碑铭·太监荆端墓志

明故内官监太监荆公墓志铭

赐进士第、翰林院编修京口濮韶撰文。征仕郎、中书舍人东吴王哲书丹。登仕郎、鸿胪寺序班古燕程玉篆盖。

正德改元,苍龙建寅,冬月二十日,太监荆公卒。讣闻于上,悼惜久之,遣其尚膳监太监蔡公迩董治丧仪,内官监右监丞毕公真偕赵公昇协襄丧事,恩亦殊也。今特录公生平履历、遭际显融之余,铭墓石以掩诸幽远。按公讳端,姓荆氏,山西平阳府蒲州衣[猗]氏县之望族,先世谱逸,莫可考完。公以景泰丙子(七年,1456)简入掖庭,小心缜密,供事慎勤。天顺辛巳(五年,1461),除长随,执锐披坚,随朝侍卫。宪宗纯皇帝御极十有四年,念公先朝旧人,命侍孝宗于青宫。公殚乃心,引道启迪居多。成化丁未(二十三年,1487),以公劳效有年,升司苑局右副使,得佥局事。未几,答应乾清宫,得转内官监右监丞。弘治改元戊申(1488),升监左,署巾帽局事。乙酉(**按,弘治无乙酉,应为己酉,即弘治二年,1489**),升右少监,兼理神机营。号令仁严,士卒感戴,升左少监。

至癸亥(**按,癸亥为十六年,应为癸丑,弘治六年,1493**),晋太监,许乘马行禁中,寻赐蟒衣玉带。弘治八年乙卯,命提督鞍辔局工役。蒙□作无浪费,方宜效劳,俄婴一疾不起,距生正统三年(1438)七月六日,得寿六十有九。葬以卒之年十一月二十七日,从吉兆也。盖公为人禀质纯朴,宅心□易,以故历事累朝,恭忠不懈,生有荣名,没有令终矣。宜而可铭,乃铭曰:

猗与荆公,禀赋淳仁。髫年选拔,入侍朝廷。荐膺宠被,日近□宸。稠恩叠惠,蟒衣光莹。生享尊荣,没无余憾。我□铭幽,公永其窆。

(北京出土。《北京图书馆藏中国历代石刻拓本汇编》第53册,第125页)

艺文·碑铭·右司副王瑀墓志

明故惜薪司右司副王公墓志铭

赐进士出身、奉议大夫、翰林院学士兼修国史、经筵官藁城石珤撰。大中大夫、光禄寺卿、直文渊阁莱阳周文通书。赐进士出身、奉直大夫、吏部郎中、直内阁巴渝蒋恭篆。

正德丙寅(元年,1506)十一月二十五日,惜薪司右司副王公以疾卒于正寝。厥侄敬等殡敛如礼,将于十二月十六日,葬公于香山乡翠微山之原,近昔司礼监太监赠"褒善"黄公[①]之墓,盖公乃褒善之爱子也。先期具中书舍人王君珙状求予文,以图不朽。予与君交谊有年,闻其才德之美久矣,乌可以不文辞哉?

按状:公姓王,讳瑀,别号道贵,其先本顺天府东安县人。曾祖茂兴,祖斌,父福义。母马氏,生公。自幼资质凝重,器宇不凡,众咸期以远大。及长,以俊秀被选入内庭。天顺八年(1464),入送司礼监学业。公性聪明,精于其事,同辈推让之,遂为褒善公所喜。成化九年(1473),奏改监工。十一年,除长随。十七年,升奉御,惜薪司外厂监工。惜薪司专理受柴炭之所,厥任匪轻,而外厂先为收贮,尤其要也。官此最难得人,公能廉慎有为,搜除故弊,凡收纳之际,务极其精大,为上下所敬服。弘治八年(1495),升今右司副。公虑厂之房屋坍塌,遇阴雨柴炭多为腐坏,设法修

① "褒善"为祠额,此引为赠谥。据弘治十四年所附之《正觉寺敕谕碑》,"黄公"为黄高。

葺,焕然一新,且周围筑以高垣,严于防守。厂前旧有沟桥倾圮,阻塞旁民,每被水患,公亦修治疏通之,今称便焉。

公生平持身正大,事君以忠,与人交有终始,尤厚同气。痛父母俱逝之早,待兄保、嫂谷氏,久敬弗渝。抚育诸侄孙,俱底成立。侄男二:长即敬,尝输粟为义官;次安,以武功授锦衣卫中所戈戟司百户。孙男五:淳、濬、潽、淹、瀛。淳,习举子业。孙女二。公生于正统辛酉(六年,1441)十二月二十七日,享年六十有六。既序而复系之以铭,铭曰:

王氏积德,久隐未通。迨公乃显,仕于禁中。累朝擢用,事君以忠。官不及德,才比位丰。正宜委任,溘焉以终。翠微之地,筑尔幽宫。勒铭贞石,垂休无穷。

(北京石景山区福田寺村出土。《北京市石景山区历代碑志选·墓志铭》,第72页)

艺文·碑铭·太监高凤墓志

大明故司礼监太监高公墓志铭

特进光禄大夫、左柱国、少师兼太子太师、吏部尚书、华盖殿大学士、知制诰、同知经筵事、国史总裁长沙李东阳撰。赐进士第、资政大夫、太子少保、礼部尚书、掌太常寺事、侍经筵同郡田景贤书。特进光禄大夫、左柱国、太师兼太子太师、英国公、奉敕提督五军并十二团营总兵官、监修国史、知经筵事、掌后军都督府事古汴张懋篆。

正德壬申(七年,1512)十二月初十日,司礼监太监高公卒,讣闻,上震悼,命司礼太监赖公义、御马监太监李公能、内官监太监刘公英、杨公森、朱公辉理其丧,礼部谕祭,工部治凡葬事,赐银、币、米、布为赙。慈圣康寿太后、慈寿皇太后暨中宫咸赙有差。公以正统己未(四年,1439)六月四日生,至是寿七十有四。以癸酉(八年,1513)二月初三日葬于都城西玉河乡之寿藏。公之存,尝预属予为墓表及诸学士大夫为碑及传,兹其从子后军右都督得林、尚宝司丞荣以诸太监意请为埋铭,辞弗获。司礼太监温公祥、蒋公贵亦为速予,乃叙其履历岁月,而以恤典先焉。

公自入内庭,景泰丙子(七年,1456)始受学内书馆。天顺戊寅(二年,1458),英宗命领司礼书札。甲申(八年,1464),预治大丧及宪宗纳后礼。乙未(成化十一年,1475),授奉御。壬寅(十八年,1482),擢惜薪司右司副。癸卯(十九年,1483),佥司事。甲辰(二十年,1484),致祭襄府。乙巳

(二十一年,1485),迁内官监右少监,仍署司事。己酉(弘治二年,1489),孝宗命治秀怀王陈夫人丧礼。庚戌(三年,1490),理岷王就邸事。辛亥(四年,1491),迁左少监。壬子(五年,1492),奉使辽府归,特命为东宫典玺局丞。侍今上讲读,夙夜勤恪,凡讲官所进授,日为温习;起居动止,食饮寝处,因事启沃者不可胜计。甲寅(七年,1494),遣祭顺妃。戊午(十一年,1498),赐蟒衣,许乘马禁中,始进司礼,为太监,仍兼局事,赐玉带。癸亥(十六年,1503),以疾出,累命医诊视,仍赐御药,比入谢,以步履未健,命乘肩舆。乙丑(十八年,1505),上登极,命视监事,掌机密,委任隆重。累辞弗许,一时新政,裨益居多。赐岁禄二十四石。命典大丧。复奉太皇太后谕,选大婚。丙寅(正德元年,1506),礼成,加岁禄,前后至八十四石。公累引疾求谢事,上不忍释,面谕再四乃许之,命归外第,秩禄皆如故,加给内库米十石,薪夫十人。既而复召入视事。己未[巳](四年,1509)复得谢。又三年乃卒。

公为人纯悫简易,无疾言遽色,中不设崖阱,不屑屑为恩怨计。早嗜问学,所治官自壮至老,皆文翰事,其尤大者,则储宫之辅翊、内政之枢机。竭志殚力,务求实用,而恒固不易,进退裕如,遭际之盛,持养之厚,兼得之矣。其所制祠堂,尝赐额曰"褒贤"。诚贤也哉!

公讳凤,字廷威,号梧冈,世居顺天之涿州,谱逸不可考。考四翁赠荣禄大夫、后军都督府都督同知,妣白氏,赠夫人。从子五:景春、景文、得□,皆义官;得林初以军功历都指挥同知、掌锦衣卫事,奉敕缉访,功进都督同知;荣以恩历中书舍人,皆至今官。从孙六:淮、友、才俱锦衣卫百户,万、良、瓒、安皆为涿鹿卫百户。兹不厌重录者,为埋铭计也。铭曰:

储宫翼翼,职专承弼。惟先皇帝,手自甄择。宸居肃肃,官列监局。惟今天子,□箎是属。有美高公,两际其盛。尽思尽忠,退不失正。煌煌命服,郁郁佳城。禄赐山积,恩波海盈。惟天锡之,实备寿祉。惟帝念之,用笃终始。公生达死,公死犹生。维百千年,永此令名。

(北京海淀区公主坟出土。《新中国出土墓志·北京》第180号)

艺文·碑铭·高凤侄高得林妻苏氏墓志

大明高都督(得林)之妻夫人苏氏墓志铭

光禄大夫、柱国、少师兼太子太师、吏部尚书、华盖殿大学士南海梁储撰。正议大夫、资治尹、刑部左侍郎宣城张纶书。特进光禄大夫、柱国、太傅兼太子太傅、新宁伯、奉敕提督十二团营军务兼提督五军营总兵官、后军都督府事、侍经筵滁阳谭祐篆。

高夫人苏氏，涿州义官迪之淑女，为今荣禄大夫、后军都督府右都督朴斋高公得林之元配。生天顺庚辰(四年，1460)春正月八日，卒于正德丁丑(十二年，1517)夏五月四日。朴斋悼亡不已，思所以永其传者，乃令厥弟大锦衣邦庆(**按，即高荣**)，奉刑部侍郎张公纶所为行状来请铭。予辞不获，乃为叙而铭之。

初，夫人之于归也，朴斋尚未贵显，然门高族大，家政素繁，惟夫人能以勤俭孝敬实相之。于是，舅姑安其志养，宗戚式其礼节，僮仆感其慈惠，邻里上下称其义让。舅纯斋翁每喜为人言曰："吾儿有良相矣，吾祚胤庶几其远大乎！"后朴斋累有军功，自锦衣百户、副千户，历升指挥使、都指挥使，以至今官。夫人亦累受封诰，自宜人、淑人，以至一品夫人。盖自近年以来，每岁时令节，夫人尝如例乘犢轩、服命服，入大内朝贺三宫，屡荷宝钞、帑币之赐。其恩荣福屡，一时殆罕伦比。然夫人之所以崇孝敬以祀先，躬勤俭以率下，省妄费以节财用，恤穷乏而乐施予者，犹比之前时不异也。不贤而能之乎？以故士大夫之与朴斋善者，尝以为朴斋之所以累立战功，官跻极品，恩典及于三代，传祚可至无疆，是固若祖、若考及叔考司礼公垂裕之休。至论其门庭雍睦，人无间言，内政孔修，身无家累，肆能职业修举，受兹介福，则夫人之贤、之德、之助，固不可诬也。呜呼！夫岂不然也哉。夫岂不然也哉。

夫人生二子：长，早卒；次杰，卓有成立，以恩荫授锦衣千户，近亦卒。所娶徐氏女，有共姜之节，自丧夫后，即卸彩绣，屏铅华，誓终身无他志。兹固其天性之良，亦夫人平日德教之所及也。夫人伤爱子之早亡，终年不释于怀，遂成疾，以致大故，亦其命也。讣既闻，上遣官赐祭营葬。以是岁六月十六日，葬于阜成门外玉河乡之原，从先墓也。铭曰：

吁嗟夫人，德宜有子。子既云亡，寿亦止此。吁嗟夫人，勿怨勿恫。后来诸子，必亢乃宗。吁嗟夫人，不亡者在。生有余荣，没有遗爱。吁嗟夫人，大葬于兹。尚永厥传，太史之词。

(《新中国出土墓志·北京》第189号)

艺文·碑铭·高得林墓志

明故昭勇将军锦衣卫指挥使高君墓志铭

赐进士出身、荣禄大夫、少保兼太子太保、礼部尚书、武英殿大学士、知制诰、经筵官、国史总裁颍川贾詠撰。赐进士出身、嘉议大夫、太常寺卿、前兵科都给事中、侍经筵古沧张瓒书。后军都督府掌府事、奉敕提督五军营兼提督十二团营诸军事总兵官、侍经筵、荣禄大夫、太保兼太子太傅、武定侯凤阳郭勋篆。

君讳得林，字邦秀，姓高氏，别号朴斋，世为顺天涿州人。高祖而上，谱无考。自曾祖下逮父英前，俱赠后军都督府右都督。母李氏，赠一品夫人。初，君之未贵也，从诸父司礼公凤居京师。司礼公历事四朝，孝庙以其谨厚端恪，简侍先皇于春宫，朝夕讲学，左右赖焉。比登极，命掌机务，眷注日隆，而恩礼宠荣，超轶一时。君年既壮，慨然有志功名，欲自表见，甚为威宁王公所器。会西征，奏参幕下，获以军功，授锦衣百户，升副千户。尝出勘事，人服其公。寻推坐西司房，捕获巨盗，擢正千户。历任既久，进擢都指挥同知，入直禁中。及侍丹衷，小心敬慎，未尝有失。上嘉其勤，乃有蟒衣之赐。掌卫事，提督官校，伺察非常。君受命惟谨，每以人命为重，常戒部下逻卒，不得以私意罗织人罪而冒功赏。未几，进后军都督府都督同知，累右都督，协佥府务。故三代而下，皆赠如其官。比司礼公卒，君视如父，敛殡祭葬，悉如家礼。

事襄，自惟盛满，力求解任，乃连疏恳辞，遂荷俞允，退而家居。昆季友爱，日与亲朋觞咏燕笑，容与优游，以乐天年。胸次脱然，无所系累，绝口不及时事。肆我皇上龙飞九五，维新庶政，始落君职而授今衔。呜呼！君以纯心朴质，谦抑坦易，方其贵也，丰禄崇阶，荣耀之至，顾不事骄侈，居之自若。及其后也，虽少经裁抑，而安肆自得，亦若不介意然。且于族党里闾之间，见贫乏颠连及婚丧不能自举者，率出所有赒之。噫！宠辱易动，而喜戚几于不形；富贵易骄，而有无为之相通。此诚人情之所难，武弁之仅见也。若高君者，其不谓之贤乎？

君生景泰丙子（七年，1456）六月初一日，其卒也，以嘉靖丙戌（五年，1526）八月二十六日，享年七十有一。原配苏氏，前赠一品夫人，先卒。继杨氏，封淑人。生子男二：长曰杰，苏出也，前锦衣千户，先卒。次曰伟，杨出也，亦卒。君之后乏焉，呜呼伤哉！兹犹子锦衣指挥儒以君卒之年十月二十日吉，奉柩葬都城西玉河乡之原。执通政使柴君时中所次状请铭。予嘉其义而志之，俾纳诸圹云。铭曰：

嗟嗟高君，惟涿之英。第非戎伍，才则干城。功立西鄙，宠锡承明。侯封晋秩，百石千兵。载陟昭勇，载列簪缨。世胄之嗣，锦衣是荣。克效忠力，爰加褒旌。知止远辱，通退怡情。令终伊始，无忝厥生。斯丘之乐，土厚水清。我铭为志，是曰君茔。

(《新中国出土墓志·北京》第216号)

艺文·碑铭·高凤侄高荣妻左氏墓志

大明诰封锦衣卫指挥使高室左淑人墓志铭

赐进士第、前大中大夫、河东陕西都转运盐使司运使广阳杜旻撰。赐进士出身、中顺大夫、陕西苑马寺少卿、前兵部郎中古燕王举书。赐进士第、奉政大夫、山西按察司佥事、奉敕督理口北兵备四明钱俊民篆。

锦衣指挥使兰坡高公配淑人左氏既卒，其子儒衰衣徒跣，持茂才折月窟状，诣予请墓志铭，意甚恳。予与兰坡幼同乡塾，是恶能辞。按状：淑人为顺天府涿州松林里人，溯厥先世，元季有曾膴仕者，国朝洪武初归附，后高、曾以军功显，经乱谱牒散逸，名称莫考。今锦衣都指挥信，其裔也。父海，能业农裕家，富甲闾井。母宋，出望族。淑人生而敏毅省事，父母钟爱，弗轻许聘。兰坡总丱游州学，时父质庵公为择配，得淑人而纳彩焉。既归，能执妇道，动合内则。事舅姑以孝闻，时能得其欢悰。和处妯娌，久无间言。兰坡性疏宕，淑人尝夜攻女红，伴其诵习，每至四鼓方辍。知有朋徒来，必亲治具以供，盖惟虑兰坡坐失良友也。兰坡得淑人淬励，故贤声茂著，大为犹父司礼公凤雅重。推恩授中书舍人，晋尚宝丞，继晋今职，摄卫政。

家事纷沓，淑人乃谓兰坡曰："君专王事，门以内吾为治之。"凡帑务不分巨细，咸自裁决。贵肩王侯，不废纺织。富盛中罔敢暴殄，而赈穷赒急，则无所惜。下逮臧获、舆皂，亦有威惠及之。用是兰坡志向无贰，卒以忠勤闻武宗朝。兰坡胤嗣不繁，乃广置姬鬟，此尤妇人所难。兰坡每公使于外，辄扃钥中壶，虽童子不得入。盖其平生内治严整，率多类此。兰坡往年患孱疾，医罔奏功。淑人积虑憔悴，因刲股以进，疾顿愈，人以为至诚所致云。

嘉靖来，兰坡谢事家居，屡遭强族妄词，怀抱怏怏。淑人深以为忧，每引否泰往迹譬晓，以慰解其意。世之善事夫君如淑人者，岂多见哉！

今年夏四月，偶寒，疾增剧，竟不起。于戏！其可伤也已。距生成化辛卯（七年，1471）五月十有四日，卒于嘉靖壬辰（十一年，1532）四月十有一日，得寿仅六十二岁。以兰坡贵，封如制。子二：长即儒，聘本卫管卫事张都指挥锜女。次位，聘皇亲本卫张千户晟女。女三：长适本卫吴千户江，次聘光禄寺袁寺正子锡，次聘本卫南镇抚司张都指挥铭子。儒将以卒之年月日，葬淑人于阜成关外池水村祖茔之侧。为之铭曰：

敏而毅，归宜家室。裕而靡嫉，兰芳并茁。贵而贤，刲股以寿所天。天乎天乎，胡遽逝焉。

（《新中国出土墓志·北京》第237号）

艺文·碑铭·高荣及配合葬墓志

……军锦衣指挥使高公配淑人左氏合葬墓志铭

……大夫、河东陕西都转运盐使司运使、前监察御史广阳杜旻撰。……翰林院编修国史、经筵官分宜彭凤书。……大理寺左评事新建魏良贵篆。

……未秋，锦衣指挥使高公以疾终于正寝，治命停柩三越岁许葬。至是，子儒奉其……状诣余，泣请墓铭。余泣数行下，唏嘘久之，曰：余尔父厚，先已铭尔母矣，兹忍……耶？按状，公讳荣，字邦庆，别号兰坡，为顺天涿州人。谱牒散失，先世莫征。曾大父……大父泗。泗生父英。俱隐德弗耀。公幼颖异，资性出类。既冠，治书观风者见而识……州学生，累举不售，士论惜之。正德初，诸父讳凤者官司礼监，见宠……中书舍人，供事……二王楷法，与修《历代通鉴纂要》。书成叙劳，晋尚宝丞。正德壬申（七年，1512），司礼公卒。……推恩，改升公锦衣卫指挥同知管事。乙亥（十年，1515），会……成，博野宗人俱有疑狱，有司请遣京朝巨臣往按，人皆难其行。……可托，命与司礼太监蒋贵、少司寇张纶同事，二公以公为……焉。事竣，覆果称旨，晋公都指挥，屡有文蟒、金牌、内酝之锡，当时以为异数。……疾，得告，徜徉泉石，陶情诗酒，口不沾世故，识者谓公良于处遁云。既而兄指……，上察公无恙，命袭其职。公居之漠然，同列高之。配左,与公同里,以公贵,……而性殊烈。归公,能执妇道,综理家政,严整有矩,壸以内斩然也。少日劝公……妻断织之风。公居官时,偶婴痰疾,医不奏绩。淑人忧,忘眠食,乃引刀刲股,……疾骤愈,众以为至诚所致也。然此虽非贤圣常道,而女流能知为之,独不……数年卒。公每思及,辄拊膺号痛,怅惘移时。后前疾作,知不能起,顾进儒,教……出纨绮,匪知为学用罔利。尔母废诵读,有受用处。言已而逝,他无所及。……以故儒虽荫武,而能博极群书,旁通诗赋,且深究诸兵家方略,武科之……之善,公其贤哉。

距生成化癸巳(九年,1473)十二月十六日,卒于嘉靖乙未(十四年,1535)九月十……二岁。子三:长即儒,本卫中所副千户,侧室张出,娶本卫管事都指挥锜……。次位,侧室郝出,聘皇亲张千户晟女。次道儿,尚幼。女三:长适吴指挥……正子锡,俱早卒。左出。次聘本卫南镇抚张铭子茂概。道儿,侧室陈出。儒……周年丁酉日,扶公柩于阜成关外池水村祖茔,启左淑人之……铭曰:

夫之良,荣富允藏,天之所偿。妇之贤,今古相先,世之所怜。……宜双……过□□轼。

(《新中国出土墓志·北京》第249号)

艺文·碑铭·太监余俊墓志

明故南京守备内官监太监余公墓志铭

赐进士、资善大夫、南京工部尚书蜀人黄珂撰文。钦命南京协同守备、奉敕掌行祭礼兼管南京右军都督府掌府事、西宁侯凤阳宋恺书丹。赐进士第、通议大夫、都察院右副都御史、奉敕总督南京粮储晋陵白圻篆盖。

正德丙子(十一年,1516)十二月壬申,南京守备内官监太监余公卒于官。越明年丁丑二月丙寅,葬于聚宝门外安德乡之兆域,遵治命也。初公少孤,久违丘原,后入掖廷,益贵,遍索之,无应者。既领留务,继母袁氏、弟傭方自荆至,会于官所。悲喜交集,遂遣人归,迁葬考龙、妣何于原立祖茔,数年孝思之心方始克慰。去年,公择地于安德乡,上其事于朝,请立祠若寺,以昭永久。上眷方深,可其奏,仍各赐额,祠曰"彰勤",寺曰"祝禧"。今发引有期,门下士傅澎录所撰状诣予乞铭。予在工部,所职多涉诸贵人,其间机警有器干者必知之,反是者亦然。予既忝与公为乡人,又知公之行，焉敢辞。

按状：公本夔人，成化大饥，适大父先有别业在郧，由是厥考同季父虎奉母就养于郧。未几，考妇俱以客死郧。时值弗靖，公方龀，当选入内，即肄力书史，长益明习技艺，□□染翰，崭崭出侪辈右。累官至尚衣监太监。

纯皇帝升遐，职司香。弘治癸丑（六年，1493），今上在春宫，公朝夕侍，盖敬皇简于肘腋云。乙丑（十八年，1505）五月，用登极恩，迁御马监左少监。寻进太监，有蟒衣玉带之赐，为非望赏。且令掌乾清宫，宠以肺腑。正德丙寅（元年，1506），改内官监，职如故。时宫闱之役起，公实董之，事以集告。

是年冬，天子思得旧人，付之留钥，遂以玺书旌钺授公。公感知遇自矢，惟俭惟慎，以固上宠。在南都十年，勤于公事，喜接缙绅士夫。有大政则诸贵人勋旧及诸卿之长贰月再萃留司议之，咸取必诸贵人色可否。苟当于理，公必首肯。予深敬之。公掌兵仗局，局所攻函甲之事，岁进其良若干于朝，惟四方所输材如泉注壑，废旧坊者辄泄之，厥孔百出。公莅焉，浚之，必尽塞其源，乃清，由是入武库者经公监制，辄甲他进。所谓机警有器干者，其斯人哉！

卒之日，支属麾下僮圉若丧父母。呜呼！经事三朝，备极贵富，而又值时承平，休然余乐，施及母弟，慵亦藉锦衣向进，可冀福履，天幸可铭也。公讳俊，字世伟，号竹居道人，年五十九。铭曰：

奋翼孤骞，脱其罩樊。致身大阍，龙潜在泽。维以毓德，汝婴汝侧。睠焉旧都，有敕有符。乃应时需，乃心帝室。善于其职，甲光耀日。峻巇峨峨，托体山阿，吁其不磨。

（南京雨花台区油坊桥贾东村出土，现藏南京博物馆。志文引自周裕兴《由南京地区出土墓志看明代宦官制度》，《明清论丛》第1辑，紫禁城出版社，1999年）

艺文·碑铭·太监白江墓志

故内官监太监白公墓志铭

提督光禄寺内官监太监白公，年五十一，以正德元年五月六日卒于京师昭回坊之私第。奉御李应、长随田雄以闻，上震悼，赐祭暨楮币五十恤其丧，命左少监郑玺、奉御王恭营墓域。墓在城西香山之原，葬以六月十二日。兄凤,侄钊、钢、锐、铸异母宗自涿来会葬。玺、恭、雄,公所卵翼者也。上知之,故疾以懋[①]、雄侍丧,以玺、恭治焉。

公疾自弘治癸亥(十六年,1503)移命入寺始。寺,天庖也,四方供入,泉注謷然,而市豪饵奥枢,为泄孔百出。公至,惟嗅荤芗,无一嗗啐,而大施疏浚法。劳甚,操畚锸者,孔遂塞。以是体浸尫蒸耗,嗽血缕缕下,脏复败,遗为瘘痔。而母逾耋年,刺骨在念,迫益炽,犹忍支一年。明年乙丑(十八年,1505)四月遂以情请,不许。越五日,复请会寺僚入疏留谕慰,又不果许。正德丙寅(元年,1506),用登极恩,赐蟒衣玉带,为非望赏。三月疾大作,恳辞,谕如初。疾至剧,复疏恳,赐复监就汤药。部寺疏公履行宜留任寺事,公至以死恳,得赐就外私第,果便终事。方公未入寺也,岐王暨惠妃薨于国,公承命还其柩,返往万里,馆候舆皂不知为肘腋亲臣过临其地。寺事之柄,良以是选。

公始为内使,营卫圣恭僖夫人冢。弘治辛亥(四年,1491),预修太庙后殿,进长随。毕工,进奉御。戊午(十一年,1498),清宁宫灾,预鼎建功,进今职。监临诸库,秋毫无所近。受知先帝,赐蟒衣,恩隆倚重,日进一日,至再世而益耀。

公讳江,祖庆,父聚,世居涿之韩村。公生有异质,幼即知学,长离群袖,出以事君。竭忠飚为口实,用是获登内以成其志,非偶然也。玺、恭德公如父,而悲公遽尔陨弃,丐铭。恭,予教内馆时生也,其知所向往者。铭曰:

凭厥栖而为枭为鸱,曰谗实祸基,不如期期;凭厥栖而为狐为貍,曰奸实危梯,不如依依。素介则匮勇勤,致羸折于里轴,届门尤谁?其命也夫!铭以哀之。

(罗玘《圭峰集》卷一七)

艺文·碑铭·崇庆寺碑

陈渊撰并书《重修敕赐崇庆寺记》:"距都城之西南隅约十里许,地名城南有寺,始于大元至元二年间,旧额曰大宝寺也。当时乃喜吉祥大师所创也,具事以闻,赐额崇庆。成化己亥(十五年,1479),司礼监太监郭公见

① 懋,疑为"应"(即李应之应)之误。

其故址尚存，住持僧如丛言其始末，且言□欲发心修建，力莫能支，鸠募众缘，建立斯刹，无不备具。日月居诸，盖有年矣。佛殿疏漏，不忍观瞻。而复遇司礼监太监李公同善人孙胜辈共相协赞，命工重新修理，焕然一新。（**下略**。）时大明正德元年，岁次丙寅，夏六月中旬，住持沙门如丛立石。”

碑阴题名：司礼监太监李荣、御马监左监丞贺荣、东华门官杨玺，中贵官赵旺、中贵官福荣。（**其他信官、信士略**。）

（碑在北京丰台区右安门外释迦寺村。《北京图书馆藏中国历代石刻拓本汇编》第53册，第122—123页）

正德二年丁卯（1507）

正月丁丑，太监李荣传旨，以内官监太监黄准往凤阳奉侍皇陵兼守备地方，倪文调南京司礼监太监；以御马监左监丞满隆守备朔州暖会隘口，召李岑还。（二一，595）　己卯，雍王祐橒薨。（**略**。）遣司礼监太监黄中护其丧还葬西山。（二一，595）　丁亥，太监李荣传旨，以都知监左监丞王忻分守密云古北口，召常祥还。（二一，596—597）　戊子，升吏部郎中张志淳为太常寺少卿提督四夷馆。时刘瑾用事，凡迁官者皆有重赂以谢，内官、武臣动以千百，而文官谢礼之厚则自志淳始。　巡抚甘肃都御史曹元奏："分守凉州太监张昭自谓奉旨于境内取土豹并诸野味，以时入献；近又谓近侍传言催趣，遂令守备官领兵出境采办。今山永等处达贼出没，窥我间隙，官军出境寻捕，万一遇警，所系不细，乞即停止。"上不听，仍责镇巡等官依时采取野味，造办如先年例；土豹捕二三十只，以渐遣人入献。（二一，597）　己丑，太监李荣传旨，以都知监右少监王秩分守开元[原]等处，召黄延还；以御马监右少监许成守备山海等处地方，召邢玉还。（二一，598）　癸巳，敕召总制大同、宣府、偏头关等处右都御史刘宇回院掌印管事。宇自陈修筑沿边堡砦若干，并编守堡夫甲，置随堡器械，具有成绩。兵部方议阅实，有旨召宇还，堡砦工程令巡按御史从公阅实以闻。宇重贿刘瑾,又使子俸拜瑾为父,故得召。寻以敕趣之。敕未出而宇已驰至国门外,复具疏辞,不许。(二一,601)丁酉,太监黄准奉命守备凤阳,乞旗牌,已得请,工部尚书曾鉴等以为旗牌乃出征将帅并沿边总镇等官督兵重器,给腹里守备无例,乃寝之。(二一,603)　壬寅,降户部员外郎李梦阳为山西布政司经历司经历,兵部主事王纶为顺德府推官,俱致仕。时太监李荣传旨,谓梦阳阿附韩文、王岳,纶阿附刘大夏,故黜之,盖瑾意也。　升赏大同官旗军舍九十七人有差,赏分守太监唐禄、左参将杨英各彩币二表里,录独石城斩获功也。(二一,605)

闰正月丙午,夺故永平大长公主府第为酒醋面局外厂。署局事太监周魁奏:"内府衙门,凡柴薪、草束、竹木等项俱有外厂堆积以防风火,而本局地方窄小,堆积草束过近内供用库、织染局,虑有不虞。"上命即立外厂。魁等乃访求主第,因匿主名,但谓其居为长陵卫指挥李庆故赐宅,今已废矣。主孙李梅上疏,历陈祖让洪武中选任仪宾,永乐初以功授驸马都尉,加封富阳侯,乃赐今府第,御赐大长公主遗像及凤床、班剑等物俱在焉,本局以为废宅而献之,实妄也。下工部议:魁等筑造外厂固公务,而梅所陈乃实情,未敢定议。上命工部给与价银一千二百两。(二二,607—608)　丁未,太监李荣传旨:边关隘口等处,切近京师,旧设守备内官,其仍旧添补。蓟州黄崖口等营以都知监左少监屈让,台头营以都知监右少监王鉴,永平太平寨青山营以司设监左少监万钊,遵化滦阳等关以印绶监右少监刘睿,刘家口营以都知监左监丞高永,蓟州鲇鱼石等处以印绶监右少监李准,峨嵋山等营以御马监右(**广本及《中官考一》皆作左**)少监冯旺,黄花镇以都知监左监丞张鼎,天城兼管神铣以御马监左监丞张仁,怀安卫等处以都知监左监丞王景和,龙门所等处以都知监右少监孟山,各为守备;万全左卫等处以都知监右少监毕安分守。荣又传旨,升冠带舍人魏英、张容、张宴、舍人谷大玘、马山为锦衣卫世袭百户。

英等乃太监魏彬、张永、谷大用、马永成之弟也。(二二,608—609)

戊申,虏入花马池也,杀伤甚多,下巡按御史邢缨查勘,因劾奏都指挥佥事张恺等懈于设备,指挥使任玺等缓于截杀,兵备副使高崇熙失于戒谕,知州洪恩等又不能保聚人畜,俱当逮治;并劾署都督佥事曹雄、镇守太监刘云、巡抚都御史杨一清不能无罪。诏逮恺等问,宥雄而夺其俸三月,云、一清以迁官去任,已之。(二二,609—670)　己酉,太监李荣传旨,以都知监奉御郭奉管神机营左哨头司,赵瑛管三司,崔林管中军右哨二司,右监丞温暹管三司。(二二,610)　庚戌。先是,给事中艾洪等劾太监高凤并侄锦衣卫指挥高得林纳贿谋升,有旨准凤致仕,得林管事如旧。及大学士刘健、谢迁之致仕也,给事中吕翀、刘菃又上疏乞留之。南京协同守备武靖伯赵承庆传其奏稿,办事官冯垚录邸报往应天,府尹陆珩以之传示诸司。于是兵部尚书林瀚闻之叹息,南京给事中戴铣、李光翰、任惠、徐蕃、牧相、徐暹亦劾凤、得林,又与南京御史薄彦徽、贡安甫、王蕃、葛浩、史良佐、李熙、任谨[诺]、姚学礼、张鸣凤、陆崑、蒋钦、曹闵、黄昭道、王弘、萧乾元等,各具疏言健、迁先朝元老,不宜轻去,又言上宴朝废学,与六七内臣、新进佞幸游宴驰骋射猎等事。上大怒,差官校械系铣、彦徽等下镇抚司狱鞫之,而任诺、王蕃诡奏事不与知。狱具,请法司拟罪,词连承庆、瀚、珩、翀、菃、垚,诏承庆、瀚、珩姑勿究,承庆停半禄闲住,瀚、珩各降三级致仕,杖菃、洪、翀等三人,铣等六人,彦徽等十二人于阙下,昭道、弘、乾元、垚、暹未至,即南京阙下杖之,俱令为民。既而吏部拟降瀚为浙江布政司右参政,珩为两淮都转运盐使司同知,俱致仕。报可。(二二,610—611)　辛亥,太监李荣传旨,以御马监太监彭文提督九门,巡城点军,以御用监太监金义管神机营中军右掖三司。荣又传旨,以印绶监太监张辰分守四川建昌行都司等处地方。(二二,615)　壬子,太监李荣传旨,南京守备内官监太监郑强改司礼监太监,掌印并守备关防,内官监太监刘瑯、彭恕同强守备。(二二,616)　癸丑,增提督团营太监苗逵、张永军伴各百人,坐营、坐司太监黎安等各三十五人,总兵各五十人,侯、伯等官各三十人。　甲寅,太监李荣传旨,光禄寺寺丞杨玮调外任,遂调为山西隰州同知。(二二,617)　太监李荣传旨:神机营中军右掖御马监太监孙和调管立威营并四[中]军四司,尚膳监太监张俊管中军右掖。　丁巳,太监李荣传旨,改锦衣卫掌镇抚司事指挥佥事牟斌于南镇抚司管事,以千户潘杰同范宣北镇抚司理刑。(二二,618)　庚申,太监李荣传旨,执指挥佥事牟斌于阙下,杖之三十,降百户闲住。时官僚以忤(刘)瑾坐事逮系锦衣卫者,斌颇善视之。瑾矫上命,谓其徇私坏法而加之以罪。　提督东厂太监丘聚为官校谢□等十八人乞升,从之,且以聚有劳,岁加禄米十二石。(二二,620)　辛酉。先是,巡抚顺天等府都御史柳应辰言各边卫军士在京守神木厂者乃在边支粮,欲掣回守边而以京卫军余补守厂之数。已得请,移工部付营缮司员外郎庞璁奉行。于是内官监奏应辰不遵旧例,璁不当辄行,逮璁下镇抚司考讯。狱具,降三级调外任,而夺应辰俸两月。(二二,620—621)　乙丑,命以重枷枷号尚宝司卿崔璿、湖广副使姚祥于长安左右门外,工部郎中张玮于张家湾。璿奉使册封,祥赴官,玮巡河,皆违例乘轿;璿又纵其奴所过需索,祥无关文冒乘传,为东厂侦事者所发,下镇抚司考讯。狱具,请付法司拟罪。内批令枷号两月,满日奏之。前此奉使远行者多乘轿,从者亦得乘驿马,因袭之弊久矣。刘瑾专政,欲厉法禁以立威,璿等遂以违例得罪。(二二,622—623)　丙寅,增太监马永成、魏彬、宁瑾、谷大用军伴各百人,坐营官徐光祚、坐司官刘佶等各三十人,总兵各五十人。(二二,623)　己巳,太监李荣传旨,令巡抚宣府右佥都御史车霆致仕。(二二,625)　庚午,太监李荣传旨,南京御史潘镗阿附王岳,免逮问,褫其职,令原籍为民。时刘瑾欲全窃大柄,乃构杂艺上前,俟其玩弄则多取各司章疏奏请省决。上每曰："吾用尔何为，而乃一一以烦朕！即宜亟去。"自是数次后，瑾不复奏，事无大小，惟意裁定，凡百诏旨，上多未尝知之。(二二,626)　甲戌，太监李荣传旨，谕吏部在外兵备、守备、劝农、管粮、捕盗、水利诸文官并两京文职近年添设数多，虽有诏，查革未尽，其查照旧额之外有非要地剧务应添设者，一一开奏。吏部言："诏书裁革之后，内外尚有二十九员可革。"有旨："天顺年以后诸司添设者悉开具以闻。"(二二,629—630)　太监李荣传旨：崔璿、姚祥、张玮枷号期日未满，姑从轻开释，发辽东铁岭卫永远充军。(二二,630)

二月壬午，太监李荣传旨，以内官监太监赵刚协同署都指挥佥事杨恭守备山海等处地方，掌管锁钥。　赐内官监太监刘瑯禄米十二石，以瑯自陈镇守陕西、甘肃、河南有擒贼之功也。　命工部左侍郎吴洪提督修理上林苑海子行殿屋宇等处。(二三,636)　乙酉，命太仆寺于顺天府等处选买马五千匹，送御马监备用。(二三,641)　戊子，工部营缮司员外郎钱仁夫乞休致仕，许之。时士大夫方为刘瑾所戕害，而仁夫得请以归，人多叹羡焉。(二三,642)　庚寅，录广东十三等村池水等乡平贼功，升赏汉达官军都指挥王永等六千八百六十九人有差，总镇太监韦经、总兵官毛锐各赏银四十两、彩段四表里，参议罗荣、徐沂，副使胡华，佥事许昭、吴廷举各彩段二表里。时总督都御史潘蕃、布政使柴昇已迁官，蕃赏银半经等而彩段减四之一，昇所赏与荣等同。(二三,643—644)　壬午，太监李荣传旨，锦衣卫带俸指挥使朱成令同魏文礼理象房事。(二三,644)　甲午，太监李荣传旨，以虏势猖獗，宣府总兵李杲久病，召还京，令副总兵白玉充总兵官代杲，而以大同都指挥佥事黄镇代玉，京营都指挥佥事毛伦代镇，俱充副总兵。　乙未，河间府知府辛文渊承巡抚都御史韩福委，操各州县民壮，擅调驿马百余匹骑坐，为东厂察觉，命执送镇抚司考问，参送拟罪。诏降三级，于广东极边叙用，夺福俸两月。(二三,646)　丙申,太监李荣传旨,令尚衣监太监金镗管神机营中军右哨。(二三,647)　戊戌,江西清军御史王良臣闻给事中戴铣等以言事系狱,抗疏乞宥之。刘瑾矫旨命械付镇抚司责讯,参其回护朋党,命于午门前杖之三十为民。(二三,648)　御史王时中巡按直隶、隆、遵等处,志在激扬,其分守、守备等官以赃败告系者百余人。东厂太监丘聚附刘瑾立威,遣人廉察以闻,下镇抚司狱,痛责鞫之,谓酷刻太甚,命枷系都察院门,满一月乃奏。时中病甚,其妻往省,都御史刘宇过之,妻伤泣且大诟。宇不得已,为之请许暂释,俟病愈言之。逾四旬,以暄热,有旨诸囚枷项者疏名上请,宇乃言时中病未愈,若得愈始奏,恐太迟,遂谪戍辽东铁岭卫。时大小臣僚见其苦楚,虽为之伤心,然畏瑾势,卒不敢出一言以明其无罪也。(二三,648—649)　壬寅,分守密云古北口等处左监丞王忻乞改为镇守,免听蓟州镇巡官节制。兵部覆议,以为不便。有旨特许之,仍赐之敕暨诸旗牌。(二三,650)

三月丙午,复中书舍人孙伯坚,大理寺右寺副沈锐,司宾署署丞卢永春、孙伯义,司仪署署丞孙伯强原俸。初以裁冗食例,伯强等皆自传升,减半俸,至是太监李荣传旨,令吏部查奏复之。故锦衣卫副千户黄英之堂侄贞乞袭职,兵部言武职立功之人死而无子者,堂兄弟侄例不得袭。有旨特许袭百户,仍见任。贞,奉御黄福义孙也。(二四,651)　戊申,太监李荣传旨,以内官监左监丞刘杰守备永宁地方。(二四,651—652)　己酉,太监李荣传旨,各衙门除大明律条外,凡新旧节次会议并各官奏拟条例,其详具以闻。(二四,652)　庚戌,巡抚山东都御史朱钦禁民酤,令济南府推官张元魁察市酒者枷号,邻人同罪。总甲汝林畏而缢死,林母欲赴奏,元魁与之银十两,知府赵璜与之谷二石,为东厂所诇,械系钦等诏狱考鞫,请付法司拟罪。诏以钦行事过当,令致仕;元魁暴法,致死平人,谪永远戍边;璜回护,令原籍为民。(二四,652)【考】《国榷》卷四六:“钦尝劾(刘)瑾杀王岳事,瑾屏不以闻。”此乃报之。　辛亥，太监李荣传旨，查复皇亲张岳等十一人秩禄，岳及张忱俱锦衣卫指挥使，金琦、张麟、高峘俱指挥佥事，朱臣、张教俱正千户，金鼐、任英、梁露、李衢俱百户。盖先帝时传升者也，上即位初循诏降级，至是复之。(二四,653)　壬子，太监李荣传旨，取赵福等六十三人育鹰于内苑。　癸丑，太监李荣传旨，升皇亲夏助为锦衣卫指挥使，夏臣指挥同知，叶相、何谦正千户，叶椿、叶镗、夏杰百户，俱世袭。　都指挥佥事毛伦初以锦衣卫指挥使附太监汪直获功威宁，升都督同知。直败，黜为民。都御史闵珪荐之，复为署都指挥佥事，守浔梧。寻召还，领营事。至是自叙其前后功，乞复原职。有旨许之，既又加升为右都督。(二四,653)　己未，升詹事府詹事兼翰林院学士杨廷和为南京吏部左侍郎，翰林院学士刘忠为南京礼部左侍郎。故事，南京六部止设右侍郎一员。时廷和掌诰敕，且与忠俱日讲，当以次入阁矣。有欲夺廷和之事任者，阴挤之。会刘瑾恶忠讲筵指斥近幸，又廷和视詹事篆，忠视翰林院篆，皆不私谒。瑾衔之，乃授意于吏部尚书许进，遂疏南京吏、礼左侍郎缺，欲会推，恐稽误，请以廷和、忠往。议者谓进素号伉直，若此类其阿瑾亦多矣。(二四,655—656)

庚申，太监李荣传旨："文武官并命妇应得祭葬赠谥恩荫，先朝俱有成宪，近多比例陈乞，今后三品以上未经三年考满及未关诰命者，俱不允，所司即查旧例以闻。"于是吏部查赠官恩荫例上之。诏："赠官荫子，朝廷重典，不宜僭滥。今后公、侯、伯历有军功，及文职二品以上，政绩显著者，方与加赠。内阁、吏部重臣及东宫讲读三年考满曾给诰命者，照例荫叙，止许一辈。"礼部亦上《诸司职掌》所载文武官、命妇祭葬谥号恩荫事例，且言文职三品以上未经考满给诰陈乞者听劾治。上是之，曰："文职并父母妻室祭葬俱照《诸司职掌》定制，武职都指挥以下既年远不行，已之。三品以上送子入监，如永乐等年旧例。谥号仍核功绩显著可否具奏裁处，其余悉如前旨行。"先是有陈乞恩典者，所司亦斟酌可否，取自上裁，未尝滥与也。时刘瑾方专权，政必己出，又欲裁抑文臣，乃著为此式云。(二四，656—657)　辛酉，太监李荣传旨，召镇守陕西太监王舆回京，调山西镇守太监王宣代之，而以内官监太监朱秀代宣。　壬戌，太监李荣传旨，大功德寺住持宗泽升僧录司左觉义，管事僧人方绅令于大功德寺住持。一时缁流率赂近倖，号称门僧，自是传升、乞升充满官署，至不能容云。(二四，658)　癸亥，太监李荣传旨，大慈恩寺禅师领占竹升灌顶大国师……(**升国师、僧官略。**)上颇习番教，后乃造新寺于内，群聚诵经，日与之狎昵矣。(二四，658—659)　乙丑，户部郎中刘绎往辽东总理粮储，东厂校尉侦其违例乘轿及滥役人夫，少给粮价，多派斗头等事，械系镇抚司狱。狱具，上以绎违法事多，难以常例处，荷重枷于户部门，满一月乃奏。(二四，660)　辛未，敕谕文武群臣："朕以幼冲嗣位，惟赖廷臣辅弼，匡其不逮。岂意去岁奸臣王岳、范亨、徐智窃弄威福，颠倒是非，私与大学士刘健、谢迁，尚书韩文、杨守随、张敷华、林瀚，郎中李孟旸[梦阳]，主事王守仁、王纶、孙磐、黄昭，检讨刘瑞，给事中汤礼敬、陈霆、徐昂、陶谐、刘蓝、艾洪、吕翀、任惠、李光翰、戴铣、徐蕃、牧相、徐暹、张良弼、葛嵩、赵士贤，御史陈琳、贡安甫、史良佐、曹闵、王弘、任讷、李熙、王蕃、葛浩、陆崑、张鸣凤、萧乾元、姚学礼、黄昭道、蒋钦、薄彦徽、潘镗、王良臣、赵佑、何天衢、徐珏、杨璋、熊卓、朱廷声、刘玉，递相交通，彼此穿凿，曲意阿附，遂成党比。或伤残善类以倾上心，或变乱黑白以骇众听，扇动浮言，行用颇僻。朕虽察审，尚务优容，后渐事迹彰露，彼各反侧不安，因自陈俯遂其休致之请，若自偾则公谴谪之典。其敕内未罪者，吏部查令致仕，毋使恶稔，追悔难及。夫人臣以忠敬为本，不闻以阿附为荣，朕不明言暴白，群臣何以知悉？迩来朕一遵祖宗成宪，申明旧章，除宿弊，汰冗官，欲臻治理。尔文武群臣尚惟精白一心，恪供乃职，必以光明正大为期，必以党比阿附为戒。且如张懋等，凡遇会奏论列，并无片言，随人符同，辄听诡计，列衔而行，朕皆尔释。以后毋蹈覆辙，自贻累辱，国有昭典，朕不轻贷。故谕。”是日早朝罢，传宣群臣跪于金水桥南，刘瑾以敕授鸿胪宣读之。其文乃瑾私人属笔，或曰焦芳为之。（二四，661—663）　　癸酉，右副都御史钱钺卒。（**传略**。）性复贪鄙，往往假公倡议，务填欲壑。自贵州归，空青亦数十斛。身后又遭刘瑾之毒，籍其赀，平其冢，妻子编配，得祸甚惨，人谓天假乎于瑾云。（二四，664—665）【考】籍没钱钺家事见正德四年正月辛酉。

四月己卯，巡按陕西御史邢缨言都御史文贵及太监刘保、都督张安更置砖墩于延绥镇，自定边营达黄甫川，延亘千里，可为制敌之具，宜嘉其绩。诏俱赐敕奖励，赏银二十两、文绮二袭。（二五，668—669）　　癸未，太监李荣传旨，以锦衣卫百户姚景祥、小旗张锦皆王岳党，谪戍边，仍杖之朝堂，各四十。兵部拨发肃州卫，内批改辽东铁岭卫，锦遂死于狱。（二五，670）　　乙酉，真定府通判冯锐解内厩马至兵部，敛所部财赂该吏，东厂缉获之。于是尚书阎仲宇等皆引咎。上以其疏于防检，以致吏弊，罪宜究，姑宥之。（二五，671）　　庚寅，礼部主事陆坦坐仆隶首其私窃官物及诸违法事下诏狱，刑部拟坦监守自盗律，准徒，且行检有亏，宜落职为民。坦执词累辩，乃会同都察院谳实，如初拟，命冠带闲住。盖坦为东厂太监王岳所发，岳忤刘瑾被罪，故坦从末减。议者谓当瑾虐焰中伤士类之时，非岳故，则坦受祸当不赀，乃以是为坦幸焉。（二五，674—675）　　甲午，湖广荣王府第渗漏坍塌，守臣奏请修葺。时太监梁文、郎中张谧方率人匠在衡州修盖雍王府第，以王薨停工，遂留董其事。　守备怀安等处都知监左监丞王景和乞兼管顺圣川，兵部议不可许。有旨特许之。（二五，677）　　丁酉，太监李荣传旨，官校王缙、郭仁、张钦、罗锦、薛鉴、沈锐、刘雄、朱绶、董安，太监王岳党也，皆谪戍边。（二五，680）

五月癸卯朔，升僧录司闲住右觉义性道为右讲经，佥书管事,兼智化寺住持。寺乃故太监王振所建,天顺初赐振碑文,立旌忠祠于寺内,以僧官主之,至性道三传矣。时刘瑾方欲踵振所为,故从性道乞而升之。(二六,685)　　丙午,总督两广军务右都御史熊绣、总兵官伏羌伯毛锐、镇守广西总兵都指挥佥事康泰各奏今年正月进剿贺县獞贼,两月之间,擒斩二千八百余人,俘获四百余人。得旨,并太监潘忠、张瑄等俱赐敕劳之。(二六,686)

己酉,太监李荣传旨,以司设监左少监王镇管神机营左掖头司。(二六,688)　　壬子,杖监察御史冯允中于午门,褫职为民。允中刷卷南京,参究指挥张翰等罪。翰等瞰其复命枉道还家,呈守备太监郑强奏闻。逮允中诏狱拷讯,且坐以参究不当事情。有旨命司礼监官监杖三十发遣,而尽宥其所参究者。(二六,689)

癸丑,太监李荣传旨,都知监左监丞梁珏令往浙江市舶司管事,张和取回,南京闲住。　守备山海关太监赵刚奏乞照居庸关例,改为分守。从之。(二六,689)　　乙卯,提督修盖京、通仓廒太监高谅奏乞将先年取回军士一千并拨赴泰陵卫者,行令各卫佥补,兼营军服役。兵部言:"三千等营军,差用已尽,团营系听征士马,亦已补拨甚多,各卫虽有一二余丁,系供贴正军之数。况粮饷有限,供用无穷,虽济日前之役,恐贻日后之艰。"有旨,以仓廒积贮军需,非细故也,仍于三大营并各卫正军及余丁凑拨五百名,乘时并工修缮。(二六,691)　　丙辰,升赏肃州卫境外亦集乃坝口斩获贼级官军、夷人八十四人有差,仍赏镇守太监杨定、总兵官刘胜彩段二表里,兵备副使李端澄半之。(二六,692)　　戊午,锦衣卫都指挥杨玉奏:"臣等奉命同监丞张淮、侍郎张缙、都御史张鸾会勘皇庄地土,顺天府府丞周玺缴报各官行移,俱以申呈依准,于臣处止用关文,惟欲挫武职而不顾朝命之重。"玉,刘瑾党也。得旨:"杨玉系近侍衙门奉敕勘事,顺天府官当受节制。玺乃敢颉颃,锦衣卫执赴镇抚司杖讯明白以闻。"既而玺竟毙于杖。然玺尝居言路,颇以地望恣傲,凌侮朝士,人亦不甚惜之。

(二六,692—693)　辛酉,太监李荣传旨,令兵部主事谢迪致仕,兵部员外郎李昆、监察御史陈伯安调外任。于是昆调解州知州,伯安调南充县知县。迪,内阁大学士迁之弟也。迁以守正忤瑾而去,时刘宇至兵部,迪与昆又以事忤宇,宇在都察院时伯安亦以事忤,乃谮于瑾而害之。(二六,693)　癸亥,命户部查给最胜寺前马房草场地十顷与寺作香火,且赡护太监钱喜、钱福、钱能坟茔。成化间,喜、福卒,赐葬其地,已建寺,至是能卒,刘瑾为治丧事,又奏乞寺傍之地,乃特给之。(二六,693—694)【考】成化八年大学士商辂所撰最胜寺碑文、正德二年谕旨碑,皆见本年附。　甲子。旧制,各处榷收钱钞入内供应者,俱收本色钞贯。成化间钱钞中半兼收,弘治间折收银两,输承运库。至是,司钥库太监庞瑮奏钱钞缺乏,支收不给,宜如旧制,仍收钱钞。户部复议,可如所请,且欲免差部官监收而领以府州之佐。从之。(二六,695)　丁卯,太监李荣传旨,荫顺天府涿州学生高荣为中书舍人,文华殿办事锦衣卫百户张容为正千户,舍人李昱、扶凤、李昙、黄福、刘景祥、温和、黄成、赖友、范广、谷本、谷椿俱锦衣卫实授百户,世袭管事。(二六,696)　己巳,(**宁王宸濠奏复护卫,兵部议不许。**)得旨:"王既奏本府缺人供役,原革护卫准回本府供役。"盖刘瑾受濠重赂而阴主之也。(二六,697)　升顺天府府尹余俊为南京工部右侍郎。时吏部以副都御史艾璞、柴昇荐,有旨用俊,璞不必再推。俊本俞姓,而又讹为余。盖瑾方秉笔,其专恣如此。俊初为布政被劾,时瑾尚未显,俊诇知其必秉政,赂之,瑾深德焉,故卒赖其庇。(二六,697—698)　庚午,太监李荣传旨,升锦衣卫正千户张容为本卫指挥佥事,同覃泰南镇抚司管事;百户谷大玘为指挥佥事,同朱成象房管事;百户魏英为正千户,舍人丘安、马勉为锦衣卫实授百户,俱与世袭管事。(二六,699)【考】此条并本月丁卯所传升者,皆太监高凤、张永、李荣、扶安、刘瑾、谷大用、丘聚、马永成等亲族。　壬申,黜工部郎中刘汝靖为民。汝靖丁忧家居,以侵夺官地为东厂

官校所发，逮系锦衣卫狱。狱上，诏杖三十而黜之。(二六,701)

六月庚辰，太监李荣传旨，以都知监右少监韦祥分守阳和等处兼管神铳，召侯富还。荣又传旨，升带俸百户王桥、王桓、王梓、舍人张宗说为正千户，王楷、王模为百户，俱锦衣卫世袭；所镇抚朱德为正千户，勇士朱成为百户，朱铎为所镇抚，俱锦衣卫带俸。南京锦衣卫王树、王柱、王溥、王淮、王汉、王潮俱复职俸如旧。宗说寻复勋卫。(二七,705)　乙酉，兵部言锦衣卫中所銮舆司冠带总旗李通欲比例袭父顺副千户职，于例不应。内批："太监李义奉侍累朝，劳勚可嘉，通其孙也，准袭。"(二七,706)　己丑，江西镇守太监姚举奏："今年三月以来，广东强贼梁世昌等越兴宁县流劫，委官督捕，虽擒斩数多，而我军亦被伤死。诚恐潜匿他境，殄绝无期，乞令广东守臣会兵缉捕。"事下，兵部言贼之巢穴地连两省，必须会剿，庶克有济，宜命广东守巡官调兵往赴，相机会剿。从之。(二七,708)　丙申，太监李荣传旨，以御马监太监何名分守大同右卫地方，宋彬改左卫守备，召蔡恩还。(二七,710)　己亥，巡抚大同都御史崔岩奏大同刍粮告乏，请给淮、浙引盐课银及时籴买。(**户部覆奏略。**)诏怒岩擅奏，及镇守太监、总兵坐视不会奏，俱令具状自劾以闻。(二七,711)　辛丑，黜监察御史高胤先为民。胤先养病家居，以借用官车为东厂官校所发，逮系锦衣狱，拟赎，诏杖而黜之。(二七,711—712)

七月癸卯，《通鉴纂要》进呈后，司礼监官即至内阁传示圣意，令刊刻板本中官督刊刻者，检其中有一二纸装潢颠倒，复持至内阁见示，欲更定其序耳。是日值大学士李东阳家居，惟同官焦芳、王鏊在阁。芳以为编纂总于东阳，非己责也，慢其人不加礼遇。其人怒，遂以白于瑾。瑾方欲以事裁抑儒臣，初一日早朝毕，集府部大臣、科道等官于左顺门，以进呈本出示，遍摘其中字画之浓淡不均及微有差讹者百余处以为罪。给事中潘铎、杨武等遂劾礼部左侍郎兼翰林院学士刘玑等受命编纂，光禄寺卿周文通等职专誊写，不能研精其事，俱宜究治；东阳等失于检点，责亦难辞。瑾矫诏是其言，令所司详核书内差讹及誊写官姓名以闻。于是东阳等奏，谓其书卷籍浩穰，事务繁冗，日期已定，校阅不周，仓卒之间致有差错，臣等不能无罪。有旨："卿等政务繁冗，其勿问。"既而纂修、誊写等官各具疏自劾，乃夺玑及学士刘春、太常寺少卿兼翰林院侍读费宏、侍讲徐穆、编修王瓒俸两月，文通及吏部稽勋司郎中沈冬魁，大理寺左寺正赵式，中书舍人乔宗、方英、李淇、徐富，鸿胪寺序班汪麟等俸三月，太仆寺少卿季通、礼部祠祭司郎中胡清、大理寺左寺副何泽、右寺副刘学、右评事李理、中书舍人王珙、刘讯、鸿胪寺序班周令、林应禧、钱禄、张天保等俱令致仕，中书舍人沈世隆、吴瑶、鸿胪寺主簿董汉、序班郭晟、沈秀、康世凤、朱昇、何珍、张祚、张崑及举人华淳、监生张元澄、邵文思、汪惇、王瓒、高仑、张桓、许鲁、黄清、汪克章等俱为民。时东阳等详核誊写差讹者，惟沈世隆、吴瑶、张桓、华淳、邵文思五人，而瑾并黜二十余人，其专恣如此。（二八，713—715）

乙巳，升大兴隆寺僧人真泰为僧录司右讲经，定晓为左觉义，与右讲经性道俱兼大兴隆寺住持。僧录司右讲经兼坛住文明为右善世兼永恩寺住持。道录司左玄义张溥荣为本司正一道士，刘奇清为右玄义兼宣灵庙住持。俱司礼监太监李荣传旨也。（二八，715—716）　丁未，命致仕礼部司务孙聪改注兵部，赴大同镇守太监侯能下赞画军务。聪，瑾之妹夫也，巡抚大同都御史崔岩及能会荐之，因得起用。（二八，716）　戊申，顺天府丰润县有隙地，曰魏家店，为顷一万二千有奇，县民褚銮及梁城千户所指挥杨辉、辉之叔华等，计五百四十户，以其业相邻也，于界内积渐开耕一千七百余顷，阜城等县流民高稳等又开耕一百七十余顷。英国公张懋庄田之在车辆山者，亦与魏家店邻，其管庄之仆赵文才乃为伪契，云界内地其主皆尝以价买之，因听稳谋，侵居民刘钦等所垦，招聚流民佃之，而私其租入，杂谷、鸡鹅等物则纳于懋之子指挥铭。钦等屡诉于官，文才坚不就讯。兵备官乃谕逐流民为文才佃种者，各归其乡。稳等无所恃，遂以前地赴京献于官。弘治十年初，遣中官偕户部郎中王璘往勘定成熟地一千八十二顷，继遣郎中王勤会巡按御史金献民往勘，定芦苇及水占地之可税者一千二百余顷，因立为皇庄，而命中官张瓒等督理之。文才固以界内近东顷亩为其主之业，不听拨付，勘官如其言筑立封堆。瓒奏所勘界限未明，辉及文才等欺隐地税，屡遣户部郎中何文缙、员外郎胡经、胡雍、刑部员外郎陈辅、顺天府通判杜萱，及移文巡抚都御史柳应辰勘处，皆惧文才凶恶，仅如前造册缴报。雍之往也，文才又纠华及銮等聚众拒阻，且掷石伤雍。雍隐忍，亦不以闻。于是遣司礼监左监丞张淮、户部左侍郎张缙、都察院左佥都御史张鸾、锦衣卫都指挥佥事杨玉同往覆勘。缙等具奏："成熟地视旧增九百八十二顷，但其地硷洼，每亩宜减租银一分四厘，庶旧额不亏而进纳无误；芦苇水占地视旧增二千五百三十余顷，宜听瓒等随地所产，易银类进；其原勘不勘用地六千四百七十余顷，宜听居民樵牧。"因劾应辰、雍、萱及懋、铭俱有罪，勤、文缙、经、献民等，则多去任迁官，且遇赦，宜免究。诏执铭及雍、萱等下镇抚司考讯，懋令自具罪状；勤等承委，勘地不能尽心，以致历年奏扰，事久不决，在外见任者行巡按御史逮问至京鞫之，致仕并去任改选者，所司仍备查处治。已而户部查覆：文缙、经、献民等七员俱在外见任，当逮问；致仕者顺天府治中周钦等二员，去任者应辰及辅等四员。复命锦衣卫遣官校往执之，惟勤等五员已死者免。(二八,716—719)　云南师宗州贼首阿本等不听抚谕，率众敌杀官军。镇守太监崔安、总兵官沐崑、巡抚都御史吴文度、巡按御史陈天祥等议……(**出兵略**。)捷至，诏安等俱写敕奖励，差来人各赏绮衣一袭、新钞千贯。(二八,719—720)　癸丑，司礼监太监刘瑾、御马监太监谷大用、丘聚各奏选差官校擒获僭号贼首张华，请论功升赏。兵部尚书刘宇因据瑾等所奏，分别升赏等第，而极言大用、瑾、聚制胜有方，其功尤伟，赏不可以例拘。诏大用、瑾、聚各岁加禄米十二石，升指挥谷大玘、千户朱德、于永、百户朱成、刘景祥、丘成各二级，指挥使童祥等二十三人、冠带小旗李经等六人副千户，杨敔等八人各一级，俱实授世袭；且见任赏为从有功官旗勇士朱胜等三十五人、彭钰等十一人、徐瑾等十八人，人纻丝一表里、银五两。（二八，722—723）　丁巳，署承运库太监李时以九江等七处钞关旧收银两近为司钥库所请，改收钱钞，而比者银两正乏，乞仍旧收银，更开浙江等处矿坑，并督催云南积逋之课。下户部集议："诸关正德三年、四年俱收钱钞，送司钥库，以后仍收银送承运库。若开矿，则所得不偿所费，课多小民赔纳，先年压死矿夫数百，害多利少，况奉诏填塞，未敢轻议，宜行守臣勘报可否议之。而云南逋课宜查追解纳，及令各处一切赃罚金银尽输内库。"诏准议。（二八，725—726）　辛酉，升赏大同、会宁等处有功官军四百五十二人有差，太监侯能岁加禄米十二石，都御史崔岩赏文绮二袭，白金十两；总兵吴江、监丞韦忠、参将杨彪、蔡瑁、游击温恭、都指挥佥事李鋐各升一级，御史郭东山、郎中王翀、副使夏景和、参议吕镗各赏文绮一袭、白金五两。（二八，727）　壬戌，太监李荣传旨，遣御用监太监甄瑾往湖广太岳太和山奉安圣像。（二八，728）　甲子，镇守云南太监崔安奏先平银场矿生之时，俱被闸办管场指挥等官袁斌等二百七十三员侵渔私用，后因洞远矿微，采办艰难，久不交纳。自弘治四年至十八年，负课六万八千九百余两，欲逮斌等，如数监追。户部言："监追于众，恐有不堪，宜仍行镇巡官察审，除弘治十六年以前采办不敷以致未完者勘明除豁，内有侵欺者乃究之；十七年以后逋负之数，则稽其多寡，立限比较。"诏镇巡等官依期完解，不许仍怠。（二八，729）　乙丑，黜翰林院编修谢丕为民。初，丕乞归省，至是复以疾请，刘瑾怒其父迁，及丕焉。（二八，729）　丙寅，升赏广西富、贺等县，广东连州等处平贼有功官军五千九百五十三人有差，太监潘忠岁加米十二石……(**升赏文武略。**)(二八，729—730)　丁卯，改嘉祥长公主东安县香火地土为皇庄。本府阍者鲁才奏本地逐年逋欠租银当一万六千余两，乞赐修理坟茔。诏令户部以见在部银六千两与主家，以一万两输内承运库，而本地逋租之数，付户部徐追之。(二八，730)　戊辰，命发太仆寺马价银三万两于大同补买战马，免山西清源等县民三千名戍威远，止令人出银一两二钱以助买马，从镇守大同太监侯能奏也。(二八，731)

八月甲戌，镇守延绥总兵官张安奏："初奉敕谕，止开每年户部运到银两，遇有动止，须与镇守、巡抚、管粮等官会同支给。缘本边仓库钱粮自户部运送之外，各处解纳者尚多，近者吏部移文，奉有明旨，则臣等皆得管理，未知宜何所从?"诏如吏部所奉旨。　乙亥，镇守浙江太监刘璟题："近奉旨收买果品及捕罗禽鸟输送京师，其装载器具，乞如宣德、成化年例，量取商人脚价，以备置造。"从之。于是采逻四出，东南骚动矣。(二九，736)

戊寅，太监李荣传旨，取太仓库银二十万两、太仆寺马价十五万两，贮于内承运库。(二九，737)　甲申，太监李荣传旨，光禄寺卿署鸿胪寺事杨瑢令夺情起复。(二九，741)　戊子，太监李荣传旨，以太子太傅伏羌伯毛锐镇守淮安等处地方兼充漕运总兵官，召郭鋐还。(二九，744)　庚寅，巡按陕西御史李高奉命阅视边镇，劾奏陕西行都司都指挥佥事陈瑄等十四人……(**所劾官员职名略。**)因循怠玩，戎务废弛；其甘肃监枪太监等官沈让、姚远、梁玉，接管太监张昭、巡抚都御史毕亨等亦难辞责。得旨：边备废弛，本当究问，姑从轻贷。……(二九，745—746)　壬辰，太监李荣传旨：羽林前卫指挥佥事安钦以都指挥体统行事，于定州管理达官军余操备。(二九，746)　陕西巡按御史李高、兵备副使张天衢、兰州知州姜闳俱谪戍。初，闳与甘肃游击将军徐谦有隙，因谦麾下百户刘钦、王钦累骑而行，与闳遇，冲其导从，闳叱而缚之。钦部下军士遂率众入州喧哄，闵避伏床下，以为谦主之也，因并讦谦贪淫暧昧之事，以呈于高。会虏入庄浪抢掠，西宁兵备副使亦以诸将领失事之状呈于高。高委天衢鞫问，坐谦贪淫及失事罪，以狱上。谦奏辩，亦讦高、天衢及闵交通锻炼之情。命刑部右侍郎陶琰、锦衣卫指挥余寘往讯之。琰等言各奏多非情实，因劾高失宪体，天衢情涉交通，闵肇启祸端，遂非诬众。奏上，俱发肃州卫永远充军。内指挥同知星拱辰以宿娼应调卫，止令纳米，正千户杨铭以提调墩台防守不密，应充军，止降级；谦以御众尺[不]严，分守庄浪副总兵把琮以守备不设计，皆当逮问，止夺俸三月。盖瑾方欲右武左文，而琰、寘所上狱辞于谦等亦多从末减，故瑾得以高下其手也。后琰、寘自陕归报命，内批升寘为指挥同知。(二九，746—747)　丁酉，播州宣慰使杨斌为四川按察使，仍莅宣慰事。旧制，土官有功，惟赐衣带或旌赏部下，人(**按，人字疑衍**)无列衔方面者。斌狡横不受两司节制，讽安抚罗忠等上屡平普安蛮贼功，阴重赂瑾，故有是命。后数年卒致支爱凯离之乱。(二九，749)

九月辛丑朔，锦衣卫指挥使朱成进大兴县田家庄地八顷五十四亩有奇，藁城县民王增进通州坟庄地五顷四十七亩有奇及神树地十二顷四十七亩有奇为皇庄，且乞蠲其税。诏从之，令少监成玉管理。凡以地献官者多非己业，朝廷不究其实，遽从而纳之，以致小民互讼屡奏，皆此类也。　太监李荣传旨，升锦衣卫指挥同知于永为都指挥同知，协理堂事。永为夷教，挟左道，方有宠于上也。(三〇，751)　癸卯，升兵部尚书刘宇为太子太傅，尚书如故。时昌平州强贼张华等就擒，刘瑾、谷大用各部下官校争议升赏，奏行巡关御史林茂达核实。茂达因言宇居本兵，有先事建谋、相机决策之功，故有是命。宇复上疏辞免，不允。(三〇，752—753)　丙午，镇守四川太监罗籥奏："威茂州所辖卜南村曲山等寨，自弘治四年叛，不服征徭十七年矣，至是来归，乞为白人，兼请衣巾，愿纳粮差。"白人者，其俗以白为善，以黑为恶也。

礼部覆议:“番人既知向化,宜照例量令人贡给赏,以示恩威,镇守等官亦请少加赏劳。”诏是之,岁给籥禄米十二石,赐大红蟒衣一袭;巡按御史王璟、参将马隆各赐文绮二袭。(三〇,754—755)

丁未,司礼监太监李荣传旨,谕九卿:“今后建言民情非泛言,并于例有碍而有可行者即与封进,不必类奏。各处镇守等官既推选闻望老成者任用之,何乃又立赞画机务等官,以紊政体?其悉革之。各年纳粟、上银、纳马等项事例,酌量轻重,给与冠带品职,以荣其身而已,敢有分外夤缘求乞见任者,诸司其参奏逮治,必罪不宥。”(三〇,755)【考】《明史纪事本末》卷四三《刘瑾用事》系“刘瑾矫诏革天下巡抚”于本年十一月。刘瑾革巡抚文臣,则必扩大镇守内官权势,陈洪谟《继世纪闻》卷二:“四川镇守太监罗龠请便宜行事,瑾实主之。由是各处镇守,皆比例奏要,如巡抚都御史之任,干预刑名诸政。刘瑾捏旨批出,皆许便宜而行。河南太监廖堂亦奏兼管修河,剥取民财,遍于乡野,辇送数千余万于京师。太监毕真初差天津取海鲜,敛财数万,请换敕,起自天津,历山东沿海,达于苏、松、福建。所至括取民财,凌辱官吏,莫敢声言。先朝故事:奏准六部差官,则该部请敕,必具事由送内阁写敕,未有不由六部,而内阁自出敕者也。毕真辈之敕并近日内官赐祠额护敕,皆瑾与内阁李、焦辈创为之。时李公为首相,若肯执奏请敕必由六部具由,此祖宗故事,我辈不敢违,况《大明律》有结党乱政之法甚重。如此,纵使不从,亦不过如刘、谢等去位而已。乃不能然,谁之过欤?”按,镇守官改敕,正德末多有之,刘瑾当政时,实录皆无书,此记可为补充。　癸丑,太监李荣传旨,以御马监太监邓玉镇守甘肃等处地方,召杨定还。(三〇,756)　乙卯,锦衣卫百户谷大亮自陈擒贼功,夕[昔]止升一级,乞援例加升。得旨,遂升为正千户。大亮,太监大用之兄也。(三〇,757)　庚申,太监李荣传旨:印绶监左少监张温提督正阳九门,巡城点军。(三〇,759)　辛酉,南京锦衣卫降级百户黄琳奏乞复指挥佥事职,上命为正千户,仍改锦衣卫见任。琳,已故太监赐侄也。(三〇,761)　癸亥,太监李荣传旨:锦衣卫所镇抚朱铎升本卫百户。(三〇,762)　己巳,太监李荣传旨,御马监太监谷大用之父奉，御用监太监张永之父友，俱升锦衣卫指挥使。(三〇,763)【考】《中官考一》云:“此内臣父见在授官之始也。” 庚午，河南按察使副使郑瑞乞便道省亲，许之。瑞，山东临清人。时瑾专政，法禁甚严，人无敢犯。瑞初赴河南，过家不得省母。及奉贺表来京，将还任，仍得过家，乃陈情以请云。(三〇,763—764)

十月丙子，录平强贼张华功，太监张英、吴轲各岁加禄米十二石，都督神英、都指挥杨敬及官旗黄富等二十三人各升一级，指挥周澧等五十二人各赏银币、布钞有差，指挥杨勇等一百八十六人准赎罪。先此，厂卫以功获升者已十数人，多冒滥云。(三一,769)　丁丑，太监李荣传旨，锦衣卫带俸指挥佥事马山、魏英、张富同覃泰理本卫南镇抚司事。(三一,769—770)　戊子，太监李荣传旨，升刑部左侍郎王鉴之、户部右侍郎林泮各俸一级，锦衣卫指挥使韦顺为都指挥佥事。(三一,775)　辛卯。(**魏国公徐俌与无锡县民及妙相院僧争田，屡讼不决，命户部左侍郎王佐、大理寺右少卿王鼎、锦衣卫指挥佥事周贤往勘，因断给魏府，并劾前后勘官，有旨逮系遣戍有差。**)俌家原赐庄田，世远湮没，为民业矣。许禄者，为县吏，以罪罢黜，乃见俌，导之争理，讼久不决。及瑾专政，俌赂之，故复遣佐等堪处。观佐等所具狱辞，皆出禄口而欲连坐前后勘官，遂兴大狱，盖不敢拂瑾之意也。(三一,777—779)　丁酉，内降旨：御马监太监丘聚、司设监太监马永成、御马监太监魏彬之父，俱赠锦衣卫指挥使，母随父职，各与祭一坛。恩礼滥施，盖前此所未有者。(三一,782)【考】《中官考一》云:“此内臣赠父母之始也。”

十一月壬寅，升河南怀庆府知府徐以贞为河南布政司左参议。故事，外官升任，皆公差人顺赍凭畀之，遂赴任。至是，复命以贞赴部领凭，皆刘瑾纷更也。(三二,787)　甲辰，守备刘家口左监丞高永乞兼分守燕河营等处。兵备议不可，有旨特许之。

乙巳，衡王奏平度州原赐庄田三百五十顷，可税者一百六十顷，给民佃，纳子粒，而豪民多假灾伤逋负，且殴府中人至死。乃命司礼监及户部官各一员堪处。(三二,789)　革监察御史金洪、刑部员外郎赵廉职,令都御史张泰致仕,夺御史邢缨、都指挥费梁俸各三月,御史季春候有京秩员缺用之。初,陕西三水县民赵恕妻梁氏与所私谋杀恕,论斩系狱久矣。既而恕以他事入狱,狱卒冯昇听恕与梁氏通,有孕。恕遂自诬,谓梁氏无谋杀之情也。洪时按陕,乃改辩梁氏罪,止杖。春代洪,拟斩如初。及廉往录囚,奏谳如洪所辩。复移御史秦昂鞫之,卒如春拟。于是,洪、廉俱革职,而春独以拟罪合律被录,泰以并问失于参驳,缨、梁以会奏失于阿从,亦坐焉。然奏内初无泰与梁名衔而处断及之,恕、昇又特谪戍边卫,盖瑾欲假法以警动有司也。(三二,789—790)　辛亥,降四川道监察御史郑阳为直隶旌德县主簿。阳巡按河南,坐勘覆徽府庄田,械系诏狱,具疏自辩。刘瑾以他愤,降阳四级,仍外除。(三二,791)　壬子,降四川按察司副使匡翼之为浙江桐庐知县,夺巡按贵州御史董纴、刑部员外郎朱鉴、锦衣卫千户贾珍俸各三月。初,翼之之巡按贵州也,听千户王锐与百户徐鉴互争之狱,欲毁锐所造违式厅楼。锐系而逃,又遣人追之。锐方渡河,其仆有溺而死者,锐乃构赃罪诬奏翼之。锐死,其子仪累诉不已。命鉴、珍会纴即讯之,因劾翼之所处未善,然亦因公,况已迁,律应纪录,经赦例应免科。有旨谓翼之居风宪逞威,逼人溺死,以惨酷罪之。纴、鉴、珍勘事扶同,亦各夺俸。盖皆瑾任情裁处,视律例无足据矣。(三二,792)　甲寅,故内官监太监沐敬从孙沐聪奏:"宣德间赐滦县新河里庄田,今止存五顷有奇,乞免征税。"户部执奏,著令已故太监庄田当还官,愿种者照例征纳子粒。诏特与沐敬坟所修理,征纳子粒俱免之。(三二,792—793)

癸亥,升文华殿书办等官张骏等有差……先是,《通鉴纂要》成,刘瑾欲裁抑,纂修官以誊写不谨得谴,命右少监陶锦提调骏等改誊。至是骏等誊毕进呈,乃皆超进官秩。装潢匠役宝瑁等七人亦升文思院副使,若张晖之升光禄少卿,儒士姚奎之授序班,又不在眷写之列，瑾之专恣如此。(三二,796)　　丙寅，总督两广军务右都御史陈金奏："近差司礼少监韦霦会科道查盘两广岁报底册，欲将各司府所贮银两货物解京，其梧州盐粮军赏银两，量留三分之一，余亦解京。臣等查得梧州盐粮银凡四十万七千两有奇，广东广丰库内银凡三十七万四千两有奇，尽数输送入京以资国用，未为不可，但今两广流贼聚众抢劫，而柳、庆地方猖獗尤甚。方议用兵分剿，非粮无以给饷，非赏无以劝功，前银乞各量存十五，以备有警支用。"诏以边方既有事，准五十万解京，其余留备军需之用。自后凡新旧收支数目，每年终备细开奏以闻。(三二,798—799)

十二月丁丑，内官监左少监杜祥等奏："东安县小民闻欲进征先年所负□蒋子粒银两，逃窜者多，盖其银皆奉诏蠲免之数也。"户部复议，言所负银两本部先将马草折银，代为进纳，故令县民补解，但其间有被灾应免者，且历年积欠，不可并于一时，宜行顺天府转行该县，查勘灾伤之年若干，如例蠲免；其无灾之年，有逋负者则令递年秋收成，带征补解，在逃佃户务令招抚复业。从之。(三三,806)　　戊寅，封朝鲜晋城君李怿为朝鲜国王。……遣太监李珍赍诏敕冠服文绮往封，并其妃尹氏皆锡之诰命焉。(三三,807)【考】朝鲜《中宗实录》卷五，正德三年正月癸卯，引上年十二月北京礼部奉圣旨："是。着司设监太监李珍、御马监太监陈浩去，写敕与他。"陈浩亦朝鲜籍，成化间入明，见朝鲜《成宗实录》卷一五七，成化十九年八月庚辰："遣都承旨李世佐领小宦二十一人，往大[太]平馆，两使亲择十九人：龙仁李公，改名弘，年九。青山金大用，改镕，年十一。平泽全仲山(**按，山疑应作改**)重，年八。沔川卜致亨，改亨，年九。天安金同，改倜，年十二。海南朴殷孙，改殷，年七。李淑清，改清，年九。咸平金承瑞，改经，年九。罗州陈孝义，改浩，年七。开宁金山，年八。肃川韩石文，改锡，年八。咸从宋中，改忠，年八。平海申山，改嵩，年九。燕岐沈末孙，改逊，年十二。定州金义孙，改义，年八。安州李诸福，改福，年六。博川张金，改钦，年八。江西金遇亨，改玉，年七。瑞兴林连，改琏，年十三。"至正德间，金义、卜亨、陈浩皆为太监。按：二使于正德三年四月至。　庚辰，镇守云南太监崔安、总兵官黔国公沐崑等奏镇守金、腾太监张诚奉旨取异宝、金银、珍珠等物，若欲支官库银则金、腾在库公样田并麦粮折色、赃罚等银仅余万两，若欲差官深入夷方则孟养、缅甸、孟密、木邦、孟乃等处见今诸夷仇杀，抚勘未宁，恐奸细难防，衅端易启。户部复议："诚初奉旨，亦不许指此扰民，乞移文镇巡，支布政司所贮盐价并各库公样田等银，止于内地如时价收买。"从之。(三三,808)　壬午，太监李荣传旨，令礼部查宁王宸濠孝行。礼部疏其孝有五：……时逆瑾擅权，受濠赂，故假孝行以浓赏答之。濠于是内恃瑾庇，外擅威福，放肆骄横，贪暴淫虐，莫敢谁何矣。(三三,809—810)　戊子，内府供用库奏新正在迩，黄蜡等物不足应用，请下所司议处。户部覆议："先行顺天府如时价收买黄蜡三万斤，灯草二千斤，蒲杖一千斤，而以本部及太仓收贮银给之。其司府州县历年逋欠物料，则各官今方朝觐在部，待事毕之日如数开单，责令回任追征完纳。"诏收买勿动太仓银，累年逋负令分派原欠府州县，限明年三月终完解，不完者巡按御史疏名以闻，逮问重治。(三三,812—813)　庚寅，太监李荣传旨，召镇守甘肃御马监太监邓玉还，令往南京本监闲住。都知监太监杨定仍镇守甘肃等处地方。(三三,813—814)　壬辰，署承运库事太监秦文等奏云南银场逋课数多，乞查究，并请仍开浙江、福建、四川诸矿穴，闸办银课。事下户部覆议："云南所欠课程宜行镇巡官查处完解，及将未解年份典司官吏疏名具奏，以候裁处。浙江等处矿穴近以脉微利少，特议封闭，必须行令各镇巡官查议可否，非一时所敢轻拟。"诏该库累奏国用不敷，令各镇巡等官查照先年事例开矿闸办，不必行查。(三三,814—815)　丁酉，司礼监右监丞高金、(户)部员外郎冯颙奉命往山东沂州勘处泾王所奏请地土，还奏……(**所查奏疏劾及户部覆略。**)有旨："地土原赐与王者如旧管业，窑地及余地俱给佃征粮，与漕河相干者不必动，且戒诸王府宜

遵前旨，不许例外奏扰。（巡抚都御史张）缙等夺俸两月，迁官去任者宥之。”（三三，816—817）

本年附

艺文·碑铭·太监吴振墓志

明故内官监太监吴公墓志铭

资善大夫、礼部尚书、前翰林学士、国子祭酒、南京吏部尚书、经筵讲官、国史副总裁东吴李杰撰文。通议大夫、吏部左侍郎、充国史副总裁、前詹事府少詹事兼翰林学士南海梁储书丹。敕管三千营兼提督十二营总兵官、掌右军都督府诸军事、前征虏大将军、侍经筵、太保、保国公睢阳朱晖篆盖。

内官监太监吴公卒，皇上特加悯悼，赐祭三坛、新钞三万贯、斋粮麻布各五十石匹，殡具槥葬造茔享祭建堂，董丧事命太监杜公甫、刘公杲、郭公表。公之卒也，恩典备且厚矣。尚膳监奉御张公昇等，爰具状属予铭其墓隧之石。

按状：公姓吴，讳振，其先山东青州府诸城县秀义里人，后迁顺天府顺义县。祖讳彦礼。父讳祥，母王氏。天顺六年（1462），选入内庭。九年，除奉御。成化十一年（1475），转安喜宫答应。十二年，升尚膳监右监丞。十三年，转左监丞。十四年，升右少监。十八年，升左少监。十九年，升太监。二十三年，转神宫监，茂陵司香。

弘治五年（1492），蒙孝宗敬皇帝选充皇上东宫典膳局局郎。十六年，升内官监太监，兼掌局郎事。赐蟒衣玉带，得于内府乘马。十八年，皇上嗣登宝位，赐禄米十二石。公之生也，恩典亦备且厚矣。夫公之生与卒，所以荷恩宠如此之隆，岂无自哉！观之谕祭文，有云：“惟尔早以简拔，供事内庭，历年既深，克效劳勚。”则公之生平可见矣。

公生于正统辛酉（六年，1441）闰十一月初三日，卒于正德丁卯（二年，1507）八月十四日，春秋六十有七。墓在宛平县香山乡委兀村之原。为之铭曰：

内庭侍近推公贤，阅历既久职屡迁。供奉几将五十年，忠勤一节矢弗谖。蟒衣玉带光烨然，渥恩殊宠降自天。生荣死哀福履全，饰终有典何便蕃。香山之原土厚坚,卜葬于此营新阡。佳城郁郁固且安,伐石刻铭掩诸玄。

(《新中国出土墓志·北京》第167号)

艺文·碑铭·太监罗秀塔铭

大明故内官监太监罗公塔铭

直文华殿、前中宪大夫、鸿胪寺少卿古燕高岱撰并书篆。

……字云峰,本姓罗氏,世为广西人也。生而自幼岐嶷异常,正统戊辰(十三年,1448),始十五岁,选入……经厂,习学密乘精□戒行,至乐经典礼,大能仁寺灌顶大国师三曼答室哩为师,得授秘奥。天顺甲申(八年,1464),升奉御。成化丁酉(十三年,1477)……爱公才识,升酒醋面局右副使。……天坛,总统领经教。乙未(十一年,1475),升内官监太监管事。弘治庚戌(三年,1490),……帝见公小心敬□□□专焉敷陈秘妙,有绩有劳。……法王宝□锦襕袈裟织金彩服,内府乘马。丙辰(九年,1496),署惜薪司事。丁巳(十年,1497)夏五月,公具以闻,领……善天王殿、左右殿、钟鼓楼、山门廊庑、方丈厨堂僧舍百余间,纯金镀秘密佛像,金碧彩画,雕装幡幢,种种供器装饰,皆修具备……楹缥缈,光耀闪烁,以罄己赀,书写西天梵音大般若藏经,奉安常住,流通大教,开度群迷。正德丁卯(二年,1507)夏五月初六日,趺跏……禁闼,令……臣命官谕祭,兼给宝钞,……金三十两,盖一时恩也。

生于宣德癸丑三年(**按,应为八年,1433**)十八日,享年七十有五,卜是年六月十二日于都城西阳台山普照寺之侧,入塔安厝。公自在任……慈爱物之心,尤惓惓焉。中贵诸公及于僧众皆被恩泽者,犹称赞不休哉。惜薪司左司副孙公和等知公最深,征予言镌之石,用之不朽。呜呼!……年入侍,内庭恭事,……荣,始终如一。又能预建归藏之塔,允成以俟,其终可谓知生死之道也欤?

□□罗公,纯真雅操。系出粤南,来朝应诏。钦承□□,□西天教。显密经书,弘宣秘奥。灌顶密乘,开之心要。世寿弥高,明空了道。历侍□□,□勤忠孝。蟒衣玉带,金织光耀。善始善终,有节有操。蒙恩□□,兼赐宝钞。旸台建塔,灵□普照。亿万斯年,永为继绍。

(碑末附"名下官"内官监右少监蓝泰,酒醋面局右副使银保、惜薪司左司副孙和、巾帽局右副使商得保，奉御孙铺等 9 人，勇士罗杰等 16 人。正德四年二月立石。）

（北京市海淀区大觉寺旁普照寺出土。国家图书馆藏拓：北京 2507）

艺文·碑铭·最胜寺碑

商辂撰《……之碑》："最胜寺在顺天府通州安德乡。先是，御马监太监钱福母□□人卒，卜葬于此。时天顺庚辰（四年，1460）五月十二日也。越七年成化丁亥（三年，1467），朝廷赐以近坟地，计六百亩奇，俾岁收其租之入，以供太夫人祀事。福感激君亲之恩，力思补报，遂偕弟御用监太监能，捐资命工，鼎建是寺，请额于上，赐今名。（**寺之规制略**。）太夫人所生三子：长喜，御马监掌监事，仲即福也，季即能也；能今奉命镇守云南，从子义亦任御用太监，皆太夫人抚教之力，兄弟联名，贵禄日盛，宠眷有加，太夫人之余庆未艾也。予重太监请，为述其事于石，俾来者有考焉。时成化壬辰（八年）夏五月朔日记。"

（碑在北京朝阳区酒仙桥东半截塔村。《北京图书馆藏中国历代石刻拓本汇编》第 52 册，第 90 页）

皇帝敕谕官员军民僧俗人等："故御马监太监钱能，逮事累朝，宣力中外，多著劳绩。其葬地在通州安德乡，旁有寺曰最胜，已命僧录司左觉义定宝、右觉义真诚住持，赐之护敕，俾管业茔地，以奉香火。然朕眷念旧劳，惓惓之意，犹未能已。其草场地土，仍准拨与十顷，令最胜寺住持真诚并锦衣卫指挥钱璋分耕看守，永奉香火，及修理坟域等用。丈量四至，筑立封堆，仍使永远遵守。尚虑年久，或有势豪侵占及樵牧毁坏，特再降敕禁约，凡官员军民人等敢有故违者罪之如律。故谕。正德二年八月初三日。"

（碑在北京朝阳区东霸镇半截塔村。《北京图书馆藏中国历代石刻拓本汇编》第 53 册，第 133 页）

张天瑞撰《大明兴善禅寺碑铭记》："司设监太监黄公珠，于弘治己未（十二年，1499）岁承太皇太后之命，赍香恭诣大觉寺焚祝，已而事竣，从容行适，盘桓林麓，□□山溪，遂购附寺庄宅一区，水旱地计四顷，坐落顺天府昌平州委谦里杨家铺头，果园、犁牛具备，施与上方寺焚修香火，为常住之需。公复仰感无涯，俯思幸会，珠叨侍极宸，得食恩禄有日矣。忆我恃怙悖违，侍养有稔矣。今幸无恙，何以报吾亲之恩，何以报吾君之恩乎！

省痛厥躬，感激无地，亦从善而已矣。遂竭己禄之资，兴念成造为寺。(下略。)正德丁卯(二年，1507)秋七月吉日立。”

(碑在北京市海淀区北安河西埠头村。《北京图书馆藏中国历代石刻拓本汇编》第53册，第130页)

正德三年戊辰(1508)

正月辛亥，吏部会都察院考察天下来朝并在任、去任、丁忧、考满各司府州县等官，请如例以老疾者致仕，罢软不谨者冠带(按，者冠带三字衍)者冠带闲住，贪酷及为事在逃者为民，才力不及者调用。时同知以下及杂职皆得俞旨，惟方面、知府、行太仆苑马寺、运盐(按，运盐二字乙)司官六十人令备查逐年考语实迹并年甲以闻。于是部院复条陈，列各官历年考语及部院询访之实，乃诏如例发落致仕……遂附批：“翰林院学士吴俨帷幕不修，令致仕。养病御史杨南金无疾欺诈，令为民。后有托病请假及丁忧违限不起复者，通奏惩治。”俨居家严肃，<u>瑾</u>知其富，有所需不应且诟之；其主顺天试也，乡人太医院使王玉以其子托，又拒之严甚，玉复腾谤于<u>瑾</u>。南金尝为刘宇所挞，不堪澳涊而去。宇衔之，亦谤于<u>瑾</u>。故皆得罪。一时中外闻者无不骇异。(三四，824—826)　光禄卿孙交奏，自正德二年内添设人匠、勇士、官校六千六百六十一人，其直米人日八合，岁添粳粟米九千五百九十石有奇，非每岁会计之数，本寺无从支给，欲依例暂移京仓关支，以俟明年会计加添。下户部议，依近例于京仓支与新米，其粳米每石加舂折二斗。从之。(三四，826)　己未，吏部左侍郎缺，会推刑部左侍郎王鉴之、礼部右侍郎费宏以上，且言本部有右侍郎白钺见在。不用。复推礼部左侍郎张瀿、南京兵部右侍郎孙需，亦不用。乃转钺为左。命再推应升右者二人以上。复推掌太常寺事礼部右侍郎田景贤、兵部右侍郎曹元，亦不用。复推户部右侍郎王琼、工部右侍郎胡谅，竟改琼乃已。盖琼赂<u>瑾</u>，必欲得此耳。(三四，828—829)

戊辰，徽府世子奏土民赵朋等拖欠子粒，霸占地土，朋等亦奏世子贪暴状。诏遣司礼太监、户部、刑部侍郎、锦衣卫指挥各一员勘讯。朋等坐谪戍边卫，辞连河南参政刘约、南阳知府李智及各州县踏勘官，俱落职。刑部左侍郎陶琰以先任巡抚，亦令闲住。(三四,837)

二月己巳朔，锦衣卫都指挥同知杨玉、大理寺右少卿季春奉命往会福建清军御史勘于茂之狱。玉奏："往时勘事官少卿坐于中，都指挥坐于左，御史并坐于右。但臣与春俱堂上官，御史系院属官，与臣并坐，体统有碍。"得旨，各遵品级资等序坐。玉，瑾党也，故骄横如此。(三五,839—840)　　辛未，太监高奉传旨："锦衣卫千户张寰升指挥佥事，冠带舍人王德、马钊、姚文、朱福升实授百户，阎义升冠带总旗，教坊司右司乐苏祥升右韶舞，教师郑曦为俳长。"时马钊已任实授百户，旨所授乃其兄马钺，误作马钊。兵部以闻，得旨，听钺实授百户。钊、钺，宦官马永成家人也。(三五,840)　　壬申。先是，湖广布政司差沔阳州阴阳生韦经等输本州岁造弓箭至京，寄民家，久未纳官而逃，为刘瑾访获，差锦衣卫官校执经等并右布政陈良器、经历张敏德、沔阳知州何璋等至京，下诏狱，仍究历年经管官左布政徐源、朱瓒、韩镐、朱钦、顾源，右布政陆珩、张本、毕孝，左参政金福，都事陈京、孙宠，照磨杜芳，沔阳知州张弘宜、彭万里，同知马全、陈谟，判官林洪等，令各巡按御史逮问。时源、本、瓒、钦、孝、珩俱已致仕，镐、福、全俱死，宠、谟与顾源以觐至京，已革职，弘宜降用。珩独奏辩输物后九月始上任，寻入觐，遂转他职，非其经手，乃准辩。(三五,841)

乙亥，工部尚书李鐩、侍郎张泰查奏惜薪司年分坐派柴炭及提都[督]山厂侍郎张宪、吴洪、胡谅督完拖欠之数。得旨："供应事重，惜薪司累奏拖欠数多，积年提督官不能悉心查究，其尸位素餐可知矣。停其俸，令督完以闻。"鐩、泰坐视因循，亦令自劾。

丙子，太监高凤传旨，以尚衣监太监赵荣镇守湖广等处地方。(三五,843)　戊寅,吏部推补浙江台州等府知府二十六员,皆用之,惟夔州府者令别推二员,且命以后内外官五品以上有缺,俱推二员请旨。瑾之纷更旧制,皆此类也。(三五,844)　庚辰,升南京刑部员外郎李瑾、周埙、浙江绍兴府同知钱朝凤俱为按察司佥事,瑾广东,埙云南,朝凤四川。旧制,吏部拟升内外官当推两员者,必择其资望所及者为首,其次谓之陪点,复令别推与特升陪点者百无一二。时诸司佥事有缺,吏部推御史罗善、王钦堪广东,瑾、埙堪云南,松江府同知金山及朝凤堪四川,而内批乃尔。盖自刘瑾用事,每命别推,且多从陪点,或连点二人,间又别自批出,播弄威福,使人莫测。其官高地善者,虽未必皆先贿赂,而既升无馈谢,鲜不被祸者。(三五,844—845)　勒服阕称病四川道监察御史吴学为民。学违限八月,吏部拟致仕,刘瑾矫命黜之。(三五,845)　甲申,浙江守臣奏:"温、处二府银坑,弘治间以课额不足,累民赔纳,奏准闭塞。近缘承运库建请复开,移文查勘,惟陈家岭等四坑可办银课,小茗等十有六坑矿脉甚微,古桶等七坑脉已尽绝。"事下户部覆奏。上以银矿可采者既不多,命仍旧封闭,但令浙江布政司每年措置赃罚等银二万两解京应用。

太监扶安传旨,管神机营左哨并奋武营御马(**广本马作用**)监太监吴轲调神机营把总,以右掖三司御马监太监张景昌代轲,尚衣监太监杜甫代景昌。(三五,847)　庚寅,升光禄寺寺丞赵松为本寺少卿。时吏部疏无松名,松初以违限事厚赂刘瑾,因僥福焉。(三五,849)　太监高凤传旨:锦衣卫冠带舍人谷大宽升副千户,大洪、大原、勇士黄质俱实授百户。大宽、大洪、大原,俱太监大用弟也。(三五,849—850)　壬辰,改南京工部右侍郎俞俊为工部右侍郎。俊以首赂刘瑾,未期岁已三迁转矣。(三五,850)　丙申,伊府仪宾庞进辅奏河南卢氏、永宁、宜阳、嵩县四处山场内产银砂,乞选内臣同至彼烹炼,以济国用。户部议覆:"河南中州要地,国家自昔至今未尝采办,必有深意存焉。进辅轻言采取,似

有所图。"诏令镇巡并三司掌印官率进辅亲往踏勘矿洞，应开与否，务见明白，不许隐情。（三五，851）

三月戊戌朔，太监高凤传旨：勋卫张宗说升锦衣卫都指挥。

己亥，镇守宣府太监陈贵等勘报顺圣川东城、新城马房焚毁仓廒料豆，实震而灾。户部奏请免究，遂宥之。（三六，855）　戊申，诏增蓟州等处操备军士月粮为一石。先是月粮止八斗，镇守太监王宏以军士戍守劳苦为请，乃增之。（三六，860）　庚戌，赠司礼监太监刘瑾父荣后军都督府都督同知，母刘氏一品夫人。瑾本姓淡[1]，冒刘姓，自称赐姓云。（三六，860）　甲寅，改陕西行太仆寺寺丞陈玑为太仆寺寺丞。先是，玑在陕西，与镇守都督佥事曹雄有隙，雄挟瑾势摭奏玑罪过，遂逮赴诏狱。及狱具，玑得复职，与雄俱夺俸两月。玑因求改任。吏部拟改南京太仆寺，复特命补在京之缺，盖玑因是亦厚结于瑾矣。（三六，863—864）　乙卯，太监刘瑾奏："各边粮草缺乏，马匹疲惫，皆由官不得人，是以开中商课，接济银两，终岁不息，至使权豪兜揽，肆无忌惮，而粮草粃烂不堪。今后商人必验殷实之家方许报纳，粃烂者照数追偿，仍枷号重治，罪及经收之人，州县解纳者如之。其兜揽者谪戍极边。至于马匹，不许滥收不堪，以致羸损，镇巡官常加巡视。诸镇年终扣算，造册缴部，照例每年春后差科道官查盘点视，若互相容隐，一体重治。仍差人缉访及先行榜谕禁约。"事下兵部议："瑾所言筹边急务，不可少缓。但各边查点文册未至，有碍差官，待年终九月会户部并奏差科道等官，庶事归一而人易守。"报可。时上寓新房，而瑾盗弄威柄，无所顾忌，凡军国重务，未有不

[1]《武宗实录》卷六六，正德五年八月戊申条亦书"本姓淡"。然康海《对山集》卷八《有明诗人邵晋夫墓志铭》："（晋夫）中陕西乡试第一，明年（正德三年）会试礼部，既下第，会太监刘瑾为其侄求婚，曰'吾女必得名士大夫。'争以福建戴大宾洎晋夫荐，瑾曰：'吾关中人，所婚惟邵生乃可。'卒以晋夫婿焉。……所配谈氏。"按，谈氏即刘瑾之女侄。

先白瑾而辄敢奏请者。府部大臣鲜与之抗，至有阴使子拜为父而不耻以自骄固。此令既出，边域震骚，道路恐恐不敢言，有所闻以目相授，自是天下不复知有上矣。(三六，864—865)　戊午，械送巡抚辽东都御史张鼐、马中锡、邓璋，分守参政冒政、参议方矩，管粮郎中刘绎、王荩，监收知州赵瑾、章英于辽东；巡抚大同都御史周南、管粮郎中孙禄于大同，令各该镇巡等官监追粮草，而趣其纳毕，仍解送镇抚司奏请处置。鼐等以任内所收粮草有浥烂者，逮系诏狱，责令其家属往任所赔偿。至是，奏乞容家属还乡鬻产偿纳而躬赴任所监候，事乃可完，故有是命。二狱逮系朝绅颇众，中外骇震，人不自保，瑾权盖日炽矣。　太监高凤传旨，分守宣府万全右卫御马监太监宋彬调镇守甘肃等处地方，而以守备黄花镇都知监左监丞张鼎代彬，御马监左监丞范棋(**抱本棋作淇**)代鼎。(三六，866)　己未，升太仆寺少卿刘玑为太常寺卿，提督四夷馆。玑本佳士，刘瑾以其同乡，故拔自外郡，甫一年已再迁矣。(三六，866—867)　管粮户部郎中刘乾及知县郭议、通判田泰、指挥李英，以永平滦阳驿烧毁草束，命巡按御史逮问。乾恐废事，请遣官代管。户部议奏，乃命御史械系乾等入京，送镇抚司考讯，盖触瑾之怒也。(三六，867)　辛酉，南京内官监太监刘瑯等奏："本监工作浩繁，各匠逃故者多，宜如在京例收取千名及行江西拨谙造瑠璃者百名，分廪于南京诸卫以备用。"工部议南京工作较之在京颇少，况收充旧无例，宜将物故者佥补，在逃者挨拿；其瑠璃匠令在监谙晓者教习，不必取之江西。得旨："特许收七百名，瑠璃匠止令本监教习。瑯等擅创例，再来奏扰，必罪之。"(三六，867—868)　壬戌，增陕西、河南等处乡试解额。初，给事中赵铎奏……刘瑾陕西人，居中蛊政，手职御批，铎之奏，出其风指；而大学士焦芳欲并增河南之数，又阴附和之。变乱旧章，此其一云。(三六，868)　癸亥，授第一甲进士吕柟为翰林院修撰，景旸、戴大宾为编修，二甲第一名焦黄中、三甲第一名胡缵宗俱为检讨。旧制，黄榜赐第之后，惟一甲三名即授官，在二三甲者或改为翰林院庶吉士，越三年学有成效，二甲乃授编修，三甲乃授检讨。是岁，焦芳为大学士，必欲拔其子黄中为一甲，而所对甚劣，同事以芳故，不得已，寘二甲之首。芳乃言于刘瑾，廷试录并刻黄中、缵宗策。及吏部奏选柟等，遂内批特授黄中官，又并及缵宗。时议以芳之官非瑾不进而瑾之权非芳不张，既谋其身，又汲汲其子孙，废廉耻、隳法制、辱科目甚矣。(三六,868—869) 丙寅，下景州致仕判官张兰狱。初，兰为父副都御史玮乞祭葬，礼部议请，诏以兰父致仕年久，辄来奏渎，下镇抚司治罪。故事，京堂三品以上经考满者俱应得祭葬，兰之请不与例违，而文致罪之，亦瑾之招掌也。(三六,872—873)

四月甲戌，甘肃镇巡等官太监邓玉等请开盐茶以济边饷。不允，令所司严征岁逋，且运陕西各府州县在库银一万两济之。(三七,876—877) 乙亥，兵部左侍郎兼左副都御史文贵复请借太仓所贮者以济急用，户部执奏。诏特与太仓银三十万两及太仆寺马价银十万两，待义民僧道农民生员输银补还。贵迎合刘瑾意，欲毁古墩台而更筑之，内造箭窗铳眼，以伏兵制虏，而其实无用。传者谓所借银尚未出京而入瑾之门者几四分之一矣。(三七,878—879) 戊寅。初，遣太监韦霦至两广查盘银两，总督军务右都御史陈金等奏梧州府见在盐粮军赏银四十余万两，及广东布政司库贮银三十七万两有奇，乞量留以备急用。有旨，止解五十万两入京。寻解盐粮银二十八万两至矣。霦奏报广东库贮银视前多二十七万。户部复以请，命霦于已解之外，仍解五十万两，各府历年收贮钱谷仍命霦备核其数以闻。盖瑾欲检括遗利，尽归京师，于是天下仓库多空虚矣。 太监李荣传旨，以都知监左监丞高奈守备永平太平寨青山营地方。(三七,881) 己卯，致仕太子太保吏部尚书王恕卒。……改左副都御史巡抚云南，劾镇守中官不法事，没其部下所得金宝，勋戚惮之，使人至夷方无敢索其赂者。居云南九月，疏二十上，言皆剀切。……复以尚书兼左副都御史巡抚南直隶，会苏、松诸郡灾伤，请停织造，罢贡献，奏免税粮数十万，劾中官王敬、千户王臣科索罪，敬被收，臣枭首于市，中外快之……(三七,881—884)　己丑，司设监太监吴海请添给各卫所幼匠二百五十九名布一匹、绵八两，香烛匠二百五十六名米一斗。户部执奏："不当滥与，以开例端。"有旨岁给之。(三七,886)　**(初，河南人贾斌同从兄凯谋杀从弟泽，论死，掌大理寺事工部尚书杨守随驳其重，巡按御史房瀛改拟杖。)**内批欲从原拟，令清军御史马骙再鞫，怒守随等轻出入人罪，并瀛俱逮问。时守随已致仕……罚赎罪米千石输边。盖刘瑾怨守随，故因事中之。惟(大理寺寺正魏)讷以巧佞与瑾合，既得升通政司参议，仍听其辩，置不问。(三七,886—887)　辛卯，太监李荣传旨，御马监官勇士、旗军系禁兵重务，其令太监谷大用提督，太监杨春同都指挥夏明等坐勇士营，太监李堂同都指挥田忠等坐四卫营。　壬辰，升四川左布政使李善为南京都察院右副都御史。初，副都御史缺，吏部以右副都御史崔岩、右佥都御史王质请，诏令再推，乃以善补焉。善，瑾乡人也。(三七,888)【考】善之行事，见康海《明进阶光禄大夫南京工部尚书李公(善)墓表》(《对山集》卷六)："正德丙寅，(善)升四川右布政使，寻转左。祛弊政，节公财，察轨运，衡重轻悉称，蜀民赖焉。蜀故为番戎所寇，而某番尤盛，镇巡请命将征剿，而太监罗籥与公计事，谓非兵十万不可。公曰：'师出十万，日费千金，民困岁歉，公私俱竭，恐边事未平而内变复起。奈何？且番酋已知朝廷用兵剿罪，恐惧无以自计，若遣人宣布德意，宜必从之。果不从，然后举兵未晚也。'于是遣王玉等入番宣谕诸酋，款服其长，悉从玉来，献甲以降，誓永为良民。捷奏，上大喜，赐大红织金衣一袭、白金十两。寻升南京都察院右副都御史。"　癸巳，升山东道监察御史汤沐于湖广，刑部署员外郎事主事陆健于贵州，松江府同知金山于四川，俱按察司佥事。四川之缺，吏部拟升凤翔府同知翟敬，而以山陪。敬在弘治初尝以翰林检讨供事亲藩，坐累落职，寻蒙恩宥免起用。瑾矫旨责吏部徇私，反复数十言，令凡有落职谪戍者，皆不得徇私起用。（三七，889） 锦衣卫左所正千户石文义，南京守备太监岩之侄也。岩病，文义乞驰驿往省，许之。（三七，889—890） 甲午，守备龙门所等处都知监右少监孟山请改守备为分守。许之。（三七，891） 丙申，古北口等处官军各添月粮二斗，每年以草束折豆放支一月，以镇守太监王忻等言边军艰窘，草束积久浥烂故也。 秦府庶人公钟、公铸与承奉贾能构隙讦奏，王长子惟焯庇能，奏公钟等欺其年幼，不遵约束。诏公钟、公铸有违祖训，幽之凤阳高墙，其所奏两词俱置不问。（三七，892）

五月壬寅，下吏科给事中安奎、御史张彧于锦衣卫狱。先是，奎、彧查盘宁夏等卫粮草，参奏庆阳府同知赵楫并宁夏等卫指挥、千百户等官丁广等一百三十余员，请治罪楫及广等，俱令巡按御史逮问亏耗之数，如近例赔偿，有死者其家完纳。诏以奎、彧所参，不分情罪轻重，下狱考讯，并斥户部尚书顾佐等受国重托，尸位徇情，令其具实回奏。盖刘瑾擅权如此。（三八，896） 锦衣卫总旗江达男辅等二人以捕盗报功，兵部移文给赏，礼部查优赏例，各给银五两、文绮一表里。达，盖为刘瑾理家事者也。（三八，896—897） 辛亥，南京国子监司业缺，吏部推翰林院编修温仁和、检讨周祯可补；又谓其官虽额设，自宣德九年后以事简不除者久矣。至弘治末因祭酒章懋拟升，守制未满，未能之官，乃特以编修罗钦顺往署监事。今当补与否，乞圣裁。有旨："既事简裁革，其勿补。"时尚书许进以当补之人咨内阁大学士李东阳，答云："北司业为鲁铎，南则用在铎后者补之。"同官焦芳意欲挤编修汪俊南，盖以俊为东阳所厚，且疑戴大宾之得及第，以为俊所取士，阴相汲引，而使其子黄中不得列名一甲，甚恨俊，且移怒东阳。及东阳之举不及俊，遂大詈于阙下。刘瑾闻之，谓人曰："黄中昨在吾家试榴花诗，甚拙，乃以不得状头为恨耶？"使石文义语进："南司业可依次拟二人，疏中须及近年添设之意。"芳不能挤俊，于是乃愧沮云。(三八，898—899)　……侍郎王琼已迁吏部，责其不具疏自劾，改南京。……琼始以附瑾得吏部，瑾复怪其谢薄，乃改之南云。(三八，899—900)　癸丑，兵部以开原获功官军千户李春等十人名上，诏升赏有差，并赏太监王秩白金二十两、文绮二袭；右参将耿贤白金十两、文绮二袭。　乙卯，升知州谭绶、秦志、雷爵通判，谢汝旸、晁必登为府同知，知县张元春等为知州。故事：州县官吏部照缺铨补，无每缺推二员请旨点用者。自瑾窃柄，始出内批。盖虽细政，必预闻之而后可遂其渔猎也。(三八，901)　丁巳，镇守四川太监罗籥奏用中蓬、黑虎寨各番叛逆久矣，今皆归顺，请录深入招抚不避艰险者之功。诏升千户王玉、单英等二十七人，各实授一级；指挥章玺等五人各署一级，威州知州崔哲等三人各俸一级；赏参将马隆等五人各银十两，文绮一袭；巡按御史陈威银十两，文绮二袭；加籥禄米岁十二石，仍以玺书劳之。(三八，902—903)　甲子，太监李荣传旨，以御用监太监郭通镇守金齿、腾冲地方。(三八，904)【考】郭通本为镇守金、腾，其墓志误题为镇守云南，见本年附。　丙寅，太监刘瑾奏，弘治十五年至正德三年预解过辽东、大同、宣府、宁夏、甘肃、榆林各边年例并奏讨银两，共五百四万六千七百五十三两有奇，乞差给事中、御史分行稽核籴买粮料草束用若干，折放过若干，见在若干，有侵盗浪费诸弊，从实参奏。户部因言数年之内，各边又有解去折银、折草、户口食盐、农民、赃罚、盐价诸类及带运马草麦钞布折银两，共五百十三万四千五百七十余两，亦宜通行稽核。上是之，敕差去科道官如数核实以闻。(三八，907)

六月戊辰，降监察御史陈玉为湖广布政司照磨。玉照刷在京诸司文卷，有埋没、违错、稽迟、差错、失落诸弊，亦如例举劾。瑾矫旨谓玉能举劾各官过失，可擢，然于公廉及有过者，不分别具奏，难以观览，徇私罔上，不任宪职。乃降三级调外用。

已巳。先是，有旨令锦衣卫不时查点六科给事中，违者指名奏治。是日，该直指挥余寘奏工科都给事中许天锡不至，询其故，则初一日已死矣。时逆瑾方罗织文臣，天锡恐中伤，实缢而死焉。于戏！死乃人之所甚恶也，以朝廷耳目之官，畏中官之横，宁就死以求免于祸，苦亦可伤矣。（三九，909）【考】许天锡死亡之故，《世宗实录》卷二四一，嘉靖十九年九月辛亥，于其追赐祭葬条下云："（正德中）以查盘内库，条逆瑾罪恶。瑾积恨，矫诏逮问，潜遣人杀之。"

庚午，尚衣监太监秦文奏，内库收贮各色纻丝纱罗织金闪色蟒龙、斗牛、飞鱼、麒麟、狮子通袖膝襕并胸背斗牛、飞仙、天鹿，俱天顺间所织，近钦赏已尽，乞如先年例派南京及浙江、苏松等府依式织造。工部覆奏，上可之，令织各色花样纻丝纱罗凡一万七千四百余匹。内库禁服，成化、弘治以来，颁赏甚谨；自瑾用事，倖珰陈乞渐广，有未束发而僭冒者，滥赏日增，民力益不堪矣。　辛未，升监察御史吕洁[1]为山东按察司副使，提调学校。是缺吏部先再推而不用，至洁乃用焉。洁素乏文誉，实中官奴婿，又瑾乡人，为提学不能校阅取士，入试命吏视故牍名次填之，盖有已中选而复在列者；考童生入学，退食后陈卷于几，瞠目无语，顾门子择其文长者取之。山东人至今传以为笑。（三九，911）　甲戌，徽王奏保典宝副高成、内使李杰等官。礼科都给事中潘铎论其非制，宜治长史、承奉罪。上姑宥之，令不得更奏，其有循次应补者听以闻。仍令礼部颁谕天下宗藩。（三九，913）　乙亥，提督太岳太和山兼分守湖广行都司太监韦兴奏擒获强贼田思明等二千九十余名，乞录有功之人。事下，兵部覆言："据兴所奏，皆类报之例，若以为功则盗息民安，在在皆然，而要功挟赏者多矣，锡予之典不可轻授；况镇巡官并无奏报，宜行巡按御史核实。"得旨：允兴奏，不必行查。于是舍人韦钟升实授一级，韦聪、龚珊升署一级，韦昂

① 吕洁，《国榷》卷四七作"闾洁"。

等给赏有差。(三九,913—914)　庚辰,南京刑部右侍郎刘宪卒。……正德二年,升巡抚宁夏右佥都御史。宁夏卫大沙井驿草场火毁草十四万三千余束,宪行管粮佥事贾时逮问未结,寻升南京刑部右侍郎。时刘瑾用事,遣给事中阅实边储,以该驿隐匿烧毁,捏称浥烂报,逮宪下锦衣卫狱,责偿纳,遂死狱中。然其情罪不相丽,闻者冤之。(三九,917—918)　癸未,籍江西南康县民吴登显等三家。先是设立西厂,令太监谷大用领之,分遣逻卒四出,刺民间阴事。登显等遇端午,为竞渡之戏,盖江南旧俗也。逻卒归报,以为擅造龙舟,遂罹此祸。自是,四方传闻,远近大怖,偏州下邑见有华衣怒马作京师语音者,辄相惊告局蹐;有司闻风,密赂之,冀免奇祸,亦有无赖子虚喝以售奸获利者。天下皆重足屏息,嚣然丧其乐生之心矣。(三九,920—921)　丙戌,镇守河南太监廖堂奏保司府等官贤能,且拟某升某调。下吏部议,多从其言。吏科给事中何绍正等劾奏,谓明扬人才,固有常职,铨叙品秩,当出圣裁。今堂虽奉有玺书访察贤否,自当从公上达,付之吏部。况镇守举人才,自昔所无,堂乃径情妄作,专权自恣,辄敢指名照缺升调,济一己之私,坏祖宗之法,紊乱成规,渐不可长。望特施宸断,置堂于法,庶专权之咎惩而奔竞之风息矣。上然其言,谓堂保举官员,辄拟升调,有伤治体,令从实自陈,其所保奏官员仍令巡按御史察实以闻。(三九,923)　己丑,致仕都察院左都御史张敷华卒。……(**成化中出为浙江布政司右参议**)镇守中官采珍玩进奉,藩臬或有所献,敷华独心耻之。……正德初,逆瑾窃柄,忽内批令致仕。至是卒。瑾败后二年始赠为太子少保,谥简肃。(三九,925—926)　庚寅,针工局奏正德三年分成造内官、长随、内使、小火者李荣等一万二千四百二十员年例铺盖,人用白绵一斤。户部查无见贮。诏每斤折银五钱,共折银六千二百一十两给之。(三九,927)　壬辰,是日午刻下朝后,御道上遗匿名文簿一卷,侍班御史奏之,司礼监随传旨,面加诘问,诸司官皆跪于丹墀。午后执后班三百余员通送镇抚司究问。次日大学士李东阳等奏曰："匿名文字出于一人，其阴谋诡计正欲于稠人广众之中掩其行迹而遂其诈术也，各官仓卒拜起，岂能知见？况一人之外，皆无罪之人，今并置缧绁，互相惊疑，且天时炎热，狱气熏蒸，若拘挛数日，人将不自保矣。惟皇上仁急好生，处普烛物，望特降纶音，先行释放，而后密加体访，寘之典刑。"上从而释之。时暴而死者，刑部主事何釴、顺天府推官周臣、礼部进士陆伸，暍而病者无算。(三九,930)【考】《清圣祖实录》卷一五四，康熙三十一年正月己卯，谕修《明史》诸臣："……又正德实录，载午朝罢后，于御道得匿名文簿一卷，传上旨诘问，百官皆跪于丹墀，时仆而暴死者数人，暍而病者尤众。夏月虽天时炎热，何至人多暴卒？且行间将士，每披坚执锐，戮力于烈日之中，未闻因暑而致死，岂朝堂之上病暍若斯之甚耶？所云'尽信书，不如无书'，此之谓矣。"按，《国榷》卷四七言："进士陆伸夜卒狱中。"　癸巳，御马监太监谷大用先是奏请访求各番西儿骒马、骟马，下陕西甘凉镇巡官问诸夷使，云马出于天方，国远不可至，差人往求，非惟致有疏虞，亦恐徒劳无益，欲谕各番贡回使臣传谕各番，令其互相传至天方国，晓谕番王头目，速择善马入贡。事下兵部，尚书刘宇言前马系内厩孳牧应用之数，宜移文甘肃镇巡官选差官员率领通事，前赴各番善谕之，则良马可自至。上从宇议。(三九,931)

七月己亥，升赏大同宁阳铺并管家堡获功官军一百人有差，镇守太监侯能岁与禄米十二石。(四〇,936)　总督两广都御史陈金、太监潘忠、总兵官毛锐、广西副总兵康泰、太监蔡昭等各遣千户等官来献柳庆之捷。……捷上，诏赐敕奖励，赍奏者升赏如例，忠、昭仍各岁与禄米二十四石。(四〇,936—937)　庚子，令起复广东按察司佥事方良永致仕。良永守制违限三月，例应免究，吏部请以补河南信阳州兵备抚民佥事之缺。是缺乃弘治间所添设者也。瑾尝谓先帝崇重文臣，言及辄龂龂不平，凡弘治间政令皆欲革之，于是矫旨责吏部夤缘作弊，且谓新添官职既议革矣，而良永何乃营谋选补，遂有是命。(四〇,937—938)　甲辰，调刑部员外郎李天衢为陈州知州。初，天衢坐公罪，法应运炭还职，瑾矫旨责其粗俗无才，调之。(四〇,939)　壬子，上谕钟鼓司太监康能等曰："庆成大宴，华夷臣工所视，当举大乐。近来音乐废缺，非所以重朝廷也。"于是礼部议请选三院乐工年幼精壮者严督教习。从之，仍令礼部移文各省，选有精通艺业者送京供应。自是筋斗百戏之类，盛于禁掖矣。(四〇,941—942)　戊午，两浙都转运盐使司解到水乡盐价银一十二万六百三十两有奇。诏以十万两贮太仓，以待边需，余进内承运库。　己未，升提督操江南京都察院右副都御史雍泰为南京户部尚书。后四日遂令致仕。或谓其不媚中贵也。(四〇,946)　庚申，太监刘瑾奏："访得扬州两淮运司商人杜成等各名下革支盐引一百一十六万引，堆放在库，若不早处，日久弊生，乞差科道官各一员往督运司等官查盘见数，变卖银两，解京送库。"户部议覆，有旨遣给事中、御史各一员驰驿以往，限三日起程。(四〇,947)

八月戊辰，太监李荣奏："内府甲字库收贮阔白三梭布，旧赏内官、内使用之，迩来内外莅其事者交通受赂，乃混同赃罚等物，以充文武官折俸包儿，以致库藏空虚，供应缺乏，乞遣官查究。"于是命司礼监左少监张淮、给事中张云、御史王注、户部郎中董锐查盘，计折俸已支者为布八万六千六百余匹，亏欠者又万有九千五百余匹，遂论建议停征及擅拟折俸者之罪，内外官当究问者凡一百七十三人。户部议覆："内官张诚、侍郎王俨、给事任良弼、御史蓝章、主事刘思贤等十三员已逮问，尚书顾佐、李鐩、给事中张维新等五十二员已夺俸，其该库大使何纶等三人及给事中李禄等二十五人、御史饶㮾等四十一人，以陈言附和，都御史彭礼以折银违例，尚书曾鉴等五人及郎中徐键等二人以查处未详，给事中邹轩等八人以估计未当，内官王堂等十四人以失于觉察，法应究问。然其中迁官、去任、事故者多矣，敢以请。”有旨，各官见逮问者俟狱成以闻，何纶等令巡按御史逮系来京，送镇抚司鞫问；李禄而下以连及者众，姑宥之，各罚赎罪米百石；顾佐、李鐩及张维新等既夺俸，王堂等到库未久，俱不究。仍令户部将前后罚俸并赎罪米一同收贮，年终并上其数。未几，再命淮等通盘十库，皆有不应折俸辄擅估计之弊，再劾内外失事官。户部覆奏，有旨夺郎中白圻俸五月，鐩、维新等前已被罚，及内官杨恩、刘伟等俱宥之，内官阎纪等既逮系，俟问结以闻。淮等又言：“赃罚库折俸当美恶相兼，仍配定包封以杜拣换，各官积留恶物，损坏数多。”户部覆奏，再宥被罚者，惟给事中邹轩以他罪逮系，令所司并鞫。俄有旨促具狱，杖刘思贤二十，勒致仕。（四一，951—953）【考】内逮问之张诚，弘治中管甲字库，时出镇云南金腾，卒于正德十四年，其墓志见本年附。　革监察御史王润职。润巡盐浙江，以督价迟延，为户部所参，命下锦衣卫狱。瑾欲重其罪，法司承望风旨，遂拟监守自盗。得旨：“润承委巡盐，隐匿正课，致误边计，令锦衣卫杖之三十，发为民。”因著为令，后有违者，置之死，仍令榜示诸盐场。（四一，953—954）　癸酉，命吏部尚书许进致仕，罚左侍郎白钺俸三月，文选郎中、员外郎、主事俸五月。时刘瑾欲迁刘宇吏部，急罢进，会南京刑部缺郎中，进等疏署员外郎主事刘吉、金祐二人请补。瑾坐以不用实授者而用署职者，为越制除官，责进吐实。进言：“因无实授者，故以署者上，亦故事也。”瑾又谓其不输情，内批三覆诘难。进不得已，疏请罪，竟罢之，而波及钺等云。（四一，954—955）　甲戌，升赏密云黄崖口关获功官军十人有差，赏太监王忻、参将杨泰各纻丝一表里、羊一只、酒十瓶。（四一，956）　己卯，山东登州府丰益、广积二库所收登、宁等八场折盐布匹，例以海船运赴辽东，分给军士。近因船坏未修，不能转运，岁久积多，无所于贮，恐致腐坏，欲借充沿海军士月粮，且请折收银价。户部议移文巡按御史督二司、守巡等官核其所积之数，以见在海船陆续运送,辽东仍严督该卫修船备用,不得仍前折银,致误边计。有旨,令输所积布赴京库收用,不必往复延滞。辽东官军今年俸粮,户部别为计处,务令两便。海船仍令所司修造,毋致废弛。于是,户部覆奏:"输京之布,其鲜洁可用者可四十万匹,每匹折银二钱五分,则为银十万两,宜兑支本部及太仓银,运送辽东,以作官军俸粮。"有旨,匹折银二钱。时已停年例输边之银,乃复取输边之布入京,而以银折之。瑾之好为纷更如此!(四一,958—959)

辛巳,司礼监太监刘瑾传旨,改惜薪司外薪厂为办事厂,荣府旧仓地为内办事厂。时既立西厂,以谷大用领之,瑾又立内厂,自领之,以张其威。京师谓之"内行厂",比东、西二厂尤为酷烈,中人以微法,往往无得全者。市井游食无业之人,如酒保、磨工、鬻水者,皆逐之四出,千余人集于城外东郊,持白梃劫人,声言自分必死,欲甘心刺瑾。瑾惧,乃复之。瑾又令寡妇尽嫁及停丧未葬者尽焚弃之[1],京师哄然。瑾恐有变,乃罪其首倡言者一人以安众心。皆立内厂后事也。(四一,960)

甲申,户部议覆大学士李东阳等所奏言各边管理粮草俱有专官,其巡抚都御史等官不过总领其事,果有侵盗,自宜如法追赔,若止是督理不严,宜从宽减,或罢黜不用。内批:"粮草国家重务,巡抚、总理等官委托非轻,既治边无方,以致浥烂糠秕,百有余万。及事发,罪坐仓官小民,监追至死,何以赔偿?且巡抚加以参赞、总督等名,尤难辞责。如钱钺之擅改禄米,张缙、马中锡等之不职,王时中之酷暴,许进之越制选官,刘健、谢迁、韩文等之无知叩阙,犹有不能尽举者。似此越律之罪,不治奚为?"然东阳等所奏止及粮饷,而逆瑾矫旨,乃概责健等,以泄其怒,其专

① 杨廷和《杨文忠三录》卷三载:"正德四年夏,京城讹言有旨,城内外官民家及各寺观停寄棺柩尽令焚毁,寡妇守节者无少长皆令改嫁,远近惊疑,奸人亦有乘之劫夺者。予闻之,亟请于上,传旨都察院禁约,仍命缉事官校访察。讹言遂息。"其事恐属流言,应非政令。

权乱政，往往强辩如此。（四一，961—962）　丙戌，太监刘瑾传旨，锦衣卫带俸指挥使谷奉、张友俱升都督同知。（四一，962）　戊子，守备凤阳等处太监黄准奏称地方灾伤，乞存留京操官军防守。许之。（四一，963）

九月戊戌，命兵部尚书曹元同太监张永、英国公张懋提督团营操练。（四二，969）　壬寅，升赏宣府独石等处有功官军千一百四十七人有差，镇守太监陈贵岁与禄米十二石……分守少监孟山二级，李增及监枪监丞汪凤各一级。（四二，971—972）　癸卯，诏南京户部尚书致仕雍泰、少师兼太子太师吏部尚书致仕马文升、太子少保吏部尚书致仕许进、太子太保兵部尚书致仕刘大夏、礼科右给事中赵士贤、贵州道监察御史张津俱为民；吏科都给事中任良弼等、广西道监察御史陈顺等五十六人俱输米于边镇赎罪，人三百石。先罢者减三之一（**抱本一作二**），已谪戍及死者免输。进之子讚、诰，俱输赎调外任。初，泰为山西按察使，尝以酷殴人至死降官，及为都御史巡抚宣府，又以擅挞边将夺职。至新政，士贤、津率科道官交章荐之，大夏覆奏起用，文升遂推泰堪督操江，寻以病不起。今年三月，进仍以操江荐。七月又推为户部尚书，其所开履历去降官夺职等语。而刘瑾素怒泰且恶进，故因事矫制，以加其罪，又并及大夏与诸言官，一时莫不骇之。泰以刚直有时名，第所行涉于粗厉，故累起辄仆，然与瑾同乡而不肯阿附取容，有足称者。（四二，972—973）　籍已故通政强珍子汝学等财产。初，汝学与沧州民刘进争讼，为进诬以兴贩私盐及诸不法事奏之，令锦衣卫官校追捕考鞫，竟遣内官籍其家。汝学及其弟汝思坐斩，逃逋者仍令缉捕，闻者冤之。（四二，973）【考】嘉靖十八年张瓒撰《明国子生强明之（汝辨）墓志铭并盖》（《沧州出土墓志》，第110页）载："（珍）负刚大气，成化间为御史，按辽东，坐劾权竖，戍铁岭。久之，起为都御史，抚宣府。竟弗时合，通政南京，乞归养卒。……正德丙寅，公卒。明年逆瑾用事，仇公劾权竖，故嗾奸人诬奏公家不法，下诏狱，夺公所得诰敕，没其家，发戍岭南，独母恭人免。”又嘉靖二十六年《明故强孺人白氏墓志铭》(《沧州出土墓志》，第112页)载：“逾年，正德丙寅，通政公卒，有恶党仇夫兄者，乘逆瑾专政，诬奏不法，没其家。”按，强汝辨为强珍第四子，白氏为强珍继室。　己酉，升赏大同小石寺岭等处有功官军一百五十五人有差，升署都指挥佥事蓝海为署都指挥同知；赏监枪少监韦忠文绮二袭、白金十两；山西左参议倪天民文绮一袭、白金五两。(四二，975—976)　庚戌。时按察副使李惟聪坐管屯抵罪，罚米输大同，瑾以前后诸官罚米者输不如期，欲责限完报。户部请在京者自今定日期为始，限一月；在外及去任者俱自移文至日为始，依水程远近定与限期，赴原定诸仓输纳。若仍有迟违者，听内外管粮官举劾。因列上前后罚米官员之数：大同仓纳一千石者，户部尚书韩文一人；五百石者，韩文及侍郎张缙等九人；纳三百石者，都御史徐节一人。宣府仓纳五百石者，员外郎吴纪等十六人；纳三百石者，都御史李进等三人。太仓纳三百石者，指挥佥事张经等四人；二百石者，布政周季麟等六人；一百石者，尚书佀钟一人，都御史孙需等三人，布政李进等三人，御史吴学等三十九人，给事中李禄等十九人，郎中徐键等三人；纳三十石者员外郎李梦阳一人。宣、大二镇纳三百石者，给事中吉时等十三人，御史陈顺等二十一人；纳二百石者，给事中艾洪等五人，御史王洪等十一人，检讨刘瑞一人。松潘纳二百石(者)，都御史刘洪一人。诸官之罚米也，多以公事偶误或边储亏折而中伤之，遂辱其养廉之资。其官卑禄薄者往往鬻产赔纳，或称贷于人，如尚书韩文以叩阙忤瑾，一再罚至千五百石，将何所取办哉！时瑾窃柄，诸所谓“钦依”者，上固不知，而瑾实假此纳赂。后凡有诖误而罹其网者，往往赂瑾求免。虽平时清谨者，恐遭械系之苦，亦迁就以为自全之计矣。(四二，976—977)　壬子，勒漕运都御史张缙为民。缙先因扬州灾伤，以庐州府额输凤阳府仓粮米二万五千石改作兑军，乃于扬州兑军额数之内改拨二万五千于凤阳仓上纳。行之三年未更。于是守备凤阳太监黄准、巡按御史赵时中皆言欲如旧便民。有旨谓缙擅更成法，罪之。(四二,978)　　癸丑，湖广荆州府知府王绶自陈捕盗有功，乞升职。已而荆州三卫指挥等官奏绶贤能。下兵部，议行巡按御史核实以请。有旨："地方既保绶擒贼抚民有功，其升一级，仍掌府事。"绶在荆州，暴虐贪婪，结瑾为援，上官反畏之，巡历者多不敢过荆。朝觐时，都察院署其考曰"两司畏其胁制而考语欺天，百姓苦其诛求而怨声动地"，最中其恶状，亦竟不能去之也。又赂瑾得赐飞鱼服，坐堂扬扬自得。时有工部主事冯友端，亦瑾乡人，监税于荆，贪虐类绶，荆人谓之"二虎"云。(四二,978—979)　　甲寅，锦衣卫指挥同知余寘以疾乞致仕，得旨允之，仍令驰传回，有司岁给人夫二石，月给米二石，盖特恩也。然寘之乞归，实畏瑾，非得已云。(四二,980)　　戊午，锦衣卫指挥佥事等官谷大亮等二十人奏乞往两广杀贼图报。得旨许大亮等九人，仍谕后复有如此妄生事端，托名报效者，令所司并科道识之，径自论劾。时权倖子弟以报效为请者，多窜名边镇，边人获功，则守臣攘以与之，奏上辄沾赏典。或一日数处报功，皆有其名而实未尝一履行阵。上下肆为欺罔，冒滥之弊，有不可胜言者。而其请之，得与不得，则或视其赂之多寡，或视其力之强弱，可否惟瑾之意。虽有此旨禁戒，而幸门竟未尝塞也。(四二,981—982)　　辛酉，田州府土官知府岑猛以构乱降福建平海卫千户，恋旧治不行，累令其祖母及土酋奏乞复为府佐。改设流官，以参政知府谢湖惧猛恶，托送母以归，亦迁延不即赴任。及至，则猛以回据府治矣。事闻，累移守臣抚处，乃改猛附近卫所听立功自效，而逮湖至京，下诏狱考讯。湖讼冤，以为激猛叛者由镇守太监韦经、总兵官毛锐、巡抚都御史潘蕃也。经复讼冤，以为猛之初叛由巡抚都御史刘大夏激之。于是，经、锐、蕃、大夏俱遣官校捕送诏狱。狱上，坐大夏为兵部尚书时不能从镇巡官降猛为同知之议，而力主调发以拂夷情；蕃任巡抚时不能抚猛,及闻遣官之命遂委而去,致猛得肆其恶。得旨,令三法司、锦衣卫仍会五府、六部、科道官鞫处。遂拟大夏、蕃及锐比“抚驭无方致所部军人反叛”之律,俱追夺诰敕,发边远充军;经送司礼监奏请发落;湖赎徒还职;猛令以同知莅府事。复得旨,数大夏、蕃罪当死,姑从轻永戍肃州;锐革太子太傅并禄米五百石,经降二级革禄米,俱闲住;湖为民,猛如拟。大夏在兵部,尝请查革勇士,为近幸所恶,时已致仕,复褫职为民矣。瑾必欲致之死,故因猛事罪之。廷臣会问,亦徇瑾意,无有申救之者。及发遣,瑾又令人防[访]察,亲识故旧皆引避不敢饯送。时大夏年已七十有三,垂老远谪,士论莫不伤之。既而湖奏辩,又止降官二级。(四二,982—984)　壬戌,以太仆寺马六百匹给密云古北口等处军士,从太监王忻等奏也。南京监察御史葛浩、陆崑先因言事忤瑾意,已落职为民矣。至是,坐劾奏武昌知府陈晦不实,行巡按御史逮问,拟赎杖。瑾怒未释,降旨数其党恶挟私,命南京锦衣卫遣官校执送内外守备官,杖之三十,仍为民。(四二,984)

甲子,太监刘瑾传旨,以内官监太监周辉守备倒马关。(四二,985)

十月丁卯,遣科道官各十员查盘各边粮草马匹。户部用刘瑾议,每年九月差官查究粮草出入及马匹羸壮。有旨,仍令缉事衙门分行密察,有徇私坏事者,具实以闻。时瑾窃柄,假公售私,中伤善类,官校伺察,滥及无辜者多矣。(四三,987)　庚寅,宣府独石等处有功官军已行升赏,太监陈贵等复奏冲锋破敌、鏖战官军宋睐等三十九人,宜量升。得旨,各升一级。于是兵科都给事中赵铎等劾贵及总兵官白玉、右佥都御史邓璋市恩坏法,罔上欺公;纪功御史郭东山不开被创实迹,恐有诈冒。乞罢睐等赏,正贵等罪。上是之,革睐等所升职级,数贵、玉、璋市恩挠法之罪,而姑宥之,仍夺玉俸三月,璋俸六月;下东山锦衣卫狱,杖之三十,令为民。且谕兵部即查宣德、正统间赏格有无“冲锋破敌”、

“鏖战”诸名色以闻。于是兵部备查正统以来赏格，则“鏖战”之名昉于天顺元年，“冲锋破敌”之名昉于成化十五年。得旨：“天顺以前既无‘鏖战’等名，则从前由此而升者俱当查革，但年远人众，可如前诏，荣其身而止。自后纪功官不得巧立新名，该部该科其识之，违者罪无赦。”(四三，1000—1001)　甲午，改翰林院侍讲王瓒为国子监司业。时吏部言弘治间侍讲刘震、黄珣俱升春坊谕德掌司业事，欲循例转瓒一阶也。瑾矫旨责吏部妄引夤缘之例，仍以对品改之。(四三，1003)

十一月丙申，降礼科给事中曾大显为浙江布政司照磨，贵州道监察御史刘金为直隶桃源县丞。大显与金以查勘钱谷参官忤瑾意系狱，各杖二十而降之。(四四，1008)　庚子，镇守延安、庆阳等处太监刘保奏称榆林在库银两并各营堡粮草不够主客兵马支用，乞要开中淮、浙引盐及催征陕西地方递年拖欠税粮。户部议覆：“该省见报灾伤，未经定有分数，其各处运司盐课又经题差科道官定价，变卖银两，有碍开中，宜转行巡按御史勘灾伤州县，从实定拟；仍通查一省每年该起运若干，本年除灾伤外该征若干，生员上纳银两可够若干，设使召商开中引盐，每引定米若干，或草若干，督同布政司掌印、管粮官不分延绥、甘肃、宁夏通融会计明白，造册奏缴，以凭查议。”上请，上是其言。(四四，1010)
辛丑，给事中白思诚、监察御史储珊查奏辽东仓库，自弘治十五年迄于正德三年各年滥费、挪移等项银两，并劾都御史王宗彝、陈瑶、张鼐、马中锡、韩重，原任兵部尚书马文升、侍郎熊绣，原任户部尚书佀钟、顾佐、韩文，侍郎王俨、李孟旸、王佐、张缙，郎中陈大章、刘鉴、王济、王荩、刘绎、罗荣、居达、杨志学，参政缪昌、宁举、冒政，参议方矩，佥事王中，巡按御史王献臣、胡瓒，盐粮给事中吴蕣，去任太监孙振，总兵官定西侯蒋骥俱合提问。户部议覆：李孟旸、陈瑶、刘鉴、王中俱病故，其各官统乞裁处。上以宗彝等不以钱粮为重，巧取浪费，有负重托，各罚米赎罪：宗彝、重济、昌举、绎各罚米一千石，献臣、彛、瓒、缙、荣、文升、绣、大章、钟、佐、文、达、志学五百石，俱输宣大仓，还令御史督限完足回奏；中锡、鼐、荩、绎、政、矩见缘事追陪粮草，待事完以闻；骥、振非监管人员，不必究问；思诚、珊查盘允当，各升俸一级。时刘瑾用事，权倾中外，思诚、珊承望风旨，以参官过当升级，士论鄙之。(四四，1011—1012)　乙巳，户科给事中谢讷等奏，会同左少监韦霦等盘过广东布政司库藏金一百五两，各项银二十六万一千一百三十六两，玻璃器一十九事。诏送内承运库贮之。(四四，1014)

丙辰，罚给事中王宸、主事谢忠米各三百石，坐奏支内库布匹估计未当也。　兵科给事中周钥自刎于桃源舟中。钥勘事淮安还，忽自刎。比舟人觉之，已不能言，取纸强书字，多模糊，惟识“赵知府误我”、“可怜”十数字。时瑾用事，凡出使还者皆索赂。钥与淮安知府赵俊有旧，许以千金贷之，竟食其言，故钥忧愤而死。事闻，系俊至京按治钥死状，乃坐俊罪。巡按御史赵时中以失于奏闻，亦罢为民。(四四，1017)　癸亥，南京刑部尚书樊莹卒。……进应天府尹。守备蒋琮者恃宠，与言官奏讦，所蔓引多至罪黜。莹承命推鞫，发其伤孝陵龙脉事，琮以是得罪去。……入为南京刑部尚书，未几致仕，会逆瑾用事，落职为民，仍责输米五百石。寻卒。莹诚悫简易，介而有断，故所至辄有声誉，享年七十有五。瑾败，复其官，仍赠太子少保，谥清简。(四四，1021—1022)

十二月辛未。旧制：各处盐引俱于南京户部印发。至是，巡盐御史宇文钟奏言往返不便，请改户部另行刊刷。户部覆奏：“淮、浙、长芦、川、广俱有盐运，南京道里适均，自洪武以来遵行已久，乞仍旧。”诏今后但于户部印给，南京引板俱令销毁。刘瑾变乱旧法，钟因而导之，后瑾诛乃改正焉。(四五，1025—1026)　甲戌，巡库科道官奏松江府华亭县输内库折粮阔白棉布三万三千余匹俱粗窄不中度，因劾府县及户部莅其事者忽于验察之罪。

诏留布别用，府县官停俸督补如数，户部官宥之。（四五，1027）　丙子，升礼部郎中刘挺为光禄寺少卿，监察御史杨武、宁杲俱为大理寺左寺丞。武，瑾乡人；杲，以憸邪进。（四五，1028）　庚辰，准秦府辅国将军秉欆袭封郃阳王。初，郃阳温穆王诚泓薨，无嗣，其庶弟诚汾、诚浍皆许袭，未命而卒。秉欆，诚浍嫡长子也，在先帝时请袭，礼部会议，谓温穆王薨后，已一再传庶，郃阳王之后止应授本等职，不必议封。至是，又援保安、汧阳二府例以请。礼部言先帝已有旨，不可许，而内批许之。盖保安、郃阳皆秦藩，以瑾为奥援也。（四五，1029—1030）　壬午，许故恩荫锦衣卫百户范广侄资袭广原职。广，故[1]司礼监太监范宣义子也。（四五，1032）

庚寅，升提督南京粮储都察院左佥都御史储巏为户部右侍郎，总督漕运都察院右副都御史李瀚为左副都御史，掌院事。时吏部推户部右侍郎，以巡抚湖广右副都御史张子麟及巏请，既用巏矣，瑾又矫旨，谓子麟不务公事，姑令提督南京粮储，再有过，定加谪[责]治。人莫能测其故焉。（四五，1035—1036）　四川布政司左参政缺，吏部推陕西按察司副使邵蕃、马湖府知府王铎可补。瑾矫旨数蕃督学无方，不可用，仍升铎左参政，俱令致仕。（四五，1036）　巡按直隶监察御史杨武论劾玉田等县知县等官杨经等十六员，或贪滥不谨，或罢软无为，或年老有疾；又论荐保定府推官等官谢国表等十二员廉能昭著，抚字有方。吏部覆奏，诏经等罢黜如例，国表等再加访实，量材旌擢；武激扬得体，升俸一级。又谓在外百司皆赖居官者秉公无治，而选用得人则由吏部，吏部因袭宿弊，凡才力不及者仍调任他所，所更之地，其民何罪焉？宜即查究等差，如例罢黜。又谕都察院亟行各省巡按御史，务秉公廉访实进退，巡按满日，仍稽其功过以闻，有容匿不如令者，觉必

[1]《武宗实录》卷六七，正德五年九月癸酉载加司礼监太监范宣等禄米，是宣未亡，此“故”当衍。

不贷。此虽出自瑾意，然亦颇中时弊。但瑾方诛赂无厌，所谓令反所好者也。(四五，1036—1037)　户部奏："今年罚俸官一百八十二员，俱纳完，为俸米四百四十八石，为折俸银一千一百九十余两，折俸绢一百三十五匹；罚米赎罪官八十八员，已纳者五十八员，为米六千五百三十石，未纳者三十员，为米四千三百石。"有旨："罚米未完者仍令巡按御史催督。"盖先是瑾矫旨命户部别设库廒以贮所罚，年终具奏，欲彰其聚敛之能也。(四五，1037)

本年附

艺文·碑铭·太监郭通墓志

钦差镇守云南御用监太监郭公墓志铭

赐进士出身、征仕郎、吏科给事中古岍阎钦撰。钦差镇守两广总兵官、征蛮将军、安远侯金陵柳文篆。征仕郎、中书舍人、直文华殿豫章王杲书。

正德己巳(四年，1509)十月二十三日，御用监太监郭公卒于云南公署。侄男郭镛、郭铎殓如其礼，扶柩返京师徇葬焉。讣闻，上为悼念，遣公门下御马监太监张君通、苏君璋治其丧，赐祭一坛，宝镪半万缗为赙，恩亦渥矣。葬期临，张君复介公之表弟房林持事状征铭，纳幽以彰潜德，辞弗获。按状，公讳通，姓郭氏，其先江西人。父讳福得，乐善循礼，乡隐有操。母刘氏，贞淑贤良，恪执妇道。

生公幼而岐嶷颖秀，志意殊常，为里巷所羡慕。景泰壬申(三年，1452)，简入掖廷，供艺小心寅畏，莅事安详。天顺甲申(八年，1464)，选侍乾清宫。本年五月内，除长随，禁直悫勤，夙夜匪懈。成化戊子(四年，1468)，升奉御。戊戌(十四年，1478)，升酒醋面局右副使。庚子(十六年，1480)，转左副使。益殚乃心，淬励厥职。癸卯(十九年，1483)，宪宗皇帝怜其才识之捷，委任是承，转升御用监左少监，佥监事。甲辰(二十年，1484)，进太监。公愈仰感无涯，益图裨补于万一。乙巳(二十一年，1485)，许禁中乘马。丙午(二十二年，1486)，上察公从事之久，赐蟒衣玉带，岁加禄米如其例。

弘治己未(十二年,1499),孝宗皇帝察公侍旧之臣,且老成练达,命护送雍王之国。往返途陆,恤惠军民,下无骚扰,有司德之。甲子(十七年,1504),公以耆年,命裕陵神宫监司香。公于事隙,乃兴善念,盖寺一座,疏陈,赐额曰"永恩",延以行僧圆智而住持之,修盖二圣庙宇,续建桥梁以崇报本。

正德三年戊辰(1508),今上皇帝轸念劳效中官,公被玺书,出镇云南藩镇,案临金齿、腾冲卫等处。下车问民瘼,兴革利弊,边境晏然。己巳(四年,1509),遽尔婴疾不起。距生正统丙寅(十一年,1446)三月二十二日,春秋六十有四。墓属顺天府昌平县率勤里留村之原,窀穸则以是年六月日也。公生平直质,不事华靡,恭忠持己,平恕宅心,示下恤恩,接交乎义。而任中监之官,侍廷有稔,保全始终,荣名令闻者矣。宜铭,铭曰:

卓彼贤公,秀毓灵钟。才逸江右,简入禁中。侍我皇明,效力摅忠。宠锡蟒玉,渐被光荣。出守滇南,金齿腾冲。殊方被化,异服尊崇。云胡不憖,遽尔告终。国有优典,赐祭与赙。存没濡恩,泉渊瞑目。若寷若堂,七尺寻有。媲美伊何,贞石同久。

(北京市海淀区清华大学出土。《北京图书馆藏中国历代石刻拓本汇编》第53册,第151页)

艺文·碑铭·太监张诚墓志

明故内官监太监张公墓志铭

赐进士出身、翰林院国史编修、经筵讲官泰和王思撰。奉议大夫、通政使司右参议姑苏顾经书。征仕郎、中书舍人、直内殿东吴杨润篆。

正德十四年(1519),岁在己卯,春正月二十六日,太监张公以疾卒于正寝。讣闻,上悼惜弗置,遣御马监左监丞弟训董治丧仪。窀穸将临,悯公之潜德,命侄男锦衣卫右所副千户张祥乃具事状来征予铭。

状曰:公讳诚,姓张氏,原籍陕西之西安府华州华阴县岳前里人。曾祖孝忠,祖演,父忍。母杨氏,生子五人,太监公即第五子也。上世谱谍逸散,莫可考究。弘治庚戌(三年,1490),公以俊秀选入内庭,服属司礼监太监覃公昌、贺公能为名下,莅事慎勤,服劳底豫。癸丑岁(六年,1493),送应差役,本年差委左顺门,接天下文卷,多出于公手。丙辰(九年,1496),以公练达而鲜愆举,升甲字库管事。时出纳尤精,每事详细。己未(十二年,1499),升奉御。壬戌(十五年,1502),升印绶监左监丞,仍照旧管事。癸亥

(十六年,1503),发心修盖白云观(**按,碑文见下**),住持德元领众朝夕经典,为国焚修,每诵玉皇宝经。乙丑(十八年,1505),转上林苑监佥书管事。

正德改元丙寅(1506),皇上念公练达老成,调度有方,特升本监太监,赐蟒衣玉带,命往镇守云南金齿、腾冲地方,兼理戎务,军民悦服。壬申(七年,1512),取回,转内官监太监,许内府乘马,仁寿宫答应,管理皇庄,兼督真定府宁晋县等处庄田。行事详明,人民皆感德。劳效方殷,遽尔婴疾,药弗奏功竟世。距生天顺甲申(八年,1464)十一月十九日也,得寿五十有六。兄弟五人,公行五也,长曰镇、钊、鼎、隆。侄男三:长祥,任锦衣副千户,次曰川,次曰昇。墓在阜成关外香山乡白云观之原,从吉兆也。卜葬以是年二月二十六日。呜呼!公平生赋性倜傥,志意平和,信义接交,惠威示下,历侍三朝,恭忠一致,履常安顺者矣。是宜铭,铭曰:

伟哉张公,系出关中。早以才质,简侍□□。业肄文典,出入禁门。五十余春,蟒衣玉带。乘马禁中,命守颠[滇]南。兼理戎务,奏对专精。香山之阳,有观者坟。若□若堂,媲美伊何,史氏勒铭。

东吴杨锐镌。

(北京市西城区白云街出土。《北京图书馆藏中国历代石刻拓本汇编》第54册,第59页)

艺文·碑铭·白云观碑

赵士贤撰(**碑题失拓**):“长春真人在元世应召至燕,委蜕于今白云观。国朝太宗文皇帝慨其为古迹,命工修殿宇,俾之壮丽,且于真人诞日亲幸其地。而仁宗昭皇帝亦尝幸焉。故兹观之盛,倍于彼时。都城内外观址以千数,白云观实为称首。宣德三年,太监刘顺捐金重建三清大殿。正统三年,住持正道募内臣曹铨、惠安伯张昇,又建玉皇阁、复顺堂及厨库钵堂,统若干间,而规模宏且远矣。岁久,日就倾圮,今钦差镇守云南特赐蟒衣玉带印绶、司礼监张公诚,复倡率诸勋戚中贵之轻财好义者,各捐资大加修葺,规制虽仍其旧,而栋榱之坚好,焕然一新,实有非旧比者。功始于弘治甲子(十七年)春正月,告成于正德丙寅冬十二月。(**下略。**)正德丙寅年冬十二月吉日。”

(碑在北京西城区白云街,清光绪十二年重刻。《北京图书馆藏中国历代石刻拓本汇编》第53册,第126页)

艺文·马神庙碑

马中锡撰《广宁马神庙碑记》:“广宁城南有隙地,平衍不颇,旧为镇守内臣蔬圃。前太监岑章来镇辽东,下车之再明年,为正德戊辰(三年,1508),以马实边镇重务,初割其地三分之一为庙,以祀马神。(**规制略**。)岑章为中大夫,奉玺书,握兵柄,富贵宠荣,莫与为伍,虽倾赀以缮缁黄之宇,人亦不得而非之也。今乃不屑彼而唯此之务,其殆能超貂珰之习而甘俎豆之味者乎?矧其在镇三年,畜马养兵,不妄生事,贤声大著,夷汉安之。他日必有能为之作传,以嗣太原张监军者,又岂直一祀可述而已耶?”

(嘉靖《辽东志》卷二《建置志·祠祀》)

正德四年己巳(1509)

正月甲辰,太监刘瑾请于陕西兴平县马嵬镇建义勇武安王庙,赐额“忠义”,令有司岁供祀事,仍乞颁敕防护,立碑镌祭器房屋之数,以禁侵盗。制可。瑾擅权得志,纳赂既多,侈用无度,于京师朝阳门外斥地数百顷,创建玄明宫,土木之费,至以数十巨万计。而马嵬镇则其家所在,又立此庙,盖欲侈大乡闾,以夸示荣宠也。(四六,1045)　乙卯,南京户部缺右侍郎,吏部以应天府府尹黄宝、南京通政司右通政程文请,诏改南京吏部右侍郎王琼以补其缺,遂勒文致仕。文,大学士刘健之婿也,瑾衔健不已,故去之。(四六,1051—1052)　戊午,兵部上广西柳、庆平贼功次,首列有功当升二级者锦衣卫正千户魏英等十四人(**下升赏千百户及官舍旗军略**),乃以总理调度等官太监潘忠、都御史陈金等应加赏典请。有旨,英等十四人,(正千户王)良及百户李清等四十一人如拟升赏,千户毛汉等十七人各加赏不升,广西等都司官舍旗军各如例升赏,忠岁加禄米十二石,金赏银二十两,彩币二表里,广西镇守太监蔡昭、副总兵康泰赏如金,纪功御史卢翊赏银十两、彩币一表里,分守参将马隆、金堂、官缨赏如翊;协同监督进剿官左参政王臣、左参议林璿,右参议钱颢、罗荣,副使陈崇德,佥事蔡鍊、王秩赏彩币如翊而银半之。锦衣卫公差千户李畿以非奏带之数,不准升赏。兵部所拟升一级不赏者内有余珞等五人盖指挥余寘家僮,而梁次摅则学士储之子也,瑾以其夤缘冒功,俱押发原籍为民,遂谴寘而褫其职。(副千户吕)天瑞以纳粟夤缘近侍,复冒功次,并家属吕天祥等五人俱押发甘肃固原等卫永远充军。又谕:"今后文武职官子孙人等敢有冒籍锦衣卫并各边官下者,俱连坐调卫充军,犯者该部并科道径自劾奏。"瑾因是裁抑侥幸,可谓察矣,然所升赏多"八党"弟侄:英及魏天禄,彬弟侄也;刘杰、刘元吉、刘亨、刘时纪,瑾弟侄也,马山、马钊,永成弟侄也;谷大中、谷春,大用弟侄也。盖徒挟权逞威以济其私,殊无所顾忌云。(四六,1053—1055)【考】《实录》多言"八党",然无列名。《明通鉴》卷四〇作刘瑾、马永成、谷大用、魏彬、张永、丘聚、高凤、罗祥显系据《武宗实录》正德元年十月戊午条。皇甫录《皇明纪略》将王岳亦入"八党",谓其"独守正",又云岳死后,仅存5人(瑾、永成、大用、彬、永),尚缺2人之名。陈洪谟《继世纪闻》卷一作"七党":"逆臣太监刘瑾,并马永成、谷大用、魏彬、丘聚、罗祥、张兴七人,皆东宫旧侍御,时称为'七党'。内刘瑾尤奸险,粗知文事,遂干大政。素嫉文臣,与同类屡在上前言:'弘治年间,朝权俱为内阁文臣所掌,朝廷虚名而已。'每形诸戏剧。又说:'司礼监亦揽权纳贿,如各处镇守出去,皆司礼监举用,受钱至多。如不信,只将司礼监见掌印李荣抄了,就有金银可满三间房。今若将各处镇守内官取回,另换一番人,着他各备银一二万两送上谢恩,恰不胜如司礼监要了?'由是上信之,传旨将天下镇守取回,新用者论地方大小,借贷银两进献,即得差用。如内官韦兴、齐玄等,皆先朝犯赃问发,亦夤缘差出分守。所至剥削民财,全无顾忌。"按:刘瑾于武宗即位后,权势浸盛,但在正德元年十月入司礼监之前,较少被劾,其入"八党",疑为追加。而"八党"亦无一定之名。刘瑾当权后,与丘聚、张永等人即决裂,陈洪谟言:"逆瑾性极贪残,而假窃大义,沮抑同列",瑾之得罪同列者多,"以是速败"(《继世纪闻》卷一)。瑾败后,京师有谣云:"马饱不用喂,鼓破不用张,五人同一心,刘瑾去顶缸。方音呼魏为喂,谷为鼓也"(《皇明纪略》)。可知无论"七党"、"八党",只是就内监数人而并论，并无一“党”之存在。　黜大理寺少卿季春为民。春勘事福建，途次纳妾，又多载私货，为东厂校尉所发，逮系锦衣卫，寻送刑部，拟落职。得旨：春出使辱命，行止有亏，黜为民，仍罚米五百石。（四六，1055）　庚申，命给事中张禬、段豸、胡玥、王珊，监察御史房瀛、沙鹏，复改户部署郎中胡文璧、张诺、冯颙，刑部郎中朱鎣、张钥、刘祥、陆栋，兵部员外郎屠奎为监察御史，查盘南北直隶及浙江诸省钱粮。先是，诸司官朝觐至京，畏瑾虐焰，恐罹祸，各敛银赂之，每省至二万余两，往往贷于京师富家，复任之日取官库所贮偿之，其名为“京债”。上下交征，恬不为异。瑾闻之，心不自安，其党张彩乃献计差官查盘，欲以掩其迹也。于是，各有司又敛银赔库，天下骚然。　黜监察御史欧阳云、工科给事中吴仪。时出差回京者必纳赂于瑾乃可免祸，往往于所至地方科索金钱，于是云、仪出差自陕回，亦踵故习。而瑾之党适有说瑾勿受出差官馈遗者，瑾遂以二人有贪声，用考察例黜为民。（四六，1056—1058）　辛酉，籍故都御史钱钺家。初，崇府岁禄一万石，旧例给粳米千石，粟米九千石。弘治间，钺巡抚河南，以土产红粳米四千石代粟米给之，实未尝奏请也。至是，崇王请给如钺拟，遂触瑾怒。有旨：“钺交通王府，擅更成法，宜究治。”廷臣议坐钺重刑，籍其家，仍罚承奉唐名、长史雷颙等赎罪米各千石；其接管官都御史韩文等、府州县官张子麟等，各以年月久近罚米有差。钺家杭州，官校至时，则钺已致仕间革且故矣，乃收钺妻及子应祯等六人，妇女、臧获五十五人，俱逮系至京，尽没其家产。法司会勘，以钺既为庶人，应祯等服合遣式，应远戍。于是谪应祯、应祥、应祺、应福、应禧、应禄并妻子分戍陕西、甘肃、固原、庄浪等卫，遇赦不赦。钺之改粟为粳，实因土产从民便，罪不至此。而瑾用焦芳之计，欲籍江南大家以快其愤，首发于钺，子女累累，蓬垢就逮，衣冠无不伤之。其所没金银又皆出于州县，每犯家敝簏一只，内置衣物一二事，辄抑令富人出银数十两送官,以充其数。其流毒有不胜其苦者。(四六,1058—1059)【考】朱国祯《涌幢小品》卷二一《钱、袁二母》:"钱钺,杭州府昌化县人,以都御史更抚山东、河南、贵州三省。继娶曹氏。钺以正德二年卒。前在贵州裁抑中人,恨甚,言于刘瑾曰:'钱钺显宦,积赀巨万。'瑾信之,构河南禄粮事,籍其家,无所得,毁屋及墓,勒民倍直,阖境骚然。"

二月庚午,刑部云南司吏董逊之告本司郎中周涤、员外郎虞岳、主事严承范、章文韬盗易赃物,东厂以闻。得旨,涤等俱除名,遂升逊之为本部司务。故事,司务必举人考高等始得之,班序郎中上,未有以胥吏充者。刘瑾擅作威福,变乱旧章,类如此。既而吏部奏本部司务无见缺,乃令查各衙门对品缺补用。(四七,1064)

甲戌,太监刘瑾传旨,升锦衣卫指挥高得林为后军都督府都督同知,带俸。(四七,1066)　戊寅,南京守臣以修省上言,请停征科,罢工役:"一、成造上用箭弓、弹弓等物,原差太监每岁供给下程,用银二千余两,今事已完结,宜趣令回京,不许延住糜费。一、织造婚礼及赏用段匹马价一万一千六百余两宜缓解,以纾民力。一、修御马监、西海子、承光殿及龙凤船,取物价三千三百两有奇,又修造盔甲、铸钱熟铜,宜以征在官者输部,余俟丰年补之。一、南京供应织造太监下程工食,岁费银五千四百两有奇,宜以应天府库贮无碍银给之,以苏小民征派之苦。"工部覆奏,上曰:"诸造作费用数多,南京根本重地,今罹重灾,人民艰窘,无从出办,情实可悯。所差太监速回,毋得久滞。物价物料未征者,宜暂停免,待丰年补还。其供给下程工食,何至岁用数千?守备官可备核其数,所司亦何可分外承奉?自后无额式者,其尽革之,毋困吾民。"(四七,1069—1070)　辛巳,升应天府府尹黄宝为都察院右副都御史,巡抚陕西等处,仍令乘传至京领敕。凡巡抚迁转,无躬领敕者,瑾欲要谢赂,故创此例。　太监刘瑾传旨,锦衣卫指挥佥事刘璋同杨玉办事。(四七,1071)　丙戌,勒大学士刘健、谢迁为民。先是,诏访举怀材抱德之士,浙江以余姚周礼、徐子元、许龙，上虞徐文彪四人应诏，所司未纳，四人屡奏求用。时瑾恨健、迁未已，以四人皆迁同乡而草诏由健，欲因而罪之，遂矫旨谓天下至大，岂无可应诏者，何余姚隐士之多如此？必有徇私援引之弊。遂下礼等镇抚司鞫问。吏部尚书刘宇阿瑾意，劾布政使林符、邵宝、李赞，参政伍符，参议尚衡、马辂，知府刘麟，推官谌聪，知县汪度访举失实。而镇抚司狱辞因连及健、迁，瑾持至内阁，必欲逮健、迁并坐，且籍其家。大学士李东阳徐为劝解，瑾意少释。焦芳在旁，因抗声曰："纵轻处，亦当除名！"既而旨下，健、迁皆为民，礼等谪戍边卫，符等各罚米三百石，聪、度仍罢职；且著令，自今余姚人毋选京官。（四七，1073—1074）　戊子，以朝阳关外猫竹厂地给付大德玄明宫。初，刘瑾奏请于朝阳门外作宫，奉北极玄帝，祝延圣寿。上既赐之额，而瑾复请猫竹厂空地供赡香火。上复许之，仍命工部会官为之履亩定界以闻。尚书李鐩等覆，请移咨户部，蠲其常税，民家所葬坟冢皆责令改迁。盖所谓猫竹厂者，止据传闻，工部亦无籍可考，军民庐于其内，因而开种，遂为己业，或从便营葬，无虑数千家。自瑾为此奏，民皆他徙，其所葬骸骨，有力能迁者无几，余皆废毁暴露，冤号之声，沸于郭外。（四七，1075）

三月癸巳朔，命礼科左给事中薛金、监察御史宋琎覆查大同等处边务。先是，侍郎文贵奏修墩台，添城堡，请给内帑及事例等银五十余万两。至是刘瑾奏请差官察之，乃命科道官各一员查算已用、未用若干及修过墩台城堡若干，其见在银两就令差去官掌管支用。贵初受命时，即以所领银数万赂瑾，瑾此举亦掩护之术也。（四八，1081）　乙未，给事中邵天和等查盘过河东运司在库赃罚并变卖过钞贯段匹等银七千三百六十余两，命贮内承运库。（四八，1082）　暹罗国船有为风飘泊至广东境者，镇巡官会议，税其货以备军需。市舶司太监熊宣计得预其事以要利，乃奏请于上。礼部议阻之，诏以宣妄揽事权，令回南京管事，以内官监太监毕真代之。(四八,1082—1083)　甲辰,司礼监太监阎宣、户部侍郎韩福等会勘荣王所乞湖广常德、辰州府属县无粮田地……(四八,1088)　乙巳,兵部尚书曹元以河南擒斩回贼百三十四人,为镇守太监廖堂及所带参随副千户廖鹏等功,宜如巡按御史赵斌所籍功次升赏。得旨:"堂以运谋设策,岁加禄米十二石。鹏以奋勇为首,升指挥佥事。余俱如拟升赏。"斌亦赏银十两、彩币一袭。军卫有司停俸者俱听复支。是举实妄杀希功,男妇死于非辜者逾百人。鹏奸佞阴险,巧于弥缝,当时覆勘等官亦无有一言及之者。(四八,1088—1089)　戊申。先是,以登州海船缺少,丰、广二库应运辽东布匹积久坏多,议输京贮库备用。布既至,验收太监以纰松浥损劾该部疏于验勘,及司府收受失宜,库官护视无法,俱有罪。户部奉旨自劾,又言已输之布宜择其可用者留备军士冬衣,纰松浥损者则估作官军月俸,收受、护视官则移文巡按御史备查参奏。以后常年当解(**抱本解下有京字**)布匹,既缺船运送,并山海关岁派之数则俱征银三钱,送部转输。诏:"部官既自劾,宥之;收受、护视官以地方灾伤并免查究,余如议。"(四八,1089—1090)　巡抚延绥右副都御史王嵩已降陕西参议致仕,复以巡抚时尝发官银召商买纳粮草,追征未完,刘瑾讽科道劾之,逮系锦衣卫狱,欲坐以侵盗律。嵩不胜拷掠,自诬服,论斩,遂籍其家,妻孥坐收者二十三人。既而法司为言,嵩所犯在赦前,且实非侵盗,乃免死谪戍彰德卫。(四八,1091—1092)　己酉,吏部奏请考察京官,且言:"自弘治十七年考察后,迄今虽未六年,但今庶政维新,百官贤否不一,若非严加考察,则贤否混淆,劝惩失当。又各衙门五品以下官虽曾给由赴部,具有考语,而词多溢美,难以凭据,宜行各掌印官具别贤否,与臣等素所访闻,两相考证。其才力不及、初入仕途者,存之则废事,去之则可惜,请量改教授并两京国子监官,中间有才识各有所宜者,量才改调。"得旨:"进退人才,朝廷重事,两京吏部会同都察院并各堂上官从公考察，务协众论。堂上官四品以上令自陈，翰林院官令本院考察，钦天监、太医院皆免之。"时张彩初为吏部侍郎，朋比刘瑾，颠倒威柄，钳制百官，故非时而有是举。"初入仕途"及"才识各有所宜"，皆前例所未有也。吏部又言："自元年至今，差出科道部属诸官，恐有指称使用，科敛民财、挪移库藏情弊，宜令近差查盘钱粮御史密切访察，果有实迹，即如例罢黜，若徇私不举，一体重治。"诏是之。盖前此差出官员，率有以赂瑾，瑾欲掩饰己过，故于考察之际，复嗾吏部为此奏云。(四八，1092—1093)　丁巳，兵部覆延绥守臣奏达虏累入，攻烧墩台，杀伤守瞭官军，盖由其纪律不严以致之，虽经奏报，犹恐别有隐情，宜行查勘。得旨："延绥屡有失事，刘保等不能副镇巡重托，本当究问，姑贷之，仍令戴罪剿贼；地方事情，命巡按御史核实奏闻处治。"(四八，1098—1099)　镇守浙江太监刘璟奏巡按御史史鉴期满当代，愿更留一年。都察院为之请。上以非旧制不允。鉴谄事璟，出入镇守府皆由后门，巡按之体荡然矣。及代还，璟厚有所赠，士论鄙之。(四八，1099)　戊午。先是，北虏自正德三年五月以来屡犯宣府三路，所杀虏官军男妇几千人，头畜一千五百有奇，亡失器械以万计，粮二千余石，守臣以闻，兵部议核其功罪。至是，巡按御史孟醇查参承委军职二百余名及分守内外官参将杨玉、王本、朱振，太监孟山、王景和，左监丞张鼎，右少监李增，副总兵刘淮，游击将军李琮等俱以失事当罪。又言镇守太监陈贵、总兵官白玉、巡抚都御史邓璋、提督军务左侍郎文贵俱膺重寄，责亦难辞。但陈贵等先于笼门、独石等处各有擒斩功绩，今失事之后，又各以解围斩捕论功行赏矣。且虏方在边，须人防御，或功过相准，或令戴罪自效，均乞圣裁。兵部议上，得旨："宣府地方屡被虏抢杀人畜器械数多，各内外误事官皆当罪之，但时方有警，姑勿问，候边情宁日以闻。陈贵等既各有功，准赎罪。文贵莅事日浅，其令用心提督，以图后效。"(四八，1099—1100)　己未，镇守江西太监姚举以南安流贼聚劫乡村，杀伤兵快，围执同知赵鹤奏闻，兵部请行查勘。得旨：江西地方盗贼纵肆，执官杀军，皆由姚举等平时不能抚恤，有事又匿不上闻，酿成大患，令御史沙鹏从公查勘鹤被执释回缘由及诸所亡失并镇巡官参奏以闻。(四八,1101)

辛酉，大理寺少卿进光禄卿汪宗器致仕卒。……升南京大理寺丞，进少卿。莅狱平恕，时刘瑾挠法，动多掣肘，遂决计以母老乞终养。疏五上，允之，特进光禄卿致仕。未几卒。(四八,1105)

四月甲子，令江西按察使陆完试都察院右佥都御史，巡抚宣府地方。完既升佥都御史，逾三月始至京，吏部奏其迟违，乃令试职，待有绩效以闻。佥都御史无试职者，瑾之肆为变乱如此。(四九,1108)【考】王世贞《弇山堂别集》卷二七《史乘考误八》于陆完试佥都御史及进士阎钦等五人试给事中(事见六月丙寅)，言曰："史既具其事而言瑾之变乱成法，然不知其为成法也。洪武中，有署及试尚书、侍郎、都御史。宣德中尚行之，如魏源以按察副使试刑左侍，复出为山西布政是也。仁宗监国，选给事中，其自监生者四人皆试职。后人不识典故，止知有试御史耳。第试职皆原品颇卑，不食新俸，以别，而陆自按察使迁，品故高，俸将何从耶？"　丙寅，升山西按察司副使王鸿儒为国子监祭酒。儒先以病乞休，吏部奏请俟病愈起用。至是，刘瑾欲兼收有望者以钳众口，故起鸿儒用之。(四九,1109)　癸酉。初，江西上高县民戴克明与其县人致仕礼部左侍郎黄景因假贷成隙，诬奏景僭用龙袍诸不法事。时刘瑾欲张威焰于天下，即奏遣印绶监左少监李宣、刑部左侍郎张鸾、锦衣卫指挥同知赵良往勘，被逮者数百人，杂治经年，无所得。惟景家牌坊雕画龙凤，宅旁并镌"黄府"字，及治产尝与人纷争，即以犯分违法罪坐之。狱上，遂命籍没景家，谪景及家属永戍宿州卫，散遣其子孙弟侄、家人、佃户五十八人戍诸边卫，令所在禁锢之。前江西参政王纶、佥事王纯、巡按御史臧凤、瑞州府知府周津及前后诸府县官坐容隐徇情各罚米五百石，惟已罢及死者宥之。克明亦以辞多不实，枷号一月，戍边卫。（四九，1111）　甲戌。初，广东左布政使刘孟升副都御史，巡抚延绥，久不至京领敕。有旨，令吏部记之，俟其至日参究。给事中王宸等遂劾孟不思巡抚重托，迁延日久，法当究问。诏巡按御史逮孟送锦衣卫狱讯之。大臣赴命稽迟故无下狱之法，而宸等遽以为言，盖是时言官多徇瑾意也。　虏数寇大同地方，杀掠人畜。事闻，罢镇守太监侯能；停总兵官温恭俸，俾杀贼赎罪；罚都御史熊伟俸三月；令总制都御史文贵自劾以闻。（四九，1111—1112）　丙子，太监刘瑾传旨，以御马监太监梁玉镇守大同等处地方。（四九，1117）　己卯，给事中李淳、御史仇惠奏查盘延绥、宁夏仓库，历年草料多支、拖欠、虚出、挪移、折放禄俸诸色银，应追偿者万有九千三百余两，因劾接管及奏乞者之罪，自尚书、都御史、太监、佥事、郎中、长史而下凡三十九人。得旨，罚都御史杨一清、佥事尚繻、庆府长史刘养浩、梁溥米三百石，致仕户部尚书顾佐、侣钟、韩文，郎中徐键及石昭各半之，都御史冒政、佥事贾时缘他事逮问，俟狱具以请；太监刘保、刘云、葛全以不与钱谷，兵部侍郎文贵以尝听其分理，户部侍郎王俨以充军，佥都御史刘宪以病故，佥都御史曲锐、总兵官吴江、张安以接管未久，并其余尝以本罪罚米者俱免之；淳、惠以分别情罪不当，亦罚米如一清等之数。是时科道以查盘出者指瑾名聚敛，往往盈橐而归，瑾以参官多而纳贿重者为称职，否则必遭棰楚械系之毒而降黜随之，于是缙绅自相吞噬，衣冠化为豺狼矣。（四九，1117—1118）

壬午，给事中张润等清查甘肃洮岷马价，还奏河州卫右所百户韩杰领换马三匹，久不还官，指挥王锦妄报已还；又先巡抚都御史毕亨以买马，借用陕西行都司库贮赃罚银，误作备荒盐粮银支用，虽明而奏，则未寔。于是杰、锦逮问，亨罚米百石。时刘瑾擅权，好摭人细过，坐以重法，若亨类，无能脱者。（四九，1124—1125）

丙戌，南京吏部尚书刘忠等以考察职名上请。……下吏部覆，诏如例。忠又奏，谓南京去师京（按，师京乙）数千里，道路隔绝，人易懈怠,中有不才,幸考察已行,因而纵顽长恶、玩法欺公,若必待六年之上方加黜罚,则溪壑之欲盖已满盈而吞舟之恶又或脱漏,论情据法,实所难容。乞自考察之后,或有如前所云恶迹显著者,容参奏罢黜,以示劝惩,则各官当知儆惕矣。吏部复议,亦从之。时刘瑾方尚严刻,而忠复有此奏,颇为士论所短。(四九,1126—1127)

丁亥,尚衣监太监杨轨因进奉自淮安归,言知府赵俊等应付不时。俊时已致仕,上以其不敬,并巡按御史赵时中各罚米输边。俊三百石,时中百石。(四九,1128)

五月壬辰朔,巡抚大同都察院左佥都御史熊伟以考察自陈乞休,许之。时文贵以兵部侍郎兼副都御史,总制边务,遂升贵右都御史,巡抚其地,而罢总制勿设。修边之役,亦令镇巡官斟酌缓急,量为处置。瑾初用贵议,锐意修边,而总制之添,亦仅一月,至是乃中变焉。贵之升用,又出内批,其专横任意,无所顾忌如此。　大宁前卫都指挥佥事董斌及副千户胡刚巡逻勿严,纵盗劫掠,太监刘瑾以缉访闻,俱下刑部狱。刚惧,自经死,谪斌为辽东广宁左屯卫指挥同知。(五〇,1135)　戊戌。初,纂修《孝宗实录》成,命吏部查纂修官事例,既而又令查其中尝与修《大明会典》已升及守制未升者职衔履历与到馆日期,至是上之。诏:“纂修《实录》,重事也,其即照例拟升等第以闻。”且谓先年刘健等以编纂《会典》为名,多所糜费,已升之职俱革之,其书仍令大学士李东阳等覆视更定,务令明白。于是吏部拟降少师兼太子太师、吏部尚书、华盖殿大学士李东阳支从一品俸,吏部尚书兼翰林院学士梁储为本部右侍郎,少保兼太子太保户部尚书杨廷和、礼部尚书白钺俱支从二品俸……得旨从之,仍谓吏部奏拟欺隐含糊,法有未尽,姑存大体不究。瑾意以东阳降俸为未能尽法也。瑾欲裁抑儒臣,谓旧制纂修升秩为过,故先革其所已升者而复加之,以示己恩。谈者又谓焦芳不欲东阳轧己,导瑾为此举也。(五〇,1141—1142)

癸卯,以故南京守备太监郑强侄应天府学生节为中书舍人,仍闲住；纳粟指挥锐及仁为南京锦衣卫世袭百户，守强坟墓，从其请也。(五〇，1146)【考】郑强卒于正德三年，墓在南京牛首山铁心桥。[1]　甲辰，升陕西左布政使夏昂为南京太仆寺卿。时吏部推浙江右布政李赞及昂可用，故用昂，而以赞职居方面，坐视无为，令致仕。盖赞于故都御史钱钺籍没之时，常流涕不忍，刘瑾闻而恶之故也。(五〇，1147)　丁未，吏部上纂修等官历俸、入馆浅深及升职旧例。得旨：升纂修、催纂侍读毛纪等十八员并收掌文书刘讯、誊录沈冬魁等七员俱一级，稽考参对修撰吕柟等十二员俸一级，丁忧学士刘春等二十二员查其到馆日期，员外郎乔宗及秀才张保等二十九员仍查其入馆履历以闻；孙清以丁忧潜住、叶德以不职有名，俱令冠带闲住；陈霁以素行不谨，令致仕；顾清、汪俊、王九思、徐穆、吴一鹏、李廷相、崔铣、温仁和、穆孔晖、汪伟、翟銮、易舒诰、贾詠、刘龙、陆深、李继先以未谙事体，令量调外任。及南北部属扩充政务，今后翰林缺官令吏部拣拔才识颖敏者为之。又谓吏部每违旨朋比以邀众心，礼部见缺尚书、侍郎，何不奏补？其吐实陈状。既而尚书刘宇等引咎，乃姑宥之，各停俸三月，该司官五月。及以礼部尚书、右侍郎之缺为请，又仍以白钺、靳贵补之。瑾簸弄威福，于是盖益肆矣。(五〇，1149—1150)　庚戌，升江西右布政使林廷选于浙江，浙江右布政使安惟学于陕西，俱左布政。遂附批，调翰林院编修董玘为外任。玘忤焦芳意，芳因谮

① 郑强墓《金陵古迹名胜影集》有著录，一度被误认为是郑和墓。该墓已发掘，但报告尚未见发表。志石藏南京博物馆，龚巨平、葛鹏云《南京明代外承恩寺与外永宁寺考略》(《江苏地方志》2011年第2期)介绍了墓志的部分内容，云强福建同安人，生于正统六年(1441)，卒于正德三年(1508)。生而端重不凡，甫九岁，选入内廷，就读内书堂。天顺初年，英宗复辟，选入东宫侍太子。宪宗即位，升内官监太监。成化十六年(1480)，宪宗念及南京为根本重地，改掌南京内官监事。成化二十年(1484)因修建皇陵功，敕守备南京机务。弘治元年(1488)，孝宗命督修南京内府诸库藏。弘治十八年(1505)，正德即位之初，与南京守备司礼监太监傅容同乞休，因容年长四岁，从容之请，命强代容司礼监太监之职至终老。立兄子郑节为嗣，有三孙男，一孙女。节为应天府学生，正德四年五月擢中书舍人。另二侄锐、仁世袭南京锦衣卫百户，守强坟。

之瑾，谓其与谢迁有连云。(五〇,1150—1151)　辛亥，升南京太常寺少卿罗玘为本寺卿，因升李贵为都察院右副都御史，巡抚辽东，而勒刘瓛致仕。故事，巡抚重臣，皆会推请简用，今内批突附他疏而出，皆刘瑾之私云。(五〇,1151)　壬子，吏部拟升纂修官翰林院侍读毛纪为侍讲学士，侍讲丰熙为右春坊右谕德，修撰傅珪为左春坊左中允，朱希周为侍读，顾鼎臣为侍讲，编修滕霄、何瑭为修撰，典籍潘辰为五经博士，催纂官礼部郎中周文通为河南右参议，收掌文书官中书舍人刘讯为大理寺右评事，誊录官稽勋司员外沈冬魁为本司郎中，中书舍人方英、邓相、徐富、汪麟为大理寺右评事，序班周令、林应禧为司仪署署丞，又拟升调翰林院侍讲吴一鹏于南京刑部，侍读徐穆于南京礼部，编修顾清于南京兵部，汪俊于南京工部，俱员外郎；编修贾詠、李廷相于兵部，温仁和于户部，刘龙于礼部，翟銮于刑部，崔铣于南京吏部，陆深于南京礼部，检讨王九思于吏部，汪伟、穆孔晖于南京礼部，易舒诰于南京户部，俱主事；编修董玘、于成安，詹事府主簿李继先、于元城俱知县。上皆从之，复令改玘为刑部主事。先是，刘瑾以翰林院官慢己，每与张彩谋欲调之外任，彩不可，及论纂修升秩例，瑾复持之，彩为讲解，瑾意已平，而焦芳父子及段炅辈谓可乘此挤其素有仇嫌者，乃密以名投瑾，从臾成之。当时，炅辈私出芳门，阴嫉善类，文致贝锦之非者，又芳之乡人潘铎、王尚纲也。邸报出，有语焦黄中云："董玘众谓其必及，今无恙矣。"炅在坐，色变曰："非漏网哉！"明日遂附他批出。旧制，翰林升官皆内阁较量资级，请上裁。今以吏部拟而复调为部属外任，瑾之变乱成法，至是极矣。　太监刘瑾传旨，升锦衣卫镇抚司理刑正千户石文义为本卫指挥佥事。(五〇,1152—1154)　癸丑，镇守延绥太监刘保言左参将王勋等御虏于桃林沟，斩首二十九级。赐敕奖励，有功官军令巡按御史勘报。(五〇,1154)　丁巳，巡按山东御史胡节还京，度无以藉乎见瑾，微露急于布、按二司，先任右布政使张吉乃借修曾子庙宇银二千两，贮于德州，分巡东兖道佥事毛广取泰安州香钱五百两，济南道佥事侯直取德平等县银五百两，各送德州，盖以为节也。而直又假此自取银四百两。至是，监察御史张禬奉命查盘，讽济南府知府萧柯、历城县典史李征发其事，遂以上闻，且劾左布政车玺依违失举。下吏部覆议，节与吉、广例应冠带闲住，直应为民，玺应逮问还职，禬举劾得体，应奖拔；又谓吉、广赃非入己，宜薄其责。得旨："节恃势贪婪，令锦衣卫差官校械系来京。吉、广降二级，直追赃削籍，宥玺，升柯、征俸各一级；禬令吏部记之，待报使以闻。"节竟坐谪戍陕西兰州。（五〇，1155—1156）　戊午，户部复议两广镇巡等官潘忠等奏为平县地方贼寇既平，当图善后之计，乞……（五〇，1156）　己未。初，陕西肃州指挥夏忠等以弘治十五年出境烧荒，部下获虏首三级，以功微弗录者久，至是兵部始议升赏，且言历年承勘御史杜旻、常赐、李高、阮吉等因循怠缓，罚赐、旻米二百石输边，夺吉俸三月，高以谪戍免。时瑾专以威胁士人，少不顺者辄假细过加重罚，罄贷以输，不能充也。（五〇，1156—1157）　庚申，升制敕房办事河南布政司右参议周文通为太常寺少卿。文通以纂修《实录》升参议，寻奏参议外官，无牙牌，出入禁门不便，乃有是命。故事，内阁西房官当升从四品者，多带参议衔，而朝参牌仍用五品京职。文通为刘瑾写三代诰，为瑾所喜，遂恃以请云。（五〇，1157）

六月乙丑，南京守备官奏，勘过太监崔杲、王瓒、杨镇、吴经、李纪、右少监米整（**广本米作木**）所用下程工食银，一岁之间，通计二万七千三百六十余两。得旨："诸奉使官员廪给口粮自有旧制，有司何乃剥民脂膏，逾分奉承？所费不赀，民何以堪？南京内外守备官亦何为坐视，不行举察？法当究问，姑宥之。今后敢有仍踵前弊者，许内外守备径自参奏，重罪不贷。"（五一，1161—1162）

丙寅，授中书舍人尹梅、韩荆、万英，行人田汝耔，知县黄质，进士阎钦、石柱、陈鼎、刘洙、潘埙、赖凤为给事中……于是吏科都给事中李宪言:“新进之士,政务未达,宜如御史试职,令练习一年乃实授。”诏改柱、钦、洙、埙、凤五人为试给事中。宪附刘瑾势,凌忽同列,时称为“六科都给事中”。每朝毕,众谒瑾,请事于堂下,一言挤及,莫不股栗,故试事之议,部不得不从也。(五一,1162)

戊辰,定西侯蒋骥卒。……骥在湖广时,刘瑾势方横,尝遣人至镇,其人索贿,弗与。历官中外二十余年,卒之日家无余赀。(五一,1164—1165)　壬申,吏部言:“两京府部诸司类行天下勘合,事多未完者,请立稽考之法:抚按官自接管日为始,一切勘合,俟完报乃许交待,如有互为挪移及迁延后期者,新旧抚按官俱降二级别用;其三司掌印及守巡官升调、事故,勘合未完辄离任者降级亦如之。”报可,且令吏部及都察院稽考科道官查举。时瑾务为苛刻,而张彩又建此议,自是诸司以勘合未完多获罪者。(五一,1167)　丙子,内官监太监杨镇赍官银万两并长芦黄盐八千引往南京易银买丝织造,乃以其银私自买盐,混同装载,凡用官民船六百余艘,劫胁濒河官吏,索厚赂,得银至万六千二百余两,家人韦庆等所得亦几千两。刘瑾令旗尉发其事,下南京三法司逮治。狱上,命降镇为奉御,南京内官监闲住;庆发辽东广宁卫充军。(五一,1171)　丁丑,诏管高墙左少监金奉同南京户部主事监督收粮,从守备太监黄准奏也。凤阳仓粮旧规,惟主事收放,时宦竖刻削罔利,乃赂瑾更张,而所司又不能执奏,遂有是命。(五一,1171—1172)　戊寅,兵科给事中蔡潮查盘福建布、按二司并运司库贮银两起运到京,诏以布、按二司银三十万一千四百七十四两输内承运库,其盐价银九千三百三十两贮部,备盖仓之用。(五一,1172)　己卯,罚都御史刘孟输赎罪米三百石于居庸关。孟以枉道过家,械系至京,刑部拟其罪当为民。瑾令荷重枷百斤,置吏部大门外,以为群吏警。时方酷暑,吏部为请,乃释之。(五一,1172—1173)　甲申,户部议覆太监等官黄准等奏凤阳地方卫所缺粮数多,宜从所请,今后夏秋税粮俱照律限征收,俟各该州县官考满赴部，查未完者移吏部照例黜降，庶人心知警。议入，上是之，其官军久缺月粮，令赈济官查支官库银两给散。（五一，1175）　丙戌。先是，达虏入寇山西阳和卫双沟儿墩、猪槽墩诸处，委守阳和纳粟都指挥佥事余钦、分守大同东路右少监韦祥、左参将都指挥佥事许鉴备御不严及太监侯能、总兵官都督佥事温恭、巡抚右佥都御史熊伟总统失策，为御史所参。事下都察院覆奏，有旨，伟已致仕，能已别用，姑宥之；鉴、祥俱降一级，祥仍分守，与恭、钦俱戴罪杀贼，俟边情宁日以闻。（五一，1177）　复镇守宁夏都知监太监葛全原职，令戴罪杀贼。全以花马池失事，降一级，兵部尚书曹元言边方多事，急于用人，故得复职。（五一，1178）　丁亥，诏罚尚书樊莹、彭韶、侣钟，侍郎王克复、刘璟米五百石，尚书何鉴、侍郎魏绅、都御史艾璞、御史饶榶、右布政刘琬、同知汤毓各七百石，知府金洪千石，都御史罗鉴千五百石。初，松江府折粮布匹，匹准米二石。至成化二十年，尚书王恕为巡抚时，与知府莹议节其米，摊之他税（**广本他作地**），乃减五之一，其后韶、克复、钟、鉴、绅、璞巡抚，榶巡按，又与府官璟、琬、洪、毓相沿裁减。至是，所输布多疏窄，瑾乃究其由而罪之，惟恕以旧臣获宥，韶、克复、绅、毓已故，钟已致仕，璞、莹已为民，皆仅减半，而洪虽为民，亦不听减。（五一，1178）　兵部言："巡按河南监察御史赵斌勘过镇守太监廖堂下参随官舍张余安等擒获回贼功，余安等十人宜升一级，卢氏县知县李朝阳等三人宜赏，太监廖堂已加禄米，宜锡敕奖励。"从之。（五一，1179）　戊子，以吏部尚书刘宇兼文渊阁大学士。宇粗厉无才猷，徒以躯干魁梧致显位。其为总制时，奢靡无度，奏带仆从十数，日责有司肆盛筵供亿之。赂刘瑾，入掌台事，请敕钳制御史，小过辄挞，瑾以为贤。擢兵部尚书，举用将领，赃贿狼藉。迨转吏部，索赂于缙绅，不逮债帅之馈，乃悔曰："兵部自好，何必吏部也！"未几，张彩为侍郎，凡所举措，彩与瑾谋协而行，宇尸位而已。瑾重信彩，亟欲授之尚书，将罢宇，以宇夙厚，乃俾入阁。宇疏辞，且乞省墓，许乘传。还，宇将践内阁任，请于瑾，置酒阁中，瑾亲诣称贺。明日，宇犹入阁，瑾闻之，曰："此地岂容复入哉！"宇乃不敢入而行，逾岁得请休致。议者谓其流毒善良，不及焦芳，偃然黄扉，不及曹元云。(五一,1179—1180)　己丑，兵部言：巡按御史孟醇勘过大同三路被虏入境杀掠官军，百户张宗、千户贾玉等十六员提调不设，守备指挥刘继等五员失于备御，分守太监何名、右少监韦祥、参将陈勋、许鉴纪律欠严，俱宜究治。但何名、陈勋先因事系官，许鉴、徐俊已革职回卫。得旨，命巡按御史逮宗等并名、勋究问以闻，降俊一级，仍闲住；鉴已降，宥之。(五一,1181)

七月甲午，襄城伯李鄌卒。……鄌为人言行碌碌，晚与太监魏彬之弟英为婚，其家人为英所乱，丑不可言。(五二,1183)　丁酉，命右春坊右谕德丰熙署南京翰林院事。旧例，两京翰林院掌印官缺，本院推一员请用。至是，大学士李东阳请敕吏部推举二员，量升学士以往，吏部具熙及侍读朱希周上请。时刘瑾久欲斥熙，遂止以旧衔署印云。(五二,1184)　南京户部尚书张泰卒。……孝庙初，中官何文鼎以劾寿宁侯得罪，泰与同官草疏极谏，坐夺俸。……召为工部右侍郎，寻升南京右都御史，掌院事。正德戊辰捧圣节表至京，俄改南京户部尚书，令致仕，盖刘瑾意也。抵家数月卒。泰矜严好礼，其清慎始终一节，故瑾不能害，后乃摘他事下其家罚米数百石。瑾诛，子珩乞祭葬，诏如例予之。(五二,1185—1186)　戊戌。先是，监察御史乔岱往核两浙盐课，自弘治初元至今，亏折若干，拟令巡盐御史及运司官以崇卑赔纳有差。御史至二千五百两，降杀至于判官，犹一千五百两。寻又令给事中郑裕、御史舒晟备查各官历年浅深及欠课多寡，以定赔银之数。户部覆奏："裕等所查甚明，内御史张琎、王润、蓝章已有旨除豁，彭程、黄世经、王温、饶榶并同知赵哲、判官周恩礼、黄昌已如数追究矣，如今拟赔纳则御史谢莹为六百五十余两，张文为一千二百九十余两，于茂为一千两，刘绅为一千六百一十八两，姚寿为一千三百二十余两，汪璧为一百六十余两，邢绍为二千四百四十余两，方溢为二千五百六十余两，运使杨奇为一千二十余两，晏辂为三千九百九十余两，宋明为九千四百八十余两，梁万钟为二千四百七十余两，同知亢通为一千一百两，罗珦为二千七百三十余两，郑洪为三千两，副使王迪为一百六十余两，李文用为七十余两，孙简为一百余两，判官李从辅为一千一百余两，黎磐为一千二百余两；岱所参遗漏若判官王明、徐鹏举、张材、林芳、庄表，经历余本正、邓海，知事胡秉玉虽署事未久，亦各负课应赔者，宜通行巡按御史照数追赔。果财产已尽，他无措办者，则具实上请。"得旨如所拟，岱坐漏参，罚米八百石输（**按，此疑遗一边字**）。时奇已死，其妻诉家贫，旅榇未归，孤寡可悯。户部请矜贷之，诏必追不宥。程以言事谪戍，死久矣，有司奉例追并，罄家产犹不能偿。仅一孙女，鬻之富民取价，不复议婚媾之礼，余复取办于姻戚，以足其数。闻者无不伤之。瑾之苛虐如此。（五二，1186—1188）　庚子，太监刘瑾奏，旗校访□金华知府万福老疾废事，苏州知府鲍璘、同知王昚贪得无耻，并乞罢黜。吏部覆奏："福年老无他过失，宜令致仕；璘、昚赃贪，宜罢为民。"因言璘所理钱谷宜行查算，巡按御史李廷梧坐视不举，亦合有罪。上是之，令查盘钱粮御史王翊逮璘查治之，廷梧令自劾。（五二，1188）

壬寅，命监察御史柳尚义巡历顺天、保定等府，居天津；宁杲巡历真定、广平等府，居真定；薛凤鸣巡历应天、淮阳等府，居高邮；潘锐巡历苏、松、徽、宁等府，居苏州。时以四方盗起而屯田失实，故特设御史携家专理之。杲狠贪肆恶，凤鸣狂悖不检，锐倾险亢暴，皆为瑾用，缙绅耻言之。（五二，1189）　丁未，礼部尚书致仕张骏卒。……正德二年起取，其草书狂怪，瑾独喜之。会进呈《通鉴纂要》，间有讹字，令骏等再誊，遂以为劳，进礼部尚书。复乞致仕。至是卒，得赐祭。（五二，1191—1192）　癸丑，命刑部左侍郎张鸾致仕，降印绶监少监李宣为奉御，锦衣卫指挥同知赵良为百户，俱南京闲住。鸾等奉命往江西勘民间所诉不法事，至是还，宣赂瑾银万两，良赂亦二千余两。瑾自觉奸赃狼藉，方欲自雪，乃以徇私纳赂、擅出入罪及不参误事官员为宣等罪而降黜之，所赂银输之内承运库。江西镇守、巡抚、巡按及该道守巡等官俱以不能听讼结狱坐罪，于是罢太监姚举回京；都御史林俊等三十一员，凡见任、致仕者俱罚米三百石，为民者半之。(五二，1193—1194)　致仕南京工部尚书李孟旸卒。……擢右副都御史总督南京粮储，迁户部侍郎、南京工部尚书。言官数论其衰老可罢，遂致仕归。后科道勘边储，还奏孟旸在户部时经理失职，罚米八百石输边。时逆瑾擅权，好诛人细过，焦芳亦附瑾，以怨中人。孟旸与芳同省，雅不相协，以是甚自危。会卒，祸乃不及。(五二，1194—1195)　　丁巳，刑部缺左侍郎，会推提督南京粮储右副都御史张子麟、太仆寺卿屈直以请。内批以右侍郎刘璟为左侍郎，子麟代璟，直代子麟。直，刘瑾乡人，故并擢之。　戊午，太监刘瑾奏，校尉访察江西左布政使马龙贪滥，佥事院宾轻浮，俱宜罢黜。吏部言，龙宜为民，宾宜冠带闲住。得旨从之，仍令今后有贪婪显著者，吏部指名具奏，抚按官不行纠举者究治之。(五二，1197)

八月辛酉朔，是日，内降小简一折，中有字一行，云“锦衣卫冠带舍人王聪乞升百户见任，面批如所乞，升聪锦衣卫百户，实授见任”。简盖聪书以投瑾干传乞者，乃遽批旨于上，以下所司，其乖异又甚于传奉矣。正德间武职冒滥者多，然亦未有如此者，本兵及言官皆怵瑾威而无敢执奏者矣。(五三，1201)　刘瑾遣官四出丈量屯田，时户部侍郎韩福受命往辽东，希瑾意，所行过刻，屯卒弗堪。福所奏带同知刘玉等受檄至义、锦等州，军余高真、郭成等因胁众为乱，劫诸将领及城中右姓不从者之家，焚毁廨舍，殴逐委官。守臣不能禁，发银二千五百两抚谕之，乱者始息。事闻，瑾乃归罪于镇巡官不能宣布威福，令会同申谕，别选军士素所信服将领，从公丈量，自愿耕佃者俱仍从其旧，报出粮料，即平价与之。于是人情稍安。巡按御史赵应龙缉真等首恶二十二人密捕之，且劾分守参将回鹏、备御都指挥佥事张凤等七人及镇守太监岑章、总兵官毛伦、巡抚都御史刘瓛罪。下兵部、都察院议，遣给事中屈铨、刑部郎中杨节会应龙覆讯。狱上，诏真等处斩，家属发南海卫充军；其为从者俱宥之，各该地方官员姑免逮，鹏降二级，广宁卫带俸闲住，凤等各罚米二百石，章、伦、瓛俱宥免。（五三，1201—1202）　癸亥，司礼监传旨，升大隆善护国寺国师著肖藏卜为法王，刺麻罗竹班卓班丹端竹、卓罗竹朵而只坚参俱为左觉义，道录司左正一柏尚宽为真人。（五三，1203）　镇守陕西署都督佥事曹雄奏："布、按二司、守巡、兵备官文移达己者，旧由都司转达。今虏方有警，征调不时，而都司在省城，往返千里，于事未便，乞要径呈，与巡抚都御史同。"兵部议如雄言，既而又谓陕西地重，虽有镇守之名而无挂印之柄，故其委任反不若三边将官，宜令雄挂印充总兵官，以重其任。得旨："升雄署都督同知，改总兵官，别给印，换制敕与之。三司文移，令径呈，以便行事。"后兵部查各镇所挂印上请，命以延绥镇守吴江所挂镇西将军印与雄，而添铸靖虏将军印与江。时雄与瑾厚相结，故有所请必从云。（五三，1203—1204）　甲子，刘瑾所遣旗校侦事者报江西新建县主簿孙环有廉能实迹，瑾以闻，乞擢用。盖瑾寄耳目于群小而时有举刺，欲示己留意于吏治，而实阴揽黜陟之权也，纲纪至是不存矣。（五三，1204）　初，御史汤鼐谪戍陕西肃州，援赦得纵归，寓居寿州。州民王濡素憾鼐，会濡家有讼事，鼐兄檠诈取其赂，鼐不知也。濡因摭奏鼐僭称都主、侵夺官地、营观星楼、盗伐皇陵树木诸不法事，冀以倾鼐。诏给事中安磐、锦衣卫千户郝凯会同巡按御史李璞堪问，皆无实，且濡所引禁例多其伪造，罪当斩。濡复令其妻奏辩。有旨，谓勘官偏徇，下都察院覆议，鼐坐安援赦文，杖五十，仍戍肃州，且令所司禁锢；濡止以奏告不实，杖八十，枷号三月，与檠俱发戍辽东。陕西兵备副使李旻、肃州卫指挥李杲以庇鼐，辄纵之归，俱令巡按御史逮问，而磐、凯亦以拟罪不当下狱，久之得释，仍各罚米百石。璞俟巡按满日议所坐。时瑾播弄威福，凡文臣为人讦告者多欲文致重法，磐等忤意，故及于罪云。(五三,1204—1205)　辛未，革镇守宣府太监陈贵禄米，罚总兵官白玉、巡抚右佥都御史邓璋、总理粮储户部郎中张秀各米二百石，输宣府仓。坐先是失火延烧草场，官吏惧罪，妄以灾报，各官依呈具奏故也。(五三,1207)　癸酉，给修盖外经厂工价银四千两，与司礼监自行修造，勿令各处派办。(五三,1207)　戊寅，虏犯鲇鱼石、拿子谷等关，我军樵汲者多为所得，千户朱锦秀等失防御，参将刘玉、芮锡，守备内臣蒋廷玉、刘睿、许诚、高永俱号令不严。事闻，下兵部议，皆宜究治，而玉累偾事，尤当罪；且镇守太监王宏、总兵官吴玉亦难辞责。诏刘玉、锦秀等令巡按御史逮问，锡、廷玉、睿、诚、永及王宏、吴玉俱戴罪自效，其余事情御史再核以闻。(五三,1208—1209)　己卯，录宣府红石嵯、青边口堡斩贼功，命岁加太监陈贵禄米十二石，升总兵官白玉俸一级，官旗军舍各升赏有差。(五三,1209)　乙酉，给事中卢纶等查宣府各堡战马倒失者追买违限，劾镇巡、游击、总兵等官罪。诏……总兵官白玉、先巡抚都御史邓璋、佥事黄伟以失于督察，太仆少卿刘聪以失于比较，各停俸三月，镇守太监陈贵等宥之。(五三,1210)　己丑，榆木岭关地方被贼入境虏掠，兵部请治失事官。得旨：百户徐鸾等，巡按御史逮治；参将刘玉待前事问结并奏，守备监丞高奈、分守太监高永、镇守太监王宏、总兵官吴玉仍令戴罪杀贼。(五三,1211)

九月乙未，分守松潘副总兵都指挥同知昌佐请兴兵出剿石坝子等寨番夷。六科给事中赵铎等劾其轻率。上责佐生事要功而姑宥之。既而镇守太监罗籥、巡按御史陈钟奏言松潘有黑白二寨，其中番夷亦有善恶之分，佐欲一概进兵，既已谬矣；况兵粮不足，在我无全胜之谋，各番恃险，在彼无可乘自隙，是远夷未服而内地先困矣。上是之，令佐尽心计处，相机抚剿，以靖番夷，如有失事，镇巡官参究以闻。(五四，1214—1215)　庚子，户部议覆兵部左侍郎胡汝砺奏踏勘过宣府内外镇守、协守、守备等官庄田共九百二十八顷七十余亩，乞要量为裁减，召人承佃。诏以内外镇守官朝廷重托，俱准与水旱地各十顷，副总兵半之，分守、监枪、游击各旱地十顷，守备半之，免其征税，其余愿自佃种者照例起科，多余田地拨与空闲舍余人等承种纳租，立文册，敢有奏讨并吞并者科道官查记重罚之，仍行各边镇视此令行之。(五四，1218)

壬寅，太监陶锦、给事中蔡潮查奏福建司府州县贮库赃罚等银开报错漏与成色不足，支销未明，俱合究问。诏以指挥冯琇等任情作弊，行巡按御史逮问；右布政车玺、都指挥龚顺各罚米三百石，致仕；参议黄华、佥事潘珏、陈大玘闲住，副使陆偁、佥事院宾罚半之。(五四，1218—1219)　癸卯，吏部奏后库所贮部黄及文卷簿籍数多，积久浥烂，欲送内府收贮。命工部运贮内府千步廊。时尚书张彩建此议，司属官无敢违者。验封郎中杨子器以为言，大忤彩意。由是累朝法例具在卷籍者遂湮没不存，惟验封及考功卷籍犹余十之二三云。(五四，1219)【考】杨廷和《杨文忠三录》卷四："逆瑾专政，卖官鬻狱，天下府库之财半入其门。为之谋者欲尽去官府簿书以灭其迹，乃遣官以查盘为名，因而易之。既又令工部取在京诸司文卷鬻之为纸筋，收其直以备支用，不然则聚而焚之。予偶闻之，谓李文正公曰：'图籍，国家所重，古人草创之初尚先收之，在今日顾欲弃之，可乎？'一日，瑾来阁中问之，则曰：'近日部中有言文书积多，无架阁处，往往浥烂，因有此议。'予曰：'移之古今通积库如何？'曰：'通积库所贮非此类。'予又曰：'闻承天门南千步廊亦有积贮文书，何不移之于彼？'瑾怃然曰：'再议、再议。'又明日，闻取吏部文卷藏之千步廊矣。"二说可参对。

己酉，致仕南京户部右侍郎王珩卒。……正德改元，进南京户部右侍郎。时逆瑾窃权，任情黜陟，会南京工部尚书缺，廷荐以珩名上，遂令任（**按，疑为致仕**）。至是卒，祭葬如例。(五四，1223—1224)

丁巳，巡按直隶监察御史贺锐题："虏之入拿子谷关也，军民被杀掠者一百八十二人，把总指挥徐世隆等失于防御而又不以实报，宜逮问。"因劾太监王宏、总兵官吴玉、参将刘玉俱不能无罪。诏令宏戴罪杀贼，总兵玉即彼闲住，参将玉待他罪狱具以闻，世隆等下巡按御史逮问。(五四，1226)

闰九月辛酉，升赏延绥镇靖等堡地方杀贼有功官军旗舍三百七十八人有差，阵伤回营死者四人，给其家银五两、米一石，仍赏太监刘保、总兵官吴江、巡抚都御史徐以贞各银二十两、纻丝一表里。(五五，1229—1230)　壬戌，以云南按察司佥事刘用中罢软，曲靖军民府知府林堪年老，贵州普安州知州朱易重听，俱勒致仕。时刘瑾岁遣旗校觉察天下官罪过，所至声势赫然，郡县馈赠，少不如意，辄怒詈无忌，下至遭捶挞，归则肆其谤诬。瑾多从之，用中等以是被黜，吏部奉行文案而已。(五五，1230)　癸亥，给事中熊纪等奏点视大同镇并偏头关马匹，中间瘦损倒失数多，而买补又复违限，因劾各营把总、坐营都指挥等官姜义等九百余人，并山西行太仆寺卿茆钦，分守太监何名，左少监韦祥，副总兵叶椿、马昂，游击将军潘浩，参将陈勋、许鉴，守备都指挥左信、卢英、孙福，镇守太监侯能、总兵官温恭、巡抚都御史熊伟罪各有差。兵部议上，得旨，以义等连及者众，免逮问，马匹如数追捕；钦夺俸六月，福等各三月，伟致仕，能取回[1]，鉴革任，并祥等俱宥之，仍令关镇自后宜加整饬，毋致废弛。(五五，1231)　甲午，升福建漳州府地方有功官军旗舍七百二十七人有差，仍赏镇守太监梁裕银二十两、纻丝二表里；巡按御史韩廉、佥事汪获麟、知府罗列各银十两、纻丝一表里；都指挥许清、参政熊达、苏葵、副使

① 本年四月甲戌，侯能已"罢"。六月丙戌，又称"已别用"。

陆偁各银五两、纻丝一表里；通判周谔、知县徐恂、指挥刘杰、阚珍、侯汴各纻丝一表里。（五五，1232）　乙丑。初有例，凡军官千户以下纳级者不许管军营事。会有榆林卫百户李永定者纳级为正千户，以赍本至京见刘瑾。瑾奇其貌，曰："是不可为将官乎？"于是巡抚延绥都御史徐以贞等因荐其才可用。兵部议：于例虽违而人才难得，宜听之。遂升为署指挥佥事，后官至参将。然其人无他能，竟以贪酷败云。（五五，1232—1233）　巡按陕西御史胡瓒以镇静堡等处地方达贼杀虏军马及神器数多，劾陕西纳粟都指挥佥事崔镗、陈瓒，千户胡定、马聪，闲住左参将纳粟都指挥佥事田琦、镇守太监刘保、总兵官都督吴江失机罪。有诏：巡按御史逮镗等问，琦降级，仍闲住，罚米百石输京仓，保、江戴罪杀贼。（五五，1233）　己巳，命翰林院撰上清宫碑文。先是太监李文奉敕往江西贵溪建造上清宫，工完奏请碑文。礼部议，上清宫设既久，儒臣撰文，故事无考。上特命翰林院撰之。（五五，1235）　庚午。初，锦衣卫指挥同知高得林奏乞查处锦衣各所千百户老幼废疾等官，再得旨，令兵部并查指挥而下履历及夤缘投托升调之故，戒毋得徇私隐情。于是兵部开具姻戚子孙周贤等一百二十二人实系后妃、驸马同姓子孙弟侄，宜存留，其姻戚异姓在京者俱退回原卫所，在外者令回籍及附近卫所；保母子孙杨玉等一十九人，宜如旧例，止袭三辈；女户子孙张仁等十人及各监局匠役、官旗张锦等七十八人非本卫出身者，俱宜退回原卫及五府属卫，止终本身；文职子孙胡震等六十七人，宜改注原籍附近卫所，无籍者改五府属卫所；武职子孙杨瓒等一百三十三人，果系本卫所子孙者准令铨注，其余俱令回原卫及原籍附近卫所，原系各卫节年升调本卫官旗吴英等五百九十六人及左千户等所镇抚司升调锦衣五所官旗王琦等七十二人，宜将洪武、永乐、洪熙、宣德年间改调选拨者准令照旧，其正统、景泰、天顺、成化、弘治、正德等年者俱令各回原卫原所，系仪卫司回还者仍注镇抚司，数内指挥李景系归附，梅昆等十四人俱内臣弟侄，不必动；原系本卫为事并近日调卫复回本卫及选退带俸复任官旗张端等三百七人俱系有过人数，宜令回原卫及原籍附近卫所，原无改调者俱令本卫所带俸，老幼废疾刘琦等六十四人亦令本卫所带俸。议上，得旨："锦衣卫近年以来多有夤缘请托，希图荣幸，或为事调卫，复求回卫，或自镇抚司七所改注五所，或自各卫升调，或乞升传升，遇例比例自陈，或因皇亲、保母、女户，或因文武职官子孙升调，或老幼废疾不堪任事，以致冒滥数多，已令兵部备查履历，尚未甚明，还选差户、兵二科给事中各一员，监察御史二员，从公明白查勘各官旗姓名脚色，先以何功铨注改调，如前款目开写，或仍旧存留，或应还原卫司所，或应革去管事，及有所别处，令兵部斟酌定拟停当以闻。内有遇例实授者皆假登极之恩，巧立名色，徇私作弊，莫此为甚。时内官、长随管事者俱革任降减，而文武官乃得实授，其例昉于何人？宜并查从实具奏。"于是兵部言：百户郭纶之祖郭敬等六十三人俱宣德十年以来遇例实授，惟天顺元年实授者又得世袭，其弘治十一年诏书止有试署文职实授之条，指挥赵良、千户陈顺奏乞比例实授，即系开奏起例之人。议上，得旨："凡遇例实授子孙至今袭替者，各减革一级，仍与其初当授职役；本身遇例实授而见存者革之，仍与试署。良、顺开奏起例，降二级(**广本二作一**)，各带俸差操，以后试署职役非军功者不许一概朦胧轻拟实授。"(五五，1236—1239)　　癸酉，巡按广东御史袁仕劾广东所属府县等官周夔等四十余员，皆贪软衰病。吏部覆议，宜如朝觐考察例行。制曰："可。"先是，御史杨武以刘瑾同乡，挟势希旨，首倡不时纠劾之议。其后，御史段豸[1]按陕西，亦劾其所属，且云不独陕西一省为然。诏从之，通行各抚按，如例考核，故天下官以微罪而去者顾多于朝觐矣。(五五，1239)　　丙子，谕吏科

① 段豸实为兵科右给事中。

都给事中李宪等："朝廷设立科道以为耳目，诸司不法，皆当纠劾。事之重者，又特令记之勿忘，委任尤切。奈何久而生玩，当纠不纠者甚多，其徇情旷职可知矣。今后遇重事尝令记之勿忘者，宜实时纠举，若仍蹈故辙，罪无赦。"瑾既钤禁科道，寂然不言，久之复收为耳目，令承望弹劾，故有此旨。宪为瑾乡人，又挟瑾势恐喝其同官，尝袖白金入科，出以示人曰："此刘公馈我也。"士夫莫不笑之。　调南京户部主事张键为河南卫辉府通判，坐擅宿察院，且索夫马，为校尉廉得，下诏狱而决遣之。（五五，1240）

丁丑，以兵部主事徐子熙为光禄寺少卿，供事于文华殿中书房。先是，供事内殿者皆杂流技艺之人，时有轻佻者上书献诗于瑾，求为文字官，瑾遂令吏部选取之。子熙以进士为品官，乃挟册与市井杂流试于吏部，缙绅鄙之。（五五，1240—1241）　太监刘瑾奏疏通盐法四事：一、请免征天下户口食盐银钞。二、请令巡盐御史躬亲掣验。三、请禁私贩夹带。四、请禁空文虚引。户部覆议，得旨："瑾原奏盐法事宜，经画周详，防范严密，诚为国家重务。既多官会议，户部查算明白，可以经久通行，军民户口食盐仍旧，余俱永遵行之。司礼监立牌在侧，时常省察。"（五五，1240—1241）【考】《中官考一》云："司礼监立碑，非典也。"按刘瑾奏准疏通盐法，旋遣官整理，见《武宗实录》卷五七，十一月乙酉："以同知崔哲、知州王锴、知县陈祥、邢昭、王廷相、萧选、张璞俱为监察御史，哲云南道，锴陕西道，祥四川道，昭浙江道，廷相山东道，选山东道，璞福建道，与御史刘绎、李如圭、鲜冕等俱整理各路盐法兼督捕盗贼。绎两淮，如圭云南，冕广东。先是刘瑾条奏盐法，下吏部议，谓其详而无弊，且欲令御史久任责成，因推哲等奏之，故有是命。"《国榷》卷四七，谈迁曰："户口食盐，输银钞于官，即给以盐，国初立法至善也。其后只输银钞，不复给盐矣。岂非渔利成习，功令为文具耶？逆瑾虽妄议，要未可以人废言也。"　戊寅，达贼入大同团山墩，杀虏千户及军士，太监何名、参将陈勋、都指挥佥事朱凤、指挥使孙钺失于防御。事闻，命宥名，夺勋等俸三月，俱令戴罪自效,仍令查点墩台防守军士怠玩误事者重治不宥。(五五,1241—1242)　庚辰,辽东镇守太监岑章、总兵官毛伦、副都御史李贡等奏,抚谕泰宁卫都指挥满蛮等送回蓟州纳子谷被虏男妇三十人。兵部议,章等宣布恩威,以致夷人畏服,宜加奖劳;其蓟州镇守太监王宏、总兵官吴玉、参将刘玉,平时不能堤备,又不明白查奏,宜加责治。降诏王宏、吴玉各一级,刘玉待问结处治,赏岑章等各银十两、纻丝一袭。(五五,1242)　甲申。是月初,虏伏大众于延绥边外,遣轻骑入攻新兴堡,副总兵侯勋出兵御之……虽前后斩获九十余级,我军死者亦略相当,所丧马至二千七百余匹。是后贼遂入境散掠,复围困总兵官吴江于龙州城,会参将王勋亦统兵至,与江夹攻,贼乃退。于是,总制尚书才宽及太监刘保、都御史徐以贞等以捷闻。命写敕奖励,奏捷人各升赏如例。巡按御史胡瓒劾奏侯勋等轻率无谋,宜械系治罪;吴江逗遛不勇,宜降敕切责。兵部议,临敌不可易将,乞令勋等戴罪杀贼,以图后功;并参保及以贞亦怠缓误事。得旨,侯勋等及江等俱令戴罪自效,事宁之日议所坐;官军为贼杀虏并有功、阵亡者,俱令巡按御史查具以闻。(五五,1243—1244)　丙戌,户部郎中庄褅具疏乞休,且陈先任知县有筑城捕贼、敛聚钱谷之功,任主事、郎中有收解粮盐、查盘仓库之劳。时已升河间府知府,有旨嘉其劳绩,特进山东布政司右参政,仍管府事。褅旧为宝坻知县,断刻诛求,及为户部,益承瑾意。瑾喜其与己合,故有是命。(五五,1244)　丁亥,锦衣卫指挥使马钊率舍人霍锐、梁玺、马雄等擒获强贼十三名,以闻,兵部言:"近奉钦定捕盗赏格,五十名以上许巡按御史录功保升,钊等例应给赏。"诏以钊等不系应捕人员,各升一级,不为例,仍令钊缉捕未获强贼。未几,钊复获三名,遂升都指挥同知。钊,太监永成之侄也。(五五,1246)

十月癸巳,太监刘瑾传旨,调分守龙门所都知监太监孟山镇守延绥，而以都知监右监丞马盛[1]代之，奉御薛深令管神机营左掖二司。（五六，1249）　丁酉，降蓟州守备右少监王鉴、左监丞高奈各一级，召分守太监高永回，以达贼入桃林营杀虏人畜，不能备御故也。（五六，1251）　庚子，山东按察司佥事袁经、翁茂南所属军卫有盗用印信、套画押字者，法应充军者拟绞，应从重，乃拟赎徒还职，按察使周东为具奏改拟充军。刘瑾以东等问拟失当，令都察院查参。时经丁忧回籍，茂南迁广东参议，东入为大理少卿，俱当逮问。得旨免究，各罚米三百石输居庸关。（五六，1253—1254）　辛丑，太监刘瑾传旨：都知监右少监郭奉分守燕河营等处地方并刘家口，奉御袁海管神机营左哨头司。（五六，1254）　癸卯，武昌府知府曹来旬先为御史，巡按山东，因录囚内有犯杀一家非死罪三人者，供词证佐未明，行布、按二司勘问。后事鞫实，而原犯死于狱。来旬时已迁官，刘瑾追求，行湖广巡按御史逮问，坐罪如律，仍罚米三百石，输居庸关。（五六，1256）　丁未，太监刘瑾传旨：十一月初四日，令神机等营坐营、坐哨掖总兵等官英国公张懋等，并不坐营定国公徐光祚等公、侯、伯、都督，俱赴内府西教场阅试（**抱本无内府二字**）。（五六，1259）　己酉，广东佥事吴廷举奏劾岷府公差门正陈鹤贪淫之罪，仍乞将《皇明祖训》及累朝圣制条章有于王府者参酌申明之。得旨："逮鹤等来京问理，事例有于王府者，各该衙门通行查出，参酌申明。"事下兵部，悉举旧例议闻。得旨，令通行各王府知之。（五六，1260—1261）

辛亥，镇守云南太监崔安建汉丞相诸葛亮祠于会城，请命有司春秋致祭。从之。其祠在崇正门外，演武亭南。（五六，1261）

癸丑，先任广东按察使马龙、琼州府知府石璧问拟死罪囚犯奏辩，改拟杖罪，刘瑾令查原问及本府官失入者以闻。时龙养病，璧亦致仕，各罚米，龙三百石，璧五百石，输所在预备仓。（五六，

---

[1] 盛，抱本作"顺"，《国榷》卷四七亦作"顺"。

1262)　乙卯,令巡抚辽东右副都御史李贡致仕,而升应天府府丞王彦奇为右佥都御史代之。先是,以贡为布政使时,职掌钱谷,逋负数多,其至辽东又辄奏前任刘瓛所议济边银十二万两为无实,法不可贷,已有旨逮问。于是吏部请以彦奇代贡,乃数贡志非为国,才乏经理,姑未减其罪,罚米五百石输边,输完乃令致仕。又罚及俞俊、杜忠、胡瑞各米三百石,既又以俊在南京工部追逋负料银数万两为有功而免之。一旨之间,恍惚变幻,肆其操纵之术,瑾恃宠骄恣,盖有不能自制者矣。(五六,1263—1264)　升赏大同□城口等处地方获功、被伤官军二十九人有差,仍赏太监梁玉、总兵官张安各银五两、纻丝一表里。　太监刘瑾传旨:御用监太监冯宁分守四川建昌行都司。(五六,1264)

十一月壬戌,守备凤阳太监黄准奏言南山密迩皇陵,林木野旷,原设官军巡视不敷,欲如天寿山例,采取本山枯树,环山修盖堡舍,拨凤阳等卫所官军防守,秋深木落,各据所守,以绝野烧延燎之患。下巡按御史李璞勘,言动取枯木,恐地势形脉有干,宜于守城军余内选壮者千人,轮次巡守;即禁山之内所居军民,编为堡社,以便扫除,因防大患。兵部议如所拟,上从之,仍严盗取山木之禁。(五七,1267—1268)　乙丑,以朱铎、朱福、朱宁、朱安、朱春、朱秀、朱通、朱达、朱祥、朱铭、朱锐等十一人为锦衣卫正千户,朱玺、朱文、朱聪、朱忠四人为所镇抚。铎等皆宦官厮养,冒国姓称义子者。是日,内出白纸小帖,直列诸姓名,注云某乞某官,亦无籍贯。御批如所乞,下兵部施行。盖前此传奉所未有者,宁、安之进始此。(五七,1269)　己巳,太监刘瑾传旨:御马监太监张凤分守怀安等处地方。(五七,1271)　丙子,南京工部尚书俞俊乞致仕,不许。时俊窃部帑重赂刘瑾,年已近八十,瑾亦厌鄙之,故援例具辞,而每对人言,犹望异擢,闻者掩口。(五七,1273—1274)　戊寅,巡按湖广御史沈光查勘地方贼盗攻劫,并劾镇巡等官太监赵荣、都御史张子麟、参政王绶、都指挥马武等二十九员失事之罪。兵部第其轻重以闻。得旨："失事官员俱照前旨，令戴罪自效，去任未经行遣者各夺俸二月。"(五七，1275)　甲申，时有诈为内臣文书关防冒给关文者，车驾郎中汪举廉知其事，兵部尚书曹元等具疏引咎，并参举及先任郎中等官张恩、黄瑄各不职。诏元等既引咎，举能觉察，姑宥之，各罚米百石；瑄下法司，恩以丁忧，令巡按御史逮问以闻。(五七，1277)

十二月辛卯，太监刘瑾传旨：印绶监太监赵聪管神机营右哨头司，都知监奉御陈璋守备石门寨等处地方。(五八，1281—1282)

乙未，南京礼部尚书孙需致仕。时刑部缺尚书，会推南京兵部尚书何鉴及需，诏以根本重地，鉴老练，仍旧职，需令致仕。需素清谨，刘瑾屡掖之而谢不及，故有是命。(五八，1284)　丙申，御马监太监谷大用奏："本监牧马草场为军民盗种，勋戚势要奏讨，致亏原额。"命御马监太监李玺、户部右侍郎陈勖、都察院右副都御史戈瑄、坐营都指挥陈纪、礼科给事中闵楷核实。至是覆奏："在监并郑村坝等二十马房上下草场故额并今首报地六十处，实有地五万五千三百四十二顷九十四亩，赐为寺宫庙宇坟茔者、占为皇庄、赏为庄田及香火赡坟者，如例起科，补办粮草者共一千三百四十七顷二十一亩；为道路河淀、为沙漠硷薄、为山不堪牧马者，共四千九百八十二顷六十亩有奇，实堪牧马地凡四万九千一十三顷三亩有奇。"诏以八十三顷四十亩有奇仍如旧赐太监钱福、钱能、张敏、刘永诚、来福、傅恭、韦可、宁瑾及奉圣夫人李氏男吕俊，以供寺庙香火坟茔之用，其余俱收入草场。至内军民侵种，今已还官者除其税，量出余地，并勋戚豪右奏讨强占者，俱改正。今后仍蹈前弊，听科道官举劾，永戍边卫，家产没官。是举也，止据本监图籍，又滋以首报缉访之弊，故地溢原额而业与主离，畿民病之。(五八，1284—1285)　丁酉，镇西将军总兵官曹雄奏：……(**十一月初五日总制尚书才宽阵亡。**)(才宽)正德三年升刑部左侍郎，迁兵部左侍郎。刘瑾喜其才能，进工部尚书兼都察院右都御史，总制陕西等处军务。其为人跌宕不羁，在州郡时好为长夜之饮，往往至醉，然吏事亦不废。及领边镇，颇任权智，遇将吏寡恩，遂及于难。雄伏罪输情，令其子赍奏，瑾以雄为得体，遂宥之。又伟其子之貌，因缔婚焉。(五八，1286—1287)　戊戌，谪平江伯陈熊并家属戍海南，勒右副都御史邵宝致仕，降参将庄椿职一级，南京闲住。熊为漕运总兵，有同宗绍兴卫指挥陈俊督运，欲以湿润官米贸银输京，熊许之。缉事者得其事，下诏狱鞫之。刘瑾素有憾于熊，谕鞫者诬以赃私及诸不法事。锦衣卫械系京师，令府部科道官会问，无敢申救者。狱上，诏发充军，追夺诰券。故所有田产房舍皆以为赃物所置也，令给事中查勘，变卖解京。谓宝、椿与熊同事不举奏，并罪之，俊竟处枭首。熊自祖瑄有功漕运，熊继任亦无大失，瑾以私憾置之重法云。(五八，1288)　壬寅，虏酋亦孛来部众入套驻牧，乘隙屡寇边境，总兵官马昂统领官军与战于木瓜山等处。(**斩获略。**)昂与镇守太监刘保、巡抚都御史黄珂各以捷闻。得旨，保等写敕奖励，所遣赍捷者各升一级，赏纻丝衣一袭、新钞千贯。(五八，1289—1290)　癸卯，巡抚甘肃右佥都御史王宪奏："奉敕查勘内外镇守等官地土，务足养廉之用，原无者不必添给。今查得甘肃等处镇守太监宋彬田一百一十二顷，总兵官署都督佥事卫勇田八十七顷，左副总兵都指挥佥事白琮田一十四顷，监枪都知监左监丞王欣田一十顷；又采草湖田共八十七顷，分守凉州御马监太监张昭田三十三顷，右副总兵官都指挥佥事姜汉田二十五顷，分守甘肃左参将都指挥佥事苏泰田一十三顷，守备西宁署都指挥佥事赵承序田一十五顷。"户部议覆："镇守等官原无给与养廉地土事例，中间多因奏讨，相沿承种，耕获采取，不无重劳军士，兼且多寡不均，必至别项渔取，伏望酌量职分重轻，定为等第，庶使与不伤惠，事体归一。"诏镇守给水旱田各十顷，副总兵各半之，分守并监枪、游击各旱田十顷，守备半之，原无者各给水田一顷，永为养廉定例，余听给舍余人等承种纳税，毋得数外滥给侵占。（五八，1290—1291）　　庚戌，追夺大学士刘健、谢迁诰命并原赏玉带服色。初，平江伯陈熊谪戍海南，未追夺诰券，有旨诘责科道官，且令吏、兵二部悉查文武官坐事为民、充军、闲住者诰敕，并追夺。于是六科给事中李宪、白思诚、安磐、安邦、阎钦，十三道御史颜正、曹仿、赵宗、涂敬、夏廷芝、成文、乔岱、胡止、童宽、俞缁、张宪、李赋、李元等奏："我朝以爵赏待君子，以刑罚绝小人，是以文官取诸科目，武官取诸荫叙，不惟荣其身，而又封赠其亲。奈何奸回小人，徒冒其名而无其实，及秽行败露，公论不容朝廷，又每为之宽假，但使闲住为民，甚者止于充军。其名虽除而妻与父母三代封赠诰敕如故，是诚侥幸漏网，若不追夺，何以戒后？如健、迁及尚书马文升、刘大夏、韩文、许进等诰命，宜通行追毁。"诏从之，仍查原赏玉带服色，俱送官。既而吏部查奏文官当追夺诰敕者，健、迁而下共六百七十五人，惟成化年远者已之。是时言官怵于瑾威，而宪、正等皆瑾党，又首倡横议以悦瑾，故健、迁辈概指为奸回，殊可叹也。（五八，1293—1294）　　癸丑，太监刘瑾传旨：印绶监太监朱奉镇守金齿、腾冲地方。（五八，1300）

本年附

艺文·碑铭·太监李公寿藏记

大明御马监太监李公寿藏记铭

赐进士及第、中宪大夫、太常寺少卿兼翰林院学士、经筵国史官东……。特进光禄大夫、左柱国、太师兼太子太师、英国公、奉敕提督五军十二营总兵官、监修国史、知经筵事、掌后军督抚府事古汴……。中宪大夫、光禄寺卿、直文渊阁、经筵、玉牒官莱阳周……

夫寿者，天地生物之仁而久于世；而藏者，敛物归全之谓。寿之目有差，耄耋期颐享世，皆系乎人之育养耳。物之寿，灵椿享八千秋，……舜延百余岁。人也，物也，收敛归藏，实自然循环之理也。而人之处，当随其所寓，为所当为，则思其所以归全者于天，而视生死去留……日月之盈缩，四时之有代谢，天地之有始终。而人之所以慰其形骸者，预有以为之，由是寿藏而作焉。若太监李公者，诚有识于……字声远，直隶保定府新城县之巨族。祖讳贵，妣胡氏。考讳进，妣姜氏。行仁积德，庆钟于公。天顺元年(1457)十月十九日生公。幼而性资警，……常为父母爱之。殆[迨]垂髫，浸知向方，孝友于家庭。比长，敦尚伦彝，循循然有长者风。成化乙未(十一年，1475)，简入禁庭，乃服属太监李公全之门，翼翼恭勤，夙夜匪懈。戊戌(十四年，1478)，除尚膳监长随，持己而刚柔制事。乙巳(二十一年，1485)，升奉御。

丁未(二十三年，1487)，宪庙升遐，例左迁至长随。弘治改元戊申，公以才力之优，选侍乾清宫，愈益效劳，仍升奉御。辛亥(四年，1481)，升□内府宝钞提举司右副使。壬子(五年，1492)，……孝宗敬皇帝念其年劳，升司正。寻而遣诣兴济，致祭于皇亲张之先茔，往返路途，下无骚扰，有司德之。还朝称旨，转升内官监右少监。戊午(十一年，1498)，获佥监事。庚申(十三年，1500)，遂转本监外琉璃厂署事。无何，转御马监佥事，本职如故，仍兼旧都府草厂收放钱粮，出……无苛削。癸亥(十六年，1503)，升左少监。

正德改元，今上正位宸极，轸念旧臣，足胜委任，且老成练达，进太监，赐蟒衣，给玉带，眷注尤隆。而公仰感无涯，曰："生我者亲也，食我者君也，君亲之恩，罔极莫报。而吾之生前际遇足矣，身后之妥而预为之。"乃卜兆于顺天府宛平县香山乡广源闸之原，附会诸公之义域，作……藏既成，复制石列于前，征予文以记之于将来。予惟且世之人有讳言老者，安肯以终为念乎？盖公灼见天地万物始终之理，殆……所寓，为所当为，则思其所以归全于天是已。拟之晋元亮、唐牧之大观达者，殊辙而同途矣。公为人天资倜傥，貌体颀昂，孝友于家，……国，历侍三朝，亹亹而不倦。孚僚寀以信义，御卑幼以惠威，壮志及时，天恩旁转，其享耄耋以延期颐之龄，游优梓里，荣考令终，诚有应于是欤？昆玉三人：孟曰整，仲曰荣，季即公也。侄男八：鼐、鼎、鼒、杰、伦、绅、纬、……景□义子：王□幹、刘钦、李潮、陈祥、张聪，皆循规卓立。若公者，可谓居中监之官，光前启后，无忝于厥世矣。宜有铭，铭曰：

倚欤李公，禀赋□粹。质干魁梧，性资聪慧。简入禁中，擢为中贵。

貂珰列朝，恭忠不溃。壮志及期，预作寿藏。……广源之阳，草木丰穰。铭勒坚珉，百世揄扬。

正德四年(1509)，岁次己巳，冬十月吉日立石。

(北京海淀区索家坟出土。《新中国出土墓志·北京》第175号)

正德五年庚午(1510)

正月己未，命掌大理寺事工部尚书致仕杨守随为民。先是，鄞人有死狱，审录郎中董恬及佥事龙霓谓其情可矜，下大理寺驳谳。至是，刘瑾以守随私其乡人，勒为民，仍罚米二百石，及大理少卿张鸾、评事林富各百石。(五九，1306)　　壬戌，黜南直隶巡捕御史薛凤鸣，编为徐州驿弓手，升北直隶巡捕御史宁杲为左佥都御史，柳尚义为右佥都御史。时凤鸣巡历宿州，与所部指挥石玺会饮，教场投壶蹴鞠，为瑾缉事者所发，下吏部劾治。尚书张彩谓三人同受命巡捕，杲、尚义获盗功多，而凤鸣纵恣不法乃尔，宜重示惩劝。于是，杲、尚义皆骤迁，凤鸣并家属编管于其所治之徐州，玺罚米五百石。未几，令凤鸣巡捕如故。(五九，1307)　　己巳，御史赵斌巡按河南还，礼部谓所司勘合有未完者，请治之。有旨，责吏部、都察院及科道官失于查核，令自陈状。于是，吏部尚书张彩、左都御史洪钟等及诸科道俱请罪。彩、钟等罚俸有差，给事中于聪、张润、闵楷、王銮以礼科，御史李赋以河南道，各杖二十，余皆宥之；斌仍令督完勘合还奏。彩始倡稽考之议，至是亦为瑾所诘，人以为为法之弊云。(五九，1308)　　庚辰，籍故尚书兼都御史秦纮家。纮致仕时，妻弟杨瑾依以居，纮卒，瑾遂纲纪其家。家奴丁玉者怨之，乃以纮总制时所遗铁铳投缉事者告瑾，又及其弟玺用军器违禁，并诬他不法事。刘瑾怒，归罪于纮，遂籍没其家。纮名臣，闻者骇之。时刑科右给事中张九叙、山东道御史涂敬等希指，交劾纮，复为所诘责，谓纮事已露，何言之晚。瑾善为操切类此。(五九，1314)　　癸未，升南京吏部右侍郎朱恩为南京礼部尚书,南京兵部右侍郎刘缨为南京刑部尚书。恩旧尝有德于瑾,及瑾用事,深自结纳,二年间自按察副使五迁,遂至尚书。(五九,1316) 丙戌,宥河间府知府庄襗罪。初,襗以户部主事查盘广东库藏,因言库藏无籍可查,其见存银货查比原数俱不及,应解赃罚等物多假伪浥烂,而梧州府见贮盐利军赏银六十余万两,各官不以时查解,乞更差官查盘。既而敕太监韦霦往同镇巡及先差科道等官勘之,梧州所贮银两以三分之二解京,一分留彼。至是会报襗言多失实,因参经该官吏先任布政沈锐、巡抚都御史潘蕃、刘大夏、巡按御史聂贤等凡八百九十九人。有旨各逮问、罚米有差,惟襗免,盖逆瑾喜襗首倡查盘之议也。自是命使四出,天下骚然,缙绅得祸者先后相望矣。兵科给事中高沕奉旨丈量沧州盐山、海丰、静海等县草场屯地,具数还奏,且劾先任给事中宁举、御史王用、户部主事张文佐踏勘失实,都御史张缙、王沂、王璟、高铨、侍郎崔岩拨派不均,及历年巡按御史、户部带管并司府州县官当逮问者六十一人,内已故者九人,致仕、闲住、为民、充军者二十七人。诏以连及者多,见任者罚俸,余皆宥之。铨,沕父也。沕畏瑾,遂并劾其父,士论薄之。 御史刘寓生刷卷贵州,多所凌忽。镇巡及二司官因暴其短,佥事陆健至与忿争,遂为侦事者所奏。逮系锦衣狱,寻枷于吏部门外,数日得释,黜为民。时刘瑾方务罗织,而寓生年少浮薄,亦有以取之云。(五九,1317—1219)

二月己丑,日本国王源义澄遣使臣宋素卿来贡,赐宴给赏有差。素卿私馈瑾黄金千两,得赐飞鱼服。陪臣赐飞鱼,前所未有也。(六〇,1321) 庚寅,总理山厂侍郎胡谅奏,内官监等衙门自正德二年至四年以来,每岁增柴炭一千四百六万(**广本无六字**)余斤,计增银三万五千六百余两,欲将五年以后年例柴炭仍依弘治十八年以前数,照旧本厂办纳,其添派者亦令本部区处。下工部覆议,从之。(六〇,1322) 癸巳,敕进少保兼太子太保、户部尚书、文渊阁大学士杨廷和为吏部尚书兼武英殿大学士，太子少保、兵部尚书曹元为吏部尚书兼文渊阁大学士，供事内阁。元与瑾有葭莩之旧，故位屡进，至是复夤缘入阁，士论耻之。（六〇，1322—1223）　　乙未，升光禄寺少卿刘挺为湖广布政司右参政。瑾以挺与萧明举为同县人而出之于外也。（六〇，1323）　　辛丑，刑部尚书刘璟等劾奏本部员外郎王尚宾年老，主事张栾、郁采俱才力不及，乞调黜。璟素闒劣，既为尚书，刘瑾每面诟其无能。璟惧甚，求以自解，遂有此奏。瑾喜，谓璟能督其属，璟由是安于位，而三人者皆得罪。后采以御流贼，城陷死之，朝廷嘉其节，赠光禄寺少卿，仍录其子为太学生。（六〇，1326）　兵科给事中屈铨奏请刊定正德元年以后见行事例，以六部为序，编集成书，颁布中外。得旨："朝廷因事制法，见行条例内外官民多有不知者，各衙门并三法司其议拟刊行，永为遵守。"时刘瑾所行新例皆变乱成宪，擅作威福，天下侧目重足，朝不保夕，而铨乃助瑾为虐，承望风旨，故有此奏。律以国法，百死不足以偿人怨也。后两月，国子祭酒王云凤亦效为之以媚瑾，事未行而瑾败，云凤坐是为言官交劾，至今士夫两耻言之。（六〇，1326—1327）　捕盗右佥都御史柳尚义上所部功次，升真定府知府杨仪为右参政，仍理府事；指挥李良、贺勇、侯鼎、袁彪各升署一级，良、勇仍赏银十两；知县杜泰等及生员、义民贾钺、杨校等授官、升俸有差。既而良、勇又特与实授，彪、鼎赏银二十两。时刘瑾以各处盗贼窃发，厚立赏格，遣官督捕，尚义与都御史宁杲精悍附势，为瑾所用，至诬杀平民以为功，而杲尤酷虐云。（六〇，1327）　　丙午，周府镇国将军安滔数持刃逐其父，又击伤其生母；辅国将军同镯与寡姊孟县县君淫乱。二人者有隙，互相讦发。命司礼监、刑部、锦衣卫官往勘。奏上，安滔已死，命开棺验尸，以庶人礼葬之；同镯及县君皆赐死。（六〇，1329）　　己酉。初，少监李宣、锦衣都指挥赵良勘事江西，吉安知府任仪、袁州知府支夔白于巡按御史弓元，敛民钱厚馈之,为查盘御史沙鹏所发。时元已坐事为民,夔致仕,仪升山西右参政。有旨,谓元不能纠正,谪戍广西之南丹;仪降二级别用;夔已致仕,仍削一级。仪所馈宣白金五千,良一千,缘此自入者又不可数计。在郡耽酒不事事,赃污狼藉,为近时贪吏之尤云。(六〇,1331)

三月丙辰朔,命南京内官监太监董文、永顺伯薛勋、工部尚书俞俊督修孝陵明楼及懿文灵殿。(六一,1333)　兵部尚书胡汝砺卒。……敢于任事,绳下以法,颇著治迹,然急于干进,厚贿刘瑾,以希汲引。瑾以同乡故,甚悦之,因援以为党。(六一,1334)

壬戌,太监刘瑾传旨,南京司礼监太监丘得同太监黄伟等守备。(六一,1336)　丙子,巡按湖广监察御史翟唐奏:"四川贼刘烈僭号设官,将来必为大患,而陕西、湖广壤地相接,一入竹山,可抵金陵,一入汉中,可抵陕西。今上下朦胧而奖谕、切责者皆为虚文,宜大开壅蔽以豫图之。"事下兵部议:"今荡涤宿弊,宜无壅弊之患,而唐首以为言,未竟其意。或者贼情重大而镇巡、藩臬以下匿不以闻,宜令唐指实陈奏。"得旨:"唐巡按一方,不能弭盗,乃以奖谕、切责所当行者概指为虚文,本当究治,其姑贳之。"时刘瑾最忌壅蔽之说,尚书王敞摭以诘唐,触瑾怒耳。(六一,1344—1345)　壬午,守备凤阳太监黄准奏:山东、徐州盗未尽平,湖广盗方啸聚,而凤阳兵力单弱,乞豫修备御。事下兵部议:"凤阳旗军京操、运粮者既难轻议,而各项差占不下一万四五千人,宜行准同巡按御史计议,于杂差内酌量选出若干人协守,逃者严督,该卫解补。"从之。(六一,1346)　乙酉,致仕太子太保、礼部尚书周经卒。……在吏部时,有指民田为闲地献太监李广者,广固欲得之,经草奏率诸司言之,事遂寝。及迁户部……中官织造于南京者屡以引盐榷课为请,赖经奏裁,省甚多。大内张灯,取外帑银三万两,经言不可以小民脂膏供耳目之玩,乃命以明年内库岁额偿之。近戚贵幸有所陈请,一裁以法,皆敛不得肆而怨日益深。致仕命下，廷臣皆相顾失色，争上疏留之，是后中外奏荐多至八十余疏，前此未之有也。经少颖敏庄重，寡言笑，孝友纯至自为小官，已志用世。及为户部尚书，秉正执法，竟以不合去，人甚高之。其复起也，则以其婿曹元与刘瑾有连，或谓元实为之。时经已病，又黾勉赴召，则不能无责备云。(六一,1348—1349)

四月丙戌朔，给事中郄夔奉命核榆林功次，时刘瑾势张甚，且冒功者多，夔惧祸及，自经于公署。命都给事中段豸往代之。(六二,1351)　庚寅，三法司奉旨审得减死者二人。时冤狱众多，大学士李东阳等因风霾以为言，特许宽恤，而法司所上仅止此，盖畏瑾也。　大同革任总兵官温恭贸易军士月粮，为侦事者所发，下巡按御史核问，因劾守备都指挥林宽等阿从，亦宜罪。得旨：恭宜重治，但前已降级革任，姑宥之，仍罚米三百石；宽等夺俸三月。(六二,1351—1352)　庆府安化王寘鐇及指挥何锦、周昂、丁广反，杀镇守宁夏太监李增、少监邓广、总兵官姜汉、巡抚都御史安惟学、少卿周东，执分守参议侯启忠囚之。初，寘鐇在郡王中状貌魁梧，有相者诒谓当大贵，又妖巫托鹦鹉神言如相者，寘鐇惑之。锦、昂及儒生孙景文者尝出入府中，寘鐇为言："今朝政出于刘瑾，援用奸凶，树党中外，此欲何为者？藉令瑾遂移祚，置吾属何地？若推我为主，以诛瑾为名，必成大事。"自是有逆谋。惟学素苛刻，数杖辱将士妻，广及诸将士怨之。会东被命丈量屯地，希瑾意督责严急，率以五十亩为一顷，又亩敛银为赂瑾资，启忠亦以催征至，人情大扰。锦、昂乃与广等谋，令寘鐇置酒，因会杀之，夺其符印，传檄起兵。寘鐇大喜，是日惟学、东不至，酒半，锦、昂及广率其属直入，执汉、增、广杀之，又杀惟学、东于公署，遂焚毁案籍，释五卫重囚，撤黄河渡船于横城西岸，以绝渡者。启忠逃匿，寻获之，囚于左卫。副总兵杨英先以警出屯杨显堡，不与难，所部军士闻变亦皆溃去，英走灵州。寘鐇伪授锦讨贼大将军，昂左副将军，广右副将军，诸从叛者皆为督护、总管，又令景文草伪令，传写数百纸，遣人分谕诸镇。伪令曰："近年以来，主幼国危，奸宦用事，舞弄国法，残害忠良，蔽塞言路，无复忌惮，致丧天下之心，几亡神器之重。今阖城官军共诛守臣之虐民害政者，持首来献，余不得避，奖率三军，以诛党恶，以顺人心。特兹晓谕官军人等：贸易耕种业艺者皆仍故，其逋负杂徭尽免之，仍保守疆界，听候调用，各镇军马数目及地里图籍宜即赍至，敢抗者弗贷。"(六二，1352—1354)　　甲午，虏寇庄浪，巡抚都御史张翼、镇守太监宋彬、总兵官卫勇督游击将军吴英、参将吴鋐、都指挥鲁经等御之，左监丞王欣、副总兵徐谦继后。虏败走，斩首百五十八级，各以捷闻。翼、彬等赐敕奖励，奏捷人各升一级，赏纻丝衣一袭、新钞千贯。(六二，1355—1356)　　乙未，太监刘瑾传旨，锦衣卫掌镇抚司事指挥佥事石文义、理刑副千户郝凯各升一级。命司设监太监王舆镇守陕西。(六二，1356)　　丁酉。初，给事中邵天和会巡按山西御史马昊及参政臧麟、佥事萧渊查盘河东盐课，将还，畏瑾索赂，谋于运使李德仁。德仁遂敛所属银一万八千三百有奇，和、昊、麟、渊及巡盐御史周廷徵、魏彦昭分取，各数千，潜橐至京，寄于给事中白思诚家，而德仁自入者亦数千，为瑾缉事者所发。时和已坐事为民，乃遣给事中田汝籽往按之，具得其实。还奏，有旨，升汝籽俸一级，德仁罚米八百石，和二百，彦昭三百，昊、廷征、麟、渊一百，思诚五十，各宥其罪。德仁、彦昭仍降二级，昊、麟、渊一级，廷徵以巡按陕西，俟满日治之。(六二，1357—1358)　　戊戌，户部以给事中郑裕等续查报两浙所负盐课一万三百余引，复劾御史谢莹、彭程、黄世经、姚寿、汪璧、王润，运使杨奇、晏辂并前所未及者四十九人，例应追赔。得旨："已赔银、罚米及病故、为民、致仕者已之，其前所未及者仍各罚米有差。"始御史乔岱巡盐，于浙多受商赂，复希瑾意，倡为参官之奏，害及缙绅，至是亦以负课再罚米云。(六二，1358)　　庚子，封左军都督府致仕署右都督神英为泾阳伯，锡之诰券，岁禄米八百石。

先是，英自陈在边镇旧功，下兵部，谓功次年远无考，且多移勘未报者。有旨："英亲冒矢石，屡建奇功，授钺四镇，赏未酬劳，准封伯爵。"已而吏部覆言：英在边将中诚不易得，然官至都督，亦武臣之极矣。至于剖符锡封，所宜详慎。乃复命会廷臣议，咸谓英当封，遂封为伯。时诏旨屡下，辄百余言，且责兵部及抚按不亟勘报者，皆出瑾意云。(六二，1359)　　辛丑，大理寺右评事罗侨言："顷者一春不雨，风霾累日，陛下特降纶音，蠲连坐之法，贯逋卒之限，而大学士李东阳等又条疏数事，荷蒙嘉纳，咸以天意之回在于旦夕。而斋戒浃旬，雨泽尚滞，臣愚以为天心仁爱未已，欲陛下每事惩创，扩充善端耳。夫古者视朝游观，皆有常度，贤妃有鸡鸣之告，大臣陈卷阿之咏。今陛下临朝或至日昃，宫掖之戏喧嚣达旦，殆非所以率群臣，基大业也。臣愿陛下昧爽临朝，晡时还宫，便殿则阅奏牍，暇豫则览经史，宵旰图治，率以为常。古者三公论道，工诵箴谏，故我朝以辅导责之内阁，言责付之科道。迩者百姓流移，赭衣载道，民穷财尽，元气索然，群臣闻之不敢言，以为有科道也，科道知之不敢言，以为有宰相也，宰相言之不敢尽，将复委之谁哉？臣愿陛下嘉纳谠言，凡政事得失，生民利病，与宰执商确于内，许科道直言于外，明目达聪，无致壅蔽。古者进退大臣皆有礼貌，黥劓之罪不及大夫。迩者公卿随进随罢，先朝忠荩耆德如刘大夏者尤不免于窜戍，恐非所以待耆旧、劝大臣也，愿赐放免，使得生还，以示保全之仁。古者律以禁奸，例以辅律，我朝大明律并见行条例最为精密。比者法司议罪，比附深巧，不协于中，愿敕法司今后问刑止依正律，果有情重律轻者，奏请裁决。仍乞如大学士李东阳等所议，敕三法司通查正德以来条例，议拟请自圣裁。行是数者，庶几和气熏蒸，灾眚潜消，天意可回矣。"疏入，内批谓侨回护大夏，遂援他大臣事，诘责至数百言，仍命礼部会多官议。及议上，多顺内批意。得旨："侨妄言要誉，宜罪，姑改教职，发江西原籍，化导本土奸顽。若能使风俗尽变，奏闻起用。”时在朝者为瑾积威所劫，久无建白者，侨既上疏，舆榇俟命于朝房，交游僚友莫敢往视者。比得此遣，殊出意外云。(六二，1360—1363)　癸卯，谪徐州知州上官崇戍云南澜沧卫。崇以供应荣王之国，责征雇役钱，有死者，为侦事者所发。下巡按御史逮问，当崇酷刑，赎徒为民，特令谪戍边卫。(六二，1363)　丙午，虏寇辽东寺儿山台，游击将军高钦率所部击却之，镇守太监岑章、总兵官李玙、都御史王彦奇各以捷闻，而彦奇所遣人乃其家僮，为言官所劾。有旨，执付锦衣狱，并议彦奇罪以闻，章、玙所遣人各升署职一级。(六二，1366)　命分守独石马营等处都知监太监张弼调镇守宁夏，都知监左少监马良宁夏监枪，印绶监太监姚远分守独石马营等处。(六二，1367)　辛亥，命御用监太监张永总督宁夏等处军务，御马监太监陆訚管领神枪，各赐之制敕(**广本无制字**)。选京营军精壮者三万人以行。仍令御史一人随军纪功，户、工二部各差官一人整理粮饷器物。兵部言旧无总督军务太监关防，乃特造给之。(六二，1375)

五月乙卯朔，太监张永请赏功银牌及所需粮草，且言随征官军例宜赏。诏银牌于赏军银内取用，粮草令侍郎陈震、都御史徐以贞整理；官军冒暑出征，人赏银五两、布二匹，不为例。(六三，1379)　戊午，巡抚大同都御史王绾以公事杖二人致死，为瑾缉事者所发，下巡按御史逮问，拟为民。有旨，谓巡按者庇绾，于是都察院改拟绾斩。绾复奏辩，乃从巡按所拟。(六三，1381)　壬申，以宁夏平，命总兵官神英班师，太监张永仍往会都御史杨一清等护寘鐇宫眷及械系何锦等家属至京，胁从者皆宥之。(六三，1387)　乙亥，兵部之请设陕西副总兵也，有旨令查先年奏革者主名以闻。兵部言陕西初无副总兵，总制秦纮始请设，寻复请革之，主其议者尚书刘大夏也。乃诘责大夏，以为纷更旧制，姑宥弗罪，自今设为定额，有奏革者科道劾治之。初，瑾党曹雄为陕西副总兵，纮、大夏以边事既宁，革之别镇，故瑾以为憾云。(六三，

1387—1388)　致仕都察院右副都御史曹凤卒。……正德丙寅进右副都御史，巡抚榆林，与镇守中官不合，即欲乞归，不得请。戊辰召入内台莅事，闻父丧遽归守制。时刘瑾用事，怒凤赴任后期，矫旨罢之。至是卒，如例祭葬。(六三,1388)　壬午，太监刘瑾传旨：锦衣卫带俸指挥佥事朱翥南镇抚司办事。翥姓苗，以义子赐朱姓云。(六三,1391)【考】苗翥，故太监苗逵之侄。　癸未，少师兼太子太师、吏部尚书、华盖殿大学士焦芳乞致仕。许之，赐敕，听驰驿，令有司给食米月五石，役夫岁八人。芳初荐张彩于刘瑾，以彩与己合，可共为奸利也。彩既为吏部尚书，芳与子黄中纳赂荐人，殆无虚日，彩未能尽从，遂有隙。瑾闻，亦心恶之。芳尝受俘奴之赏，盖土官岑濬妾也，色颇艳，芳以为妾而嬖焉，与其妻反目，至欲持刃杀之。瑾尝对诸司斥其过。及西事既平，颁诏赦，芳又以黄中充使，瑾于左顺门复斥芳，并怒礼部官不当承顺芳意。芳知不可复留，乃疏乞归老。论者谓芳附瑾取容而竟不容于瑾，可为进不以正者之戒矣。(六三,1392)

六月己丑，南京工部尚书俞俊以老病乞致仕，有旨不允，且谓劳勚，特升俸一级。既而俊移咨本部代陈病状，乃免之，仍令乘传归。侍郎周宏以代俊陈奏且用印，非事体，夺俸一月，该司官两月。俊为瑾所厚，故其病也，恩数犹如此。(六四,1396)　壬辰，礼科给事中陈鼎往淮安变卖平江伯陈熊产业，得银一万四千四百两有奇，还奏，有旨嘉其干事允当，加俸一级。鼎阿瑾，计直太高，时议短之。(六四,1397)　致仕少师兼太子太师、吏部尚书马文升卒。……戊戌，建州女直叛，大掠凤集诸堡，都御史陈钺欲掩其罪，屠入贡者之家，以捷闻。朝廷虑启衅，遣文升抚之，忤太监汪直，钺交构其间，由是直诬奏文升怀奸欺罔，下狱，谪戍重庆。癸卯，直败，始复官致仕。……戊辰，逆瑾擅权，坐尝举雍泰除名。庚午，瑾败，复职致仕，命未下而卒，年八十五。(六四,1397—1402)　甲午，兵部以巡按御史周廷徵勘报延、宁二镇将士功次，请如例升赏，且谓宁夏副总兵杨英所部斩获最多，分守都指挥佥事保勳次之，功亦宜录。有旨："此功本曹雄奏报，廷徵乃独归之宁夏，兵部复失查参，且混称延、宁，其自陈状。"于是尚书王敞等言："雄督三路兵出战，当为首功。且是战也，延绥将士不与，而廷徵所报籍无雄名，又混及延绥，诚误。"因自引咎。复有旨诘责，谓既知宁夏功由雄，顾以御史所报为信，于法当治，姑宥之。司属官仍各夺俸两月。已而议功，雄升左都督，英实授都督佥事，勳及诸将士升赏者凡一千一百三十九人；廷徵以陕中多故，令俟巡按满日以闻。是时瑾欲结婚于雄，故以宁夏之功尽归之。(六四，1403)　　己亥，大同镇巡等官叶椿等奏："都御史周南、户部郎中孙禄各以任内浥烂粮草，罚令加倍偿纳，久系未完，近遇恩诏，例应原免，以请。"有旨，罪南等迁延逾限，以图苟免。第免其加倍，仍如原数追赔，完日乃放为民。又诘责原监追并原籍有司徇私怠事，令责限追完，一并参奏。凡为事罚米逾限未纳者皆从而趣之，限内者如诏旨行。前此宁夏之变，瑾知人心怨愤，稍自敛戢，乃从内阁议，诏谕中外，少更其刻核之政。及寘鐇既平，旋即悔之，故虽恩诏所及，皆不得开释云。(六四，1405—1406)
赐都督同知刘景祥本身、妻及三代诰命。景祥，逆瑾兄也，冒功为锦衣卫指挥，管南镇抚司事。至是疾笃，瑾为乞恩，遂进都督同知，并与诰命。(六四，1406)　　辛丑，后军都督府都督同知刘景祥卒，以瑾兄，赐祭葬加等。公卿以下予赙惟恐后，车马日填塞于东华私第，至不能容。将葬，又往设祭，重致钱币，谓之"辞灵"。瑾败之夕，密旨封瑾门，景祥柩曳出弃于路，既而追削其官，焚其尸，闻者快之。初，京师里巷私语籍籍，谓八月十五日倾朝送葬，瑾已密与二三同恶定计，欲为变。是时夜禁甚严，犯者至死，星出后寂然无鸡犬声。有中夜窃听者，闻兵甲声铮然相继。及瑾败，先景祥葬期二日云。(六四，1408—1409)　　癸卯，兵部以五年考选军政，请会锦衣卫掌印官考选本卫千百户以下，有旨令本卫自考选。时绾卫印者杨玉，瑾之党也，尝引例欲免考，至是遂不会兵部，任意去留。阴受赂者辄署上考，其谨愿可用者以无赂或至调卫，人以故怨之。(六四，1409)　辛亥。先是，惠州之河源、龙川、兴宁，潮州之程乡贼首林贵等啸聚攻劫，久而滋蔓，流劫邻境，远近绎骚，乃命总督军务右都御史林廷选等发兵五万人讨平之。捷闻，廷选及太监潘忠等俱赐敕奖励，奏捷人升赏如例。(六四，1413)

七月乙卯朔，兵科左给事中张瓒等劾奏肃州参将苏泰等边方失事，宜罢黜；太监宋彬，总兵官卫勇、白琮、都御史张翼、巡按御史阎睿不即举奏，俱宜究治。诏以泰等失误事情，令巡按御史查勘明白，奏来处治，彬等令首实以闻。(六五，1415)　丁巳，降原调副使宁杲为山西右参议。杲为佥都御史，抚治真定，时强贼张茂于内丘县劫丁忧修撰康海财物。海，刘瑾乡人也，素与厚，贻书于瑾，嘱其捕贼。瑾令所司停顺德知府郭纴及捕盗官俸，督责之。又以杲勘报稽迟，遂降官。海言于纴曰："所失非吾财，皆瑾寄橐也。"纴乃敛诸州县民财至数千两偿海。海复书于瑾，其事乃已。后瑾败，海竟坐罢。(六五，1415—1416)　己未。先是，巡按湖广御史郑宣、清军御史王钦事竣将复命，俱刘瑾索厚贿，布政使陈良器为宣移借官库银二千余两，江夏县以钦原发赃罚银八百余两解送钦。会查盘御史冯颙至，事觉，仍以其银输库，颙因奏劾。时宣已调兴化推官矣，诏仍降二级；钦以未曾交受，仅停俸六月，良、器三月，赃罚银解京。(六五，1416—1417)　南京工部尚书俞俊卒。……俊为人峭厉，居官亦有能声，然急于进取，会逆瑾用事，俊巧于迎合，瑾悦之，骤至六卿，为士论所鄙。(六五，1417)　癸亥，加巡盐御史萧选俸二级。选巡盐河东，数月之间，督办盐课至二百三万六百余引，瑾以选勤劳，特录之。(六五，1418)　兵部奏，太监张永、都御史杨一清擒获叛贼何锦余党申居敬等五十八人，功勤可嘉。得旨："永、一清各写敕奖励，赍奏都指挥同知马钊、指挥同知朱德、谷大中、魏添爵、指挥佥事山玉各升一级,仍赏衣一袭、钞千贯。”(六五,1419)　庚午,翰林院编修焦黄中奏乞送父芳致仕还乡,并言内阁官例有恩荫。诏以芳致仕未有荫叙,升黄中为侍读,乘传还。芳父子附瑾,势焰可畏,故黄中越资骤进,时议耻之。(六五,1423)　壬申,甘肃镇守太监宋彬、巡抚都御史张翼、总兵官卫勇奏:虏入临水堡抢掠,臣等督率将士追至硝石池墩迤北,御贼二千余骑,各奋勇剿杀,共斩获一百二十九级……奏至,彬等赐敕奖励。(六五,1426)　戊寅,总督军务太监张永奏:“宁夏兴武营新设守御千户所,极临沙漠,军伍单弱,往往失利,乞将革爵寘鐇府随侍百户、旗军九十一名改拨,食粮当差,余丁三百余名随营居住,逃故二十一名清勾补伍。”兵部覆请,从之。(六五,1428)　己卯,巡抚大同右佥都御史张綸、巡按直隶监察御史聂瑄各奏分守大同西路太监何名、守备大同左卫城右监丞温暹各贪酷害人,及分守大同东路左参将王贤、守备天城指挥佥事任玺各贪墨不职,召名、暹回京,贤、玺回原卫,俱闲住。(六五,1429)　壬午,广东市舶司太监毕真奏:“旧例,泛海诸船俱市舶司专理,迩者许镇巡及三司官兼管,乞如旧便。”礼部议:市舶职司进贡方物,其泛海客商及风泊番船,非敕书所载例,不当预。奏入,诏如熊宣旧例行。宣,先任市舶太监也,尝以不预满剌加等国番船抽分,奏请兼理,为礼部所劾而罢。刘瑾私真,谬以为例云。(六五,1430—1431)

八月丙戌,封占城国世子沙古卜洛为占城国王,以礼科都给事中于聪充正使,行人司行人刘宓充副使。初,左给事中李贯以次当行,内批改命聪,盖贯因其乡人嘱刘瑾以免。才数日,瑾败,聪以为言,仍令贯往。贯至徐州遇盗,割其发,奏乞养疾于家,俟发长乃行。许之。后宓亦卒于路。贯至广东,屡奏迁延,七年不行,乃议令其国人领封册而还。(六六,1434)　丁亥,左给事中张瓒、监察御史张羽等言,武举中式官生安国等六十人,皆庸才也,宜就御前覆试，夺其俸级，并劾兵部尚书刘宇任情创法之罪。得旨："将才岂可多得，一举至五六十人，何其多耶！此辈分隶各边操练已三年矣，而一筹莫效。迩者寘鐇之叛，在宁夏者二十人，不闻立功，他可知矣。宇创法滥取，法宜究治，但已致仕，姑宥之。国等俱革其升级并加俸，令回原卫原籍差操，今后武举务精选体貌雄健有谋略、善骑射者二三人以备任使，不许仍前滥举。"时国等既以赦得还，瑾意犹怒，故讽言者劾之。(六六，1435)　戊子。先是，刑科给事中沈照勘事壶关还，惧刘瑾索赂，托顺德知府郭纴为敛属县银三百两，后纴惧事露，以首于巡按御史。时照已降湖广照磨矣，命逮问，拟为民。诏追赃完日谪戍边卫，永远不宥，仍戒科道勘事有似此者俱如例治之。(六六，1435—1436)

辛卯，命山东莱芜、直隶平山、南皮等县岁派豌豆、大麦输御马诸仓者，易以绿豆、黑豆，京仓者折银，以旱灾故也。　总镇两广太监潘忠等以广西猺獞出没，请留湖广轮戍官军万人防御，兵部议从之。(六六，1436)　癸巳，旗校刘昇自湖广还，以左布政涂旦、郧阳知府曹廉贪状言于瑾，下吏部劾治，遂黜为民，仍夺其诰敕。(六六，1437)　甲午，太监张永还自宁夏，上戎服御东安门，文武诸大臣候于桥东，寘鐇及亲属十八人有旨送诸王馆锁系，何锦及诸从逆者数百人皆反接由东华门入，献俘御前。毕，复出西华门。金鼓之声，彻于大内。是日，上置酒劳永，刘瑾及马永成等皆侍。比夜，瑾辞退。永密白瑾反状，且出袖中奏，数其不法十七事。上在酒所，俯首曰："瑾负我。"永曰："此不可缓矣。"永成等因共诋瑾，上意遂决，令长随四人往执之，上随其后。时夜且半，瑾宿于内直房，闻喧声，曰："谁也？"应曰："有旨。"瑾亟披青蟒衣以出，长随等缚之，乃夜启东华门，系于菜厂，复分遣官校封瑾内外私第。初，瑾与永不相能，永还，期以十五日献俘，瑾故令缓之。有泄其谋于永者，永遂先期入。瑾愕然，以上方向永，未有以中之。永为计亦甚秘，故瑾卒为所制。明日晏朝后，外人始微知之，犹莫敢显言者。上出永奏示内阁，遂降旨曰："朕嗣承大业，务期法祖保民，以安天下。委刘瑾以腹心，整理庶务，瑾乃不体朕心，蒙蔽专擅，变乱成宪，肆行酷虐，使官员军民无不受害，愁叹之声，有干和气，朕深悔焉。瑾降奉御，令凤阳闲住。文武官员顺从缄默，多非得已，今皆贷之。各处新查屯田文册，即令烧毁，照旧征收。巡捕(**广本作捕盗**)、巡盐、查盘等项新设官员并革去。法司问拟囚犯，但有新例，俱改正，一照旧制行。凡瑾所行有亏国体者，法司即会众官一一条具奏革。瑾所当坐罪名，从重议拟以闻。"是时，事猝从中发，逻卒飞骑交驰于道，黄纸黑索，惊骇见闻，衣冠失度，府寺闾巷喧嚣如沸，浃日乃定。(六六，1438—1439)【考】张永发刘瑾之罪，时三边总制杨一清实与谋之，见《西征日录》(载《杨一清集》)及焦竑《玉堂丛语》卷二《筹策》。又，劳堪《宪章类编》卷三六："正德五年八月，命太监魏彬掌司礼监印。"《继世纪闻》卷三："时刘瑾虽诛，而政权仍在内臣。魏彬掌司礼监印，决大政。马永成等又奏，有旨：'凡朝廷大事，须彬等同议。'"　　丁酉，命锦衣卫都指挥佥事张容掌印管事，提督官校办事。容，太监张永弟也。(六六，1440)　下刘瑾于狱。瑾降奉御，上犹未有意诛之，及亲籍其家，见金银累数百万，其它宝货不可胜计[1]，又得伪玺一，牙牌五百，扇中所置刃二及衣甲弓弩之属。上大怒曰："瑾果反！"乃以付狱。于是六科给事中谢讷、十三道御史贺泰等列奏瑾罪曰："近者寘鐇谋反，由瑾差官丈量田地，克害军民，故彼得借以为名，几危宗社，罪一。私藏军器，伪造御玺，扇中藏刀出入禁闼，阴谋不轨，罪二。掘郊坛后土以营私室，罪三。今春下赦，瑾以恩不己出，复矫诏沮格，充军者仍解原卫，罚米者仍令追纳，冠带闲住者仍令革去，逻卒取回者仍遣四出，新例病民者仍复引用，播弄威权，违悖诏

---

① 抄没刘瑾家财，《继世纪闻》卷三、田艺蘅《留青日札》卷三五《刘瑾》及郎瑛《七修类稿》卷一三《国史类·刘朱货财》都有记载，然其数多过巨。拙作《刘瑾的家产有多少》(《三峡文化》2005 年第 1 期)有所考辨，可参看。

旨，罪四。宁府已革护卫，瑾受赂准复，罪五。诸司章奏皆关白而后行，在外镇巡官奏事，皆先以揭帖取进止于私宅，或奏未进，先授以旨，中外传播，及次日奏下，无一字异者，人呼瑾为'立地皇帝'，罪六。罗致占候者，日与私语，及天象有变奏闻者，辄加罪责，灾异阻令弗奏，罪七。非罪滥及良善，三四年来枷号死者何止数千人，罪八。受神英赂，封泾阳伯；陈熊谢薄，革爵没产，罪九。以焦芳、刘宇、张彩、曹元为心腹，杨玉、石文义为爪牙，孙聪、张文冕为刀笔。宇初任巡抚，瑾受赂数万，得入掌院，旋迁尚书入阁。其子俸拜瑾为父，滥受指挥，次子仁传奉为庶吉士，寻授编修。焦芳朋比党恶，其子黄中及乡人胡缵宗俱传奉检讨。又变成法，多刊制策二道。未及一年，黄中传升编修，又升侍读。内外官不时访察，任意黜陟，罪十。用侍郎韩福肆虐湖广，馈银至十余万两，盗贼缘此蠢起。又革四川、江西兵备、郧阳巡抚，无以制盗，罪十一。都御史刘宪、刘孟以小过械系，宪死狱中，孟枷部门。顺天府丞周玺与杨玉有隙，文致其罪，死于杖下。故都御史钱钺、王嵩、尚书秦纮、侍郎黄景、通政强珍，皆以私怨籍没其家，罪十二。升迁官员，拜谒门下，仍致赂遗，谓之'谢礼'，否则辄加罪谴。朝觐官至京，索赂动以千数，谓之'拜见礼'。各官回任，倍取之民，以致民穷盗起，罪十三。内外官不分公私过名，皆追夺诰敕，罪十四。官员罚米，动至数千，少亦不下数百，虽年远身故者不免。又各仓粮草有浥烂亏折者，械系历年巡抚都御史，加倍责偿，罪十五。以严刑峻法钳天下之口，台省科道皆不敢言，罪十六。缉事校尉分道四出，所过有司莫不郊迎厚赂，贤否祸福系其一言，天下骚动，罪十七。增陕西等处解额，改会试南北中卷，又因私忿令余姚、万安、新城三县不选京职；巧立扩充政事名目，改调翰林院官，罪十八。曹雄子谧为瑾侄婿，先入[已]输粟入监，辄立改文就武名目，升千户，罪十九。请亟赐诛戮，上以慰祖宗之灵，下以雪臣民之愤。"奏入，上是之，令法司、锦衣卫执瑾于午门前,会多官鞫讯。巡抚、兵备官裁革者添补。考察京官、乡试解额并会试南北中卷俱如旧制。余姚、万安、新城三县仍选京官。翰林官调外任者具名以闻。文武官诰俱免追,已追者仍给之。追赔浥烂粮米并罚米者免之。职官籍没家产不系叛逆者,仍返其田宅。韩福黜为民,刘俸、曹谧革职闲住;神英革伯爵,仍为右都督;焦芳、刘宇既致仕,已之。其余应改正者,诸司详拟以闻。既而鞫瑾于午门外,刑部尚书刘璟畏瑾,噤不能出一语。诸公卿旁列,亦稍稍退却。独驸马蔡震折斥之。瑾仰曰:"若何人,忘我德?"震厉声曰:"震国戚,何赖于汝!"呼官校前拷掠之。是日微震,几不成狱。(六六,1440—1444)【考】刘瑾案刑部鞫问题本,见谢蕡《前鉴录中》,载《国朝典故》卷一〇八。又王忬撰《明中宪大夫知建宁府端岩张公(文麟)墓志铭》载:"(张文麟)遂擢刑部广东司主事。司所治金吾缇骑,于他曹号剧难举,选愞者至取风旨,首鼠观望,而独公伉以惠文弹治之。尚书雅重公。故事:诸曹郎习亭疑法,专平敏断者选治尚书章奏。公遂治尚书章奏。属安化王叛就捕,而中贵人瑾私之,阴喝有所上下。公业自如。无何,瑾亦败,下司寇狱。公议大逆无道,上诏可。是时太宰闻公与公同舍郎也,实共治瑾狱,所传爰书称天下,以为廷尉絜令云。而瑾从子二汉者尚幼,众疑其诛,且宽之,以属公。公持不可,曰:'瑾为谁反邪?'即罪坐所由由,二汉竟坐诛。而他族属可三十人,尝别籍矣。深祸者穷治,谓宜从坐,公又持不可,曰:'此不与于瑾荣者也。'别以次减死论。时变起暴猝,人人持意行法,而公独多所裁正,虽尚书亦自谓不如。"[1]　戊戌,大学士李东阳上疏言:"臣误蒙先帝及陛下委托,扶衰力疾,强效驰驱,顾以驽劣之材,绵薄之力,诚不足以动物,术不足以救时。比者刘瑾专权乱政,备员禁近,事体相关,凡票本拟旨、撰写敕书,或驳下再三,或径自改窜,或带回私宅,假手他人,或递出誊黄,逼令落底,真伪混淆,无从辩白。虽委曲匡持,期于少济,而因循隐忍,所损亦多。荷蒙渊衷明见,谓不干内阁,然玉

① 墓志全文见周公太《文徵明书〈张文麟墓志〉研究》,《文物》2011年第2期。

毁椟中，亦难辞责，理宜罢黜，更复何言？伏望特降俞音，放归田里。”上曰：“卿以宏才硕德，佐政先朝，嘉谋嘉猷，播在天下。先帝顾命，辅导朕躬。四五年来，刘瑾恣为蒙蔽，卿委曲匡持，朕已具悉，宜安心办事，不允所辞。瑾乱政害人事件，即令各衙门逐一查革改正。”(六六,1444)　　己亥，大学士曹元罢。瑾既败，元上疏，言愿宥不职之罪，开更生之门，为太平之民，守先人之墓，辞极哀鸣。诏准致仕，寻复黜为民。元历任中外，无他才能，徒以瑾亲党骤进本兵，又冒入内阁。居之不疑，对人惟日饮无何，谐谑道市井鄙语而已。老无子息而盛治居第于京师，其亲知多窃笑之。每从瑾所饱饫而出，意气得甚。瑾败，所藏违禁服用每乘夜窃焚之。未几贫悴，遂市其居于贵家。将死，自作墓铭曰：“我即死，谁肯铭我？”评者谓其犹愈于焦芳之怙终稔恶云。(六六,1446—1447)

户部尚书刘玑、兵部侍郎陈震罢。玑、震俱瑾乡人。(六六,1447)

辛丑，科道等官复自劾不职，因劾内外官为瑾奸党者二十六人：大学士曹元，吏部尚书张彩，户部尚书刘玑，兵部右侍郎陈震，南京礼部尚书朱恩，都御史魏讷、杨武、刘聪、徐以贞，翰林院修撰康海、侍读焦黄中、编修刘仁，大理寺少卿董恬，南京太常寺少卿刘介，去任司务孙聪，都给事中李宪，捕盗御史薛凤鸣，员外郎改御史朱衮，河南佥事白思诚，参议王钦，掌真定府事参政杨仪，顺庆府知府庄襗，徽州知府柯英，杭州知府杨孟英，吏部郎中王九思、王纳诲，请明正其罪，或赐罢黜。得旨：“瑾引用憸邪，布列中外，或交通贿赂，或凭借权势，或阿意奉行，盗窃名器，图利害人，致伤国体，法当重治。但以连及者众，姑分别等第处之。彩已逮问，元、刘聪、震、宪、海、恬、襗、讷、武、凤鸣、孙聪、仪、思诚、恩、英、钦、介、孟瑛、黄中、仁俱黜为民，以贞、衮、九思、纳诲降二级调外任，玑已致仕，已之。新升佥都御史萧选阿奉超迁，革其升职。并翰林院传奉检讨、庶吉士者俱对品调外任。文武官为瑾挟私废黜者非一，吏部访其才可用者以闻。各科道官以言为职，乃不能预发瑾奸，既引咎，姑宥之。”于是以贞降凤翔府同知，选鄜县知县，九思寿州同知，纳诲易州同知，衮新昌县丞；其与黄中同传奉为检讨者为胡缵宗，调嘉定州判官，与仁同传奉为庶吉士者为编修邵锐、黄芳，主事李志学、韩守愚亦俱调外，芳宁国府推官，志学真定府通判，守愚济南府通判，锐以丁忧，令俟服阕调用。(六六，1447—1449)　壬寅，都给事中李宪奏瑾不法六事，令多官并问以闻。宪，瑾党，既为言者所劾，内惧，求自脱，故为此奏，人益鄙之。瑾在狱闻之，笑曰：“宪亦劾我乎?”(六六，1449)

左给事中等官张瓒等劾奏陕西总兵官曹雄与刘瑾交通贿赂，结为婚姻，增置挂印，总揽众权；都督毛伦纳赂冒升，并及家人陈鉴亦传升指挥；伏羌伯毛锐求管漕运，纳货不赀；浙江都指挥佥事刘昶、备倭佥事魏文礼、先任扬州备倭官袁杰、凉州副总兵徐谦，俱以赇进，内外交通，骄纵不法，乞执送法司明正其罪。得旨：“尔等言是，雄、伦已有别旨，锐着回京，昶、文礼、杰、谦各回原卫闲住，鉴革职为民。”(六六，1449—1450)　癸卯，致仕太子少保、吏部尚书许进卒。……弘治初为右佥都御史，巡抚大同，与太监石岩互讦，降兖州府知府。……以荐都御史雍泰为南京户部尚书，触刘瑾怒。会推署员外郎主事刘吉为署郎中，瑾摘其违越，勒致仕，又诬其推泰为私，复落职为民。乡人乘间诬奏进不法，进自是抱愤不胜，未几卒。其子诰乞祭葬，与之。进素悻直，敢于犯权贵，不避利害，故屡遭挫抑而名辄随之。然亦多权术，人不能测，其为吏部时，瑾所用书办官刘遐、刘淮常出入其门，进退百官，多徇瑾意，每选，私讽丞簿以下能赂瑾者辄听瑾嘱，与善地，以悦瑾。大学士焦芳、兵部尚书刘宇与进同乡，不相能，二人阴中之，乃得罪去。进将行，以金银赂瑾，觊免后祸，又为瑾所薄，曰：“进此银或取诸俸钱及皂隶柴薪，其金则何从得之也?”(六六，1450—1451)　捕刘瑾内行厂官校彭玉等五十七人，杨玉司房旗校秦志通等五人，置于狱，令拷讯以闻。杨玉既下狱，科道等官因劾玉先年勘事辽东，诬枉人罪，蒙先帝优容，不即诛戮，调广南卫副千户。乃乘刘瑾专权，夤缘进用，升锦衣卫都指挥管事。考选军职，擅自去留；贪财坏法，何止万状；遍差校尉，多树爪牙；密共奸谋，亲为心腹。刘瑾之恶，由玉以成，乞将玉肆诸市朝，以泄神人之忿。奏入，命都察院并问以闻。(六六，1452)　甲辰，浙江道监察御史舒晟等劾奏致仕大学士焦芳、刘宇阿附权奸，夤缘入相，党恶之罪，同于张彩；去任侍郎韩福，阴诈回邪，谄媚权奸；兵部尚书王敞交接权贵，荐陟崇阶；通政吴釴小道取容，擅权纳赂；南京工部尚书李善、都御史屈直贪婪桀骜；刑部右侍郎张子麟、南京太仆寺卿王彦奇清议不齿；工部右侍郎胡谅处脂膏而大肆奸贪，丁忧都御史马炳然司郡牧而首先纳赂，南京户部尚书张澯催科急而存媚灶之心，南京礼部侍郎常麟素行亏而滥叨春卿之位，秦昂出按西藩而为营私第，赵松违限赂免而反得美官，左布政潘楷、按察使张祯贪滥幸进，府丞石禄、按察使仲本奔竞取容，检讨段炅之阴险，主事侯自明之轻浮，员外郎徐璁、寺丞纪世梁贪财怙势，御史宇文钟陷害忠良，皆刘瑾之党。芳、宇、福虽已闲住致仕，然罪恶深重，必重治乃快人心。会礼科左给事中李贯等亦以为言，且及副使闾蒙、郎中高选夤缘升迁，并乞罢黜。上俱纳其言，谓芳、宇、福已有旨，姑置之，敞、釴、子麟、炳然、澯、麟仍留用，善、直、彦奇、谅致仕，昂、松、璁、世梁闲住，楷、祯、钟为民，禄、本降三级，澯、选降二级，自明、炅对品调外任，本寻调两浙盐运司同如，洁延平府同知，自明安庆府通判，禄茶陵州知州，选均州同知，炅徐州判官。炅为焦芳门客，援致翰林，又以陕人，与刘瑾、张彩皆厚善。后瑾少厌芳，炅、彩因共倾之。至是被谪，众称快焉。(六六，1452—1454)　罢苏、松等府新佥民壮。始刘瑾添设江南巡捕御史，点佥民壮，所在骚扰，至是巡捕御史已革，故并罢之。　太监谷大用为官校指挥佥事韩端等乞升，兵部覆请，得旨："大用提督官校缉捕奸恶数多，岁加禄米十二石，端等二十四人各升一级。”(六六,1454)　丙午,命南京兵部员外郎徐穆、刑部员外郎吴一鹏、工部员外郎汪俊、丁忧拟调南京兵部员外郎顾清、礼部署员外郎贾詠、吏部员外郎刘龙、兵部主事李廷相、户部主事温仁和、吏部主事董玘、刑部主事翟銮、南京吏部主事崔铣、户部主事易舒诰、礼部主事汪伟、穆孔晖、丁忧拟调南京礼部主事陆深俱复原职,穆、清翰林院侍读,一鹏侍讲,俊、詠、龙、廷相、仁和、玘、銮、铣、深编修,伟、孔晖、舒诰检讨。初,焦芳及其子黄中暨段炅乘刘瑾恶翰林,因挤其所素怨及所忌者假扩充政事之说调之,及是瑾收,穆等始复,而黄中、炅皆削夺云。(六六,1455)

丁未,复革宁府护卫。天顺初,宁靖王有罪,革护卫为南昌左卫,隶江西都司,已五十余年。刘瑾纳宸濠赂,矫诏复其护卫。至是科道以为言,兵部请改正,故再革云。(六六,1456)　戊申,刘瑾伏诛。瑾,陕西兴平人,本姓淡,幼自宫投中官刘姓者得进,因冒其姓。鸷悍阴狡,有口辩,常慕王振之为人。在孝庙时,愤郁不得志,每切齿大臣。上登极,瑾以执役钟鼓司,与同辈谷大用等俱得幸,外廷攻之甚急。瑾大言曰:“此由司礼监无人耳!”同辈以为能,因共推引入司礼。由钟鼓司而入司礼,瑾以前盖无有也。时上希亲政,且厌苦言者,瑾揣知上意,巧为迎合,乃变置大臣,日求官僚细过,深文以督责之。言官小有触犯,辄中以危祸。散遣官校,远近侦察,使人皆自救不给,莫敢进言。上喜谓瑾可任,乃悉以机务委之,大小章奏不复亲决。瑾持回私第,与孙聪、张文冕辈撰伪旨,付外施行,多或累数百语,任其恣睢,往往有不可解者。诸司事无巨细,必先关白而后奏闻。在外镇巡以下官奏事,皆先以红揭帖取进止,谓之“红本”,其下通政司者谓之“白本”,由此大权一归于瑾,天下不复知有朝廷矣。始焦芳泄外廷谋,瑾德之,援入内阁。芳亦欲倚瑾为奸,中外附和,凡瑾所言,与芳如出一口,其所中伤,无不立应。瑾又用乡里亲故曹元、刘宇、张彩并杨玉、曹雄、毛伦等布列要地,以为心腹爪牙,变易选法，任情黜陟。升官谢薄者随即革罢，加贿又辄用之，或径自传奉，或别本带批，惟意所欲，无复顾忌。各处镇守中官辄假以便宜行事，抚按官亦以贿瑾故，竞为苛敛，将官或失律不究，反加升擢，有至伯、都督者。宁府已革护卫，瑾受贿复之，常与交通，以养成其乱。公侯勋戚以下因事私谒者，率叩头为一拜礼，瑾倨受之，小拂其意，麾叱如仆隶然，往往惶怖踧踖，不敢仰视。至有奏内不书名，直称为"刘太监"者。凡公差官还，馈送少不满意，即诬以重罪。官员坐事罚米，动至千百石。又钩致远年故牍，钱粮亏损非侵盗者概加倍追赔，以至身亡家破者不可胜数。创为新例，罪无重轻，类以决杖，永远戍边，或枷号发遣，枷数日辄死。数年死者殆数千人，或一家有犯辄连坐左右邻，有瞰河而居无右邻者，以河外居民坐之。屡起大狱，枷三品以下官及籍没已故、致仕大臣，并收其妻子谪戍，冤号之声闻于道路。民间稍有违禁，事觉即举家收捕，寘之重典。故官校一出，所过皆厚赂之，虽远方小邑，莫不畏瑾之威，重足屏息，惟恐得祸。瑾又欲私取天下库藏，及剥敛民财以益其富，添设巡盐、巡捕、查盘等官，四出搜索，法令日繁。又差官检核各边屯田，倍增其税。于是天下纷纷多事，民不堪命，盗贼乘之而起。寘鐇之变，移檄以诛瑾为名，官司封上其檄，瑾匿不以奏。至是为张永所发系狱，按治反状。盖术士余曰明、余纶、余子仁辈常出入瑾家，以瑾侄孙二汉者当大贵，瑾遂有不轨之图。凡四方灾异及天象有变，瑾俱禁令勿奏。兵仗局太监孙和尝私以衣甲遗瑾，镇守两广太监蔡昭、潘牛为造弓弩，瑾皆私贮之。又造伪玺，藏刀扇中，出入宫殿。皆谓瑾罪大恶极，反形已具，当寘重典。狱上，命徇于市，凌迟三日，不必覆奏，仍以招情并处决图状榜示天下。行刑之日，仇家每以一钱易一脔，有得而生啖之者。海内闻之，莫不踊跃相贺。瑾窃柄五年，骄横无上，生杀予夺，皆自己出，累朝成宪，变易几尽，自古宦官肆虐未有如瑾之甚者。上信任既久，威柄已移，一

旦震怒，去之不疑，卒能正其法，由上之英断也。(六六，1456—1460)

谪前侍郎韩福戍固原卫。福，瑾乡人，赈济湖广时，敛银巨万馈瑾，致所在盗起，累年不靖。后又差往辽东丈量屯田，致锦、义二城作乱。瑾败，为言官所劾，令为民。瑾狱词复连及福，故治其罪。　复指挥徐鲲职。鲲前得寘鐇檄文，以示人，瑾怒，坐以斩罪，举家戍边，至是命复之。(六六，1460)　己酉。初，瑾欲钳制言官，令锦衣卫官朝夕点闸六科；又用刘宇言，敕都察院得挞辱十三道御史。至是瑾败，科道始以为请，俱革之。　诏官员犯罪充军应放免者，不分"永远"字样，悉皆释放；已放释者(**广本作未去者，是**)免赴伍，其为民不犯赃者，仍冠带闲住；□□发为民者，仍查原犯事情以闻。从都察院奏请改正瑾之弊法也。(六六，1461)

庚戌，复给兵部尚书刘大夏、都察院左都御史潘蕃诰命。大夏、蕃以忤瑾为民，追夺诰命。吏部议请改正，从之。(六六，1462)

辛亥，陕西巡按御史周廷徵奏："宁夏之变，由太监葛全、都御史曲锐失之宽缓，总兵张安、温恭失之严刻，都御史安惟学志在立法，复为太监李增、总兵姜汉所挠，所以激而生乱。即今进贡之途未塞，需索之患未消，忠孝之理未明，宗室之骄未减，科敛之弊未除，军民之怨未息，凡是数者，悉宜图之。太监张弼、都御史马炳然以宽代严，总兵杨英未协人望，仇钺虽有功，亦非任重致远之才，俱宜更调。监枪少监马良，所过残酷，宜取回。宗室子弟宜严加教养，使无蹈寘鐇之失。宁夏应贡沙豹等物俱宜免之。"礼部议覆："教养宗室子弟，宜如尚书马文升所奏例，藩王有过，专罪辅导官；郡王有过，专罪内使、教授。若私相隐匿，听巡抚官具奏，长史、教授黜任远方。"从之。(六六，1462—1463)　壬子，复设云南、贵州、山东、河南、山西、江西、郧阳、蓟州、保定、苏松、凤阳巡抚都御史各一员。先是，巡抚为刘瑾所革，吏部以请，得旨："此累朝定制，其复之。"时右佥都御史王哲巡视江西，遂改为巡抚。(六六，1463)【考】刘瑾诛，其所更张皆复旧，首复者，为先革之巡抚。①　癸丑，南京右都御史张鼐卒。……正德初巡抚宣府，寻召入院，升右副都御史兼理军职贴黄。会章丘知县訾绶犯赃当革职，宁海卫军沈洪杀人当抵死，皆重贿逆瑾，欲为辩明，鼐执不可。瑾怒，乃升右都御史，令掌南京院事。比去，大学士焦芳之子黄中欲强市其居与其党通政参议魏讷，鼐不从。芳亦怨之。仅旬日，以辽东浥烂仓粮事，嗾瑾矫诏逮系。鼐罚米二千石，三年方事竟，褫职。瑾败，诏复其官，而鼐已卒矣。至辛巳，今上(**按，指世宗**)御极，诏瑾时守正被害者畀恤典，乃赐祭葬如例。(六六，1464—1465)

九月丙辰。先是，国子监以监生多至二千二百以上，廪饩不给，礼部议如先年例，减历以疏壅滞。寻有旨，令今年岁贡生放回依亲，俟一年后与纳银者相兼行取。祭酒王云凤因奏留岁贡者二百名，令自备薪米肄业，至十月始准食粮，余皆放回；且请定坐监人数，岁以一千二三百为限，而停罢减历例。既而监生哗然诉奏。下礼部覆议，谓岁贡生放回乃出刘瑾意，且所留二百人令自备薪米，非养贤体；况云贵远方者亦放回，人情不堪，宜如前议，将历事者仍递减坐监，人数岁以三千为常岁，贡生在监者通准食粮，已放者悉令行取，其纳银生未放而年岁不及者乃令自备薪米寄监读书。诏可。(六七，1468—1469)　太监张永遣指挥佥事谷本、正千户朱安解宁夏逆贼冯经等七人，指挥佥事王瓛解寘鐇及何锦等家属三百三十余人至。有旨，各升一级，赏纻丝衣服一袭、钞千贯。于是本、瓛升指挥同知，安指挥佥事。本，太监谷大用家人；安，义子；瓛，张永用事人也。(六七，1469)　加太监张永禄米岁四十八石，赏银二百两，纻丝五十表里；陆訚禄米十二石，都御史杨一清太子少保，各银五十两、纻丝五表里。封总兵仇钺为咸宁伯，并升赏署都督佥事杨英等有差。先是，巡按陕西御史周廷徵奏上宁夏功次，以钺奋勇出奇，克平祸乱，永调兵设谋，及都

① 可参看廖心一《刘瑾“变乱旧制”考略》，《明史研究论丛》第3辑，1985年。

督曹雄俱为一等;都指挥郑卿等督军夺船,守义抗贼,为二等;都指挥韩斌等传书讨贼,提兵策应,为三等。兵部覆议,得旨:"永奉命出师,平定反逆,抚安军民,又能奏诛逆瑾,潜消祸变,功绩甚大,岁加禄米及赏恩止其身,未称报功之典。其兄富、弟容宜有推荫,兵部议拟以闻。"英升三级,卿三(**广本、抱本三作二,当是**)级,斌等及有功官军一等者二级,为从及二三等者一级。雄已系狱,故不及。又以镇守太监张弼、巡抚都御史马炳然及廷徽亦与有劳,赏弼银三十两、纻丝二表里,廷徽银十两、纻丝一表里。初,寘鐇之叛也,同谋者惟周昂等十八家及安化府中人耳,其平也,内则仇钺反正之功,而贼之不能渡河者本都指挥史镛预夺其船之力也。贼平已二日,雄始至,以婚于瑾故,廷徽亦列之一等。英初闻变,遂弃军渡河,欲逃归,为镛等所留,贼平始入城。又申居敬等六十一人为夜不收,乃何锦未反前三日,总兵姜汉所选,实未尝从逆。永至宁夏,求功不已,抚巡官以居敬等应之,遂指为从逆者尽戮之,而归功于其部下都督佥事蓝敬等,盖三百余人。(六七,1469—1471)　己未,封太监张永兄富为泰安伯,弟容为安定伯。兵部尚书王敞等会英国公张懋、尚书刘机等议,以仇钺功止一方,已封伯爵世袭,永辑宁中外,两建奇功,又非钺比。其兄弟并宜封伯,以称国家报功之意。议上,乃封富、容为伯,与钺赏给诰券勋号皆"推诚宣力武臣、特进光禄大夫、柱国",禄米岁各千石。时永既诛瑾,诸与瑾私者,惧及祸,争媚永以求自安。二伯之封,盖敞辈二三人成之云。(六七,1472—1473)　庚申,国子监祭酒王云凤乞休致,不允,改南京通政司右通政。初,云凤为陕西提学副使,榜笞生徒,同于拷讯,有至死者。瑾闻而喜之,复以张彩荐,遂擢为祭酒。及进谒瑾,瑾诧其多髭,叱曰:"何物祭酒,一嘴猪毛耶?"云凤惶恐跪谢。后上章,请以瑾所行法例刻板,永著为令。又欲请瑾临太学,如唐鱼朝恩故事,士论鄙之。及瑾败,为科道所劾,云凤内不自安,乃有是请,犹以平日虚名得免于罪云。

(六七,1473—1474)【考】王世贞《弇山堂别集》卷二六《史乘考误七》曰:"按虎谷(云凤字)之用,似亦张彩之力,但此公名臣,直节素著,岂应一旦狼狈至此?况引鱼朝恩例,使瑾知之,不益其怒耶?以后言官论列,亦有及此者。然周文端(经)一代名臣,尚不免李广之波及,言路语亦未可全信。" 升通政司通政使丛兰为户部左侍郎兼右佥都御史,督理宁夏、延绥、甘肃三镇粮储。先是,总制都御史杨一清以宁夏中、东、西三路粮草匮缺,请发银十万,召商上纳,并给还旧所欠诸商价。户部议从其请,且言自刘瑾专政以来,查盘之狱大兴,而有司不敢预收,招纳之价不定,而商人不敢报中;加以粮料常与折银,不支本色,以致公私匮竭,上下嗟怨,不独宁夏为然。宜遣大臣一人督部属三人整理。乃有是命。(六七,1474) 礼部言:"追夺大学士刘健,吏部尚书许进、马文升原赐玉带及衣服送官,皆刘瑾伪旨,宜给还。"内批已之。盖瑾党尚有憾于健等云。(六七,1474—1475) 辛酉,工部查奏刘瑾乱政害人事:"一、亲王并妃薨逝,宜照旧差官造坟。一、自来内臣已故,父母无修坟盖祠例,宜令陕西布政司将瑾父荣祠堂、碑亭、石器等项拆毁没官。一、内臣无生前造坟建祠例,宜差官将瑾朝阳门外祠堂拆毁还官。一、在京军民各色匠艺,犯该窃盗、掏摸、抢夺一应情重者,方拟炒铁,其情轻者宜仍旧例做工。一、法司问拟徒杖囚犯,情重炒铁者,宜革除"永远"字样。一、造作军器不堪者,提调三司及军卫有司正官并管局官家产入官,宜如旧例,止参问降级。一、盗决河防,宜依律科断,其充军降级事例革之。一、抽分厂主事任满照旧造册缴银,报本部,不必再行类奏。一、长宁伯周彧崇文门外房屋不应没官,宜给还管业。一、各处府县卫所解送戊字库盔甲、弓箭不堪者,宜照旧领回改造补纳。一、瑾奏占猫竹厂地并吞并小民房屋坟墓及在官草场几千余区,宜以厂仍还本部堆放竹木(**广本放下有猫字,木下有料字**),官民地土查明还官给主。一、戊字等库验收银朱胖袄等项杂料,不必添差主事监收。一、管理通州闸座兼督尹儿湾五厂主事，宜仍旧三年更替。”得旨：“如拟改正，其占买官民地土俱入官，京城内外并原籍祠、碑亭、石器等项系瑾本身者拆毁，其父母者不必动。朝廷内外官一体，内臣建祠造坟亦先朝旧例也，该部不谙事体，堂上官夺俸二月，该司官三月。”(六七，1476—1477)　壬戌，复尚书刘机仍支正二品俸，致仕侍郎杨守阯、王华原职。机等以纂修《会典》，为刘瑾所裁抑，至是皆改正。(六七，1477)　十三道御史赵应龙等劾奏右副都御史杨纶行奸心险，貌厚情深，以刘瑾有乡里之亲，张彩有腹心之托，自按察未几而为巡抚，巡抚未几而入内台。二奸既败，纶岂独存？况纶为彩所用之人，而复治彩之狱，故观望迁延，以希轻典。且曹元、陈震以瑾党犹知引罪自陈，今二人既罢为民，而纶安居如故，又元、震之罪人也。乞即罢黜，以清朝列。六科给事中胡玥等亦劾之。得旨：“纶既因瑾进用，又不自陈引避，令致仕。”时纶方与段炅争买居第，不虞其皆败，士论嗤之。(六七，1477—1478)　复浙江等十三布政、按察司分守、分巡官旧制，仍每年一更；革添设布政司管粮参议十三员及陕西佥事一员，浙江、陕西管粮官仍设参政各一员，以吏部查奏改正也。(六七，1478)　乙丑，吏部尚书刘机等查奏考功司所掌考满、朝觐等事，自正德二年以后为刘瑾纷更者二十四条，请改正。从之，其巡检给由；军囚不满三十者，如成化初例降边方杂职，无者黜为民，除充军之令。　复设四川建昌、威茂、叙泸、安绵、东达等处兵备副使，凡五人，皆为刘瑾所革者，守臣以盗贼蜂起请复添设。兵部议从之。(六七，1479)　丙寅，御史高坛等二十四人奏：“臣等俱由进士授两京部寺官及在外推官、知县等官，历升有至郎中、员外郎、寺副者，后改授御史，此刘瑾时事也，急当厘正，请下吏部、都察院议处。”部议以为事非旧例，固当改复，但各道乏人，宜仍留供事，惟柴薪、俸级考满叙迁当各从改任之日扣计，不得复援旧阶，其有愿复旧职者听。得旨，俱留供事，后御史员缺，仍从旧制考选。时二十四人内不自安，姑为此奏，亦竟无愿复旧职者。　赐宁夏镇守太监李增祭一坛，以死于乱也。(六七，1480)　戊辰，户部查奏刘瑾变乱旧制三十余事："一、甲字等十库添差太监二员，户、工部属三员宜革，并免皇店税。一、各处大户钱粮寄库三月以上未完，不准正数，仍令重征并治官吏罪者宜免。一、九江等七钞关，本部委官，令六年更代，税有羡余者旌奖升擢宜仍旧岁。一、更税如常。一、停止各边运送年例银及运司开中引盐宜复。一、刷印盐引仍隶南京户部。一、停止差官查盘钱粮。一、浙江布政司额外岁补进银矿课二万并福建税课司、河泊所新增钞额，大同应州盐锡宜罢(**抱本罢作并**)。一、亏折盐课责令原任御史等官鬻产陪纳，宜令未纳者俱免。一、河南、山东起运京边粮草加添帮价并山东岁派海运布绒折银宜革，仍造海船以复旧规。一、差官丈量各边屯田，侵夺民业宜焚其籍，其清查王府功臣及没官田土派民起科者俱免之。一、富民兑买王府禄米戍边没产宜如律例问拟。一、周府护卫所遗营地、徽府广润坡庄田及各藩府改给食盐岁加禄米并折色改本色俱革仍旧。一、官员罚米违限倍征已遇赦宥而逮系如故者悉免。一、北直隶屯田佥事改差御史，凤阳仓添设监收内臣，各布政司管粮官革其敕，及有司粮未完迁转者不许离任，宜复旧。一、钱粮总目已具册者，不必疏陈。"诏俱改正。(六七，1481—1483)　己巳，复平江伯陈熊爵。初，熊总督漕运，忤刘瑾，械系至京，削爵没产，毁其诰券，并家属发戍海南。瑾诛，给事中谢讷等请原之，下吏、兵二部会三法司议，谓熊所犯非自盗赃，瑾锻炼成狱，非朝廷优待功臣之意，宜复其爵。命多官廷议，皆言熊以非罪窜逐，宜复。于是上念熊祖瑄以靖难功臣开通漕运，劳勚甚大，封爵荫叙实出祖宗赏延之典，而瑾挟私蒙陷，其赦还，复其伯爵，仍给诰券，以存世禄，止革其管军管事。(六七，1483)　壬申，复以李鐩为工部尚书。张永自宁夏班师，过汤阴，鐩敝衣破冠，束所赐玉带，跪迎于路。永惊曰："何至是！"鐩因乞怜。永还朝，首令吏部举之。

(六七,1484)　六科给事中张润、十三道御史房瀛等言:“逆瑾已诛,群党继黜,其遗奸尚存者如尚书毕亨、洪钟、柴昇、刘璟、刘缨,侍郎李瀚、夏昂、陆完、崔岩、张志淳,都御史文贵,大理卿张纶,府尹陈良器,御史崔哲、李纪皆赂瑾求进者也。亨闻瑾败,感念私恩,为之泣下。钟掌宪议法,惟事迎合,至挞属官以张威;及总制军务,复湛乐玩寇;升巡抚陕西,为瑾治第修坟,极其华侈,民受科害。缨、志淳当瑾初炽,攘臂纳赂,一时小人靡然争趋。瀚总督漕运,贻毒江淮。昂行污,完心险,而皆巧于夤缘。岩督理河渠,偾事尤甚。贵假修墩台,盗国财凡数十万,而太半输之权门。纶侧媚小人,与瑾旧识。良器先任藩司,黩货无厌。纪以亲故,哲以府同知,而皆营任风宪。佥都御史张褘、大理寺丞张襘、都给事中段豸、尚宝司卿吴世忠、司丞屈铨、御史周霖皆助瑾为虐者也。褘、襘、豸查盘苛察,世忠请清查屯田,铨请刊行新法,霖恃同乡,大坏风纪。他如都御史林廷选一岁屡迁,功名实损于宪副;通政王云凤五经扫地,行检有玷于司成;太常少卿杨廷仪力致要地,侍郎李逊学升越常资,通政参议张龙行类俳优,大理寺丞蔡中孚进招物议。乞量情罪重轻调用罢黜,或寘之于法。”得旨:“亨冠带闲住,良器、岩、志淳、哲致仕;贵已致仕,免究;铨、中孚、豸、纪、霖各对品,褘、龙各降三级,俱调外任,余留供职。”(六七,1484—1485)

癸酉,吏部奏:“正德二年以来,内外大小文职官员降调、致仕、闲住、为民、充军者不可胜举,如尚书李杰、孙需,侍郎陈勖、邓璋、胡富、陶琰、马中锡,都御史张宪、贾锭、李贡、邵宝、胡瑞、罗鉴,通政司参议任良弼,府丞赵璜,司业罗钦顺,编修何瑭,给事中杨褫、刘泽、徐忱、安奎、潘希曾、陈伯献,御史吴漳、王润、曾大有、刘子厉、杨南金、王时中,郎中刘思贤,员外郎韩俊、叶钊,主事唐胄、傅浚、谢廷瑞、赵璧,评事罗侨,中书舍人何景明,布政姜洪、沈林,按察使金献民、邢义,参政杨守隅、杨茂元、吴彦华,副使刘逊、陈恪、李金、吴廷举,佥事方良永、卢翊,知府刘麟、张津，凡五十三人，年力才识皆堪任使。”诏皆复其官，俟有缺斟酌取用。(六七,1486)　兵部奏京卫武学事例为刘瑾变乱者三事：“一、武举仍六年一次开科。一、公侯伯及军职应袭子孙考试文理不通者降一级，公侯伯子孙革禄米三之一，非旧例，宜革，今后勋戚子孙仍听访保门馆以充教习。一、军职应袭子孙有志文举并弟侄愿入武学作养者俱照旧科举，不堪作养者方送营操。”得旨：“武举武学新例俱改正，教习门馆仍照先年事例，令吏部选用，不许自行访保。”(六七,1486—1487)　加司礼监太监温祥、赖义、谷清、秦文、范宣、张钦禄米岁各十二石，赏银一百两、纻丝四表里。升锦衣卫冠带舍人温钦、谷雄、秦安为本卫副千户，百户赖友、张铭为指挥佥事，冠带总旗杨恕为正千户，俱世袭，指挥者带俸，千户者管事，亦以宁夏及擒刘瑾功也。(六七,1488)　复封义子锦衣卫指挥同知朱德为永寿伯，太监谷大用兄大宽为高平伯，马永成兄山为平凉伯，魏彬弟英为镇安伯，诰券、勋号、禄米皆等。德，不知其所出，初为裴太监厮养，冒裴姓，后赐姓朱，能造西域食饵，有宠。英，非彬弟，冒魏姓。时张永兄弟既封伯二人，大用等亦援宁夏功，欲封其兄弟，以德为上义子，故并封之。爵赏之滥，国朝所无云。(六七,1488—1489)　己卯，升锦衣卫都指挥使马钊为都督同知，都指挥同知张寰为都督佥事。钊，永成侄；寰，永弟，俱冒宁夏功也。(六七,1492)　庚辰，复通政司右参议任良弼官。良弼为给事中时，尝奏免逋税，刘瑾恶之，谪戍辽东三万卫，至是赦还，复为参议。　南京十三道御史张俅等劾奏佥都御史张褕、通政司参议张龙、尚宝司司丞屈铨、南京鸿胪寺卿赵履祥、南京大理寺少卿王彦奇、四川布政使潘楷、湖广参政尹灏、山西参议宁杲、原任湖广荆州府知府王绶俱交结刘瑾，纳贿转迁者，而致仕大学士焦芳、刘宇首先阿附，同恶相济，其罪尤著。乞将褕等罢黜，芳、宇仍加重罪，追夺封诰，以为朋奸不忠之戒。诏黜绶为民，履祥、灏降三级，其余已处者置之。灏降严州府同知,履祥泸州知州。(六七,1492—1493) 辛巳,十三道御史平世用等奏:"五官挈壶正皇甫政为瑾相看茔宅,五官司晨李文及其父监正源教瑾侄(广本无侄字)私习天文,丁忧员外郎邵伯宗希求进用,以其子举人昇为瑾侄婿,全无廉耻,乞明正其罪。"诏政革职为民,文降天文生;源姑宥之,停俸六月;伯宗、昇俱为民。(六七,1493—1494) 斩张文冕于市。文冕,华亭人,初为县学生,被黜,潜至京,投刘瑾门下,遂用事。冒军功,授锦衣卫千户。瑾揑传旨意,多出其手。交通贿赂,气焰倾一时。至是瑾败,并诛之,妻妾送浣衣局。(六七,1494) 癸未,复革荆府护卫军校之半,俱仍隶武昌等卫。荆府护卫军校革已久,瑾受赂,因王陈乞,准令其半回府,至是复革之。(六七,1496)

十月丙戌,兵部奏改正刘瑾变法十八事:"一、各处镇守内外官请敕,总制三司,裁决各衙门大小事者,俱宜换敕从旧。一、浙江市舶司内臣宜革去兼管沿海军卫有司。一、临清守备都指挥宜复设。一、镇守陕西总兵官与布、按二司文移,俱仍由都司转达。一、各镇巡官造报官军马骡文册,仍五年一次。军职贤否,抚按岁一造报。京卫军职候考选之年仍行点城验军官开注送部。一、军职放粮违限者,仍依律问罪还职。一、军职应袭子孙,两京送武学,在外送卫学、儒学读书;其祖、父事故,仍于卫所径直保送袭替。一、保母子孙,仍如传升、乞升例,不许承袭,其袭替日具奏定夺。一、军职犯不孝典刑者,不许正犯子孙承袭,其父祖次子有应袭者仍许之。一、军职为事调卫带俸差操者,革去"永远"字样。一、旧官为人命典刑者,其子仍准与半俸,支给新官全俸,俱候出幼,袭职调卫,带俸差操。一、军职为事降级,子孙替职,若祖职大于所降职者,许其子暂替父见降职事,待父故仍袭祖职;若续后功升,为事见降职又大于祖职者,先替祖职,父故仍袭所降之职;中间有见降职与祖职等,暂令其子于祖职上降一级承替,候父故仍袭祖职,俱如旧例。一、军职阵亡者,仍不分子孙弟侄袭升一级。一、旗役犯奉养有缺者仍问罪复役。一、各处见任官遇有升调等项，仍交代钱粮明白随即离任。一、武举例升级加米，今革去武举安国等升级月米，宜复之。一、武职非军功不升，今陕西署都指挥同知朱瑄等五人、辽东署都指挥佥事韩玺等二十人，以丈量地土各升一级，宜革去。一、军职为事、为民身终及六十以上，许袭替祖职于原卫；失机等项充军、病故或处决，应袭之子，准令优给，承袭调卫俱如旧。"议上，从之。（六八，1499—1501）　己丑，斩逆瑾亲属刘杰等十五人并刘二汉于市，奸党左堂等发广东海南卫永远充军，妇女送浣衣局。二汉甫十岁，术士俞伦[1]、余曰明谓当大贵，至是并收系论死，仍籍其家。（六八，1501—1502）　壬辰，吏部议改正刘瑾变法二十四事："一、举人、监生告远方者，仍选司府州县正佐首领官。一、兵马司吏目仍选用吏员二等杂职。一、选簿仍类写举人、岁贡、官生、纳粟，以次取用。其举人不得别附选簿。一、大选举人、监生仍试论、判，不得增试时务策及行程告示。一、王妃、夫人、仪宾已故无子孙者，其亲属保勘明白，仍升授京职。一、行人考选科道，仍待三年考满，不得如主事例径授。一、六科给事中仍径与实授。一、中书习字秀才考选荫叙者，除授后有应升改者，仍升改别官。一、翰林院官仍旧升授作养，不得会官举黜及以别衙门调补。一、书办官随征一次有勤劳者，仍六年以上选用，其在营者仍须八年。一、纳银冠带知印办事半年满日，以次选用，不得省祭。一、仓场攒典仍旧守支，省祭选用不得别立行头，争先行取。一、提督四夷馆仍用太常卿少卿各一员。一、各布政司管粮官仍给敕以便行事。一、近例选除两广、南直隶、浙江官不用邻省人，漕运都御史不用江南人，宜仍旧不得回避。一、南京国子监仍设司业。一、提控都吏通吏三考役满吏典仍旧格选用省祭。一、十库大使

[1] 俞伦，同书卷六六作"余伦"。

等项九年周岁考满改除升授宜仍旧。一、推升急选大选过官员于选除后宜即类奏除授处所。一、裁革兵备、劝农、管粮、捕盗、水利等官及山海关主事仍宜复设。一、两京九卿堂上在外方面官履历仍按季开写揭帖进呈。一、抚按官不得差委州县正官,正官亦不许受委,违者各降二级。一、尼山洙泗书院各设世职学录应否裁革。一、为民翰林院秀才华淳、祝肇光、张文宪,并闲住带俸少卿华英、祝祥俱无罪,宜复原职。"得旨:"书院学录,先圣子孙,不必裁革。南京国子司业准复设。华淳准复监生应试,祝肇光、张文宪令于本处儒学肄业出身,其余俱准改正。"(六八,1504—1506)　监察御史李元言:"九门车辆之税,自刘瑾专政,欲如成化初所入,钞必五百四十余万贯,钱必六百二十余万文,而监收官于常课之外又多私取,甚为民害。请斟酌议拟,勿拘定数。"下户部商议,以为宜斟酌轻重,定为则例,每岁进纳,约钞二百万贯,钱四百万文,庶国课易足;至于侵克过取之弊,皆当严禁。上是之,每年进纳定为钞三百三十万八千二百贯,钱四百二十万二千一百四十四文,监收官若侵克或过收及纵容索取,以致客商嗟怨,事觉皆罪不宥。(六八,1506)　　己亥,治瑾党太监陶锦、监丞贾振等二十三人罪。锦、振为瑾所亲信,干进者率因以通贿。而锦不法事尤多,尝往福建查盘,凌轹三司,不异仆隶,所索馈遗以数万计。至是俱被收,法司拟朋党乱政律,当斩。锦、振各杖八十,与高谅、王镇、王保、刘堂、刘聪、吕祥、殷俊、王俊、郭洪俱充孝陵卫净军,仍籍其家;臧林、王成、朱英、张镗(**广本镗作堂**)、布通、戴玉、黄瑄、刘清、刘瑶、郑喜(**广本喜作善**)、尹銮、刘景亦充净军,永不叙用。(六八,1508)【考】陶锦使福建不法事,见乾隆《福州府志》卷四六《名宦一·陈珂》:珂任福建按察使,"时内使陶锦怙势张皇,珂正直无讳,陶亦自戢。逆瑾用事,遣御史捕盐徒盗贼,株连泛滥,珂屡与抗。升右布政使。"　吏部尚书张彩有罪伏诛。彩性黠辩淫邪,不修行检。初为文选司郎中,被劾家居,大学士焦芳以其与刘瑾同乡,力荐之,得复职,盖媚瑾也。不数月间,超擢佥都御史、吏部侍郎,进尚书,加太子少保。日出入瑾家,与朝士言辄称瑾才略,遇人常呼瑾为"老者"。进退人才,一惟瑾意是徇,其有所言,瑾亦无不从之。因不时考察内外官员,诸所选补,不循旧格,率意变乱,贿赂肆行。后与瑾侄结亲,往来益稔。瑾阴怀不轨,常屏左右与彩谋。瑾败,彩收,拷死狱中,仍剉其尸于市,籍其家,妻子流之海南。同时又有石文义者,本内官石岩养子也,因馈送瑾,留为爪牙。累升锦衣卫指挥同知,理北镇抚司事。官员以事系狱者,纳贿非满瑾意,不与问理。又有锦衣卫百户沈彬者,因贿杨玉,入东司房办事,往往诈称访事,扇惑人民,以张瑾威。锦衣卫副千户郝凯者,赂瑾,与文义同在镇抚司理刑,升正千户。至是,皆伏法。文义凌迟处死,彬处斩,凯发边卫永远充军;文义家属亦戍海南。(六八,1508—1509)

甲辰,户部议改刘瑾变法三事:"一、江西起解两京苎布,俱仍用本色,旧欠者每匹折征银二钱二分。一、山海卫军士月粮折色,仍于顺德府支银三钱七分。一、浙江左参政何显以赔补重征,并妻子徙为边氓,今遇恩诏,宜释还。"皆从之。(六八,1511)

乙巳,贳霸州强贼刘七等三十四人罪。刘七本名晨(**晨应作宸,下同**),与其党皆霸州永清、固安等县农家。州以盗多不能制,闻晨及其兄刘六善骑射,召令与其党齐彦明等协捕有功,后凡遇警,皆令晨等随捕以为常。逆瑾家人梁洪索货于晨等不得,遂诬为贼,奏遣御史宁杲、柳尚义调兵图形捕之,逮系妻孥,尽破其家。晨等穷蹙愤恚,乃相聚劫略。至是,以诏旨许自首免罪,诣州自首。知州郭坤以闻,下兵部议覆,遂贳之,仍令协捕他盗自效。未几晨等复叛。(六八,1511—1512)　　丙午,复中府署都督佥事胡忠、万全都司署都指挥佥事章杰、锦衣卫指挥佥事牟斌等官。忠等五十五人俱以新例降调,兵部奏请复其原职,仍于原卫带俸,从之。惟锦衣卫都指挥同知降百户赵良不许复。初斌掌镇抚司,安静平恕,凡坐事下狱者多赖其力得直,以此逆刘瑾被罪，士论归之。(六八，1512)　壬子，太子少保、礼部尚书兼翰林院学士白钺卒。……为礼部尚书时，刘瑾方用事，值所难处，宁稍逊避，而亦不失其正云。(六八，1515)

十一月癸丑朔，赞皇知县王銮疏称太监张永功，言今岁五月，赤旱千里，永奉辞西征，过真定，大雨随注，百姓稽首曰："天上雨露，张永带来也。"永不坐乘，不张盖，不作威福，真今之皋夔伊傅。先后数千言，极其谀媚。上览奏，亦褒永百余言，再赐玺书谕意。盖刘瑾擅权，臣民被其荼毒，如在膏火，永能以计除之，人以为一大快事，故颂其功者多溢美云。(六九，1517)　丙辰，礼部以改正事宜上请：一、保安王诚澂、永兴王秉榉、郃阳王秉櫆屡经会议，已有成命，难准封爵，近各夤缘准封。东阿王阳镖违例请封其庶子当浇为长子，宜止授镇国将军。阳曲王钟鍑先朝以有罪降为庶人，近夤缘奏复原爵。晋府庶人钟鎗违例得与冠带。宁王违例得封其妾方氏、徐氏为夫人，俱宜查革。秦府补升承奉正，内批添注黄润为承奉正，缘非奏请，宜罢润职。蓟州镇守署都督同知马澄违例请给蟒衣，宜查究。四夷馆译字官生不得令大通事会选，并按季考试关防字样不得累更请给。建言事情一岁两行议奏，不得即与封奏准行。疏入，上曰："保安、永兴、郃阳并钟鍑王爵仍集议以闻。宁府夫人封号并钟鎗等冠带俱不必革，自今各王府不许越例奏请，余如拟。"(六九，1518—1519)　戊辰，宥曹雄死，谪戍海南。雄附瑾，镇守陕西，瑾为增置镇西将军印，遂升署都督同知。与总制尚书才宽不协，宽之死也，雄拥兵不救。言官有纠其罪者，皆被切责。瑾爱其子谧，复以侄之女妻之。雄再升左都督，谧亦授千户。凡雄所请，瑾无不从者。自是相结益深，人莫测其谋也。瑾败，降指挥佥事，寻收系都察院狱，以逆党论斩。诏宥之，与妻子俱永远谪戍不赦。(六九，1525)　辛未，致仕南京户部尚书高铨卒。……丙寅，擢南京户部尚书。刘瑾专政，传旨致仕。已而逮就诏狱，其家为行赂得释，罚米五百石，夺其官。庚午以本官致仕。比卒，赐葬祭，赠太子少保。铨性质恭慎，虑事周悉，虽久处仕途，物议不及。惟任巡抚时，同中官李广督造兴济祠，畿辅人居言路者劾铨悉民力以奉势家，而论者犹谓是非有在云。（六九，1530—1532）　升赏甘肃镇夷硝地墩等处有功官军七百五十五人有差，加太监宋彬岁禄十二石，升都御史张翼俸一级，升总兵官卫勇为都指挥同知，仍署都督佥事……（六九，1532—1533）　南京监察御史张芹上疏曰："朝廷迩以叛乱既平，论功行赏，大学士李东阳亦进勋阶荫子，远近闻之，莫不骇异。臣惟东阳谨厚有余而正直不足，儒雅可观而节义无闻，先帝误以为贤，临崩以陛下托之，义当与陛下同休戚者也。迩者刘瑾专权乱政，东阳为顾命大臣，不能防微杜渐，及其恶迹既著，若出力以与之争，彼亦必知忌，或不幸而得祸，谅亦不至于死。东阳依阿顺从，唯唯听命，及瑾谋逆既成，幸赖陛下英明果断，任用得人，不动声色，潜消祸变。东阳又得冒功以受恩赏，此人心所以不服也。东阳受先帝之托以辅陛下，乃使瑾得以荼毒天下，谋危社稷，就使东阳能诛瑾，仅可以赎罪耳，今赖他人之力以成功，又安得攘为己功而冒赏乎？臣窃见今大臣正直者多不容于瑾在之时，奸邪者多见黜于瑾诛之后，惟东阳始终无恙而又屡叨恩赏，臣不知其何善为身谋如此也。乞将东阳即赐罢黜，或待其自陈，准令致仕，与凡荫子恩泽并赐追夺，庶有以励臣子之节而可以为天下劝矣。"上曰："芹久居言路，瑾乱政时畏避缄默，今既明示典法，乃掇拾沽名。东阳学行，海内推重，辅导朕躬，忠勤茂著。比宁夏既平，大臣特进阶荫子，如何谓攘取诛瑾之功？恣意妄说，即令具实以闻。东阳宜仍旧供事，慎勿动怀。"既而芹请罪，夺俸三月。（六九，1533—1534）　巡抚四川右副都御史林俊言："刘瑾谋逆未觉之先，臣尝草一疏，拟俟贼平随上，天幸假手张永，先发其奸，陛下神武英断，立决此狱，为国家大幸。然徐思之，危亦至矣。昔夙沙卫殿国、杨思最[勖]平乱，前史书之，谓政出阉寺，国为无人。今贼瑾谋逆，举朝文武无一人言之，独幸一内臣永也。幸一永，伤文武之无人，亦以见陛下信文武之臣之不如永也。臣又闻近日大臣有缺，与二三内臣会推。夫百官统于冢宰，九伐掌于司马，今吏、兵二部是也，使内臣应预，周制之矣，我太祖稽古建官，又制之矣，弊端未可自今日始也。夫为户部莫如韩文、许进，为内阁莫如刘健、林瀚、谢迁、王鏊，方拨乱反正之始而不引忠亮端谨不可屈之人，治未可望也。伏望虑远慎微，时时以专任贼瑾之误为戒，循用先朝旧臣，修复旧制，则圣政日清，盛业永昌矣。”谨录前奏稿附进，其略曰：刘瑾古今恶魁也，陛下视朝不时，瑾西南向立，鸿胪传与某官，敕赐某官酒馔，皆出瑾口，各官叩头，已而鸿胪唱东向揖。以给事内臣，朝著之上，敢受诸臣朝见之揖，可乎？又言瑾对诸臣尝许臣忠义，今又起为巡抚，臣宜以知己为报，而乃操戈入室，不敢以一德之私忘天下公论也。得旨：“瑾已正典刑，俊乃称奏成于瑾乱政之日，未及进呈，其怀奸畏罪明矣。宜从究问，但以流贼未平，姑令自劾。”俊好名，凡进退皆矫矫为异，当瑾用事时，乃应召命出为巡抚，盖亦欲避祸以全身耳。及瑾既败，又觊保完名，故上此奏。然为计已拙，士类莫不笑之。(六九，1534—1535)　　癸酉，致仕南京户部尚书吴文度卒。……正德戊辰，进户部右侍郎，转左侍郎，升南京都察院右都御史。无以赂瑾，即改南京户部尚书，致仕。　升都督同知高得林为右都督，管后府事。得林，太监凤侄也。(六九，1536—1537)

丙子，甘肃镇巡等官太监宋彬等奏庄浪、古浪二卫所贼扰妨农，军舍余丁遗下该纳粮草，乞量为豁免；及庄浪卫贫难人户，本年额税乞待丰年征纳，仍量加赈恤。户部议覆，从之。(六九，1540)

十二月丙戌，复黎平府知府张恺官。恺在刘瑾时被委查催湖广粮料，事完以病旷仕者二年，为巡按御史所参革职。瑾败，奏辩，诏复之。(七〇，1545)　　己丑，赏随征宁夏官军都指挥卢福胜等五百一十五人银、绢布有差。先是，寘鐇叛，特命太监张永领兵讨之，至则为仇钺擒矣，永掩以为功，遂获上赏，而从征者亦与赏焉。（七〇，1546）　丙申，内承运库奏缺赏赐段匹，欲令工部如例支官银收买万五千匹以备急用，仍督催织造地方解纳，年终不完者治罪。工部议覆："本部先买五千匹，而分派浙江并苏州等府亦各五千匹，仍宜差官督解。"得旨，令本部支买如数，浙江、苏松地方灾伤，民穷盗起，朝廷已止差官，其分委派办俱不必行；各该拖欠官既遇赦，亦免究，待年丰完解。（七〇，1551）　庚子。初，陕西西安县人韩范以承差服役焦芳门下，会刘瑾用事，芳以范陕西人，每私造瑾辄以范随，时令往来传语为奸利。范巧黠，得瑾意，一时奔竞者遂群附之，有所干请，皆因范以通贿，虽达官亦与抗礼，忘其为贱役也。后选卫源驿丞，甫之任，复假公事留京中，上官亦莫敢问。瑾既诛，械系锦衣狱拷治，辞连吏部尚书刘宇、刑部侍郎张銮、南京太常寺少卿刘介、通政司参议吕元夫、大理寺丞蔡中孚、按察使仲本、参政彭桓、佥事王相、知府郭经、罗璋，皆因范通贿者也。宇银三千，介、中孚、桓、相、经、璋各千，元夫、本金百。盖范所招止此数人，贿实不止此数，如宇者前后所贿盖数万而范所入者亦不赀。狱具，诏范及家属俱发广西驯象卫永远充军，诸所连及者以人众且多迁调、为民、病故，姑宥之，在任者仍夺俸两月。（七〇，1553—1554）　壬寅，刑部言："正德六年当五年大审录之期，南北直隶及浙江等十三布政司例差本部及大理寺官，请敕会巡按御史审录，但今岁再赦，轻重罪囚[①]多已释放，况四方灾伤，贼盗窃发，请今次暂免差官，惟敕巡按御史同三司掌印及守巡官，如例举行，其在京法司罪囚至期仍请命司礼监官会审。"从之。　承运库太监李时请支太仓银三十万两入宝藏库应用，户部尚书杨一清等言："太仓银[②]专备三边军饷，弘

① "轻重罪囚"下46字，据广本、抱本补。

② "太仓银"下22字，据广本、抱本补。

治间银虽不多，而各省各边在在有积。自刘瑾括天下之财以归京师，半入私室，半归公帑，故太仓虽稍有积蓄，而四方库藏为之一空。即今大同等边各报声息，湖广等处贼势方张，而江湘、南直隶灾伤相仍，军饷所需，别无倚赖，乞省无益之费，为天下惜财。”诏以十万两送库。(七〇,1554)　复大同行都司都指挥佥事姜义原职。义先充左参将，坐号令不严，刘瑾峻法时降指挥佥事。至是，巡按御史聂瑄为奏辩，乃得复焉。(七〇,1554—1555)　己酉，太监李时奏差官南京织造，乞支领长芦盐三万二千引应用。上以太监乔忠、吴经往焉。忠等复乞关津及巡盐衙门不得盘诘阻滞，于是户部尚书杨一清奏：“盐法之设，专以供边储，非边报紧急不得擅开，非商人正名不许代支。往年织造官员夤缘乞盐，辗转贩鬻，盐法大坏，三边开报，往往无人。近者庶政一新，奉诏停止，而忠等复行奏带，至欲破巡诘之禁以遂己私，生事扰民，弊将何及。请依先年权宜事例，将长芦原拟盐引准折银三万二千两于两淮运司给出支用，庶织造盐法两无所碍。”得旨，仍支长芦盐一万二千引，两淮盐价银二万两。(七〇,1557—1558)　庚戌，太监魏彬传旨，锦衣卫指挥使朱宁同刘璋等堂上管事……(七〇,1559)　辛亥，太监魏彬传旨，升御用监各色官匠锦衣卫副千户姜淮为正千户，总旗王谔、□雄为所镇抚，工部文思院副使方景为锦衣卫百户，儒士刘沂为鸿胪寺序班，人匠康忠等三十四人俱为文思院副使，陆祥等六十五人俱为皮作局副使，各给与牙牌。斯役杂流之冒滥，莫此为甚，而府库日竭矣。(七〇,1559—1560)

本年附

艺文·碑铭·太监焦宣父焦友墓志

正德五年，礼科都给事中于聪撰《明故恩荣官焦公(友)墓志铭》载：“焦公以德于正德庚午(五年)春正月十有七日，以疾卒于正寝，其嗣内官监太监宣遣价持状属予著铭。……世居畿内顺德之平乡……子三人,……仲即太监……太监幼侍孝宗禁庭,深承宠赉,迨事今上,眷顾尤隆,迎公禄养于京邸,甘旨承欢,椿萱并茂,二十余年……"

(《新中国出土墓志·河北》第190号)

艺文·碑铭·灵通庙碑

明武宗《御制灵通庙碑》:"朕嗣祖宗大统,抚有万方,顾惟凉薄,恒以负荷重大为惧。粤稽古帝王暨我列圣统御寰宇,率皆文武并用,以绥太平,用是劝学务农,以次兼举。肆正德二年闰正月,有司以上苑行宫殿宇年久倾颓为言,顾虽育养禽兽供御之所,亦先朝以时狩猎讲武之地,不可废也。爰命工部同御马监太监谷大用、御用监太监张永、内官监太监萧通、怀宁侯孙应爵计度相处,率众兴工。(下略。)正德五年五月一十七日。"

(碑在北京丰台区永定门外大红门南顶。《北京图书馆藏中国历代石刻拓本汇编》第53册,第153页)

正德六年辛未(1511)

正月壬子朔,户部言,太平仓廒乃刘瑾所建,劳民伤财,无益治体,其官吏斗攒印信俱不必设,止令各卫佥拨老幼军斗护视。从之。　　乙卯,太监魏彬传旨,御用监太监甄瑾镇守河南等处地方。(七一,1563)　　戊午,录甘肃庄浪红城子等处斩获达贼功,游击将军都指挥佥事吴英、都指挥同知鲁经各升一级,参将吴鋐已故,升其子一级;镇守太监宋彬、总兵官卫勇、巡抚佥都御史张翼各赏银二十两、纻丝二表里……(七一,1565)　　壬戌,赐都指挥同知李瑾等十人金织飞鱼衣各一袭。自刘瑾专政以来,名器僭滥,以蟒鱼服色为黩货之资,武将阉宦,下至厮养,陈乞纷然,时有"五十两一件蟒"之谣云。　　甲子,谪后军都督府右都督毛伦于大同右卫永远充军,逆瑾党也。(七一,1566)　　甲戌。初,四川成都后卫指挥使陆震、播州宣慰使杨斌尝贿刘瑾,震授署都指挥佥事,斌授按察使。至是,为巡按御史俞缁奏劾,诏皆裁之,仍原职。(七一,1570)　　乙亥。先是,都御史许进巡抚大同,议各卫所空闲舍余照民间均徭例，每丁岁出银四钱以给公需，上下便之。后为瑾所革。至是镇巡官以请，乃复之。(七一，1570—1571)

丁丑，南京御史周期雍、王佩奏："原任给事中任惠、李光瀚、徐蕃、牧相、徐暹，御史贡安甫、史良德、曹闵、王弘、葛浩、姚学礼、张鸣凤、王良臣俱以言罢黜，都给事中赵士贤，署郎中李梦阳，主事王纶、孙磐，御史徐钰、赵佑、杨璋、朱廷声、刘玉等虽不因言获罪，亦敕谕有名者，其年力才识俱尚可用，乞复其原职。"吏部覆请，许之。(七一，1571—1572)　太监魏彬传旨，以御马监太监王润镇守湖广地方，御马监太监魏奉管四卫营。(七一，1572)　己卯。初，饶州姚源洞汪澄三等为乱，安仁县失守，镇守太监王嵩、巡抚都御史王哲及参政童朴等会兵三万讨之。既而兵后期，且营于泥淖间，贼乘霾发伏，我军扰乱，陷泥淖，死者无算，指挥养勋、通判梁奎等皆死。嵩等以闻，且请调两广土兵为助。得旨："贼情重大，准调两广土兵或民快二千人，嵩写敕切责；哲取回，别举有风力者代之；朴戴罪杀贼，阵亡者量加存恤。"(七一，1572—1573)

庚辰，太监魏彬传旨：太监毕真镇守山东，商飏镇守福建，张伦镇守云南，李嵩分守居庸关，张凤守备紫荆关，许全守备怀安，梁泰广东市舶司管事。太监魏彬传旨：太监张景昌调管三千营并三千哨马营，金义调管左哨并奋武营中军，王方调管中军右掖三司并扬威营中军，阎清调管神机营左掖头司并耀武营，周聪管神机营中军，张辅管中军右哨三司，乔能管中军右掖二司。(七一，1575—1576)

二月癸未，太监魏彬传旨，尚宝监太监黎安镇守江西。　甲申，升中军都督府带俸都督佥事张寰为都督同知。寰，太监永弟也，自陈海子湖功，乞加升，故有是命。　镇守山东太监余庆等奏："青州等府平度、安丘等州县强贼攻城杀人，为患滋甚，守巡参议吴江、佥事王锦、巡捕都指挥狄公唐等玩寇殃民，宜治其罪；指挥杨继宗奋勇杀贼可嘉，宜加赏劳。"下兵部议拟上请，诏江等俱停俸杀贼，限外不获奏闻，继宗赏银十两。(七二,1581) 庚寅，礼科给事中陈鼎言："河南乡试第七名举人廖铠，乃镇守太监堂之侄，参随锦衣卫指挥鹏之子，本福建人，滥冒河南乡举中式，群议沸腾。请敕礼部将试录削去铠名，照例问革，并治其时有事于试院者之罪。"诏除铠名，有事试院者并宥之。(七二,1584—1585) 户部议覆右给事中李铎条陈三事：一、浙江盐运司拖欠盐课，逆瑾乃令巡盐御史王闰等追赔银两，多至数千万(**广本万作两**)，名虽赔纳，实则抄没。宜查赀产荡绝者，令有司量给无碍官银取赎，俾足自给。一、静海县等处草场，原额九百九十顷有奇，弘治间给事中宁举丈量，比旧增九百八十余顷。近差给事中高汸丈量，又增一千四百余顷，小民输纳税银，实不堪命，宜尽开豁。一、钱法之弊……俱从之。(七二,1585) 庚子，命锦衣卫指挥佥事牟斌仍于镇抚司掌印理刑。先是，斌理刑，执法不阿，刘瑾恶之，杖于朝堂，降百户闲住。瑾诛，斌复原职。至是给事中王翊等复荐之，乃有是命。(七二,1593—1594) 辛丑，十三道御史王廷相等劾奏兵仗局太监孙和先为逆瑾造衣甲牌面，死有余辜，今复倡为成造盔甲之请，宜治和罪及寝所请。上曰："业已停矣，和姑宥之。"(七二,1596) 戊申，礼部言："自刘瑾乱政，有司举奏孝子节妇，多沮格不行，非所以表正风俗，宜仍令核报。"从之。(七二,1600)

三月辛亥朔，复伏羌伯毛锐禄米。锐弘治间镇守两广，以功加太子太傅，禄米二百四十石，后以岑猛故，刘瑾怒之，夺其事任，削其加秩，并革其禄米五百石。瑾败，锐奏诉，诏复给赐如旧。(七三,1603) 壬子，以刘瑾私置内刑名厂基地房屋给锦衣卫指挥孙锦。初，锦祖继宗天顺间以戚里恩赐临清空地为店，瑾用事时没入官。瑾败，锦以为请。有旨，仍给锦为业。工部奏，业已与民，宜弗与。乃别以厂地赐之。(七三,1603—1604) 丁巳，复除吴学为河南道监察御史，吴漳为江西道监察御史。学免(**按**，

免疑为奔)丧,漳告病,俱以违限落职,瑾败乃起用之。(七三,1606)

癸亥,巡按直隶监察御史李嵩奏:“南宫、宁晋、新河、隆平四县管皇庄太监刘祥、金凤等先后十数人,专肆克剥,民甚苦之,恐相率为盗,乞将祥等取回,以侵地归民,税归有司;永平、河间诸府庄田亦如之。”户部议覆,得旨:皇庄以奉顺两宫,宜仍旧;祥等其取回,以太监马昂、左少监范礼代之,戒其毋蹈前弊。(七三,1608—1609)　　庚午,虏入河套,寇沿边诸堡,巡抚延绥都御史黄珂、镇守太监王兢、总兵侯勋议令副总兵王勋军怀远等堡……虏入辄夹击之,前后斩首六十四级,获马九十三匹。捷闻,兢、勋、珂各赐敕奖励,奏捷人赏纻丝衣一袭、新钞千贯,仍令巡按御史查有功官军以闻。(七三,1616—1617)　　壬申,加总督东厂官校太监龚洪禄米十二石,升副千户季全(**广本季作李**)等二十九人各一级,以自陈有捕盗功也。(七三,1619)　　乙亥,巡抚河南都御史邓庠奏:“河南盗起,民穷财尽,皆由先镇守太监廖镗[堂]与其弟指挥使鹏括利害人,擅作威福,纠用群小朱文宷等所致,乞正鹏典刑并鬻其私宅以给公费。”诏降鹏二级为指挥佥事,南京闲住,仍鬻其私宅,并逮捕其党治罪。是时,鹏稍失权珰意,故有此。鹏大惧,欲求解于朱宁,思财货珍宝百无当其意者,乃令后房素所宠者一人出入宁家。宁遂留之,因其兄奏辩又复其职。自是鹏拜宁为恩父,宁每自豹房休沐归,辄过鹏家止宿。鹏恬不知耻,反以夸诩于众,罚未行而宠赂益章矣。(七三,1621)　　丙子,太监张永传旨:近来各处盗贼纵横,多因水旱衣食艰窘,各有司不能赈恤……(**降敕旨申明戒约略。**)(七三,1622—1623)　　罢分守万全右卫左参将刘宝、守备天寿山署都指挥王寿、守备紫荆关署都指挥崔瀚、守备仪真署都指挥程鹏、守备白羊口指挥使谢素,以附刘瑾且贪懦故也。(七三,1623)　　丁丑。初,太监陶锦差往福建查盘钱粮,布政使常麟、按察使夏景和、巡按御史韩廉、镇守太监梁裕共敛所属银二万两馈之。后锦以刘瑾党被执,词连麟等,俱逮问。时麟已升南京礼部侍郎，景和副都御史，廉调知县，裕闲住。狱上，命各降一级，麟、景和俱调山西参政，裕仍闲住。（七三，1624）

四月庚辰朔，复王俸为浙江道监察御史。俸在刘瑾时以服阕违限落职，至是复之。（七四，1629）　丁亥，升锦衣卫指挥同知韩端为指挥使，正千户韦玺为指挥佥事，以自陈在镇抚理刑时，鞫问逆贼何锦、刘瑾等有劳故也。（七四，1631）　辛卯，刑部员外郎宿进疏言六事：一、谓内臣如王岳、范亨，言官如许天锡、周钥者，皆以瑾故死，宜加恤典。一、谓大臣附瑾如兵部尚书王敞者皆宜罢，内侍中有瑾余党，亦宜令太监张永察之。其（余）四事则请择郡县长吏、遣官录囚、宽免赋役、罢差官校也。疏既入，是日午后，太监张永传旨大学士李东阳、杨廷和、梁储，谓上怒甚，欲亲鞫之，且趣入见。时闻上已被酒，东阳曰："后生狂妄，且日暮，非见君之时，但宜奏请宽处之。"永入少顷，乃执进至午门外，杖之五十，发为民。进所言未甚触忤，徒以察瑾党为群小所中云。（七四，1633—1634）　书办官刘淮以瑾党系狱，词连原任户部尚书致仕顾佐、刑部尚书致仕屠勋、刑部尚书韩邦问、南京吏部尚书致仕王华、刑部右侍郎致仕沈锐、先布政使降两淮运司同知陆珩等，皆托淮行贿于瑾者。命各巡按御史逮治，俱赎杖释遣。（七四，1634—1635）　癸巳，降福建都司署都指挥佥事龚顺为署指挥使，调山海卫，坐赂太监陶锦科害所属也。（七四，1635）　己未，录广东乐昌等县平贼功，升赏官舍旗军等一千六百二人有差，都御史刘洪、安远侯柳文各赏银二十两、彩币二表里；太监潘忠、都御史林廷选各银三十两、彩币三表里……（七四，1635—1636）　己亥，兵部议覆御史宁溥所陈边务，谓刘瑾擅权，凡遇获功，令镇巡等官先关白然后奏报，或报云某人斩获首级若干，以便更改，故获功者垂首丧气，而扑杀者借势吹声。今瑾已伏诛，积弊如故，请自后凡斩首获级，务照例律，令地方官查报，镇巡官细开姓名及获功缘由具奏，或扑杀、诱杀情弊如前者，一一禁止。从之。（七四,1637—1638) 壬寅,南京御史周期雍劾奏兵部尚书王敞,本以庸才,素乏清望,祗附逆瑾,遂登兹职,宜令自陈,或改散职,庶本兵得人,群盗可息。命下其章于所司。(七四,1639) 戊申,巡抚四川都御史林俊以贼未平自劾,且请下廷臣别议长策及听总制洪钟便宜升赏优恤以期成功。于是兵部集议,谓……宜降敕切责,令钟即赴保宁会俊及总兵杨宏,并力攻守。播州土官之乱,暂以委之太监韦兴、都御史高崇熙。其升赏优恤条格议拟上请……(七四,1642—1643) 己酉,命司礼监太监张永同三法司堂上官审录罪囚,敕谕永曰:"朕惟刑狱重事,自古帝王必致谨于斯,朕嗣承大统,仰体上天好生之心,特加慎重。兹当天气炎热,恐轻重罪囚或有冤抑,致伤和气,特命尔同三法司堂上官从公审录,死罪情真者候决,其情可矜疑事无证佐并应枷号者详具以闻,徒流以下减等发落,笞者并释之。"于是永会三法司具以狱谳前后得可矜疑者六十一人,俱减死充军;其情重者仍杖之百而遣之,免枷号者十有五人,依原拨发遣;以不孝告而有息词者七人,杖之百,俾归养;自首并笃疾放免者八人。(七四,1644)

五月癸丑,礼部言:"各王府册封副使,例差给事中等官,近刘瑾革六科不用,宜改正。"得旨,如旧例行。(七五,1647) 戊子,录辽东广宁镇安堡斩获功,太监岑章赏银十两、彩币二表里,游击将军高钦银五两、彩币一表里……(七五,1649) 辛酉,兵部覆南京福建道监察御史徐盈所言江西用兵事宜:一、姚源洞之败由太监王嵩恣肆贪饕,失军士心,都御史王哲措置乖方,用人失当,参议居达侵克馈饷,佥事张昊轻信诈降,参政董朴才力弗逮,请量加黜罚。……得旨:"达、昊、朴令总制官逮治,嵩、哲并议以闻。"(七五,1650) 癸亥,录广东惠、潮二府平盗功,都指挥同知何清等六千八百七人升赏有差,太监潘忠、都御史刘洪、总兵官柳文各赏银二十两、彩段二表里,御史王昊、参议翁茂南等各银五两、彩币一表里。(七五,1651) 乙亥,总制都御史洪钟奏:"盗蓝廷瑞等每遇官军辄先遁去，地广山深，遽难殄灭，且四川兵无将领，乞改总兵昌佐统之，协同征剿。”太监韦兴奏：“松潘绰岭寺番僧雪郎王出作乱，谕之弗顺，官军击斩之，其党遂聚众焚红花屯。指挥胡宁与战被执，复据黄土坡山，杀千户史宽。”俱下兵部议，令韦兴会都御史林俊、总兵杨宏夹攻廷瑞等，而改巡视都御史高崇熙提督松潘军务兼理巡抚。从之。（七五，1657）　丙子，革刘家口、遵化湾[滦]阳关分守内臣，命左监（**广本、抱本作右少监**）梁璘[1]、太监刘睿复为守备。其各处守备、分守、协守等官，近年奏讨名号及旗牌关防者，俱令查革改正。　命太监张永、兵部尚书何鉴及科道官各一员选京营军，南京守备太监黄伟、参赞机务兵部尚书柴昇及科道官各一员选南京军，俱赐之敕。　丁丑，巡按山东御史陆芸奏：“临清广积（**广本积作济**）二仓添设内臣数多，乞量裁减。”户部议谓，冗员不止临清，京仓总监督督（**按当作总督、监督**）凡四十一人，公庭坐不能容，至分班轮日；通仓及淮徐水次亦不减此。因具名上请，诏留蔡用等二十人，梁义等二十五人俱取回，苏镇等十人已提问，候问结以闻。（七五，1658）

六月癸未，山西盗李华等起，逆瑾党亡命者多从之，众至千人，衣帜皆赤，与刘六等合，掠壶关县之赵村……（七六，1662）丁亥，贼杨虎等之入山西也，破沁水县，遂由翼城至洪洞，既而复破赵城、祈[祁]、太谷三县。巡按御史杜昌先后以闻，且劾太监孙清、都御史王璟及参政尚衡等罪。诏以山西山势险峻，关隘联络，若严守备，盗岂能逸？乃切责清、璟，令用心督捕，以图后功，衡等逮治，仍令昌查领军官以名闻。（七六，1665—1666）　勒礼科给事中陈鼎为民。初，刘瑾籍平江伯家，鼎被命鬻其房产。至是，鼎以言忤，吏部拟调汉州判官。内批谓鼎附瑾，增估物价，疑有侵匿，遂下诏狱拷讯，系再逾月。尚书杨一清疏救之，谓当时瑾

① 璘，广本作“隽”。《国榷》卷四八作“右少监梁璘”。

虐焰张甚，鼎亦仅求免祸，初无入已赃，乃得释。鼎素伉直，尝劾廖铠冒籍科举事，权幸皆忌恶之。(七六,1666)　辛卯，秦府庶人公钟、公铸与承奉贾能讦奏，时昭王长子惟焯理国事，右能，乃奏二人不听约束。能又与逆瑾同乡，遂发公钟、公铸置凤阳高墙。瑾败，其母璩氏讼冤，词甚恳，上以其情可悯，遂释之，仍令守备官遣人送还本府。(七六,1669)　丁酉，南京兵部尚书柴昇等会奏："南京根本重地，承平日久，百度寖隳，况今四方寇盗充斥，防御之策不可不讲，敢举积弊之甚者条例以闻：一、守备内臣旧设不过一二员，近增至六七，所带弟侄参从各不下十人(**广本、抱本下下有百字**)，乘马从徒，糜费廪食，又役占营卒，私置庄店，侵并民利，怨讟滋生，乞察其贤者留二三人，以复旧规。一、频岁差官织造御服及充贡蟒衣，各监局、守备衙门又指称进贡，占据机房，抑买丝料，匠艺失业，商货不通。比者复差内臣二人织造，远近闻之，骚然不宁，乞暂停止。一、操江实防御要务，迩来战艘破朽，十余二三，旧额操军仅存名数，乞下该部修理战艘，原伍有缺，急为选补。其提督侯伯、都御史务求谋勇风力素著者充之，仍重其事权，久任责成。一、大江之险以长、淮为蔽，近乌合之寇每于徐、兖、淮、泗纵横聚结，守备不宜怠弛。今淮安虽有总兵、都御史、参将，岁常儹运赴京，宜令一人领运，二人居守。一、大小教场并神机营士卒皆为豪门私占，乞查原伍，视其年力武艺，定为三拨，一拨二拨者免其做工杂差，加意训练，以备警急，凡有工作，则于三拨内取之，不得私役卖放。一、南京各监局军匠有额数，永乐中营建北京，额外取各色匠，名为撮造，工完遣还原卫。近原额逃亡者，监局不候勾解，令原卫所随即拨补，至于额外撮造之数例不勾丁者一概追补，每补一名辄用正军一名及余丁四五名贴助，乞差官查核，其有假不急之工索撮造之役奏治之。一、南京承运等库布绢，旧例户部验送该库，近始令内官验收，稍不如式者即收充他用，责令补解，民罹重征之苦，乞属户部如旧。一、南京修造工料岁以万计，皆于上元、江宁铺商赊办，宿负未偿，续派复继，乞罢其不急者以苏商困。一、南京各监局门库及龙江等关内臣添设有至一二十员者，乞查革。一、南京快船夫甲近因差遣频繁及奉差内使需索无厌，动辄破产，且快船往来运河，公私所费不赀，乞查旧例申禁，定其杠数船只，永为遵守。一、马船其初为备水战而设，近以接递运送为常，拨用不敷，今后非年例进贡者请俱禁止。一、南京锦衣等卫乌龙潭等仓所贮粮不过百万石而官军岁支数反过之，乞给内帑，或移关市税银，务充二三年之储。"下其章于所司。（七六，1671—1673）　戊戌，罢分守顺圣川右参将施汉、游击将军李兴，以抚按官劾其尝贿刘瑾进秩故也。（七六，1673—1674）

七月甲寅，南京坐营都督张海当进圣节表，守备太监黄伟以流贼方炽，请留海备御而以南宁伯毛良代进。良不欲行，因奏海罪。下兵部议，谓良不直。诏责良，仍令进表。（七七，1685）　乙卯，山东按察司佥事杨节先为刑部员外郎，差直隶决囚，索贿于顺德知府郭纴以馈瑾，至是事觉，令巡按御史逮问，坐降二级别用。（七七，1685—1686）　丙辰，太监张永传旨：宁夏底定，皆天地百神眷佑所致……礼部其择日遣官祭告……（七七，1686）　吏部尚书杨一清陈陕西边务八事："一、宁夏官军投托各将领以避征调，多至千数百人，今太监张弼、总兵杨英、仇钺、史镛退出军伴差操，请加奖励，为边臣劝，仍令巡抚官清查着伍。一、宁夏湖滩往年为各官占据，英、钺既以归官，请置籍稽考以杜复归私门之弊。一、寘鐇投托家人三十五户请发高桥儿等驿及兴武营守御千户所走递当差。一、宁夏岁贡红花三千余斤，种灌锄采，动用军丁千余，运送车辆粮廪几四千里，请停免。一、……"疏入，上嘉纳之，弼及英等赐敕奖励，寘鐇家人发充军，环庆兵备令兼理灵州，川陕添设衙门待地方稍靖总制官议处以闻，其余事宜下所司议。于是户、兵二部议覆多从一清言，且推行于边镇，惟红花贡如旧。（七七，1686—1688）　革辽阳分守内臣，从镇巡官奏也。（七七，1688）

庚申，兵部覆监察御史蒋瑶等所上七事：“(**一、重将权**。)二、严门禁，谓门卒困于索占，请命巡城御史查点。三、清役占，谓禁兵之设，所系甚重，近权贵役占，动以千计，如军器局旧额军匠六千余人，监督内臣二人，今添设内臣六十余人，人占军匠三十，一局如此，他可知也。乞以各监局所占军士充伍。(**四、多应援**。**五、专责任**。**六缺**。)七、节冗费，谓近年传升官员及投充校尉军匠不可胜数，糜粮月以万计，请敕兵、工二部查革。”得旨：“近来建言者多浮泛不切，该衙门不论可否，一概覆奏，徒为烦扰，今后似此者不必覆奏。”(七七,1689—1690)　　辛酉，兵部覆尚书柴昇等所奏操江官军宜令选练，其有私役及拨送势要者罪之如例，大小教场并神机营官军宜阅实，取其年力精壮者为首拨，免其工作，稍次者为次拨，非工作奉旨者不许擅役。快船夫甲，验户佥充，仍禁约进贡人员求索财物，违者治罪。其进鲜进贡等项，守备官如旧例给扛，给与船只，科道并兵部委官察之，不许虚增数目及多索夫钱，重为民害。马快船应付惟进贡供应及钦差内臣、镇守武职、封王正副使、皇亲、公、侯、驸马、伯、南京各堂上官进表者给与，著为例，此外奏讨者罪之。若守备内臣数多，请上裁。得旨：“守备官生事害民者已有旨禁约，如彭恕招权网利，其尤甚者，其革之，令南京御马监佥书，余悉如议。”(七七,1690—1691)　　甲子，工部以尚书柴昇等奏，请取回织造太监乔忠、吴经。不允，其随从人役有营私害人者，令守备太监黄伟指名奏闻。(七七,1692—1693)

乙丑，户部左侍郎陈勖卒。……正德丁卯为太仆寺卿，明年为户部右侍郎。值逆瑾窃柄，不善阿顺，已衔之。会御马监请官清核牧马草场，意非瑾出，而瑾所建玄明宫亦侵其地。时勖适被命，乃益见猜怒。事竣，勖上章乞罢，进左侍郎，给驿以还。瑾败，复起，仍旧官提督太仓，后改莅部事。辛未卒于官。(七七,1694—1695)

癸酉，涿州男子王豸者，足有涅刺龙形及“人王”字，太监张永以为妖异，捕获以闻。兵部尚书何鉴因请加永恩典，下廷臣议。永复疏辞，不允。于是鉴及吏部尚书杨一清等议，以永劳绩重大，不加恩典无以表其忠荩，不谅所请无以成其谦德。得旨："永有功固让，再加禄米百二十石，赐敕褒扬。"指挥郑玺等以缉捕功升都指挥者二人，指挥三人，千百户六人。永兄弟皆已封伯，至是欲身自侯，至以刘马儿、三保太监为言。辅臣辩，二人者非身受，永意沮，乃佯为辞免，廷议因而成之。又方为同类者所忌，故不遂。（七七，1698—1699）【考】杨廷和《杨文忠三录》卷三《视草余录》："顺天府霸州民王豸，以妖术惑人，张司礼永令人密捕之以奏，法司鞫之，致其法谋反。予执不可，谓未有反状，坐以妖言则情罪当矣。时外廷微闻，欲加张侯封，议者籍籍，公卿间皆以为难处。一日诸司礼来阁中，传谕上意，具言王豸手文成字，有异相，张能消变未形，功甚大，宜重加褒赏。予应曰：'是不可不褒。'诸司礼曰：'何以褒之？'予曰：'写敕奖励，多加禄米可也。'诸司礼不然，谓上意欲进封爵。予曰：'我朝官制，太祖高皇帝所定，载在《祖训》内，监局官止于四品，未有加封爵者。'范太监璟曰：'刘马侯故有例。'予曰：'刘马侯为谁？自来未闻此号，止闻先年太监中有刘永诚者，历事累朝，七十余年，出入中外，多效劳勚。又久在御马监掌事，京师人因号"刘马太监"，未尝封侯，卒于成化初年，岳翰林正曾与铭墓，岳公文集《类博稿》可考也。其侄子聚，乃为将官，镇守地方，以功封宁晋伯，非永诚自为也，今可从宁晋伯刘福家取诰卷来看。'复就阁中检《类博稿》相示，铭中载永诚曾出征乌梁海及亦集乃瓜沙等处，擒其酋长，斩获数万，功伐显著。诸司礼读之，有首肯者。范曰：'在古亦有之。'予曰：'汉时一日五侯，非盛世事。宋童贯至封王爵，后竟何如？'范曰：'可下吏、兵二部，令多官议之。'予曰：'张公奏诛逆瑾，靖宁夏之乱，功在朝廷，天下皆知之，恐不假此为重。若多官会议，谁敢阿顺上意，变乱成法，自取重罪？必将正言极论，形之奏牍，扬于大廷，传之天下，似非所以为张公宠也。'时张亦同来，皆怏怏而去。既退，予因张所厚密讽之，谓此举在朝廷为异恩，在公宜力辞，乃见劳谦盛德。明日奏下，阁中拟旨写敕褒谕，岁加禄米四十八石，赏彩段五十表里，姑慰其意。张上疏辞谢，一无所受，外议始定。未几，张为丘太监聚所讦，出居私第，谓所厚曰：'今日始知杨先生前日爱我之厚也！'"按，永为东厂太监丘聚所讦事，见正德七年十一月乙未。然《皇明纪略》云:“张永管司礼监。无何永为内官熊茂奏谪孝陵司香。”

八月己卯,获贼首蓝廷瑞、鄢本恕及其党二十八人。(**先是倡乱流毒及擒斩状略**。)于是(总制尚书洪)钟及巡抚都御史林俊、蓝章各以捷闻,赐敕奖励并升赏所遣奏捷者。兵部议请录钟等功,得旨:“钟加太子太保,赏银五十两、纻丝四表里;俊升右都御史,章右副都御史,各银三十两、纻丝二表里;镇守四川太监韦兴亦以功加禄米岁十二石、银四十两、纻丝三表里,诸将士有功及阵亡者令查议以闻。”(七八,1705—1707)　　丙戌,太监张永传旨:“张伟、马中锡受命出师,剿杀贼寇,拥兵自卫,月久无功,残破州县数多,亦不奏报。近奏主招抚而贼势日益猖獗,夺船劫粮,啸聚近地,玩寇殃民,有负重托。其取回京,原统京营并各处官军俱听提督军务侍郎陆完节制。”(七八,1711—1712)　　戊子,尚膳监太监王佐等以蕃牧千户所军士七百余人为养牲设,请免拣选。兵部执奏,以为多事之时,不宜免。卒从佐请。(七八,1712)　　壬辰,虏寇柳条湾,分守镇番右参将李恺败之,斩获四十四级,镇守太监宋彬、巡抚都御史张翼、总兵卫勇等以捷闻。赐敕奖励,赏奏捷者如例。(七八,1713)　　丁酉,太监张永传旨:御史雷宗令遵奉敕旨,禁革奸弊,纪验功次,军中进止机宜,悉听提督军务侍郎陆完处置,毋得干预。(七八,1716)　　甲辰,巡按直隶监察御史邝约奏:“南京内府供应木料,每岁二季,监局差内臣四人取之芜湖抽分厂,延住经时,骚扰百端,每季县驿所费计银九百六十余两,而所取木枋不及千。至于解运之时,又多驾快船,倍勒夫价,蠹害日甚。乞免差内臣,止令南京工部委官,会抽分主事拣运为便。”工部议覆,得旨:“监局差官系旧例,第令守备官择廉谨者以往,不许扰人。”(七八,1717—1718)　　乙巳,复给故太子少保、户部尚书秦纮诰命。纮为刘瑾所害,致籍没其家。至是其妻杨氏奏乞给还诰命,乃复与之。(七八,1718)

九月己酉,广西怀、贺等县猺贼平。……为患凡三年,总兵安远侯柳文会都御史林廷选、太监潘忠督副总兵张文渊、左参将金堂等以兵讨之……捷闻，赐敕奖励，仍升赏奏捷者如例。（七九，1722）　辛未，太监张勇［永］传旨：锦衣卫指挥使朱安堂上办事，提督官校巡捕；指挥使朱增南镇抚司管事。（七九，1730—1731）

十月丙戌，太监张永奉敕拣选团营官军，得十二万三千七百四十有奇。永因请于将台下精选六千为正兵，又每营各选三千为奇兵，共四万二千人，时常操练，有警即调遣。兵部议覆，谓近传贼刘六等复引而北，宜如永奏，乃命内外提督团营官拣选，人给马匹器械……（八〇，1736—1737）　庚寅，虏入大同黄土坡等墩，官军御之不力，多伤害者。事闻，诏夺参将宋文、刘继俸三月，与分守太监韦忠、马顺俱戴罪杀贼；千户刘玉等逮问，镇守太监梁玉、总兵官叶椿、巡抚都御史石玠姑宥之。（八〇，1738）　癸巳，分守凉州太监张昭、副总兵苏泰奏："虏酋亦卜剌、丞相阿尔秃厮等为小王子所败，屡入庄、凉为患，官军斩获有功者乞升赏以励人心，且请督发洮、岷等卫未至官军以备之。"兵部以昭、泰宜先下敕奖励，官军有功者令巡按御史即查奏升赏，备边官军令总制都御史严限督发。从之。（八〇，1740）　辛丑，太监张永传旨：金吾右卫指挥同知胡俊令山东总督备倭。（八〇，1742—1743）

甲辰，东宁伯焦淇卒。……正德庚午佩征蛮将军印总镇两广，未数月而卒。淇出纨绮，虽屡督戎兵，不甚谙练，其出镇也，实以赂刘瑾得之。是年秋瑾诛，邸报南下，淇暴卒，或谓其忧恚自尽云。（八〇，1744）

十一月己酉，太监张永传旨，以天寒赏提督守把京城九门署都督佥事等官杨敬、姜义、熊伟各银五两，所部官军各一两。

庚戌，命御马监太监谷大用总督军务，伏羌伯毛锐总兵官，太监张忠监管神枪，统领京营官军五千人会侍郎陆完剿杀山东、直隶等处盗贼。时完以边兵屡破贼，大用、忠谓贼可即平，故谋督军以出，冀亦如宁夏论功也。　辛亥，太监张永传旨，以天寒赏宣府续调并辽东官军三千人各银一两五钱,置买衣装,参将金辅银十两。(八一,1749)　　丁卯,虏寇宣府龙门所,守备右监丞赵瑛、都指挥王继战死。事闻,兵部议以太监陈贵、都御史燕忠、总兵刘淮、游击将军白春、参将詹冕等俱宜究治,且请亟调大同兵御之。时忠已升,代者赵璜未赴。得旨,贵、淮、忠且不究,令督诸路兵防御,忠俟璜代方许离镇;瑛赠太监,赐祭荫弟侄一人为锦衣卫世袭百户;继赠都指挥同知,如例升袭。(八一,1755—1756)

戊辰,太监张永传旨:南北直隶、河南、山东强贼刘六、刘七、齐彦明、杨虎等肆行叛乱,侍郎陆完等讨捕,累以捷报,殄灭有期,朕念天下军民皆我赤子,比因水旱灾伤,各司府州县卫所官不能抚恤……(**许贼自首及解散,官司不许邀杀,量给衣粮资送还乡。**)(八一,1757—1759)　　辛未,致仕户部尚书佀钟卒。……升户部尚书,稽核羡余,年积银四十余万两。虑国用不足,疏汰内降官吏,减内侍及画士,番僧酒馔,又以天下存留粮岁用不足,请郡王以下量为裁处。又言太仓银不宜收入内库,库所蓄金帛不宜修斋造像及充私赏,城门中官不宜干预国课。其辞甚切。有戚里……由是得罪,内不自安,因再疏请老,不许。既而疾甚,会东厂发其子瑞受金事,复请老,乃许,令给驿归。十八年,上即位,诏进荣禄大夫。至是卒,赐祭葬如例。(八一,1759—1761)

十二月己卯,升提督军务兵部左侍郎陆完为都察院右都御史,副总兵冯祯、游击将军郄永为都督佥事,副总兵许泰为署都督佥事,以破贼功也。且以太监张永指授方略功多,先写敕奖谕,俟贼平以闻。(八二,1767)　　庚辰,六科都给事中孙祯、十三道御史吴祺等以灾异修省,上言时弊:"一、……一、禁科害,谓内外仓库、草场主守官需削解户,有进见、常例、茶果、起筹诸钱,视钱粮正数或半或倍,民怨且逃。又各门起税细及秋毫,少不如意,辄加棰楚,是以贸易不通,物价翔贵。其添设官员宜通查职名,斟酌去留,有未尽者科道纠举。又各处总兵、副将等官占役军士，输纳月钱，或分散财物，扣支月米，宜行抚巡官查究。一、惩奸恶，谓各处镇守受辞状以搜索富民，始于廖鹏之拨置廖堂；南京守备置廛居以网罗市利，始于杨瓒之导引彭恕。今鹏复原职，瓒等免究，何以示戒？乞将鹏削职，瓒等二十九人逮问发遣，仍乞堂等不得容蓄此辈。”命下其章于所司。（八二，1767—1769）

辛巳，兵部奏：“盗贼掠近郭，宜令京营官军不拘冬月，五日轮操，时常操练，以备调用。”得旨，从之，且令太监王方、王铭各领本营三千人，仍选各营精锐万人，俱听调用。京城九门差给事中、御史各一员巡视，官军怠惰及取钱物者劾治之。（八二，1771）　丁亥，升锦衣卫都指挥使谷大中为都督佥事，指挥同知朱成为指挥使，冠带总旗潘贵为百户，俱冒报捷功也。（八二，1775）　庚寅，兵部覆都给事中孙祯等劾奏镇守河南太监廖堂、守备南京太监彭恕大肆奸贪，流毒远近，皆听信其下锦衣卫指挥廖鹏、杨瓒等导引所致，乞将鹏等革职逮治。得旨：“鹏已有旨，并同时参随官俱令回卫带俸，瓒等姑免究，亦各令回原卫，不许在彼潜住。”（八二，1779）　庚子，平江伯陈熊卒。……正德戊辰总督漕运，镇守淮阳。己巳入京，瑾摭以罪下狱，谪戍海南。瑾败，诏还复爵，未几卒，赐祭葬。熊略涉文艺而蠢愚不堪任事，初以门下客党璟、族人伟之力得转漕镇，及之任，乃挈以为助，其煽威黩货惟二人是听。又以父锐莅漕运时尝为市道以助私费，乃广市善田宅，劝富民代出直而以璟辈及一二无赖主之，淮人不堪，目为五总兵。瑾廉得实，欲罪熊，遂执以为辞，其田宅官卖之。于时都御史李瀚、知府华琏希瑾意，每一物计直踊至十倍而皆取足于民，后事定，复以归熊，民固不能有也。熊自钟奇祸以覆其家，固无足惜，第淮人重受其困，亦可谓不幸云。（八二，1785—1786）　辛丑，户部覆孙祯等所言节财用、禁科害二事，得旨：“各仓库及门官累有禁约，全不遵守，今天灾地震，军民困苦，正修省撙节之时，本当黜革，姑免查究，该部其以旧制申谕之。如仍蹈前弊，听科道纠劾，并许被害者陈告,坐以重罪。今后添设多余官员,不必补。如有夤缘投托者,司礼监奏治,冗员、冗役所司备查以闻。”(八二,1787)

癸卯,命伏羌伯毛锐驻河南,冯祯、时源、金辅等兵属之;太监谷大用、都御史陆完驻北直隶、山东,李瑾、许泰、郤永、陈勋、王杲、熊伟、刘晖等兵属之;仍敕湖广镇巡官协力策应,不许推托偾事。(八二,1788)　乙巳,总督南京粮储右副都御史丁凤奏:“南京内外各衙门工匠、厨役、医士、医生凡七千八百七十余人,月应支粮二千三百九石有奇,请裁革。”诏:“冒滥当革,姑斟酌处置。内官监人匠刘瑾新收者俱改正。各监局人匠支米三斗者仍旧,四斗者减一斗。太常寺、光禄寺厨役各减其奏添二斗,医士、医生革之。”(八二,1788—1789)　丙午,致仕都察院右副都御史曲锐卒。……锐既屡升,刘瑾怒其不谢己,勒令即旧任冠带闲住。瑾诛,听还乡,复其官阶,至是卒。(八二,1789)

本年附

史事

包裕撰《重修广西省城碑记》:“(**广西桂林城,宋时筑,历今已四百载。**)正德辛未岁(六年,1511),镇守广西内官监太监陈公彬、巡按监察御史□□□来节是藩,图维经理。(**下略。**)大明正德壬申岁仲秋月吉日立。”

(碑在广西桂林。《北京图书馆藏中国历代石刻拓本汇编》第53册,第178页)

艺文·碑铭·太监傅容先茔记及墓志

傅氏先茔之记[①]

赐进士第、资善大夫、礼部尚书、掌詹事府事、国史副总裁、前翰林院学士、国子监祭酒、经筵官琼台丘濬撰文。正议大夫、资治尹、通政使司掌司事、工部右侍郎衡山谢宇书丹。奉议大夫、左春坊左庶子兼翰林院侍讲学士长沙李东阳篆额。

---

① 傅氏先茔今已不存,惟此碑尚在,位于广东顺德黄连乡。碑阴载傅氏祖田。另有正德二年(1507)谕祭碑一通。

弘治初元(1488)十二月既望,司礼监太监傅公遣人以手书抵予曰:"(容)家广州之南海,去今新顺德县治之西北二十里,曰黄连乡,祖居在焉。乡有石桥,族分东西,两宅夹之以居。(容)之祖所居则西宅也。当承平时,族盛而蕃,世以隐德相承,勤生而务本,与人无竞,乡以善人称之。遭家不幸,甫生七岁失所怙,独与母居。庚午(景泰元年,1450),广城□狱贼起,两宅皆奔散,母竟及祸。于乎痛哉!兄弟凡五人,长曰宏,次二曰保,次三曰佑,次四曰真,(容)最季。三兄乱离中相继沦没,惟兄真一人在,又从□□广海而殁。痛念百年骨肉,一旦仳离,求其复如往昔合族聚居之盛,何可复得?彼此不相闻者,余四十年,乃遍访乡邻,仅得真兄之子霖,寻亦伤亡。(容)幼依天日之光,侍天子左右,委任隆重,锡予骈蕃。一身所托,盖得所以返而求之吾身所自出之地,在荒服万里外,所以生育此身者其人今安在哉?兴言及此,五内俱裂,所以生事死葬之礼,今俱已无及矣。所幸者父母茔域故在,所以为之营构,守护祭奠,尚有可以致吾力焉者。兹遣义男傅通□□□□□□其兆□□□□封表以刻石,建为享堂,缭以周垣,树以松楸,旁近为庐,俾人居守;又为置田若干,以为墓田,使居者耕其田,收所入以为岁时□祀之需。惟□生以文字为职业,言不轻发,文必可传。(某)也,又与先生同出岭南,敢借重一言,以为先人留骨之□,俾刻之石,树之墓道,垂示后人,使吾乡里之人知此为吾傅氏先茔,勿剪勿伐焉,莫大之幸也!"予固拒至再,公恳求无已,孝念笃而情事切,曷容默哉。

惟广城为岭南重镇,皇朝承平百年,无有兵戈荒札之患,物产多而生息繁,盛极而变,不幸而有黄寇之乱,一时故家大族而入于偾败死亡者何限。然其积厚而基深者,一脉仅存,往往晋陟天宫,荷殊宠受,隆委亨盛,福于一身,播荣名于天下,若今黄连傅氏其一也。傅氏受姓于商,至今数千载矣,其来岭南,固非一日,而黄连之傅,远不可考。黄连乡旧属南海,今隶顺德。傅氏系籍东涌都,堡曰黄连,世居于黄岸基桥之西。有讳道达者,惇厚仁恕,为乡善士;配何氏,慈善勤俭,相成其家,太监公之考妣也。有子五人,公乃其季,甫十有三岁入禁中,选送学堂,俾翰林儒臣授以书。天顺改元(1457),以能书选进司礼监司笔札。成化戊子(四年,1468),擢奉御,于本监出纳章奏。未几,转印绶监监丞。今上皇帝正位储极,宪宗皇帝妙拣内臣之端谨通经术者侍左右,晋授公纪事奉御,寻升典玺局丞,进局郎。上登宝位，超擢司礼监太监，盖内侍之极品也。

公居禁密，典机要，兢兢谨瑟，惟忠惟孝，而水木本原之念，无一日而不存诸心。至是遣人归故乡修其考妣兆域，题曰“傅氏先茔”，俾予记。嗟夫！欧阳子有言：“死而有子，四世之间；死而不朽，百世之传。”傅氏世以积善相承，宜其有后。不幸而罹于兵燹，当是时也，人众胜天，天固无如之何也。已矣，然冥冥之中，默寓夫乘除之理，乃以一线之微而系以千钧之重，笃生太监。公气质魁梧，性资仁厚，受先帝之付托，为今上所委注，守法奉公，不敢少有恣肆，于以翊赞圣谟，扶持善类，而使天下之人阴受其赐，以贻父母令名，为乡邦光。所谓不朽之传者，其在兹耶？夫惟可传者不朽，然后所芘者无躬，后之人将睹其物而思其人，因其子以及其父，蔚然墓林，有碑在道。有事于斯者，必兴其敬恭之心，有土于斯者，必严夫樵采之禁，不止四世而已也。奚必白其躬哉，否则非所知。

弘治四年(1491)，岁次辛亥，腊月良旦，司礼监太监孝男傅容，孝侄孙傅豪、傅杰，泣血立石。

(原按，)别有武宗谕祭碑，四周不作龙饰而此反以双龙夹额，拓本如此，殊不可解，岂祭碑为拓工所减，但椎拓其字以来耶？

(咸丰《顺德县志》卷二一《金石略二·傅氏先茔之记》)

故南京守备司礼监太监傅公墓志铭

正德六年(1511)春三月十日，葬南京守备司礼监太监傅公于昭功祠之阴、永宁寺之右，曰昭功，曰永宁，皆上宠公赐额也。初，孝宗简于肘腋，得公来南，付以留钥。公感知遇，事丽兵民便宜，大以驿闻，小以意制，寝机拔萌，化嚣成寂，泯厥声迹，时阴便之。凡南畿岁钦虑狱，则守臣，则部院寺，咸视公色可否。公主其疑者，咸厌众心，或至宣诸言，公亦默然，退自念曰：“奉若钦邺谓何，吾何敢居？”累厪宸翰褒谕，益怵惕冰渊，矻矻恒以弗任为忧。遂以疾请，上怜公诚，月有廪，岁有役，俞公休官。一僧至左觉义，为永宁寺主，以主公祀。制下之日，蠲及税焉。从子豪，入粟为郎；杰，千户，皆宜役公，而公以是年正月二十五日疾剧卒，春秋七十五矣。而豪、杰以预遣归，未视属纩也。

公，广之顺德人，曾祖某，祖义悌，父道达，母何氏，世名家也。以选入掖庭，肄内馆业，有器干。英宗擢奉御，掌文书。宪宗擢纪事奉御，侍悼恭位下。转宫禁教书，擢春宫局郎。孝宗弘治初，进司礼监太监，赐蟒衣、玉带、禄米。宪宗茂陵、英宗懿妃金山二功成，继命选永康大长公主婚，褒赉皆有加。上(武宗)新即位，赐又如弘治初焉。至于钦遣方岳之臣祭公考妣，盖异典也。公性于俭朴，平居慢藏诲。从者之庾，振衣误羹翻之涴，家众缩项蒲伏，股掉掉。公顾讶曰："尔何为，第去。"意气晏如也。鸣珰贵人，重德成就，类跻德位，皆父母，公至是哭亦如之，且以闻于上，方徯邮典也，而又来属予铭。公讳容，字某，号某。铭曰：

学之教之，以蓄厥施。龙飞则随，宫月夜白。委裘之侧，鞠躬屏息。夙兴仗行，东有启明。折旋陛扃，帷幄孔严。传宣日三，有堂有廉。维南有钥，惟以休乐，噫公不作。

(罗玘《圭峰集》卷一六)

艺文·金腾兴司学记

迨至明初，驻军镇守多江南人，生齿日繁，风气日上。至成化时已百余年矣。七年，指挥同知陈鉴请设司学，报可。十六年，巡按御史樊莹为之经始，越二年，镇监王举、参将沐诚克成之。其设学官，置弟子员，至二十一年而始备。甚哉，创始之难也！然州以逴远，督学使者所不至，渐以颓靡。正德六年，监丞朱奉、参将沐崧重修之，学使李希颜闻而趋腾赞其役。(**中略**。)张侍郎为之记曰："天下莫远于滇，滇莫远于腾，其去中国遐远矣。入我朝百年始有学，是学所极远，而所以表孔子之道大，与我朝教化之无外，其冠天下之学与。学以指挥陈鉴得请于成化辛卯(七年，1471)，巡按御史常山樊莹肇营于庚子(十六年，1480)，镇守太监王举、参将沐诚辈相与考成于壬寅、癸卯(十八、十九年)间，其设官以教，选材以养，则乙巳(二十一年)乃备，而举于乡者不乏，则始弘治己酉(二年，1489)也。顾初无文记而地以逴远，凡任兴举之寄者难至其所，庙学用是日颓敝。辛未(正德六年，1511)冬，今镇守印绶监丞朱奉巡行至腾，谂于众曰：'某平生于佛老邪淫之说无所好，惟孔子之道是崇是慕，今庙学弗治，其当身其事。'而镇守参将沐诚志与之偕。乃取资于阅射之罚，取助于弟子员之贽，取力于公家之役，盖自殿庭门庑斋堂库室，以至牲庖学舍，咸事事矣。会督学副使云间李希颜闻而趋之，加廪饩如制。(**下略**。)"

(光绪《腾越州志》卷六《学校·学宫》)

艺文·碑铭·云惠寺敕谕碑及碑记

皇帝敕谕官员军民诸色人等:"朕惟国家之待臣下,有功者懋赏必加,有善者荣名斯贲,凡恩赉之所及,皆激劝之攸存。御用监太监张永,事朕春宫,素秉勤慎,洎司戎务,益竭忠诚。顷以年劳,进当监事,绩效日著,委任方隆。先是,永因宛平县香山乡地方古刹一区,年久敝坏,自出俸资,鼎新修造,赐寺额曰云惠寺。旁续买地十顷,额办粮草差徭等项,俱与优免。本寺住持诚印升授僧录司左觉义,佥书管事,仍兼本寺住持。行童五十名,俱给与度牒,令其朝夕供奉香火。尚恐岁月既久,邻佑[右]居住官员军民人等或至侵占作践,特兹降敕禁约,敢有不遵敕旨者,必罪不宥。故谕。正德四年闰九月十二日。"

皇帝敕谕官员军民诸色人等:"朕惟国家之待臣下,有功者懋赏必加,有善者荣名斯贲,凡恩赉之所及,皆激劝之攸存。况其所请,有志于为国与民者,尤不可不副其意也。司礼监太监张永,事朕春宫,素秉勤慎,洎司戎务,益竭忠诚。外患既除,内变斯弥,进居司礼,入典枢机,左右谋猷,勋名日著,凡可以佑国庇民者,无所不至。朕深谅焉。先是,永因宛平县香山乡地方古刹一区,年久敝坏,自出俸资,鼎新修造,已赐寺额曰云惠寺。旁续买地十顷,额办粮草差徭等项,俱与优免。本寺住持诚印升授僧录司左觉义,佥书管事,仍兼本寺住持。行童五十名,俱给与度牒,令其朝夕供奉香火。尚恐岁月既久,邻近居住官员军民人等或至侵占作践,特兹降敕禁约,敢有不遵敕旨者,必罪不宥。故谕。正德六年五月初十日。"

梁储《敕赐云惠寺碑记》:"(**皇成关之西十里许有古刹,倾圮荒秽。**)正德初,有释文鼐,道号净空,欲重作之,以为祝圣釐而祷丰岁者有归,夫何力不能胜。御用监太监守庵张(永)公尝奉诏有事于外,过焉,知鼐尝居精严寺,有戒行,而其徒诚印犹淳谨行端,可承其业,有志于此,而悯其成之难也。守庵延而见,接以礼,慨然捐俸资拓廓其地,宏大其规。(**工讫,事闻,赐额曰云惠。**)守庵公削平外逆,潜消内变,兄富拜秦[泰]安伯,弟容安定伯,寰立军功,进中军都督府右都督;侄谦佥右军都督府事,侄连佥锦衣卫指挥事。公寻转司礼,一洗弊政,革奸除恶,内外帖然。复又奖敕戒谕,以奖有功,以励方来,实正德辛未(六年,1511)仲夏,公请予记。予闻佛之为教非一端,其要则以普济为事,凡可以救燔溺、拯疾苦,虽捐生而弗恤。

故其惟灾□脱亏屈者澜倒而归，其教无替，益隆于后世，可无一言以记！张公在帝左右，建不世之勋业，推济人利物之心，出所有以成此举，而请给非常之恩命，祈祝圣躬，保安民社，人所难能也。其昆季富、容、寰，侄谦、连者，皆能继述其志，常往来作新，僧众益谨焚修，诚万世不磨之遗迹，岂小小哉！公名永，字德延，别号守庵，直隶之新城人。掌司礼、御用二监，兼提督内官、司设、尚膳诸监局，外总三大营，兼提督团操兵马，为国爱军恤民，过如赤子，老成清谨之望、锄强扶弱之誉，不唯于朝堂，播闻外藩，风动四夷，而我皇明开肇以来，罕出其右者。则诚印徒为己责，又能恪遵戒修，益勤香火，黔制徒从，各尽乃事，葺治以时，丰隆日见，可谓一时之际遇也。不辜所主，能保全其终始，守庵公之德泽施于无报，可不以申其功而告来者云？正德六年，岁次辛未，秋八月吉日。”

（碑在北京海淀区恩济庄。《北京图书馆藏中国历代石刻拓本汇编》第 53 册，第 159、160 页）

正德七年壬申（1512）

正月癸丑。初，太监张永传旨，山东等处盗贼残破州县，累蠲粮税，而有司废格不行，以致上无实惠，民罹困苦，令户部议处以闻。户部覆议，谓……（八三，1794—1795）　甲寅，贼率众犯霸州，京师戒严。兵部议请召太监谷大用统所部将士驻河间、保定界上，都御史陆完、伏羌伯毛锐往来督并防御。诏大用仍与完同驻，指授方略，责成诸将。　命天寿山守备太监武忠督指挥陈增严卫陵寝。（八三，1795—1796）　丁巳，太监张永传旨谕兵部：“近贼败于汤阴，北奔至交河，已遣将分布近京各路，尚其督率诸将，多方侦探防守，毋致疏虞。辽东官军承调未至，其急趣之。”时上将出郊故也。永又传旨，晓谕直隶、山东、河南等处被贼胁从军民人等……（八三，1797）　己巳，复宁杲都察院左佥都御史，柳尚义右佥都御史，仍督军剿贼。初，太监张永传旨：宁杲、柳尚义先有擒盗功，复其原职。及杲自以有罪辞，仍乞下廷议，为其申白。吏、兵二部乃备列其功过及升降之由，且谓瑾败，招有馈金，其罪固不可掩。但今贼势猖獗，急于用人，如杲辈亦不可弃，宜复其副使，俟有劳效而后超擢，则赏不滥而彼亦得自新。命仍复原职。论者谓杲、尚义善于钻刺，不恤清议云。(八三，1803—1804)

庚午，禁私铸钱。初，司礼监太监张永奏："洪武、永乐、宣德、弘治等钱暨历代旧钱，例得兼行，但内无关给，外无征收，上下违隔，致令民间以二折一，物价腾贵，乞将天财库暨户部等各衙门、在外各布政司在库所贮钱敕户部议处，许关给征收，除破壆铁锡外，每七十文折银一钱，毋得仍前双折，庶官民两便。"户部议如所请，且申严私铸之禁。从之。时私铸之弊岁久难变，至有以四折一，恶烂不堪者曰倒四，亦盛行云。(八三，1804)

二月丁丑，命都察院右副都御史彭泽同咸宁伯仇钺提督军务，御马监太监陆訚监督军务，司设监太监尹生监管神枪。时河南贼刘三、赵风子、邢老虎等连破州县，亲王及守臣告急，日至兵部会议，请以文臣一人提督讨贼，因有是命。(八四，1807)　癸未，录四川江津破贼功，太监韦兴加禄米岁十二石，都御史林俊赏银二十两、纻丝二表里，都御史高崇熙、御史王纶升俸一级……(**副使以下官赏略。**)　升赏陕西延绥怀远堡获功官军九百二十八人有差，仍加镇守太监王兢禄米岁十二石，赏总兵官侯勋、都指挥黄珂银二十两、文绮二袭……(**副总兵以下赏略。**)　宥革任署都督佥事马昂罪，充参将，防守凤阳。昂先充总兵镇守延绥，尝以虏中逃回人口赂刘瑾，瑾败事觉，坐夺俸。(八四，1809)

三月丙午朔，巡按山东御史张璿言："(**一曰蠲征无实。**)二曰冗兵太多。今奏带头目皆膏粱游手，未经战阵，遇贼又藉边兵以护之，边兵有功则怙势而夺之，请一切罢归，以齐众力。三曰事权不一。今总督、提督互相是非，发谋命将，经宿而后定，故机泄而功不成，请责成一人以定边将进止。"兵部议："京军止令把截要地，无混边军阵内，以误进止及争夺功次。其总督谷大用已取回，宜行新差监督陆訚与提督官协心调度，削平僭叛，以副委任。其有功并失事人员宜令纪功科道及巡按官亟为勘奏，以明赏罚。”从之(八五，1819—1820)　戊申，录延绥正德四年斩获达贼功，升赏官舍旗军一千二十四人有差，镇守太监刘保加禄米岁十二石，副总兵署都指挥佥事侯勋升一级，总兵右都督吴江、巡抚都御史黄珂、徐以贞，都指挥王勋、时源、周诚各赏银二十两、纻丝二表里。时保已召还，以贞夺职为民，江已故，赏及其孥，勋已升都督佥事，复进都督同知。(八五，1821—1822)　己酉，南京六科给事中毛玉等言：“今盗贼纵横，饥馑荐臻，实则刘瑾余烈所致，然成瑾之恶者，致仕大学士焦芳、刘宇也。芳、宇立心倾险，制行奸回，任己行私，略无顾忌，假刑赏以报恩仇，肆纷更以坏纲纪，排陷忠良，置之必死，援引俭小，立登要津。其子焦黄中、刘仁以传奉而进翰林，刘俸又以拜假父而官锦衣，变科举法，肆毁题名之碑，钳言官口，矫传禁制之敕，互相构扇，养成大恶。瑾既伏诛，其党张彩、杨玉、石文义已就极刑，韩福、韩范已谪戍，曹元、孙聪亦皆削籍，而芳、宇罪浮于群奸，恶惨于逆瑾，未加显戮，仅革散官，何以释众心之怒，垂将来之戒哉！乞明正其罪，以谢天下。”都察院覆请如玉等言，置之于法。得旨：“芳、宇已致仕，黄中、仁、俸已革职，俱置之。”时当道有庇之者，物论甚为不平云。(八五，1822—1823)

癸丑，传旨以内官监太监张雄提督东厂官校办事。(八五，1830)　丙辰，贼方四复犯贵州婺川等处，都指挥洛忠等坐降一级，魏纪等降二级，镇守太监孙叙、总兵官李昊、都御史魏英俱宥之。(八五，1830—1831)　丁巳，司礼监太监张永传旨谕兵部：“各处盗贼为患，京、边官军斩获功次因查勘未报，尚未升赏，无以激励人心。其速令纪功科道官在监督、提督军前纪验，凡奏捷即以纪功文册同进缴，以凭升赏，不许迟缓。”(八五，1831)　戊午，录延绥盐池梁等处功，升赏官舍旗军人等七十二人有差，都督同知时源升一级，太监王兢、都督侯勋、都御史黄珂各赏银二十两。(八五，1832)　壬戌，监察御史徐文华言：“近刘瑾弄权，大学士焦芳附之,更张科制。正德三年廷试毕,工部立石题名,命芳为记,反以更张定制谓为百年未行之令典。臣厕名其间,实深耻之,伏望将芳所撰文并其石磨灭偃仆,别命儒臣记之。"诏记文已刻,其置之。(八五,1834)【考】此进士题名碑今仍存,在北京市东城区国子监。碑由焦芳撰文,太常寺少卿周文通书并篆额,拓见《北京图书馆藏中国历代石刻拓本汇编》第53册。　　己巳,革神木千户所。初,永乐间用镇朔等卫所军丁千人守护大木厂,人给月粮六斗。至逆瑾时立为千户所,选千户、镇抚、吏目各一人,百户十人,月增军粮四斗。至是以非旧制,兵部请革之。(八五,1836)　　辛未,升前军都督府带俸都督佥事谷大中为都督同知。大中,大用弟也,由锦衣卫指挥同知累冒功升都督佥事,至是又自陈延绥功得加升。(八五,1837)

癸酉,江西右参政吴廷举等败贼于连河寨,斩捕七十余人,事闻,上以总制都御史陈金、太监黎安调度有方,各赐敕奖励,复廷举冠服,仍停俸戴罪自效。(八五,1840)

四月丙子,监察御史舒晟言:"往者刘瑾毒流海宇,无罪而死者甚众,如府丞周玺、御史蒋钦、涂祯以棰楚,侍郎刘宪以淹禁,给事中许天锡、周钥、郗夔、郎中冯颙以自缢,主事何釴、推官周臣以暑暍,皆不得其死,乞量加恩典以慰泉壤。"命所司知之。　　太监谷大用奏,副总兵许泰、刘晖、冯祯、时源,参将金辅、神周,游击将军郄永等屡有斩获功,都御史陆完娴于戎务,侍郎杨潭督饷不乏,请亟施大赉;又言军中劳苦及赈恤数事。得旨:"大用统率军旅,多效勤劳,兵部即会官议以闻。"既而会议以四方盗贼蜂起,自出师以来,所向克捷,诸将亲冒矢石,其功居多,而督军、督饷者亦与有力,升赏宜厚。但始者奏定格例,谓歼灭山东、河南大伙贼尽绝者乃如宁夏例论功封拜,今贼首未擒,难以卒议。且泰、祯、永、源、周及完近已加升,宜通俟功成之日奏请定夺。若军士首功勘籍已至者,请即如例升赏,其未至者令纪功官以次勘报。议上,大用特赐敕奖励。时大用自临清召还,惭于无功,其为此奏，实欲自要爵赏。廷议不可乃已，然不敢逆其意，故劳慰如此。(八六,1841—1842) 壬午，南京十三道御史周期雍等以京师地震言："逆瑾既诛，海内称庆，而致仕大学士焦芳、刘宇以附瑾流毒，未正其罪，致仕尚书刘大夏、韩文、林瀚、杨守随、故左都御史张敷华皆罹瑾摈逐，未蒙昭雪，乞将芳等削夺窜殛，大夏等优以恩礼，赐之赠谥，以昭国法，以快人心。"下其章于所司。(八六,1844) 辛卯，太监张永传旨，都指挥杨义、熊伟、赵昶领所部官军三千九百余人往霸州等处听调…… 壬辰，录贵州讨阿杂功，镇守太监孙叙加禄米岁十二石，巡抚都御史魏英赏银二十两、纻丝四表里，巡按御史徐文华半之……(八六,1850) 丙申，太监张永传旨："张俊、许泰、郄永追贼至近京，其遣人劳之，各赏银十两，从征军士各一两。"(八六,1852) 辛丑。先是，锦衣卫千户朱瀛坐事调广西，以刘瑾党复有旨逮捕。广西都指挥佥事苏英素善瀛，嘱解官中途假坠水脱免。事发，仍严捕瀛，英坐降二级。(八六,1854) 癸卯，录赣州大帽山功，升赏官军义民机兵八百八十二人有差，总制都御史陈金、巡抚都御史董杰，镇守太监黎安、王嵩各赏银二十两、彩币二表里，参议俞谏、佥事李瓒银币各半之，巡按御史王士昭、都指挥赵钺又各半之。时杰已卒，命给其家。(八六,1854—1855)

五月丙午，罢九门守把官军。初以流贼猖獗，警报日至，命太监金义、遂安伯陈鏸等统军守把正阳等九门，以科道官点视。至是，给事中黎奭等言，官军屯之市井，无所事事，乃命团营拣练听调。(八七,1859) 戊申，贼刘三等自遂平趋朱皋，永顺宣慰彭明辅及都指挥曹鹏等以土军追击之，贼仓卒渡河，溺死者二千人，斩首八十余级。分守湖广(**按，此当脱"行都司"三字**)太监周景、巡抚都御史李士实奏至，赐敕奖励。(八七,1861) 癸亥。先是，镇守云南总兵官沐崑、巡按御史张羽各奏："新兴等银场，因镇守内臣自令其下率人采取，伪称矿脉微细，岁课不足，遂将军夫口粮逼令折银，掊克扰害。乞如福建等处例，一切封闭而释军夫。”已得俞旨。至是镇守太监张伦又奏：“云南绝徼，再无别税，比浙江、福建内地事体不同，且各场夫役又皆四方流移，仰给于此，一旦封闭，恐生他变，乞容臣自备工役采取如旧。”户部以为不可，乃仍从崑、羽议。(八七，1872)　甲子，传旨，调分守怀来太监王刚镇守宣府。(八七，1873)　己巳，副总兵署都督同知张俊病免，以白玉代之。玉既系狱，太监陆訚为之请，复令随征。至是，訚又请以代俊，仍充副总兵。后边宪、萧翀援此亦皆得复职云。(八七，1876)　癸酉，刘宇卒。……正德丙寅，以虏警升右都御史总宣府、大同军务。时瑾专政，宇克边储，首以万金赂之，遂论修边功，赐金帛，荫子为锦衣卫百户。丁卯，召宇入掌院事，加太子少保。宇恃瑾横恣，御史有所拂，辄鞭朴之。寻升兵部尚书，加太子太傅。转吏部尚书，加光禄大夫、柱国、少傅，屡授玉带蟒衣之赐。瑾乡人张彩为文选郎中，部事皆由彩出，宇充位而已。瑾欲用彩为吏部尚书，乃加宇大学士，入文渊阁。仅三日，听以省墓归。越二年卒于家。(八七，1877—1878)

闰五月己卯，传旨，以御马监太监崔安守备南京，广东看守珠池内官监太监史泰镇守贵州。(八八，1881)　甲申，御马监太监崔安守备南京，奏乞参随二十七人。许之。兵部奏：中官出守者，例止参随五人，宜减其例外者。上曰：“业已许之，不为例。”(八八，1886)　丙戌，命以淮、扬二府暨杭州钞关船料银十万两输南京籴米，从内外守备官奏也。(八八，1888)　壬辰，以御马监太监张锐提督东厂。(八八，1894)　辛丑，凤阳府知府罗玹初至，谒守备太监阎宣，宣不为礼，玹与争，遂奏玹罪。下巡按御史勘问，事多诬，乃改玹别府而置宣不问。　初，议并功升格，太监张忠奏：“北直隶、山东、河南京边官军斩获流贼首功不系一战、不载一册者，请并论；凡一人擒斩三名颗者不拘先后，准升实授一级，以上者皆递升。”兵部议以纪功籍册造报不时，若俟班师后行赏则太迟，若以三方之功并论又太滥，宜自今凡功册已至而未升赏者，果地里相去不远，日月相间不久，所报虽二三次，亦与并论；功册未至者令纪功官酌量地里月日久近核审明白，虽二三次亦与类奏，已升赏而未并论者俱改正，而地远日久者勿滥及。议入，上以忠监枪多劳，赐敕奖励，仍岁加禄米十二石，余如议。是时权幸豪猾托名诸将部下，不出门阈，坐得首功，有一人一时数处以功报者，并计累升，或自白身超授金紫，自是官盈锦衣之籍，不可胜纪。（八八，1897—1898）　贼刘七等入湖广，敕都御史彭泽、咸宁伯仇钺仍率时源、神周、陈珣所部兵往剿之，湖广、江西、南直隶各镇巡、操江以下官员悉听节制，都指挥而下不用命者即斩以徇；都御史陆完、太监陆訚兼督河南军务，率金辅、姚信等所部兵以殄余贼，镇巡以下官员亦听节制……（八八，1898—1899）

六月甲辰，凤阳御盗参将马昂称疾乞罢，以所部兵委留守李清代领。许之，仍令巡视、守备官严督诸将防守。（八九，1902）丁巳，太监蒋贵传旨，以御马监太监耿宗分守辽阳地方。（八九，1906）　甲子，右副都御史姜洪卒。……擢云南左参政、山西右布政使。逆瑾方擅政，诸省有“贺印钱”，山西独无。瑾中以法，矫诏罢归，复罚令输粟于边。瑾诛，起为山东左布政使。（八九，1911—1812）　丙寅，升右都督谷大中为左都督。大中，太监大用弟，冒从征镇番卫之功也。（八九，1912）

七月壬申朔。都御史马炳然之死也，巡按湖广御史王俸劾总兵方寿祥纵贼戕戮大臣，请正其罪。有旨，令寿祥陈状。至是，纪功给事中吴玉容及俸复劾寿祥及镇守太监王闰[①]、巡抚都御史刘丙、参议方璘、佥事郭韶、都指挥潘勋并布政、副使、知府等官四十一人，均宜究责。诏闰、丙姑宥之，寿祥俟陈状另议，璘、韶、勋逮问，余俱停俸。后寿祥伏罪，乃夺其禄米三月。（九〇，

① 王闰，正德六年正月丁丑条作“王润”，“润”是。

1917)　丙子,升办事有功官旗舍人屠璋等二十一人,人一级,从太监谷大用请也。(九〇,1918)　太监萧敬传旨:"河南用兵两月,贼首就擒,余党殄灭,监督、提督、镇巡、纪功、领军等官劳效可嘉,太监陆訚、总兵仇钺、都御史彭泽各赏银五十两、纻丝四表里;太监甄瑾、周景,侍郎黄珂、都御史李士实、邓璋、刘琬各银三十两、纻丝三表里;给事中吴玉荣、御史李元、副总兵时源,参将神周、金辅、姚信,游击将军陈珣,守备周镛各银二十两、纻丝二表里,仍写敕遣行人赴军前给之,待班师之日论功升职。"(九〇,1918—1919)　沂州知州李锡以御史谪任,泾府礼生李敦与内使杨景奴有犯,锡摄治之。景等怒,乃遣军校夺其奴还,且肆骂于州治。会冬至,锡入府贺,又为敦等殴系,三日乃得出。事闻,下镇巡官勘报,乃调用锡而逮景等鞫之。(九〇,1919)　岷府……(**宗室互讦略**。)命司礼太监温祥、刑部侍郎戈瑄、锦衣指挥韩瑞往会镇巡官按之。事涉宫壸者,令祥入府详讯……(九〇,1919—1920)　己卯,监察御史文皓劾奏南京吏部尚书张潆谄附逆瑾,至销黄金为寿星以献,诚不宜居大臣之位,乞削夺。下其章于所司。潆性卞急寡与,持论太高,而行己亦或未能皆出于正,故多招谤。寿星之事,或以为出户部侍郎张志淳,而人乃竞归之潆。(九〇,1922—1923)　壬子,罢南京操江都御史陈世良、武靖伯赵弘泽,以都御史俞谏、怀宁侯孙应爵代之。南京十三道御史汪正等劾奏参赞机务尚书刘机及世良、弘泽才非统驭,保定侯梁任、西宁侯宋恺、南宁伯毛良贪残害人,俱宜罢黜。太监崔安近以内降主管留钥,亦宜取回。得旨:安召还,弘泽闲住,世良致仕,谏升南京都察院右副都御史提督操江,应爵令署南京前府事,机令尽心供职。(九〇,1924)　壬辰,录广西平乐、梧州等府县,广东连山等县,湖广锦田等处功,升赏官军七千九十六人有差,太监潘忠、都御史林廷选、总兵官柳文各赏银二十两、纻丝三表里……(九〇,1929)　辛丑,大学士李东阳言:"司礼监昨宣旨,京城内外近有讹言，欲命太监谷大用仍旧提督官校缉访事情，令臣等撰进敕稿。臣等切见大用前日两次具疏，钦遵祖宗旧制，辞免西厂办事，皇上特允所奏，内外欢传，无不称颂圣德。若数日之间，骤革骤复，似非事体。且讹言一事，昨已谕令各该衙门禁约，若更添差官校，诚恐愚民惊疑，将谓真有妖物，尤于事体未便。臣等偶有所见，不敢不尽其愚，伏乞圣明采纳。”（九〇，1933—1934）

八月丁未，降监察御史周广为广东怀远驿驿丞。广上疏，言锦衣卫指挥朱宁本太监钱三（钱能）奴仆，不宜冒皇姓，称义子，怙宠乱政；又言番僧害正，当逐。疏留中，乃传旨谓广不谙宪体，故有是命。（九一，1937）　　己酉，镇守河南太监甄瑾以罪罢。先是，贼屯洛南，副总兵冯祯率所部渡洛击之，副总兵时源、参将神周、金辅、姚信等继进，马渴饮水，首尾不接，复值风雨，部伍混乱。信本后哨，乃越而前，辅本右哨，逗遛水北，祯独战而死。纪功官以其状上，且劾信及辅。既而瑾及都御史邓璋、巡按御史李元会奏，乃据传闻者妄报，以为贼为追兵所围，欲走不可，因散银于地，以饵官军，遂突阵而出，刃中祯额杀之。兵部以二报差互，下侍郎黄珂勘实。都察院奏瑾、璋、元各有罪，而贼今尽平，功亦可赎。诏从之，而特罢瑾回京。瑾在河南颇安静，中官怒其不与己，故缘此罢之。（九一，1938—1939）　　癸丑，谪户部主事曹琥为云南寻甸军民府通判。御史周广既得罪，琥上疏救之，内批谓其朋比，调外任。吏部拟河南府，不允，乃改寻甸。琥后升广信府同知，佐郡甚有声。时逆濠（宁王宸濠）征茶，镇守中官取葛布，以入贡为名，郡受扰苦甚。琥请于上官，皆裁抑之，民少有所恃。琥才可大用，寻升守巩昌而死，知者惜之。（九一，1942—1943）　　戊午，升赏云南临安府安南长官司有功官军一百六十八人有差，太监张纶（广本作张伦，是）、总兵官沐崑、巡抚都御史顾源各赏银二十两、彩币二表里……（九一，1946）　　癸亥，贼刘七、齐彦名……（尽被歼，盗平。）初，张茂者，文安县大盗也。家有高楼列屋，深墙窖室，招集亡命，刘宸、刘宠、齐彦名、李隆、李锐、杨虎、朱千户皆其徒也。茂又纳交通赂于豹房诸近侍，太监张忠者，号“北坟张”，居与茂迩，茂结之为兄，因得遍赂马永成、于经、谷大用辈，遂出入禁中。尝侍上蹴鞠，倚是益无忌惮。庚午春夏间，河间参将袁彪数败茂及诸贼，茂窘，乃求救于忠。忠置酒私第，招彪与茂东西坐，举酒属彪字茂曰：“此彦实，吾弟也，尔今后好相看，无相扼也。”又举酒属茂曰：“袁参将今日与尔有一面之好，尔今后无寇河间。”彪畏忠，不敢谁何。既而都御史宁杲欲擒贼立功，有巡捕主簿李姓者承杲意，伪作弹琵琶优人入茂家，具知乡导。杲率骁勇者数十人，乘其不备入擒之，斧折茂股，车载以俘。余贼相率至京，谋出首逭罪。忠与永成为之请于上，且曰：“必献银一万乃赦之。”宠、宸计无所出，潜令杨虎劫近境，冀以足所献。……凡京师动静，悉先知之，以貂珰为之奥主也。自是数盗者横行中原，杀人满野，村市为墟，丧乱之惨，乃百十年来所未有者。京军再出无功，乃调诸边之兵，竭天下之力，三载仅能灭之。(九一，1947—1950)

乙丑，兵部覆给事中李学曾所言三事：(**一、禁剥削以恤军士。一、戒私役以养民兵。**)一、节冗食以裕财用。内府各监局军匠、勇士数多，宜清查革退。诏：“恤军士、练民兵如议，官匠、勇士仍待事宁之日以闻。”(九一，1951—1952)　　戊辰，太监蒋贵传旨：刘七、齐彦名等巨贼往来南北，荼毒生灵，各该官军奋勇效力，擒斩尽绝，监督、提督官功绩茂著，其监枪及总督粮饷、巡视守备并各镇巡、纪功、领军等官俱有劳效可嘉。太监陆訚，总兵仇钺，都御史陆完、彭泽各赏银五十两、纻丝四表里；太监尹生、阎宣、毕真，侍郎杨潭、从兰，都御史张缙、王缜、张凤、俞谏，总兵刘晖，游击郄永各银三十两、纻丝三表里……(九一，1952—1953)

九月癸酉，降敕征监督军务太监陆訚、提督咸宁伯仇钺、都御史陆完、彭泽还京。　传旨调镇守蓟州、永平、山海等处太监王宏于河南，以王忻代之。罢镇守云南太监张伦、朱奉、陕西太监王舆，以梁裕、廖堂代之。（九二，1957）　丁丑，谪淮安知府刘祥成贵州平越卫，降锦衣卫指挥佥事牟斌、韦玺为百户。先是，尚衣监太监乔忠自南京织造还，过淮安，时南京给事中刘纮亦以公事赴京，祥其族侄也，发巡卒卫行。忠舟数十艘方开，怒纮舟阻碍，执其二卒榜笞之。俄而群卒至，皆强悍者，遂击忠舟，纮不能禁。忠走避，而仆伤其颅，至京创犹未愈。诉于上，谓纮倚言官势，不让黄船，而击之者实祥主使。命锦衣官校执祥、纮送镇抚司拷讯。祥、纮亦各奏辩。斌、玺以狱上，谓非祥、纮罪，宜坐卒。诏以斌、玺回护，革其职任，于原所带俸，以千户张璞、张荣代理司事，仍严拷鞫。祥等承服，送法司拟祥、纮俱赎罪还职，纮准拟，祥发充军。以大理寺审拟欠当，夺其堂上官俸二月。斌、玺复降为百户，调沔阳卫带俸。祥治郡有声，斌治狱平恕，时论惜之。（九二，1958—1959）【考】斌、玺寻殁，世宗初各赐祭，见《世宗实录》卷二，正德十六年五月丙子："赐故锦衣卫指挥佥事牟斌、韦玺各祭一坛。正德中，斌、玺皆镇抚司理刑，时织造太监乔忠诬奏淮安府知府刘祥殴伤公差，逮治，欲陷以重罪，而斌、玺竟拟轻律。忤旨，降为百户，调湖广沔阳卫带俸，相继以殁。至是都察院右副都御史吴廷举上疏，请加优恤，兵部覆奏，斌、玺守法罹祸，忠义可嘉，故有是命。"　癸巳，兵部会议，以直隶、山东、河南平贼文武官功过等第列上，诏：总督谷大用、监督陆訚岁加禄米四十八石，荫弟侄各一人锦衣卫世袭指挥使；总兵官仇钺进封咸宁侯，提督陆完升左都御史，与彭泽俱加太子少保，仍各荫子一人为世袭百户；监枪张忠、尹生岁加禄米二十四石，荫弟侄一人为锦衣卫世袭正千户；领军官刘晖、郄永、时源升右都督，神周都督同知，许泰署都督同知……（九二，1963—1964）　命户部拨两浙运司官盐二万引，付太监杨軏等织造。户部言："浙江六年盐课开中已尽，七年为潮所伤，且苏浙水灾异常，民穷盗起，方令守臣派恤，不宜重困，请停织造以俟丰年。"工部亦执奏。皆不听。（九二，1964）　乙未，以直隶、山东、河南、江西等处盗贼平定，京营提督官发兵、会议，与各部院等衙门俱效勤劳，英国公张懋、成国公朱辅、定国公徐光祚、会昌侯孙铭、新宁伯谭祐、尚书杨一清、靳贵、孙交、傅珪、田景贤、李鐩各赏银三十两、纻丝二表里；侍郎……都御史……各银二十两、纻丝一表里；御马监太监丘聚岁加食米二十四石；锦衣卫缉事指挥朱宁银五十两、纻丝二表里，朱安三十两、纻丝一表里。已而一清等疏辞，不允。(九二，1965—1966)

十月甲辰，以修理孝陵及懿文陵殿完，命南京守备太监黄伟、魏国公徐俌祭告二陵，工部尚书孙需祭司工之神，赏伟、俌及兵部尚书刘机、侍郎俞深、提督太监董文、西宁侯宋恺等银币有差。　传旨，以太监王堂管理浙江市舶司，崔和镇守云南金齿、腾冲地方。(九三，1974)【考】《国朝献征录》卷一一七《寺人》："镇守金、腾太监崔和，衡水人也。当正德时，内臣势殊盛，金、腾镇守无及二年辄易。崔以癸酉年(八年，1513)至，逾三年辞而去，历前后若吉庆、张成、朱奉、王阳、孙绪、刘玉，皆无辞去者；如张成之贪酷、王阳之愚冥、刘玉之昏虐，又特甚，必致地方大变乃归。于此见其独出夷等矣。一日过潞江安抚司，送过江银三百两，景东、蒙化各献年例、军伴、纸札银若干，欲不受，曰：'是目我内臣素低也。'因言平生与何文鼎辈为友，蒙孝庙见知，因遂以潞江之贿复起众安桥，以景东、蒙化之银修各寺，且曰：'为人在世也，须干些好勾当，若只要钱，也没来由。'"按，光绪《永昌府志》卷六二《轶事·内臣》所记，盖据上文。崔和，光绪《腾越厅志》入为《循吏》。　丁未，赏防守九门太监金义、遂安伯陈鐩[①]等及点视给事中石天柱、御史卢雍等彩币白金有差。(九三，1975)　乙卯，南京吏部尚书张澯乞休退，且曰："近御史文皓劾臣以金寿星馈瑾，自称'小孙'，此何等事而谓臣为之！夫以金造像，工必有人，售必有主，踪迹所在，人岂能掩？不知皓何从闻此？且当瑾败之时，簿记赂者姓名皆不遗，使臣名在记，谁为隐之？若果证据明白，则诛臣以谢天下，臣

① 据《明史·功臣世表二》，遂安伯当为陈鏸。

所甘心。"得旨:"所诬朕已悉知,可安心供事。"　　丙辰,传旨,调甘肃镇守太监宋彬于大同,大同镇守太监梁玉于甘肃。(九三,1978)【考】梁玉此后实录无事迹,正德九年卒于任,墓志见本年附。宋彬镇守大同敕谕亦见本年附。　　己未,传旨,以分守凉州太监张昭镇守宁夏,以太监许宣代昭。(九三,1979)　　壬戌,太监蒋贵传旨:(令榜谕宽恤,略)(九三,1980)　　丁卯,户部奏:"司钥库左少监庞瑮等题称钱钞缺乏,除扬州钞关银两专备织造,宜令临清、河西务二钞关自正德八年正月为始,淮安、苏州、杭州三钞关自正德九年正月为始,俱收钱钞解部转送司钥库应用,九江钞关仍旧收银解送内承运库。"从之。(九三,1986)

十一月乙亥,江西巡按御史江万实以盗入萍乡县劫掠库藏,劾府卫巡捕等官及分守参议林长繁、分巡佥事王奎、镇守太监黎安、巡抚都御史任汉、总制都御史陈金、副总兵张勇俱宜罪。得旨:"府卫巡捕官逮问,安、汉降敕切责,长繁、奎俱停俸,金、勇俟事宁之日以闻。"(九四,1992—1993)　　庚辰,宣府太监王刚奏乞前镇守者地百二十一顷。户部议宜复核,诏特与之。(九四,1994)

甲申,凉州镇守太监许宣奏带食茶,有旨准带七百斤。户部执奏,不听。(九四,1994)　　丁亥。先是,太监萧敬传旨,兑调京营、宣府官军,令其往来操习备御。兵部即会官议处以闻。后又传旨,调拨往来额数各三千员名。兵部奏:边军赴京防守,京军赴边操练,则更代烦扰……(九四,1994—1995)　　乙未,巡按陕西御史成文奏:"自六年正月以来,虏酋阿尔秃厮、亦卜剌为小王子所攻,部众奔甘、凉、永昌、肃州等处驻牧,伤残疾疫,死者甚众。官军掩取虏尸,辄以报功,间有斩获,不逮十之一二。而镇守太监宋彬、巡抚都御史张翼、总兵官王勋同肆欺罔,隐匿丧败,致仕分守太监张昭、去任总兵官卫勇、右副总兵苏泰、右参将赵承序、芮宁纷纭诈冒,共受奖励,敕书计三十八道,升职者三十二人,其迹皆可验。乞将彬、翼等俱逮问,仍追夺敕书,革罢升职以戒冒功。”兵部覆，请命给事中、郎中各一员，会巡按御史查勘，并按指挥以下官罪；彬、昭先已调任，翼等亦宜代还。得旨，诸事情但令巡茶御史查勘，翼等仍俟勘结奏处。(九四，1999—2000)　司礼监太监张永既罢，以旧理御用监事，托言欲有稽查，令库官吴纪等窃出银七千余两，舁入私宅，造作玩好诸物。御用监太监丘聚发其事，执纪等付镇抚司鞫治，具得情实以闻。永多方营救，仅调御用监闲住，纪等降调有差。(九四，2000)

十二月戊午，升锦衣卫都指挥使谷大亮等四百二十五人各一级，皆以太监陆訚、谷大用、张忠等奏带随军冒功者也。(九五，2009)　丙寅，致仕南京户部尚书王佐卒。……升光禄寺卿、户部右侍郎，转左。尝往常州勘处魏国公徐俌与民讼田事，徇刘瑾意，以田归俌。事竣，加俸一级。后迁南京户部尚书，月余坐事逮问。寻令致仕，又罚米千石。至是卒，赐祭葬如例。佐无他长，但以丰貌多髯，尚书尹旻拔为吏部属，积阶至正卿。子云凤为祭酒，亦以阿瑾为士论所鄙。(九五，2012)　戊辰，致仕太子太傅、吏部尚书兼都察院左都御史屠滽卒。……滽有用世才，不乐家居。正德初，大臣守正者多去位，乃获征诣京师，以旧职兼左都御史，掌都察院事。滽风仪隽爽，议论潇洒，能与时俯仰。刘瑾方怙势毒缙绅，时亦有所调护。瑾以私憾钩诬尚书刘大夏罪，欲寘之死，滽委曲为解，得从减论。居二年，以老疾致仕。又三年卒。(九五，2016—2017)

本年附

典制·太监宋彬镇守敕

敕御马监太监宋彬：“今特命尔与总兵官署都督佥事叶椿一同镇守大同地方，操练军马，固守城池，凡一应军务，须与总兵、巡抚等官计议停当而行，不许偏执己见，有误事机。或城池坍塌，随即拨军修理；贼寇侵犯，务在相机战守，如遇贼势重大，即便会合宣府游击将军并力截杀，以靖地方。凡军民利病，可兴可革，须悉心访究，具实奏来处置。尔为朝廷内臣，尤须持廉秉公，竭忠效劳，以副委任。毋得纵容下人科扰尅害，致生嗟怨，如违，罪不轻宥。尔其敬之、慎之！故谕。正德七年十一月初三日。"

（嘉靖增修《大同府志》卷一二《圣朝制敕》）

艺文·碑铭·太监李荣墓志

大明故司礼监太监李公墓志铭

特进光禄大夫、左柱国、少师兼太子太师、吏部尚书、华盖殿大学士、知制诰、同知经筵事、国史总裁长沙李东阳撰。赐进士第、资德大夫、工部尚书、前兼都察院左佥都御史汤阴李燧书。特进光禄大夫、左柱国、太师兼太子太师、英国公、奉敕提督五军并十二团营总兵官、监修国史、知经筵事、掌后军都督府事古汴张懋篆。

公姓李氏，讳荣，茂春其字也。上世出西□之三原，相传为唐卫国公靖之后。卫国葬开封之祥符，子姓蕃□。其一胜国时，从戎凤阳之怀远，以功授千夫长。后流荆州，卒葬□陵。其一居汝南之确山，季世兵起，公高祖讳清甫，偕其兄仁卿避地河南之洛阳，今为洛阳人。曾祖讳成，府学生，未第而卒。祖讳敬，父讳升，皆□□仕，乡称长者。母魏氏，实生公，早失怙。

□景泰庚申[①]，甫十余，被简入内廷，侍乾清宫。终天顺之世，未显世也。成化改元乙酉(1465)，累官至太监，许乘马禁中，赐蟒衣一袭。戊戌(十四年，1478)，汉阴王冒报宗籍，宪庙命公往勘，得诱引者置之法。比归，命入司礼监，命□公事，赐玉带。卒日，再命宣府阅实边鄙以劳，给岁禄十二石。壬寅(十八年，1482)，□使土□，事亦告集。寻命守备留都。

弘治改元戊申(元年，1488)，孝庙召入，复命同典机务。辛亥(四年，1491)，命与驸马都尉周景勘□徽府狱，毁其离宫，革服用违式者。丁巳(十年，1497)，命选德清公主婚礼成，赐肩舆出入。屡同廷臣恤谳重辟，平反甚众。今上在春宫，公兼领进读，夙夜惟谨。每入侍讲筵，必先再□祝千岁寿，上眷而怜之。嗣位之初，益隆眷注，命阅五军、三千、神机及十二

---

① 景泰无庚戌，疑应为庚午，即景泰元年(1450)。李荣生于宣德五年庚戌(1430)，时年已二十。

营军务,赏罚明当。进掌监事,凡国家大政皆预参决,久益谙练。当是时,权奸盗柄,委曲调济,裨益良多。戊辰(三年,1508),垂八旬,赐敕慰劳及白金、彩币,间以疾,请出外第。城西南有别墅,水石竹木,□于郊甸,往来其间,屏撤驺从,人猝然遇之,不知其为重臣故老也。壬申(七年,1512),上笃念耆旧,特再起□,既陛见,感恩奋励,继之以泣。未几,再以疾辞,遂不起,实九月十日也。

公赋性朴厚,入内垂六十年,一心慎密,未尝有过。与人夷坦,未尝念旧恶为报复。计福寿之盛,盖众所鲜。及云公从子珍,累官镇国将军、锦衣卫掌卫事都指挥同知,卒;华、春,皆指挥佥事;裕和鸾,皆正千户;凤,千户。孙旻,珍之子也,嗣其官;江,指挥佥事,钺,正千户,昂、昱,皆副千户,晟、淮、昙,皆百户。公生于宣德庚戌(五年,1430)四月二十五日,年八十有三。讣闻,上为哀悼,赐布□为赙,遣礼官谕祭,工部治葬事。命太监丘公聚、于公经、莫公英、柴公历、田公智治其丧。将以是年十月十二日,窆于顺天宛平香山乡之原,亦公所自卜地。先帝尝赐祠额曰"旌义",且赐敕守护焉。旻以诸公之意,持状请予铭。予承乏内阁,与公周旋有年矣,乃为铭。铭曰:

皇有燕翼,重千储宫。公劳其间,辅翊之功。国有近臣,必先司礼。公□其端,枢钥是委。公练世务,亦通书诗。有试必效,縻微弗知。晚获优闲,益臻寿考。山林城郭,亦□□老。煌煌召命,肃肃趋朝。皇实眷之,公心则劳。曾不几时,旋焉告疾。方再浃旬,得正而毕。隆隆恤典,贵彼幽原。存没之□,□□□□。山环水回,□气攸宅。勒铭著行,永托贞石。

(北京石景山区善佛寺出土。志文由双塔郸人提供)

艺文·碑铭·太监邓贤墓志

明故神宫监太监邓公墓志铭

文华殿旧直、征仕郎、中书舍人、前乡贡进士滇南杨缵撰。征仕郎、中书舍人、直内阁合肥马涉书。征仕郎、中书舍人、直内阁上虞陈瓒篆。

公讳贤,字彦良,其先广东肇庆府阳江县人,上世谱系远逸莫可考见。公生幼而聪敏,立志超卓。自成化丙戌(二年,1466)进内庭,甲午(十年,1474)赐牙牌,戊戌(十四年,1478)赐帽,癸卯(十九年,1483)升兵仗局右副使,乙巳(二十一年,1485)升左本监佥押管事。

弘治己酉(二年,1489)转御马监,升左少监,明年升太监,又明年赐蟒衣,乙卯(八年,1495)赐玉带。恩数稠叠,赏赉甚厚,而公操存愈谨。己未(十二年,1499)许内府乘马,以便出入。甲子(十七年,1504),转惜薪司佥押管事。

正德庚午(五年,1510),裕陵神宫监司香。公自妙龄简入禁掖,历事三朝,始终一致。越壬申(七年,1512)二月十二日,偶获一疾卒,距其生景泰癸酉(四年,1453)四月廿七日,得寿六十。讣闻于上,遣内官监段公祥董治丧仪。择卒之岁十月廿一日,公之犹子曰和辈,具服累然扶棺,葬于京城西宛平境翠微山之原。公之为人厚重,勤敏温纯笃实,虽祁寒酷暑,未尝竟日亵服,温言煦色,人亦乐亲之。是其生不徒荣,其没不可使泯,而不白于世也。复系铭曰:

广山维崇,公秀所生。自入内禁,宠遇日隆。蟒衣玉带,特赐华躬。既宠既贵,不侈不矜。行藏古拙,节俭平生。翠微之原,风气攸钟。我铭藏幽,百千万春。

(北京石景山区模式口出土。志文由双塔郫人提供)

艺文·碑铭·太监梁玉墓志

明故御马监太监梁公墓志铭

光禄大夫、柱国、少傅兼太子太傅、吏部尚书、谨身殿大学士南海梁储撰。敕提督三千营总兵官、掌中军都督府事、侍经筵、太子太傅、成国公凤阳朱辅篆。赐进士第、通议大夫、刑部左侍郎、前大理寺卿、侍经筵、都察院右佥都御史宣城张纶书。

公讳玉,字德润,姓梁氏,系出湖广襄阳南昌之望族。高、曾、祖俱有潜德。父讳真,尤谨饬,甘隐不仕。母张氏,庄静慈淑,乡党称无间言。生公,自幼天资颖秀,气宇轩昂,所谓桂林一枝,昆山片玉者,公其拟之。厥后于成化丁亥(三年,1467),有司荐入内府。成化丙申(十二年,1476),宪宗命公分理兵仗局事。成化己亥(十五年,1479),复有抱关之责。成化癸卯(十九年,1483),升奉御。

丁未(二十三年,1487),宪宗升遐。孝宗嗣统,改元戊申。迨乙卯年(弘治八年,1495)五月十八日,升都知监右监丞。次日,简命分守凉州,恩至渥矣。越八载癸亥(1503),历升本监左少监,仍守凉城。而四境冲突,且近番虏,公则处之无难。寻添设墩台,挑挖壕堑,斩削山崖,重整武备。故数年之间,匈奴远遁,居民晏安。

弘治乙丑(十八年,1505)孝宗宾天,今上登极改元丙寅,遂升太监,命镇陕西,特荣以蟒衣玉带之赐。公在陕右不数月,而诸司百职靡不企仰,愈固谋猷,若夫擒斩之功,不可胜计。又于要害处所,则以增墩台,防范有方,而匈奴不敢猖獗,皆公之力也。故闻于上,特敕便宜行事。复遣官赉蟒衣三、玉带一,以劳公之忠诚。及壬申(七年,1512),朝廷又以公德望素著,远夷久服,因移镇甘肃。特以公素知其地,轻车熟路,凡贼势有犯,易为御侮。三四年间,威名大振于西羌,眷顾愈动乎九重。奈何公寿聿暮景,正德甲戌(九年,1514)十月二十日,卒于斯地。逾年乙亥正月十六日,讣闻,上震悼不已,辄遣官赉敕,往迎公柩至京,赐以宝钞,谕祭葬、祠额,官其公素所爱者数人、勇士十人。仍遣御马监右少监刘祥、内官监奉御韩让董其事。二公素在公爱下,知公行实,具状请予铭。义不可辞。

公生于景泰甲戌(五年,1454)十二月初七日,享年六十有二。公名下,即刘、韩二公。侄男五:梁锐,锦衣千户;梁富,锦衣百户;梁能、梁贵、梁仓,俱总旗。皆森然玉立,承继无忝。呜呼!梁公其生也荣,其死也哀,终始一致,功业伟哉。今年六月六日,择葬于西直门外香山乡白石桥之原。因为之铭,铭曰:

瑞气呈祥,著于南昌。笃生伟器,恭侍明皇。潜心事业,夙夜弗荒。始终遭遇,宠渥汪洋。内辅君德,外殿边疆。上下悦服,名誉昭彰。寿逾卦数,星陨忠良。西山晚翠,松柏严霜。孤云出岫,鸟倦莫翔。刻兹金石,千古流芳。

(《新中国出土墓志·北京》第183号)

艺文·碑铭·广慧寺碑

刘忠撰《敕赐广慧寺记》:“(**京西六十余里,有庵曰隐居**。)成化戊子(四年,1468),内官监太监张公轩因事适其境,睹其庵之隳废,询其原之来音,实永乐间朝鲜国僧懒赞潮觐廷观光,同其徒智无碍及徒孙深让卜筑之庵也。张公即感于中,捐币命工修建。首立山门,中树佛殿,次具钟鼓楼以及方丈僧舍供器之类,悉皆完美。张公复疏于廷,赐额广慧,而以行僧广琦为四代住持。传至弘治壬戌(十五年,1502),又历三十余稔矣,广慧为风雨所蔽。

正德元年，张公门下银作局右副使署丙字库事王君念，乃顺天府霸州文安县斯丘里人，成化壬寅岁（十八年，1482）简入内府。为人厚重，忠信笃实，寅畏恪恭，莅事不怠，为上所眷注。因睹其寺，悯前人之肇造，思本官之盛心，亦捐己禄，兼募众缘。时御马监太监梁公裕、都知监太监梁公瑶辈，咸皆助之。其寺缺者完，废者举，丹垩鲜明，金碧辉朗，又为焕然鼎新矣。越五载，为正德辛未（六年，1511），王君复虑久而事寝，制石一通，丐余文以记之。（**下略**。）大明正德七年，岁次壬申，春三月吉日立石。"

（碑在北京门头沟南辛房桑峪村。《北京图书馆藏中国历代石刻拓本汇编》第53册，第171页）

艺文·碑铭·衍法寺碑

李东阳撰《敕赐衍法寺碑记》："衍法寺在都城阜成门之西一里许，（**始名观音寺，岁久倾圮**。）成化戊子（四年，1468），内官监太监阮公安等始重修之，以请于朝，敕赐今额。越四十余年□□乃正德戊辰（三年），今内官监太监张公雄捐资重建，上赐白金若干两，慈圣康寿太皇太后、慈寿皇太后暨中宫皆有赐，而亲近侍从之臣皆协力助之。（**营建略**。）张公通文翰，达事理，自春宫侍从逮于从龙，夙夜供奉，无少暇逸。比以才行被简，奉敕总东厂缉奸事。公务之暇，乃复有所谓护国庇民之念，而是役兴焉。（**下略**。）正德七年，岁次壬申，夏五月吉日。"

杨一清撰《敕赐衍法寺重修碑》："（**前略**。）成化四年，内官监太监阮公安捐金鸠工再新之，且请于朝，得赐今额，俾僧智厚者住持。至今又四十余年矣。修葺弗时，其废益甚于旧。奉敕总东厂机密事务内官监太监汤阴张公雄过之，叹曰：'是昔名胜地，今废乃尔耶！'慨然将作新之。适诏公迁司礼监太监，秉国之钧。拜命之余，爰出己资，卜日鼎建。（**营建、命僧略**。）经始于正德三年春三月，落成于六年冬十月，费至若干万缗，又买田六顷，以资其用。人谓其一夫不役于官，一钱不敛于民，而巍焕之功不日告成，非雅志坚定而善于规度者，何以至是。（**下略**。）正德七年，岁次壬申，夏五月吉日。"

杨一清撰《重修衍法寺碑记》："内官监太监张公雄之重修衍法寺也，既讫工，属予以文，志颠末、纪岁月，备矣。太监公复遣使者致言曰：'是役之成，非予力所能独任。维时御马监太监谷公大用，司礼监太监张公永、魏公彬,司设监太监马公永成皆出所有为工食助。先生之文,盖未之及也。人有义举,使泯焉不白于后,可乎?碑有二,请再为之记,将并树之。'(略。)太监公雄,奉敕总理东厂缉访机密,通经书,乐善好施,是举所费不知若干万缗,而谷公、张公、魏公、马公又协心并力,共佽助之,用能化朽为良,易小为大,变晦蚀为鲜新,巍然赫然,成京师之伟观,其设心盖为国祝釐,为民徼福,岂无所见而姑为是哉!(下略。)正德七年,岁次壬申,夏五月望日。"

(碑在北京西城区阜成门外大街。《北京图书馆藏中国历代石刻拓本汇编》第53册,第174、175、176页)

正德八年癸酉(1513)

正月癸酉,升赏延绥河套获功官军盛时等二百六十人有差,太监刘保加禄米十二石,赏银三十两、文币二表里。(九六,2023)

辛巳,宣府守臣奏送降虏脱脱太等至京,命充御马监勇士。兵部尚书何鉴等言:"汉魏徙氐、羌于关中,郭钦、江统皆劝晋武以早绝乱阶;符[苻]坚处鲜卑于塞南,符[苻]融亦虑其窥测虚实以为边患。此既往之明鉴也。今使降虏出入禁闼,岂无窥伺?假宠逾分且生轻侮,万一虏酋闻风潜使,黠贼伪降,冀充勇士以为奸细,将来之患不可虑哉!仍乞照例送广东安置以杜蛮夷猾夏之萌。"不听。(九六,2026)　丁酉,江西右参政董朴、参议居达、佥事张昊及指挥胡玉、刘勋、徐麒俱以督兵马为贼所败,下镇巡官逮问。至是以狱上,且劾参将赵钺及太监王嵩、都御史王哲罪。都察院复议,谓朴后有擒斩功,昊身被重伤可悯,达已闲住,钺等皆去任。诏朴、旻各降一级,玉、勋、麒二级,钺等既去任,已之。(九六,2031—2032)【考】王嵩正德六年实已取回,其后实录无事迹,卒于十六年,其墓志见本年附。

二月癸卯,录广东潮州府程乡县获贼功,升赏官舍旗军人等李经等四千七百二十七人有差,镇守太监潘忠、都御史林廷选、周南各赏银三十两、彩币二表里,陈金银二十两、彩币二表里……

（九七，2034）　丙午，封都督佥事谷大亮为永清伯、锦衣卫指挥使陆永为镇平伯。大亮，太监大用弟；永，訚侄也。初，大用、訚以监督军务功，各岁加禄米、荫弟侄，而二人复为其弟侄请，累功承荫。下兵部议："平贼赏格，许视宁夏例封拜者，谓诸将有如仇钺独运奇谋，削平僭乱也。今群贼殄灭，乃诸将并力，初非一人之功，比之宁夏不同；且诸将刘晖、郄永、时源、神周等驱驰战阵，万死一生，议功不过升都督等官，大亮、永欲累功承荫，躐居诸将之右，窃恐边将解体，他日谁肯效死？况累功非旧制，请再荫两家弟侄无官者各一人。"内批不许，令再议。兵部复请比朱宁例，加升至右都督而止，无令过于诸将，以塞争端。又不许。乃命集文武大臣议，亦执奏如前，且曰必不得已，则如兵部后议，加至右都督，若有余功，仍别荫弟侄一人。又不许。凡集议者再，内批乃曰："门庭凶寇，累征不捷，特遣二臣继出，削平功不可泯，其封大亮、永俱为伯。"已而各赐勋阶诰券，岁食禄千石。（九七，2036—2038）

四川纪功巡按科道官王萱、汪景芳、王纶各奏："流贼廖麻子攻破绵竹、金堂等县……而镇守太监韦兴又奏麻贼逼近省城，三司、府州县等官俱有防守微劳，乞量加升赏。"下兵部议，谓兴方录功，萱等乃劾其偾事，所宜综核以示劝惩，请仍命萱等查勘以闻，死事者宜加赠荫。诏从之。（九七，2038）　丁未，六科给事中李阳春、十三道汪赐等言："太监谷大用、陆訚各乞以弟侄大亮、永累功加升，下兵部及诸议臣议，数以为不可，皆不允，特加伯爵。而二臣亦乞辞免，诏复美其成功而不许其让。岂不以二臣提师过劳，特加懋赏，但三等之爵，国有成规，必欲以此而加诸荫袭之人，窃恐天下罔知所劝，将士闻而解体，二臣之心终亦未安。望纳群臣之议，以成克让自美。"上不许。时逆瑾诛而内权愈炽，群臣畏祸，直谏风靡，故其言似讽而殊欠激切云。（九七，2038—2039）

癸丑，巡按陕西御史王廷相奏太监王竸谙练镇静，边人悦服；总兵杨英谋勇操履，足称名将；副总兵魏镇胆气谋猷足以备敌，皆宜奖励……(**下所勠略。**)兵部议覆，得旨，兢、英、镇令益勉励以副重托……(九七,2040)　升锦衣卫带俸指挥佥事张钦等五十人各一级。先是，太监陆訚、谷大用、张忠奏带随征人俱奉旨升一级，兵部查奏，钦等原非奏带数，诏特允之。(九七,2041)　乙卯，四川镇守太监韦兴、巡抚都御史高崇熙、巡按御史王纶各奏天全六番招讨司土军聚众千余，焚掠州县，既而元恶就擒，余党解散，皆佥事卢翊筹划，乞旌赏。兵部议复：翊功宜赏。诏兴、崇熙各赏银二十两、彩币二表里，纶半之；翊升俸一级，仍赏银十两。(九七,2042)　丁卯，升锦衣卫指挥佥事萧餸为指挥同知，副千户萧通为正千户。餸，太监萧敬之侄，通，其孙也。餸以副千户，通以冠带舍人，随太监陆訚讨贼冒功，累升指挥佥事及副千户。至是，餸等又言所获功次乃创贼，与获从贼例不同，得并功加升。顷之，餸又乞升，复进指挥使。(九七,2047—2048)　升锦衣卫指挥使张林为都指挥同知。林，太监雄之弟也，初以冠带舍人乞升百户，后奏带辽东、延绥、宁夏，及为陆訚报捷，累升指挥使。至是，复自言南皮、莱阳有功及参随应升级，欲辞免初乞百户，止自冠带舍人，以实历军功加累升职。许之。(九七,2048)

三月甲戌，内承运库奏所贮各色纻丝纱罗缺乏，乞敕工部收买万匹供用。工部以库藏空竭，请量减十之五，从之。(九八,2050)

四月辛丑，调监察御史李云为泉州府推官。云巡按苏松，以题本失用印，遣官校系治，狱具，调外任。自刘瑾既诛，官校鲜出，至是复开端云。(九九,2060)　乙卯，云南安南长官司土舍那代伏诛。初，代助其亲党争官，杀土官知县禄仁，执仁子卿匿之……官司屡征代问状，代辄以兵拒，且恃其地接交阯，遂谋叛，焚劫村寨，道路不通。于是巡抚都御史顾源、镇守太监张伦调兵剿之，擒代。诏凌迟处死，其党坐斩者四十五人……(九九,2064)

丁巳，提督太和山太监周景自陈有捕盗功，为其侄百户周浩乞升一级。许之，不为例。(九九,2065)　戊午，工部尚书李鐩奏：

"正德四年以来,一应未征物料俱以兵荒奉诏蠲免。今修理城垣,营造豹房及司礼监新房、兵仗局仓库、东厂公廨、大慈恩寺僧舍、皇城周围红铺、京通两仓廒座、镇国府房屋,三月之间,工役并作,商货屡贷,公帑告竭。与其复派贫民,莫若照二年纳银事例,令浙江等布政司军职、舍余、农民、阴阳、医生人等纳银授职,收役免罪,以济工程。"上依拟行之,自是冗官冗员益甚矣。(九九,2066)　癸亥,令宛平、大兴二县拨佃户二十于护国保安寺以供洒扫。寺旧有四户,内侍覃珉复请益之,户部执奏,不听。(九九,2068)

五月辛未,太监萧通为故太监李璋弟侄副千户李进等十七人乞升秩。既得旨,兵部言:"进先以贿结杨玉调卫,不宜复注锦衣卫。"从之。(一〇〇,2073)　丙子,南京提督机房太监吴经等奏织造缺银,户、工二部议以机房岁造动至数万,及内官冬衣并赏赐各项衣段,折银不止十余万两。即今内外修造浩繁,各省剿贼未已,若非节用,公私必致匮乏。宜令经等以前所支盐价并扬州钞关银辏用,仍乞暂罢织造以宽民力。有旨,令计所需,以三分为率,户部给其二,工部给其一。(一〇〇,2075)　丁丑,巡按云南御史张璞奏:"金齿、腾冲蕞尔一隅,既添参将,又遣内官镇守,公费不赀,乞将太监崔和、指挥沐崧裁革,专责兵备官管理,以苏边民之困。"诏不许,惟令和、崧用心抚恤,军民不得贪纵扰害。

戊寅,鲁府思同县主仪宾赵璠奏:"旧制,凡王府设内官、内使,惟以传命,不预外事。近者各府内使窃弄威福,交接官司,党恶害众,不可胜言。乞申严禁例,惩其党与,如其不悛,听被害者径诉镇巡官,以伸冤滥。"又言……下都察院议,以璠所言二事,《祖训》例有禁,但日久弊生,宜通谕各王府。……从之。(一〇〇,2076)

癸未,光禄寺卿沈冬魁等言:"近者供应太繁,自正德七年十二月至八年正月,两月之间,牲果等价,费至二万一千五百余两。遇有缺乏,多于铺行赊贷,又不得以时给直。役重累深,其各处岁解钱粮多因兵荒蠲免,而天财库应支钱钞又七季不得关支。乞下户部议处,通融借办。”时冗食岁增,国用日屈,户部不能处。有旨,令光禄寺撙节用度,不许浪费。然竟不能有所损,铺户多逃亡者。(一〇〇,2081—2082)　戊子,荣王府灾,王奏请修建。命内官监太监李文、工部郎中林通往督之。(一〇〇,2084)　庚寅,南京给事中叶溥等奉旨查核守备操江及沿江巡守等官功罪,劾奏把总、管队指挥等官杜昂等一百九十七人逗遛畏缩……其操江武靖伯赵弘泽,都御史陈世良,守备太监黄伟、芮景贤、廖堂,魏国公徐俌……俱宜究治……兵部覆奏,昂、源等逮治,嵩等仍升赏,良、海尝奏辩,宜俟勘报;伟等请上裁……得旨:“弘泽等多去任,或已立功升赏,并伟等俱宥之,余如议。”(一〇〇,2084—2086)　乙未,以武清县北汪庄官地七十余顷给东厂管业。厂旧有庄地五十亩,岁收子粒为修理刑具等用,至是太监张锐复请益,上特从之。(一〇〇,2088)　丁酉,山西镇守太监孙清、巡按御史周伦奏:虏犯宁武、倒马等关,兵力寡弱,请增调延绥奇兵……(一〇〇,2087—2088)

六月壬寅,英国公张懋奏:“奋武营将台迤西空地,乞造官厅为操练申令之所。”命工部阅视,覆请从之。时宣、大边报急,懋奉旨会太监萧敬阅军,故为此请,后名西官厅。(一〇一,2093)　乙巳,赏四川抚夷有功泸州卫指挥韩恩等二十二人,太监韦兴、都御史高崇熙各赏银十两、彩币二表里,副使何珊、参政邵蕡半之。(一〇一,2094)　治新河口堡失守罪,达贼二百骑自新河口堡入寇,分守少监张鼎、参将李琮纪律不严,守备万全都指挥佥事白元勋、守备新河口指挥佥事阎林等领兵二千余御贼,屡为所败。贼四散杀虏,复从故道出境。巡按御史谳元勋等律当充军,但所丧不多,情稍轻。诏降元勋二级,仍令守备,夺林俸一年,琮三月,而置分守官不问。(一〇一,2095)　丙午,巡视山海关都御史陈玉奏:“古北口军士数少,粮赏不给,迄[乞]选三屯营军千人委指挥一人管领操练,有警调发应援,仍行户部处置粮草以济困乏;各州县调至民兵行巡抚都御史李贡量给口粮以资协守。”兵部覆奏:“备边方略,议之详矣,而玉又有是奏,盖守臣玩视不行之故也。总兵马澄年老昏聩,分守吕安耻受镇守王忻节制,事多参差。宜申戒忻、安协心防守而罢澄任,仍令李贡凡地方事宜,职官贤否,皆具奏区处,余如玉议。”诏切责镇巡、分守等官,马澄仍令供职。(一〇一,2096)　辛亥,户部尚书孙交、礼部尚书傅珪疏乞致仕,并许之,仍给驿以归。时二臣各以职掌忤中贵,故遂引去,为士论所高。(一〇一,2097)　戊午,命海西塔鲁木卫入贡番夷三人充御马监勇士。(一〇一,2099—2100)　甲子,南京光禄寺卿杨峻卒。……升浙江左布政使。镇守中官方横取于民,督及有司,峻面数其罪,取铁索欲相与拘挛诣京,势乃稍戢。(一〇一,2102—2103)

八月戊戌,南京管理操江怀宁侯孙应爵奏:“新江口原设操军万一千六百五人,战船、巡船三百四十艘,今操者止七千人,船损坏过半,盔甲之类亦皆不敷。屡移文内外守备衙门拨造给领,皆为所遏,又将管操指挥周大伦等取回杂差,占吝不发。臣奉敕谕,凡事与守备、参赞内外官员共议,而行令事多掣肘。且臣有宿疾,实不胜任,乞罢还。”兵部覆奏:“内外守备与操江官当思协恭共济之义,不可以小嫌致误大事,宜循旧规,其操江军缺者请以科道各一人会守备官选补,船坏者南京工部修造,仍令南京诸司今后官军犯罪立功瞭望带俸差操者,俱拟发新江口操备,其余杂差毋得拨取,大伦等宜逮治。”诏:“操江重事,其令南京科道会操江官选补,大伦等姑宥之,再犯者必罪,仍谪外卫。内外守备及操江等官务循旧规,协和行事,余如议。”既而守备太监黄伟等复奏应爵及操江都御史张津为指挥赵山所诱,欲事纷更,语侵臣等。诏责应爵及津,令自陈状,山下南京法司逮问。(一〇三,2122—2123)　壬戌,罢黄花镇守备少监范琪[1]、指挥同知宋琦,以为巡

① 琪,《武宗实录》卷三六正德三年三月戊午条作“棋”。亦或作“淇”。

按御史丁楷所劾也。(一〇三,2132)

九月丁卯,命锦衣卫指挥佥事李全[1]南镇抚司管事。初,全从东厂太监张雄办事得官,至是乞管事,许之。(一〇四,2135)丙子,刑部主事陈良翰妻程氏杖杀奴婢,解其尸,置木柜中。他日复杀一婢,欲刃其胸,婢脱走得免。东厂廉得其事,并良翰俱下锦衣卫狱拷讯得实。都察院覆议:"程氏穷凶极惨,比拟故杀律斩,良翰纵妻为恶,谪戍边卫。"上从其议。(一〇四,2138)　甲申,升锦衣卫署都指挥佥事湛臣、指挥佥事丘成各一级,以从太监谷大用出征冒功也。(一〇四,2141)　乙酉,巡抚江西都察院右佥都御史王哲卒。……哲为御史,颇有风裁,巡按江西时,镇守太监董让怙势骄纵,至隐盗贼不以闻,哲首劾之。(一〇四,2141—2142)　丁亥,鲁府邹平王阳鏞子当凉既革王爵,犹与当漠争袭,奏诉不已。复命司礼太监赖义、刑部侍郎黄珂、锦衣指挥陆宣往勘,还奏当漠、当凉皆庶子,而当漠为长……(一〇四,2142—2143)　己丑,总督京通等仓太监蔡用等奏:"弘治十六年每月支放米止二十八万石,自正德七年以后,每月支放三十三万石,乞将漕运岁额遇灾蠲免者拨补足数,俱运本色。"户部谓此由冗食增多所致,宜查革。诏姑免革,嗣今各衙门毋得妄奏升职,滥收军匠等役,总督等官严督所属,务革冒支重领之弊。然其禁卒不行,冗食者日益多云。(一〇四,2144—2145)　壬辰,虏入蓟州大青山口,守臣以闻。兵部议把总指挥吕升、守备奉御陈璋、分守参将陈勋俱宜逮问,且劾镇守蓟州总兵官马澄、分守马兰谷参将芮锡之罪。得旨,璋、勋姑宥之,升等令巡按御史逮问,澄以衰老,锡以贪懦,俱罢。(一〇四,2145—2146)

十月丙申,虏入宁夏宿嵬口,守臣以闻,因劾副总兵赵文、都

---

[1] 李全,馆本正德六年三月壬申条作"季全",广本作"李全"。本条馆本作"李全",广本、抱本又皆作"季全",未知孰是。

指挥江山、郑卿等罪。兵部覆议:“文等诚有罪,而镇守太监张昭、巡抚都御史冯清亦难辞责;且总兵官魏镇已死,宜促潘浩亟往代之,诸失事者令巡按御史逮问。”从之。　传旨,以御马监太监宋辅分守建昌行都司地方。(一〇五,2147)　乙巳,虏掠辽东开原,既出境,太监王秩、参将高钦追之,被围数日,士马死伤甚众。守臣以闻,兵部议:……宜令原差给事中及巡按御史逮问,秩去留惟上裁之。……诏留秩及钦……(一〇五,2154—2156)　丙午。先是,传旨令大同镇巡官以所获达马具数进京,于是巡抚大同都御史高友玑进马一百七十五匹,总兵官咸宁侯仇钺进五十五匹。俱令送御马监牧养。(一〇五,2157)

十一月己巳,兵部尚书何鉴乞致仕,许之。鉴家僮骗取武职求进者之贿,为侦事校尉所发,科道交劾之,鉴引罪求退。先是,失事将官白玉厚赂豹房诸近侍,谋复用,鉴不从,诸近侍遂相与设阱陷之,而常例所有恩礼皆不及云。(一〇六,2168—2169)　辛巳,镇守江西太监黎安奏:“江西署印副使胡锭、南昌府知府李承勋将三司会勘过逆贼王浩八等招词商议更改,及遗安等弋阳御贼之功,乞行巡按等官查勘。”诏锭、承勋令差去大理卿燕忠会同纪功给事中逮问明白以闻。(一〇六,2176)　壬午,巡抚保定等处右佥都御史林廷玉劾奏守备倒马关太监李贵出巡州县,大肆科索,为地方害,乞罢贵别用。兵部谓宜从所奏。不听。(一〇六,2178)　甲申,兵部议覆南京给事中史鲁等奏:“承平日久,人不知兵,而在南尤甚,今后遇操,宜听科道官同内外守备严加较试,量行赏罚;军政指挥以下仍令随众操练,其有谋勇可观者会议推选把总等差;至于守备役使,每人宜量与军伴五十(**广本十下有五字**)名,余悉退出操练,以实兵籍。”得旨:“军伴如前旨,仍与一百五十名,教场比较官军拣选军政第令内外守备同兵部处之,科道官不必预。”(一〇六,2178—2179)　丙戌,赐御用监太监丘聚良乡县浑河退滩无粮地二十五顷,并其所买地四顷,俱蠲其税。

(一〇六,2180)　　丁亥。先是,南京内外守备官奏:“各营操练,俱臣等提督,惟缺官坐营,上请简命其把总以下臣等得自进退之,此旧例也。顷因言者论列,听九卿会议,推举直新江口官军。臣等已会科道官拣选,而操江官又请再选点闸门禁,清审由票,臣等已奏革罢而科道官漫请复行,至如臣等参送犯人,法司径自开释,此皆臣等不职所致,乞赐裁处,庶事体归一。”上以诸臣越职,命兵部参勘以闻。至是兵部覆:“诸臣前后奏请似涉逾越,然原其心无非兴滞补敝,以固根本。今后操江、巡江官凡事仍与守备会议而行,把总以下得自委用,官军不必重复清查。惟门禁、由票二事行之已久,宜仍其旧。”诏由票亦不必行,谳狱不得擅自出入,余如正德二年例行。盖革去由票及门禁条格,皆正德二年例也。(一〇六,2180—2181)　　己丑,命兵部尚书陆完同太监谷大用、英国公张懋等提督团营军务。(一〇六,2181)　　甲午,都察院右副都御史致仕刘杲卒。……为布政,入觐,时逆瑾胁诸藩臬,邀重贿,杲独断断不可,人至今称之。(一〇六,2183—2184)

十二月乙未朔,南京六科给事中史鲁等劾奏守备太监刘瑯,先年守备,毒害军民,今闻复用,人心惊怖,乞令照旧闲住;南京兵部尚书刘机粗鄙不学,垄断无耻,才非参赞,略无建明,乞令致仕。诏瑯安静行事,毋再致人言,机仍留用。(一〇七,2185)　　辛丑,吏部尚书等官杨一清等奏:“近日巡按云南御史张璞、巡按陕西御史刘天和、王廷相为镇守太监梁裕、廖堂等所奏,逮系镇抚司;又巡按陕西御史成文因劾佥事赵应龙、巡抚都御史张翼等,顾为应龙摭拾,亦被逮狱,久未决。臣等伏思,御史受命巡按,责在振风纪、禁贪奸,斯为尽职,否则人将指而议之。且镇守内臣纵皆安静,其随从官舍、头目人等岂能尽循礼法?巡按稍加裁抑,辄成大隙。至于大小官员贪黩病民者不少,御史固当举劾,若听其摭拾,何患无辞?闻璞已死狱中,天和辈或疾瘼相染,或惊忧不测，传之中外，未免骇动人心。又恐此后巡按之官务为姑息，风纪为之扫地。各处贪污豪猾，闻某御史以镇守之奏而被逮，某御史以贪官之讦而下狱，肆行无忌，遗患地方，其所关系亦为不小。伏望特敕所司，将天和等早具罪状，上请发落，则大体全而人心安矣。”奏入，诏天和、廷相镇抚司即鞫实以闻，移勘者亦即为勘处。（一〇七，2188—2189） 甲辰，致仕工部右侍郎胡谅卒。谅字允夫，河南灵宝人，籍腾骧左卫，家京师……升工部右侍郎，总理易州山厂。谅与太监李荣连姻，居官无可称述，素以贪墨闻，纳赂致通显，屡为科道所论劾，遂勒致仕，士论薄之。至是卒，仍赐葬祭。（一〇七，2190—2191） 丁巳，前军都督府左都督谷大中卒。大中，乃太监大用之弟也，冒功累升，遂跻极品。（一〇七，2193—2194） 庚申，重造司礼监书堂，以毁于火也。（一〇七，2194）

本年附

艺文·碑铭·太监王嵩墓志

钦差总镇云南金齿腾冲地方等处御用监太监王公墓志铭

赐进士及第、翰林院国史馆编修、文林郎西晋孙绍祖撰。赐进士第、朝列大夫、河南按察司佥事、前吏科给事中古岍阎钦书。登仕郎、鸿胪寺鸣赞、直中书舍人事、预修国史武进许锦篆。

公姓王氏，讳嵩，字惟岳，世系顺天府涿郡之旧。厥先父鉴，多隐德。母张氏。生子二：长宝，以干蛊克家，继承父业。次即公，幼尝力学，读书明理，人皆以远大期。

成化丁酉（十三年，1477），简入禁掖。己亥（十五年，1479），上以公天资颖敏，遴选于众，拔入司礼监读书。壬寅（十八年，1482），命御用监书办。立身恭谨，克效勤劳。弘治庚戌（三年，1490），进长随。甲寅（七年，1494），进奉御。公秉忠正直，处世纲为。丁巳（十年，1497）冬，一监保举，命除典簿，佥押管理内外监事。己未（十二年，1499），迁左监丞。辛酉（十四年，1501），升右少监。上赐彩币、飞鱼服饰之赐。

正德改元夏五月，命总督监务。凡成造上用龙凤样式，巧制御物，若巨若细，指示有方，钱粮出纳，撙节有度。寻升左少监。冬，进太监，赐以蟒衣玉带，恩至渥矣。正德己巳(四年，1509)，奉敕镇守江西等处。自抵镇之后，无故不轻举，中理则发言。凡接士大夫，惟以礼。每论事，必须先别是非；论人，必须分别小人君子。君子人有善，乐道之，如己出；有过，面斥之，不少恕。其中则介然无私曲矣。公剿平姚源洞夷寇。本镇三司见公英文威勇，具闻于上，特降敕旌奖，谕劳之功，钦赐花银表里。正德辛未(六年，1511)，公具恳辞再三，特命回京。

辛巳(十六年，1521)，今上即位，轸念耆旧，庭臣首举公贤，特命镇守云南等处。未几而病于道，甫下车一日，遂卒。于辛巳十一月三十日，距生于天顺壬午(六年，1462)十一月二十八日，享年六十。

侄男二：长良辅，次良弼，克承家业。有司以状闻，上(**世宗**)悼惜之，特遣御用监典簿张公元、陈公文林董其丧葬。良辅辈以今嘉靖改元八月初九日，将葬公于顺天府宛平县八里庄之原，乃衰绖持状，勒铭于予。予辞弗获，遂因而铭之。铭曰：

于惟王公，挺生于燕。间气所终，抱负奇特。简为禁员，恭忠是竭。总镇两省，丕著勋业。老当益壮，少而辉煌。历侍四朝，厥彰是列。阜成之阳，松柏苍苍。公葬其间，百世孔藏。

(《新中国出土墓志·北京》第205号)

艺文·碑铭·寿明寺碑

顾经撰《重建寿明寺碑记》："京都谯楼西去不百步，寺曰寿明，盖当时古刹遗址，但衡门僧舍而已。天顺六年春司设监外厂邻于是，本监太监夏公时、段公信尝过而叹曰：(**因延僧开山，载在旧碑，不待枚举。略**。)正德七年夏，本监太监韦公懋、艾公清实留意于斯举，(**复悯寺之倾仆，乃议继夏公之志重建。略**。)二公一言契合，各弃囊资，遂言于太监韦公固、高公瑾，收众善乐施之资，太监尹公昇等监督制度，木石等料如山之聚，各作工师如云之涌。(**下略**。)大明正德八年八月吉日□□□□□。"

碑阴题名：大功德主：司设监太监马俊、司设监太监傅平、御用监太监丘聚、司礼监太监张永、司设监太监马永成、司设监太监刘允、司设监太监尹生、司设监太监黄锦(**以上第一行居中，右起。以下列神宫监、御马、御**

用、内官监太监、少监、监丞，及中贵官约700人名略。）

（碑在北京鼓楼西大街甘水桥。《北京图书馆藏中国历代石刻拓本汇编》第54册，第4—5页）

艺文·碑铭·承恩寺敕谕碑

皇帝敕谕官员军民诸色人等：“朕惟人臣久处帷幄，能竭佐理之诚，有劳于国者，朝廷必宠□而□遇之，其恩礼之加，不徒厚□□□□欲再于身后，盖激劝之道，固□然也。司礼监太监温祥，□□□□□□□□□早入禁庭，小心畏慎，续入内馆□业进修。朕在春宫，简充侍从……闻，惟守法奉公，廉静自将，远避……尝□累年禄□□□于顺天府宛平县香山等乡买民人王鼎等地四顷有余，于内盖寺一区，旁置祠堂茔域，以为□□之计。又□田村买锦衣卫右所百户赵弘远等地三顷有余，以供香火之需。其地各段四至分明，随地粮草照数办纳，不欲亏损国课，贻累小民，但乞优免一应杂泛差徭。又乞升僧人宗永为僧录司左觉义，佥书管事，兼本寺住持，领众焚修，为国祝延，以图报称。具见其忠爱慈惠之意。朕皆允其所请，赐寺额曰承恩；尚虑日后势豪之人侵扰盗卖，兹特降敕为之禁约，以示朕宠遇旧臣及于久远之恩。自今以后，内外官员、附近军民僧俗人等，敢有不遵敕旨者，必罪不宥，宜悉知之。故谕。正德八年九月初十日。”

（碑在北京石景山模式口。《北京图书馆藏中国历代石刻拓本汇编》第54册，第6页）

艺文·碑铭·西禅寺敕谕碑

皇帝敕谕官员军民诸色人等：“朕君临天下，子有臣民，于一视同仁之中，有笃近举远之义，至若□□□□有佐理勤慎，礼宜优待者，则又褒嘉奖励，期垂于久远而不替，是乃出自特恩，非但泛然施之而已也。司礼监太监秦文，历事累朝，□□中外，老成持重，朕所素知。迩年以来，简参机务，□□□□□□□□□□□□□隆，恩礼宜厚。其昔年于西山弘教寺之旁，别创佛庵□□□□□□□□□□□□□□□□□□□□赐庵额曰翠岩禅寺，今又赐祠额曰‘褒贤’，□□□□□□□□温□□□□□□□□□□□□分，用供香火及修理之费，则□□□□□僧官及住持僧□□□□□□□□□□□□到□□村军民侯奉等地一十三段，共计三顷八十一亩，专为修理坟□□□则令锦衣卫带俸指挥同知秦安等子孙相承管业，前后地共二十四段，通计八顷六亩八分，各有四至明白，俱止令出纳粮草，一应杂泛差徭均与优免。除改赐本寺护敕外，仍别赐祠堂护敕一道，通行禁约晓谕，日后附近官员僧俗人等，敢有故违敕旨，在于祠地内外欺凌作践侵占者，定行治罪不宥。故谕。正德八年九月十九日。”

蒋冕撰《敕赐西禅寺记》：“西禅寺在都城西之小屯村，司礼太监秦公(文)所修以请于朝，得赐兹额。公尝营寿藏于村西五里万安山，其前有祠曰褒贤，其旁有寺曰翠岩，皆朝廷所赐名及今寺额，凡三锡，盖异数也。公既以属大学士故少师西涯李文正公与今少师石斋杨公记之，以侈上恩，昭荣遇。既而买地六顷有奇于兹村，以为护守寿域之资，命犹子锦衣指挥使安等主之。公以暇日往游其间，得古寺遗址于村东，慨然修复，乃正德十年三月兴工，至明年九月竣事。(**寺规模略**。)公谓不可无所记述，以示永久。乃序其始末，遣使以属于予。予与公同出广西，又滥竽内阁，数以政事同议论，谊不得辞。(**略**。)公广西平乐府贺县人，自天顺癸未(七年，1463)入禁庭，历事三朝，及我今上皇帝，几六十年。今在司礼参预机务，慎密小心，夙夜匪懈，忠爱之诚，老而益笃。方为上所宠眷，赐蟒衣玉带，在内府许乘马及坐肩舆，金帛珍异之赉，月无序旬，每岁禄米加至一百三十二石，寿登七十，犹精力过人，其福禄盖未艾云。大明正德戊寅(十三年，1518)秋八月之吉。”

(以上两碑在北京海淀区小屯村。《北京图书馆藏中国历代石刻拓本汇编》第54册，第7、52页)

艺文·碑铭·均州文庙二碑

茹鸣玉撰《重修文庙记碑》：“(**文庙在净乐宫右，均州治左，规模涉陋**。)正德癸酉春，□□□公□[①]以内廷奉玺来镇吾均，以主武当之祀事。下车未几，诸政未遑，首莅儒学谒文庙，右文重道之心，有以□体祖宗立法之美意盛德□。一时士林翕然□从。瞻顾之余，怅然兴叹，进前太守余姻□邢君野亭、指挥使□君□瑞、江君勋辈曰：维兹文庙之建以毓我髦乂，崇我圣贤也，盍图大增饰之？值时，弗若往来于心者久之。一日乃与抚治都宪□公宪暨□□少参张公翰、宪副张公琮会议佥谋。众皆韪之，遂法设权宜官帑、己资白金二千有余，变易民居近文庙之地基数百丈，(**营建略。经**

① 应为吕宪，山东阳信人，内官监太监。

始于正德九年春，成于十三年秋。）”

杨正芳撰《重修文庙记碑》：“（万历二十四年季夏吉日。均州文庙落落数载，泮宫鞠为茂草，欲修而难之。）钦差镇守黄公（勋）偶得风闻，辄以□愿助工协力同襄大事。公遂助夫百名，银三十两，且命千户所吏目王邦仕董其成，旦暮督焉。（各捐资及营建略。落成于万历十八年六月，乃复补葺。）”

（《续辑均州志》卷一五《艺文》）

正德九年甲戌（1514）

正月己巳。先是，达贼犯宣府龙门所，守备监丞陈举、指挥刘忠、池雄皆为所杀，守臣以闻。兵部议覆，诏责镇巡官勉立后功，并核举等死状，厚加恤典。（一〇八，2201）　壬申，复改密云分守为镇守。密云古北口，永乐间设内臣镇守。弘治初，兵部议以密云地狭兵寡，旁无应援，而正统己巳寇由此入，请改为分守，听蓟州镇巡节制。刘瑾时复改镇守，至是已厘正，太监吕安欲重其事任，援旧例以请，兵部持不可，谓先帝损益有深虑，诏竟从之。（一〇八，2201—2202）　癸未，大学士杨廷和、梁储、费宏以乾清宫灾上疏自劾，曰：“……（言灾异，并乞辞。）罢皇店之设以通商贾，停止一应工作以惜民力，减免各处织造以节民财，任用正直忠良之士，亲信老成持重之人……”上不允辞，谕令尽心辅导。所陈如还边兵、革市肆、出西僧，皆不欲厘正，惟皇店欲严禁下人，工作、织造命所司条陈缓急来奏，然亦姑取一二事以勉徇所请而已。（一〇八，2206—2208）　甲申，六科给事中熊纪等言：“陛下遇灾悔悟，责己求言，臣请言其大者：愿敬畏天地以答眷顾之意，躬亲庙享以崇报本之诚，寝处必宫禁而谨外移，视朝必昧爽而戒安佚，公卿大臣不职者宜令自陈，镇守太监不谨者宜严戒饬，还将士于边镇以御外侮，罢皇店于市镇以恤民财，降虏不宜入居于禁城，番僧不宜往来于宫掖。凡此皆今日急务，乞采而行之，仍乞蠲逋负伸冤抑以回天意。”奏入，下所司知之。(一〇八，2209—2210)　翰林院修撰吕柟言：(前言五事略。)六曰各镇守官贪婪者取回别用，无令侵渔，重为民困。疏入，不报。(一〇八，2210)　丙戌，十三道监察御史罗缙等言六事：……一、近来出师，权幸率多奏带冒功，以致升赏太滥，不足为劝，宜悉遣归。一、自逆瑾用事，创立皇店，内自京城九门，外至张家湾、河西务等处，拦截商贾，横敛多科，无籍之徒恃势张威，私藏厚殖，宜皆查革。……得旨：“此疏假以求言，奏事烦琐，不允。”(一〇八，2211—2212)　戊子，降监察御史刘天和为金坛县丞，王廷相为赣榆县丞。时陕西镇守太监廖堂诛求无厌，天和、廷相相继按其地，稍裁抑之，遂致怨。会堂奉旨于兰州等处造办进贡烧饼，宜关白巡按，天和以兰州为御史马溥然所辖，不往。又洛川妖民邵进禄谋为乱，事觉自首于官，廷相释之。堂遂摭奏天和违命，并及廷相释贼事，诏遣官校械系二人至京，送镇抚司拷讯。狱久未释，言者多救之，乃付法司拟罪，当赎杖还职，内批特降之。盖堂以厚赂结同类诸权幸为之助也。时各处镇守者罔利作威，甚于狼虎，而堂尤甚。御史既连得罪，由是官司无敢与抗，民不胜其扰矣。(一〇八，2218—2219)

二月丙申。初，乾清宫灾，大学士杨廷和等请停止一应工作及减免各处织造，命所司条陈缓急以闻。工部谓：“司礼监书堂、东朝房、东厂公廨及京通仓廒仍宜修理，余如兵仗局库房、大慈恩寺僧舍、皇城街路、红铺、豹房，皆不急之工，所宜停止。南京、苏杭等处织造太监吴经、杨轼宜召还，其丝料已征者准年例织造之数，未征者即与停止。”得旨：“工役之当修理者及织造皆令趣之早完，其余工程仍酌量具奏。”(一〇九，2227)　甲辰，南京礼部等衙门尚书等官乔宇等疏言：“(前解火烧宫室之由略。)近年以来，陛下视朝勤政之礼尚尔疏阔，经筵讲学之典未见频繁，国本当建而宗藩之简注不闻，名分当正而义子之宠荣益盛，番僧异端常留禁寺，优伶贱役犹侍起居，皇店设立盈耳怨嗟之声，边兵拘留驰心战斗之事，京师土木之繁兴，南京织造之供费，凡此十事，皆今日之重且急者。陛下思所以消弭天变，宜莫先于此。伏愿复视朝之常规，举经筵之旧典，选宗室之贤以备眷注，黜义子之名以别嫌疑，逐番僧、斥优贱、罢皇店、遣边兵，停止京师土木之役，取回南京织造之官，而又简择贤能，修举职业，若臣等瘝旷宜先罢黜，以谢天谴，庶可变灾为祥转祸为福也。"疏入，不报。（一〇九，2235—2236）

三月庚午，太监温祥传旨："四川地方流贼为患已八九年，生灵荼毒，军民困苦，今贼首俱已擒斩，余党解散尽绝，总制、提督官功绩茂著，各镇守、巡抚、分守、抚治又纪功、巡按等官亦俱有劳。都御史彭泽、总兵官时源各赏银五十两、彩币四表里，太监韦兴、廖堂、都御史马昊各银四十两、彩币三表里，太监刘祥、都御史蓝章、张淳各银三十两、彩币二表里……"（一一〇，2249—2250）

甲戌，升赏开化县等处讨贼有功官军人等陈勇等八百八十四人有差，镇守太监刘璟、巡视都御史陶琰各赏银二十两、彩币二表里……（一一〇，2251）

四月己亥，复以昌平县为昌平州，领密云、顺义、怀柔三县。昌平以陵寝所在，供亿滋烦，民不聊生。正德初，从南京吏部尚书林瀚言，升县为州，以密云等三县来属，协济供应。未几，刘瑾废州复为县。至是县丞张怀以闻，且疏民有十苦，言甚切至。下户部议可，乃复为州。（一一一，2267）　癸卯，东厂官校于正阳门西河内得工部员外郎、主事等官牙牌八面，太监张锐以闻，命缉事衙门访察，尚宝司查审号数。尚宝司卿朱宏以先年刘瑾取拣旧牌及吏崔拱辰盗牌事具奏，上以宏等典守不谨，仍命查实迹以闻。于是宏等引咎，俱宥之，而令依原拟查明注簿以便稽考。（一一一，2268）　录四川平贼功，升总制太子少保、右都御史彭泽为左都御史，加太子太保；总兵右都督时源为左都督，岁加俸百石；镇守四川太监韦兴岁加禄米十二石，并泽、源各荫子侄一人为世袭百户；升巡抚四川佥都御史马昊为右副都御史；陕西镇守太监廖堂加赏银三十两、纻丝三表里；升巡抚陕西副都御史蓝章及巡按御史王镗各俸一级……时堂先已赏，章已升，棐已为副使，因论功复及之。(一一一,2268—2269)　丁巳，都察院右副都御史王缜以乾清宫灾陈言四事："(**一、正大本以安天下。**)一、省内臣以慰民望。南京根本重地，顷因织造供亿日增，乞专任守备内臣提督织染，其新差提督太监等官宜照先年事例，通行取回。一、处驿递以苏民困。应天府龙江驿递差役浩繁，钦差针工、巾帽二局内官六员取占驿所夫二百五十余名，亲下乡追取佣钱，并提督织造太监吴经、成造乐器袍服左监丞林秀等行取驿递船只人夫，亦每月责官吏追纳佣钱。及南京尚膳监管取鲥鱼内官取占船只人夫共一百二十名，占用所夫二百九十七名，前任该所大使李臻、李俊俱为追比缢死，妻子流离，怨声载道。乞敕兵部尽行禁止，庶穷民少苏。(**一、广延纳以开壅蔽。**)"疏入，不报。(一一一,2273—2275)

五月丙子，巡抚云南副都御史洪远奏："镇守内臣贡献方物，虽称自备，无烦官民，然去京万里，输送之劳，供亿之扰，民情实有不堪，乞停免。"礼部议如所请，不从。(一一二,2282)　戊寅，治辽东开原失事都指挥等官陈钺等罪有差。先是，虏自镇夷堡入，守堡官军御之弗利，及虏出境未远，分守开原参将高钦、太监王秩率千总纳粟都指挥佥事陈钺、史文、署都指挥佥事裴珙及把总指挥佟宣等合兵追之。又檄指挥惠绮等兵为援，至创忽儿河遇贼……(**与战多失利。**)事闻，诏遣给事中吴岩往会巡按御史按验失事者罪，岩劾镇守太监岑章、总兵官都督佥事韩玺、巡抚右副都御史张贯节制无方，请并治之。于是钺、文、珙比守备不设律，坐斩；佟宣等十六人减等充军，钦、绮夺俸一年，玺、贯半年，章、秩宥之。(一一二,2285—2286)　乙酉，镇守福建太监崔安奏地方灾伤，欲开中盐课以便赈济。户部议："福建僻在一隅，边方盐课多不乐中，宜照成化五年湖广救荒例，将福建运司正德六年本色盐课八万二百九引并见收附海诸办没官私余盐二万五千六百引酌量定价召商输米，或折银赈济。”从之。(一一二，2289)　　己丑，巡按山东御史李玑奏：“临清仓场粮料原设主事收管，其后间设内臣监督，或增置不过二员，顷年监督增至九员，多方射利，贻害颇众，乞裁革，止留二员，庶官不烦而民不扰。”户部覆奏，不听。(一一二，2291)

六月癸巳，传旨，调守备朔州暖会隘口御马监太监满隆分守独石马营等处。(一一三，2295)　　庚戌，遣司礼监官祭中霤之神。(一一三，2299)　　乙卯，云南澜沧卫军丁周达奏：“云南银矿如大理之新兴、北崖、洱海之宝泉，楚雄之南安，广运、临安之判山及罗次县之铜锡青绿，皆可采办以益国课。”奏下，户科谓达谋起利端，法不可贷。于是户部执奏：“银矿之弊，类派贫民赔纳而利归奸门，近年封闭已固，岂可复开？宜如户科所驳，治达之罪。”诏不许，令如先年崔安例采办，且以镇守太监梁裕等管理。(一一三，2300—2301)　　戊午，周府渭源郡君仪宾王绍祖，致仕知府鹏之孙也。绍祖荒淫丧心，父死不报丧，嗜酒如平日，郡君数谏止之，逢其怒，殴击之。郡君之弟辅国将军睦(**按，此处应有遗字**)移咨其祖遂平王安洛，谓鹏实纵之，执鹏窘辱备至，奏鹏家有奸私，恶郡君谏阻，故共杀之。诏遣司礼太监秦文、都御史金献民、锦衣卫指挥陆宣往按其事。绍祖实杀郡君，而鹏家奸私事无左验。狱上，绍祖比依“皇家袒免亲而殴之死者”律，坐斩；鹏以素失训诫，削职为民，该府辅导等官治罪有差。(一一三，2303—2304)

七月乙丑，北虏小王子连营数十，近宣、大边，欲寇天城、阳和，又分遣万骑入怀安。总制都御史丛兰以闻。命太监张永总制提督宣府、大同、延绥等处军务，都督白玉挂印充总兵官，与兰协同行事。发京营官军二万人，以署都督佥事张佐、署都指挥姜义充左右参将统之。又发宣府、京营诸军凡六千二百四十人，命太监张忠监督，而以都督温恭充副总兵官，千总官湛臣、宋赞充左右参将统之，俱听永节制，兰居中调度各镇巡等官协谋战守。

仍调延绥游、奇兵马备大同、偏头关应援，居庸、紫荆等关并蓟州、密云各提督镇巡等官严兵防御。永因请凡军前机务，悉听便宜从事，违者先处以军法，然后奏闻，且请给勘合三百道、银牌五百面、彩段五百匹以赏有功。皆许之。(一一四，2305—2306)　戊辰。初，虏自怀安寇顺圣川，游击将军张勋、守备田琦、廉彪战死。御史于鏊劾奏总兵官刘淮、副总兵陶杰无勇寡谋，参将王惠、胡昺、都指挥余震、刘璋不能防御，太监王刚、都御史孟春素乏军威，请执淮等六人究治而罢刚、春，别选贤者以代。兵部议："御史言是，但虏寇压境，急于用人，临敌易将，兵家所忌，宜宥之，俟事宁议处。"从之。(一一四，2308)　庚午，虏酋阿尔秃厮亦卜剌等自正德五年以来，避小王子，引众至凉州、永昌、山丹、甘州及高台、镇夷、肃州，联络往牧。时巡抚都御史张翼、镇守太监宋彬、总兵官王勋、卫勇、分守太监张昭不能制，虏渐深入，攻破堡寨五十三，杀掠官军并居民一千二百有奇，孳畜、器械、粮饷亡失以数万计。翼、彬等皆隐匿不奏闻，袭取虏老弱残病及为小王子所败亡者，断其首冒为首功，凡一千九百余，其所斩获实不及二百。前后以捷奏者十一次，每奏辄赐敕奖励，至增翼俸，赐勋蟒衣，加彬禄米，而贼益猖獗，甘肃苦之。巡按御史成文纪验功次，因奏翼、彬、勋欺蔽，及都指挥赵承序、芮宁、张鹏等冒滥之罪。翼等憾之，会佥事张琎亦与翼讦奏，翼疑文主之，乃与彬、勋摭奏文事，因辩其验功之枉。时给事中邵锡、刑部郎中闵槐、锦衣卫千户周袁勘事陕西，并令按之。锡等具得其情，还报，内批谓："各官秉机冒功，酿成边患，固有罪，但前已有旨发遣，其勿复究。"盖翼等有内援，故不俟勘报，预皆宥之。(一一四，2309—2311)

壬申，太监张忠初授[受]命监督军务，听总制官节制。既而忠奏，欲事权与(张)永敌，不受节制，相持久之。诏不许，惟符验旗牌准如例给之。(一一四，2311)　癸酉，金吾右卫指挥佥事姜汉有兄，被酒堕马而死。兄妻讼于刑部，谓汉设谋杀之，郎中欧阳重以勘验有伤，持之甚急。汉母走诉东厂，因劾重偏执深刻。下都察院覆讯，汉得释，重坐系狱，赎杖还职，仍夺俸四月。重尝忤东厂意，故因此中之。（一一四，2312）　丁丑，赏从征宣、大京营官军二万人及总督军务太监张永、监督太监张忠、总兵官白玉、副总兵温恭、参将昌佐、姜义、湛臣、宋赟等名下参随并京边军银人二两。永等奏带参随多者四五百人，少亦不下一二百人，及因赏军各为之请，本兵司计者，莫之敢违。时边镇告急，国用空虚，兵未出京，坐费已十万矣。（一一四，2314）　己卯，论江西盗平功，提督军务右副都御史俞谏升右都御史，巡抚江西；总兵官右都督刘晖升左都督，岁加俸百石；镇守太监黎安加禄米十二石，仍荫其弟侄一人为世袭百户；镇守浙江太监刘璟加禄米十二石，纪功给事中黎奭升南京通政司右参议……（一一四，2315—2316）　乙酉，致仕都察院右副都御史艾璞卒。……弘治乙丑，升都察院右副都御史，巡抚苏松等处。平海寇施天常等，降敕奖励，有白金文绮之赐。正德丁卯，以裁革还。巡抚时以会勘功臣庄田忤刘瑾，逮系锦衣狱，重杖之，编置海南。瑾诛，遇宥复职致仕。至是卒。（一一四，2319）　丙戌，总制都御史丛兰以张勋等之败，劾奏镇守宣府总兵官刘淮、副总兵陶杰、镇守太监王刚、巡抚右佥都御史孟春、分守西路左参将王忠、南路右参将胡昺、大同游击将军周政、东路左参将谷琛、领宣府游兵署都指挥使余震、镇守山西副总兵神周、镇守太监孙清、巡抚右佥都御史王珝、副总兵林宽、西路参将麻循、守备平虏城都指挥郑恭、偏头关坐营都指挥裴玺、大同游击朱振皆有罪，请将淮、杰、忠、昺逮治，刚取回，春别用，周、宽、振、政、循、琛、恭、玺、震黜罢，清、珝降敕切责，且自劾不职，乞退休。兵部议覆，诏以事情重大，令巡按御史会先差给事中勘明处治，清、珝姑宥之，令勉图后效，兰仍旧调度以安地方。（一一四，2320—2321）　赠司礼监太监张淮父全为锦衣卫都指挥使，母李氏为夫人；廖銮父文应、母张氏亦如之，皆予祭葬，以淮等援太监李璋例以请也。都指挥旧例无葬,时工部尚书李鐩附会都督佥事例为之覆请,故并予之。(一一四,2321)【考】《中官考一》云:"赠都指挥之有祭葬,自全、文应始也。" 己丑,赐工部尚书李鐩等彩织麒麟云鹤纱罗纻丝衣各三袭,以修东厂完,太监张锐为之请也。(一一四,2322) 赐敕奖励镇守贵州太监史泰,罢总兵官丰城侯李旻。巡抚贵州都御史陈天祥奏言贵州地远民穷,泰颇安静,乞留泰以慰众望。兵部覆请,乃褒泰并罢旻归。(一一四,2322—2323)

八月甲辰,巡按直隶监察御史于鳌劾奏分守北路参将詹冕、守备龙门等所少监刘增及都指挥佥事宁汉等七人、张铠等四人,俱守御不严,致虏入境杀掠。诏汉等、铠等皆逮问,冕、增姑戴罪杀贼,仍夺冕俸三月。(一一五,2330) 给事中邵锡奏:"甘凉诸路镇守、分守等官占役军余,动以千计,或办纳月钱,或耕种私地,或卖纵殷富,扣支月粮,以致差役不均,营伍欠缺;复有无籍军余,喜于依附,假其威势,以陷害富民。乞令抚按官详核,退还营伍,及戒各官毋容留占恡,仍申明律例,严加禁约,故违者参奏,每岁终则以有无役占奏闻稽考。"从之。(一一五,2330—2331) 乙巳,给事中刘夔奏乞申严京师九门盘诘之禁。兵部议覆:"九门军士多为门官私役,以致缺人防守,乞将各门提督并守门官量为裁减,仍申革前弊。"诏守门官弗革,继今有缺勿补,既防守军少,各量减军伴之数。(一一五,2331) 丁未,太监韦霦传旨:镇国府千总都指挥宋赟、杨玉,京营千总都指挥左钦、湛臣俱充参将,赟、钦领春班官军,玉、臣领秋班官军,都指挥佥事张勇、李忠、时春、刘璋、李鉴、刘宗仁、马骢候缺推用。(一一五,2331—2332) 戊申,兵仗局太监孙和传旨,造神铳二千、神箭一万、盔甲六千、倭腰刀万二千、长柄倭衮刀二千、重翎铁矢万二千,督料甚急。工部奏:"内外库局盔甲、铳炮什物,余积数多,乞预将浙江等处十年分岁造军器征价十分之五,每军装、军器一副折银八两,计可得银九万九千六百两有奇，俱于别项军需内挪借，召商买料，送局应用。”时江彬用事于中，已导为巡游之计，故上锐意从之。（一一五，2333）　辛亥，巡按陕西御史燕澄以虏杀伤烧荒官军，劾奏延绥总兵王勋、副总兵戴钦、游击将军高时……巡抚都御史吴世忠、镇守太监王虓等俱宜治。命给事中安邦会澄按其事。澄请回避，乃命巡茶御史代之。（一一五，2333—2334）　壬子，内府针工局太监赵璧奏：“今年成造内官、内使冬衣，用纻丝、熟绫各二万六千五百匹，丝绵如其数。”得旨：纻丝绫令工部出办，其绵价户部发太仓银六千三百余两给之。（一一五，2334）　甲寅，太监刘宁、刘允征皇庄子粒于通、蓟、河间，传白帖下兵部索夫马廪饩。兵部覆请，皆许之。时中官厮养出，无不给驿，以私帖传递，兵部无敢违者。（一一五，2335）　初，东平人西凤竹造吏部主事梁榖，为言乡人袁质、赵岩等纠众数千将为逆。榖亦东平人，居乡时凶戾，行多不检，倚恶小为助。既贵，此辈常往来其门，颇厌苦之，又与千户高乾等有怨。闻凤竹言，辄意动，乃遣人访于屈昂。昂亦无赖者，报书愈诳诞。又有刘昇者来自东平，榖询以故，昇尝为千户王瓒所辱，诬瓒亦预谋。榖因并以乾及恶少姓名皆指为从逆者，告变于尚书杨一清，遂闻于内。召兵部议，尚书陆完请亟谕山东镇巡官密捕穷治党与，仍令总兵官刘晖以辽东官军千五百人驻济宁伺变进兵。会鲁王入长史马魁谮，奏其子归善王当沍妄言欲反，榖复谓当沍与质等连谋。有旨遣司礼太监温祥、大理寺少卿王纯、锦衣卫指挥韩端往执当沍，复用兵部议，命总兵郄永以所部官军及河间达官舍余千五百人驻德州，副总兵桂勇以所部千人驻大名府，游击将军贾鉴以大同官军五百人驻徐州，仍敕河南都御史陈珂、淮扬都御史张缙分守要害。京师汹汹，传言宗室有大变，旬日间所在震动。及祥等驰至，合兵围之，当沍方饮而卧，与质等皆束手就执。祥等按问，无反状。盖质以武断为乡人所怨，又善射，当沍爱之，尝赏以钱布。岩以候缺引礼舍人怀赞谒当沍，尝留饮，縠诸所指皆平人也。乃械质等至京，晖及永等兵皆罢。巡按御史李翰臣因劾縠报怨邀功，且言当沍之罪成于马魁，乞寘二人于法。诏以翰臣为谋叛者隐匿，逮系锦衣狱。质等既至，法司以告变由縠，请逮縠与质等面证。不从。已而翰臣狱辞复连及縠，乃令置对。法司拟翰臣、縠俱赎杖还职，縠仍俟质等狱成议请，得旨："縠免赎还职，翰臣降一级，调为广德州判官。"于是御史程启充、周宣等极论縠挟私罔上，鼓煽流言，启小人生事喜功之心，致大臣轻信寡谋之失，虽死不足以尽法，顾可纵之令复职乎？且与翰臣不宜异罚。皆不报。縠初以郎中王守仁荐得吏部，及因一清上变，权贵入其言，欲邀封拜如平寘鐇故事，其于宗藩民命固有所不恤矣。翰臣适忤其意，遂及祸，而縠以一清庇之，竟得免。或云鲁王之奏当沍虽由马魁媒蘖之，实为在内有力者所迫，惧祸及，不得已而发云。(一一五，2335—2338)【考】《明史·归善王当沍传》："祥等至，围当沍第，执之。祥等谳縠所指皆平人。魁惧事败，乃讽所厚陈环及术士李秀佐证之，复以书及贿抵镇守太监毕真，使逮二人诘问。已而二人以实对，书贿事亦为真所发。"是时镇守山东者为毕真。又《传》："廷臣议当沍罪，卒无所坐，以藏护卫兵器违祖制，废为庶人。戍质等于肃州，所连逮多瘐死，魁坐诬奏斩；凤竹、昂流口外。中官送当沍之高墙，当沍大恸曰：'冤乎！'触墙死。闻者伤之。"

己未，虏拥众入宁武关、忻州、定襄、宁化，所在蹂躏，杀守备指挥陈经，军民死者相藉。巡按御史李稳以闻，因劾副总兵神周屡遭挫衄，惟事蒙蔽，请逮治，并及太监孙清、都御史王珝、兵备副使张凤翔、守备指挥傅铎等之罪。诏遣给事中一人会稳查勘，周俟勘至奏处，清等降敕切责，铎等俱停俸，仍命总制提督官严督各镇防守，有警互相应援，毋分彼此，再悮事机。(一一五，2339)

九月癸亥，陕西进上用铺花毡帐房一百六十二间。先是传旨，以纸式尺寸令陕西镇巡等官太监廖堂、都御史陈寿等依式成造，重门、堂庑、庖厩、溷湢及户牖、桩橛、影壁、围幕、地毡之类皆具，且有坛内游幸、出哨赶声息诸名号，凡一年乃成，为费不赀。而堂复因之朘削，所在骚动，秦民苦之。自后上出郊祀皆陈设账房，不复宿余于斋宫矣。　甲子，赠御马监太监于经父泰为锦衣卫都指挥使，母王氏夫人，授其从弟资为登州卫百户，并赐祠额护敕，从经请也。经宠幸，尝导上于通州张家湾置皇店，榷商贾舟车，征至担负之利，亦皆有税，中外怨之。其请祠额者，则香山碧云寺，所自治茔域也。工作糜费，以百万计，上亦尝幸焉。(一一六,2345)【考】碧云寺创于元代，原名碧云庵，正德中太监于经改庵为寺，建生圹于寺后，故又名"于公寺"。《涌幢小品》卷二八"两京诸寺"言经"导上于通州张家湾等，榷商贾车舟之税，极为苛悉，岁入银八万之外，即以自饱。斥其余羡，为寺于香山，而立冢域于后，所费金以万万计。上亦亲幸焉，故为之赐额及敕。而经后随上南幸，其宠亚于诸贵。会上得疾久，多所恚恶。一日，忽厌经而逐之，尽革其官与所赐蟒玉，使辫发从小珰，受翰林师教诲。嘉靖初，下狱庾死，籍其家，而寺与墓独存。"天启中，魏忠贤续营墓于此，亦败。　乙丑，云南镇守太监梁裕、巡按御史李元以十八寨贼首阿海等作乱，劾奏临安兵备副使王昊、宁州知州禄俸、临安卫指挥吴经等轻率进兵，致启夷衅，及守巡参议周炯、佥事吕翀、督捕都指挥张春之罪。兵部议覆，诏昊等令巡按御史逮问，炯等俱停俸，其抚剿事宜镇巡等官仍议处以闻。(一一六,2345—2346)　丙寅，太监蒋贵传旨："镇国府参将宋赟、杨玉，京营参将左钦、湛臣，各领官军三千一百三十三员名，赟、玉上班则赴京操备，下班则回镇听调，钦、臣上班则赴宣府备御，下班则交兑回京，俱以游击将军体统行事，听宣府镇巡等官节制。"(一一六,2346)　辛未，兵部覆奏："宣、大之捷，有功及阵亡官军并地方失误事情，宜行核实。虏既远遁，屯边京军数万，太监张永等奏带头目千余，宜酌量撤回。原调沿边防守官军亦宜令各归所部。"诏有功及阵亡者纪功官验实具奏，失事者巡按御史会先差给事中并核，京边兑调官军、宣府上班京营下班者俱还京，其宣府下班京营上班者令张忠统领如前旨听调,仍令张永等督各副参镇巡等官用心防御,以安地方,其官军自京营调者及奏带头目酌量遣归戍古北口者如故,戍紫荆关等处者悉罢之。(一一六,2348—2349)　乙亥,升锦衣卫都指挥同知王献为都指挥使,指挥同知张宣为指挥使,以为张永等报宣、大之捷也。(一一六,2349)

戊寅,兵部议覆南京兵部尚书张澯所陈机务:"一、外守备厅用审事千百户二人以听词讼,招权纳贿,虽已革罢,仍乞降旨著为令。一、每年内外守备等官会同省操,止春秋一次,其余付之把总,告期里数而已,请每月一再至或旬月连至一营以较勤惰。一、由票清查差役军士便之,守备衙门屡次奏革,以滋多弊,乞仍旧例差官清拨给照。一、正统、天顺间内官守龙江关者三人,守皇城、都城者二人,内府并甲字等库二人近各增至十余人,政弊民劳,乞裁革。一、南京各卫编佥快船,小甲贫苦不堪而富者多投补牺牲所以图影射,宜照旧额,其近年投补者革之。"诏见在守关、守门及管库官员且不动,以后员缺如正统、天顺间例勿补,由票仍令内外守备与参赞官会议以闻,余如议。(一一六,2350—2351)

庚辰,巡按直隶御史于鳌查勘大同平山城等处失事,劾太监满隆、马锡、参将麻循、都指挥盛杰、百户王玺等罪。诏杰、玺等逮问,循夺俸三月,隆、锡姑宥之。(一一六,2351)　壬午,授太监张雄父千户锐为后府右都督,母寇氏赠一品夫人。雄援太监高凤故父赠官例,为锐陈乞,得超授后府,犹以支俸为疑。兵部尚书陆完言:"雄忠谠勤诚,受知圣明,加以禄养,亦不为过。"诏令锐带俸朝参。初,雄为后母所凌,因自宫,遂怨其父,既贵,犹不与之见。同类者亟劝之,雄立中堂,垂帘杖其父二十,既乃相抱而泣。自是遂至滥冒宠恩如此云。(一一六,2352—2353)

十月庚辰朔,录凉州卫啰啰墩地方斩获功,赏分守太监张昭、副总兵徐谦银十两、彩币二表里,陕西右参议耿继玄银币半之,有功并阵亡官军凉州卫正千户杨文等一百七十人升赏有差。

(一一七,2368)　己酉,工部以修乾清、坤宁宫,会计材物事宜上请,命尚书李鐩提督营建……(**采木、烧砖、收买竹木、点视工程、查盘库厂等官略。**)皆予之敕。既而传旨,令御马监太监谷大用、司礼监太监张雄总理,内官监太监张枨[锳][1]及都督同知朱宁提督,且敕令禁革奸弊及权豪势要侵揽罔放者。(一一七,2369—2370)　庚戌,总督三关军务太监张永、都御史丛兰、总兵官白玉等以朔州阳和等处节被虏寇蹂躏,因劾副总兵神周、林宽、戴钦及平虏卫守备郑恭等失机……(一一七,2370)　辛亥,治大同边将失机罪。八年三月十七日,虏大举入寇……(**杀掳居民三千余人,掠孳畜以数万计。**)巡视居庸等关都御史丛兰以闻。上命巡按御史于鳌查勘。鳌劾奏……太监宋彬、韦忠、奉御王哲、监丞满隆、(总兵叶)椿、(潘)浩及巡抚都御史高友玑罪各有差。事下兵部,议覆以为大同三路达贼蹂践,洽旬日,数百里烟火荡然,盖数十年来有受祸于此之惨者,宜如鳌奏,明治其罪。于是都察院复以上命会议各官情罪轻重上请。诏以大同地方失事情重,浩、彬、友玑姑免逮,椿、(守备都指挥程)钺令巡按御史遣人械系来京,送都察院审实,(神)周、(郝)镇令带罪杀贼,事完之日与隆、(林)宽、哲及去任者具奏处之……(一一七,2370—2372)

十一月庚申,升赏宣府、大同地方获功阵亡官军锦衣卫指挥同知张铠、千户张兰、齐佐等九百二人有差。兰,太监张锐侄;佐,钱宁婿也。(一一八,2381—2382)　太监温祥传旨,以御马监太监赵英分守辽阳等处,印绶监左少监白怀广宁监枪。(一一八,2382)　乙丑,太监蒋贵传旨,御马监太监宋宝令守备峨嵋山等营。　丙寅,升赏剿平苗贼湖、贵土汉官军指挥周勋等五百八十六人有差,镇守贵州太监史泰、总兵官丰城侯李旻、巡抚

---

[1] 枨,广本作"锳",抱本作"银"。《国榷》卷四九作"张锳"。又《武宗实录》卷一二六,正德十年六月壬戌条,有张锳奏请复设神木所。当以"锳"为是。

贵州都御史杨茂元、沈林、巡按贵州御史张佑各赏银二十两、纻丝二表里……(一一八,2385)　庚午,六科都给事中安金等以虏数入寇,劾奏镇守副总兵神周、总兵官叶椿、巡抚都御史高友玑、王珝,劾镇守太监孙清、宋彬、总制都御史丛兰、总兵官白玉、副总兵温恭之罪,乞逮问周、椿而罢黜友玑等。十三道御史吴祺等亦以为言,并劾宣府总兵官刘淮、太监王刚、都御史孟春等罪。会周、椿已有旨逮问,兵部覆请得旨:……淮部下有斩获微功,降二级,带俸差操;友玑亦降二级,春、珝各一级,俱别用;彬、清俱取回京;兰受命总制,经略无谋,责令自劾;玉、恭统领大众,调度无策,写敕切责之,仍命张永、张忠用心督励将士,共图成功。既而兰自陈,夺其俸半年,令杀贼自效。(一一八,2387—2388)　壬申,太监蒋贵传旨,浙江镇守内官监太监刘璟调总镇两广地方,而以市舶司内官监太监王堂代璟镇守。(一一八,2389)　辛巳,太监韦彬传旨:分守怀来御马监太监于喜调镇守宣府,分守大同右卫都知监太监马锡镇守大同,内官监太监罗籥令镇守山西,而以御马监太监刘宝代喜,右少监李环代锡。(一一八,2393—2394)

十二月丙申。先是,以宣、大失机,下巡按御史于鏊逮问失事者指挥佥事王臣、副千户张伦等。至是,鏊以狱上,并劾分守参将詹冕及太监王刚、总兵刘淮、都御史孟春亦宜逮问。诏臣、伦俱谪戍,冕逮问,淮、春降级;刚已取回,宥之。(一一九,2402)庚子,升赏汀、漳等处平贼有功官军赣州卫指挥使王麒等一千八百一人有差,太监商飙、都御史周南各赏银二十两、纻丝二表里……(一一九,2402—2403)　庚戌,夺工部右侍郎刘永俸一年。永总理易州山厂,内官监奏缺供用柴炭,有旨诘责,永言该岁者起运已足,所司皆以补前任逋欠之数,故与奏报不合。诏宥之,仍罚俸。(一一九,2406)　乙卯,致仕南京户部尚书雍泰卒。……以右副都御史巡抚宣府,被劾除名。正德戊辰,言官潘铎等荐之，起为左副都御史，提督操江。未至，又升南京户部尚书。时吏部尚书许进偶触刘瑾怒，以进之推泰也，列上履历而隐其除名一事，为进罪。遂并泰皆勒致仕。(一一九，2409)

本年附

艺文・碑铭・太监杨定墓志

明故尚衣监太监杨公墓志铭

中宪大夫、太常寺少卿兼经筵官、预修国史玉牒东吴刘启撰文。奉直大夫、礼部员外郎兼经筵官、预修国史玉牒太原乔宗书丹。承务郎、大理寺左寺副兼经筵官、预修国史玉牒归安方英篆额。

尚衣监太监杨公，正德甲戌(九年，1514)九月四日以疾卒。讣闻于上，悼惜移时，寻遣御马监太监李公文才、西华门门副郑公端治其丧仪，具其衾椁，殓如其制，卜兆于顺天府宛平县京西乡马鞍山□□圆照寺之原，窆公为窀穸□□□安厝焉。李公□□潜德久而湮没，乃属于鸿胪序班贾君，以状公之行，征予文表于墓石。

状曰：公讳定，字世安，姓杨氏，别号静轩，本湖广人。世系竟罹于燹，莫可考究。天顺六年(1462)，以质奇伟，简入内庭。成化三年丁亥(1467)，宪宗皇帝命侍乾清宫。小心慎密，恭忠匪懈。是年公擢长随。八年壬辰(1472)，升奉御。公殚乃心，淬砺厥职。十四年戊戌(1478)，升司苑局右副使。十八年壬寅(1482)，佥局事。癸卯(1483)，转左副使。甲辰(二十年，1484)，升大使。乙巳(1485)，公以久侍禁闱劳勚，荐升内官监右少监，局事如故，即岁又进太监。丁未(二十三年，1487)，莅局事，再□侍乾清。

弘治改元，孝宗皇帝临朝，例左迁右少监。三年庚戌(1490)，孝庙轸念勤慎笃实，仍复太监，赐蟒衣玉带，内府骑马。十八年乙丑(1505)，公随泰陵神宫监司香。方殷效劳，竟作仙游不返。距生殆卒之甲戌(九年，1514)，得年六十有九。

昆玉四人，长即公；次端，御马监□□□；次耘，神宫监左监丞；次阅，神宫监太监。稠恩异数，萃于一门，时人以为□。呜呼！公为人丰神秀爽,器宇轩昂,举止端庄,宅心平易,接僚友克孚信义,御卑下兼施惠威,历侍三朝,忠恭一致,其居中监之生享尊荣,没有余誉者矣。宜而□之墓以昭于□云。正德十年夏四月吉日立。

(北京市门头沟区石厂村出土。《北京图书馆藏中国历代石刻拓本汇编》第54册,第17页)

艺文·碑铭·太监傅锦墓志

尚膳监太监傅公墓志铭

特进光禄大夫、左柱国、少师兼太子太师、吏部尚书、华盖殿大学士长沙李东阳撰文。荣禄大夫、少保兼太子太保、吏部尚书、侍经筵官、前奉敕提督军务、都察院右都御史石淙杨一清书。特进光禄大夫、柱国、太傅兼太子太傅、新宁伯、奉敕提督十二营戎务兼五军营总兵官兼后军都督府事、侍经筵滁阳谭祐篆。

尚膳监太监傅公以正德甲戌(九年,1514)四月二十四日卒于外第,遗命义子清等曰:“吾荷国厚恩,灰身莫补,勿乞祭葬。”清等谨卜五月二十八日,窆于都城西香山乡南海甸之原。御用监右少监苏公章,公所抚育,为治大事,谓墓不可无铭,遣清来礼请于予。予虽老而且病,辞不可得,强起叙而铭之。

按状:傅氏,乃山后蔚州人,其先世系未详。公父讳福兴,永乐壬寅(二十年,1422),方幼,被虏掠去,在彼服力勤事。虏遂将牢不疑,以女钵啰罕氏妻之,即公生母也。久之,公阴谋南归。正统己巳(十四年,1449),乘间弃其妻,独携公并幼女伯失罕,潜奔来降。边臣遣人护送至京,闻于上,赐公父充勇士,收公妹入宫,以公为寺人,讳锦,字文组,送进禁中,给与尚膳监太监张公辉名下抚育。景泰丙子(七年,1456),以勤敏有声,选本监长随。

成化乙酉(元年,1465),受荐加奉御。丙戌(二年,1466),擢右监丞。丁亥(三年,1467),迁右少监。戊子(四年,1468),转左。壬辰(八年,1472),进太监。历任年深,积有劳勚,钦赐蟒衣玉带,内地乘马,以彰其功。庚子(十六年,1480)遽膺心疾,力请辞职归田,恳乞三章,特以奉御侍香长陵。甲辰(二十年,1484),病愈,诏起为右监丞,调景陵神宫监管事。

弘治壬戌(十五年,1502),转尚膳监左监丞,提督羊房。癸亥(十六年，1503)，兼提督里外牛房。正德丙寅(元年，1506)，升太监，提督如故。

公出入履历，更事最多衙门，百凡供御，庶羞品味，修制极尽精微。办官之外，禁止浮费，恒以节财裕民为念。平生刚中而气和，貌严而心平，言不妄发，发必中节。读书虽少，听人讲诵，颇晓大义。长于射法，所谓范我驱驰，舍矢如破者也。盖人有非常之才者，必获非常之用；际非常之用者，必享非常之福。公自少而壮，由壮而老，以稀旬有七之年，承五朝明主之宠，威益重而名益著，节愈坚而志愈贞，夙夜匪懈，善始善终，中贵大臣年高德邵如此者，夫岂多见！公既失恃，奉养继母如嫡母，克尽子道。有一继母弟曰钺，早逝；妹为宫人，年老放出，卒于家，公并葬之以礼。止遗弟妇刘氏，嫠居衰迈，此外更无别亲。尝自谓此身如寄，何事厚殖货财，以故日用之间，食前方丈，颇近糜费。然于赒恤困穷，略无少吝，盖因见理分明，有古人风烈，而忠君孝亲，良德美行，足以使人追慕不已。呜呼！此不可为有职者劝哉！铭曰：

人生可嘉，落茵之花。彼委溷者，徒归泥沙。人亡可纪，流芳青史。豹死皮存，其文蔚耳。日近清光，侍膳馨香。蟒衣玉带，五服攸彰。奉盈履冰，在宠思辱。节财裕民，安享天禄。乐施尚贤，处之泰然。忠孝兼尽，性成自天。位显名扬，既福且寿。归窆近郊，铭镌不朽。

(《新中国出土墓志·北京》第183号)

艺文·碑铭·广济寺记

《敕赐广济寺记》。原碑泐甚，文云“上遣灵台太监江公亨等相地择日”，碑阴题名之可辨识者，有司礼监太监戴义、谷靖、刘辅、芮景贤，御用监太监王瑞、王利，内官监太监李兴，御用监太监梁润，钦差总督粮储尚衣监太监赵荣、尚衣监太监余庆、都知监太监葛全、印绶监太监韩庆等。正德九年十月二十七日立石。

(碑在北京西直门内大街。《北京图书馆藏中国历代石刻拓本汇编》第54册，第13页)

正德十年乙亥(1515)

正月壬午，兵部以御史汪赐勘报宣、大二镇御虏功上请，诏有功并阵亡官军五百六十一人各升赏有差。总制军务御用监太

监张永、监督军务御马监太监张忠、总制军务右都御史丛兰各赏银五十两、纻丝四表里……(一二○,2425)

二月辛卯,分守凉州太监颜大经奏带食茶,户部言:"国家重马政,故严茶法,奏带非例也,宜停罢。"诏准带七百斤。　巡按监察御史朱昴劾分守居庸关太监李嵩科害军士,勒取客商财物及擅伐应禁山场树木,请取回治罪,而荐守备黄花镇太监郭原清慎可以代嵩,其黄花镇官军数少,可专令指挥管理,以免侵渔。得旨宥嵩,止令严束下人,黄花镇守备亦仍旧。(一二一,2431)　丁未,给事中王爌劾奏南京兵部尚书张澯先任户部,建议查征积欠,将以媚逆瑾也,乞削其秩。吏部议:"澯素有才望,一事之失,难尽掩其平生。况近改参赞,士论称其风采。"上然之,令澯如旧尽心供职。　改注司礼监太监萧敬侄都指挥萧仪于延平卫。敬,延平人,请以仪护视祖茔,许之,仍令驰驿以往。(一二一,2440)

戊申,巡抚蓟州等处都御史王倬等奏请裁革峨嵋山、黄崖口、鲇鱼石、滦阳营等处守备内臣,并省二员以靖地方。兵部议覆,不允。(一二一,2441)　己酉,兵部议覆监察御史马陈图所言五事:一、专委任。宜令各边总制、提督、巡抚、镇守、总兵官协谋戮力以济危急,巡抚(**广本抚作按**)发摘奸伏,镇守、总兵毋得阻挠。一、明赏罚。官军获功,不许势豪抢夺……得旨:"今后各镇巡等官务同心协谋,共图成功,余如议。"(一二一,2441—2442)　辛亥,注冠带总旗李岳、王滋于锦衣卫,不为例,以太监李嵩、王刚奏带冒宣府功也。(一二一,2442)　乙卯,蓟州镇巡官劾奏虏入小江口等处失事者守关指挥高梧等三十八人,俱逮问,参将陈勋、张铭俱夺俸两月,守备太监徐顺、少监梁璃、监丞王鉴、高奈、奉御陈璋俱宥之。(一二一,2443)

三月己未,赏福建武平县平寇获功官民李丰等四百一十六人有差,镇守太监张俊赏银二十两、纻丝二表里,副使姚镆、佥事邹赞各银五两、纻丝一表里。(一二二,2445—2446)　己巳,户部侍郎韩鼎卒。……其迁户部，则刘瑾以乡曲引之，且其子守愚亦附瑾，传为庶吉士。鼎时已老病，廷谢仆地不能起，遂致仕。至是卒，守愚乞祭葬，许之。（一二二，2452） 庚辰，录贵州程番府平贼功，升赏有功及阵亡官军田锦等一百六十八人有差，镇守太监史泰[1]加禄米十二石，巡抚佥都御史陈天祥升俸一级。时御史邝约所报功籍又有官舍钱明等百二十人，皆中官及权幸子弟，不在原奏带之数者，兵部亦依违以请，悉得升赏。内廖铠（**广本、抱本铠作镗**）者，已革为民，复以冠带舍人冒升云。（一二二，2456） 癸未，降户部主事戴冠为广东乌石驿驿丞。（冠）上疏言："立国以人，聚人以财，今京师势要之家，子弟家人往往苟窃朝廷爵赏，上者冒名奏册，坐取军功，今锦衣如林，大抵此辈；次者系籍勇士，影射食粮，辄家十余人，少亦不下四五人。又有无籍游食夤缘投充各监局匠役名色，计其所入月钱无几而每日所支则至终身，此皆国之蠹也。国家漕运每岁四百万石，一岁所入足供一岁之用，尚有赢余。近以水旱盗贼之变，所入不及前数，而官军岁支乃逾四百万石，此辈所去实当三分之一。陛下何忍以赤子之膏血而养此无益之蠹哉？乞敕所司将冗食官员、勇士、匠役清查裁革。"又言逆瑾之败，所籍财产以百万计，陛下不归之有司而贮之豹房新库，以为私财，乞体王者无私之义，尽付所司以助军需。疏入，诏以其掇拾奏扰，乃降外方杂职。（一二二，2458—2459） 甲申，参赞机务南京兵部尚书张澯乞罢，且言给事中王爌劾臣承望逆瑾风旨，追征税粮，但其事实先任尚书所议者，臣因相代，以盗贼蜂起，仓廪空虚，乃掇拾行之。况征逋负，固有司之职，而其所负者皆已征在官之数，没于豪民赃吏之手，不可付之不闻者也。据此公事而直指为阿附逆瑾，不已过乎？臣尝力辩，幸赖洗雪，不足

---

[1] 史泰，原作"沈泰"，广本、抱本"沈"作"史"。正德七年闰五月己卯条载："广东看守珠池内官监太监史泰镇守贵州"，"史泰"是。

与较。(下请辞及不许辞略。)(一二二,2459)　闲住南京工部尚书毕亨卒。……逆瑾之败,亨惊叹于座,为言者所论,因改南部,随罢归,至是卒。亨通悦有才能,气岸高亢,不轻下人,及瑾用事,心附之,故晚节益损云。(一二二,2460)

四月丁酉,太监韦霦传旨,以都知监右监丞乔能守备黄花镇。(一二三,2465)　丙午,礼部覆巡按广东御史高公韶奏:"旧例,岭南诸番入贡,其所附货物,官税其半,余偿之直;其不以贡来者,不许贸易,与之交通者罪至死。后以中人镇守利其入,稍弛其禁。顷者权豪贪纵,任其住泊,遂令诸夷交接奸民,肆行剽掠,贻患地方。参议陈伯献尝奏禁革,而奉行之人因循未止。乞再申禁约,以杜后患。"从之。(一二三,2470)　庚戌,太监蒋贵传旨,取太仆寺马价银一万两送镇国府买补倒死马匹。(一二三,2474)

闰四月丁卯,升锦衣卫都指挥同知张明为都指挥使。明,太监锐之弟,冒赤山功也。(一二四,2489)　戊辰,发两淮运司并扬州钞关银三万两送南京供应机房,以供织造,从提督太监吴经奏也。(一二四,2490)　庚辰,南京都察院右都御史致仕熊绣卒。……擢兵部右侍郎。久之,转左。尝奉命清腾骧四卫勇士,得其冗滥者几万人,请裁革之,权幸侧目。未几擢都察院右都御史,巡抚两广。首征獞苗之负固者,一境以宁。旧例供亿甚厚,绣一切裁之,自廪米常给外秋毫无所取。逆瑾用事,密使人廉之,卒无罅隙可指摘。召还南京掌院事,寻令致仕。而憾犹未释,乃以大同浥烂布豆为绣巡抚时事,罚令输粟五百石于边,仍勒其身往。(一二四,2492—2494)　甲申,致仕大学士焦芳投疏乞辩雪,下吏部看详以闻,吏科驳之,且历数其罪恶。于是吏部覆奏,谓芳当刘瑾用事时,首先附和,凡蠹政乱法,黩货淫刑,援引憸邪,排陷忠良,一切欺君误国之事,瑾意所向而未发与所欲为而未敢者,倡引助威,无所不至。故瑾凶焰日张,余烈犹在。又以其子黄中传奉要阶。瑾既诛,两京科道屡疏论劾,皆欲治以奸党，明正典刑，荷蒙宽贷，止革散官，犹得致仕。黄中当连坐，亦止为民。中外臣民方切痛恨，而芳不知悔感，顾妄奏辩，殆鬼神震怒，驱令就诛也。乞将芳父子械系法司，彰天讨之公，雪人心之愤，为万世奸臣之戒。得旨已之。时黄中挟重货入京，图复官，以公论不容，乃潜去。(一二四，2495—2496)　　丙戌，大学士梁储等言："比者发下工部一本，大意以为见今营建乾清、坤宁二宫，其役甚大而财用不足，乞停止内官监所奏太素殿及天鹅房船坞等工。臣等拟旨进呈，未蒙批出，中心惶惑，不知所为。切惟陛下宫寝未建，中外臣工日夕不安，工部职掌工作，已经计处，差官分行，采取木植，烧造砖瓦，但民穷财尽，办集为难。非惟工部以为忧，臣等亦切忧之，恨无方略以佐经费耳。若不急之工，一时并举，则物料将何取给？取之官则官无蓄积，取之民则民已困敝。夫以可缓之役而妨误大工，该部计无所出，利害切身，其言非得已也。伏乞圣明速赐批行，前项殿宇房屋待大工就绪、民力稍舒之日，而徐议之。"不报。(一二四，2496—2497)

五月丁亥朔，命兵部尚书王琼同太监谷大用、新宁伯谭祐提督团营操练。(一二五，2499)　　癸巳，给宣府官军马匹料草一月，不为例。边军马匹夏秋牧放，例不支料草，至是因太监于喜、参将杨玉奏，特予之。(一二五，2500)　　戊戌，以来降夷人那孩帖木儿充御马监勇士。(一二五，2503)　　壬寅，宥分守开原参将张廷锡、太监王秩罪，仍夺守堡提调指挥等官王钺等俸，以虏入寇，防御不严故也。(一二五，2507)　　甲辰。先是，太监萧敬传旨，令提督广东市舶司太监曹宏采取奇异香料并土物以进，巡按御史丁楷极言不可状。礼部覆，请从楷言，不纳。(一二五，2508)

六月丁巳，镇守宣府太监于喜部下军私乘操马，总兵官郄永杖之。喜怒，相争诟，遂奏永专权自恣，似为不轨。永辞任，且自辩。兵部请遣给事中、刑部郎中各一人往勘。诏喜、永受命镇守，不能协心济事，乃以小忿讦奏，本当重治，姑免勘，喜降敕切责,永调宁夏,而以宁夏总兵官潘浩代之。(一二六,2515)　庚申,巡按直隶监察御史陈言奏通仓近添设内官十一员,供亿烦多,事常掣肘,乞将额外者取回。户部议如所请,且言京仓并临清、徐州、淮安等处俱有赘员,宜通查革。得旨:"各官已用者姑令供职,以后京、通总督仍依旧规二员,监督临、徐、淮安三员,永为定例,中间有擅举者重治不贷。"(一二六,2517)　壬戌,复设神木千户所于朝阳门外,从太监张铱请也。(一二六,2519)　戊辰,升锦衣卫指挥同知张瑄为都指挥佥事。瑄,太监雄之弟,冒大同、贵州功也。(一二六,2520)　己巳,升太监张忠部下官舍锦衣卫指挥佥事谷仓等二十人各一级,赏朱泽等二百六十人有差,以平流贼功也。　升锦衣卫指挥使张兰为本卫都指挥使。兰,太监锐之侄,冒宣、大功也。(一二六,2522)　甲戌,以尚膳监太监王辈[①]弟仲金为锦衣卫百户管事,从其乞也。　给事中王良佐、御史周伦、主事侯纶奉命选各营卫官军操练。是时食粮官军三十八万四千七百四十五人,各监局供役者有旨免选。既而锦衣卫、腾骧四卫、牺牲所、各仓、五军围子手、义刀、神机五千下官军、军匠、军斗、军余,长安左右、东安门恩军皆以都督朱宁、太监谷大用等相继奏免,凡十六万二百八十五人。长陵等卫、大木等厂、蕃牧等所,及红盔、明甲将军例不选者又万四千七百四十六人,内操西官厅六千六百四十二人,从征二万九千十五人,逃故万五千四百五十二人。团营所存十三万四千九百八十三人,而新选中者仅二万三千三百二十三人。良佐等以闻,乃命太监萧敬、兵部尚书王琼同良佐等覆选。于是京卫得五万八千三百四十一人,外卫原选八万八千七十二人,春班已还及秋班赴而未齐者俱不覆选,在营仅得一万三千八百二十八人。(一二六,2526)　丁丑,六科给事中安金等以朵颜、福余、泰宁三卫虏酋花当等屡肆侵掠,

① 王辈,实录校勘记云:"抱本作'辈',疑应作'辇'。"《国榷》卷四九作"王辇"。

劾奏镇守蓟州总兵官遂安伯陈鏸骄不知兵，太监蒋廷玉、都御史王倬、镇守太监王忻[①]应援失策，兵备副使王玹简教无法，都御史陈玉、提督朱周俱宜究治。乞将鏸逮问，廷玉、忻、倬罢黜，玹降调，玉切责，仍令巡关御史张鳌山查勘。十三道御史高公韶等亦以为言。诏鏸还京，倬等俱戴罪候勘报议处，仍令兵部举堪任总兵者以闻。(一二六，2528—2529)

七月壬辰，监察御史程启充奏："我朝军职授官，悉准首级，其余诸条格，《会典》具存。然承平日久，倖门渐开，于是有买功、冒功、寄名、窜名、并功之弊，权要之家厚赍金帛，私赂军人，易其首级，是谓买功；甲冲锋斩获而乙取之，甚至杀内附平人以为贼，是谓冒功；身在家庭，名隶行伍，是谓寄名；贿属吏胥，洗补文册，是谓窜名；至有一人之身，一日之间，所在获功，甘、辽、宣、大、两广、川贵，相去数千里，不出门阈，而皆以功报，按名累级，骤历崇阶，是谓并功。乞敕该部逐一清查，其已援例升职者，具奏递革，庶重名器、振纪纲。"兵部议覆，诏不必更张，只如旧行。是时爵赏极滥，权要诸家以为互市，疏远弟侄，下逮厮养，亦皆冒授，有至蟒玉者犹供仆隶之役。如太监马永成侄山，爵至平凉伯，犹汲水盘马于庭下。朱宁嫁女，媵以奴仆数十人，皆列衔锦衣。宁之婿齐佐，三日往拜宁家，酒一行，宁令人捧一盒至前，曰："此饷吾婿。"启之，则都指挥牙牌也。佐即席拜恩。有王瓛者，起自白衣，不一年官已都督。赵谨(广本谨作瑾)者，发自酒保，以管皇店，不旬日家享万金，皆前所未闻也。(一二七，2536—2537)　乙未，江西贼徐九龄等平。……(巡抚都御史俞)谏以捷闻，赐敕奖励，升赏奏捷者如例，有功者兵部议处以闻。先是巡抚苏松都御史邓庠亦以闻而归功于土民邓祥十五等，兵部以奏报不同，请下巡按御史核实议赏，谏等亦量升。诏从之，于是谏及巡按御史徐谐各升

---

① 王忻，原作"王欣"。欣时为甘肃监枪，升本镇镇守。而镇守蓟州者名为忻。

一级，太监黎安岁加禄米十二石。(一二七，2537—2538)　选太仆寺马一万匹于内厩应用，从太监谷大用请也。(一二七，2539)　己亥，命工部重修太素殿。……是时工役繁兴，禁中自乾清大役外，如御马监、钟鼓司、南城、豹房、新房、火药库，皆一新之。工部每循例执奏，以掩人耳目，其实具文而已。中外因缘为利，权奸阉人所建庄园祠墓及膏火寺观，工部又皆窃官赀以媚悦之。一时木妖土灾，盖不忍言矣。(一二七，2543—2544)

八月壬戌，命御马[用]监太监张永同御马监太监谷大用总管神机营并提督十二团营。(一二八，2558)　甲戌，命拨团营及腾骧四卫、锦衣卫军三万名助建乾清宫役，从内官监太监张钺奏也。(一二八，2560)　辛巳，太监张雄传旨，令都知监太监傅伦镇守广西地方。(一二八，2561)　壬午，盗郑纪、王舍命等行劫近畿，都指挥佥事盛瑾、高谦、袁杰等合兵擒之。兵部议加升赏，诏瑾、谦、杰各升世袭一级，赏银三十两。奏内有名家丁，各赏银十两，官军人等仍核实赏之。提督团营太监谷大用、张永、新宁伯谭祐、尚书王琼委用得人，各赏羊酒，赐敕奖励。(一二八，2561—2562)

九月辛卯，北虏寇陇州，亦卜剌复寇洮、岷，命右都督张洪充总兵官，提督陕西诸路军务，领京营兵五百人以行。洪以兵少，请调宣府左参将宋赟兵三千，辽东千总葛蔓、杨春等兵二千，并选总兵官薛玺兵一千以助征讨。……诏太监张忠监督军务，领赟兵由北路，洪领所部及(马)骠等由南路，会总制都御史调度各路军马杀贼，以靖地方，蔓等兵不必动。……(一二九，2563—2564)

升大名府知府马卿为浙江按察司副使。吏部初举金华府知府刘澨及卿堪任，诏用卿，且云："近有旨，降调官不得升用，所司何以举澨？姑置不究。"澨初为给事中，以攻中官落职，久乃起用，而此辈犹衔之不置如此。(一二九，2564—2565)　升都督同知马钊为右都督。钊，太监马永成家人，自百户累升至此。(一二九，2565)　巡抚云南右副都御史王懋中言四事：一、云南设镇守总兵、太监二员，又增金、腾镇守参将、太监二员。金、腾本云南西北一隅之地，军士不满一万，民户不及一二里，科扰之害，已为困极。乞将金腾镇守等官并赐罢革。一、……诏责其泛言滥举，令具实自陈。(一二九，2565—2566)　　癸巳，太监韦霦传旨：御马监太监廖銮镇守陕西，吴景镇守河南，杜甫镇守湖广，廖堂、王宏、王润俱取回南京别用。　甲午，更赐镇守密云太监吕安、右参将署都指挥佥事叶凤仪敕。安、凤仪各奏原领敕书无与巡抚都御史会同之文，乞更换增入，以便行事。兵部议："密云、遵化相去地远，若有警必会巡抚而行，恐后时失事，请仍旧。"诏特俞之。(一二九，2567)　　壬寅，都给事中安金等劾奏陕西总兵官侯勋、太监廖堂、巡抚都御史冯清、都御史邓璋等弛备寡谋，以致虏骑深入，荼毒地方。请械勋至京，如律治罪；罢堂、清等，降敕责璋，以图后功；副参游击、分守、守备、兵备等官，宜令巡按御史核实治之。监察御史张淮等亦以为言，且劾总兵官潘浩拥兵玩寇，亦宜械系至京治罪，都御史边宪及太监张昭俱宜罢。兵部复议："金、淮等所言皆是，但勋已故，堂已调南京，璋已降敕切责，请逮浩至京治之；昭、清、宪俱取回，另择代者。"得旨："失事官皆当重治，但事急用人，其从轻处之。昭、清、宪令戴罪讨贼，浩已调用，俟边事稍宁，俱审核以闻。"(一二九，2573)　　甲辰。先是，巡按陕西御史常在奏："虏自春至秋，深入腹里为害。至八月十二日，十万余骑从花马池入固原，联营而行，长七十余里，肆行抢杀，城堡为空，皆将帅不得其人所致。乞悉罢总兵官潘浩、都御史边宪、太监张昭、廖堂、都督侯勋、侍郎冯清等，别择贤能代之；仍遣给事中一员查究失机等罪，其总制都御史邓璋亦乞降敕切责，庶人知自励。"兵部议宜如在言，浩罪视勋为重，更调宣府恐无益惩戒，请止浩勿更而谪其官，听总制等官调遣，戴罪杀贼。其宁夏已调郄永为总兵官，今逾三月未至，亦请行巡按御史究治。得旨："浩已有处分，永趣令疾驰以往，失机事情待地方稍宁遣给事中会巡按御史审勘。”(一二九,2574)　先是,以山海卫义院口等处虏屡侵犯,官军多死者,命巡按御史张鳌山查勘以闻。至是鳌山劾奏太监王忻、都御史王倬、总兵官陈鏸、指挥孙世忠、李镇、陈棠、薛昂等各失事,请逮治;指挥焦润、钟杰功可赎罪,宜免问……(**兵部议覆及奉旨略**。)(一二九,2574—2575)　乙巳,巡按直隶御史张鳌山奏:“会同提督边务侍郎陈玉、巡抚都御史王倬、镇守太监王忻、吕安、兵部员外郎陈簧、兵备副使王铉、参将叶凤仪等修过边墙一万八千四百三十四丈,乞将倬加升,忻等赏劳。”兵部议:“修边无升职例,宜量赏。”得旨,倬等各升俸一级,忻及鳌山等各赏银十两、文绮二表里。　太监温祥传旨,锦衣卫指挥佥事赵玺令象房管事,镇抚司理刑千户刘儒升指挥佥事。儒,太监云之侄也。(一二九,2577—2578)　庚戌,太监秦文传旨,御马监太监张忠监督团营西官厅,御马监太监佛保管神机营中军四司、立威营,御用监太监孔学管神机营右哨(**抱本右作左**)头司并鼓勇营。(一二九,2579)

壬子,给赏沧州等处捕贼有功官舍人等朱达、支华等二百二十二人布绢有差。初,流贼既平,太监张忠、孔学等为其部下屡乞升赏。兵部奏:“功少人多,难以概拟。”诏特赏之。厮养无赖,尽被锡予,至有查无卫所者,恩泽之滥如此。(一二九,2579—2580)

十月乙卯,太监秦文传旨,调镇守贵州太监史泰于云南,以太监李镇代之,太监黎鉴令镇守山东兼管临清,太监梁裕、毕真俱取回。(一三〇,2581)　丙辰。初,朵颜三卫夷人屡寇,遣提督侍郎陈玉等督兵前后斩贼五十二级,夺马百六十余匹,巡关御史张鳌山核实以闻,因劾指挥谷永昌等失事之罪。兵部覆请,得旨:永昌等逮问;玉及都御史王倬、太监王忻各赏银二十两、纻丝二表里;遂安伯陈鏸、副使王鋐,守备内臣徐顺、高鼐、王鉴,参将程汉、张铭、都指挥马永各银十两、纻丝一表里。(一三〇,2581—2582)　戊午,升锦衣卫指挥使钱璋为都指挥同知。璋自陈叔祖太监钱喜、钱福、钱能有功累朝,乞升秩。许之,并及总旗钱明、舍人钱英，皆本卫实授百户，家人钱实等十人皆充御马监勇士。(一三〇，2584)　　辛酉，六科都给事中安金、十三道御史张羽等奏："陕西榆林达贼入寇，至绥德、清涧；宁夏达贼入寇，至固原、平凤。参将阎勋、都指挥彭械、许国，总兵官潘浩、王勋，都御史边宪、陈璘，太监张昭、王兢俱谋勇无闻，总制都御史邓璋则又调二镇精兵驻于固原山萌腹里之地，以致边防疏阔。乞将勋等逮治，宪等罢黜，璋虽在告，仍褫其职，以示惩戒。"兵部覆请，得旨："璋已去任矣，其余失事官，令原差给事中等官并勘以闻。"(一三〇，2586)　　丙寅。初，浙民曹祖有子鼎，投国戚寿宁侯张鹤龄为仆。刘瑾用事时，祖上书数鼎恶，且自言其生兆应天。曹之祖(按，之祖乙)语多幻妄，瑾欲罪之，寻止，乃械还浙。至是，复来依鼎，鼎仇之，祖遂并恨鹤龄兄弟，诣登闻鼓诬以阴图不轨事。上震怒，下多官廷鞫，且令司礼监及东厂监之，遂罢鹤龄兄弟朝参。会祖自尽于狱中，上益疑，降旨诘责。刑部尚书张子麟等执巡风、提牢及原问主事三人，皆系狱诏狱，穷诘祖死状，实惧而服毒，所告事亦多无左验，乃寝不治。子麟等夺俸有差。上于外氏素疏，及祖上变，阖门惶惧，罪且不测。仁寿宫居间往来传语，鹤龄兄弟亦厚有所献，久之，始得释，竟罢其朝参云。(一三〇，2587—2588)　　戊辰，虏寇亦卜剌侵犯临洮，总兵右都督张洪等既奉命出师，以上希视朝，未行。兵部奏道远事迫，兼恐河冻，虏出套转掠宣、大，乞请择日视朝，临遣洪等，令分道驰往。得旨："虏情谲诈难料，张忠领军驻宣、大，果有警报，可往会兵征剿。洪先从山西往延绥，与陈天祥相机行事，亦卜剌令陕西镇巡官堤备，仍令提督侍郎冯清随军馈运。"于是洪等遂行。　　升赏陕西洛川蒲榔观等处杀贼有功官军绥德卫指挥佥事吴锐等五百八十九人各有差，升陕西都指挥佥事李良一级，兵备副使张禴俸一级，赏太监王兢、都御史舒昆山各银二十两、纻丝二表里。(一三〇，2590)　　己巳，宥宣府守备右少监刘增等罪，罚守备指挥居宣、张胜俸各三月，逮管墩百户刘宁等问,坐虏入龙门所,不能御敌故也。(一三〇,2591)　壬申,给事中任忠奏:"(**前言各镇将官贪懦,兵马疲敝,军饷不给,饥寒切身。**)故每遇虏辄避不前。及至失机偾事,朝廷悉从宽贷,军士有出死力杀贼者未必获赏,而诡名奏带足迹未至行阵之人或得以攘其功,何怪乎将士之不振也!今陕西总制、镇巡、将佐等官,累经劾奏,乞取其任重失事科害军士太甚者一二人诛之。仍敕提督、巡抚官,凡百边务,听其经画,使无掣肘,必四五年虏绝侵扰,然后迁转。"下兵部议,谓:"今边务久废,猝难整饬。虏入寇方急,兵非得已,宜再敕监督等官,相机剿杀。各边守御事宜,其循旧规,巡抚官必六年以上迁转,并总兵官亦宜久任。"从之。(一三〇,2592—2593)　乙亥,江西纪功给事中黎奭勘奏太监黎安、都御史陈金、总兵李鋐及三司、府县、卫所等官功过各有差。是时,有功者俱已升赏,兵部议覆,诏:"功少过多,并有过无功者,本当究治,但地方已宁,姑从轻各罚俸三月,其去任者已之。"(一三〇,2593—2594)　己卯,黜监察御史李穗为民。穗巡按山西,太原人刘澄者,投镇守门下,与诸猾胥怙势害民,为各州县代纳盐钞而厚索其价分之。穗收澄等四人拷讯以死。(**多人命,乃被逮问**)(一三〇,2594—2595)　黜监察御史施儒为民。儒巡按应天等府,尝出城,守门军人请职衔以报守备衙门。儒怒其轻己,执治之,军人因诬服守门私骗人财,发外卫充军。于是守备太监黄伟、魏国公徐俌等不能平,奏儒擅作威福,并及其初至时不先谒孝陵、枉道还家等事。命锦衣卫执儒至京掠讯,儒具服罪。法司拟故入人罪律,赎杖还职。诏特黜为民。(一三〇,2595)　壬午,宥蓟州守备右监丞高奈、刘保罪,罚参将张铭、李英俸各三月,逮问指挥石美中等,坐虏入铁门关杀掠不能御故也。　太监韦霦传旨:提督团营御用监太监张永同太监谷大用、新宁伯谭祐、尚书王琼等令不妨营务,提督大工。　都察院右佥都御史吴世忠卒。……升湖广布政司左参议。刘瑾时坐累降山东按察司佥事。……瑾尝遣逻卒至湖藩，或诬同官胡姓者以罪。胡、吴声相近，误逮世忠，隐忍受之不辩，亦不复言。瑾诛后，胡以告人，皆服世忠之器度为不可及。(一三〇,2596)

十一月癸未朔，升锦衣卫都指挥使张兰为后军都督府都督同知。兰，太监锐之侄，初授正千户，累辽东、宣大、江西功，一岁中至都指挥使。至是自乞改正，复有是命，本兵者一徇其意云。(一三一,2599)　乙未，达贼入寇宣府云州各堡。提问千户徐达等，其守备指挥耿山先以降级，并太监郭源、参将江桓俱宥之。(一三一,2604)　丙申，兵部议：正德五年达虏屡寇顺圣川等处，革任左副总兵林宽，见任守备奉御王哲、太监许全、都指挥王钦等俱宜逮问。得旨：宽既去任，姑从轻降一级，仍旧闲住；哲、全待钦等问结以闻。(一三一,2605)　甲辰，代府博野王俊樌与庶长兄镇国将军俊桓各以淫乱不法事讦奏，命司礼监太监蒋贵、都察院左佥都御史陈天祥、锦衣卫指挥同知高荣督镇巡官鞫勘。至是狱上……(一三一,2608)　己酉，命司设监太监刘允往乌思藏赍送番供等物。时左右近幸言西域胡僧有能知三生者，土人谓之"活佛"，遂传旨查永乐、宣德间邓成、侯显奉使例，遣允乘传往迎之，以珠琲为幡幢，黄金为七供，锡法王金印、袈裟，及其徒馈锡以巨万，计内库黄金为之一匮。敕允往返以十年为期，得便宜行事。又所带盐、茶之利，亦数十万计。允未铨，导行相续，已至临清，运船为之阻截。入峡江，舟大难进，易以舳舻，相连二百余里。至成都，有司先期除新馆，督造旬日而成，日支官廪百石，蔬菜银亦百两。锦官驿不足，旁取近城数十驿供之。又治入番物料，估直银二十万，镇巡争之，减为十三万，取百工杂造，遍于公署，日夜不休。居岁余始行，率四川指挥千户十人、甲士千人，俱西。逾两月至其地，番僧号佛子者恐中国诱害之，不肯出。允部下人皆怒，欲胁以威，番人夜袭之，夺其宝货、器械以去，军职死者二人，士卒数百人，伤者半之。允乘良马疾走，仅免。复至成都,仍戒其部下讳言丧败事,空函驰奏乞归,时上已登遐矣。(一三一,2611—2612)【考】黄景昉《国史唯疑》卷五:"康海志邹昊墓,谓太监刘允奉敕入西番取活佛,檄四川藩省置银百万,其得改为十万者,由昊力。"

庚戌,太监秦文传旨,以御用监左监丞张明守备峨嵋山等营,宋宝取回别用。文又传旨,镇守密云等处参将叶凤仪令回京闲住。(一三一,2612—2613)　壬子,大学士梁储等言:"近兵部手本为司设监太监刘允请敕,臣等窃以内外官员钦奉敕内必备载所行事务,今允往四川,未知何事,无凭撰写。既而礼部手本称奉旨令允如永乐、宣德年差邓成、侯显等例,往乌思藏赍送番供,而户部覆本内请允奏带太监刘宗等八员、锦衣等卫官舍指挥同知韦禄等一百三十三员,应付廪给口粮、马匹、车辆、马快船只及应用过番物件,令四川镇巡、三司听其便宜指置,及选差骁勇官二员往回护送;又给长芦见盐一万引、两淮正课盐六万引,变卖应用,俱欲载之敕内。臣等愚昧,备员辅导,不敢不言。西番本夷狄之教,邪妄不经,古先圣王之世未闻有此,顾其说流入中国,浸淫已久,未能遽革。永乐、宣德年间虽尝有遣使之举,我祖宗之意以天下初定,特藉之以开导愚迷,镇服夷狄,非真信其教而崇奉之也。承平之后,累朝列圣止是因其年例,遣人朝贡,厚加赏赉,答其勤渠,未尝轻辱命使,远涉夷境。陛下今遣近侍内臣往送番供,朝野闻之,相顾骇愕,以为不应有此轻举。而允奏讨盐引数万,动拨马快船至于百只,又欲听其便宜处置钱物,差拨官军护送等项,于法于例,俱非所宜。盖开中盐引,本为供边,今虏患未宁,三边粮草缺乏,帑藏空虚,缓急接济,惟此一策。且各运司盐课俱开中尽绝,若许具带盐,不过收买私盐发卖射利,乘机夹带之弊,不知几何。盐法为之大坏,边方何以仰给?况京储岁运与营建大木并在里河,议者犹恐不能疏通,若又添此等盐船,往来其间,挟势骚扰,不止地方受害,而粮运、大木二事亦为阻滞。且四川大盗初息,民困未苏,所奏便宜指置钱物,在官已无积蓄,未免科派军民,民穷盗起,将来之变,殆不可测。况自天全招讨司出境,涉历数万里之程,动经数年,方达乌思藏地方。今所带官军人役数多,沿途俱是化外,非有驿传供给人马,刍粮俱驮载而行,所费巨万,难以逆料。途间倘有不给,不知何以为处?又闻番地多与黄毛达子相邻,时出剽掠为患,使臣所至,万一被其突出,有所伤害,亏中国之体,纳外夷之侮,不可不虑。夫以无益之事而妨至要之事,且贻意外之虞,举朝皆知其不可,此臣等不能已于言也。允受命远出番境,利害切身,又非得已,臣等深见事势之难,所下敕书,未敢撰写。伏望皇上慎重国体,悯恤人穷,收回成命,不必差官;番供等物就令朝贡使臣赍回,则礼意不失,事体无碍,而圣德益光,治功无累矣。"不听。(一三一,2613—2616)

十二月癸丑朔,浙江布政司左布政使方良永乞致仕,许之。朱宁尝遣人鬻钞于浙,钞弊价重,皆抑配于民。良永上疏曰:"陛下宠宁,富贵已极,岂区区规此钞利哉?钞价在宁,所益甚微,而浙民受害甚大。且近年兵荒相继,食且不给,岂有赢余买此无用之物?若借公帑以奉私征,臣不能也。镇守太监刘璟、王堂,皆陛下亲臣,亦且畏势防祸,不敢不为之役。所遣之人督责府县,奉行过于敕旨,万一激成他变,非细故也。请面诘责,亟令罢之。若怀诈遂非,宜明正典刑,以谢天下。"疏入,宁大怒,欲中以危法。或说之曰:"彼岂畏罪,害之适成其名耳。"宁乃止,密召还所遣人。良永待罪久之,以母老身病再乞致仕,皆不允。至是辞甚恳切,吏部尚难其去,请下巡按御史查勘,乃令致仕。初,良永上疏也,尝以书抵当路者,为宁所觉,当路大惧,诣宁谢罪,为十二拜礼,乃得解。(一三二,2617—2618)　夺南京户部右侍郎王鸿儒俸三月。先是,主事王瑞之监放官军月粮于水次,千户王忠等微服溷扰,为瑞之所杖,忠等遂拥马诟詈,且诉于内外守备,因奏瑞之擅辱武职。有旨捕问,鸿儒为白其事,具陈官军平日挠法状,乞申定仓场禁例。守备太监黄伟、刘瑯等因劾鸿儒欲庇属官,掇拾往事陈奏。有旨令首实,鸿儒具疏请罪,深自屈服,而犹不免于夺俸云。(一三二,2618—2619) 丙辰。先是,浙江市舶太监崔琏以贡奉为名,遣人于宁波府采取茶芽蜂蜜,又纵海船载货入港。民有附之为恶者,知府翟唐执而笞之。寻病死,其家诉于琏。琏奏唐阻截贡奉,笞杀所遣人。遂命官校逮系镇抚司掠治。时巡按御史赵春等交章论救,给事中范珣亦言唐得民心,被逮之日,遮道涕泣,宜宥唐而还其任。唐复奏辩,镇抚司以其辞未服,请下镇守官按实以闻。诏唐降三级调远方。乃调为云南嵩明州知州。(一三二,2621) 戊午。初,淮王祐杞[棨]游戏无度,左右多市井无赖者,倚势暴横,境内苦之。左长史庄典虑有后累,具以状白巡抚都御史任汉,欲弃官去。汉以奏闻,并劾典不当遽求去,下巡按御史究治左右者。王奏辩,乞免究,而留典。诏既许之,会饶州推官汪文盛与王府不相悦,有顾嵩者病风,持刀撞入府门大叫,王执而诘之。其人亦以他事恨文盛,遂称汪推官使我来杀王,典即以告镇巡官,欲以陷文盛。时镇守太监黎安以事至饶,其参随者骑近端礼门,被挞,安以为辱。而宁王宸濠与王素有隙,遂嗾安举奏王过,典不能救正,并及文盛被诬事,请勘治。王亦奏辩,刑部议以安既涉嫌疑,不当会勘,宜下抚按官详讯虚实。诏从之,安与宁王谋不俟报,遽逮典及府中官校鞠治之。典词不逊,宁王复使人缚至府棰击之,数日死狱中,他所连及军校死者甚众。于是王奏安挟仇杀典以脱嵩,及纵参随金堂等吓取民财。于是遣司礼监太监张钦、都察院右副都御史金献民、锦衣卫指挥使薛玺往按其状。钦等至广信,檄取别省官及江西三司掌印官审验,以其事与宁府有碍,且欲回护安,遂隐其一切交构事端,仅据镇巡官初勘,遂奏言王听信奸徒为恶,请严加戒谕,文盛果为嵩所诬无罪,安上坐用法过当,堂等为安所匿,莫得穷诘,而淮府军校坐谪戍边卫者二十八人。刑部尚书张子麟等覆议,亦如钦等奏。得旨:淮王贻书,咸谕务遵旧典,毋蹈前非。安以

[已]取回，贳其罪。分守参议王泰、分巡副使许廷光、署都指挥郭宇、左参政方璘、按察使汤沐、佥事李淳皆以勘事不审，夺俸有差。初，淮王先世有古琴名“天风环佩”，其音殊绝。宸濠谋之不得，遂与王构隙。时宸濠大蓄异志，以饶滨湖地冲，阴有欲吞噬之心，王畏其威，奏中不敢及，而按事者又为隐讳，典之冤竟不得白云。(一三二，2622—2624)　庚午，太监韦霦传旨，命太监郭原镇守辽东，刘祥镇守延绥，宁诚总镇两广，许满镇守江西，王保镇守四川。(一三二，2628)　乙亥，命左府带俸署都督佥事傅铠右府佥书管事，后府带俸都督同知朱彬、张林本府佥书管事。时右府缺佥书官，兵部以铠名请。内批并及彬、林。林，太监雄侄也。(一三二，2630)　己卯，致仕南京太常寺卿张芮卒。……以忧归，所居近河东运司，盐商有互讦者，词连芮。时刘瑾方欲以事裁抑儒臣，遂坐累出为镇江府同知。再谪两浙盐运司副使。稍迁处州府同知。瑾诛，始入为南京尚宝司卿，进太常寺卿致仕。(一三二，2632—2633)　辛巳，夺辽东分守参将张廷锡等俸有差。初，辽东镇巡等官议修开原迤西古城堡，调集军夫万余修筑，仍令廷锡及游击将军林睿等统领官军三千防护。虏先以千人入市贸尝之，既去关，即拥众肆掠。廷锡等仓卒无备，败于花古城，再败于曾家沟，官军死伤者甚众。至是，山东巡按御史刘成德以闻，并劾太监王秩、岑章，总兵官韩玺、都御史严贯、百户姜朝等罪。兵部覆奏，得旨：“朝等逮治，分守官令戴罪杀贼，廷锡仍夺俸五月，睿、贯、玺二月；章已取回，宥之。”(一三二，2634—2635)

本年附

艺文·碑铭·太监王佑墓志及茔券

明故御马监太监王公墓志铭

光禄大夫、柱国、少傅兼太子太傅、吏部尚书、武英殿大学士、知制诰、经筵官石淙杨一清撰。中宪大夫、太常寺少卿、经筵官、预修国史玉牒长洲刘棨书。文华殿直、奉政大夫、通政使司右参议、前中书舍人东吴顾经篆。

公讳佑,字天用,世为陕之西安府咸宁县人。高、曾、祖俱隐不仕,谱牒逸无所考。父讳七,早卒。母马氏抚育于成,幼颖敏,识者谓非凡子。成化丁未(二十三年,1487)被选入内廷,又选入司礼监书堂,受翰林儒臣业。今少师致仕西涯李先生宾(之)尝教之,业用有成。庚子(十六年,1480),供事六科廊,克勤职务,时有赏赉。

弘治癸丑(六年,1493),以年劳给牌带。戊午(十一年,1498),简授司礼监典薄。癸亥(十六年,1503),迁右监丞。正德改元丙寅(1506),上嗣登大宝,擢左监丞。晋府表庶人败度,安置凤阳,命公护之行。往返道途,秋毫无扰,人至今称之。丁卯(二年,1507),擢右少监,进御马监太监,奉敕总督京通仓场粮储,赐蟒衣玉带。早夜在公,出纳惟谨。辛未(六年,1511),上汰督仓冗员,察公慎勤,仍留监督。公益砥励图报称,尝曰:"臣之事君,鞠躬尽瘁,死而后已,庶几无愧。"又曰:"吾倚荷国渥恩,常禄之外有所妄取,非忠也。"故自始授官驯至贵显,俱有廉名。正德乙亥(十年,1515)四月,忽得疾,犹力起治事,疾增剧。至六月初八日,竟不起。其生天顺壬午(六年,1462)四月十七日,年才五十有四。

性至孝,母氏孀居五十年,寿逾九十,尝以贞节为有司所上,诏旌其门。公念违远膝下,语及不胜哽咽,岁时遣人奉甘旨候问起居不辍。间有疾,辄废寝食,报痊乃已。生平无他嗜好,公退则读书写字以为日。喜接文儒士夫,权利所在,视之漠如。讣闻,上悼惜,命司礼监右监丞郑公润,御马监奉御杨公端主哀事,赐宝镪五千缗,遣官谕祭。公门下士锦衣千户赵达,总旗赵通偕公侄昶、旻辈,以是月三十日葬于阜城门玉河乡池水村之原,且以郑公等意述公世行履历请予为墓志铭。予官陕西时,知公母之贞,且知公教行于家,其兄弟子侄足迹不至官府,心切敬之,志铭之请不得辞。铭曰:

公器夙成,亦惟母教。母节式彰,旌门有耀。白云亲合,日帐以眺。贵且不衰,繄公之孝。公仕既显,而守益严。其服玉蟒,其茹齑盐。众为利驱,峻不我沾。履险不渝,繄公之廉。子孝官廉,公行在此。虽不永年,其名无涘。

明故御马监太监王公茔券

伏以太极肇判，两仪攸分，人处其中，三才以立，形神生发，变化无穷，既合真精，而生不免游散，而死魂升魄降，从古则然。生顺死安，于今可验。况神虽司其吉地，天尤相乎善人。唯兹茔域区分，坐落顺天府宛平县阜城门外玉河乡池水村，墓地一方，青龙白虎，左右效环护之灵，朱雀玄武，前后严拱卫之势。上则星垣照耀，下则堂局端庄。可畀德人，信成吉穴，量值钱九万九千九百九十九贯九文九厘九毫，卖与京都锦衣卫前所千户赵达同弟王昶等。意者，伏为明故御马监太监王公讳佑神主，原命生于天顺六年四月十七日亥时，殁于正德十年六月初八日未时。欲求安厝之良，卜此宅□之美，德胜妖而无怪，人与地而相宜，葬乘之后，龙神安静，魂魄逍遥，地久天长，可司绵远。谨依太上教法，爰用丹书石券，秘藏为据，永镇幽宫，铭曰：福地久藏，善人是将。曰叟立契，蒿里呈祥。生气入穴，山水朝阳。子孙荣盛，世代繁昌。春秋奉祀，永永无疆。知见人岁月主代保人今日直符天罡之神。正德十年岁次乙亥六月三十日吉时立。右给付御马监太监王公讳佑收执。

（北京市海淀区蔡公庄出土。《北京图书馆藏中国历代石刻拓本汇编》第54册，第21、22页）

艺文·碑铭·太监魏真谕祭碑

维正德十年，岁次乙亥，四月戊子朔，二十八日乙卯，皇帝遣内官监右少监杜震谕祭于御马监太监魏真曰："尔昔以秀异选入内庭，侍朕春宫，小心奉旨，荐升监长，愈致勤□。委任方隆，倏焉长逝。讣音来上，□用悼伤。爰推恤恩，特颁赙祭。尔灵如□，尚克歆承。"

（北京市宣武区善果寺。《北京图书馆藏中国历代石刻拓本汇编》第54册，第16页）

艺文·碑铭·湖广镇守府记

沈钟撰《镇守府记》："正德乙亥（十年，1515），古杰杜公甫缘大中贵，奉玺书莅镇兹湖藩以来，至则端居公宇，修举百凡政令，究极所利害而弛张之，务俾亿万兵民按堵而后已。用是人心大所称快，声闻籍籍，盈道路间。爰慨古所遗黄鹤楼岁久倾圮，亟为市材僝功，修而一鼎新之。既则予辱以斯文是爱，躬枉顾休老寓邸，请记诸石。已复躬□予谢。未几，复慨公宇自前政王公定创建，嗣后曹德、开泰、曹整、刘雅、张忭、赵荣、王润，更代屡屡，偕率安之，而兹宇亦已岁久倾圮，类黄鹤楼然。公乃亦复修而鼎新，与楼无所于让。乃走伻复干予以记请耳云。公又将躬即翁谢予，因忆前两于公接，公爰以斯文和气，蔼然可掬，话谈亹亹，悉自方寸天理中流出，因而知公平素修身饬行，善补过无咎，有所从来，非一日。以之而观公之身之政之修，而为兹藩之楼之宇之□所推本与，然《春秋》常事不书，乃若非修兹楼，耸一方伟观，修兹宇，起万人具瞻，未可例以为常事而不书也。又况公修身修政之大都，尚当仿《春秋》大书特书，屡书不一，书而后可，楼兮宇兮云乎哉!"

（嘉靖《湖广图经志书》卷一《本司志》）

艺文·碑铭·玉皇庙记

刘启撰《玉皇庙记》:"都城北百二十里山之关曰居庸，峰峦峭壁，直矗摩空，雄峙京师，为一方胜概。正德辛未（六年，1511），御用监太监李公嵩钦命来守是关，与同分守都指挥张君柏防闲御侮，于关之东门北设立教场，操练军士。不幸张君卒，又与以都指挥体统行事指挥同知孙君玺，复念身负重寄，天锡洪休，秋防无虞，俯思上答，遂捐资币，恭建上帝庙貌，以崇事焉。（**庙规制略**。）正德甲戌（九年，1514），北虏侵边，上命御用监太监张公永统兵征剿。乙亥（十年，1515）凯旋，张公谒庙，亦捐白金五十两，以降香火。（**下略**。）大明正德十年夏闰四月吉日立。"

（碑在北京昌平居庸关内。《北京图书馆藏中国历代石刻拓本汇编》第54册，第18页）

正德十一年丙子(1516)

正月甲申，治蓟州马兰谷诸将失事罪。先是，以虏寇犯马兰谷，命巡按御史牛天麟核实。至是，天麟劾奏领操守关指挥丁臣、马经、许昌、毛瑛、于璋、胡镛、千户马珊等俱宜逮治，并劾守备太监蒋廷玉、总兵陈鏸、都御史王倬、镇守太监王忻、兵备副使王玹、提督侍郎陈玉等俱宜黜罚，死事指挥谈茂、千户马英、百户田荣宜如例优恤。兵部议覆，诏臣等各逮治而贯廷玉等罪，死事者之子孙各升袭一级。(一三三,2640)　　戊子，南京六科给事中孙懋等言:"顷闻御史张经巡按直隶，劾奏镇守太监于喜而反为喜所诬；宁波知府翟唐勘部民王臣不法，又为市舶太监崔瑶所构。经、唐俱奉旨逮治，臣窃惜之。夫喜故违敕旨，轻举烧荒，损折官军，其罪大矣，陛下置喜不问而独怒经；臣为崔瑶用事，诈取民财，奸淫妇女，其为民害甚矣，陛下为臣而独责唐。诚恐自今庶官人以经、唐为戒，日事诡随，所谓宁忤天子，不敢忤权臣，宁负公门，不敢负私室者，陛下何利哉！乞特敕法司从公勘实，果如臣言，即宥经、唐还其故秩，仍将喜等明正其罪，以为欺罔之戒。"疏入，不报。(一三三，2641—2642)　　己丑，给事中王良佐言："京储匮乏，皆由冗食者多，请通查食粮人役，分别旧额、新收、老幼、废疾之数而尽裁其不堪者，如杂用供役缺人，宜月给工食银六钱，则冗食之害皆去矣。按户部所奏，弘治末年每月食粮之数以石计者大约二十五万七千五百有余，以今较之，每月加七万二千五百，以岁计之则为八十万余矣，非冗食渐增，何以至此！"下兵部议："锦衣卫旧额军匠三万八千四百四十七人，正德以来，逆瑾变乱，增至四万一千二百九十四人，杂役者又一万三人，其新增者俱宜裁革，折支银数亦宜如良佐言。"诏新增军匠免裁革，以后不许再增，杂役者月粮石折银四钱。既而兵部复议：若新增军匠月支粮五斗亦可少革诈冒而省国储。内批仍照前旨，月粮石折银五钱，银米间月支给。(一三三，2642—2643)　　庚寅，宣府巡抚左佥都御史王纯以虏寇龙门等卫地方，劾奏提调边堑指挥李溥等、守备指挥孙琦等各失机，宜治罪，并劾守备右少监刘增、分守太监郭原、左参将江桓号令不严。兵部覆奏，诏溥等逮治，琦等俟狱具以闻，桓夺俸二月，增、原宥之。(一三三，2644—2645)　　戊申，巡抚宣府都御史王纯以虏寇云州堡，奏指挥李镇等瞭报不谨，守备指挥张珍、董升、左监丞李荆、太监郭原、刘宝、参将江桓、张永各号令不严，俱请究治。诏镇等逮治，珍、升俟狱具以闻，桓等夺俸两月，荆等俱宥之。(一三三，2652)

二月丁卯，辽东巡抚都御史张贯奏："虏入威远堡，太监王秩、右参将张廷锡及指挥王成等各失事，而秩与廷锡匿不以报；又入抚安堡，亦秩与廷锡之罪，请治之。”诏宥秩，夺廷锡俸四月，而逮治成等。(一三四,2661)　辛未，尚衣监太监何祥奏：“内官人等靴料用皮五万七千二百余张，计银四万四百余两，乞借支。”有旨，以太仓银二万二千给之。户部议覆：“太仓银本为接济边储及官军俸粮而设，若为靴料借支，则轻重失伦，大伤治体。”不听，仍令工部补还借支之数。(一三四,2662)　壬申，传旨，令右都督张洪监督团营西官厅，复指挥佥事神周官，代洪管勇士营。初，江彬、许泰皆以边将得幸，上好武，特设东、西官厅于禁中，视团营，东以太监张忠领之，西以泰领之。周尝以罪坐谪，附泰、洪亦得进用，未几益以刘晖，皆赐国姓，为义子。四镇兵号“外四家”，彬兼统之。上又自领阉人善骑射者为一营，谓之中军……(一三四,2663)　癸酉，夺巡抚云南都察院右副都御史王懋中俸两月，以请革金、腾镇守等事诘责服罪也。(一三四,2664)　戊寅，巡按直隶御史屠侨言：“近奉旨令居庸关太监李嵩等擒致虎豹生者，臣惟虎豹非一人之力所胜，必广集徒众而后可得。今边关烽火方急，顾乃撤防守诸兵尽赴山泽捕虎豹邪？且居庸东北陵寝在焉，今为捕虎豹震惊陵寝，尤非所宜，望寝前命。”不报。　南京户部主事王瑞之既系狱，法司拟赎杖还职。诏谓其浮躁，不谙事体，令降二级调外任。时守备招权立威，瑞之与御史施儒皆以微罪为所害，留都诸司莫不解体。(一三四,2665)　庚辰，辽东巡抚都御史张贯以虏入清河堡，劾奏分守太监赵英、都指挥郭权及指挥杨辅等各有罪。得旨：“英姑免逮，俟权等逮问明白并以闻。”(一三四,2666)

三月戊子，户部覆御史程启充奏，谓：“腾骧四卫军士改编各卫，既奉例取回，其各卫遗籍仍冒支粮，又有先食五斗，今九斗者，比旧多支粮八十七万余石。马匹草料放支有月分，折支有定例，去岁折草银增至九钱，十一月亦拟支给，两月之间多支银二万余两，此皆耗蠹之大者。请将四卫冒支之粮即赐裁革，而西官厅所调宣府官军马匹每月草束仍旧每束支银二分，团营选操军士马匹仍旧冬春间月支草，庶几国用可充。”诏四卫取回军士粮并西官厅马草折支依拟，团营马草折银如旧。（一三五，2672—2673）

癸巳，巡抚宣府都御史王纯以虏入北路龙门，劾奏分守太监张凤、少监刘增、参将江桓、守备指挥韩雄、百户张玉等俱有罪。得旨："分守、守备官且勿问，俟逮玉等问明并以闻。"（一三五，2673—2674）　乙未，吏部覆御史程启充奏，谓："冗官、冗兵、冗费三者，糜财不可纪极。官之冗，如户、工二部有十侍郎，鸿胪寺有六寺丞，太医院有四通政、三院使、十二院判、二十五吏目，其它卫所局院传乞者不能悉数。请纳启充之言，通行黜革，以纾国用。"不听。（一三五，2676）　丁酉，整饬蓟州边备都御史李瓒以虏入境，劾奏太监高奈、参将张铭号令不严，千户侯濂等瞭备不谨，俱宜寘之于法；指挥李瀚等有斩获功，宜升赏。得旨："濂等逮治，铭夺俸二月，奈宥之；有功者勘事以闻。"（一三五，2676—2677）　癸卯。先是，庆成王府镇国将军奇瀡等相讦奏，词连数百人，屡年不决。会司礼监太监蒋贵、刑部侍郎张纶及锦衣卫官勘事大同，诏事毕并往验治。至是贵等奏，言……（一三五，2680—2682）

四月壬戌，升赏官旗军舍朱国等二百六十九人有差，从太监张忠奏朔州井陉等处功也。　癸亥，夺南京监察御史杨必进、罗凤、钟晓、章概、范辂、蒋达俸各二月。必进等因御史张经与太监于喜讦奏系狱，上疏申救之，有旨："必进等朋比，令首实。"至是奏至，姑宥之，皆夺俸。（一三六，2690）　丁丑，南京六科给事中孙懋等言："织造太监史宣奏管闸主事王銮、沛县知县胡守约，俱下之诏狱。南都初闻，意銮与守约必有稽迟御用重情，继闻宣在途酗酒作威，肆行凶恶，所过州县，纵令家人索赂打（**广本、抱本打作折**）干，多或百两，且声言上赐之黄棍，听挞死官吏勿问。已威逼宿迁主簿孙锦、杖泰州船户孙富俱死矣。宣所过，邑里逃窜，鸡犬不宁。迩者朝廷用御史王崧言,定为禁例,曳船夫上水不过二十名,下水不过八名,违者许抚按等官奏闻重治。此旨下而宣首犯之,銮、守约复为所中伤,远近闻者,莫不沮气,何禁令之足行邪？乞将宣寘之重典,銮、守约复其原任。”不报。(一三六,2696—2697)【考】此事处分见《武宗实录》卷一三九,七月癸巳:“勒沛县知县胡守约为民。先是,织造太监史宣过沛,索挽舟夫以千计,守约已给其半,半补以佣钱。宣督责愈急,自至县收捕吏胥。约不能堪,因与争。宣还奏之,连及管闸主事王銮,俱逮入诏狱掠治。久之,銮得赎杖复职,守约为民。”守约至世宗初始平反起用,见《世宗实录》卷八,正德十六年十一月癸丑:“召用原任沛县知县胡守约。守约为沛县时,有中官史宣过沛,横索有司,守约多裁之,竟坐宣诬奏逮诏狱,褫职。至是以言官荐,故召用之。”

戊寅,太监秦文传旨:中军都督府带俸都督同知王瓛于本府佥书管事。瓛起自军校,不二年登五府,朱宁之力也。(一三六,2697)

庚辰,太监萧敬传旨,以御马监太监孙清镇守河南地方。(一三六,2697)

五月壬午,户部覆科道官周金、钱如京等论奏织造太监史宣、崔通及差往乌思藏太监刘允皆宜停止,允所乞盐课宜革罢,其织造盐斤止令照例支给,不许借称买补,以恣夹带之弊。上不纳。(一三七,2699)　庚子,追赠故广东左布政使陈选为光禄寺卿,谥恭愍。……中贵据市舶余户,假贡献,私通番。连三疏抗沮之,因被诬置狱,勘讯无所得,诬者嗾选旧所黜吏张褧使证之。褧顾为称冤,事得白,犹械系送京,至南昌暴卒,天下闻而惜之。(一三七,2708—2709)　癸卯,致仕兵部右侍郎李贡卒。……巡抚辽东,以事忤刘瑾,罚米,勒致仕。瑾诛,复召用,整饬蓟州等处边备兼巡抚顺天等府。(一三七,2710—2711)　乙巳,太监张钦传旨,以内官监太监王旸镇守金齿、腾冲地方。(一三七,2712)　庚戌,致仕太子太保、兵部尚书刘大夏卒。……进车驾郎中,调职方。太监汪直怙宠贪功,谋取交阯,有旨检永乐间征调故事,大夏匿之,事遂寝。……太监阿九之兄任京卫经历,以罪为大夏所笞,宪庙入谮,捕系诏狱,求其过,无所得,乃释之。……(**癸丑,黄河北徙,**)擢大夏右副都御史往治之……功垂就,中人有谮其縻费官钱者,复遣太监李兴共事,且密察大夏所为。兴至,核卷籍,卒无所得。……(**入为兵部尚书**)尝言镇守太监极为民害,上曰:"徐思之。"越数日,谕曰:"镇守之革,诚如卿言。第去之不宜太骤,莫若因其有罪次第召回勿补为愈也。"是后奏减光禄寺无名供馈,裁革腾骧勇士及诸监匠役之为国蠹者,内外快之,而权奸侧目。正德初,诸将军当番直者故不入侍,曰"大夏剪朝廷之爪牙矣",几及祸,赖中官有识者谏救乃免。丙寅春,四疏乞休,加太子太保,赐玺书、月廪、岁夫,乘传以归。后逆瑾用事,恶正丑直,而焦芳、刘宇复媒孽之。戊辰,遂以田州岑濬事逮系诏狱,谪戍肃州。庚午夏,以寘鐇之乱,肆赦得归。瑾败,复官致仕。至是卒。(一三七,2713—2717)

六月丁巳,命尚衣监太监浦智往苏杭等处织造纱罗纻丝一万六千七百余匹。工部言其地连岁兵荒,乞裁减其数,或十年五运,以宽民力。不从。(一三八,2720)　　戊午,命右都督张林子政世袭锦衣卫指挥使,与优给。林,太监张雄舍人,冒功自锦衣卫百户历升右都督而卒。兵部议:"林前后军功应袭者九级,宜令政以指挥使优给。"皆雄为之地云。　　给事中等官周文熙等言:"蕃牧等所卫食粮者多,中间必有积弊。又御马监惟腾骧等四卫勇士、旗军有免查之旨,而该监应役永清等卫军匠,并工部厂、盔甲厂、军器局、营缮所、织染所、卢沟桥抽分竹木局、京城宫城诸门、神宫监供用库、内承运库、太仆寺等处应役军,各卫俱有食粮名数,乞一体清察,以昭公平。"兵部覆请,不听。(一三八,2721)　　己巳,南京六科给事中徐文溥等言:"政刑者,帝王驭世之具也。曩者陛下信任逆瑾,播弄威福,政刑大坏,国势几危。天启圣心,与民更始,数年之间,政化清明,太平复见。夫何明鉴未远,怠心辄乘间者，举动仍遵故辙？如郡守所与其理也，则以崔琇之诬而逮翟唐；部属所以分理庶务也，则以刘琊之诬而逮王瑞之，以史宣之诬而逮王銮；甚者巡按御史，耳目所寄也，则以刘琊、于喜之诬而逮施儒、张经。道路传闻，又谓镇守太监王堂以编画地里为名，每县科银至二百两，佥事韩邦奇按部止之，辄坐嫌怨，罗织陷狱。果尔，则又以镇守逮两司矣。内外臣工皆欲为国尽职尔，乃以贵幸之言动加刑谴，旗校络绎于天下，缙绅骈首于狴犴，远近震骇，上下屏气，是亦瑾之为矣。向以一瑾乱政于内，今以数瑾纵横于外，民怨且作，陛下思之，能不寒心？伏惟陛下惩目前之弊，戒意外之虞，割塞私爱，大明政刑，即如人言，乞将王堂并韩邦奇下之法司，参对公问，使天下谓陛下之不私于贵幸也。若史宣者，已蒙究治，天下称快矣。其刘琊、于喜、崔琇等罪恶，请通行查究，革退闲住。仍敕谕南京守备并各处镇守等官，务加修饬，毋得仿效，流毒地方，官员有罪，即下法司治之，毋令旗校惊动天下，庶几刑政平而人心悦、天意顺矣。”不报。(一三八，2726—2727)

七月甲申，东岳泰山有碧霞元君祠，镇守太监黎鉴请收香钱，以时修理。许之。工科给事中石天柱等言：“祀典惟东岳泰山之神，无所谓碧霞元君者，淫祀非礼，可更崇重之乎？况收香钱，耗民财、亏国典、启贪盗、崇邪慢，请毁之便。”疏入，付所司知之。(一三九，2733)　乙酉，以太仆寺马一千匹送御用监印烙，分拨勇士、四卫等营，从提督太监谷大用奏也。(一三九，2734)　丙戌，司礼监太监韦霦传旨，以御马监右少监赵昇守备倒马关。(一三九，2734—2735)　己丑。初，镇守河南太监廖堂附逆瑾势，假以进贡，无名之征百出，其后继之者率以为常。于是河南巡抚都御史李充嗣言：“近时镇守太监进贡，有古铜器、窑变盆、黄鹰、角鹰、锦鸡、猎犬、羔羊皮之类，皆假名科敛，自为取财之计。此外又有拜见银、须知银、图本银、税课司银、出办桩草银、扣除驿传银、马价银、甲首夫银、快手月钱银、河夫歇役银，动以数十万计。

而左右用事之人私于下属卖马、卖布、卖纸、卖钞、卖铺陈，又于沿河抽索客货，其弊甚多，乞行禁止，以苏民困。”诏进贡如旧，其下人科取者禁之。(一三九，2737)　　癸巳，太子太保、都察院左都御史彭泽等言：“近给事中罗方、御史刘成德等各奏称胡世宁充军、胡守约为民，于法未当。切惟君天下之道，亲亲固所当先，而体群臣之义殊不可废；宫中固所当厚，而府中之正法亦不可偏。今世宁以忤宗室，守约以忤内臣，致遣官校逮系诏狱，复加重谴，而宁王之事竟置不问，史宣之罪亦从宽宥，似于体群臣之道有所未尽，宫府之事少有异同，故言官交章论奏，盖亦公论之不容泯也。况世宁先任知府，循良有迹，守约任知县，抗御有方，是其平日功有可录，宜俯从言官之请，将世宁等依拟复职，或量移一官，俾得效用，庶于公论协孚，情法允当，可以感激臣工而风励天下矣。”不听。(一三九，2740)　　乙未，虏寇白羊口等处，命左都督刘晖仍充总兵官，太监张忠监督军务，参将桂勇、贾鉴各领西官厅听征官军，即日启行。仍命辽东千总都指挥段锦充右参将，领原调辽东兵随晖杀贼。忠所领西官厅官军一千人并东官厅头目五百人各赏银二两、布二匹，鉴所领百二十人赏如之。(一三九，2741—2742)　　丁酉，司礼监太监张雄传旨，令太仆寺给太监张忠从征军士正驮马五千匹。(一三九，2743)　　己亥，致仕特进光禄大夫、左柱国、少师兼太子太师、吏部尚书、华盖殿大学士李东阳卒。……刘瑾威权日盛，狎视公卿，惟见东阳则改容起敬。时焦芳与东阳同官，又助瑾煽虐，东阳随事弥缝，去太去甚，或疏论廷辩，无所避忌，所以解纾调剂、潜消默夺之功居多，否则衣冠之祸不知何所极也。或者乃以其依违隐忍，不即决去非之，过矣。(一三九，2746)　　辛丑，御史卢雍等上言四事：“……三谓武备不振，宜会推文武大臣各一人充总制、总兵之任，日诣教场提督操练，并清查隐占私役、办纳月钱军士，送营操备。四谓迩年出征，权要首以奏带子侄家人为务，攘夺首级，人心愤怨，宜重为之禁，凡奏带攘功者以军法从事，仍究治原奏之人。”时给事中黄钟等言略与雍同。兵部议请如雍、钟等言。诏九门仍旧戒严，奏带参随令张忠约束之。(一三九，2746—2747)　丁未，降监察御史张经为云南河西县典史。经之巡按宣府也，劾奏镇守太监于喜罪，喜深恨之。隆庆州城旧惟三门，民以汲水不便，欲增开西门。知州张皞请于经，听之，不以关白喜，喜益怒。经尝杖人有死者，喜遂奏经擅开城垣，虐死无辜，逮系诏狱拷讯。经不肯服，乃刑部郎中、锦衣千户各一人往按之。比奏报，法司拟赎杖还职。诏以经行事乖方，令降远方杂职。皞亦被逮，降罗雄州同知。(一三九，2752)

八月癸丑，调刑部主事聂珙为浙江宁波府通判。初，通州知州坚晟派征营建大工物料，误听牙侩人计直太高，州民韩得等贿吏，谋转解，侵羡余且十倍有奇，为东厂校尉所发。(**拟罪略。**)(一四〇，2756—2757)　癸亥，命逮宣府总兵官署都督佥事潘浩至京治之。先是，兵部以宣府失机，请究治浩及都御史王纯、太监于喜等，诏以地方有事，姑令戴罪自效。于是六科左给事中黄钟、十三道御史牛天麟等复交章论之。兵部议覆：“朝廷之所以制驭万方者，赏与罚而已，近年边将失机，往往以有事借口，遂致人不知畏，因循幸免。宜如钟等言，逮浩并罢纯、喜，别选代者，以慰安边人，且震慑诸将。”乃执浩鞫问，喜、纯姑宥之，俟事宁并副、参等官奏处。(一四〇，2761—2762)　丁卯，南京守备太监黄伟奏，奉旨会同三法司尚书戈瑄等审录罪囚，以情可矜疑者奏请，得减死充军者十人，妇人杖而释之者二人，免枷号者三十三人。(一四〇，2763—2764)　癸酉，虏寇清河县硷场地方，官军阵亡及伤者五十余人，巡抚辽东都御史张贯劾提调都指挥王宣、守堡指挥赵铎、李昂及带管分守副总兵薛澄、太监赵英失事之罪，请下御史按治。兵部议覆，得旨：“宣等逮问，澄罚俸两月，英已之。”(一四〇，2766—2767)　丙子，刑部右侍郎杨茂元卒。……擢湖广副使，改山东。河决张秋，中官李兴奉命督修筑之役，茂元疏其过，谪长沙府同知，寻致仕。（一四〇，2769）　戊寅，右副都御史徐节卒。……丙寅进右副都御史，巡抚山西。会逆瑾擅政，见忤，削秩罢归。瑾诛，诏复职致仕，至是卒。（一四〇，2772）

九月辛巳……（代王）及大同镇巡官各奏（镇国将军）聪温及（大同总兵官时）源等争斗事，敕太监张淮、都御史王璟、锦衣卫指挥使陆宣往按之。（一四一，2773）　癸未，虏犯龙门所，官军御之失利，阵亡三十人。巡抚宣府都御史王纯奏劾守墩百户张镇、领军千户王隆、守备指挥韩雄，守备少监刘增、李荆，分守太监张凤、刘宝、叶森，参将江桓、庞隆、张永等丧师失律，俱宜治罪。诏镇等候边事稍宁，巡按御史逮治，桓、增等查勘并奏。（一四一，2775）　丁亥，陕西巡按御史王光奏镇守甘肃太监许宣与监枪王欣不协，恐其构衅误事，乃召欣还。　升锦衣卫正千户郭鳌为指挥佥事，以太监张锐奏其有缉获奸细功也。（一四一，2776）　乙未，命御马监太监赵聪甘肃监枪。（一四一，2778）　丙申，陕西岐山贼魏景阳等平。……得旨：（都御史萧）翀及太监廖銮、总兵赵文赐敕奖励，各赏银二十两、文绮衣二袭……（一四一，2778—2779）　丁酉，命太监萧敬同内外提督官阅视诸营坐营、坐司侯、伯、都督、号头、把总官。（一四一，2779—2780）　乙巳，升后军都督府都督同知张明为左都督，佥书管事。明，太监锐兄，屡冒功传升，至是复冒啰啰墩、沙塘川功，兵部尚书王琼为之请，故有是命。（一四一，2782）　丙午，命故右都督为民毛伦子锦袭为指挥使。伦以逆瑾党揭黄，永远充军，寻宥为民。至是锦请袭，兵科给事中潘埙等执奏："伦因其婿杨玉结于刘瑾，此十世所不宥者，既不按法行辟而又许其承袭，则凡瑾党如焦芳、刘宇之子亦有可援之地矣。"不听。钱宁微贱时，受知于伦，宁既贵，伦已谪死，乃取锦至京而官之。（一四一，2783）

十月壬子，致仕太子太保、刑部尚书屠勋卒。……宝坻白龙港产银鱼，岁取供荐，中使因之横索，民不能堪。勋疏其状，诏戒约取鱼使者。（一四二，2785—2786）　乙卯，致仕户部尚书顾佐卒。……任刑部主事、员外郎、郎中。时镇守宣府太监顾雄、分守紫荆关监丞钟钦、锦衣卫都指挥牛循怙势不法，事下刑曹，众依违莫决，佐皆按致其罪，公论伟之。……代韩文为户部尚书。逆瑾擅权，追憾文，百方捃摭之，部有故册逸弗得，瑾欲以为文罪，逼佐上其事。佐持不行，坐夺俸三月，遂引疾致仕。瑾复憾佐，遣官按三边粮有积腐及辽东边粮以菽易米，皆指为佐罪，罚米千余石，称贷以偿。然所守素高，迄莫能害也。(一四二，2787—2788)　　丁巳，诏太监张忠、侍郎丁凤、都督刘晖等班师还京。时虏已退，兵部请班师，且言忠等防处得宜，皆当赏，仍令晖于左府佥书管事。报可。(一四二，2790)　　丙寅，赠太监苏进父杰为锦衣卫都指挥使，封其母王氏为夫人。进亦豹房近幸也。(一四二，2800)　　甲戌，清理盐法侍郎蓝章奏："先朝各王府奏讨食盐，不过二三百引，今公差人员奏讨不下数万；又织造等项名虽二万，夹带实多，及进贡马快等船在于长芦运司收买私盐，公行无忌。乞要(**按，要字疑衍**)节赏赉、杜奏讨，及织造不准支盐。"户部议覆："三事皆于盐法有益，宜如所奏行之。"诏可。(一四二，2805)　　甲戌，勒浙江按察司佥事韩邦奇为民。初，镇守太监王堂采办土产鲜品进贡，邦奇奏言不便，宜停止；又轻堂，凡事不以关白。堂积忿，遂奏其沮格上供，欲沽美名，而使怨归朝廷，为不敬；且僭用轿乘，用刑酷刻，皆违法。诏逮至锦衣卫狱掠讯。邦奇不服，令复鞫治之。寻送法司，拟赎杖还职。有旨，特黜为民。既而给事中王爌、御史王柏等皆言邦奇禁奸戢暴，甚得宪体，不宜以小过弃，请如原拟。不听。时各处镇守妄作威福，每诬奏人，辄赂权幸者助之，故凡遭构陷，无得免者。(一四二，2805—2806)

十一月壬午，湖广贼贺璋、罗大洪等平。……事闻，诏太监杜甫、都御史秦金、总兵官杨英各赐敕嘉奖，仍各赏银二十两、彩币四表里；巡按御史及守巡官半之。(一四三，2808)　　丙申，尚膳监言供御磁器不足，乞差本监官一员往饶州提督烧造。工部言：

“江西兵荒相继而饶州逼近姚源，伤困尤甚，若差官必多带无名人等，供费不赀，民何以堪？乞止命镇巡官督该府以不足之数如式烧造进用为便。”不从。（一四三，2812）　先是，凤阳奉侍皇陵太监郭旺、监丞秦宗往白塔寿春等王坟所，怒中卫指挥霍璋不迎，令家奴殴之，遂死。事闻，命刑部郎中萧海往会巡抚等官勘问。海等还奏：“皇陵内臣与该卫素无统属，即坐以威力主使律，但其事若因公，恐失之重，若拟因公罪，则璋实死非命，恐失于轻，宜令三法司并科道官会议定罪。”于是刑科都给事中王爌等劾海奉命为勘官，不能依律直断，乃转迁就，持两可之说，实为旺等开倖免之路，以脱己祸，非忠朝廷者。事下都察院议，请再勘讯，并逮旺、宗。得旨：“事已明，不必再勘，宗当重治，姑从轻降二级，旺革管事，俱令看守皇城。”（一四三，2812—2813）　庚子，司礼监太监赖义传旨：给事中吕经、潘埙升一级补外。时经为吏科都给事中，埙为兵科都给事中，吏部请循旧例，以年劳推升，不许，乃授经为蒲州同知、埙开州同知。（一四三，2813）　乙巳，赐都御史马中锡祭。……正德元年擢兵部右侍郎，寻转左。有冒功迁官者，中锡抑之。忤逆瑾意，改南京工部，寻勒致仕。复摭其在辽东时储粟损腐，械送辽东狱，责之赔偿，遂褫为民。瑾诛，复起，巡抚大同。（一四三，2816）　右佥都御史王云凤卒。……奏太监李广专恣不法，乞正典刑。会郊祀，云凤骑而入坛，遂得罪，谪陕州知州。广败，乃升陕西提学副使，条约甚严。再升山东按察使，亦以严明称。母丧去官。逆瑾罗织，罚米千余石，家随悬罄。张彩为吏部，言于瑾，擢云凤国子祭酒。司务孙璁[聪]者，瑾女弟之夫也，亦怙瑾势，云凤尝与往还。聪后为瑾所疏，以病免归，云凤不知也，复郊饯之。瑾语人曰：“孙總[聪][1]何人也，士大夫至往

[1] 總，此条前作“璁”，后作“總”，实录校勘记云：“抱本‘總’作‘璁’，是也。”孙某前任礼部司务，首见于《宪宗实录》卷二五七，作“孙聪”；《武宗实录》他处亦皆作“孙聪”，故应以“孙聪”为是。

饯之,云凤祭酒,亦可尔邪!”遂改南京通政,寻谢病归。(一四三,2817)

十二月己未,升工部营缮司郎中赵经为太仆寺少卿,仍管营缮司事。初,内官监太监刘养以经营建有劳,为乞升擢,仍不妨原务。吏部言:“经屡被论劾,宜在所黜。”上特从养言,令升一级。吏部乃拟授山东右参议职衔,不允,遂有是命。经先知濮州,贪声已著,及官工部,值乾清宫之役,与内外权奸交通,窃官帑不下数十万。盗尝夜劫其家,恣令取之,盗出,不胜负戴,所遗金帛狼籍于路。性尤淫,多畜姬妾,每饮权贵家辄召妓纵狎。未几死,死之日,朱宁令官校以治丧为名□其家,暨归,独妻子数人扶榇得出,其囊橐、姬妾皆归宁矣。(一四四,2821)　戊辰,太监张玉请往陕西、甘肃等处买办进贡诸物。既得旨,兵部奏:“陕西地方屡经虏患,公私困乏,乞留玉勿遣,进贡诸物宜令镇巡官酌量措办解京。”不听。(一四四,2824)　辛未,太监温祥传旨,升都指挥同知神周为后府都督同知,指挥詹冕为都指挥佥事。(一四四,2826)　乙亥,升锦衣卫指挥佥事潘昇为广东都司署都指挥佥事,佥书管事。昇,太监忠之侄,朱宁逼其献宅,尽有其赀,因令陈乞,得升外。虽酬之,实逐之也。(一四四,2827)

正德十二年丁丑(1517)

正月戊寅,召内阁府部大臣及科道官至左顺门,太监萧敬(**按,此当脱一传字**)谕旨,以十三日郊祀毕,驾幸南海子观猎。(一四五,2831—2832)　辛卯,录获口北奸细冯敬等功,升官舍旗军张宣等五十二人,实授一级,蒋铎等五十二人署一级,加太监张忠禄米二十四石……镇守太监于喜、马锡、巡抚都御史王纯、王宪各银二十两、纻丝三表里……时张忠既出师,不见虏而还,因执冯敬等以文其功,遂皆受赏。(一四五,2838—2839)　癸巳,治大同红墙儿大边堡等处失事罪,逮问把总指挥张祯等,停守备都指挥佥事史浩俸三月，杨澄俸两月，参将李淳、麻循、张鋭、太监许全、李环等俱宥之。(一四五，2839)　丙申，御马监左少监孟泰往临清收放粮斛，为奏带参随乞廪给。户、兵二部以例执奏，有旨："与廪给二名，口粮三名。"(一四五，2840—2841)　丙午，工科都给事中石天柱等言："近奉旨，令陕西织造上用袍服。窃见陕中连岁兵荒，科敛繁重，加以回贼大举入寇，方命将征讨，兵马供亿之费犹恐不支，况可以织造扰之哉？且治外夷者以内治为本，若织造不止，民生重困，恐干戈意外之祸不在外夷而在中国也。伏望俯顺民情，暂为停止。"疏入，不报。(一四五，2845—2846)

二月丁未朔，治虏入清河、新安二堡失事罪，都指挥王宣及指挥耿铎、郑钺等俱逮治，副总兵孙文夺俸三月，太监赵英姑宥之。(一四六，2847)　庚戌。初，虏七万骑分道入寇，副总兵陶杰、游击将军靳英、都指挥朱彬等屯宋家营，巡抚都御史王纯、监枪少监汪凤、都指挥王本等以七千人城守，总兵潘浩统都指挥朱春，太监于喜统指挥王唐，参将杨玉、左钦统都指挥易章等九千人合英击虏于贾家湾。败绩，春、唐皆死，浩走还。虏至鸡鸣山，败指挥张楫兵，进保定燕尾河。浩益调龙门城游击将军余震、北路参将江桓兵，复率杰等出战，亦败，退保保安新城。是时，参将张永、太监刘宝遇虏于老营坡，被创而走居庸。分守指挥孙玺、太监李嵩闭关为自守计，虏遂犯宣府，遣轻骑薄演武厅。纯募兵出战，虏还越鸡鸣山，浩追袭之，及花园，我军复溃，虏于是自青边口出。凡攻破城砦二十处，杀虏三千七百四十九人，掠头畜二万三千五百有奇，阵亡及被伤官军三百八十一人，所获虏首仅九级。至是，巡按御史刘澄甫勘实以闻。兵部议：浩已被逮，请并逮纯、喜、杰、英、桓、宝、凤、嵩至京鞫问，彬、本等数百人下巡按御史治之。时喜已改任榆林，纯养病归。诏以失事者众，俱宥之；降浩三级，杰、英、桓并彬、本等俱停俸，春、唐并阵亡者升赏如例，仍令镇巡官赈恤死伤之家。(一四六，2848—2850)　太监张雄传旨:福建镇守太监崔安令守备南京,以山西镇守太监罗籥代安,以印绶监太监吴经代籥。又传旨,升都指挥使李琮为都督佥事,后府带俸。　命左都御史彭泽提督陕西等处三边军务,镇守宁夏右都督郤永充总兵官。时甘肃告急,廷议举文武大臣有才略者以名上,遂有是命。寻传旨,以太监张永总制提督,孔学监管神枪。(一四六,2850)　给事中任忠言:"臣奉使陕西,传闻有张太监者来办进贡诸物。陕西北邻胡虏,西接番戎,地瘠旱寒,民多穴居野处,衣皮哺藿,无他生计。顷因北虏入套,沿边之民耕牧尽废,腹里未遭杀掠者仅三四府。又以调集士马,日费刍粮,千里转输,亦皆疲敝。况春夏亢阳,辫麦少熟,继以霜雪,苗稼尽死,流移逃窜,十室九空。去岁取黄羊皮及织造龙衣,费辄数万,今太监复至,催督峻急,窃恐民不堪命矣。夫鸟穷则啄,兽穷则攫,今外有交侵之虏,设若内有不逞之民乘衅而起,虽有智者,岂能善后?伏望收回成命,以固邦本。"不报。(一四六,2850—2851)

辛亥,传旨,特给御马监太监陈贵旗牌,以备捕盗。以大坝各马房盗贼间发也。(一四六,2851—2852)　甲寅,兵部尚书王琼奏:"速坛满速儿译以许段匹为词,语多狂悖,请查究轻许失信之人;军中事宜,听提督太监张永等从长议处,勿执原议。"诏是之。(一四六,2852)　戊午,总督漕运右都御史丛兰言:"比闻有刘太监(允)者,往乌思藏取佛,所需船五百余艘,夫役万余人,供亿不赀,所过骚扰。日者营建,巨木方行,进贡快船续至,比屋派夫,数犹不足,加之以此,民将何堪?况当灾盗荐臻之余,公私匮竭,费何所给?今淮扬诸属告急于臣,哀号苦楚,不忍见闻。臣叨重寄,若默而不言,万一致有他虞,则上负圣恩,其罪愈大。伏望尽将所差人员取回,以安人心。"疏入,不报。(一四六,2854)　壬戌,升锦衣卫带俸都指挥佥事张德为都指挥同知。德,初以冠带舍人随太监陆訚冒狼山、大同、辽东功,复随太监黎安、张忠、王忻冒四川、贵州、江西、沧州、蓟州功,二年间累升八级。至是,以太监龙锐奏辽东长岭堡获功，遂进是秩。(一四六，2855)　戊辰，南京给事中周用、御史王佩、主事林达等奏："南京内府各监局占留操造军舍六百二十四人，不依期赴操，乞委官清查。"上令内外守备官会工部议处以闻。　内府供用库奏新添火者五千三十余人，计增白熟粳米二万四千一百四十八石，请暂于太仓支给一年，仍下嘉、湖等府，于岁额加征如所增之数。许之。(一四六，2857)　己巳，虏入开原镇夷堡，参将孙棠、太监王秩等御之，追至创忽儿河，斩首八十七颗。巡抚都御史张贯、总兵官韩玺以捷闻，赐敕奖励，奏捷人升赏如例，有功官军令巡按御史查奏。(一四六，2858—2859)　甲戌，录大同打鱼王山及镇西南山庄坪等处功，监督太监张忠加禄米二十四石，荫弟侄一人为锦衣卫正千户，总兵左都督刘晖子副千户，提督侍郎丁凤子百户，俱世袭；督饷侍郎杨潭再荫一子入监，镇守太监马锡、罗籥加禄米半忠，赏纻丝二表里；巡抚都御史王宪、李钺，巡按御史朱鉴升俸一级……(**将官升赏略。**)太监李环赏银五十两，李睿三十两，各纻丝二表里……(**纪功、管粮及指挥、千百户等官升赏，本兵、侍郎、部属等官亦升或赏，皆略。**)先是，太监张忠既班师，诸将杭雄等乃有此捷。(纪功御史刘)澄甫勘奏，因以调兵制胜为忠功。(兵部尚书王)琼为覆请，故忠再受赏而并及琼。是时琼与权幸相结纳，四方奏捷，率归功本兵，数承荫叙云。(一四六，2861—2863)

三月己卯，南京进贡太监康灌、少监王钊等以进贡至天津卫，索夫价二百三十两有奇；灌又捽缚指挥刘良窘辱之。巡按御史万镒以闻，诏南京守备衙门逮问。至是太监黄伟等奏灌、钊为其下所蔽，且谓天津都指挥贺勇及良分外折送夫价，亦宜并逮。都察院议覆："夫价出于威迫，非勇等罪。"乃命俱免究，第戒令后进贡者不许扰害地方，违者重治。(一四七，2865)　乙未，南京六科给事中孙懋等言八事："一、……一、南京、各省不急织造，锦衣带俸武官，内府买闲工匠，视祖宗之时不知凡几倍，乞敕该部尽行查革，或量为裁省。”不报。(一四七，2873)　　丁酉，焦芳卒。……其为吏部尚书，时值正德初元，逆瑾等号“八党”，方以盘乐导上。内阁、九卿率百僚伏阙固争，将除之，芳潜通于瑾，得先为之地。由是大学士刘健、谢迁上疏，韩文、杨守随等相继得罪以去。“八党”势益张，瑾遂擅政，引芳入阁，表里为奸。凡瑾之变易成宪，浊乱海内，欲以淫刑密网杜塞言路，威虐军民，皆芳导之。芳为孝庙实录总裁官，笔削任意，尤恶江西人士，一时先正名卿，无不肆丑诋，以快其私忿，所书多矫诬不根。往往授意所厚若段炅辈使笔之，挟瑾威以钳众口，同官避祸，皆莫敢窜定一字。其子黄中尤狂诞恣睢，会试初中式，芳必欲处以魁选，廷试策稿出郎中刘武臣，传付黄中。既弗获如愿，芳以为诸执事官抑之。其后瑾以扩充政事为名，改编修顾清等二十余人为部属，亦出芳意。累科录策止一甲三人，芳请并黄中与第三甲第一人胡缵宗策俱录之。遂授黄中翰林院检讨，缵宗及刘宇之子仁等六七人俱传奉为庶吉士。黄中寻升编修，逾年复升侍读，超躐资序，皆前此所未有也。芳既狠戾，黄中又以恶济之，故毒蠚滋甚。时土官岑濬所没入家口当给赐大臣，芳闻濬妾有殊色，求瑾得之，嬖甚，与妻反目，至持环刀欲杀之。后病卧，黄中遂与乱。父子尘渎，秽不可闻。芳为吏部时，郎中张彩与瑾同乡，有才辨，芳力荐之，不数年代为尚书，欲以媚瑾，且藉为奸利。彩德之，言辄听。久而渐厌苦之，时为异同，由是有隙。段炅亦瑾乡人，险薄士也，初为芳腹心，既而见其势衰，转附彩，尽发芳阴事，互构于瑾。瑾大怒，芳惧，乃乞致仕去。瑾伏诛，科道交劾芳父子党逆，请正法。皆褫职为民。一时公议犹愤惋，以为失刑。后大盗赵鐩流劫河南，入泌阳，黄中先输挈其积以遁，鐩遍掘芳所居地，得金帛无算，芳仅以身免。又尽发芳先冢，毁其遗骸无余。憾犹未释，取芳衣冠被庭树，面缚如首罪状，历数其恶，厉声曰：“尔当万死！”命剑士脔之，白刃交下，縻尽乃已。且曰：“使吾得手诛此贼以谢天下，死不恨矣。”议者谓盗贼犹知疾恶云。（一四七，2873—2876）　戊戌，陕西镇巡官奏，织造上用各色彩妆织金衮龙绒服，所费不赀，乞留所属州县班匠价及诸料价，仍开知印、承差、吏典、阴阳、医学、僧道官、生员纳银例，并将淮浙四川引盐、河东户口食盐开中者俱令本省纳银以备用。事下工部及户、礼、兵三部，议以纳银事例及盐课以资边饷之急，俱难再开，解京供应钱粮亦不可存留。况陕西连年兵荒，民困已极，加以北虏回贼之扰，织造宜暂停止，或量为减省。不听，且令所司从宜处置以给之。（一四七，2876）　己亥，录福建捕获海贼功，赏镇守太监崔安、巡按御史胡文静银币，仍赐敕奖励。（一四七，2877）

四月丁未，以修筑榆林边墙三十余里讫功，赏镇守太监刘祥、巡抚都御史陈璘、总兵官王勋、佥事阎铎、蔡需、指挥张楫等银币有差。　戊午，太监蒋贵传旨：以团营西官厅监督都督许泰、朱彬、张洪同新宁伯谭祐等监试武举。（一四八，2883）　庚戌，三道监察御史张士隆等言：“陕西镇守太监廖銮侄铠者，已坐罪除名，复冒功为锦衣卫千户。狠戾贪淫，假窃威福，招无赖之徒以为爪牙，结罢闲之官以咨谋议。强索民财，盗取官库，凌辱宗室，庶人子女有受其笞挞者。陕人畏之如狼虎，将官副参而下皆纳贿。复恐事败，乃以毡帐等物进御希宠。由是诸所科索辄指为进御，自陕达京，车辆填塞于道，虽飞报边情者遇之不得行。又拜巡抚都御史萧翀为假父，益得恣其所为。迹其虐害陕人者，皆其父鹏害河南之故习也。河南以鹏致乱，今陕西各边有警，铠又乱之。万一虏侵其外，民溃于内，其祸有不可声言者。是时虽磔铠于市，其将及乎？乞亟召銮回而寘鹏、铠于法，以杜乱阶。”时六科给事中汪玄锡等亦以为言。皆不报。（一四八，2883—2884）

丙辰，甘肃副总兵郑廉及哈密都督奄克孛剌等败吐鲁番于瓜州，斩获七十九级，乃遁去。又与瓦剌相攻，遗书求和。巡抚都御史李昆以闻，且请罢兵。于是都御史彭泽、太监张永等皆止不遗。(一四八,2886)　壬戌,南京御史汪珊言五事:“(**一曰任边将。二曰复总制。三曰重禁军。**)四曰简内臣。谓国初内臣之设自有定制,未闻参预军机于阃外者。今三边要地皆其罗布,将官劫于积威,军士被其剥削,王法不行,三军靡振,临敌挫败,职此之由。宜择其谨密能干者量留数人,其生事害人者听抚按官纠举,则将士之气可少振矣。(**五曰实边储。**)”疏入,不报。(一四八,2888—2889)

甲戌,工部言:“裕陵神宫监毁于火,奏乞修建,估计工料太多,请裁减。”命如本监所估之数给之。(一四八,2894)

五月戊寅,宁府典宝副阎顺、典膳正陈宣及内使刘良潜走至京,奏:“典宝正涂钦为王所亲信,与致仕都御史李士实、都指挥葛江,吏罗黄、卢荣、熊济,校尉查五,乐人曾鲁、张奉、张潮等浊乱宫禁,又与士实时在王所密谋,凿池造船,以为水嬉,疑有非常。其掠死良民,逼夺财产,烧毁房屋诸违法事,不可胜数。乞敕三法司官勘治,以救一方民命。”有旨,执付锦衣卫狱。既而王亦奏顺等背义私逃,乃各杖之五十,发孝陵种菜,顺等诸所奏皆勿问,惟以书谕王而已。时宸濠有逆谋,顺等谏阻,及为钦所谮,惧及祸,故潜走上变。而内外权贵皆受濠赂,竟坐以罪。(一四九,2897—2898)　乙酉,凤阳高墙庶人聪濯、聪瀫越墙而逃,南京内外守备官获之以闻。下刑部议:“聪濯、聪瀫稔恶,已蒙恩宥,安置高墙,顾复逃逸,请惩治”,且劾守备凤阳太监阎宣失于防守及巡按官之罪。得旨,聪濯、聪瀫故违祖训,怙终不悛,令司礼监、三法司、锦衣卫堂上官各一人往会南京守备太监,仍拘置高墙,别其居处;宣谪,令南京闲住,抚按官令自陈状;南京内外守备官盘获有功,各赏银十两、纻丝二表里。(一四九,2899—2900)　己丑,工部言:“太监等官病故,成化、弘治间造坟安葬,给银不过五十两,若建享堂碑亭者,百无一二。自正德以来,奉特旨造建者无月无之,率给银五百两。本部俱于别项料价银内借用,今已借过三万二千四百八十余两,而聂玺、刘宣两人者,尚无从措办。

今后有乞葬者，请令司礼监会礼、工二部查历年深浅、勤劳有无，分别等第奏请，不许一概妄乞，其工料夫价银亦宜分派天下。”得旨：以后宜斟酌行。既而为太监徐通治葬，复如前例，竟无所裁减云。（一四九，2901—2902）　太监张淮传旨，命御马监太监丘得往凤阳奉侍皇陵兼守备地方。　镇守湖广太监杜甫奏郴、桂多警，乞以时巡视所属，比较参奏。兵部议：“镇守巡历非旧规，不可许。”内批特许之，仍赐以敕。（一四九，2902）　先是，兵部上打鱼王山等处御虏功，有旨，升赏太监张忠等有差，其余宜荫赏者仍查例以闻。于是兵部以历年内外官平贼荫赏事例具奏，内批：司礼监太监萧敬岁加禄米二十四石，温祥、赖义、秦文、张雄、张钦、蒋贵、韦霦、张淮并御马等监太监谷大用、张永、魏彬、张锐俱岁加禄米十二石，仍各荫弟侄一人锦衣卫世袭正千户。（**下文武升赏略。**）（一四九，2902—2903）　丁酉，六科都给事中汪玄锡等言：“镇守湖广太监杜甫假郴、桂流贼为名，奏乞巡历地方，兵部谓不可，陛下特允所请，不知甫何以得此？况湖广困穷已极，始以侍郎韩福之科敛，继以剧贼刘七之扰攘，今水旱交作，猺獞窃发，采木之役、征调之费，譬如人身百病，精血已竭，饮以善药，犹恐不保，况可毒之乎？且甫在镇一年，迹其所行，不过牟利自殖，无补分毫。今使出巡，有司馈遗，仆从骚扰，仓猝生变，则楚之可忧不独猺、獞而已。《易》曰：‘履霜坚冰。’至他日倘怀不轨，假名托义，以窃兵柄，如汉唐叔世之为者，亦将许之乎？今十三省皆有镇守，亦有盗贼，诚恐旬月之内皆援甫例，奏牍纷至，是甫不独祸一方，又将祸天下矣！先朝虽添设镇守等官，未尝许其巡历，惟逆瑾擅政，乃许接受民词。瑾之败诛，孽亦坐此。甫可不知所惩乎？伏望念祖宗之成宪，恤百姓之困穷，停罢敕书，仍治甫欺诈之罪，以戒不忠。”十三道御史陈良玉等亦言：“甫欲巡历弭盗，岂知官吏馈遗、里胥供张，科敛百出，适促之为盗也。昔太监廖堂在河南，违制听讼，考察官吏，而河南盗起，流毒至今。今甫又欲违制巡历，则湖广之祸殆未可知。陛下姑顺一人而大咈天下之情，臣所未喻也。"疏入，俱不报。(一四九，2908—2909)　庚子，治宁夏、固靖、延绥等处失事罪。……并列镇守太监廖堂、王兢、张昭，总制都御史邓璋，督粮侍郎冯清，巡抚都御史陈璘、边宪，都督王勋、侯勋、潘浩，都指挥陶文等罪状。时侯勋已卒，堂、兢已取回，清、宪各升迁去任。诏(官旗高)玉等如议，堂、兢及升迁去任、充军降级者俱宥之；勋子孙止许袭祖职，璋准以功赎罪，璘、清、宪、文等俱夺俸有差。(一四九，2910)

六月辛亥，治开原等城堡失事罪，……太监郭原、王秩、赵英，总兵官韩玺、副总兵孙文、游击将军林睿、都御史张贯各降敕切责。(一五〇，2916)　丙辰，福建南靖等处贼詹师富等据险流劫，众且万人，有司匿不以闻。至是，镇守太监崔安、巡按御史胡文静、程昌议奏调兵剿之，且谕能自相擒斩者除罪。贼党惧，乃缚师富等出降，诸寨悉平。捷闻，安加禄米岁十二石，赏彩币四表里，文静、昌各升俸一级，彩币半之。(一五〇，2917)　复右参议王嵩官，仍致仕。嵩为右副都御史，以失事降右参议致仕。刘瑾时械系至京，宥死，谪戍彰德，且籍其家。瑾败，释还，至是以奏辩复官。(一五〇，2917—2918)　己未，令查革天下新设抽分处所，及禁约各镇守衙门横索助贡等项银两，从御史胡文静奏也。(一五〇，2918—2919)【考】乾隆《福州府志》卷四六《名宦一·胡文静》："福建灵济宫，每岁遣中使挂袍，糜金钱万计。知府蒋潆疏罢之，犹间岁遣官。文静奏请从便附赍。又疏革新设抽分处所及禁约各镇守衙门横索助贡等项，中官为之敛戢。"

七月甲申，升锦衣卫都指挥使岑玉为都督佥事。玉，镇守辽东太监岑章舍人也，自总旗报捷为署百户，累升至都指挥使，至是复冒寨儿山堡功乞升。兵部为请，许之。(一五一，2926)　锦衣卫百户苏荣从太监张忠自宣、大还，以获奸细升署副千户，寻论偏头关功实授。再乞升，乃为署正千户。时冒功、并功请乞无虚日，

兵曹以文书填委,乃别以置一科云。(一五一,2926—2927)

八月壬子,宥分守开原太监王秩罪,罚参将孙棠俸两月,以虏入寇失于防御也。(一五二,2943)　戊午,升锦衣卫指挥使齐佐为都指挥佥事。佐,钱宁婿也,从太监廖堂于陕西、谷大用于山东及姚源等处累冒功升指挥使,至是复以陕西重升总旗功乞改正得升。(一五二,2945)　辛未,上度居庸关,遂幸宣府。令太监谷大用守关,无纵出者。(一五二,2951)

九月辛卯,改授陕西谷县知县张宜为锦衣卫百户。宜由乡贡,自河南沈丘调谷县,至是自叙其叔祖太监敏有保护劳,愿嗣百户守家,为兵科所驳,诏特允之。(一五三,2958)　壬寅,录浙江孝丰讨叛功,直隶巡抚右副都御史张津升户部右侍郎,仍巡抚;浙江镇守太监王堂加禄米岁十二石,仍荫弟侄一人为锦衣卫世袭百户……初,湖州孝丰县民汤毛九、许密四等并居深山中,恃宗强多为不法,威力行于州里。既而虑见收,因约合势,并力自卫,每有司追捕急,辄号召诸宗人相与持梃敌,间有杀伤。如是者殆二十余年,然实未尝谋叛也。堂欲张大其事以邀功,遂与冕等以反叛闻。有旨令津托他事赴浙,密调兵讨之。及兵卒至,毛九等不知所为,皆就缚,其宗人往往延颈受刃。狱具,坐凌迟及枭首者八十九人,籍没者凡九家,谪戍及徙者又百余人,而无辜连及者尤众云。(一五三,2965—2966)

十月丙寅,大学士梁储等言:"近日大同地方彼虏拥众深入,直至应州等处抢掠,皇上浊[独]运神谋,分遣将士,追袭擒斩,贼众畏威,遁出境外。臣等始虽忧惧,既而不胜喜慰,意以为边患既宁,回銮有日,此诚宗社之洪庥、两宫太后之大庆也。今礼部奏欲考求先朝故事,举行迎驾及称贺礼,缘司礼监未经转奏请旨,以此未敢擅拟。伏望皇上速示还期,仍降明旨,令该部遵奉议拟,具奏定夺,至于各衙门一应题奏,今次司礼监面为转奏者,亦乞照依拟票发下,毋令壅滞;如遇紧急贼情、应用军马钱粮等项,尤乞特敕该部即时议处，许其径自驰奏行在，庶不有误事机，臣等忝职辅导，不称任使，有所见闻，不敢隐默。”(一五四,2971—2972)

十一月丁丑，太监温祥传旨，以南京内官监太监刘璟守备南京。　太监张雄自行在还，传旨：“顷因边事告急，道路阻绝，诸司题奏本多致留滞，即今其令雄具赍以闻。”先是，诸司题奏俱类付中使诣边候旨，故有旷旬而无事者，其得旨付外施行往往皆同日云。(一五五,2977)　丙戌，户部会议总督漕运及各巡抚都御史所上事宜：“一、……一、新添火者五千余人，加派白粮二万四千余石，粮有常数，不宜重困贫民，宜将松、苏、常、嘉、湖五府金花银段征赴禄米仓上纳。一、……一、京仓监督太监近与主事一体收粮，事多掣肘稽缓，宜仍旧专责部官收受。”议入，皆允行之。(一五五,2978—2979)　升锦衣卫指挥使张铭为中军都督府督都佥事。铭，太监钦之侄，冒延绥功也。(一五五,2980)　总督两广都御史陈金等奏：广西府江地方绵亘三千余里皆贼巢穴，兹奉命与总兵郭勋、太监宁诚调两江土兵及湖广官军剿之，太监傅伦、副总兵房润、按察使宗玺由阳朔、荔浦……(**各军各道而入，斩获甚众。**)捷闻，赐敕奖励，且以金讨贼成功，令还京，奏捷人升赏如例。既而兵部尚书王琼以从征有功者并纪功御史谢天锡、督饷参政宋恺、佥事俞缁、坐营都指挥佥事宁璋等议请升赏。于是金加少保兼太子太保，诚加禄米岁十二石，勋禄米四十石，各荫子侄一人为锦衣卫世袭百户；伦给禄米如加诚之数……大率岭南险远，凡用兵多妄杀良民，虚张首级，而主之者因以为功，金所奏未必皆实，遂夤缘迁秩，得还京去。(一五五,2980—2981)　丁亥，获山西静乐县剧贼武廷章等。先是，杨虎之流劫山西也，廷章从之。虎败，廷章散还家，至是复纠众八十余人流劫隰、汾、石等州。诏严限捕之。于是巡抚都御史李钺、太监吴经、巡按御史牛天麟、都督佥事徐暹、刘琛、参将孙禄、副使吴江、都指挥袁勋等分兵讨捕，汾州知州李棠等获廷章，余党以次皆擒。事闻，各赐敕奖励，经加禄米岁十二石，荫弟侄一人为锦衣卫百户；钺、天麟各升俸一级，暹等各赏文绮二袭，棠及诸获功者令钺赏劳之。(一五五，2983—2984) 升都指挥佥事马骥、指挥同知郭鳌等二十六人各一级，从提督大工太监刘养奏也。(一五五，2984) 初，平浪苗夷阿向等之构乱也，自言为土官王阿童子孙，而三连者本其家奴所出，乃世冒袭职，与之争，连复攘敓无厌。阿向不能堪，遂纠拽苗民数千攻劫村寨，欲必得官印乃已。时巡抚都御史曹祥檄都匀府卫议处抚剿之宜，都指挥使继先、知府张禧等皆受连赂，诬阿向僭称王号。祥辄信之，调永保、酉阳、镇溪土兵进剿，兵无纪律，所过肆掠。阿向等屡出迎敌，我军多死伤者，仅得苗徒胖林等四人以还。于是巡按御史李显劾祥罪，诏审录郎中张元电并按之。元电具奏处置失宜固祥之罪，而镇守太监史泰、总兵官李昂、巡按御史刘士元及参政胡濂、佥事许效廉尝与用兵之议，且显亦两持，俱难辞责；继先、禧纳赂及贪功者十四人宜逮治；连激变，胖林等从叛，俱拟斩。因请断革官印，俾悉隶都匀府管理，以绝争端。刑部议覆，得旨，连及胖林等如拟断，先等逮问；泰已调任，祥致仕，免究；昂、显、士元、濂、效廉各夺俸四月；官印应否断革，仍令镇巡官议处以闻。(一五五，2984—2985) 戊子，伊王讦淋奏承奉张泰侵欺官银，强买军粮，结交矿贼，私置飞鱼服。诏降为奉御，发南京闲住。 赐太监廖堂祭葬，并建享堂碑亭。堂虐害河南，死复得恩典如此。(一五五，2990) 乙未，以斩获睢阳盗张锐等功，赏镇守太监孙清、巡抚都御史李充嗣各银十两、纻丝二表里，巡按御史毛伯温、袁泽银及表里半之，兵备佥事汪正等令镇巡官奖劳，都指挥张瓒等复其所停俸，从兵部议也。(一五五，2991—2992) 太监温祥传旨，以御马监太监毕真镇守江西，调镇守辽东太监郭原于蓟州、永平、山海等处，镇守山海关太监王忻于辽东。(一五五，2992)

十二月甲辰，宥云南都指挥佥事卢和死，降为指挥佥事。

初，钱太监(按，指钱能)者镇守云南，和以指挥服役其门，时朱宁尚幼，为钱奴，因与和善。弘治间和充参将分守金、腾，与镇守左监丞孙绪[叙]交恶，俱论斩，获赦，绪[叙]发南京充军，和仍系候决。及宁用事，遣人奏辩，屡有旨令巡按御史看谳，更巡按者数人，以和罪重，又畏宁，依违不敢决。至是，和复奏辩，下都察院议，请仍候看。得旨免勘，降三级而宥之。和凶狡，自附钱时多所残害，后为参将，益暴横，云南人恨之。(一五六，2998)　　戊午，命惜薪司木柴岁增九百五万五千八百斤。旧额一千八百十二万斤，是至(按，是至乙)以供应日多，故增之。(一五六，3003)　　癸亥，太监张永、魏彬、张忠、赵林自宣府还，传旨谕司礼监太监萧敬等："即今边报未宁，未得还京，自闰十二月初一日为始，照旧差官看牲，勿误火祀，尔各衙门大小官员宜安心办事。"于是大学士杨廷和等上疏言……(一五六，3006)

闰十二月丙戌，致仕礼部尚书李杰卒。……正德元年充孝庙实录副总裁，寻升南京吏部尚书，一年改礼部尚书。时逆瑾用事，纳晋府镇国将军表槏等赂，欲进封为郡王，杰坐前与尚书张昇皆持不欲进封之意，忤瑾意，遂令致仕。瑾诛，有旨在起用之列。至是卒。杰持己矜严，待后进颇立崖岸，晚以忤瑾而去，士论高之，其所为诗文亦温厚可劝。(一五七，3011—3012)　　丁亥，南京兵部右侍郎吕献卒。……历迁礼科都给事中。中贵李广选尚主者，受其金，阴为之地，献独发之，时壮其敢言。(一五七，3012—3013)　　癸巳，致仕右副都御史柳应辰卒。……副右都御史巡抚蓟州，逆瑾用事，乃摭其清理庄田不实，械系下诏狱，褫为民。瑾诛，复原职致仕，至是卒，祭葬如例。应辰才明敏，所至皆有可称，然颇矜己傲物，人不满之。(一五七，3014)　　庚子，南京光禄寺卿张宾卒。……正德二年升南京光禄寺卿。三年会推南京大理寺卿，刘瑾用事，以宾不通馈谢，遂命致仕。宾性直谅，居官守法，所致[至]尽职，且不竞时好，盖欲以名节自励者。(一五七，3016)

本年附

典制·司礼监传奉帖子

秦金《传奉事奏》:"正德十二年七月二十九日,镇守湖广地方御马监太监杜甫,差舍人高雄自京奏事回还,赍至旨意公文一角,内开本年六月二十四日司礼监太监萧敬等于武英殿钦奉圣旨:'恁司礼监写帖子去说与湖广镇巡、三司等官、太监杜甫等知道,如帖到日,彼处所产之物并鲟鱼、鳇鱼秧,着令鱼户人等用心采打,有了合用桶只装盛,委的当人员沿途好生喂养,管进来京。不许指此为由,因而生事,扰害军民。如违,治罪不饶。钦此。'钦遵。臣等开缄捧读,骇愕殊甚。初窥圣谕,似为止取土产鱼秧一物,覆详文意,中间更有'并'之一字,又似既取所产各色土物,并取所产鲟、鳇鱼秧,文省义该,物轻事重,欲停之以待徐议,则纶命势难久稽,欲行之,概为洒派,而兵荒时不可□。思拟彷徨,罔知攸措。随准镇守太监杜甫会案前事行间,又据都、布、按三司掌印、都指挥等官文恭等,亦为前事,备将地方兵荒,不便采取等情具呈到臣,仍会同巡按湖广监察御史王度及湖广都司署都指挥佥事文恭、布政司左布政使周季凤、按察司按察使聂贤等议照治国以恤民为急务,(**下言地方灾伤及正德九年正月二十八日诏书一款,略。**)诏下未几而采取之揭帖继至,先后仍相牴牾,谓之何哉!况采取之令一出,贪残之吏争趋,用一派十,用百派千,头会箕敛,科者不止一钱,行赍居送,起者不止一夫,以此而欲不扰乎民,胡可得也?且湖广地方所产之物,如干鱼、果品、牲口、叶茶□□段匹、黄白蜡、生漆、牛皮等料,俱有旧制额数,节该户、工等部逐年坐派前来,俱经遵依,或征本色,或征折色,解部转内库并光禄寺收贮,此皆地方所产之物,内府皆得而有之,不知今之所谓方物者,更有隐下何等精奇,堪以充九重服玩之需也。及访得鲟鱼、鳇鱼出产湖广地方,大者可重千斤,小者不下四十(**按,十疑应为五**)百斤,其涵淹卵育俱在深洋大江之中,身无鳞甲。(**下言千里不可至,请恤困民,略。**)"

(嘉靖《湖广图经志书》卷一《本司志》)

艺文·碑铭·蜀藩宦官三志

明故门副腾公墓志铭

赐进士、中顺大夫、云南曲靖府知府赵永祯撰文。赐进士、亚中大夫、陕西布政司参政郑怀德书丹。昭勇将军、四川都司都指挥佥事张龄篆盖。

正德十有二年丁丑(1517)闰十二月八日,蜀藩门副滕公卒。按状,公讳英,字彰德,其先眉阳鱼耶镇崇道乡。父刘妙海,母黄氏,生公于天顺戊寅(二年,1458)三月二十四日亥时。自幼颖异不凡,人皆奇之。既长,入蜀为中侍,定园(**蜀定王**)嘉之,命侍左右。成化中,惠园(**蜀惠王**)当国,以公才干,寻令管辖庶事。暨昭园(**蜀昭王**)嗣位,屡擢之内局,典司织造进贡,上则不失公家之应,下则不耗闾阎之资。殆及今上,历事无朝,始终不苟。于是正德中奏保于朝,陛授今职。自受后夙夜在公,愈加刻励,未尝不以忠君为国为念。丙子(正德十一年,1516)秋,上命督营织染局,既今一载余,营造如法,百工庶众皆得欢心。一旦俄染婴疾,浩然长逝而归,享年六十岁。

卒之日,讣闻于上,俯加悯悼,中外戚然,乃命中侍昌公享司理丧葬,赙所需毕给于官,即且遣官谕祭者三,恩至渥也。越十月四日安厝于锦城之西附郭闹市河之原。将葬,子刘本清、本淮具状征铭以掩宅。永祯尝辱公爱,故不敢辞,为系之以铭曰:

贤哉中卿,为国之祯。历事不苟,朝野闻名。德以润身,爵以荣贵。始顺终安,死生不愧。锦城之右,水秀山明。刻石昭示,百世流馨。

大明故蜀藩门正苏公墓志铭

赐进士第、奉政大夫、云南知曲靖军民府事里人赵永祯撰文。赐进士第、大中大夫、山东布政使司左参政成都许淳书丹。赐进士第、中宪大夫、福建按察司副使锦官李志刚篆盖。

正德丁丑岁(十二年,1517)夏四月二十有五日庚午,蜀藩门正苏公卒。公讳荣,字天赐,世系直隶苏州吴县人,本姓周。大父讳鹏,避元兵燹,遂之蜀而而(**按,释文如此,而疑为家之误**)焉。父讳源,妣张氏,生子四人,公居其次。公生而岐嶷秀敏,成化间,怀园(**蜀怀王**)当国,励精图治,登收俊髦,公被命入侍内庭,改赐今姓。夙夜在公,克笃勤慎。及侍惠园(**蜀惠王**),益嘉爱隆。随事干理,厥有成绩,而人多贤之。弘治中,昭园(**蜀昭王**)倚任而大用之,疏名朝著,擢以门正,品秩内臣。荣遇抑何至哉!

公相王室,逮及今上,仅(**按,释文如此,疑应为事或历**)四朝矣。公忠一节,终始弗渝,中外以老成见称。而雅望素著,自非公负真实之德,怀忠非(**按,非字疑误**)之心,坚鲠介之操,曷能如是邪?公抚子二人:苏忠、祝琦,公皆教育成立,为国伟器。立犹子周廷弼为嗣而属以后事,乃为援例,输粟拜官义员,此公之存心不以亲疏有间也。

公生于天顺丙子年(**按,丙子实为景泰七年,1456**)十二月二九日子时,享年六十有二。一旦无疾终于公署,讣入,上悼念不已,命(**按,释文此处空一字**)司官昌公盛董理丧葬,赐祭凡三,赐赉优于庸典。生死之荣,恩至渥也。时交弟谷公堂、孙公德者,亦为哀恸而往治其丧。以是年五月初十日甲申归于东郭华阳永安里之原。葬之日,廷弼衰至,抱公行状来请余而为之铭。曰:

岷山毓秀,锦水钟英。公生颖异,卓哉天成。为人之杰,为国之祯。志忠节劲,才伟政平。四朝眷注,三蜀驰名。俄登迁梦,漏尽钟鸣。

正德十二年五月初十日,孤子周廷弼泣血稽颡瘗石。

大明蜀府故中侍江公墓志铭

赐进士第出身、翰林院编修杨慎撰。赐进士第出身、大理寺寺丞顾□必篆。赐进士第出身、刑部主事陈力书。

公讳时,字世亨,姓江氏,系湖广安陆州太平坊巨族。厥祖姓陈,名崇正,任江西瑞州州判。乃父明,官省祭,母沈氏。积善累德,继承前代,生子女四人,公居中子,气质殊常。于弘治十八年(1505)十二月,内不事产业,拜辞父母,投于内府。蜀王时见其幼稚,器宇清奇,付与钦赐飞鱼服色承(**按,疑释文此处遗一奉字**)正周宣抚育,赐姓江也。及长,教以读书习礼,聪慧敏捷而与婴辈不群。近侍蜀王,任以长,随事左右。惜其才干殷勤,委擢正字,命以总职分理。正任间,又优其青年智智识(**按,疑释文此处有误**),伴侍储君,小心翼翼。

公为人性禀刚柔,德兼和厚,酷嗜诗书,品题访问,善与人交,而始终一致。忠孝君亲,而仁义两闲,谨慎如法,慈恭恺悌。公于弘治戊申(元年,1488)十二月初六日亥时生,享年三十五,卒于嘉靖壬午(元年,1522)八月二十五日酉时。时上闻之,痛为哀悼,赐以赙,葬之厚。择以本年九月初四子时葬于迎晖门外二十里信平之右原。恩弟周鹏等哀血扶服礼于予求其铭,藏诸函室,欲其传不朽之意云。铭曰:

性秉乎从容,行执乎庄敬。事君父殷勤,交朋友诚信,享天年五七。

嗜诗书吟咏,生也悦诸人,死也痛乎命。葬信平之原,乐山水无尽。

(以上三志释文见蒋成、王黎明、荣远大:《明蜀藩太监墓志集释》,《四川文物》2001年第4期)

正德十三年戊寅(1518)

正月壬寅,赐镇守浙江太监王堂生祠额并护敕。先是,太监刘璟讽杭民以请,且盛陈在浙有靖盗安民功。下礼部覆奏,以见任立碑,律令所禁,不可许。特许之。堂既得请,乃择西山胜地大兴土木,与璟祠相望,民居古墓多罹毁掘者。嘉靖初,祠皆没官,杭人快之。 录辽东广宁镇夷堡功,太监郭原、都御史张贯、都督佥事韩玺各赏银三十两、纻丝三表里,太监白怀银二十两、纻丝二表里,军旗升赏者凡百五十九人。 录贵州凯口囤等处功,太监史泰、都督佥事李昂、都御史曹祥各赏二十两、纻丝三表里,布政陈雍、参政胡濂、按察使张琮、副使李麒、佥事许效廉各五两纻丝、一表里,升赏官军六十六人。(一五八,3020) 贵州巡抚都御史邹文盛等上芒部强盗陈聪罪状,因言……(**奖劳、优恤及抚处。**)兵部议覆,并及文盛与太监李镇、总兵李昂、巡按御史周文光功。 总督两广都御史陈金奏广东饶(**按,此处疑有脱字**)之捷,斩获贼一千二百七十八人,请录巡按御史陈言、参议张简、佥事顾应祥、都指挥杨懋等功。兵部覆议,因言金与太监宁诚、总兵官郭勋亦宜录。得旨,金、诚、勋近以府江功升荫矣,言等升一级,其余功次令巡按御史勘奏升赏。(一五八,3021) 镇守云南太监史泰奏,奉敕与总兵官、巡抚官兼督银场,事不归一,乞令专督。户部议,以银矿货利之源,公同管理则人不敢私,如泰所欲,恐滋奸弊。议入,卒从泰请。(一五八,3022) 癸卯。初,都御史王守仁讨南赣贼,镇守江西太监许满不与闻。至是,太监毕真代满,请讨贼事宜俱与会议乃行。兵部执不可,谓南赣之设巡抚,以四省之交,各镇巡不能遥制,故专任责成。若会镇守,彼此牵制,坐失事机,殆非设官初意。诏南、赣二府贼情仍报江西镇巡官，其各府者南赣巡抚官亦互为策应，各以敕谕。(一五八,3023—3024)　太监秦文传旨："迩者兵部及巡抚官奏京畿地方流贼啸聚，已遣辽东参将萧滓统领官军三千往保定、安肃、霸州等处剿捕，粮草马匹所司亟给之，勿使缺乏。"(一五八,3025)　戊午，兵部言："京城门禁关系甚重，东直门原拨官军二百四十二人，分班防守，近因添设内臣役占数多，每班止三十余人，以致盗贼临门，劫掠少监尹铭财物，射伤奉御刘忠。万一别有不虞，误事非轻，宜照旧规将新添守门官裁革，出役占者守门，以便关防。"得旨："守门官见任者存留不动，以后不许添设。"(一五八,3035)

己未，太监张雄传旨，以迤北回还达子小厮翟友智等十四名令锦衣镇抚司食粮应用。(一五八,3036)　庚申，太监张钦传旨：调镇守蓟州总兵官都督佥事戴钦于延绥，延绥总兵都督佥事柳涌于蓟州。(一五八,3037)　辛酉，工科给事中窦明等奏："乾清、坤宁之役，乃今日所甚重而且急者。比闻工部多以营建银两挪移别用，内官监因而借土石之工于他役，靡灰麻之费于外厂，臣等不得与闻。乞自今一切不急之工暂停止，有窃财力以济私者察举众[重]治。"下工部，覆请如朋等言。得旨："工已兴者不必停，物料、军匠令内外总督官严为禁约。"(一五八,3040)　内官监太监刘养等参采办大木侍郎刘丙、郎中伍全等所采大木不中梁栋，及郎中袁经监造烧砖裁减料价以致粗恶，主事刘希龙不奏请辄自监收，均乞惩治，并查大木出水有无脚价，许缉事衙门察访。得旨，责工部尚书李燧等令自陈状。燧等言……(**自辩略**。)有旨责丙，亦令陈状；燧夺俸两月，该司官五月，(工部丁忧郎中张)惠、经、希龙逮问，仍令缉事衙门察烧采诸弊。于是六科都给事中石天柱等、十三道御史师存智等上疏，谓："丙受重托，岂不欲群木毕至以成大工？或者山溪深险，难于轻出，督促太急，又欲激变。今遽加罪，是不谅其劳事之心也。又密差旗校缉访诸弊，独不见往日刘瑾之覆辙乎？乞将丙等薄示惩究，其出水脚价但令所司行查。"不纳。后惠、希龙各坐罪有差，经调为

州同知，养尤憾之也。(一五八，3040—3042)

二月戊寅，守备凤扬[阳]等处太监丘得请以庐、凤、淮三府(抱本作庐、淮、扬三府)，徐、滁、和三州，及军卫等衙门大小政务悉听统理。兵部议不可，诏许之。　兵部覆奏辽东新安、镇堡(按，堡字衍)夷等堡守臣功罪，诏总兵孙文、太监赵英、游击林惠各赏银二十两、纻丝二表里，都指挥萧云等准以功赎罪，指挥高元佐等逮问。既而文复以虏入清河堡夺俸两月，英免究。(一五九，3048)　先是，南京工部请修南京诸宫阙城楼之损坏者，有旨："大工既经始，财力未敷，暂停止。"至是，南京守备官及工部复奏太庙六廊、孝陵明楼、暖阁、金门及承天门、端门，各宫殿城垣损数多，若候大工毕日，恐损坏愈甚，宜以渐修之。下工部议，乃令相度急者如所拟渐修，而停其可缓者。　司礼监太监张钦传旨，令司礼监管文书左少监秦用等八员番更赍奏赴行所在，俱得乘传。时车驾屡外幸，四方奏事有半年不报者。(一五九，3050)　戊子，巡按江西监察御史范辂疏言："御马监太监毕真先朋逆瑾，在天津打鲜，藉瑾声势，吞噬无厌，往来徐扬之间，科敛民财以数万计，民皆恨入骨髓。后因瑾败，再营广东市舶，又营山东镇守，今复起镇守江西。到任之初，擅作威福，人人自危，迹其所为，视瑾尤甚，及今不为之处，将来地方之变有不忍言者。臣谨条具真贪酷不法一十五事上闻，伏乞将真取回闲住。"不报①。　改分守凉州太监颜大经镇守宁夏，罢太监张昭还京。(一五九，3064)　庚寅，云南巡抚都御史范镛、巡按御史唐龙奏："金齿、腾冲之地不足当中土一县，云南镇守太监及总兵业已兼制，今复设太监王阳、参将沐崧，则增两镇守矣。剥削多门，夷情积怨日深，能宴然而已乎？且阳使酒，几杀指挥陈廉；崧用辂[赂]得升都督。请罢阳，夺崧新衔，仍归本都司；以事之小者责成兵备副使，大者听镇巡

① 抱本"不"上有"疏入"二字。"不报"下21字据抱本补。

计处，则事体归一而地方安矣。”兵部请从其言，诏阳、崧且不动，降敕切责，令勿骚扰地方。（一五九，3066—3067）　甲午，降御史王相为直隶沭阳知县。初，相巡按山东，禁戢非例供奉，为镇守太监黎鉴所奏，系狱，拟赎杖复职。诏降之。（一五九，3076—3077）戊戌，贵州苗贼阿傍等平。……捷至，兵部议上其功，诏镇守太监李镇岁给禄米十二石，（总兵官李）昂、（副总兵李）瑾升一级，（巡抚邹）文盛升俸一级，仍各荫子侄一人为世袭百户……（一五九，3084）　己亥，巡抚湖广都御史秦金、镇守太监杜甫、巡按御史王度以猺贼龚福全等平，请以俘献。诏嘉其功，降敕奖谕，甫岁加禄米十三[二]石，金升俸一级，荫子侄一人为世袭百户；亦度（**按，亦度乙**）升俸一级，奏捷人升赏如例，有功官军及阵亡者令核实以闻。福全等即所在诛之。（一五九，3085）　司礼监太监温祥传旨，以山西阳和卫指挥佥事马炅守备仪真。（一五九，3086）

三月辛亥，巡按山东御史朱裳言：“岁造军器，旧有定数。弘治初，工部以天下灾伤，各卫军器足用，奏减其数之半。近因兵仗局造神器需黄熟铜等料，工部复议征所减之半，折银输局。今山东凶盗连年，民不聊生，若别有征求，是驱之为乱也，乞如弘治初例。”工部议覆：“今岁以前未完者如弘治初例，以后俟再查报议减。”诏可，且以兵仗局物料已借办于官，仍令照数解补。（一六〇，3093）　乙卯，太监赖义传旨：都知监太监刘岑守开原等处地方，王秩分守山海关等处地方，御马监太监黄玉分守潼关。于是兵科都给事中汪玄锡等言：“山海旧惟兵部主事并指挥守之，潼关则腹里要害，惟设军卫，今增设内臣，人心骇异，且二处连岁饥荒，钱粮不给，士卒逃亡，官多民扰，乞赐停罢，如兵部议。”不报。玉既至潼关，括取无厌，往来行旅皆取道山西，避之如寇。玉遣人于河东遮取之，甚至士夫过者，稍不为礼，亦留滞不得行。（一六〇，3095）　甲子，太监张钦传旨，以内官监太监侯钦守备万全左卫，尚衣监太监冯敬分守万全右卫，内官监太监叶森（**抱本此处有**

调分二字)守独石、马营,分守凉州都知监太监王欣调镇守甘肃,御马监太监刘德分守凉州[1],内官监太监李昕宁夏监枪。(一六〇,3097)　丙寅,真定等处抽分太监郑玺奏顺德府之南关宋家庄、广平府之曲周县尝设抽分,今一切革罢,恐误供应,乞仍旧。工部尚书李鐩复议:"各处所设抽分非旧制,业已查革,玺以岁供不敷为言,请上裁。"得旨,令抽分。鐩依阿持两端,而横征之端复起矣。(一六〇,3098)　戊辰,大学士梁储等言:"各处镇守、守备内臣其当行事务,旧有定规,祖宗累朝敕谕,彼此不同,盖亦各有深意,不当轻改。守备凤阳太监丘得奏欲改换敕书,臣等按旧敕,凤阳守备之设,止令奉侍皇陵,兼管皇城,并防护高墙庶人及操练中都留守司八卫一所军马。至正德二年始令兼管庐、凤、淮、扬四府,徐、滁、和三州,督捕盗贼,事宁之日,具奏定夺。至五年查革刘瑾弊政,而有司失于具奏,未曾改正,今得辄为此奏。奉旨,凡一应事务俱令关白守备,勘酌施行,且令臣等改撰敕书。顾事干国体,臣等不敢顺旨曲从,伏望特寝所奏,无令各处守臣比例奏扰,以贻民害。又延绥、宁夏、大同、宣府等处切临边境,比之山东腹里地方事体亦自不同,太监刘祥、马锡、许金、颜大经所领敕乞亦仍旧为宜,伏惟圣明鉴纳。"得旨,俱如山西例撰敕与之。(一六〇,3099—3101)

四月甲戌,加太监谷大用禄米十二石。大用提督居庸关,获奸细三人,内批谓大用运谋指授,贤劳茂著,特加禄米,其随从有功者仍令巡按御史覆实以闻。所获者本村氓孤旅,诬指为奸细,严拷掠以钳其口,至死不敢言。(一六一,3104)　丙申,大理寺卿陈恪卒。……转江西按察司副使,整饬南赣等处兵备。正德初,逆瑾用事,以冗员例革。寻复为御史。时事株连削籍,瑾败,复起为贵州副使,提督威清等处兵备。(一六一,3111)

五月甲寅,分守潼关太监黄玉奏潼关兵备副使所辖东止陕

[1] "马营"下27字据抱本补。

州嵩芦[卢]、永宁、沔池、弛[弘]农，西至同、华，南至商州，北至解、蒲，乞如兵备例，并得管理。兵部议："潼关自洪武以来无内臣分守者，今玉已为添设，岂可许其管理近关州县？"诏特许之，赐敕。(一六二,3118)　癸亥，升赏江西大帽山等处获贼功官军一千四百一十九人有差。先任总制军务左都御史陈金、镇守太监黎安各赏银三十两、彩币二表里。(一六二,3121)　乙丑，太监温祥传旨，以冠带（**按，此脱一舍字**）人朱山、朱准、朱容、朱淮、朱渭、朱钦、朱义、朱大爵、朱印、朱珂俱为锦衣卫着役食粮小旗，皆群小得赐姓者也。　太监秦文传旨：锦衣卫衣右所副千户马良、衣中所副千户刘雄俱升指挥佥事。(一六二,3123)

六月壬申，湖广盐商船例赴武昌府挂号，纳银贮库，以资军饷。至是，镇守太监杜甫以修公署，援前镇守王润、赵荣例奏借，且为进贡费。下户部议："事在有司则取于商者不敢为暴，用于官者不敢行私，官民两便，怨詈不兴。若移于镇守，非惟无补经费，抑且有害盐商，不可许。"诏仍以借甫，令从轻征收，待二三年后以闻。盖明知其为害而莫之能禁也。(一六三,3128—3129)　癸酉，太监秦文传旨：绥德卫副千户魏钦更姓朱，调升锦衣卫正千户；舍人张鉴、张平安、张海、张钺、张纠、张鏓、张来勤、张来定、张来顺、张来训、张来春、张来进、张和俱授锦衣卫小旗食粮。(一六三,3129)　甲戌，虏入四海冶堡等处，杀夜不收二人、虏一人。把总指挥韩辅等以失于瞭望逮问，参将张昶、守备董昇夺俸两月，太监王隆、刘宝姑宥之，死者恤如例。(一六三,3131)　丁丑，分守山海关等处太监王秩乞掌本关关防，并免受镇巡官节制。兵部覆议不可，诏令秩管锁钥，主事勿设，凡有事与镇巡等官计议而行，仍易敕授之。(一六三,3143)　己卯，遣左都督朱宁总督官军防护，赐之敕曰："今奉孝贞太皇太后梓宫安厝山陵，特命尔同东厂太监张锐严督各该官校，在于前途，往回巡视，除防护官军并执役内外人员随行供事外，一应闲杂人等不许逼近中路，混乱行走,冲突亵慢。其内外大小官员人等亦要遵守法度,不许纵容人马,躧踏田苗,作践道路,如有不遵号令及假以做饭等项名色擅入人家搅扰,偷盗物件,抢夺柴草,争竞喧闹,或奸懒逃躲,不守职役,耽误事务,并饮酒撒泼、生事害人等项,俱要密行缉访,有违犯者轻则听尔等量情责罚,重则奏闻区处。尔其慎之、慎之。故谕。”遣太监张锐总督巡视,赐敕如宁。(一六三,3143—3144)　涿州至芦沟桥群盗出没,兵部以提督捕盗将官请发团营兵二千人,以太监张忠、都督朱泰充总兵官,侍郎王宪兼左佥都御史,俱提督军务;都督同知桂勇、贾鉴充左右参将,俱捕盗。仍令侍郎侯观兼左佥都御史,督理军饷,各巡按御史随军纪功。泰奏乞参随百人,勇、鉴各八十人,俱许之。(一六三,3144)　锦衣卫都指挥使廖鹏为故南京司礼监太监廖堂乞给南京锦衣卫军校三十人守祠宇,并以次子锦衣都指挥佥事锐及副千户全德改南京锦衣卫,家人廖洪等八人充锦衣校尉,俱奉祀,墓田请降护敕。内批皆许之。(一六三,3144—3145)　　辛巳,太监赖义传旨:锦衣卫指挥佥事刘熙升指挥同知,南镇抚司同廖鹏管事。(一六三,3145)
甲午,太监魏彬传旨,调镇守密云太监张信于蓟州,以太监邢安镇守密云,复以参将李清充副总兵。(一六三,3148—3149)

七月己亥,太监萧敬传旨:“近年以来,虏酋犯顺,屡害地方,且承平日久,诚恐四方兵戎废弛,其辽东、宣府、大同、延绥、陕西、宁夏、甘肃尤为要害。今特命总督军务威武大将军总兵官朱寿,统率六军,随布人马,或攻或守,即写各地方制敕与之,使其必扫腥膻,靖安民物。至于河南、山东、山西、南北直隶傥有小寇,亦各给与敕书,使率各路人马剪削。”朱寿者,上自称也。是日复召内阁大臣及九卿、科道至左顺门谕意。众皆泣谏。不纳。(一六四,3151)　太监韦霦传旨,升后军都督府都督佥事白玉为都督同知。(一六四,3151—3152)　录应州御虏功,升赏太监、总兵、副参、侍郎、都御史、御史、郎中、主事及官旗军舍九千五百五十五人有差。先是应州之战，巡抚都御史胡瓒希旨奏捷，巡按御史贾启以纪功册上，冒滥者凡五万六千四百四十九人。下兵部议拟升赏，尚书王琼援御虏旧格，议当升赏者九千五百五十五人。得旨："朕统六师，亲临战阵，率少击多，解应州敌，大展雄威，振扬士气，全捷而归，比于分命差委者不同。尔兵部拟奏失体，其仍依原册别拟毋缓。"六科、十三道因言：应州之役，所获不偿所失，且其间未出国门而冒名者不可胜数，岂可专以纪功者之言为是而众论为非乎？乞赐宸断，处以至公。俱不报。琼遂依阿，援征剿流贼升荫例以闻。于是太监张永、魏彬、张忠各岁加禄米二十四石，荫弟侄一人为锦衣卫正千户；朱彬升三级，荫一子如之；太监佛保、马英、赵林、苏进、马睿、许全、李睿、刘祥各岁给禄米十二石，荫弟侄一人为锦衣百户；参将神周升一级，荫一子如之；总兵王勋等四人、宋振等九人、副总兵朱銮等六人各升一级，勋等仍赏银二十两、文绮二袭；督饷侍郎郑宗仁、侯观，巡抚都御史胡瓒、刘达各荫子如佛保等，御史贾启赏银如勋等，而文绮半之，令吏部拟缺升用；管粮郎中杨鏓、李志学、主事郁深、曹骢各升俸一级，参将江桓、张昶各赏文绮如勋等而银半之；分守参政王荩、分巡佥事盛鹏各赏银五两、文绮一袭，余升赏如议。军功之滥，未有甚于此者。（一六四，3152—3153）　　壬寅，敕谕兵部曰："总督军务威武大将军朱寿亲统六师，剿除虏寇，汛扫腥膻，安民保众，雄威远播，边境肃清，神功圣武，宜加显爵以报其劳。今特加威武大将军、公爵俸禄，仍谕吏、户二部知之。"又敕曰："军前内外有功官员人等已升赏矣，尚念太监谷大用掌守关城，勤劳夙夜；萧敬、温祥、赖义、秦文、张钦、蒋贵、韦霦、张淮、李英典司机务，慎重安详；张锐并都督朱宁提督官校，防察周密；兵部尚书王琼并侍郎陈玉、王宪运筹建议，勤劳居多；太监于经、周昂奉命往来，供事不懈；都督朱泰、朱洪、宋赟操练士马，克副委任。大用、锐并敬等各岁加禄米二十四石，荫弟侄一人；宁、琼各赏银五十两、纻丝四表里，荫一子俱锦衣卫世袭正千户；经、昂各加禄米十二石，荫弟侄一人；玉、宪各荫子一人，俱锦衣卫世袭百户；泰、洪、赟各升一级，锦衣卫官舍朱政、朱勋、朱舍利、朱得那侍从左右，效劳宣力，各荫为本卫世袭指挥使。”内有乞恩传升者、除去原有军功者累升。又敕曰：“内阁杨廷和、梁储、蒋冕、毛纪运筹定议，协力成功，各赏银五十两、纻丝四表里，荫子侄一人锦衣卫世袭正千户。文武各衙门皆供事勤劳，五府六部掌印官、都察院左右都御史并提督五军营……”(一六四，3158—3160)　　甲辰，南京十三道御史曹鏳等言：“近者江西清军御史范辂与镇守太监毕真讦奏，遂械系辂至京问理。臣惟法者天下之公也，辂既械系而真晏然在位，声势益张，是朝廷之法独加于耳目之官，不及于近幸之臣也。迩年以来，凡巡按御史一触镇守之怒，祸若响应，如刘谟、刘天和、王相、董相辈，相继谪谴。臣恐自此上下观望，务为隐忍，欺玩国法，以奉权臣，败坏纲纪，以辱朝廷，非国家之福也。”不报。(一六四，3162—3163)　　丙午，上复北幸，黎明由东安门出，群臣知而送者五十二人。敕谕大学士杨廷和等：“朕今巡视三边，督理兵政，冀除虏患，以安兆民。尚念根本重大，居守无人，一应合行事务恐致废弛，特命尔等照依内阁旧规，同寅协恭，勤慎供事，每日司礼监发下在京、在外各衙门题本、奏本，俱要一一用心看详，拟旨封进，奏请施行。其奏有军机紧急重大事情，该用官军钱粮、器械、关防、符验等项，尤要详加审处，拟旨封进，听司礼监一面奏闻定夺，一面发下各该衙门依拟议处，毋致迟滞误事。尔等受兹重托，尤须尽心竭力，维持公道，不许徇私执拗，致妨政体，贻患军民。如违，责有所归。尔等其钦承之。”又敕谕六部并都察院、通政司、大理寺等衙门尚书等官陆完等：“朕今巡视三边，修举戎务，冀除虏寇，以安地方。但念根本重大，居守无人，尔等宜同寅协恭，尽心职业，以安辑士众，保卫京师，用纾内顾之忧。事有应与各衙门计议者，公同议处停当而行，不许偏私执拗，有误事机。如违，责有所归。故谕。”其谕六科给事中等官张云等亦如之。(一六四,3166—3167)　户部覆御史吴訚所奏盐法三事：“一、……一、南京织造太监奏讨盐斤，恃势夹带，连舟百艘，塞江南下，请严奏讨之禁。一、运司每解内府供用盐斤，多为揽头诈骗，岁多逋负，请加禁革，以供急用。”诏准议，惟织造支盐仍旧。　太监秦文传旨，以都指挥佥事齐佐于南镇抚司管事。(一六四,3169)　南京工部奏：“直隶苏州等处雨雪侵淫，伤及禾稼，民不聊生，饿殍相望，尽出府库以赈济之犹恐不足，况办不急之征乎？乞停征原派南京内官监供应物料以苏民困。”工部覆请，诏停征一年。(一六四,3170—3171)　革密云兵备副使，从镇守太监张信奏也。　改武平卫百户石奎于锦衣卫。奎，故太监石宗侄，冒功乞改注，特许之。(一六四,3172)　丁未，太监韦霦传旨：锦衣卫指挥同知周暹象房管事。(一六四,3172—3173)　己酉。先是，太监秦文传旨：“朕因三边有警，特率领人马遍历封疆，其令兵部治兵马，户部治刍粮，工部治器具，各遣侍郎一人率司属二人以往。”兵部具名上，诏仍列各部、都察院、通政司、大理寺堂上官职名以闻。时上出幸已三日矣。有旨改刑部右侍郎冯清为兵部右侍郎兼都察院左佥都御史兼治其事，仍令纪功。(一六四,3173—3174)

江西畲贼、广东浰头诸贼悉平。……横水、桶冈捷闻，复敕奖(王)守仁，升右副都御史，及镇守江西太监许满各荫子侄一人为锦衣卫世袭百户，太监毕真及(巡抚孙)燧各赏银三十两、彩币二表里……(一六四,3174—3176)　乙卯，升锦衣卫副千户杜聪为本卫指挥佥事。聪，太监甫之侄也，以累冒功并升。(一六四,3184)

戊午，以灵州盐课给延绥买马。是时虏在河套，从镇守太监许全请也。　分守凉州等处太监刘德[1]乞带食茶六百斤，户部执奏，

① 刘德，原作“刘惠”，《武宗实录》正德十三年三月甲子条、《世宗实录》嘉靖元年正月丙寅条皆作“刘德”。“德”或书作“悳”，故误为“惠”。

诏特与之。(一六四,3184)　丙寅,发户部折银十五万两预办粮草,以备新设提督捕盗官太监张忠、都督朱泰、兵部侍郎王宪等支用。(一六四,3185)

八月乙亥,赠太监王堂、马锡、刘祥父俱为锦衣卫都指挥使,母俱夫人。(一六五,3191)　镇守蓟州总兵官马永奏:虏入沙坡、棍木谷等寨,杀夜不收七人,伤二十一人,虏居民四十三人。千户张钺等俱哨备不谨,而守备太监徐顺、蒋廷玉、刘保、谷敖、李琛、高奈,参将李英、季英、夏仁皆失防御,宜究治。诏李英、徐顺等姑宥之,张钺等逮治。(一六五,3195—3196)　庚辰,南京工科给事中王纪劾奏尚膳监太监任宣于南京西上北门乘轿张盖,骄纵无上,渐不可长,宜寘于理。礼部覆议:宜如所奏。诏杖而释之。(一六五,3199)　丁亥,降天津兵备副使胡文璧为陕西延安府照磨。初,太监张忠管武清两直沽皇庄,纵群小坐市牟利,利之在民者一切归之,民无以生。文璧取其徒治之,遂为忠所构,逮诣诏狱。法司拟失入罪,当赎徒。内批令降杂职于边方用之。(一六五,3199—3200)　庚寅。初,福建福州三卫军士无粮者三月,适左布政伍符升任且行,遂聚众为变,挟符给之。时巡按御史以交代去,镇守太监罗籥同诸致仕乡官谕处,乃散。籥以事闻,因言符职司钱谷,由之生变,并劾左参政陈策、右参政陈锡、右参议李际可不能设法追征,以致缺粮,及都司掌印都指挥佥事张奎、管操署都指挥佥事刘镇等不能钤束,以致变乱,俱有罪。事下户部议覆,诏策等并各管队人等令镇守、巡按官逮问,符令锦衣卫逮系至京问理;是后官军月粮各该掌印管粮官仍预拟派定,及时支给,不许迟误,并其余事宜俱令与镇守、巡按官从长计议而行,毋得似前偏执。符在福建慎法守、节财用,籥尝假修城欲布政司畀银三千两,符度所取太多,止与六分之一,籥衔之。又致仕都御史林廷玉、副使高文达尝有所嘱,符不从,亦皆恨符,故阴嗾军士因请粮而肆其毒。及变作,籥及廷玉、文达等复故为和解之术,

以见其功。符及其子备受军士窘辱而又就逮，籥等启衅之罪竟莫之治也。（一六五，3203—3204）

九月戊戌朔，上驻跸大同。先是，镇守大同太监马锡以总兵叶椿第为献，江彬传旨，令椿立鬻券，遂改为总督府居焉。又夺都指挥关山、指挥杨俊所置店二所，改为酒肆，榜曰"官食"，亦令立券如椿，实未尝予直云。（一六六，3207）　庚戌，致仕南京户部尚书林泮卒。……正德三年升南京户部尚书，寻有旨勒令致仕。时逆瑾方横，诸大臣不附己者多从中罢，甚或绳之以法，在廷惴惴，泮得致仕免于祸，以为甚幸。未几坐累，罚输边米百石，贫无以偿，甚苦之。（一六六，3210—3211）　癸丑，斩河南淅川盗王泰等于市。巡抚都御史李充嗣、镇守太监孙清以擒捕功赏银二十两、彩币二表里，巡按御史张仲贤、袁泽银帛半之，参政王珝等各赏有差，知县熊价等准以功赎罪。　录蓟州洪山口、罗文谷等关功，升赏千户蒋隆等四十三人有差，都指挥马永升署都督同知，镇守太监王忻、高奈给禄米岁十二石，都御史臧凤、总兵官戴钦各赏钞二千贯、彩币三表里，分守太监徐顺彩币二表里。（一六六，3219）　以应州功升荫锦衣卫指挥使秦玉为都督同知，指挥同知魏天祥、温得为都督佥事，指挥使于福为都指挥使，指挥同知周暹、正千户李钦为都指挥同知，副千户张祥为都指挥佥事，署指挥佥事赵信为署都指挥佥事，正千户苏荣为指挥使，署正千户马祥为署指挥使，舍人张俊、韩盛聪、刘栋、杨胜、萧迪、谷柯、蒋锶、张奇、宁玺为正千户，陈钊为百户。天祥等十五人皆太监魏彬、张永、赵林、苏进、马英、张忠、萧敬、谷大用、蒋贵、张淮、秦文、温祥、李英、于经、周昂弟侄，而宁玺冒赖义姓，陈钊为佛保家僮，韩盛聪、刘栋为韦霦、张钦表侄，杨胜为张锐表兄也，凡荫序未有如是之滥者。既而天祥等复自叙其功，宜改正重升。于是复升玉为右都督，得、天祥俱都督同知，信署都指挥同知，荣都指挥佥事，祥署都指挥佥事，迪、玺俱指挥佥事。（一六六，3221—3222）　先是,内官监太监刘养等以缺物料,请差本监官二员往湖广、浙江抽分厂会工部主事中半抽分。得旨,以李文往湖广,马俊往浙江。工部因奏:“抽分厂竹木等料俱送清江、卫河二提举司成造粮船及备器皿厂供应器皿之用,比年流贼猖獗,焚毁粮船几二千艘,补造至今未完,而上供器皿工价亦多逋欠,他若赏赉朝贡番夷衣服彩段动辄数万,皆需抽分所入者补还。况今湖广、浙江诸处连岁饥馑,民多逃亡,正供赋税尚望蠲免,伏望轸念民艰,追寝前命。如本监急缺物料,臣等别为计处。”不听。(一六六,3224)

甲寅,监察御史李镇言:“巡按直隶御史刘士元禁戢奸邪,不挠权势,永平知府毛思义才足有为,恩尤得众,为镇守太监郭原所诬,遂至逮问。今原奸已露,则士元、思义无罪明矣,乃犹监禁未释,望取其大节舍其小过,特赐宽宥。”不报。(一六六,3225)　壬戌,太监赖义传旨:朔州守备太监王恭取回京别用。(一六六,3227)

十月壬申,镇守蓟州等处太监郭原科索官军银七千余两,执至京下镇抚司鞫实,谪充南京孝陵净军。(一六七,3231)　丙戌,兵科给事中周文熙言:“福州军乱皆由镇守、三司、卫所官不得其人所致,时欲杀太监罗籥、按察使卢宅仁、副使黄昭,而昭与宅仁闭门不出,籥与银三千两,启衅之情居然可见。且当黄旗裹首倡乱之时,都指挥张奎等皆在,如有一人仗义执言,谕之祸福,则首恶虽未能止而胁从亦可寒心,乃靡然从风,甘心贼党,至其呼取城门锁钥、官库器械,奎等略不与校,其望风畏惧故纵之罪又焉可逃?况先谋害布政伍符,反形已露,两月之间,聚众歃血,而奎等坐视不言,则今日之祸谓非诸臣酿成之不可。臣愚以为,籥等宜械送京师从重处之,且察贼党有称号者则从重典,胁从者宜即抚之,以安人心。”事下兵部,议文熙言是,但福建僻远,事难遥度,官未更代,亦难逮系,请敕南赣都御史王守仁往勘处以闻。报可。(一六七,3236—3237)【考】事之详细情节及处置见卷一七三,十四年四月戊寅:“先是,福州左卫军叶元保、进贵等以月粮价减,积憾布政使伍符，乃纠合军士二千余人于开元寺歃血，闭城为乱。求符不得，缚其子，掠其官舍财物以出。执经历颜玉等于市，击之，烘以火。镇巡等官大惧，与致仕尚书林瀚等议补粮价。元保等不听，僭称总兵等号，逼取各乡官资财，及勒镇守太监罗籥银三千两犒赏众军。屯驻日久，于是镇巡等官密谕胁从者，令解散，并募集义勇擒获元保等鞫问，以狱上。诏斩元保等五十人，枭首示众，发王鉴等十四人各永远戍边，林天兴等七十七人俱解京给配发遣。"己丑："下右副都御史伍符于锦衣卫狱。符先任福建左布政，时闻升光禄卿未行，会军士以缺粮作乱，疑符侵克粮价，将执杀之。符匿参政陈策所得免。镇守太监罗籥以闻。时符再升都御史巡抚山东，未之任，即其家械系至京。符赂用事者得赎杖还职，后上巡幸山东，符迎谒，甚为上所喜云。"

十一月庚子，以火牌调西官厅勇士、四卫二营马队官军、勇士六千二百六十八人、马六千五百七十二匹赴宣、大按伏，复以火牌征太监甘清、高忠、少监李汉、柳进等九十一人赴延绥，其家人匠役三百八十余人皆给传以行。时上驻北边，凡所征发皆遣夜不收持火牌下所司施行，盖循用边帅之体，后遂以为常云。(一六八,3249)　戊午，巡抚辽东右副都御史张贯卒。……改四川兵备，寻改湖广。逆瑾时，贯坐法逮系，事白，迁贵州按察使。又以先在湖广时民讼有久不决者，降云南右参政。调山西，历左右布政使，擢右副都御史巡抚辽东。(一六八,3256)　壬戌，赐太监马永成祭三坛，造坟安葬，建享堂碑亭，并给斋粮麻布。(一六八,3256—3257)　癸亥，巡抚宣府都御史刘达等奏与太监刘祥、总兵官朱振督修边墩城垣及擒获奸细，乞升赏官军之有功者，且自叙其劳。兵部覆请，得旨："祥岁加禄米十二石，达、振各赏银二十两、纻丝二表里，有功官军巡按御史核实以闻。"(一六八,3258)

十二月戊辰，降徐州兵备副使余祐为广西南宁府同知，徐州知州樊准为云南宁州同知。先是南京尚膳监奉御王敬进鲜过徐州，例外索折干钱不得，因与准及指挥王良争诟，良发其舟中私带硫黄诸违禁物。敬诣祜求解,祜不应,敬遂诬奏准、良殴击之。并祜俱逮至镇抚司鞫治,且命刑部从重拟罪。当赎杖还职,特旨各降二级调边方、边卫叙用。(一六九,3265—3266)　己巳,以工部料银三万二千九百余两给内官、长随八千七百余人冬衣。(一六九,3267)　癸未,致仕都察院右副都御史周季麟卒。……又用内阁大臣荐,调巡抚蓟州,会勘御马监牧马草场,其所侵民业,考诸图籍正之,不避貂珰之怒。时有论其传奉改镇者,盖不知其出于密荐也。乙丑以病乞归。后逆瑾擅权,以事落其职,又罚米千石。瑾诛,例复官,未用。至是卒。(一六九,3269—3270)　戊子,荫升锦衣卫百户许宁为指挥佥事,李銮、周章为百户。宁,太监全之侄;銮,睿之弟;章,刘祥之甥,俱冒应州功也。(一六九,3271)

辛卯,初车驾之北巡也,文武官送者止五十二人,东厂劾其违慢,命鸿胪寺查奏。至是得旨,俱免问。(一六九,3272)　兵部奏上会剿乐昌等县贼高仲仁功次,两广都御史陈金、镇守太监宁诚、总兵官武定侯郭勋、南赣提督军务都御史王守仁复升其子侄已荫者各一级。(一六九,3278)　四川僰蛮攻破高县、庆符县,巡按御史卢雍劾守备都指挥杜琮启衅失机,指挥黄应文等不行策应,俱宜治罪;巡抚都御史马昊、镇守太监王保、总兵吴坤及守巡参议崔旻、佥事王芳、田荆亦宜查究,且言致衅之由……兵部议覆,得旨:"琮及应文等俱逮问,荆、芳、旻姑宥之,俟事宁通查功过定夺,昊等降敕切责,令勉图后功赎罪,余俱如议。"(一六九,3279—3280)

正德十四年己卯(1519)

二月壬申,上自宣府还京,文武群臣具彩帐、银币、羊酒迎于德胜门外,如先年仪。是日先驻跸外教场亲阅所获首虏器仗,申刻上乃入,赐内阁及五府、六部、都察院、通政司、大理寺堂上官、各衙门正官及科道官银牌花红有差。【考】杨廷和《杨文忠三录》卷三

《视草余录》:“正德十四年正月七日[1],散本官送兵部侍郎冯清奏捷本至内阁,欲拟旨奖励威武大将军。予言:‘皇上亲统六师,指授将士,在于各边斩获贼级数多,理宜称贺,随征将士亦宜行赏,但不可奏捷。今冯清本内俱开有“总督军务威武大将军总兵官镇国公朱”字样,于事体有碍,无以传示天下,垂法后世,我辈岂肯轻易拟旨?’即以原本付还散本官。予辈实时出德胜门外迎驾,甫至门外,张锐驰至行幕,以前本授予。予言:‘此本适在阁中已见之矣。’锐言:‘朝廷亲征大功,合当奖励。’予曰:‘功在朝廷,则臣下不敢奖励。若谓在冯清,则今日之事是朝廷亲征,其功非冯清所敢擅,冯清亦不当奖励。况本内所称威武大将军者,何人当之?何人敢下笔奖励耶?’因以本还锐。锐转授之厚斋(**梁储**),且言朝廷待有旨方入城。予复取自厚斋以还锐。锐言:‘每日文书房散本官送尚收之,我来送本,反不收耶?’予笑言:‘公朝廷贵臣,非散本之官,此亦非接本之处。可以此言回奏,请圣驾即入城,免误事也。’锐忿然驰去,已而复来申前说。予言:‘必欲拟旨,则须冯清别具奏,称近日奉命整理兵马粮草,见得某镇斩获若干,奖励该镇守臣乃可,不然决不敢拟也。’锐径去,寻复偕钱宁,乃泣而言曰:‘朝廷疑锐说得不分明,先生每不肯信,所以又差掌印来,务要实时拟票。’予言:‘公是朝廷心腹,我辈素知,岂敢不信?但事体未稳当,恐传笑天下,将来未免为冯清之累,须如前说易奏乃可。’宁言:‘上驻跸教场,坐待此旨,不烦多言也。’予曰:‘此事关系重大,今日不言,何时言耶?二公可直以廷和此言复奏,不必回护,决不敢他议也。’锐与宁乃去。未几有旨,命予回内阁拟旨,予乃偕敬所(**蒋冕**)回,具疏执奏如前,止拟奖励冯清,竟不及威武大将军一字。卒从之。” 甲戌,南京六科给事中何邦宪等以太监李文、马(俊)往湖广、浙江榷税,恐其劳民,疏请停止。不报。(一七一,3293) 己卯,传旨,调镇守浙江内官监太监王堂总镇两广地方,镇守江西御马监太监毕真镇守浙江,以南京御马监太监王宏镇守江西,王润镇守四川,南京守备内官监太监刘璟镇守河南,守备朔州暖会隘口孙清、王保取回别用。(一七一,

[1] 正德十四年二月乙丑朔,壬申为初六日,正在杨廷和此条纪事的前一日,且曰上“先驻跸外教场”,与廷和所记合,则正月七日,当为二月七日之误。

3295)　壬午，兵部言："镇守甘肃太监王欣先分守凉州，奏带官旗二十六人，近改甘肃，复奏带锦衣卫官旗二十九人，恐此例一开，转相仿效，宜停止。"内批曰："业已许之矣。"(一七一，3298)　丙戌，司礼监太监萧敬传旨：左都督刘晖令同安边伯朱泰等团营西官厅监督管操。又传旨：御马监太监张钦、陈禄、佛保同太监张增等监督勇士四卫营，提督团营御马监太监孙和同太监张永把总神机营，御马监太监萧永、张玉同太监谷大用提督勇士四卫营。(一七一，3302)　参将宋赟、桂勇、贾鉴等获剧贼申窑头、赵祥、何通及其党九十余人于近郊，赐敕奖励。提督太监张忠、都督朱泰、侍郎王宪仍各荫子侄一人为锦衣卫百户世袭；赟升二级，勇、鉴一级，千总官指挥同知白元勋等三百八十二人升赏有差。(一七一，3302—3203)　丁亥，太监张锐、左都督朱宁各奏官校缉捕功，诏升锦衣卫都指挥佥事郭鳌、千户邢政等一百二十八人各一级，故都指挥使钱璋赠二级。(一七一，3303)　辛卯。初，广西龙州土官知州赵源卒，无嗣，妻岑氏诈以家人子为子，冒姓赵名璋，欲袭源职。既而州民保源庶兄子相袭职，岑氏与璋逃入田州。至是，璋复谋夺相位，阴求助于田州土官岑猛、太平州土官李珖，赂镇守太监傅伦舍人王祥等，诡称锦衣舍人奉旨调兵送璋入州，猛等遂各起兵共万余人攻破州治，相惊惧潜遁，地方骚然。总督都御史杨旦以闻，因劾分守参政彭夔、分巡佥事李淳坐视激变，隐匿不报，及都指挥戴仪、左布政使何珊、按察使宋玺、前分巡佥事杨誉俱宜究治。兵部覆议，得旨："夔、淳下御史逮治，仪、珊、玺、誉姑停俸，祥等责伦捕治之。土官争袭仇杀，令总督等勘处以闻。"(一七一，3310—3211)　壬辰，太监李英传旨，调镇守湖广太监杜甫于福建，镇守贵州太监李镇于湖广，分守四川建昌太监宋辅于贵州。【考】杜甫此后实录无事迹，卒于嘉靖六年，墓志见本年附。　巡抚保定等处兼提督紫荆等关右副都御史张嵿乞养病，许之。先是，太监卢明等以奏事西行，过真定，嵿待之倨，又诸中贵籍隶近畿者亦多不悦，故求去。（一七一，3311）　右副都御史冒政卒。……正德丙寅由辽阳升江西右布政使，将发，以所余饷银千两归于代者，毫发无所取。奉新饥，盗且起，政赈恤有方，遂晏然。丁卯升右副都御史，巡抚宁夏。刘瑾以政前在辽阳军储有亏耗，逮治罚米三千余石，累岁事方竟，褫职以归。瑾败，复职致仕。至是卒，赐祭葬如例。政为人质直坦易，居官廉正，卒后家无余资，其子称贷襄事，士论重之。（一七一，3311—3212）

三月甲午朔，太监温祥传旨，以管家将、千、把总、管贴队、万全等都司、宣府前等卫都指挥、指挥、千百户等官朱涌等四十七人俱填注锦衣卫带俸，舍余朱郭刚等一千人各充御马监家将、勇士食粮，领马骑操。家将之名，皆前此所未有也。（一七二，3313）　丙申，兵科左给事中徐之鸾等疏言："故太监马永成尊显用事者十有余年，且迭受恩荫，侄姓以下皆都高爵列美官，亦已过矣。而太监赵亨复为陈乞升授见任者至九十余人，不知永成何功而非分之恩滥无纪极如此？且一太监死而官者九十余人，臣恐天下闻而解体也。伏望皇上为天下惜名器，裁抑幸恩。"不报。（一七二，3313—3214）　丁酉，传旨令内官监太监李彬管神机营中军二司并练武营。（一七二，3314）　己亥，传旨调分守怀来太监刘宝镇守陕西，守备万全左卫太监侯钦分守怀来，倒马关太监赵升守备万全左卫。（一七二，3316—3217）　乙巳，修迎翠、昭和、崇智、光霁诸殿。先是内官监太监刘养奏请修理，得旨令工部措置工直。工部执奏："乾清、坤宁大工未完，宜暂停此役。"弗听。（一七二，3324）　丁未，太监张淮传旨，以御马监太监耿忠守备紫荆关，杨金守备倒马关，左监丞李厚守备刘家口。（一七二，3328）　太监温祥传旨，以御马监太监田春监督勇士四卫营。(一七二,3329)　　己未,太监韦霦[①]传旨:团营内外提督如西官厅例,人赐之敕。　致仕左佥都御史王纯卒……升河南按察司副使,领颍州兵备,兼理淮阳诸府屯田。未几改广东,以父丧去位。逆瑾恶之,矫诏罚输边粟千石。服阕,改云南金齿兵备。(一七二,3347—3248)

四月乙丑,总理易州山厂侍郎杨廷仪请减惜薪司柴加耗之数,其不足者许令在京收买补纳,无索之厂中。工部议覆,得旨:“柴加耗倍正数则已,并许在京买补。”(一七三,3350)　　己巳,谪南京监察御史范辂为龙川宣抚司经历。辂清军江西,举劾镇守太监毕真诸不法事,又为宁王所忌,皆欲陷之。辂乘轿过真,真夺其轿,并摭其罪过奏之。逮下锦衣卫狱,遂以不谙宪体谪之。(一七三,3350—3351)　　癸酉,太监韦霦传旨:“居庸关密迩京师,东西二路墩堡空缺可增立者,兵部亟议处以闻。”(一七三,3352)　戊寅,升太常寺寺丞徐复暾为本寺少卿。初,少卿缺,吏部一再推拟而不用,复暾竟以夤缘中贵得之。(一七三,3353)　　辛巳,命都督朱洪领团营西官厅左营,提督东路山海等关;都督朱晖领右营,提督西路居庸等关,俱充总兵官。初,提督军务太监张忠奏称居庸、倒马、紫荆等关,黄花镇、密云、蓟州等处俱要害,乞别委官提督以防意外之虞。兵部议:“各关镇既设都御史、总兵、副总兵矣,复有提督,势难统束,莫若简命总兵官二员操练京营人马,候宣、大有警乃发。”既而复命洪等量带官军于原拟关隘往来防守。(一七三,3356)　　壬午,太监李英传旨,以内官监太监赵俊坐神机营右掖三司,仍坐扬威营管操。又以御马监太监李禄分守四川建昌行都司并川南道等处地方。(一七三,3357)

五月辛丑,传旨,以毛怜卫降虏陇秃里为御马监勇士。兵部

---

① 韦霦,原作“韩彬”,广本、抱本“韩”作“韦”。其时司礼监有魏彬、韦霦,并无韦彬或韩彬,应是韦霦,十四年六月甲申条同。

请如例编之两广，不听。(一七四,3363)　　壬寅，升赏石门沟山获功及被伤官军锦衣卫署百户万文质等三百四十人有差，甘肃总兵官柳涌及分守凉州太监颜大经侄各升一级。　南京礼部尚书吴俨卒。……正德丙寅召还，纂修孝庙实录，充经筵日讲官，兼修玉牒。丁卯主考顺天府乡试时，逆瑾恃宠招权，倾陷正直，第二场以"为臣不易"命题，瑾心已恶之。又闻俨家巨富，阴遣人啖以美官，俨峻拒之。瑾益惭怒，媒蘖无所得。会朝觐考核外官，以不根之语罢之。瑾诛起用，仍旧职。(一七四,3364—3365)　丁未，整饬雁门等关兵备副使秦伟为镇守太监吴经家人所驱，奏于朝，寝不报。(一七四,3367)　　己酉，宁王宸濠风南昌府县学师生及耆老列其孝行，白于巡抚都御史孙燧、巡按御史林潮，燧与镇守太监毕真各具疏请加褒奖。礼科给事中邢寰驳之曰："《会典》所载，无举保亲王贤孝之人；况宁王在藩，听信左右，多为弗靖，军民怨咨。镇巡官不能按实举奏，以申国宪，乃互为谄谀，以惑圣听，其悖谬甚矣。"礼部尚书毛澄覆奏，尤极言其不可，并请治真等阿附之罪。时上颇闻濠逆谋，因怒曰："宗藩行事，朝廷自知，真、燧、潮何为辄奏请褒奖？其各首实以闻。"(一七四,3367—3368)　　庚戌，太监韦霦传旨："各王府奏事及庆贺进贡人员留京邸者，多不过月余。近乃不循旧规，或留数月，或半年、一年，亦有久留不去者，其意安在？自今以后，所司趣令事完即回，有久留邸舍者，缉事衙门其指实具奏，罪无赦。"时宁府内使及校卒潜住京师者常数辈，逆谋颇泄，故下此令。(一七四,3368)　太监温祥传旨，以御马监太监赵钦分守四川建昌行都司并川南道等处，淮安仓收粮太监许满于太岳太和山烧香管事兼分守湖广行都司等处。(一七四,3368—3369)　　丙辰，遣太监赖义、驸马都尉崔元、都御史颜颐寿往江西宣谕宁王宸濠。先是御史萧淮奏："宸濠不遵祖训，凌轹官府，虐害忠贞，招纳亡命，掠杀亡辜者数百人，没富民资产万数，西山牧马几万匹，南康私船亦有千艘。酷虐遍于江西，而流毒及于他省。所遣旗校及内使接踵京师，或潜住终年，不知所营何事。且群奸为之党者，如致仕都御史李士实、仪宾顾官祥，指挥葛江、王信，引礼丁瓒，内使陈贤、寿山、熊寿、涂钦、梁伟，义官倪庆、卢孔章、徐纪、赵七、谢培，省祭官黄海、秦梁，舍人李显忠，校尉查五、火信，乐工秦荣皆入府昼夜密谋，又招致建昌贼首凌十一、闵廿四等以为羽翼。不早制之，臣恐将来之患有不可胜言者，乞敕锦衣卫逮其党至京诛之，其潜住京师者缉捕重治，所占田产皆给还军民，仍革其护卫，一裁以法。镇守太监毕真同恶相济，巡抚都御史孙燧、巡按御史林潮不能纠正，又为献谀，宜究其罪；原任江西副使李梦阳，佥事李淳、王奎，参政白金、参议王泰附势助虐，宜削夺其官；为民左布政使郑岳、充军副使胡世宁因忤濠得罪者，宜急起用。”朱宁见之，持其疏还家数日，屡于上前诋淮妄言离间，宜罪。上曰：“虚实久当见之，果诬，淮将焉往？”上遂以淮奏示内阁大学士杨廷和等，令议处。廷和曰：“宜如宣宗处赵府故事，遣贵近、勋戚大臣各一员，持书以往，宣谕皇上保全宗室至意，令王改过自新，庶彰朝廷亲亲之仁而法亦不废矣。”上以为然。会六科、十三道徐之鸾、沈灼等交论其事，上复遣司礼监官召皇亲、驸马、文武诸大臣于左顺门，谕令集议，皆如廷和言。于是敕义等赍书往谕，略曰：……初濠知教坊乐官臧贤为上所宠，又与宁厚，遣秦荣入京厚赂贤，结为腹心，凡府中侦事人皆主其家，诸所奏请皆藉贤为先容而达于宁。宁与东厂太监张锐相倚为奸，锐亦与濠通不绝。濠与其所亲密语及私书往来，称宁、锐曰“厂、卫”，贤曰“臧家”，或曰“良之”，良之，贤字也。盖贤与宁、锐见上无继嗣，欲结濠为异日地，已阴许取濠世子为东宫矣，故濠势日横。又胁抚按官上其孝行，以求褒旨，因遍赂近幸及诸大臣。有谢仪者，南昌人，出入锐所，奸黠善逢迎，锐爱之。仪同郡御史熊兰家受濠毒虐，屡欲上变，畏祸且及宗，乃与仪谋，劝锐却濠贿。锐问故，仪因备述濠将为不轨，以危言动锐。锐深觉悟，且与宁方有隙，亦欲藉外应倾宁，许潜发宁与濠交通状。仪与兰乃疏濠诸不法事及奸党姓名以授于淮，故淮敢以身当之。既而宁约锐同诣上为濠求褒旨，锐托故不往，宁遂自言于上，盛誉濠贤，宜褒奖如抚按言。而锐言已先入，上不应。宁已怀疑，及欲罪淮不得，而上又用淮言遣宣谕之使。宁乃白上，系濠所遣卢孔章等二人于锦衣卫狱；又与锐谋归罪于贤，拟谪戍远遣，行未百里，宁使校卒伪为盗，乘夜杀之，而孔章等亦毙狱中，将以灭其口也。时诸权珰及外廷公卿多受濠赂而阴左右之者，濠私书亦称之为"某家、某家"。吏部尚书陆完素与濠通，其得赂尤厚，故濠所奏请无不行，所求必获，所恶必斥，虐焰日张，人莫敢言。中外朋比，养成乱阶，至是事泄，始遣义等宣谕，冀以寝其谋而不知濠恶已稔，非空言所能制也。义等未至，变遂作。（一七四，3369—3373）

六月癸亥朔，大学士杨廷和等言："各处设立镇守、巡抚等官，各有职任，载在敕书，先后相承，遵奉惟谨，未尝辄改一字。盖朝廷既恪守祖宗之法，彼领敕之臣自不得不恪守朝廷之法，孰敢轻易陈请以干国宪？今早司礼监官传谕圣意，欲令臣等将延绥、山西、宁夏、甘肃、陕西、辽东、蓟州各总兵、巡抚官职任俱增入各镇守太监敕内。缘镇守、巡抚虽同有地方之责，而城池、兵马、钱粮、狱讼各有所司，职掌责任彼此不同，此系定制，今一旦无故轻易变更，他日律以祖宗之法，孰任其咎？臣等不敢曲为河顺，惟圣明鉴纳。"（一七五，3377—3378）　乙丑，南京给事中易瓒言："地方饥荒，奸谋不轨之言日至，都人惊疑，请令科道官各一人点闸门禁，关防奸细。"兵部覆议："宜敕内外守备、参赞等官练兵严备，仍暂令南京科道官每月一再，出其不意，分行阅视，而治失伍者罪。"从之。　敕南京内外守备、参赞并操江、提督、巡抚等官练兵，沿江巡哨防御。以江洋贼作乱，从兵部议也。（一七五，3378）　丙寅，遣司礼监官祭中霤之神。　太岳太和山太监许满复奏乞长芦运司盐三千引给散道众。户部言:“前此太监潘真已有此请,一年之间,不宜再给。”诏仍与之。(一七五,3379)　丁卯,太监萧敬传旨,加宣府巡抚左佥都御史宁杲赞理军务。(一七五,3380)　戊辰,大学士杨廷和等言:“各镇守总兵官、巡抚都御史及镇守太监各有一定职掌,敕书彼此不同,皆有深意,此累朝成法也。是以臣等于宣、大镇巡等官敕书惟遵成法,如旧稿进呈,不敢苟从一时新命。盖虑他日圣心悔悟,责怒臣等,以为不能固诤,加以罪戾,则臣等死有余愧矣。今宁杲敕书仍宜如前任巡抚者,敢以旧稿进。”得旨:“览奏已悉,但前次巡狩,各官随侍,有事辄往返者数次,今特通降便宜敕书,使易于行事耳,是后永为定规。”(一七五,3380)　乙亥,以长芦运司盐四千引给南京供应机房太监刚聪,以供织造。先是巡盐御史王完言:“军国之需,仰给盐课,祖宗立法甚严,近年乃以资织造之用,阻坏盐法,乞停止。”户部议如所请,不许。(一七五,3381)　丙子,宁王宸濠反,巡抚江西都御史孙燧、按察司副使许逵死之。(一七五,3381—3384)

戊寅,命故锦衣卫署指挥使秦安孙镇袭为署都指挥同知。安,司礼监太监文舍人也,宁夏事平颁赏,荫安为锦衣卫副千户,后以奏带名目累升至署指挥使,又陈宁夏靖虏墩并贵州香炉山有功,二级未升而死,其子玉又以他名为右都督矣,故镇得袭之。(一七五,3386)

辛巳,以修太素殿成遣内官祭司土之神。(一七五,3399)　癸未,太监张得玉为故太监邓敏乞恩荫,授锦衣卫指挥及僧道、医官八十人,为兵科所驳。兵部执议,得旨:“朕念旧臣,已皆升用矣,尔等何乃一概奏革?本当查究,姑宥之。”　甲申,太监韦彬(**按,疑为韦霦**)传旨,令提督团营平虏伯朱彬同新宁伯谭祐等领军督工。(一七五,3400)　乙酉,宸濠以将出兵,伪敕以承奉刘吉提督军务,参政王纶赞理军务,内官万锐镇守江西,指挥余雄总督巡守,又伪授举人谢凤及刘养正门生刘子达等为主事,举人甘贵及李士实男汝祺等为锦衣卫指挥,赏宗室及三司护卫官军银两。(一七五,3403)

七月壬辰朔，东安县民张资尝捕贼首申窑头等，其党仇之，因劫其家。资诉于兵部，事闻，诏提督捕盗安边伯朱泰同太监张忠等量拨官军擒捕，有司故纵隐匿者令巡按御史究治。时泰等方以盗宁受赏荫，而贼党肆掠如故，其隐蔽不实类此。（一七六，3407）　宸濠统兵发南昌。濠初反，即欲趋南京，闻王守仁等在上流起兵，乃遣承奉涂钦并贼首凌十一等领兵为前锋，而自留居守。既而以守仁兵尚未集，乃与李士实、刘养正谋留兵付宜春王拱樤等及布政胡濂、参政刘斐、参议许效廉、副使唐锦、佥事赖凤、都指挥王玘等，使守城，而自引兵东下。选护卫及所鸠贼兵、市井恶少并胁从合八九万人，联舟千余艘，以郡王拱栟等十余人行，太监王宏、御史王金、主事金山、按察使杨璋、副使贺锐、佥事潘鹏、王畴、参政程杲、都指挥郑文、马骥、许清、白昂、南昌知府郑瓛等皆从，参政王纶常与承奉刘吉甲胄侍左右。（一七六，3407—3408）　甲午，巡抚甘肃都御史李昆与镇守太监许宣、总兵官史镛、参将蒋存礼、兵备副使陈九畴各以肃州失事先后逮至京，下法司狱。至是法司会奏："镛、存礼当以守备不设论，昆及九畴亦有羁留虏使罪，但镛任未久，存礼寡不胜众，而昆等能效力出谋以遏强寇，功不可掩。"得旨："镛降二级，存礼降三级，各带俸差操；昆亦降二级别用，宣闲住，九畴以禁死夷酋失拜烟答，仍令法司从重拟罪以闻，而给事中王臣、御史赵春亦以勘事失实，各对品调外任。"（一七六，3410）　丙申，降御史张文明为电白县典史，绥德州知州吴栋为信宜县典史。先是，上将幸陕，文明上疏行在所极谏，诸权幸随驾者文明复裁抑之，所需多不从。太监张忠因谮之于上，言栋失误供应，且擅开所封识官柜，疑有所窥伺；而生员殴旗校者，文明纵不治。上怒，遂执文明并栋，俱械至京。及驾还，忠辈复以为言。一日执文明至豹房，将亲鞫之，文明自谓必死，蒲伏待命。上忽悟，遂释之，但令谪之瘴所。（一七六，3411—3412）　甲辰，南京守备、参赞等官以宸濠反闻……于是以（太监张)忠提督军务,(安边伯朱)泰挂威武副将军印,(朱)晖挂平贼将军印,俱充总兵官。泰请符验旗牌、银牌、彩段及参随头目四十九人、西官厅官军五百人,仍乞敕镇守、巡按等官听其节制,假以便宜之权。许之。　命左都督朱洪、都督佥事朱琮留西官厅钤束操练,仍代张忠、朱泰管理捕盗。洪照旧兼管东路关口,琮暂代朱晖兼管西路关口,平虏伯朱彬、左都督朱周随驾南征。(一七六,3417)　丙午,太监赖义、驸马都尉崔元、都御史颜颐寿行至浙江严州,闻宸濠兵起,不致命而还。　时刘瑯守备南京,城中人谓瑯交通宁王,为之内应,瑯乃遣人缉捕流言者治以军法,众益惊惧。于是给事中孙懋等具疏请罢瑯归私第,勿令与机务,其侄南京锦衣卫指挥刘奇亦勿令管事。不报。(一七六,3418)　丁未,太监韦霦传旨,御马监右少监李环令分守辽阳等处地方。(一七六,3421—3422)　甲寅,太监韦霦传旨,罢镇守浙江太监毕真,以御马太监浦智代之。时真与宸濠通谋故也。(一七六,3427)

乙卯,南京工部尚书洪远卒。……有中贵道濬,势焰炫赫,民惧远无以应其求,且得祸,聚众千余人,拥远入见。改交河,有疑狱,远谳之,多获平反。擢南京福建道御史,首劾太监李广及大臣附广者人……(一七六,3427—3428)　丙辰,赐敕嘉奖甘肃巡抚都御史邓璋、镇守太监王忻[欣]、总兵官都督柳涌,兵部奏其修举边备、抚顺属番,事有成效故也。　命缉事衙门廉捕宁府谍者于京师,并饬沿途官司,设法盘诘。先是,太监萧敬传旨:"近闻沿途远近皆有宁府人伺遏往来使命,令缉事衙门并移文各该地方缉访,有获以军功升赏。"兵部具覆,故有是命。自是逻卒满道路,行旅多遭羁执,有死于狱者矣。(一七六,3429)　丙辰,论捕妖贼功,加太监张锐禄米一百二十石(**抱本石下有"都督朱宁于折俸米内改支本色一百二十石"**),仍各荫升其子侄一人三级。东厂、锦衣卫每捕获妖言,辄蒙重赏,至有预设逻卒于乡村,诱引愚民为非,寻以妖言发之,文致以法。法司知其冤,不敢与辩。至是厂卫旗校言贼人刘学、孟贵等为妖言，聚众数百人于河南地方，将为乱，寻捕获之，遂以为谋逆。命三法司会鞫，拟凌迟处死，仍诏有司督捕未获者。于是兵部言锐、宁提督有功，宜加奖赉，故有是命。（一七六，3440）　以御马监太监尚春镇守福建等处地方。（一七六，3441）

【考】乾隆《福州府志》卷四七《名宦二》："（**延平知府欧阳铎调福州**）至则裁供馈、禁横索，于是镇守太监尚某不敢肆，欲有所泄怒。会颁胙，铎谓神惠宜尽取诸祭，不当益以市肉。于是诸司胙损旧十之九。又不及镇守诸客。尚怒曰：'往胙我，特豕特羊，今何得不至！'令隶委胙府庭去。铎阳为不喻，谓相礼诸生曰：'此尚监毋乃以相劳持去，姑割分之，诣镇守谢。'及迎春，又不设杂戏，尚益怒。铎以正折之，尚不能屈，借他事为名，肆恶声，欲因激发相殴击。铎第鱼睨而已。尚迫塞出悖谬语，铎徐拱手曰：'此非臣子所宜言，上闻之无乃不可乎？'径趋出。尚侦伺数月无得，乃因三司官谢过焉。"

八月壬戌朔，命平虏伯朱彬提督东厂、锦衣卫官校行事。彬具疏辞，上不允，优诏答之。时张锐居东厂，朱宁居锦衣，俱有宠，而彬又兼两人之任，自是中外大权皆归于彬矣。（一七七，3443）

癸亥，致仕南京兵部尚书张澯卒。……甲戌改（南京）兵部（尚书），参赞机务，条陈八事，又奏革守备厅审事官……澯性颇刚褊，与人多不合，其在户部，请查追远年逋赋，论者为刘瑾方事诛求，而其迹涉承望，于贤者不能无责备焉。（一七七，3444—3445）　丙寅，兵部会文武大臣及科道官议京师居守及防边御寇并诸司题奏事宜：一、圣驾亲征，扈从宜用内阁、五府、六部、都察院、通政司、大理寺、鸿胪寺、给事中、御史及太医院、钦天监译字等官各一员，或量定数员。一、内外题奏本仍赴通政司、鸿胪寺及左顺门投进，司礼监五日一次遣官赍奏，事急者不限以日。一、常行事务仍旧传帖，如调取军马、提取人犯、军国重事，则降御宝敕旨，俱赍回各付所司，以便遵守。一、……一、皇城四门守卫直宿侯、伯、都督等官，务昼夜严兵以谨关防，司礼监约束各门启闭。一、……一、旗校缉获奸细一人者，照例升一级，仍赏银五十两；

缉获剧盗一人者，赏银三十两，法司鞫问得实方拟升赏。议上，诏扈从官勿用，九门守门官勿减，吏、兵二部引选如常，赍奏事宜令司礼监奏处，余如议。于是大学士杨廷和等言：近群议止及防边诸事，居守至重，未尝议及。……得旨："居守如南京内外守备例，司礼监、内阁、内外坐营官、府部及六科等衙门、东厂、锦衣卫各赐之敕。"既而敕谕司礼监太监萧敬等曰："朕今亲统六师，奉行天讨，剿除反逆，以安宗社。尚念根本重大，居守无人，特命尔等照依旧规，慎重行事。皇城并京城门禁锁钥及内府大小衙门合行事件，尔等提督，各该职掌人员用心管理，毋致疏虞。其每日题奏本，惟升授文武大臣并紧关重大事情待奏请旨，其余俱照依府部等衙门原奏覆奏事理，发下内阁，从长议处，拟旨发外施行，毋致迟滞。每月仍一次类奏以闻，其各衙门奏军机紧急重务，一面发下议处，一面星驰具奏。该用钱粮军马等项，令各该衙门整办应用，毋得违误。尔等受兹委任，尤须协和，内外周悉计虑，不许徇私执拗，以致妨害政体，贻患军民。如违，责有所归，尔等其钦承之。"又敕大学士杨廷和等曰："朕今亲统六师，奉行天讨，剿除反逆，以安宗社。尚念根本重大，居守无人，一应合行事务恐致废弛。特命尔等照依内阁旧规，同寅协恭，勤慎供事。每日司礼监发下在京在外各衙门题奏本，俱要一一用心看详，拟旨封进，奏请施行；其奏有军机紧急重大事情，该用军马、钱粮、器械、关防符验之类，尤要详加审处，拟旨封进，听司礼监一面奏闻定夺，一面发下各衙门依拟议处，毋致迟滞误事。尔等受兹重托，尤须尽心竭力，维持公道，不许徇私执拗，致妨政体，贻害军民。如违，责有所归。"又敕五府、六部等衙门会昌侯孙铭、尚书陆完等曰："尔等宜同寅协恭，尽心职业，以安辑士众，保卫京师，用纾朕内顾之忧。事有应与各衙门计议者，公同议处停当而行，不许偏私执拗，有误事机。"又敕提督官校办事御马监太监张锐、锦衣卫掌卫事左都督朱宁，皆曰："皇城内外并京城九门，尔其用心访察，以防不虞。凡有妖言、奸宄、盗贼、人命、诈伪、光棍、喇唬等项事情，尤须严督官校，密切缉拿，审实送问，务期内外肃清，军民安妥，以副朕委任付托之意。有应随宜发落者，尔量情处治，毋致迟滞，事情重大者仍奏请定夺；应与各该衙门计议者，公同议处而行，不可偏执，有误事机。”又敕提督团营内外官及六科亦如府、部之意云。（一七七，3445—3449）　丁卯，太监萧敬传旨：“朕亲统六师，奉天征讨，仍托总督军务威武大将军总兵官镇国公名号，还写制敕，俾其便于行事。”（一七七，3450）

己巳，命太监张永率团营台后及宣府北路官军各五百人，提督赞画机密重务兼核勘宸濠反逆事情，其为从恶党及改逆效顺者即于军门奏请处分，仍查核宫眷、库藏。（一七七，3451）　癸酉，以营建乾清、坤宁二宫定磉，敕荫总理提督御用监太监张永、提督官校办事御马监太监张锐、提督内官监太监刘养、御马监太监孙和、新宁伯谭祐、平虏伯朱彬、兵部尚书王琼、工部尚书李鐩、左都督朱宁及司礼等监太监谷大用、萧敬、魏彬、温祥、赖义、秦文、张钦、韦霦、张淮、李英子侄各二人为锦衣卫世袭正千户；管理内官监太监阎清、傅平、刘祥、刘永、赵俊、王锐、班浩、汪俊、赵锐、崔文、王富，点闸工程兼管物料太监温玺、周永弟侄各一人为锦衣卫世袭总旗。于是兵部拟加荫刘养侄正千户钦、孙和侄千户宣俱为都指挥同知，朱彬子总旗然为指挥同知，谭祐子百户纲为都指挥佥事，朱宁子都指挥佥事永安为右都督，萧敬侄孙傅、温祥侄宣、魏彬侄孙镇俱总旗，亦加为指挥同知，李英外孙赵珏、张钦表侄李贤、韦霦甥温宣俱冠带舍人，加为指挥佥事，温玺侄百户泽为正千户，赵锐弟所镇抚铭、崔文侄冠带总旗玉俱副千户，赵俊兄指挥同知仲良为都指挥佥事，刘祥侄指挥佥事雄为指挥使，王锐仆冠带舍人周清为副千户，阎清侄安，班浩侄永，王富侄缙，周永侄锐，傅平侄刚，刘永弟宣，汪俊侄雄俱冠带舍人，加为百户。俱许之。（一七七，3453—3454）　丙子，调御马监太监廖宣提督苏、杭等府织造。(一七七,3457)　庚辰,太监萧敬等传旨:“朕今南征,皇城四门,遣内外大臣各一人关防出入,以遏奸宄;正阳等九门,团营摘拨内外坐营并文职官各一人、官军一千人分番防守,以备不虞。”又传旨,都城九门、皇城四门、芦沟等桥、居庸等关恐有窥伺奸细,即遣将官增兵备御。又传旨谕团营西官厅提督坐营官,每遇操期,约束军士,各要遵守军法,习演武艺,不许虚应故事。又谕都城九门守门守卫内外官军,其申严门禁,早晚启闭,出入盘诘,务倍加谨慎,以察奸宄。又谕镇国府官军并守门守藏者各宜遵守军法,小心安分,凡有在府出入之人,务严谨关防,盘诘诈伪,有误事者俱重治不宥。(一七七,3458)　癸未,传旨命平虏伯朱彬提督赞画机密军务,仍军门提督官校办事;左都督朱周协赞行事。又传旨,命锦衣卫掌卫事都督朱宁量带官校,随驾南征,不妨原任。西官厅提督操练兼管西路关口都督佥事朱琮同太监刘祥、佛保统捕盗硬(**按,硬疑为营**)兵官军五百人管押船只,防运神器,官军赏赐银、布,如例给之。　荫太监张锐侄孙拱为锦衣卫正千户,冒镇西功也。(一七七,3464)　甲申,太监张淮传旨,以锦衣卫带俸都指挥佥事朱政南镇抚司管事。(一七七,3464)　太监李英传旨,赐万全都司宣府右卫中所百户刘昱、陕西绥德卫指挥佥事赵杰、榆林卫右所百户李虞、山西阳和卫中所舍人马聪姓俱朱氏,填注锦衣卫带俸,仍升聪为百户。(一七七,3464—3465)　南京给事中王纪等、御史杨必进等言:“宸濠计不足以谋身,兵不足以制胜,实恃太监毕真以为应援。真在江西未逾年而遽有浙江之调,正为今日计耳。如先任御史范辂尝劾宸濠乐官,真则挤辂以快其心;浙之巡捕者尝获宸濠谍者,真释之以隐其迹;举孝行以释主疑,赏军士以行私惠。又于七月十五夜,令都司发官军,具器械,期三更入候,三司官期四更入揖,且欲收各城之钥,遂致城中军民惊惧奔走,哭声动地,三司拥兵自卫。若非巡按御史张缙破其奸,其夜不知何为也。又闻真遣人赍金帛至宁府贺寿，驱弓匠十二人畀之，今随从亲信者又皆江西之盗。其初至浙，出军器堆积如山。又有周管家者凌辱有司，毒害人民，勒取财物，已逾十万，残虐罪恶，不可纪极。况真逆瑾遗党，积习已成，乞械诣京师，明正宪典。”诏真已有旨取回，候至日再议以闻。(一七七,3465—3466)　　乙酉，传旨谕南京内外守备、参赞等官黄伟等：“今江西反贼宸濠伪传檄榜鄱阳，县官宜即毁之，何乃敢与转达，张彼讪谤，摇动人心？尔等不行究治，亦辄轻易奏入，甚昧大体。其即移文江西及邻省大小衙门，今后但系宸濠片纸只字不许转递，即行烧毁，擒其持檄者如律治罪，违者不贷。”【考】何良俊《四友斋丛说》卷六：“武宗南巡时，乔白岩为参赞机务，寇天叙为应天府丞，时缺府尹，寇署印。太监王[黄]伟为内守备。三人者同谋协力，持正不挠，故保南京无虞，不然祸且不测矣。”又云“王伟太监，是小时与武宗同读书者，时适为南京内守备。武宗呼为伴伴而不名，从小相狎，唯其言是听。遂得从中调护，故乔、寇二公得行其志。是虽适然之会，亦可以占社稷灵长之福矣。”　杖教坊司乐官臧贤、施钺、司鉴于午门，贤八十、钺七十、鉴六十，仍发戍广西驯象卫，籍没其家。初，贤以伶人得幸于上，宸濠遣使厚遗之，使行贿于太监萧敬、尚书陆完、都督朱宁，结为内(应)，禁中动静，莫不密报于濠，故反谋益固。至是事觉，词连宁，及发遣，行至张家湾，宁乃使盗往杀之，以灭口云。(一七七,3466—3467)　　丁亥，上至涿州，留太监张忠私第。时都御史王守仁平宸濠之奏已至，上决意南幸，忠及太监张永、都督江彬、许泰等各以兵从，欲掩为己功，于是留守仁之疏不下。(一七七,3467)　　辛卯，太监秦文传旨谕司礼监：“即今朝廷南征，凡百文书事务，俱依敕内行事，各奏报事情可行、可奏俱以成规，宗庙礼仪遵依旧典，各衙门执事出纳行事必须谨慎，时常点闸关防，当与掌事太监谷大用及缉事衙门会行者，务在协和用事，慎毋怠误。如违，律所不原。”(一七七,3468—3469)

九月甲午，致仕南京都察院右佥都御史陈世良卒。……逆瑾擅权,以事中世良,罚米至二千余石。瑾败,擢南京大理寺右少卿。(一七八,3472—3473)　戊戌,上至临清,山东诸镇巡官皆从。越三日,传令进宴,宴具草略,上视之,笑曰:“慢我何甚!”竟不怒。及宴,都御史王珝献觞步缓,上目之,神周因怵珝,谓上意不测。明日复宴,都御史龚弘趋进,自言姓名,盖恐上误以为珝也。江彬从旁厉声叱之,冀并罪两人,上不为动。时太监黎鉴家人有以科敛得罪者,鉴惧,悉所有以献,复取偿于有司。珝不可,鉴以头触之,遂相斗争。鉴泣诉于上,上曰:“此必汝有求不遂耳,巡抚何敢辄辱汝也?”鉴语塞而退。盖上巡幸所至,事每有容,且聪察不为左右所惑类此。(一七八,3473—3474)　荫御用监太监张永弟鸾为锦衣卫正千户,以营建功也。(一七八,3474)　丁未,都御史王守仁以宸濠及诸从逆者将亲献捷于上,至杭州。上遣太监张永邀之,令复还江西,守仁执不可。时守仁携家而还,永乃潜遣人逻其资重。守仁惧,乃以宸濠付永,且厚结焉,遂与俱还。而张忠、朱泰、朱晖等已由大江趋江西,执伍文定辱之,又穷索逆党,欲以报功。守仁至,大沮。永及忠等留数旬,复械宸濠等献捷于南京。忠屡谮守仁,祸且不测,赖永为营救得免。

己酉,惜薪司奏:“新添小火者千一百余人,岁增柴为二百一十万二千余斤,请增给。”工部议:“山东、山西及真定等府连年凶灾,宜以新增柴每百斤征银二钱五分,或令买杂柴兼旧支放。”从之。(一七八,3476)　甲寅,升坐营都督佥事岑玉为都督同知。玉,太监岑章家人,自冠带总旗冒功历升至都督。(一七八,3477—3478)　戊午,户部署员外郎马驯监城西草场,隶卒与输草者交通作弊,为东厂所发,坐驯徇私容隐,逮系锦衣卫拷治。既而法司论驯罪当赎杖还职,从之。(一七八,3481)　庚申,南京兵部尚书致仕林瀚卒。……丙寅,改南京兵部,参赞机务。会刘瑾窃政,大学士刘健、谢迁以不合骤退,瀚闻而显议之。时南京科道官交章论救健等,瑾罪言者及瀚,乃降浙江左参政,勒致仕。瑾

诛，始复旧衔，给舆隶月廪，且命有司岁时存问。至是卒，赠太子太保，谥文安，赐祭葬如制。（一七八，3482—3483）

十一月壬辰，南京六科给事中孙懋、十三道御史吴铠等言："宸濠之变，都御史王守仁身先将士，元恶就擒。比者俘至浙江，太监张永必欲亲临覆审，缘此引疾乞休。臣等窃惟守仁仰仗天威，削平僭乱，厥功甚伟，伏愿皇上鉴其忠勤，急定功赏，以摅神人之愤。"不报。（一八〇，3499）　辛丑，上御龙舟自徐州顺流而下，乙巳至淮安清江浦，幸监仓太监张阳第。（一八〇，3500—3501）

壬子，冬至节，文武群臣于奉天门行遥贺礼。是日，上在清江浦，扈从及抚、按等官称贺于太监张阳第。（一八〇，3501）

十二月辛酉朔，上至扬州府。先是，太监吴经至扬，选民居壮丽者改为提督府，将驻跸焉。经矫上意刷处女、寡妇，民间汹汹，有女者一夕皆适人，乘夜争门逃匿，不可禁。知府蒋瑶诣经恳免，经大怒曰："汝小官，敢尔，汝头顾欲斫邪?"瑶不为动，徐曰："小官苟逆上意，自分必死，但百姓者朝廷之百姓，倘激生他变，恐将来责有所归。"经怒犹未解，挥使去。经密觇知寡妇及娼者家，夜半忽遣骑卒数人开城门，传呼驾至，令通衢燃炬光如白日，经遍入其家捽诸妇以出，有匿者破垣毁屋必得乃已，无一脱者。哭声震远近，寻以诸妇分送尼寺寄住，有二人愤恚不食死。瑶为具棺殓之，自是诸妇家皆以金赎乃得归，贫者悉收入总督府云。（一八一，3505）　辛未，大学士梁储、蒋冕言："今早司礼监太监魏彬传谕圣意，以明年正月郊祀天地日期既近，欲暂于南京行礼，命臣等详议可否。（**所言略**。）"上驻跸扬州，欲于南京郊祀以缓班师之期也，谕议再四，储、冕力陈不可，事遂寝。若郊于南京，则上心益无所系而驾回不可期矣。（一八一，3506—3512）　戊寅，宸濠之举逆也，适镇、巡、三司及公差官入府谢宴，濠既杀都御史孙燧、副使许逵，乘怒叱诸官，俱械系仪卫司狱。户部主事马思聪、参议黄宏不食死，寻复释各官还官舍，惟知府郑瓛不释。是时巡按御史王金、镇守太监王宏(等皆畏死就降。)及濠败江中,王金、王宏、梁辰等亦脱走来见,守仁奏劾(王)纶、(潘)鹏、(师)夔从贼,情罪深重,各官势虽由于迫胁,事已涉于顺从,乞大奋乾纲,各寘诸法,以为臣子不忠之戒。诏下兵部看处以闻。(一八一,3513—3515)

癸未,上渔于仪真之新闸,因视大江,命江彬摄祭。明日幸民黄昌本家,阅太监张雄及守备马炅所选妓,以其半送舟中。(一八一,3516)

本年附

史事

陈洪谟《继世纪闻》卷五:"是年工部奏巾帽局缺内侍巾帽、靴袜合用纻丝、纱罗、皮张等料,成化间二十余万,弘治间三十余万,正德八、九年至四十六万,及是年至七十二万矣。"

艺文·碑铭·太监杜甫墓志

明故神宫监右少监杜公墓志铭

赐进士第、资善大夫、奉敕提督团营、侍经筵、兵部尚书东黄王时中撰。后军都督府事、奉敕提督五军营兼提督十二团营诸军事总兵官、侍经筵、荣禄大夫、太保兼太子太傅、武定侯凤阳郭勋篆。奉议大夫、鸿胪寺少卿燕山高岱书。

公姓杜氏,讳甫,保定府涞水县人也。父礼,有隐德弗仕,母张氏,生三子,公俱[居]三,曰原,曰庆,兄也。侄男一:锦衣指挥同知,曰昂。公幼有异资,躯干雄伟,顾视过人人。以成化壬寅(十八年,1482),选入内庭,事御用监肄业。上心推取,随侍春宫。是年以勤劳自执,除长随。弘治癸亥(十六年,1503),以才行升奉御。弘治乙丑(十八年,1505),转升御马监左监丞,着佥押。本年升太监,许内府乘马,赐蟒衣玉带。

正德改元,钦命陕西王府等府送敕符。正德丁卯(二年,1507),调尚衣监太监,掌印。敕掌显武营军务。正德壬申(七年,1512),岁加禄米二十四石,命福建地方挂袍织造。正德甲戌(九年,1514),命总督京通等处仓场。正德乙亥(十年,1515),转御马监太监,钦差总镇湖广等处地方。

公抚民，人安之，有司奖劳数多，赐坐龙服。武宗皇帝念公练达老成，乃旧臣也，命转福建地方镇守。

正德辛巳（十六年，1521），例革右少监，康陵司香。公得寿六十，生于成化戊子（四年，1468）四月初四日辰时，卒于嘉靖丁亥（六年，1527）十月十四日申时。上闻悼惜，命御马监左少监孙君瑛、御用监左监丞孙君瑜董治丧事。卜以卒之年十一月初十日扶柩安厝顺天府宛平县阜城关外四里园之原，请为铭之。铭曰：

始迍而穷，终显而亨。其学之诚，其道之通。命服煌煌，以华其躬。圭璋颙颙，以令其终。无忝所生，己持于恭。有美曷胜，功光于崇。志勒坚珉，芳溢幽宫。于千斯年，视此吉封。

（北京海淀区甘家口出土。《北京图书馆藏中国历代石刻拓本汇编》第54册，第150页）

艺文·碑铭·太监苗旺墓志

明故神宫监太监苗公墓志铭

赐进士出身、承直郎、刑部主事真定王宇撰。光禄寺寺丞豫章王杲书。征仕郎、中书舍人李升篆。

公讳旺，姓苗氏，世为山西夏县人。大父清，有隐德。母太孺人靖氏。公成化甲午年（十年，1474）进入内府，恭慎小心，夙夜匪懈，事务毕集。随选为办事长随。以积劳连转，随侍坤宁宫办膳。公闿爽有为，谙练事故，有难克济者，其长多以委之。至是无不乃尽，裨益良多。

弘治戊申（元年，1488），点升尚膳监太监，管理霸□□河等处皇庄。公平心驭物，廉约宽厚，上不累公家之赋，下不亏小民之心，惟正是取，纤毫无所入。每遇少有水旱虫蝗灾，即上奏闻，蠲免其他。所以为上为民之事，无不尽心竭力，诚革故垂后，迄今人咸称诵不忘。弘治丙辰（九年，1496），上嘉其劳勚，特赐蟒衣玉带。正德壬申（七年，1512），迁委茂陵治事。

公仪状魁梧，温纯乐易，不事矫饰。官事未毕，继之以日。性敦孝爱，兄盘，义官，弟广全，同居白首，无间言。戚里穷急，力为赒施，而自奉俭约，不为禄位所移易。人皆喜其德之宏裕，下至旗校亦感慕无饮怨者。兄先卒，公念之不置，厚葬以礼，不计其费。侄男长山，义官；次霖，锦衣卫左所见任百户；次天秀，学官弟子员；次海、嵩、淮、洪、越，俱勇士。皆蒙抚摩,教育有成,是亦可谓难已。

公生于正统十年(1445)十月初五日卯时,卒于正德己卯(十四年,1519)五月二十六日,得寿七十四。以六月初十日葬于都城高碑店先茔之原。其卒之三日,内遣中官赐赙白金及治丧事,所以慰谕者甚至,实异数也。余与有识,兹奉乡进士李文鸣状,请铭诸墓,乃为之铭。铭曰:

历任最繁兮,厥职孔修。全所终始兮,先民之仇。彼有德兮,泽或不流。嗟公生兮,繄人戚休。公已去兮,孰恃孰求。后有过兮,尚有感于兹丘。

(《新中国出土墓志·北京》第196号)

艺文·碑铭·静海寺碑

杨廉《静海寺重修记略》:“仪凤门外狮子山之阳有静海寺焉,鼎创岁深,虫坏日甚。守备太监黄伟、高隆等议重修,以宦官杨宽专其任。宽用浮图故事,费出募缘,经营三载,厥功告僝。……继而黄公属廉为记,且谓永乐年间,命太监郑和辈尝奉使航海,往来于粘天无壁之间,曾未睹夫连山排空之险,仁宗皇帝敕建此寺,而因以名焉。……正德己卯(十四年)夏四月。”

(葛寅亮《金陵梵刹志》卷一八《卢龙山静海寺》)

正德十五年庚辰(1520)

正月庚寅朔,工部奏浣衣局寄养幼女甚众,岁用柴炭至十六万斤,宜增给。许之。时诸近幸多以幼女为献,又累年巡幸所过阅选民间妇女载归者皆留浣衣局,至不能容,饔飧不继,日有死者,上亦不问也。(一八二,3521)　旧例,惜薪司收易州山厂柴炭,每百斤加十五斤为水湿耗。后加至三十斤,而中官主收者又设重权以多取之。逋负岁积,遂以正补耗,类以三年之正补一年之耗,运官多弃职以逃,至有死于追禁者。管厂侍郎杨廷仪奏乞量减,尚书李鐩议以正数万斤外更加万斤为耗,得旨如鐩议。自是耗与正敌,而主收者乃以四万斤重权准万斤,正数盖不啻三倍于前矣。其输纳浮费又有扛运、过门、起筹、取单诸钱,当运判官赵孔清等诉言虽死不能完纳。工科都给事中吴岩因言:“当鐩议未请之先,主收者虽曰多取,尚未有定数。自此旨既下,得以借口,肆无忌惮,耗加于正,子过于母,而害及官民,鐩及廷仪不得辞其责矣。”事下工部,复请禁治,诏如前旨行,不必纷更。(一八二,3521—3522)　辛卯。初,左给事中徐之鸾等请裁革镇守、分守等官例外奏带人员,不听。至是,南京左卫军厉昶者驱人死,因夤缘为锦衣卫百户,贿总兵官朱洪奏带之山海关,将为规避计。事觉,有旨执昶付南京按问。都给事中刘洙等复极论奏带之弊。兵部议覆:“自今例外奏请及有避罪投托者,宜治以重罪。”上亦不听。(一八二,3522)　壬辰,是日,大学士梁储、蒋冕及南京守备魏国公徐俌、兵部尚书乔宇等朝正于行在所,鸿胪寺鸣赞李辰、柴昂赞礼差错,侦事者以闻,各夺俸两月。(一八二,3522—3523)

丙申。初,南京守备太监刘瑯纳宸濠重赂,谋为内应。及闻变,太监廖銮之侄指挥铠持兵率家丁分布城中,瑯复托为察奸,执无罪者戮之,城中人人皆忧危。南京御史杨必进等以闻,有旨罢瑯,令南京闲住;铠还原卫带俸。至是,南京兵部尚书乔宇及内外守备官复言去恶不尽,恐贻患未已,请明正瑯、铠之罪。乃命执瑯、铠赴锦衣卫禁锢,俟宸濠至日鞫问,銮亦责令陈状。(一八二,3523—3524)　甲辰,司礼监官杨秀赍奏赴行在,过临淮,以知县吴鼎慢己,还奏之。内批逮至京师鞫讯。　广西副总兵张佑、镇守太监傅伦、巡按御史曹珪等率都指挥沈希仪、土官知州罗廷瓛等击猺贼于临淮、灌阳等处,斩首五百余级。事闻,诏佑、伦、圭各敕奖励,有功官军人等令纪功官事查奏,余贼命提督都御史萧翀、总镇太监王堂、总兵官朱麒并佑等仍征调土兵克期剿绝。

丙午,大学士梁储、蒋冕言:“郊祀已奉旨改卜二月上旬,今正月已过半矣,伏望皇上亟命将士促装,俟太监张永等押解宸濠等至日即班师,庶几不误二月之期。”不报。(一八二,3525)　戊午,传旨执太监毕真、刘瑯、刘璟,都指挥廖鹏、齐佐、王准、都督同知王瓛等送锦衣狱。真初附刘瑾，镇守山东，侵牟巨万。后镇江西，与宸濠亲厚，濠所忌者辄共倾之。濠又为出资，夤缘改浙江。真至，即厚赏诸卫官军，费数万，亦濠资之也。及濠反，密遣人驰报真，真即倡言濠世子来取浙矣，浙中大震。会进圣节表，三司及府卫众官当集于镇守署，真先夕收城门钥，令官军夜半皆甲以入，将为乱。众官惧，不赴，且严为备，真不得发。琊守备南京，虐焰张甚，欲自托于濠，阴遣弟璋事之。濠以为南京有琊，浙江有真，下之如反手耳。琊闻濠举逆，集家丁百余，以棺贮火药军器出城，欲为濠应，事泄乃已。璟初镇浙江，贪利无厌，赂钱宁改两广总镇。及还，又赂宁得再镇河南。过江西时受濠馈，遂与通。鹏，福建人，投附太监廖堂，冒姓称为弟，与其子铠、锐、钺皆冒功得官锦衣。堂镇河南时，鹏随往，百计朘削，公私一空。及廖銮镇陕西，复令铠随，朘削亦如之，河、陕之人怨之入骨。鹏奸琐诡猾，貌寝如鬼，谄事宁，无所不至。后掌南镇抚事，奢僭无度，公卿士夫多与还往，及宴会其家，靡然不以为非。瓛亦累冒功，起白身至都督，依凭权幸，出入公卿家，有所求请，无不立应，有拂其意者则用计倾之，遂得祸，不安其位；与之厚者，为达于宁而至台辅者有矣。常为宁通贿，窃以自入者亦数万计，与鹏皆与濠通。佐、准皆宁婿，骤贵。宁既败，分遣官校收捕真等并籍其家，琊先已被逮，寻与准俱死。今上即位，法司以狱上，真坐谋反凌迟，鹏、瓛、佐、铠以交结朋党紊乱朝政论斩，妻子没为奴，璟仅革职。既而鹏等屡奏辩，延久未决，鹏、铠死狱中。(一八二，3529—3531)【考】黄景昉《国史唯疑》卷五：“宸濠谋叛，遍结诸镇守阉，河南刘璟、留都刘琊、浙江毕真，咸约为内应。真一夕构市，人火其居，延烧无算。杭守留志淑闭门，止诸司勿救火。及濠叛，阴谋益急。淑先伏民夫门外，入劝真宜自白，密报诸监司入，即上堂执真手，令尽出府中徒众释疑，真仓促不得已出之，尽执置之狱。俄与真入视库藏兵器，曰：‘此何为者？’真不能答。逾月得旨，械至京伏诛。”三人惟璟逃罪，然亦退闲，卒于嘉靖十年，其墓志见本年附。

三月甲辰，太监萧敬传旨，以御马监太监杨简镇守山东等处兼管临清地方。(一八四,3546)

四月丁亥，都察院右副都御史朱钦卒。……进都察院右副都御史，巡抚山东。以民俗多酣酗，下令禁酿。适内使过境，不得纵，谤于刘瑾，被逮入京。有劝其贿免者，不从。然瑾竟不能害，得致仕归，寻摭旧事夺其职。瑾败，仍复之。(一八五,3550—3551)

六月辛巳，掌大理寺事工部尚书杨守随卒。……为(应天)府尹时，尝按太监蒋琮罪，为所中，遂调广西。为大理时，尝偕三法司谳太监张瑜狱，抗众杖之，必欲尽法，与内意忤，遂致仕。末复为刘瑾所构，系狱凡八月，罚粟凡千石。守随素清慎，家至屡空，而其心裕如也。(一八七,3564—3565)

七月乙未，太监马俊监榷杭州、芜湖竹木一年已满，太监刘养为俊奏再留一年，许之。工部奏："二处抽分，本以供造运船及内应器皿，今欠造船银动以万计，如养所奏，恐商贩闻风疑阻，公私失利。"不听。(一八八,3573)　甲寅。先是，巡抚四川都御史盛应期议征僰蛮，兵部既从之，会巡按御史黎龙劾应期才非所宜，镇守太监王润亦言春深江涨，师未可进，而应期适以丧去位。于是兵部尚书王琼复议谓："应期谋事未合舆论，宜移守臣详议可否，毋得妄动，致有后艰。"诏如琼议，仍令应期俟代离任。(一八八,3581)

八月丙辰朔，广东苏峒、十八山、青龙冈、帽子峰等处盗平，破巢寨二百一十处，擒斩首从万一千二百三人，俘其属四千一百四十八人。提督两广军务都御史杨旦、镇守太监王堂、总兵官朱麒等以捷闻，赐敕褒励，升其赍捷者职一级。(一八九,3583)　户科给事中曹怀言："京、通二仓实在米仅六百余万，不足给二年之用，又今起运地方水旱变逆，困于供亿，到才二十余万。若不早为之处，一旦粮尽，京师何以取给？谨以六事上请：一、罢传奉。文职如鸿胪寺、太医院、文思院并各局、寺官，武职如锦衣卫指挥、千百户以至总旗，凡有传奉出身者，乞通行查革。二、去投充。京城内外无籍之徒，投入势家，假名勇士，一家或至三四百名，每月支米一石，费耗国储；及班匠、厨役增添，多非旧额，乞清查禁革。三、查冒功。近年各边奏带报功，足多未履行阵，甚至同日而两处获捷，滥冒升赏，乞辨别真伪。(**四、革漕债。**)五、重盐法。往者商人开报，挨次称掣，供边之余，又有余盐，银两解部。近年利归权门，每每违例奏讨，越次开中，乞通行各运司衙门，申明旧例施行。六、严边储。近者势要之家召纳粮草，多诡名上报，冒领价银，乞通行抚、按衙门查实参奏。"不报。(一八九，3584—3585)

己巳，虏驻宣府西路把儿墩朵銮觜牛心山，各连营三四十里，兵部议以都督郄永军居庸，参将杨玉军昌平，都督朱洪军黄花镇，相机防御；仍令宣城伯卫錞、南宁伯毛良、都督陈义各坐营领操，先发义勇营一千人同都御史李瓒守白羊口，其十一营各选兵三千人及三大营兵俱听太监孙和、尚书王琼调用。从之。(一八九，3590)

九月庚申，上至宝应，复渔于范光湖。镇守太监丘得索进贡物不得，以铁索系知府蒋瑶，窘辱备至，数日乃得释。(一九一，3601)

丙寅，上至清江浦，复幸太监张阳第。逾三日，上自泛小舟渔于积水池，舟覆溺焉，左右大恐，争入水，掖之而出，自是遂不豫。(一九一，3602)　辛未，法司如例会官审录重囚，应死者五十七人，免死戍边卫者三人，内官充净军者一人，妇女杖而释之者三人。(一九一，3604)　戊寅，万寿圣节，文武百官于奉天门行遥贺礼。是日，上至临清，抚、按等官称贺于镇守太监第。(一九一，3605)　甲申，右佥都御史巡抚辽东张禴卒。……禴为人精敏机警，正德初，逆瑾用事，改御史查盘山西仓库钱粮，专事苛察，以希合瑾意。遂历升至佥都御史。瑾败，两京科道官交章劾其助瑾为虐，交结阿附，纳贿骤迁，士论鄙之。遂坐瑾党落职，犹未足以厌众心也。及再起巡抚，虽颇能延访众谋，拊循士卒，欲自励以盖前愆，然大节不谨，则虽有他才能，亦不足取矣。（一九一，3607—3608）

十月癸亥，发太仓银一万七千二百两送内承运库以备赏赐。（一九二，3610）

十一月庚申，执太监商忠、杜裕，少监卢明、秦用、赵秀，锦衣卫都指挥薛玺、指挥陈喜、监察御史张鳌山、河南右布政使林正茂等俱下锦衣卫狱。先是，司礼太监张雄、东厂太监张锐嬖幸用事，宸濠欲结纳焉，赂伶官臧贤以通锐、忠、明，以通雄馈，各万计。由是问遗相属，凡所奏求，二人必助成之。明与用、秀俱办事文书房，濠每厚贿以探中朝消息。明又假报讣至江西，重有所获。濠尝嗾太监黎安与淮王奏讦，杖杀其长史庄典，玺往按之，曲为隐讳，濠馈银千两以谢。喜家贩鬻币货，濠使至京，馈贿不足，则出以贷之。裕守宣武门，为濠使出入所经，亦受其贿而馆之。鳌山为诸生应举时，濠召见悦之，自后每有馈问，不能却。正茂为按察使时，与镇守太监许满皆与濠厚受其礼物。至是为张永所发，诏逮捕忠等付狱并收其家属，裕寻死狱中。今上即位后，法司以狱上，忠、明、用、秀、玺、喜皆论斩，满、鳌山、正茂革职。初，官兵克复南昌，得濠簿籍，所记平日馈送主名，遍于中外，多者累数万，少亦不下千。李士实尝疑其太费，濠笑曰："此为我寄之库耳。"王守仁以簿籍连及者众，令焚之，永所发者仅百之一二云。（一九三，3614—3616）　辛酉，传旨令司礼监太监萧敬、李英闲住，亦以尝与宸濠通也。（一九三，3616）【考】《继世纪闻》卷五："萧敬以老，罚银二万两赎罪。"　辛未，是夜北安门有火者二人缒皇墙而下，守卫官校获之以闻，诏付镇抚司鞫治。（一九三，3618）

丁丑，太监魏彬传旨，令五府、六部、都察院、通政司、大理寺、鸿胪寺、锦衣卫、六科、十三道，每衙门止留佐贰官一员在京，其余并内阁、皇亲、公、侯、驸马、伯俱赴行在。时上久驻于外，京师汹汹，传言江彬欲为变，及闻尽召诸大臣，人情益惧。(一九三,3622)

癸未，整理兵粮兵部左侍郎兼左佥都御史王宪等奏江西之捷言：“随驾太监魏彬等，内阁大学士梁储等，朱彬、张永、张忠、朱泰、朱晖及都督朱周、朱琮、白玉、宋赟，太监于经、刘祥、朱政、王镐等，锦衣指挥张玺、张伦、都御史王守仁、知府升按察使等官伍文定、邢珣等，都指挥余恩、李楫等，守备升参将杨锐、知府升少卿张文锦、南京守备太监等官黄伟、乔宇等，操江南和伯等官方寿祥、刘玉等，纪功科道等官祝续等，御史谢源等，巡抚苏松侍郎李充嗣、漕运镇远侯顾仕隆、都御史臧凤、巡抚都御史丛兰、刘达、伍符、王珝，管河都御史龚弘、都御史秦金、许廷光，太仆寺卿等官汪举、毛珵等，巡按御史孙漳等，功各有差，俱宜升赏；参政王纶等，都指挥马骥等，御史王金等，副使曹雷等，罪各有差，俱宜究问；故都御史孙燧、副使许逵死于乱，俱宜褒奖。”其首称上亦曰“威武大将军、总兵官、后军都督府、太师、镇国公”，所奉旨皆以案验为辞，谓“总督亲征，指授方略，以致元恶就擒，真万世伟绩；且军令严明，惟在吊民伐罪，所至秋毫无扰，臣等睹兹盛事，不胜庆幸”。盖八月十三日奏也，至是始得旨，各赐敕奖励，赍奏人各如例升赏，有功官员军民人等令兵部即会议以闻，计贼平之后已一年有半矣。(一九三,3624—3625)

十二月己亥朔，以太监金义、陈浩充正、副使封朝鲜国王李怿嫡长子峼为世子，仍以文绮四袭赐之。(一九四,3628)【考】二使皆朝鲜人，金，定州人，浩，罗州人。按，二使赍三敕，次年四月至鲜京。

己丑，镇守宣府总兵官朱振、副总兵陶杰、游击将军时春，分守太监侯钦、冯敬、叶森，右参将张昶，左参将都勋、江桓，守备都指挥朱林俱自宣府来迎驾，巡按御史吕秉彝以边将辄离任特奏之。得旨，谓已知矣。(一九四,3633)　癸卯，太监魏彬传旨：“朕体未平，暂免朝参，各衙门俱安心办事。”于是文武群臣各具疏诣左顺门问安，上温旨答之。（一九四，3637）　　己酉，命太监尹辅往饶州烧造磁器。工部议覆："江西地方屡遭焚劫，复有宸濠之难，所在官民，十处九空，优免赈济尚未苏息，若再差官烧造，廪给柴薪、物料、工食所费不赀，诚恐激成他变。乞照弘治九年例，暂免差官，令镇、巡、三司等官查原欠之数，如式烧造，以次进用，庶官民两便，供应不误。"上曰："业已遣之矣。"已而给事中吴岩、御史杨秉中等亦以为言，不允。　太监于经者得幸豹房，诱上以财利，创开各处皇店，榷敛商货，后复随驾巡幸，不离左右。上感疾以来，饮食多不当意，经狎宠应对，时有触犯。上怒曰："此竖愚戆至是，其寘内书馆，令翰林官约束之，每日自晨至夕，必常在馆，俟其知悔，出言能慎，乃以闻。"时经已年老，且不识字，至则俯首，与诸内竖齿。自是疏斥，不复得见上矣。（一九四，3640）

本年附

艺文·碑铭·太监刘瑔墓志

明故前内官监太监湛庵刘公墓志铭

赐进士、资政大夫、户部尚书、前奉敕总提督仓场濮阳李瓒撰。赐进士出身、通议大夫、兵部左侍郎金华潘希曾书。敕守贵州等处前总兵官、右军都督府管府事、都督佥事濠梁牛桓篆。

正德庚午（五年，1510）冬，余以江西佥事复升通政参议，舟过杭时，公以太监为镇守，乃与燕集武林驿中。见其丰姿雄健，言论倜傥，嘉叹者久之。相别二十年，各不相闻。一日，其侄熙持大理评事吴君汝莹状请铭，始知公已盖棺矣。呜呼！人生如寄，其信然哉。

按状：公姓刘，讳瑔，字世明，别号湛庵，世出保定之清苑。祖讳清，父讳贤，业农不仕。贤以子和贵，赠明威将军、锦衣指挥佥事。公生而端凝严重，幼不与群儿嬉戏。长入社学，读书通大义。成化十八年（1482），内庭缺役，公与选列。二十二年（1486），宪庙以公老成知事，选侍孝宗青宫。二十三年（1487），以登极恩，升长随，乾清宫供事。弘治改元，升奉御。历八年，累官至内官监太监，监督京仓。

正德元年(1506)，出镇浙江，赐蟒衣玉带。公莅镇，事无巨细，皆自剸治，人心严惮不敢欺。孝丰蛮贼汤毛九作乱，事闻，命公督守巡兵备，剿平之。江西剧贼王浩八侵犯浙境，公集三司议，遣兵却退。上欲温、处二府开矿，公曰："此民患也。"力请止之。凡此公皆与有力焉。当是时，玺书频降，禄米频加，殆非倖致者。九年(1514)，总镇两广。逾年，守备南京，赐坐龙衣，盖殊遇也。

公尤乐与士大夫游，多蓄古今名画，假观者无吝色。其在浙，有《萃美录》，侍郎瓯滨王公(瓒)、洗马九川滕公(子冲)作诗序以赠之；在广，有《去思录》，大学士鹅湖费公(宏)、大宗伯二泉邵公(宝)俱有诗文。公之贤可知矣。然浙之人立感惠祠以致祭者，广之人有留靴以警俗者，是岂强求耶！盖人感公，自有不能已者尔。

十四年(1519)，又调河南镇守。十六年(1521)，谪归私第养闲。居常与士大夫相接，笑谈终日，无少倦。暇则焚香精舍，以诗书教侄与孙而已。秋，疾作，卒于正寝。侄男三，曰熙，前锦衣指挥使，署南司事；曰焘，前锦衣指挥同知；曰然，尚幼。侄孙七。公生于天顺己卯(三年，1459)正月二十九日，享年七十有三。卒于嘉靖辛卯(十年，1531)八月四日。熙以卒之年九月十一日，奉葬西直门外冉家庄之原新阡也。铭曰：

王畿毓秀，中贵挺生。幼而端重，长而严明。入侍宫掖，爰历四朝。眷宠日渥，出谷迁乔。中州浙水，广内白下。曰镇曰守，暖席不暇。遭逢□世，其维命□。退能保终，其乐只且。睠彼冉村，□□攸钟。新阡蓊郁，百世其封。

(《新中国出土墓志·北京》第236号)

艺文·碑铭·严子陵祠堂记

屠滽撰(**碑题失拓**)："正德丙寅(元年，1506)秋，钦差内官监太监刘公璟来镇两浙。庚午(五年，1510)春，出巡各府，禁革奸顽，兴举废坠。公勤廉静，大得众心。二月廿又八日，回至严州府，偕大参何公显、宪副边公宪、佥宪杭公淮、都阃陈公璠谒严子陵先生祠，见神像祠宇俱已损坏，叹曰：'此何以妥神灵乎！'乃捐廪资及出公帑羡余，托太守孟君春修葺之。孟君又奉名公之命，恪尽乃心，遂鸠工度材，卜日兴举。(**下略**。)正德五年，岁次庚午，秋八月吉日立。”

（石在浙江建德。《北京图书馆藏中国历代石刻拓本汇编》第53册，第155页）

艺文·碑铭·太监王钦墓志

明故御马监太监王公墓志铭

武德将军、锦衣卫衣右所副千户海山王深撰并书篆。

公姓王氏，讳钦，字惟寅，别号肃庵，其先直隶保定府之新城县人。公幼而聪丽，慎动举，不轻言笑，乡里敬重之。弘治癸丑（六年，1493），被选入内庭，供执御马监。丁巳（十年，1497），除长随。戊午（十一年，1498），进奉御。癸亥（十六年，1503），升右监丞，事故司礼监太监黄公中为明府。

正德改元，上命黄公出守南都，付以重寄。公疏名请随之，上准南京御马监如其官，署事兵仗局，带管龙江关。未几，上念黄公伴读春宫，早夜勤慎，终始不渝，召还管司礼监密务。公亦遇取前监，加左监丞佥押，出管旧都府草场出纳钱粮事。寻升右少监。丁卯（二年，1507），迁正监。黄公卒，公董治丧事，殡葬悉如礼，第造祠堂，请额“悯贤”，寺宇额“保恩”。生死一致，人咸称之。事成奏上，遂有蟒衣玉带之赐。

公历政公勤，不苟取与，不妄交接，为官长僚友称重。政务□暇，诵诗读书，鼓琴作字，延贤论道，消遣世虑，此外无为也。公尝与同门署惜薪司事司设监太监张公环辈，于都城西宛平县香山乡广源闸悯贤祠左择□一区，治以墙垣、树株，以为归藏之所。意以大期之来，万岁千秋，图与黄公密迩。未数岁，而公卒。公以廉干之才，人方重望，起渥疲癃，奈何未遂而没。呜呼，惜哉！

公生于成化丁亥（三年，1467）十二月十有一日，卒于正德庚辰（十五年，1520）九月十有九日，得寿五十有四。以卒之年十月十八日，归葬于前卜之地。父母暨兄皆早逝，宗弟中贵王君玺甥男养为子者二：钺，锦衣卫衣中所冠带总旗；闵，腾骧左卫中所勇士。义弟徐辅者，公未贵时所交也。予昔事黄公，与公有同门之旧。公病将革，属予后事，恳恳再四。予复弗获辞，故志之如此。铭曰：

粤惟世重，为约与谦。公阶正监，厥志引恬。质直无华，动履有则。不冰而寒，不火而热。左诗右书，岁月与居。守默自重，不事时誉。惟公与勤，孜孜为国。藻鉴殊明，不为物惑。人方重望，在起疲癃。皇天弗吊，正命而终。湖山之东，广源之北。千载佳城，悯贤祠侧。

（《新中国出土墓志·北京》第201号）

艺文·碑铭·三官庙重修记

郑洪撰《三官庙重修记》："京畿之西涿州房山县大石窝官厅之上，古有三官庙，不知创于何时，迩因正德十年九月内营建宫室，朝廷乃简命内官监太监阎公清及管工、监工太监等官并军匠人等来斯开取白玉等石。公于暇日拜谒三官大帝之所，睹其殿宇钟楼及山门道室垣墙已经岁久倾颓，（**遂募各官捐资重建。略**。）由是刻石为记，用垂不朽。督工管理太监阎清（**下管工太监等官、司房办理文书官、监工太监等官，及经理、办事人名略**）。大明正德十五年，岁次丙戌，孟冬吉日。"

（碑在北京房山区石窝村天仙庙。《北京图书馆藏中国历代石刻拓本汇编》第54册，第74页）

正德十六年辛巳(1521)

正月庚辰，提督两广军务都御史萧翀、镇守太监王堂、总兵官朱麒各奏新会、新宁等县之捷，赐敕奖励，升奏捷者人一级。（一九五，3654）

二月丙戌，录广东新会、新宁二县平贼功，总督都御史萧翀、总镇太监王堂、总兵官朱麟各赏银三十两、纻丝三表里……（一九六，3660）　庚寅，加太监谷大用、张永、魏彬、张忠禄米岁各二十四石，赏右都督朱彬银五十两、纻丝四表里，副总兵陶杰银二十两、纻丝二表里，御史贾启、佥事盛鹏各银五两、纻丝一表里，官旗六十一人升赏有差，以兵部尚书王琼言其修完口北等处边墙及擒获奸细也。（一九六，3663）　壬辰，命司礼监太监魏彬会各营内外提督官阅视军官武艺，并考察贤否。旧例三岁一阅视，五岁一考察，至是兵部请同时举行，以三岁为期，许之。（一九六，3665）

癸巳，广西古田县蛮贼为患，副总兵张佑等讨平之，前后擒斩俘获共四千七百有奇。事闻，兵部议："都御史萧翀、总镇太监王堂、总兵官朱麒、镇守太监傅伦及佑俱有功，而佑首画兵谋，亲履戎行，其功尤著，宜各加禄秩恩荫；御史曹圭、屠垚各建议纪功，及参政彭夔、黄衷，副使张佑、刘灏，佥事姚鹏，参将吴溥、甘霖，都指挥吴启宗、戴仪、沈希仪、钱勋各分哨督军，布政使王启，参议丁仁、梁亿，佥事陈纲各区处粮赏，佥事杨必进，副使刘节，都指挥欧儒、于大经各能用命，亦宜量加升赏，用示激劝。”有旨，加堂、伦禄米岁十二石，麒四十石升，翀俸一级，佑署都督同知，及伦仍各荫子侄一人为世袭百户；圭、垚及夔等五人亦各俸一级，溥、霖、启、宗、勋、儒升都指挥同知，仪、大经都指挥使，希仪署都指挥同知。(一九六，3665—3666)　　甲午。初，内批以太监晁进分守兰州，杨保分守肃州，兵部言非旧制，不听。至是，兵科都给事中汪玄锡等奏：“兰州在黄河之偏，肃州乃孤悬之境，地狭民贫，比之他处尤甚。今无故令进、保分守其地，臣恐开设之初，凡百取办，必至扰民；况肃州曾遭土鲁番之厄，危如累卵，使内无副使陈九畴捶死奸夷以伐其谋，外无守备汪淮用火军以破其阵，则肃州外属久矣。今虽稍宁，犹为回种盘据，将来之事尚未可知。若用中官分守，恐军民嗟怨，番夷伺隙，其患未有穷已。望追寝成命，地方幸甚。”疏入，诏进等业已用矣，玄锡等题奏不谨，字多刮洗，其具状以闻。(一九六，3667)　　辛丑，命太监金义充正使，赍敕赐朝鲜国王妃及养老王王妃并世子银两、纻丝、蟒衣、玉宝石带。(一九六，3669)【考】御用监太监金义任正使，御马监太监陈浩为副使，二使皆朝鲜人。　　壬子，虏入威远松山等堡虏掠，焚草束万计，卒陈玉战死，巡按辽东御史葛禬以闻，并劾守堡都指挥李继宗等失于备御，及分守参将孙棠、副总兵张铭、太监刘岑、李环罪，请治之，仍录玉之后以励人心。诏继宗等逮问，分守官姑宥之，棠夺俸五月，玉子升级如例。(一九六，3672)

三月甲寅，录云南十八寨平夷贼功，镇守太监史泰岁加禄米十二石，巡抚都御史何孟春升俸一级，仍各荫子侄一人为百户……(一九七，3673)　　乙卯，太监赖义传旨：“宸濠并拱樤等妃妾赵氏等俱送凤阳高墙安置。"先是，大学士杨廷和等言："宸濠诸眷属奉旨俱暂住通州，但通州褊小，近人多盗，不惟供给不敷，抑且防守不易，况其事与郊祀、庆功等礼自不相妨，请先行发遣。"从之。(一九七，3673—3674)【考】杨廷和《请慎重调理疏》(《杨文忠三录》卷一《题奏前录》)："具官臣杨廷和等谨题：今早司礼监太监魏彬等同御用[马]监太监张锐传谕圣意：郊祀大礼尚未举行，圣心深有未安……三月初四日。"　庚申，传旨改团营西官厅为威武团练营，以西官厅监督太监张忠、安边伯朱泰、平虏伯朱彬、都督朱洪、朱晖、朱周、朱琮俱提督团营教场与威武团练营，操练人马，令别辟团营教场。于是六科都给事中汪玄锡、十三道御史张仲贤等言："别置教场，拓地则不免侵民之庐墓，兴工则不免费官之财力，且威武团练营既为陛下自将而设，则泰等不过奔走麾下，乃概加提督之名，不几于僭乎？"兵部亦执奏："永乐间设立五军、三千、神机三营，至景泰间于三营内选精锐堪战者立团营，专备征调，其法最便。至正德九年，又于团营官军内选其尤精锐者操练于本营西官厅，余照旧随营操演。二者初不相妨，今欲改团营为威武团练营而移团营于他处，臣恐鸠工聚财，动淹岁月。见今外卫春班官军陆续赴操，寄顿无所，操演必废，况乾清、坤宁大工未完，财力俱竭，势难兼济，伏望追寝成命。"上不听，命团营官军暂即五军营教场操练，团营教场所司其亟相度以闻。(一九七，3676—3677)　丙寅，上崩于豹房。先一夕，上大渐，惟太监陈敬、苏进二人在左右，乃谓之曰："朕疾殆不可为矣！尔等与张锐可召司礼监官来，以朕意达皇太后，天下事重，其与内阁辅臣议处之，前此事皆由朕而误，非汝众人所能与也。"俄而上崩，敬、进奔告慈寿皇太后，乃移殡于大内。是日传遗旨谕内外文武群臣曰："朕疾弥留，储嗣未建，朕皇考亲弟兴献王长子厚熜年已长成，贤明仁孝，伦序当立，已遵奉《祖训》兄终弟及之文，告于宗庙，请于慈寿皇太后，即日遣官迎取来京，嗣皇帝位，奉祀宗庙，君临天下。"又传慈寿皇太后懿旨谕群臣曰："皇帝寝疾弥留，已迎取兴献王长子厚熜来京嗣皇帝位，一应事务俱待嗣君至日处分。"于是司礼等监太监谷大用、韦霦、张锦，内阁大学士梁储、定国公徐光祚、驸马都尉崔元、礼部尚书毛澄奉金符以行。初，司礼监官以太后命至内阁与大学士杨廷和等议所当立者，既定，入白太后取旨。廷和等候于左顺门。顷之，吏部尚书王琼排掖门入，厉声曰："此岂小事，而我九卿顾不预闻耶?"众不答，琼意乃沮。(一九七，3680—3681)　是日又传遗旨，令太监张永、武定侯郭勋、安边伯朱泰、尚书王宪选各营马步官军防守皇城四门、京城九门及草桥、芦沟桥等处，东厂、锦衣卫缉事衙门及五城巡视御史各督所属巡逻，毋得怠玩。又传遗旨，豹房随侍官军，劳苦可悯，令永、勋、泰、宪提督统领，加意抚恤。罢威武团练营官军还营，各边及保定官军还镇，革各处皇店管店官校并军门办事官旗校尉等各还卫，其各边镇守太监留京者亦遣之，哈密及土鲁番、佛郎机等处进贡夷人俱给赏令还国，豹房番僧及少林寺和尚、各处随带匠役水手及教坊司人、南京马快船非常例者俱放遣。以上数事虽奉上遗旨，实内阁辅臣请于太后而行者，皆中外素称不便，故厘革最先云。时内臣得幸豹房者张锐、张雄为首，锐居东厂，雄入司礼监，皆弄权纳赂，势行中外，宸濠前后馈送各万计。锐假缉事，侵挠诸司，稍不顺即中以祸，人尤畏之。次则张忠，性凶暴，屡以提督军务，伪功受赏，时谈武艺，诱上巡游。其家霸州，保匿群盗张茂等分入所掠，而刘宠、刘宸卒为大患，实忠纵之。于经首开皇店于九门关外、张家湾、宣、大等处，税商榷利，怨声载道，每岁额进八万外皆为己有，创寺置庄，动数十万，暴殄奢侈，乃前此所未有者。孙和谋管团营，挟势取赂；刘养专领内官监营造，侵欺料直，掊敛役钱，公私蠹耗几竭；苏进、佛保、赵林、马英、刘拳、周昂皆旦夕不离左右，而进尤亲昵，刘祥、丘得、吴经、颜大经、许全、马锡、张信始贿锐、雄及钱宁出为镇守，复贿江彬扈驾巡游，与进等张惶声势，所至搜求女妇,科索民财,甚于狼虎。上为此辈蛊惑而莫之悟,天下莫不恨之。(一九七,3681—3683)　　庚午,皇太后懿旨下江彬、神周、李琮于狱。彬拥兵侍豹房,上晏驾后,既散遣边兵,彬与诸子所从家卒尚众,中外汹汹,虑其为变。会司礼监官与内阁集文华殿为上写铭旌,大学士杨廷和、蒋冕乘间言于太监魏彬、温祥等,谓彬罪滔天,不可容。彬与江彬有连,然恐其为己累,亦强从之。祥乃言当请于太后,遂与其同官往请。得旨,谋乃定。是日,坤宁上脊吻,遣彬与工部尚书李鐩行礼。彬吉服早入,家众不得随。祭毕,彬欲出,太监张永颇知其谋,乃留彬、鐩共饭于宫外,盖亦欲以计擒之也。俄顷,太后有旨收彬及周、琮,收者未至,彬已微觉,疾趋北安门出。长随十余人追及,执之,拔其须几尽,城中观者塞衢,欢声如雷。惟吏部尚书王琼素附彬,内甚惧,百官方在思善门哭临,琼忽不见,传者谓其出谋于魏英,图免罪谴。英,彬弟,江彬之姻也。……各镇奏报有为彬壅滞二三岁不得达者,彬既执,一时赴鸿胪寺投进者凡九十九封,赴通政司者七封,藏于彬私第及镇国府者三十封……上之在南京也,发南京古今通集库所贮宋国卤簿等图并符验铁券及诸钱粮文册会[命]右少监宗玺[1]输至京。至是,以太后旨,仍令玺载还。又甘肃镇守太监王欣奉上旨购通汉语能书回回达子、西番年十五以下者各二十人以进,亦罢遣给主。(一九七,3685—3688)【考】杨廷和《杨文忠三录》卷四《视草余录》:"正德十六年三月十四日,拟廷试策问付陈文书严,呈上未久,陈复持回,仓皇言驾崩矣。予闻之惊悸失措,私念危急时,天下事须吾辈当之,惊悸何为?即语陈曰:'请众太监启太后,取兴长子来继承大统,莫错说了话。'须臾魏司礼英[彬]等八人及谷大用、张永、张锐同至阁中,魏手持一纸授廷和,乃大行皇帝遗命:'说与陈敬、苏进,我这病则怕好不的,你每与张锐叫司礼监来,看我有些好歹,奏娘娘与阁下计较。天下重

① 据嘉靖元年三月丁巳条,宗玺任职南京印绶监。

事要紧，不管[关]恁众人事，都是我误了天下事了。'臣廷和、臣（梁）储、臣（蒋）冕、臣（毛）纪举哀叩头讫，臣廷和即扬言：'且不必哭，亦且不必发哀。'遂取《皇明祖训》示诸司礼曰：'大行皇帝未有后，当遵祖训"兄终弟及"之文，奉迎兴长子来即皇帝位。兵部选法，伦序相承，正是如此。可启请皇太后降懿旨，大行皇帝降敕旨，遣司礼监、皇亲、文武大臣各一员前去奉迎，即日启行，途中不可延迟。'予遂言：'内阁遣同官蒋。'魏云：'谷哥，你去。'又云：'韦家（**韦霦**），你也去。'驸马命崔元。予言：'见任大臣中，武臣须皇亲定国公徐光祚，文臣须礼部毛澄尚书。'诸公皆应曰：'诺。'谷之遣，予意不欲，危疑之时，恐拂其意，遂不敢更。……予私念，厚斋不得去，在此必多龃龉，遂告魏，请梁代蒋去。魏云："随先生。"厚斋乃喜。行后百凡议拟，予与蒋、毛二公惟善是主，无所乖戾，要之天意所在，非偶然也。初，诸司礼来阁中，王吏部（**琼**）与王兵部（**宪**）邀于左顺门，欲偕来。诸司礼云：'我辈奉有敕旨，无诸公事。'且云朝廷亦无他事。吏部扬言云：'外面满街俱传言取白衣，安得无事？便叫科道来此等事，如何不与我辈会议？'诸司礼至阁中具言之，且戒守阁门者勿纳一人。议定，奉所拟懿旨并大行皇帝敕书入启，毕，出就左顺门宣谕朝臣知之。众皆跃然，大呼曰：'天下事大定矣！'府、部诸大臣及六科、十三道俱就阁中揖予辈谢，吏部虽偕来，其色不怡。予辈亦慰之，窃念仓猝之际，人怀二心，三二权奸，多欲立其非次，以贪功避罪。昔吕端之锁王继恩，李迪之制八大王，韩琦之叱允弼，皆事权专而委任重，所以能办。我朝内阁无宰相之权，予辈任此亦难矣。然此非予之疏浅所能为，祖宗功德深厚，宗社灵长之福，同官皆先朝敷遗旧德，同心协力之所致也。""奉迎之议既定，遂拟旨散豹房官军，命太监张永、张忠、武定侯郭勋、安边伯许泰、兵部尚书王宪提督优恤，命威武团练营官军各回原营操练，各边镇守太监各回本镇管事，原调各边并保定官军各回本镇操守，各边者俱于本镇，人赏银三两。命太监张永、武定侯郭勋、安边伯许泰、兵部尚书王宪，拣选团营官军，分布皇城四门及京城九门防守。命革皇店管店官校并军门办事官旗校尉人等，俱回本卫。命哈密及土鲁番等处原差进贡等项夷人，该放回者，该部各照原拟赏例给赏，差人送回，其余仍令会同馆安歇，该管官员严谨关防，不许纵容出入。佛朗机夷人差人送回广东听候。豹房番僧及少林寺取来和尚各回本寺。

南京马快船只除常例听候外尽数发回，各处带来各色匠役、乐工及水手人等，各放回原籍。命东厂、锦衣卫缉事衙门及五城巡视御史严夜禁督捕盗贼。""防守之命既下，十五日早，予与敬所、砺庵二公入左掖门内，与郭武定、王兵部及许泰相见。予亟问云：'各门人马已分布否？'齐应曰：'张太监不肯相会，我辈派定者，张公又欲改拨。'予曰：'诸公就而会之如何？今日之事须同心乃克有济。'郭云：'人马在营中如散沙然，我辈原非团营官，两手只扯得两人，权不在手，如何行事？'予云：'懿旨既下，即权之所在，若只一束草，亦当听受节制。两总兵皆世受国恩，司马公掌九伐之法，如何可为此言？朝廷何所赖邪？'诸公皆逊谢。予时有所激，辞甚峻，寻亦悔之，然不容已也。于是武定诸公乃往就张议之。至午，王吏部(**琼**)同永、忠二张太监至阁中言曰：'二公受命防守，须重其权，不然恐行事不便。'予曰'唯唯'，徐谓永曰：'公朝廷重臣，平寘鐇、擒刘瑾，威望久著，今日之事，内外倚重。'又谓忠曰：'公朝廷近臣，久在大行左右，能直言，为大行所亲信。今当危疑之际，同心共济，嗣君至日，自有恩典。'忠曰：'防守事体最重，若无名目，无敕书，无关防，如何行事？'予笑曰：'仓猝之际，岂能便铸关防？懿旨一下，即是敕书；提督防守，即是名目。嗣君旬月之间可至，我辈臣子当此有事之时，大率各尽忠心，随事效力，为是议论多，恐嗣君闻之亦不乐也。'又谓永曰：'今早闻武定诸公云，人马尚未会拨，恐不宜太迟。'永曰：'已分布矣，但欲请赏赐耳。'予辈曰：'赏赐，朝廷不吝也。'吏部初来，径造阁中堂，予辈但揖之，无延入之意。已，乃迤逦出至阁门外，大惭沮。故事，改革之际，各门防守原无敕书。时忠亦无防守之命，吏部乃挟之以来，独不念嗣君未至，尊位尚虚，假母后之命以号召，内外人心汹汹，是何等事变，而忍为此掠美嫁祸之计邪？""内外奉迎官行后，复议启圣母，请命司礼太监一人及京营提督官领兵迎护，遂命温司礼祥及提督团营太监孙和、惠安伯张伟、兵部侍郎予弟正夫(**杨廷仪**)，领京营兵五千人往，郑户侍宗仁主馈饷，赵工侍璜治道路。孙和等皆言兵少，予谓：'经过处所，供亿繁劳，必不得已，六千人足矣。'和又欲请旗牌二十四面副，予言：'此行与征剿不同，无他调发，安用旗牌？'是日早，方欲哭临，和拉王兵部(**宪**)候予辈于金水桥南言之，予辈不应。和又欲渡河而南，予言：'但候于黄河北岸可也。'数日后。王吏部(**琼**)邀府、部、科、道俱来，言各衙门欲分官奉迎。予言：'二十四监局诸贵幸皆欲去，恐其途中请间迎合，有先入之奸，已力止之矣。诸公若去，彼将有词也。'明日，礼、兵二掌科言曰：'闻诸贵幸多赍金帛前去行赂，须科、道各遣二人往，时监察之，庶有所警。'予云：'彼欲行赂，岂令人知？若随路纠劾，恐惊疑人心，事体不便，万一发之，不中嗣君之心，先疑矣。'张太监永使人来言，欲迎至真定上下。予谓：'行止在公，不敢与知也。'郭武定及许泰亦为之言，使者再三至，乃语之曰：'公受命防守，委任最重，若必欲远去，各门之事，能保无他虞乎？'张锐人来，亦复云云。予曰：'我辈但知公领敕提督官校，京城缉事耳，他非所知也。'遂皆止不行。""江彬提督团营之命久下，尚未领敕。三月十四日至阁中会敕，予辈恭问圣躬近日曾进药否？因慰藉之。旋闻晏驾之变，十五日，彬不出。十六日，出听遗诏。十七日朝临罢，魏英出右顺门向予言曰：'亲家烦扶持。'谓彬也。予云：'公亲家，朝廷大总兵也，安用扶持？'时京师人口语籍籍，皆言彬决反，予与同官切忧之。敬所时以为言，且云'疑者，事之贼也'。予谓发之有机，万一不中，大事去矣。十七日晚，慎、恒二儿皆言外议，谓父亲何不早擒之？予漫应之曰：'彬逆节未露，将以何辞擒之邪？仔细保首领，勿取灭族之祸。'盖虑后生辈不密，故云然。十八日早入朝，至端门，同敬所行，因以告之。敬所云：'连日介介予怀者，正在此耳。'予云：'彬手握重兵，发之须中机会，今日可与文书房议之。'是日，命寿宁侯张鹤龄赍遗诏往安陆，诰谕用宝，诸司礼令陈严、王钦二文书来阁中，请予辈同看。言已即去，时砺庵以痰疾作，卧朝房中。予与敬所同入，至左顺门，要陈、王回，密语之曰：'外议皆谓江彬不擒恐不静，烦告众太监，启太后早为之处。'陈曰：'用宝后老先生自言之，若我辈言，稍有不合，不敢复言矣。'予曰：'良是。'用宝讫，诸司礼揖予辈出，陈曰：'两先生有话说。'因屏去左右。予复左右顾，魏司礼云：'尔辈都去、都去。'左右皆去。予二人揖诸司礼云：'前日之议，大功已成，宗社之庆也。但有大患未除，若大患不除，大功未得全美。'魏问曰：'何为大患？'予以魏与彬为姻家，不可径以为言，先曰：'大义灭亲，古人所重，管叔、蔡叔都是周公弟兄，二人作乱，周公诛之。东晋宰相王导有兄王敦谋反，导亲诛之，至今声名垂于史册。公虽与江彬为亲，奉大行之命，出于不得已，实非本意也。今外议纷纷，若不请于太后，及早擒之，恐彼亦不能自安，将贻嗣君以忧，未免为大功之累。'

张锐疾言曰：'彼有何罪？'予曰：'江彬挟着皇帝，着处巡游，安得无罪？'魏曰：'巡游出大行圣意，何人敢挟？'锐曰：'前年去南京，我送至涿州，某事如何处，某事如何处，一一出自上意，法度又严，谁人挟得？'予窃念大行巡游时，诸司礼多在扈从，恐激之怒，因好语曰：'挟之一字，我误矣！再不复出口。江彬罪恶万千，如擅引边军入禁内，擅立威武团练营，擅改团营教场为西官厅教场，擅立镇国府名目之类，擢毛不能尽其罪，只举一二件也够他死了。'魏乃曰：'他委的恶贯满了，罪不能逃。'锐犹极力为辩，予曰：'公莫回护他。'锐曰：'我如何回护？'予曰：'这等说话，岂不是回护？我辈言出祸随，身家已不顾了，公亦须自顾身家。公虽无子孙，亦有祖宗坟墓，亦有兄弟，都是祖宗子孙，不可不念。见今嗣君未至，万一有变，途中闻之，安得不惊？诸公同听今日之言，他日有变，张公当之不得辞也。'陈严见事不谐，引温太监衣，附耳云云。温因向魏云：'且收得在。'予与敬所即应云：'正是，且收得在，又不问他罪，待嗣君至日，或宽宥他，也未可知。'拟旨所以有监候之言。敬所云：'待了此事，方去哭临。'锐曰：'如何这等急？'予曰：'此等事情，间不容发，安得不急？公便去准备拿人。'锐曰：'我如何拿人？'予曰：'拿人是锦衣卫事，彬之罪该籍没缘坐，一拿后封闭门户，防范人口，照管财产，岂不是行事衙门的事？公何故抵死拦截也？'温因揖予辈出曰：'老先生每去阁中调旨意，文书房去取旨意来。'予与敬所再四谢，云：'诸公扶持社稷，竭尽忠诚，同干好事，太祖、太宗、孝宗在天之灵亦知诸公之心，千万就奏太后行之，擒彬贼后方哭临也。'又云：'与江彬同恶相济者止李琮、神周二人，他无与也。'诸司礼皆以为然。既拟旨，付陈进呈，久之未下。予与敬所私念，事若不成，祸必先我三家。我辈岂肯离此地，坏于贼手？但儿子辈在外，不能逃耳。又念弱孙，心为之痛。复相与慰藉，遭逢至此，莫非数也？死得其所，亦复何憾！敬所云：'天若祚宋，必无此事。'顷之，有人报神周已宣至右顺门，伺候久之。陈来云：'江彬已擒矣，几乎逸出。'予与敬所再拜以谢，陈亦拜谢予辈曰：'二老先生大功大忠也！'延之坐，备述所以。是日坤宁宫安兽吻，予恐张锐至工所与彬言之，事败矣。问之，则锐已从工所来，不复去矣。但闻工所有内竖附耳语彬，遂急奔西安门，以取西官厅文书为辞。中道折向北安门，亦复云云。门者云：'有旨留提督。'彬叱之云：'皇帝何在？旨从何来？'手批门者。守门人群拥抱之，追者至，遂缚之。由东安门至锦衣卫直房，内官数百人随而扑之，拔其须鬓殆尽。予谓陈曰：'一时扑杀之，诚快人意，仍须留待嗣君来鞫问，明白肆诸市朝，以正其罪。'陈遂去，告魏以此意，遍晓于众，令长随护之出端门乃止。时久旱遂雨，都城中欢声雷动，有'拿了江彬，朝廷安稳'之谣，盖以'吻'为'稳'也。"又，王世贞《弇山堂别集》卷二六《史乘考误七》："《双溪杂记》[①]云：正德十六年，马永成已死，御史王钧首论魏彬与江彬姻亲，近居肘腋，宜早捕治。廷和力庇之，以王道大义灭亲比彬，仍令在司礼监管事。谷大用、张永降奉御，南京闲住。廷和坏乱新政，任情赏罚，非一端也。盖当时魏彬虽为江氏亲戚，而奏请太后懿旨时，幸其不为梗异，且既掌司礼，一时势难轻动。未几，科道官汪玄锡、萧淮等疏上，奉旨：'他每随侍先朝，朋奸党恶，百计蛊惑，离间宫闱，窃弄威柄，变乱成法，放逐大臣，陷死忠谏，导引巡游，招权纳贿，盗窃名器，冒滥爵赏。古今大恶，神人共怒。本当重治，姑从宽处，谷大用、丘聚降奉御，着去南京孝陵司香，张锐、张雄、张忠、于经、刘祥、孙和、刘养、佛保、赵林、马英罪恶尤重，并苏晋[进]、刘拳、周昂、吴经、丘得、颜大经、许全、马锡、张信，锦衣卫都拿送都察院。在外的，巡按御史提解来京，俱会问明白来说。魏彬、张永情各有间，着外私宅闲住，钱安、张洪、马昂、周惠畴、王杲、皮德、朱福，也着锦衣卫拿送都察院打着问。郑宏等已有旨了，臧贤、刘实死有余辜，还查将家属拿送问理。'然则王晋溪（琼）之所谓魏彬管事，而谷大用、张永降奉御南京闲住，又误也。" 壬申，司礼太监温祥、内官监太监刘养、俞安、礼部右侍郎顾清及钦天监、科道官各一人，奉太后旨相度山陵。 甲戌，兵部奉太后旨，遣太监温祥、孙和、惠安伯张伟、兵部右侍郎杨廷仪领官军三千人迎护嗣君；复奉旨以户部左侍郎郑宗仁、工部右侍郎赵璜督饷。（一九七，3688）

① 王琼《双溪杂记》（载录于《王琼集》，山西人民出版社，1991年）颇记弘、正朝时局，然王琼与首辅杨廷和素不相能，该《杂记》应与杨撰《杨文忠公三录》及王世贞考辨之作《弇山堂别集·史乘考误》合读参看。

本年附

史事·兴府宦官事迹

弘治三年十月乙丑，帝(**即兴献王，世宗之父，后追尊为兴献帝**)出居于诸王馆，敬皇简命承奉李稷、长史张景明等辅导。

五年二月丁未，帝以梁邸居州城之西隅，地形偏下，请迁于城之正中。于是遣内官监左丞林茂、工部郎中王瓒建治邸第。

七年九月辛卯，同献皇后(**即兴献王妃**)启行。从行官属，承奉则李稷、金畋，□□则杨琇而下十人，内伴读则张佐而下四十二人；长史则张景明、袁宗皋，审理则刘敬，纪善则孙□，仪卫则李翔、张英而下九人，群牧所千户骆胜、陈政而下十有四人。舟至河西务，上遣太监苗逵馈御玉金宝系腰及诸品食。帝以恩赉隆重，各为赋诗，以识宠泽于不忘，仍遣内使于太皇太后及孝惠皇太后前奉慰。　　十一月乙未，发扬子江，命从行军校毋扰有司，毋虐夫役，以诗戒之。

八年二月丁丑，命承奉□□(**按，疑为长史二字**)司刊布禁约。　　三月甲申朔，赐给随侍内外文武官校人等田宅有差，且禁侵扰小民，复悯军校远随艰难，拨与官地人一顷，视常例免租钱者十之三。壬寅，谕承奉、长史司凡宴会毋用女乐。

十年二月戊寅，命长史司禁军校不许生事扰民，违者治之。

十一年十一月闰月辛未，以清宁宫灾，遣内官张佐奉慰。

十二年十一月丁巳，遣内官刘信贺清宁宫成。

十三年八月乙未，遣内官张忠谢赐二湖淤地。　　十二月戊午，帝以达虏犯边，遣内官李荣贡银千两助买战马。

十七年三月，睿皇后弗豫，甲午，遣张忠问安。　　睿皇后崩，三月庚寅讣至，帝哀临三日，四月服除，遣内官赵泰进香。　　十一月丙申，帝以睿皇后升遐，岁将一期，遣内官王惠进香。

正德三年十一月，遣张□□增供事门官，上赐黄锦等二十有一员。

四年四月，帝命承奉、长史司会勘合用钱粮，于典宝所领银修理，毋扰于民。

七年八月己酉，睿制《养正录序》。初，致仕承奉李稷退居私第，伏睹肃皇(**即世宗，时为兴王世子**)年近入学，因集周、汉、唐、宋以来圣哲儒先养蒙格言，复申以己意，萃为一帙，名《养正录》上进。帝嘉其忠，至是序之。

八年三月，肃皇年七岁，帝亲于宫中教习书史、问安视膳之节及军民疾苦、稼穑艰难，每于闲暇，随时开导。选端谨内侍黄锦等为内伴读。

十四年六月己卯，帝崩，年四十有四。　八月，毅皇帝命肃皇摄国事，仍敕内外官等协心辅导。　十二月，遣门正张忠奏请长郡主封，上封为长寿郡主。

十六年三月丙寅，毅皇崩，遗诏遵祖训，以肃皇入继大统，即日遣官迎取来京，嗣皇帝位。丁卯，司礼监太监韦霦、秦文等，大学士梁储、礼部尚书毛澄、驸马都尉崔元等赍遗诏及金符俱至。　四月，上诣松林山辞献陵，（略。）乃行，扈从诸臣，内则承奉张佐、戴永，外则右长史袁宗皋、仪卫司千户骆安等四十余人。上以藩府旗校不隶有司，恐为沿途扰害，特命张佐约束。癸未，上至京师，由大明中门入。日中登极，诏改明年为嘉靖元年，越三日，遣司礼监太监秦文等捧笺备母后服御驾仪来迎。　六月甲申，上敕内官监太监杨琇、赵诚、陆诚等守献皇帝陵庙。　八月，上令琇等奉安献皇帝神主于家庙，复令太监李昙植树于松林山，仍禁旗校之弗戢者。　十二月，谕户部以藩邸庄田湖地顷亩令杨琇等禁兼并、均收纳、蠲灾伤，租充国费，有余则贮之内府，而上其数于京师。内外官校地田仍与之。

（万历《承天府志》卷一《龙飞纪上》）

【考】兴王之国事，章学诚《湖北通志检存稿》卷二《三耿二顾张绪传》载：顾升，蕲州人，“弘治时为诸生，负奇气，兴献王之国，道蕲州，阉校横扰，升率里少年殴之，上书兴王请罪。王壮之，不复问”。送王之国者，有太监何琛，其寿藏记亦见本年附。

艺文·碑铭·太监姜林墓志

明故御马监太监姜公墓志铭

赐进士出身、奉直大夫、春坊太子右谕德兼翰林院侍讲、经筵讲官、同修国史任丘李时撰。赐进士出身、中顺大夫、通政使司右通政、前兵科都给事中、侍经筵沧州张瓒书。赐进士出身、中宪大夫、山东按察司副使、前奉敕整饬徐州淮扬等处兵备燕山蔡需篆。

公讳林,字廷茂,世家河间景州。大父以上,俱隐德弗耀。父泰,赠明威将军,母宋氏,封太恭人。明威公有子四人,公其亚也。生而形质秀爽,甫弱冠,孝庙选入掖庭。今上改元,授奉御。正德丁卯(二年,1507),命典南京甲字库。五阅岁,来京师,留任上林苑海子。又五岁,升御马监太监,督天师庵草场。公慎于出纳,勤恪小心,未尝少怠。上锡蟒衣玉带以旌其劳,行辈荣焉。性聪慧喜读书,乐亲文士,日临楷书一纸,暇则鼓琴自娱,歆然儒素,见者不知其为中贵也。迎母京邸,供养周备,母卒,哭之甚哀。洗马滕公子冲为志其墓,既葬,录志座隅,每读辄下泣。有弟二人:曰河,曰淮。淮早卒,河以军功升授锦衣卫指挥佥事。公笃于方爱,河亦敬事之。尝奉使命,所经郡邑,必诫从者毋事侵暴,常廪之外,一无所需。童仆有过,但诲饬令其知改,未尝辄加鞭笞。居常不以贵势凌人,人多德焉。正德辛巳(十六年,1521)二月七日,倏以疾卒,距生成化己丑(五年,1469)十一月十六日,春秋五十有三。以其年三月九日葬白纸坊弘法寺侧。从子二人:曰学,曰举。学,锦衣卫指挥佥事;举,百户,俱循理守法,率公教也。予与公同郡,未尝一接公颜,然乡缙绅数称其贤,闻之稔矣。比卒,学、举持光禄少卿贾君启之所为状丐铭于予。锦衣千户魏君顺,予武举所取士也,雅与公善,又亟为之请。情谊不可辞,乃为之铭。铭曰:

生于广川,卒于燕蓟。既康而安,亦近以贵。孝竭母慈,友笃昆弟。恭恪勤劳,始终无替。帝城之西,吉壤新筮。勒词贞珉,以贲幽竁。

(北京市宣武区西便门内大街出土①。《北京图书馆藏中国历代石刻拓本汇编》第54册,第77页)

艺文·碑铭·太监彭喜墓志

明故内官监太监彭公墓志铭。

奉议大夫、通政司右参议东吴顾经撰。将仕佐郎、鸿胪寺序班贾政书。将仕佐郎、工部文思院副使顾聪篆。

公讳喜,字文悦,怡庵其号也。家世粤之雷州府海康县人,怙恃早失,谱系莫能详记。成化戊子(四年,1468),公性姿颖秀,选入禁庭,供职内官监。莅事甚详,服役甚勤。癸卯岁(十九年,1483),卢沟桥决,公承命往

① 《北京市出土墓志目录》作1952年郝井台出土。

修，筑二就绪，赐牌悬带，出入禁闼。弘治甲寅（七年，1494），孝宗皇帝命督造宫用薰炉等器，给与牌戴。无何，重修内帑西十库，升右监丞。是年，亦修造武当山真武石坐，升左监丞。乙卯（八年，1495），创建泰康公主寝园，升右少监。寻命盖造清宁宫膳房，公撤其蔽而鼎建其新，进太监。正德元年（1506），掌监太监黄公瓒怜公才识优长，辟于上，获佥监事。公淬砺厥职，仰感无涯，益图裨补于万一。由是，上益眷注于公。丁卯（二年，1507），西海子等处督工营造，及修饬龙凤舰，皆有殊典。戊辰（三年，1508），有蟒衣之赐。公曰："际此非常之遇，感此莫大之恩荣，幸甚矣！"正宜享福，正德辛巳（十六年，1521）三月初二日，忽以疾卒，终得寿六十有八，距其生于景泰甲戌（五年，1454）。讣闻，命内官监左少监刘公奉先董治丧事，实异数也。公自入官任事，扬历五十余年，慎以自持，忠以事上，和以处众，人咸服其老成廉静，今不可见矣。呜呼悲哉！卜以是年三月初九日，葬公于顺天府宛平县香山乡广源闸镇国寺东之原。左少监刘公奉先、郑茂来请铭，不敢以不文辞。铭曰：

于惟彭公，夙官禁近。历事三朝，厥存弥慎。香山之原，水深土厚。刻铭于兹，永昭厥厚。

（北京市海淀区出土。《北京图书馆藏中国历代石刻拓本汇编》第54册，第78页）

艺文·太监何琛寿藏记

太监何公寿藏记

都城之西香山乡有地一区，其土沃衍，其山水深秀而面合，今太监何公之寿藏在焉。公遣人以事状一通告余，曰："不佞少时，荷先朝恩命，与奉御夏君栾父事故尚膳监太监金公兴，金公子视吾两人甚厚，顾尝作生茔于是乡，且建寺以守，而请于朝，得赐额曰'永寿'，卒而葬焉。始公无恙时，不佞窃有请曰：'某等敢徼惠墓旁地以俟，幸没而有知，获侍左右，以终我公慈煦之德。'公恻然许之。成化甲午（十年，1474）也。未几夏君卒，举以祔焉。不佞虑其兆域未厘四垣，取具非所以谨终而计远，乃庀材鸠工，畚土伐石，中为享堂八楹，左右为厢房十有六楹，前以石为门一，为碑二，缭以崇墉，树以名木，凡百所需，咸备无缺。盖四阅寒暑而以丁巳（弘治十年，1497）落成，非君父之赐，其何以致兹，其何敢不记之以示后来！"辄具以请。固让不获，按其事状：

何氏世居广州顺德县之仕版村，其先盖有显者，故因以名其居。然兵燹之后，谱逸莫可考。公生而俊颖，以景泰庚午（元年，1450）被选入内庭，一年即奉命赐学内馆，从故学士永信刘文安公通经史大义，讲授课习，同辈鲜及。丙子（七年，1456）选长随。值英宗皇帝复位，以公淳谨，召随侍乾清宫。宪宗皇帝初，以年劳升奉御。公龄既茂，谙练益久。成化癸巳（九年，1473），进尚膳监右监丞。己亥（十五年，1479），莅监事。辛丑（十七年，1481），进右少监。癸卯（十九年，1483），进左少监。甲辰（二十年，1484），升太监。每被顾问，多称旨，赐蟒衣。今上皇帝嗣位，尊圣母皇太后，居仁寿宫，以公老成，命掌宫事。弘治辛亥（四年，1491）春，赐玉带，许乘马禁中，加岁支禄十二石。壬子（五年，1492），改莅惜薪司事。甲寅（七年，1494），奉命送兴王之国，归日遣致祀武当山。秉礼奉法，所至晏然，盖其出处履历如此。

余未及识公，然观其所以事金公及处夏君，皆本于孝，历侍四朝暨圣母，一出于忠敬。在掖廷五十年，受列圣之简知，委任宠异，赫然而行之以抝谦，守之靖默，求之一时岂多得哉。宜其名著内朝，寿几七秩，而先享硕大之福，获于己者未艾也。是用撮其大者书之，俾刻焉。公名琛，字某，父讳某，母某氏，有子三人，公行二，其兄早世，其弟居顺德故里，亦有子三人，当受公□于异日云。

（程敏政《篁墩文集》卷二〇）

本卷附

史事·宦官与寺庙

司设监太监马永成撰《重修古刹灵音禅寺碑记》：（**文略**。）后附题名：御马监太监郭秀、随衡王太监刘喜。（正德三年八月刻，碑在河北涿县观仙营北庙。《北京图书馆藏中国历代石刻拓本汇编》第53册，第141页）

《重建龙王庙记》：（**广源闸之北岸有龙王庙，载在祀典**。）正德四年五月，王命御马监太监谷公（**谷大用**）协内官监太监等官率□官匠游高粱桥（**见其坍损，乃修之。略**。）正德六年辛未夏四月望日。（碑在北京海淀区万寿寺村。《北京图书馆藏中国历代石刻拓本汇编》第53册，第158页）

邵宝《潮河川石墙记》："正德辛未（七年，1512）春，御史中丞李公贡以整饬之命来视，欲终司空公（李鐩）之功，乃谋于分守太监吕公安暨副使朱君，（营建略。）”（民国《密云县志》卷七之一《文上》）

乔宇《重修观音阁记略》：“正德庚午（五年，1510）春，罹郁攸之变，太监萧公通图嗣兴之。越五年甲戌（九年，1514），始克就绪，又明年而阁成。”正德十六年立石。（《金陵梵刹志》卷七《观音阁·文》）

《正通寺碑阴题名》[①]：“碑阴题名”，右起首为钦差天寿山守备内官监太监武忠，下为长、献、景、裕、茂、泰六陵神宫监太监、少监、监丞、奉御等官，再下为工部厂信官，御用监、御马监太监等官、贞顺□□惠妃坟管事官，约200余人。碑阳为天寿山守备都指挥佥事申锡、长陵等九卫指挥等官、昌平州县官、锦衣卫指挥千百户等官，及僧众信士题名。（碑在北京昌平东关小园村。《北京图书馆藏中国历代石刻拓本汇编》第60册，第144页）

上编附

史事·九朝自宫之禁

《太宗实录》：

卷二三九，永乐十九年七月丁卯：严自宫之禁。

《仁宗实录》：

卷二下，永乐二十二年九月戊子：长沙府民有自宫求为内侍者，通政使司以闻。上曰：“游惰不孝之人，忍自绝于父母，岂可使在左右？”发为卒，戍边。　　卷三下，十月癸卯：兴州左屯卫军徐翊有子，尝自宫入为内竖，翊奏乞除军籍。上曰：“为父当教子，为子当养亲。尔有子不能教，致自伤其体，背亲恩，绝人道，败坏风化，皆原于尔，尚敢希除军籍耶！”出其子，使代军役。

卷八上，洪熙元年三月丁亥，上谕（刑部尚书金）纯等曰：“自宫以求用者，惟图一身富贵，而绝其祖宗父母不顾。古人求忠臣于孝子，彼于父母尚不顾，岂有诚心事君？朕已决意不用此等人，然其不孝之罪须惩治，今

---

① 原碑失刻石年月，《北京图书馆藏中国历代石刻拓本汇编》第60册作“明代刻”。考《武宗实录》正德七年正月甲寅，有命天寿山守备武忠严卫陵寝的记载，显然此碑刻于正德中。

后有自宫者必不贷。若加人宫刑者,朕亦恶之,盖宫刑下死刑一等耳,亦须严切禁止。”顾大学士杨士奇等曰:“此事须以诏书行之。” 卷八下,己丑,诏天下曰:“朕恭承大统为天下生民之主,惟我皇祖、皇考爱民之仁,祇率不怠,旦夕思念,人命甚重,哀矜庶狱,惓惓在怀。夫刑以禁暴止邪,道民于善,岂专务诛杀哉?故律令之制,善善长而恶恶短,罚之轻重,咸适厥中。顾执法之吏不能皆平,有虚饰其情,傅致死罪,而比附谬妄尤甚枉人,朕深悯之。夫五刑之条,莫甚大辟,大辟之施,身首异处,斯已极矣。自今有犯死罪,律该凌迟者,依律科决;其余死罪,止于斩、绞,法司并勿附会,昧情失实,以致冤滥。若朕一时过于嫉恶,律外用籍没及凌迟之刑者,法司再三执奏,三奏不允,至于五奏,五奏不允,同三公及大臣执奏,必允乃已,永为定制。文武诸司自今亦不许恣肆暴酷,于法外用鞭背等刑,以伤人命,尤不许加人宫刑,绝人嗣续,有自宫者以不孝论。”【考】杨士奇《东里别集·圣谕录卷中》:“洪熙元年二月朔旦,臣士奇武英门独对。上问近日外间事,对曰:‘觉告讦之风复萌,且动辄加人诽谤,祸及身家,请谕法司禁止。’上曰:‘不特此,如自宫一事,朕所甚恶,尤须严禁。’对曰:‘此当用玺书行之。’上曰:‘尔更思三二事通行。’盖圣心惓惓于仁政,无时忘也。”

《**宣宗实录**》:

卷三,洪熙元年七月壬午:军民任本等数人自宫以求用,行在礼部尚书吕震以闻。上曰:“皇考在御时,尝有自宫者,以其毁亲遗体为不孝,皆发戍交阯。今此人尚敢尔!即循例发遣,更申明禁约,再有犯者悉如之。”

卷一六,宣德元年四月乙亥:行在礼部奏,山东有人自宫以求用者,请如例发交阯充军。缘先奉仁宗皇帝圣旨,有犯此者其所属里老亦不得无罪,请令法司逮问之。上曰:“先帝深惩此事,故严其令,近来犯者亦少,里老可宥之,但申明旧禁,使知遵守。” 卷二三,宣德元年十二月丙子:上闻山西军民李二等九人者自宫投入晋王府,召左都御史刘观谕之曰:“此人犯朝廷法,即遣人逮问。晋府长史不以不可纳谏王,亦逮之来。”复贻书晋王济熺曰:“皇考下诏,天下禁止自宫,违者论以不孝,而李二等九人敢故违投入王府。夫自宫以求用,古人所谓非人情,不可近。不孝之人不知念其父母,岂复有心为王国之用?已令法司逮治,自今有若此者宜斥之勿纳。” 卷二九,宣德二年七月乙卯:上视朝罢,御左顺门,谕礼部尚书胡濙曰:“昔皇考在位,禁止自宫之人,谓其毁伤父母遗体,最是不孝,凡有此等,皆发充军。朕遵承先志,亦尝援例发遣。比者小人复有冒犯,盖缘不知,故尔妄作。孔子曰:示之以好恶而民知禁。卿宜出榜,遍谕天下,使之遵守。”　　卷四四,宣德三年六月乙巳:金吾左卫指挥同知傅广自宫,愿效用内庭。行在礼部以闻,上曰:“已有例禁止,此人身为指挥,尚欲何求而勇于自残求进?若勇不畏死,能立功名,何患无高爵厚禄?其付刑部治罪。”【考】傅广不过轻处,张怡《玉光剑气集》卷三一《惩诫》:“宣德中,金吾卫指挥傅广自宫,请效用内廷。上曰:‘此人已至三品,更欲何为?而自残以希进用?’下法司问罪,还职,不得复任事。”　　卷五一,宣德四年二月甲午:行在都察院奏:山西镇武卫指挥同知冯镇宫其义子为火者,于律当徒,今患病在狱,请医治疗。上从之,语右都御史顾佐等曰:“武人之愚,其积功甚难而犯刑甚易。此人所为本不足恤,但祖宗仁厚之典不可以违。”

卷九三,宣德七年七月丙子:河南民自宫者六人,托胙城王左右以求用,胙成王收之。周王以为不可,归之朝廷。上以赐周王,复书曰:“胙城不循祖训,擅收此人,过矣。叔秉德循礼,归之朝廷,河间、东□岂足多哉?今遣还叔,以备使令。”　　卷一〇九,宣德九年三月癸卯:永兴王志𡐤奏,欲留旧所买阉者朱钦、吕忠、罗秀以充使令。复书曰:“在懿简王时所买者留之,如非向时所买勿留,恐各府仿效,朝廷难处置也。”

《英宗实录》:

卷一九,正统元年闰六月丁卯:时军民多自宫希进,间有以赦前获免罪者,刑部请依旧例,不限赦前赦后俱论以不孝重罪。从之。　　卷二二,九月甲午:有僧人自宫者,法司论以罚役还俗,上特命编戍辽东。

卷四五,正统三年八月甲戌:书复永兴王志𡐤曰:“所喻买到民人秦二等、自幼被伤男秦泰等六名使用,已从叔所言。然买被伤之人未免有违祖宗定制,况自宫之人恐矫诈以求进用,有累清德,今后切宜戒慎,其守成宪,庶副亲亲之意。”

卷五二,正统四年闰二月丙戌:书复韩王冲𤊨曰:“承喻访买伤残净身民人王秀等府中使令,朕惟旧制明有禁令,而叔祖遣官访买,是教人自宫,有违祖宗成宪。当逮秀等治罪,特念亲亲,姑置不问。今后宜敬守礼法,用笃藩辅之义。”　　卷五六,六月壬辰:书复永寿王志埴曰:“所谕擅收自幼伤残净身人郭能等九人，于法不能无碍，特念王府中乏人使令，已敕礼部听王存留，自今尤宜恪遵祖宗法度，以副朕眷念亲亲之意。”

卷六七，正统五年五月己酉：书谕永兴王志埗曰：“迩者得奏，买到被伤男子许敬等八人，念府中少人使令，今已准留。但自后此等人不宜收买，其中或有别故，恐累清德，王其亮之。”　　卷六八，六月己丑：致书永嘉大长公主曰：“得奏，言所买净身人杨敬因盗金册自经。夫自净身者，祖宗有禁，买之违法；及其为盗，乃不送官而致其死，又违法矣。曾祖姑高年，虑不及此，必皆指挥郭珍之罪。今念至亲，宥珍不问，自今望戒珍，凡百谨守礼法，庶全亲亲之谊。”　　卷七二，十月丙戌：驸马都尉赵辉奏：宣德间买直隶保定府雄县自宫人刘昇在家给使，后昇潜赴行在通政使司告充内官，乞赐发与。上曰：“自宫律有明禁，在诸藩王不敢擅留，而辉乃私买。及昇自告，复萌欲得之心。姑识辉罪，后若弗悛，必罪不赦。”

卷八六，正统六年闰十一月壬午：书与榆社王钟铉曰：“得奏，伯晋宪王存日收留自净身军民儿男王庆等二十三名，今以亲亲之故，特允所言，仍令在府使用。先朝禁令，须恪遵守，此后不可复违。特报知之。”　　卷八七，十二月丁未：方山王美垣、云丘王美堣各奏府中缺内使，已收残疾净身民各六人入府使令。上俱贻书曰：“今以亲亲，听其留用，此系切近供事之人，尤宜慎择以防欺诈。况先朝明有禁令，宗室之亲，皆须遵守，此后不可复违也。专此以复，惟叔亮之。”

卷九一，正统七年四月戊申：书复襄陵王冲炑曰：“得奏，府中阙内使，访得凤翔府州县民张彪等六人俱有伤残，可备使令。已令礼部移文所司，悉从叔祖取用，但斯事先朝明有禁令，今念亲亲，姑曲从之，后不可违。况切近供事之人尤宜慎择，以防欺诈，叔祖亮之。”

卷一〇〇，正统八年正月乙酉：书复庆王秩煃曰：“得奏府中阙内使，访得汾州平遥等县民人之子裴璃等十名俱系伤残净身之人，欲买收用。今特从叔所言，然必出其父母自愿，斯无嗟怨。且先朝有禁，此后不可复违，恐小民无知，有所窥避，假此进身；况切近供事之人，尤宜慎择，以防欺伪，庶不损令德。”　　卷一〇一，二月甲午：书复兴平王尚炳曰：“承喻，寻得伤残净身人七名入府使用，今念亲亲，特允所言，但不知各人果出情愿否？叔祖当以理自处，毋损令德。况切近供事之人，必宜慎择以防欺诈。

重惟先朝明有禁令，不可复违也，专此以复。”　卷一〇三，四月己丑：伊王颙炔奏：“庶长子年已长成别居，缺内使使令，访得洛阳等县有净身民岳文通等八名，乞收入府。”上复书许之，仍戒其毋故违禁令。　卷一〇四，五月甲戌：书复乐平王冲烋曰：“比奏府中乏内使，欲收隆德等县净身民马曹儿等九人入府使令，特从所言，然必量给以财，俾无嗟怨。”　卷一〇五，六月丁酉：肃王赡焰奏：“子女长成，婚嫁在迩，府中缺内使，访得巩昌、河州等府卫军民陈宣(**按，据正统九年二月癸巳条，应为陈玉**)等二十三人俱幼年伤残，欲厚具财物，买入府中使令。”上复书许之。　卷一〇七，八月庚寅：书复褒城王范堨曰：“得奏，府中缺内使，访得巩昌等府通渭等县民秦彦英等六名俱因伤残净身之人，欲买入府使令，今以亲亲，悉从所言。”己亥：书复通渭王范墅曰：“得奏，府中缺内使，访得巩昌等府、伏羌等县民王海等四名俱自幼因伤残疾净身之人，欲买入府使令，悉从所言。”

卷一一三，正统九年二月癸巳：肃府长史吴惇有罪，下陕西按察司狱。先是，肃王奏缺内使供用，访得河州等卫府军民陈宣等男玉等二十三人俱自幼伤残净身之人，欲具财礼收入，以给使令，从之。而惇擅增葛保庆等五人，一概取用，镇守陕西右副都御史陈镒以闻，故鞫治之。

卷一二九，正统十年五月甲戌：彭城伯张瑾下刑部狱。瑾父昶尝收自宫民为家奴，昶卒，瑾复匿不举正，刑部奏之，故下狱。　卷一三六，十二月壬子：晋府仪宾骆善因宴于王所，与仪宾王裕相殴，惧裕奏己，诱裕从人诬告其过支禄米百余石，且发其擅收自宫之人。山西按察司请治善、裕罪。上曰：“此辈不循礼法，奚可容？但念王府亲属，姑不收治，裕住禄米三月，善诬陷人，其罪尤大，住禄米一年，不悛必治之。”

卷一四六，正统十一年十月庚申：礼部尚书胡濙等奏：“临泉王美熔因缺人使令，收买净身人陈聚等六名，本府教授阿谀顺从，于理不当，请移文山西按察司治之。”上命治教授罪，净身人准王用。

卷一五二，正统十二年四月癸丑：庆王秩煃奏：“比因府中缺使令者，买民间自宫人李长有等五人，乞允留用。”上曰：“擅留自宫人，律有明禁，然王既自陈，其悉令留之不问。但长史王之辅导，既不能谏止，又不先奏闻，于法难容，都察院其逮治之。”　乙卯：巡抚河南山西大理寺左少卿于谦奏方山王等府内使有非钦赐者，乞查究之。章上，宁化王济涣亦奏："先是，诸子长成，各乏使令之人，买到净身者王山等六人分用，一向失于奏闻。"其各府教授张珠等亦各自陈罪状。上曰："王既自陈，珠等又皆首罪，姑置勿问。山等听王留用，今后不许。"　卷一五三，闰四月辛未：敕礼部曰："擅留阉者，朝廷具有著令。日者太监喜宁乃敢私收役使，纵令生事扰人，乞敕（**乞敕二字盖衍**）法司擒问如律。尔礼部其移文申谕内外一切官员人等，有私收者许即连人首送，俱宥不问；匿而不举及自后复悛者，或因事暴露，或为人所觉，俱重罪不宥。"　癸酉：太保、成国公朱勇等各首其所私留阉者共一百十一人，上命俱发南海子供役。　卷一五四，五月甲寅：书复鲁王肇辉[恽]曰："承喻，曩因府中缺人，买到自宫男子张贵等十人应用。兹念亲亲，仍听存留，然祖宗有禁令，今后不可私买，庶不为令德之累。"襄陵王冲烌、乐平王冲炋、庆成王美埥亦以先买自宫人在府给侍自陈，俱如前书复之。

卷一六六，正统十三年五月壬子：顺天府怀柔县民刘广、江西鄱阳县民樊侃、陕西盩厔县民李肆汉皆自净身，谬言病疳及坠马损伤，诣阙自陈求用。上以其故违禁令，俱谪戍辽东铁岭卫，著为例。

卷一九〇，景泰元年三月乙卯：崇信伯费钊私收自宫人为阉者，事觉，宥之。

卷二〇七，景泰二年八月壬辰：太监阮伯山奏公、侯、伯擅收阉者，于是英国公张懋、武清侯石亨、安远侯柳溥、惠安伯张琮、前军都督府右都督张轨俱乞存留使用。诏不允，惟宁阳侯陈懋已进九名，余二名系年老有疾；西宁侯宋杰已进二名，余三名系随侍故母；咸宁大长公主、会昌伯孙忠三名，系钦赐，诏各留与之。明日，懋进十四名，轨进十名，崇信伯费钊进一名，惟亨恳言所收五名俱老疾，乞留养老母。诏礼部尽收之，仍命都察院禁约，敢有仍前收用及自宫者重罪之。　卷二〇八，九月戊午：礼部奏府军前卫带俸都指挥佥事孙继宗私收阉者，命谪阉者戍广西边卫，继宗姑宥之。　壬戌：礼部奏："近日首自宫者率多军役，即今边方未宁，诚恐一概仿效，以致军伍缺人，今后军余自宫者请将全家发辽东充军。"从之。

卷二四三，景泰五年七月辛酉：永兴王志坾擅收阉者一十四名，诏宥其罪，悉取入司礼监。　卷二四四，八月戊戌：秦府永寿王志埴奏："先因府中乏人，收留净身人刘福等十一人在府使令，既而自知背法，首出解京。礼部奏本府教授陈琛不能阻谏，请行陕西按察司究治其罪。然此事之作，非出于教授也；况教授亦尝沮谏，而臣失于听从，今欲坐以不谏之罪，实臣之所累也。且本官辅导十五六年，忠厚笃实，乞赐垂悯，免究其罪，仍留辅导，以资启沃之益。"不听。

卷二六八，景泰七年七月甲申：帝召礼部尚书胡濙等谕之曰："近闻民间自宫者甚多，洪熙、宣德年间已有禁例，尔礼部其榜谕多人，自今敢有自宫求进及投入王府并官员势要之家者俱如旧例处以不孝死罪，该管旗甲、里老、邻人知而不首及隐藏者俱罪之。"

卷二七九，天顺元年六月丙申：临潼王公铭奏景泰间本府无人给使，自用钱物买盩厔等县净身人陶瑛等五名入府使用，乞念亲亲，留存本府。礼部奏其违例，上命移文取之。壬子：金吾等卫舍人李铭等自宫，赴通政司具奏，通政使王复等言各人希求进用，宜送法司究治。诏从之，因申明禁止。

卷二九一，天顺二年五月壬寅：时有诏严自宫之禁，总兵官忠国公石亨自首收留王昇等六名，会昌侯孙继宗自首收留张通等一十八名，广宁侯刘安自首收留蔡友等五名，及大名等府、金吾等卫军民人等于魁等五十八名各自首。上俱宥其罪，命发南海子艺蔬。

卷三〇四，天顺三年六月癸酉：惜薪司内官家人及龙骧等卫所军余、直隶淮安等府县民人自宫者三十四人奏求入内供用，上命锦衣卫镇抚司究治之。

卷三一五，天顺四年五月癸未：肃王妃弟及畿内民数人俱以自宫首官，上命留畿内民数人，发肃王妃弟充军。癸巳：上以军民多自宫图进，命礼部禁之，违者照旧例充边卫军。壬寅：敕汝阳王子坣曰："今得法司具奏军校六人打死内使春彬等情，且春彬在王府中欺瞒作弊，情罪固所难容，但系朝廷拨去人数，当具奏处置，如何以己忿怒，就差人邀截殴死？朝廷之制，凡犯罪者不分大小轻重，必付有司鞫治明白，然后处之以刑。今不问其罪当死与否，辄便殴死，是恣意任情，非法之正也。但事在已往，朕不深究，今后处事务要安详仔细，庶免过愆，若再蹈前辙，必贻后悔，王其戒之慎之。"　卷三一七，七月戊寅：襄陵王冲烋奏平凉等府、泾州等州县民人蔡金、山保等一十三人自宫，乞照临潼王事例赐本府收用。上不许，令有司送蔡金、山保等赴京。

卷三三五,天顺五年十二月庚寅:军民自宫进者数十人,俱发南海子艺蔬。

卷三五〇,天顺七年丙申:辽东右参将都督佥事刘端尝受谮杖死所部军丁,已而惧罪,乃嘱指挥等官以财赂其家,又擅收用自宫军人。事觉,上责令自陈,端上章伏罪,遂宥之。

《宪宗实录》:

卷一九,成化元年七月丁巳:直隶魏县民李堂等十一名自宫以求进,命执送锦衣卫狱罪之,发南海子种菜。祖宗以来凡阉割火者必俘虏之孥,或罪极当死者,出其死而生之,盖重绝人之世,不忍以无罪之民受古肉刑也。景泰以来乃有自宫以求进者,朝廷虽暂罪之而终收以为用,故近畿之民畏避徭役、希觊富贵者仿效成风,往往自戕其身及其子孙,日赴礼部投进。至是以后,日积月累,千百成群,其为国之蠹害甚矣。　卷二〇,八月己丑:山东即墨县民于旺等七十一人俱自宫求进,命执送锦衣卫狱罪之,发充贵州边卫军。

卷七六,成化六年二月辛亥:晋府临泉悼昭王嫡长子奇浿奏乞存留先王时私自净身二人在府任使,礼部覆奏,上曰:"王擅留净身人,教授不行谏沮,本当逮问,姑宥之,所司即以其人送京,仍通行各王府及两京公、侯、驸马、伯家,凡有净身人即送京,毋隐,违者罪之。"己巳:有自宫求进者,共二百六名,礼部以闻。上命姑宥其罪,俱发回原籍当差,不许投托王府势家潜住,违者论死,隐匿之家发边远充军;仍出榜禁约,后有自宫者一体治罪不宥。　卷八三,九月己卯:陕西镇守等官奏秦府辅国将军公铃擅收私自净身人及学烧炼金丹邪术,上降敕切责之,俾其改过自新,毋贻后悔。

卷一三五,成化十年十一月辛未:有自宫者三百一十四人先已奉旨谪戍,皆逃至京师,复希进用。礼部以闻,上曰:"锦衣卫其逮至重杖而讯之,今后似此辈者,所司无得擅收具奏,仍严加禁约。"　卷一三六,十二月癸卯:锦衣卫官奏执自宫者五十四人,命枷项于礼部前并各大市街示众。前此自宫者甚众,日赴礼部喧诉求进,尚书邹幹等以为言,有旨锦衣卫执之。已而皆逃匿,五十四人者犹喧诉不已,因执以闻,乃有是命。

卷一三八,成化十一年二月壬辰:顺天府永清县民权义自宫其幼子欲以求进，为怨家所告。前此因自宫者众，有旨自成化九年五月以后犯者本身处死，全家发烟瘴地面充军。至是刑部奏其事，命发义充广西南丹卫军，妻及幼子皆随住。　　卷一四八，十二月丁酉：礼部奏：近有不逞之徒往往自宫及其弟男子侄以希进用，聚至四五百人，告乞奏收，群众哄然，阻遏无计。奏入，有旨："此辈逆天悖理，自绝其类，且又群聚喧扰，宜治以重罪。但遇赦宥，锦衣卫其执而杖之，人五十，仍押送户部，如例编发海户当差。是后有再犯者，本身处死，全家发边远充军，礼部仍移文天下禁约。"

卷一六四，成化十三年三月癸未：自宫以求用者积九百余人，礼部以闻，上曰："此辈规避差役，违禁自宫，锦衣卫其执而杖之人三十，遣还当差，有再犯者必罪不宥。"

卷一八三，成化十四年十月甲辰：宥定西侯蒋琬、左军都督佥事王义罪。时琬掌左军都督府事，兵部奏送自宫者二百六十三人，系府中，中四人乘间亡去，琬等因举奏监守百户何献罪并自劾。有旨下献法司而宥琬等。

卷一八七，成化十五年二月戊申：申禁自宫以求进者。时自宫者至二千人，群赴礼部乞收用，诏："此曹数违禁例，巡城御史、锦衣卫官督同五城兵马期十日内尽逐之，京城内外寺观及豪势之家敢潜容者并地邻火甲俱究治以罪。自宫者枷项一月，杖一百，押回原籍，如仍来京，必重罪其父兄不宥。礼部其速出榜谕之。"　　卷一九一，六月己酉：有自宫以求进者，法司失查边卫充军榜例，止用旧例发充军。奏上，命再拟罪以闻。刑部尚书林聪，侍郎杜铭、张鎣等自陈请罪，上曰："尔等职专刑名，不查榜例，所理何事？既服罪，宥之，该司官俱停俸三月。"已而，大理寺卿宋旻、少卿刘庆、寺丞冯贯等亦自陈请罪，上曰："尔等失于查例参驳，怠慢职务，既服罪，宥之，自后如再犯不宥。"

卷二〇五，成化十六年七月乙巳：逐自宫以求进者。礼部奏："自宫者至千余人，喧扰官府，散满道路，乞照旧例，令巡城御史、锦衣卫、五城兵马等官逐回原籍宁家。"制可，限五日外再有喧扰并容留潜住者，一体逮治不宥。

卷二二七，成化十八年五月己卯：周王子堕以宜阳王有埗、汝阴王子埯私收自宫人二十余，乞容本府供役，上不允，命所司解京。　　卷二三五,十二月辛卯:通州右卫军余金凤等总三百九十一人自宫以求进,下都察院治其罪,中百三十四人俱未及十五岁,法当收赎,五十九人才十岁以下,乃其父兄教令为之者,当坐教令之人。因奏:"凡自宫者本身处死,全家发烟瘴地面充军,乃近日禁例,犯者益众。"于是大理寺议拟并援例上请,有旨俱贷其死,金凤等百九十八人枷项示众,满一月仍杖一百,并年幼者俱如拟,皆发原籍、原卫收管。

卷二三七,成化十九年二月壬辰:自宫求进者三十人私投周府汝阳等王供役,以榜例自首。礼部以闻,命发南海子充净军种菜。

卷二五二,成化二十年五月壬寅:山东黄县民李安逃居京师大兴县陈留村,村民田政等四人各有子,年十许岁,皆倩安阉之以求进。其欲自求进者,安辄为阉之。事觉,刑部论安等法皆当杖,因据近例,自阉者本身处死,全家充军,以具狱上请。有旨:"李安违例为人净身,情实残忍,重杖之百,发辽东铁岭卫充军。田政等四人减死,发遵化厂炒铁三年,其子俱发本县严督,户长收管。"

卷二六〇,成化二十一年正月己丑:礼部尚书周洪谟等言九事:……一、自宫求进称为净身人者,动一二千人,虽累加罪谪,旋得收用,若不痛惩,无有纪极。今各王府累求内使,宜量以赐之,否则仍发原籍、原卫。今后宜依先年枷项放遣事例,勿复收用。……上批答曰:"……净身人递发原籍、原卫,以后仍以十五年例处之,余皆如议。"　卷二七二,十一月甲戌:礼部以自宫求进者累有处斩事例而往往不遵,虽发充军为民,到彼即逃,近复千百成群在部告扰,乞行禁处。上谓此辈相效成风,不畏明宪,命巡城御史同锦衣卫坐城官严督五城兵马司官并其所主之家俱逮送锦衣卫,自宫者痛杖五十,不分新旧,充军为民,悉递原籍宁家,仍令所司羁管,毋容外出;所主之家,法司议罪以闻。

卷二七六,成化二十二年三月壬子:命锦衣卫逮治秦府等府自宫人李有儿(**抱本儿作先**)等一十七名,从礼部奏请也。

卷二九〇,成化二十三年五月丙辰:敕谕文武群臣曰:……一、净身人发各处充军者,该卫起送至京,发南海子种菜。　卷二九一,六月丙子:礼部以自宫人三千余妄引敕谕事例,在部告扰,乞行禁处。上命巡城御史、锦衣卫、五城兵马司逐之,以十日为限,寺观并势要军民之家有容匿者治以罪。

《**孝宗实录**》：

卷三四，弘治三年正月庚申：襄阳之邻境频年旱荒，民有自宫者王俊等十六人，襄王见淑奏乞留府应用。礼部言俊等故违禁例，长史不能谏王，请并治以罪。命逮问俊等罪讫，仍发原籍为民，长史姑宥之。　卷三七，四月乙酉：初，民有自宫者六百二十六名皆充军或为民，至是命发南海子，编充海户。

卷五八，弘治四年十二月庚申：初，晋王钟铉私留自宫者王宏等二十四人，至是自伏其罪，仍乞留府应用。礼部执不可，请并罪其长史等官，上命逮系宏等至京，下刑部问罪，长史等官以尝检举，宥之。

卷六二，弘治五年四月戊午：韩府襄陵王范址奏乞收买净身人，不允。

卷七〇，十二月壬戌：礼部奉旨查奏先年自宫发遣充军宁家者，内于刚等二千二百四十六名年籍相同，周英等八百三十八名无从查核，又杜刚等二百一十二名不系先年发遣之数。命于刚等发充南海子净军种菜，周英并杜刚等送户部编充海户，常令筑墙种菜当差，逃者杀之。仍命礼部榜谕，今后敢有私自净身者，本身并下手人处斩，全家发边远充军，两邻及歇家不举首者同罪，有司、里老人等时加访察，有即执送于官，如有容隐，亦治罪不贷。

卷七一，弘治六年正月丙戌：有自宫者数百人击登闻鼓求进用，命锦衣卫并五城兵马执送镇抚司根究治罪，以给事中魏玒违例接鼓状，下刑部鞫问如律。　卷七五，五月戊寅：先是有旨，今后私自净身者本身并下手之人处斩，全家发边远充军，两邻及主家不举首者同罪，且令礼部出榜禁约。而安肃县人韩清等三百余人复冒禁入京，击登闻鼓求进。礼部劾之，下镇抚司鞫问，送法司拟罪。大理寺卿冯贯与刑部尚书彭韶议以清等自宫并在五年三月初八日赦宥并礼部近奉诏旨之前，因收回该部发审，奏词止拟违制，不应杖罪发遣，寻奉旨各引咎自陈。上以贯私嘱改拟，韶辄听从，重加诘责。于是贯、韶复上章待罪，命宥韶而停贯俸五月，少卿屠勋、马中锡各两月，其主使自宫及下手之人仍严限督捕之。　癸未：刑部员外郎王嘉庆、主事王铨、大理寺左寺副徐谏、王章、左评事谢湖俱对品调外任。先是，军人马英妻罗氏自宫其幼男马伍，同居人丁买等发之，罗氏等例当死，嘉庆等止拟杖罪。狱上，命下嘉庆等于都察院狱，都察院拟赎杖还职,上特有是命。

《**武宗实录**》:

卷一,弘治十八年五月壬寅,赦诏一款:“一、近日行取私自净身人五岁至十五岁赴礼部拣选者,诏书到日,即便停止,该管官司照例管束,不必起送。”

卷一一,正德元年三月戊戌:礼部以大学士刘健等言南海子阉人选入千余,蟒龙玉带之赏太滥,覆议谓:“私阉累有禁例,其潜住京城者宜严加斥逐,蟒衣玉带之滥赏者,请命司礼监查究追夺。”上是之,私阉令通查旧例,申明禁约而严治其敢犯者。

卷三〇,正德二年九月戊申:申男子自宫之禁令,锦衣卫、五城兵马限三日尽逐出之,有潜留京师者坐以死。时宦官窃权者泽及九族,愚民竞阉其子若孙,以图富贵,有一村至数百人者,虽严禁亦不之止也。　庚申:三法司会同府部诸大臣及科道官于承天门外审录重囚,得情有可矜者二十三人,父母告其不孝而后息词者六人,自宫者一十三人,有词者二人,情可矜疑者五人。具狱上请,得旨:“可矜者免死,俱充边卫军;其不孝,四人仍系狱,二人杖之百,俾归养;自宫者以年幼亦系之,有词者再问,情可矜疑者释之。”

卷八六,正德七年四月戊寅:男子张用等五百余人自宫求进,命锦衣卫及五城兵马司逐之,有潜居京师者治以重罪。

卷九七,正德八年二月戊申:革郃阳王府镇国将军诚溧禄米三之一。诚溧常畜自宫者数人于府,挟子出城游戏,俱违例,故罪之。　卷九八,三月戊寅:复严自宫之禁。先是,锦衣奉旨逐私自净身人还籍,而人众不可制。于是复有旨:不如令者枷号三月,谪边卫充军。仍谕私自宫者如例处斩。时律例屡申,卒不能禁,群聚京师,号呼其进,或拥入礼部,挝堂鼓遮诉云。

卷一三七,正德十一年五月甲辰:收自宫男子三千四百六十八人充海户,月予米人三斗。时自宫无票帖未收者尚数千人,复扣礼部门。有旨,令逐回原籍,再至京奏扰者罪之。然亦不能禁也。

卷一五四,正德十二年十月辛酉:刑部会官于承天门外审录罪囚如常例,情真者不宥,其不孝而父母舅姑有息词者十有八人、自宫坐死者六人、强盗及杀大生死者七人、情可矜拟者六人，俱以请。得旨，不孝及自宫者姑系之，奸盗贼人者处决，可矜疑者谪戍边卫。

卷一六〇，正德十三年三月丙辰：晋府辅国将军表杶、表榠、表榑、奉国将军表桃、知烋蓄私自宫者十余人，多为不法。镇巡官以闻，诏以表桃等俱违祖训，革其半禄，用示惩戒；自宫者发戍边。

卷一八五，正德十五年四月癸亥：有自宫者数十人于通仓各门夺军粮，又索运船银米。命都察院榜示禁约。

下　编

卷　八

世宗嘉靖朝 附穆宗隆庆朝(1521—1572)

正德十六年四月癸卯,(世宗)至自安陆。先是三月丙寅,大行皇帝遗诏曰:“朕绍承祖宗丕业,十有七年,深惟有孤先帝付托,惟在继统得人,宗社先民有赖。皇考孝宗敬皇帝亲弟兴献王长子,聪明仁孝,德器夙成,伦序当立,遵奉祖训兄终弟及之文,告于宗庙,请于慈寿皇太后,与内外文武群臣合谋同词,即日遣官迎取来京嗣皇帝位。”　丁卯,司礼监太监谷大用、韦霦、张锦,内阁大学士梁储、定国公徐光祚、驸马都尉崔元、礼部尚书毛澄赍捧诏谕金符,趋安陆藩府奉迎。(《明世宗实录》,一,3—4)　**(是日至京城外,驻跸行殿,日中由大明门入,御奉天殿即位,颁诏大赦天下。)**诏曰:……其以明年为嘉靖元年,大赦天下,与民更始,所有合行事宜条列于后:一、……一、各处郡王、将军府子女有应请名、请封、选婚者,本府即与保勘奏请,承奉、长史等官不许刁蹬,其有年已长成未曾婚配贫难无力者,所在官司量为助给。……一、京通二仓、水次仓、皇城各门、京城九门、各马房仓场、各皇庄等处,但系正德年间额外多添内臣,司礼监照弘治初年例查奏取回。一、近年差出取佛、买办、织造、烧造等项及腹里地方并各边、各关但系正德年间新添分守、守备内臣,诏书到日即便回京,其各处分守、守备内臣、将官有正德元年以后夤缘改作镇守及副总兵等项名色并分外多管地方、加添责任者，兵部俱查奏改正，换给敕书。一、自正德年来两京各卫所容令无籍之徒冒籍投充并新添旗军、校尉、勇士、力士、军匠并内府各监局招收军匠等役，办纳官钱，私役占用，不下八九万余，岁支钱粮百余万石，以致京储亏耗，岁用不继，关系匪轻。论法都当拿问追究，但既遇赦，姑容改正。诏书一出，但系正德年间冒籍投充并新添及私自顶补、额外招收等项人役，并有名无人，该卫所官按月支粮、包办月钱者，即便各回原卫原籍，随任当差，该卫所即将名伍开除回报，户部具数奏闻。敢有捏奏存留，设计影射，仍前冒支官粮者，事发都押发辽东铁岭卫永远充军，该卫所官吏拿问，调烟瘴地面安置。一、腾骧左等四卫勇士除弘治十八年兵部并科道官查出见役正数并事故外，其余诡冒名籍，未经裁革，仍又夤缘回卫虚挂名额者，各照原拟舍余发原卫，民丁发在京缺军卫分各充军役，食粮差操，以后勇士替补照例开送兵部验军官处验过，方许收粮。……一、在内御马仓、天师庵、中府二草场，在外坝上等十九马房仓、吴家驼里外牛房、司牲司、司牧局今年合用粮料草束，于原会数内减去一半坐派，以苏山东、河南、北直隶小民困苦，以后年分还着巡视科道官备查马匹、牛、羊实在数目，照数会计，以免冒滥。……一、近年各处镇守、协守、分守、守备等官违例奏带人众到于地方，科敛财物，夺占功次，所在不才官员因而乘机指一科十，贪利成风，以致百姓受害，深可痛心。诏书到日，例外奏带人员即便各回原卫原籍闲住当差，违者许抚按并按察司官察访，参奏拿问，官舍旗军调边卫差操，民发口外为民，书办、省祭等官革职不叙。今后敢有仍前奏带人多及带军民职官、锦衣卫旗校者，该科实时劾奏究治。其镇守等官中贪刻显著、坏事有名者，各该巡按御史指实具奏取回，司礼监从公推举平素廉静老成之人奏请更替，仍照旧例写敕，不许干预钱粮、词讼，侵越诸衙职掌，亦不许假以进贡为名，佥取皂隶，科敛银两，扰害军民，额外进贡一切停止。……一、各处解纳钱粮到京，内外管收人员刁蹬需索，使用之数多于本物，以致上纳不敷，重复征解，贻累小民。该部申明禁约，许被害之人指实奏告，治以重罪。……一、内府多余宫人着司礼监逐一查审，有亲属者各令的亲家属领回，任其婚嫁，无亲属者官与婚嫁，务令得所。……一、各处无籍奸人、游食术士及无名内使、私自净身人等，多有投托王府，因而拨置害人，甚则贻累宗室。诏书到日，许令自新，各还本务，各该抚按官仍要严加禁治，不许故纵容留，以称朝廷亲亲至意。……一、南京内府各监局军匠有丁尽户绝名伍不除冒支月粮者，南京户、兵、工三部尽行查革。一、近年以来，内府各监局官员、内使增添太多，供用浩繁，甚非祖宗旧制。司礼监便逐一查选，照依弘治以前员数存留供事，多余之数，俱以本等职事听用，如遇各王府及南京各监局缺人奏请，拨去应用；其原系海户夤缘骤入者仍旧革充海户，见充海户者礼部尽数发回原籍为民当差，不许在京潜住；其原系乐工，净身收入内府者，亦尽数革退，发南京孝陵卫充军。一、私自净身人多在京潜住，希图收用，着锦衣卫缉事衙门、巡城御史严加访拿究问。今后各处军民敢有私自净身者，本身并下手之人处斩，全家发烟瘴地面充军，两邻并歇家不举首者俱治以罪。……一、正德元年以后在京在外官旗军舍人等，但系例外奏带及称报效在各边各处，或一人数处，或一时两三处报功，或并功升授官旗者，除原祖职役照旧，其余尽行除革。该卫所各将革过名数造册，送户、兵二部查考，敢有受财隐避不革及抗违妄奏者，俱问发边卫充军。其诸色人等冒认锦衣卫官员、户下舍丁致升官旗者，限三个月以里，许各官旗自首，与免本罪，冒籍之人革去职役；过限不首，该部查出，或被人告发，通行治罪发遣。……一、锦衣卫校尉专系直驾人役，近年多有奏讨投托，滥占跟用，因而令其干办私事，胁制害人，该卫尽行查明取回。一、南京年例进解马快船只，旧例每起不过三只，正德元年以来违例拨给，比旧加多，揽载客货，沿途搅扰，本等廪给夫役之外勒要银两数多，甚为民害。兵部出榜，通行禁约，今后进鲜船只务要照旧例拨给，经过地方不许分外生事，勒要折干银两，违者巡按、巡河等官指实参奏，不许故纵。……一、工部供应内府各监局内官、内使人等年例柴薪、靴料皮张、冬衣铺陈纻丝、绫䌷、纱罗等项，近年以来增添数倍，该部往往借贷别项官钱辏用，动经数万，累及官民，终非经久之计。着司礼监会同该部查照永乐至天顺年间人员数目、关给则例，通融处置，除见有本色物件外，不敷之数，将近年抄没犯人赃物银两，两平估折，相兼俵散，准作正德十五年、十六年年例之数，少宽民力。一、两京各监局等衙门，近年额外增添器物，如龙船、战车、神像、店房等项数多，管事人员乘机作弊，将物料工作任情冒派，侵克害民。今后除旧额器物房屋应修理成造者俱照《会典》所载旧定数目，从实会计，除本衙门并各库会有外会无者量为从省派办，不许隐匿冒滥，改旧添新，并招买挪借，贻害小民，违者治罪。一、内府禁密之地，不许盖造离宫别殿，载在祖训，万世当遵。近年以来，节被左右近幸之人献谄希恩，在内添盖新宅、佛寺、神庙、总督府、神武营、香房、酒店之类，在外添盖镇国府、总督府、老儿院、玄明宫、教坊司、新宅、石经山祠庙、店房等项，便着内官监、工部、锦衣卫、科道官逐一查勘，但有不系旧规者，或拆毁改正，或存留别用，或变卖还官，官匠人等有因盖造升官者，亦就查革改正，在外者听抚按官一体查勘改正，变卖还官，不许隐匿。一、近年南京驾到各样船只数多，俱在通州张家湾停泊，劳人看守，日久损坏无用，着内官监、工部便去会看，除年例黄船照旧存留听候外，其余乌龙船发送南京兵部改作摆江船，黄船发送南京工部照旧看守听差，黑楼等船发送杭州府等处听候进鲜、进龙衣等项公用，免派民间修造，其余鱼船等项变卖价银，收贮监部，以便修造正支。一、荆州、杭州、芜湖三处抽分厂专为打造粮船，成造供应器皿而设，以省科派小民之计。近来两京各监局相沿具奏，差人赴芜湖厂支取杉、楠等木数多,又有内官监差官中半抽分,二年有余,致将造船银料不敷支给,累及运军出利揭债,缺船运粮,耽误国计。今后南京各监局合用竹木,听于本处龙江、瓦屑等抽分厂支取,在京各监局合用竹木听于内官监神木厂并真定、芦沟桥等抽分厂支取。其内官监原差抽分太监李文等,诏书到日,即便回京,以后不许援例奏差。……一、易州山厂柴炭,今后悉遵先年旧额派纳,惜薪司近年新添加耗之数俱改正照旧,其有揽头指称打点,多勒价银,许被害之人首告,管厂侍郎痛加改革,不许仍踵前弊,如违治以重罪。一、自正德年来刘瑾、钱宁、江彬相继擅权,在京在外各该衙门弊政多端,诏书开载不尽者许逐一自行议奏裁革。一、近来冒滥玉带、蟒龙、斗牛、飞鱼服色数多,除五府、九卿堂上官外,其余庶官杂流并各处将领头目诸色人等,但系夤缘奏乞传赐者,俱不许穿用。内府各监局官员司礼监查奏裁革,武职卑官僭用公侯服色花样者一体禁约。一、浣衣局近年抄没妇女,法司逐一吊查原卷,详究事由,情可矜宥者具奏释放。一、锦衣卫旗校人等除弘治年间编军册内见在数目外,其余诡名顶补、佥补在逃、故绝等项人役冒滥食粮者,户、兵二部各选差属官会同科道及本卫公正官查议裁革。一、豹房各处积年收贮并近日抄没犯人银两,司礼监查记明白数内,运送数百万两于太仓银库收贮,以备折放官军俸粮等项支用。……一、先在军门办事指挥张玺、张伦,及掌案、写字等项人员宫勋、赵真、殷大安、王镐、王缜、陈贵、庞玺、晁用、郑曦、贾铭、高濙、朱凤翔,管皇店千户赵谨、姚俊俱倚势生事,蠹政害人,内外军民怨入骨髓,本都当处死,姑从宽,各连当房家小押发两广烟瘴卫分永远充军,其余跟随办事管店助恶有名小班、答应、旗校人等,锦衣卫还拿送法司究问,中间罪恶显著者一体押发两广烟瘴卫分永远充军,家小随住,俱遇赦不宥。……一、以上兴革政令,诏书到日,有司即便奉行,如有延缓者,许巡按御史、按察司访察究问,俱以违制论。(一,11—37)　乙巳,御史王钧劾奏司礼监太监魏彬与逆恶江彬结为婚姻，内外盘据；御马监太监张忠、于经、苏缙，或争功启衅，排陷忠良，或首开皇店，结怨黎庶，或导引巡幸，流毒四方；他如宣府镇守太监刘祥、总兵都督朱振、巡抚都御史宁杲，夤缘内批，侵盗边饷；甘肃镇守太监王欣、总兵都督柳涌、巡抚都御史文贵，假贡献而重困边方，引外夷以窥伺中国。此数臣皆彬之党，今彬既捕治，此辈亦宜亟赐并处，以明法纪，以清奸党。得旨："魏彬已有处分，张忠排陷忠良，于经首开皇店，苏缙导引巡游，本当重治，姑从宽，各发孝陵卫充军；刘祥罪恶深重，着巡按御史提解，法司会问；王欣已去任，宁杲、文贵冠带闲住，朱振、柳涌兵部查议以闻。"(一,40—41)　安边伯朱泰奏乞复姓，并辞伯爵。得旨："复姓已有诏令，伯爵准辞。"是日，左都督朱晖、朱洪、朱安、都督同知朱福各疏乞复姓，俱准遵诏改复。泰本许姓，晖刘姓，洪张姓，安钱姓，福狄姓。泰等皆谄附中人，矫窃内降，幸功要宠，以至冒国姓、滥封拜、握兵权，而安、福并出中官厮养，尤极猥贱，在武弁亦所不齿云。(一,41)　丙午，上谕阁臣曰："朕继入大统，虽未敢顾私恩，然母妃远在藩府，朕心实在恋慕，可即写敕，遣官奉迎，并宫眷内外员役，咸取来京。兵、工二部仍各差即中一员，治途供具。"于是遣司礼监太监秦文、内官监太监邵恩等捧笺诣安陆奉迎圣母。(一,41—42)　戊申。初，司礼监太监魏彬为其弟英辞免伯爵，得旨："伯爵准辞，仍令为都督同知，子孙世袭锦衣卫指挥使。"于是给事中杨秉义言："魏彬著名'八党'，流毒四方，结姻江彬，固宠怙势，罪不容诛。乃掩其滔天之恶，全其弟世袭之官，非所以示天下也，乞收回成命，亟治彬罪，削英之职，革其世袭，以昭至公。"会给事中徐景嵩亦言魏彬及御马监太监谷大用始附逆瑾，继党江彬，交相引援，窃弄威福，并宜寘之典刑，以谢天下。给事中吴严亦言(**阁本言下还有"魏彬不宜仍令供职，其弟英不宜止削伯爵，及言"19字**)安边伯许泰依附江彬，同恶相济，昨至江西，阴嗾太监张忠棰辱守臣，已复深夜，勒兵云备仓卒，思以动先帝之疑畏，而掩都御史王守仁之功。其擅权纳贿，残暴险谲之恶，擢发不能尽数，乞断自宸衷，亟赐处治。疏上，诏锦衣卫执泰送都察院鞫治以闻，彬等仍置不问。及御史萧淮等奏太监谷大用、丘聚、张永等蛊惑先帝，党恶为奸，放逐大臣，陷害忠说，变乱成法，盗窃名器，并宜诛戮，以谢天下。得旨："谷大用、丘聚降奉御，孝陵司香；张锐、张雄、张忠、于经、刘祥、孙和、刘养、佛保、赵林、马英、苏缙、刘拳、周昂、吴经、丘得、颜大经、许全、马锡、张信、钱安、张洪、马昂、周惠畴、王杲、皮德、朱福、臧贤、刘实执送都察院鞫治，魏彬、张永闲住，弟、侄、义子官爵冒滥者并依诏书查革。"(一,48—50)

赐司礼监太监王岳、范亨赠官，仍各荫弟侄一人为锦衣卫百户，世袭。正德初年，内侍刘瑾等八党乱政，岳、亨与大学士刘健等谋诛之，语泄，瑾等矫诏杖岳、亨，遣发南京，寻令人追杀之。至是，彬、聚、大用、永败，上念岳、亨以忠死，故有是命。　罢后军都督府右都督张举。举，太监张忠弟也。(一,50)　己酉，革后军都督府带俸镇平伯陆永伯爵。永，太监陆訚侄也。　罢镇守湖广太监李镇回京，以巡按直隶监察御史孙元劾镇扈驾襄阳，棰辱知府吴华也。(一,53)　庚戌。初，逆濠府内典宝等官阎顺、刘良、陈宣窥知濠谋为不轨，赴京奏闻，濠知之，密贿朱宁、臧贤，欲得顺等而甘心焉。会有旨阎顺、刘良、陈宣发充孝陵神宫监净军，乃得不死。至是，上疏自白其冤，刑部议覆，上以阎顺等忠义可嘉，诏司礼监查奏起用。(一,54)　辛亥，后军都督府带俸平凉伯马山辞伯爵，左军都督府右都督马钊辞职任，俱准免。山、钊出太监马永成厮养，累以冒功传升，本非所据也。(一,57)

五月壬子朔，南京工科给事中王纪等请以逆濠及钱宁、廖鹏、毕真、刘璟、刘瑯所没财帛收贮太仓，准充岁入常赋，以苏民困。诏下其议于户部。(二,59)　癸丑。旧制，守备内臣在凤阳者止令奉侍皇陵兼管皇城安插庶人，司门禁锁钥；在密云者亦止以分守名，仍听蓟州镇巡官节制。正德以来，中贵恣横，夤缘内批，奏讨符验旗牌，兼辖地方，奏改镇守或充副总兵，越分行事，民甚苦之。至是，兵部遵奉诏旨，请一切复旧制，改给敕谕，夺其符验旗牌。制曰："可。"(二,66)　甲寅，诏四卫营、勇士营官军归原营操练，仍敕戒各将领守法尽职，从兵部覆都给事中汪玄锡奏也。

户科给事中孟奇言："辽东镇守太监于喜前在宣府，侵盗官银，克减军饷，巡按御史张经尝具疏弹劾。喜贿通钱宁，匿不以闻，反以事诬经坐谪，人咸冤之，宜寘喜法典。及陕西副总兵赵文、大同总兵纪世楹、宁夏参将阎勋、陕西都司解恒、保定府分守参将卢英各选懦不胜重寄，而朘削军民，交结中贵，大略亦与喜等，并宜处治以彰宸断。"得旨：于喜发充孝陵净军，文等兵部看议以闻。(二,70)　丙辰，正德丁丑大同应州之役，止生擒虏一，斩首十有五，而将士夤缘内降，冒滥升荫。至是，兵部奉诏议裁，除许泰已夺伯爵，江彬、江勋、神周、张洪俱已系治，独李秉等八人有斩获功，丁见等三十三人、曹惠等三人皆死于阵，宜升级如故；郑山等十六人在阵被伤，宜改升署级；其谷铠、王勋、冯政等九百三十四人及中官张永、魏彬、张忠等九人荫授弟侄等锦衣卫官悉宜裁革。上从之。　令分守四川建昌行都司地方太监赵钦不得兼领川南道，从兵部议，复旧制也。(二,75)　庚申。旧制，山海关设守备武职，而以兵部职方主事一人共理其事。正德戊寅始革回主事，增设分守内臣，改守备武职亦曰分守，至是命复名守备而差主事如故，其内臣业已奉诏旨取回云。(二,89)　癸亥。初，朝鲜国王李怿请册封世子，太监金义、陈浩在毅皇帝时夤缘内降，充正、副使以往而多赐怿等金帛珠玉，敕令括取异物及童男女以进。至是礼官言："天子初嗣历服，宜正中国之体，绝外夷侮狎之端，请明喻怿非朝廷意，召义、浩毕事亟还，而罢敕中所索取。"上从之。(二,93)

【考】朝鲜《中宗实录》卷四二，正德十六年七月甲子，录礼部咨："请封世子，该礼部查例题请，奉武宗皇帝圣旨，差太监金义、陈浩充正副使，赍带赏赐，前去伊国授封。续于正德十六年二月十二日，该司礼监太监魏彬于左顺门递出揭帖,令礼部将内开赏赐银物写入敕内,付金义等赍去。随有本送科。臣等看得续赏银物太多,与该部先题数目不同,欲行执奏,缘当时先帝疾势渐笃,臣等方具问安,顾惟所重,不敢烦渎。今遇皇上登极,百度一新。该部查照前事,奏请欲咨都察院,转行彼国王知悉,将金义等催督回京,不许在彼延住,及妄索进贡,以全国体;仍欲候金义等回到辽东之时,敕彼处抚按,将各官行李封记,如法枷杻,解京重治,以警人心等因。题奉圣旨:'是。金义等事毕,都着上紧回京,不许在彼延住,亦不许妄言需索,前敕内欲取人口,都不必用。钦此。'臣等窃恐,近年以来,权奸干政,欺蔽多端。货贿公行,法度大毁。幸逢圣明继照,群凶就擒,王法大同,无有渗漏。如太监金义、陈浩,本以狎邪小人,谋秉外藩使节,欲为己地,先布君恩,假蟒玉、银币之多,以为钩取厚利之具,取金宝、子女之献,以伸谄媚蛊惑之谋,外失夷心,内伤国体,情罪显著,诚如该部所参,按法伏辜,不在苏缙、于经之下。今奉明旨宽贷,听令自回,虽不许需索、妄言,然计已满装归橐,若不早为处置,诚恐奸计竟行。且当四夷观化之初、陛下革故鼎新之始,使或法令不一,则公论恐有未平。伏望陛下收回前命,乞如该部所请,先行彼处国王知悉,亟催金义等毕事回京;仍敕辽东抚按等官,候其到彼,即将各官行李封记,械送来京,从重问拟,以警邪佞。如此则国体既伤而复正,远人已扰而复安,陛下平明之政,四夷亦将有所观感而畏惕矣。再照,朝鲜国王姓讳素号知礼,近亦矫情。知祖训有姑待之文,而心不自安,假来使通贿赂之门而求为更改,致蒙先帝误听,许以维新。虽《会典》所载暂为掩除,而祖训旧章,岂敢轻易?似此用意,良亦已勤。由是观之,则今者过腆之赐,安知非奸夷布计营求,以为彼国夸大光重之具也?前项愆尤遇诏既已宥免,将来臣节因过尤当谨持,合无请敕一道,便付使臣,赍去戒谕,令姓讳今后务要靖恭守常,恪修岁事,仍严束来使,免惹事端。如此则上下相安,体分不失,而可与共享维新之化矣等因。奉圣旨:'金义等已有旨了,姓讳不必写敕,所奏事情,着该部移咨与他知道。钦此。'钦遵。抄出送司,案呈到部,令就移咨朝鲜国王姓讳,烦为查照钦依内事理,钦遵施行。须至咨者。右咨朝鲜国王姓讳。正德十六年五月二十六日。重惩奸邪,毁法内臣,以正国体、以律远夷事。咨。"按,陈浩在新朝仍蒙重用,如朝鲜《中宗实录》卷五三,嘉靖三年三月丙寅载:"陈浩自御马监，迁为掌书册之官，职任尤亲密云。”后镇守甘肃。　壬申，御史萧淮劾奏太监张永前在江西擅权纳贿，故纵逆党，辄以私忿械系无辜，即今刑官虽多所辨释，而瘐死含冤者尚不可数计，宜寘之法典以谢天下；因言谷大用、魏彬“八党”之首恶，武忠孝庙之罪人，并宜逮治。得旨：“大用等业已处分，永降为奉御，往南京孝陵司香。”(二,101)　癸酉，福建道试御史卢琼请罢各处镇守内臣，疏入，报闻。(二,104)　甲戌，命工部左侍郎赵璜、太监邵恩提督山陵工程。(二,104)　丁丑，户部覆奏御史俞集疏：“其一重法令以杜揽纳，谓在京奸利之徒，依附权贵，裁揽钱粮，往往数岁不完，解户及原籍家属多有逮系以死者，宜严行禁戢以杜夙弊，仍令问刑官自今揽纳事发果曾致死人命者，依律处死。其一饬门官以禁勒取，谓各门内官抑勒解户，求索无厌，而西安门尤甚，宜申旧禁，违者听巡视官指实参治。其一惩库役以正法纪，谓库夫、铺户承役既久，为弊滋多，宜令巡视官查核，非佥派正身及额外投充者悉行汰革。”诏曰：“可。”(二,109)　广西道御史陈实言：“顷者伏睹明诏，各处分守、守备内臣不得加添责任，兼理民事，甚盛举也。乃兹兵部传奉内降，命太监杨敏往视广东杨梅、青莺等处珠池，仍兼管廉、琼二府地方，是与诏令相背，何以示大信于天下？”因言原守雷州珠池太监赵兰坏法虐民，诛求无已，宜亟逮治以惩贪黩。章下所司知之。(二,110)　戊寅，户部言：“太仓银库迩因冗食太多，经费浩繁，加以四方频岁灾伤，钱粮征解者少，遂致空虚日甚，各卫官军折散俸粮并各边岁例、宿逋商人刍粮价值，不下四百余万。请以云南新兴等场解到正德十三年分课银暂送太仓收贮，其有各省征办应入内库者亦照此例，俱收贮太仓以备缓急，俟府库稍充，仍送内库交纳。”从之。(二,110—111)　己卯，诏追夺已革爵泰安伯张富、安定伯张容、永寿伯朱德、高平伯谷大宽、平凉伯马山、镇安伯魏英、永清伯谷大亮、镇平伯陆永等原给诰券。(二,111)　正德以来畿内逋逃民田多为奸利之徒投献近幸，征租掊克，民甚苦之。给事中底蕴列状以闻,户部覆奏,行各守臣查核没官田土外,但系近年投献置为皇庄者,给还本主,仍照原额征税。从之。(二,112)　庚辰,内府甲字等库监收内臣求索无厌,解官、解户甚苦之,台州卫指挥同知陈良进纳军器,迟留八年而不得实收,行丐于市,几不能生。上即位,良具疏自诉,工部覆奏,诏自今解到军器、钱粮、物料照数验收,不得分外求索,有仍踵前弊者听道官及缉事衙门参治。(二,113)

六月辛巳朔,户部覆巡视京仓御史陆翱节冗费疏:"其一,总督京仓等官牧养牛、羊、鹿、豕、鸡、鹅等畜,千百为群,借言岁贡,实乃率兽食人。上方玉食,何藉于此?宜悉从停革。其二,每仓除经历仓官外,有攒典五六人,月粮人一石,军斗六七十人,月粮人八斗,每岁通计支粮六百余石,而所守不过千石,宜将各仓余粮一一查明,挨年坐放尽绝,攒典送部,军斗发回该卫,以后如有仍前故留剩余,迁延日月者罪之。其三,各仓军斗设有定数,各厅给役亦有定额,近乃差占十九,巡警尽废,宜申饬令典,自钦定给役名数外悉收回各仓防守。其四,运粮抵京,旧规户部委主事监收,后监督太监违例攙收,纳贿通奸,减放斛面,比支放亏数则以泥土乱草入之,伤军甚矣。宜遵旧规,专委主事监收。其五,先年漕规,每粮万石入银百两,谓之'筹银',盖以守支官攒、军斗岁久贫乏,以十年为率,每年每廒给筹银十二两以苏其困耳。今守支不过六年,而筹银仍如旧数,又病民矣,宜量减其半。又运船到京,每起进'果子银'十八两,贽段二匹,皆总督厅攒典罗志恃势为奸,运官患之,请一切禁革,罗志下法司逮问。其六,各仓经历等官宜听巡按御史考察,岁终具贤否送吏部。"议上,俱从之。(三,116—117)　癸未,御史胡洁劾奏太监陈贵、牛广、赵隆、张奎、浦智、李镇交通江彬,搜括奇货、美女,蛊惑万乘,毒痡四海;都指挥马炅进妹禁闱,僭称后舅,参将石玺伪充扈从,结党为奸,俱罪大恶极,乞正刑典。得旨:"贵、广俱降左监丞,外宅闲住;智、镇俱降右少监,南京新房闲住；隆、奎发孝陵充净军，玺、炅充广西南丹卫军。”(三，119)　戊子。永乐初，开设坝上等御马草场于顺天府所属玉田、顺义等州县，凡十九处。正统、弘治间俱尝差官勘量地界，立封丘，写图本，以杜侵冒。至正德四年，刘瑾用事，任太监谷大用、李锡及诸管马房员役，将界外田土不分钦赐勋戚庄田及军民屯粮地亩，混同侵占，另立封识。旧制，草场子粒比依勋戚庄课，每亩岁征银三分，至是则横敛百出，而军屯民税犹办输如故。瑾败，大用、锡仍用事，畿民甚苦之。及上登极，军民累累陈诉，而诸勋戚亦各言其状。户部议覆：“差科道及本部属官各一员吊取马房地里图本，督同所属州县官及地方原主人等，沿丘履亩，照依正统年间原开顷亩四至，筑立封丘，界外所侵各审付本主，以后草场子粒听本部监督，主事征收，在官召买粮草，该监员役不许干与；其太监谷大用、李锡及把总指挥刘成等赃罪，听差去官勘明参奏，依律重究。”从之。已而给事中郑自璧又备述内官、内使及诸庄头人役侵削小民状上奏，诏各役悉付差去勘官拿究，仍令访诸征粮内使以名闻。(三，124—125)　　庚寅，诏都察院申明累朝禁例，凡都城内外诈冒皇亲、太监名目拦截桥道，私开店舍，指称内府包揽钱粮者，令巡城御史及厂卫缉捕究治，枷号发遣，仍行南京及南、北直隶、浙江等处抚按官一体禁约。(三，126)　　辛卯，户部覆巡视库藏御史郑维新疏称：“甲字等库自正德五年起递年寄库各项钱粮，日久未收，各该原解在逃，行提未到，皆由该库重索分例，积年揽头诓骗，致累管解人员，况经年久，本人存亡未知，亦无文册可据，宜通融议处，将前项寄库钱粮会官尽数盘验，堪用者秤量入库，不堪者封识在官，查照本部原发札单数目，分别已未完足，行各该抚按究理归结，仍敕内库官奉公守法，以后但遇各处解到钱粮，不拘多寡，务要三日内会收，不许仍前纵容揽头、库役刁难需索，如违听巡视科道官参治。”得旨，俱如议行。(三，126—127)　壬辰，钦天监漏刻博士朱裕奏：我朝百务皆有成规，独历法未暇修正，虽以大统为名,实授时之历。且自元及今,二百四十余年,历岁既久,积数渐差,推算连年日月交食分杪已有不合时刻,遂至爽忒。臣尝与中官正周濂具奏,乞欲增损修改,奉钦依:今后如遇日月交食,还依古法推算,如或未当,暂免参究。礼部仍于本监官生内选精通历学者四五员名,与周濂、朱裕等各以新法推算,彼此参验,待日后累算无差,再行具奏。(**下言校订历书略。**)(三,127—129)

癸巳,南京大理寺左评事林希元条陈君道急务六事,曰务正学,曰亲正人,曰用旧臣,曰清言路,曰急交修,曰持久大;朝廷大政二事,曰辍内臣机务,曰罢内臣镇守。其"清言路"云:今之给事中、御史,即前日之谏官也;今所弹劾钱宁、江彬、张锐、张忠辈,即前日之权奸也。宁等播弄威福,流毒四海,几二十年,当时未见有一人言者,今始历数其罪,搏虎围圈之内,三尺童子皆笑其无勇矣。又如王守仁等亲夷大难,厥功不细,张永、张忠掩而取之,又妄获平民以邀功于时,纪功科道寂无一言。……乞敕吏部、都察院将见在给事中、御史通行考核,凡在先朝不能尽职者随其轻重,分为等第,量为黜调,更求能者以充其位,仍将臣黜退以谢言官,则言路清、国是定矣。(**其"急交修"略。**)其"持久大"云:太祖高皇帝酌百王而立法,后世不无渐失其旧,全赖中兴之君整顿修复之。今诏书所更革者,独正德间事耳,以前初未之及,至于言者请去东厂诸事,陛下又委之旧规,不知此近时弊政,非我圣祖旧制也。果是旧规,则祖宗之法固有万世所当遵者,亦有不可尽循者,今于所当遵者不难更改,至于不可尽循者乃欲守之而不变,是岂善守祖宗之法者哉?臣愿陛下勿尽泥旧规,凡自宣德、正统以来随时更置,间有不利于国、不便于民者,俱照更革正德年间事例尽与除去,以复太祖之旧。其"辍内臣机务"云:司礼监得预机务,非我祖宗之制也。昔晋侯以赵衰守原,谋之寺人勃鞮,后世犹议其非,况以机务之重使内臣亦得预闻,则天下事皆其掌握。王振、刘瑾之祸可谓殷鉴矣!自古人主轻变祖宗成法,假借威权,其后乃至自欲收之而不可得，是以明哲之主谨之于微，防之于渐，盖虑太阿之柄一释而不可复收也。今陛下已大奋乾断，诛黜奸党，然不辍其机务，譬犹秽草恶木，根株未除，终当复生耳。昔孝宗皇帝常欲行之而未果，遂有近年之祸，天下以为惜，愿陛下乘此事机，永拔祸根，毋使后之惜今，亦犹今之惜昔也。其"罢内臣镇守"云：寺人之职门庭，是司边关镇守，亦非我高皇帝旧制也。臣伏读诏书，自正德以来额外添设各处守备非我列圣之旧者悉皆取回，臣敢因此以广圣意，请自宣德以来法外所设各处镇守非我祖宗之旧者，皆可取回，信如是则生民之患十去八九矣。既而通政司办事进士周祚等言："臣等接送题奏，见顷来章疏纷纭，无如希元所陈者，乞留神省览，见之施行。"希元复自以为言，乃下所司议。议上，优诏嘉纳焉。(三，129—133)　南京户科给事中陈江上言……又言南京长安、东西安、北安等门内官内使克减上直军人饭米，私役卖放，每日守卫不及一二十名。禁卫严重，岂宜疏纵若此，乞严行禁革。诏下所司议闻。(三，133—134)　甲午，巡按辽东御史杨百之条陈治辽五事：其一，请罢各处分守内臣。……诏所司议闻。(三，134—135)

乙未，纵内苑所蓄禽兽，仍禁天下不许进献。(三，135)　户部覆给事中徐景嵩条陈计处御马草场四事："一曰责内臣以专牧养。二曰置廨宇以处部官。三曰兼委任以重牧地，言本部所委监督马房主事，凡一应事务俱当管理，宜申明职掌，令其不妨原务，兼督官旗人等，将原马房牧地查明顷亩，设立封堆，开挑濠堑，时常踏勘。科道官一年二次巡视。四曰遵诏旨以清马数，言各房马匹数目平昔内官占护，不容查考，任意开报，冒支刍粮，恣其侵克。若使马数可察则诸弊自消，宜遵诏旨行巡视科道查各房实在马数，造册奏缴，仍行各养马官员，每月造册送本部，下粮厅并委官主事处，以凭会计。"诏悉从之。(三，135—136)　巡按直隶御史曹轩劾奏南京司礼监已故太监廖堂依附刘瑾、钱宁、江彬，夤缘镇守，黩货殃民，弟侄廖鹏等冒滥锦衣官校诸不法事，并论南京守备太监廖銮为堂谋主，同恶相济，宜寘重典。又言南京监局、门关、窑库内官增设太多，滥受民词，占役军匠等弊，乞将廖堂坟祠赐额、看扫军校与诸冒滥官秩并正德年来投充神帛堂匠役及各衙门办纳月钱者尽行追究改正，仍将廖銮明正典刑，以为奸党之戒。守备、守把额外新添内臣，已蒙恩诏取回，其额设存留者，仍乞甄别臧否，严明简选，异日有如前恣肆者，必罪不宥，庶恶党尽绝，奸弊永清。上悉嘉纳，命亟行之。(三，137—138)　丁酉，户部覆本部主事张淳甫处置马草疏，言马房草场地土之数目、钱粮之出纳，俱不经本部查考，以致滋弊。今冗差内官既奉诏裁革，宜令本部该管主事将各牧地通行清查，每马房量留数顷，以为晒晾马匹之用，其余俱令军民佃种，亩征银三分，候秋成时照依时估召买草、豆。议上，从之。(三，138—139)　戊戌，兵部请下御史汪渊裁革各处镇守等内臣疏，命府部大臣及科道官会议。得旨免议，令司礼监简汰其无良者代之。于是御史杨铨复极言内臣镇守之害，因劾奏江西烧造太监丘得前在凤阳，夺取民间女子，杂以娼优，号为进奉，荧惑万乘，请寘之刑典。下其章于所司。(三，140)　诏司礼监裁革南京内府各监局官员。初诏书裁革额外多添内臣，止开内府各监局、皇城京城各门，不及南京。至是南京工科给事中王纪等以为言，因及太监张锐管东厂时占中两淮、长芦引盐，招奸商王四等乘势坏法，积缗钱数百万计，锐既正法，宜与钱宁辈一体抄没，兼逮四等以泄中外之愤。上纳其言，故有是命，并敕都察院速具四等罪状以闻。(三，140—141)　己亥，戮宸濠逆党刘吉、何镗等二十六人于市。法司既会审江西狱，拟刘吉、涂钦、熊绶、黄瑞、李世英、熊僚、葛江、丁璜、谢天一、闵念八、熊十四、杨清、秦荣本构反谋，何镗等十三人临时从逆，俱凌迟处死，吉等仍缘坐家属，籍没家产。其吴松等二十五名系谋反知情故纵，胡节等二十名系谋反同谋者子孙弟侄及同居之人，俱斩决不待时。其余应充军及给付功臣家为奴等项有差。得旨："凌迟重犯即时处决，仍绘形榜示天下，其斩罪诸犯姑监候，余俱依拟。”(三,141)　壬寅，诏归回回女你儿干等八名于甘州。正德末，镇守太监王欣奉旨简进者也。(三,143)　御史李美等请肃清奸党，在内如太监张玉，假采办进贡之名于兰州等处织造各样织金大红绒段，殆及数千，需索毡帐、帏幔之类，糜费巨万；焦宁、吴亮诱引先帝崇信番僧，盖新寺于禁地，尊胡虏为法王，首倡取佛之名，大遂刘允之恶，夹带违禁货物，不止百艘，勒取官民银两，动以万计；高忠、赵俊起盖豹房，开张酒肆，滥造海子船而蠹耗内帑之财，营造镇国府而拆毁官民之舍——此皆在内遗奸，号为“金刚老儿当”者也。在外如中军管营指挥华勋，营谋将领，滥受蟒衣，凡江彬之恶逆，皆其主谋，竭天下之货财半归私藏；千户等官刘江、王章与逆彬有乡土之私，诱先帝为宣府之幸，盖行宫，进女乐，黩溷于禁闼，开皇店，放皇债，贻害乎地方；千百户等官江梅、张镗、蒋英、王通、张永、张健，或充外四家头目，或为提督府主文，隐匿章奏，共蓄无君之心，擅开边隙，咸图冒功之赏，管操西墙，纵军劫掠，扈驾南征，黩货害人——此皆在外遗奸号为“把总大管家”者也。俱乞明正典刑，永除祸本。得旨：“各犯诱引蛊惑，情罪深重，张玉、焦宁、吴亮、高忠、赵俊姑从宽，俱发南京孝陵充净军，华勋、刘江、王章、江梅、张镗、蒋英、王通、张永、张健，在内者着锦衣卫拿送法司，在外者巡按御史提解来京问。刘允取回，仍责开具随去番僧名数以闻。”(三,143—145)

甲辰，御史孙孟和言：“近据顺天府东安县等处人民纷纷奏诉，太监张锐、刘权、张忠、赵林及锦衣千户谷良等强占田地，吓骗财物，霸住房屋，准折妻女，及减价抑买等情。访得诸奸恶违法事情似皆实有，然此一民事耳，至累累蓦越赴京，上干天听，恐将来闻风效尤，长健讼之风，为陵替之渐。臣愚，请敕下都察院，通行直隶真定等处抚按官，备行所属州县一应皇亲、内臣、功臣、锦衣、总兵、大臣田宅，除两平置买照旧外，其余不分已奏未奏，但有侵夺等项，逐一退归原主。原价短少者增之，具价取赎者还之，如有怙恶不服，径自拿问参奏。其应抄没犯人田产，审明果系在前侵夺抑买，一体给主管业，可以息讼端，召和气。"疏入，令都察院议闻。(三,146—147)　初宸濠之乱，太监张忠闻濠已就擒，图冒其功，乃提兵急趋南昌，至则都御史王守仁已执濠赴南京矣。忠失望，甚恚，江西按察使伍文定迎谒，遂叱缚之曰："吾且籍没汝。"文定骂曰："吾拼九族为朝廷讨贼，有何罪？尔为天子腹心，乃屈辱忠义，为逆贼报仇，于法当籍汝！"忠愈怒，以铜锤击之，文定昏仆，观者无不骇愤。文定畏其凶焰，屡求解任，不报。至是，始以状闻，且言："忠昔与安边伯许泰、左都督刘晖至江西，忠自称'天子十弟兄'，泰称威武副将军，与朝廷同僚，晖称总兵官，朱系朝廷儿子，迫胁天子命吏，稍拂其意，辄詈辱之。又诬指党逆，掊克军民，诈称进贡，需索万状，计所罔利，不下百万。比及脂膏殚竭，仓库罄悬，然后三人者始睢盱而去，以致饿莩遍野，盗贼纵横，虽锉三人万段，不足谢江西百姓。今圣明御历，大憝如钱宁、江彬皆已伏法，三人者实其党与，倘漏于天讨，使藏其乐祸无厌之心而处于反侧不安之地，恐异日为国家大害，乞亟行诛绝，以快人心、消隐忧。"又请发宸濠赃银还之江西，以需急用，矜释濠党父兄子弟在隔别地方及不同居与谋者，并忠、泰、晖所蔓延诖误，中多无辜，亦请审释之。章下所司看议以闻。(三,147—149)　丙午，户部覆御史陈实疏，言广东看守珠池内臣不宜兼管地方事务，因论原管太监赵兰既被御史纠劾，宜先革回，所犯赃行广东巡按御史勘明具奏，以正国典。诏悉从之。　发腾骧等四卫官舍都指挥吴瑄等三百二十名各回原卫。瑄等原系金吾左等卫官舍，正德三年太监谷大用奏调顺卫入数，兵部以其诡冒名籍，请旨厘正之。(三,149)　丁未，顺天府通州知州刘绎奏："近京地方，若皇庄及皇亲、驸马、功臣旧土，大为民害，乞以皇庄田地尽付所在军民耕种，输纳国课，管庄内臣永为裁革。其或以皇庄建立以久，遽难议革，请先将内臣取回，凡皇庄田地明白开造册籍，附之所在官司管理，别差户部主事一员专管，督理一应租税，依期解送户部，转送内府。其勋戚田土亦乞差官查理，果旧额颁赐，听令管业，照依旧制，每亩起租银三分，此外不许丝毫侵削佃户，若系近来包占夺买等项，责令退还。”章下所司议闻。（三，150—151）　己酉，停陕西织造绒服。　革真定等府抽印木植内臣。山西筏木由滹泥河东贩，旧制于真定府设税课司，十取其一，该府委通判一员监收之，岁终内官监差官印烙，委官运纳通州张家湾砖厂，以为常。正德间始差太监抽分，遂税及柴、炭、鱼、菜，民不堪其扰。巡按御史宋钺请遵诏裁革，且极言太监祖臣奸状。工部覆奏，得旨抽分太监裁革，该府委官监收，一如旧例。（三，152）　坝上、坝东、坝北三马房领豹房发下牛、骡无虑数十百，户部以刍牧不给，请以马给操军，牛、骡付顺天府估卖。已得旨允行，该监太监戴永称前项马、牛、骡俱已经印烙，固留不发，且奏旧例并无以御马充军者。户部覆请，上曰：“马已验收，免发。马房既无喂养牛、骡事例，岂可创启弊端，仍依前旨行。”（三，152—153）

七月庚戌朔，刑科给事中顾济上疏，请慎听览以定国是，重纶音以隆治体，其略曰：“……臣请以所上章奏一切下吏部考核，其尤闇昧弗当者，属言官参劾，以彰国法，则大舜问察用中之道不是过矣。且章奏批答，或下部议，或取上裁，祖宗时有故事，今内臣张雄、张锐、张忠、于经、佛宝[保]、张信、孙和、陈敬等诖误先帝，擅作威福，陛下已逮治之，及其奏辩，又获宽旨，岂左右亲信巧为营救而陛下过听之耶？臣愿断以大义，勿顾小恩，凡奏报悉如旧典，其事体未安者使言官得以封驳，诸司得以执奏，如此则小人无所售其奸而法纪可振矣。”上曰：“疏中切朕躬者朕自裁决，其余所司议以闻。”（四，155—156）　辛亥。初，宸濠之变，江西左参政王纶、佥事潘鹏、师夔、广西参政季敩俱被执，寻皆降濠，为之用事。纶伪授参赞军务，戎服祭江，鹏为濠诱降安庆，夔安抚九江，敩赍檄广东等处；镇守太监王宏、按察使杨璋甫至任，不及备，俱被执，九江兵备副使曹雷拥兵坐视，九江知府汪颍弃城走。法司会议，当纶大逆，宜磔于市，鹏等论斩，宏等情可原，免死戍极边。上从之。(四,159—160)　　甲寅，南京山东道御史张彦杲以灾变，言："太监萧敬素党宸濠，不宜召用；南京守备成国公朱辅威望才识不堪重任，宜诛敬罢辅。"得旨："敬留用，辅令自陈。"(四,170)　　丁巳，都察院右都御史张纶等会议太监张锐等罪，言："张锐、张雄受逆藩贿赂，乱朝廷纪纲；张忠以巡游蛊惑，冒功黩货；于经以税课逢迎，取尽锱铢；刘祥因江彬进幸，孙和与宁瑾交通，刘养盗官物，赵林夺子女。苏缙、马英、佛保、周昂、张信、马锡、吴经，或传镇守以纳贿，或托进贡以行私；皮德、钱安、翟福、张洪，或冒边功而滥膺封爵，或以将裔而冒姓天潢。皆窃弄威柄，变乱成法，罪在大辟，法不可赦，宜依交结朋党、紊乱朝政律弃市。"疏上，留中十余日，司礼监传言疏有点污，趣都察院易疏以进。于是福建道御史屠侨言："锐等所犯，古今之大恶，理官所议，祖宗之公法也。法岂可易哉！今议寝不出，必萧敬、张佐等阴为之地，挟私舞弄，陛下一失操持则怀奸欲逞者乘间而起，治乱安危之几，所系不细。"上乃下纶等疏，令会官覆讯以闻。(四,171—172)　　庚申，南京给事中陈江上言三事："一、恤解户，言南京甲字等库及各监局内官科索百端，浮费与正额等，民不胜苦，宜严加禁革。(**一、恤民隐。一、通商贾。**)"疏下户部，覆言濒河诸郡，诏书已减半，税不得悉蠲，致亏国计；恤解户、通商贾俱宜如御史言。上是之，乃禁皇亲贵戚家不得列肆夺民产，仍敕御史察不法者以闻。(四,176)　　辛酉，巡抚山东都御史王珝劾奏太监张阳、都指挥佥事魏玺党附江彬，矫先帝命，挟皇盐百艘，贸易荆襄间，所至为害。玺闻彬败，与指挥李刚、千户刘政俱亡，玺独为逻者所获，诸奸利事皆有验，宜按问。巡按御史范永銮亦以为言。事下户部，言阳所贸物皆前输之官，奉旨处分矣，而玺等所犯在有司，宜诏抚、按官验问如律。上乃命征玺下吏，捕未获者并鞫之。诘责阳，令自以状对。(四,178)

兵部覆巡按御史杨铨劾奏江西镇守太监丘得诸奸利不法事，并请裁革各省镇守内臣。得旨："得已逮问，镇守内臣贪恶害民者多已更易，以后有缺，司礼监择廉慎老成者用之。"（四，178—179）　东厂太监鲍忠请添拨旗校二十人，如成化、弘治间数。兵部议许之。上报可，敕忠严加钤束，勿为民害。　初，巡视浙江佥都御史许庭光、巡按御史唐凤仪、主事江珊俱劾奏杭州抽分太监马俊贪婪恣横及挟敕诈取官银诸不法事，并请裁革抽分内臣而以原遣部臣领之。工部覆："俊罪宜下法司究问，所侵盗官银仍责之偿。"得旨，令法司逮俊，鞫实以闻，自今抽分内臣罢勿遣。（四，179）　壬戌，兵部言："先朝太监、总兵官奏带随征书办，皆冒边功得升除官职，宜依诏书裁革。"乃疏郁金、赵滋等十有四人，差别情罪以请。上曰："此曹冒滥名器，大坏治体，降黜发遣俱如所拟行。"　癸亥，巡按山东御史胡松请裁革东厂官校，如不可骤革，则宜申明旧章，令谨守约束，不得越理民词，参预外事；其关防非祖宗制，请亟毁之。兵部覆言："东厂设自文庙，顷有旨勿革，而御史复以为言，宜敕东厂自举其职，无越旧制。"上从之，命验关防所在以闻。（四，180）　湖广道御史方凤等上言三事："（**一定大礼**。）一、正大法。言太监张锐等罪恶与钱宁、江彬同，理官从末减论死，奏上留中，御史以为言，乃命覆讯，中外不知所谓，愿奋然独断，勿惑近习之言。（**一、急大务**。）"疏入，上报闻，而以正大法一事下法司议。（四，180—181）　丁卯，以奉迎圣母，敕谕太监秦文等，令以长行船数及夫役多寡示所过有司，如数为备，内外官随侍者皆宜安静，行事供应悉从简约，勿生事扰民。（四，186）　户科给事中易瓒等劾奏镇守两广太监王堂、河南董文、贵州王闰、分守开原太监刘岑、参将孙棠、守备南京成国公朱辅皆贪冒幸进，请急罢黜，以戒奔竞。兵部覆言："王堂、孙棠皆前已斥罢，董文等宜如给事中奏。"得旨："王闰、刘岑、朱辅俱罢还京，遣人代之。"（四，187）　戊辰，贵州道御史成英言："比者御马监监丞何泽应诏陈言，初获俞允，既而言近习并二十四监局奸利事，即被榜掠，窜之孝陵。疏既寝不下，又取通政司副本灭之。臣谓诏书方求直言而泽首以言得罪，非陛下意也，盖监局任事者恶其害己，近习党恶者嫌其相攻，构陷欺蔽，遂至于此。泽一内臣，不足惜，而治乱几微，不可不慎。陛下不见先帝时事乎？昔内臣王岳、范亨皆有除奸疾邪之志，逆瑾与八党共致之死，而后离间宫闱，诖误先帝，斥逐大臣，紊乱朝纲，几危宗社。今岳等之冤方雪而泽之事又似之，恐后视今，犹今视昔，此臣所为陛下惜也。夫是非易位则邪正不分，谗言得行则忠直杜口，臣愿亟召泽还，且旌其直，而诸朋奸构害者即据法罪之，庶可以遏壅蔽之萌，作忠直之气。"疏入，报闻。(四，188—189)　　己巳，敕谕南京守备太监戴义等、成国公朱辅等、参赞机务南京兵部尚书乔宇、提督巡江南京都察院左佥都御史胡瓒曰："朕即位之初，念尔等效职勤劳，宜有赐赉，以隆恩典。尔等其体朕至意，益尽忠诚，用副委任。"及敕各处镇守、总兵、督抚等官，文俱同，各颁赏彩币、银两有差。(四，189)　兵部覆御史张仲贤陈守卫夙弊，疏言："旧制皇城各门守门内官、内使不过四员，止以提督卫士、关防出入而已。比者添设既多，规利无餍，朘削军士，至于逃亡，而门禁日弛。顷诏书虽已划革，而较之旧额，尚有余员。臣以为非旧制所设者皆黜勿留，其留者严示禁约，勿令科害卫士，有不如令及觊复用者逮治之。"上命禁约如成化十八年事例，仍饬守门官及卫官有犯者论以重罪。(四，190—191)　兵科参奏镇守陕西太监刘宝假以进贡，恣行科索，关中之民恨入骨髓。顷御史曹圭疏其罪恶，未见允行，及宝自陈，乃令回京别用。宝罪大法轻，未足示惩。兵部请逮问之，得旨："宝已罢，勿问。"于是兵部执奏，言御史曹圭劾宝，事皆有验，不宜以私昵废法。上乃令御史圭覆按所劾事以闻。(四，191)

庚午，法司覆治宸濠逆党，奏："镇守太监毕真以朝廷腹心，为宸濠羽翼，在江西则密谋内助，在浙江则阴作外援；其参随张浩助杀宪臣，胁射郡守，俱当叛逆律凌迟处死。锦衣卫都指挥廖鹏、指挥佥事齐佐、都督同知王瓛，或托造毡帐以蛊惑先朝，或代干镇守而规图厚贿，俱当斩，家口缘坐，财产没官。内臣卢明、商忠与谋护卫而陷忠良，秦用、赵秀漏泄事机而贪货利；吏部尚书陆完交外藩而遗金，不却处护卫而执奏不坚；锦衣卫指挥陈善、薛玺，或因贸易而寄财，或因勘事而受赂，律亦当斩。其余缘坐者宜窜戍极边，知情藏匿及冒功者黜罚有差。"上皆从之。(四,193—194)　　辛未。先是，浙江道御史谢源言："国家钱谷之数尽贮太仓，非一省一镇之比。今诸处皆遣官查核，太仓不宜独遗。且前提督太监刘保贪肆无忌，每月一下库，恣取官物以千百计，而尚书侯观、员外郎李沧等乃直视不出一语。请遣官，始于正德元年，迄今日，一切查核，以清夙弊。"尚书侯观言："提督官下库，岁不过二三，且防范素严，借令保欲取，耳目甚众，臣胡为默不言？又自正德初及十二年所贮，俱已给散，或人卷俱亡，欲覆按亦不可得。"事并下户部，部臣两可其说，请遣科道官清查出纳、见贮之数，有干没者参奏以闻。报可。(四,193—194)　　壬申，巡按江西御史唐龙请革镇守、烧造太监，上下其章于所司。(四,197)　　癸酉。初，御史李美、给事中陈江劾奏取佛太监刘允等，上召还允，命疏番僧姓名以进。允既至，有诏勿问。于是，江西道御史陈克宅等数允十罪，请下允狱，及诸随行取佛者并付理官正其罪。六科给事中许复礼等亦以为言。上曰："此曹蛊惑引诱，欺君虐民，骚扰地方，亏损国课，罪诚深重。允姑降四级，罢还家。奸僧已获下狱者亟论罪如法，未获者令所在捕得，械系至京重治之。诸从行取佛者悉下法司问。"(四,199)　　乙亥，巡按湖广御史陈则劾奏镇守湖广太监李镇、太岳太和山分守太监吕宪、潘真，御史唐符亦劾镇、宪及参随指挥高陞、千户李缙等，并荆州抽分太监李文并请罢还，以安地方，逮问陞等，寘之于法。得旨："宪调用，镇革还，前已有旨。真姑勿问，文令工部勘报，陞等下御史鞫之。"　工科都给事中吴岩等劾奏真定抽分太监祖臣参随魏通、李雄、家人祖学等科害商民，奸利不法;内官太监邵恩矫称旧例,抗违诏旨。请下祖臣等法司议罪追赃,并将邵恩革任。有旨切责祖臣、邵恩,命法司逮祖学、魏通等议罪以闻。　　丙子,命革锦衣等八十卫所及监、局、寺、厂、司库诸衙门旗校、勇士、军匠人役,凡投充新设者十四万八千七百七十一人,敢有违明诏,影射存留、冒支仓粮者,罪如律。(四,202)　　丁丑,南京六科给事中鲁纶[1]等、十三道御史陈克恭等俱劾奏太监王堂及千户孙绍芳等罪状,请下法司逮治。得旨:"堂降二级,南京新房闲住;绍芳等南京都察院按问以闻。"(四,206)

八月庚辰朔,户部上言:"近奉明诏裁革正德元年以来各匠役及传升、乞升官员,今太监邵恩等复请增置,开冒滥之端,宜勿许。"上是其议,系正德以前者令再详核以闻。(五,213)　　辛巳,巡按山东监察御史杨百之言:"太监金义、陈浩奉使朝鲜,沿途需索,辽东一处赃私已千余,他处可知。今朝廷于诸番国如占城、安南及满剌加等处遇有遣使,皆用翰林官,或给事中、行人衔命以往,况朝鲜比之诸国,尤为秉礼之邦,乃独遣内臣奉使,其辱国损威甚矣。闻朝鲜国王久欲请封,畏使臣之婪索,濡迟至此,故其国中有'一次受封,五年告乏'之语,非所以尊中国、服远人也。乞今后遣使朝鲜,皆于文职中择进士出身者充之,不宜使内臣辱国命。"疏入,命所司知之。(五,213—214)　　戊子,巡按山东御史杨百之言:"山海关广宁、辽阳等处俱有镇守太监店房,擅自抽分,商民困敝,亟宜禁革。"上是其言,命所司严为之禁。(五,218)　　癸巳,工部左侍郎赵璜等言:"刘瑾营造玄明宫,侵发居民田冢甚多,瑾既伏诛,遂当还主,乃为奸臣献皇庄之说以蛊惑先帝。及陛下登极之初,有诏改正,未几内传仍旧。臣等骇愕,谓圣明在上,岂有是事?必太监王竴、贾友仍持皇庄之邪说以误陛下耳。夫一庄之利甚微而皇言所系甚大,今开诏未数月而遽更,恐非示天下以

① 纶,原作"论",抱本、阁本及《世宗实录》嘉靖二年二月癸酉条皆作"纶",据改。

信也。宜以其地亩归户部，房屋归本部，改正拆毁，其有原被侵占而愿赎者听。”得旨，悉依拟行。（五，221）　己亥，巡按直隶监察御史马录言：“江南之民甚苦为粮长，一问佥役，逋逃无地。臣问其故，谓粮米正耗有数而内府侵渔无穷，如白粮一事，每纳一石，常至三四倍；内官监、酒醋局、供用库等衙门，巧立名色，分外诛求。且不独白粮一事为然，如军器、胖澳[袄]、颜料等项，凡系内府交纳常供之外，亦多朘取，宜严加禁治，以培养国家元气。”疏入，下该部议，侍郎秦金等言：“祖宗立法，俱有定规，迩以增添内臣数多，横科倍取，重困小民，诚为可悯。伏愿陛下从言官恳切之疏，钦定收受事例，著为画一成规，命本部转行申禁，不许额外多取，背违德意；仍乞令科道官带管监收，不时觉察。”得旨：“嗣后每石止加耗一斗，不许额外加收，重困小民。”（五，225—226）　辛丑，巡按云南监察御史陈察言：“云南金齿、腾冲地系极边，既有总兵官、巡抚都御史统摄，又有指挥使司、兵备副使分治，镇守太监不必兼管。”因劾奏太监刘玉及分守都督佥事沐崧党恶害民，请俱行裁革。该部议覆，从之。（五，227）　丙午，总理粮储工部尚书李充嗣言：“苏州、松江、常州、嘉兴、湖州五府，正德间以内府新添小火者五千三十一名，岁用食粮，各府增派共二万四千一百四十八石，余解进供用库；及节年所派南京酒醋局等衙门，复不下数千，通计加耗，共一十三万七千余石。岁比不登，小民重困，乞敕该部查免。”户部题覆，从之。（五，239）

九月己酉朔，巡按直隶御史萧淮奏守备太监高奈侵害军民，参将李英号令废弛，指挥佥事张雄守备不设，以致虏入寇榆木岭关，乞正其罪。上命逮奈、英按问，雄发边卫充军。（六，241）　丙辰，命太子太保、兵部尚书彭泽同太监张忠、戴永，武定侯郭勋、惠安伯张伟提督团营官军。（六，245）　辛酉，南京工科给事中王纪言：“南京甲字等库额设季夫服役，自成化间修葺九库，因借京邑居民以助工作，工竣而夫役不释，遂令岁纳工价一千余两。内外花园旧有食粮人匠树艺，其中偶以输运花木，亦借民为之，遂占留八十名，每岁纳工价五百余两。各处守御屯军有余丁者，虽无屯田耕种，亦令照丁输税。自此军民胥病，不能聊生，幸一切查革。"户部覆奏，上曰："库夫、人匠如旧例留用，借拨人夫发回本县，勿复更差。诸额外无田之税，悉蠲之。" 工部言："惜薪司柴炭弘治年间止派一千八百一十二万斤，至正德间则加派一千一百一十万斤，以故完纳者少。至转解时，则该司巧名需索，以致运官私偿受累。臣常询其所以，则以新添火者数多，故加一倍；又以权门恣取，故复加至数倍。如运官于本厂原领一万，止是正数，而该司收受于数外，或明加其一，或暗加其一。今火者已多发遣，则不当加派以害民。内臣又多守法，则不当加耗以害官。乞遵复旧规，明加者许其作正完销，暗加者则与照例除豁，仍敕司毋踵前弊。"从之。(六,247—249) 壬戌，巡抚辽东都御史李承勋等条陈边弊："(**其一阅视太频之弊。其一起解降夷之弊。**)其一极边科扰之弊。谓开原地方残破已极，军士存者十才二三，而太监刘岑分守其地，重为民害，宜亟还岑等，缺亦不必更补。"兵部覆："刘岑已取回，其他言皆可采。"上从之。(六,249—250) 刑科给事中许复礼言："近闻京城汹汹，言陛下听中官黄锦肤受之诉，诏系高唐州判官金坡及所犯者五百人。坡小臣，欺凌近侍，寘之于法，宜矣。第所称五百余人，未必尽有是数，恐株连蔓引，滥及无辜。乞止命逮坡及所犯有名者，余不必穷治。"上从其言。(六,250) 辛未，巡抚应天工部尚书李充嗣言："正德间内府供用库新添火者数逾五千，加添粮米十三万余石，今宜裁省。"又奏三事：(**其一请恤民穷，言常赋之外，岁办、额办若果蓏铜蜡等类，宜尽免征解。其一请均田。**)其一请绳监收，言各处粮长、解户输纳，为内府内臣需索所苦，宜委科道官监核之。户部覆奏，上曰："内官、内使相继物故者数至千人，原派粮米如数减之，余悉如议。"(六,256—257) 先是，御史马录论内府收粮增耗，常至数倍，致困小民。有旨定耗米，不得越十分之一。至是内官监太监邵恩乞于正数一石外复加五斗，或八斗，部臣敕（按，敕疑应为斥）其妄冀侵渔以充私橐，且废格诏书，大不敬。得旨：戒该监遵前旨，加耗毋得额外多取，违者罪之。（六，257）【考】是后邵恩无事迹，其卒于嘉靖五年，墓志置于本年附。　丙子。先是，给事中邢寰等劾奏御药房供事通政使郑宏，太医院使吴釴、郑通、任好古、沈邦治、吴杰、朱佑，院判卢志、吴英等皆以提督太监陈敬传升得官，至武宗南幸，驾回不豫，敬与宏等妄进药饵，遂大渐，宜寘刑典。上命斩之。后敬等累奏乞宥，下刑部分别情罪轻重以闻。至是奏上，得旨："敬发充南京净军，宏发辽东广宁卫，釴附近卫，各充军；通、好古、邦治、志杰、佑、英俱革职为民。"（六，263—264）

戊寅，兵科给事中夏言、御史郑本公、兵部主事汪文盛奉诏查革五府所属京卫并亲军卫分大小官员、旗校共三千一百九十九人，犹以弊端未能尽除，事体尚须厘正，因列款上陈。至是部臣议覆：其一言宁夏之役，太监张永等攘功冒荫，兄弟得袭侯封，今既尽斥，而张容、魏英复被新命，为都督同知，张富为锦衣卫指挥使。夫三人者均冒无功之赏，尚逭有罪之诛，宜悉行递夺。……得旨：俱如所议，张容等削夺有差。（六，267—269）

十月己丑，大学士杨廷和、蒋冕、毛纪奏曰："迩者法司奏上张锐、许泰等狱，人皆以为必杀无赦，陛下竟宥其死，命下之日，臣民骇愕，上无以正国法，下无以快人心，其何以示天下后世？今更之初政，令之臧否，社稷之安危所系，诚不可不慎也，宜亟将锐等寘之重典。"给事中许相卿、汪玄锡、韩楷亦以为言。得旨："业以[已]处分，宥之。"（七，275）　辛丑，大学士杨廷和等奏言："张锐、许泰等之罪，始而法司会问既如此，继而多官覆审亦如此，已而臣等拟旨又如此，群臣论奏亦如此，是天下之人皆曰可杀，不止于国人曰可杀而已。而陛下独宥之，此臣等所未喻也。且陛下何惜此数凶而不寘于法，以泄天地祖宗之愤，以快臣民之心，以垂乱臣贼子之戒乎？诚不宜谓业已处分而一切报罢也。迩者郎中顾可适等执奏,至归咎臣等不能弼正……(下乞罢略。)"上慰留之。(七,280)【考】杨廷和等上《请正大狱疏》(《杨文忠三录》卷二《题奏后录》):"具官臣杨廷和等谨题,为正大狱伸国法从公论以顺人心事。先该科道官劾奏张锐等罪恶,陛下赫然震怒,下之法司,天下闻之,交相喜庆,谓是大有为之君乃有此等举措,嘉靖之治实基于此。既而法司议上,再命会官详审,臣等拟票进呈,俱从上改,竟至宽贷。闻者莫不丧气解体,以为不诛此则国法不正,公道不明,九庙之灵不妥,万民之心不服,祸乱之机未息,太平之治未臻。语曰:'上无失政,下无私议,杀一人而千万人惧,天下之大政也。'纵奸长恶,而使乱臣贼子无所惩戒,此行政之大失也。所以科道与刑部司属相继言之,或交章或独奏,入则议于朝,出则议于巷,远臣小吏亦将有闻风而言者,不意新政之初,有此等举措也。自古帝王制刑三千余条,曰元恶大憝不待教而诛;我皇祖《大明律》一书,首之以十恶大罪,不待时而决。如张锐等正所谓'诛不待教、杀不待时'者也。尧时'四凶'之罪,不过巧言令色,治水无功而已。舜帝即位,先诛殛之,而后天下咸服。今张锐等之罪万倍于'四凶',而其罚止于充军,何以服天下之人心乎?姑以近日之事校之,张锐等所犯与钱宁、江彬相同,毕真、王伦[纶]等又在其下,钱宁等既伏诛,而张锐等乃保其首领,罪同罚异,使钱宁等游魂有知,亦当不服于地下矣!此辈纵不一一皆诛,而张锐、张雄、张忠三人决不可赦。今执奏者未已,若陛下仍以'有旨'答之,使纷纷之议,上及于宫闱,下连于左右,又以罪夫臣等,臣等与左右固不足惜,窃恐天下之人谓陛下不忍于元恶而忍使谤议及于宫闱,似亦非得万国之欢心以事亲之大孝也。伏望俯纳群言,即赐宸断,追回张锐、张雄、张忠三人,仍依原拟,监后处决,则大法以正而人心皆服、人言可止,天下传之,史册书之,直可与舜之诛'四凶'千古并美矣。臣等不胜激切恳请之至。正德十六年十月二十八日。"　丙午,刑科给事中顾济劾奏司礼监太监萧敬党护张锐等罪恶,惑乱圣明,故纵大奸,得逭国法。都御史张纶、刑部侍郎颜颐寿、尚书张子麟承旨会问,依违诡随,不能执法除奸,无大臣之节。乞究治萧敬,罢法司三臣,以为怀奸党恶之戒。上报闻。(七,283)【考】《明史·毛伯温传》:"世宗即位,中官张锐、张忠等论死,其党萧敬、韦霦阴缓之。伯温请并诛敬、霦,中官为屏气。"

十一月甲戌，罢广西香贡，仍遍谕各处镇巡、守备官，凡额外之征皆罢之。初，中官镇广西者岁以零陵香进，费至二千金。上即位，诏却诸献而广西征香贡如故，至是布政使王启等请并罢，诏从之。（八，314）

十二月庚辰，惜薪司奏节年拖欠内使木柴，乞照例补给抄没银两。工部议谓："前项木柴内有新增火者，近奉诏减革，难以全支。但征催欠数，自足支用。且弘治以前额派柴一千八百余万斤，正德以来加一千一百余万斤，今该司所开又加十分之四，宜遵明诏，如旧额派征。又该厂每柴万斤，计正帮脚价银四十七两，内使将柴卖银，止得一钱二分，视买纳之数殆减三倍，请于原额内除上供仍运本色，其余俱折价运纳该司，每月人给银二钱五分，其所剩余又可作正支给为便。"得旨，令拖欠数于太仓银库支给，其余仍命处置。该部覆议："旧例俱征本色，正德以来新添者折价给散，其近年奏添及额外加耗之数俱乞停止。"从之。（九，322—323）

戊子，兵部覆御史陈察奏禁革流弊事，谓公差及进贡内臣违例，沿途强索夫马，逼要折干，并夹带船只，装载私货，请行禁约惩治。得旨："公差官用强索取，已有旨严禁，以后有犯，各抚按官参奏重治。"（九，327）　壬辰，兵部尚书彭泽等奏："顷者，司礼监传奉圣旨，敕御马监右监丞郑斌镇守广西地方，守备倒马关太监杨金调广东市舶司管事，御马监右少监安川守备倒马关，傅伦、牛荣取回南京闲住。臣等窃谓中官出镇，已为民害，至于数易，甚害尤甚。夫杨金、郑斌、安川行事廉静与否，臣等虽不得预知，但傅伦、牛荣在镇年久，所欲已满，又荣尝被劾，或知儆畏，若新任者，饥虎之欲，甚于饱虎，况交代之际，迎送供应，为害甚多。今无故骤传更替，此非各官夤缘钻刺，焉有是乎！乞将杨金、郑斌、安川拿送法司，明正其罪，仍将伦、荣各加戒饬，再乞以后各处镇守等项内臣不得频数传奉更易，庶旧任者得安心办事，未差者亦免奔竞无耻之愆。"疏下阁票拟，大学士杨廷和等亦以为言。上曰："卿等言是，杨金、郑斌、安川俱不差，亦免送问，傅伦、牛荣令照旧用心办事，如或生事害人，听抚按官指实纠劾。今后各处镇守、分守、守备等项内臣，果廉静老成者不必频数更易。”寻复传旨，以张弼、刘瑶分守凉州、居庸关等处，复以泽等论奏已之。(九，334—335)【考】《明经世文编》卷九九于彭泽此疏加按语云：“此疏便开尽撤内臣之机，永嘉(**张璁**)执政，此辈廓然矣。”　工部覆总督粮储工部尚书李充嗣所条恤民穷事，请行内府各该监局，凡有岁派、额派物料，务查弘治年间以前旧例，不许将新增之数一概混派，如物料见有存积，俱要作为会有(**抱本为会有作会首**)，不许派出；如果缺乏，量行坐派。本部仍查先年旧例议拟上请，违者听科道官参奏。从之。(九，339—340)　先是，巡按陕西御史彭占祺参奏原任镇守甘肃等处地方今取回太监王欣，假进贡为名，扣克甘州卫官军月粮银六千余两，乞行提问。至是，都察院覆请，上以欣已革任，宥之。(九，340)　甲午，兵部覆巡抚延绥都御史姚镆条陈边务奏：一、严禁例以除宿弊，言今后各镇守太监、总参等官有犯役占科敛等事者，太监取回，宜照文职犯赃事例，不许推用，将官革任、降级重者拿问，其奏带拨置之人发极边卫分充军。……议上，俱报可。(九，340—342)

丁未，授国子生李芳为鸿胪寺序班。芳，故太监李稷之侄，奏乞荫叙，吏部以非例请治其罪，得旨授前职。(九，357)【考】李稷，原任兴府承奉，卒于正德中。世宗即位，赠司礼太监。详见嘉靖十八年附。

本年附

艺文·碑铭·太监邵恩墓志

明故御马监太监邵公墓志铭

光禄大夫、柱国、少师兼太子太师、吏部尚书、谨身殿大学士、知制诰、经筵官石淙杨一清撰。赐进士出身、□中大夫、光禄卿东吴崔杰书。后军都督府掌府事、奉敕提督五军营兼提督十二团营诸军事总兵官、侍经筵、荣禄大夫、太保兼太子太傅、武定侯凤阳郭勋篆。

古称当官三事，曰清，曰慎，曰勤。然人之才器不同，趋向各异，兼是三者，卿大夫且难之，况于帷幄贵近之臣乎？此御马监太监上虞邵公之所以贤于人也。公讳恩，字天锡，初姓葛氏。祖彦令，妣戴氏。考孟四，妣金氏。公幼时天资颖异，敏而持重，不与凡儿为伍。稍长，诣京师。

弘治癸丑（六年，1493）秋，被选入掖廷。是年冬十月，进供奉仁寿宫，得侍圣祖母孝惠皇太后，赐邵姓。公出入禁闱，颛颛持谨，进止之间，不差尺寸。既贵而谦，不以才智骄人，与之处者，莫不折节礼敬。乙卯（八年，1495）秋，赐牙牌。戊午（十一年，1498）冬，赐帽。壬戌（十五年，1502）之秋，擢御马监右监丞。正德元年转左。丁卯（二年，1507）秋，改内官监右少监，寻升太监。公曰："吾遭际明圣，仰承任使，敢不以古训'清慎勤'自励乎？"乃书前三大字，揭之坐隅，日夕顾諟以求无负。用是上承下接，服官政未尝有过举焉。寻赐蟒衣玉带。

辛巳（十六年，1521），武宗上宾，今皇上以伦序入嗣大历服，公奉圣祖母懿旨，迎扈抵京。新政之初，例沙汰内外冗员，监局一新。上慎选左右，知公忠谨，且录其奉侍圣祖母之劳，命与潜邸张公忠等同供事文华殿。继又被简供事乾清宫。寻命掌本监印，提督牲房，许内府乘马，随朝则负剑以从。岁赐禄米，提督五军营戎务。继奉敕营建康陵及督乾清宫之役，比告成，每赐白金、文绮及羊、酒、宝钞，恩宠稠叠。公以盈满为惧，自顾欿然，若弗能堪。曰："吾何以报上？惟鞠躬尽瘁，以终吾身焉耳。"未几，圣祖母上宾，公恳乞侍奉茂陵香火。越月，上念公旧臣，不忍远离左右，召还。调御马监太监，奉侍圣母章圣皇太后于清宁宫。嘉靖甲申（三年，1524）夏，加赐禄米。丙戌（五年，1526）秋，命总领宫事。方将大用，而公以疾卒矣，是岁冬十有二月十六日也。距其生成化辛卯（七年，1471）十月初八日，享年五十有六。

公初得疾，乞归私第。上允其请，仍听公门下御马监左监丞何君英、内织染局左副使张君良、长随何君潮为视汤药。及是讣闻，上悼惜，命英及司礼监典簿路君宣、御马监右少监崔君永禄、尚衣监右少监刘君增、惜薪司左司副于君朋等董其丧，赐祭二坛，赙以白金三十两、宝楮二万缗，斋粮、麻布各三十石、匹，凡棺殓、茔域、享堂皆有司治之。圣母章圣皇太后又特赐白金百两、彩币四表里及香烛诸物，盖殊恩也。

公性孝友,少孤,二亲早逝,恨弗逮养,语及怅然。念二弟曰鉴、曰英在故乡,遣人迎请来京,待之甚厚,曰:“见吾弟如见吾亲也。”鉴以公故,推恩授锦衣卫百户;英为入赀,得授义官,皆先公卒。其从子曰继祖,曰堂,皆尚幼。将以卒之明年丁亥(1527)二月七日,葬京城西香山乡门头村之原。路君等以公生平植善履忠,行多可述,不宜泯焉无闻于后,乃砻贞石,请予为志及铭,纳诸墓中。铭曰:

天启昌运腾潜龙,泝源探本后德崇。孝惠章圣庆所钟,有如妊姒绵周宗。公际其盛奉两宫,既贵多祉日显融。衣蟒带玉华厥躬,公不自有心忡忡。出入禁闼无惰容,劳勤克副两圣衷。惟帝眷注任且隆,公不少延罹闵凶。埃风上征何匆匆,门头之村马鬣封。恩光下贲昭始终,寿不满德天梦梦。所不泯者孝与忠,我铭我志垂无穷。

(《新中国出土墓志·北京》第219号)

嘉靖元年壬午(1522)

正月己酉朔,直隶紫荆、倒马等关与山西广昌、灵丘诸县犬牙相错,其地有木集山、神堂庵诸矿洞,山西流民往往越关启封,聚为盗薮,畿辅游侠亡命闻风啸集,急之则相争杀,吏不能禁。至是保定巡抚都御史周季凤移檄谕散其党,捕贼首韦良富等以闻。上嘉其功,赐周季凤及守备太监耿忠、杨金、指挥唐时叙各银、布有差,各处矿洞隶山西、宣府者令各巡抚都御史严禁锢守之。(一〇,363)　　庚戌,广西蛮贼梁公当数千人寇掠临桂等州县,镇守太监傅伦以闻。时巡抚张嵿久未抵任,总兵朱麒、副总兵张祐皆因循观望,左右两江兵骄骜不受调,上命降敕切责麒等,其略曰:“(**责各官怠玩失职略。**)敕至之日,嵿星驰赴任,与麒等严督张祐及土、汉领军官员,分布要害,相机抚剿,务出万全,毋贻后患。”

南京锦衣、江淮等卫原设水军马快战船,永乐间迁都北京,遂专以运送郊庙献新及上供品物、军需器仗。其后管运内臣假托虚增,肆为奸利。上登极,诏革其弊,进鲜船只如旧例,每起不过三只。南京兵部尚书乔宇因奏裁船数,视弘治间减十之四,正德间减十之七，上皆从之。至是诸监局内臣竞请乞如正德中例，守备太监戴义以闻，兵部执奏："诏既出，不宜纷更。"得旨："如弘治年例，以后不许再议增减。"（一〇，364—366）【考】戴义此为实录末见，其事迹见本年附。　壬戌，编发宁府官校及内官、家人充南昌卫军，乐工、流民令著籍南昌、新建二县当差。（一〇，372）　浙江巡按御史何钺奏："先任浙江镇守太监刘璟、王堂、浦智、织造太监晁进皆黩货害民，虽已罢革，未泄众愤。"都察院覆议，请逮问追赃，智贪纵尤甚，宜寘重典。得旨："四人业已处分，免逮治，所坐赃物如议追没。"（一〇，372—373）　原任四川巡抚胡世宁奏分守建昌太监赵钦贪暴不法，恶党依凭煽虐，请逮治之。兵部尚书彭泽覆如世宁奏，因请罢镇守诸内臣。得旨："钦降奉御，安置南京新房，其党雷瓒等俱下吏，分守官仍令司礼监推补。"　癸亥，礼部奏奉皇太后懿旨选后，请命司礼监择公正内臣分道选求。从之。（一〇，373）

乙丑，守备紫荆关太监耿忠奏新城等仓放支略尽，军无见粮，乞行所在征纳本色，或召商籴买，以济缓急。户部议……（**言召买本、折之法略。**）上是之。　户部言："迩者军储浩繁，太仓银少，臣等集议，请自正德十五年秋季至次年之冬官军折支俸银悉从内库关给。今承运库太监梁谏等辗转推拒，以银色不足为解，仍责办太仓区处，是宫府异同，令出复反，甚非新政所宜有也。"疏入得旨，令户部如例区处，勿致怠误。（一〇，375—376）　丙寅，户部奏上林苑监嘉蔬等署添设内官虐使菜户，奸利不法，请复旧制，以文职提调便。上切责佥书、监工等官，数其蠹政害民罪状，姑令改图，再犯不宥，且命有缺勿补。（一〇，376—377）　工部奏光禄寺岁增内用薪炭之数，上令谕各署官厨诸役加意撙节爱惜，勿得妄费，重累小民。　分守凉州太监刘德弟志倚宠横肆，为言官所劾，德坐革还，志抵罪。（一〇，377）　丁卯，四川道监察御史郑本公奏京师穷民冻饥垂死状，请出钱赈济。下户部议，言朝廷旧设养济院，穷民各有记籍，无籍者收养蜡烛、幡竿二寺，衣布薪米厨料之类约岁费万金,所存活甚众。今院籍混淆,或以丁壮窜名,或以空名支费,二寺复设内官、校尉,多干没罔利,民无所依,弊端坐此。今若量口给钱,恐望风仰食者多,势不能赡。请专委部属一员,同五城御史查记籍革虚冒及收养未尽者,具以状闻。其二寺添设内官、校尉尽行罢减,惟遣光禄寺及宛、大二县官,以时更理其事,合用柴斤俱令于台基厂关支本色,勿令工部折价,勿令军余采办。五城兵马日拊视道路穷民,使就食二寺,其领职无状、一切侵耗抑勒者,御史劾罪之。上曰:"在京穷民收入养济院食粮及蜡烛、幡竿二寺给粥,系累朝恩典,所司往往任意克减,穷民不沾实惠,宜令仰体朝廷德意,务使人人周给,厨役人数、薪刍本色悉如议行。御史等官俱勿遣,诸作奸玩法者,事发重治之。"(一〇,377—379)　河南道御史王以旂条上御灾要务:……一、防矫伪。请遵祖制,各衙门章奏悉发该科抄行,听其封驳,如近日处分张汉赃银,司礼监从中署免,该科不得与闻,各衙门无凭照出,恐开诈伪之端。……疏入,皆报闻。(一〇,379)　论宣府失事之罪,参将江桓、守备太监叶森而下罚治有差。(一〇,381)　　己巳,陕西甘州等五卫军大乱,杀巡抚都御史许铭,焚其尸,总兵李隆、镇守太监董文忠以闻。兵部覆议,言铭之死,一则因其执法太过,失士卒心,一则总镇官员忌铭威严,乘机嫁祸。然铭死虽酷,不失为正,而隆与文忠不能协心计处,预折凶谋,一旦有急,乃扬言劝谕不听,使铭受其怨而已得脱免,即不与谋,亦宜受偷生避事之罚。及副总兵李义、陕西行都司各卫掌印、佥书等官,皆首鼠畏缩,疾视长上之死而不救,法当并论。得旨:"西事未宁,隆、文忠姑降敕切责,义等仍容戴罪领职,其倡乱诸恶巡按御史会官验实,定拟情罪以闻,余胁从勿问。"(一〇,383—384)　　辛未,原充南海子海户净身男子龚应哲等万余人诣阙,自陈先年在官食粮,今奉诏裁革,贫无所归,乞恩收召供役。上恶其渎扰,发为首四人戍岭南,其余尽逐还原籍,仍令大索京师漏匿者。(一〇,385)　　壬申,户部言:"祖宗朝设尚书、侍郎总领天下财赋，督察委之台官，放收属之郎署，当时不闻内官与事，法至善也。宣德间，京、通二仓暂设总督、监督二员，其后复增至二三十员，创设中瑞馆处之，冗滥积弊，实为国家大蠹。今诏书裁革二仓内使至二十七员矣，乞遂罢中瑞馆，尽取其余人代还内府供役，及临清、徐、淮监督之使宜一切罢勿遣。”得旨：“前已厘革，自今第勿更加。”(一〇,386)　　丙子，诏减岁供内府盐课之数。初，弘治时内府供用库岁派青白盐十七万五千斤，正德以后太监吴海、杨先等再议加课，递增至三(**抱本三作五**)十五万一千八百四十四斤，淮海之间，萧然烦费。至是，御史郑光琬言：“陛下登极，首诏选汰内府各监局员缺，悉依祖宗故事。今冗滥既清，供用库新增课额宜悉罢减如弘治年例，以苏民困。”户部覆议，从之。(一〇,396—397)

二月戊寅朔，巡按陕西御史许翔凤劾奏镇守甘肃太监王欣、赵林、陶俊、申永、孔学科克官军月粮、草束，与甘州左卫千户孙智等违法事。得旨，林充军，俊、学俱降长随，永革任回京，欣令刑部追赃银五十两，智等提问。(一一,401)　　庚辰。先是，山西保德州千户所舍余戴寿伪造御用监札付，诈传奉威武大将军镇国公钧语，升寿文华殿金带画士；又诈为锦衣卫指挥，伪造御宝敕书，缘边巡视查盘。山西副总兵纪世楹发其奸状，下法司，拟寿诈为制书律斩，遇赦应宥。上以寿伪造御宝，罪恶深重，命发广南丹卫永远充军。(一一,402)　　己丑，南京针线厂火，右监丞张堂惧罪自经死。(一一,410)　　甲午，宣、大两镇连岁凶荒，军粮久缺，米价腾贵。宣府镇守太监于教场操练，一军鼓噪求粮，几至为变，巡抚都御史李铎上其状。大同巡抚杨志学亦言：“本镇军民缺食，公私匮竭，强悍聚众为盗贼，肆行劫掠，北虏近边住牧，警报日闻，乞亟为议处。”下户部议：“于二镇量增月粮折色，每石一两，按月支给，候麦熟停止。又请如前议，动支没官银二十万，作速运赴该镇，趁时籴买米豆，与折银相兼支放。仍发太仓银六万两，分委司属，于该镇召商籴买，巡抚等官设法乞运，以备主客兵马支用。其镇守、总兵占种地土，尽行退出，编入屯田，召种办纳子粒，通行陕西、辽东各边一体遵行。”从之。(一一,411—412)　乙未，差内官监少监侯俊往真定印烙木植。巡按直隶御史朱越言：“前者祖臣侵越抽分，贻患地方，已奉旨革回。今侯俊虽以岁例印烙，恐蹈前弊，有累新政。”工部覆议，请罢勿遣。上曰：“印烙木植与抽分无与，令事毕即回，不许生事扰民。”(一一,412)

三月辛亥，礼部尚书毛澄等言：“内府各监局供事官不系朝参者，牙牌已奉旨裁革，今御药房太监孙端不遵前旨，复为袁鉴等朦胧陈乞，宜治罪。”得旨：“查见在供事官职名以闻。”(一二,422—423)

丁巳，南京印绶监初奉诏革匠役一百二名，至是监丞宗玺托以装表符轴，乞留之。户部言玺违诏，宜重惩。得旨：“匠役遵诏裁革，玺贷勿问。”(一二,427—428)　初，正德间惜薪司所收木柴每于正数外暗加耗柴数倍，工部侍郎杨廷仪以其太重，请明加一倍，而暗加者犹不尽去，至有三年起运不给一年上纳者。易州判官赵孔清等奏诉，下户部议，请以收过明暗加数俱准作拖欠正数，今后称收止照弘治间例行。已得俞旨，而太监赵亨奏称旧规难免，乃逮孔清等。都给事中余赞疏辩，再下户部，执议如初。于是诏从部议，孔清等发山厂听审。(一二,428)　己未，吏科给事中刘济查盘甘肃钱粮，言山丹迤东仓场空虚，粮饷全乏，永昌新添游兵三千，徒为耗费；甘凉已有参议、总兵，其分守太监徒为虚设，俱宜裁革。兵部覆议：“游兵已裁一千，发回原卫，其二千仍令周尚文管领巡逻。凉州在天顺间民犹繁庶，故添设分守，今民力不堪，革之诚便，乞将太监取回。”从之。(一二,430)　戊辰，遣官诣安陆上兴献帝尊号，命太监温祥督礼仪，成国公朱辅恭上册宝，礼部侍郎贾詠题神主。先期遣定国公徐光祚、驸马蔡震、武定侯郭勋祭告天地、宗庙、社稷。(一二,441)　庚午，巡抚湖广右副都御史席书疏荐镇守太监李景儒老成安静，一毫不取。有旨奖勉，仍令通行各镇守官知之。(一二,442)　辛未,刑科给事中刘世杨言:"近接出都察院原送司礼监提取内官吴善良揭帖,面加浮帖,书写圣旨:'吴善良等照前旨免提问,司礼监奏请发落。'臣等窃惟祖宗之制,凡旨意批于题奏本,或登闻鼓状,发六科抄行;凡重大事理,传奉旨意,各衙门必补具奏本,于早朝面进,此外未有原写旨意出承天门外者,所以重敕旨防诈伪也。今累批浮帖,径从中出,六科不得抄行,诸司无从补本,轻亵纶音,更张旧制,此失攻(**按,攻疑为政之误**)之最大也。伏望鉴成宪、重命令,今后旨意俱遵祖宗旧制。"疏下所司知之。(一二,443—444)　壬申,敕吏、兵二部:"朕入继大统,赖尔内外文武勋戚大臣定策并迎立,各宣忠悃,保安社稷。今山陵及徽称大礼事毕,宜加殊恩,以答元功。大学士杨廷和、蒋冕、毛纪首先定策,忠义大节,功尤显著,俱进封伯爵,给与诰券,子孙世袭,食禄一千石,余官如故,俱仍在内阁办事。大学士费宏荫一子锦衣卫指挥使世袭。亲捧信符迎立等官:驸马都尉崔元进封侯爵,给与诰券,子孙世袭,食禄一千五百石;皇亲太傅、寿宁伯张鹤龄加太师,禄米三百石;礼部尚书毛澄加太子太傅,荫一子为锦衣卫世袭指挥同知,太监张锦荫弟侄一人锦衣卫世袭指挥佥事。司礼监各能用心赞襄大计:太监扶安、温祥、赖义、秦文、张钦、张淮各岁加禄米三十六石,荫弟侄一人为锦衣卫世袭指挥同知;萧敬岁加禄米三十六石,荫弟侄一人为锦衣卫世袭指挥使,黄伟、鲍忠各岁加禄米二十四石,荫弟侄一人为锦衣卫世袭指挥佥事。从朕藩邸效劳年久,左右朕躬,各有功绩:张佐岁加禄米四十八石,荫弟侄一人为锦衣卫世袭指挥使,一人为世袭正千户;黄英岁加禄米三十六石,荫弟侄为锦衣卫世袭指挥同加,一人世袭正千户;戴永岁加禄米三[二]十四石,荫弟侄一人为锦衣卫世袭指挥佥事,一人为世袭百户;张忠岁加禄米二十四石,荫弟侄一人为锦衣卫世袭指挥佥事,刁永、马俊、贾友、陈宣、国洪、赵山、黄锦、李清、王竤、孙端各荫弟侄一人为锦衣卫世袭正千户,赵霦、李堂、李云、张陞、苏瑾、郭绅、赵林、张昺、刘臣、刘锐、刘荣、丁玉各荫弟侄一人为锦衣卫世袭百户。督兵迎驾道路：惠安伯张伟岁加禄米三十石，侍郎郑宗仁、赵璜各升俸一级。当时在朝宗人府、五府、六部、都察院、大理寺、通政司等衙门掌印官各赏纻丝二表里、银二十两，科道官各赏纻丝一表里、银十两；皇亲太保、建昌侯张延龄加太傅，禄米一百石，指挥邵喜进封伯爵，副千户邵辅升指挥佥事，百户邵茂升正千户，指挥蒋轮进封伯爵，蒋山、蒋寿升锦衣卫世袭正千户，庆阳伯夏臣加散官一阶，舍人夏勋升锦衣卫世袭正千户，如敕奉行。”(**下阁臣恳辞略**。)(一二,444—447)【考】同书卷一三，四月辛丑：“监察御史李镇言：‘定策之赏，内阁文臣俱已辞免，此外或以迎立，或以藩亲，或司礼赞襄、潜邸供事，皆得滥膺高爵，世袭锦衣。臣以为公、侯等爵非元勋不得滥封，指挥等官非军功不可轻与，乞重惜名器，收回成命。’给事中史道亦疏言内臣等禄荫宜听辞免。俱下所司知之。”又卷一四，五月丁巳，“兵部尚书彭泽等上言：‘近睹敕谕录定策之功，封拜恩荫多至五十三员，官爵太滥。今大学士杨廷和等恳辞之疏至四至五，尚书毛澄与太监萧敬等具辞亦至于再，内杨廷和、蒋冕、毛纪虽俱准辞伯爵，改荫指挥，费宏虽已准辞指挥，改荫千户，俱经日久不敢拜受，而毛澄与萧敬等屡蒙温旨，未见赐允。臣等窃见诸臣之疏皆出由衷，况节经言官论建，咸以为言，伏望皇上体念内外诸臣辞免之恳切，俯从科道等官论奏之频仍，痛革锦衣卫所官员冒滥之积弊，将前项敕内有名如大学士杨廷和等量加别项恩典，以为大臣忠诚之劝；其费宏、毛澄以下分别等第，系文职者量荫应得文职，系内臣者量赐优赏，皇亲已受封爵者子孙弟侄俱不必概受武职，并令世袭；其前项内臣中间如有当时同心协力、平定祸难者量荫一官，止终本身，以旌勤劳，庶于朝廷崇德推恩之盛典、诸臣秉忠戒满之本心、言官随事纳忠之专职，咸兼尽而两全矣。’得旨：‘杨廷和等准辞伯爵，在朕心尚怏然。(**阁臣改荫进阶略**。)其余各官禄荫俱已有成命，所司即拟授职衔以闻，勿更渎扰。”按：受荫太监李堂、苏瑾皆兴王府潜邸出身，嘉靖中卒，其墓志均见本年附。　癸酉。初，诏书禁额外贡献，凤阳守备太监张阳复进贡新茶。给事中张翀言宁夏所贡红花及镇守总兵官到任贡马谢恩，皆非令甲，宜罢。礼部覆议，宜遵诏一切禁止如翀言。上是之。(一二,449)　初，陕西总兵马昂以事革任，结太监张忠，觊复用。其妹已嫁指挥毕春，有娠矣，因忠献于武宗，于是分守阳和太监许全率昂弟炅及昶、昊至春家夺取进之。昂大被宠幸，传升右都督，近侍皆呼为"马舅"。炅兄弟并召入朝，赐蟒服。昂又进其美妾杜氏。炅传升都指挥，仪真守备，复买美女四人进豹房谢恩。上即位，命出诸女，还其家，捕治炅等。至是，法司奏炅罪，得旨免死，发广西南丹卫充军。(一二,449—450)

四月辛巳，提督太岳太和山太监赵荣奏请给符验。兵部言荣违例奏扰，得旨报罢。(一三,455)　癸未，户部上言："广东看守珠池内臣前已奉诏旨不许干预廉、琼、高、雷地方，今太监安川乃复夤缘传奉兼管地方，事属欺罔。乞申前令，管市舶、守珠池者各专职任，俱不许干预地方事务。"上是之。(一三,455—456)　丁亥，巡抚保定都御史周季凤以宣、大有警条陈十四事：……一、旌死难以励人心。言正统间也先拥众至关，巡抚孙祥、都指挥韩清、太监阮尧民同日死难，旧有祠祀，乞赐额以垂久远。……奏入，下兵部覆议，谓皆于边防有裨。诏如议行。(一三,458—459)　辛卯，兵部核奏征剿广西古田县蛮贼获功官军，桂林中卫都指挥佥事冯琚等得旨各升赏有差，总兵官抚宁侯朱麒，太监王堂、傅伦，都御史萧翀、副总兵张祐前已加禄升级，其子侄叙荫俱照例查革。(一三,460—461)　甲辰，内官监奏内教场房屋及南城、西海子殿宇亭轩损坏，乞加修理。部议以财匮民贫，宜暂停止。上曰："然。各处地方艰难，军民困苦，财力匮乏，不急工程一切停止，无得生事害人。"(一三,468—469)

五月丙午朔，停止浙江织造生绫八百余匹。初，内监以缺纱绫、纸札等用，奏下诸处买造，已相继输纳，惟浙江未完。至是巡按浙江御史何钺以诏书蠲免，奏请停造，工部覆奏，从之。(一四,471)　丁未，命上林苑监内臣照弘治间员额存留，其占种地土草场悉令改正,养牲、种果蔬人户除供应正役外一切科扰通行查革,从户部请也。永乐初,设上林苑监于京师,取山西平阳、泽、潞之民充之,使蕃育树艺以供上用品物。时止设文官,职专进送,于民无扰。后增设内臣九员,至弘治间渐增一十八员,正德间添设总督、佥书、监工等名,至九十九员。于是科扰百出,擅将牲地草场征派子粒,占用伴当、御牢名目,逼索月钱,节年通计诛求至银三十五万余两,逼死人命数多。上登极,诏汰革之,止存一十九员,民始称便。未几,又传奉添设至六十二员,弊复滋甚。至是户部以旧额及节添员数并占种场地顷亩开奏,请如旧额厘革。上是之。(一四,471—472)　　戊申,复给已故南京右通政强珍诰敕。珍前为刘瑾所陷戍边,籍没其家,并夺所得诰敕。瑾败,诏罪非犯赃而追夺诰敕者许给还。至是其子监生汝辩疏请,许之。(一四,472)【考】珍在成化中触太监汪直之怒,谪戍辽东,直败复官致仕,弘治中起复,仕至南京右通政,以母老乞休,久之卒。正德中其家为刘瑾所籍,然其人非瑾所戍。

六月丁丑,大学士杨廷和等言:"五月二十二日经筵甫毕,遽传旨,并日讲暂免,又免午奏。臣等叨官辅导,略不与闻,心实未安,义难缄默。窃念人君一心,关系最重,养之以善则智;若声货利一或有动于中,则妨政害事,其患有不可胜言者。伏望皇上宫中无事,不废读书,以涵养此心。其《大学》、《尚书》容臣等接续前日所讲读者,量进起止;仍乞选委司礼监官一二员,但遇视朝听政之后,恭侍左右,请于每书读十数遍,务令字义通晓,遇有疑惑,特御文华殿召见臣等,俯赐访问。讲读之暇,时临古人法帖,一切声色货利不使少接于前,则圣德益新,圣治益隆矣。"上善其言。已而编修湛若水亦以为言,谓经筵虽免,犹当操存此心,不使放逸,因请宣召大臣、慎择左右,以为交修之助。报闻。(一五,489—490)【考】湛若水此疏名《初入朝豫戒游逸疏》(《湛甘泉先生文集》卷一九《章疏》),于"慎择左右"云:"尤择内臣之老成忠厚者,俾给侍左右,以责其旦夕承弼之益。外则有辅相之贤，内则有侍从之正，出则有正学之程，入则有游息之规。”湛若水又有《乞上下一心同济圣治疏》(《湛甘泉先生文集》卷一九)，云“夫天下一大舟也，治乱安危，未有津畔，犹济大海也，本在人主之一心，犹夫舟之柁也；公卿贤士，辅导之臣，运筹指方，犹夫舟之长年三老也；百僚宣力，犹夫篙师榜人为之左右也；内臣外戚，犹夫附舟之人也；天下民庶，实为邦本，犹夫君之宝货在载也。故附舟之人与宝货之利害，在舟之安危。”此将内臣喻作附舟之人，实与天下共利害者。　己卯，南京吏部尚书王华卒。……华才识宏达，操持坚定，方贼瑾用事，士大夫争走其门，华独不往。华子守仁论瑾，瑾怒，逐守仁。顾素敬慕华，不辄迁怒，间以语人，欲讽使就见，华不往。及转南京，瑾又使人言华不久当召用，冀得往谢，华竟不往。其平生大节如此。(一五，491—492)　庚子，康陵神宫监太监刘杲奏讨天寿山空地并九龙池菜园栽种果菜，以备四时供献，命户部给之。(一五，497)　壬寅，内府供用库署库事太监梁政等言：“上登极诏有云，除漕运粮斛四百万石照旧征运，其余税粮等项不分存留、起运，俱免五分，以苏民困。但本库岁计钱粮并黄白蜡等物俱系各宫殿供用，原有额例，难以减少。”户部覆议，以诏旨既出，不可复改，乞照前定五分之数征纳，仍敕梁政等遵奉，勿于旬月之间辄沮挠成命，有伤治体。从之。(一五，498)

七月丙午，工部覆给事中储昱、御史张仲贤议内外各司所报大工升赏名籍冒滥，请下本部及司礼监核实，论次上之。(一六，502)　戊申，御史汪珊疏陈十渐，其略曰：“上初即位，天下忻然，庶几复见唐虞之治。迩乃渐不如初：初事每独断，今戚里左右或得潜移阴假，一渐也。初事每咨访大臣，今礼貌虽隆而日疏远，二渐也。初罢诸不经淫祠，今乃稍稍议复，三渐也。初屏绝玩好，今教坊诸司或得以新声巧技进，四渐也。初日览章奏，今或忽而不亲，辄凭左右可否，五渐也。冗食冗费，初诏痛革，今腾骧勇士不行核实，是谓冗食，御马实数不得稽察，是谓冗费，六渐也。初裁革锦衣冒滥，今大臣近侍以迎至封爵，锦衣世荫，藩邸旗校尽补亲军，冒滥如此，七渐也。初中官有罪，一切惩以正法，今一二犯法，举朝论之，卒贷死而罚金，后将何惩，八渐也。中官有过者，初皆不得任用，今镇守、守备稍稍营换，幸门复启，九渐也。初纳谏如流，今政事不便者，言官论之，直批曰'不准奸罪'，未正者，直答曰'有旨'，所谓訑訑拒人，十渐也。"疏下所司。(一六，503—504)　己酉，逮济宁管闸主事陈嘉言下诏狱。初，太监温祥赍册宝往安陆州，还诉其欺侮，上震怒，命锦衣官校逮之。(一六，505)　甲寅，诏御用监岁征物料如弘治例。先是，工部议上弘治以前例岁坐浙江金箔二千，贴河南水胶二千五百斤、黑铅五百斤，山东椵木五百丈、檀木二十根(**东本[①]十作千，阁本作百**)，山西大甘锅三千个，广东白圆藤五百斤，陕西明羊角二百角[②]、羊毛五百斤，苏州府白长节猫竹三百根，大名府细铜丝三百斤、矾红土五百斤，河间府瀛沙三千斤、土硝四百斤，永平府滦州榜纸三千张、炉甘石万斤，顺天府青甘土五百斤、水和炭三十万斤，工部石灰五万斤，易州山厂木柴炭各二十万斤，视正德中十省八九。已而该监奏派，复有花梨木、花楸木等物，系奉钦依裁省之数。部臣覆申前议厘革，上从之。(一六，507—508)　庚午。先是，各内臣犯法，屡诏免逮问，唯下司礼监治。于是刑部尚书林俊等言："宫中府中，宜为一体，诸内臣所犯，宜下法司，明正其罪。如罪之不当，自宜废不法之官，不宜废祖宗之法。"上报有旨。(一六，516)　辛未。初，御史王秀等言："顷差官校逮一高唐州判官，海内惊疑，无何，又逮一主事。且陈嘉言罪状未白，宜下法司。"给事中刘济等亦言嘉言所坐薄罪，逮系旬日，备尝拷讯，已足惩戒，乞早赐裁断。至是，工部请调沽头闸主事乐选于济宁，因言："济宁地势最高，水利易泄，先年禁例

---

① 史语所《明实录》校勘所据为北平人文科学所旧藏明抄本，此本系以明公牍纸抄，有"东方文化事业总委员会所藏图书"印，简称"东本"。

② 角，他本实录皆作"斤"，疑角、觔(同"斤")形似，故讹。

具在《会典》。正德中势豪横行，禁例沮格，管闸官莫敢谁何。幸及新政，修复旧规，而主事嘉言持之太严，遂致得罪。固其自取，第恐豪势得以藉口，代管者以嘉言为戒，听其启闭而不之禁，漕运稽误，所系匪轻，宜令主事选申明禁例。而嘉言盛暑在狱，请敕所司早具狱。"乃诏镇抚司论当以闻。(一六，517)

八月丙子，昭圣慈寿皇太后懿旨："大婚选到女子，宜进宫简选，钦天监其择日以闻。"先是，司礼监官传谕内阁，以大婚礼取到女子赴宫简选，欲从寿安皇太后传旨。大学士杨廷和等再疏言其不可，云去年宣谕礼部举行，今春分遣司礼监官选取，皆由圣母昭圣慈寿皇太后诰谕，在廷之臣与天下之人皆知之。今日传旨改从寿安，事不归一，礼不由正，何以昭示中外。乃传奉昭圣懿旨行之。(一七，520)　己丑，套虏入犯邠州等处，杀掠甚众，科道官论劾总兵刘淮，副总兵朱銮、刘玉，游击将军神楫、周尚文、关文，都指挥时陈观望失机，俱应重究；镇守太监晏宏、巡抚都御史王珝不能协赞效谋，皆应罢黜；总制侍郎李钺责任既重，罪戾难辞，乞降敕切责。六部拟议诸臣情罪上请，得旨："套虏为患，先因守土官怠玩推诿，朝廷特简才望大臣总制军务，各该镇巡等官不能协谋共济，合兵追剿，致虏深入肆掠，俱宜逮治。但念有事之际，巡抚、镇守官姑令自陈，淮夺职，銮等令戴罪杀贼，候勘报处置。仍敕钺加意规画，严督各属，同心剿贼，以期后效。敢有观望阻挠误事者，指实奏闻。"(一七，525—526)　壬辰，司礼监太监张钦、都察院左都御史金献民、锦衣卫指挥使周傅奉命会勘寿王祐榰搒掠知府李重事情回奏，上以重悖礼，激怒亲王，因公结怨官校，夺官五级；承奉、长史等官造谋拨置，囚辱守臣，各降调发遣有差；寿王赐书戒谕。(一七，528)

九月戊午，诏内府各监局冒滥匠役已裁革者勿复收用，存留额内有逃故许如数勾补。(一八，551)　丁卯，工科左给事中安磐劾奏净身男子龚科等奏乞收用，已有严旨驱逐，而渎扰无已，宜寘之于法。因言先朝内外巨奸如张忠、刘养、韦霦、魏彬、王琼、宁杲等虽幸漏网,得全首领,然恃其货赂可以通神,或夤缘左右,交通贵幸,以觊复用,则其害有不可胜言者。天下事岂容此辈再坏,愿明主加察而预防之。上曰:“先年乱政坏事之人,贻累先帝,罪恶深重,新政之初,姑从宽遣黜。今后但有夤缘交通者,即系奸党,听缉事衙门密切访捕;科道官指实劾奏,不许容隐回护。”已而给事中毛玉亦言正德中乱政内臣如谷大用、魏彬、张永等皆挟重赀,希图再用,乞赐遏绝。上乃申谕如前旨。(一八,554—555)

十月癸酉朔,工部覆南京户科给事中陈江等奏:“南京各卫快船并各行铺户差遣繁难,今富猾之家或投充庙户及牺牲所、神帛堂、各监局差役,内外守备写字、军办名目,倚势影射,独累贫户朋贴。如神帛堂原额四百四十四户,今该监额外招收,积一千一百余户,他皆类此。宜行南京户、兵、工三部会同科道官查洪武、永乐年间旧额,酌量存留,但系近来夤缘投充者,悉革退编差。”上是之,令照前旨会议以闻。(一九,559)　　癸巳,巡抚大同右副都御史张文锦劾奏阳和、天城分守太监李睿报纳官草,累军采运,侵占庄田,役军耕种,结逆党黄福添等为腹心,宜正其罪,别选老成安静者代之。都察院覆议,得旨:“戒饬李睿安静行事,黄福添等缉捕治罪。”(一九,567—568)　　甲午,刑科左给事中张翀请罢镇守内臣,疏下所司知之。(一九,568)　　辛丑,都察院左都御史金献民言各王府承奉以下不职官许各抚按纠劾。从之。(一九,570)

十一月乙巳,兵科给事中陈时明以灾异请斥太监萧敬,其略言:“敬素与宸濠交通,幸逃国典,今又舞其才智,荧惑圣明。迩者大婚之议,敬入刘政重贿,欲引纳其女,赖大臣毛澄等力争,不果纳。其奸邪无忌如此,陛下纵释不诛,不宜久留于宫掖,请罢敬司礼,出之外宅,以泄臣民之愤,消上天之变。”章下所司。(二〇,574)

丁未,给事中及宦等查大同镇仓库草场,因劾前镇守太监马锡、苏瑨,今监枪刘璟、分守李睿,前总兵官朱振、杭雄,副总兵张锐，参将麻循、谷琛、黄镇，锦衣卫指挥姚瓒、都指挥张杰等皆监临势要，侵盗不訾［赀］；前管粮郎中陈溥、郑选、杨鏓皆曲法徇人，耗损边计；巡抚都御史杨志学防闲不严，请皆究问如律。都察院覆奏，上以马锡、苏瓉侵盗数少，又先已发戍，姑宥之；朱振籍产偿赃，张锐等下御史逮问追赃，惟志学以任浅养病得免罪。（二〇，576—577）　辛亥，广西思明贼黄镠等伏诛，总督、镇巡官以捷闻。上命赏张嵿及镇守太监韩庆、总兵朱麒、巡按御史张钺银、币有差。（二〇，579—560）　甲寅。初，惜薪司言真定、山西等处所输柴炭，运官揽头积有逋负，工部以为此因加耗过多，故征运不及，请以明加及暗加之半并准正数，其余核实追征。惜薪司太监执以为暗加必不可免，且指工部为故纵。工部言："侵费有征，加收不扣，非大公至正之法，臣等以诏书从事，非故纵也。自今请如后府、惜薪司事例，召商完纳，乃给价银，惟上纳时该司不得过取加耗，即公私俱便矣。"奏入，上饬所司严追未完者，不得容纵以误供应，其余如议行。（二〇，581）　壬戌，录平河南妖贼马隆等功，赏都御史王珝、太监晏宏、御史喻茂坚、前按察使陈九畴、参议陈鼎等银、币有差，百户周南等以死事，优恤之。（二〇，593）　乙丑，复原任华州知州刘锦官。初，镇守太监廖堂横索州县财物，尝遣人市马至锦所，谓曰："当以八百金见售。"锦拒之，寻以堂奸利不法事言于巡按御史。堂怒，中以危法，逮系诏狱，穷治无验，出为民。至是，御史喻茂坚白其事，乃得复职。（二〇，596）　辛未，大理寺卿郑岳言："内臣贾全等侵盗仓库，宜伏正法，而特蒙曲贷，将使左右效尤，恣意侵盗，设至败露，又图幸免，其害不可胜言。且自皇上即位以来，如陵户任文举、千户鞠王英等辄以内臣奏请，事从中决，部臣执奏不听，其他下司礼监处分者甚多。夫法者，所与天下共者也，事干近幸辄有轻重，是法不信于天下矣。古人有言'法行自近始'，又曰'宫中府中，俱为一体'，故申屠嘉辱邓通而文帝不以为忤，韩琦安置任守忠而英宗不以为专，前史书之以为美事。陛下宜远鉴前代之规，近守祖宗之法，自今内官、内使等有犯，悉听部院问拟，发本寺审录，则可以昭圣朝平明之治。”得报：有旨。(二〇，599—600)

十二月丙子，诏给还淳安大长公主故崇文门外庄园。先是，其地为刘瑾侵占，瑾败，皇店官校复规为官园。至是，公主上书言之，因有是命。(二一，602)　己卯，御马监太监阎洪等奏：“勇士、四卫二营见存马止有一千八百九十三匹，视官军额数不及十之三四，乞行太仆寺于顺天府各属州县寄养马内如数处补。”下兵部议，选寄养马一千匹与之，其领马官军仍依成化年间故事，籍记姓名及关领年月，如有倒死二次者照例责令陪补。从之。(二一，604)

丙戌，命礼部右侍郎贾詠、工部右侍郎童瑞、司礼监太监温祥及礼科给事中刘勖、湖广道御史汪珊再诣茂陵，相择寿安皇太后祔葬吉地。(二一，610)　癸巳，顺天府府尹万镗奏：“弘治间定各州县计亩征银之法，军需料价俱从此出，其文武职官及诸当优免者止免人丁，不及地亩。近来差繁赋重，援例投充及陵坟、海户一概优免，偏累小民，逃亡殆尽。请申明旧制，以苏民困。”户部覆议，请如镗奏，申明均征地亩之法及禁约各陵户，不得倚内臣声势，规免地税，沮挠县官。上曰：“然。今后顺天府所属州县编审均徭，仍酌量人丁地亩，兼征银两。应免之家照例止免人丁，不得滥将地亩一概折免。”(二一，619—620)　丙申，提督宣、大侍郎臧凤奏：“先任镇守太监今充军马锡、巡抚都御史胡瓒、见任总兵官杭雄，擅支官银数千，馈送江彬；又有分守太监李睿、副总兵林宽、都指挥等官田云，或挪借侵欺，或支领克落，罪各有归，宜治如律。”上以锡、瓒、雄事已遇革，诏勿问，宽等下巡抚都御史鞠实拟罪以闻。(二一，621)　丁酉，印绶监左少监谷岫正德中差管杨村皇庄，科扰生事，侵占民田，为有司所发。下言官核实有验，上命逮其家人谷经等鞫之，候问明并奏，地亩当入官者召民开种，征银解部。(二一，622)　庚子，命工部增给光禄寺薪炭如弘治十七年

例，薪二十万斤，炭五万斤，以供寿安皇太后丧礼之费，其买办价值取之原修康陵所余银，不以烦民。（二一，624）

本年附

典制·裁革云南镇守内官

光绪《腾越州志》卷一《建置沿革考》："嘉靖元年革二镇守，复置腾越州，隶永昌府，盖从巡抚何孟春之请也。时金、腾二司极为民害，望置流官，以中官庇护，不得行。会世宗登极，孟春力陈其弊。（略。）自是改司为州，永为定制，用流官。"

卷七《职官·武秩》："腾越镇守武职，起于永乐设立腾冲守御千户所。正统时复立正副指挥使司，专司屯兵。其间有二镇守，一以武荫为参将都督，一以太监为镇守监军。嘉靖元年，始议裁，设立州治。"又云"正统时讨麓川，用内官监军，驻于腾，太监镇守（云南）始此。时则有萧保、郝宁，景泰间则有黎义，成化时则有王举。举有建司学功，然孟密有宝井，举索之不厌其欲，疏其罪，请讨之。弘治间则有吉庆、孙绪[叙]。吉庆举京师恶少偕来，刮民无厌。性爱宝石，有善者取以贮积，群从皆觊觎之。吉庆病，赂医进金石药死，均载宝而逃，尸委弃，官为殡之。正德则有张诚、崔和、朱奉、王阳、刘玉。诚最贪酷，惟崔和、朱奉为善。……[1]阳无闻。而玉亦创修武侯祠，但信尚京官者，言无不从，至腾多奸淫妇女不法事。众告于御史，严讯之，则京中某寺僧也，与玉邻，玉借其资谋来腾镇守，诱之蓄发，名尚京官。御史杖而遣之。此以上太监镇守者十人，至玉而遂革。御史则常熟陈察也。其时参、太二镇最为腾民之害，时无地方官治理民事，奸民役入参、太二府，有为盗者，陈察首请裁革，其功大矣。"

康熙《云南通志》卷三《沿革大事考》："正德十五年，巡抚何孟春疏复永昌府治，从之[2]。""（嘉靖）九年十一月，大学士张璁请革云南镇守内臣，从之。"

---

① 按，所省者为崔和小传，与《国朝献征录》卷一一七《寺人》略同，本编已附录于正德七年十月甲辰之考，此从略。

② 参看该书卷二九《艺文一》载何孟春《复永昌府治疏》。

史事·太监戴义事迹

刘若愚《酌中志》卷二二《见闻琐事杂记》:“宪庙好琴、弈、诗、画,司礼戴太监义号竹楼,不知何许人,最精于琴,而楷书笔法与沈度相埒。南中有一良家妇善琴,遍游两京、各省,未有居其右者。雅闻戴名,诣外邸通名求见,久之订期。戴休沐之暇,至外邸,坐厅中延南妇,隔帘向外一揖,坐南妇帘外,不通寒温。让戴先操,曲甫终,南妇泪如雨下,色若死灰,将所携善琴即下阶石上碎之,拂衣而去,终身再不言鼓琴事矣。戴之名下黄太监献号梧岗者,广西平乐人也,亦精于琴,有谱行世。司礼太监萧敬,字克恭,号东梅者,亦戴名下也,多读书,其楷书笔法似沈度,而草书则从张颠、怀素,间杂以篆、籀边旁。今之巾帽局外厂,云是萧别业,惜基址不存,但寒泉数处,烟草冥迷已耳。”

艺文·碑铭·太监李堂墓志

明故内官监太监李公墓志铭

荣禄大夫、太子太保、吏部尚书兼武英殿大学士、经筵讲官丹徒杨一清撰。后军都督府掌府事、奉敕提督五军营兼提督十二团营、太子太保、武定侯凤阳郭勋篆。赐进士出身、右春坊太子中允、经筵讲官、同修国史、前翰林院编修、文林郎代郡孙绍祖书。

公姓李氏,讳堂,以疾卒于正寝,适嘉靖丙戌(五年,1526)十一月二十三日未时也。其弟进持其友人顺天壬午乡进士王佐状衰绖诣予,乞作乃兄墓铭。予素仰其公之高风节操,又嘉其弟之哀痛迫切,讵可以不文辞欤?按状,公世系保定府蠡县巨族,考讳鉴,隐德弗仕。妣温氏,淑行贞静。公自幼天性颖悟,气宇轩和,动循绳矩,考究群籍,孳孳不已,大有进益,乡邻远近皆以伟器目之。后果于弘治庚戌(三年,1490)有司荐入掖庭。甲寅岁(七年,1494),嘉其公之才识,遴选随侍恭穆先帝(**指世宗父兴献帝**)。

既而孝宗宾天,武宗改元,后辛巳(正德十六年,1521)随扈圣驾(**指世宗**)来京,升内官监左监丞,署巾帽局事,命乾清宫应职。本年五月,命中军三司管理敢勇营军务重事。寻升太监,锡以蟒玉。荣并上公之爵,位极人臣之尊。命本监佥押管事,禁城乘骥。公之忠荩克笃,荷朝廷之宠命,恩至隆重。尤念公勤劳不已,八月荫其侄一人世袭百户,食禄锦衣。迨我今上龙飞壬午(元年,1522)八月,赏禄米十有二石,以养廉能。癸未(二年,1523)二月,改命乾清宫牌子,复赐蟒龙胸背。本月又赐禄米十有二石。乙酉(四年,1525)六月,上营建世庙,以公老练,洞达国体,奉敕提(**此遗一督字**)大石窝,督匠作采取,砥砺多称厥职。又赐禄米十二石。及功告成,特赐彩币、白金,用施报功之典。本年九月修盖观德殿,知公素善营理,严饬群下,中外一词咸称。再奉敕提督大石窝,采取石料。恩命屡下,宠眷弥深,正宜克笃忠贞,永保休命,奈何天不假年而公疾作,竟以劳于王事而卒。讣闻,朝廷悼念不已,赐赙礼谕,祭告文旌公劳勚,令有司为治茔域祠宇,彰公德誉。公之丧,御马监太监李公政,监丞吕公进、长随李公保、刘公川,实奉钦命董其事。公弟一:进。侄二:长鈜,锦衣百户;次钊,舍人。公生于成化癸巳(九年,1473)正月二十四日子时,卒于嘉靖丙戌(五年,1526)十一月二十三日未时,享年五十有四。克勤王家,历事有年,凡宫府重务悉以委之。公生荣没哀,永有令名,公固可以无憾矣。择葬于本年十二月二十四日,都城西香山乡巘山村广济寺之左安厝。予仰公之德,慕公之行,卒之日,远近闻者皆贤而惜之,幸而后裔世奉其祀云。铭曰:

瑞气呈祥,攸聚名乡。笃生伟器,恭侍明皇。内养君德,外扶纪纲。带横荆玉,蟒绚彩章。光生门楣,名著忠良。泽及后裔,百世永光。勒铭兹石,千古流芳。

(北京海淀区出土。《北京图书馆藏中国历代石刻拓本汇编》第54册,第137页)

艺文·碑铭·太监苏瑾墓志

明故司设监太监苏公墓志铭

赐进士第、翰林院学士、奉直大夫、兼修会典、经筵官泰和欧阳铎撰文。赐进士出身、奉政大夫、大理寺右寺丞、前监察御史临川简霄书。荣禄大夫、署中军都督府兼理营事、阳武侯东鲁薛翰篆。

嘉靖壬辰(十一年,1532)正月二十有七日,司设监太监苏公以疾终于正寝,闻于上,赐彩币、宝镪,遣司礼监官郭公璥以礼治葬。先事郭公具所述事状,令幕宾苏奉衰绖造予征其铭,以光泉壤。予辞不获,乃录于左。按状,公姓苏,讳瑾,号玄清,尝于私第之侧构轩一楹,环以云根花卉,题曰"凝翠",以为燕居之所,因又以为别号焉。其先为云南之腾冲人,自大父已上皆不仕，父亦隐德弗耀，母氏甚贤淑。公生而涓秀静好，父母极钟爱之。甫八龄辄知孝让若老成人。遇日者，见而奇之曰："此儿非常人也，异时必日近龙颜，当职之以验吾言。"成化乙巳（二十一年，1485）选入掖廷。越弘治甲寅（七年，1494），恭睿献皇帝之国安陆，以公谨厚，在选有之。及随侍几三十年，寅畏小心，克恭乃职。正德辛巳（十六年，1521），我皇上入承大统，耆旧不遗，而公得宠遇焉。且念公勤劳，历擢司设监太监，署事惜薪司。公莅政无纤芥苟取，以敬慎自励，人咸服其德。上知，加赐蟒衣玉带，岁给禄米有差。公愈纾忠悃，昕夕未尝敢怠。寻受命摄振威营戎务。公于军律整齐严肃，卒伍皆怀惠而畏威，由是恩赉更隆，出入得控辔禁内。公每政暇，谓其僚属曰："某本草茅，幸际明时，叨居清近，思无仰答，惟倾此赤心耳。"公性淳良，不喜浮华，虽贵显而心甘雅澹，好读书，犹笃志老庄之学，生平无所嗜，惟善是乐。至是卒，春秋五十有五，距其生则成化戊戌（十四年，1478）八月十五日，卜以卒之年三月十二日，乃窆于宣武关外白云观之后原。呜呼！公之生荣死安，斯亦足矣；畴昔以爱国为心，斯亦善矣。恶无铭焉？乃为之铭曰：

维公之生，澜沧之英。颜温性静，外和内明。在昔藩邸，惟罄厥诚，扈圣登极。恩渥匪轻，乃树劳绩。孔彰厥声，人孰无死。公没实宁，瞻彼高原。萝桧青青，秘宇前肇。瑞霭亭亭，公藏于斯，百世其馨。

（北京市西城区白云街出土。《北京图书馆藏中国历代石刻拓本汇编》第55册，第2页）

【考】苏瑾"用心于老子之道"，曾重建京师白云观，即其葬所。白云观碑为颜颐寿所撰，谓"乃若司设监太监苏公瑾，忠勤匪懈，乃于侍奉之暇，相视厥址，诹吉兴工"云，见《北京图书馆藏中国历代石刻拓本汇编》第53册，第128页。①

艺文·太监李瓒母王氏墓碑

钦赐承事郎李公孺人王氏赙葬宝镪墓碑

嘉靖元年壬午秋九月，上命司礼监李公瓒提督内书馆事，时(陈)沂亦

---

① 原碑刻撰者"顾颐寿"，应为颜颐寿。该碑之末刻清光绪十二年重勒字样，疑为重刻致误。《拓本汇编》作正德元年刻，误。因碑文提到"皇上龙飞江汉"及"圣母章圣皇太后"，苏瑾又兴王府出身，显系嘉靖朝所立。

被命教书，于是得闻公奉母之孝，而母王孺人之贤，亦得以知是年十二月二十八日孺人偶以疾卒，明年癸未春正月十三日乃归葬于新城之祖原。余与僚友往吊其宅，公伏于地哭之甚恸。余叹曰："信乎，其孝也！"既葬，持行实乞余文，勒诸石以昭于墓次。

按李氏，世为保定之新城人，大父讳先，大母冯氏。公讳玉，字国用，别号朴斋，力农而无所事，乡里皆化其善。孺人王氏，又能服女事，孝姑舅，相朴斋公以勤于家。生四子：秉、永、亨，皆有冠带之荣，季即司礼公。弘治癸丑（六年，1493），被选入掖庭内书馆读书，受业于今内阁大学士蒋公冕，日记常千言，屡考居优等。乙卯（八年，1495），简用于司礼监之六科廊。日知文书事，不得数出，乃治私第于京城，奉朴斋公与母，有内馔必使人进而后敢食。朴斋公与孺人食必举首曰："莫非恩也。"令族人分食之。有余资即给乡党之贫者。辛酉（十四年，1501），孝皇命公典申王婚仪。甲子（十七年，1504），治英庙丽妃之丧。乙丑（十八年，1505），董孝皇大葬礼。每被命，出告于朴斋公、孺人。朴斋公曰："婚丧大礼也，况出于朝廷乎？夫仪则掌于宗伯，器物典于诸司，汝慎督之，无忽。"正德庚午（五年，1510）夏五月，朴斋卒，公奉丧葬事竣，孺人泣曰："汝无忘乃公之言。"公恸哭曰："安敢忘训！"后累迁，迁为牛（**按，此处疑有误**）绮服之赐。戊寅（十三年，1518）春二月，孝贞太皇太后上仙时，武皇北狩宣府，公单骑夜驰出关，直抵行在，由是武皇即奔归，且悯公之劳。诸执政闻之，曰："此有补于君父者多矣。"不数日，复有兴国报讣之命，辞孺人以行。孺人曰："斯时政多事繁，民弊益甚，无责于有司。"公奉母训，所过无毫发之取。返命，武皇嘉而劳之，赐蟒衣三袭。己卯（十四年，1519）春，特赐玉带。秋，往治雍靖王妃丧事，又锡飞仙天鹿绮段，凡六袭。孺人问曰："汝得无喜乎？"公曰："君赐，安得无喜。"孺人曰："吾无喜，独惧汝无以报也。"对曰："敢不服力！"

辛巳（十六年，1521）夏四月，奉迎今上即位，宫中大礼皆所典焉。五月，大赉诸藩，复有吉府、荆府之行。公之服母训，往返无扰于州邑。壬午，典大婚冠礼成，因有书馆、新房提督之命。孺人年已八秩，公方喜，欲求歌颂以寿，遽以疾长逝。上闻，赐赙宝镪五千缗。呜呼！余初闻公之孝而信之，今按状又知朴斋公与孺人庭训之贤，皆不我诬也。夫非亲弗生，非君弗成，而君上之报非训弗知，此皆天下达道之所先也。公少读书于馆中，而今复督其事，所事者非是道乎？余任夫教者，又当有所发扬，故不辞其请，备述朴斋公、孺人之训与公之孝，以告夫世之为臣者。

大明嘉靖三年，岁次甲申，春二月吉日立。

（编修陈沂撰，岳梁书篆，民国《新城县志》卷一六《地物篇·金石》）

嘉靖二年癸未(1523)

正月己酉，户科给事中张汉卿等言："日者皇上念畿辅庄田之害，命给事中夏言、御史樊继祖、主事张希尹会勘安州鹰房草场、涿州薰皮厂，敕曰'自正德元年以来，朦胧投献及额外侵占者尽给原主，管庄人悉取回'。大哉王言！民切仰戴。及言等勘报，户部覆请，而两奉明旨，曰'仍旧'，曰'留用'。该部执奏再三，竟不之从，是非所以全大信、昭至公也。先帝时，群奸擅政，八党为首恶，故薰皮厂起于马永(成)，鹰房草场创于谷大用，今马俊、赵霦恃藩邸旧恩，妄乞免查，是复蹈永(成)、大用故辙也。渐不可长，乞察诸臣查勘之明，从部臣执奏之正，尽革鹰房草场、薰皮厂，并罪俊、霦，以为欺妄之戒。"不允。(二二，632—633)　丙辰，以是月十九日寿安皇太后山陵兴工，遣寿宁侯张鹤龄、建昌侯张延龄、都督同知陈万言分祭七陵，工部尚书赵璜祭天寿山后土之神，内官监太监陈工祭司土之神。(二二，638—639)　辛未，南京守备魏国公徐鹏举等奉旨会议应天府匠役、人夫事条列以上：一、南京司礼监神帛堂匠役，洪武时定额四百户，后太监安宁奏增四十户，俱免杂差，奸民利之，夤缘窜籍，其中至一千一百十四户。顷奉明诏，以正德时投充者革去百八十九名，而该监仍复护留，请查旧例，复四百四十户之数，余尽革之。一、南京内府九库，洪武时额编库夫五十七名，宣德、成化间有修理之役，暂借人夫百五十一名，工竣仅以二十三名发回两县而占留百二十八名；南京里外花园原额匠九十名，而后复借占八十名，南京内官监原额军民匠三千九百余名，天顺间复借占百五十五名，俱非制，宜尽查革。一、各监局人匠有逃故者，宜行原籍勾补，户绝者宜除令，使上元、江宁两县赔偿不便。一、南京鲥鱼厂岁取里长二十名，名索银二十两，正德时复倍取其数，起运内臣索茶果银百二十两、水夫银二百两，及鲜船将发，又取夫四千三百有奇，民不堪命，宜有以禁之。兵部覆议，得旨："俱遵旧例行。"(二二,649—650)

二月癸酉，南京给事中鲁纶、监察御史史梧等言："往者甘肃总兵李隆鼓众倡乱，杀都御史许铭，又故纵首恶，取无罪四人斩首灭口；太监董文忠、分守总兵官李义、都指挥支永等或坐视不救，或符同纠结，乞明正隆罪而按鞫文忠等。"都察院覆议："李隆前已奉旨捕获，系狱按讯，请逮文忠等并问。"得旨："文忠姑勿逮，李义等巡按御史同镇抚官速勘以闻。"(二三,651)

三月癸卯。初，景皇帝陵及申懿王等坟供祀柴薪，取办有司，民甚苦之。顺天巡抚孟春建议，令陵户自备，已可其奏，而司香内使张允凤又乞如旧例归有司，复从之。(二四,680)　癸丑，固安县民张惠等九百人自宫求用。礼部言其违例奏扰，命笞之百逐归，仍敕都察院榜示严禁。(二四,685)　丁巳，南京守备魏国公徐鹏举言南京内府查失铜符十三面，参内使纪通等，并请如号造补。疏下法司，议所失铜符宜行补造，以便宿卫，请并治典司守卫各官罪。上是其议，命逮问纪通，余以年远姑贳之。(二四,690)

庚申，司礼监右监丞王敏请以宛平县民地一顷三十四亩为顺义郡主坟园。户部言非制，不当与。上从部议。(二四,691)　壬戌，南京御史林若周言："顷者山东多盗，皆镇守内臣残虐诛求所致，请自今罢遣天下镇守内臣，并行抚按官罪其参随、军伴不法者。"诏下所司。(二四,694)

四月戊寅，巡按御史王钧言："山后地方产榛子，而长陵等监占为榛厂，请罢之以资官军。又蓟州关营赴仓支粮道里回远，官军或假以自脱，有失守之虞，请量以远者改折色，令有司就给之便。”户部议皆可行,上命关支粮银如议行,山后地姑仍旧,敕管理榛厂官勿侵民利。(二五,709) 甲申,司礼监太监萧敬奏:“各监局军匠查革数多,供应缺乏,请以洪武等年旧例一千五百余名佥补。”兵科参奏,言如是则钱粮何所支给,诏书何以取信?兵部亦言:“诏书所革,乃正德间新添,非洪武以来旧额,如复佥补,则革者皆得冒入,以致耗损京储,与正德中何异?其令以未革人数应役,有逃亡者乃下清军御史勾捕。”从之。(二五,712) 丁丑,御马监太监阎洪奏请外豹房永安庄地,户部言:“此地故皆永清右卫屯田,洪熙间以半为仁寿宫庄,其半以给太清观道士,弘治中改给指挥赵良,至先帝始以为外豹房地,内官私创廨宇其中。臣等奉诏撤毁,令故道士及百户赵恺分佃输税,以资屯粮,业已处分。而洪欲私其地利,仍以外豹房为请。夫先帝以豹房之故,遗祸无穷,幸奉明诏革除,而洪等仍欲修复以开游猎之端,非臣等所愿闻也。臣请悉还之原卫,征屯田子粒以助军,庶可永除祸本。”诏以地十顷给豹房,余令道士及赵恺分佃如故。(二五,716—717) 癸巳,给事中张嵩以天戒上言三事:“一、保圣躬。言皇上春秋方富,而数月之内两见违和,恐贻两宫之忧,愿崇护周慎,亲幸有节。一、崇正学。言太监崔文等于钦安殿修设醮供,请圣驾拜奏青词,是以左道惑陛下,请火其书,斥其人,惟日临讲读,亲近儒臣。一、务实惠。言免租之诏虽下而用费不经,征求如故,民不蒙泽,请崇朴约、节浮冗、慎赉予,然后责有司从实蠲除。”章下所司。(二五,724—725)

闰四月壬寅。先是,内官监太监崔文督修九门城壕,日役三万人,经岁不竣。工科给事中胡汭言此皆监工等官故延引岁月,干没钱粮,宜令限今月内竣工。报可。(二六,731) 甲辰,命司设监更造卤簿大驾,从指挥骆安等奏也。(二六,732) 乙巳。先是,上命御马监以牧马草场新旧图册给发科道官自行查勘,太监阎洪等请更遣内臣赍册至勘所,得从公对状,上复许之。于是给事中解一贯等言："臣等奉诏查勘，十已得六七，今若添差内臣，如益薪止沸，举前功而尽弃之。若必不得已，宜别遣一二大臣，令体统相当，以便行事。"上特纳之，命内官、大臣俱不必遣，仍行该监给与原勘官图册，从公核实具奏。(二六,732—733)【考】《世宗实录》卷三〇，嘉靖二年八月庚子，南京礼部尚书等官秦金等以灾异言事，云"陛下即位之初，首命户部减御马、坝上等仓场是年粮草之半，仍令科道官备查马匹牛羊实数，以免冒滥。事方举行，人皆欣忭，乃因太监阎洪等言遂寝查核，此恤民不能如初也。"　丙午，上谕司礼监太监张佐等曰："朕惟刑狱重事，自嗣统以来未尝不特加慎重。夫何去年自秋历冬，以至今春，畿甸之内，雨雪愆期，风霾屡作，四方灾异奏报频仍。深思上天所以示戒之意，虞恐刑狱枉滥，囚系久淹，以致民心愁怨，上干天和。特命尔公同三法司堂上官，将见监罪囚从公审录，除情法难宥者照旧监候听决，其有情可矜、罪可疑、事因诖误，或无证佐可结正者，具为疏辨处分。徒流以下即与减等发落，笞罪者释之，毋令淹滞。夫刑以弼教正德，不当宥而宥与不当刑而刑皆足致灾。唐、虞、三代所以钦恤民慎之意正在于此。审问之际，尤须详察言词，旁询知证，而断之以理，勿惑于浮言，勿拘于成案，务得真情，以全民命。其原问官有故勘失入等罪，俱不追究。尔为重臣，受兹委任，务殚心悉虑，以称朕好生之意。"佐等受命未报，上复以天气暄热，令太监张淮传示刑部，亟如前旨议覆。尚书林俊等请移咨南京法司并锦衣卫一体奉行。制可。(二六,735—737)

丁未，诏赐故给事中郗夔祭一坛。夔正德间纪功延绥，为逆瑾胁迫，自经死。瑾败，诏恤其家。至是夔子元洪为兵部主事，请乞赠官，故有是命。(二六,738)　癸丑，诏蠲太岳太和山香钱一年备赈，从湖广守臣奏请也。太监潘真奏留，不许。　革退净身男子李荣潜匿少监汪朋所，为逻者所获，巡城御史以闻，上命锦衣卫杖而遣之。(二六,741)　甲寅，浙江镇守太监刘璟坐违例任所置买田宅，为有司所发。上罪其参佐，谪戍边者二人，而田宅与璟如故。刑部主事郑宪执奏,不允。(二六,741) 乙卯,凤阳府例有岁供果品,上初即位罢之,守备太监张阳以旧规为请。礼部覆议:"明诏以革,不宜复增。"上命如旧例行,第严为禁约,不许生事扰民。(二六,741—742) 丁巳,守备凤阳太监张阳奏庶人聪瀰纵火焚高墙铁门,出不逊语。敕令张阳切责之,再犯不宥。(二六,742) 己未,内官监太监崔文家人李阳凤等抵工部匠头宋钰求贿不获,因以他事嗾文杖钰几死。事在法司,问未决,文为阳凤诉冤,得旨改令镇抚司讯理。尚书林俊等执奏,以为祖宗朝以刑狱付之法司,罪无大小,皆听平决。自刘瑾、钱宁用事,专任镇抚司为爪牙,政出多门,盗贼滋起,此陛下所亲见。更化善治,正在今日,不宜复以小事诎法,伤平明之治。上不纳。明日又奏,上怒其烦渎,责令对状。俊曰:"昔唐德宗相裴延龄,阳城欲取白麻坏之;唐文宗诏赦左藏史,狄兼謩缴还词头:自古忠臣爱君大抵如是。夫太监崔文乃先朝之漏奸,乃左道之作俑也,荡摇主心,排轧言路,其罪已不容诛。兹复饰词巧辩,胁夺见囚,谓法司为无人,谓祖宗成宪为不足守,臣爱国厚恩,诚不忍见朝廷百五十年纪纲一旦遂为此辈纷乱。人愚言突,不敢爱死。"上颇优容之。已而都御史金献民等、六科给事中刘济等、十三道御史王钧等、工科给事中余瓒等、五城巡视御史杨果交章论谏,章凡十有四,署名者共八十八人。疏上,皆付之所司。(二六,743—744) 庚申,工部覆湖广巡按御史何鳌奏:"安陆皇陵工料不完,乞行督工内臣务从节省,南京工部仍为处补,缺乏不必分派各省,合用官司廪粮各于所在地方应付。"上皆从之。(二六,745) 丁卯,司礼监太监张佐奉敕同法司审录重囚,情真当决者四十七人,情可矜疑者二十四人,情真奏请定夺者三人,依辩奏请者五人,律应辩问者二人,犯赃监追者一百三十六人,免赃发遣释放及免监照例追赃者七十五人,已发枷号者二十二人,未发枷号者八人,犯人家属照旧监候者二十六人,保候放遣者三十一人,徒杖罪减等发落并笞罪释放者一百十

三人。得旨,俱如拟。(二六,748)

五月辛未,御史黎贯言:“国初夏秋二税,麦四百七十一万二千九百石,今止四百六十二万五千八百四十三石;米二千四百七十三万四百五石,今止二千二百二十万二十三百七十四石。而宗室之蕃、官吏之冗、内官之众、军士之增,一切用度,俱出其中。以赋入则日损,以支费则日加,虽巧者莫能为之策矣。乞敕户部通查祖宗以来赋额及经费多寡之数,一一区画上请,则自知赋入有限而用费不容不节矣。至于国储耗缺,又因各州逋负较多,而官复以迁除太骤,苟利交代,漫不警省,宜严为查核。”而给事中赵汉特举贯言切于时务,当议亟行。于是户部覆议:“天下钱粮出入数目,已经题请责令州县开报,其官吏考满升迁,必严稽任内钱粮征解足数,方许给由交代,仍乞朝廷躬行节俭,以先天下。”上是之。(二七,751—752)　壬午,户科给事中汪应轸等劾司礼监典簿辛寿于午门内给散军官俸银,设座南向,无人臣礼,且每银一千两扣减一锭,殊失朝廷优厚官军之意。疏下所司。(二七,757)【考】辛寿事迹,实录仅此一见,其后升内官监太监,守备天寿山。墓志见本年附。四川道监察御史余翱言:“司礼监太监张佐典司章奏,不取上裁,假借纶言,疏隔内阁,以变移国是。陛下宜亲揽政权,亟正此曹蒙蔽之罪,以光新政。”上曰:“章奏朕皆亲览,付内阁票拟,一遵累朝故事。张佐侍朕敬慎不欺,御史安所得此言?下所司知之。”(二七,758)　丙戌,兵科给事中刘祺言:“近年水旱盗贼相仍,法令多舛,其故由公卿大臣不得召见,上下之情不通,又中党恣横,刑赏大政,旨多内降,端人正士,噎喟不能出气,可为寒心。宜如唐真卿[贞观]时谏官随宰相奉事,仍屏远崔文,息意斋醮,以崇敬天勤民之实。”章下所司。(二七,759—760)　韩府奉国将军偕能有罪,连坐长史马夔。韩王旭櫏奏言:“旧例亲王有过,专(罪)承奉、长史;郡王有过,专罪内使、教授,夔不宜坐。”下礼部覆议,许之。(二七,760)　戊子,松林山管军御马监太监西保、陆诚、李昙、杨保自言留守安陆有劳，请量给夫隶应用。兵部言："今安陆州卫军民困苦，无余丁可以应役，无已，于本山旗军随住余丁内量与分用。"有旨，将七八(按，原文如此)五十户余丁，每员拨十八与之。(二七，761)

六月癸丑，命发两淮盐运司余盐银一万三千余两付南京工部，给织造郊祀制帛绿(阁本东本绿作丝)料及南京中官年例与所逋商匠工价，从尚书崔文奎请也。(二八，773)　　己未，赐故副使胡文璧祭一坛。文璧正德间为天津兵备，禁革皇庄，抽分太监张忠诬奏，械系下狱，谪戍陕右死焉。至是，弟进士文奎为请，故有是命。(二八，775—776)　　辛酉，司设监太监马俊请增上用供张物料及柴炭等物，工部覆言："宫中供张所需之料，不过皮毛小物，弘治间止用数千两，正德六年以后传造帐幄、车辆等项，数倍其直。盖缘先帝巡游外地，不得不增。弘治时柴炭亦止数万斤，嗣后多至数倍。皇上登极，诸弊政若此类者厘革几尽，讵可复增派扰。且今宵旰图治，不事游观，所造帐幄将焉用之?"上是部议，命悉如弘治间例行。(二八，776—777)　　戊辰，司设监太监梁栋奏本库缺段匹，乞命户、工二部在京收买。户部覆谓诸司各有职掌，所需段匹系工部坐派各省办织，与户部无与。上命工部严限催解。(二八，778—779)

七月己卯，管理军器局太监吕通言："兵部题准，存留军匠二千九百四十七人，今惟一百九十一人应役，恐工作难就，军器缺乏，乞命在京各卫亟补。但无籍之徒易于散逸，今宜量裁虚数，计名责实。"从之。(二九，785)　　甲午，礼科给事中刘最[①]言："昨臣奏太监崔文以左道蛊惑圣心，糜费内帑，圣恩浩荡，特从宽宥。臣谓崔文宜感恩悔罪，讵意复肆巧辩，以钳制言官，欲令臣遂一查算侵欺帑银之数。夫帑银属内府，虽司计之臣不能考其盈缩，今欲

---

① 刘最，原作"刘冣"，《世宗实录》东本及嘉靖二年十一月己卯条皆作"刘最"。"冣"通"最"，本编统一作"最"。

令臣查明，不过假难稽之事以掩己过，投可乘之隙以构臣罪耳，臣谓此风实不可长也。”上以最不谙事体，率尔妄言，令调外任。都给事中李学曾等、御史郑本公等连疏救解，而给事中郑自璧、卫道、张远、陈时明，御史钟善又各疏力争。上怒其党护，并切责之，最调广德判州官。（二九，791）

八月辛丑，南京应天府及滁州等处大饥，民死徙相望，南京户部尚书王镇等以状闻，因条救灾十事：一、……一、请募民开纳，遥授散官及王府典膳等御[衔]，而以其所输专备赈济。……一、请查革南京内官等监局旗校、军器之冗滥者。一、言近取南京御用监竹木，可议暂罢。……上以监局匠役有诏勿核，典膳等御[衔]不许上纳，恐启弊端，余如议行。（三〇，800—801）　乙未，致仕少傅兼太子太傅、吏部尚书、武英殿大学士刘忠卒。忠，河南陈留县人，成化戊戌进士。……毅皇在青宫时，尝侍讲读。比即位，进学士，为日讲官。诏修《孝庙实录》，以为副总裁，兼管制诰。是时逆瑾用事，恶忠于讲筵指斥近幸，授意吏部升忠南京礼部左侍郎。寻迁尚书，改吏部。当时宦游者视南为闲散，多务苟容，忠独毅然持风裁，庶僚秩满署考必当实。有御史素恃势骄横、郎中为瑾党私昵者，皆直署下考无少徇。毅皇念忠潜邸旧臣，召还为吏部尚书兼翰林院学士，专理制诰。瑾终衔之，忠两引疾乞休，不报。瑾诛，姑[始]召入内阁。未几，以宁夏叛逆平，加少傅兼太子太傅，尚书如故。冬（**按，冬疑应为忠**）以持正守法，不合于张永。顷之主考会试，左右有指擿试录中讹舛字以白上。忠闻之，即日复疏休致，不许，乃以展墓请，报可，特令乘传归。既抵家，疏再上，始许致仕，仍给月廪岁夫，终其身，录一子为中书舍人。（三〇，805—807）

丁卯，谄赂皇亲，结为姻好，夤缘左右，复有提督京仓之命。自皇上中兴以来，除旧布新，而先朝奸党、内臣弟侄家人犹潜居都城，布列禁地，钻刺伺窥，无所不至。若其谋遂成，则其祸匪细，伏望将李宣取回闲住，凡一切奸党弟侄家人尽逐之外，使肘腋之下豁然清谥[谧],而勋戚之家敢有贪嗜权利与厮养下辈结为婚姻者,即如法禁绝,以警将来。上曰:"李宣已有旨,诸奸党所引用内官俱查发南京监局着役,弟侄辈无得入禁门,勋戚有仍与婚者必罪不贷。"(三〇,809)【考】此段有脱文,《国榷》卷五二,该月丁卯条:"禁勋戚结婚内寺。时太监李宣,故逆瑾党,缔姻外戚,复提督京仓。户科右给事中孟奇请禁,从之。"《世宗实录》广、报、阁、东各本谄上还有"(丁卯)户科右给事中言:太监李宣故逆瑾党也,已奉诏革职,近者"32字。

九月癸酉。旧例,上林苑地听牲户开垦为业,惟育牲种蔬果以供上用,不收子粒。弘治间太监宁诚始亩科银三分。嘉靖改元,诏革去。至是以监臣奏,复命征收。户部参奏各署内官,始则侵民田为牲地,终则夺牲地为己业,观其设心,不尽逐四署之民而专聚一己之利不已也,宜恪守前旨,追寝近批,以安人心。不报。(三一,814—815) 戊寅,礼科参奏净身男子妄肆陈乞,宜令该管州县钤束安插,锦衣卫仍逮为首及写本人治罪。报可。(三一,819)

己卯,兵部覆议:"南京进鲜等项船只务照尚书乔宇所奏事例,每船内拣选纲头,给付花栏小票,明开船只装扛水夫之数,于经过管河等衙门投递验放,有司驿递照票应付,如遇生事害人者即申巡按、兵备等官,指实参奏。再乞敕南京内守备,戒谕各监局进鲜官员,不许多带奸徒生事,仍张榜于沿河地方禁约。"上是之。(三一,819—820) 辛卯,工科给事中解一贯等奉敕查勘马房地土事竣,奏将踏勘过牧放官场筑立封堆,永为遵守,军民产业、勋戚庄田给还承管,及参太监谷大用、李玺树党蠹政,夺产殃民,宜明正典刑;及接管太监杨金等、收状太监杜堂等,并巡青千户陈瑾等通行逮治,仍乞裁减御马监管场官,听监督马房主事征收子粒,召买粮料支用,尽革岁派送监草料,以备各边紧急奏讨。户部如其言覆请,得旨:"御马草场依新册,仍着本监管理,岁收银两准作修理等项支用。清出地土庄田依拟给主。谷大用乱政害人,本当问究,但念迎请勤劳,姑贳之,仍降二级,仍旧司香。李玺并杨金、杜堂等都免提，陈瑾等各罚俸二年。”（三一，826—827）【考】大学士杨廷和上《请逮问谷大用疏》（《杨文忠三录》卷二）：“窃惟圣明所论，御马监草场地土钱粮，仍听本监管理，原差踏勘太监李玺等免其提问，俱已仰遵圣意票拟施行。惟谷大用窃弄威权，蛊惑先帝，假勘地之名混占产业庄田，至一万有余顷，侵欺子粒官银至百万有余两。利归私室，怨及朝廷，情罪深重，神人共怒，必须从公究问，然后国法可彰。圣谕以为地土乃祖宗之旧制，然额外有所侵占，以剥害小民，致其嗟怨，则非祖宗设立之初意也；圣谕以为踏勘奉先帝之成命，然历年有所侵欺，以餍饱奸贪，私于一己，则先帝亦不得而知也。自陛下即位以來，查勘见于诏旨，官已三更，今草场之界额既明，大用之恶状益著，若不明正其罪，何以警戒将来？况今水旱相仍，人民十分饥困，追其所侵赃银之半，足以少备赈济之需。与其积于一家以利蠹国之盗臣，孰若散于穷民以溥朝廷之恩泽？伏望俯纳臣等之言，以正清朝之法，将谷大用提问追赃，则可以平人心之怨愤，可以彰天讨之至公。天下幸甚！臣等幸甚！臣等无任忠恳激切之至。嘉靖二年九月十八日。”

十月甲辰。先是，顺天府府尹万镗奏请蠲所属积欠惜薪司夫价，奉旨催解已征者，蠲其在民者。至是该司太监李清奏前项夫价积欠数多，致累本司，乞行照旧督解。工部如前旨议覆，诏正德十五年以前欠数逐年带征，十六年以后者严限追解。（三二，835—836）　临洮府知府郭九皋为栾州民赵纪诬以前任永平府事讦告，东厂太监芮景贤奏闻，命差官校逮问。巡按陕西御史刘翀言：“东厂之设，专主缉访在京奸伪，无受理词状，远差官校拿人之例。赵纪细民，不诉抚按而越诉东厂，实由书手陶淳通贿景贤所致也，乞将赵纪、陶淳与九皋同解法司问理。”六科给事中刘济等言：“赵纪小人，无忌惮，实定国公徐光祚主之。查得国初魏国公徐达修理山海关，钦赐彼处田土，即于洪武末年具奏辞退，已经顺天抚按官孟椿、郭楠奉旨查覆，给与军民屯种。今光祚欲隐情奏讨，故嗾赵纪捏奏土豪欺占，以为之地耳，法当并究。”而十三道御史彭占祺等亦合疏力言。并下镇抚司知之。（三二，836—837）　丁未，巡视光禄寺科道官王瑄等劾奏东安门内使张迁、田博、孟贵及军役萧名、胡奈索要粮长、解户财物数多，乞行提究。命逮萧名等下镇抚司，如干碍张迁等，据实奏闻。(三二,837)　　乙卯，查核甘肃马跑泉斩虏功，革冒升副千户张谦等职，原获功旗军黄王哥、毛七儿等升赏有差。先是太监王欣奏带谦等冒报功次，至是始查明改正。(三二,841)　　丁巳，追论大同宋家庄等地方失事罪，副总兵杨贤等各罚俸一月，指挥同知李镇等下御史问，总兵杭雄既去任，与太监王觐等俱贳之，仍敕觐用心防御，毋再误事。(三二,842)　　辛酉，兵部覆提督团营太监张忠奏复旧规、实营伍事，请遵照近旨，行各该官司，依限着实举行，不许虚应故事。上是之，仍命各都督府严督所属各卫查补老疾病故原额。(三二,843)

十一月己卯，刘最既调广德州判官去，而东厂太监芮景贤复奏最在途，仍用礼科旧衔，乘座船，取夫役，而长芦巡盐御史黄国用复遣纸牌送之，并属违例。上命逮最、国用下诏狱。镇抚司具狱上，得旨："最谪戍，国用降远方杂职。"刑部执奏，最等情罪宜下法司拟评。不报。(三三,851)　　庚辰。先是，楚王荣减及湖广抚按官奏承奉副潘朝等挟势要求，肆言谤毁，指斥亲王，面忤世子，命遣官会鞫之。至是，都察院覆议朝等十三人情罪，比依谋叛，宜寘重典，其胁从者当谪戍如律，而楚王以淳质受侮，宜赐书慰谕。得旨，俱如所拟。(三三,852)　　乙酉，御马监以勇士营随驾官勇士马匹不足，欲行太仆寺调取。兵部言："本监兑过马匹足备骑操，似难再给。但称省牲在迩，请将顺天府所属寄养者挨次选五百匹暂给之，并行领马官勇士，不许任情选择，其各营倒失者仍行提督营马少卿追赔，无姑息以致损耗。"从之。(三三,853—854)
戊子，始太监于经占夺人田园，已论罪追赃入官，而其弟于纶复夤缘奏乞，得领价值。刑部执奏，谓律凡赃枉法者入官，求索者给主，此定法也。纶以匹夫，荧惑上听，怙终乱法，罪不可宥，请治之。得报：有旨。(三三,855)　　癸巳，孝陵神宫监太监杜震等以

陵寝墙垣殿宇颓损，奏乞修理。命南京工部会同内外守备官即相度修理。(三三,859)

十二月癸卯，大理寺卿郑岳、锦衣卫都指挥使王佐疏言：“臣等顷奉命往勘甘肃兵变事，臣等谨与该镇抚按会鞫原任总兵李隆等谋杀巡抚都御史许铭事，具得其实。按隆与铭本同里人，铭初至镇，每事持正，隆不得致私款，而所裁革占役诸弊不少段(**按，段疑应为假**)借，隆意其害己。及散月粮，令依时直折银，隆积有米麦，不得冒厚利，遂恨铭次骨，密令指挥杨淮嗾诸部卒诣铭告增，铭复掠治为首者二人。隆欲邀结众心，藉此陷铭，遂令诸部卒各备鲜明衣甲，具三日糒待操，约以告增粮价，须扎队，毋还城，不听即杀之。诘旦，铭及隆与镇守太监董文忠俱至公议府，隆使人约诸部卒，今日告必，不听毋散，众遂益纵恣。文忠向隆营解，不可得。众围绕薄暮。隆又使人激诸部卒曰：‘事已至此，可已耶?’卒栗不老等遂火大门，拥众进索铭，文忠以身蔽之，众拉出文忠(**按，疑出应在忠字后**)门外，步脱还府。揾铭出，乱殴之死，集木具火焚其尸。众散，隆骑导回府，众卒毁铭所居公署，尽掠其衣物。铭幼男许二奇子逃匿文忠处获免，众复大掠城中，释狱囚，劫官库，越三日乃得收殓铭余骨。隆遂迫胁文忠，反诬奏铭克减军粮，激众致变，冀以缓罪。臣等谨与该镇抚按诸臣再三鞫审，铭之死，实隆主之，隆亦辞服。隆当谋杀人造意律斩，栗不老比杀祖父律凌迟，同恶杨淮等各以差论死流放。太监董文忠、副总兵李义临事不能解纷，反扶同妄奏，罪亦难宥。文忠宜罢，义宜降调。臣等谨具状以闻。”疏下都察院覆议：“岳等所拟俱当。”得旨：“李隆造谋鼓众，贼害抚臣，构成大乱，几危边镇，依律处斩。栗不老及杨淮等各如所拟治罪有差。董文忠着照旧用心镇守，李义降二级用。”(三四,862—864)　庚戌。先是，礼科给事中章侨言：“道路传闻镇守浙江太监梁瑶遣人挟赀营管织造，事有无虽不可知，臣窃为天下虑此举动。盖自两浙等处添设内臣，专管织造，正德年间或万金而传一人,或数人而守一缺,参随狼虎,名色繁多。初任有'拜见',岁时有'节礼',各行有'分例',科派有'扛解样段',动以数千。带造多逾本数,稍不称意,辄遭毁裂,故有变产鬻子抵赔者。诸凡苦状,不可胜言。幸明诏停革,与天下更始。甫及二载,岂宜复有此举?矧四方灾变报无虚日,穷民九死一生,不宜重困。乞敕下司礼监,移文梁珤,戒无生事。"疏入,下所司知之。已而内织染局太监刁永等果称上用袍服及四宫等服御织造不给,乞依成化、弘治年间例,差本局官二员,请敕往苏、杭等五府提督织造。事下工部议,工部覆言不可,而吏科给事中曹怀、兵科给事中张原亦以为言。章俱下所司,工部覆言宜如言官所奏,无累圣德,无已可出示袍服花样,令镇、巡、三司官如式织造以进,无烦内臣提督。弗允。于是大学士杨廷和等乃疏曰:"今年直隶、浙江等府水旱异常,额征税粮尚冀蠲免,若更差官织造,一切物料工役何能措办?非惟逼勒逃亡,抑恐激成他变。况经过淮、扬、邳诸州府,见今水旱非常,高低远近,一望皆水,军民房屋田土概被淹没。百里之内,寂无爨烟,死徙流亡,难以数计。所在白骨成堆,幼男稚女称斤而卖,十余岁者止可得钱数十,母子相视痛哭投水而死。官已议为赈贷,而钱粮无从措置,日夜忧惶,不知所出。自今抵麦熟时尚数月,各处饥民岂能垂首枵腹,坐以待毙,势必起为盗贼。近传凤阳、泗州、洪泽饥民啸聚者不下二千余人,劫掠过客商船,无敢谁何,未知何日剿平,况将来事势尚有不可预料者。臣等职叨辅导,实切惊惧,所有敕书,决不敢撰写。"疏入,上曰:"织造自是累朝事例,矧两宫进用及朕常用袍服一切缺乏,管业已差,即撰写敕来,无具扰执拗。"时九卿尚书乔宇等、六科给事中解一贯等、十三道御彭占祺等又皆极陈其不可。廷和等复上疏曰:"臣等备员大臣,素蒙体貌,不意圣明一旦有此,臣等固当引身求避,以明不可则止之义。但展转思惟,不无庶几改之之望,臣等所为惓惓,非敢渎扰陛下,诚恐灾伤穷民不堪织造之扰,千百成群,起而为盗,以扰天下也。亦非敢固执己见，违拗不通，所执者祖宗之法，望陛下遵而行之，以保宗社，勿与天下公议大相违拗，以取讥后世也。今臣等言之不听，九卿言之不听，六科、十三道言之不听，独二三邪佞之言听之不疑，陛下独能与二三邪佞之臣共治祖宗天下哉！陛下谓织造是累朝事例，臣等考诸洪武、永乐，下迨天顺，并无有此，惟成化、弘治间行之。宪宗、孝考恤民节财圣德美政非止一端，此盖非其美者，陛下他皆不之法，独取此不美之政以为事例乎？方陛下登极之初，诸所传设镇守、市舶及看守珠池等官，臣等先后具题，俱蒙俞允，敕书免撰，海内之人方传颂圣政之美、圣量之宽，何意今日乃独不蒙嘉纳。且特降前旨虽出御批，不知撰写进呈果出左右何人之手？我祖宗朝诸所批答俱由内阁拟进，惟正德年间权奸乱政，始有擅自改拟，营求御批，以济其私者。新政以来，不曾明正其罪，遂令此辈小人敢于今日复蹈覆辙，陛下何忍堕其奸计，坏祖宗之法度哉！祖宗天下至正德间几倾覆矣，赖陛下再造，转危为安，中外军民始获苏醒，然国势民力比之成化、弘治年间，百不及一二，今日岂堪更自败坏耶？兴言及此，可为流涕。臣等实不敢撰写敕书，以重误国殃民之罪。伏望俯采廷议，停止差遣，仍将前项蒙蔽蛊惑邪佞小人远斥，不许仍侍左右，以杜后来乱政坏事之渐，允为宗社无疆之庆。”报曰：“卿等所言具见忠诚爱君恤民至意，朕已知之，宜安心治事。但此事业已差官，其写敕遣行，第令安静无扰可矣。”后给事中张翀等、御史谢汝仪等、主事黄一道等各疏言宜信大任（按，大任乙）臣，停止织造，以光圣德、保盛治。俱报有旨。（三四，867—872）　辛亥，巡视库藏给事中葛鸡条陈六事：一申揽头之禁，二戒门官之害，三清未完之批，四处寄库之布，五裁内官之滥，六崇节俭之风。其裁内臣之滥言：“各库旧有额设内臣，除一二员能通书算掌管外，余已为冗员。兹又无故传张禄等三员于甲字等库到任管事，臣不知此何谓也？夫多一官有一官之扰，冗滥既添，克剥必广，乞依前诏裁革，将张禄等取回，待有各库员缺,以次叙用。”其崇节俭之风言:“陛下即位,首严奢侈之禁,中外已知圣心有志复古。近闻各库钱粮取用太多,赏赐太滥,各色物料每每称乏,渐与初政不同。今苏、松等处水旱相仍,方蒙蠲恤,即有征处,亦多饥馑流移,若复不次催科,恐皆填于沟壑。伏望皇上重念东南民力已竭,躬行俭朴,为天下先,赏赐有节,取用适中,仍敕各监局造作不急者暂且停止,应用者亦从减省,节缩有方,钱粮自裕。”疏下户部,覆言可行。上曰:“躬行节俭,朕将采而行之,各库官不必动。余如议行。”(三四,872—873)

本年附

艺文·碑铭·太监辛寿墓志

明故内官监太监辛公墓志铭

赐进士出身、翰林院编修古杭陈洪撰。赐进士第、中宪大夫、太仆卿古燕田龙书。京庠冠带生员高绅篆。

天寿山守备内官监太监辛公没之后,有侄曰恕等,衰绖持状征文,因次第其状而铭之。按状:公讳寿,字子仁,天峰其号也。祖贯山东东昌府濮州朝城县丈八里人。祖讳祥,父讳恺,相传有隐德。母田氏,克尽妇道。生公聪敏,志向高远,清修玉立,不群于凡。弘治辛酉(十四年,1501),选入禁庭,服司礼监太监扶公安名下,有抚育爱之。选内书馆,从翰林儒臣读书,手不释卷,学通古今,精晓儒业,善习楷法。

历四载,孝皇宾天,武皇嗣登大宝。正德丙寅(元年,1506),任司礼监理笔札之事。丁卯(二年,1507),除长随。壬申(七年,1512),除奉御。甲戌(九年,1514),适父丧,甚哀痛,礼无容,言不闻,服美不安,闻乐不乐,食旨不甘,此哀感之情也。丙子(十一年,1516),命理孝真纯皇太后丧。[①] 凡理大事,次第而可法。丁丑(十二年,1517),除典簿佥押。己卯(十四年,1519),陟右监丞。辛巳(十六年,1521),武皇升天,今上即位。

---

① 《明史·后妃传一》:“孝贞皇后王氏,(**宪宗后**。)十三年二月崩,上尊谥曰‘孝贞庄懿恭靖仁慈钦天辅圣纯皇后’,合葬茂陵,祔太庙。”是墓志所记丙子(十一年),应为戊寅(十三年)之误;孝真应作孝贞。

嘉靖之壬午(元年,1522),奉敕衡府公干。癸未(二年,1523),上命选驸马婚礼。乙酉(四年,1525),奉敕湖广辽府等处公干,往返民不嗟扰,闻者贤之。上闻甚悦,知公劳勚既久,是年,升左监丞。丁亥(六年,1527),升右少监。戊子(七年,1528),命提督新房;是年钦差,同工部侍郎黎坤、给事中戴儒,兼查各衙门人役。己丑(八年,1529),再命本监提督经厂、书堂,管理一应钱粮造作等项,凡出纳之际,纤毫不妄取,声誉名也。辛卯(十年,1531),升内官监左少监,奉敕往天寿山守备,操练兵马,巡视山林,严加禁约。癸巳(十二年,1533),进太监。丁酉(十六年,1537),上闻公勤劳日著,特有蟒衣玉带之赐,恩甚宠也。庚子(十九年,1540),公以山陵重地,恳疏辞免。上允辞,私宅颐闲,赐军伴三十名,而优游晚景之乐,至耆寿也。

历侍三朝,严肃敬谨,忠勤廉静,小心翼翼。公为人性量宽宏,凡内贵之中,守礼尚德,其贤以哉。持心洁白,能通古今,精翰墨。忠诚应侍皇上山陵,仁孝奉侍父母本官,慈爱施于名下及兄弟侄男并继业之孙,自古今能尽此者备矣,而人咸与之。正宜练老,忽疣一疾,竟不起,亦可谓生顺死安者矣。距生成化甲辰(二十年,1484)十一月二十九日辰时,卒于嘉靖丁未(二十六年,1547)六月十六日丑时,享春秋六十有四。

讣闻于上,嗟悼,即遣公同官[1]御马监太监徐公銮等,及名下司设监太监孟公冲等,治凡丧事。正德庚午(五年,1510),公父恺恩命拜恩荣官。没后,上悯之,亦有宝钞品物之赐。母为孺人。公兄弟六人:曰仲,曰贤,曰良,曰庆,公行五也,弟曰宪。其侄四人:曰恩,以武功升锦衣千户,早逝;曰恕,太学生员;曰荣,持守祖业;曰营,年甫丱幼。孙四人:曰樾,庠学生员;曰秸、继祖、继宗。俱习举业,幸际时也。卜是年七月十二日,扶柩哀痛,乃窆葬期,其葬地则都城之西顺天府宛平县香山乡永恩寺刹右。于是乎铭,铭曰:

呜呼辛公,出自朝城。选入于内,早被光荣。应侍今上,乂供皇陵。六十四岁,梦想蓬瀛。飘然而去,筑此佳城。白云围护,青山为邻。永恩

---

① 《酌中志》卷二二《见闻琐事杂记》:"内府所称同官者,不过同支派项下已耳。犹前后同门之义,非指同僚而言,不可不知也。"

之原，瘗玉玄宫。子孙相继，不绝公禋。

（北京石景山区西下庄出土。《北京市石景山区历代碑志选·墓志铭》，第69页）

艺文·碑铭·太监孙洪墓志

明故孙公墓志铭

赐进士出身、奉直大夫、协正庶尹、右春坊右谕德兼翰林院侍讲、经筵日讲官、同修国史任丘李时撰。后军都督府管五军营坐营管操、戚畹世家会昌候东鲁孙杲书。特进荣禄大夫、柱国、右军都督府管府事兼管团营、安乡伯凤阳张坤篆。

公讳洪，姓孙氏，涿人也。父讳泰，母董氏，家世以农为业。公幼聪颖纯懿，成化丁酉(十三年，1477)被选入内庭，明年除长随，寻改监工。再逾岁，司香裕陵。弘治丙辰(九年，1496)，孝宗皇帝知公勤敏谨畏，选侍春宫。逾年，升奉御。乙丑(十八年，1505)，升御马监左监丞，奉候乾清宫。未几，升太监。

正德初，调茂陵神宫监，又调南京司设监。壬申(七年，1512)，诏取回京，署上林苑监事。五阅岁乃复旧衔，奉命监督京仓。己卯(十四年，1519)，加总督之任。公当烦剧，孜孜奉公，无敢逾纵，户曹士夫咸称许焉。

辛巳(十六年，1521)，今上即位，刬弊剔奸，励精图治，以宣府重镇，北控夷虏，南屏京师，思得老成镇重之士任之，乃以命公，锡之符敕，乘传以行。公既受命，益矢厥心，以图报称。先是，武皇帝数幸宣府，六师驻跸，边吏疲于奔命，为镇守者既锐于奉承，又值连年熯旱，野无青草，公私匮乏，甿庶告困。公至，则持以简静，抚摩凋瘵，有如子姓；申戒仆隶，虽一菜不以取民，尝减其廪禄以救流殍。有以前镇守所行告之者，公曰："吾内臣，无内顾，无外交，一身之奉，所需几何？残民以自封，徒自损耳，吾弗为也。"识者韪之。岁余疾作，奏乞还京师。提督军务刑部右侍郎臧公凤、巡抚右佥都御史李公铎，各具疏荐公莅事公平，地方无扰，人赖以安。上优诏答之曰："孙洪廉静不扰，方膺委任，既有疾，写敕取回。"命下，中外称叹，行辈皆企慕焉。公病剧，未得旨先卒，嘉靖癸未(二年，1523)三月二十二日也。距生于天顺己卯(三年，1459)八月二十日，春秋六十有五。讣闻，上为恻然，赐宝镪二千贯，祭二坛，以其年五月二十一日葬京城西南弘法寺之东原。从子二人，曰钦，曰铭。从孙一人，曰胜。呜呼！孔子有云：

“性相近，习相远。”人生夫岂殊哉？第居贵富之中，耳目之所濡染，气俗之所渐替，鲜有不变厥初者。公历事内朝，近侍两宫，其所见亦既宏矣，而乃俭约自持，终始弗替，不其难矣乎？公没无余赀，葬具皆经营于前内官监左监丞马玉。玉，公名下，视公如父，读书尚谊，有士君子之风云。铭曰：

性近习远，训垂尼父。不为习移，孰克践古。猗与中贵，□□山武。约以自持，民瘼是抚。贞石有铭，以励厥后。

（北京市宣武区西便门内大街出土[①]。《北京图书馆藏中国历代石刻拓本汇编》第54册，第103页）

嘉靖三年甲申（1524）

正月丁亥，户部主事唐胄奏：“人君克谨天戒，必急于救民之生，欲救民生，必先于去民之害。今天下之为民害者，孰有甚于监督织造之使乎？近奉明诏革除，万姓欢呼，若脱水火。今几何时，乃因内局之奏，复命差官苏、杭督造。群臣惊惶，竭力交谏，而陛下一无所听者，何哉？岂以两宫之进用为急与？自古贤妃并称俭德，我太祖尝谓侍臣曰：‘今富有四海，何欲不得，然检制其心，惟恐骄盈宫壸之间。皇后亦能俭以率下，躬服浣濯之衣，皆非故为矫饰，实恐暴殄天物，剥伤民财。’大哉言乎！实万世之永鉴也。人子之孝莫大于成亲之名，陛下若必执此为奉，恐圣母之心亦有未安耳。外人又谓圣心寡欲，何事于此，其如宫掖左右之请托何？诚若此，则又大可惧焉。昔成汤桑林之责，犹以女谒谗夫为言，古称君德之养，必左右仆从罔非正人，若此干营，即为谗佞，宜亟去之，以彰宪典。况诏书裁革，非此一端，此端一复，则凡条内所称，如烧造、镇守、守备之类，能保其不再干乎？却之则彼有辞，从之则累圣德，将恐正德诸弊政种种修复不可救药矣。伏乞陛下念祖宗创业之艰，悯四海困瘁之极，畏天心仁爱之戒，及此差遣未发，明告在廷，收回成命，以安人心，以回天意。”

---

① 《北京市出土墓志目录》作1952年广安门内郝井台出土。

已御史王杲亦以为言。章并下所司。(三五,887—889) 甲午。先是,司礼监传圣谕,命大学士蒋冕等撰写敕书,差官织造。冕等以南直隶灾伤重大,具题请止。至是以久不进稿,上命司礼监官促之,且谓冕等忤慢。冕等具疏引罪,得旨宥之。(三五,891)

二月癸卯,御用监太监刁永、潘杰等以织造上用大祀衮冕、袍服、皮弁等成,为各匠陆宣、张鸿等五十二人乞恩升职。科臣参驳,以为不可。下工部议,言匠以艺食于官,织造其分耳,安得滥觊恩泽。且陈乞之弊新诏然[裁]革,诚念其劳,量赐金帛足矣。诏授皮作局副使者二十五人,余悉赏银二两、绢二匹。(三六,898—899) 丙午,发净身海户刘用、王谈等还原籍。初,用奏乞收留,上怒逐还。至是谈复率众奏扰,诏锦衣卫逮其首事者杖而逐之。

丁未,敕内官监太监郑润镇守两广,而以张准代润提督正阳等九门。时两广镇守韩庆死,镇巡官交荐广西镇守傅伦廉静老成可代庆,疏未入而润命业先下矣。兵部言各门提督官初诏裁革,今润既迁去,例不当补。不听。(三六,900) 甲寅,户部言:"近该南京守备太监秦文、魏国公徐鹏举、侍郎席书、御史朱衣各疏报灾请赈,窃计今天下灾,应天江北最甚,江南次之,湖广又次之,江北人相食,死者遍野。顷又雷电非时,地震千里,昏雾四塞,其气如药,非小变也。文、鹏举请发银置牛具、子粒,招集流亡,使就春耕。书请借发淮、徐二仓济急。衣请截留湖广、江西漕粮及革前见贮军器料银,且军民一体,赈济无非忧世恤民之意,臣伏为今日计,在朝廷宜敦节俭、慎爵赏、停织造、止工作,敕勋戚内外群臣咸务修省,无事侈靡,上下交修,以答天谴,然后申谕赈济,大臣责实行之,以苏民困。"诏如议行。(三六,905—906) 辛酉。初,湖广镇守太监李景儒岁进鱼鲊,巡按御史沈俊、武昌府知府王銮各疏请罢之。礼部议:"额外进献不免烦民,每岁科敛动以千计,罢之便。"诏禁毋科敛扰民。(三六,909)

四月戊戌,内供用库太监梁政等奏称内官、内使等月粮例人四斗，今十减其三，用不足，请于太仓补给。户部覆议："本库岁额米八万五千四百八十石有奇，而食者一万五千余人，岁用不过七万五千余石有奇，多益寡用，宜有余。太仓军国重储，未可轻动。"上曰："元年所蠲三分，其暂听补给，他岁如故。"（三八，951）　己巳，工部覆江西镇守太监崔和议：一谓征操军士缺乏器械，议将赣、袁等卫所岁造贮库者乞听存留一年备用。一谓宸濠逆产先后所报银数不同，议行镇巡衙门委官估值，其已鬻而减值过多者如数补足，拟值过多而不售者量从减鬻，有原主者给还。诏可其报，银异数，令镇巡官会勘以闻。（三八，960）　己酉，内官监太监陈林[①]以芦苇地不应尽行开耕，御马监太监阎洪以子粒地不应概征芦苇，各疏争之。下部行勘，言草场子粒本属御马监，弘治十二年内官监始以营造借采芦苇，奉孝宗皇帝圣旨，春夏御马监收，秋冬内官监采，而子粒地亩顷又有新籍，属御马监岁收。诏二处草场照弘治间例行，子粒仍归御马监管理。（三八，960—961）　银作局太监张敬以造各王府金册，计用金二千九百两有奇，请行户部收买。部议岁灾用诎，请暂发内承运库金，免收买，仍行云南布政司催征年例金及各司府赎金。诏部买金二千用，用余收之内库，征逋如议。（三八，961）　乙卯，户科给事中张汉卿等言："今天下一岁之供不足一岁之用，加以岁灾，物力殚屈。上方躬行节俭，而左右伺隙寝启侈端，中官梁谏等以成造奏缺珍宝，是欲括户部之银也，梁政等以蠲免奏行拨补，是欲耗太仓之粟也。夫府库之财孰非以供陛下之用，但户部太仓，军国重计，不可不裕。内承运库频年积贮，有司不能会其多寡。内供用库弘治中岁米四万六千石，正德中乃至八万五千石，今人数有减而米无裁，虽蠲三分，自宜不乏。既诏减省，又令拨补。夫内库不足取之计部，计部不足取之郡县

① 陈林，此条广本作"陈材"。嘉靖四年二月丁未条作"陈材"，而同条阁本又作"陈林"。未知孰是。

小民，小民不足将谁告乎？今东南荐饥，骨肉相食，灾疠横作，而使括索与赈济并行，臣知其不可也。”上报闻。(三八，971—972)　丁巳，管广盈库监丞张栾(广本栾作乐)以盗内府布匹，发南京孝陵卫充净军。(三八，973—974)

五月己巳，赐故致仕少傅兼太子太傅、武英殿大学士王鏊斋粮、麻布五十石、匹，赠太傅，谥文恪，赐祭葬如例。鏊，苏州吴县人，乡、会试皆举第一，廷试一甲第三人，授翰林编修。……武庙初践祚，尚书韩文率诸大臣伏阙请诛逆瑾等，有旨令诸臣诣左顺门，中官传上意诘问。众相顾莫敢先发，鏊独言瑾等乱本，不可不亟除。瑾以是憾鏊，鏊亦自度不能久于位，遂力求去。居闲十余年，海内想望其风采。(三九，987—988)　辛未，守备浮图峪指挥使胡玺等条奏内守备官不法数事，守备紫荆关太监耿忠亦讦玺自辩，巡抚保定都御史刘麟因并劾忠及玺等，请并行斥治。兵部覆如麟议，上特宥忠，逮玺等至京，命法司鞫之。(三九，989)　甲戌，守备南京内官监太监王堂请拨孝陵等卫军三十名看守房屋，已得旨许之。兵科都给事中安磐因劾堂欺慢，谓本朝事例，私役军人过十名者以法论，而堂公然自拟名数，具牍上请，其视私役轻重又何如也。宜追寝前命，勒堂闲住，以示薄罚。疏入，报闻。后南京御史唐勋等合疏劾堂，乞明正其罪。章下所司。(三九，990—991)　乙亥，兵部尚书金献民言：“朝廷军职，专以待有功，祖宗旧制，不许轻授，累朝禁例甚明。曩太监丘清等病故，钦升伊弟侄丘麟、赵云等为锦衣卫千百户，臣等并该科执奏，以为不可，未见俞允。意成命难收于既出，事几当绝于将来，故未敢再干天听。兹尚衣监张昌又为本监太监潘杰援例乞升其侄景钊为百户，钦蒙宸断，止与所镇抚，盖圣心知其不可，故量裁其秩，以示反正之渐耳。然臣等则以此辈授官，陛下既知非制，则当痛绝于今日，不当犹豫，以为后人之张本。伏望将潘景钊荫官新命特赐收回，傥念杰旧劳，别加优赏，则恤下之恩、法祖之美两全而无失。”得报：有旨。(三九,992—993)　丁丑,敕司礼监太监赖义、京山侯崔元、礼部左侍郎吴一鹏诣安陆恭上恭穆献皇帝册宝,改题神主,迎请来京。(三九,994)　庚辰,以斩获达虏功,赐镇守蓟州总兵署都督同知马永实授,赏巡抚都御史孟春、镇守太监李能、巡按御史卢琼、巡关御史余符、守备右监丞杨世英、户部郎中顾天祐、兵备副使熊柏各银帛有差。(三九,995)　辛卯,南京孝陵司香内使谷大用奏乞回京调理。礼科给事中章侨言:"先帝初政清明,可继列圣之美,未几为大用等所误,内连瑾贼,外引(钱)宁(江)、彬,树八党之凶,酿十六年之祸,遂使先帝不得正其终,陛下知之悉矣。节奉明旨,列其罪状,天语戒严,凛于𫓧钺。大用死有余辜,不知一旦何所窥瞰,故违诏旨,而敢于陈乞,叙奉迎之劳,怀康陵之便,假生还之语,投干进之机,其设谋积虑,罪不容诛矣。臣谓不早办[辨]而痛遏之,恐乘间伺隙,群凶竞起,不至复乱天下不止也。"章下所司知之。(三九,1002—1003)

六月己巳,以各宫庄田所报新旧册数未明,敕司礼监官及户部郎中一员,候秋成往集各抚按官秉公勘实以闻。(四〇,1011—1012)

七月乙丑。初,上以司礼监太监张钦有赞襄功,荫弟侄一人为锦衣卫指挥同知世袭。钦,朝鲜人,无族属,以家人李贤承荫。至是贤故,其子儒乞袭职。兵部尚书金献民言:"武职非军功不得世袭,况李贤以他姓冒荫,李儒岂容再冒耶?乞如新诏裁革,以慎名器。"上念钦劳,仍命儒世袭。(四一,1035)　戊辰。先是,弘治十年京城九门岁入税钞六十六万五千八十贯、钱二百八十八万五千一百三十文。至十二年后,岁入钞七十一万五千八百二十贯、钱二百五万四千三百文。及正德七年以迄嘉靖二年,则岁入钞二百五十五万八千九百二十贯、钱三百一十九万三百六十文。至是,守门内官监少监王敬疏乞减免钱钞,已奉旨如弘治年间税例,敬复上疏,言崇文、朝阳、东直三门税钱不足以供,乞如弘治中年以后例。下户部议，尚书秦金言："各门钱钞正以备光禄诸司祭品之需，近诏如弘治年例，已减钞一百八十九万余贯、钱三十万五千余文矣。王敬贪恣无厌，又欲以弘治中年例行之，则私橐益充而公需必乏，惟上裁察。"诏崇文等三门钱钞如弘治初年数，仍减钱三十万文。(四一,1037—1038)　丁丑，南京兵部右侍郎席书言："臣奉命赈恤凤阳诸郡县，夙夜奔劳，出入于瘟疫之境，所全活百万余人，窃意庶几不负委任。乃以大礼建议，为诸臣所嫉，竞相排击，臣之心迹终无以自白，乞敕多官勘明，臣死无所恨。"得旨，令司礼监、户部、法司、锦衣卫各正官一员，同抚按官从公查勘，具实以闻。(四一,1042)【考】《世宗实录》卷四二，八月己亥："敕太监黄伟、户部右侍郎王承裕、刑部左侍郎刘玉、锦衣卫指挥使王兰会勘席书赈济江北凤阳等府事。大学士费宏等以差官扰民，请行停止。不报。"

八月癸巳朔。先是，巡抚大同都御史张文锦筑水口等五堡，遣卒二千五百家戍之，皆不乐往。文锦严令趣之，参将贾鉴望风，杖其队长，督之行。诸卒郭鉴、柳忠等遂倡乱，杀鉴，裂其尸，走出塞上，屯于焦山墩。文锦虑其勾虏，使副总兵时陈、游击叶宗招抚之还镇。文锦夜捕管队官关山等，廉得其首恶，欲诛之。诸卒恐，乃复相聚为乱。比明，焚大同府门，入行都司，纵狱囚，焚都察院门。文锦仓卒逾垣，避匿宗室博野王所，叛卒拥众围王，索文锦，曰："巡抚不出，我且焚王宫。"王惧，出文锦。杀之，亦裂其尸，遂发武库兵仗甲胄，闭诸城门，焚镇守、总兵公署，太监、总兵官俱走免。已乃出革任总兵官朱振于狱，逼令为主。振与约，勿犯宗室，勿抢仓库，勿纵火杀人，卒曰："诺。"众稍定，乃使副总兵时陈出城，令为奏乞宥。巡按御史王官以事闻，上咎文锦抚驭失宜，贾鉴督工严刻，激众致变，命兵部左侍郎李昆宣敕赦之。改宣府都御史李铎巡抚大同，命太监武忠代镇守，升都指挥桂勇署都督佥事，代总兵，各趣令速往。仍令宣府镇巡官饬备观变，山西、保定镇巡官固守关隘，团营内外官选锋听征，计部预备粮草，俱以密敕行事。(四二,1088—1089)　丙午,显陵司香太监杨保言陵殿门墙规模狭小,乞照天寿山诸陵制更造。工部尚书赵璜等言:"陵制当与山水相称,恐难概同。今殿墙已易黄瓦,但宜添设明楼石碑及改司香衙门为神宫监,设置护卫,曰显陵卫,其余未备房屋应创新者另为添造,应仍旧者止加修饰,不必大为改作。"上从部议。(四二,1095—1096)

九月丁卯,江西太和贼丁宝、宋志高等平,命赏镇守太监吕美,巡抚都御史胡锭、王荩,御史俞集银币,及佥事叶珩、副使汪珊、指挥陈厚等俱给赏有差。(四三,1115)　己巳。先是,锦衣卫百户俞贤以太监俞太义子传升管事,兵科参论,谓宜裁革。兵部覆奏,言:"祖宗旧制,武职以授军功,管事必由推选,至于夤缘乞升则孝庙之禁例,而查革冒滥又陛下登极之明诏也。今俞贤曾无公家之劳,又非太监子侄,遽以锦衣管事之衔而加仆隶厮养之辈,轻亵名器,紊乱典章,诚如科臣所言者。愿亟行裁革,以杜陈乞之端。"得报:有旨。(四三,1115—1116)　丁丑,命南京织染局军匠自洪武、永乐中选用者皆存留,勿他役,近年投充者如例,兼役之旧额阙者亟命解补,从兵部议也。(四三,1121—1122)　襄府镇宁王长子祐檽疏列承奉邵亨及长史袁仕不法事,都察院请下抚按镇巡官覆勘,上敕司礼监、法司、锦衣卫各堂官一人往会镇巡官从公勘处,事干宗室者奏取上裁,罪在亨等即按问具报。时都御史张宗据枣阳王言,因请逮问亨而黜仕等,并欲改命郡王代理府事。上曰:"府事已命阳山王代理,其余事情并下所遣官勘问。"(四三,1121—1122)【考】事之原委亦详见《世宗实录》卷四九,嘉靖四年三月己卯:"初,襄王祐櫍病废不能理国事,承奉邵亨因窃弄威福,往往诈为王旨以行。镇宁府县主选仪宾,业已纳聘矣,亨索赂不厌,诬王舅受赇拷死,诸宗室见之反目。枣阳王祐楒谋代理府事不得,恨之,诱执亨,抉其两目。祐楒亦故多不法,自是转相奏讦之。章数十上,而镇宁王长子祐檽亦劾奏亨,词多诬罔。上遣大理寺少卿袁宗儒偕中官、锦衣卫往讯。宗儒等会勘亨诈传亲王令旨,祐楒淫纵杀伤人,背违祖训,祐檽挟仇诬奏,长史袁仕罢软不能救正，具列其状，因言襄府占税课城濠，镇宁等三府多投军校，宜查归军卫有司。法司议覆，诏夺祐櫷爵为庶人，革祐櫷禄米三之一，仍降敕切责之；亨论绞，仕削职为民，余各坐罪有差。税课城濠复于官军，裁革如例。”　己卯，巡抚[按]御史王官以大同兵变，追论镇守太监王覲、总兵江桓及副总兵时陈、游击将军郑恭、叶宗、兵备佥事田美、都指挥王珏、知府杜昊等不能预防弭乱之罪，而请恤荫巡抚张文锦、参将贾鉴，以旌死事；且言本兵不察事机，轻易题覆建堡事，以致激成祸变。疏下兵部，尚书金献民等言：“修复城堡之议倡于文锦，而提督、镇巡诸臣皆以为可行，令当事者徐图而善处之，未必非边陲之利。而文锦特己见，用非人，卒以召变，臣等诚乏先见，罪复何辞。今首恶已赦不治，不宜独治覲、桓等，以疑反侧。”上亦罪文锦激变而悉原总镇等官，令自今诸边奏事，宜部臣务议拟至当，然后施行，毋轻用弗询之谋，致贻后悔。(四三，1123—1124)

辛巳，(**按，此当有脱文**)宁化王府奉国将军奇涿作(**按，作疑为坐之误**)乱伦伤化，格杀仪宾赵昌祐，奇濑亦坐娶娼事发。上遣司礼监官往会抚按官按问，皆有状。都察院议罪以请，得旨：“奇涿革为庶人，发高墙禁住，奇濑夺禄米三之二。”　礼部尚书席书自言巡抚湖广时，所按长沙知府宋卿贪污杀人事并有验，而御史、按察使挟亲故徇情，尽反其词，请遣官覆按。上即命前所遣襄府勘事官并鞫以闻。(四三，1124)

十月甲辰，(应天巡抚吴廷举)言：“内官监监收白熟粳米，额外科索无厌，大率正粮一石加费二石，方获批单，虽屡奉旨禁革而该监科索如故，请令提督太仓太监一员与仓场侍郎兼同监收，庶奸弊可革，民不为病。”户部覆议总督仓场官与内府不相统摄，难以行事，今但宜严加饬戒，及请命巡视光禄寺科道官带管访察奸弊以闻。上曰：“然。今后内官监收粮悉如故事，每石加耗一斗，不许分外多收，军余人等有仍前巧立名色、科索民财者，如法究治。巡视科道官不必带管。”(四四，1143)

十一月癸亥，巡按直隶御史朱寔昌言："顷者太监吴勋、张志聪以私恨劾奏浙江布政马卿、杭州府知府查仲道，奉旨逮问。二臣以节省爱民，触忤权贵。浙连岁灾，民死者半，志聪科扰不已，恐生他变。幸召还志聪而以浙江织造专委本省镇守太监，苏州织造专委吴勋，而释卿、仲道复职，庶近幸之势不至益张，守法之臣不至失据。"疏奏，上以为妄言狂率，切责而宥之。(四五,1154)

庚午，六科给事中李锡等言："顷者太监吴勋、张志聪等往苏、杭织造，内阁、九卿、科道交章谏止，陛下虽不之听，然敕勋等安静行事，毋分外扰民。何事未逾年即背前旨，吴勋诬马卿、查仲道则逮之，张志聪诬郭波、萧景典则逮之，至都御史吴廷举、御史朱寔昌劾志聪等罪状甚著，皆拒而不纳。勋等于陛下敕谕何如哉？而陛下之于诏旨大信又何如哉？《书》曰：'明清于单辞。'言单辞之当审也。幸霁天威，宽宥马卿、查仲道而免逮郭波等，第下巡按御史按问，仍申饬勋、志聪安静无扰。"时十三道御史郑本公等亦以为言。得旨："马卿等俟镇抚司问明有处。"(四五,1162—1163)【考】《世宗实录》卷四七，嘉靖四年正月己巳："降浙江左布政使马卿为云南鹤庆军民府知府，杭州府知府查仲道为福建盐运司同知。卿、仲道以监督织造太监吴勋诬奏，被逮系狱，言官屡疏论救，故得降用云。"癸酉："降工部都水司主事郭波为江西布政使司照磨。初，波为直隶长州[洲]县知县，太监张(志)聪诬其沮误织造，会波以升职至京，即下镇抚司考讯。狱词上，得旨降用。"又有欧珠者，亦为吴勋讦奏降谪，见同月乙亥："谪监察御史欧珠为陕西商州判官。珠巡按浙江，亦以织造太监吴勋诬其违抗诏旨故也。"

己丑。先是，敕原任大同镇守太监王觐及革任总兵官江桓、时陈等报叛军首恶姓名，觐报五人，桓、陈报八人。兵部言："观报未得其详，桓、陈身在行间，所见必真确，请亟下侍郎胡瓒，据名捕之，不必槛送，即磔于市，枭其首。"上是之，敕胡瓒据名捕正国法，胁从无罪者勿滥及。(四五,1173)

十二月壬寅。先是，上传谕兵部团营选调军马操练听征，于是兵部拟堪任总兵等官名上，上命内官监太监崔文不妨原务，左都督时源充总兵官，俱提督东官厅原选听调军马，如法操练，有警启行，并行取署都指挥佥事刘晖及坐营都挥刘淮各充参将。(四六，1181) 己酉，兵部奏："厂卫官校侦事缉奸乃其职分，苟欲偿其劳勩，自有升赏旧格，凡获妖言者赏而不升，获强盗首三名者升一级，为从者赏。今太监芮景贤、锦衣卫署都指挥使骆安、王佐条上所部官校陶淳、谢裕、戴昊、王辅等三年捕获功次，一概辄与升级，非惟有戾祖制，而于初诏亦甚相悖。"上曰："已有旨裁定矣。"(四六，1185) 壬子，兵部以甘肃回贼退遁，边境已宁，录上太监张忠、尚书金献民、总兵杭雄之功，因请旋师。上命待其还日论功升赏如格，仍令献民等审度地方事宜具奏。(四六，1187)

本年附

史事

《显灵宫敷祀文碑》："维大明嘉靖三年，岁次甲申，皇帝遣内官监太监崔文谨以玄酒之仪昭告于昊天上帝……(**祭文略**。)乃于嘉靖癸未岁(二年，1523)仲冬月，命内侍监职官崔文领承微意，督理工司，于诣就大德显灵宫尊玉皇阁为建帝父、帝母室于后，进名曰……(**下略**。)"

(碑在北京西城鲜明胡同。《北京图书馆藏中国历代石刻拓本汇编》第54册，第116页)

嘉靖四年乙酉(1525)

正月壬戌，提督宣府、大同军务侍郎胡瓒言："大同五堡军士造谋者不过五六人，助恶者数十人，余皆陷于无知，为所扇惑。天兵压境，渠魁已擒，其未获郭巴子(**按，下文又作郭疤子**)等数人亦旋当授首，无足深虑。独念祸乱甫定，正人心改观之初，必镇巡得人，庶可整顿纲纪。今所赖以坐镇叛孽者独总兵朱振、桂勇而已，巡抚都御史蔡天祐性本懦怯，加以蒙蔽，臣肃奉天讨，祐畏缩辄至涕泣。太监武忠庸懦尤甚，相与专事姑息，玩愒岁时。臣恐不足以消祸本而靖边鄙也。”疏入，上降敕切责天祐及忠，令与朱振等协谋戮力，勉图后功。(四七,1195—1196)　丙寅，西虏万余骑寇甘肃，镇守总兵官姜奭率师御于苦水墩，败之，斩首一百一十有奇，歼其酋首。巡抚都御史陈九畴及镇守太监董文忠各以捷闻，诏赐敕奖励，九畴及奭仍令查核有功人员具奏。(四七,1197)　庚午，镇守蓟州等处太监李能言沿边关堡墩台无修理费，乞于山海关往来商旅量取其税，贮以待用。疏下户部议，言设关本以诘奸，例不征税，且先年诏旨，凡道路关津无名抽取，业已厘革，不当徇私违制，妄开利门。得旨，从能言，令镇守、巡抚委官抽取。(四七,1200)　癸酉，录甘肃苦水墩斩获土鲁番功，荫镇守太监董文忠弟侄一人锦衣卫冠带总旗，升巡抚陈九畴都察院右副都御史，仍各赐银四十两、彩币二表里。(四七,1201)　癸未，兵科都给事中郑自璧言：“山海关东控诸夷，西藩都邑，先年设守臣及部属，止令盘诘奸细，未尝为榷税计也。今太监李能托言修理墩台，实欲征商以自利，且违新诏裁革妄取之条，不宜听许。”会御史许中、刘颖等亦极言其不可，俱报有旨。(四七,1208)

二月丁未，修都城，发团营卒五千人，以内官监太监陈材、总兵官保定侯梁永福、工部左侍郎童瑞、锦衣卫署都指挥使骆安督之。(四八,1226)　壬子，降谪整饬大名等府兵备、河南按察司副使刘秉鉴为广东韶州府通判。先是，上遣太监赖义南迎神主，以争住公馆，归奏地方不敬，奉旨逮问，今始得降云。(四八,1227)

三月辛酉，御用监太监黄锦等言成造龙床及御用等器木料不敷，乞行南京守备太监，委官于芜湖抽分厂并龙江、瓦屑坝抽分局，将抽下杉木板枋，选择印记，令彼中军卫有司运送应用。工部执奏，谓芜湖抽分专以成造运船及供应器具，其朝贡四夷赏赉折价亦取给于此。每岁所抽竹木，易银不过二万余两，不足以供所费，今该监所需计二十余万两，是罄一岁之入曾不及十之一也。

况南畿灾伤频仍，军民并困，责以输运，或致他虞，乞敕该监酌量缓急，汰其滥冗，先以南京御用监见存木料取次应用，不足则于龙江抽分局支补，其芜湖课银仍供粮船器具赏赐之用，则成法不乱，人心亦安。上竟从锦所请云。(四九,1231—1232)　甲子，正德末，太监黄玉镇守潼关，贪暴恣肆，邑井无赖多投之，指挥彭松、贲鋐、王臣等倚势为奸，横索行旅之资，即小民任负、仕官行李，无得免者，至抑勒故官，欲发其椋，求藩府馈遗不厌则杖杀其使者，积赀以巨万计。嘉靖初为巡按御史丘道隆所劾，诏革玉任闲住，彭松等下山西抚按勘报。至是都察院据勘词列上罪状，上以玉罪重，仍令逮问，松、鋐发极边卫充永远军，王臣等俱边卫充军。(四九,1234—1235)　己巳，调巡抚宣府右佥都御史张缙于延绥，以原任延绥巡抚都御史周金代之。先是，缙以持法，为镇守太监王玳所奏，有旨诘责。至是缙上疏待罪，故有是命。已而兵部言延绥关陕边镇，宣、大为京师北门，轻重缓急，不言可知。且延绥见有黠虏住套，而宣府、独石等处虏亦数万，临敌易将，兵家所忌，请勿调便。得报有旨。(四九,1235—1236)　庚午，以擒灭福建流贼曾凤功，升御史简霄俸一级，赐太监尚春、参议周廷用、佥事聂珙、王俊民等各银、币有差，余有功及被伤者给赏优恤，指挥李朝宗等遇贼退缩，下御史按治。(四九,1236—1237)　正德末，内监各军匠率多冗滥，已而奉诏汰减，弊源颇清。至是御用监太监黄锦言工烦，匠不足用，请选经汰人役及见役户丁二千名供事。兵部议覆："匠不足用，以私役贿免，虚冒者众也，不此之稽而欲更选以充，非所以奉明诏，且开幸进之路，仍冗食之辙，不便。"疏入，上命选五百名应用而严私役虚冒之禁。(四九,1237)　壬辰，大同首逆郭疤子、韩天禄等四名，助逆焦陘云、马江等三十四名先后捕获，守臣以闻。兵部请正法典而录太监武忠、都御史蔡天祐、总兵官朱振、巡按御史王官等之功，诏赐忠等各银、币有差，郭疤子等镇巡官取具罪状处决，仍刻榜图形，传示各边，余有功人员巡按御史核报。(四九,

1237—1238）　丙子，以西征克捷功，荫太监张忠弟侄一人为正千户，尚书金献民、总兵官杭雄各一子为百户，俱锦衣卫世袭；升纪功御史卢之问、督储郎中胡宗明、赞画杨仪各俸一级，赐兵部侍郎郑兵、姚谟、郎中刘淑相等各银币有差。（四九，1240）　丁丑，兵部以大同既平，议上赏罚未尽事宜：……其二言原任巡抚张文锦、参将贾鉴及大同知县王文昌虽行事乖方，心实为国，宜量加恤典；总兵江桓、时陈、镇守太监王覲妒公行私，酿成祸本；见任副总兵靳英、游击叶宗、李鉴依违坐视，并宜处治，为人臣不职之戒。……得旨："文锦等恤典不允行，覲等赦勿治，余悉如议。"（四九，1240—1241）

己卯，户部覆巡抚顺天都御史刘泽等奏："御马草场地土仍听民佃种，租银照旧该监征收。"从之。（四九，1241—1242）　录平山东流贼王堂等功，加镇守河南太监吕宪禄米岁十二石，荫原任巡抚凤阳右都御史俞谏、巡抚保定右副都御史周季凤各一子送监读书，升总兵官鲁纲为都督同知，原任总理河道工部右侍郎李瓒、原任巡抚河南都御史何天衢、原任巡按河南监察御史王臻、俞汉、巡按直隶监察御史刘銮、彭占其[祺]各升俸一级，赐巡按山东监察御史李献、原任巡抚山东都御史陈凤梧等各银、币有差。（四九，1242）　丙戌，兵部以武职滥乞优免，乃酌议锦衣卫随朝官指挥免三丁，千户、镇抚二丁，百户所镇抚一丁，请著为令。疏中因言旧制，内使免一丁，今定武职例，亦略与相比云。得旨："内官、内使照文职例优免，锦衣卫指挥免七丁，千户五丁，镇抚、百户三丁。"（四九，1246）

四月丙申，兵科都给事中郑自璧言："比者甘肃之捷，陛下嘉诸臣劳勚，恩荫有差，固朝廷报功之典。但参随人等均升一级，似为过滥。臣查得尚书金献民、总兵官杭雄俱照钦依额数各二十员名，太监张忠至九十员名。夫赞画有奇拙，任事有繁简，行役有劳逸，概而录之，盈满奏牍，冠裳滥及舆台，名器贱同瓦砾，非所以劝有功也。臣恐外难复作，谁肯乐于用命哉。"不报。（五〇，1251）

戊戌,赐荣王祐枢伴读内使二人,从王请也。　命改恭穆献皇帝陵司香署(阁本作司香衙门)为(显陵)神宫监,安陆卫为显陵卫。先是,司设监太监杨保以显陵规制一准诸陵而(阁本此有"陵碑"二字)明楼尚缺,疏乞修建,工部覆议,并乞更陵、卫名。上意未决,命会官议拟,至是会议疏上,诏易陵、卫名,殿宇俱改黄色,及添立红门,盖造神厨,其明楼已之。(五〇,1252)　丁未,户部主事缪宗周言:"顷臣监收门税,窃见九门守把内官每门增至十余人,轮收钱钞,竞为朘削,行旅苦之。乞查汰额外滥增冗员,而置一二贪刻最著者于法,以塞人怨。"章下所司。(五〇,1256—1257)　辛亥,以擒斩陕西、榆林等处剧贼王本等功,赐太监晏宏、张绅,先任侍郎李钺、都御史王翊、姚镆等银、币,升佥事张宏等俸级各有差,录阵亡指挥瞿相、千户崔铠子,进官一等。(五〇,1262)

五月甲戌,提督两广军务都御史盛应期等擒斩惠州归善县尧子围强贼李文积等一千一百三十二名,兵部以闻。上嘉其劳勚,赏应期及太监郑润、总兵官朱麒、提督南赣汀漳都御史聂贤、巡抚御史熊兰、参议徐度、佥事施儒、指挥程鉴等银币有差。(五一,1283—1284)　丁丑,户部以守门内官增添数多,请如弘治年间例止留六人,并榜示抽榷钱钞旧例,有过取者参治之。得旨:"九门见在者姑弗革,钱钞如旧规抽取。"(五一,1286—1287)　辛巳,福建延平府尤溪县山贼邓旺五等平,守臣以闻。兵部覆奏:"知府陈能、参政魏棨、佥事郑佐及巡按御史简霄、镇守太监尚春各有劳勚,宜甄别升赏。"上命升能、棨、佐并霄各俸一级,赏春银、币。(五一,1291—1292)　甲申,户部言:"顷者,守备凤阳右少监王德欲令经过盐商照引挂号。切谓盐法之禁,最为严密,迩来商贾安便,无事稽查。德乃假盘诘之名而欲为勒取渔猎之计,不可许。"疏入,诏抚按官查勘,果先年行有例,准德管理。(五一,1292)　初,楚府承奉潘潮等以专权僭逼论死,后屡奏辩,刑部覆议:"潮等罪恶盈积,死有余辜,不得从减。但祸始军余甘玉海,而海乃逃罪,故此辈借

以为词，请行抚按严限捕海，潮等宜依原拟论罪。”上竟宥其死，令充孝陵卫净军，仍杖而遣之。（五一，1293）

六月己丑朔，守备凤阳太监王德乞更换敕书，兼管凤、庐、淮、扬、徐、滁、和地方事。诏许之。兵部执奏：“祖宗设立凤阳守备，专供事皇陵，兼管皇城及高墙锁钥，督操八卫一所军马，初无管理地方之例。正德来始有夤缘兼管，顷已奉诏改正，岂可复许？乞收回成命，戒谕王德安静守法。”得旨：“凤阳守备所管地方，依成化、弘治间例行。”[①]已南京御史谭鲁等、给事中顾溱等疏言，德乞兼管地方非旧制，不宜许。章俱下所司。（五二，1297）　壬辰。先是，司礼监以缺匠役，乞收补四百七十名，已得请。兵部执奏，言：“祖宗旧制，两京各监局员役俱有定数，正德末始添收冗滥，幸奉皇上诏书裁革，冗蠹一清。今复许收补，恐诸监局纷纷效尤，革退人役夤缘竞进，是先朝之宿弊复行而冗食亦且无纪，乞寝前命，以见在人匠应役便。”时兵科给事中郑自璧、试御史聂豹亦以为言，俱报有旨。（五二，1300—1301）　庚戌，夺庆王台浤爵，降为庶人。初，台浤多行无礼于国，为巡抚都御史张璿所论奏，王衔之；已行贿于镇守太监李昕、总兵官种勋求解，昕、勋拒弗纳，王并衔之。会宁夏卫指挥杨钦、包锦、宋杰等各以事获罪，怨璿，因藉资于王，共谋杀璿及昕、勋，而奉国将军台澍亦与其谋。未发而璿觉，捕钦等，下都指挥佥事常世臣、按察司佥事刘淮讯治。钦等遂诬台浤将为不轨，璿具奏闻。上遣司礼监太监扶安、都察院右副都御史王时中、锦衣卫指挥佥事刘宗武往讯。具狱，上言台浤、台澍他罪有之，无谋为不轨事，所奏与世臣、刘淮所按各失实。刑部尚书赵鉴会廷臣议覆得旨：“杨钦等各论死发戍如律，昕、璿、世臣、刘淮逮京究问；台澍革去禄米之半，台浤事[②]再会多官定议以闻。”于

---

① “行”下 33 字据阁本补。
② “事”下 12 字据阁本补。

是刑部再会议，言："台浤昔尝屈事寘鐇，幸蒙宽宥，今怙终无忌，煽构群小，谋戕守臣，罪在不宥，宜如弘治三年处代王聪沐例革爵，迁至省城，责令悔改。"诏如所拟。（**下革爵略。**）（五二，1307—1308）

云南道御史赵充等上言："国家所以布大信于天下者，在法令画一而已。陛下比年以来，法既用而屡更，如都指挥张杰侵盗库银，总兵官赵文贪残失机，罪证已明法所不宥矣，一则免责其偿，一则并贷其罪；蓝华、姚瓒、殷洪、殷铭等蠹国害政，死有余辜，且其赃银有将百万者，有二三十万者，既宥其死并贳其赃；楚府承奉潘朝蔑视亲王，专权僭逼，已论死矣，而旋从末减；太监耿忠主守自盗，纪世盈谋产杀弟，张彦逵致死三人，罪有明条而各蒙免死，何以慰塞人望、布大信于天下乎？夫法在必行，故人不敢犯，若坐赃者可以夤缘幸免，杀人者可以展转得生，则人皆效尤，何所纪极。乞仍前处分，明正诸恶之罪，以彰法纪。"得报：有旨。（五二，1307—1309）

七月乙未，兵科都给事中郑自璧劾奏孝陵净军于喜，前以太监守备宣府，侵盗官库，克减军储，交通钱宁，诬死御史张经、知州张嵩。圣恩待以不死，姑置南京。今又擅离陵寝，妄行奏辩，宜重加惩治。诏宥其罪，仍发遣孝陵供役。（五三，1313—1314）　丁卯，赏四川镇守太监[①]萧通、巡抚都御史王轨，贵州镇守太监杨广、巡抚都御史杨一渶、总兵官牛桓、前巡抚四川都御史杨沐、巡按御史范永銮白金文绮有差，仍岁加通、广禄米十二石，升轨、一渶俸一级，以剿平土贼陇政等功也。（五三，1317）　癸酉，思恩府叛贼刘召平，凡擒斩贼首从一千七十九人，获牛马器械甚众，镇守总兵官抚宁侯朱麒以捷闻，并上参将李璋等功状。诏降敕奖励麒，仍与镇守太监郑润、提督军务侍郎盛应期俱赐银四十两、纻丝四表里，巡按御史谢汝仪二十五两、二表里，奏捷人升俸一级，赏绮衣一袭、新钞一千贯，余功罪令兵部议闻。（五三，1320—1321）　庚辰，

① "监"下15字据广本、阁本补。

兵部尚书李钺言："顷织染局署事太监刁永等奏称监局缺乏匠役，奉旨收用，臣等切以为不可。夫粮储与国脉相为流通，军匠与粮储互为损益，查得织染局见在军匠二千一百六十四名，内官监七千八百五十六名，并今新收一千五百名，总计盖一万一千五百[①]有奇，一监局以一岁计之，该支粮米一十五万二百四十石，其他监局食粮人役难以数计。见今京、通二仓银、米俱无三年之积，去年江西赈济，截留漕运太半，今年各处又以雨雹伤稼，奏乞蠲免，月无虚日。明年漕运又未可料，若使弊端复开，冗食不节，则二仓所积，立可待尽。京师根本重地而仓廪空虚一至于此，是可不为之寒心哉！伏望皇上外悯人穷，内忧国计，敕下该监，先将年例所应造者督令见在人役以次成造，其逃故等项听臣等查照先年事例，严督各该卫所官作急查补。"得旨："司设监、兵仗局人匠各准收五百名，内府匠役从宜量收。"（五三，1323—1324）

九月戊寅，时内府各监局各请收人匠，俱有旨听许，多者数千，少者数百人，部臣及言官屡行执奏，上俱不听。于是户部尚书秦金等言："钱粮为国家之命脉，其盈缩系安危；输纳出小民之脂膏，其缓急系休戚。各监局军匠见在食粮上工数亦不少，兹复收允众多，滥役冗食，莫此为甚。即今水旱灾伤，仓库空虚，役将何继？乞收回成命，免致耗蠹。"兵部尚书李钺等亦言："内府人匠先朝固有定额，但祖宗盛时，海内殷富，继至成化、弘治以来，遇有逃故，间各取补。正德间，政权不一，招收过度，太仓蠹耗无几，幸赖皇上龙飞一诏，通行厘革，是诚千载一时也。今若复行收选，听其纷纭奏讨，则先朝之旧人宿弊又将夤缘肆行于今日矣，政体所关，诚非细故。乞将诸臣前后章疏少赐观览，收回成命，仍戒谕诸内臣，勿复纷纷乞扰。"俱报有旨。（五五，1346—1347）

十月乙未，都给事中郑自璧等论太监黎鉴镇守江西，多带参

① 以上10字据阁本补。

随,逾旧制。太监武忠侄英冒功升百户,又进千户,希求见任管事,并宜裁革,以惩冗滥。诏革鉴参随之半,英如前旨。(五六,1360—1361)　辛丑,内官监太监崔安、傅平以修理清宁宫等工完,为各匠役乞官,升授顺天府经历、知事等职者五百十人(**广本、阁本无百字**)。给事中黄臣等切谏,以为不可。不听。又升锦衣卫副千户冯铎一级。兵部执奏,谓锦衣非军功不升,正德间管工间有之,陛下登极之初已一切裁革。今铎以亲军之官管领服役,乃职分之常,何得遽拟升授,仍踵先年弊政耶!诏如前旨升授。(五六,1362—1363)　癸卯,户部覆费宏等议,言内府所收江南粮,每石加二倍有余,请敕内官监及供用库,毋得额外多收。上曰:"朕念岁灾民困,方加意抚恤,今后各监库务遵前诏,每石第加耗一斗,有多收者罪之。"(五六,1363)　癸丑,陕西乾州盗樊绅、张合等以妖术聚众为乱,官军讨平之。诏录其功,敕赐提督杨一清、巡抚王荩、镇守太监晏宏等各银、币有差。已而绅等复越狱,捕获伏诛,按察司署印副使张宏以关防不严夺俸三月。(五六,1372)

十一月丁巳,镇守蓟州等处太监李能奏其家人李和等青山口斩获有功,已注羽林右卫小旗,复求改注锦衣卫。兵部执奏,言其诈冒军功,不可许。诏许之。(五七,1375)　戊午,太监梁栋[谏]奏内府供用金、珠、宝石缺乏,请下户部措处。户部尚书秦金等言:"内府供用,例取之各处解到折粮、折草等项数内,其金止云南年例一千两,急缺则该部量为办用。今朝廷经费多端,太仓所余无几,此外别无区处,乞行催各省应解之数。至于珠、石,原非中土所产,祖宗朝俱有内藏,皇上躬行节俭,必不以此玩好之具劳民动众。矧广东、云南等处灾异频仍,一闻采取,民何以堪。"上不允,令照先年事例采买。(五七,1375—1376)　乙亥。先是,提督浙江市舶提举司太监赖恩比例乞换敕谕,兼提督海道,遇警得调官军,有旨许之。兵部覆奏:"市舶司太监原无提督沿海职任,虽称有成化间太监林槐例,系出一时创行,寻复改正,不宜复比例。况动调官军，系朝廷威柄，赖恩小臣，岂行专擅？不过欲假此以招权罔利也。乞收回成命，戒恩等谨守旧规。”诏如前旨给之。都给事中郑自璧亦言：“市舶提举司建于太宗之初年，而提督沿海之敕乃颁于宪庙之末岁，准行之后，朝廷旋觉其非，即为厘正。虽以正德间政体纷更，百弊滋蔓，而市舶一敕不敢轻议请换，胡乃于圣明之世而有贪佞狡诈如恩者，顾可曲徇其请耶？乞痛加切责，取回别用，另选老成以代其任。”章下所司。（五七，1381—1382）

十二月甲辰，兵科都给事中郑自璧等言：“顷太监扶安病故，皇上轸念旧人，优恤其家，既令太监李清董治丧事，复以恩升录锦衣者八人。夫祖宗之法，武职非军功不授，盖谓彼以生命搏之也，然犹核实乃授，无轻得者。若扶安之于国家，臣不知果有如前所云功否耶？且中官传乞之典，先朝间有，唯正德为盛，皇上登极一诏，裁革殆尽，远近相传，以为盛事。今复自反之，何也？借使扶安生事陛下，勤心纳忠，有所裨益，则但官其弟侄一人已足偿报，胡可不计亲疏，俾异姓厮役者皆得窃盗衣冠耶？伏乞守祖宗不可辄易之法，践王者不可轻食之言，从舆论不能曲回之公，原臣等不能将顺之戆，收回成命，庶予之者有节而受之者亦不为滥。”兵部尚书李钺等亦疏谏，皆不听。（五八，1392—1393）

闰十二月己未。初，有旨添设南京守备太监卜春，南京御史王献等以为冗滥，疏请停革。兵部覆议：“南京守备已增至三员，若添设愈多，则职掌不一；且南京岁灾民困，一切供用皆取诸民，乞俯察停革，以重根本。”诏如前旨。（五九，1397）　　乙丑。初，南安王彦泥以岷王彦汰侵凌致忿，奏其忤逆不孝、欺诳朝廷等事。彦汰亦奏称彦泥通番劫财，杀人害众，奸淫内乱，大伤国体，不服钤束。上命司礼监左少监李瓒、大理寺左少卿徐文华、锦衣卫署都指挥使王佐往按之，至是以状闻。都察院覆议，谓情罪俱当，难以轻纵。（**两王革爵略。**）（五九，1399）　　戊寅，兵部言：“武职所以待军功，不得轻授，今锦衣卫试百户杨纲以缉捕，何蛟以太监之侄，

俱因陈乞蒙实授,非爱惜名器之意。”不听。(五九,1404)

本年附

艺文·碑铭·蜀府中贵永忠墓志

明故中贵永公墓志铭

蜀府经筵侍讲、千户黄嵩撰文。蜀府义□教读先生罗麒书丹。蜀府宝贤堂冠带总旗李瑶篆额。

公讳忠,字□之,生于天顺六年壬午(1462)六月初一日卯时。世系彭山县人氏。先以成化十二年(1476)荐举入侍蜀惠王,赐以姓讳,为中贵焉。早年历炼[练],□□殷勤,清公正直,立志不凡。事上进忠,交朋以信,敬长恤下,恩及于人。当道者嘉其廉能,□其孝笃,无不推举□□□天左右□金陵,小心谨慎,名誉播扬,非一日也。后于正德间,见其年弥德卲,复取回府,干理国事。参佐公务,事无巨细,咸得其平。□嘉靖三年(1524),仍转任内库,收贮国宝,出入有常。自斯以后,日盛月新,勤劳□□伪。值今四年(1525)十月二十一日寅时,老疾奄世,享年六十有四。盖积德存仁,以致然也。

先时具闻于上,□切不已,既赐谕祭,金帛殡葬,恩莫大焉。及府尊官属俱各伤感,遣人吊慰。存日,典□□公、典膳张公,幼处善交,预卜吉地于锦城之南报国庵之右,寿藏一穴,坐子向午。兼有平素交爱亲□友辈者,俱服衰绖,旦夕哀悼,躬行祀礼,助治丧事,名不悉书。择本年十月二十九日寅时而安厝之,俾孝子余仲、丘万山、王钦等具状请铭,以图不朽。其铭曰:

贤哉中贵,寿而且康。丰资淳厚,德性昌良。淡泊自甘,乐静如常。备斋多福,荣佩□光。小心慎密,辅车相将。嘉言善行,在人不忘。生顺死安,孰与传当。□清□□,山水悠扬。□□自安,地久天长。泣血请铭,昭示无疆。

皇明嘉靖四年,岁在乙酉,冬十月二十有九日,孝弟秦昱、陈俊,孝孙马贤等刻石。

〔成都文物考古研究所:《成都市武侯区“沙竹苑”明代太监墓发掘简报》,《成都考古发现(2007)》,第601页〕

嘉靖五年丙戌(1526)

正月癸巳，工部言："世庙工作，十已六七，请减人匠千人及罢硫璃等厂商人报纳柴薪者，具台基厂见存木植责付内臣典守，以备仁寿宫之用。"从之。　甲午，巡抚山东都御史王尧封等奏称镇守太监王思兢(抱本思作恩)之贤，宜降敕褒异。兵部覆请，得旨不必赐敕，第令益加勉励，镇守地方，以称朝廷委用之意。(六〇,1411)　丙午，大真人张彦頨以府第被焚，请赐更造。上从其请，命有司作治，遣内臣一人往督之。于是工科都给事中黄臣等言："顷者赵、秦、荣三王府灾，第诏行勘估计，未尝轻动土木，诚爱民节用至意也。今彦頨所请未经勘估辄以烦有司，且遣中官往督，是陛下优容假借于彦頨者顾出亲王之上也。昔汉栾巴噀酒殿廷而成都火灭，今陛下谓彦頨有道术而曾不能救其家之毁，将焉用之？请勿遽遣内臣，下工部行勘估计便。"诏如前旨。(六〇,1416—1417)　己酉，南京山西道御史乔祺等言："孝陵司香内使谷大用名在先朝'八党'中，陛下幸不诛，斥之南京，今召还康陵，此必左右近习阴誉力援，借口迎扈之劳，以动天听者。万一夤缘入侍，必以误先朝者误陛下，宜亟赐远窜，以为希进之戒。"章下所司。(六〇,1420)

二月戊午，南海户净身男子九百七十余人复乞收入，上怒，命锦衣卫逐还原籍，为首者杖之。(六一,1428)　工部尚书赵璜等言："江西兵荒之后，民困未苏，大真人修造府第，请先下抚按及二司勘核估计，然后兴工，所遣内臣乞暂停罢。"诏如前旨。(六一,1428—1429)

三月乙未，驸马都尉邬景和奏永福长公主守坟内使乞行内府支粮，不许。(六二,1441)　丙申，工科给事中张嵩等言："陕西织造羊绒已奉诏裁革，今太监刁永复以四宫缺用为辞，乞遣官织造，陛下姑以奉亲之故屈意从之，殊不知陕西外困番丑，内被征徭，民困未息，不堪中使之扰，请改命工部经度其费而以其事属之抚臣

便。”御史陈察等亦以为言。上谓业已遣官,不允。(六二,1443)
己亥,司设监成造卤簿,奏工匠不敷,请发工部银九百余两雇工应用。上从部议,以四百五十两给之,仍戒饬所司刻期完报,不许迁延。(六二,1447)

四月戊午,南京广西道御史仲选劾奏南京守备太监卜春、靖远伯王瑾各贪暴不法事,宜罢。上特宥之。(六三,1456—1457)
己巳。先是,上念致仕大学士梁储定策迎扈功,加荫一子世袭锦衣卫指挥同知,命司礼监太监戴永承制往谕之。(**储疏谢并恳辞略**。)(六三,1465—1466)　庚午,虏二万余骑犯大同,总兵官朱振率所部与战,颇有所获。虏不得利,遁去,已复分兵犯宣府,都督傅铎御之,亦遁。两镇俱以捷闻,上嘉镇巡官功,各降敕奖谕,太监武忠、王玳,巡抚周金、蔡天祐,总兵傅铎、朱振各赐赉有差。(六三,1466)　甲戌,内官监太监郭绅言世庙物料减损过多,不能充用,乞令工部照数增给。上许之。尚书赵璜等覆议:“本部先年营建乾清、坤宁二宫,贮有余银,堪以移用,可免加派于民,后不得指此为例,一概陈请。”上谓大工垂成,物料又皆会有之数,趣命完工,收贮余银准动支应用。(六三,1468—1469)　己卯,陕西巡按御史吉棠言:“陕西织造绒袍原非祖制,弘治、正德间偶一为之,民已重困。今北虏在套,土鲁番出没甘肃,亦不剌占据西海,流贼横行平凉,羽书岁惊,刍挽不绝,窑崖堡洞十常九空,今复重以额外之征求,中官之渔猎,臣恐全陕不得安枕而卧也。”巡抚王荩亦言:“皇上初御大宝,停止织造,关中老幼有感而至于泣下者。诏令既行,寻自背之,非所以布大信而从民望也。”章下所司。(六三,1469—1470)　辛巳,兵部侍郎胡世宁言:“比者官匠赵奎等五十四人以太监张忠一言尽行升职,祖宗列圣以来,臣未之前闻也。且自古国家财尽必取于民,民穷必至于变,今官赏既滥,则俸入不得不增,恐有限之供输不能给无涯之用度。陛下为祖宗保天下,为天地养生民,不宜有此。”疏入未报,会太监周缙、王本等奏乞录已故太监罗籥、秦文宗属，诏复从之。于是尚书李钺等骤谏，言："我朝旧制，武阶专以待军功，管事必由于推选，自正德间为权奸所坏，几危社稷。今厘革未几而内臣乞升之奏随请随得，如祖宗成宪何？如天下公议何？况小人之欲愈纵愈贪，若不早赐禁绝，恐将来无复底止。"上以升授官职亦先朝故事，戒钺等勿复言。（六三，1471—1472）

五月乙酉。先是，秦府镇国将军诚漂、其子辅国将军秉樗与致仕给事中孟奇子侄路遇争殴，诚漂奏奇恃势暴横，故纵子弟欺殴宗室及诸不法事。下抚按官会勘，久不报，漂复具奏，词连按察使袁槟。上敕司礼监右少监萧洪及刑部郎中刘士奇、锦衣千户王诏会抚按官报论，孟奇亦听逮问。已各官勘报："诚漂所奏俱妄，而其父子兄弟相率为非，罪恶颇著。"上特宥漂，敕秦王戒饬之。（六四，1474—1475）【考】其事累讼而累勘，《世宗实录》卷八四，嘉靖七年正月戊寅："降秦府镇国将军诚漂及其子辅国将军秉柃、秉枌为庶人，安置秉柃、秉枌于凤阳，夺诚漂诸子……禄米三之一。初，诚漂父子骄恣不道，数为秦王所禁，恨之。及与乡宦给事中孟奇子庄构讼，有司不能决，各上疏自理。上乃遣司礼少监萧洪、刑部、锦衣卫官各一员即讯之，狱具，诚漂父子不直，乃尽逮系其党，仍令秦王切责之。漂父子怨望，出不逊语，秦王以闻。漂又阴摭勘官及孟庄他事，且诬王招方术士，与谈祸福，遣秉柃潜走京师奏之。上又遣太监戴永、都御史张润、锦衣卫指挥张琦往覆勘，凡漂奏秦王及勘官、孟庄事多无验而漂父子前罪皆实，上恶其怙终济恶，故有是命。"　戊子，御史谢汝仪言："近者给事中卫道、御史丘养浩以言忤旨，寻复其官，天下莫不诵陛下之至明；太监崔文罔上擅权，辄赐罢斥，天下莫不诵陛下之英断。乃御史张衮请宥丰熙等罪，陛下既命部臣议上矣，俄而复已之。夫熙等狂愚，罪固难免，陛下谪之，已足示罚。人才难得，若不及今赐环，恐岁月弥深，死亡踵至，纵陛下他日欲怜而用之，将何及乎？御史乔棋[祺]论内臣谷大用不当召还，而陛下不听。夫大用罪恶不假臣言，幸逃法网，不足以泄神人之愤，而一旦与王堂先后起用，诚恐此辈根据日固,威福日移,陛下他日毅然去之,其可得乎?伏望陛下推昔者复卫道、黜崔文之心,宥丰熙、余宽、张汉卿、郭楠、吕枏等而叙用之,退王堂、谷大用而别选内臣谨厚者以充任使,则陛下之明断将并日月、侔天地而匹休古帝王矣。"章下所司。(六四,1475—1476)

都给事中张嵩、御史王朝用等各疏请停陕西织绒。已而巡抚陕西都御史王宪、巡按御史郭登庸亦言:"迩者亦卜剌残贼盘踞洮河,沿边有套虏之警,甘肃有回贼之虞,战士疲于戍调,齐民困于转输,所在流亡,人心汹惧。而今复遣官织造,惊动远迩,公私俱困,民无以自存,是驱之而为盗也。"内外疏凡十余,俱下所司知之。(六四,1476)　戊戌。先是,内臣黄玉守备潼关,勒取军民财物以万计,拷掠人致死者众。各该抚按参奏,委官验实,奉旨令南京新房闲住。又甲字库内臣赵纲需索解户,致死无辜。俱会勘明白,依律议拟,竟从宥免。南京科道官交章请正其罪,俱不听。于是都察院左都御史颜颐寿言:"黄玉、赵纲等所犯过恶,法曹按验不为不明,言官参劾不为不切,若竟中其奸,置之不问,是黩货杀人者得以苟容,国法不彰,民心自解,殆非守成致治之良图也。"上以兹事朝廷既以处断,责颐寿不谙国体,抗旨屡奏,戒勿复言。(六四,1479—1480)

六月辛酉,提督边务尚书王宪、巡抚陕西都御史王荩,巡按御史吉棠、郭登庸、王鼎,工科都给事中张嵩、左给事中卫道、给事中王科、御史王朝用等各上疏,请停织造绒服之差。工部尚书赵璜覆奏,言诸臣之言不约而同,盖以陕西比岁荒歉,各边声息未宁,军民困苦,恐所司奉行失当,科敛浩繁,军民愈困,变且不测,故恳切言之,惟陛下垂听,以弭患于未形。俱报有旨。(六五,1493—1494)

癸亥,大学士杨一清言:"臣昨被召来京,途闻朝廷以内臣之奏,差官织造,心窃疑焉。臣久官陕西,近回自三边,生民愁苦之状、戎虏骄横之势、边方利害之情,触目兴嗟,经心抱痛。今闻是举而默不一言,则陛下引而置之辅导之地将何用哉?夫天下之事有重有轻，臣下之言有缓有急，以轻重言则恤民固本、安内攘外，其最重也，而该局所言绒衣之类，非先王之制，轻重自有别矣。以缓急言，诸臣极陈地方凋敝、钱粮缺乏，其最急者也，而该局之奏惟恐有误供应，缓急亦复不同。倘谓成命已下，难于追改，差官既久，不可复回，然从谏弗咈，自是人君盛德，始因该局之请而行之，继因群臣之言而罢之，则视民如伤之仁、改过不吝之勇，陛下兼有之矣。"上曰："览所奏，具见卿忠爱，业已有旨，令织造官安静行事，毋扰地方。"(六五，1494—1495)　辛巳，大学士费宏等言："皇考实录成，其于圣谟睿德，纪载颇为详实，然臣等不敢自以为功也。盖累朝实录皆有章奏可据，若今献皇帝三十余年之事，臣等所赖以考援者，始则有司礼监太监张佐、黄英、戴永原编《实录》一册，载献皇帝睿制序文及各年章奏为详，功当首论；后又得司设监太监杨保、陈清、锦衣正千户翟裕、陆松所纂《献皇帝持身治国之要》三十五条，亦足以为纂修之助，功当并论，伏惟上裁。"上从其言，命荫佐等各弟侄一人，以酬其劳，佐指挥佥事，黄英、戴永俱正千户，杨保百户，陈清总旗，俱锦衣卫世袭；翟裕、陆松俱升指挥佥事。时佐、英、永已用扈驾功赐荫，心不自安，上疏辞。上嘉其诚恳，许之，仍令原荫指挥使张琦于锦衣卫堂上管事，指挥同知黄寿升指挥使，指挥佥事戴仁升指挥同知。(六五，1506—1507)

七月辛亥，是年期当大计武臣，御马监请自考腾骧四卫及牧马所官。兵部言，宜听本部会考。上以先朝无会考例，命如旧例行。于是太监阎洪著所考移兵部铨注管事，兵部寝不即奏，上责部臣抗旨，令对状。尚书李钺等各引咎，乃宥之，仍夺司官俸各三月。(六六，1531—1532)

八月乙卯。初，河南督粮参议王亿、通判李思仁因揽头韩继宗及奸民张举侵没官钱，思仁并行榜笞，白亿复加棰楚，举竟毙杖下。举妻及义儿内使路荣以状闻，下法司逮亿等拷讯，狱久未决。给事中张逵因劾刑部尚书赵鉴婞婀隐默，不闻一言执奏，不称邦刑重寄。上以亿等所犯事重，尚未问明，遽辄来奏扰，切责而宥之。已路荣言继宗就张举称贷完逋，举不与，继宗因诬与同揽。所司拟继宗诬告人致死律绞，亿、思仁因公打人致死，纳赎还职。有旨再问，即拟亿酷刑为民。上以法司徇情轻纵，降旨切责。时赵鉴已致仕，刑部尚书颜颐寿等请会官参详，上不允，以亿故勘免死，谪戍广东南海卫，思仁夺职为民，继宗如拟。(六七，1533—1534)

九月己酉，录湖广巡抚右副都御史黄衷讨平湘乡大盗彭思昶等功，并镇守太监潘真、总兵吴杰、参政留志淑、副使夏邦谟、佥事毛绍元、郑光琬俱赉银、币有差。(六八，1565)

十一月癸未，兵科都给事中郑自璧等言："陛下日者官司礼监太监黄英家八人、司设监太监贾友家一人，甫阅崇朝，叠此纶命，臣等疑惧交集，以为陛下仁明恭俭，万机无愆，诚不世出之主，何独于爵赏一事重违佞请？臣等屡疏之而陛下屡咈之，臣以为朝廷之恩不可太滥，滥则人轻之而不以为德。若以英勤心纳忠，多历年所，宝镪修茔、旌功赐额，赉幽之典，迥特一时，亦足为报矣。今之弟侄得为指挥者一，正千户者一，副千户者二，百户者三，镇抚者一，八人之中尚有异姓如东昊(**广、抱、阁三本东作陈**)者，亦获厕名。官爵之滥，孰此为甚！且以八人计之，岁縻常禄，奚啻百余石？月费俸钱，奚啻百余两？影占校力，奚啻百余人？方今各处春旱秋霖，天妖地异，国家赋入半属蠲除，陛下顷已下明綍，令诸司讲求兴革利弊，惜名器而汰冗员，固恐惧修省之急务也。乃复有此举措，何哉？宜追寝成命，以惬公论。无已亦宜官其近族一二，无滥及疏远异姓者。此则臣等勉为将顺之策，非令之善者也。"时兵部尚书王时中等亦执奏，俱报有旨。(七〇，1583—1584)

丙申，录四川讨平宜宾夷贼阿狗戎等功，赉巡抚都御史郑毅、镇守太监萧通各银三十两、文绮二表里，巡按御史曹弘银二十两、文绮二表里；毅、弘仍赐敕奖励。死事马湖府照磨卢廷相赠经历，荫一子为国子生。(七〇，1589)

十二月己未，御马监太监阎洪奏请依弘治十八年以前原额收补勇士，及将弘治、正德年间选充者准其替补，四卫营缺人应役，请比团营例选收四卫所精壮余丁补额。事下兵部覆言："腾骧左等四卫勇士军人自弘治十八年清稽后，见今食粮勇士七千四百六名、军人万一千七十七名。若使官不私占，人皆应用，役使有余。但各卫所官卖放私役，素为得计。正德年间京城豪势及旁近殷富军人多有用贿投充该监勇士，规避徭役，縻费仓粮数百万计。幸遇皇上中兴，痛加厘革，今甫及五年，岂可复启此弊！且抽选壮丁，百年以来原无事例，该监军士直差轻省，比之团营操练工役劳逸缓急，万有不侔，设若比例抽选，则附近豪强之家闻风竞起，往年冒滥之弊接踵复成，国事何益，公家何补，徒为太仓之蠹而已。"疏入忤旨，该司郎中赵锦等各夺俸一月，令勇士、军人在成化、弘治间充当及正德间曾以进马收入者俱许替补，仍选四卫余丁千二百名于该监应役。时刑科给事中管律亦言宜节冗费以应修省，不听。(七一,1599)　　辛酉，以陕西流贼陈纲等平，诏赉先任提督尚书杨一清、巡抚都御史王荩、镇守太监晏宏，巡按御史郭登庸、王鼎，总兵署都督佥事郑卿各银、币有差。(七一,1601)　　甲子，大学士杨一清复条陈修省事宜："(**一、祭告以竭修省之诚。一、宽恤以宣修省之泽。**)一、听言以尽修省之实。六部、科道等官奉诏条陈利弊兴革，陛下择其切当可行者依议施行，惠及斯民多矣。其间实有迂泛不切、窒碍难行者，圣心权度报罢，固宜；但其间亦有一二关系民情、有益治道者，伏愿采而行之。若兵部所言'复职任'，如浙江镇守市舶太监请改敕书，兼管地方，所宜改正；吏部所言'录放弃'，兵部所言'悯遣发'，都察院所言'释幽滞'，盖言近年放谪诸臣、以言得罪及公务连累者，除议礼奉有明旨，姑未敢言，其余充军者、放回原籍为民者、冠带闲住可用者，仍旧录用，则各官进言与朝廷求言之意皆无负矣。(**一、用人以资修省之益。**)一、革弊以祛修省之害。户部所言'慎惜京储'，国家命脉，仰系京储，乞敕谕内府各衙门,今后匠官、匠作军人除已传升招添外,不许再行奏乞;其腾骧四卫勇士、旗军仍令兵部查照嘉靖元年清查册籍,果系存留有名人数,准令替补,已经裁革者仍旧裁革,其逃故缺役止照常勾补,免令选收。工部所言处'借支例银',陕西织造羊绒袍服因本省赃罚银不敷,欲借支本部开纳事例银五千两,今照营建仁寿宫事体,尤为紧急,工料尤为浩繁,乞采纳工部所奏,择其紧要者如法织造,蠲其不急者暂为停止,借支例银解部应用。"疏入,上曰:"览卿奏,皆切于修省之实,足见忠诚体国。关朕躬者自有处置,但格天感神,只在常存敬畏,祭告可不必行。宽恤小民事宜,令所司开具条件,当春旨降敕颁行。上法天道、布德施惠、选拔振励庶官等事,该部及抚按官俱宜着实举行。浙江邓文敕书备查先年旧稿来看。文武官被责降调等项,所司开具,奏请定夺,不许朦胧支调,一概混开。人匠、勇士除已收外,今后朕自有处置。绒服着梁玉速织完日回京。"(七一,1611—1616)【考】兵部覆疏见《世宗实录》卷七三,嘉靖六年二月辛亥:"兵部议覆大学士杨一清所言三事:一、近年谪调官员或因进言过激及以公事触法者,宜分别宥免,以释幽滞。一、各处将官有谋勇出众者,许两京三品以上大臣及科道、抚按官从公保荐,以凭擢用;其布、按二司与将官接礼亦宜巡(**按,巡字疑衍**)循照旧规,毋得任情摧抑。一、腾骧等卫勇士告收替补,数多冒滥,宜免抽选,以节冗食。得旨如议,惟四卫勇士缺少,仍量选补。"又,浙江太监邓文乞改敕书事,亦见《世宗实录》卷七二,嘉靖六年正月丁未,"大学士费宏言:'浙江镇守太监邓文新换敕书,事涉纷更,自礼部会议修者[省]以来,各官条陈时事皆言及此,未蒙俞允。且当换敕时,臣不能力止,今外议籍籍,疑臣私文,若不取回,臣心事终无以自白。幸上垂听,其先年旧稿不必再查。'诏仍查成化、弘治中稿以闻。"

本年附

艺文·碑铭·太监李质墓志

明故神宫监太监李公墓志铭

赐进士出身、兵科都给事中、承德郎、前翰林院庶吉士安庆齐之鸾撰。

赐进士出身、承事郎、户科都给事中黄玺书。推诚宣力武臣、柱国、荣禄大夫金陵安仁伯王桓篆。

嘉靖丙戌(五年,1526)十一月廿日,李君衮泣血以书抵予,言世父神宫监于十月己卯卒于任,将归窆,以乡进士□君绣状乞铭,欲纪其行以垂不朽,言之甚哀,有弗容辞者。谨按,公名质,字守正,世家广东高州府化州。祖讳畅,力田治生,赀□闾里。考讳天□,能世其业。妣黄氏,克修中馈,表仪闺阃。兄讳煦,孝友著闻乡党。公为仲子,生而才识□容,动止中节。里中耆旧见者,曰:"此非寻常人,异日必有功业鸣于世者。"天顺间,朝廷命将出征,讨断藤峡,兵逾化州路。公方髫稚,不知趋避,为过人□去。主将见公容止与众迥异,报捷后乃进于朝。宪宗纯皇帝见而悦之,乃付御用监太监廖公□□名下。年既长,所为尽能识大体。字法日影颜、柳,虽急遽亦不草率。读书自分程□,日应事后,即披□夜分,方就寝。由是隐然名动内廷。成化丙申(十二年,1476),自长随升奉御。癸卯(十九年,1483)升尚衣监右监丞,应给乾清宫事。弘治庚戌(三年,1490),转升惜薪司右司副,佥押署事。癸丑(六年,1493),升司正。乙卯(八年,1495),升御用监右少监。戊午(十一年,1498),升太监,仍署司事。孝宗敬皇帝重其谨悫,乃命总管仁寿宫,时赐蟒衣玉带,恩及其门,尽免民役。

正德丙寅(元年,1506),武宗毅皇帝登极,公以年劳望重,获进掌清宁宫事。在内乘马,日侍御筵,岁给禄米,优其颐养。皇太后素重其贤,尝称"李掌事"而不名。公愈谦谨,恂恂自谓宠任已极。皇上犹以任未称德,辛巳(十六年,1521),再受命典兵仗局印。公夙夜祗惧□事孔肃,内外咸庆其得人。

及今皇上御极,一时恣宠作威者屏斥几尽。公以德望,掌一宫事,握兵柄,安然不移。嘉靖壬午(元年,1522),寿安皇太后宾天,公哀感废寝食,辞典兵仗局印,恳求茂陵神宫监供事,以报平昔恩礼之隆。皇上重其义,遂命掌本监印。公泣而语人曰:"今日庶几无愧臣道矣。"四时哀感,远近闻之,无不泣下。皇上复欲进用,公疾作不可起矣。

公出入禁闼六十余年,历事四君,一无过举,事兄抚侄,□尽恩义。好振人之贫,乐奖人之善,虽不求人知,识与不识者,咸称之无间言。生于天顺乙亥(**当作景泰乙亥,六年,1455**)六月初六日申时,享年七十有二。侄子衮以军功授锦衣卫指挥，侄孙宴朝、宴庭、宴臣皆天资卓越，有志儒业。内官监太监李公溥、御马监太监李公岑皆名下，教育抚成之也；马公逵、滕公祥，陈公□亦名下，□公之德教，奉命董理丧事。皇上垂念有功，敕礼部谕祭，仍赐宝钞、斋粮，□□□祠治坟，极其隆重。葬于其卒之岁十二月十三日，墓在宛平县香山乡门头村广仁寺之原。呜呼！公处族党称厚，事宫禁称良，及其卒于位也称荣，斯其可铭也。铭曰：

化山之灵，正气之英。龙飞凤舞，□于南溟。世有令德，笃生□人。忠义为宝，势利乃轻。蟒衣光锡，玉带尊荣。荷知列圣，倚任之隆。天宠弥重，臣道愈恭。不忘后德，永固神宫。高志厉云，恩机入冥。呜呼天乎，□□国祯。帝命礼臣，治其祠坟。匪私于公，惟以劝忠。用垂不朽，勒之坚珉。

(北京海淀区门头村出土。《北京图书馆藏中国历代石刻拓本汇编》第 54 册，第 136 页)

艺文·碑铭·太监邓文等题名

太监仁庵邓文、御史裕斋卢问□、主事静轩卢耿麒。嘉靖丙戌(五年，1526)仲夏廿□日游。

(原刻在浙江杭州西湖山。《北京图书馆藏中国历代石刻拓本汇编》第 54 册，第 128 页)

嘉靖六年丁亥(1527)

正月癸巳，平论平岑猛功，升提督两广右都御史姚镆为左都御史，加太子少保，荫子一人；镇守两广太监郑润岁禄十二石，荫弟侄一人；总兵官抚宁侯朱麒加太子太保，荫子一人，俱锦衣卫百户。广西巡按御史刘颖升俸一级，广西镇守太监傅伦、副总兵王伟及诸有功先后抚按、三司官俱赉金币有差。(七二，1631—1632)

戊戌。初，南京御马监太监牛宣以需索解户铺垫银被劾，宣诉称旧规，诏听分豁并宥奉御宋得、常[长]随赵文景弗治。于是南刑部言："铺垫之名乃正德以来积弊，非旧规也，今若听宣妄引为解，则自今内而郡县有如昔之科敛贫民，外而边帅有如昔之扣除粮料，诘之则皆曰'此旧规也'，并从分豁，可乎？夫东南者，元府藏也，百姓者，元气也，宣等盗府藏而戕元气者也，幸陛下察之。"疏下法司。（七二，1636）　丙午，庆庶人台浤既革爵闲住，复累疏奏辩，且诬巡抚都御史张璿私盗府库金钱及首前镇守太监李昕、总兵种勋馈送马匹等事。法司请罪其拨置者，仪宾毛伟等当谪戍，昕、勋当逮问，庶人徙置他所。诏降敕切责浤，令改过自新，璿事仍令提督官详勘具奏。（七二，1640—1641）

二月辛亥，虏犯宣府中路水地庄，分守西路参将王经领兵赴援，力战死之。巡按御史杜民表勘状，因劾参将关山临敌观望，游击祁岳、副总兵时陈侦探疏虞，总兵傅铎调度失策，镇守太监王玳、巡抚周金戒备不严，俱宜治罪。兵部覆议，得旨："关山革任，仍提问具奏。陈、岳、铎俱戴罪自效，玳、金切责候勘。经赐祭一坛，仍升实授一级世袭，部下被害官军镇巡官量行优恤。"（七三，1643—1644）

三月庚辰，虏复寇宣府，入大白阳堡，参将关山战死，所部卒杀伤殆尽。巡按御史杜民表以闻，兵科都给事中郑自璧等因劾总兵傅铎前后失事之罪，荐本镇养病总兵郤永可以代铎，并论副将时陈、游击魏祥、祁岳及镇守太监王玳、巡抚周金等罪。上以宣府一月连丧两军，切责玳、金，令立功赎罪；傅铎逮问，起郤永代铎，时陈褫其冠带，与魏祥俱戴罪杀贼；祁岳革任，俟事宁之日通查情罪以闻。（七四，1655）　壬辰，巡按巡（**按，巡字衍**）御史杜民表以虏寇井坪、平虏、朔州、马邑等处，深入五六百里，劾大同游击将军叶宗、李鉴、左副总兵靳英，镇守总兵朱镇振（**按，镇振乙**）守太监武忠、巡抚都御史蔡天祐各罪状，诏以边警未息，姑令宗、鉴、英载罪杀贼，忠、天祐、振立功赎过。（七四，1663—1664）

四月庚戌。先是，上俞太监梁谏之请，差官往南京织造，工部执奏不可。于是六科都给事中张嵩等、十三道御史程启充等各上言："陛下初政，等（**按，等字衍**）节用爱人，一切织造、采运之事厘革殆尽，天下仰戴。奈何左右近臣不知将美辅德，而争以生事炫能为功，动称供应不敷，奏蒙俞允，遣官南京织造。即今天象示异，水旱为灾，小民怨咨，江南尤甚，且差去官员非贿不得计，非贪黩无以偿之，虽欲责令安静，不可得也。伏望皇上俯悯人穷，仍赐停止。"上曰："言官以言为职，既奏乞停止，自合具实进言，如何始为谀词，终乃规谏，岂言官之体？且不究。"(七五，1675—1676)　戊午，赏密云、古北口参将马恺、右监丞许宣羊、酒、彩段，以巡抚都御史张仲贤上其斩获功也。(七五，1678)　乙亥，镇守浙江内官监太监邓文以进贡为名，乞于商贩内量收脚价，以充献新器具之费。部议浙江商税总之部司，分之税局，课取有例，隐匿有禁，为法已密矣。比来岁俭民穷，商贩利薄，国课往往告乏。若欲另抽脚价，是为额外之征。况陛下缉熙圣学，寡欲清心，凡声色货利一无所嗜，顾肯为一茶果之微、器具之备，恣小人渔猎之计，贻商民无穷之害哉。上曰："各处进贡悉从节省，邓文不照近规，妄自援请，意在侵取商税，不允。"(七五，1685—1686)

五月己亥。是岁春，虏寇神木、永兴等堡，参将黄宰败之。番贼侵松萌岩，守备史经败之。总制尚书王宪上言总兵彭瑛、镇守太监张绅、巡抚都史张缙功状，诏嘉宪累有战功，赐敕褒谕，并绅、缙、瑛、宰、经各赉金币有差，余下巡按御史勘核。(七六，1706—1707)

甲辰，江西抚臣陈洪谟应修省诏言："本省灾变频仍，人民愁困，顷奉诏旨修建真人府第，但令仍旧制而新之尔。今少监吴猷乃别拓新规，计其费当用银一十九万七千余两，此虽括府库之藏、殚生民之力不能讫工。乞申明前旨，令吴猷惟依旧式营造，其料价以守巡诸臣复估，法当用四万七千八百两而足，不得额外科扰，重费财力。"报可。(七六，1708)

七月癸卯，命湖广安陆祠祭署奉祀蒋华致祭显陵，如凤阳皇陵事例，其供祀乐户即令其管辖演习，仍听守备太监提调差拨。(七八，1745)

八月己酉，南京内使徐美发觉陈兰匿佛保遗资以数万计，讼之。刑部属主事萧晚捕兰等验问有状。事闻，上以美捏词陷人，诬兰非罪；晚不行参奏，擅拘内使，追人财产，责令对状。晚具疏自劾，诏南京都察院逮治之。(七九,1752)

九月癸卯，吏部左侍郎方献夫言思恩、田州比岁称乱，皆由统御非人，制服无术所致，乞专以属之王守仁而罢镇守太监郑润、总兵朱麒，因荐珠池少监张赐可代润，前副总兵张祐可代麒，且乞特设一都御史，与总兵官共驻田州，悉听守仁节制。上以其言关系地方大计，即令郑润回京，命兵部举代麒者以闻，其所荐总镇之臣候朝廷自行简用，都御史添设可否，属守仁议之。(八〇,1789)【考】抱本在“议之”之后还有：“疏入，阁臣杨一清等议以总镇官一时更易不便，拟旨留用。上曰：‘方献夫本，卿等看票来行，又恐致他虞，亦是至虑。但朕受天与祖宗付托，边方军民甚是苦楚，况屡岁用兵，岂止扰害，故欲得人，早靖地方之害，此朕本意。今王守仁朕亦不知其为人何如，但屡经众荐，既论相同，特用提督边务，止镇守官未换，与前日姚镆同事。其朱麒，朕亦不能知，亦风闻其年老。其郑润，亦无甚大材谋略。除麒可着兵部会官议来，润似应取回别用。又思前者已敕各处(**按，此应遗一镇字**)巡内外官，而两广首不承命。先次未靖地方辄便报捷，似有彼此不和者。又各处镇守内官往往亦非其人，今后有不可任斯职的，不但专着司礼监行，卿等有所闻知，也要说来。或用贿干出，或生事害民，着厂卫并科道劾奏治罪。今各处内官亦非朕能亲用，皆系司礼监指名奏请，也要传谕从公选访，果会理些事，有些学诚，才可出外镇守地方，庶不负朕斯意。卿等再议票，今日就封进来。’一清等言：圣裁允当。因复拟征郑润回京，令兵部举代麒者以闻。其献夫所荐总镇之臣，候朝廷自行简用。都御史添设可否，属守仁议之。报可。”

十月乙丑，命给守备安陆兼管显陵神宫监太监萧洪旗牌，不为例。(八一,1812)　戊辰，以云南楚雄贼额出等平，赏镇守太监杜唐、原任巡抚都御史傅习、总兵沐绍勋、巡按御史沈教等银、币有差。(八一,1816)

十一月庚辰，詹事府詹事霍韬建议清查工部钱粮，工部覆请遣科道官各一员核上册籍,以防奸弊。以今年为始,每三年一查,岁终仍具出入存留大数题知,送科道查核,仍行南京工部视此例行。上从之,且谕曰:"今天下灾伤,人民困惫,两京内府各监局各务节省,不得冒派,以伤民财。"(八二,1834)　壬辰,宝坻县七里海有荒地二万一千五百六十余顷,计二百五十二里,随时旱涝,占者无常。先是太监汪直立庄于其中,相传为御用监公物,而民垦其内者亦千四百六十余顷。至是有水退地百余顷,奸民投献内监,欲夺民久业并入之,民诉之阙下。户部奏遣主事柴儒往勘,儒还报曰:"民之久业,输粮饲马、煎盐出税、养生丧死于其中,不宜渔夺,惟水退堪熟地可入本监耳。然其他荒芜闲地尚当听民渔猎樵采,乃称陛下恤民之意。"上曰:"地既勘明,其如拟拨给内监,毋再奏扰,余悉与民,亦毋许豪猾兼并。"(八二,1842—1843)　甲午,修理显陵,遣成国公朱麟祭告,太监崔文、工部主事高仲嗣、御史白清、给事中李凤来督造。(八二,1845)

十二月庚戌,大学士杨一清等言:"闲住太监张永当正德五年宁夏寘鐇之变,受命总督军务,能计擒逆党,抚安军民。及回京奏发刘瑾罪状,下狱伏诛,朝野称快。宸濠之变,随武庙南征,时逆贼已擒,而张忠、许泰辈犹搜求余党,攀引善类,永至,多所开释,一方始安。武庙还至通州,江彬手握重兵,人心惶惑,然卒不敢萌异志者,独畏永耳。及武庙晏驾,遂计擒江彬,提督九门,防奸制变,无所不至,内臣若永者,诚不易得。臣一清尝与同事宁夏,知之为详;武庙末年之事,则臣(张)璁在京所亲见者。今置之闲散,终为可惜,乞特赐起用,量加委任,则凡供职于内者皆知为善之有益而勉于效忠矣。"上曰:"卿等欲起用张永,足徵忠爱至意。永在先朝多立战功,勤劳茂著,其令掌御用监印,提督团营兼管神机营操练。"(八三,1862)【考】抱本"上曰"及其后文字不同:"上曰:'卿等所言起用内官张永,足见经国至意。文武众臣各有所掌,内官所用,多不堪任使,为国之患不小。卿等辅导密勿,师保大臣,皆无内外之可分,无巨细之可

（**按，杨一清《谕对录》可作为**）异，岂曰外臣不敢与言之？昨已将御用监内官发落讫。朕静（**此二字据《谕对录》补**）思之，张忠所管神机营，并提督团营之任今缺，昔闻司礼监太监鲍忠尝举张永，可用之提督营务，请朕用之。朕答曰："尔所举永，委的可用。但众人嫉他，须待有缺，方可用之。"昨方记起，未即言之。适卿等奏来，朕甚喜。其永在我皇兄朝，委多有劳绩，与他党类者不同。若论永之才能，观夫昔掌营务，及奉命出师，多立功次，严于用兵，其居司礼监任事，则不能于此也。今任提督团营之内官忠已革任，止有马俊一人，且俊于营伍非精，又不识字，朕念他辈昔侍藩府之劳，故各登用如此。其实此辈未谙大体，不知大事，且今营中行事，卿等岂不知乎？若将永起之提督营务，终在俊后，岂得尽彼之心。若超之俊上，恐次序未平，故朕未即行也。朕又思之，永昔为司礼监官，名在众衙门各执事之上，若今起居其后，在彼虽不可高下论之，而终受人之制。今可待有警之际，命之率兵，成功之后用之，如此又似不可，彼未管军伍，仓猝用之，恐士卒未服。卿等只具本举来，待朕再加详处。或待有事用之才好，若传旨行，但司（**按，司疑应作思**）传奉之官，必云永乞于朕左右侍奉之者，亦不为害，只是累及左右耳。又凡今各衙门事，多被随朕来京之人坏了。彼皆不自知悟，反怨朝廷，朕待他每甚宽，就如张忠之事，实因处之欠当，纵贼不戒，亦有言说：朝廷正[止]寻我每之事！此情不待朕申言。卿等（**《谕对录》等下有亦知二字**）其可容乎？可治乎？《书》云："人惟求旧。"这个旧人，不是与我日久熟识旧人，是经过事体，历知是非的旧人，只知道旧人不（**不字据《谕对录》补**）信用，言朕不仁，岂知道理乎？此等说话，特与卿等知之，慎勿泄付小人。起用张永，再加详议来闻，慎之慎之。'一清等复奏：臣等所举，非敢望其复入司礼，正欲其整顿营务，以备缓急。但皇上既以旧臣委任，恐不宜使居马俊之下。上然之。乃起永掌御用监印，提督团营，兼管神机营操练。"杨一清《论起用旧臣奏对》（《杨一清集》卷五《密谕录・政谕上》）："（六年）冬，上念团营戎务，督理非人，又纳廷臣奏，召公见，仍命掌御用监印，提督神机营并十二团营兵马，供事乾清宫，岁增禄米三十六石。"按：先是，提督团营内官张忠革任，止有马俊一人，于营伍之事非精，又不识字。上念潜邸登用之人多不谙大体，不知大事，内官所用多不堪任，乃应廷臣荐，起张永于废中。张永嘉靖五年由南中召还，七年冬卒，年六十有四。一清所撰张永墓志铭见本年附。

本年附

艺文·碑铭·太监张永墓志

大明故司礼监太监张公墓志铭

特进光禄大夫、左柱国、少师兼太子太师、吏部尚书、华盖殿大学士、知制诰、经筵官石淙杨一清撰。荣禄大夫、太子太保、兵部尚书兼都察院左都御史、侍经筵、奉敕提督十二团营军务嘉鱼李承勋篆。奉敕提督神机营兼督十二团营诸军事总兵官、掌左军都督府印、前节制陕西等处地方兵马、太子太傅、惠安伯永城张伟书。

嘉靖五年(1526)夏,上采公议,召前御用监太监张公永还京师,复其旧职,养疴私第。六年冬,上念团营戎务,督理非人,又纳廷臣奏,召公见,仍令掌御用监印,提督神机营并十二团营兵马,供事乾清宫,岁增禄米三十六石。公感恩遇,夙夜在公,经理庶务,出而阅武训戎,划奸革弊,不遗余力。积劳既久,而疾乘之。方在内直,疾作,急归官寓而卒,七年冬十二月三十日也,得年六十有四。上闻之悼惜,谕祭三坛,予棺椁,命有司营葬事,建造享堂。又追录遗功,升其弟锦衣千户容为指挥佥事,本卫堂上管事官,其兄富为锦衣副千户,皆特恩也。容偕其诸昆弟,卜卒之明年三月初七日,奉柩葬于阜城门西香山乡祖茔,乃持太常卿魏君境所述状,谒予请铭。公督师西征,予实与同事,请乌可辞。

公生成化元年(1465)七月二十六日。十一年(1475),选入内庭,宪庙简侍乾清宫,历升内官监右监丞。二十三年(1487),龙驭上宾,孝庙命茂陵司香。弘治九年(1496),简侍武庙于春宫。十八年(1505),以登极恩,改授御马监左监丞,进御用监太监。赐蟒衣玉带,许乘马及肩舆禁中,岁给禄米十二石,命统显武营兵马。寻命提督三千、神机二营,兼十二团营,掌乾清宫及本监事,兼提督尚膳、尚衣、司设、内官诸监,整容、礼仪、甜食诸房,并豹房、浣衣局、混堂司、南海子事。政务填委,悉心综理,供应充牣,而不私毫末。武庙日见亲信,众亦倾心饮德,无间言。

正德五年(1510)夏四月,宁夏贼臣何锦等挟宗室寘𬭚,戕杀镇巡重臣,传伪檄,召调各路兵马,伪铸印章,封拜其党,僭称大将军、都统、总管名秩，将渡河窥窃神器。守臣以闻，武庙下诏征讨，命公总督军务，统京营兵三万，暨诸镇军马，往正其罪，赐金关防、金瓜、钢剑，许便宜行事。驾亲出东安门送之。予时致仕，居江南，召起总制陕西各路军务，兼提督西征师旅，与公偕往。会边臣擒斩诸贼，道得报，公即遣京兵归朝，帅诸部曲，往抚其地。险不乘舆，暑不张盖，与士卒同甘苦，而申严纪律，所过秋毫无犯。凡有赏犒，或出家赀佐之。夏人始共为乱者，逸未就法，心怀惧疑，构危言相恐喝，众兀兀不自保，裹粮出走，官司莫能制。公道闻之，出榜数百言，宣布德意，谕官兵农贾，各安职业。六月，至灵州，会予鞫诸逆犯，释其胁从，第列情罪，传之槛车。比入夏城，耕锄不废，市肆如故。公又谓手刃镇巡重臣者、造伪命伪符者、破人庐室污人子女者曰：是不可赦。悉遣人掩捕之。其受贼赏赉、听指使者，悉置不问。自是帖帖，莫敢复有言者，而藩镇威令，渐复其旧矣。公又偕予奏言，庆王当变故时，给贼纛仗，虽出迫胁，顾尝率宗室行朝谒礼，事关名节，恐不可但已。朝廷乃革其护卫，削岁禄三之一。公又请改其侍卫百户所，备兴武营要害，禁诸王府交通宾客，及招诱邪术左道之人，并见采纳。

献俘之日，武庙亲慰劳之。是夜独见，乃出一疏，称刘瑾负恩估势，窃弄威权，积衅酿患，以致大变。幸赖天地宗庙之灵，悉底平定。而瑾包藏祸心，不亟诛戮，无以谢天下。因条列其十有七罪。又言寘鐇以讨瑾为名，伪出榜示，为边臣所缴奏者，瑾不以闻。武庙震怒，下瑾诏狱，命廷臣鞫之，具得其交结内外官，符同奏启，矫托诏令，紊乱祖宗成法，私制兵甲，伪造宝印，刻期为变诸不法状，置诸极典，并诛其党数人，窜黜者数十人。凡诸司条令，为所纷更者，悉加厘正，再赦天下，廷臣皆上表称贺。诏录公功，赐金牌、银、币，累岁禄至三百石，赐敕褒谕，至再至三。复以枢机事重，特命改司礼太监掌监事，诸所领监局兼督如故。

公知无不言，仇怨有所不避，门无私谒，一切利弊，以次奏请罢行。会山东、河南、北直隶寇盗充斥，公以为忧，内赞帷幄，遣将出师，协谋剿捕，多出指画。他如录遗才、省浮税、谨出纳诸奏，皆关大政。又奉敕会三法司虑囚，原情议法，所活若干人。节被宝镪、羊、酒之赐。时近倖多怙宠干纪，公多所匡谏，不复顾忌。群小共媒蘖之，几中奇祸。壬申（正德七年，1512），力辞解任。越二年，乾清宫灾，仍起公掌御用监印，内董大工，外督营务。宣、大边报告急，命公与都御史丛公兰，总制诸路兵马，提督战守。兵势既扬，虏贼远遁，具奏班师。嬖倖钱宁、江彬辈，招窃威权，诱乘舆亲督王师，远涉沙漠。公扈驾，日切忧惧，寝食不自安。

十四年(1519)，宸濠反，诏督师亲征。公随行，命先往江西，核勘反叛始末事情。至则开释胁从若干人。驾驻南都，留几一年。枭雄在内，逆犯泊江滨，众虑不测。公独任防卫之责。还至通州，逆彬握边镇重兵，留驻四十余日，召文武百官，胥来会集。贼濠尚在，人心惶惑，莫知所为。彬卒有所避，而不敢萌异志者，公之力也。

次年春，宫车晏驾，公以计擒彬。督视京城九门，防奸制变，中外倚之而安。今上既嗣宸极，众方议其宜有褒赏，而其时权臣有忌嫉之者，嗾言官一二人，劾之南去，留滞五年，始蒙召还。上既谅其忠荩，眷注方隆，而造物者遂夺其年以殁。惜哉！公平生勋绩，可述者固多，而奏诛逆瑾之功为大。瑾之窃柄四五年间，中外士夫，侧目重足，噤不敢出一语。货贿公行，剥民膏脂殆尽。至其僭谋肘腋，祸且不测，公不动声色，一言悟主，消大变于呼吸间，复祖宗之旧章，脱斯民于水火，此岂寻常建立一事功，讨平一寇贼者之可比哉！公之信行历履，正德间馆阁名臣，多有纪述，予独识其大且重者云。

公名永，姓张氏，字德延，别号守庵，保定新城人。[1] 其上世居湖湘，谱逸，无所于考。元有宽福者，习武尚义气，死事石岭关。曾祖胜，业举子，兼通六艺。国朝洪武初，来居新城。至宣德间，年八十六乃卒。祖讳林，以孝敬闻。考讳友，性谨信，爱人好施。子四人：长即富，次公，次即容，次寰。公笃于伦理，事亲曲尽孝诚，处兄弟真如手足，忧喜恒关情焉。正德间，尝论公勋绩，荫授富、容至伯爵，寰至右都督，今革于例，然亦非公之心也。又尝命兄之子连曰："汝今嗣我，亦可伤其志矣。"铭曰：

---

① 民国《新城县志》卷二三《识余》："高碑店村南长云寺，张氏建，闻其西廊并有永像，与达摩埒坐。又村东有泰安伯墓，永之父也。碑坊尚存，而荒烟蔓草矣。"张永墓在京西昌运宫，清吴长元《宸垣识略》卷一四："昌运宫在广源闸之南，三虎桥西里许，初名混元灵应宫，明正德六年，司礼太监张永建。"于敏中《日下旧闻考》卷九九"昌运宫"条："宫之后则张永墓在焉。"嘉靖十年都察院劾永墓奢丽逾制，且伤西山龙脉，曾奏请改正。见嘉靖九年十一月辛丑条。

有玉在璞，至和韫藏兮。追之琢之，亶珪璋兮。有木在山，饱风霜兮。匠石采之，以栋明堂兮。古有金台，今之甸服兮。千里之驹，匪伯乐其谁瞩兮。供事内庭，帝嘉其忠兮。以谏见斥，遑恤我躬兮。将命于外，奔奏御侮兮。以功见忌，匪臧仓莫我诉兮。晚际明皇，曰我事尔襄兮。诘我戎兵，我武其扬兮。能夺之人，不能夺之天兮。谓天难堪，理固有或然兮。阜成之西，山水秀明。

（《新中国出土墓志·北京》第229号）

艺文·碑铭·护法寺碑

尚志撰并书《增修护法寺碑记》："（**顺天府大兴县下马社刘家庄有寺一所，名为双庙**。）弘治四年，恩荣官赵通、赵达各出己资，开广其地，重造殿宇三间，廊房、钟楼、山门各一座。当是时，双庙之名犹旧也。越明年，御马监太监王公祥见神像塑画不同，殿宇规模尚隘，乃见僧人性满谙通经典，谋诸赵等增修大殿三间，于内府塑出神像，观音居中，关王、马鸣王各居左右。越正德十六年，王公及赵镗、赵钟与其子赵大滨、赵大治增治僧舍数间、井二眼，墙垣四周。当是时，始有护法寺之名焉。越嘉靖六年，王公及赵等及诸善人立碑纪其事，诚以有寺无记，其名易失，犹无寺也；有记无□，其迹易毁，犹无记也。□王公有见于此，故请余记，勒之碑。嘉靖六年四月吉日立石。"

碑阴为"王公名下各衙门太监等官"及信士题名，碑文模糊，从略。

（碑在北京丰台区大红门东原双庙村。《北京图书馆藏中国历代石刻拓本汇编》第54册，第144页）

艺文·碑铭·净业堂记

李廷相撰《净业堂记》："（**居庸关之南有曰普门禅寺**。）御用监太监李公嵩命守居庸十有七载，笃好善事，崇尚僧流，闻经言而切于肺腑，聆佛语而沦入肌肤，是诚好善而种福田者耶！时有林寂第二十五代禅师大千久居伏牛山，名传遐迩，动静不凡。（**公素闻之，大师来游居庸，亲睹讲论，捐资为建堂。略**。）嘉靖六年，岁在丁亥，秋七月吉日立。"

碑阴题名：钦差分守居庸关等处地方署都指挥佥事卢□、钦差分守居庸关等处地方内官监太监姚政、钦此守备□州地方兼提督雁门关署都指挥佥事孙玺、司礼监文书房太监署惜薪司事王信、内官监太监郭深。（**下**

监官、知州、判官及信众题名略。)

(碑在北京昌平南口。《北京图书馆藏中国历代石刻拓本汇编》第54册,第146—147页)

嘉靖七年戊子(1528)

三月壬申朔,净身男子韩春等凡八千余人守阙奏乞收用。上怒,命所司驱逐,有居停者罪之,为首韩春等十人发边卫充军,遂著为令。(八六,1940)

五月戊子。先是,工科给事中陆粲等奉敕清查各马、牛等房,拣退不堪者送部,给散军民操备耕种。而御马监太监阎洪言各坝房马有曾经上用及驮鞍、披甲等项名目,内有倒死,尚且奏请埋瘗,若一概给军骑操,恐内外马匹印号相杂,真伪无别,乞仍存留。于是粲等具疏,言:"据官旗人等结状,见在马匹数内原无驮鞍、披甲等名目,其倒死者亦无埋瘗事例,若谓马匹给军,印号相杂,则所拣存留者始造册印烙,拣退者原无印号,安得相杂。洪等第谓汰马既多则刍豆亦省,不足以遂己掊克之私耳。臣请以所拣退马匹择其尚有堪用者分给皇城四门及三千、神机二营,摆列应用,实不堪者送顺天府变卖价银,贮太仆寺以备买马,以后各坝马房草料俱照实数关给。"兵部覆议诏从之。(八八,2001—2002)　庚子,裁革前太监张忠等随事人员张清等四十三人冒升职级。(八八,2004)

六月甲辰,南京内织染局太监梁泰等请修理库作等房,上曰:"今下民艰苦,正宜节爱,南京工部会内外守备亲行查勘,果极坏当修,计处具奏,如其可缓,姑待丰年。"(八九,2013)

七月丙戌。九门苜蓿地土计一百一十顷有余,旧例分拨东西南北四门,每门把总一员、官军一百名,给领御马监银一十七两,赁牛佣耕,按月采办苜蓿,以供刍牧。至是户部右侍郎王轨等查议,以为地多遗利,军多旷役,请于每门止留地十顷,令军三十名仍旧采办，以供内厩喂养，其余地土召民佃种，分别远近肥瘠，依原拟五分、三分则例征租，年终类解本部，该监不得干预，退回官军俱遣之还伍。户部覆议，从之。（九〇，2062—2063）　巡按直隶监察御史胡效才劾天寿山太监刘岑贪黩占役，宜加戒饬；守备时立中优柔委靡，受制于岑，宜罢。上命巡关御史往来巡察督视，修举武备，革立中任，责岑对状。　巡按浙江监察御史王化劾奏织造太监张志聪纵其家人张四等兴贩私盐，得旨："张志聪不能钤束下人，以致阻坏盐法，贻害地方，有负简任，降一级取回，以太监耿隆代之；张四等令巡盐御史提问。"已御史丘道隆上疏，请罢中官之遣，不允。（九〇，2063）

八月乙巳，南京工部等官言："南京神帛堂织造制帛，内官监成造竹器，先年各监朦胧奏添夫匠等三百七十五名户，及甲字等库近来奏添借拨人夫一百二十九名，岁勒上、江二县折银一千五百余两，宜如诏裁革其民匠，优免宜如正德六年例，系近年投充者听贴二丁，毋得影占全户。"下工部覆议，报可。（九一，2082）　丙午，南京给事中丘九仞等应诏陈言三事："（一、通盐法以消盐徒。）一、处器用以祛宿弊，言太平等府解纳南京御马监马料，每豆一石，价止二钱七分，而每石使用则至一两有奇，为养马器用之费，甚为民患。宜令器用另派，或取办于本监草地租银，毋得科害解户，仍禁势要包揽、军伴需索等弊。一、严关禁以便粮纳，言粮船至龙江关，守关内臣倚关为暴，出入皆有需索，至有留难，因遭沉溺，宜行内外守备悬榜禁约，验有部票即放，毋得稽留。"部覆，从之。（九一，2082—2083）　辛酉，诏都察院禁各镇守、分守、守备太监、总兵、副参等官不许滥受军民词讼。（九一，2097）　丁卯，内官监太监张敬奏请造各王府金册、金带等金四千五百一十余两。户部议："岁例买金多不过二千，今骤加一倍，其中有无实数及应否支用，本部无从稽考；且册封岁行，官帑有限，今天下灾伤，理当节省，姑出本部所贮赎金及发榷关银收买，以足其数。请敕司礼监督同该局,岁终一勘,册封用金几何,年例外应添买几何,扣数题请,勿致浪费。”报可。(九一,2104)　己巳,盗伐景陵树木,诏逮问先任守备都指挥佥事时立中,诘责守备太监刘岑。(九一,2107)南京织造制帛丝料,例坐上元、江宁二县铺户买办,后从应天府尹王爌议,请于南京丙字库所收贮丝内择取应用。至是守备太监高隆疏言本库丝料不堪织造,上曰:“制帛乃奉享祀至重,仪物宜照祖宗旧例行。”(九一,2107—2108)

九月癸酉,南京织造太监刚聪疏请岁给两淮盐课三万两及扬州钞关船料银为工作费,上曰:“刚聪妄乞银两,以资浪费,且不究,作速督造回京,不许再扰。”(九二,2110)　辛卯,给事中孙应奎勘上山西草垛山堡失事诸臣罪状,言副总兵赵廉与延绥游击将军杨时、偏头关守备张缙观望退缩,方邵定为虏所围,求救于廉者七,廉谬许之,定遂轻与虏战而廉救竟不至。定与延绥千总指挥使侯璋皆力屈而死,丧师失律,廉及时、缙实为罪首。巡抚都御史常道、太监张景昌、兵备副使潘仿等调度失宜,中军千总偶威、李秉忠等亡失尤多,罪宜并论。得旨:“侯璋比邵定例,赐祭一坛,恤其子升实授一级。赵廉、杨时、张缙械系至京问,常道姑令致仕,张景昌取回京,潘仿等夺俸三月,偶威等巡按御史逮问以闻。”(九二,2128)

闰十月己巳朔,大行皇后山陵,兵部以方冬寒冱,请先发三大营官军五千人听用,推保定侯梁永福督之。已而太监傅平称官军数少,请增至万人,而工部复请发团营军佐之。武定侯郭勋言团营专备征调,奉旨不许侵役。上以陵工方急,令暂拨八千人给之。(九四,2169)　庚午,天寿山守备太监刘岑奏七陵守护官军近为西关御史掣入校阅,根本空虚,虑有不测,请仍复旧规,毋令御史得校阅陵军。兵部覆议:“岑近以隐占陵军致谴问,乃不自省,改诡词辩说,不宜听许。”上是之。(九四,2170)　司礼监太监萧敬病故,其名下韩锡等为敬侄孙指挥醆等乞恩升授。兵部请严禁绝以杜幸门，上嘉纳之，谕辅臣曰："近以内官萧敬病故，伊名下韩锡等援例乞恩具奏，司礼监官持奏。朕曰：'随你每看来。'及将例来看，朕惟成化、弘治年间虽有如此者，我祖宗未著为定例，朕先于扶安等亦有行者，亦是不能审察。朕惟人臣之事君，生既与之禄官，死有祭葬，所待之恩未为甚轻，而亦有不知图报如草木者，又加如是之滥与，恐非体面所宜。本内票字乃是司礼监官擅拟，朕特与卿等商议，可革之否，勿得畏避，票来看。待张少傅(璁)事毕回来同奏。"已而锡等奏竟不行。(九四，2170—2171)【考】萧敬墓志见本年附。韩锡为其名下，墓志亦附其下。　甲申，更定审编京城甲役之令。时京师官民杂处，十家之中免役者九，又以其近旁隙舍主匿奸人，贫民至代为更徭，劳役不堪。御史王仪因请斟酌丁产，著为定例，其勋戚、监局及文武各衙门俱以等级优免，兵部会同都察院覆如仪议。从之。(九四，2190)　戊子，时悼灵皇后山陵犹未成，内官监太监傅平以方冬寒冱，请缓葬期。礼部亦以为言。上不许，令保定侯梁永福、侍郎何诏朝夕程督，务令速成，香殿可缓姑缓之。(九四，2191)　辛卯，提督山陵太监傅平上管工太监温玺等七十余人，请月给廪饩骑从如例。工部言弘治十八年例，山陵监督等官多不过三十人而已，平所请太滥，请如前数裁省之。报可。(九四，2194)

十一月壬子，时内官监供用库监收白粮，私造大斗，需索百端，率一石倍输二三石，解户苦之。户科给事蔡经以状闻，得旨："内府白粮每石加耗一斗，不许分外科收，屡有明禁，该监库不恤民艰，纵令群小横索，且不查究。今后令司礼监定委公正官监收，即便出给长单，不许稽留守候，仍听巡视十库科道官严加访察，有违禁科扰者具实参奏。"(九五，2211)　壬戌，户部议覆户部右侍郎王轨、户科给事中李鹤鸣、监察御史吴淮等奏："勘过御马监草场五十八处，自公廨所占及监官养赡之外，计实地二万一千五百七十余顷，芦苇地及抛荒草地三千余顷，岁可征子粒银七万二千两有奇。各照庄田事例征银解部,其召佃人户定为差等,上户不得过二顷,中下户渐减之,仍严为界限,以杜争端。原设巡青官旗量为裁革,每马房设官一员,马百匹给旗军五十人,余皆归之卫所差操。"诏如议,自今敢有违例奏请,混占侵夺者,所司以实闻,重治不贷。(九五,2229)　甲子,内使雷玉威逼人致死,巡城御史敖钺以状闻,乞治玉罪。上以钺能体朝廷钦恤之意,命升俸一级。(九五,2230)　乙丑。初,顺天府房山县民李聪等以牧马地十顷余投献上林苑太监韦恒为果园,隐避差役,无何,会官查勘,复归房山县。至是,佃户冯贤等复献之太监李秀,秀为疏请,欲得果园。户部左侍郎王轨等执奏,言贤规避,秀谋占,均宜逮问。上以贤等违例投献,命如律问遣,秀姑宥之。(九五,2230)

十二月戊寅。初,御史朱观言光禄寺给养鹰犬虫蚁诸物,日费菽粟肉食,请一切减省,上命御马监及豹房、鹰房诸司各核实以闻。至是上其数,上曰:"鹰犬虫蚁等项,俱是无益之物,徒费养给,所司量留可用者,余悉纵遣之。"(九六,2236—2137)　丁亥,命长随、内使暂乘马,以各马房空闲下等者给之。故事,内使凡遇节令及山陵等项有公事出,皆乘驴。至是御马监以驴皆革退,不足供内使,请取之兵部。兵部以为乘驴不若马,今各马房闲旷者多,遇有事宜,给以马,无事仍归马房,不宜征驴以增民扰。上问兵部以旧例,兵部覆言:古者天子十有二闲、六马之属有驽马以给宫中之役,今诸马房自乘舆上驷之外,其余下等皆不经调习,莫若暂与乘之,比驴岂不增重,于马亦得闲习。臣前所对,实非旧例,诚愿陛下事求民便,不敢拘拘以例请。上从其议。(九六,2249)

本年附

艺文・碑铭・太监萧敬墓表

司礼监太监梅东萧敬墓表

司礼监太监萧公以疾卒于外第,讣闻,上悼惜之,命司礼监太监赖义督理丧仪，御马监太监韩锡等综治葬事，谕祭三坛，赐新钞三万缗，棺木、造圹、安葬、建享堂，皆如故事。皇太后推先朝旧思，赐白金百两、文绮四表里，盖异数也。其侄孙锦衣卫指挥使龑既请大学士石门翟先生撰墓志铭，又以墓上之石不可无书，谒予请为之表。

按状：公讳敬，字克恭，别号梅东，其先福建延平府南平县人。公自髫年给侍内庭，选入司礼监书馆肄业，业日以进。天顺初元，授长随。英宗御便殿，劳赉近臣，金镪填集，公执簿算无差。英宗察其有心计，潜倚任之。戊寅（二年，1458），进奉御，再进御用监左监丞。辛巳（五年，1461），迁右少监，赐蟒衣、玉带、诸珍物有差。端阳，上亲阅射，指谓公曰："知尔能文，复能射否？"公顿首据鞍，发三矢，俱中的。自是益承眷注，升太监，命佥书监事，岁给禄米若干石。奉使荆襄，所过以清约闻。

甲申（八年，1464），龙驭上宾，改神宫监司香。成化丁亥（三年，1467），改内官监，督仓，储饷会计明允，宿蠹搜剔殆尽。未几，进司礼监佥书。往勘武冈、蕲州诸藩大狱，狱用不冤，归奏称旨。

丁未（二十三年，1487），宪庙升遐，仍乞裕陵司香。弘治庚戌（三年，1490），司礼缺员，佥谓老成练事无如公者，复起视事。与□□□，惟公惟慎，未尝涉私。熟于典故，燕闲赐问，应对历历如指诸掌，时有规谏语，圣心益重之。屡奉敕督理冠婚丧祭诸大礼，阅视团营人马，审录三法司重狱，皆详审精当，人无异议。

乙丑（十八年，1505），承顾命，以东宫为托，公泣对曰："臣敢不极力！"正德初，告归私第。壬申（七年，1512），复起，命掌本监事，赐坐蟒，许乘肩舆禁中。丁丑（十二年，1517）至己卯（十四年，1519），大驾连岁巡狩，公与同官叩谏不止。奉敕留守京师，中外倚重。选复罢政。

辛巳（十六年，1521），恭遇今上嗣位，特诏入管机务，侍从郊祀、时享、幸学、耕籍。时年八十有五，聪明强固，进止周旋，不差尺寸。嘉靖壬午（元年，1522），始遂请老。上念其旧劳，岁禄外月益米十石，岁拨人夫十名供役，岁时赐时鲜如故，盖前此所无云。

公性颖敏，少读书能知大义，后遍观典籍，学益富。作诗清逸，无纤丽语。字初临欧帖，晚变入沈体，尤好草书。历事六朝，忠勤一节，虽时有用舍，势有显晦，而谦勤俭约之风未之有改也。比及老，深居杜门，绝口不谈时事,惟知与者相过,辄赋诗鼓琴围棋以为乐,萧然林下之趣焉。比疾,草囊无厚蓄,将属纩,戒其侄若孙曰:"为臣子当以无欺为主,余无所言。"其生正统戊午(三年,1438)三月十九日,卒于嘉靖戊子(七年,1528)八月初十日,年九十一岁。

予因记成化初年两诣山陵行礼,皆与公相见,倾倒如故。比公召用入朝,先后三十年不复与通。晚登枢要,屡以政事接公朝堂。常以武庙命至阁中,事有未安,予每抗言,托公附奏,语侵公,公不为动。及兹再入,而公老,又亡矣。名寿如公,宜无憾,而老成凋谢,宁不为之一慨哉!公正德间见近倖田园第宅半京师,叹曰:"是岂吾辈福哉!"故历官禁近,承宠眷他莫与班,第宅如常,田园无所滋殖,回视向之声势煊赫者,泯不可见,而公岿然独存,终始哀荣,若此将不得为贤乎?

(杨一清撰,《国朝献征录》卷一一七《寺人》)

【考】《国琛集》卷下:"太监萧敬,详谙国典,持重老成,历事数朝。正德中,诸奸叠肆,诬上行私。武宗每召之问,辄对非先朝故事,多所救正。嘉靖初,言官交中之,以罢司礼。"乾隆《福州府志》卷四七《名宦二》:"欧阳铎,字崇德,泰和人。正德中自南兵部郎出知延平,有司礼监萧敬,郡人也,家人暴横杀人,官噤不敢理,铎立捕坐之。敬怒,诬以他事,械系至京。会有解之者,得免。"萧敬在正德中行事,亦可参看杨廷和《杨文忠三录》。

艺文·碑铭·太监韩锡墓志

明故内官监太监韩公墓志铭

赐进士、奉直大夫、翰林院侍读、经筵官毕鸾撰。登仕佐郎、礼部铸印局事玉修牒篆东吴杨镗书行篆。

奉命守备天寿山皇陵未几二载,病暍,上命私宅调理,大数攸定,卒于嘉靖二十一年(1542)七月十四日。讣闻,上惜之,遂遣神宫监太监周君英、司设监太监王君纯董丧事,恩荣官吴喜率男江、淮、沂,素感抚摩之恩,恐泯厥德,铭其事状征予铭。按状,公讳锡,天庆其字也,姓韩氏。其先本朝鲜人。成化癸卯(十九年,1483)入内府,在廷职臣嘉公资质明敏,送内馆从翰林院儒臣读书。日勤于学,时与教事者器之。暨孝宗敬皇帝辛亥(四年,1491)选内府供用库书办。公会计有方,日著勋绩。凡在僚属,罔不心服。弘治癸亥(十六年,1503)随侍春宫。公辅之以道,不容悦靡利,春宫亦以优礼待之。弘治乙丑(十八年,1505)除长随,转乾清宫近侍。逾一月,除奉御,又逾四月,除御马监右监丞,仍旧近侍乾清宫,皆由公之历事称上意也。

正德丙寅(元年,1506),进本监佥押公事。丁卯(二年,1507)转酒醋局佥押公事。戊辰(三年,1508)授左监丞,已而复授右少监。又一月授左少监。越三年进太监。几三月,赐蟒衣玉带。十一月内府乘马。四月调署惜薪司事。越五年,迁五花宫近侍。今皇上龙飞,壬午(元年,1522)领敕赍赏肃州宁(**按,宁字盖误**)府,克尽□仪,不辱君命。丁亥(六年,1527)又命给事五花宫。乙未(十四年,1535)调康陵神宫监佥押公事。至六月进长陵掌印。庚子(十九年,1540)转尚膳监太监,佥押公事,兼提督巡察光禄寺。上素重其才,眷顾益隆,越五日遂有守备山陵之命。命下,斋宿之任,肃承香火,朔望朝陵,如在其上。其山衙公事,剖决如流,虽古之吕强、赵整之辈,亦拜其下风矣。公天性纯粹,智识过人,其语和而庄,其行讳而易,不骄不吝,不肆不伐,不贪不鄙,爱与仕夫,平居而手不释卷。就养萧公(敬),每以孝闻,待喜、江、淮、沂如己子。历事四朝,辅佐圣明,咸著忠薰,无织芥过举,可谓难矣。生于成化丙申(十二年,1476),卒于嘉靖壬寅(二十一年,1542)七月十四日,春秋六十七。葬以卒之年八月初七日,墓在南城弘法禅林,乃公之义会地也。铭(曰):

五朝之俊,入侍禁宫,或从王事,无成有终。惟力是竭,不爱其躬。小心慎密,奉法以公。积劳以迁,简于帝心。不骄□□,无忝靖恭。立铭于石,用垂不朽。

(北京宣武区西便门大街出土。《北京图书馆藏中国历代石刻拓本汇编》第55册,第79页)

艺文·碑铭·太监杨琳墓志

内官监太监杨公墓志铭

赐进士第、嘉议大夫、太常寺卿、提督四夷馆南海杨一渶书撰。

大明成化之二年,岭南地方节报多事,从之以兵。传曰:地方起事之始,人缘是而富贵焉。其最者建功封侯,为时名臣;其次屈于草莱之中,不能以自显于天日。或藉是自达,而随获富贵。要之,造化默定,而非人力之为也。希之,史传不一其人。若今内官监太监广东肇庆高要杨公讳琳者,生有异质,敏慧不凡。年方弱齿,丙戌(成化二年,1466),进入内庭,宪宗皇帝器之。癸卯年(十九年,1483),历升司苑局大使,署管局事,选拔乾清宫答应。乙巳年(二十一年,1485),升御马监右少监,仍署局事。公日侍左右,忠勤无怠,比之往昔同事、同时之人颠撼流落者,不知其几,公独享康荣,虽离乡井之京师,舍南燠就北雪,殆与平日不侔矣。

继事孝宗皇帝。戊午年(弘治十一年,1498),升内官监右少监,仍署本局事。壬戌年(十五年,1502),升本监太监,佥押管事。乙丑年(十八年,1505),赏蟒衣、内府乘马及赐玉带。

正德丁卯年(二年,1507),岁给禄米。癸酉年(八年,1513),清宁宫牌子,管理宫事。甲戌年(九年,1514),转升乾清宫答应。辛巳年(十六年,1521),升司苑局掌印。

及侍皇上,并以忠谨明干,历升美品,称而职任随休焉。公诚耆之弱,嘉靖甲申年(三年,1524),恳辞外宅,乐余终岁。戊子年(七年,1528)甲戌月癸未日殁亡。历任两宫,随侍太皇太后,迄今六十余年,享寿七十有四岁。凡内臣恩宠之极,近侍锡予之荣,公皆得而二焉。非能亨泰于遭逢、曲全于付予者,不能至此。公与梁公为同时、同官而同门,居无何,乃叹曰:"吾等同事圣明,进阶显要。事失厥初,后何以诏?物有所始,必有所止。今日之谋,平生之谊。乃相与成寿域于昌平州太平里日照寺之隅。厥工无大侈焉,但令流水而已。实蒙乡里为我而文,允迪厥功,千里茂祀。"志。嘉靖七年二月初旬吉日。

(《新中国出土墓志·北京》第225号)

嘉靖八年己丑(1529)

正月壬寅,南京提督机房太监李政乞两淮盐银为织造费。上责政妄乞,不允。(九七,2261)　　丁未,上谕大学士杨一清曰:"兹提督官张永故,朕求堪代彼者,不得一人。夫武备今已废甚,恐未副我祖宗列圣建立之意,但思永乃卿与(张)璁所荐,今欲求代之者,卿可与璁勿自负前忠,即举二三来用,亦勿以已行者为阻。"一清因荐太监黄锦、王竧二人可用,且言近日营政被武定侯郭勋沮挠，乞加戒饬。上曰："昨卿奏以朕所问乏人事宜，其永尽肯修举此政，奈郭勋所阻，朕亦知之。但勋之心亦素存忠，其性未进于本，末（杨一清《密谕录》末作本）者善也。故恣暴成性，不肯省图改之。所谓欲胜理，不过一常才耳。如肯改过，则为一超群之才而无及者。今握兵已久，当以更用，但时乏人耳，可徐图之。又锦、竚二人非朕自择者，乃司礼监循常拘次之用。彼二人素嫉张永，难保不废前人修举事功，且与勋熟。就如璁乃刚毅之资，所交皆未甚善人。故朕问卿，或有知者，当说来，实为朕事耳。但闻皇兄朝有名张忠者，素称为好，而今谪在南京。况所司皆恶彼，他每每只徇私。前日，命推举堪代者，而（司礼监太监张）佐等以谷大用、孙和、王润、武忠为堪任。朕曰：'大用与润皆非才者，难以进用，和闻有疾，惟忠可用，但彼镇守大同，亦是紧要处。'他每以为别无可者，而意实在于锦与竚耳！但恐不克于事。卿可勿惮，副朕倚托，再议来闻。"一清言："诚如圣谕，但张忠先年过失颇多，宜且取回听用，其团营重任，未必遽堪。"上亦以为然，报曰："所论用人一事，急难于得，且待大祀毕更议之。又近岁星变，人皆欲用人以待征讨，为必然之势。朕谓此非星变，实妖星也。固朕无德所致，恐不专务用兵，大为民害，只可内修德政，外抚边境，存恤百姓，以消祸变，而专务用兵，以备讨征，实逼乱之机。武备固不可不整，亦恐临期无益，要当常加修饬可也。卿勿惑听人言，当加之思。"（九七，2264—2266）　己未，悼灵皇后陵管事御马监左监丞郭鉴等请增陵户以供洒扫，上以昌平州赋役浩繁，人户雕敝，令顺天府于附近州县佥充。（九七，2275）

二月庚午，詹事府詹事兼翰林院学士霍韬以灾变应诏陈言："……成化以前，粮户解纳白粮及各料物，户、工二部委官同科道官验收，乃运送内府，粮户不与内臣相接，故内臣不得多取，小民不致亏害。弘治以后，部官避嫌，不肯验收，责小民运送内府，是故有白粮一石加至一石八斗乃能上纳者矣，各项料物有索银四百余两乃得批回者矣。虽有法禁,小民敢与内臣抗乎?虽有号诉,九重万里,曾有为之上闻者乎?灾变所召,又其一也。乞敕各部改正旧法,俾贪暴不肆苛虐,小民不致重困,庶几弊政少除,民怨少息,灾变可弭也。”疏入,上令所司议闻。(九八,2289—2292)

甲戌,鹰房故畜鹰犬前已奉旨放纵几尽,至是该房内臣以祖庙献新,奏请留之。诏鹰犬悉纵放毋留,太庙荐新时物,礼部查议以闻。于是礼部覆言:“祖宗朝奉先殿岁荐品味不过鹿、雁、雉、兔、猪、鹅、鸡、鸭等物,载之《会典》,掌之奉常。后因畜有鹰犬,或间以奉荐,不得为例,请一切罢之。”上纳其言,诏自今献新品物,悉依《会典》事例供办。(九八,2298)　乙亥,录故太监张永弟容为锦衣卫指挥佥事,见任管事;兄富为本卫右所副千户,带俸。时永病故,遗疏自陈内发刘瑾、江彬之奸,外平宁夏、江西之变,乞恩追叙,复所夺兄弟原官。兵部覆议:“永之军功,固无足纪,但其白诛内凶刘瑾、江彬,功实难泯。”上深然之,因有是命。(九八,2301)

壬午,户部覆给事中魏良弼等奏修举马政三事:“一谓各处解到草料银多为马房掌事者侵克,请收贮本部,令该仓主事随时收买,其本色自黑豆之外不必滥征。一谓御马仓、天师庵内外场钱粮、马匹俱令该监自行增减,不无破冒侵欺之弊,宜如大坝事例,一体委官清查。一谓各马房俱有地土二十顷,岁收子粒银六十两,为修理仓场之用,今征收数多而仓厫颓废日甚,宜令原佃军民径赴所在州县纳银贮库,遇有倾颓则发银修理。”上允行之。(九八,2312)

丙戌,诏籍故鹰房养鹰地土九十八顷七十亩有奇,悉照草场事例,召民佃种征银,输之太仓。出养鹰官军陈璋等六百二十五人,悉罢还原伍,内有寄籍浮滥者仍令验军主事照例查革,其鹰房在内者封闭别用,在外者变卖入官。(九八,2313)　壬辰,户部尚书李瓒应诏陈仓场六事:“一、请裁革管理京仓板木内臣,止令部官收受,其板木亦随粮共纳一仓,以便取用。一、谓近来监督衙门以运官违限,科罚砖银,甚非朝廷优恤之意,宜敕户部严行禁革。

一、谓太仓库役人多年久，聚为奸窟，银匠库子须一年一易，斗级一年四易。一、谓太仓库贮低银四万四千余两，恐岁久生弊，当给为巡捕官军草料，其银照成色递加。一、谓各处解到库银率多细碎，易起盗端，乞行各府州县今后务将成锭起解，并记年月及官吏银匠姓名。一、谓各草场多有包揽不遂，乘机放火者，乞令各该管官攒同管场内臣率夫役每夜协力巡守。”上允行之。(九八，2319—2320)　癸巳，诏遣科道官巡视象马牛羊等仓场、内府内承运等库并各监局府部等衙门钱粮，每岁终籍奏出入之数以为常具，南京各衙门亦如之。(九八，2322)　甲午，工部尚书刘麟等言今工役可缓者数事：“……一、南京、苏杭织造内臣当与陕西一体罢还，其未完者令本地守备镇守官织解。一、针工局所造内臣冬衣，近年既许折银，则针线等物可以无用，宜清查应给之人，量减三分之二，其余可缓者悉三年一给。一、内官监修造器皿，约用料价银一万七千四百两，本色又在外，请斟酌缓急，可已者已之，不可已者以旧料兼用，减半征进。一、光禄寺岁造器皿万二千件，费五万一千一百余金，一年之内岂可皆损矣？而又立预借之名，任情浪费。今宜加意撙节，旧者发出修补，每年以七千为额，不得逾数。一、司设监床帐毡帘等物成造方及一年，纵有缺损，亦不过十之一二，此工亦宜暂免。一、兵仗局军器合用水和炭、石炭共一百四万斤，取之刑部罪囚输赎，已自足用，又岁派顺天等府办纳价银一千七百五十两。今各府灾伤，乞暂免征。一、巾帽局纱帽等物近于常价外多派料银八千六百五十余两，乞将合用之数三分减一，额外妄增者除之。一、供用库原派木铁柴炭，岁增至银四千八百九十余两，宜令新旧兼修，量为裁减。一、内官监净车原额用银二千二百五十两，今骤增银五百，宜仍其旧。一、修葺京、通二仓柁木等料该价银二千四百六十三两，当暂免征派，将原贮旧料支用，不足则取给军办，候其用尽别有处分。一、内外厂局有无不通，宜特简司礼监忠实可任者，令其通查出入之数，行本部纪之案籍，凡遇题派，庶可临时酌量。一、各监局工作今后务须先期上请，俟本部会官从公估值，事非得已，然后派行。”上采纳之，仍下其最后二事于内府监官，命各从实举行，惟陵城及惜薪司柴炭如故。(九八，2325—2327)

三月甲辰。初，户部请定各马房马匹下场放牧期，每岁春杪草盛，放牧两月，夏杪气爽，放牧一月，此三月例不得支刍料。御马监太监麦福言马不当尽放，亦不当定期三月。户部覆：“此旧制也，京营马尚放六月，各房马止三月，已为优处。”上从部议。(九九，2336)　戊申，御马监太监麦福复请尽征收马草场地租。户部言：“御马监辖二十马房，各草场共五十六所，熟地二万四千十一顷。皇上前从侍郎王轨之言，命科道官勘处，因以熟地八千亩归监，以资公用，留生草地四十万亩，以备刍牧。其所余一千九百三十余顷，召民佃种征租，以充国家岁时之需。信公私两利，经久可行之策也。福请不宜听许。”上从部议，令如前旨行。(九九，2341)

己酉。先是，营悼灵皇后陵，度用乡民尹甫元地六顷，已而守陵内臣郭鉴又度其地十五顷，余将为果园。给事中张润身言：“此地为民恒产，且上有坟墓百余所，宜仍还民便。”上命给民种住，其陵域占用者仍于近地如数拨补。(九九，2342—2343)　诏凡输纳白粮及诸物料入内府者，并令巡视库岁科道与监部官阅入，有留难为奸利者悉听逮治。(九九，2343)　甲子，兵部覆御史毛凤韶疏请复旧制，革镇守，言：“内臣外差太冗，如浙江、福建有镇守，有提督市舶，浙江又有织造；辽东、宣府、大同、宁夏、甘肃有镇守，又有监枪，俱二三人，当令一人摄之，其一可省。若河南、江西、山东镇守当悉裁革。蓟州有分守，有守备十人；宣府分守三人，守备六人；大同分守二人，守备三人。三镇东西相距不二千里而内臣已有二十五人矣，役军扰民，为患不訾，宜酌议裁省。”上命如议。已兵部上所当裁革者：宣府镇城监枪一员，北路、东路、西路、怀来守备各一员；蓟镇台头营、刘家口、太平寨、滦阳营、鲇鱼石营、黄崖口、峨嵋山守备各一员；大同监枪一员，东路、西路朔州、左卫、天城守备各一员；宁夏、辽东、甘肃监枪各一员；浙江提督市舶一员，临清监督仓粮一员。得旨，俱依拟裁革，监枪、市舶事务并于各镇守太监兼理。（九九，2358—2359）

五月丙午，巡按辽东监察御史王重贤奏辽东镇守太监白怀、已故镇守总兵麻循、监枪少监张泰、辽阳副总兵张铭、分守监丞卢安、参将萧淳、李鉴、游击将军傅瀚各占种军民田土，多者二百五十余顷，少者十余顷，宜追夺罚治。上以因袭年久，怀、泰、安取回，京、铭等夺俸半年。（一〇一，2390—2391）【考】《都御史潘珍、巡按御史朱孔阳会奏裁革内臣疏》（嘉靖《辽东志》卷七《艺文志》）："嘉靖己丑（八年，1529）会奏：'辽东镇守内臣，永乐间始于王彦，彦父萨理蛮率众内附，从征所向有功，因赏王彦，以抚东夷。监枪内臣，始于宣德三年（1428）太监杨宣管收神枪。开原分守监臣，始于正统二年（1437），改杨宣以充任，以后遂成故事，相沿差委。本镇密迩畿辅，僻在东隅，军民馈饷，全仰挽运，不满千里而内臣三员，其何以堪？且监枪所司止于一事，又与镇守同居一城，原领枪铳多给城堡，自有主者，知所慎重，所谓监督，不过簿书册籍、会计数目耳。开原虽称要害，而逋逃困于征求，精锐销于剥削，行伍凋惫，屯堡空虚，且又监丞、参将朝夕共处，嫌隙易生，见有异同，动失机会。况夫承平既久，国势日张，原无宣、大之虏情，幸有马市之系束，抚剿苟得其道，控制或可无虞，官多民扰，在在为病，而穷边尤甚。镇守之设，无补地方之安危，徒费岁月之供亿，以上各官所当裁革。'兵部议覆，是年革去监枪及开原分守，镇守仍旧。"嘉靖《全辽志》卷三《职官志》："镇守内官，永乐年设，嘉靖丙申（十五年，1536），广宁失事取回。广宁监枪内官，宣德年设，嘉靖己丑（八年，1529），巡抚都御史潘珍、巡按御史朱孔阳奏革。"《分守内官》："正统年设，辽阳一员，正德辛巳年（1521）革。开原一员，嘉靖己丑年（1529）革。"　己酉，南京户部尚书王承裕请遣科道官会同南京户部官清查御马监见在马数，扣减多余草料，分派各仓场上纳，以备官军支用。报可。（一〇一，2393）　己未，兵科纠劾南京守备太监卜春、王堂各奸利不法事，上纳其言，诏春、堂革任闲住，以太监赖义、吕宪、李瓒往代之。(一〇一,2395—2396)　庚申,查革御马监勇士三千四百三十八名。(一〇一,2396)

六月戊辰。先是,以大工,诏天下班匠俱征价解部,各衙门应拨用者减半支给。于是工部奉旨裁定应给名数:司礼监并文书等房每季共九十名,内官监并冰窖八十名,尚衣监、御马监、混堂司各十名,司设监十八(**抱本作八十**)名,印绶监、供用库各八名,钟鼓司十六名,针工局二十名,巾帽局、银作局各十二名,宝钞局四名,司苑局十四名,内阁并杂工打扫六十名,翰林院十八名,詹事府八名,四夷馆、中书科各四名,清黄通政、尚宝司各二名。(一〇二,2400—2401)　庚午,兵部覆显陵管工给事中李凤来所陈恤地方三事:"一、处驿传,谓今显陵肇建,官员辞谒者踵至,又添设守备,日支廪给,安陆州石城驿原额钱粮支应不敷,宜行所司计处。一、取官校,谓显陵既设监、卫,原差看守锦衣官校数多,乞照长陵例,止存留巡视校尉二十名,余悉取回。一、禁迎接,谓安陆道当四集,迎送夫马岁无虚日,或久候境上,劳费不赀,在在皆然,乞通行禁约,凡迎送不得越境。"诏俱如议。(一〇二,2402)　癸酉,詹事霍韬等言:"臣等奉命修《大明会典》,各该衙门未见送到册籍,未及编纂,臣等先于私家将旧典各书翻阅。(**前言天下田土、户口失额,而职官冗滥略。**)再按内臣监局官员,伏读《皇明祖训》,置职甚详,惟弘治年间儒臣失考,不及纂述,致我皇祖圣制所以严内外之限、慎宫阃之防者,不得知之。乞敕礼部行司礼监,备查洪武年间各监局职掌何如,员数何如,列圣以来钦差事例何如,今日员数何如,送馆稽纂。臣等窃观《周礼》,内臣之职,统之天官,今监局事例多由礼部,若钦遵《祖训》添修《内臣职掌》,编列典礼,亦圣朝礼以制治之理也。……"得旨,令各衙门备核沿革定数,送付史馆。(一〇二,2403—2408)　癸未,裁减内府供用库白米二万六百八十二石,从户部议也。(一〇二,2411)　丁亥,南京织造太监李政奏请支宝藏库贮银一万八千九百两以佐工价,工部执奏勿许。得旨准给半，令亟织解无误。（一〇二，2414）　　癸巳。先是，户部题准御马监马匹每岁下场牧放三月，住支草料。至是太监麦福言本监旧例止于四月、五月下场，至五月以后不便牧放。兵部覆议："每岁三月住支草料，户部行为定例，不可更易。今称蚊虻生发，秋禾满地，难于牧放，则其下场月分听该监从便行之。"诏可。（一〇二，2416）

七月丁酉。先是，上从言官请，停止杂派工役。工部移文，停浙江、苏州织造，而紧要上用袍服依错（**按，原文如此**）混停，太监吴勋以为言。上以袍服非杂派工役比，切责工部朦胧停止，命尚书刘麟自劾，因责其欺慢，勒令致仕。原任侍郎何诏及营缮司官俱夺俸五月。（一〇三，2421—2422）　　戊申，提督海子太监孙端疏乞优免海户杂差。户部言："海户多殷实，故先朝斟酌每户优免三丁，载在《会典》。近者畿辅之地灾伤频仍，差徭浩繁，奸民往往投充陵坟匠校，选收将军勇士，影射偷闲，避重就轻，偏累良民。根本之地，深为可虑。海户优免，止宜如故，且当论诸投充影射者罪，以警将来。"报可。（一〇三，2428）　　丁巳，巡按直隶御史魏有本言："顷有诏停止苏、杭织造，待丰年举行，已又命织造官不必取回。臣揣圣意，盖以工役宜停，特官不可罢耳。乃太监耿隆犹督征粮价，催攒工程，是已停复征，方罢即举，前后背驰，上违德意，下失百姓心。今苏、松诸府灾伤荐至，乞仍前诏停止为便。"诏如前旨。（一〇三，2431）

八月丁卯。先是，南京户部右侍郎杨果等言："奉旨一应钱粮俱差委科道官监收，查理通行岁报，查得南京锦衣等卫三十六仓、中和桥等三草场并孝陵神宫监、御马监、内官监、酒醋面局、光禄寺、神乐观、牺牲所收放钱粮除原有巡视御史并本部委官，仍添差给事中一员，五府、六部、都察院、大理寺、国子监、通政司诸衙门收受俸粮，亦另差科道官各一员监视，其外承运库并甲字等九库旧有科道巡察，若内承运库、供用库等监局无官监督，宜并行巡视九库科道一体监督，岁终造册奏缴。"户部覆上，得旨如议行，内承运库免查盘。(一〇四，2439—2440)　丙戌，詹事府詹事霍韬上言："臣伏见陛下任用(张)璁、(桂)萼，真如腹心，璁、萼不善保全，自取黜斥，夫复何言。顾今日之公是公非关系百世者，臣不敢默。臣谨按璁、萼二臣，虽事多专主，然其自视，直以为主上如此信任，我虽粉骨碎首，亦所甘心，无暇顾避祸福，其心可亮。若杨一清之奸赃罪状，则难以尽言，如纳张永之馈而为之引荐，受萧敬之馈而为其家人求校尉；此犹可言，若去年……(**下言一清纳贿专权略。**)一清又复幸值灾变，暗嗾内官，以中伤同列，此其不职之罪小，误国之罪大也。璁、萼每诋一清，一清亦仇璁、萼，怨积已深，党植已分，构谋已密，一清遂鼓嗾言官攻击璁、萼，滥及善类。且一清尝语内臣曰：'张璁、桂萼与霍韬修《大明会典》，查内臣员额，他日额数既定，则将尽革额外冗员矣。'以故内臣人人自危，致有今日彼陆粲、岳伦之疏，皆非其本心，特为一清所诱劫，遂颠倒至是耳。臣姑未尽究粲、伦之说，惟即其害义之大者一二言之。……(**下引陆粲言及霍韬之驳论略。**)去年议礼，凡攻击璁、萼者皆已得罪，今则附顺璁、萼者又复得罪，如是则百官安所适从也？臣不能先事调停，致大臣攻击，诬及善类，臣之罪固不能辞。且臣与璁、萼俱以议礼进官，璁、萼既去，臣岂宜独留？乞赐罢黜，仍敕吏部、法司隐核被劾诸臣罪状，果有真迹即寘之市曹，以为奸党之戒；不者，亦为辩理，庶为善类之劝。此今日国是之大，所宜定者，臣昧死以闻。"上曰："所奏事情朕已悉之矣。尔昔赞议大礼，忠诚昭著，宜似旧安心办事，不允辞。"(一〇四，2460—2463)【考】张璁、桂萼为内臣所忌，如李诩《戒庵老人漫笔》卷二《蟹背字》记："今上一日见蟹行地，问何物？内臣以蟹对。取看，背有字曰'桂萼'、'张璁'，惊问其故，转相追究，乃太监崔文所书，因知言二人横行也。文谪南京。"又，霍韬指一清纳张永贿事，《世宗实录》卷一〇六，嘉靖八年十月乙丑："大学士翟銮疏言：詹事霍韬劾大学士杨一清不法事情，内开'太监张永馈送金银，闻杨一清等皆受之'，'等'之一字，虽未知所指名，但臣备员内阁，与杨一清同官，闻之岂敢自安？乞容休致，终始保全。上慰留之。”一清终为所累去官，事见《世宗实录》卷一一二，嘉靖九年四月丙寅：“革原任大学士杨一清职闲住。一清往在陕西，与镇守太监张永同事相善，永之废而复用也，一清有力焉。及永殁，复为作志，而永弟容乞恩得升锦衣卫指挥佥事，兄富为副千户。后富责永家人朱继宗侵没赀产，继宗因讦奏永勘事江西时盗宸濠库金二千两，以其半馈一清，转升容等官职，容随具疏辩。诏下法司推鞫，廉得永存日，馈一清生日贺礼金百两及容求文折仪银二百两，无馈宸濠金事，拟容违例乞升，赎徒革职，一清请自圣裁。奏上，诏革容职而贳一清罪，所受金帛令所司追收入官。既而给事中赵廷瑞等复以为言，乃夺职令闲住。”

十月癸亥朔，太监刘良奉旨督造弘治、正德中未完磁器三十余万。给事中陈皋谟言：“先年止是饶州府委官烧造，近世乃遣中官，大为民害，请罢之。”疏下工部，覆如皋谟言。上曰：“烧造非自今始，且日用亦不可缺，尔等既有所见，何待言官论及，乃为此议？不过畏人言耳！如前旨行。”(一〇六，2499)　　丙寅，吏科给事中李鹤鸣奏：内官龚成隐占朝阳关外庄田四十六顷，且多科子粒银两。户部勘覆，追夺入官，其多科租银准作原佃人户以后年分应征之数。诏如拟。(一〇六，2500)　　壬午。先是，套虏踏河冰从瓦窑墩南口入寇宁夏，逾贺兰山，众可六七千，骑谍者误报三百余骑。总兵杭雄、副总兵赵镇、游击将军李勋、都指挥吴云等率骑兵三千出平羌堡，与虏遇。虏尽伏其精锐而以老弱接战佯走，我军争利逐之，前锋已陷伏中。雄等望见尘起，谓且得虏，驰前遇伏大败，死者九十二人，伤者七十八人，亡马七百余匹，器械甚众。雄等匿其败状，又减所亡失之数。至是给事中李仁奉旨往勘，具得其状，因论巡抚都御史翟鹏、镇守太监张镇罪宜并治。得旨：“雄等巡按御史逮问，鹏夺俸两月，镇特宥之。”(一〇六，2516)　　辛卯。初，云南省城近地群盗纵横，都御史欧阳重言今为盗者，皆总兵官沐绍勋、太监杜唐等庄户，请究治主者。兵部议遣科官往勘，上曰：“官不必遣，即敕绍勋、唐及新抚按官协心督捕，亟令尽绝，以靖地方，毋

得徇私误事,有负委托。"(一〇六,2521)

十一月壬子,云南巡抚右佥都御史欧阳重奏:"大理府太和仓山故产奇石,可作石屏、石床。黔国公沐绍勋、镇守太监杜唐、知府刘守绪、去任副使邵有道擅发民匠,攻山取石,土崩压死不可胜计。请永为封闭,不许复开。仍切责绍勋及唐,逮问守绪等,以惩贪残。"从之。(一〇七,2536)

十二月乙丑,给事中田秋等条上御马监事宜,下户、兵二部议覆。户部覆其四事:"一、谨饲秣,言御马监马匹已经点视,其存留拣退,俱各有数,乃今存留者又多病死,此不善喂养之过也。请自今仍照马匹等第,以朝马、赏名马为一等,驮鞍、选记、披甲马为一等,骑操马为一等,上下其料,加意喂养,每季终通查具奏。其非时疫而百匹之中月倒死一二匹者,将分管人员量行责治;三匹者内外官、军医、兽人等通行逮问;五匹者掌滩、贴滩中官一体究治,若有侵盗草料及将势要马容留寄养者,从重论罪。一、慎稽考,言本监钱粮数多,监临有主事,典守有官攒,出纳当由其手,支放贵以其期。宜以今次查过实数为旧管,辨其毛色、口齿而籍之,以授主事,遇有新收倒失者附注籍中。其关支草料该监具数,令官攒呈报主事,按籍支给,如有倒失,截日扣除。光禄寺月报剥过马数,礼部岁报进贡马数,以备稽考。一、严会派,言马数既清,钱粮亦宜节省,内外三场草料二年一派,今核过马畜不满一千六百,实在草料足支二年。请行兵部,自嘉靖九年始,每年终移监收科道官,户、兵二部委官,会同本监阅视瘦小不堪者,如例变卖,查照见存实数,以待会计。一、减监收,言监收中官内场三十一人,中府场二十一人,天师庵场二十人,每场又有积年写字军八人,冗滥滋弊,以致赔偿愈重,上纳不前。宜择中官廉慎者,每场量留四人,余悉裁革。一、清直米,言本监籍名养马,军止一千三百余名,而日支直米者乃至三千七百;修造鞍辔者三五人,而日支四百;勇士上直早晚二班,各六百人,而日支三千一百,冒滥如此!请行兵部斟酌多寡，具数上请定夺，照数支给，不必经由该监。”兵部覆其四[五]事：“一、裁牧军，本监马驴一千七百余匹，牧军乃三千七百余人，不无冒滥。今但存留三千人，量马等第，拨定名数，分番饲牧，其余七百余名悉归原伍差操。一、重禁兵，腾骧四卫号为禁兵，不隶府部，亦汉之期门、羽林，唐之金吾、神策，所以防御非常，意至重也。今养马军人老弱者多，买闲者众。盖由各卫验视新军、推选军政，皆由兵部，而四卫独不由各营；操练俱听科道点闸，而四卫独不听。今后遇有补役，必行兵部验军主事查验明白，方许收粮，考选军政之年听本部考选，点军科道官照例点闸，有蹈前弊者参治之。一、明印烙，言内闲外厩及各营马已有印烙，今欲改铸字号，以别内外，各营则将祖宗旧制火印置之无用，似宜仍旧。一、核名实，言医兽及金鞍等匠亦多冗食，宜令本监严加考选，各马坊医兽共留百人，金鞍等匠六百人，分两班应役，余各归伍差操。一、处菜马，菜马所以备燕享膳羞之用，养之多则耗公储，取之市则伤国体，今可多发贸易而量留一二十匹供用。一、定驴价，查得驴头专给山陵长随人等骑坐，他无所用。驴户于本监纳银，有一驴费至十余金者。今定价七两，于顺天府派取送部，发太仆寺收贮，待司香长随支领，自行收买。”诏俱如议行。(一〇八，2539—2542)

丁卯，守备湖广安陆州太监萧洪言皇庄田地湖池近被军民妄称佃户投献，告争侵夺。知州郭时叙亦以为言，各疏请查勘。户部覆请行巡按御史委官，取守备衙门所贮册籍，与州县粮册查对，仍沿丘履亩详核有无侵占以闻。诏如议。(一〇八，2542—2543)

戊辰，盗窃显陵御物，守备太监萧洪捕获之。事闻，下巡按御史张禄问，盗罪死，洪免究，司香奉御李元芳以滥收无赖，下司礼监论罪。(一〇八，2543)　甲戌，巡按陕西监察御史胡明善以番夷深入临巩大掠，劾奏前参将王玑、守备郝元吉、今参将云冒及镇守、总兵等官失事罪状。上切责各守臣误事之罪，令巡按御史分别参奏，都御史寇天叙、太监晏宏、总兵官刘文各严督参游、守备等整兵加谨堤备，其防御事宜令总制尚书王琼区处。(一〇八，2548—2549)【考】晏宏本年在陕校补刊刻由司礼太监扶安所辑《资治通鉴纲目集说》，户部尚书刘玑作序。其书内臣多爱重之，晏宏亦颇为善行。《酌中志》卷二二《见闻琐事杂记》："中官最信因果，好佛者众，其坟必僧寺也。惟晏太监名宏者，不知何许人。武庙时，曾镇守陕西，与督臣王琼同事，其坟在西山，不设佛像，止以石砌壁，而镌刻古来贤孝典故，为劝化计，俗所谓'晏家庙'者是也。今经厂所贮晏公纲目板一部，宏遗物也。内臣多爱，重刷印之。"　丙子，惜薪司太监芮景贤等言："本司库厂积余木柴约足内官、长随等一岁支给，请将明年分新添折柴价银一万八千九百余两暂行蠲免。"工部覆景贤能仰体上心，为民节省。诏从之。(一〇八，2549)　辛巳。正德中，太监韦霦义子施敬与其兄施恭夤缘冒锦衣卫指挥职事。故江都县民袁英母施氏为恭祖姑，恭知英家富巨万，遂矫诏乘传往籍其家，怖死男妇三人，并发英父母棺尸。嘉靖初，英诉，死狱中，恭坐论死，有诏谪戍，又罢所矫籍者勿追。至是，英妾张氏复诉其事，而霦辩不知。疏下法司，议逮恭兄弟，出霦听勘。会刑科给事中赵廷瑞劾霦先朝遗奸，今不当在司礼。诏如法司议。(一〇八，2553—2554)【考】韦霦随下狱，事见《世宗实录》卷一一三，嘉靖九年五月癸巳："诏逮问太监韦霦，革锦衣百户韦进贤等职。进贤本降虏，冒霦姓，恃霦暴横，以债准折平江伯产千金以上。事发，刑部按进贤罪如律，并请坐霦，从之。"霦无复见于史矣。　庚寅。先是，南京给事中柯相等言南京各门、关、库内臣增设太多，乞酌量留革。兵部覆议："嘉靖初年已奉诏裁定，每处第留二三人管事，未几复踵前弊，今续增多余人员奉有钦依管事者并令挨次候缺，奏请填补。"从之。(一〇八，2557—2558)

本年附

史事·裁革山海关内官

嘉靖《山海关志》卷二《关隘二·关二之一·山海关》："宣德九年始设

兵部郎中来守，历四人，易以主事。正统八年，添设守备武臣同事。正德三年，逆瑾怙权，矫上命，以中官赵纲守之，去主事。瑾伏诛，纲坐瑾党罪废，设主事仍旧。十二年，复用中官王秩来守，又革主事。然纲虽逆党，尤知礼重士大夫，绳家奴以法，不敢大肆。秩则纵暴网利，锱铢靡遗，困及遐迩，荼毒之遭，在吾山海尤甚。今上改元，刬除弊政，复设主事而永革中官。适丰都黄公景夔来，乃呈部革守备同事。越二年，黄公代去，值主事王公冕为辽妖卒所害，镇守太监李能奏设抽分，而商贾之困犹夫中官时也。主事新昌邬公阅乃呈部，题请永革之，则嘉靖八年秋也。"

嘉靖九年庚寅(1530)

正月壬寅，御马监太监麦福奏乞腾骧左等四卫军士见操者不必差，科道点闸新补者不必由兵部审验。兵部覆言："委官验审，科道点闸，皆弘治间旧例，又屡奉皇上诏旨申饬，宜如旧为便。"上从部议。(一〇九，2561)　　辛亥，刑部尚书许赞言："顷奉旨逮兴州后屯卫署都指挥崔昂，昂匿其叔太监崔文所，不就逮。请戒饬文，必出昂以申法。"上命并文逮治之。(一〇九，2572)　　癸丑，礼科给事中曾仲魁等陈四事："一言自嘉靖九年为始，供用库粳米、茶芽、豆、谷等项附余数多，宜量为减派，以苏民困。二言酒醋面局历年积余米、豆、草束数多，乞查见在若干，未收若干，并合用若干，应减若干，会派征纳。三言浣衣局糙粳粟米支用不尽，各量留二十五石，其余扣作近卫官军月粮。四言管运白粮俱宜令粮长亲身赴京交纳，不得转雇无籍之徒包揽，以致浪费。"部覆，从之。(一〇九，2572—2573)

二月辛未，江西道监察御史周禈条陈五事："(**一、明史职。二、恤水灾。三、清册籍。四、厚风俗。**)五理驿传。各省差役繁苛，人力疲困，舟车所至，不胜其扰。宜自进鲜船只及入贡夷人与文武大臣、内臣监丞以下俱立为限制，以免横索。"疏入，上以其言可采，命所司看详以闻。(一一〇，2592)【考】同卷："兵部覆御史周禈所奏理驿传事,请申明公差应付旧例,凡文武大臣及内臣监丞以上人夫不过五十名,其次四十名,有违越者听抚按、巡河官参治,土官进贡如嘉靖七年例,南京进鲜及他省进贡如嘉靖六年例。上从之。"礼部议覆见卷一一一,三月乙未:"礼部覆御史周褌所奏'厚风俗'事,言风俗坏于奢侈,法令当行自近,今都城之中,衣轻乘肥,非贵戚之臧获,即貂珰之仆夫,诘问则根据[踞]城社,纵释乃横行街衢,以致远近效尤,恬不畏法。乞严敕内府及勋戚、府部大臣,令其检饬家徒,不得纵恣,中外民人有服食、宫室、丧葬、宴会过盛逾制者,严为禁格。上从其言,令都察院申禁榜示中外,所司不奉行,士庶不遵改者,悉论如法。"　甲戌,云南巡抚右佥都御史欧阳重、巡按御史刘臬劾奏镇守太监杜唐役占军余,巧肆渔猎,每岁科取民财以万计,因极言镇守内臣骄纵贪残,当裁革。诏下抚按官勘实以闻,唐回京听勘。(一一〇,2602)【考】云南内官随裁革,见《世宗实录》卷一一七,嘉靖九年九月壬辰:"诏裁革云南镇守太监。巡按云南御史毛凤韶言镇守太监非洪武、永乐年间旧设,扰害地方,不可胜言。近蒙皇上明见万里,将太监杜唐取回,夷民欢颂,有若更生,更乞追复祖制,将续差太监停止,以苏边徼之民。疏下兵部议覆:'云南自古羁縻之地,夷性难驯,近年用兵,军民困苦,省官节用,正今日所急,况镇守太监原非祖宗旧制,宜如御史议裁革便。'报可。"　丙戌,诏革应天府上元等县羊户。先是巡抚都御史陈祥言:"南京光禄寺司牲司羊户凡二十六人,皆征银上元等县,不下三百余金,而岁办不过奉先殿荐新羊羔一只,司设监羊毛百斤耳。宜存句容、溧阳羊户各二人应役,余悉罢免。"从之。(一一〇,2611)

三月乙未,户部覆酒醋局署局事太监武忠奏:"局中见存及未到黑豆五千八百四十七石、谷草一十三万一千八百一十束,足资三年之用,宜免派;黄豆九千二百七十五石一斗九升、绿豆一千七百五十六石六斗二升,足支二年之用,宜量减,黄豆减八百石,绿豆减二百石;糯米一万一百五十一石九斗五升,止足资一年,宜如旧会派,其未到者责令所司征解支用。"从之。(一一一,2615—2616)

四月丁丑,长陵等陵神宫监太监杨宾奏乞将各陵园等户尽复其家。户部覆言:“陵园等户供役轻省,豪民避重就轻,每多投充,民力坐此重困。故先朝斟酌损益,载在《会典》,每户连本身止免三丁。况今差占库夫柴夫等役繁多,如系籍陵园者全户优免,则遗下差役必更加派小民,恐致负累流徙,宜令有司止优免如《会典》例。”上从部议。(一一二,2662—2663)　戊子,以修理南京太庙,命魏国公徐鹏举、尚书何诏祭告,复同太监吕宪、南和伯方寿祥提督,给事中何祉、御史司马泰监督。(一一二,2679)

五月庚戌,镇守云南右少监刘福安赴任,奏以家人十五名自从。兵科(都给事中)张润身以非例劾奏其罪。诏降福安三级,别遣人代,家人皆下法司以逮问。(一一三,2691)　甲寅,镇守广西思田副总兵张祐所部兵破封川、石砚、鸡峒等巢猺贼,斩获二百一人……(**下副、参等将斩获皆略。**)于是猺獞稍平。提督侍郎林富及总镇太监张赐、镇守总兵官仇鸾各言功状,上嘉富及赐、鸾勤劳,各赏银十两、纻丝一袭,仍下御史核实以闻。(一一三,2692—2693)诏清查内府各监局匠役。(一一三,2693)

七月庚寅,南京内臣高昇以进贡鱼、笋,朘索舟夫不遂,因置其笋,止以鱼进。兵部言:“迩者皇上虑此辈徇私需扰,特申省并之禁,而昇等不遵,反肆抗逆,当罪之。”诏下南京兵部勘其贪刻实迹,奏请处治。(一一五,2722)　壬子。先是,行人王祯奏请察内府工匠、厨役、医、卜技艺人等额数,汰其冗滥,以省糜费。太监黄锦等以缮造郊坛工作,乞暂缓清查,已允所请,王竚等复援例陈免,上曰:“各监局原有旨令清查,正欲革除冗滥,节省浮费,如何奏扰,以图侥幸?除有旨暂免者罢,余照旧清查,不许朦胧具奏。”(一一五,2739—2740)

八月甲戌,以水灾停免湖广武汉等八府所派内府巾帽局物料。(一一六,2752)

九月庚子。初,南京兵部奉旨裁省诸司进贡快船,南京守备太监赖义复以船不足运,具疏请益。诏下南京兵部尚书王廷相等覆奏，言："南京各卫马快船只乃国初置，备水军征进辎重之用，大小黄船乃永乐以来供奉乘舆北驻及进贡方物而设，自太宗都燕，遂以二船专运宗庙荐新及上供品物。然物有定品，船有定数，是以上无废事，下不疲民。今则法久弊生，管运内臣乃有假进贡以规利者，拨船之际，虚张品物，务求多船，以济己私。盖缘未辨其轻重多寡，故不能尽发其欺隐而折其伪辞。今臣等查议，先论其物之轻重，次计其杠之多寡，后定其船只之数目，虽有奸贪，欲求多拨，不可得矣。尝闻宗庙荐新品物，惟太常寺所进为太祖高皇帝旧额，其南京司礼监制帛、孝陵神宫监苗姜香稻等物、南京内织染局龙衣、南京印绶监诰敕轴，皆永乐以来上供之数，旧额之不可省者，其余若守备诸司所进，则皆宣德、正统、天顺、成化以来传旨取用，可减者多。如枇杷非南京所产，青梅酸涩不堪用，天鹅、鹚鹄、鹑、雁诸禽，石榴、柿子、秋梨诸果，又北方有之，通属可省；龙衣彩锦、纱罗、绫段诸物，既有织染局之岁办，则当省南京供应之机房，且一次所造，必备数年之需，一袭龙衣安得经年即坏，若是尚衣有余，似亦织造当省，此则可以会计停止者也；南京内官监竹器，论造作则所值无几，计运送则所费不赀，亦宜会计所存可备几年之用，量为停止；云龙膳桌、朱漆器皿及铜铁诸器皆坚久可用，亦宜会计量省，不必每年供造者也。即此一事之行，圣恩所及甚广，伏望皇上独断而必行之。"上以所奏下该部，礼部尚书李时等言："荐新品物除枇杷非北土所产，梧桐子、风鲫鱼并入水木樨，鸡鹅弹[蛋]俱宜如旧进贡，用船装进，其青梅、石榴、柿子、天鹅、鹚鹄、活雁、鹌鹑俱可省，共停减船五只。"工部尚书章拯等言："南京工部每年造运供应器皿，虽额数三千六百件，节年免造减造其数亦多，原拟用船十五只，亦宜临时酌减。织造龙衣并竹器、彩漆桌盒、铜铁器物俱如所议减免。"上曰："此疏所言，专在省并，以纾民力，俱依拟行，著为定例。自后敢有假托增用害人者，科道官指名参奏。"(一一七，2770—2772)　戊申，巡按山西御史赵镗劾上八年十一月及九年正月虏犯山西，游击曹安、副总兵李瑾、刘玉、兵备副使陈伯安、镇守太监周缙、巡抚都御史张翰各失事罪状。得旨，李瑾降级用，曹安、陈伯安各夺俸三月，刘玉准以功赎罪，张翰回籍听勘，周缙还京，仍令吏部速举堪任巡抚者代翰。(一一七,2777—2778)

十月辛酉，给事中王希文言："(略。)又雷、廉珠池，昔在祖宗虽设官监守，不过防民争夺而已。正德年间，逆竖用事，传奉采取，流毒海滨。我皇上御极，即将珠池少监裁革，海滨之民不胜忻幸。今革者已复，采者取盈，驱无辜之民而蹈不测之险，求不可必得之物而责以难足之数，非圣政所宜。"疏下都察院覆，请自今诸国进贡宜令依期而至，比对勘合验放，其番货抽分交易如旧；罢珠池监守，请以镇守太监兼摄，仍严禁民间不许僭用珠饰。得旨如议行。(一一八,2792—2793)【考】嘉靖《广东通志初稿》卷三〇《珠池》："叙曰：珠池何志也？夫服身之裹也，珠服之饰也，祭礼之重也。自古恶衣菲食莫如禹，而必于淮夷贡珠，岂宝异物哉？在圣人用之，则为隆礼敬宗，在秦皇、汉武为之，则是玩物丧志。无他，义利之间也。今东莞之珠，前代亦或设职掌，厉禁明饬，且征求之，命结辙于道，以故民滋丛怨，为有司忧。盖采之者始于秦尉屠睢，而守之者始于宋熙宁也，废置相因，至十年一采，则实(**按，实疑应为始**)于我国家。昔焉守之内监，人将自为私藏；今以隶之宪臣，似为天下公利。于是海隅苍生，稽首曰：'此圣天子之施为，气象自与前代不同也。'(**下言历代采珠沿革略。**)国初惟廉、雷有珠池，廉州之池七，曰青莺，曰杨梅，曰乌坭，曰白沙，曰平江，曰断望，曰海渚沙；雷州之池一，曰乐民。二州之地咸设内臣守之。弘治以来，乐民池产日空，正德十六年，省厥内臣，而以廉之守臣兼之。嘉靖十年，抚臣奏言：珠池约十年一采，而内臣一年所费不下千金，十年约以万计，兹轻万金之费而守二池，于十年之后所得几何？乞取回守池内臣，专以其事责之巡海道及海北兵备等官。诏从之。于是无守池之费，而采珠之费则未之有省也。盖自弘治以来，制唯十年一采，然亦或有三五年一采者，其所费与其所获之数，可得而稽焉：弘治十有二年十月开池，讫于明年之正月，厥费一万七千两有奇,获珠二万八千四百两有奇。正德九年十月开池,讫于明年之二月,厥费一万二百两有奇,获珠一万四千两有奇。嘉靖五年十一月开池,讫于明年之三月,厥费九千三百两有奇,获珠八千九十八两。嘉靖九年九月开池,讫于明年之正月,厥费六千七百六十两有奇,获珠五千三百九十两。嘉靖十二年八月开池,讫于明年之二月,厥费七千七十两有奇,获珠一万一千三百二十两有奇。大抵所费一倍,获珠加倍之半云。盖尝闻之,明王不索异物,不宝珠玉,则珠池之役可无作也。且采珠之役,每岁不下万金,所获仅加其半,是以金易珠也,得失孰多焉?且开池之时,守令苦疲于供亿,百姓不堪于奔命。况夫蚌螺气毒,人多疫痢,与夫入水而死者不可胜纪,不利于民,莫大焉。莫如罢之,而有厉禁,非至之绝则弗采焉。其诸百姓之福乎?其诸王道之全乎?君子曰:'欲全罢之则未可,要在取之有节,用之有礼,禁之有法而已矣。'夫天之所产,地之所蓄,唯天下之宝,明王亦当为天下宝之;不尔,则明珠失守,独不滋奸人之衅矣乎?此庙堂大计,未敢轻议云。"万历《广东通志》卷六《藩省志六·事纪五》:嘉靖十年冬十一月,"提督侍郎(林)富奏革守珠池内臣"。《广东通志初稿》卷三〇《珠池》:巡抚都御史林富疏曰:"臣照得两广设有总镇太监一员,住扎梧州,任重且专,擅难议革。其广东滨海与安南、占城等番国相接,先年设内臣一员盘验进贡方物,廉州府合浦县杨梅、青莺二池,雷州府海康县乐民一池,俱产珍珠,设有内臣二员,分地看守。前项各官,或用太监、少监、监丞,初无定制。成化、弘治年间,乐民珠池所产日少,至正德年间官用裁革,惟廉州珠池一尚存留看守。臣窃计各官供应之费,市舶太监额编军民殷实人户各五十名,而珠池役占不减其数;珠池太监额编门子、弓兵、皂隶等役,而市舶所用亦不为少。及查先年番舶虽通,必三四年方一次入贡,则是番舶未至之年,市舶太监徒守株而待,无所事事者也。迨番舶既至,则多方以攘其利,提举衙门官吏曾不与知,万一启衅外夷,则该管官员固有莫知其由而反受其咎者矣。况递年额编殷实及所占匠役,无故纳银,以供坐食,为费不赀。珠池约计十余年一采,而看守太监一年所费不下千金,十年动以万计,割万金之费,守二池之珠于十年之后,其所得珍珠几何?正谓所利不能药其伤,所获不能补其所亡也。臣故以为市舶、珠池太监俱不必专设,以贻日浚[朘]月削之害。市舶乞敕巡视海道副使带管,待有番舶至澳，即同备倭提举等官督率各该官军，严加巡逻。其有朝贡表文，见奉钦依勘合许令停泊者，照例盘验；若自来，不曾通贡生番如佛郎机者，则驱逐之。少有疏虞，听臣纠察，庶几事体归一而外患不生。若欲查照浙江、福建事例，归并总镇带管，似亦相应。但两广事情与他省不同，总镇太监住扎梧州，若番舶到时，前诣广东省城，或致久妨机务，所过地方且多烦扰，引惹番商因而辄至军门，不无有失大体。故臣愚以为，不如令海道副使带管之便也。其珠池乞敕海北道兵备官带管，既系所管信地，又免编役供需，禁令易及，民困可苏。若谓珠池乃宝源重地，宜委内臣看守，诚恐倚势为奸，专权生事，宪职不得禁诘，诸司不敢干预，非惟费供亿之烦，抑且滋攘窃之弊，故臣愚以为不如令海北道兵备官带管之便也。如蒙，伏望皇上轸念边方军民穷困，特敕该部从长查处，将市舶、珠池内臣取回别用，其额编军民殷实人户及所占匠役并门子、皂隶等役尽数裁革；仍乞降敕巡视海道及海北兵备官，各行严督官兵，巡察以待抽盘，看守以待采取。则省二内臣之费，不啻齐民数十家之产，而地方受惠，边徼获安矣。” 壬戌，少傅兼太子太傅、吏部尚书张璁奏：“……宜敕礼部举慎选之典，惟贞淑之求，以充妃嫔，以备侍御，或当内教礼仪之行，亦各得以相摄佐也。”疏入，上曰：“览卿所奏，具悉忠爱诚切至意。朕大婚将十年，元配又失，嗣承久虚，深用忧惧，每廑圣母之念。礼部速拟应行事宜以闻。”于是礼部覆请遣本部官二员、司礼监官二员前往直隶、南京、凤阳等处选求。得旨：“朕思此举专为广嗣续，止遣司属官四员以往，勿得因而骚扰百姓，以称朕为宗祀至意。内官不必遣。”遂命礼部员外郎李瑜、主事屠应埈、王汝孝、吴龙分往南北两直隶、河南、山东选取。（一一八，2798）【考】《世宗实录》卷一一九，嘉靖九年十一月辛卯：“礼部奉旨采选淑女于京城内外，得一千二百五十八人，请行钦天监择日送赴诸王馆，命司礼监官或皇亲夫人二三人先行选择，然后引见圣母。得旨，令礼部送赴馆，俟内夫人、女官选毕，引诣圣母前择用，著为令。” 南京兵部主事林文华上言四事：“一、省造船以节财用。南京各卫快船见在七百七十三只，江淮济川马船之数称是。嘉靖七年以前，守备等衙门进贡船岁七八百只，或千只，以故船不敷用,本部议请岁造快船四十只,计费银六千两,盖不得已为救弊之计也。今屡奉明例,省并岁拨快船,不过二百只,计见在之船,可拨五年,其岁造快船宜即停省,以节浪费。一、严禁官船附搭。内臣进贡,止许半月以前行文南京兵部拨船,验装之后,止许五日以内起程,如有无籍之徒立为旱船前站名色,拨置招商,附搭人货者,问发如例。内臣知情受财,一体参究。(**一、禁军官私役。一、均派各营马匹。**)”事下兵部议覆可行,但均派马匹遽难议处,宜令南京兵部议奏。从之。(一一八,2799—2800)　庚午,南京兵部尚书王廷相言:“南京龙江、大胜、新江口、浦子口、江淮五关,内外守备各差官盘诘,抽分需索,为害百端,商旅甚苦之。又承委江淮浦子口内臣四员,岁支廪给银一百四十四两。又每年春秋二季差官于安庆、九江等处点闸官军,作威纳贿,无所不至,深为扰害,并宜禁革。”兵部覆议,从之。(一一八,2801)　癸酉,南京兵科给事中秦鳌上言南京内外守备三弊:一投托,二役占,三威虐。并劾魏国公徐鹏举、太监赖义奸利不法事。上以鹏举勋戚大臣,姑宥之,戒令改过自新,义罢回京,余皆如议。(一一八,2813—2814)

十一月丁亥朔。先是,上谕大学士张璁等曰:“朝著重地,华夷毕会之所,我皇祖时内阁、锦衣卫官侍立于座之东西,盖在陛上也,此可遵复。朕惟王言不为[可]不重,群臣四夷瞻奉在此,凡领敕者欲令翰林官一人捧侍内阁官之后,候承旨,授与领敕官,回本班之次。卿等即会礼官议闻。”于是礼部尚书李时与璁等议,以常朝毕内阁官于东陛,锦衣卫官于西陛,各以次升立于宝座之东西,锦衣卫官在司礼监官之南。捧敕用翰林官,日轮一员,立于内阁官后,候承旨,由左陛下至御道,授与领敕官,回至本班之次。诏可。璁等寻具疏谢,上曰:“此皇祖文皇帝之制。夫阁臣职首文班,位居辅弼,所宜近侍卫官,侍之座旁,乃便于承旨,岂得无谓,亦朕之己意。览陈谢,足见祗慎。”(一一九,2817)　辛丑,工部尚书章拯、礼部右侍郎湛若水奉旨会勘锦衣卫军匠章源所奏事,言:

“品官坟茔原有规制，内官已故，往往赐葬，造碑亭享堂皆出特恩，或有因而盛兴土木，华靡逾分，又有预修越制之工，以冀后来恩宠。积弊既久，玩袭为常，非止张忠、张永一二家而已。其事有实者下法司问拟，诸坟茔过度者通行禁约。瓮山、红石口山脊先经挖掘，广源闸右堤水沟先经开引者，即行填塞。仍敕金山管事太监严禁山原，无致伤龙行正脉。”诏法司看处以闻。(一一九，2840)

【考】《世宗实录》卷一二二，嘉靖十年二月戊寅：“都察院覆童源所奏查勘过太监秦德、张永、张忠坟墓在瓮山广源闸等处，俱系山陵来龙过脉及环拱处所，且奢丽逾制，俱宜改正；其余官民坟墓不下数千，凡有奢侈僭分者，亦行改正；西山一带煤窑俱应禁塞。上曰：‘秦德等坟墓越礼奢侈，俱改正拆毁，其余官民坟墓但有奢侈过分者限三月以里一体改正。如与龙脉无干并无造作奢僭者，仍旧不动。煤炸系民生日用所不可缺，不系紧关应禁处，听小民照旧生理。’”按，童源所奏涉事者甚多，且另有内情，见《世宗实录》卷一二七，嘉靖十年闰六月丙午：“是时刁风渐炽，都市无赖子三五成群，挟持内外阴事吓骗，重贿不得则罗构事端奏讦之，更相证助，诸司皆惕息。故太监张永弟容擅永余财，多行不义，军匠童源者胁贿于容，不应，乃讦永坟犯龙脉。事已结，又阴嗾容仆王谦、李纠首发容诸不法事。都人张雄者，惯舞文，为纠具词，遍诋廷臣，若汪鋐、许赞、许诰、廖道南、史道及内臣黄锦等数十人，皆以为受容贿，源随自上疏助之。诏下法司及锦衣卫会问。于是鋐等皆上疏乞罢。疏俱下法司，鞫得其情，具狱以闻。上以源累肆渎奏，结党诓诈，雄造诬词，谦蔓引害众，俱难依常典，命兵部各定发极边卫分充军，其所诬构内外官员悉置不问。”其事余波，亦见卷一六九，嘉靖十三年十一月辛巳：“初，童源告故太监张永弟容不法，并讦永坟建造违制及碍皇城龙脉。诏下所司勘报，永坟与风水无碍，弟[第]侈忲越制，诏损减如式。事竣久矣，至是，容奴郭禄者为容所逐，思有以倾之，乃祖源故智，诬称永坟犯龙脉，容不行迁改，去岁又将妻陈氏窃葬兆内，致哀冲太子不永。令其子郭麒陈牒锦衣卫带俸指挥阎纪所，使之转奏。纪，丽妃阎氏父也。上览而恶之，以其疏示辅臣曰：‘此疏甚无谓，人命定自天，矧积后人福则在祖、父为之，顾朕不逮皇祖、皇考深仁厚泽耳。诚如纪言，则举皆可以如是也，有是理耶！’辅臣张孚敬等因奏：‘近年京师无籍小人竞为刁辞，挟诈人财。锦衣卫虽见任官无受词例，纪系带俸，乃受郭麒告词，为之转奏，其为郭麒主使甚明。此风若渐长，未免有伤皇上平明之治，请严治之。'得旨：'郭麒胁诈害人，主使阎纪渎奏，其令法司逮讯，从重问报。纪姑贷。'禄计穷，乃复具疏讦永如纪奏，且诬其与亲王交通，中有大奸。令妻陈氏衣男子服，怀疏阑入午门前，为麒声冤。诏镇抚司执付法司，如前旨从重拟报。法司乃论禄、麒及诸朋谋，讦(**广、抱、阁三本讦作奸**)首俱发边卫充军，诏如拟。始郭勋以张永故，有憾于杨一清，乃乘霍韬劾奏一清，使永奴朱继宗告容，为飞语流禁中，容与一清俱得罪，继宗宥不问，自是告讦遂炽。至此容凡三被奴告矣。事初闻，众惴惴惧兴大狱，赖上圣明，察其诞，置诸奸重典，中外大悦而告讦之风少衰。"

十二月癸亥，南京户部言："南京内府各监局军匠之虚实、马牛之多寡，钱粮糜费，支销漫无稽考，况该管人员收受留难，多方需索，请行巡视科道同本部委官监收一切支用，月具官军匠役、马牛等畜应支粮草数目查验。"命依议行。(一二〇，2858)　辛未。先是，命工科右给事中戴儒清查各监局匠役，奏应留者尚万有三千。工部言："监局匠役皆以供膳服、备器用，必人通其艺，事称其食，非为私门冗食之计。今名数尚多，岂无冒滥？请再差御史一员，仍同戴儒及司礼监官、本部委官共审其不称者，径自开除，留者再验其所精艺业，务得实用。若有沮挠规避者，参究勿贷。"上命工部堂官会同科道、司礼监官从公查理，勿纵勿刻。(一二〇，2861—2862)　癸酉，户部言："御马仓、内象房同为内府仓场，草价上纳不宜有异，请为画一法，毋许内臣勒商需索；且象、牛止七只而内臣多至三十四员，冗滥殊甚，请敕司礼监量为裁革。"上如议，命择内臣廉静可用者三四人分管，余仍取回，有勒抑需索者科道官并该部委官参奏。(一二〇，2862—2863)　戊寅，监察御史喻希礼陈库藏五事："一、禁索取。各库收受物料，止验正数，定足(**抱本作足完**)出给关单，一切无名之费宜尽行查革。一、革冗员。甲字等库设有官吏、库夫数多，又有太监等官；广积库既设大使、副使，又设典史，俱为冗滥。且多一人则多一人之扰，宜量留数员，肃清库藏。一、禁诓诈。各处解官解户到京，不即赴部投文，将领到钱粮私相贩卖，以图利息。而奸徒包揽，多方引诱，移东就西，将无作有。俱听厂卫拿究，将原领解钱粮转发交纳，若钱粮入库而奸徒诬告诈陷者，不准受理，仍从重究治。一、清库夫。各库原设库夫俱有定数，今见在者不及其半，请行巡视科道官及本部委官照原额研审，中间有伪开在逃而私纳月钱者，指名参究。一、专委任。巡视科道官更易频数，无以防奸，请照监局事例，每年定拟一员，奏请钦命，俟满更替。"户部覆议，从之。（一二〇，2870—2871）

嘉靖十年辛卯（1531）

正月丙午。先是，御史廖自显奏蓟镇镇守太监驻扎建昌营者无益于防守而徒使官军敛怨，乞行裁革，即以燕河营参将移驻建昌便。巡抚顺天都御史周期雍、镇守总兵杨镇则请于建昌设把总，听两路参将约束。巡关御史周襗则请设建昌营守备。兵部以地方事重，下各官求归一之论。凡再奉旨会议，咸以御史襗所陈为当。于是诏革蓟镇镇守太监，设建昌营守备指挥一员，以都指挥体统行事，听镇巡节制。（一二一，2902）

三月丁酉，虏寇大同辛庄墩，千户张钺败，亡卒六十余人。总兵彭椟称疾不出。巡抚王大用以闻。上曰："地方失事，由镇巡号令不严、节制无术所致。大用戴罪杀贼，以图后效。椟等御史勘罪以闻。"都给事中张润身、御史张禄复勘镇守太监张绅、副总兵瞿江失律丧师，俱宜论罪，上命绅、江皆戴罪供职。（一二三，2959—2960）　辛丑，内承运库奏乏金、珠、宝石，行户部取用。部议珠行广东，宝石行云南查催进用，金取本库所贮足色金，量分成色，搀以太仓库银，置造器物，或俱行顺天府召商收买。上曰："朕撙节用度，不尚靡费，第奉两宫，又属岁造，似难概省。行府召商，恐因而扰民。太仓银不宜轻动，他库羡银查进七万，令御用监收买，备今二岁之用。金宁减省，不宜搀银，查催如议。"（一二三，2966）

工部言:"科道官监收内府钱粮如甲字等库,乃祖宗之旧规。近遵明诏,推而及于各监局,则今日之良法。兹者内承运库段匹及惜薪司等柴炭、军器局等物料俱奉明旨免行监收,其余各监局若御用监、御马监、司设监、针工局、巾帽局、浣衣局、司苑局、供用库、甲字等十库、广盈库则原差科道监收,内官监、印绶监、尚衣监、尚膳监、银作局、织染局、兵仗局、酒醋面局、宝钞司、盔甲厂则续差科道监收,谨开具请旨,以便遵守。"上曰:"御用、尚衣、织染三监局不必监收,第令守法,尽心制造,余如议。"(一二三,2966—2967)　戊申,诏革分守四川内官。是时分守四川左少监阎良贪酷不法,会建昌有豕妖,巡按御史丘道隆乃劾良赃罪,因请罢遣内臣,以恤民瘼。兵部覆议,从之。(一二三,2970)

四月辛未,显陵香殿暖阁渗漏,太监萧洪上其事。上曰:"陵寝殿宇乃皇考安神之地,缮造未几,即有渗漏,此督役诸臣之罪,该部查参以闻,亟遣修治。"于是工部言:"显陵之役,太监崔文、先任工部右侍郎今闲住章拯、尚书今致仕刘麟实提督之,太监李寅、李朋、李怀则监工,先任工部主事今升署郎中高仲嗣则收放物料,给事中李凤来、监察御史施一德、郎中甘为霖则监督,匠作则潘雄等,俱宜究治。"上以诸臣有负委托,令拯为民,麟闲住,谪仲嗣开州同知,一德兴国州判官;凤来、为霖以四郊效劳止夺俸,凤来三月,为霖五月;布、按二司及镇巡官各夺俸半年,崔文等诏司礼监奏请,各降级有差。已命工部右侍郎黎奭前诣显陵提督工程。(一二四,2982—2983)

五月癸巳,以天暑,敕司礼监太监张佐会法司审释系囚,免枷号者十九人,徒杖以下减等者七百二十三人,减死谪戍边者四人,有词发勘者七人,内赵廉、杨时、张缙皆边将论死,至是得释。(一二五,2995)　庚子,论擒斩广东海贼黄秀山等功,赏提督两广都御史林福富、镇守太监张赐、总兵官仇鸾、巡按御史李美、杨绍芳、海道副使江良才等各银、币有差,备倭都指挥陆桓等听以功赎罪。

（一二五，3000）　乙巳，直隶巡按御史周释[襗]按行山海等关，疏陈七事：“（**一、兼关、营以便应调。二、选侦谍以广耳目。三、给卒田以省运饷。四、精长技以制虏人。五、定袭酋以怀夷属。**）六、停内臣以专任将。谓各边镇守中官既革，则密云内分守、石门塞[寨]内守备不宜独存。（**七、严纪律以明军政。**）”疏下该部，以兰台袭封、各边设武学二事当行抚按详议，余悉从其言。诏可。（一二五，3002）

六月壬戌，山西巡抚都御史黄钟等言：“山西比年灾盗相仍，军民困惫，太监周缙镇守其地甫及二年，所费钱粮以万计，近因偏头关失事取回，请如贵州、建昌营镇守事例，一体裁革，永无差补，并请治缙罪。”从之。（一二六，3009）

闰六月乙丑，诏革镇守浙江、（江西、）两广、湖广、福建及分守独石、万全，守备永宁城内臣。先是都给事中张润身劾奏镇守浙江等处太监张赐、潘直（**广本监下有邓文二字，潘直作潘真，是**）、少监师章贪纵害事，宜黜；分守独石等处奉御田霖、监丞李俊、姚保皆冗员，宜裁。兵部覆，请悉行裁革，永勿差补。上然之，故有是命。（一二七，3024）　庚寅，兵部覆：“勇士张昇奏西苑豹房所蓄土豹一只，至役官勇士[①]二百四十人，岁廪二千八百余石，又占地十顷，岁租七百金，其实典守内臣侵牟影射，请量留勇士四十人应役，余悉还营卫差操，仍令该监核其奸利。”报可。（一二七，3026）

七月戊午。先是，南宫县巨贼樊仕勇、朱瀚椎埋杀人，为所在有司捕急，乃变易姓名为张钦、朱天章，假以贩枣为业，窜入湖广，往来常德诸府。会岷府承奉段诚先以罪革，钦等遇之，厚自结纳，遂因诚投入镇守太监潘真府第为僮仆，与真从人马骥等结为党与，纠集亡命数十人，挟轻舠利刃，出没沿江一带，大肆剽掠。尝杀广济县主簿及宝庆府经历，又劫岳州等卫运粮官银，纵横水陆，踪迹诡昧，莫可究诘。其余党王华等先后为官兵缉获，段诚因遗

---

① “勇士”下18字据广本、抱本补。

书张钦,语之故,且令其远遁,竟不就擒。巡抚都御史凌相等以闻,上命兵部速行南北直隶、浙江、江西等处各该官司,严限擒剿,潘真待回京之日法司具奏处治,段诚令巡按御史逮问,各失事官湖广都指挥朱诏等戴罪杀贼,限外不获住俸提问,事宁之日,巡按御史分别功罪以闻。(一二八,3052—3053)　丙寅,诏南京兵部查牧马草场征收子粒数,内外守备衙门有占种者悉令退出,召民佃纳,其余荒地照旧收放官马及听附近军民樵牧,有投献侵欺者指实参奏。从御史张心奏也。(一二八,3054)

八月丁酉,南京守备魏国公徐鹏举、太监晏宏等言:"浙江新江口乃京师咽喉,请以镇江卫原坐京操军士仍旧存留操备,演习水战,以固江防。"从之。　诏革回陕西镇守太监张绅、四川镇守太监萧通,皆以贪肆,为抚按官劾奏也。(一二九,3068)　乙巳,以广东新会等县山贼平,诏赐都御史林富、太监张赐、总兵官仇鸾、御史李美、吴麟、副总兵张祐及各司道有功人员银、币有差。(一二九,3079)

九月辛亥朔,修南京太庙工成,以魏国公徐鹏举、永康侯徐源、南和伯方寿祥、南京太监晏宏、李瓒、工部尚书何诏督理效劳,赐敕奖励,少监邓惠、主事陈谟等升赏有差。(一三〇,3083)

十月壬辰,复置御马草场于武清县桃花口等处。初,清查武清县牧马草场惟计分拨坝大等二十外[处]马房之数,量留地四千顷,余地皆赋民耕之。而内监牧马地土不曾开载,及御马下场无处驻牧,乃以湖渠马房地当之。原坐昌平、顺义、玉田三州县,及是,御马监以为武清马营草场当二十马房总会之所,岁牧御马道里适均,故先朝规址尚在,湖渠马房既僻远,水草不适,而创置公廨费复不赀,宜仍还武清,修缮故处为便。户部亦以为然,请以武清地召佃者皆还官,为御马草场,岁牧马二百匹,一马百十五亩,著为定制,其湖渠马房地仍召佃征租。从之。(一三一,3113)　初,盗伐裕陵树木,既获,而以重赂守备太监刘岑、都指挥秦震,遂免。

镇抚张椿等互为奸利，又太监窦宽等占役洒扫诸旗军，岁侵役银数百计。至是，巡关御史余鐍发其事，请亟黜岑、震而禁宽等沿袭之弊，因言自今守备宜听巡关御史督察，其天寿山内外守备仍复其颉颃之礼，使不得相压，以便行事。兵部核奏，上命都察院逮问椿等如律，宥震、宽，取岑回京别用，余如议。(一三一，3116—3117)

甲午，诏革南京各监局军匠之冗滥者，仍以存留之数著为例，禁所司不得朦胧勾补。(一三一，3117)

十一月壬戌，光禄寺卿黄宗明言："工部及南京工部岁造本寺器皿仅一万二千。故事，进贡器[品]物必给还器皿，今则有入无出，供应不敷，乞赐查给。"上曰："器皿造办，皆小民脂膏，迩来毁失数多，供用不足。自今令尚膳监官严督各宫直日管膳人役，每进即令查出，有故违者，巡察官指名劾奏。"(一三二，3128)　丁丑，兵科给事中高金、广西道监察御史唐愈贤奉旨查核御用监钱粮，至是以状闻，具言内府所藏象牙、画绢诸珍奇之物为典守者所侵匿无算，奉御李兴及匠役刘宗福辈罪在不道，太监黄锦、滕祥更相代署，稽考无度，亦宜切责以示戒。上曰："该监所储财货既已查明，李兴等法司逮问无贷，黄锦、滕祥更代不常，姑宥之。自今凡监库钱粮，俱令立籍备查，无踵故习。"(一三二，3143)

十二月壬午，司礼监太监张佐等言："臣等给事禁中，无胥徒可役，止取给于人匠不事工作者。当成化中，赐臣等各有名数，太监掌印者六十人，余皆五十五人，左少监四十人，右监丞三十人，[①]典簿二十五人，经厂、六科廊等处各以资格递减，乞照旧例补给臣等。"上命如例拨用，不得过多。(一三三，3147)　壬寅，诏籍没故中官谷大用财产。初，都察院献[谳]大用狱入，上御平台，召大学士李时、翟銮，问："谷大用事，都察院覆本当否？"时对以：

① 原文作"左监四十人，右监三十人"，据广、抱、阁、东本补。然疑左少监、右监丞当作"左右少监"、"左右监丞"。

“所拟招罪与律不合，家产入官，律止是三条：谋反、叛逆、奸党，大用所犯未应籍没，坐以此律，恐无以取信于天下，故臣等止拟一半入官”。上曰：“大用先朝坏政，正是奸党，如何不取信于天下？”銮曰：“皇上犹天，春生秋杀，无所不可。”时等请俱收入官，上曰然，于是尽没其产。(一三三,3163—3164)

嘉靖十一年壬辰(1532)

正月戊辰，南京提督织造太监李政以事完疏请回京，上命支南京承运库银三万两照旧织造。(一三四,3173—3174)　己巳，巡抚延绥都御史张宏、巡按陕西御史朱观奉旨勘上原任延绥巡抚萧淮诸奸利状，言淮在镇时，信任纳级指挥使房梁，尝以修造冒侵马价、赃罚。八年亢旱，军人饥甚，淮不即奏请赈恤，而屯田佥事张棻、镇守太监赵亨、总兵官张凤亦皆坐视，遂使军丁转死沟壑，至三千余人，马死至八百余匹，房梁等罪宜提问，张棻、赵亨、张凤宜加薄罚。萧淮侵盗有迹，今虽物故，法当追究。诏以房梁等下巡按御史逮问，赵亨且宥之，张凤罚俸三月，萧淮追夺职衔，行广西巡按官严提亲属，追还所侵盗解充边用。(一三四,3174—3175)

二月丙申，户部覆给事中王玑等条奏清理库藏四事：“一、编商人以杜包揽，言内库钱粮逋欠数多，弊在包揽，宜编佥商人，凡遇折色钱粮，责令挨次办纳，或本色拣退者，亦令平估贴换，庶包揽之弊可革。一、更库夫以绝交通，言各库库夫有‘大管事’名色，交通内外，弊端非一，宜岁一更替，有占役生事者引例发遣。一、处折色以防欺伪，言各省解到物料，类多折色，而批文中仍称本色，名实相左，奸弊易生。宜行各省，凡起解折色，宜明开折征数目，毋得概称本色，公相欺诳。如原系本色而解户挪移者，听巡视科道官从重究治。一、精拣择以惩虚冒。(言)近年京库物料类多滥恶，不堪供用，宜令经收官员严加拣择，其有淆杂不中程度者，二分以上将原物罚贮广盈库，解户法司逮问，仍令赔补，庶抵冒者不敢为奸。”诏如议。(一三五,3195—3196)　给事中秦鳌上言四事:“一、专委任。监管节慎库官,按季轮差,职守不一,乞命吏部注选,一官专理,以三年为期,委官协理者半年一换。一、慎稽考。工部四司物料,节慎库银两,各立文簿纪实,在新收开除,亦以三年之期,差官查盘。各厂委官升迁者,查明钱粮方许离任。一、详支放。凡四司帖取节慎库银两,明著为某事,取某人,银若干,放与某人,一览可知,其应用物料,先尽各司见贮者支放,已尽方听召商买办。其四司银两又宜各贮四室,以防挪移侵盗之弊。一、便制造。上用器皿等物皆于南京各监局制办,岁用砖料,在于临清烧造,运载频烦,骚扰为甚。乞将各省物料悉归京师,上用之物悉归工部,临清砖厂移之天津近地,尤为一劳永逸。”疏入,下工部议覆:“委任、稽考、支放三事俱当依拟,惟南京成造器皿、临清烧砖系旧规行久,似难顿改,乞行查议。”从之。(一三五,3196—3197)

戊戌,给事中刘玑等以内府管库中官多为奸利,请三年一行考察。礼部议上其奏,上曰:“内官不必考察,自后敢有需索侵克、出纳留难者,令监收科道等官指名参奏。”(一三五,3198)

三月庚午,户部覆给事中高金等条奏经理库藏四事:“一、择内臣以谨出纳。内府各监局钱粮经理非人,类多侵冒,宜选廉静内臣,令其管理,有贪鄙衰庸者,亟为汰黜。一、稽虚费以杜侵渔。酒醋面局有岁派粳米、麦、豆,此外又有匠役工食、驴头草料,耗费不赀,宜将该局酒面止给米、麦,令其自造,匠役量留供事,余悉遣归农亩,其造酱黄、绿等豆,半给本色应用,半输[征]折色,输太仓济边,仍以麸面饲驴,省料豆三分之一。一、减耗米以苏民困。各监局上纳粳米,加耗过重,民力不堪。自今除上用白米每石加耗一斗,其内官等监粳糯米每石止加耗五升,一切水耗抛撒、筛包等项耗米尽行除革,已运在途者如数扣还,抵补下年之额,以后征解收受,违例多索者罪之。一、发旧积以宽新征。库监茶、盐收积数多,易致腐浥,宜行各该司府,将芽、叶二茶除原解本色照旧上纳,如系折色，暂贮太仓，俟有缺乏，召商收买。仍行长芦运司，将应解内官监青盐暂停二年，待积盐支尽，一并解纳。”诏如议。(一三六，3213—3214)　戊寅，大学士张孚敬(**即张璁**)等言：“太庙先年祭祀但设衣冠，皇上改行出主，诚合古礼。但遍诣群庙，躬自启纳，不免过劳。请自后太祖神主皇上躬自安设，群庙帝后神主令内外捧主诸臣一体安设。”上从其请，诏捧帝主大臣以太常官佐之，捧后主内臣以神宫监内侍佐之，著为令。(一三六，3218)

四月戊戌，礼部奏净身男子八千余人守阙求进。诏法司治其为首者，余皆驱逐出城，自后九门放入及藏匿者皆治罪不贷。(一三七，3230)

五月癸亥，建州左卫都督方巾以钦赏金带独轻，忿恚，陛辞日即御前投递番文言状。下礼部行内监核实，金铢两本同，第累朝所制鞓胎有轻重耳。于是礼臣以方巾骜慢不可长，请革伴当三名，以示薄罚，且并治伴送官罪。从之。(一三八，3245)

六月丁酉，户部言：“三宫庄田及御马监各草场苜蓿等地原以类进，供修理诸费，以其余济边。今且积逋至五十万，卒有诸费，动辄取给内帑，且其地或以灾侵停征而丰穰之后遂置不问，宜令有司严征新赋，其所负租，岁各带征一年。”从之。(一三九，3258—3259)

七月辛亥，巡关御史闻人诠条陈边事：“(**一、清军伍以实关营。**)一、禁抚赏以杜窥伺，谓景忠山香钱及草场榛山革去内官田园，岁所入以千计，宜悉查明贮库，专备本关抚赏之费，不得复取舍余认办月钱，其沿边诸关道路勿令虏得往来窥觇虚实。(**一、正马额以绝科害。一、广仁恩以疏滞狱。**)”兵部覆议：“正马额、广仁恩二事宜即申明行之，余下督抚议奏。”(一四〇，3265—3267)　己巳，兵部覆南京兵部尚书王廷相奏：“南京牧马草场征银宜入官，而太监杨奇、卜春、魏国公徐鹏举各循袭占收，滥用无度，法当核究。其退出营房等处地台亦宜丈量起科，备各卫所造册支用，其歇荒草地宜召军民管业，量收草脚银两，以备买马。仍行内外守备官，将岁所征芦洲银作正支销，不得仍前冒费，年终仍籍记出纳，送部审阅。”上皆是之，因命下杨奇、卜春法司问，徐鹏举姑夺禄米三月。(一四〇，3277—3278)　先是，十年九月虏入寇大同应浑、怀仁、山阴等处所杀掠甚众，兵部言镇守官匿败报功，请差官核实。得旨，令给事中一员同巡按张禄会勘。兵科都给事中张润身言禄亦扶同奏捷，宜令回避。上是之，遣给事中王玑、御史杨宜往勘。于是张禄上疏争言：“臣方按论诸失事官科敛打点赃状，润身不欲臣勘，迹涉掩饰。”上以禄与润身章并下玑等核实。至是玑等勘上总兵彭椟罪当首论，次则游击秦鼎，又次则参将李蓁，皆宜置之于理；而巡抚王潮、镇守太监张绅亦不得无罪，其功过可准者仅一游击赵纲耳。至于张润身、张禄，一则恐妨查勘，故有巡按回避之请，一则适按赃私，故有言官掩过之论，事皆为公，情亦别白，惟陛下裁察。兵部覆议，得旨：“地方失事重大，诸有罪人员本宜逮京重究，姑从宽：褫彭椟、秦鼎职，原卫闲住。赵纲姑留用，李蓁、王潮、张绅、张禄、张润身讦奏事情并令都察院从公参奏。”院覆如玑等言，乃诏蓁下巡按御史逮问，并别疏所论赃罪从重归结，潮、绅回京别用，禄、润身各夺俸三月，余将佐等官各以轻重降罚有差。(一四〇，3278—3279)

九月己酉，兵部尚书王宪应诏陈言五事：……其二，各卫所见任军职非军情不得调遣，制也。今内官监取冰，酒醋面局办纳蓼草，兵仗局清理军匠，皆令指挥、千百户充之，殊为违制，宜一切查革。其三，谓牺牲所养牲官军凡有过犯，令太常寺无问轻重，悉行查报，本部如例改调，以重祀典。其四，谓军职官规避操练，营入各监局供事，无虑五六百人，致卫所员缺，请令巡视皇城科道官查革，酌其衙门繁简，量存员数应役。……疏入，上深嘉纳之，悉命如拟。(一四二，3301—3302)

十月己丑。初，庆庶人台浤既以罪废，长子鼒櫍幼未封，暂敕巩昌王寘鈏理府事。鈏听承奉刘永及群小交构，裁损浤宫眷薪米及庆怀王妃王氏供膳，节取庆府所积金谷赀产、器仗、马匹，值以万计，撤改屋宇数百间。㳛淫虐，其故宫婢不能堪，往往叛归于鉷。㳛复溺爱幼子，薄鼒櫍，内使王美故怨㳛，乃诱櫍逃之鉷所。鉷欲擅其府事，谋陷㳛不测，乃伪撰口号，托言㳛所为，谓欲杀鉷，令永教櫍诵习之，遂胁长史等官录报抚按论奏。然鉷禽兽行，尝淫其已故长子台清妻王氏，生二女，又贪刻，凡子女应请名封婚嫁者多抑勒不为奏，以是失宗人心。丰林王台瀚阴觊摄府事，瀚有内使齐文明者，求鉷保奏冠带不许，文明乃募雕工李仁正，私雕巩昌王印，伪为保奏。又伪为鉷辞理府事奏，欲夺巩昌之柄，归之丰林。二疏俱不报。台㳛亦为怀王妃王氏上疏，言鉷损其供膳，无以自存，㳛省过自新，乞复其爵。瀚复疏鉷床笫诸秽迹，谓无以表仪宗室，致辅国将军台涝效尤淫渎，多夺庶人赀产，恣为奸利，及承奉刘永、长史张进言等诸不法状。内使刘宝亦讦发鉷阴私。俱下抚按官会勘，乃言永及文明各逋匿不听鞫，且事多涉宫壸，非外臣所可按问。遂诏遣司礼监太监宋兴[1]会镇守太监刘玉究诘宫中事，其鉷报子妇生有二女及涝尝强市孟氏女为妾，俱有迹。乃会抚按逮永及文明、进言等，并所连及人推勘之，尽得其情，遂论仁正及永罪俱死，余坐有差，以鉷、瀚、涝、㳛及鉷子妇王氏及所生二女以应议请裁于上；且言台㳛父子乖离不自省改，鼒櫍难与同居，请迁台㳛于陕西，以绝厉阶，其鼒櫍封典及国事所属，乞早为宗盟定议，藩邸旧臣嫌隙已深，难与复事新主，并乞改调别选贤良，以充辅导左右之任。奏上，上以寘鉷贪淫狂悖，伤化败伦，背违祖训，并王氏及奸生二女俱下法司会廷臣议。台瀚阴怀觊觎，争权奏扰，革爵为庶人。台涝用强置妾，姑夺禄半年。台㳛迁发，并鼒櫍册封诸事宜令礼部会官集议奏请，余如勘议。于是法司集议，谓

① 《世宗实录》卷一七〇，嘉靖十三年十二月乙卯条载宋兴为"司礼监左监丞"，与《大明故东厂总督前司礼、内官监太监宋公(兴)墓志铭》所记合。宋兴墓志见嘉靖十三年附。

寘鐇纵欲聚尘，王氏宣淫乱纪，皆为大恶，请上割恩正法，其二女亦难留之，宫府宜为酌议。得旨："寘鐇姑从轻革为庶人，送凤阳高墙禁住。王氏勒令自尽，所生二女令有司以庶人子女例处之。"已礼部会议上，乃安置台浤于陕西会城，封鼒櫍为世子，敕管府事。(一四三，3332—3335)　甲午，提督北直隶学校御史胡明善以擅取禁塘大石立碑，为内官昝文鉴所讦下狱，令法司拟罪。明善上书诉辩，上怒，夺刑部尚书王时中等俸半年，谪郎中诸杰为边方杂职，责法司速谳其狱，黜明善为民。已乃补杰为广东高明县典史。(一四三，3336—3337)　以修理显陵香殿暖阁及纯德山阳春台立碑工完，诏赏工部右侍郎黎奭、太监傅平银各五十两、纻丝四表里，余赏银有差。(一四三，3337)

十一月辛未。先是十年，南京科道奉例查革南京司礼监神帛堂匠役黄谦等三百余名，适分建郊祀，诏添造制帛等项，该监太监李缵遂以工多人少为词，复请存留。疏凡三上，上以制帛礼神重典，特许之。(一四四，3355)

十二月辛巳，致仕太子太保、南京兵部尚书陶琰卒。琰，山西绛州人，成化十七年进士，授刑部主事。历副都御史，巡抚河南，升刑部右侍郎。时逆瑾用事，陕西有游击徐谦者，厚赂瑾，欲陷其御史李高，乃讦奏高诸不法事。诏核之，琰尽得谦诬罔状，具以实闻。瑾大怒，矫制下琰诏狱，褫职闲住，又以他事罚米百石，纳本州预备仓三百石，令亲诣大同上纳。会瑾诛，诏释其罪，起左副都御史，总督漕运。(一四五，3370—3371)　甲申，兵部言："榆林极边甚贫，而前后镇守为害有迹，御史毛凤韶比大同例，乞征太监赵亨还，今亨既病告而张惇又代，且其应否裁革，已下总制唐龙议未报，惟赐圣断。"得旨："惇业已遣，待勘报至日更议。"(一四五，3372—3373)　乙酉，诏江南白粮上用者加征耗米一斗，内官监、供用库、酒醋面局者五升，水耗抛撒三升，筛包斛面二升五合，著为例。(一四五，3373)　戊子，内官监太监高忠以供应器皿缺木成造，乞差本监官一员诣真定府滹沱河抽印木料。工部左侍郎黎奭言："旧抽分滹沱河木料系真定府佐贰官司之，内官监以年终差官印烙，正德间始以内臣抽印，大为地方害。皇上幸已罢之，今宜遵成命，勿复遣。"上从忠请，第戒无生事扰民。(一四五，3374)

本年附

史事·裁革镇守内官

《怀来县志》卷五《官署志》："旧署。总督行台。旧志：明永乐间奉御太监黄整建，嘉靖壬辰(十一年，1532)革分守太监，后改建在县城，今废。"

乾隆《福州府志》卷四六《名宦一》："聂豹，字文蔚，吉安永丰人。正德十二年进士。嘉靖四年召拜御史，巡按福建，奏罢镇守太监及中官之司市舶者。"

万历《广东通志》卷六《藩省志六·事纪五》：嘉靖十一年五月，"诏革两广镇守内臣。巡按林有孚疏言镇守内臣之害，兵部尚书李承勋覆议，大学士张孚敬力持之，遂革镇守，并市舶、守珠池内臣皆革之，一时称快。"

嘉靖十二年癸巳(1533)

正月甲辰朔，抚治郧阳都御史胡东皋劾奏管太和山左少监王敏贪婪当黜，上命敏回京，所劾事情令巡按御史核实以闻。(一四六，3379)

二月己亥，晋府荥泽王表櫰奏："晋王以暴薨，承奉徐通[①]素怨王，恐有它谋，当诘其状。且王薨无适为后者，当请择于上，通乃诈传妃旨，召新化端和王长子新堟入府，专擅欺罔，恐为乱阶，乞遣大臣会官按问。"上命抚按官从公核勘以闻。(一四七，3405)

四月庚寅，户部尚书刘玑卒，赐祭葬如例。玑，陕西咸宁人，成化辛丑进士。……正德初，刘瑾用事，多引用乡人，恐众论不

---

① 徐通，原作"徐道"，据广本、阁本改。

服，以巩人望，欲引以为重，从知府擢太仆寺少卿，不三岁至户部尚书。巩累疏辞，不允。自以为瑾所引，居常郁郁不自得，乃日饮酒自废，瑾欲与之言辄醉不对。瑾诛，上章自劾去。既归里，环堵萧然，不蔽风雨，缊袍脱粟，以耕读自乐。每出入乘羸驹，一仆自随。乡人慕之，多图绘其像云。（一四九，3428—3429）

五月丙午，管司苑局太监麦福奏："御苑墙垣水口为积雨所坏，请急修理，以固圉牧。"寻得旨，会官勘度。工部议言："频年工作浩繁，财力俱诎，今即勘估办料雇匠，已约银三万有奇而其夫役及各廪饩犹未悉计。旧例惟属海户看守葺治，顷缘有司重困以民差，故不能专事本役，宜仍复其家，令起倩丁夫，本部助以囚徒并措处木石等料，先理其稍急者，其余俱俟年丰财裕举行。"诏从部议。（一五〇，3434—3435）

十二月己卯，虏二千余骑犯宁夏，总兵王效、延绥副总兵梁震率兵御之，遇于柳门。虏败走，追至塞外蜂窝山，虏还兵接战，复大败，诸军乘胜蹙之于水，溺死者甚众，凡斩获虏首百四十有奇。总制尚书唐龙等以捷闻，上嘉之，敕奖龙及效、震，仍同左监丞刘玉、巡抚杨志学、副总兵苗銮等俱赏银、币有差。（一五七，3529—3530）

本年附

艺文·碑铭·太监赵宣墓志

明故御用监右少监赵公墓志铭

赐进士出身、承德郎、刑部湖广清吏司主事慈溪费渊撰文。后军都督府带俸、奉敕提督五千营军务事、成国公凤阳朱凤篆盖。征仕郎、中书舍人、直文渊阁广阳张崑书丹。

嘉靖癸巳（十二年，1533）春二月廿有九日，御用监右少监赵公以疾卒于正寝。讣闻，上命惜薪司中贵官庞公朝、陈公用董治丧葬。其犹子清等哀泣奉状请铭，予辞弗获。按状：公讳宣，世家顺天府涿州胡良里人。高、曾而下，皆隐德弗耀。父讳安，德行修举，寿考弥邵，赐官终身。母董氏，贞淑温恭，乡人多之。天顺庚辰(四年，1460)十一月初八日生公。自幼颖敏凝重，才器不凡，识者知其异常，敬以成人之礼。

成化壬寅(十八年，1482)，选入内庭，夙夜惟寅，供职罔怠。弘治庚戌(三年，1490)，奉命惜薪司莅政，公愈谨饬，恐有瘝官之诮。岁久，政节功绩显树。正德丙寅(1506)，除长随，命掌本司文史。朝夕警惕，务尽委任，事不经宿，文不集案。丁卯(二年，1507)，升奉御。庚午(五年，1510)，佥司事，督司房政。繁而不紊，事出而合宜，远近称其明哲。壬申(七年，1512)，擢右司副。癸丑(八年，1513)，进司正。赐金织斗牛三袭，人皆荣之，公处之自若。丙子(十一年，1516)，武庙以公持身端谨，政体明达，命督理库事。凡供应之需，出纳惟谨，上下罔敢或欺。戊寅(十三年，1518)，升御用监左少监。己卯(十四年，1519)，晋太监，复膺蟒衣……赐，以华公身。

辛巳(十六年，1521)，武庙升遐，今上即位，遇例左迁今职。坦然恬退，颐养天真，若将终身，而沧海之珠，自不能遗。……起署事。己丑(八年，1529)，仍领库政，颂声四达，人咸悦服。下之所仰，上之所眷，端可尚矣。惜乎偶婴疾卒，得寿七十有四。卜以三月十八日大……义会之原。公德性温厚，遇事有为，入官五十余年，勤励谨畏，始终如一。平居不……以自守，稍有所余，则周济贫乏，下至仆隶，咸饮惠焉。迹其所遭遇、所树立，显荣……可谓难矣。是宜之铭，铭曰：

耿耿赵公，循循谨饬。制行修明，始终如一。甫入掖廷，竭忠王室。莅政处事，井井不失。俭以律己，不自满溢。朝夕惊省，忧勤惕厉。惟公是务，劳而不恤。简在帝心，蟒衣是赐。历事列圣，诚悃愈力。天年有假，偶婴一疾。七旬有四，告终之日。遐迩闻之，伤悼不息。勒石刻铭，传之无极。

(《新中国出土墓志·北京》第238号)

艺文·碑铭·太监芮景贤墓志

明故御马监太监总督东厂官校办事钦改司礼监太监直庵芮公墓志铭

赐进士及第、通议大夫、吏部左侍郎兼翰林院学士、前詹事府詹事、同修国史、经筵日讲官、专管诰敕、会典副总裁昆山顾鼎臣撰文。赐进士出身、嘉议大夫、户部右侍郎、前兼都察院右佥都御史、奉敕总督延绥军饷沧州张瓒书丹。左军都督府掌府事、奉敕提督神机营兼督十二团营诸军事总兵官、敕节制陕西等处地方兵马、太子太傅、惠安伯永城张伟篆盖。

嘉靖癸巳（十二年，1533）秋七月九日，御马监太监芮公以疾卒。上闻，悼惜不已，特降恩旨，改司礼监太监，赐祭三坛、宝钞三万贯、白米二十石、油百斤、香五斤、烛五十对，仍命工部所司作棺造坟安葬，御马监左少监马玉、内官监监丞阮秀董治丧事。以是年八月二十日，葬于香山乡冉家庄之原。司礼监太监张公钦，于公同德且同官，生平僚采之谊甚笃焉也，乃遣使持中书舍人何君祚所述状，征予文铭公之墓。先是，张公尝奉命相淑妃茔地于西山，鼎臣时以礼部右侍郎与公同事，周旋者累日，由是始相知稔。使者来致公意曰："闻先生素不昧于是非之鉴，言足以信今而传后，芮公墓铭，敢托以图不朽也。"予惟官无内外大小，要之以不负天子、不隳职守为贤。志行劳绩，有如芮公者，他日固当大书之史册，流芳遗休于无穷，奚待予文？但君子与人为善之意，不厌其侈，矧张公之请重也，故不辞而为之序。曰：

公姓芮氏，讳景贤，字尚德，直庵其别号也。其先真定府之武邑县人。远祖实，曾祖廷杰，祖得海，考铭，俱不仕。妣李氏。生公兄弟二人：长珊，次即公。成化壬寅（十八年，1482），选入禁庭。乙巳（二十年，1484），受业于内书馆。勤敏不怠，涉猎书史，得考究古名贤事迹，知所向慕，且善楷书，笔法精美。

弘治中，简侍武宗于春宫。历升长随、奉御、惜薪司左司副，充乾清宫近侍官。未几，擢内官监太监，赐蟒衣玉带。正德丙寅（1506），武宗御极，念公侍从劳，命提督惜薪司外四厂。戊辰（三年，1508），署司事。寻调内织染局佥书，奉敕提督苏、杭二郡织造。庚午（五年，1510），迁南京司礼监太监，充内守备。辛巳（十六年，1521），今上登大宝，雅知公，驿书召还京，改御马监太监，特命总督东厂官校办事。嘉靖壬午（元年，1522），追论江西剿逆居守功，钦赏白金五十两、文绮四表里。甲申（三年，1524），以督理密务，称上意旨，赏大红五彩蟒龙胸背纻丝衣一表里，且荫其家一人为锦衣卫冠带总旗。丁亥（六年，1527），仍命兼掌惜薪司事。公屡以东厂任重，抗疏辞免，辄蒙温旨勉留，岁加禄米至百二十石，累赐大官羊、酒。

公生于成化丙戌（二年，1466）正月七日，享年六十有八。兄之子佐、孙自然,皆谨饬不违公训。其得荫,则所养子曰卢。佐者,公念其尤勤勚,故推国恩及之。公为人敦朴自持,于凡珍奇贿货,澹然无所好。故历官两都,所在屹著声绩,荷圣主知眷,久而益隆。伏读累降敕谕,称与慰勉之辞,曰:"清慎老成,奉公守法,行事安静。"曰:"典司密务,侦察有方,安静不扰。"曰:"宅心端慎,莅事公明。"曰:"忠勤不欺,行事安静。"曰:"益效清勤,慎终如始。"是岂寻常薄德微劳所能致哉!如公真可谓不负天子、不隳职守者矣。重惟东厂之设,以侦逻伺察为务,从事于斯,实繁有徒。且荣辱赏罚,为之后先。苟督理非人,纵恣刻核,任其吹毛求疵,则畿辅军民,将睢盱骇愕,狼顾鸱张,不安其生矣。尝慨自古憸人,得志怙宠,灵居要地,簸弄威权,节目烦苛,基乱召祸,非惟身被典宪,而国事亦因以偾。公明习古今,深达大体,仰承圣主休德,不失之纵以长奸,不过于察以扰众,清忠长厚,终始一节,其生受沃恩,没膺殊典,宜哉!铭曰:

粤惟臣贤,实由主圣。相须以成,勋烈斯盛。维公亲臣,学古立身。夙夜兢惕,忠于一人。端定之心,老成之见。天语褒嘉,闻者知劝。曰清曰慎,曰公曰明。载其安静,畿辅以宁。维贤是景,维德是尚。高年令终,荣名礼葬。郁郁佳城,香山之原。勒铭永世,不忘者存。

(《新中国出土墓志·北京》第239号)

嘉靖十三年甲午(1534)

三月庚辰,御马监右监丞褚云请给关防,自拟"督修厩牧"等字。下礼部参看,言云专擅,宜罪。诏法司执讯之。(一六一,3590)

四月戊申,南京提督织造太监李政奏请添官织造。上罪其狂率烦扰,下南京法司逮问。(一六二,3601)

六月戊戌,总制陕西三边尚书唐龙奏:"二月间,虏酋吉囊、俺答入犯延绥,副总兵梁震等帅师败之于偏头关,斩首五十三级,夺获甚众。"上嘉诸臣劳勚,命赏龙银五十两、币四表里,巡抚于桂、总兵张凤、镇守太监张惇及梁震各三十两、一表里,俱赐敕奖励,参将任杰、巡按御史范安、副使张大用、佥事张九叙等各赐赉有差。(一六四,3619—3620)　辛亥。先是,嘉靖十年,土鲁番夷使马黑麻、虎力奶翁等及天方国夷使火者阿克力等入贡，各携方物求市。通事马骥诈以巡抚都御史赵载名，科索诸夷良马，太监陈浩、总兵都督同知姜奭、副总兵都指挥同知杨佑各遣人市买夷马、玉石、皮革等物，抑勒其价，而骥又私没其所酬直。浩奴王洪诈取夷马夷物为多，骥及诸伴送员役在途又数徼赂于夷，夷不胜愤怨。有故百户子马忠者，以私事恨抚臣，时奝缘求袭入京，馆于夷所，乃嗾夷求释先年所执牙木兰并构镇巡等官强市抑勒状奏之。上命礼、兵二部省谕，下其事于巡按御史勘报。浩奴洪适以事入京，忠又嗾夷执洪诉于礼部。部臣以闻，上以夷讼中国，事关大体，特遣大理寺少卿蔡经及锦衣卫指挥佥事王缙、兵科给事中祝詠赴甘肃，会总制及巡按御史勘核，经等因参浩、奭、佑等黩货启侮，而载约束弗严，事皆宜罪。第诸臣受边防重任，遽以外夷妄奏而深谴之，恐骄戎心，请从宽假，量加罚治。马骥、马忠本以边防巨猾，酿成衅端，宜遣戍瘴乡以示警。夷使马黑麻、虎力奶翁及火者阿克力等皆宜论罪，第以裔夷丑类，难以常法绳之，乞赐曲宥，以彰国恩。其伴送科索及交构人员各遣配如律。刑部覆请，上谓浩、奭、佑徇货规利，取侮外夷，各降秩一级；载督率不严，夺俸一年，余如勘议。(一六四,3627—3629)　　甲子，南京守备太监李瓒等奏南京太庙灾，前后及东西庑神厨库俱毁。上曰："南京祖宗根本重地，宗庙尤重，朕闻灾变，不胜惊惕。五祖神灵宜有奉慰，其祭告及修省之仪，礼部即具以闻。该监官周原等令南京锦衣卫逮下法司。狱火所自起，亟遣三法司、锦衣卫堂上官各一员，给事中一员往勘具奏，不许回护。内外守备官俱令戴罪听勘。"(**礼部具仪略。**)(一六四,3631—3632)

八月丙申。先是，各边镇守太监及总兵等官俱有养廉地土，已奉旨退还，时武定侯郭勋请仍给镇守等官，事下所司勘报。及是巡抚大同都御史樊继祖等言："镇守内臣已裁革前项地土给民佃种，征租济边，不得复与。"户部覆如继祖等议，上从之。已而陕西巡抚王尧封亦奏言，将该镇裁革镇守太监养廉地土召人佃种，输租平凉，补给韩府宗禄。许之。(一六六，3643)【考】《国榷》卷五六此条作："收大同、陕西镇守太监养廉田助饷。"

九月己丑，刑部左侍郎陈璋、锦衣卫指挥使李文、兵科给事中朱隆禧奉敕上南京庙灾事，言灾实雷火，非由人致，然神宫监左监丞周原等职专典守，近切朝廷救变不急，法难原宥；内守备太监李瓒、外守备永康侯徐源、兵部尚书刘龙等当不测之变，为力固难，但系守备官员，责亦难辞，并宜量加罚治。得旨："瓒、源、龙各夺禄俸三月，原等下南京法司逮问。"(一六七，3673)

十一月甲戌，诏革庆成王府镇国将军表杜爵为庶人，镇国将军表樕、辅国将军知焫各夺禄米三之二。表杜性贪戾，尝率恶少逾垣，夜入府藏，窃其父金。父薨，又欲因丧而劫夺其遗物，不遂。嫡兄表栾遣人支禄，白昼攫之于市，又率庶兄弟表枫、表樕、表樸出郭而夺其屯粮。表樕收父婢为妾，与其子亦入藏窃金。俱为母妃侯氏所奏。表杜等诬奏表栾父子蒸淫大恶及抑勒宗室奏请、横索军校月粮等事，知熑亦摭表杜等帷簿中事奏之。诏下抚按勘问其事，涉宫闱者遣司礼监官张进往按之。至是进及抚按官勘得其实，言表杜悖戾傲狠，其罪为著，表樕及子知焫贪淫渎乱，表枫等同恶相济，皆宜示创。法司覆如其议，遂削杜爵而减樕等禄，责枫等令改过自新。(一六九，3697—3698)

十二月乙卯，晋府宁化王府镇国中尉表棹、表槨、表檽聚饮娼家，醉归，途遇恶少王弼等与斗，共执弼等，夜击巡抚都察院门诉之。都御史王德明怒，笞弼等，复佯为不知，并笞槨等，俱执送按察司狱。按察使傅钥初不知其宗室也，遂系之狱，明日为言于德明，礼而遣之。于是辅国中尉知熛纠合宗室数百，欲为报复，德明惧，使人要奉国中尉奇瀸解之，众遂殴奇瀸而辱詈德明。德明具奏，知熛亦奏奇瀸及德明诸不法事。诏德明回籍听勘，遣司礼监左监丞宋兴、大理寺少卿罗辂、锦衣卫指挥赵俊、刑科给事中石存仁往按其事。至是，据实以闻，上命逮德明至京问，夺钥官三级，奇灇、知灇[熛]夺禄米一年，表棹等各半年。(一七〇,3714—3715)

本年附

艺文·碑铭·太监张丙世墓志

明故尚衣监太监张公墓志铭

赐进士第、奉政大夫、翰林院侍讲学士、同修国史、玉牒副总裁、经筵讲官弋江吴惠撰。承务郎、通政使司知事、前鸿胪寺左少卿、直文华殿古燕仝鈛书。前军都督府掌府事、奉敕提督三千营总兵官、遂安伯西蜀陈鏸篆。

公讳丙世，籍山东兖州府曹州人。父子成，有乡行，隐德不仕。母崔氏，有贤行。世业耕织，致家饶裕。生三子：公居长；弟杰，因公贵，荫以冠带舍人；坤，荫锦衣卫右所驯马司百户。公于正德丁卯(二年,1507)入禁掖，籍其官。是年，公拨侍湖广恭睿渊仁纯圣献皇帝府中，克谨官箴，奋力自强。后随今上继登大宝。正德辛巳(十六年,1521)，上念随驾勤劳，升司设监右监丞，金书，乾清宫供职，遂赏飞鱼、松鹿、飞仙、纻丝、纱罗衣各一袭，以华其躬。五月，升右少监。八月，升太监。十月，赐蟒衣玉带。十一月，命禁中乘马。

嘉靖改元，奉敕坐神机营左哨，复坐奋武营。甲申(三年,1524)，转尚衣监太监，掌印。丙戌(五年,1526)，钦差福建换袍公干。嘉靖癸未(二年,1523)至丁亥(六年,1527)，五次岁加禄米六十石。即命领官防护悼灵皇后梓宫入皇堂。癸巳(十二年,1533)，公因微恙，上容私第调理。旬日愈，命外织染所莅事。

公性淳朴，不嗜华美，惟以忠勤为心，恒以懈惰为戒。平居以诗书潜心，以棋踘属体。其忠君敬长，修己治人，切切然也。一时同侪，咸以是则惮之。公期炳用，偶婴一疾，卒于正寝。讣闻，上念及旧臣，深致悼惜。特命本监官张文英、大善殿官滑通董治丧事，赐谕祭一坛、宝钞一万贯，命工部为茔葬，恩至渥也。

锦衣百户坤等持状丐余为铭。余按状，方喻公养其志，甄其性，自正德丁卯入禁庭，历事武宗及献皇帝、今上，先后几三十年。知书执礼，守己畏法，出入禁地，虔恭寅畏，敬慎自持。督营伍而士马闲习，理监事而匠作怀德，动静一遵礼度，不为富贵所移。公之行，类如此。公生于成化辛卯(七年，1471)十一月二十八日，卒于嘉靖甲午(十三年，1534)九月十三日，享年六十有四。以本年十月廿七日，弟杰等同官张文英、滑通扶柩葬于西直关外土城角之原。为之铭曰：

噫嘻张公，来自山东。入侍禁内，夙成悫忠。历司内政，两授节钺。鞠躬尽瘁，勤劳殚竭。期颐未艾，胡为永诀。殊恩恤典，超迈同列。我为公铭，勒之珉碣。此碣不朽，公名光烈。

(西直门外土城出土。《新中国出土墓志·北京》第242号)

嘉靖十四年乙未(1535)

正月壬申，提督京通仓场内官监少监王奉、李慎互以奸赃讦奏，诏下法司逮问。户科都给事中管怀理因言仓场钱谷实皆户部职掌，顷者参用内臣，惟肆贪饕，于国计无裨，请将二臣裁革，其余督理内外各仓场内臣如吕宣等七员一并取回。部覆，从之。(一七一，3723)

三月己卯。先是，以湖广旱灾，从抚臣议，发太和山香钱充赈。至是，提督太监李学请存留供祀。户部议将嘉靖十三年以前者尽数发赈并补给禄粮月俸，以后者仍遵照题准事例委官收领，四月以前者贮均州库公用，五月以后者贮本山库备用。从之。(一七三，3767—3768)

六月己亥，内官监右监丞崔锐等为其本官已故太监崔宽乞恩，请授其侄文百户。部议武职非军功不授，乃祖宗成宪，锐等妄行陈乞，不可许。上从部议。(一七六，3805)

七月庚辰，兵科都给事中曾汴言："宣府自都御史路迎更代以来，两月之内，失事凡十有三次。总兵刘渊、副总兵张镇未闻出一策以制之，乞治两人罪而饬责巡抚路迎、太监杨成等。"兵部覆议，上以地方多事，重易将领，诏姑停渊、镇俸，戴罪剿贼，降敕切责迎等，加意战守，如再失事，并罪不贷。(一七七，3819)

十月壬辰，录平辽阳、广宁乱军功，升御史曾铣为大理寺右寺丞，赏银二十两、纻丝二表里，原遣侍郎林庭㭿、巡抚任洛、太监王纯、游击史俊各十两、一表里，苑马寺卿杨最、都指挥赵奇等各升一级，右参议高登俸一级，其余升赏有差。（一八〇，3850）

十二月己亥，户部言："承天府潜邸庄田湖池共八千一百三十余顷，上旨赐司礼监太监张佐等止二百六十顷，其余租银频年所入当以万计，宜下所司稽其已征或未征，或因灾免未及免者，计数报上。至于所赐佐等田租，亦宜别其勤惰，量为裁抑，以示惩劝。"上从其议，仍命司礼监核内侍中不堪供事者奏闻定夺。（一八二，3877—3778）　乙亥，以霜降节，遣会昌侯孙杲、西宁侯宋良臣、安仁伯王桓分祭七陵，长宁伯周大经祭景皇帝陵并哀冲太子墓，玉田伯蒋荣祭悼灵皇后陵，自恭让章皇后以下遣中官分祭如常。（一八二，3886）

本年附

艺文·碑铭·太监黄庆墓志

明故内官监左少监黄公墓志铭

赐进士出身、前大中大夫、河东陕西都转运盐使司运使淮阳杜旻撰。承务郎、通政使司知事、前鸿胪寺左少卿、直文华殿古燕仝鈛书。后军都督府管府事、武安侯郑刚篆。

公讳庆，字德徽，号朴庵。其先贵州黎平府铜古县之巨族，父母俱逝，素有德望，至今乡邻称之。生公颖悟，性质伟丽，才德出众。幼而博学诗书、七徽，逊让慈惠。于成化丁酉（十三年，1477）七月内，选入内庭学艺。侍上接下，咸得其宜。至弘治戊申（元年，1488）四月内，除长随，任以尚冠之职。癸丑（六年，1493）十月，蒙上命乾清宫近侍答应，左右勤劳。乙卯（八年，1495）七月内，除奉御。己未（十二年，1499）至乙丑（十八年，1505），公夙夜未怠，国而忘家，历升御马监右少监，佥押管事。

至正德丙寅（1506）八月内，升本监左少监。丁卯（二年，1507）三月内，转升内官监左少监，佥押管事。戊辰（三年，1508）二月内，升本监太监。辛未(六年,1511),蒙钦赐蟒衣玉带。壬申(七年,1512),赐禁内乘马。

辛巳(十六年,1521),挨年降左少监,仍于乾清宫近侍。嘉靖改元四月内,升太监。又蒙钦差四川护送金牌公干,陆路清廉,未扰于民,诸司称道。嘉靖壬午(元年,1522)八月内,本监佥押管事。丁亥(六年,1527)八月内至庚寅(九年,1530),三次荷蒙今上赏银两、纻丝表里,以励其勤。本年十一月,内降奉御。辛卯(十年,1531)至甲午(十三年,1534),节升内官监左少监,佥押管事。

公在位廉正,一利未尝苟取,僚友皆称。惟知忠勤,竭力事上,未遑暇处。自朝而室,攻于翰墨,精于诗书,乐其道而忘人之势。尤能育下而宽,交友而信,处众而和。睦于邻里,内外无有异词。公德如圭璋,行若金石矣。

彼苍者天,丰其德,不假其年。偶婴一疾,易箦而终,良可惜矣。噫!人之殒落,禀于有生之初,非今所能移,但当顺受可也。公今生有荣,死有哀,可谓顺受其正也。若他人者,曷克以致于此哉。公生于成化丙戌(二年,1466)七月十有六日午时,卒于嘉靖乙未(十四年,1535)二月二十八日卯时。讣闻于上,深致悼惜,特遣差御用监太监贾昂、御马监官王著董理丧仪,服彼衰绖,持状请铭,以永公誉。卜于本年三月二十二日,窀穸于宛平县西直关外香山乡广源闸之原。予因请铭,不获其辞,历叙公之德行,勒诸贞珉,庶芳名永载无穷矣。以是为铭。故铭曰:

厥性敏厚,厥德峻渊。侍上忠慎,处众宽严。赤心耿烈,英气匪凡。□□余爵,死有余伤。卜吉安厝,广闸之源。勒诸贞珉,永载绵绵。

(《新中国出土墓志·北京》第243号)

艺文·碑铭·义会寿藏碑记

白冈撰《义会寿藏碑记》:“都城宣武关外迤西数里许,宛平县属万宝坊管头郫有吉壤,秀水而山明,菌覃之奇、风景之胜。内官监太监署惜薪司事特公裒僚寀景公辈十余人游而悦之,曰:‘乐哉,此丘!吾等百年后亦归于斯,希归□斯,乌可后乎?’……氏众公蓄金而购之,得广袤方平数亩许,上构堂庑庖□□座许及旋卫墙廓树株数层许,惟赖释氏大觉公缁孙承继,以祀春秋之飨,门悬‘义会寿藏’□□,永为粤古,俾人倡佯(**按,疑应为徜徉**)者哉!(**下略**。)嘉靖十四年五月吉旦。”

碑文后题名:“惜薪司各衙门太监等官”特玉、景福等26人,从略。

(碑在北京丰台区黄土岗北营头村。《北京图书馆藏中国历代石刻拓本汇编》第55册,第22页)

嘉靖十五年丙申(1536)

正月甲戌,征镇守辽东太监王纯还京,命司礼监选老成安静者代之,以巡按御史曾铣劾其老且贪故也。于是兵科都给事中王庚请如大同、蓟州例停内臣勿遣,诏如前旨。(一八三,3889—3890)

三月乙亥,降韩府高平王融烇为庶人,革镇国中尉旭梆禄米三之一。旭梆帷箔不谨,尝挟妓出他邑游,融烇因私通其妻谢氏。旭梆执谢氏掠杀之。韩王以闻。诏遣司礼监官同抚按官会勘得实,故有是命。(一八五,3923)

六月壬辰,礼部奏选净身男子胡堂等三千四百五十五名送内府供役,卑廷等二千九百九十名分天下各王府使用,李继等二千一名收充上林苑海户,余俱发回原籍。(一八八,3966)

十二月乙酉,武定侯郭勋再疏言:“采矿无损于民,有益于国,蓟州西有瀑水矿洞,居人尝窃发之,获利无算。请遣司礼监谨厚内臣及锦衣卫千户各一员奉敕往督,佥家业殷实者为矿甲,熟知矿脉者为矿夫,所获矿银以十分为率,三分为官课,五分充雇办费,二分归之甲、夫人等,用酬其劳,则彼此皆毕力于矿而所获自倍矣。”疏下户部,覆言采矿事前已责成于抚按,不必别有选委它议,并请下抚按熟议行之,无致纷扰。诏可。(一九四,4087)

本年附

艺文·碑铭·太监张禄墓碑

嘉靖丙申(十五年,1536)年五月……日午……乾清宫近侍内官监太监张公讳禄□川……

(碑残。北京市出土。国家图书馆藏拓:北京2956)

嘉靖十六年丁酉(1537)

三月己亥，巡按御史唐锜勘上十五年虏入延绥威武、清平等堡，奏劾镇守内外诸臣逗遛观望之罪。下兵部议覆，得旨："总兵官张凤革任听勘，副总兵白爵降二级，令戴罪立功；太监张惇降一级，守备戴经夺俸一年；其把总等官宋鸾等行巡按御史勘明具奏。"(一九八，4169—4170)　壬寅，虏入甘州大掠，总督侍郎刘天和、巡按御史胡守中劾镇守诸臣失机之罪。诏地方失事重大，各官俱当械问，但见今有警，总兵官姜奭姑降二级，戴罪杀贼，俟勘明之日处治；镇守太监陈浩降一级；巡抚都御史牛天麟未至任，宥之；其把总等官巡按御史提问如律。(一九八，4170—4171)

四月癸丑，降宁夏总兵官左都督王效、副总兵魏时、游击郑时各一级，戴罪杀贼；巡抚右副都御史张文魁(降)一级，调外任；取左少监刘玉回京别用。初，套虏临河设伏，效出轻骑挑战，溺伤我士马甚众，军威大挫，巡按御史纠举以闻。兵部覆议："效等丧师偾事，宜从军法。"上念边警未宁，姑以宽治，故有是命。已降文魁山东左参政，文魁因陈旧劳，乞以原官致仕，许之。(一九九，4176—4177)　癸亥，诏增修内阁。上以内阁规制未备，命太监高忠率官匠诣阁相计修造事宜，乃与大学士李时等议，以文渊阁之中一间恭设御座，旁四间各相间隔而开户于南，以为阁臣办事之所。阁东诰敕房内装为小楼，以贮书籍，阁西制敕房南面隙地添造卷棚三间，以容各官书办，于是阁制视前称完美矣。(一九九，4184—4185)

七月乙酉，泾王祐橓薨，遣武清伯赵世爵致祭。王无子，继妃魏氏奏乞还葬西山。上从其请，并诏继妃及宫眷来京居住，敕司礼监官往取。(二〇二，4228—4229)

九月己卯。先是，两月之间，虏入宣府者再，杀参将张国辅于害子沟，总兵官张镇、刘江等坐视不援。上以边警未宁，姑切责镇等，令戴罪杀贼。已而兵科给事中朱隆禧劾奏之，乃诏革镇职，江

并太监杨成各降一级，巡抚都御史郭登庸、总督侍郎周叙各降俸一级，其余失事并阵亡官军俱下巡按御史勘报。(二〇四，4261)

十二月丁未，诏工部尚书甘为霖、内官监太监温玺俱革职闲住，工部郎中李仁、太监王朝下锦衣卫拷讯，以督理陵工稽迟，为武定侯郭勋论劾也。(二〇七，4305—4306)　　癸丑，工部覆议给事中杨僎等言："各监局匠役专备不时造作供应之用，近收名数繁多，不无冗滥，宜差官审核，业精年壮者量准补役，其余悉行革退，庶无冗耗之弊。"上以各监局人匠逃故数多，不敷应役，已量行选补，仍照前旨行。(二〇七，4307)

本年附

艺文·碑铭·太监毕云墓志

总督东厂司设监太监毕公墓志铭

赐进士、光禄大夫、柱国、少傅兼太子太师、吏部尚书、华盖殿大学士、知制诰、经筵官、国史会典总裁河间李时撰。赐进士出身、嘉议大夫、吏部左侍郎兼翰林院学士、经筵日讲官、国史副总裁华阳温仁和书。后军都督府掌府事、奉敕提督五军营兼提督十二团营诸军事总兵官、知经筵、光禄大夫、左柱国、太师兼太子太师、武定侯凤阳郭勋篆。

嘉靖丁酉(十六年，1537)仲春四月，总督东厂司设监太监毕公卒于官。讣闻，上念其中贵耆旧，悼惜久之，乃命御马监太监潘公应、御用监少监谢公夔、内官监监丞李公敬、奉御张君恺、中官陈君昶董治丧仪，仍命礼部谕祭，工部营葬域。

国家设东厂，掌国之机事，每难厥任。若公，可谓老成人矣。今已则亡，乌忍弗铭？按状：公讳云，字天瑞，直隶保定府容城县人。成化间，被选入内庭。逮事惜薪司外南厂。安恬履素，罔逐驰竞。历弘治，及正德改元，武宗皇帝第叙勤劳，除长随。未半载，升奉御，改写字司房办事。周旋书记，详慎严密，同侪称之。戊辰(三年，1508)，晋左司副，再晋司正，佥押管事。乃殚心政务，处置得宜。有可通赂者，举杜之不少贷，廉慎之名，由是日著。庚午(五年，1510)，升司设监右少监，总理司房事务。甲戌(九年,1514),晋太监。公位益隆,虑益下,兢兢持循,绝无贵近之习,宦籍中不多见也。

辛巳(十六年,1521)三月,武皇上宾,左迁右少监,夺司事。甫七日,予之。嘉靖甲申(三年,1524),今上嗣统,雅知公生平敬慎,历事勤劳,复太监。公坚贞砥砺,治官如家,虽备历坎坷,而夷险不渝。凡所司废政,悉修葺振举,用赞皇上维新之治。癸巳(十二年,1533)七月,命管本司印信。时值东厂缺人,稽于众,咸曰:"非云不可。"乃命公总督东厂事。公辞机密重地,恐致偾蹶。疏上,弗许。顾蒙慰旨,勖以大义,于是矢竭心膂,勉图报称,惟以有负圣明为惧。约束诸官校,并力缀缉,盗贼奸宄顿销,辇毂之下为之一清。然务安静,无少纷更,国家大体,多所裨赖。至凡章奏出入,尤极小心,上嘉重之。无何,简列乾清宫近侍。公又恳疏,不能兼摄。允之,仍莅司事如故。上念公在厂数年,勤诚懋著,褒以羊、酒者至再,仍赐斗牛、蟒服、玉带,懋厥功也。丙申(十五年,1536),特命乘马禁中。宠眷优隆,恩礼殊绝,尤极一时之旷见云。

公秉性惇厚,寡言笑,鲠直不阿,扬历四朝,荐逾五纪。事君以忠,事亲以孝,待人以诚,驭下以宽。谨度节用,明刑平狱。晚荷皇上知遇之隆,尤笃信用,直参禁务,掌握机密,竟以王事终焉。委身尽瘁之义,其无负矣!

距生天顺癸未(七年,1463)十一月十一日,享年七十有五。祖忠。先六世某者,官大宁都司。忠生玉,为公父,娶刘氏,生子二:长震,次即公。女三;继娶张氏,生女一。犹子聪,生子用隆,生子辉章。章荫锦衣卫冠带总旗,粤稽若玉,隐德丘园,不慕荣进;睦孝友于宗禋,笃忠信于乡党,遗休委祉,实于公焉发之。谓非善庆之报乎?卒之年三月日,葬于都城阜成门外香山乡之原,盖公存日所预卜也。为之铭曰:

矫矫毕宗,武臣之裔。肇庆东郊,扬休中祕。在帝左右,夙夜浚明。有孝有德,以翼以凭。乃笃倚毗,典握邦禁。惟和且平,克艰厥任。既荣公生,亦哀公殁。赠賵治隧,休光度越。愍章弗斁,药石不磷。百世之下,阡曰近臣。

(《新中国出土墓志·北京》第247号)

嘉靖十七年戊戌(1538)

四月戊申，守备湖广太监何富奏岳怀王及长宁公主坟所殿宇墙垣圮坏，乞行修理。从之。(二一一，4348—4349)　　戊午。先是，武定侯郭勋欲复各处镇守、分守内臣，并委其取矿课以资国用。兵部覆言此辈害民，在先朝已极，顷幸圣断裁革，民始安堵，不当议复。上曰："各处镇守内臣原不系太祖定制，今且着云南(广、抱、阁三本南作贵)、两广、四川、福建、湖广、江西、浙江、大同每用一人，内监慎选以充，不得作威生事。"已都给事中朱隆禧等言："皇上登极，诏革内臣，中外臣民一时称快。勋徒因取矿一事而欲并复镇守，诚恐黩货殃民，天下汹汹，臣等不能计其所终也。"上是其言，竟已之。(二一一，4352—4353)【考】嘉靖中年裁撤镇守内官，是朝廷重大决策，然实录所载颇阙。可参见《名臣经济录》卷一一所录两疏，其一为张瓒《题添镇守推将官疏》："武定侯郭勋题称开取矿课以济国用：'臣先因大工缺少工价银两具题，已该户部覆题，通行各该有矿地方行查。开取去后，止据蓟州并山东沂州等处解到矿银不上二万余两，以后各该地方官吏不知有何观望，不肯承当开收，不见解报。及今节该有矿地方山场所产银课情愿自备工食人匠开取，有四六分者，有平分者，具奏在部，不见会议，皆是各官狐疑犹豫之心深且长，而摅忠报国之心慢且薄，只知开纳监生、农民，卖官鬻爵，以为己便，口说公言，心生荆棘，又被鼓惑，以此事无定议，十分难行。况各地方文官弄法，武官被人钤制，不得似文武并用之时久矣。臣复思天下各处镇守、分守内臣原系我成祖文皇帝命去镇守十府，以防不虞，后至历代以来，踵踵相因，至于嘉靖年来，不知是何人奏请，皇上节次因事取回不用。皇上再察所奏之人公乎，私乎？便见偏私不公之甚也，以致天下官吏贪污虐害，下人不得聊生，盖因皇上无心腹耳目之人在于天下也。且内官坏事，难保必无，内中奉公守法者，亦岂无之？只是比照文武衙门大小官员事例，要本衙门掌印官公同推选平昔行止端庄、弓马熟闲、年力精壮、知文识字者列名上请，皇上亲阅其能，任而用之，皇上再加严禁明旨以诫守官之箴，有罪亦同文武官员之治罚，如此谁无学好向上、存心守法哉？切缘开矿旧例，原是镇守内官兼管取用，就将开矿之事付之,则事体归一;若地方文武官员推奸避事,或面是背非、作俑生事、左道害人者,亦许镇守内臣指实劾奏,如此地方有保安之计,奸贪有敛迹之容矣。'一、前件伏睹正德十六年四月二十二日诏书内一款:'近年差出取佛、买办、织造等项及腹里地方并各边各关俱系正德年间新添分守、守备内臣,诏书到日,即便回京。钦此。'又查得'为应诏陈言以匡时政事',该巡按河南监察御史汪渊奏称:近年以来,军民财竭,贫穷入骨,流移为盗,皆因各处内臣镇守等官征求科派进贡、锁官缚吏,谁敢抗违?小民含冤,卖男鬻女,诚可痛心。近日奸邪纳贿,定一镇守,量地价值,有谋一缺用银一十余万,称贷权门,一倍偿两倍之息,官方到任,债主随之。若非酷取小民,何以酬前数之债?一方之民坐取数十余万,上下侵渔,指一科十,计其所费,过于纳税,小民膏血,安得不竭?盗贼安得不起?乞要多官会议,凡各处镇守等官查非额设,悉皆除革等因。该本部议拟,题奉圣旨:'不必会议,各处镇守内臣不分新旧,但有不合公议的,司礼监从公推举廉慎老成之人更代。今后着他每务要奉公守法,安静行事,不许生事害人,贻患地方。钦此。'又为'应诏陈言广圣谟以答天戒事',该四川道监察御史毛凤韶题该本部议得:各处镇守、监枪、提督分守等项太监等官,原非洪武年间旧制,永乐以后增置日多,皇上累颁明旨,训饬群工,节用恤民,前项内臣如浙江、福建既有镇守,又有提督市舶,浙江又有织造,辽东、宣府、大同、宁夏、甘肃既有镇守,又有监枪,俱二三人同处一城,似为冗滥,相应归并,一员带管,内将一员裁省;河南、江西、山东既系腹里地方,各该镇守又系添设不久,相应裁革,俱取回别用;其蓟州地方分守内臣一员,守备内臣十员,宣府地方分守内臣三员,守备内臣六员,大同地方分守内臣二员,守备内臣三员,总计三镇东西相去不及二千里,共设内臣二十五员。每员占用军人少者数十余名,或四五百名,俱不操练防边,合行抚按酌处归并。题奉圣旨:'是,准议行。'又'为应诏陈言广圣谟以答天戒事',该四川道监察御史毛凤韶题,要将江西、云南二省镇守内臣裁革,该本部议得:'省官节用,正系我皇上圣政之先务,两京内外文武冗员俱已陆续裁减革罢,前项内臣似宜减革'等因,题奉圣旨:'准俱革取回。钦此。'又'为乞广天恩取回内臣以苏穷边困苦事',该巡按贵州监察御史郭弘化题称:贵州地方委系疲惫,军民贫苦,乞要将太监杨金革回等因。该本部议拟裁革,题奉圣旨:'是,钦此。'又'为裁黜冗恶内臣以清圣治以快人心事',该兵科都给事中张润身等题称:访得镇守浙江太监邓文、镇守两广太监张赐、湖广太监潘真、福建太监师章贪纵害事,均为不职,宜速赐罢黜,永不差补'等因,该本部议题,题奉圣旨:'是,都准裁革取回。钦此。'又'为乞恩怜处残坏边方停差镇守内臣以永图安攘事',该广东道监察御史廖自显题称:建昌营镇守内臣无事则坐享太平,敛怨军士,有事则高卧不出,蒙将贪功,兵出失律,乞要查照云南等处事例停止。该本部拟合裁革,题奉圣旨:'是,钦此。'又'为灾荒频仍军民困极乞赐裁革镇守以图久安重地事',该陕西抚按等官都御史刘天和等题称:陕西镇守内臣贪饕残酷,剥民脂膏,椎骨及髓,俾全陕八郡三十余卫所之间元气为之丧尽。及称前项地方,外而三边,既有镇守而各镇又有总制以控制之,商汉之间又有提督都御史以抚治之,若镇守内臣,不过端居省城,坐享供馈而已,实与河南、山东、江西、浙江诸内地无异,要将镇守陕西内臣取回裁革,不必再设,明著为令。该本部议得'内臣出守,委非祖宗旧章,圣明中兴以来,多从裁革,诚于地方有益,军民称快。今陕西地方节年灾伤,即今尤甚,比与他省镇守内臣尤宜裁革'等因,题奉圣旨:'是,镇守陕西员缺依拟裁革,永不差补。钦此。'又'为贪饕镇守官员公行鬻贩属官科敛奉承乞恩黜治以安地方事',该巡按四川监察御史熊爵等题称:四川镇守太监萧通官尊法重,气焰吓人,受其害者只得隐忍屈辱,乞要比照江西、河南、贵州事体,将萧通取回,前缺不必差补。该本部议拟,照例革回,永不差补。题奉圣旨:'是,萧通准革回。钦此。'又'为比例裁革镇守内官以安地方事',该提督两广军务兼理巡抚兵部右侍郎林富题称广西地方土瘠民贫,供应浩繁,公私匮竭,要将镇守内臣裁革。该本部议拟,照例裁革,题奉圣旨:'是。钦此。'又'为乞罢镇守内臣以安地方事',该提督雁门等关兼巡抚山西地方都御史黄钟题称:山西地方地瘠民贫,镇守太监害民尤甚,乞要照例裁革,着在典章,永为遵守。该本部议拟裁革,题奉圣旨:'是。钦此。'又'为乞革镇守内臣以恤贫军裕边陲以光圣治事',该巡按直隶监察御史李朝纲题称:大同地方地土瘠薄,军民贫困,而镇守之设非惟无益于地方,抑且有害于军士,要将太监张绅取回,前缺永不推补。该本部议拟裁革,题奉圣旨:'是。钦此。'已经通行钦遵外,今该前因除开取矿课系隶户部掌行,径自查议外,为照各处镇守内臣原非太祖旧制，永乐年间始差内臣镇守，后因而添设渐多，又有分守、守备等项名色，至正德年间其弊已极，有如前项各官所论列者。我皇上圣德中兴，首下明诏，将各处内臣裁革，后节因抚按等官具奏，又多取回，员缺永不差补，天下臣民无不称颂圣明。今本爵具奏前因，臣等查有节奏前项明旨，不敢轻议。嘉靖十七年四月初六日，太子太保、本部尚书张等具题。奉圣旨：'各处镇守内臣原不系太祖定制，今且着云贵、两广、四川、福建、湖广、江西、浙江、大同用每一人，着内侍监选去，不许作威生事，刻害百姓，但只着本等行事也，与他敕，其余准议。'"其二为嘉靖十八年五月癸酉，王廷相题为星变事："职方清吏司案呈，奉本部送准礼部咨，该本部题'切见本年四月二十三等日夜有彗星见于云中……'等因，嘉靖十八年五月初六日，太子太保、本部尚书兼翰林院学士严等具题，十二日奉圣旨：'上天垂此星异非一次者，……今多事之日，安得精专，两京九卿堂上官都待考察，一并处分。各处镇守内官都着取回，该衙门知道。钦此。'钦遵。拟合通行，为此除外，所据取回各处镇守内官系隶兵部，合就移咨贵部，烦为查照钦遵施行等因，咨部送司，案呈到部，拟合通行查取。为此除外，合就前去，烦为转行各处巡按御史，查照该部题奉钦依内事理，钦遵查照施行：一、咨各处巡抚都御史除外，合咨前去，烦照该部题奉钦依内事理，行令镇守太监钦遵查照回京施行。浙江、福建、湖广、江西、两广、云南、贵州、四川、辽东、大同、宣府、延绥、甘肃、宁夏。一、具揭帖，差主事杨予臣赍赴内府司礼监，烦请查照该部题奉钦依内事理，钦遵施行。"

六月辛酉。先是，武定侯郭勋奏："迩来科道奉委验收仓库钱粮，废职侵官，招权规利，殊失言官之体，宜行裁革，但令专事谏诤。"事下工部覆议，谓勋所奏深得修明职守之意，上命仍查原设验收部官以闻。至是，工部言："甲字等十库原设本部员外郎一员，军器局原设郎中一员，司设监、御马监、巾帽局、针工局、银作局、司苑局、内官监、兵仗局、酒醋面局、宝钞司嘉靖九年始命原管十库员外郎一并验收，并增设十库监局科道官。"上曰："十库监局部官原有者仍旧，系九年增设者俱革之。"(二一三，4387)　壬戌，孝陵工完，诏赏镇远侯顾寰、永康侯徐源，太监潘镇[真]、王德、萧通，南京兵部尚书王轨、南京工部尚书蒋瑶、右侍郎胡训、先任南京兵部尚书秦金，先任南京兵部右侍郎王尧封……（**下南京科道部属官赏赉略**。）（二一三，4388）

七月癸巳，慈宁宫工完，赏武定侯郭勋、大学士李时、夏言、太监高忠各银五十两、彩段四表里，荫一子锦衣卫百户；兵部尚书张瓒银五十两、彩段四表里，工部尚书温仁和四十两、三表里；尚书周叙，侍郎吴大田、江晓、潘鉴各三十两、二表里，大田、晓各一子入监读书……勋疏辞恩荫，不允；时、言亦辞免，许之。（二一四，4396—4397）　庚子，户部言："比年十库内臣增设太冗，官多民扰，请敕司礼监查议，量留数员，著为定额。"得旨："后勿复增，其见在库者仍旧。"（二一四，4398）

八月甲辰，虏首吉囊犯河西，总督刘天和部署将卒御之，斩首八十三级。兵部以闻，上嘉天和功，诏升兵部尚书兼左都御史，仍旧总督；巡抚都御史刘[牛]天麟、镇守太监廖斌各赉银、币，天麟仍升俸一级。（二一五，4401—4402）

九月辛巳，是日恭上二圣册宝，太常寺少卿徐可成不候宣册，先奏俯伏，光禄寺典簿张福进胙失误，捧进奉御马奉、张冲不先办候福胙，为礼官所劾。夺光禄寺少卿彭黯俸两月，高澄、冯惠及寺丞窦一桂、胡奎各一月，徐可成免究，张福下镇抚司问，马奉等下法司问。（二一六，4426）

十月辛亥。初，虏入宣府万全右卫，所亡失甚众，诏下御史阎邻覆勘诸边臣罪状。至是勘上，言总兵官张镇闻警逗遛，以致失律丧师，罪当首论；总督右都御史周叙调遣失宜，巡抚郭登庸、镇守太监杨臣[成]罪亦次之。诏镇革职闲住，叙降左侍郎，仍旧管事；登庸夺俸半年；成前已降级，姑宥之。（二一七，4440—4441）　乙卯，大清堡（**按，各本或作太清堡**）指挥徐颢于三月间诱泰宁卫虏那卜来等，杀九人。其酋把当亥率众寇本堡，总兵马永击斩之。其枝属把孙借朵颜之众复入寇，永伏兵太清堡与战，却之。八月间复入，镇守少监王永欲出兵迎击，都御史刘璋止之，不从，战败，我军死伤者近百人。兵部言："徐颙贪功兆祸，王永素不知兵，率易迎敌，以致劫辱，诚为罪首。马永收保，不与事，刘璋尝力止王永，罪为可原。"上以地方失事重大，诏降王永二级；马永、刘璋戴罪，杀贼自赎；徐颙等启衅失机，俱下巡按御史勘报。(二一七，4441)

十二月丁未，上以营建显陵……命驸马都尉京山侯崔元为奉迎行礼使，兵部尚书张瓒为知礼仪护行使，太监鲍忠为奉侍内官，各铸给关防；锦衣卫指挥赵俊为管吉凶仪仗官，俱赴承天府奉迎献皇帝梓宫。(二一九，4509)　　辛亥，敕武定侯郭勋知山陵建造事，辅臣夏言、顾鼎臣同知山陵建造事并总督工程，兵部尚书张瓒提督领军，工部尚书蒋瑶调督(**广本、阁本作调度**)工程，都督佥事陈寅监督工程，谕以皇考梓宫迎自远道，至当即就窀穸，不可停厝，事体非往昔比，宜竭心督理，刻期完工，务图尽善，以副朕终事之情。仍令太监高忠、侍郎周叙总管工程，令朝夕在工，提督内外人员勿怠。(二一九，4511—4512)

本年附

艺文·碑铭·太监王玉墓志

明故神宫监太监王公墓志

公姓王，讳玉，世系河南开封府人。其祖先以武功升小旗，占籍府军卫，遂家京师。祖讳兴，祖妣刘氏，父讳顺，母李氏。公生幼而颖秀，自弘治癸丑(六年，1493)选入内庭，着御用监艺业。戊午(十一年，1498)除长随。癸亥(十六年，1503)选侍春宫答应，小心慎密，除奉御乾清宫，皆异宠也。是年七月转针工局，升右副使。十一月调御马监，升左监丞。正德改元丙寅，佥书本监事，恩至渥也。丁卯(二年，1507)佥针工局事。戊辰(三年，1508)升右少监，庚午(五年，1510)九月，升左少监。癸酉(八年，1513)升太监，赐蟒衣一袭，酬公之劳也。辛巳(十六年，1521)武皇上宾，诏旨命公统兵德胜门防御，简侍清宁宫答应。是岁六月初六日，仍赐蟒衣一袭，仍旧御马监佥书管事。嘉靖改元壬午(1522)，公随侍神宫监，升太监，佥押管事，赐蟒衣一袭。恩典甚厚，正宜委用，忽得一疾。公生于成化癸巳（九年，1473）四月十四日，卒于嘉靖戊戌（十七年，1538）三月二十四日。讣闻于上，即遣公名下卜以是岁四月初六日，葬公于宛平县香山乡万安山至定庵之原。

（北京海淀区香山出土。《北京图书馆藏中国历代石刻拓本汇编》第55册，第38页）

艺文·碑铭·太监孙彬墓志

明故内官监太监孙公墓志铭

赐进士第、嘉议大夫、太常寺卿、督四夷馆、前翰林院编修山阴刘栋撰。赐进士第、文林郎、翰林院修撰、前江西道监察御史兰亭周文烛书。荣禄大夫、中军都督府带俸、保定侯汝阳梁继璠篆。

内官监太监孙公卒，其名下奏奉钦差内织染局右副使孙君经辈，持状乞予言，铭诸不朽。予按状，公讳彬，字尚中，号质庵，裔出直隶保定府蠡县巨族。弘治十四年（1501）二月选入内庭，为已故掌司礼监太监萧（敬）公名下。见其天资明敏，气宇不凡，随入内书馆读书。弘治十六年（1503）冬遂得司礼监写字。后于正德二年（1507）进乾清宫近侍，历升内官监太监，屡赐蟒衣玉带，仍命署惜薪司事，宠幸无比。继今嘉靖我圣天子嗣登大宝，见其立心忠赤，勤劳匪懈，又进乾清宫近侍，随升内官监太监，蟒衣玉带之锡相继不绝。复命请剑随朝，仍加禄米，许令内府骑马，恩至渥也。原其所自，盖因公能敏而好学，不耻下问，而又善于楷书，上览而悦之。而又能殚厥心力，始终不倦，以致然也，抑岂偶然之故哉！且公不独自治，而又善于训迪，是以公之名下若孙君经、车君钦、马君莡、乔君德、何君道、齐君忠、郭君朝、蒋君堂、何君奉，孙辈张君才、胡君英、王君保，咸能踵公之劳芳躅，垂令名于当世。兄举，曲尽友于之情。侄男六：曰禄，曰照，曰韶，曰昭，曰瞳，曰经。侄孙二：长曰册，次曰良甫。咸循循雅饬，皆公教诲之所及也。公生于成化丁未（二十三年，1487）二月初四日卯时，卒于嘉靖戊戌（十七年，1538）三月二十三日午时，卜地于宣武关外弘法寺之原，四月十八日乃安葬之期也，用石以铭之。铭曰：

维公之德，固而且贞。惟公之忠，久而靡盈。历侍三朝，沛乎有声。蟒衣玉带，屡锡屡情。讣音倏传，上下震惊。俯仰无愧，已了平生。兹焉卜葬，永诀幽明。

（北京宣武区西便门内大街出土。《北京图书馆藏中国历代石刻拓本汇编》第55册，第39页）

艺文·碑铭·蜀藩典膳副张繁墓志

……墓志铭[①]

……巡按湘江……撰文。……大夫、大理寺□□成都二江□公……书丹。……云南提刑按察司副使成都宜庵王□篆盖。

……庵，其别号也。贯潼川州乐至县人。先世□□□□籍……德早逝。于成化壬辰（八年，1472）五月二十九日生公。公……应□入侍……命承奉杨公旭□抚之。公勤慎日□，见闻于……令典膳所任事。公小心敬畏，益励忠勤，懋著□绩。正……嘉靖十七年（1538）五月十有八日，公以偶疾而终，□□疾……奏功。及其疾革也，……上益怀念，□□纻丝绢帛之类。迨其终也，讣闻于上，深悼之，遂□命门正韦忠、掌司费成董治丧事。继而□□谕祭，恩至渥也。其公之抚子霖等同侄□定弼持公行状索铭于予。予□□门下生，辱公厚义，弗容辞。谨按状：公性沉静，不迩声色，公暇举书以自娱。事上忠敬而不欺，养□□生，日以望其大成。感梦填债，使人□□出狱。家贫不能婚配者，不吝金帛以成其配。及不能葬亲者，悉出财□以助其丧。桥□倾圮，公遂舍□修□之。流□子死道路，公即佣力掩瘗之。名庙古寺，常□功德。仆御下人，置□□□施药之功，始终□易，□赈济之也。遇□聿兴，此皆公之行□□□于□之享□者也。

呜呼！公之素□□不止此，特□其概以表彰之尔。公之兄曰□□□□□□□□已早故。公之侄，曰定□，曰定礼，皆务农业：曰□□□□□□侄男曰□□。又门下男，曰□，曰详，曰相，曰□，曰□，曰□，曰礼，曰□，曰□，曰□，曰钦，□□之期，不可预量，孰非公之遗泽？□□六月初一日葬于□□街头桥之原。呜呼！公以□岁仕进，□心忠勤，□□□□而□□□□可以□□□□子致僭妄而铭之。铭曰：

生于泰平，终于泰平。荷天之恩，福寿□□。功著王庭，世禄永享。

---

① 张繁墓志铭盖篆书“皇明敕授蜀藩典膳副省庵张公墓志铭”。张繁墓志剥蚀较甚，“繁”字据买地券拓本得之，然此字亦甚模糊。

公德是征，允称斯铭。以奠厥灵，万世悠宁。

孝男张霖等泣血□石。

〔成都文物考古研究所：《成都市武侯区“沙竹苑”明代太监墓发掘简报》，《成都考古发现(2007)》，第605页〕

艺文·碑铭·安济桥碑

大明嘉靖十七年六月初七日重修沙河安济桥，造添桥空碑。

总督工程内官监掌印太监一员高忠，管理工程兼管收放物料统计一员曹喜，监工官七十三员名，办理钱粮等项文书司房官一员王斌，经管造作各作监工官二十六员名：(名略。)各色官匠四十一员名，工部文思院大使等官岳士保等十二员，掌管尺寸高手人匠王纪等二十九名，工文大等官晏书等六员。

(碑在北京昌平沙河。《北京图书馆藏中国历代石刻拓本汇编》第55册，第40页)

嘉靖十八年己亥(1539)

正月乙亥，录陕西、延绥、宁夏诸镇累次斩获功，赏总督尚书刘天和、固原总兵任杰、延绥参将杨信、宁夏副总兵魏时及陕西巡抚于湛、宁夏巡抚张文魁、延绥巡抚张珩、延绥镇守少监张惇、宁夏镇守太监刘玉各银、币有差。(二二〇,4535)【考】刘玉十六年已取回，此为追录，其墓志见本年附。　丁酉，上谕工部，命内监官袁亨、工部主事袁钺遵奉钦定格式，会同各地方巡抚，自涿州起至丰乐驿，搭盖沿途驻跸行宫。原差内官曹臻会同守备太监何富、侍郎顾璘修饰旧邸宫殿及社稷、山川坛，工部郎中岳伦往启玄宫，督理显陵合葬事。(二二〇,4549)　己亥。初，襄王祐樌痼疾无子，上命其从弟阳山王祐楬代理府事。已而阳山王薨，其长子厚熲方九岁，不及袭封期，更敕镇宁王祐橘代理。而府中臣仆皆不乐祐橘，因奏其罪过，且言伦序非宜。乃命司礼监监丞王忝、给事中马汝彰往勘之。至是还报，言祐橘无罪，请令代理如故。上曰：“厚熲既伦序应袭，只令伊母保护，内外辅导官协理府事，待年长及例，径自请封，何必更命祐橘。”因夺其敕。(二二〇,4553)

二月丁未，礼部请发内府所贮先年行在衙门印信、关防给各扈从官员，其行在通政司、太仆寺、鸿胪寺及各曹首领印信原无收贮者请各照例铸给。从之。　命内监铸造左副将军银印给咸宁侯仇鸾，行在宗人府银印给驸马都尉京山侯崔元，钦命巡行边务关防给行边使兵部尚书翟銮，钦命督理边务关防给兵部尚书毛伯温，钦差整备边务关防给兵部左侍郎樊继祖。(二二一,4579)　癸丑，命礼部铸内提督团营关防给御马监太监麦福。(二二一,4593)

甲寅，命皇太子监国，以宣城伯卫錞、遂安伯陈鏸为留守使，大学士顾鼎臣为同留守使，兵部尚书张瓒参赞机务，太监麦福为内提督，与錞等协同行事；文武大臣刑部右侍郎屠侨等一十八员分守京城九门，仍命内坐营官九员协守。(二二一,4595—4596)

三月癸酉，令御马监奉御王胜、锦衣卫千户魏钟往勘浙江开化县大尖坞山矿脉采之，从巡按御史傅凤翔奏也。(二二四,4608)

丙子，上遣使驰谕留守使等官錞、鏸、鼎臣、瓒，令以旨到京日传谕原委大峪管工内官李寅、侍郎周叙即遵原定规制，趣为营构，刻期五月初旬内玄宫内工竣事，务如法坚致完美，不许草率违误。(二二四,4609)　丁亥，敕工部左侍郎顾璘同内官监太监袁亨督理显陵事务及修承天府玄妙观。(二二四,4619)

七月癸未，宣府镇守总兵官署都督佥事郝镗有罪，谪戍边卫。先嘉靖十七年六月内……(**达贼入寇，镗败，反诈以功上。**)上恶其欺罔，命锦衣卫捕镗诏狱，副总兵等官刘江等住俸，戴罪杀贼；少监杨成、总督郭登庸奏报不以实，亦令戴罪防御，俱俟勘明论治。至是情得，遂论镗戍边而令巡按御史捕治刘江等，其杨成、郭登庸防御已久，贳之。(二二六,4700)　壬辰，命再修沙河浮桥。时桥以绵雨水涨冲塌，监工御史曾守约参总理工部左侍郎吴大田、太监曹喜等督率欠严，宜罚治。有旨："总理官姑弗问，员外周如砥、沙稷，千户王铎等各夺俸二月。"(二二六,4703)

闰七月甲寅，广西断藤峡弩滩诸巢贼平……捷闻，上嘉其功，诏进总兵官安远侯柳珣太子太保，岁益禄米三十石；提督兵部右侍郎蔡经升左侍郎兼右副都御史，仍加俸一级；荫总镇太监马广弟侄一人为锦衣卫所镇抚，各赏银五十两、彩币八表里……（**副总兵及两司官赏略**。）（二二七，4717）【考】《苍梧总督军门志》卷一《历宦·总镇》："内官监太监马广，字阙，嘉靖十七年九月至，十八年闰七月复革回京。"按：广之前任张赐，于嘉靖八年革回京，两广总镇随罢。而十年后复有马广之遣，实录无载，不知何故，然旋亦革罢矣。

十二月癸未，顺天府官进春，上不御殿，命司礼监官捧入。（二三二，4770）

本年附

史事·革宁夏内官

嘉靖十八年奉旨裁革。先是，议者屡以官多民扰为言，以其为权贵者之府藏也，遂不见从。至今上，不因人言，乃出独断裁之。遗所占田一十二顷十七亩，岁该夏秋子粒一千一百七十八石五斗；湖滩一十八处，岁采柴草一十七万四千七百五十四束；田园二处，共一顷六十亩，岁该银一百四十两；盐湖二处，岁该银一十两；鱼湖六处，河船二只，岁该银三十六两二钱；枣园一处，岁该银一两五钱；镇城店三座，岁该银一百一十两；灵州店二座，岁该银六十两。人亦有垂涎于其间者。巡抚都御史杨公守礼，案行方面都指挥李翰，督同五卫掌印指挥李嵩、刘伦、孙贤、李纲、朱泰复查无异，仍令从长议处，务使上下两便，遂成定格：每岁子粒柴草，该易银二千五百八十一两二钱九分六厘；园田、鱼盐等湖及店，钱银共三百一十五两七钱。通该二千八百九十六两九钱九分六厘，贮库公用，抵除岁包公用银大户一千四百七十名，应当挑渠、采草等差，人称其便。又明立案卷，以防侵匿。

（嘉靖《宁夏新志》卷一《宁夏总镇·藩镇·太监》）

史事·兴都（承天府）事迹

世宗肃皇帝嘉靖元年二月庚子，上令御马监监丞傅霖等来奉陵庙香火。　五月辛酉，遣官来上献皇帝尊号，以司礼监太监温祥、成国公朱辅赍御容至。

二年闰四月丙寅，命松林山易盖黄瓦，又命太监酉保修造陵前石桥并包砌河堤，盖造松林山铺舍。

三年五月，遣官奉迎献皇神主，以司礼监太监赖义督礼仪，京山侯崔元祭告，礼部侍郎吴一鹏捧册宝上尊号。　七月，上欲修旧邸享殿，更易黄瓦，命杨保等构材于湖蜀。

四年，敕修献皇帝实录，遣寺丞周璧来采遗事，守陵官杨保以献皇事迹三十有二事上奏。　九月，命长随苑章等于岳怀王、常宁、善化二长公主坟所司香，并遣太监温祥、驸马崔元赍宝册于三寝及奉安神主，盖造享殿。

五年五月戊戌，修旧邸宫殿，从杨保之请也。复命更司香衙门为显陵神宫监。　七月庚寅，命简内官一员，以供神宫监事，且令礼部铸给印信。

六年十二月，上以杨保奏修显陵制未善，复辄改神道、圆塘，特敕新任守备太监萧洪仿天寿诸陵制增明楼、建碑石、设象生，复圆塘；因遣成国公朱麟、工部侍郎章极、给事中李凤来、御史白清等董其役。

七年六月癸卯，崔文请造显陵香殿铺陈帐幔，后遣王忠来造。丙午，命赏工所崔文、章极而下银、币有差。乙卯，命崔文等造加尊谥记及尊号碑文。　八月壬寅，崔文等请于松林山阴辟大道、凿水□、复圆塘、筑墩坝，因生成之势，加裁成之巧，从山人袁德之议也。上诏行之。

八年五月，令太监萧洪领家庙制帛三百段来。　六月，新修显陵工成，给赏崔文等有差。

九年六月丁卯，以萧洪请如天寿山例，凡岁清明培土于陵山，而芟柞之具香烛，饲神马，设陵户。上命礼部议行之。　十二月己卯，甘露降于显陵，萧洪进之，赐金帛。

十年五月，陵工瓦瓴渗漏，工部议治崔文等罪。上特宥之，复委工部左侍郎黎奭、太监傅平来葺。既讫工，奉安神床，当行祭告，即命奭行礼。

八月戊戌，升安陆州为府，立□□，建公廨，钦定府名曰承天。

十六年二月己未，圣母遣内臣何富以加上徽号来告于显陵。

十七年十二月癸卯，章圣皇太后崩。丁卯，敕议大行皇太后祔葬于显陵。初，上欲启显陵梓宫，迁葬于大峪山，已遣太监鲍忠等来迎。寻追还，复令锦衣卫指挥赵俊来迎，仍敕会同顾璘及新任巡抚陆杰、巡按朱篪等奉启玄宫，审视安否。及俊至，与璘等遵依启视，及[见]穴内积润水清气温，梓宫安正。俊即驰回上奏。先是，巡抚顾璘升吏部右侍郎，将赴任，复改工部左侍郎，董大工于承天，令兵部速追还。是日，谕太监曹臻会同何富、顾璘督有司洁治旧邸，以便奉慈宫南诣合葬及躬至显陵，亲临调度。（中略。）乃议南狩。

十八年二月乙卯，大驾发京师。　三月丁丑，上驻跸于丰乐河，钦发龙飞旧邸等金书牌额二十四纸，令张佐来悬于旧邸及显陵门殿。　四月癸亥，命显陵卫改承天卫。丙寅，命改荆州左卫为显陵卫，仍建留守司统辖显陵、承天二卫，拥护陵寝，仍钦定名曰兴都留守司，次中都而序设官等。　五月丙辰，命设分守荆西道于承天府驻扎，与守备太监协同守护陵寝；设分巡荆西道于沔阳州驻扎，问理刑名，往来提督所属堤防专属湖广巡抚统辖。　八月己卯，命有司供办陵殿节祀膳羞。先是，傅霖以租银千两不给为言，至是上定租银止备修理，故有是命。

十九年三月己亥，敕傅霖改内官监太监，奉护陵庙，守备地方。　八月，给赐守备衙门护敕。先是，巡抚陆杰上言："守备太监傅霖罔知陵寝之奉所当尊，根本之地所当养，乞敕户部庄田湖地俱照太监杨琇旧额征课，一切弊政俱听巡按御史厘革。"上以所言下湖广巡按陈豪勘之，及霖上书自白，遂为罢勘而罚责杰等。霖遂请以庄湖租店及供事官校人役颁降护敕，刻石碑以重陵寝，上乃可其奏给敕云。

二十年九月，南京司礼监右监丞邸荣赍捧奉先殿制帛十有七段来。盖显陵每年各祭，先已钦定祭帛十四段，后增二圣讳日，并岁暮告祭，内府原贮制帛不足焚用。太监傅霖以闻，上特命南京神帛堂增造赍用，岁以为常。

三十年，守备监题修显陵祾恩殿，命会同两院及钦差内监张奉、工部主事杨俊臣估银三万两，承天府出银三千两，余俱布政司支领。

（万历《承天府志》卷二《龙飞纪下》）

史事·兴府宦官事迹

李稷，陕西泾阳人也。年十三入掖庭，事英宗，以端良见称，受学于翰林刘定之,所诣颇深。宪宗甚亲幸之,选侍东宫,勤慎特著,累迁至尚衣监太监。宪宗赐以蟒玉,见呼为“儒士”而不名。献皇出就邸,选以随侍。稷就职辅导有则,间取所著《小学旁训》诸书进之,深见嘉纳。后以老求去,杜门谢事,上书劝献皇教世子,又著《养正录》以进,益称善。后卒,嘉靖初赠司礼监太监,命有司立祠祀之,榜曰“褒贤”。

张忠,直隶临淮人也。选侍献皇,随之国,勤慎周密,甚见信爱。后以扈从功,敕提督十二团营,赐蟒玉。嘉靖元年,奉敕选婚于元城,得陈太后,正位中宫。四年,土鲁番叛,围甘肃甚急,奉敕监督军务。兵至平凉,斩获甚众。捷闻,赐诏嘉奖。

(万历《承天府志》卷二《龙飞纪下·内俊》)

典制·承天府内官

守备府在(兴王)旧邸外。嘉靖元年置守备太监,以旧承奉司居之。二十年始命工部改旧仪卫司为署,守备内臣因请护敕,勒之于石,以重陵寝。诏许之,凡山陵并旧邸之事无所不辖,掌其管钥与其禁令,凡役之当兴者,若修垣宇、治道途、植树木、耨草秽,必谨察其时以闻;凡旧邸所入山林川泽之利、市廛之税,以时敛之而贡于上,其存者储之,有旧邸及山陵之役,则输以佐有司之费。

守备掌印太监:

杨保,藁城人,司设监太监。 萧洪,三河县人,内官监太监。 何富,侯官县人,内官监太监。 傅霖,龙水人,御马监监丞。 廖斌,京山县人,内官监太监。 陈德,雄县人,内官监太监。 刘永,三河县人,内官监太监。 张方,定兴县人,内官监太监。 张尧,咸阳县人,内官监太监。 李佑,顺义县人,内官监太监。 王祯,祁州人,内官监太监。 孙政,新城人,内官监太监。杜茂,咸阳县人,司礼监管文书少监。

神宫监,在祾恩门西。嘉靖五年,上命更司香所为之,置太监、少监、监丞、奉御、长随,掌奉陵殿香火与其扫除之役。

掌印太监:酉保。 李昙。 宋永。 潘喜。 杜荣。 夏宝。 黄经。 李禄,大兴人。 武叙。 崔荣,顺邑县人。 刘玉。 左龙。 刘文,定兴县人。 李登,安肃县人。

(万历《承天府志》卷二《龙飞纪下》)

艺文·太监刘玉墓志

皇明御马监太监岐山刘公墓志铭

赐进士出身、前都察院都御史、刑部尚书吴江吴山撰。荣禄大夫、前军都督府、应城伯凤阳孙永爵书并篆。

公讳玉，字崇润，岐山其寓号，世为冀北之怀仁人。自从祖清领乡荐，官至鸿胪寺丞，因占籍昌平之榆河。清子晟，晟子道，道子宓，皆登进士。晟止知县，道任至布政，宓终于行人。公父昺，娶王氏，天顺甲申（八年，1464）十二月十五日实生公。公幼时即简质不凡，慨然有奇贵之志。弘治庚戌（三年，1490），以例选入内廷，隶名于司礼太监何穆。甲寅（七年，1494），因进长随，典尚膳。丁巳（十年，1497），升奉御。

正德丙寅（1506），司香长陵。丁卯（二年，1507）转督御马监郑家庄外厩。甲寅（七年，1512），升本监左丞。癸酉（八年，1513），升左少监，佐理监事，于时有斗牛之赐。乙亥（十年，1515），升太监，承赐蟒衣。戊寅（十三年，1518），奉敕镇守云南，抚治金齿、腾冲等处，于时有玉带之赐。

辛巳（十六年，1521），例取回京。嘉靖壬午（元年，1522），因移疾，以左监丞家居。辛卯（十年，1531），特敕起公镇守宁夏。癸巳（十二年，1533），以柳门、锋窝功，蒙敕奖赉，仍升右少监。乙未（十四年，1535），以芗苦滩功，升左少监。本年，复以打硙口功，升太监，复赐玉带。丁酉（十六年，1537），蒙敕取回别用。家居待命，优游颐适，自以春秋渐高，遂为终焉之计矣。

公为人精强持重，琴书之外无他好，接人温恭雅饬，恂恂然有儒者之风度。其在云南，绥和夷、汉，恩威兼著。尝有瑞雪，镇人谓公至诚所感。及镇宁夏，虽虏所四出之地，公独从容指麾，屹然有长城之势。每遇虏人，必躬督帐下，冒犯锋镝，虏亦畏之，不敢近也。镇人至今服其胆略。一时缙绅如管给事律、杨司寇志学，皆极辞称誉公贤，公亦恬然不以时名自异。镇有严生者，母死，弗克举葬，公为具棺敛，置地数亩以葬。其仁惠多此类。生平被服俭素，口腹之欲略不少纵，每饮酒未尝至乱，其不茹荤，则严戒以终其身。尝预营葬地，列碑题榜，如其身后棺敛之具，皆先时而办。年跻耄耋，视听不衰，即以其埋铭请予属笔，俟窀穸焉，则镌石而以纳诸幽圹。且曰："吾不怵于死生之际矣！"呜呼！斯陶潜、杜牧所见称为达观者与?

公之犹子,侍庭者二:曰寄,锦衣百户;曰寄,锦衣朝士。诸孙凡数人:曰承贤,曰承勋,曰承节,曰承聘,曰承祖。贤,百户;勋,千户,皆官锦衣,肄业武庠。节,尝业儒。聘,郡庠弟子员。祖,尚幼。今按公之卒也,岁在嘉靖癸卯(二十二年,1543)八月十三日巳时。先期数日,语其孙承贤曰:"吾将于是日观化,尔其笔诸册。"及是,果然。溯其生,得年八十有一。寄等恪遵治命,于九月一日,葬公城东三里屯新兆,其山向皆公所自规云。铭曰:

惟彼冀方,河山是疆。淳风渐涵,刘宗以昌。榆河侨邻,公乃发迹。两镇雄藩,勋名赫奕。亦既寿考,西影尚赊。郁郁佳城,载卜载家。生寄死归,达焉者寡。勒名斯圹,用光泉下。

(《新中国出土墓志·北京》第255号)

艺文·宝公塔记

右觉义可浩《重修宝公塔记》:"(宝公塔)届今复将腐圮,遂谋诸耆宿,洎江右喻姓法名演高者,参历之士,承(南京)守备太监潘公真、萧公通、先任太监陈公林纠财召众,协相新之。……嘉靖十八年己亥腊月八日记。"

(《金陵梵刹志》卷三《钟山灵谷寺》)

嘉靖十九年庚子(1540)

正月乙卯,诏增显陵陵户二十名,其祾恩殿每年供用照隆庆殿一体供办,从守备太监傅霖请也。(二三三,4785)　　壬戌,守备显陵太监傅霖乞定诸司相见礼仪,得旨视凤阳、天寿山守备例行。(二三三,4787)

四月辛巳,户部议覆武定侯郭勋条陈边务五事:一、请各边田亩向属镇守内臣为业者分给总兵、副、参、游击等官,召人佃种,仍敕抚巡官申严侵占之禁。……诏悉如议行。(二三六,4821)

六月丙子,巡按浙江御史傅凤翱勘上参议周期雍、都指挥韩平诛剿处州盗功,兵部请议升赏,上曰:"事在六年,勘报何迟!"下兵部参劾,更议赏格。兵部言:"处州之乱,诸有罪者比已降罚而功未见赏，承勘诸臣奉行迟缓，罪实难辞。期雍先任参议，今为刑部尚书，位在大僚，难拟升擢，惟量加恩荫以酬其功。”于是诏荫周期雍一子为国子生，升平一级，赏原任镇守太监邓文、巡按御史王璜银、币有差，诸获功者俱行赏犒，迟误核勘以赦前不问。（二三八，4841）

七月戊戌，以皇穹宇成，加恩内外效劳官员：太监高忠、翊国公郭勋、成国公朱希忠各荫子侄一人为锦衣卫百户，仍赏银五百两、纻丝四表里；礼部尚书严嵩加少保，仍兼太子太保……（二三九，4854—4855）

八月壬午，致仕巡抚辽东右副都御史成文卒。文，山西山阴县人，弘治壬戌进士。授知县，擢监察御史，巡按苏松。遇岁饥，条上便宜，民赖全活。复按陕西，劾奏镇守太监宋彬冒首功，且言内外大臣朋肆欺罔，力触权奸，逮诏狱为民。上即位，起知凤翔府，累升至今官，上疏乞骸骨。至是卒，赐祭葬如例。（二四〇，4869—4870）

十月癸亥，顺天府府尹蒋淦条陈均徭四事：“一、宛、大、通、固、蓟、昌俱有陵园坟、海等户，例皆免差，必多偏累。宜将本府所属二十七州县，总计银、力二差，仍通将丁粮除例免外，计实在若干，平匀审编。一、海户率有力丁多之家，其守海以轻役，影射富户而贻重差于民，甚为不均，宜照《会典》，户免三丁，余者悉令与民当差。一、凡府部监局院库等衙门皂隶等项力役，宜通派直隶八府。一、修理公廨等项不当专取宛、大二县，宜行各州县，于均徭余剩银内支解。”下户部议，谓八府差徭亦繁，不当复派。顺天之役，其修理诸费当支各州县无碍库银，不得混编均徭，以启弊端。得旨如议行，惟陵园、海户诸役照旧全免，查有投入规避者从重问遣。（二四二，4885—4886）　甲子，巡抚湖广都御史陆杰奏守备承天太监傅霖暴虐军民，滥役卫卒，肆侮郡县，威凌抚巡诸不法事，乞赐征还降革。上曰：“承天二圣陵寝重地，傅霖既受委寄，务

宜安静,奏内事付巡按御史勘问之。”(二四二,4887)

十一月丙辰。先是,崇明盗秦璠、黄艮等出没海沙,劫掠为害,副使王仪大举舟师,与战败绩,副都御史王学夔遂称疾还南京。盗夜榜文于南京城中,自称靖江王语,多不逊。南京科道官连章劾奏仪等,上曰:“海寇历年称乱,官军不能擒,辄行招抚,以滋其祸。……逆言无忌,揭播都门,留守不闻驰奏,守备太监潘真、萧通,魏国公徐鹏举、永康侯徐源、兵部尚书熊浃责令对状。”(二四三,4905)【考】潘真此后无事迹,卒于嘉靖二十二年,墓志见本年附。

十二月乙亥,沙河行宫城工成,赐太监高忠、翊国公郭勋,大学士夏言、翟銮,尚书严嵩各银五十两、纻丝衣四袭,忠仍荫弟侄一人为锦衣卫百户……(**侍郎、都御史及内外效劳官员升赏略。**)(二四四,4913—4914)　癸未,守备凤阳太监张信奏庐、淮、扬三府,徐、滁、和三州为凤阳股肱之地,乞令统摄如前任太监黄准例。兵科参凤阳守备责在奉侍皇陵,兼管皇城锁钥、巡禁山场而已,军机重务、赈恤饥荒,自有职守者,不当令其兼管。兵部亦言弘治以前旧无此例,自正德间黄准始,则逆瑾纳贿纷更之罪也。陛下登极,已悉厘正,不宜复踵其弊。上曰:“皇陵祖宗根本重地,既设守备,宜有统摄,其如黄准例行,但不许干预民事。”(二四四,4918)

本年附

艺文·碑铭·太监董智墓志

司设监太监董公墓志铭

司设监太监董公,以嘉靖十九年(1540)二月六日遽卒,实以正德二年(1507)十二月十八日生,得年三十有五。今上皇帝特怜念之,赙恤倍加,谕祭之文有曰“温敏之资”、“小心敬慎”,盖公以实行受上知如此,故凡同事内廷、相与朝夕者,尤哀悼不置,吊相之日,涕泗涟洳。盖公以和气得人心如此,岂偶然哉!内官监太监王公逊与公尤善厚,匍匐过余,乞铭其墓。予不敢当,辞至再,而请益勤。念予往岁以翰林编修官奉命教内书堂,每见生徒中少年敬谨者必加礼之，且致厚望，以为此皆他日圣天子心膂之寄，与吾辈外庭体貌之臣殊，盖君父之心虽出一致，而远迩势分终不若亲且密者之易于纳忠也。故今生徒之柄用者，往往不忘予为师范，而王公又予之旧馆人也，义不容恝，乃志之。

公讳智，字克知，别号明斋，家世湖广武岗州人。正德九年(1514)秋九月入大内，遂选近侍乾清宫。今上龙飞，改元嘉靖，夏六月选入司礼监从学内书堂。明年春三月复选乾清宫内侍。是岁八月，遂有牙牌之赐。冬十二月遂升奉御。自是赏赉日繁，眷注日隆矣。又明年升司礼监右监丞。五年(1526)升左监丞。六年升右少监。七年(1528)升左少监。九年(1530)升太监。太监，内庭之极选也，自右监丞凡五转而至，皆以岁之八月八日，若刻期然，盖异数云。时方年二十五妙龄，美质敻出伦项，又殊遇也。十年(1531)十月，遂命视事本监。十七年(1538)又命为宫内牌子。牌子，又近侍之极选也。十八年(1539)命掌司苑局印。二月上南巡承天，命掌行在印。四月回銮，仍掌原印。于是上将欲大用之矣。自奉御以来，凡受赏大红纻丝麒麟表里一、斗牛一、蟒衣表里一、玉带一、大红金彩蟒衣纻丝纱罗表里者三，自十二年以后岁加禄米者八，总之为一百三十有二石；又特许内府得乘马，上之礼遇至矣。公亦益奋忠贞，以至于殁身为报，可不谓生荣死哀也已。予昨扈驾时，以翰林院学士掌行在印，从仿佛于行朝，尝目望公，今不可作矣。以今年某月日葬于阜城门二里沟之原，经理其后事者则太监毛公隆也。为之铭，铭曰：

龙衮日近，蟒玉有辉。何机柄之，伊迩乃渊。冰以全归，勇从顺委。忠孝一机，顾赋形之。万变羌定，数以焉违。后千万年，视此铭诗。

(陆深《俨山集》卷七二)

艺文·碑铭·太监潘真墓志

明故南京守备司礼监太监潘公墓志铭

赐进士第、资善大夫、太子宾客、南京兵部尚书、奉敕参赞机务、前礼部尚书兼翰林院学士、掌詹事府事、经筵日讲官、修国史玉牒四明张邦奇撰。赐进士第、资德大夫、南京工部尚书、前南京都察院右都御史、奉敕巡抚云南等处地方、都察院右副都御史南昌胡训书。赐进士出身、通议大夫、南京户部右侍郎、前奉敕总理粮储兼巡抚应天等处地方、都察院右副都御史涪陵夏邦谟篆。

今天子嗣大历服，建极自躬，端则自宫掖，一时监卿寺伯任职授禄，率惟其人。予昔仕南京，见吕公宪、晏公宏，实为守备，以清德雅操，得军民心。越十余岁，予承乏参赞，再入南京，则潘公、萧公(通)克循前轨，民士感颂，不异畴昔。予方自庆，谓得相寅协，共翊隆平之治。未曾数月，而二公乃相继捐馆。呜呼！惜哉。

潘公讳真，字克诚，别号实庵，湖广会同人。父讳全辅，母宋氏。公自髫龄选入掖廷，以专慤称。成童侍宪庙，给事乾清宫。弘治间，历升太监，管御马监事。正德丙寅(元年，1506)，署丙字库事。戊辰(三年，1508)，承敕监督临清仓储。戊寅(十三年，1518)，承敕提督太岳太和山，兼分守荆湖、陕、洛三边地方。

嘉靖甲申(三年，1524)，被简命镇守湖南。至则易直交诸司，宽慈以御庶姓，弭盗赈饥，荆邦赖之。督修显陵，大工告成，民不知扰。辛卯(十年，1531)，召还京，中途以疾告。得旨就南京调治。甲午(十三年，1534)，命守备南京，改掌内官监。寻改掌司礼监，守备。故公益感恩遇，笃意绥怀。质任恬泊，不喜华缛。事存大体，不屑为苛细。性坦荡无畛域，然不取一毫于分外；悃愊无外饰，而于故典时宜，能言其肯綮。平居若无所事事，而陵庙垣墉汛除修缮与凡内府工作、京畿水陆备御之具，罔不饰治。九载之间，都鄽靖谧，关河晏清，归公德焉。

嘉靖癸卯(二十二年，1543)八月初十日卒于位，距生成化丙戌(二年，1466)三月初三日戌时，享年七十有八。从子四人，皆兄阿保、嫂□氏所出也。长永福，早卒。次永寿，家居奉祠。次永康，亦先公卒，娶张氏，生子一，曰子隆，女一，俱幼；继娶王氏，生子兴，亦幼。次永宁，随任，娶李氏，生子四：子卿，娶秦氏；子相，聘陈氏，俱国子生；子臣、子俊，俱幼。女三：淑德配指挥袁衡，淑贤、淑英俱幼。是年九月二十五日，永宁等葬公京城南安德乡许家山之阳，先期奉司礼太监何公所为状，以墓铭请。予以冗未克成，后数月，工部尚书南山胡公复为速铭。铭曰：

皇德之隆，谨在贽御。箴儆自中，封培必豫。泄迩启宠，有处非据。恣厥勛勦，民乃痌瘝。公生魁硕，枵豁慈恕。出守荆湖，柔绥简御。天子曰嘉，陟留寄爰。以辑以怀，以妪以煦。以奠南邦，人慕且孺。相昔冥昏，作威倚势。翕艴几何，倏乐颠踬。公起髫髻，大耋在位。蟒玉辉华，四朝恩遇。胡福考终，荣名靡既。天道神明，式彰厥类。太史勒辞，昭示来世。

（南京市雨花台区油坊桥贾东村出土，现藏南京博物馆。志文引自周裕兴《由南京地区出土墓志看明代宦官制度》，《明清论丛》第1辑，紫禁城出版社，1999年）

艺文·碑铭·太监公墓碑

嘉靖庚子年（十九年，），御马监太监马忠创建，康熙乙巳年（四年，1665）众居士重修。

（额及碑左皆满文。北京海淀区红山口出土。国家图书馆藏拓：北京5064）

艺文·碑铭·重建关王庙记

蔡文魁《重建关王庙记》："（**禁城西安门宣武街北旧有王庙，创自元，久而废。**）适有大内相尚膳监黄公锦第宅相邻，发心鼎新。公弟锦衣指挥同知锈乃为长男澄偶疾，致祷于神，用祈默佑，惟神之灵，咸遂如愿。于是捐己资财，广袤其趾（**按，疑应为址**）。诸公闲善慨然协助，重盖殿宇，庄严神像，（**起工于嘉靖十九年孟夏，落成于本年季秋。略。**）嘉靖十九年，岁次庚子，孟冬望日立。"

碑阴题名，前为内官监等衙门太监等官：高忠、左清等56人，下信官杨纯等30人，寺住持、信女、左右邻、信士、庙主8人，碑末题"锦衣卫指挥同知黄锈，同男黄澄、黄淇"。

（碑在北京西城区西四北大街。《北京图书馆藏中国历代石刻拓本汇编》第55册，第59—60页）

嘉靖二十年辛丑（1541）

二月庚申。初，显陵校丁周鉴等首讦军民周廷玉、王凤峦等隐占官地，太监傅霖使人捕逮廷玉等。会巡抚陆杰行县至承天，廷玉赴诉其事，复为诸校所遮，相与喧斗。杰闻，使府知事李翰相捕廷玉等及诸校，付分守参议方远宜治之，言曲在校丁齐仪、李凤等二十余人，俱坐罪。霖遂具奏，上言杰等固欲革庄田、湖荡、房屋等业归有司，远宜听凤峦子生员王继嘱，文致诸校之罪，意在裁抑守臣，因言致仕副使孙元亦素侵占庄田。奏入，诏以隐占官地事下抚按官追断。杰及巡按御史陈豪因劾奏霖诸不法事。霖复奏辩，言二臣蔑视陵寝。上曰："旧邸庄田、湖荡、地宅多为奸豪侵匿，抚按官不行清查追断，乃辄逮系校丁，殊为偏徇欺肆。其官地不必勘，一应庄田等业此后更不许有司擅准刁词，妄议纷更，沽名生事。杰、豪令以状对，齐仪、李凤等二十余人俱释之。聚讼刁豪本宜逮治，姑从宽，摘其首事者廷玉、凤峦发边卫充军，余姑贷之。翰相、元革去冠带闲住，王继黜为民，方远宜夺俸三月。"已而杰、豪各上疏引罪，上曰："显陵二圣神灵妥安之地，虽一草木，臣子犹当尊敬，何辄生事惊扰。本当重治，念陵工方毕，与有勤劳，姑贳之，仍各夺俸三月。"以显陵田土并供奉陵寝及郢怀王等坟员役额数，命抚按官俱立石纪载，毋令有司有所干预。[1]（二四六，4934—4936）　　乙丑，显陵宝城及旧邸宫殿等工成，诏升内官监太监袁亨一级，工部右侍郎兼右副都御史顾璘为本部尚书，仍各赏银五十两、纻丝四表里；先任郧阳都御史今升侍郎王以旂、监察御史姚虞各二十两、一表里；巡抚右副都御史陆杰升工部右侍郎，仍同监察御史朱篪、陈豪、新宁伯谭纶、抚治郧阳都御史戴时宗、守备太监傅霖、都督佥事蒋华各三十两、二表里……（二四六，4936—4937）　　壬午，司钥库太监王满奏本库钱钞缺乏，乞命各钞关俱收本色。户部执奏："钱钞改折银两，官民两便，且行之已久，不可轻变。即有不足，但当发各关解至价银，召商办纳，务在足用而止，其各府州县所逋户口食盐钱钞亦当严限征解供用。"诏从之。（二四六，4945—4946）

三月甲午，礼部以圣躬未豫，拟殿试读卷传胪、谢恩等仪，皆暂辍御殿，执事等官阅卷毕，即以应读试卷稍列第等封进，钦定甲第名次，御札发下。次早如例于华盖殿拆卷，填选黄榜，捧出置奉

① 承天为世宗休沐地，帝龙飞之后，原兴府庄田皆改皇庄。可参看施正康《明代南方的安陆皇庄》，《明史研究论丛》第 3 辑，1985 年。

天殿案上，百官吉服侍班，鸿胪官仍称制于丹陛上，唱名传胪，皆如常仪。越四日，鸿胪官先设表案于左顺门，百官吉服，是早引状元、进士午门前五拜叩头礼毕，状元捧表文授司礼监官捧入，随至左顺门以表置于案，状元等行一拜叩头，礼毕，司礼监官捧进。诏可。(二四七，4950)

五月壬子，敕司礼监太监鲍忠会同三法司审录系囚。(二四九，5012)

本年附

艺文·碑铭·太监杜江墓志

大明故神宫监右少监台村杜公墓志铭

赐进士第、翰林院检讨、征仕郎、同修国史、经筵官四明全元立撰。承直郎、中书舍人、直文渊阁、预修国史、侍经筵官高邮孙□书并篆。

嘉靖二十年(1541)八月初二日，神宫监右少监杜公以疾卒于私第。上命署惜薪司事司设监监丞张环、奉御韩昇董丧。将营葬事，其同乡老友东林刘公持所撰事状，来请铭于予。予弗能辞，乃按状：公讳江，字洪源，别号台村。其先世居山西之泽塘村。吴元年(1367)，时岁凶盗起，高祖思忠与其配田氏陷本村贼中。贼皆蚕食妇女，殆尽，次当田氏，乃甚恐，语思忠曰："吾本易州五阳台人氏，自幼迷失于此。及长，适汝。汝昆弟三人，素以膂力称，乃忍坐视至是，以攒食吾肉邪？况吾田氏之在五阳台者，庶而且富，汝能携我就彼，亦足自活，不惟吾一人已也。汝其图之!"思忠与仲弟子禄、季弟觉善，乃潜夜翼田氏径赴五阳台。其亲属闻田氏至，皆聚首相哭，且哀且喜，以为死而复生。于是衣食有赖，随择里于高陌社炼台村，乃世居焉。思忠生荣。荣娶张氏，生喜。喜娶许氏，生海。海娶刘氏，实生公焉。公生而颖秀，夐出庸辈，里□长者咸谓："杜氏有子，其将兴乎!"

成化壬寅(十八年，1482)，公甫十五岁，入侍内庭，即知以心勤自励。及长，上方简用，始授奉御，时弘治己酉(二年，1489)也。乙卯(八年，1495)，升司设监右监丞。己未(十二年，1499)、壬戌(十五年，1502)、甲子(十七年，1504)等年，历升右少监，转神宫监，司裕陵香。

正德改元，以原职转内官监，兼理惜薪司事。戊辰(三年，1508)，升太监。乙亥(十年,1515),御马监佥书,掌马房出纳。丁丑(十二年,1517),上嘉年劳,特赐蟒衣一袭、玉带一围,恩至渥也。

辛巳(十六年,1521),武庙晏驾,奉例为右少监,仍司香裕陵。嘉靖壬辰(十一年,1532),今上命公于本监佥押管事。公随在厥修,不以位之崇卑而变易心志,壮老如一日。盖公自韦布历侍四朝,服蟒带玉之荣,乃其贤劳所自致者,无逾恩也。少暇,辄检阅书史,于世道之理乱,人品之高下,过目服膺弗失。叩之,如倒囊悬河,殆不见其穷也。赋性介直,人有过,面斥之不少贷,内无隐情,外无饰辞。夫人皆知其为直,取与之际,弗协诸义,虽一介之微,不敢妄有所徇。至若势有可乘,术有可施,倾害于人者,公痛恶之,所不忍为。迹其处心□都类是,绰有仁者之度。

公生于成化戊子(四年,1468)六月十一日,距卒得寿七十有四。于乎!公岂易得者哉?时我皇上励明图治,内而宫□执御,外而缙绅百僚,鼓舞承德,罔有弗钦。求其行义孚于友众,勤劳效于王室,善誉□于家邦如杜公者,奚啻卓然度越其曹偶哉。是诚不可以不铭其墓也矣。公兄敖,弟友才。姊一,适贾厚,妹一,适赵成。侄男二:廷玺、廷璋。侄孙三:永安、永宁、永平。甥男贾宣,甥孙祐。以卒之岁九月初一日,葬公于京城西宛平县香山乡广源闸之原,实会藏也。序而系之铭,曰:

繄惟杜先,几登贼俎。载奔载驰,以延厥绪。潜修缔造,底于台村。光昭前业,渥哉帝恩。忠□亶至,敬慎用将。□明人物,貂珰之良。我铭在兹,奕世有考。嗟嗟后人,毋替尔好。

(《新中国出土墓志·北京》第253号)

嘉靖二十一年壬寅(1542)

正月丙戌,御马监太监麦福奏勇士营逃亡者多,仅存五千五十八名。顷闻边警,请以故勇士子侄选其精壮五千人补充。兵部言:"勇士原额五千三百三十名,嘉靖八年,侍郎王廷相奉旨清查,已存留五千四百三名,浮于原额,固将以备补逃亡也。即如福言,缺少不过三百余人耳。且兹营非为备边设,安得藉口以行其私。"上从部议,诏自今选补一如旧制。(二五七,5147)　甲午,顺天府进春，上不御殿，命司礼监捧进。（二五七，5152）　丁酉，致仕刑部尚书王时中卒。时中，山东黄县人，弘治庚戌进士。授河南鄢陵令，征为监察御史，以论劾逆瑾逮至京，令荷校露立三法司门外，数日谪戍辽东铁岭卫。瑾诛复职，屡迁右佥都御史，巡抚宁夏。（二五七，5152—5153）　甲辰，司钥库太监王满以钱钞缺乏，请行内外钞关征收本色。户部议覆："该库钱钞惟光禄寺支用为多，今该寺已按季于户部关支，则该库钱钞之用视昔为少；且各省起运户口食盐及正阳九门门摊商税不下千余万两，而户部召商招买者方行上纳，宜令崇文宣课司、河西务二处征收本色，临清以南钞关俱收折色如故。"诏悉如满言。已而顺天府批验茶引所亦援以为例，商人叶桐等言其不便，户部疏请，上以前旨止为广惠库而言，非通行者，其令该府商税钱钞折色如故。（二五七，5159—5160）

三月甲申，诏定兴都旧邸官守，凡宫殿门禁关防出入内臣俱照两京例行，改沔阳卫德安所属兴都留守司，从督工尚书顾璘议也。（二五九，5180）　癸卯，礼部覆工部尚书顾璘疏陈兴都礼制四事："一、定旧邸之官守，谓南京内府自成祖北迁京师而殿门官守常秩如故，是以百七十年来钟簴俨然，日益警肃。今旧邸鼎新，当与南京内府相同，而巡徼直庐惟止校尉，似与规制未称，宜令旧邸中官更日防守，以严体统。（**一、正庙祀之乐章**。）一、谨祠祭之供事，谓皇上虔奉陵庙，设立专署，亦既礼有司存矣。乃每遇陪祭，奔走供应者率苟且从事，非所以仰承圣孝也。今宜以陵寝供事责之奉祀祀丞，隆庆殿晨夕上食责之司香内臣，行守备太监及分守道，时加督查，毋许怠误。一、崇郢、梁之护奉，谓郢、梁二王坟茔旧有中官防守，今年远皆已物故，冠服禁物收掌无人，宜如岳怀王故事，敕守备太监以陵庙司香多余者分领。"疏入，报可。已而承天府守备太监傅霖以显陵岁暮无祭，奏乞增设，复下部议，言显陵规制尽视七陵诸陵，岁时荐享止元旦、清明、中元、霜降、冬至各节举行，原无岁暮祀典，至若四立岁暮五享者，惟奉先殿为然，隆庆殿已如

制修举矣，显陵岁暮祭祀似难创增。诏从部议。(二五九,5184—5186)

【考】万历《承天府志》卷二《龙飞纪下》:“隆庆殿，即旧家庙，在正殿之东，安二圣神主于其中。后以穆宗年号，礼官议上，改为庆源殿，命守备内臣以四孟及朔望致祭，如太庙之仪，朔望如奉先殿之仪。”

七月己酉朔，致仕礼部右侍郎吕柟卒。柟，陕西高陵人，正德戊辰进士第一，授翰林院修撰。时逆瑾窃柄，柟上疏，请上入宫御经筵，亲政事，则祸乱潜消，内外臣富贵可常保。瑾衔之，欲中以祸，不得，乞养病归。未几，瑾伏诛，以荐起用。(二六四,5229—5231)

致仕南京刑部尚书周伦卒。伦，直隶昆山人，弘治己未进士。初授新安知县，选为监察御史，以建言忤逆瑾，罚米三百石输边。瑾诛，复原职。(二六四,5231)

八月壬寅，奉孝康敬皇后神主祔庙。初山陵毕，仍奉神主于几筵殿，俟期年奉安于庙，届期礼部具仪以请，上报可。已复谕礼部尚书严嵩曰:“昭圣山陵事竣，即祔庙礼成，兹若重举为黩，今但当奉主入庙，不必举祭，乃礼之正，非朕敢过简也。”是日止命中官温祥祭告几筵，奉主入庙诸所议奉安礼皆不行。(二六五,5262—5263)

九月甲寅，命修显陵裕恩殿及旧邸龙飞殿，遣内官监太监黄锦同巡抚湖广右侍郎陆杰提督工程，命礼部左侍郎孙承恩掌行礼仪。(二六六,5267—5268)

十月丁酉，宫婢杨金英等共谋大逆，伺上寝熟，以绳缢之，误为死结，得不殊。有张金莲者知事不就，走告皇后。后往救获免，乃命太监张佐、高忠捕讯之……(二六七,5284)

十二月己亥，顺天府官进春，命司礼监捧进，百官具朝服侍班，行庆贺礼。(二六九,5310)

嘉靖二十二年癸卯(1543)

正月辛未，御马监太监麦福请免科道官巡视，该监给事中李纶以违例自便劾之。诏下户、兵二部议覆，以刍豆之出纳及马匹之饲养在圉仆，是以瘦死有罚，岁用有考，巡视官员不为徒设，请仍令科道官巡视该监马政如例。从之。(二七〇,5328—5329)

二月壬午，守备承天太监傅霖奏乞原拨兴府食盐一千引如旧支给，供庙陵祭膳。诏予旧额之半。(二七一,5337)

三月癸酉。先是，内官监太监高忠尝以事忤旨，系内狱，寻被释，无何即有宫婢变。上甚疑之。至是月，忠以建大享殿请祭司工神，易'定磉'字以'定顶'，上大怒，谓其包藏恶念，任意欺罔，且'定磉'常言，何碍理而讳避也，令所司论如律斩之。居数日，刑部请执忠付狱，上曰："朕初因'定磉'二字一时怒疑，人将谓朕以片言罪人。且昨工部奏及翰林院撰文，皆易为'安磉'，非也，自后内外文移仍用'定磉'字。"(二七二,5357—5358)

四月丙戌，工部会议节冗、省役二事，其一谓各监局官匠在工造办者少，而各官占用及包当月钱者多，宜行诸司通将各项匠役俱发赴工所，无得仍前占役，其逃亡者行清匠司严核补替，毋得诈冒。其一谓西山坟茔碑亭等作延缓日久，计费每月不下万金，宜限此月报完，其工食料费仍行核勘，以后庙建钱粮物料，监部委官与科道官会计，兼同支发，在厂、在外常例痛加厘革，廪给口粮、马匹草料，常俸之外不许滥支。诏悉如议。(二七三,5365)

五月癸亥，降巡按湖广御史史褒善为滁州判官。先是，承天守备太监傅霖与留守李翱等不和，褒善并参奏之，霖乃讦褒善擅用响器铁链，惊扰陵寝。有旨令陈状。至是褒善疏辩，遂得罪。(二七四,5378—5379)

八月庚辰，巡按陕西御史伊敏生核报十八年虏犯镇番地方功罪，参先任守备指挥刘宇等防御疏虞，镇守甘肃太监廖斌纵舍人廖文、高明夺功妄报，请各正其罪。上命按臣逮刘宇并廖文等验治，以廖斌去任，姑贳之。(二七七,5416) 锦衣卫镇抚司指挥同知崔玉自以缉捕积劳历升是秩，乞免查核。兵部议以自奉诏以来，东厂、锦衣卫、尚膳监、御马监相继祈免，每蒙允从，是以玉等敢于

效尤，辄怀希觊，乞赐寝格，以杜幸门。得旨：“玉等待科道官查核以报。”(二七七，5416—5417)

九月戊午，御马监太监孙铭为故太监周缙侄千户周天禄、家人周太乞升管事指挥及总旗等官。部议：“近方清核冗员而铭等复妄干宪例，不宜许。”[①]上然之，乃诏自后不由军功乞升武职者，从重论罪。(二七八，5429)

十一月甲子，上以恭建太庙，工程重大[②]，命内官监太监高忠、工部尚书甘为霖提督工程，原遣科道官奉敕如例，兵部尚书提督领军，锦衣卫掌印官监督工程如旧。(二八〇，5460)

十二月丁酉，兵部覆巡按直隶御史郝铭言：“黄花镇士马疲敝，十不当一，旧有京卫班军五百，外卫班军一千，春秋赴镇轮操防守。迩者军士避远偷安，将官因之冒粮。从役行伍，视旧损三之一，存者又皆市井无赖，军装索然。乞敕所司遴选，以足原额。又大水峪与渤海所、黄花镇、石塘岭诸处地相邻接，有警策应为便，旧尝摘建昌营官军番戍，类以老弱充之，然所备者止大水峪一关而渤海等三处不与焉。今宜令建昌营游击等官择其精锐，更番驻大水峪，三方有警，随宜策应。黄花镇近属密云副总兵，而体统尚未归一，请申饬之。内守备右少监姚政久婴足病，无补地方，乞召还他用。”疏入，诏悉依拟，惟姚政以所守地方密迩陵寝，关系重大，且无召还。(二八一，5477—5478)

本年附

艺文·碑铭·太监丁恭墓志

明故御用监太监丁公墓志铭

公姓丁氏，讳恭，祖籍保定府安肃县孟村社大王店人。父太，妣樊氏，

---

① “许”下20字，据广本、阁本补。

② “工程重大”4字据广本、阁本补。

有子二人，长曰玉，次曰公也，讳恭（**按，此二字疑衍**）。生公童稚时气宇不凡，乡人谓之曰："此中贵之人也，他日必大用。"正德丙子（十一年，1516），果以奇质选入内庭答应。嘉靖五年（1526），上命（**按，命字衍**）爱公端谨诚实，升御马监长随。六年，升奉御，转御用监管事。公出纳弗□，宿弊至是少革矣。七年升右监丞，八年升左监丞，九年升右少监，十年升左少监，十一年升太监，乾清宫答应。皇上轸念频劳先朝旧臣，次［赐］蟒衣。公事上畏敬，夙夜弗荒。弘治癸丑（六年，1493）二月二十一日子时，是公生也。自思曰：过耳顺之年，暇□□曰吾辈久沐文明之治化，□感皇上之隆□□□□朝，没当同陇。乃制寿□在于都城之西，属于顺天府宛平县香山乡□□之则，正思之云……嘉靖二十二年（1543）五月二十八日申时，享年五十有一终也，名下苏公……丧事丘而□也。

（北京西城区展览路小胡同出土。《北京图书馆藏中国历代石刻拓本汇编》第55册，第85页）

嘉靖二十三年甲辰（1544）

四月己巳朔，承运库太监任举请加派浙江等处织造段匹，计费三十万两。工部覆言："织造地方，累年逋负甚多，若再加派，输纳尤难，宜将前派数目每项析为三分，限三年作三次完解。"从之。（二八五，5511—5512）

六月己丑。初，南京守备太监丘得奏请添拨军丁九十人本监供役，上已允之。南京兵部言："守备所有官校诸色人役已逾一百，不为不多，且各卫所军人以差多人少，逃亡过半。"给事中万虞恺、御史周伦各劾奏丘得欺罔，宜罪。皆下兵部议，以得所请额外滥增，法应追夺，姑念其初任，免罪，仍敕诸司不得逾额占用。上从部议。（二八七，5546—5547）

十一月辛丑，泗州祖陵建闸，修筑堤桥工完，诏赉太监张信，都御史王杲、张景、郭持平、魏有本，巡按御史杨勉学、高懋、赵继本、郭廷冕银十两，郎中邵南、毛恺、郭应奎等银、币有差。（二九二，5600）

本年附

艺文·碑铭·太监萧平墓志

明故尚膳监太监萧公墓志铭

赐进士出身、中宪大夫、太常寺少卿晋江郭凤撰。武英殿直、鸿胪寺序班华亭张明师书并篆。

公姓萧，讳平，字以衡，号友松，其先河南开封府陈州沈丘县之巨族。父母俱善行，迨今未泯。生公二人，公为人淳笃，赋性聪敏。正德丙子(十一年，1516)十一月内进入禁庭，朝夕勤慎，动止爰敬，诚为大器。戊寅(十三年，1518)七月内除尚冠长随。辛卯(**疑为己卯，十四年，1519**)七月内除奉御，奉钦依，着御马监外胡渠马房收放钱粮。惟知奉公于上，未闻剥取于下。

辛巳(十六年，1521)五月内改内官监，选入乾清宫近侍答应。小心翼翼，未遑暇处。嘉靖改元八月内，除长随。癸未(二年，1523)八月内除奉御。甲申(三年，1524)正月内，蒙钦赏大红宁丝麒麟一表里。本年八月内升兵仗局右副使。丙戌(五年，1526)八月内升左副使。丁亥(六年，1527)八月内升大使。戊子(七年，1528)八月内升尚膳监右少监。庚寅(九年，1530)八月内升左少监。辛卯(十年，1531)八月内升太监。壬辰(十一年，1532)八月内至甲辰(二十三年，1544)八月内，屡蒙圣恩赏斗牛、蟒衣纻丝九表里、银四十五两。公持身正大，侍上忠勤，常以节俭为心，每以侈肆为戒。读书好礼，和邻睦族，处棠棣谕以礼，诲以贤，教栋为府学生员，乃公庭训之谆。

公生于弘治乙卯(八年，1495)七月初一日申时，卒于嘉靖甲辰(二十三年，1544)十一月初六日辰时，蒙钦差供用库大使崔成、兵仗局官杨钦等，同弟曰材、曰宗、曰俊、曰文、曰栋，侄曰鉴等，内外协济，董理丧仪，服彼衰绖，泣杖请铭。予不获辞而铭曰："人生大块，孰无生死，不得其道者多矣。公生有余荣，死有余哀，而得其道，可谓生顺死安，无复遗憾矣。"卜今本年十一月二十五日扶柩出宣武关外白纸坊，宅穸于弘法寺本官萧公之侧，用假于梓，勒诸贞珉，俾公善义永载之不朽焉，故以为铭。铭曰：

惟公之性，聪敏卓伦。持身正直，处己谦恭。治家有道，报国以忠。职莅近侍，衣蟒其躬。生前显耀，陨后驰名。佳城郁郁，神栖以宁。勒诸贞珉，永载芳馨。

（北京宣武区西便门内大街出土。《北京图书馆藏中国历代石刻拓本汇编》第55册，第96页）

艺文·碑铭·太监刘濬墓志

明故神宫监太监刘公墓志铭

奉直大夫、礼部主客清吏司员外郎阳曲郭俊撰。承德郎、礼部仪制清吏司主事西蜀刘延年书。武举、团营立威营坐营、大宁中卫署都指挥佥事山后王宁篆。

公讳濬，字德深，号容庵。世家真定之藁城。曾大父满。大父全。父敬。妣鲍氏。厥兄弟五人：长曰钊，次曰子孝，次曰惠宽，次即公，有弟曰强。庐父母墓，致虫蛇之祥，累旌其间。公生七十有五年卒，以今年六月二十九日，从孙府学生国贤持状诣予请铭。国贤，予门下士也，乃不得已为之辞。

公自少醇愨，志向不群。居家时，每思抗其宗。弘治癸丑（六年，1493），始与选入司礼监肄学。太监陈公宽爱之，使属其家。丁巳（十年，1497），除长随。勤劳侍从，凡逾七稔，乃别膺差遣。

正德改元之明年，升内官监左监丞。乙亥（十年，1515），迁右少监。戊寅（十三年，1518），遂为太监。后以例降右丞。今上龙飞，复左丞，历左、右少监。嘉靖九年（1530），仍秩太监，继有蟒衣之赐。十八年（1539），调景陵神宫监太监，司香。二十三年（1544）正月，以老居果厂。六月卒。

陈公之在司礼也，政务殷剧，公辅之，廉慎勇决，陈特委重焉。诸从事者，承公之命，常懔懔，而维恩不恌，未始睽也。时贿贻旁集，公一无所取。尝有同列得罪，惧祸不测，公为尽心调护，得逭。其人德之，致谢甚厚。公却之，曰："吾岂有为为此哉！"遂不受。天性孝友，事亲隆礼，始终一致。时新必献而后尝。事上不为貌恭，悃愊之色，人自诚之。处友义而能敬，尤喜相遇以礼，见礼文周至者，归而嘉叹弥日。勇于改过，少有失，即痛自咎悔，必易其辙始安。春秋祭祀，预斋戒竭诚，独不事浮图。闻福益之说，则曰："善吾所存可矣，何媚焉以祈？"性乐简静，每时节，中贵联镳竞赏，公辞而不赴，顾晏如也。势家要族，常戒子弟与之交游，曰："非彼侪而汲汲与交，汝意谓何？"侄孙国贤，勤学庄毅，公雅重之。闻其至，必戢左右，曰：

“孙某来矣，汝辈慎之。”其畏义有如此。素守礼法，及疾病，犹整衣冠如常时，革而始惫焉。以嘉靖二十三年(1544)七月二十四日，葬阜成关之四里原。有侄三：长堂，义官，先公逝；次昶；次聪。孙八：长曰奈，次即国贤，次曰贞，曰国宾、国真、天佐、天辅、天佑。曾孙五：曰喜，曰文诚、文质、文忠、文实，咸逮事于公云。铭曰：

施而不有，允也其厚。过而知悛，相今为贤。耽乐无遑，瞿瞿以自顾。惟克循礼，逌然以自度。义苟有存，子孙犹必著。其恭心无所慊，讳幼不能为之蠹，吁嗟乎，古之人兮。

（《新中国出土墓志·北京》第256号）

嘉靖二十四年乙巳(1545)

二月癸丑，巡视库藏给事中胡叔廉奏：“商民上纳内库物料，乞于西安门外建置官厅，令委官简阅精当进库。”上不允。（二九六，5655）

三月壬辰。先是，钦天监革职博士韩鉴与兵部武选司该吏毕文举、汪椿孙、李相、贴写胡椿等谋为奸利，受诸武职应革袭者金钱，阴通内府校役魏聪、韩昇及查黄该吏等，盗出黄册，窜易洗改，妄增功次，钤以伪造御宝，潜复纳之内府册中，前后冒袭千百户侯太等三十八员，如是几二十年事未发觉。至是，椿孙不礼其妻，其妻兄陈仁执所伪造黄蜡御宝及冒选武职私籍首之东厂，有旨命法司穷治，并兵部节年所司官吏、印绶监当事人员通行按劾以闻。于是刑部参奏印绶监少监王瑜、监丞杨宇等职司监守，素缺关防；武选司前后查黄主事，升任项乔、邬阅、熊过、何中行、顾翀、贺府、牟朝宗、葛缙，去任吕高、张铎、王应期，降调白若圭，见任袁袭裳、张缨，升任郎中郑琬、黄福、杨大章、熊洛，调任傅颐，去任薛侨、吴檄，见任孙校等校对疏虞，失于觉察，通宜究治，以惩不恪。是时文举先死，椿孙、鉴、相及校尉聪、昇等俱论斩，椿及诸同谋奸骗吏役陆永安等悉发边卫充军，冒袭官侯太等下各巡按御史捕治革职，永不许袭；项乔等并郑琬等俱降一级调外任，王瑜等亦降一

级,其中尚有诈冒隐漏人数仍令兵部查出具奏以清选。(二九七,5670—5671)

四月壬寅。初,楚王显榕为其世子英燿所弑,以暴薨闻,已遣官致祭营葬。至是,湖广巡抚都御史车纯、巡按御史伊敏生始发其事,上敕司礼监太监温祥、驸马都尉邬景和、刑部左侍郎喻茂坚、锦衣卫都指挥使袁天章往会抚按官勘实以闻。(二九八,5677—5678)【考】事之详情见《世宗实录》卷三〇三,九月丁丑:"楚世子英燿伏诛。英燿,楚王显榕长子也,狎比群小徐景荣、刘金、杨惠等,淫纵不法。先以匿奸宫人方三儿事觉,楚王锢三儿而杖杀其所使陶元儿等,英燿恨之。二十三年端午日,王置酒,召诸宗室观龙舟,呼乐妇宋么儿侑觞。英燿见而悦之,令刘金潜纳之别馆。王知之,复欲杖杀金。金闻大恐,乃密与景荣、惠等乘间白英燿曰:'王怒甚,且欲废立,不如先发。'英燿遂谋以次年上元邀王赏灯,因举事。及期,乃集其党田尧、谢六儿、张贵等歃血而盟,分执铜爪木梃,蒙以面具,伏缉熙堂后,约举炮为号。部署定,日甫申而王至。时武冈王以送王亦至,酒数行,乃款武冈王于西室,王左右从者以次设食,稍引去。于是英燿举手,令张贵放炮,金等即率众从王座后拥出,六儿首以铜爪碎王脑,尧等椎梃乱下,立死,众皆惊走。武冈王闻变往救,亦为乱梃所伤。王既弑,英燿怒未已,令六儿以鞭鞭王尸数下,徐舁入内寝,翼日乃殓。用长史孙立、承奉张庆、王宪等谋,以中风暴薨伪讣于镇守、抚按、三司各衙门而禁武冈王于别室,令毋得出。王从者朱贵以间抉门出告变,事遂泄,镇抚等官具以状闻。英燿私遣人追截其疏不及,于是谋自为辩,使指挥甘玉海及仪宾李瑞、书办官李仁等勒取崇阳王等王保奏,又为辩疏,使承奉王宪多赍金钱上之。独通山王不肯从,阴奏英燿弑逆状并勒印妄保事。诏司礼监太监温祥同驸马都尉邬景和、刑部左侍郎喻茂坚、锦衣卫都指挥使袁天章会镇巡等官往按其事。武冈王闻祥等至,始乘间得出府,具揭英燿大逆不道,如通山王言。于是祥等奉敕削夺英燿位号,收其册宝,拘之砖城内。会巡抚车纯、巡按伊敏生验治徐景荣等,各词服论罪。具奏,上复令法司集廷臣杂议。掌府事东宁伯焦栋等、吏部尚书熊浃等议曰:'英燿性本凶残,行复秽恶,弑父鞭尸,天理绝灭,罪不容诛。崇阳王显休、虹夏王荣汉、永安王显梧、东安王荣淑均以王室至亲,忍为大逆保奏。

通山王英炊被胁而守正不阿，武冈王显槐受禁而终能脱首。右长史孙立、承奉正张庆、承奉副王宪既失讨贼之义，且甘济恶之谋；左长史马天祐营差久出，大变罔闻；徐景荣等二十六名，加功者田尧等八名，恶逆尤甚；宫人方三儿、乐妇宋么儿私通世子，酿成弑逆。英燿及徐景荣等，典刑具在，国法罔赦，所宜明正其罪，以为乱臣贼子之戒，余亦宜据法原情，以昭惩劝。'议入，制曰：'英燿悖逆天道，主谋弑父，罪恶无前，覆载不容。既经差官勘实并多官会议明白，皆欲明正典刑，朕不敢赦。其命公朱希忠祭告皇祖，斩之于市，焚弃其尸，不许收葬。徐景荣等二十六人即于彼处会官凌迟处死，内景荣三名、田尧八名财产籍没，妻子为奴；宋么儿、方三儿各杖一百，孙立等三人皆斩；马天祐捕治革职，显休、荣汉、显梧、荣淑等各夺禄米三之一，英炊、显槐俱赐敕奖谕，俱各赐慰银五十两、彩段四表里。该府应行事宜并楚王应得恤典，礼、兵二部其查议以闻，仍以书谕各王府。'"

庚申。先是，朝鲜国王李婓讣至，例应遣使赐祭，御史刘廷仪请罢内臣勿遣，第遣侍从官有行谊者。下礼部议，礼部以《会典》所载惟学士等官，而近年亦间有内臣之遣。得旨如近例，命内使及行人往赙。(二九八,5684)【考】朝鲜《仁宗实录》卷一，嘉靖二十四年二月戊午，"告讣请谥使闵齐仁、李浚庆状启曰：'赐大行大王谥曰恭僖，以太监王焘、行人张承宪差吊祭使，以太监张奉、吴猷差封王使，将以三月初发行'云。"按：吊祭之差，原命王焘，而后成行者为司礼太监郭璈。卷二，五月二日癸亥，"行赐谥、赐祭之礼于思政殿，行赐赙之礼于勤政殿。右副承旨宋世珩读诰文：'皇帝遣司礼监太监郭璈、行人司行人张承宪谕祭朝鲜国王，特谥曰恭僖。'"

五月甲戌，遣内官赍诰敕冠服封朝鲜国王世弟李皓为王。(二九九,5691)【考】朝鲜《仁宗实录》卷二，五月庚午，"都承旨李名珪，自碧蹄驿来复命(原注：后运天使司礼监太监张奉、内官监太监吴猷为封王奉诏来，期以郭天使回程后入国都，时留在碧蹄，故上特遣名珪往候动止)曰：'问安于两天使，副使则致谢，上使则不惟不致谢，而反有怒色曰："尔国不以厚意待郭太监，至如开市通货，略不宽暇，犹使之抑勒，此何样事耶?"如是发言者再三。臣因通事崔世瀛探问其由，则使之意，以所过诸处无一一赠物，故常怀不平。及其中路，逢见郭太监先行头目后尤盛其怒。(原注：郭使将还，先遣头目辈领杠子去，路逢张、吴两使，以本国不厚接中朝使之言诉之）且自安州至碧蹄，倍道促行，头目等又加鞭扑于担轝之军，非徒一路驿马皆困仆，而凡军人途毙者亦多有之云。'"五月壬申，"上幸慕华馆，天使至（原注：司礼监太监张奉、内官监太监吴猷，以封王诏命奉使来）"。

己丑，孝陵神宫监太监夏绶奏大团等洲三处不生芦草，乞垦田收租，充修理陵寝墙垣费。工科左给事中陆烨参垦洲为田，似为通变，但不区画地亩，封植疆界，恐有侵混官民洲地奸弊，钱粮亦无所稽考。上命南京工部会同该监勘明具奏。（二九九，5693—5694）

七月甲子，以太庙工完，诏荫内官监太监高忠弟侄一人为锦衣卫指挥佥事，成国公朱希忠子为锦衣卫百户，加大学士严嵩太子太师，许赞少傅，张璧太子太保，仍各赏银六十两、纻丝四表里……内官监管理太监陈准、马广、王朝、张阳各荫弟侄一人为百户，余官匠等俱各升赏有差。（三〇一，5720—5722）

九月壬戌，御马监右监丞郝钿等以料豆缺乏，移文户部趣征，于是东厂捕系商人许清等，坐以虚支料价，责偿甚急。户部言："御马仓自近年奏革揽户召商办纳，公私颇得其济。时估之外稍加僦值，原系多官会议题请，然仓场上纳之难，各商私费固已倍之，今该仓无故告乏，镇抚司擅系平民，是朝廷之法不信于各商，而国储滋匮也。乞戒谕厂卫缉事人役，自后毋得故违诏旨，搅扰仓场事务，以清等归之法司，从公问理。"从之。（三〇三，5741）

壬申，内官监太监唐夔奏补鞍辔、军器二局逃亡军匠。工部尚书甘为霖言："二局军匠原额五千名，专为内外武备而设，后因内臣役占数多，加之逃亡，本部特以一时权宜，募民代役，实非旧规。今宜不论军民，招选一千人以内，径送该局收粮而罢雇工之例，其提督内臣止许以百名分用，不得多占。"得旨："军匠准收补，余仍旧。"（三〇三，5745）

〇嘉靖二十四年七月，朝鲜国王仁宗薨，朝鲜《明宗实录》卷二，嘉靖二十四年十一月壬申，"大行王谥荣靖，赐祭正使司礼监太监刘远、行人司行人萧一鹗[1]，十一月十五日间起程；封王正使内宫[官]监太监聂宝、副使太监郭銮，同月二十四日间起程”。此事《明世宗实录》失载。同年十一月癸酉，告讣请谥使以“闻见事件”入启，云“中朝礼部祠祭司主事徐铉呈于礼科，抄出巡按山东监察御史臣刘廷议：‘遣使赐祭加爵，前此多用太监等官充之。以诏谕遐方，囊箱之狼戾，道途之驿骚，姑未暇论，其如国体何哉！臣滥叨巡历辽东，耳闻目击，前此钦差太监，足戒前车。故朝鲜有“一接太监，数年穷困”之谣。且朝鲜未逾旬月，连报讣音，小国臣民，嬛嬛哀疚，财力殚屈甚矣。虽越居海峤，自皇上视之，固皆赤子也，宁忍其愁苦恇惧，而不为之所哉？绥怀感慰之术，要不外慎选使臣，俾勿扰而已。臣尝阅邸报，迩者皇上采廷臣之议，凡封王侯伯、大臣各严其程限，禁其索扰，是特将命藩封者耳。于远邦异域，国体所系，不尤重乎！臣愚妄臆朝鲜谕祭封爵之遣，若用近臣，则翰林、六科，举侍从近臣也。往年琉球各国之差，率多用太监为正使，行人司行人为副使。朝鲜较之他国，颇识礼义，略通词翰，则于使臣尤当慎选以充。伏望皇上俯赐采纳，敕下该部，更加议访。如果臣言不谬，今后奉使朝鲜，推举翰林院、六科、行人司行人数员请旨简用，仍限竣事出郭，不许迁延游宴及多带私人、私杠等项。如违，听巡按御史查参究治。庶宿弊可厘，而于皇上正大光明之治，亦或少裨于万一也。缘系慎简使臣以尊国体，以怀远邦事理，未敢擅便，为此具本。’奉圣旨：‘该部知道。’”丙子，“领议政尹仁镜等启曰：“太监之来，原其本心，只在征索。”

十二月丙辰，南京礼科给事中游震得言：“南京城坊居民自里甲正徭之外复有各项铺户，办纳南京内府诸监局物料，役苦费繁，有司不时给价，仍令分隶各衙门应役，以故占籍未及数年，富者必贫，贫者转徙，请亟议宽恤。”疏下南京户部覆议：“铺役扰民，弊在审编之始，贫富失实，今宜尽蠲贫户籍，其稍赢者隶名应天府，凡遇内府诸监局制造及太常、光禄诸祭祀厨料先一月移文应天府，按籍召买，如时价给银。其大小诸司公用物料取其本府印票出

---

[1] 赐祭赐谥诏使于嘉靖二十五年正月至鲜京，然副使行人为王鹤，萧一鹗实未成行。封王使二月至。

买，价银不得过三日，至于私家一切诸费不得干扰铺行。”户部覆可，诏从之，仍令南京都察院出榜禁约。（三〇六，5783—5784）

本年附

艺文·碑铭·太监宋兴墓志

大明故东厂总督前司礼内官监太监宋公墓志铭

赐进士出身、左春坊太子左司直兼翰林院检讨、经筵国史官江左谢少南撰。嘉靖大夫、礼部右侍郎、直文渊阁、预修国典上海张电书。赐会武第、锦衣卫掌卫事、后军都督府都督同知、前充扈跸使东湖陆炳篆。

司礼监太监宋公廷起，以清慎文雅受知今上，督内书馆事。予方滥芋馆中教席，与公有寅恭之谊。公逝，属予铭之，予安能辞？按状，公名兴，廷起其字也，别号流海。世为河间肃宁巨族，祖富，父亮，俱隐德弗耀，母梁氏。生公有异质，识者占其不凡。正德丙寅（元年，1506），选入内庭，在群众中武皇帝特爱之，令读书内书馆，学业骎起，为同辈冠。司礼六科廊缺员，当事者特疏进公，时称得人。丁丑（十二年，1517）进奉御。辛巳（十六年，1521）赐麒麟飞仙服。

嘉靖乙酉（四年，1525），擢典薄，掌理章奏及朝见礼仪，赐大红彩麟服。丁亥（六年，1527），升右监丞，督侍卫等官，赐飞鱼服三袭。辛卯（十年，1531），兼掌西苑耕籍事，转左。癸巳（十二年，1533），提督新房并摄经厂造作诸务。丙申（十五年，1536），升右少监。庚子（十九年，1540），转左。辛丑（二十年，1541），命提督本监经厂并内书馆事。壬寅（二十一年，1542），升太监。秋，管教演内中，和乐成，赐大红纻丝蟒服。

公自武庙初入侍内庭，历事今皇帝，更阅三纪，熟知两宫制典。往者寿安皇太后、慈孝献皇后暨雍靖王妃、宪庙荣妃、贤妃诸大丧礼，公皆受命襄事，咸就礼秩。皇上大婚并上尊号及銮舆之仪，公受命经理，咸中楷则，尤英敏练习，雄于才干。尝受命使陕右及三晋二藩，勘理讼诘，咸伸于理，著清白声。比还，有宝钞、羊、酒之赐。己亥（十八年，1539），驾幸承天，公为前导，给事行在，纷纷者恃以有定。驾回，复命公之河南查盘经费，弗扰弗纵，人情大协。寻调尚膳监太监，提督巡察光禄寺事。乙巳（二十四年，1545）春，调内官监太监，奉敕东厂总督官校办事，着在乾清宫近侍，惜薪司佥押管事。

公具疏恳辞,有旨:"尔勤慎效劳,总督官校,特兹委任,不准。该衙门知道。"偶因事自陈,准辞,仍本司管事,外厂住。因得风疾,冬十月调御马监太监,提督大霸等处各马房,写敕与他。即具疏自陈,准辞,急访医调理弗瘳。于今春正月初七日酉时考终正寝。其为今上所器任若此,盖一时仅见云。

公虽累勋劳,禄位跻于华显,然醇谨不自表见,与人共事谦和有度,至剸剧处芬,犂然就理,秉政者莫不器重之,即群小亦罔不德公者。性仁爱,尤雅厚宗族,诸父子侄咸倚以立门户,置义田若干赡同族,其贫无业者给耕具,故族人子弟鲜失所者。夫公贵显中禁,历两朝四十余载,丕著勋劳,可谓声荣两全。予观书纪中载前代侍中、黄门以端谨称者,必附见志籍,耿耿不湮。若公者,其表著可知也。距公生于弘治庚戌(三年,1490)八月初二日酉时,春秋五十有七。兄本,纳级千户。弟学,冠带舍人。宪,锦衣卫后所班剑司百户。侄明,锦衣卫校尉。以是年二月初三日葬宣武关西弘法寺之左预营寿藏,名下司礼监等衙门奉御杨永、宋永、戴恩、王秉等援例陈乞,上赐宝镪谕祭,实殊恩也。铭曰:

瀛海宋公,幼有异质。历官司礼,焯有政声。累经出使,清白著称。简任总督,大命是膺。天胡不恕,遘疾沉沦。讣闻今上,悼惜弗胜。赐祭宝钞,恩荣始终。勒铭墓下,千载有征。

(北京宣武区西便门内大街出土①。国家图书馆藏拓:墓志 4023)

艺文·碑铭·永隆寺碑

孙陞撰《重修永隆寺碑记》:"(**前略**。)其寺坐落阜成关外,属顺天宛平香山乡,额曰'敕赐永隆'。迩者御用监太监滕公祥叨荷圣明,恩渥殊厚,自愧无补,屡竭丹衷默祷,愿祈圣躬万安,遂出己资,命工修饰塑画,(**重修略**。)嘉靖二十四年孟冬吉旦立石。"

碑阴题名,有"内府各衙门太监等官"247 人,因多漶失,兹从略。

(碑在北京西城区北营房地藏寺。《北京图书馆藏中国历代石刻拓本汇编》第 55 册,第 105—106 页)

嘉靖二十五年丙午(1546)

三月庚申,谪巡按湖广御史包节永戍边卫。初,承天守备太

① 《北京市出土墓志目录》作 1953 年郝家台出土。

监廖斌擅作威福，节至，欲绳之而语泄。斌惧，思有以中之，于是候节谒陵时故献膳馐，遽使撤去，而诡称节麾出之。钟祥县佃民王宪等知斌与节有隙，诣节告斌党庇奸豪周章等诸事。节命指挥黄恩、邵勋收章，下同知范昕验问，意欲以此持斌。而斌遂劾节不以正旦谒陵，延及次日始谒，时当进膳，不行旁立，亵慢大不敬。奏已发而节始奏斌前事，上怒，以节奏乃抵饰己罪，发官校捕系节等下法司拷问。刑部尚书闻渊等以节至既不即谒陵，及谒又亵慢，又受豪民讼，凌辱守臣，重刑周章，毙于杖下，复停放阳春街，秽触殿庭，大不敬，宜坐谪戍，范昕宜为民，黄恩、邵勋宜革去管事。上以节恣肆作威，欺慢不敬，酷刑打死人命，姑从宽永谪边卫，逃则杀之；昕、恩、勋亦戍边卫，王宪口外安置。（三〇九，5809—5810）【考】万历《承天府志》卷五《庙学》："包公祠，在察院东，祀巡按御史包节，嘉靖间弹劾守备太监廖斌被逮，卒于狱[①]，郢人思而祀之。"又卷九《宦迹》："范昕，绛州人，嘉靖中知承天府，清苦自持，严明刚介。守备廖斌诬奏谪戍南海，与御史包节同难，而节已春秋二祀矣。"

五月乙丑，良乡琉璃河桥工完……赏管工工部左侍郎杨麒银五十两、纻丝四表里，内官监太监陈准、马广、袁亨银三十两、纻丝二表里，升工部员外郎刘廷诰，主事杨周、侯钺各俸一级。（三一一，5832）

九月辛未，兵科都给事中陆华等言："精微批文贮司礼监，乃朝廷所以防诈，为至重务也。近多损坏，不堪注给，请阅其漫漶者更易之。若已发各司府，俟比内外号籍销抹，旧批年久无用者收贮千步廊。"诏应编换销抹者及刑部久不用者如议，其年深销缴批仍收贮旧处，另自封藏，以备查考。（三一五，5889）　壬申，录捕获伪印功，荫太监马广侄天恩为锦衣卫百户，升正千户魏颐为指挥

① 包节实卒于戍所，《明史·包节传》载：节戍庄浪卫，"庄浪极边，败屋颓垣，节处之甚安。独念其母，自伤不克终养，日饮泣。母讣至，昼夜哭。已，又闻弟孝卒，抚膺曰：'谁代吾奉祀者？'哭益悲。病死，遗言以衰绖殓"。

佥事;复以厂卫缉获、鞫问不署职役、姓名为积弊,令兵部查定赏格。兵部因查《会典》缉获妖言升赏事例及历年沿革事宜以闻,复言厂卫以缉捕为职(**阁本此处有"类朝以来宪制如此"八字**),自正德间幸门大启,陛下正始剔蠹,中外肃清,驯至于今。渐以因循,有不列人数者,臣等祇承明命,条申前格,乞敕厂卫自今每岁终籍其获功姓名事迹、首从之数送本部登记,三年类奏,行法司核实,遵格议上。其提督官酌量升赏,取自上裁,间有奇功,异数毋辄引以为例。得旨:"赏格以今定者永为例,违例者该科纠举。"(三一五,5893—5894)

十月癸巳。初,内使侯章之母笞杀使女,章恐,则支解其尸,内瓮中,欲出城投之河以灭迹。事发,拟绞。至是,法司奏大辟应决者,上览之,谕辅臣夏言、严嵩曰:"昨览应决囚状,独侯章最失当,章虽非支解使女于生前,亦是磔其尸于死后,拟以绞罪,殊为未允。且章本阉奴,安得又有使女之称耶?可即同法司、刑科议改故杀者斩,庶为刑中焉。"言等奏曰:"诚如圣断。"(三一六,5906)

十一月辛巳,致仕兵部左侍郎陶谐卒,赐祭葬如例,赠兵部尚书,谥庄敏。谐,浙江会稽人,弘治丙辰进士,改翰林院庶吉士,授给事中。正德间抗疏劾奏刘瑾、丘聚等擅权乱政,群小嫉之,以他事矫诏廷杖褫职。复构以与大臣植党及巡视十库不预奏缺乏,械系诏狱。复廷杖,谪戍肃州。瑾诛,得释还家。(三一七,5920)

十二月乙巳,湖广守备太监廖斌遣长随夏忠进皇庄子粒银,至河南新乡,为盗所劫。忠以闻,上怒,令河南巡抚柯相戴罪捕贼,巡按御史侯度、分巡佥事刘佐、分守参政常时平、卫辉府知府李用和、新乡县知县侯东及卫辉、怀庆卫所官徐国桢等俱令锦衣卫逮至京,送镇抚司拷问,侯度竟毙杖下云。(三一八,5928)

本年附

艺文·碑铭·宝禅寺碑

甘为霖撰《敕赐宝禅寺重修记》："都城之西北隅，寺曰宝禅，即隆恩寺下院也。成化庚寅岁（六年，1470），供用库奉御淳化麻俊始为。（**迄今六十余祀，殿堂多倾圮。略。**）御马监太监姜公杰等尝履其境，而惜其坏，乃捐厥资，市材量工，秉心重修。（**始嘉靖二十四年八月，成于次年八月。略。**）嘉靖二十五年，岁次丙午，仲秋八月吉日立。"

碑阴刻"御马监等衙门功德主太监"姜杰等约百人。

（碑在北京西城区宝禅寺街。《北京图书馆藏中国历代石刻拓本汇编》第55册，第122—123页）

嘉靖二十六年丁未（1547）

六月庚寅，南京守备司礼监左少监丘得言："南京兵部奏革诸司役占，而守备公署直厅军概在革中，仍乞拨赐。"得旨："准照旧例，与六十名应役。"南京科道官雷贺、方克等劾得系逆犯江彬等余党，得免死发孝陵卫充军，夤缘起用，已为幸矣。往年清革占役，两奉明旨，有妄请及隐占者听科道官纠奏，而得故违，冒请无忌，宜正其罪。上从其言，命革去新增军丁，得仍充净军。（三二四，6003—6004）

七月庚午，孝陵神宫监太监夏绶等奏讨龙潭芦洲三处，计二千余亩，募民开垦，征租以充修理（**广本此处有"墙垣"二字**）诸费，得旨下南京勘处。至是（南京）工部奏："芦洲地亩不与军民洲地相连，亦无混占等弊，宜从其请。"报可。（三二五，6023）

八月丙申，巡抚顺天都御史孙应奎言："近谍虏将犯四海冶、黄花镇，而本镇官兵近为守备太监纪阳所奏，不属总兵官管辖，倘有急，不便调遣，乞命遇警仍听总兵官节制。"从之。（三二六，6029）

癸卯，巡盐御史王应钟言："长芦运司每岁坐派内府及神乐观各衙门青白盐共五十三万六千斤有奇，光禄寺卤水二千四百斤，俱委场官解京交纳,此定例也。夫煎办既难,解运尤苦,今以之上纳内府则以为不足,非再倍其数不能完,而东厂官校则又指为夹带余盐,百计恐吓,拷讯几死,为部运者不亦难乎!乞敕下巡视御史,严禁诸诈财害人者,仍谕内府衙门速为收受,有刁难需求者,许臣等纠劾。"上然其言,命监收科道,巡盐、巡城御史严禁之,如缉事衙门违犯者,许户科访实劾奏。(三二六,6031)

十二月甲子,立春,顺天府官进春,上不御殿,命司礼监官捧进。(三三一,6081—6082)

本年附

艺文·碑铭·太监席良墓志

明故御马监监丞席公墓志铭

赐进士出身、翰林院编修古杭陈宏撰。京庠冠带生员高绅书并篆。

御马监右监丞席公没之后,有侄曰强等,衰绖持状征言,因次第其状而铭之。公讳良,字惟善,乐庵其号也,祖贯真定府晋州饶阳县西城社荆堂村人。曾祖讳大公,祖讳□,父讳进,乡人称德。母王氏,克尽妇道。生公昆弟三人:长曰成,公行二也,弟曰美。公自幼志向高远,不群于凡,聪敏过人。正德庚午(五年,1510),选入内庭,服属司礼监太监简庵张公为名下,有抚育教之,就选内馆,从翰林儒臣读书,手不释卷,学古通今,精识儒业,善习楷法。历五载,乙亥(十年,1515),擢尚宝监理笔札之事。乙丑(**按,应为丁丑**,1517),转御马监,除长随,管理司房。是年,升奉御。

辛巳(十六年,1521),武皇宾天,遇例裁革。今上登大宝,嘉靖壬午(元年,1522),复升奉御,命任旧都府草场收放钱粮。丁酉(十六年,1537),升本监右监丞佥押管事。公出纳之际,纤毫不妄取,廉静声誉,闻者贤之。正宜委用,忽疣一疾,竟不起,亦可谓生顺死安者矣。距生弘治乙卯(八年,1495)十一月八日子时,卒于嘉靖丁未(二十六年,1547)十二月三日丑时,享春秋五十有三岁。讣闻于上,差之遣公名下御马监典簿王羊、尚膳监太监浦信等治凡丧事,及公弟美等、侄男强等,卜是月廿九日,扶柩哀痛,乃窆葬期,其葬地则都城之西顺天府宛平县香山乡万安山龙泉寺刹前也。于是乎铭，铭曰：

呜呼席公，世出真定。幼选入内，早被光荣。供侍两朝，翼翼小心。五十三岁，梦想蓬瀛。飘然而去，预会佳城。白云围护，青山为邻。恩公茔傍，瘗玉玄宫。子孙相继，不绝公禋。

（北京石景山区模式口龙泉寺出土，据拓片录文）

嘉靖二十七年戊申（1548）

三月丙子朔，发内使马广充南京净军，锦衣卫百户马天泽烟瘴永远充军。天泽，广侄也。广以庙工成，荫天泽为锦衣卫百户。天泽倚广势，酗酒不法。广知而不问，仍为之奏理。上怒，令各收系镇抚司，杖而遣之。（二三四，6115）　庚辰，命织染局织造冬至大祀十二章衮服并皮弁服。（三三四，6116）

六月甲辰朔，以提督东厂太监麦福缉获功，荫其弟祥为锦衣卫百户，并厂、卫官校各升职一级。刑科给事中李万实言："福荣宠已极，督捕乃其本职，不宜以微功冒受录荫，乞罢之。"不允。（三三七，6151）

十月丙辰，隆庆八达岭报虏入寇，距天寿山仅七十余里。巡按御史王应钟闻警，夜驰赴昌平，时守臣俱不设备，应钟怒，执守陵诸军校鞭之，因奏守备石美中及巡捕官李懋等怠事之罪，并劾提督太监王敏。敏亦劾应钟乘夜突至，未谒陵而先鞭挞戍卒，不敬。得旨："应钟免究，美中革任回卫，敏降三级闲住，李懋等下御史问。"（三四一，6205）

十一月丙申，工部覆礼科右给事中程时恩条陈二事："一、国家每有兴建，巡视、监督诸臣概同工匠受赏，非人臣靖共之道。又工所官吏侵渔物料、卖放班军，宜严禁。一、解户物料，内府各监局除需索茶果之外，又创为'铺垫'等名，少不如意，辄百方困辱，往往至坐累以死，宜令巡视官劾治。"得旨允行。　提督鞍辔、军器二局太监吕洪以各工匠造军器成，援先年造明盔、明甲例，请给

冠带并赏赐。工部覆:"御前扈从盔甲,事体崇重,比之军器不同,各匠止宜量赏。"上从部议。(三四二,6219)

十二月壬子,御马监太监李庆等以司礼监太监鲍忠病故,为其侄鲍恩等乞恩升级八人,收入勇士营五十人。上已许之,兵科给事中刘体乾奏:"祖制,武职非军功不授,陛下登极诏书已经申明遵守。忠生膺荣宠,殁承恤典,且官其侄恩等至锦衣卫指挥,未有寸功以报,又求升级,并乞收勇士营五十人,若尽如所请,将使胥徒杂沓乎青紫,厮隶混淆于冠裳,此岂盛世所宜有也。"上曰:"科臣言是,鲍忠故后,恩悼(**抱本悼作泽**)非常,况前已准乞数名矣。恩等姑准三名,勇士收二十名,其余俱除之。"(二四三,6225)

【考】刘体乾《请抑冒滥以慎名器疏》(民国《东安县志》卷一九《艺文·奏疏》):"近该御马监等衙门太监等官李庆等题称本官司礼监太监鲍忠病故,乞要将遗下侄男鲍恩等八名升级,奉旨:'鲍恩等准升一级,兵部知道。钦此。'又一本,乞将鲍璿等五十名准收勇士,奉旨:'鲍璿等准收御马监勇士,该衙门知道。钦此。'臣思国家所以奔走天下激励人心者,惟爵与禄,惟予与夺也。……且恩等官至指挥佥事,名号不为不崇贵矣;又且卫属锦衣,地方不为不清切矣。律之旧章,宜在深惩而痛黜之者。于此不禁,则章服如之何而不侈越,名分如之何而不凌替,府库仓廪如之何而不耗竭也哉!臣尝考之《大明会典》:指挥使九级,从军临敌,立献馘功九次;正千户六次,立献馘功六次;实授百户四级……(**功级略**。)若等寄身戈矛,命争一掷,甘心矢石,功求半资,犹复官司勘验,赏止数人,文移往来,动经五载,军功之难得如此。恩等何人,可以希图此爵耶?臣查指挥使正三品,月支俸三十五石,正千户五品,月支一石五斗,勇士每名又支一石。合五十八人而计之,共支一百五十二石五斗,合一年而计之,共支一千八百三十石。是虽粮米不敷,多有折色,而银绢所给,亦是民脂,岂可容恩等无功而坐食也哉!臣窃料庆等之意,不过谓忠逮事累朝,积有劳勚,顾生前蟒玉之荣、金帛之赐,兹者茔域之建、谕祭之加,天地父母之恩,不可谓不至矣。膺是殊典,已足酬功,又何至上干国家亿万世之纪纲,下朘国家亿万人之膏血,以求为彼之后人作富贵耶?昨自鲍忠初故之后,京城内外众言喧腾,共谓忠家财约有九十六万，虽事出人传，未委虚的，而言以物致，必有根因，推之其他房屋、田土、车马、衣服、器玩称是，则赀蓄不下几百万也。观其囊橐之私富如此，则其席帖之恶，素行可知矣。虽自今落恩等之职而摒弃之，天下后世当亦不谓陛下待忠之薄也。纵忠有可嘉尚之功劳，朝廷亦自有优恤之恩典，当今圣明在上，功罪莫逃，赏罚不渝，倘有可录，必赐追崇，是则惟辟作福之大义，而何须庆等纷纭奏渎耶？且官其忠之子侄，亦已足矣，而概成、刘铎等五十人异姓别宗，与鲍门支派又全不相及者，何乃混以名籍，一概请乞，凭城附社，既欲盗朝廷之器以济私，引类呼朋，又欲市朝廷之恩以通贿，遂使胥徒杂沓乎青紫，厮隶混淆于冠裳，不谓清朝之名器而庆等敢轻亵如此耶？且又径列职衔，自定名数，意气专恣，事若己出，不谓雷霆之下而庆等之无忌惮一至是哉！（伏望）收回成命，将鲍恩等官严加裁革，鲍璿等勇士速赐停罢，仍令以后内府各官有故，若果著有勤劳，该在优恤，一听上裁，以见恩威出自朝廷，不许名下之人辄得冒叙功勋，侥求官职。”鲍忠父鲍宣墓志见本年附。　　己巳，立春，上不御殿，顺天府官进春，司礼监捧入。（三四三，6230）

本年附

艺文·碑铭·太监田斌墓表

明司设监太监署惜薪司事松泉田公墓表

夫内使密迩之臣也，以忠勤为事，以刚介确直为舆，故生则效命王猷，荣绥章典，殁则辉煌燧里，贻庆百昆。内耆梧冈黄公，谓同寅田公，仁风薰熠，山岳景仪，既戊申（嘉靖二十七年，1548）之吉，卜厝于潭柘山茔，而终始时历检行邃□炳于石碣，□于圹封。然幽灵悬腼，明象未昭，肆莫以光人神之典，议弗以励懿美之臧。乃率内监同官，则龙泉赵公、□公、□□属则郭公玐，族侄田阡，条以大宗伯惠岩顾公铭志，欲揭素履，焕示公镌，蕲予蕃辞庸烜梗节也。

于观公讳斌，号松泉，顺义大籍，源有文缨。继自成化壬寅（十八年，1482）入侍安喜，著彰勤绩。越五载，改侍乾清。自是能敏兼奋，沿沐孝宗皇帝之宠，遂授长随、奉御职焉。及壬戌（弘治十五年，1502）之春，升宝钞司副。阅岁补左。乙丑（十八年，1505），进侍坤宁，寻侍仁寿。则公翼翼谨畏,内庭佥有则也。

逮夫正德改元,上下称播公忠,愈入均平。二年,升司设右少。六年载迁。甲戌岁(九年,1514),获承上林苑嘉蔬之命。丙子(十一年,1516)六月任太监,领御马监事。当是之时,公权擢重,略无豫满之施,纨锦峥嵘,恒有安静秉肃之操。故十有六年(1521),由右少监改署外厂。

至我皇上龙飞,简用旧恪,甄核最否,公则居安守正,不事竞情。未几,俾佥惜薪司事。寻升左少监。明年甲申(三年,1524)敕专掌厂政,是升太监。既而素声难替,□范不湮。逾戊戌(十七年,1538),拜袭蟒衣。又癸卯(二十二年,1543)春仲,特赉玉带。呜呼!臣□至□□□极矣。公果知遇深眷,罔敢懈居,继以徜徉翰礼、烹褢磵毛之余,乃曰:吾父仲真府君,母朱太夫人,兄通,弟□□□世流遐盛,以育菲躬,田隰可以供众馔,膏腴足以启后龄,然忆同会赵公礼、田公忠,情谐体□,志一公勤,勇于嘉靖乙未(十四年,1535)集工,营□□比垅丘,冀齐各姓而飨有坟光,爰变内仪以合臣性。呜呼!此又公之量德包洄广烛而义风可掬者耳。殆二十有七载,公年七十有六,倏告全归。噫!盖虽公于寿域今获体安,至若延寿禅刹,梵音振绕,华藏香盈,自非公尝不预葺建,何以能联金碧而接幢烟也。是则诸裔祀奠,轮沓相将,百代礼文,自能聿劝。然则西山伟脉,公其享有冥荫耶。瞻彼佳城森萃,丘树周罗,公之清蕴可掇也。诸仁轩□文盖□□公之灵馨可誉也。六宫礼著,绳法不愆,公之良可式也;历事四圣,忠照琳琅,公之彝鉴可组也。故有绩如此,得不纾敷琬琰以耀壤土于无穷哉。

嘉靖二十八年(1549),岁次己酉,春二月上吉。赐进士出身、嘉议大夫、工部左侍郎广右杜斋屠楷撰。同署司厂事、御马监少监后学广右梧冈黄献书篆。内官等监少监赵礼、郭珏、田阡。

(北京门头沟区潭柘寺出土。《北京图书馆藏中国历代石刻拓本汇编》第55册,第139页)

艺文·碑铭·太监郑恭墓志

明故神宫监太监郑公墓志铭

神宫监太监郑公没之后,侄曰喜等,衰绖持状,征言其状而铭之。按状:公讳恭,字克敏,纯朴翁其号也。祖贯福建汀州府上杭县人。曾祖谱系莫考。成化己亥(十五年,1479)仲夏,宪皇钦取入内府,历拔安喜宫答应。壬寅(十八年,1482)仲冬,陟长随。乙巳(二十一年,1485)仲冬,除奉御。丁未(二十三年,1487)仲春,乾清宫近侍。

宪皇宾天,孝皇登大宝,弘治改元。乙卯(八年,1495)仲春,转东宫答应,筦理皇庄事。乙丑(十八年,1505)仲夏,升御用监左监丞。是年孟秋,佥押本监事;孟冬,命内府乘骑,皆殊典也。仲冬,进太监,亦有蟒衣腰璃之赐,岁加禄米十二石。

武皇嗣位,正德改元。丙寅(元年,1506)孟春,命武当进香,随赍赤符二道封赏,送兴、雍二府。己巳(四年,1509)仲冬,奉敕伸威营坐,随朝请剑。庚午(五年,1510)仲夏,命本监掌印,着午门前骑马,领宝纛,三更皇上前请扶暖扇。

辛巳(十六年,1521)孟夏,今上即位。嘉靖改元,着宝钞司掌印,未央宫掌事。仍旧骑马,岁加禄米廿四石。奉敕提督三千营军务。是年仲夏,复有蟒衣玉束之赐,再加禄米十二石。甲午(十三年,1534)孟春,庄肃后奄逝,随陵司香,康陵神宫监掌印。

公历侍四帝,忠勤廉静,人贤称之。正宜练老,忽疣一疾,竟不起。生于成化丁亥(三年,1467)十一月十一日寅时,至嘉靖戊申(二十七年,1548)三月三日午时卒,享春秋八十有二。讣闻于上,嗟悼,遣公名下御马监太监张明等,及公侄男曰喜等,治凡丧事。卜是年二十五日,扶棺哀痛,乃窆葬期,其葬地则都城之西北谓务村之原。系之以铭,铭曰:

呜呼郑公,世出上行。年甫十二,钦选禁庭。历官极品,蟒衣腰璃。历侍四帝,又供皇陵。八十二岁,梦想蓬瀛。飘然而去,筑此佳茔。永为不朽,吾题斯铭。

(《新中国出土墓志·北京》第267号)

艺文·碑铭·太监阎绶墓志

明故署惜薪司事西峰阎公之墓志铭

赐进士出身、中宪大夫、辽东行太仆寺左少卿致仕江都萧海撰。赐进士出身、工部虞衡司主事长洲查懋昌书。特进荣禄大夫、柱国、后军都督府、兴安伯大冶徐梦旸篆。

公讳绶,字朝章,姓阎氏,别号西峰,世家昌平之顺义。考讳海,娶杨氏。生子二:长钦,隐德不仕。次即公。公生而气宇英迈。弘治辛酉(十四年,1501),入掖庭,寻被选读书司礼监内书馆,从内翰诸名公讲学,明经史大义,兼通词翰文理。正德丁卯(二年,1507),供写六科廊文字。己巳(四年,1509),掌经厂司事。壬申(七年,1512),除长随,即授奉御。丁丑(十二年,1517),转典簿佥衔。己卯(十四年,1519),任右监丞。

辛巳(十六年,1521),武宗毅皇帝宾天,壬午(嘉靖元年,1522),孝惠皇太后崩逝,皆公分理大丧仪,悉遵成宪。嘉靖癸未(二年,1523),奉命山西谪遣庶人,所至不扰。乙酉(四年,1525),升左监丞。丁亥(六年,1527),调内官监,仍左监丞,署惜薪司事。在任公谨,上闻其贤。己亥(十八年,1539)五月,钦承敕命,督率抚、镇、都、布、按、分巡诸司,奉慈孝献皇后梓宫,南祔显陵。前驱竭劳,不避恷险。偶值诽谗,量裁仅获原任。

及今始末三十余年,勤慎益力。赐有飞鱼、麟、鹿服色者三,羊、酒、花银不一。宠遇过隆,恩典至渥,猗与休哉!卒于嘉靖戊申(二十七年,1548)正月初九日,距生成化乙巳(二十一年,1485)六月二十日,享年六十有四也。公为人才识卓越,见义敢为,每以忠悫自励。择地而行,择言而发,意所不合,弗轻与交。暇即染翰观书,吟咏适情,怡然自若,是以令终。遇群从子孙,雅有恩惠。从子二:瑀,业儒,晋国子生。次玠,为锦衣校籍。从女孙一,瑀出。从孙二:曰乾,曰元,玠出。御用宁君进、范君才等以襄其丧,将以是年二月初八日,葬公于阜成郊之西义会寿藏。宁君辈奉状请铭于予,因重其请,而为之铭。铭曰:

忠信夙成,文物挺秀。出入政枢,忠勤日就。事署惜薪,益坚职守。宠命维新,献后迁柩。恭附显陵,并崇天寿。任重责隆,致速谗咎。量裁保躬,吉自天祐。是以有初,令终于后。曰显曰晦,公心何疚。有守有为,孰出其右。我致幽藏,遗声永懋。

(《新中国出土墓志·北京》第266号)

艺文·碑铭·太监鲍忠父鲍宣墓志

大明故恩荣官鲍公墓志铭

前奉议大夫、大理寺右寺丞、直文华殿凤阳杜昌撰文。征仕郎、中书舍人、预修国史、直文渊阁广阳杨全书丹。奉直大夫、鸿胪寺右少卿广阳杨瑢篆盖。

弘治十年(1497)九月十三日,恩荣官肃宁鲍公卒。先是,其子内官监太监忠闻公疾病，博访名医往疗之。因变食迁坐，晨昏露祷于天。久之益革，乃出上所赐金币付其弟恕，俾归治其后事。迨闻讣，为位而哭，恸绝者数四。将卜是年十月二十六日，葬公于古河崖之原，祖茔之次。具事行请予铭其墓，且曰："治命也。"

按：公讳宣，字希宣，世为肃宁之杏园村人。父讳青，隐德不仕。母相氏，有贤行。生公兄弟三人：孟曰智，仲曰信，季即公。公甫龆，母孺人即世，事继母刘，知孝敬。年未冠，父及继母、二兄相继云亡。公屡值凶变，哀毁几伤生，茕茕孑立，以礼襄事。之后，偕其配奋自砥砺，务本力业，家寖以大。公性质直，无矫伪，于事之是是非非，无所隐，不肯脂韦以徇人。虽起家勤俭，而乐施予，乡邻有婚丧不举者，公必周济之，而不责其报，人皆称服焉。弘治癸丑（六年，1493），诏募民入粟，公应之，得冠带。治家俭而有礼，教子严而有方，每念先处士、孺人不逮养，遇岁时必腆洁牲羞以祭，而祭必以诚。

忠既贵，治第京师，迎公暨其配孺人来就养，凡得上赐奇新珍馔，辄驰以献，公心乐焉。未几，谓忠曰："高堂隆养，固汝之诚，但吾生长肃宁，先考妣松楸在焉，顾可久违展视？况吾刻苦成家，汝诸弟未更事，吾不为之程督，恐逸惰荒弛，非吾夙志也。吾当频往返，以副汝愿。"继此或月一至，或时一至，至必欢留浃旬，忠不敢强焉。已而胸臆气结成疾，累更医莫效，竟卒，距生正统庚申（五年，1440）五月十五日，得寿五十又八。配孺人胡氏，侧室童氏、李氏。子男六：长即忠，天资卓异，早被宪庙简送内书馆肄业，寻擢司礼监书办。今上践祚，命侍乾清宫，掌御司房事。恭谨端恪，尝赐蟒衣、御马，委任方隆。次即恕[①]，娶吕氏。次恩，娶任氏。次德，习壁经进士业，娶李氏。次志。皆胡孺人出也。次幼，童出。女一，幼，李出。孙男三：长曰隆，次曰盛，次幼。女三，俱幼。铭曰：

幼失怙恃善卓立，孝友天成性质直。劳心惫躯寖以植，家声不坠致滋殖。积而能施力种德，乘时输粟济边急。冠带辉煌贲乡邑，义方庆泽钟诸息。青云令器侍宸极，治第迎养效悃愊。天胡不寿夺之亟，我铭行概勒贞

① 桂萼撰、张璁书、郭勋篆盖的《明鲍处士朴庵（恕）配吕氏合葬墓志铭》（《沧州出土墓志》第100页）载："今大司礼公忠，处士伯兄也"。鲍恕卒于嘉靖五年冬。

石,垂千百禩閟茔域。

(《新中国出土墓志·河北》第37号)

【考】刘若愚《酌中志》卷二二《见闻琐事杂记》:“鲍太监忠者,不知何许人。多学善书,历升长陵神宫监佥书。每坐大石上拾树叶而写诗,清风徐起,飘扬山谷,以自娱乐。山中巨石如虾蟆式者,鲍恒伏如几,今见存焉。世庙雅尚文学,久乏当意者,适有亲近大臣祭陵回,以忠姓名学行奏荐,特蒙召升秉笔、掌印。寿逾八望九,尚耳目精明,以楷书写谕传红。世庙优赉特加,后允其予告令终云。其名下王太监本,不知何许人,为穆庙时名臣。又田太监义,陕西人,亦鲍名下也,至万历二十四年掌司礼监印,其楷书得鲍教为多,见典礼之臣记中。”按:鲍忠,据其父墓志,弘治十年已为内官监太监;国史首见于《世宗实录》卷四,正德十六年掌东厂,嘉靖二十七年以司礼太监卒于官,是为内臣中之至显赫者。刘若愚所记长陵佥书事,或为嘉靖初年一度失宠,而斥之于陵监。

艺文·碑铭·摩诃庵碑

孙承恩撰《摩诃庵碑记》:“(**前略**。)司设监太监德斋赵公政者,岂非贤哉!公自早岁选入内庭,轨行峻特,器宇弘远,为先帝索所识拔。逮事今上皇帝,益虔厥职掌,摄监库,侍应乾清宫,文则典司礼仪,武则提督营伍,四十年来而承荣沐宠,殆无虚岁,中官显遇,至公极矣。公感上恩,念无以致报,乃割俸余,择地于都城之西宛平县香山乡八里庄,鼎建一祠,俾僧圆江者守之,夙夜焚修,仰祝皇上亿万岁寿。而公之名下若魏伸、李鉴、郑友、李芳、曾亮、薛凤举,亲属于公,合志齐心,亦各出资,共相厥事。既讫工,扁其额曰摩诃庵。(**下略**。)嘉靖戊申季秋日。”

(碑在北京海淀区八里庄。《北京图书馆藏中国历代石刻拓本汇编》第55册,第134页)

嘉靖二十八年己酉(1549)

四月丁未,崇阳王显休有罪赐死。初,显休及奉国将军荣滑……(**多为不法,略**。)迨(楚)愍王遇变,摄国武冈王显槐暨各宗仪百四十人发其状,抚按官以闻,诏司礼监太监黄锦、刑部右侍郎傅炯、锦衣卫指挥佥事鲍瓒往按其事,悉实。狱具,法司议覆以请,得旨……(三四七,6279)　　壬戌,内府承运库奏缺秋、冬二季官军折俸及关造什器、钦赏等银三十万两,速当区处。户部言:"今日帑藏空乏,且请粮、修边诸费动以万计,措办甚难。"上曰:"二季俸银且令内库给发,今后户部宜按季进银于库,关支每季以八万两为率,定为例。"(三四七,6297—6298)

十月庚子,天寿山守备太监刘远请给符验旗牌,如巩华城副总兵胡潭例。兵部言:"潭提督六路之兵,事权重大,例有旗牌。远所辖选卒三千,第令与巩华城副总兵督率操守,事体不同,所请难许。"上从部议,报罢。(三五三,6365)　　戊午,工科给事中赵軏、陕西道御史申仲劾奏督理盔甲厂太监吕洪擅役铜工铸私器,计所侵盗以万计,诏送镇抚司鞫问,軏、仲亦捕系狱。寻有旨:"軏、仲徇私欺公,罢为民,永不叙用。"(三五三,6372)

本年附

艺文·碑铭·太监崔景墓志

明故司礼监太监春轩崔公墓志铭

特进光禄大夫、柱国、少师兼太子太师、吏部尚书、华盖殿大学士袁郡严嵩撰。赐进士出身、嘉议大夫、吏部左侍郎兼翰林院学士、掌詹事府事、前两京国子祭酒、司业、国史编修、经筵官泰和欧阳德书。特进荣禄大夫、太傅兼太子太傅、成国公、奉敕提督五军十二团营诸军务总兵官、掌右军都督府事、前奉敕挂印充都扈副将军掌行在左军都督府事古濠朱希忠篆。

司礼监太监崔公,幼颖敏,举止异常。被选入内庭,武庙见而奇之,即入侍乾清宫。皇上登极之初,简入内书馆肄业。公由是益勤于学,隆冬盛暑,手不释卷。于古人书法无所不习,而尤精楷书。上每呼至扆前命书,公纵横数楮,一挥而成,四顾成行。上喜爱不已,渊衷简注,即有执笔之托矣。嘉靖己酉(二十八年,1549)四月,特命掌司礼监印。然先是,公已属疾。命下数日,公入叩谢恩,出遂卒。盖四月十六日也,距其生弘治乙丑(十八年,1505)二月十六日,年仅四十有五。上深悼惜,赐新钞三万贯,谕祭三坛,给棺木造坟安葬,盖享堂碑亭,命太监陈靖、右少监谢举等营其葬事。以是年五月二十七日，葬于阜成门关外两家店之原。靖等以状来，请铭其墓中之石。予近岁以入直得与公往还，为相知。乃今遽尔沦亡也，能不哀而书之？

公姓崔氏，讳景，字德明，别号春轩。其先湖南人。初由内馆除奉御，寻升御马监右监丞，署惜薪司事。嘉靖甲申（三年，1524），调内官监左监丞，佥押管事，赐麒麟服。庚寅（九年，1530），转左少监。辛卯（十年，1531），升太监，赐斗牛服并蟒衣玉带，禁中乘马。寻命管神机营右掖并振威营，调管五千营，掌惜薪司印，叠加禄米，赐大红金彩纻丝纱罗蟒衣三袭。壬寅（二十一年，1542），命宫内管事。又奉敕充神机营把总。乙巳（二十四年，1545），调司礼监太监，命提督宫内教书并西苑农务，进掌司礼监印。以劳瘁致疾，竟卒。公书法既过人，又才足应务，故所历有声。其在惜薪，撙节俭约，供应有余。扈驾南巡，署行在监印，所过能不扰民。三历神机营，振作整肃，士伍畏服。其识见超群，盖中贵之卓出者也。惜不享有长年，遂止于斯，则岂非命哉！铭曰：

太微炯炯天中央，有四星兮拱其旁。是应内宰资赞襄，秉枢览务佐皇纲。维公夺迹自楚湘，髫齿来依日月光。乾清诏直职壶房，荐掌营卫武威扬。入授内馆司文昌，日侍黼座龙衮旁。有时学帖临钟、王，亦希颜、柳相翱翔。奉公竭节年且强，方进司礼笎仪章。尚衣日赐云锦裳，公感庆会志专良。仰思尽职报圣皇，忽尔乘气归仙乡。阜成迤西湖水阳，帝命治坟封若堂。勒文玄石流芬芳，昭哉遐思永弗忘。

（《新中国出土墓志·北京》第 270 号）

艺文·碑铭·太监乔宇墓志

明故钦差提督巡察光禄寺尚膳监太监乔公墓志铭

赐进士出身、贤政大夫、太子少保、礼部尚书、诏侍咨问应制晋陵顾可学撰文。直西苑、大中大夫、光禄寺卿、前翰林院中书嘉禾谈相书丹。直内书造局、文林郎、太常寺博士姑苏龚珮篆盖。

公讳宇，字惟洪，号屏山，贵阳人，其先世亦大家。钦拨司礼监太监刘公辅之名下也。幼而聪慧，长而笃实，体貌清癯，胸襟□□，博览诗书，精通字艺，彬彬然有古君子之风也。当髫年获遇孝宗皇帝，岁甲子（十七年，1504）选入内书馆读书，其才华奋发，不伍于同队，鱼见其铁画银钩，人咸以中书称之。由是历武宗皇帝，丁卯(二年，1507)岁，钦拨尚膳监任书记。见其艺学精敏，超出侪辈，人咸以翰林誉之。值乙亥(十年，1515)、丙子(十一年，1516)二载，除长随，除奉御，勤劳茂著。

复遇今上皇帝入继大统，侍卫勤劳，升本监佥押管事，钦赏大红麒麟服色，宠遇异常。岁在辛卯(十年，1531)、壬辰(十一年，1532)，升右监丞，寻即转左。以贤劳久任，至己亥(十八年，1539)升右少监，随转左。视事侍卫日久，简在帝心。甲辰(二十三年，1544)乙巳(二十四年，1545)岁钦升太监，提督巡察光禄寺。小心益慎，综理益勤，见其风裁凛肃，一毫不染，人咸以御史褒之。著闻于皇上，赐以蟒衣，以旌其贤。丁未(二十六年，1547)岁又加赐玉之宠。见其荣遇荐渥、朝廷倚赖隆重，人咸以内辅望之。蓦于嘉靖己酉(二十八年，1549)春二月五日以疾终，距其生弘治辛亥(四年，1491)，享年五十有九。

讣闻于上，甚切悼之，盖愍其始终勤劳勚也。呜呼！若公者历侍三朝，始而人称，继而人誉之褒之，终而翕然望之者，有如是之切，殆同古之赵充、李世鄙，为中贵中之名贤也欤？岂天不憖，遗一老欤？予考公之文学德誉政事勤劳清慎，真有古人之风，一时侪辈未能或之先也。愿治君子望其登翊圣皇，匡弼大柄，执掌司礼，而乃以疾没，几中寿，谓之何哉？莫非修短有定数也欤？予不腆之文，不足为公重，独掇拾大概，敷扬余休。卜季春二日葬于都城西崛山之原，勒于文石，以垂不朽云。为之铭曰：

惟公内宰，迹发贵阳。积学而起，历辅圣皇。蟒衣闪烁，玉带辉煌。冰霜其操，度量其汪。体国政事，补究文章。中书翰林，御史并良。大柄将弼，一旦云亡。崛山巍巍，崛水洋洋。牛眠马鬣，其封若堂。石镌我铭，岁永无疆。

(北京海淀区出土。《北京图书馆藏中国历代石刻拓本汇编》第55册，第138页)

艺文·碑铭·太监侯国宁墓碑

乾清宫御司房司礼监太监仁宇侯公讳国宁之墓。生于弘治庚申(十三年，1504)年三月十二日，卒于嘉靖己酉(二十八年，1549)年十一月二十八日吉时。

(北京市石景山区模式口村慈祥庵出土。额正书“皇清”，旁篆书“明故云公之□”。国家图书馆藏拓：北京10268)

艺文·碑铭·极乐寺碑

严嵩撰《创建极乐禅林碑记》:"城西香山乡广源闸之间,创建新寺一区,请名极乐禅林,乃御马监太监暨公擢适乘休暇展拜司礼监太监鲍公(忠)墓于西山,道经斯地,观其形胜,报国为亲,顿发诚意,以尽斯事。遂捐俸赉余金,命名下太监张暹等鸠工始建,以成寺焉。公乃广东之新宁人,自幼被选入内庭,及今遭际圣明,日侍天颜,荐升太监之职,典司营务,宠眷优隆。恒念上世以来,积德洪远,公之考妣乐善重义,素好释典,敬信崇尚其教,遇人窘急,则出粟减食赈之,善根栽培,致有今日。公每忆乃翁尝携观兹地,徘徊指顾,惓惓焉勉以敬身向善,公虽童稚,注念弗忘。今重览其山川之胜,感今怀昔,宛然先亲提携之日,不觉潸然泪下,亟发善心,特加建作。(**经始于嘉靖戊申夏,次年己酉秋落成。略。**)嘉靖己酉仲冬之吉。"

(碑在北京海淀区北下关村极乐寺。《北京图书馆藏中国历代石刻拓本汇编》第55册,第144页)

嘉靖二十九年庚戌(1550)

正月甲戌,立春,顺天府官进春,上不御殿,命司礼监捧入。(三五六,6401)

五月辛卯,重修《大明会典》成,礼部尚书徐阶等诣奉天殿进呈,命司礼监捧入。(三六〇,6442)

六月辛酉,供用库移文户部,趣征内用香品沉香七千斤、大柱降真香六万斤、沉速香一万二千斤、速香三万斤、海添香一万斤、黄速香三万斤。户部请量减其数以便召买,上不允,令如原数买进及行广东催解,毋得迟缓。(三六一,6448)　太常寺奏请修理天坛,诏会官计处工费以闻。给事中谢登之言:"圜丘乃祀天之所,诚不当惜费,但今四郊并建,财力已穷,未及大坏,不宜遽兴重役。且国家营建在朝廷者属内官监,在诸司者属工部,凡遇内府兴作,内监官估计,转行工部,工部以三分为率,量减一分,盖曲为节省计耳。近该监估计,已知三分扣一定规,往往过为加增,以图侵克,是扣留惟止一分而冒破实逾数倍,钱粮蠹耗,皆由于此。乞暂

罢圜丘工，以后遇有兴作，令该监从实估计，不得恣意加增。”工部议覆，从之。(三六一，6449)

闰六月戊子。先是，上谕工部：“近年各边奏讨帑银数多，以致库藏空乏，尔等会官详议经久节省之计以闻。”至是，户科左给事中何光裕、吏科给事中谢登之、山东道监察御史曾佩等各建白节省事宜，工部尚书胡松议覆四事：“(**一、省加派**。)一、清匠役。先年清查军民匠役已经酌量存留，迩来招收太滥，复逾额数，遇有兴作，辄动支本部官银雇募。其内官监官匠虽称兼造，徒为虚名，糜费廪粮，漫无实用。宜行科道及户、兵二部会同本部清查见在食粮若干，应留若干，其余增收及冒名老弱、艺业不精者尽行革退。一、革冒破。琉璃黑窑装造砖瓦合用工料止凭内监官虚估时价，本部概以例减三分之一，名虽裁抑，阴实纵之。自今请行科道官会同本部从公细估，登记册籍，著为令。一、定年例。谓内府年例物料有各处征解愆期，本部先为之借银买办者，法当征银补库，不得重派本色。”疏入，允行。(三六二，6458—6459)

七月庚戌。初，上用部议，命工科给事中李用敬清查各监局食粮匠役，拨赴工所。既而内官监太监高忠从中沮之，事竟不行。于是工部营缮司主事黄元恭执奏前旨不宜停格，因劾忠罔上弄权，宜逮问。上初怒不允，既而给事中李珊等复以为言，上乃命如议清查，贷忠不问。(三六三，6470)

八月庚辰，虏驻通州河东，分掠马林店等处，杀卤居民无数，焚湖渠等马房，执内侍杨增等去。(三六四，6491)　壬午，俺答纵所虏湖渠马房内官杨增持番书入城求贡。上以其书示大学士严嵩、李本，礼部尚书徐阶，因召对于西苑。(三六四，6494)　戊子，命户科左给事中王德等严查被虏马房耗损实数以闻。先是，马房例用科道官清查，后以太监高忠称不便中止，至是德等奏各房被掠，后恐官吏乘而为奸，因以旧例请。许之。(三六四，6508)

九月丁酉，兵部会议京营兴革事宜，(**条为兴革六事**)：一议并团营以复祖制。二议足军额以充营伍。三议点视官员以便查理。四议革内臣以清宿弊。自古宦者不得典兵,今三大营内尚有内臣提督、监枪等项,不下二三十人,此辈既不知兵,又专以役占为务,俱宜裁革。五议选边将以壮士气。……上曰:“修理营政,务在得人。旧任提督官俱令回府管事,内侍官俱裁革,各营协同提督官即推举堪任者以闻。旧司、掖、哨官,兵部同仇鸾于见任并赴取将官内选用,见在军士各归原营,随伍操练,老弱并缺少者即替补召募,务足原额,余如议。”(三六五,6520—6524)　　癸卯,兵部言:“各陵卫军士原额三万七千六百余人,今实在者止三分之一,多为内臣占役卖放,外守备权轻,不能制之。宜差科道会同本部主事严查陵军逃亡者,设法处补,私占者悉令退出,仍量加外守备以参将职衔,令其与巩华城副总兵一体行事(**阁本事作查**),不许内守备辖制。每岁秋防之时,本部仍调各路游兵二枝,一驻昌平,一驻黄花镇,以卫陵寝。”诏如议行。(三六五,6527)

十月丙戌,以厂卫缉事功荫太监麦福、都督陆炳各子侄一人为总旗。(三六六,6556—6557)

本年附

艺文·碑铭·太监麦福墓志

司礼监太监掌监事兼督东厂麦公福墓志

嘉靖壬子(三十一年,1552)十二月二十九日,司礼监太监掌监事总督东厂升庵麦公卒。上闻,赐钞三万贯,祭三坛,命有司给葬具,建享堂碑亭,所以恤之甚厚。盖公事上久,敬慎之节,终始一致,故其卒也,上特悼之云。

公讳福,字天锡,升庵其号,广之三水人。曾祖讳保旺,祖讳宁,父讳常禄,俱以公弟祥贵,赠特进荣禄大夫、后军都督府右都督,妣皆夫人。

公幼入内庭,正德丁丑(十二年,1517),以选供事清宁宫。戊寅(十三年,1518),改乾清宫近侍。嘉靖壬午(元年,1522),迁御马监左监丞,改御用监佥押管事,寻升左少监。甲申(三年,1524),升太监,赐乘马禁中。改御马监，监督勇士、四卫营务。丙戌（五年，1526），奉命提督上林苑海子。丁亥（六年，1527），奉命随朝请（剑），晋乾清宫牌子。戊子（七年，1528），掌御马监印，提督勇士、四卫营禁兵。己丑（八年，1529），提督十二团营兵马，掌乾清宫事。庚寅（九年，1530），掌上林苑海子关防。壬辰（十一年，1532），提督礼仪房并浣衣局，提督尚衣监西直房。甲午（十三年，1534），总提督内西教场操练并都知监带刀。丁酉（十六年，1537），总督东厂。戊戌（十七年，1538），兼管尚衣监印。己亥（十八年，1539），上南巡，奉命留守京师，赐符验关防。乙巳（二十三年，1544），迁司礼监。丙午（二十五年，1546），提督先蚕坛，掌理祭礼及诸礼仪。戊申（二十七年，1548），复总督东厂，镇静不扰，缙绅谓贤。己酉（二十八年，1549），掌司礼监印。国制，凡旨下诸司，司礼名为秉笔，而掌印者尤重，诸监局莫敢望焉。然每遇东厂奏事，则皆趋避，故东厂尤名有事权。累朝以来，未有兼其任者，兼之，自公始。自受命至于卒，凡四阅岁。呜呼！其可谓贵且久矣。

公前后赐飞鱼、斗牛、蟒衣、大红坐龙衣者各三，赐玉带、闲妆带者各一，赐禄米自十二石至三十六石，合之以石计者三百七十三。又尝特赐银记，其文曰“公勤端慎”，赐御书曰“克尽忠谨、小心匪懈、恭慎如一”，盖见褒美于上者如此，又累朝诸中贵所未有也。

公之在东厂，茂著劳绩，诏荫弟祥为后军都督府右都督，侄忠等为锦衣卫指挥、千百户者若干人。厂内有隙地，公建堂祀先师孔子及四配、十哲、七十二贤于其中。太监徐公秀故于公有恩，及卒，公为营墓，建玄觉寺祀之。又建楼兜桥，开磨石口等处山路，路行者称便，是可以识公心之所存矣。

（徐阶撰，《国朝献征录》卷一一七《寺人》）

【考】刘若愚《酌中志》卷一六《内府衙门职掌》：“司礼监掌印太监一员，秉笔、随堂太监八九员，或四五员。设有象牙小牌一面，长寸余，每日申时交接，轮流该正。凡每日奏文书，自御笔亲批数本外，皆众太监分批。遵照阁中票来字样，用朱笔楷书批之。间有偏旁偶讹者，亦不妨略为改正。最有宠者一人，以秉笔掌东厂，掌印秩尊，视元辅；掌东厂权重，视总宪兼次辅。其次秉笔、随堂，如众辅焉。”①

① 可参看拙作《明司礼监研究》，《明史研究论丛》第9辑，2011年。

史事

王世贞《弇山堂别集》卷九〇《中官考一》:“赐御用太监王瑾银记四,曰‘忠肝义胆’,又曰‘金貂贵客’,曰‘忠诚自励’,曰‘心迹双清’,见《水东日记》。又司礼太监金英、范弘各有银记之赐,而又不传,见墓志。景庙于兴安、王诚、舒良辈亦各有赐。宪庙赐司礼监太监谭[覃]昌牙记二,曰‘忠诚不怠’,曰‘谦亨忠敬’,银记一,曰‘才华明敏’,石记一,曰‘补衮宣化’。世庙赐司礼监太监张佐银记四,曰‘集谋补德’,曰‘端忠诚慎’,曰‘辅忠’,曰‘励忠’。麦福银记一,曰‘公勤端慎’。右皆于墓碑中录得之,正史所不载也。然则内臣之膺赐者盖不止于此矣。”

王世贞《弇山堂别集》卷一五《皇明异典述十・中贵岁米》:“中贵人虽尊重用事,而太监品不过正四,计日止廪米升半及衣帽靴料而已。高帝时既定监局职名,后中书省请量增岁禄至十二石,不许。其后有以军功加者,如曹吉祥、刘永诚之类,盖以十二石为一级也,然多不过三十六石而止。惟成化中御马监太监汪直初以缉事功加岁米二十四石,又以军功加三十六石,以威宁海功加四十八石,以黑石崖功加三百石,后累至四百八十石。正德中,司礼监太监张永初以恩加岁米十二石,以平宁夏、逆瑾功加四十八石,以获妖人功加一百二十石,后累至三百余石。东厂太监张忠以获妖贼功加岁米二百二十石,前后缉贼及应州等功,亦累至三百余石。大约米至七十二石则当为正一品,而傔从衣料亦累增益,不可胜计,盖又王振、刘瑾之所无也。嘉靖司礼太监张佐累加至二百四十二石[①],麦福加至三百七十石,黄锦加至五百余石。”

艺文・碑铭・义会寿茔地产碑

坐落大兴县北八里庄魏村□□□□□□□王定坟所,北至□□□□布奉,南至大道,四至分明,因为无钱使用,凭中见人布奉等说合,情愿出卖与内府内官监西瓦厂太监高□[②]等。会中见造盖义会寿地,会中坐委住

---

① 《中官考一》亦载此段,文字仿佛,张永后云:“自永后,谷大用、魏彬、张雄、张锐、张忠辈亦及之。案:张司礼佐初加岁米四十八石,其后复加禄十有七,皆十有二石,当为二百四十二石。麦司礼福至三百七十石,黄司礼锦至五百石,皆在嘉靖间,具神道碑。其他可以类推矣。”

② 原碑此处本空一字。

持明灯在彼供祀香火住坐，永远管业。当日三书议定时值价白银贰百柒拾两整，是俊等亲手收足外，无欠少。其地每年会中出纳粮草银壹两五钱。自立地契之后，如有家下弟男子侄亲族人等争竞，孟俊同儿男并中见人一面承当，两家情愿，各不许退悔。如有先悔之人，甘罚白米五十石入官公用。今恐无凭，立此地契，永远为照。嘉靖十七年六月立。直隶顺天府大兴县魏村社八里庄东林庵内官监太监会众高忠等于嘉靖二十年六月买到香火地肆段，共计买地捌拾柒亩伍分，坐落关庄地方，每年出纳粮草银共肆两伍钱。

碑阴：嘉靖二十九年，岁次庚戌……御马监太监赵成、尚衣监太监张用、内官监奉御张豹、内官监太监蔡兴、内官监奉御李深、内官监太监张浦、内官监太监高忠、内官监右监丞常礼、内官监太监孙继宗、内官监太监张贵、内官监奉御徐文、内官监奉御史瓒、司苑局奉御丁钊（**上第一行，右起**）。御马监右监丞高奉、戚宣，内官监周名、内官监奉御袁仁、内官监董隆、内官监奉御韩让、司苑局官于刚、□□□刘才、内官监刘深、内官监奉御李宁、惜薪司右司副□□、御马监太监王近、沈琪，尚膳监奉御张璞、高准、王用、夏绶、王臣，□□□□□□庹山、张千、樊稳。

（碑在北京朝阳门广渠门外。《北京图书馆藏中国历代石刻拓本汇编》第55册，第145—146页）

嘉靖三十年辛亥（1551）

正月丙申，户科给事中何光裕奉诏清理陵卫军士，因条上护卫陵寝事宜："（**一、广召补。一、饬营务。一、专官守。**）一、革占役，谓八卫军士除赴营操备及太仆寺养马外，为内官等监留办月粮，宜清查着伍。（**一、设险隘。一、定边戍。**）一、祛积弊，谓神宫监以司香而设，八卫官军以卫护而设，非以官军属该监，充内臣役使也。乃今自占役外，复令认纳月钱及巧立'抬灯'、'进果'等项名色，多方科派，少有龃龉，即于朝陵朔、望日点卯捆打，或诬捏失误朝陵参奏，宜行禁革。自后朔、望朝陵，止令参将官纠饬怠肆，内臣毋得干预，假借凌虐。"疏下兵部，谓招募军士应募者少，得用亦难，招得游食之民复与解来户丁何异；加以军装贴银必长诓冒之弊，建立营室必数千余间乃可，人授一室，时方财诎，兴作不易；陵寝根本之地，土脉风气所关，添墩筑墙，未可轻议，此一事宜姑已，其余可行。上从部议而营房仍催建立。(三六九，6596—6598)

六月甲子，工部覆给事中刘体乾、朱伯良各奏财用绌乏，乞清查内府各监局人匠，止留应用人役，悉革其增添冒替老弱者；至于升除官匠，宜严查冒滥，以为降革，毋得冗食，致耗国计。得旨允行。(三七四，6669—6670)【考】刘体乾原疏，实录未录。该疏名《请节省以足国裕民疏》(民国《东安县志》卷一九《艺文·奏疏》)："苏轼有曰：方今之计，莫如丰财，然所谓丰财者，非求财而益之也，去事之所以害财者而已。由轼之言观之，则今日之事不在于征敛之纷纷，而革冗吏、清冗费乃当今理财之第一义也。(**引霍韬言冗官员数今倍蓰，略**。)不但此也，他如内官阉宦之收入者渐广，锦衣卫官校之奏备选充者渐多，中书等衙门之乞恩带俸者渐滥，极之礼部之译字生、鸿胪寺之通事、序班，光禄寺之厨役、神乐观之乐舞生，内而各监局之勇士、匠人并写字及以大工升除者，其间狐引猿攀，途辙不一，蝇营狗窃，窠臼日多，臣不能悉举，盖已万万于祖宗时矣。是皆张口待哺，以仰给于陛下者也。且如勇士、匠人，至贱者也，勇士每月则有粮二石[①]、马料豆九斗、谷草三十束；匠人每月则有月粮一石、直米三斗五升，所费固已不赀。至于一官，则有舆隶廪禄之给，所费又不止此也。其所以糜烂其财赋者，岂少少哉！(**略**。)臣近又查得光禄卿高澄等题称本寺所费钱粮自嘉靖元年至十五年积剩银不下七八十万两，又多拖欠以致不足等情。臣又近查得本寺进御果品等项原无定额，临期止凭内官小票，数月交纳，及果品既进，小票随即收去，明日内官又复以昨日所进者卖与本寺行户，以备上纳。臣因知圣明节俭之德终始如一，而所有有前后多寡之异者，因内官之渗漏干没于其间也。盖其经制之初，概有品度，则供应之际，不难稽察，乃今本寺诸臣不敢问其真伪，不敢辩其是非，而贪冒之徒得以自便而自取矣。(**略**。)此但就光禄寺一处言之，其他供应衙门，中间

---

① 二石，刘体乾《请抑冒滥以慎名器疏》作"一石"，见嘉靖二十七年十二月壬子条。

转移侵盗，尚有未易悉数者。……臣愚，伏望陛下仿成周之典，敕下礼部，将内外各该供应等衙门所用品物钱粮，再三酌议，如某衙门合用品物若干，通计一年合用钱粮若干，开具明白，上请裁定，著为令典；每遇年终，选差科道一员，逐一查盘奏缴，以防冒破。如此，则丰约有正数，取之者不得妄取；盈缩有定规，供之者不得而妄供，而纠察会计之事又得以行于其中，则沉匿掩蔽之患自无所容，而帑藏将沛然其有余矣。”

嘉靖三十一年壬子(1552)

正月乙酉，顺天府官进春，上不御殿，命司礼监捧入。(三八一,6741)

二月丙子，湖广守备太监陈德讦奏都督蒋华当大祀不敬。下抚按官勘不如德言，礼部请反坐德诬奏之罪。上命镇抚司逮德讯状以闻，华贳不问。(三八二,6764)【考】此云陈德为湖广守备，按内官监太监陈德实为承天守备掌印太监。

七月丁亥，南京内官监太监杨佑等以荐新骚扰驿递被劾。兵部请申明嘉靖六年诏旨禁约，寘佑等于理。诏申明禁约如议，佑等贷勿问。(三八七,6812)　　辛丑，户部议覆给事中王国祯条陈节财用六事：“一、边军给赏宜视其地之远近、时之久速为差，不得令内地官军援例妄乞。一、各边官军有斩捕虏首功，抚臣即请行赏，毋致稽迟。一、各营卫、监局、光禄寺等衙门所造度支文册，类皆收除不清，名粮互异，宜查核。一、内府库、局香品布添等料及各仓场粮草往往商牙官吏并倚为奸，输纳已完，必俟价高时始出通关，实收积以毫厘，动成千万，亦耗财之一弊也，宜禁革。一、请行各钞关征银解部，接济边储，候边少宁，仍征钱钞，本折轮解。一、召买珍珠及红花、枣饷等物，宜并入估簿，随时酌定价银，使物价不得腾踊。一、仿《周官》月要岁会每年终括财赋出入之数，登籍进呈，以稽盈缩。”得旨：“钞关本折仍轮解，余如议。”(三八七,6817—6818)

九月乙未，上谕工部：“朕二子将举婚礼，一王留京，一王封国,宜择建国之处,即查例以闻。”部覆:“封国重典,先年王国所建俱内钦定。”上乃择定于湖广德安府,敕内官监太监曹臻同工部员外郎楼镇往建如例。(三八九,6838)　庚子,礼部奏奉诏为二王选婚,得良家女一千二百人。上命司礼监官同宫人选择。于是锦衣卫千户李铭女、顺天府民王相女入选。部复奏亲王婚礼不嫌详慎,乞更遣官于近地博访。得旨不必又扰民,已有婚各(**广本、阁本各作合**)二名,择日送进,乃定以十一月朔日进。(三八九,6843—6844)

十一月壬寅,以大祀传制誓戒百官,上不御殿,命司礼监官赍手敕谕礼部,戎[戒]命官及百执事各加敬奉行。(三九一,6874)

十二月丁巳,内官监太监杜泰提督光禄寺贪甚,所干没内帑银以数万计,光禄寺少卿马从谦奏发其奸,泰亦奏从谦盗用大官食物及诽谤不忠状。巡视给事中孙允中、御史狄斯彬交章劾泰如从谦言,因劾寺卿高燿不能觉察,四署正通同为奸,乞并治。诏逮从谦、泰于镇抚司讯鞫,科道官待问明议处。已镇抚司讯上泰因公侵冒,从谦挟私奏讦,俱属有罪,第所引诽谤暧昧,谙无证佐,不足深诛。上竟怒从谦诽谤,下法司,令与泰各候追赃完日拟罪,以允中等党护,降边方杂职;镇抚司官断狱不当,夺俸五月。于是法司议从谦当坐盗内府财物者律,赎徒为民,第所指诽谤,虽无明据,然迹其狂悖不恭,难依常典,宜发极边卫充军;泰送司礼监奏处。上怒未已,诏执从谦廷杖八十,发烟瘴充军;泰革任,以能发谤臣免罪。从谦遂死杖下。(三九二,6880—6881)

嘉靖三十二年癸丑(1553)

正月庚寅,立春,顺天府官进春,上不御殿,命司礼监官捧进。(三九三,6899)

二月庚戌,取太仓银十五万两进承运库买办金、宝、珍珠。(三九四,6929)　癸酉,滭石桥马房草场火。时管马房内监张昇等督责其下过严,而箭手郭清尝怨之,乃篝火毁草。事觉,诏斩清枭

示，昇及户部委官主事耿随朝等各赎杖还职。（三九四，6941）

闰三月乙丑，建京师外城兴工，遣成国公朱希忠告太庙，遂敕谕提督城工等官曰[1]："古者建国，必有内城、外郭以卫君守民。我成祖肇造北京，郭犹未备，盖定鼎之初，未遑及此。兹用臣民之议，先告闻于祖考，爰建重城，周围四罗，以成我国家万世之业，择闰三月十九日兴工。唯兹事体重大，工程繁浩，特命尔总督京营戎政太保兼太子太保平江伯陈圭、少保兼太子太傅掌锦衣卫事左都督陆炳、协理京营戎政兵部右侍郎许论、工部左侍郎陶尚德与同内官监右少监郭挥提督工程，锦衣卫都指挥使朱希孝、指挥佥事刘鲸监督工程，其各照四周地面，协心经画，分区督筑，务俾高厚坚固，刻期竣事，用永壮我王度。钦哉！"已命吏科左给事中秦梁、浙江道御史董威巡视工程。（三九六，6970）

十二月丙子，以玄岳工成，遣英国公张溶往行安神礼，恭诚伯陶仲文往建醮。尚书顾可学自请与仲文俱，从之。已乃以工成，颁赏效劳诸臣，命工部右侍郎陆杰回部管事，荫一子入监读书，仍赏银四十两、纻丝四表里；巡抚都御史屠大山、冯岳、沈良材各三十两、二表里；巡按御史胡宗宪、朱瑞登、周如斗各二十两一表里；提督太和山太监王佐四十两、三表里。（四〇五，7079）　乙未，立春，顺天府官进春，命司礼监官捧进。（四〇五，7084）

本年附

艺文·碑铭·太监王佐恩命碑

冯继科《恩命碑记》："易称晋锡书，著懋赏，凡以报有功也。迩乃异之中贵，隆以外权，锡之以典秩，不已渥乎？（**议论略**。）方今圣天子御极，昭德塞违，覃敷殊典，时则有若敬翁王公（佐），以中贵之贤，茂膺光宠。承命以来，夙夜兢惕，以图报称于万一。于是礼神秩祀以昭其诚，慈爱乐施以

[1] 广本、阁本无"遂"字，"敕谕提督"条系于庚午日。

溥其惠，崇儒下士以㧑其谦。岁献方物，叠进符经，宣其勤也；时诣玄宫，躬建金箓，效其忠也。以故太和之民赖以阜安，边徼赖以宁谧，流移奸宄赖以绥辑，凡以其敬德致之也。此公之所以受知于上，而皇上之所以宠遇于公者，福泽宁有涯哉，岂但金帛、斗蟒、玉带之贶而已耶？公以嘉靖己亥岁(十八年，1539)，由内官监右监丞来镇兹土。越二年壬寅(1542)，迁左少监。甲辰(二十三年，1544)，改升太监，历十稔于兹矣。一旦进学正继科、训导刘辐辈于庭，出恩命牒以示，属科纪之，用寓对扬王休之意。科不佞，窃以恩命之颁，匪以侈荣也，以章劝也。惟公无怙宠倚法，以永有辟，益坚晚节，以仰答知遇之隆，不其伟哉！行且出入禁闼，左右圣躬，以树宦绩于不朽，窃以是为公望。复为之歌曰：(略。)"

(隆庆《大岳太和山志》卷五《艺文・记》)

嘉靖三十三年甲寅(1554)

三月辛丑朔，革代府饶阳王充𤏡爵，送高墙禁住。初，充𤏡数以事侵代王廷埼，恐得罪，乃诈以陈言边事为名，先暴扬镇巡官之恶，上为之逮系巡抚何思、总兵徐仁等。充𤏡益骄，遂与代王互相奏讦。代王奏充𤏡暴悍险贼、挟私凌长，及毁销金册、占悋罪囚、殴辱公差等事，充𤏡亦持王阴事，累疏自讼，利口捷给。前后勘官至者畏充𤏡口及其党镇国将军俊榨等，终莫能决。及巡抚侯钺奏夺其禄，充𤏡怒不肯承，出不逊语。上乃遣司礼监少监王臻即讯。臻至，与山西抚按、三司官会问，皆不直充𤏡。臻使人验问其故，祖妃金册果失所在而问官前后为充𤏡所抑辱者、亡命恶少匿充𤏡府中者，至是皆发其代府阴事，独侍卫左右与民榷估争利及霸占山场，王不能禁，他事皆诬。臻等还白状，因言大同极边之地，宗室繁衍，俗习刁悍，所赖廷埼一人约束之，而充𤏡自负其才辩党与足以鼓煽是非，摇惑观听，屡与争抗，烦渎宸严，大狱屡兴，连年不解。使复得行其计，各府效尤，日渐多事，将来贻祸不浅。疏入，下三法司会议，如其言。上乃诏暴充𤏡罪，废锢之，夺俊榨禄一年，仍敕谕代王廷埼，令改过守法。(四〇八，

7115—7116）

四月丁酉，以京师外城工完，遣成国公朱希忠告太庙，录管工诸臣功，荫内官监右少监郭挥弟侄一人为锦衣卫百户；进提督京营平江伯陈圭太子太傅，掌锦衣卫事左都督陆炳太保，仍各荫一子为百户；兵部尚书聂豹太子少傅，工部尚书欧阳必进太子少保，仍各荫一子为国子生……（四〇九，7141—7143）

八月癸酉，改授原任锦衣卫带俸指挥佥事张道为本卫正千户世袭。道父容，故太监张永之弟，以永诛刘瑾功，荫授指挥佥事。至是以非军功革袭，容上疏为道乞恩，上从部议，特许其降级世袭，不为例。（四一三，7184）

十月丁酉，以苑田收获，赐户部左侍郎卢绅、御马监丞高忠彩段、羊、酒有差，户部郎中石茂华绢二匹。（四一五，7220）【考】高忠后无事迹，卒于嘉靖四十三年，墓志见本年附。

十二月戊辰，录三年内厂、卫缉访及镇抚司理刑功，荫司礼监太监黄锦弟侄一人及掌锦衣卫事左都督陆炳一子俱为百户，右都督朱希孝一子为所镇抚，升锦衣卫署指挥佥事掌镇抚司事万文明为指挥同知，千户李隆为署指挥佥事，旗校等各升一级。（四一七，7234）　己卯，居庸关把总杨淳获奸细猾尚，守备太监贾堪以闻，诏斩尚，升淳、堪各一级。（四一七，7240）

本年附

艺文・碑铭・太监高忠及兄高恕夫妇墓志

明故乾清宫掌事司礼监太监进斋高公墓志铭

赐进士及第、光禄大夫、柱国、少师兼太子太师、吏部尚书、武英殿大学士、知制诰、典志总裁华亭徐阶撰文。赐进士及第、少保兼太子太师、户部尚书、武英殿大学士、知制诰、典志总裁慈溪袁炜书丹。特进光禄大夫、柱国、太师兼太子太师、成国公、后军都督府掌府事怀远朱希忠篆盖。

公讳忠，字廷显，别号进斋，世居顺天府霸州之临津里。自其大父英而上咸以善称。英生俊,娶范氏,生子六人,公其季也。正德二年(1507)以选入内庭。八年,选直乾清宫。

皇上之登极,合诸近侍,加选择焉。公长身玉立,进止有仪,褎然在举首。嘉靖二年(1523),遂赐冠帽。三年,迁御马监右监丞。四年,命本监佥押管事。六年,迁右少监,寻迁本监太监,赐蟒衣。公性素敬畏,及既通显,益自检饬,上察知之。七年,命掌神机、效勇等营务,赐玉带,内府乘马,兼提督上林苑监。其冬,命掌宫内牌子事,随朝请剑,提督待诏房。九年,上录公勤慎,赐银五两、纻丝一表里。明年,赐禄米岁三十六石。十一年,改内官监太监,掌监事。当是时,上方建四郊九庙、玄极宝殿、大高玄殿、皇穹宇、皇史宬、雩坛、神祇坛、永禧仙宫、慈宁、慈庆、毓德、启祥等十二宫,及修葺七陵,皆属公董其役。既成,赐坐蟒衣三件,加禄米十二石。九月,命乾清宫掌事,提督两司房,并茶膳、牲口房。十四年,赐银八十两、纻丝六表里,加禄米二十四石。十五年,赐蟒衣三件。其冬,加禄米二十四石,又赐大红金彩斗牛圆领蟒衣六表里。十八年,数从祀天寿山,已又从幸承天,劳绩独著。上书金字褒异者三,一曰"天机忠敬",一曰"精勤而慎",一曰"谨斋"。又特降旨褒以"日夜勤慎,起止有节",赐银百两、彩段十表里,加禄米二十四石。二十二年,加命提督十二团营,兼掌御马监印,及提督勇士、四卫营。二十三年,上命总督内西教场操练及都知监带刀。二十四年,命提督西苑农事及恒裕仓。三十一年,命选二王妃。三十二年,命提督礼仪房。三十四年,连命选两都尉。四十年,命兼掌惜薪司印,提督圣济殿并西直房。

四十三年,改司礼监太监,佥押管事,赐银三百两,兼提督文华殿中书、御前作、两房。司礼,政本也,中外咸冀公,以其敬畏之心,光辅圣主,约诸司而归之法。未几,忽眩仆地,遂不起,甲子(四十三年,1564)六月八日也。距生弘治丙辰(九年,1496)闰三月二十三日,享年六十九。

于是公名下内官监左监丞张君宏以讣闻,上检故事,特加祭一坛,命工部营葬,建享堂碑亭,赐额曰"劝勤",总赐谕祭者凡五次焉。且赐张君告,令经纪公后事。张君多读书,外静而内朗,公前后历掌诸监,能修举其识业,又于文武百司毅然不以私干者,其规画匡翊,皆出于君,士大夫以是尤多公之知人善任焉。

公兄恕，以公贵，历官锦衣卫管卫事、后军都督府右都督，赠公祖若考皆荣禄大夫，祖妣若妣皆夫人。侄二：长鹏，荫锦衣卫管卫事指挥使；次凤，荫锦衣卫指挥佥事，提督象房。孙男八：长秉彝，锦衣千户；次秉伦，锦衣署指挥佥事，中己未科武进士，历升署都指挥佥事，掌浙江都司印；次秉纯，锦衣千户；次秉朴，霸州庠生；次秉元、秉亨、秉礼、秉直。曾孙一，允恭，俱幼。张君暨侄鹏、凤，以是年七月初九日葬公阜成关外香山乡二里沟之原，奉大宗伯石麓李公（春芳）状请予铭墓。予故知公者，不得辞，铭曰：

高氏世德，发于公身。公生俊伟，面仪恂恂。爰以抑畏，受知圣明。历董大役，兼总禁兵。衣蟒腰玉，朝夕紫宸。遂秉枢机，生卒蒙恩。藏于其家，有烨金文。亭于其墓，有美赐名。公曷致之，曰慎与勤。福非天降，感召惟人。我作铭词，以勒贞珉。后有观者，庶几其兴。

（北京甘家口出土，引自贾瑞宏《高忠家族墓志考》，《北京文博》2004年第4期）

明故特进荣禄大夫后军都督府右都督管锦衣卫事南渠高公（恕）墓志铭

赐进士出身、通议大夫、工部右侍郎、加从二品俸、直内阁、侍经筵、同修国史玉牒嘉禾张文宪撰。正议大夫、资治尹、侍经筵官、鸿胪寺掌寺事、太常寺卿仁和吴祖乾书。赐会武第、特进光禄大夫、柱国、太保兼太子太傅、掌锦衣卫事、食伯爵禄、后军都督府左都督、奉敕提督缉事、侍经筵平湖陆炳篆。

于戏嗟哉！我南渠公乃今弗可作矣。夫岁在壬子（嘉靖三十一年，1552），公甫谢政，即于都城之西预造寿藏，因命予言，用纪成事。众佥服公能齐彭殇、一死生，可谓达也已矣。曾几阅岁，遽至不禄。于戏嗟哉！谨按：公讳恕，字希仁，号南渠，姓高氏。其先霸州临津里望族，上世以来，隐德弗耀。考讳俊，妣范氏，俱年余八秩，循理乐善，取重乡评。公昆季六人，公其次也。诸昆玉既长，互相淬砺，兴起事功，其尤踔绝者，唯公偕大台相中贵公焉。公天资醇笃，气象春容，颀然以长，丰颐盎背，有识者占其为远大之器。奉亲恪尽子道，孝行著闻。中贵公早以才秀侍从两朝，效绩滋久，历升太监，掌内官监事，奉敕提督十二营军务。恭遇皇上聿新制度，肇建四郊九庙暨诸各工程，中贵公悉皆提督经理。比竣事，涣加恩荫，公乃承焉。嘉靖丙申（十五年，1536），授锦衣世袭百户。嗣是再荫，再加旷典非一，累官至特进荣禄大夫、后军都督府右都督，管锦衣卫事。公老成持重，练达事体，生平不假外饰，靡尚繁华。中贵公日陟要枢，乃心王室，百凡家务，咸托于公。公明信详审，用能不负所托。其佐卫政，十有五年，出入禁庭，秉公协寅，小心慎密。每遇圣上躬行大祀，展拜山陵，礼成屡受蟒服、飞鱼、麟袍之赐。顷扈驾南巡，奉命为前驱使，再进俸一阶，实领左都督禄，诰赠三代，举如公官，妣俱赠一品夫人。公虽跻贵显，雅嗜澹素，食无兼味，服无过侈；教子姓率以义方，处乡邻礼义周洽，姻党自家来者必赈恤之；严驭仆从，悉令守法，罔或有凭藉者。岁庚戌(二十九年，1550)，例以引年，具陈休致，比得请，怡乐林泉，翛然自适，足不履公府，口不谈世务，心无系累，可拟陆地之仙。乃诸子姓宦业继成，衣冠踵武，一时福履之盛，夫岂人所易及者哉！

公生于成化壬寅(十八年，1482)四月初七日，卒于嘉靖丁巳(三十六年，1557)二月十六日，享年七十有六。讣闻，上念旧劳，遣官谕祭者再，仍命所司为营葬事。吁！真可谓遭逢之盛哉。配康氏，有淑行，克修内助，公胥赖焉，封一品夫人。子五：曰鹏，曰凤，俱锦衣卫指挥佥事，鹏管南镇抚司事，娶王处士女，凤提督象房，娶王处士女；余俱幼。女七：一适陈都督子太学生宽，一适锦衣管卫事指挥佥事杜公长子锦衣千户椝，一适李少卿子中书舍人仲，余未行。孙男八：曰秉彝，锦衣千户，娶国戚夏指挥女；曰秉伦、秉纯，俱锦衣百户，伦娶锦衣李指挥女，纯娶锦衣张百户女；曰秉厚，尚幼，俱鹏出；曰秉礼、秉乐、秉射、秉御，俱凤出。孙女五：一适锦衣卫掌卫事、光禄大夫、柱国、太保兼太子太傅、左都督陆公长嗣锦衣指挥使管南镇抚司事经，一适袭封永康侯徐乔松，余未行。曾孙男一：允恭。曾孙女二，俱幼。鹏等卜以公卒之年三月十九日奉柩归葬于阜成关外香山乡二里沟新兆之原，乃伯子间持令亲偃师尹杜君承绪所述状诣予请铭。宪忝葭莩之末，辱公知爱已稔矣，抑以公应几遘会，幸际清时，躬侍圣明，沐恩荷眷，芳联棠棣，光溢后先，诸福咸臻，寿膺上考，谓非盛德所积，能至是耶？法当铭，铭曰：

卓矣渠公，仁贤之裔。天畀昌嘉，德钟醇粹。发祥中贵，累荷上恩。崛起金吾，游衍禁垣。绩著清朝，屡廑扈跸。使奉前驱，威颜咫尺。阶升督府，厚禄崇加。被蟒拖玉，命服之华。先世貤封，龙章焜耀。泽溢后昆，冠裳继绍。遭逢庆幸，敻异寻常。一门显盛，闾里之光。爰溯生平，允迪道义。寿考归全，俯仰奚愧。讣音上达，帝渥骈繁。特颁祭葬，贲及九原。生荣死哀，礼备终始。宠极人臣，圣眷曷已。佳城郁郁，永妥冥灵。垂芳千古，有征吾铭。

诰封一品夫人高母康氏墓志铭

赐进士及第、光禄大夫、柱国、少师兼太子太师、吏部尚书、武英殿大学士、知制诰、典纪总裁华亭徐阶撰。赐进士及第、荣禄大夫、少保兼太子太保、户部尚书、武英殿大学士、知制诰、典纪总裁慈溪袁炜书。特进光禄大夫、柱国、少保兼太子太保、掌锦衣卫事、后军都督府左都督、奉敕提督官校缉事怀远朱希孝篆。

古称世禄之家，鲜克由礼。夫其席宠履盈，出见靡丽之习，入不闻父训母仪，则恣情率志，罔克就绳约，岂惟身之尤哉，亦其所渐染者然矣。乃高氏珥貂珰，骈簪接组，盖赫然称盛显也，顾其家庭崧饬不异儒素，实由康夫人秉内教以为之表则云。康夫人者，都督南渠高公之配也。南渠弟进斋公事今上，入掌乾清宫，出督团营，及历掌内官、御马诸监事，衣蟒腰玉，恩宠出群辈右。夫人于早岁独能识之曰："此贵人也。"后上建四郊，进斋公奉命董其役，工既就，南渠公遂以公荫官锦衣，驯至一品，麟玉相辉映。故人称夫人为贤明。南渠公之既贵也，夫人训其子若孙，必以理道，居常语之曰："吾家所以获被恩泽者，自而叔祖。而叔祖所以结知皇上，克有今日者，缘小心祗慎也。尔辈不自抑损，非体而叔祖意，亦罔以承上恩于永久。"乃谨内外之防，严仆隶之禁，而身自粗衣菲食，以俭朴率其家人。家人肃然，靡敢有怙藉以自肆者。

予直内苑，得接进斋公。公为予道夫人贤，且曰："予能专意事上无内顾者，夫人有助焉。"夫富贵而不骄侈，即学士大夫犹或难之，矧妇人乎！矧能相其夫，成其子，立仪轨于夫之兄弟暨其群从罔弗率焉者乎！故予数称曰："非进斋公不能显高氏，非夫人不能成进斋公德。"及夫人卒，而其子以吴翰检状征铭于予。予曰："以予素所闻，若夫人者可以铭矣。"夫人生于成化甲辰（二十年，1484）七月十二日，卒于嘉靖癸亥（四十二年，1563）八月十一日，享八十寿。子四：长曰鹏，锦衣卫管卫事指挥使，赐飞鱼服，娶王氏，封淑人；次曰凤，锦衣卫指挥佥事，提督象房，娶王氏，封恭人；曰鹏,曰鹍,未娶。女七:一适都督陈公长子太学生宽,一适锦衣卫管卫事指挥佥事杜君长子锦衣千户檠,一适锦衣千户鲍伟,一适府军前卫指挥赵君长子孟喜,一适崇信伯费坤,余幼未字。孙男八:曰秉彝,锦衣千户,娶国戚夏氏女;曰秉伦,锦衣卫署指挥佥事,中己未科武进士,历升署都指挥佥事,掌浙江都司事,娶锦衣卫李指挥女;曰秉纯,锦衣百户,娶锦衣张百户女;曰秉朴,霸州庠生,娶锦衣崔指挥女,俱鹏出;曰秉元、秉亨、秉礼、秉直,幼业儒,俱凤出。孙女六:一适特进光禄大夫、柱国、太保兼太子太傅、左都督、赠忠诚伯、谥武惠陆公长子锦衣指挥使管南镇抚司事经,一适永康侯徐乔松,一适宣城伯卫公长子国本,一适东宁伯焦文耀,余亦幼。曾孙男一:允恭。曾孙女三:长适鸿胪焦君长子锦衣冠带总旗守业,其二幼。鹏等奉夫人之柩,于卒之岁九月十六日葬于阜成关外香山之原,启南渠公之兆而合焉。铭曰:

金吾居第肃且清,谁其相之抚休成。猗嗟夫人善持盈,富能不侈贵不矜。饬迪后裔祇且平,凤骞鸑鷟蜚奇英,鱼轩泽泽增晖荣。妇仪母训畴能京,爰镂贞珉纳佳城,于百斯美垂贤声。

(以上两志皆北京西直门外二里沟出土。《北京图书馆藏中国历代石刻拓本汇编》第56册,第23、95页)

艺文・碑铭・太监刘忠墓志

明故御马监太监署乙字库事栖岩刘公墓志铭

嘉议大夫、南京礼部右侍郎、前国子监祭酒、春坊太子右谕德、经筵日讲官、同修国史类庵赵永撰。大中大夫、河东运使、前河南道监察御史淮阳杜旻书。推城[诚]宣力武臣、中军都督府、阳武侯东鲁薛翰篆。

嘉靖甲寅(三十三年,1554)五月初二日,太监刘公以疾卒于正寝。讣闻于上,遣名下御马监太监张公峻、署惜薪司事御马监太监李公庆、掌精微科事司礼监奉御刘公连综理丧仪;暨诸名下兵仗局等衙门右少监等官马廷、贺斌等,义男家人刘禄等,服衰绖持状来请予铭。予辞不获。按状,公讳忠,别号栖岩,世系广东之望族。父乐善隐德,乡人以长者称之。母懿行贞淑。生公方旬年,弘治乙卯(八年,1495)选入内庭,辄有动止,不与群戏,喜读儒书,自知己有大器。太监刘景公育之。戊午(十一年,1498),以丰采凝峻,擢乾清宫近侍。出入禁闼,不失尺寸。己未(十二年,1499),

除长随。庚申(十三年,1500),钦升奉御。辛酉(十四年,1501),升御马监左监丞。癸亥(十六年,1503),升右少监。乙丑(十八年,1505),近侍仁寿宫。正德改元丙寅,钦升左少监。以老成练达,是岁复擢乾清宫近侍,调内官监。戊辰(三年,1508),历升御马监太监,佥押管事。辛巳(十六年,1521),特赐蟒衣玉带,禄米七十二石,内府乘马。武宗皇帝昇霞,各衙门任事,注本监右监丞。公立心淡然,朝夕弗怠,是岁复近侍仁寿宫。嘉靖癸未(二年,1523),钦升左监丞。甲申(三年,1524),升右少监。丁亥(六年,1527),升左少监。庚寅(九年,1530),进位本监太监。癸巳(十二年,1528),特赐蟒衣。越辛丑(二十年,1541),谪回本监供职。丁未(二十六年,1547),特命管理乙字库事。公先后莅官,出入一应钱粮,虽细入毫毛,悉有勾校。咏读诗书,老而弥笃。正宜安享,忽遘疾弗瘳。呜呼!公生成化丁未(二十三年,1487)十月初五日未时,得寿六十有八,于殁年五月十五日,扶公柩于都城四香山乡慈感庵义茔之原,以为葬焉。于乃为铭,铭曰:

惟彼广川,毓秀名贤,公实生焉。近侍宫籞,典厩典库,动止有度。锡禄既丰,蟒玉华躬,乘马禁中。吁嗟栖岩,知止淡然,志笃诗篇。慈感之侧,水环山列,永卜幽宅。惟公之名,惟珉之贞,亿万斯龄。

(北京香山南侧山崖下出土。墓志引自北京市文物工作队《北京香山明太监刘忠墓》,《文物》1986年第9期,第42—47页。墓碑铭文:"大明三朝近侍御马监太监刘公之碑。")

艺文·碑铭·延福庙碑

张大化撰《重修延福庙碑记》:"都城内马市桥迤北故有玄帝庙一区,肇自成化壬辰岁(八年,1472),奉敕赐额曰延福。(**略**。)嘉靖庚寅(九年,1530),司礼监太监掌监事龙山黄公□□□□遂与其弟都督龙潭公议而拓之。(**壬子年重建略**。)嘉靖甲寅三月朔吉日。"

(碑在北京西城区北沟沿。《北京图书馆藏中国历代石刻拓本汇编》第55册,第186页)

嘉靖三十四年乙卯(1555)

正月辛丑,立春,顺天府官进春,命司礼监官捧进。(四一八,

7251)

六月乙酉,北虏俺答、黄台吉遣谍麻廷游、乔钺等内诇,至天寿山,为守备太监贾堪所获。守臣上其事,诏荫堪弟侄一人为锦衣卫所镇抚,下守居庸关百户崔泰等于按臣论罪。廷游等斩首枭示。(四二三,7340)

九月甲辰,诏勒南京兵部尚书张时彻、侍郎陈洙俱致仕。时南京给事中朱文汉、御史侯东莱各以倭犯京城状闻,参内外守备等官抚宁侯朱岳、太监郭璥及时彻等。时彻亦列上失事死事诸臣始末,词多隐护,中有"信宿之间遂尔潜遁,城外地方一无所伤"等语,于是刑科给事中丘橓疏参之曰:……疏下吏、兵二部议覆,请降时彻俸级,令策励自效。上以本兵任重,不允,特诏时彻及洙俱致仕,夺岳禄俸二月,贷璥勿问,录死事朱襄子袭升二级。(四二六,7373—7375)

十一月癸巳,定甲役、铺户事宜。初,巡城御史黄正色奏革夫役等八事,掌锦衣卫事陆炳亦请处铺户、均甲役、革铺长,以恤民穷。俱下都察院会各衙门议奏,至是集议:"一、均甲役,谓嘉靖七年定拟勋戚、司礼监各衙门近侍掌印官与在京籍贯文职四品以上、锦衣卫堂官,凡自居房屋,悉免编佥;京籍文职四品以上致仕者同。各监局少监、监丞与京籍文职五品以下常朝官,武职锦衣卫千百户、各卫指挥、常朝官并达官指挥千百户、镇抚免房一所,余皆编佥;文官五品以下致仕者同。各卫指挥千百户、奉御、长随、东厂锦衣卫校尉达舍、举人监生免本身并门房三间,各卫见任千百户锦衣卫总旗、带俸闲住指挥千百户、侍卫将军、生员、医士、天文生、铸印局儒士免本身并门房二间,各卫闲住带俸等官止免本身,非此类者皆与编佥。又法久弊生,规避太多,编审不均,宜清查每月总甲雇值银若干,每门房一间出银若干,以撒计总,足用即已,不得多敛收银之人,不得偏累。又行各城御史按月稽查敛散之数,有余则贮,不足则补,妄费则严加惩治。二、处铺户,京师富室少，钱粮输纳者多，富者不宜幸免，贫者不宜滥及，估计不宜苛刻，给价不宜后时。三、革铺长，谓一铺之中既有总甲，复设铺长，徒增烦扰，请罢之。四、均铺舍，谓总甲以铺舍为定铺舍，以人户为准，如房多人众则役省费轻，房少人稀则役烦费重，今宜定每铺以若干人户为则，其人稀者听其彼此通融，或以人户拨补，或以铺分并一。五、省卯酉。盘诘私盐，东有张家湾，西有芦沟桥，各巡检司关隘，其缉访奸细自有兵番等役，不必责之总甲。又正阳门提督城墙城河，原有守军，每月二卯，徒为妨民。锦衣卫西司房并东厂、工部街道每日报事亦非事体，自今地方有水火、盗贼、杀人等项始许传报，其余皆免。六、革夫役。警铺总甲专为夜巡而设，不宜以供私役，除郊祀并会审押囚、疏沟渠、通水关、巡逻举场等项外，不得概拨。七、革杂役。各衙门官员送迎，五城总甲司户出器用，又查点总甲，俱令供朱墨笔纸，皆为无名科敛，此后并宜厘革。八、禁豪横。京师之民或有指官倚势，玩法生事，为夜巡所执，反夺辱夜巡，及强卖强买，暴横不能拘禁者，听巡城御史据法究治，抗违者奏请。”议上，诏俱允行，铺户纳过钱粮未偿值者，户、工二部查明以请。（四二八，7393—7396）

十二月丙子，立春，顺天府官进春，命司礼监官捧入。（四三〇，7432）

嘉靖三十五年丙辰（1556）

三月辛酉，显陵祾恩等殿工完，诏内官监太监王逊加恩一等，提督侍郎卢勋升俸一级，仍与巡抚都御史汪大受各荫一子为国子生；巡按御史冯荐赏银二十两、纻丝一表里，东宁伯焦栋、守备太监张方、都督佥事蒋华、巡抚都御史冯岳、抚治都御史张舜臣、布政使刘伯跃等各赏银有差。（四三三，7461）　辛巳，礼部奉旨覆查祖宗时宣谕日本故事：“宣德七年曾遣内臣柴山赍敕至琉球，令传谕日本来朝。嘉靖二年为宗设等犯顺而琉球贡使适至，复令谕之，此皆以夷驭夷事之已效者也。今朝鲜慕义，在琉球之上，又尝有遮杀宗设功，为诸夷所惮，请俟其使至，给敕宣谕，如兵部言。”诏可，既而会浙、直奏凯，事寝不行。(四三三,7474—7475)

四月己亥，以陵工完，诏内官监太监王鼎加恩一等，工部左侍郎雷礼升二品服色俸级，太监王锦(**广、抱、阁三本作黄锦，是**)、大学士李本各赏银二十两、纻丝二表里，镇远侯顾寰、都督陆炳、兵部右侍郎沈良才、锦衣卫都指挥周京、太监贾堪各银十五两、纻丝一表里，太监袁亨、原任工部尚书吴鹏各银十两纻丝、一表里，原任郎中萧立业等各银五两，给事中谢江、御史孙哀、屯田司郎中袁应枢、严清等八员各升俸一级。(四三四,7483)

五月己卯，以五年审录届期，命司礼监太监黄锦、南京守备太监郭璈同两京三法司录囚，贳减有差。(四三五,7496)　　丁亥，遣制敕房办事左通政王槐、锦衣卫千户仝天爵同内使一人采矿银于玉旺峪。先是，有诏采矿，礼部议遣司官一员往。既行，上以天地之宝不可不重，命追还原官而以槐等代之。(四三五,7498—7499)

六月己亥，夺管南京前军都督府事怀远侯常文济禄米半年，以守备太监郭璈论其直宿后时故也。(四三六,7504—7505)

十一月庚辰，湖广德安府造亲王府第成，诏内官监太监曹臻加恩一等，升工部署员外郎楼镇俸一级，赏光禄寺署正李仁等银三两。(四四一,7555)

本年附

艺文·碑铭·观音庵记

李春芳《重修观音庵记》:“北安门隅有观音庵，旧矣。顾其规制庳隘，丹黝凋驳，非所以崇具瞻、肃将祀也。御马监掌监事太监进斋高公忠过而恻焉，乃捐赏赉所余，鸠工庀材，重加修辑。太保陆公(炳)因近射圃，尝憩此，共秪厥役。(**下略**。)嘉靖丙辰春仲月吉旦立。”

(碑在北京西城区皇城根观音堂。《北京图书馆藏中国历代石刻拓本汇编》第56册，第9页)

艺文・碑铭・万寿寺戒坛碑

高拱《重修万寿禅寺戒台记》:"(**马鞍山有寺,旧名慧聚,唐时建,有戒坛一座。**)宣德间,司礼太监阮简复加修葺,又建塔四碑四,而请知幻大士名道孚者以主其教。正统五年(1440),司礼太监王振奏请更名,于是赐额万寿禅寺,又诏取无际、大方等十人为传戒宗师,开坛说戒,而兹寺益为盛矣。历岁既久,复就倾圮,神栖弗佃,徒旅罔依,乃御马监太监马公等发资重建。(**下略。**)马公名玉,字润卿,号松庵,顺天之蓟州西关厢人。记之日,落成日也。大明嘉靖三十五年,岁次丙辰夏吉日立。"

(碑在北京门头沟区上岸戒台寺。《北京图书馆藏中国历代石刻拓本汇编》第56册,第12页)

艺文・碑铭・光孝寺大藏经记

赵崇信撰《重修光孝禅寺大藏经记》:"(**寺始于宋,正统中赐经,今残缺可嗟。**)禅师圆瞤以挂锡光孝,令其徒通轼万里京师,购求补坠。适司礼监太监麦公升庵福暨其弟都督锦衣卫事兰村公祥,深惟国阜民安,神功锡极乎南土者,义不可泯,而重嘉禅师之远购,各捐金命工祠部印装如式,给付光孝。(**下略。**)大明嘉靖丙辰岁仲秋吉旦。"①

(碑在广东广州。《北京图书馆藏中国历代石刻拓本汇编》第56册,第13页)

艺文・碑铭・延寿寺碑

李景撰《重修古刹延寿寺十方诸佛宝塔碑铭》:"(**神京崇文关之南二十里许,有古刹延寿,成化中建塔。**)昔年以来,骤雨损伤,□塔高耸,势重垂压。有尚衣监太监薛公铭等因暇日祭奠先师,公等观塔漏缝,恐后有伤,不坚不固,公等慨发重葺宝塔之念,各出□资并内外信官檀越相助,(**营建略。**)大明嘉靖丙辰季秋吉日信官尚衣监太监薛铭等立石。"

碑阴有"内府各衙门太监等官"约百人,略。

(碑在北京朝阳区王四营马信寺村。《北京图书馆藏中国历代石刻拓本汇编》第56册,第14—15页)

---

① 麦福,广东三水人,该碑文末附"锦衣卫冠带舍人麦春、麦安",疑为其在乡之亲族。

艺文·碑铭·太监黄锦捐建二寺

黄锦撰《重修古刹白马禅寺记》:“(**洛阳有白马寺。**)余自髫年窃尝玩之□也。仰□□□□圣□□恩,叨掌司礼,兼总督东厂。家人来京者皆言寺之毁坏,大非昔比。余叹曰:‘盛迹之湮,适当是时,余生其时,岂可坐视?’(**乃谋重修,始于嘉靖三十四年春,成于三十五年冬。**)默思遥想,少足以尽崇古之意云尔。余弗敏,乃自为记,以取信于后世。因嗟夫人之生也,礼,门也,义,路也,忠孝其大节也。人能由是路出入是门,而大节不失,然后可及其他。余少寓司礼,尝从学于先学士托斋温先生(仁和),朝夕训诲,少知义理忠孝之道,不敢不勉。是以周故旧之贫穷,修祖宗之坟墓,会合族人,养之以义田,析之以义居,业已为之矣。惟玄佛□之成,岂但崇古而已也。盖以□圣君之赐,以增光于吾乡尔。乃若祝皇图于万载,保黎庶于重熙,又余之心也,又余之愿也,岂徼福云乎?是为记。大明嘉靖三十五年,岁次丙辰,十一月上旬吉日。司礼监掌印太监兼总督东厂龙山黄锦撰文。”

(石在河南洛阳。《北京图书馆藏中国历代石刻拓本汇编》第56册,第17页)

徐阶撰《重建义勇武安王庙记》:“义勇武安王,有庙在当阳县之西五里,盖王于是葬焉,古所谓彰乡者也。庙始建于成化丁亥(三年,1467),(**其后渐圮而有司莫能葺。略。**)嘉靖丙辰(三十五年,1556)春,司礼太监黄公(锦)、太保都督陆公(炳)出其禄赐之余,得白金二千五百两,属守备太监张公,撤而新之,又建坊于其前,作钟鼓楼,作诸庙祀之具咸备。(**下略。**)”

(万历《承天府志》卷一四《艺文》)

艺文·碑铭·大石窝碑

《石窝采石题名碑》:“大石窝开塘起取白玉石等料,建造神应轩、书造局、万法宝殿、永寿宫、帝真殿等工所,钦差提调大石窝周口房良二县磁家务、马鞍山灰厂、琉璃局、白虎涧一带山场督理工程内官监佥书太监杜泰。司房奉御官王庆、温海,监工奉御官张□、张宪、陶平、傅琦、李松,本厂掌厂太监王海,奉御官王旋、陈旺。掌作监工……工部文思……。嘉靖三十五年十一月吉日立。”

《大石窝关王庙竖立碑碣记》:“正德戊寅岁(十三年,1518),武宗皇上重建乾清、坤宁宫，伐取白玉等石，特命内官监太监郑公玺董理公务。公于彼创建石厂官厅一区，前盖关王庙一座为正殿者，内肖义勇武安王之神，左右则有僧室庖廪之房，（**规制略**。）今皇上御极以来，崇祀大典，在外则恭建郊庙坛宇，在内则营建慈宁、慈庆、大高玄殿并雷霆洪应之殿，屡命太监公等，不可尽述。今先任提督山场督理工程内官监太监杜公泰，于嘉靖二十八年二月十二日，该司礼监抄出奉圣旨：'着内官监太监杜泰提督巡查光禄寺。该衙门知道。钦此。'钦遵。于三十一年回监佥押管事。至于三十五年三月内，节奉钦依，建造神应轩、书造局及万法宝殿并永寿宫、帝真殿等殿，工程浩繁，仍命公提调大石窝山场等处督理工程。公自命以来，兢兢翼翼，如执玉捧盈，民无妄劳，物无妄费，每思图报之诚，尝怀尽忠之职。暇日瞻于斯庙，目击悯而叹曰：'有此创建之规，而无志墨之遗！'乃捐己资，命工刻石，以垂不朽。（**下略**。）嘉靖三十五年十二月，钦差提调大石窝等处山场督理工程内官监佥书太监杜泰立。"

（以上两碑在北京房山区南尚乐石窝。《北京图书馆藏中国历代石刻拓本汇编》第56册，第18、19页。）

嘉靖三十六年丁巳（1557）

二月戊子，掌锦衣卫事都督陆炳劾奏司礼监太监李彬侵盗帝真工所物料及内府钱粮以数十万计，私役军丁造坟于黑山会，起丁字大券，僭拟山陵，大不道，宜寘诸法。上命锦衣卫捕送镇抚司拷讯，下刑部拟罪，比依盗大祀神祇御用等物律，与其党杜泰、李庚、王恺皆论斩，余发遣如律，没入其赀银凡四十万有奇，金珠珍宝不可胜计。（四四四，7575）

六月癸未，嘉善公主入谒奉先殿，司礼监引驸马许从诚入谒谢恩赐宴。（四四八，7625）

八月辛丑，罢工部尚书赵文华回籍，以刑部尚书欧阳必进代之。是时上欲先建正朝门楼，责成甚急，文华虽慓狡，然实无应卒理剧才，不能以时奉旨，上滋不怿……（**严嵩为回护，且言门楼木石物料俱集，须钦命侍郎及该监官各一员专管**。）于是工部疏请如嵩指，诏

以侍郎雷礼、太监袁亨管理营造,仍添注工部侍郎一员,命吏部推择以闻。(四五〇,7645—7647)

九月丁丑,以盗越南京城劫上元县狱,罢抚宁侯朱岳、守备太监郭瑚任,回京闲住;夺兵部尚书张鏊俸三月,下知县刘以贞等南京法司问。(四五一,7663)

十月丁亥,卢沟桥工成,诏太监李遵升一级,工部左侍郎雷礼升右都御史,郎中汪一中、员外郎刘堤、主事朱裳各升一级,御史张九功、陈道基赏银各十两,主事徐用光、李键、臧继芳、姚绍祖各五两,总理戎政镇远侯顾寰、协理戎政右都御史郑晓各二十两,巡抚都御史郑炯、顺天府府尹黄懋官各十两,余犒赏有差。(四五二,7667—7668) 己丑,皇妃、嫔御、王、公主,知宫事六尚女官、宫女,内监局司库等内侍共助大工银五万九千九百余两,诏工部收用。(四五二,7668)

本年附

艺文·碑铭·普会寺碑

李廷相撰《古刹普会寺重修记》:"(**阜成门外玉河乡池水村有寺曰普会,宣德初创,久而坍塌损坏。**)嘉靖甲寅岁(三十三年,1554),御用监太监西村蔡公秀恭建,预修善事,命御马监太监署惜薪司事世安杨公禄总摄坛仪,因而游观其寺,泉源经带,山脉环峙,且土膏丰腴,川原平廓,草木茂密,苍翠交阴,伟然一古刹也。但其中殿廊俱存而荒敝太甚矣。世安叹息再四,慨然有重建之意。(始于三十四年,讫于三十五年。)无不备毕,而董课协心、竭力效劳者,会众惜薪司奉御竹轩杨公相、德庵郑公仁等,并本山住持法玉等,均有捐资之助,例得书之石末以载不朽。是为序。大明嘉靖三十六年,岁次丁巳,仲春吉日。"

碑阴右刻"御马监等衙门太监等官"49人,中刻御用监太监蔡秀,左刻"各衙门会众太监等官"42人。碑下部为信士及僧众题名。

(碑在北京海淀区蔡公庄。《北京图书馆藏中国历代石刻拓本汇编》第56册,第20—21页)

嘉靖三十七年戊午(1558)

正月丙辰，立春，顺天府官进春，上不御殿，命司礼监捧入。(四五五,7697)

闰七月庚辰，荫提督东厂太监黄锦侄孙黄时坤为锦衣卫百户，升旗校施元庆等一级，以缉获功也。(四六二,7799)

九月辛卯，以门工完，录内外效劳诸臣，赐内官监太监袁亨、樊英各荫弟任一人为锦衣卫总旗，于通等加恩二级；加工部尚书欧阳必进太子太保，升工部左侍郎雷礼工部尚书，添注管事；加锦衣卫左都督朱希孝太子太保，进督木工部左侍郎卢勋、督石工部右侍郎张舜臣二品俸服，赏锦衣卫都督陆炳银四十两、纻丝三表里，礼部尚书吴山、镇远侯顾寰各银三十两、纻丝二表里，协理戎政刑部尚书郑晓、兵部右侍郎刘采、锦衣卫指挥刘鲸各银二十两、纻丝一表里；升管工通政使徐杲为工部右侍郎，仍荫一子为文思院副使；监工给事中刘赟为通政司参议，御史宋仪至为大理寺右寺丞，仍升赏通政司经历张钦等一百余人、官旗匠役九百余人各有差。(四六四,7832—7833)

十二月癸亥，选太仆马三千匹给御马监。(四六七,7869)

本年附

艺文·碑铭·太监潘应墓碑

永陵神宫监太监潘公墓碑

戊午(嘉靖三十七年,1558)孟夏既望，永陵神宫监掌监事太监张公臻等诣予请曰："旧监长潘公□月十五日卒于官，□二日葬于香山之原，从公会之所也。臻等咸念公掌监事时，创始功多，合监利焉。今于公殁，时思展报，第道里伊阻，又侍守司重，弗克往□，佥议沙河官庄迤西新营葬地，实公亦赞成者，兹具衣冠为葬，以栖公神，愿乞公一言立石墓道，岁时瞻祭，以□□□，以垂诸不朽者。"予昔与咸庵公有交际之雅，尝见壮顺□健，□虽期耄，未艾也。既予抱忧来居山城，初闻公疾，继闻公殁，今以墓□来托。呜呼！伤哉。

公讳应，字　　(**碑原空二字**)，咸庵其号也。世为广东人，年甫九岁来京师。弘治丁巳(十年，1497)选入皇城，以□司礼监掌印太监韦公宁名下，□近侍，□奉御，历升监丞、少监而太监，恩赐蟒服玉带，禄米岁时有加，□□□□□□□眷隆矣。公赋性鲠直，作事有度，议论侃侃，该监长暨僚佐以下悉惮之。嗜史书，居常延文士，日与讲□□□，至老不倦。遇士大夫尤加敬礼。每对人言，受主上厚恩，唯以死报，出自肝膈。岁□□□，圣驾七至山陵，修祀事也，因卜万寿吉兆。而永陵鼎建，制度精丽，閟宫深严。公以御马监太监，特命司守。公至，慎晨昏，严护卫，督理扫除，无敢怠。日凡一切园厂营卫之事，悉遵长陵事例，一一奏准之。在监内外大小员役靡不利赖，皆公之力也。丁巳(三十六年，1557)之冬，公病，预知其不可为，悉将资财分散左右供事之人，人有称贷者，归券令焚之。□劝之医药，公曰："老而病，病而死，医药何为。"至于身后之事，衣衾棺具无一不备。死之日，人咸哀痛，下无怨争。呜呼！若公者，忠勤尽职，制行无亏，荣显终身而□□□乱，亦可谓生顺死安者矣。咸庵其贤乎哉！公生于成化戊申(**按，应为弘治元年戊申，1488**)五月初三日，得寿七十一。公幼而来京师，世系无可考。予姑记其略，俾勒之石，则公之神庶□□□□依，而后之继之者，咸亦知所自云。

赐进士出身、光禄寺寺丞昌平崔学履撰并书篆。

(碑左刻掌印佥书太监等官9人，司房官3人，司香官19人，"同立石"。)

(北京昌平沙河路庄出土。《北京图书馆藏中国历代石刻拓本汇编》第56册，第29页)

嘉靖三十八年己未(1559)

九月庚辰，显陵及龙飞等殿工完，诏赏巡抚都御史李宪卿、赵炳然、守备太监张方各银二十两、纻丝二表里，巡按御史黄季瑞、吴百朋各十五两、一表里，右参议李迁、张希举、知府邬琏各十两，同知濮大纲、太监孙皋等各五两。(四七六，7974)

十月己未，修理孝陵工完，诏赏魏国公徐鹏举、临淮侯李庭竹、守备太监何绶、南京兵部尚书张鏊、工部尚书潘恩各银二十两、纻丝二表里，右侍郎林庭机十五两、一表里，南京吏科给事中归大道等各十两，营缮司署郎中陈瑞龙升一级，虞衡司署郎中丁自申等各升俸一级，余皆赏赉有差。（四七七，7987）　　甲子，大玄都殿工完，诏内官监太监袁亨、荣现加恩二等，樊英一等，镇远侯顾寰、工部尚书欧阳必进、雷礼、都督陆炳各赏银五十两、纻丝二表里……（**下侍郎、科道等官赏略。**）（四七七，7988—7989）

本年附

艺文·碑铭·兜率寺碑

杨霆撰《重修兜率禅寺记》：“（**房山有兜率寺，日久颓坏。**）司礼监太监中轩李公（**按，名端**）闻而叹曰：“兴衰举废，古人至意，此寺其尚矣。历经前人修治，今圮坏如此，吾不有所更新，何以追蹑先哲，以示护国为民造福之意耶？”乃捐俸金构材鸠工以兴，未逾年而告成。（**规制略。**）夫李公以耆德夙望，受明天子简任，内司刑评，恩宠优渥，使高大其舆马甲第，以为耳目之娱，人孰得非之。今不以自奉为心，凡上所赐，急急于修寺施舍等项，至于奉身则澹如也。乙卯岁（三十四年，1555），都城为盖普济寺及安肃桥，越明年又修此寺，种种不厌其意，在祝圣寿祈国祚，愿民安便而已，非徒一身之福利也。若公者，可谓贤矣。得闻住持如聪诵李公之贤，因征文于余，义不敢辞，乃述其事以志其美于不朽云。嘉靖戊午岁孟夏之吉。”

（碑在北京房山区上方山。《北京图书馆藏中国历代石刻拓本汇编》第56册，第30页）

艺文·碑铭·真武庙碑

崔桐撰《新建真武庙碑》：“都城之西广宁门外十里许义井，古有弥勒庵，为霖雨水发，冲突无存，而旧基尚在。内府银作局奉御华公尝往寿茔，适过其处，停骖喟然叹曰：“古刹福地也，遭此水患，遂为瓦砾□□□□□□村童牧竖任其往来，更无僧以主之，是为无人之境矣。”观其前后阜土，后有丰冈，公乃遂有复新之举。（**改建略。**）复募司礼监太监焦公辈欢心乐助，锦衣卫信官张浚喜舍基地，创始则华公，而众善咸从之，共成胜概，殆非偶然也。（**略。**）华公讳杲，别号□□，其先永平卢龙人也。赋性慈善，禀□温良。以嘉靖壬寅（九年，1530）入侍丹陛，庚戌岁（二十九年，1550）历升奉御，愈加恭笃，宽以待人，和以接物，惠及群小，德覆多士，敦义好施，安居乐善，实君子之□□也。今乃重建此□功德□，不可思议，俾往来士夫咸生感仰之望，拜瞻圣容，孰不钦羡。勒记芳名，用垂万古，令后之贤者有以识其岁月云。大明嘉靖三十八年，岁次己未，春三月吉日。"

碑阴有司礼太监焦忠、内官太监袁亨、御马太监暨盛、内官太监杨用、尚秀、冯宪等200余人题名多漫失，从略。

（碑在北京丰台区大井村高庙。《北京图书馆藏中国历代石刻拓本汇编》第56册，第34—35页）

艺文·碑铭·狄公祠碑

丘纬撰《重修狄梁公祠堂记》："（**前赞狄仁杰，略。**）昌平故有公祠，在西□七里许，前太监王公既加修葺，岁久复圮。嘉靖戊午（三十七年，1558），钦差天寿山提督太监西崖贾公堪见而叹曰：'梁公古忠臣之最难者，祀之弗继，何以示劝？'乃卜日经始，今司礼监太监龙山黄公锦闻而嘉之曰：'兹义举也，吾当首助。'于是督工太监对泉王公鼎暨八陵诸监李公辈举欣然而乐与焉。（**下略。**）嘉靖三十八年四月初一日吉旦。"

碑阴右起首题司礼监掌监事兼提督东厂太监黄锦，第二列降数格为提调衙门经厂太监李端及司房奉御11人，第三列为前任司礼监太监今天寿山提督贾堪、镇守居庸昌平等处副总兵祝福、守备指挥吴铨，次为诸陵提督工程内官监太监王鼎、司房掌作奉御4人，再次长陵等八陵掌印太监及佥书等官，再次为孝洁陵管事等官及哀冲太子坟、庄敬太子坟、皇贵妃坟、怀荣贤妃坟烧香官，再次为工部厂监工官、椽房、信士等。

（碑在北京丰台区大井村高庙。《北京图书馆藏中国历代石刻拓本汇编》第56册，第37—38页）

艺文·碑铭·护国关王庙义会碑

李士元撰《护国关王庙义会碑记》："（**有敕建关王庙，在都城北隅御河之西。**）今钦差提督殿堂大工等处工程、乾清宫近侍、内官监掌监事太监袁公亨进献冠顶、束带、袍服、香烛，有于会首谷芹、□□□胡銮、赵宝、王应辰等，率诸各坊善士，已约会数人矣，各捐己资，同心乐助，每于五月恭遇圣诞之期，精洁虔诚，修设斋醮，进献冠袍，至今三年已满，足见诚笃。（**下**

略。）嘉靖己未冬……。”

吴廷浩《护国关王庙义会碑记》：“神京西北御河之西，宛平之东，其地有敕建护国义勇武安王庙。（**祈而即应，人人感泽。**）会首常友者，乃工部文思院副使也，嘉靖壬子年始躬率善众，秉诚协力，各捐己资，每岁遇圣诞之期，进献冠顶束带袍服香烛祀礼祭物，修设斋醮。（**下略。**）嘉靖四十五年，岁次丙寅，仲夏吉日立。”

碑阴题名：锦衣卫衣后所总旗东厂办事刘寅、工部文思院副使刘佐、工部文思院副使常友、御马监太监署甲字库事李彦、工部文思院副使□□、金吾左卫掌印千户刘□。（**以上在碑右上侧，碑左侧下为会首名，略。**）

（两碑在北京西城区西皇城根白马关帝庙，《北京图书馆藏中国历代石刻拓本汇编》第56册，第40页、121—122页。）

艺文·碑铭·崇兴寺题名碑

大明嘉靖三十八年，岁次己未吉日。

司钥库、甲字等十库署库事内官监太监等官重修天王殿、钟鼓楼门楼神□□□□□碑记。司钥库署库事内官监太监□□等（**下13人略**）。甲字库署库事内官监太监徐登等（**下40人略**）。乙字库署库事司设监太监王相等（**下17人略**）。丙字库署库事内官监太监郭进等（**下28人略**）。丁字库署库事内官监太监李朗等（**下30人略**）。戊字库署库事御马监太监时经等（**下8人略**）。承运库署库事司设监太监马道□等（**下37人略**）。广盈库署库事尚膳监太监屈朝等（**下5人略**）。广惠库署库事司设监太监邓祯等（**下10人略**）。广积库署库事内官监太监魏贤等（**下11人略**）。赃罚库署库事御马监太监胡杰等（**下7人略**）。

（碑在北京西城区大后仓胡同。《北京图书馆藏中国历代石刻拓本汇编》第56册，第42页）

嘉靖三十九年庚申（1560）

正月丁卯朔，是日立春，顺天府官进春，命司礼监官捧入。（四八〇，8017）

三月乙亥，南京守备太监何绶、魏国公徐鹏举、临淮侯李庭竹、兵部尚书张鏊、侍郎李遂以振武营兵变闻。事下兵部，请分别首从行法并议守备官统御失宜之罪。上曰："营卒聚众，围逼部臣，必有不得已之情，南京户科其详核总督官克减状以闻。绶、鹏举、庭竹、鏊俱责在守备，不能统戢士卒，姑令戴罪，协同李遂抚安军民，仍许便宜行事。各营军士素受朝廷豢养厚恩，乃敢不畏法度，擅杀大臣，本当重处，姑念激变所致，令所司捕治其为首者，余党勿问。"于是南京科道官刘行素、赵时齐等各上疏，言诸军激变始于马坤之议减折银，成于黄懋官之查革妻粮，而尚书蔡克廉病不任事，员外郎方攸绩、主事安谦给放失期，及守备何绶等、总督(抱本作总理)程规、徐珏等俱属有罪。诏先罢克廉，余更下吏、兵二部详议。已而议上，悉如行素等言，惟徐珏逐捕他盗有功，程规新任，当末減。得旨，令坤致仕，褫攸绩、谦职为民，珏留用，规停俸戴罪视事，绶等令自陈，把总指挥张鹏等而下二十九人降级逮治有差。(四八二，8046—8047)

四月丁酉，南京内外守备太监何绶、魏国公徐鹏举、临淮侯李庭竹、兵部尚书张鏊各以兵变，奉诏自陈乞罢。会御史赵时齐疏论绶等驭兵无状，恩威不行，即今兵将相构之际，非择人更代，势不可久，因言："振武营军近以倭乱汰减土著旧兵，而以新募之兵充之，譬之蓄狸养虎，易与为乱。今即不能尽遣，当以振武一营军分隶神机大小教场、新江等营，令坐营等官各自训练，不相统一，斯亦潜消奸宄之一策。"章下吏、兵二部会议：鏊、庭竹当更代，鹏举当留用，何绶请上裁。得旨，令鹏举策励供职，庭竹闲住，鏊致仕，绶降三级征还；其营军散练之法，仍行内外守备酌议以闻。(四八三，8062—8063)

五月戊子，遣御史沈阳、户部郎中张大化清理畿内庄田。阳等还，上清出隐冒庄田之数，应量给者一万六千二百六十四顷有奇，应入官者二千五百二十九顷八十一亩有奇，其戚畹枝系未远而嫡派已绝、本身见存而爵级已革，及太监寺观自买民地而乞免

粮差，与归顺达官先朝给赏住扎地土，共一千九百余顷有奇，俱宜追夺。户部覆请，从之。(四八四,8085)

九月壬辰，玉熙宫工完，荫内官监太监袁亨、樊英、荣现各弟侄一人为锦衣卫百户，现仍赏银四十两、二表里；加工部尚书欧阳必进少保，升提督大工尚书雷礼俸一级，仍同左右侍郎卢勋、张舜臣各赏银三十两、二表里；镇远侯顾寰、兵部尚书杨博、掌锦衣卫事左都督陆炳、朱希孝各四十两、二表里；协理京营兵部尚书王邦瑞、左侍郎李遂、锦衣卫指挥使许瑒各二十两、一表里；徐杲加二品服色，荫一子文思院副使；营工科道刘畿、苟颖各升通政使司参议，仍兼前职管工如故；余升赏有差。(四八八,8131—8132)

本年附

艺文·碑铭·太监阎清墓志

明故内官监太监龙泉阎公墓志铭

赐进士出身、前翰林院庶吉士、通政使司右通政艮山郭秉聪撰书。

公讳清，字汝洁，龙泉其号，世为顺天府文安县巨族也。父志通，恩荣官。母田氏。兄琇、珩，弟雄，皆隐德务农。公居行三，赋性卓越，克岐克嶷，高出昆玉之表。

早于正德甲戌(九年,1514)选入内庭，御书馆读书。嘉靖壬午(元年,1522)，奏拨司礼监六科廊写字。丙申(十五年,1536)，除长随。庚子(十九年,1540)，除奉御。壬寅(二十一年,1542)，钦命管理文书房事。丙午(二十五年,1546)，调升内官监右监丞，惜薪司佥押管事。己酉(二十八年,1549)，赐飞鱼。庚戌(二十九年,1550)，奉敕差往山西，押送庶人高墙居住。壬子(三十一年,1552)，升左监丞。节年历升右少监、左少监，而至太监。特赐蟒衣。复奉钦命，祭葬河南周王嫡妃。

叠承天恩，峥嵘显贵，可谓始终遭际，荣庆多矣。且又常以《道德》云："知足不辱，知止不殆。功遂身退，天之道也。"遂于丁巳(三十六年,1557)疏闻于上，准于私宅闲住。居处平淡，慎厥所守，俭而不奢，和而有理，达事机之会，遵圣贤之道，飘然有尘外之志，与屑屑利禄者不同矣。荫侄春锦衣办事总旗，遵上中所；朝侍伯质、伯实，俱蒙恩惠，咸得其所。而其睦族之道，至矣尽矣。

生于弘治丁巳(十年，1497)八月十九日巳时，卒于嘉靖庚申(三十九年，1560)十一月二十六日酉时。题奉钦依，命公司礼监典簿白元、乙字库管事内官监右监丞谷怀、上林苑监长随高存礼、司礼监官王通董理丧仪，葬于西直关外畏吾村洪庆寺侧茔原安厝。云山白君辈索予为志铭。予揣久淹林下，文词荒芜，不能尽状其德。辞弗获已，于是直道始末，以塞其责，权垂不朽云耳。铭曰：

维公德性自生成，维公颖异自离伦。早岁蒙抡入内庭，司礼历事彩衣荣。夙夜匪懈竭丹诚，上嘉简命侍天容。传发纶音自九重，声名播与玉阶崇。宜乎福祉暨遐龄，岂期一疾令其终。恩翁茔侧卜佳城，生乐于兹死妥宁。云山索我作斯铭，使公懿行垂无穷。

(《新中国出土墓志·北京》第285号)

艺文·碑铭·太监张保墓志

大明御马监太监乐安张公寿藏墓志铭

赐进士出身、文林郎、吏科都给事中滦阳高擢撰并书篆。

公寿藏志者，上古有之，盖谓人之于世，百岁寿延，岂必有终，归之隐也。且如天地有循环，日月有盈亏，阴阳有消长，人之有生死，亘古底今，世之常理也。古人墓志俱同，而张公之志所由建也。

按状：公姓张氏，保其名也，天佑其字也，乐安其号也。祖贯顺天府永清县景隆乡富贵南里西务村人，闾之巨家。曾祖讳福全。祖讳泰。父讳友，乡人称贤。母李氏，有淑行。生公昆玉四人：兄曰福山、福玉，弟荣，公行三也。公生有赋性，器质端凝，所称人中之英、世之拔萃者也。

自正德元年(1506)二月初八日，选入内庭，钦拨于御马监艺业。二年正月初四日，除长随。是年九月初二日，武宗恩旨，命旧督府草场收放钱粮。凡出纳之际，纤毫不妄取，闻者贤之。上闻，悦之。三年(1524)二月初六日，除奉御。十三年(1534)五月二十七日，升右监丞。十四年(1535)三月二十八日，升左少监。五月十四日，奉玺书，同户部尚书侯观协同督理通仓，眼同收放，关防严密，声誉咸之。上轸念公廉能勤劳年久，赐玉带一围，恩至渥也。

嘉靖改元之四年(1525)十二月十二日,亦命天师庵草场管事,收放钱粮。尤加勤慎,始终不怠。勤以侍上,恩以待下,凡诸大小,咸爱敬之。是以司礼监太监张公讳钦睹公作是廉能,托公掌理家事,建造墓、第。为作之间,动达出入,忠直无私,举家大小无不欣羡。

公距生成化十七年(1481)正月二十七日巳时,今卒于嘉靖三十九年(1560)八月初七日寅时,寿数延修,身以后之。公生前预为身后之计,卜寿域则都城之西,相去六十里许净德寺之原。其犹子曰锐等十人,虑恐岁月幽深,泯没其迹,持公平生行状、敕书,镌于墓前之珉,继后之观者有所考云。复系之铭,铭曰:

公之为人,选入禁庭。严肃敬谨,能侍应君。御厩出牧,通仓贤声。陟至太监,蟒玉身荣。记公行实,镌此坚珉。埋玉有地,青山为邻。祖王茔旁,永为玄宫。

(《新中国出土墓志·北京》第284号)

艺文·碑铭·右监丞赵旺墓表

明故内官监右监丞署广盈库事赵公墓表

赐进士出身、资善大夫、工部尚书、直内阁、侍经筵、同修国史玉牒嘉禾张文宪撰。正议大夫、资治尹、侍经筵官、鸿胪寺掌寺事、通政使司通政使□□吴祖乾书。亚中大夫、鸿胪寺管寺事、太仆寺卿、侍经筵寿光靖洪篆。

嘉靖庚申(三十九年,1560)七月二十五日,内官监左监丞署广盈库事赵公卒于正寝,越数日,其犹子顺天府庠生钦持予门人乡进士□□继□所述状谒予请铭。予重钦之请,□□言之不诬,亦既铭之矣,乃葬之。又浃旬,钦复谒予曰:"先伯考既蒙先生铭之,今欲表诸墓道之□□□□请。"义弗克□让,谨按:公讳旺,字景隆,别号兰轩,□□真定府饶阳县人。高祖伯兴、曾祖世□、祖英、父清,母高氏。粤自上世以来,举□□业,积德累仁,□父尤笃实无华,乐善不倦,时称长者,请□□□没也。公赋资□□□□修整,尝自感□兆,有识者知其不凡。稍长,武皇□选中使,遂被简入内庭,太监刘公养□而育之。公恭勤朝夕,弗事嬉游,刘益托以心膂,由是登晋官阶,渐升右监丞,典摄帑藏。公廉□□□□□不取于□,钱粮出纳,惟时惟慎,弗徇弗苛,阅历滋久,曾□□□□醇朴而不尚通融,方正而不循捷径,以故□□五十□余,竟无□□□同侪相与叹而□之,公处之裕如,略不介意,盖天性然也。居常□□诗书,研穷人□,律身端谨,自奉澹泊。每念母早亡,追慕弗置,事□□□□□□□大事□如礼,即其至孝若此,其忠于奉上,可知矣。或劝其乘时□诸侄干禄□,公曰:"吾际圣明,恒以莫克报称为憾,若复滥求,是重彼之咎也。第有志者当勉图之。"人咸谓公不惟自□□足,抑且□□□□□□□□无疾。今春偶获微恙,吉□私第调理,药□奏效,遽罹□□,距其生在成化甲辰(二十年,1484)正月十有九日,享年七十有七。□□□哉,犹□□□□□□□即钦,次□□,森森玉立,公胥教以耕读□□崇□罔□□□□□阳□□生偕钦俱有声场屋,□□向用者可□□□。公调□□□□以卒之年八月初九日引柩于宣武门外善果寺□吉□□□□□□□□经营名利,垂老不休,比比皆然,而……

嘉靖三十九年□□□□月吉日立。

(碑在北京宣武区广安门内善果胡同善果寺。《北京图书馆藏中国历代石刻拓本汇编》第56册,第47页)

艺文·碑铭·岱岳行祠善会碑

李敏撰《岱岳行祠善会之记》:"(**朝阳关外有东岳庙。**)每岁三月二十八日,遇岳帝圣诞之辰,惟今内官监太监守庵赵公宪、赵公雄,亦有司设监信官陈公□□□朝等及各衙门官员人等,自祭□殿致献冠袍带履,皆用绢帛为糊饰轿乘仪仗香亭碑亭,惟公等谨……嘉靖庚申岁季春二十二日立石。"

(碑在北京朝阳区东岳庙。《北京图书馆藏中国历代石刻拓本汇编》第56册,第44页)

艺文·碑铭·佑圣寺碑

张文宪撰《重修佑圣寺记》:"(**禁垣之外,隔御河,近北城西北有古刹,狭隘不能容众。**)司礼监提督太监中轩李公(**名端**)乃仁慈齐物,有德有言之士,爱贤好礼,为善喜施。凡寺院庙宇、桥梁道路修盖重新不计其工,不吝囊金之费,不惜人力之劳,常怀忧国忧民之心;不重于刑,不加于罪,有东梅萧公之风,诚为当朝之元老。发心于佑圣寺,自嘉靖十九年起开展地基,大兴土木,修盖佛殿以为焚修祝延圣寿,(**下延僧略。**)嘉靖三十九年,岁次庚申，仲冬吉日立石。”

（碑在北京西城区鼓楼西大街甘水桥。《北京图书馆藏中国历代石刻拓本汇编》第56册，第44页）

艺文·碑铭·岳帝司神碑

王槐撰《崇整岳帝司神修葺续基碑记》：“（**京都朝阳关外有东岳圣祠。**）嘉靖庚申岁（三十九年，1560），有乾清宫管事司设监掌印太监□□□（**此三字盖为寅斋暨**）公擢因髫年诣庙礼望焚香，后数年有余，偶因疾感□□祷之念祷之疾愈慕，闻得圣像司神容貌尘惨，寅斋公顿□□□命名下御马监太监张暹、卢鼎等率诸匠□绘饬兴工。（**营建略。**）嘉靖庚申岁仲冬吉日立。”

碑阴题名：助缘司礼监太监掌监事总督东厂黄锦等、大功德主乾清宫掌事司设监太监兼掌惜薪司事暨擢（**以上在碑上段居中**）。名下御马监太监张暹、督工御马监太监卢鼎、舍地兵仗局信官杨琼（**碑中段居中。下段寺产略。**）

（碑在北京朝阳区东岳庙。《北京图书馆藏中国历代石刻拓本汇编》第56册，第50—51页）

嘉靖四十年辛酉（1561）

正月壬申，立春，顺天府官进春，上不御殿，命司礼监官捧入。（四九二，8178）

三月癸亥，刑部左侍郎赵大佑、锦衣卫都指挥佥事万文明等覆勘伊王典楧不法事，得实还报，言王听承奉叶全、蔡朝及奸徒吴希周等教诱，以修理府第为名，将方城王府、桐城郡主第宅、洛阳县狱、儒学、文昌祠及法藏寺佛殿尽行逼夺，仍辟占官街五道，抑买民房百余家，又遣军校下洛阳等县催征府第价银，括洛阳寄居民一千余人，逼令作工府中；擅立东厂（**阁本擅立作内使僭称**）缉事，钩索小民过失；辟府第为砖城一座、重城一座，各有重门，环城红铺十座，自王正宫外建槐椿、清和、鸳鸯、腾光宫殿、百花台、乘风御气阁凡十一所，皆上僭不道；又遣内使、军校大索军民妇女入府，选留不中，令以金赎；系永宁知县谢鲁拷掠，逼跪殿门，传旨责问，俱有实状如抚按官言。第知府张柱、指挥李梦孙等不能委曲善处，以激怒王，致令争辩不服，亦不能无罪。疏入，诏下礼部、三法司会议，言伊王奢纵淫虐，大违祖训，法当重处，请严加戒谕，令其速图自新，将违制门楼重城改正，其逼夺官民第舍俱各退还，添设厂铺及私建槐椿等宫殿尽行撤毁，强取妇女应给主并给价者俱各查给，仍令长史司将王改过事迹开呈抚按具奏。诏从之，张柱、李梦孙等俱降调，吴希周、蔡朝等各逮治发遣有差。(四九四，8195—8196)

五月壬午，工部尚书雷礼奏万春宫工程重大，宜令辅臣间一阅视，工部堂上官同锦衣卫、科道官在大工者不妨原务，往来程督，仍行礼、兵二部及戎[戒]政府各堂上官五日一阅视，各衙门将提督阅视及有事工所职名籍入司礼监、内官二监稽考。从之。(四九六，8225—8226)

六月甲申，户科都给事中郑茂言："各边钱粮虚糜之甚，奏讨之多，莫有过于蓟镇者。(**下劾蓟辽总督许论，乞敕大臣、风宪官赴边计议，略。**)臣又闻太仓积贮不逾数月，宜广集众思，讲求经久可行之策。夫天下之财不在官则在民，今帑藏已竭，闾阎亦空，则财将安归？臣未暇远引，即如近日内官监太监荣现身后遗金百万，无所归属，为侪辈争夺，此不过侵盗公家者耳！夫以百万金委之群小，孰若籍而取之以助边饷，充内帑，较诸额外征求，不已多乎？至于侵盗边饷，法本至严，今展转因循，十无一报，长奸废法，莫此为甚，以后俱当从实举行。"户部议覆，上是其言，令论回籍听勘。(四九八，8250—8251)

十月丁丑，刑科给事中侯廷柱等言："属者裁革各衙门工役冗食，宜据册定数，内府一万七千一百七十名、锦衣卫一万六千四百名、光禄寺三千六百名、太常寺一千一百名，此后有缺上，许在册余丁充补，不得夤缘滥收。"从之。(五〇二，8307)　丙戌，直隶巡按御史黄纪劾奏黄花镇守备太监纪阳贪残不法，大坏边防，因言："边关守备太监之设，其来已久，荷皇上洞烛边情，尽行裁革，独留黄花镇一人以保重地。臣谓本镇既有兵备，又有参将、守备等官，则训练防守自不乏人，太监似为虚设。况此辈类多贪残怯软，原非可寄以兵柄者，请并革之。"疏入，上诏锦衣卫逮阳赴京，员缺不必更补。已而阳捕至，亦讦纪索贿不得，挟私妄奏。上乃命并逮纪送镇抚司与阳面质，纪坐调为大理寺评事。（五〇二，8309）

十一月丁亥朔，以寿光阁、清熙殿工完，诏太监袁亨等各加恩二等，于通等各一等，管工侍郎徐杲荫一子为鸿胪寺序班，仍赏银二十两、纻丝二表里，镇远侯顾寰等、兵部侍郎葛缙等、工部主事李键等各赉银币有差。（五〇三，8312）

十二月丙辰朔，是日御马厂房火，延烧九十余楹。（五〇四，8319）　丁丑，立春，顺天府官进春，命司礼监官捧入。（五〇四，8325）

本年附

艺文·碑铭·广慧寺流芳碑

余一鹏撰《重修护国广慧寺》："（**宣武门外西二里许，有古寺护国广慧寺。**）嘉靖三十一年，岁次壬子五月内，署承运库事内官监太监温泉刘公成目睹惭焉，触念菩提，施白金半千，尽复其地，（**并延僧住持。略。**）三十七年，岁次戊午，署惜薪司事内官监太监玉泉朱公仲于大方者以道敬信，应号起物，普结善缘，饭僧万余，以为后世之福田者也。玉泉公因先故本官御用监太监掌惜薪司事西湖李公讳明道以病之苦，至发造佛善愿未周，临终雅念，极意继述，而未有所寄也。一日，玉泉公遂不负西湖公之善愿，以所遗之资鸠工聚材（**营建略。**）嘉靖四十年，岁次辛酉，冬十月吉日立。"

孙禬撰《广慧寺流芳碑记》："广慧禅林，诸檀越为大方上人建也。（**略。**）西山碧云寺之请，检阅大藏，期经三载，诸中贵鸠金于大隆□□国寺置修精舍，延上人以挂锡。嘉靖庚戌（二十九年，1550），……久在内首中斯□疏荐钦依广善戒坛传戒□师。壬子岁（三十一年，1552），署承运库事内官监太监温泉刘公成于宣武门外西南二里许捐金置善地[1]……境幽邂，内有房舍林泉之趣。甲字库王公常、山西厂李公赟、掌惜薪司南厂事崔公利俱赞成之，启建……岁，内官监太监玉泉朱公仲出囊帑，大开基址，修建佛殿，(**营建略**。)嘉靖甲子(四十三年，1564)六月吉旦立石。”

(以上两碑在北京宣武区老墙根街。《北京图书馆藏中国历代石刻拓本汇编》第56册，第60、104页)

嘉靖四十一年壬戌(1562)

三月己酉，万寿宫成……遂加恩在工效劳诸臣，辅臣徐阶加少师，兼支尚书俸，仍荫一子中书舍人；公朱希忠、辅臣严嵩各岁加禄米一百石，辅臣袁炜加少保，尚书雷礼加太子太保，仍荫一子入监读书；都督朱希孝加少保，荫一子百户；左侍郎徐杲升工部尚书，荫一子百户；侍郎刘伯跃、朱衡各升俸一级，衡荫一子入监读书；通政司参议刘畿、苟颖升太仆寺少卿，尚宝司司丞徐璠升太常寺少卿，指挥严绍庭等各升一级，镇远侯顾寰加太子太保，兵部尚书杨博支正一品俸，江东升俸一级，侍郎葛缙升俸二级，都指挥李隆、许瑒各升俸一级，郎中李键等各升一级，员外郎吴思敬等各升俸一级，郎中黄文豪等各赏银十两；太监黄锦岁加禄米十二石，仍荫弟侄一人锦衣卫百户；王锡加恩二等，张崇、贾胤与锡各荫弟侄一人；镇抚张实等各加恩一等；余皆升赏有差。(五〇七，8368)

五月乙酉，御史颜鲸言："各仓场草料原系派征大户上纳，已而变为召商之法，流为四者之弊：一官吏索常例；二输纳既毕，本价不及时领；三领价多有力者得之；四报商多不实。今商既重困，

[1] 刘成墓碑出土于北京宣武区广安门内善果寺，碑文为"内官监太监掌承运库事刘公讳□号温泉之墓。正德丁卯(二年，1507)十月二十一日子时生，万历己卯(七年，1579)三月二十三日午时卒"。见《北京图书馆藏中国历代石刻拓本汇编》第57册，第68页。

不若官自召商，以额设主事一员领之。其御马三仓钱粮冒滥，不必清查，但如先年事例，减去料二万九百一十六石、草四十二万四千八十束，即所省不赀矣。"疏下户部覆言："商人之设，旧于大户称便而商人亦未至大困，近乃告病者则以先年财用充足，价得时领，而近年供费浩繁，优恤难周故也。鲸所言四弊似是而非，各仓场多系内官、锦衣卫管理，纵有常例，外廷不知。太仓岁用浮于岁入之半，商价可时给乎？给价不齐视办纳之多寡，报商不实，由编审之纷更而皆非臣等所得为也。夫国有大体，政有常经，今官自为市，乐应者寡，且于体貌甚亵。御马三仓既奉旨免查而又欲悬减草料，亦属无据，但当查复审编旧规，痛革仓场奸弊，申敕该监官自行清查以凭裁减，则公私不扰而商困亦少苏矣。"上从部议。（五〇九，8377—8378）

丁酉，诏罢今年考选庶吉士。是时仕路混浊，贿赂公行，庶吉士素号清选，至是亦竞以贿营求，贫者称贷为资。有持券入贷于司礼太监黄锦者，锦密以闻，上闻而恶之。时阁臣已取定进士五十余人赴东阁考选，方立陛前候题，忽传旨报罢，虽阁臣亦不知焉。（五〇九，8385）

十月辛酉，以皇极等殿工完，加司礼监太监黄锦、内官监太监王锡岁各禄米二十四石，荫弟侄一人锦衣卫百户；太监张实等加恩一等；工部尚书雷礼加太子太傅，徐杲支正一品俸，仍各荫一子入监读书；左都督朱希孝荫一子百户；太仆寺少卿刘畿等各升一级，左侍郎刘伯跃等各荫一子入监读书；尚书卢勋等各赏银五十两、纻丝二表里；镇远侯顾寰等各银三十两、纻丝二表里；都指挥佥事李隆等各升一级……（**以下工部属官升赏略。**）阅视公朱希忠、辅臣徐阶、袁炜各赏银五十两、纻丝二表里，尚书郭朴等各赏银二十两、纻丝二表里，太仆寺卿王槐升一级，鸿胪寺寺丞夏范等各赏银五两，余皆升赏有差。（五一四，8441—8442）

十二月辛酉，显陵守备太监张方及奉祀都督佥事蒋华等奏言十一月冬至日甘露降于显陵之松树。（五一六，8471）

嘉靖四十二年癸亥(1563)

正月癸未,立春,顺天府官进春,命司礼监捧入。(五一七,8483)

丁酉,甘露复降于显陵松柏,守备太监张方以献。上悦,宣谕百官,遣定国公徐延德往祭显陵,加方恩一等,守臣及供奉园陵者各赐银、币有差。(五一七,8486)

三月癸巳,工部尚书雷礼言:"本部各项钱粮例派铺商上纳,比者该城往往放富差贫,蠹弊丛积,而各监局所派钱粮其稍有赢裕者又辄为奸商营占,偏累贫民,以故审佥之际,逃徙纷纷。臣自为郎中时已目击而心恫之矣。今各衙门诸弊厘革殆尽而铺商尚未蒙存恤,乞容臣等将一切差役之苦乐、商户之贫富,通融搭派,仍戒谕各监局诸臣,从宽收纳,不得纵奸徒倚势营利其间,庶良民不至流亡而上供亦可以无缺矣。"诏允行,今后再有强揽钻求诸弊,尔部中从重究治。(五一九,8511)

四月癸丑,修理显陵达孝楼工完,诏加守备太监张方恩二等,升赏效劳官员有差。(五二〇,8515)

五月壬辰,芦沟河工完,加内官监太监张崇恩二等,黄锦、王锡一等,工部左侍郎吕光洵支二品俸,升锦衣卫指挥同知张铎署职一级,加监察御史成守节、雷稽古俸一级,赏工部尚书雷礼并徐杲银三十两、纻丝二表里,镇远侯顾寰、兵部尚书杨博二十两、一表里,余赏银有差。礼因言河工系发内帑修筑,请撰文刻石,以昭圣迹。报可,遂命大学士袁炜撰文。(五二一,8535—8536)

本年附

艺文・碑铭・真空寺记

张文宪撰《重修真空寺记》:"都城宣武关外迤不十里许,旧有仗义门,乃大金以前所名,接卢沟桥之周行也。其界今属顺天府宛平县白纸坊,居虽辐辏,地则窊下,凡□□一□行人苦于泥泞。景泰间,司礼监太监兴公安偶经此处,患之,亟发囊帑,辟途径,作徒杠二座,以便往来。时僚寀陈公谨、中贵沈公温、韦公定偕居士郑道明共图成之。复建梵□一所，工未完而闻之于上，上曰：'嘉哉斯举！传云：岁十一月徒杠成，民未病涉也，为之者其仁人乎！'赐兼金、彩段有差，题其寺曰真空。并给大乘经一藏、护敕一道，以垂永久。由资厥后，风雨震凌，又历百有余岁，寺日就颓，地日卑，桥日圮，民之苦之者犹昔也。适奉敕提督正阳等九门内官监太监李公讳钦践送朝绅□此，叹曰：'曩兴公禄位光荣，冠绝一时，创兹丰功，而今顿废。吾思踵而修之，恐力不逮。'欲行趑趄，倏忽三载，而初愿未偿，遂云逝矣。会值司礼监太监李公讳端号中轩之侄，任武英殿中书讳相号东泉者，因出郊，归白于公。（**遂营建，略。**）李公天资秀颖，操行峻洁，参究真乘，契悟妙道，遭际圣明，宠眷优渥，迩奉命于内禁察事详刑，刑者发于仁而主于义者也，兹今盛举，亶仁全而义尽矣。猗欤休哉！厥工告竣，李公命予记之。予仰公高谊，未可固辞，敬为纪其颠末如此，□有旷世同心，果于为善，企慕公之美意而兴起焉者，尚当深体而维持之，永永毋忽，语云德不孤，必有邻，其斯之谓欤。是为记。嘉靖四十二年仲夏吉日立。"

碑阴题名：菩萨戒弟子司礼监提督太监李端、督理工程司礼监官王禄，看管工程御马监太监李勉、靳昇、郭渊、姜暹、高攀。

（碑在北京丰台区太平桥湾子村。《北京图书馆藏中国历代石刻拓本汇编》第56册，第83—84页）

艺文·碑铭·了空行实碑

夏子开撰《……上人了空行实碑记》："（**都城宣武关外有古刹，久敝。**）大明天顺年间□圣天子嘉靖改元，岁次壬午，内官监太监袁公福、御马监太监马公玉、尚膳监太监季公福、内官监太监李公奈、御用监太监李公岑，同本寺已故上人了空秉虔修葺殿宇廊舍，焕然一新。三十年辛亥(1551)，内官监太监李公朗捐金三百，治大藏经一藏、水陆画像一堂、藏殿一座。（**下略。**）大明嘉靖四十二年，岁次癸亥，仲秋既望立石。"

（碑在北京宣武区陈家胡同崇效寺。《北京图书馆藏中国历代石刻拓本汇编》第56册，第89页）

嘉靖四十三年甲子(1564)

闰二月壬寅。先是，工部覆巡视京营科道官辛自修等议，请将军器、兵仗二局所造盔甲、火器俱付巡视衙门及本部官督理，有诏允行。已而兵仗局内臣执奏："本局掌造上供御器，例不关白外廷。"诏该部再加酌议。部覆奏："臣等初议欲委官至该局清查，乃军器非御器也，军器亦止欲造完之后付外廷验其中否，与该局事体原不相侵，惟上裁定。"得旨："军器系战守所资，该局每遇造完，如拟开数，送部委官查验。尔部中仍预报各边合用各色器械，以便成造。"(五三一，8655)

四月辛巳，以重建玄熙、承华、宝月三殿亭工完，荫太监黄锦、王锡各弟侄一人为锦衣卫百户，张崇、贾胤各弟侄一人为锦衣卫所镇抚，张实等各加恩一等；荫管工尚书徐杲一子为国子监生，赏工部尚书雷礼等银、币有差。(五三三，8672)

七月壬子，光禄寺厨役董祐以内使周清侵虐自缢死。巡视给事中杨霆、御史顾应贤探得其怀中诉冤状，会疏将奏，以禁封未果。明日霆私易其稿，尽削去祐原词所陈清贪暴状，并署应贤名上之。疏下，应贤大惊，乃具言其实，因劾霆专恣欺蔽，徇私废法。霆疏辩易稿有之，第以禁谕后回避数字，于事情无增损。诏吏部、都察院参看，不直霆，乃夺霆俸二月，应贤亦夺俸一月。　　癸丑，以张家湾城工完，荫太监桂琦弟侄一人为锦衣卫所镇抚，赏太监黄锦银二十两，镇远侯顾寰、兵部尚书杨博、工部尚书雷礼各银十五两，余各升赏有差。(五三六，8698)

八月丙申，以洪应坛等殿工完，荫内官监太监王锡弟侄一人、管工尚书徐杲一子俱为锦衣卫百户，管工太监张崇、贾胤弟侄一人为镇抚，工部尚书雷礼一子入监读书，锦衣卫都督朱希孝岁加禄米三十石，工部左侍郎李登云等各升俸二级，成国公朱希忠、大学士徐阶等各赏银五十两、纻丝二表里，镇远侯顾寰等各赏银三十两、纻丝二表里，礼部左侍郎秦鸣雷等各赏银十五两、纻丝一表里，余各赏赉有差。(五三七，8711)

九月癸丑，以重城工完，荫内官监太监王鼎弟侄一人为锦衣卫镇抚；工部左侍郎李登云升俸一级，加二品服色；锦衣卫指挥使张大用升俸一级，管工给事中邓楚望、御史刘思问升俸二级，赏银十两；太监黄锦等各赏银三十两、纻丝二表里；工部右侍郎李迁等各赏银十五两，余升赏有差。（五三八，8720—8721）

十一月庚子朔。先是，户部议裁冗食，极言各监局军民匠役之滥，诏严加清汰。既而太监滕祥等争言此辈执事内廷，若一付有司清查，动逾旬月，有误供用。上惑之，由是部议寝不行。（五四〇，8737）

本年附

艺文·碑铭·太监赵举墓志

明故司礼监管文书内官监太监静庵赵公墓志铭

赐进士及第、光禄大夫、柱国、少师兼太子太师、吏部尚书、武英殿大学士、知制诰、典志总裁华亭徐阶撰。特进光禄大夫、柱国、太师兼太子太师、成国公、后军都督府掌府事怀远朱希忠篆。正议大夫、资治尹、通政使司通政使、直文渊阁、同修国史玉牒、侍办御典、经筵官、赐狮麟服昌黎王槐书。

公赵姓，讳举，字克明，别号静庵，直隶保定府新城县人。其先世皆隐德弗仕。公自幼凝重，不类凡儿。正德丙子（十一年，1516）冬十一月，奉诏选入内庭，肄业内官监。戊寅（十三年，1518）秋七月，选内书馆读书，翰林诸先生典教事者，前后凡十数，皆器重焉。嘉靖改元，今上登临大宝，中外百执事，咸遴选以充。春三月，公首以选入本监六科廊精微科，掌国之六礼诸文移。辛卯（十年，1531）秋九月，赐牙牌。壬辰（十一年，1532）冬十一月，赐帽。公自以显融有地，益夙夜勤于其职。丙申（十五年，1536）秋八月，奉命誊录天下奏章。其秋九月，转管人数。辛丑（二十年，1541）夏五月，掌精微科事。壬寅（二十一年，1542）夏四月，赐大红纻丝织金麒麟膝襴衣一袭。乙巳（二十四年，1545）春二月，上以公□慎，命管文书。夏六月，命佥押司苑局，管局事。丁未（二十六年，1547）夏四月，升内官监右监丞，改惜薪司佥书管事。闰九月，升左监丞。己酉（二十八年，1549）

夏五月，奉□□□陕西，能以法禁戢其下，往来数千里间，其士与民，至不知有中贵人过其地者。使还，□□□□□冬十二月，赐大红纻丝纱罗飞鱼三表里、圆领三表里。壬子(三十一年，1552)夏四月，升左少监。癸丑(三十二年，1553)□□月，升太监。甲寅(三十三年，1554)冬十二月，赐□□。

公在文书，多与士大夫接，而予以内直尤数见公。公勤正有礼，虽德□遽，其意气未尝不□□，其于言必审而后发。虽甚怒，不轻有所诋訾；即甚喜，亦不苟然诺。予以为，公天资所禀如是，殆大受器也。顾其位止此，其可惜也夫。

公生于弘治甲子年(十七年，1504)正月初五日子时，卒以今年甲子(嘉靖四十三年，1564)六月五日丑时，年六十有一。公名下司礼监奉御赵忠等，卜以是年七月初九日，葬公于阜成门外杏子口永恩寺之原，而谓予素知公，乃具状请铭。铭曰：

世道既降，质以文漓。夸毗浮侈，颓风日糜。猗嗟赵公，独异于兹。公居贵近，抑抑其仪。公多见闻，讷讷其词。内典机务，外秉使麾。畏慎惇朴，终始弗移。胡器之美，位止于斯。墓中有石，我铭揭之。公身虽往，名其永垂。

(北京石景山模式口出土。《北京市石景山区历代碑志选·墓志铭》，第71页)

艺文·碑铭·义勇武安王庙碑

燕儒宦撰《义勇武安王庙记》：“(**前略**。)禁城帽儿巷旧未有王庙，嘉靖戊午(三十七年，1558)仲春，供用库掌外厂官杨公寅乃捐资画地为开创计，顾规制狭隘，弗克展明祀。内府供用库署库事御马监太监卢公□□发虔念，□从而充拓之。(**经始于三十九年春二月，落成于秋七月。略**。)大明嘉靖四十三年，岁次甲子，仲夏吉日立。”

碑阴题名多漫漶，从略。

(碑在北京西城区大帽胡同关帝庙。《北京图书馆藏中国历代石刻拓本汇编》第56册，第102页)

艺文·碑铭·永通寺碑

徐阶撰《重修永通寺碑记》：“正德乙亥(十年，1515)秋，内官监太监许公通创建梵宇一区于都城西七里许甸之原，寻奉敕赐名永通，迄今阅岁四纪余矣。凌雨震风，日就颓圮，乃司礼监太监李公端惜之，爰鸠工匠复行修饰。(**规制略**。)予考前碑,称许公累事三朝,奉命提督福建市舶及总镇八闽,多历年所,名著绩宣。迨夫谢事养静,特建斯□,命僧焚修,以致其合报君上之意,然则许盖盛举也。今李公际遇圣明,典司禁刑,出纳王命,赐蟒赐玉,眷宠优隆。(**下略**。)大明嘉靖甲子季秋望日立石。"

(碑在北京海淀区黄庄。《北京图书馆藏中国历代石刻拓本汇编》第56册,第108页)

艺文·碑铭·普安寺碑记

徐阶撰《重修普安寺功德碑记》:"禁垣西北有渠曰漕,近漕之西旧有普安寺,起于国初。岁月经久,风雨摧残,俱为颓败。幸遇奉敕总督东厂理刑掌司礼监事太宰黄公锦,见而惜之,遂捐□帑,重为修之。(**下略**。)嘉靖龙集甲子十月年十月□日立。"

碑阴题名:司礼监太监赵举、吴瓒、曹玄、袁亨、刘泽、李彬、高忠、焦忠、麦福、滕祥、李岳、王利、刘宗政、刘清、胡明、梁甸。(**以上第一行,下司礼监等衙门太监等官,漶泐不清**。)

(《北京图书馆藏中国历代石刻拓本汇编》第56册,第109页)

董汾撰《普安寺重修碑记》:"宝藏禅师得达摩遗旨,开导□□,明心见性,京都□□□□□□□□□思念□高近□归山之兴,诸中贵公并诸善男子恳留之,协备囊资,易得□城坊古刹普安寺一□□□□□□□□□□□司礼监太监李公、御马监太监梁公,各捐俸金,(**营建略**。)嘉靖四十三年冬十一月至日。"

(以上两碑在北京西城区育教胡同。《北京图书馆藏中国历代石刻拓本汇编》第56册,第111页)

嘉靖四十四年乙丑(1565)

正月丁未,景王薨。王讳载圳,上第四子,母靖妃卢氏。嘉靖十六年二月二十九日生,十八年二月封为王,四十年二月之国湖广安府,至是薨,年二十九。妃王氏,无嗣。讣闻,上辍朝三日,谥曰"恭",遣诚意伯刘世延往谕祭,有司治丧葬如礼,加祭二坛;遣中官王臻往经理其府事,迎柩归葬西山,处其宫眷于京邸。(五四二,8762—8763)

二月丙子。先是,供用库火。库内臣暨盛与其党卢添保、王朝用等捏报被焚香料至十八万八千余斤，为司礼监少监何进所发，诏下盛等狱，命给事中张岳、御史董尧封严查实数以闻。至是岳等查覆该库被火原非贮香之所，俱系盛等侵匿妄报，又前此盛尝私纵家人及其兄暨忠等出入库中，与积年商揽李钦等盗鬻香蜡等物，宜一并追赔治罪；其该库钱粮今后悉照光禄寺例，付巡视十库科道官每年一查，然后奸弊可革。疏入，上大怒。下法司拟罪，当盛等俱盗内府财物律。诏如所拟。(五四三，8771)

四月癸未，刑科左给事中张宪臣言："供用库钱粮重大，蠹弊多端，文移往来，任意增减，漫无稽查，宜于广盈、赃罚二库官吏选用一员掌理文卷。至其收支出入之数登记不明，美恶精粗之殊辨验不实，宜将各省解运钱粮商人买办物料悉赴该管科道衙门挂号，照入该库上纳，如香蜡等项钱粮悉赴验粮厅查验真正，方许送收，惟白粮、芝麻之类照旧该库书写匠作，宜量行裁革，著为定数，催攒钱粮校尉尽数革回当差。"又言："御马三仓及内外象、马、牛、羊等房草科银两州县征解愆期，不能全给积欠商价，动经年岁，乞于山东、河南二道扣价，预解太仓存贮，通融补给。至于御马三仓草料价银中多无名之费，宜议定时估，尽革诸弊，仍于岁终敕司礼监会同该监及巡青科道官清查马匹应留应汰者，以便照数给料，不致虚糜。"疏并下户部议覆，得旨允行，因命御马监尽查马匹实数开派钱粮，一应宿弊尽行厘革。(五四五，8801—8802)

五月辛酉。先是，湖广黄冈县奸民胡大顺夤缘陶仲文，获供事灵济宫。仲文死，大顺以奸欺事发，诏斥回籍。至是大顺希复进用，乃伪造《万寿金书》一帙，诡称吕祖所作，得之鸾笔，且言吕祖授大顺三元大丹，用黑铅取白，名曰先天水银，锻之则成清霞玉粉神丹，服之却疾不老，遣其子玉玄随妖人何廷玉赍以入京，因道录司左演法蓝田玉、左正一罗万象通内官监太监赵楹献之。蓝田玉者，原江西铁柱宫道士，以进法秘授官，与万象同以扶鸾术侍上西内，因交欢楹。时上方幸此三人者，故廷玉以厚赂致大顺意附托之，田玉等遂以其书药进。上览其疏，问曰："此是箕批，扶箕者如何不来？"然未明言召之也。田玉等遂诈为圣谕，征大顺入京，至则屡上书求见。上谓大学士徐阶曰："胡大顺又来，却是蓝田玉、罗万象因我问，妄将他唤至。昨令扶箕，曰不降。自蓝道行下狱，遂百孽扰宫，或有所使然者。今大顺可仍用否？"阶曰："大顺等皆无赖小人，不畏法度，而蓝田玉尤甚，观妄自传呼即可类推。至于扶箕，若中外通同，间有准者，否则茫然不知，以浮词支吾而已。今宫扰已久，恐非由彼所致，且不能必其用。后宫扰果息，及不敢保其不别生事端，似不若如前治之以法之为正也。"上悟，乃报曰："蓝田玉无理之本，去冬辄代何廷玉进水银药，遂诈传密旨取大顺至，此不治无以戒来者。"阶对："水银非可服食，诈传圣旨，罪恶尤重，若置之不问，往后群小益无忌惮，互相朋结，恐酿成大恶，乞圣明速断以消隐祸。"上乃诏锦衣卫逮大顺、田玉、万象等问状，不知其奸由榼也。比锦衣卫具上狱辞，上谓其不实，有意宽之，以问阶，阶曰："圣旨至重，若听凭诈传，他日半夜出寸纸，有所指挥，将若之何？此其机芽，实当预防，必须重治，乃保邦深计，乞圣明断而行之。"上乃下大顺等法司，令从重拟罪。榼具密疏匿殿棂中，伺间诉上前，为大顺等申解。上大怒，付司礼监拷讯，具得与田玉等通奸状，执付法司，与大顺、田玉、万象、廷玉、玄玉俱论斩，锢榼，寻毙狱中，部臣请验而瘗之。上以逆囚当戮之于市，怒该司官吏不如法奏请，致得自毙，责令对状。于是刑部尚书黄光昇等率其属引罪。诏夺郎中方良曙俸二月，该吏论如律。（五四六，8820—8823）

六月甲午，法司奏上严世蕃狱词，籍没其资产，解部济边。至是内承运库太监崔敏奏："先年籍没逆犯江彬等家金银及珠玉、器皿、各色段币，尽送内库备赏赉用。今内藏鲜储，请如前例。"上诏户部："嵩，国大蠹，其赃银宜以一半官用，一半济边，金银、珍宝、玩好、首饰、器皿等物悉收进内库，如无，于林润并抚按有司处追

(**广本、阁本追下有补字，库本**[①]**有捕字**)，无令纵容诸奸逆作富。”于是户部先进在京所没货物金四百八十余两、珠五十两，诸珍玩、器皿称是，余俟江西解到续进。诏该库验收，仍令江西、杨[扬]州二处赃物速行追解。(五四七，8837—8838)

本年附

艺文·碑铭·万寿寺碑

敕赐万寿禅寺，历岁既久，殿宇僧廊废坠坍塌，有大功德主御马监太监马玉，嘉靖庚戌(二十九年，1550)季春忻发诚心，谨舍囊底俸资若干而始葺补之。玉遵(**按，遵疑为尊**)请诸公助资若干两，至丙辰(三十五年，1556)仲夏普葺梵刹，金碧光辉，葺补竣毕，书镌芳名于石碑，以传后也。

碑文后题名：司设监太监韦暹、司礼监太监焦忠、司礼监太监麦福、钦差总督东厂赠司礼监太监芮景贤、司礼监太监高忠、司礼监太监王利、司设监太监暨擢(**上第一行，从右到左**)。御马监太监李铭、御马监太监刘大用、内官监太监张实、御马监太监马兴、御马监太监马用、内官监太监韩钢、内官监太监左清、内官监太监徐登、御马监太监张暹、御马监太监田缙、御马监太监李江、御马监太监金梗、御马监太监赵相、内官监右监丞马清(**上第二行**)。御马监奉御段儒、御马监奉御谭深、御马监右监丞张贤、御马监右监丞姜钦、北安门奉御李杰。嘉靖四十四年，岁次乙丑，孟夏吉日建。

(碑在北京门头沟区上岸戒台寺。《北京图书馆藏中国历代石刻拓本汇编》第56册，第114页)

嘉靖四十五年丙寅(1566)

二月甲子，以万法宝殿工完，加内官监太监王锡恩二等，贾胤一等；加工部尚书雷礼少保，升徐杲男文灿一级，侍郎李登云、张守直俸一级，仍赏银二十两；郎中曾省吾、员外吴一价、主事徐

---

① 内阁大库旧藏散叶实录，简称库本。

学古等一级，赏银十两；余升赏有差。（五五五，8926）　甲申，史馆纂修官进《承天大志》，百官朝服侍班，上不御殿，命司礼监官捧入。（五五五，8937）　乙酉，巡按直隶御史尹枝以徐、沛、萧、砀之间运道淤塞，请暂免进鲜，以苏民困。事下部覆："枝言良是，但岁时奉先、进御之需不当概议裁削。臣等窃以为舟船固多烦滥，非尽贡物，今宜移咨南京兵部及该抚按官，每值进贡，查验贡物多寡，参酌船只大小，定拨只数，取足装运，毋容虚滥；仍示南京司礼等监诸内臣，痛革夹带需索一切扰民宿弊，有仍踵故习者，抚按官参奏之。"报可。（五五五，8937—8938）

五月丙午，以紫极殿、寿清等宫工完，加内官监太监王锡恩二等，贾胤恩一等，仍同工部尚书雷礼、徐杲，侍郎张守直、徐纲，都指挥使孙钰，成国公朱希忠，大学士徐阶、李春芳、郭朴、高拱，都督朱希孝，镇远侯顾寰，兵部尚书杨朴，安平伯方承裕，礼部尚书高仪，侍郎鲍家督、迟凤翔、王之诰各赐银、币有差。（五五八，8973）

七月壬寅，兵部覆蓟、昌二镇守臣言："禁山灰岭等口安设榨木枷石，工已就绪，惟灰岭外通白龙潭、谎炮儿等处，恐奸阑出入，复成蹊径。往者明禁甚严，宜再申饬提督太监、总兵等官，率属巡诘，以慎封守，并令及时于禁山一带相地种树，以固藩篱；凡有违禁往来盗伐并容隐者，悉寘之法，而谎炮儿各隘口或宜增设官军，亦听守臣措置。"从之。（五六〇，8988—8989）

九月甲午，龙门卫都指挥符祯等、宣府镇抚王昱等各谋升调保荐等事，遣人挟重赀入京，为巡城御史王宗载逻得之，并获其诸纳贿作奸私券及总兵马芳报内臣刘陞书，奏之。诏下祯等各按臣逮讯，其马芳受嘱事情令总督查核以闻，仍命厂卫及五城御史严捕在京一切诓骗奸徒，不许姑息。（五六二，9005）

十月乙亥。先是，守备太监张方奏修显陵旧邸宫殿，上欲增拓规制，已命侍郎张守直督工往矣，既而以楚中水患，财用诎乏。复诏先修隆庆、祾恩二殿，余姑罢之。至是礼部谓二工并兴，庶免旷日，请祾恩神位暂迁于明楼，隆庆神位暂奉于纯一殿。得旨：“隆庆规制不如纯一靓深，二圣既暂祀纯一，隆庆不必修，俟后大建时准奉先式为之；告奉诸礼俱命英国公张溶代。”(五六三,9022)

壬午，浙江道御史王时举论劾刑部尚书黄光昇不谙律例，纵情出入，如内犯季永以诉事冒突乘舆，本无死比也，乃拟为真犯；王相私阉平民者三，本无生条也，乃拟为矜疑。向非圣明独断，则永为含冤之鬼而相乃出柙之虎矣，宜勒令致仕，以为人臣故出入者戒。疏入，上以永系内犯，怒时举轻率肆言，语[诏]发口外为民，光昇供职如故。(五六三,9026—9027)

闰十月癸巳，以苑田收获，赏太监冯保、侍郎刘体乾等彩币、羊、酒。(五六四,9036)

十二月庚子，上疾甚，还大内，午时崩于乾清宫。是日，辅臣徐阶等启请裕王(**按，即穆宗**)入主丧事。(五六六,9064)

本年附

艺文·碑铭·太监黄锦神道碑

司礼监太监兼督东厂黄公锦神道碑

公讳锦，字尚纲，姓黄氏，别号麓山，河南洛阳人也。曾祖信，祖玘，父政。公既贵，荫其弟绣为锦衣卫正千户，历升后军都督府都督同知，加特进，故自信而下三世赠皆如其官，妣皆赠一品夫人。

公少敏慧谨慤，无躁动，无疾言，见者知为大器。正德初，选入禁庭，又选读书于内馆，继又选授兴府伴读。先皇帝在潜邸，公有保翊功。及入嗣大统，录公旧劳，累升御用监太监，再改尚膳、司设、内官诸监。嘉靖乙巳(二十四年,1545)，转司礼监佥书。癸丑(三十二年,1553)，进掌监事，兼总督东厂密务。公感先皇帝眷遇之厚，益矢心图报，凡事持大体，而综理莫不周悉，纲纪条目，大小燦然。先皇帝御下严明，中贵人鲜克当意，独于公信任不衰，至呼为“黄伴”而不名。尝命公修显陵祾恩殿及旧邸之龙飞殿，省公私钱百余万计。奉天殿灾，众议掘遗址更筑之，公曰：“是劳费无极也。”即疏请仍其旧。三奉命阅营兵，诸所赏罚，事求其实，论求其平，咸大服。两奉命偕诸法官录所系囚，必讯诸法官，□当宥，乃始疏以请。楚世子犯大逆，公会勋臣及法司往讯，尽收其党与，付诸法。狱正，而楚之恣睢病民者亦遂无敢肆。妖术冯璜者谋乱，公先其未发捕治之。其他若越禁城、造伪宝、倭虏之奸细，缉获甚多。然公数戒其下毋扰。故自公在东厂，士大夫及京师之民，晏如也。公事先皇帝久，其受赐斗牛、坐龙、飞鱼、蟒玉、文绮、珍馔诸物不可胜计，禄米自十二石至七十二石，积之得五百石有奇。而禁中乘马与肩舆之赐，尤异数云。先皇帝末年，恒居西内，比大渐，公请还乾清宫。已，遂与予等迎请今上于裕邸，嗣登大宝。上特荫公侄一人为锦衣卫指挥同知，世袭。所以倚任公者方隆，而公则以积劳遘疾，累疏乞休，上终不允。未几，讣闻，上悼惜久之，命公名下司礼监太监滕公祥等经理丧事，赐祭葬宝镪，加祭三坛，建享堂碑亭，赐祠额曰“旌劳”。夫以公遭逢二圣，禄位并崇，荣及其先，泽流于后，而又以惇厚老成，见称于中外，良可为禁臣之表式矣。予幸与公同朝，知公为稔，辄以滕公请，为记其事之大者于碑。

（徐阶撰，《国朝献征录》卷一一七《寺人》）

本卷附

艺文・碑铭・承奉正王大用墓志及传

辽府承奉正王公墓志铭

余在史局，好具问先朝事，见老珰数辈，语及孝庙时辄悲咽，嗟乎敬皇帝之泽入人深矣。其后见辽府承奉王君，亦弘治间人，至论曩事，尤能历历道也。嗟乎敬皇帝诚圣主也，堕弓遗舄犹且重之，况其旧臣乎！宜为志，志曰：王君讳大用，字惟贤，霸州大城县人也。事敬皇帝时，才弱冠。侍乾清、坤宁，为奉御。而慈寿皇太后居仁寿宫，公在三宫间，端慤自媚于上，积功劳，升兵仗局左副使。毅皇帝亲阅近侍仪貌魁杰者，选置左右，三月升御马监左少监。是时，帝方好武，中贵人皆习骑射，袭马从猎上林诸苑，而公独周慎谦抑，乃帝顾喜公，赐蟒服三袭，遂升太监，内苑乘马，加赉禄米二十石。无何，毅皇帝上宾，公侍大行几筵。会今上入继大统，中贵人从代来者皆新幸用事，而君自以先朝旧臣，弗为下诸新幸，并忌之，遂出为辽府承奉。

君在内庭久，明习国家事，及至，则悉条司中诸敝[弊]蠹，启王厘正之，府中顿肃。庄王薨，今嗣王幼，国太妃主政。太妃贤，谙习书史，沉敏有断，事无大小，皆与决之。君亦殚忠毕虑，克称委任。当是时，太妃贤闻天下，亦以有君辅之也。及王嗣爵，以君国之耆硕，恩礼尤殷。王英敏聪达，才智绝人，群臣莫敢望也。而君每事献替，即有不可，辄力谏，谏或犯颜。王察其忠悃，恒嘉纳焉。而性峭直，以庄见惮；刻廉自律，不受私赂，莫可干以私。侍御胡公按楚，尝颜其堂曰“忠诚体国”，议谓无愧云。然君始用也，特被恩宠，业通显矣，一弗能少下亲贵，竟老外藩。嗟乎！人之遇合，诚有命也。观其卓然大节，终始不渝，其谊有足称者，藉令久禁闱、筦枢密，如近代怀恩、萧敬辈，岂足多耶！

按状，公大父讳希昶，父福能，母李氏。兄四人：琪、璋、现、瑞，皆早卒。公所以抚养诸子者备至，多不悉录。生弘治戊申(元年，1488)十二月，卒□年□日，卜江陵郭西磨□□[①]之原葬焉。铭曰：

生于燕，老于楚，孰曰信美而非吾土；出于朝，相于藩，孰曰位屈而名则尊。彼何为兮，唯唯诺诺；此何为兮，蹇蹇谔谔。吁嗟君兮，尚寐无觉。重冥之下，亦足乐矣。隆然者丘峰，而崇郁哉，佳气烟云重重，公乎公乎，藏骨于其中。

(张居正《张太岳集》卷一三)

王承奉传

王承奉大用者，霸州人也。逮事敬皇帝为奉御，侍慈寿皇太后于仁寿宫。毅皇帝时升御马监太监，赐蟒衣，内苑乘马，通显矣。然性刻廉刚直，弗能下其侪辈，以是不得久内庭，出为辽府承奉。是时辽庄王病，不能视事，委政国妃毛氏。国妃贤，通书史，沉毅有断。而承奉从内佐之，所厘正国家事不可胜道。顷之，庄王与国妃相继薨，嗣王立。王聪敏辩给，而嗜利刻害。及长，多不法，常出数百里外游戏，有司莫敢止，故无所惮。然心独惮承奉。承奉好直谏，王积弗能忍，乃曰：“承奉老矣，宜免朝请。”于是承奉希得见王。王少无子，所幸乐妇生子，置外舍，久之，王有萎病，度终无子，乃取外舍儿内宫中。时儿已八岁许，曰宫人某氏子，欲以闻于朝。

① 以上“□”，皆原文空字。

故事，王子生，承奉司即具所生母姓名及产媪状，关相长史，乃得奏附玉牒。王以其事下承奉，(承)奉愕曰："王安得有子？承奉乃不识何宫人有娠及产子状，不敢奉令。"王大怒，曰："老奴，敢尔者，死邪!"于是尽捕承奉诸用事者，皆榜笞数百，被重罪，欲以迫胁承奉。承奉终不为动。王乃召承奉，缪[谬]为好语曰："而不知予之为病耶？事成而有后主，而富贵可长保，独奈何为他人忠?"承奉伏地叩头流涕曰："老奴受国厚恩，死无以报，顾此事涉欺罔，法例严甚，王子非真子，外悉知之，后有发者，祸且不测。老奴死不敢奉令。"王谬谢曰："承奉言是也。"乃以计给夺其印而自署承奉名行之。承奉既见欺，无可奈何，怼以首撞壁，大呼曰："生不幸为刑余，又弃外藩，今王所为如是，吾弗能匡救，祸且及矣。诚不忍老见刑狱!"即闭户自经，绳欲绝，会有救者，得甦。日夜涕泣，竟至失明以死，国人悲焉。

太史张氏曰：余在史局，好问先朝事，诸老阉语及孝庙时辄流涕，有哽咽者。及归楚，见王承奉，忆往事，犹能历历道也。语具别录中。夫地之美者善养禾，君之仁者善养士，何敬皇帝时人物之茂，乃其厮隶亦莫不有大臣风节焉。观其临议执正，毅然不为利回，不为威惕，虽壮夫哲士何以加焉？第令久内庭，筦枢密，如近时兴安、怀恩辈，讵足多哉！余以是知敬皇帝之泽，入人之深矣。王承奉盖弘治间人也。[①]

(张居正《张太岳集》卷九)

艺文·宦官孙裕、王翱小传

唐枢《国琛集》卷下："孙裕，孝皇时旧珰。嘉靖间，怀孝皇不考，及戚畹罹宪，泣控天子，颇逾激。天子欲明伦执法挞之，遂自缢庙中。"

钱谦益《列朝诗集小传·闰集》："王翱，字鹏起，通州人。嘉靖壬寅(二十一年，1542)选入司礼监。读书受业郭东野、赵大洲、孙继泉三公之门。历升御马监右监丞。退闲，奉旨慈宁宫教书。诗曰《禁砌蛩吟》，翰林李荫为序。"《酌中志》卷二二《见闻琐事杂记》："王翱，字鹏起，号村东，原籍南直句容人。永乐时，迁北直通州。嘉靖壬寅(二十一年，1542)选入，时年十一岁。拨司礼监内书房读书，受业于郭东埜、赵大洲、孙继泉先生，咸器重之。且曰：尔诸生系内史，不必学举业文章，惟讲明经史书鉴及本

① 该传收入民国二十三年《霸县新志》卷五上《人物·宦者》。

朝典制以备圣主顾问,有余力学作对与诗可也。丁未(二十六年,1547)升司礼监精微科。丁巳(三十六年,1557)改赐斗牛。八月升太监。万历辛巳(九年,1581),奉旨慈宁宫教书,遂迁居于西安门北,得从容与士大夫唱和吟诗。侍母孝,待弟良翔友于之爱,为内廷所少。翺为人悲歌倜傥,博学自豪,视富贵若电光石火焉。(**所作《咏笼雀诗》、《三忠祠》诗略。**)翺与(张)维前后皆有诗名,而品秩荣显,翺远不及。"

艺文·碑铭·太监刚铁墓碑

洪武年间开国元勋正承奉刚铁之墓。[①]

重修皇明故司礼监太监刚公墓记

公讳铁,其先交阯人,洪武间入侍帷幄,夙夜惟谨,常从太祖高皇帝征伐,所至辄效死力,上爱之。迨夫胡□既平,大行封建,时太宗文皇帝实始受封于北平。方其行也,特陟公为承奉,俾从之国,盖心有简在也。永乐初,上奉天靖难,暨随北征,深入沙漠,公翊翼左右,冲冒矢石,功实居多。公益谦默,不少骄□。及龙驭旋京,论功行赏,乃擢公司礼监太监。寻以疾卒,讣闻,上深悼之,有开国元勋之褒,因命择佳地赐葬。得都城西北十八里许黑山之原,凡衣衾、棺椁、坟域、祠宇与夫岁时祭祀皆出自朝廷,特

① 《北京图书馆藏中国历代石刻拓本汇编》第 53 册作"明刻",附于弘治八年后。《汇编》收有京西黑山会刚铁祠刻石 23 通,从明清直至民国(其中明朝的 16 通),据信这是刚铁墓石中较早的一碑。《酌中志》卷二二《见闻琐事杂记》:"京师黑山会地方,有赠司礼监太监刚公讳铁之墓焉。寺中藏有遗像三轴,皆曰靖难时有功之太监,至今宛平县有祭。凡掌司礼监印者继续修葺。""按:刚太监坟,大冢一,其石碣差古,书'燕府承奉正刚公讳铁之墓'。又一碑差大稍新,则书'赠司礼监太监某之墓',盖似后人所立者。坟前左右各列石鼓四,以次渐矮,如为坐杌,松亦茂盛甚古,其为古迹无疑。近年修坟所勒碑文,皆曰公曾有靖难犁庭等功。按碣称承奉正,是成祖未正大位时,公先卒矣,若果有靖难犁庭等功,则自应有别衔,岂仍以承奉正勒碣乎? 累臣心久惑之,遍向熟于典故者访问,亦卒无明证也。一日读《宋史》列传,有云某与辽将刚铁大战于某处云云。则此墓得毋辽将冢耶? 抑刚公亦是辽裔,而名偶同,英猛同耶? 今正史明载刚铁姓名,因世之读史者,概以断烂朝报泛泛视之,定多未详,故耳食之人遂相沿无敢异议也。"刘若愚诚为有见,刚铁很可能是一位虚构的人物,可参看梁绍杰《刚铁碑刻杂考——明代宦官史的一个谜》(载赵令扬审订,梁绍杰辑录《明代宦官碑传录》,香港大学中文系,1997 年)及赵世瑜、张宏艳《黑山会的故事:明清宦官政治与民间社会》(《历史研究》2000 年第 4 期)。

为报功之典，而有司者承之也①。其地东至东山，西抵西岭，南际通衢，北倚山后，延广四百八十余丈，层山□翠，林木蓊郁。呜呼！公之□□斯慰矣。功名事业，赫然当时，中外叹服，以故后先中贵莫不以公为山斗准则，而仰之慕之，虽捐馆，咸依公墓侧，左环右绕，前旋后拱，无非仰公之□□而乐从于地下也。历岁既久，祠宇墙垣日就倾圮，正统壬戌（七年，1442），内官监太监李公德为疏请葺□之。弘治庚戌（三年，1490），司设监太监黄公珠以公出，拜公祠下，见其颓垣断□，人樵畜牧，心甚恻焉。既归，闻于上，乃复捐资修葺，一时中贵公咸笃高谊，莫不辐辏赞成之。而司礼监太监覃公昌尤善公功在社稷，惠□□人，岁时祀典，不宜久废，请于孝庙，令有司致祭，岁以清明为期，著为令典。嘉靖丁亥（六年，1527），尚衣监太监李君□、内官监左少监□君斌者，募建□宇于神道中，盖旧制所无也。庚寅岁（九年，1530），大司礼张公佐等公干西山，过刚公之墓而拜焉，因□□□□远迩见梵宇之当道，蔽然目前，甚非所以安幽灵而慰忠魂、报功德而昭国典也。询之父老，□曰所无，遂决议迁之□地，以复旧制。输俸抡材，鸠工修理，悉官□兴董之，凡祠宇□□□者□之，故者新之，□者收拾之，不废前规，无侈后观。噫！忠义之盛，人心古今同然也。未有不□□于耳闻目击之□，故我今日司礼诸贤□有正大之□□梵宇之非，不然则刚公忠义之心无以慰，而先朝褒崇之典、悯惜之意，与夫嗣续诸公景仰之诚，无以昭白于后世矣，岂小□□乎哉！是为记。嘉靖辛卯（十年，1531）岁仲夏吉旦立。

（碑阴题名，第一列司礼监太监陈宽、傅□、罗禄、孙泰、赵忠，下各监官名多模糊，从略。）

（《北京图书馆藏中国历代石刻拓本汇编》第54册，第191—192页）

黑山会流芳碑记

尝闻忠孝贤良，皆人之大节，理宜书而不可湮者。洪惟我皇明原总督内外营务，今司礼监掌印太监兼总督东厂官校办事麦公福等，总督内外营务并上林苑监等衙门兼掌御马监印内官监掌印太监高公忠等，生逢盛世，际遇明时，中间忠孝贤良者甚多，予不能工于文法而悉举也，特以二公之行表之，则诸公之行亦知也。今上圣明，知二公持身谨慎，性资端敏，托以

① 沈榜《宛署杂记》卷一八《万字·祀功》："敕祭铁刚（按，铁刚乙）太监。本县每年清明合用猪一口、羊一只……以上共银八两，税银办。"

腹心，委以重任。二公知感圣恩，协心殚力，维持内政，荐拔贤能，共图补报。所以披霜戴雪于严寒之月，冲风冒雨于溽暑之时，鸿立扆前而罄竭忠荩，恭侍便殿而纤毫无怠，辛勤百至，劳瘁万端，益加敬慎，委身于国，不顾其家。观此，则知二公之忠也。会食之间，未尝举筯，即念双亲，今日美衣美食，欲奉甘旨以尽一日之养，不可得也。常怀风木之悲，动兴图报之叹。观此，则知二公之孝也。每荐一人，必再三商确，务求堪任，命下之日，觌面属之曰："吾闻古人有云：凡居官者当知其职乎，早作而夜思，勤力而劳心，务使老弱无怨可也。甚无上负圣恩，下孤举者。"观此，则知二公之贤也。又曰："为人臣者，若能位重不骄，谦下爱众，庶得终享荣禄。"观此，则知二公之良也。史载汉之黄门令史游，心勤纳忠，有所补益，可谓忠矣；中常侍良贺清俭奉母，不妄举荐，可谓孝矣；唐之刘贞亮荐贤举能，委政朝堂，可谓贤矣；严遵美任重不骄，寿考终身，可谓良矣。是以史氏书之，垂美万世，以劝后人者也。若后之人，慕古人之风而为善者，万一史氏失其传，则孰肯为善焉。至如我二公，兼有四者之节，其超越古人，深且远矣。抑又作创捐资，置地七十亩，其间建立护国寺一座；又更治公祠，增设石门两庑，立松三匝，以围公墓，殿宇房屋计五十五间座，供器备具，焕然一新，以崇香火，以永祀事，此又贤中之贤者也。托司礼监太监李公仲、内官监太监袁公亨督理工程，区画规制，日夜在此，多效勤劳。工将就绪，属予曰："此乃圣朝美事，不可不重，当书于石，使后人之视今，亦犹今人之视昔者，庶不泯也。"予唯唯承命，谨以平日人所共闻二公之行书之，恭俟作史者有所考焉。嘉靖龙集辛亥仲夏吉日。

碑阴：谨以重建皇明刚公祠堂□□□处，乾清宫近侍太监并各衙门太监等官共出银两建造。司礼监：麦福、王利、黄锦、李岳、焦忠，提督太监等官李彬、贾堪、李仲等，张奉等；管事：高忠、赵政、刘宗政、滕祥、暨擢、李明道、蔡秀、曹玄；牌子：□□、陈良、李钺、郭清、左清、张务本、张添佑、曹汶、梁秀、佛清、郝宗、宋明、陈宪、渠用等，冯春等，杨燧等，张宏等，阎志贤、张暹等；御用监太监滕祥等，内官监高忠等，御马监高忠等，司设监刘宗政等，尚衣监李钺等，尚膳监张杰等，惜薪司赵政等，宝钞司马腾等，兵仗局罗忠等，内织染局李明道等，针工局曹玄等，巾帽局陈良等，司苑局佛清等，酒醋面局左清等，银作局郭清等，司钥库魏富等，内承运库任举等，钟鼓司刘春等，甲字等十库孟泰等，旧都府草场马玉等，天师庵草场杨保等，御酒房张仁等，正阳等九门并皇城四门提督太监等官王銮、李经等。（**下“义会”张务本等名略。**）

（《北京图书馆藏中国历代石刻拓本汇编》第55册，第153—154页）

黑山会护国寺碑记

皇明洪武开国元勋司礼监太监刚公祠墓在都城之西八十里，地曰黑山会者，岁久倾圮。至嘉靖庚戌（二十九年，1550）仲冬，适值原总督内外营务今司礼监掌印太监兼总督东厂官校办事麦公福等，总督内外营务并上林苑监等衙门兼掌御马监印内官监掌印太监高公忠等，约会诸公，各捐己资，重建祠堂三间，式过于旧，又增两庑六间、石门一座，周围筑以墙垣，添栽松树三匝，供器等件，纤悉具备。其旁置买锦衣百户李承宗等、赵栾等、僧人清奉等地七十亩，东至灵福寺，西至刚公神道，南至官道，北至刚公坟所，于内建造护国寺山门一座、天王殿三间、钟鼓楼二座、大雄宝殿三间、伽蓝堂三间、祖师堂三间、仪门一座、厅五间、厢房十间、方丈五间、僧房六间。公等念刚公有功于国，恐后为耕樵所废，延访行能之僧守之，相传崇奉香火，庶得经久。佥曰本处祥上人释行淳朴，可以委用。于是转达礼部给札付住持，以为本寺之统，焚修香火，祝延圣寿，祈佑斯民。（**下述上人状，略。**）嘉靖岁次辛亥仲夏吉日。

（《北京图书馆藏中国历代石刻拓本汇编》第55册，第155页）

护国褒忠祠记

赐进士及第、荣禄大夫、太子太保、礼部尚书兼翰林院学士、经筵讲官、会典副总裁华亭徐阶撰。嘉议大夫、工部右侍郎、直内阁、预修国史玉牒、侍经筵嘉兴谈相书并篆。

护国褒忠祠者，以祀故司礼监太监刚公者也。按前碑，公讳铁，有功成祖文皇帝朝，既殁，赐葬都城西十八里之黑山会，因为之祠。弘治初，司礼太监覃公昌请于孝宗敬皇帝，诏岁以清明祀公，有司奉行罔敢怠，而祠遂载祀典。观累朝之于公，其褒崇如此，公之勋业可以想见。而前碑不克详其事者，由史氏之遗之也。自古有一代之兴，则必有一代俊伟特杰之士起而为之佐，盖云龙风虎感召会合之机，非偶然者。洪惟我太祖高皇帝定鼎立极，永奠家邦，功德之隆，超越千古，故其得人，亦视古为盛。予走仕途三十年，数喜从故老询两朝之遗事，其谋夫勇将以及心膂之臣，往往有史氏所不及载，若刚公其人者，岂非以众多而然哉！顾此以众多见遗，而古之人乃或以一技一能托信史以垂不朽，以是知士君子不独遭时遇主，建立功业，有命存乎其间，即有功矣，而名之传与否，固亦有幸不幸焉，不能以概必也。然自永乐至于今，百五十余年，中间达官贵人何啻千百，其姓名踪迹既皆若海沤石火，澌灭无存，而公独有墓有祠，后之人虽不克诵其事之详，犹相与尸祝之不废，然则士君子患无功耳，其功果在国家，虽欲尽湮没之，不能也。祠为堂若干间，旁有庑，前有石门。又其旁有寺，屡圮而葺，今修其旧又加拓焉者，原总督内外营务今司礼监掌印太监兼总督东厂太监麦公福、总督内外营务并上林苑监等衙门兼掌御马监印内官监掌监事太监高公忠也。仰惟皇上神功圣德，增光二祖，麦公、高公同出而受眷知、侍帷幕，勋劳行能亦与刚公后先相望，故其修是祠，虽费无所惜，刚公之功，赖二公以益彰，二公之贤，因刚公以不泯，皆可为后劝也。予故记刚公祠而因及重修之略如此，俾作史者或有考焉。嘉靖辛亥仲夏吉日。

(《北京图书馆藏中国历代石刻拓本汇编》第55册，第157页)

洪武开国元勋司礼监太监刚公讳铁之墓。

(嘉靖间刻。《北京图书馆藏中国历代石刻拓本汇编》第56册，第139页。以上数碑在北京石景山八宝山刚铁祠)

史事

乾隆《福州府志》卷四六《名宦一》：“周广，字克之，弘治十八年进士，嘉靖初任福建按察使。(**略。**)镇守中官以广初至，谄之以金。广不省，寘诸府藏。比镇守告窘，取金还之。镇守惮服。有中官督织造者横索民财，有司莫能抗，广移檄禁遏。”

史事·宦官与寺庙

刘效祖撰《敕赐延福庙重修记》：“(**庙成化中创。**)嘉靖庚寅年(九年，1530)，大司礼龙山黄公(锦)重葺之。”

(万历八年刻，碑在北京西城区原北沟沿。《北京图书馆藏中国历代石刻拓本汇编》第57册，第81—82页)

《重修祖庭释源大白马禅寺佛殿记》。首题钦差后军都督府会昌侯孙杲、尚膳监太监黄锦、锦衣卫指挥黄锈。刻于嘉靖二十年，岁次辛丑，季春之月二日戊子。

（石在河南洛阳。《北京图书馆藏中国历代石刻拓本汇编》第55册，第63页）

《重修古刹观音寺碑》。“朝阳关外古刹观音寺大德贵檀尚膳监太监杜公勋及十方众清信等同声念佛须知佛即是心，同心助缘”。嘉靖二十七年五月吉日立。

（碑在北京朝阳区吉市口。《北京图书馆藏中国历代石刻拓本汇编》第55册，第132页）

汪道昆撰《重修古刹翊教禅寺碑记》：“明天子御宇在霄，天下薄海内外，莫不喁喁向风，于时家礼乐而人诗书，至治皞皞盛矣！京师为四方首善，海内于是观听焉。当其时，中贵人若戚里世禄之家，率崇象教以维风弼俗，于是庵寺胪列，数且及千。城西翊教寺，宋所□□，成化八年锦衣卫都指挥同知魏君讳林，同僧觉林重建。废久矣，嘉靖三十一年司礼监太监焦君讳忠、惜薪司佥书柳君昇、段君凯等撤而新之，（下略。）万历五年□□吉旦立。”

（碑在北京西城区育教胡同。《北京图书馆藏中国历代石刻拓本汇编》第57册，第52页）

附　穆宗隆庆朝(1566—1572)

嘉靖四十五年十二月戊申，令谕礼、工二部曰："大行皇帝豫造永陵，迨今年久，其令礼、工二部堂上官各一员，会内官监至彼恭视，议修饰之。"于是礼部左侍郎潘晟、工部右侍郎徐纲率钦天监监副杨绘诣永陵。(《明穆宗实录》,一,10)　　壬子，上(**即穆宗**)即皇帝位。(**遂颁诏大赦天下，诏曰：以明年为隆庆元年，**)所有合行事宜条列于后：一、……一、斋醮工作遵奉遗诏，悉皆停止，其原建斋醮之所，令[今]应作何处置，礼部逐一查议题请。工部料价并竹木等，两京内府各衙门段匹器皿香蜡柴炭匠役等、光禄寺品物酒饭等，但有因斋醮、工作加派者，该部通行查奏停革。一、织造、采买等项，除陕西织绒，河南、广东织葛，广东采珠、买黄白蜡、降真香及与福建买龙涎香，云南采宝石、采矿金，江西烧造磁器，并各处采芝，遵奉遗诏，悉皆停止外，其南京、苏杭织造内臣，诏书到日，俱即回京。各衙门解与钱粮，着南京工部、工科、浙江巡按御史查照造完段匹，扣算该银若干，将段匹具奏起解，剩下银两俱送户部，接济边用，造册奏缴。已派未纳者，行令征完，准作下年工部料价，却于下年派数内减除，以苏民困。其因绒、葛、珠宝、香、蜡、金、芝、磁器等项所派钱粮，已征在官者，截数起解，户部未征者，亦各征完，准作下年应解工部料价，减除派数。一、自嘉靖四十五年十二月二十六日昧爽以前，官吏军民人等有犯除十恶致死与诈传诏旨、交结近侍、通夷失机、强盗人命及侵盗边海腹里仓库漕运钱粮，并贪酷枉法、逆党、左道、扇惑人民为从，营干钻刺，指称诓骗，潜住京师窥探为奸者，俱不赦外，其余已发觉、未发觉，已结正、未结正，罪无大小，咸赦除之，敢有以赦前事相告言者，以其罪罪之。一、……一、内府各衙门供应钱粮，朕加意节省，用自有余，该部务查照弘治年间及嘉靖初年旧额，酌量征派。其以后年分加添者，尽行革除，将革过数目奏知，仍造册送科备照。如各衙门假以缺少为由，行文加派及该部阿奉准行者，科道官即时参奏，治以重罪。一、内府各监局库所收段匹、军器、香蜡等项钱粮，户、工二部奏差风力科道官二员，前去吊取文卷，备查原收若干，用过若干，见存若干，约够几年支用，造册奏缴，该部将以后应派之数酌量折征银两解部，以济边用。一、……一、各处解纳钱粮、马匹等项到京，被各内外管事人员生造事端，刁蹬需索，使用之数多于本物，以致上纳不敷，展转受累，该部申明禁约，许受害之人指实奏告，各治以罪。其各门、各库近年额外增设内官，司礼监尽行革回。……(一,12—20)

隆庆元年丁卯(1567)

正月丙寅，敕内官监太监王鼎、工部右侍郎徐纲等提督永陵工程。(二,48)　户部覆南京户科给事中岑用宾奏，其一言南京供用库、酒醋面局并光禄四署所积米、谷、豆、麦足支数年，宜暂征折色解部，其后以三年为率，征本色二年，折色一年，庶无虚费。其一言锦衣卫乌龙潭等三十六仓每仓有看仓余丁少者十名，多或二十名，月饩不给，宜仿正统十四年例，每丁准月粮三斗，于各仓耗米内支给，以示优恤。得旨："折色银两征解户部济边，余如议。"(二,53—54)　己巳，礼部奏："先年大行皇帝于西苑隙地种植麦谷，命总督仓场户部侍郎同司礼监督理农事，收其子粒，贮恒裕仓以供大祭粢盛，且欲以知稼穑之艰难，甚盛举也。但苑内禁地，农夫出入力作，事体非便，请罢部臣兼督，止令该监督理种植，以少存重农省艰之意，其户部侍郎督理西苑农事旧衔宜省。"从之。(二,60—61)　户部言："嘉靖初年，御用监、供用库岁派黄蜡止八万五千斤、白蜡四千斤，末年黄蜡增至二十余万斤，白蜡不下十万斤，此外复有召买，有折色，视正额不啻三倍。又上用香品，旧无征派事例，近行广东采办及顺天府召商收买，岁亦数十万斤，增费

扰民,宜一切裁省,如嘉靖初年例征派,其采办诸令即行停止。”从之。(二,61)

正月壬申,敕礼科左给事中王治、御史王好问查盘内府各监局钱粮,已而太监崔敏等奏请免查。户科给事中张宪臣劾敏等抗违明诏,当治其罪。得旨:“内府钱粮诏书所载者,自嘉靖四十一年始,备开收支见在之数,与科道官查理,不许违抗。其诏内不载者,亦不得概查。敏等勿论。”于是治等复言:“诏令已下,不宜以中官言辄罢。”给事中何起鸣亦极言其不可。上谓敏等所奏具有实数,令遵旨免查。(三,70) 甲戌,诏内官监黑窑等厂旧役镇朔诸卫军三百十四人俱放归原伍。(三,72)

二月丁亥朔,巡视光禄右给事中孙枝言:“光禄寺各门库坐门、监收等官额设太冗,凡行户买办、司府解纳,率求取常例,不胜其扰。宜行司礼监查核,系额外增添者悉除之。故事,巡视有给事中、御史各一员,其后添差查刷御史,宜并查刷于巡视。”户部、都察院覆奏,报可。(四,97) 乙未,司礼监太监梁钿等奏:“裕府庄田累年增税太重,宜如旧额亩征银三分五厘,宝源、和远二店及煤窑树株等条税,止遵正额征解,不得复征房课。”从之。(四,110)

戊戌,加恩藩邸侍卫、直宿、执事厂卫官校,提督太监黄锦荫弟侄一人锦衣卫指挥佥事,提督、太保兼太子太保、左都督朱希孝进兼太子太傅,轮直都指挥使孙钰升署都督佥事,都指挥佥事张大用升都指挥同知,指挥佥事李永升指挥同知,理刑千户谭宏、百户白一清各升一级,其余官校、力士下兵部拟奏升赏有差。(四,113—114) 辛丑,上加恩内臣,岁加司礼监太监黄锦禄米二十四石,荫弟侄一人锦衣卫指挥佥事;王本、冯保各弟侄一人锦衣卫正千户,胡明、乔朗、曹宪各弟侄一人锦衣卫百户;从龙太监梁钿、李芳岁加禄米三十六石,荫弟侄一人锦衣卫指挥同知,张仲举、翟廷玉、陈钿、陶金、吕用、崔玉、高相、杨义、张恩各荫弟侄一人锦衣卫正千户,宋朝用、张润、杨添寿、冯明、夏云、严用、李佑各荫弟侄一人锦衣卫副千户，张廷、周保、王荣、李忠、李銮、赵朝、郭阳、李惠、赵忠、陈忠、李禄各荫弟侄一人锦衣卫百户，于锐、刘用各荫弟侄一人锦衣卫所镇抚，俱世袭。（四，117—118）　内官监太监李芳劾奏原任工部尚书革职闲住徐杲与监正王儒等六人前修理芦沟桥，侵盗官银万计。得旨，命锦衣卫执杲等送法司鞫问。刑部拟如律追赃发遣，从之。（四，118）

二月甲辰。先是，内府匠役以工完升秩，至太仆少卿者二人，苑马卿二人，布政司使参议二人，郎中一人，员外郎三人，他如鸿胪寺丞、光禄署正等衔以百数，冒滥不可胜纪，上心恶之。于是内官监太监李芳等奏请裁革。事下吏部议，留用、闲住及裁减职级俸薪食粮供役有差，仍请自今有夤缘乞升者听本部参治。从之。（五，125）　乙巳，命内官往启永陵皇堂，预设明器。（五，126）

戊申，户部奏定内府各监局岁派钱粮：供用库白熟粳米五万石、芝麻七千三百五十石、绿豆一千二百石、叶茶三万五千斤、芽茶四万五千九百斤，酒醋面局小麦五千九百石、白熟糯米七千五百石、黄豆二千五百石、黑豆一千三百五十石、绿豆三百二十五石。内官监白熟细粳米一千二百石、白熟粳米九千石，光禄寺小麦三万二千石、豌豆一百五十石、白熟粳米五万三千石、白熟糯米一万四千石、细粟米五万七千五百石、赤豆五百五十石、黄豆一千六百石、绿豆八千石、青绿豆三百石、白豆六石、蓟秫五千三百五十石、芝麻六千石。惜薪司白熟糯米一十五石一斗、枣一万五千五百七十斤。司苑局黑豆一千九百五十石。御马仓大麦三千五百石、豌豆三千五百石、绿豆五千七百石、马草四十四万束。甲字库银朱三万一千七百五十斤、贰朱二万二千九百五十斤、靛花青四千四十斤、黄丹五千八百斤、乌梅四万一千八百斤、紫草二千三百斤、明矾二万五千斤、碌矾七千八百斤、藤黄二千九百斤、光粉一万七千斤、黑铅二万四千斤、槐花一万斤、水胶一万斤、红花一万斤、蓝靛二千斤。丁字库黄熟铜二万九千三百斤、红熟铜二万三千斤、黄蜡二万四千六百斤、生漆八万四千二百八十斤、桐油九万七千三百七十斤、锡八万三千七百斤、牛筋三千九百四十斤。因言:“内府一切供应,大率嘉靖初年与弘治年间数目略同,自嘉靖二十年以后征派渐增,视正额加倍。臣等仰体皇上敦崇俭约至意,酌往准今,悉从裁减。乞敕监寺衙门永为遵守,不得擅议增派,本部亦不许曲意奉行。”得旨:“各项钱粮依拟减派,各该抚按官其严察有司,毋容混征,有负朝廷德意。”(五,148—150)

三月辛酉,提督上林苑内官监太监李芳奏:“本监官属内自佥书而下,外自左、右监丞而下,各有本等俸给,其跟办皂隶、冠帽、习仪等项银两系近年增派,宜悉裁减,著为定例。”得旨允行。(六,163)

四月丁亥,户部覆直隶巡按御史刘翾条奏盐政四事:“(**一、调停商灶。一、议处食盐。一、清查灶丁。**)一、严禁私贩,言权贵射利者指以内监等衙门为名,贩载私盐,络绎道路,沿河势要之家窝藏寄顿者尤众,公行贩卖,莫敢谁何。宜行尚膳、御马二监,今后啖马凉盐及鱼蛤等盐,止许易买商盐,不得入场贩载,一切指称者听所司擒治,其豪右窝藏及皇船夹带者,官兵设法搜捕,重则巡盐御史劾奏以闻。”从之。(七,193—194)　甲午,革锦衣卫冒滥官旗米万春等八十二人。(七,200)

五月庚午,诏罢宝坻县等处采取鱼鲜,自今荐新、上供俱令光禄寺备办,毋得奏遣内官,著为令。(八,230)　己卯,永陵祾恩殿工完,遣成国公朱希忠恭请世宗肃皇帝神位,中官恭请孝洁皇后、孝烈皇后、孝恪皇太后神位奉安,希忠行祭告礼。(八,236)　庚辰,先是,司礼监太监黄锦当荫弟侄为锦衣卫指挥,乃奏辞新命而为其侄黄浦乞复都督衔,仍佥书锦衣卫。事下兵部议,会锦死,事遂寝。已而太监滕祥等复为浦奏,且乞授其族人黄保等六人为锦衣卫官,为锦守墓,仍令黄斌等三十人充御马监勇士以示存恤。上皆许之。至是,给事中严用和、管大勋,御史陈联芳、张槚等交章言浦等前已不职罢，不当复叙，而保等欲藉守墓冒授官职，斌等以厮卒欲借勇士之名縻廪饩，皆不宜听许。惟陛下为国家爱惜名器，慎重法纪，悉收回成命，仍予以应得恩荫。兵部覆请，从之。(八，238—239)

六月丙戌，诏以隆庆、怀来等州卫所庄田归有司，以供军饷，从太监梁钿等奏也。(九，242) 丙申。先是，御史张檟言皇极等门宜悉复圣祖旧额，太监李芳言南北二郊当合祀，上俱下礼部会官详议。至是……上曰："殿门等名出自皇考钦定，郊坛分祀亦皇考议复皇祖初制，俱如旧遵行，不必更改。"(九，247—250) 戊戌，礼科左给事中王治等奏上清查内府各监局库布、绢、绵、绒、香、蜡之数，请如诏令举行，因劾奏掌供用库内官翟廷玉、掌丁字库内官马尹等干没之罪。上报可，仍以廷玉、尹属司礼监治罪。(九，252) 壬子。先是，内府供用库太监翟廷玉等言岁用黄白腊[蜡]、粳米、盐、茶等物行移户部，办纳送库，户部执奏不可，有旨再议。至是户部复言："据查盘科道文册所开，则内库所积尚有赢余，俟此后支用不足再行酌议。今圣政方新，请免加派以信诏旨，以明俭德。"上是之。(九，269)

七月丙辰，南京户科给事中岑用宾言："南京内织染局往年因积负数多，司局长随陈宪妄以添机雇匠为名，加派于应天府属者逾数万金，此非先帝意也。请自今罢工匠之召募，仍免派征未输者，以苏畿民之困。"诏可。(一〇，272) 庚申，酒醋面局署局事太监冯明等请加派米麦刍饷以充经费，户部左侍郎徐养正等执奏：此奉诏所裁省，明等违例妄请，不可许。上从部议。(一〇，277)

己巳，以永陵工完，加太监李芳、王鼎各恩二等，周昶等各一等；侍郎徐纲升俸一级，荫一子为国子生；郎中陈烨、员外郎张守中各升俸一级，仍各与工部尚书雷礼、镇远侯顾寰等、郎中费尧年等各银、币有差。(一〇，282) 壬申，巡按湖广御史陈省劾太和山守备太监吕祥罪七，乞征祥还并罢守备官。兵部言："内臣有事太和山，始于成化初，然止用以提督道流，于地方无与也，宜如省言罢之便。”上是之，诏革分守，征祥还。已而司礼监请以御马监右监丞刘进代祥，上仍命提督分守湖广行都司等处。于是兵科都给事中欧阳一敬疏言：“臣访知刘进者本刘俊，尝守显陵，诛求万状，肃皇帝下之狱，以充孝陵卫净军。今逃籍易名，复得进用代祥，此退饱虎而得饥虎也。”上悟，遽命罢进，问司礼监孰可代进者。于是内官监左监丞柳朝自司礼监典簿得推用，仍兼分守。兵部尚书郭乾曰：“臣惟人君之尊如天，其令四时也，故传曰：‘令重则君尊。’夫一太和山内臣耳，部臣曰分守可革，陛下亦曰可革，科臣曰分守可革，陛下亦曰可革，而旨从内降，旋复易之，传播中外，殊骇听闻。臣等以天事陛下，愿陛下以天自处而坚四时之信，天下幸甚。”上是之，命改给朝提督太和山关防，毋兼分守。(一〇，285—286)

八月甲午。初，工部以织造事疏请分别岁办缓急，循次奏完，以宽民力。上是其言，会司织染局太监陈洪连疏督造，上亦是之。于是工科都给事中冯成能言：“顷罢织造之不经者，本出自明诏，今业不能尽罢则当以次宽之，部臣言是也。”疏入，上竟从部议。(一一，306)　　辛丑，裁革内府各监局官匠计一百(**武大本、抱本、嘉本**[①]**作六百**)六十二员名，其有逃亡者令仍虚其数，止于革去数内量减一二，堪役者以补之。(一一，312)　　辛亥，户部请自元年以后钱粮免进内库，皆留太仓以充边费。许之。(一一，320)

九月癸丑，上命太监吕用、高相、陶金坐团营。兵部尚书郭乾执奏，以为营制经先帝裁定，革去团营，尽复二祖三大营之旧，官有定员，不用内侍，此万世不刊之典。遗训昭然，今一旦易之，不可。上曰：“朕观《大明会典》，有内臣监营之制。”仍命草敕赐之。(一二，321)　　丙辰，兵科给事中欧阳一敬等、巡视京营给事中孙

① 武大本即武汉大学本。嘉本为嘉业堂本(有该堂藏印)。

枝、御史韩君恩等各上疏言内臣不当坐营，且团营裁革已久，亦无可坐，乞追寝前命。上以示辅臣，徐阶等言："太祖原无团营，团营之设起于景泰年间，至嘉靖二十九年已经先帝裁革，特以《大明会典》修于正德中，未及明载。今内臣委无团营可坐，事体有碍施行，言官所言，无非仰望皇上远遵太祖之初制，近守先帝之定规，似应俯从。"上不悦，因诘阶等何故不奉诏，令具以意对。阶等对言："皇上有旨，臣等岂敢不遵。但团营先于嘉靖二十九年先帝因虏贼入犯，惩戎务之废弛，考太祖之初制，将团营裁革，内臣取回。数年以来事权稍得归一，操练渐觉有效，良法美意，诚万世所当遵行者也。今命内臣坐营，若据见在之制则已无营可坐，若必欲用内臣则须将先帝定制尽行更变，不惟臣等不敢，窃恐圣心亦有所未安者。且团营始于景泰，革于先帝，臣等下情，实愿皇上惟以先帝为法，是以昨蒙发下科道之疏辄有陈奏，无他意也。"上纳其言，遂命罢之。(一二,323—324)　　癸亥，以修理乾清宫等工成，太监李芳、滕祥各荫弟侄一人为锦衣卫千百户，李遵等加恩二等，工部尚书雷礼荫一子为国子生，督工给事中张缙、御史王加言俱升通政司右参议，镇远侯顾寰、礼部尚书高仪、兵部尚书郭乾、掌锦衣卫事都督朱希孝、工部侍郎徐纲、兵部侍郎迟凤翔、曹邦辅、工部郎中刘经纬等各赉银、币有差。既而礼固辞荫子，芳、祥亦辞，上俱允之，仍赐银、币；缙、加言亦以不习奏事辞不拜，改尚宝司卿。(一二,328)　　乙丑。初，湖广抚按官奏："兴都额赐涮马滩、罗水(**实录各本水作小**)山、池河、焦山、罗铁沟、利河六庄，赤马、野猪、芦伏二[三]湖，计地八千三百六十八顷，自先帝龙飞，始命内臣主之。后听信校舍王道等夤缘为奸，肆行兼并，新增田地八百八十顷，分为三十六庄，军民受害为甚。乞将地近纯德山园陵者仍属司香内臣管理，其余六庄二湖纳租者悉付有司征收，侵占者追还原主。"已奉旨允行，道等下所司逮治矣。至是承天守备太监张尧奏留前地养赡，仍为道等称冤。上复从之。(一二,329)　　辛未。初，户部议派内府供应白粮,以弘治及嘉靖初会计之数折中定五万石,会上登极覃恩,例当减半。于是太监翟廷玉奏见在内官一万四千五百余名,岁用米六万九千六百余石,即如原派之数尚少二万,请为补给。下户部覆奏:"今岁会计已定,加派不及,请暂借光禄米给之。"报可。(一二,336—337)

十月乙酉,命调巡抚江西兵部右侍郎任士凭、抚治郧阳右佥都御史刘秉仁于南京别衙门用,以御史凌儒劾其不职故也。已而给事中吴时来等又言秉仁前议裁革分守太和山内臣,首鼠畏祸,乃疏荐太监李芳,暗结其心,无大臣节,不得概从轻贬。秉仁坐罢。(一三,349)　乙未,南京内织染局太监刘安奏请预给染料,工部覆:"嘉靖中每十年一奏料,少亦不下七年,今四年预请,非故事,不可从。"上是其议。(一三,358)　乙巳,礼部覆给事中庄国桢奏革太常、光禄等寺厨役二百五十名及内府玉器等官匠工完年久冒给光禄酒馔者,上从之。(一三,367)

十一月丙辰,赐朝鲜国王李峘谥恭宪,遣中官姚臣、行人欧布稷吊祭,封其侄署国事李昖为朝鲜国王。(一四,378)【考】据朝鲜《宣祖实录》,所遣吊祭使为太监张朝、行人司行人欧希稷,新王册封使为太监姚臣、李庆。《明穆宗实录》于此窜记遗漏,且行人名有异。又朝鲜《宣祖实录》卷二,隆庆二年二月庚寅载:"卯时,大驾至慕华馆。天使张朝至而入馆,百官先至于迎诏门之西,天使受五酌而起。近迎诏门下舆,与我朝百官相揖而别。凡抬扛之物,至三十有三。是日饯赆之物,留置而去。虽云贪婪,然比之戊午王本、赵贲,则差有间矣。"戊午年(嘉靖三十七年)之遣使,《明世宗实录》失载。按,王本嘉、隆间任司礼监太监,其名位次于黄锦,而在冯保之上。

十二月乙酉,尚衣监太监高相等奏,以物料不允,乞如嘉靖十七年例增额召买。工部执奏:"今诏书方务节省而相等首开縻费之端,不宜听许。"得旨如部议。(一五,407)　癸巳,工科都给事中魏时亮请汰锦衣卫军校及监局匠役冗滥者。从之。(一五,411)

戊戌,工部主事杨时乔上陈时政,言几之当慎者三:"日勤朝讲为修德之几，亲裁章奏为出令之几，听言能断为图事之几；弊之最重者九：曰治休怠弛，曰法令数易，曰赏罚冒滥，曰纳鬻太多，曰用度太繁，曰庄场扰害，曰习俗侈靡，曰士气卑弱，曰论议虚浮；势之偏重者三：宦寺之权重于难制，宗藩之禄重于难给，边镇之威重于难振。”章下所司知之。（一五，413—414）　　壬寅，工部以岁办惜薪司白炭例应千万斤，今定为府三部七之则，仍各减黑炭之数以补其值。从之。（一五，419）

本年附

艺文·碑铭·太监朱宝墓志

明故内官监太监谦斋朱公墓志铭

赐进士出身、资善大夫、工部尚书、直内阁、侍经筵、同修国史玉牒致仕嘉禾张文宪撰。赐进士第、正议大夫、资治尹、户部左侍郎致仕、前兵部左侍郎兼都察院右佥都御史、两次奉敕总蓟州军务合肥孙禬书。正议大夫、资治尹、经筵官、鸿胪寺掌寺事、通政使司通政使仁和吴祖乾篆。

公姓朱氏，讳宝，谦斋其别号也。世为广东人，祖、父咸有隐德弗仕。公生而器宇□厚，髫年颖悟，甚为父母钟爱之。正德甲戌（九年，1514），选入内庭。本年九月内复选进乾清宫近侍。嘉靖改元，受业内书馆。时大学士未斋顾公（鼎臣）□诸内翰皆重公，喜其学□□□。公益克勤不懈。嘉靖壬辰（十一年，1532），复拨司礼监六科廊书办。公夙夜勤励，攸尽□□焉。乙未（十四年，1535），获选乾清宫御司房书篆。公尤兢兢业业，夕惕若厉。丙申（十五年，1536），升长随。本年八月内晋职奉御。丁酉（十六年，1537）升内官监右监丞。己亥（十八年，1539）转右少监。本年秋升左少监。庚子（十九年，1540）晋职太监。公益□心志，淬砺其躬，勉修职业，无少怠荒焉。辛丑（二十年，1541），蒙赏飞鱼。壬寅（二十一年，1542），复赏斗牛。本年九月内承钦选进殿阁答应。癸卯（二十二年，1543），蒙钦赐蟒衣。戊申（二十七年，1548），复赐玉带。本年秋钦赏内府乘马，实异数也。甲寅（三十三年，1554）着做牌子，随朝捧剑。本年夏，赏白金二锭、大红金彩纱蟒衣一袭。丙辰（三十五年，1556），加禄米十二石，人咸羡其荣也。公屡承渥恩，感激知遇，尝思捐躯报国，□夕蹇蹇弗替，寅畏小心，始终若一，有唐张承业之志诚，不负其所学也。

今上(**穆宗**)改元(1567)六月内，以老疾辞归私第，七月二十七日以疾终于正寝。名下孟成等持状丐予以为铭。予闻公旧矣，且欣服高义，不获辞也。呜呼！公赋质英迈，性好忠孝，恭以交人，惠以遇下，禄不逮养，食必兴思，公可谓不凡之人也。遂为之铭，铭曰：

茫茫堪舆，俯仰无垠。人于两间，眇然寄躬。不有忠孝，何以克容。肃肃谦斋，内庭之杰。诵诗秉礼，孰与其列。居官之箴，清慎廉白。公笃守之，永保令节。每逢简任，克善厥德。蟒袍玉带，恩渥殊□。南海之英，丰标夐别。移孝于忠，水清玉洁。松桧森郁，佳城悠凸。永妥厥灵，万亿岁阅。

都城西直门外八月一十日安葬。

(北京海淀区紫竹院北出土。《北京图书馆藏中国历代石刻拓本汇编》第56册，第152页)

艺文·碑铭·真武庙碑

王槐撰《真武庙重修碑记》："庙在织染所内，所在都城西北隅，南瞻玉阙，东跨金河，碧流经门，萦带千顷，诚虚一生水之象也。景气清胜，规址□涤，是宜神宇屹然，官衙邃尔。肇自景泰之初，迄今盖有年矣。隆庆改元，尚衣监太监李公钺拜命掌所事，往来顾瞻，恒以庙第偪圮，未足以尽事神之诚，首捐俸金若干，经营重修之举。于是御马监太监张公伟竭尽心力，倡率同志而辐辏之，资集工鸠，谋合材聚，(**营建略**。)隆庆元年，岁次丁卯，孟春之吉立。"

碑阴刻万历十九年十二月一日题名。

(碑在北京西城区小新开路通明寺。《北京图书馆藏中国历代石刻拓本汇编》第56册，第147—148页)

艺文·碑铭·玄真庙碑

刘俊撰《重修古刹玄真庙碑记》："(**昌平州北有玄真庙**。)嘉靖丙寅岁(四十五年，1566)，御用监掌印兼掌司设监印太监两山滕公祥奉敕悼陵公干，路经越此，下车礼瞻圣像，见得庙貌倾颓，水患冲坏，公顿发诚意，将素积君恩赏赉，命名下御用监太监张纪、在彼善信刘璋、刘瑸、家人刘鍏、吕景春等鸠工贸材，(**营建略**。)亦蒙祥本官司礼监掌监事太监龙山黄公锦等助善施财外，治腴田四十余亩，以供僧人之需。(**下略**。)大明隆庆元年，岁次丁卯，二月中吉立石。”

(碑在北京昌平沙河北二村。《北京图书馆藏中国历代石刻拓本汇编》第56册，第149页)

隆庆二年戊辰(1568)

正月丙辰，内官监太监李芳等请停征近年加增白熟细粳米四千五百石、白青盐三万斤，隆庆二年以后岁派止照成化、弘治间事例，米一万一千五百石、盐十三万斤，令所司办纳。上嘉其节费惠民，从之。(一六，429)　　己卯，吏科给事中石星言：“天下之治不日进则日退，人君之心不日强则日偷。臣窃见陛下入春以来，天颜渐癯，视朝渐稀，章奏频阁，逸游屡肆，用是不避斧钺，条上六事：(**一曰养圣躬。二曰讲圣学。三曰勤视朝**。)四曰速俞允。……陛下即位，听言纳谏，或事涉无当，亦即降旨，今则有允有不允者矣，不允者固未审何如，而允者亦违常期矣。是岂愚言拙计不当圣心，故濡滞以示警耶？抑或左右内臣遏抑章奏，不使达于宸聪耶？臣尝因而数之，事有关于圣躬者则留中不下，事有关于内臣者则稽迟不允，甚或有以此得罪者。如此则虽有指鹿为马之欺，南诏丧师之祸，亦无由知矣。且寻常章奏稍缓可也，乃如虏报军机，呼吸利害，稍涉稽缓，为祸不测。臣愿陛下自今于寻常章奏三日而下，兵机之事则不时进览，庶纶音速示而壅蔽可通。(**五曰广听纳**。)六曰察谗谮。孔子曰：‘浸润之谮，肤受之诉不行焉。’可谓明也已矣。方今公道昭明，谗说颇息，间有一二内臣专作威福，肆为无忌，因言官攻发其奸，遂怒目切齿，欲行中伤。夫其所以中伤者，不过即其谏诤之言，或过于直则曰此人欺陛下，或过于激则曰此人慢陛下。偶一言之尚未允从，渐渍既久，则不觉其入而发之怒矣，怒则谴责加焉。台谏之臣由此杜口，彼始得以遂其无忌惮之为，而天下将至于不可收拾，此固非人臣之利，亦非国家之福也。惟皇上深烛其情，于凡一切谮毁之言悉置不行，则保全善类而天下之至明必归陛下矣。”疏入，上怒以为恶言讪上无礼，命廷杖六十，黜为民。(一六,452—457)　庚辰，工科左给事中王玺等言内库之弊，其在外者有三：曰包揽花费，曰解户私逃，曰挪移延缓。欲严择官保，籍其年貌，以便稽查。其在内者有四：曰铺垫，曰守门科克，曰茶果馈仪，曰棍徒需索诓骗。欲如《会典》所载，令铺户辨验钱粮，每季辄易库夫盘运看守，三岁一更。科道给与印记年貌木牌，方令进库。至于纸笔盖席车价，虽难尽革，亦宜酌量扣算，立为定额。抽验上库者即用印记以防他日移咎委官。其解户在逃与系狱者，岁月寖深，物久必坏，当先寄库，执其人付法司，情有可原者赦弗治。得旨，俱如议行。(一六,457—458)

二月辛巳朔，礼科左给事中张卤言：“皇子方在睿龄，外廷讲读事尚有待，惟近侍内臣事易习、言易入，所系尤重。宜敕司礼监慎选各监局人员，必老成公正、通诗书识大体者，使在左右，口授书史，陈说民情利弊，动作举止必导以正，他日亲贤讲学，基命成德之助，端在于此。”上是之。(一七,459)　壬辰，大学士徐阶三疏辞免恩命，上曰：“卿才兼文武，久著勋劳，特加殊恩，以示酬眷。宜承命即出辅理，不允所辞。”是日又遣太监刘大用至阶第，赐白金五十两、大红麒麟服及纻丝四表里、钞五千贯并茶、饭、羊、酒。(一七,480)

三月戊午。先是，有旨命太监李佑往督苏杭织造，工部言：“顷以明诏取回织造内臣，中外传颂圣德，今诏墨未干而制使复出，殊骇观听。请行抚按官如法督造而罢佑勿遣，毋渝大信而损俭德。”上谓已有成命，趣予佑敕，令亟去。于是都给事中孙枝、御史郝杰各疏言：“比来东南诸郡赋役烦苛，财力困竭，即乘舆服御有数而工役科派费实不赀，且内侍声势尊严，有司承奉惟恐不及，一切供亿皆民脂膏，惟陛下如部臣议，以苏东南久困之民。”俱报有旨。(一八,496)　　壬戌,赐五军、三千、神机三大营京卫外卫见操官军及侍卫带刀直宿锦衣、府军等卫、御马监并武骧左等四卫官舍将军旗军勇士、午门等门并正阳等九门官军人各银一两,锦衣卫左等所官各绢一匹,旗校军奴并各监局上工军匠人各米一石,内府上工民匠、光禄寺厨役人各米七斗。(一八,507)　　癸亥。初,永乐时尚膳监有羊房在韩家川冷泉,至景泰间移于西琉璃窑厂,凡牧地一十三顷四十一亩。又置司牲司官吏及军士护守,岁费数千金。至是光禄卿赵锦请以羊供本寺之用,其官吏军士皆宜罢设。太监孟冲等疏争之,上从冲等言。(一八,510)　　丙寅,御用监奏合用金箔、漆朱等料已减定数目,行工部办送本监。工部以漆朱等料皆旧例所未有,宜以嘉靖初年为则,其金箔等料如数处办,自今各监局物料仍如节年事例,不得加增。上从部议。(一八,515—516)　　壬申,内织染局太监陈洪复奏,以上用龙袍及纻丝纱罗绫紬行所司织造如式。工部言:"前者以织造事属太监李佑,计不下四十余万,东南民力尚不能堪,今佑未行而征派之令复下,计不啻六十余万,是益其困也。且东南财赋之薮,不宜重朘削之,以伤国脉。"上乃止。(一八,517)

四月壬午。先是,上令内承运库太监崔敏以户部银六万两买金一万两进用。户部尚书马森等言:"皇上知太仓之积不足以供边饷,故出内库银买金,甚盛心也。第黄金产自云南,所出有限,岁额不过二千,尚多逋者。至于商人,尤难责办。先帝时曾买金二千,日积月累,仅能足数,不能足色,寻诏停止,以此金暂贮太仓。今欲于数日之内即满一万之数,臣等知其不能,请先进见贮太仓者,督云南布政司亟进年例,以供上用。又祖宗时,御札皆司礼监传之阁臣,转示各部院,无司礼监径传者。更望陛下率由旧章,以示崇重命令之意。"得旨:"银两且不必发,取见在金进用。"(一九,522—523)　　戊子,户部覆直隶苏州府知府蔡国熙奏:"民运白粮,如内官监白熟细米,每石加耗米一斗,供用白熟粳米、酒醋局白熟糯米及景、汝、泾三王府禄米俱如内官监白熟粳米例，每石加耗米五升。至于铺垫等费，每石酌议银三分，与光禄寺禄米仓白糙粮一体遵收上纳者，不得藉口妄索，监收者不得越例需求。其粮长包揽之弊，下抚臣严禁。”得旨允行。(一九,526)　辛卯，工部覆南京给事中张应治等奏：“南京司礼监神帛堂制帛，往时以斋醮加增，乃顾募人匠派征工银，以佐一时之急。今斋醮既革，制帛既减，不当仍旧征派。臣以为神帛堂工匠自嘉靖二十四年以后增设不系旧额者宜行裁革，工价未征在官者咸蠲除之，不得重困小民，紊乱旧制。”上是之。(一九,527—528)　丙申，诏修理禁门城楼及疏浚御河。工科给事中刘继文言：“今财力诎乏，边务方殷，不宜兴不急之作以滋劳扰。”工部亦为言。上乃命会同内官监酌量缓急，次第修理。(一九,531)　丁酉，福建巡按御史王宗载言：“本省荔枝等料，每年额派脚价三千三百九十余两，自嘉靖四十三年增银六百三十余两，甲、丁二库银朱等料大约不过五千两，后增至一万八千九百九十余两，黄白蜡本折色初止一万四千余斤，后增至四十倍以上，当如诏裁革。”又言嘉靖初年每丁石征料钞银八分，岁有余积，将盐钞纲银并于料钞支用，嘉靖十七年议以盐钞纲银另行征派，每丁石止征料钞银六分，今料钞(**抱本钞下有银六分三字**)仍加至八分而盐钞钢银不与，宜量行减免。户部议以为凡坐派国课骤加于民，故民必惊疑，至于沿袭已久则民亦习服，且时异势殊，不得尽援嘉靖初年之例。请于福建所解黄蜡仍加派一万四千二百斤，白蜡亦加派一万斤，黄蜡自额定本色送库之外，每斤征银二钱，白蜡尽改折色，每斤征银四钱，计八万余两，俱解太仓，而白蜡于三年之后仍改本色六千斤供内库用，其果品牲口加派银三万有奇，亦解太仓为边饷；甲、丁二库银朱等料皆内库会数斟酌坐派者，难以改易。上是部臣言。(一九,532—533)　辛丑，上遣中官尚文至大学士徐阶第，赐谕曰：“朕见卿累疏奏辞，岂可以小疾舍朕求退？早出辅政，不负望焉。”阶上疏陈谢，乃起视事。(一九,

535）　戊申，太监滕祥等议将工部召买川漆、广生漆、云母石等物料旧例三年一题者，均为三分，令一岁一题，以济急用。工部言："故事三年额办，计银九千四百余两有奇，今三分之于例无害，第川漆等料之外又加熟金漆、水花朱，额外征索，积之三岁，数与额办三分之一相等，是三年之内暗增一年。诎乏之时，安可责办？惟上加意节省，稍宽民力。"得旨："均派银两以隆庆二年为始，送监应用。"（一九，540）

五月辛亥，户部奏："内府甲、丁二库布匹颜料，初运本色，其后折价买办，而有司不行督解，辄移借太仓；且物料非京师所产，其价自倍，糜费损课，莫甚于此。请令出产地方以后仍供本色，其积成代买之数，务严征抵补济边。"上是之。（二〇，543）　丙子。先是，钦降织造花样四函，令工部行南京供应机房照式督造，及遣官赍送，至则莫有主者。工部以闻，请令南京织染局太监刘安并任其事，上仍命太监赵玢往。工部复言玢取回未几，复命之出，是诏令不信也；且该库既知供应机房无人，不以奏请，而漫令臣等赍送，此其志欲复遣官而诡设计策以欺陛下，其于圣德国体所损不细，惟陛下幸从臣等言。上曰："原样发自御前，何与该库？且尔等初言供应无人，兹已遣官，何为烦渎。其令玢遵旨亟去。"工科都给事中孙枝亦请从部议弗许。已而兵科给事中陈邦颜言："属者陛下方下修弭之诏而中官织造之命一月两出，部臣以职掌止之而不听，科臣以封驳诤之而不回，如此而上下变服，名为修省者亦弥文耳。应天之实，惟在惠民。臣愿陛下亟罢玢遣，毋重困元元，以益天怒。"上罪其抗旨渎扰，夺俸两月。（二〇，562—563）

六月戊子，太监赵玢请议处织造工料银两。工部言："供应钱粮，部臣自当措处，不必仓皇请给，宜令会同南京户、工二部及科道估计。且南京去苏、杭不远，物价工力宜与太监李佑一体痛革宿弊。"得旨："会估并革弊，俱遵敕行事；应用钱粮工部即行南京该部处给，不得迟误。"（二一，573）　乙未，诏停差真定抽木内臣，岁令府佐领之。时太监李芳以灾异频仍，奏先年差官侵渔宿弊及诸府管解之苦，请以明年为始，勿遣内臣抽印，止委府佐，仍以抽过木植易银济边。工部是其议，故有是命。(二一,577—578)　乙巳，简汰锦衣卫冗滥员役三百五十九人。(二一,581)

七月乙卯，南京户科给事中张应治等以灾异频仍，条陈修弭七议：一勤政，二亲贤，三立信，四足兵食，五平寇盗，六复军储，七察幽枉。大要谓天心仁爱，人君修德禳灾，不当专责臣下。而前三议劝上革内批，罢游幸，召还织造内臣，语甚切直。上意颇不怿，第下其章于所司。已而复谓兵部不当题覆，切责之。(二二,587)　丙辰，内使许义坐挟刃吓人财物事发，巡视中城御史李学道不候参题，遂执而笞之，其党皆忿恨不平。是日朝罢，有内使百余人突出至左掖门外，捽学道众中，奋挺殴之踣地，百官相顾错愕。上闻之大怒，命锦衣卫执内使十余人至东上门，杖为首者一百，发烟瘴地充军，余各杖六十，发孝陵卫充军。学道亦以擅笞内侍，不谙事体，调外任。(二二,588)　癸酉，南京兵部尚书刘采言内臣进贡多用马快船，窃载私货者宜加查禁。上从之。(二二,604)

八月乙未。先是，湖广抚按官奏革承祐(**广本、嘉本承祐作承天元佑**)宫住持，没入庄田八十七顷，以备汉江修堤之用，已得旨允行。至是守备太监张尧又奏称前田系碑载旧数，乞留征租进御。户科执奏："租银以之进御于国用不加多，以之筑堤则拯万民之溺，而以保护陵寝，彼此轻重较然，宜如抚按官议。"上命遵前旨，听有司征收，不得再行奏扰。(二三,621)

九月丁巳，御用监太监滕祥言上用漆器物料不宜入年例中减革，乞敕工部查嘉靖二十七年、隆庆元年故事，如数征办。尚书雷礼奏此系传造钱粮，本无定额，皇上登极之始，服御更新，自合加办。今尚未逾年，龙床、卤簿之类已不必改作，其他杂器止宜于年例物料内关支，而欲臣等岁岁开端，仍引嘉靖中明诏裁革之数执为故事，非臣等所敢知也。得旨："传造钱粮姑如数送监，此后不得援以为例。”(二四,649—650)　辛酉,少傅兼太子太傅、工部尚书雷礼复上疏引疾乞休,因言:“本部上供钱粮已经奉诏节省而为太监滕祥所持,危言横索,事事掣肘。如近者传造橱柜、采办胶漆、修补七坛祭乐器,祥辄自加征,所糜费以巨万,而工厂存留大木围一丈长四丈以上者该监动以御器为辞,斩截任意,用违其材。臣礼力不能争,但愤惋流涕而已。今嫌隙既成,事体相悖,若留臣一日则增多事于一日,乞早赐罢以全国体。”上览疏不悦,令致仕去。然礼在先朝以工于容悦致通显,上初即位,攻之者甚众。及是自知不满于公论,故以事忤中官求去。挟诈沽直,非大臣去国之道也。(二四,652—653)　先是,刑部罪赎纳银岁输工部,充各项修理及内府灰炭之用。既而户部尽请以济边,刑、工二部不胜诸监局之扰,乃复议以罪赎送工部,还官、入官银送户部。得旨:“灰炭等项银准如旧,于工部折纳,余仍遵前旨行。”(二四,653)　丁巳,巡青户科左给事中刘继文等奏言:“近例,酒醋面局商人兼办内官监、宝钞司稻草钱粮,不胜重困,宜分其役为二,使众轻易举。又商人三年一更,更不逾年辄派,事属烦扰,宜令科道官每岁会审一次,贫无力者即更之,既更五年方许复佥,庶劳者得息。”部覆从之。(二四,664)

十月庚寅,南京织染局监工内使张进朝(**广本作朝进,下同**)以差回,诈称奉敕往湖广、南直隶选取秀女,远近讹传,婚嫁失所。事闻,诏下南京法司鞫问,拟进朝罪斩,其党俱充军。(二五,687)

十一月乙丑,命锦衣卫逮闲住太监李芳,杖八十,送刑部狱监锢待决。尚书毛恺言:“自昔圣王刑人于市,与众弃之,非直使死者服罪不冤,且将使生者惧罪不犯耳。芳供事内廷日久,今一旦坐死,罪状未明,臣等皆莫知所置诘,非所示天下公、安左右之心也。”疏入,上以芳在内事上无礼,第命锢之。盖芳数以直谏忤旨故也。(二六,709)　辛未,命锦衣卫逮内官杨义于南京,陈钿于山海卫,各杖三十,送刑部监锢。(二六,710)

隆庆三年己巳(1569)

正月戊申，逮钟鼓司佥书内官李智并王进、巩真各杖一百，下刑部狱。(二八,737)　　庚申，巡视库藏吏科右给事中龙光言："内官监供用钱粮错杂，难以稽查，乞自今年为始，将该监库厂积贮并户、工二部相关出入之数通行查刷，以备上览。"从之。(二八,745)　　甲子，工部尚书朱衡奏："本部岁派各省料银，计五十万两，今节年积欠至百万余两，见存不及二十万两，而圜丘砖料及卤簿、军器之用费且倍之，帑藏诎乏，无甚于此，请令有司刻期办纳。臣又惟朝廷之供应，皆小民之脂膏也，今内外诸臣不思撙节，甚者又从而朘削之。臣等目击时艰，不敢不更相饬戒，为国家守财。至于内府监局一切加征浪用，则在皇上亲发训辞，俯容臣等随事执奏，庶宫中府中，俱为一体，而国用民命两有所赖。"上是之，因命所司责逋省费悉如衡言。(二八,747—748)

二月己卯，发南京内官监太监邢保充军。先是，给事中张应治疏劾保干没工部银两，请罪之。上命先治其吏胥用事者，俟鞫状既明，乃议保罪。已而刑部坐保监守自盗律，故有是命。(二九,756—757)　　辛巳，户科右给事中刘继文条陈牧政五事："一、大坝等马房牧地侵占浸多，地削课亏，宜履亩踏勘，明立界限，令巡青官每年阅视查理。一、马房修理地亩增至二千三百余顷，以十年计之，内监所入不下六万余金。今屋舍损坏如故，侵渔莫诘，宜照旧止留四百三十顷，令部属督征贮库，以备修葺。一、二十四马房均备法驾骖乘之用，内外事体原自相关，请将内监马发出三五百匹付外厩分牧，庶马乘刍秣，其数可稽。一、内府旧有环吉、三尖等印，办诘牧产，全藉于此，今革不行。请将所蓄马牛三年印烙一次，以杜抵换混冒诸弊。一、马匹倒损，料价犹存，极为糜费，请择其茁壮者留用，羸瘦者卖价买补，所省不赀。"户部覆奏，上命修理马房地税仍付内监征收，余如议行。(二九,757—758)　　戊子。故事，京营兵每三年上遣司礼监太监一人阅视。至是及期，兵部以

请，上曰："今年朕将大阅，其罢遣，以后如例行。"(二九,763—764)

辛卯，诏以内织染局所呈袍服花样行织造太监李佑取办一千八百六十四以进。工部言："往者李佑之遣已非登极诏书初意，然臣等犹望计日竣事，可以速还。乃今前工未毕，后工复继，是使佑无还京之期矣。自岛夷乱后，江南诸郡十室九空，今料额不充，势须加派，加派不已，民力难堪，弱者死逋，强者死盗，陛下所宜怜也。"工科都给事中孙枝、四川道监察御史姚继可等亦以为言，上皆不允。于是工部复奏："先是织造解输者，该局必索常例，曩李佑之行，上洞烛弊源，特命径进御前，故太监陈洪以续发花样为由，而即增附一千六百匹有奇，意在缘此以媒常例。今即不已止，宜以原发花样令其督造，余悉罢之。"上曰："该局既称匮乏，朕用不可缺，其令佑遵旨织造，事毕还。"(二九,775—776)　丙申，巡按直隶御史张启元劾"凤阳守备太监赵芬贪残骄僭，大坏法守，乞下芬吏，罢守备官勿遣"。兵部覆芬近以病免，盖自审为公论不容，请下御史先系治芬党，仍会同抚臣熟议守备宜存宜革状以闻。报可。(二九,779—780)　广西监察道御史贺一桂劾奏内织染局太监陈洪惑上、病民、蠹政、罔上、媒利五罪，以向者妄请织造事故也，章下所司。(二九,780)

四月辛巳，杖内使高朝一百，下刑部狱。　发显陵神宫监左监丞李禄充孝陵卫军。坐侄孙得智盗伐显陵树木，禄知而不举故也。(三一,813)　庚寅，司礼监太监滕祥疏请查汰匠役以省縻费。工部言："匠役之滥，已经奉旨裁革千余人，讫今二年，占恡犹故。臣恐此举仍蹈前辙，则不如不查之为愈也。"得旨，命该监速查造册，送部科存照。已而祥奏裁革去者二千四百四十人，止存一万三千三百六十七人。(三一,819)【考】滕祥请查汰冗役，因奉命审核，旋病故，其墓志见本年附。

五月壬子，提督太和山太监柳朝乞留岁收香钱银四千三百余两修理本山，上从之。户部尚书刘体乾言："太和山香钱岁入不止此数,旧虽守土藩臣与内臣共理,而收掌出入多内臣主之,宜比山东泰山事例,令抚按官选委府佐一员专收,正费之外余银尽解部供边,其修理诸务俱命有司董之,内臣不得干预。"疏入忤旨,令自陈状。体乾疏谢曰:"臣愚不能将顺明命,冒渎天威,罪不容诛。但以职司钱谷,目击时艰,窃不自揆,欲为朝廷节财用耳。"上责体乾不遵明旨,屡次奏扰,夺俸半年。(三二,832—833)　甲寅,云南道御史詹仰庇言:"臣近查内官监钱粮,如各库厂及房税地税一切靡费,动以御前供用为名,阴入私橐,则是利归于己而以过归朝廷也。乞命户、工二部及巡视科道官备查应留应革及出入多寡之数,以杜奸欺。再照人君之奢俭,四方系之以安危,朝廷之嗜好,左右视之为趋向,陛下前取户部银,在廷诸臣将谓充足内帑,以备缓急。今乃尽以供造鳌山,修理宫苑花栏、龙凤船、秋千架,传造竖柜玉盆之费,使群小得因而干没,为圣德累不小。伏望念生财之有限,思国计之甚艰,毋作无益以害有益,近侍之臣或以织造采办玩好逢迎者悉屏黜而深罪之,以彰圣断。"疏入,上怒责仰庇悖逆狂妄,累次不悛,命锦衣卫逮至午门前杖一百为民。各监局科道、大使俱革去,悉如旧行。(三二,834—835)　工部奉圣谕议覆科道官刘继文等所陈恤商事,其略谓:"诸臣所论言人人殊,然大端不外签点之初,在清冒滥选充之后,在照时估发,预支时给领,禁需索、均肥瘠而已。今商人隶在本部,不过五十余名,编审公而法制定。凡言官所陈略已施行,诸商不称困也,惟是赴监输纳之际,横索多门,剥肤锥髓,则臣等不能越职而争,惟望皇上亲加训饬,仍令科道官备查各监局年例加增之数,量为裁减,庶前旨不为空言而商困可以少纾。"上是之。(三二,835—836)

六月壬午。初,御用监太监赵迁劾工部主事刘佩违例纳钞税,擅留皇船,事下工部,行山东巡按御史勘详以闻。至是御史罗凤翱奏迁语受之湖州通判仝祉,祉初以部运私装货物,为佩所持,因嗾迁以祸中之,佩无罪,当反坐祉而责迁误听之过。上是之。

(三三,859)　　甲午,南京刑科给事中骆问礼、御史余嘉诏等各上疏言尚书刘体乾不当罚,御史詹仰庇不当罢,各监局巡视官不当革。俱下所司知之。(三三,864)

七月辛丑,刑科给事中魏体明条陈五事:一惩酷刑,一慎议谳,一戒淹滞,一省词讼,一禁厂卫。……其言禁厂卫,言番校缉获盗贼,不问真伪,以榜掠定之。棰楚之下,何求不得?衔冤茹痛,莫此为甚。自今宜送法司鞫审,如情真罪当,乃与纪功,其滥及无辜者即与疏释,仍罪及捕者。刑部覆奏,得旨:"淹禁狱囚,在外者行所司速为伸理,在内者法司具以名闻。"(三五,908)

八月丙寅,工科都给事中严用和以东南灾伤重大,请罢南京、苏杭织造,令太监李佑等还京,即上供所急,属所司造解,不必遣内臣以滋烦扰。南京给事中骆问礼亦言:"供应机房工费甚巨,尚书林云同计无所出,遂称病乞休,宜遂停止一切工役。"下该部酌量缓急,次第减省。工部尚书朱衡覆如用和等言,且言佑等皆非祖宗额设,今岁歉民穷,宜遂诏罢;又节慎库所贮常额多逋,一岁之入不足以当一岁之出,本部之匮乏,臣等之忧虑,又有甚于南部者,以故供应工作之类即该监奏请,臣等详加斟酌,必不敢依违疏略,为避怨持禄之计。上以衡沽名卖直,命以状对。已而衡具疏谢罪,宥之。(三六,925—926)

九月癸未,刑科左给事中宋良佐言:"今辇毂之下,耗财甚众。以迩者巡青所见闻言之,盖有四端:一曰牧军勇士太滥。自宣德中以牧马所军不足用,选腾骧四卫军补之,今四卫军隶尺籍者二万余人,在营备操者仅五千余人,坝大等仓养马者才千余人,其余皆在御马监。又其中有称'协助大工'在监食粮者三千余人,有谓'食粮勇士'、'小粮勇士'者,亦不下五千人,皆空国储以养无用,充私家之役。臣请以见在马数定牧军之额,诸非养马者悉归之伍,其他助工、食粮、小粮者一切裁革,岁可省饷数十万。一曰商人估价过当。夫御马仓、天师庵、中府三所钱粮甲于他场,而商人以僦费繁重，及中人科索价亦倍之。自今宜令商人收买草料，于皇城外附近仓场收贮，监督主事会该监官验收，令养马军士赴仓(广、抱、阁三本仓作场)关支，商人无转盘之烦、科索之患而常价不必倍给，岁亦可省费数十万金。一曰草料侵冒太甚。夫御马三仓草料至数百万计，可养马六千余匹，而本监马数漫不可考，以虚数而索实费，徒资侵渔。即巡青科道所清查者，止外马房而已。臣以为内外一体，宜令科道如弘治间事例立法清查，以杜侵冒之弊。一曰牧场地租多逋。御马仓场五十六所，自荒芜杂占、存留修理之外，岁入当五万余金。而自嘉靖三十九年至今逋至三十万，存留修理岁亦万金，而各马房颓圮在在皆然。臣以为租银当责郡县有司，其修理之费令户部委官参考为籍记之，弊鎛[罅]庶其可塞。"于是御马监太监高相等以良佐言非累朝旧制，请仍旧为便。章俱下户部，户部止以牧马地租不必奏差主事管理，其他革弊事宜皆如良佐言。又言："相等以御马旧制，非外所得与，然《会典》云御马监刍粮官为置场收纳，是随地创设，何尝分内外哉？惟陛下断然以良佐之奏为必可行，相等之言为必不可信。"奏上，上命悉如旧行。已而户部覆言："祖宗之制，凡在京大小衙门关领钱粮，俱以实支数目造册，送部查明，方令支放，独御马监不令户部与闻，则纪纲法度安在？且朝廷大政关机密者，外人不宜知，是矣。御用马匹，非机事，何避外人？即外人不宜知而刍粟则臣所职掌，亦不令知，可乎？夫天师庵、中府二场草束，皆养马之军每日(广、抱、阁三本日作月)运之内府，未闻有不便者，而独不便于御马监？又谓内监钱粮与外场者合而为一，锁钥启闭，司之何人？如果属之外场，则户部主事监收，大使、攒典看守，科道官巡视，何患无人？相等言悉谬妄不可用。今中外之财匮竭已极，陛下令大小臣工各以理财之策上闻，而于此耗财之大者置之不问，臣所未解也。愿以臣前所覆良佐奏早为施行，以裕天下大计。"上报有旨。(三七，940—943)

十一月乙酉，降巡视皇城御史杨松三级，调外任。时尚衣监右少监黄雄者，乾清宫近侍也，尝以番休日私出征子钱，与居民哄斗市中，兵马司捕系之，明旦执送御史松所。事未决而内监以雄不入直，令校尉趣之，校尉诡言有驾帖召雄，松验问无状，乃劾奏雄暴横不法，诈称诏旨，雄亦自辩，不如松言。上以松奏事不实，不奉旨辄拘系内侍官，命降调而黜兵马之捕雄者为民，雄亦降三级，发南京。吏科都给事中郑大经等、江西道御史王圻各疏争之，不能得，于是巡城御史俞一贯等言："松职在巡视，得纠察辇毂下不法，其论雄事虽激，然为陛下执法安民，非有他也。今松以一言辄黜，则不惟臣等临事掣肘，而风纪不振，善良不安，其于圣治关系不细，惟陛下幸曲宥松以光圣德。"不听。（三九，975—976）

十二月己亥朔，上谕辅臣曰："近来灾异频仍，多因部院政事不调，假公营私，听信力风，滥受词讼，诬害平人，致伤和气，令厂卫密访来奏。"于是刑部尚书毛恺等具疏引咎……（四〇，985）

癸卯，刑科都给事中舒化等言："皇上以部院政事属厂卫密访，百官惴惴，莫知所措。夫祖宗设厂卫以捕贼盗、妨[访]奸细，非以察百官也。驾驭百官乃天子之权，而奏劾诸司责在台谏，厂卫不得与，是以各司其事，政无牵掣。今以暗访之权归诸厂卫，万一人非正直，事出冤诬，由此以开罗织之门，神陷阱之术，网及忠良，殃贻善类，是非颠倒，陛下将安从乎？且陛下既委之厂卫，厂卫必托之番校，此辈贪残，何所不至，人心忧危，众目睚眦，非盛世所宜有也。惟上幸追寝成命，以一政体，安人心。"御史刘思贤等亦以为言。上俱付所司知之。（四〇，989） 甲辰，汰锦衣卫冒滥官旗黄浦等一千一百一十五人，降革减替有差，从科道官议也。（四〇，989） 癸亥，工部覆御史向程、武尚贤奏请，以见在各监局匠役一万三千三百六十七人著为定则，不得加增，以滋糜滥。从之。（四〇，1000—1001） 甲子，南京神宫监太监王成采（广、抱、阁三本作王采）以盗伐孝陵树木论斩。（四〇，1001）

本年附

艺文·碑铭·太监滕祥墓志

司礼监掌监事太监滕公祥墓志铭

今上御极之初,毖修内政,诸中贵人多所汰易,而独滕公领秩如旧,已晋掌司礼监事。先是,掌司礼监事率起自本监晓习故实者,而公素长者,惟少文,乃从他监被简任,可谓殊遇矣。

公讳祥,字惟善,别号两山,保定雄县人也。曾祖刚,祖旺,父吉,母笪氏。公以正德己巳(四年,1509)选入内,得给事禁密者十年,乃擢奉御,佥书惜薪司事。稍迁乾清宫近侍。

武皇帝上宾,遵故事还司。继事先皇帝,以笃慎浸见信用,遂由兵仗局副使累迁御马监右少监,晋御用监太监,掌监事,赐蟒玉,许内苑乘马。居久之,命管三千营并三千哨(马)营。驾幸承天,公当先驱。是时两河及楚岁方侵,而御跸所经,供亿浩穰,道路困惫状至不忍举目。公怜之,痛自省裁,诸馈遗悉谢不受。其掌宫中事也,严重而有礼,无不畏惮者。三殿工兴,公时提督上林苑海子,奏伐苑中槁木助烧殿瓦,所省费以数万计。既又掌司设监事,会西内火,诏公检校乘舆服御物,公率属事事,不旬日,悉报命,人以为能。顷之,提督西直房,眷注日隆,而先帝弃群臣矣。

丙寅(四十五年,1566)冬,今上即大位,以公典事久,可任,且悯其老,赐内府坐凳,仍掌宫中事。隆庆改元之三月,调司礼监太监掌监事,兼掌御用、司设二监。公感奋图报,不欲藉资地,他有觊幸。乾清宫工成,以劳得录荫一人,公辞,固不敢当,乃免,更赐金币、禄米以奖之。今年四月,上念府藏匮乏,内监局执艺人多冗食可裁者,因属公。公悉心审核,所汰去数千人,遂以劳瘁病。上遣中使慰问,及医诊视,赐予加等,竟不起。讣闻,上深悼,赐谕祭,命所司治丧营葬,碑亭祠额咸备,盖特恩也。

公为人朴愿,言若不能出口,及当事,乃更刚决,咄嗟立办。处肘腋间六十年,未尝有过失。其在司礼,以刻廉闻。御下严,不可干以私。时于上左右有所规切匡正,每改容纳焉。至始终守法度,不一关说外庭事,士大夫尤多之。呜呼!自古巧慧习事者往往能瞀视听、蒙爱幸,而上独以公质直无他,亲信公,且令筦内枢,宠遇无两,岂不渊然有深识哉!乃公卒以小心慎密，善其职，斯可垂掖庭用人之法，而公之贤亦得流闻无已也。

（陈以勤撰，《国朝献征录》卷一一七《寺人》）

艺文·碑铭·均州沧浪东山碑

陈诏撰《新修沧浪东山记碑》："（**均州城东半里许，阻水为河，名曰沧浪，天然一大观也。**）春池柳公（朝）奉命提督武当，公暇偶游沧浪，因陟山顶，徘徊久之，兴叹曰：昔人谓胜地不常有，岂尽然哉！（**遂捐资鸠工，建正殿及左右翼各三楹。工始隆庆乙巳**[①]**孟春，成于孟秋。**）"

（《续辑均州志》卷一五《艺文》）

隆庆四年庚午（1570）

正月戊寅，内承运库以空头札子传谕户部进银十万两。部臣刘体乾执奏："京库钱粮所系至重，今以片纸取之，姓名不具，印信不钤，安知真伪？臣责在典守，不敢发也。"科臣刘继文亦言白札非章奏体，乞慎中旨以防欺蔽。上报有旨，所取银两令如数以进。（四一，1015）

二月辛丑，户部奏将每岁额解承运库银扣减二十万两抵补存积盐引。太监崔敏争之，以为本库额银百万两，系上供之需，不可议省。上然之，遂寝部奏。（四二，1034）

三月甲申，尚衣监太监崔敏传旨，令南京加造段匹数至十余万。工科都给事中龙光执奏："今江南各处大水，道殣相望，即岁办犹恐不前，若复重以额外加扰，民何以堪。"于是工部覆言："加征不如趣正供之为易，新派不如责旧逋之为速，宜命所司亟查原造之数，立限催征，庶公用不乏，民困亦纾。"上颇然之，乃诏于加派数中惟供御用者别造三分之一，其他悉以准岁造之额。（四三，1090）

四月庚子，刑科给事中舒化等以热审届期，请释系狱尚宝司司丞郑履淳、内官李芳等。章下刑部，议履淳淹系逾时，已足示

① 隆庆无乙巳，应为己巳，即隆庆三年。

警，芳等二十五人已瘐死其六，兹复馁瘠者半，宜矜释。诏释履淳为民，芳、陈钿、杨义、杨添爵、乔朗发充南京净军，李智、王进、巩真、宁春、李珍还钟鼓司应役，余系如故。(四四，1102—1103)　辛酉，御用监传旨，令户部趣办年例金两及召买猫睛、祖母绿诸珍宝。户科都给事中李已上疏，言库藏空虚，边饷急迫，请停前旨。于是户部尚书刘体乾亦言年例金趣解将至，唯诸珍宝非民间所有，若责令召买，必且泛滥追呼，骚动里市，民之毙于棰楚者多矣。此感伤和气不小，当如科臣言罢之便。上以有旨弗纳。(四四，1120—1121)

五月癸酉，户科都给事中李已、给事中陈吾德言："近内承运库太监崔敏等请买年例金宝，臣等及户部执奏停止，俱不蒙俞允。臣等反覆思之，不容终默。伏睹陛下登极诏书，停止采买，蠲除加派，且云各衙门若以缺少为由行文加派，及该部阿奉准行者，科道官即时参奏，治以重罪。海内闻之，欢若更生。比者左右近习干请纷纭，买玉买珠，传帖屡下，人情汹汹，咸谓陛下诏书不信，无所适从，臣窃惜之。夫尚书乃陛下亲信之臣，臣等亦朝廷耳目之寄，陛下于大臣言之不听，于言官论之不从，不知外此，孰可信从者？臣惟自古哲王虽当国家殷富之时然犹抵璧投珠，兢兢焉以移易性情，糜费财用为戒。矧今府库空虚，小民困竭，帑藏所入不足以侍一年之出，边方年例奏发无时，畿省饥荒，求济不已。司计之臣方日夜忧怀，计未有所出，陛下为民父母，奈何以一玩好之故而费数十万之赀乎？敏等日侍左右，目击时艰，亦当为陛下惜财，乃无端献谄，假公用以充私橐，误国欺公，孰此为甚！若不及今杜渐，窃恐将来效尤，肆意希求，转相欺蔽，不至于空人之国不已也。伏望俯从部议，亟斥敏等，以昭陛下之俭德，以全诏书之大信。"上怒已沽名犯上，命廷杖一百，送刑部监候，吾德黜为民。(四五，1129—1130)

六月辛亥，命锦衣卫逮北城兵马指挥孙承芳，杖六十，黜为民。时北安门有直宿校尉，负一尸弃门外，承芳见之，疑有奸，使使收系鞫问，辞连内臣李阳春。阳春恐罪及己，乃先奏言死者初入内时偃卧无恙，因念禁中非外人卧所，故遣军校扶出，而承芳妄生事端，擅加刑校尉，当治。上信之，遂反坐承芳而释系者勿问。户科右给事中查铎等及刑科都给事中舒化等俱请以阳春所奏下法司验问，不听。（四六，1155—1156）

七月辛未，治拨置荆世子常泠为恶者，黜长史陈如愚等三人为民，及内使何山等四人、千户厉德恭等二人罪各有差。（四七，1174）　乙亥，巡视光禄寺御史张守约疏陈五事：一、肃官常，言光禄四署动关钱粮，其中多怠缓优柔狡伪恣肆者，宜如五城兵马例，岁终听科道官举劾，堂官甄别贤否，开报吏部；仍久任正卿，使得尽心执法。一清仓廒，言大官等署仓廒，其支放白粮有重支隐冒挪补之弊，自今如放银，例以年月先后为次，令堂官执其筦钥，照票随销，坐门报完，备载实数送科道官查核。一、苏行户，请如户、工二部商人例，满三岁则代，其贫下者皆易以富民，最难办者许令新户补助，仍预给物价，严禁需求。一、酌改折，言绿笋、荔枝之类多朽败不可用，可令间一岁以折色进。一、均厨役，言旧额厨役三千二百五十人，而大庖执事者七百人，役占买闲者甚众，宜每岁查核，酌量存留，即大庖人数涉浮冗者亦量与裁减。部覆多采用其言，独署官五年考察，仍如故事；大庖厨以太监孟冲等所言，特免查理也。（四七，1175—1176）【考】孟冲以秉笔太监掌司礼监印，其人却不识字，后乃为冯保所挤。《酌中志》卷二二《见闻琐事杂记》："神庙时，御药房提督张太监明精于医药，最蒙宠，升秉笔，掌内官监、内府供用库印。明素不识字，只挂虚衔，不该正，不批文书。凡不识字而秉笔者，穆庙时孟冲，神庙时张明，先帝时魏忠贤、王朝辅，止四人耳。"

八月甲寅，南京兵科给事中李崧疏言："南京织染局续添机张，增募匠役，皆已奉诏革去，而太监刘安等辄以上供所亟，奏请复之。今南畿水旱相仍,民困日甚,又额外加派,将何以堪!且祖宗旧制,额设机三百张、军民匠三千名,不为不多。今不论司局之非人,而妄谓机匠之不足,废旧章,损圣德,安之罪不可逭也。惟陛下恤民穷,遵祖制,自今工竣之日,诸所增加悉行停止,而治安之罪,以惩欺弊。工部尚书朱衡题覆不明,请加罚治。"上以崧等渎扰,又抵毁大臣,诘责之。衡亦上疏自劾罢,上慰留不允。(四八,1206—1207)

十月庚子,命肃府辅国将军缙熿袭封为王,仍支辅国将军禄。……盖太监陈洪入其贿,故力主之,部议不能夺也。(五〇,1247—1249)

十一月己丑,命太子太保、礼部尚书兼翰林院学士殷士儋入阁办事。士儋疏辞,上曰:"卿讲幄旧臣,学行兼茂,特兹简畀,已有成命,不允辞。"仍命兼文渊阁大学士。(五一,1287)【考】《明史·赵贞吉传附殷士儋传》:"命(士儋)以本官兼文渊阁大学士入阁办事。……始士儋与陈以勤、高拱、张居正并为裕邸僚,三人皆柄用,士儋仍尚书,不能无望。拱素善张四维,欲引共政,而恶士儋不亲己,不为援。士儋遂藉太监陈洪力,取中旨入阁,以故怨拱及四维。"士儋初入阁即有内官援引之讥,亦有辩疏,见《穆宗实录》卷六二,隆庆五年十月甲寅:"御史赵应龙论劾大学士殷士儋因太监陈洪夤缘入阁,士儋疏辩曰:'臣一介草茅,待罪词林者二十余年,侍皇上讲幄前后九载。叨荷圣恩不次拔擢,洊陟崇阶,承乏密勿。矧臣生平砥砺名节,恪守大闲,猥以旧劳,遂沾异数。若谓别有所汲引,是视臣为何如人也!陛下握枢临极,总揽乾纲,若辅弼重臣,尽凭左右,是视陛下为何如主也!至云陈洪得封父母,由臣赞成。臣前任礼部时,值洪陈乞,臣即查无故事,据实上请。嗣后给与赠官,实出特旨,原疏犹在,可覆按也。但臣禀质孱病,形迹孤危,乞赐罢归,以谢人言。'上曰:'卿辅弼重臣,素行端慎,方兹委任,岂可以人言求退。所辞不允。'明日士儋再疏恳辞,上慰谕如初。"

本年附

艺文·碑铭·太监马腾墓志

明故尚衣监掌监事太监马公墓志铭

赐进士第、特进荣禄大夫、柱国、少保兼太子太保、礼部尚书、武英殿大学士荆州张居正撰。提督五军营总兵官、太子少保、恭顺侯凉州吴继爵书并篆。

公讳腾，字伯良，号德斋，乃直隶保定府新城县汉河社之宦族也。父虎，母王氏，生公于弘治己未（十二年，1499）八月初九日申时。昆玉六人，公其四也。公幼而颖异，方介垂髫，选入掖庭。蒙掌司设监太监马公松轩，乃公之叔也，目公聪秀，收为名下，抚育读书。辛巳岁（正德十六年，1521），选为乾清宫近侍。

世宗登极，爱公老诚朴实，不次迁擢，晋秩太监，累叨蟒龙、玉带之赐，乘骢、廪禄之加。乙巳岁（二十四年，1545），偶颁随朝捧剑之命。丙午岁（二十五年，1546），传掌宝钞司印。戊申岁（二十七年，1548），参理神机戎务。庚戌岁（二十九年，1550），转掌针工局事。辛亥岁（三十年，1551），特命总督坛仪。公素敬神虔诚，既受帝托，越加恭肃，克尽其事。上知公精勤，其金、币、锦彩，不时赏赉。丁巳岁（三十六年，1557），改供用库掌印。己未岁（三十八年，1559），调掌尚衣监，提督内勇营，兼理都知监事。

其先，松轩老翁转任南畿，寿终于彼。戊午（三十七年，1558），公疏奏哀恳，意求骸骨北归。上允。公令官起请来京，葬于西直关外畏吾村之吉地。其寿域仪形壮美，规矩弘丽。每遇春秋，必亲谒致祭，以尽慎终追远之意。朝途士夫行人，皆赞公纯孝。于是，公置寿藏于松轩公之侧。于戏！前代坵陵，今皆草莽，古今豪华，终归于尽。德斋公历任五十余年，五掌印事，处公营私，无有不善。上下颂德，内外沾恩，僚属咸服，朝野播仁，谓公慈祥恺悌，清慎廉能。有侄曰爱，领公命，专务农事。有孙：曰魁，曰喜，俱职锦衣；曰魖，励志鸡窗，形质儒雅，将来必黄甲之取，乃公积德所致也。公燕闲恒与乃孙论阅诗书，讲谈先哲。虽暮年，手不释卷，坦坦若文臣焉。庚午岁（隆庆四年，1570），公偶感微恙，药饵弗效，卒于正寝，公年已逾七十有二也。于是，名下海公大朝等辈，偕贤孙魁子谒求墓表。予素与德斋公交厚，知公深明大义，处务精能，德崇量舒，人莫能比。故道公之

履历,复缀之以铭,垂示后览焉。铭曰:

德斋马公,幼颖新城。偶膺遴选,覲侍乾清。宠渥殊遇,不次加升。晋秩太监,佩玉服龙。乘骢禁苑,总握兵戎。转掌五印,廪禄千钟。克勤克俭,全孝全忠。攸攸好德,安安康宁。年逾古稀,神返蓬瀛。斯言不尽,俚语为铭。

(《新中国出土墓志·北京》第291号)

艺文·碑铭·崇兴寺二井记

《重修二井记》:"隆庆四年,岁次庚午,八月丙申吉日。司礼监太监掌内官监事春云孟公,兹因□□□神路两旁东西二井公廨之具年久坍塌,以助重资,与□司钥库、内府供用、甲字等十库太监等官各捐俸金□□重修……应之验,义美而泉甘,焕然一新,工作完固,刻立碑石,列名于右,乃春云公之助耳。司礼监太监掌内官监印孟冲、司钥库掌印御马监太监崔玉(**下佥书等官14人,略**),供用库掌印御用监太监郑常(**下管理等官4人,略**),甲字库掌库事内官监太监郑廷(**下30人,略**),乙字库掌库事御用监太监王幹(**下12人,略**),丙字库掌库事御用监太监李朝(**下18人,略**),丁字库掌库事御用监太监马尹(**下21人,略**),戊字库掌库事内官监太监韩钢(**下7人,略**),承运库掌库事内官监太监刘成(**下20人,略**),广盈库掌库事内官监太监胡和(**下6人,略**),广惠库掌库事御马监太监马兴(**下12人,略**),广积库掌库事内官监太监魏贤(**下6人,略**),□□库掌库事御马监太监李成(**下4人,略**)。"

(石在北京西城区大后仓。《北京图书馆藏中国历代石刻拓本汇编》第56册,第170页)

艺文·碑铭·东岳庙圣像碑

郭惟清撰《东岳庙重新圣像碑记》:"(**都城东东岳庙,正统间曾重修。**)嘉靖庚申(三十九,1560),司设监太监暨擢重加修葺,轮奂一新。(**下略。**)隆庆四年八月吉日立石。"

碑阴大功德主题名:会首信官段时泰。乾清宫近侍御马监左少监刘恩,诰封安远侯夫人邓氏,右军都督府、安远侯、前掌管两京右前都督府事怀宁柳震,东宫御用监太监典玺局纪事奉御陈辅,乾清宫掌事掌内府库印尚衣监太监翟廷玉、乾清宫掌事掌天财库印御马监太监崔玉,乾清宫掌事掌惜薪司印内官监太监吕用、乾清宫掌事掌尚膳监内官监印提督御酒房上林苑海子司礼监太监孟冲、乾清宫掌事掌宝钞司印内官监太监陶金、乾清宫掌事掌银作局印御用监太监张恩，乾清宫近侍御马监太监陈用，神宫监太监张臣、神宫监太监魏仲、乾清宫近侍尚衣监右监丞石良、锦衣卫指挥管礼仪房事张守成、建平伯勋卫高天爵、内官监奉御赵夏、内官监奉御刘赞，内府等衙门信官刘用、赵禄、周昇、赵昇，上林苑南海子奉御魏本。（以上第一行右起。下会首、信官信女名略。）

（碑在北京朝阳区东岳庙。《北京图书馆藏中国历代石刻拓本汇编》第56册，第168—169页）

隆庆五年辛未（1571）

二月壬子，遣内臣往陕西督造羊绒，工部尚书朱衡及科道诸臣疏止之，诏如前旨。（五四，1349）　丁巳，南京给事中王桢等、御史李绍先等各上疏言司礼监太监陈洪弟东（抱本、嘉本东作陈，是）都，蒙恩赐荫，复乞并升，使遂列禁卫、司刑法，甚非所以惜名器而正体统，宜收寝成命。以后凡有援例冒请者，一切禁止，仍著为令典，俾臣下知所遵守。上皆报闻。（五四，1351）

四月丙辰，造卤簿大驾成，加太监曹宪恩二等，工部尚书朱衡、侍郎赵锦、邹应龙、掌锦衣卫事都督朱希孝各赏银、币有差。（五六，1391）

五月丁丑，命司礼监太监陈洪及刑部尚书刘自强等审录狱囚，情可矜疑及事无左验者以轻重释减有差，凡死罪发边卫充军者三十六人，释者一人，徒罪减一年者二百七十七人，徒杖减等者十六人，笞罪及例应枷号者皆释免。（五七，1404）

七月辛未，南京工部尚书曹亨奏织造太监刘安不法事忤旨，夺俸三月。（五九，1442）

九月戊辰，刑科都给事中胡价等以朝审届期，预疏疑狱未决者，如将官张刚等六人当行抚按官严限勘覆，内犯张恩、田儒等当奏请处分。法司上其议，得旨："恩发南京充净军，儒等仍锢之。"（六一，1485—1486）

十一月己未朔，发南京司设监右监丞田孜充边卫军，坐侵盗司钥库银，事发故也。(六三,1515)

隆庆六年壬申(1572)

三月己酉，安庆官军乱，诏械指挥张志学等至京鞫治。先是，志学与知府查志隆有怨，至是以支放军粮事，愈恨之。遂与指挥马负图、张承祖率舍余马应举等及家奴、屯卒四百余人闭城大噪，围府舍，欲杀志隆等。守备杨遇春不为禁，百姓汹汹，越三日稍稍解散。南京兵部尚书王之诰等以闻，乃遣官校逮志学等而赦屯军胁从者。已而南京守备太监张宏言志隆稽误月粮，激变军士，又擅离职守，潜入南京，亦乞速究以彰国法。上乃命锦衣卫并逮志隆，于京师讯之。(六八,1646)　户科给事中曹大野论大学士高拱大不忠十事，言……至于太监陈洪之闲住，出自陛下独断，天下皆仰其明。拱思昔致仕时，私与洪密，常讽令言官欲为报复，是党洪而谓其不当去也。……请如先帝处严嵩故事，特赐罢黜，别选公忠之臣以掌吏部，以协理阁事，则陛下虽静养宫中而天下有泰山之安矣。疏入，上责大野妄言，命调外任。(六八,1646—1650)

四月丙寅，司礼监太监孟冲奏补六科廊写字官匠吕大章等八十六人，上许之。工部言："先年太监滕祥会同各监局清查虚冒，已有定数，行之未久，遂复增加，非所以信法守，且开各监局纷纷之端，乞寝其事。"不允。(六九,1663)

五月壬辰，南京御史计坤亨劾奏织造太监赵玢衰朽昏庸，故纵库书薛支等倚势为奸，吞噬商人，稽迟钦命，乞治支等罪，①别选年富行端内臣以董其事。有旨："玢策励供职，下支南京法司按问。"(七〇,1682)　己酉，上疾大渐，召大学士高拱、张居正、高仪至乾清宫受顾命。拱等疾趋至宫，左右奏召辅臣至，上倚坐御榻

① "罪"以下22字，据抱本、嘉本补。

上，中宫及皇贵妃咸在御榻边，东宫立于左，拱等跪于御榻下，命宣顾命曰：“朕嗣祖宗大统，今方六年，偶得此疾，遽不能起，有负先皇付托。东宫幼小，朕今付之卿等三臣，宜协心辅佐，遵守祖制，保固皇图。卿等功在社稷，万世不泯。”拱等咸痛哭叩首而出。是时上疾已亟，口虽不能言而熟视诸臣颔之，属托甚至，盖自孝庙顾托三臣之后仅再见也。（七〇，1692）【考】《穆宗实录》记穆宗托孤于内阁，未及内臣，然司礼监实预顾托，故太监冯保后以“顾命大臣”自视。

庚戌，上崩于乾清宫。（七〇，1692）

本年附

史事·内臣苏杭织造

王世贞《中官考十一》：“隆庆六年二月，诏遣内臣往苏杭织造龙袍翟服绒锦鸾带。都给事中陈行健、御史侯居艮疏请停止，不允。于是工部言：‘苏杭自倭患之后，疮痍未起，加以水旱流移，府库虚竭，而织造之费甚巨，势必加派，民困难支。请大加减免，或去其半。至于差官，尤宜慎重，择忠谨之人，安静行事，庶地方不扰，而民获更生。’上可其奏，令会同该局择最要者先行造进，所遣官务宜安静，毋得扰民。”

明代宦官史料长编

胡丹　辑考

下册

凤凰出版社

卷　九

神宗万历朝 附光宗泰昌朝(1572—1620)

隆庆六年六月庚申,传谕山陵事宜,遣大学士张居正同司礼监太监曹宪于即位礼成后复往视。(《明神宗实录》,二,12)　　甲子,上(即神宗)即位。(**颁赦诏,以明年为万历元年,与民更始,所有合行事宜开列于后:**)一、……一、各处织造绒褐、纻丝、纱罗、绫绌等项,除额办、岁造并工部奏派之数照旧解运外,其陕西、苏、杭、嘉、湖并应天府等处差人坐守织造者,悉皆停免;已织完者照数起解,未完者并已征物料交与所在官司,准作岁造内支,差去内官即便回京,违者罪之。一、……一、内监取用南京及芜湖各抽分厂竹木板枋,除年例应解者照旧起解外,其拖欠未完之数,自隆庆五年以前悉皆蠲免,各监不许朦胧移文追取。……(二,17—27)　　己巳,广西道御史张涍上疏言:"皇上践祚之初,凡有举措,所窥伺者何限,名与器安可假人。掌司礼监印务者孟冲也,未闻令旨革某用某,一旦传奉令旨者出自冯保,臣等相顾骇愕,莫知所为。时皇上哀痛方迫,未敢渎奏,且久窥皇上圣明,必自有说,非左右之所欺罔也。今又传奉明旨,调用张宏。臣闻其守备南京,包藏祸心,恣作威福,安庆卫指挥张志学等挟众倡乱,宏受重贿,特为奏解,驾祸知府查志隆激变以宽志学等首恶之诛。守备如此,皇上何自察其可用?其进誉者何人?凡近习之中有欺上专擅者,不可不放逐,有导上以游逸玩好之乐者,不可投其中。时临便殿,召二三辅臣,以资启沃。前日侍讲诸臣,临御之暇,令其执经诵说,一如出阁之日。及退息宫中,则视内臣老成长虑、忠言逆耳者,相与周旋,则圣学日进,庶足开太平之治。"疏入,报闻。(二,32—33)【考】冯保神宗初即位骤掌司礼监，人言其攘之于孟冲；而首辅高拱亦被逐，张居正遂柄用。从此冯、张相结，共济万历初政。此事内幕，可参看高拱著《病榻遗言》。张居正为冯保所作寿藏记及其父神道碑见本年附。　　庚午，罢大学士高拱。司礼监太监冯保等传奉皇后懿旨、皇贵妃令旨、皇帝圣旨："传与内阁、府、部等衙门官员：我大行皇帝宾天先一日，召内阁三臣至御榻前，同我母子三人亲授遗嘱，说东宫年少，要他每辅佐。今有大学士高拱专权擅政，把朝廷威福都强夺自专，不许皇帝主管。不知他要何为？我母子三人惊惧不宁。高拱便着回籍闲住，不许停留。你每大臣受国家厚恩，当思竭忠报主，如何只阿附权臣，蔑视主上？姑且不究。今后俱要洗心涤虑，用心办事，如再有这等的，处以典刑。"拱即日出城。明日次辅张居正上疏，言拱历事三朝，小心端慎，虽议论侃直，外貌威严，中实过于谨畏；且拱系顾命大臣，未有显过，遽被斥黜，亦非先帝所以付托之意。报曰："卿等不可党护负国。"上冲年在疚，拱默受成于两宫，权不自制，惟恐外廷之擅。而顾命之臣自负付托之重，耑行壹意，以致内猜外忌，同列阴行其谋，而内竖黠者亦谋间旧以自固，相比伺隙，骤移两宫之意而权复偏有所归。后先同辙，相寻以败。专擅之疑深中圣心，魁柄独持以终其世，晚虽倦勤，而内外之间无复挟重恣行如初年者，主术所操，犹为得其大也。(二，34—35)　　丙子，尚食[膳]监太监穆进德请复荐新银鱼。上以业有诏停止各项采办，不从。(二，51)　　壬午，南京刑科给事中周守愚参守备太监张宏擅止营操，言："营操开止，制典昭然，从无计闰折操者。宏违制市恩，略无顾忌，乞按法正罪，为人臣不恪之警[儆]。"并论兵部尚书王之诰、守备怀宁侯孙世忠、协同守备灵璧侯汤世隆依违恇怯，坐视不言。报闻。(二，62)

七月戊戌，内官监掌印太监张诚请给敕提调陵工。辅臣张居正言："管工太监敕已发行，掌印官例原不领敕，且无一事两敕之理。"封还诚本，事遂寝。(三，90)　　庚子，敕谕太子少保、工部尚书朱衡等:“兹者营建皇考穆宗庄皇帝山陵,事体重大,特命尔衡不妨部事,总督工程,往来阅视;右侍郎熊汝达专在工所提督工程,总督京营戎政彰武伯杨炳、协理戎政兵部左侍郎王遴轮流前去提督军夫工匠人役;掌锦衣卫事、太保兼太子太傅、左都督朱希孝不妨卫事,往来督视;管锦衣卫事、署指挥同知杨俊卿专在工所监督工程。尔等凡事与提督太监周宣等公同计议,各宜殚忠竭虑,悉心经理,固不可因陋就简,以天下而俭其亲,亦不宜浪费糜财,饰虚文而鲜实用。务俾工作完美,刻日报完,用垂万世永久之图,副朕慎重大事之意。尔等其慎之、慎之,钦哉!故谕。”是日并敕谕内官监太监周宣等提督工程。(三,96—97)

八月丙辰,赏南京内守备、凤阳、天寿山守备、南京外守备并操江勋臣、南京兵部尚书、操江都御史,漕运各处总督、提督、巡抚、各兵备官,各处总、副、参、游、守备、操守等官表里、钞锭有差,其兵备官以上并给诰命。(四,139)　　己未,荫司礼监太监冯保、郑真等各弟侄一人为锦衣卫正千户,曹宪、王臻各侄一人副千户,孙秀等各弟侄一人百户,陶奉等各弟侄一人所镇抚,刘安等弟侄一人冠带总旗,以东宫侍卫劳也。(四,141)　　乙亥,工部奏:“皇上登极诏停止织造,取回督造内臣,一时臣民,莫不倾颂圣明节财恤民至意。太监赵玢当遵成命,惶悚就道,所派在机钱粮当交所在官司,听彼支销,辄敢擅自议处,欲俟儹织完日自行起解。且玢侵盗作弊,迟误工程,前被御史论劾,蒙先帝洪恩,令策励供职。今即无停止取回之诏,亦当解任自新,以昭皇上之法。况纶音既出,国典斯存,乃敢肆行扰奏。皇上临御以来,中外臣工罔不振肃自靖,玢独不畏明命乎?乞令玢刻期回京,如有稽迟,听臣等参治。”从之。(四,175)

九月甲申朔,工部题:南北二京内官、内使人等,自隆庆五年九月至六年八月除事故五十一员名,实在一万二千七百二十九员名,共该折色靴料银七万二千一百二十七两四钱。查屯田司库贮不敷，准于营缮司挪一万两，都水司挪二千两，本司动支四万一百二十七两四钱，登簿送巡视厂库科道挂号帖，节慎库凑数解给。(五，186—187)　丙戌，工部题：在京并南京中官、中使、长随共一万四十(广本十作千)员名，共该纻丝绫䌷二万六千六百九十三匹，每匹照例折银三两，共该银八万七十九两(广本、抱本作"八万七千三百七十三两")。(五，189—190)

十一月丙午，昭陵神宫监给果厂房屋二百九十八间。(七，268)

庚戌，内承运库太监崔敏请买金两、宝珠石，疏下内阁，张居正言："前项珠宝六月间已奉旨停止，今忽有此举，则前日之诏令不信。今户部钱粮十分缺乏，各边求讨，月无虚日，实难支持，乞暂停此举，少苏民力。"因封还敏疏，遂报罢。(七，273)

十二月癸亥，录三年缉获功，锦衣卫左都督朱希孝荫百户，升百户冯邦柱为指挥同知。邦柱，冯保侄也。(八，284—285)　乙丑，兵部奏："太监冯保、左都督朱希孝、署都督同知孙钰、正千户白一清各题开缉问违犯功次，遵旨，保、希孝各荫子侄，钰、一清等各升一级。其冯保所题官旗校范宇等三十人，希孝所题王廷惠等二十九人，白一清所题郭瑞等三人，各应依题准事例，行刑部查明，奏请定夺。"不从，令照前旨升授，从之。(八，285)

本年附

史事·太监冯保事迹

神庙登极十龄矣。时冯太监保掌司礼监印兼掌东厂，其仆徐爵号"小野"，颇通文理，达事情。冯与江陵张相公居正，内外同心，翌[翊]戴冲圣，自新郑高相公拱退后，凡江陵在外之相业，圣母圣庙之眷注，皆冯纳约自牖之验也。神庙左右内臣如孙海、客用之流，日以狗马拳棍导神庙以武，冯则凡事导引以文，蒙养之绩，在冯为多。司礼监所刻《启蒙集》、《四书书经》、《通鉴直解》、《帝鉴图说》等书，至今见之者，每为咨嗟叹息焉。冯号双林，笃好琴书，雅歌投壶，有儒者风，神庙曾赐牙章，曰"光明正大"，曰

“尔惟监梅，汝作舟楫”，曰“鱼水相逢日，风云际会时”。凡冯写大字扁联之类，即以前章，或双林，及“景仰前哲”诸图书印识之。所造琴颇多，世人咸宝爱之。

(刘若愚《酌中志》卷五《三朝典礼之臣纪略》)

艺文·碑铭·冯保寿藏记及其父神道碑、谕祭文

司礼监太监冯公(保)预作寿藏记

冯公寿藏，在京城西南可二十余里，实黑山之壤，聚为太监刚公墓。刚在永乐时随成祖靖难有功，公素慕其为人，故即其地旁而卜兆焉。左瞻城阙崔巍，右瞰香山碧云，广途前舒，层峦背拥，气佳哉！郁郁葱葱，信灵境也。前为大门，驰道属之。门内左为僧寺，以奉香火，右为护藏之宅。寺宅后为石楼各一，中为祠堂，堂后为寿藏地。缭以周垣，树之松柏，左右又各为茔兆一。左则公之名下太监王君喜辈之藏，右则公弟都督君佑之藏。其制务为朴素坚固，不事华饰。其工费则以三朝赐金为之。董工者即其弟都督君与王君喜也。工始于万历改元(1573)之九月，至二年九月而告成。事役既竣，公蕲余文记其事，用垂不朽。余惟霄壤间万物皆有尽，惟令名为不朽。今京西之原，珥貂贵宠，高冢连云者何限。无论后代，即今人所与知者几何？昔巷伯兴咏于亩丘，史游殚精于籀书，吕强清贞，承业忠鲠，皆并耀四星，流芳千古。今求其所为葬地，尚有存者乎？固知不朽之图在此，而不在彼也。公昔以勤诚敏练，早受知于肃祖，常呼为“大写字”而不名。无何，即超拜司礼，筦内政。嘉靖丙寅(四十五年，1566)，迎立穆宗皇帝，以功荫其弟侄数辈。穆宗不豫，如辅臣至御榻前受顾命。公宣遗诏，音旨悲怆。今上践祚，奉先帝遗命，以公掌司礼监事。适余得上召见于平台，付以国政。宫中府中，事无大小，悉咨于余而后行，未尝内出一旨，外干一事。调和两宫，赞成圣孝，侍上左右，服勤备至。凡宸居早暮，出入饮膳，皆有常度。暬御供事，皆选端慎者以充。上日御讲幄，无间寒暑，公惓惓劝学，待立终日，日无惰容。凡宫中冗费，悉从减省，务在节财爱民，如大庖减供御，惜薪司裁去柴炭，御马监省刍豆数，皆公所奏施行。余每对便殿，从容语及国家事，有关于君德治道者，公必导上曰：“先生忠臣，先帝简托以辅上者，所言宜审听之。”宫壶之内，尤极严肃。有干纪者，悉置之理，虽所厚亦不少贷。故上以冲龄践祚，中外宁谧，宫府清

宴,盖公之力为多。语曰:“人貌荣名,岂有既乎?”今以公建立,视古巷伯之伦何让焉。诚由此永肩一心,怒终弗替,虽与霄壤俱存可也,又奚竢于寿藏而后永乎?然窀穸之事,人所讳言也,此皆即预为之,达也;营以赐金,用彰君赐,忠也;制用质朴,不为厚藏,智也;爱其身,施及其弟,葬其属,仁也。此皆事可纪者,因略述公之行谊,与其作藏日月,勒之于石,俾后来者观焉。公讳保,常山之深州人。

(居正子)懋修谨按:先父之与冯司礼处也,亦宫府相关,不得不然。谢世之后,言者用为罪端。今观其与预藏文,惓惓勉以令名,固非阿私贿结者。曾记万历丙子年(四年,1576),司礼之侄都督冯邦宁者,以贵倨使酒,凌市人,适遇先父长班隶人姚旷者劝之。邦宁手抠姚旷,旷即捽碎其衣带,同赴朝房,禀先父。先父即致一帖与司礼,云其侄之使酒失仪,宜戒饬。冯即杖其侄四十,奏革职待罪,一年方得与朝列。按此一事,即士大夫之贤者犹不能无护短之意,作于言色,而冯君信先父之深,竟割爱处断。可见先父当主少之时,于左右侍近,其调处之术可谓深矣。不然,以先父之严毅,使左右不服其调处,亦将奈之何哉!苦心国事者,自当有推谅其衷者矣。余言虽嫌由父子之私衷,似乎违众非之诬诋,然已幽沉之善,安忍避私畏违而掩之乎?

(张居正《张太岳集》卷九)

明诰赠荣禄大夫中军都督府都督同知冯公(汉)神道碑

光禄大夫、柱国、少师兼太子太师、吏部尚书、中极殿大学士、知制诰、经筵事、总裁国史江陵张居正撰。少保兼太子太保、英国公、掌后军都督府事、监修国史、前奉敕提督神机营军务总兵官古汴张溶书并篆额。

嘉靖中,双林冯公(保)以才敏受知世宗皇帝,特命管理诸司章奏,超拜司礼,参秉内政。穆宗皇帝从外邸即位,以迎驾赞襄典礼功,命公提督东厂官校兼掌御用监印事,而荫其弟佑为锦衣卫世袭千户,升锦衣卫指挥同知。隆庆戊辰(二年,1568),册立今上为皇太子,覃恩赠公之祖仲举、父汉为怀远将军指挥同知。辛未(五年,1571),佑升中府都督同知,管卫事,而赠公曾祖纲暨祖、父皆如佑官,配皆为夫人。今上嗣统,奉先帝遗命,以公掌司礼监事,兼官如故。公以忠恪勤慎,历事三朝,保护皇躬,肃清辇毂,翊戴今上,服勤左右,匡襄新政,劳绩尤多。膺三圣恩遇,至隆极渥,龙章凤诰,贲及先世,非偶然也。

夫天道无亲,恒与善人;其积弥厚,其发弥远。溯公之先,自高曾以来,世积忠厚,洎公祖、父,种植益力。睦亲□族,好义喜施,人知冯氏有后矣。今公兄弟荐登穹秩,而子姓硕繁为时望族,非积德之报与?公父生五子:长爱云,昭勇将军、指挥使;次爱绍,明威将军、指挥佥事;次爱卿,先卒;次即公也;次佑。女二,适张大律、徐豪。孙男十:邦宁,指挥使;邦濂,指挥佥事;邦柱,指挥同知;余尚幼。孙女二人,适王守金、遂安伯勋卫陈源。公世为深之张社人,其先茔在桃源之原。铭曰:

深水之阳,茂宗殷起。奕世载德,承家济美。爰有闻人,秉笔内枢。历事三朝,敬恭不渝。仪于诸昆,修其家政。自亲率祖,诞膺显命。岁时□飨,乡人艳之。天与善人,匪滥匪私。有翼斯阡,龙章贲赫。后世绎思,视此铭刻。

万历三年正月。

(**《风土记》原按:**)余采此碑,州人多疑之。余谓:名相之文,不可不录;且冯保亦中官之表表者,何嫌为?若谓辅臣交结内侍为失邪,明代宦官之重久矣。自永乐渐假柄任,及英宗益甚:命金英录囚,英张黄盖中坐,尚书以下左右列侍。而王振用事,至械户部尚书刘中敷于长安门。尚书徐晞等相见屈膝,公侯白事,咸膝行而前。中官威执出百僚上甚远。故于谦贤相也,景帝敕内侍兴安、李永昌与同总军事。杨一清亦贤相也,为都御史时,武宗命内侍张永与同讨叛藩。而大儒王守仁亦与张永密通书问,卒赖其力。上之任宦寺与阁臣齐等,其来已久,积重难返,至神宗时已习为故事。且无人乎?缪公之侧不能安其身,自古叹之。居正之与冯保相善,曷足异乎?至称两人交结恣横,则出中官张诚之诬构,殆非事实。居正虽与保善,而时说保裁抑党与,毋与六部事,又时令缇骑诇察中使。及居正进白莲双白燕,保谓主上冲年,不可以异物启玩好。二人颇相规益,固非党同阿好者比。《明史》于保少恕词,保次当得司礼掌印,高拱越次用尚膳孟冲。尚膳例不当掌司礼,保怨高拱,亦人情所有。史谓穆宗甫崩,保言于中宫,斥孟冲而夺其位。今据此碑,则保掌司礼,固穆宗遗命也。人主自委任宦官,令与阁臣同受顾命,史乃谓为矫诏。果何据乎?保为帝所畏,帝与小内竖戏,见保辄危坐。帝宠孙海、客用等,夜游别宫,小衣窄袖，走马持刀。保白太后，责帝，此皆宦寺所难。史虽多贬议，顾称保时引大体，又能约束子弟，不敢肆恶，是其长固不可没其它。史所述皆无实据，似爱憎之口，非公论。要之，江陵固名相，即冯保亦无显过，若以其宦寺而弃之，则愈隘矣！冯佑、冯邦宁，保得罪后皆下狱瘐死。

明神宗御祭冯汉文

万历三年(1575)，岁次乙亥，十一月乙未朔，越廿三日丁巳，皇帝遣真定知府武尚贤谕祭赠都督同知冯汉并妻夫人黄氏之灵曰："惟尔赋性□朴，秉德善良，谦恭素重于乡评，孝友允孚于宗党。爰有淑配，媲德相成。蓄祉储休，是卜尔子。早承宠于世庙，继受简于先皇。迨朕御极之初，擢居司礼之长，特隆委寄，弥笃忠勤，溯厥本源，是征训育。兹以陈情而上疏，乃赐祠额之嘉名，典出殊恩，虽缘子情而褒孝义、存风世，实旌臣节以劝忠。尔灵有知，尚其歆服。"

(原按:)此自是朝廷滥恩冯墓又一碑刻，礼部札付真定知府支官钱备祭物。内载保疏，乞赐祠额赐祭。是时神宗冲幼，赐祠额为褒孝，遣官赐祭，翰林撰祭文。保盖求无不得，非帝自主。保之贻讥殆此与？其祭品虽不足存，犹见当时礼俗，因附著之。祭品：猪一口，羊一腔，凤鸡一只，煠骨一块，煠鱼一尾，馒头五分，粉汤五分，果子五包，酒五杯，酥饼酥□各四个，鸡汤一分，鱼汤一分，降真香一炷，烛一对，焚祝纸一百张，酒二瓶。

(同治《深州风土记·金石下》)

万历元年癸酉(1573)

正月己丑，巡视东城御史解学礼奏御马监太监张忠殴死亲母，乞敕严究如律。章下法司。(九,319)　庚子，上出视朝，有男子着内使巾服，直趋宫门，为守者所执。状奏，诏下东厂究问。(九,327)　癸卯，辅臣张居正言："适见司礼监太监冯保奏称，圣驾出宫视朝，有一男子身挟二刃，直上宫门礓䃰，当即拿获。臣等窃详，宫庭之内，侍卫严谨，若非平昔曾行之人，则道路生疏，岂能一径便到？观其挟刃直上，则造蓄逆谋，殆非一日，中间必有主使勾引之人。乞敕缉事问刑衙门访究下落，永绝祸本。仍乞皇上出入警跸,倍宜严备。再照祖宗旧制,门禁甚严,望敕司礼监官遵照律令,严行申饬,其该日守门内外官员俱乞量加惩治,庶人知所警,杜患将来。”上俱从之。(九,332)

二月辛未,工部奏:“兵仗局太监魏朝等称本局修造兑换军器,其合用物料该部委官会看[勘],动延两月,不无停误工作,乞免行委官覆估,以便修造。看得每岁二月估修,十月兑换,以前两次并无稽误,且本部与该局公同会估,则该局节省之意得司官面稽而益彰,本部综核之规藉该局参验以无遗,甚协彼此体国之心,共济军需武备之用。况戊字库、盔甲厂均贮军器,均有科道司官同验出入,事均一体,难以异同。”报可。(一〇,355—356)　癸酉,王大臣伏诛。大臣者,浙中佣奴,诡名以浮荡入都,与一小竖交昵,窃其牌帽阑入禁门。冯保恨前大学士高拱,阿意者遂欲因其锻炼,以双刃寘大臣两腋间,云受拱指行刺,图不轨。榜掠不胜楚,遂诬服,为言拱状貌及居止城郭。厂卫遣卒验之皆非。时大狱且起,张居正迫于公议,乃从中调剂,狱得无冤。(一〇,356)

三月癸未,诏增供用库黄蜡岁二万五千斤,岁用黄蜡八万五千斤,折色一十一万五千斤,每斤价银二钱;白蜡三万五千八百一十六斤,折色一十二万五千八百一十二斤,每斤价银四钱。二项浙银俱解太仓库济边。署库太监殷平称岁用不敷,欲于旧额外增本色黄蜡五万四千斤。户部执奏,不从。科臣贾三近复疏谏止,亦不从。(一一,363—364)　癸巳,司设监等衙门题称寿定王坟香火地一百五顷,乞令自行管业。户科参:“看得香火田地,召民佃种,有司岁时征租转给,自系定例。若使该监自行管业,中间未免倚势侵占及额外科索,扰害地方,合无仍旧听有司征给。”户部覆如科议,从之。(一一,370)

四月乙卯,兵部覆张宏擅止营操事,言:“春秋操期载在《会典》,诚不宜有所改易,但天时人事出于或然,亦不容无所变通。如京营值风雨之时,总协大臣径传免操,况南京数千里之远,当天雨连绵岂宜拘泥？科臣所奏，盖欲恪守成宪，(刘)体乾等所查颠末，是亦体恤人情。且宏与(守备孙)世忠等称系公同传放，即非自专，因请行内外守备等官如遇开操、止操，务遵照《会典》，毋得擅有更易。间遇事当从宜者，必须公同酌处，毋得偏执，致滋别议。”从之。(一二,389)　兵部覆户科给事中颜容舒等参疏，言：“禁门重地，防范当严，近以奸人事发，申饬门禁，奉有钦依，通行钦遵。屠户张五非应直之人，擅入禁门，已属有罪，挟带屠刀，尤为非法。守长安门监丞刘廷真不能与守卫千户阎梅公同禁阻，已于职守有乖，乃复贪图小利，蔑视明禁，党护屠户，殴辱职官，在法所当重处。但过门之赃见无佐证，应从末减；阎梅被殴之苦，实出奉公，被参之情皆属虚饰，乞将廷真罚治，阎梅免究。”得旨，并廷真宥之。(一二,390—391)　丁巳，选净身男子三千二百五十名，分拨各监局应役。(一二,392)

五月辛巳，复以黑沙洲柴课听南京工部稽查。以内官监侵渔不发，致稽烧造，尚书张瀚等言之，故复。(一三,414)　庚子，工部奏：“内织染局传成造上用龙床、顶架、轿椅、帐幔、铺陈、缴壁、轿衣等件，合用各色纻丝、纱罗、绫锦、绢线诸物，比照开数，除纻丝、纱罗外，多开白生素绫一百匹、细绢一百五十匹、平罗一百匹、细线七十斤、衣线一百斤。南局岁造钱粮有限，若使额外多造，势必加派小民，宜照例免行派造，以苏民困。”上从之。(一三,432)

六月庚申，巡视工程户科左给事中刘浑成疏参昭陵提督太监王爵率领棍徒采打指挥白贲及爵平日贪婪之状。诏下法司，夺贲俸半年，爵竟免究。(一四,441)

十一月庚子，巡视库藏工科给事中梁式等请行各省立限追解内府拖欠钱粮，并回报该部及巡视衙门以凭查考，奉辅臣居正所请也。(一九,538)

十二月己酉，巡视光禄(寺)户科给事中颜容舒劾尚膳监内官王朝用因索例肉，殴死厨役，乞敕重究如例。章下法司。(二〇,

544—545)

本年附

艺文·护国寺碑

杨博撰《黑山会司礼监太监刚公(铁)护国寺碑》:“粤维一代之兴,必有一代之佐,云龙风虎之会,在昔则然也。恭惟我成祖皇帝圣神文武,定鼎金台,巍焕丰功,超越千古,其翊戴之臣,腹心肾肠,运筹决策,司礼监太监刚公其元勋矣乎!公日侍御幄,造膝陈谟,劝上恭默求贤,得姚少师而赞其军政,且亲犯矢石,首擒平保,破竹之势遂抵金陵,廓清宫禁,再造乾坤,而大勋业集矣。暨北征瓦剌,智夺阳和。靖难肇基,万世永赖,公功高实无与匹,诚所谓一德一心之臣也。成祖皇帝有开国元勋之褒,春秋四时命致祭焉。敕建祠寺在都城之西十八里,地曰黑山会。岁久倾圮,嘉靖庚戌(二十九年,1550)仲冬,适值原总督内外戎务司礼监太监,兼总督东厂官校办事麦公福等,总督内外营务、上林苑监、兼掌御马监、内官监印太监高公忠等,偕公各捐俸资,重建祠堂三间,式迈于旧,复增两庑六间、石门一座,周围缭以墙垣,树松桧三匝,供器等物,纤悉整具;复治锦衣卫百户李承宗、赵栾等、僧清奉等地七十亩,内建护国寺山门一座……(**增建及延访行能之僧略**。)兹奉敕总督东厂官校办事司礼监太监、掌监事双林冯公(保)以忠君爱友之诚,发为美轮美奂之举,特将刚公祠寺重修鼎新,用图永固,复置地二顷一十亩、园圃一区,以为崇奉香火之资,其好义之心,诚古今所罕及哉!且麦、高二公重修之义则同,而记载之文未详,何以信今而传后也。惟双林公高明之见,特征文于予,宣昭刚公盛德大业,以显示天下后世。诗曰:‘国有(**按,有疑应作无**)老成人,尚有典刑’,刚公之谓也。又曰‘高山仰止,景行行止’,双林冯公之谓欤?(**铭文略**。)万历元年,岁次癸酉,春三月吉日立。”

(碑在北京石景山八宝山。《北京图书馆藏中国历代石刻拓本汇编》第57册,第3页)

万历二年甲戌(1574)

二月甲寅,内官监太监张诚等题,请真定府木税仍归本监差官抽印。工部覆议:“真定木税始自正统元年,止是税课司带管。成化、弘治年间改委通判监督。正德间始差内臣,大肆掊克,该(抱本作试)御史宋钺具奏停止。嘉靖年间或差或罢。然计抽印之数,不足偿供应徒役之费。隆庆二年,该监李芳具列其弊,先帝毅然停革,中外传诵不衰。顷缘真定修城,暂留木税,久未抵还,奏委易州山厂主事带管,就近兼摄,便于稽查,仍将变价解贮节慎库,备该监买办木植之费。输之于本部,用之于该监,宫府一体,最为便益,该监前奏难以依拟。”诏如部议行。(二二,580—581)

丁巳,户科都给事中贾三近题:“顷者司钥库太监温泰等奏称库藏不充,要将各省直钞关及食盐商税各解库供用。夫课税以供边需,通计各边年例,正德辛巳以前止四十三万,自嘉靖庚戌至今,渐加二百七十余万矣;兼之屯政半就荒芜,鹾池岁亏正课,谋国之士方切隐忧,而乃尽归内帑,使乘障登埤之士望升合而不可得,岂盛世所宜有耶?”下户部议。(二二,582—583)　　甲子,工部覆织染所太监宋润等题请增添蓝靛物料:“查得本所蓝靛物料,隆庆三年题准,札委司官验收。及隆庆六年复行该所酌定的数,题奉钦依。至万历元年,恭遇皇上御极,俱经照例题办,永为遵行,岂得奏加以滋烦扰。”诏从之。(二二,587)　　乙丑,户部题:“内府供用库万历二年分本色黄蜡一十一万斤、折色黄蜡九万斤,本色白蜡三万五千八百一十六斤、折色白蜡一十二万五千八百一十六斤,盐二十四万一千六百六十六斤一十一两、芽茶四万七千九百五十九斤一十一两、茶叶四万九十(广本、抱本十作千)三斤、灯草二(广本二作五)千斤、蒲杖三千五百斤,坐派浙江、直隶苏松等处,各办征解。”从之。(二二,587—588)

三月己卯,户部题万历二年分行各省直岁办甲、丁二库物料:“甲字库银朱三万五千斤、乌梅四万斤、靛花青二万一千斤、黄丹四万二千斤、碌矾一万五千斤、紫草一千四百斤、明矾四万二百斤、光粉一万五千斤、黑铅二万一千斤、水胶八万斤、槐花七万斤、蓝靛三万一千斤、五倍子三千五百斤,丁字库生漆十一万斤、桐油九万八千斤、黄熟铜三万三千斤、红熟铜二万五千斤、黄蜡二万斤、锡二万斤、牛筋四千斤、黄牛皮一千张、生铜一万斤。”从之。(二三,593—594) 辛卯,先(是,)南京户部题:“查得南京承运库见贮并见派生丝绢共八万六千二百余匹,以每年支放折俸并内官各[冬]衣铺盖等项,计足支七年有余,几至腐坏。而在库银止一千九百余两,不足一年支放。合将万历三年以后应征绢匹俱放折色,以备折俸,待绢匹放将尽,另行查议。其历年拣下精丝绢匹并司钥等库见积开元铜钱一百六十余万,搭配放给,以疏积贮。”户部覆如其议,但隆庆五年奉有明旨,不许轻议改折,合应仍征本色,其折俸银两不足者,即给本色,既不壅滞,岂至坏朽。诏曰:可。(二三,602—603) 辛丑,上视朝,命司礼监太监颁给御书于会极门……(**所赐内阁、六部都通大掌印官及日讲等官略。**)(二三,607)

四月戊午,司礼监太监冯保等传奉圣谕:圣母发银三千两与工部,修建涿州娘娘庙。工部执奏:……(二四,618) 癸酉,巡按河南御史褚鈇题:据会审犯人李乾供状,乾原系唐府校尉,因偷盗逐出,潜住京师。内官赵忠、常福谋干唐府承奉,访知乾系旧役,密谋贿买刘恩空头宝本,欺唐王年幼,国妃管事,捏奏见缺承奉,乞请拨补等情。都察院覆请下抚按会同提问。诏赵忠、常福着锦衣卫差官校扭解来京问,其余着巡按御史尽行处治。(二四,626)

五月辛卯,刑科给事中秦燿题:“近有内官赵忠、常福一事,已奉严旨究矣。臣愿就此大加划剔,其弊端有三:夫王府题奏多带空头宝本来京,托人缮写,岂非虑与格例不协及字眼差讹哉?然以王章假手匹夫,更易于数千里外,傥事有大于奏讨承奉者,何从诘问?所当厘者一。钱粮国计所关,乃以六万余金付一百户领之,虽觉察穷治而监追不就,所当厘者二。诓借官银,指称营干,至逼寡妃幼主损赀代偿,清明之朝,岂宜有此?所当厘者三。臣又闻各王府有一等听差人役,每令赴奏辄索重赀,称为入京打点,恣意干没，污人名节。诸藩之困坐，此也。今后庆贺，听其遣使亲赍，余若请名、请封、请婚、祭葬等事，俱令抚按核实代题，诈伪之辈绝迹矣。”下礼部议。(二五，634—635)

六月戊午，刑部题：“赵忠、常福事情在司礼监则开二犯止招借银生事轻情，不认买宝诈奏重罪；在河南抚按官则奏称赵忠、常福贿买空头宝本，洗改捏奏；及礼部题覆，科臣参奏缘由，则又称符宝篆文不同，系是假造。情辞互异，出入悬殊。且赵忠等所供进献唐府物件及本府回赏银两，揆之情理，似属支吾。今再行河南抚按，将有名人犯提究的确，限本年十月内，连人解部；仍令纪善等，所将本府该年分本稿宝簿印封送至巡按衙门，转送本部查考。”报可。(二六，650)【考】事之处置见《神宗实录》卷二九，万历二年九月乙亥：“刑部奏拟犯人赵忠监候听决，常福处绞，王交等发遣发配有差；袁福徵、王福、王用等各还职。诏赵忠依拟，常福饶死发遣；袁福徵辅导无状，革职为民，王福等俱革职，其余依拟。”卷四九，万历四年四月庚午：“逮唐府正、副承奉赵忠、常福。二阉皆司礼监奉御，以诈唐王奏得今职，事露被逮，忠坐诈传亲王令旨绞，福以从得免死，充净军，褫长史袁福徵职。”

乙丑，南京吏科给事中史朝铉劾守备太监申信先年差往湖广督发辽庶人起解高墙，强取籍没银两六千以充囊橐。顷在南京，暴戾贪残，擅添各门局等官，贿赂公行，乞亟赐罢斥，严行勘问赃罪。报闻。河南等道御史吴从宪等亦言被劾事情，合敕下南京该衙门从公体勘。不从。(二六，657)　　戊辰，礼部覆巡抚江西副都御史凌云翼题：“原任南京刑部尚书已故陈寿，新淦人，由进士授户科给事中。时外戚万通与中官梁方[芳]辈交结用事，抗疏被逮，久之得释。及为南京副都御史，复与逆瑾忤，械系下狱，监禁居庸关。瑾诛，起为陕西巡抚，能戢镇守太监廖堂毒焰，民以安堵。两抚边镇，军容整肃。吏部两移咨取荫，皆以无功辞免，及死不能成殓。虽勋猷尚未尽见而节操则已凛然，法宜补谥，以示激劝。”得旨，准谥“简肃”。(二六，658)　　壬申，光禄寺卿汪宗伊题：“本寺有器皿厂一所，收贮工部、南京工部解造器皿，相应设法堆放，省出数连，暂收新粮，仍先行支放，不妨收阁器皿。又查本寺有监局人匠额支粟米者及将军并各监局人匠支粟米半年者，俱扣算粟米一石，支与白粮七斗，庶旧积不置于无用而新收亦可以有备。”从之。(二六，660)

七月乙未，初，昭陵神宫监太监陶金等题：“六月以来，阴雨二[连]日，本陵祾恩门里外砖石沉陷。”工部奉旨查看，主事王淑陵回称与陶金奏同，但祾恩殿明楼、宝城紧要处所俱无损伤。部覆陵寝重地，鼎建未及一年，内外经管员役俱当究治。辅臣张居正等上言冒破侵欺、苟且完事之弊，引世宗皇帝时湖广显陵殿阁渗漏，分别降罚为比。疏下工部：“陵寝重地，如何说沉陷处所非系紧要？欺慢误事，造作不精，提督工程太监周宣、左监丞郭全革恩一等，管工主事易可久、员外郎石汉降俸一级，官匠王宣等提问。”工科给事中吴文佳复奏：“祾恩门殿等处砖石沉陷甚多，至于宝城砖石翻塌损伤更为可虑。陶金既朦胧具奏，王淑陵复扶同勘报，宜下所司再行勘明。”遣侍郎陈一松、给事中胡汝钦行视，回奏沉陷丈尺多寡悬甚，及祾恩殿丹陛方墙等处沉陷闪动不等。上怒，命都察院会同工部通查参处，吴文佳等追论昭陵始建原任工部尚书朱衡、总理侍郎熊汝达专督，宜追夺恩荫，并治其罪。王淑陵奏辩，往看时委与陶金奏内相同，岂期看后一月，大雨连绵，不唯前项沉陷者愈大，且陆续愈多，与臣初看遂尔悬绝。俱得旨下工部、都察院议。(二七，675—677)

八月甲辰，都察院会同工部查核昭陵工作内外前后经管人员，分别情罪上请。阁臣亦为救解。得旨：周宣、郭全降三级，革去管事；熊汝达已致仕，着冠带闲住，恩荫罢革；易可久、石汉降三级调外任；王宣等法司从重问拟；朱衡着以尚书致仕，余官罢革；杨俊卿等四员都降一级，郭元相夺俸半年，马录等法司提问，屠元沭等并陶金、王淑陵免究。(二八，681)　　甲寅，兵部覆：“南京户科给事中余懋学等参劾南京守备内臣申信已奉旨回京，无容再议，合行申明职掌。今后内外守备除关系机密重事者许受状辞，与参赞尚书议，其余人命强窃斗殴抢夺等项，并不许滥预；其委用内官、内使名数，止许照旧额，新添者尽行革退。”报可。（二八，686）

九月癸酉，工部题：“万历二年分实在南、北二京长随、内使人等一万五千二百二十一员名，该折色靴料银七万九千五百七十余两。查本部屯田司库贮料银不敷，合于营缮司及本司柴夫银内借给。”报可。（二九，701—702）

十月戊午，户科给事中赵参鲁等条陈马房利病三事：一曰核内马，言内厩所费料以四五万石，草以二百余万束，马数当不下五六千匹，宜令司礼监查实奏闻。二曰便审商，请于春秋会之时，先日时估，次日审商。盖乘各官齐会，众商毕集，以质其虚实，权其进退。三曰慎委官，请比守卫官事例，属之该部，查有员缺，于腾骧四卫拣选贤能充补，岁终查访举劾。部覆报可。（三〇，730—731）

癸亥，上御文华殿讲读。上谕辅臣：“今宫中宫女、内官俱令读书。”辅臣张居正对言：“读书最好，人能通古今，知义理，自然不越于规矩。但此中须有激劝之方，访其肯读书学（**《万历起居注》此处有一好字**）者，遇有差遣，或各衙门有管事缺，即拔用之，则人知奋励，他日人才亦如此出矣。”报闻。（三〇，732）

十一月丙申，户科给事中赵参鲁言：“《易》谨履霜，《诗》防维霰，如近日南京科监[道]诸臣所劾凶官张进酗酒禁地，赶辱科臣王颐是也。伏睹先后明旨，直谓扫除之使、酗酒之徒，彼监臣足治之，故革管事以稍示惩创。臣以为辱及言官，朝廷之耳目，非轻情由，挟仇小人之横肆何忌，宜付法司鞫理。”上谓已有旨处分，如何又复逼奏，并浙江道御史麻永吉、南京刑科给事中杨节等奏俱着回话。（三一，744）

十二月壬寅，降户科给事中赵参鲁五级调外任，因参凶监张进也。其刑科给事中郑岳、浙江道御史麻永吉等为首的罚俸一

年,余各半年。(三二,747)

闰十二月庚寅,上御文华殿讲读。是日,上从容问辅臣张居正等:"元夕鳌山烟火,祖制乎?"对曰:"非也,始成化间以奉母后。然当时谏者不独言官,即如翰林亦有三四人上疏。嘉靖中尝间举,亦以奉神,非为游观。隆庆以来乃岁供元夕之娱,縻费无益,是在新政所当节省。"上曰:"然。夫鳌山者,聚灯为棚耳,第悬灯殿上,亦自足观,安用此?"太监冯保从旁言:"他日治平久,或可间一举,以彰盛事。"上曰:"朕观一度,即与千百观同。"居正言:"明岁虽禫,继此上大婚、潞王出阁、诸公主釐降,大事尚多,每事率费数千(《万历起居注》千作十)万金,天下民力殚诎,有司计无所出。及今无事时,加意撙节,稍蓄以待用,不然臣恐浚民脂膏,不给也。"上曰:"朕极知民穷如先生言。"居正曰:"即如圣节、元旦,旧例赏赐各十余万,无名之费太多,其他纵不得已,亦当量省。"上悉嘉纳。明年元夕罢烟火鳌山。(三三,778—779)

本年附

艺文·碑铭·蜀府门正宁武墓志

皇明敕赐品服门正南村宁公墓志①

赐进士出身、文林郎、巡按直隶监察御史成都刘世魁撰。赐进士出身、奉议大夫、户部陕西清吏司郎中成都周淑书丹。赐进士出身、奉政大夫、户部山西清吏司员外郎成都何举篆。

公讳武,字邦宁,号南村,其先湖广麻城人。远祖讳恭季,举进士。曾祖考讳海,祖考讳舟,考讳翰生。公自幼颖敏,英敏异常,然自小学之年入侍成园(**蜀成王**),每应事接物,酬答动止,多协睿情。由是钟爱,与众颇异。

① 宁武墓除了墓志、买地券,墓室中还存立碑一块,书云:"万历二年十二月初九日,敕赐品服门副宁公之墓,孤哀子宁起魁、起蛟泣血立"。起魁兄弟皆宦官,起蛟墓即在宁武墓侧。又该次发掘,并出土"蜀府中官"周有龄(嘉靖二十年1541—万历三十年1602)买地券一块。与宁武买地券释文皆录于《成都"新北小区四期"明代太监墓群发掘简报》,此从略。

当密审时之近侍，素有容量识见，可以抚育扶持乎？人者欲以公托，盖阴有人用之□是栽培之豫，有若是雨□□□未之觉也。一日成燕生亲谓飞鱼品服菊□承奉正宁公（**按，此应指承奉司掌印菊东宁仪**）曰："余闲人多矣，求其女子之幼而老成者，亦鲜矣。诚肯用心视之，将来或克继续之。"□□□承命而尔重特甚，□以家□付之。内外咸喜，侍人令闻广誉，中是而益大矣。初莅东轩，事几出纳，□佃缜密。必严利弊，虽微革新不后。同寅有年长者，亦叹服之。公犹不以此自足而怠，□作夜思，□不释卷。入侍出理，事无少留。遂进位加秩，而愈自谦，早勤□然。性尚质直，不事繁文。继事康园（**蜀康王**），名位目盛，而恂恂自如。喜尚斯文，不近便妄，尤其所长也。今上（**蜀端王**）亦钟爱加礼，而公之忠忱，弗少异于三朝时也。□则南村劝农，优游自适，虽夙昔未相识者，亦爱慕其平易焉。

公每事必图远大，故门下抚育二子，长曰起魁，季曰起蛟，择师以成其德，任事以达其材，二人皆为伟器。尝自言曰："生死有数，人所不免。"先卜锦江□园之坞，仍其桃李柿栗，益树之以松柏，积石筑山，以为百年后事之计。斯可谓之明也已矣！斯可谓之□也已矣！

公以弘治丁巳（十年，1497）六月十七日，年及□□，无疾登仙。以万历二年（1574）十二月初九日归穸南坞。呜□□大德者□岂无富贵□寿之报也耶？然此非过情之文。持周进士五津状请余求铭，梓呈素知，乃为之铭：

天道靡常，哲人自昌。禀赋卓异，声闻琳琅。历事睿明，荣萃赫奕。忠荩辉煌，济以慎肃。善以弛张，桃李并秀。志意谦详，锦江南坞。珍宝永藏，松柏同苍。繁阴铺地，益里甘棠。庶民仰慕，君子□扬。于乎勿替，千□□□。

〔释文引自成都文物考古研究所《成都"新北小区四期"明代太监墓群发掘简报》，《成都考古发现（2006）》，第345—346页〕

艺文·碑铭·普安寺碑

葛守礼撰《普安寺重修碑记》："西城河漕西地方，有梵语一区，名曰普安寺，自国初历至嘉靖年间，有高僧宝藏禅师者驻锡于内，讲演经□，导人为善。因之重修者，则前总督东厂司礼太监龙山黄公（锦），暨司礼太监李公、御马太监梁公辈也。（**略。**）万历二年四月初十日，奉承懿旨，发帑金，命今总督东厂、司礼监掌监事太监双林冯公（保）督委官匠，夙夜匪懈，奉命惟谨,将寺之殿宇方丈悉皆重修。(**下略**。)万历三年六月吉旦。”

碑阴为“经厂掌坛内官监等衙门太监等官”及“御马监等衙门太监等官”题名。

(碑在北京西城区育教胡同。《北京图书馆藏中国历代石刻拓本汇编》第57册,第21—22页)

万历三年乙亥(1575)

二月庚辰,南京户科给事中余懋学疏陈五事:“(**一曰崇惇大。二曰亲謇谔**。)三曰慎名器。惟名器不可假人。国制,诰敕之典以风有位,非考满称职、大庆覃恩不与,主慎重也。曩岁皇上加恩宫臣,太监郑真得荫侄铉[①]为锦衣卫千户,恩既渥矣,未几辄求管事,未几辄求诰命,陛下未下部议,俱允其请。以祖宗风励之典,徇荫臣请乞之私,旧制难逾,邪心无厌,渐不可长也。窃观外廷诸臣有陈必付有司查例,今于内臣独不用例,宫府一体之义或不如是。愿陛下法行自近,内臣请乞,必下该部,所请违例,该部得以执奏,该部依违,该科得以参驳。(**四曰戒纷更。五曰防谀佞**。)”疏入,奉旨切责:“朕以冲年嗣位,日夕兢兢,谨守祖宗成法,惟恐失坠。近年所行不过申明旧章,修举废坏,未尝妄戮一人,过行一事,其于祖宗法度十未行其一二,何得便谓之操切?余懋学职居言责,不思体朝廷励精图治之意,乃假借惇大之说,邀买人心,阴坏朝政,此必得受赃官富豪贿赂,为之游说。似这等乱政憸人,本当依律论治,念系言官,姑从宽,革职为民,永不叙用。”(三五,810—815)　癸未,遣御用监太监王名送真武圣像于太岳太和安供,拨与黄船一只。(三五,819)　己丑,中官传谕,奉圣母慈圣皇太后发宫中银共一万二百三十五两,付工部修理朝宗桥。(三五,822)

三月庚子朔,署广积库事太监焦科题办硝三百万斤、黄一百

①检郑真墓志(见万历四年附),郑铉应为弟,非侄。

五十万斤，工部言："硝、黄十年一派，每派二百万斤，今已派过一百万斤，其未派者尚缩一年未及期也。惟内府、各边不时请给，系干军机，相应酌处，补硝一百万斤，以足前数，另派一百万以抵后十年之数，量派黄五十万斤送库，新旧相兼支放，以后务照旧例。"奉旨是之。(三六，837)　戊午，是岁当三年阅视之期，上命司礼太监冯保会同戎政诸臣及科道官往。报命，赏保羊二只、酒三十瓶。(三六，846)　辛酉。初，武清伯李伟请价自造生茔，工部拟价银二万两。至是中官孙斌以部疏至内阁口传上旨："该部折价太薄，从厚拟来。"大学士张居正等奏：……(三六，849)　丙寅，添造慈宁宫接檐披房，遣工部主事曹慎会内监委官催督。(三六，853)

四月丁丑，司设监掌监事太监曹宪等奏年例合用内承运等库钱粮造办宫中帷帐茵褥等物，辅臣张居正等拟旨，令会同司礼监查议裁减，不必拘定旧例。太监冯保因进言："阁臣所拟无非为国家忠计，今百姓贫苦，钱粮缺乏，诸事诚宜减省。"上以为然，因阅疏中合用纻丝四百匹、布万三千余匹，指谓宪等曰："岁办几何，而费若是？"宪等具言供御所需，皆不可已。上曰："即不可已，费亦不至是，司礼监亟行查核，可省省之。"于是保核实以闻，视旧数有减半者，有减三分之一者，上善之。有旨："今天下民穷财匮，朕若不躬行节俭，未免多取于下，重困吾民。这年例钱粮既查减明白，具见尔等为国为民，深可嘉尚，都依拟。其应用难省的，仍准酌量取用。各衙门造办等项，都要仰体朕意，加意撙节，汰去无益。有动引旧例朦胧奏讨的，即便参来处治。"(三七，862—863)

五月乙巳，洪武旧例，镇抚司问刑，径自奏请，不经本卫；或本卫有事送问者，成祖文皇帝有旨，令问毕仍自具奏，不必呈堂。至是刑科都给事中严用和言："各衙门奉到旨意，皆该科按月缴进，送司礼监收藏，而镇抚司之本独在该司收贮，非所以一政体而重纶音也，宜并令送科抄发，一体奏知。"奉旨："该卫镇抚司既奉有我成祖圣旨，只照旧行。"(三八，888—889)　丁巳，时修慈宁宫暖阁、仙桥，内官监奏行工部具料，揭称该用板片数百，木值倍之，诸杂物称是。上曰："一仙桥所费几何而侈用至是？"即命减半与之。又诏自今各衙门凡有造办等项，该部勿得曲徇所请，致耗财用。(三八，894—895)

七月乙卯，辅臣张居正病愈入阁办事。有顷，中官丘得用传圣母及上旨，慰劳再三，赐银八宝二十两。(四〇，923—924)

八月壬申，司礼监传奉圣旨："内库银两缺乏，光禄寺银暂取十万来用。"户科都给事中光懋、给事中周良寅俱疏言该寺所贮三十三万，尚不足支三年之费，若一番索取，动至十万，何以为继？乞收回成命。浙江道御史朱光宇亦言之。上曰："你每说的是，该银两偶以缺乏取用，后不为例。"(四一，930—931)

九月丁酉，南京给事中杨节等查盘内承运库，失银一千一百二十七两，审系前掌奉御靳成所盗，今已谋差赴京。杨节等上其事，得旨："靳成等着南京刑部提问。"(四二，943)【考】《神宗实录》卷四八，三月戊戌："发南京内官监奉御靳成为净军，以其盗库银至一千一百余也。"卷七二，万历六年二月丁酉："先是南京盗靳成盗内库银一千一百二十七两，奉钦依监追完日发遣，所经二年未完，所司题请。有旨：'奸犯盗库银两数多，监追二年，分文不纳，却只年年改限，岂成法纪！今限姑准再改，着依限严并完赃发遣，不许仍前宽纵。'"　己亥，准成造象牙雕刻圣济殿御药房关防，传取太医院药材。(四二，947)　壬寅，内承运库太监崔敏等奏急缺段匹，工部议覆行应天等处抚按官动支无碍官银，令有司织造九万七千九百有奇。南京湖广等道御史陈堂等上疏曰："昔人有言，天地生财止有此数，不在官则在民，未有'无碍官银'之说。无碍之说起于贪墨之吏，搜括公帑以充之，搜括必加渔猎，渔猎必加科派，科派必加棰楚，此岂陛下所乐闻？兹者每匹估价银一十二两零，应天一府计一十二万两，则各处该银一百二十三万矣。臣谓科派无辜之百姓，不如取足逋负之顽民，查浙江、苏州等处拖欠应进京库金花银共计一百六十余万，又查各抚按赃罚银两有二三年全不解部者，除二分备赈，四分济边，四分系工部额数，此固户部数所本无，又系工部所自出者也。至金花银两，以上用之岁银，供上用之段匹，不必解部，通融织造，可无议及加派矣。”奉旨：“这段匹以备供用赏赐，必不可缺的，着照前旨，陆续解运。本内说纻丝罗每匹该价银十二两，其实解进的都粗糙不堪，不值原价三分之一，且不分轻重，一例重估，中间必有冒破情弊，工部看了来说。”（四二，951—952）　戊午，御马监太监陈辅奏圣驾郊禋在迩，本监马匹老损，乞要太仆寺选骟马三千匹送监备用。兵科给事中裴应章上疏，言该监以孳养马匹为职，每年各处有进贡马匹，又有饲秣草豆，无虑二十万金，乃乘舆将出，遂称无马，则隆庆元年所进三千匹皆倒损乎？若马不足则钱粮不免侵欺，若马足则今日不宜滥讨，宜差巡青科道官会同该监将本监马匹、草料从实查明，进贡马匹通行知会。得旨：“该监奏讨马匹准给一半，免行清查。”（四二，957—958）

十月庚午，南京织染局事右监丞刘佐等行南京法司提问，以织造不如法故。（四三，966）　己丑，内官监掌印司礼张宏奏称成造宗庙等处供应物料急缺，要将奉诏停止原有抽分竹木板枋照先年旧例运济造办。工部查奏前项原系南京龙江关、芜湖厂抽解，至隆庆元年，穆宗皇帝明诏悉皆停止，天下仰颂先帝俭德。今该监以物料不敷，要行催复，相应酌处，遵照先年诏旨，仍旧停革。奉旨：是。（四三，978—979）　庚寅，户部尚书王国光题为归并职掌以一法守，以便责成，议欲以北直隶府州卫归并于福建司，南直隶府州卫归于四川司，各边中引并之山东司，临、德诸仓并之云南司，御马象房、二十四马房仓归于广西司，崇文、浒墅、河西、临清各关税归于贵州司。一方同司，一事专管，则总核者有所责成，承行者庶无推诿，可久之规也。奉旨：“这各司职务既分属明白，都依拟，着永为遵守。你每堂上官还要精核责成，毋容怠玩旷职。”（四三，979—980）　壬辰，太监张宏奏请差内官一员抽分真定木税。都给事中侯于赵、御史赵焕交章执奏，工部亦言只宜行易州主事照前兼管。上命于内官中选廉慎的去，如贪肆不法，参来重处。(四三,981)

十一月壬戌，中都守备太监廖钦论副留守于嵩罪状。兵部覆："嵩经前后抚按奏荐，似非奉职无状者，宜行勘明议处。"上竟革嵩任回卫。兵科给事中裴应章执奏，伸兵部议。报闻。(四四,999)

十二月壬申，总督东厂司礼监太监冯保汇奏三年缉获功次。奉旨："冯保提督官校缉访有功，荫他弟侄一人，与做锦衣卫百户，还赏羊二只、酒二十瓶、钞三千贯，张照等各照例升一级。"(四五,1010)　丙戌，丁字库揭称库贮黄麻、络麻、熟铁、翎毛数多，恐年久积坏，欲将轻赍价银折买白麻䔍、黄栌木等料。工部议："䔍麻、黄栌木等料原非外省所解，麻铁既称积多，不免置有用为无用，宜咨行各地方，除已征解照常送收，未征者四年以后暂照原额改征折色，解部收贮，以备别用。"从之。(四五,1017—1018)

万历四年丙子(1576)

正月庚申，上遣司礼监太监孙隆赍手敕及酒馔诣辅臣居正第，谕曰：……(四六,1052)【考】朱彝尊《静志居诗话》卷二三《中涓》录其《题慧因寺》诗一首，并小传："孙隆，字东瀛，三河人。万历中，以太监督织造，驻杭州。"其出织造，见本年六月庚辰。

二月辛未，命修太学，以幸学合用琴瑟、钟鼓、麾幡、祝敔及灵芝钟磬架等器于内官、御用、司设等监关领，白磁盘于内承运库关领，其大红线罗销金云帐下营缮所修造，给以该司料银。(四七,1061)

三月庚戌，供用库太监郑真以香品缺乏，请行广东采办二十八万斤以进。工部议止派八万斤，未允。户科给事中光懋言："香品虽上用物，然当定为经制，若请益纷纷，何所底止？况广东连岁用兵，物力两诎，疮痍未起。该部酌拟弘治及嘉靖年例，派办八万斤，足供数年之用，乞从其请。"下所司，户部亦言供用库香品嘉靖六年解六万余斤，七年解五万斤，今派办比前例已量增，若必如该库议，万一有司不体朝廷德意，逼迫垂死之民，以逭迟违之罪，致使地方或生他变，则臣等不能执奏，罪其奚赎。上命照嘉靖六、七两年例共派。(四八，1103)【考】《神宗实录》卷四九，四月丁卯："酌定供用库各色香品，每年以二万斤为率，从科臣光懋议也。"　　辛亥。先是，内承运库太监崔敏等以段匹缺乏，欲仿先朝事例，差官织造。于是工科都给事中侯于赵言："自古宦臣衔命出外，鲜不假公营私，为国家患。纵其人谨厚堪任使而参随匠役凭藉声势，生事害人，亦所必至。况所开匹数大溢岁额，一丝一缕皆民膏脂，东南赤子其何以堪？且皇上登极一诏，首罢织造差官，曾几何而忽有此请，恐倖门一启而苏、杭而兰州必接踵行矣，乞敕工部覆议以请。"浙江道监察御史麻永吉等亦言："国初织造有定所，岁运有定额，皆委官监督，以按臣纠察之。自天顺、成化、弘治年间偶遣内官，然率随置随罢，而一时谋国诸臣若李贤、马文升等犹惓惓建议，以苏民困。皇上即位以来，首下明诏，取回内官，海内以仰见德意，而忽有崔敏等之请，岂躬行节俭、休息元元之心？乞敕停止。"谕令该部议处，并下所司。(四八，1104—1105)　　丁巳，工部以科道交疏议寝织造遣官，覆言："该库所开袍服色样数繁费巨，查万历三年四月内该库题开纻丝、绫细共九万七千九百四十匹，臣等拟派长芦课银三万、本部料价三万、浙江南关商税银三万，乃各抚按尚纷纷奏讨，今复加派五万九千三百六十匹，约用银五六十万两，将何措处？乞俯从诸臣请，特免差官，仍将上用奇品花样量减一半，其余供赏之数候前派织完另议。"上曰："东南民力凋疲，朕非不知爱恤，但内库供用亦不可缺，准将上用并供用各减一半，仍选廉慎内官督造。尔部仍将前派段匹作速催解，以备供赏。"(四八，1111)

四月乙丑。先是，御用监太监王幹等题请各色纸张。工部覆言:"该司每年额派料银八万两,各处解未一半。用纸张遵照先年事例,以三分为率,先行召买二分,共该银一(抱本作二)万九千四百七十三两零,比隆庆六年全办价已相同。本部委官,会同科道验收应用,该库仍将支放过数目每月终申报本部查考。"不允。(四九,1115—1116)

五月丁酉,以侵盗织造银,下内官监右监丞刘佐及奉御马西、侯朝、周珣、辛宠于法司,各革职杖赎。(五〇,1147)　辛丑,谕司礼监太监冯保:"朕惟刑狱重事,自古帝王必谨于斯,朕嗣承大统,仰体上天好生之心,尤加慎重。兹当五年差官审录之期,虑恐轻重罪囚或有冤抑,致伤和气,特命尔公同三法司堂上官,将见监罪囚逐一从公审录,死罪情真罪当者照例监候听决,其有情可矜疑、事无证佐可结正并枷号者具奏处治,徒流以下减等发落,笞罪悉与释之,毋令淹滞。审问之际尤须详察言词,旁询知证,毋拘成案,务得真情,以全民命。其原勘问官有故失入等罪,俱不追究。尔为内臣,受兹委任,宜殚心悉虑,以称朕钦恤之意。尔其慎之、慎之!"保于是乃会同刑部尚书王崇古等,以热审过减徒并减等发落及罪轻应释与未发枷号、情可矜疑等项具疏以闻。上悉从其请,命死罪矜疑者远戍边,妇人并有笃疾者尽释。(五〇,1148—1149)

癸卯,南京户科给事中王蔚等言:"内臣织造之遣,当停者有七:诏书传播,旋自废格,何以示天下信,一也;天下织造不止应天一处,此而既允,必将接踵而至,二也;明诏所革,不惟织造一事,此而既复,必将触类而兴,三也;南京根本重地,迩已萧条,何堪再扰,四也;跟随仆从,势必通同匠役作弊违式,五也;南京工部积银无几,今开段匹数多,势不借支则必加派,六也;见今内外各局岁办自足供用,如果缺乏,则万历三年部派应天等处各色段匹共九万七千九百余匹,起解到库,亦可接济,或不得已,则从容岁月,陆续解进,事克有济而民亦不扰,七也。"南京各道御史丁元复等亦以为言。报闻。(五〇,1152—1153)　辛酉,以内使年例冬衣应用

纻丝、绫䌷、中白绵等下户、工二部改折银两送局。(五〇,1159)

六月壬戌朔,内织染局署局事太监张钺等请敕差官苏、杭织造。工科都给事中刘铉等、山西道御史贾如式等交章极言民力匮乏,供应浩繁,乞赐停止。上曰:"织造事非得已,科道官既言民力困敝,各项俱减三分之一,遣廉慎内官往督,工费着户、工二部议处,毋复加派病民。"(五一,1161)　丙寅,御马监太监陈辅等言坝大等七处尚无牧地,乞准暂支草料。许之。(五一,1162)　丁丑,承运库太监崔敏等以大婚用金、珠、宝石等,引例请行户部采买。于是户科都给事中光懋言:"事关君德,虽微必矜,费出民膏,虽公必惜。顷各边年例约于昔而倍于今,而议修河、议开海、议蠲赈无虚日焉;况属两广军兴,捉襟露肘,而忽焉责办金、珠、宝石。夫器用财贿,燕私等物,内府所掌,大司农则典邦计以供军国之需者也,一旦俾之货买金、珠,岂可为训?"户部覆如懋言,上不允。而湖广道御史张宪翔亦疏请停止,报闻。(五一,1187)　庚辰,命太监孙隆苏、杭织造。(五一,1188)

八月戊辰,南京守备太监李庆以会同刑部等衙门审录过斩绞杂犯等罪罪囚张郭等奏闻,下所司。(五三,1242)

九月辛卯,工科都给事中刘铉等言:"太监张宏请修西湖景桥梁闸座,查西湖闸座之设,不过制其涨溢而已,初无关系,亦原无修理令甲。当今大工、大礼并兴,库帑俱竭,支持不暇,乞命罢修。"上命内臣查酌修浚,余暂罢之。(五四,1259)　甲午,东厂缉弑母烧尸犯人张大金,并廉其妻李氏、吴氏一致夫殴母至死,一坐视烧尸。以闻,命付诏狱。(五四,1263)

十一月丙戌。初,司礼监太监张诚等请修圜丘、朝日、夕月等坛及太庙祭器,合用木植等料并雇工油漆等匠,俱行工部催办。于是工部乃言祭器例系各监修造,本部原不与闻;物料则照原派以三分为率,准办二分,召商买办,亦该监径自验收,料价原贮节慎库中,听其支给。上以为然。(五六,1285)

本年附

典制·昌平守备葛绍忠敕谕

敕昌平守备葛绍忠："天寿山系祖宗陵寝所在，今命尔以都指挥体统行事，与内官监太监王爵管领各卫军马，在于本山守备，各将所在官军如法操练，卫护陵寝，固守关隘，修理城池，保障地方，务在器械锋利、盔甲鲜明。遇有贼寇，相机剿捕。山林树木仍照榜例禁约，毋得纵人砍伐。合行事宜，与王爵计议停当而行。尔尤须持廉奉法，抚恤军士，不许假公营私，科扰克害，及役占军士，妨废兵备。如违，罪不轻恕，尔其慎之。故敕。"

（万历《四镇三关志》卷七《制疏考》）

艺文·碑铭·太监郑真墓志

皇明司礼监管监事太监郑公墓志铭

赐进士及第、光禄大夫、柱国、少傅兼太子太傅、礼部尚书、武英殿大学士、知制诰、经筵华亭徐阶撰。明进嘉议大夫、工部左侍郎兼修玉牒、侍经筵、同修国史、钦赐从一品俸、飞鱼服色、兼文华殿侍书昌黎王槐书。赐进士第、奉政大夫、通政使司左参议安德李勋篆。

万历丁丑(五年，1577)新秋日，余静卧林泉，杜门谢客。忽得杨兵宪以状乞铭于余，用垂不朽。余忆昔侍内直，时值大司礼郑公传及纶音，因识既久，睹状固不忍辞。

按状：郑公讳真，字惟诚，别号化庄，世为河南开封府阳武县巨族。公大父礼，耕织传家。父显，为人重义，时有乡评称善，遂笃生公。公雅重不群，年甫弱冠，选入内庭，系隶司礼监秉笔太监张公钦名下，识公气宇，作养异众。时张公奄逝，又奏派本监秉笔温公祥名下，育养同前。嘉靖丙申(十五年，1536)，选内书馆，受诸翰林师，业以进修，得名。戊戌(十七年，1538)，因奏擢司礼监六科廊记室，凡我国家冠婚丧祭与夫册立、册封诸项礼仪，赖公力居多。壬寅(二十一年，1542)，除长随。乙巳(二十四年，1545)，钦升奉御，冠裳伟然，名实相孚。壬戌(四十一年，1562)，推授本监典簿佥押事。

丙寅(四十五年，1566)夏四月，奉命前往河南赵府公干，所经无扰，事竣复命，上嘉其廉，升右监丞。至冬末，伏遇世宗宾天，公预例当谪级，适先帝改元，隆庆初年丁卯(1567)，上悯公勤励，敕公职如旧。是年秋九月，奉命前往山西晋府公干,经途往返,不扰于民,美誉升闻,钦升左监丞,寻升右少监。戊辰(二年,1568)春二月,简命公东宫侍卫,擢典玺局局郎。自是,公兢业自持,辅导尽善。荷上皇所知,甚有嘉意,特赐蟒衣玉带,一时缙绅靡不健羡。庚午(四年,1570),升左少监。

壬申(六年,1572)夏五月,恭遇穆宗升遐,今上嗣登大宝,轸念公勤荩,晋升太监,在乾清宫近侍,司礼监办事,随赐坐蟒服,仍岁与禄米十二石,许在禁内骑马及坐凳杌。乙亥(三年,1575)夏六月,命公掌内府供用库印。公为国惜费,任怨自若。丙子(四年,1576),礼仪房提督,合属咸服。自公初任,及至秉笔以来,累荷恩赍,斗牛兼麒麟彩织服各三季者九件,如禄米加积,岁支者计九十六石矣。

公荣遇可谓极也,但鞠躬事上,劳瘁致疾。时丁丑(五年,1577)春,叨沐恩恤,赐假摄养,颁给猪、羊、酒、米,白金、彩币,遣医诊治弗瘳。公默忖,自以为不胜荣耀。夏六月,恳辞,乞允私第调理。恩给月米十石,岁夫十名,用示优礼。未几,秋七初八日卯时,公竟以疾终于正寝。

公名下赵公臣辈具疏,讣闻,殊垂震悼,遣官谕祭,越例加至四坛,宝钞三万贯,仍敕有司治诸葬具,赐祠额曰"嘉贤祠"。上意报典未尽,特出帑银五百两、纻丝八表里,兼香烛、油、米等仪俾赙丧费。

呜呼!公莅事三朝,懋著忠勋,遐迩称颂,宜享期颐,胡天不吊。呜呼!公虽仙游霄汉,遗有后贤,复何憾焉。距公生于正德丁丑(十二年,1517)元月十七日巳时,享年六十有一。万历五年七月廿七日,葬于都城西山净德寺原,公祖公司礼太监王公寿域之侧。

公兄珐,先卒,遗子三:长曰据德,仲曰据道,俱继事业;季曰据臣,锦衣卫西司房小旗。公存弟玹,藉公勋贵,历蒙荫升锦衣卫指挥佥事,擢司仪房管事。子二:长曰据义,次曰据廉,皆习儒学。余窃见公阖门俊伟,足以克昌厥后,异时大振英声,公德垂不泯,为世所奇,其光前裕后者,舍公而谁哉?铭曰:

嵩山毓秀,阳武先芳。哲人昭灵,从游帝乡。聿修翰业,厥德乃彰。三朝荩节,宠耀台光。德名在称,仁域有疆。禄望固靳,贻后俊良。纶音褒恤,报典逾常。玄至永辉,神其逸藏。

(2010年北京石景山五里坨净德寺出土,志文由双塔郇人提供)

艺文・碑铭・太监宋明墓志

皇明内官监太监深泉宋公墓志铭

按状,公姓宋氏,讳明,字克诚,别号深泉,贯直隶真定府深州人。上世隐德弗彰,祖□俊,父讳英,俱□农立业,卒为一乡之善士。母刘氏,生公。公生而颖异殊常,甫三岁即有成人礼度,少长即端严慎重,雅嗜章句,凡诸儿戏事,掩目弗观。父母里巷咸奇之曰:"此子必有大过人者!"

正德丙子(十一年,1516),遇例选入掖廷。及至,即内书馆读。自是,公潜心经史,日以诵读为事,理明学富,充然□著,有儒者气象。嘉靖改元,世宗肃皇帝即位,帝天纵英明,励精之始,凡诸左右近侍鲜可其意者。公侍之,夙夜惟寅,克勤克慎,上每驻意焉,乃得进司礼监供书记。辛卯(十年,1531),乾清宫近侍,寻管御司房事。累升太监,捧御剑,引朝仪。庚戌(二十九年,1550),转提督内书馆教书。无几,升司钥库暨酒醋局,俱篆事。又上赐蟒衣玉带,岁加禄米。不数年间,凡华品要地,崇阶累陟,而隆恩殊遇,远迈等夷,盖公一念忠诚之所致也。

迨嘉靖甲子(四十三年,1564),公年六十,遂自谓曰:"人生不辱不殆,以知足知止者得之。吾今老矣,盍图退焉?"乃乞休致于上,始不可,乃再疏再乞,情词益切。上念公服劳既久,忠勤懋著,诏许之。公得旨,即就私第,杜门不出,日以诗书自娱,或陶情于花木□竹之间,与一二知己谈论古今,优游暇豫,澹然若布衣之为,略无富贵□。盖公本之以天性之醇,加之以问学之正,终之以识见之明,故其始终节操,有如此者。

呜呼!余按宋公状而深有感焉。士大夫抱孔孟而进,以事君泽民自期必,乃或惑志于富贵□即渝□其心胸者,岂少其人哉!又内贵之流,始焉卑以自抑,而一或得志,即侈肆于□□利害之途,未几而卒自覆焉,又岂少其人哉!是皆始进以正而终或以不继之,故其有臧否之异。允若公□朝如彼之久也,得君如彼其深也,恩宠如彼其隆也。丰功伟绩,□□在人,自始至终,华然一致,公其人杰也哉!公生弘治癸亥(十六年,1503)正月十有六日,卒于万历丙子(四年,1576)十月十有七日。公行四,有兄讳卿,讳相,讳臣。相子讳时高,以公之劳,得覃恩荫焉。□□先卒,次时冠。冠等欲迎公柩归葬于深州之源,敦本故也。因持中翰文□刘君状谒余乞铭,余乃铭之。铭曰:

伟哉宋公，天佑厥衷。明时效用，内实著声。帝曰良辅，天宠优渥。蟒袍玉带，丰□重禄。尤独见正，志明心丘。□是贲嘉，遐而真寿。考于归本，源其□栖。□郁佳城，万禩幽□。

□进阶中奉大夫、工部右侍郎、直文渊阁、同修国史玉牒、经筵官昌黎王槐撰并书额。

（河北深县下博乡赵村出土。碑藏深县文保所。《新中国出土墓志·河北》第260号）

艺文·碑铭·承奉正于志清墓志

明德府承奉正于公墓志铭

奉政大夫、长史司右长史解梁张旆撰。奉政大夫、长史司左长史汲阳徐可观书丹。

《洪范》五福，惟寿为先。求享耆年，人世稀有。内辅于公生成化二十一年(1485)十二月二十八日，卒万历四年(1576)正月十一日，享年九十有二，可谓大获有福之先焉。兹以归圹届期，承奉正时庵陈公、副松冈马公，与公有旧寅之雅，乃悉公行状征予为铭，以志其墓。惟公为先王旧臣，义不容辞，谨志之曰：

公姓于氏，讳志清，别号龙泉，贯东昌府清平县人。少业儒，既长，以忠义自负，思欲展售于时。正德九年(1514)遴内监，随侍禁掖。十六年(1521)十二月念一日，蒙钦拨至府。嘉靖十九年(1540)正月念七日，奉旨掌司房，内外传宣，惟谨惟允。二十年(1541)四月初七日，转门正，率能慎出入之防，严于稽查，先王深重之。二十三年(1544)十一月二十五日，得旨摄临清等处庄田。公至，能催征有法，抚驭得宜，佃氓罔敢梗慢，以故租无欠逋，刻期完进。二十五年(1546)孟秋十九日，升典服正。三十年(1551)亥月十八日，升典宝正。三十六年(1557)辰月十四日，奏擢承奉副。是年九月十六日改承奉正。恩渥之加者日隆，公之效职业者愈谨，承上逮下，惟忠诚正直之外，一毫忽慢婞阿之□有焉。三十八年(1559)寅月二十日，先王嘉其贤，奏准钦赐大红飞鱼一袭。呜呼！若公者膺宠天朝，增耀齐省，诚得人之难得者。

隆庆六年(1572)，以衰龄不克供职，锐意高尚，乞恩养老。先王款留之，不旬日复恳辞乞休，始获慰解组之愿。逮至外居，日惟优游徜徉，树德积善，而享有今日之寿。兹又非得人之所难得者乎？按公性本诚确，德复醇厚，喜修建，好乐施，凡门下应役者贫则给与财粟，殁则赐以棺木；衣食不尚华奢，尝施诸药以济人，及刻《太上感应》诸书，印施无穷，思以劝世励俗；他如修庵于岱麓，凿井于祥林，宛然君子之风度焉。谓君子者以有德也，有德必有寿，夫岂不耳乎哉？涓吉二月念日，葬于城西五里之原。铭曰：

吁惟于公，懿德天赋。正直忠诚，帝心眷注。抡弼贤王，亲亲彰德。历试诸司，无怠无隳。奏闻九重，服锡锦绣。恩宠优若，陈情解组。积善行仁，为时钦重。寿考九十，人世稀庆。一疾不起，正命中堂。寓形寘室，终焉允臧。

(山东临清出土。《北京图书馆藏中国历代石刻拓本汇编》第57册，第31页)

艺文·碑铭·东岳庙记

张居正撰《敕修东岳庙记》："(**京师朝阳门之东有东岳庙，有英宗所制庙碑。**)百余年来，庙寝倾圮，神将弗妥，士女兴嗟。圣母慈圣皇太后闻之曰：'吾甚重祠而敬祀，其一新之，然勿以烦有司。'乃捐膏沐资若干缗。皇上祇顺慈意，亦出帑储若干缗，潞王、公主及诸宫御、中贵复佐若干缗，命司礼太监冯保择内臣廉干者董其役。始于万历乙亥(三年，1575)八月，迄周岁而落成。(**下略。**)万历四年十一月初八日。"

碑阴："督工慈宁宫牌子、尚衣监太监署内府供用库事范江、内官监管理太监李龙、内官监右监丞刘成、御马监右监丞郭恩、内官监右监丞常钺，(**司房文思院副使3人、金吾卫百户1人及住持名略。**)前临街房二十一间，果园一处，并窦哥庄迁民屯田地一顷二十三亩，大小房八间，俱与监斋堂官刘成等永远侍奉香火。后临街房三十一间、畦地三千余个，俱与住持高道江等永远侍奉香火。"

(碑在北京朝阳区。《北京图书馆藏中国历代石刻拓本汇编》第57册，第40—41页)

万历五年丁丑(1577)

二月丙寅，户部覆兵科给事中刘谐条陈御马监事宜：一、核册籍以稽供御。将该监见在马匹核数登册，以后进到者即便登记，若有老损，亦便开除。一、重掌贴以励勤能。凡外马房各官照各州县官一体分别赏罚。一、均商役以苏偏累，谓御马仓、中府场、天师庵三处人皆趋之，供用、牺牲、酒醋三处人皆避之，宜三年轮委。得旨如议。后该监执争旧制，前二事竟寝不行。（五九，1356）

六月戊午，大内工完，太监李龙题叙效劳各官，并及阁部。命荫司礼监太监冯保弟侄一人锦衣卫副千户，张宏弟侄一人锦衣卫百户；工部尚书郭朝宾、监察工程给事中戴光启、御史李东、工部员外姚纯臣等各升赏有差。（六三，1403）

十月辛卯，张居正三疏乞归守制，得旨："卿今日实不可离朕左右，特遣司礼监官同卿子编修驰驿回籍营葬，事毕即迎卿母来京侍养，用全孝思。卿宜体朕至意，弗再辞。"上复降手敕谕居正……（六八，1474—1475）

十一月丙寅。先是，皇亲武清伯李伟使家人揽纳布花，多所干没，军士大哗。内使以闻，上命取布一匹，验之不堪。上即谒太后言状。太后怒甚，遣谕内阁"尽法处治，吾不私外家"。是日，上御讲筵毕，顾辅臣张居正等言之，居正力为解救，第坐诸为奸利者，革该库内臣三十余人。太后乃召武清父子立宫门外，遣中侍出数之。武清父子惶恐服罪，自此少戢矣。　以内府钱粮揽纳滋弊，巡视科道、验纳部官不行查核，命部院考察汰黜，得户部员外贾实等四十八员，命致仕、闲住、降调俱如例。（六九，1495）

十二月壬寅，上讲读毕，与辅臣从容论所讲《酒诰》篇戒崇饮之说……上又言："顷者星变，占云应在吴地，圣母因念吴地数被水灾，小民困苦，欲将织造停免。况宫中袍服不能尽御，徒久贮笥中，殊可惜耳。"居正从旁力赞之，即谕户、工二部："朕念东南民力困敝，苏杭织造病民，前差太监孙隆查已派及在手应织者，织完回京，其未派并应措处钱粮尽行停免。地方官仰体朕敬天恤民之意，加意节爱，不许借称上用，横征苛扰。"（七〇，1513—1514）　先是，戊字库有各处民弓箭弦本色，自嘉靖后改为折价，已又改为解料于盔甲、王恭二厂，专官督造。又以先年内库关领壅滞，议即存贮两厂而以两厂内臣掌之。至是库监欲仍解本色，厂造送库交收，工部以为不便。上是部言，止令军器仍送内库收贮，其管库官有需索抑勒积弊，巡视指实以闻。(七〇，1513—1514)

本年附

艺文·碑铭·太监萧准墓志

明故御马监太监萧公墓志铭

赐进士第、通议大夫、兵部右侍郎、协理戎政府事、前太仆寺卿承天确庵曾省吾撰。赐进士第、征仕郎、中书科中书舍人古燕洪声远书并篆。

公讳准，字平严，别号槐泉，姓萧氏，系出直隶河间府任丘县陈王庄在坊社之巨裔。高、曾祖，俱有潜德。父讳通，和睦以礼，仁厚普及于乡党，不仕。母萧氏，训教有方，恩泽覃被于家庭，俱有诚信，阴骘有以感格乎神明。生公于瑞气呈祥之日，容貌端庄，丰姿雄伟，见者咸谓非常人品，起敬而起爱也。

厥后于正德己卯(十四年，1519)，有司荐入内庭。庚辰(十五年，1520)，着乾清宫答应。公益练达老成，明烛物理，历事多方，井井有条。

壬辰(嘉靖元年，1522)，除小轿长随。丙申(五年，1526)，升乾清宫近侍。本年八月内，除奉御。丁酉(十六年，1537)，升尚膳监右监丞。戊戌(十七年，1538)，升左监丞。己亥(十八年，1539)二月内，升右少监。本年本月内，升左少监。庚子(十九年，1540)，升太监。辛丑(二十年，1541)八月内，钦赐蟒衣。乙巳(二十四年，1545)，挨年即赏表里、银两三次。丁未(二十六年，1547)九月内，钦赐玉带，着惜薪司佥押管事。戊午(三十七年，1558)五月，转升浣衣局掌管印事。

隆庆丁卯(元年，1567)正月，遇例沙汰。戊辰(二年，1568)二月，调升御马监太监，复赐蟒衣，仍旧□□□□□□□□□□。公自揣年迈，告回私第闲住。

公之素志祝天佑君，护国爱民，先天下之忧而忧，后天下之乐而乐，无所不至。先于嘉靖庚戌(二十九年，1550)□□虏□京，至丁巳(三十六年，

1557)灾变,火延大殿,公乃长夜焚祝,□□□□□□□□以慰我皇上之惊怖,夙夜□□□□而□忧□□□之人,何其切哉! 及其四方宁谧,万民乐业,公乃凯歌□□而酬报天恩,其佑君之□□□。于戏! 虽□□忠悃,无过如此而已。

公老疾,卧榻不起,斯际,属下圜侍,顾谓名下季相等曰:"平日凡□□□后□□□。"语毕而绝。公距生于弘治丁巳(十年,1497)七月十一日午时,得年八十有一。时有鸿胪寺序班孙□、萧□□□□之行,缞绖稽颡,请铭墓上之石。义不可辞,故状而铭之。公名下御马监太监季相等;公□萧元育,公妹萧氏,侄男三:王学诗、王学礼、王学易;公平昔所□者数人李尚义等,俱腾骧右卫勇士,背缞麻哭踊,偕理丧事,衣衾□□□毕具。万历丁丑年(五年,1577)□月□日巳时卒,于十月十一日,相等扶柩出西直关外香山乡白□桥□□则敕赐褒勤祠义会寿域安厝。□送者无一而不垂泣感叹。呜呼! 视公之生□死□,□复遗怅矣。铭曰:

瑞云霭霭,和气呈□。笃生伟器,声□□□。夙夜匪□,□□明皇。辅弼君德,上下安康。□终相遇,宠渥□□。寿越九□,□□忠良。西山景暮,鸟倦弗翔。垂名不朽,千古流芳。

(《新中国出土墓志·北京》第298号)

艺文·碑铭·极乐寺庙产碑

《极乐寺护持香火坟茔地数碑记》:"御马监太监寅斋暨 **(按,原碑此处空一字,应为擢)**等昔年始于西直关外宛平县香山乡乖狗村地方陆续置买内府各官并军民人等白地不等,共计一顷五十四亩,本地谨于嘉靖二十七年孟夏吉日发诚修建古刹极乐寺一区,殿宇房廊、方丈房屋内续添坟茔、庙宇、宅舍、园圃,周围墙垣内坐落前地,东至各家坟,东南至李家庄,南至官道,西南至小道,西北至韩家坟,北至各家坟,各起共价银一千九百七十五两,粮草随地办纳,外各处陆续置买白地三顷八十亩,舍与本寺僧众焚修香火,永远耕种为业。恐后子孙争竞,或僧众内有不守清规者,苟且之徒,私行典卖。明有王法,暗有天神,许令会众太监等官并子孙人等遵我遗言,申告有司,问理治罪。恐后无凭,立文碑后,永为鉴证者。所有各处地数开载于后,计开:

一、买锦衣卫指挥于应龙白地一段,计一顷一十亩,坐落河南,东至广善寺地,南至大道,西至张家地,北至河小道,价银二百二十七两,粮草随地办纳。一、买锦衣卫指挥于应龙白地一段,计十八亩,坐落本寺迤西,东至观音寺,南至卖主坟,西至普觉寺,北至小道,价银一百二十里整,粮草随地办纳。一、买赵编修白地二段,计一顷二十亩,坐落昆吾村,东至段家坟,南至陈家坟,西至小道,北至小道,价银三百六十两整,粮草随地办纳。一、买锦衣卫军人韩真先一起白地一段,计四亩,后一起买韩可毅白地一段,计二亩,土山一座,前后共地六亩,坐落本寺园西,南至卖主坟,西至洪庆寺地,北至小道,二起共价银三十七两,粮草随地办纳。一、买高奉原置忠义右卫屯地,南北三段,计一顷,坐落柏彦庄,四至俱卖主地,价银一百七十两整,子粒随地办纳。一、本寺西北墙外白地一段,计六亩,东至各家坟,西至各家坟,北至恩隆观地,粮草随地办纳。

大明万历丁丑岁(五年,1577)八月吉日刊记。"

(碑在北京海淀北下关,刻于嘉靖二十八年极乐寺碑阴。《北京图书馆藏中国历代石刻拓本汇编》第57册,第50页)

万历六年戊寅(1578)

二月癸未。(**上大婚**。)是日奉皇太后慈谕三道,一谓上:"天地神人之主,所系非轻,须万分谨慎,以为祈天永命之本。"一谕内夫人等:"皇帝、皇后食息起居,务要小心勤侍,不可违慢。"一谓司礼冯保:"尔等亲受顾命,所赖万分留心,引君当道,勿得顺从,致伤圣德。"于是居正疏奏:"慈谕敦切,乞皇上仰体圣心,服膺明训,亿万年无疆之庆,实在于此。谨录慈旨三道,付史馆垂示万世。"有旨:"圣母之训,朕当拳拳服膺,尚赖卿等朝夕纳诲,左右匡弼,庶几有成。"(七二,1544—1545)　　庚戌,以司礼监太监冯保原荫侄邦宁升五级,不为例;王臻、张宏各荫弟侄一人为锦衣卫百户。(七二,1565)

三月壬子朔,升南镇抚司佥书冯邦宁都督同知,注右府带俸,佥书管事照旧,以冯保获(**抱本朱笔改获作保护,是**)功也;王臻、张宏荫弟侄一为锦衣卫百户,臻、宏各协赞有功。(七三,1573)　　甲子，是日大学士张居正出京，上遣司礼监太监张宏郊送，赐甜食点心各一盒。（七三，1588）　南京给事中王良心等、试御史张一鲲等各疏："顷者皇上嘉礼告成，荷蒙圣母慈谕，劝勉皇上修德保身，复敕元辅张居正纳诲辅德，又谕太监冯保调护辅导，薄海内外，莫不举手加额，曰洋洋圣谟，真社稷无疆之福也。（**下勉励语略。**）"上嘉纳之。（七三，1588—1589）

四月庚戌，大学士张居正奏："自圣恩许臣归葬之后，即宜遵旨，同臣母星驰赴阙。但母高年多病，进退踌躇，容臣停止，秋爽一同入京。"疏入，上遣文书官持至内阁曰："朕日夜望其早来，如何又有此奏？即写敕差锦衣卫堂上官赍奉，即便驰驿，星夜前去守催，务于五月末旬回阁办事，以慰朕怀。仍留先差太监魏朝待秋凉伴送卿母北来。"（七四，1615）

七月丁卯，撤看守孝陵太监马举回京，并禁各官不得于陵寝内地游览及一应行礼参差失仪。（七七，1659）　壬申，以内府乏人应役，着司礼监差官，会同礼部拣选堪用的三千五百七十名应用。于是礼科左给事中李天植上疏言："皇上缵服初年，允收马安等三千二百五十名，部覆永不为例。今六载之中，两收数千，倖门日启，觊泽者多。倘得成命收回，散此党与，待取于后，上也；不然而裁取其半，虚其半以俟五六年之外，次也。臣故知言之难，徒取共怼，而责任所在，不容不言。况今净身男子倏而紫貂珰矣，既奉旨拣选，将必慎选有众，无庸臣言也。但选充近侍，必智虑纯一者，可冀以忠悃，必容止庄和者，可冀以安静，必年姿冲幼者，可久于执役，此一见之间，遂知其概。然人先有主，各徇其便，皇上宁不申饬之乎？今兹竞进之辈，即先年落选之人也，数外不得不归矣，而欣艳方新，希愿窃伏，不数年乘机引类叫阍，必援近旨为彼明例，皇上宁不预禁之乎？"议下所司。（七七，1663—1663）

九月癸亥。先是，上命司礼监太监魏朝伴护居正母赵氏来京就养，至是抵京，上特命司礼监太监李祐劳于郊外，两宫圣母亦遣太监张仲举、李用同劳郊外，居正各疏谢。(七九,1695)　　丙寅，上命司礼监太监张鲸赍赐居正母金累丝厢嵌青红宝石、珍珠长春花头面及青红纻丝罗蟒衣各二匹。已而两宫圣母亦赐金头面、蟒衣有差。居正疏谢。(七九,1697)　　壬申，上以先农坛修理未久，工费甚多，乃二年之间辄称损坏，命工科给事中王致祥查勘。已而致祥复言坛殿神厨仓库新整坚好，别无冒破，惟是丹漆剥落，砖砌参差，墙垩外摧，叨(抱本作吻)剑中折，估勘繁兴，至廑宸虑。其督理内官监太监张沂、原任工部左侍郎何宽及原任本部员外陈以朝俱当行罚。上曰："坛工既无大坏，着量行修葺，各官姑免追究。今后工程有可因者，都仍旧不许动称损坏，希图改修，以致劳费。"(七九,1700)

十月辛卯，大学士马自强卒。上闻悼惜，命礼部查明恤典以闻，寻遣司礼监太监视丧，赐银一百两、彩段四表里、油、米、香、炭等物。(八〇,1714)

十一月戊申朔，兵部题覆南京四川道御史张友舜以留都根本重地，皇城之内所贵肃清，邦域之中尤当盘诘，各内官衙门凡有事情，俱送司礼监审处，内使、火者、工役出入，俱要悬带牌面；至于云游僧道寄食寺观，劫财巨寇投宿娼家，此皆盗贼渊薮，尤宜禁缉。报可。(八一,1723)

十二月壬辰，裁定司礼监官七员，锦衣卫官六员，旗校士军一百八十名，以后永为定额。(八二,1737)　　庚子，上御文华殿讲读。是日，辅臣张居正等题：先该臣等题称，每年终将讲过经书、《通鉴》讲章类写进呈，以备皇上温习观览，仍发司礼监接续刊板。已奉钦依，节次进呈讫。今将本年所讲经书、通鉴共五本谨类写，装潢进呈，仍乞发下该监接续刊行。[1] (八二,1740—1741)

---

① 后凡年终内阁进讲章之类，请下司礼监刊行，皆从略，以省繁文。

本年附

艺文·碑铭·千佛寺义会碑

《重建古刹千佛寺碑记》:"都城广宁门里迤南□。御马监太监商翁讳尚质,别号西渠,顺天大城县籍,创置庄□□之右侧为茔所……(**因取土发现古寺旧基,乃就其旧脉营大观音殿**。)不意翁有恙,工务未备,托翁之长孙太监绍渠公(**即商经颖,墓碑见下**)经代之。翁临终遗语,续增千佛殿廊庑方丈僧舍,聘其同官、同家僚友义会偕入寿茔,明令资财,协济工费。在义会者,昆山张公暹、东湖孟公暹等数余人,慨然义美,共给己资;复置本茔向南园地一段并旧园余地□亩,遂众议出价银二百五十两,交□绍渠公给散族人商仲清等盘费支用,园地寺所概归会中千佛寺承业,管理耕种,逐年租课出产,以备春秋祭享及修理佛殿墙垣,养赡僧众过活。本寺创立既久,聘僧焚修香火,在寺僧人遵礼佛教,甘清守淡,早暮讽经,祝延圣寿,巩固皇图。(**下略**。)"

碑阴为"司礼监等衙门太监等官"孟暹、张暹等二十余人题名。

(万历六年刻,碑在北京宣武区南菜园。《北京图书馆藏中国历代石刻拓本汇编》第57册,第63—64页)

《重建古刹千佛寺碑记》:"都城广宁门里迤南,乃御马监太监商翁讳尚质,别号西楼,顺天大城县籍,创置庄圃,源之右侧为营所。比因取土造屋,掘出古形……(**知为古刹**)。遂命工引其旧脉,营大悲观音殿。不意翁有恙,工务未备,托翁之长孙太监绍渠公经代之。翁临终遗语,续增千佛殿、廊庑、方丈、僧舍,聘其同官、同家僚友义会偕入寿茔,朋合资财,协济工费。在义会者昆山张公暹、东湖孟公暹等数余人,慨然义美,共纳己资,复置本茔向南园地一段并旧园余地畦亩,遂众议出价银二百五十两,交付绍渠公给散族人商仲清等盘费支用,园地寺所概归会中千佛寺承业,管理耕种,逐年租课出产,以备春秋祭享及修理佛殿墙垣,养赡僧众过活。(**下略**。)"

(万历二十二年刻,碑在宣武区枣林街。《北京图书馆藏中国历代石刻拓本汇编》第58册,第53页)

艺文·碑铭·太监商经颖寿域碑

丙字库掌库御马监太监商公预建碑记

赐进士出身、中顺大夫、大理寺卿、前山东道监察御史肖岩洪声远撰。

前军都督府掌府事、前管理神枢营务、府军前卫掌卫事、管理侍卫禁兵、后军都督府管府事、奉命点闸皇城四门官军云间椿亭宣城伯卫国本书并篆。

夫寿域隐城也，存则创之，没则宁也。其虑远，其计长，非善谋者弗能稽之。往古自为墓志，则宗元柳公；生识碑记，则元之姚公。迨今遐思而追慕之，我明御马监太监绍渠商公，讳经颖，顺天大城籍。寿登□秩，属予为神道碑，其心即柳公、姚公之心，其虑即柳公、姚公之虑，诚以古人自期者。予因其请而追叙其原焉。

公少而颖异，长而明敏，有叔祖御马监太监商公爱而奇之，抚养教育，视之犹子。由嘉靖四十有一年(1562)四月内始进裕府而奉御。心机敏达，治事井然。继选乾清宫而近侍，清白律己，事上惟忠。迨隆庆改元之初，由右监丞而升左监丞，赐以飞鱼，兼理库事。出纳惟谨，职务周详。至万历中叶之时，由左监丞而升太监，赐以蟒衣，擢以掌库。僚友钦承，商役蒙惠，揆厥所由，虽草栏商公所汲引之恩，实我公所事忠勤之致，故屡被迁擢而沐泽三朝也。

俞嘻！宰相佐君，聿臻有道之化，商公秉务，用司出纳之劳，任分内外而道相表里。且人生斯世，一命之荣，尚为之难得，况衣蟒而束玉者乎？一遇于君，亦为之不易，矧历事三朝而贵显终始者乎？公之德征，彰彰如是，固宜寿跻期颐而鼎烹弗替，永绥戬谷为中贵师表也。公之寿域在于宣武关外，今兹立石圹前，用垂不朽云。

万历二十有三年(1595)，岁乙未孟冬之吉立石。

(北京宣武区右安门内枣林街千佛寺出土。《北京图书馆藏中国历代石刻拓本汇编》第58册，第60页)

万历七年己卯(1579)

正月乙丑，命修撰张元忭、编修余孟麟、简讨张应完等内书堂教书。(八三，1749)

七月乙丑，是日工部覆礼科左给事中顾九思、工科都给事中王道成等疏，请罢苏、松及应天织造，取回京差。内臣传谕内阁："织造袍服未可遽罢，若如部议取回内臣，改属抚按有司则织造不精，谁任其责？且见有钱粮不必加派。先生拟票来。"辅臣张居正等言："该部为地方灾伤，故如此议覆，请得面奏，为皇上从容开说。"有顷，居正等持工部疏并拟票入至御前，奏云："近日苏、松等处水灾重大，百姓困苦流离，有群聚劫夺者，地方钱粮实难措处。且自前年星变时亲奉明旨停止织造，着孙隆回京，至今尚未报完（《万历起居注》作完报），是诏令不信而德泽不宣也。臣等谓宜从该部所请，以彰皇上敬天恤民至意。"上曰："朕未尝不爱惜百姓，但彼处织造不久当完，远不过来春耳。"居正言："皇上德意，臣民无不欣仰，即孙隆在彼，亦能仰体圣心，安静行事。但地方多一事则有一事之扰，宽一分则受一分之赐，彼中织完十未四五，物料钱粮尚有未尽征完者，灾地疲民，不堪催督。愿皇上且取回孙隆，其应天被灾稍轻，许坤仍旧可也。"上乃许之曰："近降去花样银两皆御前发出，并不加派扰民，候此件织造回京，余悉停罢。"居正等顿首曰："幸甚！"是时宫中自大婚以来，应受赐者皆籍记以待，又当供奉慈宁，岁币益不足，尽仰东南织造。上心亦难之，乃从中发银五千两，畀孙隆约用尽更请，一不以烦百姓，外廷莫得知也。故上指此为言，居正又奏云："兹事尝奉圣母慈谕，今当奏闻。"上曰："已奏过。"因以部疏授居正票来。又顾居正等云："君臣一体，今有司皆不奉行，百姓安得受惠？"居正对言："诚如圣谕，臣等今日亦无非推广皇上德意而已，愿皇上重惜民生，保固邦本，实宗社灵长之庆。"次日，上批部疏云："苏、松地方灾伤重大，孙隆着查近降花样、御前发去银两，应织袍服上紧凑织，完日即便回京。其以前织完的，照数解进，未完的，都着停止。物料等项准作岁造段匹支用，各抚按官还查数明白具奏。许坤且着照旧。"（八九，1843—1846）

守门内官侯钦于御路西径责守卫百户滕钦珠，需索火头费用。礼科上言："禁地非用刑之所，'火头'无名之需，以朝廷之爪牙充门官之囊橐，事干违法，乞严加究治，以惩恣肆。"（八九，1845—1846）

八月丁酉，礼部题："太医院御医赵世美因圣济殿御药房传取随驾夫马银两，近侍孙隆、内使魏秀带积棍十余人，扛抬红牌二面，安置公堂宣读，系礼部及太监刘阳议处近侍随驾夫马银两事。读毕争辩间，孙隆随将世美拳蹴。即悬牌未奉有明旨，且凌虐职官，票内上犯御名，略无顾忌，体统甚亵，法纪奚存。乞将原牌取回，另候圣明裁定。”得旨：“孙隆、魏秀着司礼监拿问，牌面取回。”(九〇,1857—1858)

九月乙卯，上用大婚龙袍命太监孙隆提督苏杭等府织造，谕以悯念民力。于是隆上言天雨频仍，地气蒸溽，请乞袍段之雨湿黦黰者照例解进，免以退换，累及小民。从之。(九一,1868)

十月丙戌，旧制于太医院中碾磨药末，送圣济殿修合丸散。今提督御药房太监刘阳欲于内殿碾磨，非制也。礼部覆照旧规，从之。(九二,1886)

十一月丁巳，辅臣张居正等题：“工科都给事中王道成等请酌减织造段匹，臣等看得岁造段匹原有定额，祖宗朝计一岁所造，供费有余。至嘉靖年间，赏赉无时，间以缺乏增织，非可为常例也。万历三年该库已称缺乏，岁造外添至(**抱本、《万历起居注》至作织**)九万有余。时以大婚，赏赐浩繁，该部不得已遵旨设处，各地方库藏搜括已尽，经今四年，方得织完。而添织之旨又下，计开七万三千匹，所费须银四五十万。索之库藏则库藏已竭，加派小民则民力已疲。今岁南直隶、浙江一带水灾，顷蒙特恩蠲赈，又取回织造太监，疲民稍得安生。乃又重复加派，非圣慈所以爱养元元、培植邦本意也。该库偶因三卫夷人赏赐段匹缺少虎豹一样服色，及北虏俺答款贡，赏赉岁增，故请添织；至于上供御用等项，则近年南京太监许坤、苏杭太监孙隆织进者已自足用，不必又取办于岁造矣。惟复(**抱本作伏惟**)俯从科臣之言，一概减半织造，其支费银两敕下户、工二部酌处，免复加派小民。”奉旨：“东南地方既有灾伤，段匹准减半织造，其支费银两着户、工二部措处，毋得加派小民。”(九三,1897—1898)

十二月壬午，御马监张诚奏乞转行太仆寺再选骟马三千匹，送监调习，以备护驾。兵科都给事中戴光启奏却之。（九四，1904—1905）　丙申，元辅张居正以守制服阕，钦奉敕谕，召见于平台……居正承旨，又奏："臣在制中，屡荷两宫圣母慈恩赐赉，今欲诣各宫门外叩头称谢请旨。"上答曰："是。"着张宏引进。居正叩头退，诣慈庆宫门外叩头。（**仁圣、慈圣两皇太后遣中使传谕及所赐略，慈圣太后并**）命太监张宏递酒三杯管待。（九四，1907—1908）

本年附

艺文·碑铭·太监徐经墓志

针工局署局事御马监太监徐公寿碑铭

赐进士出身、嘉议大夫、知太平府事、前户部云南司郎中广阳张大化撰。

于戏！寿藏者，上古有之，盖谓人生于世，有生必有寿，有寿必有荣，有荣□□□□□常也□□□□□□□循环。日月有盈亏，阴阳有消长，四时而有节度，何况人乎？切惟公讳经，南溪其别号也。公籍乃直隶保定府安素县之巨族。父母乡隐有德。生公自幼清奇秀丽，魁伟过人。自嘉靖丙申（十五年，1536）进入内庭。际任司礼监读书。壬寅（二十一年，1542）十二月内，公以廉能办理司房事，清勤，字体尤兼笔法。丙午（二十五年，1546）十二月内，除长随。乙卯（三十四年，1555）七月内，除奉御，着公本局签押管事。甲子（四十三年，1564）四月内，升御马监右监丞。世宗宾天，今上改元隆庆丁卯（元年，1567）十二月内，升左监丞。己巳（三年，1569）十二月内升右少监。辛未（五年，1571）四月内，赐飞鱼服色。当今万历龙飞甲戌（二年，1574）十二月内，升左少监。乙亥（三年，1575）升陟太监，恩至渥也。钦赐蟒服辉煌，□束璨烂，内府威仪，身居五福。公年有耆，耋耄寿延也。生于正德庚辰（十五年，1520）十一月十二日寅时，预建茔所，与客同乐，杯酒云乎礼让，雍忽身后之事。则寿域安定关外永安庄义会之原，建立碑铭，不可无文书勒于石，立于寿堂之前后，俾之观者有所考云。铭曰：

贤才徐公，选入禁庭。历侍圣朝，孝抱君亲。蟒衣光显，玉带峥嵘。

安定关外，修建坟茔。千载不朽，永奠无穷。

万历己卯(七年，1579)季春三月吉日立。

(北京朝阳区太阳宫西北慧中庵出土。《北京图书馆藏中国历代石刻拓本汇编》第57册，第69页)

艺文·翠林寺碑

张文鹗撰《重修古刹翠林寺碑记》："(**古刹翠林寺，坐落朝阳门外六里屯，日久败坏。**)东安里门管事大功德主李公讳朝等，发心谨于嘉靖四十三年捐施各资，命工理治，(**于万历三年三月十五日俱各完备。略。**)万历七年，岁次己卯，十月吉日立。"

碑阴有"内府各衙门太监等官"97人，并"众信檀越"数百人题名。

(碑在北京朝阳区六里屯。《北京图书馆藏中国历代石刻拓本汇编》第57册，第76—77页)

万历八年庚辰(1580)

正月己酉，巡视京营给事中李廷仪、御史陈世宝条陈戎政七事："(**一、复班操。一、平马政。一、去虚文。一、精选练。**)一、重任用。勇士、四卫二营系亲密之兵，所关甚重，宜照三大营例，坐营员缺，该监开缺送部查推，不得径自题补；把总等有缺，该监查取廉干者题补，不得径自札委。一、定章程。营中各项事宜，如京、班二军及钱粮等项，国初若干，今存若干，其营制官属敕谕章奏并一应操练成法、大阅事宜及勇士、四卫二营本部近日题覆事宜，通照次第，刊刻成书，以示画一。(**一清钱粮。**)"兵部如议具覆，上从之，命工部清查人役、班价等项，以济工费；该寺会收，一月三次行。(九五，1910—1912)　乙卯，工科给事中周邦杰疏言甲、丁等内库交纳钱粮四弊：一库臣冗蠹，一覆验侵越，一京棍勾引，一外解揽冒，乞详汰厘禁之。户、工二部覆请，报可。(九五，1915)

三月己酉，太监高禄口传上旨："钦赏随驾扈卫官军银六万，着于部中处给。"大学士张居正等谓："隆庆二年此项皆取之内库，部中处给非旧例。今内库既称缺乏，恩赉又不可废，拟下户、兵二

部，于太仓折草、太仆寺马价内各动支三万，以济急需。”上从之。(九七，1948)

四月甲戌，楚府管府事东安王显梡讦奏内使郭伦等事颇不实，抚臣以闻。诏以显梡昏聩不堪付托，革其管理，代奏人粟应瑞照例发遣。(九八，1960)　　丁酉，锦衣卫管卫事中军都督府都督同知冯邦宁以病乞休，许之。(九八，1969)

闰四月丙午，显陵祾恩殿修理工完，遣湖广巡抚王之垣、太监王祯捧请睿宗献皇帝、慈孝献皇后神位于殿内奉安并祭告纯德山神及后土、司土之神。(九九，1975)　　甲寅，刑科都给事中李选等因热审届期，条列明慎之本：“一曰严缉访之实。厂卫之设，专主缉捕。但迩来多假以报功，希图升赏，且因而复私仇、伤善类者，法司衙门勿得偏听以致冤滥。(**二曰严奏辩之实。一严刑禁之实。**)”上下之所司。(九九，1978)

六月乙巳，新制宝纛、龙旗，司礼监奏令工部日拨人匠助役。该部以皇极门及府第等处工作方殷，别无人匠堪拨，只议进银助工。上以工役浩繁，着并银免进。(一〇一，1996)

七月乙亥，议修街渠及砌筑内外城墙，估计一十三万六千二百有奇，以工部侍郎金立敬提督之，仍令司礼监选内官一员监其役。(一〇二，2010)　　乙酉，工部疏据司礼监太监张宏以修皇极门工完奏请叙劳，中称费省功多，皆缘司礼内监掌印之臣约束严明所致，宜加恩赉。工科给事中王道成谓非有创建功，诸臣效劳又才逾一月，不宜滥叙升级，以开倖门。乃止赏张祯等银、币，曾省吾、杨成等亦各优赉有差。(一〇二，2014)

九月丙申，甲字库太监王效等奏称岁额银朱等料缺乏，户部尚书张学颜覆疏，其略曰：“库中物料，岁派俱有定额，征解多不依期，第费少则用自饶，费多则用必竭。恭睹先帝遗诏，凡内府钱粮加意节省，往往裁之额内。我皇上登极一诏，亦将不急不经之费尽行停免。数年以来，各项浮费有昔减而今复旧者，有前少而后反多者，又有昔本无而今乃加增者，臣等题催参究之疏月无停牍，抚按奏报起解之文岁无虚日。比入各库，视之甚轻，耗之甚易，而不知民商供应之甚难也。伏乞皇上敕各监局，将器用应创作者量为停罢，应更新者悉从省约，稽查物料，勿以虚冒而成匮乏，敦崇俭朴，勿以奇淫而恣观美。”疏入，上留览之。(一〇四，2036—2037)

十一月戊寅。先是，上夜宴宫中，为近侍孙海、客用所惑，杖二内使几毙。慈圣皇太后闻之不乐，训戒甚切。上悔悟，即宣谕内臣曰：“孙海、客用凡事引诱朕，无所不为，今降为小火者，安置南京。尔司礼监等既受朝廷豢养之恩，见朕偶尔昏迷，就应力谏，乃图朕一时欢喜，阿顺不言。赖圣母慈诲，今朕已改过，立逐奸邪。以后但有此等小人，即同举名来奏。”仍命文书房官宣示内阁。阁臣张居正等谓：“降黜未尽其辜，宜充净军，乃稍正法。”上从之，次日复谕辅臣曰：“朕昨者御笔帖子先生已看否？孙海、客用坏法乱国，今虽逐去，朕愈思愈怒之。但先生既为辅弼大臣，宗庙社稷所系非轻焉，忍坐视不言？先生便应谏朕，使朕为尧舜之君，先生等亦为尧舜之臣。”居正等回奏曰：“自圣上临御以来，讲学勤政，圣德日新。乃数月之间，仰窥圣意所向，稍不如前。微闻宫中起居颇失常度，但臣等身隔外庭，未敢轻信，而朝廷庶政未见有缺，故不敢妄有所言。然前者恭侍日讲，亦曾举益者三乐、损者三乐，益者三友、损者三友两章书请皇上加意省览，盖已阴寓讽谏之意。近始知孙海、客用引诱皇上夜游别宫，宴处无节，释去法服，走马持兵，又数进奇巧戏玩之物，肆为蛊惑。幸而圣母谆谆教戒，皇上幡然改悔，又宣谕臣等尽心辅导，此皆九庙列圣之灵所默启也。但古语云：‘树德务滋，除恶务尽。’如司礼监太监孙德秀、温泰[①]、兵仗局周海罪状亦不在海、用二人下，宜一体降黜。其各监等官俱令自陈老成廉慎者存之，谄佞放恣者汰之。且近日皇穹

① 温泰，原作“温恭”，据《万历起居注》及《张太岳集》改。

垂象，彗芒扫宦者四星，宜大行扫除，以应天变，以光圣德。臣又闻汉臣诸葛亮云：'宫中府中，宜为一体，陟罚臧否，不宜异同。'臣等待罪辅弼宫中之事，皆宜与闻。此后不敢复以外臣自限，凡皇上起居与宫壶内事，但有所闻，即竭忠敷奏，及左右近习有奸佞不忠者，亦不避嫌怨，必举祖宗之法奏请处治。皇上亦宜痛自改悔，戒饮宴以重起居，专精神以广胤嗣，节赏赉以省浮费，却玩好以定心志，亲万几以明庶政，勤讲学以资治理，则将来圣德愈为光显矣。"疏入，上特奏圣母亟允所请。（一〇六，2052—2054）【考】此事详见《中官考十一》所载张居正题疏。　司礼监太监冯保自叙先朝知遇与受顾命之隆及今荫锡之厚，欲以衰病乞休。不允。（一〇六，2054—2055）【考】《中官考十一》："司礼监太监冯保奏为衰年有疾恳乞天恩容令休致以延残喘事：'臣嘉靖十五年蒙选入内中馆读书。十七年钦拨司礼监六科廊写字。三十二年转入房掌印。三十九年升管文书房。蒙简拔秉笔，与同黄锦一同办事，赏蟒衣、玉带、禄米，许在内府骑马。寻赐坐蟒。四十五年，龙驭上宾，恩典照旧，赐凳杌，命提督东厂官校办事，又命掌御用监事。隆庆六年五月内，圣躬不豫，特召内阁辅臣同受顾命，以遗嘱二本令臣宣读毕，以一本恭奉万岁爷爷，一本投内阁三臣。次日卯时分，先帝强起，臣等俱跪御榻前，两宫亲传懿旨："孟冲不识字，事体料理不开，冯保掌司礼监印。"蒙先帝首允，臣伏地泣辞。又蒙两宫同万岁俱云："大事要紧，你不可辞劳，知你好，才用你。"迄今玉音宛然在耳，岂敢一日有忘！万历六年，举大婚，臣得以奉敕赞襄。累年荷蒙眷注之隆，荫锡之宠，臣不能恭述万一。为此感激，矢效犬马，事事经心，时时惕念，任劳任怨，以答三朝天高地厚知遇之恩。臣于此际，正宜鞠躬尽瘁，死而后已，何忍言去？但犬马之年见逾六十，精力日衰，疾病屡作。万历三年，臣因思虑伤脾，积成湿热，毒流遍体，几损厥生。仰仗圣母、万岁怜念孤忠，祈神保佑，始获全愈。五年复发于背，上廑宸衷。今春首，右足破伤，痛关心肺，医药罔效。伏蒙屡赐存问，愈自局蹐不宁。兹者恭逢圣龄日长，圣聪日开，大婚大礼，籍田谒陵，俱已完毕。迄今三月以来，气血顿觉衰惫，步履日益艰难，顷因随侍圣驾，不过斯须微劳，辄不能勉强支持。且臣自觉多涉颠倒，诸症一时复发,力不从心,有辜任使。臣见万岁前后左右多有贤能堪用,伏望恤臣犬马效劳四十余年,容臣在外调治,少延残喘,朝夕焚香,祝延圣寿,仰答终始成就罔极洪恩,臣不胜感戴天恩之至。'奉圣旨:'尔受皇考遗嘱,保护朕躬,永奉两宫圣母,忠慎勤劳,夙夜匪懈。今宫门肃雍,内外宁谧,实赖尔匡襄之力。朕倚任方殷,岂可引疾求退?宜仰遵皇考付托之意。不准辞。'"　癸未,司礼监传旨:奉圣母慈谕,以本月二十八日朝天宫建保国安民禳灾谢祐醮典三昼夜,停刑禁屠三日。(一〇六,2055—2056)

本年附

艺文・碑铭・太监王守成墓志

明故御马监太监静庵王公墓志铭

王公讳守成,字孝卿,号静庵,世为顺天府东安县之巨族。父讳宗仁,母梁氏,俱有隐德。自高祖至公,代有彰者,不可胜述。公生于弘治丙辰(九年,1496)十月初八日亥时,卒于万历庚辰(八年,1580)十一月初九日未时,享寿八十有六。公侄大壮等持大观所叙状,征余文,余亦征□□□于柩前,素知其详,亦不敢辞,乃备述焉。

自余垂髫而见公,颖异奇□。方弱冠,至武庙甲戌(九年,1514),以人才选入禁廷,进内书馆。于嘉靖十三年(1534),下御马监司房。至十五年,升典簿,仍旧办理。于十七年,升右监丞,本监佥押。至八月,内转草栏。于十九年,升左少监。至四十年(1561),升太监。节□□□,上益嘉隆,赐蟒衣一袭。至四十五年(1566),肃皇帝崩,各衙黜汰,惟公官独如旧。

穆宗即位,训练禁兵,兼走骠骑。因公督率有奇能,复赐蟒衣。今上登大宝,宠锡愈甚,赐玉带一束。盖公历履尊荣,迄今六十余年,直身仁义,事上忠诚,居家孝友,莅民慈惠,初无间然。乐善好施,累功积德。修杠梁道路于采育,以利生民病涉;建济公庵于桥旁,以阐宗教于冥昧。身虽中贵,循循如也。生□□□崇,克有谦德,其视常人辈不侔。

公弟用,吏部听选官,先公卒。侄男三:长即大壮,锦衣校尉;次大宾,鸿胪序班;次大观,县学庠生。孙男十一人:长得进,大□统吏目;次得道,国子监生；得逵，省祭官；得建，□□□□得逊、得逸、得遂、得遇、得迈、得运，俱幼。本年月二十四日，大壮等扶柩于都城东南六十里采育□建寿□之端而安厝焉。遂为之铭，铭曰：

奇哉王公，德业惟宗。居于美里，飏于王庭。职司御牧，兼理禁戎。四朝历事，克殚厥忠。晋登极位，蟒玉重荣。夫谁与及，曰惟王公。年高寐逝，云雪横空。天地似泣，存顺殁宁。昭垂后世，万载含弘。

东安县庠生妹夫于野张鹤鸣顿首拜撰并书。同邑甥任应春沐手谨篆。

（《新中国出土墓志·北京》第301号）

艺文·碑铭·观音堂碑

洪雨撰《重修观音碑记》："今大石窝铁匠营古有观音堂一座，久而颓坏，不堪瞻礼，□□□□□□□内有钦差提督大石窝内官监太监乔应乾、辛通、傅钦、王宠、掌厂赵明、刘朝，（**善人等发心重修。略。**）万历庚辰岁（八年，1580）仲春月吉旦立。"

碑阴为"京都工部厂大石窝铁匠营居住善人"等百余人题名，多为"本厂"供事人役，如官厅舍人匠役以及"本厂先任提督太监陶平、陈旺、张谦、田斌"。

（碑在北京房山区南尚乐石窝铁匠营。《北京图书馆藏中国历代石刻拓本汇编》第57册，第78—79页）

艺文·碑铭·真武庙碑

刘效祖撰并书《重修真武庙碑记》："国朝设立监局司厂衙门，多建北极玄武庙于内，塑像其中而祀之者，何也？内府乃造作上用钱粮之所、密迩宫禁之地，真武则神位显赫，祛邪卫正，善除水火妖媚之患。成祖靖难时阴助之功居多，普天之下，率土之滨，莫不建庙而祀之。今宝钞司内旧有真武庙，然年岁既久，庙亦颓败，且规制卑隘，圣像庚芜。累朝掌司事者虽知合司蒙神力之匡扶，卒无有能区处修理者。逮今乾清宫管事、圣济殿提督御马监太监陆公讳敬来掌司印，诣庙谒神，命高士杨承祥修建道场，因见庙貌朽坏，意欲修理，乃先舍银十两，然财微□□，陆公遂将岁积钦赏银两首付本司管理王昇等办料修理，继而合司大小官属亦发善心，皆相效尤，各舍资财，共成胜事。因属监造官刘敖、王昇、阎成等曰：'此神庙也，务秉公绝私,必勤必慎焉。'刘敖等曰:'惟命是遵。'乃置美材,选良匠,择吉兴工,悉建新焉。(**营建规模略**。)万历八年,岁次庚辰,仲夏吉日立。"

(碑在北京西城区南长街。《北京图书馆藏中国历代石刻拓本汇编》第57册,第82页)

艺文·碑铭·崇兴寺天王殿碑

曾省吾撰并正书(**原碑题失拓**):"……有司钥库,而天财库……门者咸以为香火事之。夫天财何为而……翕财用,而钱钞之所给,敛者于此乎司焉。建天王于前……(**久颓**。**至万历八年**,)署司钥库御马监太监何公讳忠乃睹庙而兴思捐己俸,愿重新之。同事诸公乐道人善,遂……济,亦资而共成之。(**下略**。)万历庚辰(八年,1580)仲秋之吉。"

(碑在北京西城区大后仓胡同。《北京图书馆藏中国历代石刻拓本汇编》第57册,第91页)

万历九年辛巳(1581)

正月甲戌,命太监杨辉督修正一真人张国祥祖坛庙。工科给事中王道成等上言:"皇上登极以来,雅重儒术,修明王道,故尝笃信尧、舜、禹、汤、文、武相授之心法,彼异端之徒正明主所亟斥而远屏焉者。今国祥何人,其祖坛庙不过一方士家耳,岂宜与之修理?且禁近内臣不轻差出,往年太监杨辉曾差往承天修显陵矣,惟陛下崇重圣祖则有是命,非常典也。今亦使内臣为之督工,岂不失轻重之伦哉?即陛下所施与捐自宫中,然亦莫非小民膏血,乞赐乾断,勿徇国祥所请。"疏入,纳之。(一〇八,2078—2079)

二月甲辰,是日,上命文书官丘得用传谕内阁,欲将永年伯王伟弟、男加恩授职,辅臣拟王伟弟俊、男栋各锦衣卫正千户。顷之,得用复传圣意曰:"正德年间皇亲夏助等俱授锦衣卫指挥使等官世袭,今何止授千户,又无世袭字样?"辅臣张居正等……(**查外戚恩例回奏略**。)次日,上复遣文书官宋坤传谕内阁,令查德平伯李铭事例。居正等复奏……(**辨例略**。)上允之。(一〇九,2092—2094)

五月丙子,命翰林院编修盛讷、刘虞夔、简讨王祖嫡管理诰敕，编修张嗣修、冯琦、简讨余继登、敖文祯内府书堂教习。（一一二，2142）　丙戌，锦衣卫乞裁五城及通州坐季千户二员、百户二员以省冗散，因言："本卫以缉访为职，间有不能悉知者，多由五城兵马司密行申报，近来往往隐匿。容臣等行五城兵马司，以后密报不得仍前怠玩。"上曰："厂卫系缉事衙门，非广布耳目，何由摘发幽隐？以后五城兵马司都着遵照旧规，但有紧要事情，即密行申报，如有抗违，参来重治。前有旨禁缉各官宴会及馈遗贿赂，近闻宴会复多，馈送如故，厂卫所缉何事？着用心访着。"（一一二，2146）

七月丁亥，上遣司礼监太监张鲸捧御札谕张少师："朕数日不见先生，闻调理将痊可，兹赐银八十两、蟒衣一袭，用示眷念，先生其钦承之。月初新凉，可进阁矣。"居正疏谢……（一一四，2172）

九月戊寅，署织染局御马监太监张钺奏请钦定织造，内称上用袍服、两宫圣母、中宫等宫、册封九嫔及潞王、公主婚礼应用段匹共计一十二万。工科给事中李廷仪具题："查得万历四年三月造上用纻丝纱罗，奉旨减半，止织二万九千余匹；五月内织造大婚袍服，又减三分之一，止五万八千。夫礼莫重于大婚，制莫急于袍服，差官分织，仅仅前数，今该监胡为有额外之请耶？且苏、杭节被灾伤，民困已极，先日皇上特允科臣之奏，取回太监孙隆，停免额外织造；近日特允部臣之议，以帑金仓谷赈济苏、松、嘉、湖。今停织未几，增织随至，赈恤方行，征派即加，皇上之心亦必有所不忍者。"上曰："诸项皆供用急需，既东南财匮民穷，其陆续从容织进。"（一一六，2191）

十一月辛巳，少师兼太子太师、吏部尚书、中极殿大学士张居正正一品十二年考满，上遣文书官吴忠赐银一百两、纻丝四表里，内大红坐蟒一表里、蟒衣一表里、钞一万贯及茶、饭、羊、酒，又特遣司礼监太监张诚赍手敕谕曰……（慰敕略。）是日，司礼监太监冯保传旨谕吏、礼两部曰："元辅居正受先帝顾命，夙夜在公，任劳任怨,虽称十二年考满,实在阁办事十有五年,忠勋与常不同,恩荫例当从厚,其酌议来看。”(一一八,2217—2218) 癸未,吏部上大学士恩数……上然之,命支伯爵禄,加上柱国、太傅,给与应得诰命,写敕奖谕,仍赐宴礼部,荫一子尚宝司丞。随命司礼监造“文”字号太傅牙牌一面给之。(一一八,2218—2219)

本年附

艺文·碑铭·千佛寺宝像碑

乔应春撰《新建护国报恩千佛寺宝像碑记》:“大司礼枢辅冯公仰承圣母皇太后圣意,为今上皇帝祝禧,锡羡汇数千金,特创梵刹,访命遍融上人主持其事。(**上人云云略**。)于是委御马监太监杨君用,受上人指铸毗卢世尊一坐。(**营建略**。)万历辛巳(九年,1581)秋七月既望立。”

(碑在西城区大石桥胡同拈花寺。《北京图书馆藏中国历代石刻拓本汇编》第57册,第102页)

艺文·碑铭·广济寺碑

欧大任撰《敕赐广济寺重修碑记》:“(**前略**。)寺在都城西北,始于我明成化乙酉(元年,1465),神宫监太监刘公嘉林即赐宅建为崇化大应法王正院,尚膳监太监刘公祥、内官监太监高公通等□鸠工而成,(**请赐额并请法王弟子住持**。**略**。)斯寺之再兴也,在世宗皇帝辛亥之岁(三十年,1551),时司设监太监孙公□、御马监太监徐公仁请宝藏大师主之。(**营建略**。)万历九年,岁次辛巳,夏五月吉日。”

(碑在西城区旧鼓楼大街双寺广济寺。《北京图书馆藏中国历代石刻拓本汇编》第57册,第97页)

万历十年壬午(1582)

正月甲申,文书官宋坤传谕内阁:册封九嫔,奉慈圣皇太后慈谕,礼部其择日具仪以闻。……(一二〇,2245—2246)

二月甲午,补锦衣卫南镇抚司右都督冯邦柱,指挥同知(史)继书本卫堂上佥书。(一二一,2256) 甲寅。先是,内承运库以急缺段匹，奏行浙江、南直等司府动支无碍官银，织造各色纻丝纱罗绫细锦布，共十万七千四百九十五匹。工科都给事中李廷仪争之，言："万历四年该内织染局题造袍段五万八千余匹，八、九两年又题造一十三万余匹，上用固不缺也。万历三、四两年该库坐派段匹一十二万六千余匹，七年又坐派三万六千四百余匹，供用赏用又不缺也。且织造逾十万，非银百五十万不能办，钱粮各有正项库藏，类属空虚，无碍官银何从取给？夫坐派甚易，织造甚难，制用有节，费用无经。如谓九嫔之岁币当增，虏王之加赏逾额，亦宜酌定数处钱粮，分派各省，似不可频行坐派，使灾民无息肩之期；如谓库贮已竭，则查岁造拖欠，严行催督，盖加征不如催正供之为易，新派不如完旧欠之为速耳。仍望遵祖宗之制，定出纳之经，赏赉必省，弊蠹必清，无令至于不可继。"上纳其言，因谕该库："以后酌量撙节，非十分缺乏，无得辄题加派，致累小民。"（一二一，2265—2266）　敕司礼监太监李佑管理浙、直织造。先是，工部题织造一事："顷蒙皇上悯念地方灾伤，展限分运，地方官民不胜感戴。但中间系上用龙袍及各样新出细巧花样颜色，总非民间所易知，傥有丝毫差错，追解进之时，各地方官罪将谁诿？至于上误国用，下损民生，又有不可言者。乞谕令该监择一精巧官匠并金星牙尺，早为给发，庶不误事。"上怒其迂延，故有是敕云。（一二一，2266）

三月癸酉，上遣司礼监太监张鲸诣元辅张居正第视疾。（一二二，2282）　乙酉，上遣文书官吴忠诣元辅张居正第问疾。（一二二，2287）

四月癸卯，遣文书官视元辅张居正疾。（一二三，2296）

五月壬戌，以元辅张居正诞日，遣司礼监太监孙隆诣第赐银……（一二四，2307）　庚午，户部以云南抚按奏免加金覆请。上不允，命文书官田义至阁，持前旨。大学士张居正等因言："云南原不产金，每年收买，徒苦小民。彼中连岁不登，夷情骚动，臣等每见抚按奏揭，窃以为虑。盖云南古西南夷，我朝始入版图，夷猓丛居，原无起运钱粮，间有不靖，往往以兵定之，殊糜中国财力。赖圣明在御，稍觉宁谧，陇川木邦等处乱孽已萌，若征役繁兴，民不安业，裔夷之地易扰难驯，异日恐烦圣虑。乞俯听臣言，如议罢免。若以岁用偶缺，或如抚按言，准其解价来京，令户部如数买进。"从之。(一二四,2313—2314)　丙子。初，工部供办各监局年例并内外工作，率召商买办，后以差役偏重，给价后时，奸商规避就轻，贫商独受其累。当事者定为轮转法，通以预支，苦乐适均，缓急有济，稍稍称便。至是奉存恤商人之谕，部乃上言："编役已逾二年，能无更变？中间丁力堪充者尚多，而消乏者亦有，分别豁存外，惟惜薪司一役，年例柴炭上用，业有常数，经管员役比旧渐多，人众弊丛，实多赔累。其在易州厂地称窎远，运纳艰难，各役负债破家，逃亡相继，尤为极苦，所当重加体恤，以苏畿民。"从之。(一二四,2316—2317)　甲申，遣司礼监太监张鲸诣元辅张居正第视疾。(一二四,2321)

六月壬辰，兵部题："上供柴炭出办在本部审编，在五城收受，在惜薪司挂号，纠察在巡视科道，经理非不密，而商人日困，法之不善可知也。至烦宸衷轸念，臣等议为七款：一复召商良法，二定预给钱粮，三宽恤采办，四宽假途禁，五宽减秤头，六设立公所，七永安商人，乞敕遵行，以图实效。"制曰：可。(一二五,2326)　甲午，南京司钥库每年实放钞锭外，尚欠钞七十三万三千一百余贯。户部覆，应照例折银支放，以免浥烂买扰，且使官军得沾实惠。报可。(一二五,2329)　庚子，遣司礼监太监魏朝诣元辅居正第视疾。(一二五,2332)　甲辰，遣司礼监太监张鲸赍手敕谕太师张先生……居正力疾疏谢，因具密揭封进，盖荐潘晟、余有丁也。(一二五,2334)　丙午，太师兼太子太师、吏部尚书、中极殿大学士张居正卒。上震悼，辍朝一日，遣司礼监太监张诚经纪其丧，仍赐银五百两、纻丝六表里，罗纱、柴、布、香烛、茶、米、油、钞、盐、炭有差。

(一二五,2334—2335)

七月甲申,差司礼监太监陈政护送故太师张居正母赵氏,给驿归。(一二六,2358)

九月丁卯,两宫覃恩……荫司礼监太监冯保弟侄一人为都督佥事;太监张宏等及慈庆、慈宁、乾清宫各管事牌子太监冯明等,佑圣夫人徐氏等,各荫锦衣卫指挥、千百户有差。(一二八,2391—2392)　大学士张四维等疏言:"今次大庆,特施异恩,臣等敢不遵承!第中有一二逾越典常、碍于施行者,如左都督为武职极品,各边将帅有屡建大功,终身不得者,李文贵等骤升至此,不厌物情;且武清伯进侯封恩礼已非常典,左都督似可少杀也。又在前内廷诸臣荫典无过千百户者,今冯保等荫至都督佥事。都督列衔五府,阶级最崇,自来无荫授者,典制所系,岂得轻越?其三宫管事牌子、答应人等,通行荫叙,亦在前所无。虽皇仁浩荡,名器亦不可不慎也。"不听。已而给事中张鼎思等、御史崔廷试等及南京科道阮子孝、徐金星等各有言。谕所司知之。(一二八,2392)　壬申。先是,广积库太监焦科题买净硝三百万斤、熟黄一百五十万斤,送库备用。工科都给事中李廷仪争之,言该库硝黄例应十年题派一次,硝买二百万斤,黄将贮库生黄煎剔备用,今期限未及;又节经查盘库贮,尚足十年之用,而辄行具题,该库不过利其出纳耳。逾岁科等复以库贮为言,廷仪不可,言题派以十年为限而科欲减之,硝以二百万斤为限而科欲增之,将来冒破之弊尚可言乎?及工部不能争执,覆准量买硝一百五十万斤、黄五十万斤,上允其奏,仍令以后务照旧规,十年派买一次,不许违例妄题。(一二八,2395—2396)　戊寅。先是,歙人杨文学流落,素以烧丹诳人,至松江府遇私自净身男子郑喜,相结为欺。文学假称宁府"散诞皇(**抱本皇作王**)",喜从之,称石城王府内使,僭用官服,私造批牌,逼死平民。事发,浙江抚按问拟文学诈称官律。奏闻,上以其情罪深重,令法司改拟。于是刑部引诈传诏旨律及私自净身律(**抱本**

律作例)以请,文学枭示,喜坐斩。(一二八,2398)　　甲申。先是,内官监等衙门以大庆覃恩,为官匠陈乞五百七十余人。都给事中李廷仪疏言:"官匠月有廪粮,工作乃其常职,自来覃恩未有滥及此辈者。夫匠役至微,名器至重,荣以冠带,已非其据,加以俸级,尤非其宜。且近不尝裁省冗员耶?一日而升俸级数百人,岂其(**抱本其作惟,是**)冒滥名器,抑且虚糜廪粮;矧额员之所裁殊少而额外之所增殊多,有限之财安能供无穷之费乎?"章下所司,及部覆不能执争,后遂援为例云。(一二八,2400)

十月己丑,叙永陵、昭陵宝城工,赐辅臣张四维、申时行、余有丁各银五十两、纻丝四表里;工部尚书曾省吾、侍郎陈道基各四十两、二表里,省吾仍加太子太保,其余升赏有差;仍荫太监张桢侄张绍恩锦衣卫百户,冯保赏视辅臣,张鲸等递杀之。是役也,工部叙内臣功甚侈焉。(一二九,2402)　　癸巳,御马监太监刘阳以覃恩为太医院使钱增等乞升右通政等官。礼科都给事中石应岳持不可。礼部覆,寝之。(一二九,2402—2403)　　己亥,御史曹一夔论王国光并元辅张四维,疏入留中,而遣文书官孙斌诣四维第谕之曰:"王国光欺肆,卿亦未知,朕亦不信,宜安心佐理,不必介意。"四维因具疏谢,并乞罢免,复优诏留之。是时上励精图治,去留皆出独断云。(一二九,2404)

十一月丁卯。先是,有旨谕户部取潞王婚礼金、珠,户部题:"潞王婚礼妆奁委宜丰厚,以广因心之爱,第自万历六年至今,除金花银五百万外,增进过买办金、珠银九十万两,系挪借备边正项之数。《大明会典》开载亲王定亲礼物,金止五十两、珍珠十两,今虽数倍于前,亦不至如该库所开之多。且内府各府库俱有额设买办钱粮,承运库自六年始增前银,未增之先,该库原未告匮,既增之后,何以反称不足?若细查节年花销细数,必有不系买办正支者。据款开各色金三千八百六十九两、青红宝石八千七百块、各样珍珠八万五千余颗、珊瑚珍珠二万四千八百余颗,京师虽百货所萃，此等珍奇与日用粟帛不同，即召商凑买，安从时刻取盈？且奸人乘机坐索高价，无论凑完前数所费不赀，虽仅完一二，必用银数万。近加升锦衣卫职官至五百余员，每年增俸已逾万，臣等日夜筹思，一二年后必有掣襟露肘之忧。今又增买金、珠银至十余万两，皇上留神深思，必有悚然不宁者。”不听。（一三〇，2421—2423）

甲申，日讲官太子宾客、礼部右侍郎陈经邦以病乞假。上允之，遣中使耿清颁赐牢豕粲醴食物有差。（一三〇，2428—2429）

十二月辛卯，山东道御史江东之劾锦衣卫指挥同知徐爵，以犯罪逃军，夤缘冯保门下，滥叨武职，擅入禁庭，为谋叵测，应亟行窜逐以清宫府。因并论吏部尚书梁梦龙，先用银三万两托爵贿保，谋补铨缺，又将孙女许聘保弟为儿妇。谢恩之日，即往拜爵，款狎留饮，二鼓而归。受命公朝，拜恩私室，清明之世，岂容有此举动！上下爵诏狱严讯，送刑部拟斩。梦龙疏辩，有旨令供职。已而御史邓炼、赵楷各有言，遂令致仕。（一三一，2435—2436）　壬辰，以司礼监太监张鲸掌东厂。是日江西道御史李植参司礼监太监冯保当诛十二罪，有旨：“保欺君蠹国，罪恶深重，本当显戮，念系皇考付托，效劳日久，姑从宽，降奉御，发南京闲住。伊弟侄冯佑等都革职，发原籍为民。张大受等降小火者，发孝陵司香。仍将各犯财产抄没入官。”（一三一，2436）【考】《中官考十一》：“江西道御史李植疏为奸险近臣久肆欺罔罪大恶极恳乞乾断亟赐重戮等事，参司礼监太监冯保。奉圣旨：‘冯保欺君蠹国，罪恶深重，本当显戮，念系皇考付托，效劳日久，姑从宽，着降为奉御，发南京新房闲住。还赏银一千两、衣服二箱。伊弟侄冯佑等都着革职，发回原籍为民，不许潜住京师。张大受、周海、何思、何忠、刘定、王铭、杨舟、李忠降做小火者，发去孝陵司香。还写帖子去，该衙门知道。’又锦衣卫十二月初八日于会极门接奉圣旨：‘冯保并伊弟侄冯佑等家财、庄宅及盗去御物等项，张大受、周海、何忠、刘忠、刘定、杨舟、王铭、李忠各家财、庄宅，着刘守有等同司礼监太监张鲸并监官田玉、张斌、杨住、黄勉、典簿孙政、陈矩，各带官校、长随封锁，抄没入官。’”　甲午。先是，直隶巡按王国疏论逆珰冯保专权纳贿，即辅臣张居正病故,保令徐爵索其家名琴七张、夜明珠九颗、珍珠帘五副、金三万两、银十万两;因劾吏部左侍郎王篆送保玉带十束、银二万两,谋掌都察院,并乞罢斥,以儆官邪。篆疏辩乞罢,有旨调南京别衙门用。已而御史李廷彦复追数其贪纵不法诸事,上令冠带闲住。(一三一,2438) 丙申,吏科给事中陈与郊论礼部左侍郎陈思育、太仆寺少卿于鲸夤缘徐爵,结纳冯保,朋奸误国,亟当罢黜,以清仕路。有旨:"陈思育留用,于鲸降二级调外任。"(一三一,2439—2440) 癸卯,兵科给事中孙玮劾协理院事左副都御史劳堪倚法作奸,杀人媚势,神人共愤,国法难容。国朝大臣未有无故冤死狱中者,原任刑部侍郎洪朝选以勘辽藩事得罪居正,堪希居正意杀朝选媚之,极其惨酷。至其子洪兢赴阙控诉,堪飞书冯保,廷杖几死。有臣如此,将焉用之?上为罢堪。(一三一,2443—2444) 兵科给事中孙玮疏论太监魏朝、东厂办事官郑如金,言二人冯保心腹谋主也,凡保专权乱政、蠹国害民,皆二人赞助之。今保已斥而逆党不除,内外交通,臣窃危之。仍释朝不问而下如金诏狱。已而给事中田大年复极论朝不宜用。弗听。(一三一,2444)

刑科给事中田畴言:"近日门禁疏虞,卫官懈弛,每见杂员冗职出入各禁门者前呼后拥,不辨其为何官?厮贱庸流往来禁地者,逐队随行,不审其系何役?连肩接袂,十百为群,不曰内府官身,则曰里面答应,以致奇技淫巧视为渊薮,无赖亡命倚为窟宅,直军不敢拦阻,卫官莫敢谁何。平居则假借威势,纳贿行私,遇便则窜名簿籍,钻求官职。乞升者升,乞俸者俸,欺君玩法,无所不至,如徐爵、张大受等可为殷鉴。乞敕锦衣卫督令旗尉严加缉访,并行兵部严谕守卫官军谨守门禁。"上是其言,下所司知之。(一三一,2444—2445) 丙午,山西道御史魏允贞言:"吏部为六曹之长,得其人则黜陟皆当而庶僚正,非其人则黜陟皆私而庶僚慝。自陛下临御以来,张翰、王国光、梁梦龙已三易矣,与其显斥于既用之后,以坏陛下之官材,孰若精简于未用之先,以清陛下之铨法?颇闻往者会推之先，吏部皆密受意于阁臣，或司礼监掌印太监，名氏已定，然后会推。九卿、科道徒取充数，未推不闻咨访，既推不闻参驳，以知厚干请而进者十九，以德器才望而进者十一，以故铨衡不正，仕路不清。孟子曰：'国君进贤，如不得已。'愿今后慎之、重之。"章下所司。（一三一，2446—2447）

本年附

典制·敕谕·敕太监田义押发罪藩

敕内官监太监田义："近因秦府永寿王府辅国中尉怀墉逆恶乱常，大违祖训，既经法司议拟明白，法难轻贷，照例押发高墙禁住。已敕彼处抚按等官，转行该府，将怀墉先行拘守之。特命尔押发前去。合用轿马车船、人夫、伴妇、口粮等项，一体照例名付，仍行沿途军卫有司，拨人防护。尔须用心提督关防，送至凤阳，交与太监韩寿，转发高墙安插居住，取据收管回奏，毋致疏虞。若怀墉在途疾病，倘有不虞，听尔从宜处置。事毕尔即回京。故敕。万历十年八月初九日。"

（碑在北京石景山模式口。《北京图书馆藏中国历代石刻拓本汇编》第57册，第110页）

艺文·碑铭·太监赵芬墓志

皇明御用监太监西漳赵公墓志铭

赐进士第、中宪大夫、陕西提刑按察司副使、奉敕整饬固原静虏等处兵备兼理粮饷海滨刘效祖撰。赐进士第、奉议大夫、礼部仪制清吏司郎中嘉兴施策书。右军都督府管府事、定西侯滁阳蒋建文篆。

西漳公者，姓赵氏，讳芬，字兰谷，西漳其别号也，世为真定之赵州人。公生而颖敏，有日者谓公阴贵佐命，父母遂因而成之。当正德之九年（1514），公甫七岁矣，暨选入，毅庙奇其貌，俾内馆读书。公即潜心经史，究致用之学，不效他人徇口耳也。后供事于御用监，乃一一悉心，盖期不负所学矣。久之，嘉靖改元，至丙申（十五年，1536），公始见世宗。时正简长厚而才者，群无逾公，特赐飞鱼，历升今官。朝夕不欲离左右，复赐斗牛、蟒衣、玉带，眷赉绸叠，一时左右无与比者。又久之，隆庆改元，公侍穆宗无毫发力不竭，忠勤无间于先朝，而宠荣恩遇则更加于先朝矣。是故玄帝于太和山，则诏公往挂旛；敕封朝鲜国，则命公往监理。公坦然任之，无难色，亦无骄色。迨二使回，公之劳绩，不独大小臣工誉之，而世宗皇帝廉其贤能，注诸圣心。遇凤阳守备阙，遂敕公往守备，任莫重此矣。不怠若直固云难，而公更廉以禔身，详以从政，夙夜匪懈以集事。于是，凤阳至今称贤守备，卒公无再矣。穆庙改元(1567)，命公照旧是任，奖赉优崇。至庚午(四年，1570)，以疾具辞，回京调理。今上登极，思任事旧臣，公时以病居家，诏即起公管甲字库，教宫内经书。公一意毕心，伏腊不赞。上数眷注，视三朝逾加隆焉。岁癸酉(万历元年，1573)，令乾清宫近侍，内禁乘马，尤异数也。比命掌宝和等店，提督南海子，岁增禄米至七十二石，则公之高爵厚禄又何以加焉。迄今年壬午(十年，1577)，公之耄倦勤矣，命准私家闲住。未几，而告殂疏上矣。上念公练达老成，勤勚懋著，敕谕祭宝钞，以光殡费。

于夫！公历事四朝，始终一节，荣宠辉霍，生死以之，岂易得者哉。公父迁，母刘氏。兄登，弟秉禄，锦衣卫百户。侄男七：宗佐、宗儒，太学生；宗仁、宗伟、宗信、宗化，皆执公教，咸称英器，后禄无量，非公谁裕耶？公生正德戊辰(三年，1508)十一月十一日，卒万历壬午五月十六日，得寿七十有五。以是岁五月二十八日，葬阜成关外四里园之阳。效祖既素贤公，且重公弟秉禄之泣请，遂与之铭曰：

坦斯原兮谁之阡，窿斯墓兮官之贤。贤斯公兮赵西漳，生死哀兮配乾坤，悠之无疆。

(引自王清林《明御用监太监赵西漳墓志考》，《北京文物与考古》第6辑，2004年)

艺文·碑铭·典宝副胡朝墓志

赐故典宝副胡朝墓志

万历壬午(十年，1582)十月十三日，典宝副胡□□□卒，享年七十有一。内使贾忠、张江启：朝原籍乃陕西西安府高陵县人也，初而疾身，育都下，嘉靖二十一年选进皇城，本年十一月内奉敕拨本府充内使，侍伯定王、兄昭王、侄怀王，勤劳可嘉。二十八年，保给冠带。继侍予，小心翼翼，棐躬蹇蹇。予保任典宝副职，每命理屯董藏，咸得其宜。忠爱纯笃，始终无替，仿佛古名流者也。……生于正德壬申(七年，1512)，卒于万历壬午，营葬五泉山麓，故书此字，用垂不朽。名下贾忠、张江，哀侄胡来东□□。

（肃安王撰，兰州五泉山出土。《北京图书馆藏中国历代石刻拓本汇编》第57册，第113页）

艺文·碑铭·安乐堂碑

……庙堂曰：此乃累朝优恤近臣之所，岂宜倾颓如此，当□□……修之。钦蒙……工部会同该监估计修理，随该内官监□管□太监等官张进、何永会同工部主事王□督管修理。于万历十年六月十□日兴工，凡本堂佛殿房屋、门垣台基、四面沟渠，应增者增之，应崇者崇之，逐一修整，体势雄伟，檐宇整肃，且彩画油饰，焕然一新。……惟养生送死，□政之大端，我明□□□□唐□深仁厚泽，及于黎元者博，□至于左右近臣，□□□焉……

（碑在北京东城区安乐堂胡同。《北京图书馆藏中国历代石刻拓本汇编》第57册，第113页）

万历十一年癸未（1583）

正月壬戌，御史张应诏劾南京刑部尚书殷正茂、总督两广兵部尚书陈瑞，皆列其括取所属官金、银、珠私馈张居正、冯保及居正家奴游七。瑞抚楚时，往吊居正，入门加孝帽痛哭，请见居正母。时内官向鲸在侧，居正母属瑞曰："陈公祖看顾向官儿。"瑞起答："只有向公公看顾得陈瑞，瑞安能看顾得向公公？"其奴颜婢膝多类此。上命殷正茂、陈瑞致仕，向鲸着司礼监拿问。（一三二，2452—2453）　乙丑，御史毛在劾锦衣卫掌卫事都督同知刘守有，与同官李延禄、指挥张照、郭尚文、千户庞清、冯昕、焦兰同恶相济，先奉旨着守有封锁徐爵、冯保、张大受、周海等房，守有搬运鼠窃，报官者十一二耳，至房屋田产，公行欺隐。各犯家属浼张照等转为方便，党恶欺君，何以自解。上诘责守有，逆犯财产还着尽心稽查，如再有容隐脱漏，定行重治，张照等都着革任闲住。（一三二，2454）　戊辰，谪张大受弟张恩、张栋，徐爵男徐行忠烟瘴地面永远充军，何忠弟何志，刘忠侄刘应魁、刘定儿、刘福，李忠弟李禄，杨舟侄杨景年为民。(一三二,2457)　壬申，御史陈性学言惜薪司太监姚忠夹带抄没冯邦定金银首饰，伊表侄邓勋强要均分，忠喝令校尉马禄等将勋打死。南城黄御史关行锦衣卫拘提，本卫掌印都督同知刘守有庇护不发，因陈守有通赂卖法七大罪。得旨："马禄等该卫发巡城御史究问，奏请发落。刘守有着痛加省改，遵前旨供职。"(一三二,2459)　癸酉，御史魏允贞劾兵部尚书吴兑附高拱、张居正，馈冯保金一千两，署名标封宛然尚在，又装送兵器、火器赂俺答，乞正兑欺肆之罪。章下所司。(一三二,2460)

二月丙戌，总督东厂太监张鲸等题："会同锦衣卫都督同知刘守有等抄没犯人冯保并伊弟侄冯佑等及张大受、徐爵等家财金银、睛碌珠石帽顶、玉带、书画等件并新旧钱、各色蟒衣、纻丝细绢无算，日逐具奏，运进御前；所有各犯衣服、米盐、床柜卓椅、铜铁锡磁器皿等件，奉有钦定各该衙门交收。"报闻。(一三三,2472—2473)

己丑，户科给事中王继光劾兵部尚书吴兑交结逆保，多受将领馈遗；侍郎贾应元先开府时，太平王被参，以停封为辞，致该府馈银九千，仍勒送万金，方许请封而罢追赃，及赂游七、冯保诸不法状。上令行彼处巡按御史勘应元受代府赃数而置吴兑不问。命司礼监将冯保名下郭清好生打问。(一三三,2475)　戊戌，礼部题："据祠祭司员外郎陈述龄会同工部都水司主事阎邦、钦天监监副张邦垣等及带在京谙晓地理人连世昌，先诣天寿山，四顾相视，择得永陵东边一地名潭峪岭，昭陵北边一地名祥子岭，东井南边一地名勒草洼，俱为吉壤，乞钦命文武大臣同臣(徐)学谟、工部署印侍郎何起鸣，领该司郎中并各该员役详加选择。"上命公徐文璧、大学士张四维、司礼监太监张宏同去相择，内外大小官员有谙晓地理见在京的，尔部里开来，令同去。(一三三,2480)

闰二月乙卯，上览刑部录进王大臣招情，得旨："此事如何这每就了？查原问官与冯保质对。"大学士张四维等言："事经十年，原问官，厂即冯保，卫乃朱希孝。今罪犯已决，希孝又死，陈希美奏王大臣系冯保潜引，亦无的据。若复加根究，恐骇观听。”上乃置不问。　丙辰，谕：“朕兹谒陵，赏扈卫围宿大汉将军及各项官军银三万两，山后守备（**广本及起居注备作把，当是**）并巡山各官军银二万两，御马监勇士官军及内官监拽船、东厂锦衣卫围宿官校旗军银一万两，着户、兵二部各措处三万两支给。”（一三四，2494）

戊辰，大学士张四维等题：“今早文书官宋坤传示圣意：明日欲登长陵、永陵、昭陵主山绝顶，瞻眺毕，然后诣钦天监所奏寿宫三地相择。窃惟长、永二陵主山极其崇峻，不能攀援，风气所关，不宜开凿道路，乞止行相择吉地。”上命文书房传谕：“先到祥子岭，次到杨翠岭，次到潭峪岭，次到勒草洼，次到东山口圣绩亭，长陵、昭陵不去了。”（一三四，2499—2500）

三月乙酉，户部题：“本部岁办供用库万历十一年应用黄白蜡、芽茶、蒲杖、灯草、盐斤等项，遵奉诏书各免十分之三，万历七年以前拖欠之数已奉旨蠲免，不得重征扰民。十一年免过三分之数，行该库在历年积剩未用各数内樽节凑支，不得另议召商补买。”报可。　户部题：“南京供用库蜡、茶等料，恩例应免十分之三，但已于十年二月内预行题派，如今年尚未征收，遵诏减免，若已全征在官，乞于十二年内减免三分。”报可。（一三五，2510）　丁亥，上遣中官孙斌捧手谕慰留张四维、申时行……（一三五，2515）

四月甲寅，礼部尚书徐学谟、工部尚书杨巍题：臣等遵旨，会同前员役恭诣天寿山，将前各开报寿宫地图逐一覆视……上仍命公徐文璧、大学士张四维同司礼监太监张宏秋后覆阅以闻。（一三六，2530）　戊午，遣太监王禄捧圣谕诣元辅张四维第：“朕昨览二辅所奏，知卿父辞世十余日了。朕心甚悼，虽人子孝情当尽，还宜节哀，以慰朕怀，以副众望。卿宜体之。”四维奏谢，并请简用阁臣，报闻。（一三六，2531）【考】王禄应为司礼监太监，隆、万间捐建房山县学，碑文见本年附。　壬申，戴圣夫人金氏奏讨抄没冯祐［佑］庄地。户部言前项庄地价四千有奇，恩数太滥。得旨准给与。（一三

六,2541)

五月甲申,兵科给事中孙玮上言时弊四事:一、厂卫受词,言厂卫当遵照敕书察访不轨、妖言、人命、强盗重事,其军民词讼不宜干预。一、访察当慎,言访察法行,株连人众,往往无辜入罗而吞舟者窃笑,乞敕各省抚按间一行之,不必概行访拿。一、滥罚当惩,言民穷财尽,依律科罪,犹惧不支,乞严禁罪外滥罚。一、立枷当革,言立枷三百余斤,用木柱之,其人昼夜跂立,无不立死,乞敕法司毁不复用。得旨:"这枷号原以重惩凶恶,还照旧,余下刑部。"刑部覆谓:"厂卫之设,畀之缉访。谓之缉访,非惟不当受词,抑亦无所用其词矣。高皇帝特设通政司以司封驳,三法司亦不敢擅受一词,况其他乎?其访察滥罚,委为民害,合行禁止。"上命厂卫缉事衙门着遵照敕旨行事,在外访察科罚等弊,依拟禁革。(一三七,2549—2550) 癸巳,户科右给事中田大年等条陈十库钱粮:一、议查盘,每三年一次,会同验粮验试,各委官及巡视科道官亲诣各库,逐一查盘,著为定例。一、议收支,自万历十一年始,置立空白文簿,申送各该衙门印发,遇有收放钱粮,逐次登簿,每十日一次赍投科道,以便稽覆。一、议循环,各库置立循环簿,先送各衙门印发,分为新收、开除、实在,按季倒换,年终听巡视科道吊查。一、议物料,丁字库、广积、赃罚三库所贮羊毛、翎毛、床卓等物,年久浥烂,宜行科道各该衙门官覆验,径行弃毁,移置别所,量变价值,作正支销,庶新旧钱粮不致混淆。一、议职守,各该掌库内臣将支放数目逐月交与官吏磨对登记,庶不互相推诿。上令如议行。(一三七,2553—2554) 甲午,命抄没犯人冯保通州等处房地通给与潞府管业。(一三七,2555)

六月壬子,遣司礼监太监张宏祭中霤之神。(一三八,2569) 辛未,南京内守备张廷于孝陵寝殿捕司香内官李缁等,墩锁皇城内。南京给事中冯景隆、御史孟一脉交劾其震惊寝庙,大不敬。得旨:"张廷革了任,着彼处闲住。"(一三八,2578—2579)

七月甲申，谕兵部：司礼监太监田玉调内官监太监，提督太岳太和山兼分守湖广行都司等处地方。大学士申时行等言："先年柳朝、谭彦敕稿俱止提督本山事务，今奉明旨添入分守湖广行都司等处事宜。已经撰稿进呈，昨文书官刘恺复传圣谕，查先年王佐、吕祥敕书。除王佐稿散失无存，止查有吕祥一稿。臣等复加参阅，委与柳朝等不同。但查柳朝奉差在隆庆元年，其敕乃皇考所定，遵行已久。在太和山提督，专奉香火，为国家祝釐祈福，在郧阳都御史专整饬军务，为国家弭盗安民，事有定规，即百世不易可也。今臣等已于稿内增入分守事权，有会同抚治都御史，督令军卫有司，量调官军民快等项，皆近年稿内所未有者，盖比于吕祥之敕职任更简而易遵，比于柳朝等敕体统已尊而不亵，既不违皇上特令分守之旨，又不失皇考所以更定之意。"上命如前旨行。(一三九，2584)　庚寅，命勇士、四卫二营马匹照旧于太仆寺印烙。以给事中王凤竹建议于护国寺印烙，上谕事关祖制，科道官不许建议纷更。(一三九，2590—2591)　辛丑，遣辅臣申时行同公徐文璧、太监张宏覆阅天寿山所择寿宫。(一三九，2594)

八月癸丑，巡视厂库科道官姚德重等奏："内府钱粮分为十库，其系隶不同而巡视之职掌亦异，如甲字等九库则系户部而巡视之者库藏科道也，戊字库专贮工部军器而巡视之者厂库科道也。今库藏科道欲将戊字库循环查盘，兼而理之，伏乞申饬，各循职掌，不相侵越，庶帑藏有专责，不敢耽延误事。"工部覆如奏，从之。(一四〇，2603—2604)　己巳，以武英殿工成，赏尚书杨巍等、锦衣卫掌卫事刘守有、监督科道唐尧钦等，并司礼监太监张宏等银币有差。(一四〇，2616)　庚午，命定国公徐文璧、大学士申时行、司礼监太监张宏同礼、工二部堂上官恭诣天寿山覆择寿宫吉地。(一四〇，2616)　辛未，南京守备司礼监太监丘得用以南京兵部尚书王遴奏准禁革差拨营军为不便，仍乞查照酌定数目差拨应用。上许之。给事中张鼎思执奏，以为诏旨不宜反汗，不允。(一四〇，

2617)

九月戊子，圣驾幸东山口，遣中官苏用传旨，问大学士申时行等……(一四一，2626)　　甲午，兵科给事中张维新言："通参之职非不通显而人不乐就者，以行取应选之际，吏部协同司礼监官及通政司掌印官公定去留，金珰之辈假借以市私恩，投刺门生，因循成习，有志之士大以为辱。乞行革去投刺门生之习，仍酌量才俸，与各衙门一体推迁，庶臣节自励而皆乐于效用矣。"上命如旧例行。工部侍郎仍管通政司事倪光荐言："己曾与考选，未尝投刺门生，交结司礼。被以辱贱之名，何颜就列？乞赐罢斥。"上命光荐仍旧供职，且谕"通参吏部定拟，取自上裁，如何说市私恩？张维新不谙事体，姑不究"。(一四一，2628)　　乙未，以吉壤礼成，加恩前任辅臣张四维，荫一子入监读书，赏银五十两、彩段四表里；首辅申时行加少傅兼太子太傅，改吏部尚书、建极殿大学士，荫一子入监读书；余有丁加少保，改户部尚书、武英殿大学士；许国加太子太保兼文渊阁大学士，余官照旧，各给应得诰命。定国公徐文璧加少保兼太子太保，彰武伯杨炳加太子太傅，礼部尚书徐学谟、工部尚书杨兆各加太子少保，礼部侍郎高启愚、工部侍郎何起鸣并司属官吕兴周、葛昕、阎邦各升俸一级，钦天监监副张邦垣升二级，主簿杨汝常、欧承意各一级，司礼监太监张宏荫弟侄一人为锦衣卫正千户。(一四一，2629—2630)

十月丙寅，以恩诏免坝大等马房子粒钱粮三分之一，该监修理公用命户部照数抵补。(一四二，2649)　　己巳，刑部覆南京兵部尚书王遴奏内一议申明职掌以端政体，言南京内外守备衙门止为守御而设，不宜滥受词讼，侵法司之权；各城兵马主讥察巡警，非令干预刑名者也，缉获人犯，不宜问招拟罪，委当遵照敕书，各明职掌。得旨："守备、参赞衙门着遵前旨，各照职掌行事，一应琐细词讼不必干预，兵马司亦不许受词拟罪。有违犯的，科道参奏处治。"(一四二，2652)

十二月辛未，上召礼部等官至会极门，司礼监张宏等传奉圣谕："慈宁宫灾，系上天示戒，朕心切警惕，中外大小臣工各宜省愆思职，共图消弭，以承天心。"(一四四,2690)

本年附

典制·敕谕·敕谕太监田义碑文

敕谕南京司礼监太监田义："朕惟南京国家根本重地，今特命尔等一同守备，与守备新建伯王承勋等、参赞机务南京兵部尚书翁大立，用心操练军马，抚恤人民，禁戢盗贼，振举庶务；宗庙山陵常须整洁；军资器具务在坚完；城池坍塌，随即修理。若不系紧要之事，非奉朝廷明文，一夫不许擅差，一毫不许擅科。或各王府假以来朝为名，经过南京，欲入京城及谒孝陵者，悉皆不许。或有奸诈之人，假诸王名色来往者，即便擒拿解京。其大小教场、神机营、新江口操练军马，演习战船，系是重务，宜常川提督整理，以防不虞。毋或纵令该管头目私役科扰，致生嗟怨。所有安插夷人，亦宜提督照管，加意抚恤，以时犒劳，尤须密切防闲，勿令扰害军民。其京城内外，大江上下，或有强盗盐贼打劫官民财物者，即便严督巡视官军缉捕，毋令滋蔓。一应守备合行事宜，悉与王承勋等计议停当而行。事若有弊，毋偏执而遂非；政果无乖，毋任情而轻改。务在同心协力，输忠效劳，各秉公廉，各加谨慎，使事妥人安，都畿宁谧，庶副朝廷委托之重。如或各分彼此，以私灭公，图利害人，乖方误事，自取罪愆，必不可逭。其在内内官内使，悉听尔等自行管束，时常丁宁戒饰[饬]，使其安分守法，如有疏纵，责在尔等。其勉之，慎之！故谕。万历十一年三月十二日。"

(碑在北京石景山区模式口村。《北京图书馆藏中国历代石刻拓本汇编》第 57 册，第 117 页)

艺文·碑铭·房山县学碑记

朱衡撰《重建文庙碑记》："房山县学自胜国前有之，洪武二年更建，岁久殆湫洳就颓矣。有司者亟图新之，每以时诎举赢为解，乃司礼监渭滨王君(禄)过之，低回不能去，曰：'禄待罪永巷，获侍天子经筵，闻学士诸先生陈说，知天下得以彝伦而居、宁谧而食者，皆夫子惠也。禄受天子恩罔极，夫子之恩亦罔极，愿殚力为夫子新是宫。'遂括所有，得兼金二千奇，鸠工饬材,(**建成,而房山之学视八郡称最矣。略。**)中贵人类喜浮图,王君顾为此,不为彼,兹岂独王君贤,仰窥我朝右文之盛,洽诸宫闱,圣道感人之深,达于内辅,而王君固有待而兴者也。(**略。**)是役也,经始于隆庆五年七月,落成于万历元年四月,又逾年冬十二月,(**有司嘉王君功,志诸石。略。**)万历三年秋九月吉日立。”

(碑在北京房山旧县城。《北京图书馆藏中国历代石刻拓本汇编》第57册,第23页)

万历十二年甲申(1584)

正月癸卯,先是覆辽东功,文书官刘成口传加恩阁臣……(一四五,2709—2710)

二月丙辰,谕内阁:“慈宁宫系圣母御居,着工部会同内官监上紧鼎新,毋得延缓。”(一四六,2719)　庚午。先是,大理寺言据刑部送审犯人李玄、张大受,有旨着再拟。至是,刑部覆审得情,具覆议绞。上谓两犯交通,习学邪术,怀奸侮上,情重律轻,其加等处斩。(一四六,2729)　癸酉,大学士申时行等题:“前蒙发下《资治通鉴纲目》一部、《证类本草》一部、《草韵辨体》一部,令臣等拟撰各序跋,付内府重刻。谨拟撰各书前序三篇、后跋三篇,录呈御览。”因赐银、币有差。(一四六,2730)

三月戊寅朔,刑科给事中田畴言近日急务四事:一曰慎内批,谓不肖被劾者当下部勘定,与众弃之。二曰酌律例,谓枉法引例律也,以枉论引例非律(**广本、抱本作引律非例**)也。三曰省诏狱,谓机密重情下诏狱,其余下法司。四曰清厂卫,谓厂卫原止缉奸,安得受词,侵有司事?近张桐为张氏所告,老妇出名,壮丁隐匿,招情互异,听断不公,是令奸人得志,良善含冤也。上曰:“张桐残忍受赃,正合贪酷为民之例。该厂奉旨拿问,何谓听断不公?田畴姑夺俸五月。”(一四七,2735)　庚寅,工科给事中唐尧钦题:“今天下呶呶未已者,曰故相张居正。顾居正可恨,而所尤可恨者则误居正之臣,原任太子太保、工部尚书致仕曾省吾是也。(**请重处省**

吾略。）至如浙江佥事曹一夔，藉省吾为泰山，结冯保为心腹，仗徐爵为介绍。巡盐长芦，送保不下万金；差往四川，千金馈爵，二千馈保。言之实污口颊，可使复滥仕籍哉？”诏褫省吾、一夔职。（一四七，2739—2740）　　癸巳，左副都御史丘橓条陈三款，（其一请广搜屈抑之士。）其二请均处邪媚之臣。……曹一夔身为御史，上疏称冯保为顾命大臣。夫保，内官也，可谓顾命大臣乎？今保已充净军，而不顾义命之小人复何颜立于圣朝？朱琏则又认冯保为义父，结游七为义兄，今父充净军，兄拟斩罪，为子弟者乃止罢官。况搜剔湖广一省之脂膏，半辇载于张、王二家，是尚为有纲纪乎？（其三请罢臣官。）上可其奏，令部院分别邪媚各官以闻，敕橓即遵新命供职。后吏部覆，诏劳堪不必再勘，与张一鲲都褫职为民，钱岱降三级调外任。（一四七，2740—2742）　　乙巳，内承运库太监孔成验收磁器，查参怠玩官员。上以抚按业已罚治，免再究。（一四七，2749）　　三月，钦遣（司礼掌印太监张宏）阅视京营。（《酌中志》卷五《三朝典礼之臣纪略》）

四月辛亥，上遣文书官宋坤诣元辅（申）时行第，李浚诣许国第，各传制慰留，备极谆切。时行、国俱疏谢，报闻。（一四八，2754）

乙卯，辽庄王府次妃王氏奏：“张居正谋陷亲王，强占钦赐祖寝，霸夺产业，势侵金宝。”部覆，奉旨：“张居正侵盗王府金宝，伊父占葬王坟，掘陷人墓，罪犯深重，如何通不拟究？令司礼监太监张诚、刑部侍郎丘橓、左给事中杨廷相、锦衣卫都指挥曹应魁，前去会同抚按官，照本内王府仓基房屋并湖地洲田及一应财产，都抄没入官，变卖解京。原占坟地归湘府军校管守，积欠税课追并完纳。还将王氏奏内金银宝玩等物务根查明白，一并追解，如有漏透容藏者重治。”（一四八，2756—2757）　　庚申，御马监奏讨骟马三千匹。兵部言：“按《会典》，每岁进该监乳马五十匹，并无奏讨民马之例。”上命照数给与。给事中王三余、御史张文耀各争之。不听。（一四八，2761）　　壬申，内承运库行户部讨零陵香一千斤。

户部言此香先已停止，如果事不容已，请减其半，不允。(一四八，2764)

五月戊寅，吏科给事中杨文举参李伟妻违例干请，且引高相、田玉为言，启中官之专恣，开外戚之幸恩，有关圣治。疏入，上怒，夺文举俸二月。已而礼科给事中李以谦、工科给事中姚德重并以为言，俱不报。(一四九，2769—2770)　辛巳。先是，太和山守备田玉请独掌制山，分守道毋得干与，诏改该道敕书。兵科等科给事中王三余等各词争之，不听。至是左都御史赵锦言："太和山名止一山，而幅员八百余里，实在三省之间，分守参政不得协行则抚治都御史亦难究诘，不幸有如刘千斤、曹仑辈窃发其间，将责之内臣乎？抑责之分守、抚治等官乎？"奏入不报。(一四九，2771—2772)　癸未，刑部主事董基言："去年车驾还自山陵，即闻欲练兵内廷，外议纷纷，皆谓皇上幸西城，阅营较射，日夕乃罢。一时该操中官久立炎蒸中，不胜困惫，垂死者数人。夫兵凶器也，内廷清严之地，乃无故而聚三千之众，轻以凶器尝试于清严之地。臣谨按其当止者四：曰杜意外之变，曰养安静之福，曰止群小之怨，曰省无经之费。"诏曰："朕将奉圣母恭诣山陵，应扈从者预行演习，原无调动营卫及支取钱粮。董基不系言官，逞臆渎扰，其降二级调边方。"(一四九，2772—2773)　丙戌，吏部等衙门尚书等官杨巍等合疏言："主事董基以谏止内操得罪，乞宥基以彰圣度，并采其说，停止内操。"科道等官王三余等亦合词申救。(一四九，2774)　癸卯，逮荆州府知府郝如松，以太监张诚奏张居正男敬修自缢故也。(一四九，2778—2779)

六月丁未，差工部主事王绍先同太监崔卿改建潞王府第于河南卫辉府。(一五〇，2781)　壬子，故辽王宪㸅男术玺奏逆奴杨秀陷主。得旨："杨秀奸狡异常，踪迹诡秘，必知辽府虚实，张诚等其逮讯以闻。"(一五〇，2783)　戊午，原任工部尚书为民曾省吾奏辩张敬修寄银，原任吏部侍郎为民王篆亦有此奏，上敕张诚从实查勘以闻。(一五〇,2785)　司礼监太监张诚奏抄没故相张居正住宅、坟地、财物及诰命、牌坊等,并分路解进。得旨如拟:"居正太师等官已削,原给诰命及特降谕札都追缴,石兽等物并应拆牌坊变价解京。张居谦等既无罪犯,免抄没,隐匿收寄者勘实追并。其侵占府第王坟等罪及干碍人员,候勘明辽府事日并拟奏夺。"(一五〇,2785—2786)　甲子,南京等科给事中孙世祯等合词谏止内操,并还董基原职。上怒其党护,夺为首者俸一年,余各五月。南京等道御史田一麟等言如之,亦夺俸。(一五〇,2787)　丙寅,户部覆湖广抚按李江、任养心会同太监田玉勘过屯田佃户:"均州所额屯,原奉敕建修武当山优免,宣德间修山军丁绝,故顶种者非修山人数,报纳子粒六百六十余石。万历初丈出余屯二万三千余亩,征银二百七十八两二分,解充郧阳军饷,一分存留本所备赈。"命遵守行。(一五〇,2788)　癸酉,南京福建道试御史谭希思言隐忧当杜,忠言当纳:"近者中外私计,佥谓朝廷之上有大不可者三事:其一谓一旦复李文全伯爵,是更防闲戚畹之制矣;其二谓用内臣提督太和山,是改设官守土之制矣;其三谓选兵操演内廷,是变环卫防御之制矣。陛下独不念祖宗防微之意乎?祖宗朝故事之最宜急复者,在复丝纶之簿以重王言,复实封之旧以防奸慝,复铁牌之置以杜干预,庶几消患未萌,太平可致。"疏入,上大怒,曰:"朕仰顺圣母慈念,推恩至亲,李文全特封殊非过分。内臣及内操俱系先朝建置,为奉慈驾春秋二祀山陵及朕恭祀南北郊护从,已各有旨。谭希思沽名建白,疏内丝纶簿、铁牌是何设立?出何典章?南京都察院其究问以闻。"(一五〇,2793—2794)【考】南院勘报见同书卷一五二,八月辛酉:"南京都察院勘得南京福建道御史谭希思,称《国宪家猷》内一款:阁内有丝纶簿,其后宦寺专恣,收于内;《宪章录》内一款:洪武五年六月定内官禁令,命工部造红牌镌戒,悬之宫门,今亦无存。希思偶感时事,谬以为宜复此二者,言诚狂瞽,心则无它,请特赐优容,以广忠益。上曰:'本朝典故不系颁行制书,岂足凭据?希思姑降杂职。'"显然,谭希思据野史传闻入疏。所谓禁阉铁牌，既不存实物，典章亦无考，惟嘉靖后诸家私史多记之，至万历中已广为传信。黄景昉《国史唯疑》卷一："相传洪武初，铸有铁牌三尺许，镌八字其上曰：'内臣不得干预朝政。'万历中御史谭希思引及之，诏诘所从来，茫莫置对。盖禁中失此牌久矣，纸上语终难轻信。"是明末人已疑之。然《明史·职官志三》仍书曰："(明太祖)铸铁牌，文曰'内臣不得干预政事，犯者斩'，置宫门中。"后世乃以为信史。[①] 又"丝纶簿"之说，王鏊《震泽长语》卷上《官制》："予在翰林，与陆廉伯语及杨文贞(士奇)，廉伯曰：'文贞功之首，罪之魁也。'予问何为，廉伯曰：'内阁故有丝纶簿，文贞晚年，以子稷故，欲媚王振，以丝纶簿付之，故内阁之权，尽移中官。'余亦不知其然否。及余入内阁，历朝诏诰底本皆在，非所谓丝纶簿乎？不闻送入。况中官之专与否，不在一簿之存亡也，顾人主信用何如耳。廉伯之言，不知何所从授，天下皆传之。嘉靖初元，言路大开，谏官纷然争言利害，有谓文贞居忧，谋夺情起复，遂以丝纶簿奉振。不知文贞晚年归省墓，未尝居忧也。甚者又谓文渊阁印亦为司礼监所夺，请追还之。诏问印与丝纶簿，今不知安在，令言者自来追理还之。言者伏罪，乃已。"此说王世贞《弇山堂别集》卷二三《史乘考误四》特就《立斋闲录》所记驳之："《立斋闲录》谓：朝廷旨意出，内阁臣条进，稿底居阁中，谓之丝纶簿。其后为宦寺取入中禁。徐有贞既得权宠，乃请于上，如故事还簿。又一说，谓杨文贞告展墓，恐权归于次相文敏，乃以丝纶簿送内，暨文贞还，请之不复出矣。两说俱无据，而后说尤孟浪。底稿原在阁，不谓之丝纶簿，而当时文贞、文敏偶以资序先后耳，其委寄宠礼同，文贞何缘以展墓而归簿也？嘉靖初，言事者攻文贞，且请簿，诏诘责之乃已。野史之误人若是。"

七月庚辰，太监张诚题："张居正宜抄没者已行抄没，其衰母宜赒恤者亦行赒恤，空宅一所、田十顷拨付伊子嗣修。惟曾省吾等三家受寄银两，应否追解？"会巡抚李江亦以保全旧臣请，有旨："家产既抄，眷属准保放。曾省吾等受寄银两，其查审追解以闻。"

---

① 可参看拙作《明太祖禁止宦官干政"祖制"之考辨》，《济南大学学报(社会科学版)》2010 年第 2 期。

(一五一,2797—2798)　　己丑,户部奏籍没张居正金银宝玩共一百十杠。命内库查收。(一五一,2802)　　癸巳,司礼监太监张诚等恭报事完复命,上令通候完日回京。(一五一,2804)　　乙未,户部奏抄进张居正金物第三运一百一十杠,命该库查收。(一五一,2805)

八月壬子。先是,逐潘季驯等,外论汹汹,谓废辽必复,居正且戮尸。至是文书官宋坤发下会议辽府本,传旨拟复废辽爵及重论居正之罪。大学士申时行等言:(**称复辽藩,举朝无一人以为宜者,略。**)上顾左右曰:"内阁言是。"乃罢复辽议。旨下,廷臣翕然称服。(一五二,2816)　　丙辰,文书官刘恺口传内阁拟旨,取户部、太仆寺银三十万两充赏。大学士申时行等反覆请减,语甚切至。上从之,即减其半。(一五二,2818—2819)　　甲子,谕户部:随驾各衙门物料,合用官尉旗军并内官、内使骑坐马匹及草料、各衙门人役口粮,户、兵二部照例关领拨发。(一五二,2822)　　壬申,户部尚书王遴言:"御马监旧额马该料四万七千余石、草一百七十余万束,新增马匹该料以石计者四万三千余,草以束计者一百八万。每岁约费银一十万五千余,以十年计之,费银一百九十五万。臣等将何术以应该监之需?"得旨,准减六分之一,不必加派扰民。(一五二,2824)　　癸酉,谕兵部:驾诣天寿山行秋祭,各衙门执事披甲等项官、长随内使小火者,太监陈政等四千一百四十三员名,每员名马一匹。(一五二,2824)

九月丁亥,司礼监传谕总督内教场管事高相等:"朕奉两宫圣母恭诣天寿山行秋祭礼,尔等率领中军等官并各队人等,俱小心严肃,各守信地护卫,毋喧嚷错乱。"(一五三,2836)　　庚寅,福建道御史谭耀言:"圣驾回自山陵,至凉水河,忽有惊马冲入扈从前队,群马一时狂奔,内兵跌伤人众,相应查究。"上曰:"马逸,偶然耳,勿问。"(一五三,2837)　　庚子,兵科等科左给事中王三余等、礼科给事中万象春合词止内操。　奉差司礼监太监张诚等奏,遵旨覆究严追,抄故相张居正并追寄放财物。得旨:"各犯财物既覆究,严追明白,在官者着便起解,未完及变价者抚按陆续起解,不许延缓。差去内外官准回京。”　南京刑科给事中阮子孝疏救郭惟贤,谏止内操,江西等道御史潘惟岳等亦以为言。上以事久处分,恶其救扰,夺为首俸六月,其余三月。(一五三,2840)

十月己酉,工部以寿宫营建事宜,请敕定国公徐文璧、大学士申时行知建造,兵部尚书张学颜、工部尚书杨兆总督工程,侍郎何起鸣提督,王友贤催儹,阴武卿专管,礼部尚书陈经邦总拟规制,又太监张宏总督,刘济提督,张清、王昇、马良管理。(一五四,2847)

戊午,内官监请年例抽印木植,得旨:“河池既旧系木厂,抚按官其查给之。”(一五四,2851)　庚申,工部覆司礼监太监张宏传砖料内粗糙,着申饬烧造官,务亲查验,敲之有声,断之无孔,方准发运。诏申饬之。(一五四,2851—2852)　癸亥,户部尚书王遴等言:“承运库内监孔成所请慈宁宫陈设,行户、工二部取金四千两。夫金至数千,岂能猝办?伏望皇上或查支内库余金,或动支买办银两,或令该监自买,或令该监同御用监再加节减,行臣等量买。”得旨:“览卿等奏,朕已知之。既急难取盈,准陆续收买进用。”既而户科都给事中萧彦等亦以为言,不允。工部尚书杨兆奏寿工方兴,乞加撙节,慈宁铺设宜行酌减。报如户部。(一五四,2854—2855)

甲子,平乐府知府周祈就逮,严讯不伏,镇抚司上状。上遣宋坤语内阁:……(一五四,2855—2856)　庚午,司礼监太监张诚言往还湖广,沿途不骚扰驿递,恐地方虚开,请行稽核。报闻。(一五四,2858)

十一月戊寅,司礼监张诚疏抄没张嗣修等银十二万,共装一百杠,押解真定府柏乡县内被盗一杠。下该县印捕官于御史提问。(一五五,2859)　丙戌,湖广巡抚李江解进抄没故相张居正金、银、古铜、磁、漆等物,诏内库交收。(一五五,2861—2862)　己丑,大学士余有丁卒。上震悼辍朝,遣文书官刘恺诣第视丧,赐银、币、米、烛、柴炭等物。(一五五,2865)

十二月乙巳，以缉获功荫太监张鲸弟侄一人为锦衣卫百户，赏羊、酒、新钞。(一五六，2877)　辛亥，崇王差承奉高朝来。礼科给事中万象春参王府内役潜迹营干。上令该城御史究明奏闻。(一五六，2879)　壬子，兵部尚书张学颜题："无逸殿灾，宜严巡禁。内皇城各门昔止内使二三，今增四五十，昔犹住直房，今皆私建房，各门皆然，西城尤甚。内操兵虽止三千，而仆从无算。地在内苑，守御者不敢问；事干近臣，巡视者艰于察。宜一申饬，应送问者送问，应参究者参究。"上谓尚书言是，皇城巡禁事例，依拟通行申饬，还着司礼监严行各门，不许放游食无籍之人混入。(一五六，2879—2880)　癸丑，礼科等科都给事中万象春等因灾修省条上六事："(**一曰重抚按之责。**)二曰止禁地之兵。今天下之兵养之非不厚也，少有所激辄脱巾攘臂，如往岁浙中，近日粤西，可为殷鉴。内操诸兵固非其比，然岂尽忠义？脱有不如意，鼓噪行伍之间，虽万万自取齑粉，于国威得无少损哉。三曰存撙节之心。皇上尝揭节用之戒于殿庑，以故数年间太仓盈溢。而日来渐耗，如马料金价之请，动盈数万。皇上虽诏许之，然未尝不轸念经费，旬日来绝无加取。愿皇上之常持此心也，野火漏卮，可为炯鉴。(**四曰宽言路之禁。**)五曰一宫府之法。法者天子与天下共，岂以内外而有异同，此后内廷有犯，悉付所司，如律究治。"奏入，报闻。(一五六，2880—2881)　乙卯，山东巡按吴定疏止内操，请内兵发京营操练。上责定不谙事体，夺俸五月。(一五六，2882)　辛酉，户部尚书王遴条奏理财事理："一、崇节俭。恭惟二祖克崇俭德，为万世规，皇上御极十三年矣，太仓粟可支七年，银亦可支二年，比见每年取太仓买办银二十万两，增内操银九万两，额外买油、买金银二万两，在户部者已如此。至鼎建慈宁宫、寿宫、烧造磁器及内操马匹，又不知费兵、工二部凡几，则营建、织造、内操似当调停也。(**一、重农务。一、督逋负。一、惩贪墨。一、广储蓄。一、禁驿递。一、饬贡市。一、议异端。**)"疏入，上嘉纳之，报曰："事关朕躬者已知之，钱粮拖欠令立限督催,其余并与各部院相关者俱令上紧议行。”(一五六,2884—2887)　庚午,敕司礼监太监孙政守备承天。(一五六,2890)【考】据万历三十年刻《承天府志》卷二《守备掌印太监》:“孙政,新城人,内官监太监。”则政出守承天,乃改内官监衔。

万历十三年乙酉(1585)

正月丁酉,谪顺天府通判周弘禴于远方。弘禴论兵部尚书张学颜、太仆寺少卿李植、吏科给事中齐世臣,其略谓学颜之被论屡矣,皇上为逐一给事中、三御史矣。昨者御史张文熙之论劾,皆诸臣之所已言也,其结兄弟于张鲸,又二三言官所不敢辄及者也。李植之论冯保,则张宏门客乐新炉为之谋主,因论保而交好于宏。皇上逐居正之后,事有不下部院,竟从中票者,必皇上之独断也。宏等号于植而谓悉由中人之调发,植等又号于众而谓悉由御史之指挥,此公论所最不容也。……其不时内批,望悉停罢。有旨:“朕昔在幼冲,内外有专擅欺蔽者,近已正法。乃今诸司章奏大小政务,朕自省览,岂容交结阻滞?且朝廷设科道官,专司言责,各衙门自有官守,若人人得逞胸臆,岂成政体?张学颜已屡有旨留用,李植、齐世臣皆好官,如何捏词诋斥?周弘禴狂躁出位,降三级调边方用。”后谪代州判官。(一五七,2899—2900)【考】张宏门客乐新炉,《神宗实录》卷二四三,万历十九年十二月辛丑:“前刑科给事中王建中奏江西人乐新炉与湖广胡怀玉、福建王怀忠、徽州汪鉞俱托迹山人,影借权贵,诈骗财物。但乐新炉已经奉旨拿问立枷,仍将本内有名罗给事、杨御史、王郎中查究,独王怀忠三人从轻放释,乞并严罪之。刑部右侍郎邵陛乃言群邪修隙,百计报复,罗给事中等宜听吏部、都察院公论,不得枉是非之实,怀忠等宜拿究。上命王怀忠发御史重究,仍将胡怀玉、汪鉞拿问,发边卫充军。”是“山人”依附大概。按,张宏此后无载,卒年不详,其墓志见本年附。

二月戊午,银作局太监孙暹奏慈宁宫镀造用黄金三千二百两。户部尚书王遴请视嘉靖十七年慈庆宫例减为一千五百两，给事中萧彦亦以为言。不听。(一五八，2913)　壬戌，兵科左给事中王三余劾承天守备太监王桢[祯]违法十罪。有旨，王桢[祯]降三级，南京新房闲住。于是湖广抚臣李江亦劾其参随贾本厚、韩之瑞等，下御史即讯。(一五八，2914)

三月丁丑，谕止内操。兵科都给事中王致祥疏略曰："臣闻天下快心适意而其实有不可测之忧，方其无事将狃于所可乐，疑言者之过而不信，及其破坏决裂而后救焉，则其计已晚，今日内操是已。夫皇上之意不过陈扈从、备军容焉则已耳，而左右近习之臣揣知意指，遂部署队伍以进。皇上见其甲队之齐、羽旄之美，因乐此而不惓[倦]矣。祖宗之法，非宿卫之士不得持寸兵，今群不逞之徒授以利兵，出入禁门，莫可问，或有奸邪窜迹其中，为祸岂细哉。况皇上春秋鼎盛，血气方刚，虽聚精会神以颐玉体，犹惧不足，可日逐逐焉轻试戎马之间乎？方今内廷火灾，河井涸竭，若下令修省，宜莫切于罢内操。"疏入留中。是日敕谕内阁曰："内操原有祖制，向缘扈从南北郊及皇陵恭祀，事毕而止，殆无常操之理。而言者不知，妄引非喻，亦是其职。今已停止，卿等知之。"(一五九，2918—2919)　己卯，诏改折各省直万历十三年分起运漕粮一百五十万石、甲字库绵布一十万二千四百一十匹、承运库绢四万三千五百二十有二匹，采户科给事中萧彦之议。时万历十二年年终奏缴，岁出浮于岁入一百一十八万，国用不足也。(一五九，2921)

壬辰，守备承天太监孙政请自治抚臣所参官旗贾秉厚等，无属有司。上不许，仍命抚按官会讯之。(一五九，2926)　诏减尚衣监料银。尚衣主造冠服龙凤鞠衣，其料价自嘉靖以至万历四年皆六百六十两，十年增至二千一百两有奇。工部以为言，有旨视十年之数减其半焉。(一五九，2927)

四月乙丑，户部言太仓银库每岁加金花银二十万两，内操马三千匹，岁加刍料银七万余两，此皆额外之数，岁可三十万，十岁则三百万矣。请金花之银仍复旧额,内操之马散归京营。上未之许也。兵部亦以随操马为请。有旨留用,减刍五十万束、料五千石。(一六〇,2937)

五月丁丑,谕户部取金。银作局太监张守义题称五公主婚礼合用黄金,行户部买进。该部奏万历六年二月内奉旨,每季添进金花银五万两,采买金、珠,迄今七年,通进过一百四十万两,自寿阳长公主以下婚礼咸取给焉。又嘉靖三十三年、三十五年恭遇公主下降,该局亦尝取金,然不过三百两,为数不多。今闻奏各色金至二千三百余两,珠宝称是,太仓之积非如流泉,其何能支。户科亦有疏争之。得旨,减三之一。(一六一,2945)

六月辛丑,慈宁宫成……于是元辅(申)时行荫一子中书舍人,次辅(许)国、(王)家屏各荫一子国子生;尚书(杨)兆加太子太保,荫一子国子生;侍郎(何)起鸣升本部尚书,工科陈大科升通政司右参议,御史许子良升大理寺右寺丞,缮部郎中郑有年升太仆寺少卿,仍管司事;掌锦衣卫事左都督刘守有加太子少保。各赉银、币有差。太监张诚加恩五等,张鲸三等,张祯二等,各荫弟侄一人锦衣卫,诚千户,鲸及祯百户。其余各官升赉有差。(一六二,2957—2958)　户部以内操马匹增派山东刍料银一万四千两有奇。时东省方旱,抚臣李辅疏争之,诋尚书(王)遴助天为虐。遴不得已,就派征数内减其七千八百两有奇,俟马归冏寺,仍复原额。从之。(一六二,2958)

八月乙丑,上阅监正张邦垣所进大峪山图,西北角微有石块,欲稍移往前,命公徐文璧、大学士申时行、太监张诚再诣大峪山阅视。(一六四,2993)

九月辛巳,谕兵部取银十万两。司礼监太监张诚传奉:"朕阅视寿宫,赏赉不足,尔部可于太仆寺马价内进十万两。"户科右给事中杨芳言:"马价系京边买马之用,与别项可以挪借者不同,自万历九年钦赏辽东获功官军取用以来,至今陆续支费通计八十万，此旧例之所本无。涓涓之流，安足以盈漏卮之泄。”不听。(一六五，3003—3004)　丁亥，谕户、兵二部：“朕兹阅视寿宫，赏扈卫围宿将军并官军及山后守巡、在工各官军，共银五万两，御马监勇士、内官监拽船、东厂锦衣卫围宿官旗银一万两，户、兵二部各出三万两支给。”(一六五，3005)　戊子，兵部尚书王遴罢。时有御用监人持御批红本称圣驾阅寿宫，取兵部马若干匹给该监。遴疑内府题本有衙门印信，由司礼监传奉，会极门接出，该科发抄，无径赍赴部例，乃援故事执奏。上以稽留御批，切责而宥之，犹夺郎中俸三月。……因疏求罢。有旨：“卿刚直素著，委任方殷，览奏词，特准致仕，仍给驿归。”(一六五，3006—3007)

十月戊辰，以锦衣卫署都指挥同知张书绅掌本卫南镇抚司印，指挥佥事余茂发佥书南镇抚司管事；署正千户郭宝东厂，李登云北镇抚司，各理刑。(一六七，3026)

十一月甲子，以内织染局、尚衣监叙文思院官年劳，授鸿胪寺序班者一人，鸿胪寺主簿者一人，本院大使、副使半俸加全俸者六人，授本院副使者三人。(一六八，3047)

十二月丁卯朔，诏裁惜薪司冗官，减大炭以斤计者一十五万。时山厂设于易州，而数百里外林麓都尽，旧额长装大炭岁五十五万，嘉靖间以斋醮复加三十万，又各厂中贵五百六十八员，皆有分例，边商苦之。工科给事中王敬民以为言，工部题覆，于是改加三十万为十五万，候积剩足用，并与停止。而司礼太监陈政等亦奏该司自掌厂、佥书等官存留外，其余不许预收放，止令带衔供事。(一六九，3049)

本年附

艺文·碑铭·太监张宏墓表

司礼监太监张公宏墓表

张公之秉司礼也，上方操英断，斥逐权贵，厘弊蠲苛，拔幽振滞，嘉与天下，弘在宥之理。熟视左右，谁可绾事者。命若曰："咨尔宏老成端雅，忠劳茂著，其旦夕祗奉予一人，予一人(**按，此三字疑衍**)其勤用德，尔无比于憸人，弗恭厥辟，惟尔辜。"盖上亦监前车而难所代，其慎重如此。公既受命，务孳孳奉法，循理洁己，率属细太之务，壹轨于令典，诸所调护宸居，将顺德美者，力为多焉，天下颂上明圣而归公之能事上也。无何，公以疾乞休，无何，而公溘然逝矣。讣闻，上为改容易服，谕祭九坛，视故事有加，赐宝钞、斋粮、银、币甚厚，敕所司给木营兆，造享堂碑亭祠祀之，赐额曰"旌忠"。两宫圣母皇太后、后妃等各赐银、币有差，并异数云。

公为人踽踽，廉谨澹泊无他嗜，雅嗜书，公务之暇，手不停披，能通诸史言，尤明习法令故事，引臧否切中事情。先是肃皇帝朝，公以少年颖敏，简乾清宫近侍，数岁中累迁至司设监太监，佥押管事。赐蟒衣，又赐罗螭玉带，业已贵幸矣。而公兢兢自持，弥勤弥恪，无几微席宠自矜之色。由此日见亲近，特命内府得乘骑出入。已，调内官监太监，扈驾幸承天。已，命为乾清宫牌子，随朝捧剑。已，掌银作局印，复赐金彩斗牛衣。已，又掌惜薪司局印。当扈驾时，会卫辉行宫火，公以身拥驾出烈焰中。其司惜薪也，见奸孔百出，商人滋病，叹曰："嗟乎！兹丘积而壑委者，夫非民之膏血乎？祖宗设司谓何，而令耗废如是！"则亟为禁奸塞窦，省不经之费巨万，商称便。肃皇帝嘉悦，命乾清宫管事，赐金、宝带环各一，方骎骎欲柄任之矣。

隆庆初，旧京守备官缺，先帝念重地，非廉有才者处之不可，诏公往，趣治行。至则镇静无扰，独时时从学士大夫游，挥麈谈古今，意萧如也。

今上践祚，召入司礼监秉笔，赐坐蟒，仍令内府得坐凳杌。皇太后手辑《女训》，教六宫，则简公督教事。寻掌内官监印。五年春，皇太后将为上详求淑哲，正位宫闱，公奉慈命历淮间，所过秋毫无染。上以故益眷任，亲洒"文雅端慎"四字赐之，给禄米百石。自是内政专倚办公矣。公筦政，即纤悉惟谨，又无不当上指。逮相择寿宫成，上谓公典事中人，久开历多，可属以重事，是以有总督工程之命。未几，公以寝疾疏归政，上不许。疏再入，乃许，命月给廪米三十石，舆隶三十人，并其名下二十八人以从。虽拜命仅匝月，恩施优渥，近代未尝有也。

于戏！宠利之际，自昔难之。彼其遇合负权，赫然甚盛，而衅瑕旋生，倾轫继路，岂闺阁之臣贵重则不善哉？不务修洁，而挟重器多也。若公可不谓善始善终邪？盖止足之戒，公之所自为计审矣。至其屏绝私门，保全善类，非公正不发愤，斯亦有足多者焉。其以荣名终，非苟而已也。

公名宏，字德夫，别号容斋，广东新宁人。其侄、侄孙以公任为锦衣指挥使者一，为锦衣正千户者一，为锦衣百户者三，其生平垄里详具志状中。

（王家屏撰，《国朝献征录》卷一一七《寺人》）

史事·张宏事迹

自江陵不奔父丧之后，中外多忌冯（保）者，秉笔张鲸系张宏名下，又侍神庙于潜邸久，遂乘便密为神庙画计害冯。宏于鲸为本官，侦知之，密解劝曰："司礼冯公前辈，有骨力人，留着他好多哩。"鲸拒不听，遂乘间从谀神庙，传旨着冯保私宅闲住云云。神庙犹豫，尚不忍，曰："若大伴上殿来，我不管。"鲸曰："既有旨，冯某必不敢违。"遂先给以闲住，已而谪南京孝陵，复以言官江东之等疏，遂籍没冯保、张大受、杨舟、徐爵等产。是时，先监（陈）矩已任司礼监典簿，经理其事。复逮保弟冯佑、侄冯邦宁等于狱。此万历十一年正月事也。后佑与邦宁皆瘐死，徐爵拟戍，冯竟谪死于江南，葬于留都皇厂，林木森郁，巍峨佳城，实天所以报忠臣也。先帝（**指熹宗**）即位之初，秉笔王太监安，冯名下也，拟奏请恤典改迁，未果而遇害焉。

张太监宏，号容斋，广东人，"所南张公"者是也。遂继冯掌印。而张鲸掌东厂。宏蒙神庙优礼，虽亚于冯，然推心则过之。十二年三月，钦遣阅视京营，不二三年，因神庙日益英圣，而左右间有以货蛊圣心者，遂绝食数日而卒。神庙颇悼惜之。宏墓在阜城门外迎祥寺侧，眷注之隆，居官之美，具在墓碑。宏恒曰："我形虽废，自有不废者存。"是以翛然长逝，盖于学问有所得云。

（刘若愚《酌中志》卷五《三朝典礼之臣纪略》）

艺文·碑铭·供奉香火义会碑

刘效祖撰《东岳庙供奉香火义会碑》："（**东岳庙香火盛。俗传三月廿八日为岳神诞降期。**）先是辛巳岁（九年，1581），内贵公丁奉、吕进朝、王保、柴忠若干人倡为义会，月鸠金若干，岁得银若干，为神制冠服仪物并斋醮香烛纤□毕具，及期则张鼓吹，具亭幔，斋戒熏沐，共匍匐神前九顿首。

迄今行之五载，而内善士闻风来附者日增月盛，如今酒醋面局掌印御用监太监张公明捐资，(**助其者指不能尽曲，略。**)万历乙酉(十三年)季春吉旦。”

碑阴首题：乾清宫管事提督御药房酒醋面局署印御用监太监张明、钦差提督大坝等处马房御马监太监蓝兴、慈宁宫牌子兼提督上林苑南海子署内府供用库事尚衣监太监张忠。以上三人碑上段居中，下为香头、会头、管事等数百人，其中多有“内夫人”。

(碑在朝阳区东岳庙。《北京图书馆藏中国历代石刻拓本汇编》第57册，第134—135页)

艺文·碑铭·南海子观音寺碑

刘效祖撰《重修古刹镇国观音寺碑记》：“(**我国家设南海子，**)四外建神祠以雄其镇，不下数十区。兹寺乃海子西南隅者，址基其来尚矣。维武宗时御马监太监冯公恢阔旧制，观音殿、配殿、伽蓝殿、廊庑僧舍始建立焉。迨世宗御极初载，内官监太监任公复修增释迦大殿。迄后四十祼，本苑提督御马监太监滕、暨二公命管理于公、总牌褚公益加修饰，焕然为之一新。届今年久，廉隅檐阿，梗宇榱题，不无摇扤之患，茨□不□渗叠见，神容间有为风雨所损者。本苑管理刘公等、总牌杨公、王公有公务，时憩兹，倾颓目击，常蹙然，欲再新之。(**乃为之首倡。略。**)司礼监掌篆张公，前提督是苑，一闻之，命管理刘公捐俸五十金，以瞻(**按，瞻疑应为赡**)工役。(**下略。**)万历十三年仲春谷旦日。”

(碑在北京大兴海子南村。《北京图书馆藏中国历代石刻拓本汇编》第57册，第132页)

董文寀撰《重修古刹镇国观音寺碑记》：“都城南四十里许，乃上林苑南海子，我国家蕃育鸟兽之所也。(**海子西南有镇国观音寺。略。**)兹寺创于唐，有年矣，然小而隘。迄正德间，御马监太监冯公重修，起大殿，增配殿，以奉伽蓝，规制渐廓。至嘉靖初，内官监太监任公复修，构后殿以奉释迦。嘉靖四十三年，提督本苑御用监太监滕公同管理于公、总牌褚公再修，又添罗汉十八尊于释迦殿焉，其钟鼓、门庑、厨廪、方丈至是悉备，岿然一巨观也。今岁久日就于圮，本苑管理张公恩、本园总牌杨公玉等，本庄锦衣实授百户张君赟等深惧寺之寖废，乃聚众善人等，为月会积资鸠工，大加修葺，缭以樊墙，涂以丹垩，装严肖像，金碧辉煌，较旧观烂焉盛隆矣。旧无碑记，今司礼监掌篆前提督本苑太监张公诚捐金五十两，委管理刘公钦等竖蛟龙碑二座，将纪一时之盛。（**下略**。）万历十三年仲春吉旦立。”

（碑在大兴海子南村。《北京图书馆藏中国历代石刻拓本汇编》第57册，第133页）

万历十四年丙戌（1586）

正月辛酉，宗人府掌府事驸马都尉侯拱宸奏，永宁公主府中使赵禄率领赵大等、阍者董进等拥众入其府第行凶，以拱宸责其卒役也。上令究治公主府中使而仍戒拱宸，令谨守礼法，不得容纵下人。（一七〇，3083—3084）

二月丁卯，户部覆工科给事中曲迁乔等条议二事：“一、议官解。甲字等十库钱粮，各官解运本色，愿自上纳者即行准听，毋许官商暗计阻挠扰害。将审编一十四名官商，查照派定班次挨拨，毋许夤缘搀越。一、议召买。国家设立内库，专受四方任土之贡，以备取用，岁有定数，相沿二百余年，未闻不足。即嘉靖、隆庆年间或有召买，而数亦不多。历查万历元年至十三年，供用库约该价银一十三万八千七十四两，甲字库价银三万四千八百四十两，丁字库价银二十五万五千二百五十七两，承运库价银二十八万二千八百二十三两，丙字库丝绵价银三万九千八百九十二两，银作局金价银二万三千六百三两，通共价银七十七万（**北大本**[①]**、抱本作九十七万**）四千四百八十九两。夫供用等库之香蜡、银、朱、铜、锡、油漆、金两、丝绵等料，若掌库将节年存余及新解之物撙节调停，奚啻充溢；香蜡焚烧有时，铜、锡、油漆制造诸器体质坚固，堪用二三十年，近亦十余年；丝绵温暖柔细，亦堪十余年。而该监乃动以缺乏为词，数烦宸听，不知器用将贮何所，给何人，而复屡行召买？是不可不稽查者。皇上聪明天纵，恭俭性成，顷未减工部木炭之

① 即北京大学本。

浮数，汰惜薪司内臣之冗员，电发飚驰，无少疑贰，真可为大圣人之作为矣！夫合抱之木蠹自内生，日侵月蚀，敝坏随之，隙漏无几而千丈之堤一旦溃败，渐使然也。乞敕司礼监将各项召买物料与库收各年物料之数及造作物件见贮若干、未造若干、应该物料各若干、其器物可久用不必新置若干，试一简阅而查核之，则应否缺欠、有无冒破，自较然明白矣。又乞严谕各库内臣，存心体国，勿得视前浪请，斯或可杜请讨之万一也。”有旨：“内库召买间行，已有旨，今后着加意撙节，毋得妄费。”(一七一，3091—3093)　庚寅，工部题：“御用监传造天灯、万寿灯及春联门对等项，估算工价计十万余两，即见无大工，亦必竭库藏之储方可办此。今寿宫兴造伊始，至议及开纳，亦万不得已之计，而在外采木采石一切运价又俱倚办于此。倘日后措处不前，臣罪何赎。且去岁乾运、龙德二殿已荷皇上纳臣所奏，谓大工方兴，特准停止及减织造、烧造。皇上节用爱民至德，即大禹克俭何加焉！如此则前项天灯似应暂准停止，庶不顾此失彼，财用亦可措办。”上览奏，犹令措办工料三分之二应用。(一七一，3113)　壬辰，苏、杭等处提督织造司礼监太监孙隆奏请内帑袍服归并五府织染局四千匹数内，通令食粮额匠织造，则前项见行民匠可免雇募，而每岁工费可省数千余两。得旨：“内帑银织造袍服，每运三百匹准并大运四千匹内派织解进。”(一七一，3114)　乙未，通政司参奏南京新房闲住奉御冯保，差家人冯继清赍本投司，乞要恩赦还乡。夫冯保者，极恶穷凶，神人共愤，蒙恩薄贬南中，已宽斧钺之诛。第宜窜伏悔罪，少延须臾之命，何当辄有此奏。伏乞大奋乾纲，将冯保从重正罪，殄绝妖孽。上命锦衣卫讯究冯继清主使之人。(一七一，3115)

三月丁酉，刑科给事中刘尚志奏：“罪珰冯保专恣有年，党与尚在，奏乞还京，渐次异图，伏望大奋乾纲，亟赐处治，使死灰绝复燃之想，噬脐无不及之忧。”有旨报闻。(一七二，3118—3119)　庚子，杖中使段庆、孔朝等，俱降净军，南京孝陵卫种菜。以其为罪珰冯保营奏回京也。(一七二,3126)　丙午,工部题:"各省直应解本部钱粮,岁额有限,而浙直之加派织造、湖广川贵之采办大木、河南之营建府第,又皆预议留用,计一岁所入不过七十余万,而各监局之年例、不时之传造及一应工作之支给,皆取办于此,即有心计,将无所施,乞敕监局诸臣,务宜加意节省,例额之外,不得再行加增,辄行传造可也。(下议采木,略。)"上览奏嘉叹,但以工作所需及供用难缺者,俟足用之日议处。(一七二,3139—3140)　辛亥,礼部覆御史徐大化题:"净身男子不候收选,辄敢叩阙控诉,已蒙圣明洞鉴,严令驱逐,今后合将见在净身人数收管着籍,仍将年貌籍贯造册,俟内府缺人,奉旨取用。其有私自净身者,照例处以重典,请命司礼监逐一清查,除额设员缺照旧外,如系新增,有缺不补,俟其渐次消减,以后非遇紧急缺人,勿轻收选,或亦可以清宫禁,而杜觊觎。"上从之。(一七二,3147)

四月戊辰,礼科给事中钟羽正因陈厚敛重役而民不得安,与投柜称儿、里甲行头诸害,及胥役之工食,一年之差役,欲行条鞭法;并京师困累,莫重商人,十库物料需索至数百金,家即荡破,皆差赋之弊,所当调停而便民者。部覆谓条鞭之法委宜通行,然亦有不宜者,须计议妥当,以求便民;至于投柜称儿之弊,仍设法严禁;其商人交纳十库物料,需索动至数百,乞申谕内臣,守法奉公,毋徇私索取,以恤贫商,且杜物料之冒费也。上令差役斟酌便民各弊,俱严行申革。(一七三,3166)

七月癸卯,谕兵部:南京守备司礼监太监田义着掌管关防并本监印信,司礼监太监高禄调南京司礼监太监,佥押管事,一同南京守备。(一七六,3239)　丙辰,命翰林院编修庄履、萧良有、简讨顾绍芳、沈自邠内府司礼监教书。(一七六,3263)

八月甲子,南京刑部尚书姜宝问拟冯保专恣异常,妄意复燃,客用以旧党朋比,将审过供由请旨。上命冯保从轻发充孝陵卫净军,客用着守备衙门杖八十,照旧着役。(一七七,3269)　乙丑,工部都水司主事王绍先题为委官交通内臣，侵冒显著，乞赐究处，以革奸弊，以济工程事，疏参陈留、永城各县丞领银买木之数各有短少，皆恃太监崔卿主之也，夤缘为奸，侵欺冒破，乞敕究问。有旨："府第工程重大，差去官员如何自相矛盾？还着协和行事，不许挟私纷扰，合用钱粮通候工完之日巡按官查核具奏。"(一七七，3271)

九月乙未，工科给事中白希绣题："近该内织染局传新造供天八龙头万寿灯一对、万寿灯联八对，行令应天府上元、江宁等县措办，专差经手所官前去坐守攒织。臣惟借曰供天则至敬无文，大圭不琢，大辂素而越席，未尝以文为贵矣。况内府差官守催，则供应之需、科索之弊，不终无也。南畿告困，闾里萧条，孑遗之民，何以堪之？伏乞皇上轸念民艰，大节财力，收回成命，先行织造，则俭德愈茂，仁泽益深，而所有培国家亿万载无疆之福者在是矣。"章下所司。(一七八，3304)

十二月辛酉朔，吏科左给事中张养蒙疏言："新升锦衣卫都指挥同知堂上佥书管事罗秀，本太监滕祥家奴，抱琵琶而入侍者也。凭藉主赀，累息巨万，贿官该卫，殊骇听闻。往岁即营求上堂管事，兵部尚书王遴持正不从，中螯而去。未几考选军政，啧有烦言，秀贿嘱多门，竟尔漏网。王遴之去，曾几何时，已由镇抚司贿上大堂矣。命下之日，朝臣相与目笑心诽，下至九衢吏胥、三尺竖子，亦喧传为奇事。兵部公然推之，物议纷纷，其故盖难言矣。伏乞皇上洞察贱流贿进之由，亟加褫黜，仍乞谕戒本兵张佳胤忠清报国，勿以簠簋损名。"章下所司，部覆革任回卫。上令致仕。(一八一，3371)　壬申，诏械系衡府长史郑复亨、承奉张成来京究问，以抚臣李戴奏其不法也。(一八一，3379)

本年附

艺文·碑铭·法藏庵碑

刘效祖撰《重置法藏庵记》："都城八里庄摩诃庵之西，有法藏庵，乃乾清宫管事司礼监等衙门掌印提督太监等官古原张公等所重置也。先是，诸公休浴时，数过摩诃庵，闻此处有故马公永成之兆，亦创七圣观，后废毁为榛芜区，则慨然。南溪张公辈纠诸同志，各捐己赀，置为义会寿域，将宗马公而永嗣续焉，故建兹庵。择僧录司觉义如守之，以为世代焚修香火之所也。至万历癸未（十一年，1583），庄产坟庵，以南溪张公事悉没入官，时同会当事诸公诣上前陈情，哀恳乞恩，奉有明旨：'庄田没官，坟庵罢。钦此。'时义会□□复归诸公也。然庄房地土为王守仁所得，诸公相与协同，共议复，各出俸资，转买归庵。自甲申（十二年，1584）至乙酉（十三年，1585），二载之间，陆续契买钓鱼台并庵北地共五顷四十五亩，庵东□□计□房共六十间、畦地二十亩、园地六十亩，墙后地十三亩，并寿原四十亩，临□房三十□间，周围树株墙垣基址弘广，规模壮丽，总付住持如序永□□藏香火资。（**下略**。）"

（万历十四年刻，碑在北京海淀区八里庄。《北京图书馆藏中国历代石刻拓本汇编》第57册，第148页）

艺文·碑铭·延寿寺碑

曾朝节撰《重修延寿寺记》："都城东之有延寿寺也，不知其所自始。寻圮废之迹，肇创新规，翠峰禅师实首寘力焉。翠峰传之印空。爰自伏牛归来，信向受业之众不约结而至。于是有大毗卢殿、水陆藏经殿之建，诸所修置既宏且备矣。印空之徒曰慈舟上人，余闻其名，尝过访延寿而与语焉。盖为中珰贵矣，弃之而祝发，持一钵参叩乎四方之名缁。（**万历十一年来住持该寺**，）一时内外乐善好修之士闻其风而倾慕，挹其容而敬礼者不谋而集，听其言仪，聆其训诫，咸愿为弟子，而不能去也。（**乃捐资建寺。略**。）不三四年，地藏本尊有阁，左右有配殿，大雄、天王、伽蓝、祖师皆有殿。（**下略**。）万历岁在丙戌（十四年，1586）仲秋之吉。"

（碑在北京朝阳区王四营马房寺村。《北京图书馆藏中国历代石刻拓本汇编》第57册，第143页）

万历十五年丁亥（1587）

正月辛丑，兵部请大阅，上以司礼监太监张诚往。（一八二，3393）　癸丑，文书官刘成口传圣旨："今日午朝未尝具有仪注起数，如何造次惊扰？礼部、鸿胪寺回将话来。"既而部寺俱以大小衙门讹传奏上。命各夺俸二月，仍查讹传起自何衙门。鸿胪寺以人众奔趋，实难指实。命百官俱夺俸二月。(一八二,3398)

二月乙丑，大学士申时行等题："昨夜初，臣等望见皇城东北角有火光，不胜惊愕。今早进朝，始知司设监失火，烧毁连房，随即救息。近日火星留天庭中，其应或在于此，但皇城暮夜火光照耀，近彻宫庭，人语喧传，或廑圣虑，愿皇上克谨天戒，以承天休。"报闻。(一八三,3410)　戊辰，刑科给事中万自约题："故相张居正一切苛刻聚敛，天下病之。今正供不可缓，其他浮征浪费，天下郡县所征公费可汰也。皇上迩来减造磁器，止进花木，皆称美政，第尚有溢出制外者可节也。内臣专掌各监局，今增至万余人，糜费(**按，此当有脱文**)。他如传升概与旗校，冒功匠役，影射可制也。若御用诸物，造作之费不赀，能一省数千金则可为千万家巨产矣。"得旨："在内人员近来原无增设，旗校、匠役前已清减，该部知之。"(一八三,3414—3415)　庚午，大学士申时行等题："今日该文书官李兴传免经筵，臣等恭问起居，始知圣体连日动火，时作眩晕。(**下慰问略**。)"(一八三,3416)　甲戌，文书官李恩口传："圣体偶因动火，服凉药过多，下注于足，搔破贴药，朝讲暂免。"顷之，大学士申时行等奏："皇上宜节慎起居以迎春气。"(一八三,3418)

三月己亥，文书官李浚口传圣谕："说与吏部，近日所降御史如何不与补官，容他迁延在京？"(**高维崧等补官略**。)(一八四,3432)

四月癸未，谕兵部："司礼监太监黄勋调内官监太监，着太岳太和山提督，兼分守湖广行都司等处地方，写敕与之。"(一八五,3470)

六月己未朔，文书官李俊(**按，俊疑为浚**)口传圣旨，问工部前抄没张居正房屋曾否有人居住，何久不卖去？(一八七,3491)　光禄寺少卿谢杰题："尚膳监传帖二次到臣东门，令行户每日进凉粉二百块、酪二十瓶分进，旋传凉粉、乳酪一分不用，真菲饮食之盛心也。今行商纷纷告苦，钱粮进而不用，无价可关，然犹朝而抬进，夕而回销，臣知食之不可，卖之不能，徒有赔累而已。始苦于取，今又苦于取而不用，计二项积至一月，费银七十二两有奇。贫民身家几何，堪此破费？恐不出一月，彼之逃亡必所不免矣。乞悯贫行，亟将前项取讨钱粮尽行停止。”报闻。(一八七,3491—3492)　庚申，户科右给事中胡汝宁题：“京师民贫财尽，有二大害，曰知县差役倾破民家，曰贵戚铺行侵夺民利。”上曰：“内府库局铺垫等项屡经酌议裁减，监收部官及贵戚家果有专利害民者，自当依律究治。尔等何不指名来奏，却只含糊建白！”(一八七,3494)　丙寅，大学士申时行等题：“今日文书官传圣旨：今三宫及各项赏赐、外夷求讨俱不足用，织造虽多，原着陆续织进，不是一时就完。令臣等拟票，始知派数甚多，为费甚巨。臣亦同有为国为民之责者，若不为皇上明之，是不忠也。累朝定制，岁造段匹不过三万余匹，上用、赏赐俱在其中，虽有急缺，题派不过间一举行，未有如近年频数者。前此各部钱粮颇有赢余，各处库藏颇可搜括，亦未如近年匮乏者。今前项织造至十二万有余，费以数千万计，各部无从挪借。且前此织造尚未完期，提督内臣尚未复命，又加以此项织造，恐地方必不能供，故臣等亦以裁减数目为便。万历四年减去三分之一，万历七年奉旨减半织造。今民穷财尽，伏望特霈德音，大加减省，以弘惠下之仁。”上曰：“财匮民穷，朕非不轸恤，但近来三宫岁用及赏赐等项不敷织造，委非得已。着查照原题减三分之一派造，合用钱粮工部从长议处，毋得困累小民。”(一八七,3495—3496)

己巳，工部题：“据承运库太监孙顺等题称上用供用表里服色、毡竹门帘一应家伙等件及官旗夷人等项合用段匹，动以百千万计。派浙江、直隶、苏松等府织造纻丝纱罗绫䌷布，每匹长四丈二尺，内膝襴长四丈五尺及袖襴十二个，葫芦头长一尺六寸，锦每段长二丈二尺，俱阔二尺。务宜丝缕缜密，颜色鲜明，花样真正，长阔如式；腰封填写抚按等官职名，内开坐派各色纻丝纱罗绫䌷锦布共十二万七千三百十五匹段，通抄到部送司。案查万历七年内至十年内不过十万七千余匹，已奉旨戒以勿再加派，致累小民，然已一万八千余匹矣。万历十一年至十四年止，各省直岁造段匹又欠二万六千余匹，今该前因，又约费银一百六十余万两。新旧压征，实难措办。今复以十二万余匹之织造坐派于水旱灾伤地方，毋论百六十万金无所从出，窃恐困敝之民徒有扶老携幼而窜耳，此与明旨所谓'非十分缺乏，毋得辄题加派，致累小民'者不相悖乎？是内度于内帑，外观于地方民情，而坐派之举诚可以已矣。若谓赏赉浩繁，备用宜预，则岁造传派所拖欠，节年不下四万匹，督并通完以佐额解，二三年间亦足以支。盖与其新派而难完，不若征旧之为便；与其重费而疲民，不若省费之为愈。伏望前项派织段匹暂赐停止，拖欠之数容本部严行催并，勒限解完，以济急用。皇上将纻丝纱罗绫䌷锦布等件大赐恩减，山西潞䌷尽行停免，或俟丰年另题补造。"未几科臣常居敬亦以为言。得旨："已有旨减三分之一，合用钱粮着所司从长计议派造。"(一八七，3501—3503)

七月戊子朔，享太庙，上遣长随三人于庙门外护视辅臣。次日大学士申时行等奏谢。(一八八，3515)　　甲寅，刑部及巡视科臣言内臣张德将惜薪司扛柴一人殴打致死，奏请严究。上以张德已经该监问明，臧五儿法司提问。刑科都给事中唐尧钦、吏科给事中杨其休各奏乞将张德并送法司，上从之。(一八八，3532)

十月丁丑，是日谕内阁："朕奉圣母面谕：'胡良、巨马二桥今被大水冲坏，行人甚苦。我本宫发银，皇帝可差廉干之人同本宫管事龚代、牌子马臣以董其事，还命工部照先年选官一员兼管其钱粮，俱不必费用该部。'今谕卿等，可传与该部，查照先年事例行。"(一九一，3600)　　辛巳，上林苑右监丞徐琰言："祖训、制书、会典、集礼、大明律、宪纲诸书并无监官拜提督四署中官之条，今韩印欲监丞及署官行拜礼，臣不敢违国典以成印僭逾之罪。"上以提督官奉旨差用，相见自有旧规，如何忿争渎扰，夺琰俸二月。（一九一，3602）　壬午，文书官刘成口传圣旨："往天寿山去一带道路近因雨水冲坏，着工部委官修垫，其运料车辆及人马往来俱系两边行，不许作践。"（一九一，3602—3603）

十一月乙未，是日文书房口传谕刑部："先年严尚书在部亦曾遣人听记，如今为何不容？若从公问理，无有私弊，何畏人听记？"时以太常寺参大兴县知县王偕擅责乐舞生事下法司，上密遣校尉二人侦之，因令听记招词以奏。二校初见尚书李世达，婉谓之："人犯未齐，尚未审问，且事必先经该司而后呈堂，明日当来听记。"次日巡风主事孙承荣以故事无法司问理狱情而校尉入视者，如奉密旨则当潜听窃访，岂得公行入视，且真伪未可知，因拒却之。二校还奏，且言王偕青衣乘马，随从多人，扬扬入法司状。上怒，令文书官传谕阁中，欲以其事掣回镇抚司鞫问，并传旨云云。已而世达等谢罪，居数日，上意解，夺司官俸二月，仍以事属法司。刑科都给事中唐尧钦等疏言："校尉司缉访者也，可施于民间，不可加于部院。且听记原非祖制，严尚书时镇抚司校尉押犯人到部，于庭上站立，非为听记也。况一事每经多官，岂容纵枉而必取信于校尉之口乎？是日伊口称有旨，及尚书李世达出迎，又全无凭据，孰辨真假，乞上全体统以安大臣。"上以奉旨究问人犯，皇祖时曾有听记，非自今日始；况该役带有信牌，如何凭据全无？御史郭万里等，给事中和震、郭显忠、梅国楼、侯先春、御史文德交章言其不可，上不听。（一九二，3613—3614）　甲寅，大学士申时行等题：今日该文书官刘成将下镇抚司问过王缄本口传圣旨……（一九二，3619—3621）

万历十六年戊子（1588）

二月乙丑，上御经筵毕，阁臣出至文华门，内臣止之。有顷，司礼监太监张诚持《贞观政要》出谓阁臣曰："上问先生，魏征何如人?”阁臣对:“魏征事唐太宗能犯颜谏诤,补过拾遗,亦贤臣也。”诚述上言,谓魏征先事李密,后事建成,又事太宗,忘君事仇之人,固非贤者。阁臣曰:“以大义责征,诚如明谕。第其事太宗却能尽忠,即如伊尹就桀,后佐汤成伐夏大功,即称元圣;管仲事纠,后佐桓公,一匡天下,孔子遂称其仁。即如我太祖开创之时,刘基、陶安、詹同辈皆元旧臣,顾其人可用否耳。魏征强谏,如十恶十渐,至今称为谠论,不可以人废言也。”诚以阁臣对入奏,上复命诚传谕云:“唐太宗胁父弑兄,家法不正,岂为令主?”阁臣曰:“太宗于伦理果有亏欠,闺门亦多惭德,第纳谏一事为帝王盛美,故后世贤之。若如我太祖家法贻之圣子神孙,真足度越于古,皇上所当遵守。其前代帝王唯尧、舜、禹、汤、文、武为可师法,唐太宗何足言哉!”诚再述上意,罢《贞观政要》,讲《礼记》。阁臣曰:“《记》中多格言正论,开讲极为有益。第宋儒云读经则师其意,读史则师其迹,在孝宗朝尝命阁臣纂辑《通鉴》以备经筵,若将《通鉴》与《礼经》间讲,则知古今成败得失,足为省戒之助。又宋儒真德秀《大学衍义》一书,世宗尝讲之,洵经史格言之林也。”诚入奏,上复命诚传谕:“魏征忘君事仇,大节已亏,纵有善言,亦是虚饰,何足采择?”竟罢《贞观政要》,讲《礼经》云。(一九五,3663—3664)　丁卯,上御文华殿讲读。时《礼经》奉新谕进讲,左庶子刘虞夔一时惶遽,遗脱字句,内臣李浚传谕:“日讲官宜加习熟。”大学士申时行等代为请罪……上报闻。(一九五,3669)　壬申,内臣李浚传上谕:“连日火动,声音不清,免朝讲。”(**大学士申时行等奏请加意调燮,略。**)(一九五,3671—3672)　乙亥,工部员外冯时泰请疏通沟渠,上命会同厂卫及巡城御史严查修浚,如有势豪越占参奏拿究。(一九五,3672—3673)

三月甲申朔,大学士申时行等题:“先该臣等恭进圣祖御笔,奉旨:‘留览,仍查取宝训、实录。钦此。’又该文书房官宋坤口传圣谕:‘装潢宝训、实录,尚冠恭看一遍,请去皇史宬安,如再请来,不尚冠不敢恭看。查有累朝宝训、实录稿着进来,以便观览。'……"(一九六,3683—3684)　戊子,文书房官宋坤传谕:"宝训、实录皇史宬无从寻觅,恐世宗请去西城万寿宫被灾,今自太祖及累朝训录都着誊写装潢进览。"大学士申时行上言……(一九六,3690—3691)　己丑,光禄寺题本寺库藏匮诎,内供取用不敷,乞敕该监查议,除正供外偶因一时取用不系紧要者悉与裁革,其户、工拖欠接济钱粮催征挪解,以备急需。上命户部查处接济,节年拖欠者严限督催,不许迟误。(一九六,3691—3692)　丁酉,大学士申时行等奏:"数日以来,不奉天颜,殊切驰恋。正欲具题恭候,适文书房官李兴传:圣体尚未即安,暂免朝讲。仰惟皇上以鼎盛之年……(下论保身之道,略。)"(一九六,3697)

四月乙丑,大学士申时行以六年考绩乞致仕……(得旨不准。)明日特遣文书官吴忠奉手敕至私第谕曰……复令忠口传温谕固留。(一九七,3717—3720)

八月乙未,司礼监太监张诚传谕:"圣节阅陵,赏赐繁多,内库不给,于太仓取二十万进用。"户部尚书宋勋奏帑银缺乏状,乞免。不听。(二〇二,3785)　戊申,大学士申时行题:"文书房官刘恺传谕:李材等招情转展支吾,功则归己,罪则推人,着问斩。……"(二〇二,3789—3790)

十月癸卯,大学士申时行等题:"近日朝讲久废,臣等不胜恋恋。偶文书房官刘恺送本到阁,恭问始知圣体火动……(请顺时调护。)"上报闻。(二〇四,3817—3818)

十一月壬戌,贵州道御史何出光劾内侍张鲸及其党鸿胪寺序班邢尚智、锦衣卫都督刘守有相倚为奸,专擅威福,罪当死者八,赃私未易缕指。上命张鲸策励供事,邢尚智、刘守有等革任,余犯法司提问。自是给事中张尚象、吴文梓、杨文焕、御史方万策、崔景荣相继论之,上各报闻。(二〇五,3828)　戊辰,命选收净身男子二千人。礼部尚书朱赓奏:"中涓之役,祖宗朝限制甚严。近万历十四年有男子曾万寿等叩阍求用，严行驱逐。今曹进忠未经取选，与曾万寿同，宜行禁绝。”竟以内庭缺人，留二千人。礼科给事中苗朝阳、江西道御史荆州俊相继疏论。不听。(二〇五，3830)

己巳，吏部尚书杨巍奏：“新选休宁训导谭维被棍徒梁仕椿以营干得遂，逼索银两，投河身死。臣等初以为指称夙弊，听其伏法已耳。不意御史李光祖疏参仕椿乃宋坤家人，交结中贵，干涉选法。虽奉旨司礼查问，虚实自见，而臣等疏庸之罪亦复何解矣。”疏入，上责其禁饬不预，姑未究，该司夺俸三月。(二〇五，3830—3831)

壬申，刑部覆议张鲸、刘守有、邢尚智赃罪，尚智论死，守有斥，鲸被切责，仍令策励供事。吏科给事中张应登再疏论之，不听。(二〇五，3831)　乙亥，都察院左都御史吴时来极言内竖之选不宜滥收，不听。(二〇五，3832)　丙子，大学士申时行等自陈不职，乞赐罢斥，谓张鲸处分未定，御史马象乾切责臣等既不敢委曲调停，犯众论之公，又岂可窃禄苟容，贻清朝之玷？惟有引罪乞身，庶不至上误国事，下启群疑耳。上谕：“张鲸事已处分，言官逞私波及，章奏皆朕亲裁，卿等谁为阿从？且忠谨昭著，公清素闻，何必因言求退。宜即出赞理，不准所辞。”(二〇五，3832—3833)　吏部尚书杨巍等奏伸公论、正国法以慰群情事，因张鲸处分未明，合疏以去就争也。上报闻，谕令即出理事，不允辞。(二〇五，3833)　河南道御史马象乾奏：“先是御史何出光等论列东厂太监张鲸，有旨令策励供事。比刑部勘问覆请，有旨鲸候处分，而供事如故。党与虽惩，元凶漏网矣，臣不胜痛愤。窃谓皇上英明不世出，往冯保怙藉宠灵，操弄威福，一发其奸，弃如脱屣。今鲸恶不在保下而去鲸不若去保之断，何也？岂鲸日夜以微劳陈乞而皇上过听之，遂使大憝盘踞宫闱，千人指之不能去，万嘴坐之不能动，三尺行于疏贱而贵近则格，成何法纪？至治极辨之世不能胜一狐媚豢养之奸，上亏圣德，下贻后忧，成何景象？臣等小臣，所赖力清君侧、善成圣德者，非一二阁臣乎？连日以来，累息延颈，冀必有言，而寂无闻也。则又冀台谏之交章，职票拟者当分别是非，少塞众怒，而竟无闻也。古者阴阳不调，方外有警且归责宰辅，况禁近之地，贽御之人，昭昭于目前，危而不持，焉用彼相？昔武宗朝逆瑾擅权，内阁有刘健等，九卿有韩文等，叩阍力争，持章不下，使瑾惶怖乞南乞闲不可得。诸臣即不欲过激如往辙，力劝皇上远其人而不诛，夺其权而不藉可耳，何至以阿意顺旨为调停，以局促避怨为忠原，使四海疑谤尽归朝廷，亏损圣明，郁积众愤，无论非宰相之事，亦非张鲸之福也。伏乞皇上以臣言下内阁，令其自陈，出鲸罪案，使远近传闻，则明断过寻常万万矣。"疏入，上震怒，下象乾镇抚司打问。(二〇五，3833—3835)　丁丑，大学士申时行等疏救御史马象乾，谓："臣等既以失职仰负圣眷，又以拒谏累及言官，臣等乃万世罪人，宁与象乾同赴司刑，万无觍颜在位之理。且不见近日张居正之事乎？皇上始为居正谴责言者，卒之公论不容，身受恶名，家被显祸。若象乾得罪，臣等异日即居正之续耳。伏乞圣慈鉴察，曲全臣等，谨封还御批，具题以闻。"不报。(二〇五，3835)　戊寅，大学士许国、王锡爵各疏申救象乾，国疏云："言官言事，乃其职耳。祖制特许风闻，虽误不究，况据事直陈者乎？臣为讲官时，见朝廷为张居正挞辱言官，臣心痛愤，恨不及食居正之肉。今乃蹈其覆辙，使旁观者复欲食臣之肉，如万世讥笑何？且近日论张鲸疏甚多，悉置不闻，乃独为臣等发愤究问，使臣等得罪于天下后世，又甚于鲸矣。"锡爵疏云："马象乾论臣等阿从失职，义正词严，皇上宜赐采行，使人知前后诏旨俱出臣等票拟，原非圣意，则人情自定，圣德有光矣。奈何抵之罪乎？先年张居正以夺情迁怒，狙击言官，臣于是时稍能诮让居正，为言者解，所以居正败而臣得进用。夫皇上本以忤居正用臣，而今又即以处居正之事处臣，臣之不才，纵不能道扬主德，维持国论，亦何忍见朝堂之上再有此异常举动？使天下万世谓臣外援忤权之名以进身，内挟当权之势以沮众。臣今日即死，上何以见九庙在天之灵，下何以见刘健等于地下？明何以谢举朝士大夫之公论，幽何以辞张居正之鬼责哉？臣身轻如羽，使万世蒙诟而有益于皇上，臣不敢避。今身既不肖，有累言官，而又并累圣明以咈谏之名，不惟不可一日立朝，且不可一日为人矣。”语多激切，俱不报。(二〇五，3835—3836)

十二月己卯朔，大学士申时行等奏缴钦奉御札：“文书官李文辅恭捧至臣私寓，臣谨祗领，即传示同官讫。伏念臣等猥以庸陋，忝备弼臣……(**即日报名廷谢，奏谢略。**)”(二〇六，3839—3840)　是日，上遣司礼监太监陈政口传圣谕：“谕内阁：张鲸侍奉多年，他家用的人做坏了事，他未必知。如今都下法司问过重罪了，张鲸着他私家闲住。这不为章奏纷纷处他，只为近年四方灾伤，民间疾苦，每令他访奏，不以实闻，故此处他。”又谕：“朕欲召见先生每，偶因动火未安，待朕体全愈，即出召见。”大学士申时行等奏谢：“窃惟进退用舍乃朝廷大纪纲，不可以近而或忽；访问灾伤乃朝廷大政事，不可以远而或遗。皇上天纵英明，日亲几务，犹欲访求民瘼，通达下情。而张鲸不能仰体圣心，不以实奏，壅蔽之罪，诚无所逃。且内外臣工皆当守法奉公，检身戢下，而张鲸任用匪人，犯法坏事，以致法司尽暴其罪，言官交斥其非，疏纵之愆，亦难自免。皇上特垂宸断，出之私家，非为人言纷纷，姑以塞盈庭之议，乃由圣心独断，用以儆失职之辜，此真至明至公，同符尧、舜，非臣愚昧所能仰窥万一，惟有播之在廷，书之史册，使万世称颂圣德而已。”(二〇六，3840—3841)　吏科给事中李沂劾东厂太监张鲸倚势乘宠，招权纳贿，罪恶万状，屡经科道指摘，今群党邢尚智等既处而元凶未伏其辜，非法之平。数日来都市喧传，咸谓鲸广进金、宝，多方请乞，果尔则亏损圣德，又不止顾念侍卫之微劳矣。伏乞乾断，以释群疑。疏入，上怒，下镇抚司即讯。同日刑科给事中唐尧钦亦有疏击鲸而得从宽政，姑置不究，以沂疏有“都市流传进贿”一语故也，而沂旨内有“这厮欲为冯保、张居正报仇”云云。说者又谓时司礼监张诚为冯保之余，欲甘心于鲸，沂疏实为所用，是则未易言矣。(二〇六,3841—3842) 庚辰,大学士申时行等具奏廷谢,报闻。是日疏救李沂,谓:"张鲸之事言官交章论劾,何独李沂一人致干圣怒,及取其疏读之,果属疏狂。缘李沂系庶吉士授官,未及两月,新进书生不识忌讳,若居正、冯保在日,彼犹未入仕途,原无恩仇,何为报复?不过风闻建白,心实无他,似不必深罪。且昨为马象乾所言,皇上犹为臣等曲全,褒臣雅量,况皇上天地之量何所不容而苛求一无知之小臣哉?"不报。(二〇六,3842) 癸未,镇抚司打问过给事中李沂奏上,御批:"李沂既刑究明白,拿在午门前杖六十,斥为民。"文书官刘成将本到阁,阁臣申时行等大惊,欲具疏救,且留御批未发。刘成不可,竟持去,而上已遣太监张诚出监杖矣。时行等惶遽上疏曰:"李沂上干圣怒,已蒙打问,死生未保,再行廷杖,重复加刑,恐万无主理。此累朝以来所未有,仰累圣德,关系不小。臣等不能匡救,必难觍颜在列,伏望少霁天威,俯全言官垂死之命。躬诣会极门候旨。"有顷,传谕云:"先生每说话依得的依了,依不得的也难依。如前日马象乾就依了,李沂放下各处贪官污吏不说,却说我贪,这等捏污君父,岂可轻宥!"时行等复向张诚极言,诚不可,竟杖之。(二〇六,3843—3844) 礼部尚书朱赓、吏科左给事中王继光相继言内竖之收宜罢,圣意已定,不欲变,但令供事老病者汰革。(二〇六,3844) 甲申,追夺都察院左副都御史劳堪等诰命二十六轴,内府印绶监会官烧毁。(二〇六,3845)

万历十七年己丑(1589)

正月甲寅,工部言:"畿民铺商之役困累至极,查本部各役,万历十三年原佥四十余名,曾未三年,有削发为僧弃家远遁者。只因先年裁减旧价,矫枉过直,相应更正。如寿宫监工、厂库巡视各科道衙门公用,量增价值,仍行买办。若系本部及四司者悉自买,如修仓木植系各役买办,今议准收全木,余材贮作公用,不退与商。如供用库油桩大槐，原属宛、大二县买办，近归本部，木大难致，旧价不敷，今议量增其价，分派夥办。其该监收木，不问长围，尤无凭据。合酌议定数而檾麻等料加耗并议量减，其他款类尚多，惟将会估重加订正，则物价自平，众情自安矣。乃若积苦极患，无如惜薪司柴炭诸费，据称内厂收柴不甚亏累，独外厂日难一日。查得嘉靖间题准每木柴百斤明加十五斤，炭五篓半，每篓二十斤，作一百斤，此于人情物理最为得中。其铺垫以供该厂公费，虽非正法，查万历十三年该监题准，总计一岁之额该银二万四千余两，奉有钦依。乃各役苦称增益数多，不可不处。其内官、内使额炭折色，查《会典》开载，每名每月该柴一百五十斤，折价银一钱五分；嘉靖间题准，每年折色六个月，该银一万二千七百四十八两五钱，至今称便。如将内官、内使应给木炭每年照例准折六个月，在各监领价买办，不缺于用，而该厂加耗铺垫之费可以少省。乞敕下司礼监，着以为例。其旧商消乏者除退，殷实者留用，仍令从公开报在京殷实人户中量选八名，兼搭应役。本部旧会估簿悉心讲求，重加更正，不得仍旧减削，以重赔苦。事完之日，另行题请。”得旨：“宫中合用柴炭数多，照旧办送，炭不必折。各厂务平准秤收，不许多索公费银两，亦不许勒添苦累各商，余如所请。”(二〇七,3864—3866)　　戊午，司设监造完奉先殿、九庙各室黄花绫帐幔铺陈等件。遣驸马许从诚奉安行礼。(二〇七,3867)　康陵、永陵多盗，至是守陵者以闻。革守备内监闲住，罪把总等官。(二〇七,3869)　　己未，逐静[净]身男子。先是选用曹进忠等二千名进内府，其余尚潜住京师，礼部以为请，故有是命。(二〇七,3869)　　辛酉，原任左都御史王廷卒。廷，南充人，嘉靖壬辰进士。……升南京礼部尚书，改左都御史。有小珰以事诟御史李学道，道笞之，群珰捽御史于午门外。廷列其状以闻，戍其首恶，余充南京净军。(二〇七,3870—3871)

三月戊午，南京云南道御史俞咨禹等请宥言官李沂，复其原官，正权阉张鲸之罪，以彰国法。报已有旨。南京兵科给事中杜麋疏请纳谏，报闻。(二〇九，3916)　　癸酉，巡青给事中杨文焕等言："畿民报商，原非祖制。嘉靖间山东参政常道奏准征银解部，召商上纳，乃一时救弊之权而不知其害至此也。查得各商惟酒醋局、供用库二项称难，御马仓、天师庵、中府三项称便。夫酒醋二项钱粮不过一万六千有奇，而御马仓三项则二十余万也，多者称便而少者反难，盖缘数多则不敢委之于人，御马仓诸商人皆殷实有材能者也，若局、库二项则殷实有材能者皆以计免，非中人之家则庸琐之流，其势必至于任人，任人不当，一二年间家业已荡然矣。求去害之策，莫若以多兼少，以易兼难。至象房、牛房，内者称难，外者称便，亦当一体均派内外钱粮各半。"又列为便商四事：一曰平价值，一曰省脚价，一曰更堆草，一曰杜重役。户部酌议以其便者兼其难者，将御马仓商人带供用库钱粮，中府、天师庵商人带酒醋局钱粮，各五分；其平价值，则将库局豆、麦各比照御马仓加斛，每石加二斗钱粮，当年支放亦比照御马仓，每石止加一升五合；其更堆草，既将内象房草归并外象房，并于西城围内堆捆，以便看守；其杜重役，查系本部商人给与印票，不许重报别役，独省脚价一款，恐禁地不便用小车，寝之。得旨如拟。(二〇九，3925—3927)

四月丁亥，德王薨。承奉杨进等素不利于世子，颇行魇魅，进水银药物，放火焚宫。事露，词连安陵王常𡧚、纪城王常澍，法司拟辟以请。进等诛，革夺二王禄米有差。(二一〇，3937)

五月乙亥，巡关御史甘士价言："建昌营有所谓'盐米舍人'之说，盖自正统年设镇守中官，奸豪舍余投用避差，岁纳银一两八钱，甚至隐庇全户，其后中官罢去而相沿迤今。即以兴州一卫言之，影免贴丁三百人矣，尽占富丁则摊累贫丁矣。当查先年初设若干，酌为定额，每名仍编一两八钱，准入均徭正项，其新投用者撤回该卫，一例均差。"从之。(二一一，3963)

六月乙酉，上久不御朝，南北诸臣多疑以张鲸不用，遂废朝政者。吏部尚书杨巍等言："皇上不视朝则诸臣猜疑益甚，愿俯从臣等所言，加意珍摄，庶秋日可以视朝，群心胥庆，岂但释诸臣之疑哉！"太常寺卿赵世卿等亦具公疏以请。俱报闻。(二一二,3971)

丁亥，刑科给事中刘为楫条上四札："一曰圣躬保护宜慎。陛下静摄法宫，闻正言、见正事、接正人之时少，靡丽悦心，至易沉溺，当以礼制情，严加屏绝。即不能黜而不御，亦当使御而有节，去其耗散精神者，精神自然收摄，药饵自然奏效。二曰内使关防宜严。臣每辰起趋朝，见内臣拥门夹道，所谈吐类皆宫禁事，无复顾忌。夫既不难深言其内以夸示于人，则亦何难掇拾其外以眩上之听？从古猜间之祸必自此始，甚非所以重泰交而绝嫌疑也。宜敕诸监掌印并皇城四门司钥内臣，严加约束，以防外泄内构之端。三曰诸司章奏宜覆。近日建白多寝不报，昨诸臣以稽查请，亦并留中。臣私心揣度，陛下时方静摄，不遑省览，暂尔稽迟，未至蒙蔽。乃大小臣工甚抱不必然之虑，诚恐胥人借便，肆为欺罔，事关军国，弹及权邪，通同隐匿。臣等封驳之司，无从稽考，内外睽违，养奸蓄乱。乞特敕文书房，凡有章疏，即按会极门奏目，一一进览，勿得过三日。更敕科臣二员，每日亦具奏目册子赴会极门，同司礼监官收接一应章疏，纪其件数，以备稽查。如有欺隐，即便据册奏闻，以防壅蔽。四曰法令督责宜信。京邑四方之极，法令之行必自近始，乃今一切禁谕多格而不行，异言异服之人、僭奢淫佚之辈肩摩踵接，五城宪约轻同弁髦，何可令四方万里闻且见也。当申饬宪度，勿徒视为故事。"得旨：朝讲已有谕。章奏间留省览，应行事体原无停阁。内使出入各有职事，而以科臣为渎扰，不究。(二一二,3972—3974)

七月癸丑，巡视京营给事中洪有复言："勇士营官马临印烙时少二百二十五匹，缘该营督自内监，营官藉口，恣为欺冒，乞行处治。"章付兵部。(二一三,3992)　乙丑，湖广道御史林道楠言："臣巡视库藏，凡各省直解纳甲、乙、丙、丁、承运、广积、广盈、广惠、赃罚九库钱粮，臣得而监收之，有奸弊臣得而禁革之。至若供用库、酒醋局、内官监，乃苏、松、常、嘉、湖五府解纳白粮，额派二十万石有奇，虽不属臣监收，而兼管挂号，查核奸弊，臣有责焉。乃正耗之外又要加耗，铺垫之外又要加银，每一斛淋尖则多至斗余，每一石折罚则多至三斗，买御道有钱，遮拦门官有钱，大小呈样、巡路、探筒旗尉、书办之勒取，家人、兵番之赫[吓]诈，种种难以枚举。臣因吊取万历九年题准(旧)规，则米一石不过加耗五升耳，今加至四斗五升；米百石不过派铺垫、脚价等银七八两耳，今加至二十余两。此白粮也，自彼处运至京师，率三石而致一石，至京上纳而复遭此无端之需索，若不设法禁止，受累何穷。乞令科道官会同监收查革诸弊，仍乞命司礼监晓谕各监局内官，将前项弊端尽行禁革，其耗米铺垫务照先年题准则例，不许加增，违者参究。”得旨：“白粮解役苦累可悯，各库局如有分外勒索者，着司礼监查革。”(二一三，3999—4000)

八月丙子朔，户部言：旧例金花银一百万两，坐派苏松、江、浙、福建、广东、湖广等处，每季分进二十五万两，此祖宗定例。至万历六年，奉旨每季加银五万两，作买办应用，计每年增进银二十万两，原无坐派，今已一十二载，计银已二百余万。乞念边饷为急，锡予为缓，每季买办银五万两暂准停止。不允。(二一四，4007)

壬午，复召司礼监太监张鲸入内庭供事。吏科都给事中陈与郊等言：“皇上亲见张鲸罪过，削夺其权，罢置私家，以允天下之公望。何乃出不终岁而复宣入乎？奔走供奉者，掖庭小节，予夺进退者，朝廷大纲。一岁之中，随退随进，使盈庭苦口悉付流水，此邦家大忧也。”广西道御史贾希夷等又言：“鲸倚任邢尚智辈，擅作威福，尚智已问重辟，鲸安得无罪？乞照旧令鲸私宅闲住，别选老成勤慎者以任厥职。”后南京吏部尚书陆光祖等、南京户科给事中徐常吉等、南京贵州道御史王以通等亦以为言，俱不听。(二一四，

4012)　　甲申，吏科右给事中钟羽正言："陛下御宇以来，惟政学为兢兢，乃数年而更朝讲十九，免者十一，又数年而更朝讲十三，免者十七，今且一概免焉。向也朝讲形神康泰，今也不朝不讲，时复违和，则烦劳动火，似不在朝讲之间也。临御日少则上下交睽，中外异议。于是有置而不览之奏，有览而不用之言，至举朝以为不可犹排众论而行之，如张鲸者罪而且赦，赦而且用，试思驱恶罚罪之心岂容有此？臣愿陛下一听臣言，出御朝讲，将章奏留中者次第发出，斥逐张鲸以慰臣民之望。"报闻。(二一四，4015)　　己丑，大学士王家屏上疏曰："臣叨蒙特召，再点班行，入京以来已逾三月，尚未一瞻天表。独念堂陛之交，惟有朝讲，军国之政，惟有章疏。臣往年窃睹宵衣听政，日昃横经，无时少懈，乃今久辍不御。原其初，偶以圣躬静摄，暂时传免耳。及其安恬之久，遂至郊庙、奏祭、册封、遣官亦皆传免而不亲下臣贱吏。讹言疑议，必然之理也。目今圣寿届期，捧表入贺者云集，万国之所属目也，尚可端居大内，不一出乎？臣往年窃记暖阁咨询、郊坛宣谕，无言不纳，乃今章疏频留不下。原其初，偶以圣意未协，间一留览耳。及其停阁之多，遂至官职迁除、刑章轻重，亦皆迟回而后发。佞人睥睨，衅端难诘，此又不然之虑也。目今皇储虚位，上书力请者鳞次，四海之所倾心也，尚可留中而不早定乎？"不报。(二一四，4017—4018)　　甲辰，工部言铸钱一事："南京工部应铸六万锭，一分进司钥库，五分送太仓。顷因式样不合，行使不便，议解料代铸。然国家钱币务裨实用，假使民间委置，匪但虚靡银两，且于钱法阻滞。其解太仓五万锭留一万锭以便搭用，余四万锭先解一万锭，余三万锭照例解料续铸。其内库钱一万锭，本部不能代铸，照旧解进。至禁伪钱，收杂钱，俱于钱法有裨，而往代杂钱流布外郡已久，合从其便。辇毂近地，一应房号税课宜多收制钱。"得旨："南京铸钱不堪行使，准照数解料。工部一并铸造应进内库者于太仓数内拨补，务足一万锭之数，伪钱杂钱严行禁治。"(二一四，4024)

十一月乙卯，工部尚书石星言："山西潞绸原非正额，万历十五年传造二千四百有奇，除完解外尚该一千六百有奇。今复传造五千匹，民不胜困，望收回成命。如供奉两宫，势不可缺，请将已派未解者上紧催完。"得旨：陆续儹进。工科都给事中张养蒙又言："旧逋方督，新派复临，多至五千，公私告匮。顷岁苏杭遘灾，织造称累，陛下嘉纳部科议，或准减半，或准暂停。潞州连遭大祲，忽有传造，使东南各郡加额腾欢，西北一隅拊心吁苦，其何忍也。又从来传奉织造，具题者系内库，票拟者属内阁，抄发必经该科议覆始及，该部今不由阁票，不由科抄，如天下之疑何？"报已有旨。(二一七，4056—4057)　　乙丑，镇守云南黔国公沐昌祚言："钦赐庄田俱不坐粮，有司一概丈量，科粮六百八十石。请比照各边事例，于家丁内选壮勇五百余名，充作月粮。"又请阉者二十名。礼科给事中徐学聚言："向者沐朝弼跋扈，肃皇帝逮系不贷，为昌祚者正宜怀恩惮威，奈何纷纷陈乞，复有阉者之请？查《会典》，亲王内使不过十名，昌祚犹然臣子，何得擅用净身男子至二十人？往岁缅酋倡乱，顷者腾姚噪呼，赖文武诸臣戮力底定，昌祚坐受上赏。请加敕则换给矣，参司道则改调矣，参县官则查问矣。语曰：'婴儿伤饱，贵臣伤宠。'昌祚此请，恐难令众庶见也。"旨寝昌祚之请。(二一七，4063—4064)　　己巳，宗人府掌府事驸马都尉万炜言司官老婢沈银蟾及内使李忠等侵盗金银，反肆诟辱，乞正法纪。上怒炜当圣母万寿之时烦言琐渎，革其印信、蟒玉，发国子监习礼六月，仍访拿拨置之人。(二一七，4066)

十二月甲午，大理寺左评事雒于仁上疏曰："臣入京阅岁余，仅朝见于皇上者三。此外惟见经年动火，常日体软，即郊祀、庙享遣官代之。圣政久废而不亲，圣学久辍而不讲。臣以是知皇上之恙，药饵难攻者也，惟臣四箴可以疗病，请敬陈之：皇上之病在酒、色、财、气者也。夫纵酒则溃胃，好色则耗精，贪财则乱神，尚气则损肝。以皇上八珍在御，宜思德将无醉也，何酖本家味是耽？日饮不足继之长夜，此其病在嗜酒者也。以皇上妃嫔在侧，宜思戒之在色也，何幸'十俊'以开骗门，溺爱郑妃，惟言是从，储位应建而久不建，此其病在恋色者也。以皇上富有四海，宜思慎乃俭德也，夫何取银动支几十万，索潞䌷至几千匹，甚至拷宦官得银则喜，无银则不喜。(李)沂之疮痍未平而(张)鲸凭钱神复入，此其病在贪财者也。以皇上不怒而威，宜思有忿速惩也，夫何今日杖宫女，明日杖宦官，彼诚有罪，置以法律，责之逐之可也，竟使毙于杖下，甚则宿怨藏怒于直臣范俊、姜应麟、孙如法，俾幽滞拘禁，抱屈而不伸，此其病在尚气者也。夫君犹表也，表端则影正。皇上诚嗜酒矣，何以禁臣下之宴会？皇上诚恋色矣，何以禁臣下之淫荡？皇上诚贪财矣，何以惩臣下之饕餮？皇上诚尚气矣，何以劝臣下之和衷？四者之病缠绕心身，臣特撰四箴以进，对症之药石也，望采纳之。(**下戒酒色财气四《箴》略。**)"(二一八，4085—4088)

本年附

艺文·碑铭·翠峰庵碑

葛曦撰《翠峰庵碑》："都城西直门内迤南不里许，有庵曰翠峰，司礼监掌监事太监敬斋张公诚创也。公之言曰：'余至庸陋，不知何因缘，得备宿卫主上及两宫，遇百恒人，自惟竭狗马私报万一，靡所顾顶及踵，皆国家赐，谊不敢隐。'敬皈依檀波罗密，构精舍一区，(**略。**)今都内外，仁祠相望，多宿卫诸贵人力，有能竭私报称，谓顶踵国赐，谊不敢隐，如张公者乎？(**寺始于万历十六年四月，落成于十七年七月。略。**)大明万历十九年，岁次辛卯，闰三月吉日立。"

(碑在北京西城区翠峰胡同。《北京图书馆藏中国历代石刻拓本汇编》第58册，第11页)

万历十八年庚寅(1590)

正月甲辰朔，上御毓德宫，召辅臣申时行、许国、王锡爵、王家屏入见于西室，御榻东向，时行等西向跪，致词贺元旦新春，又以久不瞻睹天颜，叩头候起居。上曰："朕之疾已痼矣。"时行等对曰："皇上春秋鼎盛，神气充盈，但能加意调摄，自然勿药有喜，不必过虑。"上曰："朕昨年为心肝二经之火时常举发，头目眩晕，胸膈胀满，近调理稍可，又为雒于仁奏本肆口妄言，触起朕怒，以致肝火复发，至今未愈。"时行等奏："圣躬关系最重，无知小臣，狂戆轻率，不足以动圣意。"上以雒于仁本手授时行，云："先生每看这本说朕酒色财气，试为朕一评。"时行方展疏未及对，上遽云："他说朕好酒，谁人不饮酒？若酒后持刀舞剑，非帝王举动，岂有是事！又说朕好色，偏宠贵妃郑氏。朕只因郑氏勤劳，朕每至一宫，他必相随，朝夕间小心，侍奉勤劳。如恭妃王氏，他有长子，朕着他调护照管，母子相依，所以不能朝夕侍奉，何尝有偏？他说朕贪财，因受张鲸贿赂，所以用他。昨年李沂也这等说。朕为天子，富有四海，天下之财，皆朕之财。朕若贪张鲸之财，何不抄没了他？又说朕尚气，古云'少时戒之在色，壮时戒之在斗'，斗即是气，朕岂不知。但人孰无气？且如先生每，也有童仆家人，难道更不责治？如今内侍宫人等，或有触犯，及失误差使的，也曾杖责，然亦有疾疫死者，如何说都是杖死？先生每将这本去票拟重处。"时行等对曰："此无知小臣，误听道路之言，轻率渎奏。"上曰："他还是出位沽名。"时行等对曰："他既沽名，皇上若重处之，适成其名，反损皇上圣德。唯宽容不较，乃见圣德之盛。"复以其疏缴置御前，上沉吟答曰："这也说的是，到不是损了朕德，却损了朕度。"时行等对曰："皇上圣度如天地，何所不容！"上复取其疏再授时行，使详阅之。时行稍阅大意，上连语曰："朕气他不过，必须重处。"时行云："此本原是轻信讹传，若票拟处分，传之四方，反以为实。臣等愚见，皇上宜照旧留中为是。容臣等载之史书，传之万世，使万世颂皇上为尧舜之君。"复以其疏送御前。上复云："如何设法处他？"时行等云："此本既不可发出，亦无他法处之，还望皇上宽宥，臣等传语本寺堂官，使之去任可也。”上首肯，天颜稍和：“因先生每是亲近之臣，朕有举动，先生每还知道些，安有是事！”时行对曰：“九重深邃，宫闱秘密，臣等也不能详知，何况疏远小臣。”上曰：“人臣事君，该知道理，如今没个尊卑上下，信口胡说。先年御史党杰也曾数落我，我也容了。如今雒于仁亦然。因不曾惩创，所以如此。”时行等曰：“人臣进言，虽出忠爱，然须从容和婉。臣等常时，惟事体不得不言者，方敢陈奏。臣等岂敢不与皇上同心，如此小臣，臣等亦岂敢回护，只是以圣德圣躬为重。”上曰：“先生每尚知尊卑上下，他每小臣，却这等放肆。近来只见议论纷纷，以正为邪，以邪为正，一本论的还未及览，又有一本辩的，使朕应接不暇。朕如今张灯后看字不甚分明，如何能一一遍览？这等殊不成个朝纲，先生每为朕股肱也，要做个张主。”时行等对曰：“臣等才薄望轻，因鉴前人覆辙，一应事体，上则禀皇上之独断，下则付外廷之公论，所以不敢擅自主张。”上曰：“不然，朕就是心，先生每是股肱，心非股肱安能运动？朕既委任先生每，有何畏避，还要替朕主张，任劳任怨，不要推诿。”时行等叩头谢曰：“皇上以腹心股肱优待臣等，臣等敢不尽心图报！任劳任怨四字，臣等当书之座右，朝夕服膺。”语毕，时行复进曰：“皇上近来进药否？”上曰：“朕日每进药二次。”时行等云：“皇上须慎重拣选良药。”上曰：“医书朕也常看，脉理朕都知道。”时行等云：“皇上宜以保养圣躬为重，清心寡欲，戒怒平情，圣体自然康豫矣。”时行等又云：“臣等久不瞻睹天颜，今日幸蒙宣召，刍荛之见，敢不一一倾吐！近来皇上朝讲稀疏，外廷日切悬望，今圣体常欲静摄，臣等亦不敢数数烦劳起居。但一月之间，或三四次，间一临朝，亦足以慰群情之瞻仰。”上曰：“朕疾愈，岂不欲出？即如祖宗庙祀大典也要亲行。圣母生身大恩，也要时常定省。只是腰痛脚软，行走不便。”时行等又云：“册立东宫系宗社大计，望皇上早定。”(**下言预教皇长子略。**)上曰：“朕已知之，先生每回阁去罢。”仍命各赐酒饭。时行等叩头谢，遂出。去宫门数十武，上复命司礼监内臣追止之，云且少俟，皇上已令人宣长哥来，着先生每一见。时行等复还至宫门内立待，良久，上令内臣觇视申阁老等闻召长哥亦喜否？时行等语内臣云：“我等得见睿容，便如睹景星庆云，真是不胜之喜。”内臣入奏，上微哂颔之。有顷，上命司礼监二太监谓时行等：“可唤张鲸来，先生每责训他。”时行等云：“张鲸乃左右近臣，皇上既已责训，何须臣等？”司礼入奏，上复令传谕云：“此朕命，不可不遵。”有顷，张鲸至，向上跪，时行等传上意云：“尔受上厚恩，宜尽心图报，奉公守法。”鲸自称以多言得罪。时行等云：“臣事君犹子事父，子不可不孝，臣不可不忠。”鲸呼万岁者三，乃退。司礼入奏，上曰：“这才是不辱君命。”久之，司礼监太监传言：“皇长子至矣，皇三子亦至，但不能离乳保。”遂复引入西室，至御榻前，则皇长子在榻右，上手携之，皇三子旁立，一乳母拥其后。时行等既见，因贺上云：“皇长子龙姿凤目，岐嶷非凡，仰见皇上昌后之仁，齐天之福。”上欣然曰：“此祖宗德泽，圣母恩庇，朕何敢当。”时行等奏：“皇长子春秋渐长，正当读书进学。”上曰：“已令内侍授书诵读矣。”时行云：“皇上正位东宫时，年方九龄，即已读书，皇长子读书已晚矣。”上曰：“朕五岁即能读书。”复指皇三子：“是儿亦五岁，尚不能离乳母，且数病。”时行等稍前熟视皇长子，上手引皇长子向明正立。时行等注视良久，因奏云：“皇上有此美玉，何不早加琢磨，使之成器？愿皇上早定大计，宗社幸甚！”乃叩头出，随具疏谢。是日时行等以传免朝贺，特诣会极门行礼，忽闻宣召，急趋而入，历禁门数重，乃至毓德宫。从来阁臣召见未有至此者，且天语谆复，圣容和睟，蔼然如家人父子，累朝以来所未有也。（二一九，4097—4104）　辛亥，上敕谕六部、都察院、科道等官曰：“朕惟国家选任贤能，布列在位，部院修政肃纪为庶僚表仪，科道绳愆纠邪为朝廷耳目，所委以分猷，共念安利国家者也。朕总揽乾纲，图惟化理，孜孜不怠。近因心肝之火时触辄发，深居静摄未即痊安，所以视朝稍稀，章奏间有停留，从容断决。若使朕躬复旧，祖宗庙祀大典岂不欲(**广本、抱本此有'亲身对越；圣母鞠育深恩'10字**)，朝夕定省？惟一时偶疾，未能遂心，非朕倦勤而自偷逸也。至于左右近臣，不过承旨办事，朕皆独断，纵有一二徇私坏法，朕自有处治，岂敢为奸？近来诸司官员多有不务本等职业，不畏祖宗法度，或轻信讹言，沽名卖直，诬讪君上；或妄生议论，扰乱国是，排挤端良；或窥探观望，煽惑人心；或邀结附和，颠倒公论。言路原无阻塞，动辄借口，诏旨方行禁革，公然违犯。彼奏此辩，甲是乙非，章奏满前，使朕不得遍览，如此纷乱，是何朝纲？辅臣为朕股肱，心非股肱安能自运？朕已召见面谕，责以任劳任怨，为朕主张，无得推诿。尔等受朕委托，各有职司，事有当行，不得顾忌规避，言务可采，不得混淆烦渎。频年天变民穷，其过岂独在朕？尔等务要洗心涤虑，率职奉公，以副朕任人图治至意。如负朕命，国有宪章。钦哉！毋忽。"初阁臣撰拟敕稿进览，上亲更定数语，如"一二徇私坏法，朕自有处治"，及"沽名卖直，扰乱国是"，皆御笔添注云。(二一九，4106—4107)　　甲寅，兵部以三年京营阅视例应钦命太监一员，上命张诚同往。(二一九，4110)

五月辛亥，御史陈忭疏请上临朝，并论中官张鲸往日图进专权，及见皇上聪明神察，太阿难于弄柄，志意未酬，岂无怨望。夫以万乘之侧而容此辈日侍禁卫，倘怪起不支，悔将何及。乞屏去鲸，或早遣留都，以杜隐忧。诏下所司。(二二三，4151—4152)【考】张鲸此后罢。《酌中志》卷五《三朝典礼之臣纪略》："张鲸，北直新城县人，嘉靖二十六年选入，为(张)宏名下，刚介寡学，驰心声势。神庙倚毗之后，掌东厂兼内府供用库印，颇为时相所惮。其用事之司房邢尚智招权纳贿，耽于声色，致言官李沂等交章劾鲸。万历庚寅(十八年，1590)元旦，召辅臣申相国时行等入毓德宫，神庙出大理寺评雒于仁《酒色财气四箴疏》示之，赖辅臣救，于仁得削籍。仍出李沂疏谕鲸跪听，辅臣戒谕之。是日也，辅臣已出复召入。时皇长子九龄矣，皇三子五龄矣，咸宣来令辅臣拜见之。自此鲸宠眷渐衰，后退废林下，尚智拟戍。鲸与先监（陈）矩极契厚，而调不同。丁未（三十五年，1607）冬先监坐化，鲸闻之痛而无泪。至戊申（三十六年，1608）五月病卒，葬于香山永安寺侧。鲸弟书绅荫金吾，至都督同知。其掌家刘钰性俭素，务稼穑；掌班郑守成通文理，多蓄古书。先监之掌家常云者，鲸名下也。”丁巳，上命文书官李相到阁，着辅臣时行等传与家屏，令到阁办事。时行等疏请仍乞发下家屏原疏，不报。（二二三，4153）

六月甲申。先是，上以岁荒民困国用缺乏，命两京九卿、科道集议奏闻。工科都给事中邵庶等言：“国家经制定赋，远过前代，至于今日利孔已尽，无可复开。唯是岁入日缩，岁出日多，臣愚以为，当此国匮民穷之日，宜行严稽，如内而锦衣之带俸官役，礼部、鸿胪寺之译字生、通事、序班，光禄寺之厨役，各监局之工匠外，而佐贰、首领之添设，九边年例与主客市赏之供亿，诸如此类，或昔无今有、昔设今增者，酌其缓急，渐以革汰。是谓以节之之道生之，财不期裕而自裕矣。臣等又闻增修城楼，旦暮兴工，夫以既竭之物力，营不急之工程，徒以饰观美恣渔猎，亦不可已乎？乞敕停止。更乞申饬各监局诸臣，岁修岁办诸料务行减派，无徒召买，以致縻竭。仍望皇上加意撙节，将太仓季进银两速行停止，以为诸臣节束之倡。”疏入，上以京师城垣关系重大，若坍坏日久，将来费用愈多，仍遵前旨勘估，紧要者兴工修理。（二二四，4160—4161）

丁酉，陕西道御史冯应凤等条议经用诸款：（**一、核边储。**）一、议内供，言各省直解内库黄白绢匹、漆、蜡、颜料、皮胶等物，各监局俱有余积，渐至腐烂，宜逐为查检各监局积余若干，足备几年之用，暂停本色，改解折色，以济目前之急。至若内库金花银两，每岁进入以百万计，嗣后又有二十万之增，似为无名，并乞皇上身先撙节，培养财原。一、革滥员，言祖宗时建官立制，原有定员，今则冗滥极矣。在外十三省，如不繁不冲之佐领杂流，不边不海之参游备总，虚冗可裁者固多，而在京各衙门更甚。若太医院、锦衣各官,若鸿胪带衔,若工匠所官,以至译字、乐舞之类,杂沓不可枚举。不特此也,中官之设,祖宗朝亦有定额,我皇上登极初年,数不过以万计,历年选用,策名食禄不啻倍之。在外乞敕该部,在内乞敕该司礼监查照旧额,裁去滥员,内外肃清,浮费亦省。(**一、议挪济。一、通钱法。**)疏入,上以黄白绢等料原无余积,不必议停;内官前已减派,近来人数虽增,钱粮照旧,不必查革;余下所司。(二二四,4171—4173)

九月癸丑,巨奸徐从善父子交结大珰,盗窃内库金、宝,为御史黄卷所奏,上令将本犯籍没家财,拿送镇抚司打问。(二二七,4218)

十一月壬子,巡视京营科道官张应登等奏上京营核实八事:(**一曰简军之实。二曰练军之实。三曰恤军之实。四曰核选锋之实。五曰省器械之实。六曰稽马匹之实。七曰甄别将领之实。**)八曰清理禁兵之实。三大营外有四卫营、勇士营,军数逾一万,马数逾三千,岁时训练如三大营而隶其籍于御马监,每岁费大司农可三十余万而名有开操,实无团练,一遇点闸,多方雇觅。乞敕兵部并御马监同臣等将两营军马从新查理,尽革诈冒,逐日操演。疏下所司。(二二九,4251—4252)　癸丑,大学士申时行等题:该兵部覆经略尚书郑雒,要拒止西虏借路,臣等票拟进览。今日文书官李相将下原本,口传圣旨,令臣等改票。……(二二九,4257)

十二月丙子,南京给事中徐桓条议兵饷诸款,兵部覆其可行者二事:一、……一、锦衣卫军士、御马监腾骧四卫勇士逃故老疾者速为开除,不得顶替雇倩,以滋虚冒。从之。(二三〇,4263)

本年附

艺文·碑铭·典宝副陈奉墓志

明德府协理承奉司事典宝副陈公墓志铭

万历十八年(1590)二月十二日,协理承奉司事典宝副陈公疾,终于私宅。主上闻讣，悼悯赐奠，命董葬事如制。名下孙张君顺以归窆有期，持状求志铭于余。余素知公，即不斐，何敢辞。按状，公讳奉，字怀德，别号峡峰，山东曹州人也。先世无稽，父名用，母杨氏，兄弟四人，公居季，生有异质。嘉靖己未（三十八年，1559），应选入都。庚申（三十九年，1560），敕赐德府。恭祖奇其才貌，命司帑藏，奉公无私。隆庆庚午（四年，1570），擢内掌司兼管广受仓。会计甚明，出纳惟允。续蒙定祖旨，历管海丰安平庄田，随升典服之职。万历己卯（七年，1579），加升典膳正，管理临清庄田。癸未（十一年，1583），奉敕升授典宝副。公随事尽忠，靡不中款。戊子（十六年，1588），承世主命，协理承奉司事，转居西宅。

时国事纷纭，经理底定，公与有力焉。先定祖旨重修灵岩千佛阁，二载告成，继奉主上命鼎建金井。公殚虑经营，不遗余力，事弗就绪而病已盈体矣。三启致政，始准外宅调理。主上悯念其忠勤，不辞奏请，及营建而慨然承诺，由是历三委托，俱矢志以一身任之而无负。（主）上亲书“劳苦不辞”四字赐谕褒嘉，永为恩纪焉。未几病笃，与名下永诀，惟曰：“君恩未报。”言讫瞑目而卒。吁！若公者，其存殁不忘君，而以身殉国者矣。公为人天性嗜学，议论崇本，居食俭素，雅尚清净，存心以至诚自许。事王以忠□匪懈，处寅僚则和而公，驭仆隶及军校则益爱而有恩，内外宜之。噫！公其中贵之特出者乎？

公生于嘉靖癸未（二年，1523）十一月六日子时，卒于万历庚寅（十八年，1590）三月十二日子时，享年六十有八。名下刘宽，次杨端、刘仲、邹进、刘进、明方忠，名下长孙，宽之名下张顺，冲素自守，绍述先人。侄男三：曰舟，随任效劳；次曰坎，又次曰兑，各有小补。其余蕃衍，难以具载。兹以是年四月初二日葬于府城西五里沟之原，因系之铭曰：

□□佳城，□□□□。□朝考卜，万载安□。□游洞府，□识……

德府长史司左长史、奉政大夫慈溪秦文潜撰，右长史、奉政大夫乡宁陈锦书丹。

（《北京图书馆藏中国历代石刻拓本汇编》第57册，第179页）

万历十九年辛卯（1591）

正月乙丑，工部题称：“乙字库胖袄差官类解，于用无裨，比照福建、两广事例，每副折银一两五钱，解部委官督造如式，送乙字库收贮，与在库胖袄新旧兼搭给军，庶征解不烦，军民两利。”不允。(二三一,4287)

二月癸未，南京礼部王弘诲题称：“南京各监揭开乾清宫传奉圣旨，加添各项鱼菜等物。夫上供方物查据职掌，岁有定额，供应果系缺乏，自当敕下该部，移咨加办，岂有传奉揭帖而可以通行天下者。有如兵马钱粮军国重务，亦听其径传而擅发乎？且历考岁额，未闻迭有加增，今十四年已加添一次，今所增又倍之，无论采捕之劳、输纳之苦，而管解员役夤缘骚扰，害可胜言哉？乞收回成命，照旧解进。”不允。(二三二,4298)

三月壬戌，工部尚书曾同亨题该监[1]成造上用冠顶袍服等项，自嘉、隆二朝至万历七年银额止六百六十两，节加至十年，遂有二千一百余两。于时本部争执，十三年蒙减半送用，十六年复照十年处给，今且以渐增加，几至四倍；且两奉明旨，已经减半，乞查例节省，著为定规。有旨：“该监岁用不敷，着照十六年例处给。”(二三三,4328)

闰三月庚午，盔甲、王恭二厂旧例每三年总计正造盔甲、铳炮等器共一万七千余件，而营军数多，复领戊字库原贮外解器械修理充数。部议各省直所解军器减半折造，务期精利如式，至于两厂成造修造未尽事宜，一并酌议：一、裁定两厂年例修造，一、酌议修理京营战具，一、预处门班官军盔甲，一、裁革料造名色，一、议吊铁甲以绵布易口袋，一、核实修造工价，一、议两厂旧器年久损坏及难用者改为废铜废铁给发以备打造。俱如议行。(二三四,4336—4337)　壬申，上谕内阁曰：“朕疾稍愈，原朕之疾，因火生痰成病，故食少寝废。尝服药饵，未见瘳愈，以致庙享屡遣代行，朝讲久废。乃左右奸顽之所激，辄痊又病。兹见上天示儆，心甚

① “该监”当指御用监。

忧惧，反躬自咎，乃知为小人之蛊惑，以损朕之德行，致上天震怒，星变垂戒。奸恶小人朕今已斥逐，谕卿等知之。”又传圣谕：“邢锐擅作威福，结交宫婢，与何成、赵昇等通同钻刺，都打发出去了。”

【考】邢锐，任司礼监秉笔太监，见《酌中志》卷五《三朝典礼之臣纪略》。

大学士申时行等疏奏：“皇威有赫，宸断不疑，憸邪既已迸除，宫禁为之清肃，且特涣德音，深自引咎，即禹、汤罪己，周宣侧身，不啻过之。从此圣躬康豫，庙享朝讲可以次第举行矣。”（二三四，4339）

己卯，上谕科道曰：“迩来风尚贿嘱，事尚趋赴，内之效外，外之借内，甚无公直，好生欺蔽。且前者天垂星变，群奸不道，汝等职司言责，何无一喙之忠，以免瘝旷之罪？汝等市恩取誉，辄屡借风闻之语讪上要直，至于鬻货欺君，嗜利不轨，汝等何独无言？且尔等岂不闻宫府中事皆一体之语乎？何每以搜扬君恶，沽名速迁为也？尔等受何之爵，食何之禄，至于长奸酿乱而傍观避祸，无斥奸去逆之忠，职任何在？本部（按，部字衍）该拿问重治，姑且从轻，各罚俸一年。”（二三四，4344）　　辛卯，兵部题巡视科道官张应登条陈责实戎政数款：“……一曰清理禁兵之实。四卫营、勇士营号称禁兵，军逾一万，马逾三千，岁费二十余万，乃有名无实。宜逐一清查，如法教练，勿致缺伍，冒额滥支草料。”俱着依议行，惟勇士营、四卫营只着该监着实查理训练。（二三四，4353—4354）　　壬辰，大学士申时行等题：昨奉圣谕切责言官，通加罚俸，群臣莫不震悚。但宫廷地隔，不能一一闻知，遂使肘腋之患上廑圣虑。今罪魁已逐，党与就擒，以法绳之，不必过怒。然与其惩于后，孰若谨于先。旧例入皇城者不得持寸刃，经断罪者不得入宿卫，乃内操虽已停久，而兵器犹各藏带，宜申明禁制，防之于渐。具题以闻。（二三四，4354）　　甲午，上谕内阁：“览卿等所奏，悉见忠爱至意。前者责遣奸逆，已谕卿等知矣。但此辈余类心怀报复，潜蓄不道，为放火毒药之举，赖皇天默佑，启朕先知。虽则伏法，其党甚多，朕已命所该掌管之人日夜谨慎。至于切责言官，朕怒其失职负君，但知常时于君父之事每借以风闻沽名,至于群奸怀谋算上则委[诿]之不知,好生不忠,姑从轻罚而已。卿等可安心赞治,其余朕知道了。”(二三四,4355)

七月乙酉,各监局匠先是隆庆元年额定一万五千八百八十四员名,此为旧典。至隆庆三年额定一万三千三百六十七员名,此为新典。科臣杨其休以诈冒多端,蠹耗为甚,请于新典额数之外有缺勿补。上谓匠役额数已有明旨,只照旧行,不必议减。(二三八,4418—4419)

九月戊子。先是,工部以冗役冒滥,糜费多端,当用新典以节浮糜具奏,上下其议于部。及工部移揭司礼监查议题覆而该监径自具揭,得旨:“匠役额数照旧,不必议减。”给事中杨其休以该监未经会议,该部尚书未题覆,而旨从中出,非所以大出令之公,慎未然之防也。上纳其议。(二四〇,4476)

十二月癸丑,大理寺右少卿董裕等奏:“云南沐总兵府内旗牌官王朝京、私自阉割李时孝、罢职长史胡桐、知县戴官各犯投充势豪,吓骗财物,拨置打死人命,强占地土等罪。李时孝依律处斩,王朝京、胡桐、戴官各发边卫充军。”从之。(二四三,4542)

本年附

艺文·碑铭·圆通寺碑

叶云礽撰《重修圆通寺记》:“(**余过寺,见其颓甚。**)越二年,复过此,则丹垩辉辉,庄严世界,非复曩时落莫。余谛观之,山门一,法殿之楹三,围以长廊、法堂、僧舍,种种具备,盖总理寿宫中枢张公祯、提督刘公济、管理张公清、王公昇、马公良,各蠲廪葺之矣。(**下略。**)万历辛卯岁(十九年,1591)三月吉。”

碑阴题名,从右至左,依次为:天寿山提督内官监太监刘恺、内官监太监黄文兴、赵贵、王勋、张沂,太仆寺少卿徐泰时、寿宫掌司房办理文书内官监奉御申寿、阎堂、项永、李智、李忠、王堂、刘忠,以下为各作监工太监等官、长陵等九陵神宫监掌印太监及佥书等官,及各坟管事等官。

（碑在昌平县大宫门西北西山口。《北京图书馆藏中国历代石刻拓本汇编》第58册，第7—8页）

艺文·碑铭·弥陀寺碑

虞淳熙撰《重修弥陀寺碑记》："昌平之东土，名马房，非净土也，释如进受施□□□□□□为寺，而钦差总理工程内官监太监张公祯、提督工程内官监太监刘公济、管理工程内官监太监张公清、王公昇、马公良，钦差提督工程工部尚书鲁公同亨、专管官军兵部左侍郎杨公俊民施七宝之一，立寺，寺名弥陀焉。（略。）万历辛卯岁（十九年，1591）三月吉。"

（碑在北京昌平小汤山马房村。《北京图书馆藏中国历代石刻拓本汇编》第58册，第9页）

万历二十年壬辰（1592）

正月辛卯，上遣文书官李浚谕大学士王家屏……（**责之，不准辞。**）（二四四，4560—4461）

七月庚午，以九门城楼竣工，（**尚书、侍郎及科道、部属等官升职升俸略。**）司礼监太监张诚加恩三等，荫弟侄一人锦衣卫正千户；内官监太监陈朝用、李禄各加恩一等，荫弟侄一人锦衣卫冠带总旗。（二五〇，4656）　癸酉，礼部覆："四川佥事张世则奏进《貂珰史鉴》，曰评，曰考，曰论，为箴，为赞，为诗。善可为法，身享令名，国亦受福，读之令人慕；恶可为戒，国将受害，身先诛夷，读之令人畏。夫祖制，貂珰识字有禁，宣德以后始立内书堂，教以《忠鉴录》。世则所进，宜俱定为课程，庶几口诵心维，可以迁善改过。虽然近侍熟觇好恶，在人主善听之耳。我朝金英以一言定储位，覃吉以正学辅东宫，则听之得也；如王振之误国，刘瑾之惑主，其恶至今恨之，则听之失也，皇上幸览而留意焉。"上嘉纳之。（二五〇，4658—4559）　己卯，工部覆："江西按臣秦大夔言豪商假借部批，夹贩木植，擅树黄旗，僭称上用，掘官陂，役乡夫，委难轻贷。以后南京工部应解司礼监木植，宜照北部召买给价，无听告批，以

滋扰害。”报可。(二五〇,4663)

九月壬戌,礼科给事中马邦良等题:“东安等门官军四百余名,中珰占役不啻什九,且将各军直米多方扣勒。如内侍郭钦、姜朝等已经确查,宜加惩创。又玄武等门每月逢四开设内市,刀剑弓矢不禁,万众出入无忌,九五深邃之地,即承平犹宜慎防,况倭虏交讧乎?”上谓内市开设已久,多事之际,只宜严稽,不须罢革;郭钦等着司礼监查究,责降有差。(二五二,4689)

十一月己未,礼部郎中姜镜论劾司礼监太监田义,疏语多侵辅臣,留中。(二五四,4717)　　壬戌,工部题:“铸造制钱九万锭,旧规以六分为率,一分进内府司钥库,五分进太仓,计每年该铸送内库钱一万五千锭。昨奉明旨再送内库五千锭,工科都给事中刘弘宝执奏,内供赏赉非加于昔,羽檄旁午,军兴取给太仓者万倍于昔,奈何欲减太仓之额以增内供?且内库进钱,铺垫银岁费一千一百有奇,炉商困苦不堪,乞谕铸进如例。”从之。(二五四,4721)

十二月丙午,遣太常博士吴楷致祭庆宪王妃方氏,于应得祭四坛外加祭五坛,工部差官行葬礼,并给银两有建(**按,疑“有”字衍,“建”后脱一“祠”字**)立坊,钦赐祠名“褒节”,坊名“宗烈”,本府择内官司香火,岁遣守巡官春秋二祭。(二五五,4746)

本年附

艺文·碑铭·刚祖祠碑

王家屏撰《黑山会重修护国寺刚公祠堂碑记》:“明开国中常侍之元勋,时则有若刚公者,始从高皇帝廓清中原,继侍文皇帝为承奉,靖内难,犁外庭,擐甲左右,身冒矢石,退而悛悛,口不言劳。未观军容,仅以司礼太监卒,官葬黑山。黑山者,在燕万山中,庶几象祁连而羽葆鼓吹,导軟车入羡门,感兹罔不由恩命云。于是诸贵人之从九原者会焉,故称‘会’。岁清明,以上命享,亦得称祠,而所称护国寺者,则由内官监太监李公德始也。嘉靖庚寅(九年,1530),大司礼张公佐撤寺,仍祠会之旧。今上辛卯

（万历十九年，1591），大司礼张公诚复寺，拓祠会之制，诸司且□且檀，堂寝伽蓝，金碧交映，黑山为之生色。至营房山县资修山厂一区，庑十余楹，又置依寺地六十亩，庐守祠者，以供佛及公，又前张公所未及置虑者矣。比者，西陲勿靖，东岛萌乱，主上宵旰而忧。乃张公每食，意未尝不在刚公时也，文皇帝北逐胡虏，南望招摇，无论虎臣猛士，桓桓赳赳，如朱、张之流；即侍中有人焉，兹安得若刚公者其人，奋身一当虏乎！宜张公拊髀而思，从众之请，而一新公宇也。（下略。）万历壬辰（二十年，1592）孟夏吉日。”

（碑在北京市石景山区八宝山刚铁祠。《北京图书馆藏中国历代石刻拓本汇编》第58册，第25页）

万历二十一年癸巳（1593）

正月丁丑，大学士王锡爵密奏：臣惟今国家之事莫大于建储，皇上之美莫美于揽权独断……疏入，上遣文书官李文辅就锡爵第赐之手札曰：……（二五六，4757—4760）

三月辛酉。先是，户科给事中王建中等条议阅实厩马四款：验马匹之肥瘠、查地粒之盈亏、察商役之利弊、酌料草之因革。旨下司礼监，该监太监王坤查明具奏，准减去料三千石、草十万束。（二五八，4791）　光禄寺卿王汝训疏：“每岁额入钱粮共二十三万两有奇，又据十八年、十九年供应簿，每岁用过二十四万有奇，不胜骇汗。臣汝训尝备员本寺寺丞、少卿，当时岁用不过二十万，相距六七年，费溢至此。窃思使尽出乘舆玉食之供与两宫孝养之具，臣何敢轻议，惟是上下相蒙，转相仿效，踵习者惮于改弦，综核者嫌于忌器，延至今日，势难少待。臣等（广本、抱本等作谨，是）申明《会典》，凡四事，少裨均节之万一：一、《会典》凡内外衙门官吏、监生、人匠等应给酒饭者，俱本寺支给，如回回哆思麻等、画士韦鉴等、雕玉匠柏逵等，传赐越数十年，仍日支酒饭，此等冒滥，不可殚述。乞敕内外衙门，严查各官名下酒饭，应否兼支、半支、住支。又如西三卫等夷，借名进贡，市卖经年，致累本寺供给，岁费以数千金计。乞敕礼部查照给事中萧彦题准，分别日期，事完之日，勒限趣还;如逾期延留者,下程筵宴等项径行停止。一、《会典》本寺每日造饭,祇待内府衙门官吏、监生,锦衣卫将军、力士,及各监局等衙门军民等匠,近据各衙门造册,姓名半属成、弘间人,又查得十五年后六科廊匠、经厂匠、织染局各新增数十人,不知果否系部文投补。堂堂天庖,使人人得窜名,为糊口之计,法纪谓何?乞敕各该衙门严查各匠役姓名,开除年久物故者,而明开某年月日系部文增收,造册送寺,各役亲诣关给,如按验不实及诡名代领者,径行查革。"不允。(二五八,4791—4793)

六月壬辰,兵部覆巡视京营科道张辅之等所奏:"申饬上班官军,务选补精壮,查系正身,方准督发上班。到京之日,听巡视科道、本部司官按册查点,如有年貌互异及老弱不堪者,该省直军卫有司并领班都司札付各官,俱听从重参处。其二营军勇,移文内监衙门,行令各营,不许照前侵占,仍专责巡视科道查照食粮见名,时加点闸,但有隐占名役,悉行查出,尽归营操,违玩各官悉听一体参究。"从之。(二六一,4840)　辛丑,户部覆科臣王德完等疏:"屯田、盐法日就废弛,乞推广免云南例金德意,将丙、丁库积羸料物朽坏者,听巡视科道会同本部司属官逐一清查,暂改折色济边。转挪之间,在该库鲜浥烂之累,在百姓免征敛之苦,各边镇年例藉此稍裕。"上以屯田、盐法节经申饬,并未见着实遵行,尔部别无稽查功罪,访求利弊之法,却只议减内库钱粮,所济几何?况系御前每月报数支销,有何多余浥烂?屯、盐二政许该地方商民人等径赴抚按衙门条陈,以凭采择类奏。(二六一,4844—4845)

七月辛酉,总督仓场覆:"御马监仓场原额料,岁派四万七千石,三场草共一百七十四万束。自万历十三年增添内操马三千匹,岁增料二万五千石、草六十万束。去岁业经户科条议,本部题覆清查,见在马、骡、驴头共止二千六百六十五匹,又查出余积四色料共七万九百九石,三场余积草共一百四十五万六千九百九束,题请酌议裁减。随奉减料三千石、草十万束之旨。夫题请清查马匹，正欲据见在实数，酌派料草，无使虚冒也；其清查料草，正欲据羡余实数，作正支销，可减召买也。今马匹清矣而料草不为酌议，与不清何异？羡余报矣而不得作正支销，与不报何异？据查，余积料七万余石，仅减三千余，积草一百四十余万束，减十万，与不减又何异？且料如豌豆、黑豆尚可久积，若菉豆、大麦则一年即坏耳。料积而腐，草积而朽，孰与存银在库不虑亏折乎？腐朽则不可饲马，孰与尽行支放，使马常食新乎？夫岁费十六七万金以供，马匹日耗，则喂养之无效可见。去岁天师庵草尽被灾，而草尚积余，则革料之当减甚明。始无原额马匹草料，即十三年增马三千，增料二万五千草六十万矣，乃今见在马匹止二千六百有奇耳。不惟原额无存，且于增添之数不满。然则原派草料尚可议裁，况新增草料犹然不革乎？臣查该场注销文簿，止有收放数目，并无马匹及日支数目，虚冒显然，况该仓场见有余料七万九百，足支二年，余草一百四十五万六千九百九束，亦足支年半，若不及今支放，必到[至]腐朽，是以有用之物而置诸无用之地也。"不允。(二六二，4852—4853)

闰十一月丙申，大学士王锡爵等题："昨日刑部侍郎孙矿见臣于朝房，历引先年之事，凡系奉旨该司降罚者，止坐本内有名掌印官或问官。今冯海之事承行、审问俱河南司郎中张廷相一人，两次奏请，所列该司官亦止廷相有名而不及员外郎杨现、主事梁廷卿。则今奉旨调用，例止应廷相一人。天威之下，不敢题请，而谋之臣等。臣等何敢专决，因念圣人之恩威不测而赏罚有章，理有可言，情有当辩，故敢冒昧及此。"上谕吏部："昨调用刑部纳贿司官，该部不敢渎奏，甚见敬畏。调止张廷相，余悉宥之。今后各衙门奉旨不明的，不妨题请。"(二六七，4975)　庚子。初，内犯冯海、何江、崔天禄盗兵仗局贮库铜钱，计价银一千一十八两。刑部议："依盗内府财物者皆斩律，系杂犯准徒五年，照例免徒，送司礼监发充净军。"上怒曰："律云三十贯，冯海等赃至盗千，加斩何枉？

此必司官受贿徇私，堂上官姑宥。调该司官外任。”(二六七，4976)

本年附

艺文·碑铭·昭圣寺碑

程奎撰《重修昌平州旧县昭圣寺碑记》：“(**寺成二百五十余年，栋宇摧朽。**)内官监太监张君祯同刘君济总督工程，道经寺侧，冒蒙茸、披荆榛，睹其摧朽倾塌之状，徘徊太息。(**略。**)因与天寿山提督刘君恺、永陵神宫监高君朝请之钦差总督东厂司礼监掌监事兼掌内官监印务太监张君诚，首捐廪俸以树施帜，其下僚属各随分愿有差。(**十九年重修，二十一年落成。略。**)万历二十一年，岁次癸巳，秋九月吉。”

碑阴题名，从右到左：“秀怀王坟管事……林衡署掌署事……内官监奉御……惜薪司管理内官监太监臧贵……御马监太监荆山、张礼、张□、褚保、王奉。永陵神宫监掌印董理本寺工程太监高朝、佥书解平、刘成、高朝、王成，永陵佥书解平等。长陵等九陵神宫监掌印太监等官睦友、王甸、崔昇、王迁、李□、陶金、刘忠。昭陵佥书杨义等。天寿山提督内官监太监刘恺、工部厂监工温贵等。钦差总理寿宫工程内官监太监张祯。钦差总督东厂司礼监掌监事兼掌内官监印务太监张诚。钦差提督寿宫工程内官监太监刘济、李禄……。钦差提督各工及各山厂内官监管理、佥书太监等官王钰、马良……。景府承奉吴朝。”碑末为钦差昌平监督粮储户部主事、兵备、总兵、锦衣卫指挥、知州、老人、僧道等。

(碑在北京昌平。《北京图书馆藏中国历代石刻拓本汇编》第58册，第43—44页)

艺文·碑铭·藏经阁碑

区大相撰《崇效寺更建藏经阁碑记》：“(**宣武门外有崇效寺。**)嘉靖辛亥年(三十年，1551)，有内官监太监署丁字库……建造藏经殿一座。(**今颓。略。**)御马监太监司钥库佥书高臣见而骇之，辄动改创之念。时寺僧常照乃司礼太监李公属祠部而住持之者，欣承高公之志而坚请更建之，心苦于独力之难成也。又有少司空瑞峰卢之赞襄，于是谋诸乾清宫近侍内承运库掌印御马监太监孙顺，公韪其说，首捐囊赀以助工。厥后诸公之慕义者从而效之，即所捐之多寡不等，要之皆粹然善信中人。于是营度方位，得寺之方丈已圮，而旧址犹存者，遂其地鸠工聚材，更修为藏经阁五间，两耳各建方丈若干间。命内官监佥书戴进、儒生名孙光前者董其役。(**万历二十一年三月兴工，九月告成。略。**)万历二十一年十月吉旦立。"

(碑在北京宣武区崇效胡同崇效寺。《北京图书馆藏中国历代石刻拓本汇编》第58册，第44页)

万历二十二年甲午(1594)

正月壬辰，德王奏缺内使，准予八名。(二六九，4998)

二月癸丑，都给事中刘弘宝劾武当提督太监黄勋，谓工部原议本山解银一万两织造本宫顶帐，勋止解四千有奇，大是欺抗。请照旧例，会同司道收支香税，发仓备赈。奉旨："本山量解七千两，工部补足三千两。"(二七〇，5010)　乙丑，遣文书官李浚口传："初十日所进日讲讲章如何与十五日进者前后互异?"大学士王锡爵等奏……(二七〇，5016)

三月癸卯，晋王敏淳请升补承奉宋永忠等。内批补承奉副孙春、典宝正刘明。给事中包见捷乞寝，不从。(二七一，5039)　戊申，上以痰火怔忡，命文书官李文传示辅臣，庙享暂遣官代。大学士王锡爵等因请顺时调摄。(二七一，5041)

六月丙辰，太监张诚籍没故相张居正家赀，其子敬修自经死，因奏知府郝如松(**广本抱本如作汝，本条下亦作汝。万历十二年五月癸卯作如松**)疏纵。上疑汝松受贿，下诚等提问。刑科给事中刘尚志言累囚无行贿以求死之理，守臣亦无纳贿以纵死之情，乞宥汝松。不报。(二七四，5075)　戊午，承天守备太监孙政参论钟祥知县李来命稽慢贡物，有旨逮问。大学士赵志皋等以事轻罚重，疏请免逮量惩。(二七四，5076)

九月丁酉，管御用库太监客用盗取本库珠宝金银，拟斩。(二七七，5132)　乙巳，军舍徐文玚与内臣郝金、杨明伪造太后懿旨，诓骗民财，并拟斩，余从分别定罪。(二七七，5134)

十一月乙亥朔，户科都给事中杨恂等奏称："数口之家，须稍存盈羡,以备不虞,曾谓太仓钱粮可毫无积贮?谨以节省一事条为四议:一议折征。内库所贮香蜡、颜料、布绢、羽毛皮张之类,积剩盈余,浥烂蠹朽,员役通同解户,虚名实报,抵算(**广本、抱本算作羡**)易恶,宜逐一清理。委果不敷,与仅足供用者照征本色,其余俱征折色银两,解部济边。二议汰冗员。国家冗官如译字生、冠带儒士、通事、序班、带俸中书官,并乐舞生及大工升除者,冗役如官匠、民匠、甲斗、脚夫、厨役及大婚选授者,每年廪粮百余万石,俸薪数千(**抱本千作十**)万两,宜逐一清汰,除原系额设与精晓艺术者存留供事,此外尽革,册送部科与太仓,支放注销,卷簿查对,以杜冒滥。三议料草。二十四马房有名无实,瘐损不堪,且借觅应点,倒死隐匿,买补侵价,宜加查议。除金鞍马三百匹与各马房三五十匹者如旧,其多至一二百者各减五六十匹,并供应库所发磨驴三百余匹,倒死将尽,相应开除,以省耗费。至于御马三仓原额料五万二千石,三场草共一百九十五万束,业经裁减,因内操暂增,停罢之后,马数虽减而所派草料比原额更多,亟请清查,著为定制。四议牧地。马房地场五十六处,实在二万(**广本、抱本作三万**)六千三百五十一顷,本部征牧地共二万一千七百五十八顷零,计银五万二千八百九十两有奇。该监征收修理地共四百三十顷,计银一千二百九十两有奇,其未经召佃之地尚多。年久弊滋,征收之数本部少银八千(**抱本作六千**)有奇,该监多银七千有奇,宜敕巡青科道踏勘州县原地若干见?今征银部少监多应否改正?其抛荒侵占逋负作何区处?务使利归公帑,勿致侵渔。又蕃牧、牺牲各所官军多至三千一百余员,其间空名冒支已自不少,傥能着实查究裁省,太仓之米奚止千石。"疏入,不报。(二七九,5151—5153)

庚辰,献陵祾恩殿宝城、明楼修理工完,遣司礼监官奉复诚孝昭皇后神位,侍郎沈思孝祭谢后土司工之神。(二七九,5157)

本年附

艺文·碑铭·愿力塔碑

李世延撰《京西潭柘山嘉福寺正光居士徐公愿力塔碑记铭》:"(正光居士)顺天霸州保定县人,甫八岁选入内局,明习往事,历升乾清宫御前奏事牌子,翼翼勤勤,弥久弥笃,迄今布衣蔬食,淡泊自如也。(**圣母捐资协修嘉福寺,居士默襄之力多矣,又于寺中建塔**。略。)万历甲午(二十二年,1594)孟春上瀚之吉立。"

(碑在北京门头沟区潭柘寺。《北京图书馆藏中国历代石刻拓本汇编》第58册,第50页)

万历二十三年乙未(1595)

正月己亥,工科等科、广东等道吴应明、曹学程等乞恩认罪。先是圣驾御临毕,文书房官李文辅传圣旨,科道奏事纠仪,侍班错乱,嗽吐不恭,故有是请。已奉旨各罚俸二月。(二八一,5201)

二月乙卯,内官监太监张诚奏大方龙凤等舟桥座亭轩岁久损坏,伏乞敕下工部踏看修理。诏俟别项工程有次第议行。(二八二,5217)

五月丁酉,有僧德清与其徒大林、大义游行至即墨劳山,得旧观音庵址,建寺居之,名曰"海印"。清初与内监张本善,本奉太后懿旨,赍藏经分散名山而寺无主名,本遽填海印字与清。劳山道士耿义兰争其地,具奏上闻。法司拟本以诈旨论死,德清谪戍,大林等杖惩。报可。(二八五,5291—5292)【考】张本奉懿旨散经事,可见汪道昆《摄山多宝塔铭有序》(《金陵梵刹志》卷四《摄山栖霞寺》):"太上慈宁宫,母一人而君万国,于兹十有五稔,德合无疆。顾犹蒿目群生,将举斯世而登极乐,乃遣中使张本、孟廷安周行寓内名山,傥然遇众中尊,务求至道。……万历丁亥(十五年)日长至。"

八月戊辰,南京工部奏:南京内官监成造幪金膳桌、膳盒、擎(**广本、抱本作檠,是**)灯、圆炉寺器共计工料银二十二万六千七百余,议分四运,二年造解一运。今第一运、第二运已完解讫,见今成造第三运，尚缺银二万四千有奇，准于本部应解户部新增芦课及应天府别项堪动银两共支造完，其未造四运缘库藏匮乏，支给不敷，乞行暂停，以纾财用。工部覆请，不允。(二八八，5344—5345)

九月丁丑，御马监右监丞吴朝犯法，决杖百，仍发孝陵卫种菜。(二八九，5350)

十一月乙酉，协理京营戎政右都御史沈思孝因御史俞价言其交结侍近，夤缘作弊，上疏自辩，因言："去留大臣乃人主大柄，况独揽乾纲如皇上，而谓旨多出于内官，使天下万世谓皇上何如主，其辱朝廷甚矣！乞根究其事，且请罢斥臣。"优诏不允。(二九一，5393—5394)　辛卯，礼部类进亲、郡王及天下文武衙门差官赍捧进贺表笺，迎至午门前，送司礼监交收。(二九一，5396)

十二月辛亥，大学士赵志皋等言："臣等在阁办事，该文书房发下兵科遵例拾遗本，奉圣旨：'昨览兵部考选黜留本中，锦衣一卫内如何以副千户未行题奏辄署四品之职？该部附结市恩，泛滥授予，该科通若不闻，职守何在？吴文梓与该司官韩范俱降杂职，刘仕瞻、曾伟芳等各降三级，调极边方，不许朦胧推升。昨者区大伦、张同德屡行渎扰，前俞价、强思频章以无指实之事参劾，党附结纳。至该部司官趋媚假官的，亦无一言，其于公而忘私何在？区大伦、张同德、俞价、强思也着降三级调外任用。且兵部近来诈冒贿买之官屡经东厂获奏，尚无畏慎，堂上官姑各罚俸二月，着策励供职。'又该刑部接出圣谕：'今日览科道会参武职本内，劾崇信伯费甲金隐匿逆犯客用家财，欺君玩法。革任闲住，仍革去禄米三分之二，该部还严追所寄赃物解收。其原奉旨官王坤、党大义提问拟罪来说，宋金革职为民，王之桢等姑各降一级，策励供职。东厂及该卫东、西二司房陆彩等及五所掌印官都革职为民，与宋金俱永不叙用。'夫一日之内两奉严纶，大小内外衙门官黜罚过多。窃惟兵部考查官员，名数繁夥，容或一时拟议未精，无以仰当圣心。但念五年考选系国家大典，而品流猥杂最难甄别者，又无如武弁一途。今年赖尚书石星殚精竭虑，乃蒙严责，似于体貌大臣稍有未尽。至于该部属官、该科长贰官及科道区大伦等，只因一事牵连，遂至相寻降罚，似于政体未妥。臣等又惟毁誉之言类多增饰而辇毂之下尤易风波，如崇伯费甲金守官不慎，科道交章拾遗，可谓允称。至言寄匿逆犯多赃，风闻道听，安可便以为据？伏望大弘圣度，曲赐优容，将兵部司官及该科道官量免降级，以安尚书石星之心；其费甲金寄匿事，听法司从问理。"上以"已有旨"答之。(二九二，5408—5410)　甲寅，时上以费甲金隐匿客用家财，怒犹未已，锦衣卫东西两司房、五所掌印等官陆彩等已革降有差，复令查先任官杨一珍等，尽行黜革。且峻谕兵部，勿复仍前私拟升用。既而部以南京后府缺掌印，以西宁侯宋世恩、安远侯柳懋勋请。上以世恩先年曾经科道论劾，奉旨处分，乃屡屡推用，岂无受贿情弊？遂将本部司务官降三级调外任，且谓科道官缄无一言，革区大伦、张同德任为民，而命柳懋勋为南京右军都督府掌印，宋世恩革任闲住。(二九二，5412—5413)　壬戌，刑部奏："费甲金隐匿事情，已提客用及王坤、觉大义等，严刑考讯，而苦不招承，恐此狱终无完期。费甲金系勋庸世臣，难以提问，莫若严责费甲金，速将赃物从实解进，免家属徒毙杖下。"上以其支吾了事，堂上官姑不究，该司官降一级调外任，仍令尽法严追，不许仍前纵容。(二九二，5417)　癸亥，吏部等衙门尚书等官孙丕扬等奏言："官者所以发奸触邪，以匡佐休明之治者也。皇上优体言官二十三年于兹矣，今逐吴文梓未已而刘仕瞻、张同德亦已波及，逐区大伦未已而俞价、强思及五城御史悉株连，曾不三日，两都言官又空国而逐之。夫六科人各职掌，十三道轮流建白，犹九卿之各一其职也。一兵科事而概处各科，非道臣事而并处各道，是以兵部事而可尽处九卿也。通国诸臣人人自危，岂尧、舜之世所宜有哉！伏乞收回成命，将科道诸臣通议罚处，仍令还职，造福宗社，诚非渺小。"疏奏，上曰："卿等说科道摘发奸恶，今有阉竖背主欺君，连姻外戚,倚势坏法,擅作威福,通若罔闻,置彼等何用?至如昨者兵部以有旨不许擅升的霍文炳,辄罔上并职,彼等亦无一言。且近来两衙门专徇己私,南北通同,朋党附和,扰乱朝廷,此等何益国家?朕今责处尚姑从轻,卿等如何又来渎救?着遵新旨行。"(二九二,5417—5418)

万历二十四年丙申(1596)

正月戊辰朔,司礼监太监陈矩于会极门传奉圣谕:"原任提督东厂官校办事张诚弟侄张勋等都着革职为民,解发原籍,不许延缓。"兵部谓:"张勋等既经该卫查系张诚弟侄,应奉圣谕,开具职名,据实上请候命,将张勋、张世泰、张问政、张世佺、张世秋、张绍宁、张锡、张世岐一体革职为民,其张诚弟侄该卫开送未尽者,臣等严行查报。"得旨:"张勋等革职为民,都拿送镇抚司监候事完解发。"(二九三,5423)　刑科都给事中侯廷佩题:"太监张诚背主欺君,联姻外戚,擅作威福诸恶固已仰荷圣明洞鉴,严旨诘责,乃于张诚则准其私宅调理,不即显斥,勋等止于为民,不即正法,岂以张诚有帷盖之义,未忍遽弃,而并其弟所为诸横尚可少贷耶?夫诚以刑余之族,举家受锦衣卫(**广本、抱本锦衣卫作衣锦**)之荣,以侍从之流乃敢联椒房之戚,岂不上蔑懿亲?而纵弟张勋家人霍文炳以卖菜之佣,都富贵之地,强夺都中子女,恣肆谯乐,任意骄横,买邵皇亲等庄田不下数百余所,而市店遍于都市,所积之赀,都人号为"百乐川"。至于假功署四品要篆,彼何人,斯秉章绾钥,摄局理刑,则朝廷用贤之谓何?安可置而弗问耶!张锡、张士登势若飞虎,被害者饮泪吞声,莫敢谁何,则朝廷为民除害之谓何?而仅使之为民还乡井,非所以泄民愤而昭大法也。闻近日军政考察,如李东旸等,动以千金结纳;受诸王馈遗,如襄、庆等王,动以万数,是皆假皇上之威以要其利而收其功,此尚谓之有君耶?"得旨:"张诚谲狡巨奸,假作威福,胁骗亲王,权(**馆本此遗一字,广本、抱本**

分作肆横、状横）中外，尔等如何先无一言之忠？今已发露，方行参劾，其余[于]触邪指佞之责何在？姑且不究治。张诚既所为过恶多端，本当重治，姑念效役年久，着降奉御，发南京孝陵司香。其所霸占、势买及本犯应有庄田财物尽行抄没入官，不许徇私容纵。张勋、霍文炳等都着镇抚司监候事完，请旨定夺。”（二九三，5423—5425）　司礼监太监孙暹等题：“将犯人张桢、张勋等都城内外房屋并附近庄房地土俱各入官，张桢首称寄去原籍平乡县银四万余两，乞敕彼处抚按官严追解进；霍文炳往逃徐州，差官缉访，务在得获。”报可。（二九三，5425）【考】实录云张诚降奉御，司香孝陵，与刘若愚所记不同。《酌中志》卷五《三朝典礼之臣纪略》：“（张）宏卒而掌司礼监印者，张诚也。张鲸既退，诚遂兼掌东厂及内官监印，为人鲠直不阿，好看书，每据古事规谏，或暗地讥骂，无所忌，神庙颇惮之。十五年（1587）三月钦遣阅视京营。其后，宫中夫人郝金凤女之死，诚曾与谋，自此内执事多有谮诚者，诚率意不防。又其弟张五老名勋者，私与戚臣武清侯李家结姻；又名下萧玉、王忠颇恃宠恣肆不谨。二十四年（1596）正月，神庙震怒，立斥退诚，着田义掌司礼监印，孙暹总督东厂。该孙暹等题为钦奉圣旨事奏，圣旨：‘是。逆犯张诚、张桢及各弟侄张勋等、张绍宁等、霍文炳等及弟侄霍文灿等各犯，并王玉、钱恩、李承德、李辅、耿进、马义、王用、马彰、萧玉、王忠、段秉忠、张懋忠、霍朝、王诏、乔进、马钦、金忠，本犯原有庄房田地，俱着该抚按官即便查明，都籍没入官，不许隐漏。还立限与他都察院知道。钦此。’于是将诚降发南海子净军，看守墙铺，逮家人张勋、霍文炳等，内官张桢、钱恩等十余人，皆下法司狱论死，其原籍田产各籍没入官。后复戮张勋、萧玉、王忠于市，而乔进等至泰昌元年秋始释，惟张桢于三十四年先监（陈）矩奉敕大审，同曹御史学程奏请未允。三十五年（1607）夏，大雨，狱墙坏，桢等数人咸瘐死。先帝东宫纪事高公时明、伴读沈公荫，皆诚名下。及二人以从龙劳升秉笔，具疏奏复诚原官，讨谕祭为身后荣焉。没诚产时，先监矩已秉笔矣。”　丙子，大学士陈于陛奏恳特宥言官以光圣治：“近以严旨切责，罪及南北台省诸臣三十余人，网亦少密焉。夫皇上切责言官者，谓其往日言事不当，与近之遇事不言耳。而臣窃以为诸臣尚有可矜宥者,请一一为解释之。古称齿马有诛,投鼠有忌,禁密之事,臣子所难言也。况皇上御极以来,法行自左右始,台省诸臣已习知之,即偶有风闻,惧不得实,岂敢遽行摘发。以为天威咫尺,自无所逃其罪耳,乌足烦白简哉!非忍为欺蔽以负皇上也。诸臣当矜宥者一。人臣旷官有罚,侵官亦有罚,军政一事,兵科主之,别科固不得预也。掌道御史必建白牌,轮及遇事乃言,其余不过附名牍中而已。至于南都科道,远在三千里外,焉能先事以发奸?各差御史自有本等地方政务,奚暇越职以言事?今只因一事而概谴谪之,不已甚乎?诸臣当矜宥者二。士当有道之朝,常不患其随,而患其过激。数年以前,台省诸臣争务批鳞,论事尚蒙曲赐包容。一二年来,臣等每晤诸臣,常戒其喜事,博强直之声,谕以安静,养和平之福,诸臣亦颇有相信者。讵意今番谴罚之重,株累之多,倍甚曩时,恐此后台省间又将以昔之激抗者为可自表见,而臣等之调停者为迂庸无当矣。诸臣当矜宥者三。诸臣今日固以缄默得罪,然稽考其平日,岂无有一二露章输赤,触冒宸严,劘切贵要者?皇上又以为不当而罚之。是诸臣言亦罪,不言亦罪,将令何所措其手足乎?且恐中外私相揣摩,以为皇上明罪其缄默,实厌其切直,从此士气阻销,以言为讳,即有大奸大蠹,谁为纠发?其贻患国家尤有甚于前所虑者。诸臣当矜宥者四。伏望皇上留神采纳,将新奉旨降谪官二十三人,特敕吏部分别上请,系南京及各差者量从宽宥,其在京任事者姑重加罚治,令其策励供职。"得旨:"肘腋奸逆,张诚甚于冯保,言官不行谪[摘]发,专徇己私,烦言琐渎,沽名要誉。姑已从轻,卿如何又来救激?前南北二京科道官耿随龙等都降杂职,调极边方用,不许朦胧推升。"(二九三,5427—5429)　　庚辰,兵部题:"京营人马固当练习,将领尤当拣选。祖宗团营旧规,有阅视主于较量武艺,考选则论平昔贤否,三年一次举行。乞照先年旧规,特命司礼监官一员,会同各营内外提督官及兵部堂上官、巡视科道官,将左营坐营以下至把总等官通行考察，开具应留应去缘由，具奏请裁。在世、穆两朝皆有故事，而皇上登极以来，四经申饬，伏乞如例举行。"报可，于三月内命司礼监太监田义阅视团营。(二九三，5431—5432)　凤阳守备太监杜用奏："万历二十三年十二月二十五日，陵内西南角火起，众称起火之处并无人迹到彼，突于树巅忽然沿火(广本无"忽然"二字，广本、抱本火作烧，是)草木，事出异常。幸赖皇祖在天之灵早为知觉，将火随时扑灭，殿宇城垣仰托无虞，且皇陵周围外筑土城，内建砖城，四面共计二十八里，原设皇陵一卫官军两班，共计三千二百余员名，守护巡逻，素甚严谨，实系天灾，非人所致。"上报："祖陵火燃草木，幸赖皇祖默祐，随时扑灭。朕心深切警惕。此乃时常巡逻不严，偷安不敬，杜用着降三级，取回私家闲住。"(二九三，5432—5433)　甲申，革内犯马钦亲属马应忠等职役为民。(二九三，5440)　乙未，御马监奉御刘燦奏拿妄男子李明、石文暗携人头潜入禁地，为谋叵测。下锦衣卫问。(二九三，5451—5452)

二月己亥，刑科都给事中侯廷佩题："张诚一事已经孙暹查籍，无容议矣。第霍文炳以一卑仆，骤冒显职，家赀巨万，私蓄违禁宝物，罪恶滔天，今反惧法脱逃。宜严拿文炳一二亲属讯鞫，庶法不漏网而三窟无可逃之奸矣。"从之。(二九四，5455)　庚子，差御史叶永盛巡视坝大马房。(二九四，5455)　辛亥，锦衣卫缉获犯人霍文炳，送镇抚司严鞫。(二九四，5464)　乙丑，保定巡抚李盛春题："张诚弟侄新置庄房田地籍没入官，汇造总数，随本进缴。"上以籍没金银器皿、首饰、珠玉等物俱着先行解进，其房屋等项作速变价，庄田着入乾清宫子粒数内征收，随年例类进。章下都察院。(二九四，5473)

三月乙未，刑部题霍文炳赃拘追完，余俟另进。奉旨："进完银两物件内库查收，并严追未完交进。"(二九五，5496)

四月辛丑，刑科都给事中侯廷佩题参兵科徐成楚救内侍张诚:“张诚之恶其在昔也尚隐,孙玮、王如坚诸君子欲去之而不可得;其在今也,恶已露,成楚欲留之而不得,此忠奸可睹也。”乞诛邪佞,自求罢斥。不报。(二九六,5503)　　癸卯,兵科署科事刑科给事中徐成楚奏辩侯廷佩并无救张诚事实,谓:“廷佩之意不过以陛下之所最怒者莫如诚,最恶者莫如附诚,故首以此陷臣,以自为容悦计。不知张诚阴事自陛下神明摘发,原与廷佩无与。明旨所谓先无一言之忠,已有定论,廷佩即百喙有何益与? 乞赐据实昭雪。”疏入,不报。(二九六,5505)　　甲辰,大学士赵志皋题:“人言肆诋,义难再留,乞赐罢斥。”内言刘道亨揭帖诬其遗书科臣吴文梓,为霍文炳乞免拾遗,夫文炳是张诚家人,其他有所倚藉,或不可知,臣为辅弼大臣,岂肯与之说事哉? 又言人心淳漓,关世道之升降。同一阁臣也,往日势重而权有所主,相率附阁臣自为捷径;今日势轻而权有所分,相率以攻阁臣为名高。三年之内,疏十九上,求归益恳。上谕:“卿居首辅,小心端慎,朕所鉴知,浮言诬诋,何必深辩。今当遇灾交儆之时,正赖竭忠匡赞,岂可因此洁身求去。宜遵旨即出,以副委托至意,不允所辞。”(二九六,5505—5506)

癸丑,礼部覆晋王敏淳奏乞将郝九皋转补承奉副郭春员缺,高珍转补典宝副尹铎员缺,齐荣升补典膳正杨鉴员缺,杜选升补典服正郝九皋员缺,各令到任管事:“夫王府内官例当循资迁转,今本王辄以己意改用资序,俱属逾越。且先年钦拨,见今在府供事,若复越补,则前官置之何地? 在本王再三奏请,不过欲遂其私昵之情,乃国家明例显然,谁敢辄乱乎已成之令? 且吉府张朝事例,此系一时特恩,岂可援引为例? 先年既经奉旨停罢,今该科又行参驳,相应题覆。但系亲王具奏,应否升补,恩典出自朝廷。”得旨:“准王奏,郝九皋等各照缺升补,写书与王。”(二九六,5510)

六月壬寅,司礼监太监田义奏乞检发内外诸司章疏,不报。(二九八,5580)　　丁未,司礼监太监田义奏乞宽宫人、内官刑罚,不报。(二九八,5581)【考】《酌中志》卷五《三朝典礼之臣纪略》:“继(张)诚掌印者田太监义，掌东厂者孙暹也。义，陕西西安府人，嘉靖二十一年(1542)选入，由文书房升南京守备。神庙久知其贞介忠诚，有大臣度，特召秉笔。其楷书端严，有如其品。及继诚后，凡典礼政务，与先监(陈)矩开诚协济，裁酌施行。田性俭朴寡言，休休有量，人不敢干以私。二十四年(1596)三月，两宫灾，其夏偶与先监深夜坐语，仰天太息，先监会其意，诘朝乃携两奏稿往见。田看毕称好，即署名同密谏神庙。其一疏略曰：臣义等窃见近日以来，外廷章疏留中不报者多，以致部院屡行催发，间有疑惑，议论左右朦胧隐蔽，不行进奏。伏乞万岁爷简览批云云。其二疏略云：臣义等窃见御前执事宫人、内官，或干圣怒，责处发遣，络绎不绝，每致重伤，兼患时疾而死亡者，殆无虚日。盖以圣旨钦传，即以本日动刑，而用刑者因惧罪及于己，辄加数多酷责，而押解者复惧连累，日夜严加墩锁，致使受刑犯人得生者十无一二。如此致伤天和，岂圣世所宜有哉！且如近日因寻访杨山女一事，但两宫回禄，咸称不知，炽火煅炼，或成灰烬。未审的确，罪及守门，又毙几命矣。凡宫人病死者，即连累内官，或打一百二十、一百五十，性命难存。一人病死者，尚然可悯，况又波及无辜生命乎？今耳闻目见，哭声载道，怨气冲天，景象如此，若不披沥上奏，则是臣等贪禄恋位，畏死偷生，直犬马之不如也。伏望圣断，将臣等分别罢斥云云。神庙嘉纳之。田下用事掌班赵刚、杨致中，各具能干，广交缙绅，凡田所进纳御前钱粮，皆两人设处置办，田亦推赤不疑。掌家王钦，具员而已。”按，田义卒于万历三十三年，其墓志见该年之附。

七月甲戌，抄过犯人张诚等庄园、坟地赏给皇亲郑国泰及原衙门者如数领发，其民地无从查给，俱入乾清宫子粒地内征收；其余田地，东厂暂管，货佃征租，于年终类进。(二九九，5602)　戊寅，命抄没地方俱入乾清宫，照旧征租类进，其村落荒僻处所房屋，行令该地方官作速变卖。若香山乡冉家村、宫村各地尽行入官，不许私占，其凉山河庄房田土俱着做寿宫皇庄，着天寿山守备暂管。(二九九，5604—5605)【考】沈榜《宛署杂记》卷六《山字·地亩》：“十四年，司礼监太监张诚奏讨护坟地三顷六十亩。”然所抄没者，非止于赐地。　辛巳，内使陈富于宝宁门外捉获不知姓名男子一人，手持内阁出入关防牌一面。上命锦衣卫拿送镇抚司究问。　乙西，差承运库太监王虎同户部郎中戴绍科、锦衣卫佥书张懋忠于真、保、蓟、永等处开采样砂进览。(二九九，5606)　丙戌，命礼、工二部堂上官各一员，领钦天监会同内官监恭诣天寿山相度大行仁圣皇太后祔葬昭陵事理。(二九九，5607—5608)

八月壬寅，命造真、保、蓟、永开矿户部、锦衣卫、内官监各官关防。(三〇〇，5617)　庚戌，招集平日盗矿居民，以其熟惯采取，仍择富民编为矿头，从太监王虎请也。(三〇〇，5627)　庚戌，留守后卫百户王守仁奏以御赐祖遗财物仰助大工，称叔祖王弼为开国功臣，封定远侯，长女则楚贞[昭]王元妃也。弼卒，子幼依妃，而钦赐陕西庄田八十六处，赤金六万八千余，银二百五十余万，珠宝不可胜计，皆寄楚库。凡六传至王锦，楚府没其寄银，而庄田之利自永乐至今凡八百余万，愿尽所出以助大工。事下部覆议具奏。(三〇〇，5627—5628)　甲子，给乾清、坤宁二宫总提、阅视、监察等官提督东厂官校办事司礼监太监孙暹、锦衣卫指挥使王之桢、提督街道锦衣卫指挥同知李如祯、巡视工程锦衣卫正千户王继祖各敕书一道。(三〇〇，5634)【考】孙暹此后实录无事迹，卒于万历二十六年。《酌中志》卷五《三朝典礼之臣纪略》："戊戌(二十六年，1598)春，孙暹卒，葬西山碧云寺。暹，北直涿州人，魏忠贤之本官也。先监(陈)矩继暹掌东厂矣。"

闰八月乙丑朔，命太监陈增督同府军卫指挥曾守约往青州等府开矿，不许动支官银及扰害地方。(三〇一，5636)　命司礼监差公正内官领原奏留守后卫百户王守仁及抚按、长史官查明恭进家财。(三〇一，5637)　戊辰，命太监陈增于山东沂州龙扒山、虎头沟、三山洞等处开矿。　己巳，差锦衣卫佥书庄德福往楚府查明王弼家财。司礼监太监孙举奏王弼家财千万，悉寄楚府，俱经承奉司收管，切恐承奉郭伦等先行逃遁，或将珍宝等物转匿，乞敕抚按拘禁防守。章下部院。(三〇一，5644)　己巳，敕太监陈增并开山东栖霞、招远等县金银矿。(三〇一，5646)　癸酉，查明张家湾官店八座，差内官照例征收。　留守后卫沧所百户王守仁恭进家财册，上彻御览，以便差官查取。刑科都给事中侯廷佩疏：楚府之寄托无因，中使之遣行必妄，乞行追回成命。不听，命夺俸一年。(三〇一，5647)　　己卯，敕造河南开矿内官、锦衣卫鲁坤等各关防。(三〇一，5649)　　乙酉，敕太监王虎并开涞水、房山等处矿洞。敕太监王忠会并开永平矿洞。(三〇一，5652)

九月乙未，圣母孝安皇后梓宫发引到山陵，内官监太监卢宠复(**广本、抱本作卢宠俊**)掩土，尚膳监太监黄恩复题，兵部给飞骑驰报。(三〇二，5657)　　己亥，山东巡抚张允济奏既欲防矿并欲防倭，内指言陈增，未下。吏科给事中戴士衡复疏内监招权，渐不可长。盖陈增疏云一应事宜听臣便宜行事，事竣之日，将所委文武职官会同抚按分别举刺。鲁坤疏曰各官既承任于臣，宜有所辖。故科奏极言渐至之患以折其萌。不报。(三〇二，5660)　　戊申，命内官陈增并开山东文登县矿洞，王虎并开房山县矿洞。(三〇二，5664)　　庚戌，太监王虎参奏保定巡抚李盛春阻挠开采，上严旨切责："朝廷差官开矿以济国用，李盛春如何玩视不遵，又捏旨惑众，擅驱商贾，惊扰居民，好生违慢。本当重处，姑从宽，其所拘执之人速释应役。"(三〇二，5665)　　乙卯，复通湾官店杂粮，命司礼监查差张烨同赵承勋前去体勘。(三〇二，5668)　　丁巳，楚王华奎奏王守仁非系王弼亲裔，寄顿财物皆属虚诳，假以进助为名，希图承袭，乞赐研究，明正典刑，以为欺君之戒。不报。　戊午，湖广巡按赵文炳奏楚王请令避官[宫]掘搜。疏入不报。　　己未，保定巡抚李盛春奏内臣王虎骄横受贿，揽棍横行，恐酿边关大害。疏入留中。(三〇二，5668)　敕王虎等会同该道分委廉能官仝采房山矿。差太监田进开昌黎矿。　　庚申，蓟、永开矿户部郎中戴绍科奏费用孔亟，矿砂尚微。上谕分投开采。(三〇二，5669)　　辛酉，楚王华奎再奏百户王守仁诬罔，谓王弼止从蓝玉出征，则偏裨耳，而世所不经见之宝以千计。及坐蓝玉党逆被戮，而余金以数百万计，庄田地以八千计，固事之所必无。且王妃之死与王钥之抚，时差二十四年。王云于先前之妄争已抵诏狱而楚府于武岗[冈]王之摄已经多官盘阅，数世之净银止十八万，何得复有数百万？又云积年之租银至八百万，此辈小人，亏圣德而残懿亲，伤国体，罪应殊死。不报。(三〇二,5670)

十月丁卯，工部覆工科给事中杨应文题参兵仗局奸商张泽等侵冒钱粮："以后各监局奏讨钱粮，系铺商上纳者，敕巡视科道监同验收，并用印信揭帖，以防奸伪。"从之。　　戊辰，给太监田进昌黎开矿关防。(三〇三,5675)　　丁丑，横岭开矿锦衣卫千户郑一麒奏地方官员欺君蔑旨，(**按，此或遗一参字**)参将梁心、守备李获阳。得旨："梁心等阻挠矿事，违背上旨，锦衣卫便差官校拿解来京究问；李获阳姑且降一级，在彼待罪管事。务遵屡旨行，慎加防御，协同开采，不许仍前抗阻疏慢。如若故违，别有事端，定行重治不饶。其团山地方令王忠查核，一并开采。"上谕户部，便行文传与各差开矿内外官员，务遵旨亲押原奏官民，在现开矿洞处所督理巡视，其各该地方官不许抗挠，俱遵屡旨行，如有违拗疏慢，定行重治。(三〇三,5683—5684)　　戊寅，都察院左副都御史张养蒙奏三轻二重："(**一曰部院之体渐轻。一曰科道之职渐轻。**)一曰抚按之任渐轻。夫抚臣拥旄专制，按臣持斧代巡，一路生灵惟其造福，祖宗朝有专设，有特遣，信任固甚重也。年来似渐轻矣，勿论减免举劾等疏往往见格，即如开矿一事，各该抚按无不严旨切责，然犹曰君父有命不敢违也。郑一麒一千户耳，辄奏督抚孙矿等迟玩，是千户制督抚之命矣；王虎一中贵耳，辄参巡抚李盛春诬捏，是中贵制巡抚之命矣，纪纲不倒置乎？夫矿天地所生之财，非抚按之私财也；夫民祖宗所授之民，非抚按之私民也。苦祖宗之民，采天地之财，以结貂珰之欢而适陛下之意，苟可靦颜，谁不攘臂，顾肯忤近幸抗至尊以取愆戾哉？诚惧其生事酿祸以贻陛下之忧而甚异日封疆之重罪耳！宦寺之忠，非可望于风宪之职，陛下不惟不纳其谏，又从而怒辱之，一珰得志，诸珰效尤，一处鸱张，各处虎噬，巡抚敛手，又何有于监司县官奴颜？又何有于佐吏？陛下之赤子将无人做主矣。且抚按所以能弹压四境，全仗陛下宠灵，恃有此威重也。假令平日体已亵矣，威已轻矣，曾一武弁、中贵之不若矣，万一山洞骚然，变起仓卒，以救过不暇之巡抚而欲责以必胜之方略，治军则军不畏，戢民则民不服，氛雾交飞，谁执其咎？此时虽食啖其肉亦何救于败乎？臣愿陛下亟重抚按之权，勿再惑于谗幸之说，凡开矿地方听彼便宜约束，差出监卫各官但有不遵诏旨、纵下扰民，仍听彼具实参奏处治，庶纪纲有寄而祸端可潜消矣。（**一曰进献之途渐重**。）一曰内差之势渐重。夫虎贲缀衣，自周已备列在御，但供扫除。我太祖戒内监之官不许干预外事，何其严也。浸淫于正统之初，滥觞于正德之季，赖世宗英断，一扫而革之，海内苍生始获苏息。陛下在御二十四年而天下宴如也，迩来中使纷然四出矣，有开矿者，有勘寄者，有查店房者，尚且乞请之，章无一日不上，批答之旨无一日不下矣。夫细人之心见利则动，天子之贵岂当患贫，惟陛下有藉大工以实内藏之心，故左右藉京弁以营差，京弁藉左右以罔利，拴成圈套，诳惑圣聪。陛下方厌外臣动多引例阻挠，谓干办家事，必须家奴，一闻武弁之言，喜有可据。陆松等请差内相即差内相，赵承勋请差张烨即差张烨，百言百听，如取如携，岂卫弁皆急君之义士而朝绅尽误国之逆臣乎？陛下试思二十年前，圣意未动之先，何京弁、掖珰无一人一字及矿店等事？乃今连章累奏，指地坐名，其为交结逢迎意亦可见。惟是巧伺之党，实烦有徒，肘刺头钻，靡所不至，必将以小信而饰其大诈，以小忠而济其大贪。采矿不已，渐及采珠，皇店不已，渐至皇庄，继而营市舶，继而复镇守，内可以谋坐营，外可以谋监军，正德弊风，其监不远，恐非社稷苍生之福也。臣愿陛下早烛群竖之奸，慎于再遣，已遣出者宜即召还，或严加戒饬，勿得信凭牙爪痛毒地方，庶郡县得保其命而纪纲亦不至凌替矣。”疏入留中。（三〇三，5684—

5691)　乙酉,御马监左监丞张烨查勘得通湾店租额规每年四千,两分为四季,按季解进。章下户部。(三〇三,5693)　辛卯,大学士赵志皋等题:"文书官史宾发下朝鲜国王一本,为本内不填官名,口传圣意,欲臣等拟旨诘问。查得此系旧例,不填名者,尊中国、敬朝廷也,不必诘问。"【考】史宾此为实录首见,其事迹见本年附。　给太监张烨征收通湾租税关防。(三〇三,5694)

十一月庚子,礼部题请给榆林赏功银两,上以内库缺乏,着太仆寺给与。(三〇四,5697—5698)　癸卯,河南开矿太监鲁坤恭进样砂银一百二十两、砂三百斤进收。　甲辰,南京浙江等道御史黄华秀等奏百户王守仁诬害亲藩,乞免遣内臣,专委抚按查勘,据实回报。疏入留中。(三〇四,5698)　戊申,横岭开矿太监王忠进样银三百两、样砂六十斤进收。(三〇四,5700)　辛亥,太监孙举奏寄顿钱粮等事,上报曰:"楚府寄顿财物符券既奉旨查勘,承奉郭伦、高擢等违抗藐视,所奏册内皆本府之物,且无符券,非王弼家财。承奉还严刑追究,与同原奏官详审查对定夺,其凤阳文册到日另行具奏。"　壬子,昌黎等处开矿太监恭进样银一百七十两、样砂三十斤进收。(三〇四,5701)

十二月己巳,命铸山西开矿内官关防。(三〇五,5707)　壬申,差太监曹金开采浙江孝丰、诸暨等处矿洞。是日又差太监赵鉴开陕西西安等处矿洞。　甲戌,楚王题奸恶诬蔑亲藩欺罔天听等事,上悟,谕:"朕初念开国旧勋,故行查勘。据王所奏册籍,年远散逸无存,又厄遇多艰,姑不深究,以示亲亲之意。其差去内外官员及原奏都便回京,还着部院该科将先年案卷缘由查明,详细具奏。"(三〇五,5710)　乙亥,提千户赵承勋、孙龙来京,与吴质等面质侵欺奸弊,以管理通湾店税太监张烨参奏故也。(三〇五,5712)　丙戌,直隶开矿太监王虎参奏田进越俎妄行。得旨:"田进着遵照敕内前去昌黎地方开采,其蓟、永所属等处及新报矿洞着王虎遵敕开采,不必争扰。"　横岭开矿太监王忠进样银六百零

四两、样砂六十斤。着银两进收，不必再解。（三〇五，5718）

本年附

史事·太监史宾事迹

《酌中志》卷二二《见闻琐事杂记》："秉笔史太监宾者，嘉靖四十一年选入，多学能书，颇得欧阳率更笔法，先监最器之，历升文书房。史广交游，善琴弈，好写扇，其诗字之扇流布宫中。神庙思得好秉笔，览至史姓名，皇贵妃郑娘娘偶赞扬之，圣意疑其从宫闱中钻营也，遂立谪南京。数年取回任事，是日值有要紧旨意发阁，例该第一员亲捧到阁，而史名原前列也。及回奏，神庙益怒，复疑其夤缘往阁中见辅臣也，复谪南京二十余年。至泰昌元年八月，光庙登极，始取回。天启元年，逆贤力于先帝前荐升秉笔，后畏其廉介，退出闲住。史性俭素，曾与京宦米公万钟契厚，贷史银七八百两，米终身困顿未偿，史即焚其券，都人多称其为义举也。"

艺文·碑铭·药王庙碑

王寀撰《药王庙记》："帝京有药王庙，在大内之东北隅。（**神之功略。**）御马监太监□□薛公患瘀症，手足为之不仁，求医竟弗疗，夜梦神人临床诊视，曰：'吾为尔治，勿忧也。'□日有荐医人罗松峰者，试脉之后，与夜梦语合，一剂之下，心胸豁然，手足即能举动。询罗所寓，方知在庙之旁，非神人所助为何如哉！因是治灯幡诣庙以谢，复请司礼监等衙门太监等官五十余员名，立为义会，以资庙祝香火之需。（**乞文立石，略。**）万历丙申（二十四年，1596）六月既望工部文思院副使姑苏松麓甫王寀薰沐谨识并书。"

碑阴有"内府各衙门太监等官"田义等58人，及善信25人题名。

（碑在东城东不压桥胡同。《北京图书馆藏中国历代石刻拓本汇编》第58册，第66—67页）

万历二十五年丁酉（1597）

正月辛丑，工科给事中杨应文请究处锦衣卫百户李纶，以其请差内官总理采木也。（三〇六，5723）　丙午，先是留守后卫百户王守仁奏称伊祖定远侯王弼遗资寄顿楚府，楚王华奎奏辩，得旨令查议，至是户部覆奏守仁妄认弼为远祖，所奏尽属虚妄。疏留中。　戊申，户科给事中程绍奏请罢中州开采以固腹心，不报。(三〇六，5725)　壬子，命翰林院编修顾天埈、刘孔当、简讨刘生中、李腾芳教习内书堂。(三〇六，5726)

二月庚午，罢昌黎开矿太监田进回京，原奏矿洞下主(**按，主字衍**)王虎并采以进，与王虎争诘故也。(三〇七，5735)　辛未，发百户王守仁原籍当差，以前妄奏楚府，查对不实也。　铸给督征天津等处店租内官关防。(三〇七，5736)　甲戌。先是万历十二年，潞王借赁成国公朱鼎臣、锦衣卫指挥钱世龙原开盐店二所，及十七年潞王之国，复还两家，仍开盐店，至是八年矣。管理皇店内监张烨查复旧租，参皇亲家人李吉等阻挠明旨，私收盐利。奉旨下镇抚司问，送刑部拟罪。主事洪其道谓烨奏为有据，拟戍追银。爰书已具，尚书萧大亨面斥其非，谓二店乃两家之私店，堆盐取利，亦两家之私租，潞府讨盐而夺之民间，岂奉有盐禁耶？潞府之国而还之两家，实其固有也。盖潞府有店则旨行潞府，归店则旨停，当以之国之日为止。内臣未差，利当在民，内臣既差，利方归官，当以查复之日为始。则所谓不奉明旨，私收盐利，其说似是而非。今追其租入已为过当，而况欲重其罪乎？其道具疏两请上裁。不报。于是大亨直陈事情始末，言："张烨但知二店为潞府所借而不知为两家之民店，故以侵利参劾。皇上亦不知为两家之民店，故以阻挠拿问。锦衣卫亦不开借赁缘由，但坐两家历年所得租银七千二百两。主事洪其道但见李吉等为被逮之人，惧从轻有不测之罪，既欲追银入官，又以把持遣戍，臣等极言其非法之平而诘曰：两家盐店乃民店，非官店也；潞府当年价赁乃私借，非奏借也。潞府后来归还，乃明给，非暗给也。潞府奏讨八(**广本八作其，抱本作入**)店，招商囤盐，未尝奏禁民间不许囤盐也。今天下盐商不止数万家，天下盐店不止数万处，若两家招住盐商为有罪，则天下盐店皆有罪乎？且两家所收八年店租在潞府既还之后，皇店未立之前，未见把持何人，阻挠何事，此事当从实从公具招拟罪，岂宜畏罪诬民，以欺天听！”亦不报。（三〇七，5737—5739）　丙子，兵马梁桂奏采煤利助工，得旨：“煤乃民间日用之需，若官督开取，必致价值倍增，京城家户何以安生？梁桂托言济工，计图占夺，姑不究。”（三〇七，5742）　甲申，西河王知燧奏山西安邑等县矿洞，乞遣仪宾侯炳开采。部议不便。命下太监张忠并采。（三〇七，5746）

三月己亥，山西巡抚魏允贞奏西河王知燧欲于安邑县、解州绛县等处差仪宾开矿，富峪卫指挥王守信欲于平定州稷山等处开矿，请并归太监张忠开采为便。不报。（三〇八，5755）

四月辛酉朔，刑部左侍郎吕坤疏言收拾人心数事：“洮、兰之间，小民织造货贩以糊口，自传造以来，百姓苦于催逼，弃桑农而捻线者数百万人，提花染色，日夜无休。至于山西之䌷、苏松之纱罗段绢，岁额已自日盈，与其积于无用，孰若定以有常。如四季袍服岁用千匹，则造一年，预造一年[①]，是宫中省收藏之累，天下无多取之忧，而江南、陕西之人心收。（**下言采木略。**）嘉靖年间开河南矿洞，敕该省抚按，谁敢侵剥殃民？自一切在官供应矿夫工食、官兵口粮，皆倚办于殷实户而民多累死，自都御史李盛春严旨切责而抚按避嫌。郧抚马鸣銮与臣书，谓文家洞近二千人，开之三月，止见砂十六眼，银之有无，费之多寡可概知矣。今矿税无利，散民间纳银，民不能支，括库银代解。朝廷得一金，郡县费千金，岂开矿之初意哉？乞敕各省使臣严禁散砂，不许借解，而各省之人心收。自赵承勋造四千之说而皇店开，自朝廷有内官之遣而事权重。且冯保八店，为屋几何，而岁有四千金之课？解进数有四千，征收岂止数倍？不夺市民，将安取足乎？纵使内臣廉静，长随

① “则造一年，预造一年”，抱本作“预造一年，停造一年”。《明经世文编》卷四一五载吕坤《忧危疏》作“见造一年，预造一年”。

挂搭，吞噬群侵，内臣无由知，冤民何由诉？望将各店内臣仍取回京，原坐租银责令所在有司照数进解而畿甸之人心收。楚王毫无恶状，神奸王守仁、王锦袭冒认王弼子孙，捏称受寄财产，假传诏旨，暗陷亲王，宜诛此两贼而宗藩之心收。崇信伯之贫，十箱珠宝之诬，通国所知也。始误于风闻，今既真知其枉又禁锢之，何不直示听言之误，严缉揭害之奸，还费甲金革去之禄，复五城、厂卫降敕[黜]之官，释王坤、觉大义之罪而勋戚之人心收。臣待罪刑部三年矣，每见诏狱一下，持平者多拂上意，从重者皆当圣心。如往年陈恕等以隐瞒家产坐盗，王正等以知情藏匿拟徒，甄常炤等以白昼抢夺拟遣，臣等已自废法，陛下犹以为轻，俱加处死。如近日李吉等，本非把持也，必欲拟军；张泽等预支局料也，必欲追银；天财库本无揭瓦也，少监王进忠等必欲坐盗。此皆真屈真枉，惟俯从司寇之平而囹圄之人心收。释监候之曹学程，还一勾之科道，简建言得罪之逐臣，分别召用，应复除者即与复除，应行取者即为行取，而士大夫之心收。朝鲜请兵而二三其说，许兵而延缓其期，惟早决大计，并力东征，而属国之人心收。解京粮料，一物十费，措办既苦，转运尤难。今库厂物料粗恶者固有，朽腐者亦多，可惜万姓膏血，化作一房尘土。倘每年查盘晒晾，重典守之罪，变恶为美。但一年可备三年之资，则本色暂改折色，既不匮乏国用，亦未暴残民财，而解纳之人心收。祖宗时徙富户以实京师，自商人有预纳，有铺垫，一报在官，百年不替，而上富贫；自暴民聚众凌夺，奸民设机骗诈，游食者坐耗民财，淫汰者夸奢民俗，而中富贫；自各衙门印结之杂，捕送之轻，无批票而称勾摄，本良弱而诬盗奸，而下富贫。自房号重于优免之滥，科派苦于各[名]色之多，一身众役，而贫者愈贫。自抄没法重，株连数多，又有刁恶乘机恐吓，挟势罔利，扰遍京师。伏望省不急之上纳，禁监守之铺垫，严骗夺之刑，重需索之罪，清差役之烦，定优免之则，慎抄没之举，而都下之人心收。列圣在御之时，宦官宫妾死于棰楚者未之多闻，陛下年来疑深怒重，广廷之内，血肉淋漓，宫禁之中，啼号悲惨，吉祥之地，岂宜如斯？且宫闱近地，护爱圣躬，惟在此辈。今环门守户之众皆伤心侧目之人，彼怀朝不保暮之惧，何爱九死一生之身？臣窃忧之。臣望法令不嫌于严，鞭朴不至于死，而左右之人心收。”疏入不报。（三〇九，5777—5781）　丙寅，湖广巡按赵文炳言王守仁、王锦袭假刻皇祖制书，欺诳朝廷，侮辱楚藩，穷凶极恶，不宜仅发回原籍，请亟正天诛，乃绘图以进。不报。（三〇九，5782）

六月壬午，通政司左参议屈灼请急行修省实政，曰罢开矿、宽近侍、赦曹学程、起谏官、勤朝讲、亲郊庙、下章奏、举冠婚、急行取、停皇店。不报。（三一一，5817）

七月丁酉，下吏部参看司经局洗马邹德溥。先是霍文炳有没官宅一区，内埋银二万五千余两，德溥门生王良材侦得其实，以告德溥，遂相与僦房而分之。至是东厂以闻，御史况上进疏论伪学盗臣，请速行罢斥。部覆得旨：“邹德溥隐匿官赃，玷辱清班，革去冠带为民，永不叙用。法司仍严追赃，如数解进。”（三一二，5836—5837）

九月辛丑，礼科给事中刘余泽言：“京师连日地震，变属异常，乞停开采。”不报。（三一四，5873）　辛亥，逮山东福山知县韦国贤，夺巡抚万象春俸一年，以矿使陈增参国贤阻挠，象春党庇也。

壬子，户科署科事吏科左给事中杨廷兰言矿务虚费，矿役徒劳，乞赐停罢。不报。　癸丑，刑科都给事中侯廷佩乞停开矿之役，恕阻矿之臣以收人心，请宽韦国贤。不报。（三一四，5876）

乙卯，河南道御史黄纪贤疏救韦国贤，免解京，止令山东巡按提问。不报。（三一四，5877）

十月丁丑，南京四川道御史陈煃言倭报日急，内地阽危，乞亟停矿使店税以苏民困。不报。（三一五，5889）

十一月戊子朔，巡视京营吏科等给事中刘道亨等纠劾贪肆营官，言：“勇士、四卫二营军勇八千有奇，马数百匹，用以护卫辇毂，厥系甚重。因循日久，军则纳班不操，马多倒死不报，行伍空虚，皆由坐营等官刻削影占，以至于此，而武骧左卫坐营王添爵贪肆特甚，乞赐罢革。”不报。(三一六,5893)　　甲午，原任工部尚书杨兆孙杨新芳奏进故祖家财及其叔杨汝业违禁通夷诸不法状。得旨：“奏内扣克军饷部银数及百万，又盖造违式房坟，遣司礼监官杨柱同锦衣卫堂上官前去会同抚按查勘封解；在京者，厂、卫、五城都查封收进。”(三一六,5894—5895)

十二月庚午，东厂题：“杨新芳所奏客商铺店封记，俟拘获杨敢，审明奏请。今会鞫杨敢，执称止讨房租，货物系商自备，并无借贷情由。乞怜无辜，将货给商售卖，铺店租银按季征解。”旨姑允。(三一七,5906)

万历二十六年戊戌(1598)

正月辛亥，命……编修韩爌、简讨朱国祯、沈㴶教内府司礼监书堂。(三一八,5929)

二月癸酉，南京科臣奏称：顷者南京皇城端门外拿获妖人宋四八并检得指南书一囊，书中语多荒唐不经，狂逆不逊……先是，南京守备太监获妖人以闻，上命未获人犯严拿究问。至是科臣疏入，不报。(三一九,5941—5942)

三月甲辰，差司礼监太监陈钜同厂、卫、五城御史查封姚辇所遗财产，逮羽林右卫指挥福承恩等下镇抚司严鞫，以姚辇存日充当户、工二部商人，累资巨万，死而无嗣，尽为从侄姚文兰、女夫福承恩所有，为姚绍勋所告也。(三二〇,5957)　　壬子，大学士赵志皋等题：窃惟皇长子冠婚一事，在京及南京各衙门俱具疏恳请，臣等亦屡揭密请，不厌烦渎之甚，未蒙圣慈俯允。今各衙门又具疏申请……是日，九卿、科道、都督府等衙门各具疏诣文华门恭进候旨，必得命乃敢退。上遣司礼监太监田义出谕……群臣各顿首而退。大学士张位复称病求去，上温旨留之。……次日甲寅，遣文

书官李浚宣谕次辅位曰……(三二〇,5959—5961)

四月辛未,原任吏部尚书陆光祖卒。……其改吏部,实出上意。以秉公执法不少假借,为中涓所憾,几中蜚语,遂力求去。得乘传归,归五年卒。(三二一,5972)

五月壬寅,巡抚万世德参太监王朝戢下不严,游击沈茂驭兵不肃,以致彼此交哄,殴死官军,应行正法。上切责王朝,夺沈茂俸三月。(三二二,5989)

六月戊午,差内监李敬同原奏李本立采珠广东。先是本立因宣武门官王朝奏开采珠池,可以富国助工,故有是命。科臣包见捷等力请罢之。不纳。(三二三,5998)

七月丙戌,神武卫千户朱仁等奏湖口船税岁可得万余金,且系旧设税厂地方,有旨户部查实具奏。至是部覆:“朱仁之谬三,乞绳以法,无已,行彼处抚按勘议,万勿烦中使之遣。”上竟以内臣李道往,但曰不许病商害民。后又听鸿胪寺主簿田应璧之请,复命鲁保掣卖两淮没官余盐。科臣包见捷极陈利害,祈并罢之。上不纳,且有不许再渎之旨。(三二四,6014—6015)　革福山知县韦国贤职为民,以矿监陈增奏其阻挠税务故也。(三二四,6015)　癸巳,吏科给事中吴文燦条上四事,曰开采当停,店税当蠲,买珠当罢,罪(抱本作系)臣当释,大略谓:“四方民穷已极,枵腹悬磬,在在如是,宜加休息,而可困以矿务乎?则停之便。畿辅民力已竭,饥馑流离,道路相望,宜加抚循,而可困以店税乎?则蠲之便。买珠之价动至四十万,及户部执奏,仅姑缓进其半,而尤严续进之旨,非所以明俭德也,则罢之便。曹学程久淹囹圄,诸臣累牍哀请,不啻再三,而了无宽假之期,非所以慎用刑也,则释之便。”不报。(三二四,6018—6019)　戊申,内官鲁保经理淮盐,李道抽税湖口,俱奉有节制有司之旨。户科给事中包见捷、赵完璧、郝敬等各疏,极称节制不便者数事,且云使天下后世谓内臣节制外臣自陛下始,则所仰累圣政者不细。俱不报。(三二四,6024)

八月丙辰，直隶巡按马从聘以朝廷遣内臣掣卖两淮没官余盐，奏言："两淮岁课七十万五千一百八十引，此系灶丁额办输官，专待边商报，中商守支之数。但海畔萧条，灶丁穷苦，流离转徙，逋欠难完，倘有积盐，早已补尽。况查正引之外，诸边新增引目每岁不下二十万，皆无正盐，听商人买补。又昨岁户部以大工缺费，搜索淮司远年余没老引六十余万，召商认卖，引价余银，共征二十万两，解部助工，亦系买补。目今两淮盐法敝坏已极，不在场司之充盈，而在行盐之难售。盖二十三年来，边防增饷，户部助工，两淮引价余银称一百二十余万，今实渐至一百四十五万矣。夫行盐地方，食盐户口有限而新引日益则正引日壅，以致商人纳银，岁久掣盐不前，资本渐亏，积苦难控，而奸人罔利，每每钻求，希图起掣。今春京城市棍藉口淮盐，献充兵饷，幸赖圣明置之不听，乃复贿买田应璧，驾言助工，冀为必售之术，以遂奸谋，夤缘得行，贪狠益肆。凡商人纳银守支之课及期应掣之单，皆得任其搀越侵夺，从此边商裹足，内商徙业，军储国计，两无所赖，患将莫知所终矣。"不报。(三二五，6027—6028)　乙丑，惜薪司岁办柴炭，每年题奉钦依，共派兵、工二部银二十余万两，永为定额。至是该监具奏求增，科臣陈维春上疏云："大概岁进物料，实供上用者十之二三，其余尽入私囊，今复于额外求增，不过厌其溪壑耳，岂真为国家计盈缩哉！"不报。(三二五，6032—6033)

九月丁亥，两广总督陈大科奏沿海多虞，乞罢开采。不纳。(三二六，6040)　癸巳，益都县知县吴宗尧奏提督矿务太监陈增违旨营私状，内言："臣县令也，不敢越职妄言，惟是剥床及肤，灾尤切近，不得不冒死上陈。原该青州知府范善先乞查勘，益都县止有铅砂，绝无银矿，陈增徒以王府所在，市货所聚，服御饮食便于征求，如蚁恋膻，据为窟穴，狼藉城中。日月(**抱本月作用**)之费，海吸百川，剥噬所加，席卷一邑，官民有不胜其毒害者，谨据其剥官戕民种种不法事列状以闻。"不报。(三二六，6041)　甲午，户科都给事中包见捷等上言："自大工烦兴，矿议蜂起，矿监陈增饕餮为甚，爪牙益张。据知县吴宗尧一揭，则不惟荼毒官民，亦且弁髦明旨，种种横状，不可见闻。事有证据，人有指名，宗尧又岂漫言之乎？臣以为速赐勘处，并罢开采为便。不然，先行撤回，无滋反噬，亦所以重民命也。"上曰："开采矿务，原为足国惜民，陈增何不仰体，始勤终怠？姑着策励供职，其原奏及差委如假公济私，严行禁约，参奏处治。倘庇护不悛，一并从重究处。"于是给事中郝敬具言开采不罢则陛下之明旨不过为愚弄臣民之虚文耳，奈何宦竖辈不弁髦视之？乞先行停止，然后以宗尧所奏令抚按一体查勘，以正陈增之罪。有旨："陈增还着遵奉敕内事理，洁己奉公，严禁下人，毋得自干法典。吴宗尧借言官守，奏揭狂逞，显是要名，姑且不究。"（三二六，6041—6042）　乙巳，山东巡抚尹应元奏太监陈增违旨欺君，奸贪网利，赃私贯盈，螫毒地方，骚扰驿递不法二十事。有旨切责应元，罢吴宗尧职为民。郝敬上言"臣观陛下处陈增一事，窃虑自今以后宦监之虐焰张天，忠臣之正气扫地，外廷之谠论绝响，而谗夫之利口横生，天下事莫知所终"等语，上怒其抗旨党庇，夺俸一年，并夺应元俸半年。（三二六，6045）　丙午，天津征收店税内使王朝死，巡抚汪应蛟、给事中包见捷各疏请罢勿补。上切责之。（三二六，6046）　辛亥，逮原任益都知县吴宗尧锦衣卫讯问，以太监陈增奏宗尧阻挠矿务。有旨："吴宗尧侵欺加派银两数多，妄捏虚词，饰贪邀誉，降革未尽其辜，着锦衣卫便差官尉拿解来京究问，陈增着遵新旨策励供职。"（三二六，6050）

十月甲寅，御史刘景辰奏言："顷知县吴宗尧讦奏内官陈增贪残，皇上置增不问而切责宗尧；既而抚臣尹应元疏至，皇上亦置增不问而褫斥宗尧；及增疏再至，宗尧遂蒙逮。皇上之待外臣一至此极乎？臣以为大凡内外之势，得其平则相安而可久，偏重则反受重之害。宗尧与增交讦则同，虚实未判，供职则皆供职，逮问则皆从逮，否则乞姑放宗尧回籍，陈增还京，以待查勘定夺可也。"科臣侯庆远等亦以为言。不报。(三二七,6051—6052)　丙寅。初,大工肇兴,帑藏告匮,皇上不忍加派小民,特允开采之议,以佐目前之急。诸臣陈说利害,请罢遣中使者,章数十上,俱未奉俞旨。今各开采之处岁解已有成规,御史秦懋义欲酌为定额,责之抚按,具疏曰:"臣查邸报,万历二十四年起至今二十六年,历两年所,顺天之所解进者共四万余两,或秋盈而夏缩,或彼多而此少,臣按岁而派分之,则每岁可二万者,其大都也。山东则解二万四千余两,每岁可得一万两;河南、山西各解二万两,每岁可各得八九千两;浙江共解二千两,每岁可得八九百两。诚即此定额,责成抚按,令廉能府佐兼任其事,另立开采银两名色,如数勒限解进,怠缓者罚无赦。若开采已完而无砂可采者,即将坐落地方夫费抵解,又不然,则量派概省,稍稍如额而止,犹愈掘坟发冢、卖妻鬻子之惨也。若湖口之抽分,每岁于九江、芜湖钞关量加数千金,通湾、天津之皇店岁进俱有钦定事例,归并河西务、临清等关,每岁量加毫忽,务足岁额,另项起解,则税有定数,商贾便于委输,地方免于骚扰。至于粤东采珠之使,驻扎省城,遥制雷、廉,惟差原奏虎狼数十辈催儹搜括,不如兼委之宪臣,尤易关防,诸差臣竟可召还也。"不报。(三二七,6059—6060)

十一月丙戌,御史许闻造上言:"臣本年正月内蒙皇上命臣巡按甘肃,臣泛舟回南,由徐至淮八十里,河身全徙而不复为国家之用。由陆赴任,自梁入秦四千余里,亢旸不雨,所在有盗贼之虞。及过河南裕、叶、嵩、卢之矿,得不价[偿]失,而揞克于大户。入陕西,临潼、商洛之矿全无所得而巧取诸条鞭。在陛下徒取诸山泽,在矿使实夺诸闾阎,凡所经临,惨毒万状。科臣赵完璧、包见捷等言之,按臣姚思仁绘图陈说又详言之,不蒙采纳,两载之间,虎狼半天下,残民逞欲,以夺造化之权,雨旸焉得时,若运道焉得安流?"不报。(三二八,6068)　壬辰,特旨降九江府经历樊国充杂职,以湖口税监李道劾其阻挠商税故也。(三二八,6071—6072)　癸巳。先是，上以没官积盐一事盐臣与田应璧所言互异，命巡按御史同内监鲁保勘议。于是御史马从聘具奏："臣行运司等官遍查两淮三十盐场，并无没官积盐，具结确报，向非皇上洞烛情弊，责令查实，则国家二百年边计几坏于田应璧之一言。"户部具覆，上责其偏听执奏，仍行差去内官会同巡盐御史查勘以闻。（三二八，6072）

十二月丁巳，太常寺少卿傅好礼降三级调外，再降杂职；大理寺卿吴定降三级调边方，再罢为民。好礼疏论近郊之内，假官抽税，虐民辱国，有旨降调。定具疏救，并摘[谪]边方。寻以科道连章论救再罢定为民，后复下好礼疏，着厂卫严拿假官张礼等二十八人付镇抚司考讯。（三二九，6082—6083）　辛酉，逮天津土虎张子和等三十二人至京究问，以天津税监马堂论其曲蔽征租也。（三二九，6084）

万历二十七年己亥（1599）

正月戊子，两淮税监鲁保奏有私贩匿课盐商孟养志等，乞重加罚治；两淮盐课正股之外，乞许行存积盐引，岁进银十二万两。从之。　革两淮盐运司副使丁偕为民，以鲁保参其抗违故也。（三三〇，6095）　庚寅，户科都给事中包见捷等疏参税监马堂、刘忠、鲁保等。不报。（三三〇，6096）　丁酉，遣内官高寀征税于京口闸，暨禄征税于仪真，听千户郑一麟、百户马承恩之奏也。（三三〇，6098）　戊戌，大学士沈一贯题："臣惟我朝军国钱粮，丝毫皆出于江南。今江南疲敝之极，而又荒歉频仍，小民嗷嗷思乱，甚可寒心。况仪真与京口一江之隔，不过一二里地，岂可以有两税之理？徒令内官与外官政务棼杂，棍徒奸党肆恶横征，商旅不行，农民重困，南京根本之地与国家财赋之区，因此动摇也。"上曰："朕以连年征讨，库藏匮竭，且殿工、典礼方殷，若非设处财用，安忍加派小民？所奏两处地方不远，量免京口一差，京口闸已免差，遣仪真县等处,照前旨行。”一贯疏谢,且言:“今国计告诎,皇上不忍加派于小民而欲取足于商税,诚不得已之心也。但财计惟用兵为不可料算,今东氛净息,以后殿工、典礼惟在圣心何如,圣心若加体悉而容所司次第斟酌,不致浮浪,数年之内,就绪何难,似不必过为预忧也。在昔皇祖时,亦有工作,亦有典礼,亦尝用兵,而未尝忧财之不足,则亦付之所司而委任之,于始责成之于终耳。皇上惟法祖攸行,天下幸甚。”(三三〇,6098—6099)　户科都给事中包见捷、给事中郝敬等交章乞正郑一麟、马承恩之罪,停高寀、暨禄之遣,不报。(三三〇,6099)　是时陈增讦奏吴宗尧寄送赃私,词连青州一府官僚,旁引商民吴时奉等,参照籍没,并奉旨追究。郝敬复上言:“宗尧以小吏强直自遂,罪诚有之,今既被之棰楚,幽之囹圄,不啻足矣,而增复罗织不已,必欲籍其家,连其妻孥邻里族人,其心一何狠也!考之律例,所谓籍没者,惟乱臣贼子、大逆不道,偶一施之,是五刑之极条也。陛下数年以来,所籍没罪人多矣,大抵皆起于仇家之讦告而无大辜,皆捏报乌有之空名而无实数,奸人借以纾不平之恨,而使陛下垂不美之名,臣窃痛之。夫天子四海为家,所少非财。今内帑之财不为不多,乃内帑不足,取诸皇店;皇店不足,取诸开矿;开矿不足,取诸抽税;抽税不足,取之卖盐;卖盐不足,取诸籍没;至于籍没,斯极已!是孟轲所谓杀人以求之也。一之为甚,乃率为常。古称货悖而入者亦悖而出,又曰财聚则民散。臣愚,睹其入则虑其所以出也,见其聚则忧其所以散也。伏愿陛下杜告讦之门,革聚敛之风,将陈增所奏速行停寝,如欲查勘,量从公平,毋听增锻炼傅会之词,使宗尧一家之哭更为东南万家之惨。”上不纳。(三三〇,6099—6100)　庚子,户部尚书杨俊民等言:“鲁保所奏先年违没淹消废引、加罚银两,并议开存积,业奉明旨,臣何敢更渎。第明旨查没官积盐,而存积非没官也,明旨恐亏正课,而存积即正课也。盖淮盐原额十七余万引,正统以来,节定七分常股,为逐年开中之数,三分存积,备边粮急缺之需。

后因疆场多故，不论常股、存积，一概召中，以致盐法遂壅。乃九边额饷又不可一日缓者，故于存积三分，倏而议停，倏而议开。迩者东征加饷，及协济大工等费，增引至二十余万，傥有存积，前何以增？既无存积，今何以开？欲于额内岁取八万引，则岁亏正额八万，欲于额外岁加八万引，则岁壅正引八万，必然之理也。至于违没、淹消废引一十六万有奇，曾经臣部查议，每引召商，纳价五钱，共银八万余两助工，仍纳余银共一十万九千余两济边。见经行巡盐御史驳议数次，非自鲁保今日始查出者。伏望将鲁保请开存积及废引、罚银仍令会巡盐御史虚心确核回奏。"上令行文，着鲁保及巡盐御史会查具奏，不许偏执欺隐。(三三〇，6100—6102)

丙午，礼科左给事中罗栋题："臣等见皇上近示阁臣，因简阅道、佛二藏而悟祖宗朝皆务以仁慈清静为理，慨然嘉与海宇，臣民同归善道。无为而治，此一念也，扩而充之，尧、舜之治可臻矣。臣等犹不能无言者，盖以皇上意念初动，可引而至于无为，尤虑皇上意念不纯，又驰而入于有为。夫天下生一事不如省一事，武宗朝各省有内臣镇守，世庙在藩邸日稔闻其为地方之害，一旦去之不疑，至今颂中兴功德者，必首及此事。皇上每事法祖，顷以大工浩费，内帑匮乏，群小乘机争言利事，风闻献矿者且远及于炎洲，献税者且近及于九门矣。攘臂接踵，转相牵引。皇上禁勿使费官而彼之供亿浩繁费官钱特甚，皇上禁勿使扰民而彼之诛求苛急扰民生特甚，今天下在在驿骚，谓之安静，可乎？伏愿皇上于万几之暇，简阅二藏，悟道家要指不过以清虚无欲为戒，佛家要指不过以苦空去欲为教，则津津言利者不足以荧惑圣听，纷纷病民者率至于同归善道，无为之化可致而太平之烈益先矣。"上曰："朕以国家浩费，不忍加派小民，故为接济之计，所奏已悉。"(三三〇，6107—6109)

　　二月壬子，以百户张宗仁奏复置浙江市舶，遣内官刘成征收税课。(三三一，6113)　　戊午，以千户陈保奏，遣内官李凤开采雷州等处珠池，兼征市舶司税课。　命湖广守备内官会同抚按查千户韦梦麟所奏荆州府辛效忠店税。　命工部行文苏杭织造内监，照依裁定数目织解合用段匹，其工料钱粮着户、工二部通融计处，先年传造未完者暂行停缓，俟今次传派通完之日，照数补解。(三三一,6119)　庚申，大学士沈一贯题："谨按浙江市舶司在宁波府，臣宁波人也，备知其详。建置之时，因日本番船进贡而设有内官监一人，文职提举官一人。嘉靖初裁革内监，后因倭乱贡绝，并裁提举官。今倭奴久已绝贡，无市无舶，定海一关，不过本地渔船及近境商船出入。军门讥察非常，因而税之，大抵不过千两，悉充兵饷之需，利甚薄也。一设市舶，尚不足以充本监公费，又安得取盈而上供？既不足于上供，势必遍搜各府，巧征横索，祈免皇上之谴责，不顾小民之怨咨。恐利未得而徒亵朝命、辱国体也，乞收回成命。"不报。(三三一,6119—6120)　乙丑，户科给事中包见捷等乞罢诸道税使之遣，正陈保、张宗仁等之罪。不报。户部尚书杨俊民等疏论开采、榷店及市舶之害，乞报罢。不听。(三三一,6124)

戊辰，设市舶于福建，遣内监高寀带管矿务。　遣内监杨荣开矿云南，陈奉征荆州店税，陈增征山东林步等处店税及马匹、土产，孙隆带征苏、松等府税课，鲁坤带征河南，孙朝征税山西。是时诸弁冯纲等望风言利，皆朝奏夕可，其所遣税监皆其所荐也。(三三一,6125—6126)　逮南康府知府吴宝秀、星子县知县吴一元、巡检程资赴京究问。时税监李道于湖口激变，因参宝秀等明谋阻挠。上命逮之，仍谪临江府知府顾起淹一级。(三三一,6126)　工科都给事中韩学信等言："殿工、典礼方殷，一切带造、传办乞报罢以惜物力。"又言："自开采、征税以来，皆以助工济用为名，乃内府之传宣有增无减，而外地之征输有入无出。窃意陛下有此积聚不用之于宫殿，不用之于诸皇子，将焉用之？"不报。(三三一,6127—6128)

辛未，刑科左给事中杨应文等言："吴宝秀、吴一元等皆皇上所托以惠养一方民命者，罪状未按，辄据一人单词，令之囚首就絷。宝秀等即不足惜，恐四方守令闻风解体，相与畏罪偷安。彼林林总总之众，何所寄命，天下自此多事矣。望将李道所奏事情敕下抚按，从公查勘。”不报。(三三一，6130)　甲戌，命皇庄地土、果树、煤窑俱归上林苑监管业征收，欺隐者坐之，从御马监太监张隆之请也。　遣内监丘乘云督原奏千户翟应泰等征税开矿于四川，梁永督原奏千户乐纲等征税于陕西。(三三一，6131)【考】丘乘云实录或称四川税使，或称矿税太监，其人见于万历三十三年《文殊庵碑》①阴题名，列衔为“钦差督理四川等处御马监太监”。　丙子，遣御马监奉御潘相督理江西瓷厂，命管理珠池内监李敬带管广东矿税。(三三一，6132)　丁丑，大学士沈一贯题：“伏见皇上圣明睿智，动符帝王，窃以为尧、舜、成、康于今复睹。而乃为群小所中，竞开利端，日遣中使，四出络绎不绝。至于上激霆怒，逮系守臣，烈焰益张，衺谋愈进。盛明之朝，岂宜有此！自古财赋之计未有不与臣工谋而与群小谋者，盖臣工计其利，复计其害，则能斟酌于利害之际而处置有方；群小顾其利，不顾其害，则但攘臂于掊克之谋而搅乱无极。变法征利，何等大事，而乃随奏随准，星火促行，不令阁部议拟，不许科道封驳，不伤于太易乎？祖宗定制，钱粮互相觉察，故弊源清而奸窦塞。今独使一人专敕行事，惟意所为，凭藉宠灵，擅作威福，以势凌抚按，使不敢一问其出入，以刑劫有司，使不得一加其调停，此所谓虎而翼者也。群虎百出，逢人咆哮，寸寸张罗，层层设阱，于是商旅必不行而赋税无所得，且至于索居民矣。于是居民见索，生理日迫，而祸且至于寻干戈为盗贼矣。百孔千疮，良医莫措其手，土崩瓦解，良吏莫施其力。是皇上敛财之意，本以备不虞，而反以召不虞也。伏愿皇上深惟理乱之原，详审重轻之辨，掣回所差内臣，遣发原奏官民，举天下财计尽责成户部，俾悉心筹画，以开财源。明诏内外，修举政事，无令冗耗以节财流，则府库坐见充盈而田里亦无愁病，大圣人之鸿名盛业垂于万

① 碑拓见《北京图书馆藏中国历代石刻拓本汇编》第58册，第171页。

万世矣。"疏上不报。(三三一,6132—6134)　　己卯,吏部等衙门李戴等、国子监祭酒方从哲等各上疏乞罢税使之遣,释守令之逮。不报。(三三一,6136)

三月庚辰朔,命内官王忠带征密云税课,张烨带征芦沟桥税课,从百户柳胜秋、刘思忠之请也。陈增、马堂争税,上命堂税临情,增税东昌等处,不得叠征。　　壬午,义勇右卫百户王官同把总徐希昌、举人林章等进银一万二千两,(**广本、抱本此有"以助边饷"四字**)乞许于淮南买盐行引,仍求于天宁州、黄天荡二处养兵列营,以防盐寇。章下阁票,大学士沈一贯上言:"王官等以万金之利玩侮至尊,进上者甚少而费国者甚多。且黄天荡在大江之中,原系浩渺贼薮,彼欲得之为巢穴,因而聚众起事,此其志不小,若不处治,恐致他日滋蔓。"上嘉辅臣忠爱恳切,思虑周详,命锦衣卫逮官等治之。(三三二,6137)　　甲申,凤阳巡抚李čú上疏乞罢矿税,不报。(三三二,6139)　徽州歙县人吴养晦投揭税监鲁保,称其祖守礼为两淮巨商,累赀百余万,伯叔时修等吞并无分;且守礼在日,曾逋盐课二十五万,赂寝不追,乞断追匿课,并追给养晦应分家财,于内愿献五万两以助大工。鲁保为请,上命追课给产如保议。(三三二,6139—6140)　　丙戌,遣监丞高淮督原奏阎大经等往辽东开矿征税。(三三二,6142)　户科都给事中包见捷言:"辽左三面逼虏,蹂躏难支,加以倭奴发难,士马疲露,死伤殆尽。兹一开采榷,有八可虑焉:税役往来如织,供亿如山,滋置邮之扰,一也。塞外吏卒本以罪徙边,轻去其土,若椎骨敲髓,徒携边氓之心,二也。士卒乘障,出万有一生之计以捍疆围,又令之防矿防税,彼且谓上实芥视我,是挫战守之气,三也。阃以外原假便宜,而中使所经,炙手薰天,孰不望风解体,是掣将吏之肘,四也。开原市易往实宽其途,今必铢括寸累,则属夷以为非香火之情,不露辫相向,即掉臂以去,是开丑夷之隙,五也。朝鲜之八道,奄奄尪羸,而税使以衔命往,将彼为鱼肉,此为刀俎,是增属藩之怨,六也。边关出入之禁甚厉，而冠带名目动称钦遣，侯吏莫敢问，倘有桀骜，而欲为中行说者乎？则军情泄而虏谋张，七也。东征之师撤还伊迩，即不悲杨柳歌，饥渴亦已矣，而卒与矿市值，则鸣剑慷慨，何堪苛索，恐激兵噪之端，八也。夫辽东为神京左臂，种种艰危，何物奸弁，辄为祸首，此其结党，岂在林章、王官下？陛下不惩以三尺而并罢开采征税之令，则辽事必不可为，岂惟辽左，而国步随之矣，勿谓微臣今日不言也。”辽东抚按及山海关主事吴钟英俱先后争之。不报。（三三二，6142—6144）　戊子，户部奏请裁省各监所取索，以轸邦计，不从。时各监前后索金已逾二万七千三百两，复以两宫将成，供应天灯等项，索金三千二百四十余两、银三千九百十七两，上皆令户部如数办进。（三三二，6146）　壬辰，户科都给事中包见捷等上言：“切惟矿市之害，诸臣言之，不啻详矣，犹意陛下惜国体、重民瘼，万万无久而不厌、厌而不罢之理。乃迩来武弁参伍，表里为奸，交煽互惑，不祟朝而省直之间开采棋置，榷税星满，甚至孤危如辽左计且为之也。嗟嗟！世界至此，更无一处得干净，百姓至此，更无一方得安乐。从古及今，有举动如斯，光景如斯，而能久安长治者，未之尝闻。乞亟罢矿店，撤回中官，俾人心早有一日之安，则宗社早有一日之福。”上怒，降旨切责，谪见捷外任，余各夺俸一年。（三三二，6146—6147）　丁酉，左庶子叶向高上言：“臣等窃惟矿税之扰，中外皆言其不可，而陛下坚欲为之，群言不能争，群怨不能动。度皇上之心，必曰国家之威灵甚张，小民之力量甚微，即有狂图，何渠能逞。不知三代以来，危亡之祸接踵见矣。东汉之季，西邸聚钱，中珰煽毒，其君蒙被垢声，然尚未至凿山张肆，与小民争尺寸之利也，而四海已糜沸矣。况今事势十百于此，武弁背恩，贪图侥幸，中官衔命，暴厉恣睢。虽屡奉明旨，不许扰害地方，然而左右前后尽皆豺虎，已予之爪距，享之腥秽，而后责其驯服，禁其搏噬，亦难矣。群奸肆毒，众愤久积，并力协心，起而争一旦之命。吴宝秀等目击其事，岂敢轻易妄发，而陛下过信单辞，缇绮逮系，四方臣民孰不解体。陛下方绍明大业，垂有道之长，岂忍使祖宗艰难创守之天下为群小所破坏耶?”疏上不报。(三三二,6149—6150)　乙巳。内人田有成殴父系狱，病故。刑部请依律戮尸，从之。(三三二,6152)

四月癸丑，大学士赵志皋疏言:“臣昏卧床蓐间，日闻中外人情汹惧，皆为矿税一事。夫我皇上以征调工费之烦，不忍加赋于民，若以矿为天地自然之利，税为商贾惟正之供，有利无害，是以毅然行之。顾钦遣之使不能仰体圣明仁民爱物之初心，听凭原奏及四方随从棍徒僭窃威福，动称阻挠，不论矿之有无，遍行开采，致使富户包赔，即小民亦科派，而怨声载道矣。不论税之规则，横行邀截，致使商本消折，即负戴亦需索，而物价腾贵矣。乃近日无知武弁与游食群小，因见前遣之使挟官剥民，欺公肥己，所得进上者十之一二，暗入私橐者十之八九，遂欣然艳慕，诡媚迎合。皇上深居九重，或未洞察，以致愈出愈烦，愈烦愈累，矿税遍天下，掊克尽闾阎，官不停辙，民不聊生，此等景象，岂盛世所宜见乎?近又闻南康知府吴宝秀逮系之时，本府士民拥道哭诉，几成激变，其妻痛夫自缢，人心大为恻然。夫导利已非为政之本，忍使簪笏之士以此获罪，甚有关于生民之向背、宗社之安危，臣不敢以将去之身，隐默顾忌，谨伏枕披沥以闻。”(三三三,6155—6156)　复以鲁保奏行存积盐引，保言臣所议行者不在于先今存积常例之额，而在于节年停止应开之数，并不亏课碍商，失今不行，则以有用之物置无用之地，非计也。保复请兼理词讼及建盐政府，上不许。(三三三,6156)　己未，直隶巡按马从聘疏言:“顷者内臣鲁保条议加罚、存积二事，行臣查明回奏。夫先年违役(**广本、抱本役作没**)旧引乃户部因工费急乏，题奉钦依转行，前任鹾臣悬价召商，今一旦补罚于既赏之后，恐无以示信于天下。但已奉明旨，除候征完，听行恭进外，惟是没官积盐委属无影，臣安能昧心涂面，指无为有，以效其欺也?今内臣又舍没官而谈存积矣。夫盐政七分常派(**抱本派**

作股)，每岁开中以供主兵之饷，三分存积，遇儆[警]开中，以供客兵之饷，祖制也。后因各边多故，二项并开，岁以为常。岂惟并开，且加增新引矣，且补卖废引矣。至加增补卖俱出额课之外，遂至盐法之壅。何至今日尚言存积也？况场盐(常引)有蠲有折，十年之外结绝净尽，诸凡旁摭远引，无过卖(广本、抱本卖作买)补搭单，特难于显言耳。若买补何患无盐？见今岁课余银六十万，皆买补也，第害有所当，维[惟]不敢不为皇上详言之。盖两淮煮海为盐，原无不足，特行盐地方食盐户口各有定限，不能加也。譬之饮水于河，止于满腹，腹已满矣，河水虽多，能复饮乎？今两淮行盐之地固满而既溢之时也，即有盐，安所受之？臣入境之初，急请减新增之目，非不欲增，势不能也。盖引减则盐易行而商乐附，商乐附则盐价平而穷民食盐者众，且私贩不禁而自戢矣。其减乃所以为增也。引增则盐日壅而商本亏，商本亏则盐价涌，而穷民淡食者多，将私贩禁之而愈盛矣。其增乃所以为减也。故裕课惟在通商便民，而通商便民惟在调停于引目多寡之间，此理一定，毫发不爽。今人但知此有一引之加，则彼有一引之诎，不知越单之弊窦一开，累朝之成规尽坏。加以奸棍藉势行私，公行夹带，私贩充斥，正引不行。见今水商不肯赴仪买捆，内商不肯下场支盐，灶户停煎，生理断绝，人心惶惶，恐生他虞。伏乞皇上加意边储，留此盐政以垂永图。如势不容已，必欲越单，乞令户部将新增边课尽行停革，行盐场地量行查复，再酌诸边之缓急，审饷额之盈诎，裒益多寡，请自圣裁，非臣一人所敢擅也。”不报。(三三三，6158—6160)

户部尚书杨俊民上疏极陈矿税之害，乞撤回中使，仍重绳原奏官民之罪，以谢四海。不报。(三三三，6160)　丁卯，诏两淮引盐已纳官课，仪真税监不得重征，从鲁保请也。　河南矿监鲁坤进矿银，仍称矿砂微盛不常，或照旧匀派，或再行包课，恭请裁夺。上命照旧官民匀分，不许包课赔累，亦毋得佥派地方。(三三三，6163)　己巳，密云税监王忠与张烨争税，上命会同抚按官设定疆界，勒限具奏。(三三三,6163)　　辛未，大学士赵志皋、沈一贯上言："南康府知府吴宝秀被逮到京，臣咨访舆论，宝秀新任南康才十六日，罪过必少，遽尔被逮，殊为可怜。又其被逮之日，其妻尽出簪珥，得银不及四两，付宝秀盘费而即自缢。遗下七十八岁之老母，八岁以下子女三人，离家七千余里，又无兄弟可依，孱然书生，若下诏狱，必致糜碎无余，种种苦情，又可悯也。臣等窃惟皇上闻此必加矜恻，如蒙特赐宽宥，实天地再生之德。若未遽宥，望从宽处分。"上览奏心动，命送法司拟罪具奏。(三三三,6165)　　癸酉，大学士赵志皋疏罢矿税，以为："矿税之行，利归群小而怨归皇上，剥削愈久，酿祸滋深，岂可不加体察。如以费用不足，尚有正大権宜可议者，无如明白敕谕户、工二部，容臣等与之商议，通融酌计，每年或可量动何项钱粮，更有何项设处可解进以备上用。谨拟上敕谕一道恭进御览。"留中。(三三三,6167—6168)

闰四月庚辰，礼科左给事中项应祥等以雷火示警，疏陈修省四事：一曰用人当广，谓近日行取各员及异时摈弃诸臣，宜及时录用。二曰忠言当纳，谓年来谏止矿税之疏，无非忠君爱国之谈，宜俯垂采纳。三曰刑罚当清，谓曹学程、吴宗尧、韦国贤、吴宝秀等无辜逮系，皆足以干天和。四曰嗜利当禁，谓方今悬岩穷谷，无不掘之地，十室三家，无不算之缗，民情嗷嗷，均足以召天变。上不纳。(三三四,6175—6176)　逮临清守备王炀。时税监马堂纵群小横征，民不堪命，市人数千环噪其门。堂惧，令参随从内发矢，射杀二人，众遂大哗，火其署，格杀参随三十四人。堂窘甚，赖王炀救之得免。堂初甚德炀，业以状闻，而其党郑惟明以前嫌故疑炀阴鼓众而阳救堂自解，遂诡易堂奏，逮炀云。　盗发西山宫女坟，守坟内官张玉命司礼监逮治之。　　辛巳，遣户部员外胡维垣往真、保督矿，垣道辞疾。上责其规避，降调外任。(三三四,6176)

壬午，大学士赵志皋言："昨山东抚臣谒谓众怒如水火，不可向迩，若不及今取回马堂以安反侧，则将来事势有不忍言者。夫矿税之役臣亦逆知必有今日，今一见于天津，再见于上新河，然不意临清一发若斯之烈也。临清为运道咽喉，齐鲁扼塞，民俗剽悍，加以东西南北之人，贸易辐辏，乘乱一呼，云集雾合。此地一摇，则三齐震动，京师欲安枕，不可得矣。乞速下德音，急撤回马堂，行令抚按加意安抚，或念法不可弛，姑就一二倡乱者惩罚，以弭观望，实宗社无疆之福。”不报。(三三四,6177)　诏江西税监李道、潘相均定疆界，毋得重征累商。(三三四,6178)　丙戌，仪真税监暨禄委官马承恩等以抽税激变，禄耸词具奏，且参守御杨应光推诿不救。上命逮应光究治，已获犯人陈真等送南京刑部重拟，未获者严限缉拿，仍申饬抚按及地方有司毋得各分彼此。应光已逮，禄复为乞原，诏释之。(三三四,6183)　戊子。是时矿使四出，人情汹汹，内而勋戚、大僚、词臣、科道，外而各省抚按，合词力诤不能得。于是办事进士谢廷赞陈内乱外变之形，词甚激切，而司礼监太监田义亦言之，俱不报。大学士沈一贯复言：“臣惟群臣言矿税者非直以专利为戒，而实以酿乱为忧。我国家如金瓯无有伤缺，何可无故因小利贻大害？夫财者，民之命也，取民之财，是取民之命也。今穷天索产，罄地伐毛，尽宇宙间靡有留利。黄旗相望于郊原，虎冠遍满于廛市，撤屋掘坟，搜藏发窖，无论奸民乘机劫夺，即良民亦宁能拱手而授人以命乎？为抗为乱，去为盗贼，势所必然。今边兵枵腹以待哺，司农束手而忧死，若脱巾之徒与潢池之盗所在并发，何以待之？皇上勿以为天下事必不至此而无忧也！”(三三四,6186)　乙未，湖广太监陈奉进税银，乞申明界限。上命银两进收，界限依湖广抚按所辖，江右税监不得越征。(三三四,6191)

丙申，戒税监禁止额外需索，毋得远差重征及滥用匪人。(三三四,6192)　丁酉，(**大学士沈一贯票拟偶误，引罪求去，不准。**)翌日沈一贯疏谢，言：“……又昨五府、六部、九卿、詹翰、国学、科道及在外抚按各疏言矿店害人之急，实系天下汹汹民情，群臣耿耿忠计，拱候德音，有如时雨。皇上即不尽从，亦宜将店事早赐处定，免使小民抗上为乱,以滋大忧。不然今年海内必有不忍言之变,不止如临清者。大臣日夜忧念,一刻不能宁者也。谨洒血披陈以闻。”(三三四,6195—6196)　壬寅,戍广安店税役赵子稳、广和店税役李过春等,余党徒赎各有差,皆税监张烨、马堂所任群小也。(三三四,6199)

五月癸丑。先是,山西税监孙朝疏参原奏王永亨等,已奉旨逮问。既而朝复移手本于抚臣,称前疏非出朝手,乃奸徒黄新等以用印空本伪捏欺诳,乞为题请正法。刑科给事中陈维春上疏,以为:“永亨皆市井无赖之人,乘传而出,虎攫狼贪,何所不有。今与黄新齮龁相倾,殆天厌群小,使其自相攻击,以谢天下者也。奈此奏不出于孙朝,不与闻于抚按,竟出黄新等之手。空本用印,假捏逞私,以皇上雷霆不测之威反为群小颠倒簸弄之藉,尚谓有国法乎?顾其故不始于黄新也。临清之事,马堂擅杀召衅,郑惟明改易原疏,捏词驾祸,其奸已露,而三尺曾不是问,是以黄新等尤而效之,乞将惟明黄新等并置于法。”不报。(三三五,6205—6206)　庚申,兵部以秋防届期,乞预饬各边选将练兵,峙饷除器,以戒不虞;且言矿使驿骚,内地之奸民可虑,武备废弛,辇毂之伏戎宜防,请行各省直及戎政巡捕一体申饬。上命边防倍加戒严,内地讹言数起,小民不安,着各该抚按悉心绥缉,有借言矿税乘机扰害者,驱逐拿治。整理京营缉捕奸细,俱如议行。(三三五,6209—6210)　壬戌,内官牛云鹄等吓诈税课,命锦衣卫逮治之,仍着司礼监申饬各监。(三三五,6213)　己巳。先是,山海故有镇守府,后革镇守,改为军务衙门。至是高淮献银五百两,求为税店,上赐名“福阳店”。(三三五,6214)　辛未,追原任知县吴宗尧及各商吴榜、吴时俸、养晦等银各有差,余勒限严追。宗尧未尽者,命鲁保会抚按查审具奏。知府胡士鳌、同知燕祖召以庇宗尧,各降一级调用。赏告讦人原奏官程守训、已革监生吴琯等,以税监陈增之奏也。(三三五,6215)　壬申,贵州道御史涂宗濬疏参辽东税监高淮,言:

“迩来税使横矣，犹未敢擅议大政，残琢缙绅，未有如高淮之怀奸越俎，恣无忌惮者也。夫报功抚按之任也，而淮辄侵之；镇守皇上未有旨也，而淮擅假之。至近日一疏，称虏患方深，旧地难复，贬驳抚臣，自张智计。若皇上不察而听之，必且以抚臣失算，不如内臣之计得也；专任抚臣，不如参用内臣之计善也，镇守之事可执左券而取之矣。不知抚臣复地之说久已议寝，岂必借筹于高淮？即使广集众思，自有长计，决不贻忧于宵旰。且皇上事事取法皇祖，其革除镇守一节，神谟雄断，高出千古，书之史册，万世以为美谈。圣心自有定主，岂淮辈所能惑？第其立心奸险，舞智盗取，尝试于圣明之前，其心为可诛，其渐不可长耳。伏乞严旨戒饬高淮，以后止理税务，至地方军兵边情，专听督抚裁决，不得一毫干预，则小人窥伺之萌可杜而国家无疆之业可永矣。”（三三五，6215—6216）　兵仗局奉御刘福安奏奸商张佩包揽本局军器钱粮，并无物料铺垫输局，仍硬夺官银九千两。上命锦衣卫逮治佩等，仍诏工部别佥殷实铺户承办。工部言：“张佩所领预支银三万两，该局尽数追入，几及一年，后来新佥铺户安从措办？”上令该局追入者行令自办，完日具数，过部开除，余照原题补给，另佥铺户办送该局，会同科道验收，不得冒破。（三三五，6217）

六月壬午，巡抚辽东李植言：“顷者税监高淮至辽，臣厚礼之。淮举动偶有乖张，或地方不堪之事，臣一面温词婉语劝勉高淮，一面晓譬利害，戒谕商民，恪为遵守。淮在河西，幸而不生变者，臣就近委曲调停之力也。比至开原，严刑激变，事在仓卒，隔远不及调停，而淮平空造捏，归罪于臣，借阻挠以激皇上之怒，假边事以挠臣等之权，满纸机锋，无非中伤。臣待罪残边，救疗无术，忧郁成疾，乞放归田。”上慰论之，令其调停矿税，加慎秋防。（三三六，6224—6225）　丁亥，命内官王虎兼理真保蓟永矿务。（三三六，6229）

己丑，遣御马监监丞沈永寿往广东开矿征税。（三三六，6229）

丁未，置贵州税课，遣内官张庆往，以辅臣沈一贯极言罢之。时大小臣工谏者连章未已，上患之，因谕次辅曰："贵州税课差官非专为货财，欲访彼中军民之利病、起衅之由耳。既闻卿言，复念兵事方殷，已从停寝。但大臣义同休戚，尤当仰体朕怀，调停镇静，何乃纷纷渎扰，其如国体何？特谕知之。"(三三六，6237)　榷采四出，江南纷扰，应天巡抚陈惟芝乞停矿税，疏六上不报。至是绘图孝陵风水争之，疏曰："东南为财赋重区，民劳而鱼赭，臣抚兹三年，忧深杼轴。近大江南北所在开凿，臣初惧貂珰横恣以厉民也，及相山川形势，匪厉民，并以厉国。钟阜紫金山，高皇帝卧弓剑之地，二百余年，王气钟焉，山之祖也；其牛渚、石柱、龙眠、瓜步绵亘五六百里，皆紫金之枝也，枝凿则伤根。谨恭绘《孝陵风水图》，细注源流。"上览图，即日报罢。(三三六，6237—6238)

七月壬子，司礼监杨宇会同礼部尚书余继登等为香山公主卜地于洪达岭，命择日兴工。(三三七，6241)　乙卯，兵科给事中刘道隆参内侍蔡学、董敬等不法状。命司礼监查明治罪。(三三七，6244)　丙辰。初临清之变，群情汹汹，皆云马堂杀人斩首，盘武(**广本、抱本武作舞**)示威，天津汪巡抚以闻，与山东抚按奏报稍异。乡官工部郎中傅光宅疏参马堂而语侵抚按，谓奏不实。山东按臣陈大谟不胜愤愤，疏驳傅光宅而顾似为马堂辩诬，堂遂据以奏，谓臣无杀人斩首之情，抚按皆知之，讹传者差官杨国治也。于是上命逮国治于理。科臣郭如星复上疏右光宅而左大谟，上皆寘之，而敕抚按查为首倡乱者。至是抚臣刘易从以首恶王朝佐一人抵法，命即枭首本处，以儆众心，亦不复问余党也。朝佐临清州民，仗义轻生，时捕首恶急，众多逃亡，佐挺身奋曰："首难者我耳，请独当之，勿累无辜。"临刑引颈受刃，神色不变，诸株连者俱得免。临清人德之，为立祠祭焉。(三三七，6244—6245)　丁卯，命南京守备太监郝[邢]隆、刘朝用开矿于南直宁国、池州等处，仍令会同抚按查议铺税以闻。(三三七，6249—6250)　甲戌，大学士赵志皋上言："臣伏枕服药间，接四川揭报，知綦江已陷，西蜀危在旦夕，不觉愤懑欲绝。何物杨酋，敢于悖逆至此！彼盖窃窥中国之虚耳。及今若不早收人心，以固根本，将来诚不忍言。然所最吃紧者，无如简用阁臣、广开言路、体养民生、裁省縻费，盖简阁臣则惟幄运筹之有资，开言路则耳目聪明之有托，养民生则内地久安之不摇，节縻费则帑藏备用之不乏。其云南、川、陕、全楚等处一概榷采额外之征俱乞罢免，以安人心。则圣政一新，王威孔赫，无论杨酋鼠窜之不遑，即西南诸夷无不仰颂中国之有圣人矣。”(三三七，6253—6254)　乙亥，户科给事中李应策、姚文蔚各疏言川省播患方殷，收拾人心为急，乞召回中使，停止矿税。不报。(三三七，6254)

丙子，大学士沈一贯题：“前者贵州矿税蒙皇上涣发天心，即赐停止。今四川尤急，杨酋界在湖广、川贵之间，腹心之患，若猖獗不休则无川贵，无川贵即无云南，三省若失，则内地震动危矣，故川省内使所宜早罢。顾臣犹有忧焉，姑毋论中原民心摇动，将有乱虞而大可忧者，又已形之云南矣。云南孤悬天末，自唐宋不入版图，而我朝乃比于内藩，第以处置得宜故也。今皇上遣中使往，夷夏交被其殃，臣初犹恃彼抚按或能善加调停，不意中使与抚按大相抵牾。彼远地之民，既无抚按足恃，而夷獠之性又苦中使诛求，若一旦变告，尤难措手。播方烦兵，又安能以余力余财越贵州一线路而为万里云南计乎？必不暇矣。臣中夜绕床而走，不敢不为皇上早言也。”(三三七，6255—6256)

八月丁丑朔，以湖广税监陈奉奏，切责按臣曹楷阻挠，降知府李商耕、赵文焕、知州高则巽各一级，逮推官华钰、经历车任，从重究问。　河南税监鲁坤进税银，且言河南非产马之所，乞听折价。许之。(三三八，6257)　辛巳，辽东巡按王业弘疏参税监高淮，淮亦具疏摭辩，上两寘之。(三三八，6261)　丙戌，云南巡按刘会疏言：“顷入省，偶闻在监重犯周时清等串通原奏官千户张国臣，微服暗入，会草奏本，其遗落草稿为同监犯人毛大忠所拾，因而出首。臣取其奏草阅之，则皆论抚臣事，大都为被逮李先著、叛酋猛廷瑞求脱，又以吴显忠、木元瑞事诬抚臣以受贿。此其事情自有帝鉴，臣亦无所容喙，独其稿得之于狱中，而奏则欲假之于税使，万一群奸之计中，抚臣之祸从滇始矣。臣向未至滇，不习滇事，亦尝以目论而耳食之。今巡历将遍，乃知滇千艰万艰之状，而抚臣之所以处滇者亦罄其千辛万苦之思也。以通省钱粮仅止十一万余而数十营兵饷取给于此，数千两岁金取盈于此，二十郡六十五州县各官吏俸钞取办于此，军兴不测之需、买象采石不时之费，又一切皆措置于此。臣见抚臣无日不为陛下理财节用计也，七载以来，鞠躬尽瘁，今年略三宣，明年复蛮莫，又明年则讨平顺，又明年则计擒多俺，计复猛密而六诏尽以还定，至建八雄关于猛卯之外，辟地千里，营屯田万亩，此皆事事闻之陛下所钦嘉而褒赏者。臣见抚臣无日不为陛下靖乱安边计也，三十年仕途皭然不滓，至今居仅旧庐，田仅饘粥，而葵藿一书，皆激将率以忠义，劝官吏以清勤，臣见抚臣无日不为陛下正己率属计也。以抚臣任封疆重寄而李先著、周时清、猛廷瑞等结党煽凶，谋欲自脱不赦之罪，先加抚臣不白之冤，而张国臣以原奏长随，受嘱报复，辄欲假貉珰之气焰以甘心于抚臣，他日流毒缙绅，汉唐末季之乱即在此旦夕间。伏乞大振乾断，独彰法纪，将猛廷瑞、周时清等亟正典刑，李先著速照近拟，张国臣严拿回京，仍谕该监慎严关防，无滥用匪人，则庶乎国是定而人心安矣。”(三三八，6264—6266)　　戊子，国子监祭酒方从哲等乞罢矿税，以为矿税之害在天下者诸臣言之不啻详矣，臣等谨以其有损无益于圣躬者陈之：“《易》曰：‘何以聚人？曰财。’《大学》曰：‘有财此有用。’盖此一财也，散之民间则人聚，充之经费则用足，此所为有益也。若不以聚人制用而积之无用之处，则谓之长物。长物者，言其委置剩余，可无而不必有之物也。今内帑所积，外不以供六军，内不以济大礼、助大工，将焉用此？何苦敛百姓之怨，鸠不急之物也，非直无益，又有大损。昔华封人祝尧曰：‘使圣人富。’尧辞曰：‘多富则多事。’盖握算纵横，其役神必甚，商略盈缩，其用心必劳。我皇上自静摄以来，保护崇重，若无所不至，乃独为此锱铢小利劳心役神，动有拂意，震怒随之，虽一时不自觉，久之所伤必多，非所以重珍摄也。昔人谓为仁不富，为富不仁，皇上遇旱步祷，遇灾赈恤，当时仁心仁闻信于四方，乃今以采榷之故，忍使所在驿骚，元元愁叹，非所以永终誉也。帝王所藉以鼓舞臣民，惟此命令，今中外建白往往留中不报，乃连章累牍，率多聚敛之策，三令五申，半是诛求之谋。屑越涣汗，至此极矣，非所以重国体也。自迩年骨鲠之臣废锢沉沦，海内失望，已非一日。间者又以采榷之役，不能奉承左右，无故而罢抚臣。又逆料新进忠谠之士必且力沮兹役，并考选、行取一向停阁。恐正人解体，直士灰心，非所以得人心也。天子之威譬如雷霆者，以其不常用也。今中涓少不当意，必以衡命奏闻，致使缇骑四出，摧击之祸既惨，雷霆之威亦亵，非所以养威重也。外宁内忧，从古记之。今东事虽云告宁，播贼复再狂逞，凋敝未起，正宜休养生息以培元气。何乃自启瑕衅，使中国嚣然摇动？民志已离，奸雄生心，非所以固邦本也。臣等草茅竖儒，罔知忌讳，惟圣明裁察。"不报。（三三八，6266—6268）　丁酉，云南税监杨荣以生员聚众殴辱，疏参抚臣陈用宾。上命奏内生员行提学官戒饬，巡抚官推诿阻挠，姑不究，杨荣亦勿偏听拨置，致启衅端。（三三八，6271—6272）　山西税监张忠奏河东盐课车税业会盐臣酌议画一，乞敕诸臣永远遵行，仍进鹾价银两。上命银两进收，盐课如议行。寻以董琏奏，命张忠带征安邑黑河盐课。（三三八，6272）　壬寅，户部言："河东盐课系供宣、大、山西三镇军需，隆庆三年以前盐花盛生，岁派盐课六十万两，嗣后池被水冲，盐花不结，于是割地减课，岁定四十二万引。迄今压欠未补商盐尚有二百余万，盐法之弊，至此极矣。顷者百户吴应麒奏请变卖河东余积旧盐，巡盐御史汪以时揭辩，并参狂弁逃囚捏奏营私之状甚悉。臣等具题，未回天听。今奸棍董琏复觊觎鹾利，创为新说，明取于一池，托言于两岸。臣恐此盈彼歉，今年犹为正额之亏;断根竭源,来岁绝无捞采之望。公私交困,溪壑难填。彼为身谋则可,朝廷为边镇计,奚可?惟小人之言是徇乎?"上曰:"盐池若果有遗利,何必拘额弃废,但不得重征叠扰。你部以边饷所需争执,亦一面之词,还行彼处抚按会同内监并巡盐御史各捐成心,参酌具奏。"(三三八,6273—6274)

九月甲寅,天津税监马堂奏留东昌兵备道马怡,命即出策励供职。怡以按臣论列杜门,堂奏留之。(三三九,6288)　丁巳,大学士沈一贯奏:"今天下可忧者,播患方殷,虏警日闻,然犹边境之患也。据各抚按奏报,则山、陕、两河、齐、楚、三辅无处不灾,京师米价涌贵,不啻三倍。贫人满前,宁能枵腹待毙?恐有奋挺持耰而为乱者矣。夫一处有乱尚可扑灭,自京师以至四方无不被灾,无不思乱,谁能扑之?伏祈皇上大发慈悲,以救天下之急难,即未能尽罢矿税,亦宜先将各处米粮一切免税。盖祖宗定制,税课各色有税,惟米粮农具无税,所以厚民生、奠国本者如此。今不遵祖制,一概抽分,四方之米贩不来而农人之生业荡废,此绝民生而戕国本也。乞轸念穷民,亟覃圣惠,仍敕户部议所以佐元元之急。"不报。(三三九,6293)　戊午,以畿辅灾,蠲起运京边折银,命有司多方设法赈救,从户部请也。户部请罢矿税,不从。(三三九,6293—6294)　庚申,命山东税监陈增督原奏官张杰开矿于济南府等处,湖广税监陈奉督原奏韩应柱等开矿于德安府等处。(三三九,6294)　癸亥,南京监察御史王藩臣陈防播四议:(**一曰申军令以作将士之气。**)二曰严近幸以塞奸细之门,谓迩来四方不职官民猬集辇下,表里中官,窥测意旨,甚至有不由通政司,径彻御览,气焰烜赫,踪迹诡秘,遐方奸细突焉而入。切恐皇上举动、枢臣筹画皆得窥伺透漏,可不为寒心哉。乞丕振乾纲,重塈谗说,凡上书不由通政司,援引内臣言利希宠者,即付法司推鞫,庶几憸壬敛迹,禁地肃清。(**三曰循故策以收土司之用。四曰明大谊以服远人之心。**)疏上留中。(三三九,6297—6298)　丙寅,户科李应策等上言:"臣等查山东税监陈增原进矿银疏，开具前后开采山洞共四十余处，曾遗漏何郡何邑，即湖广未见开报。缘命至彼中，为时无几，况中使能遍榷于市，讵肯余洞于山乎？乃张杰、霍承学等重复混渎，不过觊觎一遣，为营求科骗之计耳。近日聚讼成风，若李福才嫁祸于安邑，刘尽孝种孽于草场，种种欺诳，乞通行严究正法。”上纳其言，命各处内官严查重复奏扰及投充滥用之徒，分别惩戒驱逐，如有奸恶玩法情弊，据实以闻。(三三九，6299—6300)　戊辰，户部言：“今天下各处饥馑，都门米价腾踊，所赖逐末之民转粜他处，是必设法招徕，宽其厲禁，人胥乐趋，民方缓死。今税榷中使项背相望，密如罗网，严如汤火，无论在场在廪，即升斗靡所不索，无论舟载车装，即负戴靡所不问。彼逐末者将何利而为之？势必人人裹足，家家悬釜，民不转死于沟壑，则弄兵于潢池耳。伏乞敕谕榷官，悉蠲米、麦、豆、谷诸税。”上令免诸肩负者，其商贾兴贩，酌量征收，仍晓示各处墟市地方，毋亏国课，亦毋累商民。(三三九，6300—6301)

十月辛巳，济阳卫千户何其贤奏：“万历二十五年，原任御史萧重望请查天下郡邑岁额会(**抱本会作余，疑是**)银，解部益饷，至今未见题覆。乞敕内官同臣等首将浙江、江西、湖广省属库藏见贮无碍钱粮清查解进，虽数十万两，犹不可量。”上责该部玩视前旨，不行题覆，命各处内监孙隆等会同抚按严查具奏，有隐匿支吾者，指名参治。(三四〇，6307)　腾骧卫百户仇世亨奏原任守备戴烨揭称湖广通省各府州县积贮各项存留羡余等银约有亿万余两，及兴国州民漆有光报称民人徐鼐等朋掘古墓得黄金巨万，乞命内官督臣等星驰查解。上命陈奉会同抚按并经管有司查明解进，不得抗挠，亦不许扰害地方。(三四〇，6307—6308)【考】掘古墓以获金事，亦见《神宗实录》卷三四五，二十八年三月庚申：“湖广巡按王立贤奏：宵人言利太过，穷民赔补可愍，恳乞俯赐减免，并望停开古墓，以昭万万世盛德事。腾骧卫百户仇世亨奏兴国州民徐鼐掘开唐相李林甫夫人杨氏墓，有金牌、金童、金壶、金杯、金炉、瓶、烛台及金银窖未开。臣等誓天公审，据徐鼐招,止有金杯、金碗等数事,较原奏所开百不及一,皆为穷民瓜分消化。及查其地,则大冶县,而非兴国州,其坟则元卫国公吕文德,而非唐相李林甫,其夫人则程氏,而非杨氏,其年月则二十五年十月,而非二十六年四月。即此推之,奏词可尽信乎?乃陈奉执奉原奏,必欲取盈,百般毒拷,闻者酸鼻。臣恐窭人佣工白骨稜稜于杖下而金必无可得,伏乞俯从量减,停止开掘,则愚民更生而朽骨沾恩矣。不报。” **庚寅,命浙江税监刘成、福建税监高寀会同抚按查理盐场积银;其徐州沿江船料等项,据奏见存贮银七十万两,令山东税监陈增公同抚按查实奏请,从高时夏之奏也。**(三四〇,6313) **壬辰,命广东税监李凤督原奏戴君恩等征收方物及税课,每岁二十万两。**(三四〇,6314)【考】万历《广东通志》卷七《公署·西察院》:万历二十六年改义仓,“今建为督税公署”(**按,在南海县**)。同书卷七《税课》:“近年拨解税监银数附载:(万历)二十七年闰四月拨市舶等税银四万零八两,内市舶司税银二万六千两,广州府税课司税银一千两,省下纸船税银二十两,东莞县下关鱼税银五百五十两,三水县西南埠商税银四百三十八两,韶州府浛光厂商税银六千两,潮州府广济桥商税银六千两,另拨官窑埠商税银一百两。二十七年八月再拨……每年俱解税监听补舶税缺额之数……按内官监太监李凤筦榷税务,前后拨过税银二十万有奇,内除新复、新增银四万六千余两,余皆章程额饷,若司库□价则系田粮岁编之数。是役也,督抚戴耀、监司王泮、李同芳等轸念艰难,方欲调停节约,而巡按顾龙祯始犹持之,论者恨其不能力持云。未几,商民俱困,鞶蹷相属。”左布政使陈性学条议减税,不报。“时税监委官分榷甚横,又有求监太平桥者,两院下其事于所司,陈性学复上条议曰:太平桥税二次拨与内监,共计岁额正银四万两,原议征收责之有司,以春秋二季为期,解与该监类进,一切参随员役皆不与焉。批详具在,可覆也。即该监原疏亦谓悉听有司征解,并不差人催扰,题奉钦依,通行遵守,几二年所矣。岁收但有缺额,两院即行本司挪移借解,已为委曲调停,乃该监尚欲差官监管数目”。陈议“呈抚按,交章力争,事乃寝。于是各处税务悉还有司征解,税监转进,惟市舶夷饷与广州税课该监仍委榷云。后因派税充饷,盈缩不定,上下辄缘为奸,陈性学复申饬之,(**略**。)由是税额始定。” **壬寅,吏部等衙门尚书李戴等言:“臣等切见九**

月中，太白太阴同时昼见，已为极异。又闻狄道山崩，地涌成山，则自开辟以来惟垂拱中有之，而今再见也。臣等身为九列，安有灾异若此而怡[恬]不动心，心知其危而不以告君父者。窃闻帝天之命主于民心，民安则天示祯祥，民不安则天垂谴告。臣观天下赋役之额比二十年以前十增其四，天下殷实之户比二十年以前十减其五。东征西讨，萧然苦兵。自矿使出而百姓之苦更甚于兵，税使出而百姓之苦更甚于矿。年来远迩同嗟，贫富交困，贫者家无宿储，止凭营运，但夺其数钱之利，已扼其一日之喉。至于富民，需求不遂，立见倾家，无地可容，有天难诉。利归群小，怨归朝廷。皇上神圣，洞知今古，自秦汉以来，天下危乱之由，惟有四字，曰'人人嗟怨'而已。天心仁爱，明示咎徵，欲皇上翻然改悟，坐弭倡乱。乃礼部修省之章未蒙批发，而奸民搜括无碍银两之奏又见允行矣。此令一下，急如星火，不但指有碍为无碍，亦将指无银为有银，必将正项公银俱充进献。公用无措，又派民间，库藏既空，闾阎亦敝。有司一有争执辄谓阻挠，身且不保，何有于官？又如仇世亨奏徐鼐掘坟一节，事之有无，诚难悬断，然以理论之，岂有一墓而有黄金巨万之理？即使有之，亦当先下抚臣核勘虚实，分别首从，先正其掘坟之罪，而后以掘坟之物入官。未有罪状未明而先没入资财者也。片纸朝入，严旨夕传，不但破此诸族，又将扳及多人，此风一倡，谁不效尤？何地不可为金穴，何人不可为扑满？已同告缗之令，又开告密之端。臣等方欲陈奏，而高时夏、戴君恩之奏又得旨矣。五日之内，搜取天下公私银两已二百万，倾府库之藏，岂无尽日？穷天下之产，宁有足时？臣等前日犹望其日减，今日乃更患其日增，不至民穷财尽酿成大乱不已。伏望皇上穆然深思，超然远览，亟与廷臣共图修弭，杜中臣攘夺之路，绝群小窥伺之萌，无令结怨清朝而致干天变也。"疏上不报。(三四〇，6316—6318)

癸卯，大学士沈一贯上言："臣惟自矿税使出而天下举疑皇上为好货，皇上圣明天纵，岂为区区货利乎？或谓顷岁以来，国家多难，倭虏交讧之余，杨酋又见告矣，脱复有变，安可无防，皇上盖为万年无穷计耳。然设聚敛之策而伤乐生之民，则乱未必弭而反以生乱，未可为远猷完策也。臣闻盐铁均输不足以富汉，而汉由泚耗；琼林太盈不足以富唐，而唐由此危。隋之末年，雒口之仓如山而适为群盗之资。由斯观之，苟有善政，虽无积蓄而国安；如无善政，虽有积蓄而国危。国已危矣，金钱愈多，愈为身累耳。昔人喻好利而不顾其民者，如割四肢之肉以充其腹，腹虽暂饱，然肉尽而身毙；又如竭泽而渔，今年取鱼，岂不或多，不知鱼种绝尽而明年无鱼。皆善喻也。伏望皇上憬然深思，涣然省悟，修明自昔讲行之正道，诛绝今日曲窦之邪人，于以还太平之旧观，而为守成之令主。《诗》曰：'靡不有初，鲜克有终。'惟皇上诵之，惜之。”(三四〇，6318—6320)

十一月己酉。先是陕西巡抚贾待问疏参太监梁永、赞画刘有源酷杀生员王守胤等，不报。既而永以同知宋言交通生员许显吾等倡乱耸奏，有旨命永与抚臣、提学等官公同审究。江西道御史杨宏科上言：“杀命重辟也，戮士异变也，今置之勿问而独行永言，岂遣使之臣其言皆信而封疆之臣其言皆虚耶？近日诸珰目不识丁，举手倚乎心腹，食必择肉，御货恃乎爪牙，群小横行，莫敢谁何。然其心尚虑司道三尺之法悬于前，抚按咫尺之章议于后，若复直此而诎彼，又何威不可作，何事不可为也？伏乞圣断，将有源等提审依律，收回近旨，不致株累，则大奸不得漏网，死命不至含冤，国纪肃而地方清矣。”疏奏不省。(三四一，6325)　庚申，东厂太监陈矩缉获犯人韦有道、毛文燿、赵诰、周廷治等。命镇抚司鞫之。四人皆江西税监李道所参奸党，奉旨下内外缉捕者也。(三四一，6327)　丁卯。先是，江西税监潘相疏称钦颁磁器式样于五月内工部题差序班蔡余祥赍银，至今未到，原任饶州府通判今升荣府审理沈榜有窑户连名保留，乞令以原官专管烧造。得旨：“蔡余祥着该部参看来说，沈榜准添注通判管事，兼本镇捕务。”吏科左给事中程绍言:“沈榜以不肖劣转王官,其才与守不问可知矣。今潘相奉命烧造,一切有司之事毫不得干,乃公然侵夺抚按之职掌,擅留不肖之王官,且不由部覆,竟得升降之旨,是抚按为赘疣而铨曹为虚设,二百年之祖制一旦坏于阉寺之手,胡可训也?”吏部亦极论之。俱不报。(三四一,6328—6329)　马尚仁奏请于南京清查芦田及编审铺户。南京户部等衙门会议,以为:“尚仁所奏通州、如皋二处有新涨洲田九万余亩,佃课七千六百有奇,是芦洲尽有余田而隐占未必尽绝,少俟水落,责成司道各官遍历地方,清查隐占,照科增课。至于编审铺行,抚按道府均称不便,盖各商在芜湖等处各有抽税,近差内监诸臣棋布星列,剥肌椎髓,奈何又欲重征之也。且应天系圣祖旧都,开天之初尚徙四方富户充实其中,近闻编审流寓之家相率思归,万一人心动摇,群聚倡乱,谁执其咎?”户部覆请如议。上许免编派,仍以清查芦课属工曹,其沿江上下新涨洲田命守备太监邢隆、刘朝用择委廉慎内官一员,同南部芦政司官督令该府州县备查遗漏隐占,丈勘册报,照例起课,银两每年解进,不许扰害地方。(三四一,6329—6330)　壬申,内府火,延烧尚宝司、印绶监、工部廊,至银作局山墙而止。诏推失火者,逮印绶监右监丞王进及工部委官黄以德等下法司治之,降掌印太监崔卿三级。(三四一,6335)

十二月丙子朔,有盗窃易内承运库祐国殿玄帝金像,逮治内官赵进忠等,敕有司捕盗。(三四二,6337)　庚寅,原任南京礼部尚书致仕王弘诲以身疾喻朝政,言“臣始病,元气亏损,因而外强中干,生意憔悴。切念国家元气在民生,频年以来,抽税之使络绎不绝,彼此交征,如张密网,民不堪命,元气病矣。臣尝病,头目眩昏,因而肢体颠危,五官失职。切念君臣为一体,自陛下深居大内以来,地天不交,元首虚位。近且大僚多缺,庶采常虚,或因一事而并罪一司,或因一人而并疑群辟,旷官废职,肢体病矣。臣常患中气胀满,医者以为上实下虚,荣卫不贯,因而思世之虚实通于上下者莫如财,内府外府,何者非天子之积,顾所用何如耳。陛下动称内府匮乏，辄令外府挪移解进，今外府空虚极矣，陛下不通融以应之，复听群小巧立名色，厚敛横征，以重困赤子。《语》曰：'皮之不存，毛将安附。'藉令天府有如山之积而海内嗷嗷思乱，陛下谁与乐此？然则臣所患胀满而荣卫不贯者，今之病得无似之乎？臣尝患上焦闭郁，医者以为内热外寒，关隔不通所致，因而思世之通内外之情者莫如章奏，今诸司章奏往往留中不下，无论内外忠言嘉谟，矢心入告，一切如水投石，即寻常用人行政之间所为抵牾而窒碍者不少也。然则臣所患闭郁而关隔不通者今之病，得无似之乎？臣以此因臣之病而思及天下之病，又念臣之病所关止一身耳，无足忧也，天下之病所关在宗社矣，大可忧也。陛下诚穆然深思，超然远览，简用会推阁部大臣以司政本，录用先后建言诸臣以襄庶务，亟下行取考选之令以通言路，速罢掊克聚敛之臣以除民害，通融内外之出入以均货贿，检发先后之章疏以开壅蔽，转移之间而病根悉除，此久安长治之术，祈天永命之道也。臣虽不知医而所言者皆医国医民苦口良药，愿陛下尝试之。"(三四二，6345—6347)　　壬辰，山东税监陈增进追罚吴时俸[①]等银一万二千五百两，仍为吴宗尧乞贷。上命银两查收，隐匿未完者严提追究，吴宗尧姑褫职为民，不许推用。(三四二，6347—6348)　　癸巳，山西巡按赵文炳言："税监孙朝听群小拨置，夺臣职掌，擅行税契，有违明旨不许重征之禁，乞赐戒饬。"上责朝偏听重征，殊失朝廷裕国爱民德意，其税契仍旧委按臣督催解部。(三四二，6348)

本年附

史事·广东议定税监税银、两监采珠钱粮

万历《广东通志》卷七《税课》："近年议定矿监税银附载：万历二十七

---

① 吴时俸，原作"吴时奉"，广本、抱本作"吴时泰"。据《神宗实录》二十七年五月辛未条改。

年，御马监太监李敬奉命采矿，续经该监题准，每年矿银一万二千两外，该铺垫银一千二百两，加重银一百六十八两；每年矿金五百两，外该铺垫金五十两，加重金七两。后又再加方物等银三千两。时该监差官差商，分投挖掘，民甚苦之。左布政使陈性学议允，行令有司督采，如岁额不足，即留军兴税契等银补解，其略曰：（**略**。）计采四年，仅逾八百。粤之小民苦乎供亿，疲乎奔命，废乎生业而伤乎田园者，不知凡几矣。"

万历《广东通志》卷七《税课》："近年议定两监采珠钱粮附载：万历二十六年御马监太监李敬奉命开采廉州等池，经藩司议允，每年协助人夫工食银六千两，内派广、肇、高、廉各府，（**船只另行派取。略**。）又内官监太监李凤开采雷池，续因无珠，该监题准停滞，每年折解银三千三百四十二两，（**内派韶、潮、雷各府。略**。）后廉池珠亦稀少，采使欲窥交南之界，抚按下其议于藩司，左布政使陈性学力陈不可，乃罢之。（**下略**。）"

艺文·碑铭·西岳华山祭文

维万历二十七年，岁次己亥，二月辛亥朔，初九日己未，钦奉皇帝圣旨："朕代天理物，法祖安民，期国祚之隆平，资臣工之辅弼，时雍政肃，内治外清。睠兹灵贶之骈臻，悉赖神功之拥护，虔悃诚而毖祀，异锡美以垂庥。时若雨旸，岁登丰稔，广普福祥于中外，永消灾沴于迩遐。是用特遣御马监太监白忠[①]，恭赍香币，前诣西岳华山，启建清醮。伏愿斡旋玄化，默运灏灵，帝佑惟纯，九扆巩金瓯之庆，天休滋至四方调玉烛之和，祀典告成，皇图益永。钦此。"华阴县知县马明卿勒石。

（碑在陕西华阴。《北京图书馆藏中国历代石刻拓本汇编》第58册，第87页）

艺文·碑铭·云惠寺碑

翁正春撰《敕赐云惠寺重修碑记》："按云惠寺，创自宣德十年[②]，内官监太监申公用者，功著当时，德孚中外，（**乃积资于阜成关外迤西十里建寺。略**。）正德二年（1507），内官监各衙门太监等官马公福广等各捐俸修饰，四年工完，敕赐额，赏护持敕书二道。（**下略**。）万历二十七年，岁次己

① 本年白忠亦送《道藏经》一部给四川成都府佑圣观（今四川三台县云台观），所颁敕谕及象笏尚存。然据民国《三台县志》卷二五《礼俗》记载，白忠官御马监左少监，所任职事为"道经厂副掌坛"。

② 原"十"下"年"上尚还有一字，漫漶不可辨，然宣德仅十年，当为误书。

亥,新秋吉旦。”

碑阴右上段从右到左:钦差天寿山寿宫总理工程内官监太监刘济、钦差乾清宫等处总理工程内官监太监陈朝用、乾清宫等处提督工程内官监太监田昇、何于昇、刘才,内承运库掌印太监孙顺、御马监太监李仁、解永、张其、宋成,提督大石窝等处工程内官监太监张忠、解宁,提督黑窑内官监管理佥书太监何永等12人,提督马鞍山灰厂、紫石塘内官监太监田忠等5人,钦差乾清宫等处提督三山催运石料兼管京城内外街道内官监太监何江,内官监太监等官22人。下段从右到左:印绶监掌印内官监太监崔卿、惜薪司北厂佥押管事张勋等5人,提督琉璃窑内官监太监刘成等4人。碑左为六部尚书、都察院都御史、顺天府尹、宛平知县沈榜等官。

(碑在北京海淀恩济庄。《北京图书馆藏中国历代石刻拓本汇编》第58册,第93—94页)

万历二十八年庚子(1600)

正月戊申,辅臣题:“以中官不宜轻信,外政不宜轻假,救科臣程绍。”不报。(三四三,6355) 吏部尚书李戴上言……戴又言内使侵越职掌,恳乞戒谕,以一政权:“山西开矿内臣张忠奏调知县韩董,臣窃怪之,夫抚按职司察吏,博采公评,间有才地不相宜者奏闻,下部题覆而后调。矿使内臣径拟量调简僻,非法也。比者潘相留已升王官沈榜为通判,已窃抚按荐举之权,张忠径拟韩薰之调简,又侵抚按参劾之权。且中使原与有司何仇,正[止]据供亿之丰杀,听参随之喜怒,更有恶民捍网,辄自窜中使名下,因而媒孽有司以快其心。据张忠疏云,李成举毫无过犯,因巡按访察而抵解刑系,则忠之本情见矣。夫中使可以明操抚按之举劾,则所侵在官守,奸民可以阴操县官之黜陟,则所坏在纪纲,渐不可长也。乞严谕张忠,止许督理矿物,勿得干预吏治,幸甚!”不报。(三四三,6355—6356) 湖广巡抚支可大(**按,此当遗一“题”字**)为群奸激众鼓噪,议处税课,以安地方:“楚地辽阔,民情犷悍,易动难安。近自采木派饷,又益以抽税开矿,追取黄金,搜括积羡,小民赔累,不堪嚣然思乱。乃有积棍指称税监，吓诈噬人，如刘之良、宋大工等，遂致武昌、汉阳土民数百奔赴抚按，击鼓声冤，旋噪税监门，拥众攻打。臣同按臣多方禁谕，自辰至酉方定，随即擒获究惩。因与该监陈凤[奉]反复思维，众方惑乱，反侧未安，锋不可犯，议将荆、襄二府税银听监征收，余十三府二县应照山东、河南近例，分委有司代征解监，以凭转解，一应参随委官悉行撤回，安民之策，莫善于此。"不报。(三四三，6356—6357)　己酉，南京浙江道御史朱吾弼上言时事，不可使蠹者一，不可使壅者三："皇长子典礼当举，关国本者一也；速宜点用阁臣，清政本者二也；行取速宜考选，广言路者三也。所谓一蠹者，中使矿税是也。"因极陈其虐焰之烈，民困之惨。不报。(三四三，6357—6358)　庚戌，山西巡按赵文炳因火灾陈言，极论矿税事：一、革群小以完国课而安疲民。中使一到地方，自有应用员役，如钞关诸臣不带一人，国课亦完，此辈竞攫，如肉入饿虎之吻，民输十倍，无一二入官者。县役入乡，鸡犬犹为一空，况此辈之鲸吞乎？一、禁举劾以清吏治。如通判沈榜已劣转而保留，知府吴宝秀、推官华钰以阻挠而被逮，且太原知府周诗一经孙朝之荐，反坏其生平。举措之柄，岂可假阉人哉！一、山内无砂者免其包矿及砂尽许报停闭。一、无货许免色税。一、严绝原奏官民献税献矿。一、撤中使以快人心，宁于解进银一万两外加一千两为中使土宜。不报。(三四三，6358—6359)　壬子，应天巡抚陈惟芝疏言："泗州、南京、凤阳、湖广俱系附近皇陵，山场联络龙脉，原有明旨，遵照天寿山禁例，不许擅行开采，以泄灵气。今内守备邢隆既承敕命，不敢擅止，欲于坤山、坞山择日兴工。窃惟天寿山禁刬周围六七百里，孝陵西北滨江，东南界湖，风气尽属，对岸乃去徽、宁等山场仅三百里，地形凑聚，应照天寿山，并禁封闭。"不报。(三四三，6360—6361)　甲寅，提督东厂太监陈矩题，访获神奸捏词渎奏，钻求违法杜守仁、沈文格等。诏下锦衣镇抚鞫之。(三四三，6362)　乙卯，福建巡抚侯代金学曾参奸弁高时夏捏奏罔上，漫为影射之词，巧施渔猎之计，大坏闽中盐法。上命会同内官高寀查明议处。(三四三，6362—6363)　己未，河南道御史吴达可疏陈四事：一请举皇长子三礼，一请点阁员，一请俞考选，一请撤矿税之使。不报。(三四三，6366)　丁卯，陕西抽税内官梁永参西安府同知宋言串同揽头王守胤侵冒官银、倡乱生员许显吾，并参抚臣贾待问论劾不公，及刘有源奸弊，请差官校拿解有源议罪。上悉从之，特于抚臣无所问。(三四三，6371)　山西巡抚魏允贞直陈时政之缺，以为："候考诸臣皆进以科目，试以中、行、推、知，或五六年、七八年之久；按抚荐之，科道访之，部院品第之，皇上犹不轻与一官。彼鲁坤、马堂、陈增、高淮、孙朝等试之何事，举之何人，而令之衔命横行，生杀予夺，尽出其口？何其不以待宦寺者而待诸臣也？科道诸臣诵法圣贤，夙矜名节，所言皆纲纪典制。边计民瘼，一皆庋阁不省，甚则严谴时行。彼报矿报税，原奏参随皆屡犯军徒，不齿乡党，其言总是凿空说谎，蠹国殃民。而朝入朝批，夕上夕发，应之如响，何其不以听奸宄者而听言官也？衙皂入乡，鸡犬犹为一空。彼缇骑四出，雷霆震动，虎豹跳号，破家亡亲，如吴宝秀、华钰等至惨矣，皇上何不一念及也？钱粮出入，堂属相参，后先相代，其觉察至详，犹有不自爱而侵欺者。矿税之使，手操利权，动逾数万，有司不敢问，抚按不得闻，岂无吮民膏血以自肥者，皇上何不一察及也？金取于滇不足色不止，织造取于吴越秦晋不满数不止，珠宝取于海南日南不穷渊薮不止。至如元老听其息影于深林，小臣任其骈肩于辇下，而略不皆省，何以异于求金求珠宝之心也？惟皇上于穆清之际试一反观而深察之。"不报。(三四三，6371—6372)　戊辰，大理寺卿郑继之题：禁地失火，延烧屋三十余间，犯人黄以德等拟罪有差。其王进系钦犯，监内病故，该司郎中不早奏知，降一级调用。(三四三，6373)　己巳，河南开矿原奏官署都指挥佥事陈永寿奏参知事张有伦、奏官钟应交盗卖官砂，得银数万，搬运回籍。上命官校扭解来京追究。(三四三，

6374—6375)　庚午。先是，天津税监马堂激变临清时，复奏地方风俗狡悍，市井“十虎”纵横。山东巡按杨光训乃极论其怙终掩罪，人心怨恨已极，曰名为“十虎”者，系堂私人；号为“槌师”、“捧手”者，系堂招募。昼则攘臂白夺者，堂之委官；夜则放火杀人者，堂之厨役。商贾闭门而逃者谁驱之？明贴匿名者谁致之？堂之所言，何一非己所为，真怨詈滔天，神人共愤。不然，狡悍市虎，此守土者事，于税使何与，而堂顾虑之乎？疏入不报。(三四三，6377)

二月丙子，锦衣卫百户夏荣诡称宝坻苇田襟带千里，地方广远，一人难以兼摄，请于钦差内臣外添设委官并参随人役前往沿海沽道征收，及立关防号簿以杜侵渔，委诚实以便分管，给马匹以便行程。奉旨：“宝坻设立银鱼厂，原系内官管理，岁进银鱼苇课以供享祀御用，准着内官王虎兼管督理。彼处密迩京城，何用多人条议以滋烦扰？合行事宜都着王虎会同抚按查照旧例施行。原奏官夏荣、为首土民崔万钟便给与勘合前去，听从王虎委用，关防不必又给。”(三四四，6385)　戊寅，直隶御史应朝卿题：……(**言盐法之坏，略。**)上命与经理内官鲁保酌议明白，奏请定夺施行。(三四四，6389—6392)　己卯，巡按直隶御史涂宗濬辨永平府通判罗大器素称廉谨，亦不讥骂高淮，乞复原职。上以其饰词党救，烦渎扰，不纳。先是，辽东矿税内臣高淮奉旨勘已故太监王彦产业，因不晓文移，听人指唆，中有“望风捉影”之语，谓讥骂淮，参劾大器革职故也。(三四四，6394)　羽林前卫副千户王承德奏：“太监暨禄先授敕谕止开应太监(**按，太监二字衍**)淮扬地方，未曾载庐、凤、徽、安等府州县，伏乞颁敕谕。”奉旨：“庐州四府税银每年可得四万两，着督税内官暨禄带管，督率原奏官王承德、为首土民谢溥前去，会同抚按征收解进，另写敕与地[他]。合行事宜都着暨禄会议奏行，何用多人条议，以资扰费(**广本作烦扰**)。”(三四四，6394—6395)

庚辰，金吾左卫百户吴镇奏抽太平、安庆、庐州、淮扬、常镇等处商货船税，奉旨：“南直沿江一带往来船只遗税，每年可得银八万两，有裨国用，着暨禄不妨原务带管，督率原奏官员吴镇、为首土民钱文明前去，会抚按征收解进，不许侵越钞关疆界，重叠征收，困累商民，载入庐州等府敕内。”镇又条议五事：一、定疆界，一、定船料则例，一、抽兴贩客米，一、抽木板枋柴炭，一、抽岁改段绢布匹。上命遵前旨行，给钱文明冠带。(三四四，6395)　辛巳，凤阳巡抚李三才上言：“所在饥荒，流民千百成群，攘窃剽劫日闻，久而不散，恐酿揭竿之祸。徐、砀、丰、沛壤接河南、山东，白莲妖术盛行，近有赵抚民、孟化鲸、赵天民等招合亡命，布散流言，大骇听闻。榷使左右奸人程守训等大行吓诈，鱼肉富室，摇动民心，可为隐忧。又单县民唐云峰倡乱强贷，首恶赵世龙等聚党万余，部署职名，肆其猖狂，造作逆谋，所当多方解散抚绥。至如矿税内使原出万不得已权宜之计，此辈上不虑朝廷之宪典，远不虑万世之骂名，小不虑自己之灭门，大不虑宗社之颠覆，磨牙鼓吻，朝剥夕吸。四海鼎沸而彼惟恐明主之或闻，天下土崩而彼惟恐明主之或见，百计蛊惑，壅蔽聪明，虐焰日炽，民怨日深。不逞之徒藉为口实，共起无将之心，咸动侯王之想。伏乞深惟祸乱之萌，急修消弭之策，悉撤矿税阉人，涣然与天下更始，幸甚！”不报。(三四四，6396—6397)　武骧右卫百户张钦奏言彰德、卫辉、怀庆、开封等府县共有矿洞三十二处未经开采。上从之，即命钦差内官鲁坤督率。　开矿内臣王虎参蔚州民毕矿造布谣言，哄散矿夫，及率男毕诗杰等殴伤参随王守富等。上怒，命虎会同抚按将矿等有名人犯严究，分别问拟，胁从姑免追治，以安地方人心。(三四四，6397)

壬午，锦衣卫百户王心泽奏称细查大木可以变卖，寺产势豪霸占，段绢包揽侵欺，开款上闻。奉旨：“衢州等处金银矿洞着内官刘忠会同抚按开采解进，其采卖大木并侵欺岁改段绢钱粮及僧道废绝山田等项，还着内外官员公议奏夺。”　癸未，命给矿税、盐课、市舶、珠池、宝井内臣牙关防一十四颗。(三四四，6398)　甲申，兵部覆凤阳巡抚李三才题饥民群聚酿乱，榷使虐焰召戎，急宜早计预图，弭变未形等因。奉旨："旧年灾沴流行，各省多罹饥馑，朕常忧念，屡旨着有司多方赈恤，严饬中外各官不许生事扰民，用彰爱育之意。何今淮、徐贼徒辄敢构结倡乱？法难轻宥，着督抚官上紧设法缉拿，有名首恶务在得获，不许推诿纵奸贻害，其余胁从诖诬（按，诬疑应作误）一切勿问，不许株连以害善良。各抚按用心救济以安灾民，仍加意防御，毋令地方有警，责有所归。"（三四四，6399）　丁亥，刑科都给事中杨应文为职官无罪就死，参内臣孙朝、张忠杖杀太平县典史武三杰，纵令无籍逼死建雄驿驿丞李逢春，乞发抚臣魏允贞原疏，严行查究。不报。（三四四，6403—6404）　礼部题："据钦天监揭称，本月初四日戊寅午时京师地震。是日正值告祭社稷之期，变不虚生。"因极言中使横恣，上信任特过，言之至切。不报。（三四四，6404）　戊午，锦衣卫百户王体仁奏征长江一带船只遗税。奉旨："奏内遗漏船税，湖广每岁约银七万两，有裨国用。着提督广宁店内官陈奉会同抚按照例征收，其浙江、江西、山东、临清迤北俱系重复，罢之。"（三四四，6404—6405）　己丑，河南矿务太监鲁坤参原奏官陈永寿。奉旨："陈永寿先以巡洞驰驿，骚扰州县，科敛各总甲银两，参题未结，今又挟仇诬奏知事张有伦及钟应交，已经奉旨拿解去了，永寿刁恶异常，着原差官校一并扭解来京追究。"（三四四，6408—6409）　庚寅，辅臣沈一贯题："陈奉入楚，始而武昌一变，继之汉口，继之黄州，继之襄阳之光化县，又青山镇阳逻镇，又武昌县仙桃镇，又宝庆，又德安，又湘潭，又巳河镇，变经十起，几成大乱。今奉衔命征收，地方傥一动摇，激变之罪何逭？且民情一变，亦已可畏，况于屡变。既已屡变而犹[又]穷治乱党，深督有司，则民益无所恃而变愈急。不惟岁额因之日减，抑惧大（广本、抱本大作夫，是）衅结而莫解。楚民轻剽易动，楚地湖山辽阔，啸聚易匿难搜。况征播军兴，家家增赋，处处添兵，而复迫之，适驱使从贼耳。恳惟皇上大沛弘仁，以收楚民之心。"不报。（三四四，6409）　腾骧右卫百户李鎜上陈钱法九事：一、请特给关防。一、支放须定钱价。一、官员月俸、师生廪饩、各役工食俱兼搭钱银,罪赎俱准纳钱。一、严禁私铸。一、式样务遵钦给。一、厂局择衙门空阔,易于关防。一、散钱必专责,方有条绪。一、湖广地广,州县窎远,乞照府分钦定廉干舍人十五名,给与冠带,督同料理。一、鼓铸须惯匠提领,俱照宝源局事例,年终计铸钱给工食。上以其事属之税监陈奉,关防不准给。(三四四,6409—6410)　辛卯,广东开采珠池兼理矿务少监李敬题:"原奏效劳省祭官叶立本、鲁一中捐赀助工,乞改武职把总名色,仍随开采效用。"从之。(三四四,6410)　壬辰,山西开矿兼管河东盐课内监张忠奏进盐课银两,兼辩御史汪以时参原奏百户吴应麒等拥赀横肆,瓜分挈回等情。奉旨:"国用缺乏,内外官当同心处置,岂得各肆忿讦,虚言罔上,人臣之义谓何?前者御史汪以时奏余盐每万引可卖价七千两,朕亦疑其言之太过,令从公查议奏夺。今张忠奏来,果无此价。御史岂可偏执抗拗,轻指陷人?奏内余盐听其变价二万一千两,立限解进,以后盐课准照原额中号定价征收,以昭朝廷抚恤商灶至意。其黑河南岸既说涂泥淤泞,捞采甚难,特准停免。今后仍前纷纷执奏,致亏国课,必罪不宥。"(三四四,6410—6411)　丁酉,应天巡抚陈惟芝以王承德诡奏庐州等四府牙税羡余,未经征抽,极言徽州、安庆带山沿江,地瘠民穷,并无物产可税。况包矿者此民,包税者亦此民,吮髓吸血,民不聊生。若必执奸弁之诳,为竭泽之渔,则宁、徽州勉认六千,安庆勉认五千,有司征收类解,不必委官滋扰。不报。(三四四,6413)　戊戌,南京守备太监邢隆题称:"守备关防惟留都公移所用,今奉命查勘芦洲田土钱粮,文移往来,若无印信,弊端百出。又经管地方,敕旨开载不尽,相应题请明白。"奉旨:"沿江上下新涨洲田,即属南直隶地方,着遵敕行,不许侵越别省疆界,以昭朝廷爱恤农民至意。着铸钦差督管洲田内官关防与他。"(三四四,6413—6414)【考】后邢隆益求税务关防,见《神宗实录》卷三七一,三十年四月丁未:"大学士沈一贯以上与南京守备太监邢隆征收徽、宁二府买产税契银敕书关防，上疏争之曰：税契之制起于民间买产，恐有后争，祖宗立法，每十年造册之时为之官印契尾以资信守，因而稍税纸钱，非为利也。近年户部因边饷无措，每两由三厘增至三分，止充济边之数，已为非艺之征。今又收入内帑，则户部不免束手待毙矣。且原题尽天下岁入可得十万，今乃云徽、宁二府可得十五万，何其言之太易耶？彼徽、宁二府土地几何，虽使寸地尺土无不换主，决无五百万交易之理，十五万税从何而取？明是奸人赚此一敕，以为百计诛求之端。小民何辜，有不生心造谋者乎？伏望深惟利害，追寝前命，免写此敕。不然则明示邢隆循每两三分之制，随其税银多寡，尽数解进，不必拘定原数。其原奏土民吴良辅等，不许预事以恣，止令有司防奸缉弊，毋容漏卮。则人心不惊，国课有出，虽有妨于户部，犹无损于皇仁，臣不胜沥恳。不报。"又同月壬子："礼部题：'臣部查国朝旧制，有一官止有一印，今太监邢隆守备南京，给有关防，即以此征收各项银两及文移往来无不可者，如以税契一事仍欲重给，是有一事辄用一印，印文愈多，适以启奸窦而滋之扰也，臣以为不必另造便。'其关防御前已给与矣。"按，则是邢隆以一身而兼有三关防矣。

三月丁未，山西巡抚魏允贞为场课亏缩，群奸坐耗，参原奏吴应麒、吴有成等奸贪无艺，盗攘国课，半充私橐。查卖过盐价银二万七千五百有奇，止解一万三千余两，使国家冒牟利之名，而群奸乐富厚之实，所当究追。仍以盐政归之御史，按额解进，以助大工。不报。(三四五,6421)　戊申。先是，腾骧右卫百户李鋆奏湖广地阔人稠，兼有矿洞，乞特差内官开矿采铜，设局铸钱。已得旨允行，至是工部请发宝源局见在钱样二百文，令其如式铸造。奉旨："钱法阻滞，因有私铸，低假淆混，又因官不收钱，止责民间行使，安能流通？遵守造钱式额，与内官陈奉务探[采]四火黄铜，依样铸造，不许与京式纤毫参差。凡存留钱粮及各官员师生俸廪、各役工食等项事例，银钱兼收，其工费等项悉遵旨通融处给。若有私铸的，严行禁治，不许因而纵奸滋弊，扰害地方。"　陕西税监梁永参逃犯赵其巡。奉旨："赵其巡侠(**广本、抱本侠作使**)骗绒银，刑伤人命，便着原差官校一并拿解来京究问。如系脱逃，着抚按官严行访拿，务在得获。其王印、宋言、许显吾等，上紧追究，明白奏夺，不许徇私延缓。”(三四五，6422)　庚戌，刑部尚书萧大亨题：该司礼太监田义先奉旨传与刑部尚书：见监拟罪各起囚犯，照原额写来定夺。该部将各犯逐节开写略节缘由罪名上请。不报。(三四五，6423)　两淮盐务少监鲁保为重困难支，扰害日甚，参税监陈增委官程守训，率领虎党王文、洪修之等百余人到扬州、仪真，假托奉旨提人，纵听流棍项九川、吕尚文等诳捏通倭漏税虚情，斩门擒捉，抄产毒刑。数百余家，小则破家，大则绝命。逞强娶妾，逼人投水。商灶哄然，几激成乱。伏乞严敕，矿税盐务，各有职掌，民间犯罪，有司官禁治，毋俟矿税衙门纠察，请一切禁绝越例受词，严驱奸徒倚托。疏入不报。(三四五，6423—6424)　壬子，工部尚书杨一魁题：“查看景陵，仅插补桃梅，所需不过千数上下，而内官监揭开物料数目，约费二万有奇，夫匠工食之费犹不与焉，即庾盈帑羡，义且不可，况工役繁兴，帑藏罄竭之时乎？乞从裁省，以杜虚冒。”从之。(三四五，6425)【考】《神宗实录》卷三四六，四月辛巳：“刑科右给事中陈维春以内臣李祐禄计修葺景陵物料太滥，乞赐裁减，以杜侵冒。不报。先是维春在工科，同往勘视，故力言之。”　癸丑，山西巡抚魏允贞以矿税二使交毒，官民百状难堪，自劾不职，以乞罢斥：“盖举劾之权在内则科道，在外则抚按，前孙朝举太原知府周诗，今张忠又参夏县知县韩薰矣。然举劾犹其小者，而太平县典史武三杰以张忠经过，知县失于迎接迁怒，提责致毙。建雄县丞李逢春被张忠、孙朝差人索钱不遂，备极凌辱而毙。二官虽小，无可杀之罪也。至如商税不用天平而用大称[秤]，压重无算，土仪帐幔、手帕、绒花、绒毡一县多则千余，少有数百件，此皆民膏也。目击此景，俯自循省，抚臣重在举劾，今朝、忠与夺之则举劾失职矣；重在伸冤理枉，今典史、县丞不得其死则伸理失职矣；重在清查钱粮，今干没无算则清查失职矣。既不能为陛下执法，又不能为百姓救难，有臣如此，将安用之？乞先赐罢斥，以谢二使，仍将孙朝、张忠下该部查究，以为贪横不法之戒。”不报。（三四五，6426—6427）　辛酉。先是户部题：“税务二两以下尽数收钱，二两以银钱各半，原为疏通钱法，急济边饷。”提督宝和二店内官张隆题：“本店转收条船（**广本、抱本作修船**）银两，系充圣母宫用，解钱未便，乞宣课司条船仍旧征银。”从之。（三四五，6431）　癸亥，湖广巡抚支可大引疾乞休，辩督臣李化龙揭奏高坐省城，当以不及罢斥，实因税监陈奉道有民变，千人鼓噪，亲冒矢石，抚辑旬日，又待会问兴国州追金事，后滞半月，又言楚中征兵措饷之难。上以地方用兵留之。（三四五，6434—6435）　乙丑，督理通湾租课屯收税务少监张烨封（**抱本封作讨**）请敕外非属地方俱照通湾一体征收，又请各该州县设立牙铺，置立循环文簿，又请选委风力指挥，分布壮快于二十四场，稽察私盐。奉旨：“奏内盐商钱似玉等呈献顺天等十一府（**广本、抱本作十二府**）盐税银，每年二万六千两，但各有所司，不得偏执以滋烦扰，着张烨、马堂、鲁保同该抚按巡盐，查议明白奏夺，毋亏国课边饷，亦不许困累商民。”（三四五，6435）　天津税监马堂下原奏官詹锐奏请及时征收新增盐税银三万两，极称马堂杜绝夙弊，人心乐愿。又临清州民秦永泰愿献店房一所，仍进银三千两，惟求冠带荣身。不报。（三四五，6435—6436）　丙寅，原任饶州府管理厂、捕①通判沈榜为恳免复任以全国体，以明志节：“臣转审理，窃幸释负，忽见税监潘相以彼中小民保留为请，奉旨准照例添注原官，仍旧管事。感戴殊恩，百生莫赎。但臣窃见毅皇帝以来，垂八十年未有中使之荐，肃皇帝以来，亦四十年未有传奉之官。无论经由歧路，必有求系求援之讥。即今内省梦魂，何解相窥相从之迹？破国家之治典，乱铨衡之职掌，且陶户既当大祲，又

---

① 管理厂捕，广本、抱本作“管理厂务”。按沈榜原任饶州府通判，劣升王官，税监言窑户奏保，乞留“专管烧造”。《神宗实录》二十七年十一月丁卯条载奉旨：“添注通判管事，兼本镇捕务。”当仍以通判衔管烧造，并兼管捕务，故应是“管理厂捕”。

复增税财物，腾踊米盐，阻绝亡命，鼓噪几成大乱。陛下既罢天下磁器之税，何不并罢浮梁一县商贾之税，以收陶民摇动之心?”不报。(三四五,6436—6437)　刑部主事谢廷赞据易理以陈时事，观乾坤以明阁员之当补，台省之当选，即损益以明矿税之当撤，即家人以明册立冠婚之当速，即中孚以明诏令之当信，跪伏文华门候命。逾时，上命太监田义传谕:“上本自有旧规，如何沽名要挟君上，好生狂躁，着出去照例候旨。”竟不报。(三四五,6437)　顺天府丞乔璧星言:“京师民穷财尽，新法朘削难堪，乞停免牙税。”因内官张烨称奇异珍宝睛绿金玉等项与京城内外当铺则例课民征收务足，故极言之。不报。(三四五,6438)

四月甲申，云南矿税宝井内臣杨荣参寻甸知府蔡如川、赵州知州甘学书及生员人等抗扰开采。(三四六,6449)　乙酉，浙江巡按李楠上言:“狂谋两地同发，时事可虞，乞亟停搜括以销乱萌。因赵天明等结聚倡乱，实由税棍纵横，大肆掊克，在在鼎沸，莫必其命，故偷延旦夕之生，遂成大难之端。浙江随处滨海，迫对倭巢，风帆又便，窃恐民穷无计，勾通狡夷，祸不可言。乞将矿税责成有司，其地无艺之征亟行罢撤，以收拾人心。”不报。(三四六,6450)　珠池市舶税务内臣李凤激变新会县，乃参县民李芸易、原任通判吴应鸿、举人劳养魁、钟声朝、梁斗辉阻挠课务，主谋兴叛。上震怒，即命官旗逮系李芸易等赴京究问，其余有名渠魁，即付李凤严拿正法。又题雷池捞采无珠，乞暂停采，将商船折纳助工，并协济罢采珠池银两，按春秋二季解进。从之。又题镇抚戴君恩献言广东盐场未税遗利，赍敕稽缓，重当罚治。又千户何其贤敬陈无碍银两，再请敕谕，以便奉行。上命以戴君恩听李凤同抚按官严间其奏，所请敕谕不允。(三四六,6450—6451)　丙戌。先是，奸民陈学明等诳称衢明[州]云雾山大木合抱，及金银矿山。余应祥等诳称浙直岁改段布及黄生绢有司带管克剥，奸棍包揽侵欺，乞将银解局，给发机户，及专敕内官督造。董学等诳称浙江僧道废弛，山田地产变价可得二十余万等情。至是浙江巡按李楠奉旨查议，反覆辩其诈诞，言甚明悉。不省。(三四六，6451—6452)　壬辰，户科都给事中李应策题："少监张烨请催取宛、大二县所属及户部等衙门珍宝睛绿金玉等项牙商，与京城内外当铺卯历逐查姓名，照原题每两三分则例坐派银一万五千两，委官轮管征收。臣于西长安门见各牙数百为群，号哭拦诉：'某等无产无力，经纪度日，一夫晨出，合室待暮归而食，设有他故，竟日不举火矣。身无完衣，安能措处一万五千？活逼坑杀数千生命'等语。臣且悲且惧，窃思征银一万五千，必须各牙岁得五十万金，设不及此，一万五千于何取足？四海之远，尚谓小民疾苦未尽睹闻，近地灾伤日奏月闻，民间见畿辅若此而不少宽，安所望于遐荒？祲沴若此，而不少宽，安所望于丰稔？将尽丧其乐生之心而冷其效死之志矣。乞令张烨停割牙税，致刘大伦于理，以正诬奏欺诳之罪。"不报。(三四六，6457—6458)　甲午，户部尚书陈蕖题："迩自言利小人奏收商税，一到地方，狼吞虎噬，截索等于御夺，搜括甚于抄封，商旅裹足，民心思乱。臣等实切隐忧，然都下之民亲依辇毂，犹或可免，不意神棍刘大伦捏牙税之说，诳诱通湾少监张烨，忽于京城内外经纪勒取牙税一万五千两，责宛、大二县征解。且珠宝市不常有，本无牙行，此辈饥寒憔悴，日不聊生，乃鞭笞以索其税，立见颠踣，号呼可悯，千百穷民，何忍从绝其命。直恐民穷虑易，一旦祸发萧墙，即蓄如山积，何所用之？伏乞亟停牙税，刘大伦等凿空始祸，置之重典，以谢万姓。"奉旨："京城辇毂之下，百姓尤为烦苦，征收牙税原非朕意，即准豁免，俾小民安生乐业。如有借言私行的，着科道参纠重治。"(三四六，6459)　乙未，广东巡按顾龙祯为激变流殃，非常大异："市舶税务内臣李凤差官陈保往新会县拘锁平民，严刑逼勒，以致士民数千鼓噪县堂。税棍林权等率党相持，自午至戌，挤踏死伤于县门者五十余命。窃惟新会迫在海滨，民轻易动，而李凤以垄断之计，开告密之门，无影无踪，忽兴大狱。某甲获罪，则曰某乙某丙实指唆之，株连所及，几至竭泽。类解稍愆期，则曰抚按所阻挠也；指县官之风力者则曰而予我海澳之税余，指府佐之清白者则曰而予我夷舶之常例，指司道之赤心者则曰而予我裔夷之琛赂。罗织善良，钳制命吏，招集海盗，驾使大船，(**按，此遗一字**)截海商，登岸劫杀，在在见告，惨于夷寇，波水为红。臣愚以为不撤李凤，不尽法陈保等，海隅万里将不可胜讳也。"疏入不报。(三四六，6460—6461)　丁酉，兵部题："先奉旨缉获有功员役，实升千户为止，今东厂太监陈矩题副千户张国光、游浃缉获功，奉旨各升一级，俱应指挥佥事，于前例不合，为此复请。"上命各升本卫指挥佥事，后不为例。(三四六，6461)　辛丑，户部尚书陈蕖参税监委官程守训捏旨拘持大户，挟诈汪文耀等赃私数万，内监陈保等时差虐民，毙伤梁肇机等五十余命："夫诈传圣旨，激变良民，罪在大辟。今诸凶咆哮驿递，引类呼朋，遂至于扭锁平民，非刑拷讯，鼓噪于县堂，伏尸于县门，无忌极矣。一旦激成大变，此曹之肉其足食乎？伏乞正程守训、陈保不赦之辜，严敕各差内官尽驱流棍。"不报。(三四六，6464)　湖广巡按王立贤奏为商民困极，剥削难堪，乞鉴群奸欺罔之弊，少息征求。时则有千户谢应魁诳奏恭献金银真矿，百户李鏊诳奏急疏钱法，兼开铜矿，百户王体仁诳奏分征遗漏船税，皆下陈奉议行之，故立贤有此疏请绝之。俱不报。(三四六，6464—6465)

五月癸卯朔，直隶巡抚[按]刘日梧为奸棍假托诏旨，扭[擅]置官属，窃弄威福，祸延京省，道路喧传："武英殿带衔中书程守训奉密旨访各处富商，搜求天下异宝，臣初不信，及至则旌盖车马填塞街衢，首有朱红金字钦命牌二面，继有二牌，一书'凡告富商巨室违法致富者随此牌进'，一书'凡告官民人等怀藏珍宝者随此牌进'，四介胄骑士执之，其他戈矛剑戟，拥卫如卤簿。臣为之色夺。又扭[擅]立京棍仝治为中军，另踞一船，逻卒数百辈，爪牙甚设，每日放告，专令四方积猾揭首，匿名鬼状，平空架影。今日械一人，曰尔富而违法，明日系一人，曰尔家藏珍宝。又挟山东税监陈增前奏吴宗尧逸党文移，忽左指一人曰某甲即某乙，复右指一人曰赵某即钱某，凡稍殷实者即罗而织之。其初逮也，不遽讯也，铁索锁项，三木曳身，令过都历市，遍使观者股栗而后就讯舟次。设水牢于舟中，昼夜浸之，绝其食饮，已乃说（**广本、抱本说作诡**）出之岸，令舆皂厮养竞谇而迭殴之。非法刑阱，备极惨毒。其人求死不得，无奈倾家鬻产，跪献乞命，多则万金，少亦不下数千。如仪真监生李良材、南京盐商王懋信、淮扬高汪、方全诸家，立见倾荡丧身，人心汹惧，弃家远窜。而守训方饱于仪扬，又扬扬去之金陵，之太平，之芜湖，之徽州，且声言向苏杭矣。宴饮游玩，挥金如土，赏倡优动以百金，且曰：'我将赏汝一官。'私买婢妾，辄曰：'我将进御。'其号于人曰：'我天子门生，奉有密旨，部院不得考察，不得纠劾。'闻其原籍歙县创竖一坊，曰'帝心简在'，门首高挂黄旗，曰'皇恩特建'。乡党有规之者，则曰：'我自出都门，头已不在我颈矣。'其虐焰薰天，宁复知有三尺哉！细访其人，原市井无赖，屠沽淮上，复拐一妓而逃，不审陈增何故认为侄婿，以致猴冠虎翼，咆哮若此。且旗牌非军情，法不得用，中军非抚镇，法不得立，守训何人，公然用之！矧陈增止督山东矿税，守训作彼鹰犬，则所索诈亦应尽山以东而止，胡自徐淮遍及南直苏杭？岂守训遂为兼总千（**广本抱本千作十**）道使耶？利归一人，怨丛朝廷，皇上试逮而籍没，即一守训可得数十万金。伏惟皇上大振乾纲，将守训、仝治肆诸市曹，以为假诏虐民之戒。仍查该县何因擅与建立坊牌，及有无列名牌额，重加罚治，以儆阿徇。民生幸甚！"不报。（三四七，6467—6470）　乙巳，直隶巡按牛应元奏有白棍程守训假称武英殿中书，到处藉旨吓诈多赃，横肆无忌，地方惊危，乞置重典，恐以土崩之祸遗之皇上也。不报。　督理山西税务内臣孙朝奏巡抚魏允贞抗旨阻税，毁烬大木并赃税三十余万。上即下部院参看来说。（三四七，6471）　丙午，户科都给事中姚文蔚请发参劾程守训、陈保疏揭,因言:"小人难继,衔勒少弛,即有狂奔横逸之态;愚民易惑,耳目少异,即有鸟惊兽骇之忧。今授之魁柄,是为虎傅翼也,使群奸效尤,是教猱升木也。"不报。　山西税监孙朝参追赃军犯王永亨倚赃诈骗。奉旨:"王永亨把持国课,吓骗银两,已有旨追赃发遣,如何牵告罗织良民,好生玩法。并奏内有名党恶任忠、黄新都着锦衣卫拿送镇抚司打着究问具奏。"(三四七,6474)

丁未,山西开采内臣张忠上言盐议已定,盐课未完,极言御史汪以时倔强阻抗,乞责运司包捞包卖。不报。　戊申,阁臣沈一贯题:"各处本章例有揭帖到阁,臣得讲究,下部查例题覆,然后据理拟票,惟内臣并无一揭。今张忠所奏盐事,国计边储,关系匪轻,乞允臣所拟,下部看详。"不报。(三四七,6475)　真、保开矿指挥张懋忠敬陈开采事宜五款:一曰遵敕旨以广圣泽,二曰并差臣以益进解,三曰撤原奏以清扰费,四曰定更代以均劳逸,五曰严考核以示激励。不报。(三四七,6475—6476)　庚戌,经理两淮盐务内臣鲁保极言商民贫困,程守训假势吓诈,又有张大亨等假牌捉拿,诉害多赃,乞究诛首恶,潜消乱萌。奉旨:"张大亨等指称矿税衙门,假牌诈害淮商,好生玩法。已获的并有名人犯即同抚按严拿问拟,勿得连累无辜,以安地方。程守训不法事情着陈增勘明,奏请定夺,不许徇私庇护。"(三四七,6476)　辛亥,督征浙江税务内臣刘成题清[请]查各省岁额会银及余积无碍银两,在浙省者应属之臣,庶责有专一。从之。　浙江开采内臣刘忠请敕查采卖大木并侵欺岁改段匹钱粮及僧道废绝山田,悉从之。　督理山西税粮内臣孙朝参抚臣魏允贞、按臣赵文炳不与同心。奉旨:"朝廷遣官税课,原为不忍加派小民、裕国通商德意,如何内外各官不思同心共济,彼此背戾支吾,职任安在?其清查无碍银两,着上紧会查明白,一半留彼军饷赈济,一半并岁课解进。如有抗违,必罪不宥。"(三四七,6477)　丁巳,刑部尚书萧大亨题:"犯人刘有源、赵其处夤投陕西税监梁永名下,同恶相济,吓诈数万金,杖杀数命,惨及章缝县佐，合依故勘平人因而致死者律各斩。”从之。（三四七，6478—6479）　戊午，斩伪造御宝犯人陈大韶于市。（三四七，6479）

己未，吏部尚书李戴等参看税监孙朝讦奏抚臣魏允贞非是：“盖允贞禀性太刚，任事太执，处人太峻，即与阁部大臣时有争论，不能曲奉内臣可知。孙朝疏中欲食其肉而寝其皮，在皇上前尚骂詈如此，其在彼中盛气以加抚臣可知。其相争相讦，彼自相加，非敢抗诏旨也。若谓其贪滥，赃至三十余万，则臣等请以百口保之。谓宜严谕二臣协心体国，如复忿争，两下其章，平其得失。若抚臣之疏不报，内臣之疏单行，其于国体政体两为有损。今以镇抚重臣，因与中使相争而罢，则何以弹压冲边，激扬大吏？且内外俱是王臣，宫府当为一体，若处分稍偏，天下闻风而起。内臣日以参讦抚按为事，内臣之私人日以挑激拨置参讦为事，恐朝廷自此纷纷矣。”不报。（三四七，6479—6480）　南京守备邢隆进赃罚银七百余两、矿银四千一百余两。纳之。　庚申，工科都给事中王德完极言税监陈奉四罪：一曰欺君，谓开掘枣阳青山，伤显陵龙脉。二曰盗国，请留荆、襄二府领外自抽自用。三曰虐士，朘削缙绅。四曰殃民，乞撤回陈奉、韦梦麒而责令有司包税。不省。（三四七，6481）

壬戌，应天巡按牛应元言：“南京守备内臣邢隆索借宁国府县库备赈官银假充样银，索借徽州府库备赈官银假充正银进献，矿实无银，得不偿费，徒伤孝陵龙脉。且受奸人告讦吓诈，流毒甚惨，乞赐停止。”不报。（三四七，6482—6483）　癸亥，山西巡抚魏允贞疏辨内臣孙朝诬讦，缕析极详。不报。（三四七，6483）　甲子，吏科左给事中许子伟、陕西道御史何熊祥等各疏请批发部院参看魏允贞公本。俱不报。　丙寅，浙江巡抚刘元霖为浙盐毫无余积，妄奏大违祖制，因奸民诳奏余盐山积，巡盐御史叶永盛力辨其诬，敕内外官公同查议奏夺。今盐臣酌定岁额一万六千两，而内臣坚欲增额一万两，二臣执议微有不同，乞特赐裁定，或从盐臣之议，或以二万为额，庶国计边储不致两病。不报。（三四七，6485）　丁

卯,陕西富平县知县王正志奏言税监梁永、赵钦虐杀职官,诈害良民,误国欺君三大罪。不报。(三四七,6486—6487)

六月癸酉,锦衣卫经历钱一鹗上言:"缇骑逮人,祖宗朝偶一用之,皆大奸巨恶。今不用之奸雄而用之贤哲,不加之作奸犯科而加之奉公守法,人心不服则威反亵矣。"因极言陈奉、程守训、孙朝等之酷虐。不报。(三四八,6490—6491)　山东税监陈增特疏巧为程守训卸罪而移罪于洪修之等,乞问遣正法。不报。(三四八,6491)

甲戌,司礼监内官姜伟题偷买木植内官郑祥、黄忠。命下法司问拟。(三四八,6491)　丙子,山西太原等四府、宁武等三关军乔公相等赴阙,极言巡抚魏允贞清操惠政,民倚为命,被税监孙朝诬奸,哀恳保留,以慰民望。不报。(三四八,6492)　直隶巡按应朝卿上言税监陈奉擅立拦江税厂,阻绝引盐,秤验诈害,各商俱愿压单改派,亏损国课,激变灶户,乞敕各监毋得恣意刻削商民,阻坏盐法。不报。(三四八,6492—6493)　丁丑,凤阳巡抚李三才上言:"矿税烦兴,万民失业,朝野嚣然,莫知所计。如臣境内抽税者,徐州则陈增,仪真则暨禄,理盐者扬州则鲁保,理芦政者沿江则邢隆,千里之途,中使四布,棋置星罗。于捕叛亡无赖亡命,翼如虎狼,如含山之潘元等,和州之陈所蕴等,淮安之马如壮等,扬州之蒋季柔等,瓜州之鄷奔、纪四,仪真之吴大川、汪三等,泰州之郭寔,宿州之顾其礼、戴环等,假雕印信,公行吓骗,而程守训尤为无忌。近来楚中内使,沿途掘坟,得财方止,毒虐人鬼。且一人之心,千万人之心也,皇上欲金银高于北斗而不使百姓有糠秕升斗之储,皇上欲为子孙千万年之计而不使百姓有一朝一夕之计。试观往籍,朝廷有如此政令,天下有如此景象而不乱者哉?昔元政不纲,黩货无厌,群小擅命,故高皇帝奋此一剑而取之如摧枯拉朽焉,此殷鉴之不远者也。且所谓巡抚者,安抚此一方民;巡按者,按察此一方民;知府、知州、知县,知此府州县之民之事也。今采抽踏勘俱会抚按,少有异同,动蒙切责;起解征收,任委有司,驾言阻挠，便被逮系。是上自皇上，下至抚按有司，无非为矿税设也。故谓臣等为巡扰可也，为巡害可也，为知矿知税知盐可也，岂天所以寄托皇上与皇上所以命官之意哉？乞亟下明诏，停罢矿税，尽撤内使，其掘墓杀人事有显迹者擒拿正法，传首四方。由是郊庙之亲、朝讲之复、辅臣之点、台省之补、建言斥遂之赐环、无辜被逮之解网，顿然改弦，天下岂不翕然而颂圣德哉！”不报。(三四八，6493—6494)　己卯，直隶巡按应朝卿为神奸假旨吓诈，赃迹历查有据，乞速递究以泄众愤，参程守训虐害多人，赃私山积，招集虎棍，破家投命，乞严行逮问，速籍原赃，尽剪恶党。不报。　庚辰，徐州税监陈增为擒获逆党孟化鲸等，借吐逆谋，乞敕严行防范。不报。(三四八，6496)　辛巳，工科左给事中张问达上言厘正三事：“一曰别忠佞之言以绝祸源。如诸奸弁之言矿言税者，皆佞言也；辅臣部院台省侃侃剖析矿税之大害者，皆忠言也。一曰严贪酷之罪以惩巨恶。如各内臣名下程守训、陈保等，狐假虎威，溪壑难盈，至棰杀命官，沉人师徒，毁庐掘坟，万人痛愤，死有余辜。而陈增曲庇移罪于参随诸棍，将何惮而不肆其恶乎？一曰明参劾之权以正国体。夫阉尹宵小，一朝衔命，而陈增、李道、陈奉、杨荣辄敢参郡守府佐，李奉辄敢参乡宦举人，浸寻而参按臣、参抚臣，孙朝且诬槐(**按，槐字衍**)清介第一之魏巡抚矣。不为禁遏，长此安穷？惟皇上赫然切责内臣而厘此三弊，天下犹或不至大乱。”不报。(三四八，6496—6497)　山西巡按汪以时以每盐一车卖银七两，此因盐生绝美，故价可高售，后果美恶，不可预必，安可执为成额，必欲取盈。乞照中价定为五两。又极言其捏影不经之费、侵克充囊及诬讦之由。不报。(三四八，6497)　山东巡按杨宏科上言税监高淮捏奏聚众抢矿税银及打死皂隶，暗激圣怒，逮系生员。及据该道招详，毫无影响，止因委官廖国泰激变土民，乞下法司，将生员轻贷而重究国泰之罪。不报。(三四八，6497—6498)　丁亥，大学士沈一贯题：“蒙圣谕：琉璃河桥坍塌，圣母钦降银一万两并内帑积余及各处进助银两，令内官监太监何江前去修造，可传该部选委勤慎司官同董其事，务要工坚省费，作速完成，一应工费不得科扰小民。臣焚香开读讫，即传示该部遵行。”(三四八，6500)　礼科给事中王士昌极言矿税之残虐，曰：“御题黄纛，遍布关津，圣旨朱牌，委亵蔀屋，遂使三家之村鸡犬咸空，五都之市布丝莫贸。在诸臣法语巽语，百计未能以天；在陛下不绎不改，一行愈坚于转石。且税以店名，何异东齐之市肆；官从内遣，不啻西苑之斜封。昔唐裴匪躬在司农寺，欲按诸苑菜蔬以鬻利，仆射苏良嗣判曰：‘公仪休一诸侯相，尚拔葵去织，未闻天子卖菜蔬与人争利。’事遂不行。由是观之，专之且不可，况夺之乎？裴谞为河东盐铁使，时关辅旱，帝问谞估之利若何。谞曰：‘臣自河东来，谷菽未种，农人愁叹，诚谓陛下轸念元元，先访疾苦，而乃责臣以利？’由是观之，问之且不可，况括之乎！”疏入不报。(三四八，6500—6501)　鱼苇税课内臣王虎参通州同知邵光庭不应付，香河知县焦元卿率领生员、土民喧嚷，执枪棍抛瓦石者千余人。上为之降二臣各一级调用，仍令会抚按、提学严查为首生员、土民正法。(三四八，6501)　戊子，工科都给事中王德完感时触事，列理财之常慎者八，用人之当慎者七：理财一曰严义利之辨，二曰明一体之谊，三曰通家国之理，四曰存敬畏之心，五曰识修省之要，六曰广视听之益，七曰谨安危之机，八曰改苛敛之失；用人一曰矿税之使当撤，二曰被逮之臣当原，三曰抚臣之任当专，四曰选取之命当下，五曰迁谪之臣当用，六曰眚灾之救当行，七曰辅相之求当急。言虽不用，然天下传诵之。(三四八，6501—6502)　己丑，山西巡按汪以时上言：“近见参官之章屡上，缇骑之差屡下，人皆切恨中使。其实中使见制于群小，群小愚弄乎中使，三五成群，昼夜攒谋，构成奏疏，但求中使用关防，诸棍即为赍奏。彼中使不通文义，常被欺哄，又心迹暧昧，常被挟吓，甚至中使失于关防，群小盗印空本，任意填写奏扰，中使朦然不知。及奉有明旨，只得以错就错，如马堂、孙朝辈，远近传笑。且张忠委官毛凤腾带有书房陈涵初、方遇春，系赵古元逆党，被旗尉崔德缉获。凤腾何人，敢于纳叛，是安可置不诘也？又矿税两府差假官马化龙斩关而入富平之察院，吊打马夫，嚷入县堂，击碎圣谕之碑亭，又何可置不诘也？皇上以利权委中使而中使实同偶人，中使以腹心委群小而群小皆是翼虎，冠柄潜移于奸丑下贱，若此而皇上犹然不觉，何耶？”言甚切直，竟不报。（三四八，6502—6503）　庚寅，直隶巡按吴达可极言长芦盐税剥商已甚，势难复加，罪革奸商钱似玉等诳耸税监马堂、张烨，违旨不相会同，朦胧奏扰，及纳级指挥袁应台委察私盐，必至挟诈索骗，惊散商灶。不报。（三四八，6506）　壬辰，署吏科左给事中许子伟言：“以降级处邵光庭、焦元卿而以罚处程守训，轻重太失其平，何以服天下之心。”因极言守训气之暴横，法所必诛。不报。（三四八，6507）户部题：“奸民秦永泰以献银诳马堂，奸商钱似玉等以加税诳张烨，于是纷纷议地界，议拨补，各听奸谋，屡渎明旨。其挨单之说则利巨商不利小商，利运商不利土商；其定价之说则见戕民，不见便民。见裕奸不见裕国，狼吞虎噬，流祸罔极。”上犹信其额外纳银之说，命征解二万六千两，俱委运司官而不听其添设指挥巡察。（三四八，6507—6508）　郧阳巡抚郑国仕引年乞致仕，因备陈采矿、榷税、变[采]木、抽船、征门摊、开铜洞、征播军饷、加派丁粮，民生日蹙，忧劳成疾，冀以悟上。不允辞。（三四八，6508）　戊戌，直隶巡按朱吾弼因孙朝之讦魏允贞，深言重臣不可污蔑，乞重惩孙朝之欺罔。不报。　夺阶州知州蔡思和、成县知县王三锡、西河知县宁晋芳等俸有差，以开矿内臣赵钦奏矿徒劫杀，各宜正罪，州县不能禁戢也。（三四八，6511）　己亥，逮富平县知县王正志，以矿监赵钦参其不应对子户马匹也。（三四八，6512）

七月壬寅朔，户科都给事中李应策奏言：“今天下大害有易见易行，无毫毛之裨而徒误国罔人，假矿税以自利者莫如重叠、溷淆及无端骚动诸弊。何谓重叠？彼商贾之往来，有货同地不同者，亦有地同官不同者，以重征叠收之。禁为三令五申之条，而御墨未干，奸谋旋炽，再四稠叠，酿祸蓄争，宜核于兹以就一。何谓溷淆？名以采榷，不重诬则权必不彰，如总税衅无可寻，则琐举细目以溷之，如大肆隙无可入，则零掏旁隅以溷之。甚则积议成疑，积疑成乱，法纪名秩，渐已堕废，宜核于兹以就实。何谓骚动？凡事为未定而欲筹也，间一临其地。今定矣，凡界限未明而欲核也，间一遣其使。今明矣，凡额数未尽而欲悉也，间一查其例。今尽矣，即复欲筹之何所着，核而悉之何所增，非独各内监亲巡之不可。虽遣使行查，宜俱省也，宜核于兹以就宁息。倘蒙垂纳，亟核前弊，并查处，速撤诸奸，则帝畿千里，俨然冯翊扶风，天语半纶重于发棠启柜矣。”疏入留中。(三四九，6515—6516)　直隶巡按佴祺奏河官降调可原，漕粮被残足虑，乞将通州同知邵光庭、香河知县焦元卿各降一级，仍留在任管事。先是太监王虎诬奏二臣，得旨降调，故有是请。卒不报。(三四九，6515—6516)　癸卯，大学士沈一贯会同首辅赵志皋题：“该文书官冉登传出圣谕，谕内阁：朕览卿等揭奏，具见忠爱恳切。典礼隆重，皇长子素秉清弱，盛夏溽暑，虑恐烦劳，诚重之，故少俟耳。朕心已定，卿等可传示文武百官，静候传行，毋得要誉沽名，又来烦聒扰阻。谕卿等知。”(三四九，6517)　刑科右给事中陈维春疏救富平知县王正志，特免扭解，仍乞发正志原疏，将陕西矿监赵钦拿问正法。其赵钦所讦正志事，请敕下地方抚按勘问定夺。不报。(三四九，6517—6518)　戊申，湖广税监陈奉题陈勘金颠末，并进见在黄金。得旨：“金着内库查收，其隐慝[匿]金银，令会同巡按官严追解进，漆有光等都着撤回。”(三四九，6525)　广西巡抚杨芳奏言：“顷皇上念经费浩大，内帑匮乏，榷税之使遍及域中，即广西弹丸远服，亦复定以四万之税。臣等具疏恳免，未蒙省发。无何榷臣沈永寿至，冬春两季尽各府锱铢商税，悉以征收，止得一万五千二百两有奇。榷臣必欲取盈二万，不得已，将额充兵饷盐利凑与四千七百八十余两，共二万。窃计粤西岁支兵饷及经费等项共该二十七万一千九十两，迩者田地多荒，山田沙卤，止得折粮银十三万三百两有奇，益以广东、湖广协济及岁得盐利商贾诸税，总前四项所入，仅足一年所出之数，非有分毫堪动之余也。前榷臣所征商税、盐利皆兵饷经费额内正数，若下半年必不能取饷以充税，即榷臣求之，臣等必无以应。况本省环境皆夷，万一仓猝窃发，无饷可以养兵，无兵可以守土。乞皇上念遐荒瘠薄之区，四万原额必不能足，特赐宽减。"疏上留中。(三四九，6527—6528)　己酉，湖广税监陈奉讦奏江防参政沈孟化纵属阻挠，蕲州知州郑梦祯抗旨蔽矿，倡民噪呼。得旨，郑梦祯降三级，沈孟化降一级，各调用。(三四九，6528)　山西道御史李时华等上言："向有矿税以来，中使激发圣怒，今日奉旨拿一知府，明日又拿一推官，拿知州拿知县，甚至乡官、举人、生员、百姓，无往而非逮系之人。在中使以为不激皇上之怒不足以恐吓诸人，在皇上以为不从中使之言不足以厚集其利，是皇上明示百官以曲顺中涓之心而滋百姓之怨毒也。乞将先后逮系之官敕下法司，分别议处，新扭解广东吴立鸿、劳养魁、云南蔡如川、甘学书、陕西王正志等俱令该抚按会同查勘。倘系持正招尤，强项取侮，不妨明白昭雪。至于大贪极恶如中书程守训者，累经参劾，赃私数十万，且自谓天子门生，假称诏旨，搜求宝玩，如此奸贪，罪止夺俸，何以服被逮诸人之心，雪江南江北千百里生灵之忿?"疏入留中。(三四九，6528—6529)　辛亥，都察院左佥都御史陈荐奏言内治当饬，有关朝廷大体五事，有曰君臣一体，自用则小。(**前言补官略**。)君民一体，自利则私。今以工作为名而采榷无已，日以采榷为数，而增派无止期。何不推保护陵寝之心下及于士庶坟墓，广悯念畿辅之爱远暨于海隅苍生。宫府一体，自私则偏。今采榷诸使与地方诸臣参错行事，意见不同，必互相争执。该部会议，量度取(**此处抱本有衷字**)，期有当于圣意。乃于诸使之奏，朝入夕发，有欲必从。凡该臣衙门咨札有地方诸臣殚精而尽(**广本尽作争**)，曾不得咨札并行。诸使中彼善于此者固宜推赏，而播恶于众者亦宜重惩，以示天下之人。……疏入不报。(三四九,6531—6533)　浙江道御史何熊祥疏论多贤诖误足原，神奸轻恕非体，言："迩自利风一炽，天下长吏有不便兴利之事者则斥，有不顺言利之臣者则斥，至于神奸巨恶，藉中使以鱼肉小民，反逃法网。如承天鼓噪，原以棍徒流毒，然旋噪旋定，抚按奏报未至，各官罪状未明，而兵备、府县等官悉降级矣。滋阳县地方解官失盗，又重降知县杨盛明，而香河知县焦元卿、通州同知邵光庭以不能厚馈中使，遂为所陷，又概降矣。抚按科道参劾程守训，捏旨吓财，罪恶贯盈，乃因陈增党护，仅蒙轻罚。抚按白简、科道弹章举无足为难，彼诸奸肆恶宁有纪极。乞将程守训行抚按提问籍没，仍并罪陈增为纵容党护之戒。其杨盛明、焦元卿等俱从薄罚，策令供职。承天各官听抚按查有无失事，然后议罚。以后惟抚按之言是凭，毋信内使单词，如内使仍前滥用非人，贻害地方，罪不宥，庶刑法既明，法纪以昭。"不报。(三四九,6533—6534)　两淮盐务太监鲁保奏言湖广税监陈奉设关拦阻盐引，秤验扰害。不报。(三四九,6534)　癸丑，巡抚凤阳李三才奏言："顷臣以矿税殃民，具疏上请，直据见闻，明开祸福。自以为皇上得臣此疏，必将慨然太息，布下明诏，悉罢各役。今既月余矣，未之或闻。岂左右有所壅蔽，抑睿览有所未及耶？数日以来，远近传闻，凡有章奏，但系税务，即束高阁。夫天佑下民作之君，君固民之主也；得乎丘民而为天子，则民又君之主也。若休戚不关，威力是凭，孤人之子，寡人之妻，拆人之屋，掘人之坟，奸贪残贼，若近日秦楚所奏，即在敌国仇人犹所不忍，况吾衽席无辜之赤子哉！困苦无聊，呼天叩地，奸雄乘机，遂生窥窃，如徐州赵古元之类是矣。夫天下非小也，草泽之人至广且众也，所以欲为赵古元之所为者何限？独以朝廷处置得宜，纲纪有道，故俯首顿心，从教从令耳。今乃驱之使乱，逼之令反，一人背去，百群遂奔，恐百姓之不肯为朝廷有也。倘皇上犹谓廷言不实，乞先斩臣而后亲临朝宁，果否万民有水火之害，是否宗社有危亡之忧，各处地方曾否有杀人掘坟之事，卖儿鬻女之惨。大奋乾纲，尽除前令，一应假旨作威、党煽虐民，严行各处抚按查明勘实，如律究罪，于以报匹夫匹妇之仇，于以泄孝子慈孙之愤。”不报。（三四九，6536—6537）　　甲寅，工科都给事中王德完以祈祷雨泽奏言：“皇上顷因雨泽愆期，谕臣工痛加修省，仍令顺天府祈祷。臣以为致旱有由，纵其所以毒民者是也；弭灾有法，卫其所以保民者是也。今出柙中之虎兕以吞餍群黎，逸圈内之豺狼以搏噬百姓，怨愤无处可伸，郁结无时可解，霖雨以天怒而屯，肥蜚缘人妖而出，如之何不旱？各处守令藩臬、乡官举人、黉序生员，轻则降革，重则扭解，甚至论疏未及，亦罹褫夺。仇口才张，改调有差，无辜株连，累及道路。至抚按二臣，一方大吏，内使纵横，敢为弹劾？夫抚按不足为民怙，何有于监司？监司不足为民毗，何有于守令？波流风靡，人人自危。皇上且为中使立赤帜，不与外臣作泰山；只知财利之多寡，不问黎元之死生。嗟乎！民何负于君而令鱼肉而蚕食至此极耶？乞皇上痛恤民隐，亟改前弦，省直黩货之使一旦撤回，数年降逮之官一朝复任，则修省以实不以文，何旱灾之不禳哉？”疏入留中。（三四九，6537—6538）　　丁巳，浙江巡按叶永盛疏言：“近因百户高时夏奏称浙、福余盐岁可变价三十万两，敕会内外官公同查议。臣等公同将历年掣盐引目查算及亲诣各场踏勘，余盐委系绝无。但明旨森严，不敢以空文覆奏。在臣则议岁额一万六千两，内臣则议岁额二万六千两，抚按二臣酌量其间，议额二万两，已于四月内会题，未蒙裁定。续接邸报，于内臣条陈之疏有无亏原奏额数之旨，臣屡诵明旨，皆云无亏国课，亦不许妨损边饷。夫两浙解部济边，正课岁额止一十四万，今余盐原奏额数乃至十五万，比正课加一倍有余，即将解部正课全解进内，尚缺一万，而边饷全无，不止妨损而已。皇上但见原奏额数，未查两浙旧课五数，旧课载在《大明会典》，二查而原奏之欺立见。”疏入不报。（三四九，6540—6541）

戊午，守备湖广内官监少监杜茂奏生员沈希孟等、民刘正举等打抢抽税陈奉差人，因而竖旗聚众，鼓噪倡乱。上令锦衣卫将已获有名正犯拿解究问，未获者会同抚按、提学等官拿问具奏。　巡按湖广王立贤疏参税监陈奉贪纵暴虐，激变地方诸不法状，乞皇上俯念根本重地，亟召还奉，别选中宫[官]老成谨厚者以代其任；委官孟学等千人与土民李二至等九人，均之大奸极恶，召乱起衅，行臣等提究正罪。不报。(三四九，6544)　　己未，陕西税监梁永讦奏富平县知县王正志，仍请敕书巡历边镇，清查库藏，令沿途军马护送。得旨："知县王正志藐视法纪，已有旨扭解。内官梁永着正己率下，安心任事，凡抗违欺隐的，即指名参来重治。"(三四九，6544—6545)　真、保、蓟、永矿税监王虎疏请征收宝坻等县苇地、船网税课银两及开垦荒地，参百户夏荣作威生事。得旨："渔苇课依拟征收，其开垦荒田令会同抚按、屯田御史查勘，不许侵越各处税课疆界。夏荣着回卫。"(三四九，6545)　　乙丑，浙江税监刘成题：会勘百户高时夏所奏余盐滞引，尽属乌有，并简括滨海地亩、新增盐课牙税并裁省公费及各灶计户加煎、各商计引加税银二万六千两以进。得旨："各处盐场既无盐斤存积，高时夏误听妄奏，姑着回卫。具各项搜括银两，既经会议无异，令该有司照数征收，每年解送内官刘成处总进。"(三四九，6548)　工科都给事中王德完疏言："税监陈奉虐焰大炽，恶贯已盈，皇上宠以温纶，许以参劾，上自道府，下及黉序，降斥逮系如响随声。夫三楚民情方且汹汹不定，若不及今绥戢，必致激变。臣不敢遽望停征税额，惟总核各省额例有几，进奉有几，令各抚按进解。皇上财货无减于初，而中官之掊克大瘳于昔矣。万一中官不能尽撤，祈将蠹国殃民如陈奉者大戮以儆其余。"时户科都给事中李应策亦具疏举[参]论。俱不报。(三四九，6548—6549)　河南道御史周盘等奏乞罢榷采之使，宽逮系之臣，以收人心，以弭天灾。疏入留中。　吏部尚书李戴等奏言中使酿衅多端，劾词过实，乞皇上深惟大计，免逮外吏，量从降罚，以收臣子之心；免逮诸生，以其事付抚按问理，以收士子之心；诘责中使，系治棍徒，尽罢取民害民之事，以收九洲四海苍赤之心。至高淮、陈奉所招民兵至数百人，出入披甲胄执干戈以自卫，尤渐不可长。疏入不报。(三四九，6549)　丙寅，大学士沈一贯题："朝廷之事非万分紧要者大臣必不合词共请，昨日六部九卿公疏为中使酿乱等事，臣愿皇上留神省览。盖此一事，皇上原旨明言权宜暂行，乃今久而不收，加而益甚，害满天下，祸连目前。臣子于君均同休戚，一字一泪，剖心剜肝，所利于皇上者甚大。至如程守训一无赖棍徒耳，前南京科道各攻之，今六部九卿合攻之，再不拿问，成何法纪？不得已，敢设二策：其一力请皇上召还中官而罢矿税以信权宜明旨，其一即未遽罢，乞以见在定额责成抚按有司包征解进，尽逐诸奏讦奸党。至于中官典兵，古今大忌，唐之中叶殷鉴不远，此万万不可之事。"不报。(三四九，6549—6550)　丁卯，广东税监李凤疏辨广东巡按顾龙祯参奏差官陈保激变地方诸状非实，因讦龙祯主使阻挠。得旨："御史风闻言事，多有涉虚，李凤着安心供职，不必牵连渎奏。"(三四九，6550—6551)　兵科都给事中侯先春疏言利臣朘削日深，民生涂炭已极，乞亟罢四方矿税以收拾人心。不报。(三四九，6551)　戊辰，山西道御史李时华奏言："臣读兴武卫指挥周原茂贵州开采一疏，违悖诏旨，尽丧良心者，大难之端，弃垂成之地。乞皇上置原茂于理，以安西南方定未定之人心。"疏入留中。　保定巡抚汪应蛟以畿内荒疫旱蝗相继为虐，乞敕尽罢矿税，并近议行盐鱼苇折税等项，仍乞将各省矿税一切并罢。不报。(三四九，6552)

八月辛未朔。先是，守备湖广少监杜茂以地方鼓噪，疏参直(**抱本直作镇**)守人员。上以地方兵备、府县等官不行禁戢，必有主使情弊，令各降一级。于是吏部拟降调湖广副使万振孙广东参议，承天知府王禹声福建盐运使司同知，钟祥知县邹元弼广东连州判官。疏入，上令改拟。又拟降调振孙广西参议，禹声河东陕西运盐使司同知，元弼贵州普安州判官。上以为湖广各官纵容生员倡乱激变，坐视规避，夺振孙职，令为民当差，禹声、光弼各降三级调边方用。吏部再拟降调禹声贵州贡阳府通判，光弼贵州按察司照磨，各添注。上怒各官党护，要救禹声等，俱夺职令为民当差，不许朦胧推用。(三五〇,6553)　原任辽东屯田把总韩应龙奏四川成都、龙安等府出产盐茶税课并重庆、马湖等府沿山千里尽产名木，其木大者进上，小者变价，岁利约可十万余两。上令原差内官丘乘云督率原奏官韩应龙、为首土商叶时蓁会同抚按等官勘实奏请定夺。(三五〇,6554—6555)　壬申，四川矿税太监丘乘云解进盐引岁(**广本岁作税**)银三千二百八十两有奇，茶引税银四千四百两有奇，并查奏库藏积余赃罚等银。得旨："茶盐税课既奉旨征收税银三万两，额外之课昨把总韩应龙朦胧重复具奏，显欲委用，图利扰害，姑不究。其茶盐税课照前旨征收解进，该省所产名木就令丘乘云会同抚按查勘采取，以济三殿大工。奏内清查积余无碍银两，上紧会查，毋得阻挠取罪。"(三五〇,6555—6556)　癸酉，工科都给事中王德完疏参原任辽东屯田把总韩应龙妄奏清查四川盐茶遗利兼采名木，事属欺罔，乞皇上亟逮应龙，明正典刑，仍恪守先后玉音，严禁重复奏扰，并将加采四川茶盐名木新命悉赐收回。疏入留中。(三五〇,6556—6557)　甲戌，户部题："顷接承运库太监孙顺揭帖，该季银五万两，催取甚急。数日前因有边饷一百四十余万，乞恩内发未允，是太仓殚竭之状已蒙圣鉴，孙顺岂未察耶？今直隶松江、徽州二府仅解到银四万八千四百三十三两，尽刷库银补完前月欠数，若八月金花，恳乞天恩，姑容解到，陆续补进。且先朝金花止该一百万两，至皇上初年，顿加买办银二十万，延及于今，赔进四百一十六万矣。往奉旨数年后照旧，如此时万分绌乏，乞遵先朝定例，毋瘠外腴内，以妨边计。"得旨："金花银两准宽限陆续如数解进，以彰君臣一体之意。边饷虽缺，还上紧严限催征，勿致有误。"(三五〇,6558)　丁亥，万寿圣节，遣官分祀诸

陵，上免百官朝贺，亲郡王、天下文武衙门进贺表文，送司礼监收进。(三五〇，6563)

九月辛丑朔，刑科右给事中陈继春疏救被逮知县杜承芳、知府蔡如川、知州甘学书，言："人君喜怒，中外属夷（按，夷字疑有误）稍失其当，使人潜窥则刑罚不中而人心离涣，国事随之。皇上过听珰史，缇骑四出，近日杜承芳等以庄而安一言逮矣，向日知府蔡如川等以杨荣一言逮矣。夫而安起解龙袍，六月初渡江，不为不久，任意遨游，沿途需索。惧以迟慢获罪，捏词诳渎，致干圣怒不可测，其欺罔孰甚焉？曾从孔氏之门，膺牧民之寄，而病狂丧心若此，良可叹矣！臣谓承芳之拿解宜释，而安之狂悖所当褫职重处者也。如川、学书无端被祸，臣等请命不得，今械系至都矣。夫荣狼子野心，抚臣陈用宾等隐忍阿媚不能结其欢，何有于二臣？以清廉之吏，遽蒙此惨烈之祸，其何以令人劝乎？臣谓如川等之蒙罪宜宥，杨荣之暴戾所当惩者也。"疏入留中。(三五一，6572—6573)

癸卯，通湾、宣大税监张烨疏参原奏书役毛凤腾擅坐肩舆，假丈田地恐吓民财，轻毙民命，及侵盗子粒银两，纷扰紧峙（广本作繁峙）地方诸奸欺状。上令烨锁押出关，备查三镇牧马水旱地土应征子粒银两，候对理完日从实奏请定夺，不许纵容延缓。(三五一，6573)　癸丑，工科都给事中王德完疏论楚事，因条列楚竖[监]之激大变二，楚士之罹大苦三，楚士之滋大惑七，而末请亟易税监（陈）奉、备监（杜）茂以苏楚民之困，以洗郢士之冤，重诛奸民兰荣、萧翼等以正震惊陵庙、毁詈学宫、伤残善类之罪，严褫卫弁周之屏、胡效以申擅调官军之法，仍乞原宥无辜多士以安汤沐重地。疏入留中。(三五一，6579—6580)　丁巳，工科都给事中王德完疏参税监陈增、王虎，言："沿江船料奸民妄奏，检查虚谬，业经停寝，增搜括淮、徐，益之曹、兖贡金七万取实前言。夫明旨所稽原系船料，各库所贮实系修河，虚词罔听，固云巧矣，得无欺乎？且河流徙决，修筑工料费出不资，多方凑处，犹虞不给，又欲蚕食瓜分，异日缺用，将何以凑手耶？宝坻鱼苇几何，税至四万？明系耸诱。虎听信奸弁旁搜蔓引，商船过地，无不波及，甚则倡为鱼闸官地之说[税]，欲拆毁民庐，加派间架。夫落地之税已属张烨南来之税，又系马堂区区一隅，三监并列，重叠征收，商民困累，敕戒夙严，如之何其反汗也？祈留修闸岁贮，亟撤鱼苇内臣，庶河道无虞，三辅少苏。"疏入留中。(三五一，6580—6581)

十月丙子，广东税监李凤奏祈专署，上命改义仓为之。又奏流弁戴君恩所称二十万之税，院司详议委曲，祇承监课，岁可贡十万金，其置买方物，岁可具三万金，搜括已极，原额难盈。按臣顾龙祯奏亦如之。上可其数，仍令有司征解，该监类进。(三五二，6591—6592)　云南税监杨荣奏阿瓦、猛密土夷效顺，恭进宝石、象牙、布毯诸方物，并祈宝井专敕，以便开采。上令方物贮库，敕如请予之。(三五二，3592)　　乙酉，上令文书官金忠到阁传谕辅臣……(三五二，6594—6595)【考】此为金忠实录之首见，其事迹见本年附。

戊子，给唐府内使冠带平巾有差，从王请也。(三五二，6598)

丁酉，工科左给事中张问达以典试山东，所经道路饥馑流离之状、风雹瘟疫之灾、征赋重叠之惨，胪列上奏，请亟罢矿税，恤民生、安宗社。疏入留中。(三五二，6602)　　庚子，工科都给事中王德完疏论宫闱事，言……疏入，上震怒，下德完诏狱，严询[讯]主使之人……翼日，上遣文书官冉登传谕内阁……上寻令文书官卢受到阁口传圣旨……又令司礼监太监成敬口传圣意……(三五二，6602—6609)

十一月癸丑，直[真]、保、蓟、永税监王虎奏请各州县官屯民地、开垦荒田归并督理，征粮查复，投亩类进；其监商侵占苇地，刈割苇草，量为征税，以充国课。诏悉从之。(三五三，6614)

十二月辛未。先是，淮王翊钜奏祈升内使璩焕典宝正，周昇典膳正，李安典膳副。至是部覆，言其逾越阶级，有违定例，似难曲从。上特命许之。　甲戌，天津税监马堂奏远夷利玛窦所贡方物暨随身行李译审已明，封记题知。上令方物解进，玛窦伴送入京，仍下部译审具奏。（三五四，6619）　庚辰，户科给事中田大益疏谏矿税，言："敛巧必蹶，各省直督矿税者穿凿劫吓，务实所报。矿不必洞而税不必商，凡民肌髓髑髅、丘陇阡陌，皆称矿砂，而官及四民皆列市贩，向所为军国正供，尽竭于此，而正供必不能输。即令有司刀锯严索，只足驱民，而速之乱耳；名伪必败，皇上自以矿税裕国爱民，名至懿也，然军饷无给，兵荒莫备，曾不闻以向所进收者给民佐国。而且日夜采榷，增加不止，人皆谓皇上意欲难盈，莫不反唇作色，嗔心詈口，而冀以智计甘言窃天下之誉，可得乎？贿聚必散，方今内帑收贮无虚岁无虚时无虚月无虚日，夫积而不渫，鬼将作祟，不有脱巾揭竿藉为鼓噪之资，即恐英雄睥睨，席为用武之地。此虽家给人散，以见德惠，亦且蹴之覆之而不可反，是天地聚散之必然也。怨极必乱，夫众心不可伤也。今天下自周亲豪右、簪缨韦布，以至耕夫贩妇、健儿走卒，莫不茹苦荼毒，扼腕侧目，唏嘘而无所诉，已非一日。恐土崩衅成，决而莫制，家为仇人为敌，众心齐倡而海内因以大溃，岂不大可惧乎？祸迟必大，国家全盛二百三十余年，已属阳九，加以迩来暴盩朘削，种种败道，而犹晏然无事，东征西讨，所向快意，盖将前之掩祖德，后之侈主志，外之生众心，而内之耗兵食。二竖固而扁鹊走，元神索而大命倾，奈之何耳？燕雀而怡堂也，意迷无救，皇上矜奋自贤，沉迷不出，以豪珰、奸弁为心膂，以矿砂、税银为命脉，虽有苦心药石之言，听之犹如蒙耳。即令巫咸治外，仓公治内，龙逢剖心，舜、禹筹策，亦安其解其徽纆而救败亡哉？夫此六事者，稽之往古为必然，验之当今而不可易。察之天道行事则已极，关之宗社安危则至大。臣畏死不言则误皇上，皇上不疾行，祸如发矢，不可追矣，愿皇上亟罢各省直矿税以消天下祸乱。"疏入留中。（三五四，6620—6622）　癸未，工科左给事中张问达等疏言："臣等巡视厂库，凡章奏有开，均应看详。伏见鸿胪寺鸣赞李伟、御用监把总张润泽、司礼监太监陈矩、锦衣卫百户冯祥各具奏恳免商役，奉旨俞允，臣等何敢复有陈说。但事关法纪，有碍工程，义难缄默。(下言新商诡计免差略。)”疏入留中。已而新商纷纷效尤，相继求免，问达等复具疏严驳之，亦留中。(三五四，6624—6626)

万历二十九年辛丑(1601)

正月己未，户部尚书陈蕖等言：“近日库贮匮乏，九边额饷逾四百万，去年挪借老库银九十万，今年各处灾伤颇多，逋负计年例少银一二百万。况别项宣索无时，今年各处灾伤，逋负计年例少银一二百万。昨御用监取办钱粮，除金、宝石、杂料外，只珍珠一样照估计银一千(抱本作一百，疑是)五十七万有奇。边饷关系尤重，再三讲求，惟有增开事例可以佐急，酌宜择便，列为数款，乞敕下本部同先年两例并赐举行。”从之。(三五五，6640)　己巳。是月，天津税监马堂进银内库，新增盐课银凡六千五百余两，租税银六万五千余两，助琉璃桥工银五百两，无碍官银四千五百余两，节省银二千两。(三五五，6644)　四川税监丘乘云进银内库，额外茶税银四百五十两、盐引银三千八十两、矿金四十四两、矿银五百三十五两，又银一万五千两、漏税一百五十两。　通、湾税监张烨进银内库，税银八百七十五两、牧马子粒等银二万四千三十余两、长芦盐税银二千六百两。(三五五，6644—6645)

二月庚午朔，天津河御用监少监马堂解进大西洋利玛窦进贡土物并行李。礼部题：“《会典》止有琐里国及西洋琐里国，而无大西洋，其真伪不可知。又寄住二十年，方行进贡，则与远方慕义特来献琛者不同。且其所贡天主、天主母图既属不经，而随身行李有神仙骨等物，夫既称神仙，自能飞升，安得有骨？则唐韩愈所谓凶秽之余不宜令入宫禁者也。况此方物，未经臣部译验，径行赍给，则该监混进之非与臣等溺职之罪俱有不容辞者。又既奉旨送部，乃不赴部译而私寓僧舍，臣等不知其何意也。但查各夷必有回赐，贡使必有宴赏，利玛窦以久住之夷自行贡献，虽从无此例，而其跋涉之劳、芹曝之念似宜加赏赉，以慰远人。乞比照暹罗国存留广东有进贡者赏例，仍量给所进行李价值，并照例给与利玛窦冠带回还，勿令潜住两京，与内监交往，以致别生枝节。”不报。(三五六，6647—6648)【考】具体情形可参看《利玛窦中国札记》第四卷。

癸酉，户部以川省采矿并兴，大军并集，请从总督李化龙之请，该省夏税秋粮蠲免有差。不报。(三五六，6650)　辛巳，督理天津等处税务兼长芦等处盐政御用监少监马堂奏：“审明豪商沈时显等阻挠盐法，罚银一千两，并乞严饬豪强商僧及司府官吏。”奉旨：“各犯追赎完日依拟发落，尔宜仰体朝廷裕国爱民德意，禁约下人，不许侵越疆界，因[困]累地方。”(三五六，6652)　癸未，山西巡抚魏允贞言：“开矿太监张忠以违旨抗礼参崞县知县袁应春，奉严旨降一级调边方用。臣念应春修完崞县大城及南关、西关二城，共节省银七千余两，响马巨盗不敢入境，朝觐止雇骡二头，用价七两，其干气(广本、抱本气作器)清操，千百中一人耳。今若降之，谁为皇上捍卫边方，休养小民者？况今奉敕官多矣，文官与武官无尊卑，皆不庭参；文官与内官亦无尊卑，皆不庭参，相沿已久。望皇上怜应才可济事，守不扰民，特免降调，仍敕部院将内臣与文臣相见酌其人情事宜议定仪注。”不报。(三五六，6653—6654)　乙酉，武英殿中书舍人管理山东矿务程守训疏请改易漕渠，由高邮州达淮安府庙湾入海，经数百里达山东胶州麻湾入新河，至海仓复入海，又经千余里达天津，省会通之劳而避海运之险。工科给事中张问达劾其蠹国殃民，且假称明旨吓骗，赃数十万，乞亟为罢斥，并发诸臣论劾诸疏，一一追究。不报。(三五六，6654)　己丑，湖广收税御马监监丞陈奉奏佥事冯应京故违明旨，阻挠税务，乞敕下究治。奉旨：“冯应京抗违阻挠，凌辱钦使，本当拿解究问，姑且降杂职，调边方用，不许朦胧推升。”(三五六，6656—6657)　辛卯，湖广巡按王立贤奏税监委官王继贤因开矿无砂，谋为寇盗，白昼持刀入谷城县堂，拷打署县主簿，欲开县库不得，逾城而去。(三五六,6660)　丙申，辽东督税右少监高淮疏参总兵马林，奉旨："内外官员俱系朝廷钦差，义当同寅协恭，何乃各分彼此，偏执纷争，职守安在？总兵官马林蔑旨玩法，诸不法事情(**广本无上五字**)好生可恶，本当拿问究治，姑且革职闲住，永不叙用，员缺便推堪用的去。"(三五六,6661—6662)　丁酉，户科给事中田大益、浙江道御史李以唐等疏参税监陈奉，乞复冯应京原职。不报。(三五六,6662)

戊戌，吏部接出圣谕："今日览文书，见科道党救湖广佥事冯应京，辄肆奏扰。况此畜抗违明旨，不能调停，事务掣肘。彼此本当重治，姑从轻处。田大益、李以唐等又来渎激，冯应京姑且革职，为民当差，永不许推用，如有狂吠的，还一并重治不饶。"(三五六,6662—6663)　湖广抽税太监陈奉奏称楚臣上下朋谋，措勒清查钱粮，乞行严究。奉旨："前有旨清查库藏积余银两，一半解用，知县王之翰、通判邸宅、推官何栋如乃抗违推诿。王之翰、邸宅革职为民当差，不许朦胧推用，何栋如着锦衣卫差的当官旗星夜扭解来京。如再有不遵的，参来重治不饶。其积贮库仓谷原系救荒政事，还着存留，以备赈济。"　是月，湖广税监陈奉进金银内库，金银样砂一百一十斤、矿金一十二两五钱、矿银三千两、水晶二十余觔、掘获铜钱一千一百三十三文、公费余剩银一百二十五两罪、赎银一百五十两。湖广税监刘忠进土回青内库一百三十七斤。广东珠监李敬进金银内库，矿金五百二十五两、银五千一百余两，又大小珍珠一千二百六十九两、银三百三十五两。(三五六,6663)

三月癸卯，吏部接出圣谕："今日览文书，见兵科党救总兵马林，好生可恶。马林先日妄言要誉，排陷督抚，今又凌辱钦使，阻抗违玩，及诸不法事情。姑念大将，从轻处了。侯先春徇私逞臆，必受彼贿赂。马林着发烟瘴边卫充军，侯先春降二级调极边方用，不许朦胧推升。再有激奏的，一体重治。况旨下将及旬日，该部尚未推堪任的来，其中亦有私曲情弊，着回将话来。"(三五七,

6665）　甲辰，刑科都给事中杨应文等劾奏陈奉，乞还王之翰、邸宅原职，免何栋如拿问，并急选老成内臣往代奉以救此一方民。不报。（三五七，6665—6666）　乙巳，锦衣卫接出圣谕："今日览文书，见科道官党救王之翰，（**广本、抱本此处还有"等好生可恶，王之翰"八字**）、邸宅、冯应京，着锦衣卫差的当官旗扭解来京究问。"应京，直隶盱眙人，万历壬辰进士。志节端凝，学求经济。哱承恩反，守土者多求去，应京请降为边方尹尉，练兵御贼。历户、兵二部主事。时东倭不靖，日夜倒囊延士，思以佐国家之急。以佥事备兵武、汉、黄，修举实政，著《南国蓄艾编》。陈奉闻应京入境，其焰稍戢，已复恣肆。应京疏其不法九大罪，奉亦劾应京。应京系狱四年，读书不辍，勒成《经世实用编》。甲辰放归，丙午正月卒。天启二年赠太常寺少卿。吏部录赠恤诸臣，应京为首，谥曰"恭节"。之翰，山西人，湖广枣阳知县。力阻开矿，为奉所疾，下狱拷问身毙。天启二年赠尚宝司少卿。邸宅，湖广襄阳府推官①，放归卒。（三五七，6666—6667）　戊申，湖广监税太监陈奉以孤忠势莫自奋，宸命日燿（**抱本燿作惧**），难承上请。奉旨："湖广通省税银额数止于六万两，前锦衣卫千户王体仁捏奏湖广遗漏船料每岁可得七万两，尔今查明本省船料通省仅有万余，武功右卫百户谢应魁妄奏郧、襄采木之事，尔亦查明，费不偿值。且山场皆自民间置买，今一概取之，嗟怨载道。尔既通行查勘的确，据实奏来，其每年船料准征收银一万两，一应解进应用，采取大木特准停免。及奏内同知卞孔时、通判邸宅抗违怠玩，邸宅已有旨了，卞孔时姑且降一级调用。千户王体仁、百户谢应魁姑着撤回，如有仍前鼓噪、坐视观望、不行禁戢的，准尔指名奏来，该地方官一体重治。"（三五七，6668—6669）　丙辰，云南巡按刘会奉旨清查各省岁额会银及余积无碍银两，得银一万五千二百四十余两，及布政司贮库石珠，交

---

① 推官，抱本及本月戊申条皆作"通判"。

该监解进，并极言滇省万分匮乏，矿脉尽竭，硐民逃散，乞免再行开催。不报。(三五七,6673—6674) 己未，江西巡抚夏良心言："税使潘相欲开铜塘禁山，遣陆太等召商于上饶，上饶民群聚欲杀太，知县李鸿佯言收太于禁，太乃得免，乞停开禁山以安地方。"不报。(三五七,6674) 锦衣卫接出圣谕："朝廷开矿税课，原因三殿二宫所用不赀，国帑匮乏，固为权宜之计，一以体恤臣庶，一以裕国济急，稍俟充足，自有处分。何乃内外官员互分彼此，掣肘阻挠，坐观怠玩，故纵唆使，欲实彼言，其如君命何？及朕详处，一二畜物薄示戒惩，诸司不以尊君体国为重，要挟君上，徇私市恩，又来奏激，好生蔑旨。张主敬等都革了职，发回原籍为民当差，不许朦胧推升。湖广卞孔时着锦衣卫便差的当官旗星夜扭解来京究问。"(三五七,6674—6675) 甲子，湖广巡抚支可大言："冯应京去任之日，百姓群聚呼号，欲逐陈奉。奉乃盛陈兵卫，招摇都市，砍李廷玉等二人。闯入楚府，命参随三百余人引兵追逐，躬[射]杀数人，伤者不可胜数，薄暮乃解。奉肆行已极，民怨日深，亦自愿还，乞即掣回。"不报。应京既被逮，奉大书应京之名，榜其罪状，悬于通衢。众群聚欲杀奉，奉逃匿楚府，逾月不出，又执奉左右耿文登等六人投之江。(三五七,6677) 丁卯。是月，通、湾税监张烨进银内库，赎罪银八百九十余两、年例税租银九千五百余两。(三五七,6678)

四月丙子，礼部再疏请册立冠婚，不报。时司礼监、司设监奉旨下户部催铺宫等钱粮，户部上言："簿查二年来共进珠宝六次，计价银一百八十万。近日监库纷纷题讨，又共进三次，计价银四十一万。通计前后所进用过银二百二十一万，较之皇上大婚所用十七万已不啻十倍，而谓不足备礼，臣不敢知也。今查太仓银库仅有银一千九百两，该库题讨共该银一千三十五万，臣又不敢言也。夫帑藏者，皇上之帑藏；典礼者，皇上自为社稷计也。乞敕承运库及御用监、司设监，将前后进过珠玉等项速行制造冠婚应用物件，勿致久羁大典，仍令所司稍为节缩，共济时艰。与其备物而缓期，不若及时而成礼，尤臣等狗马之愚。”奉旨：“陆续进过买办珠宝等项用过价银已知道了，大典所用不赀，实非得已。职司国计，官守何在？还着设处，办送各该衙门应用，无得支调缺误。”(三五八，6679—6680)　壬午，大学士沈一贯言：“臣伏病在寓，知楚事更多，不敢不奏。武昌之乱，因陈奉既参冯应京去任，即大出告示，数其过恶，夸张得意。小民家家痛哭，追送应京，因而互相杀伤，以激此变。陈奉见势危急，躲入楚府，不则奉为齑粉矣。小民恨巡抚曲护陈奉，随车痛骂，放火烧其衙门。昨巡抚疏中但言失火，讳之也。今小民群聚围绕，实未尝散，就使暂散，安知不复聚而相击乎？不独省城，即通省无不怨奉，故道途皆梗，消息不通，众怒如有水火不可犯也。盖武昌之民前年已曾作乱，冀奉犹有改图，今日甚一日，决然不与俱生。臣虑奉必遭毒手，奉不足惜，如国体何！今皇上必宜早发一谕，治奉之罪，另选老成忠慎者往以安楚，不宜待百姓杀奉而后图也。楚民素悍勇好乱，且陈友谅子孙甚繁，兼以苗夷杂处，易动难安，皇上宜万万加意。且今税使满天下，而为天下所共指詈者独三四人而已，陈奉不能悦皇上之心而反令皇上惹恼生忧，皇上亦何爱陈奉而不以安楚四千里地，活楚百万生灵以定反侧之谋乎？出一旨意，易一税使，而乱民以定，国体以尊，且税亦未尝少，其利甚大。臣在床蓐，千回万转，草此揭以请，伏祈皇上万万留意。幸甚、幸甚！”(三五八，6682—6683)　督理直隶仪真等处税务御马监少监暨禄言：“臣奉命带征庐、凤、徽、安四府遗税并沿江一带船税，各该抚按皆言重叠不敷，乞要题请宽议。臣思抚按意在恤民，未必可凭，二项额数共该银一十二万，今征收半年，不足一万，未及十分之一，始信抚按之回覆有据而原奏之开报无凭。伏乞轸念民艰，俯赐宽宥，将二税照实征数目，依期征解，无拘于原奏揣摩之数。”奉旨：“你暨[既]曾查(**广本、抱本作尔既会查**)商民疲困，课额难敷，会同抚按等官酌议督征定额实数具奏，毋拘原奏一十二万之数，以示宽恤地方。”是时榷税之使四出，所至割剥吞噬，惟恐不足。禄乃能顾民艰之念，力请宽恤，疏凡五上，始得明旨，固宜表而出之。(三五八,6683—6684)　癸未，山东税监陈增言："山东东昌府六府并香税课税一岁额银六万两，今已全完。莒州知州江一右题赃罚银两经年未完，乞重加罚治。又治(**广本、抱本治作追**)徐州等处河道由闸等银三万三千二百八十余两。"又言曹县库贮河道银二万四千五百余两，知县成伯龙自言地亩钱粮紧急，挪借去九千余两，一年有余，尚未补还，其为侵欺可知，乞提究追解。上命"银两交内库查收，江一右罚俸六个月，成伯龙挪借情由，尔便会同抚按严提，追完解进。如有抗阻的，尔便指名奏来处治"。(三五八,6685)　督理云南矿税尚膳监太监杨荣进银一万五千二百四十余两、金二十两、样银一百六十余两，又进红宝石一百一十三块、青宝石一十七块。命内库查收，仍会同抚按严追侵隐课羡店户黄存等，不许推诿迟误。(三五八,6685—6686)　奉圣旨传谕内府各项缺人数多，着照例收用净身男子三千人，又奉旨添收一千五百名。其不选进男子遵旨潞王拨给五十名，亲王各二十名，郡王各十名。(三五八,6686)　甲申，户科给事中姚文蔚等言："楚人欲杀陈奉并欲甘心抚臣支大可，乞撤回陈并易抚臣。"不报。(三五八,6686)　乙酉，督理江西湖口等处征收船料税店御马监监丞李道言："臣驻扎之处与湖广奉御陈奉壤地相接，奉之在楚也，水则阻塞舟商，陆则阑截贩贾，所辖十五府官尽与为寇仇，周历数千里，民咸剥其肤肉。"且言湖口钱粮一倍而解三倍，奉实征三倍，未解一倍。奉旨："陈奉征多解少，水陆重征，垫[壅]塞商民，欺匿国课，好生可恶。李道请乞更以息怨讟，其湖广广宁店租及开矿铸钱等项着守备内官杜茂不妨原务兼提督管理，还会同抚按官征收开铸。陈奉着该抚按官差官伴送回京处分。"(三五八,6687)　丙戌，诚意伯刘世延疏劾瓜仪税监暨禄、芦政太监党存仁，乞速逮二臣，籍其赃私。不报。　丁亥，刑科都给事中杨应文言："旧制，镇抚司囚犯凡经打问过者俱送法司定罪，奏闻发落。

自税珰开钳结之祸而缇骑四出，为藩司，为守令，为推官、经历、举人、生员，为武弁、齐民被逮者不下百五十余人。虽打问，未经送过法司，犴禁森严，水火不入，疫厉之气充斥囹圄，上干和气，莫甚于此，乞赐矜恤以回天意。”不报。(三五八,6688) 庚寅，上谕内阁：“朕以开矿税课原为裕国爱民权宜之计，内外官员不能仰体，协恭任事，殊负委任之德意。近湖广激变，军民鼓噪异常，昨东厂具奏，传闻奉差旗番有被变民捆缚投江而死者，又有羁留不能回报者。览奏，连日焦思，虽系内官陈奉滥用匪人，征多解少，致起衅端，其该地方诸文武官受朝廷爵禄，诵孔子教言，既不能遵旨调停，和衷于平日，又不行忠君执义，抚戢于临时。职守何在，法纪奚存？若皆群起效尤，纵恶长奸，辱国损威，莫此为甚。陈奉已有旨回京治罪，而鼓噪之相戕，其中喧聚倡乱，必有指使首恶之徒。卿等为朕辅弼股肱，义同休戚，作何安抚禁戢？并查处该地方经管官员及正法首恶，胁从姑免追治，详拟奏来。”是日大学士沈一贯言：“捧诵圣谕，仰见圣心加意楚事。臣日访夜思，颇得机要。臣思李道本蒙皇上处分发去，楚中乱衅可解五六分矣，但此只是前一着耳，还看朝廷后着如何。百姓不堪陈奉之虐及参随人等剥民夺民，淫民妻女，忿之所激，不顾生死，今闻取回陈奉治罪，则百姓愤心渐平。但恐自知有干宪典，惧心未释，未即解散耳。臣愚以为，当先安人心而后以解散继之，先散党与而后以正法继之。当先遣才望大臣往代巡抚之任，盖楚人怨抚臣支可大极矣，变之初起，有坐抚院门呼名而骂者，并火其门。因按臣出巡，抚臣一味诡随，全不禁约参随之横，故被百姓轻侮至此，则于各地方官不复顾畏可知。臣记万历初年，浙江兵民两变，殴巡抚吴善言，皇上旨意但归罪于起衅之人而以德意抚戢军民，遣侍郎张佳胤为巡抚，佳胤于是宣布德意，从容访其渠魁，一举擒之，不激不徐，甚为得法。今日楚事当略仿此意图之。盖楚中治乱安危，在此一举，得法则收拾，止如浙江之变，不得法则恐遂为宁夏之续矣。圣谕所谓首恶正法，胁从免治，甚得定乱之法。但仓卒之际，未知谁为首恶，谁为胁从，不但事有枉纵，恐百姓一闻，自惊自疑。彼首恶者反得挟众人之惊疑以自固，又或至逃江匿湖，煽动蛮夷，为患不小。故臣请且以安抚、禁戢二事并授意于新抚行之，陈奉罪恶，宜明示重处以泄众愤。巡抚支可大当勒令回籍闲住，遣一大臣星驰代之，许以便宜从事，到彼宣布恩威，分散党与，然后密访致变鼓噪之人得实，擒拿为首，即以正法，其余姑免深究。剥民夺民、淫人妻女、激变百姓者，亦各以其罪罪之。本省官员不职者听纠劾处治，大小缺官亟与除补。仍遍谕天下抚按司道，各以楚事为戒，矿税中官以陈奉为戒，大小一心，中外共济，则不但楚事可定而天下之民举安矣。"时首辅赵志皋久病不省人事，故一贯独言之。(三五八，6690—6693)　辛卯，大学士沈一贯言："窃见古人遇有难处之事必先择一了事之人，湖广军民鼓噪，臣引先年遣张佳胤之例，因思群臣可堪此任者亦少，若外转则恐稽迟，廷臣若官阶已崇及曾经用兵者又恐百姓惊疑而成他变。臣与部院商确，惟用工部左侍郎赵可怀最为妥当。本官曾任陕西、应天巡抚，遇事善处，动中机宜，若令照张佳胤故事往代支可大巡抚湖广，朝廷授以方略，令彼便宜从事，限五日以内前去，臣知其到彼，必能宣布恩威，解散乱民，访察不职官员，歼首恶，释胁从，不致枉纵而事可立办也。往时张佳胤原是特旨钦遣，不由部推，故臣与部院议定，密以上闻，早遣一日则有一日之效，不复仍候会推典[点]用。其湖广司道府县等官缺而未补者，部臣复推相应人员星驰赴任，并乞圣明早赐点用。臣谨再题，僭拟谕帖一道，惟皇上裁择施行。"是日，上谕吏部曰："朕思湖广激变，固因陈奉而起，其该地方官如何不行抚戢，职守安在？巡抚支可大着革职闲住，赵可怀改兵部侍郎兼提督军务，限五日内起程，赴任行事。务在宣布德意，抚戢军民，俾各安生乐业，毋得再行喧聚，以取重罪。文武官员不职的及地方应处事宜，着不时拟议奏来。"(三五八，6693—6694)　壬辰，户部尚书陈蕖奏陈三事，略言："（前言储贰、台谏略。）四海苍生，皇上之赤子也。自中使咆哮，吞噬无厌，矿利些微，创为包矿、买砂名色，头会箕敛，则矿非地之遗利也。商税抽于此，仍榷于彼，密如鱼鳞，惨于抢夺。则税非商之余羡也，征百解一，杀人如麻，岂独陈奉一人？何怪河流断绝，赤地如焚，愈祷而愈不应也。臣请身为牺牲以谢百姓。"不报。（三五八，6694—6695）　丙申。是月，真、保开矿指挥张懋忠进银内库，矿银三千三百两。　山东税监陈增进银内库，税银二万五千两，金刚钻二颗。　山西税监张忠进银内库六千九百两。　广东珠监李凤进银内库一万二千两。时凤听奸民首告，擅拿平民，新会县民哨聚千余，珠贼横行海上。　江西税湖口太监（抱本作江西湖口税监，是）李道进银内库一万四千两。　广东税监李敬进银内库船税等银一万八百七十两，年例等银三千余两，盐税等银一万四千余两。　云南税监杨荣进银内库宝珠等及银一万五千二百两，参知府周锋侵匿宝石。下法司提问。　陕西矿监赵钦进银内库银一百七十两、矿金四百三十九两。（三五八，6700）

五月辛丑，户科给事中田大益上言："窃惟衅自上起者难以忿心尤人，怒由众积者忌以谩词掩慝。今皇上嗜利心滋，满布狼虎，飞而食人，无有空处。使天下剥肤吸髓、剜肉刺骨、亡家丧身、掘冢剖棺，只充皇上私藏而未曾锱铢佐国，皇上所自知也。而天下人无如上何，口詈而心嗔，人愁而鬼哭，吁天天灾，控地地赤，触山山崩，触川川竭，怨不胜而挟不平，聚不逞以幸不可冀，又皇上所备闻也。圣衷幽隐，天下无智愚皆照之，奈何欲涂民耳目以解，谩曰'爱民裕国，计权宜为德意'哉！今楚人以陈奉故，至沉使者不返矣，且欲甘心抚臣矣，楚藩王匿奉府中而朝廷人不敢入楚侦缓急矣。中外观变，惟在楚人。臣谓皇上睹此，必旷然改操，罢矿税使而暴其罪，而何犹恋恋忿忿，欲争而不割也？夫天下见圣上之遇楚事而无变志也，知祸不解，远近啸聚，必各杀其阉弁，各劫其金玉，一呼齐发，决而莫制，虑且戕守令，戕监司，戕督抚，掠地屠城,称兵飞檄,欲以京师为固而虑且辇毂之变生,欲东西南北以为他图而虑且四方土崩而仇之。当是时即歼诸珰而倾内帑曷救哉!适足以盛众怒而输贼粮耳。且皇上不为楚人诛陈奉,奉必受诛于楚。夫使奉受诛于楚则柄下持,皇上不为楚人捐矿税,矿税必自捐于楚。夫使矿税自捐于楚则不见德皇上,不尽撤天下矿税,使(**广本使作则**)天下必效楚人以要皇上,使天下效楚人以要皇上,天下事尚在皇上掌握哉?"不报。(三五九,6702—6703) 丁未,吏部尚书李戴等条上旱灾封事,言:"自去年六月不雨,至今三辅嗷嗷,民不聊生,草茅既尽,剥及树皮,夜窃成群,兼以昼劫,道殣相望,村室无烟。据巡抚汪应蛟揭称,坐而待赈者十八万人。过此以往,夏麦已枯,秋种未布,使百姓坐而待死,更何忍言,使百姓不肯坐而待死,又何忍言。加以频值四夷之警,连兴倾国之师,车殆马烦,行赍居送,按丁增调,践亩加租,此时税赋之额比二十年以前不啻倍矣。而矿税之议烦兴,貂珰之使四出,不论地有与无,有包矿、包税之苦,不论民愿与否,有派矿、派税之苦。指其屋而挟之曰彼有矿,则家立破矣;彼漏税,则橐立倾矣。以无可稽查之数用无所顾畏之人,行无天理王法之事,大略以十分为率,入于内帑者一,克于中使者二,瓜分于参随者三,指骗于土棍者四,而地方之供应、岁时之馈遗、驿递之骚扰,与夫不才官吏指以为市者不与焉。陛下但知利源易开,中贵易信,岂知彼剥害小民至于如此,亦岂知今日苦矿苦税之民即是前日被灾、被兵之民?重累叠困,咨嗟愁怨,至于如此。即如湖广一省,激变已四五次而独近日武昌为甚。陛下试思无知小民何苦而变,谁非性命,谁无身家,惟其剥削之极,无可控告,变亦死,不变亦死,等死耳,求与见害之人比肩接踵而死,死且不恨,故使奸民害良民,大乱之道也。史册所载,剥民之代,卒有无后患者乎?行之急则祸亦急,行之稍缓祸亦稍缓,急者既倡,缓者必和之。今闾阎空矣,山泽空矣,郡县空矣,部帑空矣,国之空虚如秋叶,脉液将干,遇风则速落。民之穷困如衰人，血气已竭，遇病则难支。天下矿税之额，大略百万，有如一方有警，如宁夏、播州之役，不知所费止此否？天下矿税（**广本、抱本税下有正额二字**）四百余万，如一方有警，各处效尤，征之不前，运之无路，此四百万皆能依期至否？平日惟恐天下之财不尽归内帑，如遇有事，不知内帑之财亦发以应天下急否？平居无事，夺民数钱以失其心，如遇有事，与民数钱，不知能即得其心否？臣言至此，不觉肝胆皆裂，声泪俱下。若谓事必有安无危，则前代所积之财今皆在何处，而独黩货之名留于今日。然人主之宝惟大业，而可传之后日独有令名耳。近时镇抚司监系官犯及生员，半因陈奉诬奏，今奉之罪状既明白，则诸臣情节有可矜原。酷旱炎蒸，沉沦黑狱，圣明能无恻然？臣等备列班行，同国休戚，不忍不言，所虑者万民之心与万民之口，所惜者万世之业与万世之名。”不报。（三五九，6707—6709）　壬子，命巡抚山西右副都御史魏允贞回籍侍养。时矿监张忠、税监孙朝皆在晋，允贞裁抑之甚力。朝横相枝柱者数四，乡人同官者从中嗾之，遂上章讦允贞。上为下部院参看，部院咸直允贞，上亦弗罪也。然允贞以鲠直滞晋者十年，延推入佐九卿者十余次，皆格不下。至是始得请归，三年而卒，晋人立祠祀之。（三五九，6712）　甲寅，直隶巡按刘日梧上疏，言："包采之议，诸臣盖为不得已权宜之计，不知包何从出，势不得不取之民，与不许加派之明旨背矣。又重征叠税，明旨叮咛告戒，以臣所属上有湖口，中有芜湖，下有仪扬，旧设有部臣，新设有税监，亦云密矣。湖口不二百里为安庆，安庆不百里为池口，池口不百里为荻港，荻港不百里为芜湖，芜湖不数十里为采石，采石不百里为金陵，金陵不数十里为瓜埠，瓜埠不数十里为仪真，处处抽税。长江顺流扬帆，日可三四百里，今三四百里间，五六委官拦江把截，是一日而经五六税也。谓非重征叠税，可乎？应天诸府，徽州夙号殷富，自程守训横行，诈骗公私何啻百万。此外各监互出，诸棍云从，投匦告密，敲骨吸髓，民间之皮毛穿脂膏竭矣。伏乞皇上力践节次裕国恤民之旨，特准罢免，其贪残如程守训辈仍革职行臣追赃究问。”不报。(三五九,6713—6714)　戊午，河南巡抚曾如春查报积余银两二万一千八百余两、钱八十九万有奇，以中州民困已极，帑藏尽空，乞留一半以备不虞。不报。(三五九,6715)　乙丑，司礼监传奉圣谕：“旬日内外未敢沽名奏扰渎阻，尔该衙门造典礼器具不知有次第否？尔等可将某项造完，某项见造，某项未有物料，明白开写来看。”(三五九,6716)　丙寅，浙江矿监刘忠进银内库，煤价银四百三十三两、石青三百三十四斤。　山西矿监张忠进银内库盐银凡一万二千两、矿银一万三千九百六十七两。(三五九,6718)

六月己巳，大学士沈一贯言：“楚民激变，势欲滔天，蒙皇上收陈奉回京治罪，乱民渐以宁帖，圣心之至仁甫动而天下转旋甚神如此。计赵可怀此时入境，必有次第矣。臣日夜悬望，尚无的音。今襄阳百姓来保救推官何栋如，夫襄阳之民不敢效尤抗违而哀控阙下，正当乘此善机，縻系固结，使武昌之民有所感发，则辑宁易矣。今何栋如将拿到，臣窃窥圣德深厚，必加恩宥，辄敢一言将顺焉？何栋如之拿，楚民方以此探上心也，如蒙皇上轻处，则抚辑**(广本此处有“军民之旨”四字)**真皇上之心，楚民可以无惧矣。若犹不忘怒，则犹信陈奉之言而抚辑之旨悉虚也。其惧心何时而释，祸乱何时而解乎？楚地安危，机在于此，纵使栋如有罪，亦权从末减，姑慰众心。况栋如系陈奉所参，奉既有罪，则栋如宜无罪矣。伏乞圣明俯采臣言，将何栋如特赐恩赦。”不报。(三六〇,6720)　壬申，直隶巡按刘日梧疏劾中书程守训。日梧巡按应天、徽宁，诉守训之恶者塞道，至休宁见守训巍坊绰楔，横跨道周，署其额曰“特旨”，大书“咸有一德”悬之中堂，实守训矫诬为之。日梧命即毁去，收特旨假额贮库。守训遂刻揭持日梧短长，日梧露章白其罪状。不报。　苏州民葛诚等缚税官六七人投之于河且焚宦家之蓄税棍者，太守朱燮元抚定之。(三六〇,6721)　甲戌，直隶巡按李文璧请减鱼苇等税银以苏畿内。先是畿内额税七万，又加鱼苇税银四万，税监王虎罔[网]利取盈，鱼船苇场之外，税及卖苇箔及卖鱼处所，无鱼苇则派落地之税，算及果园菜畦以至窑井。上知其困民，命归并张烨、马堂而虎管矿务，民若更生。然顺天等七府所派二万之数实无所出，烨移文督催甚急，故文璧疏乞蠲免，万不得已则请减□万。不报。(三六〇，6723)　丙子，户科给事中田大益、工科给事中张问达等连章论劾程守训，皆不报。(三六〇，6723—6724)　戊寅，湖广巡抚赵可怀疏报入境日期并陈楚事近状。是时税监陈奉已出楚府，可怀入荆州，楚人拥车诉陈奉之恶，哭声如雷。可怀宣布上意，且云陈奉已经取回治罪，反覆譬晓，遂以吏部咨文备载谕语付之传阅，众方色喜，叩头呼万岁，旋散去。可怀疏言方数万众汹汹时，臣亦惶悚流汗云。(三六〇，6724)　庚辰，户部尚书陈蕖言："先后进过承运库、御用监、司设监珠玉等项，计价银二百二十余万，似足供典礼之用。乃臣等营之甚艰，而内臣视之甚易，见进者方其多而未已，未进者嗔此后而彼先，若真为题讨千万之数可责完于旬日者。乞敕下御用监，将见进珠宝验收攒造，勿过求备，致稽盛典，仍谕承运库，且停守催，毋得一时逼索无措。"奉旨："今国计诎乏，边饷告急，及进过钱粮数目，朕岂不知。但典礼所需，亦难缺少，着各该监局将见进珠宝验收做造，其缺用的，尔部还设法催办，毋得推调。且举行吉期，内外诸臣静听，旦夕传示，毋得聒扰，以致稽迟。"(三六〇，6724—6725)　甲申，御马监左少监暨禄劾奏诚意伯刘世延犯罪回籍，不思杜门省改，致书嘱托，包揽客船，干求免税，纵子刘尚仁等纠党成群，阻挠税务。上命禄会同该抚按官严拿，问拟具奏，不许连累无辜。(三六〇，6725—6726)　丙戌，应天巡抚曹时聘言："南京守备太监邢隆、刘朝用催徽州等处春季包矿银两，挪借有尽，需索无已，乞明谕二监，将包议银急行停止，无执留中即允行之说，使明旨不信。"不报。(三六〇，6726)　丁亥，大学士沈一贯言："比日楚事之兴，臣甚服皇上之一断即易陈奉而下回京治罪之旨，又甚服皇上之再断逐支可大，用赵可怀克期催赴，使楚民有所恃而不忍为乱，有所畏而不敢为乱，真睿谟也。今可怀往四十余日矣，再一[以]疏来，无一批答，窃恐可怀之心疑而楚民亦从此疑。臣以为今后可怀疏来，愿皇上不吝数字慰之。臣会上二揭，为拿到襄阳府推官何栋如乞恩赦宥，亦未蒙答，今佥事冯应京又拿到矣。冯应京在楚甚得民心，去任时老稚填街泣送，至今家设一牌位焚香供养。皇上本无拿应京之心，乃陈奉所为耳。奉既有罪，则应京无罪，此正安定楚人一大机会矣。窃谓应京既得楚民之心，则皇上即用应京，以安楚民之心，其事甚便。不然亦当从宽善处，赦其罪而别用之。又不然，亦宜无丽于刑狱而早为之昭雪，必不宜更露谴呵而引陈奉之过为己过也。倘措置少失中和而使楚人不能释其疑，将恐啸聚不已，而区区一赵可怀必无能以虚言解释矣。纵忘楚地，岂可忘显陵而轻置之度外也。”不报。(三六〇,6726—6727)　戊子，浙江道御史李以唐疏劾程守训，不报。(三六〇,6728)　己丑，襄阳府推官何栋如奏辩陈奉参论事情，奉旨：“何栋如既奉旨拿问，自当席藁待罪，静听处分，乃敢逞臆饰词强辩，好生可恶。本当轻处，还拿送镇抚司好生着实打问了来说，不许疑畏卖法。”(三六〇,6728)

壬寅，湖广武、汉、黄等府州县耆老李之用等言冯应京之忠节，陈奉之贪墨，皆不可枚举。应京遭诬被逮，百姓如失慈母，万身难赎，不远四千里，哀呼奔随，乞命于皇上之前，乞宥应京而重处奉。不报。(三六〇,6729)　乙未，新筑大内乾德殿台高八丈一尺，广十七丈。御史林道楠董其工，三十年四月道楠上言：“宰臣不与闻，司空不奉旨，天语仅衔于内侍，考卜惟凭台官。禁中何地，不宜有此高台。白虎轩昂，堪舆最以为忌。矧三殿、两宫高不过一十二丈，今台高八丈一尺，加以殿宇，又复数丈，其势反出宫殿之上。屈指兴工将及一年，日役夫匠二千余人、班军二千余人，内外管工诸臣朝暮督率，不遑起居，仅高一丈三尺耳。以八丈一尺总数计之，虽再加以三年，尚未可就绪也。而盖造数殿宇之工又不知经几月日，木石砖瓦畚插绨构等费非二百万金不可。皇上不问有无，止责诸管工内臣，内臣无计措办，必索诸工部之库藏。工之竣也，其何日之有？"不报。(三六〇,6730—6731)　是月，山东税监陈增进银内库，银一万八千四百余两、马二十四匹、骡一头。仪真税监暨禄进银内库，船料银二千九百余两、遗税银一万七千余两，又税银三万五千余两、赃罚银一千九百二十六两，又遗税银五千九百三十八两。　河南矿务指挥杨宗吾进银内库，廪饩银六百两、矿银六千一百四十二两。(三六〇,6731)　山东税监陈增进银内库，矿金一百五十四两、银一万二千八百六十两、赃银七千三百六十两、额外盐税银三千五十二两、漏税纱罗四百一十一匹。(三六〇,6731—6732)　广东税监李敬进银内库，珍珠一千八百五十八两有奇、赃赎银二千两、犒工银五百两、矿金一百九十九两、矿银三千两、珍珠变价银三千一百五十三两。　广西税监沈永寿进银内库，罚赎银五百五十两、税银三千两、古窑银二百五两、银三百二十六两、丹砂八两三钱。(三六〇,6732)

七月丁酉，南京内官监太监党存仁辨诚意伯刘世延参论事，并劾世延及其子尚义侵占芦洲等事。奉旨："刘世延屡犯不悛，今又听子刘尚义济恶流毒，占据田洲，纵私挠法。前暨禄来奏，已有旨着同抚按官拿问，今着一并拿问具奏。党存仁用心管事，不必疑惧。"(三六一,6734)　辛丑，兵部覆奏职方司主事聂云翰条陈三事："一曰核军额。祖军有定额而粮亦因之，自清勾不前，遂开告补之条，而招募之名起矣。不烦稽查，不须挪扣，势极简便。故祖军遂属疣赘而募军册籍充栋，多系影占，尽成乌有。皇城四门军七千六百八十二名，正阳等十六门军余，头班共二千六百七十名，二班共二千六百五十六名，巡捕(**广本此有一营字**)募兵一万一千名。(**下言三大营兵略。**)一曰轮操守。旗手等二十二卫守卫官军向来不入营操，不谙技击，军多影占，禁地每每疏失，弊实坐此。查得腾骧等四卫见在食粮官军共一万八千四百五十六员名，勇士共五千七百八名，皇城四门、正阳等十六门各有额数。及查《大明会典》内款开腾骧左等四卫军勇，嘉靖初特定额数为五千四百三名，除随驾摆列例用五千三百三十名，其余以备逃亡事故之数。又款开嘉靖三十年议准，将四卫营军士通行查勘，有影射占役者尽数退出，赴营操练，诡名冒粮者悉行裁革。是腾骧四卫之军勇除正用之外，余皆赴营操练，令甲甚明。今除锦衣卫及皇城四门守卫各军外，其正阳等十六门军既分头、次两班，应将头班专管各门启闭，次班发备兵营操练，半年一换，周而复始。腾骧等四卫各军勇除养马匹、随驾摆列额定五千四百三名，合令内官监分习操练，勇士、军伴原有名数，应为照例查拨，其余不系养马，混名营操，即《会典》所称影射占役、诡名冒粮者，一体清查，籍其丁壮，尽发京营，随三大营官军一体操练。及查四卫坐营乃统领军勇之官，查《会典》内开万历三年题准，四卫营坐营员缺推补原属兵部，于四卫指挥等官内选用，其御马监官止提督操练，不得干预，止听其开具相应官员，送部查访疏请，如或不堪，听于京营大号头、中军、千总及京卫掌印官内另选廉干官，照缺推补。乃今坐营官率皆该监坐名题补，奉旨之日，移文本部，给札任事，不惟其人之贤否漠然无知，而于题准事例亦甚悖矣。今后四卫坐营有缺，该监查照前例，开具相应官员职名到部，本部再加查访疏请。一曰定职掌。(略。)”上是之，仍令门禁军役并腾骧等四卫军勇俱照旧存留，免拨营操。(三六一，6736—6739)　　丁未，苏杭等处提督织造兼理税务司礼监太监孙隆及巡抚应天右佥都御史曹时聘俱以苏州民变事上闻。隆疏言乱民葛贤等造言聚众，焚掠劫杀，围逼织造衙门，要挟罢税，其词颇激。时聘疏言：“吴民生齿最烦，恒产绝少，家杼轴而户篡组，机户出资，织工出力，相依为命久矣。往者税务初兴，民咸罢市，孙隆在吴日久，习知民情，分别九则，设立五关，止榷行商，不征坐贾，一时民心始定。然榷网之设密如秋荼，原奏参随、本地光棍以榷征为奇货，吴中之转贩日稀，织户之机张日减，加以大水无麦，穷民之以织为生者岌岌乎无生路矣。五月初旬，隆入苏会议（广本、抱本议作计）五关之税额数不敷，暂借库银挪解，参随黄建节交通本地棍徒汤莘、徐成等十二家，乘委查税，擅自加增，又妄议每机一张税银三钱，人情汹汹，讹言四起。于是机户皆杜门罢织而织工皆自分饿死，一呼飨[响]应，毙黄建节于乱石之下，付汤莘等家于烈焰之中，而乡宦丁元复家亦与焉。不挟寸刃，不掠一物，预告邻同（广本、抱本邻同作乡）里防其延烧，殴杀窃取之人，抛弃买免之财。有司往谕，则伏地请罪曰：若辈害民已甚，愿得而甘心焉，不敢有他也。及汤莘等被责枷示，一挥而散，葛贤挺身诣府自首，愿即常刑，不以累众，其愤激之情亦可原矣。吴民轻心易动，好信讹言，浮食奇民，朝不谋夕，得业则生，失业则死，臣所睹记。染坊罢而染工散者数千人，机户罢而织工散者又数千人，此皆自食其力之良民也，一旦驱之死亡之地，臣窃悼之。四郡额赋岁不下数百万，何有于六万之税不亟罢之以安财赋之重地哉？”奉旨：“苏州府机房织手聚众誓神，杀人毁屋，大干法纪。本当尽法究治，但赤身空手，不怀一丝，止破起衅之家，不及无辜一人；府县官并税监出示晓谕，旋即解散。原因公愤，情有可矜。召祸奸民汤莘及为首鼓噪葛贤等八名着抚按官严究正法具奏，其余胁从俱免追究，以靖地方。”（三六一，6741—6743） 督理山西等处税务尚衣监右监丞孙朝奏进赃银一千一百五十二两，并言在内参随员役丁文灿等指官索害，已尽行革逐。奉旨拿黜奸棍，安静地方，具见内外官员同心协恭、尽心职业。时巡按山西御史者，赵文炳也。（三六一，6743） 壬子，大学士沈一贯言：今日文书官冉登恭捧圣谕到阁：……（催成造册立冠婚等项器用。）（三六一，6744—6746）

乙丑。是月，天津税监马堂进银内库，税银五万三千两、省费银二百两、节省银八百八十两、盐务银六千五百二十六两。 两淮税监鲁保进银内库，税银一万六千九百三十九两、引价银五万六千两、补解银七百五十两、输献吴时修等银九万两。　山西矿监张忠进银内库，矿银一万八千两、盐价银一万三千两、无碍银六万九千七百两。　四川税监丘乘云进银内库，矿银一万六千五十一两、金四十五两、额外税银七千七百两、赎罪银三百二十两、节省余银一千两。(三六一,6751)

八月乙亥，户部尚书陈蕖言："自万历二十七年以来，进过承运库珠宝七次，储之该库，正以待监局关取制造。今年御用等监纷纷题讨，臣等竭力措处，连进该监二次，皇上傥尽发制造，何忧不足？乃连日御用监方移文迫促而承运库又差人守催，诟谇不已，臣等莫知适从。乞皇上明示今次所进珠宝或监或库，臣得以遵行。"奉旨："监库各项钱粮已经屡旨催促，你部说进数以多，银库匮竭，亦是忠敬实情，朕所体谅。但礼不可缓，仪难简略，库、监各系要紧，还用心催办进造。"(三六二,6755—6756)　丁亥，司礼监太监田义劾奏本监监官杨宇、典簿张登私放内官王进忠等。奉旨："着法司提问拟罪，尔等堂上官不能率属守法，本当究处，姑饶这遭，着策励供职。"(三六二,6757)　刑科右给事中陈维春言："税使陈奉凌逼亲藩，以恶言侮襄王妃，吓诈重贿，及前后赃银十五万，盗匿税银不计其数，乞追赃正法，并将参随沈事问等按究如律。"不报。(三六二,6757—6758)　壬辰，锦衣卫接出圣谕："湖广陈奉，该抚按官已遵旨伴送来京，少俟自有裁处。何乃各官纷纷牵扯浮言，诬害良善，朋党狂肆。郭如星、陈维春本当重治，姑念言官，且都降杂职，调边方用，不许朦胧推升。其中必有主使教唆情弊，先扭来。冯应京、邸宅都拿送镇抚司，好生着实打问了来说，不许疑畏卖法容纵。"如星，河南新安人，万历己丑进士，降贵州印江县典史。维春，江西南昌人，万历壬辰进士，故赞善栋之子也，降贵州铜仁县典史，天启二年赠光禄寺少卿。(三六二,6759—6760)　癸巳，吏科都给事中郭如星论劾湖广巡抚赵可怀，言其伏谒陈奉，趋承唯谨，遣官护送，糊涂了事。奉之多赃与所陈兵器，一切不以上闻。支可大纵匣外之虎，任其抟噬，可怀惮柙中之虎，听其咆哮。可大长奉之恶，酿祸于始，可怀护奉之短，遗患于终，请下奉于理，且亟罢可怀。不报。(三六二，6760)

九月庚子，通、湾税监张烨劾奏巡役康宁拨置鱼苇，税监王虎横行无忌，今复招集棍徒，往来抽税，乞究问如律。上命烨会同抚按提问具奏。天津税监马堂又言康宁熟知鱼厂事务，竭力办采，为人中伤。奉旨："康宁姑免提问，着专力办采，尔还自行钤束，不得又来纷扰。"(三六三，6767—6768)　辛丑，山西巡按赵文炳言："山西榷税监丞孙朝仰体德意，禁戢群小，而大奸丁文灿、马三聘等假称参随，所至吓骗，已会同税使以搜出赃银征解。大抵侵渔国课、危乱天下者在群小，使天下中使皆若孙朝，赃在群小者尽归公家，可抵三年矿税，国课将益充而民力将愈宽矣。"得旨："内官孙朝奏进赃银，内外协同拿黜奸恶，见获人犯抚按等官会同孙朝问拟具奏，其余俱免治以安地方。"(三六三，6768)　癸亥。是月，云南矿监杨荣进金银内库，凡税银一万五千四百余两、矿金三十两、矿银一千九百三十七两。　河南矿税太监胡滨进古藏铜器。(三六三，6782)

十月辛未，湖广巡抚赵可怀奏辩郭如星疏且求去。奉旨："朕用可怀，原令安辑地方，擒拿首恶，不以追解赃物为命。今地方安定，陈奉又送回京，允称特遣之意。妄言的已处，赵可怀着安心供职，乱民除胁从免究，其首恶还密访以正纪纲。"(三六四，6786)
壬申，大学士沈一贯言："昨圣上发下册立册封[1]，选定本月十五日，臣民顶戴，不胜欢祝。除册文五道先已进呈，今拟合行诏书以进。臣所拟诏条与部院公同商确，比旧无甚增损。至于赦罪一节，臣今增拟原奏钦依及诏狱罪犯，开具奏请定夺；及充军为民一

---

[1] 本月己卯，册立皇长子为皇太子，册封皇三子福王，皇五子瑞王，皇六子惠王，皇七子桂王。

节,臣增拟有奉特旨者具奏定夺。此皆臣不敢朦胧之意,谨奏上闻外,有三事必须发自圣心,臣不敢擅入诏内,兹另开以请,如蒙圣慈许允,伏乞并赐改定,发臣入诏书内,幸甚:一、大典既行,先年有因议礼降黜者,惩创已久,吏部开名,具奏叙用,其余因事钦降罢斥官员,吏部访择可用者,分别等第,查开职名,议拟上请;若奉旨充军者,兵、刑二部查其所犯情由,议奏定夺。一、矿税原旨权宜暂行,今已日久,本该停止,但国用尚未充足,姑宜酌处。各差内官会同抚按查看,矿脉已竭者,牢实坚闭,不得虚上;包赔税额太多者,查实奏闻,量情减征,行抚按催解。若有匪人投充生事,虐民侵官者,拿问究罪勿贷。一、各处织造,除额供毫不减外,其加派数内有节年拖欠未完者,该部查请,量免补解,以宽民力。"(三六四,6786—6788)　乙亥,工部言,内官等监、银作等局传造大礼钱粮,计数十余万,万分紧急,刻日告成,欲于兵部收贮班军月粮银,或太仆寺马价银挪借一十万(**广本作二十万,疑是**)。上命于太仆寺马价银暂借十五万,该部还催攒各省直应解银两,如数补足,不得久逋失信。按大礼钱粮金册、金宝共用足色金十五两,八成金三千九百八十五两,七成金一千七百五十两,责户部办送,其他不可胜载也。(三六四,6789—6790)　甲申,献陵神宫监右监丞姜朝用以果户刘进举拖欠献贡御果,并参昌平知州田廓。得旨:"田廓降一级用,刘进举等下镇抚司究问。"(三六四,6805)

十一月壬戌。是月,更苏、常四府税监孙隆,以刘成代之。

辽东税监高淮进银内库,样银二百两、达马二十一匹,又马十四匹。　湖广守备太监杜茂进银内库,税银二万四千四百两、船料五千两、积余银三万一千五百两、买办方物银一万三千两。

山西矿监张忠进银内库,矿银一万五百三十九两。　江西税监潘相进金银内库,矿银六百一十两、金二两四分、税银三万七千五百两。(三六五,6839)

十二月乙亥，户部尚书陈蕖言："臣待罪计曹，承中外多事之后，顷因边饷急缺一百五十万，太仓银库如洗，束乎无措，议及挪借兑发，不过苟且目前之计。臣日夜忧惶，乃于本月初六日钦奉明旨，因御用监把总张润泽催请婚礼钱粮之奏，命臣部上紧措办，送监应用。臣部自万历二十七年至今，节次所进珠宝、金两约费银二百五十万，银非别项额派，直于发边数内挪借耳。挪借愈多，欠缺愈甚，即欲措办，有何术耶？臣窃惟祖宗以来，嘉礼代举，未有竭天下之物力，费至二百五十万犹患不足如今日者。臣查万历六年为买办珠宝，添进金花银每季五万，臣部执奏，以为一年增二十万，十年当增二百万，民赋既不可加，太仓又无可借，年复一年，后将何继？又云买办应用各库俱有额设银两，若买办于太仓，额银作何支用？当日奉旨，亦以其言为是。自是以来，又二十余年，则添进买办银已余四百万矣。内库但有增入，未闻诏出，不为不多；太仓既供折价，复办物料，安得不匮？皇上不取之内库而专索之外府，不以节次所进付监应用，而以后来难继责臣措办，即使计然画策，刘晏持筹，无如浩费何矣。所幸圣明节财以定制，凡一应供办责之内库，其余军国正供臣部不敢诿责。"得旨："库藏匮乏，边饷急缺，损上益下，正本清源，朕岂不知。但因东征西讨，兴师动众，费用不赀，以致中外困竭，非止内供买办而已。且嘉礼代举，钱粮浩繁，自嘉靖以来，内库取用，搜括已尽。该内监各衙门责任造办，迟误有罪，屡行奏讨，朕皆裁酌量用，岂有多余？卿等所奏已知道了，还着遵照前旨设处，陆续办进应用，毋得违缓。"(三六六，6854—6856)　　壬辰。是月，蓟永开矿太监王虎进金银内库，银三千一百两、金十两。(三六六，6864)

本年附

史事·承天之税

万历二十七年，上念内帑空虚，大工繁兴，有诏天下俱置榷务，而以内使分领其事。时陈珰(奉)在楚,虐焰如焚,百姓盖蜩螗沸羹矣。承天蕞尔之郡,又汤沐重地,而群不逞之徒,借此以修旧怨,恣炰烋、饱溪壑,凌轹有司,榜掠衿生,备极楚毒,白昼恣奸于寺,反接倒悬而攫人之金,金不可得,则拶妇女之乳,断童稚之腕,故人人重足,道路以目,而诸生不堪其楚,集众哗于都城,震惊陵寝,因而上闻,逮系诏狱,累及道府县。二十九年四月,圣明轸念楚民,赫然震怒,撤回陈珰,盖以税务归守备杜茂,茂与两台同心筹画,屡疏请宽,故榷政犹仍而骚扰顿息。会余(**承天知府孙文龙**)以革间架之税请之,两台通融,以羡余补之,移檄如议。小民虽稍稍弛于□担,及于宽政,而沙洋岁额二千金、仙桃千金、河溶百五十金,各州县多寡不一,尚犹征解云。

(万历《承天府志》卷二〇《杂志》)

艺文·碑铭·药王庙碑

高承祚撰《修建普济通明药王庙记》:"(**前略**。)刘公者,躬膺中职,心与凡绝,目不极冶容,耳不集繁音,口不愿膏粱,身不侈文绮,及一切台池犬马娱心愉意之类,皆所不屑,独志敬天礼神,缮性禔躬,肄习经史,手不释卷。一日与同侪共出资财,议建药圣神祠,绘而形像,以识不忘。惟默济圣躬,阴佑士庶,神京内外均沾神利。坐落左安关外羊房店,名为普济通明药王庙。(**下略**。)万历二十九年,岁在辛丑,四月初夏吉日。"

(碑在北京朝阳区十八里店老君堂。《北京图书馆藏中国历代石刻拓本汇编》第58册,第114页)

艺文·碑铭·三圣祠碑

《建立三圣神祠碑记》:"兹内府内监公署所属作分曰火药,职司烟火花爆等器供贡上用,托天神之垂光,赖神明之默佑,概监仰沾,无由报答。斯时本监管理王公辈发心虔诚盖造,谓我国家独隆祀神之典,尽至诚感格,衷享四时祭奠之敬,就于本所吉地建立三圣神祠一座,(**内供三真君**。**略**。)其祠于万历二十九年三月朔日起,公监视布画,捐施工料,至本年五月望后落成,殿宇辉煌,妆严明耀,日每焚修香火,上祝当今永延万世,下保官众咸吉和平。(**略**。)万历岁次辛丑(二十九年,1601)仲冬朔日立。"

碑阴:内官监总理太监等官魏宪、王勋、陈寿、田昇、张忠、田忠,下"火药作掌作”5 人，司房所官 10 人。

（碑在北京东城景山后街碾儿胡同火神庙。《北京图书馆藏中国历代石刻拓本汇编》第 58 册，第 124—125 页）

艺文·碑铭·义勇武安王庙碑

赵鹏程撰《重修义勇武安王庙记》：“京师河槽西旧有王庙，乃嘉靖四十三年（1564）太监卢公添保所建立者，系供用库外厂诸臣供奉香火。年久殿宇廊庑且就圮矣。今万历二十九年，总理御马监太监刘公（政）秉虔抒诚，更约同官戴公（安）等共捐千金重修之。（**增建略**。）刘公名政，别号龙冈，直隶保定府新安县人。（**落成之日述其梗概。略**。）万历壬寅新正吉旦立。”

碑阴题名：御马监等衙门太监等官阎辅、吴堂、梁通、□臣、刘逊，余为内府供用库署库事御马监等衙门太监等官戴安等 37 人，掌司房监工等官约 40 人。

（碑在北京西城大帽胡同。《北京图书馆藏中国历代石刻拓本汇编》第 58 册，第 129—130 页）

万历三十年壬寅（1602）

二月壬申，工部尚书杨一魁疏言：“袍服数多，缺匠成造，不得不选。然国计未纾，尤不可多选，以滋糜费。容臣部移文内监并各该衙门备查先年所收人匠，内有名存人亡及见在年老不堪应役者，尽数开出。本部即行五城地方如数选补，庶旧额不减而月米不加，国计亦少裨矣。”诏：“遵前旨照数便选取送监应役，其各衙门原未题请，如何辄行查滋扰，姑不究。”（三六八，6880）　己卯，上有疾，召谕辅臣罢矿税，释逮系，补用科道，复建言诸臣职。是日巳时，上急召辅臣及部院等官至仁德门，独召辅臣（沈）一贯入启祥宫后殿西暖阁。时中宫、翊坤宫皆养疴不侍侧，圣母南向立稍北，上具冠服席地坐，稍东偏西南向，皇太子、诸王罗跪于前。一贯叩头起居毕，上曰：“沈先生来。朕恙甚虚烦，享国亦永，何憾！佳儿佳妇，今付与先生，先生辅佐他做个好皇帝，有事还谏正他讲学勤政。矿税事，朕因三殿两宫未完，权宜采取，今宜传谕，及各处织造、烧造俱停止。镇抚司及刑部前项罪人都着释放还职，建言得罪诸臣，俱复原职。行取科道俱准补用。朕见先生这一面，舍先生去也。”一贯呼万岁称谢，言“圣寿无疆，何乃过虑如此。望皇上宽心静养，自底万安”，不觉失声。皇太后、太子、诸王皆哭，上遽起就床。一贯再奏云：“六部尚书求去者三，望皇上谕令视事。”上曰：“兵部尚书田乐、户部尚书陈蕖俱令即出供职，工部尚书杨一魁不塞黄堌口，冲我祖陵，着革职为民。”一贯复叩头出拟旨，是晚宿直于朝房。礼部等衙门、礼科等科会奏问安。二更，守官递圣谕至辅臣，所谕俱如前，惟中加南京供应机房系旧制，并苏杭织造内官有御用及婚礼袍服，俱着仍旧；已采征在官金银等件并织完绒匹、烧完磁器还着原差内官押解进用，如有奸恶截阻及驿递应付迟慢者，指名参处数语。一贯回奏：“臣正对群医问圣体所患，具言决无意外，不必深忧。况今明旨一下，所以造福四海者无穷，普天率土，万口同祝天地神明，阴相扶助。惟皇上耐心宁思，静摄温养，万安之庆端有日矣。所奉圣谕臣即传各衙门，布告远近，令共祈圣寿万年。原帖尊藏阁中，传之信史，俾知大圣人作为迥出于寻常也。”(三六八，6881—6883)　庚辰，上遣文书官至内阁取回前谕，大学士一贯题：“昨恭奉圣谕，臣与各衙门俱在朝房直宿，当下悉知，捷于桴响。已传行矣，顷刻之间，四海已播，欲一一回收，殊难为力。成命既下，反汗非宜，惟望皇上三思以全盛德大业，以增遐寿景福，臣不胜忠爱。”(三六八，6883—6884)　癸未，谕内阁：“朕前眩晕，召卿面谕之事，其矿税等项，因两宫、三殿未完，帑藏空虚，权宜采用。见今国用不敷，难以停止，还着照旧行。待三殿落成，该部题请停止，其余卿再酌量当行者拟旨来。”大学士沈一贯回奏：“今圣体初安，正宜倍加崇摄，凝承天禧，安得以区区外物而妨内养？臣愿皇上且勿以此事展转于怀，宁心澹神，保身保民，幸甚！容臣三思再奏，其事在不疑者，如推补行取科道、起用建言诖误诸臣、释放矿税建言诖误犯人，谨拟圣谕三道，惟即允发，预慰中外悬望。”上报闻，所拟圣谕，下行取一道，其余未下。(三六八,6885)　甲申，江西税监潘相舍人王四等于饶州横恣激变，致毁器厂。相诬奏通判陈奇可不能捕救，得旨系逮。奇可疏自白，不报。(三六八,6886)　丁亥，吏部尚书李戴等公疏言：“百姓闻罢矿税，喜若更生。是日午后，忽微闻圣意似有迟疑，皆谓颙仰数年，始得圣心一转，曾未终日，又复改移，自此以后何望？臣等未敢论民情政体，只就目前圣躬万安、圣德万全之策言之。昨日俞旨一布，旋闻圣体清安，一念为庆云，一言为膏雨，惟天眷德，如响应声。夫既以言而格，天岂可既格而中改？谚有之曰：‘散则为福。’散既为福，则聚亦为灾。今既明示德音，尽行停罢，一人恩泽被于四海，四海颂祷，归于一人，以此为福，宁复可量？皇上试思昨病时，即有金如山，何救苦之万一？财之无用，亦自甚明。自今圣体日康，与海内同安同乐，富有天下，宁复忧贫？臣等不敢更为他说，但望皇上力行前谕，数言之间，做尽千古事业，收回四海人心，安享世上令名，永绥人间完福。臣等所谓圣躬圣德万安万全者，其策莫出于此。”上不听。(三六八,6886—6888)　户部亦有疏言：“闻矿税照旧举行，臣等不胜惊惧，今天下臣民以前旨为据，必不谓有复行采税之理。即在外内官，闻命之日，必已押解现银还京，岂可复回地方，仍前开采？所在人民惊疑惶惑，各恃明旨，翻成厉阶。且天子无戏言，无论前代，祖宗以来，从未有诏旨已行而复中止者。昔孔子与子贡论政，宁去食去兵，不敢去信。今矿税所进，无非为兵食之资，何得去信以增倒悬之苦？臣等甘心鼎镬，不敢奉诏。”(三六八,6888)　庚寅，益王翊鈏请给内使王奉等十人冠带。礼部以例闻，许之。(三六八,6890)　辛卯，重谕内阁：“朝廷开征矿税等项，因两宫、三殿未建，帑藏空虚，权宜采用。昨已有谕，但传闻未定，卿可传示该部院，即行文与各处钦差内官并抚按等官，都着照旧遵行。待三殿落成，题请停止，如有抗阻者,一体治罪。”(三六八,6890—6891)　大学士沈一贯言:“所奉圣谕,臣宜传行。但臣受皇上大恩,一有差池,悔之无及,辄敢细筹而深计之,以俟圣裁。皇上既云罢止有时,何必多申谕旨?此谕若传,不惟不能禁人聒扰而适足以招人聒扰矣。皇上聪明如神,于此偶未加思耳,思之则知此谕虽严,部院能帖然遵奉,行文与各抚按乎?臣知其必执奏矣。彼抚按官亦岂能帖然遵行无后言乎?臣又知其必执奏矣。科道及南北两京十三省官亦岂能默默而已乎?臣又知其必执奏矣。如此则是臣方劝皇上静养而反至增皇上烦虑,臣心何忍?臣罪何逃?人既聒扰皇上,亦必交章攻臣,臣不能一日事皇上矣。昨吏部、刑部止以请命未得,弹章随之,皇上虽有明谕,犹皆闭门不出。二臣如此,臣身可知。臣身若经一攻,万无苟容之理,此时恐动皇上一番气恼,费皇上一番处分。臣不足惜顾,非国家之福也。是以展转思维,未敢轻传,以纷纷之口而扰皇上之静摄。伏惟皇上再加斟酌,慎重丝纶,臣自知不肖,不称任使,谨伏藁待罪请旨。”(三六八,6891—6892)　临淮知县林錝为广东采珠太监参随赵安诬称经过其治,不应夫役,裂勘合,抢银扛,得严诏系逮。至是扭解起程,凤阳巡抚李三才疏白其冤,并錝自辩,俱不报。(三六八,6892)　壬辰,吏部尚书李戴奏:“建言得罪诸臣皆一时之贤才,人皆望陛下收录久矣。顷慨下明谕,臣即备查职名,方具疏上闻。因矿税未决,取回前谕,圣躬静摄,诸疏皆不能入,臣之心急如焚灼而无可奈何也。转躬之间,坐失机会,即臣亦心悔之。企仲为国之心,加臣一等,臣甚服其言。皇上有此美意而臣不能即将顺,布之寰寓[宇],臣之罪万万当罢。方今天下引领望成命而久不至,必将谓臣溺职。臣恐中外人心因臣之不职而并疑圣谕之不信,是以微臣累君德,臣之罪愈大矣。臣病已极,正当钟鸣漏尽之时,一当去;平日不能格君,致官籍缺者过半,二当去;今又不能推广德意,以觖天下之望,三当去。古云大臣以道事君,不可则止,臣不能引君于道,又不能止,尚可靦颜居百官之上哉!”刑部尚书萧大亨奏:“自有矿税以来,株连蔓引,殃及无辜。臣职任刑曹,目击诸苦,区区忧悯之心,不在(太仆寺卿南)企仲后。唯是臣遵奉敕谕,列款题知,在企仲或未知其详耳。系狱中止有湖广生员沈希孟等一起,原任御史曹学程一人,其余则已经拟罪发遣,或革职回籍,并不在狱。若未经送问者,又监候镇抚司,于臣部无预。敕谕中未坐名开放,臣自难专擅,及行各司查明诸臣姓名、得罪应放缘由,一面题知,一面解释。初不意成命即时撤回,题疏至会极门,坚不纳也。事属意外,委难逆知。企仲督责于臣,臣亦亮之。彼见圣泽既畅而复阏,系人欲苏而复困,遂议臣奉行之不力,故不暇计事机之多窒也。臣愿我皇上罢臣,仍将矿税干连人犯及建言诸臣特赐宽释,臣虽伏草野,实有余荣。”各得旨:“已有特谕,部事殷繁,卿宜遵奉,即出供事,勿再有陈请以滋烦扰。”户部尚书陈蕖等以停止采榷反汗,备陈六不可,上不听。(三六八,6892—6894)

闰二月甲午朔,保定巡抚汪应蛟疏言:“自榷采以来,家怨人愁,已非一日。彼其思乱而未即逞,徒以报罢有期,姑隐忍以待。今报罢矣而又不果,窃恐人心惶惑,所在摇动,万一草泽啸聚,揭竿而四起,虽有良、平之智不能为谋。皇上即弗重诏令,奈何以金瓯为戏乎?”诏:“矿税已有屡旨,权旨[宜]采取,自有停止之日,不必渎奏,宜静听处分,地方事各用心管理。”(三六九,6897—6898)　矿税之不果停也,各省直巡抚刘四科、杨时宁、安文璧、黄克缵等,巡按赵标、黄吉士等前后交章为地方请命,得旨间如前,或不报。(三六九,6898)　庚子,工部署部侍郎姚继可疏言:“本部钱粮额征原自不多,只因织造、烧造举行,解发留用,已去其半,所以部帑日匮,措处不敷。且该省每遇灾荒,征输不前者,小民被鞭笞之苦,造办不时者,匠作受催并之艰,劳民伤财,已非一日。昨圣谕一颁,方以为仰见天日,息肩可期,讵意顿因诸监之请,仍令烧织。诚恐小民闻之,疑信相参,欢呼之状转为怨嗟,无论变生叵测。后纵有诏令之加，恐民亦不肯信。臣职掌所关，不敢隐默于无言也。”诏袍服器用等需难以停止，令遵近旨造办，挨次解进。(三六九,6904)　癸卯，命司礼监太监田义同阅视京营，从兵部以例请也。(三六九,6905)　甲辰，礼科都给事中张问达疏请停辽东太监高淮所修经阁，以节财力安穷边，不报。(三六九,6905—6906)　乙卯，江西巡按疏请通判陈奇可免逮，以去冬景德镇之鼓噪由中使潘相激变，不当以不救罪奇可也。(三六九,6919)

三月癸亥朔，户科都给事中姚文蔚言：“采榷之役既罢复施，人心惶惶，乃诸珰不务宣布德，意惟务广置腹心，众树爪牙，委官、参随多亡命无赖，掘人冢、坏人庐、淫人室、荡人产、劫人财以济溪壑之欲，甚至航海通夷，威逼杀令，如潘相之王四、杨荣之张安民、陈增之王桐石等，李凤之裴宗翰等，梁永之杭大贤等，其祸可胜道哉！今四方事变，章交公车，莫非税使委官之恶孽，岌岌乎有河决鱼烂之忧。伏乞圣谕切责诸珰，尤甚者如李凤、梁永辈撤回，其委官干犯法纪如杭大贤等，悉拿问正法。”不报。(三七〇,6923)　陕西税监梁永委官杭大贤冒称钦差催税，领众入渭南县横索无厌，逼骂知县徐斗牛，致愤卒，殴仓吏王兴国、馆夫赵应贵、娼妇石小城，毙之。斗牛由进士作令，五载有声，士民伤之。巡抚贾待问疏讼言其冤，有旨，梁永同抚按究问。刑科都给事中杨应文等言：“斗牛之冤，皇上业已洞鉴，永身犯主使，固与大贤同科，乌可使俨然任会问之责乎？斗牛受皇上牧民之任，大贤得而杀之，则天下之为令者胡能一日安于民上而为皇上抚此元元乎？王兴国等蝼蚁三命，只供一怒，是谁纵之？大贤与永信不可一日容于圣明之世矣。望敕该抚按将杭大贤等犯严提正律，其梁永免令会问，撤回处分，庶有以雪沉冤而创巨恶。”不报。(三七〇,6924)　江西巡抚夏良心疏言中使潘相采木于广信之铜塘，此山地连闽浙，恐境内驿骚，山民煽乱，昔年邓茂七、叶宗留之难将作，乞封禁勿采。不报。未几大猾陆太等为上饶民噪殴几毙，潘相殊愤悒。(三七〇,6924—

6925）　癸酉，户科给事中宋一韩疏言广东巡抚御史李时华所劾税监李凤赃私狼藉，悖逆挑祸，宜亟撤回京治罪。不报。（三七〇，6933）　丁丑，大学士沈一贯以御马监徐锐有牧马草场宝坻等地方原一千三百余顷，被豪民侵垦殆尽，要差官往勘之议，一再票不称旨，上疏争之曰："国家之事，无一不经由六部，臣在阁中，岂能尽知委曲，即皇上至圣至明，深居九重，亦岂能知其委曲，安可遽遣中官往勘哉？纵使真知可行，亦当经由六部，此祖宗之制也。臣不敢紊，若不可使六部知之，岂可行于天下？今年荧惑逆行，占为兵戈并起，天下大扰。臣每忧之，望皇上大更前辙，万一起乱，皇上能与一中官共弭乎？中外皆皇上之官，奈何偏听而轻以祖宗之天下尝试也？乞将此本留中，具见保惜金瓯至意，臣不胜惶悚。"不报。（三七〇，6936—6937）　壬午，是时珰使与地方为难，礼科给事中萧近高疏"全大信"，云南道御史李培疏请"隆孝思"，皆以停税、释系、起废为言，其劾陕西税监梁永参随杭大贤逼死县官徐斗牛则有陕西巡抚贾待问、科臣杨应文、道臣刘九经，其参广东税监李凤干没倍于上供及勾夷起衅等事则有南道臣朱吾弼，皆于是月前后交章，概不报。（三七〇，6939）　甲申，云南腾越州税监委官张安民播虐官民，地方激变，烧毁厂房，安民焚死。抚按以闻，诏："前屡有旨，各差人员安静行事，张安民既激变致死，有何足惜。但倡乱之徒，宜正法典，姑念人众，令该抚按同税监访拿真正首恶，依律处治，其余胁从都免追究。"　吏部以广东缺副使，推武昌知府徐应簧。上曰："徐应簧在武昌不能安定乱民，无才可知，不准用。"（三七〇，6940）　南京吏部等衙门尚书张孟男等上言："传谕罢矿税，东南士女举手加额，不谓圣心旋以为悔，遂致貂珰愈横，蚁附益恣，民心疑贰，将必有理之所不能禁，莫可谁何者！"吏科给事中祝世禄、御史萧如松等亦各有疏，俱不报。（三七〇，6941）

四月癸巳，大学士沈一贯言："广东税额委实太重，不可以经久行;税使李凤委实太虐,不可以一朝居。如蒙皇上允按臣之请,减其额数,德意甚盛。若不然,则止将李凤取回面命,李敬代之,亦是美事。李敬为人忠实,必能仰体足国裕财之心,安邦弭乱之意,既收征采之益且释南顾之忧,此两利之策也,惟上断而行之。”(三七一,6947)　乙巳,礼部以黄河浅涸,疏言:“据陕西总督李汶、巡抚贾待问揭报……(言河变略。)窃谓河渎之行地,犹元气之周身,而货财流布于天下也。今天下财力可谓匮诎,而血气亦已耗矣。闾阎贫,府库贫,独矿税监使及参随、土棍之家富耳。神河天险,源涸流徙,而中更挟百川之势以冲祖陵,扼运道,此脉竭财壅之象也。夫民匮则愁苦,愁苦则思乱,直须时耳。间者滇以杨荣激而火厂房矣,粤以李凤激而民欲剚刃其腹矣,陕西以参随逼死县令而商民汹汹不安矣,两淮以激变地方打抢官舍钱粮矣,辽左以高淮激而戕委官矣。民变所在见告,大略以调停小定,其间屈情招怨,不知几何,恐情至不堪,亦必有法度不能制之时。自古大祸乱难扑灭者,即小激变而失于收拾者也。天心仁爱,告戒勤恳,不啻面命,皇上得无动心乎?天人不远,吸呼可通,顷荧惑犯太微,圣体违和,一涣德音,旋即退舍,可谓天象渺茫否?伏望皇上憬然深思,罢矿税,撤中使,人心既悦,天意自回,将见四海安澜,九河顺轨,在一念转移间耳。”疏入不报。于是吏部尚书李戴等、御史于永清等、都给事中姚文蔚等相继有公疏,大略与礼部疏同。(三七一,6956—6958)　丙午,户部尚书赵世卿言:“福建积余盐价先该御史刘应龙议,权宜给票,输课济边。今税监高寀亦议,将前银凑足一万有奇,具疏两请,得旨下部院。臣仰体圣意,垂念边计,借助大工,均不可缓。第以今时边饷似为尤急,盐课傥余一分则边饷藉用一分,望俯俞屡请,令臣等转行该省按臣同税监协力共济,将前后题共凑银一万三千余两,刻期解部,凑抵边饷,少救军士倒悬之苦。”报可。(三七一,6958—6959)　辽东巡按御史何尔健劾棍恶宋希曾等勾引税监高淮委官杨承恩等,逼诈赃私,乡民无告，至欲顺虏逃生，请将诸恶严究正罪，以弭变安边。得旨，令抚按同该监尽法追究，问拟具奏，不许连累无辜，以安地方；辽左冲镇，内外官员各协恭任事，如有偏执徇私，致启衅端者，并处不贷。先是高淮庇护诸奸，以侵欺打夺具奏徼旨，着内官会同抚按勘问。健前后两疏辩理，及得是旨，人心始定云。（三七一，6959）　戊申，淮苏杭水灾地方将婚礼袍服未织三运分作六运，每年二运织解，从太监孙隆请也。（三七一，6961）　甲寅，陕西税监梁永请镇守职衔以督税务，又称花马池、庆阳府等处盐池山积，俱被奸徒侵渔，倘得军伍亲诣其地，设法变价，可得万金，以助大工。督抚上疏劾其妄干，不可轻听。兵部请将永掣回重治，以为背违祖训、阻挠军机之戒。不报。（三七一，6965）　陕西巡抚贾待问疏："督税太监梁永上疏，冀得镇守职衔以督税，又假称土人刘奇供报花马池、庆阳府等处盐池，其盐见积如山，俱被奸徒侵渔，倘得军伍亲诣彼处，设法变价，可得万金以助大工。臣一闻不胜错愕，夫西陲半壁之天，虏番环伺，夙称难制，总督联络于其间，四封抚镇各莅其境，兵备守巡副参游守各分其路，每遇警报，总督檄之抚镇，抚镇号之道将，雷动风驰，臂指互运，由来远矣。兹若假税监镇守统军名色，则当几动必掣肘，履阵谁效死绥？总督抚镇道将原颁玺书何所奉行？彼推此诿，何所申令？且今套虏乞款未定，海酋酿乱方张，地方之揭竿袒臂拥聚，皆未易消弭，乃欲冒昧不量，辄请镇守操柄耶？彼见楚中、吴下近事凛凛，欲揽兵权以自卫，不知天下事必先其窾系，何者为安，何者为危，何者为利，何者为害，庶无冥行府辜。不然不戢自焚，揽兵何为焉？且殿齐师有夙沙卫而最、绰不返辕，观军容使有鱼朝恩即郭、李无全绩，岂可漫为尝试？不惟蛊坏封疆，且阶厉社稷，臣等知其势之必至此也。至若盐法一节，尤属无谓。查延绥定边属大盐池、宁夏惠安堡属小盐池，二池所产盐利应征课银俱延、宁、固原三镇抵充年例，向因额数过多，旱涝不常，盐花少结，所捞不及十之五六，是以管盐各官率被参罚，势难取盈。自万历二十一年该前任督臣叶梦熊目击其累，会同延、宁两镇巡按及巡盐御史，题请酌减原额，另定经制。户部覆议，将大池原办二十万九千八百五十六石于内减去外存十五万七千三百九十二石，征银一万二百三十两四钱零为额，内于七千二百五十一两八钱解抵延、宁二镇主兵年例，余银二千九百七十八两六钱并裁省秤斗工食银一百四十两，共三千一百二十二两，解固原镇抵充年例，尚有不敷，固镇银七百五十两仍在大小二池通融凑补。小池原办二十六万四千八百五十石，于内减去外存二十万石，征银一万三千两为额，尽解宁夏抵充年例。此题奉钦依，户部卷案具在，可按而睹也。据该监所称，盐积如山，变易得银万金。今每岁额盐尚完不及强半，安有积盐？凡鹾政稽核有督抚按臣，有盐法该道，有府州佐贰；晒捞有数，掣放有单，每年终以多寡会疏具题，纤毫悉明，又安有奸棍侵渔于其间耶？夫有一军则有一军之饷，计口论食，毫芒难爽。户部尽将前课额拨三镇年例，其在延宁就近或可少得接济，如原拨固镇额自二十一年迄今计经十年，共该三万八千七百三十余两，止解过三千五百两，士卒每拥门告讦，万分窘急。今却以势不可得之正饷复欲朘之不经之苛求，将啼饥怨愤激有他变，谁任其咎？矧皇上四海九州孰非外藏，乃欲括银一万两为自效耶？不过欲藉此窃太阿之柄以济己私，抱疏刘奇者即先问死罪，见监囚犯刘有原[源]家人，诈作土人，上动天听，即此可欺，孰不可欺。伏望皇上念保泰之大计，将梁永所陈镇守、盐利前事慨赐停寝，仍严敕安分，不得妄有陈乞，以捍文网，实宗社亿万载无疆之福。”(三七一，6965—6969)

五月壬戌朔，广西道御史温如璋疏言：“近日虎贲左卫指挥鲁登科代奏输银，奉圣旨：‘奏内两淮运司盐商余元俊等愿捐己资盐利银五十万两助治河工，具见忠义，准着原奏指挥鲁登科前去彼处，听从钦差内官鲁保会同抚按、巡盐御史等官，照数查收。’此自皇上之留心祖陵，但助义之商岂艰长途之费，独不能叩九阍效卜式之输财？即不然，岂不能赴抚按巡盐等衙门告明，转达天听？鲁登科既非余元俊等亲识，忽为代奏，情属欺诳，恐成误国害民之祸，乞收回成命，置登科于法。”不报。（三七二，6973）　乙丑，工部尚书姚继可言河工缺乏无措，惟有请发内帑及河道岁积钱粮，近以税使搜括五万三千有奇，望谕令照数还给，以济目前急用。得旨：“内库缺乏，各项进供待用，有何积余？兹不得已，且借用太仆寺马价三十万两，其原属河道钱粮五万三千亦令留用，以后不必搜括。其户部原议之数依拟，此外尚须接济，尔部尚悉心计处。”（三七二，6975）　戊辰，苏、松、常、镇税务改用刘成。因陆邦新等营干机务，众机户嫉之，土人管文等藉口激变，煽众抢掠，地方官擒治首恶，解散余党，抚臣曹时聘以闻。时适有河南毛兵之噪，户科都给事中姚文蔚疏：“矿税传罢旋行，中外人心惶惧，苏州之变，意在雪憾，其帖有‘天子无戏言’、‘税监可杀’等话。中州之变，毛兵既甘心奏参，其言有‘先反岭上，后往汴城’等语，其帖其言，耳不忍闻。明旨云‘酌量缓急宽严以安地方’，臣谓民将变而急之，乱速而祸烈，即缓之宽之，亦未有纲纪弛而人心固者，是缓急宽严无一可也。如欲收人心，振纲纪，惟撤中使，罢矿税，力行仁爱之政而已，惟圣明省览。”不报。（三七二，6977—6978）　丙戌，工部尚书姚继可言：“皇上既为陵寝根本虑而又念时诎之可悯，为东南河漕计而免行搜括之贻害，睿算周详，俾河臣可旦夕举事，不至束手无策，而臣等亦得效犬马以仰纾宵旰之忧。除马价银三十万两已经移咨太仆寺查发，其河道钱粮五万三千移文税监扣留，听总河径自取用外，所据河工百万之费，缺六十四万有奇，先年户部允协济一十二万，尚缺五十二万有奇。迩来内外工作频兴，监库传派繁巨，外解纤微，库贮无余，此举朝所共知，非臣所敢推诿也。及查河工大兴，岁修可已之数，此内尚可通融。伏秋在迩，疏筑宜勤，若候设处全完，未免耽延时日，惟将前项见在银两先行解用，其余不足即于本部河道岁修银两陆续挪凑。且工程浩大，其中可省可加,或增或减,总河临期另有酌处,臣等似难遽定矣。"得旨:"河工需用紧急,便令各衙门遵行。内税监五万三千两如未解,准留用,若已解进,不必扣留。果有不敷,另行具题议处。"(三七二,6983—6984)　丁亥,直隶巡按安文璧疏:"直隶八府税银七万两已属无艺之征,乃夏荣等无端又奏为鱼苇税银四万两,畿辅何地,灾祲何时,而有此七万,又有此四万也!王虎身任其事,穷搜极括,即弄园菜畦之类靡所弗及,可谓剜及心髓,取尽锱铢究(**按,究字疑衍**)也。归并于张、马二监,各分任二万两矣。马堂即[既]不肯分认于所辖之山东,复委责于抚按诸臣矣。张烨虽多方料理,即屯丁一节原任鱼苇中之一事,尚以措取孔艰,愿归并屯田御史。彼诸臣者,尽有恭顺皇上之心者也,岂有可为而不欲无,亦欲为而不能乎?顷者幸蒙圣鉴,敕下臣等会议,仰体爱恤至意,于三月二十日各俱题请讫,至今未奉明旨。伏祈特涣纶音,将臣会疏俯从允行,庶肘腋无患,万年有道之长专在此矣。"疏不报。(三七二,6984—6985)　戊子,江西乐安王府奉国将军谋托道出,值税监潘相为儒童所哄,被相并补[捕]入,殴折肢体,将庶宗达同托拘禁二日始放,阖省宗室愤激。抚按以闻,劾相罪在不赦,亟宜正法。留中。(三七二,6985)

六月癸巳,河南毛兵李举、矿甲孙朝等之噪也,太监胡滨驰奏,有旨严捕正法。于是河南巡按杨光训上疏,言:"开采之费佥富户供办,约以洞成偿之,乃奏复扣夺其四市,且索小甲见面银,棰楚矿夫,遇酷(**按,遇酷疑乙**)毛兵,五百借之御防,二年减克工食,不为处给。奏参转冗,克削日甚,诸甲兵之拥众诉也,非变也,乞免行究勘,人心少安,异萌可杜。"不报。(三七三,6998)　己亥,工部尚书姚继可言:"屯田司钱粮有二,其一柴夫、柴价银两,所以供柴炭之用,每年额解二十六万两。先年额支十八万两,至二十六年加支二万余千两(**广本作"万余十两",抱本作"二十余万两"**),然各省直之派未加也,而近来岁欠三四万矣。其一料价银两,所以供监局之用。每年额解十二万两，先年额支八万两，至二十九年增解巾帽局二万两，然各省直之派未增也，而近来岁欠二万余两矣。查二十二年内本司库贮尚有四十八万两，一费于棚工、银钱山、香山等工者已去其半，一都水司因年例借用二十八万两而库贮一空。在缮司将本司川、广料银题留采办木植，计有七万余两，水司将本司西南料银题留织造、治河总至有六十八万。此山陵各工之费毫无贮积，不得不取给于柴炭银两。年例巾帽之解仅有四万，不得不挪足于柴价数内，故三四年间，四厂之额派未敷，该监之催促甚紧。每至年终，巾帽无解，必假贷于别司，加以各工应给之银，尚多三四万两，每日泣领尝[常]五七十辈，本司之穷也、忙也极矣。为今之计：一、禁题留。除二十年无及已，自三十一年后请谕缮、水二司，不得将本司料银辄自题留。一、酌补还。缮、水二司有事例额解等银，如缮司留过本司七万余两，每年议还二万两，水司留过借过本司九十六万余两，每年议还六万两，虽难卒偿，一时尚可救巾帽价银之急。一、严拖欠。请申饬参罚，每年冬夏二季各该抚院将所属拖欠职名咨部，以便酌量参处，庶人心知惕，稍免逋负之多。乞将条议三事俯赐允行。”诏嘉纳之。（三七三，6999—7001）　丙午，潘相之拘辱爵宗谋托也，抚按疏至，言官冯应凤等前后交章论相罪，上皆寝其奏。相复逞辩横诬。户科给事中姚文蔚疏言：“税珰潘相以儒童起衅，擅拿爵宗，非刑殴伤，越宿方释。天潢之派，视之若无，是其目中已不知有祖制，不知有皇上矣。乃厚诬其抢税以文其慾，横扯县官以驾其祸。夫谋托被相擒拿而进，何谓抢税？县官远在数百里之外，何云指使？相之敢于说谎一至于此。窃谓皇上闻之，当何如震怒，乃抚按纠参而不问，科道交章而不理，独相之疏若响斯应，恐天下窥皇上意指偏向，有望绝计穷而乱不已也。伏乞皇上将潘相撤回究罪，仍因此尽撤诸珰，悉罢矿税，与天下休息。”户部尚书赵世卿等亦有疏。俱不报。（三七三，7003—7004）　甲寅，广西道御史金忠士疏劾土棍吴良辅钻刺殃民，太监邢隆徇私酿祸，不报。先是，徽、宁税契敕书开载云止据现银尽数造册解进，不必拘定原奏数目，原奏袁顺时、吴良辅、方坤不许前往预事，以致骚扰地方。及是邢隆奏用土民吴良辅以便查理，取盈十五万之数，故忠士疏中言邢隆不思仰承德意及滋骚扰。邢隆素称安静，此举或为奸棍蛊嗾云。(三七三，7014)

七月壬戌，云南巡抚陈用宾疏："缅丑阿瓦结连木邦等夷，拥众十余万，直犯蛮莫，其执辞曰：'开采使令我杀思正以通道路。'彼时边疆将吏奉臣令，声正酋罪，使阿瓦无他，当如檄卷甲回。阿瓦乃留兵据守蛮莫，何为哉？若蛮莫地失，必无三宣，无腾、永，全滇之祸当自开宝井启之。夫司戎兵者唯边疆是问，贼入欲击；司采买者惟宝石是问，贼入不欲击。其势必至掣肘，掣肘不已，壅蔽弛备，缅骑长驱，即有智勇，何能为谋？以采买之虚名，贾边疆之实祸，臣知陛下不为也。伏望锐发乾断，罢宝井采买之役，使边疆将吏得一意讲求战守，庶西南犹可保全矣。"不报。(三七四，7020—7021)　庚午，工部尚书姚继可言："乾德殿工程重大，财用浩繁，顷接内监陈永寿所奏，止用银五万两，雇募夫匠、设处木植、颜料等项再不干臣部钱粮，包工刻限报完，诚为省速。臣部虽至窘迫，亦应勉从所请。第请解银赴监买办，似不必本部出给实收。但取城砖一百万，破砖量工取用，及灰三千万斤乃系自外运送，必须科道与本部司官同为验收。又恐事不归一，宜将灰三千万斤折价银三万两，搬运城砖脚价银六千两并前银五万两，共银八万六千两，库内见无积贮，俱容陆续设处解赴该监，听其自募买办完工。及量工应用破砖，亦听该监或军或夫自行运用。既称不复干预臣部，其原请司官二员似亦不必差委，庶内监得以自便，工役可速报竣，臣部又得专心经理各工而庶务不误矣。"上然之。(三七四，7027)

癸未，广东巡按李时华疏："税使借名进贡，公私踪迹可疑，谨将节次查核有据底数另本开坐上开，伏乞圣明显对李凤原本，以验虚实，以破奸欺。"事内言李凤起解方物用六十船，当有三千抬，据凤本三次揭，多不过三百抬，不知六十船所盛竟归何处？又四十木桶，每桶银八千，此外仍将银易金，不知已进否？且私蓄数十名姝，通澳夷，放白艚贩米，诈职官，交沐昌祚种种不法诸状。不报。(三七四,7035)　　丙戌，左都御史温纯言："年来部臣、言官以及抚按力陈榷采之患，又求收回极横中使李凤、陈增、杨荣、高淮等，以遏乱萌。天听犹高，乃今李凤之淫纵，至污妇女六十六口，私运财货至三百抬、六十船，势必见戮于积苦积恨之众，何如威出皇上，犹不失威福操纵之权？缅酋以宝井之故，提兵十万，窥滇界；鲁登科、余元俊有悬空张网，进五十万之奏；阎应隆、张嶷有航海贸易，进金十万、银三十万之奏。此其言真如戏剧博笑，以皇上之天聪天明亦信以为庶几可望？臣等惊魂摇曳，寝食靡皇，恐异时兵起祸兴，费皇上之财不知几百万，又不知能起而扑之否？至于不能扑，而其祸不止于费财矣。彼缅夷昔年纳我逋逃，扰我疆场，未尝一日忘狡焉之计。今兹蹂躏蛮莫，迫逐三宣、腾、永，业已剥床及肤，而全滇亦震于其邻矣。狡酋以宝井为兵端，其为擅开边衅固不待臣等之辞毕也。余元俊，一长芦在监追赃之窃棍耳，数千两赃不能完而虚捏所不知之名，为进五十万之说，明欲脱此诈彼以肆毒于广陵。一中其计，将人人危而思逃，不知每年七十万课银将安所出？九边百十万枵腹之卒将安所赖？至于阎应隆、张嶷之奏，尤为悖谬不道。臣等闻海澄市舶抽税高寀已每岁得银三万，决不遗余力而让利。窃料机易山虽在海外，决无金银成斛，遍地任人淘取之理。又料税珰恶弁参随诸奸之威能行于中国，决不能行于外夷，安所得金十万、银三十万以报皇上。其意不过假借明旨，大弛通番之厉禁，硝磺、生铁、军器船只犯禁愈重，取利愈饶者，满载扬帆，任其所往，从此漏泄军机，勾引诸国，其患宁止吓诈公私、骚扰海澄一邑已哉？昔年倭变正缘奸民下海，私通大姓，设计勒价，以致倭奴怨偾，称兵焚劫。今以皇上之命行之，祸当更速，及至兵连祸结，彼张嶷诸奸不过曾一本、林道乾、徐明山、汪直之续耳。负岛列寨，称王犯顺，近可以规重利，后不失为尉佗，于诸亡命之计得矣，如国势何？伏望皇上留神深思，将李凤拿解，陈增、杨荣、高淮等勒令回京，鲁登科、余元俊、阎应隆、张嶷敕锦衣卫拿送臣等法司正罪。宗社幸甚！”不报。是时武弁及市井奸人莫不纷纷言利，杜景云奏徽州监生曹应鹏进助工葺殿银六万两；阎应隆奏福建海澄县机易山土产金银，备船往淘，每岁可献金十万两、银三十万两；袁顺时奏徽宁税契岁可进银二十万两，王遇桂祖顺时故智，亦言征南直税契二十万两，并将高淳马等场变价解进，每场可得千余两。科臣姚文蔚等、道臣金忠士、史学迁、汤兆京、温如璋、朱吾弼等各随事交章，极言其酿祸害民，疏虽留中，然上未尝不容其切直也。(三七四,7036—7039)

八月甲午，辽东巡抚赵楫疏：“太监高淮请复市，每年额外进银二千两、名马五十匹，夷人叩关讲事，亲出边对话。臣不胜骇愕。夫广宁马市设自成化十四年，义州木市设自万历二十三年，嗣因土酋内讧，前抚臣张思忠请概罢市，以此黠夷肆悖，边氓日困。至二十八年诸夷不忘市赏，节次叩关，士民亦为陈乞，奉旨酌议未决。值臣履任，复与边道诸臣再四参伍，佥谓复之便。疏请蒙允开复，市夷帖服，军民安堵。何淮忽有此请？欲假此为利媒耳。淮自谓调停，然考二市题革后，淮旋入辽。当时夷虏零窃大举，何不调停于先？诸夷求复，议论未定，何不担当于后？不知淮所谓调停者何说？近缘辽军民受党恶之害，淮不能竭力调停，复欲垄断马市，图逞己私。幸我皇上洞烛其情，止给蟒衣，并不俞允马市，可谓明见万里。但恐其以题准为词，益恣其无忌惮之为，黠戎生心，市事不终朝而罢矣。矧夷多慧，利析秋毫，辽左原无官帑，止凭税银以为市本。今淮额外进献，计淮一年所入分外税银奚啻数倍。边人必取偿于市马，夷人岂肯俯首听命？必将决裂而不可收拾，脱有意外，皇上虽欲诛淮已无救于乱矣。乞皇上轸念边计，以马、木二市抚赏事宜悉听臣与镇边督同料理，严谕高淮不许从旁牵制，出边挑祸；至收市税马匹，亦不得仍前苛征。岂独孤塞边氓之幸，实国家莫大之福。”(三七五，7042—7044)　丁酉，南京兵科给事中储纯臣、陕西道御史史弼各疏言：“南京司礼监太监邢隆揭帖言所奏用土民吴良甫[辅]乃奸民，捏名妄奏，本监并不知情。如此则良甫[辅]奏本印信从何得来？既犯欺诈之律，复干伪造之科，罪在不赦，乞收回成命，早殛奸民，庶人情不扰，邦本永固。”已而巡盐御史蒋以化亦言：“太监鲁保揭帖，鲁登科禀称捐银委系虚情，余元俊见监长芦运司，原非淮商，其奏章乃汤迎时等主谋云。盖鲁登科志在磨牙吮血，余元俊亦欲乘此脱狱，与汤迎时群奸皆当伏法。”亦不报。(三七五，7045)　庚子，保定巡抚孙玮言：“根本重伤，腹心日困，请将井陉无矿及易州矿尽脉微、得不偿失等州县照顺、永一体封闭，以信不忍加派之旨。”上不允，仍严谕立限。(三七五，7046)　癸卯，户部以辽镇增兵数多，饷银不足，题自三十年为始，复原停淮盐四万四百三十三引八千斤，召中凑抵完饷。两淮运司照淮南余盐规则，每引征银七钱，岁可得银二万八千三百余两，解纳太仓。直隶巡按蒋以化疏争之，言：“两淮盐岁行盐七十余万，只缘额地被占，浮课数增，近行五十万，不得不借征于商，已借过商银一百四十万两，捉襟露肘，计无复之。辽镇新开引盐，谓系原停旧额，夫原停多寡，曾否补完，臣不暇问，即使果有原停之虚数，业已扯入内臣鲁保九十万存积之中，另作一项解进，安得复有原停之盐而开中耶？人徒见两淮今年新增即有新增之解，明岁加带即有加带之输，意谓可取可掊，奚恤难堪难任。今课额之外有增无已，盐法大坏，后必决裂，不可收拾。乞敕下户部查议新议开中辽引，亟行停止，缺饷另行补处，特撤积盐之使，并罢无名之征，国计幸甚。”(三七五，7046—7047)　甲寅，礼科给事中萧近高劾江西税监潘相：“自凌殴宗室不置于理，窥知上意，益无忌惮。言参政王佐当罚治，旋有罚俸之旨；言牌票不必由驿传挂号，旋有‘兵部知道’之旨；言石糕[膏]可采，旋有开采之旨。两日之间,明旨三下,皆非所以令天下也,而至于石糕[膏]利寡害多,尤万不可采。"留中。(三七五,7052)　乙卯,兵部署掌部事尚书萧大亨等以辽东税监高淮题类报盘获逃军本,列衔有"镇守协同关务"字样,上疏劾之曰:"辽东之有镇守,所以保障地方;山海之设关臣,所以稽查奸宄。一则会官廷推,一则坐差题补,而奉部特请,坐名敕书,以便行事。此其责任,宜何如专者。今宁远伯李成梁见在镇守,而管关主事李本纬近亦点用矣,高淮不过一税监耳,即近日传奉圣旨,亦不过曰'辽东矿税征收马市方物尚膳监太监高淮'耳。自矿税而外,于镇守、关务毫不干涉,兹衔胡为乎来哉?外廷不闻有简命之颁,阁部并无请敕之举,而淮独俨然窃之,此何名也?非其事而辄自承认,非其时而妄行渎扰,此何体也?夫既以'镇守协同'为名,必以镇守协同行事,假如夷虏犯边,镇臣以为法当剿杀,而淮希图交通,或以为不当剿杀;罪犯越关,关臣以为法当盘诘,而淮听信群小,或以为不当盘诘;地方有生事害人及挑祸启衅者,地方官员以为法当惩治,而淮党恶庇奸,或以为不当惩治,则文武将吏何所适从而阃外一切之事不免中制也。将来奸宄之假冒日多,狡虏之侵凌日甚,祸贻边关,谁执其咎?姑无远论,即如近日辽东木、马二市,向缘停革,扯臣憨、小歹青等夷屡肆悖逆,自抚臣赵楫与镇臣熟计,极力担当,订盟开复。此于淮何与而虚词耸听,妄徼蟒衣之赐。即此一事已足征其欺罔纵肆之渐,而可假以名色,使之稔恶而播虐耶?伏望俯念边关大事,严谕高淮遵照前敕,专一管理矿税,此外无得干预,自取罪戾,庶彼此免掣肘之虞,事权绝旁落之患矣。"诏高淮协管关务,前有屡旨,还令遵旨行。(三七五,7054—7056)

九月甲子,两淮盐法太监鲁保疏参指挥鲁登科、余元俊、刘显忠等捐献银两尽虚,不容轻宥,乞收成命,速下法司,依律治罪,脱逃各犯勒限严行提结正法,庶奸宄潜消,祸萌永绝,两淮万商苏命。从之。(三七六,7062)　丁卯,大学士沈鲤疏言:"臣原籍河南，当中原辐辏之冲，四方民隐无不与闻。而顷者奉召北来，所至皆观风考俗，悉其情状，乃知当今时政最称不便者无如矿、税二事。盖采榷之始，皇上本以权宜济之，不欲重征，其分遣内臣亦似区画下情，便于上达。乃内臣不能仰承德意，滥用群小，布满川（广本川作井）间，穷搜远猎，而群小之中又各有牙爪羽翼，虎噬狼贪，无端告讦，非刑拷讯，遂激为临清、武昌、苏州之变，而近日广东、辽东、陕西、云南尤纷纷未已。臣窃观天下之势如沸鼎同煎，无一片安乐之地，贫富尽倾，农商交困，流离转徙，卖子抛妻，哭泣道途，萧条巷陌，虽使至愚之人亦知必乱。乃今市井奸民犹复肆为欺罔，皇上只见其目前所入如此丰盈，宁知其私取充囊，十得八九。惟彼假公图利，一旦生事地方，直甘豢豕自屠，独使朝廷当百姓之怨耳。皇上岂将谓东征西讨、宣捷献俘，神武赫赫，无复可虑乎？以臣愚计，则乱生不同，有逆而乱者，有愤而乱者。逆而乱者如宁夏、播州，彼先据不祥之名而我为仗义之伐，故人心用奋，天戈所指，当即芟灭。若偾而乱者，则所谓土裂瓦解者也，以四海之众而嚣然皆怒皆怨，一唱万和，朝廷之号令必不可行，官司之法度必不能制。兵于何出，饷于何资？盖国家连岁兴师，行赍居送，按丁增调，履亩加租，疮痍未瘳，呻吟未息，更有征发，岂不速乱？臣不胜杞忧，以为方今欲弭大乱，莫先收拾人心，收拾人心，莫先停止采榷，撤还中使，系治棍徒，旷然与天下更新，上也。即不然而改畀抚按，代与征输，则赋额既可无亏，穷人亦得苏息，目前救毙，亦其次之，在皇上一转移间耳。”大学士朱赓疏请，言：“目前第一吃紧事，皇上试垂听焉。皇上以今之矿，尚采之山，与今之税，尚榷之商与？自开采不止，地无余骨，而处处包矿，则苍黎之骨髓也；自征榷不止，商无余资，而处处包税，则菜佣之资本也。臣所经过地方，父老子弟咸遮道而诉曰：‘上供易，下供难。鬻产业易，鬻妻子难。逃乡土易，逃生死难。’圣天子深居九重，应不知小民疾苦如是，愿入言之以活旦夕之命。盖疾首蹙额，嚣然丧其乐生之心，夫既不乐生，宁复畏死？既不畏死，宁复畏法？试恐一呼百应，四方云起，比时官僚多阙，府库悉空，无将无吏，无兵无食，而倏止倏行之令又无信可恃，皇上即发停止之诏，无及于噬脐，即捐内帑之藏，无救于远火，天下事尚忍言哉！皇上幸毋以刘、哱、倭奴、府江、播州、甘肃等处相继受俘而谓治可长保也，亦幸毋以天津、临清、武昌、承天、广东、辽阳、苏州、淮徐之变旋即解散而谓乱可无虑也。天下之患固有酿之久，蓄之深，倏然而来，不及措手者。唐玄宗方宴凝碧而渔阳之鼓鼙已阗于户，宋徽宗方游艮岳而金人之缧绁已及其身，此皆不移晷立见倾危，岂有次第先后哉！今但见琼林大盈，可以充居积，奇珍异玩，可以娱目前，而不知辇下之有羌戎，舟中之有敌国。噫！可惧已。皇上聪明天纵，岂不辨此？良由小人妄窥圣意，巧为说辞，矿之计穷，则宝井、海山之说进而索之舆图之外矣；税之计穷，则绝粮、契税、盐利、库余之说进而求之影响之间矣。听之若有据，行之若无伤，故此辈一言而即入，在廷百言而不省。传曰：'长国家而务财用者，必自小人矣，彼为善之。小人之使为国家，灾害并至，虽有善者，亦无如之何矣。'岂为今日而发乎？伏望皇上推不忍加派之心，征还内臣，悉罢矿、税，推逮治鲁登科之心，严查一切欺罔，悉寘诸法，而又推宥张时弼之心，并释逮系诸人，悉复其官。则一俄顷间而圣心之仁流于四海，名与尧、舜俱永，而臣一念狗马之诚亦庶免不负所学，不虚此出矣。"俱不报。(三七六，7063—7067)　　丙子，户部尚书赵世卿疏："国家置立钞关，仿古讥市征商之法，内供赏赉，外济边疆，法至善也。臣莅任以来，备查崇文门、河西务、临清、九江、浒墅钞关、扬州、北新、淮安等钞关会计录，载原额每年本折约共征银三十二万五十五百余两，于万历二十五年增银八万二千两，此定额也。查万历二十七年以后，一岁减缩一岁，至二十九年，各关解到本折约征银止共二十六万六千八百两三钱，比原额过缩。臣不胜惊讶，随查各关监督预呈文案，在河西务关则称税使征敛，以致商少，如先年布店计一百六十余名，今止三十余家矣；在临清关则称往年伙商三十八人，皆为沿途税使抽罚折本，独存两人矣；又称临清向来段店三十二座，今闭门二十一家，布店七十三座，今闭门四十五家，杂货店今闭门四十一家；辽左布商绝无矣；在淮安关则称河南一带货物多为仪真、徐州税监差人挨捉，商畏缩不来矣；其他各关告穷告急之人无日不至，不敢一一陈渎。大都人情熙熙攘攘，竞尺寸之利，今乃视为畏途，舍其重利，不通往来，无乃税使之害尤有甚于跋涉风涛者，则苛政猛于虎之说也。皇上得无以连年税使之进供为有余乎？不知其所朘削者即此各关不足之数，上亏钱钞之供，下缺九边之饷，皆此之谓也。即此一项，则各项钱粮种种逋欠皆可例推。皇上之富，以天下为富，今使行旅萧条，课程虚匮，有无何以流通？诚思四方商贾，何故舍重利而不行？各关课额何故至今而不足？则此足彼虚，利多害少，税使当罢之急，自洞悉于圣衷矣。”(三七六，7072—7074)

十月丙申，工科给事中白瑜等言：“乾清、坤宁等工与永寿殿外桥山、左门同完，余修饰则银作局、承运库及经管内监司之，惟俟旨下拱听而竣事耳。伏乞敕下报完，不致稽延，令各衙门共成盛事。”时工部亦以工完卜吉告成请，并不报。(三七七，7082)　乙巳，礼科都给事中张问达以星变请罢矿税，不报。(三七七，7084)

十一月辛酉，云南巡按宋兴祖疏：“(前言滇门庭之患略。)臣谓滇之矿税悉宜尽扣留滇中以备兵食，傥缅酋数年帖服不动，前项矿税当如数解进，以备上供耳。臣闻阿瓦追思正时，声言奉上司命来说者，指买宝石参将吴显忠也。显忠久奉明旨，准回籍，税使杨荣縻留役使，往阿瓦开宝井。显忠实以厚利饵夷人而为之换宝石，宝井在缅服中，远数千里，夷有以为利，又岂待中国税使而后开？卒启杀属夷、拆藩篱之祸，弃内附土地人民而使缅与我比邻剥肤。皇上神圣，思此役可停否？且宝石是蠢然石块，止愉一时观玩，无益天下国家。开宝井与保边疆，孰得孰失？故臣愿停开采而急杜衅孽也。伏望皇上速降明诏,取回杨荣,敕下预计兵食,防于未然,滇南庶几无患。"不报。(三七八,7108—7111)　河南税监胡滨以千户李承恩听信审理正徐炜,称河南布政司绝王库内收贮约银百万余两,奉旨使其同该抚按等官查勘回报,云:"臣入省,同巡按杨光训到布政司,同左布政姚学闵、右布政易登瀛、参政陈所缊[蕴]、朱思明盘库,内原无绝王库名色,因诘问徐炜、李承恩,彼称事出风闻,原未亲见。臣以前册开徽、汝、伊三府相继故绝,征收禄粮六十一万二千一百余两,及周府永宁等九王故绝,省银一万八千三百余两询之,各官咸称此数十年积集,至今随征随放,拨补周藩繁衍之用。各府粮银虽有定数,小民拖欠与年远故绝开豁者多,若遽追征,合省闾阎哄然怨讟,万一他虞,非所以仰体朝廷爱养黎元之德意也。今拟通融措备,见有在库银五百二两二分,又二十一年至二十七年应征徽、伊二府禄银二万四千五百三十五两,追完解进,比外毫无措处矣。臣不得已,遂依所议,谨将会查始末奏请定夺。"得旨:"收贮绝王禄粮,既经内外官公查别无积贮,乃徐炜、李承恩误听风闻,妄奏欺玩。尔便同抚按官解赴法司问拟,其银两俱令解进应用。余拖欠既称年远,特准免征,以示宽恤小民德意。"(三七八,7111—7113)　癸亥,因两淮盐法太监鲁保之请,与扬州天宁寺、万寿寺额名,藏经二部。(三七八,7114)　戊辰,以冬至令节赐三辅臣上尊珍馔,特遣司礼太监待茶饭,又赐烧割、伏姜、甜食。(三七八,7119)　丁丑,工科都给事中白瑜言开取煤窑之旨径下内官,不关六科,损在国体,在民生,请收回成命。不报。(三七八,7122)

十二月辛卯,江西巡按吴达可因矿税内监潘相诱开采广信封禁山,添委卫官得旨,又请开采泰和县石膏变价解进得旨,上疏言:"圣帝明王,未尝言利,虽宝藏于山,玉韫于石,亦置不问。况山木石膏,为利几何,而可听奸谋以累圣德哉!试以封禁山木言之,木山虽属广信,实连闽、浙三省而又建康祖陵发脉之处,王气攸钟，岂可以开采损之？昔年巨寇叶宗留、邓茂七等啸聚其中，焚掠城邑，指挥戴礼以战死，都督陈荣以败死，令邓颙以被执骂贼而死。迨本兵勋贵发兵京营，征兵各省，会计剿灭，历数年而后定。嗣后封禁不开，夫亦谓利小害大云尔。今屡奉严旨，臣何敢抗违，顾揆之事势，实有必不可行者。藤萝丛棘塞其径，陡崖峭壁当其户，入之难；猛兽毒龙据其穴，蛇蜒岚瘴漫其谷，居之难；陆无寸径，涧无尺水，出之难。今潘相所责于有司不过召商、借库与防守、委官四事耳，类皆牵肘难行，相亦自知。商人不至，计无所施矣。独以起衅自彼，势难议寝，不得已为是激切展转之词。臣愚以为，开采禁山，速宜罢也。试以斌姥山石羔[膏]言之，本山切近泰和，为县乘龙，为郡前障，凿山去羔[膏]，伤损龙脉障屏，是无郡县也。且该县人文自昔最盛，硕辅名臣如杨文贞、罗文庄，文章勋业济济，为国柱石，稍有所损，科名尚尔减额，而况于凿石乎？连岁疫厉盛行，民力凋耗（**广本此处有“已极者，其咎实系乎此”九字**），岂得伤残其命脉乎？皇上与其积金以富国，孰若树人以匡时，养民以卫国也。且石羔[膏]之为物甚贱，为利亦甚微，居民赖以养生，即富室大户且不屑与小民争些须之利，而相乃以此进圣主乎？据所称岁可万石，每石银一钱，官四民六，所归于公家者四百金耳。国家视此四百金不过太仓之梯米而遽尔夺小民咽喉之食，不几于亵朝廷之体乎？况该县密迩赣州贼巢，至今尚属南赣抚臣提督，万一啸聚亡命，变生肘腋，谁执其咎？臣愚又以为采取石羔[膏]亦宜罢也。江右上瘠民贫，连岁荒歉，正赋常供苦于不足，此潘相所目击，乃必须启无端之衅，困此一方之民耶？幸而皇上洞鉴，一则曰不必差官以滋烦费，一则曰土民自备资本，惓惓体恤，臣等犹得仰承德意，上渎宸听，不然江右之民其不为奸宄所鱼肉者无几矣。伏乞亟行罢采，将苍赤欣欣颂祝圣德而微臣亦得逭巡察之咎焉。复具图说随疏进。”不报。（三七九，7134—7137）　甲午，大学士沈一贯等言：“江西税监潘相初到任时颇称安静，今年遽尔改节，致一省军民及宗室、生儒几酿大变。身犯众怒不知自省,而更为酷烈,欲以威服之,江西贫瘠之民不能无反侧之虑矣。相之诸舛,姑未备论,只主张开广信封山一事,真为失计。此山止有一二杂木,万山深处,悬崖难出,若使可采,彼界在江西、福建、浙江之间,人烟甚众,当争相贩鬻久矣,岂得留于至今?宣德、正统间,叶宗留、邓茂七等贼巢穴于此,僭王聚党,杀官害民,大费征讨,历十余年而仅得招安,未尝以战胜也,是以严旨封禁。今若再开,则三省之患不知所终。相又奏税监勘合、马牌不许驿传有司挂号,擅改祖宗成法,尤为不可。国家政务,无一不相制辖,虽御前驾帖,亦赴该科挂号,岂独相之差遣不许各衙门预闻,何奸不可为而何乱不生?所当禁止者也。相又请添解送磁器船只,每府各造一只,每只当费万金。江西十三府,当费十三万。夫磁器岁解未闻缺供,何独今日而议造船?不赀之费,又将何出?即使用船一只,所载亦已无算,何用此多船为也?皇上圣明,可以洞烛其故矣。至于泰和石膏,其利益微,而其害益大。江西习俗尤重风水,此山乃一省龙脉所系,岂忍伤之?彼中士民必不相安,乱虞之作,又在眉睫。以上四事,臣等深为地方危,深为朝廷危,亦深为潘相危也。宣、正间,叶、邓之乱起于广信封山,正德间宸濠之乱起于南昌省城,当时缙绅士民亦靡然从之为乱。今相既撄宗室之怒,又开贼巢之衅,丛怨太多,酿祸不小。迩来司道等官畏其横噬,概不相接,而巡抚夏良心一意请告,远近地方,益以汹汹。恐湖广覆辙,又在于此。伏望皇上乾断,取回潘相,而以其所领诸务交付湖口税监李道兼管,李道颇有贤声,必能上体皇上之意,下安军民之心,庶圣虑康宁而臣等亦得少宽危悚也。"不报。(三七九,7137—7139)

乙未,系锦衣卫江西饶州府通判陈奇可卒于狱。奇可原署浮梁县印,因景德镇激变,为潘相所诬被逮者也。刑科都给事中杨应文上疏乞释见系诸臣,以广好生,不报。(三七九,7140—7141)

庚子。普陀山在浙之定海县三百里外洋海中,旧有寺,上尝钦颁

藏经于寺。后寺被焚，至是复遣中官相度营建。巡抚刘元霖疏言：……（谏阻之言略。）不报。（三七九，7142—7143）

本年附

艺文·碑铭·奉御王安墓碑

明故奉御云山王公碑记

奉政大夫、同知兴化府事长沙杨汝宏撰。

三朝奉御云山公，乃顺天之□州人也，讳安，嘉靖壬戌（四十一年，1562），选晋司礼监。越明年，从事侍近，勤廉奉公，翼翼谨穆，克当上意，加赐冠服，恩赉日增。嘉隆之际，人皆罕丽。公处之晏如，无德色，故时称异数云。逮今上御极之辛丑（万历二十九年，1601），缺随侍辇毂，捧持弓矢，必任用伟貌果敢，戎伍精练。举于众，王公特中其选，随侍朝讲，扈从郊祀，英敏出众，令望表彰，赫然有颇、牧之风。钦命总理弹子房事，加绯紫服，宠锡金帛，种种不殚述云。公宅心仁厚，惠彻穷檐，家称孝友。御众无疾言讵色，接与恒抝，谦尚礼族，戚同财产，恩谊有加焉。距其生嘉靖辛丑（二十年，1541）六月十九日子时，享年六十有二。万历壬寅（三十年，1602）十月三十一日亥时卒。公名下韩朝等卜吉旦扶公柩出宣武门之南宝应寺义会佳城，循坎以葬焉。韩公等以公行状嘱余记其事，余固陋，乌能以揄扬其德，从其实以记之云。万历三十三年四月吉日立。

（碑在北京市宣武区南线阁宝应寺。《北京图书馆藏中国历代石刻拓本汇编》第58册，第167页）

艺文·碑铭·衍法寺碑

王爱撰《重修衍法寺碑记》：“（**阜成关外不数十武，有元旧观音寺，宪宗赐额衍法，圮。**）两皇太后、中宫暨宫嫔诸贵人悉出镪倡为修葺，而张司礼诚实式主之，其左右赞襄则内官监太监张祯，其董督劳来则内官监太监何江、傅钦，其劝相檀越欢喜布施且各捐资助工，则高居士义、王锦衣爵，（**始万历十九年闰三月，竣于二十二年五月。略。**）万历岁次壬寅（三十年，1602）仲春吉日立。”

碑阴题名，上段从右到左：司礼监管监事太监成敬、钦差总督东厂官校办事司礼监管监事太监陈矩、司礼监太监邢锐、司礼监太监张鲸、司礼监掌监事太监田义、司礼监太监陈政、御马监太监陈相、乾清宫近侍内承运库掌印御马监太监孙顺、内官监太监王铥，下段为内府各衙门太监等官，约200人。再下为比丘、信女。碑左边侧为成国太夫人刘氏、成国公朱鼎臣及僧官。

（碑在北京西城阜成门外大街。《北京图书馆藏中国历代石刻拓本汇编》第58册，第131—132页）

艺文·碑铭·九天庙碑

《重建九天庙碑记》："大明慈圣宣文明肃贞寿端献恭熹皇太后。万历壬寅孟秋吉旦立。"

碑阴题名，从右到左：钦差总理工程御马监太监陈儒、慈宁宫管事提督上林苑四署内官监太监刘尚忠、御用监太监姜绶。敕建大护国慈寿寺看工管事5人。

（碑在北京西城阜成门。《北京图书馆藏中国历代石刻拓本汇编》第58册，第138页）

万历三十一年癸卯(1603)

正月辛酉，兵科都给事中田大益因江西按臣吴达可论税监潘相擅请勘合牌票，不经驿传挂号，特纠正之。疏留中，乃上言："国家设置驿传，考验邮符，森严详慎，二百年来无敢有不挂号径行者，税监潘相阴欲滥牌票以便私遣而阳托勘合留滞，乞览发按臣近疏，置相于理，仍一体申严挂号旧令，以苏驿困。"不报。(三八〇,7151)　乙丑，辅臣沈一贯等以礼部年终类奏灾异不报，言："皇上自万历十年以后，群言嚣凌，旷官离局，政权旁落，莫适主持，然犹可诿曰此朝士之纷纭耳。哱贼首乱，倭寇继之，煽动干戈，群雄肆起，然犹可诿曰此外患之侵凌耳。矿、税兴而部院诎，敕使出而民心摇，则谓非盛德之累不可矣！惟亟除矿税权宜之法，务修初年恭俭之政，社稷幸甚！"奏入不报。(三八〇,7152)

丙寅，辅臣等疏请撤采煤内监王朝并停煤税，拟谕安小民敕旨一道以进。先是，采煤止奏内官监马鞍山黄树园地方官窑一处，后王朝蔓[漫]将西山一带概行征扰，且私带京营选锋劫掠立威，激变窑民，几至不测。朝恐遽以欺隐阻挠上闻，邀厂卫扭解之旨，于是黧面短衣之人填街塞路，持揭呼冤。辅臣言："煤利至微，煤户至苦，而其人又至多，皆无赖之徒、穷困之辈。今言利者壅蔽圣聪，搜朘太细，不顾叵测之虞。鸟穷则攫，兽穷则啮，一旦揭竿而起，辇毂之下皆成胡越，岂可不念？据朝原奏，一年可得数千金，利亦甚微。乞即下严旨，取回王朝，立止煤税，见取煤原非皇上本意。"刑科给事中杨应文亦言："严旨一下，民志必携。彼火于临清，水于湖广，鼓噪于苏州，此非殷鉴？"工科都给事中白瑜言："皇上试取朝原奏今奏与民揭一览，则虚实不辨而自白。盖朝谋利与惧祸之心交战于胸，故借天威为骗网，而指阻挠为乱阶。朝谁欺乎？今者萧墙之祸四起，有产煤之地，有做煤之人，有运煤之夫，有烧煤之家，关系性命，倾动畿甸，皇上圣明，何所不烛而奈何轻信王朝一面之辞哉？"兵科都给事田大益言："天子之权莫大于兵，国曰军国，兴曰军兴，创以兵制，调以兵符，纵之者罚，盗之者诛。今朝以内监而收营军，投金钱而役健卒，皇上竟置不问，何也？节甫引虎贲之卒，(刘)季述陈宣化之兵，逆瑾藏兵仗之衣甲，而吉祥战东华之门。古今祸变，肘腋相寻，可不戒哉！宜急诛朝以肃群珰。"巡视西城御史沈正隆奏言："五千金之入不足当一朝饔，而以此结匹夫匹妇之怨，贻天下后世之讥，臣窃惑之。金吾官旗原以示不测之威，累朝以来，间一行之。今贫窭小民不足烦有司之治，而以此降尺一辱缇骑，臣窃惜之。"俱不报。已而从太监陈永寿奏，令王朝回监应役，其原管窑座照上林苑监事例征税解监进用。(三八〇,7153—7155)　　丁卯，江西税监潘相妄信泰和县民段永寿言本县娍姥山岭产石膏，岁采可收万担，奏请开之。南赣抚臣李汝华言："石山开采，凿伤郡县来龙，于人文民命所损实多，且每担价值五六分，所利几何而招集亡命，为忧方大。"不报。　广东市舶太监李凤请得巡历南雄府桥税，许之。(三八〇,7155)　　乙亥,承运库太监孙顺妄据机户王一卿等言,请将常州、徽州、宁国、扬州、广德五处选殷实机户,先纳后领,每匹扣羡余四钱,随段解进,为官民两便,因荐附近内监鲁保兼管浙直等处。有旨从之。工科都给事中白瑜奏:"神奸借每匹四钱之小术,开半壁天下之大网,若有心为公家之织纳,实作意为鲁保之私谋。臣请悉数其官民两不便之状四:不但不便官民,富室一空,织造日少,且损龙袍正额;不但损正额,家家闭户割机,贫匠倚织为命,酿乱焚庐,苏州葛贤可鉴;不但苏州衅端一开,陕西之羊绒、山西之潞䌷,闻风皆欲归并内监,在在皆为乱阶矣。"不报。(三八〇,7156)　　甲辰,协理戎政兵部尚书王世扬以京营选锋逃从内官王朝,为科臣所劾,疏乞罢斥。不允。(三八〇,7160)　　丁亥,礼部右侍郎管翰林院事郭正域言:"我朝列圣享国长久无如世宗,陛下聪明英武,当法世宗。臣谨按《实录》、《宝训》列其事迹,惟陛下览观。嘉靖初年,御史陈实言广东珠池宜罢,御史卢琼言各处镇臣宜罢,俱从之。又陕西镇臣廖堂诬奏华州知州刘锦,御史喻茂贤白其事,即命复职。此世宗初政,一日而天下改观也。其他如用御史毛凤韶言罢外差内使十余处;用给事中张润身言,以赴任请家人十五名自随,降镇守少监刘福安三级,并革去云南镇守官;用兵部言,诏下南京勘问进贡鱼笋脧索舟夫;内监高昇以奏请增官,下南京织造内监李政法司提问;因都给事中朱隆禧劾武定侯郭勋欲复各处镇守内臣为黩货殃民,已之;用巡按浙江御史王绅、巡抚云南都御史汪文盛言,并罢各处银场,撤回已遣采取之使,且治妄奏银场可采浙江赵璧、云南唐弼等。臣反覆思维,世宗举天下镇臣一朝撤尽,皇上奈何以此辈布满天下?世宗不难于尽革前朝之弊政,皇上何难于更新自己之往事?伏愿陛下与天下更始,凡迩来敝政尽行改罢,其无辜被逮诸臣尽从宽宥,使天下晓然知陛下之心未尝一日不在百姓也。"上可其奏。(三八〇,7162—7163)　礼部署部事左侍郎李廷机因年终类奏灾异,请罢矿税。疏入留中。(三八〇,7163)

二月庚寅，户科都给事中姚文蔚等上言："欲济国用，不可不讲求理财，欲求理财，不可不先罢矿税。愿亟下明诏，撤回中使，尽罢矿税诸役，使民欢呼更生，稍得苏息。然后徐命大司农修举废坠，督责逋负，民力少舒，民心大顺，自将乐输而不怨，孰敢复言发内帑者，伏惟采纳施行。"不报。(三八一,7166)　癸巳。先是，内官监陈永寿承王朝撤回后，仍令民窑三则征收，妄谓会议已定，行委县官，照数催征，业得旨矣。顺天府尹许弘纲具疏执争，谓查勘官窑仅一二座，其余尽属民窑，并未会议，何忍横征？乞撤永寿而并罢其法，信明旨而免及其余。于是工科都给事中白瑜言："永寿亦自知窑课难支，众心难犯，委托县官征收，不过借万金之虚名，驾有司之实祸，行逢迎之小术，为脱身之完策。圣天子当培养畿民，以作藩篱。今四方已莫必其命，忍戕此辇毂之苍生？与天子共天下者惟良二千石，今外郡已难保其民，忍诬此保厘之府尹？"工部尚书姚继可亦言官窑宜封闭，民窑不可征，其东西两行烟炊仍旧，催督铺商办进。顺天巡抚刘四科又言永寿代王朝，是以暴易暴也，应一并撤回。俱不报。(三八一,7166—7167)　己酉，南京供应机房左少监杨志疏参织匠项举等预领工银，刁诬侵赖，有妨作工，语侵巡视东城孙御史。上命南京法司究刁匠正法而不及御史。(三八一,7173)　乙卯，江西太监李道奏进漏税罚赎等银一千四百余两，又进按季船税银二万六千四百二十两，上命收之。(三八一,7174)

三月庚申，下侵冒内府钱粮犯人刘辂于镇抚司。(三八二,7177)

癸亥，大学士沈一贯、沈鲤、朱赓共著守成、遣使、权宜三论以献。"守成"略曰："皇上嗣服，比隆祖宗，英断如神，刚明不惑。寿域宏开三十一载矣，四方无虞，国本大定，天下引领，以为不逮尧、舜者独一矿、税耳。名为收自然之利，实强搜于小民；名为悯加派之苦，实横剽于额外。皇上但见耳目之前微有所利，不知眉睫之际已迫大害。试思此物从何处来？聚之禁中则成千成万，浑闲事耳，而当其收之于民，乃积厘成分，积分成钱，积钱成两，至于成十成百，然后乃千万。不知费几多捶挞，几多枷锁，鬻妻卖女，几多恓惶，折产破家，几多惨毒，而后得盈此数也。汉文帝有言：‘百金者，中民十家之产。’妄索天下万金，是伤天下十万家性命；妄索天下百万金，是伤天下百万家性命。凭怒逞忿，何所不为？”“遣使”略曰：“皇上之驭中官也，明饬法纪，未尝少假辞色，一有违犯，必罪无赦。虽日侍左右、久赐蟒玉者，莫不侧目而视，重足而立。简制之严有如此，然天下不诵皇上之严而言宠信太优，宽假太过，是徒见奉差小竖纵恣贪暴而遂掩皇上之鸿名，以流谤声，甚可惜也。制国之用，莫大于财，而本朝立法，莫详于理财。高皇帝亲自讲画设簿，书定体式，慎差遣，密查盘，其入有稽而不没于吏书之手，其出有考而不没于纲解之手。乡有籍，户有符，无朝夕二三之令，限有时，科有则，无望空白索之殃，故百姓虽出钱而力可给，有司虽比钱而人无怨。起解存留，悉有记帐，虽数十年后可覆知焉；虽一介遣官，可坐核焉。府史胥徒，但供使令之役，绝临民之事，常饩之外，一钱即赃，故民不见吏，吏不见民，上下相安而赋事举。岂有漫然无经制，无稽考，四出横索而百不解一，利归群小，怨归朝廷，如今日税使所为者乎？臣等以为中使而操利权，此古今所甚忌，祖宗所甚禁。况今非徒操利权也，且觊典兵，如陕西、辽东、广东诸处，皆私募徒卒，公请于朝，以明开跋扈之端。幸皇上屡加拒绝，而若辈之请犹未已，此岂可假借哉！我太祖密防内臣，勿使预兵，尝曰：‘此辈当使畏法，不当使有功。’又曰：‘不假以兵柄，自无宦寺之祸。’非谓外臣必贤，内臣必不肖，其流祸不可不早防故也。”“权宜”略曰：“今有百金于此而鬻皇上之一官，臣等知不许也；有万金于此而鬻皇上之一旨，臣等知不许也。孰知今日而皇上之旨已潜为人鬻去而不觉乎？或虚言千金之利而鬻，或虚言万金之利而鬻，利未入于上，旨已鬻于下，旨鬻于下则威福予夺随之而俱去矣。每一旨下，必曰权宜，权宜者，明知其不当为不可为而聊试为之耳，非经常之制、长久之谋也，非祖宗之明训、子孙之世守也。以此昭上，心不自安，而劝天下姑勉从也；以此见今岁然，而明岁不然，此事然而彼事不然也。而今果权宜乎哉？始谓之暂而暂也遂久，始谓之借而借也即真，非徒不返也，日以浸多，得无托此二字以钳天下之口乎？若是则先之以不信而谁委心者？《诗》曰：'天之方蹶，无然泄泄。'臣等预有危责，安能以泄泄自处，而皇上亦何可以泄泄处此也！"(三八二,7178—7181)　甲子，工科给事中钟兆斗论："织造一事万万不可兼制于课监者，盖丁田额派乃正供而料价设处无定额，岁造段匹有定价而改造加增无常数。正供犹可取盈也，无定额者岂能一时卒办？定价或可量扣也，无常数者将何照例扣除？督责不专于司府，印验不经于抚按，查核不由于部署，一课监假手百参随，百参随假手一直两省之无籍，祖宗旧制，澌灭殆尽。而尚方赏赉之需，终不知何所出也。乞亟收成命，仍责成有司依期督造，扣价八千两即属省直照数进用，则国与民皆便而财赋重地可保无虞。"不报。(三八二,7182)

四月庚寅，两淮盐法太监鲁保以兼管浙直织造，请给敕书关防。礼部言："织造，工部职掌也。凡内外衙门应给关防，俱该各部院斟酌可否，题奉钦依，移咨臣部，臣部覆请铸给。今鲁保所请未经工部题覆，臣不敢径铸，且该科及苏松巡按俱有疏言其不便。"奏入不省。(三八三,7202)　癸巳，直隶巡按王藩臣奏："大兴卫百户王遇桂假马场变价之说以欺诳皇上。高淳马场原额七千六百十四亩，后因淹塌，实止五千九百五十五亩，分授于马头五百五十名，则每人仅得十亩有零。嘉靖九年，遵诏开荒高淳，逐场租银二百两一钱五分解部，则民既养马又纳场租，其情业已苦矣。至隆庆二年，场垦为田，高淳又将租银摊入通县，而将场地与民田一例起科，则民既养马，又纳条编税粮，其情益更苦矣。至万历八年，革除养马，每减马一匹，征草料银一两，共征银五百五十两解部，则场虽无养马之名而既纳条编税银，又纳草料，其苦益不可支矣。王遇桂但知种马之已变，不知料价之加征，如曰马场可以变价，将并每年料价之银而竟罢之乎？"不报。(三八三，7204—7205)　甲午。先是有旨谕御用监把总张润泽等曰："两宫陈设缴璧钱粮原不可少，尔等催办乃系职掌，该户部因边饷军资欠发，屡次告苦，军国大事，安危所系，亦当体亮。内外臣子皆朕一体，尔等不必互分彼此，着通融次第而行，务期美成王事。"已而御用监内臣李景忽到户部催进钱粮，于是尚书赵世卿言："库藏之匮竭，皇上业已鉴知，非昨日告匮而今乍盈也。乞念国计，信前旨，前项钱粮容库银稍有措处，陆续办进。"上曰："览卿奏，亦知该部缺乏，姑以工作钱粮先行办进，次及婚礼，毋得稽延误事。"(三八三，7205—7206)

乙未，以南京修理奉先殿，恭请列圣神主祭告，命南京工部尚书、守备内臣、勋臣各行礼。(三八三，7206)　丁酉，赐原任礼部尚书兼翰林院学士冯琦祭葬。……时上方开矿，榷税中使遍天下，琦伏枕草疏，其略曰："今日朝政未肃者，病在人情之惰；吏治未清者，病在士风之贪；君臣上下之睽者，病在形迹之疑，而其要莫急于收拾人心。故去惰在批发章奏，除贪在速补监司郡守，通君臣上下之情在去疑端，于事释疑根于心，而所谓收拾人心者撤中使止矿、税也。"疏甫上即卒，中外惜之。(三八三，7207—7208)　戊申，辅臣沈一贯等言："辽东为神京左臂，最要害，亦最孤悬。故辽东危则山海危，山海危则畿辅危，且种惟一黍，岁止一熟，而雨旸不若，倭虏并防，加意拊循，犹恐变生不测。顷闻诸道路皆云税使高淮在彼行事多不法状，且声言'进见万岁，面讨镇守'。夫各处镇守自正德年间骋威虐民，几危社稷，赖世宗皇帝毅然革除，天下始得安枕而卧。皇上动法世宗，必不轻许，而淮欲阴夺兵柄，何所不为。臣等叨处密勿，有闻入告，安有如许大事可以默默不言乎。"(三八三，7216)

五月丙辰朔，直隶巡按何熊祥参内使白忠送武当神像，骚扰驿递诸不法状。不报。(三八四，7223)　辛酉，是时，九卿、科道及抚按诸臣交章劾辽东税监高淮。御史张似渠奏："淮擅离信地，罪一；潜匿京师，罪二；拥兵城下，罪三；违旨犯禁，罪四；骚驿道路，罪五。"兵科给事中田大益奏："皇上之权莫重于兵马，高淮远自辽左，拥兵数百名，骑马数百匹，携金持宝，不奉诏旨，直驻都门，经营窥探而图典名[兵]。祖宗制兵，府部相维，内外相驭，南北相控，轻重相制，扫除之役曾不得与闻焉。是故睿皇、毅皇任阉竖以基祸乱，肃皇罢镇守而号中兴。淮独不知皇上之动法肃皇而顾敢干兵权、包祸心耶？"工科给事中宋一韩奏："淮在辽左畜养死士，时时操演，在在射猎，俨然戎服而坐，麾下邮传，惟其骚动营卫，惟其需索山海，惟其蹂躏职官，惟其凌轹士夫，惟其奴隶军民，惟其草菅行人，惟其劫掠，且勾通属国外夷。朝驰龙票，暮走龙旗，或指进贡索冠珠，或指宣谕求貂求马。朝鲜兵燹之后，我国家尚以物力翼蔽生养之，淮独何心，过为诛求。夷虏小歹青、奴儿哈赤犷悍难驯，马市羁縻尚虑寒盟，而顾挑之，□祸先矣。有如一旦鸣镝内向，谁执其咎？彼所收者降夷，所募者穷虏，今日急来归我，而风扬云扰之思实未尝一日忘也。哱氏受国厚恩，一拂其心，剚刃抚臣，不啻孤雏。麻贵身为主帅，至不能保其爱子。淮即金多，能终结为腹心不反戈乎？"疏入，俱不报。(三八四，7223—7224)　戊辰，通湾太监张烨截征鱼苇税银等项奏进。上命收入，且谕湾、津两监各守疆宇，尽心任事，不得纷争取咎。(三八四，7228)　甲戌，刑部奏腾越委官张安民淫暴激变，死无足惜，但官应宿图报父仇而煽众鼓噪，周洪化同忿助火而延烧税店，合依放火故烧官房律论死，其混失银两着官番陪补以惩首祸，无知胁从遵旨宽宥。从之。(三八四，7229)　乙亥，浙江巡抚尹应元以岁造段匹改与两淮内官鲁保兼管，杭城机户闻风逃窜，倘此项应归内监，则内官孙隆、刘忠见驻杭城，俱小心安静，乞选委一员就近兼管，不烦鲁保遥制，其羡余银两即当会议曲处，依数解进，以济国用。揭至，辅臣以此议可从上请，不报。(三八四，7229—7230)

六月丙戌朔，辽东太监高淮进子粒银一千八百余两、矿税银二万三千两、金六十两、马匹貂鼠等物，上命收进。(三八五,7235)

癸卯，河南开矿锦衣卫指挥杨宗善进矿银五千五十二两，上命收进。(三八五,7240)

七月乙卯朔，凤阳巡抚李三才揭称："五月二十三日巳时，皇陵陡起大风雷雨冰雹，伤殿脊及南西陪祀朝房，倾倒牌坊三座，拔桧柏甚多。"礼科都给事中张问达因陈事天法祖实政："一、九卿员缺亟宜推补，使之协心力，共事以济时艰。一、民莫急于衣食，而衣食所出在农与商，今农病于包赔矿税，商病于抽分重叠，亟宜罢免，以苏农商。一、三殿三门亟宜营建而别馆无益之工所当停止，以恤民裕国。一、建言诸臣废斥已久，逮系诸臣幽囚囹圄，亟宜召还开释，以抒郁结。一、矿、税内使遍天下，激变招祸，如天津、清渊、武昌、姑苏、辽东等处，在在为乱，亟宜撤回，以消隐祸。"不报。(三八六,7251)　保定抚按先后陈言，请罢畿辅开采，语至迫切，未奉俞旨。于是户科都给事中姚文蔚言："真、保之开采，劳苦最先，阅日最久，遣使最多，祸害最惨。且蓟、永砂微，监臣报罢，均王民也，何难一视同仁。"不报。(三八六,7251—7252)　丙辰，监生曾应鹏挟骗本族不遂，假名捐赀进上，千户杜景云轻听妄奏。税监陈增会应天抚按以闻，上命依律究治。(三八六,7252)　癸亥，保定巡抚孙玮将易州、阜平等十一州县计派包赔矿银一千七百两，分上下半年解进，并请撤回在矿人役。上曰："矿、税权宜开采，朕心仁爱，自有停止之日。奏内酌议派包银两，准令有司解送该监类进应用，以示朝廷宽恤畿辅地方德意。"(三八六,7255—7256)　庚午，直隶巡按李思孝奏："陈增之在江北，被害共二百余家，诈银共一十二万九千六十余两，皆臣耳目所及者。其出于臣耳目之外者尚多，请亟除之，以苏民困。"不报。(三八六,7260)　兵科给事中孙继善请停真、保、蓟、永开矿差遣，以安人心。不报。(三八六,7261)

乙亥，原任陕西富平知县王正志毙于狱，北镇抚司以闻。(三

八六,7263)

八月甲申朔,户部尚书赵世卿奏:“矿、税一事不但夺臣部之业,而祸生灵、误君父,每一念及,臣心直碎。盖太阿不可假人,中涓衔命纵横,历七八年不收,令天下知有税使不知有皇上,彼诚盗皇上之大权。万乘至尊,俯较锱铢,匹夫荧惑,辄进淫巧,彼诚亵皇上之大体。不察不畜,古有明戒,包矿包税,是何声称,彼诚坏皇上之大名。纵不为民生惜,宁不为此三者惜耶?”语甚切至。不报。(三八七,7271)　丙戌,山东税监陈增进漏税罚赎罗绢银六百七十两三钱,追进赃银三百两,抽买马骡十七匹头,又进矿金一百七十四两、银六千四百六十两,俱奉旨收进。(三八七,7273)　壬寅,兵部请免补税官张懋忠缺,上曰:“朕心仁爱,自有停止之日。但朝御殿门未建,帑藏空虚,欲复差官,又滋扰费,准归并附近内官王忠开采解进应用。”(三八七,7280)　乙巳,皇城巡视礼科右给事中吴文灿请复皇城旧制:“故事,内官、内使出入,守门官搜检精细,比对铜符;朝参文武官随从官吏人等俱官给木牌悬带,守卫官辨验放入;各门及皇城内外铺各赍执令牌巡警,传递铜铃;跟内官、内使止役用三二名,亦不许离直远出。今且尽伍而空之,一遇点视,多倩贾竖乞儿搪塞片时。叉刀、红盔更番直宿,今皆买免高卧,日出时始一进内,中夜之际,庐直空无人矣。故事,日每轮将军一百名,分早晚两班,于午门东西听候,夜则坐更,今皆纳月钱于本管,名曰‘月直’,每月不过三日,而千五百名将军强半入上官袖中矣。他如比号、巡城、印簿、走更一切点闸事宜皆成画饼,以故诸色人等出入无忌,盖怠惰偷安,罪在士伍,容情故纵,罪在官吏,乞天语叮咛,尽复祖制。”不报。(三八七,7281)　丙午,工科署科事给事中孟成己奏:“镇江府民魏学诗等市井细民侵银六百余两,不过牙侩常事,一县尉治之足矣,何至辱白简而渎天听。鲁保之意,以不示人以威,不足以钳制人心,不假借天威,又无以树已之私威耳。乞圣明念民情不可重拂,更张不如仍旧,将岁造段匹仍归有司。即不然，亦谕禁鲁保，止循本等职掌，不许擅受民词。庶民心获安，而东南半壁天下可保无虞矣。”疏入留中。(三八七，7282)　戊申，山西巡按汪以时参税监孙朝擅于石岭关等处抽税课及薪米，殃及鸡犬，且包四万五千之额，解而不抽。前抚臣魏允贞与之定议，曾以上闻，而奉俞旨者也。有司未至亏额，该监即行渝约，悖旨虐民，莫此为甚。乞速敕停止，以安人心。不报。(三八七，7283—7284)

九月甲寅朔，吏部等衙门尚书等官李戴等合疏请信圣心仁爱、停止有日之言，速罢矿税，以苏民困。不报。(三八八，7293)　壬戌，南京奉先殿工完，礼部请将暂迁西宫列圣主捧至奉先殿安奉。上曰可，遣南京工部尚书、守备勋臣、内臣各行奉主祭告礼。(三八八，7297)　癸亥，天津太监马堂奏进鱼苇税课等银。诏收进，且云：“前已有旨，鱼苇船网税课都着内官马堂督收解进，如何内官张烨原委员役不行撤回？今后务遵敕旨，各守疆界，敢有故违的，一体治罪。”(三八八，7297—7298)　甲子，兵科给事中孙继善为中州盗起，乞罢矿、税，上言：“陛下勿恃东倭、西夏以次削平，迅扫夜郎，不烦再举，以为天下方安于覆盂，区区小丑，何能为害？不知闾阎之叛与夷狄之叛不同，夷狄之叛，百姓与陛下同仇，故所向皆胜；闾阎之叛，百姓与陛下为仇，又谁与为敌？臣愚以为欲解散贼党，莫若收拾人心；欲收拾人心，莫若罢止矿、税。”不报。(三八八，7298—7299)

十月戊子，山西(**按，山西乙**)大木厂灾，巡视西城御史沈时来参掌厂事太监李朝。下法司知之。(三八九，7320)　庚寅，辽东税监高淮进岁额银七千两、马五十匹，上命收进。(三八九，7321)　癸卯，户部请厘正崇文门征收商税则例，并照各钞关委官题差，一年满日方许回部考核，以明殿最。从之。(三八九，7326)　圻[蕲]州卫旗甲孙黑儿驾船赴水领兑，带有土宜六十石，湖口税监李道妄谓夹带私货，盘出问罪，奏将以后粮船俱经该监盘验给单。直隶巡按杨廷筠奏言其故，户部具覆："搜验一节，兑粮入船之后，国家令甲，即各巡抚按关分司俱不得干预，一切大小事皆备行漕司发理刑主事，俱待完粮日照例问拟。故盘诘之责，水次有监兑，沿途有粮储，至仪真有儧运御史，过淮有理刑主事，天津、河西务有臣部分司，逐程分责，条例森然，从来无别衙门给单搜验之事。乞明旨申严，查照议单事例施行。"不报。（三八九，7326—7327）　戊申，横岭太监王忠进矿金十四两、矿银二千二百两，上命进收。（三八九，7328）　壬子，工部以御用监题催鱼牙、柘茨，请行出产地方如浙江、江西、湖广、两广各布政使司严限解进以济急用。从之。（三八九，7328—7329）

十一月癸丑朔，山西巡抚白希绣以税监孙朝将按季包解税银全完无欠者假称逋负在民，希图重征抵补，特疏参之。不报。（三九〇，7331）　乙卯，南京吏部等衙门尚书等官曾同亨等奏请急罢矿、税，谓上如不停，下将自停，上如不止，下将自止，至于自停自止而天下事如痈疽之决裂矣，岂臣子所忍言哉。不报。（三九〇，7334—7335）　己未，工部奏："御朝殿门系国家九重金阙，崇严禁地，例当清肃，不宜久停。臣等钦奉明旨，随移咨礼部，转行钦天监，择良吉日时，请官祭告，破土先行，出运旧石，清理地基。至于预为采办等项，另行会同内阁、科道及内官监等官踏勘估计，接续举行。"上是之。（三九〇，7337）　甲子，福建矿税务太监高寀以奉旨差官过海，勘明机易不出金银，因参奸民张嶷与百户阎应隆妄奏。诏以张嶷虚诳，着内官高寀会同抚按等官差官拿解来京，与同百户阎应隆一并究问。（三九〇，7338）　庚午。时妖书[①]有名者锦衣卫掌卫事左都督王之桢、都指挥佥事李桢国、千户王名世、王承恩俱疏辩，桢国以妖书连其父总督尚书李汶，并求罢斥。上不许。戎政尚书王世扬以妖书首名，光禄寺少卿张养志以妖书指为

① 按，本月十二日，大学士朱赓于私寓门外获刊书一册，外题《国本攸关》，内题《续忧危竑议》，内书东宫废置事，是为"妖书"。

辅臣(朱)赓私人,各疏辩求斥,上皆不允。提督东厂司礼监太监陈矩以"朝夕左右,帝前之主"一语,亦上疏自辩,求闲住。上语之曰:"奸书恣为诽谤,离间朕宫闱骨肉之情,大逆不道,朕尚被其诬枉,何况于尔!尔掌厂事,正宜奋力弹计,必得真正罪人,岂可先求休致?有能告捕真正奸逆者,大破常格叙赏,尔可鼓舞众心,必获无懈。"已而郑国贤亦上疏自辩,上令内阁拟旨,辅臣沈一贯等因言:"皇上圣德及皇贵妃本心固绝无纤疑,恐皇太子骤闻此事,不无惊惧。宜特宣面谕以安慰之,或奏闻圣母转谕以安慰之,宗社幸甚。"是日,辅臣沈一贯、朱赓入阁办事。(三九〇,7350—7351) 辛未,上谕内阁曰:"(**令拟谕一道安慰皇太子。**)其本宫内外局郎执事人等,亦当戒谕一旨,一同拟来,谕卿等知之。"于是大学士沈一贯、沈鲤、朱赓合奏曰:……(**言遵旨撰拟二道。**)其谕皇太子曰:……其戒谕皇太子宫中内外局郎执事人等曰:"近日京师偶有奸书流传,关系国本,朕知此书必是奸臣倾陷忠良,假借宫禁为此妖妄,绝无一毫影响之事。恐皇太子过为疑惧,朕已有谕旨了。尔等宜以理开导,使安心进修,以保睿体,以进睿德,毋得妄想摇惑,离间宫闱,诱引非礼。如违,法典具在,治罪不恕。"(三九〇,7352—7355) 癸酉。是日,三辅臣以冬至令节诣宫门叩头,特令司礼监太监管待酒饭,仍赐以上尊珍馔。(三九〇,7356) 刑科给事中钱梦皋奏言:"王之桢辩疏内言此委曲惟臣卫奸人知之,李桢国辩疏则云奸贼嗔臣异己,臣再四详看,皆有所指,似明知其人者。至王承恩、王名世辩疏,俱奉旨'本内既称有奸恶,着指名奏来'。四臣奏词同而奉旨未一,况王之桢见管卫事,尤不可含糊隐忍。"上是之,于是王名世首指周嘉庆,已而王之桢、李桢国、王承恩相继攻之,四人所指称皆同,嘉庆亦具疏自辩。上令府部、九卿、科道等官会同东厂从公勘议。(三九〇,7356—7357) 礼仪房指挥郑国贤以妖书指皇亲家密谋,上疏自辩并求罢斥。上以"册立东宫乃朕恭奉祖宗家法、圣母慈训、天性天伦,非由勉强,皇贵妃亦时常赞成，天日可矢，中外明知，有何专擅？有何回天转日？这奸贼如何辄生异议，惊动人心，构谗肆毒，诬及朕躬，其他有何顾忌？已屡旨着缉获正犯，以快朕心，以安皇太子之心，以昭示天下万世，郑国贤不必忧辩。”(三九〇,7357—7358)　湖广守备太监杜茂进矿税、船粮银二万八千九百余两，又进买办方物银一万二千两，以助大工，上命收进。(三九〇,7358)　丙子，提督东厂司礼监太监陈矩奏：“据办事旗校李继祖等于本月二十一日晚缉获可疑男子一名皦生彩，供有兄皦生光，先年原系顺天府生员，于万历二十七年间皦生光因到西城地方开印铺包继志家内，着黄纸封皮，假说封门，诈骗银三百两。于二十九年间又往包继志家，诈骗不遂，随造捏谣言，刊刻印文，诈得银二百两。又于本年八月内，复造谣言，诈骗举人苗自成银三百两。有伊师田大有将生光刊造谣言，屡次诈骗等情具告提学周御史，将生光问徒，发大同地方为民。后逃来京，仍行造谣为非，生彩恐有连累，屡劝不从。惟伊男皦其篇同谋知情，其近日刊造奸书，未知是伊所为不是，生彩不曾见有实迹等情，皆缘事体重大，奸逆隐忍，不肯遽供。伏望圣恩宽容，臣等再委理刑设法研审，要见真情。”上以研审务得真情，分缉勿致遗漏戒之。(三九〇,7360—7361)　己卯，辅臣以纂修玉牒正副本共二百九十册，合用纸札等项，乞敕司礼监如数关用。(三九〇,7362)

十二月癸未，司礼监太监陈矩以会勘王之桢、李桢国、王承恩、王名世、周嘉庆等互相奏辩逆恶大事，竟无的据，奏请定夺。上曰：“各官奏讦事情既未有奸书下落，都且不深究。王之桢着上紧严拿奸贼，周嘉庆既经四人对讦，难以同官，着兵部拟处。”兵部请将周嘉庆解任回籍，从之。(三九一,7371)　谕内府各衙门各执事官、长随、小火者知道：“迩年以来，多有不守旧规，私出禁门，交结官员军民各色人等，到处游荡赌博，宴会乱谈，甚至依势怙恶，随伴奸诡无籍之徒，透漏机密重务，致生事端，好生玩法。除已往不究外，今后如有此等情弊，在内着司礼监严拿奏请，在外着厂卫不时密切访拿具奏，如有知而不举者一体治罪。”(三九一，7371—7372)

丙戌，司礼监太监田义等送太子到本宫毕，即到内阁口传圣谕：……(三九一，7372—7373)　丁亥，王之桢奏称考讯达观妖书事情，极口称冤，或再与沈令誉下厂卫研审，或别有处分，俱乞圣裁。诏以达观付法司定罪，沈令誉着厂卫等衙门再鞫之。(三九一，7374)

庚寅，提督东厂太监陈矩奏称毛尚文、沈令誉所供楚事与营谋起官等情委属诡秘，妖书一事尚未输认，请送法司究之。上不许，仍令锦衣卫严刑追究，送东厂覆审。(三九一，7376)　辛卯，锦衣卫接出圣谕：“逆贼罪恶滔天，朕日夜愤恨，虔祷天地宗庙社稷，冀得真正奸贼，以雪国冤。何为屡次会问，尚在恍惚？前锦衣卫四臣疑周嘉庆，后获皦生光，妻妾子女尽皆证实，然不供同谋的系何人。后拿沈令誉，情在可疑，其党毛尚文等历有指证，却未归一。朕览狱词，殊切痛恨，刑狱加于小人，岂有不打肯招之理？明是会问各官推避疑畏，不肯尽心，或阳为问驳而阴授出脱之路，以致逆贼有所靠藉，延捱不招，每日苟且糊涂，虚应故事。朋友情多，君臣义少，将朝廷法度作自己人情，朕心自急，莫为朕急，公然付之不理。君父之仇不共戴天，于心何忍！国家亦安用此食禄忘君、不忠不义之臣？好生可恶！姑且饶这遭，先后捕获各犯，着锦衣卫严刑拷究，供出奸党，遵照昨谕，不论有职无职，一并拿来用刑对审，不许顾忌容纵，自干重宪。得情之后，还着东厂覆审的确，然后会同府部、九卿、科道等官再问。如有纵奸卖法及匿藏指脱之人，科道官不时发觉参治。”(三九一，7376—7377)　壬辰，提督东厂太监陈矩奏言皦生光凶狡异常，机械叵测，据其往岁妖诗之情形，足为今日奸书之符券，且其妻妾子女供不异词，刊刻布散确有实迹，本犯虽自存一线之疑似，难逃众口之证。但忍刑展转，书内词名一字不吐，乞将一干人犯通行送法司再加详审，依律议拟具奏。上曰：“皦生光证佐已明，忍刑展转，未吐同谋主使真情，还着锦衣卫遵照初九日谕旨，备细设法严刑追究。得情之后，送东厂覆审的确，会同九卿、科道再问，以昭至公至当。不许疑畏顾避，徇情卖法，自取罪戾。”（三九一，7378—7379）　己亥，锦衣卫管卫事王之桢[1]以周嘉庆书办袁鲲与皦生光素常往来，因捕治之，遂言细审袁鲲，知嘉庆果为主谋，乞敕东厂亲鞫。已而东厂审无的据，具奏以闻。上以各犯矛盾，未得结局，令逮周嘉庆、周显祚妻妾子女与各犯对质。王之桢以两审异同具疏自辩，上温谕慰之。（三九一，7383）　壬寅，有旨令票发锦衣卫问过犯人沈令誉会同该科及原题御史再行研审，辅臣因言有该科都给事中杨应文、给事中钱梦皋、御史康丕扬称说沈令誉等犯人干系侍郎郭正域，乃彼三人所参发，今预此狱，宽之必疑为纵奸，急之必疑为修怨，不若付于事外之人，始为虚心详慎。臣等颇然其言，具两票上请，一照初九日圣谕，竟送厂审，一拟发刑部，令其研审得情，送厂再审，以后皆待府部九卿科道等官会审，伏祈圣裁。（三九一，7384）

乙巳，南京工部奏进芦田佃粒课银八千余两，上命送内守备转进。　内官监进煤税银五千一百四十两，上命收进。（三九一，7388）

庚戌，厂卫、府部、九卿、科道会审皦生光，据生光招出：先年屡诈包家，得银七百两。后言擅用黄封，假托中官，声言皇上要籍没包家。郑皇亲与包儿女至亲，知得皇上原无此事，吓诈不行，以致田大有出首学院，批顺天府理刑厅夹拶追赃，打问革褫，解回大同原籍为民。如此仇恨，原是不小。近日逃回京师，欲倾害皇亲，非摇惑国本，初刊妖诗，再刊《岸游稿》，续造《国本攸关》一书，密雇徐承惠刊刻，令子皦其篇黑夜抛掷驸马、戚畹、六部大臣门首，中郑皇亲以不测之祸。不意臣等访获妖书奏知，见今拿获，供出前情是实，愿明正皦生光大逆不道之罪，以昭国法，以纾公愤。（三九一，7389—7390）

---

① 桢，原作“祯”，实录“桢”、“祯”二字常互用，《明史》亦然，今从《酌中志》改。

万历三十二年甲辰(1604)

正月丙子,云南巡抚陈用宾题参开采内使杨荣罗织滇民,情急倒悬,激变屡形,调停无策,列款以进。不报。(三九二,7403)

二月乙酉,(沈)一贯言:会试主考官臣已经题请而次辅苦辞,今日文书官王体乾口传圣谕,查二十九年主考为谁?(**下查三科事例略**。)(三九三,7406)　山东巡抚黄克缵题奏:"税务刘太监差委参随刘敬赍送龙袍并徐州解到赔偿官银一千两,行至苦水铺,复遭盗劫五百两。夫被劫银两原系徐州赔偿,何刘敬累次遇贼?及面讯参随人等,先云五十两,后云五百两,言语恍惚。但吓参提掌印指挥巡捕官郑禄等吁天无门,即便割俸再赔去讫。近接邸报,苏、松四府税务太监刘成委差舍人刘仕安亦称中途被劫,守备先行赔偿等情。臣因思此辈习成吓诈局套,以为吾一言能使皇上震怒,不杻解则提问,是以彼曰失银则甘赔,彼曰失去五百则亦甘赔,积威所劫,惟言是从。夫中使委官,不过四方无赖投充以为爪牙者耳,而天下莫敢与抗,攘夺日横,祸亦安忍言乎!臣请皇上通行申饬,以后有称系失银者,许抚按官审实,如有诬赖,尽将原解明正以欺罔之罪。"疏入留中。(三九三,7406—7407)　庚寅,江西税监潘相言禁山甚难开采,听所属七县里老民人告称,情愿包纳山价三千两,认买此山,永为封闭。上报可。(三九三,7410)　癸巳,福府承奉谢文铨奏补额赐店租,欲于崇文门外空店一所,尽致进京货物车辆住宿其中,每年约有一万四千两税银。查照潞府事例,宣课司征条解用。户部尚书赵世卿言:"若如此,是房租也,牙钱也,似与潞府之例不同。且住宿安店,一夕之租几何,必不能一万四千,奉行稍过,勒指重科,商贾一旦罢市,且并崇文门原税失之。况空店有无情节,尚未查明,惟皇上细心裁夺。"上曰:"王府养赡有潞王事例,此店租故特准耳。尔部院如此说,着差司官公同福王府承奉查勘明白,毋拘原奏一万四千之数。立法听从民便,酌量多寡,征收本府供用。"(三九三,7411—7412)　甲午,云南抚按陈用宾、宋兴祖等奏："云南矿课原有定议，旧洞矿竭，势必凿新补旧。有司方见详请而该监即占为己洞，使有司束手，新洞既不敢凿，旧洞亦从告闭，矿税全难，物力大诎。且本年夏秋二税，臣等已竭尽心力，该监犹求备无已，阻回不收。乞明谕该监遵旨收解，其原开矿洞归一有司开抽，免其掣肘推诿，仍照一分充金价，一分充兵饷，庶可支撑万一。"上允之。(三九三，7412)　丙申，户部尚书赵世卿言："近见苏松税监刘成疏，乞轸念灾荒，稍宽商旅。奉旨：'前有旨，米粮柴薪民生日用之需不许征税以昭恤灾德意，这奏内苏松四府税课六万，准照全折额课四万两解进。'夫刘成所奏者原欲减米税于六万之半，而皇上所行者犹欲酌征于四万之多，岂恻隐一念，貂珰尚自勃勃，顾如天好生而反有不然者乎？伏乞申一定之诏，察万民之隐，一切粮税照旧蠲停，原定额银概从减半。"疏入，留中。(三九三，7413)　戊申，御史汤兆京上疏："顷见江西抚臣题参税监潘相怒殴折辅国将军谋圯肢体，窃念天潢虽众，源流总出高皇，龙种自殊，天子尚优恩礼，是以祖训虽有大罪不得加刑，要须据实奏闻，请自上裁。岂独尊宗室哉，正以尊朝廷也！相，内臣也，岂不闻体统相临之尤峻，乃敢逞睚眦辱士之忿，为玉石焚冈之惨？竹木金刃非刑交毒，头颅手足遍体伤残，辱高皇之子孙，蔑祖宗之谟训，无人臣礼(**广本、抱本此处有"莫大于此，宜速逮问"八字**)。"疏入留中。(三九三，7416)

三月乙丑，腾骧右卫千户李英奏："御马监牧马草场地土被民隐占，相沿年久，疆界废弛，清查照则征粮，每岁可进银二万余两以济国用。"上令该监见差拨放马匹，王昇前去会同屯田等官秉公查勘，奏请定夺，如有势豪及抗阻不遵者，令官吏指名参治以闻。(三九四，7425—7426)　丁卯，辽东税监高淮疏称："臣于十一月十一日出署投文，有千总杨于世出周嘉庆书一封，欲臣礼遇。不旬日接邸报，见妖书缉拿有周嘉庆主名。夫于世系嘉庆亲，之辽不数日而妖书事发，岂不知？因谨将于世羁留具奏。"上命锦衣卫差官拿解，与同周嘉庆并逆犯暾生光及出首袁鲲等俱着三法司会同府部、九卿、厂卫、科道官研审面对明实具奏。(三九四,7426)　戊辰，文书官传催御马监监丞王昇查勘牧马草场征收租课敕书。(三九四,7426)　己巳，大学士沈一贯等题："臣等今日又奉口传：御马监内官王昇敕书不要推托。窃惟皇上天聪天明，睹表知里，臣等推托是真，何敢曲讳。但君臣一体，皇上亦宜俯谅，臣等何敢推托。臣等推托，非为己私，实欲保全皇上之圣名，整理朝廷之秕政，杜绝纷起之多口，安辑觨牻之众心。盖前旨一下，满朝既已惊骇，此敕再出，惊骇又当何如？若使德意可行，事理无碍，臣等何故再三违拂？臣等良心实不容昧，皇上圣智，尤宜坐照，治乱安危，关系不小。伏望圣心转移，臣等不胜涕泣祈请之至。"(三九四,7427)　庚午，户科给事中梁有年题："照户部会计录开载牧地，岁征租解部，专供草料并济边支用，其额课之重与夏税秋粮同关军国之需。今据千户李英奏献遗租，额内乎，额外乎？如使一地两租，民有弃而逃耳。"不报。(三九四,7427—7428)　辛未，大学士沈一贯等言："文书官再传圣旨：'王昇不是径差，因撒放马匹去带管清查，写敕与他，事完即回。钦此。'臣等仰体德意，不欲多扰百姓，特令便差带管，事完即回。所有敕书，敢不撰进！然清查利害，所关不小。窃惟近年以来，凡百利源尽笼于朝廷，四海之内无一寸空闲地方，常恐民穷变生，难以扑救。惟兹畿辅乃祖宗陵寝、皇上社稷所在，尤当深虑，尤当厚恤。四方无事而三辅有警，固所深忌，四方有事而三辅并起，更何托身？且国家与强虏止隔一墙，正藉民心以为干城，而胡可使之愁苦诅咒，涣然离也？旧年西山窑户之变，今年易州矿徒之变，不逞之端，相继横发，皇上即以威力胜穷民，穷民岂不以死力抗皇上？此牧地者，岂真有豪右隐占？岂真有新垦未科？奸官奸民，言何足信！纵令有之，则文王之囿百里，刍荛雉兔，与民同之，故称圣王。何可鳞鳞而取，咈百姓以从己之欲乎？臣等据该科揭帖，此场地租系户部济边钱粮，载在会计录中，若依奏官所言，明是夺济边钱粮，假以上供为名，生端扰害，为皇上敛怨耳。臣等蒿目苦口，不过欲安社稷，社稷安则福利无穷，奚止如奏官所云区区银两哉！窃惟王昇可以无行。”奏入留中。(三九四，7428—7429)　庚辰，大学士沈一贯等言：“今日该文书官刘宣传出圣谕：‘朕览东厂所奏事件，驸马杨春元不知何故于二十八日小帽青衣，朝府门行礼毕，坐用二人小轿回原籍固安县去讫。驸马何官，不奉明旨，擅自离任，狂肆无礼，即差锦衣卫官赶伴回京，奏请定夺。伊父教子无方，教习部官鲍应鳌训示安在，都褫职为民，卿等可传示遵行。钦此。’臣等再三思之，朝廷之驭臣下，可以专用法，而驭中尉则宜兼用恩。(**下言推骨肉之恩略。**)”(三九四，7430)　都御史温纯言：“自矿、税肆害，民间苦楚之状，皇上亦闻之数矣。然驿骚内地，鱼肉闾阎，已属不堪，未有渎而夷狄、竟而君臣如广东税使李凤所为者；又有纵杀三命，立毙县官如陕西税使梁永所谋者；近云南之杨荣又见告矣，其陵官虐民不在李凤、梁永下。(**广本、抱本此处有“此辈乱祖宗之明训，不畏陛下之三尺”十五字**)伏乞皇上将李凤严逮下理，梁永、杨荣革任，回京严勘官民致死根因，拯四方汤火之民，解一时矛戟之势，矿税一遵前谕停止，尚可缓须臾之变乱耳。”疏上留中。(三九四，7431—7432)

四月乙酉。先是，东厂传奉圣旨，会问各犯逆情，着实刑审，一日不得，不妨二三日，务得真情具奏。至是太监陈矩言：“皦生光前作妖诗，继播妖书，众证甚确，自认无词。惟是与周嘉庆等共谋一节，严审既不招承，面质亦不识认；本犯妻子不顾，岂复爱及他人？情状已明，委难轻坐。皦生光合亟正刑以伸国宪；周嘉庆负气凌人，性情怫众，即同僚之共讦，知素行之多尤，衅既有因，罪亦难逭；至袁鲲等俱系干累人数，其罪名有无轻重，相应分别议拟，庶元凶不至漏网而余犯得免株连矣。”得旨：“这事情既会同府部、九卿、厂卫、科道等官研审面对明白，逆犯皦生光着锦衣卫拿送三法司，其余各犯通行解发，问拟应得罪名以闻。”(三九五，7435—

7436)

五月壬子,锦衣卫左都督王之桢题叙缉获皦生光功次,上令兵部查照赏格定拟,东厂有功人役令所司一并开叙。(三九六,7447)

乙丑,以缉获皦生光功,赏东厂太监陈矩金、币、羊、酒,锦衣卫左都督王之桢着掌卫事,各荫一子本卫百户,其余员役升赏有差。(三九六,7451) 辛未,刑科都给事中杨应文题称近接山东巡抚黄克缵一本,极言税监陈增委官刘英等杀人如草菅,劫人财、奸人妇诸不法状,宜逮拟如律,并谕陈增毋纵劫杀。疏入留中。(三九六,7453) 乙亥,大学士沈一贯言:"该文书官冉登捧出圣谕:朕览文书,见天寿山守备内官李浚等具奏,本月二十三日夜雨雷火烧毁祖陵明楼,朕心惊惧弗已,其恭行奉慰修理及修省礼仪,卿等便拟出旨来……"(三九六,7453—7454) 丁丑,南京守备太监邢隆疏奉旨查征产税银两。上以税契银两原系大造年分积累,所贮今已尽解,须待十年后民居另有推收,可复征,既内外官员会同如拟行。(三九六,7456—7457)

六月壬辰,大学士沈一贯、沈鲤、朱赓恭诣仁德门起居。命司礼监太监田义、陈矩、成敬待赐茶。(三九七,7467—7468)

七月丙辰,钦天监言:"长陵子山午向,今岁大煞在子,灾煞在午,请以明岁兴工便。"上命该监便先择吉治木,工部期会内官监上紧造办各项物料,来春兴工鼎建,刻期完报。(三九八,7476)

戊午,大学士沈一贯疏言:"(**言灾异极大且多、日迫日近,略。**)臣心长气短,无能尽言,同官二臣咸怀诚悃,各亟一章,亲赴文华门叩首投进,惟皇上历赐览观,神领心受而致行之,臣死无憾。"次辅沈鲤言:"自矿、税兴而中使遍天下,中使出而四方无籍之徒随为牙爪耳目者,或分布乡村城市,或把持关津渡口,或武断于商贾,凑泊所在,树黄旗,揭圣旨,都舆从,张气焰,吮人之血,吸人之髓,孤人之子,寡人之妻,内监亦不能尽知也。前方征,后复榷,既征榷,复告讦,或诬为断绝皇杠,或诬为容隐罪人,或以为曾发古冢而得奇珍，或以为曾开古窖而致巨富，或云某宅有矿坏其宅，或云某墓有矿掘其墓，在在不聊其生，人人莫必其命。故总天下之财十计之，皇上得十之二，内监得十之三，群小得十之五，利分入于众手，怨总归于一人，民安得不穷，心安得不离？民心离散，其势必反。臣三十年前备员讲帷，曾进讲外本内末、悖入悖出之理，皇上未尝不虚己以听，今岂遽忘之耶？”三辅朱赓疏语亦恳切，俱留中。（三九八，7476—7478）　甲子，大学士沈一贯等言：“昨日管镇抚司李桢国来说，狱中房墙倒塌，积水成河，各囚死生难保，情实可怜。除死罪外，余宜早与发遣发落。至于矿、税犯人原为百姓得罪，倘至溘亡，益为百姓所怜，干伤天和尤甚。伏乞将冯应京等特恩赦宥，或发刑部分别坐拟，其余各犯亦通发刑部拟罪奏请，庶罪人有所归着，亦便工部修理。”不报。（三九八，7481）　丙寅，大学士沈一贯等言：“西山煤户窑口尽为水淹，无力陶[掏]挖，伏乞皇上特降一谕，量免课银二三个月，少苏其困。今见发太仆寺银十万两，除给济京城下户之外，似犹可以分此济彼，此亦不费之惠、易行之事也。”疏未得旨。（三九八，7482）　壬申，大学士沈一贯等题：“臣等连日恭奉修省德意，力图奉行，有遵谕拟上者，有循例题请者，皆系应天实政，早赐皇仁，不胜瞻企：一、西山被灾窑户当恤。二、镇抚司狱房雨倾，各犯当矜。三、播州战功久未叙，当下。四、江北地方叠灾当赈。（**五至七略。**）”（三九八，7483）　丙子，谕户部：“朕悯西山被灾窑户，令比京城下户一体给赏，即于见发太仆寺银十万两内通融分与，还着该部科及顺天府会同给散，务令人沾实惠，水占窑口免征课银三月。”（三九八，7486）

八月丁亥，两淮太监鲁保题：额解钱粮迟误。上以有司官互相推诿，以致迟误织造供用，姑念年久，东南民力疲困，免行查究。（三九九，7490）　癸巳，大学士沈一贯等言：“恭遇万寿圣节，闻左右有买雀放生祝延圣寿者，区区愚见，欲推广此意，于本月十七日在廷文武百官及天下入贺人员、四夷朝贡之使山呼万岁之时，皇上特涣纶音，停罢矿、税，以示普天同庆之意。此时满朝万口必将欢声如雷，仰彻穹昊，不崇朝而歌讴溢乎四海，协[和]气塞于两间。皇上临之，介以景福，八荒寿域，敛为一人之寿矣。臣等不胜犬马下情，敢拟敕谕一道并进。”留中。(三九九，7491—7492)　乙未，陕西巡按杨文蓕极言边地阽危，矿、税播虐，请罢。浙江抚按尹应元等各疏言机匠一岁两征，事体遵行不便。俱留中。(三九九，7492)　庚子，大学士沈一贯等言：“皇上居深宫之中不见群臣百姓，似谓可塞耳掩目，置人言于弗理。臣等日出入长安门，势不能避儿童走卒，无非鞭策臣等之言；流离琐尾，无非感悟臣等之状。乃者赍捧官来，开口即说矿、税；各处书来，未开缄即知其说矿、税。臣等每欲乞身而皇上不许，尝求面见而皇上又不许，惟有揭帖数行仰于御览，而九阍万里，智虑短浅，不当圣心。即蒙温谕，亦少所施行。愿皇上回心向道，无摇丕基，放逐臣等，更付能者。昔麦丘邑人谓齐桓公曰：‘愿主君无得罪于群臣百姓。’民者，邦之本；财者，民之命。弃其本，戕其命，而可长享天下，未之前闻。”不报。(三九九，7492—7493)　辛丑，谕内阁：“朕因文武大小九卿科道官手执公本，齐赴文华门上本行礼。前有旨修省实政，静俟次第发行，文武大臣都着安心供职，共济时艰，如何又来渎奏激扰？恭照祖宗制度，朝仪肃静尊严，凡有军国大计许实封本从会极门投进，听候裁夺处分。近来不知何物设意作俑，朝廷但行一事若妨己之私弊，便哄然群起，挟迫君上，要誉沽名，全不思念君臣大义。恣肆成风，是何礼体？谕卿等知。”于是大学士沈一贯等言：“伏蒙宸旨森严，天威孔赫，臣等读之，神魂战越。窃惟欲朝仪静肃，当收天下之心；欲收天下之心，当恤天下之言。近年以来，天下久罹矿、税之苦而又习闻停止之言，企望恩纶，以日为岁。诸臣受国深恩，感时多故，千章万牍，总出悃诚。君臣大义，正当如此，岂可罪之为激为渎？昔伊尹告太甲曰：‘言有逆于汝心，必求诸道。’伏望皇上取逆耳以悦心，图宗社之永计，旷然改易弦辙，下一罢矿、税明诏于群虑不及之时，使言事之口淡而无味，忧国之心化而若忘，朝仪自肃，天位自尊，都俞吁咈之风当不远矣。”（三九九，7493—7494）

丙午，武骧左卫百户陈起凤请采巨材充国用，疏上，上震怒曰：“上天示儆，朕正修省，举行施仁恤民德政。陈起凤纠聚棍徒奸党，指称采木，诳惑朝廷，希图利己，好生欺玩。陈起凤姑着革职为民，永不叙用，其余奸党便着厂卫、城捕缉事衙门严行访拿驱逐，再有违犯奏扰的，依律重治不饶。”（三九九，7498）　福王常洵因天变辞免官店，上不准辞，惟令严禁收管员役，不许额外多征，扰害商民。（三九九，7499）

九月戊申朔，翰林院简讨蔡毅中节略《皇明祖训》中有关矿税者为注疏二十二卷进呈。留中。（四〇〇，7501）　庚戌，大学士沈一贯等言：“昨日管镇抚司李桢国投臣揭帖，分别见监人犯，上请圣裁。臣等看得重犯王官等一本及内犯牛云鹄等一本，俱有轻重不等罪名，打问既已明白，合送法司坐拟。其犯官华钰等一本，俱因矿、税得罪，惩创已深，天下之民未出于水火，所以惊相传告，日传日多，缙绅见时，语必首及，其中有素著名称者，至今地方尸祝而祀之。人心同悲，若悲其亲戚，无不求所以出之者，诚急之也。民之所好好之，此之谓民之父母。皇上宜曲体群情，俯从宽典，以证皇上之于矿、税果有停止之日，以证皇上之于万民实有仁爱之心。所赦之人有数，所感之人无穷，此圣政第一大端，乞赐批发施行。”（四〇〇，7502）　癸亥，户科都给事中姚文蔚题：“接凤阳抚臣李三才揭报，税监陈增搜获参随程守训、王惟忠等奇珍异宝、僭逆龙文及家人所供银四十万，惊心骇魄，恨此辈积恶之久而败露之迟，又喜税监能自觉悟而摘发之也。但此一事属人心观望、纪纲存亡，关系不小。前此言者虽多，而增为掩护，犹可谓上未及知。今增自发于地方，抚按会报于阙下，业已形诸邸报，传诸四方矣。夫皇上既已闻且见之而处置稍不尽法，纪纲全无，反不如未发之为愈也。”上命李三才奏内有名人犯即逮来京追问，不许连累无辜,以安地方。(四○○,7505—7506) 乙巳,云南矿监杨荣疏奏参随张宗仁欺盗进御钱粮等,上命逮之。(四○○,7506) 壬申,谕内阁:"朕览卿等奏揭,镇抚司见监人犯上请特恩,具见体悉敬慎。且各犯非为矿、税羁囚,原因众官不顾君臣大义,只图要誉市恩,牵扯渎激,故致迟缓处分。今灾变异常,正修省之日,既卿等恳奏,前李桢国所开监犯王官等俱送法司拟罪具奏,内犯牛云鹄等都着解送锦衣卫监候发落,不许疏纵;犯官华钰等姑着革了职为民,不许朦胧推用,以昭朕仰体上天好生、祖宗仁爱诚意。卿等传示遵行,谕卿等知之。"又谕内阁:"朕览卿等屡奏,户部急缺边饷数多,朕岂不知边关紧要寒苦,但宫中进赐费用比先年不同,故增买办银二十万两,内帑尚不足关支,今加矿、税银两协济支用。卿等为朕辅弼股肱,亦宜体悉朕意。其买办银两俟有积余,尽数停免,还着或动老库,或马价银两内可借支的,作速给发,毋得迟延,待催征拖欠银两补给。卿等传示遵行,谕卿等知。"于是大学士沈一贯等言:"臣等捧读圣谕,仰见皇上寅畏天变,修行实政,延颈而望,今日久矣。一旦放之牢笼之外,传播道路,欢声动天,所以颂皇仁而祝圣寿,何但二三缧囚也!惟是四海九州仰望如天之泽,出之水火之中者不止此数人,诚一推广此心,使人人无向隅之泣,亦不过举手之间而已。至于库藏钱粮,财之入孔止有此数,自有买办以来,太仓进过五百余万,彼盈此虚,边饷安得不缺?财之出孔亦止有此数,自有矿、税以来,民间不知将几百万填补沟壑,拖欠安得不多?户部不得已而请停免买办,又不得已而思借老库,即臣等前揭亦议及此。近访得老库之积今止存五十万,即太仆马价屡借不还,寺臣争执如割己肉。此等挪移,总非良策。满目灾伤,从何追补?既奉明谕,臣等当与诸曹商议,且救眼前,其余再作区处。窃见近日缺官渐补,税棍渐除,冤滥渐释,正圣政维新之会、天心景顺之时也。而比者客星犹复告眚,占在燕分,则至迫矣。意者,天下之所最苦、天心之所最属望,尚不止于前数事乎?

伏望皇上于根本紧切处一大转移，则无有急于罢矿税者，为泰为否，惟圣明裁择。”(四〇〇,7507—7509)　甲戌，广东巡按林秉汉疏参税监李凤违背诏书，擅改赐旨，紊乱纪纲，假借威福，明取暗索，十不解一，金珠宝玩堆积如山，宜行究治。留中。(四〇〇,7510)

闰九月乙酉，兵科给事中孙善继题辽左群奸互构税监庇恶匿赃，参高淮参随宋希曾等。留中。(四〇一,7512)　壬寅，兵科都给事中田大益言宗变异常，人心易动，亟宜固根本、设防御、罢矿税，以收天下人心。留中。(四〇一,7517)

十月乙卯，吏部右侍郎周应宾陈弭乱之策，亟宜收人心、用人才、罢矿税、发帑赈济，尽补南北大僚、郧豫滇抚，使野无遗贤。留中。(四〇二,7527—7528)

十一月丁亥，税监马堂请停天津、河间等处米粮柴薪肩挑背负等税。得旨："此税前已有旨免征以舒民困，都着遵行。"　兵部覆福建巡抚徐学聚等奏："红番闯入内洋，宜设法驱回，以清海徼，勾引奸民潘秀、张嶷等均应究处。"上曰："红毛番无因忽来，狡伪叵测，着严行拒回，吕宋也着严加晓谕，毋听奸徒煽惑，扰害商民。潘秀等依律究处。"(四〇三,7536)　乙未，谕内阁："朕览卿等奏揭，恭遇圣母六秩诞辰，请朕临朝受贺。但朕日前恭请圣母升座，躬率后妃嫔御并皇太子、诸王、公主及合宫六局女官、内官祝寿，行庆贺礼，祗奉慈谕面传：'尔纯诚孝养，予心嘉悦，惟欲简便，节省劳烦，其庆贺宴享诸礼俱免。'朕钦承面谕，敬遵传行。思得圣母免行庆贺诸礼，朕岂宜临朝受贺，御门暂免。"是日，辅臣诣慈宁宫门、仁德门叩头庆贺。遣司礼监太监田义等待酒饭，赐金寿松枝有差，仍颁赐上尊珍馔。(四〇三,7539)　甲辰，漕运总督李三才疏报税监陈增病故，上曰："陈增既病故，所收见在税课并一应钱粮方物俱着抚按委令兵道等官公同查明封记解进。如有乘机偷窃隐匿者缉拿治罪，毋累无辜，以安地方。其原管矿、税等项准着归并内官暨禄，不妨原务，比照仪真题准事例兼管督理。"(四〇

三,7541)

十二月戊午,刑部等衙门右侍郎董裕等题:"福建奸民张嶷阴怀窃叛之谋,阳献采榷之策,党结弁珰,衅挑蛮丑,阎应隆同肆欺罔,致吕宋酋长怀疑蓄憾,屠戮商民二万余。是嶷一己之狡,图基八闽之显祸。万鬼之冤未雪,千里之首宜传。"上曰:"张嶷等无端欺诳朝廷,生衅海外,以致三万商民尽遭屠戮,损威遗祸,死有余辜,即行枭首,传示该省。其吕宋番酋擅杀官民,还行与抚按官议处,奏请定夺。"(四〇四,7547—7548)　庚午,礼部类奏年终灾异,大学士沈一贯等言:"礼部每年类奏灾异,虽循旧制,原非靡文。今年灾异,除天鸣、地震、河决、旱涝种种害民伤物,载在四方之牍,未暇枚举。乃若正阳日食、诸陵雷火,变孰有大于是者?而又连年叠见,月日尽同,非偶然之故明矣。况京师久沴,三辅大祲,虫啮陵树,妖星经天,水涝所洊,储积如洗,城邑漂没,昼日晦冥,家怀天坠之忧,人切陆沉之惧,罔不椎心抆血,号泣于双阙九门之下。皇上虽震动心颜,屡沛恩旨,修废官、发仓廪、出囚系、诛奸邪,而人心犹嗷嗷以为未惬,何也?谓矿、税根本之害未除,凡此善端,特其扶疏枝叶,无益于起死回生之大计也。惟是矿、税兴而部院诎,敕使出而民心摇,谁实使之,谓非圣德之累,不可。皇上必谓数年矿、税不乱,今安得乱?臣请譬之,牧人之剪羊毛者一岁三行,近冬则存之,恐其寒而冻且死也。今天下民有正供,有加供,有不时之供,加以水旱凶荒盗贼之虞,宁独三剪之而已?又以矿、税之灾益之,痛于骨髓,非直皮毛也,民有不毙而死乎?惟亟除矿、税权宜之法,务修初年恭俭之政,则凡此下民有所怙恃,而臣等亦免误国之诛。"疏入留中。(四〇四,7550—7551)　癸酉,仪真税监暨禄疏遵旨不敢渎辞。得旨,查解见在税课并一应钱粮方物及兼管督理事务,令遵旨行,敕谕不必又给;其矿、税额数会同该抚按官酌议,照旧解进应用,待朝门三殿工有次第,奏请停免。(四〇四,7551)

本年附

艺文·碑铭·神宫监管事周贵生圹碑

永陵神宫监佥押管事龙川周公讳贵预建……嘉靖癸巳年(十二年,1533)八月二十一日申时生,万历甲辰年(三十二年,1604)二月二十一日申时卒。

(碑在北京昌平沙河路庄。《北京图书馆藏中国历代石刻拓本汇编》第58册,第159页)

艺文·碑铭·佑圣庵碑

《佑圣庵碑记》:"都城永定门内之西偏,旧有佑圣庵,其来久矣,庙貌……公见而许之,约吉泉张公等捐金募众,鸠工庀材,将……(**略。**)此玉山石公(林)、吉泉张公之慨然有动于中,而诸有力者之欣欣□□有成也。(**略。**)重修庙宇各捐俸金资工:钦差提督正阳等九门并永定等七门及皇城四门巡城点军内官监太监李恩、钦差提督正阳等九门并永定等七门及皇城四门巡城点军御马监太监刘吉祥,钦差正阳等九门并永定等七门及皇城四门巡城点军……石林。万历三十二年仲春吉日立。"

(碑在北京宣武永定门内大街。《北京图书馆藏中国历代石刻拓本汇编》第58册,第158页)

万历三十三年乙巳(1605)

正月戊子,准山东一省矿、税、方物等项银两照抚按议定额数,令有司解送兼管内官暨禄处类进。(四〇五,7559)　辛卯,工部言:"万历二十七年内织染局题办皇长子等位婚礼袍段,本部查得万历九年传造之数尚有未完一万余匹,今当钱粮匮乏,而吉典举行在即,议将未完前段不论已织未织,尽数扣作婚礼项下解进应用,俟今次传造完日,仍将旧传未完照数补织。覆奉钦依,遵照在卷。近据该局揭开上用袍段一万六千余套匹,又婚礼段九千六百余套匹,比诸原欠遂增一万五千之数。昨内库新派改段一十八万余匹,虽蒙圣恩宽减一半,计费尚须数十余万。东南财赋搜括已尽,久困之民哪堪剥削?即云臣部原议补织则应补之数止一万余匹，且旨以新派完日方补，何乃不候通完，又不照原欠之数任意增加，恣行传补。年复一年，事多一事，供亿之苦何所息肩乎？仰乞俯念时艰，准将原欠一万余匹照旧补织，其余新增之数俱行停免，以宽民力。”上以进赐急需，着仍分十运织解。(四〇五，7560—7561)　壬辰。先是，广东税监李凤横恣敛怨，潮州府推官姚会嘉署府事，每与争执，凤深憾之。值会嘉以事入省，遮而辱之通衢，仍率众拥至其署。会百姓千余人号呼赴救，乃得释，而会嘉遂杜门求去。总督尚书戴燿、巡按御史林秉汉上其事，乞切责凤以安会嘉。不报。(四〇五，7561)　癸巳，巡青科道梁有年等奏：“京粮一项专供御马等仓场料草，价值通计每岁出入之数约略存剩十万有余，是以先年所积至百有余万。自万历二十六年以前，东征西讨，借支殆尽，今又挪凑边饷十余万矣。至应给商人预支及买办过价值反致压欠，所当严行禁绝，令岁有赢余，以待不时接济，断不宜以太仓而靠京粮，久假不归，举祖宗另库积贮之法澌灭无余也。又节年会估价值多寡不大悬绝，近因水灾重大，菽草无收，市价腾踊，是以臣等所估比之往时有增四分之一，有三分之一，甚至特加一倍者。盖缘灾变非常，皇上且发帑金，免房号，平粜京通仓粮以拯救之，况此供役各商安得执泥成规，驱之逋逃也？今后岁事稍丰，价值自应照旧，但勿令借口引援，为耗财病国之窦可耳。”下户部覆议，从之。(四〇五，7561—7562)　丙申，巡按宣、大御史汤兆京奏：“臣按属宣府、大同，名为两镇，实系弹丸，东西仅七百余里，南北有不及二百里者，设立州县一十有四，额派税粮通计十万有奇，比之腹里，不当一大州县，且地皆砂碛。夙号战场，而拱护陵京，今称重镇。数年以来，税监既有张烨，矿监又有王虎、王忠，而虎之贪横特甚，已激成广昌之变矣。及今一切罢免，诚为大幸。即不然，包派已有定数，地方诸臣自能了此，或径令两镇起解，或归并税使一人，实为省便。”疏入不报。(四〇五，7565)

二月丙午。先是，开采内监沈永寿以广西地多猺獞，所产金、银、铅、锡皆在险崖蛮洞之间，采取无多而夫役往往瘴死，乞令有司包解。上命会抚按司道酌派河池、永康等州，富川、思恩等县，岁包银一千三两有奇。巡抚右侍郎杨芳因言："广西地狭民穷，频年师旅，疮痍待尽，办纳实难。其间河池、富川等州县虽产矿不多，尚为有说，若永康、思恩等州县原无矿洞，亦尔派及，至有汰兵扣饷以足供额者，尤为不可，乞赐豁免，以惠遐方。"不报。　夺陕西平凉通判陈进俸二月，固原知州张应庆俸三月，以矿监赵钦言其违玩拖欠也。（四〇六，7572）　丁未，广东巡按御史林东汉言："税棍裴宗翰以道士投充内监李凤委官，索诈诸商民异宝重赂，不可数计。近为流棍赵应魁所倾，凤拘宗翰拷问，勒取千金，搜其住室，宝货等物甚多。臣谓其当具题上进矣。既闻凤赏宗翰银二百两，应付夫马遣之归。臣窃惑之，随于南雄查得宗翰携美女三人，轿三乘，杠箱数十抬，行至赣州，遂变易姓名，寄顿窝藏，不知所之矣。久之，凤又差人赍牌，称宗翰拐带钱粮，追拿究问。夫始而搜之，既而遣之，而复追之者，何哉？其遣之者，已入其多赃，而欲讳其事也；其追之者，知臣等往查而欲乱其事也。宗翰狡诈百出，凤为所愚而不觉，所搜之赃未及其半，何可使逸于法纲也？乞敕部院行南直、江、浙抚按缉获严追，以助大工，其李凤所搜赃物有无进上，非臣所能知也。"疏入不报。（四〇六，7573）　甲寅，巡抚大同右佥都御史张悌言："先是矿使弗戢，致有广昌之变，矿监王虎屡疏控辞，亦知边民之难堪也。况臣属五州县，岁包矿课四千五百两、铺垫火耗等项五百七十余两，业有定数，归并税使为便。又税监张烨先报清丈牧马草场地，坐派大同银九千两，查本镇牧地仅一千二百余项，原征银二千二百三十余两，充军饷贴站支用。今改充子粒，加至四千两犹有说也。若养廉、屯田余地一千七百九十余顷，征银一千三百九十八两，系题充抚赏正数者，原非牧地，亦改子粒，且加至五千两，抚赏失额，何以处之？乞准豁免。"不报。（四〇六，7577—7578）　戊午，巡抚江西兵部右侍郎兼右佥都御史夏良心卒。……良心忠诚廉慎，历官余三十年，略无訾议。在藩司出纳无留滞而衡量惟平，入计少所馈遗，余赀四百，寄贮南昌府库。比授钺，矿、税二使惮不敢逞。十三郡议课十五万，疏请留其半，以赡南州，旨报可。而所输之半，率诸司无名钱，民实不损一毛。矿使拟开铜塘，为绘图以上，疏其不可者十，得报罢，并罢泰和、武山石膏役。疾且革，口授遗疏，惓惓以停矿税、收人才为请，有古人尸谏之风云。(四〇六，7578—7579)　甲子，乾清等宫各宫眷并司礼监，两宫管事、牌子、近侍，各衙门执事内官共进到祖陵助工银一万三百六十两有奇。命工部作正支销。(四〇六，7580)　乙丑，御马监内官王顺遗火，延烧廨宇四十五楹，命法司提问拟罪，直日巡视毕胜打四十，降小火者。(四〇六，7581)

三月壬午，内织染局开机，命侍郎李廷机行祭告礼。(四〇七，7591)　庚寅，命司礼监太监田义会总督戎政泰宁侯陈良弼、署协理戎政兵部尚书萧大亨、巡视御史李楠阅视三大营将领等官，分别赏赉及罚俸降黜如例，赐良弼等羊、酒有差。(四〇七，7595)

四月辛酉，以缉捕功荫东厂太监陈矩侄孙陈嗣忠为锦衣卫百户，理刑官闵万民等各升秩有差。(四〇八，7615)

五月辛巳，洗白厂内官张玉遗火延烧官房，命法司提问拟罪。(四〇九，7624)　戊子，降文华殿中书董敬职一级，调外任用。以苏松、浙江等处拖欠绫纱、纸札，归并织造太监孙隆督解。先是以拖欠数多，命敬到彼守催，屡旨切责，并无起解。至是因以灾荒为辞，司礼监奏其扶同说谎，故有是命。(四〇九，7627—7628)　命工科给事中胡忻、湖广道御史李楠会同守备内监及宣镇抚按官查勘盗伐皇陵树木。先是，天寿山守备太监李浚准延庆卫哨军张刚讦告王大义接买哨军张龙等板枋椽木，行昌平州审无的据，复移文宣镇抚按会查未结，续准李逢时讦告陈志能等纵仆入山盗伐松柏椴木，又准南山巡军周大库、李二等讦告阮一功、赵应捷、宋时贤等盗伐禁木，瓦碴沟沙岭儿桩楂可验，遂具疏题参。奉旨着锦衣卫拿送法司问，抚按官马鸣銮、汤兆京各疏言疑出仇诬，乞行详审。刑部亦谓刁骗未必尽无，大辟岂容轻坐。至是该监复疏，请乞独断，故有是命。及诸臣会勘回奏，大约如前语，上责其畏附朋私，含糊互异，仍命法司虚心详审定拟，毋得视为寻常，徇情轻纵。（四〇九，7628）　庚寅，直隶巡按马从聘奏："该天津税监马堂题奉钦依：'米粮柴薪前已有旨，不许征税，以恤穷民，都着遵行。该衙门知道。钦此。'随即移文税监及通行各府管税等衙门，尽行免讫。风闻道路，万姓欢传，可谓有仁爱之声矣，而实惠尚未孚也。苏、松、常、镇仅四郡耳，户部设有浒墅钞关，岁征船料五万，网非漏也。自锦衣卫百户陈道元捏奏，谓岁可更税银五六万两，凭兹一言，遂为定额。今自遵旨停免两月以来，原额顿减三分之一。夫朝廷既有蠲恤之令而壅遏不宣，臣等不敢也；商旅已沾宽恤之恩而税额无亏，臣等不能也。恐刘成拘于原数，复欲包赔，是减之行旅而加之本地，宽之商贩而派之闾阎，小民之苦更什伯往时矣。万一督责过严，鼓噪立起，求如昔年之旋起旋定，不可复望也。仰乞推广仁恩，允令尽数起解，或照原额量减其半，敕下臣等遵奉施行。"不报。（四〇九，7629—7630）　甲午，南京兵部条陈马快等船事宜，列为四款："（**一、申注选之规。一、裁冗设之员**。）一、申差遣之规。嘉靖六年奉世宗皇帝圣旨：'访得南京进贡船只起数甚多，管运内官廉静守法者固有，贪利害人者不无沿途多索人夫、勒要折干银两，不遂所欲，动辄搜求，甚至殴打职官，绑缚夫役，里河一带俱被其害，甚非朝廷恤民之意。便着兵部行南京内外守备官查进贡起数，可省则省，可并则并，如起数系定额难以省并，装运之时照例着科道、兵部官监视。各要尽船装载，不许多拨，听其夹带私货，搭人索钱。其管运内官务选老成安静的去，凡奸贪刻剥、好生事端之人俱不许差遣。都察院还书榜禁约，人夫照例上水二十名，下水十名，合用廪给口粮俱照关支应付，敢有似前多索夫役、勒要折干银两、生事害民的，抚按、巡河、兵备等官将本船为首拿与被害之人对问明白，干碍应参官员指实具奏。钦此。'臣请申饬先朝明旨，酌量省并，省一船而造修、差银之费可几二百余金，其里河一带折干骚扰之害亦可并免矣。(**一、广赦宥之恩**。)"下兵部覆议，从之。(四〇九,7633—7637)　　丁酉，降武清县县丞于廷举职一级，调极边方用。令以后牧马草场地租，务照前定额数解御马监公用，如有不遵，该监指名参治。(四〇九,7639)　　己亥，御马监太监邢洪奏把总卢显科主使故军家属吓骗内臣，命法司严提究问。(四〇九,7641)

六月丁未，命司礼监太监田义祭中霤之神。(四一〇,7648)　　丁巳，礼部言："汉臣董仲舒有言：'国家将有失道之败，天乃先出灾害以谴告之。不知自省，又出怪异以警惧之。尚不知变而伤败乃至。'臣等窃见今上天谴告不已，加以警惧非□，尚不知变之日也。夫天之变异，其征固多，而朝廷之政事其阙失亦有数。即昨元辅一疏，开列八大急务，所言亦尽矣。而臣等窃谓第一阙失莫如矿、税。其迷惑圣心，以致诸事阻遏而不能行者，亦皆由矿、税。先罢采榷以应天变。采榷一罢，则圣心洞然无所迷惑，如日之朗，如水之清，其余政事将次第举行，若决江河，沛然莫之能御矣。如此则昨年誓修实政之旨始为真修，昨日不遑宁处之旨始为真惕，而天心不可回，祖灵不可妥，天下不可乂安，臣等愿甘欺罔之罪。"不报。(四一〇,7656—7657)　　戊午，吏部言："终养之例向惟在京官与在外方面官间得陈乞，其府佐以下不多见也。而近乃纷纷代题矣，若不预为申饬，将来必致滥觞。盖以今日之有司，较先年之吏治，时势既不相如，甘苦又甚悬绝。或丧气于中涓之诟侮，或疲精于矿、税之调停，或地方水旱盗贼之足虞，或穷民疾首蹙额之堪恸。在在睹思乱之群情，人人以隐沦为上策，一闻准令养亲，仍许亲终赴部，则谁不欲脱身苦海，怡志高堂，且兼得吏隐之名，姑徐觇出处之计，将比例从兹接踵，而官职多致空虚。矧其间安知无厌地方而徘徊于择官者乎？安知无构隙同事而委曲以避祸者乎？

安知无欺世盗名者乎？安知无取容复用者乎？（**请行各省参究查行略。**）”（四一〇，7658—7659）　癸亥。先是，税监陈增物故，淮徐道副使卜汝梁奉抚按批示，照仪真税监题准明例，行令徐州掌印官协同原奏官照旧征收，续因征不及额，据原奏官沈贡等呈称：徐州额银原有山东郯城、馆陶等处过税在内，有乔嵩奉旨原奏可凭，今以隔省不便委征，是以亏额。汝梁为转呈两院，具题请减原数，未报。山东巡抚黄克缵因具揭部科，言徐州额银四万，如陈增所抽布税一项，便已逾数，其余所得每年不下三十万，而汝梁又欲抽取别省过税，以益税监之富而扰山东之民，是逢监之恶而济监之虐也。汝梁不胜忿恚，遽投劾而去。抚臣李三才、按臣高攀枝备将汝梁辩揭及地方官民保留呈词据实题报，乞敕吏、户二部查议酌处。克缵亦具疏申理前说，俱不报。既而仪真带管税监暨禄亦细述颠末，以明无富可益，无恶可逢之意，并请敕留汝梁，以释二臣之嫌。克缵因复疏辩驳，且言去年十月，邹平县住俸知县王绍徽补解矿金包银四百五两及蒲台县盐税银四百两，委官至徐。值陈增初死，汝梁闭城大索。歇家吴光宗将银出首，汝梁径坐赃解进，而以五十两赏光宗，五十两赏快手管大本。及臣移文暨禄追出前银，给与批回，臣始得为绍徽题请开俸，此暨禄之所知也。又言臣镇抚一方，徒以琐屑争竞，至令缙绅是非公论付之监臣。所言虽平，臣实心耻，乞下该部速议处分，庶士节不至扫地而内官亦不得开雌黄文臣之渐。汝梁寻具疏剖白。上并以付所司。（四一〇，7663—7665）　己巳，慈庆宫近侍刘印遗火，烧毁官房。命法司提问拟罪。（四一〇，7672）

七月乙酉，敕工部主事徐天宠同太监王玉修理显陵配殿。（四一一，7688—7689）　乙未，慈宁宫近侍李昇遗火烧毁房屋，命法司提问拟罪。（四一一，7701）

八月壬子，苏松常镇税监刘成亦以米粮免税，额数难充，请乞特赐裁减。上曰：“前有旨，米粮柴薪，民生日用之需，不许征税，以昭朝廷因灾救荒德意。今奏四府税课六万之多,米粮居半,还会同抚按,委令有司酌征四万两解进应用。待殿门工有次第,奏请停免,不许困累商民。” 以南直隶等处矿务银两听该府州包纳解进,其原奏百户王遇桂回卫当差。(四一二,7721) 戊午,赐通湾税监张烨改建石桥名“通运桥”,庙额与做“福德”。(四一二,7724—7725)

九月壬申朔,赏已故司礼监太监田义新钞三千贯、祭三坛,工部给与棺木,造坟安葬,享堂碑亭如例。(四一三,7731)【考】田义墓志及谕祭等碑文见本年附。 己卯,内官监奏修理显陵工完,在事效劳各官工部郎中朱家法等乞行叙录。章下所司。(四一三,7736—7737) 丁亥,教坊司左韶舞李泽怀状赴会极门自缢死。上以状内人犯付法司鞫问,该日守门内官司礼监查究。(四一三,7744) 甲午,以昭和殿失火,内官徐庆、师忠下法司提问拟罪,杨忠打八十,降做净军,发去更鼓房常川打更。以怀私乘病谋毙人命,内官焦进下法司提问拟罪,徐朝等各打八十,降做净军,发去南京孝陵卫种菜。(四一三,7748) 丙申,是日申刻,京师地震,自东北向西南行,连动二次。时三大营官军于盔甲厂关领火药,监放内官臧朝、王权因旧药结块,令工匠以铁斧劈之,突然火发,声若震霆,火枪、火箭迸射百步之外,烧死内官臧朝及把总傅钟等十员、军人李仲保等八十三名,其局内工匠人等并街市经过居民死伤者多不可稽,焚毁作房五连,约三十余间,火药火器无算。总督泰宁侯陈良弼、工部署部事沈应文各具疏奏闻。上以掌厂内官王忠、监放内官王权下法司提问拟罪,军器局大使范廷椿、副使张仁各夺俸二月,营厂工部主事魏说姑免究,死伤官军着查明优恤。时巡视厂库科道孟成己等、巡视京营科道胡忻等与巡城御史何尔健各有疏闻,因及修省实政。俱不报。(四一三,7748—7749)

十月戊申,刑科言:“云南抚按陈用宾、沈正隆揭称税监杨荣积岁贪残,惧奏奉钦解张宗仁到京攻发,故蔑明旨,酷置之死。臣闻宗仁罄赀为荣营差，滇人欲食其肉而寝其皮，死何足惜！惟是奉旨拿解，则钦犯也。荣所参宗仁侵费进御银七千余两，俟宗仁逮至，自有着落，今自发而自灭之，玩弄朝廷，等于儿戏，皇上奈何因货利之私嗜，任宵小之公行？摧刚为柔，屈法从欲，至欲生致一罪人迄半载而不可得，不亦羞祖宗而轻社稷哉！臣谓即宗仁一事而杨荣可诛也，况先后抚按参论如所云减匿宝石、欺隐税课、杖毙无辜、抄没平民、告密滥禁、私占矿场、郁死有司、激变良善种种恶迹，罄竹难书。伏祈亟行逮问，明正厥辜，仍收回榷采之命，与民苏息，则国法伸而皇仁溥矣。"疏入不报。(四一四,7754—7755)　壬子，直隶巡按沈时来疏参御马监内官胡敬交通积贼，盗买漕粮。有旨下法司提问，王应先与纪录。(四一四,7758)　癸丑，天寿山守备太监李浚奏左监丞刘学殴死小厮来喜儿，敕法司提问拟罪。(四一四,7759)　乙卯，工部言："火药被灾，亟宜成造。所用硝黄向系内库关领，今监督主事魏说议将商人李汝耀认办，候收硝黄七十万斤，免行进库，径运到厂验收，先行成造，以济急用。事属两便，相应依拟。"诏从之。(四一四,7762)　癸亥，户部尚书赵世卿言："河西务等钞关七处征收船料商税，岁该三十万二千七百余两，数年以前，岂惟不至亏欠，间且报有羡余。自万历三十至三十二年三年之间，共亏原额银三十一万一千九百有奇，日侵月削，莫知所底，将何所资其缓急之用乎？盖自徐、淮稔恶，凶魄虽褫，而清源煽虐，饕心未厌，由临清以至河西务，上下七八百里间，驾言验单，公行攘夺，商贾既无飞渡之术，奸宄遂生漏网之谋。于是有搭附于马船者，有藏匿于漕船者，有寄载于官船者，上之搜括愈严而愈密，下之规避愈巧而愈多，亏损额数，职此之故。臣以为欲足额数，宜清弊端。"得旨："关税乃国用所需，岁额日亏，何以敷用？今后有以商货附载马船、漕船、官船者，着管关官如例搜查，不许容纵。其临清无单而径至河西务、通湾、崇文门者，悉从漏报论。官员行李尤宜崇尚简素，岂得恃势玩法，自隳名检。其奉差关吏亦不得因而藉口致损额数，该部查出，俱一体参奏。至于各处棍徒，倚名税监，多设关津，公行劫夺，致贾竖巧生规避，此又奸所由起。还着各处税监严行禁治，如有违犯的，会同各该有司拿究，以清弊源。”(四一四,7768—7769)　丁卯，刑科言：“长至届期，一阳初复，天地生生之心于是乎见。然所以迎微阳而使著，导生机而使达者，先王于政事间每三致意焉。矧刑罚，阴之属也，阳之反也，人之死生系焉。其所关于天地之心、国家之和者，最要且急而可不及时加意哉！查为矿、税被逮见监锦衣卫者有横岭参将梁心、湖广武昌府同知卞孔时，见监刑部者有湖广承天府生员沈机等十二人、庶民刘正举等五人，乞将此十九人或从宽释，或发原籍抚按问拟，将好生之德下洽于民而上格于天，于以迎阳导和、平政体而昌国运，胥在于此。”疏入不报。(四一四,7775—7776)

十一月甲戌，山西税监孙朝病故，原管税务命有司照数按季征收，归并矿监张忠兼管类进，待朝门三殿工有次第奏请停免。(四一五,7789)　戊寅，准仪真税监暨禄奏，徐州原额税银四万两于内除去，山东剡城、馆陶等处过税每年征银二万两解进应用，以昭朝廷宽恤商民德意。禄又言故监陈增误听人言，妄称山东运司积余引目十年可征银十五万两，今移文会议，原系挨掣正引，岂容变卖。止拟每年割户部饷银一万五千两三年而止，共银四万五千两解进应用。上并从之。(四一五,7792)　庚寅，以陕西雒南县拖欠矿金，住调任知县杨鹤俸，待解完之日奏请开复。(四一五,7800)

庚子，户部言：“该内承运库太监孙顺题奉钦依：‘近来进赐宫分及各项关领成造各节器物，费用浩繁，金花买办银两系是正供常例，积欠甚多，何以支用？着户部上紧解进，毋得迟延。钦此。’臣捧读再四，惶惧陨越，莫知计之所从出也。及检历年旧案，其乞免买办一节，业已力恳者九而得旨者四矣：其一曰见解到的着便交纳，其余还着严限催解进用；其一曰稍待积剩，自然停止；其一曰买办等项不甚紧要的备细开来，听候裁处；其一曰买办银两俱着仍前处进原旨，俟有积剩，自然停止，决不虚爽。夫所谓还着催解且着处进者，矜而不忍之辞也；所谓自然停止、决不虚爽者，断而见许之辞也。是臣部情形之苦，皇上体恤之恩，不啻揭日月而布中天矣。乃停止无期，督责如昨者，得无曰姑仍之、姑进之、姑徐徐而已之乎？不知此项钱粮使果洒派于省直，尚有征解之时，然而额外之浮数也，使果一时之索取，或为权宜之术。然而多年之残局也，从来所挪移者，不过区区之太仓。今太仓无竟夕之储，而九边以年例逼矣，三营以支放逼矣，诸商以欠价逼矣。百派分波争涸，其源势未有不穷且尽者，即如正供金花，年来以扣抵之故，稽欠四十余万，臣局蹐待罪，尚苦无策，而犹有余力以营无艺之征，其将能乎？大都内外贵于相须，名实求其两副，今急大盈之藏而倾外府之人，非所以为名也；图未获之数而亏有常之供，非所以为实也。伏乞慨赐蠲免，或暂停二三年，俾臣得专力金花而悉心于边计。总之急边圉所以固京师，所以安皇上也。”疏留中。（四一五，7810—7812）

十二月壬寅，谕户、工二部：“朕以频年天象示警，心常兢惕，责己省愆，不遑宁处。昨览该部再疏题请鼎建殿门以完巨典，因思物力难支，何时就绪？连日熟计，见今河工、城工一时并举，工程浩大，钱粮数多，内外帑藏俱匮，民穷财尽，困于征输，致使正供钱粮反无所出，京边之费一时多乏。朕甚恻然，已遣内官监经管内官查理通湾见贮木植回奏。且大工浩费不赀，其开矿、抽税原为济助大工，不忍加派小民，采征天地自然之利。今开矿年久，各差内外官俱奏出砂微细，朕念得不偿费，都着停免。若有见在矿银，就着矿差内外官员一并解进，驰驿回京，原衙门应役。凡有矿洞，悉令各该地方官封闭培筑，不许私自擅开，务完地脉灵气。其各省直税课俱着本处有司照旧征解税监，一半并土产解进内库，以济进（广本进作遣）赐供应之用，一半解送该部，以助各项工费之资，有余以济京边之用。其各处奏带员役，止着押解催儹钱粮，行文差用,不许私设关津,指称委官,容令地方棍徒肆行攘夺,致民生不安,商旅不行,反亏国家正课。抚按官还同该监不时访拿治罪,明[以]显朕仰体上天仁爱、祖宗鉴临、敬畏修省实政,昭示朝廷权宜济助大工、爱民固本德意,待大工稍可措办,便奏请通行停免。尔部概行各省直内外官遵行毋忽。”(四一六,7813—7815) 癸卯,以三年并叙缉捕多功,荫提督东厂太监陈矩弟侄一人为锦衣卫百户,加提督东司房左都督王之桢太子少保,升提督西司房指挥同知李如祯、掌北镇抚司事指挥佥事李桢国俱都指挥使,各照旧管事,仍各赏羊、酒、钞、锭;闵万民、李如林、张永春、顾承惠等各照例升职一级。(四一六,7817) 丁未,内官监太监陈永寿恭进秋冬二季煤课银两。上曰:“昨已有旨停矿调税,念畿辅煤窑系小民日用营生,除官窑煤炸照旧内监开取供用,其余民窑税课尽行停免,以昭朝廷优恤根本地方德意。”(四一六,7823) 壬子,大学士沈鲤言:“臣向缘久病,宽假调理,蒙传宣谕旨调停矿税及讲学、用人等事,圣政一新,欢声雷动,臣从此亦勿药渐愈,谨于本日报名见朝,入阁办事,具题以闻。”(四一六,7828) 山东巡抚黄克缵言税监马堂每年抽取各项税银不下二十五六万两,而一岁所进才七万八千两耳,约计七年之内所隐匿税银一百三十余万,乞量追其半以济河工之费。不报。(四一六,7829) 甲寅,兵部覆东厂太监陈矩原荫指挥同知陈居恭以新荫并授都指挥使,报闻。(四一六,7831—7832)【考】本年司礼监掌印田义卒,东厂太监陈矩继之掌印,遂并兼东厂,卒于三十五年。事迹见《酌中志·先监遗事》。 惜薪司奏柴炭商人原佥三十名,节经逃亡事故,见在者止八名,上纳不前,乞敕添佥协办。有旨:“柴炭商人既系旧额,何为在先通行。今逃亡事故数多,见役称苦,上用正供钱粮岂可责数家小民出办以致靠损?应该作何处置,工部看议来说。” 先是,凤阳守备太监吴忠疏参生员司绍胤横肆无状,有旨行提学官究治。至是忠复言绍胤纠众数百,围绕公署,号呼竟夜,乞敕锦衣卫拿解,上命抚按官严提具奏。(四一六,7835—7836)　乙卯,贞惠安和景皇后忌辰,命中官祭金山陵寝。(四一六,7836)　辛酉,大学士沈鲤言:"昨臣独自在阁,蒙发内供用库一本,为拖欠蜡、茶、芝麻等物,乞敕严催以济供用。臣反覆参详,委当拟票,严旨立限督征。独念皇上此时方为天灾民瘼,发致(按,致疑为政)施仁,特下宽恤之诏,一时都城内外无大无小,无不欣欣色喜,若忽有督逋之旨相继而下,则雨露霜霰一时并行,非所以将顺九重德意,斯臣愚失职之罪也。故止拟'户部知道',以为该部所奏,必有善处之方也。今蒙发下改票,自当奉命惟谨,惟不敢二三其说,以致与恩诏相妨而壅阏圣泽不行也。阳城小臣,犹知催科抚字不可得兼,而自甘心劳政拙之罚,矧臣叨辅弼之列,事尧舜之主,而又当恩诏初颁之际,乃急急于责逋催欠之事,夫岂不南辕而北辙乎?当是之时,山中野人或有扶老携幼入城市而听开读者,睹斯景象,岂不骇观?盖《易》称损上益下之谓益,而损下益上之谓损,损益夫岂在取予之间,裒益亦别有乘除之数。矧奏内所开不过米盐细碎,已经遗弃之物,即尽蠲以予民,益可推广圣泽而内供亦无损者。臣特为朝廷存大体耳。敢仍以原票冒昧封进,而附具一揭以明臣区区如此。"上特从之。(四一六,7861—7862)　丁卯,礼部言:"每岁端阳,太医院官同圣济殿内官往南海子采取蟾酥,残伤物命甚多。此药主攻毒之方,合用原少,且坊肆间可随时取办,不烦采而有者,乞敕停免。"从之。(四一六,7864—7865)　戊辰,顺天府进春,上不御殿,命司礼监捧入。罢百官宴。(四一六,7865)

本年附

艺文·碑铭·太监田义墓志及谕祭碑文

(**碑阳**)司礼监掌印太监兼掌酒醋面局印渭川讳义田公之墓。

(**碑阴**)司礼监等衙门太监等官孝名下李允中、刘孝、杨致中、宋成、杨举(**第一列**)李朗、朱昇、周连、徐朝、赵刚、王钦、王昇、王举、王奉、孙勋(**第**

二列)(其下尚有211人,略。)

(碑阳)乾清宫近侍司礼监掌印兼掌酒醋面局印总督礼仪房司礼监太监渭川田公墓表碑铭。

光禄大夫、柱国、少傅兼太子太傅、吏部尚书、中极殿大学士、知制诰、经筵日讲事、国史玉牒总裁四明沈一贯撰文。光禄大夫、柱国、少保兼太子太保、礼部尚书、文渊阁大学士、知制诰、经筵日讲昆山沈鲤篆额。武英殿侍直、典理校正秘书、办中书舍人事松阳潘世元书丹。

万历乙巳(三十三年,1605)秋八月癸亥,司礼监太监田公以疾卒于直庐。上闻讣轸悼,赉以白金、宝钞,赐祭三坛,给东园秘器,命将作穿冢以葬,并树享堂碑亭,盖异数也。公名下御马监太监王钦等奉状谒余铭其墓。按状,公讳义,别号渭川,陕西华阴人也。儿时聪慧岐嶷,器局过人,嘉靖壬寅(二十一年,1542),给事宫掖,简送内书堂讲书。隆庆中迁六科廊掌司。今上即阼,察视左右,知公愿谨可大任,明年甲戌(万历二年,1574),拔寘文书房管事,出入纶命及百司封章惟毖。累迁内官监太监,赐蟒衣玉带。癸未(十一年,1583[①]),秦藩有干典者,公衔命送致凤阳锢之,道经华阴,还家祀祖考,修其冢墓,族党亲旧皆有赠遗,乡人荣之。未报命,推南京副守备,以司礼监太监掌内官监印。丙戌(十四年,1586)转正守备,兼掌司礼监印,岁加禄米。己丑(十七年,1589),特召入司礼监,随堂办事。寻管本监事,总理中外文书,提督教习,兼督礼仪房。钦赐坐蟒,许禁地乘马。辛卯(十九年,1591),掌司苑局印。壬辰(二十年,1592),兼掌巾帽局印。癸巳(二十一年,1593),钦赐内府坐櫈杌。丙申(二十四年,1596),掌司礼监印,兼掌酒醋面局印,总提督礼仪房。团营大阅、法司录囚,皆特承敕遣。上方倚以内政,而公不可起矣。

公周慎简重,练达老成,历事三朝,未尝有过。上严于御下,左右近臣,虽夙所爱信,稍不当意,即得谴以去。独公始终宠遇不衰,禄米岁增至六百余石,官弟侄若干人。其病也,上遣官诊视,殁而愍恤有加。此岂可以几幸乎哉?必敬必戒,媚兹一人,善其始终有以也。距生嘉靖甲午(十三年,1534),享年七十有二,以九月二十日窆于磨石口茔地之原。铭曰:

① 《敕田义押发怀墉谕》作万历十年八月。

于惟田公，四星孕秀。自龀垂珰，迄于眉寿。三朝旧德，内政是司。累印于肘，腰组威迤。人或以恣，公也益饬。朝斯夕斯，小心如画。地近多惧，公乃誉终。天与宠绥，没世犹恫。新阡若坊，将作复圹。寿堂森而，丰碑惟壮。归藏其中，以永千霜。魂乎何凭，松楸数行。

万历三十三年，岁次乙巳，十月吉旦立。

（碑在北京石景山模式口。《北京图书馆藏中国历代石刻拓本汇编》第58册，第173页）

（碑阴）潼关卫百户孝重孙田刚、田制井、田同井。国子监监生孝孙田元绩、田元勋。山东济南府章丘县主簿孝侄田珮。锦衣卫西司房理刑正千户孝侄田瑢、田瑛。直隶潼关卫镇抚孝孙田元相、田元功。锦衣卫西司房理刑千户孝孙田元德、田元宠、田元弼、田元徽。

（碑在石景山模式口。《北京市石景山区历代碑志选·墓碑石刻》，第13页）

谕祭田义碑

维万历三十三年，岁次乙巳，九月壬申朔，十五日丙戌，皇帝遣御马监太监杨致中谕祭司礼监掌印太监田义曰："惟尔性资周慎，早侍掖庭。供奉多年，勤劳茂著。出司留钥，入典内枢。委任方隆，溘焉沦逝。特颁祭葬，尚克歆承。"①

（《北京图书馆藏中国历代石刻拓本汇编》第58册，第172页）

艺文·碑铭·文殊庙碑

朱之藩撰《新建智慧文殊庵记》：**（京师广宁门外建庵，）**不五载而井井具备。署甲字库御马监左监丞王君奉，述其颠末，介予故交班君□而属□之记。迹王君所述，置殿基而鸠材者，为内官监太监提督黑窑厂何君永，购房地而浚井者为李君朝；事既肇端，闻风览胜，□王君共往者，为丁字库冯君贵及其友邓君朝、高君臣、□君舆澄，□旨传心，谭议契合，□治□上桔槔□□其事。未几而澄□师及冯君相继沦谢，澄志弥坚，王君赞襄弥力，举胜事以□□圣母出帑金百两以助之者，为齐君栋，董工役而营建者为内官监太监冯君相，捐己资而给费者为□君通等，**（规制略。）**续购庵后隙地再建地藏殿五楹、禅房横山各六楹，则为太监赵君刚、李君朝、徐君

① 田义卒，谕祭三次，另十七日遣御马监太监王钦、十九日遣内官监太监赵刚，祭文仿佛，从略。

贵,(**下略**。)万历三十三年,岁次乙巳,□八月望日立。

碑阴顶刻信官太监等历年所置香火地,下为乾清宫牌子御马监监督太监、慈宁宫管事上林苑监提督御马监太监、内府各衙门掌印提督佥书管事太监等官、乾清宫提督针工局掌印御马监太监、慈宁宫管事上林苑监提督御马监太监、钦差督理四川等处御马监太监等题名,约百人。下有内宫信女。左下边侧刻“首事建庵发心募化,协力喜舍大功德主”:提督黑窑厂内官监太监何永、署甲字库事御马监太监王奉、署旧都府事御马监太监徐贵。

(碑在北京丰台区小井村。《北京图书馆藏中国历代石刻拓本汇编》第58册,第170—171页)

艺文·碑铭·颁赐大藏经碑

敕谕。敕赐护国香光寺住持及僧众人等:“朕发心印造佛大藏经,颁施在京及天下名山寺院供奉,经首护敕已谕其由,尔住持及僧众人等务要虔洁供安,朝夕礼诵,保安眇躬康泰,宫壸肃清,忏已往愆,尤祈无疆寿福,民安国泰,天下太平。俾四海八方同归仁慈善教,朕成恭己无为之治道焉。今特差汉经厂掌坛御马监太监王忠、王举、卢永寿赍请前去彼处供安,各宜仰体知悉。钦哉!故谕。大明万历三十三年(1605)十二月十四日。”①

《香光寺福德庄严碑记》:“恭仁康定景皇帝陵管事兼御前办膳、钦赐蟒衣玉带、增加禄米、内府骑马御马监太监张其,于万历戊戌岁(二十六年,1598)奉命赍出内帑钱粮并内外官僚俸金,同共发心,重新敕赐护国香火寺。(**略**。)又于万历乙巳岁(三十三年,1605)十二月十五日蒙圣旨差汉经厂掌坛御马监太监王忠、王奉、卢永(寿)赍送佛大藏经一藏,(**下供佛之具略**。)大明万历岁次丙午(三十四年,1606)仲夏吉日立。”

曾朝节《顺天府涿州房山县韩吉村香光寺重修缘起碑记》:“(**香光寺**

① 位于北京丰台大井村的延寿寺亦有一敕:“敕谕义井敕建护国万佛延寿寺住持如盘及僧众人等:朕发心印造佛大藏经,颁施在京及天下名山寺院供奉,(**中间文字与此碑同。略**。)今特差汉经厂掌坛御马监太监卢永寿赍请前去彼处供安,各宜仰体知悉。钦哉。故谕。万历三十五年六月吉旦刊。”(《北京图书馆藏中国历代石刻拓本汇编》第58册,第197页)

建于唐。)万历戊戌(二十六年,1598),御马监太监张公其奉命重修。先是万历壬辰(二十年,1592)冬,翊坤宫管事菩萨戒弟子于景科女,尝梦游上界,见寺题曰香光佛刹,适皇上使于女传旨于御马监太监张公其,遍燕山饭僧,且嘱所梦寺名当识之。其遍历岩阿郊野,不获此名,姑置之。过五年,至丁酉(二十五年,1597)秋,其又奉命过小西天上方寺等处饭僧,一夕抵韩吉村。(**见额垣古寺,夜见异状,始知为香光寺,乃募金重修,始于二十六年,成于二十八年。略**。)三十一年春,内官监太监何江奉旨修琉璃河石桥成,并修施茶观音庵一所于桥侧,治买随庵香火地二百七十亩,以供本庵香火之需。何监题准,礼部给札,与香光寺住持真奉兼领琉璃河桥头观音庵施茶,别于在京西直关外高粱桥修建西方三圣庵一所及田地为之香光寺下院,一体焚修。时万历三十三年,岁次乙巳,十二月十五日,荷蒙敕旨,差汉经厂掌坛御马监太监王忠、王举、卢永寿赍送钦颁龙藏经一藏,安于香光梵刹,永远焚修护持。(**下略**。)大明万历岁次丙午(三十四年,1606)……吉日立。"

(碑在北京房山区大韩继。《北京图书馆藏中国历代石刻拓本汇编》第58册,分见第174、179、180页)

万历三十四年丙午(1606)

正月辛未,降原任修撰焦竑为广东都司断事。初元子出阁,定讲官郭正域等六人,竑与焉。竑私撰《养正图说》一书拟进,同事闻之不悦,遂止。既有[又]私梓其书,内珰陈矩得之以献,由是物论疑骇已亦,遂以浮躁降处。越八年始补今职。(四一七,7868)

湖广襄阳知府冯若愚偕推官程启南以公事道经太和山,净乐宫其所辖界也,循例入谒,遇道官赵本深、袁进贤等醉忤无礼。若愚杖之,提督本山太监王[黄]勋嗾令本深等击钟聚众呼噪,若愚等疾驱得免,犹为飞甓中额出血。勋贪横无纪,贿收无赖羽流万计。若愚为政清严,素与勋忤,勋至是乘机修报,乃先上其事,诡称若愚乘舆进宫,欺蔑龙牌,怒本深等力阻,痛决几毙。疏奏,上以惩责道士亦守土官所得行之法,乃戒勋宜钤束道众,安静山场,不得岔争多事。(四一七,7868—7869)　甲戌,工科给事中胡忻言:"往昔铺商食鲜策肥,衣锦居华,于今富者贫,贫者逃,且死矣。所以恤之者有五:一、该司各厂内官众至三四百人,人人攘臂攫夺,其何能支?今请定有额员,少一人即免一人之害。一、该司横索铺垫,非所底止,甚至竭一厂钱粮不足充一厂铺垫者,请限有额数,省一分即享一分之利。一、各衙门年例柴炭须从改折。一、各处物料责解本色,毋复烦商买办。一、请将京城内外铺面及贩金玉珠宝之家,不论权要势豪,资本二三百两以上至千万两,列为三门九则,纳银有差。招募熟练事情、惯应商役十数人使之应役,则京师之人世世可无佥报之忧。"不报。(四一七,7869—7870)　乙亥,礼科都给事中邵庶、刑科给事中梁有年、郧阳巡抚胡心得各上疏劾太监黄勋,宜令罢任。不报。(四一七,7870)　甲申,御用监上圣母册封册宝冠顶合用金宝数目。(**所成造之物略**。)(四一七,7872—7874)

兵部右侍郎魏允贞卒。允贞……生平廉直,特立寡与,阁部大臣时有争论。既抗疏极言矿、税之害,内使孙朝为飞语诬诉,下部院、科道参看。于是南北疏救,称为天下清官第一,部民诣阙白其冤者数千人,事遂寝。然抚晋几九年不调,乞终养至二十余疏始得请,归途行李萧然。(四一七,7875)　癸巳,诏逮咸阳知县宋时际,降咸宁知县满朝荐一级。时停矿分税之旨既下,税使梁永以利权去己,坚执咸阳、潼关委官不宜罢,益集无赖纵横渔猎,滥捕平民高冲露等数十人,拷掠索财,人心汹汹。抚臣顾其志擒党恶王遇义等置之法,永大恨之。先是永用事,胡奉者咸阳人,以它事怨知县宋时际,因嗾永檄县取绒毡千五百条,计值四千金。时际怒不与,奉又激永缚咸阳平民王治邦,死杖下,其弟化邦诉于抚臣。永闻,又捕化邦痛决桁杨以示。适咸宁县生员邹顾等道行遇劫,则税使尝随人役也。知县满朝荐捕得之,方在鞫讯,永疏称时际等抗旨,劫去税银,刑禁税役。命下械逮时际,以朝荐莅任未久,姑降一级。辅臣(沈)鲤等言:"梁永肤诉偏词,不足深听。皇上方行仁政而又械逮有司，窃恐株连无辜，激生事变，乞收前旨，另敕抚按官从公勘奏议处。"不报。（四一七，7876—7877）　乙未，罢征甘肃、延绥二镇盐引税银。　真、保、蓟、永开矿太监王虎奏缴开采进过金银数目，自万历二十四年闰八月至三十二年正月，共金五百五十七两零、银九万二千六百四十二两零、石青一百一十九斤。然计历年开矿所费工值物料亦至十余万，得不偿失也。（四一七，7880）

二月丙午，陕西开矿太监赵钦掊克无厌，积数十万，复命之日，驿递申报除牛负马驮外，箱九十六抬，每抬用夫四名，尚颠踣不起。户科都给事中姚文蔚奏劾，云陕西一省有梁永之播毒而赵钦佐之，遂无完肤，乞并行逮治。不报。（四一八，7890）　山东巡抚黄克缵言："往者民苦税监，非税监之为害，乃其牙爪羽翼之流毒惨也。今已革税监委官，复用有司之委官，是百步五十步之间耳。臣议不用委官，止用行首，量行户之大小，或二三人，或三四人，使司其事。盖以商贾而侦察商贾，计甚便也。临清钞关旧额三大行，止纳银三万五千两有奇，杂货小行一万有奇，牙店出入包纳二万有奇，而又有民船二八税银，与底载稍搭等类，所谓过税，本处土宜货物亦各量税，所谓小税。通计各税共足六万八千两，及孝顺方物之费，实难及额。今议量裁八千两。山东六郡，惟临清、德州、济宁三处路通商贾，其余皆转贩琐细，赶集趁市者耳。往者陈增六万之数以威劫取盈，如无商贾而税之集场，集场不足而税之负担，负担不足而税之酒腐饭店，下至草履木杓一切鄙微无不税及，民力何堪？合行量减三千四百两。而鱼台等四州县河决淹没，民为鱼鳖，合尽除本额一千六百两。至于河道税额一万两，原于东昌、张秋、济宁抽取，查临清至东昌仅百里，东昌至张秋仅九十里，张秋至济宁仅二百里，层关叠征，不亦甚乎！此项合尽行蠲革。总而计之，临清关征银六万两，六郡包税五万五千两，并泰山香客加增银三千两，蒲台盐税银三千两，合山东一省共税银十二万一千两。各分一半,以六万五百两径解工部,六万五百两与二税使解进。每百两外加银十五两九钱五分四厘,以三两二钱为加重,系倾入锭内之数,以十二两作公费,系解监置买孝顺方物之用,其余七钱五分四厘系倾销大耗及解官盘缠鞘木等用,实加银九千六百十一两一钱七分,共计十三万有奇。此亦未可为轻而易办也,特以天恩难以过徼,得减为幸耳,乞照议允行。”从之。(四一八,7890—7892)　己酉,上遣文书官卢受谕元辅(沈)一贯……(**命即出任事**。)一贯终不出。(四一八,7893)　丁巳,辅臣一贯等言:“咸阳知县宋时际被逮,臣等两疏申救不报,遂不敢渎。诚恐各处税监无不欲为梁永,而税监爪牙无不欲为胡奉,倘复有临清、湖广之变,悔将何及!伏惟毅然收回成命,不然恩诏在途,械系者亦在途,道路喧传,人将谓何。”不报。(四一八,7913—7914)　己未,南京内官监监丞徐寿伪造关防文移,指称上用,取南工部杉枋三千块。部臣回咨议请,乃知其诈,于是署工部侍郎沈季文及司礼监太监陈矩疏闻。上大怒,敕令南京守备刘朝用严提,追究正法,不许扶同回护。工科左给事中孟成己乞敕将寿拿解来京究问,仍谕内监衙门,所用钱粮即一文一物皆须奏请,如移文请讨,该部竟寝不行,永著为令。不报。(四一八,7914—7915)　升四川右布政使周嘉谟为左布政使,徽州知府梁应泽为河南副使。时部推首襄阳府知府冯若愚,若愚方忤黄珰,为中所抑云。(四一八,7915)　辛酉,陕西巡抚顾其志疏劾税使梁永:“闻诏彻[撤]税,不胜快快,当移手本到臣,要解部一半税银,岁五千两,又议潼、咸二处税从新加添火耗,又假称皇上留为陕西镇守,分遣戴勋等四出嚣张,致万众惊骇,共图杀永及永侄吕四、心腹金吾千户乐纲。会永出城,庄园宴乐,众欲烧抢伊庄,赖都司王继英飞骑促归得免。臣出示禁戢,众始稍散。其本处奸恶投托害人者业遵圣谕擒治一二,以安人心。惟是梁永怙恶不悛,擅作威福,如听士民胡奉拨置,窘迫宋时际;索咸阳县冰片五千斤、羊毛一万斤、麝香二十斤,致迫知县郭尚友、署印简较、王近臣相继引去;妄拘淳化县门皂,致知县王应遴单骑走脱;又擅铸兵器,私匿军士千余、战马五百,窝集亡命李鄂、李朝江等,多至千人;责死县丞郑思颜、指挥刘应聘、生员李洪远等,及杀死平民王治邦等;强夺良民子弟如张准等男数十人,私行阉割;纵乐纲等宣淫占掳,家无宁室。即举额税而细权其数,本省十万,耗止万两,乃重收而增正耗之半。潼、咸二税不过九千有奇,今已溢至数倍,蓝田等七关岁得十万,计七岁所入可七十万,以此狼贪,肆其虿势,反使循良之吏摧于震霆,夫殃民者不诛而忠计者获罪。《诗》曰:'有兔爰爰,雉罹于罗。'良可叹也。乞奋乾威,移时际逮逮永。"不报。(四一八,7918—7920) 癸亥,御史宋焘言:"比者皇孙诞育,皇上开旷荡之恩,撤回矿使,万里歌呼。但税徒恶少群随矿使入京,势同豺虎,至沿路杀死居民王守立等,恬不知怪。圻畿之内,见者惊魂,深恐大衅将作,乞乾断严驱。"不报。(四一八,7922)

三月己巳朔,辅臣沈鲤、朱赓奏:"陕西巡抚顾其志揭帖极言梁永虐害地方,抗旨激变之状。臣等谓皇上必速行处分,不意至今不问。昨顾巡抚续差一人到京,称秦人怨恨梁永及乐纲、吕四等,思食其肉,聚众数万,约日起手,尽杀永等,然后赴京面奏至尊,自请诛戮。臣等思秦人性悍,虽巡抚不能谕止,又闻梁永蓄养亡命千余,万一彼此相杀,恐不但如湖广之变而已。望急发抚臣原疏,仍敕械解永等,以安秦人。"不报。(四一九,7925) 辛未,户科左给事中萧近高言:"惜薪司并外四厂柴炭系内庭正供急需,该司动曰钱粮急缺,大木炭每厂银一千八百七十五两,内柴每厂银一千二百两,外柴每厂银一千两三,钱价非不敷,预支非不以时,然而至此者何也?良由内监管理人众及杂色人役日增,愈众则费愈多。今该司掌厂之外,又有贴厂,又有佥书,几十数辈,以故罄一厂官银不足供一厂使费。又报数人役,旧止六名,今报数名下又立大头(广本、抱本作大头领)名色矣;有管事人役,旧止三十名,今至百数十名矣。听用巡逻今不用弓兵,又改名催事人役。人人横索,旧每名所索以分钱计,今至百计。旧所领官银即用以办纳柴炭,今官银一领,即辇至报数之家,瓜分蚕食,不厌其欲。即柴炭尽办,驾捏未完,经年不报,此外又有包揽使用,有包揽门禁,并红门里人役、香匠、枰手、柴头、园头人等横索无厌,彼商人不为沟中瘠者寡矣！乞振饬痛厘该司冗员冗费,救此倒悬。”不报。(四一九,7926—7927) 乙亥,江西矿税太监潘相以矿撤觖望,移住景德镇,上疏请专理窑务。又言描画瓷器须用土青,惟浙青为上,其余庐陵、永丰、玉山县所出土青颜色浅淡,请变价以进。从之。科臣萧近高、孟成己等疏劾:“相自奉差,曾出巡景德,激变良民,仅以身免。又诬参通判陈奇可,景德之民欲食其肉。今又移居该镇,徒以権权去己,顾而之他,且先移札,而后题知,何自擅要君如此?土青既取浙青,则庐陵等三邑何事开采?变价几何?江右地疲,并设两监,是一羊供二虎也,宜撤回相,仍归窑务有司。”不报。(四一九,7927—7928) 释咸阳知县宋时际免逮,命抚按勘实奏请。复咸宁知县满朝荐官,仍夺俸一年。时阁抚疏救切至,上心动,故有是命。(四一九,7928) 丁丑,仍以江西湖口税务归税监征收。时江西税监李道诡称归税有司而有司固辞原不干预,请照旧管理,遽从之。礼科左给事中孙善继、江西巡按史弼疏争,不听。(四一九,7929) 己卯,云南指挥贺世勋、韩光大等杀开采太监杨荣,焚其尸。荣居滇日久,恣行威福,府第僭拟,人称之曰“千岁”。杖毙数千人,滇人侧目。至是怒操捕指挥樊高明后期,捕至私第,榜掠数人,至于筋绝,仍囊三木示众。已又从管堡指挥贺瑞凤取马四十匹,怒其不敷,又捕系瑞凤。而荣用事指挥于可继等宣言当尽捕六卫印操诸员,人人自危。于是指挥贺世勋等及军民数千人拥集荣第纵火,执荣杀之,投尸烈焰中。抚臣陈用宾上其事,且言于灰烬中盘获金银等物及马驴变价,解进其税课,请命四川税使丘乘云带管类解。上以杨荣孽由己作,死不足惜,惟命抚按总镇会鞫首凶，余无所问，而解纳余烬及丘监带管，皆如用宾议云。（四一九，7929—7930）　　丁亥，科臣胡忻、汪若霖上言：“杨荣既戮而本省税课仍带管于四川税使丘乘云，去疾未尽，众憾犹然。今天下，梁永虎噬于秦关，高淮枭攫于山海，李凤鲸吞于岭表，马堂鳄尾于津门，近日潘相抗命，又雄据于景德，将谓不足，又益之乘云哉！抚臣陈用宾不陈税之当罢，以求苏此一方，乃屑屑焉又复倡议乘云兼管，有司抽解，留毒于此，嫁祸于彼，视皇上为何如主！宜亟罢褫，为滇人改弦易辙，以风天下。”不报。（四一九，7932）　　庚寅。初永乐间设银鱼厂于宝坻县，隆庆二年停革，惟令光禄寺估计时价，以供庙享上用而止，未有差官坐采又征其税者。自万历二十八年始命税监王虎征收税课，其后又以张烨、马堂两监割分津、湾疆界。张烨犹止抽征宝坻，马堂贪纵特甚，听委官康宁，并税及武清等不产银鱼地面，又增苇网等税目二万余两。既诏归有司，堂听康宁谋，奏庙享至重，有司不得越俎，又增入清县、天津二处，一并征收。宁得旨即于各处竖旗设厂，恣行剽夺，远近骚然。（四一九，7935）　　辛卯，浙江巡盐御史温如璋言：“两浙盐课每年一十四万两解部，以供边储，旧额也。缘先年沿海扰犯，各灶逃移，继罹灾荒，风潮不测，遂致盐课多逋，部解缺额。不得已挪商价凑解，积累有年，应给商价濡迟数年矣。近来多方招徕，未尽复业。不意万历二十八年间，奸弁高时多[夏]妄奏搜括，而每年议解二万六千两于内。当时诸臣备极苦心，不过为一时调停之计，亦意皇上明烛奸欺，悯念民隐，朝议进而夕报罢也。乃解进以来，几年所矣。夫此二万六千非有神运，不过仍取给于商灶，计引重科，加煎取利，商灶赔赔不足，甚至牙行铺户悉行飞派，既困商灶，又重病民。乞大扩皇仁，将前项加征停免。”不报。（四一九，7935—7936）

壬辰，户部尚书赵世卿言：“自有矿税以来，举朝私忧，谓祸至无日，而皇上不信。以地方激变，旋即扑灭而过计之，言不应也。顷天启宸聪，停矿分税，中外臣民方幸苟完此局，乃未几而滇南告变矣。然两直诸省之为滇南者更大,而梁永、李凤辈之为杨荣者更甚,万一更生他变,何以处之?乞听臣言,尽停诸税,此今日转祸为福一大机也。"不报。(四一九,7936—7937)　工科右给事中王元翰言:"祖宗朝徙天下富户以充实京师,诚为根本,虑至远也。臣有厂库之役,时见群商罗跪号泣,察其受累而困惫,为铺垫多也。铺垫之过多,为惜薪司内官多也,内官中威取刑逼如杨致中者尤为罪魁。该司内官旧不过一二十人,今几十倍矣。人数愈多,则溪壑愈阔,填补愈难,稍有不足,非刑随及。是以京师数万金之家,一挂名于四司铺户,无不荡产罄赀,因而投河经渎,言之酸鼻刺心,孰非铺垫之流毒哉!愿痛加裁抑,使官有定数,额无求多,庶凋疲之命少延,根本之地可固。"不报。(四一九,7937)　丙申,刑科给事中周曰庠言诏旨不信八事:曰简大僚而九卿员缺如故,曰广庶官而考选中格如故,曰通章奏而公车不报如故,曰饬边备而枢抚虚席如故,曰罢矿税而采使遥制如故,曰惠京商而内官丛敛如故,曰搜逸才而草泽沉沦如故,曰释冤狱而圜扉系累如故。"遂使中外翘企之心转为觖望。语曰:'需者事之贼也。'皇上在今日遂当一了百了,畅然发舒,奈何使匹夫匹妇得执诏书以议其后哉"!不报。(四一九,7940)　直隶巡盐御史叶永盛言:"自万历二十八年六月间津湾税监张烨、马堂奏准加增长芦挨单税银二万六千两,嗣后二监复于各处掣盐行盐地方,在在诛求,商人不胜其苦,鸟惊兽散。前任盐臣余懋衡于三十三年十月间移文二监,议将各关税棍尽撤,惟以所征盐税定为额数,尽属运司征收。除挨单税银二万六千两外,复分加税,在马监则天津、长芦、小直沽各议出坨、包索梁头等税银共九千九百五十两,在张监则小直沽、小滩镇、苑家口各议出引税银共四千五百两。然皆私议,未经请旨,今计二监必欲照数征解。臣窃思盐法关国课边储,原非贩鬻之比,今除输边解帑之外,又有挨单之加,商人已不堪命,复重之以二监分征,而分征之内有分四款征者,有分三款征者,有同一地而马监既税，张监又税者；同一包索梁头而广安店既税，银鱼厂又税者；同一盐坨而进坨既税，出坨又税者。前余懋衡意在急撤税棍，故为此剜肉医疮之计。今税棍已撤，何用重征？况私议原非圣意，亦岂难除豁以惠穷商。”不报。（四一九，7940—7941）　丁酉，户科给事中姚文蔚言：“自采榷并行，天下嗷嗷，莫必其命。幸蒙恩旨停矿分税，而税归有司征解，宇内欢如更生。未几而梁永激变于陕西，杨荣受祸于滇徼，潘相仍采（土）青，李道自抽湖口，马堂又借采鱼鲜而复用委官矣。诡词渐肆，圣谕日格，章奏安得不烦？人心安得不惧？则知分税不如罢税之为便，不用参随不如尽撤税使之为仁也。夫以几［畿］辅之窃［切］近边关之要害而无一得免者，鱼苇船网其细已甚，顺天、河间剥削何辜；且银鱼产于宝坻，属密云道，与霸州、武清何干而责其办解？乃借口有司推诿，复用委官，是康宁诡谋以愚马堂，而堂又以之诳皇上也。至于山西有无地，悬坐之租银，又以代州、繁峙、五台、崞禺［县］等处民壮工食扣抵解税。夫雁门系冲要之边，民壮乃守边之役，撤边备以办租银，舛错如此，是岂宗社之福哉？”不报。（四一九，7942—7943）　是月，仪真太监暨禄进徐州税银一万一百两，山东矿税并折金方物银五万一千二百余两，积余引课七千五百两，五府带征税银三万两、船料等银一万七千五百两、公费银三千六百两。　苏松税监刘成进税课银二万一千两。　辽东税监高淮进人参一百三十五斤。　江西税监潘相进税银三万七千五百两。　天津税监马堂进长芦额外增课三万两，内银六千五百七十八两，额税一万三千两。　河南税监胡滨进矿金二十八两、银四千七百八两。（四一九，7943）

四月己亥朔，郧阳巡抚胡心得疏留襄阳知府冯若愚、推官程启南。先是台省交章劾太监黄勋及请捕治道官赵本深等，久不得命，若愚等乃力求罢职。士民群拥抚臣之门号泣吁请，抚臣请留若愚、启南以安民心，寘道官赵本深等于法。不报。（四二〇，7945）

甲辰，刑部右侍郎沈应文言：“国朝令甲，五年大热审，钦命司礼监官一员,公同三法司、科道等官会审罪囚,类奏处置,诚慎之也。自正统十四年及今,每当举行之期,主裁于尚书,参决于左右侍郎。先年应审人犯止二三百起,犹幸长贰同心,仅仅克举其职,乃今累累重辟,几倍先朝,而刑部止臣一人,诸司抱牍以进,臣已茫然不知其端倪矣。况臣原摄工部,屡辞不允,使既误水衡,又误邦禁,皇上岂以刑狱为可忽哉?"不报。(四二〇,7946)　　丙辰,保定巡抚孙玮疏劾天津税监马堂罔上欺君、戕民怙恶、悖旨速乱六罪,大略云:"采鲜虽云旧制,而厂课之征则自康宁具奏始,犹新税也。鱼鲜贡进内宫,有司不宜越俎,税课归并有司,该监亦岂得越俎?今乃以采鲜而侵及征课,混称旧制,朦胧具题,罪一。该厂旧设宝坻,至于征课,则堂原文并无青县、天津只字。手墨未干而翻云覆雨,藐侮国宪,罪二。畿甸天子之堂奥也,未奉旨前,犹止该监为政,既奉旨后有司税,该监又税,是使朝廷之浩荡反增畿民之陷阱,罪三。康宁辈引亡命百辈,磨牙吮血,该监之公移夕发,群奸之公署朝开,俨然称钦使,竖黄旗,招摇截劫,明抢白夺,谁实奥主?罪四。明旨税归有司,堂驾诡辞而侵越;明旨严禁私设,堂纵虎狼而四骚;明旨安民惠商,而堂务劘其骨而干其髓,罪五。堂昔临清激变商民,几成煨烬,今尚不鉴覆辙,一旦有事,则肘腋之地非比万里滇南,朝发闾阎,夕惊陵寝,召变速祸,罪六。伏望严旨撤回,仍将康宁敕臣等严拘正法,庶威福出自朝廷而祸乱消于瞬息。"不报。(四二〇,7955—7956)

五月丁丑,陕西巡按御史余懋衡题:"据各州县驿递申报,税监梁永发牌六张,差刘忠等自京兆驿起程,前往安肃良乡,皮包十三包、银鞘九抬、重扛三十三抬,每抬用夫四名,骑马包马共五十五匹,此皆狼吞所得。自臣入境甫二旬而所见如此,他时可知。"不报。(四二一,7965—7966)　　丁酉,四川巡按孔贞一言:"蜀昔有沃野之说,然惟成都府属自灌抵彭十一州县,开堰灌田,故名焉。近为王府有者什七,军屯什二,民间仅什一而已。赋额除正供外,岁进金扇四万八千四百余柄、丝绢四千四百匹，近且岁有加添。两中使入川，征税数年，又岁出税银三万。税监委官渔猎者，岁且五万。自奉旨归有司后，又于额税三万外派一万八千，征解税监，作为公费。二项解对时皆有贴兑，两季差官舍类解，又有剥削驿递、疲累夫马之骚。大都巴蜀皮毛为税使所尽，宜亟罢撤以滇南为前车。"不报。(四二一,7976)

六月乙未，户部尚书赵世卿言："祖制设有鹾政，原以一年之入供一年之出，课不增而商不扰，故额解及时，国饷无损。迩者经费浩繁，供应艰窘，两月以来太仓无半镪之入，日盼盐课接济，而延缓稽迟，大殊往昔。此其故可言矣，两淮课额岁共六十万两，分春秋两季解部，从来未有停压一年者，而停压自鲁保存积之引始；从来掣引未有附搭超掣者，而超掣自存积之奸商始。奸商利则正商病，今商之富者贫，贫者去，更谁办课以佐公家之急乎？夫两淮岁额一十四万，原系随征随解，自二十八年以三万六千助工而解遂愆期，且损额矣。福建岁额二万二千有奇，原征于一年之前，自高寀开依山引四万，而额遂不敷，且压至次年矣。九边引商原与运司盐商相为首尾者，往岁盐商无停压之苦，故引商乐输，今见内地之盐壅积不售，则边仓之引停阁不行。乃嗜利无厌之魔，无端复请刷引，若将举正课而尽吞之者，独不思行盐地方有限，食盐户口无多，此增则彼减，此行则彼缺，如山东、如长芦内取一分之税则课少一分之供，而征解愈迟，国计愈诎，又何怪乎？乞亟涣纶音，将各处无名浮课悉行罢免，俾臣得索正饷于鹾臣，而鹾臣亦不敢误臣以误国矣。"不报。(四二二,7986—7988)　丙寅，河南太监胡滨进税银三万五千八百余两、矿银四千八十一两、金十五两。广西税监沈永寿进税银八千九百六十两、矿银三百八十两。(四二二,7990)

七月甲戌，蠲真定、顺德、广平、大名四府行派诸税。时按臣钱桓言："畿南累岁洊灾，冰雹未已，继之蝗蝻，救荒之策，惟是蠲、赈两项。然蠲者不过存留之锱铢,而存留银数各有正款,一面议蠲,一面议补,库廪所余,搜括殆尽,是议蠲而实不能蠲也;赈者不过仓庾之升斗,而仓庾谷石原有定额,用之煮赈,用之子种,取用太广,积储无遗,是议赈而实无大赈也。为今之计,桥关过税留佐大工,若真、顺、广、大四府零星诸税,其额二万六千有奇,其鄙屑苛细,至于鸡狗、髻发、低钱、糠斗、豆腐、打绳、洗帽、缝破鞋之类,皆有行派。昔汉武算至舟车,唐德宗税及间架,至今陋之。今所抽诸税,视舟车间架又何如哉?当此灾危,民救死不赡,奚能供此额外之求,乞轸念根本,哀此孑遗,尽蠲诸税,则灾民出死入生之日,即畿辅去危就安之时也。"上览奏恻然,从之。(四二三,7993—7994)　丙戌,首辅(沈)一贯陛辞,奏十事:一御讲筵,二发章奏,三简大僚,四下考选,五起废滞,六释累臣,七毖边事,八撤税使,九发内帑,十缓殿工。(四二三,8000)　给北虏赏赐段绢衣巾如例,仍谕内库等衙门:"近来虏情叵测,每以京赏不堪为辞,尔库务加意查发,合式成造,毋得苟且搪塞,致生衅端。"(四二三,8001)

八月丁酉朔,广东、广西、山西督抚按各上税课额数:广东正额一十五万九百二十三两,加方物、公费银三万两;广西正额五万一千八百二十余两,加方物、公费六千三百八十余两;山西正额四万五千二百两,加方物、公费五千七百一十七两。命特减广东岁各一万两,停解广西盐税银一千一百五十六两,留充兵饷,皆从抚按议请也。　南赣巡抚李汝华言:"明旨各省直税课俱着本处有司照旧征解,一半并土产解内库以济进赐供用之费,一半解送该部以助各项公费之资。方在遵行,而税监潘相忽欲有司全解到监,自行分解,悖违诏旨。且各省直俱遵旨分税,事难异同,乞垂谕戢。"不允,且命各处税课仍俱类解税监分解应用,以便稽查。(四二四,8006)　戊戌,巡抚陈用宾言:"顷者税使杨荣以掊夺取祸,今荣死而税犹在也。滇省无商,从民取盈,急之则变乱又作。且国家最重之征莫过云南输金一事,陛下知此五千之金岁入内帑者，公私之费几何？臣检阅案牍，布政司岁给金值三万二千两，民间贴买亦如其数，计二十年滇力当竭。若加征无艺，窃恐金、税两穷，则欲滇民勉力输金，又不得不罢税也。伏望皇仁罢税首从滇始，次第以及天下。”不报。（四二四，8007）　壬寅，苏杭太监孙隆进税银一万二千六百两、纻彩三千三百四十六匹。（四二四，8008）

己酉，陕西巡抚顾其志以会勘咸宁知县宋时际事完具奏，命降时际一级调用。（四二四，8009）　直隶巡按陈宗契以圣寿届期，陈金镜四事：一临朝受贺，二便殿召对，三重枚卜、简大僚、下行取，四急却诸税使孝顺秽物，勿使点烁休明。不报。（四二四，8009—8010）

九月乙未，内监陈永寿疏请仍用班军拨工。兵科都给事中宋一韩驳言：“国家定立军制，有七十八卫所，常川操备，谓之土著军；又有中都、山东、河南班军轮操，谓之更番军，总称三大营军。（广本、抱本此处有“人知三都司为班军，不知其为营军”14字。）故凡有兴作辄役班军，以为是客寓可任朘削，而不知拥护陵京，与京军无二也。故先帝有径议拨用之禁。皇上初年，有免工着伍之旨。近来工作繁兴，一切俱用班军矣。用班军必至折价，折价必滋弊薮，今且尺籍伍符将尽化为乌有矣，此岂祖宗立法之意哉？顷京营科道周曰庠、张大谟查明不到数多，力言拨工非制，并请治领班军各官罪。既得旨矣，而永寿乃欲绌外庭之议以求胜。夫班军拨工似便，虑患实疏，折价甚少，而贻害甚大。臣等再以祖宗用班军之意并今日时势言之：中都为徐淮扬沛，山东、河南亦皆接壤，其人皆雄杰沉鸷，有飞扬跋扈之思，故籍而为兵，皆可得其用。使之岁一往来，不但近而可籍，亦欲其驯而易制也。故先朝于大宁班军则罢之，于山东、河南班军则减之，独中都至今不罢不减，意可识矣。今戎虏生心，九塞告变，万一关吏不饬，胡骑充斥，南京师团练之军多召募，都城游徼之军多役占，皇城宿卫之军多白徒，四卫扈从之军多厮役，自天子亲兵以及都城内外之兵无一可恃，即得三都司健卒二万人，犹不能无恐，而况名存实亡，缓急何赖？该监谓班军可以节省工部钱粮，可以防守出入。年来大内盗金钉，卫士亡铜符，库局亦时有损失，则班军何在也？工部凡有兴作钱粮，皆以三分为率，二分应用，一分剩余。即今殿门鼎建，派至千万，皇上又分税一半，解发工部雇役钱粮，当亦不少，岂复再籍班军为也？昔正统时内监阮安修营京城九门、两宫、三殿，劳绩甚著，工部受成而已。其人清介绝俗，平生锡予丝毫皆上之，官如此乃能节省而成不日之工。该监有意节省，乃在较量班军多寡，则阮安之风邈矣。"不报。(四二五，8029—8031)

十月己亥，户科都给事中姚文蔚奏："山东临清税银旧额七万八千两，该省抚臣黄克缵奏减一万八千两，止征六万两，已奉旨特准。乃马堂于七月内复朦胧奏称旧额六万两，而该省抚臣遽减一万八千两，于是复奉旨云：'便着税监移会各该抚按衙门详议，画一具奏。'及堂移手本内述已题本，却又云旧额七万八千两，辄改原本数目不同，乃知其七月之疏奸诳甚矣。臣窃谓马堂当重处而临清税额宜遵特准之旨，无复再议可也。湖口之税该道已委通判择日开征，而税监李道百计阻挠，复另刊船票，与道票并行，致令税务复落其手。臣谓李道并当议处，而湖口税务仍令有司征收，以信诏旨可也。至于辽左值虏谋叵测之时，畿辅当灾变频仍之后，均应大加减免，用广皇仁。"不报。(四二六，8035—8036)　　癸丑，江西巡抚许弘纲上言："湖口之税，李道悖违诏旨，地方哗然，共图杀道，赖道府维持幸免。今臣既莅其地，请为皇上一力任之。自后商船上江下江者从九江府征收，入湖出湖从南康府征收，税银总解该监类进，其扛解方物等数悉照山东事例。若地方小有不安，税课少有遗漏，臣与诸臣甘受其罪。至烧造之役，潘相移镇景德以为挪居，不知该镇滨江邻楚，亡命杂居，攘臂一呼，兽骇鱼乱，自贻伊戚。若上用器皿定额回青，所云青者，闾阎所贱，备查每年开采变价不过九十余金，何难捐此些须，与民休息？万不得已，臣宁以岁支俸银扣抵。至于搬运瓷器，旧从陆路，今潘相议改船运，

脱遇风波，谁为赔补？凡此皆臣所以仰体圣心而保全道、相者耳。”不报。(四二六，8044—8045)

十一月己巳，长昂等酋率万骑窥犯山海关东八里铺，总兵姜显谟迎击走之，斩首五级。时辽东税监高淮闻警，遽调官军并家丁自卫，虏退因自言有斩获功，张皇其事。科臣宋一韩、沈凤翔、御史周家栋等奏劾淮擅调官军，冒功自颂，欺横无法；且自淮毒辽军民，毛髓俱尽，今日之事实其启戎，宜正法两观，以谢天下。俱不报。(四二七，8050)　　癸酉，刑科给事中周曰庠请释逮臣卞孔时，略云曩以税使陈奉，全楚臣民被逮者二十余辈，既而冯应京等俱蒙矜宥，惟余孔时一人。孔时贰武昌，有神明之号，因兴国州奸民捏称郡民吴良裘有田若干未丈，意在陷良裘而谀陈奉。奉委孔时丈田，孔时极口与辩，奉即衔之，遂致诬逮。当蒙皇上洞鉴，免其监鞫，然至今羁绁长安，不得继应京诸臣归里，殊为向隅。不报。(四二七，8054—8055)

十二月乙未朔，总理惜薪司内监杨致中杖杀燕山右卫指挥佥事郑光擢[①]。时义勇前卫指挥王来聘佥充铺商，致中需求不已，来聘不胜其苦，弃印逃去。致中拘之不出，乃捕其妇弟郑光擢，严刑拷掠，光擢立死。于是礼科右给事中汪若霖疏劾致中十罪，请革去总理职衔，付法司鞫问。又言：“国家于工部设柴炭一司，专以催攒各商，而内外诸厂特其纳受传送之官，不知起自何时，中使乃得追比商人，而刑罚之酷、铺垫之多，则自杨致中总理始。益以佥书等官数十辈，司房、管事、报数、大头等项，张口待饱。而该部钱粮缺乏，无从预支，各商率破家以应。然国家曾未省毫厘之费，徒为若辈掣肘，反苦不足。臣以为欲内供常给，莫若恤商，欲恤商，莫如去刑汰费，归之画一。”既而兵部尚书萧大亨亦言：“卫官

① 郑光擢，原作“郑光耀”。《明经世文编》卷四六九《汪给谏文集》载汪若霖《歇商不宜妄追职官无辜就毙疏》，及下文万历三十五年正月壬申条给事中孟成己疏，皆作“擢”，故从之。

为天子爪牙，无佥商应役之制，而世职皆勋臣苗裔，非阉宦可杀之人。致中贪暴弥天，宜严正法纪。”俱不报。(四二八，8061—8062)

丁酉，刑科都给事中梁有年等上疏，请释横岭参将梁心、武昌府同知卞孔时、军民王大义等禁系。大略言：“梁心之逮，以原奏官郑一麒开矿无砂，捏以抵饰。后一麒终以诳奏撤回被罚，而矿务今且概罢矣，是亦不可与矿俱已乎？卞孔时之逮，以税使陈奉激变楚人，欲钳有司，遂捏孔时以丈田推诿。乃陈奉撤回，待罪久矣，而循良被捏者六年未豁，胡以称平？去冬恩诏一款：文职诖误拘逮者释放为民。是不可信诏旨而爱惜人才乎？至于为陵木逮系若王大义等军民、生员、监生凡二十七人，已瘐死其五矣。内监科道抚按会勘于先，三法司拟议于后，或罪或免，无非遵旨持平，刑部屡题具在，即恩诏所谓诖误逮系者，是亦不可信诏旨而保全多命乎？”不报。(四二八，8065—8066)

万历三十五年丁未(1607)

正月己巳，巡按陕西御史余懋衡劾税监梁永并乞休，不报。懋衡之始入关也，梁永、乐纲诸罪状已著，蓄徒恐不自保，遂谋毒懋衡，梁永之徒张永祯与乐纲家奴王可水俱出关伺懋衡。先是七月，懋衡至靖边，旋至宁塞，中毒者再，取方下之得不死。搜其厨役，得所受行毒金及囊中余蛊，皆屑黑蝌蚪也。于是鞫问，尽得诸奸状。懋衡疏言：“梁永、乐纲之徒作恶西秦，甚于鲸虎，民既仇永，永亦仇民，乃招纳亡虏，带刀挟矢，千百成群，飞马纵骑，蹂躏道路。如此景象，岂能复无事者？积忿已极，一旦变生，二贼即为齑粉，而人心已动，不可复定，是所寒心耳！臣方入关，而乐纲、王可水商同张永祯谋戕臣命，多金行蛊，几毙者再。夫以天子宪臣，锄奸击恶，自其职分，而跋扈不轨者必欲毙之以逞其志，此其心岂复知有皇上哉！使执法之臣一忤奸徒而身不保，则将来奸宄纵横鸱张，非海宇之福也。臣孤危之身，二次中蛊，神气俱耗，贻羞宪职，义不可留。容臣休致，其梁永心腹乐纲、王可水等宜行正法，并梁永俱听圣裁。"自是言路攻永不置，上亦知永纵横，寖有撤回之意矣。（四二九，8083—8084）　辛未，户科都给事中姚文蔚等、掌道事御史曹楷等交章劾论梁永，不报。（四二九，8088）　壬申，南直隶巡按宋焘以妖贼就擒，请发边饷、罢税监、练军实，以固人心。不报。去岁冬月，南都有刘天绪之乱。天绪，中州人，以莲教煽聚至千有余人，自相部署，号龙华帝主。稍治凶器，造符验以号召远近。其党与张名、王宗、龙凤、王起、吴熊、江升、郭礼、吴凤、傅保荣等各自封号，而张名称将军。誓众于冬至日举事，先掠仓库，质百官，次犯陵寝。为操府家丁陈继学所发，遂一夕掩捕尽得之。御史焘言："自采榷役兴，民不堪命，家怨人愁，一夫振呼而乱声四应。况今北虏犯顺，边饷告急，外有庚癸之呼，内无度支之蓄，万一潢池弄兵，揭竿继起，诚所谓瓦解之势也。宜及今时发内帑之金，停无艺之税，使戎虏不得窥我虚实，奸宄不得撼我民心，因以克诘戎兵，简练将帅，清顶冒之籍，革贿纳之弊，务使将别奇正，人知战守，则内顺治而外威严矣。"是时诸奸徒缉获已久，论谳未报而功状已上，健儿颇有幸功之心。于是妖帖复起，兵曹大穷治之，而物议乃腾。（四二九，8088—8089）　郧阳巡抚黄纪贤以羽流倡乱事，决遣道士袁进显、顾得富[①]。方襄阳之乱，赵本深特为祸始，而袁进显等实鼓众为之。税监黄勋既与有司为难，各交章，定夺未下而进显等匿不可得，前后巡抚胡心得、梁云龙无谁何之者。至是纪贤瞰黄勋他出，猝提取二人付司道正法，事在献岁腊月。黄勋遂劾纪贤，纪贤乃上疏曰："臣阅敕书，凡地方寇盗奸宄窃发，皆得便宜剿捕。袁进显等罔法倡乱，与寇盗何殊？且文职五品以下，武职四品以下，敕皆许臣径自拿问。提点即道官，不过六品职耳。臣等不能遵奉敕书，而乃今日一疏，明日

① "黄纪贤"下16字据广本补。

一疏，冒渎天听，宜皇上之厌薄臣等而不蒙允发也。迩臣已会同湖广抚按行均州所官，擒治袁进显等，下荆南道问拟究遣，其余胁从概从宽贷。臣固不能容纵，法中亦未尝苛求法外，总以申明纪纲，遵奉敕谕为皇上守法而已。”疏上，上亦心是之，不问也。(四二九,8089—8090)　工科署事左给事中孟成已疏言：“臣先年巡视厂库，会同工部佥报铺商三十名，今甫三年，仅存五名，余二十五名非贫死则流徙。然犹止倾中人之家，殒齐民之命。前见巡视科臣汪若霖疏参太监杨致中，因歇商王来聘之故，致死指挥郑光擢，则毙及无辜世官之命矣。于此不改弦易辙，则官民重足，内供急需立见其竭。详参众议，救弊之法不过清铺垫之冗滥、革内官之追比两端而已。旧规，掌厂、贴厂、佥书而外，额有定员，铺垫虽多，不过十之三四。今三四年来，员役太冗，诛求无度，尽夺其关领之数尚不足铺垫之用，而柴炭之买运悉商人破家赔偿，奈之何不逃且死也！此买办之冗滥，不容一日不清者也。又旧规，柴炭系屯田司职掌，每春秋两派关给预支，令各商照数上纳，该司立限追比，该监不过按数查收而已。乃三四年，掌厂者创为自比之法，需索百端，酷刑万状，枷拶鞭挞，概及于儒生，囹圄桎梏，不贷其妻子。人非木石，何以自存？故商人以惜薪司视为陷阱，今惟以追比归于部司则商役出于汤火，此内官之追比不容一日不革者也。方今春季届期，钱粮应派，岂五商所能办？若不急为调剂，恐新报之商又为二十五家之续，乞检发科部原议施行。”不报。(四二九,8091—8092)　庚辰，以妖党伏辜，命礼部具告谢之仪，从南京内外守备之请也。时法司方会议未定，守备太监刘朝用等先具谳轻重以闻。上言妖犯结党谋逆，仰仗天地祖宗威灵洪祐，内外各官同心协力，真犯既已就擒，胁从俱免追治。会审的确，便着法司正法处治。理宜告谢，命礼部具仪来行。又言留都根本重地，迩来法久弊生，其禁约安抚事宜还着严行申饬，以保无虞。是旨未下而南中妖帖已起，故言者多以悖旨绳南曹焉。(四二九,8096—8097)

乙酉，辽东巡按萧淳以狡夷屡犯，辽民极困，请撤税使以消乱萌。不报。言："辽镇逼邻虏穴，各边贡夷往往与民杂居，自有税使以来，生命戕于鞭敲，脂膏竭于咀吮，十室九空。诸夷习见，黠者伺机而启衅，贪者利货而垂涎。为我民者病税网之残苛，乐夷法之宽假，或出而输我情形，或入而明作乡导，以故夷虏数数大举。昨岁九月，虏以四百犯辽沈而杀掳以三百计，十月又以数百犯开原而杀掳以四百计，既以六千犯前屯而杀掳焚毁遂以数千计。往犹远侦近堵、清野坚壁以为守，今则恣出恣入，如涉粤而赴室家；往犹掩伏追剿，蹑拾遗器以为功，今则如取如携，若取租而负故物。臣思市赏犹故也，士卒之强弱无异也，太仓金钱岁七十万非乏也，而敌来辄散，若拾枯振落如此者，良由军民久罹税虐，饮恨日深，方欲借力虏酋以泄其仇怨，又欲因缘脱税以出之汤火，是以束手延入，开路让归，一任纵横至于此极也。臣思辽之中前接壤山海，距京师仅六百里许，鸱张豕突，处处成瑕。赖此贪淫之丑虏恋恋市赏，稍肆剽掠，风集雨散，脱有吉囊、俺答者出，不顾子女，不取财帛，一意攻战，我以积弱之兵抗彼方张之寇，斩关直驱，曾不两日而薄都城，此时即百下蠲税之诏，骈戮貂珰，无益于危亡矣，惟皇上熟思而深计之。"（四二九，8097—8099）

二月丁酉，敕在京旧太仓、南新济阳仓、海运新太仓、北新大军仓、西新太仓并通州大运中南仓、大运西仓七监各铸关防。在京五仓监督，旧例差三年，减作一年，以均劳佚，从郎中冯瑗、主事裴文焕等请也。（四三〇，8108—8109）　戊戌，监广宁门内监邢朝等犯辟下狱。九门之税，征及士绅，岁值计偕，孝廉缙绅垂橐而出，犹有税者。正月二十八日壬辰，有泰兴县知县龙镗觐毕出城，意方悒悒也，群珰需索，继之以梃，去数步遂毙于民舍。时直日者赵禄，而邢朝、王奉、张宪、李腾、孙朝、杨忠、宋吉祥等共为凶焰，兵部以邢朝为首。谳上，即付法司尽法究问。既而论者咸指赵禄，禄乃正法。于是监竖小戢，士绅之税亦以是故未减。（四三〇，

8110—8111）　戊申，陕西巡抚顾其志劾梁永、乐纲毒宪臣，发咸阳帝王陵寝，及凌逼士绅、招纳亡命，侵没良民数十家，私抽税课二十余万，请依程守训事拿问。不报。（四三〇，8118）　乙卯，监广宁门赵禄监候处决，邢朝、王奉、张宪发边卫充军，从科道法司之议也。（四三〇，8128）　丙辰，南京四川道御史李云鹄论陕西税监梁永、均州税监黄勋宜尽法究治，不报。（四三〇，8129）　辛酉，刑科给事中周曰庠请革九门门税，不报。（四三〇，8132）

三月丁卯，刑部审杨致中拷杀郑光擢事，光擢子道直以父四品命官，既经相验，乞免蒸简，然犹洒刷覆验，以服中故也。（四三一，8134）　庚午，户科都给事中姚文蔚等论税监梁永毒按臣事，不报。（四三一，8134）

四月乙未，工科右给事中王元翰疏言："臣待罪工垣，巡视节慎库、盔甲、王恭二厂业已年余，每思国（**广本此有一病字**）空虚，又急可缓之工而饶无名之费。每一兴作，库藏发百万，朝廷只得十余万之用；库藏发十万，朝廷只得万余之用。所以然者，题请出自内廷，取数不由工部，使朝廷以浩费而穷，事功不当古人之半。百姓以剥肤而困，膏血不佐公家之需，虽有管仲、刘晏，不能理今之天下矣。臣敢以身经目击库藏事宜，条为数款，冀圣明览焉：一、议题复。凡遇兴作修缉，内监题三分，该部看覆，只宜二分，留一分为节省美意，即二分中冒破已不赀矣。臣经收桥梁与感思殿钱粮二次，合计十余万金，而桥殿得实用者，不过二三万金。[1] 不唯掩少为多，将恶抵美，即一木一缕具足具精，才过眼即为乌有矣。可见足数欠数总归无用，派三办一，已足为会收者解嘲，使朝廷受节省之益矣。一、议对同。凡会收钱粮讫，则本工移文列款于巡视衙门，取相对而出也。夫对同既出于会收之后，则会收不久自当速出对同，使铺商得实关领。如臣三十四年三月内会徐、范二

① "十余万金"下13字据抱本补。

主事修杨璋桥梁，其实木料不过万金，而众口啧啧，谓费用之多，必逾四万。臣已讶其过当。直延至八月秒[杪]，始接对同，阅其数则五万三千三百余两矣，比旧闻又增一万三千。夫以万金工本而铺垫与别费多至四万余金，不大可骇乎？臣虽裁其八千，而五千余两竟不可诘，此皆为对同出迟之故。今使会收一月即出对同，亦可以杜胥吏之挪移，苏疲商之痛苦矣。其余议佥派不许奸商仇报人户，议覆实不许工役无籍收支，议解部不许行商赴领存留，议止烦扰禁冒滥核夫匠，及木商兑支必由科道查核，皆清楚可行者。”(四三二，8156—8158)　　辛亥，山东巡抚黄克缵疏曰：“明主之治天下，所最留意者曰世道民生。民不安生则群起而为乱，世为趋利则群化而为贪。昔年税使四出，征敛商财，无知参随激成大变，致缇骑沉于江流，多命毙于砖石，中使灰于烈焰，汲汲乎四海鼎沸矣。当此之时，害在民生，咸以为掣回中使，令有司自征，则祸可立止。幸而圣心悔悟，罢矿分税，归之有司，虽税使未及收回而所以祸民者业已去其五六。不意其害又移之世道，而民生之害亦不能尽除也。请就山东言之：山东税银属暨监(禄)者系六郡包纳及割泰山香税，原有定额，属马堂者系委官收纳，悉照临清钞关，毫无增益，视税监委官逆取悬殊，然道路之口犹归怨有司，则其故难言之矣。夫商贾重利，自其本怀，税归有司而成数犹在，查核稍严则谤讟群起。且如临清税银，钞关取一分，有司又取一分，一物二税，孰能甘为输纳哉？税使目不知书，不诵法圣贤，敛怨悖入，莫之敢指。若有司则祖宗以来育于黉序、教以礼义、被以廉耻，与皇上分理天下，而使之日执牙筹，与商贾较量锱铢，宽之则常额不足，罪在税课，严之则群然侧目，谓与税监无异。为有司者常惴惴曰：‘吾効[效]税监亦败，不效税监亦败，孰与効[效]之？’是不数年，将令有司尽化为税使而后可也。堂堂天朝，富有四海，何少此数万金而为额外之征，令缙绅化为貂珰？其贻祸世道岂不大哉！诚愿皇上守祖宗之定制，存维世之深虑，图其远者大者。内帑可发，莫非民财；常赋可供，不必商税。即时报罢，使关市不苦叠征，有司得存廉节，其于民生世道均有赖矣。”疏入不报。(四三二,8174—8176)　甲寅，江西巡按史弼劾税监潘相、李道等，不报。潘相之在江右，激变者屡矣，以督瓷出景德镇，议造瓷船，仿苏杭马快事，为有司所持。已对抚臣自悔其误，又为参随所诳，复执前事诋及按臣。按臣疏言：“马快之设只行于江左，不行于江右。江右由湖涉江，沿二千里始抵瓜步，道迂而甚险。故留都之袍段以便水而之水，江西之瓷型以便陆而之陆，今以脆薄之型瓷犯波涛之颠播，一运有虞，必令地方赔补，窑户更造。竭膏髓而误上供，谁任其咎？且以马快等船五造三修，一船之费计三百金，十船之费余三千金，又有水手工食、编派，须加于何征给？况陆地之搬运，固云劳人，而水次之牵挽亦须用众，陆运罢而陆地之夫难裁，水运行而水次之夫必倍。是徒有节损之名，反受劳扰之实也。”于时李道监税湖口，诸粮船以验放差池，锁缆江中，一夕风起，漂没五艘，殒数十命，沉粮五千余石，又或为货艘冲失。史弼于是连疏劾道，瓷运乃停，而道亦不敢复驻湖口。(四三二,8177—8178)

五月庚辰，陕西巡按王基弘劾税监梁永，不报。梁永以谋毒按臣事发，护诸参随益力。咸宁县一日捉其差人吴得水，始下蛊者也，永督诸参随擐甲趋县，堂邑人哄然谓永已反，诸军吏亦早为备，无所掠去。而咸宁数夜惊，或教永：“人谓公反，公当自明不反者。”永遂出示悬中外，自言不反状。然其居常蓄数百人，以介胄自卫，于仇憾秦人益深。秦人亦故为书状贴远近，云某日举义诛贼永。王基弘言：“永蓄聚兵马已二千余，处出伪示以诳惑黔首，假进马以窥探京师，反势已具，反形已彰。”上意不以为然也。巡抚顾其志疏言：“秦人嗷嗷，以一梁永积怨深怒，讹言繁兴，臣唯静以镇之，禁戢生事，而远近且以为骇。天下事多有因假成真、积久成惯者，滇南杨荣之祸不可不监也。”疏入亦留中。(四三三,8193)

四川巡按孔贞一言："蜀之有盐与河东、两浙迥然不同，皆傍山依岭之民，缒深出险，以贸衣食，非有自然之利也。且井无不塌，盐非常获，而课终不可减。一有逃亡则丁粮受累，昔之包赔犹出有井之家，今之征榷并及无商之户。恳发德音，将盐、茶二税万余两自万历二十七年以来系税监征榷未归有司者悉行停止，令商民照旧征纳，依原额以助陕边。"不从。（四三三，8193—8194）

六月甲午，巡抚凤阳等处李三才以税监暨禄病故，请罢天下税使。不从。暨禄在诸珰中颇愿也，初自仪赴徐，见诸商民疾苦，请以税课钱粮还归有司，并请停免，身自回京，故三才申议及之。上以门工未举，俟有次第，乃许蠲免，税事仍令理盐内官鲁保兼摄。（四三四，8199）　丁酉，河南巡抚沈季文言："征税之法，当税富民，不当税贫民；当有官税，不当有私税；当征有税之税，不当征无税之税。商贾之中有开设典当者，但取子母，无赋役之烦、舟车之榷、江湖之险，此宜重税，反以厚赂而得轻。至于小民担负之微，市饼卖浆，豨毛牛骨，终日经营，不过铢两，反以输纳而得重，此甚非平也。今徽商开当，遍于江北，赀数千金，课无十两。见在河南者计汪充等二百十三家，量派银二千六百余两，抵其全数，足免贫民。盖取之富商者不过割其羡余，征之微末者则如朘其膏脂，臣所谓可税富不可税贫者此也。各省抽税之初，先开行户应纳之数，多寡已定，不复旁加，而中州不然，不分行商，使州县自为征派。贤者固为折衷，不肖者因而诛求。如未抽税以前，原有小税，既抽税以后，小税不减，而公税又增。中州各行户每年换帖纳谷之数，大县千计，少者数百，公用备赈，俱于此出。不知公用自有原编备赈，不派行户，支派于此，则纸赎之追不问，俱为私橐矣。今查河南、卫辉二府，行谷三千八百余石，已积正数，足备赈荒，开封、汝宁等处行谷三万四千余石，即充公税，下户小税可以尽蠲，臣所谓有官税不当复有私税者此也。至如税力已穷而赔纳无已，归德之虞、夏、商、永以河决久冲，开封之沈丘，汝南之上、新、西、遂、裕州、叶舞以水灾淹没，人食草筋，父咬子骨，此十二州县者税额四千二十余两，臣已另疏题免，乃欲追赔，将何所出？每遇税监催征，不过挪借京边之额为抵解之计耳。内监所进上供之银即户部所给九边之银也，此借彼亏，东盈西乏，朝廷何尝有分毫之利焉。此臣所谓征有税之税，不当征无税之税者，此也。”疏综核甚然，自是多言典铺积谷事者矣。(四三四，8200—8202)　丁未，户科左给事中萧近高论税监潘相、李道，不报。初，工科诸臣及江西诸抚按皆疏参潘相，潘相以为近高主之也，因采青事言近高家在庐陵，世专青利，假公论以庇私产。近高言：“庐陵之青最为粗恶，所产之山，阔不里许，有司治之，非臣之所得专。潘相以朝廷既撤矿务，复营采青，望垄断以成兔窟。”又言湖口之税上有九江，下有芜湖，一江而榷者三处，矧钟山之石峷嵂入江，往来樯帆，以报税之故葬鱼腹者不知凡几，宜撤回潘相、李相，罢烧造、榷税之命。不报。然潘相亦以江西硗瘠，屡激变，故自请归命云。(四三四，8212—8213)　山东巡抚黄克缵以暨禄病故，请罢天下税监，申凤阳巡抚李三才疏也。(四三四，8213)　丙辰，工部右侍郎刘元霖请罢新昌等县土青，不报。言：“浙江土青随矿暂采，无补于实用，在新昌解本色则青竭而粗恶不堪，在东阳、永康、江山解折色又力疲而输将难继，加之赋役烦重，灾祲频仍，织造、采木种种贻累，加以无名之役，益丧其乐生之心。查江西烧造自万历十九年内承运库正派瓷器十五万九千余件，已经运完，所有续派八万余件，分为八运，除完七运外，只一万余件，所需不多，宜行停止，或令有司如数造完。以陛下往年恩诏，即宝井、珠池悉行封禁，奈何以区区土青为盛德累乎？”自是役亦渐寝。覆浙江巡按金忠士疏也。(四三四，8217—8218)

闰六月甲子，光禄大夫、柱国、太子太保、左都御史温纯卒。纯字希文，陕西三原人，嘉靖乙丑进士。初为寿光令，入长兵科，发大珰陈洪奸状。……戊戌出为左都御史，尝约诸大僚请罢矿税、释累臣、下考选三事，伏阙泣良久。上怒问谁倡者，对曰："臣都御史纯也。"上为霁威，下温旨慰藉。（四三五，8223—8224）

七月壬辰，陕西巡按余懋衡劾税监梁永。不报。懋衡初以造毒事发梁永，中外数十疏，不动也。既而有擐甲之事，御史王基弘声言梁永必反，陈诸夺犯、斩关、杀伤吏民状。而巡抚顾其志疏至，平甚，于杀掠无有也，梁永因以藉口。上益以御史固为危言，而咸宁、长安持诸党益急，诸亡命稍稍叛去，永无以制也。其渠魁多装具，恐为有司所迹，则托内遣持枪剑、负弓矢，方阵而行。闰月初，永遣人解马匹者乘邮传发矣，而杨达官、王九功、石近章（**本月壬子条作石君章**）、魏二等急走出北门，欲前与邮传合。县快手知其亡命也，追未至华阴及之，交搏颇有所伤，而前解马发者去潼关已远，遂尽为渭南兵快所得。御史余懋衡复以贼党叛杀奏闻。时永窘甚，爪牙尽脱，而乐纲劝永借此倾抚按，归恶于令，不独自脱，且为魏二、九功辈报仇。于是后数日永亦飞章，而咸宁劫贡之祸起。（四三六，8239—8240）　戊戌，户科都给事中姚文蔚论陕西税监梁永，不报。（四三六，8245）　己亥，郧阳巡抚黄纪贤言采木、征榷万难并行，乞赐议罢，以完大工。不报。先是传奉议行川、贵、湖广采取杉、楠大木及枋板万计，纪贤言："采木自昔称难，在今尤甚，无论出产之远、运曳之劳，及杨酋兵戈之后，灾伤频年，不堪重役。但采木则必招商，招商则必罢税。采木而不招商，即府库之金钱填壑，百姓之肝脑涂地，木不可得而采。何也？所责非所能也。招商而不议罢税，即官司逼以严刑，小民偿以厚利，商不可招而来。何也？所得不偿所费也。且议招商则不独一采木之商，议罢税则不独一川湖之税。今天下所在有商，所在有税，一命下而东西鸟散，不可复集。从今慨然罢税，以示怀来，尚恐劫于积威，裹足不进，傥使招商抽税相悖并行，彼东西南北之人、穷山深谷之物，谁为利者而强必致之乎？臣敢谓税不罢则商必不至，商不至则木必不可采，木不可采则大工之期愈急愈缓，迨事穷势极，虽欲不罢，有所不能矣。”疏上不报。(四三六，8246—8247)　壬子，陕西税监梁永以诸亡命被获事发，遣人系书发中入都，言夺贡事。称杨达官、王九功、魏二等各贡名马，持孝顺钱粮，橐金镶珠石、睛绿绦环、铎簪耳坠等物，咸宁知县满朝荐承余御史(懋衡)旨，命马快伏渭南道劫之也。劫事固易辩，而余御史疏先至，已言诸兵(擒)贼有所杀伤，永言朝荐所遣人捉石君章、马守才等脔割之，投尸于河事，适合上怒甚，谓御史固无恙，朝荐创为御史报仇，命锦衣卫趣逮朝荐，着抚按差护梁永还京，并撤还乐纲，以陕西税务并之河南。于是陕西之民始苏，而朝荐坐诏狱者十余年。(四三六，8254—8255)

八月戊寅，兵科都给事中宋一韩以星变上言：“春秋二百四十二年，孛见者三，终纲目之世，彗见十七。今彗星复见东井，其咎安在？臣谨按星野，东井秦分，彗尾西南，渐往西北，又指秦地，秦其急乎？今套海丑虏无时不动，虏王嫡孙久留青海，诸酋因之瞻乌靡定，傥有阴谋，必且波及内地。又土官鲁光祖势重气骄，锄之不动，其心愈肆，兵争之瑞必起于其部落。梁永、乐纲播虐，三秦父老因而饮恨，此皆事之不可(不)知者也。且彗者扫除之象，刑人之职也，小人用之以扫除为职，君子用之以除旧布新。今李凤鲸噬于粤东，潘相蝮螫于江右，高淮虎视于辽左，马堂鸱张于河道，其他若张烨、胡滨、杜茂、鲁保、沈永寿、丘乘云辈稍知敛戢，其为扫除之役则等也，宜因此变悉撤中官，反其故职，因而一新旧令，勤政讲学，亲贤远奸，躬二圣之典，修四孟之仪，复三朝之制，补九列之班，平积薪之叹，沛赐环之诏，作台谏之气，决章疏之壅，慎节钺之选，惩债帅之风，出禁藏之储，杜冏寺之借，节大官之奉，减水衡之织，释诏狱之冤，纾都民之困。诸如此者，一旦涤除，焕然改观，则和气成、祯祥见。《语》曰：‘星变结和，其由此矣。’臣观《宝训》嘉靖十一年八月辛巳，彗见井宿间，与诞辰会，世宗欲免行庆贺，礼部尚书夏言奏礼成之后痛加修省，于是自二十一日浅衣办事，三日九卿各自陈以听裁处。十八年复以星变撤天下镇守内官。今彗出适逢圣节，又当撤处梁永，人心悬望之期，宜令该部查先朝尽撤内官及九卿自陈之例，朝夕举行，庶内顺外威，虽有边方之警亦不虑矣。”疏上留中。(四三七，8272—8274)　乙酉，云南巡按周懋相称：“云南贡金岁五千两，每岁发价给商，往川陕等处采办，计司发直，岁几三万二千两，而民间互相贴办数亦如之。边徼赋税无多，兵饷金价俱仰矿税，自嘉靖间开采，垂百年于兹，十二营之兵饷与五千之贡金额不可减，则矿难终闭。自去岁禁封，搜括库藏，以完金饷。今库藏已空，穷民失业，亡命潜聚，夷盗日滋。采该司之议，询众庶之情，如石羊等二十四场累民者诚不可不闭，而表罗、普古郎、永盛、新兴、西山凹、礁石、白塔、北衙、中场、明直、蒙孜共十场之有济者，势未可终封，宜为酌量照例开采以济贡金兵饷之费。”从之。(四三七，8278—8279)　己丑，是日陕西抚按各揭至，称梁永所奏满朝荐劫杠杀人事，备行关内、潼关二道，查梁永差人赴京，经过应付，自陕西京兆驿至河南阌乡县，所解马八匹、杠七抬，俱安稳无恙。而朝荐被逮，旨到彼中，军民喊乱，梁永开门射死一人，所伤一人。于是大学士(朱)赓、(李)廷机再疏请免朝荐逮系，重加降罚，以安秦民，并以安梁永。不报。(四三七，8281)

九月丙申，靖江王府未封幼宗经证等以盗劫内官财物事下刑部。(四三八，8295)　丁巳，逮咸宁知县满朝荐至京。辅臣赓、廷机是日揭上申救，不报。(四三八，8304)

十一月庚寅朔，湖广巡按史学迁请罢商税、撤矿务，以苏全楚。不报。(四四〇，8329)　乙未，湖广巡按史学迁请豁犯官谢世爵、生员沈机、仇国彦等，为郢中激变之狱也。初陈奉之入楚，诸亡命依之，所在为虐。而参随薛长儿、李二生皆郢人，故仇报郢人独惨。生员沈希孟、张奕业遂与诸生哭于武穆纛下，乡民从之，哄不可止。陈奉两疏参诸司道，遂逮沈希孟、张奕业，毙于狱中。久之事稍解，而谢世爵以不闭城门，沈机等十七人以从旁观望，尚系案[狱]中,至是按臣乃援恩诏例出之。(四四〇,8333—8334)　福建道御史邓澄劾江西税监潘相、李道,不报。自陈奉、梁永而后,天下税务渐归有司,而江浙闽广犹故李道、潘相,亦屡疏请归,未许。而李道所治湖口居赀尽焚,御史以江右瘠土而税监两设,煨烬之后恐复鸠居,故请撤回以顺天心,以溥圣泽云。(四四〇,8334)

庚子,刑科左给事中曹于汴疏言:"臣等管理巡青,催督商人办纳内外仓场房局三十七处草豆等项,以数百万计。自京库钱粮匮乏,给不以时,各商称贷完公而各仓场管事内官铺垫等费捶骨竭髓,以致人人破家,逃死相继。每一佥报,如赴汤火,惨伤之状,不可睹闻。顷见内官马堂奏免詹锐商役,又见内官孙盈奏免李如桂,俱奉旨优免。夫詹锐、李如桂,内官之人也,商果有利,彼岂避而不为哉?知二人之苦累而求为之脱者,内官也。而苦累数百之商,使日不聊生、贸贸无控者亦内官也。皇上试举以问内官,亦何说之辞?夫一草一木亦具生命,乃使茕茕赤子,富者贫,贫者死,视仓场如牛羊之赴屠肆,股战魂销,此岂盛世所宜有哉?《易》云:'穷则变,变则通。'今亦通变之时矣。各场员役原有定数,而贴场带衔,以及库秤、写字等,月益日增,不啻倍蓰;铺垫、手帕、茶果杂费,日朘月削,动称万余。浩大不赀,即如驴、骡、牛、羊,岂公家所急需而动成千百,不知给发何时而永藉喂养?且御马三场例不核其有无,而草豆毫不可少,当丰盈之日,尚惜漏卮,况此绌匮之时奈何填之沟壑乎?倘诸内官以马堂、孙盈之视詹锐、李如桂者视诸商,亦必凄然不安矣。惟望皇上严谕该衙门查议撙节清汰,至于买办草豆以备军需,固不可轻议,就中亦有事非紧要,或责令寄养人户按月领银,自行备办。其御马仓代办供用库,中府、天师庵代办酒醋局,或当另行议处,以苏三场之商。盖费多则商困,商困则办纳不前,积贮不裕,非民之利,亦非国家之利也。"于时御史邓澄亦上疏曰:"待罪厂库,见佥商诸臣责令旧商开报人户,密付五城,薄夜拘之,如缉巨盗。其各被佥报之家,恸哭就死,而闻诸司房沥酒相贺，盖诸司房拨置中珰，不愚弄不足以窃威福。诸新商愚民，素闻佥商之害，又摄中贵之威，不多方贿嘱不敢见诸小小用事者，已见诸用事者，又几转折乃见中珰，见中珰而后见诸刀山火柜，非刑考酷，以为不如是不足以詟折诸商，使之唯所欲为。既唯所欲为而后，今日之库支、后日之身命，皆尽于铺垫使费之内。唯发明旨，特严见面之费，革铺垫之例，如仍前荼毒，许臣等以三尺从事，诸商其庶有瘳乎。”疏上，俱不报。（四四〇，8336—8338）　己酉，户科给事中江灏劾福建税监高寀，不报。自税课之归有司也，税监坐而解额，诸爪牙无催督之权，然犹以新恩，不敢与有司为难。至是高寀首发之，以课未归一，恐误上方为言。先是丙午七月，范淶为左布政，以春夏税额汇解寀处，寀受之，无以难也。诸爪牙以督催无权实自淶始，会淶入觐告归而闽抚之推未下，寀恐淶复出，遂疏诋淶及旧抚徐学聚。学聚时方候代，以却红番事失寀心，而寀数以二洋贸易探上意，冀朝夕得他抚，可相左右也，遂请自按月解征，又请上速点闽抚，及谈诸外国方物事。上心知其奸，命有司类征如故，方物折价而已。然犹虑彼此推诿，欲一体严治之也。江灏乃言：“汇解之旨自范淶时已行之半年，今复一年而屡解屡拒。夫如期而不解则该司之罪也，如期而解，解而不纳则该监之罪也，以类总责之有司，以解进责之税监，法守既明，则何推诿之有乎？”吏科左给事中刘道隆又上疏曰：“百官贤否进退系朝政，自卿抚以至藩臬皆内外重臣，采自公论，断自宸衷，虽人主不得而私喜怒焉。我朝中官干预朝政，自有常刑，皇上临驭三十余年，未尝毫发假于此辈，近以税使差出，与地方有司钱粮相关，遂使二三狂逞者妄有参评，然亦未有借名征收而欲遥执朝柄、弄威福如高寀今日者也。徐学聚虽去国之臣，而一日尚在地方，非高寀所得诋辱。范淶近推闽抚，廷论及之，姓名尚在御前，高寀何人，而肆弄机权，预挠圣意？且近日事体绝怪者，如前户部上供偶缺，亦时绌使然，而筦库内使遂以疏庸怠慢参尚书赵世卿。夫世卿二品大臣，皇上所改容而礼之者，非有大故而供应小臣辄凌谇之，使其引谊杜门。事虽已过而国体实伤，凡此皆以逞臆越幅为窃权干柄之渐也。今福建地方乃东南门户，非痛痒不关之处，按臣久缺而无代，抚臣久推而不点，奸人抵巇肆志，其间惟圣明留意，速下抚按二臣，用塞谗间之门，重保障之计，以肃纲纪，贻后世利赖无穷。”疏上，亦不报。(四四〇，8346—8348)　　丁巳，吏科给事中姚士慎劾税监高淮，不报。高淮在辽左，以擅引边功为言者弹治，至是方息。而满朝荐逮至，梁永撤回，高淮遂上疏言：“梁永效力狗马，亦既有年，请发供原役，使外臣不藉口于中使，天下不以榷税为病民。”又阳为朝荐请宥，以外嘲士大夫而内探上意。姚士慎乃言：“臣观淮疏，其言闪谲，不可方物，大要为梁永曲解而佯及于咸阳满令。夫淮之戕人命、破人家，其恶与梁永同，辽人之欲食其肉、寝其皮与秦人同。至于擅兵出关、勾虏召衅，则淮之罪又浮于永也。淮见皇上收回贼永，势必及淮，遂敢显然钩钜圣情以自为地。夫秦中之事与淮何涉，朝荐之当宥不当宥贼，永之可纵不可纵，在廷自有公论，当宁自有大权，刑余刀锯之人安得越疆而问之？且以淮之意，谓皇上非一二咆哮之使无以网众利而关众口，遂云撤一梁永则内使之未撤者人人顾忌，不知所终，是明挟怨毒之心，欲假一路以行其无忌于天下也。惟皇上大奋乾断，亟逮高淮，以治其欺罔横肆之罪，并敕抚按严缉其入幕操笔者，因令中外税使悉行撤回，毋令天下窥探皇上以榷税为利薮而坠奸人要挟之计。”(四四〇，8360—8361)　　戊午，福建巡抚徐学聚以税监高寀征解不纳，又上章诋己，乃疏胪寀诸不法事，言：“寀自数年以来，利尽山海，罪孽深重，诸细琐不俱，论姑举其著者：闽中盐政引目旧止附海一例，续请依山佐之，引悉贮司。自寀入闽，奸民林世卿导之，私造南京户部盐引，俱称依山，每封四百引，勒银四百余金，凡引百封，伪者过十之七。商人破家，吞声切齿，自经死者不独朱家相、洪士雅等数辈而已。又以海禁不通则方物不至，每值东西洋船私寄数金，归索十倍，稍不如意，则诬为漏税。一物相溷，动费千金，拷掠之毒，怨尽骨髓。又私遣人丁四出越贩，动经年岁，搜求珍异，假国用以入私橐，亵皇灵以渔外服，尤王法之所不容也。所最可异者，三十二年以抚按并缺，令奸商潘秀等往贩和兰，勾引红夷，诈韦麻郎银钱三万，许以彭湖通市，臣等奉旨拒逐。今臣已告归，而红夷又至，杀戮商渔，荐窥内地，使沿海将士不得安寝者，是谁启之乎？自寀坏海禁，而诸夷益轻中国，以故吕宋戕杀我二万余人，日本声言袭鸡笼、淡水，门庭骚动，皆寀之为也。惟皇上大奋乾断，立命撤回，毋令寀肆炰烋以中国与外夷为市。”疏入，亦不报。学聚之在闽，以却红番事原有功于闽，而独委曲高寀，为朝论不推，盖自高寀后红夷无岁不窥彭湖矣。（四四〇，8361—8363）

十二月乙丑，巡视厂库给事中王元翰等以佥商营免太多，请停不报。方商户久困，工科诸臣日以佥商为请，及命下，拟诸皇亲、戚畹、缙绅、锦衣卫及世职驾校皆优免。于是诸珰纷纷庇宥，稍有力者各夤缘解免，虽诸臣亦自以为难也。元翰等言：“殷实商户一再佥报仅得二十二人，乃一月以来富室连章，朝上夕下，得免者十一人，其中尚有逋逸不获及各衙门议免者八九人，则实在者三人而已。以二十二人之重责，此三人其将能乎？臣等当佥役之时，亦再四研审，非一耳一目之力矣。何经审之后而营幸乃尔也？且有力者既免，则不免者必穷，使富者以钱神幸脱，而穷者以无力舍身，毋论非体，即将来大事措办不支，所误亦非浅鲜也。”嗣是工部侍郎刘元霖亦以优免诸商覆审为请，俱不报。（四四一，8368—8369）

壬申，户部尚书赵世卿以嘉礼伊迩，时绌难支，乞裁酌以便供应，从之。盖是时七公主将降而内监所派金两珠石动价不赀，先是内承运所题约直逾一十九万，已侈矣，及御马[用]监开数，又复倍之。世卿言：“臣查万历六年皇上婚礼，用止七万，煌煌俭德，载在典彝。今公主虽贵，典礼虽隆，视之至尊，自宜少减。矧当此边圉告急之秋，帑储悬罄之日，昔啬今汰，时绌举嬴，亦圣心所不忍也,宜每减三分之一应用。”盖虽减一,犹三倍于大婚时数云。(四四一,8375)　　癸酉,浙江道监察御史何尔健劾车户张廷佩等盗卖木植,事下法司。盖是时门工且竣,余材尚多,中珰、商户因之为利,朋盗发觉者鹰平条槅数枚耳。自起工陆续运到鹰扬木凡二万余根,工完计用万余,而不可问者遂至万根,物力之耗,可为浩叹。(四四一,8377)　　乙亥,户部尚书赵世卿以税使通夷,破坏海禁,宜严行禁绝,以遏乱萌。不报。为徐学聚劾高寀事发也。(四四一,8384)　　癸未,工部右侍郎刘元霖以新商营免既多,佥报不可再下,宜酌权宜、议裁省,以济时艰,言:“铺商之疲累至今日极矣,五六孑遗,脂膏罄竭。臣部不得已有佥报之请,既已佥报而附托陈乞,纷纷豁免;臣部不得已有查核之请,今查核之命未下而佥报之路已穷。臣愚,束手无策,仰屋窃叹而已。窃意额设薪炭供内庭者固多,而监局取用亦不少,其间应输本色自当仍旧派纳,若各衙门岁支,谅有常数,似宜比照内官折价之例径解惜薪司,如数给散,使商免烦费,官省比追,亦救时之急策也。其本色未尽折者,目前但有旧商,非破格从宽,更生何望?至于铺垫烦费始于员役冗多,如旧总理三员,今十有七员矣,常卯监工八员,今二十员矣,黑门监工二员,今十八员矣。若辈口衔天宪,身厕利薮,非尽克商赀,宁餍所欲乎?为今日计,唯有汰去新增,仍复旧额,人数既减,铺垫自轻。凡遇经收,但期足备公费,有恣意取盈致误正供者,即以三尺从事。迩闻惜薪司目击艰危,亦知敛戢,设法调停矣,而冗役尚存,蠹根未去,是在皇上特奋乾断,汰冗禁苛,申严禁谕。乞敕下臣部,移文该监,议折者折,议减者减,庶宽一分则商受一分之益矣。”盖是时报商二十二人,张良栋等十二人已先优免,嗣后又免左九畴等数人,余仅一人耳。诸臣亦悔为佥报之请也,而募商之议竟不可复。工部营缮司主事范汝梓亦疏言:“方今急务如补大僚、下考选、起废诸疏皆久寝不下,而独免商一则,动辄得俞,钱神恣行,宸断愈轻。异日有大机宜急事亦从旁入请,从中下之,不可复收乎？臣观疲商受困，有耗蠹根源，不可不清。臣查宫府监局钱粮岁有定额，稍有浮费，商户犹可支撑，惟国家岁有意外兴作，必先踏勘会料，虽内监、科道、部臣奉命偕往，乃应造应修几何，费物料夫匠几何，尽内臣臆决而外臣不得与也。内臣报命一笔自开十百千万，寻得俞旨，而臣部止以三分存一之例，括而应之，名虽会料而实中官之独裁，留虽一分而旋归二分之支派。臣谓与其屑越而空争于计料之后，孰若严辨而预裁于计料之时，请自今凡有兴作，科道、部臣与内监逐一从公酌量应造应修所费金钱数目，公同填注具题，则滥费既少，铺垫自清，而商役亦可强支矣。厘役苏商，莫急于此。”盖自营缮一事，言者俱深切时弊。两疏不报。（四四一，8386—8389）　罢职金吾卫指挥乐纲诣阙讼冤，为满朝荐发也。乐纲之与梁永交恶也，虑梁永且败，己无以自脱，遂投揭言梁永诸不法及辩满朝荐无杀人劫贡事，具疏声冤，请诛梁永以雪秦人八年之恨，白满令一朝之诬。于是御史邓羡乞敕法司提梁永、乐纲面质正罪，以肃法纪、彰公论。不报。（四四一，8393—8394）

本年附

艺文·碑铭·七圣祠碑

《茂陵果园重修七圣祠记》：“洪惟我朝成化间建安茂陵，遂有果园之设，岁产果品，乃备献供进贡御前之需，关系亦重。当事公计虑岁时田禾，尚有丰歉，其果品虫伤风落，间亦有之，人难预力，惟神可祈，因举虔诚，于本园鼎建七圣祠。（**略。**）万历丁亥（十五年，1587），值本陵神宫监视篆太监李公讳佐，以公务诣园，（**见祠颓，乃议捐资重建。略。**）李公，发身司礼，笃承简命而来，处事优长，善体始末，非他人可同其念哉。故凡事□而天理见在人情所处，尚悟重轻，惟神显灵，岂无默相，不卜理明。捐资僚采者本监佥书太监等官，助工银砖瓦者献陵神宫监掌印太监刘成，永陵神宫监掌印太监高朝，钦差镇守居庸、昌平等处地方总兵官后军都督府解一清，咸有资诚，共沾福庆。谨述此以识岁月云。时丁未岁，有新任掌印太监一山李公莅任，睹神祠微小，捐资重修，妆塑圣像，焕然一新，亦以垂久。大明万历三十五年，岁次丁未，春三月吉日立。”

碑阴题名：工部厂掌司内官监左少监王朝用、左监丞徐德、永陵神宫监官任朝、本监佥书太监等官李用等35人，随任掌家王宁等3人。

（碑在北京昌平凤庵村。《北京图书馆藏中国历代石刻拓本汇编》第58册，第188—189页）

艺文·碑铭·褒忠祠碑

冯有经《重修黑山会褒忠祠碑记》：“黑山所开域远矣，崀垒赫奕，自祠前司礼刚公始。公侍从文皇帝，犁庭有功，卒葬黑山，因为之祠，祠曰“褒忠”，忠可知已。嗣后中贵人置会其间，岁时以上命致祀如礼，而建寺居僧以守之，后先百年间，羽翼先正，景仰泓猷，忾然重厥构以新者，异人同轨。暨今司礼陈公等更念曰：国有祠典，以教忠也，幸诸君子绳绳相仍，无陨厥闻，以迄今日，（**于是捐资修建，焕然一新。略。**）公名矩，钦差总督东厂司礼监掌印太监。其捐俸助公者，有司礼秉笔、随堂太监孙隆等，暨提督南北司房太监等官杨柱等，乾清宫管事牌子孙成等，慈宁宫管事牌子张隆等，神宫监等衙门太监等官杜进等，天寿山等处守备太监李浚等。多不备载，勒之碑阴。万历三十五年，岁次丁未，季夏吉日立。”

碑阴：各捐俸助工：司礼监秉笔太监孙隆、成敬，随堂办事太监魏伸，提督并南北司房太监等官杨柱、许成、王仲、卢进、张时、高涌、梁栋、高昇、沈荫、陈朝、潘朝用、刘宣、卢受、刘用、赵金、冉登、王体乾、金忠、张文元，乾清宫管事牌子太监孙成等11人，慈宁宫管事牌子太监张隆等9人，神宫监等衙门太监等官杜进等，天寿山等处守备太监李浚等，原任司礼监秉笔太监孙德秀、张鲸，原任乾清宫管事牌子太监周恺等4人，管理工程内官监太监等官常云、刘成等6人。

（碑在北京石景山八宝山刚铁祠。《北京图书馆藏中国历代石刻拓本汇编》第58册，第195—196页）

万历三十六年戊申(1608)

正月乙未，吏科给事中姚士慎陈四事：（**一曰涣俞音以昭大信。**）一曰谨中旨以绝幸窦。近如佥商一事，奸商捏名色以诳天听，径从优免，部科不得问；马鞍山事以田聘一言释放者释放，拿治者拿治，法司不得鞫，渐何可长？此明旨之当详审者。一曰正刑典以振纪纲。咸宁令满朝荐偶撄宵小之锋，致蒙逮系搒掠，犹久淹诏狱。梁永、乐纲罪重恶极，不正三尺以谢海内，此刑辟之当速正者。一曰停营缮以苏物力。今日生财之道已穷，殿门工程渐有就绪，即速成之以壮观瞻。三殿工程浩大，宜暂为停止，各工修理自城垣吃紧外尽行停罢，此营造之当暂宽者。（四四二，8397—8398）

壬寅，户部尚书赵世卿再疏请七公主婚礼钱粮比照长公主事例，折价进与该库，令其自行给造，仍严敕该监务遵祖制，弗得违例妄求。从之。（四四二，8398—8399）　丁未，治内官王忠等罪，以正月四日司钥库盗失宝号钱三十八锭也。（四四二，8403）　壬子，命司礼监太监成敬同兵部阅视京营。（四四二，8406）　甲寅，陕西巡抚顾其志请宽秦中税苦，不报。（四四二，8408）

三月乙卯，司礼监太监成敬奏阅视过五军等营，各官例应赏罚。诏如议。（四四四，8438）【考】成敬其后实录无事迹，卒于万历三十八年，墓志见本年附。　户部言："辽阳孤悬天末，逼虏邻倭，建酋逆谋潜伏，祸在剥肤。自设税监以来，军民箕敛包赔，心髓既剜，皮骨日削，在此以虏为狡窟而昵就之，在虏以民为奇货而潜招之，监为戎首，税为厉阶也，乞亟撤榷税以收人心。"不报。　四川巡抚乔璧星言蜀民涂炭已极，采榷万难并行，乞停税务。不报。（四四四，8439）

四月己未，大学士朱赓等言："臣等接得户部尚书赵世卿揭帖，其中关系最大无如边饷。细稽饷额，在隆庆初年仅二百余万，今日遂几四百万。各边一有事端辄求增兵增饷，不知隆庆以前虏未款贡，饷何以少？今日安宁，饷何以多？有饷有兵，及至有事，何以又不足用？至于宫中买办，岁进二十万，一切庆赏礼仪等项故事取之该监者今皆责之该部，苟非鬼运神输，从何措办？自矿税设立以来，各处正供多被侵削，盐课壅滞，关征减少，曾未十年，所亏损已四百六十万。计臣杜门已久，诚宜督其速出，与九卿、科道悉心计议。严责边臣稽查兵饷，痛革冒滥克剥之弊。其买办、上供钱粮一概停止。税使即未能尽罢，亦当权其利害，如辽东、云南有事之处先行撤回。”不报。(四四五，8443)　　丁卯，命南京法司论三饭堂内官昝忠等罪，以群殴掌醢署署正周令德也。　　己巳，工科右给事中王元翰言：“阿克小丑，一旦猖獗，致地方破坏，生灵遭戮，惨不可言。盖承平日久，民不知兵，故一发决裂乃尔。若夫招乱之由，则以滇中贿赂公行，阘茸成政，其最为害者莫如贡金、榷税两者，是以室室空虚，人人喜乱，闻会城焚劫之日，纵火之人盖有不尽出于贼手者。离心结怨，使贼酋借为师名，即二贼扑灭而虐政不湔，滇之为滇未可知也。……”疏留中。(四四五，8446)

丙子，工科都给事中孙善继言：“太监刘成提督织造，则织造其专责也，至于浙直盐课自有巡盐御史督理。成何人，斯乃敢越俎请敕，侵风宪之职，坏盐课之制，乱祖宗之法乎？乞特谕撰敕衙门亟削去之便。”(四四五，8449)　　丁丑，大学士朱赓等言：“近得前屯各军揭帖，知高淮在辽东克剥，敲骨吸髓，辽人率合营男妇数千人北走投虏，赖将官拦住，众怒未平，仍插[歃]血摆塘，誓杀高淮而后已。臣等日夜忧之，望皇上亟下一令，数淮罪过，撤其回京，辽安而天下举安矣。”户部尚书赵世卿、戎政尚书李化龙亦疏论淮事。俱不报。(四四五，8449)　　乙酉，刑科都给事中萧近高等言：“顷者，辽东前屯卫军为高淮散马催价，索骑操马，拷打号头，致激众怒，歃血齐盟，欲挈家北投虏地。淮尚稔恶不悛，密访各军姓名于汪政，众军益惧益愤，汪政遂立毙矣。夫高淮所司者税务耳，一切兵马军务非淮所得问也，何为而散马催价，横索骑坐？矧显凌之以喝打，阴恫之以密访，致激变众军。即此一事，淮之罪恶不容诛矣。况居辽八九载，罔上行私，种种奸状，尤擢发难悉乎？往者滇南之变，杨荣不足当烈焰之一炬，说者谓凤贼一起，皆杨荣之凶残积渐使然。皇上犹欲令全辽再见凤贼之惨耶？夫辽左诸游手浮食之徒往往喜天下多事以快其私，建酋跳梁方且为逋逃主，淮

又从而驱之，势不胥而之虏不止，皇上亦何利于淮，不亟撤之也？”留中。(四四五，8454—8455)

五月庚寅，户科给事中江灏言：“今日欲备御建酋，无如速抚全辽。欲抚全辽，无如即撤高淮，明正其罪。”不报。　顺天府府尹曲迁乔言：“臣府内供外供应用钱粮俱取给两县铺行，而铺(行)审编则须科道有人，祈亟下考选。”上谓科道各差缺人，不止此一事，方在检发，俱候旨行。(四四六，8462)　甲寅，大学士朱赓等言：“顷山海关内外军民怨恨高淮，聚众数千攻围，高淮窘急，率领夷丁劫挟管关主事、通判护送逃回，其罪恶自当静听皇上之处分。惟是辽东人人疑惧，若非急颁明诏，开示慰安，讹言震惊，何所不至？夫激变之事不数月间一见于前屯，再见于松山，三见于广宁，四见于山海关，愈猖愈近；又各镇额饷屡请不发，以此饥军合于乱众，臣等更不知其祸之所终极也。”(四四六，8466—8467)

六月庚申，以税监高淮诬奏，逮同知王邦才、参将李获阳来京究问。(四四七，8471)　壬戌，大学士朱赓等言：“臣等闻有旨，以高淮奏同知王邦才、(参将李获阳)逐杀税使，劫抢钱粮，遂命锦衣卫扭解来京究问，仍令督抚官严追钱粮解进济工。臣等不胜惊骇。王邦才之事臣等一时不能究其原由，但自高淮取回，中外欢呼，谓辽人方有更生之望，此旨必行则祸变之生必在旦夕。望亟将明旨收回，毋使传布，以摇人心。”(四四七，8471—8472)　丙子，南京守备太监刘朝用报江潮水灾，乞行赈济修省。得旨，留都重地，水患异常，百姓漂没，合行修省赈济事宜令该部议。(四四七，8475)　戊寅，礼科都给事中胡忻言：“皇上轸念留都水患，议所以修省赈济者，臣谨摘目前最切要为皇上陈之：郊祀不躬而天亲之意不洽，朝讲不御而上下之情不通；内而部院，外而藩臬，悬缺之多且久，科道落落晨星，考选候命迟留不下。废弃诸臣赐环罔期，姜士昌、郑振先等又相继以进言蒙谴。税使杨荣杀矣，陈奉、梁永窘而撤矣，高淮逼而逃矣，于此时不尽撤诸珰，将使天下尽为滇、楚、辽、陕而后已乎？陈奉、梁永还而冯应京、满朝荐等逮，高淮归而王邦才等逮，非法之平也。安酋养痈于黔蜀，狡夷肆螯于云广；建酋抗贡，讲增车价，饵之使来，长戎心而滋后患。易置抚镇，庶几边计一新，乃粮饷在在缺乏，即巧妇岂能为无米之炊？凡此萧索之象、淹郁之景，愁怨召沴，其类固然。故夫用人图治，听言纳谏，去蠹平刑，筹边制虏，修省之实也。"不报。(四四七,8476—8477)　乙卯，王邦才等既被逮，科臣陈治则、熊鸣夏、孟成己，道臣史学迁、方大美、邓澄交章申救，并暴高淮罪状。疏俱留中。(四四七,8478)　乙酉，蓟辽总督蹇达再疏请撤税使高淮，上曰："开矿抽税，因助大工急需，矿已封闭，税着有司征收，内监稽核类进。高淮擅自出巡，骚扰地方，今又扣克军士粮饷，且各边军士卧雪眠霜，劳苦万状，九死一生，何堪虐害？高淮便着该督抚镇巡官差官获[护]送回京，交司礼监奏请定夺，其福阳店及辽东二项额税准督理通湾税务张烨兼管。"(四四七,8480)

七月乙酉朔，刑科给事中周曰庠以水灾修省摘陈刑政六事：一、释刑部监犯马一麟等。二、释锦衣卫监犯刘得秋等。三、释知县满朝荐。四、释同知王邦才、参将李获阳。五、惩陕西原奏乐纲。六、惩辽东税监高淮。不报。(四四八,8483)　丁未。先是，彬州封闭矿峒，忽有群盗千余肆行劫取，旋经擒捕解散。湖广巡抚张问达以闻，命治失事各官有差。(四四八,8491)　己酉，辽东金州海防同知被逮，王邦才奏辩横珰高淮五番激变、诬陷无辜情由。(四四八,8492)

八月己卯，刑科给事中杜士全言："原任同知卞孔时之逮也，以不听陈奉之丈田；原任知县满朝荐之逮也，以梁永之谮言；原任同知王邦才、参将李获阳之逮也，以高淮之谗说。朝荐不送拟罪，陛下已知其无罪之可拟；孔时、邦才、获阳置而不问，陛下已知其无罪之可问。陈奉、梁永、高淮后先撤回，陛下已知其势之不得不撤与其罪之不得不撤，是其功罪已自了然而何靳一德音之沛发，

使累臣孤愤，宵小气张，不亦重可惜哉！”不报。（四四九，8504）

本年附

艺文·碑铭·太监成敬墓志

明故司礼监掌监事太监聚庵成公墓志铭

赐进士出身、资善大夫、礼部尚书兼东阁大学士、知经筵、日讲、制诰侍生叶向高拜撰。赐进士出身、吏科左给事中、前翰林院庶吉士吕邦燿书丹。特进荣禄大夫、柱国、少保兼太子太保、英国公、后军都督府掌府事古汴张惟贤篆盖。

司礼监太监成公没，上赐赙祭，命工部给葬，予祠，俱如故事。公之名下樊君辈，请志铭于余。余始被命入直，未浃月，前司礼陈公（矩）没，公实继之。盖内外联事，于今将三载矣。余之当为公志铭，亦故事也。

公讳敬，字恭之，别号聚庵，顺天香河人。世为右族，多业儒，有官中舍者。父栻，娶于苗，生公。公生颖异，父母每欲使受经。有卜者谓：“是儿大贵，但不以缝掖显耳。”父曰：“然则从介胄起耶？”卜者曰：“亦非也。是殆依掖庭，在帝左右，为近臣长乎？”父尚未之信。而家人梦寐中，每见公披蟒腰玉，赫赫煌煌，甚光宠也，则相计以卜言为然。肃皇己未之岁（三十八年，1559），遴简近侍，遂以公应选，入司礼监读书。时公年十四耳。寻升掌司事，历选监官。鞫狱明慎，内庭称之。

今上御极，公祗事益勤，日加眷礼。癸巳（万历二十一年，1593），晋司礼监秉笔。旋命掌巾帽局，提督南海子，及督宫内教书。又命掌尚膳监。前司礼田公（义）卒，公继田公职御膳。至丁未（三十五年，1607），遂继陈公掌司礼监。后又掌酒醋面局。公既受重任，益兢兢毖饬，夙夜忧劳，不敢少懈。每遇国家事，有大窾系停寝不报者，辄从中再三请。上亦知公朴诚，时有鉴俞，即未能尽惬宸衷，亦不忤也。

素强健少病，今岁之夏，忽得痰疾，不能供事。上谕公调理，业有间矣，以中寒遽陨。时万历庚戌（三十八年，1610）七月初五日，距生嘉靖丙午（二十五年，1546）十二月二十七日，得年六十有五。公在禁掖三十年，先后承恩赉无数，其赏蟒衣玉带，继命于内府乘马、坐凳、枕衣、坐蟒，加禄米，荫其弟侄为锦衣。于是，公家人咸以前梦为征，而术者之言，亦抑何奇中也。

余尝观近岁以来，圣主深居穆清，内外罕接，于是物情纷纭，多所控揣，以为奥窔之地，或有所阴阳出没于其间，而疑端滋起。即欲明其不然，其孰征之而孰信之。乃公没之日，而士大夫多有惜公，以为其人笃慎无他肠，足称贤者。于乎！公之见信于舆情如此，必非苟而已矣。葬于是年七月望日。铭曰：

维彼周垣，四星烨烨。公也挺生，厥象斯协。弱龄妙简，历事三朝。在宠能抑，处贵不骄。荐赞枢机，遂长賛御。恭慎小心，亦既有誉。帝谓汝勚，夙夜不遑。方膺宠眷，胡遽沦亡。玉带蟒衣，贲于玄壤。梦既斯征，卜亦不爽。有封马鬣，勒此铭文。前事未远，敢告司阍。

(《新中国出土墓志·北京》第319号)

史事·成敬以来司礼太监纪略

《酌中志》卷五《三朝典礼之臣纪略》："丁未(万历三十五年，1607)冬先监(陈矩)坐化，而继掌司礼监印者，成敬也，掌东厂者，魏伸也。成于嘉靖三十二年(1553)选入，由秉笔掌印，性豪侠，乐施与，喜狗马讴歌，好花木，鲜服饰，善饮啖，不甚好读书，然好武勇骑射。戊申(三十六年，1608)三月，钦遣阅视京营，而识见深沉，料事多中。己酉(三十七年，1609)之正月壬辰，讹言□从黄花镇犯京师，男女避难者践踏塞路，城门为之昼闭。神庙亟召问策，成徐对曰：'无事，万岁爷宽怀。如真有□警，兵部岂无塘报？此必讹传。'其后始知，果蓟帅王国栋夷兵夜过昌平，擅拆民篱落，燃火御寒，而火光烛天，遥见夷妆，遂惊为□至也。其掌班侯清，笃信仁善人也。成家政颇严急，赖清救解为多。成卒于庚戌(三十八年，1610)秋，葬于迎祥寺后。而掌东厂之魏伸继之，秉笔李浚掌东厂矣。伸碌碌苛谨，厂体从此渐隳。伸卒年余，神庙慎印缺，难其人，久不补，而后以督厂代摄印务，终浚之身未掌印也。辛亥(三十九年，1611)冬，浚卒，特命乾清宫管事常云独力办膳，神庙升正阳门提督李恩、文书房卢受为秉笔。次年春，以恩掌司礼监印，以受掌东厂。至癸丑(四十一年，1613)秋，受接常云，亦独力办膳，终事神庙也。万历乙卯(四十三年，1615)闰八月，神庙重庆万寿圣节，时西山杨家顶观音庵僧处牡丹忽开一朵，管花内官知之，授费六十余两为寺中功德，将所开牡丹移进御前，神庙甚嘉悦为瑞焉。受、魏伸皆嘉靖四十一年(1562)选入,李浚与恩皆嘉靖二十六年(1547)选入,于先监为同年。恩能书,为人坦率,令之秉笔,曾复起掌印。宋太监晋,其名下也。秉笔李太监凤翔、南京守备李太监秀华,又皆宋名下也。不数年,恩卒,卢受自此以掌东厂兼司礼监印,[①]即率意妄奏,若籍王体乾产可百余万,足备京城河上河工之用。后不能实其言,遂借影匿为题,逮体乾名下李晋、田玉、刘文忠、赵本政等于东厂,并没晋等产。凡亲属牵连者,可数百家,都中为之不宁。(李)承芳既不称任,于九月十五日亦褫逮刑部狱,晋等寻自东厂送刑部狱。承芳凡两次督厂,所参送内犯董贵、常国安、徐进喜等,外犯高腾震、高瞻昆、崔茂槐、路文显等,计二十余起,恐暗中肆毒报复,乃买许多厚木板,将所住房上下四旁遍壁厢之,房门院门皆换以坚厚者,怖怯不宁,人多笑焉。后部覆拟绞,遂吃素叩佛,书写佛经,复虔事吕纯阳仙师,每夜礼拜北斗。至辛巳(崇祯十四年,1641)春遇赦,蒙内阁范相公复粹释承芳罪,御笔特改承芳外卫军,晋等亦充外卫军。初,万历庚申(四十八年,1620)秋,神庙宾天,光庙念典玺局郎邹义潜邸劳久,升秉笔,掌东厂,兼尚膳监印。其年冬,义辞任闲住。先帝以沈荫掌东厂,今曾秉笔张邦诏、郝隐儒、乾清宫管事刘时登,皆义名下也。天启二年夏,荫为逆贤退斥闲住,宋晋掌东厂。三年冬,宋私宅闲住,逆贤掌东厂。卢受以天启元年五月辞官,逆贤矫先帝旨发凤阳,准王太监安辞印不掌,而王体乾自元年五月至崇祯元年四月掌司礼监印,兼掌御用监印、尚膳监印。逆贤退后,所遗东厂亦体乾掌也。自此之外,如神庙时秉笔邢锐、宋坤、许成及随堂李寿、冉登等若干人;光庙时秉笔魏学颜、田诏、崔文昇等若干人;先帝时秉笔杜茂、刘用、刘克敬、裴昇、史宾、张文元、诸栋、李晋、吴进忠、阴相、王敏政、郝隐儒、王朝辅、赵秉彝等若干人,亦皆典礼大内,臣顾不能遍载也。"

万历三十七年己酉(1609)

正月庚寅,天津税监马堂用参随康宁拨置,请发旨,请以广安店改为银鱼厂,得旨。户科给事中顾士琦以前此康宁诡谋责

---

① 此处至"晋等亦充外卫军",是崇祯间东厂太监李承芳事迹,误置于卢受下。

备银鱼于武清，用委官驿骚其土，事已可恨矣，又营窟天津，图为不拔，乞将康宁究处，姑容马堂回京发落。直隶巡按王以宁亦奏治之。(四五四,8565)　　壬辰，御马太监邢洪奏武清县积年欠牧地租银万六百两。上切责该县怠缓，命行抚按官督趣立限催解，如仍前怠玩，重治不恕。(四五四,8567)　　甲午，以承运库太监孙顺奏急缺季银，责谕户部："这节年欠多，显是你部迁延，即今进奉，并一应供用赏赐从何取给？着严催补进上来。该部废弛考成司府，致解愆期，仍通行各抚按，即查该管官员，参来重治。立限与他。"(四五四,8568)　　丁酉，四川道御史张尔基疏参锦衣卫都指挥张懋忠开矿，敛臣不宜虎踞禁卫。懋忠自以与左都督王之桢有隙为辞，尔基并之桢劾奏之。(四五四,8569)　　辛丑，工科给事中王元翰等共劾奏内官王道横噬剥商："道先以掌厂为科臣吕邦燿所劾，越二年不奉处分，于是道掌厂者十四五年，异刑怪罚，勒索无厌，草商苦之。"疏复不报。(四五四,8572)　　甲辰，辅臣叶向高言："今日钱粮一事，非但内者不出，抑且外者不入。承运库督拖欠，御用监请瑞王婚礼，以罄空之户部将何支吾？蓟镇督抚疏请军粮，至危至急，每当票拟，终无他策。往者阁臣得关其忠，全在票拟，票拟不行，尚赖疏揭，今虽疏揭十九不报。乞俯徇中外之请，暂许借帑，庶几人情稍安。"因及于处分求去诸臣并点用兵部尚书、两侍郎焉。(四五四,8573)　　壬子，都察院照磨郭良翰陈时政阙失，内言因事废谪之臣，谓："嘉、隆之间议礼诸臣罪矣，大礼定而诸臣起；纠分宜(严嵩)者罪矣，分宜败而忤分宜者起；陛下初年纠江陵(张居正)者罪矣，江陵败而忤江陵者起。今猜疑一起，怜才顿微，至于首劾江陵如邹元标者独暂起而旋罢，屡推而不复起，其他如储宫建矣而争建储者不起；东征定矣而论东征者不起；四明(沈一贯)罢矣，山阴(朱赓)逝矣，而忤山阴、四明者不起；矿税停矣而争矿税者不起，甚者陈奉逮而奉之诬者并逮，梁永逮而永之诬者并逮，高淮、王忠逮而淮与忠之诬者并逮。诸随事触

讳，迁谪淹沦，时政既更，局面不改，毕世而怒人，臣计非圣明之所忍也。”不报。（四五四，8576）

二月庚申，光禄寺佥商陈文举、马应科者夤缘锦衣卫千户陈锐、御用监太监马堂，突奉中旨免。户科给事中王绍徽等言：“此辈片语只词辄勤御票，如此非所以重王言、一政体，乞正陈锐、马堂等交通之罪。”不报。（四五五，8583）

三月己丑。时蓟辽督抚镇臣合词以发帑罢税为请，其言辽饷，谓京民二运欠至数十万，军士忍饥，且插汉近欲报仇东虏烧歹成，及虎墩、兔憨等各欲入犯，势诚火急；其言辽税，谓辽民膏血，既尽于撤回之高淮，复罄于带征之张烨，且进内仅一万，而一万六千余两尽归该监，事诚无名。于是户部言：“今日之辽在九边为尤苦，非发二十万金之藏，停三万六千之税，无以济燃眉而收既散之人心。”不报。（四五六，8599—8600）　庚寅，工部侍郎王汝训以言臣条议疏请尽厘厂库宿弊：“一曰佥商。商之困也，自铺垫始。查内外供应，物价多寡，外寡而内多，本恤商人输纳之苦，因多而过索，遂开内监贪求之路，则裁革垫费及清内外员役固厘革之宜最先者也。一曰预支。预支之多也，二十余年已然。查条例，预支额数强半先给，而工完实数仅十之一二，则斟酌领状，完至八分，方许呈请，固厘革之最中肯綮者也。一曰书办。委官书办，其饭钱之取给于工匠也，讹以承讹，视为成规，甚至倚恃恩援，至令监督不敢问。则今后每差视事，烦简大加裁革，限定员名，而间有索取商匠者参问惩处，庶役蠹之清方有日也。一曰库藏。库藏收放，其封开之必候科道也。法久奸生，库官吏胥相沿索取，即当巡视前而弊犹如故。则今后收放量留执役，屏绝多人，又下库早至，不令遇晚侵匿。一应物料系库贮者俱听巡视收放，庶库蠹之清方有日也。此皆为合部之通弊论也，至于商之最苦、最难者无如惜薪司柴炭一节，止因该监索指多端，积威惨酷，一闻坐派，徒有削发跳河、东逃西窜以希旦夕之命，此佥报之决难行也。诚仿科臣帮贴之说，量于原价外酌为增益，即于臣部挪处以毋贻辇毂小民之扰，仍谕该监仰承圣意，倍加优恤，行令宛、大二县出示招徕，必有起而来应者矣。”(四五六，8600—8601)　甲午，工部侍郎王汝训言：“税使所以不撤者，徒以助工为名。今大工方兴，而各处税银，河南以营造福王(府)留，湖广以修理显陵留，南直浙江以织造袍服留，陕西以织造羊绒留，仪真、浒墅等处以灾伤留，川湖以采木留，山东近奉旨解苏州等府赈济，其未题留者不过数处耳。何若以各处税银尽行停止，而亟发内帑数百万及行各省直议处接济之为长策。”不报。(四五六，8602—8603)　壬寅，瑞安王府镇国中尉常沛奏内使谢玉等蠹国凌宗。以越关奏扰，革爵递回。(四五六，8606)　丙午，礼部以蜀王进贡奏请钦赐银两。上谕内库缺乏，着太仆寺给与。(四五六，8608)　戊申，中使以工部疏至阁传谕票拟。时内监以神器急缺，速行补造，工部疏执争之。辅臣叶向高谓：“据疏所费钱粮至二十万，此时该部万分匮乏，况此项火器该戎政官谓其体质重大，不便运转，见存已属无用，补造将以何为？”封还原疏上之。(四五六，8609)　庚戌，户科给事中刘文炳疏乞撤回凶珰李秉朝治罪。秉朝以潞王课岁加派业甲，非刑拷禁，加以绝食。武昌知府张一谦质其军伴，秉朝率人凌谇之。刑科给事中杜士全亦言恶珰酷刑相袭，如秦之(梁)永，辽之(高)淮，淫用非法，至有活钉棺中逼死、套死、折胫断脰之刑，陛下犹不即诛戮，前无所惩，后何以戒？并不报。(四五六，8611—8612)

四月己未，兵部尚书李化龙上救辽患、保疆土三事：“一、急收人心。辽自高淮肆虐，十室九空，痛心饮血，今税珰虽撤，税额仍在，三万六千两之入，宁有几何？孰若一发德音，亟为停止，以收将叛之人心。(**一、急助兵食。一、急议战守**。)”上曰：“辽左孤悬，三面防虏，民困军疲，朕甚轸念。税银准留充本镇饷用，以昭朝廷加惠穷边、体恤元元至意。军饷匮乏，着照蓟镇例发马价银十万两，户部凑处十万两，作速解赴该镇，充饷备用。马价银仍着户部补还。其战守事宜督抚镇守官务要相机进止，不得躁动生事，亦不得怯战示弱，其余修边制虏，务要还着条议详细来看。”(四五七，8615—8616)　庚午，工科给事中李瑾劾奏督工太监陈永寿，言皇极门竖柱无期，皆永寿耽延牟利，其兄锦衣卫百户陈邦彦为之敛收，每勒索物料，指一倍十，即如派湖广大木，价四百万，比嘉靖间多一百万，乞治永寿及邦彦罪。不报。　壬申，山东巡抚黄克缵言：境中亢旱，乞将额外榷税属马堂催解者六万两，属鲁保催解者四万三千六百余两，并行停罢；即不然，亦将数内一半解部者免之。不报。(四五七，8626)

五月乙未，山东牛产双头三眼两鼻二口者，历城、高苑两处。巡抚黄克缵以灾闻，乞检发前疏，请蠲除税银内以一半解工部者。(四五八，8643)　丁酉，礼部以山东土牛妖上修省状，请将东省税粮尽数蠲免，凡有税之处一切报罢，所遣内臣一概召还；诸臣所请亲朝讲、早谕教、卜阁臣、补大僚、起遗佚、下章奏、平刑狱、用人行政之要，尽赐施行。不报。(四五八，8643—8644)　辛丑，长芦御史毕懋康言：“芦课之坏、鹾商之困，无如挨单一税。”初奸商钱似玉等呈献于湾、津两监，期每年加征银二万六千，以存积引盐挨单发卖，会抚按力争其事。然其事虽寝，其税遂不改。至是懋康疏请罢之。(四五八，8647)

六月壬子。初，户科给事中王绍徽请以宝和店税仍归光禄，上竟用税监张隆言，谕店税系皇考在藩府时承皇祖钦赐，遵行已久，今进圣母宫御用，岂可擅自更改，着照旧征解进用。　山海关主事邵可立参奏旧镇李成梁私放配军郑汝矿，撤回税珰高淮私带入配军邢朝、王奉等。汝矿以割马显忠卷论戍，朝等门阉，以勒门钱挞死泰兴觐令龙镗者也。[①] (四五九，8655)　丁巳，左都督王之桢以奉旨热审，在诏狱者辽东同知王邦才、武昌同知卞孔时、横岭

① 二珰配军事，见万历三十五年二月戊戌条。

参将梁心、山海参将李获阳，请行释放。不报。(四五九，8657)

庚申，广东巡按李应魁请撤回税监李凤，并罢粤中税额一十八万两，以交夷蠢动未息，人心思变也。(四五九，8659)　丁卯，福建巡抚金学曾言："矿、税之行未可卒罢，姑当去其七害：一、该监跟随必限定人数，其余尽驱还籍，合用诸役惟行府县选择土著良民充之。一、南台等处榷有旧例，不容例外再抽。浦崇、泉兴等处多系肩挑背负，一旦闻税，未免中途惊阻，必准行禁革。一、闽产原无长物，其从他省来此，节经屡税而又加派出[坐]贾，市价益涌，民何聊生，必尽与停免。一、硝黄铅铁犯禁货番，严诛犹不能止，若税役私贩，为祸益大，必听臣等拿究。一、闽中矿洞止有数处，今议先开龙岩一处，审视砂脉有无，定议采否，庶该监得以亲验。设有真砂，不为下人侵匿，如无亦枉费夫力。若奸徒指告，有与民居及坟墓相碍者，必听臣等拿究。一、榷采之处不用内监差役，惟以两院委官监督，置簿稽验前收。一、监役供应钱粮惟于税课内取办，及各处差役亦照例支给，不许额外索商日食。凡此所谓去太去甚者也。至商税原系饷额，若归之内帑则饷不得有，若仍之饷额则课不能充，所当恳请持[特]留以给兵需。"不报。(四五九，8664—8665)

七月壬午，工科给事中李瑾以工程太监陈永寿纵其兄邦彦剥商冒帑，先年启祥宫修理钱粮，侵吞已十之八，止未给七千余两系后分例不应办之数，乃藉口进上，反妄奏巡视该臣措银不发，明借威灵以钳臣庶，疏劾治之。(四六〇，8677)　丙戌，是日，上以工部侍郎王汝训疏，命辅臣票拟，盖覆太监陈永寿请给发钱粮疏也。上曰："宫内多繁，比不的别衙门，着全与他。"辅臣以为该监所请找给之钱粮，经今已五六年，办纳铺户已无一人矣。干没充橐，所不敢知，而补给委在可已。于是久之不复给。(四六〇，8680—8681)

壬辰，命长卢[芦]挨单盐税银两自金[今]岁秋冬以后罢之，从鹾臣请也。津、湾二税监亦以为言。(四六〇，8685)

八月己酉朔，工科给事中何士晋等言皇极殿门储材久预，原议四月建竖，今又逾时，各匠作夫役坐縻廪饩，徒为中官溪壑地。不报。(四六一，8693)　庚申，天津太监马堂自奏其参随康宁。上以康宁钻冒校尉，横肆贪暴，辄自奔逃，法纪何在，命会抚按官严提，追赃拟罪具奏。　辛酉，兵科给事中胡嘉栋极数内官监陈永寿与其兄陈邦彦侵牟罪恶。永寿反奏嘉栋进厂自收木植，不会同监督，且言与科臣李瑾、营缮司郎中张嘉言结党钻谋。于是都给事中曹于汴、御史王以宁等共疏击之。(四六一，8701)　戊辰，浙江巡盐御史韩浚言："两浙盐课岁二十三万七千计，自过听奸弁高时夏言加税三万七千，行之十年，浸以为例。今大水岁祲，煎熬之所化为江湖，灶商并困，正课且难，况于新税，乞速赐罢免。"不报。(四六一，8703—8704)　庚午，吏科都给事中曹于汴条奏见行事宜，言往时章疏赴会极门恭进，直门内官只管接入。年来不知何故，必令开写朱语，然后收本。漏泄之弊，不可不谕止者一。……凡六款上之。(四六一，8704—8705)　甲戌，礼部右侍郎吴道南言："灾异谴告，愈迫愈甚，无非貂珰之役焚林竭泽，敛愁敛怨，上干天怒，乞速下罪己之诏，与天下更始。"辅臣叶向高言："自古灾异之多不过曰乖气所致，今闾阎竭于征税，边戍困于饥寒，其气已怨；逐臣无赐环之期，病臣无赐玦之日，累臣无出狱之望，其气已郁；在廷之臣痛痒不关，门户各立，气不已舛乎？王封未定于款虏，兵威不震乎属夷，气不已骄乎？最关系者惟章疏一路，命[今]御前之奏牍其积如山，列署之封章其沉如海，此尤元气神气结塞受伤之甚者。召灾致变，夫岂偶然！此皆燮理无状，咎由愚臣，乞赐罢斥，如汉人以灾异策免三公例。"并不报。(四六一，8708—8709)　丙子，兵科给事中朱一桂疏论内监陈永寿罪恶，辱言官、伤国体，旬日之间不见处分，请革其监督而专以责之工部。不报。(四六一，8709—8710)　丁丑，上以宝和店太监张隆言，有旨："积奸经纪于山包揽钱粮，侵漏条税银两，只宜听查追折，辄敢诬陷捏告管店员役,着法司提问,拟罪具奏。刘弼等免提,照旧应役。"初刘弼等以隆威势,挟诈山财,诬以漏税。山赴控刑部,隆乃为弼等奏山。刑科给事中杜士全言:"神奸夤缘,曲庇巧漏,使司农不敢问,司寇不敢刑,乞并付隆、弼等于法。"不听。(四六一,8710)

九月己卯朔,户科给事中韩光祜言内监陈永寿所派三殿木植、大工钱粮至九百三十余万,比嘉靖间三门、午楼之费尚增一倍,乞明诏天下蠲湖广、川、贵三省木价之半。不报。(四六二,8713)

庚辰,上谕工部:"瑞王婚礼在迩,内监修理府第合用钱粮物料着上紧作速措办应用。"(四六二,8713)　戊子,给事中韩光祜之劾奏陈永寿也,谓永寿采木滥估,工部裁数尚浮,为永寿颐指。工部侍郎刘元霖言:"以前人旧派而力主裁削,已十分之三。既均协济,又减运额,所为求舒西南之民者亦无不至。惟是民穷财尽,该监滥估,虽经覆减,尚见其多,乞敕本部再议裁省请旨。"(四六二,8717)　丙午,赐太监孙隆祭葬并享堂碑亭祠额。(四六二,8727)

十月癸丑,户部尚书赵世卿言:"三晋旱灾异常,抚按魏养蒙、刘光复各以留税请,盐臣陈于庭以停余引请,此不过用地方之财以安地方。即税监张忠亦言机民难活,商税难征,赘员无补,亟乞撤回,所当恳请明旨。"不报。(四六三,8731)　乙卯,山西巡抚魏养蒙以繁峙地租为言:"繁峙旧无牧马草场子粒,先年奸民李腾以宣、大余地奏请查丈。繁峙与大同接壤,内监委官毛凤腾指地诈财,悬加征解,遂已十年,节奉明旨减三之一,每岁尚该银二千七百余两,至是以灾民请尽数蠲免。"不报。(四六三,8732)

十一月丙戌,锦衣卫百户吴宗仁请以浙直黄白生绢岁归有司征解者照岁造段匹例并归织监。户部以宗仁等蔑制罔民,乞下法司究拟。(四六四,8752)　巡视光禄寺御史房壮丽备言光禄寺上供不给,养心等殿增赏酒饭不可不裁,又言行户诸苦:"一、器皿之侵没。凡磁器、漆盒、绳扛等物,一入宫门,无复还望。一、死马之赔累。该监于冬间倒死之马不肯发出,图支草料。直待春间方报发行户，马已不堪，如例责银。一、富豪之奏免。每当编审，豪民自度难免，贿买内珰，左进孝顺，右进免牍，邀旨如响。贫者何辜？至于中宫之铺垫、衙役之常例，沿袭弊规，朘骨难言，所当除革。”不报。(四六四,8752—8753)　　庚寅，戍犯王延祐旧以土商没官钱论遣逃归，为内官监司房，御史刘国缙缉得之。国缙因极数内监陈永寿及陈邦彦淫恶杀人状，其尤大者房山民陈槐所生女进为东宫才人，生皇长孙，内监马昇红牌找觅，永寿夺与伊族陈表，朦冒皇亲，乞下永寿于理而穷治邦彦、延祐等。不报。(四六四,8755)【考】皇长孙(即熹宗)母族公案，《熹宗实录》亦有记，见卷一，泰昌元年九月乙酉：“下近侍陈忠于法司究问，以其连结外人陈槐，同谋妄告也。”庚寅：“刑部尚书黄克缵奏：‘臣因阅邸报，见近侍曹应魁等乞电察冤抑疏内有“郭春女同心腹刘逊等暗进银先帝，求讨皇上与之看管”等语，宫闱事秘，臣不敢知。但思先帝何如主哉，即位三五日即捐四百万金为犒辽、济边、建三殿之用，其不为财利动心也，四海所共仰矣。其以皇上命李氏看视，盖以其曾生男女数胎，若爱己所生，则鸤鸠之哺，其爱必均，此先帝意也。如曰进银，而且暗进，传之邸报，使先帝冒不白之疑。乞将应魁责逐，勿使入宫，得肆谤议。’时房山民陈槐与王昇争认皇亲，事下刑部审问。克缵言此事外人难以臆度，惟圣母知之。槐言其妻刘氏与圣母别，各有分物为记，不知所分何物？当圣母未崩时，岂不与皇上言之？此惟待皇上一言而决，臣可奉以剖断。得旨：‘曹应魁乃朕圣母近侍，惧李氏之祸，意急申冤，罔思顾忌，情在可原，不必议处。陈槐争认皇亲，事出异常。因已故内官监署印陈永寿用贿买求李钺女，希图冒认，至今纷扰未息。圣母未崩时，尝与皇考言之，本姓王，父王钺，阖宫共知，未闻有房山陈槐之说，亦未闻刘氏有物为记。此等奸恶，以假乱真，干于法纪，该部即遵照前旨，与陈忠一并严刑究问具奏。’”　　乙未，户部赵世卿以京边匮极，设处计穷条边饷四事：一、两淮运司见积余银二十五万五千有奇，应取解三分之二。一、两淮、长芦带盐本以征哱权宜，事平停止，今该镇前课相应掣回。一、开纳事例原为济边，后以大工暂准开行，今役有次第，仍当还归本部。一、省直税银先后奉旨，半解内库，半解该部助工济边。今工部助工已收四年，嗣兹济边，当解臣部。上曰："今内外各称匮乏，难以哀[裒]益，但尔部以边饷窘急屡次苦请，事例银准暂归还，其税银原是暂用权宜之计，且留助工，余依议行。"(四六四,8759—8760)

十二月己酉，陈邦彦负死罪自杀，御史刘国缙仍请内监陈永寿治之。(四六五,8771)　己未，上遣中使口谕辅臣："宝和店条税银两系圣母宫中御用之资，如何纵容经纪棍徒包揽钱粮，侵漏条税？前诬告事情已有旨拟罪具奏，未见上闻，该司官何又轻听改名，捏告刘弼等司官受贿故违？着降调于山等着锦衣卫拿送镇抚司打着问了来说。刘弼等俱免提，照旧应役。"辅臣(叶)向高言本内原无司官受贿之说，今以中使之一言遽行降处，人情疑骇，乞加矜恕奏请。(四六五,8775)　乙丑，工部屯田司郎中邵辅忠参论李三才大奸似忠、大诈似直而为贪险假横之人："曷言其贪？鲁保大坏盐法，王万金进陈平之计，以白金六万、黄金千两，珠宝玩器不可胜数，通黄正宾行间，遂得贵厂诸人，直须高枕之札。吴鼎、郑洁潭暴横，告者满路，汪宗时、许伦所之八万金、四美女入而纵其出匣之凶。又发部符，令黄正宾乘传恐吓郡邑，无不括献，于是有仪真知县被辱缢死者。听用将官俱以价之多寡为缺之高下。生日节礼各有定式，开门之时筐篚乱拥，礼帖乱投，至把门官顶首钱骤以数百计，其贪如此。曷言其险？先附辅臣沈一贯，开府俨然，比夺职免官，幅巾坐堂，年余复得故物。虽汪宗孝为之通贿夤缘而沈之力居多，旋即反唇相向矣。税监陈增死，亲至徐州检增遗物，封识分抬，掩谁耳目？至古董珍奇，门日如市，动称进奉太后、皇上，彼其慷慨论列无不指陛下为污而彼且以己之污污陛下，其险如此。曷言其假？日日受贿而逢人谩骂以不廉，日日卖法而逢人谩骂以不执，日日交结奥援而逢人谩骂以依阿。认李皇亲为族，认郑皇亲为亲，结田义为兄，结成敬为友。索之外者奉之内，以威严吓外官而利其有，以小心媚中官而借其灵，其假如此。曷言其横？妄附皇亲，夸诩陛下之下一人，居常服食僭拟王者，至杀人如刈草菅，一入辕门，毙杖下者填委。金钗十二，袨服艳妆，尽皆吴下部民。何论扬州名媛，夜舞朝歌，越公自命，拖金侍玉，司马将还，涂脸向人而肃坐其上，湾[弯]腰了事而莫之敢言，其横如此。总漕之华膴，惟闻积贿；尚书之峻秩，祗以养奸。而乃自擅龙门，营私植党，凡海内名流为陛下用耳目者以馈遗结之，为陛下斥逐山林者以请托招之。藉道学以为名，依贤豪以立脚，或无端而流涕，或无故而感慨，使天下士靡然从风。乘机躁进者愿依其幕下，感时忧事者误入其套中，一时只知有三才，不知有陛下。主势上孤，党与下盛，宇宙一旦变更，为汉之延熹、唐之长庆、宋之熙丰。其意不过扫空词林，则必借材于外，打尽当路，则必抡选及身。闻其前则急欲枚卜，闻其今则急图总宪，总宪得则枚卜，亦无不得耳。总之三才腹有山溪，口皆剑戟，霸气足以控制人群，神奸每能阴收物论，自谓总宪、阁臣已直拱手而得。彼四岳或以荐鲧，汉臣多以谀莽，至于出袖中之章，达者或为未然，作辩奸之论，事后始成，先见为虺。不摧为蛇，无及矣。是今天下之大可忧也，不在天灾，不在虏患，而在小人窃踞萧墙之内也。”是时三才需次总宪，未有与为难者，而辅忠首发之，一时诸正人深以三才为忧。并王图、于玉立皆倡言以发其奸，与辅忠典突徙薪之见同，旋皆被祸去，至今议之。(四六五，8778—8781)　己巳，上下户部所奏借给边饷疏，有旨：“朕深居静摄，每念未尝不在小民边计。今岁各处奏报灾伤重大，况辽镇等镇兵饷急缺，朕心悯恻，欲发内帑，但节年拖欠金花银两数多，虽有各处税银接济，公用尚且不敷。准借马价二十五万、工部税银十五万解给各镇支用；其北直、山东、河南、山西、陕西、福建、四川当年征在官听解内帑税银，准留以二分解部以充军饷，一分赈济饥民。移文彼处抚按官，务要分散得宜，穷民获沾实惠，方称朝廷轸念优恤至意。”(四六五，8782—8783)　御马监太监邢洪复奏武清牧地拖欠数多，奉旨：“该县官员乃敢坐视，

本当重治，姑念地方灾疫，且不查究，还着抚按官严限催解。”(四六五，8784)

本年附

艺文·碑铭·赠太监李明道墓志

赠御用监太监掌惜薪司事西湖李公墓志铭

赐进士及第、光禄大夫、柱国、少傅兼太子太傅、礼部尚书、武英殿大学士、知制诰华亭徐阶撰。赐进士、光禄大夫、柱国、少保兼太子太傅、礼部尚书、武英殿大学士、知制诰、会典总裁余姚李本书。特进光禄大夫、柱国、太傅兼太子太师、成国公、掌后军都督府事、前总督神机十二团营诸军总兵官、奉诏内直怀远朱希忠篆。

御用监太监掌惜薪司事西湖李公卒。先是，公以足疾在告，上数念之。及讣闻，诏赠公御用监太监，锡钞三万，祭三坛，赐棺，赐葬，建享堂于其葬所，盖异数也。公讳明道，字从善，西湖其号，世家保定之新城。祖讳玫，父讳福。母曹氏，生子三人：长让，赵府典膳；次珏，锦衣百户；又次为公。正德丙寅(元年，1506)，公生甫八龄，以颖敏选入禁掖，旋以选侍武皇帝于乾清宫。累迁至奉御。今上登极，改元嘉靖，诸近侍多罢去者，而公独以老成练达留。癸未(二年，1523)，迁御用监右监丞，签押管事。寻迁太监，赐蟒衣，赐乘马，赐禄米岁十二石。丁亥(六年，1527)，命管神机等营，加赐禄米。辛卯(十年，1531)，上以公勤慎，赐玉带，命掌织染局事。每驾出，公辄为前驱。癸巳(十二年，1533)，赐服坐蟒。乙巳(二十三年，1544)，提督神机营，加禄米至百四十余石。丁巳(三十六年，1557)，上录诸近侍之劳绩，公居多，命掌惜薪司事。其明年病足，命就医私第。公形貌秀伟，精神溢发，人固不虞其病，即病亦意其必痊愈，而竟不作。距其生弘治己未(十二年，1499)五月六日，享年仅六十，中外惜之。然公历侍两朝，地亲位重，蟒玉之华，炫耀一世，而其卒也，特为圣明之所轸悼，恩礼有加，其于人生之遭际，可谓至荣幸矣。虽寿不至耄耋，□□憾焉。公有侄三人：乾，锦衣百户；翰、辂俱国子生。侄孙一人，□科。

公既卒，署惜薪司事内官监太监朱君仲等卜以己未(三十八年，1559)正月十日葬公西直门外广源闸之原。以予旧尝识公，请为铭。铭曰：

天阍九重，虎豹护严。公侍其间，四十余年。霄衢砥平，六龙时遇。公身前驱，蟒衣玉带。生而显融，世已寡伦。矧于身后，犹被渥恩。赠官赐赙，有葬有祭。翼翼享堂，以奉时祀。任不遗才，惟天子明。没不忘劳，惟天子仁。我作铭诗，刻之贞石。永俾后人，知有圣德。

（北京海淀区魏公村出土。《北京图书馆藏中国历代石刻拓本汇编》第 56 册，第 33 页）

万历三十八年庚戌(1610)

二月乙卯，真人张国祥以龙虎山宫殿为水冲倒，恳恩修理。得旨，留本省税监潘相三十八年应解内外税银三万两，令国祥自行修理，工完造册具奏。时户科给事中孟成己等上言：（**请收成命，停止税银，略**。）嗣工科给事中何士晋亦以为言。俱不报。（四六七，8802—8803）

三月丁丑朔，兵部尚书李化龙奏："向因题增惜薪司每岁柴炭银一万八千二百两，计无所出，议将各省直缺官银两动支协济，又续添寿宫廪给、新增狱卒工食，皆于是取给。各该司府分宜严催起解，以应急需，乃敢托名借支，挪移不解，日复一日，将必化为乌有。乞天语申饬各省直抚按，按季将所属见贮缺官银两有无挪借，尽数查出，先造册报部，星夜差官起解。以后无论多寡，俱每年终类解，如违期不到并挪移别项情弊，听抚按将经承官吏指名揭报本部，以凭参处。"得旨，如议行。（四六八，8823）　丙戌，命内官监少监冉登往朝鲜册封嫡世子李祬，从国王李珲请也。（四六八，8831）【考】朝鲜《光海君日记》卷三一，万历三十八年七月一日甲辰，"时诏使太监冉登需索百端，至使造银桥，跨越京城南大门，以迎诏敕，谓之天桥，以为捧银停止之计"。至曰："冉太监之所为，虽圣人复起，亦末如之何矣！"（卷三三，九月丙午）

四月戊戌，三十八年北直隶、宣、大等处，山东、河南、陕西数省春夏二季税银，上谕仍留解部赈济饥民，从通湾太监张烨、河南带管陕西税务太监胡滨、山西太监张忠请也。（四七〇，8884）

八月戊寅，工科给事中马从龙言："国家水衡告诎，南北交困，持筹者更无良策，惟有调剂缓急，裁节冗费而已。大工采木一事，议尚未定，明旨未下，三殿工作杳然无期。陈设者乃殿中器具耳，必待工役垂成，徐议未晚，乃御用监把总张润泽题在三十二年，而今又亟督之。据奏，不过佛龛、屏风、书阁数事，即该监年例已自足用，不必别需。今派至数十万，又预括之数十年之前。该监如此，他监局必将效尤，当坐糜几巨万。臣请一切报罢，以待殿工将完，通查各监局所需，汇覆至工部。经费有条例一书，系节年酌请钦依，现今遵行，稍有溢额，臣科与工部得以据例驳裁。惟系移咨南部钱粮漫无稽考，在北部以职掌，在南止行文移，在南部以事由北咨，奉行惟谨，而东南民力已竭于内臣片纸间矣。宜令该部移文各监局查核，据实以复，本部仍查节年案卷，移咨南部，逐款详议，以万历初年经费为准，节浮汰冗，定为条例上请。仍刊为书，附本部条例之末，例所不载者，该部每事看详，应执奏应停止悉无苟从，若已经行咨而事体难奉行者，南部不妨明白再请更议。"留中。(四七四，8950—8951)

本年附

艺文·碑铭·太监张稳长生碑

张公长生碑记

赐进士第、奉议大夫、翰林院、右春坊右谕德何宗彦撰。赐进士第、中顺大夫、太常寺少卿、前吏科都给事中侯庆远书并篆。

义山张公，贤中贵中之秀能也。于万历癸酉(元年，1573)选□内庭，于己卯(七年，1579)授乾清宫近侍，升御用监太监。庚辰(八年，1580)，授慈宁宫近侍，蟒衣，太监事务。上知公其人忠诚谨厚，事上朝夕犹焉如是耳，方重用之也。荣任数载，上忻下悦，缙绅诸君子皆珍重之。不佞忝窃□采之谊，且素知公稚年尚好书史，□调高古，倜傥不凡，在吾辈中无不仰之，在天下海内士民无不感之。不佞常与公清谈，语默间留念西方净界，谆谆者也。迩缘预卜长生墓于都城西南隅，立碑一具，乞余言纪之。我公会首，倡众公与众善相缘者，可见公仁德之人也。孔子曰："有大德者必得其位，必得其禄，必得其寿。"十全者惟公也。其侍朝大节，阴功浩荡，其天寿平格，不卜可知也哉！公讳稳，义山其别号也，生于壬子年（嘉靖三十一年，1552）十二月初六日戌时，祖籍保定府易州人。万历三十八年四月……日吉旦。

（碑在北京广安门内善果寺胡同善果寺。《北京图书馆藏中国历代石刻拓本汇编》第58册，第104页）

万历三十九年辛亥（1611）

正月壬寅朔，大学士叶向高诣宫门叩祝，命司礼监管待。（四七九，9025）

四月丙戌，户部会计内库供用库岁用：嘉靖初每年止派黄蜡五千斤、白蜡四千斤，后缘该库题称不敷，陆续增至本折黄蜡共二十万斤、白蜡共一十六万一千六百二十八斤，内该送库本色黄蜡一十六万、白蜡六万五千八百有奇，斤折银四钱；白粳（米）八万二千四百五十二石、盐二十四万一千六百一奇，茶豆、芝麻、蒲杖、谷草照额上供。（四八二，9076）　丁酉，命翰林院编修汪辉、简讨钱象坤、徐光启、来宗道、张鼐、李标俱内府司礼监书堂教书。（四八二，9083）

七月甲寅，巡视光禄寺户科给事中姚宗文奏："光禄寺卿赵健等以钱粮征解之难，各行户破家奉公，号呼告领之苦，议将中书、医画等官并儒士赏卓银米请裁，未允者暂行停支。各官业有本等俸禄，又廪食于光禄寺，即效微劳，止其分内，赏卓银米此额外者也。暂住于今，听支于后，此以赢诎增损之权宜矣。职更推广之，各监局夫匠粟米、干鱼折价是也。夫匠名数多在有无之间，或计日可竣而故延至几岁月，或应名数人而虚报至数十百人，计名所给月粮已为无端冒破，而复有粟米等项，益之滥觞，殊为可惜。虽人止升合而月计之费且二千金，岁计费逾二万余金。此辈虚冒，挥之不去，各行户赔困逃绝，招之不来。即不能尽行裁革，亦准令暂停，以须后日。国家财用入孔问于外，额赋有难盈者也。今查参催解之法，当事者为公任怨，而水旱蝗蝻，沟壑为邻之赤子，迫之就毙，郡邑有司宁为地方受罚则法穷矣。出孔问于内，耗蠹易明而难塞者也。若不调停均节以纾目前，则虽库藏充牣，犹将立尽，况捉襟露肘之日哉！”(四八五，9142—9143)

八月甲申，万寿圣节……大学士叶向高诣仁德门叩头称贺。遣司礼监太监李浚管待，赐甜食、烧割、酒饭。(四八六，9155)　河南巡按曾用升奏：“今天下民力竭矣，而中州为甚，灾沴频仍，饥馑洊臻。三十七、八两年，荷蒙皇上留税发帑，移米赈济，灾黎藉延残喘。讵意今春徂夏，开、归、汝等处霪雨浃旬，平地水深丈尺，飞蝗蔽野，禾麦一空，人畜漂流，庐舍冲塌。旁午告赈，视上年旱灾更甚，一切蠲恤之恩尤难以常格拘者。查得中州通省每年额派正税银一万五千三百五十余两，自二十七年榷税之后，突增包税银七万一千六百五十余两。三十六年营建福府，蠲免河南府税银八千六百余两，尚该银六万三千六百两五十零(**广本作三千五十余两，抱本作二千五十余两**)。他省之税征于商，中州之税征于商者不能十一，向来地方各官苦于无处凑办，不得已派之当铺，派之各行，一蔬果一鸡豚之微，无不计物而榷之，甚有征比不全，因税监催督紧急而挪借正项钱粮以解者。皇上但见该监按季而进孝顺，充廷可以侈富，有充左藏，不知(**广本、抱本此有“皆吾皇之”四字**)百姓剥肤变产而供有司捶骨敲髓而得者也。中州京边钱粮自三十年以迄于今，逋负已三十九万有奇，而光禄料价及藩邸禄粮不预焉。天地生财止有此数，既包赔挪借而取盈于彼，必捉襟露肘而亏缩于此，所盈者在内帑，所亏者在边廷。边圉犹属肢体，中原关系腹心，往年南阳张金、李自省等之故事可为寒心。由前言之，则剜肉疗饥，是有害于民而无益于国；由后言之，则悖入悖出，有害于国而并不有其财矣。皇上试一念及此，当有罢崇朝者。倘以福藩营建方新，钱粮支用不敷，势难遽罢，亦请将内帑一半先行停止；而今岁秋冬二季税银仍如抚臣所请，留以赈重灾州县，候府第落成之日一并求罢。”不报。（四八六，9155—9157）

九月癸卯，工科右给事中张凤彩奏：“内官监传奉，该监诣乾清宫，踏勘懋勤宫、端凝宫、寿安殿并门座等处各有渗漏损坏，宜合修理，奉旨作速修理。已于八月二十五日兴工讫，内开合用物料已数万金，夫匠尚不在内。《会典》六科职掌，凡内官、内使传旨，各该衙门覆奏得请，然后施行。今兴工旬日，臣等尚不与知，禁地至重，阑入夫匠，讥察当严。中官口吻，指挥不由部估，安识虚真？钱粮多少不由臣科，何从看详？如近日内官监又移文该部，促金水博岸工程，此项修理连年费银数万，毫无下落。如内臣言皇上行幸至此，有不治办，惟当按治冒破经手之人。举此一事，宫殿可知。伏乞敕令工部将传奉工程再加勘验，得已即已，可减即减。近营缮郎中郭尚友于年例钱粮力加裁抑，该监坚执不从，此项实因修理乾清等宫而设，合将今次用过物料即于项内扣除，仍严加简缉，计日完工，以肃清禁地。”（四八七，9174—9175）　庚申，户科给事中韩光祜题：“瑞王婚礼自传旨下部今已三年，徒以钱粮不敷，遂致稽缓。今年四月，户部办进金宝珠石等物已及七万，时诎举赢，搜括殆尽。曩者皇上大婚礼成，止用七万，不闻典礼有缺。乃御用监把总张润泽、内承运库署库事太监孙顺相继题请，欲如福王之数。夫福王婚礼所用岂真有加于七万之外？而用之十九万者，则阍寺勒索，吏需[胥]干没，商人营干，通同侵牟。名归于上，利归于下。今复估至二十万，而仪仗、锦绮不与焉。臣等合疏请裁，不蒙上报。当此九边告匮，四方告灾，帑金如洗，必欲原估之数，俟之何日？岂繁饰是重而典礼为轻乎？岂阍寺诸人之厌足是急而天潢之伉俪为缓乎？惟我皇上以身为范，以礼为准，以今昔为程量，以盈诎为权衡，慨然决断，卜期举行。”不报。（四八七，9190—9191）

十月丁卯朔，礼科右给事中周永春等上言："畿辅今岁水灾，较之三十二、三十五两年其势尤甚，小民盼望蠲缓之诏，以日为岁。今已数月，杳然无闻。查得牧地自万历十年清丈，共地一万六千余顷，每年解部银三万三千九百余两。至三十二年腾骧卫千户李英等奏差御马监太监王昇查勘，按亩加税，每亩原征一分以上者俱加至三分，共增一万六千余两，此监银所始也。一地二粮，民实重困。自加税以来，如宝坻、蓟州等处，即节年将部银拖欠，其监银虽有完纳，不过移解部者以解之。时和年丰，犹冀畏法输纳，今地无寸壤，粮从何征？昔犹卖男鬻女，今兄弟妻子离散而无可售；昔犹典产卖室，今房屋地土冲坏而无可质；昔犹称贷富户，今富者贫，贫者逃，而无所贷。乞将本年监银未征并拖欠银两俯赐特免，至部银除议征一半及征六分外，其未征暂从停缓，带征酌俟丰年。免一分民受一分之赐，缓一日民获一日之生。"留中。(四八八，9193—9194)　丙子，内官监太监卢进孝、郄进、张进忠酗酒殴死军人李忠，法司执之以闻，命俱着提了问。进孝拟绞，秋后处决；进减等，杖一百，徒三年；张进忠、刘忠减等，杖九十，俱照例运砖赎罪，完日送司礼监发落。得旨："卢进孝监候处决，余依拟。"(四八八，9197)

十一月己酉，工科右给事中张凤彩言："内承运库坐派浙直纻丝纱罗绫细绢帛、山西潞细共四万三千三百九十余匹段，南京供应机房原备不时织造，工料取之南工部，如必欲派之浙直，责之抚按，国家原无此项钱粮。近年借及户部，借及漕库，一经挪移，吏书为奸，不肖有司因缘染指，名虽云借，几时办还？究归朘削闾阎，此殃民之大者也。旧制，长以三丈五尺为度，嘉靖中改造犹然，今改为四丈二尺以上。除上用可遵近例，赏赐非内外臣工则夷人耳，何必加数糜费？若山西土瘠民贫，旧时传织甚稀，近年罢织未久，应免以苏灾地孑遗之民。又岁造、改造原属有司，抚按之法得以加之，故渔猎之弊少。自三十一年归内监鲁保，更多一番须索之苦，乞仍归有司便。”给事中马从龙继言：“潞细供亿之苦，一细之费，官价之外不啻三倍，而劳扰鞭朴不与焉。山西粮饷尽解三边，岁以拖欠为忧，加以连岁旱荒，搜剔殆尽，如万不得已，照先年召买事例，令工部行之便。”俱不报。(四八九,9212—9113)　　癸丑，(**是日圣母万寿节**。)(辅臣叶)向高诣慈宁宫门外叩头庆贺。上遣司礼监太监李浚管待，赐酒饭、烧割、糖食等。圣母赐荤膳一盒、手盒一副、酒四瓶。(四八九,9215)

本年附

艺文·碑铭·和平寺碑

鲁史撰《重修和平寺碑记》：“(**寺创自唐时**。)我朝成化年间中贵官崔发心补弛一番，今有年矣。其寺去京百二十里，为天寿山万载之保障，(**今乡官谷昙募化重修。略**。)大明万历辛亥(三十九年,1611)孟夏吉日。”

碑阴题名，从右始：御前乾清宫传奉事提督南海子兼理四卫事务御马监太监□□、钦差天寿山守备以都指挥体统行事指挥使司□胡忠、工部厂管事内官监太监徐德、胡守忠，钦依守备白羊城等处地方都指挥佥事郑守爵，下为信官、信士。

(碑在北京昌平桃洼花塔村。《北京图书馆藏中国历代石刻拓本汇编》第59册，第19—20页)

艺文·碑铭·净土寺置田碑

许用宾撰《重修净土寺添置田亩碑记》：“(**寺为古刹**。)万历丁酉岁(二十五年,1597)，兹山之寺僧名真福者岁遭饥荒，欲废禅房地亩，逃窜窘迫也。适内府苏公讳其民者怃然，(**因捐金存寺产。略**。)己酉岁(三十七年,1609)，适太监甄公讳进者、张公讳允中者、李公讳志义者、董公讳实者等，面相议论曰：‘欲使丛林之攸久，必遗田亩于僧道，斯循循然善诱人之进善也耶？是则畅怀，各各而悦之，理愈益矣。’是以延邀会首者二十八人，同兴善念，藉五十三参之号，疏化各衙门等公，每参捐金十两，共化银五百两之余，以常公讳云者原买苏公围山地四顷八十亩余，亦有石塘地三顷之余，售券用价银三百五十两，实买以资僧道二家供奉，祝延香火之田也。(下略。)万历三十□年，岁次……"

碑阴为各官及其所施银两，上段从右到左为"□山会首"：御览[①]提督惜薪司总理御马监太监李志义，乾清宫御药房近侍司苑局佥书御马监太监□□，御览提督内府供用库总理御马监太监高进，乾清宫御药房近侍尚膳监佥书太监魏忠、齐昇，旧都府草场贴场御马监太监张和，御马监草栏管事太监唐忠，□□提督惜薪司总理内官监太监伊进朝、王朝用，乾清宫暖阁近侍内官监佥书太监申继贤，王恭厂掌厂太监姜泰，乾清宫暖阁近侍御用监佥书太监□成，崇文门管事御马监太监杨启元，天师庵草场管事御马监太监张允中，乾清宫御药房近侍尚膳监佥书太监张永，□皇陵佥书御马监右少监杨忠，浣衣局管事陈兆□，乾清宫近侍惜薪司佥书尚膳监太监张□忠，甲字库管事御马监太监周进忠，丁字库管事御马监□监丞李暹，尚衣监管理统计张□，司礼监精微科掌司礼仪房管事太监□□、东安门管事□□，乾清宫近侍内承运库署库事御马监太监范朝用，司礼监精微科掌司礼仪房管事太监甄进、乾清宫近侍内承运库署库事御马监太监董宝，乾清宫管事巾帽局掌印御用监太监田□，□□油饰配殿画廊等处……。下段施银及管理工程信官名略。

(碑在北京石景山钢铁厂内。《北京图书馆藏中国历代石刻拓本汇编》第59册，第31—32页)

万历四十年壬子(1612)

正月戊申，给事中徐绍吉疏参御马监太监邢洪。先是，洪奏称油行来德润为该监写字勇士，疏求豁免。既获俞旨，绍吉言："洪贪德润原赂，以万贯为空囊，以例编为仇报，支吾说谎，耸动至尊。且光禄自庆典日增，赏卓溢滥，兼值四方灾沴，征解不前，寺帑如洗，物价未给，而内官之铺垫渔猎最苦，以致贫者卖妻鬻

① 御览，《酌中志》卷二二《见闻琐事杂记》："(太监张明)掌家周臣，亦升乾清宫管事，掌兵仗局印，而一家照旧不许分散，专造上用酒，造办金、玉、铜、锡、木、铁、雕漆器物，名曰御览。"或该监以造办御用物自荣，故以"御览"二字入衔。

子，一值编审，都市之人若赴汤火。间得富民如德润者，又贿嘱计脱，既售卖富之欺，势必重佥贫之累，此岂盛世所宜有耶！乃臣过虑，更不至此。命令者，朝廷善败之关；内批者，壅蔽旁落之渐。我祖宗朝事无大小，一应批答传奉俱下阁臣酌议可否，然后票拟施行。皇上静摄多年，内外暌隔，即大臣之危词、台省之直谏，尽皆寝阁，今洪乃能取旨如寄。夫事固有始微而成大者，乞亟正洪说谎干政之罪，仍敕巡按御史并德润访拿究遣，更望慎重内批以一政本。”(四九一，9238—9239)　　丙辰，户科给事中姚宗文言：“各处解金花银两者，以万金为率，则铺垫使费二百余金。此二百余金者，若出解人赔补则破产不足完解，若系各省直滥设备用，则何不令之充正供之额，而以有限金钱委之不可问之地乎？茶、蜡等项，或用本用折，宜有一定之规。今起解者折色而各监局故为留难，云欲本色。此等物料，不办于所产之地而取办都下，价固三倍矣。况积年牙侩，内外串通，能出库中旧藏以作新解，重价包揽，延捱岁月，解役有困顿愁苦、身死长安不得竣事者，殊为可悯。当斟酌各项之有无缓急，颁为定式，如已解折色来京，便当准收，果须本色，俟其下年再解，固未晚也。……”(四九一，9242—9243)

二月戊辰，工科给事中马从龙以温肃端静纯懿皇贵妃坟工有旨扣留事例银十五万两，疏言：“臣每见朝廷有重大典礼，中人群小视为金穴，实用百无一二，余尽耗蠹于若辈之手。当事者怵于典礼之重，莫能执争。今略计之，方中制度所须无多，封土享室[堂]皆有定式，百官具百物备，丰俭适宜，易戚兼至，亦足以明孝子之志矣。又言事例原非美政，不得已为边饷、大工而设，可厚夺之乎？或以为银钱山往例可征，不宜反出彼下，然今日之事当核实用以妥安厝，不当计浮额以袭弊辙。况皇贵妃诞育睿躬，慎终大节，宜稽古定制，弘慈俭之德，以昭示将来，又岂银钱山事可伦拟也！”(四九二，9251—9252)

三月乙未朔，御史乔允升言：“河南巡按论周府承奉徐进荼毒宗民，罪恶盈楮，已两月矣，未见施行。御史奉尺一之诏，为皇上锄强植弱，而法不行于一承奉；皇上委御史以持斧之权，欲其断猾流膏，而令有不能伸法之御史。岂不益长虐珰獍狖，益重宗民愁叹，将来控诉何门也！岂以藩封体面，不便行勘耶？不知炀灶蔽明，丰蔀见斗，往往有之。倘勘之而实，群小弄权，恶归藩国，去一腹心之疾，固所以为王也；倘勘之而不尽实，小有所惩，大有所戒，开一自新之路，亦所以为王也。"因言迩来法纪陵夷，税珰飞食于原野，属官抗衡乎上司，勋戚反噬乎按臣，生儒抢杀其里宦，至如中州安吉王之横逆，见告于抚臣，于三省之凶谋挟制于郡守，而徐进又复以触藩告矣。乞敕法司行勘，仍谕王恪守典章，勿堕国法，享有令名。(四九三，9275—9276)　丙申，河南巡按曾用升奏："睢阳卫经历李光显委解税银，为监役奏官参随徐炳、高登等勒索打点，无计身死，请撤回内官胡滨，并将炳行提问，拟如律以雪死，冤慰中土。"(四九三，9276—9277)　庚戌，御史马孟祯奏感事陈言，请矜释无辜，以广圣德："顷被逮参将李获阳在锦衣卫监病故，臣等遵奉钦依，相视具题外，窃惟皇上御极四十年，诸被逮臣工尽蒙矜释，无奈圣恩有待而获阳不及俟也。今见在卫狱则同知王邦才、卞孔时、知县满朝荐，在刑部狱则知县李嗣善，本皆循良，适遭罗织。远者十余年，近者五六年，若再淹锢，恐复为获阳之续矣。"(四九三，9288)

四月丁卯，工科给事中马从龙等言："工部纠发湖广解官布政司都事郑士毓解到料银四千四百六十两，改作本色，希图以滥恶搪塞，朋分羡余。太监曹壅等因为上疏，朦胧取旨。小吏猖獗如此，乌用三尺为哉？除听该部咨行抚按提问奸弊根由，从重究治外，请通行各省直，凡钱粮系折色者，印封裹护，仍给鞘单二本，一投部，一投库，验系原物，即与速收，如印信有损，或不如原式，即行查究，尽法惩治。应解本色者，凡可封缄之物俱取彼处有司印信封记，略如解银法，验试厅留心查核，其私自折银入京打点朋分

者参送法司重究。”(四九四,9299)

五月己亥,吏部奏言:“原任宛平知县李嗣善以擅刑内官,被旨逮问,今三年矣。迩因都城饥民充斥,顺天府丞乃以本府知事杜冠时题升本县。念嗣善久经法司勘明,台省申救,长系堪怜,宽谪唯命。”(四九五,9315—9316)

六月甲申,刑科都给事中翁宪祥疏言:“久系知县满朝荐以税使单词,幽囚多年,今梁永、高淮辈皇上已赫然震怒,撤回惩治,乃为其所陷者尚滞圜扉。宛平知县李嗣善居官苦节,执法不阿,前者无心之失已经该部审明,圣明洞察,尚从羁累,殊属无辜,并应即赐开释。”(四九六,9350)　　己丑,原任应天巡抚陈惟芝卒。……巡抚应天,值矿使纷纭,数疏言江左系孝陵龙脉,无可置斧镬,绘图以请,久之得报罢。旋忧去。(四九六,9355)

七月戊戌,大理寺以光禄寺署正黄泰年等通同内官盗卖仓谷,各罪有差奏。从之。(四九七,9362)

八月甲子,给事中归子顾言:“九边军饷率倚鹾司之盈缩,而两淮国课独居其饶,自添设内监,坐令正额大亏,边饷日耗,浸寻至今。内监亦自苦撑持之难,则坏两淮盐政者,正以多设内监故耳。即鲁保已自题罢存积引盐,是该监存日亦当亟议撤回,况今已物故乎?至于榷税,既令有司征收,随令有司解进,更为省便。且东南灾伤以来,杼轴尽空,民苦织造,如赴汤火,即苏杭重困已甚。乞圣明为根本地方长虑,尽罢一切监务,不复另遣,以安地方。”(四九八,9383—9384)　　己巳,山东巡抚李同芳言:“山东六郡,自万历二十七年以来岁派市税银四万六百余两,今有十四载,困累已极,请赐停免。临清关税岁额八万两以上,向来又令有司岁收银六万两以备解进。一货二税,宜并蠲之便。”户部覆请,不报。(四九八,9390—9391)　　甲戌,刑部奏热审已霈弘慈,诖误未蒙矜宥,乞释放锦衣卫见监知县满朝荐、同知王邦才、卞孔时等。(四九八,9396)　　己卯,降宛平县知县李嗣善官一级,调外任。嗣善狱具三年不得请，台省累以为言，至是刑部因热审言大小轻重之狱皆有矜疑减等之恩，嗣善犹然囚冠在系，罪罚已深，矜恤宜早，乃报可。(四九八，9400)

九月戊戌，工部右侍郎刘元霖言："岁改二段，织造责有司，解验责按臣，此祖宗不刊令甲，亦皇上初年明诏也，乃令盐监鲁保并摄。自奸民王一卿谋网盐利，始淮扬距闽浙数千里，十余年中困累彻骨，今保且物故，正更辙之会，乞仍从旧便。"不报。(四九九，9415—9416)　辛丑，南京吏部右侍郎史继阶言："留工诎乏，织费殷繁，臣叨署部，兢兢虑之。令司官清查，自二十四年起运过段匹三万三千有奇，用料价二万四千有奇，而工匠不与焉。除料未尽与价未取，相兑犹短四千二百七十八两，并近年未送价一万三千二百四十八两，皆应补给，而新造不与焉。往时机房止有揭取，秤兑无查算，当事亦姑与姑留，为将来除补之地，遂致前推后阁，讹乱易生。臣以为与其留旧而滋不了之算，曷若缓新以纾取用之期。矧今灾沴频仍，加派无术，而鳌灯之添制、器皿之滥供，大东所以兴嗟，南箕所为增叹也。乞皇上悯兹疲困，裁抑恩私，减左右尺寸之赐，造闾阎亿万之福，岂小补矣！然臣查往年供应服御等项料价，皆科道官会同部臣估计，完日各监局给印收由，科道衙门挂号，赴臣部投文起运。自万历四年有不必会估之旨，而特许科道纠参，故南京户科给事中段然与署印兵部右侍郎张鸣冈皆有复科道巡视之请。且内织染局与供应机房岁费数万金，俱出臣部支销，事体皆同。织染既由科道会估，机房何独不然？奸弊业许纠奏，然不经巡视何由目击而纠之？请查复旧规，会估挂号，仍敕将旧织完缴，方题新传。"不报。(四九九，9418—9419)　甲辰，户部以淮监(鲁保)病故言："古未有以阉寺理盐者，自二十七年鲁保谋行大盐，于是官商裹足，正引不行。十数年来，入皇上者不逾百余万而负太仓已几二百余万矣。三十八年秋课今犹未解，岁额不敷，害率由此。况存积盐引保已奏罢，榷税久归有司，安用此赘员为？乞如总督抚按诸臣言，不复更设，令有司仍以半解部济边，半径解内帑。”(四九九,9423)　兵部主事王以梧以内监侮辱驸马都尉冉兴让，于东安门该管千户伍长不行驰报巡视等官，因言皇城禁地，守卫久弛，倘有意外如往岁南都故事，不几以疏纵之卒伍束手于仓皇欤？谨条整饬之，议……(四九九,9423—9424)　庚戌，命锦衣卫官访寻驸马冉兴让，伴回请旨，仍褫兴让父官职，夺教习主事贾之凤俸一年。兴让以被掌家宫人梁盈女、内官彭进朝等殴辱具奏，上命中官卢受问状，进朝等群诟之于东安门内。之凤以闻，公主三奏，皆不得达。上怒系其家人，中官传旨诘责。礼臣及科臣请上召问公主，正群小之罪，不报。兴让乃挂冠长安左门去。给事中范济世言：“驸马，上之婿也，无故而辱，则何人不可辱？公主，上之爱女也，控诉不得上闻，则何人可以上闻？总之，皇上静摄有年，圣子神孙不能常侍膝下，宫中礼法森严，固所以防微杜渐，而情意阔绝，亦易于起衅生谗。故义莫重于夫妇，而宋仁被惑于阎文应；情莫真于母子，而曹后见构于任守忠，不可不亟塞其源也。”时台省、勋戚俱以为言。至是，上览东厂奏事，见兴让去，愈益怒，遂有是命。辅臣言：“戚臣蒙恩重，擅行非是，圣裁允当，臣可无言。惟是驸马廷辱，万目共睹，若置不问，纪法陵夷，非所以服人心、重国体，乞重加惩戒。”□礼臣复合词以请，而翁宪祥言：“驸马已蒙严谕，凶恶未闻处分，可见两旬以来，其入御览者东厂之事件耳，诸臣章奏达不达皆未可知，壅蔽已甚，处置失平。”俱不报。(四九九,9429—9430)　癸丑，上以盐监鲁保故，遣内官刘逊驰往，会同抚按等官验收一应钱粮方物，起解来京。原管三省岁造，着归并刘成，盐课税务着归并马堂，各带管。(四九九,9433)

十月辛酉朔，广东等道御史等官疏言：“迩来见皇上深居高拱，凡政事机宜往往传托于中涓之口，此辈安得有贤者？自矿、税繁兴，海宇腾沸，一变而闾阎竭，破人家、掘人墓、剽掠人财，而貂珰之祸中于天下矣；再变而缙绅忧、县令逮、郡佐逮，青衿之族无不逮，而貂珰之祸中于士类矣；三变而京师空，商役之赔累、解纳之需索，细至奔走服供亦有刀俎鱼肉之苦，而貂珰之祸中于辇毂矣；四变而懿亲辱，即驸马冉兴让亦横被凌殴，群击于朝，累诉不达，计无复之，而貂珰恣肆之祸不可胜言矣。闻公主亦数日不得进见，如此壅蔽，殊甚寒心。皇上天纵聪明，无所不照，何不召公主问焉？因戚臣之被辱便可知闾阎、缙绅之如何困苦及京师之如何空虚矣！”(五〇〇,9442—9443)　　癸亥，以光禄寺迟误上供月膳，夺该寺官俸各一年，仍着遵旨上紧进用。故事，月进御膳等银，俱巡视科道同本寺少卿或寺丞轮放。自科臣以典试去，科道一时并缺，寺卿赵健屡请巡视。八月中旬，钱粮期迫，遂同寺丞王象蒙等开库支送，随具疏催请，至六上，始令院科查委。然以乏员，卒无所遣，而象蒙又有事山陵。健言前月之权宜难免专擅，今不可再以速人言请，俟巡视至日，乃补上供。盖科臣张延登曾指及之，云辛酉尚膳监传上谕，着该寺暂行支放，后如旧。健方遵旨行，旋被罚。(五〇〇,9445—9446)　　壬申，刑科给事中陈伯友疏言：“臣窃窥朝政，总之私情胜而公法斁，谨按职掌为皇上陈之。一言寺臣以巡视无人，权应上供，科臣言之，始而谢罪，继而催请，犹庶乎得守官之体。乃罚俸不责其擅动而责其稽迟，此窦一开，若谓守藏者有不必循之法，而中涓一事动指称数万，一工动浸渔数十万，恐消耗者不独上供，胡可不为之堤防也？(**下言较文、驸马及累臣略。**)”(五〇〇,9451—9452)　　癸酉，工科都给事中周曰庠疏言：“南直、闽、浙等处岁造段匹，旧制属之有司，初不闻有内使之兼督者。自机户王一卿有羡银八千两之奏，力荐鲁保以司其事，遂得报可，此明以八千之利动皇上而实阴以济其渔猎之私耳。近者该监物故，舆情快然，咸谓旧制之复，其在今日。乃明旨犹以督理三省岁造归并刘成带管，各处抚按有公疏，有单疏，一切兼督不便之故言之甚详。且昔年段匹造之有司即美者，犹以为恶，近日专之盐监，即恶者亦以为美，散之夷人，哗然谓不堪用。乞赐复祖制，追回新

旨。”(五〇〇,9452—9453)

十一月丁酉,刑科都给事中翁宪祥等奏:“河南税监胡滨威福(按,福疑当为逼)解官李光显死于非命,高登等依凭城社,屡提不出。杀人不抵偿,部民抗本管,亦宇宙一大变也。滨犹饰词强辩,蔽日瞒天,按臣身在地方,不忍见豺虎纵横,复露章以请。皇上宜赫然震怒,即行究撤,讵意候命旬余,复不闻报。岂此辈内外交通,沮遏章奏,未经御览乎?抑皇上姑置不理乎?乞将滨撤回究处,正其主使杀人之罪,并追侵匿钱粮,以助大工。”(五〇一,9487)

丙午,上遣文书官刘用赐辅臣(叶)向高谕……(五〇一,9499)

丁未,大学士叶向高言:“圣母寿节与冬至皆已届期,臣以情义,不敢不出,已于今早报名廷见外,惟是臣有愚衷,言之似渎,不言则心有不安,敢冒言之。被逮知县满朝荐、同知卞孔时、王邦才皆以税监之故牵连拘系,此三臣者,其始以意气激昂,调停未善,臣不敢谓其无过。然而幽囚囹圄,远者十年,近者四五年,摧困亦已极矣。而三臣又有父母在堂,年皆颓暮,亲之望子至于眼穿,子之思亲至于肠断,海内之人无不怜之。假使此三臣生非其时,遇非其主,即使毕命圜扉,臣亦不为恨。惟是生盛明之朝,逢尧舜之主,臣下虽甚触忤,批鳞皆获保全,即如以矿、税逮系冯应京、何栋如、华钰辈,不久尽皆释放,而三臣独未蒙旷荡之恩,此臣之所以悼念而惋叹也。前万寿圣节时曾蒙皇上发拟,窃窥圣意之欲解网于三臣矣,不胜喜慰,而不意复留中也。今慈闱庆洽,四海阳回,欢声喜气溢于寰区,故臣敢为三臣请一旦之命,以上昭圣德,下慰舆情,亦臣区区补报之一念也。如圣意尚难,则古人有以官爵赎人之罪者,愿削臣一官以宥三臣,臣亦有厚幸焉。”(五〇一,9500—9501)

己酉,慈圣皇太后圣寿,免命妇朝贺。辅臣向高诣慈宁宫门行庆贺礼,上遣司礼监太监李恩颁赐辅臣酒馔珍品。御史王命璿言圣母遐龄,圣心豫悦,乞悯民困,践前言,以顺亲心、广仁孝,请罢天下税务。(五〇一,9502)【考】据《酌中志·三朝典礼之臣纪略》,李恩于嘉靖二十六年选入，先任文书官、正阳门提督，万历三十九年冬升司礼监秉笔，次年春掌监印，“不数年恩卒”。恩于实录未见于万历四十五年十一月。　辛亥，御史潘濬请蠲豁粤税。　癸丑，户部以淮商久困，盐监已故，请罢皇税。(五〇一,9503)

闰十一月丙寅，御史崔尔进奏恶珰数见恣睢，国宪难容漏网，言：“王信以门珰诬奏科臣张延登而门吏致被诘究，擅夺关防，变乱祖制。胡滨一税监而致死无罪命官，如经历李光显、中牟知县欧学启，可便置不问乎？马堂残虐天津，毒已叵测，何为以兼摄遂下扬州，巨舰蔽空，居民罢市。”并请亟正其罪。(五〇二,9513)　甲戌，户科给事中商周祚上言：“官储如洗，海内空虚，说者谓泉府之壅由于大内之朽蠹，惟正之逋，由于额外之横征，则欲疏其源，诚以发帑罢税为第一义，而欲节其流，又当以清兵核饷为第一义。然职谓有冗官之当汰者，禁卫之冒滥是也。锦衣掌宿卫亲军，为肘腋近臣，而今者最上则边臣之滥荫，不然即宦寺之余孽也，又不然则旗校之冒升者，而近且为税棍逋逃之薮、佣奴蜕骨之窟矣。又开纳太滥，赀郎充斥殿阁，清华渐成垢府，似宜大加裁革，所谓省一官即省一官之费者此也。职又谓有冗费之当清者，内官之冒破是也。国家钱粮经费如工程造作等项，何者不经内官之手？此辈黩货殃民，以度支为外府，以侵冒作生涯。如瑞王婚礼，上拟大婚已失隆杀之等，乃复加添不已。稽亲王之伉俪，充貂珰之溪壑，抑复非法。其他厂库监局之弊、各省直解纳之苦，不能一一更仆，如苏杭织造久竭民力，岁改滥恶，惧启戎心，是何独啬于经费而反宽于冒破也？似宜一切报罢，所谓省一分即增一分之国储者此也。”(五〇二,9517—9519)　丁亥，户科给事中官应震奏：“昨见户部一本，为婚礼钱粮恳赐裁酌。又见御用监为婚礼加添，有旨着户部再行酌处。职不觉恣嗟太息，念太仓库银四百万，余属边饷者三百八十九万有奇。顷九边共欠至二百九十三万六百两，太仓之匮可知也。良由民日求减，边日求增，朝廷之上挪借涸淆而莫可究诘。今方隅内困极矣，京师困商，秦困羊绒，晋困䌷，三吴困织造，豫章困磁，滇、粤困金珠，楚、蜀、黔困木，加以貂珰之吮吸，旱潦之不时，势必至于逋欠。皇上何不拓免徽、歙米税之心，尽罢诸税，使民得毕力于正供乎？而且令有司讲备荒之政，莫若考之《周礼》及旧臣吕坤所著两利仓、乡会仓、自救仓诸法，着实举行。夫平日既多方以开民自有之利，而岁祲又有以恤之，以是殿最邑令，责成郡守，犹有积逋难完者，臣不信也。尝考国初额饷，成、弘间才五十余万，嘉靖初亦不过六十万，庄皇帝（穆宗）践祚，乃定经制，尚止二百二十六万零。奈何延至今日，虏已通款，费反滋多。即如宣镇见在军溢旧额三千八百余、马六千七百余，各将家丁额支粮一石五斗，今且支至二石，各军布花额有全支、半支，今且一概全支，即宣镇而余镇可知也。辽、沈、开、铁间，新为增兵，虽有发纳班价银、绝军粮银、两淮加带盐引银三项，然仅足供十年之用，十年而后，恐垂涎及太仓矣，即辽镇而余镇可知也。则请申明年例之义，盖自边警仓皇，辄议增置，遂以一切权变之计袭为故常，命曰年例，此甚无谓。宜令边疆无事，兵若饷皆有定额，一旦缓急增添，名为权宜，不名经制，不得概以年例请。逮其事已，兵休兵收，饷止经制之复其在斯乎？挪移出纳有监守自盗之条，况在国储。借之一字，岂可以训？年来冏寺、光禄之借犹曰边饷、内供也，至如甲、丙二库绵布花绒，岁从内藏出给军士，昨冬且索及太仓矣。瑞王婚费进讫九万，仍欲加添，又其甚者，赵世卿先年刻书一册，内开不时进办无正额银，五年内共进过一百八十三万八千八百三十七两，今又二年，不知何似？夫御用自有御用银两，职考《会典》，如内府库所掌最大者金花银，国初解南京供进，各边或有缓急，间亦取足其中。正统元年，始自南京改解内库，嗣后多为御用。味'各边缓急'二语，知内库不专为内，兼以济边，是内库之可散而外甚明也。太仓银两，嘉靖二十二年题准，今后各处京运钱粮应解内府者一并催解贮库，悉备各边应用，不许别项挪移。

又议准今后各运司余盐银解送太仓贮库，专备各边客兵粮草，不许分毫别用。夫太仓原以备边，味'不许挪用'二语，是外库之不可敛而内甚明也。愿皇上涣发明纶，分别内外库之界，毋令中官混索，动及饷额，其他水衡之料价、冏寺之马价、光禄之上供，亦各还各项，不相侵假。倘有混索，职等得以原旨封还，计臣依阿解进，职等得以白简从事。如是则太仓还其太仓，而饷何不足之与有？伏□敕下户部，同九列大臣从长会议，永贻经久。不然，在皇上惟知有太仓，在臣子惟思发内帑，合上下而言，皇上之意主盈，臣子之意主缩；合文武将吏而言，司兵之意主加，司饷之意主减；合内外小大臣工而言，内臣之目击边事者主催科，外臣之目击民艰者主抚字。臣主相持，军民相左，外内小大相持，职不知所终也。"(五〇二，9529—9533)　戊子，礼科给事中余懋孳参御马监太监杨秀擅参上林苑监左监丞张继等，指为属官，奉旨夺俸并下署吏于理，言："太祖高皇帝置各监局内官，止令供扫除，不许预外事，载在宝训，何等森严，从未闻以文官为之属吏也。而秀公然行之，违祖制当罪，欺皇上当罪，乃不蒙谴戮，反为示罚焉。臣恐此端一开，朦胧取旨，将使外廷事任尽掣中涓，旧制法度尽听变更，而廷中不复知南北司之异矣。伏乞申明祖训，严防内外，治杨秀捏奏之罪，而折诸阉以祲横之萌。"时吏部尚书赵焕亦有疏争。俱不报。久之，法司言秀称属无据，说谎宜惩，署吏无律可比，法应免提，并请正秀奸欺之罪。(五〇二，9533—9534)

十二月癸巳，御史潘汝祯请下铨部分别被论诸臣去留疏，以清仕路，并乞严谕各门阉竖、鸿胪寺卿，毋仍前凌虐计吏，以体群臣。(五〇三，9538)　甲午，御史俞诲奏光禄库贮空虚已极，续添查核宜严，言内庭器用俱有回销，尚衣监何以续添朱红酒碟至一万九千五百三十余个、麻绳一万五千余斤？此等月计虽微，岁计甚巨，当并议裁省。因言今天下民生日竭，国用日诎，如度支之匮乏、边饷之紧急，其虚实宜核，又当何如，并乞天语叮咛中外诸臣大加振刷。(五〇三,9538—9539) 乙未,给事中李成名请释满朝荐,言:"迩闻圣母病目,至廑圣怀,昕夕问安,不遑宁处。朝荐有母,亦病于家,乃不得一侍汤药,非所以推广孝治也。"因言内臣之祸始于缙绅被逮,由是而谩抚臣、蛊按臣、辱方面、毙职官,至近日则王信迫胁夫门吏,杨秀凌轹夫监丞,单奏朝驰,王言暮出,廷臣参疏置若罔闻,是诸臣无一可信而阉人无一不可信也。长此不已,势必使南北司如水火而寇仇善类、奴隶朝绅,异衅惨祸不止如朝荐诸臣而已。朝荐不释则圣心终为诸珰蔽,而诸珰日肆,国家之害未有已时。(五〇三,9540—9541) 辛丑,革锦衣卫都指挥使陈居恭(**太监陈矩侄**)南镇抚司佥书任,闲住。居恭为御史万崇德论刑余冒荫,遂称病径去。兵部以擅自离任纠参,上怒其职列禁卫,大干法纪,着革任闲住。(五〇三,9554—9555) 丙午,御史李若星奏:目击库藏积弊,蠹国病商,敬条四议:一、钱粮之出入宜明。祖宗设科道巡视、两主事监收,岂有但管入不管出者?请自今除内库听该监收纳,臣等严查,外十库凡有收放,该监即知会臣等,公同出纳,庶无侵漏之弊。一、硝黄之积贮宜预。该库循环原有硝黄五百九十余万,永乐年间硝黄尚贮南库,嘉靖初始议煎剔,万历十一年奉旨查盘,辄化为尘土矣。今入数虽盈,存积实少,宜另造一外库于火药局之空处,以贮存积,备缓亟之需。一、红萝之商役宜恤。一、内监之柴炭宜折。(五〇三,9559)

万历四十一年癸丑(1613)

二月乙巳,巡按直隶御史颜思忠疏陈地方事宜:(**一、修复营兵以重海防。**)一、蠲税除珰以解倒悬。两淮岁办盐课六十余万,足国济边,不烦催督。自有皇税以来,横征叠派,吸髓敲筋,商人不啻在汤火中。鲁保物故未几,复遭马堂扰害,变乱成规,商人逃窜,利归群小,怨归朝廷。皇上未之思耶?何如责成有司解部恭进,岂不正大光明?又何苦令此辈剥削为哉!(**一、专理清军以速漕运。**

一、查抵坍田以足粮额。)(五〇五,9596)

三月戊寅,刑科给事中郭尚宾言:"粤东自万历二十七年至今,解过税银二百六十万矣,此他省所无而粤民空杼轴以应者。财力已竭,乃求之犹不休乎?抚臣张鸣冈、按臣李应魁、王以宁无不具疏叩阍,即税使李凤亦曾有疏请减,毋乃具悉民穷之可悯、离散之可虞而为之请命乎?乞陛下慨然赐之俞纶,如天之仁,实沾溉于炎方矣。"不报。(五〇六,9611)

六月辛亥,广东珠池自万历三十三年十二月十五日元孙诞生恩诏停采后,道路传闻,有金吾右卫指挥倪英上疏请开,于是刑科给事中郭尚宾疏论开采之害。不报。(五〇九,9647)

八月乙巳,命锦衣卫释满朝荐、王邦才、卞孔时。朝荐等以忤税监梁永、高准等,逮系诏狱八年,廷臣无人不为控吁,上俱未允。至是,圣寿届期,特命释之,且以辅臣力陈为谕。(五一一,9668)

十月壬辰,上以广东税使李凤久病,着在任调理,仍命内臣阮昇往管所收税课并一应钱粮方物等项。刑科给事中郭尚宾言:"两粤事同一体,先年粤西税监病故,皇上止命四川税监管理,今内臣何不粤西事例之循,而令阮昇得营李凤之差哉?"因陈粤东商民俱困、澳夷跳梁诸不堪朘削状,请停遣阮昇,或减税数万以苏粤困。时辅臣叶向高,卿等何熊祥、李时华,科道余懋孳、官应震、刘廷元、谢正蒙等俱以为言。不报。(五一三,9696)

十一月丁卯,户科给事中姚宗文言:"各省直抚按水荒之报,蔑地不然,老羸转徙,室家仳离诸状,不啻写郑使[侠]之图而流贾生之涕矣。乃榷税历十五年,延颈跂踵,日望停止,而迄今未停止也。朘削已深,肌髓已尽,势将走险,何暇择音。斯时也,岌岌乎殆哉!故请蠲请减折及请发帑金、请给仓稰者连篇累牍,未可殚述。若以停税请者,在北直则请停真、顺、广、大四府落地税银矣,在山东则请停六郡包税四万六百余两矣;以留税请者,在湖广则请留税三万三千、合赎银七千,共足四万以行赈济矣,在江西则请留二监税银三万两矣。叩阍吁帝，语语呕心，皇上何不慨发德音，念万黎待命之苦，将诸疏下部覆议，应停者停，应留者留，哀此泽鸿，俾获苏活，以延旦夕之命耶？至于罢撤最急而不可须臾缓者，在腹里则无如广东之每岁一十八万，在边关则无如喜峰口之每岁九百余两。一则以大海邻倭，榷税既多，将粤人莫必其命，而或生内溃之忧；一则以穷边邻虏，榷税虽少，恐贡夷莫应其求，而或酿外讧之衅。夫语及民命，皇上已凄然动心，况语及倭虏而夷情之观望、中国之体统于是焉系，皇上胡可悠悠泛泛不一深长思也！”(五一四，9704—9706)　壬申，时有牧马所腾骧四卫千百户苏应诏等诉御马监太监邢洪殴死多命、侵冒军马钱粮，巡城御史凌汉翀为理其冤，械洪校役来德润等，系之狱。洪乃于冬至朝贺日纠众辱翀于朝，复群谇狱门，欲夺其校役。于是翀列状以闻，御史俞诲、李徵仪、李凌云等连疏乞严敕究拟，以遏乱萌。不报。(五一四，9706—9707)

十二月甲申朔，给事中翁宪祥、归子顾、张延登、姜性、郭尚宾，御史董定策、崔尔进、潘汝祯、田一甲、王命璿俱以内监邢洪廷辱御史凌汉翀，列洪诸不法状，云：“洪纠众于皇城各门，扬言逞害，仍阻截原疏，至三日始由通政司以达，可不谓邀取实封乎？指称钦依票文，给毛应龙等肆行诈骗，可不谓诈传诏旨乎？本监印信未奉明旨署掌，洪自造关防，行移各衙门，可不谓私造印信乎？打死人命，如王大经、赵天祥、杜如连等数十人，可不谓故勘故杀威逼乎？索扣军人张恪等逃伍米石，可不谓冒支军粮乎？侵没御骥草料子粒银以百万计，可不谓盗内府财物乎？勒取五滩三厂诸商分例无算，可不谓监临求索乎？指索进营轿伞、茶盒钱，点闸四卫营小马军钱百万，可不谓科敛乎？遍揭飞语于禁地，可不谓妖言匿名乎？督领夏进朝、李进忠等百余人，跨马张弓，将在官人辛贤、李六儿等逾垣抢去，可不谓聚众持凶、围绕打夺乎？程岐、来德润、金进朝等从谀邢洪之恶，除各应得死罪外，可不谓投托内官作家人伴当拨置乎？有一于此，不知当服何刑，而洪乃实犯多款，是尚知有朝廷哉？皇上于此辈多所假贷，虽以驸马戚臣而彭进朝、杨应吉辈敢于拥众殴辱，今日尚逭典刑，彼邢洪者夫亦安所惮乎？乞皇上严提首恶邢洪及其凶党，敕法司如律究处，庶朝廷不致废法而乱萌可遏。”不报。(五一五，9713—9715)

万历四十二年甲寅(1614)

四月丙戌，奉天承运，皇帝诏曰：“朕以圣母违和，日夜问视，竭诚祈祷，愿移眚于渺躬。恭承慈谕，内外轻罪宜与赦除，灾伤钱粮尽行豁免，朕方诏所司奉行德意而仙驭遽升，徽音遂邈，仰追遗训，益怆于怀。爰沛非时之恩，用慰在天之念，所有条款开列于后：一、……一、近京零星重叠小税，准与归并，以省烦扰，应免者豁免。一、……一、各省直额进税课每年以三分为率，蠲免一分，以苏民困，其二分照旧征收分解进用，接济急需，待三殿工有次第，即行停止。……”(五一九，9778—9783) 戊戌，工科左给事中李瑾题称：“内官监太监张宣等开昭陵殿庑、楼亭、厨库、房廊等处损坏修理及开挖隧道、成造供器，搭盖席殿、棚座、浮桥等项，合用物料约数十万计。臣甚讶之，随查得二十四年仁圣皇太后祔葬昭陵，该监题称该修等处及应费等项与今题不异也，而内开物料则有昔无今有，昔少今多，昔数已奢而今增一倍甚至十数倍者，则其为浮估滥开可知。乃侍郎林如楚、郎中杨若予皆恭诣昭陵，身亲相度者也，咸谓昭陵规制谨严，并无损坏，惟殿后中北台基一处闪动，明楼前后滴檐水浸下砖面不平，神厨过石一块当换耳。伏乞敕谕该部，乘此开工之始，各官在陵之日，会同踏勘某处果系损坏应该修整，某处颜色凋零应该油饰，即便登记，仍照题覆，遵《会典》选择廉谨内臣二三员任事，仍申定报竣之期以杜延缓之隙。”留中。(五一九，9788—9789) 乙巳，礼科给事中姚永济题称：“御史黄彦士有近畿开荒一疏，盖当今讲求地利生财之法，信无逾此。无何而司礼监太监卢受疏至，以为侵御苑、伤龙脉，嗟此尽力之民且奉内旨严提拟罪矣。伏睹《大明会典》一款……”疏入留中。(五一九，9790—9791)

五月壬子朔，四川道御史田生金疏称纪纲倒持可虑，圣明整饬宜先：“是非曲直，国家磨钝之大操柄也，从来无两是，亦无两非，无两直，亦无两曲。皇上一概置之，甚至邪说之横诋，自负圣明之特知，枉直未判，劝惩莫分，此纪纲之当饬者一。阉宦邢洪称凶禁地，科道诸臣单参合参，皇上概置不报。于是备监潘朝用谋庇番役，诬奏进忠以盗陵木之罪，而海监卢受又以需索不得蔽陷金祥等以侵夺御苑之辜，方且取旨如寄，岂刑余之忠反在诸臣上哉？此纪纲之当饬者二。备监杜茂播虐承天，怨毒已盈，顷者听留守陆万垓之教唆，毙指挥陆嘉猷于杖下。夫嘉猷官居四品，迹奋武科，此而可以专杀，何有于嘉猷而下者哉？此纪纲之当饬者三。**(下言纪纲之当饬者四至十，从略)**”疏入不报。(五二〇，9793)【考】杜茂以勐旋取回，卒于泰昌元年，其墓志见本年附。　癸丑，刑科给事中姜性疏称：“国家之设厂监，许其刺事，非许其生事也。卢受督厂几何，时而番校四出，生事害人，都城远近，无不倾家毙命。迩来提问金祥一事，不用阁拟，竟从中出。窃威如受，播虐如受，尤而效之，又何诛焉？乞将卢受亟正刑典，别委忠勤畏法者一人督厂。”不报。(五二〇，9796)　丁巳，刑科给事中姜性疏称：“先是二十八年，税监陈奉播虐全楚，辱县官、拿富户、掘冢暴訾。承天有宋玉石窖者，其来已久，奉妄意窖中之藏，而其地逼近祖陵，干碍儒学风水，一时士民哄拥奉舆，庠生沈希孟、沈机等亦环泣乞免，非有截劫鼓噪之情也。维时陈奉深衔诸生，备监杜茂各以地方事具闻，而希孟等遂逮诏狱，转送刑部严鞫，无哗状。今三十三年恩诏，该部题奉明旨，押发本省勘问昭雪，抚按已将机等遵赦杖赎，仍拟发学肄业以请。今再逢慈赦矣，臣窃谓诸生复学一事可一题知而结局非擅出也，遵诏旨也。臣又查广东举人劳养奎、梁斗辉、钟声朝三生无罪而被税监李凤陷害，其当议复，与承天诸生事体颇同。已经抚按具题，台省疏请，盖愤珰之虐而悯士之冤者有同心焉。计地方官遵诏便宜，以为粤士地者不在楚士后，敢并及之。”不报。(五二〇,9800—9801)　庚申，江西巡按韩浚一本，疏称：“天下之税皆当罢而江西之税尤当罢，天下之税使皆当撤而湖口之李道尤当撤。何也？江西地狭民贫，纤啬为生，自赣州以下，九江以上，如清江、河口、建昌、章石、许湾、饶州以及各郡邑无不叠税重征，兼以昨岁重罹水灾，关梁市镇一望凄然。至于湖口一税，滨临大江，他税尚属有司转解，此独税监征取，而穷凶极狡之李道招集亡命，横行江上，凡遇商人报税，本监批加加罚，动以千计。又厂前原系石崖，舟触即碎，且楚江与鄱湖合流，势极汹涌，该监故将南[商]舟羁留以恣勒索，每遭风涛，覆溺接踵。乃今圣母凭几之言琅琅在耳，何难省直税务一朝报罢？又况江省贫瘠之乡，湖口水火之困哉？乞将江西加派岁额(**按，“岁额”二字疑衍，广、抱二本无**)税银并赐停免，将李道撤回，其赣州桥税及各府课程原系户部钱粮一时挪移上供，仍应还该部充饷，庶几海内之元气渐苏，我皇上至孝至仁与天无极矣。”不报。(五二〇,9802—9803)　壬戌，福建税监高宷播恶无忌，私造通倭双柁(**抱本柁作桅**)海船，置办倭货物数十万金，一切价值分毫不与，小民赔累，怨愤激变。宷怒，麾兵持刀乱砍，杀伤多命，举放火箭，烧毁民房。突入巡抚衙门，露刃胁制，复劫道、府、都司等官质于署中，凶悖猖狂。抚按袁一骥、徐鉴疏闻，大学士叶向高、方从哲及给事中姚永济、郭尚宾先后参论。不报。(五二〇,9804)　庚午，大学士叶向高疏言：“大僚缺乏，边饷空虚，候补科道诸臣久未奉旨，大选各官文凭未领，不得赴任，京营巡视无人，马价久稽，吏部题上起废各官未蒙批发，皆关系目前急务，不容停缓。高宷激变，民怨日深，乞赐撤回，亦所以全宷也。”奉旨：“补大僚诸事稍候检发，起废亦当详览施行，高宷事知道了。”(五二〇,9808)

六月乙酉，是日，遣内官奉敕往吊潞王，仍敕王妃照例管理府事，其辅导诸务责成长史司，如不称职，听抚按官参处。（五二一，9829）　兵科给事中吴亮嗣言："陵珰杜茂擅作威福，杖杀四品武臣，陵寝何地，敢为震惊？汤沐劳民，恣其鱼肉，乞付理官，明正妄杀之罪。若留守陆万垓敢为虎翼，目无三尺，应□彼中抚按提问。"留中。（五二一，9829—9830）　丙戌，上命大学士叶向高恭题孝定皇后神主，带领制敕房中书汪民敬供事，并关领司设监等衙门帐房、锣、锅等项一如例。（五二一，9830）　己亥，兵部尚书王象乾言："山陵之役，内官监受把总李贞、杨志学、姜忠、史大化银四百四十八两折价，仅募市猾百余名以赴严程，杠多朽木，索以縩麻，以致梓宫行迟。"上命李贞等法司提问，内官监着司礼监查明具奏。（五二一，9832）

八月癸巳，户科给事中姚宗文等疏称："皇上追颂慈恩，特颁遗诏，明开天下税额俱减三分之一，近京零星小税概准豁免。乃税监张烨欲借网罗之广，饱溪壑之私，三疏妄上，如桥关隘口一十三处，总计征银不过二万有奇，此宜遵近京零星之诏，烨必附之三分减一之例。通湾税店即云难以额减，然该征三分者今征二分，使所[可]以遵奉诏旨，烨并不欲附于三分减一之例。芦沟桥近京四十里，灰煤炭草何零星如之？桥有税，口有税，门有税，何重叠如之？烨乃用祖制为名，妄渎宸听。夫《会典》所载隆庆四年题准驮运木柴、炭、草俱免抽税，烨何不引称于皇上之前？烨之用意毒，为计巧，乞即赐撤回，诘以阻挠明诏有何神奸异棍，一并正法。"留中。（五二三，9851—9852）

九月己巳，巡视京营给事中等姚宗文疏言："国家不爱财赋以养军秣马，本为拥卫根本，周备缓急，而诸珰敢于罔上行私，钱粮日耗，军伍日空。前巡视张延登、史弼查点勇士营册，操官勇三千六百四十七员名，除捏开事故外，止到一千八百余名；马该一千四十三匹，则指称上直、下场等名，一匹不到矣。四卫营册，操官旗七千二百四十员名，除捏称事故外，止到四千六百余名；马该四百四十五匹，亦指称如前，一匹不到矣。皆内监通同折干卖闲，临点雇觅，冒名顶替；马多私卖，年终印烙亦赁雇应点，故各营之马时报倒死匹数，纳桩买补。而惟勇卫马匹数十年如故，世岂有数十年不毙之马乎？通计两营养军秣马之费，共米一十三万七千余石，银约一万七千两有奇，朝廷不得一军一马之用，此以勇士、四卫言也。各监之占役又不止此，神机、神枢两营造到各监占役文册，神机营则共占四百七十四名，神枢营则共占三百六十一名。有差者占矣即革差，而占如故；人在者占矣，即谢世而名下分占如故。以门军言之，则九门额军三千七百五十九名，现在守门听点止一千二十六名外，七门额军三千一百四名，现在守门听点止一千零九十三名，其余影占反居过半。占役官军每月纳大小官钱，每军二名，单月官钱三百二十文，双月官钱二百六十文。乞下法司将各监侵占如法追究，尽数撤回，其有仍前隐占查点不到者，即革粮另替，庶乎夙弊清而军政肃矣。"留中。(五二四，9874—9876)

甲戌，兵科给事中吴亮嗣疏请赡田不足，宜又备监权，重当防福王之国："户部咨催湖广赡田四千四百余顷，夫楚中昔为景藩邸业，搜括之惨，至不忍闻。后即以奉潞藩而天下所以不扰也。自兹以还，复有尺寸之闲土乎？计惟有显陵余地堪为拨补，而陵监又巧为之说以挠成议，不知钦留邸业载在碑志者不过九千二百八顷，其余则当归之朝廷者也。乞允抚按之请，差官清丈，故额以内毫不敢亏，故额以外尽数以充赡田，计莫便于此者。守陵诸内臣香火、启闭外，无他职事，至于显陵，何独不然？今还杜茂而遣刘用，敕中所载不知何事，万一兼摄兵马，旁及词讼，滥收冗役，他日乱纪纲而震都邑，用之肉其足食乎？"留中。(五二四，9876—9877)

十月戊子，户科给事中姚宗文等言赡田搜括甚难，隐田清丈宜亟："据河南抚臣梁祖龄报称，原拨福府庄田中有零芜地二千四百四十顷五亩九分零，今俱更换良田，或变价另买，或找价贴换，或本府州县无可换，派之通省，实共膏腴之田一万一千二十八顷有奇。至于赡田不足，派及湖广四千四百八十五顷五十亩零，奉旨咨催。按臣钱春查议五事，如楚府拨出原补淤田、元祐宫香灯田、雍府遗基、广元光泽王府退出田地，零星凑合，不过五百三十六顷十一亩零耳。唯承天备监田地按臣疏请丈量，即除额数新增，实在一万四千二百四十顷五十四亩外，其余凑补福王赡田不过用丈量之所余者十之二三而充然有余矣，乃备监杜茂偏词阻挠，至勤严旨。夫同一赡田也，在河南之遗地则本不足而必于取腴取盈，在备监之隐田本有余而反令若忘若弃，宸衷必有憬然不安而难寘于不问者矣。乞颁明旨，敕该部咨行巡按严查杜茂隐占，如凑补藩租尚多赢羡者，另籍开报，以防后监欺占之弊，以预后来封建之资。"留中。(五二五，9881—9883)

十一月庚申，上谕内阁："朕先年朝谒圣母，恭见圣目少安，斋沐竭诚，露祷上帝，复命内官祈祷于东岳泰山之神。感其灵应，发帑命内官监太监崔登等铸造圣像，并建宝殿告成，宜当用文，恭纪其事，以彰朕之孝诚，卿可撰碑文来看。"(五二六，9889)　丙寅，河南道御史刘光复疏言："先是职奏旧淮抚李三才不法，擅用黄木盖造房屋数百间，起建花园，吞占国家祖宗相传木厂地百余亩，没朝廷之官军充私家之工用，取朝廷之城砖砌私家之墙垣，并其家人李七等怙势吞商，难以枚举。三才欲自明，不过曾用皇木与不用皇木，两言而决，乃职疏及者略而不谈，而所置辩者皆意想不到之事，词锋闪烁，神情周章。国家二百余年无遣内臣勘问外官之事，而乞特遣公正内臣查验对质，将九卿百官无一公正人乎？必皇上专用内臣而后可乎？伏乞敕下九卿、科道从公会问，三才果否取石灰于冀镇；士民有口，中军有谕帖，三才果否拘役官军；死者含冤，生者当有口，将官有三才取票，果否用城砖砌家墙。阖州耳目难掩，砖墙见在可勘。此尤其小者，若皇木如至八万五千四百余根，必有下落，三才造房之木必有来历，皇上世守木厂，岂容占作私门乐地。按律以论，难逃两观之诛矣，伏惟圣明鉴察。”是时科臣刘文炳、姚若水、官应震，台臣刘弘光、潘汝桢，监察工程台臣李徽仪，直隶按臣颜思忠等先后交章，工部署部事右侍郎林如楚亦以官木散失有因，言官指摘有据，疏请监察科道会同缮司及分司官前往查勘。俱不报。(五二六,9893—9895)

十二月丙戌，礼部疏言：“福王生长深宫，贵极富溢，岂屑为多寡有无计。止缘天下亡命积猾趋利如骛，以之诱内监，内监亦以之诱福王，故请求之牍日新月异，孰知祸患之中于宗社者有六，且及于福藩，断断乎其不爽也！何以言之？山东，京师之左辅也，从来易动难安。曩时括田令下，怨咨之声已不忍闻，今承奉、门正率百十余人，假丈量之名，所在驿骚。田边之田，业外之业，可以恣行包占，而一切殷实之家可诬以隐漏抗违，惟其所渔食耳。山东如此，河南、湖广复然，卒致分崩溃烂，不可收拾，此群小摇左辅以危宗社者一。国家数百万金钱，强半出于盐筴，各有定引，各有分地。洛阳旧食河东盐，以其壤地相接，朝发夕及也。今改食淮盐，逆河而上数千里，又欲开店发卖，使河南一府尽食盐。夫河南既食淮盐，河东之盐岂能飞越至于南阳、怀庆？是河东失三府之分地矣。且经由山东之东兖，河南之开、归、卫等府，内监积猾必多带私盐，沿途货卖。私引既多，正引停格，不惟淮扬、河东盐法尽坏，即山东、长芦靡不阻滞。正额何以完而经费何以给？此群小坏盐政以危宗社者二。京师与虏为邻，二军枕戈坐甲以捍牧圉者，为得糈计耳。今山东各省盐法既坏，又经数百豺虎择人而食，民且不能安居，税将何处出办？百万军士岂能枵腹待毙？轻则脱巾而噪，重则勾虏为难，此群小侵边饷以危宗社者三。留都根本重地，从来藩封未有睥睨尺地者，令[今]请芦洲，请管芦洲之业，内监往来群聚，不逞之徒竞相膻附，不曰某处之为利孔也，则曰某人之漏正供也。金陵之人必不能安枕，而高皇帝之衣冠不致震惊不已。此群小窥陪京以危宗社者四。自古权衡天下者，必据荆蜀之上游，建瓴之势。今请故相田产，请蜀盐井，群小之意，不过居津要，以肆囊括，或无他虑。然有一风尘之警，此辈宁不可虑乎？万一顺流而东，则陪京立危矣。此群小窥上游以危宗社者五。[1]马周有言曰：'自古国家之兴亡不由积蓄多少，惟在百姓苦乐。'今福王孳孳为利，请马店，请山厂、竹木等厂，以亲藩尊贵躬为纤啬之谋，其亵已甚。况夺一事之利则百姓失一事之生计，夺一日之利则百姓失一日之生计，时削月朘，吮糠及米，铤而走险，皆敌国也。此群小失人心以危宗社者六。夫使有害于宗社而有利于藩封，见小遗大，犹云不可，矧为藩封之害又有历历可言者乎？有司征租，上不敢失正赋，下不忍尽民膏，况有抚按监司弹压其间，催征甚易，一属内监管业，正租一金必费民十金，一金之拖欠如故也，求此辈廉静，是穷奇不飧，窃脂不肉，万万无是理者。古人有曰：'爱子教之以义方，不纳于邪，骄奢淫逸所自邪也。'又曰：'富不与骄期而骄自至，骄不与罪期而罪自至。'福王之富贵极矣，又听其意之所欲得而即以畀之，益其骄志，助其邪心，非爱之也，适所以祸之也，伏惟圣明垂察。"（五二七，9901—9904）　辛丑，兵部题覆："毕其等黄夜潜入皇城内北台堆积烧毁乾清宫土渣处所，挖金砂淘洗。内官宋进喜等翻为奸薮，依律正罪以清禁地。"奉旨："宋进喜及毕其等都着法司究拟。"（五二七，9909）　丙午，上谕内阁："圣母升祔昭陵大典告成，朕心甚慰，所有在工内外官员悉心经理，劳绩可嘉。先年献皇后陵工告成，虽在承天，在彼供事官员俱已升赏。今圣母陵工报完，典礼隆重，其内外官员均属效劳，除内监另授外，佐工官员分别叙赏，以昭朝廷激劝之典，卿可拟票来行。"（五二七，9910—9911）

---

① "危宗社者四"下 83 字，据广本补。

本年附

艺文・碑铭・太监杜茂墓志及事迹

明故司礼监秉笔太监管监事瑞庵杜公墓志铭

赐进士第、改翰林院庶吉士通家乡侍生杨维新顿首拜撰。

泰昌元年(1620)十月二十八日午时,司礼监太监杜公卒。公讳茂,字子康,别号瑞庵,世为陕西咸阳人。父三聘,母王氏,以嘉靖庚子(十九年,1540)十一月二十日辰时生公。有异征。年舞象,善文艺。

嘉靖三十八年(1559),选入司礼供事,寻掌经厂掌司。万历壬辰(二十年,1592),擢文书房,兼署惜薪司,历左、右丞,随升太监,掌天下诸司章奏。时雒廷评之抗疏极言,祸几不测,而公欲出一言申救,以同事掣去,不果。士论韪之,咸卜其异日必为名内卿云。

甲午(二十二年,1594),敕为承天督护,辖二陵内外官军。军哗于伍,官疲于偷,公下车,即振弛兴废,厘奸剔蠹,法制赋役以及陵户、乐籍,无不处置得宜。此犹曰事关祖制也。楚甸号为泽国,阳侯一虐,千里成波。荆之南,郢之西,仅一道通。有黄家湾一区,旧筑堤堰,民以为命,日久荡为平原。公至,即首倡议建,甫三月而工告竣。厥土无沮洳,氓民无荡析,至今舆人之诵,载在刘少司马记中矣。此亦曰事关陵寝也。兴国旧有武穆忠祠,献皇帝表章忠贞之义,详其八景籍内。日久,有司不能留其遗址。公考其典章,购其故所,画地鸠工,树立堂宇,令后之忠臣义士有所凭而吊者,其寓意不宏远乎?兴国属汤沐地,榷采者鹰攫鸷击,无所不至,万姓不啻汤火。天子谴归原使,而以其职受之公。公领其事,即极力为民请命,请蠲全楚矿额之半,请免方物买办之扰,请留积羡以充赈济之饷,疏屡上而屡报可。此士大夫焦唇干舌而不能得者,公以数言得之。非公之精诚,默感宸衷,曷能若是?其造福地方,宁有量哉!他如苏驿传之困,屏狐鼠之奸,祈雨泽之恩,雪无辜之冤,调停苦心,无所不到。宜乎邑之父老缙绅,心折之不已,形之咏歌,以揄扬之,垂之竹帛不已,列之俎豆,以尸祝之。遐轨芳躅,当与三湘七泽而共永矣!公在官,迎养尊大人于邸。尊大人曾秩博学,间出其绪余以训迪之,公无不凛凛然,奉命惟谨。今所建树炳炳若此,岂非公之移孝作忠者乎?楚人方倚公为杜荆公,而公乃以疾告归。天子不欲久劳此重臣,故准以驰驿还。

今上（熹宗）嗣登大宝，追念耆旧，复晋公于乾清宫近侍、司礼监秉笔太监。公方欲鞠躬尽瘁，抒其未罄之忠荩。无何，竟以疾终，是为泰昌之元年十月二十八日也，距公生时，得年八十有一。

公弟继芳，中书舍人。侄维翰，国子生。甥赵钦，光禄寺署正。公之名下高进等，以是年十一月二十二日，葬公于阜成门外八里庄之原，而乞铭于余。余于公有桑梓之雅，于中书君邑里相望，文墨相观劘者有年。因追公之杖履，悉公之生平，安能已于言？昔楚之管苏，晋之勃鞮，汉之吕强，唐之张承业，彼逢偏霸中主，犹令名垂之不朽。公处重熙累洽之世，历事五朝，忠肝义胆，言听计从，太史氏必有采而笔之者，岂徒于若人比烈哉！公自内直得蟒纻者二，赐玉带者一，乞休赐温旨者二，岁加禄米八十四石者七。病则遣官加宠，坳则锡笾起冢，皆所称异数云。是宜铭，铭曰：

佳哉郁郁何葱葱，埋玉伊谁公之宫。乘虬驾螭御长风，白阳瑟瑟草凄凄。挂剑伊谁路不迷，丰碑大隧帝城西。呜呼！地有灵兮骨可藏，利其嗣人炽而昌，千秋万祀传遗芳。

不孝名下高进等泣血上石。

（《新中国出土墓志·北京》第322号）

李维桢《新建岳武穆祠记》："陕西咸阳杜公，历任司礼，得献皇帝集，每诵表扬武穆一诗，忠义相感，辄咨嗟□□。岁甲午（二十二年，1594），适承天守镇员缺，皇上简命任之，甫至地方，诸务未遑修举，即求遗祠故址，而惜其泯泯也。卜地府市之西为祠，而勒献皇帝诗，昭示永永。（**守臣各捐资来助，下略**。）"

李维桢《实政纪叙》："郢郡人少司马刘公纪其所善司礼文书杜公自莅官以来所兴除利病若干条，名之曰《实政》而叙行之。余读既，盖三叹焉。昔者冉子退朝晏以为有政，而仲尼斥之为事如有政，虽不吾以，吾其与闻之方。是时政由鲁君，而季氏窃之，是以云然。余屏居田间，故从大夫之后，睹记司礼先后奉玺书非一，天子命之，司礼行之，名之为政是矣。国家政出于一，损益咸正罔缺，而恬熙日久，罅漏日生，巧伪繁作，上下相蒙，所患莫不大于不实。今以司马公言质之舆论，司礼之心仰不愧天，俯不怍人，司礼之政名之为实，信矣。一命而上，苟存心于爱物，于人必有所济，况天子亲近之臣，衔命出使，其委任甚重，与官僚迥异，而能孜孜佐百姓之急务,行实政以对扬天子休命,利益固非小补,刘司马之叙而行之,有以也。余又闻诸郡父老,从肃皇帝嗣大历服垂近八十年,诸侍臣莅郡者指不胜偻,惟张咸阳古原公(**盖指守备太监张尧**)得士民心,弇州(**王世贞**)特为诗赠之,在集中。杜公实出其门,其父以明经为博士,公事之孝,所由来有渐矣。往雒廷评封事语太直戆,主上震怒,罪在不测。公烈烈与同志官关中季君清、雄邑赵君安,上书御史大夫李公,愿以身代鈇钺,盛为缙绅所钦。每谈往事,至容城诸君子被祸处,辄咨嗟流涕。复以献皇帝御制郡十八景诗有岳武穆遗词[祠],失其址,购地兴祠事,以昭示献皇帝表彰忠臣之意,亦可纪也。"

(以上两文均见万历《承天府志》卷一四《艺文》)

万历四十三年乙卯(1615)

正月辛亥,以甘肃进贡马匹例有钦赐银两,内库缺之,诏太仆寺给与。　　壬子,湖广巡按钱春极陈楚省困惫,榷采难堪,迩奉恩诏免一征二,非不少宽民力,顾不撤关罢厂,减犹未减,乞敕户、工二部将税务与采木并罢以苏民困。不报。(五二八,9913)

乙丑,时福府差承奉往东省丈田,所在扰害,山东巡按赵日亨疏言:"东人向苦旱,近苦水,今每亩三分,倍逾五分之额,而又以狐假者索之,必至沟殍道殣。且其地半滨海,半联辽,今中州之穷搜,全楚之纷扰,芦州盐店之屑瑟,具从众怨而适以乌合兽聚者倡之,能必其不扬航操戈,与之响应乎?夫田亩不足须丈,界至不明须丈,顷坐派四千四百八十亩零,无尺寸亏也,额租一万三千四百五十两零,无纤毫减也,册籍具明,租户各定,有司征不加少,中使营不加多。乞陛下俯收清丈之命,亟停藩阉之差,每亩三分,逐岁有司征收,依期解纳,一如部议。"巡抚钱士完亦极言中使清丈之害。上曰:"福府田地既奉有明旨自行管业,本府差官查丈田地,与册相同者查收外,近有奸民,故将膏腴藏匿,以荒芜朦胧搪抵,与册互异,岂得不行查丈?不必又来烦渎。"(五二八,9920—9921)

山西巡抚吴仁度奏:"山西军卒暴露,穷年枵腹,民运逋负,京运愆期。今税监张忠物故，乞皇上俯念税额已定，无烦再遣中官，容令臣等责成有司按季征收。"上曰："张忠病故，其征收见在税课钱粮等项公同查明，交付差去内官窦进忠押解进用，原管税课事宜着归并内官张烨不妨原务兼摄，督理解进。"（五二八，9921—9922）

初，闽抚婴税监高寀之难，左布政使窦子偁行至节镇坊不入辕门，事闻，京师多有疑其不赴援者。兵科给事中吴亮嗣赡田一疏语及寀事，内有"闭阁幸抚臣，左袒附内监"之语，于是子偁坚意求去，士民思之。高寀奏乞宽限调理，回监管事，上命遵旨伴送来京，司礼监奏请定夺。寀又以遗下撙节公费银两上进。疏俱报可。（五二八，9922—9923）　戊辰，户科给事中姚宗文劾税珰高寀闻命迁延，沿途横索，既经山东，抚按会参，乃昨者疏进钱粮，内称有税银九千余两被乡官林世吉等家奴并各衙门员役抢去。寀之为此谎奏，不过欲借抢夺之名以自文其窃盗之罪，乞寘诸理。不报。（五二八，9924）　是时，福府伴读阎时往汝州等处丈地征租，每钱加收五分，偶因勒索不遂，将佃户周化、鲁国臣毒打，化死，国臣垂毙。河南抚按交章请敕法司逮系正罪，仍祈谕王将已遣仗地内官一并撤回，其租银令有司征解。上以阎时不能安静，命承奉司启王撤回戒饬，另差委廉慎官员前去更替。（五二八，9924）　庚午，户科给事中官应震言："臣效忠陛下者有三说：一曰情爱不可偏溺。均吾君之子也，在皇太子十二年来以讲学请则不报，在瑞王二十五龄以婚请则不报，在惠王廿二龄、桂王十九龄以选婚请则不报。而独是福王者随请随报，屡请屡报，宠盛而骄，只恐阶之为祸。一曰货利不可偏徇。二十年来采山榷酤，商困于市，旅愁于途，犹幸有农民在陇亩，朝廷之正赋是供。乃顷则宦[宫]珰军骑遍历穷乡，既苦每亩三分之纳，复为分外加五之收，而农之困乃更在商贾上。一曰私人不可偏任。陛下近年于士大夫微觉厌薄，独于此曹是崇是信。如李俊、邢洪辈之诪张于辇毂，陈奉、陈增辈之炰烋于税场，或以病死，或以激变地方死，未闻死于三尺法。近如高寀奉旨回京，犹营求回监理事，皇上不敕下法司而温纶频降。福王奈何不惟此曹之听乎？惟皇上去此三偏，远货财，斥群小，以为福王先。”不报。(五二八,9927—9928) 壬申，福建巡抚袁一骥疏乞休致，言高寀留则不敢以身避强御，寀去则不敢以身辱抚临。上不允，命其用心抚镇，以靖地方。(五二八,9930)【考】乾隆《福州府志》卷四六《名宦一》:“袁一骥，字希我，江阴人。万历间巡抚福建，会税监高寀被命兼粤税，寀造楼船，治戎器，招亡命，征集百货，将出与诸夷市，而躬自往。粤民集其门索市直，不与，因群噪寀所。杀伤百十人，射火箭焚民居无算，复驰入辕门请救。一骥叱曰:‘尔虐吾民，何救为!’寀逃至通衢，百姓群将杀寀，一骥谕止之。俄流言以一骥鼓民与寀为难，遂屡疏乞归。士民赴阙请留，温旨褒嘉。闽人祀之九达之衢。”

二月辛巳，户部覆河南、山东、湖广各抚按疏言:“藩禄以万石为率，载在典制，其余田地、湖洲等课皆无定额。伏读《会典》一款，各王府钦赐田地，佃户照原定则例，将该纳籽粒每亩征银三分送赴本管州县上纳，令各该人员关领，不许自行收受。自景恭王就国于湖广之德安，始请武汉湖课，后渐及近湖田地。刑部(**按，疑应为户部**)疏止之，诏曰可。万历十六年，潞王奏讨景府遗业，遣官执数十年虚数以求足额。抚按二臣议虚额不得取盈，承校不得妄遣，奏俱得请，未有丈勘管业之实也。今福王因征解而求丈管，连跨三省，遍遣中官。虽有不许扰害之明旨，然而阎时往汝洲，因需索不遂辄将地户鞭死；冯进忠、张佃、梁进等所往府属，用夫皂廪粮万计；曹登、刘显初至东省，金鼓旗帜，尤乱典制，去而复来，可谓遵旨不扰害否？且自行征收，谓有秦府事例。夫《会典》万世当遵，秦府何足为例？况秦府虽有赡地，不过一方，而福藩地连三省，此在事势必不可行，在人情必不能堪，在邮传必不能应者，臣愿王勿复比例也。”时部寺台省衙门各疏言之。(五二九,9942—9943)

壬午。初，福府从官房屋河南抚按已将棚殿变价，凑足二万两，解府自行盖造。未几，复以添盖为请。工科给事中刘文炳言:

"中州当土木大兴之后,水旱频仍之时,民膏已尽,宜如河南抚按所奏,将前二万折价,通融盖造,不必另派。傥或不敷,即于折膳银内补之。如必欲另解,即于秋冬二季税银估计留之。"工部如其言覆焉。上命工部行文传与河南抚按,准照益藩奏请庄棚修葺事例,于额税银内如数凑给房价银二万两,作速送府,俾内监官孔宠盖造,毋得迟误。其余额税银两照旧类送税监解进,接济应用,不许再来繁扰,以后各王不许援例奏渎。(五二九,9944—9945)　南京四川道御史汪有功劾福藩内侍宋进忠擅入留都祭告高皇陵寝,大坏典制。不报。(五二九,9945)　戊子,贵州道御史鲁之贤劾两广总督张鸣冈招寇、媚珰二事:"(招寇略。)方内珰阮昇之往粤,馈以三千金,绸缪殷勤,得无以黎岐之败,恐昇转达于皇上,不得不曲意结其欢乎?乞敕部议将张鸣冈罢斥,庶边疆无侥幸之谋矣。"不报。(五二九,9949—9950)　刑部奏内犯杜进忠自万历三十九年起,每日同宋进喜等勾引各贼潜入禁地,刨挖金砂,刘应魁等守门疏纵,相应请旨提问。从之。(五二九,9953)　甲午,税监张烨以山西抚按交章请税归有司,疏辞至再。上不允。(五二九,9956)

三月己酉,礼部以药库钱粮有限而近来该监所传取紫金锭、蟾酥锭等料日增,有难供应,乞圣谕申饬,遵依原减定额修合进用,或用果不敷,亦乞明示量增,永著为额。上曰:"这药材系御前并宫分及各项赏赐所需,既这等说,每年着照今传数办进,以后不许再增。"(五三〇,9965—9966)　辛亥,以苏杭织造内监刘成病故,命抚按官将刘成所收见在上用龙袍税课及一应钱粮等项,即委的当官员与同差去内官吕贵公同检查明白,仍差官押解,恭进应用,如有乘机盗窃隐匿者缉拿治罪。　东厂缉获偷铜瓦贼陈大等,命付法司究问。(五三〇,9967)　癸丑,户科给事中官应震、礼科给事中姚永济等劾内官监王朝用历年盗卖内库银、朱、铅、铜等物,赃既败露,律有常刑;内官阎福职司典守,难免交通之咎,其家人冉文举、王志弘等各应究拟。不报。(五三〇,9967—9968)　己未,时建镇海寺于普陀山，内监曹奉实董其事。礼部覆浙江抚按刘一焜、李邦华奏言："此山远眺日本，俯瞰黑洋，高皇帝以胜国末年方国珍据此煽乱，遂籍其人而火其居；肃皇帝以嘉靖年间倭奴阑入闽浙荡摇，遂迁佛像于招宝山，禁耕贩于海岛外。年来法令渐弛，募建繁兴，游手游食、亡命无赖皆藉此为生涯，奈何以奉佛之虚文酿封疆之实祸，乞罢之。"不报。(五三〇，9974)【考】曹奉为福王府承奉。《酌中志》卷二二《见闻琐事杂记》："福府承奉曹奉者，持佛氏戒，号'丹岩居士'，颇与士大夫交，然性严急少慈。追之国时，与承奉郑缙俱以病告留京师，惟徐进、刘显等随赴洛也。"　甲子，两淮巡盐御史谢正蒙言："旧制，王盐三百引，每引重二百斤。有福藩典宝高朝者抵扬，藉旨支王盐一千三百引，每引重七百四十斤，朝与随封官校各支盐一百三十引，又欲将兵部船折价七百余两，拿河下民船以载。"户部侍郎李汝华覆称："两淮盐法，其通壅利害与九边相为低昂，淮引壅则边引皆积于无用，淮商困则边商皆苦累无以为生。祖宗朝足边上策惟是优恤商人，使之望风飞挽，不期而集。今王店新开，势必不容河东旧商；仍行晋盐，又必不容晋盐；仍行于河南属县以达南阳，如是则河东监课必不能足额；复加以高朝之横夺，从此私贩日多，正盐日壅，内商逃散，边商难售。盐粮既无从出，正课又复告停，军士枵腹，欲其无为乱，难矣。乞皇上垂念边计，亟允盐臣之请，照潞王食盐例，改从就近于河东支取，庶淮课尚可料理，边计尚可支撑也。"上曰："福王所请两淮食盐，尔部既称不便，今岁盐已登舟，着遵旨拨运完备。以后年分准照潞王事例改支长芦食盐，其一应事宜都遵前旨行。高朝不谙事体，致生事端，着承奉司启王即行撤回，严加惩戒。以后差委务选廉慎官员管理，不得滥用匪人。"(五三〇，9979—9981)　己巳，谕工部："朕昨以圣母钦降修理胡良、巨马二桥帑金并朕余积及后妃、皇太子、王、公主内外人等各捐进助银四万二千七百九十二两三钱，着督理工程内官监管理李忠、戴进同工部督工司官领去，作修筑桥工之用，如有不敷，准留桥税银两接济，尔部遵前旨行。”　庚午，户科给事中姚宗文言：“胡良、巨马二桥越在百余里外，非若在京陵寝工程，必须领之缮部，惟敕行抚、按二臣选廉能有司秉心任事，便可刻期而成。若必工部遣官监督，则奔走效用必用委官，磨算承行必用办役，今明旨初下而钻谋委官书办者尽人思售。再用内臣，辅以参随人等，恐尽桥梁之赀不足以饱狐鼠之腹，何日成功？”工部侍郎林如楚亦以为言。上命查先年事例行之。（五三〇，9982）　甲戌，有奉御缢死者，司礼监奏为监丞赵文秀威逼所致。上恶其恃长凌卑，图利妄作，命付法司行提拟罪。　命税监张烨将永、宣、大拖欠额税银两即移文抚按严催征解进用，其长芦运司盐税遵照前旨催征解进，有推诿延缓者参奏治罪。（五三〇，9986）

四月丁丑朔，巡视库藏监局户科给事中官应震条陈经画七议：“一、解纳当议。今后各省直解官须正途而贤，且必历俸未深者，解物入城必赴巡视衙门投递报单，其有既到而久不挂批者，勒五城访报拘拿追纳，以侵欺坐。二、验收当议。除轻租价贱外，其细重价贵如珠漆等项真假易淆之物，量赍少许，先赴巡视衙门呈样标记，俟会收时公同比对，如有不合，即行退还。三、需索当议。弘治间，奏准各处解到物料，堪中之数该库不许刁蹬留难。今珰役表里为奸，一遇各解来京，预行讦禀，票拘百出，合无敕下诸珰，令各严其下，不许骗诈。四、铺商当议。京城一二无籍之徒钻谋顶役，承领既多，欠价亦甚。合无急敕部司会算，应抵者即与准抵，应追者即与速追，更严敕一切责办务拣殷实，查的姓名，派以专役，毋易人而致甲乙之互推，兼役而令户工之交闪。五、预支当议。近因优恤，早发预支，商人率将价轻料重之物先图交进，妄告截收，逋逃将无已时。合无寝全给之例，前件竣事，后件另为责完，初领注销，后领方为报可。司官有藉口优恤，或全给，或给而又给者，必参不贷。六、改额当议。有积年包解廉知某项腾踊，辄藉口某项缺乏，私通各库，故行窜易。质既不蒙，价亦悬隔,合无于起脚衙门除应折色者给折色外,若其额定本色,无得听其领银到京挪移认买。彼处所司务逐一查验,仍加印信封识,着令本解原封到京,其有内库变乱旧制,捏辞恳改者,臣等得以三尺从事。七、军需当议。如盔甲、腰刀、弓箭、胖衣、布裤、鞥鞋解自外者,近多滥恶抵塞,乃若火药以硝黄为骨,不究真假,安能精利?今后铺商上纳硝黄,必会匠头会盆真正收始收完,包封印记并书盆硝匠头姓名,押送内库,或径送两厂,听其支用。不必更入内库,多事一番,以滋弊窦。"工部题覆,上命依议,内硝黄着照旧例行。(五三一,9989—9991)　　辛巳,巡视厂库工科给事中何士晋等言:"灵应宫之役非制,即托言于追遵圣母,然圣母所注念者莫如讲婚用贤诸事,乃诸臣万呼不应,而不时内降者非中官之营求,即鬼神之香火,臣等知其不可也。若该监汪良德既明知神宇之物料无预水曹,辄妄借殿门之题目,混称带造,朦胧取旨,倏忽变更,其罪无可原者。乞敕下工部,先将皇极门诹吉建竖,而箭楼、三殿亦以次第兴工;若灵应宫无关民义,即不能寝,亦颁赐帑金,责成该监,一惟上命。其汪良德并乞严敕该衙门重究其渎奏之罪。"不报。(五三一,9994—9995)　　甲申,工部侍郎林如楚疏参提督琉璃窑内监马谦包领修窑钱粮,并无完工,乞敕下部会勘虚实,责令如额修补。(五三一,9995—9996)　　戊子,工部署部事右侍郎林如楚言:"内臣监织原非旧制,今刘成病故,请将三吴、两浙织造责成于本处有司,勿复再遣内臣,致滋侵扰。至于带征关税,蠲一留二,与月攘者何殊,并乞尽罢。"时浙江抚臣刘一焜、按臣李邦华及科臣刘文炳交章言之。不报。(五三一,9996)　　己丑,以部科诸臣执奏殿门宜建,玄宫非急,于是谕工部曰:"灵应宫修理系朕追遵圣母,敬奉至意,且圣母在御时,朕以天下孝养,岂惜此费?但今内库缺乏无措,尔为臣子,亦当仰体。尔部还遵前旨,作速处办应用,以全朕孝敬诚意。鼎建三门候旨行,不必再来渎奏。"(五三一,9997)

辛卯,巡按陕西御史董定策请亟罢榷税,以收人心。先是陕西巩昌府属连旬地震，而虏酋复纠众谋抢靖虏一带新疆，沿边所在，狡虏窥伺，且带征、见征皇木税银急如星火，民不聊生，故定策言之。（五三一，10000）　壬寅，银作局张栋等奏买办四十三年册封荣府等府一十三处合用七成金六百七十四两九钱、足色金二十二两二钱，命户部知之。　福建税监高寀托病迁延，屡被弹劾。上怒其离任已久，乃敢推延稽迟，命原差官即便押解前来，送司礼监奏请，不许违误。（五三一，10006）

五月己酉，午时传制册封荣府等府，遣正副使官一十八员……时各官方在文华殿领节，忽有内监侯德用出入殿门，向诚意伯刘荩臣挟阻诟谇。礼部劾其谍亵天威，犯上亡等，乞下法司究问。（五三二，10014）　是日酉时，有风癫男子一名持枣木棍入慈庆宫，击伤守门内官李鉴，直至前殿檐下，为内官韩本用等所获，付东华门守卫指挥朱雄收之。（五三二，10014—10015）　庚戌，皇太子遣奴婢韩本用等以闯宫事奏闻，上命法司提问。（五三二，10015）　丁巳，是日刑部司官会审张差，据供蓟州井儿峪住民，平日割卖柴禾。时内监庞保、刘成在黄花山修铁瓦殿，有不在官李自强、李万仓以送灰内监，藉势强买差柴，差不从。一夕前柴烧毁，差意自强等放火，赴诉内监，内监不理，人役又拘系之，以致气愤莫伸，癫病剧发，于四月内失记日期来京，欲赴朝声冤。遂于五月初四日从东华门进入，无人拦阻，至慈庆宫门首，手执枣木一根，打伤守门内官李鉴，跑入前殿檐下被拿等情。初差以气愤，尝闯入蓟道衙门声冤，语言不伦，道臣袁和审系癫病，释而逐之。至是闯宫事发，各司问拟张差比依宫殿射箭、放弹、投砖石伤人律斩，秋后处决，加等决不待时。呈堂将过大理寺间，忽提牢主事王之寀从袖中出“鞫问狱情系干根本”一揭，言本月十一日散饭狱中，见张差年壮力强，非风魔人，随屏去吏役，再三密问，供有马三舅、李外父将差交与不知姓名一老，跟随到京，又有不知街道大宅子一老公与饭与棍，至有“打上宫去，撞一个打一个”等语，皆各司所未闻也。揭出,相视骇愕。是时署部事侍郎张问达据揭谓本犯供词与前不同,似风魔而又非风魔,于是复委司再问矣。(五三二,10020—10021)

己未,命司礼监左监丞(**抱本作右监丞**)张时调内官监左监丞,着太和山提督兼分守湖广行都司等处地方,写敕与之。(五三二,10025)　甲子。初,户部以御用监奏讨婚礼钱粮,得旨:“着作速办进。”于是先进七万,又进二万,俱已交承运库,而该监复指称冠顶,欲加奏讨。户科参谓朝廷各项典礼应内府造办者部进金钱,皆总解承运库,分派各监局制造,如皇上大婚以及诸王婚礼皆然,并无分解御用监之例。今该监突创此说,不独耗蠹国帑,亦且决裂旧章。户部亦执例抗陈。上曰:“瑞王婚礼迫近,内库向因各项庆典及各衙门成造物料匮乏不敷,既该部又奏准减三分之一,其余作速办进应用,不得迟误。”(五三二,10026)　乙丑,刑部十三司官同到提牢厅,将提牢主事王之寀前日私审张差所供各犯的确姓名、居住年貌再三细审,据供:马三舅名三道,李外父名守才,同在井儿峪居住。又有姐夫孔道,住本州城内,俱以烧灰生理往来于内官。而前所称不知姓名老公者,乃修铁瓦殿之庞保,所称不知街道大宅子老公者,乃住朝外大宅之刘成。且备述保与成阴谋主使状,其语皆人不忍闻。又有红封票及真人、香头之号。于是刑部据招具闻,仍乞敕下三法司,将张差前后所供情节并提庞保、刘成,两相对明,逐一根究。是日审者……而差之变词则自十一日提牢厅私审始也。或谓之寀当张差入狱时,审知有内官姓名,遂日给差酒饭,凡所言“打得东宫,吃亦有,穿亦有”等语,皆私为教,而署事张问达遂据审上谳矣。(五三二,10029—10030)　丁卯,保定抚臣王纪疏劾税监张烨“前曾于恩诏已留已蠲之税并运司已蠲之浮课妄奏图利,两经臣参,不谓烨复设为两可之词,朦胧取旨,抗违诏书。我皇上天纵大孝,何忍忘圣母之遗言,乞收回成命,将已留已蠲各税课一并遵诏施行,仍正张烨抗诏妄奏之罪”。不报。(五三二,10035—10036)　福府左长史张士俊以屡谏不行,皆由群小荧听,尝有"不平承奉"之语,形于疏中,而樊用谓其刺己也,即出疏诬士俊。于是科臣郭尚宾言士俊勿论贤否,当听抚按奏请,非樊用所得而弹劾昌言纠之。(五三二,10036)　戊辰,户部再陈瑞王婚礼:"御用监奏讨只以冠顶为辞,及查当时承运库奏讨之疏,已有冠顶在内。本部二次办进,已有冠顶钱粮。不意本月十七日,户科抄出该监疏,忽尔奏讨,谓冠顶未办,将谓所进钱粮该库别用乎?而臣部所进青绿珠石原系冠饰之物,将谓九万不敷乎?臣查皇上婚礼七万而足,潞王婚礼九万而足,何尝无冠饰也?今进过钱粮视皇上例则已过,视潞王例则已同。又查三十五年该监为婚礼奏讨冠顶,臣部谓有解库之例,无解监之例,已奉明旨,该监奏讨无例,着自行挪处矣。今国家当艰窘危急之秋,何敢不量入而出哉?乞谕令该监遵照原题旧例关领成造,或有不敷,于金花银内量为凑借,容臣续补。"上不允,仍着遵旨,上紧办进,毋得临期迟误。(五三二,10036—10037)　辛未,是时马三道等各犯刑部已札行蓟州道提解,独庞、刘二犯未得。上慎重大狱,诸臣奏益急,于是遣文书官金忠谕内阁曰……(五三二,10041—10042)　户科给事中商周祚陈申饬守卫四事:"一曰专设司官。军事原隶枢曹,宜查复旧制,选择才品主事一人,仍钦给关防,以重其事权,特设公署于玄武门外附近地方,以便查点,断不许仍前营借别差,畏难规避。一曰禁革内市。《会典》各监局工役人等有夹带财物入内买卖者,守卫官具奏治罪。不知何年设立内市名色,甚至枪刀弓箭一切违禁之物显然陈设,略无顾忌。初四日适逢内市,即有张差乘机暗入,除臣会同台臣部臣出示严禁,每逢四日,臣等亲赴各门稽查弹压外,更乞天语戒谕,不许宦侍人等恃势阻挠,违者臣等以白简从事。一曰清理私占。禁城之外东西二关并玄武等门周围设立红铺四十座,皆守卫官军栖身之所,提铃夜巡,盘诘奸细,干系匪轻。近查红铺尽为内官包占,视为私居,官军不堪露处,益生怠玩。乞敕下该监,严加清理,务还故物,仍将私占者按法议处。一曰增设近侍。伏睹慈庆宫逼近内东华门,一门之隔,即属喧场。往时文华讲席警跸清严,而今之往来杂遝,浑若通衢。闻东宫内侍每日上直者仅仅一二十人,即如本内韩本用、李鉴年皆七十余岁,盍亟增拨勤慎内侍以供应门扫除之役,申严各宫门禁,以时启闭,宫门前后左右守卫官军所不敢入,其晓夜稽察,不时堤防,昼日责成于锦衣,昏暮责成于厂监。”(五三二,10045—10047)　癸酉,巳刻,司礼监太监李恩传召辅臣并六部、五府、大小九卿堂上官并科道官诣文华门。少顷,又传往宝宁门,辅臣(方)从哲、(吴)道南先至,文武各官陆续至,中使催促者相属于路。文书官引至慈宁宫门外,司礼监传行礼,比入,上白冠白袍立于门左檐前石栏中,皇太子冠翼善冠青袍侍于右。各官至丹墀中,望圣母几筵行一拜三叩头礼。稍移过东,向上前复行一拜三叩头礼。司礼监传跪,将跪,上令近前。臣从哲、臣道南径跪于上前阶下,各官依次跪。(**上言太子仁孝,朕无他意。君臣对答略。**)言之再三,天颜稍厉。从哲等又叩头奏:“诸臣岂敢如此!”上又言:“今只将风癫张差、庞保、刘成三人决了,其余不许波及,恐伤天和,震惊圣母灵位。”皇太子亦跪奏:“只决了三人便罢。”尚有他语,下不及闻。上谓各官曰:“你每听皇太子说,尔等离间,为无君之臣,将使我为无父之子乎?”乃目从哲等速作谕来。……(五三二,10047—10049)　是日,大学士方从哲等拟谕帖进呈,上复增注数语。从哲等又言:“适蒙发下臣等所拟谕帖,中间多经御笔增改,详悉明白,皆非臣等一时思虑所及。谨钦遵誊写进呈外,惟是庞保、刘成二犯昨日奉旨后,刑部方行内监拘提,闻此时尚未到官。合无再乞明旨,将二犯发付该部,审明正罪,庶不失皇上慎刑之意,而法司诸臣亦不至尽隳其职守矣。”(五三二,10050—10051)　谕三法司:“昨张差以风癫奸徒闯入东宫,持梃伤人,罪在不赦。今日朕率皇太子、皇长孙、皇孙、皇孙女恭诣慈宁宫圣母几筵前奏慰礼讫。其所供内官庞保、刘成俱系主使之人,法司已审明确,见监风癫奸徒张差即便会官决了,内官庞保、刘成着严提审明，拟罪具奏另处。其本内马三道等的系诬攀之人，斟酌拟罪来说。此外不许波及无辜，震惊圣母神位，致伤天和，称朕体天好生之意。故谕。”以御史刘光复在慈宁宫圣母几筵前高声狂吠，震惊神位，命锦衣卫拿送刑部从重拟罪具奏。(五三二,10051)　　甲戌，大学士方从哲、吴道南言:“该文书官张文元捧出圣谕:‘朕览卿等奏揭，与皇太子看，皇太子奏:此事原是风癫奸徒张差所起，宜当先决此犯，庞保、刘成行提，问明另处。朕已将谕帖改写，着司礼监写红发讫，特谕卿等知。钦此。’臣等窃惟此一狱也，首祸起衅只张差一人，而此犯又以癫狂迷乱、语言恍惚，所供庞保、刘成之主使、马三道等之引诱，尚多含糊，未有的据。则先决此犯，以正其辜，徐议诸人，以定其罪，臣等初意亦欲如此。惟是天威有赫，难以遽回，因念皇上两日之间尚未知庞、刘二犯未曾到官，未经一问，故将此意附奏，望皇上之详审。兹蒙圣谕，知皇上已将前谕改写批发，先将张差处决，而庞保、刘成及马三道等俟问明另处。此固皇上雷霆之断，日月之明，并行不悖，而皇太子所奏亦正与圣意相符。昔人歼厥渠魁，罪疑惟轻之意，不过如此，臣等可[不]胜钦服。”(五三二,10053—10054)　　是日张差处决。小近侍张启传旨:“皇城四门、在里各门内官，每日昏闭亮开，严加搜检，有穿衣服及面生可疑之人不许放入，如有夹带凶刃即拿来奏。”(五三二,10055)　　乙丑，大学士方从哲、吴道南言:“该文书官王之心捧出圣谕:‘昨皇太子因朕率领诣圣母几筵前行礼，亲来乾清宫问朕安，又奏昨面奏父皇庞保、刘成原系风癫奸徒张差风口诬攀，若一概治罪，恐伤天和。方今亢旱不雨，父皇思之，今拿到内官名又不同，可着司礼监同九卿、三法司在于文华门前鞫审，具奏定夺。故谕。钦此。’臣等于此窃见皇上体天好生之意与皇太子仰体皇上之心，谨钦遵传示九卿、三法司回奏以闻。”(五三二,10056)

六月戊寅，刑部等衙门左侍郎等官张问达等奏言:“臣等节奉圣谕,已将张差押赴市曹处决讫,随该臣即具御览揭帖,请发庞保、刘成,拟罪正法。本月三十日复奉圣谕,臣等遵召齐集站班间,司礼监又奉东宫传:'谕阁部、三法司、科道诸司知:五月初四日张差持棍外,并无别物闯入本宫大殿檐下,当时就擒遍搜,除棍外并无别物,其情实系风癫,误入宫闱,打倒门官,法所不赦。后复招出庞保、刘成,身系内官,虽欲谋害本宫,于保、成何益?料保、成素必凌虐于差,今差故肆行报复之谋,诬保、成以主使之条。本宫体念人命至重,造逆何等重大事情,岂可轻信仇口,株连无辜,天理何在?本宫连日奏求父皇,当速决张差以安人心,其风口诬扳庞保、刘成若一概治罪,恐伤天和。况今拿到内官名姓不同,当以仇诬干连,从轻拟罪,奏请父皇定夺。则刑狱平,于本宫阴德亦全矣。先生等俱当体悉遵行,不可因事猜疑,波及无辜,惊骇中外。谨谕。敬此。'臣等又庄诵讫,随公审庞保,供称原名郑进,初三日在黄花山修工,初四日蒸点心,初五日犒给。刘成供称原名刘登云,有门面房七间半,在西城麻线胡同。与饭吃、与棍等情展转不招,此二犯口词也。臣等仰见我皇上好生法外之仁,又见东宫仰奉圣慈,推广法外之仁之孝,似应祗承。但张差节次供称口词,臣部一一具奏,皇上详览口词,不胜震怒,在朝大小臣工何等忧惶恐惧,如此重大事情,安敢含糊。张差已处决,二犯易于支吾抵饰,文华殿尊严之地又不敢用刑讯问,何从得情?二犯一面之口实不足凭,张差虽决,而节次所供之词岂能尽泯?且马三道等亦俱有口词在卷。况我皇上面谕处决之天语,众官钦领,通国共闻,二犯若不发付外廷,从公鞫审,何肯输吐情实?何据按法正刑?何以信画一之王言?何以昭罔赦之国宪?具疏间,又该司礼监太监李恩等传奉圣谕:'昨日发出问郑进、刘登云原与张差名字不对,前者皇太子在朕前悉言的系风口诬扳,今司礼监回奏二犯招词已异,明系妄扳无实,难以凭据。且皇太子屡面奏的系诬扳,不必再问,恐伤天和。昨皇太子又复行奏请,着与马三道等一并斟酌，速行拟罪来奏，以显皇太子睿明仁孝。尔等可仰体遵行。故谕。钦此。'臣等详考问刑例，国家二百年以来未有人犯不发法司再鞫辄遽拟罪，且二犯又系内侍寺人，法行自近，我皇上尤应严其衔辔而置之于辟者。矧事干巨重，更难轻拟，须应下之九卿、三法司等官公鞫于外，以正三尺，而重拟其罪，庶可以肃宪一时，垂式万禩。伏乞皇上将内犯庞保、刘成即发付外廷，敕令九卿、三法司、科道等官鞫实拟罪，具奏正法。臣等断不敢不仰承皇上好生之意，波及无辜，致伤天和，伏惟皇上宽宥（**广本、抱本宽宥作省览**）立断。"（五三三，10061—10064）　命司礼监官梁栋等将庞、刘二犯着实打问。栋回奏："问过犯人郑进、刘登云各供说并不认识张差，又再三用大刑，至多时执招不异前词。"上仍命太监李恩等再严鞫之，二犯竟以不堪刑讯而死。于是诏刑部曰："这所奏郑进、刘登云原与张差所供名字不对，乃将二犯着司礼监拿于文华门会官审问，俱供不认得张差，没与他棍，没与饭吃。朕因事情重大，复着李恩等再行严究，所供与会审相同。因二犯坚执本不认识，五次屡加严刑，二犯因天气炎热，俱已故。其外犯马三道等的系诬扳无辜，宜从轻拟罪具奏，以显皇太子仁孝睿明。"（五三三，10064—10065）　以江西抚臣王佐疏陈湖口税役横扰地方，准内官李道暂解税务回京，其已征税课钱粮方物等件，命抚按官仍差委的当官员沿途护送，务保无虞。其原管税课事务等项着归并内官潘相不妨原务兼摄督理，待三殿工有次第，奏请停止。（五三三，10065—10066）　　己卯，大学士方从哲、吴道南言："昨晚该文书官金忠捧出圣谕：'朕因奸徒张差闯入青宫，震惊皇太子，朕所以率皇太子恭诣圣母神位前行慰奏告知讫，召卿等来于宫门前详加议论。朕只道各犯已得真情，传将本内有名张差并庞保、刘成速行决了。随据刑部侍郎张问达奏称二犯不曾到官，朕回宫，传着司礼监将二犯上紧拿来正法。朕见二犯名字不对，次日皇太子亲来乾清宫行问慰礼，面奏朕："本宫审张差原是风癫，此二犯的系差风口诬攀，祈勿株连，方今亢旱，宜体好生。”朕思事体重大，故着司礼监与同九卿、三法司于文华门会问，鞫审真情，二犯供不识张差，可见情词乖异。朕复着司礼监掌印李恩等用诸大刑，讯问拷究，前后五次，俱与朝审相同。又复严究，今该监具奏，天气炎热，二犯因刑已故。且皇太子谆谆恳请，恐伤天和，其株连马三道等分别拟罪来说。卿等宜当仰体以舒朕怀，以安皇太子仁孝之心，卿等可传示。特谕。钦此。’臣等窃惟张差一事，皇上既下法司提问，又召臣等于官门详议，始谓三犯得情而令速决，既以二犯未到而令严拿，可谓极慎极公极明极断矣。皇太子以二犯名字不对，意其诬攀，惓惓以天时亢旱、勿致株连为请，此无非仰体皇上好生德意。及廷审二犯，果以不识张差为词，即司礼监再四严刑，所供无异。今二犯已故，罪无可加，此于皇太子谆谆恳请之意可以无负，而皇上日月之明、雷霆之断，天下后世其谁不颂且服也。臣等除即钦遵传示外，其马三道等在法司自能斟酌拟罪，以称圣意。臣等区区之忠，惟望皇上平(心)释怒以慰圣母在天之灵，适见九卿公疏为御史刘光复请命，臣等亦有同心，倘蒙圣慈矜全，则止孝止慈止仁真，与古昔帝王同其盛美矣。”(五三三，10067—10069)　命管文书内官监太监冉登总督正阳等九门并永定等七门，巡视点军，写敕与之。(五三三，10069)　壬午，命司礼监官梁栋同工部官前去相择皇太子妃郭氏坟地。卜在泰陵园后长岭吉，于是礼部请择日兴工。报可。(五三三，10071)　癸未，铸给督理桥工太监关防一颗。(五三三，10073)　丙戌，司礼监太监李恩传圣谕：“祖宗设刑狱官，但遇有罪之人即谳，奏闻裁定，况昨张差朕面谕已决，郑进等以重刑俱故，且马三道等皇太子屡屡面奏，的系诬攀，恳请从轻拟罪，以体好生之仁，毋得波及无辜，恐伤天和。如何连日不见拟罪本来？显是尔等抗违不遵，即着回将话来，或有司官挑激攒谋，欲诬害善类的，尔可指名参来，不得庇护。其马三道等着遵前旨作速拟罪来看，不许仍前延缓，必罪不宥。故谕。”(五三三，10074—

10075）　应天巡抚王应麟请将芜湖、浒墅二税尽行蠲免，言恩诏内一款："凡近京零星小税准与豁免，皇上前已允台臣请，免芦沟小税矣，两京并重，而陪京尤为根本，乞并罢之。"户部议覆，上曰："这所奏芜湖、浒墅额税准免三分之一，其余税银着遵旨照旧征解，税监类进应用，不得再来渎扰。"（五三三，10075—10076）　癸巳，东安门拿获擅闯入禁门不知姓名风狂男子一名，上甚恶之，即令锦衣卫拿去着实打一百棍，仍用头号大枷枷于东门处所，枷号一月满日奏请定夺，不许疏纵。（五三三，10087）　乙未，山东登莱道参政姜志礼言："今岁五月二十日，福藩中使徐进为文征登、莱两府田租，来到青州。夫登、莱叠灾，民不聊生……"疏入，上震怒曰："姜志礼以明春考察，欲固位沽名，辄敢出位恣肆狂妄，姑着降三级调用。"（五三三，10088—10089）

七月癸丑，礼部请复广东举人劳养魁、梁午辉、钟声朝及承天诸生十一名，准其会试肄业。先是劳养魁等为仇家捏诬，妄报税监李凤，致干圣怒，革其衣冠，屡经先后抚按访核，为之讼冤，故礼部请收复之。上怜其无辜，俱准会试，收复肄业。（五三四，10104）

癸亥，检查苏杭织造钱粮内监吕贵解进春季龙袍并乞查点督织官员，上曰："这所奏春运龙袍，抚按委官押解前来，已收用矣。其秋运龙袍并简查各项钱粮，尔还即会同抚按速行清查明白，解进应用。"（五三四，10114）

八月癸未，鲁王差典仪唐宾进贡马十匹、金鞍一副，庆贺万寿。上优诏答之。（五三五，10135）　戊子，礼部奏进天下诸司表文，命送司礼监查收。（五三五，10137）　辛卯，是日，大学士方从哲、吴道南偕廷臣于午门前大班行礼外，复恭诣仁德门行五拜三叩头礼。上遣司礼监太监李恩等管待，仍颁赐二辅臣上尊珍馔。（五三五，10138）　甲午，福王请将贪恶承奉副樊用显斥以快人心，其承奉正曹登亦应以老退闲，遗下员缺即将徐进、刘显升补。上可其奏。（五三五，10142）　辛丑，浙江巡抚刘一焜、巡按李邦华交章言："织造一事，臣与诸臣屡请停止内遣，至五月内，奉旨已将岁改段匹督织事务归之有司。今奸民纪光先诈称机户，擅行保奏内监吕贵管理织造。夫皇上之遣吕贵入浙，不过检查故监钱粮，明旨不及督织，乃光先突有此奏；且不由纳言而径达，是皇上深居之裁决，奸民得以窥觎，内庭之差遣，奸民得以保举，目中尚知有三尺乎？而全浙之民膏民脂终无所归命矣。乞敕法司将保奏奸犯纪光先等拿究如律，至于停遣一节，望皇上将该部覆疏速赐检发。"不报。(五三五，10145—101146)　甲辰，以纪光先保举吕贵谙练织务，有旨着内官吕贵暂留苏杭提督织造，并将刘成所遗税务一并兼摄督理，待织完婚礼段匹等项即便回京复命。写敕与之。(五三五，10150)

闰八月乙巳朔，大学士方从哲、吴道南言："臣等今早入朝，闻昨夜传有吕贵暂留提督织造之旨，臣等不胜惊骇。夫使织造必须内官，或内官织造无累于百姓，抚按二臣岂不欲相安无事以明敬共之谊？乃刘成在事而袍段反拖欠挨迟，刘成物故而袍段遂及期早进，皇上以为遣官督织有用乎？无用乎？群(**按，群字衍**)浙直百姓惟恐内臣之复遣，而独纪光先等求吕责之暂留，皇上以为遣官督织于地方有害乎？无害乎？且二臣目击时艰，抗疏力请，无非奉宣德意，以惠此孑遗。皇上概置罔闻，而顾于光先等本从中批发，臣等不知此本从何封进，何时呈览？且未经发票，已自批行，于朝廷政体何如？伏望皇上检发抚按原疏，责成有司照例织完，依限解进。内官吕贵检查钱粮已毕，令其作速回京，仍将纪光先等严拿究处。至于臣等，以代言为职，更望皇上循发票之规，停内降之旨，毋使当此圣世而有尸素失职之臣，臣之幸也。"时工部亦以为言。不报。(五三六，10151—10152)　以福建、广东税课未解，命江西税监潘相移文彼处抚按，将额税银两等项一应钱粮严催速解，其江西、湖口船税银两等项都照李道事例，会同抚按一并差委员役征收解进，不许互相推诿，违误一体治罪。(五三六，10152)

丁未，南京奉先殿工完，遣尚书卫承芳、侯常胤绪、太监刘朝用恭捧神主并祭告。（五三六，10153）　己酉，工部奏："修乾清宫披房，业经内官监遵旨会同本部司官、科臣踏看，至于拮据材料，剂量经费，期于材不虚糜、工不迟误。特以大内森严之地，外僚不便于往来，各役愈滋其玩愒，合无计其工程，酌定夫匠数目，听该监自行包管雇觅。竣工之日，备将用过料价钱粮数目造册，会部覆核相同，仍赴巡视厂库科道衙门挂号，于节慎库料银内动支给领。"上曰："朕思三殿工程久未鼎建，昨因览大统历，见明岁方向不利，着于本月初六日与同乾清宫披房一并开工，以应吉期。其兴作等项，俟明岁圣母灵位升祔陵庙礼成，上紧建造。合用物料尔部预行措办，不致临期有误，披房着作速修理。"（五三六，10154）　丁巳，礼部奏："用舍乃朝廷之大柄，题覆实臣部之旧章，故宗藩奏请必下部覆议始行，此定例也。福王承奉樊用辅导乖方，秽迹久著，皇上准福王之奏而显斥之，即以徐进升补，又以曹登年老，别补刘显，此福王觉察之明，皇上雷霆之断，臣等自当将顺奉行。惟是王府官员四局推序顶补，原有明例，一旦越序之命径从中出，臣等不得与闻，职守之谓何？伏望今后凡有奏请，无论大小亲疏，必发臣部参酌上闻，以听皇上裁决施行，庶滥端可杜而臣部职守不致决裂矣。"不报。（五三六，10158）

九月乙亥，大理寺讯过禁地刨挖金沙内官宋进喜等，威逼人命内官赵文秀等，俱运砖炭，赎罪完日送司礼监发落。俱依拟。（五三七，10175）　戊寅，直隶巡按过庭训言："顷见御马监太监李成有收租拖欠太多，有司抗违愈甚之疏，臣不胜骇愕。夫牧地本系斥卤荒原，自嘉靖年间召人垦佃，每亩量征租银一二分不等，总计蓟州、宝坻等州县每岁共征银四万余两，解部济边，间遇灾伤，犹多逋累，往往告乞退地还官。突于万历三十二年为奸弁妄奏，按地加征，每亩概以三分为率，畿民为此一地，剥肤竭髓，不啻在水火中。犹幸岁时稍丰，不致拖逋太甚，讵意今岁旱灾异常，一切京边起运钱粮尚在议蠲议停而牧租将何输纳？该监乃谓各官阻挠抗违，总之睹小利不睹大体，计目前不计远图，或误听奸人之播弄，无足怪者。皇上明同日月，固已洞灼其非，无俟臣等之喋喋矣。”科臣韩光祜等亦言之。不报。(五三七，10176—10177)　壬辰，大学士吴道南请罢湖口商税，言：“臣，江西人也，舟行往还必于鄱湖，此湖水势连天，一出湖口，溯济骇目。其前两山突出，仅余一口数十丈，平时舟人非柴米甚缺不敢少泊。自设税以来，舟过其处，凡报税验税交税辄经数日，虽傍湖开一小渠，又皆塞满，舟无泊处，只得下锚于江中。西风一发，锚拔索断，数舟相磕，顷刻败坏。臣扼腕伤心久矣。自有撤回税使之旨，臣心私叹，以为今而后皆皇上之再造。时虽归并有司，犹恐泊舟如故，臣敢冒死沥血，乞皇上豁此数万金以为蹈不测者延旦夕之活。况今各处饥荒，皇上且普赐蠲赈以活之于死中，则此之无劳于救而可振民于风波之厄，又何惮而不蠲也。”不报。(五三七，10189—10190)　乙未，山东道御史金汝谐言善理财者不能生不生之财，在理其出之途，略谓边饷之漏卮宜核，铸钱之预支宜杜，御马监之滥觞宜裁，供用库诸局之蠹弊宜肃，开纳事例之假伪宜防，各分款言之。不报。(五三七，10191)　丁酉，巡按江西御史陈于庭言：“湖关一税自李道筦榷以来，数千里惶惶思乱，今徼旨撤回，原管税务归并潘相，自宜遵旨，照旧兼摄闽广例，听有司征收。乃阳辞阴觊，遍给告示，以致商民喧哄，职等仍恐激乱地方，多方慰谕，尚汹汹不靖。职绎思皇上明旨，着相不妨原务兼摄，并无一字谕其亲往，岂得藉口照例耶？明知众忿难撄，姑且尝试，是谓愚人而自愚；明知只令兼摄，辄觊亲征，是谓背旨而欺君。愚人自愚犹可言也，欺君背旨，罪可胜讨哉？乞皇上即赐蠲停，嘉与湖口更始，仍敕戒潘相，敢有借端射影、罔上行私者罪无赦。”不报。(五三七，10194—10195)　辛丑，检查苏杭织造内官吕贵疏辞督织。上以贵谙练织务，命即便到任提督。仍诏贵浙省岁改段匹已经委官管解，即催督星夜解进济

用，其直隶未完岁造及一应当行事宜便移文抚按，责成有司上紧严催，毋得怠缓。（五三七，10200）

十月壬子，检查苏杭织造钱粮内官吕贵奏缴原敕，上曰："敕书着即便换给，其彼处贮库织造并税务各关防行抚按官给与织造并税务内官吕贵掌管，该部院知之。"（五三八，10214）　甲寅，浙江巡抚刘一焜再奏："据各机户供称，纪光先原系京棍，夤缘入府，春运入京，已不在局，乃擅写五所姓名，况封进干越奏之律，说谎犯面欺之戒，而诈捏一节复经查审，毫不容掩。臣等不敢不据实提参，乞敕法司严究如律。"不报。（五三八，10215—10216）　癸亥，河南巡抚梁祖龄言："查得各王府藏冰皆自行采办，惟潞府之国之初，百务仓猝，故汲县为运冰一次，自后俱属自运，与有司无干。当福藩未出都时，内官孔宠因部文有'趁时蓄冰'之语，是以洛阳县预办，及就邸后又欲再办一年，臣等即欲据例上请，缘时势已迫，恐冰难寻，故复勉应。今该监又令有司再办，是著为永例，无复停期。洛中自建邸以来，小民仅存皮骨，若又以凿冰之费加额外之征，谅亦圣慈所不忍也。御札有云'各府不许援以为例'，禁其援例，何如弗开？且蓄冰一事，邸报不闻奉旨，该部未见移咨，只凭监官尺幅之纸，欲臣等奉行，于体得无乖乎？乞皇上轸念民穷，谕令福府藏冰查照各府事例自行采办，不必复累有司，一切地方事务须奉旨下部遵行，则民困苏而群疑亦释矣。"上曰："福王用冰前已有旨，令照例采办，你每又这等说。今岁着本府给价与地方官，采冰送府应用，以后着照周府、潞府例行。"（五三八，10220—10221）　戊辰，盗入北安左门劫酒醋局内官焦进朝，官军不报。皇城巡视户科给事中商周祚等疏言禁地疏虞，除将近局官伍张存仁等提究外，乞敕该部严行该巡捕衙门缉拿务获，仍乞申饬厂监约束各内官，不许纵容工匠厮役人等来往，违者以白简从事。（五三八，10227）　壬申，刑科给事中郭尚宾言："本月十七夜五更地震，据钦天监具奏占词，其后来应验虽不可知，然灾不虚生，必有阙失以召之。……织造归之有司,完解甚早,纪光先等一奸棍耳,营钻中旨,至再传行地方,杼柚何堪罄竭?粤东自榷税以来解过三百万金多矣,膏脂已竭,不能自言。抚按屡言之,臣曾再言之,皆不足以动天听。独于潘相之疏立下明旨,以怠玩不遵责各该抚按,以上紧严催解进命之。潘相其如粤民水火何?总之,圣心兢业,斯宫府边省各得其理。《诗》曰:'畏天之威,于时保之。'地震京师,畏当若何,正在修省于宫府边省之间耳。"(五三八,10233—10234)

十一月丙子,百官于午门前行庆贺礼,大学士方从哲、吴道南恭诣仁德门叩祝圣寿。上遣司礼监太监李恩管待。(五三九,10237)

壬午,获禁内劫焦内官(进朝)真盗王虎等先后一十九名,兵部奏闻。上曰:"这贼徒敢于禁内行劫,变出异常,着法司从重究拟。近来皇城内地贼盗众多,着厂卫营捕缉拿。"(五三九,10244)

乙酉,工科给事中徐绍吉言:"臣于邸报中见江西按臣陈于庭疏称九月四日湖口税廨被火,一夜而烬,臣不胜骇异。盖自皇上遣中官榷税,十八年于兹矣,始而陈奉基祸于楚,高淮激怨于辽,杨荣弃尸于滇,以至李道、高寀辈又多脱于乱兵抢攘之后,其得保首领者幸也,然犹曰变在人情耳。乃今潘相甫至湖口廨舍,突焚烈焰之中,江鸣风猛,似有响应,难以扑灭,则税使之稔恶不其上达于天耶?夫火者兵象也,蜀藩灾而建南兴戈,海庙毁而青齐啸聚,近事毫无爽者。今天下有畿辅迫要荒旱涝频仍,民穷盗起,欲赈而仓庾无粟,欲备而民不知兵。故回贼十数人即可横行陇蜀,皇城禁密,亦能明劫中珰,况甘泉烽火,虏患时闻,辽东之失陷城堡、延镇之损将丧师,以至黔苗猖獗,种种乱形,皆非细故。忧时者业□之积薪厝火而九重概置于不足系念,宫闱愈睽,内批时降,仁贤日见空虚,言路日见闭塞,直臣幽囚于囹圄,救疏买贷于宗亲。彼其赴阙上书,未达天听而径抵文网,得无令忠臣义士摽心而太息乎?窃谓国家理乱大端信在此不在彼,第无令税久不罢,为草泽之藉口也。”不报。(五三九,10246—10247)　庚寅。先是,朝鲜国王李珲为其生母请封,得旨,着查成化年内官赍敕例行。已而科臣请将本国诰册顺付陪臣,勿差内官,故珲复请遣使,并给冠服,且援成化十七年宪宗皇帝差太监郑同偕金兴册封其祖康靖王妃尹氏并赐诰命冠服之例。礼科抄参,谓隆庆四年封朝鲜国王嫡妃朴氏,万历三十一年封朝鲜国王继妃金氏,皆给有诰命冠服。然曰嫡,曰继,皆正妃也。若今王所请金氏,生为侧室,殁封次妃,其不可同类而例明矣。故生母之得追封,明子贵也;追封生母之不给诰命冠服,示嫡尊也。母子情无厚薄,嫡庶礼有隆杀,抑情就礼,此忠顺之大者也。况异数不可屡徼,成例不可大破,国王冠服之请似难概徇。(五三九,10250—10251)　壬辰,东厂节次擒获强贼高进朝等十三名,上命各犯着锦衣卫拿送镇抚司打问。(五三九,10253)　丁酉,刑部据直隶抚按会题覆参内使沈继先希图小利,听群奸指使,矫旨乘传,赃私满载;流棍周道明等诈官伪旨,骚扰驿递,夹带私盐,拒捕伤人诸不法状,咨行彼处按臣依律议拟具奏。(五三九,10257)　己亥,以苏杭织造内监吕贵所奏检查故监税课等项钱粮并变价银两,俱着内库查收,吕贵即遵前旨速往杭州织造府到任管事,督织袍服,待织完婚礼缎匹即回京复命,依运限恭进,不得过期,所请织造敕书着工部即便发与,毋得稽误。(五三九,10259)　庚子,东厂奏:“访获积年兜揽内库硝黄用盐插合假硝侵克官银棍徒曹焕等,宜通行拿问,以儆误国之罪。如内官赵斋职司管库,心切营私,一千两白金入手,二十万假硝进库,乞敕司礼监提问,以正典守通同之罪。”得旨,赵斋司礼监拿究,曹焕等都着锦衣卫拿问镇抚司打问。(五三九,10261)

十二月癸卯朔,吏科右给事中韩光祐等言:“我朝马政自太仆掌管之外,于近郊周围百余里内设立马房,皆有仓场储蓄草料,而统属于御马监。承平日久,耗蠹日增,嘉靖时清查拣退不堪者变卖,今臣等查点非瘦损则矮小,即以应拣退变易者聊且充数,亦止得二千二百五十有奇,乃用料至二万五千余石、用草至八十二万余束。夫户部有监督矣,主收亦当主放,而掌贴内官设之何为?军人司喂养矣,自支亦可自买,而贸易商人苦之又何为?至于御马监所蓄之马多寡驽良益不可知,每年草料用银至十五万六千五百余两,议者每搤掔于养马之无实、金钱之多耗,欲并仓场等制而尽废之。乃臣等巡历,自坝、大马房而东又折而北,棋布星列,且有城垣者五六处,总之拥卫神京,备御缓急,则又祖宗长虑。乞皇上收回内使,尽罢商人,严敕清查,如嘉靖时所行故事,务令钱粮不虚而马政有济,其诸城垣之倾圮者即捐内输子粒银修补,以固我牧圉,未必非桑土之绸缪也。"不报。(五四〇,10264—10265)　丁未,大学士方从哲、吴道南言:"适文书官金忠传圣谕,问奉差织造内官吕贵敕书何以未发。臣等暂对以工部手本未到,无凭撰敕,在工部或以工科署印无人,前本未曾发抄,是以未行手本。该臣等复思吕贵奉差一事,自浙直抚按以及该部科道诸臣,无一人不言其当停,皇上似不宜听纪光先一人之言而拂举朝之公论。倘众人皆以为不可而该部遽为请敕,臣等遽为撰敕,于将顺之义得矣,将来贻害地方,酿东南无穷之祸谁任其咎也。"(五四〇,10266—10267)

甲寅,以应天巡抚王应麟有织监凭奸移转江南之奏,降旨切责曰:"苏杭织造上用龙袍等项差遣内官,督理原系累朝旧规,且屡有明旨,织完婚礼袍段,吕贵随即运回京复命,如何该部与抚按等官辄敢恣肆抗违不遵?姑不究,关防即便给与,敕书着该部速移手本撰写与他,不得再来渎扰。吕贵着就彼到任,上紧督织,依限进来。且内外各官俱属王臣,岂得违旨,稽阻偏执。"(五四〇,10269—10270)　命将东厂缉获强贼郝子学等着锦衣卫送镇抚司刑讯,知情内官李胤、李朝用等着司礼监严提究问。(五四〇,10270)

丙辰,以工部不移文催撰吕贵督织敕书,降旨切责,堂上官姑免究,该司官着罚俸二个月。(五四〇,10271)　戊午,诏法司将司礼监问过窝藏强贼内犯李胤、李朝用等通提,依律拟罪具奏。(五四〇,10272)　庚申,下兵马欧相之[①]于法司。时九门太监冉登奏奸棍聚殴官军,上以欧相之有地方之责,不能禁戢,乃敢受贿行私,故诘责之。仍命郭从忠等都着锦衣卫拿送镇抚司打问,所拾棚铺尽行拆毁。(五四〇,10272—10273)　甲子,兵科署科事给事中焦明遇言:"臣遵例于本月十二日诣大教场会同司礼监奉御等官杨大朝等比试官舍一百七十八员名,逐一较阅马步等箭,次日仍诣中军都督府再试其文。该臣公同选取一等三十五员名宜优录,二等四十二员名宜收录,以需后用,三等九十九员名例得承袭,准支全俸,其比试不中者例给半俸。臣又看得《会典》所载试而后官,未闻官而后试也。十月已选官舍未经比试,当时又未题明,原其端委,不过矜念贫弁守候之苦,屡请科臣未下,辄权宜竣事而不知其戾于制也。比试则有去取,官已铨选去取安置,乞明旨申饬府部,念已选之官无可去取,姑从免比,听其领凭到卫,如欲比试,当补请,乞于献岁钦定一日,试毕题知,免其去取,惟皇上裁择施行。"上曰:"武职比试当请旨奉行,如何不题明乃未比先选,诚为不妥。今次姑免比试,以后俱题奏明白行。"(五四〇,10273)　己巳,是时,上以大学士吴道南暂假调理,遣御前牌子于朝用赍赐鲜猪一口、鲜羊一腔、白米二石、酒十瓶、甜酱瓜茄一坛。道南具疏恭谢。(五四〇,10280)

万历四十四年丙辰(1616)

正月壬辰,巡抚浙江佥都御史刘一焜奏奸民纪光先当内监刘成物故时,侵匿帑银四万余两,其保举吕贵非谓织造计,为赃私计也,乞正法以快公愤。不报。(五四一,10290—10291)　御史翟凤翀上言宦官三事,其一为吕贵之领织造,其一为冉登之参欧相之,

① 欧相之,原作"欧之相",据《明史·翟凤翀传》及下文万历四十四年正月壬辰条改。

其一为凌应登之噬凌汉翀而结内竖邢洪复为之援。且言"陛下一切政令,大臣造膝无从,小臣叩阍无路,其当前而善逢者皆宦寺也。窃见近日旨不由票拟,法有偏重轻,似开群小假借之端而启太阿倒持之渐"。上以凤翀附和同类,欲阻并勘,调外任。阁臣并科道韩光祜、彭端吾等各上疏切谏,不听。(五四一,10293)　丁酉,辅臣言:"吕贵之以提督织造留也,不出圣意而出于纪光先之保举;其保举也,上疏不由通政司,票拟不由臣内阁,中旨乍出,通国皆惊,以么麽鼠辈而操朝廷钦遣之权,岂可令众庶见也。及奉旨之后,抚按言之不听,该部科道诸臣言之不听,臣等言之不听,合举朝之公论不能杜宵小之邪谋,光先之罪可胜诛哉!今贵已留矣,敕将给矣,臣等徒持空言,自知无益,但愿皇上敕下省直抚按诸臣,将纪光先等严拿重究,明正其诳朝廷乱政体之罪,仍严谕吕贵小心奉公,勿任群小,以恣搏噬,犹可存国体于万一耳。"不报。(五四一,10293—10294)　己亥,上发吕贵敕稿至阁中,有御笔增入"浙直盐法税务,令其征收解进"等语,辅臣言:"自刘成物故已经一年,征解之事尽归有司,百姓帖然相安久矣,一旦属贵,恐其兼摄愈多,播恶愈广,虽欲悔之,其可及哉。伏望皇上将盐法、税务等语俯赐删削。"上是之,即命删去。(五四一,10295)

二月甲寅,召刑部官于会极门,内监王体乾传圣谕诘责勘问凌汉翀等稽迟之故。(五四二,10304)　壬戌,上览户部漕粮疏,以镇守淮安侯伯总兵之迟推也疑之,遣内使王体乾诘其事。阁臣言:"漕储重务自提督儹运外,又设总兵官,以勋臣任之,此旧例也。近诸臣建议,以用非其人,徒滋多事,欲将勋镇裁革,或用武职官,屡经题请,未奉明旨,今蒙传谕,即令兵部议覆。"(五四二,10307)

四月丙午,雷火焚税监张烨楼居。烨榷税通湾而治第于黄华坊,是日将午,风雨骤至,电火四发,霹雳从楼中出,三十余间顷刻立烬。巡视东城御史金汝谐以闻。辅臣言雷火不于他人而于抽

税内监之家，天意可知，乞撤税使以答天变。不省。（五四四，10326）

庚戌，给崇王、襄王内使各十人，从其请也。　礼科给事中余懋孳等因雷火示异上言：“既使之出，民怨天怒，故杨荣烬骨于滇南，李道焚巢于江介，张烨之居复随电灭而烟消，是天哀近郊之民，假之丰隆，以冀皇上之悟也。今东省数百万饥民定非四十六万之银米所能济者；如不济，漕道必梗；漕道既梗，边饷必缺，将士嗷嗷脱巾可虑。虽欲不发内帑，其可得乎？与其迟发而无济国事，孰若早发而可安人心，伏乞留税抵饷，则饥民可苏边士可定。”不报。（五四四，10327）　戊午，直隶巡按御史骆骎曾奏：“顷奉恩诏减税三分之一，查蠲宥恩诏，定以四十二年二月初九日为期，非是日也，则减征宥罪。时日悬殊，明诏且不信于天下。乃芜湖税监独以七月初一日为始，臣不知其何解也。其所入不过二千九百余金，而违旨则已甚矣。臣念此二千九百余金付之貂珰之手，与委壑何异？即辇而致之大内，要亦沧海之一粟。乞令输之部院，以赡饥者。”不报。（五四四，10332）

五月壬申，广东巡按御史田生金言：“东粤僻在一隅，五岭阻隔，市镇贸易，抽税几何，不知二十余万之议谁生厉阶？至今恩减再三，尚存监税十万余两，俱系移饷抵充。于是有议收汛裁饷者、削减船价者、停补兵缺者，搜括日穷，戎伍日虚，脱有不虞，何以待之。乞赐蠲豁以还兵饷之旧。”不报。（五四五，10338—10339）

六月己酉，周王请内使，上命给赐刘春等十人。（五四六，10351）

七月戊子，工科右给事中徐绍吉上言织造内监吕贵之罪。初，贵条陈十款，得旨依拟，浙江抚臣刘一焜援引敕书，逐款驳正。（至）是，绍吉纠其欺罔之罪，言：“敕书云毋多科妄费，毋传降匹数之外别有增加，今贵以加派为苏民力；敕书云应用机户外不许佥派，扰害平民，今贵乃欲括民机以恣朘削。织造多驻杭州，想亦相沿之便，奈何创为巡历之举？设东西府于苏，设南北府于杭，并嘉兴、松江概行驻扎，敕书所列，曾有是乎？盐法浮课，奉诏蠲免，漫云渔盐等税，是明为攫金之谋，则敕书所谓洁己奉公、安静无扰者何居？从来监局参随皆四方亡命之徒，今巧列名目，多至数十，咸称奏带，则敕书所谓并将跟随人役严加要束者又何为而发也？伏乞皇上正吕贵诳旨之罪，收回成命。”户科给事中商周祚亦言之。俱不报。(五四七，10368—10369)　壬辰。先是，上以惠王、桂王年各长成，命礼部选婚。至是，该部及五城御史以选淑女六十四名请命司礼监赴诸王馆选择。上复谕以二王婚礼，钱粮并办不及，令先选惠王一位，其桂王次第选择，另行诹日。阁臣言：“二王婚配俱已逾时，不宜以钱粮之细故，误朝廷之大体，乞酌典礼之中，以惜物力，以信明旨。”未听。　乙未，内使至工部右侍郎林如楚私寓宣敕旨，以奉御汪良德奏准修理咸安宫也。辅臣言：“明旨传宣必由内阁下该科，然后发抄，此定规也。若不由内阁，不由该科，发不经会极门，不由接本官，突然以二竖传部臣之私寓，则从来所未有之事。向来建议诸臣以旨从中出犹且虑之，况臣等竟不与闻乎？”工科徐绍吉等亦疏谏。俱不报。(五四七，10371)

八月癸丑，陕西巡按御史龙遇奇奏秦民包税，其苦有三：“一曰包赔独异之苦。夫天下税课独苦在商，若秦则三面临虏，商贾罕至，向来岁额皆派之丁亩，派之间梁(**抱本作关梁**)及陶穴(**广本作陶冶**)、菜佣之辈耳。今凶荒死徙，村里为墟，即向来琐科无从矣。一曰税额独多之苦。秦边地也，瘠土也，远在江南腹里者勿论，即与秦邻界者，东则山西，西则四川，税皆万许，即大藩如河南亦六万余。秦肥瘠视三省如何而税额多至十万，即蒙恩减而已减之额尚浮于三省未减之数矣。一曰牵误边饷之苦。民止此财，官司既督民以赔税，小民自不能并力以输边。计秦民十八年来已输过税额一百五十万而坐逋边饷民运则已至二百四万，足此误彼，此又民穷财尽追呼不堪之明验，所不可不罢者三也。”不报。(五四八，10382—10383)　浙江巡盐御史崔尔进奏：“浮课之困两浙，十五年于兹，不惟灶商称苦，即士民亦无不称苦。自盐臣杨鹤具题尽蠲，乃复听刘成之说，取三分之一。臣屡疏请罢，未蒙俞旨，乞早批发，以苏全浙。”不报。（五四八，10383）　乙卯，以圣节赏税监河南胡滨、江西潘相、通湾张烨、天津马堂、四川丘乘云、南京刘朝用，各岁加禄米十二石，吕贵赐飞鱼服，张时升左少监。（五四八，10384）

十月辛丑，户科给事中商周祚等言：“自年来矿、税繁兴，民穷财尽，正赋日逋，加以雨旸不时，水旱频仍，议蠲议停，顿损边储二百余万，而太仓遂缺十之五六矣。度支岁入不过四百万，每每出浮于入，业已难支。自万历初年岁取二十万以备供奉，总计几三十年，约支银六百万。又征倭征播，先后支老库者几千万；至册立、封婚一切典礼例取给于承运者又皆括之外帑，更不下数百万，而太仓遂耗十之七八矣。臣等妄意榷税以来，进奉无算，捐大内百分之一，足以救九边万分之危，而明旨屡称内库空虚，殊不可解。乞皇上检御前所积，慨发数百万金，以抵缺额。在昔年以额外之征致亏惟正之赋，而今即借额外之赐以抵正赋之穷，皇上岂有爱焉。”不报。（五五〇，10402—10403）

十一月戊辰朔，予总督两广军务兵部右侍郎兼右佥都御史升南京刑部尚书张鸣冈祭葬。鸣冈，江西万安人，由庚辰进士为御史，以劾奏权珰降广德判官。历数十年，督两广，遏税监不得入粤，为民请命，章数上。至是候代卒。（五五一，10414）

十二月辛亥，时两淮盐法因内监鲁保借名增加浮课，搀行存积大盐，以致盐单壅滞，内商困于套搭，边商仓钞莫售，岁课停压两年有半。户部尚书李汝华上山东司郎中袁世振条陈十议：一议积引之弊与宜行见引大略。二正行见引之法。三疏积引。四平盐场之价。五行盐次第。六采酌边内诸商条议，务归平准。七论运司各官宜择人，而使广行风励，与之更始。八禁私盐有法。九复淮扬食盐旧额。十议处停压之课。大意务行见引二分，带行积引一分，以疏商困，其言甚便。得旨允行。（五五二，10429—10430）

丁巳，陕西韩王府承奉张国辅贪饕悖戾，以王幼冲，欲与王坐，王不许。每进见,昂立不行跽伏。王尝传旨,禁其不法事,辅抽刀断旨。或面叱王为不解人,拂袖去。王诉之诸臣,声泪俱咽。分巡关西道奉王令旨,擒送仪卫司监候。抚臣李起元上其事,请行勘问。(五五二,10432)

本年附

典制·敕谕

敕谕四川成都府玄天佑圣观住持及道众人等:"朕发诚心,印造《道大藏经》,版施在京及天下名山宫观供奉。经首护敕,已谕其由。尔住持及道众人等,务要虔洁供安,朝夕礼诵,保安眇躬康泰,宫壶肃清,忏已往愆尤,祈无疆寿福,民安国泰,天下太平,俾四海八方,同归清静善教,朕成恭己无为之治道焉。今特差御马监左少监叶忠,赍请前去彼处供安,各宜仰体知悉。钦哉!故谕。大明万历四十四年八月日。"[①]

万历四十五年丁巳(1617)

正月辛未,大学士吴道南、方从哲言:"自榷税之政行而貂珰盈于远迩,网罗遍于闾阎。始犹取之商旅,既则取之市廛矣;始犹算及舟车,既则算及间架矣;始犹征之货物,既则征之地亩、征之人丁矣。穷天际地,搜括靡遗,由公逮私,挪移殆遍。或借之赎锾,或扣之各役工食,上下交征,官民并困。臣等私计之,当矿、税并行,每岁所获,诚为不赀,自开采停而大数已去其半矣,自分解助工而内帑又去其半矣。逮圣母上宾,恩诏减免,而进内解部之数又去三分之一矣。加以留税之请无处不然,一岁之入能有几何?以些须之物而损朝廷之大体,伤圣主之令名,重小民之怨讟,臣等深为我皇上惜之。"疏不报。(五五三,10437—10438)

---

① 该敕谕原件现存四川三台县文管所,敕文引自左启《〈万历四十四年敕谕〉与三台云台观所存〈道大藏经〉》,《宗教学研究》1999年第3期。

丙子，户部尚书李汝华请裁马房积滥，内称马房驴头七百八十有奇，岁费银一万四千余两，印烙无凭，倒死不报，徒饱中涓，罔裨牧事，裁之便。疏留中。（五五三，10441—10442）　丁丑，总督两广周嘉谟以粤省水旱，乞蠲广、肇、南、韶、潮、惠六府监税。不报。（五五三，10442）　丙戌，顺天府府尹乔允升言："顺天所属各州县税银过路者一万九千余两，落地者七千余两，此两项俱出新增。今畿辅被灾独重，乞将此二税再免一年。"疏留中。（五五三，10445）

三月乙亥，以江西水灾，准留二监额税银二万两赈济，从巡按御史陈于庭请也。（五五五，10471）　丙戌，户科给事中商周祚疏请亟允部疏，蠲顺天、永平二府过路、落地二税。留中。（五五五，10475）　戊子，大学士方从哲、吴道南复以蠲畿辅二税为请。不报。（五五五，10476）

四月己酉，刑科给事中姜性请以锦衣卫南北二监钦犯诏狱敕下该卫速行送问发落，并请点用北司理刑官。疏留中。（五五六，10488）

五月丁丑，户部覆广东巡按田生金疏："粤中水旱异常，流亡满境，乞将广东监税暂留一年，以抵蠲赈修筑等项之费。"（五五七，10502）　戊子，大学士方从哲言："顷数月以来，该臣请补大僚、补科道、停皇税、宥戆臣、点按差、署科印。既因祈祷雨泽，圣心焦劳，又请点刑官以清冤狱，举热审以释累囚，而九重深远，概未报闻。近日点用一二总督、三五巡按外，尚寥寥焉。又如顺、永二府，零税数止二万，所捐几何而圣意尚迟疑未发。固知已传之旨终难反汗，则曷若慨赐蠲免，惠此一方，足以明德意而慰群情耶。"（五五七，10514—10515）

七月庚午，兵科给事中吴亮嗣等亦因风变上言郁塞诸状："自端揆九列以及百司，无一人能达其情于上；自礼乐、兵刑、钱谷，无一事不壅滞；且掖廷内侍刑戮太过，内帑泉货沉积太多，幽咽之气皆能结为愁云迅雷以妨和气。"疏留中。（五五九，10545）　戊子。

先是六月十八日，内官刘进住宅禁地夹道内被盗。兵科给事中吴亮嗣言："皇城重闭，奸自内生，守卫军人尽为守门内官包占，且纵容诸色人在内，尤为祸本。内市一节，亦望严行禁止，则法度行而大盗不敢生心矣。"留中。(五五九，10554)

八月己酉，大学士方从哲诣仁德门行礼称祝(圣寿)，上遣司礼监太监李恩等管待。(五六〇，10569)

十月丙申，时内承运库太监孙顺以年例题派缎匹，八月初已奉明旨，因工科缺官，无人覆核稽迟，乞于见在各科四人中命一员代为详阅抄发。大学士方从哲言："六科之官各有专职，岂能越俎而代理段匹？织造原系工部之事，亦惟工科官得而问之。伏望皇上于吏部所推科臣之中，或起复或考选者，将工科给事中先点一员，俾令署印，不惟段匹一事不致迟误，而大工婚礼诸务均有攸赖矣。"(五六二，10592—10593)

十一月丙戌，(**乙酉日冬至大祀**)大学士方从哲诣仁德门叩贺，遣司礼监太监李恩等管待。(五六三，10620)　丁亥，兵科给事中赵兴邦等以巡青事竣，查报岁用钱粮，自四十四年十二月初一日起至四十五年十一月终止，收放过各仓场及京五草场料草并牧地子粒银两数目，逐一具册奏缴。是日，赵兴邦等复摘议巡青要务，言中使当撤，贫商当裁，城垣、仓廒倾坏当修，驴头无用当变，至于内马房当遵照《会典》与外马房一体巡视。不报。(五六三，10621—10622)

万历四十六年戊午(1618)

正月丁卯，大学士方从哲奏："国家设立阁臣，职典丝纶，凡中外本章进经御览者必发看详议拟，取自上裁，遇有事体难以奉行，亦必具奏请改，务求至当。又臣为史官时见内阁诸臣每日出入有定晷，缘当时发票文书率日中而下，诸臣因得从容审酌进呈，票拟既精，批答不爽。今臣以只身而应众务，精神已自难周，间有薄暮将出之时而票本始到，猝遇疑难不决之事，商榷无人，甚有应具揭请裁者时已无及，比至次日而前票已经批行，遂至误事。如近日承天守备张文元疏，皇上一时不及详察，遽允其奏，遂将别项犯人概行释放，所关非小，故臣敢因是及之。”（五六五，10635）　丁丑，议每岁动支留都铸钱银置办祭祀牲口。故事，祭祀牲口北从礼曹赴户部关领价值，南则监珰每月于市民鬻卖者三十抽一供之。于是有言不便者，而守备太监高涌坚以旧制为请，得旨遵行。至是户科议以铸钱银置办，若停铸之日，应天巡抚派十一郡，每州邑多者十余金，少者数金，庶典礼不废而神人胥悦。其事终格不行。（五六五，10639）　癸未，工部署部事左侍郎林如楚等言：“惠王、桂王选婚已定，佳期不远，而冏寺借牍奉旨裁至十万，其未足者暂挪大工银两，候取事例补偿。但二礼并行，费过三十万，稽查纠正事属科臣。顷见内织染局一本，有‘钱粮婚礼急须，该部作速移文，不必候抄’之旨，是皇上但知部文可以速移而未计及于祖制之不宜终废。今要遵行而该科无官，谁为关会？谁为稽核？他如龙袍之系上供，改段之关夷赏，均为吃紧，乞将原任听补工科给事中范济世即赐俞命，俾署科印，典礼有光。”不报。（五六五，10641）　丁亥，山东巡抚李长庚以东省旱蝗，乞罢临清关税及通省包税。不报。（五六五，10645）

二月甲午，工部右侍郎林如楚言：“祖宗设立工科抄发，一以防内廷朦胧传送之弊，一以严外臣完欠考成之法，其用意甚远。顷皇上虑供应有误，俯从内臣之请，至有不必候科抄之旨。窃以上供夷赏及婚礼织造事干钱粮，自非下科看详，抄部送司，何凭覆请？如一日未奉点用科臣之旨，即一日不敢题覆催儹袍段之疏，即皇上以衡命罪臣，臣宁甘之。”不报。（五六六，10652）　己亥，司礼监太监金忠以守备凤阳皇陵，奏欲彼处操练兵马，请旨给马二匹。该科参忠职掌不过看守香火，至于操练兵马当属文武将吏，至疏内乞敕户部移文彼处官司关支草料喂马，俱属扰害，宜寝之。

(五六六,10654)　乙巳,江西税监潘相奏湖税持议日久,地方原额不加。上曰:“湖口税课已有屡旨了,尔即撤回。其委官着抚按查照李道事例,照数按季征解。该监如再不遵,定行重治。所有见在税银即会同差官验收解进,以济军需,其分解部银,待下次征收解用。”(五六六,10656)

三月甲戌,户部奏:“四十五年该陕西、郧阳抚臣各题报所属西安等六府一州及南宁、商州等州县俱被灾伤,议将应解税监正耗银二万二千两解延绥管粮衙门,赃罚一半三千两及留潼、咸商筏税银一年分别赈济,造册奏缴报部。其三十五至三十九年拖欠钱粮仍照带征例追完,不得借口以亏国课。”(五六七,10670)　戊寅,巡视光禄寺户科给事中官应震等言:“光禄白粲为玉食之需,而各监局月粮赏卓于是焉给。故事,每月放粮,该大官署丞为政,然必堂上挂号而后该署关支。近印绶监太监明濂持已故杨天衢、张祥二监未挂号票,强为代领,厨役李一桂不听,遂行凶殴。乞敕下法司严加讯鞫,庶天庾可清。而该寺少卿徐必达亦以为言。”上姑不问。(五六七,10671)

四月壬辰,户科给事中官应震言:“印绶监明濂在监多索人钱,窃谓清黄一役,只须曹郎便足了事,不必以内珰参之。况光禄米关内监者不过月粮赏卓二端,赏卓传自远年者,则有八十四卓半。在万历二十年后,从酱房来文,钦奉传帖,有年分可稽者,则有三百零三卓半。从来但有关领,再无住支,岂其人皆百年不死之人,职皆百年不罢之职?又月粮每岁全支,有五千七百六十八员名,每岁半支有八千三百三十二员名,中间或以一人而当数十人数百人,皆不可知,至匠役十九空名而月饷虚冒,望皇上早赐议裁。”不报。(五六八,10681)　丙辰,工科给事中范济世奏:“臣署印工垣,见万历四十五年有织染局杨进升一本,奉旨:‘这龙袍段匹系御用及赏赐并皇太子、皇长孙婚礼急需,已经裁删,该部遵照花样颜色数目传行苏、杭等府上紧解进。’续又奉旨:‘这钱粮系婚礼紧要所用，见今逼期，着该部作速移文，不必候抄。'夫职等所抄，正抄此段绢纱罗颜色花样数目以便奉行也。今查该监疏开万历四年未完一万三千三百三十三匹套，及万历九年减织一万匹，原经暂免者，今俱奉批清查。及查后开数目，约三十余款，各开颜色花样，纻丝纱罗细绢并无数目，末悬空写一每字，是该监有意朦胧，留后日挪移之地也。若不检查发抄，工部何以奉行，地方何以织造？况纱罗大红与诸色价值相去倍蓰，异日抚按执奏，谓该监朦胧取旨，职又失于参驳，安所逃罪？况四年、九年至今四十年矣，应派之人大半销亡，昔既不难减免，今复何以补织。乞收回成命，免其抵补，小民幸甚。"不报。（五六八，10692—10693）　戊午，兵科给事中吴亮嗣奏：……至内官领九门及皇城四门，尤为弊根，锦衣卫宜即见在人员点视操练，户部各司亦宜设法以清冒滥。……不报。（五六八，10697）

闰四月丙寅，巡视太仓户科给事中官应震以边需甚急，左藏悬罄，奏乞清查卫营香蜡："祖制，腾骧、武骧四卫营上直官军与备操旗军数百员名，俱系御马监提督操练，诸卫营官军勇士人等每岁除绵花本色外，折米、折俸、折绢布冬衣共该银四万六千四百余两，马匹每岁料草一万四千八百五十九两零。今官军马匹仅有其名，若令户、兵二曹合议清核，仍令戎政衙门去太去甚，官员士马尽留强壮，上直备操听京营点核，所省必多。香蜡之入，旧额甚约，世庙初岁，止派黄蜡八万九千斤。我皇上御极，《会计录》载本色定为一十四万七千三百八十四斤，已溢旧数外，折色银六万五百七两零，原为太仓接济，遇蜡偶缺，方行支买。今不问缺否，每遇新正，定买五万斤，共价一万一千三百两。香自庄皇帝(**穆宗**)元年至皇上御宇之四年，共用库内贮香一十一万有奇，则一岁不满二万也。今则每新正、端午、中秋共买六万五千四百五十斤，费价三万一千四百八十两，假令如当年每岁二万，则岁可省银二万余两。伏望时加清核，以济急边。"不报。（五六九，10709—10711）

戊辰，戎政尚书薛三才奏："十六门原额军六千八百余名，每门分上下二班，领以指挥千百户而总隶于后府、兵部。不知起自何年，此外添差内监提督，逐门占役，至四千三百三十二名。乞札委司官查点，将多占军役清理掣回，庶法纪新而门禁肃。"上谕九门提督内官监太监冉登曰："辽左夷虏猖獗，城门关系紧要，尔提督等官务将各门内外官军不时查点，倍加关防，毋得怠玩。其提督等官军伴准照先年钦定，每门三名，守门内官每员军伴二名，不得多占。"(五六九，10713)

五月戊子朔，刑科给事中姚若水奏："奴用谋极狡，须宜预防，请罢内市、慎启闭、清占役、禁穿朝，令诸监各置木牌，出入查验，以防夹杂，责成直卫首领以防顶替。"　有净犯庞忠纠把棍王云等阻挠上用钱粮，稽误婚礼，妄讦有司。司设监以闻，上命锦衣卫拿送镇抚司究问。(五七〇，10725)　　壬辰，山东巡按毕懋康陈东省急务：(**在重储偫**。)在撤重税。临清商税，旧止设一钞关，岁入七万八千余两。后以东征加额，添设税监，近难议罢，其额尚存，何如罢之便。在豁包税。东省包税，穷邑僻陬，无一免者，商尽而问之民，货穷而移之地，势且至无商无民。往岁救荒，此项已及宽政，今当尽行豁免。(**下略**。)(五七〇，10729—10730)　　甲午，兵仗局奏武备空虚，上命先年发出熕炮等件，作速补造，库藏损坏者即与修葺。(五七〇，10733)　　丙午，直隶巡按刘廷元奏："畿南四郡旱蝗，人无固志，前后抚臣偕职屡请蠲赈，计部覆催。方在候命，而通湾税监张烨携手本称奉旨催解节年税银。且四府税银不过二万，又多蒙蠲免，而烨突开八万，以少为多，既蠲不除，又及火耗公费。望亟敕户部查覆豁除，严正张烨欺罔之罪。"不报。(五七〇，10742—10743)

六月己未，掌河南道御史唐世济言："奴以令箭、长马送进张儒绅等四人，给以印文，夷书有七宗恼恨之语。问其人，曰东厂所差。乞将绅等下法司勘问。"而东厂太监卢受言绅以买皮张行，因在掳[虏]中，其带来夷书则奴所威挟，并无别情。上姑不问。(五七一，10758)　丁丑，南京守备太监高涌言积盗曹孝等擅越皇城，偷窃禁铜。命下法司科罪。(五七一，10773)　戊寅，户部尚书李汝华言："太仓岁入仅三百八十九万，岁出边饷三百八十一万，一应库局内外等用又约四十万，出悖于入。以内供言之，万历六年进过大工、铺宫、各库监局钱粮共八十七万六千三百七十五两，二十七至三十年共进过册立、分封、冠婚典礼各钱粮共二百五十五万七千二百四十七两，几尽一岁之入以偿之。往年婚礼不过十万，潞王用止九万，至福王婚礼进过四十余万。圣母两上徽号，前后共四十七万有余，升遐所费香蜡等项又约二十二万。长公主婚礼用至十三万五千两，七公主婚礼共折解十万余，今瑞王婚礼又用过十万余。其金花岁增买办银二十万两，自万历六年至三十三年止，约进五百余万矣。以边饷言之，九边十三镇，隆庆间每岁共止二百三十九万有奇，今增至见额银共三百八十一万九千二十九两余。而又苏州府题借本部米、草、布折等银共十五万二千五百余两，松江府借米、草、布折等银共五万三千九百余两，浙江龙袍历年借支本部京边银共二十九万六千七百六十两，苏松织造借三十余万，陕西羊绒每运本部协助银二万二千五百两。何借支之多也？而又湖广司道赃罚南税等银，原系济边正项，历年共留七万八千二百九十余两，为采木用。山东四十三年、江西四十四年俱以灾荒题留税银，并抚按赃罚，共九万二千余两。又四十五年题留四千两，广东四十四年题留本年赃罚并监税(**广本、抱本作盐税**)二千八百两，其四川税契则以留充陕西协饷矣。何题留之多也？而又有归税监者，则南直税契银每年三万两，山东鱼课商税契银八百余两，泰安香税二万两，南赣关税二万两。自二十七年归监，四十二年臣部题留前银，奉旨户、工各一半，然而又有缩于工部者。查三十七年以来，节年织造、河工并府第共借去臣部一百五十余万，乃各省直所欠京边自三十二三年起至今不下六百万，此太仓所以匮极而边饷拖欠数多也。无已则有改折十库物料，今查丁、甲二库实在颜料共六百四十六万一千五十八斤，充积腐耗，曷若改折一年，九百万金钱可立致也。一改折弓箭弦条，照嘉靖年例通行改折，发附近府州县委官，如式成造，可省虚縻钱粮万余两。一议留各关折买钱钞、临清等处商税备百官军士赏钞，近来给钞数百贯不值数十文钱，暂议折收银两解部，事定之后，照例征收。更于刍粟有籍，若崇文门宝和店银不过二万，何难捐天府之粒米，果万军之枵腹并谢其名于贷取也。其他御马监勇士营马匹粮草宜裁，慎用库买办宜节，各卫军丁占役包粮宜革，锦衣卫月粮之增宜清，皆在今日所当熟究，伏望圣明立赐举行。”(五七一，10775—10778)　　癸未，南京山西道御史孙光裕奏：“奴酋悖慢，天讨难稽，乞再发帑金四十万，以济目前。又大开事例，罢不急如开采、织造羊绒潞紬黄金等项，暂借折价二年，如内府之茶、蜡、颜料朱漆、麻等项，查其有余，亦应改折二年。他如各监税之银，毋解内府，尽留充饷，必饷足而后谋臣死士各奋其智力，奴不难灭。”不报。(五七一，10783—10784)

七月己丑，银作局以册封奏讨成色金索二百二两七钱、足色叶子金索二十九两八钱。事下户部，科臣谓：“查礼部册封录，惟亲王及世子用金册一副，银事件全，郡王俱用银册、银事件。今年册封十九位，止潞王及代世子为亲，该监奏讨金两只应逐位列款细开，不应混称。以后礼部于行礼公宴日，将册事件公同兑验数目，登记仪司，来年只将此数具疏，开列某亲王某郡王该用金银册事件各若干，并初封、袭封有无金印、银印，妃金坠头若干两，逐款上闻，移令户部照数备金，送各监局，以俟届期行礼，庶不致冒破。”(五七二，10787—10788)　　乙未，戊字库太监王用言军器匮乏，祖制当遵。上谕该部曰：“王恭二厂预造盔甲五千副，不行交进，以致胥匠人等朦胧给发。姑且不究。着两厂照数补还进库，以备营军兑换。其各省拖欠粮钱都着作速起解。”(五七二，10797)

八月己未，福王常洵奏讨内使，上准拨六名赴王府供用。（五七三，10819）　甲子，户部尚书李汝华议移文湖广及各省直，将采木所借及解监等银俱借一年，以充兵饷。（五七三，10824）　癸未，云南巡按潘濬奏："滇金自嘉靖十三年始岁贡二千两，至万历二十一年加三千两，共五千两，岁支粮差等银采买，加派凑处以足之。商人裹半岁粮，穿虎豹窟，往市于川陕远方，计盘费铺垫杂用，每金一两几费银十两。查弘治元年镇守太监王举欲金镶宝石帽顶，御史以为言，敬皇犹亟为谕止，奈何骚扰百姓以供朽蠹之积。乞将贡金蠲免，或照嘉靖初年例，以纾全滇之困。"不报。（五七三，10836—10837）

九月壬辰，直隶巡按龙遇奇奏："自奴酋发难，计臣苦于三百万饷之难足，细加搜括，亦万不获已之策。如臣所按两淮运司赎锾、无碍、积剩共银六万一千二百有奇，已行该司造册，委官解部矣，然于军兴恐未足济也。两淮所应岁解额课，正系边储，而存积引盐则祖制议留以待边事之急，为开中客兵之用。自鲁保搀行存积之盐，于两淮每年收敛余银十万，贡之内帑，计十年而百万。今两淮欠解边储额正相当，若捐百万以助辽饷，不过以取之额课者还于边陲，便销一逋课之案。又计臣请留各方见征之税，思昔年湖广尝以采木题留，近来江广诸省尝以水旱题留，当兹边疆失利、人情动摇之秋，皇上何不急传一檄，谕税使及工部，凡各省直本年见征税额，除被灾请留奉旨者不议外，其余尽解户部，转济辽饷，庶于危边有赖。"不报。（五七四，10847—10848）　戊戌，东厂访获盗换库银违法男子施一栋等，上命拿送法司究问。（五七四，10853）

壬子，天寿山守备万寿奏茂陵失火，参奉御刘受等。提问下法司。（五七四，10866）

十月辛酉，巡视十库刑科给事中姚若水言："广积库永乐年间土磺尚堪拣用，将此项作教场操演并各衙门取给之需，而以召买新磺备军前之用，亦可省无限金钱。"不报。（五七五，10871）　癸

亥，福王常洵奏其子由崧讨内使。上准给李吉祥等六人往，并写书与王。(五七五，10872)

十一月辛卯，两广总督许弘纲奏："广东十府一州，额设官兵四万五千七百八十七员名，岁支饷银并修战船、军器杂费共用银四十六万余两，而岁入止四十三万六千九百一十八两。即征及九分之上，已自不敷，况税监入粤，复拨前饷二十余万充税，遇各路请饷，该司苟且支吾。自万历二十八年至四十六上半年，共借过税契、户口、盐税、引纸、俸粮、盐钞、矿税、船税、水脚、吏农、纳班等银五十八万二千五百四十七两。今库无可借之银，民无可加之赋，省无可汰之兵。惟望皇上悉蠲粤税，抵还缺饷。或念粤税重于他省，再为减免。不则将解部税银三万(**抱本作二万**)六千九百余两、新增盐课银一万一千五百余两借留一二年，少济缺乏，庶所司不至空匮。"不报。(五七六，10895—10896)

十二月壬申，巡视太仓银库户科给事中官应震等言："内廷之有承运，犹外廷之有计曹也。计曹为辇毂钱粮总会，各分司于此取给；承运为宫掖钱粮总会，各监局于此取给。三十五年，七公主婚礼，御用监曾经奏讨，上以无例拒之。至瑞王婚礼，库进九万，监进九万，则出一时该监之固请，而皇上姑从之。今二王并婚，费益不赀。时艰，物力俱诎于昔，乞遵照旧例，依皇上之七万，或潞藩之九万，敕令该监从承运照数关支，不得再赴该部妄行搅扰，以惜瓶罍而饷玉关。"(五七七，10930—10931)

万历四十七年己未(1619)

二月丙辰，直隶巡按姚镛疏奏罢榷税，称："扬州为自南入北之门户，徐州为自北入南之津梁，商贾辐辏，夙号殷阜。自利(**广本利作税**)珰四出榷税以来，非借事重罚以倾其囊，则逞威严刑以毙其命，流亡辗转，负贩稀踪，流毒灾民，莫此为甚。乞念根本重地，亟赐停免。"不报。(五七九，10954—10955)

三月乙未，是日辅臣又题：适文书官沈应兆恭捧圣谕到阁谕臣……（五八〇，10985—10986）

四月甲寅朔，上谕兵部曰："朕前为严谨门禁，已有屡旨申饬。祖训设立各门内外官员等、守卫官军人役，职司启闭，盘诘关防，立法严密。今边警屡报，堤备宜周，着守门内外员役比常十分谨慎，不时严加查点，不许疏玩偷安。如有异行异服、眼生奸细之人，即时擒拿具奏。其每日贡献九庙、本恩殿神及御膳并皇太子及各宫膳品所用面、肉、菜、果、鹅、鸡、烟爨、服用等物人役，还着照旧各门出入。在内每月三市乃祖宗旧例，系宫内日用衣帛、食物、器用之类时不可缺，着照旧进内，陈设交易，体朕恤商通贾之意。但持挟刀剑兵器不许进内货卖，违者治罪。其科道等官仍着照常巡视，如有指此阻绝供应的，着巡街及厂卫缉事衙门访拿参究。条陈各门分任添设稽查宿卫等事，还着候旨行，李若圭等着今岁册封各府拟用。故谕。"（五八一，11027—11028）

五月庚子，德王常澪庶九子由椅讨给内使，命准拨四名。（五八二，11076）

七月甲午，督饷户部侍郎李长庚奏："职查《会计录》每岁本折所入通计一千四百六十一万，入内府者六百万余，入太仓者除本色外折色四百万余。其内府之六百万，如金花子粒而外余皆丝绵、绢匹、蜡、茶、颜料之用，其节年所收陈积红朽何裨于用，若以应解内府本色改折一年，发之外库，来岁仍解内库，是在内库支旧节新，不过通融于一岁之入，而在外库改本为折，亦可足用于数百万之支，在皇上一转移间也。推之如陕西之羊绒、江南之织造等项，稍停一年，何损上方之委积，伏乞俞允，以济急需。"得旨："金花子粒银两系祖宗旧例内供正额及在京武职军官俸粮之需，所费不赀，时不可缺，如何擅欲借留？着该部照旧如数解进应用。其织造等项俱属急用，不必稍停改折。今准将各省张烨、马堂、胡滨、丘乘云、潘相所征收分进内助大工税银及先年税监丘乘云、潘相等所奏湖口、广西已征在官未经解监贮库银两数多，着各该监速差委的当官员清查，与本年一年之银都严催，一并暂解户部，接济辽饷募兵之用，不得仍前借口赈济。”(五八四，11153—11154)

八月丙辰，天津税监马堂奏挪借税银，得旨：“所奏解部税银，尔即遵前旨查催解监，差官暂解户部一年，以充军饷。”(五八五，11188)　　癸亥，临清钞关主事来复言时事阽危，乞罢加征皇税，以收人心。不报。(五八五，11197)

九月丙申，国子监博士徐大相言：“建酋，一属夷耳，自太监卢受旧年遣张儒绅以买貂、参往，随有抚顺之失，兵连祸结，辱国丧师。且七宗恼恨，嫚骂无礼，何物胆大包天之人敢为奴酋拚命下书？奴酋奸细伏在肘腋，皇上不及知，群臣不敢言，天下事去矣。今危急存亡，诸臣合请御殿不报，请明赏罚修战守不报，一味蔽明，百般煬灶，直待虏迫都城，人心瓦解，始知其欺罔而诛之，悔无及矣。恳乞敕下法司，速究卢受通番壅蔽之罪，并鞫张儒绅见在何处及带夷书原由，明正三尺，此除奸为救变第一着也。”留中。(五八六，11228—11229)

十一月庚辰朔，吏部候选儒士蒋定国妄言开采，称山西平阳府夏县等处银砂遍地，欲照万历二十四年故事，差内臣采取。言利启衅，大开乱始。吏部尚书赵焕、户科给事中李奇珍、山东道御史刘惟忠等交章劾之，乞下法司治罪。(五八八，11251)　　丙戌，通政使司通政使姚思仁奏奸徒复兴矿议，违例擅行奏闻，言儒士蒋定国结连奸党，荧惑圣听，前项开采本章不由本司封进，擅行发抄，乞严提鞫，究投入根因以折奸萌，以肃法纪。不报。(五八八，11254)

本年附

艺文・碑铭・太监羊朝修茔记

明中贵乐山羊公修茔记

昔杜牧自撰墓志，陶潜预为祭文，千载之下，侈为美谈，岂不以齐一生死，后世罕匹哉？以今观羊公，古人盖有不足多者。何也？万历辛亥（三十九年，1611）公捐金独创玄帝庙于开口村北，嵯峨辉煌，称燕南胜概。后有隙地一区，坦夷敞亮，周围竖墙垣若干步，植榆柳若干株，毅然以佳城自任。修南门楼一座，以别庙界。茔与庙似远而近，若合而离，盖相附不相亲者也。己未（四十七年，1619）已经九载，春三月乞假归梓里，亲为度势相宜，筑土山一座，耸然秀拔，命堪舆氏曰："某处为墓，某处为祭台，某处祠堂，一一为我详志之，勿移。"即卜吉，鸠工庀材，建祠堂三楹，幽静轩豁，望之者惊目，百里之内所创睹者。四月初事竣，走币问记于余，余忝知爱义，不可辞也。谨按，公讳朝，别号乐山。性温雅沉毅，乡党宗族，莫不钦重之。甫弱冠，应入掖廷，乃嘉靖壬戌岁（四十一年，1562）也。历升乾清宫近侍、内官监太监。所在小心，久渥宠眷，洞天地之盈虚，察阴阳之进退，达纲常之体要，信幽明之始终，尝自言曰："人生宇宙间，若白驹之过隙，逆命偷生，此为遗臭。果能尽心以知性，秉道以践形，可以荣，可以辱，可以生，可以死，顺受之而已矣。"此其人盖将蜉蝣天地，瞬息古今，而肯以茔为讳乎？今之肩蟒腰玉者，声名非不赫奕，与之望蓬莱祝长生则欣然喜，道及易箦事憎之畏之，惟恐其及己，不智之甚也。乐山公不辞往返，预修己茔而亲督之，其识见过人远矣，杜、陶二公何以加于是？呜呼！生居禁闼，没藏名山，中贵比比然也。公独舍彼就此，其心曰：父母之恩，昊天罔极，为之负粟，为之戏彩，子道也。乃窜身枫陛下，为圣天子奔走勤劳，惟忝厥职是思，纵有恋恋膝下之心，百不能尽一，宁不虚生我耶？念父母自不得悖乡井，生于斯，墓于斯，庶几一体而分者邻土而聚，或者可借以补生前。小雅之诗曰："明发不寐，有怀二人。"公有之矣。岂独齐一生死，追踪古人已哉？若千载万岁下不使坟墓生荆棘，樵儿牧竖来此，任意蹂躏，犹在羊氏子孙与本庙司香火者加意焉。是为记。

明万历四十七年，岁次己未，孟夏之吉立。赐进士第、户部河南清吏司郎中张大武撰文。恩选河南开封府任荥阳县知县童劝篆额书丹。

（民国《雄县新志》"五编"，第九册《故实略·金石篇》）

万历四十八年庚申（1620）

二月丙子，工部奏："经略熊廷弼疏讨大炮随行，兵仗局查发大炮二千位，正在装载发解间，复准经略咨，称铜炮率多崩炸，今次请发必须尽拣铁炮不炸不坐不倒者速解来辽。臣等复检出盔甲、王恭两厂涌珠铁炮二千位、连珠铁炮五百位，一一演放，幸皆堪用。但盔甲厂藏炮以备不虞，一发尽空，殊非良计。则兵仗局运出铜炮，即贮该厂，以备缓急。至经臣所讨建铁四十万斤及牛皮等项，臣部俱分投承办，陆续运发。若夫召买与脚价之需，前后共三万七千余金，除冏寺、巡青银开报外，悉属衡司正项料银挪此凑彼，臣部积储已竭，将来究竟无期，臣不得不预鸣而仰吁圣明之裁定也。"上是之。(五九一，11343—11344)

四月戊辰，工部尚书周嘉谟以万寿宫香殿一柱腐朽，拟照南京孝陵享殿制，用大木四面环抱，柱即坚稳，其对柱亦照样帮修，费工无多，匝月可完。必欲另换新柱，工程甚烦，且日月难计。上不允，命该部还同内监作速换安修理，毋得延缓，致误典礼，责有所归。(五九三，11381—11382)　　乙亥，命工部尚书周嘉谟、礼部右侍郎孙如游会同内监官汪良德、巡视厂库工科给事中范济世、广西道御史王远宜、屯田司郎中章谟、监督员外郎王湛初、祠祭司主事康新民带领钦天监监正杨汝常等诣山陵相度一应修整事宜，并令酌议具奏。(五九三，11386)

六月辛未，工部尚书周嘉谟等奏："丧礼自有中制，而优厚无事虚文，大行皇后一切冥器等项自宜遵例成礼，不得听各监局之虚糜也。候命下本部，移文各该衙门，除会有者先行关支，后补勘合备照，会无者召商买办，径送各监局应用，出给实收回部，查照会估价值，登簿送巡视厂库科道挂号，于节慎库银内支给。其方相行营缮所造办，拽运官军行兵部转行该营拨发四百员名，送赴陵所。经过桥梁道路行该城兵马司起取附近甲夫填垫平坦，以便经行。沿途棚厂搭盖完日，容臣部于鼓楼、德胜、清河等厂移咨戎政衙门，沙河、雨水河厂移行昌平总兵、守备衙门，各拨军兵看守，听臣部查点拆卸，如遗失一木一席，通行查究。其有指称内使人等刁难需索，容臣等会同该监及巡视科道指实究参，以正法纪。仍乞责成司礼监将护丧内使酌量差遣，并严加约束，庶人心知警，大典有光。”上可具奏，命内使人等着该衙门酌量差遣，仍严加约束。（五九五，11423—11424）

七月丙申，上疾，大渐，召英国公张惟贤、大学士方从哲、吏部尚书周嘉谟、户部尚书李汝华、兵部尚书董[黄]嘉善、署刑部事总督仓场尚书张问达、署工部事协理戎政尚书黄克缵、礼部右侍郎孙如游等入见于弘德殿，勉以用心办事。大小诸臣各致词问安，尚书周嘉谟仍以用人为请，随赐俞允。诸臣叩头而出。上谕内阁：“朕嗣祖宗大统，历今四十八年，久因国事焦劳，以致脾疾，遽不能起，有负先皇付托。惟皇太子青宫有年，实赖卿与司礼监协心辅佐，遵守祖制，保固皇图。卿功在社稷，万世不泯。”是日，上崩，翌日发丧。（五九六，11447—11448）　　戊戌，颁遗诏曰：“朕以冲龄缵承大统，君临海内四十八载，于兹享国最长，夫复何憾！念朕嗣服之初，兢兢化理，期无负先帝付托。比缘多病，静摄有年，郊庙弗躬，朝讲希御，封章多滞，僚采半空，加以矿、税烦兴，征调四出，民生日蹙，边衅渐开，夙夜思维，不胜追悔。方图改辙，嘉与天下维新，而遘疾弥留，殆不可起。盖愆补过，允赖后人。皇太子聪明仁孝，睿德夙成，宜嗣皇帝位。尚其修身勤政，亲贤纳谏，以永鸿图。皇长孙宜及时册立进学，瑞王、惠王、桂王各择善地，令早就藩封。大小臣工务协恭和衷，辅理嗣君，保乂王室，是皆朕惓惓之至意也。内阁辅臣亟为简任卿贰大僚，尽行推补两次考选并散馆科道官，俱令授职；建言废弃及矿、税诖误诸臣酌量起用；一切榷税并新增织造、烧造等项悉皆停止；各衙门见监人犯俱送法司查审，应释放者释放；东师缺饷，宜多发内帑，以助军需；……诏告天下，咸使闻知。”上在位四十八年，寿五十有八。（五九六，11448—11449）

附　光宗泰昌朝(万历四十八年七月—十二月)

万历四十八年七月丁酉，罢天下矿、税。令旨："先年开矿抽税为三殿两宫未建，帑藏空虚，权宜采用。近因辽东奴酋叛逆，户部已加派地亩钱粮，今将矿、税尽行停止，其通湾等处税监张烨、马堂、胡滨、潘相、丘乘云等都着撤回，其见征在官税银解进。"自万历乙未大工鼎建，武弁、市猾辈以开矿奏而诸珰从中主之，矿事遂兴，榷税亦起，遣珰四出，而首事弁猾投为爪牙，其奸利之徒夤缘差遣，谓之奏带官，所至骚动驿递，暴苦平民，间有内输而得不偿失。至于设店征税，算及鸡豚，税以万计，官仅得其什一。当神宗晚年，亦议停议减，半以助经费矣，而余虐未息，至是遵遗命悉蠲焉。后又有各内使将见征并拖欠等税银俱亲押解进之旨，兵部尚书黄嘉善复请所解进者应以本年七月前已征者为定，毋更以拖欠扰民。上(**光宗**)从之。于是关市山泽一切无艺之征为之尽洗。(《明光宗实录》，二，25—26)　辛丑，礼部题参二十三日光禄寺应备文武官共祭一坛，时备办迟误，合行罚治。奉旨："堂上官免究，署官夺俸三月，其管办内臣陈进着司礼监查究。"(二，38—39)

泰昌元年[1]八月丙午朔，上即皇帝位。(**是日大赦天下，与民更始，所有合行事宜开列于后：**)一、……一、各处织造绒褐、纻丝纱罗、绫细等项，万历四十三年以前除造完起解外，其未完者俱减去一半，余作三年造完起解，以宽民力。其应天等府万历四年、九年未完袍段，查系远年，一概停免。广西岁织葛布一百匹，为数不多，未免扰民，相应免造。一、……一、十库钱粮各省直征解本色与赴

① 皇太子八月朔即位，改明年为泰昌元年。然光宗在位仅一月即崩。熹宗九月即位，乃从廷臣议，改万历四十八年八月后为泰昌元年，以明年为天启元年。

京办纳者，充积库内，历年已久，输者解者俱不堪用，宜遣巡视官查其足用几年，除本色不足者仍解外，其余查自四十八年以前，凡未解者俱暂停本色，以宽民力，其银解送该部，充济边之用。一、各省直解官押进内库钱粮，入京多投歇家揽头，概陷局骗，相聚日久，先后挪补侵费，以致败露。原解员役羁囚，节年追比，或有身死，累及家属，无裨积逋。诏下之日，若五年以上未完者姑准押发原籍，歇家揽头行抚臣勘估家产，抵完拖欠，果系家产尽绝，准与豁免，止各依应得罪名究遣。一、……一、……直隶蓟州、昌平、武清、玉田、三河、东安、宝坻等州县牧地草场新增解监银一万六千有奇，先年已经按屯两臣具疏请免，该部题覆，其地属荒硷，银系重科，该监岂得朦胧征扰。仍照万历十年清丈原额征银解部，其加增解监之银尽行豁免，以宽民力。一、北直隶涿州、良乡、固安、武清、永清、东安、香河、漷县、通州、三河等处卫屯军，自万历二十八年以后新增屯丁银，比例矿税，征解通湾税监，已二十年。军苦已极，四十二年虽恩例赦减三分之一，而害未全除，征纳更苦。今边陲未定，调募日烦，卫京之兵尤当休养，岂堪重累。畿内过路、落地二税已经抚臣具奏停免，此项屯税自今四十八年为始，着同二税一并蠲免。……(三,59—71)

庚戌，兵科给事中薛凤翔上时政二事："一曰内旨当慎。夫阁臣之设原以票拟为职，阁臣以票拟司王言之出入，而天下即以票拟定阁臣之得失。今煌煌天语，半由中使传宣，即圣意速发，固以消中留之端，而王言径行，恐反滋外疑之渐。寺人不许干预政事，祖训极严，而可令口传内旨，启人以不可知之疑乎？愿自今一切旨意务发阁臣票拟，随览随颁，庶无假借之患。一曰留中当防。夫臣子自面奏外，惟凭章疏为血脉，血脉一通则宫府情合，血脉不通则釜鬵势成。奈何同一启事，或此报彼遗，同一推转，或前迟后速乎？虽圣政时新，非坚久而不变，而万几日萃，恐怠惰之易生。愿自今一切条画，务勤乙夜观览，随览随发，庶永无隔碍之患。然而阁臣赞襄，枚卜尤重资格，非可拘于内外，岩穴亦可豫于旁求。”不报。(四,90—91)　辛亥，礼部奏万寿圣节各王府进到表笺庆贺礼仪，不便陈设，应类收送司礼监收贮。从之。(四,97)　癸丑，御史黄彦士疏新政十事：“(**一曰隆孝思。一曰摄圣躬。一曰备辅导。一曰勤政事。一曰通言路。一曰起废弃。一曰振吏治。**)一曰谨阉寺。旧制以供扫除，而今极重难返矣。此辈间有贤者，而君侧每易为私。臣谓嚬笑必不可假借，政事必不可干预，钱粮必不可干冒，至于中旨口传，须防炀灶之奸，进称孝顺，应堕规利之窦。新主当阳，宵小观望，当剪萌芽，毋使滋蔓。(**一曰严武备。一曰固边防。**)凡此十事，庶几为新政之助，惟皇上俯赐采纳。”不报。(四,105—107)

皇城巡视兵科给事中魏应嘉等言：“禁门严肃，乃出入猥杂，不异通衢，非宸居之体。即内市一节，前此诸臣抗章请革，竟付空言。礼仪房长随董国用辄将宫内不堪女子赵永禄女等八口领出北安门，着伊亲领去。若未奉明旨，辄尔私发私领，守卫不敢拦阻，万一奸伪滋生，何以肃清辇下。乞皇上涣发德音，明白谕戒。然臣更有请者，怨女出宫，古今盛德之事。自穆庙至先帝两朝，迄今凡五十余年矣，其间侍从宫人空闲无职，何啻以千百数。夫人垂老，倍思其乡，未衰尽堪生聚。皇上举事发言，俱合大经大典，即此一事，不必问无例有例，慨然拣选，独断施行，令此老惫及无职者各依其亲，则海宇欢呼仁慈无极。臣事效忠，伏恳圣明省览。”不报。(四,110—111)

丁巳，工部覆御史田生金停改造段匹疏言：“皇上弘慈，谓南直各府易地皆然，三运二运，事同一体，因有查议之旨。然贡夷段匹，国家所用，二运未定，仍应催解。其南直隶等处三运一概暂停，庶以充上供而苏民困。会承运库内监王虎言内府供应之烦，需用之急，遂有旨改造三运都陆续解进，料价银两亦着户、工二部设处，羡余照数并解。内阁疏谓不可使朝端有二三之令，致诏书不信于天下，只宜下该部，俟其覆奏，恭听圣明裁酌，即不能概停，亦宜量为加免。”不报。(五,132—133)　　戊午,司礼监请催督内廷供应钱粮并上供纸札,有旨下工部。(五,135)　　己未,工部右侍郎王永光题:“皇极殿择日开工,需用紧急,已奉旨发帑二百万,本部移文承运库关领,该库回称尚无的旨传示本库,乞降明旨,容臣关领。”奉旨:“今发一百万两,着承运库领出收贮,转放该部。仍有一百万两,俟陆续凑发。”(五,137)

壬戌,户部尚书李汝华疏言:“国家惟正之供,自合输将,度支出入之经,何取朽蠹。丨库钱粮,除乙、戊、广积等库属工部外,如甲、丙、丁字及承运、广惠等库,臣部所入也。处处贡之,岁岁积之,其以本色至者既征自本地,而以折色至者又办之京商。外者入矣,而内出之数外不得而知;入者中程矣,而收藏之故外不得而见:其据为窟,缘为市,漏为卮者,何可胜言!故建议者谓当敕巡视官亲核其数,宽劳民于外解,酌改折以济边,此救时之急着也。诏旨之颁,实有此款,乞即敕委巡视官赴内库,同该库查核某项原额若干,自四十八年以前某项已解若干,未解若干,某项系急用,缺乏若干,其余某项见在若干,某项可作几年支用,某项可仍解本色,某项可折银解部济边,一一具奏,使各省直明白,照数解纳,斯积蠹清而经费省。”奉旨:“工兴需用浩烦,又各衙门典礼急需,尔部酌量缓急,遵诏折征。四十八年以后各省直仍派解本色应用,不必差官查看。”(六,154—155)　　甲子,戊字库内监以军器匮乏请,得旨:“所奏军器等件系卫护神京及各边取讨急需,今辽事孔棘,库贮空虚,何以应急?着该库速为颁式,移文该省,上紧制造坚致锋利者解进,不得轻议改折。”(六,163—164)

八月丙寅,谕免永、顺、宣、大、山西等处逋税。先是首谕撤回税珰,复谕七月以前拖欠者一概蠲免,至是因太监张烨之奏,上复谕曰:“永平等府并宣、大、山西、顺天所属州县未完四十八年春夏额税已征在官者速解,其节年拖欠俱豁免之,以昭朝廷宽恤小民至意。”　谕免通湾房租。太监张烨奏先年势豪遗留店房等事,上曰:“通湾房租有名无实,徒使居民受害耳。该部速移文抚按,查明豁免。”(七,173)　巡按直隶御史王象恒疏言:“永平佥派解监钱粮,如枣儿、稻皮、榜纸、柴夫、胖袄等项,最为民病。各项本系解部,不知何人创始交监,岁通计金钱可一二万金。大户赔贴,几已及半,一佥派解,即身家莫保。若将枣儿、榜纸、柴夫等银解之该部,而转发该监,则解户可免横索,而胖袄即兑给本地附近各军,又省往来解纳之烦。且查有河间府稻皮,万历四十五年改解户上纳之例,仍乞解部转发该监。”下部从之。(七,175—176)　庚午,兵科给事中杨涟疏陈圣躬违和之由、保摄万安之法。先是十二日,诸臣见天颜顿减,不似登极之初。至十六日,诸臣到宫问安,旋奉有头目眩晕、身体软弱、不能动履之谕,各相惊骇,不知其故。及十七日诸臣敬问圣安,因大选问内官以违豫之故,因知外廷所传进御不节流言绝谬,乃是崔文昇用药差误所致。至是上召见大臣,亲奉天语,两夜未睡,米粥日不多食,困顿至此。于是给事中杨涟言:“文昇不知医,不宜以宗社托重之身妄为尝试。如其知医,则有余者泄之,不足者补之,其事明白易见。以皇上之日日万几,茕茕哀痛,精神耗费,于法止宜清补,文昇何投相伐[①]相代之剂?然则外传流言必文昇藉口以盖其误药之奸耳,既益圣躬之疾,又损圣明之名。且皇上初用文昇一剂,泄补倒置,若此有心之误耶?无心之误耶?有心则虀粉不足赎,或其无心一误,宁堪再误?臣念皇上睡少食少,此岂是大小诸臣安枕之时,阁部大臣宜各寻诸臣中有知医者,日于宫门前斋心候问,同钦召御医细细讲求药饵,多方斟酌,封付忠顺内官如法煎和以进。至如文昇者,宜发司礼监究问处分。传示中外,始知圣躬不安,全是药饵之误,以解道路纷纷之口。并祈皇上召皇长子同众王子承颜导喜于前,以发天性之真和,或又择一二通书史大义内臣,时在左右诵说古圣

① 伐,原作“反”,据《春明梦余录》改。

帝明王痛快可喜之事，以清宸听，以醒脾神，如此自获勿药之庆矣。……”有旨：“所奏朕母皇贵妃郑进封皇后，朕遵皇考遗嘱，昨览都督佥事郑养性所奏收回封后成命，以全体制，特允所奏，已辍旨不行，外庭不得再行渎扰。其御药房提督崔文昇已有旨。皇长子择用端人，朕已知之。”（七，184—187）　惜薪司题柴炭缺乏，奉旨下工部着作速补派。（七，191）　辛未，上疾，弥留，召大学士方从哲、刘一燝、韩爌及英国公张惟贤，尚书周嘉谟、李汝华、孙如游、黄嘉善、黄克缵，左都御史张问达，给事中范济世、杨涟，御史顾慥于乾清宫。上御东暖阁，倚榻凭几，今上（熹宗）侍立。诸臣问安毕，上命诸臣前，降色连谕云：“朕见卿等甚喜。”又云：“朕在东宫感寒症，调理未痊，值皇考妣相继大丧，典礼殷繁，悲伤劳苦。朕不进药已两旬余，卿等大臣，勿听小臣言。”今上承旨，再申前谕。上又谕册封皇贵妃。礼臣言二后封谥、东宫册立诸典礼当次第行。诸臣叩头退。先是给事中杨涟疏陈保摄，参论内监崔文昇医药之误，故召见部院、吏科、河南道外，特及涟，因论及此云。（七，191—192）

八月癸酉，巡按直隶御史倪应眷疏言：“国家边储取资盐策而长芦实居其一，通湾又芦盐贸易之一都会也。皇上诏罢通湾等税，芦商若出汤火，乃有左军都督府成国公朱纯臣、戚畹指挥使钱赈民者，张挂告示，复立店税。每引进店出店，巧立抽银名色，各差官索取，较前更苦。夫通湾上下各有隙地，隶于广和店为监税，隶于勋戚为店租，名虽异而病商则一。今罢两税监，增两税官，每引一钱八分有奇，万引一千八百有奇，括取莫算，朘削何堪。钻投税棍，除臣一面缉拿外，乞将通湾隙地给商堆盐，永不起租，仍敕下该部著为令。”未报。（八，205—206）　甲戌，上再召见辅臣方从哲等十三员于乾清宫……次日五鼓，内宣召急，诸臣趣进，而龙驭以卯刻上宾矣，盖九月一日也。（八，210—212）

本卷附

典制・内府衙门职掌[①]

司礼监，掌印太监一员，秉笔、随堂太监八九员或四五员。最有宠者一人，以秉笔掌东厂，掌印秩尊，视元辅；掌东厂权重，视总宪兼次辅。其次秉笔、随堂，如众辅焉。

凡御前亲近大臣，如乾清宫管事、打卯牌子，其秩亦荣显，犹外廷之勋爵戚臣。

司礼监提督一员，秩在监官之上，职掌古今书籍、名画、册页、手卷、笔墨砚、绫纱、绢布、纸札，并内书堂亦属之。

自提督以下，则监官、典簿十余员。第一员监官提督皇史宬并新房，候转提督，俱轮流该正，专理皇城内一应礼仪、刑名，钤束长随、当差、听事各役，关防门禁。其次，六科廊掌司六员或八员，分东西两房，管精微科内外章疏，及内官脚色、履历、职名，月报逃亡、事故数目。其次，又数十员或八员，管二十四员衙门、山陵等处内官职级、姓名，撰写每日传行圣旨，稽查门禁，钤束当差、听事，题奏应行礼仪、应颁赏赐。其次，六科廊誊黄写字一员。其次，管掌写字，则按节令挨次题禀礼仪文书及赏例，或百员，或数十员，分两班四拨，各若干人。

文书房。

内书堂读书。自内书堂奉旨派拨者，名曰正途。其次，或乞恩奏保改升者亚焉。

礼仪房，提督太监一员，掌印、秉笔摄之。掌司及写字、管事各数员，本房长随数员。掌管一应吉礼。[②]

---

① 此据刘若愚《酌中志》卷一六《内府衙门职掌》节录，列出内府职官的基本框架。需要注意的是：一、明代官书惟洪武中两种“祖训”刊载有宦官官制，余则只有明末太监刘若愚私撰之《酌中志》。如《春明梦余录》卷六《内官监(承运等库局附)》所载内府官制及其职掌，其实是抄录洪武二十八年实录，已非时制。他书类皆如此。惟刘若愚本内府之官，故所记最真最详。二、刘氏之书，虽出目击，但所记皆为明朝晚期的制度，甚至包括天启中的变制，故不能以为有明一代皆如此，这也是应当注意的。

② 礼仪房下有“奶子府”，《酌中志》记载较略，可参看沈榜《宛署杂记》卷一〇《居字・奶口》及孙承泽《春明梦余录》卷六“礼仪房奶口”。按，两书文字略似，疑孙文抄自沈书。

中书房，掌房官一员，散官十余员。专管文华殿中书所写书籍、封联、扇柄等件。

御前作，掌作官一员，散官十余员。专管营造龙床、龙桌、箱柜之类。

以上二处亦掌印或秉笔提督之。

司礼监外差。南京正副守备太监二员，关防一颗，其文曰“南京守备太监关防”。护卫留都，为三千里外亲臣。辖南京内府二十四衙门、孝陵神宫监官。各衙门印文，比北京多“南京”二字。孝陵神宫监掌印太监一员，别衙门可升，不系司礼监也。辖本陵佥书、掌司，及谪种菜净军人等。

天寿山守备太监一员，关防一颗，辖十二陵掌印、佥书、工部厂掌司等官。

凤阳守备太监一员，关防一颗。护卫皇陵，辖佥书数十员，兼管高墙犯罪宗室。

湖广承天府守备太监一员，关防一颗，佥书数十员。辖承德、荆襄地方，护卫显陵，征收籽粒。

太岳太和山，镇守太监一员，关防一颗。辖均州等处。经管本山香火、羽流。

正阳等九门、永定等七门，正副提督二员，关防一颗。

以上六处，秩在文书房监官之上，并孝陵掌印，各有敕谕。

又，正阳等门掌司一员，秩视六科廊，然不随内转，缺则补之，近已裁革不补。

大坝等马房正副提督太监二员，敕谕关防，秩在文书房之次。外衙门官亦间任之。

苏杭织造太监一员，亦有敕谕关防，秩视秉笔，而安逸尊富过之。

东厂。

内官监，掌印太监一员，其所属有总理、管理、佥书、典簿、掌司、人数、写字、监工。自典簿以下，分三班，宫中过夜。每班掌司第一人曰掌案，所管十作，曰木作、石作、瓦作、搭材作、土作、东作、西作、油漆作、婚礼作、火药作，并米盐库、营造库、皇坛库、里冰窖、金海等处。凡国家营建之事，董其役；御前所用铜、锡、木、铁之器，日取给焉。外厂甚多，各有提督、掌厂等官。真定府设有抽印木值管理太监一员，则内官监之外差也。及宝坻县收籽粒，西湖河差，大石窝、白虎涧等处，各有提督，俱外差也。凡外方修建，分封藩王府第，亦是管理外差也。

御用监，掌印太监一员，里外监把总二员，犹总理也。有典簿、掌司、写字、监工。凡御前所用围屏、摆设、器具，皆取办焉。有佛作等事，凡御前安设硬木床、桌、柜、阁，及象牙、花梨、白檀、紫檀、乌木、鸂鶒木、双陆、棋子、骨牌、梳栊、螺甸、填漆、雕漆、盘匣、扇柄等件，皆造办之。仁智殿有掌殿监工一员，掌管武英殿中书承旨所写书籍、画扇，奏进御前，亦犹中书之于文华殿中书也。

司设监，掌印太监一员，有总理、佥书等官，如内官监。而所职掌者，卤簿、仪仗、围幕、褥垫，各宫冬夏帘、凉席、帐幔、雨袱子、雨顶子、大伞之类，事最烦苦，远不逮御用监、内官监有盈余肥润也。

御马监，掌印太监一员，有监督、提督、四卫营勇士、小厮。有监官、典簿、掌司、写字、拿马、象房、掌房等官。金鞍作、长随房等处，各有监工。本监象房之东，有里草栏、草场；皇城之外有天师庵草场、旧都府草场。各有掌场太监一员，贴场一二十员，佥书数十员不等。

神宫监，掌印太监一员，司礼监监官或文书房无力者升之。有佥事、掌司十余员。

尚膳监，掌印太监一员，光禄寺西门提督太监一员，西华门内里总理太监一员，管理、佥书、掌司数十员，写字、监工及外牛房、羊房等厂监工百余员，而抬供养官拨子、长随各数十员。

尚宝监，掌印太监一员，佥书等官数十员。职掌御用宝玺、敕符、将军印信。

印绶监，掌印太监一员，佥书、掌司数十员，职掌古今通集库并铁券、诰敕、贴黄、印信、图书、勘合、符验、信符诸事，及南京解文武诰轴。

直殿监，掌印太监一员，佥书等官数十员。职掌皇极、建极、中极、武英、文华殿庭、楼阁、廊庑洒扫之役，最劳苦冷局，无大厅公署也。

尚衣监，掌印太监一员，管理、佥书、掌司等数十员。掌造御用冠冕、袍服、履舄、靴袜之事。

都知监，掌印太监一员，甚不显贵，余皆本监写字、长随。凡圣驾出朝、谒庙等项，在前警跸清道者，即此监之官也。

惜薪司，掌印太监一员，总理数十员，佥书、掌道、写字、监工数十员，各外厂又数十员。专管宫中所用柴炭，及二十四衙门、山陵等处内臣柴炭。外有北厂、南厂、西厂、东厂、新西厂、新南厂等处，各有掌厂、佥书、监工，贮收柴炭，以听关支。

钟鼓司，掌印太监一员，佥书数十员，司房、学艺官二百余员。掌管出朝钟鼓。

宝钞司，掌印太监一员，管理佥书十余员，掌司、监工数十员。抄造草纸，每岁进宫中以备宫人使用。

混堂司，掌印太监一员，佥书、监工数员。职司沐浴堂子。

银作局，掌印太监一员，管理、佥书数员，写字、监工数十员。专管造金银铎针、枝个、桃杖、金银钱、金银豆叶。

浣衣局，掌印太监一员，佥书等数十员。凡宫人年老及有罪退废者，发此局居住。

兵仗局，掌印太监一员，管理、佥书十余员，军器库提督一员，掌关防司一员，掌司、写字、监工数十员。掌造刀枪、刺戟、鞭斧、盔甲、弓矢各样神器。

巾帽局，掌印太监一员，管理、佥书等数十员。职掌内官、内使小火者平巾官帽。

针工局，掌印太监一员，余与巾帽局同。职掌内官人等冬衣、夏衣，每年递散一次。

内织染局，掌印太监一员，总理、佥书等数十员，掌染造御用及宫内应用缎匹绢帛之类。

酒醋面局，掌印太监一员，管理等官与别局相若。职掌内官宫人食用酒、面诸物。

司苑局，掌印太监一员，管理等官同前。职掌宫中蔬果及种艺之事。

以上总谓之“廿四衙门”，惟浣衣局在皇城之外也。

内府供用库掌印太监一员，总理、佥书、写字、监工共百余员。专司皇城内二十四衙门、山陵等处内官食米。

司钥库，掌印太监一员，管理、佥书等官数十员。凡宝源局等处铸出制钱，该部交进本库，备御前讨取赏赐之用。俗曰“天财库”。

内承运库，掌印太监一员，近侍、佥书十余员。掌司等官数十员。职掌库藏。南京供应机房太监一员，则本库外差，有敕谕关防，所谓汉府织造是也。

灵台，掌印太监一员，近侍、佥书数员。看时刻近侍三十余员，学习数十员。

御酒房，提督太监一员，佥书数员。专造竹叶青等酒。

牲口房，提督太监一员，佥书数员。收养珍禽异兽，有虎城、羊房。

弹子房，掌房一员，佥书数员。专备弹弓。

刻漏房，官十数员，不系灵台。专管每日时刻。

更鼓房，凡有罪内臣，谪司其事。

甜食房，掌房一员，协同内官数十员。经手造办一切甜食。

绦作，即洗帛厂。掌作官一员，协同内官数十员，经手织造各色绦，及长随、火者牌穗绦。

甲字、乙字、丙字、丁字、戊字库及承运、广运、广惠、广积、赃罚库，总谓之十库，各有掌库一员、贴库数员，佥书数十员不等。

汉经厂，番经厂，道经厂。以上三经厂，每厂掌厂太监一员，贴厂各司房数十员，于各衙门带衔。

南海子，即上林苑。总督太监一员，提督太监四员，管理、佥司数十员，分东西南北四围，总谓之二十四铺，各有看守墙铺牌子、净军若干人。东安门外有菜厂一处，是在京之外署也。

林衡署、蕃毓署、嘉蔬署、良牧署。提督太监一员，各有掌署官一员，贴署、佥书数员。职掌进宫瓜蓏、杂果、菜、栽培树木，鸡黄、鹅黄、鸭蛋、小猪等项。

织染所，掌关防太监一员，佥书十余员。职掌内承运库所用色绢。此所不隶内织染局。

盔甲厂，即鞍辔局。掌厂太监一员，贴厂、佥书数十员，专管营造盔甲、铳炮、弓矢、火药之类。

安民厂，即王恭厂。掌厂太监一员，贴厂、佥书十余员。并盔甲厂，各铸关防以给之，重军需也。

西山陵坟，各有掌府官一员，佥书十余员，以供洒扫、看守香火。

安乐堂，在北安门里，掌房官一员，掌司数十员。凡在里内官及小火者有病，送此处医治。

净乐堂，在西直门外，内官经营数人，凡宫女、内官无亲属者，死后于此焚化。

内安乐堂，掌司其事者二三十人。凡宫人病老或有罪，先发此处，待年久再发外之浣衣局也。

内赞礼官、巡街长随。凡宫中祭祀、礼仪，系赞礼官职掌。巡街长随，亦自答应长随内历俸实挨，轮流巡历地方，有旗尉数人跟随。

答应长随。凡收入官人，先选身子伟壮有力者百余人，分派大轿、小轿并伞扇等，演习步骤。属司礼监辖。

京城内外十六门。正阳门、崇文门、宣武门，各有掌门官一员，管事官数十员，并带管外罗城各门。朝阳门、东直门、阜成门、西直门、得[德]胜门、安定门，各掌门官、管事官与前三门亦同，稽查出入，交纳课程。以上听正副提督、掌司节制，而司礼监钤辖之。

在京府第。王府，每承奉正副二员，典宝官数十员。公主府，每中使一员，阍者数十员。

圣驾御前，凡每日亲近内臣，自司礼监掌印、秉笔、随堂之次，两名位尊显者，曰乾清宫管事，其第一员或第二员，则提督两司房者也。曰打卯牌子，则随朝捧剑者也。其次曰御前牌子，曰暖殿，则朝夕在侧者也。次曰管柜子，曰人数司房、管掌司房，曰御药房、御茶房，曰管库。又次曰管弓箭，曰弩马，曰尚冠等四执事，则并尚衣、尚履、管净者也。曰带刀，曰报时刻，并大庖厨、宫后苑、班上、吹响器，及钦安殿、隆德殿、英华殿之陈设。以上皆穿红，总谓之曰近侍也。曰某宫近侍，则答应皇后、妃嫔、皇子女等近侍，各数十员不等，总穿红也。

御药房，提督太监正副二员，分两班。余曰近侍，二三十员。职掌上用药饵，与太医院相表里。

御茶房，秩视御药房。分两班，牌子四员，常行近侍三四十员。职司茶酒、瓜果。

篦头房，近侍十余员。专为皇子女请发、留发、入囊、整容之事。

猫儿房，近侍三四人，专饲御前有名分之猫。

宫内教书，选二十四衙门多读书、善楷书、有德行、无势力者任之。三四员、五六员不拘。

宝和等店，经管各处商客贩来杂货。

典制・宣谕

沈榜《宛署杂记》卷一："祖制：朔旦，文书房请旨传宣谕一道，顺天府府尹率宛、大二县知县，自会极门领出，府首领一员捧之前，至承天门桥南，召两县耆老面谕之。"

艺文・太监张维墓志及小传

皇明张处士墓志铭

自撰并书。特进光禄大夫、柱国、后军都督府掌府事、前掌管前左二军都督府事兼管禁兵侍卫、永康侯合肥徐文烨篆盖。

张维，字四维，别号范吾，蔚之益津人。世业耕读，月旦称贤。父仁，母董氏，有子四人，维其季也。十岁孤，未冠而母亦卒。维痛依兄嫂，濡沫相滋，日知读书饬行。岁己未(嘉靖三十八年，1559)，选侍世庙，以父事司礼高公(忠)，叔事大司礼掌印张公(宏)。尝呴妪覆育，教以忠君爱国之道，俾得睹秘籍，涉猎数年，或竟半斑。凡有言动，未敢发越，敬一无二，匪徒浮沉宦海已耳。戊辰(隆庆二年，1568)，穆庙简拔东宫辅导，而荣泉李公以维进。于是栗栗冰渊，奉职惟谨。

癸酉(元年，1573)，上入继大统，稽古右文，每讲筵回，或有疑问，维即引古史明正以对。尝奉命题咏，率闲邪禁放，黾勉应制，叨御翰有"文雅忠勤"及"雍肃殿讲"、"鉴书"等额。自暖阁内答应，历御用监太监兼督御马监勇士、四卫营操练，时赐蟒衣玉带、内府骑马，岁食禄三百石。晋乾清宫掌事、提督宫内两司房等、忠勇营都知监带刀诸役，掌兵仗局印，再掌尚膳监印。用从龙功荫兄纪为锦衣卫指挥同知，诰封怀远将军，荣及三代。御前赐象刻图章，有"事君尽礼"、"终日乾乾"等篆，及银印池水注端砚等文具。

乙酉(十三年，1585)，命乘传使楚，会均、邓二州洊饥，人相食，即僭仿汲长孺故事，出帑金若干赈活万人，归以流离之状上闻，得蠲恤令焉。事具《使楚传赋》中。戊子(十六年，1588)秋九月，扈□谒皇陵，辇道伤右足，趾溢血未敷，因憬然曰："伤足趾，无乃止足时也。"卧不能起，伏枕裁疏二十余上。舁至御前，抚慰云："尔有劳□□尚当勉起之。"庚寅（十八年，1590）春，奉旨出私第。大哉皇仁！至矣尽矣，得生还矣。即闭门思过，优游□□二十余年，未窥市里，歌咏太平，积有《归来篇》。闲居，日草《苍雪斋》等集，或为刻之。

今年犬马齿七十有二，因自撰志，用纪实履。长兄经，锦衣百户；次纪，即怀远□寿官。侄云鹏，锦衣卫百户；云鹍，贡生；云鹤、云鸾，孙守恒，俱庠生；守朴、守默、守愚、守讷、守谦、守式、守志，尚教读书。维生嘉靖戊戌（十七年，1538）六月初□日，即都城西直关外二里沟，从先公寿域，得侍于昭，预凿土以俟，且效司空图□咏其间曰：乐哉斯丘，君父之恩，昊天罔极。既而叹曰：蹇余数奇，时婴枘凿，好我者若惠风甘雨，犹恐其不滋蕃也；嫉我者函毒蝮射，工日恐其不奇中也。天耶，命耶！敢咒怼耶？仰赖圣明电鉴，终始曲全，此生已矣，愿效将来。铭曰：

皇皇帝座，杳杳四星。天父物象，不纬曰经。古有巷伯，寺人孟子。或风于诗，或念于史。我则何人，敢违法履。忠以事君，殁身□已。存役禁庭，殁藏蒿□。魂如可呼，□□生死。余神之栖，赤孙之西。杨园梅□，旦暮鸟啼。

万历己酉（三十七年）五月吉旦勒石。

（北京西城区西直门外二里沟出土。《北京图书馆藏中国历代石刻拓本汇编》第59册，第5页）

张太监维者，北直霸州人，号范吾，嘉靖三十八年选入，为司礼监管印张太监宏名下[①]。幼博学好书，又最为李太监芳器许。隆庆戊辰（二年，1568），遂荐升神庙潜邸位下。万历初年，历升乾清宫管事，提督内忠勇营，掌兵仗局印。而秉笔孙德秀、张鲸诸人，颇妒其才，然维处之泰然。慈圣老娘娘造有玄帝金像，特差维赍请往湖广武当山供安。维善诗能文，且精于琴画，往返廉静，驿递咸德之。凡诗赋翰牍，人咸宝惜。十二年三月二十七日夜，侍神庙于乾清宫西廊，上问曰："尔本官三年事毕了？"维奏曰："仰荷圣恩，得予令终，臣等存没感戴。"上因从容曰："我常想张宏好个

① 民国《霸县新志》卷五上《人物·宦者》之张维传，引自"酌中志略"，而改作"隶秉笔高忠名下"。校诸张维自撰墓志，应以高忠为是，张宏为其"老叔"。或高忠卒后，改拨张宏名下。故宏卒，张维为之服三年之丧。

老儿,每见我谴罚一个谏官,即叩头流涕,善言宽解,我亦为他息怒,何等忠爱。”维叩头应曰:“此是圣德纳谏,非臣下所能挽回。倘圣怒不息,他亦岂能成功?”上曰:“尔以他三年除服毕,作一首诗来我看。”维即拟题《荣哀慕感诗》云:“薤露光阴何易晞,三年梦逐白云飞。哀吟风木人终别,怅望烟霄鹤未归。墓草可怜滋圣泽,祠旌深感照春晖。仁皇夜半思耆旧,重奉恩纶下紫薇。”维叹鹦鹉诗云:“憔悴君家历岁年,翠襟蒙宠自须怜。能言肯信争如凤,钩喙应知不类鸢。千里云山迷陇树,几回魂梦绕秦川。稻粱未必虚朝夕,直为樊笼一惘然。”题斗促织诗云:“自离草莽得登堂,贤主恩优念不忘。饱食瓮城常养锐,怒临沙堑敢摧强。敌声夜振须仍旧,壮气秋高齿渐长。眼底孽余平剪后,功成谁复论青黄。”至十六年九月,驾幸山陵阅寿宫回,维股为车轹伤,又见近侍小人张守义等怙宠生事,而张鲸等眈眈未艾也,遂求退。着于思善门外直房调治半年余,始准私家调治,遂益哀法书秘籍不释手。至晚年,两目为盲,尚能濡笔写行草。凡闻有新书,必买来,令左右念听者数年。至万历四十一年夏卒,享年将八十。著有《皇华集》、《归来篇》、《莫金山人集》、《苍雪斋集》等书行于世。维与先监(**按,指陈矩**)为同官,先监之政事担当,维之文章恬退,咸彪炳于世云。

(《酌中志》卷二二《见闻琐事杂记》)

钱谦益《列朝诗集小传·闰集》:“张维,字四维,霸州人。隆庆戊辰(二年,1568),选神庙东宫伴读。历升乾清宫管事、御马监太监,僿直禁庭,奉使玄岳,皆有诗记事。内垣退食地有竹数株,神庙赐御笔,题之曰‘苍雪斋’,诗遂名《苍雪斋稿》。”

朱彝尊《静志居诗话》卷二三《中涓》:“张监丞以善诗称,定陵呼为秀才,命掌兵仗局。驾幸局,观所造兵器,手玩弄之。奏曰:‘兵凶器,非至尊所宜操。’帝笑而止。尝于禁中退食地,植竹数竿,定陵题之曰‘苍雪’,因以名其集。”

艺文·碑铭·李□□墓碑

顺天府大兴县下马社人。正阳门管事御马监太监孝孙李邦□。乾清宫御前暖殿忠勇营中军司设监太监孝侄李正芳立。(**碑左小字**)孝弟李光智、光辅、光宇、光弼,孝侄李大某七人。孝孙李桂某三人。

(北京丰台区永定门外海慧寺后出土。国家图书馆藏拓:北京 2946)

史事·宦官与寺庙

僧正道撰《重修福胜寺落成记》："（**福胜寺为都西胜概。**）至嘉靖十五年（1536）内府诸公修葺，迨于万历元年（1573）用公同内官监管理徐章、司房张清重修。（**今僧又重建。略。**）大明万历岁次甲辰年（三十二年，1604）孟春吉日立。"（碑在北京昌平阳坊南台头村。《北京图书馆藏中国历代石刻拓本汇编》第58册，第156页）

《南观音寺碑》："内府各衙门太监等官同时发心，重修观音寺十方海会禅林。"碑阴为题名。（万历元年刻，碑在北京宣武区广安门外大街。《北京图书馆藏中国历代石刻拓本汇编》第57册，第1—2页）

《敕建承恩寺碑文》："皇朝凡皇太子诸王生，率剃度幼童一人为僧，名替度，虽非雅制，而宫中率沿以为常。皇上替僧名志善，向居龙泉寺，（**太后今上追念先帝及其替僧，以寺居圮坏，欲一新之，出帑储及捐资。略。**）命司礼监太监冯保贸地于都城巽隅居贤坊故太监王成住宅，特建梵刹。"万历二年经始，成于三年。（《张太岳集》卷一二）

《敕建东岳庙碑文》：太后宫眷等捐膏沐资，"命司礼监太监冯保择内臣廉干者董其役"。始万历三年，周岁落成。（《张太岳集》卷一二）

《敕建慈寿寺碑文》："（**阜成关外八里许，建梵宇为穆考荐冥祉。**）命司礼监太监冯保卜关外地营之，出宫中供奉金……委太监杨辉等董其役。（**始万历四年，既竣而有司不知也。略。**）又赐园一区、庄田三十顷，食其众，以老僧觉淳主之，中官王臣等典领焉。"（《张太岳集》卷一二）

《涌幢小品》卷二八《两京诸寺》："慈寿寺，在阜城门外八里，太监谷大用故地也。圣母宣文皇太后所建，始于万历四年，至六年秋成。殿宇壮丽，僧房罗列，一塔耸出云汉，四壁金刚，攫拏如生，可畏。至今想之，隐隐眉睫间，如西天龙华境界。"

《敕建万寿寺碑文》："初，禁垣艮隅有番、汉二经厂，其来久矣，庄皇帝尝诏重修，以祝釐延贶，厥功未就，（**不烦有司，乃出帑储，潞王、公主暨诸宫御中贵佐之。略。**）命司礼监太监冯保等卜地于西直门外七里许广源闸之西，特建梵刹，为尊藏汉经香火。（**始万历五年，成于六年。略。**）以内臣张进等主寺事。"（《张太岳集》卷一二）

李长春撰《敕赐慈慧禅寺十方常住碑记》："出阜成关迤西二里许，有寺一区，乃诸中贵义置以为施茶之所，倡其事者太监王效等也。”万历二十年十二月立石。(碑在北京西城区阜成门下关。《北京图书馆藏中国历代石刻拓本汇编》第58册，第32页)

程奎撰《重修□□□□□□极乐寺碑记》：“(**寺久颓**。)万历癸巳岁(二十一年，1593)，内监总理张公祯因公差过此，(**见其状**，)回，即白于总督东厂官校办事兼掌内官监印务司礼监掌印太监张公诚，同捐俸金。”万历二十二年五月立石。(碑在北京房山区虹螺山。《北京图书馆藏中国历代石刻拓本汇编》第58册，第51页)

《张太监舍地碑》：“御马监太监张公用银七十二两买到京西宛平县新城社南此山地六十七亩，舍与敕赐潭柘寺耕业香火，供给十方禅侣，永远护持，当代住持现左于万历甲午(二十二年，1594)年孟冬立石。”(碑在北京门头沟上岸龙岗村。《北京图书馆藏中国历代石刻拓本汇编》第58册，第52页)

董文采撰《创建武安王庙记》：“内官监太监王公讳钰，素称积行君子，适自楚省旋，翻然有感而思，谓人道迩，迩则卑，卑则玩而不信；神道远，远则尊，尊则敬而不亵，固知以善化人，不如以神感人之为速云。(**遂于房山建义勇武安王祠，编其号曰崇宁护国庵。略**。)万历甲午岁(二十二年，1594)季冬立石。”(碑在北京丰台区王佐栗园村。《北京图书馆藏中国历代石刻拓本汇编》第58册，第55页)

赵志皋撰《大护国千佛寺偏融大师塔院碑记》：“(**大师讳真圆，偏融其字也**。)前御马监太监杨公讳用常游师之门，入师之室，先为敷座献花，执弟子礼。(**略**。)万历二十六年，戊戌岁佛……”碑阴题名，上段为皇太后、皇后、妃等，下段居中为“勤侍夫人”等，左右为乾清宫管事提督两司房御马监太监高相、乾清宫等各衙门太监等官姚定等、钦依皇坛汉经厂各衙门太监等官。(碑在北京市海淀区五道口塔院内。《北京图书馆藏中国历代石刻拓本汇编》第58册，第84—85页)

万历《承天府志》卷五《庙学》：“今所存惟关云长、东岳二庙。岳王庙旧废，万历二十六年，守备太监杜茂度地于石城驿之西建庙，殿宇弘丽，规制与武林等为诸庙之冠。”

叶向高撰《弥陀会碑》：“京城北隅有广化寺，寺故有念佛会，自今上己丑(十七年，1589)迄于兹，率诸法师等以月十有八日举事，中贵士庶毕集，环绕法座，念弥陀三千，膜拜以为常。(**下略**。)大明万历二十七年，岁次己

亥，孟秋吉日立。"（碑在北京西城区鸦儿胡同广化寺。《北京图书馆藏中国历代石刻拓本汇编》第58册，第91页）

顾秉谦撰《重修宝应寺碑记》："京师古所称帝辇神皋也，盖车书冠带所会同，亦佛日慈云所拥护，以故都城内外列刹星罗、穹寺精蓝所在而有。（**略**。）然而营造之费并仰檀施，上自天子禁庭貂珰戚畹，往往不爱金钱，喜舍以故盛甲寰中，未闻黄面缁流、方袍乞士能自勤其手足之力、捐其衣食之资，兴起法城、鼎新金地者也。（**下略**。）万历壬寅（三十年，1602）一阳吉旦立。"（碑在北京宣武区南线阁。《北京图书馆藏中国历代石刻拓本汇编》第58册，第149页）

李逢时《重修古刹西峰庵记》："西峰庵乃沟沟崖五庵之一也，（**久颓而今幸修之，翼真好德，如工部尚书鲁公，营缮郎中徐公、程公，**）内官监太监张公祯、刘公济、陈公朝用、李公禄、马公良，并荷钦差助工捐俸，（**下略**。）万历岁次癸卯（三十一年，1603）季冬吉旦日勒碑。"（碑在北京昌平德胜口沟沟崖。《北京图书馆藏中国历代石刻拓本汇编》第58册，第155页）

赵鹏程撰《岱岳灵应玄妙金像碑》：圣母、皇上、中宫等施金造像。碑阴有司礼监掌印兼酒醋面局印太监成敬、司礼监等衙门太监等官陈矩等数百人题名。万历三十四年立石。（碑在北京朝阳区东岳庙。《北京图书馆藏中国历代石刻拓本汇编》第58册，第186—187页）

黄廷弼《增修天仙圣母行宫碑记》：都城南十里河之乡，御马监太监刘公讳忠，三十一年捐资募化众信。万历三十五年七月刻，碑阴有太监等官200多人题名。（碑在北京朝阳十里河。《北京图书馆藏中国历代石刻拓本汇编》第58册，第198页）

叶向高撰《重修恩惠寺记》："（**城南百余里琉璃河旧有寺**。）今御马太监永清张（**疑即张其**）公赍请内帑捐资若干"，经始于万历戊申（三十六年，1608），成于己酉（万历三十七年，1609）。（碑在北京房山区琉璃河四门口村。《北京图书馆藏中国历代石刻拓本汇编》第59册，第7页）

《福德庄严碑记》："恭仁康定皇帝陵管事兼御前办膳、钦赐蟒衣玉带、增加禄米、内府骑马御马监太监张其，于万历戊申岁（万历三十七年，1609）奉命赍出内帑钱粮并内外官僚俸金及十方士庶珍货，同共发心，重新敕赐护国恩惠十方招提禅寺。（**下略**。）"（碑在北京房山琉璃河。《北京图书馆藏中国历代石刻拓本汇编》第59册，第8页）

刘应召撰《重修法通寺记》:(**文略。**)万历四十年孟秋月立。

碑阴题名,第一段为坤宁宫婆太□□女、尚膳监太监张堂、御马监太监温进、御马监太监□祐、董进、神宫监佥书梁朝、御马监太监李朝,下为信官、信士、本寺比丘。(碑在北京东城华丰胡同。《北京图书馆藏中国历代石刻拓本汇编》第59册,第39—40页)

翁正春撰《天庆寺塔院碑》:(**文略。**)万历岁在癸丑(四十一年,1613)春二月吉日。

题名:内官监管理太监张进(**清智——编者按,括号内为宦官法号**)、钦依提督内皇坛教习汉经厂掌坛惜薪司总理佥书御马监太监王忠(清明)、慈宁宫管事钦差提督宝和等店御马监太监□臣(净供)、王朝(清续)、张进(清遍)、赵刚(净怀)、袁爱(净心)、李景(净然)、张印(净鉴)等21人。后为僧名。(碑在北京丰台枣林村。《北京图书馆藏中国历代石刻拓本汇编》第59册,第55—56页)

胡继升撰《重修成寿寺记》:(**文略。**)大明万历癸丑(四十一年,1613)季春吉日。

碑阴题名,最上居中,为永宁宫顺妃李;下一栏右起:淑人李门王氏、婆太徐九吉女、婆太张聪女;第三栏右起:监造工程御马监佥书中府草场管事左监丞李□、东宫典乘局局郎御马监太监王□、内府供用库总理御马监太监孙进朝、御马监太监李进忠,下锦衣卫千户等官4人,内承运库掌印太监孙□、乾清宫近侍内官监太监王虎、司礼监掌司事刘进寿、御马监左监丞□□、内官监右少监西直门管事左□、内官监左监丞西直门管事张□,下隆福寺冠带住持数人;第四栏名略。(碑在北京东城育树胡同。《北京图书馆藏中国历代石刻拓本汇编》第59册,第57—58页)

张瑞图《敕赐护国圣寿大慈寺记》:(**文略。**)末题"钦依内府汉经厂皇坛掌坛御马监太监卢永寿、张然立",万历四十三年(1615)六月刻。

碑阴题名,上段居中右起:钦依内府汉经厂皇坛掌坛御用监太监张随、钦依内府汉经厂皇坛掌坛御马监太监卢永寿、张然、昭陵佥书信官赵良,下段为"名下各衙门等官"张进等14人。(碑在北京石景山黄庄。《北京图书馆藏中国历代石刻拓本汇编》第59册,第72—73页)

万历赐宝华山隆昌寺额,并赐银佛像幢幡等物,"敕南内守备刘公朝用董其事"(《句容金石记(五编)》,未题朝代)。

卷　十

熹宗天启朝(1620—1627)

泰昌元年九月戊寅,山东道御史郑宗周乞正崔文昇用药之罪,以消乱萌,二三大臣尤当进心调护,保安社稷。得旨:"该监察明奏处,伏候圣裁。"(《明熹宗实录》,一,16)　己卯,兵科左给事中杨涟奏言:"自先帝升遐,人心危疑,咸愿陛下即日登极,用慰舆情。而迟回慎重,必待诹吉者,固以祀告郊庙,未行大礼,不容草率;尤为深宫中有先朝选侍,欲俨然以母道自居,外托保护之名,阴怀专擅之实。大小臣工心切疑之,不敢以宗庙神灵所托重之身,轻付之不可倚信之手,故力请陛下暂居慈庆宫,然后奉驾还正乾清,此臣等之私愿,忠于陛下之深心也。祖宗之社稷为重,宫闱之恩宠为轻。选侍智人也,所以必欲别宫之故,亦既稔闻之;且又奉有移宫明旨,若仍复借择吉耽延,人言纷纷,且谓令李进忠、刘逊、魏进忠等擅开宝库,盗取珍藏,岂必欲尽先朝之有而后出乎?抑指借皇贵妃名色,遂目无幼主乎?贵妃虚名耳,册立虽系先帝遗命,开恩尚在今上新纶。况以今日天地神人共主,即皇祖与先帝之伯叔兄弟俱在称臣之列,两宫圣母若在召对之间,亦必加以皇帝尊称,选侍何人,非嫡母,非生母,而怙恃宠灵,妄自尊大,天下其孰能平之?夫礼有当以义断者,分有难以情夺者。祖宗典章,二百年来相传,天子居正之宫,又孰能迁就宫媵,听其悍然顽然,敢抗明旨以据之?臣谓陛下避居慈庆六日,已是恩遇选侍有礼,渐再不可长矣,仁再不可过矣,谓宜敕令选侍恪遵天语,即是吉祥,不必藉口择日。若李进忠、刘逊等定当思三庙豢养,凛凛为知所以效忠于先帝之子孙,无谓陛下冲龄,尚方三尺剑,么麽头颅即不足畏也。至于阁部大臣,既当鼎轴,并宜矢公,责成两朝任用内使中老成忠直者,倾以血诚,开之报主。今日侍起居一切声色玩好,俱不许杂陈于前,庶几志气清明,精神强固,万年有道之长,实基于此。至移宫事,臣言之在今日,陛下行之亦必在今日,阁部大臣从中赞决,毋容泄泄,再为姑听之说,亦当在今日,以无负先帝凭几,辅陛下要紧之托。"得旨:"移宫并李进忠、刘逊已有旨,魏进忠着司礼监查明奏请。"(一,16—19) 庚辰,上(**熹宗**)即皇帝位。(**遂颁诏大赦天下,与民更始,所有合行事宜开列于后:**)一、……一、近来驿递疲困,支应不给,马户夫役,往往逃亡。各省直抚按官行查地方冲僻繁简,将原额站银酌量于简僻处所,有支剩银两通融协济,仍照节年申饬事例严查应付,毋得徇情多给人夫马匹。其过往官员人等不许勒要折干,擅用金鼓,夹带骚扰。今税监尽撤,各处原因税监添派供应夫马站银,都着一并蠲豁,不许仍前混征,贻累小民,违者指名参处。一、省直织造绸缎羊绒地方出产有限,机户困于杼轴,商贩穷于展转,营利几何,乃有指称行户名色,攫取无限,仍纵衙役乘机需索,有上纳一物赔累至倍者,相应严行禁止,违者听抚按官参处。有司官不许借立行户名色,抑买货物,赔累商民。一、浙江、福建、南直各府织造岁改段匹,每匹段价内扣羡四钱,始于万历三十年间,与矿税事同一体,不论远近年分,亟行蠲免,扣解者补给未完段价,以苏民困。一、四司料价等项除前诏宽恤外,相应再蠲拖欠二年,以宽民力。一、各省直税银原为协济大工而设,今奉明旨一概蠲免,但恐官吏欺蔽,中有加派地亩、坐派行户、洒派人丁,甚至摊派间架者,小民不知,仍行输纳,官吏扶同网利,相应严行禁止。各地方官有不行改正者,抚按监司访出,参奏重治。一、……一、各监局铺垫,有司征解原有定额,迩来增索日甚,解户苦于赔累,将来何所底极。已后如有仍前额外苛求,许被害诸人告明参处。一、……一、……又通湾店房已经罢税,不许奸徒假捏横征,地方官不能奉诏禁止者以不职论。一、……一、直隶永平府每年解纳惜薪司本色枣柴一万五千五百余斤，近据顺天巡抚奏称，进解铺垫，地方赔累，议改折色银三百九十两，每年五月中差官管解前银，自行买纳，以省地方赔累之苦。其西山一带煤税，曾经奉旨撤回税监，尚留黄树园、辘轳港、镜儿窑等窑，因委石厂代进煤炸，因而假借骚扰地方者，尽行撤免。原用煤炸无多，该管官另行设处，毋得仍前私税，以扰贫民。……(一,29—35)　　壬午，斥内官田诏等一十三名。　刑科左给事中魏应嘉言："皇上登极，天人交悦，敬陈保护之要，一在经筵之早举，一在大婚之早定，一在近侍之得人，一在奏章之速发。"因参辅臣方从哲行事多舛，如票李可灼以罚俸养病，人皆谓其不足以尽辜；至崔文昇止查进药日期及进方有无错以了事。如出自内票，当为执奏；如票自阁臣，则负国负恩，九庙有灵，岂不可畏。报闻。(一,36)　内侍范通、孙相、陈尧臣、孙惟贤有罪降斥有差，以御史郑宗周之奏也。宗周又言："深宫燕寝之中宜倍加谨慎，近侍以谄谀进者必斥，或召阁部面对，或令谏官入直，而黑字谕帖夜半传宣悉行停止。……至于皇上春秋鼎盛，坤仪未备，恐几席之间伏有陷阱，如近日李选侍广布私人，潜居要地，吕、武称职(**按，职疑应作制**)之事必将再蹈覆辙矣。"时给事中薛凤翔、御史余合中、聂绍昌、贾继春俱有疏保圣躬，责辅臣，上皆纳之。(一,36—37)　　癸未，内员崔文昇革去秉笔职衔，降内官监奉御闲住。时司礼监奉旨查奏，上谓崔文昇职司御药，宜审脉理，不合朦胧进药，全无功效，不忠之罪难免，既该监查无别情，姑从轻降处。(一,37)　命魏进忠照旧供职。以杨涟前疏及之，而该监查奏，谓其不系李选侍下应役也。(一,37—38)

甲申，浙江道御史张泼言："皇上春秋已十六龄，血气未定，情窦初开，培养根本，正在此日。且迩来日所获罪珰，大半皆李选侍之近侍也，威行不测，反侧不安，畏祸之极，得无思中之以色，阴夺太阿以攘乱乎？未见其形，愿察其影，更愿顾命诸大臣之审图之也。又李可灼之罚俸，徒事调停，周朝瑞之复职，不于遗诏，皆非大臣奉公之谊。”同时四川道御史冯三元亦言李可灼赏罚未当,宜诛窜以谢先帝。俱报闻。(一,39—40) 乙酉,上怒刘逊侵欺钱粮,并李进忠偷盗库藏各物,敕刑部重拟严追。进忠及刘尚礼潜逃,并敕内外缉事衙门务在拿获,不许徇纵。(一,40) 工科署科事右给事中惠世扬参辅臣方从哲,言其独相七年,妨贤蠹国;梃击青宫,庇护奸党;骄蹇无礼,失误哭临;恣行胸臆,破坏丝纶;纵子杀人,蔑视宪典;阻抑言路,闭塞耳目;陷城失律,宽议抚臣;马上催督,断送全师;徇情罔上,鼎元贻羞;代营诸税,辱国殃民,为十罪。又以知有承奉郑贵妃,欲从封后之旨,而不知有宗社远忧;知有逢迎李选侍,欲缓移宫之日,而不知有天子名位;知有结纳崔文昇,迈(按,迈字疑误)其用药之罪,而不知有君父隐忧,为三可诛。又谓其受刘逊、李进忠盗藏美珠,夜半密约,谋为营脱。得旨:“言官论事当平心详审,岂得以风闻臆度,轻诋大臣,有伤国体。”从哲亦上疏自辩求罢,优诏不许。(一,40—41) 大学士刘一燝、韩爌言:“臣等办事在阁,蒙发兵部覆请罪帅李如柏、如桢本,有文书官沈应兆口传圣谕:‘初登大宝,着从宽处。’臣等仰见皇上宽仁之意,但二弁罪状久著,中外人心共愤。新政之始,赏罚宜明,仍从部覆究问,庶国法可伸,封疆可振。”是日首辅方从哲在告也,得旨逮问如律。(一,41) 戊子,东厂缉获逃犯刘尚礼,下镇抚司。(一,50)

庚寅,御史郑宗周复纠逆珰崔文昇罪不容诛,乞寘宪典。并纠方从哲不拟下法司而下司礼监,始则姑云查处,终仅闲住结局。即从哲不难忍君以庇贼,顾何以抒陛下终天之恨,而洒天下万世无穷之隐痛耶。疏上,报已有旨。(一,53) 甲午,荫宦者魏进忠兄钊为锦衣卫正千户。 封佞幸客氏为奉圣夫人,并官其男侯国兴锦衣卫正千户。客氏,上乳妇也。(一,58) 丙申,命造定陵神宫监印。(一,62) 丁酉,镇抚司千户梁慈等以讯过刘逊,招称与李进忠、刘尚礼等共盗宝物,及进忠、尚礼逃匿情由,具状奏闻。上责锦衣卫骆思恭:“各犯未获,显不经心,职司何在,若复怠玩,不行缉获，徇情故纵，必罪不宥。”(一,62)　戊戌，收用净身男子三千名。　以御马监太监魏进忠提督宝和三店。(一,63)　己亥，浙江道御史左光斗以御史贾继春上揭辅臣，为新君御极之初，首劝以违逆先帝，逼逐庶母，皇八妹入井堪怜，李选侍雉经谁诉，其惨黯光景，通国之人长叹陨泣等语，遂上疏云：“本月初一日，诸臣闻变，仓猝趋朝，人情汹汹，朝不待夕。时大臣从乾清宫中叩头，执手扶皇上出居慈庆宫，臣等相顾战栗，此时不守几筵而避居别殿，踉跄张皇，宫中必有甚不相安之情，间不容发之势。惊问其故，喧传李选侍左右前后尽是贿买腰玉，奸珰布满，阴为心腹，皇上大有戒心，不克宁处。君父惊魂未定，臣子敢尔即安！臣于初二日随公疏后有‘慎守典礼、肃清宫禁’一疏，语甚微婉，此时但知安宗庙、定社稷为大，不知其他。初三日，宫中震怒，祸几不测，赖皇上保全，将臣疏发阁票拟，随奉圣旨移宫。已有旨：‘名封事既云尊卑异称，礼部再酌议具奏。钦此。’初五日，阁臣具揭再催，奉旨移宫，至初六日，皇上登极，驾还乾清，宫禁肃然，内外宁谧。臣等举手加额，共幸庙社有灵。夫皇上既当还宫，则选侍之当移宫，其理自明白易晓矣。惟是自移宫以后，自当存以大体，捐其小过。皇上如天之大度，宜无所不包涵，先帝在天之遗爱，无所不体恤，此其特恩在圣衷，调度在辅臣，非小臣所能意度。若复株连蔓引，使宫闱不安，非但与国体不便，亦大非臣等建言初心。昔鲁庄公不能制其母，宋儒朱熹以为母不可制，当制其侍御之人。后彭龟年经此一段公案，相与叹服，因取朱熹入直。此等处置，自有情法至当不易之理。侧闻锦衣勘问诸珰时，语连宫禁，概置不问，深为得体。伏乞皇上宣召阁部、九卿、科道，面谕以当日避宫何故，及今日调护何方，一一晓然明白，不得凭中使口传圣旨，仍乞将刘逊、姚进忠等正法，暴其盗宝罪状，与天下共见，勿使播弄脱罪，其余株连，概从宽政，令反侧子[自]安，庶几烧梁狱之词者正所以寝淮南之谋，而仁之至义之尽胥此矣。臣区区之心，始终知有定宗庙、安社稷而已矣。”得旨:“这所奏如何不题李进忠等,只言刘逊,显有情弊,余已有旨。”久之,上谕内阁:“朕览文书,见御史左光斗一疏朕避宫之由。朕昔幼冲时,皇考选侍李氏恃宠,屡行气殴,圣母以致怀愤在心,成疾崩逝,使朕有冤难伸,惟抱终天之痛。前皇考病笃,阁部大臣俱进内问安,有李选侍挟朕躬使传封皇后,复用手推朕向大臣觍颜口传,至今尚含羞赧。因避李氏毒恶,心不自安,暂居于慈庆宫。李氏又差李进忠、刘逊等传每日章奏文书先来奏我看过,方与朕览,仍即日要垂帘,听政处分。御史有言李氏他日必为武氏之祸者。朕思祖宗家法甚严,从来有此规制否?朕今奉养李氏于哕鸾宫,月分年例、供给钱粮俱仰遵皇考遗爱,无不体悉。外廷误听李党喧谣,实未知朕心尊敬李氏之不敢怠也。其李进忠等、田诏等皆系盗库首犯,赃明证确,自干宪典,岂谓株连。务得本犯与刘逊、姚进忠等,以正国法,而勿使渠魁贿嘱当事,播弄脱罪,波及无辜。卿等可传示该部院遵行。”是时大学士方从哲等捧读,即具揭封进。仍谕:“李氏平昔过恶多端,不曾尽悉,朕意未伸,人言不息。昨已传谕明旨,何复行封进?显是推诿,着遵旨即行发抄,咸使闻知。”从哲等又具揭曰:“选侍李氏平时怙宠张威,得罪圣母,不惟圣心含冤抱痛,无以自伸,臣等闻之,亦不胜悲愤。但以事关宫闱,不宜轻泄于外。且皇上既仰体先帝遗爱,奉养不缺,尊敬有加,传知外廷,谁不赞扬?圣孝似不宜暴其恶以掩德意而滋多议也。臣等愚见如此,故一时未敢发抄。兹复蒙皇上面谕,且责臣等推诿,私衷不胜悚惧,除遵旨遍示诸臣并发抄外,惟望皇上益宏圣度,无念旧恶,始终看先帝分上,曲赐保全。皇五弟并三位公主时时顾念,务令得所,则孝慈兼尽,圣德弥光,臣等犬马爱主之忱亦藉此少伸矣。”又谕:“朕览卿等所奏,具见忠爱至意,朕知道了。朕弟妹皆骨肉至情,岂不注念。昨已有旨传谕卿等,皇考选侍李氏业已移居哕鸾宫,抚养所生朕八妹,选侍东李氏居勖勤宫抚养皇五弟,选侍傅氏居昭俭宫抚养所生朕六妹、七妹,俱有随从宫眷，各衙门月分年例养赡钱粮俱从优厚，俾各得其所，昭朕仰遵皇考遗爱，笃念亲亲之谊。特谕卿等知之。”(一,64—69)

十月己酉，天津兵备贾之凤言时事多艰，津海疲累，乞撤银鱼厂太监徐贵。御史卢谦亦以为言。得旨：“银鱼系太庙进鲜品物，着照旧采进，不得渎奏。”(二,76)　庚戌，升客氏弟将军客光先为锦衣正千户。　东厂缉获钦犯李进忠。(二,77)　己未，南京浙江道御史傅宗皋乞究误药根因，明正国法，且谓几微窾窍之中别有心腹爪牙，表里蟠结之奸造成一定不移之局，因参太监崔文昇，而归罪司礼太监卢受。得旨：“皇考素有弱疾，嗣因皇祖宾天，哀痛劳瘁过伤，以致医药无效。其卢受通夷事属无有，已蒙皇祖深察宽容，不必追论。崔文昇已有旨。”(二,86)　壬戌，上谕：“先年抄没过冯保、张诚、姚澜等凡内外房屋庄田，俱着厂卫、五城查数明白，会同工部估计变价，以充辽饷，不许遗漏。所有见征收过租银，着该衙门照例年终类进。”(二,90)　辛未，遣内官王宗等四人往福府等府，各赍御书、表里、银钞以行。(二,114)

十一月甲戌朔，工部覆司礼监太监卢受题催内供物料，言据该科抄参，查万历三十五年例，止题办素纱五千匹，徽墨一万斤，小白绵纸、大连七纸各一百万张，白毛边纸五十万张，并无金箔、片脑、麝香之类。今各色纸张已如数办进，该监复申前请，殊属滥觞，应如科议，将本无者悉行删裁，应有者量行办送。得旨：“这未完物料系上供急需，难容议减，除片、麝已经内库关用外，余照原题数目作速办进。”(三,122—123)　丙子，工部左侍郎王允[永]光奏：“光宗贞皇帝陵寝择日兴工，先拟规制，乞取法昭陵。”上命部院先会同内监及科道官前诣昭陵宝城楼殿廊垣等处逐一丈量，绘图进览，以便裁定。(三,125)　丁丑，撤回天津采取银鱼内官徐贵。(三,129)　戊寅，礼部尚书孙如游言：“皇上慎择淑媛，必须专官博访，乞敕司礼监查照前例，选委公正勤干内臣，分投在京在外多方简选。其在外堪中者有司应付廪给，令其父母亲送赴京。”

上从之。(三,130) 刑部拟内犯王永福、姚进忠律斩,秋后处决,郑稳山、刘尚礼、姜昇、卢国相俱免徒,充发南京净军,赵进忠、刘逊各运炭赎罪,其李进忠暨刘逊名下房地俱变价济边。上以王永福等六名俱系同谋,偷盗传代库藏,着遵前旨俱斩,卢国相、赵进忠各发充净军。刑部尚书黄克缵奏言:"臣法官也,欲以法辟人,必使其罪皆丽法,彼方无词。今姜昇、郑稳山、刘尚礼不持一物,刘逊拾得珠结,还与选侍,而与王永福、姚进忠手持宝者骈首就戮,似失轻重之别。若曰李选侍事圣母不恭,遇皇上失体,其下人不可轻恕,臣愿皇上为先帝优容之。盖父母之恩犹天地也,履后土则思母德,戴皇天则思父恩,仁人孝子之用心,固宜如此。然先帝欲册封选侍为贵妃,其匣中袱中之物安知无出于先帝所赐者乎?以是而重下人之罪,先帝在天之灵必有愀然不乐者矣,臣愿皇上之深思之也。"上曰:"朕初登大宝,刑政岂不遵于成法,该部如何轻听姜昇等一面脱罪之词,不知昇等平日罪状多端。今虽加斩,未尽其辜。昇等遵前旨各斩,毋再渎陈。"先是,上传谕到阁,辅臣方从哲等具奏:"兹奉圣谕,昇等平日欺蔽皇考,紊乱宫闱,即从重拟罪,原不为过。惟是皇上所谕者情之重,而该部所持者法之平,且先帝圣德新政,传颂外廷,而有纵容欺蔽紊乱之名,若据以议罪,载入招内,似于先帝明断之德不无少亏,皇上光扬之孝,更觉有碍。乞念该部为皇上守法之官,俯从所请,即以原议未当圣心,仍令参酌情罪,覆奏定夺。"(三,131—133) 壬午,内承运库太监王虎以改造岁进段匹供应缺乏,开坐各省直拖欠数目,乞严敕速催织解。又言金花银两累年拖欠甚多。上俱令该部勒限严催,经管征收各官照例考成,有仍玩违者部科参处。(三,139) 癸未,江西道试御史王业浩言:"延绥巡抚董国光掊克有声,镇抚无术,司礼监卢受通夷辱国,屡经纠参,愿皇上显用大权,速行斥逐。"报闻。(三,141)

十二月戊申,湖广道御史方震孺言:"自古有天下者,兴亡之故不胜指，而独同床在旁之衅，其中人最微，其酿祸最大。……皇上试一一熟思前事，宫中之与府中，毕竟孰为可托？宦官宫侍之与贤人君子，毕竟孰为可亲？再思先帝三十年来，受几许艰辛，历几许忧患，今尧舜未竟之作用专责成于皇上之一身，惟有葆圣神之体，先使志之清明，自然身之强固。而臣犹有欲言不敢竟言者，争妍取怜，或踵故智，丽色藏剑，千古寒心，臣愿皇上念之而惕然也。朝夕周旋，惟一二内臣，嚬笑易轻，窥瞷可虑，近以中旨之屡宣，恐滋斜封之隐祸，臣愿皇上念之而惕然也。今日所最急者莫如大婚之早举，盖宫闱一有主持，则乘间进御者既有所惮，非分觖窃者亦有所防。当事者宜早完大典，他如畹封隆重，不厌少需，大臣进退，当使有据，惟在宸衷之独断耳。”得旨：“这本说三朝事，朕心惕然靡宁，所请鉴往察来知道了。”(四，167—170)　河南道御史张捷言：“人主以夹辅责大臣，以纠弹责言路，而中官者供洒扫使令耳。然朝夕在侧，易见亲信，贤固资其赞襄，否遂受其蒙蔽。近见批发科臣李春烨一疏，敕外廷不得过疑。夫臣子何敢有疑于君父！爱之至而疑生，望之至而疑又生，倘中官果如怀恩、覃吉诸人，于宫中多所匡正，外廷将赞扬之不暇，何疑之有？科臣之疏有曰：‘大臣与言官为二，则必与中官为一。’窃谓大臣不能与言官为一则不如善二之，力秉至公，以衷群议，不得概无可否而阴行摧折；大臣不能与中官为二则不如善一之，因其惜富贵之心，坚其顾名义之念，使上以勤护圣躬，中以调维骨肉。至于察外廷忠爱之微忱，存深宫慎防之至虑，申饬中宫，罔干外政，而必使大臣克举其职，言官得尽其言，惟皇上加之意焉。”报闻。(四，170—171)　辛亥，工部侍郎王永光奏言：“桂王妃吕氏薨逝，一应冥器丧仪奉有明旨，照景恭王妃王氏例行。今内官监奏请物料或倍多于昔，或新创于今，时诎举盈，未易措办，乞量加裁减。”得旨，仍照例办。(四，181)　壬子，圣谕：“朕自登极以来，仰托祖宗默祐，内外清平，每加喜悦，以为大小臣工皆朕臣子，开诚布公，勗勷庶政，定无异议。不意外廷近来乃有谤语妄生,猜疑日至,轻听盗犯之讹传,酿成他日实录,诚如科臣杨涟所奏者。朕不得不再申谕避宫末始,以释群疑。九月初一日,皇考宾天,阁部文武大臣、科道官进宫哭临毕,请朝见朕躬。李选侍将朕阻于暖阁,卿等再四奏请,欲朝朕不可得。当时司礼监等官设法请朕出暖阁面见大臣,李选侍许而后悔,暨朕出暖阁,又使李进忠等请回,如此者两三次,不放出。司礼监等官又奏说大臣朝见了就回,选侍方许朕出暖阁。朕至乾清宫丹陛上,大臣扈从前导,选侍又使李进忠将朕衣拉住不放,若非司礼监奏请,朕前进不可,退又不能出见大臣矣。及至前宫门,选侍又差人数次着朕还宫,不令朕御文华殿。卿等亲见当时景象,安乎,危乎?当避宫乎,不当避宫乎?一向刑部及各衙门欲行庇护之谋,先藉安选侍为题目,使是非溷淆,朝政不宁。辅臣义在体国,为朕分忧,如此等景象,何不代朕传谕,一言屏息纷扰?君臣大义何在?初一日,朕自慈庆宫至乾清宫躬视皇考入殓,选侍又阻朕于暖阁,不放出入。司礼监王体乾等奏请说大臣前宫门恭候扈驾,请早回。选侍全然不听,王体乾等请三四次,方许朕出暖阁。初二日,朕至乾清宫朝见选侍毕,恭送皇考梓宫于仁智殿,未行礼毕,选侍差人传着朕,必欲再朝见方许回慈庆宫。扈从大臣、科道各官皆所亲见,一朝不肯,必至于再朝,乃明明是威挟朕躬,垂帘听政之意。朕蒙皇考派在选侍照管,朕不在彼宫居住,其饮膳衣服皆系皇祖、皇考所赐,与选侍毫无相干,只每月往选侍宫中行一拜三叩头礼。因不往他宫中住,选侍之恨更深,其侮慢凌虐不堪,朕昼夜涕泣六七日,此阖宫内臣宫眷共见而不忍言者。皇考自知派与选侍为误,每自来劝朕,见朕涕泣不止,使各官劝解。朕惟每日往朝李选侍,以遵皇考之命,而不居其宫,此于亲疏自有分别。朕每暗忖皇五弟亦在李选侍家,朕涕泣啾唧,李选侍未有忧色。选侍所行极毒极恶之事,朕曾秘谕阁臣,不令发抄。若避宫不早,则选侍牙爪成列,盈虚在手,朕亦不知如之何矣!其中嫌怨安危，朕可不早避宫乎？选侍因殴崩朕圣母，彼自知有罪，每使宫眷王寿花等时来探听，不许朕与圣母下原任各官说一句话。如有旧人来问朕安，说一句话，选侍就拿去重处，此朕苦衷日久难伸，外廷不能尽知。朕今奉养选侍、皇八妹饮食衣服各项钱粮俱从优厚，且安享无恙，各官何乃猜度过计，藉为口实？如异日选侍患病而逝，将用人以抵命乎？将归咎于朕乎？岂不闻圣母之崩由选侍之殴，可不问乎？近来各官奈何不为圣母，只为选侍，失其轻重，理法何在？前日刑部执奏'父母之恩犹天地，履后土则思母德，戴皇天则思父恩，仁人孝子之用心，固宜如此'，朕因有感于衷，父母之仇，不共戴天。朕不加选侍之封号，以慰圣母在天之灵，奉养选侍之优厚，敬遵皇考之遗意，该部亦可以仰体朕心矣。大小臣工何不深加体察，惟知私于李党，责备朕躬，不顾大义，执于小节。朕欲出一严旨，切责依庇，内臣执奏，以朕在冲龄，外廷疑为中旨，喧嚷不休。都姑且不深究，卿等可传示大小臣工，今后务要和衷，各供乃职，毋得植党背公，自生枝节，以取罪愆。特谕。"(四,181—185) 丁巳，刑部尚书黄克缵言："窃闻臣之事君，犹子之事父母也。子事父母必欲求得其心，臣之事君岂忍故拂其意。臣忆九月初一日先帝龙驭上升，皇上潜龙未见，一时臣工哀痛惊惧，叩宫请朝，而选侍李氏固留不出，意欲挟主上以为威重，将有窃权自恣之心，此大小臣工所共愤也。皇上既出受朝，居于慈庆宫，而彼居乾清宫自若，诸臣咸抱不平。至初五日朝见于宫门毕，上已还宫，科臣杨涟向内臣王安诵言攻之。安曰：'待择有别宫，彼自搬移。'臣曰：'彼不见郑贵妃乎？闻外廷言其不宜在乾清宫，即自搬去，是智人也。夫以选侍之冥顽不灵，贷其余生，处之哕鸾宫，天厌其德，付之一炬，皇上复加优恤，始终有礼。夫亦念其为先帝爱妾，敬之不衰，幼妹在前，同气可念耳。以皇上存心之仁如此，臣即有心无胸，亦知揄扬其美，矧颇读诗书，于忠孝之道闻之素熟者哉！'乃于问拟王永福一招，其拟充净军者四人，乞弘恩贷，此中亦自有故。是日因移宫而盗珍宝者八人，监故二人，拟斩二人，充净军四人，臣谓此亦足以正法矣。今圣谕中有‘轻听监犯之讹传，酿成他日之实录’等语，臣捧读不胜惊惶，回思尔时各犯未送刑部、锦衣卫打问，词语已先呈御览，岂亦刑部之轻听乎？臣疏明言选侍‘事圣母不恭，遇皇上失礼’，此十字者亦足以尽其罪过矣，所欲邀恩于皇上者，推广先帝之遗爱，付之不治，勿过怒其下人，故有履后土、戴皇天之语。盖以父母并尊，事有出于念母之诚而迹有涉于彰父之过者，必委曲周全，使浑然无迹，方为大孝。夫皇上至仁至孝之心本自昭著，因臣之拘滞执法，致烦圣谕晓示中外，则臣之不能奉扬德意，罪当万死。但谓党李氏而责备皇上，则非人臣也，李氏迸[摒]居深宫，党之不能为福，虽三尺童子亦皆知之，正为父子之间人所难言而深言之，则不能无罪耳。”上曰：“览奏，知卿委曲周全，欲朕浑然无迹。朕岂欲以迹彰之？今内外本无事，因监犯而多事，卿非党李氏之人而逞词偏执，不顾君父者信有之。昨朕谕传岂得已哉！卿宜安心供职，不必疑虑。”(四,193—195)　　戊午，盗窃承运库祭器。上责该库疏虞，敕厂卫缉盗。(四,198)　　辛酉，时奉圣夫人客氏等五员诏工部供应铺设物料，计费当四千余金。工部侍郎王永光等言铺设非例，且时诎非经，乞收回成命。上弗允。(四,199—200)　吏科都给事中薛凤翔、给事中周希令各交章论司礼监李实等，言：“朝廷设置六科，抄参原属职掌，况本章在御前，惟皇上得而批发，邸报在外面，非内官可得而观阅。乃据邸报之抄传，辄为抨弹之白简，长此不已，弊将安穷。宜敕该监奉法守职，毋得妄行执奏，以开窃弄之端。”阁臣尤宜早为争执，毋俾挽回无及，贻他日参政之忧也。上曰：“昨以选婚吉典，该科不宜苛索，原非欲废科参，所奏已知。”(四,200)　　癸亥。先是，司礼监太监李实、刘克敬等以恭选大婚，请随带推算官役，并请给勘合。礼科都给事中李若圭抄参，谓两勘合并行，沿途骚扰，虎狼纵横，贻害匪细。实等言：大礼至重，随带钦天监官推算景命，原系旧制；且臣等尚未登途，何至骚扰纵横如科臣言。上责科臣不谙典制，擅自妄言，着令回话。时御史汪泗论先以疏请大婚典礼，孝元皇后误写孝靖，奉旨回话。上并发二本于内阁，令拟票降调。大学士刘一燝等上言：李若圭抄参内监，意求节省；汪泗论误写字样，事属无心。皇上御极以来，言路弘开，吉典方行，人心忻畅，不宜使二臣有向隅之悲，或以谬误少惩，合无量加罚治。上纳其言。顷之，若圭、泗论各回话认罪，诏夺若圭俸半年，泗论五月。（四，202—203）　甲子，礼部侍郎周道登言：大婚要典，遴选难迟，乞敕限内臣刻期报命，以早成大礼。上是之，命遵限驰报。（四，203）　南京江西道御史李希孔疏陈时事要切：（**一曰慎举错**。）一曰正刑辟，谓逆竖崔文昇以用药之故致先帝弥留，宜正典刑。（**一曰安畿辅。一曰重留臣。一曰绥蛮服。一曰议京营。一曰专阃外**。）得旨："奏内有关切时务者，所司酌议具覆。崔文昇既屡经参论，降做净军，发去孝陵种菜。"（四，204—205）　乙丑，工部遵旨题给针工局年例冬衣，计两京中使、长随共九千一百一十五员名，折冬衣八万一千五百九十四两。（四，206）

天启元年辛酉（1621）

正月辛巳，户科给事中王继曾言："顷者司农以军需告匮，集议长策，臣思自请帑而外则有折色颜料之可议。夫四方颜料如弓矢胶漆皆不堪用，且岁贮不乏，诚令折色一年，可得百万金。散天府之朽蠹，出民间所乐输，可使朝檄下而夕辐辏矣。至如内府各衙门钱粮之欺隐也，各监局匠役之冗食也，团营行伍之虚冒也，锦衣卫老弱之寄籍也，此内一爬梳振刷，可使富国息民而相沿不讲。不幸有事，第欲得桑孔什百辈向市井析秋毫，取赢于万里之外，可慨也。"章下所司。（五，231—232）　乙酉。先是，有诏选净身男子三千人入宫，时民间求选者至二万余人，蜂拥部门，喧嚷无赖。礼科都给事中李若圭恐其生变，上疏乞敕部院设法善处,令之早散,仍颁示顺天等处,以后严自宫之禁。兵科给事中尹同皋复言"此辈进不得选,退无别门,情窘势穷,多致自尽。谁非人子而令至此?臣意自额选外,见今三王桐封,随用若干,稍广其途,以开生路。仍诏抚按严行地方,禁止阉割,但有犯者,即坐以杀人之罪。然臣又有说焉:成周内官不过百人,皆统于冢宰,有所制而不敢为恶。至汉、唐、宋,人数递增,祸亦递烈。我朝洞知其弊,敕不得与政,二百年来,内外肃清,即间有黠猾,旋就芟除。今皇上神圣,文武操纵,自有妙用,惟是中旨不时,恐有炀灶之患。皇上独处深宫,即不能离却此辈,但须每事审察,老成谙练、口无妄言、行无妄动者择置左右,至猾稽闪烁、好言他人之短长、好阻朝廷之德意者,痛加斥逐,无生厉阶"。得旨,令该部拟议具奏。上随谕礼部曰:"朕御极之初,典礼浩繁,见今各衙门缺人数多,委不敷用。昨览兵科给事中尹同皋所奏,朕心悯恻,准再收一千五百名。"礼部左侍郎周道登奏言:"我皇上浩荡之恩,人人沾被,第自宫之禁不严则私割之祸更惨,乞将先朝禁例严为申饬。"上然之。(五,237—239)　　丙戌,命铸提督陵工内监关防。(五,243)

辛卯,皇城巡视御史徐扬先言:"祖宗额设四门守卫之军八千有奇,士卒非不众多,而排立门阙者有几?额设大汉将军、红盔、明甲、围子手等分班入直,威仪非不整齐,而守宿直房者有几?盖惟事属之内则有隐占、有包侵,殊不可穷也;惟法行之内则有忌器、有掣肘,竟不胜格也。试观素封之家,尚欲责成守者,时谨启闭,大内深旷,尽弛其防,宁无左右窥伺之患?臣望皇上申明旧制,严饬内臣,使法行自近,宫禁肃清。乃臣反覆思维,在京城有提督大将而在皇城仅用两员把总,此其故不可解;巡视科道又无附近公署,昼而理事,夜而直宿,何怪人心不肃,而偷玩因之。似当议置一所于左右长安内外,令科道、部臣轮宿查点。"时御史王一中、兵部主事黄文星皆疏言之。一中又言禁门非贸易之所,则内市断当外移;工作滋溷入之端,则缮司断当验核。而文星疏中复乞铸关防以重巡视事权，俱下所司。兵部覆奏，以为禁旅空虚，皆由勋戚貂珰诡名隐占，宜严饬稽查，尽除宿弊。九门锁钥，以时启闭，一切闲杂人等悉行驱逐，直卫官员以勤惰为殿最。至于特设公署以便巡查，新铸关防以重事权，俱当如诸臣议。得旨："禁地守卫官军及工作出入，巡视科道并该司官严加查验，内侍着该监官一体申饬。内市照旧，但严加巡缉，不得喧杂。该部所覆，依议行。"(五，248—249)　内侍王添爵选净身男子，以索贿激变。兵科给事中尹同皋劾之，上命司礼监查明具奏，添爵止降级。(五，249—250)

乙未，巡按直隶监察御史申廷撰奉上命，以帑金大赉边士，行次昌平，九陵护军拥众要挟，欲与营路一视同仁。廷撰不得已，开名散赏，后廉访其实，则内监刘尚忠等为之指画号召也。因上疏言陵军惟隶貂监，全无统辖，核实则终年脱伍，挟赏则众哄同声，乞归昌平道统辖，以严操练，仍治刘尚忠等主使之罪。章下所司。(五，256—257)　礼科给事中周士朴言："净身男子之激变也，王添爵等以受贿而开乱；今陵军之挟赏也，刘尚忠等以求贿而倡乱。均不容于尧舜之世，乞敕法司正二宦之罪。"刑科给事中熊德阳亦以为言，兼责申廷撰不能约束，受其要挟，礼部不能规正发觉；又追论旧冬南京营军听备监言，逼科臣晏文辉，火其公署，科臣逾垣仅免。祈大奋乾断，早绝祸萌。得旨："法纪陵夷，委宜振刷，所奏已知悉。"(五，257)　戊戌，命礼部增收净身男子二百名，其未完西北二城仍照旧会同该监拣选。(五，259)　己亥，大学士刘一燝等言：文书官康宁捧到御字一幅……(五，261)　壬寅，御史王心一疏言："伏睹明旨，一则曰奉圣夫人客氏保护效有劳绩，着户部速行择给地二十顷，以为护坟香火之用；一则曰魏进忠侍卫有功，着工部于陵工告成，叙录在内。臣愚以为客氏等既效有微劳，何妨优以金帛，今乃加给田土，明示优录，一似圣心独以私恩为惓惓者。臣恐东征文武将士闻之，以为吾属捐躯命、冒锋镝，曾不得如左右之人，邀圣衷之眷注，重天语之叮咛，毋乃解其体而灰其心

乎？况梓宫未殡而先念客氏之香火，陵工告成而强入进忠之勤劳，于理为不顺，于事为失宜。”不报。(五,269—270)

二月丁未，工部尚书王佐以内监派办川漆、云母石等料重叠糜费，乞赐裁省。上不许。　内监齐进忠盗毁先帝几筵御炉，事觉，诏付法司。(六,281)　　庚戌，拨给亲郡王应用净身男子二千六百九十名。(六,287)　　丁卯，御史方震孺言：“京师五方杂处，奸宄丛生，如臣搜假印时，得山人庄士元文书一卷，皆系罪珰、戚畹之辩揭。其他走空神棍，实繁有徒，或造假单，或布蜚语，生无影之风波，遗大毒于善类，此辈不驱除，巡城者不得谢其责。”章下部院，并诘珰、畹主名。震孺覆奏，罪珰刘朝、戚畹郑养性也。诏以士元付法司。(六,313)

三月丁未，兵部覆蓟辽总督文球等疏言：“皇上登极大赉，陵军已领京军之赏，安得群聚要挟，悍然无忌？若论陵军之数，当时挟去赏银一万二千四百八两，计该军六千二百四人，而陵监张进之疏，始曰陵军五百名，继曰一千二十八名，又坟军六百二十名，何其前后矛盾？郭小四等原未棰楚，昌平道敕书原有‘整饬兵备’及‘九陵操练人马’之文，则出哨搜山之行牌原是职掌，何可指为迫赴操练？督臣参其说谎欺君，实当其罪。至于陵军管辖，仍照旧制，既奉明旨，何敢议更。惟是陵寝重地，外邻虏巢，岂坐食习玩之日？各军向来买闲挂名，平日不习金鼓，临事岂知击刺。窃思上不违旨，又能饬备，有更番之法：除该监所称一千六百四十八名专司洒扫者置不问，余四千六百五十二人，宜令与昌平营军更番上山，一年一换，则上山者防陵属陵监管辖，下班者操练勿使旷闲。按臣行部，关臣阅视，悉当听其点查；月粮布花，该道为之查给。既已核军，更可清饷。”诏允行。(八,370—371)　　戊申，户科右给事中王继曾言：“祖宗建置阁臣，职专票拟，杜绝内降，以防旁窃，今且以内降为固然矣。宅揆之地是陛下考慎用之者，奈何以中人参之？又法令久弛，武备单虚，东西遣将而无可启行之元戎，南北抽兵而无可交锋之死士。乞特遣大臣时出阅视，查数军实，山海关、居庸、古北口一带作何绸缪，立起积玩，以振边备。”章付所司。（八，371—372）　壬子，刑科给事熊德阳疏劾管工内臣侵蠹金钱，与选婚内使骚扰驿递诸不法罪状，乞降旨诘问。又言宫府原自一体，严于府而宽于宫，非法之平。得旨：“门工着内外官计日程督，余已有旨。”（八，377）　壬戌，命翰林院编修李孙宸、孔贞运，简讨王应熊、缪昌期、刘钟英、曾楚卿教习内书堂。（八，395）

五月壬寅朔，河南道御史张捷请罢内操，言：“腾骧左右等卫军勇旧属御马监提督，其教场设在安定门外，亦间从内府操练。臣不敢谓内操无往例也，惟计奴贼奸狡百出，我之叛将逃兵可用，提塘官又可用，能保万余溷杂之中别无投疏借橐之术？至于战守宜规其大，堤防宜慎其微，利害昭然，是非益睹，则又不俟臣言之再毕矣。”得旨：“该监从长议奏。”（一〇，486）　甲辰，都察院左佥都御史王德完陈三策以保治安：一决大疑。一定大狱。一慎大柄。谓顷言官以缉捕奸细语侵司礼监太监卢受，臣乍闻不胜惊骇。夫受为神宗内侍旧臣，效劳最久，皇上任为心膂，然都城内外口口喧传，群疑盖已丛集。臣闻用则不疑，疑则不用，祈皇上俞受前请，赐司香火于留都，则眷礼不衰，群疑可释。……得旨：“卢受已私家闲住，杨镐、李如桢原俟徐议，今如此说，准从宽议处。户、兵尚书、侍郎等官俟奏上裁行。王德完职司风纪，还当镇定人心，默持国是，庶得大臣表率之体。”（一〇，490—491）【考】据《酌中志·三朝典礼之臣纪略》，卢受嘉靖四十一年选入内廷，先任文书官，万历二十五年冬升司礼监秉笔，次年掌东厂。司礼监掌印李恩卒后，以掌东厂兼司礼监印。光宗即位，升典玺局郎邹义秉笔，掌东厂兼尚膳监印。“卢受以天启元年五月辞官，逆贤矫先帝旨发凤阳”。　己酉，上遣文书房官王进忠赍御札谕大学士刘一燝……（一〇，499）　己巳，斥原任司礼监太监卢受于凤阳。（一〇，541）

六月辛未朔，遣司礼监太监王体乾祭中霤之神。（一一，543）

乙亥,以大婚礼成,推恩奉圣夫人客氏,官其父客太平锦衣卫正千户,授内牌子张增寿兄文奎锦衣卫百户。先是奉旨下部从优查例,礼部以无例覆。无何,竟从中降。(一一,549) 己卯,中军都督府带俸都督同知张国纪言:"神奸宋八等构宛平县监候强寇孙二及慈恩寺妖僧,结拜同盟,捏称孙二为皇后亲父,妻隋氏为皇后亲母。恶阉刘进系钟鼓司当差,诈称孙姓,为皇后亲兄。设局于慈恩寺,布散流言,鼓惑愚民,乞严缉正法。"上以群棍造言惑乱,离间天性,命付诏狱;内官刘进着司礼监查明,奏请定夺。寻发刘进与宋八等对鞫,镇抚司掌印梁慈讯问,具得情状。宋八有女罢选,怨望造言;孙二妄认椒涂,意图脱罪;刘进乃孙二亲侄,入内顶名刘进;又有内监杨正朝、侯长仔等附会其说。狱具,诏法司议罪。(一一,551—552) 兵部职方司郎中余大成发阁臣刘一燝私书,一为内监杨恩转托,一为武举门生五军佐击仇震求缺。得旨:"内监杨恩着司礼查明具奏,仇震事明系假借,不必究问。"(一一,558)

庚辰,大学士刘一燝辩余大成疏,言为内监杨恩转书事尚有因,盖文书房各官清苦,灯烛纸札从来仰给微资,该部亦有旧例。至佐击仇震事绝无影响,乞敕下法司严加讯鞫。得旨:"卿公清端慎,朕所鉴知,这琐事,心迹自明,不必介意,亦不必深究。"御史安伸、给事中韦蕃、霍维华俱疏论一燝,得旨:"不得附合渎扰。"(一一,558) 甲午,山西道御史毕佐周言:"臣初阅皇亲张国纪疏,以为孙二等之图脱大辟,宋八等之希徼厚利,愚民煽惑,醉梦若狂,遂触禁冒讳若此。近见锦衣卫研审一疏,则杨正朝、侯长仔者实从中为之鼓说。岂中涓奥窔之地另有为倾陷之谋者,乃奸珰遂鼓其焰耶?抑臣因中宫而兼为奉圣夫人客氏虑,皇上不忘客氏之功,荣以夫人之号,并荣其父以锦衣卫千户之职。其徼恩隆重,国家二百年来未有之创典,说者以此窥陛下之优礼客氏并疑客氏之长恋宫禁。今中宫立矣,且三宫并立矣,于以奠坤闱而调圣躬自有贤淑在,客氏欲不乞告,将置身何地乎?皇上试诘问诸廷臣,皇祖册立孝端皇后之后有保姆在侧否？法祖揆今，皇上宜断然决矣。傥皇上报功无已之深衷不能遽割，如科臣言，优以金帛，不则赐以官第一区、赡田数顷，令其安享终身，优游岁月可也。若使其依违宫掖，日复一日，冒擅权揽势之疑，开睥睨窥伺之隙，恐非客氏之自为善后计，亦非皇上之为客氏善后计矣。”得旨：“杨正朝等法司一并究拟。奉圣夫人封荫，累朝旧制，何云创典？”同时吏科都给事中薛凤翔等、河南道御史刘兰等各上疏言客氏当就外宅。报已有旨。(一一，576—577)　乙未，大学士刘一燝等言：“奉圣夫人保护圣躬，勤劳绩著，恭诵圣谕，当时艰辛与皇上倚赖概可想见。惟自中闱正位，宫阃肃雍，掖庭既已备官，内职无可参与，此一时也。奉身而退，荣封世荫，赐第锦归，释从前调护之苦心，享此后优游之顺境，此殆曲体所必至而遵明祖宗家法，用惬中外人情，则亦不惟厚其始终而全其名誉矣。”随传谕内阁：“朕览奉圣夫人客氏面奏，屡恳出去，朕以三宫年幼，暂留调护，待皇祖妣梓宫发引，神主回京奉安毕，择日出去。卿等传示各衙门，不得纷纭渎扰。”(一一，577—578)

七月乙巳，上传内侍田诏、刘朝等饶死，送司礼监定夺，以诏名下李鸣盛代控也。大学士刘一燝等言：“此事屡经法司问拟，具有成案，李鸣盛本未经发下，即法司无凭质辩，难以平反。至特谕竟径下法司，向无此例，恐政体有碍，臣等未敢擅拟。”上久之复以二本发票，一燝等复言：“热审在即，果如本犯所奏，法司自当从公分豁。若先下此本，转滋多事，未敢票拟，仍将原本封进。”按田诏之狱为移宫盗宝一案，司礼监太监王安主之，安既谪充南海子净军，旋中使传旨勒死，而诏等释矣。(一二，591—592)　上欲加恩奉圣夫人客氏男，命礼部查例从优。署礼部事左侍郎周道登言：“臣部典故及各衙门职掌诸书并无成例可考，窃照穆皇乳妇柴氏夫余宝授指挥同知，神祖乳妇金氏妇夫王鉴授指挥佥事，今客氏已无夫，或优以金帛，或赐之第宅，庶几圣恩骈锡，祖制无妨。臣愿皇上用情必期合礼，臣为皇上守礼，不敢徇情。”得旨：“客氏男加升锦衣卫指挥佥事，伊夫照子赠官给与诰命。”(一二，592)　戊申，兵部覆南京兵部尚书卫一凤、南御史游凤翔疏言：“历朝敕谕内监，严禁贡船并鲥鱼、果品、鲜味杠数，船只各有限数，具载《会典》。今贡船人夫动增数倍，上供十无二三，夹带十常六七，宜敕该部于进贡某项，移会管船主事明开数之多寡、船之大小，仍会兵科挂号，上水止填二十名，私货附黄船、马快船者依律问遣，货物入官，庶祖制可复，民力可宽。”得旨：“贡船不得夹带私货，仍严行申饬，有不遵者依律究拟。”(一二，596—597)　丙辰，陕西巡抚吕兆熊疏参秦府承奉张清侵没草场万顷，隐占军丁一百五十名，委官赵守呈报行查，清遂党集羽翼酷拷，赵守毙命，乞逮清究罪。上以其事付秦藩，刑部言张清以亲藩而干皇上之法，奈何复以亲藩为之地，乞敕下臣部行勘。上仍命抚按启王，从公勘问具奏。(一二，614)【考】《熹宗实录》卷三九，天启三年十月己巳：“巡抚陕西右佥都御史孙居相疏言：亲藩承奉张清等，校尉潘福等，以亲王信任，狐假虎威，择人而食。士民为其鱼肉，宗室被其侵牟，或以恐吓取人之财，或以抢夺破人之产，或以凶殴毙人之命，种种恶积，宗民苦之。又拨置亲藩，悖违祖制，私立总理所衙门而以□宗号西堂者理刑其间，雄据西厂，俨然罗刹，专一以吞噬宗民为事。先经巡按御史高推摘发奸状，奉旨查勘，暗使宗室敬镣同滑阉数辈辇金入都，潜匿细瓦厂，密布奥援，徼取明旨，欲令按察使官解送各犯于藩廷，听其查审。臣遵旨行按察使查勘前情无异，已到官潘福等三名当依白昼抢夺人财物赃重者加窃盗三等律发边卫充军，未到张清等九名应听王查审具奏。得旨：‘朕以首藩，曲全体面，潘福等既经问遣，张清等仍听本府究问。敬镣有无钻干等情，一并查明具奏。其理刑查果置府署官，着长史司启王，即行禁革。’”

八月辛未，尚膳监常[长]随屈进忠先为劫贼，恐事发，与王府内使王进夤谋收选入宫，已下镇抚司究问。给事中倪思辉等乞严究王进引进凶盗之罪，仍敕各监稽查左右，严加拣选，务择端谨，毋用匪人。报可。(一三，641—642)　丁丑，南京机房太监李凤以上供袍服应付迟误，参任丘、新城、雄县等官，各提问。御史王大年言："弹文自有职掌，未闻出自阉人者，恐今日借宠灵以张气焰，异时或窃威福，以倒太阿，渐不可长。"报已有旨，不得奏扰。(一三,655)　己丑，以锦衣卫百户崔应元东厂理刑。(一三,677)　丁酉，工部制完泰昌通宝钱二百万文，命内府司钥库收贮，另将五十万发山陵给赏工匠员役。(一三,688—689)　造庆陵神宫监印给太监刘忠。(一三,689)

九月甲寅，刑部尚书黄克缵题："宋八、孙二一案内杨正朝系尚衣监内官，侯长子(**前文作侯长仔**)系安乐(堂)内官，信孙二之讹言，纳交求见，假传宣之懿旨，道喜示酬。除侯长子提到外，乞将杨正朝严提正法。得旨："该监查无杨正朝，仍严究侯长子，据实供招，毋令诡借姓名，致稽问结。"已而御史毕佐周言："正朝矫称懿旨，长子穿蟒，坐迎宾馆，原招俱在，岂其一旦化为乌有？乞严敕内监缉获正法。"因言权珰宜以怀恩、兴安为法，以(王)振、(汪)直、(刘)瑾、(冯)保为戒。上令该监严查具奏。后止将宋八、孙二论斩，正朝匿不赴审，长子亦得漏网去。(一四,712)　协理戎政左佥都御史李宗延以陪祀太庙，昧爽入朝，至承天门外，守门御用监少监季添祥、都知监太监王昇梃击之，裂其冠。宗延因言"此故也，非误也，臣入京营，将贿托钻营一盘捧出，清出占役千百，以此恨入骨髓，此击不可谓无心。且以皇后之尊敢于诬蔑，法司之问官敢于阻挠，两京科道之弹章敢于寝阁，则以内使杨正朝等之梗也。况太庙丹陛门外，侯伯拜位之上，内使群然嬉笑偃卧，全无人臣礼。其朘索王府，酷害驿递，迫死商人，明娶妻妾，臣姑不论也。乞于六年京官考察之后，特敕礼部会同司礼监考察黜陟。至宫殿伺候，悬带牌面出入，无牌及革职不用者听巡城御史依律责究，仍容臣将此冠挂承天门。查隆庆二年七月内内使群殴御史李学道，穆宗皇帝怒，命锦衣卫执杖一百，遣戍烟瘴例，乞敕法司移文该监，拘提正法，审实发落"。得旨："门禁宜严，陪祀官员何得溷加拦击?直日守门官该监查明奏处。太庙严肃,随侍内使不得嬉笑坐卧,该监一并申饬。”(一四,713—714) 丙辰,以皇祖陵工叙效劳内臣王体乾、沈荫、宋晋各加恩三等,史宾、汪良德、戴福寿各加恩二等,李忠、赵之翰、周陞各加恩一等,赏银、币各有差。先是工部叙疏内,上命除高时明而录魏进忠,进忠疏辞,许之。叙效劳部臣,吏部尚书周嘉谟、工部尚书王佐俱加太子少保,荫一子国子生,赏银五十两、纻丝三表里;工部侍郎王永光、姚思仁各加正二品服俸,赏银四十两、纻丝二表里;刑部尚书黄克缵,兵部尚书王象乾、张鹤鸣,礼部侍郎周道登、郑以伟,兵部侍郎王在晋、宣大总督董汉儒、总督京营泰宁侯陈良弼、协理左佥都御史李宗延赏银、币各有差。(一四,715—716) 甲子,命编修林焊、朱继祚、张翀、侯恪、简讨姜逢元编纂六曹章奏。简讨丁乾学、金秉乾、吴士元、姚希孟、倪启祚、杨世芳教习内书堂。(一四,727) 乙丑,巡青科道朱钦相等言:“国家进供及典礼一应珠宝、香、蜡等物及京军马料草束皆佥商买办,祖宗朝法纪森严,中珰无铺垫之费,库藏充牣,给发无过时之艰,故商人黾勉终事,不见其苦。今铺垫逐岁增加,太仓支给复经年延累,充斯役者虽数千金业产,立见荡尽。每遇佥商之年,人人如蹈汤火。坊官、衙役卖富役贫,挟仇诬报,致弃家逃窜,赴水投缳。当事不得已,乃有十库等商役,即以珠宝、草场两项商人兼充,省另佥之烦与民间之扰。今先帝发引,甲字库铜、锡、香、蜡等件复议以珠宝、草场两商代兼,乃御马仓商人郝应等削发求髡,挈家潜逃,其情景不忍见闻。不特误进供钱粮,且并误军需草料。夫商亦民也,以两役并责一人,虽轻亦难勉赴。况御马三仓岁办钱粮不下十七万,而铺垫诸费不减于十库,至象房等场岁办虽少,然皆穷民,充之何堪,以数负山。查梓宫发引应用铜、锡等物,该库已经办完,特佥商买补耳。辽饷缺乏,诸臣请十库改折,未蒙俞允。今该库以见贮之物料完已行之典礼,库贮尚有余盈,外解即有续到,则今岁径免买补,足国惠商,计莫便焉。

不然，亦当将草商尽与豁免，照例另佥殷实充当，庶不致上误军需，下困贫商。若珠宝商人连年大礼肇举，射利已厚，固不得借口求免也。”得旨：“十库典礼钱粮例应买办，户部既会同巡视科道佥派珠宝、草场商人承办，不必纷更。”(一四，728—729)　奉圣夫人客氏出宫后，上念之，因传谕“令客氏时常进内，以宽朕怀，外廷不得烦激”。(一四，730)　丙字库尚衣监太监高洪以兼直婚丧典礼，应用丝料数多，乞下工部查例，买办串五细丝八万七千斤、黄白长荒丝六万五千斤，并加添典礼军需应用串五细丝、黄白长荒丝各三万斤，以备不时支用。部科查参言：“须知内款开该监细荒二丝四年一买，所买不过二万五千斤，间或遇缺召买，大略岁不过五千两。查万历三十五年丝价十万余两，分三次办送，计十万合供二十年之用，须五年后方可题办。今遇婚丧大典，姑将该库所题量办四分之一，以济急需；其加添丝料仍于前数内支用，每年总不遇五千，不必又别立名色，为日后援比口实。”奉旨，仍着照数召买，分运解进，不得议减。(一四，730—731)　丁卯，署户部事左侍郎臧尔劝题：“辽左用兵，算至三十万，计岁用新饷非一千数百万不可。除钱盐事例专疏外，谨辑廷议十款：一、金花钱粮年约一百一万余两，国初原备各边缓急，正统间始自南京取归内库，成化间宫中止用一半，嘉靖间与同三宫子粒改解太仓济边，此祖宗故事可考者。请半解内库，半充辽饷，事平仍旧解进。一、十库本色，请改折承运库之丝绢、供用库之蜡茶、甲字库之三梭布苎布、丁字库之漆蜡，岁可折银二十三万八千有奇。一、增关税，原额三十三万五千五百余两，今定崇文门、临清关各八万四千两，浒墅、九江、北新关各八万两，河西务四万两，与淮安五万二千两，扬州二万两，共五十万，以二十万解太仓助旧饷，以三十万解新库充辽饷。一、京省旧税俟各抚按查解外，典铺酌分三等，上三十金，中二十金，下十金解部，辽平日止。一、查税契，分五等，上者五千，下者三百，以十年计额，该五千者岁解五百，余仿此。一、查屯田草场芦课，照弘治间差给事、御史清查南京四川屯田例。一、查各运司库内存剩侵没耗羡等银不下二百万。一、诸藩捐助，贫富不同，惟同一亲王而岁禄多一万四百石，少或八百石，请八千石以上比照嘉靖年间事例听其奏辞，其六千石以上免之，郡王能辞禄捐资者旌奖。一、各勋戚捐助，前沐昌祚助辽饷二万两，神宗留入内库，宜令川湖云贵各土官土妇输助，二万两以上敕奖，或给诰命有差。一、议各抚按、左布政、府州县捐助。”得旨：“金花及十库、供用库、宝和店钱粮俱系上供，不得辄议。榷税已停，何又议复？余再议妥确具奏。”(一四，732—734)

十月戊辰朔，御史周宗建言：“皇上于客氏既已涓吉治行，乃出不逾宿而宠命复临，两日之间，乍出乍入，天子成言有同儿戏，法宫禁地仅类民家。无论举动有乖，亦恐内外防闲甚亵。即皇上今日或谓阶前尺土，不足为意，妇人女子，束缚何难。不知此辈一叨恩格便思逾分，衅孽渐起，宠竞日繁。昔汉杨震于灵帝初年争执王圣之弄权，左雄于安帝初年极谏宋娥之专宠，齐世祖天康初年以陆令萱之蛊惑卒至大乱其国，凡此三君，召尤致咎，皆由保妇。主既无终，彼亦自祸，回思恩宠，翻作祸胎。往辙若斯，千古共痛。乞深鉴积渐之难开，重念禁防之宜慎，一依成命，仍赐出外，则所谨于客氏一人者似小，而所昭示于天下臣民者甚大。”得旨：“奉圣夫人新有传谕，如何便来激聒。宫闱保护与外庭政事何与？”御史徐扬先、吏科给事中侯震旸亦各具疏力言之。上切责，俱姑不究。(一五，735—736)　庚午，降吏科给事中倪思辉、朱钦相三级调外任。思辉疏言：“客氏一保姆耳，皇上傥一时眷恋不能释，则岁时伏腊遣一二中贵问遗存慰，亦无不可，而忆泣何为者？臣愿皇上孺慕一念用之于庆陵，勿用之于客氏，以启外庭猜疑之端，开近习干预之渐。”钦相言：“欲净奴氛，先除女戎。凡中国与君子，阳也，故君子登庸，中国之盛因之；夷狄妇寺，阴也，故妇寺进用，夷狄之祸因之。自逆奴披猖，正赖阳明之气克其幽阴，乃有处分客氏一事。客氏已出矣，又召之入，将来倏而入又倏而出，其出也，翕弄威权以惶怖其里闾，其入也，传煽流言以荧惑圣听，因而浊乱宫闱，因而干预朝政，因而援引邪险、倾害善良，阴气杀运，相为感召。皇上忧东奴而忘目前之女戎，所谓明不能见目睫也。”上切责思辉、钦相逞臆姑[沽]名，欺朕幼冲，本当重处，姑从轻，俱降三级调外任用。(一五，736—737)　大学士刘一燝等疏救不纳。御史王心一亦疏救，内言汉袁盎却慎夫人坐，文帝容之，今钦相、思辉论客氏，尚不如汉臣犯妃匹之嫌，有却坐之戆，且明旨谓内廷与外廷何与，此李勣所谓陛下家事何必更问外人流祸唐室者也。得旨：“屡谕不许渎扰，王心一如何又来激聒。且本内引用前代故事谬悖不伦，本当重处，姑从轻降三级调外任用。”(一五，737—738)

癸酉，夺御史马鸣起俸一年。鸣起疏参客氏，下阁议处，大学士刘一燝等言：“昨降二科臣，尚望转圜，今若又处一御史，益重臣等之罪。”乃止夺俸。(一五，744)　丙子，下昭陵神宫监监丞刘馨狱，发充南京净军，杖内官李受等，降二级。以馨等放债部军，复鼓众挟赏也。下兵仗局奉御宋进狱，仍发配，以内织梁局匠张祥等盗内库财物，进为邻窝也。　府军右卫后所百户陈有继奏请开矿，命付诏狱治之。有继论斩，并谪同谋御马监内珰梁运南京净军。(一五，746)　丙戌，监督盔甲厂主事沈棨奏：“两厂修造军器以应京营，近奉旨开厂，既无内监，并去积胥，可减十之三；按工给发，省匠头包揽，可省十之四。大约向费千金者新厂可六百金，出实收矣。如造甲一件，原估一两七钱五分，今一两零五分。但必须给发见银，便可通行。又建铁折耗，每炼百斤，拣去不堪者十余斤，闽中解运极苦沉重，徒费运价。若拣净建铁，尽自可用。且发炼熟铁条式样，行本处地方，照式起解修理。旧甲岁以三万副应营操，换布不换铁叶，外解本欠精工，更加绣蚀，宜改修理为成造，取旧甲锻炼，更省煤炭。又拆卸甲面，向多犒内监各役，今加线纳缝，改作棉花纸甲，可济南兵，亦可当营军操演。其新所成造，藏诸厂库,或分送京营收贮。外解之盔甲、腰刀、弓箭,每副约价八两,或改折,或照新式造办,加工加料,倍常坚利,每一副可增为二副。先朝估价宁处其宽,今日急需当核其实也。年例铅弹供营操演者屡屡盗卖,由铅易镕化故也,今改作铁弹,且铸铅工价便足抵铁弹工料,省下铅斤可当十六门预备。更申明《会典》,日记损失,止操凑补之法,一岁之铁弹可用数年。然此就臣职掌论也,止此年例钱粮,非积数年不足补年来铁额。若欲数十万之甲兵咄嗟而办定,须请帑分局,不必添官,惟于本部分司。在外水陆通津甚多,募匠办料易为辐辏,所省必倍。至援辽事宜,已经开局外造,自可谢绝借发之例。他如多收闽棍,其价廉而其力重,急演火器,其节远而其中多偶值时艰,得一件须收一件之用,如尽取必成造,恐数十万士卒几能得此坚甲利兵也。"下部。(一五,760—762) 丁亥,光禄寺卿杨东明条奏本寺利弊:"一、御马监见在马不满三百匹,而喂军至六千八百名,岁费粮八万一千六百石。以后一马止坐一军喂养,余俱裁革。一、司牲所养羊二百八十一只,本寺官吏俸资、养羊军支米及草料等项岁费几二千金,议将羊变价入库,尽裁官吏军丁。一、狮子房、虎房既无狮虎,旗军月粮尽革。一、内承运库历事监生五名,天财库历事监生二十名,每月支粮六石四斗八升。其监生名色俱系成化间旧额,吏部并未拨过,应当尽裁。一、厨役二千八百,岁支粮三万三千六百石,请裁一半,可省米一万六千八百石。"不许。(一五,764—765) 甲午,夺礼部主事刘宗周俸半年。宗周言:"陛下朝讲时勤,庶几具大有为之资。间者道路之言,还宫后颇事宴游,或优人杂剧不离左右,或射击走马,驰骋后苑,无乃败礼之渐与?奉圣夫人客氏出而复入,大内森严,恣一宫人出入不禁,何以闲内外?乃一举而逐谏臣三人、罚一人,至举朝争之不得,则又以一宫人成拒谏之名矣。古公卿大夫有罪则下廷议,不闻禁中决也。今朝逐一谏官,中旨也,暮逐一谏官,中旨也。陛下方用以快一时喜怒,而孰知前后左右之人乘喜怒以快其私乎？方且日调狗马鹰犬，日进声色货利，使人主以为德我而爱之，视法家弼士如仇仇，而后得指鹿为马，生杀予夺，惟所自出而国家之大命随之。试问今得时用事，亲幸如左右手者非魏进忠耶？然则导陛下逐谏官者进忠，并导以优人杂剧射击走马者亦进忠也，不然则亦进忠之党也。皇穹降割，匝月之间，国统再绝。陛下以茕茕冲龄，承天地神人付托，大祸未悔。蠢兹奴夷虎踞辽左，顷复有川中土司之变，即宵衣旰食，与群臣交儆犹惧，万无一济，乃欲与进忠等了天下事，复蹈二正之辙乎？惟陛下毅然以古先哲王为法，将平日俳优、驰骋之习一切屏绝，开天下之言路，还票拟之职于阁臣，仍敕内侍魏进忠等各凛高皇帝铁榜之戒，毋鼓惑君心，专权乱政，以酿王振、刘瑾之祸。"疏奏，上令重处。大学士叶向高等言："宗周心虽沽名，言实忠爱，以唐虞三代之圣尚有禽荒色荒、甘旨嗜音之戒，后世亦不以此为圣帝明王累而反益章其盛德。若重处宗周，则人将以宗周为忠直而反成其名矣。臣等仰窥圣度如天，何所不容，且知皇上真是尧舜，必不因宗周之言有所贬损。"得旨："朕自登极以来，遵守祖宗法度，讲学勤政，并无宴游等事。刘宗周出位妄言，好生可恶，本当重治，姑从轻罚俸半年。以后堂上官还着督率司属，各修职业，毋得沽名奏扰。"（一五，776—778）

十一月癸丑，银作局题称内官监揭开皇极等门、东西角门楼围廊及皇极门内暖阁等项合用各色料物计五十一万二十二件，送局镀金，计叶子金八千六百八十六两二钱，乞敕营缮司召买，仍再雇镀匠一百五十名。工部疏乞裁减，不许。管大工兵科给事中萧基疏言："商人百计以肥己私，因百计以瞒监视，诸书办委吏又百计以饵商。夫因百计以延工课，我急彼缓，我争少，彼争多，悠悠泄泄，告成何日。至钱粮储发最为吃紧，宜仿巡青寄贮太仓之例，听巡视、监督公同出纳，不使落官吏之手，涸假参伍，以召众怨。物料贮用亦最繁夥，宜该监与监督共手支用，合同登簿，循环验注，余则储之，乏则取之，并当确著为令。”得旨：“金银等物遵前旨办进，余着清查，毋致冒滥。”(一六，801—802)　丙辰，刑科右给事中孙杰疏劾辅臣刘一燝、冢卿周嘉谟，言：“臣同官霍维华三月兵垣，原无可吹求，缘疏刺王安，遂蒙例处。说者谓一燝密语嘉谟为之，盖一燝仰王安鼻息，嘉谟又仰一燝鼻息故也。至用袁应泰、高出、胡嘉栋、佟卜年，谁司票拟，谁主铨除，致误封疆。杨镐、李如桢一狱热审，原属两请，一燝当时杜门，授意从宽，遂令王言反汗，如同儿戏，乞乾断处分。”得旨：“辅臣一燝、尚书嘉谟佐政秉铨，公忠谨慎，其辽东用人多系经抚及言官保举。霍维华例转缘由，该部还明白具奏。”已而吏科给事中侯震旸、御史陈九畴皆再纠一燝、嘉谟，一燝亦疏辩，上温旨慰答之。(一六，803—804)　壬戌，户部尚书汪应蛟覆甲、丁库钱粮四款：一、免税，谓丁字库油漆、铜、锡等项既派商办纳，复照单比税，各商何堪。宜移宣课司知会，凡召办俱免纳税，以滋重困。一、革铺垫，谓外解钱粮铺垫已属陋规，此外复有茶果、见面科敛名色，宜严谕库珰尽行裁革。至召买商役，原系苦累，应令止完本色，勿概索铺垫。一、截支，谓商价不给辄以揭借倾家，今后召买必先给价，如恐领银虚冒，应照截支之议，钱粮收到，即给价银，未完之数另行追比，续完之价再为截支，庶贫商有所接济而在官稽查亦易。一、平估，谓京师物价腾贵，较之出产地方价辄数倍，先年会估较今价不啻星渊，容臣部移巡视诸臣及札九门盐法部司等官，会同估值，照时价通融增减，仍责商人召办，务要真正物料，依期进纳。从之。(一六，819—820)　癸亥，大学士刘一燝再辩孙杰疏，因言：“科臣侯震旸论臣，通篇大意亦在王安。臣前疏讲筵，公见公言，一语已尽。臣备员丞弼，若念不关君父，敢有结纳私交，九庙神灵当先阴殛。至于降斥言官，系传旨，或系暖阁面宣，臣退而酌量重轻，具揭申救，间蒙宽宥，臣之苦心外廷岂得尽知，而一切为臣罪案乎！”复温旨慰之。(一六，820—821)

十二月辛未，下东华门管事内官钱寿、赵昇、王受等于狱。先是门军阎科告称本门内官包占官钱，岁计七百两有奇。刑部乞将钱寿等行提质对正法。从之。（一七，837—838）　己卯，御用监题造圣驾仪卫，计宝纛、龙旗并盔甲、刀枪等项，估物料不下数十万金。工部乞照万历三年实数裁减。上许减三分，其七分办送应用，不得延缓。（一七，853）

本年附

艺文·碑铭·太监张昇墓志

皇明乾清宫牌子尚衣监太监慧庵张公墓志铭

左军都督府、武清侯李诚铭篆。

内翰张公之将谢世也，其名下士魏一德等捧状泣而谒余，属铭其墓。余习公之谊，弗能文，何以铭公哉。按其状，公讳昇，慧庵其别号也。家世诗礼，代出名豪。彼时也，祥云充闾，乃降贵公焉。公生而岐嶷，长而颖悟，即业孔孟，博古识今，诚硕彦之士也。会嘉靖壬戌（四十一年，1562），春曹拜命，开选忠贤，而公入彀，青钱售之焉。蜚内书馆读书，尚衣监司掾，其翰墨抡英，昭人耳目。虽寒暑口不绝诵，旦夕手不释卷。值万历戊寅（六年，1578），升慈宁宫司房近侍，忠勤并懋。甲辰（三十二年，1604）膺太监，赐蟒服。丁未（三十五年，1607），修漷邑永乐店慈圣皇太后发祥工程，小心翼翼，内外感钦。庚戌（三十八年，1610），工程告竣奏绩，神宗升牌子，赐束玉，加禄食，以励其功也。上嘉贤能，钦依禁闼驰骏，提督上林苑监四署。甲寅（四十二年，1614），慈圣皇太后薨逝，效绩勔勷，转公为乾清宫牌子。时渥纶煌，被荣膺宠。且今上纪元，极登大宝，公忠誉八极，辅弼三朝，垂六十余载如一日耳。

公性淳朴，耿介丹诚，敦伦和厚，才德并隆，恩以驭下，朝野推重。且训犹子，抚兰孙，为时伟器，舞彩呈欢，何裕如也。于是菊秋月，公以一疾，竟不起也。哀哀公逝也。呜呼！人生幻影，百年易尽，形化神在，名垂身殁，虽然生荣死哀，于公又何憾焉。公生于嘉靖庚戌（二十九年，1550）年十二月初九日申时，享年七十有三，殁于天启辛酉（元年，1621）年九月十四日卯时。兹卜葬于阜城关外磨石口地方承恩寺之侧，以为窀穸允藏焉。因志以铭，其铭曰：

巍然燕峙，秀发祥开。挺生慧庵，经纶明才。辅佐皇猷，恩渥时来。殁卜佳城，窀穸徘徊。亿万斯年，永妥黄台。

（北京石景山模式口村出土。《北京图书馆藏中国历代石刻拓本汇编》第59册，第128页）

天启二年壬戌(1622)

正月辛丑，圣谕："皇考陵工告成，各官效有勤劳，宜行叙赉。王体乾、宋晋、魏进忠各荫弟侄一人锦衣卫指挥佥事，仍赏银五十两、纻丝三表里；诸栋、梁栋、史宾、裴昇、张文元、李实各荫弟侄一人锦衣卫正千户，赏银四十两、纻丝二表里；马诚、戴福寿、王用各荫弟侄一人锦衣卫百户，赏银三十两、纻丝二表里；孟进宝赏银三十两，李忠、王国安、王国辅、翟应奎、赵之翰、王敬、王守谦各加恩二等，赏银二十两、纻丝二表里。王佐加太子太傅，荫一子入监读书，赏银五十两、纻丝三表里；……"(一八，905—907)

三月己亥，大学士沈㴶募兵入京，疏进名册，其所携门客颜思忠复自请募兵万余。时驸马都尉王昺以兵科都给事中蔡思充之荐，奉旨募兵，而禁中先是亦有内操之举。或言大学士㴶与中官刘朝阴相结。于是礼科都给事中惠世扬等合疏劾沈㴶，言："㴶以募兵为进身之地，实藉为通内之阶。颜思忠之招兵一万，㴶使之也；刘朝之练兵大内，㴶阴遣门客晏日华诱之也。至驸马王昺疏中所称帷幄重臣，与㴶所主张王昺者若合符节也。阉人弄兵于内，戚畹弄兵于外，奸相弄兵于内外之间，不必奴酋过关而长安一片土先化为战场矣。乞除肘腋之贼，而后除封疆之贼。"疏入，上责其牵引丑诋，姑不究。㴶疏辩："臣之募兵，冀有用于国，疏报之后，其拨隶调遣事在兵部，颁给月粮事在户部，臣已不与闻。至于内监练兵，原无此事。戚臣王昺抗疏，忠于皇考，臣曾称之。至于晏日华、刘朝，未经一面。其颜思忠自请募兵，臣对同官孙承宗言，不敢信其能任，可问而知也。何乃于青天白日之下造此疑神疑鬼之言？乞将臣罢斥，以息猜疑。”得旨：“卿留心边务，为国分忧，募兵原是忠谋，朕所鉴知。其余事情皆系牵捏，何必介怀。时事多艰，正资匡济，宜即入阁佐理，勿得再陈。”驸马王昺亦疏言：“推臣招练者兵科蔡思充也，何不言于科臣推用之时而突言于今日？若谓戚臣不可典兵，则驸马披甲领大汉将军上殿，载于《会典》，梅殷统十万兵于淮安，井源率兵以死土木之难，孰非驸马乎？”上慰勉之。(二〇，998—1000)

四月丙寅朔，光禄寺少卿高攀龙疏劾戚畹郑养性，言张差事系郑养性主谋，且以卢受、李如桢皆其私人，宜亟命养性归湖广原籍。而李永芳曾约如桢内应，宜亟诛如桢以除祸本。又言崔文昇亦宜明正典刑。得旨：“朕御极以来，宫府协心，禁庭安静，外人如何妄生猜疑，辄形章奏？郑养性若欲回籍，当自行奏来。保全国戚，当仰体朕心，不必多言。李如桢已具狱，并文昇朕自裁处，不得牵扯生事。”(二一，1039)　甲申，诏罢宝和皇后[店]税。(二一，1071)

五月丙申朔，御史周宗建因雨雹之异疏陈弭灾四款：“一曰大臣名节宜重。揆席之地，弹抨四集，而恬然入直，此阴象之在纶阁者，宜扶之以名节也。一曰小臣忠告宜宽。谏章甫投，谴呵随下，数日之间，累遭摧折，此阴象之在言路者，宜开之以忠告也。一曰内臣窥伺宜防。衡文特简，司空用陪，魏进忠之谗构渐见，此阴象之在中禁者，宜振之以严明也。一曰外臣伤谗宜化。自经抚之两祖既分，宵人之颠迷难解，恣喷血之口，工吠尧之声，此阴象之在士绅者，宜荡之以消融也。”下疏于部。(二二，1083)　丁酉，兵部以驿递疲困疏列十款：“一、定规制。除奉旨驰驿外，一切借差告病不得冒用勘合，无勘合而遣发白牌者不许应付。一、正额数。船只夫马以次递减，各填实数，画一可遵。一、严挂号。在内兵科为政,在外抚按道府为政,凡勘合火牌到,必查验真正奉敕方准挂号,驿递验有号票,方准应付。间有迂途避挂号者,羁留申究。(一、重销缴。一、催协济。一、禁陋规。一、减冗差。一、处援兵。)一、约中使。中使一出,爪牙百十为群,索夫索马,空驿不能应其求,鞭吏鞭官,倾储不能填其愿。今后中使勘合酌差之大小烦简,确填实数,不得于勘合外多索一夫一马。一、保循异。凡设有驿递州县,其官能稽察假冒,杜绝需索,其人必清辨有干局,抚按廉其治状,列以卓异,庶有司知所自奋。"上命如议申饬,著为令。(二二,1085—1086) 甲辰,刑部尚书王纪疏参辅臣沈㴶,引宋奸相蔡京为比,言:"京生于数百年之前,㴶生于数百年之后,迹不相蒙,而事实相类。其结交魏进忠,即京之契合童贯;乞哀董羽宸,即京之恳款陈瓘;蓄养死党邵辅忠、孙杰,即京之固结吴居厚。王汉之罢逐顾命元臣刘一燝、周嘉谟,与安置吕大防何异;降斥持正言官江秉谦、熊德阳、侯震旸,与贬谪常安民何异。尤可讶者,贿交妇寺,窃弄威福,迷国罔上,此又京、㴶旷百世若合符节者也。"上谓大臣当协心匡济,不必烦言,致伤雅道。(二二,1095—1096)

七月戊戌,刑科给事中霍守典言:"先帝以尧舜之主,一月上升,说者咸咎太监崔文昇、寺臣李可灼。今可灼令抚按拿送法司而文昇未经究问,乞并付法司严鞫。"上报已有旨。(二四,1183) 辛酉。先是,织监李实以袍价不敷,疏参松江府知府张宗衡、同知杨姜,俱各住俸。应天巡抚王象恒疏言:"李实虽参宗衡与姜,意本在臣,盖钱粮出纳虽在府官而总理在臣。皇上不督责臣而薄罚二臣,臣何幸,而二臣何辜!乱激扬之令典,窃太阿之大权,无一可者。且当三空四尽之时,为用一缓二之计,此正二臣苦心。于时苏州已解一万八千,松江已解五千矣,续发续解者尚在拮据,络绎于途,而乃更蒙罚,则循良何足以措手足也。乞严谕李实特为安静,勿旁生枝节,贻累地方,更将臣速赐罚处,以为不能承顺织监者之戒。"报已有旨。(二四,1230—1231)

八月丁卯，太仆寺添注少卿满朝荐题："臣起家秦令，为民翦珰，系狱者七年，乃始得解脱，极不乐于激聒。然颠危迫于眉睫，敢矢血忱，为陛下胪列焉。……阁臣职专调燮票拟，主持清议，今见忌才坏法之疏不公斥之，轻则两可其说，重则径行其言矣。见有殛奸匡国之疏不公持之，轻则姑不究，重则递加罚矣。平章谓何？祖宗朝有是颠倒乎？尤可憾者，沈漼借阉以招宠，又助阉而树威，(王)振、(刘)瑾偾裂之祸，皆漼作之俑焉。此祖宗朝迸流所必加者也。至若戚畹岂不当简，何至以阉人销骨之私谗，毙皇亲之三仆。三宫分有常尊，何至以美姝倾国之私昵，淆母仪之芳规。此祖宗朝防微所倍凛者也。凡此种种颠倒，成于陛下者十之一二，成于当事大臣者十之八九。诚不忍见神州之陆沉，陵寝之震惊。即从逢、干于地下，犹生之年也；访巢(父)、许(由)于山中，犹初之服也。所祈陛下终览臣疏，嘉与阁部大臣，将种种颠倒不惮改弦，悉轨于祖宗之掌故。"得旨："时事多艰，满朝荐起废向用，不思奋力抒忠，何乃空言讦讪。本内自拟逢干、倾国等语，视朕为何如主！且亵言比喻，大臣影响，妄猜宫禁，显是沽名卖直。本当重处，姑从轻革职为民，永不叙用。"(二五，1238—1242)

辛卯，工科右给事中尹同皋以驿递滥用夫马，参云南按察使庄祖诰、鹤庆府知府李乔岳、户部员外郎贺自镜及太监何允中等。兵部覆言："驿禁屡经申饬，诸臣犹然玩法，即重处亦不为过。第念其所犯在严旨未布之先，人情久玩之后，微有可原。而庄祖诰、李乔岳正在危疆，拮据需人，与贺自镜俱量加罚治。太监何允中应敕司礼监戒处。以后凡辖有驿递州县官，但遇勘合及牌票到日，务要躬亲查核，即有勘合而填非本官姓名，即系借用，申报究惩；即填本官，而额外多用夫马，即系滥用，径自裁革。至于科索常例等项，更宜力为禁绝，不许容隐阿纵。如再有仍前玩愒，滥行应付者，抚按官不时发觉，指名奏处，毋以姑息从事。若抚按、总兵领去勘合，不许徇情滥给，亦不许将自己牌票滥与别人，庶积弊可祛而驿递之困苦得以少苏。”得旨:“驿递冒滥已屡旨禁革,如何不遵?庄祖诰等姑着各罚俸半年,何允中着司礼监戒谕,余依议严行申饬。”(二五,1279—1280)

九月戊申,工科右给事中尹同皋等言:“督造段匹,专委司府印官;辨验段匹,专委巡按御史,此万历元年例也。三十一年始并淮监鲁保,行至四十一年,仍归有司,胡为夺而复予?且岁尚供袍服数取盈于九万五千八百余匹,即浙江五万五百余匹,料费至一百一万六千九百余两,合之南直,是必二百余万而后可。当此大工、陵工并作,似宜量酌减以蠲民力。”上令遵前旨归并内监,不得渎奏。(二六,1317—1318)

十月壬申,南京户科给事中欧阳调律复请免加派,言:“方今闾阎如洗,难完正赋,安暇加派?急在加派,仍逋在正赋,且恐有司迫于催檄,尤有挪正赋以应加派者,是所得于加者少而所失于额者反多也。如谓免派,恐致误饷,臣亦有说,于此在皇上以简约为节省,其道有四:一曰十库当折,一曰金花银两应还部,一曰南京贡鲜宜减,一曰苏杭织造当蠲。其在臣子以清楚为节省,其道亦有四:一曰正赋宜催,一曰饷银宜核,一曰榷政宜申,一曰冗滥宜裁。乞速敕廷臣,从长计议,勿狃小利而忘大害。”得旨:“海内民艰,全在藩翰有司多方安戢,加派暂佐军需,但能禁革火耗诸弊,便可不至重扰。前屡有谕旨,贡鲜荐京、织造服御并十库钱粮、金花银两俱系内供急需,还照旧规解进。余款有裨国计,该部酌议具奏。”(二七,1356—1357)

十一月癸卯,上览巡视光禄科道官条奏,以款内所议清查供用钱粮俱系历来旧例,如御用新茶、腌肉,如何辄议减折;司设、兵仗监局制造工完自停,御马监进到马匹见三千余,喂养军粮照数支给,原无定额,并上供器物给散俱照旧行;其每月进到食卓银两,大小月分不过十一两,揭内开至十八两,余银归落何处?着于万历元年起挨查,明白回奏。至于外解短少,拖欠侵盗银两,尔每职司钱粮，此等大弊，何不严查速结？却至差完，条奏塞责。于是巡视官户科给事中罗尚忠、御史周宗建合疏言："腌腊一款乃裁减署官冒破之腌肉，非敢减皇上御用之腌肉也。其新茶为逐县起解，有以茶一二十斤而耗盐费数十金者，改折不便，汇解则便矣。设司（按，设司乙）、兵仗监制造非虑其工完而不停，但催其早完而费少耳。御马监马匹虽无定额，亦应清查，以省冒滥。其台［抬］送品物器皿从来俱准回销，下次又复造办，是回销为旧例，给散非旧例也，臣等正愿皇上之照旧行也。其每月进到食卓银两，查上供钱粮原有本折两项，本色采办，一照民间，其价颇昂。若折色诸费多出恩赉者多原非常典，往因两项一概溷算，岁费不支。蒙世宗肃皇帝洞念缺乏，赫然整顿，特命台臣一员专管查刷，遂将折色立为定则，比之时价节缩甚多。即食卓一项，以时价计之则十八两，以定价计之则十一两，历来扣算，留作正供。今每月进呈揭内所开积余品物，价银几千几百者，即此银归落之数也。至于外欠拖少，解官侵欺，臣等正欲严查速结，不敢草率了事。夫臣方因外以溯内，何敢讳内不言。皇上乃因内以宽外，且并置外不问，臣恐无以创矣。其解官何之望、刘应宸等并乞敕下法司追侵正罪。"得旨："经费浩繁，内外稽查，节省自是职掌，岂欲尔每讳内宽外。食卓每月定于十一两，不必照时价开款，却于积余内销算。其外解拖欠侵欺，仍严行查催。何之望等着法司究追。"（二八，1403—1405）

十二月丁亥，工部尚书姚思仁覆工科刘弘化疏言："科臣之意，大约欲严审解官如郑之耀等，严提奸商如王大德，严究受贿如虞衡司吏书等，禁绝预支，清理拖欠，俱今日急务。其他尚有未尽事宜，谨开列六款：（一曰山陵。二曰军需。三曰钱粮。四曰工作。）五曰修理。凡应修应造，例差官估计，工完报堂，以领钱粮。此后须堂官亲估，方准兴工，庶免费出无经。六曰恤典。文官三品以上葬费，不过三百余两，惟是内臣、勋臣、戚臣俱照祭坛以为厚薄，少者数千，多者数万。今帑藏一空，岂能取盈。故臣等于大珰杜茂、冉登等减数千为三百,戚畹王钺等减万五千为五百,荷蒙俞允,乞即著为定例,庶恩恤不至滥觞而财用亦得少裕。”上俱依拟。(二九,1479—1481)【考】《熹宗实录》卷三〇,天启三年正月庚子条载“工部尚书姚思仁疏陈六事”,较上列六款略详,疑为实录一事而复书。

天启三年癸亥(1623)

正月辛丑,织造太监李实疏称岁改奉旨归监,而机户皆奸朦接踵,又以有司移文不行属体,请旨申饬。章下工部,工部尚书姚思仁覆言:“今日皇上所与内外臣工共守者,《大明会典》一书耳。《会典》所载岁改段匹织造专属司府正官,印验专属巡按御史,此祖宗之定制。一变于鲁保之纷更,再变于李实之攘利,抚臣争之不得,按臣争之不得,本部、本科争之不得,而国体民情终是不便。均此段匹也,属于有司则物料精好,运解如期,属于内监则粗恶不堪,运解缺额。盖钱粮经一衙门领给则有一番扣克,段匹经一衙门印验则有一番使费。况织造龙袍皆在官食粮织染局世役之官匠织造,岁改皆闾阎编户、府州县招募之民机,有司畏抚按之综核,银两尽行给发,机户有利,接迹而来。内监挟朝廷之威权,银两不免减削,机户无利,掉臂而去。使内监亦如有司之尽给,何故畏避不前?使内监不利钱粮之浸渔,何为争执不已?至于李实引孙隆之例,欲以属礼责之有司,孙隆待府县正官皆以宾礼,惟织造通判始行属礼,然犹周旋委曲,不敢妄自尊大,以故孙隆之自处愈谦愈抑,而有司之相待愈谨愈恭,内外协和,官民悦服。今李实乃为其名下长随、司房等役所拨置,参铺商,参机户,参驿递,参有司,广行朘削,万民嗟怨。苏、杭等府皆朝廷钱粮之渊薮,迩因赋重役烦,以致民穷财尽,讹言屡兴,人心思乱,即使多方抚绥,尚恐变生意外,若再加激变,一旦铤而走险,祸可胜言哉!”得旨:“织造额解不前,全由地方原无专任,岁改归监,以便责成,仍遵前旨行,不必烦聒。”(三〇,1505—1507)

二月戊寅，上谕兵部："朕嗣位以来，奴氛未靖，四方征调，国课几空。正饷之外，发过内帑千百万，犹然告匮。目今加派钱粮屡行乞蠲，募兵制器费用滋繁，朕甚忧惕。内库检得所贮军器堪用者飞电、捷胜、安边、佛郎机、灭虏将军神炮八十位，神铳无敌手铳二百五十位，每位随用螽袋铜药匙铅石等子，全铜铁勇字等盔甲一千五百二十二顶副，各样倭刀等刀四千把，各样枪一千杆，开山等斧四百把，脚踏弩、铜溜子弩五百张，弩箭五百把，大小弓三千张，各样箭三千把，皮撒袋一千副，特差乾清宫提督、御马监掌印太监、总提督忠勇营事务刘朝与同乾清宫管事、御马监太监、副提督忠勇营事务胡良辅、纪用、陶文督率中军等官殷进等四十五员，赍捧该监局库查发器械数目印信揭帖二本，一并解赴山海关督师衙门交割，照数验收，少资战具。差去人员不许扰动驿递，但经过地方务保无虞。其辅臣督师边地，筹画忧劳，在镇文武官员苦心协力，戍卒军士卧甲枕戈，栉风沐雨，深轸朕怀，特发犒赏银十万两，各色蟒衣、麒麟、狮子、虎豹等纻一百五十匹，顺赍前去交付督师辅臣，酌量将阖镇官军分别等第犒赏，毋得虚滥，以鼓官军奋勇之心，以彰朝廷远恤之意。辅臣（孙）承宗特赏蟒衣一袭、银一百两。尔部即移文彼处各该衙门知会遵行。"(三一，1586—1587)

己卯，准收净身男子一千五百名。(三一，1589)　甲申，赏边恩命差中使刘朝等往，兵科署科事左给事中周士朴等言："武宗时内监出镇行边，颇为圣政之累。今日赴关固止言赍捧，言交割，然识者不胜微渐之忧。乞改遣大臣一员，或于其中酌定一人将命而减其员役，仍希天语叮咛告戒。"上责其渎奏，且引用前事不伦，夺为首者俸三月。(三一，1592)　己丑，福建道御史周宗建又言："臣位列交戟，身沐圣恩，日见衣冠之祸蔓衍将成，爪鼠之奸凭依难破，而臣又顾赡七尺，隐忍不言，俟其布阱既深，毒形尽见而后起而争之，即杀一身亦无益于事哉。臣敢因论郭巩而直究巩之根株，夫内臣魏进忠者，固今所望而震焉者也。进忠之威势可以咳唾成风云，臣义激于中，曾于去岁指名弹劾之，于时已不知死所矣。幸蒙圣恩薄示诘责，未快所愿。闻于文华殿上撤讲之后，进忠狺狺恨臣，疏中‘千人所指，一丁不识’两语，哓哓诟辩，至怒激之声直达宸听。时方持科臣章允儒疏不下，辅臣(叶)向高婉喻曲譬，情词恳恻，进忠怒始稍解，而允儒亦得幸免。进忠之心固无一日而忘臣也。巩平时在京，专与内阉相昵，进忠以为中伤臣者，舍巩无可他属，于是嗾以倾臣并倾诸异己者。而巩乃密受指使，造为新幽、大幽之说，把持察典，编缉诸臣数十余人，投之路旁。于省则刘弘化为首，次及于周朝瑞、熊德阳及见在诸科臣等而欲一网尽之；于台则方震孺为首，次及于江秉谦及见在诸台臣等而欲一网尽之，而臣则其网中之一人也。既欲罗诸臣以快报复之仇，而更欲独中臣以快进忠之私。盖巩之欲借察陷人者，尝以诸臣姓名黏之壁上，是察典非朝廷之察典，乃郭巩之察典，魏进忠之察典，匿名文书之察典也；是使天下但知有郭巩，不知有冢臣，不知有宪臣，不知有考功之法，且不知有皇上之威福也。今维直道尚在，正气尚伸，一人私造之册终不能溷六科、十三道公造之册，故极进忠一载之谋与巩等数月入幕之酌算，终莫掩于公论。而巩始计拙心劳，懊怅莫及，宜今日之刺骨恨臣，借事排臣，动辄以熊廷弼为一阱也，至巩谓臣言及王安，笑臣有何瓜葛。巩而不言王安则已，巩而言及于安，皇上亦知安之所以死乎？安之死也，身首异处，肉饱乌鸢，骨投黄犬，此亦古今莫有之惨毒也。安于存日，事虽已甚，而被此惨毒，无不怜之。巩即心昵进忠，何至今尚有余嗔，至牵连刘一燝、周嘉谟、杨涟、毛士龙等，尽指以善通王安，此其媚进忠等不太过而其视人世宁复有廉耻，视此身宁复有心肝耶？巩既申论及此，臣请皇上即为穷究王安之死果出何人陷害，则进忠于此便为一大罪案，巩之媚进忠便为一大证据。臣即力击巩与进忠，以存天下公道，亦不为过也。臣观先朝汪直、刘瑾，其人虽皆枭獍，然幸言路清明，臣僚隔绝，故不久终败。今乃有巩者，结连胶合，取旨如寄，权珰之报复反借言官以伸，而言官之声势反假中涓而重。数月以来，一斥熊德阳、江秉谦，一黜侯震旸，一黜王纪，一黜满朝荐，一去邹元标、冯从吾，一逐文震孟、郑鄤，近且欲扼孙慎行、盛以弘而弃之。摘瓜抱蔓，正人重足，此等机关，举朝之人无不知且痛恨，第各爱惜一死，无有敢明言犯其锋者。而巩且横行愈甚，奸谋愈深，臣若尚顾微躯不为点破，将内有进忠为之指挥，旁有客氏为之操纵，中有刘朝为之典兵卖威，而下复有巩等从而蚁附蝇集，内外交通，驱除善类，天下事尚忍言哉！"疏入，上怒诘责宗建，以疏中指称悉无实据，着令回话。（三一，1598—1602）

三月壬辰，督理军务大学士孙承宗奏："适闻钦赏概颁而又特遣近侍，敕使臣以不优[扰]，敕地方以无虞，仰见圣心为天下大计，周切详尽，臣无以仰赞一辞。但中使关涉兵政，自古有戒。诸边人见皇上命使不遣各该兵略大臣而独遣治兵内臣，又遣不一人而更以四十余人，遂各相拟议，一谓皇上特重边人而不难劳亲近以远慰组练，一谓皇上或不信边人，特择亲近以体察情形。夫以边臣治兵无状，不能仰释皇上东顾忧劳，敢为体察之为疑。独是主兵之臣所为另[令]行禁止以抗颜军中，惟仰藉皇上信任威灵，而体察之说一闻，即主兵之臣心摇摇不敢自信，又何以号令文武将领而令其信？夫一二兵臣何足惜，独惜天下轻皇上之兵臣而法且日穷。又闻诸内臣欲从北边来，以水雨荒疲之后，又诸夷要挟之时，令各该将领罢筹边而逢迎贵人，各该士马释戈甲而供应杂役，俱属未便。即臣欲诸将吏昂首而当贵人，则恐其为慢天使，无以仰副圣明慰劳边臣之盛心；臣欲请诸将吏俯首而事贵人，则恐向来所培养提掇以养其飞扬强毅之气稍见于眉睫，而一旦顿销铄于内外交接之文，又恐无以仰副皇上鼓舞豪杰之至意。诸将吏闻报，不遑宁处者几昼夜矣。今天语既颁，无容再议，但念兵不可玩，使不可轻，典或以美而成骇，例或以暂而为久，天下不明于皇上过信大臣之心而或疑皇上有不信大臣之意，是皆足以害政。臣愿皇上严于兵事,毖饬使臣,无以此行为常,无以观兵为威,以全政体。”得旨:“朕念卿辅弼重臣,边关久驻,特用慰劳,颁赉将士,兼以神器兵仗特使护行,用壮军威,鼓励士气,原非干涉别务。且临遣申饬沿途不扰,竣事即还。览卿奏,具见周慎,其尚悉朕意,传谕将吏人等各安戎伍,毋得过计。”(三二,1611—1613)　甲午,福建道御史周宗建奉旨回话,言:“臣感愤时事,因郭巩之嚣,不觉披其积愫,疏中诸事,若章允儒之宽宥实由阁臣之请,臣非敢谓有他也。第闻是日于文华殿上,内臣魏进忠诉辩臣前疏中‘一丁不识’之语,讲筵诸臣见在可问,初非臣敢撰为此说以饰听也。内计六年一举,典至重大,郭巩乃以一人而罗织数十人为一册,欲挟当事者以处分,此册见在,可按其为私挠明明有据,非臣敢臆说也。至于降处允放各官,虽出皇上亲裁,而巩于熊德阳、江秉谦等则欲遏其赐环,于邹元标、冯从吾等则皆诋以盗薮,此皆巩有疏可证,亦非臣敢臆说也。至巩诬刘一燝为逆族而王纪不忍织成,巩诋讲学为无用而文震孟曾为申救,即巩之疏可窥,巩之心深恨纪等,亦非臣敢臆说也。至于孙慎行之耿介,盛以弘之清端,无人不知,其当相而皇上不及点用,外廷实有烦言,即辅臣亦曾为申救,亦非臣敢臆说也。至所言交结设陷诸语,臣既揣之人情,复争验之事理。进忠位极尊宠,指挥如意,而指名纠劾者独臣一人。今巩既织数十人为一册,复闻有捏为匿名文书出之一人袖中者,罗列多人,仍欲借以中臣以快进忠报复之心,此情事之可信者一也。巩时常在外倡云‘进忠欲劝皇上做几件好事’,此语人多闻之。夫巩为言官,何以得闻此语而乃擅自卖弄口舌?此又听闻之可据者一也。至巩与内阉相昵,尤非无证。当辛酉年二月中,巩巡视工程时,监督主事沈棨力言陋规可省巨万,巩反在内珰首言今日事切不可节省,且语同事赵赞化,云此是朝廷银子,不是你家银子,何苦力争。至给事熊德阳出疏相讯而棨亦欲挂冠求去。夫巡视者不能自循职掌而又恨监督者之精明,复恨持论者之相助,至与内监称眷称兄，人言啧啧，诸臣皆有揭发抄，此又其事之可据者一也。而况有王安一案，巩独时挂口间，积嗔不已，似欲甚其罪而重其恶，以此为下石者解释之地，此又其事之可据者一也。皇上未必果信进忠而进忠则借皇上以市重，即进忠未必尽信巩等，而巩等则借尽[进]忠以鬻权，臣即不信巩之附于进忠不可得也。”疏奏，夺宗建俸三月。(三二,1616—1618)

四月乙丑，户科给事中郭巩与科臣刘弘化、御史周宗建、方大任等互相奏讦。巩言弘化等党熊廷弼，谋为脱罪。宗建等亦讦巩交结近侍魏进忠，住其甲第。巩上疏自理，且乞廷辨。上切责巩等，令大小九卿从公会奏。(三三,1687—1688)　戊辰，工科都给事中周士朴等上言：“顷者提督苏杭织造太监李实岁改奉旨归监一疏，大概欲侵权抚按，辖制有司，凌虐机户，惟所欲为而后快。臣科以为渐不可长，曾有参驳下部。惟是详绎明旨尚未归一，而地方各官不无踌躇观望之意，乞敕该部行文浙直岁改段匹系未归监者仍令按臣验解，有司参劾属礼并不干预，如是则有司得其职，抚按得其权，而该监亦受行所无事之福。”得旨：“织造已有屡旨，内外各官当协心集事，何必纷争。且敕书谕诫甚明，该监自无过当，若地方官有意挑激，致启衅端，责有所归。”(三三,1697—1698)

五月乙未，浙江道御史彭鲲化上言：“……奸细实繁有徒，宜谕内之五城，外之有司，挨查搜捕，容隐不举者事发连坐，而后戎狄不伏于肘腋。中国长技火炮为上，今澳夷远来，已有点放之人，宜敕当事者速如式制造，预先演熟，安置关外，庶几有备无患。臣因是而请内操之当停焉，天子有道，守在四夷，备虽在近而尤在远。内操不过护圣驾，驾不轻出，设此何用？宜以内操之费操练营兵，以守京师，更练关兵以守山海，固门户，乃所以固堂奥也。”得旨：“所奏修边诸事着内外各衙门着实料理，内操原不糜费，不必渎奏。”(三四,1750—1751)　己亥，广西道御史宋师襄追论罪珰刘朝，言：“朝自夤缘脱狱之后，日夜与沈漼密画，为固宠计。漼以募兵为朝外护，朝以内操为滏内援，渐而兵柄在握，遂谋行边，幸天牖圣明，一旦发觉，屏逐南京。今朝虽去，恐其窥隙，再图进用，乞将刘朝罪状昭示中外，所蓄内操之兵即为解散，以清近忧。凡为朝所倾陷之正人，如王纪、邹元标等，或复其原官，或明为昭雪，以为守正之劝。其为朝所加滕者，如姚思仁、孙杰辈，或褫斥，或谕戒，以为鲜耻之防。至如无赖赀郎为朝作合，如陆宗本、庄士元等，仍速行驱逐，毋为清明之祟。"得旨："刘朝横肆诈财，已经处分，内操原有旧制，且稽查严密，不必疑虑。陆宗本听吏部议处，庄士元着行抚按官严行拿解。"(三四，1753)　　庚子，诏礼部会司礼监官拣选净身男子。(三四，1753)　　辛丑，大学士叶向高等奏："适蒙皇上发下今年二月传免南京守备进鲜旨意一道，臣等举手加额，不胜欣颂。所停只一食用赏赉品物，而车船员役等费所省不少。伏读谕旨，念及东西交警，调募以来，驿递疲累困苦，差官往回骚扰，仰见圣心计虑周到，无时无事不念时艰。在昔人君有一言之善，却一物之微，无不书之史册，传之后世，矧兹盛美，可弗布宣？当即传示中外，仍载入起居注。此后还望皇上凡百政令，即例不传发，仍命该监传示臣等，以便记注。"(三四，1754—1755)

己未，刑科左给事中刘弘化奏言："臣承乏刑垣，正当热审之时，窃照佟卜年一狱，厌谳牍之含糊，既以明刑烦明旨，仍不厌罪案之详慎，终以法守付法司。仰见圣心仁至义尽如此其兼备也。惟是臣工玩愒，无以佐下风，称德意，致参送徒勤，讯鞫久滞。如臣巡视厂库，所参委官经历魏国材等，又御史夏之令所参傅应春等。他如假官、假监、假印、假批见于臣同官之所条上者，不一而足，所宜勒限追赃，尽法究报。至若禁城清肃，人命频闻，珰竖横恣，杀伤如戏，顷一月间已再见告，如王文进之殴死戴进忠，既经巡城御史审确，何以仓忙移狱？窃意帝王无私，法行自近，则夫昭常宪，以与众共之，尤不能不厚望于皇上矣。"得旨："各犯着刑部作速问究，应该会问的着都察院即委御史官，不得彼此推延。佟卜年已屡旨，如何久挨，着即定拟具奏。”(三四，1781—1782)【考】内臣殴毙事，又见《熹宗实录》卷三七，本年八月己未朔：“内使王文进殴杀戴进忠，有旨下文进于司礼监，以余犯付法司。刑部尚书孙玮等谓情词各偏，颇末难悉，况一事而谳柄两操，非所以为画一，请将文进敕部从公问拟。上命遵前旨行。”然未明其情节也。

六月辛酉，户部尚书陈大道以大学士叶向高等原题钱粮欠清等款，奉旨详议覆奏，因言：“外廷所当急为讲求者无如兵饷……关津榷税，慎选清吏，臣尚有说于此，今即不敢轻言征商。然有祖宗旧税，向归税监，今撤税而并旧制俱撤者，或当议复。又税监未撤之时，各省直有议以别项抵额者，今税停而原抵之项不可使无着落，俱宜查出，解充新饷。如臣部前疏所云者，断当力行也，因是而推之解官之侵渔无已而兼以揽头为祟，有司之硕鼠难驱而公然火耗横加，私铸之明禁不可不严，效劳之旁蹊不可不塞。又京师营卫门官军有逃亡事故者原当截日扣粮，近来各营卫官吏惟利是图，此后如有私顶冒粮情弊，重者参送法司究拟，轻者拟应得罪名，追其银米，札入太仓各仓，宜另设一扣官之匣。以上诸款逐一清查，亦足补军需而裕国计，敢因辅臣重理财之意而并及之。”上命着实振刷举行，毋以空言了事。(三五，1784—1787)　　甲子，工部尚书钟羽正以内珰索冬衣银两，群集部堂，横肆詈辱，具疏奏闻，因求去。得旨：“冬衣延久未给，自当速为措处解进。但部堂公署不宜群集喧嚷，着司礼监官查明具奏。钱粮匮乏，卿多方剂量，还安心供职，不必介意求去。”(三五，1795)　　戊辰。初，以净身男子申万寿等陈乞收录，奉旨准收一千五百名。至是谕令再选年力精壮者一千名进内，分派各衙门应役。(三五，1804)　　庚午，巡视厂库工科给事中杨所修等奏言：“我太祖高皇帝御极三年，严宫闱内外出入之禁，著为令，家法具在。今中珰为逼取冬衣事，数百成群，哄至工部堂署，臣不知宫阙之防禁安在，而任意出入，啸聚鼓噪，是无祖宗之法也。旧制，两京内官、长随二年一次给与冬衣，移文内承运库查会纻丝绫紬,具题关给。正德间,该库数目不敷,始议每匹折价三两,于抄没犯人银内动支。自后内使日盛,折银日益,遂动本部料价。嘉靖三十五年以前,数尚不满六万两,俱坐派浙江等司府征解补库。至隆庆间增至十万两,万历间增至十二万两,俱借动四司料银,未经议补。今岁冬衣铺盖银且增至十三万一千四百余两矣。是该部原无额设正项,止缘内库缺乏,不得不借资于外库耳。今外库又十分缺乏,部臣多方设凑,未尝与之争祖制者,尊上命也。夫宫府一体,中官乃皇上之中官,臣等且知重之,而大臣独非皇上之大臣,中官乃不以人礼相待,是目中尚知有皇上耶？愿熟思而审处之。"报已有旨。(三五,1807—1808)　　辛未,礼科都给事中成明枢上言:"司空钟羽正之被辱于诸宦也,业蒙旨令司礼监查明具奏,今不知果查明否？中涓刑余,原止供事于掖庭,无雄行于部堂之理。今当明正其罪,与外廷共见之,知犯科无状者不可容于圣明之世,而九列犹可吐气,中珰亦少知畏法矣。又本月初九日,正当收净身男子之始,先是申万寿疏请收录时,臣科已有抄参,谓非五年之例,乃圣意已定,一千五百名突欲再加一千名,天语倏传,几成夜半之斜封,异哉！此时群阉之气正烈,司空之辱未解,收入之数愈增,嚣竞之风愈长,恐效用未必有益而贻祸终且无穷,愿皇上深长虑也。"得旨:"冬衣迟延,以致群扰,该局官并该司官俱已有旨。收选谕旨自明,何得比拟斜封,姑不深究。"(三五,1808—1809)　　癸酉,工部尚书钟羽正复具疏乞休,上慰留之。羽正又奏:"臣久病溺职,恳求速罢,原非为冬衣铺盖一事。且兹事已奉明旨,谅臣宽臣,令臣酌量而处,臣部之幸也。然亦有不可不明言者:今库藏匮之固无银也,即有而一十三万一时解进,臣亦不敢承命。今天下一家,各边军士为国家寝干戈,处岩关,绝塞之区,耽饿疾呼,求正额数万银饱其腹而不可得;庆陵明楼宝城,皇上大孝急务,监作夫匠负重乘高,立炎风赤日之中,汗流咽燥,求役过数万银偿其欠而不可得,而公然发十三万银与针工作冬衣铺盖。使此辈闻之，皆将曰：'吾辈苦求银粮，动称无措，十三万何容易也！是知有针工而不知有吾辈苦情也！'不惟臣等齰舌愧死，而皇上轸念疆场、供奉陵工之心亦不能宣布于远近，是皆臣之罪也。今谨议作二次，秋初进冬衣，冬初进铺盖，有料银即照例解进，不足速催外解进用，或分事例银补之，庶不至苦累喧嚣，皆皇上宽臣部酌量之恩也。至臣呕病日增，伏乞垂怜，早赐罢归，谨封印送司务厅，请官暂署。"得旨："陵工、军饷钱粮各有款项，冬衣铺盖年例不多，作速措处解进，不必执奏。部务正殷，卿实心任事，还遵旨即出，毋得再陈。"(三五，1811—1813)　工科都给事中周士朴奏言："尚书钟羽正者，朝廷所命之官也，非内臣可得而辱也；部堂者，朝廷所建以表率百僚，非内臣可得而毁也。辱部臣是辱朝廷，而欲重朝廷，还当重部体。不然封印辞职，羽正之志已决矣，天下后世将谓中涓以一冬衣逐一部堂，而皇上不为之所所伤，岂其微哉。"上谕："已有旨，令该部知之。"(三五，1813)　丁丑，南京陕西道御史刘之凤疏陈边臣去留进退事，谓……至内操尤属隐忧，所当亟罢。得旨："内操事屡有谕旨，刘之凤如何又来渎奏？姑不究，以后再有烦聒的，定行重处。"(三五，1818—1819)　上谕内阁："朕览章疏内有南道御史刘之凤奏罢内操，但内操不涉六部钱粮，设自祖制。矧郊祀、国学并朝夕二坛、谒陵诸大典礼在即，况东西交变之际，其内备原为拱护朕躬，肃清紫禁，非有他意。仍乃连章累牍欲去内操，意欲何为？且屡有谕旨，显是不遵，必有主谋之人。刘之凤姑不深究，卿等传示各官，以后再有渎聒的，定行重处，决不姑息。特谕。"(三五，1819)

七月辛卯，文书房传出黑字揭帖："朕女未封长公主于天启三年七月初二日卯时薨逝，合行事宜照云和公主例行。"(三六，1837)

甲寅，诏以太监王体乾、宋晋、魏进忠等青宫旧劳，梁栋等、王朝忠等均著勤慎，将原荫锦衣挥使、挥同、挥佥、正千户百户等官照先年黄锦、王本、冯保例，俱准世袭，凡十二人。奉圣夫人客氏奉侍年久，宜加殊恩示酬，伊子原荫锦衣挥佥侯国兴特准世袭，给与诰命。兵部尚书董汉儒等疏奏："臣部《邦政条例》一款，凡武职非军功不准世袭。又查得皇亲及内官家人传奉升职及保升职级者，袭替俱减革。又内外文武子弟人等非征战军功，以技艺勤劳传乞升者，袭替之日查革，唯皇亲、官员子孙原奉钦依，有世袭字样者，许袭一辈。煌煌祖制，载在《会典》，所以慎名器、杜冒滥，诚世世率由之旧章也。皇祖朝，先臣李化龙、郭子章、江铎以平播州之功而世荫，叶梦熊、梅国祯以复宁夏之功而世荫，李汶、田乐以拓松山之功而世荫，始得锦衣指挥使，或佥事。其他千百户之世及，必其御虏俘斩奏勘大捷者也，非是不及矣。傥一滥及，则为勋臣后者且讶世袭为不足重，而皇上将来之所以酬军功者不穷于无可加乎？臣窃意诸承荫者于祖制有所未谙，不难冒干恩泽，皇上亦第见其勤劳可嘉，或未深绎祖制之何如耳。然臣部则知有职掌而已，臣部之职掌则按之《大明会典》与《邦政条例》而已，安敢堕职掌、乱旧章、招物议，而因贻皇上以愆忘之戾哉？若先年黄锦等事例，臣部遍寻册籍无考。然《邦政条例》一书，系万历三十八年六月内奉皇祖明旨著为令甲者，悬之象魏，无容迁就。况锦等弟侄之后，今亦无列衔锦衣者，则亦可以解诸内臣之惑矣。伏祈圣明深虑，收回成命，庶祖制无紊，而臣部之职掌以明矣。"得旨："加恩荫袭，俱系先朝已行，何云无例？还遵敕谕，作速覆行。"吏科都给事中程注等、河南道掌道事御史汪泗论等各具公疏言世荫非例，旧制宜遵。兵科给事中朱大典、周之纲，御史宋师襄、胡良机另疏谏止。俱不从。其略云："黄锦一事查照兵部成案，止以缉捕有劳，荫弟侄一人，即《嘉隆闻见纪》等书并不开列世袭之文。见今锦衣卫册籍亦迄不闻有黄锦子孙，可覆阅也。皇上试思祖宗御极以来，其间中涓、褓母小心勤慎、劳绩茂著者若而人，甚之威福纵恣、太阿旁窃者又若而人，使人人叨意外之恩而冒世官之赏，将貂珰盈座，而金吾一片地尽为妇寺之余胤所盘据矣，不几令武功人人无色而劳臣解体也哉！方今辽阳沦没，黔蜀频危，其间健儿猛士间关百战，身膏沙漠、血化青磷者不知几许。虽庙堂不靳恤典旌忠，然而姓名得达于宸聪，恩纶得延于奕世者，特千百中之一二耳。今体乾等只日供使令之役，从未闻汗马之劳，而令此乳臭竖子一旦累累若若，阖门金紫赫奕，班行名爵，下逮于烂羊，崇阶反轻于敝裤。书之史册，天下后世谓皇上为何如主？其何以风示四方而垂宪万世也哉？故宠以金帛，毋宠以官爵，愿皇上为若辈计，而与其澄汰于后，毋宁辞免于今。亦愿若辈之自为计，使诸珰中有吕强、张承业其人者，必叩头辞免，至再至三，断不敢越祖制而幸殊恩，当不待臣辞之毕矣。"得旨："所奏非军功不袭，朕知道了。各监官亦面奏恳辞，但朕念其服劳年久，登极以来未曾加恩，且有两朝旧例，故查照补行，已有屡旨，不必渎陈。"（三六，1882—1886）

八月己未朔，刑部等衙门尚书孙玮等会谳黜生庄士元，以戚畹郑养性辩木商张士新揭，内侍刘朝辩盗宝脱罪揭，俱士元为之属草，且私札往来，营求通赂，形迹已有明征，坐交结内官及近侍人员律论死。奉旨依拟。已刑科给事中张鹏云复请穷究受贿之人，上令即便会官处决，无致蔓延。（三七，1891—1892）　丙寅，贵州道御史胡良机疏请罢内操、慎考选，裁徐州总兵，召还萧如薰还主京营事。上以徐州总兵听兵部议，余报有旨。兵部覆称……复言内操当罢。得旨："内操已有旨，余如议行。"（三七，1894）　乙亥，山西道御史吴甡言："原任刑部尚书王纪片言定封疆之案，执法如山，策蹇西归，一身似叶。向为刘朝所构陷，今皇上业察朝奸状，与众共弃。夫既勇于除奸，赐环盛典宜从纪始。"御史王祚昌亦以为言，并下该部知之。（三七，1905）　癸未。先是，御马监以郊祀合用五方缨甲等马，天启元年疏请太仆寺寄养马二千匹发监调习。至是以上亲郊，催取前马。太仆寺卿柳佐疏争之，言："御马监及坝大等二十四马房，盖专备郊祀法驾之用，若不用之此时，则祖宗设立之意谓何？闻坝大等处共马九百五十余匹，御马监有三千余匹，每匹用养军二十名，每岁用军以数万计，军粮、料豆、草束约费银十余万有奇。自万历来，费朝廷金钱何啻数百万而不以之供一日之用，何也？明旨云照旧例，然用御马监马者，是宣德、嘉靖时事，正所谓旧例也。借寄养民马者，是万历年间事，非旧例也。况该监调习压演，又例之所不载乎？夫民马养之百姓，借用不过三日，百姓所费无几。若发该监，必有守候交纳之苦，是累民也，不便一。民马系百姓自养，临时调用，每匹议给草料银一钱。若发之调习压演，必迟以月日，该监必多请草料，是耗国也，不便二。年来征调浩繁，民力耗竭，京营、捕营当给者尚有五千余匹。今若发之该监，倘事竣覆[复]久假不归，一旦榆关告急，京营缺马，仓皇无措，是今日贻之也，不便三。御马监之设，祖制如此，历来法驾备用，又载在马政纪。而万历间开挪借民马之端，今遂执以为例，若调习压演复行之，自今不又为后日之例乎？是弃良法而滋新弊，不便四。乞照旧例，将御马监熟习之马充法驾近侍之用，而调来民马委令府县管马官三日前演习调熟，以备各衙门骑坐。”得旨：“该监原讨二千匹，姑先送一千匹压演应用，余俟谒陵再行酌量。其草料喂养俱着该监料理，不累在外衙门，勿得再来执奏。”(三七，1924—1926)

十月壬戌，巡视京营科(**按，此处有脱字**)彭汝楠等言：“近郊大盗纵横，而南海子一带莽荡无际，又为中使编直之所，诸奸盗每藉之为逋逃主。近捕获盗犯半是逃兵，又半是通州营丁，前已鼓噪于部道之门，今且肆劫于周行之道。该总兵张士显开镇近都，统领多兵，纪律不闻，纵容有据。伏祈天语申饬，力清营伍，但遇逃亡，不时开除。如以后有强盗出自该营，总兵官一并参处。”上从之，着近京各镇通行申饬。(三九，1997—1998)　　辛巳，上命湖广贡鲊止照原额办进，其续加并改折添补俱免办，以省地方驿递之累。(三九，2029)

闰十月戊申，卤簿大驾造成，銮驾库安设，遣内监官致祭行礼。(四〇,2090)　乙卯，上传内臣恩荫，王之栋等着遵敕谕各与世袭，都照新衔给与应得诰命。(四〇,2106)

十一月乙丑，庆陵享殿告成，遣伯王天瑞奉安光宗贞皇帝神位，遣内监奉安孝元贞皇后、孝和皇太后神位。明楼上梁，遣侍郎萧近高祭告。(四一,2120)

十二月丁酉，吏科给事中许誉卿疏言："年来起废，遽开添注额广，臣同官郝土膏议令卿寺诸臣俸满一年者暂放回籍，以俟探望升转，此诚今日热中世界一服清凉散也。臣不敢复赘，臣所蓄于中而不能无说者，一曰爵荫太轻，一曰纪纲日替。两朝登极、皇子诞生，三品京官以上人人荫延子孙，几年之间三奉覃恩，臣子遭逢可为极盛。又以三镇宣捷，加恩辅臣，晋阶锡胤，辅臣克让，自其本慎，收回成命，当不待臣词之毕矣。至锦衣世袭，非军功不得滥予，而今保姆之属、阉尹之流，纷纷传奉，至有为兵部所不敢执争者，臣故曰爵荫太轻也。裁夺官饷，半出脱逃之叛兵；迫胁柱史，近属管辖之门卒。所尤异者，则内监李实之参杨姜也。实虽奉敕督造，欲使五品府官以属礼俯首，姜必不甘。姜果违误上供钱粮，抚按岂肯庇之？独不当知会，听其以白简从事？乃矫焉思逞，举抚按参劾之权一旦自入侵之，实疏内(按，内疑当作入)则陛下有提问之旨，抚按疏入则陛下有庇护之旨，臣故曰纪纲日替也。"疏入，上传谕辅臣："杨姜屡旨提问，如何未遵？稽误上用龙袍，却又密买科臣阻挠渎奏。许誉卿重处。"大学士叶向高等疏言："杨姜事已经奉旨提问，当听抚按官回奏，而誉卿复有渎陈，不能无罪。然其所言乃地方公事，当此民穷财尽之秋，每岁袍段之费浮于常额者，至万有余金难以设处，故抚按官不得不言。誉卿新自家来，目所亲见，辄以上闻。其不谙事体或有之，而谓出于杨姜之密买，则臣等敢保其必无也。且誉卿之疏全在爵荫太滥，谓臣等不宜冒受边功。夫边功加恩，臣等从来不受，誉卿盖未及知。

若年来爵荫之冒滥，则誉卿之言至切至当，臣等身任辅弼，乃屡蒙无功之叙，其冒滥视百僚为更甚，真是愧死。今若重处誉卿，则外廷必相疑议，以为臣等恶其劘切，借杨姜为题以修怨，臣等虽百口无以自解矣。况誉卿又牵及于内廷诸臣，誉卿处则猜疑愈多，恐内廷诸臣之心亦无以自白。纷纭之论，将未有极，窃恐皇上亦为臣等与内廷诸臣之所累也。”上从辅臣言，仍夺誉卿俸半年。(四二,2193—2195)

本年附

艺文·碑铭·圣旨碑

御马监掌印太监臣刘应坤等谨题为负债难偿呈乞定夺以免贻累事。据臣监管理典簿高矩等、草栏等三场掌贴场官张教等及各滩呈称，内开先任官陆续借贷各家私债，真伪难明，其中有利过本银几倍者，又有本利相平者，有捏由故写假契者，有文约不明而威勒强坐者，年复一年，偿还未尽，通无宁贴，日夜踌躇，前项负债，将何作抵，呈乞详处等因，具呈到臣。臣据此随传各家携约前来，各官面质，殆非真的。但虎踞横肆，罔知违律。切思监厅三场各滩，俱系饲牧朝廷大马之处，非垄断货财之所，倘不清其源而除其蔓，则累员役，以致累衙门，以致累国计，则干法纪。臣职掌攸关，难容缄默，伏乞万岁爷敕下臣监，容臣将各家原约一概掣回弃毁，杜绝后患，毋得私放私借，永为遵守，则衙宇清而员役宁矣。臣等未敢擅自便，为此具本谨题请旨。奉圣旨:“这所奏监厅三场各滩因先年指借各项私债有年，已得倍利，将原约一概掣回，本监弃毁，永杜后患，毋得隐匿不首，如有不遵的，指名参奏，治罪不宥。该衙门知道。天启三年十月十五日。”

(碑在东城银闸胡同真武庙。《北京图书馆藏中国历代石刻拓本汇编》第59册，第145页)

天启四年甲子(1624)

正月戊寅，苏州府同知杨姜削籍，以织监李实奏其擅减袍服，得严旨。巡抚周起元言姜守官清正，时谒织监，不得[行]属礼，无罪被诬，竟夺职。起元之祸孽矣。《两朝从信录》（**按，所引见原书卷二一**）："姜素廉直，会织监李实恶其强项，诬以迟误织造，严旨逮之。抚臣周起元力诤，得夺职归里"。又是年三月，应天巡抚周起元奏曰："苏松袍段四十万，分为十八运。按运支银原编正额，止有此数，同知杨姜奉法急公，并未擅减。乃李实来苏杭，一味营利，兼饶辣（手），讲属吏之礼，罚府官之俸，开密访之门，捉民机为匠，人甚苦之。又背违成宪，侵渔岁改，擅增袍船。镇、徽、宁、广各府向无貂珰之迹，一旦添一中涓骚动其间，不但参随络绎，驿递怨咨，万一奸民构出事端，诚恐祸生不测。臣之所虑不徒在为有司存累年之规，而深为地方防意外之隐患。近来数郡中攫取，已取去银巨万，并未闻一缕解京济用，则无益公家而有害于地方，不再计而明矣。且太、安、池等府四司料银，陵工与惠、桂府第及买铜筹钱等事，坐给于此，皆累奉有明旨，实图兼并，挟有司尽停诸项急需，不敢起解，是实以一岁改而妨国家一切公务者也。袍船每岁八支，神宗已裁定，著为例，刘、吕二监行之久矣。今忽增造二只，岁岁要加派修造之费，驿驿要设处夫廪之费，李实不过得奸猾船头等些小微利，而有司加派之扰不顾也，万里挽曳之苦不恤也，漏关闸万千之税不念也。大凡管织造之官多劝皇上奢侈，少劝皇上节约，臣何敢以盛德事望实，但望其照旧例循行，不至格外作耗足矣。仇士良言，固宠之术必使人主广侈其耳目，而后我辈可以得志；吕强每事直谏，力求先裁一切之虚冒。实自视于此二人者何居？则所谓不敬莫大乎是。伏乞皇上严谕李实，岁改袍船但令照旧，勿听宵人拨置，恣意更张，此江南之大幸，皇上之至明至断也。杨姜虽已飘然远引，甘为圣世逸民，更当论其无擅减之罪，曲赐轻处，则职言见采，地方蒙休，虽加三褫，臣有余荣矣。"[①]熹宗旧纪："苏州府同知杨姜忤织造太监李实，苏松巡抚周起元发实侵渔违禁诸罪，不报。"（"梁本"三八[②]，2242—2243）

二月壬寅，东厂太监魏忠贤奏减香品，从之。熹宗旧纪："是月

---

① 所引见《两朝从信录》卷二一。"梁本"《熹宗实录》多引《两朝从信录》，皆以双行小字附于正文，本书亦作夹注，并据原书校勘。

② 《明熹宗实录》缺第四十三至五十四卷，即天启四年全年及第八五卷。"中研院"史语所在校印时据梁鸿志影印江苏省立国学图书馆本（省称"梁本"）配补，其卷次有别。详见黄彰健《〈明熹宗实录〉校勘记引据各本目录》的说明。

免川、广、闽、浙香贡。”(“梁本”三九,2269)【考】此为忠贤以东厂太监首见。据《酌中志·三朝典礼之臣纪略》载,万历末卢受以司礼监掌印兼东厂,光宗即位,升典玺局郎邹义秉笔掌东厂。“其年(万历四十八年)冬,义辞任闲住。沈荫继掌东厂。天启二年夏,荫为逆贤退斥闲住,宋晋掌东厂。三年冬,宋私宅闲住,逆贤掌东厂。”自卢受以来,督厂次第如是。天启四年,魏忠贤在西山碧云寺自营生圹,墓碑题衔为:“钦差总督东厂官旗办事、掌惜薪司、内府供用库、尚膳监印务、司礼监秉笔、总督南海子、提督保和等店”。邹义墓志见本年附。　戊申,南京贡鲥鲟,限十三艘,毋扰驿。(“梁本”三九,2283)　己酉,进锦衣卫田尔耕少保兼太子太保,魏良材(**忠贤侄**)等各升级,以缉捕功。(“梁本”三九,2283)

三月丙子,进田尔耕少傅兼太子太保。(“梁本”四〇,2307)　丁丑,魏忠贤荫锦衣百户,赉金币。缉伪札。吏科右给事中彭汝楠言其滥,不听。《两朝从信录》(**见原书卷二一**):“荫魏忠贤弟侄一人锦衣百户,赐银币钞敕,以获伪造印札、通同卖官项君锡、莫守福等,并前后缉拿开矿、盗换鞘银、屡除奸弊故也,不知擅权作威之渐已酿于此矣。御史宋祯汉随上疏言爵荫不宜轻畀,有以哉。说者曰:于此可以观赏爵之失宜矣。逆珰除奸弊之功,与梁侍御获奸细刘保之功孰大?而此辄得爵荫,彼不过在寻常迁序流转,人心何有而平耶?”(“梁本”四〇,2307)　戊寅,福建道御史李应昇言:“内操皇祖曾一举行,不两年而罢。今圣躬初愈,神气易惊,奈何遽忘静摄,金鼓之声如昨。”不听。(“梁本”四〇,2308)

四月甲辰,司礼太监王体乾、魏忠贤各乞祠额。礼科给事中霍守典言:“此恤典也,在身后不在身前,在二臣为非礼之请,在皇上为非礼之予。”不听。(“梁本”四一,2332—2333)　己酉,太监魏忠贤缉私铸荫赏。广西道御史刘廷佐言:“皇上于忠贤可谓有劳则录,然察铢两之奸,非殊勋也,安足为功。从此殃及无辜,株连疑似,害可胜道哉!”不听。(“梁本”四一,2343—2344)

五月甲寅朔,锦衣卫指挥同知署北镇抚司刘侨以宽汪文言削籍,许显纯代之。(“梁本”四二,2357)　壬午,加魏忠贤原荫侄男一

人二级，赉给银、币。(“梁本”四二，2380)

六月癸未朔，左副都御史杨涟劾魏忠贤专擅：“旨意多出传奉，三五成群，勒逼喧嚷，政事之堂，几成哄市，大罪一。交通孙杰，去阁臣刘一燝、冢臣周嘉谟，急欲剪己之忌，不容皇上不改父之臣，大罪二。执《春秋》讨贼之义者，孙慎行也；明万古纲常之重者，邹元标也。忠贤一则逼之引去，一则嗾党劾归。顾于护党气殴圣母者，曲意绸缪，终加蟒玉，是何亲于乱贼，何仇于忠义，大罪三。王纪执法如山，钟羽正清修如镜，忠贤一则使人喧辱，一则构陷削籍，顾于侧媚善侮者破格点用，大罪四。国家最重无如枚卜，忠贤力阻孙慎行、盛以弘，岂真欲门生宰相乎！大罪五。去岁南太宰、北少宰皆点陪推，掉弄不测，大罪六。满朝荐、文震孟等抗论稍忤，传令降斥，屡经恩典，竟阻赐环。皇上之怒易解，忠贤之愤难销，大罪七。去年南郊传闻宫中贵人贞静荷宠，忠贤恐其露己骄横之私，托言急病，立刻掩死，大罪八。裕妃以有喜传封，忠贤捏伪旨勒令自尽，大罪九。中宫有庆，已经成男，乃绕电流虹之祥化为飞星堕月之惨，忠贤实有谋焉，大罪十。先帝青宫四十年，所护持仅王安一人，忠贤以私忿矫旨掩杀于南海子，大罪十一。今日求奖，明日立祠，近于河间毁民居建坊，筑愁树怨，饮恨吞声，大罪十二。今日荫中书，明日荫锦衣，金吾之堂，口皆乳臭；诰敕之馆，目不识丁。如魏良卿等，五侯七贵，何以加兹，大罪十三。用立枷之法以示威，前岁枷死皇亲数人，其排陷皇亲，摇动中宫也。若非阁臣护持，言官纠正，椒房之戚，几兴大狱，大罪十四。良乡生员章士魁以争煤窖伤其坟脉，托言开矿而致之死，大罪十五。王思敬、胡遵道侵占牧地，径自拷掠，大罪十六。周士朴执纠织监，在工言工，竟停其升迁，使困顿以去，大罪十七。北镇抚司刘侨不肯杀人媚人，竟令削籍，大罪十八。科臣魏大中到任，奉旨鸿胪寺报单，忽传诘责，大罪十九。忠贤受事东厂，鸡犬不宁，野子傅应星等招摇引纳，陈居恭、傅继教助之，片语违忤，驾帖立下，势不至兴同文之狱、不党禁之碑不已者,大罪二十。韩宗功潜入忠贤之家,事露始避,发银七万,创肃宁新城,可作郿坞,大罪二十一。同奸辅沈漼创立内操,安知无大盗刺客寄名家丁,倘或伺隙,可为寒心,大罪二十二。近日忠贤进香涿州,铁骑簇拥,蟒玉追随,警跸传呼,归则驾驷马,羽幢青盖,夹拥环遮。入幕密谋,叩马献策者,实烦有徒。大罪二十三。忠贤今春走马御前,皇上射其马,贷以不死,进有傲色,退有怨言,大罪二十四。奉圣夫人客氏又弥缝其罪戾而遮饰其回衺,故掖廷都城,即大小臣工皆知有忠贤,不知有皇上。乞正法以快神人之愤,客氏俾居外宅,无厚其毒。《两朝从信录》(**卷二二**):"左副都御史杨涟题为逆珰怙势作威,专权乱政,欺君藐法,无日无天,大负圣恩,大干祖制,恳乞大奋乾断,立赐究问,以早救宗社事:'臣惟太祖高皇帝首定律令,内官不许干预外事,在内廷只供洒扫之役,违者法无赦。故在内官惟循谨奉法,为圣子神孙相守,未敢有改。虽有骄横恣纵王振、刘瑾其人者,旋即诛戮。故圣明在上,乃敢有肆无忌惮,浊乱朝纲,罔上行私,倾害善类,损皇上尧舜之令名,酿宗社无穷之隐祸,如东厂太监魏忠贤其人者,举朝尽为威制,无敢指名纠参,臣实痛之。臣前以兵科都给事中亲承先帝之命,辅皇上为尧舜之君,言犹在耳。今若畏祸不言,是臣负忠义初心,以负皇上起臣特恩,他日有何面目以见先帝于在天之灵!谨撮其大罪之著者二十四款,为皇上陈之:忠贤原一市井无赖人耳,中年净身,夤入内地,非能通文理自文书、司礼起家者也。皇上念其服务微劳,拔之幽贱,宠以恩礼,原名进忠,改命今名,岂非欲顾名思义,忠不敢为奸,贤不敢为恶哉!乃初犹谬为小忠小佞以幸恩,既而敢为大奸大恶以乱政。祖宗之制,以票拟托重阁臣,非但令静心参酌,权无旁分,正使其一力担承,责无他卸。自忠贤等擅权,旨意多出传奉,传奉而真,一字抑扬之间,判若天渊;传奉而伪,谁与辩之?近乃公然三五成群,勒逼喧嚷,政事之堂几成哄市,至有径自内批不相照会者。假若夜半出片纸杀人,皇上不得知,阁臣不及问,害岂眇小?以致阁臣郁闷,坚意求去,坏祖宗二百年来之政体,大罪一也。旧阁臣刘一燝、冢臣周嘉谟,同受顾命之大臣也。一燝亲捧御手,着定大计;嘉谟倡率百官于松棚下，义斥郑养性，立寝后封，以清宫禁。皇上岂遂忘之？忠贤交通孙杰论去，急于剪己之忌，不容皇上不改父之臣，大罪二也。先帝壮年登极，一月宾天，进御进药之间，普天实有隐恨。执《春秋》讨贼之义者，礼臣孙慎行也；明万古纲常之重者，宪臣邹元标也。忠贤一则逼之告病去，一则嗾言官劾去，至今求去[南]部片席不可得。顾于护党气殴圣母之人曲意绸缪，终加蟒玉，以赠其行。何亲于乱贼，仇于忠义，偏不容先朝有痛念弓鼎之老臣？大罪三也。王纪、钟羽正先年功在国本，及纪为司寇，执法如山，羽正为司徒，清修如鹤。忠贤一则使人喧嚷于堂，辱而迫之去；一则与沈㴶交构，陷之削籍去。至今诸臣求一复职不可得。顾于善媚善附之人，破格点用，骤加一品以归，是真与我善者为善人，与我恶者为恶人，必不容盛时有正色立朝之直臣，大罪四也。国家最重无如枚卜，忠贤欲一手握定，力阻前推之孙慎行、盛以弘，更为他辞以锢其出，是真欲门生宰相乎？妄[罔]顾金瓯之覆字[宇]，图坐貂坐之私情，[1]大罪五也。爵人于朝，莫重廷推。去岁南太宰、北少宰推，皆点陪二，盖枚卜点陪之案一复借用羽翼之奸，致一时名贤不安位去，颠倒有常之铨政，掉弄不测之机权，大罪六也。圣政初新，正资忠直，乃满朝荐、文震孟、郑鄤、熊德阳、江秉谦、徐大相等九人抗论稍忤，忠贤传奉尽令降斥，屡经恩典，竟阻赐环。长安谓皇上之怒易解，忠贤之怒难饶，大罪七也。然犹曰外廷之臣子也。上年皇上南郊之日，传闻宫中有一旧贵人以德性贞静荷上宠注，忠贤恐其露己骄横权谋之私比，托言急病，立刻掩杀，是皇上且不能保其贵幸矣，大罪八也。犹曰无名封也。裕妃以有喜得封，中外欣欣相告矣。忠贤以抗不附己，嘱其私比捏称无喜，矫旨勒令自尽，不令一见皇上之面。昔尧以十四月而生，假令当日裕妃喜在，安知不为尧母？是皇上又不能保其妃嫔矣，大罪九也。犹曰在妃嫔也。中宫有庆，已经成男，凡在内廷，当如何保护。乃绕电流虹之祥忽化为飞星落月之惨，传闻忠贤与奉圣夫人实有谋焉。以皇上麟趾开祥，何妨斯男则百，而忠贤包藏祸心若此，是皇上亦不能自保第一子矣，大罪十也。先帝之在青宫四十年，操心虑患，所与护持，孤危威劫之不动，

① 《两朝从信录》原文作“图作貂坐之私情”，计六奇《明季北略》卷二《二十四大罪疏》作“窃图貂座之私情”。

利诱之不变者,仅王安一人耳。登极一月,致君尧舜,安不可谓无微功。皇上仓卒受命,拥卫防护之中,亦不可谓无微忠。即使有罪,亦当听皇上明正其罪,与天下共见之。而忠贤以私忿矫旨掩杀于南海子,身首异处,肉饱狗彘,是不但仇王安而实敢仇先帝之老奴与皇上之老犬马,略无顾忌也。此后内臣谁肯为忠义者?其余内臣无罪而杀擅逐者不知数百千也,大罪十一也。因而欲广愿奢,今日讨奖赏,明日讨祠额,要挟无穷,王言屡亵。近又于河间府毁人房屋以建牌坊,镂凤雕龙,干云插汉,筑愁树怨,饮恨吞声。又不止于茔地擅用朝官制[规]制,僭拟陵寝而已,大罪十二也。今日荫中书,明日荫锦衣,金吾之堂,口皆乳臭;诰敕之馆,目不识丁。如魏良卿、魏良才、魏良卿(**按,原文衍**)、魏希孔及外甥野子傅应星等,五侯七贵,何以加兹?不知忠贤有何军功,有何相业,甚亵朝廷之名器矣,大罪十三也。因而手滑胆粗,用立枷之法以示威,前岁枷死皇亲数人命矣。其枷号家人者,欲扳陷皇亲也;其扳陷皇亲者,欲摇动中宫也。当时若非阁臣力有护持,言官极为纠正,椒房之戚,又兴大狱矣,大罪十四也。犹借曰禁平人开税也。良乡生员章士魁即有他罪,自有提学,乃以争煤窑伤其坟脉,托言开矿而死矣。假令盗长陵一坏[抔]土,何以处之?赵高鹿可为马,忠贤煤可为矿,大罪十五也。王思敬、胡遵道侵占牧地,果真小则付之有司,大则付之抚按、学院足矣,而径拿黑狱,三次拷掠,身无完肤。以皇上右文重道,秋爽幸学,而忠贤草菅士命,使青磷赤壁之气先结于辟宫泮藻之间,孔子之神不无忿恫,大罪十六也。未也,且明悬监榜之令于台省矣。科臣周士朴执纠织监一事,原定在工言工,忠贤竟停其升迁。夫使吏部不得专其铨除,言官不敢司其封驳除邪,因之以偷换手眼,挪移叙升,致士朴卒困以去。于以成中官之尊大得矣,而圣朝何可有此名色?大罪十七。未也,且将开罗织之毒于缙绅矣。北镇抚臣刘侨不肯杀人媚人,自是在刑言刑也。忠贤以其不善煅炼,竟令削籍,明示大明之律令可以不守而忠贤之律令不可不遵,将使罗钳吉网,然后快心。于是彰忠贤之威得得矣,而国脉何可祟?此蕴毒大罪十八也。未也,且示移天障日之手于丝纶。科臣魏大中到任已奉明旨鸿胪寺报单,忽传诘责,及科臣回话,台省交章又再亵王言,几成解组。无论玩弄言官于股掌而煌煌天语提起放倒,信手任心,令天下后世视皇上何如主?大罪十九也。最可异者,东厂原以察奸细，非扰平民也。自忠贤受事，鸡犬不宁，且直以快恩仇、行倾陷。野子傅应星等为之招摇引纳，陈居恭为之鼓舌摇唇，傅继教为之投匦打网，片语违忤则驾帖立下。如近日之拿中书汪文言，不从阁票，不令阁知，不理阁救，而应星等造谋告密，日夜未已，势不至于兴同文之狱、党锢之碑不已者。当年西厂汪直之僭，恐未足语，此大罪二十也。尤可骇者，东酋未靖，内外戒严，东厂访缉何事？前韩宗功潜入长安打点，实往来忠贤司房之家，事露始令避去。假令天不悔祸，宗功奸细事成，一旦虏过城下，忠贤固为奴酋首功之主矣。其发银七万两更创肃宁新城，可作郿坞深计，不知九庙内外生灵安顿何地？大罪二十一也。祖制不蓄内兵，即四卫之役，备而不操，原有深意。忠贤谋同奸辅沈漼，创立内操，不但使亲戚羽党交互盘踞其中，安知其无大盗刺客、东虏西夷人等寄名内相家丁？倘或伺隙谋乱，发于肘腋，智者不及谋，勇者不及拒，识者每为寒心。忠贤复倾财厚与之交纳。昔刘瑾招纳亡命，曹吉祥弟侄倾结达官，忠贤盖已兼之，不知意欲何为。大罪二十二也。近日忠贤进香涿州，铁骑之簇如云，蟒玉之追随耀日，警跸传呼，清尘垫道，人人以为驾幸涿州。及其归也，以舆夫为迟，故驾驷马，羽幢青盖，夹护环遮，则已俨然乘舆矣。其间入幕密谋，叩马献策者，实烦有徒。忠贤此时视为何如人，想亦恨在一人下耳。不知更作何转念，恐泰山之神必阴殛之矣。大罪二十三也。盖宠极则骄，恩多成怨，闻忠贤今春走马御前，皇上曾射杀其马，贷忠贤不死，圣恩已厚。忠贤不自畏罪请死，且闻进有傲色，退有怨言，朝夕堤防，念念不释，心腹之人时时打点。皇上果真有此事，从来乱臣贼子只争一念放肆，遂致收拾不住，奈何焉？可养虎兕于肘腋之间乎？此又寸脔忠贤不足尽其辜者，大罪二十四也。凡此逆迹皆得之邱[邸]报招案，与长安共传共见，非出于风影臆度者。忠贤之二十四大罪，惧内廷之发其奸，杀者杀，换者换，左右既畏而不敢言；惧外廷之发其奸，逐者逐，锢者锢，外廷又皆观望而不敢言。更有一种无识无骨、苟图富贵之徒，或扳附枝叶，或倚托门墙，或密揭居停，或投充门客，逢其所喜，挑其所怒，无所不至。内有授而外发之，外有呼而内应之，向背忽移，祸福立见。或内廷奸状败露，又有奉圣客氏为之弥缝其罪戾而遮饰其回衺。故掖廷之内知有忠贤不知有皇上；都城之内知有忠贤不知有皇上；即大小臣工又积重之所移，积势之所趋，亦不觉不知有皇上而只知有忠贤。每见中外有紧切当作之事、当起用之人,必曰“要与内边说说”;或人不得用,事不得行,亦只说“内边不肯”。宫中府中,大事小事,无一不是忠贤专擅。即奉奏之旨,反觉皇上为名,忠贤为实。且如前日忠贤已往涿州矣,一切事情必星夜驰请意旨,票拟必俟贤到始敢发批。嗟嗟!天颜咫尺之间,忽漫不请裁决,而驰候忠贤意旨于百里之外,事势至此,皇上之威灵尚尊于忠贤耶?否耶?每思至此,尚为有天日耶?无天日耶?天祚圣明,屡行谴告。去年以荧惑守斗告,今年以长日风霾告,又以一日三地震告,而乾清之震犹甚,皆忠贤积阴蔽阳之象。圣明独不觉察,犹加之恩,而忠贤愍不畏死,更甚之恶,羽翼已成,骑虎难下,太阿倒持,主势益孤。及今不为早治,职不知皇上之宗社何所托,三宫九嫔之安危何所托。如此毒心,辣手强横,已不能为下,意很不肯容人,即普天同戴之皇子,元良托重之贵妃,能保时得其欢心而不犯其所忌,又不知贵妃、皇上之安危何所托。万一少有差池,职即欲以死报皇上,亦复何及!伏念皇上天纵聪明,春秋鼎盛,生杀予夺,岂不可以自主?何为爱么麽小丑,令中外大小俱坐针毡之上而惴惴莫必其命耶?职在兵科时,曾参及进忠,名在御前,盖实有见。今忠贤狼子野心不可向迩,不意圣明断之不早,养成今日,倘复优游姑息,再念随侍旧人客氏又或从旁巧为营解,不即日加处治,小不忍乱大谋矣。高皇帝洪武十年,有内侍以久侍内廷,从容言及政事,上即日斥遣,随谕群臣以“汉唐之祸,虽曰中官之罪,亦人主信爱之过使然,而使宦者不得典兵预饷,虽欲为乱,其可得乎?今此宦者虽事朕日久,不可姑息,决然去之,所以惩将来也”。洋洋圣谟,中官言及政事且惩将来,况忠贤欺君无上,罪著恶盈,岂容当断不断?伏乞皇上大奋雷霆,立集大小文武勋戚,敕法司逐款严讯,考历朝中官交通内外、擅作威福之违祖宗法、坏朝廷事,告天下以欺君负恩事例,正法以快神人公愤。其奉圣客氏亦并敕令居外,以全恩施,无复令其厚毒于宫中。其傅应星、陈居恭、傅继教着法司责问,然后布告天下,暴其状,示君侧之恶已除,交结之禁已塞。如此天意勿回,人心勿悦,内治外安,不新开太平气象者,请斩臣以谢忠贤。臣知此言一出,忠贤之党断不能容臣,然臣不惧也。但得去一忠贤以不误皇上尧舜之名,即可以报命先帝,可以见二祖十宗之灵。一生忠义之心,事两朝特达之恩知,于愿已毕,死且不恨。惟鉴臣一点血诚,即赐施行。'奉圣旨：'朕自嗣位以来，日夕兢兢，谨守祖宗成法，惟恐失坠。凡事申明旧典，未敢过行。各衙门玩愒成风，纪纲法度，十未得一二。这本特从前奉旨，一切政事，朕所亲裁，未从旁落。至于宫中（**按，宫中乙**）、皇贵妃并裕妃事情，宫壸严密，况无实[指]实，外廷何以透知？内言毒害中宫，忌贵妃、皇子等语，凭臆结祸，是欲屏逐左右，使朕孤立于上，岂是忠爱！杨涟被论回籍，超擢今官，自当尽职酬恩，何乃寻端沽直。本欲逐款穷究，念时方多事，朝端不宜纷扰，姑置不问。以后大小各官务要修职，不得随声附和，有不遵的，国法具在，决不姑息。该部知道。'先是，涟疏入，逆珰持之不下，佯辞厂乞罢，而旋矫温纶慰留，乃下严旨切责涟。一时臣工无不义愤。于是科道则有魏大中、陈良训、袁化中、周宗建、李应昇、黄尊素、方大任、刘芳、刘廷宣、许誉卿、房可壮、喻思恂、胡永顺、胡良机、朱大典、陈奇瑜、翟学程、熊奋渭、刘之待、段国璋、霍守典、甄淑、孙绍统、周汝弼、吴弘业、刘其忠、陈熙昌、刘懋、王政新、李先春、潘士良、谢奇学、胡士奇、刘朴、杨玉珂、刘先春，南科道徐宪卿、赵应期等，兵部尚书赵彦、詹事翁正春、太常胡世赏、太仆朱钦相、抚宁侯朱国弼，南公疏兵部尚书陈道亨先后申疏，或专或合，无不危悚激切，而总受抑于炀灶之奸，一高下其手而得罪之轻重攸分矣。如朱吾[国]弼则以激聒削夺，停禄五年，复严究其代笔书写人役，比之诘责停俸者更为惨矣。御史袁化中上言：'忠贤之恶，外廷久知之，特皇上未之知耳。惟皇上未之知，故忠贤犹有畏心，时而为小忠小信以结权。今宪臣明明告之皇上矣，皇上即念潜邸微劳，未必不贷忠贤以不死，而忠贤则日日自惧一死，惧之念愈深，将免死之术愈工。其狗党狐群或忧祸之心转迫，将铤而走险；径失身失足，堕其中者，将骑虎之势难下。教猱以升木，职恐横珰之毒不在缙绅，而在皇上矣。皇上明圣，试思深宫大廷之内何可使多疑多惧之人日侍左右而不急为处分也。昔冯保在神宗初年，岂遽逞不轨，只以威权日重，党附日多，不肯回头，后神宗春秋渐盛，太阿独持，保遂殒其身命。今忠贤事正与保类，若不及今严为裁抑，恐形迹不避而罪恶贯盈，直至事败，皇上即欲全忠贤而不得，忠贤求如保之下场亦不可得也。职等愿皇上早节之也，或仿王安例置之南海子奥室，或仿卢受例置之凤阳祖陵，生杀予夺，皆圣恩也。即忠贤自为计，今年已迈矣，富贵极矣，亦当叩头泣请，退居田里而后已。不然夜照镜明，冤魂累累,执簿相索,忠贤将何以遁乎?至傅应星等,仍付法司,快朝野之心,以泄神人之愤,端在此乎。职等无任激切之至。'"(“梁本”四三,2383—2396)

甲申,魏忠贤辞东厂乞罢,上慰留之:“尔闻言增惕,不一置辨,更见小心。”盖魏广微所拟也。杨涟疏尚留中,叶向高等请并发参议,乃下涟疏,切责其寻端沽直。向高语左赞善缪昌期曰:“杨大洪疏何易也!渠于上前时有匡正。上尝攫飞鸟,渠不令上。小珰赐绯,叱而禁之。亦诚慤人也。”盖向高惧祸,谋两全,竟不能力持。熹宗旧纪:“是月,左副都御史杨涟劾魏忠贤二十四大罪,不问。初魏广微未相,先事魏忠贤为父,密导以邪径。及涟疏入,忠贤惧,谋于广微,令先逐叶向高。”(“梁本”四三,2396)【考】叶向高云云出缪氏自述,《明季北略》卷二《缪昌期》载:“甲子……及杨应山疏上,予适过福唐(**按,指叶向高**),福唐曰:‘大洪这疏亦太容易!彼其人于上前时有匡正。一日有飞鸟入宫,上秉梯手攫之,其人挽上衣,不得上。有小珰赐绯,叱曰:“此非汝分,虽赐不许穿。”其认真如此。恐大洪疏行,难再得此小心勤慎之人在上左右。’予曰:‘谁为此说以欺老师?可斩也!’福唐色变。”　己丑,吏科都给事中魏大中等劾魏忠贤种种罪案,皇上引为亲裁,种种逆状,代为分剖。即杨涟疏列风闻之事,怀冲太子何以不育?裕妃何以(自)尽?皇上南郊之日,胡贵人何以无疾而暴卒?是皇上身为天子而三宫列嫔尽寄性命于忠贤与客氏之喜怒,危如朝露,能不寒心?上以附会,不问。熹宗旧纪:“是月己丑,魏大中等劾魏忠贤、客氏、傅继教、傅应星之罪,忤旨下诏狱。向高救之,得免。”(“梁本”四三,2397—2398)　御史刘朴劾忠贤八事,不听。(“梁本”四三,2398)　癸巳,叶向高等言:“皇上诚念魏忠贤,当求所以保全之,莫若听其所请,且归私第,远势避嫌,以安中外之心,中外之心安则忠贤亦安。”上以“举朝哄然,殊非国体,卿等与廷臣不同,宜急调剂,释诸臣之疑”。熹宗旧纪:“是月癸巳,太仆少卿朱钦相、给事中许誉卿、刘懋、御史李应昇特疏纠魏忠贤,掌詹事礼部尚书翁正春,给事中熊奋渭、朱大典、陈奇瑜、吴弘业、霍守典、孙绍统、杨维新等,御史刘朴、刘芳、房可壮、洪如钟、李乔仑,郎中邹维琏等各疏纠魏忠贤,皆不听。”(“梁本”四三,2399)

己未，詹事府、礼部尚书翁正春等请令魏忠贤引退，以全旦夕之命。刘瑾、汪直、冯保诸人已有明鉴，语曰“权不可恃，威不可逞”，臣等又愿忠贤亟自裁也。不听。　　丁酉，内官调进等骑入禁内，仍伤守卒。命内官责降。熹宗旧纪：“是月，有中官骑马入禁门，殴伤卫士。巡视科臣杜三策劾奏。不听。”（“梁本”四三，2400）　吏科给事中陈熙昌以魏忠贤事阁臣一力担当，效诸臣所不及劾之忠，安可以调停了局也。不听。（“梁本”四三，2400—2401）　　戊戌，工部屯田司署郎中事员外郎南昌万燝言：“臣向承乏宝源局，目击铜斤匮乏。人言内官监废铜器不下数百万，但一移文，旦夕可至。臣因移文请发，数月不报。三月二十八日，具疏特请，忠贤益怒，施出中旨，何得再请。嗟嗟！以废铜铸钱令陵工早竣，未必非一节之忠，一事之效，何专制不发哉？臣犹记二月诣陵，过香山碧云寺，见忠贤所营墓，仿佛陵寝，曾不以营圹墓之急而为先帝陵寝急，于废铜铸钱一事靳一引手之劳而不以救万分燃眉之急也。”上怒其狂悖，杖之百，削籍。燝逮赴午门，先被殴，竟卒杖下。《两朝从信录》（**卷二二**）：“工部屯田司郎中万燝题为陵寝用工甚紧，权珰造意故迟，敬申前疏，仰祈圣明，立赐处分，以谢先帝，以襄巨典事：‘盖闻之龙不可离夫渊，虎不可离夫山，而人主不可离夫权。夫人主有利权，有政权。政权一日不在人主，则德分圂池，威分出彘，而有尾大不掉之虞；利权一日不在人主，则竭泽而渔，飞人而食，而有毛将焉附之患。由此言之，是人主之权臣下且毫不敢睥睨，矧刑余宦官乎哉！窃见今太监魏忠贤性狡而贪，胆粗而大，口衔天宪，手握王爵，所好生毛羽，所恶成疮痍，如荫子侄至一世再世，赏厮隶至千金万金，立枷士民，毙至十数命，驱逐大臣，处置言官，空至十数署，是一切爵赏生杀予夺之权全不为皇上所有而尽为忠贤有。举国侧目，鳃鳃然有不胜太阿倒持之忧焉。幸天夺其魄，神褫其奸，借灵于宪臣之首发，假手于九卿、科道之交弹，臣又何敢摭拾，强为附和？独忠贤有大不忠于先帝而敢不一妥先帝九天之灵，大不忠于皇上而敢不慰皇上永思之孝，如盗利权、误陵工，为通天第一大罪，而关切于臣之职掌者，尚未言及，敢随诸臣后而为皇上陈之。夫忠贤固供先帝之役者也，皇上之宠忠贤,亦以忠贤曾供役先帝而爱先帝因以爱先帝之役者也。忠贤既为先帝之役,宜当事先帝之事;忠贤既受皇上之宠,更宜心皇上之心。试问皇上之心有一刻不在先帝之陵寝乎?则为陵工而用财,是皇上不以天下俭其亲之极念也。至搜财以急陵工之用,又天下体皇上昊天罔极之苦念也。况陵工原无额派,盻盻于外解而外解无至,转盻盻于事例而事例又不多。向承乏宝源局,随蒙升授屯司,陵工正其职也。当臣在局时,目击铜钱匮乏,因进局中人等而问之,曰:“有何术而得购铜入局乎?”咸言有内官监破废铜器,堆积朽烂,不下数百万,但一移之,旦夕可至。臣因移文请发,数日不发。细细访问,乃知忠贤怒云:“外边擅查内边之铜!”故不报也。臣时愤激于中,遂于三月二十八日具疏特请查发废铜,到局铸钱,协济陵工。忠贤益怒,旋出中旨,谓内库铜器已有屡旨,何得再请。旨下之日而臣又以得代,遂举请铜一事竟不复越俎相问矣。嗟嗟!以无用之废铜而铸为有用之钱,以若大之工程而探取若寄之取,微臣区区一念,不可谓不周且迫矣。而无如触忠贤之怒而寝阁,何也?岂惟寝阁,且并臣任事四月,若积补秤钱,得银五百七十余两,报助陵工,亦无一语之及。夫宝源局二百六十年来未有积报补秤钱者,报之自臣始。然臣夫岂好作破格事以要誉哉?因实见得库藏之虚、陵工之紧,而布此一念急公之心耳,亦以动后来当局者急公之心也。从此积一金即可佐国家一金之度支也,又或从此积十金百金,便可省民间数十金、数百金之加派也。而胡忠贤之见不及此也?且忠贤原名进忠,今改名忠贤,当亦顾忠贤之名而思忠贤之义乎?试一绎其义,正宜谅臣之心,行臣之言,清查各监,尽搜破废铜器,发局鼓铸,少济陵工急用,令其工程早竣,早妥先帝之灵,早慰皇上之孝,亦未必未一节之忠,一事之贤,而必戛戛焉拗执不许,专制不发哉!夫以忠贤珠玉盈笥,金银满屋,何求不得,何欲不遂,似此破废铜器无足入其目、当其心,而亦必一手拿定者?其设心以为不若是拿定,无以操天下之利权;既操天下之利权,何难揽天下之政权!奸雄用意最深,蓄谋最毒,臣盖有以窥其微矣。臣犹记今三月诣陵开工,转至小山、玉泉山各工,于过香山碧云寺,亲见忠贤所营坟墓,碑石峥嵘,隧道深闳,翁仲簪朝冠而环列,羊、虎接驼马以森罗,制作规模,仿佛陵寝。且前列祠宇,又前建佛堂,璇题耀日,蛛网悬星,金碧辉煌,丹垩照耀,竭东南之物力,冠西北之旃檀。欹歔久之,不觉拊膺而叹曰:“何物么麽,而敢于逞逆如此乎!”是可忍乎?得无恣肆穷内,故僭拟穷外乎?且快于縻费如此乎?是何来乎?得无取尽锱铢,故用掷泥沙乎?使忠贤果忠也,果贤也,必且以营坟墓之急转而为先帝陵寝急,必且以美梵刹之资奉而为先帝陵寝资。乃凿池竖坊,杵木雷动,布金施粟,车毂如流,曾不闻一痛念先帝之陵寝未完,曾不闻一蒿目完先帝陵寝之费无措。即不痛念、不蒿目,而于臣所请发废铜铸钱一事,仅仅一引手之劳,使可立救陵工万分燃眉之急者。能朝闻而夕从之,朝查而夕发之,犹可以节[饰]忠贤之伪而覆不忠不贤之真意。如其揽天下之政权以操天下之利权,而罔知顾忌,纤细不以假人何?大抵人主虽不可有利之心,而不可无利之权。宵人正惟窃利之权而始得遂专政之心。利以政夺,政以利专,其究必至于尽内廷之财而悖之出,尽外廷之财而悖之入;尽内廷外廷之人而止知有忠贤不知有皇上,浸假而狐假虎威,浸假而螾喷龙毒。先朝王振、刘瑾之祸可忍言哉!臣恭绎皇上下诸臣疏奏,明旨大小臣工毋得渎扰以沽名。夫臣子事君,但知有君可爱,岂知有名可沽?况此时忠贤被人弹劾,几无完肤,即臣再为论列亦后人而非先人,名且无人,沽于何有?惟是臣职在陵工,痛工程之垂成无期,恨请废铜以协济陵工之前计有阻,故不识忌讳,再申前疏。伏乞皇上俯念陵工之急,总揽河魁之权,敕令该监尽搜废铜,发局铸钱,俵散夫役,给还料价,将见钱粮应手,内外一心。如是而钦限十月内尚不能完工以仰慰皇上,不信也。仍祈皇上大奋朝纲,立寘忠贤盗利权、误陵工之罪,于以谢先帝而快人心。则臣之职掌尽,即言出祸随,褫职归田,今日亦可以报皇上,他日更可见先帝于地下矣,职不胜激切之至。’奉圣旨:‘陵工费用浩繁,内府废铜能几?局中何人见知?万爆轻信奏请,前旨已明,今又僭言渎扰,陷朕不孝。且皇子薨逝,便来激聒,好生狂悖无礼。着锦衣卫拿来午门前,着实杖一百棍,革了职为民,永不叙用。前后发帑金并太仆寺助工银共八十二万,取用过银两各若干,着查明开疏具奏。’阁臣叶向高、工部尚书陈长祚等各有疏救而爆旋毙矣。”(“梁本”四三,2401—2405)【考】谈迁《枣林杂俎》“磨碑”:“西山碧云寺,魏忠贤重修,天启三年,少师福清叶向高撰记,礼部尚书会稽钱象坤篆额。今碑磨去钱象坤名氏,意作相事时也。福清记中,颇称许魏氏。” 抚宁侯朱国弼论魏忠贤,命闲住,夺禄三年,仍命锦衣卫逮书奏人及舍人。("梁本"四三,2406)　　壬寅,逮巡城御史林汝翥,杖之百,削籍。时内监傅国兴、曹进等挟人命劫殴,汝翥杖之。司礼太监王体乾奏闻。旨下,汝翥亡去。阉人缇骑百余以叶向高乡人,索于私第,环询之。向高以闻,韩爌等亦言元老无端被辱,且汝翥暂避不出,亦宁死皇上之杖,不死中使之殴耳,万无逃理。不听。无何,汝翥投蓟抚邓汉,以闻,仍逮杖之。《两朝从信录》(**卷二二**):"逮御史林(汝)翥,命杖之,削其秩。时火者曹进、傅国兴等乘曹大之妻与郝大争嚷,服毒身死,进等二十余人攻毁郝大主家牛臣之群(**按,原文如此**),掠其财物,复向尸场,用锥锥牛臣数百。挟制司官,冤无由白。申报到道,翥研审根因,曹大供出曹进、傅国兴等五人。行拘,惟曹进到官,愿笞求免参奏。翥轻恕之,责以五十板。比入城而傅国兴截之于途,恶詈不已,翥收之于铺。渐悔其非,次日到官请罪,乞如曹进例。翥又薄惩之,各已无辞。未数日而万燝被杖,诸珰遂设谋肤诉,廷杖、革职之旨下矣。"("梁本"四三,2407—2408)　　乙巳,刑科给事傅櫆奏:"佥驾帖原有常规,增差内官大违明制。万燝被殴,林汝翥不过畏内珰之凶锋,恐不得以正命死耳。内官百十成群执之,亏损圣德,莫此为甚。"上命今后驾帖如旧,文武官按品级舆骑,否即指奏。("梁本"四三,2408)　　戊申,刑科都给事中李春烨等请罢魏忠贤并治内臣矫旨逮人擅杀者。不听。("梁本"四三,2409)　　壬子,杖汪文言为民。("梁本"四三,2411)

七月癸丑朔,顺天巡抚右佥都御史邓汉言:"林汝翥畏罪潜逸,惧如万燝陨命群珰之手。"上命逮入杖之。《两朝从信录》(**卷二三**):"林汝翥自诣遵化军门狱。翥惧未受廷杖而先殒命于中涓之毒殴,故逸出都门,诣遵化抚臣狱,求欲代题。各道潘云翼等、堂官孙玮各疏救不允,执前旨如故,已而被杖,创甚几毙。"　　乙卯,御史潘云翼言群珰殴死万燝,有伤国法。("梁本"四四,2413)　　辛酉,大学士叶向高引去。《两朝从信录》(**卷二三**):"命行人吕邦翰护送大学士叶向高回籍。大学士叶向高陛辞,疏曰:'臣闻荩臣之事君也,不以身之去而忘社稷之忧;明主之待臣也,亦不以人之愚而忽葑菲之采。昔有至逆旅者,怀其一饭,既去犹为之洒扫庭户以谢主人。况臣受恩三朝，至隆至渥，无可养酬。今归伏田里，远隔天颜，永无杼忠之路，所有犬马下情能默默不一吐于君父之前哉？然亦不敢多言烦称以渎圣听，惟将其最要最切必不容于者言之。皇上一身，天地、祖宗、臣民之所系属也，其关系何如？养身之道，莫善于寡欲。寡欲则心志清明，筋骸强固，非但延年，亦可广嗣。故昔圣人著训："少之时戒之在色。"皇上春秋鼎盛，情窦方开，迩日天颜似微清减，寡欲之义，万不可不留神也。君臣之分虽尊卑隔绝，然君为元首，臣为股肱，君为腹心，臣为手足，一体相关，无分彼此。皇上御极以来，待大小臣工恩礼可谓厚矣。近因陈奏烦多，致干圣怒，雷霆屡震，驾帖频传，以数十年不行之廷杖三见于旬日之间，万熺已亡，林汝翥、汪文言亦将就毙。虽言者不无过激，而论以君臣一体之大义，所伤多矣。长此不已，将至上下相猜，政事阻格，奸雄夷狄闻之且复生心。昔符[苻]坚欲攻晋，其臣谏沮曰："晋虽僻处江南，然君臣辑睦，尚未可图。"故内衅不生则外衅不足患也。臣愿皇上当多难之日深怀一体之念，委任大臣，优容言者，廷杖之事万万不可再行。其以前谴谪王纪、文震孟等，尽赐召还。而群臣亦仰体圣意，若有论奏，平实婉明，勿以忠爱之心而过为激昂之说，勿以藩篱之见而轻开祸衅之门。至于内廷近侍，朝夕左右，中间固有调护勤劳，朝廷所不及知，然但未挽回圣心，力行善事，一时虽不见亮，久当自明。即人不能明，天地鬼神亦当明之。历观汉唐以至国朝，中官之邪正善恶昭然，清[青]史并未尝漏却一人。如必至愤激作快意，彼此纷拏，终至决裂而愈乱，无以解于悠悠之口矣。此臣所忠告于内外之诸臣也。自古祸乱之生多起于凶岁。民既穷无聊，非为盗贼不足救死。绿林之啸聚，黄巾之横行，皆此类也。今岁江南洪水为灾，数十年所仅见，国家财赋之区尽化冯夷之窟；山东地方复苦荒旱，疮痍未起，沟壑又填。此非破常格，劳来拊循，必无以安民心而弭祸乱。臣备员纶扉，见东南之民最苦织造。地方官时时争论，当此灾伤之极，必复陈请，诚得早沛纶音，择其可缓者暂停一二年，亦收拾人心之一道也。国家财力半竭于边疆。往臣在政府，封疆无儆，计臣犹蹙额攒眉，国用莫措，然尚有兵、工、太仆寺可借。其后各藏俱空，专靠内帑。即臣在事三年，所请帑金至六七百万。今内帑亦穷矣，而东西之役未休，额饷日加，竭天下以奉一隅，犹苦不足，臣不知户部何以支吾？廷臣亦遂恬然不复谈及。臣恐事穷势极,有不止于脱巾鼓噪而已者。皇上为社稷计,与中外诸臣为皇上计,万不可不急图也。三代以来,天子亲卫之兵皆列于禁城之外。唐虽使内臣为神策,然其所领犹外兵也。自辽左失事,九重戒心,乃择中官之健者为兵,逐日训练,铳炮之声彻于外廷。古称军容不入国,况宫廷之内,肘腋之间,岂宜有此?臣知在今日必无可虑,而在他日实有隐忧。皇上既许谒陵后罢之,臣何敢复言。但谒陵之期远近未卜,宜权时免其操阅,候圣驾展礼时再行演习未为晚也。以上数款,虽人所共知,而实则国家精神命脉、治乱安危之大几毕系于此。臣自度衰老,力不能为,恐负误国之罪,不得已而去,不忍不言。所望皇上自爱其身,又与群臣通为一身,群臣亦皆以皇上为身,宫府内外以及四海九州,疾痛疴痒无不相通,关节脉理随处周流,天下事乃可为耳。西南酋终不能大肆,督臣才自足仗;东事则关内外防御,俱已备饬,奴必不敢深入,而毛文龙又牵制其后,亦是一奇。此辅臣孙承宗拮据料理之力,可谓劳苦功高。臣书生也,莫效一筹,私心所忧,内甚于外,故敢陈其愚虑如此。'"("梁本"四四,2414—2416)

癸亥,御史刘廷佐言:"皇上杖熸,犹可言也;皇上为忠贤杖熸,不可言也。忠贤得旨而杖熸,犹可言也;今群珰自寓至午门殴毙,不可言也。"《两朝从信录》(**卷二三**):"御史刘廷佐奏:人臣有言不当,犹望主之能容,故引裾折槛,季世中主犹宥之,留为美谈。先皇帝期皇上为尧舜,而忠贤不顾皇上为何如主,使皇上有毙直臣之名,传之裔夷,书之史册,大为懿美之累。其极恶巨罪,又浮在二十四款之上,皇上可仍亲信之、倚任之,不亟加诛逐乎?"("梁本"四四,2417) 御史李应昇诉万熸之冤,言:"祖宗养士二百余年,(**按,此当遗一字**)言触忤,褫辱身死,岂所以作忠而劝士哉?夫缄口以待迁,厚利也;危言以招戮,实祸也。身死而天下悲,其忠虚名也,舍荣妻子肥身家之计而博此虚名将焉用之?况乎伤残遗体,备诸楚毒,以从龙比于九原,此魏徵所以不愿为忠臣也。廷杖重典,殊失士心,为左右计则得矣,圣德宁不重伤耶?"《两朝从信录》(**卷二三**):"御史李应昇请念死谏之臣,作敢言之气,疏曰:'臣闻唐魏征对太宗有言,愿陛下俾臣为良臣,毋为忠臣。良臣稷、契、皋陶也,忠臣龙逄、比干也。稷、契、皋陶荷美名而君罹显号，龙逄、比干婴殊祸而丧国夷家。唐宗、魏征，可谓君臣相遇千载一时矣。三复其言，犹有余痛。皇上御极四载，宽仁恭惠，覃被臣工，人人仰圣明天子。近者盈庭请剑，凭社难薰，孤愤销沉，三光黯蚀。原任工部郎中万燝以陵工补牍，遂触震威，然恭诵明旨，一则曰从轻，一则曰为民，仰见皇上圣明，以为燝之罪不至死矣，杖亦必不至死。意燝生出国门，编氓原籍，长为皇上太平之民也。而燝今死矣，未报国恩，先填沟壑，六尺之孤绕膝，八旬之母倚闾，旅榇无归，游魂恋阙，臣僚饮泣，道路咨嗟。然无不共亮非出于皇上之心也。彼时群珰横击，血乱神飞，监杖张威，伤痕甚重，兼以倒拖逆拽，蹴踏摧残，种种不支，故出于此。而令皇上损好生之德，负杀谏臣之名，臣故不暇为万燝冤而深为皇上冤也。且天下士大夫所以激昂奋发不能自已者，独念祖宗养士二百余年，祸在萧墙，且在旦夕，故怀忠仗义，感恩图报耳。而一言触忤，褫辱身死，岂所以存忠而劝士哉？夫缄口以待迁，厚利也；危言以招戮，实祸也。身死而天下悲其忠，虚名也；舍荣妻子肥身家之计而削影编户，取侮于乡里小儿，区区博此虚名，饥不可食，寒不可衣，将焉用之？况乎伤残父母之遗体，备诸楚毒，以从龙逄、比干于九原，此魏征所以不愿为忠臣也。悬之以必死之法而求批鳞折槛之风，虽贤者犹或难之，若曰吾不用直言而可以致治，则是剖心不亡，腹诽不灭，而惟言莫违，孔子不以为一言丧邦矣。臣切愿我皇上恻然兴思，瞿然动念也。皇上元首也，臣子其腹心手足也，人非奴隶，法非讯囚，罪非死刑，命非草芥，廷杖重典，殊失士心，动杖一百，尤不经见。且以杖轻之，故杖。行刑之人是必欲卫士畏威，立毙朝士于杖下而后快心也。为左右计则得矣，圣心何以自白，圣德宁不重伤耶？直俟天心悔悟，平旦兴怜，死者不可复生，伤者不可复续，而后问罪左右，恤死录孤，嗟何及矣！昨禁地失火，天谴甚明，心火蕴隆于下，精祲感荡于上，御史之杖血方腥，祝融之烈焰旋作。董仲舒曰："罪在外者灾外，罪在内者灾内。"可谓深切著明矣。伏冀皇上因建言者之死，觉借威者之非，优容言官，喜怒中节，无致积威所劫，人兴遁思，天怒而莫之敢告，人怒而莫之敢言，而皇上真孤立于上也。'继而黄尊素、王振奇、杜三策、周洪谟、万言扬等各上疏。报已有旨了，不必渎扰。"　　熹宗旧纪："是月癸亥，六科廊火。"《两朝从信录》（**卷二三**）："失火内使郭光裕、李福、杨国贞、崔吉祥等罪责降贬有差。文书房传出圣谕:‘六科廊被灾,所有原贮文册系累朝典章、见行规例,俱属紧要文书,当即补查。照后开:郊庙群礼、圣节、冬至节、四季中秋等节,乾清宫、坤宁宫、各王府、公主等府、御马监各司库驾等衙门各该通用各项钱粮并天下田赋、户口、文武职官俸禄,五军都督府、京营各卫兵制,各边镇兵马粮草额数,锦衣等卫官军卤簿驾仪,天寿山谒陵、幸学、耕籍、大阅、朝仪、纂修、经筵、日讲、大婚,王子诞日、册立出阁、讲学,王府册封丧礼,科场廷试,内宫赏赐,各边阅视,审录、热审、恤刑,四夷贡赏一应文书,着在京五府、六部、都察院、六科、寺府监卫各衙门各照经管职掌,通查存贮文案章奏副稿,开写明白,簿籍六科廊以备查考。仍查紧要文册,刻期写送,传兵、吏部。’”　　熹宗旧纪:“给事中刘懋请罢内操,不报。”(“梁本”四四,2417—2420)《两朝从信录》(**卷二三**):“礼科刘懋奏曰:‘皇上登极四年,育皇子女共四位,乃一岁之中相继而逝,为祖宗来未有之变,人世间不常之遭。无论皇上天性真爱,痛心难割,即属在臣民,孰不悲怆。我皇上孑然一身,早失怙恃,中鲜手足,所幸麟趾衍庆,前星助曜,以绵宗社之安,系兆亿之望。而不期天之不如人意也!臣昨询皇子薨逝之故,原因慢惊风。盖惊风有急、慢两种,其中惊风又有胎中、生后两端。凡受胎之日,血气交凝,母子同脉,苟震撼之威暴,虽间有惊有不惊入于胎,无有不惊者。故生子而额有赤文,头有绽骨,是胎中受惊之形也。既生之后,知觉渐生,神魂未全,而震之威暴,然触之有动有不动,入于内神亦无不惊者。故长而眉有青痕,发有沾竖,是生后受惊之形也。受此两惊,日煎月剂,神气渐耗,形色渐瘁,调养已难为力矣。若又不善保护,再加震惊,因热而动,是感于阳也,目直视,口吐涎,涕哭有声,名曰急惊风,不过三日,十有五全。若乘虚而入,是感于阴也,目半闭,口撮缩,涕哭无声,名曰慢惊风,纵延多日,十有九危。今查皇子受症于五月二十九日,薨逝于六月十六日,延捱半月余而不能救,是以知为慢惊风,胎中、生后两受惊者也。此等病症,小民之家固时有之,皆原不善为保护也。若皇妃恬养于深宫之内,皇子隐卧于保母之怀,有何恶声疾感交加受惊者也?再三思维,则内操之故也。臣每早趋朝侍班,卒闻铳炮之声锐若迅雷,传于天角,屋瓦为战,河水为波。臣等手足皆为动摇,重门之隔,百步之外,尚尔如是,况宫禁之地,密迩肘腋之间,震撼更烈,声闻尤疾。虽然皇妃习于常闻而不觉,保母惯于久听而不知,而聚精未坚，成形未固，能无暴加而撼动者耶？皇上两年四育而皆不克终，是以知为内操之故也。藏利刃于卧榻之傍，祸机尚隐而有待，蓄殃杀于长养之地，毒气更烈而难堪。皇上聪明天纵，诚体念及此，果能一息安寝乎？已往者不可追而方来者不早为计乎？但内操一事原圣心深虑，以戒不虞，见今诸大典礼尚未举行，何敢遽望停止。再四图维，有可以收养兵之用而不受操兵之害者，莫如将内操各兵发出城外武场，合营合队并演，比偶较射，或另立一营，自行图陈，飞矢走马，一如内操。自辰而出，自酉[酉]而归，囊弓弢矢，潜入得[德]胜门内，藏刃武库以应肃杀之气，更换常服，环卫禁地，以养阳和之脉，庶几兵仍在内而内地不受震撼之惊。况以众鼓气则气益壮，以众较技则技益精，视单骑虚发，徒作眩目之观，无益修备之用，不相远哉！如是而和气致祥，静则能生，有不百斯男，弄璋弄瓦累累者，臣不信也。乃既生既育矣，调养之术宜讲而保母之选宜慎矣。何也？子甫脱胞，饥饱之节、嗔喜之性，惟保母能为默体。（**下言保姆调养略。**）'"（"梁本"四四，2420—2423）　乙丑，南给事中杨栋朝论魏忠贤罪，已御史赵应期、杨玉珂交劾之。《两朝从信录》（**卷二三**）："南礼科杨栋朝奏曰：'魏忠贤种种罪状，宪臣杨涟疏胪列甚明，诸臣纠论更悉，臣不敢再为掇拾，以渎天听。独计其溪壑无涯之欲，搜括之术，渐及留部，籍明旨以恣盗行，假传造以樱[撄]公帑。如龙旗，如蠢袋，据所颁式样，工料撮要银五六十万，夤缘之奸党仗为冰山，巨万之金钱尽入私橐。裁减过甚，则群小必开口而诉曰："曾与内边魏公处费了许多使用。"稍不弥意，又私相计曰："必急走北京魏公处，弄得一严旨下来。"夫宫禁何地，票拟何事，宵小大言无忌，敢于玩弄，是陛下邃密之处为忠贤垄断之所，讵可谓无外人知之觉也！今近而中国，远而四夷，孰不知朝廷之上有一恶珰魏忠贤者，是可生死争夺人也，是得窃票拟之权而大臣小臣惟所黜逐也。从此而趋膻赴臭者激非分之求，耿介忠直者灰任事之念，边疆自此日蹙，盗贼自此蜂起，宇宙无光，两间若晦，讵非忠贤一人为之起祸作祟哉！惟祈陛下以涟一疏逐一省览，敕下法司严加勘问。如果情理未真，则诸臣当伏罪，如研究得实，则或诛或遣，自有圣明英断，并祖宗三尺在，恐不能为忠贤贷也。如此则阁臣必不求去，小臣必不纷纷，人情之惶惑尽消，东西之戡定立待，万代而下将颂圣天子一番勇断，一番振刷，而朝野臣民且共欣跃于清明之化理矣。'"("梁本"四四,2423—2424)【考】康熙《云南通志》卷三〇《艺文二》载该疏题为《首参魏珰疏》。 丁丑,南京兵部尚书陈道亨、右侍郎岳元声等合言:"忠贤恶贯既满,必不可容,杨琏[涟]疏词逼真,必不可弃。此岂尽仇于忠贤而比昵于杨琏[涟]哉?先以公听并观,见忠贤假心小劳,恣其大逆,迩来朝政参差,国势抢攘,物力凋耗,岂无召类而然?乞将忠贤罪状即赐处分。"不听。《两朝从信录》(卷二三):"南京兵部等衙门尚书陈道亨、右侍郎岳元声等论权珰公疏曰:'臣等远在南中,近日屡接邸报,左副都御史杨涟有"逆珰怙势作威、专权乱政"一疏,列东厂太监魏忠贤罪状,恭奉严旨。又见魏忠贤"孤臣戆直招言,堇[谨]辞东厂"一疏,恭奉温旨。因是在廷诸臣前后疏劾忠贤罪状宜核,杨涟疏奏宜纳,并奉严旨,群臣为之骇然。顷见阁臣揭帖,奉旨谆谆,乃知皇上竟念忠贤今昔之劳,不忍听其陈请,不但不加查处而已。于杨涟则谓其指摘牵诬,非无因而发,不但不赐采纳而已。又责群臣随声附和,纷纷渎扰,不但不蒙优容而已。此以知圣心坚如转石,即臣等奚容益之瑱耳哉!然窃凛凛伏思,皇上一心,宫中府中之所取平,大臣小臣之所禀命,假如贽御媟近之臣以一指蔽周天之日,片云掩白日之光,竟令盈廷忠侃,口噤心悸,曾不得关苦词、伸明法,将使天下后世为[谓]皇上此举何?先帝尝命涟等辅陛下为尧舜之君,言犹在耳。涟并命顾命,又感陛下拔起之恩,其奋激触邪,以其见闻之真者入告,正涟忠于陛下之职分,岂敢忘有牵诬,以渎圣明,臣等知其必不然矣。不第杨涟而已,即在廷大小诸臣一时尽抒忠赤,疏论忠贤恶贯既满,必不可容,杨涟疏词逼真,必不可弃。此岂尽仇于忠贤而比昵于杨涟哉?凡以公听并观,见忠贤假以小劳,恣其大逆,是以部寺科道诸臣各殚一心以效于皇上,奚容致疑?不第廷臣为然,臣等仰窥皇上以英明果断之资,视朝勤政,讲学不懈,并闻宫中不迩声色,不事逸游,不贵玩弄难得之物,不厌披阅章奏而又从谏如流,任贤勿疑。似此举动光明,宜庶几于承平之理。然至今年四郊多垒而未弭,又加以天灾地变、物怪人妖,种种递见,虽中外大小臣工官守言责,亦各恪恭厥职而卒左支右吾,撑持不逮。迩来愈见朝政参差,国势抢攘,物力凋耗,世界萎薾,岂无召致而然?今睹忠贤罪状如是,假令十有一真,已足亏损圣德,伤和致戾,况如廷臣博采,就中十无一虚,陛下尚且拒之不信,独信一忠贤而不疑，岂诸臣反出忠贤下哉？岂任忠贤服食起居之劳便足致皇上于尧舜之理哉？臣等又有以知陛下之必不然矣。陛下秉道嫉邪，洞烛事机，若徒念忠贤勤劳末节，遂举魁柄而授之，恣所窃弄，任其决裂，姑息养奸，优柔酿乱，谓将以是酬劳，何待宦竖之太重而视天下太轻耶？天下者，祖宗之天下，家法者，祖宗之家法。太祖高皇帝首定律令，内官只供使令洒扫之役，违者罚无赦。今忠贤违法若此而不一问，将如祖宗何？夫不法祖宗即非所以为尧舜，窃恐先帝在天之灵必恻然有恫于忠贤矣。臣等合词上请，伏乞皇上敕下阁部，集科道诸臣，将宪臣疏列忠贤罪状及群疏论情节逐款参实情罪，覆疏上请，恭候圣裁，即赐处分，以消肘腋隐祸。万一垂念其今昔微劳，姑宥显戮，亦乞亟罢厥务，置之闲宅，仍一一暴其罪状，布告中外，俾咸知陛下威断明察，去大憝以顺人心，岂不休哉！而又慎选小心谨慤近侍填补监局供事，诸凡一遵律令，勿得相沿专恣如是。而宫府一体，祖法昭明，咸睹陛下英资笃学，渐登尧舜上理，其于先帝惓惓顾命之重，焕乎其有光矣。'奉圣旨：'这南九卿公疏所奏事情屡经谕明，已有旨了，该部知道。'"（"梁本"四四，2424—2427）　是月，杖祸首傅国典一百，充南海子净军。（《两朝从信录》卷二三）

八月壬寅，给事中罗尚忠言内廷之留中渐多，刺及忠贤。（"梁本"四五，2430）　是月，署国监祭酒事礼部右侍郎蔡毅中、监丞金维基，博士门洞开、邓光舒、王裕心，助教张翰南、徐伯微、姚士儒、孙世裕、董天胤，学正王永兴、蒋绍煃，学录聂云翔、杜士基，典簿万民憼，典籍陈烈等请纳忠言以杜祸源、安宗社，疏曰："臣等在监，日以忠孝节义之道教训诸生，凡事惟遵监规，不敢一事一行有违祖训，为皇上敦风化之本源也。经曰：'天子将出，受命于祖，受成于学。'盖言学校为集思广益之地，为天下公议所从出也。臣正与诸生讲《为君难》一书，忽接左都御史杨涟论劾内监魏忠贤二十四罪疏，合监师生，千有余人，无不鼓掌称庆，以为皇上有忠正之臣如此，僚采有忠直之友如此，祖宗社稷有灵得忠正之臣如此！以为皇上见疏，必憬然悟，赫然怒，雷震之威加以三尺，将疏发下九卿、科道，逐一究问，以正权珰之罪矣。及奉圣旨，乃皇上不惟不行,而以一切朝政皆云亲裁,是皇上以奸珰为真忠真贤而代受其过矣。合监师生无不扪心愁叹不已也。臣谓二十四罪,魏珰之奸胆显恶,大端毕尽矣。臣不敢剿说雷同以渎天听,经云:'毋剿说,毋雷同,必则古昔称先王。'夫剿说者袭取他人之说以为己说,雷同者闻人之声而附和之也。臣皆不敢,惟则古昔称先王,臣敢为皇上陈之。古昔三代而后汉、隋、唐、宋诸君,其受权珰之害与处权珰之法,载在《通鉴》,臣不必言;太祖高皇帝及列圣受权珰之害,处权珰之法,载在实录,臣不必多言。但取至近至亲如武庙毅皇帝之处刘瑾,神祖之处冯保二事,愿皇上遵之。夫刘瑾在武宗左右,其初不可谓不善承事、称狎亲矣,不可谓不信任不听从矣,后一闻诸臣之劾奏,夜半自起,擒而诛之。武宗之威明何其决也,今国史载之,以为千古美谈。然武宗犹在壮年也,若神祖之处冯保,真可谓圣子神孙之规则矣。夫神祖临御,年方十龄,冯保左右扶持,尽心竭力,与张居正内外辅相,一时中外啧然称之。未几冯保少作威福,方萌专擅,台省抗疏劾奏,然亦未有合朝公疏也。神祖遂不动声色而戍保于南京,以申国法,以保全其首领,至享四十八年太平之福。实录纪其果毅,史臣赞臣神智。今忠贤在皇上左右也,无冯保之功而备极刘瑾之恶,何也?刘瑾虽多僭萌,未闻以私家而等之陵寝也;刘瑾虽暴宫官,未有死宫妃、圣储之显迹也,未闻以内操之甲兵四时入太庙也。今忠贤宫中之受害,陛下知之,外臣不敢尽言,即内操一节,鼓炮之声惊天动地,而九庙之神灵不安,每飨太庙,御路之上刀剑甲兵围侍如麻,两竖掖圣躬,步行如飞。臣等跪迎跪送,俱在甲兵之后,欲一望见圣颜而不可得。设使有奸细刺客杂于兵戈之中,是时变在呼吸,何以为计?此二十四罪之中所当即行罪禁,不俟终日者也。至加以门户而驱逐正人,以无辜而枷死多命,窃恐党锢之祸成,忠谏之臣不免于凶人之手矣。此二十四罪中无一不当悉究而此犹当急行昭雪者也。渐不可长,若待其恶满势成,不可救矣。昨举朝群臣欲于朝罢跪以候旨，闻忠贤云‘但谓皇上入宫不礼’，群臣遂止。今欲于视学之日，群臣及太学诸生面叩陈请矣。夫公莫公于举朝，公莫公于太学，皆谓忠贤之当诛也，而皇上漫不经意，岂合朝诸疏皇上悉未之见欤？不然何初犹批答，数日以来，但有及忠贤者留中不发，如此蒙蔽，其中宁可测哉？伏惟皇上将杨琏[涟]之疏发下九卿、科道，一一从公究问，皇上不即加刘瑾之诛而以神祖处冯保之法处之，俾得全其首领而免于诛戮，则恩威并著，千万世后将皇上与神祖并美矣。臣等不胜悚息待命之至！”(《两朝从信录》卷二三)

九月戊辰，左都御史高攀龙劾两淮巡盐御史崔呈秀贪秽，命夺秩堪[勘]奏。《启祯两朝剥复录》:“十月，河南御史崔呈秀被提具辩。呈秀巡盐贪污，都御史高攀龙因其回道考察，即疏劾提问。呈秀具疏辩，有旨从公勘奏。赵南星题覆勘明，照祝大舟例问遣。呈秀窘，青衣小帽，亟走忠贤所请命。时忠贤为杨涟所参，欲借外廷以倾善类，遂首畜呈秀为义子。后因李恒茂荐起用。”(“梁本”四六，2436)

十月壬辰，吏科都给事中魏大中、御史李应昇劾魏广微骄蹇，祀太庙不致被劾，悻悻疾视诸臣，广微遂引疾乞休。(“梁本”四七，2453)熹宗旧纪:“是月壬午朔，亲享太庙。大学士魏广微后至，魏大中劾以不敬，广微求去，温旨慰留。广微遂于魏忠贤媒孽之，卒成乙丑、丙寅之狱。”《启祯两朝剥复录》:“是月，阁臣魏广微失仪被纠。广微以认宗通内，自称为侄，遂怙势偃蹇。会初一日颁历不到，又庙享行礼来迟，于是诸给事御史魏大中、许誉卿、李应昇等合纠之，广微因益走内，思得而甘心焉。盖先是忠贤虽横，犹惮外廷也。自广微合而阉遂借外廷以攻外，焚原之势于是乎不可复弥矣。”(“梁本”四七，2451)　丁酉，吏部尚书赵南星乞休，许之。《启祯两朝剥复录》:“吏部尚书赵南星、左都御史高攀龙回籍，以会勘(陈)九畴事，奉有朋谋结党之旨。于是攀龙以失职请，南星以年老辞，俱奉旨切责回籍。内阁揭称:‘秉铨、总宪俱系大臣，请准驰驿。’不听。南星为魏广微父执，见广微谄附忠贤，尝叹曰:‘见泉无儿!’见泉者，魏允贞字也。广微尝于广座中诋李三才，南星曰:‘李公为尊公执友，后辈何敢尔!’故广微衔之。一日，广微过南星，拒不礼。广微曰:‘吾官尊，未可麾也。'于是与其党谋,因推晋抚事发难,盖借为一网之计云。"　命鸿胪寺官谕留魏广微。("梁本"四七,2458)　　辛丑,戒谕群臣,有"元凶已放,群小未安"之语。《三朝要典》:"是月甲辰,上谕大小臣工曰:'朕绍承大统,四载于兹,值军旅频兴,封疆未谧,兼天灾踵至,岁事不登,致海内萧条,民生重困。所望君臣一体,上下同心,登进仁贤,讲求食兵,奠中国以御夷狄,修人事而补天工。朕每食寝弗宁,焦劳罔恤,未得安攘之道。乃尔大小臣庶,坐享国家之禄,靡怀君父之忧,内外连结,呼吸应答,盘踞要地,把持通津,念在营私,事图颠倒,诛锄众正,朋比为奸,欺朕幼冲,无所忌惮。迩年以来,恣行愈甚,忠贞皆为解体,明哲咸思保身,将使朕孤立无与,而后快罔上之心,抑使人尽缄口,然后满其无将之念欤!朕前已有特谕,备极详明,如何大小臣工视若弁髦,全不尊信!幸天启朕心,豁然顿悟。近览御史陈九畴会看文书,乃国事攸关,辄任情轩轾,法纪所系,谬与调停。统均之道既乖,风宪之猷更失。因思从前所为皆是欺瞒,但遂营谋之私,不顾肺腑之见。今元凶已放,群小未安,或公相党救,或妄肆猜忖。本当根株尽拔,彻底澄清,念玉石猝未能辨,雷霆讵可骤施。谕尔徒众,姑与维新,洗涤肾肠,脱换胎骨。果能改图,仍当任用,如有怙其稔恶,嫉夫善类,甘为指纵之鹰犬,罔虑贻遗之祸患,朕将力行祖宗之法,决不袭姑息之政矣。'"("梁本"四七,2461)　　己酉,吏部右侍郎陈于庭、左副都御史杨涟、左佥都御史左光斗削籍。时推乔允升、冯从吾为太宰,谓党庇也。吏部郎中张光前、御史房可壮、袁化中并调外。《两朝从信录》(**卷二四**):"十一月甲子,时各衙门奉旨会推吏部尚书,署部事左侍郎陈于庭等以资望所属,列乔允升、冯从吾、汪应蛟名推上。圣谕曰:'吏部、都察院浊乱已久,失祖宗设立初意,朕已屡谕更改,如何此次会推,仍是赵南星拟用之私人?显是陈于廷、杨琏[涟]、左光斗钳制众正,抗旨徇私。三凶既倡率于前,谁敢不附和于后。又会推职名,都察院不曾全列。况近日杨琏[涟]既曾亲接圣谕,今值会推之日,岂可佯为不知?怙恶不悛,注籍躲闪。又前与高攀龙会看陈九畴之事,党比不公,颇属杨琏[涟]、左光斗张主而乃了不引咎。公然欺朕幼冲,真巨猾老奸,冥顽无耻。陈于廷前奏,从来会推,吏科、河南道概与画题,袁化中不无扶同情弊。陈于庭、杨琏[涟]、左光斗俱恣肆欺瞒,大不敬,无人臣礼,都着革了职为民,仍追夺杨琏[涟]、左光斗诰命。计典期迫，吏部即将堪推尚书、都察院的，不拘现任在籍，多会举六七员，或七八员，各开写履历职名来看。该部知道。'已而袁化中疏认罪，降一级调外任。选郎张光前、御史房可壮以会推事认罪，各降调。刑部尚书乔允升引疾求归。"（"梁本"四七，2462—2463）

十一月辛酉，谕督师大学士孙承宗留镇关上，可急还山海。《启祯两朝剥复录》："户部侍郎李邦华回籍，行边阁臣孙承宗揭称：'臣奉违天颜三年，当此普天嵩呼之日，不胜瞻恋。今阅历蓟边，去京数十里，拟于十二日入都门，十三日早朝，十四日与同官恭贺万寿，另日面奏机宜，与文武商榷可否，事毕回镇。'嫉者曰：'此晋阳之举，李邦华召之也。'忠贤使人急奏曰：'承宗已离榆关，带甲五千，内外合谋，欲清君侧。'上大惧，至却行，急传兵部曰：'督师辅臣，既膺重任，未奉明旨，亲历蓟边；且以朕寿节为名，欲入京随班申贺。擅离信地，非祖宗法度所容，倘中途有意外之变，关门有仓猝之虞，相机调度，将谁属乎？兵部即速马上差人传谕枢辅，马首即东，真有密计，何妨便宜封进。朕志以灭（奴）为期，必不从中牵制。'承宗惧，即日东归。邦华知不免，遂以亲老有疾求归，允之。时御史李蕃有枢辅举动可骇一疏，引自古拥兵阃外，恐喝朝廷，如王敦、李怀光去来自如，不遵朝命，又谓枢辅此来，人实召之云云。"（"梁本"四八，2468—2471）

己巳，大学士韩爌引罪乞休，许之。初，叶向高、魏广微相左，临发，语朱国祯曰："南乐内有所恃，咄（咄）逼人，不得不避。蒲州更非其敌，必不能久，子宜早为归计。"卒如其言云。《两朝从信录》："大学士韩爌引疾归。时有严旨款责，遂乞归，赐驰驿去。"《启祯两朝剥复录》："大学士韩爌回籍。初杨涟参忠贤二十四大罪，朝臣遂群起攻击，忠贤惧，恳爌曰：'非公不能辑众，幸留意。'爌曰：'我不能，孽自尔作，尔自解之。'忠贤怒。既得志，谋逐爌，假以票拟不当，降谕切责。爌遂上疏引罪求斥，略曰：臣以谫劣，备员中书，诘戎宜先营卫而观兵肘腋，无能舒宵旰之忧；忠直尚稽召还而榜掠朝堂，无能回雷霆之怒。以至后先多官之斥，谕旨中出之变，在圣明祇肃纪网[纲]而中外惧兴党祸。臣既不能先时深念，有调剂之方，又不能临事挺持，为封还之戆，此皆罪状之大且著者，请亟褫臣官云云。疏入，忠贤益恶之，遂传上旨曰：'卿亲承顾命，当矢忠尽直，乃归非于上，退有后言。今复悻悻求去，着驰驿回籍。'内阁上疏，请如故事，稍加礼貌,无失待大臣体。不听。㸌陛辞,疏亦恳切。后竟削夺,捕家奴究赃,祸几不测云。"("梁本"四八,2471—2472)　壬申,翰林院侍读缪昌期闲住。杨涟二十四罪疏,或曰缪为具草,故珰衔之,告病遂得闲住。("梁本"四八,2479)

十二月壬寅,大学士朱国桢[祯]罢。初,苏松兵备朱童蒙捶死告灾者,民大哄,遂引疾。国桢拟票允,朱延禧拟擢京堂,国桢[祯]遂引去。《启祯两朝剥复录》:"十一月,大学士朱国桢[祯]回籍。国桢[祯]著《涌幢小品》,内叙张差事,云坐以风癫而止,浙人以为别调。时因李蕃参论引疾,允之。忠贤语人曰:'此老头儿也是邪人,然却不作恶事。'故较诸去相恩礼独优云。"【考】《明史·朱国祯传》:"魏忠贤窃国柄,国祯佐向高,多所调护。四年夏,杨涟劾忠贤,廷臣多劝向高出疏,至有诟者。向高愠甚,国祯请容之。及向高密奏忤忠贤,决计去,谓国祯曰:'我去,蒲州更非其敌,公亦当早归。'蒲州谓(韩)㸌也。向高罢,㸌为首辅。㸌罢,国祯为首辅。广微与忠贤表里为奸,视国祯蔑如。其冬为逆党李蕃所劾,三疏引疾。忠贤谓其党曰:'此老亦邪人,但不作恶,可令善去。'乃加少傅,赐银、币,荫子中书舍人,遣行人送归,月廪、舆夫皆如制。"　以黄克缵为工部尚书,郭尚文巡抚保定,张朴巡抚大同。熹宗旧纪:"是月,乔允升罢,以黄克缵为刑部尚书。"《启祯两朝剥复录》以黄克缵为工部尚书,陪克缵者,李养正也。克缵附内监刘朝,诬参毛士龙,实为干儿义子作俑,后逆案处分,竟得漏网。　以郭尚友为保定巡抚,陪尚友者,魏濬也。初尚友贿营山西巡抚,赵南星不用,推谢应祥,陈九畴攻应祥而尚友竟得保定,盖以衔南星,故俾报复之耳。尚友果与巡按马逢皋讯南星事,备极惨毒,至责其子中书赵清衡、甥王钟庞二十板,几毙杖下。非知府蔡官治、推官许世荩极力护持,赵氏无遗类矣。逢(皋)举,南星例推者也。("梁本"四九,2484)　以张朴为大同巡抚,陪朴者张修德也。朴庸鄙无奇,有弟张讷首应珰募,力诋赵南星等数十人,具疏之次日,即以节钺授朴。朴故贪婪察处之枭臣也。("梁本"四九,2484—2485)　乙巳,命史记事、李炳恭、丁元荐、贺烺、沈应奎仍照计典革任,毛士龙削籍,王元翰、李邦华闲住,孙鼎相、魏大中回籍听勘。汪文言仍逮治。文言善刻人阴事，喋喋可听，早出，必夜分始归，昏夜叩诸贵之门，言无不从。方得志，横甚，举朝皆震，以一见奖借为荣。及逮狱，苦拷不承。然忠贤已预为著书，列所恶姓名以上，人犹称之曰奇男子云。《两朝从信录》："是月复逮汪文言。时御史梁梦环条陈计典，复追论文言。得旨：'前部院诸臣自取斥逐，皆由文言辈肆谗惑听，以致贞邪混淆，即廷杖岂尽其辜。还着锦衣卫差的当官旗扭解来京，穷究以清祸本。'是役也，为一时罗织之张本，诸绅杀身之祸胎。文言人品心术原不足比数，特以小勤曲谨奔走公卿间，即诸公绝不假借而文言不免外示扬侈，小人情状，千古一辙。乃竟为纷纷口实者弹射之的，是以君子贵谨于所忽也。（"梁本"四九，2485—2486）　巡抚应天右佥都御史周起元削籍，以疏救同知杨善[姜]悖旨曲庇及前劾朱童蒙也。《启祯两朝剥复录》："十一月，应天巡抚周起元削夺，以参属官朱童蒙也。初，童蒙以讲学劾郑元标等，例转为苏松道，在任多不法。起元因其以养病得京堂，具疏参奏。时织监李实以杨姜事，屡疏劾起元护庇属官，给事中李鲁生复攻之急，而巡漕御史喻思恂又飞书长安，言其可杀人，甚危之。有旨：'周起元护庇杨姜，今又诬论朱童蒙，排陷正人，姑着为民，仍追夺诰命。'"（"梁本"四九，2486）　《启祯两朝剥复录》：是月，题授中书舍人魏良卿，此逆竖授官之始。　崔呈秀回道管事。呈秀提问拟戍，礼科李恒茂题京畿亏苦两端事，言御史崔呈秀受银放盗为假，知县石三畏赃私狼藉为诬。有旨："呈秀事情显系诬蔑，不必行勘，着回道管事。知县石三畏暂拟部衔，仍候考选。其荐主今听降御史陈九畴即准升京堂用。"　以李宗延为都御史。时会推吏部尚书，宗延为首，王永光、赵彦、钟羽正、崔景荣、李起元、王在晋、陈道亨（**按，此当遗一陪字**）。奉旨，景荣起吏部尚书，宗延改都御史。宗延初任御史，以建言谪，天下贤之，晚节潦倒，遂入珰幕。　以乔应甲为副都御史，王绍徽为佥都御史。应甲一月上十三疏，皆攻东林。而詈淮抚李三才者绍徽，亦阴鸷，敢悖公论，曾作《东林点将录》以倾陷善类，故其党推为盟主。时陪应甲者为薛凤翔，陪徽者为朱钦相。　以周应秋为南京刑部侍郎，陪应秋者徐绍吉也。（"梁本"四九，2489）　阮大铖、陈胤丛、陈尔翼、张养素、李应荐、李嵩、杨春茂、高弘图、王大年、张捷、马逢皋俱准即与推用，以李鲁生荐之也。时升用多取中旨，鲁生疏称执中建中，旨不从中出而谁出哉？以为逆珰解嘲。自此而内批愈无忌矣。后张锡命亦有疏专荐大铖，时为魏忠贤主笔者数人，世传赵鸣阳而不知有毛昂霄也。毛为汶上举人，而郭万程曾受业其门，当杨、左之逮也，郭私为营救于内，忠贤意亦将释，而傅应星、毛昂霄力沮之，且有放虎自噬之语，故诸君子卒不免，而郭亦惧祸潜逃。其一切谕旨自内出者多毛笔，毛竟漏纲，无论及者。郭又言毛寓在外，尝见其携本至外寓示人，此何世界哉！(“梁本”四九，2490)

本年附

艺文·碑铭·太监邹义墓志

皇明钦差提督东厂官旗办事司礼监秉笔太监兼掌尚膳监印务邹公墓志铭

赐进士第、光禄大夫、柱国兼太子太傅、礼部尚书、文渊阁大学士、知制诰、经筵、实录典志总裁顾秉谦撰。武英殿侍直中书丁国宁书并篆。

公讳义，号龙渊，世居顺天府宛平县人。生于嘉靖乙卯(三十四年，1555)闰十一月初三日巳时。父永昌，母华氏，世修厥德，挺生哲人。公幼而笃厚，长而充颖，自入乡塾，时识者知其非常器也。由嘉靖四十一年壬戌(1562)，入侍宸居，端严勤励。隆庆元年丁卯(1567)，选入内学堂读书。二年戊辰，转于司礼监任用。益茂雅淡，受上知焉。

自万历二十二年甲午(1594)，升乾清宫近侍之职，日近天颜，恪遵恪慎，上最所钟。三十年壬寅(1602)，光宗皇上转青宫，入为典玺局丞。三十四年丙午(1606)，升局郎。四十八年庚申(1620)，调司礼监秉笔太监，锡之蟒玉，天恩崇显。公亦罄竭忠赤，辅国裕民之志，上达宸聪。本年八月，遂授以总督厂务之重任焉。公自任事之后，报上以忠，惠下以仁，政声和雅，朝野忻忻。今上嗣位，公乃辞逊，得遂休息，安逸私第，以享天年，时天启元年辛酉之二月也。

谢世归休，江风中月，耳目所适，心快意悦。正遂优游，大数有缺，于七年丁卯(1627)四月乙巳初二日辰时，以疾薨于正寝，享年七十三岁以终焉。葬于西山门头村静妙庵。公历仕五朝，职居匡弼，宣忠敷泽，上动圣主之简拔，下为黎庶之仰赖，孝著忠宣，勋高望重，定昭于史籍，而铭诸彤管，岂庸竖泛常之浅鲜哉！于是嘉公之忠，羡公之业，而为铭焉：

公之忠勤百代光，辅弼圣主如禹汤。心脑内直而外方，职居枢要行慈祥。社稷赖之而华□，臣民依之而安康。正宜匡辅我皇王，岂意遽耳而倾亡。身虽长往名不□，万代人民多感伤，百世之下名姓香。

（《新中国出土墓志·北京》第324号）

艺文·碑铭·普惠生祠碑

题请普惠生祠香火地亩疏

钦差总督东厂官旗办事兼掌内府供用库、惜薪司印务，提督宝和等店司礼监秉笔太监魏（忠贤），捐俸重修大坝城垣，筑庐盖舍，存集流离，军民感荷，建立普惠生祠。钦差总督户部太仓银库、工部节慎库、兼总督勇士、四卫营军务御马监掌印、司礼监秉笔太监涂（文辅），于天启七年四月初一日，题为厂臣为国提忠，黎庶感恩报德，乞赐香火地亩，以旌殊绩事：臣监属坝大等二十二马驼房，为神京左臂，然衢通边境，路当要冲，且值□□作难，海宇骚然。幸厂臣丹衷为国，锐意防奸，观各马房城池坍塌，捐俸重修，复为筑庐盖舍，安栖流离，顿将荒芜之地，改为辐辏之乡，不独有便于民，而且增保障于东北矣。是以舆情共悦，特为厂臣建立生祠，名曰“普惠”，上报皇上溥济之恩，下酬厂臣泛爱之仁。茅思焚修以垂永久，莫如专官以司香火。查得坝大城西新开牧地十顷，堪供香火，伏望天恩，俯允所请，仰乞特命该马房，将前项新开牧地岁租，径归本祠征收，专供焚修香火，仍令勒石，以垂永久。则厂臣爱国为民之心不致久而泯没，益见皇上酬功旌绩之恩深而且广矣。初二日奉圣旨：“朕念坝大等马房，乃我祖宗以来设立之处，北则巩固陵寝，南则藩卫京师，□□□□□□□，西以配合龙脉，实国家吃紧要地，而孳牧军需皆攸赖者。奈多历年所，颓坏废弛不堪，致一隅人民，寥寥无所栖止。今厂臣体朕固圉之深怀，惬朕诘戎之至念，慨捐己俸，锐意创修，俾雉堞崇墉，真保障有赖，克光祖制，朕甚嘉焉。览尔所奏，官员军民人等欢欣鼓舞，既为厂臣建立普惠之祠，若无养赡土田，曷能垂于久远？准将新开牧地拨给十顷，就着本处马房掌贴房管业征租，焚修交接，以彰朕优眷元臣至意，以慰军民感恩报德之思。仍勒碑垂示，不许附近势豪人等侵欺吞占，敢有抗违不遵的，即着提督等官据实参来，重处不饶。该衙门知道。钦此。"天启四年四月日纪石。且惟京东大坝城池,自成祖设立专官,奉敕来提督,统摄二十二马驼房,东压边境,西巩神京,乃畿辅之要隘也。但坝城年久倾圮,官军似难栖止。该钦差总督东厂官旗办事兼掌内府供用库、惜薪司印务,提督宝和等店,司礼监秉笔太监魏,自捐己俸,重修坝上四面围城,修筑室庐,存集编氓,是以群黎爱戴,特创生祠,盖亦酬功报德之意耳。故本监先任掌印太监刘,上体厂主之美意,下浃黔庶之舆情,随于天启五年二月初六日具题,为开荒纳租以裕国用事:查得各该马房牧马不到荒闲之地,大约共计一千五百余顷,敕下臣监,行令各该马房,除存留晾歇马地十顷,又除沙压、水占、桥梁、道路、瘠薄不堪种地外,其余堪种者,准令召抚附近军民人等自备牛刀开耕,初年开创,二年成熟,三年方征子粒,以供修理急需等因。本月初七日,奉圣□:"坝大城池为京东屏护,魏捐俸协修,急公可嘉,赏银叁拾两、纻丝贰表里、新钞叁千贯、酒贰拾瓶,还赐敕奖励。牧地召佃三年,方征子粒。该衙门知道。钦此。"今天启七年,时值三年征粮之期,该钦差总督户部太仓银库、工部节慎库、兼总督勇士、四卫营军务御马监掌印、司礼监秉笔太监涂,札委本监监官、掌司等官,前去各该马房,示谕开地军民,挑立封堆,插竖牌撅,眼同鱼鳞,丈量造册贮案,勒石垂久,庶无纷扰。合将丈过新开地顷亩数目于后,计开:

坝大马房新开地一百九十二顷三十五亩二分八厘,内除普惠祠焚修香火永不征粮地十顷。坝东马房新开地一十二顷四十二亩八分八厘。坝北马房无开地。驹子马房新开地四十四顷九分三厘。金盏马房新开地一十九顷四十五亩六分四厘。义河马房新开地二十五顷五十二亩七分七厘。北高马房新开地二十五顷十八亩九厘。天柱马房新开地一十二顷九十八亩。东天柱马房无开地。黄土马房新开地一百一十三顷八亩六分五厘。郑庄马房新开地一百二顷□亩六分四厘七毫。汤山马房新开地六十七顷六十一亩七分四厘六毫。北草马房新开地八十□顷四十五亩二分八厘。兔南马房新开地八顷四十一亩五分。兔北马房新开地八顷六亩八分。兔东马房新开地一十一顷九十一亩五分。兔西马房新开地四十九顷九十一亩二分。张家庄马房新开地二十五顷七十四亩一分。官庄马房新开地十顷一亩二分。杨桥马房新开地七顷四十九亩一分。胡渠马房新开地一顷七十九亩五分四厘。驼房无开地。已上坝大等十九马房，共开过荒闲地八百二十二顷四十六亩五厘三毫。天启七年四月　　日。

（碑文引自滕艳玲《普惠生祠香火碑及——魏忠贤》，《北京文博》1997年第1期）

【考】《酌中志》卷一六《内府衙门职掌·御马监》："都城东北有大坝等二十四马房，大坝城垣，逆贤重创一新。李鲁生巡青之疏所谀者是也。凡逆贤出外到此，则于城楼上升座饮酒，至夜则花炮、巧线、盒子、烟火之类，皆在城下放看，如元宵焉。"

艺文·碑铭·洪慈宫碑

朱延禧撰《敕赐护国洪慈宫碑记》："（**寺，孝定皇后、神宗出资佐费，**）且命内官监太监马谦督其工。（**今又颓。略。**）今上二年壬戌（1622），大司礼魏公忠贤以巡阅厂务至其地，瞻拜祠下，盱衡而叹曰：（**略。**）归而谋诸大司礼王公体乾等，佥韪其议，因捐禄入之余，（**乃拓建之。略**）又为精舍数十连于其西偏，分为几院，以待钦遣中贵十人者之所居，别买民田若干亩，为值二千有奇，以供诸道士六时焚修焉。（**下略。**）天启四年，岁在甲子，嘉平月之吉。"

碑阴题名，第一栏居中右起：钦差总督东厂官旗办事提督礼仪房宝和等店兼掌惜薪司内府供用库印务司礼监秉笔太监魏忠贤、钦差司礼监掌印兼掌御用监尚膳监印务提督礼仪房司礼监太监王体乾，下一栏右起：司礼监秉笔太监涂文辅、李实、卢受、宋晋、梁栋、史宾、裴昇、张文元，下一栏右起：乾清宫管事太监王秉恭、许臣、许栋、黄秀、谢晋、赵本政、王应科、刘应坤、王朝用、刘忠、王朝忠、马诚、安进、梁进、耿朝、高钦、王明、胡明佐、杜永明，下一栏为乾清宫管事掌内织染局印务太监齐良臣，下一栏为乾清宫牌子太监卢昇、苗成，及各衙门太监赵进、范朝用，最后一栏为"内织染局总理太监等官"30人。

（碑在北京海淀蓝靛厂广仁宫。《北京图书馆藏中国历代石刻拓本汇编》第59册，第166—167页）

天启五年乙丑（1625）

正月戊寅，以庆陵工成，加恩内员，王体乾、魏忠贤、李永贞俱荫弟侄一人锦衣卫指挥佥事，忠贤加荫弟侄一人都督同知；梁栋、裴昇、孙进、李实、石元雅、涂文辅、吴进忠、季缙、阴相俱荫弟侄一人锦衣卫正千户；马诚、汪良德、李永安、苏若霖俱荫弟侄一人锦衣卫百户，各赏银、币有差。(五五,2537—2538)

二月庚辰朔，大学士顾秉谦等题：今日文书官郝隐儒捧圣谕，为湖广等处试录策中语多讥刺，令臣等拟谕……(五六,2541)

乙巳，戚臣李承恩为陈才告讦，东厂魏忠贤疏请提拿。上命东厂严行究问。忠贤奏言承恩擅穿龙袍等衣，用龙盒等器。又命锦衣卫拿送镇抚司打问明白，具奏正罪。(五六,2589)　　丙午，谕平辽总兵官左都督毛文龙："朕念辽土未平，逆贼鸷伏，尚后策勋，时怀旰食。惟赖文武大帅殚力竭忠，设奇制胜，期靖夷氛，用雪国耻。匪颁厚赏，何励纯忠。尔提孤军，驻师穷岛，偏将时出，奇捷屡闻，使逆酋狼顾，未遂鸱张，已三年矣。惟尔之庸，朕实嘉尚。又思各将士戮力行间，暴露良苦。朕曩于督师辅臣有锡赉矣，兹遣内监司礼监管文书内官监太监王敏政、忠勇营副提督御马监太监胡良辅赍捧诏谕冕服册封李倧为朝鲜国王，道经皮岛，特赐尔银一百两、大红蟒衣一袭，以示眷酬。其从征将士擒斩功多，忠勤可念，朕御前搜括银四万两，各样蟒衣、膝襴缎纻一百二十匹，畀尔以备赏功之需。尚益矢壮猷，秘筹庙算，结连属国，奖率三军，养我全锋，制奴死命，封疆克复，即带砺可盟，朕不食言。尔其仰体。钦哉。特谕。"(五六,2590—2591)【考】朝鲜李氏王朝《光海君日记》卷一六七，天启元年七月乙丑条史臣评语："毛文龙，南方人。辽阳城陷时逸出，自旅顺口浮海东来，寄居龙、义间，以为牵掣之计。始甚单微，其后入据椵岛(**按，即皮岛**)，声势日盛，奴贼不能无东顾之虞。既而欺诳中朝，托以接济辽民二三十万，岁发帑银二十万，潜结宦官魏忠贤辈，都不发包，入诸内珰，岛粮则专责我国。虚张捷报，至作《毛大将传》，铺张战伐之绩。蛰居孤岛，徒事张皇，转增功赏，官至后军都督。"

三月辛亥，工部主事曹钦程疏纠东林之党四人——周宗建、张慎言、李应昇、黄尊素，荐忠愤之臣十人——傅櫆、陈九畴、李鲁生、张讷、李蕃、周昌晋、李恒茂、梁梦环、张惟一、顾其仁。得旨："周宗建作令贿闻，及钻入言路，荐庇多私，引其党沈萃祯以贪险蹦致参藩，又欲引吴焕为接手，至倡建私学于都城之内，尤属不法。张慎言倚荐赵南星为首功，避差谋差，任意鸱张，同台安伸竟遭毒手。先任曹县，侵盗库银三千两，恨后任石三畏查出，遂捏单劣处王官。李应昇专为东林护法，排挤正人，亟引高攀龙，以四年前一典史，骤跻总宪，遂乘奥援，欲攘北直提学。黄尊素以汪文言幸冒台班，即荐师邹维琏于赵南星，破例得入吏部。一味搏击善类，以助高攀龙、魏大中之虐焰。此四臣招权纳贿，党邪徇私，目无国宪，都着革了职为民当差，还追夺诰命。内周宗建、张慎言赃私狼藉，行彼处抚按提问，追赃具奏，不许庇护。沈萃祯、吴焕俱着降三级，安伸仍以原官起用。"（五七，2601—2602） 乙卯，加东厂太监魏忠贤原荫弟侄一级，仍赐奖赉，以缉获戚臣李承恩为仆讦告擅穿龙衣也。（五七，2611—2612） 乙丑，嘉魏忠贤修肃宁城，荫弟侄一人都督佥事，仍于本县建坊，赐敕旌表，从崔呈秀请也。（五七，2636） 丁丑，锦衣卫北镇抚司掌司事许显纯等勘问汪文言之狱，辞连赵南星、杨涟、左光斗、魏大中、缪昌期、袁化中、惠世扬、毛士龙、邹维琏、邓美、周朝瑞、黄龙光、顾大章、卢化鳌、夏之令、王之宷、钱士晋、徐良彦、熊明遇、施天德等，以移宫建议者为立名蹦等之资，整顿铨政者为偏听招权之藉，布买命之金而杨、熊之刑停，启贿赂之门而升迁之法滥，总归之文言得力于父事王安，结纳权要，浊乱朝政，请敕下法司研鞫。得旨，仍发显纯严刑究问，杨涟、左光斗、袁化中、魏大中、周朝瑞、顾大章遣缇骑逮至京究问追赃，赵南星等俱削籍，抚按提问，追赃具奏。法司会谳李承恩，言承恩蔑视礼法，擅用至尊服御漆盒、瓷器之皆龙，藉口先公主之遗尚可言也，赭黄五爪之龙袍共验为新鲜之色，是何物乎？若依僭用龙凤文者律似为太轻，合从重论引盗乘舆服御物例，则尽法矣。伏念承恩实肃皇帝亲甥，虽犯大辟，亦有八议之条，臣等敢不奏

请。得旨:“是。但既拟重辟,如何又引八议,该司官姑不究。”(五七,2658—2659)

四月辛巳,汪文言死于狱,镇抚司以闻。得旨:“汪文言不以病闻,如何遽死。许显纯好生疏纵,以后监犯务要着实防范,有病亦须医治。”(五八,2668)　己丑,大学士顾秉谦等题:今早文书官郝隐儒、杨国瑞持科臣霍维华本到阁,云上传这本条议一字不差,所参刘一燝专政为祸,韩爌比护元凶,孙慎行借题红丸,悦党陷正,张问达改抹旨意,朋比为奸,俱着削了籍。……(五八,2687—2689)　庚子,荫魏忠贤弟侄一人都督佥事,仍赐敕奖励,以缉获开鞘盗饷许武元等也。(五八,2708)　甲辰,下周朝瑞锦衣卫北镇抚司狱,待杨涟等拿到究问。(五八,2722)　丙午,上谕工部等衙门:“朕自御极以来,每念两门三殿工程宏巨,费用浩繁,该部挪借术穷,内帑搜括殆尽,悠悠忽忽,何日告成?朕念兹在兹,未尝一日释于怀也。今中宫等宫、诸王公主并司礼监等衙门、各监局司库掌印、管事牌子及内外私家闲住太监等官恭进助工银共四十万两,俱发公所贮收。仍着内外经管监部各官会同巡视科道眼同给发支用,俱要实心任事,仰体朕怀,作速催儹工程,早完三朝阙典,毋得仍前怠缓、冒破侵欺,违者从重参来,必不宽赦。”(五八,2722—2723)

五月己酉,刑科给事中霍维华言刑法失平者三事:张我续贪淫酷诈,宜处而未即处;赵彦纵子通贿,不当留而留;方震孺按臣无失陷城池之律,不必逮而逮。又为内臣姜昇及辽抚李维翰、逃臣高出等求宽。上谓张我续、赵彦已有旨,方震孺党邪宣淫,官箴大坏,致失封疆;姜昇系内臣,热审诸臣自有法律,霍维华偏护市恩,姑不究。(五九,2727)　庚午,以魏忠贤侄都督魏良卿佥书锦衣卫南镇抚司。(五九,2768)

六月癸未,司礼监王体乾题节止浮支。得旨:“该监仰体朕节爱,将应支米石悉请停止以裕仓储,足见急公之谊。”(六〇,2805)

辛卯，下魏大中北镇抚司究问。(六〇，2829)　　甲午，司礼监韩世禄等参知县唐绍尧。命扭解来京究问，而降兵科给事中胡永顺、御史刘思诲三级，调外任用。以思诲曲徇绍尧，朦胧批解，永顺，绍尧同乡，强词饰辩也。(六〇，2840)　　庚子，加升魏忠贤甥杨六奇为锦衣卫指挥同知，叙缉获私铸功也。(六〇，2849—2850)

癸卯，下杨涟北镇抚司究问前招七次赃私下落具奏。(六〇，2855)

丙午，大学士魏广微题："今日有文书官郝隐儒等至阁，奉上传，以镇抚司打问过杨涟等回奏，令臣票拟：'杨涟等赃私着逐日研刑，追比若干，着五日一回奏，待追赃完日送刑部议[拟]罪。'臣闻此谕，不胜惊骇。臣自办事阁中，并未见有此旨。臣伏念杨涟等在今日诚为幺麽有罪之人，然在前日实为圣朝卿寺之佐，即使所犯赃私条条是真，与前此之罪人既经镇抚司问过转发刑部，照律拟罪，臣犹以为在议减之条，不应辄同他人毫无分别，更欲研刑于逐日，令镇抚追赃乎？臣闻古之帝王有见罪人而泣下者，何也？盖心本不欲加罪而法又不容不罪，此所以恻恻于心而泪所从出也。身非木石，逐日研刑，就死直须臾耳。以理刑之职遽责追赃，官守何在？无论伤皇上好生之仁，将不惕师心之戒，违悖祖宗之制，朝政日乱，而与古之帝王大不相侔矣。臣谨遵传谕，拟票外另拟一票，望皇上省览裁察。"不报。(六〇，2861—2862)

七月丁未朔，是日，大学士顾秉谦上言："适见同官魏广微为杨涟等奉旨拟票外，另拟一票，具揭申救，因叹主圣臣直，引法执争，所从来远矣。盖君尊如天，雷霆无竟日之怒，所以成其威。若屑屑然搏击无已，则天之威又觉其亵。杨涟等狂妄不类，固自有应得之条，惟所拟适如其所犯，用法始平。《易》曰：'先王以明罚敕法。'又曰：'君子以议狱缓死。'夫敕法而必期于明，议狱而必从其缓，皆所谓用法之平也。今日已经掠治，则法纪大敕，若欲不时刑比，则缓死谓何？彼数人者何足惜，臣所惜者为国体也，为法纪也。"不报。(六一，2865)　　甲寅，北镇抚司许显纯初次追过杨涟等赃银三百五十两五钱。仍有旨照原参数目严比，限五日一回奏，不得宽纵。(六一，2872)　　己未，北镇抚司二次追过杨涟等赃银四百余两。仍有旨严追，不得疏纵。(六一，2875)　　壬戌，切责镇抚司许显纯等，命严追杨涟等赃。(六一，2878)　　丁卯，命镇抚司严比杨涟等赃，不得徇情宽纵。(六一，2884)　　壬申，杨涟、左光斗死于镇抚司。按涟，楚之应山人，万历丁未科进士。令常熟，以卓异授兵科给事中。光庙升遐，亲受顾命。移宫一事，涟深以为忧，六日须发尽白。旋请告归。越二年，以礼科召还，由太常卿历升都察院左副都御史。时逆珰魏忠贤蓄谋不道，涟抗疏暴其二十四罪。逆珰恨入骨髓，欲杀而无名。于是奸党徐大化承望风旨，一坐以封疆，以为受贿党护熊廷弼；一坐以移宫，以为串通王安，导熹宗于不孝。遂下诏狱。缇骑至郧，士民数万拥道攀号，所过村店城市皆焚香建醮，祈祐生还。比下镇抚，中旨严讯，悬坐赃银二万两，限五日一覆奏。许显纯等毒刑锻炼，死而复苏者数次。涟叱显纯曰："熊廷弼初在辽阳，我引'有树无皮'一疏参之，及广宁陷，我为(**按，为字疑当为谓**)封疆为重，何辞不死。廷弼恨欲杀我，此岂受贿为营脱者？至于移宫始末，旧宫嫔自宜避新天子，初一至初五原不为促，十庙神灵，鉴此热血，昧心杀人，天下后世汝肉不足食！"显纯大怒，立刻致死。复有抚按严提家属追赃之旨，房屋鬻尽，孀母寄居城楼，延及三党，填满囹圄。太守李行志、县令夏之彦书文为募捐俸倡首，士民好义者倾家助之，只能完一万余两。涟事母至孝，为人忠贞孤介，慷慨自许，嫉恶如仇，故群奸百计诬挤，必欲死之。光斗，桐城人，丁未进士。为御史风裁凛然，与杨涟志同道合，故排之者必并称杨、左云。移宫时有"仁至义尽"一疏，其意自不偏废，而奸党横执以为罪案，追赃多金，变产不能给。至是同涟为许显纯榜掠死。崇祯元年，涟子之易、之赋，光斗子国柱各叩阙鸣冤，予赠荫祭葬，特赐涟谥"忠烈"。(六一，2890—2892)　　甲戌，魏大中死于镇抚司狱。大中，嘉善人，万历丙辰进士。由行人行取给事中。移宫事与杨、左同议，为傅櫆所挤。生平介特，有令某遗之金，大中奏劾之，其廉直如此。被逮，至吴门，自知必死，托妻子于吏部郎中周顺昌。顺昌以女许其子，愈触珰怒，并逮顺昌。崇祯元年予赠荫祭葬，谥“忠节”。(六一，2896—2897)

丙子，命镇抚司严追袁化中等赃。(六一，2898)

八月辛巳，平辽总兵毛文龙疏颂册封朝鲜内使王敏政、胡良辅，中称“干国真忠，超越古今之钦使”，旨优异之。(六二，2907—2908)【考】朝鲜《仁祖实录》卷八，天启五年二月辛卯，“时中朝政乱，权委于宦寺之手，太监王敏政、胡良辅即幸宦魏忠贤之党。奉诏东来，而其意专在银、参，先声才到，举国失色。”卷九，六月壬午，“两诏使怒赠物薄略，将欲发还，上遣都承旨金尚宪请留。副使胡良辅面责译官，多发不逊之言，且曰‘俺是内官，当行无知之事。且以此语回告国王’云。上使王敏政在旁无言。副使怒谓上使曰：‘公何无征督之言耶？’上使曰‘吾本口吃，未及发语，公先言之，吾以是默然’云。盖上使无一言及于征求，而受所赠与副使无异，盖为人多诈。”　　戊子，上御经筵。是日面谕阁臣等：“杨涟等罪恶多端，今虽在狱身故，其未完赃私行彼处抚按立限追比。”又谕内阁：“朕自去岁以来，屏逐凶邪，廓清朝宁，励精图治，雅意中兴。念国步之维艰，悯民生之日蹙，宵衣旰食，焦心劳思，而秉轴大臣莫肯为朕分猷共念者。且军兴告匮，斟酌何方？疆埸未宁，安攘何策？即如杨涟、左光斗等移宫一事，背先帝之深恩，陷朕躬于不孝。又熊廷弼丧辽辱国一案，便寸斩尚有余辜，而杨涟等各纳其重贿，巧求出脱，此皆天地之所不容，人臣之所切齿，即五刑不足以伸其法，九死不足以尽其愆，肆诸市朝，用彰宪典。而在朝大臣持禄养交，徇私避祸，但顾子孙之计，不图社稷之安。朕方率循旧章，而曰朝政日乱；朕方祖述尧舜，而曰大不相侔。以致言路各官承望风旨，缄口结舌，无敢直明其罪者。国家养士，竟何赖焉？卿等可传示大小官员，自今以后务要改过自新，共维国是，扫清门户，专力封疆。敢有阴怀观望、暗弄机关，或巧借题目，代人报仇,或捏写飞言,希图翻案者,朕按祖宗所立红牌,俱治以说谎欺君之罪,必不食言。”(六二,2919—2920)　　庚寅,北镇抚司追过袁化中等赃银五千余两。仍有旨务在速完,限五日一回奏。(六二,2927)　　壬寅,命镇抚司严比追顾大章赃,不得宽纵。(六二,2941)

九月甲寅,门工成……加恩内臣,太监王体乾、魏忠贤、李永贞各加恩三等,赏银五十两、纻丝三表里,俱荫弟侄一人锦衣卫指挥佥事,内魏忠贤督率勤劳,缉事有功,加赏银五十两、纻丝三表里,荫弟侄一人都督同知;梁栋、裴昇、孙进、李实、石元雅、涂文辅、季缙、阴相、马诚及刘忠、王朝用、刘应坤等三十一员俱荫弟侄一人锦衣卫正千户;总理工程汪良德、李永安、苏若霖俱荫弟侄一人锦衣卫百户,赉锦、币各有差,俱给与应得诰命。(六三,2955—2956)　　御史贾继春上言:“忆昔皇考升遐,皇上以元良嗣登大位,在康妃自然避正殿而居侧室,何待移宫?只因以王安修怨之念,倡为移宫之说,手投揭帖于杨涟、左光斗等,遂昧心说谎,如垂帘听政等语,敢为之以蔑先帝而慢皇上,罪已不容诛矣。而王安且业知皇上之在慈庆宫也,乃蒙蔽假传,立刻驱逐,群闹打抢,涟等复号呼骂詈于宫门,攘臂咆哮于大内,俾康妃与皇妹踉跄徒步,备受惨辱。曩者臣首发孤愤,曾何仇于涟辈,必欲杀之于先,又巧锢之于后。幸逢圣鉴如日,逮系涟等。今涟与光斗暨魏大中俱在狱身故,而先后持正不阿如黄克缵、范济世、徐大化、高弘图、张论、徐景濂、王志道、周昌晋等互相发明,揭如中天,科臣霍维华又有‘三朝慈孝’之疏,臣可无言。臣伏念涟等可死之罪莫大于交结王安,毁诬先帝,亏损圣德,逼辱康妃与皇八公主,而受贿犹其小也。去岁科臣傅櫆疏发汪文言、左光斗、魏大中朋比乱政之奸,即不言杨涟而涟在其中矣。盖涟也,文言、光斗、大中也,四人而一心者也。涟见文言就缚则光斗、大中必不免,而己亦必不免,于是为先发遮饰之计,而光斗等实主之。于是乎参内之疏迫而上矣,参内其所借之题目也，而涟非其人也。然而涟等附安以得罪先帝，其恶大而止以纳贿追赃死，则所以当死之罪未明也。乞早定爰书，颁布中外，昭示史册，使天下万世晓然知涟等结党纳贿之罪固重，而移宫犯上之罪更重也。”得旨：“先帝升遐，朕躬嗣服，父子承继，正统相传，臣子何得居功？而杨涟、左光斗等妄希定策，串通王安，倡为移宫之事，捏造垂帘等语。王安奸恶异常，乘机报怨，内外交结，党众恃强，不许康妃从容奉旨而逼令踉跄出宫。先帝体尚未寒，言犹在耳，涟等即有权势，固亦人臣，乃弃礼忘君，犯上不道，至于此极。使非贾继春疏揭明斥于前，天牖朕心，憬悟补封于后，将始终蒙蔽，恩礼有亏。朕于皇考且不得为纯孝，即寸斩杨涟、左光斗，何救于事！况与魏大中、周朝瑞、袁化中深盟固结，招权纳贿，罔上行私。党护廷弼，翏坏封疆，铁案既定，犹贪其重贿，力为出脱。汪文言内探消息，暗弄机关，遍树私人，布满津要，坏法乱纪。及文言事发，奸谋毕露，自知理屈，乃巧借别题目以掩其罪，剪所忌而肆其凶。信口装诬，毫无影向[响]，肺肝如见，欲盖弥彰。朕言念及此，深切痛恨，已将廷弼处决，传首九边，杨涟等虽追赃身故，而顾大章系同恶之人，即送法司，将前后事情逐一研审，取其招词，从重拟罪，限十日内问结，仍送镇抚司追赃。爰书既成，就依这本，将诸奸罪状及守正诸臣向来疏揭并近日屡次明旨俱着史臣编辑成书，颁行天下，垂示将来，以昭朕孝思。据事直书，毋得回护，使善恶邪正，炳如日星，而党与不得借口文奸，饰非惑众。其传记小书便着礼部行与各抚按官严加禁止，自今以后，非有部文，不许擅刻书籍，违者着缉事衙门访获，治以妖言惑众之罪。”（六三，2957—2961）　　丙寅，刑部尚书李养正等具杨涟等爰书，并坐顾大章大辟，言：“大章与已故杨涟、左光斗、周朝瑞、魏大中、袁化中、汪文言皆以狂悖窃附威权，惯罔上以沽名，快祟奸而媒利。堂构无恙，何定策之敢言；社稷有君，孰垂帘之可托。自汪文言潜通线索，致王内监突起风波，斗曰：‘自后可虞。’涟曰：

'移宫宜亟。'直房密计,疾如风雨;禁里传呼,势如剽劫。至令康妃踉跄失措,即皇妹亦号恸堪怜。恫先灵而亏圣孝,有臣如此,法可胜诛!犹且招摇作势,标榜为名,斥异己之贾继春,进党同之周朝瑞。谁任击排,则袁化中、魏大中拳勇可藉;谁供颐使,则顾大章绕指堪收。角立门户,旁开径窦,最可恨者封疆大计,亦若视为等闲,失律元凶犹欲加之保护。在熊廷弼不惜以掊克所入为赎命之金丹,在诸奸不难以齿牙之余显钱神之力量,或飞书以缓颊,或渎奏而连章,百方羽翼之,图一冀法网之漏。总之植党者必先假义,以移宫一案为名高,而群邪为之响赴,招权者犹思树人,以救熊自助为隐念,而国法为之弁髦。五载之逋诛已正,两观之瘅殛难逃,虽同鬼录之先登,幸有丹书之具在。"奏入,得旨:"杨涟、左光斗、周朝瑞、汪文言凶恶小人,目无法纪,素与内侍王安互相交结,妄希定策,首倡移宫,夤缘作弊,符同奏启,威逼康妃,亏朕孝德。又与魏大中、袁化中、顾大章结成一党,紊乱朝政,明知熊廷弼失陷封疆,罪不在赦,乃敢贪其重赂,共为营脱。赖九庙神灵,罪人斯得,诛心定法,律当情真,虽已瘐死囹圄,还当戮尸都市。姑从轻典,以示法外之恩。其未完赃银,已有旨着抚按官严提家属追比,俟其完日,待以不孥。惠世扬同恶相济,不得独宽,着锦衣卫差官扭解来京,从重究治。这招词问拟详明,情律允惬,便依拟行。仍遵屡旨,宣付史馆,颁行天下,以昭朕仁孝平明之治,以服天下万世人心。"(六三,2981—2983)

十月庚辰,大学士顾秉谦等题:"总兵毛文龙奏请内臣驻扎登、莱,督发粮饷,蒙谕商确票拟,并援祖宗旧制以对。臣等不胜感悚,反覆商之:皇上事事取法尧舜,太祖、成祖则尧舜也,二祖旧制不遣内臣,况于军旅?其后来间有遣者,然其成功亦皆文武将吏力焉,不可遂专谓内臣方能了疆事也。且军事至危至险,结局必一年二年,何独使内臣代任其劳?又内臣一任则文武将吏皆离心涣志,交诿互卸,是使内臣独受其责。试观前事,经抚二人且不和，而能必抚按与内臣和乎？民心只知护抚按，未必护内臣，则内臣又独当其苦。此三者皇上皆当为内臣计之也。窃谓文龙之意不过欲钱粮之济，皇上但设处有钱粮，何愁发遣不速，皇上有三尺在焉，只消片檄寸符，胜于内臣千万也。”先是，平辽总兵毛文龙请饷，户部定议岁给四十万，内除本色二十万外，该折色二十万，于山东新饷支给。后因文龙议通商，多市商货，价至三十万，而以兵饷抵还，令诸商到登支领。登抚武之望不与，文龙疑管饷都司毛应时勒贿阻商，具疏参之，且咨登抚，俾代请增饷。武之望上其状，乞赐酌议，以疏滞困。户部覆言：“给兵给商，在内固均之支给，而兵之冒锋镝而需此者竟付之商乎？恐九边无此事例。况二十万之内尚该旅顺兵饷四万余两，应听登抚扣除，犹未可尽兑为商价也。夺兵饷而作商价，事既窒碍难行，以不及二十万之兵饷而抵三十余万之商价，数尤悬殊。总之商可通而货不可征。登海为夷夏之交，往来盘诘不可不严，商价可兑而数宜有限，兵饷非可居之奇货，乞令登抚移文毛帅，酌定回文，作何给发，作何通融，不得轻信商言，擅请增饷。”得旨：“你部还酌议详确具奏。”（六四，2999—3000）　　甲申，御史贾继春以皇子诞生，适当颁历，因条列时政：一、停内操以静宫禁，一、宽追夺以广锡类，一、信部覆以释向隅，一、息妄辩以塞倖门。得旨：“炮鼓之声两月前已传过暂停了。削夺原非轻用，以后穷凶大恶还照旧行，其信部覆、息妄辩皆于时政有裨。”（六四，3006—3007）　　丙申，诰敕房办事中书舍人吴怀贤下镇抚司狱。怀贤感愤时事，因读杨涟数逆珰二十四大罪疏，旁加批点，词多激烈，因被东厂缉获。得旨：“吴怀贤恃富逞凶，打死多命，营脱逃京。贿买汪文言，引投左光斗、魏大中门下，结为死党。夤缘题授史馆冠带监生，时将旨意漏传，却又妄谈朝政，侈口番[翻]局，亲书现存，供称有据，着严究具奏。”后竟毙杖下。（六四，3022）

十一月己酉，锦衣卫缉获妖僧，词连扬州府知府刘铎。得旨：

“刘铎身出正途，心怀伪党，讥切时政，哆口妄言。既有诗句图书足凭，着扭解来京，与妖僧本福对理。”(六五，3061)【考】刘铎案《熹宗实录》续记见卷七〇，天启六年四月壬辰：“刑部尚书等官徐兆魁等问过：南京锦衣卫知事欧阳晖前在京，与十方僧福本往来，题《冬至遇雪》诗，黏壁间，有‘阴霾国事非’之句，末写‘罗浮道民’，无姓名图书。福本先藏有扬州知府刘铎诗扇，有图书，遂套刻刘铎图书，印晖诗。后因东厂缉获，扭解来京，究问明白，欧阳晖依‘凡奉制书有所施行而违者’律杖一百，革职为民，刘铎依‘不应得为而为之事’笞四十还职，福本依‘诓骗人财物者以窃盗论’律杖一百流三千里。依拟。”又卷七三，闰六月甲子：“东厂太监魏忠贤题缉获弄法书手史大仁等为犯官李明柱、李承恩脱罪布金，方震孺、刘铎以犯罪之人敢当重贿，为人脱罪，乞敕下锦衣卫，拿送镇抚司究问。从之，仍赐敕奖励忠贤缉获功，加原荫二级。”又卷七四，七月辛巳：“下扬州知府刘铎诏狱。先是魏忠贤逻者于十方寺僧得诗扇，有‘阴霾国事非’之句，谓铎所作。系僧鞫问，词连户部主事欧阳晖。谳者以诗非铎笔，并晖俱得释。忠贤意未厌，罗织其罪，令旗尉缉获其家人刘七与刑部书办史大仁等，谓铎在狱时与狱中原任御史方震孺谋脱原任都督李承恩斩罪。承恩，宁安大长公主子也，捏其子李瑞以公主金册玉带为贿，遂拟震孺原绞加斩，铎遣戍，史大仁等与李瑞并戍。又词连刑部郎中翟师偃、李升问、主事冯士渠三人，俱削籍，夺诰命。忠贤意尚未厌，令旗尉缉获铎家人曾云龙、方士方景阳等，谓铎遣云龙延景阳于家，镇魇诅咒，欲死忠贤。刑部郎中高默、徐日葵、主事陈振豪、汤本沛拟铎书符咒水左道为首者绞，云龙等为从徒三年。有旨此(**按，此字误**)责默、日葵、振豪、本沛，俱降三级，调外任。刑部尚书薛贞遂拟铎谋杀尊长律斩，云龙等绞，竟弃市。当铎鞫时，拷掠无完肤，厉声谓谳者曰：‘一时功名易尽，千秋公论难逃。’谳者悚然，士类伤之。”　丙辰，荫魏忠贤族叔志德右军都督佥事。(六五，3071)　甲戌，凤阳守备太监刘镇进献新果栗枣等，共五十杠。上曰：“驿递烦苦，这献新果品每样只用二杠，余俱蠲免，以昭朝廷恤民德意。”(六五，3092)　户部言：“宁安大长公主嫡男李承恩已经拿问，新城侯王昇奉旨削爵，原赐田地子粒或照例递减，或尽行追夺，乞赐上裁。”得旨：“李承恩、王昇养赡地土尽数还官，其裁扣见

年子粒银三千七十余两着监部科道查收，以助大工。”(六五，3092—3093)

十二月乙亥朔，凤阳守备太监刘镇言：“旧制，屯田每军五十亩，岁纳夏秋屯粮六石。至嘉靖年间，因倭氛暂增兵饷，每军二钱一分。原议事平除豁，迄今未除。又加辽饷银四钱八分，赋重差繁。兼以年来重罹灾伤，盗贼群起。又有署户，旧制每名给田五十亩，止供办皇陵祭品及守直洒扫，并无别项杂差。因世宗之国，凤、临等县帮差，原为一时权宜，今遂着为县民入条编，每丁银二钱七分，又加辽饷三分，民不堪命，率多逃窜。伏望垂念根本重地，将倭饷二钱一分全蠲，辽饷四钱一分减免一半，并将署户行令凤、临等县除去县民籍贯，发署供办祭品，永不许捏派杂差。”得旨：“倭饷准免，辽饷仍旧征解。署户止宜供办祭品，守直皇陵，不许复派杂差。”(六六，3106—3107)　　丁丑，上览魏忠贤奏，令蜡、茶、芝麻等项钱粮着行各该抚按衙门，务要置办真正本色，委廉干员役解进，不许无籍棍徒仍前包揽轻赍，擅自侵渔。(六六，3117)　　戊寅，调司礼监管文书内官监太监杨国瑞为南京司礼监太监，与刘敬协同守备。御马监太监胡良辅调南京孝陵神宫监太监掌印。(六六，3118)　　丙戌，以缉获功荫升魏忠贤甥傅应星左都督。(六六，3132)　　壬辰，东厂缉获盗米仓役梁逢恩等，得旨：“仓粮军国所关，主事李柱明乃敢恣意贪饕，监守自盗，好生可恶，着锦衣卫都拿付镇抚司严刑究问，追赃具奏。”(六六，3142)【考】《熹宗实录》卷六九，天启六年三月己酉：“东厂缉获户部主事李柱明盗卖北新大军仓粮，奏下诏狱，柱明拟辟，仓攒梁逢恩等戍配、杖惩有差。”　　己亥，以缉获功荫升魏忠贤族弟宗孔都指挥同知。　　予魏忠贤甥中军都督府左都督傅应星父尚才、母魏氏祭六坛，加祭一坛，仍着建坊旌表以扬母节。　　司礼监太监李永贞奏搜取见在之铜，专官催解。得旨：“南京废铜六分解京以济大工，留下四分以供鼓铸，着差廉干内臣会同该司料理所铸之钱，仍解一半助工，一半为铸本。”(六六，3152)

辛丑,镇抚司打问过犯官惠世扬,得旨:"惠世扬借汪文言结王安,擅入内直房,听其指使,同杨涟、左光斗倡议移宫,威逼康妃,目无先帝。且党邪害正,罪状非一。究问既明,着送法司再加研审,依律从重拟罪,仍宣付史馆,垂示将来,为人臣不忠之戒。"(六六,3157)

本年附

艺文·碑铭·华严寺碑

钱象坤《重修华严寺碑记》:"(**前略**。)新城县之巽隅,远一舍许,有口头村,望白沟河,相连为一带。昔宋辽分据,以此地作疆界,尚衣监掌印赵公之乡土也。兹华严寺近赵宅咫尺,东邻寺之废址,尽成田里,佛止一殿,僧止一室,梁栋危悬,败椽将堕,即赵公龆龀之年礼佛,视殿慨发愿言,从容成立,换瓦抽椽,翻旧易新,是其愿也。无何,日近天颜,三朝眷顾,惟今上恩渥隆重,束玉掌权,兄侄袭荫,每析禄粟而遍给闾闾,德合乡井,族眷惠实嘉庇焉。遥忆先愿,遂捐俸金,鸠工匠而经营之,开废址而充阔之。大殿山门巍然表刹,天王有殿,钟鼓有楼,配殿群廊,方丈禅堂悉为增创。未几,落成一大道场,檐廊金碧,栋宇辉煌,远近争游,令人耀目。焕然更始,众善皈依,较其功德,岂可量哉!稽之当日乐捐布施助其成者,乃蒙大司礼掌篆王老公及御马监等衙门天师庵掌场张公等,董其役者乃马公讳玉、李公讳孝,共成盛举。(**下略**。)"

(天启五年立石,民国《新城县志》卷一七《地物篇·金石·明》)

天启六年丙寅(1626)

正月甲寅,谕吏部、都察院:"犯官王之寀、周宗建、张慎言、熊明遇、方大任等及已故陶朗先、杨涟、左光斗、顾大章等家属,奉旨行本处抚按提问追赃,如何久不回报?显属违玩,还移文各省直勒限速解,以助大工。"(六七,3169—3170) 戊午,圣谕:"朕惟君臣父子,人道之大纲;慈孝敬忠,古今之通义。有国家者修之则治,紊之则乱;为臣子者从之则正,悖之则邪。自古迄今,未有能易者也。乃有乘宫庭仓猝之际，遂怀倾危陷害之谋，构朝廷骨肉之嫌，自为富贵功名之地。其为乱臣贼子，可胜诛哉！洪惟我皇祖神宗显皇帝早建元良，式端国本，父慈子孝，原无间然。而奸人王之寀、翟凤翀、何士晋、魏光绪、魏大中、张鹏云等乃借梃击以要首功。我皇考光宗贞皇帝一月御天，千秋称圣，因哀得疾，纯孝弥彰。而奸人孙慎行、张问达、薛文周、张慎言、周希令、沈惟炳等仍借红丸以挟私怨。迨皇考宾天，朕躬缵绪，父慈子孝，正统相传。而奸人杨涟、左光斗、惠世扬、周朝瑞、周嘉谟、高攀龙等又借移宫以贪定策之勋，而希非望之福，将凭几之遗言委诸草莽，以待封之宫眷视若寇仇。臣子之分谓何？教忠之义安在？幸天牖朕衷，仰承先志，康妃、皇妹恩礼有加，而守臣（按，臣疑应作正）诸臣凡因三案被诬者皆次第赐环，布列有位，嘉言罔伏，朝政肃清。特允部院科道诸臣之请，将节次明旨并诸臣正论，命史臣编辑成书，颁行天下，使三朝慈孝灿然大明，天下万世无所疑惑。其凡例体裁一仿《明伦大典》故事，即于新春开馆纂修。卿等受兹委任，须同心协力，研精殚思，采集周详，持义明核。凡系公论，一切订存，其群奸邪说亦量行摘录，后加史官断案，以昭是非之实。务要早完，书成之日，名之曰《三朝要典》，以仰慰皇祖、皇考在天之灵，用副朕觐光扬烈之意。”（六七，3172—3174）

二月己丑，刑部等衙门尚书等官徐兆魁等具原任大理寺少卿惠世扬大辟爰书以闻。先是，御史梁梦环疏参汪文言险邪小人，朋比交结，虽经廷杖回籍，而大计伊迩，恐其复来坏法，变乱是非，必加严究以代奸谋。奉旨逮问究治。镇抚司条上招词，称其党同杨涟、左光斗、袁化中、魏大中、周朝瑞、顾大章、赵南星等，乘先帝宾天，串通王安，妄希定策，诬李选侍有垂帘称制之举而倡为威逼移宫之事。及受熊廷弼贿赂多金，谋为出脱失误封疆罪案，词连世扬。汪文言时已毙诏狱，而杨涟、左光斗等六人继奉旨逮治，亦已瘐死镇抚司狱中，赵南星等一十五人削夺追赃，熊廷弼处决传首。至是遣缇骑特逮世扬,着镇抚司严刑究问。镇抚司具狱词,诏下法司论罪,乃按以离间皇家骨肉,交结近侍官员律论死,监候处决。得旨:"先帝宾天之日,惠世扬与杨涟、左光斗同恶相济,造语垂帘,希功定策,致康妃母子踉跄失所。先经黄克缵、贾继春论劾,罪状甚明。及查其串通汪文言,入王安直房,亵衣密谋,则离间亲亲,交结近侍,大恶备矣。重辟允当,即依拟行。"(六八,3247—3248)　乙未,兵部以成造卤簿大驾成,题田尔耕等升级。上从之,仍以魏忠贤、刘忠、田尔耕俱奉旨题叙疏内,止覆尔耕,司官大不敬,诏夺俸三月,魏忠贤荫弟侄一人为都督佥事,仍赐敕奖励,刘忠荫弟侄一人为锦衣卫正千户,各赏银、币有差。(六八,3259)

丙申,大学士丁绍轼奏:"臣切谓天下无有全利,亦无全害,要在择其利多害少者为之。人主有法先王,有法后王,亦在择其有利无害者法之。今山海关何时也,皇上所谓一重门限者也,屡年败溃,一朝坚守,正幸为今日恢复一大机括。乃昨者讲筵毕传谕:'关门兵少饷浮,遣内臣往视。'抑且示以《全辽志》云:某代某年,皆遣内臣。此皆由文武将吏不足取信于皇上以至此,可愧也。此皇上惓惓为山海之心,臣何得不为仰体,第窃考古证今,若先王若后王,其遣内臣者多乎?其不遣内臣者多乎?而揆利度害,其遣内臣而成功者多乎?其遣内臣而激变生祸者多乎?夫不法其多而法其少,非善法者也;惑于利之少而不顾害之多,非知利害者也。去岁毛文龙请内臣镇守登、莱,臣等谬已胪列其状,况今关门百倍登、莱,请申言之。夫内臣,皇上之近侍,奉命而往,又天子之使臣,文武将吏有不窥其喜怒,伺其意指而禀其教令者耶?彼视己之贤否、官之去留与临时之生死皆系内臣口腹中,何敢不为逢迎之计而何暇为战守之谋?此其分将吏之精神为害者一。昨传谕但云内臣往一清查,不令掣肘经督,虽然使内臣而无才智者则皇上不用遣也,使内臣而少有才智,肯遂准唯默默已耶?势以渐盛,柄以渐移,又多左右之拨置与教唆,将有不当战而速之战,宜用守而不与其守，则掣肘其必然者，而由掣肘生脱卸，人人诿之天使，成败谁与任之？为害者二。关门往日文与文不和，或文与武不和，故屡致败。今又有巍然一中使焉，中使能必其高下存心、好恶曲当者耶？于是文武将吏皆藉以申其所爱而嫉其所仇，中使不知其藉己也而徇之，小则文武将吏用以自相害，大则阴嗾军伍鼓噪士民而并中使害之，内变立见。往事种种，此时尚暇问封疆乎？为害者三。三害如此，皇上又何为遣之？毋亦曰：'有内臣为我清兵清饷，此一利也。'噫！皇上六年以来，不能得一贤文臣，贤武臣，岂今日便能得一贤内臣耶？虽有之，未敢必也。况多一内臣便多一衙门，便多一供应，不知增多少护卫兵饷。利耶？不利耶？毋又曰：'有内臣为我查功核罪，此又一利也。'噫！子有外交，不惮欺其父；妻有外交，不惮欺其夫。敢必内臣遂无是耶？此时功愈冒功，罪愈掩罪。曰：'我有中贵在焉，彼经督诸臣又何得与中贵相矛盾。'此利耶？不利耶？以害如彼，不利如此，然则前代之用内臣岂是良策？岂真可法？臣固不能以片褚悉数者，如是又何以慰皇上忧劳之心？何以为关门之计乎？臣请有一言曰：申严军法而已矣。何也？人主深居九重，天下之大，四海之远，岂能身履而目见，所恃者法耳。至于军法，尤断断不可姑息者。军法行，何外臣之不奉命？军法不行，何内臣之可成功？今皇上不严军法而遣内臣，左矣，左矣！幸今日有袁崇焕之却敌，皇上正当专意责成，勿贰勿疑，而忽别用一番人，是必有不利崇焕之功，而下石于经督诸臣者，使其离心解体，俯首丧气，才一好机括，又忽尔摇夺，皇上不察而中其计，则又可惜矣。臣窃谓皇上不念一重门限也，则可如知一重之为危而临门者之可惧，奈何不慎择利害而以天下戏乎？二祖屡禁内臣不得典兵，世宗罢除镇守，千古美谈，傥今日复创行此事，岂非盛治之累？前登、莱欲遣，蒙俯采末议，慨然停止，今于山海何独不然？使臣缄口不言，辅弼谓何？又于前日之议谓何？因是冒昧具疏，如谓臣妄言阻挠，宁甘斧钺，不但求罢斥已也。”不报。(六八,3260—3264) 戊戌,提督苏杭织造太监李实参原任应天巡抚周起元违背明旨,擅减原题袍段数目,掯勒袍价,又不容臣驻彼地方,故纵苏、松二府连年误运。且起元抚吴三载,善政罔闻,惟以道学相尚,引类呼朋。而邪党附和逢迎者则有周宗建、缪昌期、周顺昌、高攀龙、李应昇、黄尊素,俱与起元臭味亲密,每以私事谒见,言必承顺起元之意,不曰内监文移何足准行,则曰袍段钱粮只宜缓处。起元因是愈恣暴慢,乃假名铸钱,以太、安、池三府协济袍段银十余万两铸造滥恶薄钱,眩人耳目,将皇上急需之袍价尽入私囊,致机匠苦于赔累,迄今吴民恨不能食其肉而寝其皮也。然黄尊素愈为可恨,辄与臣掌案司房黄自新以其桑梓,甘为侄辈,俾自新倚势西台,凌轹机匠。臣业将自新严刑拷鞫,正拟具疏候旨定夺,而自新惧法缢死,则尊素之罪固可逃乎?更如周宗建等罪恶多端,奉有明旨提问,乃敢肆无忌惮,不拜龙亭,不服讯勘,色衣方巾,公行出入,目中何知有君父,亦何知有法纪耶?周顺昌等俱系奉旨削夺官诰,不思潜身引咎于林泉,尤[犹]然冠盖招摇于故里。乃复布散流言,簧惑机匠,闭门逃躲,不行机织。臣恐再罹误运之愆,若不预为奏明,临时何以解溺职之罪也。得旨:“周起元背违明旨,擅减原题袍段数目,又掯勒袍价,以致连年误运。且托名道学,引类呼朋,各立门户。一时逢迎附和有周宗建、缪昌期、周顺昌、高攀龙、李应昇、黄尊素,尽是东林邪党,与起元臭味亲密,干请说事,大肆贪婪,吴民恨深切齿。除周宗建、缪昌期已经逮解外,其周起元等五人都着锦衣卫差的当官旗扭解来京究问。李实仍安心供职。”(六八,3268—3269)

三月甲辰朔,北镇抚司许显纯具奸细武长春狱词。长春系李永芳之婿,又娶永芳中军赵一鹤女为妾,万历四十六年以催饷为名潜住京城……被东厂缉获。得旨:“……上赖宗社之神灵,下藉厂臣之忠智,获此元凶,并擒奸党,既经镇抚司究问情真,着送刑部依律从重议罪。魏忠贤赤心为国,殚力筹边,前此屡着奇勋,今又潜消大衅，不烦亡矢遗镞之费，可比斩将搴旗之功，劳在封疆，赏宜超等。着查照宁晋伯事例速议具奏，以彰朕酬眷元臣至意，其原办官旗并与优叙。”（六九，3281—3283）　丙午，兵部尚书王永光疏言：“查得《大明会典》功臣封爵，载在吏部验封司职掌，而查核功次则臣部事也。宁晋伯刘聚在正统九年随叔刘永成[诚]在甘肃地方收捕都督南哥等一千七百余名口，并捕获伪祁王锁南奔等，又临水堡擒获达贼哈三帖木儿等。天顺五年又杀反贼曹钦等，射杀贼首也忽王，生擒斩首一百余名。历升总兵官，进升宁晋伯。成化九年又双山堡大战，斩获首级二百余颗，榆林地方擒斩首级又二百二十余颗，通计男妇达马牛羊共一十二万九千八百名口，此成案，在吏部可查也。今厂臣魏忠贤纯忠许国，正色立朝，剔蠹厘奸，巡缉严而党贼骈戮，发伏摘隐，奸细缚而祸本潜消。雅类张承业之竭忠，且兼严遵美之避权，让大美而不居，㧑谦已著于辞赏，准令甲以入告，酬庸一听乎司封。”得旨：“魏忠贤纯忠体国，剔蠹厘奸，巡缉严而党贼骈戮，反侧缚而祸本潜消，功次既明，爵赏宜亟。宁晋事例，旧典照[昭]然，着吏部查议覆。”（六九，3285—3286）　丁未，圣谕：“朕惟国家之事莫重乎封疆，封疆之事莫大乎欺隐，故必文武同力，内外协心，然后功罪不淆，上下相信。我太祖攘夷为夏，成祖三犁虏廷，列圣缵承，武功并著。盖其设官分职，皆有深意存焉。朕览《全辽志》，见自永乐、宣德、正统以来，节次设立镇守、分守太监等官，后因有司朦奏裁革。迨我神祖末年，承平日久，边务废弛，以致奴贼披猖，宇内骚动，而委用俱不得人。李维翰则红旗催战而殒我总兵，杨镐则预泄师期而丧我夙将，郑之范则先逃以懈军心而开元陷，熊廷弼则奸巧以卸重担而辽沈亡。沃野尽殁腥膻，衣冠化为左衽。及乎广宁之事，熊廷弼手握上方，王化贞身膺节钺，居恒则竞相矛盾，闻变则并马奔逃，实事毫无，全辽尽陷。每一言念，切齿痛心，皆因文武不和，互为欺玩。武臣则逢迎朘削以失军士之心，文臣或偏执徇私以掣武臣之肘，骗官盗饷,视为固然,妒功害成,牢不可破。欺蔽日甚,恢复何时?始知祖宗朝设立镇守内臣,原非无谓。未裁之先,边警虽频而金瓯无缺,既革之后,虏骑未至而全镇胥沦。由斯以观,孰得孰失,何去何从,不辩自明矣。历选前代以至本朝内臣戡乱讨贼,立功绝域者,不可胜纪。朕率循旧典,断在必行。兹设立镇守山海等处太监一员:司礼监秉笔太监、总督忠勇营兼掌御马监印务刘应坤;左右镇守太监二员:乾清宫管事、提督忠勇营御马监太监陶文、纪用;分守中军太监三员:乾清宫打卯牌子、忠勇营中军御马监太监孙茂霖、武俊、王莅朝,仍俱在山海关驻扎。凡军中战守一应事务,着听文武将官持议而行,毋令掣肘。其粮饷器械数目、官兵马匹强弱,务用心清查,毋容滥恶冒破。或遇声息缓急,进止机宜,务要据实直写密封,不时星驰来奏。其与文武将吏协心为国,不许彼此参商,致生衅隙。如果恢复有功,与文武将吏并行爵赏;傥或轻举偾事,与封疆之臣一体任咎。祖宗成宪,朕不敢私。仍各查照旧制,写敕与他,以昭朕法祖饬戎至意。"又谕:"朕自即位以来,廑念辽事,夙夜靡宁,若发帑助饷,颁器佐军者屡矣。迄今数年之久,未雪三朝之愤。顷又渡河告警,宁远被围,赖一时文武合谋,孤城得守。然丑类未尽歼除,则衅孽犹恐时发也。朕虽身居九重,无日不怀此远虑。又念文武将士星居露处,擐甲枕戈,悯我征人,不啻痌瘝之切。已兹特发御前帑银四万两、各样青红蟒衣、膝襕等缎纻二百匹,并神庙昭妃等妃、朕后宫皇贵妃等妃、皇子及诸王、公主,司礼监等衙门、各局司库掌印,乾清宫御前管事、提督牌子,各执事太监等官共银十六万两,又检得军前灭虏应用神器等件钱粮头号发熕三位、二号九位、九边神炮二百位、虎蹲神炮二百位、头号佛郎机一百位、二号佛郎机一百位、铁涌珠炮一百杆、铁连珠炮一百杆、铁三眼铳一千杆、各随用什物全火药二万斤、大小铅子十万个、弓二万张、箭六十万枝、刀二万把,特着司礼监太监、总督忠勇营、镇守山海关等处兼掌御马监印务刘应坤等,与同乾清宫管事、提督忠勇营山海等处左右镇守御马监太监陶文、纪用，乾清宫打卯牌子、忠勇营中军御马监太监孙茂霖、武俊、王莅朝，俱随赴山海关抚镇道臣处，眼同查收，相机军前公用。其银两就着刘应坤等移会抚镇道臣，分别等第，唱名给散。必要上下各沾实惠，勿致遗漏冒滥。其差去员役已自备盘费糇粮，不许骚扰驿递。经过地方亦须加意防护，务保万全。于戏！赐出尚方，表朕每饭不忘之意，恩沾边塞，讵无捐躯图报之思。知尔三军勇气百倍，傥犁庭扫穴，得纾朕东顾之忧，将砺山带河，岂靳尔酬勋之典。”（六九，3287—3291）　吏部尚书王绍徽疏言：“查得《大明会典》一款，国初因前代之制，列爵五等，非有社稷军功者不封子男。后革所封公侯伯，皆给诰券，或世或不世，各以功次为差。看得奸细武长春等当奴酋猖獗之时，潜伏京师，群不逞之徒，作为内宄，危在社稷，且欲谋泄庙谟为奴酋内应，所关军功莫甚焉。幸赖魏忠贤缉获叛党，奠安根本，功在社稷。又令逆谋未逞，制胜庙堂，使宁远告捷，摧积年之强虏，其于军功大有裨也。比之宁晋伯刘聚，彼以折冲千里，此以扫靖肘腋，辉映简册，先后齐方[芳]，勋庸诚无二也。要与封爵之典合，至给诰券，或世或不世，其带砺之盟所关匪细，相应题请，非臣等所敢擅拟。”得旨：“当奴酋猖獗之日，有叛贼内应之奸，非但封疆胜负攸关，抑亦宗社安危所系。魏忠贤预发不轨之深谋，大挫积年之强虏，捷音虽报于边塞，胜算实出于庙堂。宁晋先后齐芳，世爵褒封允当，特封忠贤侄太子太保、左都督魏良卿为肃宁伯世袭，宫衔照旧，岁加禄米一千一百石。其遗下世袭锦衣卫都指挥使另行承补。锡之诰券，与国同休。誓以山河，永世无斁。藉此彝典，作劝忠良。”（六九，3291—3292）　己酉，大学士顾秉谦、丁绍轼、黄立极、冯铨言：“皇上特遣内臣镇守山海，命臣等拟谕进呈矣。乃连日闻外廷议论纷纷，人心惶惧，皆以为不可，咎臣等不能执奏。又闻奴未归巢，其势必来，而我之城垒未完，器械未备，顷又报前屯火灾。何恃不恐？向所恃者宁远道、将一片死守之心，傥见皇上别遣内臣，将恐皇上之有疑于诸臣，而诸臣不敢任；又见别遣之人，一有干与，且将尽诿卸于内臣，而诸臣不肯任，则误于封疆者大而亦非内臣之利矣。至若兵饷之数目、功罪之情状，巡关御史自可身经目睹，据实以奏。皇上但严谕责成，彼安敢自溺其职，亦何烦多此一番举动乎?”得旨:“览卿等所奏，忠诚为国，殚力筹边，朕已洞悉。昨遣内臣出镇，原以清查粮饷军马，综核防御等项，无非法成祖以来曾有之旧制，为恢复封疆之大计耳。卿等既已议妥，拟谕施行。今何得以外廷群小之言辄又疑阻成命？二三反汗，又非朕断在必行之意也，还即遵前谕行。”(六九，3294—3295)　兵部尚书王永光言:“高皇帝时，各边未有镇守。夫高皇帝创业圣主也，不设立镇守，定有深意。即皇上圣明，亦岂不知之？只谓今日之内臣，倾赀助国，慷慨从戎，必能与文武将吏同心协力，共纾东顾之忧耳。然而智者察影，圣主防微，六内臣扼腕东氛，查勘钱粮之外，定无掣肘。然内臣帐下岂尽以内臣之心为心而不相牴牾乎？袁崇焕誓死报国，必能与内臣悉心商确，其图灭虏。然崇焕部下岂尽以崇焕之心为心而不相疑忌乎？迩者宁远一捷，中外稍稍吐气，当事者且议裁经略、裁总兵，专任袁崇焕，以一事权，而随以六内臣拥聚斗大一关，事权不愈棼乎？万一袁崇焕瞻回顾望，致误封疆，则此罪崇焕任之乎？内臣任之乎？惟是钱谷冒破，信非内臣不能清，或间遣一二人，出其不意，即可稽核奸弊，无烦设立镇守，六臣并出，以骇睹闻也。且九边去京师远，不幸中虏，犹有方国以间之，有河山以限之，其患犹缓。山海关去京师近，正皇上所谓一重门限者，傥将领以兵柄互持，无所禀承，有警不即应援，关门震动，即钟簴弗宁，何可不深长思也！昔肃皇帝八年，尽革天下镇守内臣，神谋远虑，同符高皇。我皇上法祖饬戎，宜何择焉？皇上如不以臣言为然，乞敕下廷臣集议，务求万全之策，无以封疆为尝。”得旨:“内臣镇守系祖宗旧制，与文武诸臣并无掣肘，着遵前谕行。”(六九，3295—3297)　庚戌，大学士顾秉谦、丁绍轼、黄立极、冯铨奏：“文书官发兵部尚书王永光等覆奏镇守内臣本到阁，口传圣意，着遵前谕行。臣等再三思之，皇上以封疆为心者也，臣等又仰体圣心以为心者也，果全利无害，方将顺不暇，何敢固执以挠成事。但考通国之人情与目前之时势，诚属未便。今阅枢臣所奏，比臣等昨日之言更为详切。夫边计固本兵之专职也，今内臣一出，彼得藉以稍分其责，为枢臣谋甚便，然而枢臣不敢者，岂非为皇上封疆计乎？封疆之事成于同而坏于异，而委任不专，事权不一，则乖异之渐所由开也。年来失事，弊皆坐此。我皇上嘉宁远苦守之功，精文武大吏之选，从此委任专、事权一，而兵饷之定数、战守之成画，乃可次第料理，渐图恢复矣。今忽以内臣六人往，此六臣者与崇焕等为同乎？为异乎？将为同则无用往也，使为异则害有不可言者。交卸其责，必有误事之害；各逞其才，必有偾事之害。妒功忌能，害在诸臣者犹小，幸灾乐祸，害在疆场者甚大。一重门限，陵京重地，宗社之安危系焉。倘或疏虞，更无救着，莫谓臣等今日不言也。枢臣之言曰：‘万一瞻回顾望，致误封疆，则此罪崇焕任之乎？内臣任之乎？’臣等看详至此，心胆竦然。况奴贼尚未归巢，志图再逞，回乡屡报，并非虚谬。贼既失利于宁远，则此来必不攻我之坚，倘以偏师缀宁远而全军直抵关门，是内臣独代边吏受敌也。胜负之数，内臣能自保乎？望皇上并为内臣深虑之也。刻印销印，古今美谈，计图万全，事难执一，正不必以反汗为嫌耳。如谓兵饷虚耗，必须内臣查核，方可清楚，不妨如枢臣议，量遣一二人，出其不意，事竣速还。即将犒赏银两、火药、器械等物赍发前去，以宣布皇上鼓舞边吏，使知皇上委任之专、事权之重而体念之，又如此其至也。有不益加奋励，矢志恢复，以报圣恩者，臣等且任失言之咎矣。”丁绍轼又特疏争之，谓“兵家之计，攻瑕而不攻坚，前日奴酋失计，遂以攻宁远取败。今奴来计，必舍宁远而直抵关门也。臣不知所遣之内臣能了此否耶？前日关门不能救宁远，今必宁远之能救关门乎？内臣何得而不惴惴，此大可虑者一。兵家遣将，必择有名望者，以寒敌人之胆，敌必先问来将姓名以决己之进退。择文武为将，即其才未必高而犹彼所不知，或恐有韩、白其人。今以内臣往，奴必谓此习于富贵膏粱，不闲兵事之人也。即奴未必攻关门，今以内臣招之矣。此大可虑者二。从前一经一抚，动相争哄，昨日五总兵以为冗，欲去其三，乃今遣镇守三人，分守又三人，即人人皆贤，亦无此命将之体也。奴兵前称十八万，人人皆强，山海兵不满五六万，人人称弱，臣不知此六臣者遂能办此否也。此大可虑者三。祖宗朝即有遣中使者，乃在太平全盛之时，今皇上之欲遣者，适在危急存亡之日，马方骇也而又鼓之，此宗社所关，非若他事可再补也。"俱不报。(六九，3297—3300)　辛亥，赠魏良卿伯曾祖大相，伯祖志敏，父冬，俱肃宁伯。良卿请给四代诰命。吏部尚书王绍徽谓忠贤既以洪勋逮及其侄，宜以报本追崇其先，请照本爵赠及忠贤祖父母、父母。许之。(六九，3301)　壬子，户部请给魏良卿田土，得旨："肃宁伯养赡地土准照例从优给赐七百顷。"(六九，3303)　癸丑，吏部尚书王绍徽等疏言内臣镇守不便者四："军机应在呼吸，六人奉诏密奏，动关进止，及有漏泄之虞，一也。将吏树功立名之心，不胜忧谗畏讥之心，牵制既多，展布必少，二也。况三镇守、三中军，凡事关钱粮军务，必将增设文移，檄书旁午，日亦不给，三也。六人并驰，关门势必建置衙宇，一应投随人役势必渐多，即中官俱贤，而此辈蚁聚，岂能以无事为福地方，必受驿骚，四也。"得旨："朕念封疆恢复无期，故特遣内臣查核兵饷，原谕并无掣肘。卿等大臣，谋国当思仰体，着遵前旨行。"(六九，3303—3304)　乙卯，兵科右给事中薛国观等、御史牟志夔等交章请罢内臣镇守，俱报已有屡旨。　以魏忠贤缉获盗卖龙袍蟒段王用行，荫弟侄一人都督同知，仍赐敕奖励，并赏银、币、羊、酒、钞锭。(六九，3306)　丁巳，兵部尚书王永光复言："奴报紧急，遣内臣镇守，兵柄四分，人心惶惑。臣忆先帝临终，嘱臣等辅皇上为尧舜之臣[君]，同时诸臣，今独臣在耳。值此大利大害，若惧祸缄默，甘同寒蝉，生何以事皇上，死何以见先帝于地下乎！”得旨：“自逆奴犯顺以来，文武将吏经几番委任，迄无成功。宁远虽固守得全，然觉华岛失事亦为不小，内臣之遣，出于万不得已。且并无掣肘，屡旨甚明，如何不遵，反以危言渎扰，希图卸担。塘报紧急，本兵责任难辞，一切防御机宜，还着作速料理，不得争执沽名。”（六九，3308）　吏部等衙门尚书王绍徽等公疏言：“唐以一鱼朝恩为观军容，虽安庆绪败亡遗虏，李（光弼）、郭（子仪）为将，犹不免兵溃于相州。而况六内臣并出，掣将吏之肘，隳任事之心，其有能不败者乎？当此时而治其罪，前有劲敌，后有军法，在文武诸臣固无所逃诛，而亦非六内臣之福也。”得旨：“辽左沦没，八载于兹，文武将吏，几番更任，恢复无期，至兵饷迄无确数，故特遣内臣查核。且屡旨甚明，并无掣肘。卿等大臣，体国宜各出长策，仰佐朝廷宵旰之忧，不得扶同阻挠，以沽名塞责。”（六九，3308—3309）

辛酉，太常寺等衙门卿曹思诚等公疏言：“皇上特遣内臣六人出镇榆关，且谆谆于掣肘之戒，神谋睿虑，算无遗策，臣等方将顺之不暇，而连日来阁部台省交章争执者，岂好为是逆耳之言以取厌聒？亦以审时度势，于心有所未安，于事不嫌再计耳。臣等方静听转圜，乃圣意持之弥坚，于是乎不敢不以通国之议，仰祈圣鉴矣。盖阃外之权惟一则专，兵家之机惟密则成，意见不同，虽贤者不免旗鼓各建，将耳目易棼，开边臣以诿卸之端，示夷狄以轻侮之渐，此皆诸臣之所已言，无非为宗社封疆详慎意耳。臣等欲再言，亦不能加于诸臣之上，第备员九列，谊难缄默，谨补牍合陈。傥以成命一颁，不可中止，或令之查核虚冒，侦探情实，衔命而往，勒限而归。俾其至也如风雨，行也如雷霆，似亦足以肃军中之视听，振文武之玩愒，不犹愈于常驻关门，久而生玩，反以亵一人之威灵哉！昔汉高从谏如流，文帝止辇受言，汉业以兴。况我皇上，远追关门达聪之盛轨者乎？”得旨：“内臣镇守，止为清查兵饷，并无掣肘，屡旨甚明,如何又来渎聒?显是沽名,姑不究。"(六九,3315—3317)　癸亥,巡抚辽东袁崇焕疏言内臣出镇事,其略曰:"兵,阴谋而诡道也,从来无数人谈兵之理,臣故疏裁总兵,心苦矣。战守之总兵且恐其多,况内臣而六员乎?又所辖之随行,军法不得问者,不知几许乎?昨部臣崔呈秀疏荐厂臣魏忠贤约束内官,不干与部事,部事且不令干与,况呼吸存亡之兵事乎?若成命难更,则如前岁之解运军器,或去或来,令在事之臣妆点不及,功则赏之,罪则罚之,此为大圣人之作用矣。"得旨:"内臣出镇清查,万不得已,内刘应坤等三人前解军器,秋毫不扰,朕因择而用之。且有厂臣魏忠贤赤心为国,守法奉公,相戒内官,平日不干与部事,岂有封疆大事,敕书戒谕甚严,而反为掣肘者。诸臣自当安心殚力,务图万全,切勿以多牵多制为虑。"(六九,3318—3319)

四月癸酉朔,赐肃宁伯魏良卿第宅、朝房。工部尚书董可威议照宁远伯近例,动节慎库银一万九千两作买价修理之费,又武清侯有东西朝房,挪一所改付本爵。从之。(七〇,3333—3334)　以缉获贼犯李贞等,加升魏忠贤原荫弟侄都督同知,仍赐敕旌奖。(七〇,3334)　丁丑,谕工部、都察院:"朕思大工肇兴,所费宏巨,今殿工虽不日就绪,但所欠各项价银已几至二十万矣。况全辽未复,兵饷浩烦,今若不尽力稽查,多方博访,则大工必至耽误,而边疆何日敉宁,殊非朕仰补三朝阙典之怀,亦非臣下子来奋勇之谊也。朕览南京操江宪臣范济世两疏,所陈凿凿可据,其所管应天、扬州八府等处库贮银两前已有旨,着尽行起解,到京之日照数查收。似此急公徇上之情,足为大小臣工模范。设使天下有司皆同此心此念,则朕何忧乎鼎建之殷烦,军饷之难措哉!范济世所奏,奉旨已久,其银两如何尚未解到?尔工部、都察院即行文速催,以济急用。且天之生财止有此数,即上不在国,又下不在民,岂可目击诎乏之时,忍致于无用之地,甚无谓也。朕近闻得盐运司每年募兵银六千两,每年有挖河银六千两,实收在库,约有二十余万两。又盐院康丕扬在任，一文未取，每年加派银一万两，约有二十余万两。又故监鲁保遗下每年余银四万两，约有四十余万两，连前院除支销费过余剩银，约有八十余万两。刷卷查盘可据，无人敢取。又南太仆寺解过马价余银二十六万两，见寄在应天等府贮库。又户科贮库余银约有七万两，寄收应天府。又操江寄十四府余银约有十万两，又操江寄贮扬州、镇江、安庆三府备倭余银约有三十余万两，北道刷卷御史可据。已上七宗，俱当遵照范济世所奏事例，兜底清查。就着南京守备内臣刘敬、杨国瑞亟委廉干官胡良辅、刘文耀[燿]，遵奉前项款数，会同该部院抚按官，着落经管衙门查核的确，速行解进。有敢推避嫌怨、隐匿稽迟、怀私抗阻的，必罪有所归。如起解不完，则抚按等官都不许考满迁转。其刘敬等亦不许扶同蒙蔽，玩法徇私，必要殚力急公，尽心搜括。庶鼎建戡乱，均有攸赖，我国家有用之物不终为贪吏吞占侵渔，以昭朕裕国恤民德意。特谕。”（七〇，3338—3340）　巡按直隶御史徐吉疏言：“顾大章赃银已经设法追完一万七千五百两，其未完一万三百六十五两六钱亦勘有田、房、杂物等项，变卖凑完。”得旨，着追完以助大工。（七〇，3342—3343）　应天巡抚毛一鹭、巡按徐吉疏言：“本年三月十五日，因削职为民犯官周顺昌奉旨被逮，星夜谕苏州知府寇慎，着落吴县知县陈文瑞，将顺昌拘到，发该县用心堤防，候期开读。随据钦差锦衣卫千户张应龙、文之炳约以本月十八日午时开读，臣等同赴公所，沿途见士民如堵，车拥不前，汹汹嘈杂莫辨声。陪随进公所，正开读间，纷纷士民号呼，一拥而入，疾声大噪。事出仓猝，臣等以身捍蔽，率道、府、县谕以名法，惕以祸福，奈奔雷掣电之势几成斩木揭竿之形，彼时心口俱穷，智勇交困，陵厉叫号，莫可名状。冲突撞击，势甚决裂。谨将犯官周顺昌仍前拘获候解外，似此仓猝异变情景可骇，除一面安辑人心，查缉倡乱，以俟另疏报闻。”得旨：“周顺昌逮到，朝廷自有酌量处分，小民无知，何得拥众号呼，几成鼓噪，法纪安在？如本日解散，姑不深究。再有抗违，为首的定行拿究正法，且益重本犯之罪，抚按官另疏奏闻。”(七〇，3343—3344)　　癸未，锦衣卫逮到缪昌期，命镇抚司严刑究问。(七〇，3355)　　乙酉，应天巡抚毛一鹭、御史徐吉复奏：“周顺昌之被逮也，主持自有宸断，勘问自有法司，分宜逮到之日，官旗即行开读，而不虞其以三日淹也。比传开读，臣等亟趋公所，见聚观者如堵，即行呵斥，而各官以为向者周宗建等开读日，光景亦是如此，且传鼓相催，遂辟除从人，上阶行礼。不意呼号之声如疾雷响应，莫可向迩，执香稠众，一涌而上，势如鼎沸。臣等相顾错愕，唯以身为捍蔽，力谕道、府诸臣喊示功令。幸顺昌拘系无虞，而奉差官旗辈遂把捉不定，惊溃却走。众益挥号攘臂，直入后堂，致涌跻践踏，攀援扑跌，几成狼狈决裂矣。臣等速调防御官兵，以次鳞集，众稍稍奔轶。乃乌合之众乘风鹤之惊，复闻河下有旗从需扰，若辈遂如狂如颠，随奔哄城外。臣等复急促府、县正官立刻严拿禁戢，而旋亦散逸。此十八日真情景也。次日，讹言偶语，遍街塞巷，臣等惟有密加防护，严行申饬。自辰至酉，方始解散。距三日而从役内有李国柱者，因惊窜独先，踏伤偶毙矣。窃念事莫凛于王言，法莫严于三尺，讵意清平世界，有此异常大变，举国若狂，几于不可收拾。何人情之汹汹，而时事之叵测至此甚也！方周顺昌奉旨被逮，县官往即就系，当令府县力促开读，而官旗不应逗遛需索，订期十八，致生远迩之心，此变之所由肇也。苏郡法纪陵夷，已非朝夕，臣等德不足以绥民，威不足以肃众，抑何辞于溺职之罪！除一面将犯官周顺昌交发官旗，即日起解至京，伏候圣明处分外，仍次第擒缉倡乱渠魁另行正法，以重国典。”得旨：“愚民狂逞，至挤伤旗尉，虽云变起仓卒，抚按等官平日禁约谓何？据奏，犯官既已前来，姑不深究，还着密拿首恶，以正国法，不得累及无辜。其苏、常等处私造书院，尽行拆毁，刻期回奏。”(七〇，3357—3359)　锦衣卫百户张国栋等疏言：“臣同史宗邦带领旗尉提拿黄尊素，至苏州地方经过，即闻城内周顺昌家属人等倡变，集众多人，分布城外，将臣等拦截乱打，分尸抛水，并将驾帖信牌衣服抢毁一空。臣等身带重伤，央本处寇知府找查旗尉六人，杳无下落。臣等昏迷前往，行至平望桥，又遭众恶截打，无路，只得雇觅小船，从小路逃生，奔赴入京。”奏闻，得旨：“黄尊素着彼处抚按速差的当员役扭解来京究问。”(七〇,3359)　　丁亥，巡按直隶御史杨春茂疏言：“杨涟、左光斗在监病故，奉旨着行抚按严提家属追赃。据该县鞫审左光斗亲男左国柱，取该里书亩册兜算，田、房共估值一万五千两，又分派伊亲弟左光睿罄赀五千两，共足二万两。三日一比，勒限追完。”得旨：“左光斗所得谢荐银并着尽数追完，不得隐匿。”(七〇,3363—3364)　原任都察院左都御史高攀龙卒。攀龙，直隶无锡人，万历己丑进士。……以太仆卿还里，即家起刑部侍郎，擢左都御史。首纠大贪崔呈秀，忤逆珰，被逐归。明岁闻逮，草遗表，从容赴池水死。崇祯元年赠兵部尚书，予祭葬，荫一子入监读书，谥“忠宪”。(七〇,3364)【考】攀龙自死，复累及其子，见《熹宗实录》卷八六，天启七年七月甲申：“刑部尚书薛贞覆拟原任左都御史高攀龙子世儒罪，比‘官司追捕罪人致令罪人已死’律褫配。攀龙为左都御史时曾考核崔呈秀，提问追赃，呈秀必欲报之。攀龙虽已削籍，自料弗免，已见缪昌期、周宗建等先后逮系，遂于三月十六日自沉池水，乃次早缇骑至矣。奉旨诘问漏泄之因，刑部坐世儒以不能防闲其父拟奏，从之。”

己丑，工部右侍郎崔呈秀直陈《要典》之原，得旨：“这本辩妖书、并封、之国三事，本末昭然，皆缘奸人巧立国本名色，厚诬皇祖，以驱逐辅臣，妄希富贵，实与三案诸奸一脉相贯，即着宣付史馆，列其大概于《要典》之端，用彰先朝慈孝，无令奸党仍窃虚名，混淆国是。”(七〇,3366)　　辛卯，兵部覆叙宁远功次。……得旨：“宁远挫贼，恢复有机，朕心嘉悦。内外文武各官功既经勘明具覆，宜加褒叙。元辅顾秉谦特加(**按，加特乙**)进光禄大夫、太保，荫一子锦衣卫正千户世袭，赏银五十两、纻丝四表里，加赐坐蟒一袭；次辅丁绍轼、黄立极、冯铨各加少保兼太子太保，改户部尚书，进武英殿大学士，各荫一子锦衣卫副千户世袭，还各赏银四十两、纻丝三表里，仍各赐坐蟒一袭；原任辅臣孙承宗改吏部尚书，余官如故，荫一子锦衣卫正千户世袭，赏银四十两、纻丝三表里，都照新衔给与应得诰命。厂臣魏忠贤缉获巨奸，潜消衅孽，预发大器，大壮军威，功虽奏于封疆，谋实成于帷幄，特加恩三等，赏银五十两、纻丝四表里，荫弟侄一人与做锦衣卫都指挥使世袭，给与应得诰命；其先解军器刘应坤赏银三十两、纻丝二表里，荫弟侄一人与做锦衣卫正千户世袭；胡良辅、纪用、陶文各赏银三十两、纻丝二表里，荫弟侄一人与做锦衣卫百户世袭，俱与应得诰命。王永光加太子太傅，荫一子锦衣卫正千户世袭，赏银四十两、纻丝三表里；袁崇焕加兵部右侍郎兼都察院右佥都御史，照旧巡抚，荫一子与做锦衣卫正千户世袭，赏银四十两、纻丝三表里，给与应得诰命；巡关御史洪如钟升京堂用，满桂、赵率教各升右都督，荫一子本卫副千户世袭，各赏银二十两；……”(七〇，3374—3377)　是日，大学士顾秉谦疏言：“宁远破贼功次已经臣等票拟进呈，然再三思之，尚有未妥者。该臣意在节约，不无遗漏，更有关臣原疏未备，而功勤最著如内而监臣运筹宥密，外而户、工两部接济劳心，及该科职司封驳，例得并叙。”上命作速再加酌议叙录。(七〇，3377)　壬辰，内官监恭进皇极殿牌额，得旨：“所进三字端严堪用，着即颁刻，择吉悬安。”(七〇，3377—3378)　癸巳，镇抚司以周宗建等所招赃数具奏，得旨：“周宗建赃私狼藉，如何止招五千二百两？缪昌期止招一千两？还着尽数穷追。官旗王道行等招出需索本犯及生支等项银一千四百二十余两，其骚扰驿递多赃尚未招认，还着立限严追，以助大工。”(七〇，3383—3384)　乙未，下原任御史李应昇镇抚司严究追赃。　大学士顾秉谦疏言：“前日蒙皇上发下犯人缪昌期、周宗建二本，着送镇抚司严行究问，臣等票拟进呈矣。今日文书官口传，将拿到李应昇送镇抚司，仍遵旨拟票。但镇抚究问之后，即当同缪、周二犯并送法司详议，暴其罪恶于天下，使诸奸不得借口为非命，孰与暗毙黑狱，令天下不知其故，反有凭而吊之者乎?”不报。(七〇,3386)　　己亥，颁给肃宁伯魏良卿铁券。　　庚子，下周顺昌北镇抚司狱。(七〇,3399)　　辛丑，南京吏部等衙门尚书等官王在晋等合疏言：“皇上讶边臣无实而立命中使镇守，稽军实而瞩虏情，以便于入告。明谕并无掣肘，固知圣衷之万非获已也。然威令出于朝廷，而耳目寄于中贵，畏讥弹者将逢迎以避祸，工煽惑者又将挑激以生情，即内臣不掣而自掣者。唐以鱼朝恩为观军容宣慰使，未尝掣李光弼之肘也，乃河阳之役，弼奏称贼烽尚锐，未可轻进，而朝恩欲急击之，谋议相左，遂隳功，此非往事之明鉴乎？本朝于正统间设镇守太监，旋复罢之。天顺间复差太监，旋复罢之。天顺间复差太监叶达镇守，后即取回。因地方有事，一向停差，载于《通纪》可考。夫有事停差，未宜有事而添设也。如虚冒难稽，则言路有宪臣可委。或如部院诸臣之议，间差一忠谨内臣到关查阅，立时回报，不须露次于戎马丛集之区，茇舍于虎狼逼近之域，亦所以全中使之体而尊朝廷之命令也。”报闻。(七〇,3403—3404)　　壬寅，兵部尚书王永光覆题：“宁远叙捷，奉有再加酌议之旨，敢不补牍以请。乞将李起元、董可威、郭允厚、袁可立、高第、王之臣、申用懋、刘诏、阎鸣泰重加优异，罗尚忠升职一级，薛国观、苏兆先各升俸一级，莫在声推京堂；叶大受、孙元化、张履端、王陞候升任，各加一级，仍并赏赉；陈祖苞准复原职，余大成、徐日久准复职。”得旨：“朕嘉宁远捷功，年来仅见，内外大小臣恩赉宜均。王体乾、梁栋、李永贞、石元雅、涂文辅各加恩三等，赏银五十两、纻丝三表里，俱荫弟侄一人与做锦衣卫指挥使世袭，给与应得诰命。李起元、董可威各赏银四十两、纻丝三表里；刘遵宪、阎鸣泰俱升兵部尚书，照旧管事，各赏银三十两、纻丝三表里；郭允厚、李春烨、袁可立各赏银三十两、纻丝二表里，徐绍吉、靳于中、黄运泰、崔呈秀、薛凤翔、徐大化、孙杰各赏银二十两、纻丝二表里；王之臣新经晋秩，仍赏银三十两、纻丝三表里；罗尚忠升职一级,赏银十五两;薛国观、苏兆先各升俸一级,赏银十二两;莫在声升五品京堂用,仍赏银十五两;孙元化、张履端、王陞候升任,各加一级,仍赏银十二两;叶大受候升任加一级,仍赏银十五两;左辅、祖大寿各荫一子与做本卫百户世袭,孙祖寿、李平胡、冯从龙各赏银二十两,其前屯将士功次仍着作速查明具奏。高第革去玉带闲住。”(七〇,3405—3407) 南京吏科等科给事中郭如闇等合疏言:“臣等历考高皇帝勋崇万古,非独兵权不轻假手,并未尝差遣内臣,一预政事。肃皇帝见边方有镇守等差,特行裁革,诚防微杜渐耳。今内臣六员,钦承简命,必能远掣肘之嫌,然军机潜天潜地,文臣武臣尚恐其意见各分,内臣外臣,谁保其事权归一?始于顾盼,继以推诿,卒乎决裂。政出多门,自觉展布未易,况一路六员并驰,得无扰乎?一关六员并驻,得无冗乎?若夫创议体统,增设衙署,广招跟役,千头万绪,又不待言也。伏望皇上端居熟思,此六员者使之效忠贞于禁闼,讵非法祖之第一义欤?”南京河南等道御史游凤翔等亦合疏以请。俱报闻。(七〇,3407)

五月乙巳,镇抚司许显纯疏言周顺昌招赃二千两。得旨:“周顺昌招出赃银,不言何人付授,含糊未明,还着审确严追。”(七一,3414) 丙午,山海太监刘应坤等奏神奸藐法,盗卖刍粮。得旨:“边海钱粮关系甚重,岂容盗卖,胡廷宾等着即严行究问,具奏正法。”(七一,3417) 原任左春坊左谕德缪昌期毙于狱。昌期,直隶江阴人,万历癸丑进士。改庶吉士,与赵南星、杨涟、左光斗声气相善。刘文炳劾南星,并及昌期,告病归。至辛酉补简封典,试湖广。壬戌,升左赞善。甲子,升谕德。珰焰薰灼,昌期每与涟、光斗痛愤。无何而涟有二十四罪之疏,一时喧传昌期为属草。时推掌南翰林院,勒令闲住。乙丑春,与周宗建同逮。昌期不胜楚毒,先诸臣死。冤既白,赠詹事府詹事,予祭葬,荫一子入监读书。(七一,3417—3418) 戊申,巳刻,王恭厂灾。阁臣顾秉谦等诣思善门祗候万安。(七一,3419) 庚戌,圣谕兵、工二部:“王恭厂局房屋一节，尔工部职掌所关，速宜修理。况此神器、钱粮，岂可久容暴露。但工程烦费，俟非旬日可竣，即先修墙垣，亦非久远之计。兹查得西城日忠坊地方设有御马监外西新厂房三所，共计二百余间，其中甚为宽阔，即便改为安民厂。尔兵部即传京营总协，督率三大营官军，轮派三千员名，速往王恭厂搬运神器、钱粮等件，运赴安民厂贮收。事毕之日，即以王恭厂土渣，仍将低洼之处填垫平实，其木植、砖瓦、石料，各安集原处，听从别用，以昭朕仰体天戒，惜材恤力至意。特谕。”(七一,3425)　黄尊素解到，下镇抚司狱。(七一,3428)　庚申，山海太监刘应坤奏颁给官军犒赏银九万二千四百四十四两，表里四十六匹，见在银十万七千五十两、表里一百五十四匹，清册贮库。报闻。(七一,3448)　丙寅，礼科都给事中等官彭汝楠等言：“朝天宫乃衣冠萃集，忭舞祝釐之所，闻之故老，旧为成祖文皇帝潜邸，历仁、宣两朝而后葺成者，一旦煨烬无余，所关岂渺。……至正阳门、崇文门、宣武等门出入，旧有稽察，系守门内臣为政。近日乃有需索过多者，毋论缙绅冠盖、商旅出入，皆有常例，多至数两，少亦不下百余钱者。国门之内，几同畏途。伏乞皇上敕下该监，严加查革，以通来往，亦消弭之一端乎！”得旨：“门税旧规，若果多索，朕岂不知，这本条陈未当。”(七一,3456—3459)

六月戊寅，太子太保、肃宁伯魏良卿奏乞伊曾祖魏大用、祖魏志敏、伯魏钊各恤典，并自行监造墓道牌坊。礼部尚书李思诚、工部尚书薛凤翔题覆，得旨：“魏忠贤竭忠体国，纯孝成家，功已著于旗常，恩宜隆于祖考。查照勋臣例，给与三代葬祭诰命，其墓道牌坊准令自行建造，以彰先德。”(七二,3479)　己卯，北镇抚司严追黄遵[尊]素赃银二千八百两。(七二,3482)　丙戌，提督勇士、四卫营军务御马监太监涂文辅疏言：“查臣监虚冒原额，武骧左等四卫招募军约有二千余名，摘取回营应役，以抵选壮三千之数。又将本监直差军伴清查裁减，退出八百二十三名，发营补足原额。

见操官勇旅[旗]军一万二千余名之数，臣依法操练，犒赏无措。查得在京各卫军士每军一名，岁征纸张票银八分，听部属科道衙门造册支用。臣监所属支取票银内每名撙节银一分，通共增银七百余两，着落该卫经历按月征解，内监发营犒赏。又查每月量给军操选等第，从公均派，则军心激励。其坐营官待教练有方，荐升纪录，以保禁旅，永永无虞矣。”得旨：“这四卫随三大营操练军丁着即回卫，并该监减退军伴共三千名，发营补足原额。一切器械、火药、月粮等项，照例给领，节省年例银以备犒赏。两营将领官八员，各量加职衔，以便统率，都依议行。”(七二，3494—3495)　戊子，原任吏部主事周顺昌毙于狱。顺昌，直隶吴县人，万历癸丑进士。授福建福州府推官，升吏部主事，以织监李实奏就逮，竟死焉。后事白，赠太常寺卿，予祭葬，荫一子入监读书，谥“忠介”。(七二，3496)　己丑，山海关太监刘应坤巡边，查阅兵马数目奏报，因言桃林口等处城堡倾颓不堪，喜峰等口又无水门可恃，万一东西告警，声东击西，山海虽坚，恐无所赖。得旨：“览奏不扰驿递，不受馈遗，自备糇粮，遍历石门诸路口，查阅兵马数目，给散钦赏已毕，具见清勤。城堡倾颓，防御何赖，即着会同督抚镇道诸臣亟行修筑，加兵防守，巩固神京。”(七二，3503—3504)　原任御史周宗建卒于狱。宗建，直隶吴江县人，万历癸丑进士。令武康，改仁和。辛酉拜御史，按楚未行，丁外艰。又二年为曹钦程劾削籍，太监李实复劾之，逮诏狱殒身。后事白，赠太仆寺卿，予祭葬。　庚寅，上御皇极门内殿，大学士顾秉谦等进《三朝要典》，百官致词称贺。上命送皇史宬收藏。　辛卯，上命《三朝要典》副本即发礼部刊刻，赐给百官，颁行天下。(七二，3506)　壬辰，赐魏忠贤敕奖，并银、币、羊、酒，仍加升原荫弟侄都督同知，以缉强贼王智官等也。(七二，3507)　丁酉，遣司礼监太监王体乾祭中霤之神。(七二，3511)　戊戌，顺天巡抚刘诏备陈巡历蓟昌情形……得旨：“这本说工程、军丁、马匹三项空匮情弊甚悉，急宜修废补缺。又查足营马额数以严防御。至于各官新旧迎接之费，扣除军丁月粮，不啻大半，尤可痛恨。以后将领荐多俸深者，宁加衔久任，不得轻为升调。马价拖欠月粮未给者，户、兵二部速与处发。镇守内臣除刘应坤外，即着轮流一员，并带中军二员，巡历喜峰诸路口，核军查饷，务边防在在巩固，永保无虞。"（七二，3512—3515） 己亥，文书房传出圣旨："照得内外各衙门官员并书役杂色人等所穿靴鞋等件，自来恪遵祖制旧规，务宜本等，孰敢滥违。近有无知，擅穿短脸靴鞋、宽袜云履，惟图华丽，不思禁门森严，原非所穿之物。自后敢有违玩不遵，故蹈前辙者，该门官并巡街、巡视长随随时擒拿前来奏闻，从重治罪。" 刑部请钦恤事，上命司礼监太监王体乾、南京守备司礼监太监刘敬去，各写敕与他。（七二，3515）

闰六月辛丑朔，巡抚浙江右佥都御史潘汝祯疏称："浙江苏杭等府机户张选等呈称先年织造钱粮，省直司府预给办料，近来解给愆期，解户赍缎上纳，沿途路费、进京门单，科部、厂监、库卫各衙门铺垫、茶果等费，解户赔累倾家。向有稽延至一二年回批未掣，司府监追家属，身毙图圄，困苦万状。幸遇东厂魏忠贤为国惜民，所有本厂茶果等费名色，即行捐免。不两月间，掣批回销。选等省直机户叨沐洪恩，情愿捐赀建造生祠，世世顶礼。臣等因思东南民力困竭，宽省一分，民受一分之惠，今据各府机户备呈捐免情因，则此数千人仰沐圣明洪恩者，皆东厂精心体国所惠贻也。建祠报本，委出真情，相应题请，庶繁费永永裁革而宽恤之恩可昭示将来矣。"得旨："据奏，魏忠贤心勤为国，念切恤民，悯两浙连岁之灾伤，蠲百年相沿之铺垫，宜从众请，用建生祠，着即于该地方营造，以垂不朽。其改造抚赏等项，俱系急需，还作速解进。"（七三，3520—3521） 原任御史黄尊素卒于狱。尊素，浙江余姚人，万历丙辰进士。初授宁国推官，擢山东道御史，风操凛然，为曹钦程所劾褫归。织监李实牵入周起元案中，被逮系狱死。后赠太仆寺卿，予祭葬，荫一子入监读书。（七三，3521） 壬寅，大学士顾秉谦等揭:"今早,文书官王敏政等到阁口传上谕,云外廷议论纷纷,谓票拟当专责首辅。臣等素秉虚公,不敢自用,凡遇大事必与同官商确,二臣亦不靳披沥肝胆,共图一是。臣乃执笔拟票,即二臣间有执笔,亦必从臣裁定,无分尔我,无间形骸。和衷之美,未有如今日者,不知外廷之议安所从来也。"(七三,3521—3522)　丁未,赐敕奖魏忠贤,以倡议蠲免铺垫也。(七三,3531)　遣锦衣卫千户王莅民往徽州提拿吴养春等。先是,东厂魏忠贤奏徽民吴荣告吴养春家资巨万,交结缙绅,霸占黄山,盗卖木植。近闻黄山取木之旨,挟资打点,希求停侵[寝]。奉旨拆毁天下书院,吴养春不遵明旨,巧立名色,改为书馆,令子吴继序同汪时胤在内看书,招聚朋党。养春付与未到官男子吴逢元、方中凡本银三千两,在于天津做盐,因吴逢元、方中凡俱回徽州,遂将天津本银付胡君实掌管,以备有事打点京中使费取用。养春又付郑一城等本银七万两,在于扬州做盐。有弟吴养泽因家(**梁本家作分**)财不均,具告抚按成仇,养春父子将亲弟养泽谋死,复将七岁孤子嗣鹏酖死,希图鲸吞。为恶多端,抗旨情弊,具告到厂具题。得旨:"欺君抗旨,久霸山场,犯人胡君实、吴蹇叔、程梦庚、许应章、应荐、茅培俱着该厂监候,其未获吴养春、吴用誉、吴邦宰、汪时胤、吴继序、吴逢元、方中凡、吴继武着锦衣卫差的当官旗前去,与同抚按提拿,扭解来京,一并究问。所有卖木赃银数多,并着抚按严拿家属,经管人等监候,追赃解进,以助大工。"(七三,3531—3533)【考】《熹宗实录》卷七六,九月壬申:"先是,东厂司礼监太监魏忠贤缉获徽州犯人吴养春等,命付诏狱。镇抚司打问题参,言养春之祖守礼霸占黄山木植及山场地亩,积年擅利,并隐匿山地,总计赃银六十余万两,程梦庚等赃银十三万六千两,俱质对明白。得旨:'程梦庚等赃银十三万六千两本司立限严追,吴养春赃银六十余万两,着行该抚按照数作速追解。其山场木植银三十余万两,工部即差官会同抚按估计,变价解进,以助大工。山场地二千四百余亩并隐匿山地、假以抛荒地土未入册者,查出升科,不得仍前隐漏。'工部请以营缮司主事吕下问董其役，仍给专敕，以重事权。山场地亩既归朝廷，合专责抚按官丈量等则四至，酌定科赋，另疏具题。上从之，仍嘉忠贤缉获之功，赏银五千两并钞币，荫弟侄一人世袭锦衣卫指挥使。下问既出，徽郡骚然，几酿大变。郡守石万程力持不得，竟祝发去。” 天寿山守备太监孟进宝疏奏大雨连绵，宝城、神路等处冲塌。上命该部作速修理。(七三,3533)

己酉，原任御史李应昇毙于狱。应昇，直隶江阴人，万历丙辰进士。授南康推官，考选授御史。疏纠忠贤十六事，竟逮死诏狱。后赠太仆寺卿，予祭葬，荫一子入监读书。(七三,3539)　辛亥，提督九门太监金良辅言天雨连绵，都城及桥梁坍塌。得旨：“都城关系紧要，这城垣、桥梁坍塌处所，着分工修理，勒限报完，不得迟缓误事。”(七三,3540)　辛酉，铸给纪用、陶文等巡历诸路核军饷太监关防。　逮原任应天巡抚周起元至，下镇抚司狱。随奉旨：“周起元受杨姜多贿，阻挠上供袍服，今已拿到，着送镇抚司，照李实原参，指称铸钱冒破十余万两赃私，勒限追完，以助大工。”(七三,3553)　壬戌，巡抚应天毛一鹭题缉获奸民已依律重轻正法，得旨：“这奸民依律分别正法，颜佩韦、马杰、沈扬、杨念如、周文元即着枭示，吴时信、刘应文、丁奎、许尔成、季卯孙俱发边卫充军，邹应祯、杨芳各杖六十。国法已伸，人心初定，还须加意拊绥，以安地方。”(七三,3559)　乙丑，太监刘文燿奉旨查核两淮运司钱粮一百五十万助工，扬州府知府颜容暄新任，猝未能应。文燿劾容暄阻挠，得旨：“这解到盐运司贮库银二十万两，着监部科道照数查收，以助大工。其未解银一百三十两，着钦遣内臣胡良辅、刘文燿恪遵前谕，作速催解，不得听知府颜容暄抗谕阻挠，稽缓误事。颜容暄着削了籍，为民当差。”(七三,3564—3565)　丙寅，总督仓场薛贞言：“自中府草场之火起也，臣至场中，见四面俱发，势必燎原，即传仓夫营军扑救，又筹画木料水斗等项以需。适值总督东厂司礼监太监魏忠贤至矣，随带内府多人，并抬木植器具，罔不悉备，遂罢仓夫军士，专用内丁。瞬息之间，木架已成，水桶喷桶一时俱发,火势渐退。至次早复择能者履火而上,其下亦能用命,赴汤蹈火,灌水如注,而火遂告灭矣。此皆仗国家之灵,主上之福,实厂臣尽心竭力,别具一应变之才而布置安排,是以能成其速化之功。可见天下无难事,特患无实作事之人耳。使人人皆能如此实作,何遽谓天灾不可挽回哉!"得旨:"这本说的是,魏忠贤舍身报国,极力救焚,猝召内府员役,应变别有方略,不惮焦头烂额,保护军马钱粮,所全既多,厥功甚大。加升弟侄一人与做都督同知,仍赐敕褒嘉,以示优异。还赏银五十两、彩段四表里、羊二只、酒三十瓶、新钞三千贯。薛贞亦竭蹶赴救,目击最真,知道了。"(七三,3565—3566)

七月甲戌,镇守山海太监刘应坤言:"关门旧用辎车装运抚夷诸物,岁支饷银、米料、草束费六万余金。查得抚夷之物价高物卑,向系奸商钻办,即自办自纳,尚有盈余,不如量留大小牛骡、太平等车,每月止支一千余两,余尽裁减,岁计可省五万余两。"上嘉其综核,命该部知之。(七四,3581)　　丙子,东厂太监魏忠贤言商民艰苦,查内库香蜡等料尚可支应,目前即将天启六年中秋节及七年正旦、中秋二节应办钱粮共计十一万有奇俱行停免,至天启八年正旦节仍旧办纳,以彰朝廷优恤商民德意。得旨:"尔六载辛勤,多方节省,惟操清冰蘖,故惠普闾阎,且蠲至十万余金,利赖非同小补。原荫弟侄加升三级,仍赐敕奖励,以示优异,还赏银五十两、彩段四表里、羊二只、酒三十瓶、新钞三十贯。"忠贤三疏辞免升级。许之,仍俱赐旨褒嘉。(七四,3585—3586)　　己卯,承运库掌库事太监齐昇言内供需用甚急,外解积欠愈多,计直隶、江西、湖广、浙江等府共欠绢六十七万三千六百一十七匹二丈四尺,乞敕户部差官守催。得旨:"绢匹系内供急需,如何拖欠至六十七万三千六百有奇?屡奉严旨催督,抚按官通不遵行,岂成法纪!今殿工将完,需用更急,着即差官守催,务要刻期解进,有仍前违误,指名参奏重处。"(七四,3591—3592)　　乙酉,镇守山海关等处太监刘

应坤述回乡口报言奴酋结亲西虏，阴谋西犯。上命加意堤防，以保万全。（七四，3598）

八月丁未，内监李永贞题：南京颜料十年一解，自万历二十八年至今，例应两次解纳。有旨："二次年例颜料不必办纳本色，照依应解数目折价解进，以助大工。"工部尚书张鹤鸣疏称原无额征之银在库，并无十年一次之例。自嘉靖二十四年至万历二十八年，五十余年才取一次，若仍议派，不但民穷财尽，皮毛不存，且旷日持久，恐大工难济。计惟将拖欠臣部钱粮严催续解。得旨："颜料折价，内监十年一题，旧册可据。如何说五十余年方取一次？显是上下朦胧推诿，急公之义安在！今除解过三万五千两外，其余照内监原题数目，勒限解进，不得迟延误，事责有所归。"（七五，3624—3625）　　庚戌，新城侯王昇子锦衣卫指挥王国兴以魏忠贤诬奏论斩。初，忠贤有憾于国兴，令人告讦，谓国兴擅伐祁昌胤茔树，逼死族叔王五，冒请承运库官王中所承种没官庄田种种不法。又王昇奏讨坟价，有旨给银三万两，先给七千两。国兴领过银一万一千零二十两，谓陈乞时托人居间，词连旧辅韩爌。令抚按械其家人韩三送诏狱，迫令诬服，韩三竟毙狱中。又株累工部筦库主事徐石麟、制敕房中书郑崇光，俱削籍为民，追夺诰命。（七五，3627—3628）

九月辛未，起原任游击刘恩即以原官职衔管山海镇守标下中军事。（七六，3664）　　甲戌，镇守山海太监陶文参中协属西游兵营都司张孔教及石塘路右车营千总田应春贪冒克削。上命督抚按关诸臣严究追赃正法，以肃军伍。（七六，3670）　　戊寅，另设关外饷司钱粮，俱经镇守内臣挂号，其海陆等厅府佐官员悉行裁革。（七六，3678）　　辛巳，周起元卒于狱，赃着抚按严追。（七六，3679）

庚寅，太监胡良辅解进盐运司银二十万两、扬州府操饷银及苏州、凤阳二府马价银共十万两，以助大工。仍参运使汪承爵，言承爵与腹心库吏喻文明等百计贪婪，削商膏血，各役顶首，每名不下几千金,如虎负嵎,把持出入。若非抚按道臣以及臣等极力任怨,则此项银两已化为乌有矣。得旨:“这解到三项银共三十万两,着监部科道照数查收,以助大工。其未完操饷、马价着胡东渐尽数勒限严催,并盐运司贮库银四十万有奇,着巡盐御史许其孝速催解进。另有广盈库旧积,该抚按道臣会同该监将底簿开库清查实数奏报,以凭裁夺。内臣胡良辅、刘文燿殚力催儹,胡东渐、王化行任怨急公,俱劳勚可纪,许其孝持斧执法,有裨国计。汪承爵剥商贪婪,抗违明旨,着削籍为民,行巡盐御史追赃正罪。库吏喻文明等朋比作奸,把持出入,各役顶首银每名数千金,一并严提追究。”久之,提督操江右佥都御史胡东渐以操饷银两未完,具疏引罪,并参原任扬州府知府杨嘉祚多挪饷银,贻累后人。得旨:“这操饷未完银两,着胡东渐勒限严催,作速解进,以助大工。杨嘉祚干没饷银数多,贻累后人,着削籍为民,追夺诰命。仍行该抚按将杨嘉祚与颜容暄赃私查明具奏,不必引咎。”(七六,3684—3685)

己亥,东厂太监魏忠贤捏皇亲张国纪听信家人徐自强、刘应乾、赵三省,干与人事,仍矫传中宫懿旨。谓自强主谋,妄生事端,着东厂拿究。镇抚司文致自强等罪,云自强谋同应乾,诱惑国纪娶发出宫女为妾,又曾喝令三省殴毙无辜及强买民房、逼勒诈骗诸种种不法。得旨:“徐自强等送刑部如律拟罪。张国纪身系皇亲,宜恪遵礼义,不得滥用匪人,本当送国子监演礼三年,姑着自行改省。”于是部拟自强斩,应乾、三省绞。(七六,3693)　镇守山海等处司礼监秉笔太监刘应坤等题:“奴酋正月入犯之后,仰伏洪庥,几为剪灭。关外官兵勇敢始倡,今设备更严,城势增高,堡垒更固,着着皆实,毫无粉饰。宁远危地也,抚臣挟母妻来居之,镇臣亦以其妻子挟来而居之。二臣每向臣等曰:‘土地破则家与之俱亡。既受禄于皇家,当竭尽其筋力,一念不忠,必取天厌。神明在上,君父难欺。’所以道臣及诸营将领三军无不共力协心,争奋恐后。臣等私庆,已知恢复有日矣。臣等承命在关,凡薪水之用皆厂臣魏忠贤捐俸资助，标下所用马匹草料、绵布箭帘俱系厂臣搜括设处，又每谕臣等以尽心报国，凡事要实，不可虚诳。其供给戒谕，月无虚日。乞皇上俯察厂臣及文武诸臣实心效力，共保危辽，量加奖劝，以示优异。”兵部尚书冯嘉会等言：“镇臣营将，臣部奉宣德意，转咨督抚衙门遵照施行，若抚臣位遵[尊]寄重，镇守力瘁心劳，当仰藉天语褒嘉揄扬。至于厂臣精忠体国，矢志筹边，既荷特达之知，必蒙破格之眷。”得旨：“据奏，内臣、抚镇越数百里阅城略地，议招集饥民，安插屯种，渐复疆土，功劳可嘉。厂臣魏忠贤体国赤心，筹边壮志，鼓忠义以励镇守，捐家赀而济军需，致令将士协和，兵威丕振，数载逋逃之寇已罹矢诛，三韩榛莽之区今将复业，宜有破格之典，以酬非尝之勋。着于原封伯爵晋肃宁侯，给与应得诰券，还赏银伍拾两、彩段四表里、羊贰只、酒叁拾瓶、新钞三千贯，赐敕奖励，以示优异。镇守内臣刘应坤、纪用与厂臣同心经理，应坤原荫弟侄一人锦衣卫正千户，加升指挥佥事，纪用原荫弟侄锦衣卫百户，加升正千户；抚臣袁崇焕协力担当，原荫子锦衣卫正千户加升指挥佥事，俱世袭，给与应得诰命。其道镇营将以及军丁俱依议。”(七六，3693—3695)

十月辛丑，诏肃宁侯魏良卿照武定侯岁支禄米二千五百石，原给庄田七百顷外再加三百顷。(七七，3698)　　壬寅，孝陵卫指挥同知李三才疏称厂臣魏忠贤体国勤劳，夙夜匪懈，京军鼓舞欢欣，愿捐赀建祠，仍请敕赐祠额。得旨赐名“溥仁”。(七七，3699—3700)

乙巳，以武长春首级发山海关号令。长春，市井无赖，醉后戏言为李永芳婿，以慑妓家。逻者得之，闻于忠贤，使妓证其事，遂据为奇功，封拜之议实起于此。长春又妄言南京礼部郎中洪敷教为其姻戚，其后吏部推升敷教，勒令闲住。(七七，3703)　　戊申，内官监太监李永贞奏三朝阙典聿新，鼎建工程神速，皆魏忠贤之功，乞圣鉴叙录。随奉传谕：“皇极殿工我皇祖迟延未举者三十余年，诚重之也。爰及朕躬，襄兹巨典，是皆忠贤心无二意，算有定谋，惟断可成,经始赞维。王之卜用人则裕,提衡致将作之勤。开节有方,财用羸于久诎。劳来不怠,庶民悦以忘劳。遂使户牖可铭,扆宁堪御,俾朕藉手以称继述,厥功茂矣。其晋秩为上公,加恩三等,原封太子太保肃宁侯魏良卿晋封宁国公世袭,宫衔照旧,锡之诰券。”吏部尚书周应秋具覆,得旨:“朝廷辨官序爵之典,尔部实取衷焉。据称厂臣魏忠贤心忠捧日,志切补天,焦劳靡间,于晨宵率作,几忘乎舄履。故能承累朝之堂构,成不日之经营,一人有攸跻之安,万邦仰垂裳之象。念兹大壮嘉赖,元臣晋封上公,允合舆论,朕志先定,尔部攸同。”(七七,3704—3705) 镇守山海太监陶文言:“关外潘家口、桃林、界岭、冷口等处每年所抽木税等银通计四千有余,原非正额之供,久作虚縻之耗,乞敕部酌议,或解助大工,或存留修筑城堡。”得旨:“边口各商贸易良苦,各口税银既不系正供,着尽行蠲免,以彰朝廷恤商德意。”(七七,3706—3707) 己酉,蓟辽总督阎鸣泰疏辞殿工加恩,言“宸居鼎建,诚为万世不拔之宏规,一代中兴之盛事。荷蒙圣恩普被,敢曰非宜!但此功实非臣子之所敢任。我皇上励精图治,勤政恤民,廷燎视朝,寒暑不辍,一段尧兢舜业之心,已默鼓人官终事之念。而厂臣魏忠贤真诚任事,忠义沁人,仰体皇上敬天法祖之诚,以苦心实力提衡而督理之,是以能奏不日之功,快睹维新之宇。臣有何功,堪斯异数,此所以辗转踧踖不容已于控辞者也”。得旨:“奏称厂臣真诚任事,忠义沁人,鼎建克衮,劳绩无两,允协舆论。卿佐枢总师,著有成绩,殿工加叙,宜遵成命,不允所辞。”(七七,3709—3710) 甲寅,以皇极殿工告成加恩……魏忠贤已晋公爵,仍加恩三等,荫弟侄一人锦衣卫都督同知。司礼监掌印王体乾、秉笔梁栋、石元雅、涂文辅、李实、刘应坤、内官监李永贞各加恩三等,荫弟侄一人锦衣卫指挥佥事世袭;刘忠三十七人各加恩二等,荫弟侄一人锦衣卫百户。俱给与应得诰命,各赏银、币有差。(七七,3718—3719) 乙卯,天寿山守备内官监太监孟进宝言:“自黄花镇至莺窝岭,自居庸关至川草花顶，中间延袤数十里，皆皇陵屏蔽。因龙脉所关，原无边垣，惟恃宣镇南山边城堡台四百五十余处周围护守。今缘天雨连绵，倒坏冲坍不堪，乞及时修理。”上命该部严行昌、宣二镇速行修补，无致疏虞。（七七，3719）　丙辰，丰城侯李承祚言：“关门兵饷蒙钦遣内臣督理，觉有次第。毛文龙屯聚海外，一应钱粮亦乞敕命内臣一员监督料理，更命风力道臣一员稽察功过，互相佐议。”得旨：“海外事体与内地不同，内地患冒功[破]于有余，海外苦仰给于不足。除接济东镇着户部悉心区处，朕尚念其未足以鼓舞将吏，安插归民而无贻累属国也。查核之遣，且待徐议。”诏给魏良卿禄米照魏国公事例，岁支五千石，所赐庄田再加一千顷，以示眷酬。（七七，3721）　己未，顺天府府丞刘志选疏参戚臣张国纪，言：“国纪仰荷国恩，薰天势焰，谓宜如何谦抑，如何收敛，而讵料种种罪状，如谋宫婢以作妾则色胆包天，占民房以拓居则弱肉避地，选官而纳贿行求则铨曹可以不设，鬻狱而辄称懿旨则法司几于无权，甚则睚眦之小不过语言相争而立毙于拳殴之下，通侯之赏自是优崇异数而陈乞于至尊之前。此等情节虽云帮恶徐自强、刘应乾等狐假横行，致捍文法，而实由国纪狼贪酷噬，自取株连。臣以外家慎辑则国母之壶德綦光，戚畹诪张即圣主之优容亦过，恐区区习礼省谴犹未足弭官方之谤而塞道路之口也。伏乞皇上特加申饬，俾闭阁思过，洗心自新，毋令辇毂之下多不平之鸣，甚至訾及于丹山之穴、蓝田之种者，此又臣所不敢深言者也。”疏入，上责令国纪自新，勿再执迷取罪。初，忠贤欲倾母后，令镇抚司廉国纪罪状，无所得。以徐自强事诬奏干连，上不为动。寻令幕客自草疏稿，趣人上之，志选实应其募。而御史梁梦环亦有疏参国纪，与志选语相类云。（七七，3727—3728）　庚申，御史梁梦环言：“殿工告竣，由厂臣操贞勤而无二虑，竭股肱以事一一（**按，此衍一字**）人，能任人而功倍，撙节而用舒，遂使卜宅之烈重光，子来之谟丕著。又逆奴狡狯百出，每用间谍细作以窥我，如武长春辈，实繁有徒。向幸厂臣见机未萌，严行缉捕，奴始不获售其诈。数年以来，不敢南牧，竟怏怏以死，皆厂臣发奸禁乱之力。并劾原任两广总督何士晋、太常寺少卿程注、吏科给事中沈惟炳为门户渠魁，日图翻局。注与赵南星密好，凡官员升迁皆其居间，赃私狼藉，可以万计。惟炳党邪害正，卖友沽名，人人切齿。士晋在粤东时，适有折[拆]澳城之议，吓受揽头澳夷，计赃不下三四十万。又虚张免加派之美名，实借抽税以媒利。至神棍纵横，民不聊生，汹汹之状，几成大变。”得旨：“据奏，厂臣忠贞劳瘁，克襄大典，沉几先虑，潜消乱萌，功绩茂著，朕所鉴知。何士晋久依门户，居官贪黩，程注附权居间，赃私狼藉，俱着彼处抚按照原参数目提问追赃，解助大工。沈惟炳党邪害正，卖友沽名，着削了籍为民，追夺诰命。程良筹系程注之子，着吏部除名，永不叙用。”(七七，3729—3730)　壬戌，工部尚书薛凤翔请加忠贤第宅。得旨：“厂臣内营宫殿，外靖边塞，奇勋种种，爵为上公，第宅宜优除。给过一万九千两外，再给三万五千二百两，以示朕优礼元臣至意。”(七七，3736—3737)
丁卯，以皇极殿工告成，荫锦衣卫世袭指挥佥事王之梁、魏鹏翼等八员锦衣卫百户，刘天锡等三十七员。(七七，3743)

十一月壬申，上览内监奏，以各省直拖欠金花银两至二百余万，该部见参罚何官，考成功令何在，着一面立行查参，一面专委明干主事前往省直坐催，如期起解，不得借差自便。该地方官有怠缓挪移压解者，守催官报部，不时罚处，不许朦胧升转。如差官徇情曲庇，一并究处。(七八，3747)　巡历喜峰口等处太监陶文以喜峰诸隘口修筑告竣，疏颂魏忠贤，兼叙文武道将。得旨：“览奏，喜峰诸隘口修筑设防告竣，保障既严，金汤足倚，朕甚嘉焉。厂臣魏忠贤沉几策虏，励志筹边，营扼要而指授了然，戒戎器而捐赀罔惜，功在岩疆，劳深帷幄。着荫弟侄一人锦衣卫指挥使世袭，给与应得诰命，仍赏银五十两、彩段四表里，赐敕奖励，以昭殊勋。镇臣陶文殚力以固吾圉，尽瘁而驯厥虏，厥功可尚，着荫弟侄一人锦衣卫正千户世袭，赏银三十两、彩段二表里。杨朝劳多，着荫弟侄一人锦衣卫副千户世袭，赏银二十两、彩段一表里，俱给与应得诰命。督臣阎鸣泰、抚臣刘诏肃纪纲而壁垒风清，作屏翰而旃裘气慑，道臣耿如杞、帅臣孙祖寿等咸与有经理擘画之功，并宜优叙，以示激劝，其余文武将吏着一体并叙。”(七八,3747—3748)　戊寅，以修理孝陵工成，加恩魏忠贤三等，荫弟侄一人锦衣卫指挥佥事世袭；王体乾等及南京内监刘朝赐等各加二等，荫弟侄正副千户，仍各赏银、币有差。(七八,3755)　己卯，蓟辽总督王之臣以山海关浚壕筑城，扼险置器，壁垒一新，百废具举，归功魏忠贤，并荐镇守太监刘应坤、纪用、陶文、孙茂霖、武俊、王莅朝、杨朝，道臣王应豸，镇臣满桂、赵率教等。上览奏嘉悦，复荫忠贤弟侄一人锦衣卫指挥同知世袭，赐敕奖励；刘应坤、纪用、陶文荫弟侄一人锦衣卫正副千户，孙茂霖、武俊、王莅朝、杨朝各荫一人锦衣卫百户，俱世袭，仍赐银、币各有差。督臣王之臣、阎鸣泰，抚臣袁崇焕、刘诏，道臣王应豸，镇臣满桂、赵率教等并令该部优叙，以酌劳勚。(七八,3757)　庚辰，以缉捕矿盗功，荫魏忠贤甥孙傅之琮为锦衣卫指挥同知，赐银、钞、彩币。(七八,3757—3758)　庚寅，顺天巡抚刘诏以秋防巡历事竣，疏请陈设兵马与戒备方略，内称最得力者厂臣魏忠贤，垂念重镇，思虑极周，若盔甲若器械满载驮运而道路络绎不绝，或山海或喜峰，无件不备，而驿递秋毫无犯。士则坚甲利兵，马则龙骧虎跃，在山海则山海增重，在喜峰则喜峰改观。总之厂臣正气格天，精忠贯日，视国事不啻家事，捐私储以佐军需，运筹决胜之勋业已著旗常而铭彝鼎，非臣愚所能颂扬万一也。得旨：“厂臣忠贤廑绸缪之防，帷幄制疆场之胜，重价以购上驷，捐资以制悬帘，以至盔甲器械络绎截途，驿递不烦，军威咸济，图回重镇，可谓周详。朕心嘉悦，荫弟侄一人锦衣卫都指挥同知，仍赏银、币。”(七八,3780)　赐魏良卿铁券。(七八,3781)　壬辰，刑部尚书薛贞等疏覆强犯劫盗王之锦等狱成，以忠贤志清豺虎，力振纪纲，着原荫弟侄一人加升二级，仍赏银、币。(七八，3782)　甲午，谕兵部："朕承祖宗弘业，六载于兹，宵衣旰食，惟以恢复全辽，殄灭逆奴为念。幸赖内外文武诸臣，或运筹左右，或戮力封疆，祖宗有灵，逆奴已殛，恢复可期。不谓近日北路地方复有乞炭之变，幺麽小丑，驭制非难，乃一入而殒将丧师，皆因款贡年久，有司剥军饷以充私囊，借修工而恣侵削，饷不归士，士不归伍，因隳军实，坐启戎心。无事则与将帅相掣肘，粉饰虚文，有事则以武臣为卸担，朦胧塞责，谁以真心做实事！矧宣、大北方锁钥，拱护陵寝，藩卫京师，非他镇者比。此朕所以昼夜焦思，不遑宁处者也。兹远稽祖宗设宣镇总臣之旧规，近照辽东、山海、蓟镇之新例，特于宣、大、山西地方设立镇守太监一员，副镇守太监二员，中军太监二员，各着于镇城冲要等处驻扎防御、清军查饷，军中一应事体可与文武等官和衷计议，并不牵制。今特发御前节省银五万两，以备行伍召募公用，并火炮器械若干，仍各查照旧例行。"(七八，3784—3785)　兵部尚书冯嘉会上言："国家设督抚重臣，假之节钺，以弹压将吏，控驭边疆，而军旅之事不以烦及内臣者，诚慎之也。奈迩年以来，兵籍虚冒，刍粟耗蠹，款市有名无实，致使皇上有疑边臣之心。疑在彼则必用所信而后疑者释也。闻近来榆关内外城垒犹昔而雉堞加壮，赏罚犹昔而功罪加明，兵数犹昔而行伍加肃，饷额犹昔而军士加饱，即诸臣拮据，惟力是视。而镇守一出，成效已彰，致使皇上有信内臣之心。信在此则皇上益有所疑于诸边臣而必推信者任矣。顷毛乞炭阑入北路，丧师殒将，为封疆忧，我皇上深原祸始，归咎有司，谆谆焉于剥削扣克、掣肘卸担之戒，遣内臣前往查核。臣部循职掌疏请已之，而皇上未见俞允。臣愧不能从帷幄中运筹决胜，以纾圣怀，且因此镇守之遣而不能无责备于边臣，并属望于内臣也。自今以往，各督抚道镇力洗前弊，共图御侮，庶不以廑九重宵旰之忧而烦内臣一遣再遣之旨。万一烽火再燃，钦谕迭颁，丝毫皆边臣责也。内臣衔命而往，所清者兵马钱粮，所查者强弱盈缩，如明旨所云，不许骚扰，并不牵制，傥查核既明，机宜既定，出以宣圣明德意之隆，即归以报天朝威惠之远，异日边务改观，诸虏款塞，丝毫皆内臣力也。”得旨：“各边督抚道镇果能力洗夙弊，实心御侮，朕自鉴知，何得预为条议。”（七八，3785—3786）　乙未，以甘镇屡捷，加恩魏忠贤三等，荫弟侄一人锦衣卫指挥使世袭；王体乾、梁栋、李永贞、石元雅、涂文辅、李实、刘应坤各加恩二等，荫弟侄一人锦衣卫指挥佥事世袭；董汉儒、李从心加太子太保，赵彦太子太傅，俱荫一子锦衣卫正千户；冯嘉会、李起元各加太子太傅，荫一子锦衣卫指挥佥事，俱世袭；王在晋加太子少保，总兵董继舒加署都督同知，荫一子本卫副千户世袭；其余兵部侍郎袁可立、邵辅忠等，科臣朱童蒙等，部臣吴淳夫等，将领王承恩、管维贤、丁孟科等，赉银升级有差。（七八，3790—3791）　以殿阁工成，录各监官匠及在事委官效劳王引直等共九百五十六员，升授有差。（七八，3792）

十二月己亥朔，东厂太监魏忠贤汇奏三年缉获功，荫弟侄一人锦衣卫指挥使世袭；杨寰、孙云鹤加太子太保，锦衣卫堂上佥书，理刑如故。嗣是田尔耕、许显纯、崔应元、许浩然亦以三年类奏，尔耕荫一子本卫指挥佥事，显纯加太子太保，应元升右都督，副千户官旗陈国善等五十六名升叙有差，许浩然勒令以原衔致仕。（七九，3801）　壬寅，以山海工程告竣，荫魏忠贤族侄魏希孟锦衣卫指挥同知世袭，复以秋防叙荫其甥孙冯继先锦衣卫指挥同知。（七九，3806）　乙巳，以镇守山海太监标下坐营刘以堪、冯廉实授游击将军，加衔都司；吴文耀、薛光胤、纪鲸实授都司佥书，从督臣王之臣请也。（七九，3808）　己酉，内官监李永贞奏三王之国，忠贤节省以数万计。命赐敕奖励，荫弟侄一人锦衣卫指挥使，仍赐银、币、羊、酒。（七九，3818）　辛酉，巡按直隶御史倪文焕题：“臣尝亲历山海，其城严险坚厚，兵马火器可称精备，而沿途之解运肩摩毂击，问之则皆厂臣魏忠贤之所督发也。有厂臣以主持于内,镇守督抚诸臣以淬砺协力于外,何患奴之不平哉!然臣犹有进焉:兵有正有奇,有战有款,而总之其机贵密,其克在和,当彼此相商,不宜彼此互异。顷闻关门文武诸臣及介胄之士莫不鼓舞,愿为厂臣立祠以纪其功。伏乞皇上俞允褒嘉,以为诸臣实心任事者劝。"得旨:"师克在和,允为确论,督抚内镇诸臣不妨奇正互施,务在彼此交剂,大家密意商确,早结恢复大计,毋致猜疑,复踵覆辙。厂臣勤著封疆,劳存社稷,关门文武诸臣相谋立祠,是可为实心任事者劝,依议行。"(七九,3842—3843)　癸亥,升锦衣卫指挥同知傅之琮为都指挥佥事,锦衣卫都指挥同知冯继先为都督佥事,皆忠贤甥孙也。(七九,3848—3849)　乙丑,敕监臣纪用等移巡关外,与袁崇焕料理边事,从崇焕之请也。(七九,3850)　丙寅。初,魏忠贤缉获包揽京营弓箭钱粮犯人汪宗禹等,供称泰宁侯陈良弼得贿一千六百两,内分五百送恭顺侯吴汝胤,原任工部虞衡司郎中今升宁国知府王公弼得贿一千五百两,督造主事万爆得贿三百两,椽房积书李果斋、谢少宇等得银各不得[等],诏付刑部拟罪。刑部尚书薛贞言:"各犯提解已至,其王公弼应行见任巡按衙门提解来京质审追拟,万爆已经身故,应移文原籍着落家属照数追纳,陈良弼、吴汝胤应在八议之例。"得旨:"这有名受赃各犯都着严行追比,万爆虽故,移文原籍着落家属照数追纳,王公弼行抚按查奏,陈良弼、吴汝胤提家人追比,不得宽纵。"(七九,3857—3858)

戊辰,湖广巡抚李栖凤奏追杨涟赃一万四千两,梅之焕八百两。命照数查收,仍严追未完再报。　削礼部尚书李思诚、吏部主事于志舒籍为民,追夺诰命。先是,吏部缺江北司官,推户部管太仓主事于志舒,已得旨点用。既而东厂太监魏忠贤缉获王家栋,供称为志舒行贿思诚,营升吏部。思诚疏辩,言该司之缺原系文选司发单,科道同乡议用于志舒。其管太仓在辇毂之下,居官贤与否不能欺也。臣叨同乡一日之长,与众公议,非一人所得私也。王家栋无忌奸徒,臣曾参论革书,开罪不少。志舒系臣同乡,若果臣有不肖之心，何必用被参仇人而为昏夜之事，其理甚明，难逃圣鉴。于志舒亦具疏自明。上俱不听，以厂臣勋绩茂著，劳怨不辞，着荫弟侄一人与做锦衣卫指挥同知，仍赏银、币。（七九，3859）

天启七年丁卯（1627）

正月辛未，逮山西布政使司右布政使怀来道丘志充至，下镇抚司究问，以东厂缉获王家栋，供称志充车载饷银钻谋京堂也。（八〇，3869）　甲戌，命给山海太监纪用敕谕，并速铸给辽东宁远等处清军查饷关防。（八〇，3871—3872）　乙亥，上遣文书官郝隐儒赍捧圣谕到阁，于是大学士黄立极等奏："臣等庄诵皇上切责出纳诸臣奉职无状，以致财用匮诎，欲于京通仓库、漕运河道诸钱粮紧要处分遣三内臣总理核稽实数，杜塞弊端，令臣等拟谕，下部施行。仰见皇上垂情国储，轸念边需，不胜悚服，而又致慨于盗臣之蠹国，贪吏之败类，不胜扼腕痛恨也。此后在事诸臣所不洗心涤虑，冀回皇上之疑以为信，其何以视息人间耶！谨拟圣谕一道呈进御览。"谕曰："盖闻裕国计者度支之出纳宜明，足军需者司庾之综核贵审，苟不酌盈以佐诎，徒任此侵而彼牟，将储偫之立空，何军国之足倚？朕承祖宗鸿业，七载于兹，锐意安攘，留心撙节，期尔有位，共怀体国之恍（按，恍字误），各效涓埃之报。乃每披览各官奏报，太仓银库、节慎库及京通等仓漕运粮储之疏，开列徒有虚名，节蓄了无实事，阴怀润橐，显用扶同。争差委而垂涎，视钱谷为奇货。如前岁盗卖官粮，则李柱明之罪案昭然，近日贿行军饷，则丘志充之赃证暴著。从内核外，举一例，余鼠窃狼飡未能尽免。况太仓等库银两，锱铢畴非国课？乃未纳而任入，旁蹊将出，而寄顿小库。有如天启三年七月内河南解到折色银两，被歇家人等假造实收，通关竟不入库。又外管库主事何其义、万时俊将老库银两不行交盘，私相埋没，为部发参处。至于京通等仓粮，颗粒尽属民膏，彼不念办纳之苦、跋涉之艰，而贪官污吏串通漕运官军，或插和沙秕,或暗加水润,又经管官员巧立饭米等项名色,私自盗卖,实繁有徒。如此者贪黩成风,法纪凌荡,不一而足。倘不亟加厘剔,虽沧海岂足实漏卮,严刑岂足惩巨蠹乎?今特命司礼监秉笔太监、兼掌御马监印务、总督勇士、四卫营军务涂文辅着总督太仓银库、节慎库,原任司礼监秉笔太监崔文昇着总督漕运、疏通河道、查核京通等仓,原任司礼监提督太监李明道着提督漕运、疏通河道、查核京通等仓,各前去会同该部科道及漕臣、河臣等官将天下地亩等项额数银两及漕运岁到粮储数目,于出纳之际,本折若干,存发若干,各按册籍,细加查核,必尽翻窠臼,彻底澄清。朕既各委亲近内臣,亦必重其事权,专其职任,而后可以责其成功。其合用敕谕关防,所司各行拟给,使振刷夙弊,丕变新猷,以复我祖宗设立太仓、节慎等库、京通漕运等仓之初意,以昭连年撙节慎重军饷之至怀,庶庾计无虞,缓急有赖。故谕。”(八〇,3872—3875)

丙子,镇抚司具丘志充、王家栋狱词,赃银九千一百三十两,命勒限严追,以助大工。随以缉获功,荫魏忠贤弟侄一人锦衣卫指挥使,赐敕奖励,仍赏银、币、羊、酒、新钞。　凤阳署户军民李春光等请建魏忠贤,祠赐名“怀忠”。(八〇,3875)　丁丑,工部尚书薛凤翔复内官监李永贞题:“信王出府该用物料,或照三王事例概赐议省,或照瑞王先给一半造办。”得旨:“三王之国,厂臣念切时艰蠲免,该部业已不赀。今信王出府物料,尔部宜协心共济,着照原数上紧齐备送监,以便及时成造,称朕亲亲至意,毋得延缓。”(八〇,3875—3876)　戊寅,命铸给总督太仓银库、节慎库涂文辅,总督漕运、疏通河道、查核京通等仓崔文昇及提督漕运、疏通河道、查核京通等仓李明道各内臣关防。(八〇,3876—3877)　己卯,诏以魏忠贤节省原赐盖造府第银三万五千二百余两解发山海、宁远备修葺城堡之用,荫弟侄一人为锦衣卫指挥使世袭,仍赐奖赏。同日又以缉获奸商汪仲引等,升赉有加。(八〇,3878)　庚辰,命造提督牲口房事务、提督光禄寺、监视钱粮事务内臣关防。(八〇,

3881)　癸未，以缉获犯人陈一元等，厂臣魏忠贤原荫弟侄一人加升二级，仍赐敕奖励，并银、币、羊、酒、新钞。(八〇,3884)　丁亥，大学士黄立极等言："今早文书官李守质等赍到原拟钦遣内臣综核钱粮敕稿，责其漏遗圣谕内紧关情节，并查经管中书，指名回话。臣等不胜惊惧，窃念皇上痛金谷之日匮，蠡贼之日多，不惮烦左右亲信之臣以清核出纳盈诎之数，盖经制立于一时，而法守传于后世。则今日之敕辞，乃将来之明征定保也。笔札小臣不能奉扬德意，疏谬之罪，其何敢辞！然参阅润削，臣等职任讨论，不审误渎宸严，曷胜踧踖。谨檃括前稿，恭候圣裁。"(八〇,3888—3889)

戊子，以厂臣魏忠贤捐赀葺理鄚城药王庙，上心嘉悦，命四方商贾依庙开廛，一切租税尽行蠲免，所有香火、钱粮差内臣张添祥等前往经管，公同登记收贮，以备修理焚祝之资，府县官不得干预。(八〇,3889)　兵部覆山海太监刘应坤兄应乾原荫锦衣卫指挥使，加升都督同知，中府带俸。(八〇,3889—3890)　工部尚书薛凤翔疏言："本部郎中徐伯徵呈称准南京内守备揭帖，称奉旨搜括大内废铜，铸过北钱，解进三千五百万文，给发工作应用讫，所存铜筋不多，似难接续鼓铸。厂臣魏忠贤赤心报国，念切急公，愿输己赀，凑供鼓铸，发来银五千两采买铜铅，并工僦铸，新春解进，以仰副厂臣捐赀助铸、体国急公之至意。"得旨："览奏，该部徐伯徵同南内监搜铸制钱已解外，工本不敷，厂臣复捐赀五千两助铸，具见殚精公帑，矢赤国储。鼓铸源源，无烦点金之术；灌输亹亹，亟资鼎建之工。朕心慰悦，所奏铸钱候春和解进，知道了。"(八〇,3890)

己丑，督师王之臣因闻狂孽内犯，备陈防御机宜，如中前所为关门之咽喉，罗城为山海之门户，南海口为水陆之要冲，并住城一带迤南迤北诸信地俱各分置将吏，屯集马步，安排器械于其间，又请发帑犒赏，以鼓励将士。得旨："览奏，宁远一带四城修理完固，缓急可恃，皆赖厂臣魏忠贤区画周匝，志虑贞纯，以先忧后乐之思，提挈吏士，使当路扼要之塞，奠固金汤。朕所鉴知，兹益嘉悦。镇守内臣刘应坤等鼓舞有方，劳来不倦。督抚道将诸臣合心埙篪，毕力桑土，当兹奴氛告急之日，朕无东顾之忧，宜有疏叙，以示激劝。本中所分别将吏勤惰赏罚，俱依拟行。”(八〇，3891—3892)

庚寅，命礼部照例铸给信王府承奉司关防。(八〇，3894)　类叙三年捕获功次，厂臣魏忠贤荫弟侄一人锦衣卫指挥使世袭，给与诰命，仍赏赉奖励；提督张体乾、郭钦、副总兵王家宾、游击王大烈、坐营傅继祖、守备张其功、把总张学书、参将谷应选、都司王国柱、太常寺少卿田吉、兵部郎中董象恒等各升赏有差。(八〇，3894—3895)

壬辰，铸给盔甲、安民掌厂内臣关防。(八〇，3900)　　丙申，河道总督李从心言：“三王舟行，挑浚工程已毕，但济宁以北诸闸所以蓄养水力，恐三王随从人役不知规例，擅自开闸，或带板而行，则后水不继，船必浅阁，欲速而反迟矣。”得旨：“据奏，厂臣约束严明，解银内臣安静不扰，筑坝挑河工程已毕，三王行舟可以无滞，朕心嘉悦。设闸启闭，关系漕规，随从员役自应遵守，恃强违扰的，准指名参处。”(八〇，3902—3903)　应天抚按毛一鹭、王珙请建魏忠贤生祠于虎丘山普福胜地。得旨：“据奏，三吴灾沴频告，物力困于输将，厂臣虑周国计，心轸民艰，一应茶果铺垫等费悉行蠲免，机匠沾薄征之惠，供用无贻累之烦，该地方择胜建祠尸祝以报，朕心嘉悦。其远年逋赋，除上供急需者照旧催解，余何项应免，该抚按还议妥具奏。”(八〇，3903—3904)　宣大总督张朴、抚按秦士文、张素养各疏请建魏忠贤祠。得旨：“览奏，厂臣魏忠贤悦安社稷，注意封疆，门限一重既固金汤于山海，王基亿载更尘锁钥于燕云，勋绩倍高，舆情胥洽，建祠致祝，朕心慰悦，如议行。”(八〇，3904)　　丁酉，以缉获贼犯张应节、郭福，加荫魏忠贤弟侄一人为锦衣卫指挥使世袭，仍赐敕奖励并赏银、币、酒、钞。(八〇，3905—3906)

二月己亥，荫魏忠贤弟侄一人为锦衣卫指挥使，赏银五十两、彩段四表里并羊、酒、新钞，还赐敕奖励，以内承运库太监李敬言其节省库藏钱粮以百余万计也。(八一,3910)　提督上林苑监太监许臣参土豪侵占地土,捏报马头。得旨:"良牧署系皇庄地土,奸民乃敢侵占,至一顷五十亩。该州官不为惩治追还,又听猾胥佥派本署民祝佐等马头,违悖祖制,徇私玩法,王四维着削了籍为民。其土豪杨言、衙役杜文英,俱着锦衣卫差的当官旗拿解来京,送镇抚司究问正罪。"(八一,3911)　庚子,御史梁梦环疏纠戚臣张国纪草菅人命,鱼肉小民,擅收皇税,强取民房。前府臣刘志选疏谓其谋纳宫婢,又谓有訾及于丹山之穴、蓝田之种等语。得旨:"张国纪怙恃国恩,累干三尺,草菅人命,鱼肉细民,擅收皇税,私纳宫婢,过恶多端,于法难贷。朕念中宫懿亲,国家大体,姑着回原籍,俾痛改旧愆,保全终始,毋再不悛,自贻后悔。"(八一,3912)

辛丑,司礼监太监兼掌御用监王体乾等言:"前者恭遇进封皇贵妃二位,册封容妃等四位,宁德长公主、遂平长公主、信王各婚礼,三王之国,各典礼钱粮共该用银一百四十余万,该承运库一分,御用监一分。幸赖厂臣魏忠贤丹心为国,锐意图维,从中撙节,将应办钱粮概行蠲免,内库搜括而大典悉已告成。至如捐修边工、助发军器,助大工、资战马、捕奸细、擒劫盗种种,皆不世之勋也。"得旨褒嘉,荫魏忠贤弟侄一人与做锦衣卫指挥使,赏银八十两、彩段六表里、羊四只、酒六十瓶、新钞五千贯,仍赐敕奖励,以旌殊勋,以示眷倚。(八一,3913—3814)　镇守宣府太监葛九思劾抚赏置买段匹官萧文中、唐嘉瑞、曹宗洪侵克多金,段匹滥恶,致失夷心。命锦衣卫差的当官旗扭解来京,送镇抚司究问。(八一,3914)　癸卯,吏、兵二部会议关、宁督抚事情,得旨:"关、宁重镇,近因督抚二臣形迹不化,议论相掣,深轸朕虑。而镇守关、宁二内臣忠诚体国,与蓟督、宁抚声气和协,呼吸相应,朕甚嘉之。今依卿等会议,召还督臣,资其筹策,关门兵马听宁抚兼制调度,受其成算。蓟督无事则照旧驻扎,有事则移驻关门。道臣王应豸加副使职衔,料理榆关训练城守一切事务。其兵饷区画、进止机宜须临时计议者,镇守内臣与该督抚会同商确具奏。宁抚与满帅亦宜永坚新好,共释隅见,无使廉、蔺、寇、贾专美于前。封疆事重,费朕调停,关、宁内外文武诸臣共体朕意。道臣给凭管事,仍与专敕一道,依议行。"(八一,3915—3916) 大学士黄立极等题:"今早文书官张吉祥赍捧圣谕到阁,臣等庄诵之,知关门事情重大,上廑圣怀。夫河东西之沦失,覆辙在不和,则督抚臣之抵牾,敝弦在必改,此通国之所踌躕而未有如睿虑之独断者也。今既晋王之臣于中枢,委内镇诸臣以便宜,阎鸣泰坐镇蓟门以策应关上,袁崇焕防御宁远以调度榆关,真若主伯亚旅之相使,琴瑟笙竽之相调,又何患乎奴孽,何忧乎辽土之不恢复哉!然臣窃有感也。厂臣魏忠贤矢忞报国,殚赤筹边,克副皇上之托;内镇诸臣策励绸缪,又善体厂臣之心。中外共是臣子,忠义岂无同志,亦何独不合心并力以释圣明东顾之忧哉?臣等仅拟圣谕一道,略为补遗,稍施润色,终不能加涓尘于渊岳也,伏候御览裁定。"得旨:"关门事体重大,督抚弦辙宜更,卿等会议调停,具见运筹石画。览奏,厂臣矢忞报国,殚赤筹边,真写出厂臣苦心,昭卿等忠义同志、允协朕心,朕甚嘉焉。拟谕妥确,已批发了。"谕曰:"朕闻师克在和,事立惟豫,人臣同德以揆策,庙堂虑事而制宜,中外宁有异心,宫府原属一体。不谓自有辽事以来,鲜由斯道,始因文武不和而河东沦于腥膻,继因经抚不和而河西鞠为蓁莽,覆亡之辙,炯然可鉴。近赖厂臣矢忠干国,殚虑筹边,供亿多方,边庭有备。逆奴既已天殛,恢复次第可期。乃督臣抚臣为封疆起见,各执一说,虽经权奇,正无一成之心而意见参差有异同之迹。朕前已有屡旨,开谕再三,复命亲近内臣前去镇守,调剂虽切,犹未释然。念此封疆两大臣皆自夺情起复,特简出乎朕心,宗社恃以安危,安攘咸所倚赖,若不急为区画,恐见解互异,议论滋繁,畛域渐生,事权多掣,封疆大计之谓何!是以虑及京师根本重地,已令卿等会议,将督臣王之臣加衔回部,以备帷幄之中不时筹策。其督臣阎鸣泰无事之时仍前蓟镇驻扎,遇有声息便速赴关门策应。抚臣袁崇焕、内镇臣纪用俱着便宜行事，并道臣毕自肃、总兵赵率教俱在宁辽等处驻扎。至关门兵马呼吸相通，俱听袁崇焕调度。内镇臣刘应坤着便宜行事，并道臣王应豸、总兵满桂俱在山海关等处驻扎，一切兵机进止、章奏文移俱会同督抚计议而行。宁远有事则山海速行接应，山海有事则宁远速行防护，如家督捍主，亚旅协心，如率然卫身，首尾相应，细心料理，期保无虞。朕又思刘应坤、纪用、阎鸣泰、袁崇焕从来意气相信，肝胆与同，谋略总期为国，奏疏不约而合，成绩渐著，深可嘉焉。朕既鉴往日不和之弊，复计及边防处置之宜，乃加意调剂至此。其在内外诸臣各要合心合意，克复全辽，早建肤功，纾朕东顾，策勋饮至，具有彝章。如或沉溺故习，蹈袭覆辙，则我祖宗三尺具在，朕何敢私！因念文武二途，责在两部，疆圉弗靖，具轸于怀，尚思耆定尔功，以副朕意。”(八一，3916—3919)　甲辰，中书舍人朱慎鍪捐银助工，疏颂魏忠贤功德。得旨：“这本说厂臣真诚天植，忠孝性成，佐治懋帷幄之劳，筹边弘安攘之略，鼎建功成不日，奴孽献琛有期。功德彰灼，朕所素鉴。朱慎鍪拔自宗科，列在禁近，慕义捐积，具见急公，其助工佐军银两着各该衙门照数查收。”　总督蓟辽阎鸣泰、顺天巡抚刘诏、巡按倪文焕以召买料豆、宽恤商民，各疏颂魏忠贤捐赀抚军、发粟助赈，议于景忠山建祠。得旨：“蓟、永召买料豆，岁荒价俭，累商累民，委实可悯，着该部即酌议增值。具覆内称厂臣损赀抚军，壁垒倍为生色，发粟助赈，灾黎顿觉更生，国倚节裁，民歌宽恤，景忠山建祠具见舆情欢跃，朕心嘉之。”(八一，3921)　乙巳，大学士黄立极等题：“今早文书官郝隐儒等恭捧圣谕到阁，臣等仰服宸虑渊深，神谟周至，不啻置海外于几席而悉心计之也。窃念毛帅提一旅于烟波蜃峤间而辽人趋之如归，关门倚之犄角，当饥窘交迫之际，多执讯获丑之功，斯亦铮铮独著者。然接济不时既苦于兵，供亿频繁又苦于饷，问之该部，已给其全，问之该镇，尚缺其半。皇上涣发德音，重以特遣，其于鼓畅军情，清综夙弊，协和将士，震慑逆酋，知必能办此，以副简命。乃臣犹有虑者：海内有皮尽之忧，司庾无点金之术，则海外之军贵精而饷贵实。皮岛以部臣为心，核实请给，念持筹之困穷；部臣以皮岛为心，及时运输，念荷戈之劳瘁。此尤交相体恤，以释宵旰之怀者也。谨拟圣谕一道呈览。”谕曰：“朕惟谋国之谊，中外比之同舟；用兵之形，犄角方于捕鹿。蠢兹逆奴，犯顺十载，耻历三朝，东顾之忧，实劳宵旰。毛帅独奋孤忠，支撑海外，远提师旅，阅历多时。乃中朝实倚为辅车而去抚每视为秦越，疾声莫应，供亿不敷，枕甲荷戈，有枵腹呼庚之困。陪臣属国苦资粮扉屦之供，乃于百凡艰危之中尚有累次俘获之绩，似此苦心，朕且嘉且悯。即今逆奴虽伏天诛而叛孽尚怀叵测，朕志复祖宗封疆，远念将士勤苦，其所处皮岛一带地方，实牵掣剿除要着。去冬该镇曾有请讨内臣驻扎之奏，朕慎思详审，久未施行。今特命总督登津镇守海外等处便宜行事太监一员御马监太监胡良辅、提督登津副镇守海外等处太监一员御马监太监苗成，中军太监二员：御马监太监金捷、郭尚礼，都着于皮岛等处地方驻扎，督催饷运，查核钱粮，清汰老弱，选练精强，一应战守机宜军务事体着与毛帅和衷协力，计议妥确而行。不得轻易纷更，亦不许胶执故套，更要不时牵掣，相机剿除，期奏犁庭扫穴之勋，朕何靳锡盟带砺之典！凡有战获捷功，照前一一解报，如遇侦探机密事情及岛中战守声息缓急，即便据实直写，星驰密奏，以慰朕怀。念岛中合用军需皆属吃紧，兹特发御前节省银五万、各色纻丝通袖膝襕二百匹、五色布四百匹，以备营伍作正供用；又查发得头号发熕炮三位、二号发熕炮六位、铁里安边神炮六十位、铁里虎蹲神炮六十位、头号佛郎机二十位、二号佛郎机二十位、三眼铁铳五百杆、随用提炮什物全盔五百顶、齐腰甲五百副、长靶苗刀二百把、刀一千把、弓一千张、箭三万枝、单钩枪一百杆、大小铅子三万个、火药五千斤，就着胡良辅等都随赴皮岛等处地方军前应用。朕既特命亲近内臣与毛帅同居海外，风波阻隔，潮汛艰危，掌握既专，事权宜重，所有合用敕谕关防等项该部上紧颁给施行。务使东江一著，不徒疑敌之虚声，而两河三岔确资固圉之实效。”拟入，得旨：“览卿等奏，海外之兵贵精，海外之饷贵实，必交相体恤，慰朕宵旰之怀。具见卿等为国殚忠，朕心嘉悦，拟来谕稿剀切详明，已批发了。”（八一，3922—3925）　太监刘文耀［燿］题进搜括银两，得旨：“这运司操饷、马价及搜括银五十八万两，具见内外诸臣劳心急公，俟银到日，着内库照数查收。其镇江等三府备倭余银三十余万，该地方官如何稽迟不完，显是违玩。还着许其孝及各该抚按严行催解，再有迟缓的参来处治。”（八一，3930—3931）　丙午，命铸给御马监天师庵署场及里草栏掌场旧都府掌场各内臣关防。（八一，3931）　再叙修完宁远四城功，荫厂臣魏忠贤弟侄一人锦衣卫指挥使世袭，赏银五十两、彩段四表里及羊、酒、新钞，仍赐敕奖励。镇守内臣刘应坤、纪用、陶文荫弟侄一人锦衣卫指挥佥事，赏银三十两、彩段二表里；孙茂霖、武俊荫弟侄一人锦衣卫正千户，赏银二十两、彩段一表里，俱给与应得诰命。饷臣黄运泰加太子太保，赏银三十两、彩段二表里；道臣毕自肃加升一级，赏银二十两；都司沈承训等加级升补。（八一，3931—3932）　丁未，宁国公魏良卿请给肩舆，许之。（八一，3934）　庚戌，命造总督登津、镇守海外等处清军查饷内臣关防给太监胡良辅。（八一，3935）　辛亥，命给分镇大同内监张守成敕印。（八一，3937）　壬子，大学士黄立极等题：“本日文书官李守质等赍出顺天抚臣刘诏参论遵化道臣耿如杞一疏，奉上传差官扭解来京究问。臣等看详抚臣参疏，如杞举动乖张，官箴尽坏，重处亦不为过，已依旨票拟。惟文书官传上意，谓此官赘员，裁缺不行推补，臣等相与商确，窃有未安。遵化外控喜峰，内联昌镇，狡奴三道入犯，先声此道居一焉。祖宗额设道臣，良有深意，尚虞其轻而弹压之以抚臣，使上下相承。兵马钱粮，道职其详，抚职其要，道臣既裁，则必抚臣俯而行道臣之事，不但体统有碍，亦恐精神不周，故如杞可以重处而员缺未可轻裁也。抑臣等更有鄙陈,道缺苟未可遽裁,则如杞之罪亦愿少加酌处。非未宽如杞也,留此不尽之法,使代如杞者为皇上任封疆也,伏候圣明鉴裁。”不报。(八一,3941—3942)　　丙辰,宣大总督张朴、大同巡抚王点、宣大巡按张素养各疏颂魏忠贤功在三云,请建大同生祠。温旨答之。(八一,3947)丁巳,命造镇守大同等处清军查饷内臣关防给太监张守成。(八一,3951)　　己未,荫魏忠贤甥孙董芳名锦衣卫指挥使。(八一,3953)

壬戌,内官监李永贞疏请修隆德殿,得旨:“览奏,乾方旧有隆德殿,用备祝釐,兼护宫壶,委宜修复。内称厂臣先年廊下长连被灾,空处已经捐赀修建外,今复呕心渐次经营,殚力期襄究蒇,其体国忠猷,朕所鉴悉。尔经始谋终,都烦规画,具见同心。着礼部转行钦天监上紧择吉兴工,其工料不敷并着部里通融接济,以克复旧制。”【考】廊下长连,《酌中志》卷一七《大内规制纪略》载:“自嘉德右门之西,曰太安门。其外向西,曰长庚门。凡放夫匠淘沟及修造,或年老有劳宫人病故,皆奏开此门,以便出入。其外,自玄武门迤西,可九门;自北而南,过长庚桥至御酒房后墙,曰‘长连’,可三十一门;再前曰‘短连’,可三门,并玄武门东计之,通共五十四门,总曰‘廊下家’,俱答应长随所住。各有佛堂,以供香火,三时钟磬,宛如梵宫。”　工部尚书徐大化奏南铜鼓铸已完,得旨:“这本说厂臣多方搜括南铜及发出内监废铜以资鼓铸,获利不赀,化无用为有用,转移有方,际时诎以举赢,调剂独苦。下蠲铺户买办之困,仰佐三殿应用之需,精思体国,朕所素鉴。奏缴铸完南铜交内工收讫,知道了。”(八一,3956)　　乙丑,太常寺卿杨维新捐赀助工,得旨:“这本说厂臣赤忠敏干,尽力经营,襄兹堂构,巍然鼎建,功在宗祊,朕甚嘉悦。所输银两具见体国急公,着查收。”(八一,3958)　工科给事中陈维新奏:“每年工部四司额派料银八十六万有奇,今外解自万历四十四年起至天启六年止,拖欠共一百一十三万九千七百余两。总由考成不严,计莫若将工部各项钱粮悉照户部京边例注入考成,稽核逋负,类送吏部，不准给由升迁，再有迟延，特疏参处。谨择要领当禁者三：一、四司不得轻易兑支。一、抚按不得轻易题留。一、府县不得轻易挪借。”因颂厂臣魏忠贤搜括内库、蠲免外帑所节省二十万。得旨：“厂臣筹纾国计，念轸时艰，三王分封及公主、信王诸大典礼，搜括内库，蠲免外帑，所省不下几百万，本中说二十万，于厂臣节省实数犹未及十分之一。所议严考成以催外解，及说兑支、题留、挪借等弊，俱深悉匮诎根源，有裨积贮，即与覆议申饬行。”(八一，3959)　丁卯，东厂太监魏忠贤疏陈蠲免草料，得旨：“国帑告匮，边糈屡空，值此东西交讧，止有节省一法。尔厂臣魏忠贤裕国心坚，急公念切，诸凡厘剔减裁，积有千百万计。兹又除已应差之小马，自备日给之草料，自今三月起岁捐银三百九十两有奇，用充岩疆之需，克壮饱腾之势。公尔忘私，朕实嘉赖。兹用于原荫弟侄一人加升二级，赏银五十两、彩段、羊、酒、新钞，仍赐敕奖励，以昭朕眷倚。”(八一，3965—3966)　加魏忠贤族侄魏希尧左都督，以后子孙照锦衣卫指挥使世袭。(八一，3966)

三月己巳，隆德殿兴工，遣厂臣魏忠贤祭告后土司工之神。(八二，3968)　庚午，顺天府府尹李春茂领帑银赈京城内外饥民，事竣奏缴。得旨：“这奏领御帑银两赈过京城内外饥民，今春和事竣奏缴，知道了。内称厂臣忧先根本，计切痌瘝，捐糈活鹄立之形，助济起沟中之瘠，至于百余万计。上下同心，国民胥赖，朕甚嘉悦。”　原任贵川总督张我续捐赀助工，因颂美魏忠贤。得旨：“这本因皇居鼎建而称述精忠任事之臣，说得是。张我续获罪东林，今得昭雪，进银五千两，具见感恩急公之谊，着照数查收。”(八二，3970)　以缉获假帖诈吓顾三益等，荫厂臣魏忠贤弟侄一人锦衣卫指挥使世袭，赏银、币、羊、酒、新钞，仍赐敕奖励。(八二，3970—3971)　辛未，山东巡抚李精白疏言：三王经过山东，臣前疏曾有悉照顺天裁减之旨矣。……因颂厂臣“劳心国计，加意搜括，捐赀佐费，克襄大典”等语。得旨：“览奏，亲藩就封，礼仪隆重，厂臣劳心过计,加意搜括,捐赀佐费,克襄大典,说得是。……”(八二,3971)　命造分守山海、桃林口清军查饷内臣关防。(八二,3976)
壬申,蓟辽总督阎鸣泰、顺天巡抚刘诏并疏言中协最紧者莫若喜峰口,以其当三卫夷人之贡道也。客秋赖厂臣魏忠贤给发物料,颁行犒赏,而镇臣陶文等时为稽查,业将河口台城一一甃固矣。其次莫若董家口……得旨:“这本说厂臣助葺边垣,捐给赀物,厚加赉犒,以至版筑子来,金汤永赖,朕所鉴悉。……”(八二,3976—3977)　癸酉,兵部尚书冯嘉会覆山海太监陶文请修西协石塘路水口、白马关河口添建月城,中协之喜峰正关城上建龙王庙一座以镇水口,无梁殿三处,盛贮军器火药;东协之桃林、青山等处严令修葺,即以附口营伍之军兵就近轮流派拨兴工,量给行粮,十用其一,应如议行。得旨:“蓟镇三协环卫陵京,边防修葺,委不宜缓。该监衔命亲历,善体厂臣筹边指示,相度周详,所议石塘迤西诸口应亟修应增建,既经该部确覆,即行该镇如议次第举行,以慰朕绸缪冲边至意。”(八二,3980)　甲戌,山东巡抚李精白疏言:“正月初八日,莒州民王九尝家耕牛产犊,宛然麟也。”绘图呈献,因言“皇上简清莀厂臣以襄泰宁之盛,用使天瑞下降,地符上升”等语。得旨:“昔年灵鸟已集中州,今兹仁兽复产东土,王者之瑞,层见叠书,朕心嘉悦。念民生多艰,方宇未靖,朕当增修德政,以克副祯祥。厂臣辅朕发政施仁,安边固圉,图阁勋名,朕所素鉴,亦所厚期。本中愿朕体天任贤,慎终如始,喜不忘儆,以襄泰宁,具见献纳忠悃。所进麟图,朕览,知道了。”(八二,3981)　乙亥,南御史李时馨奏进搜括节省助工银两,得旨:“据奏,殿工庆成,皆赖厂臣忠君爱国,规天矩地,鼓率土趋事之忱,奏三朝未备之绩。说得是,助建银两着查收。”　中书舍人朱慎鋈以俸满疏请考选,因颂魏忠贤,有“内辅得人,师济在列”之语。得旨:“准与同官考取咨访,从公考选。”　以缉获结把吓诈犯人董义等,加升魏忠贤原荫弟侄一人二级,仍赐银、币、酒、钞并敕奖励。(八二,3985)

戊寅，京省商民陈文汉、吴守义等请建魏忠贤生祠。许之。　隆德殿升梁，遣厂臣魏忠贤祭告。（八二，3989）　己卯，通州士民卫万民、韩国湖等请建魏忠贤祠。赐名“怀仁”。（八二，3990）　辛巳，以滇南大捷，厂臣魏忠贤加恩三等，仍赐敕赏赉，荫弟侄一人锦衣卫指挥使世袭；司礼监太监王体乾等七员加恩二等，荫弟侄一人锦衣卫指挥佥事世袭，仍各赏银、币；兵部尚书冯嘉会加太子太师，原荫锦衣卫指挥佥事加升一级世袭；云南巡抚闵洪学加太子太保，荫一子锦衣卫指挥佥事世袭；黔国公沐启元加太子太保，各赏银、币；……（八二，3992）　甲申，蓟辽总督阎鸣泰言：“东协诸虏哈喇慎一枝独汪烧饼未款，凡有作歹者俱归诸汪酋。二月初五日，汪酋率夷人二百余骑屯聚桃林口外大戚谷岭一带，阴图窥犯。分镇内臣杨潮［朝］[①]介马而驰，率该关信守官军擒活夷打喇骂等三名，并获夷器，汪酋随即叩关愿罚。内臣杨潮［朝］同道臣张春，协路将备等官公同面詟，斥其平日之骄横，谕以朝廷之威德，该酋俯首顿地，悔过格心，甘罚九九，说誓立盟，愿质一夷，为我坐门，以明永受戎索，不敢复叛之意。我始纵前所获三夷而去。则其畏威怀德而心悦诚服，可知也。”因颂美厂臣魏忠贤，有“赤心报国，全算筹边”等语，并及诸镇守内臣，叙录镇道路将等官。部覆，得旨：“汪酋狡黠多端，屡扰边塞，镇守诸臣擒纵得法，俾受戎索，朕心嘉悦。厂臣魏忠贤着赐敕奖励，荫弟侄一人与做锦衣卫指挥使世袭，仍赏银、币、羊、酒、新钞以示优异。镇臣杨朝着荫弟侄一人与做锦衣卫正千户世袭，仍赏银、币，俱给与应得诰命。张春加服俸一级，黑云龙等各升一级，赵朝用等各赏银十两。总镇内臣刘应坤、陶文、纪用荫弟侄一人与做锦衣卫正千户，分镇内臣孙茂霖、武俊、王莅朝荫弟侄一人与做锦衣卫百户，各赏银有差。”（八二，3994—3995）　戊子。先是，提督漕运河道太监李明道疏荐

① 杨潮，实录各本或作“杨朝”，本编统一作“杨朝”。

专管漕务山东左布政使朱国盛,奉旨加衔管事。吏部尚书周应秋覆言:"厂臣擎天巨手,报国赤心,挽漕输运,河伯效灵,裕国通粮,仓庾渐实。道臣朱国盛宜加太常寺卿,兼山东按察使,照旧管事。"从之。(八二,4001)　以缉获强贼罗铁等功,魏忠贤原荫弟侄一人加升二级,仍赐敕奖励,赏银、币、羊、酒新钞。(八二,4001—4002)

己丑,太和山玉虚宫灾,命该监会同地方官估计物料,裁减香税,搜括无碍钱粮,作速修理。(八二,4002)　总督蓟辽阎鸣泰、巡抚顺天刘诏、巡按倪文换[焕]、巡关梁梦环请于昌、通二州建魏忠贤生祠,昌平州赐名"崇仁",通州赐名"章德"。　庚寅,命厂监魏忠贤应荫弟侄锦衣卫世袭指挥使改授尚宝司司丞,因其疏辞滇功,特加优眷也。　以缉捕蔺弘璧等功,厂监魏忠贤原荫弟侄一人加升二级,仍赐敕赏赉。(八二,4003)　兵部协理尚书邵辅忠护送桂王,条议沿途事宜,言四监体悉厂臣节制,俾臣得行其事:一、宫眷而下廪给口粮总计一府所经驿站应支之数,预为封解,臣与承奉自收自散,一船用夫若干,领以夫头,押以丞簿,统以府佐,督令迎送出境。一、用夫逾万则地方穷于夫,议每船十折其四,责船头水手拽纤撑篙。一、王舟所至,费用浩繁,书仪下程,一切禁止。得旨如议申饬,务期安静清肃,以昭王德。(八二,4003—4004)　癸巳,工部尚书薛凤翔言:"建、中二殿将成,非厂臣百计区画,多方鼓舞,何能神速至此。见今大工需钱铜筋不敷,乞查搜节慎库及太常寺库所贮旧铜器物及遍查光禄寺并各衙门所有者,皆资鼓铸,以佐大工。"报可。(八二,4009)

四月戊戌,西司房提督左都督吴尧年、理刑千户齐光裕居官受贿,俱削职为民。随以缉事功加升魏忠贤原荫弟侄一人二级,仍赏银、币、羊、酒、新钞,赐敕奖励。(八三,4015—4016)　天寿山守备太监孟进宝言盗伐皇陵禁木,遗火延烧,该口官军不行禁缉,劾把总赵应奎等,命刑部提问依律正罪。(八三,4016)　己亥,护送瑞王内监张邦诏搜出船户挟带私盐,疏报。奉旨切责护送侍郎赵绂不能禁防，着戴罪护送。(八三，4017)　辛丑，喜峰路参将马士麟报喜峰口外暖泉地贼夷百余窥犯，率兵御之，擒获阿班歹等四名，夷目卜喇度等悔罪讲耆，歃血盟誓，永为忠顺。推恩，厂臣魏忠贤荫弟侄一人锦衣卫指挥使，仍赏赉，赐敕奖励；总镇内臣刘应坤、陶文、纪用，分镇内臣孙茂霖、武俊、王莅朝、杨潮[朝]各荫弟侄一人锦衣卫指挥千百户，赏银币各有差。　改荫厂臣魏忠贤孙男魏抚民为尚宝司司丞。(八三，4020)　壬寅，蓟辽总督阎鸣泰、巡抚袁崇焕疏颂魏忠贤功德请于宁前建祠。赐名"懋德"。(八三，4022)　癸卯，总督宣大、山西张朴、山西巡抚曹尔祯、巡按刘弘光疏颂魏忠贤功德，请建祠于五台山。赐名"报功"。　山海太监刘应坤请立魏忠贤生祠。赐名"懋德"。　甲辰，内官监太监李永贞请修理惠府，以备信王住居。(八三，4023)　蕃育署乡官士民李若琳等颂魏忠贤功德，请建生祠。赐名"感恩"。(八三，4024)　乙巳，松江里老薛昌世等请建魏忠贤祠。赐名"德馨"。(八三，4025)

丁未，惠王内监赵秉彝疏劾交河知县田首凤及主簿官失误迎送。得旨："着部院参看；吕纯如职在护送，不行查参，罪将安辞，且着送王事竣回奏。"(八三，4025)　宣府巡抚秦士文请修宣镇火焰山一带边墙墩台，因颂魏忠贤功德。得旨："将东路见贮库银一面兴工，务期估期，明确缮治，坚牢不致冒破，以体厂臣绸缪节省至意。"(八三，4028—4029)　魏忠贤原荫甥孙董芳名加都督佥事，傅之琮加都指挥使。(八三，4029)　戊申，工科左给事中陈维新言惜薪司外解钱粮逋欠不至，苦累柴炭铺商，请定限四季截解，季终严查，永著为令。报可。(八三，4029)　壬子，命东厂理刑左都督杨寰提督西司房官旗管事。(八三，4038)　癸丑，内官监李永贞题，隆德殿工完，皆由厂臣魏忠贤"忠昭日月，义满云天"等语。有旨褒加忠贤，着荫弟侄一人与做锦衣卫都指挥使，给与应得诰命，岁加禄米三十六石，还赏银、币、羊、酒、新钞，仍赐敕奖励。(八三，4038—4039)　巡抚宣府秦士文再颂魏忠贤功德，请生祠额名。赐名“隆勋”。　　甲寅,工部尚书薛凤翔覆总镇登津太监刘应坤疏,言水营之设,诚制奴要着,但所议泰州招募沙船一百二十只及舵工水手,工价共二万有奇,司官计穷力诎,恳暂借陵工、河道未解银二万两,星驰以供急需。得旨:“龙武水营之设,以控奴援鲜而助毛帅,诚厂臣帷幄良谋。招募沙船柁工水手之费,准于原题未解助陵工、河道银八万余两内暂挪二万,行清江厂主事刘炼上紧招募,星夜抵关,以资调遣,无得迟缓,以误急需。”(八三,4039)　兵部尚书王之臣以督师回部复命,疏颂厂臣魏忠贤并叙内镇臣刘应坤等、督抚镇道将阎鸣泰等。得旨:“览奏,厂臣功高旋转,名震华夷,方寸经营,八埏瞻仰,朕自鉴知。镇守内臣体国筹边,气求声应,说得是。督抚五臣内外安攘,持斧四臣提衡肃宪,司道各官同力并心,既经卿荐举,并与分别纪录优叙。”　宣大总督张朴再颂魏忠贤功德,请生祠额名。赐名“德勋”。(八三,4041)　　丙辰,太和山太监冯玉疏颂魏忠贤功德,请建祠于本处。赐名“昭德”。(八三,4044)　　戊午,凤阳府武平卫卫总孙均儿等请建魏忠贤祠于亳州,赐名“旌德”。　荫魏忠贤外孙王选,刘应坤侄学孔俱锦衣卫指挥使,给与诰命,学孔仍带左府都督同知衔。(八三,4050—4051)　　己未,登、津内监拿解奸细佟惟奇。惟奇,养性侄也。(八三,4052)　　庚申,总督漕运内监崔文昇疏陈漕船事宜,得旨:“览奏,运船回空过淮,比往岁既早一月,必株守瓜、仪以俟民船。此不往,彼不来,反为耽搁误运。说的是。会议以五月端节后始截回空以待民船,兼用江广船只,以省民雇,具见区画周详,深得厂臣密筹漕务善体民情之意。”(八三,4052)　登莱巡抚李嵩疏报内臣胡良辅等于四月十三日开洋,东援登镇官兵八千八十九名,计船八十一只。镇臣随四臣开洋去讫,游艇战舰衔尾东渡,而登府遂为之一空矣。今权调莱州兵一千防登,登船未留一只,并无出汛防守之兵也。因颂魏忠贤功德。得旨:“览奏,厂臣分忧宵旰,指授方略,岛屿奏凯,奸细就擒,厥功甚茂,朕所鉴知。四内臣奉公洁己，具见善体厂臣之意。所奏内镇开洋日期、东援兵船数目、挪动正项钱粮，另行议补；移调莱州兵马以急海防，俱知道了。登船已尽，水汛无兵，御守接济委宜预筹，着各该部即行分派雇觅湖广、扬州船只赴登，以资调度，作速回奏。出汛水兵作何增设，该部并与看议来说。”（八三，4052—4053）　辛酉，桃林口太监杨潮［朝］疏颂魏忠贤功德，请建祠于建昌城东。赐名“崇德”。　工部监督两山郎中曾国祯疏颂魏忠贤功德，请建祠于芦沟桥。赐名“隆恩”。　荫内监杨潮［朝］侄国臣世袭锦衣卫正千户，带右府都督衔。（八三，4056）　壬戌，削夺天津兵备山东参政杨廷槐，为漕运内监李明道纠其久倚门户也。　癸亥，以奴警震邻，增定大帅，命杜文焕驻宁远，尤世禄驻锦州，侯世禄驻前屯，左辅加总兵衔驻大凌；满桂照旧驻关门，节制四镇及燕建四路，仍赐剑以重事权。从刘应坤请也。（八三，4057）　乙丑，大学士黄立极等拟升坊局官六员，左谕德管国子监司业事林焊、修撰庄际昌、编修朱继祚俱闲住，编修姜曰广、简讨胡尚英、丁进俱削夺。焊以监生陆万龄等请建魏忠贤祠坚不批允，曰广以朝鲜差回疏无颂美厂臣语也。（八三，4057）

五月己巳，太子太傅、兵部尚书王之臣题覆漕运太监崔文昇申饬驿递事宜疏，得旨：“驿递今日困苦已极，厂臣多方戒谕，加意撙节，监臣具体德意，事事申明，该部覆议的是。以后着悉遵《会典》，痛绝陋规，行各省直经管衙门刊榜，竖立驿前，官使承差不许横索赶牵、稳马等钱，升转奉差官员照例填给，不许额外滥用夫马廪给，并迂道往返，骚扰地方。其在外抚按官亦不许浮增勘合，容情滥送。如有仍前故违者，该驿即据实申报抚按，达报重处，其经管衙门或畏势徇情，容隐不举，访出一并重究。”（八四，4063—4064）　刑部尚书薛贞题问过奸细佟惟奇等，依律定罪，并归美厂臣等。得旨：“览奏，佟惟奇等输逆情真，服刑律当，非厂臣深谋远虑，密计逖侦，任用该监，同心缉叛，何以使神奸就擒，诡踪伏法？说的是。这佟惟奇拟凌迟，佟会科、宋得贵、周氏腊梅俱拟斩。既已允确,着会官处决,传首号令。其未获等严行该抚按并缉,周汝昌并着吏部议处。”(八四,4064)　监生陆万龄疏奏:“恭幸申岳毓灵,尼丘吐气,笃生总督东厂司礼监秉笔魏太监,提不世之贞心,佐一朝之乾断。我皇上冲龄践祚,英迈夙成,天纵圣资,固是媲尧比舜,非有圣辅为引翼,为之启沃,则有君无臣之治,自古难之。臣观宣圣宫墙如七十子之外,汉唐宋诸儒少有功于圣门者,皆芹藻生馨,辟雍有列。厂臣驱蔓连之邪党,复重光之圣学,其功不在孟子距诐行放淫词之下。臣等佩服厂臣之教训,念帝都为起化之地,而国学实首善之区,谨购国子监西偏民房空地一段,同心集镪,以永祝釐,少展崇报之忱,用申仰止之意。恭建前楹以敬奉厂臣崇德,而更起后楹以祀宁国先公之蒙恩赠爵者,至于春秋二典,则与宣圣、启圣之祠同举并行。”得旨特允举行。(八四,4064—4065)【考】邓之诚《骨董琐记·魏奄生祠》云,国子监共建祠二座,一名“延绥”,一名“祝恩”。　庚午,巡按湖广温皋谟题三王相继经临,乞预定迎送等事。得旨:“据奏,三王体朝廷德意,节费减仪,至供奉内官恪遵厂臣之约束,护从员役循守部堂之科条,一有不率,即行参处,说的是。该抚按弹压责重,及布政按察司俱着就近迎朝,其偏沅、郧阳悬远,督抚及道府文武各官免其迎贺,以无误地方事务。”(八四,4065—4066)　辛未,通政使司经历孙如洌等疏请建魏忠贤祠于宣武门外,中有“厂臣至诚,结主上之知,先觉任天下之重,声溢华夷,颂腾朝野,职任擎天,功标浴日”等语。赐祠名“懋勋”。(八四,4066)　壬申,顺天府府尹李春茂疏称“魏忠贤掀天经济,贯日精诚,庀材役鬼,驱神节省,补天济地,功高竹帛,名著鼎彝,神州威震,八方都城,风清万里,臣谨会同督抚按学关盐屯饷诸臣择宣武门外公建生祠以表盛事”。得旨褒美允行。　巡抚延绥朱童蒙疏称魏忠贤“德茂格天,功高捧日。延镇京运久断,饥卒庚呼,幸发十万额镪,顿起三军菜色,公议于镇城之南建祠以彰崇报”。得旨如议行,祠名与作“祝恩”。(八四,4067)　癸酉,削巡按直隶监察御史何早籍，以漕运太监李明道劾之也。(八四，4068—4069)　甲戌，镇守辽东太监刘应坤奏清查过边仓累年侵盗至一万四千七百一十二石有奇，颂厂臣功并诸内监及通判张珍等。得旨："军储大计岂容染指升合，(令严行缉拿追偿。略。)厂臣魏忠贤秘画筹边，远图经国，捐赀续封疆之命，设险固锁钥之安，裁冗惩奸，厉士简将，功在塞垣，难以枚举。着荫弟侄一人与做锦衣卫指挥使，给与应得诰命，仍赐敕奖励，以示眷倚。镇守内臣刘应坤、陶文、纪用殚力厘搜，精心振刷，着各荫弟侄一人与做锦衣卫正千户，给与应得诰命。分守内臣孙茂霖、杨潮[朝]、武俊、王莅朝同寅协恭，共固边圉，着各荫弟侄一人与做锦衣卫百户。通判张珍刷蠹有方，着与纪录。"(八四，4069)　巡视五城御史黄宪卿等合疏称厂臣赤心中天，日月热肠，特地乾坤一体以调宫府万全，而策帷幄、赞两朝，大慈大孝，成九重允武允文，五城居民愿附顺天建祠后，一体崇报。从之。(八四，4070)　桂王以典膳副胡忠事乞恩谢罪，得旨："览王奏，知王骤涉风波，恋慕廷阙，忠爱蔼然，朕用心测[恻]。胡忠借膳玩法，损王盛美，本当重治，念王为乞恩，亲亲至谊，不欲尽法，姑着革去典膳副职衔并冠帽，照随府常行应役。罪彼自取，王不必怜之。"(八四，4070—4071)　丙子，修大同边墙，计费三万余两，先以左卫营田折价五千两挪移起工，余即于该地方收纳内设处，从镇守内监张守成议也。(八四，4072)　丁丑，兵部尚书王之臣覆太监葛九思威靖大捷疏，请叙录各官。得旨："七酋桀骜匪茹，不受绦缆，近慑于威靖之挫，乃悔罪寻盟，叩关守塞，皆赖厂臣魏忠贤神机指纵，智炳庙谟，简将厉兵，每先无事之备，讨叛柔服，恒收不战之功。勋在疆场，朕心嘉悦。着荫弟侄一人与做锦衣卫指挥使，仍赐敕奖励，以酬劳绩。镇守内臣葛九思、李应江威惠兼布，操纵不爽，着各荫弟侄一人与做锦衣卫正千户。督抚按道总副参守等官猷念共分，锁钥攸赖，张朴、秦士文、张素养、汪裕、张宗衡、杨应瑞、邹国威、刘国柱、李时芳、杜维栋俱各升一级，余有功员役俱依拟叙赉,以励将来。"(八四,4075—4076)　加升太常寺卿兼山东按察使管理漕储道朱国盛都察院右副都御史,照旧管事,从吏部覆漕运太监崔文昇请也。(八四,4076)　戊寅,镇守辽东太监刘应坤题抚赏万分缺乏,得旨:"虏众云集索赏,该内督臣虑生衅叵测,亟为上请,具见善体厂臣筹边靖圉之意。范土领解赏夷银四万两,如何尚未见到?着该部刻期督解,以应春赏急需。还着不拘何项银两,预措秋赏,以便款夷,应期给发,庶边衅为可弭。"镇守辽东太监刘应坤题:"奴兵正月初攻高丽,其众不下五六万,盖揣毛镇孤悬,兼之粮乏,海上援兵难出,遂成破竹之势。今关津水兵渐集,毛镇复乘间出奇,因而王京获守,奴从昌城、满浦遁归沈阳,此皆皇上威声远鬯,厂臣睿虑弘深所致。而将领冲波历险,亦应题叙。"得旨:"览奏,水兵东援,海外孤军增气,黠奴撤众还沈,属国获全。厂臣妙算弘深,克张戎武,朕所鉴知。该镇驰报情形甚悉,深慰朕怀。"(八四,4076—4077)　己卯,兵部尚书王之臣覆镇守辽东太监纪用及巡抚辽东袁崇焕疏言:"奴子选精兵二万东江换班,突于初七、初八渡河而西,哨马已至闾阳驿,其直窥锦、宁无疑矣。所幸镇臣纪用奋勇以当前矛,抚臣袁崇焕运奇以任中权,山海镇臣刘应坤慎重以居后劲,自不至贻皇上东顾之忧。但警报迭至,策应不可无人,乞将各臣移镇,使兵马联络,呼吸相应,方有常山之势。"得旨:"关外防御,左辅、尤世禄独当前矛,着各以原官加一级,还写与他敕书,以示优异。奴报紧急,着满桂移驻前屯,孙祖寿移驻山海,黑云龙移驻一片石,阎鸣泰移镇关门,其分布兵马,关内四万,关外八万,俱如内镇臣议,听督抚作速布置,期于脉络相联,呼吸共应,务保无虞,称朕与厂臣轸顾疆圉之意。闻奴兵已越锦州,且薄宁远、锦州,兵马无可退,并宁远之法着各自清野固壁,相机堵剿,该部速传与他每知道。"(八四,4078—4079)　镇守辽东太监刘应坤题:"闻东夷领兵系李良梅,共有四万人,倘乘东侵之胜,直闯山海,更万分可虞。除臣集镇道诸将多方料理防守,仍谕以皇上暨厂臣注意关门，鼓其忠勇外，其单弱城堡俟临时相机归并。”得旨：“奴兵渡河，屡经传报，已有直闯山海之说。该内督臣悉心料理，严加堤备，仍谕以厂臣注意关门，力鼓忠勇，兼移文督抚及永蓟等道，作速整搠兵马，策应战守，以保万全无虞。说得是，还着摘差夜役不时侦探来报，其关外中前所属各堡单弱，俟临时相机归并，俱如议行。”(八四，4079)　庚辰，兵部尚书王之臣覆太监陶文、督抚阎鸣泰、刘诏疏言：“阿班歹等皆属夷部落，突于喜峰口作歹，掳掠樵丁，所幸文武齐心戮力，介马而驰，竟能获丑。遂尔乞怜，受我戎索，三协要冲从此息警，此皆厂臣魏忠贤制胜伸威，及监臣刘应坤、陶文等之功。”得旨：“喜峰狡虏罚服，既就戎索，有功叙赉宜弘。厂臣魏忠贤妙算深谋，九渊神略，决胜千里，遂使犬尾乞怜，狼烟顿息，功斯烈矣。内镇刘应坤、陶文、纪用等，分镇孙茂霖、武俊、王莅朝同心戮力，共奋忠勇，伸此威棱，劳亦亚焉。朕皆次第优叙，已有旨了。”(八四，4084—4085)　辛巳，镇守山海太监刘应坤题，恭报出关应援事。得旨：“览奏，宁锦之间奴报紧急，朕与厂臣深切轸念。该镇坐镇关门而内臣孙茂霖、镇臣满桂东行应援，具见布置方略。督臣阎鸣泰、总兵孙祖寿着于蓟镇兵马挑选万余，补山海出援之数，星火趋赴关门，以备策应。其粮料铅铁马匹一切应给军需，该部作速区处，解发接济，无得迟缓。蓟镇亦重地，着抚臣刘诏厉秣末调留镇兵马，用心防御。”镇守辽东太监刘应坤奏关兵出援，乞调近镇兵马以守山海。得旨：“奴兵围困锦州，情形可虑，近镇兵马，该部作速分派调拨，星夜赴关，听镇抚相机调度，以壮关宁之气，解锦州之急，立刻覆奏，不得迟误。”(八四，4087)　户部云南司主事监督崇文门商税张化愚疏称厂臣精忠贯日，经济掀天，匪茹外患，全消民瘼，隐忧顿释，在京各商愿立生祠于崇文门通衢。从之，祠名与作“广仁”。又工部监督两山营总司郎中曾国祯亦疏请建厂臣生祠，并允行。(八四，4088)
壬午，掌内官监太监李永贞题：“银矿洞口封完，乞敕严禁，以保久远。”得旨:“据奏,近畿矿洞俱已封固,又将山场草木烧毁,盗贼敛迹,具见恪守厂臣法令,勤劳敬事。即着行霸、易二道,永久扃闭,并涿州参将以及各该州县正官分防协禁,严加巡警,如有疏虞,将地方官参来重处。”(八四,4091—4092) 上以三藩竣役,荫魏忠贤弟侄一人为锦衣卫指挥使世袭。(八四,4092) 癸未,管理红盔将军灵璧侯汤国祚、管领大汉将军襄城伯李守锜各请附京营为魏忠贤立祠。许之。 浙直等处商人翁元等以鄚州药王庙商税蒙厂臣奏免,请许捐资建坊,以彰仁化。许之,坊名“显德流芳”。(八四,4094) 甲申,总督漕运户部右侍郎郭尚友题恭报回空粮船尽数过洪、过淮事,得旨:“今岁冻阻既多,又兼王舟鳞集,览回空粮船过淮日期较往年倍早,这本说厂臣虑殚储糈,计周军国,补偏救敝,思见京通红腐之积,朕所鉴知。两内臣协力同心,分督淮济,勤劳可嘉。自总河以下有功大小诸臣都与纪录,以后各省直督粮道臣照本内派定地方各押粮船,尽数送讫,方许回任。其迟早完欠分别叙录参处,务要挽迟为速,以济国储。”(八四,4098—4099) 武清侯李诚铭请于崇文门外药王庙东捐资为厂臣构祠。从之,赐名“鸿勋”。(八四,4099—4100) 总督京营保定侯梁世勋疏称京营等官请建魏忠贤生祠于安定门外五军营大教场迤西。从之,名曰“著爱”。 巡抚登莱李嵩会同巡抚山东李精白共言魏忠贤纯忠体国,伟略匡时,筹算定于帷中,威严薄于海外,请于府城水城各建一祠。从之,赐宁海院祠名“景仁”,蓬莱阁祠名“流鸿”。 总督辽饷户部尚书黄运泰、巡抚保定张凤翼、提督学政李蕃、巡按直隶倪文焕合疏颂魏忠贤冰心浴日,玉柱擎天,未雨彻桑,三韩巩金汤之固,捐资恤士,万军颂醪纩之仁,请于河间、天津二处各建生祠。得旨,河间祠已落成,额名“仰德”,天津祠方创建,额名“感仁”。(八四,4100) 总督蓟辽阎鸣泰、巡抚顺天刘诏、巡按直隶倪文焕与镇守山海太监陶文合词请建魏忠贤生祠于景忠山顶,内有“民心之依归即天心之向顺,非但于学识纲常之际独萃其全,而且于兵农礼乐之司共跻其盛，治平之绩普著，覆载之量宏敷”等语。上允其请，额名与作“广恩”。（八四，4100—4101）　以山海太监陶文标下忠勇（**按，此当遗营字**）太监杜勋为分守中军，协赞军务。（八四，4101）

丁亥，吏部尚书周应秋覆奏魏忠贤缉获假官犯人赵凤等，请加升尚宝司司丞魏抚民为尚宝司卿。从之。抚民，忠贤之侄也，时方十四岁。（八四，4105）　戊子，镇守宣大、山西太监葛九思请立魏忠贤生祠。许之，额名“嘉猷”。（八四，4105）　己丑，总督京营太监涂文辅请以勇、卫二营炮手二千名、壮丁一百名前赴山海协守。得旨：“览奏，拣选勇、卫二营精壮协守关门，具见体国（**按，国字疑衍**）厂臣绸缪至计，同仇之义，深可嘉尚。差官沿途钤束，不许骚扰，尤见纪律。神器即于随营操练内照名给发，火药铅子于彼此应管衙门支用，将领兵丁廪粮照在关官丁例支给，余俱如议行。”（八四，4106—4107）　镇守辽东太监刘应坤题：“赴援之众悉驱东往，万一不当，在在空虚，而山海危迫更甚，为忧方大。况粮刍军需必须凑手，恳乞天语叮咛，无待临渴掘井，致误封疆。”得旨：“览奏，关门援锦骑步舟车无不毕发，具见体厂臣同仇忠谊。然空国出援，倘有万一，在在皆虚，诚有如该镇所虑者。……”（八四，4107—4108）　户部尚书郭允厚覆督漕太监崔文昇轻赍挪借无已，料价积逋甚多，乞严敕追补，以免迟漕疏。得旨：“轻赍银两关系漕务，漕臣体厂臣裕国硕画，彻底澄清，深得力挽迟漕之法。这挪移数目已有着落应补还应开销者，即与补还；开销未有着落应行查应严追者，即与行查严追。向后本项银两务逐年先期征解通库，别项不得挪借。泉局铸本另行设处，俱如议行。”（八四，4108）　巡按直隶御史梁梦环言：“臣冒暑兼程赴关，乃知锦州城外内臣纪用与将领两面夹攻，矢石交下，夷尸填野。因叹服厂臣渊识远谋，得此奇捷，而喜心生。迨至永平，又知西虏束卜的拥兵数千挟赏，臣又增一虑矣。及抵关门，兵马实在关城并各隘口仅三万余，欲调之近不能，欲调诸远不得。今锦州急矣，非尤世禄极力承担，宁远、山海尚忍言哉!”上是其言。(八四,4108—4109)　文华殿中书徐溶捐资一千两助大工,疏颂忠贤。其同官郭希禹捐田二百亩为忠贤祠,永佐祝釐。得旨,各应答之。(八四,4109)　庚寅,总督镇守辽东太监刘应坤提兵三千余名出关援锦州,施调京营精锐五千防守关门,以副将王承恩等统领之,仍加秩有差。既而蓟辽总督阎鸣泰亦有调度榆关之疏,自言捍御整备皆赖厂臣与内镇臣拮据之力,但关外援兵云集,约有三四万,所需粮料时刻难缓,各镇援兵启行又资月粮以为路费,所当立刻措发,无致愆期误事。上如议行。(八四,4109—4110)　辛卯,巡抚河南郭增光、巡按河南鲍奇谟请建魏忠贤生祠。得旨:“据称厂臣向日葵心,格天荩思,诸所福国利民未易殚述。中州涝蝗相仍,缁挽莫继,自善委内督臣拮据调剂,群情争输,运艘途舞,轸恤劳深,祝釐感切,所请建祠如议,行祠名与作‘载德’。”(八四,4114)　壬辰,上林苑监左监丞张永祚题良牧、嘉蔬、林衡三署甲户人等恳照蕃育署为厂臣各建祠树坊。许之。祠、坊各三,祠名“存仁”、“洽恩”、“永恩”;坊额一曰“功高册府”,一曰“洪恩流芳”,一曰“一代元勋”。　五军都督府锦衣卫等衙门博平侯郭振明等疏请建魏忠贤生祠。许之,祠额名“德芳”。(八四,4116)　甲午,总督蓟辽阎鸣泰题:“锦围未解,忧心如焚,谨述微臣至关商确声援之概,以慰圣怀。”得旨:“览奏,卿已至榆关调度,其捍御整备,赖厂臣悉心绸缪与内镇体心拮据,朕所鉴知。关门援兵云集,约有三四万,所需粮料若干,时刻难缓,该部即时措发前解以鼓舞士气。其各镇援兵例有月饷,启行即着各镇饷司多方挪给,以便星驰赴关,但不得延缓片时,以误军需,责有所归。”(八四,4119)　乙未,镇守辽东太监纪用题沥血备陈苦情,将士用命战守,力保孤城,矢图雪耻,勉尽臣职事。得旨:“览奏,该镇激励将士,捍守孤城,力挫奴锋,屏障宁远,忠义之气贯日干云,甚副朕与厂臣委任至意,深可嘉尚。旷日持久,情形危急,朕已洞知。救援责成三帅,已有旨了。宁抚与总镇内臣挑选精锐,

悉心计画，督发策应，以保危疆。该部立刻马上差人说与他每知道。”(八四,4122—4123)

七月丙寅，镇守辽东太监纪用俘献活擒真夷鸭刀把等五十九名、夷器盔甲弓箭等项一千一百五十三件、达马七十二匹。得旨：“奴贼逆命，十载于兹。今狡孽复以暑月入侵，大犯兵家所忌，赖厂臣赤心忠计，区画转输，鼓舞边臣，人人用命，朕所鉴知。该内镇提衡将士，坚守孤城，搏战出奇，斩馘过当，具见除凶雪耻，克副重托。这解到夷器着进收，其擒获真夷鸭刀把等五十九名该部鞫审明白，行该衙门择吉祭告，献俘正法，以彰国威。” 太监杨潮[朝]奏一片石西界忽生铅矿，可资火器。上命会同督抚道臣开采，务严杜军民侵盗，其安炉煅法、启闭委官，俱如议行。(八六,4131) 旗手等卫经历董舜臣等请为魏忠贤建坊，许之。(八六,4134)

丁卯，镇守辽东太监纪用题奴谋再逞，已露其情，乞严敕边臣，着着从实，勿饰虚文，以遗虏患。……(八六,4134) 庚午，长芦巡盐御史龚萃肃、淮扬巡盐御史许其孝各疏请为魏忠贤建祠，一曰“流恩”，一曰“瞻恩”。(八六,4140—4141) 乙亥，总督宣大张朴与巡抚宣府秦士文、巡按直隶汪裕共言隆恩祠已告竣，乞以蔚州卫都司佥书张梦吉为守祠官。从之。(八六,4148) 丙子，总督漕运太监崔文昇纠参不职官员，得旨：“览奏，力挽运漕，尽心国储，深体厂臣帷幄筹边至意，勤恪可嘉。奸诡插和，势豪勒揹，漕例甚严，这崔世召、杨日显、何大显都着先行削籍为民，追夺诰命，并吴贵四等、徐廷及蒋孝、毛魁芳等一干人犯着行彼处抚按提解，赴内外督漕衙门一并从重究拟。徐廷玩法，徐仪世不得不任其咎，着吏部重处来说。以后各省直凡官户纳粮，俱与民户一例上仓，不许堆贮私家、勒军就兑、插和糠秕等弊，犯者指名参处。官军勒索的，并行究拟。”(八六,4148—4149) 崔文昇又报修筑堤工，得旨：“漕粮转输全赖河流顺轨，这骆马湖新堤初成，兼暑两淹浸，浅阻可虞，该监体厂臣绸缪彻桑至意，多方设法，船行无碍，忠劳可嘉。其俟守冻空船装粮到淮，亲诣湖堤，相度形势，为修筑之计。待秋深水落，即勘估急修，以图久远。”(八六,4149)　巡按陕西御史庄谦疏请为魏忠贤建祠于延镇。许之。　加升魏忠贤亲孙原荫锦衣卫指挥佥事魏鹏翼为指挥使，以厂役缉获凶犯陈六等加恩也。(八六,4150)　丁丑，镇守辽东太监纪用疏叙锦州功，得旨：“锦州之捷，雪耻除凶，十年仅见，朕心嘉悦。厂臣魏忠贤贯日精诚，补天经济，彻桑筹箸，帷幄刻刻关心军实，边需接济源源凑手，功贤十万，身作长城，允为功宗，堪藏盟府，朕所洞鉴，宜有特恩。着该部照依宁晋伯事例，速议具奏，以彰朕酬眷元臣至意。内镇臣纪用捍孤城以当劲虏，振久弛以挫方张，义胆忠肝，持危济弱，此番却敌，厥功为最，着加恩三等，荫弟侄一人与做锦衣卫指挥同知世袭，给与应得诰命，赏银六十两、彩段四表里。内臣胡明佐输忠竭力，不避险艰，接应边需，深副特遣，着荫弟侄一人与做锦衣卫正千户世袭，给与应得诰命，赏银四十两、彩段三表里。武俊间关间道，共济军实，着荫弟侄一人与做锦衣卫副千户世袭，给与应得诰，命赏银三十两、彩段二表里。杨得玉、黄友德、孙玉守能护城，战能斩馘，着荫弟侄一人与做锦衣卫试百户世袭，给与应得诰命，赏银十五两、彩段一表里。孟吉祥、吴秉臣、杨进朝、郑良辅履险冲锋，均尝劳苦，着荫弟侄一人与做锦衣卫试百户，给与应得诰命，赏银十五两、彩段一表里。镇臣赵率教、总兵左辅、朱梅志切同仇，功著急难，及战守在事有功，内外文武诸臣俱着作速分别优叙，阵亡及轻重伤官兵俱与照例优恤，以彰激劝。”(八六,4151—4152)

总督镇守辽东太监刘应坤复疏陈宁、锦功次，得旨：“宁、锦之捷，大振积靡，克畅天威，皆赖厂臣魏忠贤一腔忠诚，万全筹算，恩威迭运，手枢治平之枢，谋断兼资，胸涵匡济之略，安内攘外，济弱扶倾。念殊勋之难酬，宜恩数之申锡，着加恩三等，荫弟侄一人与做锦衣卫指挥使世袭，给与应得诰命，赏银八十两、彩段六表里、羊二只、酒三十瓶、新钞三千贯，仍赐敕奖励，以示优异。监臣王体乾、梁栋、李永贞、石元雅、王朝忠、郝隐儒、李实、涂文辅、崔文昇功参密勿，绩懋储糈，着各加恩二等，荫弟侄一人与做锦衣卫指挥同知世袭，给与应得诰命，赏银五十两、彩段四表里。镇臣刘应坤鼓舞将吏，努力戎行，匪直大挫贼锋，在宁远有却敌之效，抑亦深寒虏胆，于锦州有解围之助。着加恩三等，荫弟侄一人与做锦衣卫指挥同知世袭，给与应得诰命，赏银六十两、彩段四表里。李明道、刘忠、陶文、杨潮[朝]、杜勋等矢心缓急，殚力驰驱，着各荫弟侄一人与做锦衣卫副千户世袭，给与应得诰命，赏银三十两、彩段二表里。胡良辅、葛九思、张守成、李应江等声实相资，犄角攸赖，着各荫弟侄一人与做锦衣卫副千户世袭，给与应得诰命，赏银三十两、彩段二表里。苗成、郭尚礼、金节、田奉、王升（**本月辛巳条作王昇**）、张大兴等分猷边塞，着荫弟侄一人与做锦衣卫百户世袭，给与应得诰命，赏银二十两、彩段二表里。贾进朝、贾进忠、冯允昇、董文儒、阎思印、刘尚用、王爱、陈贵、许光先、崔良用、刘希延、马化龙、马忠、孙正宾等效力战场趋事，着各荫弟侄一人与做锦衣卫试百户，给与应得诰，命赏银十五两、彩段一表里。满桂、尤世禄、孙祖寿、杨嘉谟等浩气枕戈，壮怀吞虏，杨寰、孙云鹤、王崇德及王文元等诘奸禁暴，俱着作速分别优叙，王之臣等俱有旨了。”（八六，4152—4154）　巡关御史梁梦环复查叙宁、锦战功，盛称“厂臣德被四方，勋高百代。发纵指示，汉高待酂侯之懿典足征；尚父维师，周武答齐公之成谟可考。今举锦、宁两处战守之捷而权衡之，以封伯及指挥使合而为一，大晋公爵，斯足报旷世之殊荣耳”。得旨：“览奏，宁、锦之捷振起积弱，克畅武功，皆赖厂臣硕画渊谋，知人善任，有求必应，士马获饱腾之资，无备不周，塞垣有守御之实，故能大夺天骄之魄，永奠地轴之安。绩懋三韩，功高百代，宜隆殊恩，业有明旨。”（八六，4154—4155）　总督宣大张朴、巡抚大同张翼明、巡按直隶汪裕各疏请宣镇赤城为魏忠贤建坊，榜曰“一代崇功”。（八六，4155）　戊寅，加升魏忠贤甥孙原荫锦衣卫指挥使杨祚昌为都指挥同知,以厂役缉获凶犯,加恩二级也。(八六,4157) 己卯,吏部尚书周应秋复查宁晋伯事例,奏言:“宁晋伯刘聚在正统九年在甘肃收捕都督南哥、伪祈王锁南奔等,又临水堡擒获达贼哈三木儿等,天顺五年又杀反贼曹钦,并擒也忽烈王等,历升总兵官,进封宁晋伯,此成案可考也。今奴孽不逞,溽暑兴师,宁、锦受围,声援几断,较之甘肃,奚啻万倍。赖厂臣壮志吞胡,赤心报国,储糈器械协济实裕于边,发纵指挥调度虏在吾目,将洗三朝未雪之恨,褫十年匪茹之凶。伟哉,浴日补天;允矣,安内攘外。应赐券诰,用答元勋。”得旨:“魏忠贤报国心丹,吞胡志壮,整戎检备,立三捷之奇功,雪耻除凶,洗十年之积恨。绩奏安攘,名列山河,宁晋彝典,昭然世爵,褒封允当,着于弟侄一人特封为安平伯世袭,岁加禄米一千一百石,锡之诰券,与国同休,仍赏银一百两、彩段八表里、羊四只、酒六十瓶、新钞五千贯,赐敕奖励,以光贲大典,风励忠良。”(八六,4159—4160) 镇守辽东太监纪用题亟缺粮料,乞速赐接济。(八六,4160) 辛巳,镇守宣大太监葛九思请录洗马林之捷。得旨:“览奏,刀酋观衅蠢动,已非一日。近有洗马林之捷,皆赖厂臣魏忠贤志安社稷,念切封疆,任用得人,鼓舞三军之气,筹画不爽,振起累年之衰。彼毡裘遁迹于望风,皆桑土预周于未两。着荫弟侄一人与做锦衣卫指挥使世袭,给与应得诰命,赏银六十两、彩段四表里、羊二只、酒三十瓶、新钞三千贯,仍赐敕奖励,以答殊勋。葛九思饬法修备,功著塞垣,着荫弟侄一人与做锦衣卫副千户世袭,给与应得诰命,赏银四十两、彩段三表里。张守成、李应江稽查巡历,夙有劳绩,各荫弟侄一人与做锦衣卫百户世袭,给与应得诰命,赏银三十两、彩段二表里。田奉、王昇、张大兴共分猷念,有造地方,着各荫弟侄一人,与做锦衣卫百户,给与应得诰命,赏银二十两、彩段一表里。督抚道将大小文武官员以及获功员役俱与分别叙赉。”(八六,4164—4165) 壬午,镇守宣、大太监葛九思题:宣镇缺粮数月,乞亟催二运,以杜脱市。……(八六,4167)　癸未,赐安平伯魏鹏翼养赡庄田七百顷,一如宁国公初封肃宁伯例,仍行屯田御史择膏腴善地,作速拨给,从户部尚书郭允厚之请也。疏内褒美忠贤,有"安即是安社稷之安,而平非特平一方之平"等语。又命工部发银一万九千两作安平伯第宅买价修理之费,其朝房并照肃宁伯前例行。(八六,4169—4170)　甲申。初,镇守大同太监张守成革去阳和标兵、马兵放青银五月,军士哗然,汹汹几成大变。至是,总督宣、大张朴言:"折空之银原为各军买补马匹之需,成例已久,一旦夺之于吻,宜其不堪。应仍旧例,以安众心。"得旨:"这阳和标兵马匹既放青五个月,则料草自应裁减,内镇清查,具见综核勤慎,乃弊窦积久,军士忽哗,中间将领吏胥岂无别情?该督臣既称折空例行在先,朝廷体恤戍卒宜厚,姑着照旧行,以后折空银两务归各军补买马匹,毋得侵渔。"(八六,4170)　兵部署部事右侍郎霍维华覆延镇加恩事,得旨:"延镇大捷,内外文武有功官员宜行叙赉。厂臣魏忠贤秘谋潜授师中,妙算遐施阃外,勋铭鼎吕,望重华夷,已有特恩外,总督仓场涂文辅劳在版部,功著疆场,着荫弟侄一人与做锦衣卫指挥佥事世袭,给与应得诰命,还赏银四千两、彩段二表里;**(文武升赏略。)**"(八六,4171—4173)　戊子,移内市于玄武门。圣谕:"朕念成周盛时,礼制所载,匠人营国朝市井,我祖宗则而法之,其意良是。朕践祚之始,正逆奴方炽,朝殿未兴,遂将内市暂移北安门外,于今七年矣。器物颇觉不敷,溷亵殊非长策。今赖厂臣覃思,密画战胜,庙堂鼎建,朝殿聿新,挫虏捷音叠至,神人奋悦,朕甚嘉焉。可将内市自八月初四日为始,还遵累朝旧典,仍移于玄武门外。着该衙门严加巡缉,禁止纷嚣。皇城各门都盘诘关防,毋得疏怠。复我祖宗以来面朝后市之典,昭朕轸恤商民至怀。"(八六,4180)　镇守辽东太监纪用题二镇新创营伍,乞照例设官。得旨:"览奏,二镇新创,自应照例设官。侯拱极加升游击,已有旨了。其侯世禄所选杨华徵等,尤世禄所选周镇等,都准实授职衔,俾各任事。”(八六,4180—4181)　庚寅,赐敕奖励魏忠贤,仍于原荫弟侄一人加升三级,并银,段、新钞、羊、酒,以缉获假充旗尉宋文登等也。(八六,4182)

八月甲午朔,丰城侯李承祚疏颂魏忠贤,中云“厂臣筹边制胜,勋高汗马,且与我国家开天诸臣共光霄壤,岂宁晋例所可拘者!先臣徐达有开国功,今子孙且以两公世其爵,此例独不可循乎?皇上即隆以先臣徐达之报,亦二祖十宗所欣慰者。乃若内镇臣纪用、总兵赵率教有勇之心,无怯之气,则锡之勋爵,以酬血战,宁晋之例似可相及。臣之先臣有封疆功,今始得以世其爵,不耕不读,佩天恩而饫帝德,正无已时。傥诸臣得世其子孙,谁无保后之情,其谁不感而思奋,鞭指奴庭,有不策而自前者,愿圣明速赐允行”。得旨:“锦州之役,贼势叵测,厂臣念切封疆,虑周先事接济以厚军实,任人以恢壮猷高,十年仅见之功,寒奴雏匪茹之胆,元勋昭著,已有特恩。内镇臣纪用等仰承秘画,忠勇自将,已加恩以酬劳勚。赵率教等功次前有旨,下部着即与议覆。”(八七,4187—4188)　乙未,兵部叙宁锦功,得旨:“宁锦大捷,朕心嘉悦,内外文武诸臣宜行叙赉。厂臣魏忠贤体国忠诚,筹边胜算,开泰长否消之运,收保世滋大之功,劳而能谦,勋名未艾,恩命已涣,申锡方隆;监臣王体乾等协赞庙谟,功在帷幄;刘应坤、纪用等拮据战守,绩著疆场,加恩示酬,已俱有旨。内臣孙成、高进忠、李进喜、马吉祥、臧钦、马进忠、王镇、孙朝、王永寿、曹诚各升一级,荫弟侄一人锦衣卫试百户,给与应得诰命,赏银十五两。旧阁臣魏广微忠猷素著,加赠一级,荫一子锦衣卫指挥佥事世袭;**(下文武恩荫升赏略。)**”(八七,4191—4196)　丙申,吏、兵二部覆锦州加恩,魏忠贤嫡孙魏鹏翼宜加少师,封安平伯世袭。得旨:“览奏,厂臣魏忠贤纯忠,矢报国家,赤胆昭回日月,自翼保朕躬,励勤庙计,以至崇正祛奸,裕国轸民,何事不资。帷幄有谋,必及封疆。方除器整戎,增陴储粮,总志切于吞胡,迨简能授画,速饷集援,遂气壮于敌忾,以故锦宁三捷，十载未见，馘俘数实，社稷功高，带砺寻盟，主胙宜再。见任锦衣卫指挥使世袭魏鹏翼既以嫡孙上承伯爵，计级加授，宜晋少师，用循彝典，昭示酬庸。所有禄米岁支一千一百石，及应得诰券即与颁给，俱着各该衙门一体遵行。”时鹏翼年甫四岁。(八七,4198—4199) 兵部署部事右侍郎霍维华覆宁远加恩：宁国公魏良卿于见任太子太保，今加指挥使，计算九级，应于官衔上加至太师而止，尚余一级，统候圣裁。得旨：“朕思中兴之业每启于多虞，而夹辅之勋必资于名世。厂臣魏忠贤补天经济，贯日精诚，以先忧后乐之心襄外攘内安之治。主持正论，两朝之慈孝聿彰，破散私门，累年之诪张顿殄。桐封齐剖，鼎构维新，德明惟明则魑魅现象物之照，德威惟畏则狐鼠失潜滋之凭。藏市出途，咸沐膏润，窥关伏莽，毕服膺惩。杼轴苏困于东南，锁钥固圉于西北，业已藏勋盟府，纪绩旗常，列爵上公，稍酬劳勚。乃若奴酋匪茹之毒，为祖宗未雪之惭，朕为子孙，敢忘薪胆？而厂臣目无劲虏，胸有成筹，委任得人，禁中精推毂之选，绸缪先事，塞上预彻桑之防。号令如山，鼓作将军之气，转输如水，醪投壮士之觞。遂使宁锦奠于金汤，犬羊伏于刀俎，大畅武略，立起积衰，功斯懋矣！朕甚嘉之。宁捷所叙恩世袭指挥使职级并归宁国，准照部议，着于宁国公魏良卿原衔太子太保上加至太师而止，尚余一级，着岁加禄米三百石，仍照新衔给与应得诰命铁券，以示眷酬元勋至意。”(八七,4199—4200) 戊戌，内官监太监李永贞奏恭报三殿不日之成，首叙厂臣伟绩，并录协赞诸臣，统祈圣恩，用彰巨典。得旨：“三殿告成，累朝之旷典聿新，万世之洪基丕奠，朕心嘉悦，内外有功诸臣宜行叙赉。厂臣魏忠贤岳降元精，帝赉良弼，夙夜匪懈，心力交勤。表极参中，赞訏谟于考卜，程功积事，倡率作于工倕。未满三载之期，克襄奕叶之绩，上全国家大体，下省亿万金钱，勋在社稷，申锡宜隆。着于弟侄一人与封侯爵世袭，给与应得诰命，还赏银一百两、彩段八表里、羊四只、酒六十瓶、新钞六千贯,仍赐敕奖励;其府第、禄米、赡田等项比照肃宁侯例优给,以称朕酬报元勋至意。监臣王体乾、魏忠贤、梁栋、李永贞、石元雅、王朝辅、郝隐儒、赵秉彝、涂文辅、李实、刘应坤、王敏政、崔文昇劳著勩勦,勋高堂构。魏忠贤加恩三等,荫弟侄一人锦衣卫指挥使世袭,给与应得诰命;王体乾等各加恩二等,荫弟侄一人锦衣卫指挥佥事,还赏银五十两、彩段四表里;李永贞总督工程,倍著劳勚,还加赏银四十两、彩段二表里;李承尧、苏若霖各荫弟侄一人锦衣卫正千户,给与应得诰命,赏银三十两、彩段二表里;刘忠等十五员俱荫弟侄一人锦衣卫正千户,给与应得诰命,赏银二十两、彩段一表里;李承先[尧]、苏若霖加赏银十五两,吴国泰等三十一员各荫弟侄一人锦衣卫百户,俱给与应得诰命;杨汝忠等八十一员各赏银三十两,许秉彝、赵进督工运石有功,荫弟侄一人锦衣卫百户,给与应得诰命,赏银二十两、彩段一表里;马诚、汪良德俱赏银三十两、彩段一表里;董鉴等二十四员各赏银三十两、彩段一表里。李诚铭捐助多金,忠爱可尚,加太子太师,赏银四十两、彩段二表里。新旧辅臣叶向高、魏广微、黄立极、施凤来、张瑞图、李国槽协赞庙谟,劳深弼亮,朕自加恩。(**下升叙荫赉略。**)”(八七,4202—4205)

己亥,赐敕奖励魏忠贤,于原荫弟侄一人加升二级,仍赏银、币、羊、酒、钞锭,以巡抚登莱李嵩奏报解运开洋,皆厂臣之力也。(八七,4205—4206)　　壬寅,兵部接出圣谕:“盖闻程功笃旧,朝廷有崇报之章,恩泽溥颁,臣下无向隅之念。朕昔在襁褓,气禀清虚,赖奉圣夫人客氏事事劳苦,保卫恭勤。不幸皇妣早岁宾天,复面承顾托之重,凡朕起居燥湿,饥饱燠寒,皆奉圣夫人业业兢兢,而节宣周慎,艰险备尝,历十六载。及皇考登极,匝月遽弃群臣,朕以冲龄,并失怙恃。自赞承祖宗鸿绪,孑处于宫壶之中,复赖奉圣夫人倚毗调剂,苦更倍前。况又屡捐已俸,佐桥工、陵工、助军需鼎建。溯想青宫夙绩,曾成育眇躬,加以累次急公而懿德并懋,亘古至今,拥佑之勋,有谁足与比者!外廷臣庶,哪能尽知?简在朕心，于兹七载，盖未忍一刻忘也。今朝殿庆成，捷音叠奏，朕感今怀昔，嘉尚良深。《诗》不云乎？‘无德不报。’奉圣夫人可特加恩荫，用彰殊异，该部即便议拟妥确，速具奏闻，以昭朕笃念今昔元功，恪遵皇妣顾托至意。特谕。”兵部随具覆，止荫弟男一人为锦衣卫指挥使。上以其未足酬功，着从优再议来看。于是部覆请荫弟男各一人为锦衣卫指挥使世袭，仍各加左右都督。复得旨：“奉圣夫人事朕襁褓清弱之时，劳深调护，及受顾托，益勤兢业，倍加节宣。迨朕冲龄嗣服，倚毗周旋，更著劳绩。前后二十三年，始终一心，忠慎不替，兼以捐俸急公，不一而足，德茂渊懿，真可嘉尚。兹殿工、捷音两次叙赉，宜隆酬报元功，加恩三等，赏银一百两、彩段六表里、羊四只、酒六十瓶、新钞五千贯，赐敕奖励，仍各荫弟男一人与做锦衣卫指挥使世袭，给与应得诰命，昭朕笃念酬答至意。”(八七，4207—4209)　镇守登、津太监胡良辅奏毛文龙斩获功，得旨：“奴虏猖狂，残我属国。览奏，该镇与毛帅协力同心，宣布恩信，赈恤丽民，激励将士，丽地汤站懒盘等处屡建捷功，积衰顿起，军声大振，具见海外方略。盖体厂臣安攘筹画，克副任使，深慰朕怀。所有俘获不妨风帆之便，另行题解。”(八七，4209)　　癸卯，总督漕河崔文昇题修筑堤工事，得旨：“河决由于堤薄，秋深相度地势起工，务为一劳永逸。说得是。骆马湖沙土难筑，邳土坚凝，预督浅夫开掘，俟回空粮船带取，委属可行。地方正官、管河官有推委耽阁回空船的，参来处治。还着总河衙门通行速举，有冲决处督河官勒限堵塞，其未完工的刻期作竣，庶无误运艘，以称厂臣通漕速运绸缪彻桑至意。”(八七，4211)　总督漕河太监崔文昇、总河臣李从心、总漕臣郭尚友、山东抚臣李精白、按臣黄宪卿、漕臣何可及各疏言魏忠贤志存社稷，泽及蒸黎。三桐齐封，不惊旁河之鸡犬；千艘相接，尽恬破浪之鱼龙。衮属各官议于济宁河干建祠，乞赐额标，以彰大典。从之，祠名“表勋”。(八七，4213—4214)　　甲辰，巡抚湖广姚宗文、抚治郧阳梁应泽、巡按湖广温皋谟各疏请于省城、承天、均州三处各建魏忠贤生祠，内有“体国纯忠，筹边伟识，以澄清世道为任，以翊赞圣明为心。大烈著于安攘，元功昭于中外”等语。许之，祠名“隆仁”。(八七,4214)　乙巳，大学士黄立极等题：“本日，皇上召臣等及九卿、科道等官见于乾清宫之西暖阁，乃知圣体尚未能霍然勿药也。伏蒙圣谕，仰见皇上虽在汤药珍调之中，犹然垂情治几，轸念国事。尧舜兢业，何以加诸！臣等虽不才，素奉教于君子矣。厂臣忠贞性植，訏谟远筹，往往出臣等意表，诚有如圣谕所云者。知臣莫若君，岂不信哉！敢不仰体皇上任贤勿贰之意，虚心共筹，合力赞襄，务求至当，以称圣怀。九卿、科道等官亲承玉音，自当各修职业，无敢惰窳。皇上节啬思虑，颐养精神，暂宽惕励，徐俟万安。”得旨：“朕以清弱之质，当宵旰之会，焦思劳神，以致违和。昨日召见卿等，念国事殷繁，虽在静摄，未免关心。而监臣王体乾谨恪小心，厂臣魏忠贤忠贞性植，近日三殿大工，东氛告急，皆赖拮据，克有成绩，朕深倚毗。紧要重大事情，卿等可与商确计议。今览卿等问安揭帖，凡事必虚心共筹，合力赞襄，务求至当。具见卿等宫府合心，忠君爱国，朕可节啬思虑，颐养精神，以需勿药，甚慰朕怀。昨召见信王，朕心甚悦，体觉稍安，说与卿等每知道。”(八七,4215—4216)　工部尚书薛凤翔题叙殿工，得旨：“三朝旷典，久需运会，才余两载，焕复旧规，实赖厂臣魏忠贤生符名世，精禀扶舆，真有与国家共休戚之心，卓尔肩天下系安危之望。(下皆谀辞，略。)厂臣之勋，顾不伟与！通侯之赏，既协佥同，圭土之分，业行申锡。薛凤翔、崔呈秀各加少傅兼太子太傅，荫一子锦衣卫指挥佥事世袭，赏银五十两、纻丝三表里，仍赐飞鱼一袭。……内魏良卿荫一子锦衣卫指挥佥事，赏银二十两；掌府事的七员，各荫一子锦衣卫正千户……”(八七,4216—4225)　总督登、津太监胡良辅题海上情形，得旨……(八七,4226)　吏科右给事中陈尔翼奏：“臣仰见三殿告成，旷典肇新。三王之国，随处帖宁。臣取道维扬时，犹值桂王舟泊江浒，斯民皆熙熙乐业。而一时道府州县无不向臣举手加额，为大典克襄，省财节费，地方受福，此皆厂臣干国宏猷，匡时伟略，所以臻此。而皇上倚毗得人，亦足概见矣。若厂臣以独任为分任，则以臣所见，如漕河一事，清粮船之夹带，剔粮户之侵渔，法必行于奸黠，罪不贷于势豪，以至沿河上下，挑浚以时，飞舻经临，淤塞不苦，新粮之遄集，固其所也。以言乎锦、宁，则以臣所闻，一月被围，三战皆捷，合之宣、大奏凯，总由内外诸臣任厂臣之任，各心厂臣之心，因能训练有方，孚结有素，按月给粮而士马咸得果其腹，循名核实而侵冒不能匿其端，以至器械粮刍，源源凑手，战车火药，色色精工。盖厂臣实以提掇一世之精神，发抒满腔之义愤，故能帷幄运筹，决胜千里也。臣观宫府原为一体，而内外更自交成。今大僚固称布列，而少宰一席何以久推不报。秩宗典礼，关系匪轻，而两侍郎且久阁不推。至封疆多事，关切莫若中枢，而专任尚无其人。岂皇上留心慎重，为无足堪此者耶？彼肩鸿任巨，力量素饶，远略沉心，担荷不浅，日月照临之下，朗鉴宁不及此，而不令司爵者速速疏名以请也。”得旨：“览奏，图治在于任人，朕任厂臣聿新鼎建，并竣桐封，咸资翼赞。然其拮据未尽于此。至说厂臣分任各内镇理漕疏河劳深，输挽核兵给饷，功奏馘俘，提掇有纲，发抒殚赤，朕所洞鉴。吏、礼侍郎久缺，着吏部拟推来看，其中枢重任，特简崔呈秀，已有旨了。”（八七，4227—4228）　丙午，加授东安侯魏良栋为太子太保，并赐第宅，给银三万七千一百四十二两，禄米岁支二千五百石，本色一千七百五十石，折色七百五十石，择腴地一千顷为赡田。（八七，4231）

丁未，总督陕西三边史永安、巡抚陕西胡廷晏、巡按陕西庄谦、袁鲸帅众合词请建魏忠贤生祠于固镇太白山龙池之西，内有“惟岳齐天，用象生申之翰；如泉满地，式弘赉傅之霖。绩在东陲，惠流西鄙”等语。许之，祠名“懋彝”。（八七，4234）　己酉，工部奏：“三殿大工开工，自天启五年二月二十三日起，至七年八月初二日报竣，总算钱粮，给与领状者共五百七十八万八千一百三十五两八钱三分八厘二毫二丝八忽六微，应找者共三十万零一百三十三两八钱九分四厘七毫五微，透支者一十三万零七百四十九两九钱四分四厘二毫二丝，外兑者共一十三万九千一百五十三两三钱八分一厘六毫九丝，所费银计五百九十五万七千五百一十九两七钱六分八厘四毫一丝六忽一微。虽前朝册籍无可稽考，而工倍费省，未有如斯举者也。”得旨：“览奏，三殿鼎建，两载告成，工大费省，皆赖厂臣心计经营，力效鸠庀。以故顶石之运、楠杉之采，节省金钱数百万，而禁苛恤力，子来胥悦，劳勚独高。说得是。这截算钱粮自开工迄工竣，计五百九十五万七千五百两有奇，具见稽核详恪，还宜以册案宣付史局，用彰实录。其夫匠铺车等役给银未完的，须外解补还，着行各省直严催题过助工银两，星速内解，以完工局。”(八七，4236—4237)　辛亥，内官监太监李永贞请修葺各陵。得旨：“览奏，各陵根本重地，被雨冲毁，宜修葺。朕顾瞻寝宫，时廑寤寐，厂臣深体此意，筹画多方，见今长陵等三次葺理既有次第，一应桥梁及献陵各处修整俱不可缓。该监细加酌裁，于原题未领银十二万内止实用五万三千两，工作倍加，钱粮反减，厂臣为国忠谋，节财严谕，所省金钱何啻数十万，朕所嘉悦。该监同心协赞，劳有足纪，着照新议定数目作速给发，秋气渐深，及时料理。”　楚王华奎疏颂魏忠贤，捐赀一千两，请建祠于武昌城内高观山凤凰窝之阳。许之。(八七，4239)　巡按湖广御史温皋谟疏请为魏忠贤建祠，有云“盖斯世斯民欲歌咏我皇上如天之德而巍荡难名，故于宣猷干国之厂臣共勤尸祝”云。许之。(八七，4240)

壬子，巡按山西李灿然会同抚臣牟志夔、按臣刘弘化请于河东建魏忠贤祠，内有“丹心许国，精忠贯日，无双雅志，忧民伟代，参天第一”等语。许之，额名“褒勋”。　福府承奉司承奉正徐遇请建魏忠贤生祠于洛阳。许之，额名“垂懿”。(八七，4240)　甲寅，上疾，大渐。是日，大学士黄立极、施凤来、张瑞图、李国楷题：司礼监王体乾传上意，以殿工告成，思弘絣幪之庇，使中外均沾……

（八七，4243—4245）　乙卯，是日，上崩于乾清宫。（八七，4245）

本年附

艺文·碑铭·太监马荣碑记

钦差孝陵掌敕神宫监掌印太监龙湖马公碑记

赐进士第、福建道监察御史阳翟聘之孙征兰撰文。赐进士第、文林郎关中□平苟好善篆额。文华殿实授中书舍人瀛海肃冰观光许用宾丹书。

古燕都雉之西三十里许磨石口村有山龙干，嵯峨屏峙，林峦秀丽，果为巨目所识马氏佳城。乃叹曰："福人不葬无福之地，信然。"盍不缘其请记，敬为详之。是公也，讳荣，号龙湖先生。及毛髫时即矫矫不屑为书生，动用英雄，内含贵重，兹得以神庙六祀之间入侍丹禁，绍大司礼田公（义）箕裘，乃克承翼翼，历三十年，所获建业司礼。越五年，捱家惜薪。又四年，柄钧内库，兼掌芦课。讫熹庙四年（1624），擢掌孝陵神宫监敕印，提督一卫五所官军洲田。再六年，北迁康陵，掌印务。

呜呼！永膺帝眷，辅弼之朝，此公之无负于国家者然也；其教家维世，仁以孝亲，义谐昆弟亲朋僚寀，民物之繁茂，不辑宁颂，德公之无负于乡评然也。公亦可谓抱不践之善而吻合于德之为哉。乃其福履之祥而安迪富迪显而与享年六十有三岁，终于正命何？莫非世间难必而公所兼隆者。公生于隆庆甲子（**应为嘉靖甲子，四十三年，1564年**）九月初六日，卒于天启丁卯（七年，1627）春正月初八日。安厝以来，有大司礼宗主宋学悯其没而详其实，以勒于石而记之。盖谓不虚生有如此云。崇祯五年，岁次九月，十一日。

（篆额：明臣马公碑记。北京石景山模式口出土。《北京图书馆藏中国历代石刻拓本汇编》第60册，第43页）

艺文·碑铭·法华寺碑

黄立极撰《重修法华寺碑记》："（**前略**。）魏阙迤东豹房巷内有正统年之太监刘通素心清净，与其弟刘顺自奇其梦之灵异也，捐所居之宅而改为法华禅林。（**久而倾圮**。**略**。）无奈土木之费烦，非一手一足之独力也。乃太监姚姓讳敬者，雅遵式于空门，心无染而体自香，特感此福地之凌夷，大动鼎新之善念，并上人宗旺等各输金起修，仍募化中外远迩善人信士，不拘多寡,随缘自尽,共成善果。(**下略**。)天启丁卯(七年,1627)夏月既望。”

碑阴题名,居中为“大明惠王爷”及“惠府掌府太监等官”,右为“司礼监秉笔提督礼仪房等处太监裴昇”,及“乾清宫管事牌子各衙门掌印提督太监等官”,左为“重修法华寺天师庵会甲□□御马监太监并各衙门太监等官姚敬”、“锦衣卫提督西司房官旗办事太子太保都督杨寰”等,并僧众等。

(碑在北京东城报房胡同。《北京图书馆藏中国历代石刻拓本汇编》第59册,第190—191页)

卷十一

庄烈帝崇祯朝 附弘光朝(1627—1645)

天启七年八月乙卯，熹宗皇帝宾天。信王(**即崇祯帝**)即日入临，至乾清门，西向坐。王时自危，袖干糒以入，不食大官馔也。群臣亦无一人至。王秉烛独坐，久之，见一珰携剑过，即取视其剑，留几上，许以赏。闻巡徼声，劳苦之，问左右："欲给以酒馔，安从取乎？"侍者云："当取之光禄寺。"传旨取给，欢声如雷。群臣俱在邸，卜明日入朝问安否。厥明，至殿门，阉人不令入，告以宜用丧礼。既改服，又谓未成服，宜如常。群臣奔走出入者三，哀诉阉人，得入临。司礼太监王体乾及忠贤在丧次，独体乾语各部备丧礼，忠贤目且肿，无所言。群臣出少顷，独延兵部尚书崔呈秀入，屏人语移时，秘不得闻。或云忠贤欲自篡，而呈秀以事未可为止之也。寻群珰议：梓宫寓乾清宫，如神祖、光宗时，殿下暂寓殿庑。阁臣谓：兄弟与父子不同，梓宫奉别殿，上御文华殿，如世宗时。又中宫移慈庆宫，诸贵妃附焉。或谓不当附，乃止。(《国榷》八八)[①]

【考】汪楫《崇祯长编》卷一："时太监魏忠贤方擅政，四方珍异之物毕致，忠贤时以非时花木果蔬之类献帝，帝辄受之，厚犒其使，若相得甚欢者。……至是八月，熹宗疾，大渐。十一日命召帝。帝初虑不为忠贤所容，深自韬晦，常称病不朝。承召，乃入问疾。熹宗凭榻顾帝曰：'来，吾弟，当为尧舜。'帝惧，不敢应。良久奏曰：'臣死罪！陛下为此言，臣应万死！'熹宗慰勉至再，又曰：'善视中宫。魏忠贤可任也。'帝益惧，而与忠贤相劳，若语甚温。求出。二十一日甲寅[②]，熹宗崩。忠贤犹豫，不发丧。翌

① 下引谈迁《国榷》，如《国榷》第八八卷，作"《国榷》八八"，以从全书之例。

② 此处误，熹宗实崩于二十二日，即乙卯日。

日凶问彰露，始宣皇后懿旨告外，遣其党涂文辅、王朝辅迎帝入宫，群臣无得见者。帝自袖糒糗以入，不尝宫中食。"金之俊《李文敏公(国槽)专祠碑记》(民国《高阳县志》卷九《集文》)记大学士李国槽临危之功："至于导扬末命，拥戴长君，弭肘腋之危疑，启风雷之旋转，公之为功，藏于不见不闻，诚无得而称焉。……盖尝论公生平大节有呼吸安危者三：当熹庙大渐，珰犹矫遗旨窜顾命，公奋议削之，使不得逞，比汉绛侯之立夺北军；凭几之际承谕，大声传宣皇弟，以绝非常，同韩魏公之卷帘审视。"又孙承宗撰李国槽墓志亦曰："当今皇帝以熹皇帝遗命，遵高皇帝弟及之命，登宝位也。盖天人归与，中外颂欢，自非臣下可赞一辞。独是党臣交口美新，赖正人防微杜渐，顿令低回而未敢恣，则公之功在不见不闻。及熹皇帝凭几顾命，更烦深心。公于时承谕，传皇五弟，大声宣扬，遂由禁中递传毂下，以绝非常，其意殆不翅卷帘审视，则又功在见见闻闻。即迹者未必深知，而老成长虑，未尝不颂龙行虎步之圣人。"[①]　　丁巳，信王即皇帝位于中极殿。

庚午[②]，命大学士施凤来同太监李永贞诣天寿山择先帝陵，定于潓峪岭。　　己未，巡抚登、莱右副都御史孙国桢叙毛文龙宣川功，颂及厂臣。　　上问司礼监太监王体乾立枷之事，对曰："专处巨恶。"上曰："亦惨甚。"(《国榷》八八)　　辛酉，山西太监刘应坤以蓟门饷缺五月闻，户部覆借漕折银给发，报可。(《崇祯长编》一)[③]　　癸亥，镇守宣、大太监葛九思请以应接骑兵五千改为左右标营，从之。(《崇祯长编》二)

---

① 孙承宗撰墓志全称为《明光禄大夫左柱国少师兼太子太师吏部尚书中极殿大学士赠太保谥文敏李公暨元配封孺人累赠一品夫人陈氏继配封安人累赠一品夫人赵氏合葬墓志铭》，载民国《高阳县志》卷九《集文》。《明史·李国槽传》："天启六年七月，超擢礼部尚书入阁。释褐十四年即登宰辅，魏忠贤以同乡故援之也。然国槽每持正论。"

② 《崇祯长编》系此事于九月戊辰。

③ 本书所引《崇祯长编》，分别为清人汪楫所辑六十八卷本(自天启七年八月至崇祯五年十二月)及"痛史"二卷本(自崇祯十六年十月至十七年三月)，及佚名编《明□宗□皇帝实录》，其影印本均附于史语所校印本《明实录》后。本书分别简书为"《崇祯长编》"、"《痛史长编》"、"《□皇帝实录》"，中文数字为卷次。

九月甲子朔，东厂太监魏忠贤辞任，温旨不允。[①]（《崇祯长编》二）　分镇桃林口太监杨朝报插汉虎墩兔以醉为妇哈屯刺死。丙寅，奉圣夫人客氏出归私第。　太监魏忠贤乞免户部丧礼香蜡三万金，从之。　丁卯，司礼太监王体乾辞任，不允。（《国榷》八八）　戊辰，以登极恩，给赏南京内外守备、参赞机务尚书，操江勋臣、都御史，凤阳、天寿山、显陵守备，各处总督、提督、总兵、巡抚、副总兵、兵备、参将、游击、守备等官。　司礼太监李永贞罢。　辛未，督师辽东太监刘应坤请发军丁皮袄银。旧制，每人六钱，天启六年魏忠贤增为八钱，共该十一万二千两。下所司。改兵部武库员外郎管山海关同知事赵广荫为职方司员外，仍管关务；以南部副总兵麻登云调补北部副总兵，而以龙武营副总兵徐涟调补南部，兼理海防，俱从太监刘应坤请也。　甲戌，宣、大太监葛九思清核逃兵倒马银四万一千四百七两零。帝嘉之，仍着户部速催京民二运银，委官买补缺额马匹，毋误秋防。（《崇祯长编》二）　丙子，瑞王府成，督工汉中工部郎中王惟先入朝，奏颂厂臣。　戊寅，叙三殿功，荫内臣锦衣卫指挥佥事十二人、正千户四十七人。（《国榷》八八）　丁亥，国子司业朱之俊论监生曹代何、陆万龄、储寓奇诳祠挟遁，宜罪。命下狱。（《□皇帝实录》一）

戊子（**崇祯长编系于辛卯**），太监魏忠贤乞止建祠。上优答之，其前赐额许如故，余止之。　庚寅，太师宁国公魏良卿、少师安平伯魏鹏翼并给铁券。　癸巳，巡抚江西右佥都御史杨邦宪、巡按御史刘述祖各疏颂厂臣，请祠。不许。（《国榷》八八）

十月丁酉，以藩邸随侍功，荫御前牌子太监王佐、陈秉政、齐本正、张承庆、王永年各弟侄一人锦衣卫百户。又荫藩邸随侍，令乾清宫管事太监司之礼、周世治、商辅明各弟侄一人锦衣卫正千

---

① 《崇祯长编》卷二载葛九思及魏忠贤两事，皆附于“天启七年九月癸亥朔”条。然九月以甲子为朔，癸亥当为八月三十一日。忠贤辞任事，《国榷》卷八八亦载之，在九月甲子朔日。因分置之。

户,牌子太监曹文学、张德宗、李承恩、徐延年、商作霖、黄一魁、李添寿各弟侄一人锦衣卫副千户,俱世袭;内牌子范寿宁荫弟侄一人锦衣卫正千户,常在王寿年、谷春祥各弟侄一人锦衣卫副千户。

荫司礼监秉笔太监徐应元弟侄一人锦衣卫都指挥同知,太监王文政、王国泰、王永祚各弟侄一人锦衣卫指挥使,俱世袭。又以徐应元赞襄典礼,荫弟侄一人锦衣卫正千户,王文政、王国泰、王永祚各荫弟侄一人锦衣卫百户。[①](《崇祯长编》二[②]) 己亥,太监涂文辅搜太仓节省余银万二千金,进备恩赏。上善之。 壬寅,司礼太监王体乾、魏忠贤荫锦衣卫都指挥佥事,赞襄典礼也。

甲辰,录东江功,太监魏忠贤、王体乾、徐应元等及胡良辅、金捷、郭尚礼各荫锦衣卫指挥同知,苗成指挥佥事,郭尚礼千户,边进朝等二十一人各百户。崔呈秀等荫锦衣卫指挥同知,余赐金、币有差。(《国榷》八八) 东厂太监魏忠贤、司礼太监王体乾各疏辞登极覃恩,俱优诏答之。 己酉,河工积逋银天启元年至六年止共二十七万六千八百三十两,太监崔文昇疏闻。旨令勒限严追,仍令以后征收桩草等银总解一库,岁终会同总督细加查核,并立考成法以殿最有司。 壬子,御史杨维垣再疏纠崔呈秀通内:“凡急于仕进者靡不趋之,故当杨(涟)、左(光斗)之时,人皆以不参厂臣为罪,当呈秀之时,人又以不誉厂臣为罪。故不知者谓呈秀于厂臣为功首,于名教为罪魁。臣谓呈秀毫无益于厂臣,而且若为厂臣累。盖厂臣公而呈秀私,厂臣不爱钱而呈秀贪,厂臣尚知为国为民,而呈秀惟知恃权纳贿,其可恨也至矣。今呈秀乃以臣明目张胆之举,为挟忿泄怨之事乎?”旨令静听处分。

丙辰,工部都水司添注主事陆澄源疏言四事,首曰“正士习”,言:“比来士气渐降,士节渐卑,日以称功颂德为事。如厂臣魏忠贤

① 《国榷》卷八八所记人名有异:“张承庆”作“张永庆”,“司之礼”作“徐应元”,“周世治”作“周世德”,“王文政”作“王之政”。

② 《崇祯长编》天启七年十月当为卷三,然误为卷二,以后辄皆错。然校印本仍存其旧。

服事先帝，赞筹边务，拮据大工，亦大臣分内事。朝廷论功行赏，自有典常，何至宠逾开国、爵列三等，锦衣遍宗亲，京堂滥乳臭也！先帝圣不自圣，诏旨批答，必归功厂臣，而厂臣居之不疑。外庭奏疏不敢明书忠贤姓名，尽废君前臣名之礼。至祝釐遍于海内，奔走狂于域中，誉之以皋、夔，尊之以周、孔。身为士大夫者首上建祠之疏，以至市估儒枭，在在效尤，士习渐降渐卑，莫此为甚。又如钦差内臣总理库藏，不过稽查出入之数，原与别项部务无干，而乃体统相临，偃然在堂官之上，竟使户、工二部官罗拜堂下。至如外镇内臣，其待方面有司之体更有甚于此者。士未尝负朝廷，朝廷何苦以奴隶待士臣？所谓正士习者此也。……至于国用告匮，议助议捐，加派穷民，皆非长策。语云：'省费不若省官。'今之勋荫冒滥极矣，因一殿工成，荫及百执事，边一小胜，赏及中朝。今之籍金吾而佩银黄者，充街塞路，此不甚费乎？又如士大夫献谀忠贤，倡生祠之说，海内效尤，在在创立，计其费不下百万。忠贤既以身许国，何苦以有用之财靡之无用之役？及今变卖，尚可得数十万金。臣为忠贤计，决宜出此，臣所谓定国用者此也。"不从。【考】天启中全国各地为魏氏所建生祠，邓之诚《骨董琐记·魏奄生祠》言"计三十有九"。苗棣《魏忠贤专权研究》统计为92座。滕艳玲查证，其中北京一地就达25所。[①] 之诚言："当时督抚未具疏建祠者，独郧阳巡抚梁应泽一人。"又乾隆《福州府志》卷四七《名宦二》载陆文衡事迹："文衡，字坦持，吴江人。万历四十七年进士，授工部主事。天启中出守福州。时魏珰生祠遍海内，众议福为闽首郡，当倡立。文衡坚持不可，卒不建。故闽阖省无珰祠，由文衡格其议也。"金之俊《李文敏公(国樽)专祠碑记》(民国《高阳县志》卷九《集文》)载李国樽事迹："时媚珰者至颂天与人归，建祠遍海宇，其在辇下者，公未尝捐资拜谒。后复规觊辟雍隙地，以公持之坚而寝。诸所挟喜怒以矫僭威服，公委蛇曲剂厘正，保全为多。盖以正色垂绅之度，寓其潜消默折之权。"　丁巳，承天太监

① 滕艳玲《普惠生祠香火碑及——魏忠贤》，《北京文博》1997年第1期。

李希哲，南京太监杨国瑞，太和山太监冯玉，天寿山太监马[孟]进宝，坝大马房太监张九卿、田德润，九门太监金良辅、张有功俱罢。[①]　太监吴滨、梁进俱乞罢。不允。(《崇祯长编》二)　戊午，兵部武选司主事钱元慤上言："迩年以来，百辟卿士，不媚天子而媚奸臣，至舆厮贱隶，夤缘扳附，立跻显要，玷列卿行，污滥朝署。常伯有续貂之诮，烂羊兴关内之谣，甚非盛世所宜有也。厂臣魏忠贤以枭獍之姿，供缀衣之役，先帝念其服勤左右，假以事权，群小蚁附，势渐难返。称功颂德，布满天下，几如王莽之妄引符命；列爵三等，畀于乳臭，几如梁冀之一门五侯；遍列私人，分置要津，几如王衍之狡兔三窟；舆珍辇宝，藏积肃宁，几如董卓之郿坞自固；动辄传旨，钳制百僚，几如赵高之指鹿为马；诛锄士类，伤残元气，几如节甫之钩党株连；阴养死士，陈兵自卫，几如桓温之壁后置人；广开告讦，道路以目，几如则天之罗钳吉网。先帝念忠贤有驱使之微劳，闻誉言之日至，岂料其威权趋附之至此！使先帝而早知其横窃，亦必有以处忠贤矣。即皇上念其劳，贷之不死，宜勒归私第，散死士，输蓄藏，使内庭无厝火之忧，外廷无尾大之虑。魏良卿辈既非开国之勋，又非从龙之宠，安得玷兹茅土，污此彝章？速令解组褫绅，长农没世。至告讦获赏之张体乾，煅炼骤贵之杨寰，夫头乘轿之张凌云，委官开棍之陈大同，号称长儿之田尔耕，宁国契友之白太始、龚翼明等，凡为爪牙，俱明暴其罪，或殛或放，奸党肃清，九流澄澈。"报闻。　己未，刑部广□司员外郎史躬盛论魏忠贤罪状："举天下之廉耻澌灭尽，举天下之元气剥削尽，举天下之官方紊乱尽，举天下之生灵鱼肉尽，举天下之物力消耗。"报闻。[②]　御史吴尚默劾："崔呈秀之去，即与鲁司寇两观之诛何异？凡负谴而获免，与显擢而诡得，未有不夤缘于呈秀也。

① 《国榷》卷八八系此事于十月己未条，其中南京守备太监作"杨朝"，另有"浙直织造太监李实"。

② 《崇祯长编》系此事于十月壬戌，史躬盛为广东司员外郎。

金珠非异，而市丽姬。铨司之擢、卿贰之推，辄行罢斥，不知几何人也！且台臣，法纪之司也，曾未有一院而四宪臣，有之，自呈秀始；总宪，独坐之位也，曾未有独坐而两，有之，自呈秀始。先帝不豫，不亲政务，而连章累牍，颁爵赏而列封荫。群臣谢恩，即宾天之日。以此定贼臣之罪案，而魏忠贤之案亦可以言也。茅土传于一时，庙食遍于天下，诚从贼臣以问厂臣，能无愧心否？”（《国榷》八八）　宁国公魏良卿免。　织造太监梁栋罢。　庚申，浙江嘉兴县贡生钱嘉徵疏言东厂太监魏忠贤十罪：“一曰并帝。夫天无二日，而阿附诸臣凡有封章，必先关白忠贤，至颂莽功德，必以上配先帝。及奉俞旨，必曰‘朕与厂臣’，从来有此奏体否？滔天之罪一也。二曰蔑后。夫中宫天下臣民之母后也，皇亲张国纪未罹不赦之条，闻先帝令忠贤宣皇后，而忠贤灭旨不传，致皇后当先帝御前面斯逆奸，遂罗织皇亲，多方欲致之死，几危中宫。滔天之罪二也。三曰弄兵。祖宗朝不闻有内操之制，忠贤外胁臣民，内逼宫闱，操刀剸刃，炮石雷击，谋图不轨，滔天之罪三也。四曰无二祖列宗。高皇帝垂训中涓不许干预朝政，乃忠贤军国重事一手障天，凡钱谷衙门、边腹重地、漕运咽喉多置腹心，意欲何为？滔天之罪四也。五曰克削藩封。三藩庄田赐赉合之不及福藩之一，而忠贤封公侯伯之上田，拣选膏腴，不下万顷。是祖宗百世之亲反不若一豪悍之家奴，滔天之罪五也。六曰无圣。夫至圣先师为万世名教主，忠贤何人，而敢建祠太学之侧。滔天之罪六也。七曰滥爵。祖宗朝封公，除魏国、定国、英国、成国、黔国外，虽开平之伟绩，尚止一侯。今忠贤公然袭尚公之封，滔天之罪七也。八曰掩边功。袁崇焕功未克终，席不及暖，而忠贤虚冒边功，封侯封伯，致豪杰为短气，滔天之罪八也。九曰朘民。夫国课岁额不过四百几十万，况经连年水旱，东西交讧，以致司农仰屋。而天下府州县之请建祠不下百余所，计一祠之费不下五万金，是岂民所乐输？皆敲骨剥肤而出之者。滔天之罪九也。十曰通同关节。贴出之名，复上贤书,寅缘结要,不可胜数,滔天之罪十也。”先是,嘉徵具疏赴通政司封进,通政使吕图南以字画称谓不如式,命重誊,嘉徵即疏纠图南党奸阻抑。图南疏辩,并言“昔封驳监生陆万龄、曹代何等请建祠文庙之疏,及监生李映日等疏引‘周公用天子礼乐,太公得专征伐,郭汾阳封王’等语,皆参驳不准封进。夫不附忠贤于势焰熏天之日,而附于台省夹攻之时,党奸者固如是乎”? 旨是之,令以原驳二疏呈览。　宁远太监纪用私家闲住。　太监魏忠贤罢,改宁国公魏良卿为锦衣卫指挥使,东平侯魏良栋为锦衣卫指挥同知,安平伯魏鹏翼为锦衣卫指挥佥事。　　辛酉,命司礼监秉笔太监王敏政提督苏杭织造,兼管三省岁改事务。　银库太监涂文辅以病求解职。旨准其辞仓库之仕(**按,仕疑当作事**),银库仍旧。　以外私家闲住长陵神宫监监丞赵和中为内官监太监,提督太岳太和山兼湖广行都司等处地方。南京孝陵神宫监太监王应朝为南京司礼监太监,与梁进协同守备,兼掌内官监印。外私家闲住司礼监太监高涌为内官监太监,守天寿山。尚衣监掌印右少监魏相为内官监太监,守备湖广承天府地方。外私家闲住内官监太监范吉祥为正阳等九门并永定等七门及皇城四门正提督,巡视点单[军]。　　壬戌。先是,督师王之臣有更调满桂、杜文焕一疏,督师辽东太监刘应坤力言不便。于是之臣疏言:“关、宁咫尺之地,俨然设四大将矣,又置三督师,皆假之便宜,皆赐以尚方剑,使专予夺生杀,人各一剑,无乃太屑越乎! 若果能严明军律,宣畅皇威,即三尺佩刀,用之有余,亦无藉尚方为矣。”已而帝御日讲毕,召阁臣入便殿,出之臣疏示之曰:“王之臣自云赘员,文云虚拘,非内臣牵制之乎? 师克在和,事权贵一,各边镇守内臣当一概撤回,其战守机宜俱付督抚诸臣肩任。”令拟敕以上。　以凤阳守备内官监太监刘镇[1]为乾清

① 刘镇,原作“刘慎”,《熹宗实录》天启五年十一月甲戌、十二月乙亥条,《国榷》崇祯二年三月乙亥条,皆作“刘镇”,据改。

宫近侍，随堂办事。(《崇祯长编》二)　巡按直隶御史贾继春上八事：保圣躬、正疏体、重爵赏、敦名义、课职业、罢祠费、开言路、矜废臣。报闻。　工部尚书吴淳夫、太仆寺卿白太始、官生、尚宝司卿魏抚民并劾免。(《□皇帝实录》二)　癸亥，礼科都给事中吴弘业疏劾南京兵部左侍郎潘汝祯首建生祠，宜与孙如洌、陆万龄等同罪。崔呈秀之子崔铎贴出复中，宜加覆试。旨削汝祯籍，命覆试铎。(《崇祯长编》二)【考】潘汝祯建生祠在天启六年，然考《题请普惠生祠香火地亩疏》(见天启四年本年附)，此前二年京东大坝马房已有魏忠贤生祠。或马房生祠为内监所建，而汝祯为外臣之首建。

十一月甲子朔，漕运太监李明道、崔文昇免。　东厂太监魏忠贤安置凤阳。谕曰："朕闻去恶务尽，驭世之大权；人臣无将，有位之炯戒。我国家明悬三尺，严惩大憝，典至重也。朕览诸臣屡列逆臣魏忠贤罪状，俱已洞悉。窃思先帝以左右微劳，稍假恩宠，忠贤不报国酬遇，专逞私植党，盗弄国柄，擅作威福，难以枚举，略数其概：皇兄怀宁公主生母成妃李氏，假旨革夺，今冤未雪。逼裕妃张氏，立致弃生。借旨将敢谏忠直之臣罗织削夺，又同心腹酷刑严拷，诬捏赃私，立毙多命。他若謇谔痛于杖下，柔良苦于立枷，臣民重足，道路以目。而身受三爵，位崇五等，极人臣未有之荣。通同客氏，表里为奸。先帝弥留之时，犹叨恩晋秩，无有纪极。赖祖宗在天之灵，天厌巨恶，神夺其魄，罪状毕露。朕思忠贤等不止窥攘名器，紊乱刑章，将我祖宗蓄积贮库传国奇珍异宝金银等，朋比侵盗几空。本当寸磔，念梓宫在殡，姑置凤阳。二犯家产，籍没入官。其冒滥宗戚，俱烟瘴永戍。于戏！大奸脱距，国典用彰，苟丽于辟，情罪允孚。"初，上神明自操，忠贤党盛，莫发其奸，杨维垣首纠崔呈秀，始自相携贰，犹未刺忠贤也。陆澄源、钱元悫直罪忠贤，至钱嘉徵十大罪乃详尽。忠贤不胜愤，哭诉于上。上不动。客、魏相倚，知信邸内监徐应元为上所任，忠贤屈身事之，馈之异宝，结弟兄，告以辞东厂印。应元果为间。至是谪忠贤凤阳祖陵司香，命太监张邦诏等籍客、魏家产。(《国榷》八八)　令拆毁魏忠贤建祠，变价助边。　司礼监太监王体乾疏辞督理东厂事务，不允。(《崇祯长编》三)　乙丑，安置徐应元于显陵。明年二月戍凤阳。(《国榷》八八)【考】刘若愚《酌中志》卷四《恭纪今上瑞征》："(天启七年)十二月初二日发(徐)应元湖广显陵安置。"又云："(潜邸信王府)承奉徐应元，每倚逆焰，屡恣肆不谨。今上久优容之，或改颜假借之，纤毫圭角不露也。""崇祯元年二月降应元净军，调发凤阳。应元实逆贤所靠为亲信接手后劲人也。"　外私家闲住太监邓吉祥、张秉元俱升御马监太监。吉祥总督坝大马房，秉元提督坝大马房。(《崇祯长编》三)

丁卯，谕兵部曰："朕御极以来，深思治理，而有逆恶魏忠贤，擅窃国柄，蠹盗内帑，诬陷忠直，草菅人命，狠如狼虎。本当肆市以雪众冤，姑从轻降发凤阳。不思自惩，将素畜亡命之徒，身带凶刀，不胜其数，环拥随护，势若叛然。令锦衣卫官旗扭解押赴，跟随群奸，即时擒奏。"　戊辰，撤各镇内臣。谕曰："军旅国之大事，必事权一而后号令行，人和协而后胜算得。然势敌则交诿，力均则相击，自非审□以期，何由出令制胜？先帝于宣、宁、关、蓟、宁远、东江等督抚，分遣内臣协镇，一柄两操，侵寻滋弊，比来内外督抚，意见参商，嫌疑萌构，彼此自命，咸称赘员，得且相蒙，失且相卸，封疆事重，其能堪此？矧宦官观兵，古来有戒，朕今于各镇守内臣概撤，一切相度机宜，约束吏士，无事修备，有事却敌，俱听经、督便宜调度，无复委任不专，体统相轧，以藉其口。各内臣速驰驿回京，原领在官器械马匹，如数交督抚分给诸将，以备战守，开数具奏；其自备器械马匹，带回毋阻。"(《国榷》八八)　太监徐应元疏报三殿工完收支目，且九百五十八两有奇。旨令内库查收。[1]　己巳，上林苑典簿樊维城疏言："魏忠贤专擅多年，羽翼牢固，比曹吉祥、刘瑾罪更倍之。顾瑾之蓄谋未久，而吉祥之反则因石亨之诛

---

① 《崇祯长编》系此于十一月戊辰，徐应元尚任事。《酌中志》记徐应元十二月初二日安置显陵，《国榷》作十一月乙丑，疑误。

而危疑决裂者也。今首附忠贤之崔呈秀已逐矣，而如呈秀者不止一人。诸臣攻忠贤者章满公车，复忠贤之心，必不能倾刻安也。夫吉祥之所与友者止一曹钦耳，而忠贤则亲侄袭爵，假儿遍金吾，皇上不立赐诛夷，使得徐为布置，臣诚恐其一旦愤夺爵之多，失职之速，与夫亲侄假儿邪谋非望，用其敌国之财、敢死之士，将有吉祥之变仓猝而发也。"报闻。　以外私家闲住太监金忠调南京司礼监太监，与王应乾协同守备。(《崇祯长编》三)　庚午，锦衣卫左都督田尔耕、孙云鹤免。　左副都御史署工科给事中郭兴言论崔呈秀、魏忠贤之罪。上是之。　罪监魏忠贤宿阜城尤氏旅舍，其党密报上旨，知必不免，夜同李朝钦自经。忠贤少饮博无赖，至为佣奴，忿而自阉。客某资之直东宫，侍皇孙，以饮食中其欲。初直东宫，有风道人宿朝天宫，日歌市中曰："委鬼当朝立，茄花满地红。(按原注：客氏。)七量糠车过，压塔(**按，原文如此**)卢沟桥。(按原注：忠贤祖墓直卢沟桥。)"忠贤后欲报客，不再值(**按，此处疑有脱文**)。辛未，礼部仪制司郎中刘梦潮论都察院右都御史署顺天府尹李春茂、巡抚山东右佥都御史黄宪卿俱媚祠。春茂奏辩，不听，免之。

壬申，户部员外郎王守履劾崔呈秀及吏科都给事中陈尔翼党奸。命削呈秀籍，追夺告身，陈尔翼冠带闲住。尔翼又疏辩，守履当上早朝御门，出班面纠尔翼。上以守履突仗，镌三级调外。下魏良卿镇抚司狱。(《国榷》八八)　癸酉，复太监王国贤原官，并赐祭。国贤，亦忠贤所杀也。(《崇祯长编》三)　甲戌，复故太监王安官，予祭葬，立愍劳祠。　敕部院曰："巨恶魏忠贤窃先帝之宠灵，擅朝廷之威福，密结群奸，矫诬善类，稍有触忌，肆行惨杀。数年蔑诬不知几许，削夺不知几许，幽圄蔽日，沉累弥天。冤抑所积，上干玄象，致星陨地裂、岁祲兵连。今魏忠贤、崔呈秀天刑已殛，臣民之愤稍舒，而诏狱游魂犹郁，錮籍誉髦未伸，岂所以昭朕维新之治！今应褒赠即与褒赠，应荫恤即与荫恤，应复官即与复官，应起用即与起用，应开释即与开释，勿致久淹，伤朕好生之意。"时崔呈秀归蓟州,列姬妾,并罗列珍异酒器,纵饮一杯,即掷坏之,已自经。　降刑部主事耿应昌三级调外。应昌先请裁革东厂,再被诘责,故有是命。　　己卯,南京兵部尚书刘廷元参太监刘文耀。　　庚辰,乳媪客氏赴浣衣局掠死。太监王文政严讯之,招宫人任身者八人。盖出入掖庭,多携其家侍媵,觊如吕不韦,稍更数月,事尚忍言哉!幸天夺之速也。子侯国兴下狱。(《国権》八八)　　辛巳,大兴知县饶可久讼故左副都御史杨涟之枉,且乞改《三朝要典》。上以《要典》未便轻议,镌二级。(《□皇帝实录》三)

壬午,御史杨维垣参太监李永贞、刘若愚佐逆,报闻。　　癸未,监生山阴胡焕猷论大学士黄立极、施凤来、张瑞图、李国橧,当魏忠贤专权,不能匡救,且揣摩意旨,专事逢迎。浙直建祠,各撰碑称颂。今宜俱罢。又总督□□张朴、史永安,巡抚毛一鹭、秦士文、王点、姚宗文、杨邦宪、李精白、郭增光,巡按卓迈、卢永钦、许其业、刘弘光、黄宪卿俱请祠,乞加究夺。……上以逞臆轻诋,下廷讯,论杖除名。时法司引卧碑惟生员不许言事律。　降太监李实奉御,安置南京。涂文辅小火(者),司香凤阳。　户部员外郎王守履奏逆党文臣崔呈秀、田吉、吴淳夫、李夔龙为"五虎",武臣田尔耕、许显纯、孙云鹤、杨寰、崔应元为"五彪"。　　乙酉,巡按直隶御史卓迈劾司礼太监李永贞,习于文学,捷于窥瞰,其狡过于忠贤,乞下法司明正其罪。遂下永贞狱。　　丙戌,巡视南城御史王会图执左都督杨六奇,盖魏忠贤从婿,走卢沟桥,执以闻。　故右都督张国纪诉冤,复之。　　丁亥,锦衣卫左都督田尔耕削籍,籍其家。尔耕婪毒,好罗织,都察院经历许九皋劾之。

戊子,湖广道御史曹谷以"户部主事陈此心请解禁锢,并改《三朝要典》,独不思《要典》为三朝慈考作也,必不可更"。报闻。

己丑,司礼太监李永贞戍显陵。初,永贞辞任,闻逆贤败,其党徐应元、王国泰俱免,于是馈太监王永祚、王文政各五万金。各惧泄,以献内承运库。李永贞知之即遁,久而获之,赴戍所。

止苏杭织作。谕曰:"朕自御极以来,孜孜民力艰苦,思与休息。惟是封疆多事,征输重繁,未遑苏豁。织造虽上供急需,朕痛念连年加派络绎,东西水旱频仍,商困役扰,民不聊生,朕甚悯焉。今将苏杭见在织造,地方官解进,梁栋不必候代即回,员阙暂停。朕不忍以衣被组绣之工,重困此一方民。稍加轸念,用示宽仁。俟东西底定之日,方行开造,以称朕敬天恤民至意。"癸巳,户科给事中李觉斯言京中"五虎"、"五彪"之谣,王守履疏且遗"五虎"之一,臣访为倪文焕。命下文焕狱。(《国榷》八八)

十二月丙申,翰林院侍讲孙之獬言:"《三朝要典》近谓逆魏禁锢人才之书,意祖宗在天之灵忾然不安。乞皇上亲序其首,仍命史馆以处分魏、崔事附录,庶《要典》自明,逆党自正矣。"工科给事中加右副都御史陈维新言《要典》不磨,毋容更持两可。报闻。

丁酉,核魏忠贤戚属、诸阉滥荫。(《国榷》八八)　戊戌,崔应元、王莅民、魏持衡俱免。(《□皇帝实录》四)　己亥,抚宁侯朱国弼论户部尚书郭允厚媚珰,报闻。(《国榷》八八)　庚子,复太监刘克敬原官。(《崇祯长编》三)【考】《酌中志》卷二二《见闻琐事杂记》:"熹庙中宫张娘娘今懿安皇后者,秉笔刘克敬奉差选中二位中之一位。后性骨鲠,好看书习字。坤宁宫近侍陈德润,逆贤名下也,伺后动静,客氏、逆贤惮焉。遂时于先帝前离间之,后时有赐与克敬,不过食物之类。逆贤知之,遂将克敬发凤阳,寻矫旨害之。其后,又忌克敬之照管老叔马鉴,即累臣(刘若愚)之同侍先监者,逆贤复嗾涂文辅题参降发凤阳,亦矫旨害之。既殓复苏,寺僧闻棺中急迫有声,守尸押葬者畏贤毒焰,不敢主持,遂生埋之。比至坑,棺之堵头将开,而不敢不埋也。悲哉!今上登极,怜其冤,咸复职改殓,归葬于北。今承天守备王太监允中、秉笔掌东厂王太监德化、随堂王太监承恩,皆刘名下,天之报施忠裔正未艾也。"　辛丑,大学士黄立极、施凤来、张瑞图、李国橧奏:"臣等近为监生胡焕猷疏诋论,杜门省咎,荷蒙温纶,令臣等入阁办事。臣等思从来大臣罪过深重,至为缝掖书生所指,未有如臣等之辱朝廷而羞当世者也。

焕猷以魏忠贤碑文责臣等不能拒而阿意为之，不知臣等实未尝为忠贤作碑文也。彼其食客游士，能为忠贤效笔札、工谀言者何限？且假先帝之严命，索臣等官衔，臣等能不与乎？与之亦臣等之罪也。然以忠贤之势，取旨如寄，而谓臣等敢惜其微衔以撄嵎虎之怒乎？至于取旨褒赞，则亦往日一二文书官称上命，便依票拟之，一言不合，则令改票，甚则严旨切责，此事从来俱在。臣未承乏之先，为日已久，臣等不尽受罪。但票拟不能尽其职，计惟有见几之作，而彼且操虺蝎之毒以随臣等之后，盖彼不惟视臣等之去就轻，而视臣等之生死亦轻也。且夫以去就生死争之而有益于国，犹若可为也。虎狼之性，愈触则愈怒，今四年来，乳虎苍鹰，罗钳吉网，毒遍天下，去就死生之争，其效可见于此矣。不得已徘徊其间，冀有毫发之益于国，则亦少尽臣等区区之心耳。”　甲辰，裁光禄寺冒官八百二十一人。　乙巳，太常寺少卿阮大铖论魏忠贤之罪，且辨《要典》勒入臣名。　释故大理寺少卿惠世扬、御史方震孺狱，李承恩论减。时刑部尚书苏茂相谓律僭用龙凤纹，杖一百、徒三年，即使承恩不在八议之条，亦无死法，况世庙之亲甥乎！上从之。　戊申，巡按直隶御史宋祯汉请恤故工部郎中万燝，籍田尔耕、孙云鹤、张体乾、杨寰、许显纯诸家。报可。　己酉，魏良卿、侯国兴伏诛。客光先、客璠(按原注:客氏兄侄)、杨六奇等永戍。

丙辰，命定逆案。先命“五虎”、“五彪”下法司议罪，刑部议：“崔呈秀外，吴淳夫、倪文焕当削秩夺诰命，田吉、李夔龙褫职，田尔耕、许显纯当逮论，杨寰、孙云鹤、崔应元等当削夺。”上以未蔽法，命再拟。夔龙、淳夫、文焕、吉追赃遣戍，尔耕、显纯论死，应元、云鹤、寰戍边。　庚申，前尚宝少卿黄正宾言：“臣戍大同，内臣克减马价，各军鼓噪，毁官署，劫典铺，将吏叩头求免，比时抚按劫内镇之威，莫敢奏闻。边防坏尽，即一镇可推各镇。故阉宦者，天下祸本也。交接速化作俑者魏广微，发纵指示者徐大化也。大化浙产，冒籍京师，以考察部郎，不二年骤躐尚书，督理大工，克减工银无算。程呈芬妒其专利，诋于忠贤，令闲住。大化睹珰局必败，与表侄杨维垣密谋，令首参呈秀为翻局地，乞褫秩逐之。"上命杨维垣不许住京师，徐大化回原籍。　　是月。初，上御便殿阅章奏，闻炉烟，觉阳升欲动，心疑之。出步阶墄间，乃定。命撤炉香，谕司香内官："此何来?"曰："宫中旧方。"上叱之，后不许造，毁其余。太息曰："皇考、皇兄，皆为此香误也!"(《国榷》八八)

崇祯元年戊辰(1628)

正月甲戌，命司礼监斥卖魏忠贤田宅，因以赐第请。上曰："不必估直，俟东西底定，留赐第以待功臣，榜为'策勋府'。"①

辛巳，命内臣俱入直，非受命不许出禁门。　　丁亥，禁光禄寺铺垫陋习。去冬十二月万寿节，行户进鹿，例输六金。阉人苛索至费十四金，内监崇进喜不之收。太常寺卿署光禄寺少卿岳骏声以闻。　　刑部尚书□□□太子太保都察院左都御史曹思诚、大理寺左少卿□□□以魏忠贤等狱上。命磔忠贤尸于河间，斩崔呈秀尸于蓟州，又斩客氏尸。魏志德、希舜、希孔、抚民、希孟、杨文昌、胤昌、祚昌、冯继先、傅之琮、董永忠、崔铎、王禄俱永戍瘴地。魏良栋年四岁，鹏翼三岁，崔镗七岁，钥三岁，以孩稚释放。李夔龙、吴淳夫、倪文焕、田吉各追赃原籍。文焕五千金，淳夫三千金，余各千金，田尔耕、许显纯逮至论死。崔应元、杨震、孙云鹤戍边。(《国榷》八九)

二月甲午，贵州道御史张镳论媚珰之臣三等，漏尽钟鸣如刘志选等，希荣干进如杨梦兖、李养德等，乘机报复如朱童蒙等，各赐处分，志选宜依律拟罪。　　戊申，户部尚书曹尔祯、刑部尚书苏茂相并免。尔祯前抚山西，祠魏忠贤，至是劾去。明年追论削籍。茂相亦不厌众望。　　壬子，戒廷臣交接近侍。谕曰："朝廷

---

①《崇祯长编》卷五作"以魏良卿第留待东西底定"。

设官分职,内外各有攸司,人臣守正奉公,交通甚为非法。昨魏忠贤、崔呈秀,表里为奸,变乱祖制,贻祸生灵,业已殛诛。人臣苟无私心,何必巧营别窦,若夫特立独行之风节,自可上结主知。天高听卑,朕方广询博咨,达于逾阶历位。尔后宜各爱身名,倘蹈前辙,许科道纠参,务醒积习。”　癸丑,逮顺天巡抚右□都御史刘诏,以御史高弘图等论其陷耿如杞媚珰也。　庚申,下太监李永贞、刘若愚、李实于狱。永贞粗通文墨,为司礼监秉笔,导虐。李实往苏杭织造,诬劾周起元、周顺昌等。若愚博洽典故,永贞每咨问之。俱为言官所劾。(《国榷》八九)

三月癸亥,礼科给事中阎可陛言媚珰诸臣:李蕃建三祠,李精白建两祠,迎像真定,九拜呼九千岁。毛一鹭建祠于应天,姚宗文、张翼明建祠于湖广、大同。朱童蒙建祠于延绥,用琉璃瓦。刘诏建祠于蓟镇,冕旒金像。吴淳夫建祠于临清,毁民万舍;祠河南,斥民万七千间;祠江西,斥澹台灭明祠。　戊辰,前巡抚顺天右都御史单明诩、工部侍郎何宗圣、张文郁削籍,前吏部尚书周应秋革职闲住,以吏科都给事中魏照承劾其媚珰躐进也。　李国槽上十事,其一曰“谨内侍之渐”。　壬午,太监崔文昇下狱,戍南京。　甲申,四川道御史吴焕劾太监崔文昇、曹钦程等罪,命下法司。(《国榷》八九)

四月丙申,命六科进称颂魏忠贤红本。(《国榷》八九)　甲辰,司礼监太监王体乾罢。　庚戌,太监王永祚总督东厂官旗办事,王文政[1]掌司礼印务。文政随辞免。调南京守备司礼监太监金忠为北京内官监太监,乾清宫近侍办事。(《崇祯长编》八)

五月癸酉,内官王国兴假旨召岛帅毛文龙,登、莱巡抚孙国桢以闻,下狱论死。　甲戌,以司礼监管文书内官监少监宋尚志

① 王文政,《明史·李永贞传》作“王本政”,《国榷》卷八九作“王文政署司礼监印”,“文政”是。

提督正阳等九门、永定等七门及皇城四门，巡城点军。内官监太监赵本清副之。又以司礼监管文书内官监太监李秀学为司礼太监，守备南京，掌管关防，兼本印信。(《崇祯长编》九)

六月辛卯，丁字库火。　丁酉，命予杨涟、魏大中、周顺昌荫谥，且祭厂卫冤毙者于京师祈雨坛。　辛丑，诛锦衣卫都指挥使许显纯。(《国榷》八九)　丙午，司礼监太监王敏政有罪免，降田维章为奉御，俱令私家闲住。[1](《崇祯长编》一〇)　丙辰，召廷臣于平台。问刑部左侍郎丁启睿以李实事："追取空印奏本，为李永贞草上，其墨压朱，何未具狱也？"时会讯李永贞，妄引故贡士吴江赵鸣阳。(《国榷》八九)

七月丙寅，罢南京守备太监王应朝[2]。　丁丑，御史黄宗昌劾前户部尚书张我续、通政使岳骏声、工科右给事中潘士闻、南京户部右侍郎吕图南、御史王珙，皆魏忠贤遗党。命我续削籍，余免官。　诛罪监李永贞，共籍银二十九万金。　丁亥，诛故锦衣卫左都督田尔耕。(《国榷》八九)

八月甲午，谕曰："朕欲与大小臣工日筹庶务，而诸司各有职掌，宣召频繁，恐滋耽搁，惟是辅臣呼吸相通，今除盛暑祁寒之外，朕当时御文华殿参详章奏。"(《国榷》八九)　庚子，下罪监王朝用司礼监问。朝用，忠贤掌家也。(《崇祯长编》一二)　甲寅，司礼太监胡承诏、李□□协守南京。[3](《国榷》八九)

十一月戊午朔，户部疏报各抚按变价逆祠银二万五千五百三十八两有奇。　辛未，假旨内使王国兴伏法。(《崇祯长编》一五)

十二月壬子，御史李嵩劾国子司业陈盟、□科给事中张维一，天启丁卯主试浙江，题"巍巍乎惟天为大，惟尧则之"，巍与魏同

---

① 《国榷》卷八九附此于乙巳(十五日)条下，而未言"私家闲住"。

② 王应朝，《崇祯长编》卷一一作"王应期"，"应朝"是。

③ 《崇祯长编》卷一二作"司礼监太监胡承诏调南京司礼监太监，协同守备"，然无李某。

形,以媚珰也。(《国榷》八九)【考】《崇祯长编》卷一三:"闲住工科都给事中张惟一疏辩御史李嵩之劾,言:浙闱出题,皆房官拟首题,"巍巍"系正考陈盟所掣,藉曰以此颂崔、魏而欲以零折半字逢两凶之欢心,亦为不善媚矣。下所司议。"

本年附

艺文·碑铭·关帝庙碑

《重修关帝庙碑记》:"钦差总督东厂官旗办事、提督礼仪房、宝和等店兼掌内官监、供用库、巾帽局印务司礼监秉笔太监王□□(**原碑此空二字,应为王永祚**)撰文。(**略。**)西华门内北上门旧监北隅,原有帝君祠宇,年久剥落,庙貌非故。乾清宫暖殿太监李良辅僦居其旁,日奉香火,(**乃捐资首倡,一时众善乐输整饰。略。**)崇祯元年,岁次戊辰,端月吉旦立。"

碑阴为"捐资姓名",上段右起为:乾清宫近侍御马监太监李良辅、乾清宫尚衣监牌子李朋、乾清宫牌子御马监太监何致清、司礼监秉笔兼掌酒醋局印务太监郝隐儒、钦差南京守备内官监太监李秀华、御药房圣济殿提督尚膳监太监王守安、乾清宫尚冠牌子金进忠、丁字库管事内官监太监李荣桂、巾帽局管理内官监太监张辅政,下为"御用监等衙门太监等官",从略。

(碑在北京西城北长街静默寺。《北京图书馆藏中国历代石刻拓本汇编》第60册,第5—6页)

崇祯二年己巳(1629)

正月丁巳朔。先是,江西道御史毛九华纠礼部尚书温体仁媚珰诗句,帝责九华回奏。九华奏言体仁媚珰诗册,臣行取入京,得之文安县书肆中。诗内"衮衣朱雀宫殿"之句僭拟不伦,抵京以后乃知体仁在籍时以五百金强买商人三千金之木,商人赴诉东厂,祸且不测。体仁赂崔呈秀获免。因杭州建祠迎像之日,体仁父子匍匐前驱,赋诗赞颂。此册乃绘图献媚,籍没之时散失民间者也。帝令浙江抚按核实以闻。　庚申,浙江道御史谭汝伟再纠四川巡按田仰乃魏广微门生，而许显纯又仰门生，以田尔耕为兄，以魏忠贤为父，故得推举速化。今王永光称蜀绅皆欲得仰为巡抚，臣询之蜀绅，无一应者，请加罢斥。帝不听。(《崇祯长编》一七)　庚辰，召大学士韩爌、李标、钱龙锡、吏部尚书王永光定逆案。谕曰："朕欲定附逆人罪，必先正魏、崔、客氏首逆，次及附逆者，欲分附逆，又须有据。今发下建祠称颂诸疏，卿等密与王永光、左都御史曹于汴在内阁评阅。如事本为公而势非得已，或素有才力而随人点缀，须当原其初心，或可责其后效。惟是首开谄附，倾陷拥戴，及频频颂美，津津不置，并虽未祠颂而阴行赞导者，据法依律，无枉无徇，卿等数日内确定，不许中书参预。阁臣看详讫，分款书名，再同刑部尚书乔允升据依律例，各附本款。"寻有谓永光阴附，遂辞不入。初，逆珰处后，即因台谏言定逆案，大学士韩爌端而厚，钱龙锡和而谦，不欲广搜树怨，仅列四五十人以请。上大不悦，令再广搜，且云皆当重处，轻则削籍。阁臣又以数十人呈进，上怒其不称旨，命分称颂、赞导、速化，且云："忠贤一人在内，苟非外廷逢迎，何遽至此！其内臣同恶，亦当入之。"阁臣以外廷不知内事对。上曰："岂皆不知，特畏任怨耳。"阅日，召阁臣入，指黄袱所裹若干曰："此皆红本，珰实迹也，宜一一按入之。"阁臣知势难遗漏，乃曰："臣等职司票拟，三尺法非所习也。"上召吏部尚书王永光，对曰："吏部止谙考功法耳，不习刑名。"遂召刑部尚书乔允升，据律定罪。(《国榷》九〇)

二月乙巳，阁臣上逆案。　壬子，召阁臣及刑部尚书乔允升、都察院左都御史曹于汴于平台，问张瑞图、来宗道何不在逆案？阁臣云："无事实。"上曰："瑞图善书，为珰所爱。宗道祭崔呈秀母，文称'在天之灵'，其罪著矣。"问贾继春何以不处？阁臣言其请善待选侍，不失厚道，后虽改口，觉反复，其持论亦多可取。上曰："惟反复故为小人。"于是发原奏并前红本未入各官六十九人，各令酌定。于是案列甚广，几无一遗。(《国榷》九〇)

三月辛未，阁臣上钦定逆案。　乙亥，谕曰："竖逆魏忠贤，猥狡下材，备员给使，倾回巧智，党籍保阿，初不过窥嚬笑以市阴阳，席宠灵而饕富贵，使庶位莫假其羽翼，何蠢尔得肆其毒痡。乃一时外廷朋奸误国，实繁有徒，或缔好宗盟，或呈身入幕，或阴谋指授，肆罗织以屠善良，或秘策合图，扼利权而管兵柄，甚且广兴祠颂，明效首功。倡和已极于三封，称谓寖疑于无等。谁成逆节，致长燎原？及朕大宝嗣登，严纶屡霈，元凶逆孽，次第芟除。尚有饰罪邀功，倒身窜正，以望气占风之面目，夸发奸指佞之封章。迹其矫诬，乌容错贷？朕鉴察既审，特命内阁、部院大臣，列拥戴、谄附、建祠、称颂、赞导诸款，据律推情，再三订拟。首正奸逆之案，丽于五刑，稍宽胁从之诛，及兹三褫。其情罪轻减者，另疏处分。此外原心宥过，纵有漏遗，亦赦不问。其案自魏忠贤、客氏磔死外，曰首逆同谋六人：兵部尚书崔呈秀、宁国公魏良卿、锦衣卫都指挥使侯国兴、太监李永贞、李朝钦、刘若愚，俱依谋大逆减等拟斩。曰结交近侍十九人：提督操江右佥都御史刘志选，太仆寺卿署御史梁梦环、倪文焕，兵部尚书田吉，总督蓟辽兵部尚书兼右副都御史刘诏，太仆寺少卿孙如洌、曹钦程，大理寺副许志吉，刑部尚书薛贞，工部尚书吴淳夫，右副都御史李夔龙，丰城侯李承祚，监生陆万龄，锦衣卫左都督田尔耕、许显纯，都督同知崔应元、张体乾，右都督孙云鹤、杨寰，俱谄附，秋决。曰结交近侍次等十一人：大学士魏广微、工部尚书徐大化、吏部尚书周应秋、兵部尚书霍维华、御史张讷、总督尚书阎鸣泰、太仆寺少卿李鲁生、右副都御史署御史杨维垣、南京兵部右侍郎潘汝桢[1]、昌平都督郭钦、孝陵太监(《明史·阉党传》作孝陵指挥，是)李之才，俱遣戍。曰逆孽军犯三十五人：东平侯魏志德、东安侯魏良栋、安平伯魏鹏翼、尚宝司卿魏抚民、锦衣卫都督魏希孔，都督同知魏希舜、希尧，都督魏

① 桢，《明史·阉党传》作"祯"，然《明史》之别传、纪作"桢"。

希孟、魏鹏程、傅应星、杨六奇，锦衣卫指挥杨文昌、胤昌、祚昌，都督同知客光先、锦衣卫千户冯继先、都指挥使傅之琮、都督佥事董芳名、指挥佥事崔镗，太监徐应元、刘应坤、王朝辅、涂文辅、孙进、王国泰、石元雅、司云礼、高钦、王朝用、葛九思、赵秉彝、陶文、纪用、李应江、胡明佐。曰谄附拥戴军犯十五人：内监李实、李希哲、胡良辅、崔文昇、李明道、刘敬、徐进、冯玉、杨朝、孟镇宝（**按，疑为孟进宝**）、刘镇、王体乾、梁栋、张守成、商成德。曰结交近侍又次等百二十八人：（**略。**）曰祠颂照不谨例冠带闲住四十四人：（**略。**）”（《国榷》九〇）　己未，田得忠、李进忠、许进朝、丁诏论斩。　壬戌，南京户部尚书管吏部事郑三俊等疏言：“逆珰窃弄威福，辇下诸奸首先倡媚，南中尤而效之，有建祠者，有拜祠者，有颂珰功德者，有代珰驱除者，有受珰荐引者，因而有借珰速化者，或虽无显然献媚之祠而自与祝釐者之列，或未奉摘参褫革之旨而犹侵昼绣之荣，在今日类夜行昼伏之踪，在异日恣翻云覆雨之计，若仅与溺职者同一处分，非所以杜奸萌而肃（**按，此疑有遗字**）典也。谨胪列上闻，惟皇上睿断焉：原任大理寺右寺丞今养病谢启光，附冯铨而作魏珰之幕客，非馆职而充《要典》之总裁，伪史假作，赞仪丑诋，遍及忠骨。关通灵验，相门说帖频来；潦倒趋迎，内府帮闲最著。初时棘丞五品，两年倏跻九卿，铁案昭然，猴冠宜斥。原任兵科给事中今回籍郭如闇，宁远报捷既已贪天之功，筹边谀词几失归君之义。虽操持不掩其生平，而媚疏难宽其谴责。原任河南道御史今回籍何杲，两疏媚珰，情词丑恶。瑞石祥麟，种种引为符谶；筹边忧国，语语侈作谀词。其所善必逆珰所喜之佥人，其所劾必逆珰所劾之良士。邪正分途，好恶拂性。最可恨者张聚垣、虞大复，贪秽素著，千金夜入而竭力护持；尤足怪者冯盛明、游凤翔，罪状大彰，国法未伸而公然荐救。不法之辜莫逭，贪墨之迹难宽。原任浙江道御史今被论李时馨，献媚极口称颂，几令操懿之恶，势逼至尊；助扬（刘）瑾、（汪）直之威，毒流薄海。他如侵屯粮，讨掣盐，难以殚述。既逃两观,宥(**按,此疑有脱误**)三褫。见任河南道御史夏敬承,倡拜魏祠,诐词满纸;上公晓谕,高揭通衢。其巡仓时一切词讼,以事之大小为价之重轻,过恶滔天,官箴扫地。原任山东道御史今回籍刘渼,媚珰取宠,见有科参。其巡视出差时包揽词状,殆无虚日;纵子恣花柳之娱,招盗多宝玉之窃。诲淫诲盗,败检败名。原任四川道御史今被论徐复扬,曲意媚珰,多行不义;疏参结案,促毙正人。天理何存,人心已死。毒善类则若陈若鲍身后衔削夺之冤,毁书院则如邹如冯当年蒙伪学之禁。咆哮几同猛虎,举动大类坑儒。如此渠魁,首干党逆之罪;凡属臣子,可无鸣鼓之攻!原任户部郎中今升任魏豸,原以广微亲侄强认忠贤义孙。置买田园,俱系克落之官物;献媚中贵,并倾老库之原藏;关差钱局,索银通计不下数万有余。歌舞充于内宅,私债广布都城。真国家之盗臣,诚珰门之戎首。褫革不足蔽罪,追赃乃以服辜。原任本部山西司郎中今升削籍胡芳桂,功名隳于作郡,而溪壑之欲以部署而取盈。富贵恋若膻途,而反噬之工恃奥援而辄肆。既资其力以速化,遂藉其热以复仇。性与人殊,罪难发数。见任南京户部福建清吏司郎中张聚垣,以二年未满之州同,钻升通判;以一年甫任之郡佐,躐转部郎。有何德能,全凭阿堵。缘纵奸之有恃,亦附逆之多灵。褫革已迟,追夺非枉。原任礼部祠祭司郎中今升任虞大复,挥霍多能,跛扈自喜,操持少检,秽迹喧传。以周应秋之爱婿作魏忠贤之义孙,诈老僧钦义之财仍致毙命,渔乐妇寇白之色因而攫金。转言全凭泰山,附珰附艳八拜,廉耻都丧,面目何堪。原任礼部祠祭司郎中今升任颉鹏,朝阳门外倡拜逆祠,扁名'今古一人',罔顾名义,礼行五拜三叩,尊若朝廷。僚友之骨未寒,忍心取其爱妾。迨夫钻升州郡,再到报德报功之祠,乃至印簿沿门扫尽千家之积。一之为甚,其可再乎?原任礼部精膳司郎中今升任叶天陛,逆祠何地,无端玩游;膳部何官,自致屈膝。虽两颊之发赪,良心内愧;而错趾于非类,行已多惭。原任兵部车驾郎中今升任周宠宇，利(欲)熏心，廉隅扫地。谓胡内相原系乡亲，今称密契；夸魏祖爷真活神道，到处通灵。带管船政，漏支钱粮万两；白骗丁银，激变水夫千人。至荐剡之首登，真媚奸之明据。见任兵部职方司郎中李际明，擒白莲教妄杀平民，欺上官而得荐，贿奸人而骤升。倡议鸠工不顾小民膏血，治品供献务得守者欢心，并造胡监生祠不时拜祭，威拨陵军六十守其私衙。故知珰荐之与名，不负此膝之久屈。见任兵部职方司主事邱存信，外计已处不谨，内通即补原官。未任一日，旋转南兵，是以察处为荐剡也；借差二年，优游故里，是以职守为虚案也。郭巩一荐，借作致身之邮；逆珰将诛，遂为匿隐之计。旷职原非得已，鞶褫岂容独宽。原任工部营膳司郎中今升任魏弘政，屈膝倾身，因宵人而送款；甘心助逆，借工作以输诚。既已辱身，难辞干宪。原任工部屯田司郎中今升任葛大同，衙门公费为逆珰贽见之资，百姓脂膏充一人阿堵之物。目刘文曜[燿]俨然上公，称胡良辅生平知己。昔仗权门而供笑骂，今绾郡篆以恣逍遥。名教不容，冠裳有玷。原任工部都水司郎中今升任欧阳充材，始焉任性以行，几蹈虎尾于不测；既乃为威所慑，欲甘蠖伏以全身。惟因屈而求伸，竟转怒而为喜。列名荐牍，弗齿公评。原任江宁县知县今升工部主事夏之鼎，始官旌德，结交势官；继任江宁，朘削无厌。藉李夔龙为因缘，结魏忠贤为援引。贿升起部，赃至万余。桐封何事而乘机遍派行户，交盘有时而私贪税契金钱，乃恋印于午杜。防维尽裂，褫斥奚辞。”　乙丑，原任大学士朱延禧疏言：“臣里居，见给事中刘懋疏中言‘乙丑二月，阁臣顾秉谦、魏广微、朱延禧争主会场，同室几于操戈，具揭请旨裁定，秉谦、广微谋通魏忠贤争得之’等语。夫列臣名于二臣之下而总名之以争，臣之生平，科臣似犹未悉者。臣赋性愚疏，自秘馆以至登庸，历三十年，强半林居。天启二年备员日讲，受知先帝，曾随次辅韩爌疏救文震孟，传出先帝褒嘉之语。明年正月廷推阁臣，遂蒙点用。居数日，逆珰魏忠贤令臣转属保定巡抚张凤翔题坊，臣峻拒之，曰其人性执，言之无益。久之属臣作远和店、玄帝庙碑记，又峻拒之。忠贤含怒未发也。至首辅叶向高、韩爌、朱国祯相继去国而逮系杨涟诸臣之文至矣，臣不胜心痛，恨独力微，诚不能扶虎豹之关直通帝座。时在阁中抗言，曰天道好还，妄杀必获报。又见削夺日多，曰国家鼓舞士类，追封一事恐伤人子之心，冀以竦合谋之人。广微厉声问臣曰：'外传阁中好事皆归汝，恶事独归我。'臣不敢答。一日内传奖忠贤，敕稿为宗臣，臣改为亲臣，持入不可，臣终不可易，遂自改为元臣。后日讲毕，李永贞同忠贤出袖中杜诗，谓臣曰：'宗臣遗像肃清高，古人已用，今何不可？'臣曰：'古人别有意，我朝惟天潢始称宗臣。'忠贤忿怒形于色。至乙丑二月阁臣当请考官，旧例正、副陪推止于四人，时秉谦居首，臣居次，广微又次。秉谦乃列阁臣及詹翰十数人。臣欲称疾引避，而秉谦谓臣揭已过举。臣不复言，而二臣遂得点用矣。盖神祖曾用首辅叶向高，则今不宜用及广微；先帝曾用陪推朱国祚，则今不宜用及秉谦。谋取之事，中外昭彰，不为无据。知者见几不俟终日，而臣愚以为受先帝恩厚，不忍倖倖，犹妄冀随事匡解，少舒缙绅之祸。且值幸学、廷试、北郊，臣皆有事，未及抽身。六月初，杨涟逮至，内外侧目，阁中持异议惟臣一人，遂授意御史田景新论臣，疏中特举臣救解杨涟之言以为罪案。臣一辨一辞即允放行，阁臣恩典尽削。广微犹向臣曰：'行后若有重谴，我等犹可宽解。'则逆珰杀心未已，广微明知而明言之矣。臣归里杜门，日虞祸至，及圣明御极，世界清明，论二臣者甚众而言愚直者亦多，如河臣李若星、御史刘廷佐、工部郎中徐在中，而礼部主事乔若雯言广微夺臣主考事甚切，即科臣刘懋亦不以谋取加臣。但具揭疏裁，原非臣意，及臣积忤逆珰，断无主试之理，何用争乎？科臣似犹未尽知也。乞皇上鉴臣愚直，特赐天语昭雪，使臣孤孑之身，无为二臣所累，幸甚幸甚。"帝优诏答之。　壬申，司礼监太监高时明、沈荫、宋普[晋]、王永祚、李凤翔、金忠、曹化淳各荫弟侄一人为锦衣卫指挥佥事，以皇子诞生加恩也。(《崇祯长编》一九)【考】金忠其后无载，卒于崇祯中，其事迹见本年附。

四月己丑，内承运库内官监太监车天祥提督南京织造。(《国榷》九〇)

闰四月甲戌，工部尚书张凤翔劾内监赵进家人运大石盗帑十四万余金。　戊寅，承运库内官言段匹织解稽延，命督催各有司。(《国榷》九〇)

五月癸卯，南道御史刘之凤疏陈时政七事：一、召对之机务会议宜频。一、章疏之留中批发宜速。一、枚卜之大臣简拔宜决。一、内臣之袭荫名器宜惜。一、重地之用人宜不爱钱。一、群臣之报国宜做实事。一、贪官之查参功令宜严。章下所司。(《崇祯长编》二二)

六月乙卯，司礼太监魏国徵纠两厂造作不职。命杖王承恩，余降奉御有差。(《国榷》九〇)

七月丙戌，以秉笔太监曹化淳总督东厂官旗。(《崇祯长编》二四)

给陵工银十二万两，从德陵总理太监孔文源之请。　是月，廷讯罪监刘若愚言故贡士赵鸣阳并不曾入魏忠贤幕也，盖尝馆秉笔太监魏学颜家，非忠贤。得杖赎。(《国榷》九〇)

八月癸丑朔，左都御史曹于汴疏言："顷者，御史黄仲华之疏，谓钦案大辟，李夔龙罪不在霍维华、冯铨、张讷、李鲁生等之上，华等或徒或戍，而以夔龙大辟为冤。不知霍维华等罪过深重，仅列次等者，以为数甚夥，不可胜诛，姑从宽典也。其李夔龙名列'五虎'，以被劾归去之人，当魏忠贤用事，夤缘典选，所推用者如霍维华、陈九畴、刘志选、杨邦宪等，皆忠贤所欲用之人。上疏请告，得'清正有执'之旨，又得'司选平明'之旨。常少之擢不由启事，陪推佥院即蒙点用，而正推之人削夺以去，非其交结有素，何以得此？律中交结近侍大辟外更无别条，此其拟大辟之因也。仲华不谓维华等幸蒙宽政而谓夔龙独罹重典，是尽当春生，无庸秋杀，天道之谓何？此端一开，不但大辟诸犯皆寻题求脱，其居次等而戍者、又次等而徒者，俱将借题而求未减矣。将皇上所以振厉奸顽、肃清宇内之典，一朝如扫，臣等深惜，仲华之不思也。”帝是其言，夺黄仲华俸一年。(《崇祯长编》二五)

十月甲戌，保定巡抚解经传鞫问：“阎鸣泰，年五十七岁，系戊戌科进士，历升兵部尚书兼都察院左副都御史，总督蓟辽保定等处军务。因先未凌迟处死逆恶内官魏忠贤陷害忠良，威倾中外，在位诸人每多趋媚，比因忠贤门下逆党于省直建立生祠，一时抚按各官不能主持，俱有会稿建立。鸣泰不合不行规正，辄行依允。又有镇守山海、喜峰等路内官今另案问军陶文，原系逆孽，希图固宠，议于景忠山倡建魏祠，亦有会稿，内有‘人心依归，天心向顺’等语，移会到总督衙门，鸣泰不合写入稿内，扶同具奏，以致三镇建立七祠，遂得以兵部尚书回部管事。崇祯二年三月内，阁、部、院会同刑部定逆案，将鸣泰开列颂美款下，依交结近侍官员，引名例律，减等充军，题奉钦依。今议得鸣泰所犯合依交结近侍官员引名例律减等充军。霍维华年四十五岁，系直隶河间府景州东光县民籍，由万历四十一年进士，先任刑科给事中，历转协理京营戎政、兵部尚书。先年逆珰魏忠贤存日，专权擅政，荼毒忠良，维华不合畏势谄附；天启六年间，议论移宫、红丸、挺击三案，维华又不合妄出‘三朝慈孝’一疏，罗织多人。天启七年间，本兵缺，维华以侍郎暂署部事，遇宁、锦叙捷，巡关御史梁梦环有为魏忠贤叙功疏，维华又不合不秉公查例驳正，于复疏内有‘茅土尚觉其轻’之语。时魏忠贤有先冒爵宁国公侄魏良卿加级一事，维华又不合不具疏争执，反抑扬其词，云‘至太师尚余一级’等语。虽功、级二稿俱出司呈，而主持覆奏是谁代庖？至崇祯元年间，魏忠贤罪恶贯盈，奉旨极刑，维华亦被弹章，遂告病回籍。又直隶河间卫左所实授百户郭钦，中式甲午、丁酉、庚子三科武举，遇例加纳指挥佥事，历升京营内外巡捕提督。天启五年间，钦家有女，见得魏忠贤权擅国政，身系同乡，就不合谄附，将已女与魏忠贤侄魏良卿男结亲，希望迁转。天启六年二月内躐推浙江总兵，寻改调昌平总兵，未经赴任革职。崇祯二年三月内，阁、部、院会同刑部定逆案，将维华、郭钦俱开列谄附款下，依交结近侍官员引名例律减等充军。今议得霍维华、郭钦所犯俱合依交结近侍官员引名例律减等充军。南乐县原任大学士充军魏广微已于天启七年三月十九日在籍病故，无容再议。”章下所司。（《崇祯长编》二七）

十一月己丑，谕兵部：“招兵先尽在城精壮，详细来历，务期可用，不得徒取充数，亦不必远招四外，诚恐聚集太多，又费调遣。如有武勇出众者，不在此限。今特遣乾清宫太监王应朝监同将官刘见行事。如有纳贿作弊，退强收弱等事，许不时奏闻。”（《崇祯长编》二八）　辛卯，遣乾清宫太监王应朝监视行营。　戊戌，遣太监冯元昇等核军讫，始下户部发饷。又命太监吕直劳军万金，青盐千金，米百石，酒十樽，羊百头。顺天府尹刘宗周上言：“大小臣工，岂无一人足以信任者，而以情面二字，概从猜疑，识者忧之。今日第一宜开示诚心，为济难之本。如以不信文臣之故，专付之武臣之手，至文武之途分矣。视举天下无以托国，而曰舍一二内臣无可同患难者，自古未有宦官典兵不误国者。不知危急败亡之日，舍天下士大夫，终不可与共安危。皇上亦以亲内臣之心亲外臣，以重武臣之心重文吏，则太平可致。”（《国榷》九〇）　庚子，火药局灾，死者六人。（《崇祯长编》二八）

十二月辛亥朔，司礼太监沈良佐、内官太监吕直提督九门及皇城门。司礼太监李凤翔总督忠勇营，提督京营。　召袁崇焕、祖大寿、满桂、黑云龙于平台。……命下（崇焕）锦衣狱，赐桂等馔，随遣太监车天祥慰谕辽东将士。（《国榷》九一）【考】其时满洲兵临京城，曾有劝募之举，然所得甚少。《酌中志》卷二二《见闻琐事杂记》：“天启年间，高（时明）、沈（荫）二太监闲住时助大工，每捐进一万两，其助辽饷又各进一万两，咸恐后也。至崇祯二年冬，□薄都城，高止助五百两，余仅三四百两而已。果先富后贫耶？亦别有肺肠耶？”　　甲子，提督大坝马房太监杨春、王成德为大清兵所获，口称我是万岁爷养马的官儿，城中并无兵将，亦无粮饷，昨日选了一千匹马去了，还有一二百废马。次日，大清兵挑选百余匹用。大清兵将春等带至德胜门，鲍姓等人看守，闻大清兵与满总兵战，得了马二百匹，生擒士(按，士疑应作大)将一员。次日各给书二封，一令春向德胜门投递，一令王成德向安定门投递，内言南朝万历时节，屡次着王喇嘛讲和，总置不理。前年袁崇焕杀了我们些人，我们恼恨得紧，又闻毛文龙掣了台土兵，我们所以提兵到此。今要讲和，要以黄河为界。　　丙寅，总理满桂以师期上闻，得旨："大兵征进有期，尔膺总理重任，会同诸将调度方略，策胜万全，仍申明纪律。各总兵奇正犄角，一体谕劝，观望不前，奏闻重处，副将以下遵敕从事。户部便委才力司官一员前去督饷，赏功银两、段布难遣内官掌管，军士当先斩获，立刻给赏。如有违犯，即行正法。务须号令画一，赏罚严明，三军威奋，一鼓奏功。尤世威暂移策应，还与兵部速商调发。"　　乙亥，钦命参军山东道御史金声疏言："十二月二十五日己时，官役沈国栋等于芦沟桥寻回申甫尸身，右耳削去，左眉刀伤一处，左胳膊砍伤二处，骨断，右胯上刀伤一处，头颅上刀砍一处，身上更有箭伤数孔。臣即会提督太监王希曾启门亲验讫。臣念甫受皇上千古知遇，出师未捷，何敢比于矜恤之列。但一日伤我四五大帅而甫受事日浅，犹直前独当其锋，今观其刀箭丛身，非喋血力战不至此。甫亦以身报皇上矣。所余将士，臣一面出示收恤，以责后效。"(《崇祯长编》二九)

本年附

史事·太监金忠事迹

《酌中志》卷二二《见闻琐事杂记》："金太监忠，其(史宾)照管侄也。金字敏恕，北直固安县人也。万历六年选入，历升文书房，博学能书善琴。守备凤阳时，曾著《御世仁风》一书刻之，博极鉴史，绘画周详，仿佛如《帝鉴图说》。其评语凡称迂拙子者，即金之道号，其自跋，亲笔作也。先监在时，曾向金曰：'公后来秉政时，我名下中惟刘官人堪用，公善视之。'其后累臣（按，累臣及刘官人，皆刘若愚自谓）被常太监云诖误墩锁，于万历癸丑（四十一年，1613）冬，金曾折节赐顾，时存恤之。至天启七年十一月，累臣谪南，金已守备南京。崇祯元年夏，累臣复被逮赴北，蒙金惠银百两为途资用。金寻蒙今上特升秉笔，掌御用监印，予告林下，近已令终。秉笔车太监应魁，则金名下也。"

艺文·碑铭·东安门公会施茶碑

郭振明撰《东安门公会施茶碑》。（文略。）崇祯二年九月朔日。碑阴为"司礼监等衙门内承运库掌印太监潘阳"数百人题名。

（碑在北京朝阳区东岳庙。《北京图书馆藏中国历代石刻拓本汇编》第60册，第24—25页）

崇祯三年庚午（1630）

正月丁亥，内官周世德降南京净军。（《国榷》九一）　　丁酉，以缉事有功，赏太监王永祚银三十两及表里、羊、酒，官旗照例并叙。（《崇祯长编》三〇）

二月壬子，命内官监张书绅等踏勘京城应修应挑诸处，备列丈尺数目以闻。章下工部措办钱粮，急行兴作，书绅等仍董其事。　　庚申，册立皇长子慈烺为皇太子。遣内官惠进皋、栗宗周、张应朝、于世阔（《国榷》卷九一作于润世）等赐各王府御书、礼物，其潞、福、瑞、惠、桂尤属近亲，每府加银二百两、纻丝罗纱各八表里、锦四匹、钞二万贯。　　类叙东厂三年缉捕功，荫王永祚弟侄一人锦衣百户，赉羊、酒、新钞，张元庆、孔应鳌等各照例升一级。　　癸亥，帝以织造既归有司，积弊急当厘革，今御用监供用不敷，可即遵照额限，速行织解，滥恶者仍行退换，拖欠及违期者抚按严催参治，从监臣之言也。　　帝念陕西总兵官杨麒率兵远来，命户部给刍粮，兵部给犒赏，杨麒照例赐银、币,总提协另给银一千两,内监给棋炒二十石,以备军中之用,俱勿延缓。　甲子,以册立礼成,加恩内阁……司礼监太监宋晋、王永祚、李凤翔、郝隐儒、曹化淳各荫弟侄一人锦衣卫指挥佥事,随堂办事内官监太监李成芳(《国榷》卷九一作李承芳,是)荫弟侄一人锦衣卫正千户,俱给诰命。　庚午,工科给事中顾其仁上言:“去腊西山所烧棚房木料,臣同总理、提督二监查勘,计木料工程共银一万零五百三十一两有奇。窃念见存木料屈指可数,其已经烧毁及苇席诸项能一一问诸祖龙乎?见在工程众目可睹,至于匠作之多寡、役过之日期,其工值敢一一信之册揭乎?金钱至万余,不为不多,况木席诸物凡已收者皆杳然无存而未收者独依然如旧,此臣所弗解也。果否烧毁,有无冒破,乞敕部严核,庶不为奸人所干没耳。”帝以此事情弊显然,命部科研覆再奏。(《崇祯长编》三一)

五月乙未,命驸马都尉侯拱宸、内监李奇懋往勘岷府事故。

癸卯,帝以中协一带修筑墙垣墩台,散属紧要,命忠勇营提督御马监太监王应朝与云南道御史张茂梧专管查督边工,各给敕谕关防,往莅其事。　丙午,太监王永祚缉获有功,着荫弟侄一人,加升一级,仍赏银三十两、纻丝二表里、羊、酒、新钞,办事官旗照例并叙。(《崇祯长编》三四)

六月辛未,太监祝明阶滥收军器,丁盛失验钱粮,俱廷杖。(《国榷》九一)

七月戊寅朔,沈演请陵工银,许之。时总理工程太监孔文源。(《国榷》九一)

八月戊申朔,顺天府府尹刘宗周上言:“大兴县皂隶张登欺官误公,为县官申报府丞,行经历究解。张登拉弟内官张进忠,于前月十九日闯入经历司骂詈,不遂,复于二十日统众数十人,箭衣戎扮,哨入县衙,残毁案座等物,更冲私宅,辱打家眷,毁裂冠裳,声言馈银二百两方息。郭内官进衙解劝,并遭碎衣。臣拘张登审鞫，口称进忠果系其弟，则登之挟势凌官，固无辞于戎首矣。乃张进忠者，何物刑余，而敢于咆哮公署，所至语难。至闯县令之私室，毁器裂衣，公行殴辱，明与县官为难，实与京兆相仇，此其目中尚知有朝廷乎！不特此也，臣尝奉行保甲，首禁黎[梨]园，势不得不批五城兵马司查缉，乃吏目吴时聘一举犯禁者申臣正法而遽受内官孙国用之辱。臣以其未至决裂，不行题参。今本官反以此为城院所劾，曰不由批委，越职趋承，是本官得罪之故，臣实坐之，则为国用之类者又安得不效尤而起，视士绅如奴隶乎？语曰：'涓涓不已，将成江河；绵绵不息，将寻斧柯。'臣谬为皇上持风纪，将一切豪贵是问，乃前者京兆之令既不能行于司坊，致一受侮于国用；今者少府之威又不能行于舆皂，致再受辱于进忠。坏法乱纪之事，皆自臣等不职阶之矣。"帝以吴时聘事在五月，宗周不行题参，及坊官别有赃私，乃为从旁代剖，其为借事沽名可知。置其章不问。(《崇祯长编》三七)

九月乙酉，帝以去冬新正，都城戒严，守城、坐门各官著有勋劳，允宜叙赉，李守锜荫一子锦衣卫指挥佥事；李凤翔加恩二等，荫弟侄一人锦衣卫指挥佥事；闵梦得加太子太保，荫一子入监读书，各赉银四十两、纻丝二表里；其余坐守各官分别三等……　　己亥，以助运冻粮功，驸马万炜赉银二十两、彩缎二表里，英国公张维贤赉银二十两，王文政等十七员着司礼监分别赐赉。(《崇祯长编》三八)

十月丁巳，以督捕功，太监王永祚加恩二等，荫弟侄一人锦衣卫指挥佥事，世袭，赉银四十两、纻丝二表里，仍赐奖励。

癸亥，以都城周防之劳，内臣宋晋加恩二等，荫弟侄一人锦衣卫指挥佥事，赉银四十两、纻丝二表里；郝隐儒、曹化淳俱加恩一等，荫弟侄一人锦衣卫指挥佥事，李承芳加恩一等，荫弟侄一人锦衣卫正千户，各赉银三十两、纻丝二表里；张宗德等十三员俱加一级，岁加禄米十二石，内张宗德、徐延年赉纻丝一表里，黄钟育、齐本政升乾清宫管事,程用赉银五两、纻丝一表里;张从仁、惠进皋等十九员俱升二级,赉银五两,内车应魁、杨泽、苏钦加赉纻丝一表里,樊一政等五十员俱赉银五两,张邦政等一百三员俱赉银二两,王应朝、康朝、马云程俱升二级,岁加禄米二十四石;何致清、王之俊、王国治、王守安俱升乾清宫管事,吕直升一级,在内府骑马;张国升一级,赉蟒衣一袭;韩赞周升一级,转左少监;田舜耕赉银十两、纻丝一表里;张进禄赉银七两、纻丝一表里;王伸赉银三两,李明臣、王世禄、冯允升俱御前暖殿;郑良辅等八员,宋祚福等四十八员,王镇等四十四员,王朝等七员,邵宗顺等八十四员,李朝臣等三百八十员,安邦等二千一百四十四员,宋尚忠等四员,张进朝等七百七员,马升、许添祥等十五员,张书绅等四十五员各赉银有差。　甲戌,叙边工督缮之劳,太监王应朝岁加禄米二十四石,仍赉银四十两、纻丝二表里;马允升(**上条作冯允升,下同**)、高起潜、谢天举各赐玉带,仍赉银二十两、纻丝一表里,马允升加赉银十两,杨茂霖、李茂霖、李致忠、林朝用各赉银十五两,王承绍、王洪印、刘思忠、于文昇、张国宁、李寿、陈策、左升、吴良翰各赉银十两。(《崇祯长编》三九)

十一月庚寅,督治昌镇兵部右侍郎侯恂报:昌镇拥护皇陵,共军七千七百八十一名、提督太监一员、通判一员、副总兵一员、参将一员、游击三员、都司三员、守备九员、操守三员、旗鼓一员、旗牌官二十员、中军十八员、千总二十员、传令官一员、把总四十五员、地方官二员、口官二十一员、指挥一员(**按,此处有误**)四十员、教授一员、经历十四员、吏目一员、镇抚二员、千户三百四十一员、百户三十四员、小旗一名、旗舍十八名、仓库官千员、仓攒十一名、掾吏一名、卫所吏典二十六名,官吏共一千五十员名,俱支昌镇俸米。(《崇祯长编》卷四〇)

十二月己巳,阉人王永祚提督缉事有功,赉银三十两及表

里、羊、酒，原办官旗照例并叙。(《崇祯长编》四一)

崇祯四年辛未(1631)

正月庚子，以王永祚缉获阎乐三等有功，命赏银、币、羊、酒。(《崇祯长编》四二)

二月己酉，太监苏钦以总兵杨国栋劾其藏贼拒捕，伏炮伤兵，具疏奏辩曰："正月初九日，有军马四五十余在驹子马房，方恣行掳掠，初未知为国栋捕盗之兵，是以暂闭四门。其炮击兵丁，则镇兵因醉失火，延烧药炮所致。至十二日，国栋兵复到上坝，则固容其直入，因获王七、胡偬子等，其果否贼党，臣无由而知，焉敢藏匿也。总之镇兵藉捕盗为名，专以抢掠为事，不思责己省愆，顾欲嫁祸卸罪，欺罔圣明，此臣所未解耳。"(《崇祯长编》四三)

五月丁丑，工科给事中许国荣上言："……至今日为阱于长安者，惟缉事一节。从来厂卫之设，原以访机密，非以供罗织。自逆珰欲钳天下之口，倡为此说，屠戮无算，贻祸至今。皇上或以为非此不足同知天下之事，岂知皇上之所信在此，而借以蒙皇上者亦即在此。若巧宦容容易合，何难浼缉事为荐章；正人落落难投，未免借缉事为弹墨。威福不在皇上而为此辈所窃，亦已过矣。又有走空恶少假充卫厂之人，到处吓诈，若不严加钤束，则流毒何所底止邪？乞敕下厂卫查清员役、严禁冒滥，除机密大事、寇盗重情许令据实以报，一切猥屑之事勿混至尊，毋使万世传之史册，谓尧舜之主为缉事一节所累也。"帝谓："恤狱已有明谕，若惩墨清邮，原以为民，乃谓追赃累死万千，载驿驱民为盗，殊非通论。且厂卫缉奸，旧制所载，何云为阱长安？疏内罗织猥屑，有何确据，国荣明白回奏。"　己卯，以提督宋晋有缉获陈存性等功，赏银、币、羊、酒，原办官旗照例并叙。　甲申，以司礼监秉笔太监王文政提督东厂官旗办事。　丙

戌，刑部疏请注销魏忠贤生祠一案，许之。(《崇祯长编》四六)

九月乙亥，以王文政缉获邹斌等有功，赏赉银、币、羊、酒。

庚辰，帝遣乾清宫管事王应朝往关宁，乾清宫牌子张国元往蓟镇东协，王之心往蓟镇中协，邓希诏往蓟镇西协，监视各镇粮饷兵马及边墙抚赏。　丙戌，吏科给事中熊开元以帝遣内臣王应朝出关救援新城，一日六疏奏讨官军、马匹、勘合等项，皆蒙俞旨，上言："司马法：'军容不入国，国容不入军。'非徒以昭其别也。阃以外边臣任之，阃以内廷臣任之，庭除左右服勤则内官监诸臣任之，亦犹农耕于野，女蚕于室，各服其劳，各执其咎，以故责无他诿而事日以有功。今陛下任边臣阃外，非一朝夕矣，枢辅孙承宗、督抚丘禾嘉等未食寸报，则捍城却敌，担无他卸，厚赏显戮，义不得辞。陛下顾释此不专其责，又特使应朝任之，岂真应朝智过孙、吴，勇冠魏、霍，为边臣所不逮乎？以谢琏之才品，突简行边，犹有虞其器手不习者，今又再遣一谢琏，使仓皇就道，为承宗、禾嘉分过，不已多耶？且朝廷养士，不为不厚；祖宗立法，不为不周。今内兵精则用之，营兵不精而不问；内臣能则遣之，边臣不能而不问。怠王氏而涣众情，臣窃滋惧焉。伏乞陛下收回承[成]命，立止内臣勿遣，以一事权，庶不至为将来边臣卸责之地也。"帝谓遣用内员，自有裁酌，不必过为疑揣。　壬辰，监视太监王应朝出山海关。　丙申，太监王应朝于是日抵松山宣诏颁赏。　丁酉，以御马监太监唐文徵管乾清宫事，提督京营戎政。　遣乾清宫牌子王坤往宣府，刘文忠往大同，刘允中往山西，监视各镇粮饷、兵马、边墙、抚赏。　命司礼监太监张彝宪总理户、工二部一切出入钱粮。(《崇祯长编》五〇)【考】计六奇《明季北略》卷七"张彝宪总理钱粮"："初，上既罢诸内臣，外事悉委督抚。然上英察，辄以法随之，多不称任使。二年，清兵南下，京师戒严，乃复以内臣视行营。自是衔宪四出，动以上官威倨，加于庶司，群相壅蔽矣。"

十月壬寅，刑科给事中宋可久以帝特遣内臣监视大凌援师，因一日四遣内员总理户、工，监视宣府、大同、山西等处，此安危利害所关，上言："高皇帝创业垂统，常敕内臣毋得干预外事，凡诸司毋得与内官监文移往来。煌煌祖训，固昭然可考也。文皇帝一遵旧制，惟以外彝封赏、甘肃密议，偶一遣之，而亦旋回京师，其严内外之防与太祖无异。至于内臣出而镇守，法沿甚久真久（按，真久二字疑衍），直至嘉靖八年诏尽革天下镇守内臣，百年大患一旦悉除，则胡世宁、张璁之请也。迄今守之百年不变，而内外谧如。我皇上事事法祖，今日之遣监视也，非镇守也，其意当与成祖同，盖亦有所酌之而然也。至于钱粮出入之额，各有所司，总理特添一记算之簿籍乎，抑经营而节省之也？经营恐以多事，节省或以掣肘，可酌也。粮饷之收放，兵马之操练，边墙之修筑，抚赏之出纳，各有其事，各有所主，监视特据一呈报之分数乎，抑躬亲而掌握之也？躬亲则耳目穷于无时，掌握则督抚几于失柄，可酌也。使当事为强项之人，则意见易左，而虞其不和；当事为徇情之人，则体貌或昵，而虞其朋比，不亦可酌乎？且吹索过则展布难，恐将吏忧谗畏讥之心，束其手足；观望多则推委易，恐边疆失时误事之机，判在呼吸，不亦可酌乎？况结交近侍，明律炳若日星，而内外共事，既淆内外之防，则结交之弊又谁得而诘之？是更不可不酌者矣。伏惟皇上再加裁酌，收回成（命），仍以各司职事，专其责成，惟信赏必罚以磨励之，则万年有道之长自可驯致而内外臣子亦蒙庥赖于无穷矣。"帝谓酌遣内员自有处裁，不必过为疑揣。户科给事中冯元飙亦以帝特命内臣分往宣、大、山西监视上言："祖宗所以筹边之法，至周至备，独不以外事责之内臣者，岂以为不可任哉？正谓任之而以天子内廷之近臣与外臣狎处，势必两难；使其介然自异，则不无水火之灾，兵家之所大忌也；使其稍示调剂，则恐开狎比之渐，又圣明之所大戒也。伏惟皇上深念祖宗尽善尽美遗意,周详慎重,再计万全,天下幸甚,封疆幸甚!”帝谓:“部边诸臣每滋欺玩,科道既不能循职纠劾,今遣内臣监理,朕自有主裁,不必纷纷疑揣。”六科都给事中宋鸣梧等以帝一日而遣四内臣,合疏上言曰:“天启七年八月,我皇上登极,尽撤镇守内臣,天下翕然诵之,是皇上初政也;中外截然,内臣不与政事,是高皇帝之家法也;嘉靖八年诏革天下镇守内臣,十四年又诏革各仓提督内臣,是肃皇帝之家法也。我皇上远法近守,寤寐不忘,乃一日而忽有万不得已之举。臣等备员言官,不敢默默处此者,诚恐此令一下,远近传闻,愚民必且骇愕而妄揣。且既有分设,便有随从,人众员多,则岂能尽归约束?至于过往驿递,供亿烦费,增设衙宇,所在纷然。即我皇上太阿独秉,断无委辔之虑,正恐明见万里而遐陬僻壤难悉秋毫之照,臣等窃为皇上虑之也。倘以诸臣不能谋国,则罢其庸劣,更择贤才,固无不可。如谓欺罔不忠,外廷尽然,则造物生财,岂有宫府之殊,而古之股肱、之心膂得人,天下大治者,抑又谓何耶?夫刻印销印,古来美谈;旋召旋已,明主不讳。倘以已遣为嫌,则暂使往视,随即报罢,照向时查筑边墙之规,亦一便也。伏乞皇上采择,社稷幸甚,天下幸甚!”帝谓:“国计边防,弘玩日甚,即欲整饬,劳怨熟[孰]肩?酌用内员,自有裁处,不必过为疑揣。”湖广道御史姜思睿上言:“皇上分命内臣监视宣、大、三边,夫非以近日边事颓废,粮饷日匮而日糜,兵马日稽而日冒,边墙千里之阙坏在在可虞,抚赏十余年之溷淆悠悠莫核,故特遣内臣一往厘饬之乎?然臣尝读隆古可大可久之良规,备稽祖宗其难其慎之长虑,即或间有举行而亦旋举旋罢,推其意无非为万世计深远也。今臣亦为皇上计深远,故敢以难慎之说进。伏乞俯鉴臣愚,与在廷公卿再加详酌,速行报罢。臣以为祖宗二百余年尊贤养士,应食其报,而诸臣必曲体皇上精勤饬毖之衷,不患粮饷兵马之不立清,边墙抚赏之不立振。所谓以一时而周万世者,当不以彼易此也。”帝报闻。　癸卯，陕西道御史李柄上言：“顷者敌迫大凌日久，边将无敢战之气，围帅有坐困之形。皇上赫然震怒，特遣内臣督战，立见士气改观。而宣、大、山西三镇连年荒旱，斗米四钱，流离载道，储偫空虚，与辽左用兵之地不同。内臣衔命而往，地方不无稍益其供帐，边臣不无稍逊于掣肘，倘查核不即清楚，塞上或有外侮，将边臣任之乎？抑内臣任之乎？切望皇上熟虑之也。”帝以饰词责之。　掌河道事陕西道御史张应辰亦以帝遣内臣监视各边为非计，谓圣人所戒必于方盛，人臣爱君必防其渐，祈立赐反汗。帝报闻。　丙午，户科给事中吴南灏上言：“日者内臣一(按，疑此有脱字)举朝鲍鲍过虑，诚恐内臣与外臣异则开龉龁之端，同则滋朋比之习，谆谆举祖制为言。夫亦欲皇上周祥郑重，万无一误也。然臣恭绎明旨曰‘朕自有主裁’，曰‘自有裁处’，又责臣等以欺蒙，勖臣等以循职。则知皇上遣内臣，第用以察欺玩，非用以掣事权，亦暂用以佐查核之不逮，非终用以分职掌之攸关。假令前此诸臣能力肩劳怨，实心任事，皇上自可以不遣。今此诸臣能尽破欺蒙，锐意厘毙，皇上必可以撤回。要知黔蜀两省，唇齿辅车之间，调度之设处，挹彼注滋，而事已集矣。惟圣明垂听焉。”章下所司酌议以闻。　刑部江西司主事杜麟徵以帝分遣监视内臣，上疏极谏，且监请酌列祖之训，采盈廷之言，立止初命，安缉群情。帝报闻。　庚戌，命铸造督理关门军务关防，又命铸监视宣府、大同、山西太监关防。　辛亥，刑科给事中常自裕以帝分遣内臣监视，廷臣交章诤谏，蒙有处裁之旨，请即赐处裁，收回成命。帝报闻。刑科给事中李世祺以帝分遣内臣监视各边，上言：“祖宗立法，掌钱谷者不辖兵马，掌兵马者不司钱谷，统军者不治民，治民者不统军，所以分其事权，防其专擅。今内臣入奉天颜，出司兵食，内廷之意旨既得入而阴伺之，外廷之事权复得出而显操之，当亦何所不至矣。夫黄衣洒扫，古有专司；观军敕使，昔为祸本。今且略汉唐往事不言，即如近者，魏忠贤盗弄神器，凡户、兵诸部及九边诸镇钱粮、兵马之地，各树私人，将图不轨。自非天授皇上神谋渊画，使蛇虺立摧，天下事尚忍言乎？奈何皇上手自剪除才三四年，复以机权轻委之此辈也！且皇上今日之举，良史将书之，后嗣将法之，在皇上太阿独握，欲遣即遣，欲撤则撤，当复何难。恐奕世之后，踵为故事，委任不疑，重权所归，渐不可长。乞敕内臣查核部边从前积弊，早清头绪，刻期回奏，不得久假事权，别生蠹弊，则既不失一时差遣之意，亦不失将来微渐之防，庶足以示中外而服群心矣。”帝报闻。　兵部上言考试中式武举……合边腹各生共取百名。钦定日期同内臣再试艺力中有合格者或补或否，伏乞上裁，以候传胪。

壬子，工部主事冯元飚以帝分遣监视内臣，群臣力争未得，上言：“天下事争之而不得者，则在乎深体而善承之。为今之计，必严禁交谒酬酢，力绝情面格套，使远之无犯祖宗交结之条，近之无负皇上厘剔之意，自能各循职业，内外截然。乞敕在廷诸臣，不许一至内臣之门，识内臣之面，违者必罪无赦。其内臣既别立公署，亦不得造诸臣之堂，惟钱粮诸务所关，灼有弊端可指，内臣即得纠参。若有循职奉公者，自是人臣分内事，内臣不得荐举。如此则幸门大塞，旁窦不生，夙蠹自清，积欺难覆，不至欲救弊而弊乃愈滋矣。”帝命“内臣不许受贿徇嘱，违者罚治；若下人需索诬捏，必杀无赦。冯元飚但当洁己尽职，不得借端沽名，藏机要挟”。　帝命铸给总理户、工钱粮事务太监关防。

癸丑，黑云龙以长山败执，杀伴逃归。特复其原官，命忠勇营提督马云程详询情形密奏。　乙卯，礼科给事中阮震亨以帝分遣内臣监视各边，上疏极谏，请撤回成命。帝报以屡旨甚明，不必袭奏。　丙辰，帝命内库发银一万两、蟒衣绢布一千匹、灭虏炮四十具，遣马云程解赴关门赏功。又发灭虏炮六十具与蓟镇三协监视张国元等分派防守。　丁巳，命铸提督京营太监关防。　总理户、工两部太监张彝宪条议严出入、催官解、禁衙蠹三款，帝许饬行。　辛酉，命铸监视东协、中协、西协及关、宁太（监）关防。　己巳，辽东巡抚丘禾嘉及内臣李明臣、高起潜、总兵吴襄等发兵夜袭敌营，适祖大寿亦以是日率兵一万三千溃围南出，大清兵循环攻击，诸军奔溃星散，大寿仅以三人匿白云山竟日，赖雾罩获免，至戌时始潜赴禾嘉军。禾嘉以其事闻。（《崇祯长编》五一）

十一月辛巳，刑部尚书胡应台等，成国公朱纯臣、定国公徐允祯等会上孙维藩、田弘遇构讼行贿一案，言："维藩以阻路之由，惩责车户；弘遇以家人受责，讦告科城，此其竞胜之常。后维藩以金捷、梁凤鸣解息，弘遇因而索财，维藩从议付送，俱难免贿诈之评。然弘遇索财无已，捷与凤鸣居间分财，而维藩又惧告行贿，俱以内官金捷往来，即无漏泄符同情弊，亦涉于交结之条。议将维藩拟杖一百，徒三年，弘遇拟杖一百，流二千里，《大诰》减徒，但均叨勋戚之列，应从八议之条，或从革治，或示劝罚惩。至保定侯应袭勋卫梁凤鸣亦系事中之人，均有应得之罪，但据法似当减等而诈财，合与同科，统候圣裁。"帝以勋戚渎讦，与内官往来行贿，均属非法，渐不可长，命夺维藩禄米二年，镌弘遇秩六级，凤鸣秩四级，革去管事。　丙戌，帝命太监李奇懋监视陕西茶马、苑马，吕直监视登岛等处兵船、粮饷、海禁。

辛卯，户科给事中朱国栋上言："君犹天也，臣犹地也，天有春夏秋冬之节序而地之生长收藏因之，盖按其气候之相迎，导其机势之相成，而归于淳厚焉。故子思子谓天地之位必本于中和之致，有自来矣。我皇上自御极以来，敬天法祖，孜孜求治，宜其旦夕升平。乃敌迫于东，插肆于西，秦晋之流寇、曹濮之遗妖，警报交驰，地震风霾之变、河决山崩之灾有耳目之所不经者。虽曰天心之仁爱，亦不宜若是之甚，此岂非臣之欺隐怠玩、旷职废业，不畏法令，以滋之厉阶耶？是以皇上大发乾刚，思欲振饬臣工，毅然独断，一时分遣内臣，举兵马、钱粮之司而仰听其鼻息，岂忠爱之性独钟之内臣，不钟之外臣。设使内外相依为奸而法不穷乎？且也缇骑四出，诏狱屡下，秉钺建牙，金马乌台者，如谢琏、杨鹤、马如蛟、杨世芳等，皆嗟槛车而泣缧绁，其中能无功过之可使，心迹之可原乎？以武科之故，至空枢曹而尽投闲镌秩，是熊罴之彦未得实用而论较之臣先受显祸矣。此其象近肃，其情近惨，其时近严，凝而窒塞，不犹天之秋冬多而春夏少乎？此疑贰睽隔之端，滋源实深也。愿皇上悠然远虑，穆然深念，宁为可大可久，无为欲速小补。需之以时日，自可裕于奏功；宽之以文纲，自可乐于趋事。而内臣可遣之以稽其弊窦，亦可于弊窦之既清而撤之，以明圣衷之无他；法司可谕之以正其情罪，亦可于情罪既得而宥之，以示皇恩之不测；于武闱较阅诸臣，暂斥示警者未始不可，仍还其故物，则雪霜雨露并行不悖，而皇上一身备四时之太和元气矣，此中兴之上理也。”帝谓：“既云欺隐怠玩，实滋厉阶，何得不加惩儆？国栋所言，殊为不谙。”　　癸巳，山东道试御史党崇雅上言：“今有敌犯边疆，寇讧内地，饷绌兵单，当事大臣一筹莫展，致烦皇上殷殷过虑，藉用内臣为救急之着，实诸臣有以启之也。然臣以为厘奸剔蠹之道正不必出此也。盖典衣典宝，孰无专责；黜幽陟明，自有大权。皇上惟广询博采，灼见其精勤怠玩之分而褒赏谴责随之，当必有一二忠计，仰答圣明。若必重内臣而轻外臣，信内臣而疑外臣，将使节烈者灰任事之心，诡随者起因热之念，其流弊至于懈忠义而启幸门，皆由之矣。且明旨原为暂用，臣等方冀前遣者撤回，乃不意茶马、登莱之使又复相续，群情鳃鳃，觉暂用之旨姑以塞臣下之诤词，而默默圣衷其于轻重疑信已不无偏畸矣。夫皇上博览载籍，曾见古来内臣用事，能扫荡妖氛者有几？及欲于千百年未见之事而概望之一时，必不可得之数也。圣意谓若曹不爱金钱，不受朦蔽，奸弊必不可清厘，窃恐大权在手，更多不见不闻之事端，元气日薄，国体日伤，而传示圣子神孙，昭布天下后世，将曰其时以军国大事付内臣而国是愈不可为，奈之何哉！故臣愿皇上熟意安危，大奋激劝，即止勿用，以全我皇上立除逆珰之初意，斯永誉流于万禩矣。”帝以渎陈责之。吏部等衙门以帝于九月内既遣五内臣分布京边，嗣复于十月中又遣五内臣于山海、蓟门诸镇，兹又于十一月间再遣陕西、登莱二内臣，初犹遣之为暂，今且渐以为常，骎骎不已，将遍置海内。因上引《皇祖明训》，下究一时流弊，合疏切谏，且谓朝廷设立百官，分理诸政，如耕之问奴，织之问婢，各有专司，要在为官以择人，不必因人以添官，但须就局以内推敲其称否，未可使局以外越俎而滥代，四海之大，何患无才，而乃假借于宫寺，使济济臣工黯然无色，似亦尧舜之世所不忍闻也，乞立赐撤回，以昭示万世帝。优旨报闻。　帝召辅臣、五府、九卿掌印、科道及总协、锦衣卫各堂上官并文选职方集文华殿奏对……帝顾吏部尚书闵洪学等曰：“朕览卿等公疏，为遣用内臣一事。太祖明训，朕岂不知？但成祖以来，亦有间用者，皆出一时权宜。况天启年间所遣，朕尚撤之，岂至今反用？朕又何尝不信任文武？无如三四年来，敝坏不堪，朕是以万不得已，亦权宜用之。若文武诸臣实心任事，撤亦不难。”洪学对曰：“臣等才力不及，不能仰副皇上任使，然此心不敢不从国家起见。”帝曰：“大小臣工实心干济者能有几人？即如马政一节，屡有旨严饬，如何解马到京，但云不堪，尽行变卖？如此则解亦何用？”诸臣未及对，帝又曰：“海禁若严，自可困敌。闻彼中所用器物皆系奸商贩卖，前令孙元化回奏，则云禁海须撤岛，用岛便不能禁海，是元化不宜实心任事，其说谓何？”(熊)明遇奏曰：“敌所资茶叶、银、布皆取之朝鲜，但私贩不止登、莱一路，淮安亦可相通，若无官兵在岛，恐更纵横无忌。”帝曰：“既云淮安可以通岛，海禁愈须严紧，督抚所司何事乎？”帝又曰：“总卿等文武诸臣若肯齐心协力，为国任事,则内臣之撤甚为不难耳。”帝退,诸臣始出。　　乙未,太常寺卿彭汝楠等以帝屡遣内臣,习以为常,兹复遣茶马、登莱二使,合疏请即收回成命,其从前既遣者并敕刻期竣事,不久报罢,以全中兴美政,消天下后世之议。帝谓屡旨已明,不必袭陈。　　丁酉,监视蓟镇中协太监王朝栋疏参驻防马兰团练副总兵陈之彦贪侈异常,克剥军士。章下巡按核究。(《崇祯长编》五二)

闰十一月庚子朔,东厂太监宋晋成孝陵。(《国榷》九一)　礼部右侍郎王应熊上言:“前月二十四日,召对诸臣,历询军国重务,最后谕六部以内臣之遣,不过权宜,盖因外廷无实心任事之臣,若得文武协力以济国事,内臣即可撤回。此皇上焦劳求治之心至深且切矣哉! 然臣以为,今日诸臣之病非惟临事不担当之过,乃平日未讲求之过也;今日诸事之坏,非因循于故套之咎,实愆忘于旧章之咎也。诚欲使文武协力以图功,非修明祖宗之法度以责成之不可。夫苟法度不明,则虽皇上日遣内臣综核,亦不过添一番文移册籍,报塞而已。若修复规制,斟酌时宜,惟慎择人,而付之不效则有三尺之律在,即不烦内臣事亦自集也。臣请敕下府部院寺,凡职掌内事,督率僚属,遵照《会典》,一一讲求。权其今昔时宜,酌其轻重缓急,均使不失祖宗良法美意。每衙门逐款胪列,恭请圣裁钦定。于是悬象魏以示之,严考课以绳之,当必有竭蹷共赴以襄我皇上中兴之绩者,又奚俟区区内臣为哉?”帝嘉其意,议命各衙门着意讲求旧章,规复祖宗法度,务期恪遵,不得弛玩。　　总理粮储南京户部侍郎吕维祺疏奏:“我皇上圣神天纵,自御极以来,凡圣孝(**按,孝字疑衍**)学以及兵、农、礼乐之事,无不刻意修举,所最快心者尤在尽反逆珰所为而汲汲撤内臣之在钱粮、兵马与封疆要地者。海内翕然向化,谓尧舜复出,庶几平治可几。而究之积套未尽祛,肺肠未尽洗,肤功未尽奏,隐冒未尽清,则皆诸臣罪也。夫皇上未尝不信任诸臣，而诸臣实不克负荷，遂使皇上赫然震怒，于九月十三日遣内臣王应朝监视关外，复于二十五日又遣内臣张彝宪总理户、工二部，唐文徵提督京营，王坤、刘文忠、刘允忠[中]各监视宣、大、山西，于是远近闻之，皆相顾失色，谓从此脊脊多事，而忠荩先识之士不免缌缌过计也。臣思是举也，在圣意所存，毋亦谓此辈惟吾操纵，岂至权有旁贷；又或见此辈间多忠恪，偶一试之，必有所效。然天下顾有取一时之近效而酿无穷之远患者，不可不察也。且内臣出镇，其于外庭礼遇、事权精神，意指之间，往往反足以掣任事之肘而开卸担之路者，不可不察也。况今民穷盗起，所在如越堤之澜、厝堂之火，岂可使复以为口实，此治乱倚伏之机，又不可不察也。臣于是不得不督过阁臣已。阁臣周延儒、温体仁、吴宗达，皆受皇上特简，知遇之恩，不可不报。此等乃宗社大计所关，既不能潜移默化，又不闻恳切执争，其于同心一德、弼违陈力之义何在？即或密勿纳牖，外庭不知，然惟明主可与忠言亦可，岂不更为感动，积诚竭力回天哉？臣闻小往大来，泰之征也；元亨而天下治，蛊之誉也；不远复无祇悔，复其见天地之心也。伏望皇上鉴前毖后以亨蛊，因平思陂以保泰，近想初政，仰法二祖，立命撤回内臣；或以成命既出，预定钦限，令到彼刻期报命，以体不远复之义可也。”帝谓分遣内臣，屡有明谕，不必过为疑揣。　　辛丑，大学士周延儒等上言：“昨者，南京户部侍郎吕维祺疏谏皇上遣用内臣，归责臣等负恩溺职，不能恳切争执。其持论甚正。因思臣等备员禁庭，忝为皇上股肱心膂之臣，使果能表率群僚，俾无废坠欺蔽，则皇上一有此举，即可廷论议撤。今臣等实皆不能率属，无怪乎维祺以弼违陈力之义责臣等，臣等又百喙何辞也。伏祈圣断立赐罢斥，别简贤能，以表众职；而于内臣即令稽核竣事，次第撤回，有光泰运不小矣。”帝谓：“朕以年来士马愈弱，官吏愈贪，民力日亏，边境日亏，中外诸臣不顾功令，但知党同逐异，便己肥家,以至推诿延捱,无所不至。封疆为重,破坏堪忧,因仰法诸臣(**按,诸臣二字疑衍**)成祖遗意,特遣监视,止令监其欺,不令掣其肘。奈何诸臣终不从国势民生起见,徒欲借用内官博一美名。尔等仍须安心匡赞,勿以偏谈介怀。”　山东道试御史党崇雅以谏用内臣一疏,称有“暂用”之旨,奉旨回奏,谓于科臣冯元飙批答有之,因而引伸入告,不谓并属误钞。帝以本无此字,诡肆支饰,命部院参看以闻,其误钞人并令锦衣卫拿究。　癸卯,帝命调司礼监太监惠进皋于内官监,守备承天地方。

甲辰,礼部左侍郎李孙宸以帝平台召对,面谕内臣之遣出于一时权宜,因上言:“此辈平素曲谨,未必有监理之才,但恐与外廷诸臣意旨不合,异之则势成水火,嫌避而无敢言,同之则眠共鼠猫,比附而无肯言。皇上以一人任耳之焦劳,又何如尽还之外廷,以殿最程功罪,因以程用人者之功罪,无事旁贷威权而坐收群力之效矣。”帝(报)闻。　乙巳,户科给事中冯元飙上言:“台臣党崇雅以中使四出,慷慨具疏,为邸钞偶误忤旨,下部院参看,臣不能不亟为之请者。盖以邸报误钞,合长安万耳万目无不见闻,崇雅特不知其误,卤莽入告耳。然内臣之不宜用,夫人而知之;崇雅执法近臣,匡佛(**按,佛字疑应为扶**)为职,若缄默不言,其罪当诛。若仅字句之误当得何罪哉?语曰:‘千人诺诺,不如一士之谔谔。’臣谓宜因其错误,大示优容,使天下以主圣臣直颂美千古,此亦中兴第一盛事也。乃长安议者谓崇雅曾规责首辅,因借端泄恨。臣为以辅臣受国厚恩,当以礼义裁决,痛自惩艾。顾欲阴折谠言,使盛朝有斥谏之名;快其私憾,恐非辅臣所宜有也。且皇上于廷臣诸疏,或讹一字曰改行,或多一字曰删正,岂于崇雅切责至是,臣窃不解。又况崇雅今日之言,为皇上万世治安计,为皇上千载令名计,思至深,心至迫,诚所谓冀得一当,鼎镬不避者。若以此获戾,不令忠直气短,言路阻塞乎?伏望皇上特亮崇雅,恩赐容纳,俾阴忮者无所容其私,而益以鼓尽言者之气，臣死且不朽。”帝谓：“崇雅俟部院参看明白，自有裁夺，元飏不得渎救。”　命造监视茶马、苑马太监关防。　丙辰，宣府太监王坤疏奏：“宣镇抚赏同知陈嘉宾、推官李师圣及吏书田益民等八人隐匿历年收放红簿，止以每年奏缴报部底册抵塞，至用刑拷讯，始出其去头截尾、残缺脱落者。又查出节年牌票行取羡余正项馈送京贵当道礼仪共三十册，而贮库抚赏货物滥恶，金银、湖珠低碎不堪。且抚赏原额每年二十三万七千有奇，今自万历四十一年起至天启七年止共领过一十五次，计银三百五十五万五千九百有奇，其间解收支放不据红簿，何以清查，而边臣之侵欺无所底止矣。谨将历任边臣牌票印册三十本与金银、湖珠四包进呈睿览。”帝命削陈嘉宾、李师圣籍，付王坤会同巡抚严究，并查历年红簿及经管职名，务期彻底清核，残册着封进。(宣、大巡按御史)胡良机明系通同，并令褫职，俟究明奏夺，仍遣御史一员前往会同磨勘。　庚申，南京礼科给事中杨兆升以帝分遣内臣监视各边，诸臣诤之不得，上疏切谏，谓“尧舜在上，明并日月，太阿独握，应遣而遣，应撤而撤，正见皇上讦谟神授，从谏勿逆之至德。况其间应违之故、消长(**按，此处疑遗一之字**)理，诸臣晓然知庙算初无成念，而报罢报遣，悉由宗社民生起见，传之史册，垂誉无疆矣”。帝报闻。(《崇祯长编》五三)

十二月庚午，夺山东道试御史党崇雅俸半年，以述旨暂遣内臣之误也。　丁丑，工部主事金铉以总理太监张彝宪公署初完履任，行牌两部司属，欲其一应仪注俱照部堂体式，上言：“彝宪之遣，皇上原使之监视两部钱粮，未尝假以堂属体制。今彝宪移檄，俨然以部堂体制自居，欲驱清署之臣群然屈节于奄寺，此皇上敕谕中所无，祖宗典故中所未有，臣等安能败坏朝廷制度，轻自屈抑于刑余之下，以羞庙堂而辱当世？望立敕彝宪勿谬以部堂自居，并敕两部臣勿轻以司属自亵，庶国体正而士气伸矣。”帝谓：“内臣总理钱粮，各官遇有职事相关，自当礼见，其余不必通谒。”【考】杨士聪《玉堂荟记》卷上：“张彝宪之总理户、工二部，所司不过稽核，非有出纳之寄也，且初时尚坐部堂，迨自立署，绝不至部。”　己卯，南京云南道试御史李日辅上言：“皇上内臣之遣，至再至三，群臣交章论列，方冀如环之命旦夕即下，乃不谓群臣争之，皇上拒之，群臣争之而欲翦诸萌，皇上拒之而反滋其蔓。臣恐自是而假专擅之权，骇中外之望，启水火之隙，开依附之门，灰任事之心，资委卸之口，天下又从此纷纷多事矣。或曰皇上憎远臣工而委政于近习之手，天下事宁堪一掷？或曰是举也，非皇上意也，喋喋群言，实生厌恶，于是乎遣用内臣，意欲以短言者之气。恐言者气短，宦者焰张矣。且奈何？或曰此军[辈]小忠小勤，皇上信之，遂以此辈为可大用。惟缇啮是驾，何计败辕？或曰此辈耽耽，各营善地，兵粮边圉，夫固为之兆也，足以行矣，内出之旨有虚日乎？或曰内臣并用，非用内臣，内臣用皇上耳。皇上圣主也，此辈焉敢窃用？此所谓乘其高明也。至于高明见乘，乘之者恃之，故为所乘者信且益坚，于是乎牢不可破而天下事乃坏于此辈之手。凡此皆天下疑揣之情也。夫皇上既示之疑，乌得不疑？既开之揣，乌得不揣？昔汉高不事诗书之主也，印铸促销，至今诵之。曰豁达皇上，聪明典学，其于古今握兵之宦官岂不稔焉？汉之季也，宿卫兵宦官掌之；唐之季也，神策禁军宦官主之。势重不反，反为国祸，是犹前代之覆辙也。其在本朝，王振窃弄神器，贪远功而弛近备，己巳之变，振之肉其堪食乎？若逆魏之事，又皇上所目击，匪赖圣明神武，安有今日？犹且需以时日，布以机权，然后执元恶而歼之。盖除凶若斯之艰，何也？近习之人，处地近而结根深也。地近者密移，根深者不拔，又假之以事权，纵之以傲妄，后虽收之，非易事矣。且皇上龙飞之日，亦常尽撤内臣矣。曩何以撤？今何以遣？岂以为内臣贤于外臣乎？则臣闻长山之败，王应朝踉跄入阙，托病卸事矣。贤者固如是乎？无益于用，纷扰滋多，臣故曰是可以已。今凌城已堕，敌骑虽返，其为谋甚狡，非穷遁也。皇上不于此时筑黄金之台以招颇、牧，乃急急珰臣是用，使优游坐踞关门，安所济于安危之数哉？惟皇上幡然勃然，尽收此辈，以复扫除之役，天下幸甚！今日之事在朝群工皆知不可，独二三阁臣一言不及，皇上且谓密勿之臣尚无言矣，诸臣何知，此分遣之使所由频也。夫揆地一言胜诸臣百喙，臣故愿阁臣发期期之口，作桑榆之收，天末小臣，实翘足焉。”帝怒其设端横揣，语多恣肆，令降三级调外用。　　辛巳，兵科给事中魏呈润以宣、大巡按胡良机因太监王坤题匿籍有司一疏，奉旨革职，听坤等究明奏夺，上疏争之，略曰：“良机在先朝时曾忤魏珰，直声素著，当必礼法自持，披心沥胆，以媚兹一人者。今以旧籍之委顿，责以通同，即或良机果出罣误，则回道考核，以直枉俟圣览，其何辞之有？今王坤在镇，良机亦在镇，而以究明奏夺一付中贵之手。良机倘坚如矢之概，不以危改节，不以私易公，唯内臣之所荣辱则得矣，万一百练刚肠化为绕指，奥援窟宅转为径窦，不亦羞朝廷、坏士节，令后来衔宪以往者靡所展其丰猷乎？况中贵之命，赫奕方新，又见纪纲之司、咨访之使，一旦获戾中贵而莫能自必其命，铜符墨绶谁复敢以国事抗者？异日皇上即欲闻九边之机务，核监视之善恶，奚从知之？夫权之所在即威之所集也，履霜坚兵[冰]，渐不可长。且各镇监视已将三月，正可报命之时，倘久淹不撤，臣恐大小边臣以为朝廷所倚毗在此，争图献媚；而内臣见皇上信任独专，将谓止有见劾于己，更无有见劾于人者，势不至剥肤营私不止矣。祈敕各镇监视诸臣刻期报竣，渐次撤回，专以边事责督抚按诸臣；倘仍败公覆饰，则以三尺随之，诸臣自所甘心。至良机之是非曲直，廷议自明，并乞普浩荡之恩，趣召回京，听弹驳于部院之手，不使仰鼻息于中贵之门，则所以养士行、培廉耻不浅矣。”帝恶其党比，降三级调外用。　　壬午,原任直隶巡按胡良机以宣镇监视太监王坤劾奏匿籍,有司奉旨褫职,具疏辨析。帝不听,仍严旨命(按臣)胡志藩勘明以闻。　　己丑,帝命收选净身男子。【考】《国榷》卷一〇〇:"杨士聪曰:'神庙自辛丑之后,不选净身男子者二十年,至熹宗一选,先帝(**崇祯帝**)十七年中三选,宫中增万人,每年月米增三万二千石,靴料银增五万两,此皆可已而不已之费也。先帝既以独断诛魏忠贤,收倒持之柄而自操之,遂谓此辈由我操纵,故厌薄朝臣,则以中官参之,有时撤回,以明驾驭之在我,而不知此辈如毒药猛兽,未有不终罹其祸者也。故天下之大患,伤于有所恃,中于有所忽,而败于有所狎。'"　　壬辰,以闲住内官监太监王希忠为天寿山守备。(《崇祯长编》五四)

本年附

艺文・碑铭・太清宫碑

顾起元撰《泡子河开创太清宫碑》,(**文略**。)崇祯辛未(四年,1631)季春立石。

碑阴上段右起为御马监太监王永成、乾清宫近侍尚膳监太监张世禄、乾清宫近侍太监刘希延、乾清宫近侍尚膳监太监李宗国、乾清宫近侍尚膳监太监陈世清、钦差御马仓内场贴场太监贾彝伦、钦差御马仓内场掌场太监黄成德、钦差御马仓内场贴场太监王之藩、乾清宫近侍尚膳监太监陶国安、乾清宫近侍尚膳监太监陶吉祥、乾清宫近侍御马监太监王化民,□陵佥书御马监太监毕进忠,御马监太监薛大贤、王国兴;下段为"斗母会首"、"皇经会首"题名,略。

(碑在北京东城泡子河。《北京图书馆藏中国历代石刻拓本汇编》第60册,第31—32页)

崇祯五年壬申(1632)

正月己亥朔,兵部尚书熊明遇上言:"监视内臣设立标兵,于法未便,请罢其议。若为出入防卫计,但令抚镇选兵二百名,并其家丁共三百名,亦足以示重。"帝从之。　　戊申,刑科给事中吴执御以给事中魏呈润、御史李日辅直言被谴，上言："两人舌虽卤莽，衷实无他。臣窃谓皇上之抑二臣，关系甚小；二臣言及内臣而被抑，关系甚大。臣实不为二臣惜而深为国事惜也。伏愿念此布德和令之时，扩行庆施惠之意，敕二臣照旧供职。其于昌言路而宏虚受，岂非壬申春王第一胜事哉！"帝严旨不允。　己酉，山永巡抚丘禾嘉疏奏："内臣不宜典兵而随伴实不可少，拟于关内外各用六百名，令一把总统摄，不与营伍相关。监视往来关宁，出则用宁兵，入则用关兵，非独滥役无所投托，即营将亦不敢借口行私矣。"章下所司酌议。　辛亥，查核边镇兵马工科左给事中马思理以内臣典兵非制，朝廷微渐当防，上言："监视马云程曾有比例议设标营之疏，皇上不轻许可，下部酌议。尚在候覆，乃抚臣承顺不遑，列之经制，此非监视之擅，抚臣之擅也。使此例一开，勿论与皇上责成画一之旨大相刺谬，且恐关、宁比例抚镇而而(**按，此衍一字**)各镇又比例。关、宁纷纷握兵，在在增饷，坐使边头势重，窟穴渐成，岂可为训？且皇上创名监视，原比监察，例不比抚镇例，惟一切兵马、钱粮未尝干预，故能行其监察。今之监视何独异是？且不特此也，关、宁监视曾救陈新甲，得旨部议矣。夫新甲才智可鼓，臣久知之，即大凌处分，反不与夺世荫，仗节钺者同徽宽政，臣窃惜之。然臣子为封疆受过，于新甲无损也。若监视可为举主，则监司即可为门生，岁时伏谒，必当执弟子礼甚恭，所损孰甚？故今日陈新甲虽贤，不宜遽信马云程之口，亦犹胡良机虽有罪，不宜仍付王坤之手。近见臣同官魏呈润等一鸣辄斥，举朝亦有救之者，独不获比例原情，矜其愚戆，策其后效，遂使数载言官无一人得沾皇上赐环之典，真阙事也。先臣有言：'圣朝无阙事，自觉谏书稀。'今以兵权举刺悉归内臣，殊非长便，用是以防微杜渐之意，为不争之争，惟圣采纳焉。"帝以标兵事部覆已明，余俱报闻。　西协监视太监邓希诏疏奏："臣蒙差监视西协，意以

'监'者,如监察御史,'视'者,如巡视科道,是非利病,皆得纠弹。何意督臣曹文衡偏见自专,无同舟共济之谊,其于军伍则缺额而不行召补,其于将领则纵弛而不行检裁。挑选训练,奉有督抚及监视之旨,而竟不关会;举劾能否,现有公同甄别之谕,而竟不通知。宽冒抚赏之吕应蛟,何其不公;杜门高卧而不理事,何其旷职;新定经制而不令一语参酌,何其自私;骤调蓟兵八千而不给饷,致饥兵汹汹,何其乖张;徇情面而以柔脆南将选练样兵,何其背迷;昼则优闲高坐,夜则万火登山,何其劳军;妄费抚赏,钱粮不行,查核任其鼠雀侵渔,何其容隐;火器营将官久缺不补,以待用彼私人,何其玩忽;蓟兵候饷,督臣移檄不明,蓟镇、密云互相推诿,俾众兵怨望,何其反覆;不能厘奸剔弊,纵将领剥军冒饷,略不为禁,及臣至而始行觉察,何其素餐;更有甚者,荒淫声色,等军务于鸿毛,托病欺君,懒朝贺于元旦,何其傲慢;抚赏章疏,蒙旨云潮河川收利,何入多报少,正以报少罪潘国俊之欺,督臣改曰入多报多,何其背旨。总之,督臣位尊权重,不容臣以监视,臣亦何敢强求商确,独怪其刚愎自逞,惟恐贻误军机,有辜皇上任使之意,不得不预为皇上陈之耳。"帝谓:"督臣与监视自应协筹干济,文衡何意见参差,杜门称疾?还着改念,同心商确,不许以小嫌争执,辄图弛卸。"　甲寅,户、工太监张彝宪疏劾昌平粮储户部主事宋开春冒饷侵粮诸事,请敕所司逐款严治。从之。　乙卯,蓟辽总督曹文衡疏奏:"内监邓希诏听神奸南拱北挑激,无端生嗔,其意不过欲臣夤缘交结,事事请裁于彼,然臣素矢硁硁,耻为谄媚。于其上任时,臣正出巡边口,未获回镇郊迎,一怒也。臣以积劳成病,呻吟床席间,其回密时,未经登拜,二怒也。希诏每对人言,欲臣与之会酒,臣竟疏阔,未及设燕,三怒也。先是希诏将至,拱北扬言伊父与内监之父同为锦衣,最相契厚,凡各司道皆为恐吓,臣厌恶之。后致书为拱北钻谋火器营缺,臣不敢以匪人误营务，不与咨行，而题补素善火攻之李天成，希诏因恨入骨髓，四怒也。希诏听拱北拨置，每营路派买柴炭千斤，或数百斤，及柴炭送完，并原银申缴。臣于防边之着宜周，疏中曾言禁革代买柴炭陋规，不料剥其隐肠，五怒也。希诏旗鼓梅永芳被人匿名贴榜，谓其随处需索，希诏了不查处，反谓臣在地方，不禁匿名，六怒也。希诏移臣檄内有'代天子'之语，臣讶其无礼于君，目击心裂，未敢回覆，七怒也。神庙时，各省钦遣内监，遇庆贺大典，皆于本衙门行礼，如遇接诏，内监先于槛内行礼，立于龙亭之旁。昨万寿庆贺，臣议内监于槛内龙亭前行近臣礼，臣率司道遵《会典》行出使礼。希诏不从，必欲与臣同班，踞于班首，不知朝廷之上、圣明之前，果有内监同班否？祝釐大典，屑越跋扈，深怪臣议槛内行近臣礼，八怒也。元旦庆贺，希诏听拱北拨置，至牌前大言曰：'内监视二字何义，何不预为我商议？我所闻俱过后事，虽知何益？'呼嵩之地，厉声咆哮。夫监视之遣，原不令其掣肘边臣，若必请裁而行，是明欲招彼威权而不顾君命之本意，臣不能以牵合承教为恭，九怒也。臣因更定营制，出示晓谕，希诏听拱北拨置，谓如何不关会。夫疆臣为营制出示，又须关会内臣乎？以不会同为嗔，十怒也。更定兵马经制，密云道臣议单有内监家丁二百名，臣谓内监视不必另设兵，亦不便入经制，行道驳议，而希诏深衔之矣，十一怒也。年终甄别将领，督抚会题，载在敕书，往例即按臣、关臣俱不列衔。希诏听拱北拨置，谓甄别如何不会同？希诏深以为憾，十二怒也。希诏以抚赏参潮河川守备潘国俊，兵部咨文到臣，臣即行密云道提问，招解月日了然。未逾三日，乃怒向中军曰：'何不为我速行？'不知旧例必由监司招解，十三怒也。奸胥孙秀玩法作奸，前为臣责革，希诏收用之。臣谓坏事革役，不可复用。希诏以规为嗔，十四怒也。希诏疏自认为代天子，欲与巡方同体，复嫌巡方尚卑于中丞，又自认为军门，复嫌臣之耦己，不宜有两军门,又自认为监视军门,在军门之上。初至犹书‘监视太府’,近则曰‘监视军门’,臣不能委曲迎顺,十五怒也。希诏滥准民间词讼,每批中军审问,妇女可以挂累,青衿可以凌辱。夫士民皆皇上赤子,臣不觉心怜语愤,希诏闻而恨之,十六怒也。夫远己者疏,人之恒情;顺己者悦,逆己者憎,尤内监之恒情。臣撄此十六怒,动遭凌侮,重以险恶之拱北从中挑激,多方弹射。且拱北通贿招摇,所忌惮者惟臣耳。当其具奏时,希诏令中军扬言于臣,似欲臣登拜会饮,以合其欢。而臣以从大臣之后,受总督重寄,国家威重所关,耻为刑余所迫,不肯毁行私交,遂致见怒如此。且内臣节制体统,俱视敕书所载,今日无敕书,止嫌臣为碍眼,必甘心于臣而后已。从此所匿加亲,所忌加剪,夺兵戎之大柄,惟祈欲为触之立碎,兜鍪解体,边事决裂,忧不在臣一人而在千里之疆场为可惴惴耳。”帝谓:“总督、监视各有职司,原非掣肘可得争执。其南拱北招摇营缺,文衡何不早发?前奏称其堪任冲塞,是何贤否不伦?” 戊午,监视蓟镇太监邓希诏以督臣曹文衡揭其十六怒,列十六虚以辨,且谓“臣未尝征色发声,而督臣荆棘在心,陡以怒之一字,簸弄笔端,欲加人罪,恐非大臣光明正大之心事。若其巡边回署,则以爱妾所推损腰,困卧密城,人尽知之,乃谓巡边得病,何虚诳也!督标操赏,年额九千余两,绝未曾操一日,赏一人,尽饱私橐。而百凡朝事,其提塘官董国相必先预泄,何其如鬼如魃乎?总之督臣乖张残酷,军民并不堪命,怨声载道。皇上试察访之,便得其实也”。帝谓封疆事重,总督、监视宜从公起见,协图干济,不得过生疑揣。 乙未,湖广道试御史姜思睿上言:“科臣魏呈润、台臣李日辅以极言无讳,致蒙谴谪,臣观两臣章疏,大抵皆古今治乱得失之原,忠臣忧思悚迫之意,迹其区区之诚,深可矜悯。所谓朝廷有直臣,天下当太平者也,奈何遂弃其人乎?况国家之患,莫大于大臣恋禄而诡谋,小臣畏祸而缄口,而居耳目之官,负匡救之责者，尤恶其含默隐忍，自同寒蝉。今两臣所为，直欲皇上敬法高皇帝，媲美唐虞耳，岂期皇上聪明神武，无事不合祖宗，而独于内臣干政一事，偏靳转环乎？孔子曰：'观过知仁。'唐臣陆贽之言曰：'谏者多，表我之能好；谏者直，示我之能容；谏者之狂诬，明我之能恕；谏者有失中，而君无不美。'恐皇上睿思及此，方将赏此两臣以劝忠励直，宁忍轻摈抑之乎？且皇上勿以此一二言为易得也，天下士大夫忠勇之气自逆奄魏忠贤以来磨耗无余，至今言及中官事辄以为祸且不测，相戒不敢出声。臣窃慨肃皇帝议大礼时，斯亦至仁达孝，今古盥颂，而当日大小诸臣伏阙固争者至数百人，虽雷霆之下，不为少却。今则逡巡退缩，容容自全，此非其心不忠，气夺于有所鉴也。如是则皇上之得有呈润、日辅，不可谓非言路之幸矣。故两臣诚迂疏戆率而皇上优容之，益以征山海藏纳之量，若必令获罪以去，在两臣心固甚安，第恐忠直阻隔，上下雷同，胥自此矣。伏乞皇上曲垂鉴察，立复两臣原职，使得益殚荩赤，以彰主圣臣直之美，臣即代膺废逐，所深愿矣。"帝不从。　庚申，帝以样甲屡造不坚，命将盔甲厂掌、贴刘守乾、贺尧年、石国泰削秩二级，戴罪管事，监督孙肇兴夺俸半年；安民厂掌、贴田种玉、高实、王辅削秩一级，戴罪管事，监督王之鼎夺俸三月。　四川道试御史吴彦芳上言："登兵之变实旧抚之罪，革之允宜。昨新抚已推，从此旌旗壁垒，行且改色，然临敌决胜，全在节制之得人，而不在贵臣之临视。古者推毂授钺，属之一帅而不疑，自观军之使设于唐，监枪之名创于宋，彼时之当事者始迥翔顾盼，阳托掣肘，阴图卸肩，败事者多，成功者寡，此人臣之便而非封疆之福也。昔唐征淮蔡，四载无功，裴度请召回监军中使而后自出视师，元凶就缚；宋之讨侬智高也，以内侍任守忠监狄青军，谏官李兑力请罢之，而广南遂平。由此观之，前事之得失，后事之师也。今日登城既破，岛兵隔绝海表，则监视登岛之内臣似为虚设。我皇上妙用如神，曷亦近仿唐宋故事，毅然撤回内臣，使抚臣得以任意展布，旦夕奏功，不至藉口牵掣，借端诿卸，区区叛旅，不难灭此朝食矣。”帝谓疆事专责抚臣，监视止司稽核，宁得以掣肘藉口。

壬戌，命内官监太监杨泽为凤阳守备，专卫皇陵，兼管庐、淮、扬、徐、滁、和诸处。　升内官监左少监杨显名为南京孝陵神宫监掌印左少监。　戊辰，蓟辽总督曹文衡以太监邓希诏言其兵多缺额，伍多纵弛，及不公旷职诸事，具疏逐款晰辨，谓其事事虚诬，谎奏欺君，乞立敕严勘处分。帝谓：“督臣受封疆重寄，但当实心任事，朝廷自有明鉴。纷纷讦奏，何关边计？着遵旨一意料理军务，不必更滋陈辨。”(《崇祯长编》五五)

二月己巳朔，兵科给事中黄绍杰以督臣曹文衡、监臣邓希诏彼此讦讼，屡蒙温谕，而龃龉未解，上言：“自古未有反颜相视之人而复可以觌面共事者，况文衡以节钺重臣，无因而受监视之点染，将何颜立三军之上？臣恐方寸已乱，留一日只误一日，何不早为罢去，别简能者代之，使封疆国体两无妨误耶？然文衡既去，监视亦不宜复留。盖此番玄黄之后，人人㖞息，谁复敢履其庭？若欲委蛇附和，必非文衡之人而后可；倘犹是文衡之人，彼岂肯以鼻息仰之乎？乞速赐处分，罢文衡，撤监视，俾封疆早早得人，则危关幸甚。臣至此不得不致咎于辅臣焉。当监视初遣之时，廷臣鳃鳃过计，首惧掣肘成隙，倾轧酿祸。彼时辅臣肯以去就争之，或可回天，即近者舌战未已，亦宜开陈入告。乃又朦胧两可，天下事宁堪再坏耶？且廷臣向日所言，今已一一皆验，如祖制不许典兵，廷臣不曾言乎？而顷且几于立标营。穷地不堪骚扰，廷臣不曾言乎？而今已秽迹败露。廷臣曾言仗节负气之士定遭毒螫，今果伎俩见矣。廷臣曾言鲜廉寡耻之夫将谄媚阿附，今果有啧啧称讼，甚且为荐主、门生，不奉旨而擅拨营者矣。夫前辙非遥，渐不可长，世界至此，甚可寒心。臣以小臣苦于悟主之无术，岂居纶扉重地者亦难片语以格君？圣明媲美尧舜，何惮转环。特辅臣身谋太重，鲜纳约自牖之谋耳。”帝以其轻议妄举，抑扬挑激，切责之。　辛未，工科给事中李春旺上言：“臣见监视内臣邓希诏、蓟辽总督曹文衡互相讦奏，语且侵及辅臣（周）延儒，不禁拊膺太息曰：此实国家治乱盛衰之窾，系封疆安危得失之紧关也。何者？臣子急公而和衷，则为兴隆之象；挟私而倾挤，则为衰替之机。今南牙北司，水火矛盾，其流祸必将不测，恐非封疆之福也。且夫总督何官？蓟辽何地？文衡之弗称任使者，臣不具论。兹为内臣抵掌胪列若此，岂复能觍颜立三军之上乎？至延儒柄国以来，言路交章者臣不具论。独其进退不决，将谓报国有心，谊难自逸，则今日灾患频仍，谁司爕理？贼寇频警，谁居帷幄？即谓心可自信，遑恤人言，不思朝堂何地，宰辅何官，至为内臣肆底（按，底疑应为诋）揶揄若此，尚能冠冕百僚乎？皇上诚敬大臣，不如以去之者敬之；延儒诚自爱，亦当决一去以自全矣。故臣谓督臣可去也，阁臣亦胡可留也。或谓皇上神明渊妙，岂因内臣一言而去总督，又去首揆，不显示信内臣而轻外臣乎？皇上又未肯轻易出此。若然，则内臣当听其回京，夫亦不烦再计矣。”帝谓借端挑构，切责之。　江西道试御史刘宗祥上言：“顷者督臣曹文衡与内监邓希诏构衅交章，语多旁溢，大伤国体。夫内监之当任其咎，不待言矣，而臣于督臣不能无责备焉。以皇上委任綦隆，自宜仰体圣心，包涵容忍，乃开玄黄之隙，自生掣肘之虞。督臣平日之学问涵养，所谓先国家而后私仇者安在乎？此臣之引大义以责督臣者也。至首辅延儒以内臣浮语相侵，难于忍受，若不能一日安其位者。然今日何日，百衅齐张，茫无收拾，苟能乘阙而补、积诚感格，则以去就为争，未始非报国之一效。如徒以闻言引退之故事掩饰耳目，夫亦何补于去就之义哉！此臣之引大义以责首辅者也。乞敕下阁部，虚心确议，令督臣、内臣改颜和辑；如衅端已开，不能默化，亦宜求一处置停妥之策，使任事者无所藉口,庶人心安而边政举矣。”帝不从。　　壬申,广东道试御史宋贤疏劾山永巡抚丘禾嘉为内臣马云程请立标兵,“于未奉旨之先,既为派定关内关外各六百名;及部覆议寝,业奉俞旨,乃禾嘉曲意逢迎,复敢请明派定六百之数,必欲以兵柄授之。其吮痈舐痔之态,廉耻固已丧尽。独不思下违部议,上抗明旨,且交欢近侍,更悖祖制。种种罪戾,岂胜诛乎?昔魏忠贤势焰滔天,几成不轨,岂尽逆珰之罪,良由崔呈秀辈孝子顺孙开导趋附者众耳。今禾嘉不思兵柄大权不可旁落,乃未奉旨而预为,既奉旨而代为请,是又一崔呈秀之后身矣。语云:‘涓涓不塞,将成江河。’防其渐也。皇上若不惩此首恶,恐群小观望成风,复蹈魏、崔时故辙,其所关于世道人心非渺小也”。帝谓朝廷委任边臣,正期殚厘整饬,若恣意苛诋,疆事何赖。宋贤令降三级,照旧管事,以后再有妄议者,必行重治。　　蓟辽总督曹文衡以内监邓希诏复具督臣匿陷已彰一疏,谓其愈变愈幻,劈空说谎,逐款剖陈,列其藐敕欺君十事。河南道试御史高倬上言:“顷者,内臣邓希诏与督臣曹文衡以睚眦之隙,互相谗构,亦既蒙皇上温谕再三矣。其是非曲直,臣不暇论,独见曹文衡负肮脏之气,岂复能仰鼻息于希诏?希诏块垒未化,何能忘情于文衡?况廉、蔺盛德,杳难复见,恐全副精神徒为忧谗畏讥所耗,不几误封疆坏边事耶?臣愿速撤内臣以安文衡之心,而俾无所诿卸。倘其才智碌碌,济变无能,尤祈另简贤能代之,仍撤回内臣,以一总督之权,庶不至托掣,肘以贻口实耳。臣又因论希诏而虑各边镇内臣如希诏者不少矣。人人如希诏,疑忌填胸,荆棘满眼,而督抚诸臣将何所措其手足乎?臣更因论文衡而虑各边镇督抚如文衡者亦不少矣。人人如文衡,竞以忤珰为高,因以封疆为戏,而边事决裂,将谁复勇于担当乎?惟圣明自为封疆计,亟赐鉴裁可耳。”帝以其语多猜激,命镌秩一级,照旧管事。　　丁丑,皇考陵工告成,叙赉内外各官劳绩,王永祚、王文政各加恩三等，赉银五十两、纻丝三表里；曹化淳、李承芳、李茂奇、车应魁各加恩二等，赉银四十两、纻丝二表里；张彝宪、唐文徵各加恩二等，赉银三十两、纻丝二表里；李弘济、李忠、白宜进、孔文源、张书绅、苏元民各加恩一等，赉银二十两、纻丝二表里；赵承宪、任进忠、陈增寿、张维贤、张臣、高涌各加恩一等，赉银二十两、纻丝一表里。　丙戌，山永巡抚丘禾嘉以御史宋贤所陈内臣设兵非制一疏，劾其阿附内臣，行同崔逆，具疏认罪请罢，并申救宋贤，乞还原秩。帝温旨慰谕，且谓轻处道臣，正欲边臣安意，不必申救。(《崇祯长编》五六)

三月乙巳，工部右侍郎高弘图以部堂旧制，止列尚书、侍郎三座，今忽益以内臣张彝宪一座，上言："祖宗典制不宜紊乱，若以侍郎而侍内臣，于国体有伤。今总理两部公署已经遵旨另置，即宜于公署设座，以见朝廷特遣之臣，另一规模，另一体段。臣部公座则仍还之臣等，岂不名正言顺而内外各得乎？"帝命照旧例行，如有事关钱粮，内臣到部，会同验核。(《崇祯长编》五七)

【考】《明季北略》卷八《高弘图削籍》："（五年）三月，工部右侍郎高弘图上言：'臣部有公署，中则尚书，旁列侍郎，礼也。内臣张彝宪奉总理两部之命，俨临其上，不亦辱朝廷而亵国体乎！臣之为侍郎，贰尚书，非贰内臣也。国家大体，不容不慎，故仅以川堂相宾主，而公座毋宁已之，虽大拂彝宪意，臣不顾也。且总理公署奉命别建，则在臣部者宜还之臣部，岂不名正言顺而内外平！'上以军兴饷重，应到部验核，不听。弘图遂引疾去，疏七上，竟削籍。"　丙午，太监张彝宪奏省直料价欠百余万，命工部开数立限完纳。(《国榷》九二)　辛亥，山海总兵尤世威具疏称病。帝以其任事未久，必有别情，命监视太监与巡关御史查察以闻。　壬戌，督理刘宇烈、巡按王道纯、监视太监吕直及总兵邓玘、刘国柱、王洪，副总兵刘泽清、参将刘永昌、朱延禄等，监军道杨作楫、推官汪惟效等俱会于昌邑。(《崇祯长编》五七)

五月己亥，顺天巡抚傅宗龙以监视蓟镇中协太监王之心劾其不罢营工、不勤训练、不亟储饷诸事,复讥为怡堂之燕,蒙旨责其劳匮纵弛,漫无料理,具疏回奏,因请罢斥。帝谓之心职司监视,有见辄陈,正可相参共济,宗龙何又引嫌?宜用心干办,以副委任;其操练召买等事,仍着毖饬严催。(《崇祯长编》五九)

六月甲午,户、工太监张彝宪请收买余米以裕国储。帝谓允属便计,但须平价剔厘,毋致偏亏,以为经久可行之法。户部向曾条议,仍再酌妥以闻。(《崇祯长编》六〇)

七月己亥,登莱巡抚谢琏以督理刘宇烈、巡按王道纯、监视吕直已移昌邑,总兵邓玘等所统各镇大兵咸次沙河,观望一月有余,不肯前进,请速谕督臣宇烈、按臣道纯一以军法从事,严檄统兵各镇将,改换心胸,奋勇前进。凡持疑趦趄者,副将而下立斩以徇,庶积习可破而东莱犹有幸也。帝命兵部速决剿抚之计,以解莱城倒悬。　　辛丑,命司礼监秉笔太监曹化淳提督京营戎政。　　癸卯,登贼劫抚巡抚谢琏、莱州知府朱万年,及监视太监徐得时、翟昇俱被执,万年死之。先一日,贼拥龙亭至莱州城外,遣屈宜扬[阳]入,云业已受抚,请防院、内监各官出城开读诏书,即当解围受抚。乡绅张忻、总兵杨御蕃等皆言不可信。琏谓莱围且六月,官兵无如之何,苟能解围救百姓,不惜以身殉也。于是偕得时、昇、万年同行。孔有德等出不意,皆叩头涕泣求抚,琏等以善言慰谕之而入。是日贼奸谋既定,托言小头目愿见,复遣宜阳入城,邀琏等。琏拉御蕃同出,御蕃曰:"总兵惟知杀贼,何知抚事。"忻等复力言不可,琏不听。乃请列健者挟刃护卫,琏叱退之。既出,有德等先乞饷银四万两,琏未许。群贼且拜且退,琏等方与语,马不觉前。诱至驿下,贼以咳嗽为号,齐涌而至,琏等遂悉为所掳。贼掩城中不备,遽引兵环攻,为炮所拒,不得入,乃迫万年呼降。万年厉声曰:"吾死矣,汝等固守!"骂贼不绝口,遂遇害,屈宜阳、严正中皆死。明日又拥琏近城,城上放炮击之,贼知城终不可得,遂送琏及二监于登州。后莱围解，皆为李九成所杀。　丁未，兵部以山西抚镇宋统殷、马士麟所报前后战功，自五月廿三日起至六月廿一日止，屡战皆有斩获，刘光祚亦以骁勇著闻，而监视太监刘允中又称光祚于六月十七日大败，情节互异，请敕所司核实。帝谓有无隐匿，巡按御史可据实奏闻。　己酉，登贼劫抚，报至，举朝大骇，始议调关外夷汉丁以剿之。……得旨调各部夷汉丁四千八百余人，以监视太监高起潜监护军饷，总兵金国奇为帅，而以副将靳国臣、刘邦域，参将祖大弼、祖宽、张韬，游击柏永馥等各领所部隶焉。(《崇祯长编》六一)

八月丁丑，帝命自后驾帖径发锦衣卫，若就近密速拿人，不必概候科签以防轻泄，从提督司房内监之请也。　乙酉，广东道试御史吴振缨上言："自旧科臣魏呈润朝廷体统当惜、封疆倚任宜专一疏之后，章满公车，曾有简霜笔铁，指劾内臣，如赵东曦以一月给事，直纠监视内臣王坤者乎？以在廷所不敢言而东曦言之，邸报所久不见而今日见之，庶几一士之谔谔，千载而下知圣主有直言之臣也。顾与魏呈润同一王坤而两蒙摈斥，在皇上赫怒之时，又当处分之后，东曦智不相时言，诚有罪。但魁柄独操，必使神明不测。今外臣受内臣之劾，易若承蜩；内臣经外臣之参，难同撼柱。疑者益轻，信者益重。轻者或借重以修疑，重者必借轻以坚信。戒车者相率作金人之口，而履霜者惟恐成涓逝之河；在神明无成心，而揣摩多迎合，日后谁敢复言中官者？则势之所趋，更将有不可言矣。况六垣每日守科、考选，尚无时日，镌谪缧系者相踵，而查核巡视者甚艰，抱蔓晨星，几于空署。语曰：'哓哓者易缺，容容者多福。'使屈轶为当门之兰，而朝阳多不鸣之羽，亦何设此谏垣为也！臣思有意苛求，借端臆议，如此之旨，多荷优容，乞皇上念东曦新进，一体宽宥，俾复原职，则万世而下颂尧仁舜德于无涯，奚啻止辇转圆之为美也。"帝以支词渎奏责之。　丙戌，户科给事中冯元飙上言:“……又如臣子能于君父意向所注而犯颜力争,岂易易事。乃自魏呈润、李日辅抗疏获谴,遂无一人敢复言内臣者。独赵东曦初入班行,猝陈危论,竟以不知王坤之奏发而遽出之,恐嗣此唯诺成风,交结自固,终无为皇上冒不测以竭区区者,言之可不为寒心哉!伏乞廓然虚受,蔼然嘉与,俾讲幄犹留百炼之刚而仗下幸无一鸣之斥,人才幸甚,宗社幸甚!”帝谓其凭臆妄议,姑不究。　　辛卯,工部主事孙肇兴等以总理户、工两部内侍张彝宪不发火药铅弹诸军需工价,合疏以乏兴误国参之。帝谓库司发银岂无监督巡视,何独彝宪之责,令孙肇兴等各自回奏。莱州捷闻,帝以东征将士忠勇可嘉,命内库立发银二万两,差官押赴军前,付高起潜等查系冲锋效力者,遍行犒赉,务使通沾实惠,益加奋励;逆贼多诈,不可乘胜懈玩,务须前后周顾,期收全功。(《崇祯长编》六二)

九月甲辰。先是,监督军器主事孙肇兴等惧违钦限,疏参张彝宪不发钱粮,并胪列其状。纶音两答,一则曰冏库发银,岂无监督巡视,何独张彝宪之责?再则曰发银监督,巡视亦有责任,何独不及?而掌冏内监刘守乾等回奏疏有“发银之际,监督、巡视逡巡推逊,惟彝宪是从,不敢有违”之语。于是巡视冏库工科给事中文士昂等合疏上言:“臣等职司巡视,彝宪职司总理,责守两不相借,守乾等何其敢侈彝宪声势,旁若无人至此。想其意无非点缀夸张,以明彝宪之有权,又心恨彝宪不宜给银,不欲显攻其恶,故为此玩侮臣等之辞耳。此言一出,后有军国切要钱粮,假令彝宪执拗不听臣等之言,再有妨误,得非守乾之陷彝宪乎?乞皇上切责守乾,并谕彝宪凡遇军需钱粮,务在确商缓急,酌议给发,无致以乏兴滋罪可也。”帝谓钱粮给发,自应商酌缓急,何待申请,余已有旨。　　辛亥,监督盔甲厂主事孙肇兴再疏言:“张彝宪罪恶滔天,举朝举国祇足俱其暴虐,乃祈一摘发彝宪之人而不可得,彼亦何惮而不为此盈贯之事。臣昨者奋螳臂以当车，盖以性命争之，正非徒以功名谢之也。皇上未遽置彝宪于法纪，犹欲徐观其后效，而臣仅蒙镌秩薄罚，此梦想所不到。在京官民数万，莫不颂皇上为圣明、微臣为徼幸，臣何敢再冒天威！独是乾断正须迅速，是非必无中止。拜疏不及旬余，方静听彝宪饰辩，得以逐款详剖，而彝宪何泛泛置之也！诚惧再经指发，益成铁案，是不辩已自供一招认之状矣。即如彝宪前疏所云，众商摭道控诉，夫不论应给与否，而但一控诉，遂为题请乎？臣厂控诉不尤急于众商乎？如云听部科之商酌，夫置酒工部，逼令具覆，且得为听之乎？八月十五日，持牌严催，曰本监详批，不啻数四；曰如有欺慢，官吏参处，又得为听之乎？如云受赃二万，是何姓名？夫王贤等非其人与？如谓二万乌有，彼贽礼元宝六锭、南京缎十匹，王贤过付，亦尚得为乌有乎？若云许凤翔，原无赃证，其示固明曰坏法作弊矣，赃证外，仍有别弊乎？又云张大，即如外官长班家人，世有以亲侄为家人长班乎？臣固外官也，臣曾有一长班乎？臣固外官也，臣曾有一长班入厂乎？而况家人乎？至盗铜一事，臣原具疏同纠，事尚未经处分，而彝宪谓科臣降级，想彝宪且欲降臣级耶？彝宪之辩无可辩，类若此，故臣曰彝宪之不辩已自供一招认之状矣。无法无天，一至于此，臣非止为一人争也。宽彝宪则效尤彝宪者多矣，诛彝宪则敢为彝宪者惧矣。人心治乱，国势安危，皆决于此，臣故愿皇上断然一行之也。”帝谓孙肇兴前次牵讦，已从轻处，何得屡渎求胜，姑不究。　壬子，帝命大殿近侍御马监太监郑良辅、谢文举、杨进朝、魏邦典、卢志德、屈诚铭、崔进俱为提督戎政衙门中军，管理粮犒操练等事。　甲寅，太监邓希诏疏参西协饷臣王忠孝贪秽，请旨严究。　壬戌，工部主事孙肇兴以屡旨抗违一疏，攻发内臣张彝宪不发火药铅弹诸事，反为彝宪中伤，具疏请罢。帝以渎扰责之。（《崇祯长编》六三）

十月辛未,山西分巡冀北兵备道右参议王则古疏奏:“东兵入云中在五月二十六日,其去也在六月十七日,乃山西监视内臣刘允中据讹传妄报,奉旨确查。按臣胡志藩已遵旨回奏,臣似可无言,然一时之疑端不断,则万世之信史不昭,辄复为皇上陈之。当万骑齐入之时,督臣张宗衡、抚臣张廷拱冒雨提兵……夫东兵三万人,直突内地,其势甚悍,而督抚按诸臣能不动声色,不下二十余日而却之,以视十余年间名城几堕、屠戮惨伤者,相去不翅[啻]万万矣。臣目睹其事,方且谓劳苦功高,将以明告皇上,宣付史馆,为异日信史实录,昭布圣主之神武、疆臣之戮力。奈何大政不明,尚有讹传妄奏,如监视之怪诞骇人哉!臣见监视之说,愤愤不平,恐圣聪误为阉寺所蔽,用是不避忌讳,直陈始末情由,并绘图以献。”帝谓其事后诩陈,殊属诞饰,念已降处,姑不究。　　癸未。先是,监视宣镇太监王坤题参宣抚马士英贪纵不法,奉旨诘问推用何人。吏部尚书李长庚回奏:“马士英之用,系原任尚书闵洪学所推,刘荣嗣所荐,然但云堪任卿寺,未尝谓其堪任边抚,乞圣明裁夺。”(《崇祯长编》六四)

十一月癸亥,云南报获假安抚内臣李国泰。国泰本成都府华阳县人,净身在京日久,无所事事。九月间代为兵部听差游击李国安赴滇提顾绍勋,行至荆州,遇舍人韩国安,见其系净身男子,令诈称东厂访事内使,自为兵部差官以从之。入滇省,谒见督抚,逢人设骗,未有信之者。及见邸报,有准抚普名声一事,乃于九月十五日由间道驰抵阿迷州,称为奉旨安抚地方内相,用红纸抄写邸报,具龙亭香案开读,因索取普名声喜银五百两及金镶帽顶一具、交绢二匹、鞍马二匹、交铳二具、银镶刀四把、弩一张、银盂一对、牙棋一副、银裹箭筒一个、交趾朱盒一具、使女一人,又至歇家窃取黄铜神炉一件。道府廉得其事,将李国泰、韩国安及随役高张等拘絷监候,巡抚蔡侃以闻。帝命解京究问。(《崇祯长编》六五)

十二月丁卯，以东厂王文政、王永祚缉捕有功，各荫弟侄一人为锦衣卫百户，赏银三十两并表里、羊、酒、新钞，旗尉张承爵等俱照例优升。　戊寅，南京礼部主事周镳疏陈内臣、言路二事，谓："内臣用易而撤难，此从来之通病，然一日不撤，犹恃一日有以裁抑之。今则不然，张彝宪用而高弘图之骨鲠终不可容矣，金铉之抗节初虽幸免，究以他事中之矣，孙肇兴直犯凶锋而岌岌乎不可保矣；王坤用而魏呈润以废，胡良机以逐，赵东曦以直纠扶同降调矣；邓希诏用而曹文衡以互诘投闲，王弘祖以简伉见斥，虽冯师孔仗义不屈而亦祸机不测矣；他若李日辅之激直而处，熊开元之慷慨而亦处，诸如此类，未易枚指。尤可叹者，邸抄日布，半属内侍之温纶，恐从此以往，锻炼臣子，委亵天言，只以徇中贵之心，臣将不知所极矣。夫貂珰之俦虽巧佞可近，只是宫闱趋承之役；簪绅之侣虽过戆难容，终属帝王心膂之人。使天下万世谓宠内臣之过，曷若使天下万世谓爱廷臣之深？一彼一此，孰得孰失，臣切愿皇上之深思也。……"帝以其任意矫诬，沽名罔上，姑从轻削籍为民。【考】《国榷》卷九二引夏允彝云："烈皇帝太阿独操，非臣下所得窃用，而每当举措，则内珰发其端，似阴中而不觉也。若满朝之用舍荣枯，一视首揆之趋向，亦似为所阴移而不觉者。当初政时，不许内珰与廷臣交一私语，廷臣遂忽珰辈不足顾，而攻东林者默结之，日以朋党之名中于上。而其时以通内自诩者，史䓨也。辅臣钱龙锡之狱，皆史挤之。及其得出，钱自云：'有大珰实心冤之，不然必无生理。'温（体仁）之陷钱谦益于狱也，谦益去死如发，大珰曹化淳愤而发奸棍陈、张（汉儒）之阴谋，陈与张立枷死，温逐而钱释矣。薛国观之死也，厂珰王化民实为之。而周延儒之死也，则又小王珰怒之也。廷臣通内，渐亦不以为丑。曹珰之丧其父也，大臣与言路多往致祭焉。小王珰丧母，大臣亦多往送，甚有倡为传单者，扬扬不之讳。其九卿不往，惟郑三俊、程国祥耳。廉耻道丧，国事安得不败。然此时珰辈特阴为播弄耳，其畏上英明实甚也。"　壬午，是夜，有秦贼三千人诈称秦将艾万年、贺人龙提兵，至山西临县城下，诱开城门,恣行劫掠。太监刘允中以闻,且劾地方有司隐匿不报,乞敕抚按再为查覆,并饬所属道府州县严加戒防。　己丑,命司礼监管文书内官监右少监刘芳誉[①]为正阳等九门、永定等七门、皇城内外副提督,巡城点军。(《崇祯长编》六六)　十二月,令百官进马,三品以上各贡一匹,余合进,俱纳于御马监。实赉金贸之本监也,否则,虽骏骥亦却之。(《明季北略》卷八"百官进马")

崇祯六年癸酉(1633)

正月己未,大学士周延儒以宣府阅视太监王坤疏参乞罢,不允。(《国榷》九二)【考】《明季北略》卷九《周延儒罢相》:"先是元年三月,周延儒为礼部右侍郎。二年十二月,入阁办事。至是正月,为宣府阅视太监王坤所劾,因上疏乞罢。不允。左副都御史王志道上言:'王坤内臣,不宜侵辅臣。'上诏群臣于平台,谓志道曰:'遣用内臣,原非得已,朕言甚明,何议论之多也!昨王坤之疏,朕已责其诬妄,乃廷臣举劾,莫不牵引内臣,岂处分各官,皆为内臣耶?'志道奏曰:'王坤直劾辅臣,举朝皇皇,为纪纲法度之忧。臣为法度惜,非为诸臣地也。'上曰:'廷臣于国家大计之不言,惟因内臣在镇不利奸弊,乃借王坤疏要挟朝廷,诚巧佞也!'因诘志道者再。延儒曰:'志道非专论内臣,实责臣等溺职。'上色稍霁,曰:'职掌不修,沽名立论,何堪宪纪!'立命志道退。延儒遂放归。"

二月丙戌,应天解缎四千三百三十四匹,承运库太监周礼验退二千六百七十八匹,责改造。于是应天府尹詹士龙言通判成克延督织造,亦引咎。(《国榷》九二)

四月壬午,命司礼监太监张承鉴、郝纯仁、高养性、韩汝桂、魏伯绶等赴各仓,同提督诸臣盘验收放。　癸未,承运库太监奏缎匹欠数十万。命有司勒限输上。(《国榷》卷九二)

---

① 芳誉,原作"若誉",然惟《崇祯长编》如此,《崇祯实录》、《明季南略》、《国榷》皆作"芳誉",据改。

五月丙午，太监张应朝调南京司礼监，与胡承诏协同守备。

己酉，谕兵部："流寇蔓延，各路兵将云集，一切功罪勤惰，应有监纪。特命内中军陈大金、阎思印、谢文举与山西内中军孙茂霖会同各抚道，分入曹文诏、张应昌、左良玉、邓玘军中，监纪功过，督催粮草。仍着内库发四万金、蟒素红缎四百匹、红素千匹，军前立赏。"(《国榷》九二)

六月壬戌，命太监高起潜监视锦宁，张国元监视山永石塘等路，综核兵饷，犒赏军士。(《国榷》九二)

七月乙未，贼屯彰德汾河，命太监阎思印同张应昌合剿。汾阳知县费甲鐄以逼迫，苦供应，投井死。　庚子，叙内臣守莱功，徐时得(《崇祯长编》卷六一作徐得时)、翟昇各荫锦衣卫正千户，余升赏有差。　乙巳，命太监魏相监视登岛兵饷。(《国榷》九二)

九月己亥，大盗王之臣等众五六千人乞降，监纪太监□□许之。(《国榷》九二)

十一月癸卯，司礼太监郑之惠总督东厂。(《国榷》九二)【考】《酌中志》卷二二《见闻琐事杂记》："郑太监之惠，号明渊，北直任邱人，亦二十九年(1601)选入，为牌子王奉名下。王则大司礼田太监义名下。王率众名下叩见，田遍熟视之，惟以手抚郑顶，嘱王曰：'此子顶圆眼秀，人中端正，山根直接印堂，合伏犀贯顶法，宜令读书。'不数年，王与田相继卒，即派与管事田太监诏名下，始深心奋志，受业于卢山人龙节。山人，杭州人，号九虬，博学能诗，于人落落寡合。(**山人事略**。)郑自此愈专心经史、古文、《左》、《国》等书，诗习杜工部，字临黄山谷帖，亦能作时艺古文。性好种植牡丹等花，嗜音善射，久为(李)永贞嫉妒。天启五年夏，蒙先帝圣恩，起典簿，后升监官。时两眼上皮各生黄斑一，如蟾蜍眉也。今上登极元年，奉使河南藩府，沿途廉介，驿递感颂之。其年冬，御前亲试，出'事君能致其身'题，考时艺中选，同文书房曹太监化淳升随堂，诚古今殊遇也。寻掌尚膳监印。二年春，告病，杜门绝客，究心学问。五年冬，王太监永祚密荐，起升秉笔，总督南海子及宝和等店，委用常国安以为掌家。六年冬,总督东厂,委用王永寿为管厂掌班,分寄耳目于群小,且替名下官人何东凤报二十余年夙仇,当道者多为讲解,竟胶执不息,大为舆情所薄。七年冬,有病闲住。被参未结盐蠹赵文渊具告,反噬公止追过银八万两,尚有三万两免追。上震怒,下东厂理刑官耿良臣等于狱,逮王永寿、常国安于司礼监提问,革郑职,下法司,屡审未决。至十一年(1638)春,郑患气蛊证,亡于狱。临绝,属其家属,棺中多备纸笔,誓讼地下,享年四十有九,葬于阜成门外三里河,尚有八十余岁母在任邱也。凡所蓄书籍、法帖,尽散佚一空。生前所作一册,于十年夏值常熟钱宗伯(谦益)逮入,所居与郑比邻,见而称赏,为之序。"

十二月丁亥,总理户、工二部太监张彝宪请入觐官投册以隆体统,许之。(《国榷》九二)【考】《国榷》卷九三,崇祯七年二年庚午:"礼部□□郎中袁继咸为山西提学佥事。继咸寻上言:'士以廉耻气节为端,有廉耻然后有风俗,有气节然后有事功。如总理户、工二部内臣有觐官赍册之令,皇上从之,特在清理文移,剔厘奸蠹,非欲群臣屈膝也。乃令一出,靡然从风,藩臬守令参谒屏息,得免呵责为幸。嗟乎!一人辑瑞,万国朝宗,诸臣未觐天子之光,先拜内臣之座,士大夫尚得有廉耻乎?逆珰方张时,干儿义子昏夜拜伏,自(**《明季北略》卷一〇"袁继咸论拜内官"自作犹**)以为羞,今且白昼公庭,恬不知怪。国家自有觐典二百余年,未闻有此。臣所为太息也!'张彝宪奏辩,谓觐官参谒,弥尊朝廷。继咸又上言:'尊朝廷莫大于典例,知府见藩臬行属礼,典例也;见内臣行属礼,亦典例乎?诸司至京,投册吏部各衙门,典例也;先谒内臣,亦典例乎?事本典例,虽坐受犹以为安;事创彝宪,即长揖只增其辱。高皇帝立法,内臣巾服靴帽皆与外臣有别,而犹严于交接,非内外异视也。内臣有内臣相临之礼。内臣不得绳外臣,犹外臣之不得绳内臣。若必欲以内臣绳外臣,《会典》所不载。'上仍切责之。"

本年附

史事

《明史·曹变蛟传》:"崇祯六年,贼躏畿南,命(王)朴与倪宠为总兵官,将京军六千,监以中官杨应[进]朝、卢九德。"

崇祯七年甲戌(1634)

正月丁酉，命司礼太监卢继[维]宁封李倧为朝鲜国王。(《国榷》九三)【考】卢维宁六月至，闰八月还。朝鲜《仁祖实录》卷三〇，崇祯七年十月庚子："适见邸报：'卢维宁奉使外藩，滥受馈遗，殊损国体。本当重治，念远涉，着劳姑免，究其银两，着暂贮库，俟该藩贡使到日发还，以示朝廷柔远之意等旨，则体恤之仁，严肃之法，均见之矣'云。盖维宁之奉使，贪黩无厌，故及还被参也。"

二月壬戌，监视登岛太监魏朝[相]，以□科给事中庄鳌献所上《太平十二策》内(请)撤监视，因求罢。不允，遂谪鳌献浙江布政司照磨。已，复下刑部狱。(《国榷》九三)

四月辛未，监视大同太监刘文忠奏新平堡参将杀降启衅。(《国榷》九三)

五月丙戌朔，监视宣府太监王坤报马鬃山夷帐千余。　芜湖榷关改北□部司官，从太监张彝宪之请。　戊子，尚膳监太监王承祚议三官膳羞并大庖，从之。　丁酉，诛张醇儒、徐在中、翟应奎、王国辅，其宋晋论辟，钱时戍边，李宁、苏若霖、赵之翰下司礼监，柳佐、许如兰、吕濬俱褫职，追告身；经管各官姚思仁下吏、工部核处。以德陵雨坏也。　戊戌，太监阎思印降奉御，杨开泰降火者，以纵役婪索也。　戊申，陕西按察副使贺自镜，以家在□□李清店，屠于贼，奏监纪太监孙茂霖玩寇。监视宣府太监王坤奏："监军，纪功罪耳。追逐有将吏在，有抚按道府在。果如自镜言，则地方官罪不在茂霖下矣。"①　庚戌，阵亡太监杨遇祷赠忠勇营中军，荫锦衣卫百户。(《国榷》九三)

六月乙卯朔，叙禁旅功，太监曹化淳加级，世锦衣卫正千户；袁礼、杨进朝、卢志德各百户，赐金、币，余有差。(《国榷》九三)

---

①《明季北略》卷一〇"信用内官"有"上不问"3字。

七月己亥，御马监太监黄钟育，尚膳监太监王之俊、潘良臣、符国祥、张国用、杨君慎，司礼监太监孙朝喜俱提督忠勇营。

庚子，太监孙茂霖监防紫荆、倒马二关。(《国榷》九三)

八月辛未，谕曰："国家明经取士，期遇甚厚。朕御极之初，撤还内镇，举天下士悉以听之朝士。不意诸臣营私卸过，罔恤民艰，竟置膜外，甚有蚀剥为升官肥家计。间有一二廉谨者，又拘泥迂疏，慢视职掌；或性乏通警，属下欺蒙；即有一二不能不瞻徇情私，又因循推诿，居恒但有虚声，有事均无实济。己巳之冬，致逆虏直薄都下，宗社震惊，举朝束手，此士大夫负国家也。由是不得已照成祖监枪之例，分遣各镇监视，添设两部总理，虽一时权宜，亦欲诸臣自反。数年来，军马经制初立，钱粮稍清，而诸臣或亦有省于衷矣。今将总理、监视等官酌量撤回，以信朕之初心。张彝宪俟漕粮将竣，回监供事。李奇懋、魏相、康朝、张国元、卢维宁、魏国徵、王之心、邓希诏俱回京另用，张元亨、崔良用仍俟寇平，会同抚按市马；王希忠除去查饬，照旧守备。惟关、宁逼近虏巢，高起潜率原属各官，兼监两镇。京营内臣提督管理照常。云镇被虏，登镇纵奸，俱候另议。内而部司，外而督抚镇按道将，共体时艰，各图表见。若复蹈往陋，仍而自便，不惟国典具存，抑诸臣之忠猷何在，良足耻矣！"(《国榷》九三)

九月癸酉，司礼太监张从仁改内官监，提督九门。(《国榷》九三)

十月甲午，监视宣府太监王坤报精兵三万，除九路城堡分戍一万三千七百人，镇城共一万六千三百余人，马八千九百余匹。【考】康熙《龙门县志》卷六《俸廪志》："崇祯七年，裁将领养廉地，以充军饷，从监视太监王坤之请也。"按：隆庆二年编将领养廉地，每垦千顷内给五十亩，各官以列衔衙门依品支俸。　乙未，总理户、工二部司礼太监张彝宪改司礼监提督。(《国榷》九三)

十一月，侍读倪元璐上言："边臣之请归命监军，无事禀成为恭，寇至推委百出，阳以号于人曰：'吾不自由也。'陛下何不信赏必罚以持其后，而必使近习之人试之锋镝，又使藉口迄用无成哉！始陛下曰：'行之有绩，即撤。'今行之无绩，益宜撤。"不听。(《明季北略》卷一〇"倪元璐请撤监军")

十二月癸未朔，乾清宫管事太监马云程提督京营戎政。监视宣府太监王坤报奴收插汉部众，边外无处非建虏，将树党内窥。　甲申，司礼太监李承芳总督东厂。　丁亥，监视宣府太监王坤报插汉部众投建虏者千人，余二千人求驻张家口货买茶、米。下兵部议之。　壬寅，南京守备太监胡承诏、张应朝撤回，应朝署司礼监。命内官太监梁洪泰、内官太监张应乾协同守备。(《国榷》九三)

本年附

艺文·碑铭·玉皇塔圣像记

田自新撰《玉皇塔圣像记》，(**文略。**)大明崇祯七年，岁次甲戌，三月吉日立石。

碑文末题名：钦差督理三山内官监太监赵昇、提督太监刘惠、掌厂信官王之佐。

(碑在北京房山南尚乐高庄。《北京图书馆藏中国历代石刻拓本汇编》第60册，第52页)

艺文·碑铭·马房城堡暨庙廨记

赵国用撰《重修汤山马房城堡暨庙廨记》："国家奠鼎幽燕，控扼夷夏，居重驭轻，其于兵马之设，至详密也。兵则禁旅六师，畿辅关隘棋布星罗，若率然焉；马则外之郡邑苑监，内之冏寺厩，云屯雾集，飞越成群。而厩之属则又有马、驼房，凡二十有二，约所饲马则以千万计。方□设，咸有城有堡，有阓有楼，而城堡之内有廨有厂，有草栏有料厫；若处牧军则有居，祀神则有庙。其修葺之费，则取给牧租焉。乃其额，七归部以修堡，三归监以修廨，并厂栏廨宇。故事，监修诸马房，岁一举行，然多潦草涂饰无当也,而司农且视马房为膜外,一任□记[圮],曾不之问。嗟乎!事多类此,宁惟马房乎哉!先是,巡青使者每以坝当东北要冲,宜团牧军,与通、昌犄角为言,然牧军牧马不给,实不堪任也。于是掌监事大督主渊谋远画,慨然以为己任,谓小修费而无救,弗若并力大修,需次悉举,不必挽西□于部贼,亦不致耗雀鼠于踵沿,乃度其冲者首葺之,如坝东诸城堡。而汤山在温泉之南,亦畿东要地,遂并葺之。鸠工于崇祯壬申岁(五年,1632)仲秋,落成于癸酉岁(六年,1633)孟冬,首尾凡十五阅月,所谓堡墙闉楼、内□重门及垣廨厩厂栏庙宇房舍,高耸坚固,焕然一新,计其费凡八千一百有奇。(略。)大督主不加役于民,不需值于国,鼎新兴废,可无贞珉以永其传?国用承乏掌房,躬逢其胜,敬述始末如此。大督主曹化淳,武清人,以司礼监秉笔太监奉敕总督勇、卫二营军务,掌御马监事。其经营出纳,则总理贾进忠、张文昇,管理刘志学,其督工则监官冯国宁也,理宜附书。时崇祯七年甲戌孟夏谷旦。汤山马房掌房事御马监太监赵国用谨勒石。"

(碑在北京昌平汤山马坊药王庙。《北京图书馆藏中国历代石刻拓本汇编》第60册,第53页)

崇祯八年乙亥(1635)

二月壬辰,太监张彝宪乞遣官催新旧二饷,有旨第责成各抚按。　　甲午,(以贼破凤阳)逮治总督漕运提督军务巡抚凤阳等处兼理海防户部尚书兼右副都御史杨一鹏、巡按御史吴振缨、守陵太监杨泽。(《国榷》九四)

四月戊子,承运库太监周礼言:崇祯六年七年省直金花银共负八十九万六千六百余金。命趣之。　　己酉,故太监刘若愚论辟。(《国榷》九四)

六月丙戌,监视茶马太监李奇懋奏去年八月安定马匹掠尽。(《国榷》九四)

八月甲申,命科部各官分地督运,从统计张彝宪之言。(《国榷》九四)

九月癸亥,提督太和山太监马应辰疾免。(《国榷》九四)

十月甲辰,太监高起潜弟荫锦衣卫中所正千户,世袭。(《国榷》九四)

崇祯九年丙子(1636)

四月戊子，大学士温体仁等各捐俸市马，以阅视关、宁太监高起潜请之也。(《国榷》九五)

六月癸未，司礼太监曹化淳同法司录囚。(《国榷》九五)

七月己酉，(建虏间道自天寿山后至昌平，降夷内应，城陷。)提督太监王希忠及孟宠、唐宗孔、刘成等皆被杀，焚天寿山德陵。初内臣□□强巡关御史王肇坤开门纳降夷，卒为累。　壬子，勇卫营太监孙维武、刘元斌以六千五百人防马水沿河。　癸亥，兵部尚书张凤翼自请总督各镇援兵出师。许之，赐尚方剑，给万金，赏功牌五百。监视关、宁太监高起潜为总监，南援霸州。辽东前锋总兵祖大寿为提督，同山海总兵张时杰属起潜。给三万金，赏功牌千，购赏格。兵科给事中张第元监军，巡抚辽东方一藻守山海关。总督蓟辽丁魁楚率兵赴援，太监邓希诏、王之心各总督。

辛未，前司礼太监张云汉、韩赞周为副提督[①]，巡城阅军。司礼太监提督右安门魏国徵改内官监，守天寿山。(《国榷》九五)

八月壬申朔，天寿山守备魏国徵总督宣府、昌平，京营御马太监邓良辅为分守，太监邓希诏监视中西二协，太监杜勋分守。

戊寅，太监康朝督理京营巡捕。　庚辰，张元佐为兵部右侍郎，添注，镇守昌平。时太监提督天寿山，皆即日往，上语阁臣曰："内臣即日行道，而侍郎三日尚未出，何怪朕之用内臣耶！"督师兵部尚书张凤翼、总督宣大梁廷栋及总监高起潜败建虏于涿州南，斩三百余级。　壬午，司礼太监卢维宁总督天津、通州、临清、德州，内中军太监孙茂霖分守。　戊子，召廷臣于平台，及河南道御史金光宸。初，光宸参督师张凤翼及镇守通州兵部右侍郎仇维桢首叙内臣守御功为借援，又请罢内臣督兵，上勿善也。是日，上怒甚，曰："仇维桢方至通州，尔即借题沽名！"意重置之。适大

① 提督九门者本有正、副，此两人同任，似不可皆为副，疑"副"前遗一"正"字。

雷雨,议谪。(《国榷》九五)

九月壬寅朔,建虏出冷口,掠我子女,俱艳饰乘骑,奏乐凯归,斫塞上木白而书曰:“各官免送。”凡四日乃尽。侦骑拾其遗牌,亦书各官免送。高起潜度退尽,始进石门山,报斩三级。　　庚申,司礼太监孙象贤调南京,同张彝宪守备。(《国榷》九五)

十月甲午,赐阁臣及太监曹化淳、李承芳、卞希孔、张国元、王之心彩币,时各进马。(《国榷》九五)

十一月丙午,叙京师城守功,提督京营成国公朱纯臣荫锦衣卫指挥佥事;协理戎政兵部尚书陆完学进太子太保,荫正千户;太监张国元、曹化淳荫指挥佥事,各世袭,赐金、币。襄城伯李守锜复太子太师,兵部左侍郎王业浩兼都察院右都御史,余文武大臣内员升赉有差。初,曹化淳提督京营,收用降丁,凡城外胡骑,皆称京营降丁,而所收降丁已叛于昌平,随建虏去矣。　　己未,叙禁旅功,太监刘元斌荫锦衣卫百户。　　壬戌,御马太监陈贵总监大同、山西,牛文炳分守;御马太监王梦弼分守宣府、昌平,郑良辅协理。　　癸亥,召兵部左侍郎王业浩、司礼太监曹化淳于平台。(《国榷》九五)

十二月壬申,曹化淳加后军都督府左都督,世袭锦衣卫指挥佥事。　　癸酉,司礼太监张其蕴调南京孝陵神宫监。(《国榷》九五)

本年附

艺文·碑铭·伏魔大帝庙碑

丁仕俊撰《伏魔大帝庙碑记》,碑云居士孙光裕六十五岁生子,乃“化众善而同一善”兴修。□□(崇祯)九年,岁次丙子孟春。

碑阴题名,上段右起:重修功德主善信会首孙光裕、五军营号头都司佥书署指挥佥事周炜、腾骧左卫实授百户王廷诰、桂王府典宝局官吴进朝、都知监太监郭遇成、兵仗局总理御马监太监何文祥、内官监太监杨和、钦差安民厂掌厂尚膳监太监田种玉、钦差工部监督安民厂营缮司郎中丁仕俊，后为中书舍人、序班、医官等官；下段为善信、比丘。

（碑在北京西城区马相胡同关帝庙。《北京图书馆藏中国历代石刻拓本汇编》第60册，第71—72页）

崇祯十年丁丑（1637）

正月己酉，御马太监李名臣提督京城巡捕，王之俊副之。（《国榷》九六）

二月甲戌，司礼太监曹化淳提督东厂。　　丙戌，总理两淮盐课太监杨显名参前巡盐御史张养侵课四万七千余金，高钦舜侵十五万七千余金。诏逮养及钦舜。养先卒，下抚按录其家。时两淮运使广信徐大仪也，杨遣内使入廨舍检其橐，问夫人安在。见一妇布衣，或指曰："此夫人也。"内使惊揖。尽出其箧，仅十二金，共叹曰："安有运长清至是乎！"因携盐课册而出。初天启丙寅，陆世科巡盐两淮，侵冒二十万，显名按册太息："自世科后皆可论！"徘徊数日，曰："去其太甚。"遂劾养、钦舜。（《国榷》九六）

四月庚午朔，命南京守备太监张云汉同兵部尚书范景文、□□伯[宁阳侯]陈光裕、南和伯方一元清核兵马械杖。　　是月，总监太监高起潜行部，永平道刘景耀、山海道杨于国俱不屑隅入屈膝，求免。疏上，上谓总监原以总督体统行事，罢于国，降景耀二级。惟宁前道副使陈祖苞事起潜甚谨。　杨士聪曰："监视之设，止多一扣饷之人，监视之欲满则督抚镇道皆有所恃矣，故边臣反乐于有监视，功易饰，败易掩也。"上性多疑，有监视，又有视监视者，多一人有一人之费，穷边士卒，何不幸至此！（《国榷》九六）

闰四月庚申，命司礼太监曹化淳同法司录囚。（《国榷》九六）

七月己巳，太监高起潜言广宁前屯卫刘松生女面在于顶，耳尖臂毛，手足不全。　太监曹化淳并荫至左都督，世袭锦衣卫指

挥佥事。(《国榷》九六)

八月丁酉,司礼太监王之心提督东厂。　　己酉,工部员外郎骆方玺谪外。方玺言:"皇上亲擒魏忠贤而手刃之,岂溺情阉竖者,不过以外廷诸臣无一可用而借才及之。况人臣感激圣恩,苟知报答,何论内外,皆可自尽。每见廷臣处地悬绝,情多未达,更不若宫庭执御。果能勿欺自矢,名节自修,效忠更易,造福倍弘。矧兹内臣,邀此旷遇,亦孰不欲捐弃踵顶以酬我皇上者哉!皇上善用中官,故中官可为皇上用。然则以前用中官覆辙,皆可不必鳃鳃为皇上过计也。"刑科给事中何楷驳其通内呈身,吏部请削其籍,故谪之。上手改降三级,谪江西按察使(司)照磨。　　辛酉,阅外城,以南城薄,议培之。命内官监太监丁绍吕、马光忭总理分筑,浚大濠于五里外,坏冢墓无算。工未竟而止,东西北无城,不之问。　　癸亥,前常熟张汉儒等讦奏钱谦益、瞿式耜也,谦益下刑部狱几死。谦益尝作故太监王安祠记,司礼太监曹化淳出王安门,愤其冤,发汉儒等阴谋,立枷死。(《国榷》九六)

九月丁卯,张献忠东掠仪真,扬州告急。命督理太监刘元斌、卢九德选勇卫营万人往援。　　己巳,关、宁太监高起潜言建虏谋内犯,有奸谍四五十人,形饰如汉,专探内地。命严缉之。(《国榷》九六)

十一月庚辰,以司礼署印太监曹化淳提督京营,太监李明哲提督五军营,杜勋提督神枢营,阎思印提督神机营,孙茂霖分守蓟镇中西三协,郑良辅总理京城巡捕。(《国榷》九六)

十二月乙巳,太监谢文举分守昌平、宣府。　　壬戌,改太监郑良辅内直,以马云程总理京城巡捕。(《国榷》九六)

本年附

艺文·碑铭·太监王之佐墓志

皇明乾清宫管事提督宫内两司房兼掌尚衣监印务尚膳监太监信吾王公墓志铭

赐进士出身、荣禄大夫、太子太保、协理京营戎政、兵部尚书毗陵通家侍生陆完学顿首拜撰。特进荣禄大夫、柱国、前总督五军团营军务、太傅、襄城伯金斗眷侍生李守锜顿首拜篆。赐进士出身、承直郎、巡视京营戎政、兵科右给事中天都通家侍生姚思孝顿首拜书。

尚膳监太监信吾先生姓王氏，讳之佐，顺天府东安县人也。以天启辛酉年(元年，1621)选入内庭，继为司礼监掌印太监曹号熙寰先生名下，初出乾清宫管事杨潮门下，为皇城司苑局艺业，即授宪庙端荣昭妃坟管事。至天启二年内迁改兵仗局管理。历试诸务多效而劳无倦。熙寰先生于是鉴赏之，时时教以守身持己之道、忠君报国之诚，而信吾亦一一禀受熙寰先生之家法而行。盖熙寰先生乃忠孝恪诚、公明廉介、矢心为国者，故名下事多克肖。至崇祯二年(1629)，熙寰先生代为题授乾清宫暖阁内近侍。近侍三年，靡有厌怠。崇祯五年(1632)，奉敕着做打卯牌子，轮流捧剑随朝。先生至是愈委曲小心，夙夜在公。崇祯六年(1633)，再敕提督上林苑监四署。督署之时，凡苑内一切例规夙逋，特为缮本题请，裁革蠲免。崇祯八年(1635)，转敕尚衣监印。未几，本年即授乾清宫管事。九年(1636)，竟着署提督宫内两司房，而终于尚膳监太监。

自崇祯五、六年至七、八、九五年之内，累迁擢用，遂至腰玉、赐蟒、赐鞭，取功名可为如寄矣。生平以孝友闻，不幸亲皆早丧，每每以不得终养为恨。昆仲三，先生居其季。凡有所钦恤，毫不吝恤，大半分惠二兄。于长兄之子王玺尤加抚字，必延师课读，务曲成之。赋性鲠直，不作依阿相；任事黾勉，不为荏苒态。然素行每多急躁，遇事接物不能会群，任性而行，大约粉饰少而率真多也。距生于万历辛卯(十九年，1591)年八月十八日戌时，卒于崇祯十年(1637)正月二十二日子时，得年四十有七。崇祯十年正月二十五日，奉圣旨赐谕祭二坛，宝钞、金银、币帛、香烛等品，钦差南司房监官张文质、人数司房慈有方、管赏司房张大伦赍旨致祭。

先是，司礼监掌印太监谥昭忠宁宇王老先生，乃信吾之祖，卜葬于房山县石府村。及先生既没之后，崇祯十年二月十三日亦祔葬于此山之侧。今熙寰先生用形家言，谓旧壤不吉，移进数百步，将于崇祯十年十二月初八日改葬，更封树之，并改葬先生于昭忠老先生之墓前十余丈。异哉！先生之富贵功名，死生知遇，皆玉成于熙寰老先生之手，曹先生可为有始有

终,无负于人矣,而王先生盖棺事始定也。故铭。铭曰:

嗟人世之功名兮,艰于晋崇。嗟人事之知遇兮,毕世难逢。晋崇之难兮,每多磨砻。知遇难逢兮,罕得令终。惟公如拾芥兮,功名独丰。惟公如胶结兮,知遇愈隆。磨砻兮,令终兮,岂巧可避,而智能从。管子曰:"生我者父母,知我者叔牙。"溯知我于公,孰有如彼之遇叔牙者邪!

(北京房山区出土。《新中国出土墓志·北京》第330号)

艺文·碑铭·天仙庙碑

韩贵撰并书《重修天仙庙碑记》:"盖谓人生两仪之间,其蹇达祸福,虽出于积行,遭遇所以降致之者,一皆有神以司主之焉。故《传》有曰:'作善降之百祥,不善降之百殃。'古先言之详矣。予每睹报应之际,毫发不爽,谁谓世无鬼神耶?贵家世农业,郊居村名朱各庄,二亲生我早孤,应选入内,离籍久焉。惟祖父坟墓在彼,春秋祀扫。(**祖坟西有天仙祠一楹,尝思拓广之。略。**)力绵未果。延今廪赏积有,追忆数十年来,昆季去世,侄嗣不荫,强亲皆无,孑身内廷,蓄此何益?遂谋诸内外夤眷诸公,以伸前愿。昨冬市材,今春募匠,择吉孟夏开土开基。(**晨昏祝釐,延全真二人供香火之役,给田耕守以免饥馁之侵。略。**)崇祯十年,岁在丁丑,秋吉日,御马监太监韩贵薰沐顿首书。"

碑阴为"乾清宫牌子司礼监等衙门等官"、"乾清宫管事裕陵掌印"等官、司礼监管文书太监等官题名。

(碑在北京海淀朱各庄。《北京图书馆藏中国历代石刻拓本汇编》第60册,第81—82页)

崇祯十一年戊寅(1638)

二月丙申,城卢沟,名拱极城。以内臣督役,掠途人受工,民力为惫。(《国榷》九六)

三月乙亥,诛西协总兵吴国俊。以炮伤援兵大溃,监视太监邓希诏劾之。　　是月,插汉部目赤食以六十骑窥张家口请赏。建虏三万骑自沈阳趋白泽。宣府侦卒出张家口被执,同叛人周元忠至,请插汉旧赏。巡抚刘永祚、阅视太监王梦弼俱佯许之,徐奏

其事。兵部尚书杨嗣昌请建虏互市，不许。(《国榷》九六)

五月癸亥朔，总督宣、大、山西军务兵部左侍郎兼都察院右佥都御史卢象升乞守制。总督大同、山西等处御马监太监陈贵奏留，从之。(《国榷》九六)

七月癸未，特传杨嗣昌、方一藻及太监高起潜密发黄金八万、银十万赂建虏。(《国榷》九六)

八月丁酉，安定门火药局复灾。杨士聪曰："时内操方盛，无岁不变，而戊寅为甚。迨后辛巳罢内操年余，而火变亦绝，得非以类而相召与？"(《国榷》九六)

十月甲辰，高起潜部将刘伯禄败于卢沟桥。　　戊申，云南道御史郭景昌因召对言杨嗣昌调度失宜并太监高起潜备御失策状。上不答。　　壬子，谕总漕分监各太监卢维宁、崔进、杨显名从便收粮入城，毋疏失。　　戊午，太和山提督太监李维政乞抚。维政言于(熊)文燦，檄止诸军，上言请贷其罪，令诸将宴(罗)汝才于迎恩宫，署授游击将军，供亿甚备。(《国榷》九六)

十一月丁卯，建虏薄景州，太监刘元斌闻召走德州。(《国榷》九六)

十二月庚子，总督宣、大兵部右侍郎卢象升战于贾庄，败绩死之。象升……手书求高起潜相援，起潜不报，近营五十里，竟走临清。　　甲寅，御马太监边永清分守蓟镇西协。(《国榷》九六)

崇祯十二年己卯(1639)

正月乙丑，叙缉奸功，东厂太监王之心及曹化淳荫锦衣卫百户，李经[承]芳荫试百户。　　戊子，阅视太监高起潜奏德王幼子五岁，内臣张国忠等携匿民间。命核之。(《国榷》九七)

二月壬辰，巡抚山东佥都御史颜继祖免，逮都督佥事□□总兵官倪宠，降太监高起潜三级，总督孙传庭一级，督察大学士刘宇亮待罪。　　司礼太监崔琳清理两浙盐课各项赋税。　　壬子，司

礼太监王允中守备承天，申之秀提督九门。(《国榷》九七)

三月癸酉，蓟镇总兵陈国威、分守太监孙茂霖免。(《国榷》九七)

○蒋良骐《东华录》卷三："(崇德四年)三月戊午朔，太监高起潜、总兵祖大寿自宁远遣兵九百，船十支，由水路援杏山，我兵(**清兵**)击之，获船一，杀五十人。"

五月丁丑，太监申之秀改天寿山守备。　　辛巳，叙禁旅剿寇功……太监曹化淳等荫赉有差。(《国榷》九七)

六月己丑，太监曹化淳荫锦衣卫指挥同知，刘元斌、卢九德、李承芳、卞希孔、王裕民、王德化并荫锦衣卫指挥佥事，俱叙运筹却敌功。内珰倖冒，无论执政，恬不为辞，于心安之何哉！　　癸卯，御马太监赵本政总监真定、保定、涿州、昌平。(《国榷》九七)

七月戊午，司礼太监张荣提督九门。　　辛酉，司礼太监王裕民总督京营。　　壬戌，戒午门、端门诸内臣延款朝士。(《国榷》九七)

八月庚寅，诛五案失事诸臣三十二人：(**文武官略。**)内监邓希诏、孙茂霖等。(《国榷》九七)

九月己巳，司礼太监王德化提督东厂，司礼太监兼东厂太监李承芳下刑部狱。先是，承芳请籍太监王体乾产可百余万，后不能实其言，遂指为移匿，逮体乾门下季[李]晋、田玉、刘文忠、赵本政于东厂，并没产，累数十家。寻亦被逮，辛巳春戍外卫。　　甲戌，内官监太监杜秩亨提督九门。(《国榷》九七)

本年附

艺文・碑铭・狄公庙碑

姚明恭《重修狄梁公庙碑记》："(**庙崇祯九年遭火。**)时诎举嬴，幸有大司礼德寰魏公(国徵)奉简书而来，司陵寝之重寄，总昌、宣之大权。其时揆文振武，起敝维新，凡缮兵核饷，简器饬边而外，以至增陴浚隍，抚集流徙，修学宫、葺公廨，无不事事竭□，日不遑息，而又于巡行之日，见□之庙貌倾毁也，慨然曰：'嗟乎！此非异代一挽乾坤之大君子，百世可仰者乎？而顾今栋桷几筵之无色也。'遂慨捐廉俸，遴选本厂掌司官贾养性、段永寿董其事，鸠工庀材，（**营建略**。）其时有与同事者，为江右晦庵李公（日宣），以少司马出镇营平，如韩、范故事，与公同心一德，再造残疆，因捐资助修焉。而内外大小文武诸公亦靡不人争好施，（**始于崇祯十一年，成于十二年。略**。）崇祯十二年四月初一日立石。"

碑阴"捐助题名记"，上段右起：钦命出镇昌平兵部右侍郎加服俸各一级李日宣，钦命天寿山提督总监昌、宣二镇司礼监提督内官监太监魏国徵，钦差内官监提督内官监太监臧弘哲、王一元、刘进朝、王嘉彦，长陵等十二陵神宫监掌印佥书太监，钦命总监昌、宣二镇标下中军御马监太监赵世荣，下段右起：广惠库管库事御马监太监蔡廷吉、惜薪司北厂管事内官监太监何良臣，总监昌、宣二镇标下把牌太监邓述禹、王之绪等 6 人，工部厂掌管司务内官监太监孙秉忠等 19 人，后为钦差总理昌平粮储户部员外郎黄锟、钦差整饬昌平兵备道副使黎玉田、钦差镇守昌平地方总兵官王承胤等文武各官。

（碑在北京昌平。《北京图书馆藏中国历代石刻拓本汇编》第 60 册，第 96—97 页）

艺文・碑铭・太监曹化淳三碑

《赐曹化淳法书碑》，额题"御笔"，文有曰"司礼掌印化淳"，崇祯戊寅（十一年，1638）中秋吉旦。

《奖谕曹化淳谕旨碑》，额题"崇祯御笔"。该碑共收崇祯七年至十二年谕旨五道：

"崇祯七年五月十二日，京军援豫著捷，钦奉御笔奖谕。谕：京营废弛已久，料理无人，尔提臣曹化淳，以实心作实事，情谤罔顾，劳怨不辞，整饬顿然改观。又能调度将士，剿贼屡著捷功，真可振起惰玩，风励九边。兹特赐金花二朵、披红二匹、金杯三支，用稍酬劳。尔还大展忠猷，益加精练，务使其能制其命，方为大称委任。特谕。"

"崇祯八年二月二十五日，省愆居密奏，钦奉御批：览奏，诸款俱切中朕过，尔不言，谁其言之？朕当一一改行，以后如有过失处，即直言无隐，毋视君于不义，自沮尔忠爱至意。"

"崇祯九年九月，奉命慰陵，恭阅孝纯皇太后神主不合制式，具奏改正。十一月二十二日,钦奉御批:更正神主,赏司礼掌印一员曹化淳银三十两、纻丝二表里。大典疏误,非尔谙练礼文,何时更正允宜。赏赉不必控辞。"

"崇祯十二年四月十五日,请告梨园。钦奉圣谕:尔忠勤多年,劳怨备历。今暂休一暇,调摄需台,朕亦勉允。但前时劳绩未酬,近日剿御未叙,御前左右鲜才,各处印务未议,又朝夕匡正何人,大事商议何资,使予失左右手也。纵不可强留,仍须面商,该完妥再请未晚也。特谕。"

"崇祯十二年四月十八日,回奏手谕,再申请告复,奉御批:览奏,知尔积劳感寒,原非假托,朕心恻然,着加意静摄,余知道了。"

《奖敕曹化淳缉匪功劳碑》,共刻奖敕三道:

"缉获土寇,钦蒙奖敕。皇帝敕谕总督东厂官旗办事司礼监掌印太监曹化淳:近以烽烟多警,奸宄丛生,中外戒严,提防匪易。惟尔素怀清慎,奉职忠勤,侍卫周防,申明法纪,督率巡缉,夙夜小心,擒获盗魁,尽销衅孽,辇毂绝伏墉之寇,市廛欣安堵之休。克著勋庸,宜加叙赉,特颁褒敕,以表成劳。尔尚益励风猷,赞襄机务,懋昭伟略,训练戎行,勿渝祗事之诚,弘佐荡平之治,对扬朕命,竚有殊恩。钦哉!故谕。崇祯十年四月初六日。"

"缉获逆妖,钦蒙奖敕。皇帝敕谕总督东厂官旗办事司礼监掌印太监曹化淳:迩因兵燹未宁,妖徒播乱,恣行诳惑,遍彻省直。惟尔夙夜忠贞,屡彰劳绩,法严巡警,令肃周访,擒逆邪之巨魁,获煽奸之群党,久逋漏网,一旦芟锄,国法既昭,人心底定。勋庸懋著,叙赉攸膺,特示褒嘉,载颁奖敕。尔尚益坚翼事,弥展励勷,业清辇毂之妖氛,用扫疆场之逆寇,赞予武烈,丕显王章,祗服宠光,勿渝休命。钦哉!故谕。崇祯十年六月十九日。"

"禁旅凯旋,钦蒙奖敕。皇帝敕谕提督礼仪房、大庖厨、总督忠勇勇卫军务、总提京营戎政兼掌御马监、内府供用库印司礼监掌印太监曹化淳:曩整禁旅,往靖潢池,捷奏明光,威宣戎索,匪资帷算,曷献朕公。惟尔夙殚忠猷,申儆军实,师干之试,以待不虞。我武维扬,用声厥讨。转战屡捷,斩馘时闻。钟簴不惊,萑苻渐解。即兹凯旋,再出计当,舞格七旬,推本勋庸,渥颁彝典,酬嘉懋绩,光锡赞书,特赐敕奖谕,昭朕旌劝至意。尔其祇承褒宠，对扬王休，毋忘成劳，伫庸召命。钦哉！故谕。崇祯十二年六月二十九日。”

（以上各碑在北京西城鼓楼西大街。《北京图书馆藏中国历代石刻拓本汇编》第60册，分见第93、98、100页）

崇祯十三年庚辰（1640）

正月甲寅，总督蓟辽洪承畴言宁远城有镇监抚道等官，营伍纷杂，事权掣肘。因命军务听总兵官节制，凡监抚按镇同城并如之。　　癸酉，东厂获贿籍，词连吏科都给事中阮震亨。令回奏。（《国榷》九七）

闰正月丁亥，内臣尹希诏娶妇，下狱戍边。大珰娶妇多矣，希诏偶败。（《国榷》九七）

三月戊子，诏撤各镇内臣。“察饬已久，兵马、钱粮、器械等项稍有改观，但战守防援事权未能尽一。今将高起潜、陈贵、马云程、卢维宁，分守边永清、许进忠、谢文举、魏邦典、牛文炳、武进、陈镇夷、崔进、杨显名俱撤回京另用。申之秀除去总监，仍以守备察饬。李信守护陵园。崔琳除去兼察起存钱粮，惟专理盐务，敕书换给。武俊仍俟工完回京。还将兵马、钱粮、器械及任内厘饬事宜开明具奏，凡边务都着督抚镇道一意肩承，共体时艰，各摅猷略，若有疏虞，五案大法具存，必罪不贷。”（《国榷》九七）【考】谈迁在所录撤内臣诏下论曰：“内臣出镇，掣任事之肘，隳庶吏之心，此悊庙时秕政也。先帝（崇祯帝）最严察，再遣再撤，非不知神丛难借，乳虎难训，直谓三尺在我，此曹何能为。其信外臣不如内臣也，遣示权，撤示断，虽未易窥测，终为内臣所用矣。”

四月辛未，司设监官陆永受殴工部主事杨所修。时将北郊，恨所修除道撤其架棚也。事闻，杖永受。（《国榷》九七）

五月己亥，提督太岳太和山尚[内]官监奉御贺汝良调南京孝陵神宫监。（《国榷》九七）

十月甲寅，绘皇考(按，考疑应为妣)御容，百官迎于武英殿，入司礼监。　征督理两浙盐法太监崔琳。(《国榷》九七)

本年附

艺文·碑铭·太监武俊自述碑

……议建卢沟桥城堡，疏请得□□□载之宏图。维时相度方向，规划基址，会估工料，则内官监苏公元民、大司空刘公遵宪、少司空魏公忠、营缮司郎中朱公廷焕、司礼主事王公应举、顺天府尹李公觉斯、南城御史杨公绳武、上林司杨公应祥、钦天监杨公起敬、霸州道王公之桢等，群议酌费共三十二万余金。疏上，敕俊另估。俊止估价一十四万零，较前估价已省去一十八万矣。俊见城基尽属流沙，具疏力陈建造之难，随即勉承上命，度材鸠工，力为创始。收放钱粮则属良乡知县黄家瑞等，管工则有把牌宋永福等，内官监所官史告聪等。俊惟总其大纲，察其勤惰。自崇祯十一年二月起工，十三年八月告成。城垣焕彩，雉堞增雄，楼台耸峙，巩固金汤。实用过银一十二万五千有奇，不但照原估之三十二万节省多半，即照俊之所估一十四万余两，内又节省二万五千一百余金，业已奏明皇上，恭进四库收讫。俊之所以毫不染指，于节省之中又加节省者，图以副皇上任使之意。不虞察工者吹毛求疵，萋菲烁金，致圣明震怒，刑官煅炼，悬坐俊冒破银一万七千二百两，不察原估之多寡与后费之多寡，陷俊家无立锥。夫俊以四朝豢养之资，还之朝廷，亦臣子致身之一节，独以坚城而曰未坚，以节省反为冒破，将俊三年栉风沐雨、一生之孤忠清介付之灰烬为可惜耳。所幸者城垣见在，通衢坚瑕可以立见。谨述其始末，勒之于石，以俟事久论定，意不白于爰书，求白于天下万世云尔。谨记。原任分守真、保、涿、易、龙、固等处御马监太监今革职侯梃武俊自述。

内外各官捐助城工银两开后：原任司礼监掌印太监曹讳化淳，搜捐府库银六万两千八百六十五两三钱五分四厘零。又搜捐尚膳监银一万五千两。又搜捐戎政府银三万五千八百八十六两八钱六分七厘。又搜捐银五千两。原任司礼监秉笔太监卞讳希孔搜捐宝和店银一千两。司礼监掌印太监王讳裕民搜捐巾帽局银五百两。司礼监秉笔太监王讳德化搜捐南海子银三百两。原任惜薪司掌印太监王讳之心搜捐柴炭银一万一千五百七十两九钱。工部发各衙门零星捐银五千两。易州□□□□□捐资银三百两。易州粮储李讳汝标捐资银二百两。束鹿知县王讳瑾捐资银五千两。又工部木料银六千二百二十八两八钱二分零。以上通共捐银一十四万三千九百一十两零四分。拱极城原估建造丈尺开后:(**略**。)[1]

(碑文引自张宁《北京宛平县城建筑史上的重要史料——记明末太监武俊自述碑》,《北京史苑》第4辑,北京出版社,1988年)

崇祯十四年辛巳(1641)

二月甲寅,内官太监阴象坤提督太和山。　　己巳,命(驸马都尉冉)兴让及总督京营司礼太监王裕民慰福世子,察宫眷及殉难官民。初发帑金十万赈山东、河南、真定、保定,至是发三万一千金,付裕民赍赈诸宗。(《国榷》九七)

四月癸丑,司礼太监崔琳有罪免。　　是月,召前大学士周延儒、张至发、贺逢圣入朝。先是丹阳监生贺顺醵金都门,虞城侯氏首捐三千金,余各互输,约十万缗,以贿太监曹化淳、王之心、王裕民等。命少俟之。又逾年,更醵如前之半,果再召。(《国榷》九七)

九月辛巳,改东厂衔称提督,京营称总督。(《国榷》九七)

十月,是月,复遣太监卢九德、刘元斌率京营兵入河南。九德与总兵周遇吉、黄得功合追贼于凤阳,及之。元斌驻归德南郊。时诸寇在陕洛,元斌留四十日不进,城门昼闭,纵诸军大掠,杀樵汲冒功。已而欲攻城,索赂乃免。(《国榷》九七)

十一月癸酉朔,提督太和山内官监阴象坤殴均州诸生蒋懋孚,下狱死。巡抚宋一鹤以闻。上责提学佥事高世泰。世泰引咎,且奏象坤初至,谒太庙,仿按臣礼,坐明伦堂讲书,士林哂

---

① 原碑碑首文字漫漶,已失其题。与其同时出土的,还有扁钟形木质腰牌一件,上书"钦差分守真、保、涿、易、固、龙等处地方,详查台垣火具、清军募练,兼勘山西开采事务,督理拱极城(即今宛平城)御马监太监武俊。崇祯拾叁年叁月吉日立"。现藏北京丰台区卢沟桥文管所。碑文中"下讳希孔"、"王讳德化",所引之"希"、"化"原作"带"、"论",误,今改之。

之,因构衅。命下巡按御史,彼内臣谒庙讲书,果出故事否?

丙子,李自成陷南阳,弑唐王……太监刘元斌闻变,乃拥妇女北去。俄命御史清军,元斌仓皇,皆沉之于河。　　己卯,禁朝臣私探内阁,通内臣。于是待漏俱露立,毋敢入直舍。(《国榷》九七)

十二月戊辰,谕停内操,提督忠勇营太监杨进朝所部三千人,值大祀仍防护。　　是月,敕内臣神宫等监及各司局库等毋干外政,并戒廷臣曰:"朝廷分职,原是宫府不同,臣子守官,岂容暗奸作弊。况析圭儋爵之义,宜无私交;而防微杜渐之闲,尤先近侍。闻太祖高皇帝谕侍臣曰:'为政必先谨内外之防,绝党与之私,庶朝廷清明,纪纲振肃。'大哉圣谟,最为弘远。朕钦承祖训,不敢愆忘,日望群臣,率由此道。无奈世风日降,士气遂靡,虽奉公守法者固多,而行险侥幸者亦有。妩媚交欢,势权嬺就,为阿大夫之借誉。左右扫门,有路可通,无胫而走。窥探泄漏,视为固然。以后内外大小诸臣,如再蹈前辙,宪典具在,朕不敢私。"(《国榷》九七)

本年附

艺文·碑铭·悯忠寺碑

郭九围撰《重修悯忠寺碑记》,(**文略**。)大明崇祯十四年,岁次辛巳仲春月。

碑阴刻捐助者题名,仅□□厂掌厂内官太监张国辅一人,余百余人皆为庠生、监生、信官、僧众。

(碑在北京宣武区法源寺。《北京图书馆藏中国历代石刻拓本汇编》第60册,第113页)

崇祯十五年壬午(1642)

正月辛卯,□□道御史杨仁愿言:"臣读敕谕,申交接内侍之律，因稽高皇帝初无所谓东厂缉事衙门，不法之事止于明纠，无阴讦也。后来有东厂。神宗享国四十八年，东厂之门鞠为茂草，元气日培，士气日张，郅隆之业，曷有过哉！今臣待罪南城，所见词讼，多为假番妄称东厂，则魂魄俱摇，况其真者乎？此由积重之势然也。如比较事件，则番役即悬价以买事件，甚至诱人作奸盗，卖与番役，则诱者获利；挟仇忿以首告，而证以恶棍，则挟者逞志。厂臣岂不三令五申禁之，然比较事件，欲其不买事件，是吹薪止沸，必不得之数矣。嗟乎！饵人以陷祸，择人而肆喙，惟恐其不为恶，又惟恐其不即罹吾网。揆之皇上泣罪解网之心，岂不伤哉！伏愿先宽东厂事件，而后比较可缓，比较缓而后买事件与卖事件亦息。抑臣复有请焉。如臣子获罪，皇上敕抚按以槛车送诣阙下，未为不可。若一遣缇骑，有赀者家门破散，无赀者地方官敛馈。卫臣非不三令五申禁之，然彼自为长途计，又安能已。如使其罪可赎，则留彼余财以赎罪；如不可赎，则妻子衣食赖之。自非巨恶，圣明亦岂忍籍没哉！”得旨，谕东厂止缉谋逆乱伦等，其作奸犯科，自有司存，不必概捕。　　壬辰，罢提督京营内臣。（《国榷》九八）【考】李清《三垣笔记·附识上·崇祯》“台省谢恩后”条：本年三月考选科道，“周辅延儒讽以无及厂卫，无及谢辅昇[陞]。盖延儒之入，王内臣裕民有力，其罢厂卫，亦有力。已，以祖制，并罢裕民所管京营，裕民恚为延儒所卖，延儒亦惧为中伤，乃托所善董心葵调停，阴还厂权，相约不罗织士大夫。犹惧诸新进言及，复激其怒，故云。”

七月辛巳，司礼太监齐本正提督东厂，王承恩提督勇卫营。（《国榷》九八）

九月庚寅，浙江海道副使前兵部郎中卢若腾奏：臣八月抵临清，见内臣田国兴联舟二十四艘，役九百余人，扰驿阻闸。上命司礼监核其邮符。（《国榷》九八）

十月戊午，诛司礼太监刘元斌。先是元斌监军，盗恣焚掠，及论辟，未得旨，即奏辨。南京□□道御史王孙蕃劾泄漏密旨。上

怒,并诛王裕民。或曰:此王德化、骆养性交通政府为之也。(《国榷》九八)

十一月丁亥,命山东总兵官刘泽清入援,太监卢九德防护凤、泗。(《国榷》九八)

崇祯十六年癸未(1643)

三月丁酉,礼部仪制司主事吴昌时改吏部文选主事,署郎中事,以吏部尚书郑三俊荐也。昌时好接纳声气,通司礼太监王化民等,觊铨司。(《国榷》九九)

四月癸酉,命御马监太监李国辅谕援剿总兵左良玉。良玉辩副总兵王允成非叛也,营兵不戒,臣不许,竟指为允成,非也。(《国榷》九九)

五月辛亥,内官监太监王之俊提督京城巡捕练兵。(《国榷》九九)

六月庚辰,内官监太监车大任仍提督南京织造。(《国榷》九九)

七月己未,戒廷臣私谒内侍,果有事,朝房商之。(《国榷》九九)

八月乙亥,司礼太监王承恩督察京营戎政,韩赞周守备南京。(《国榷》九九)

十月己巳,谕南京守备韩赞周:"现今内库缺乏布匹,前将库贮收不拘色样尽数解进,再会同该部,于钞关芦课解京银内动用五万两,委派的当官役,分头置办,随差船内陆续起解,完日具奏。"("痛史长编"卷一)　　丁丑,户部用司务蒋臣议行钞法,条上八事,曰速颁榜文,详算界法,制造宜工,倒换宜信,早开铸局,设官宜重。疏入,奏内颁榜文、工制造、开铸局、信倒换,俱如议。太监王德化请造钞物料。诏令户、工二部察照旧例,分派省直速办。王德化请造钞工役。帝言:"造钞急需匠役,着该部责令五城上紧召募一千名,务选谙练钞纸刷印者,照数速解,以供造作。仍雇觅在京工人一千五百名,分派各作,随匠演习。其应给养赡工价等项，着户、工二部酌议速奏。”　辛巳，守备凤阳太监谷国珍奏地屡震。（《国榷》九九）【考】“痛史”本《崇祯长编》卷一此条附于十一月戊戌条，载其疏云：“微臣职司陵寝，当此多事之秋，闯逼在豫，献横在楚，实为凤之隐忧。臣消弥无计，只可与文武大小臣工，交相警戒省惕，侦探防护而已。”疏入，帝言：“地震异常，朕衷惊惕，其实图修省，安民防寇，巩护陵疆，不得疏玩。”　戊子，谕户部、工部、都察院：“疏通钱法，本为便民，已有谕旨。近闻低钱甚多，必须严禁，务使尽数收买作铜，制钱方无壅滞。着司钥库及五城亲行收买，不许惊扰，如有胥役故为需索害民者，必杀无赦。该城动用房号银两，该库动用新钱，随收随碎，类解该局鼓铸。收过数目，一月一奏，仍以收钱多寡为诸御史殿最。其收换一准市价。未尽事宜，听经管酌议以闻。”（“痛史长编”卷一）

十一月辛卯朔，谕礼部：“朕长女年已及笄，礼宜择配，卿部榜谕官员军民人等，年十四五岁，品萃端良，家教清纯，人才俊秀者报名，赴内府选择。”　辛丑，命陆卿鸣掌锦衣卫南抚司印。（“痛史长编”卷一）　壬寅，承天太监何志孔奉命劳左良玉。（《国榷》九九）

丙午，太监何志孔疏报收复东山。帝言：“东山既复，宜即复承天。着王杨[扬]基会左良玉驰剿，安戢民心，所需饷银，即日议奏。”（“痛史长编”卷一）　癸丑，出南京各监局废铜铸钱。（《国榷》九九）　丙辰，命王之心掌司礼监印。（“痛史长编”卷一）

十二月癸酉，南京兵部尚书史可法条上留都军政八事……又凡遇投公文，请钱粮，验银封，无一不有费。此等陋例，臣与内外诸臣已决意清除。今议：将臣标大小教场、神机营官兵三万二千人，听臣与监臣韩赞周总练；新江二标、新水奇兵等营官兵一万二千余人听操臣总练。各衙门一切差兵，不许奔走衙门，趋奉误事，有不遵者，从重处置。庶各官实尽其职，各兵实尽其力，南都实实有兵，虽寇至亦无患矣。帝是其言，责令速练，务成锐旅，以固根本。（“痛史长编”卷一）

崇祯十七年甲申(1644)

正月庚寅朔,凤阳守备太监谷国珍报地震。　　癸丑,命总督凤阳马士英、监勇卫营太监卢九德协剿张献忠。　　乙卯,南京守备太监韩赞周奏南京地震。(《国榷》一〇〇)

二月己卯,谕司礼监随堂办事内官太监高起潜总监关、宁、蓟镇中西二协,卢维宁总监津、通、临、德,方正化总监真、保等处。乾清宫管御清(**按,清疑应为马**)监太监杜勋监视宣府,王梦弼监视顺德、彰德,阎思印监视大名、广平,牛文炳监视卫辉、怀庆。乾清宫打卯牌子御马监太监杨茂林监视大同,李宗化监视蓟镇中协,张泽民监视西协。帝谕:"昨有旨,给发蓟关诸路饷银,关、宁差内员阎国辅、李宠,蓟督军前差田吉祥、陈曰节,西协镇臣军前差杜进忠、王道忠,同兵部官星速解运。"("痛史长编"卷二)【考】《明季北略》卷二〇《山西全陷》:十七年二月,"(上)闻山西全陷,命迹访诸王,分遣太监高起潜等十人监制宁前、通津各镇。张缙彦疏言:今日粮饷中断,士马亏折,督抚各官,危担欲卸,若一时添内臣十员,不惟物力不继,抑且事权分掣,反使督抚藉口。"　　辛巳,帝谕:"军饷急需,解运中断,蠲缓叠颁,民生未苏。今特选乾清宫管事王坤,同科臣韩如愈、马嘉植、辜朝荐,着各照题定地方,察已蠲免过钱粮,小民曾否实沾恩惠?地方有司有无预派私征害民?须大张榜示,严加体访,如确有见闻,指参重究。即催京边正项,并改折赃罚,已征未解钱粮,周延儒、吴昌时赃银,照敕谕内数月勒催星解。又朱大典一并会同抚按,勒限督解。王坤、韩如愈等,着作速起行,敕书关防,即行撰给,本章准从会极门封进。户部仍将立察督解钱粮数目造册,付王坤、韩如愈等。所司知之。"【考】《国榷》卷一〇〇载:"辛巳,命太监王坤督盐两淮,兵科右给事中韩如愈催饷江西、浙江并改折赃赎。如愈至东昌,刘泽清阴遣盗杀于车上。"　　壬午,兵部叙战守各官,帝言:"战守著劳各官,委宜酬叙。王德化着司礼监优议。"("痛史长编"卷二)　太监杜勋请前都督黑云龙效用宣府,从之。(《国榷》一〇〇)

甲申，刑科给事中光时亨谏遣内员，不听。（"痛史长编"卷二）　戊子，帝谕："乾清宫近侍御马监太监孙良弼城守河间，于朝城守沧州，尚膳监太监杨开泰城守坝[霸]州，俱着天津总监卢维宁下中军听其调度，即行前往。"　起用原任乾清宫管事御马监奉御赵本致[政]管朝阳门城守提督。谕司礼监奉御秦维翰督察标下掌司。谕乾清宫牌子御马监太监崔明亮监视通州兵马钱粮城守。（"痛史长编"卷二）

三月己丑朔，谕："原任司礼监秉笔掌印今遣戍宋晋，原任秉笔署印今遣戍李承芳，特准回伍，仍复原官，私家闲住。今改配原任秉笔李晋、田玉，原任乾清宫管事赵本政、打卯牌子刘之忠（**按，疑为刘文忠**），今遣戍原任司礼监典簿黄嗣昌、刘嘉善，原任正阳等门掌司秦维翰，俱特准释罪，量复奉御闲住。"①（"痛史长编"卷二）

庚寅，命内监分守九门，稽出入。京师武备积弛，禁兵皆南征。（《国榷》一〇〇）　辛卯，东厂请禁烟酒。　癸巳，帝谕发御前银六万两，分给蓟督三万两，密云中协各一万两，昌镇一万两，山西镇监视谢文举一万两，随带前去，给散宁武兵丁，以彰朝廷恤军至意。（"痛史长编"卷二）【考】《国榷》卷一〇〇，十六年三月甲午载："命太监谢太[文]举监视山西。"　甲午，会议措饷，凡在狱犯官，如曾缨、董象恒、侯恂、王志举、王永祚、陈睿谟、郑三阳七人，皆充饷赎罪。（《甲申传信录》卷一）　始弃宁远，征吴三桂、王永吉率兵入卫，又召唐通、刘泽清率兵入卫。（原书夹小字批云：三桂、泽清不奉诏。）泽清前命移镇彰德，因纵掠临清南奔。惟唐通以八千人入卫，命同太监杜之秩协守居庸关。大同告急，命内官谢文举火速赴任。（《明季北略》卷二〇）　乙未，李自成犯宣府，白广恩、姜瓖叛降，监视太监杜勋迎贼，巡抚朱之冯不屈，贼磔杀之。上命太监马司理驰赴大同督

① 该谕所开释之赵本政、刘文忠、秦维翰，上月实已蒙再用，此条与上月戊子条，疑位序有误。

兵援剿。　丙申，命司礼监太监王承恩提督内外京城。(“痛史长编”卷二)【考】《甲申传信录》卷一记王承恩为司礼监掌印太监。《明季北略》卷二〇作司礼监秉笔太监。　戊戌，霸州道报至，始闻真定之陷。宁武报至，畿辅震动。吴三桂以宁远降清，高起潜弃关走西山。上按籍，令勋戚、大珰助饷。进封戚臣嘉定伯周奎为侯，遣太监徐高宣诏求助，谓：“休戚相关，无如戚臣，务宜首倡，自五万至十万，协力设处，以备缓急。”奎谢曰：“老臣安得多金?”高泣谕再三，奎坚辞。高怫然起曰：“老皇亲如此鄙吝。大事去矣，广蓄多产何益?”奎不得已，奏捐万金。上少之，勒其二万。奎密书皇后求助，后勉应以五千金，令奎以私蓄足其额。奎匿宫中所畀二千金，仅输三千。太监曹化淳、王永祚助至三万、五万。王之心富第一，上面谕之，对以家计消乏，仅献万金。诸内官各大书于门曰：“此房急卖。”复杂出雕镂玩好诸物陈于市，以求售。后贼拷夹王之心，追十五万，他金银器玩称是；周奎抄见银五十二万，珍币复数十万，人皆快之。惟太康伯张国纪输二万，余不及也。又议前三门巨室各输粮给军，且赡其妻孥，使无内顾，诸巨室多不乐而止。(《明季北略》卷二〇“初十征戚珰助饷”)【考】《甲申传信录》卷一：“太康伯张国纪捐银二万助饷，特遣东厂太监徐本正进国纪，加以侯爵。嘉定伯周彧[奎]止捐银一万，其余勋戚无有及万者。上悬令助饷，升爵有差，措饷及万者建坊。王永祚、曹化淳共捐银五万，徐本正捐银加于永祚、化淳上，王之心捐银一万。内臣有怨望者，或题宫阙壁云：‘此处不留人，自有留人处。’”按，《甲申传信录》卷四《跖铺遗脔·外戚》记遣徐本正往张国纪等府求助饷，书衔为“司礼监太监”。　壬寅，南京孝陵夜哭。自三月初一日起，日色两旬无光。是夜，风色阴惨，沙尘刮天。召旧司礼太监曹化淳戴罪守城，上密旨收葬魏忠贤遗骸。化淳者事忠贤，奏言：“忠贤若在，时事必不至此。”故旨云云。(《明季北略》卷二〇“十四孝陵夜哭”)【考】《国榷》卷九六，崇祯十年八月癸亥条载，化淳出王安门下，安为忠贤害死，忠贤败，化淳乃不忘为其本官立祠。此云“化淳者事忠贤”，恐非是。　丙午，降贼太监杜勋、申芝秀(**按，此人先督九门，后任**

陵监,《国榷》作申之秀)缒城入见上。李邦华至正阳门,欲登城,中贵拒之。是日,上又召对,叹息,与阁臣言:"不如大家在奉先殿完事。"李自成对彰义门设座,晋王、代王左右席地坐。太监杜勋侍其下,呼"城上人莫射,我杜勋也,可缒下一人以语"。守者曰:"留一人下为质,请公上。"勋曰:"我杜勋无所畏,何质为!"提督太监王承恩缒之上,同入大内。盛称贼众强盛,锋不可当,皇上可自为计!遂进琴弦及绫帨。上怫然起。守陵太监申芝秀自昌平降贼,亦缒上入见,备述贼犯上不道语,请逊位。上怒,叱之。诸内臣请留勋,勋曰:"有秦、晋二王为质,不返则二王不免矣。"乃纵之出,仍缒下。勋语守珰王相尧、褚宪章辈曰:"吾党富贵自在也。"初闻勋殉难,赠司礼监太监,荫锦衣指挥佥事,立祠。至是,方知勋固从贼为逆也。城下攻益急,王承恩炮击之,连毙数人;王化成(按,疑应为王德化)等饮酒自若。(《燕都日记》)　　丁未,内城陷,帝殉社稷。司礼监太监王承恩从死。当是时,司礼监太监王德化及各监局掌印太监皆出迎,(李)自成即命照旧掌印。由是各招致名下听选,共留八百余人,各令散去。……闯搜宫,而大内黄金止十七万,银止十三万,皆因魏珰与客氏偷空至此。闯见之大为骇异,甚失所望。计登极时,赏赐不敷,夹官搜银之令由是酷矣。(《甲申传信录》卷六)【考】冯梦龙原本,莫釐山人增补《燕都日记》:"贼攻彰义门,申刻,门忽启,盖太监曹化淳所开。德胜、平子二门,亦随破(原注:或云王相尧等内应也),自成率群贼大队疾驰入,沿途杀掠,官军悉鸟兽散。前大学士蒋德璟宿会馆,被创。上亟召阁臣入,曰:'卿等知外城破乎?'曰:'不知。'上曰:'事亟矣,今出何策?'俱曰:'陛下之福,自当无虑!如其不利,臣等巷战,誓不负国!'上命之退。计六奇曰:诸本俱云十八,彰义门启。惟甲乙史云十七夜漏半,曹化淳开彰义门迎贼入,守城勋卫尽逃。外城已陷,更余传入大内,似觉真确。而从十八者多,故姑仍之。"《明季北略》卷二〇"李自成入北京内城":"太监王德化率内员三百人,先迎于得胜门,自成令照常管司礼监。各监局印官迎亦如之。"　自成同刘宗敏等数十人入大内,太监杜之秩、曹化淳等率党为前导。自成责之曰:"汝曹背主献城，皆当斩！”秩等伏地叩首曰：“惟能识天命，故如此。”自成叱之曰：“饶死，去！”一云：叛监杜秩亨选宦官以供使令，自成集选百余人，余皆散去。(《明季北略》卷二〇“二十戊申李自成入宫”)

庚戌，是日，叛监杜秩亨选择诸内臣以供自成使令。(《明季北略》卷二〇“刘贡士晓天文秘数”)

四月戊午朔，贼尽驱内官出城，毋再入，凡数百人，各大棍逐之。初城守时，内官坐城上，士卒作白杨木棍，涂以朱。至是即以驱阉人，都人称快。(《国榷》一〇〇)　　是月，凤阳总督马士英、总兵黄得功、剿寇内臣卢九德闻变南行，江北郡县掳掠一空。(应廷吉《青燐屑》卷上)

附　弘光朝（崇祯十七年五月—弘光元年五月）

五月戊子朔，王（福王朱常洵）乘马自三山门外至孝陵。从臣请自东门御路入，王逊避，自西门入，至飨殿拜谒毕，次谒懿文太子陵。自朝阳门入东华门，步行谒奉先殿。出西华门，驻跸于内守备府。（顾炎武《圣安本纪》）　　己丑，南京诸臣谒福王于行宫。灵璧侯汤国祚以户部措饷不发为言，其词激愤。太监韩赞周叱之起。吕大器呵言："此非对君体。"御史祁彪佳言纲纪法度为立国之本。吏科李沾言朝班宜肃。彪佳又言宜早颁大号、敬天法祖诸事。王皆允之。群臣退，俱会议于内守备家，议监国、登极。（《明季南略》卷一"福王登极"）　　戊戌，奠安二祖御容，遣魏国公徐弘基、安远侯柳祚昌、南和伯方一元行礼；奠安二后御容，遣太监韩赞周、卢九德行礼。（《爝火录》卷三）　　壬寅，辰時，福王即帝位于武英殿，诏以明年为弘光元年。　进内官韩赞周秉笔，司礼卢九德提督京营。（《明季南略》卷一"福王登极"、"诸臣升迁推用"）【考】应廷吉《青燐屑》卷上："阁臣高弘图、枢臣史可法、督臣马士英，内监韩赞周、卢九德，科臣李沾、台臣左光先等，共拥福藩世子正位南京，改元弘光，遣诸臣分道安抚天下，从龙定策诸臣进位有差。"　　辛亥，立勇卫营，听司礼太监韩赞周节制。（《国榷》一〇一）

六月辛未，户科罗万象奏惊见内员催征。先是，命太监王肇基督催浙、闽金花银。肇基名坤，即崇祯时肆恶于淮、扬者。高弘图以方争阮大铖事，不便执奏，请身往督催，因过肇基言之。肇基误，即上疏辞止。（《明季南略》卷二"六月甲乙总略"）　　戊寅，改内官监为朝殿。　凤阳太监谷国珍请敕，命内阁撰稿给之。国珍对御自增视"总督行事"四字。（《明季南略》卷二"六月甲乙总略"）

七月戊子，命选净身男子。（《弘光实录钞》卷一）

〇《明季南略》卷二"诏选淑女"："八月初二日丁巳，科臣陈子龙奏：有中使四出搜巷,凡有女之家,黄纸贴额,持之而去,闾井骚然。明旨未经有司,中使私自搜采,殊非法纪。又前见收选内员,虑市井无籍自宫希进,昨闻果有父子同阉者。先朝若瑾、若贤,皆壮而自宫者也!……十月初八日,(韩)赞周奏淑女齐集。十二日,赞周请选淑女于杭州。十四日,谕管绍宁:'京城有才家,且无淑女!着博访细选。'又谕内官田成、李国辅,分路速选淑女。十七日,谕赞周:'挨门严访淑女,富室官家隐匿者,邻人连坐。'"　卷二"太子杂志":"八月二十九日,召北来太监高起潜陛见。起潜实奉太子浮海至南,朝论讳之。"

十二月癸亥,定勇卫营万五千人。(《国榷》一〇三)

弘光元年乙酉(1645)

正月甲午,给太监高起潜八万金市马。　丁酉,命天财库内监五十三人入宫演戏。上(弘光帝)好狎饮,声乐不辍。　戊戌,太监高起潜请佃丹阳练湖,岁可入五万金。从之。　太监孙象贤劾两浙巡盐御史李挺亏课二十六万有奇,不容臣报。辛丑,太监刘义兆下掖廷狱。　癸卯,诚意侯刘孔昭请裁内地监纪官,且澄汰武秩。从之。叙殿工……太监韩赞周进三级,荫南京锦衣卫指挥使,赐金二镒、币四;卢九德、刘文忠、屈尚忠、张执中、田成、王肇基、高起潜、孙象贤、车天祥各进二级,荫锦衣卫指挥同知;乔尚、谷国珍、何志孔、赵兴邦、李燦、苏养性、孙珍、诸进朝各进一级,荫指挥佥事;孟国泰、张秉正荫百户,李辅国荫千户,各赐金、币有差。　戊申,太监韩赞周引疾去。(《国榷》一〇四)【考】韩赞周颇忧于时事,亦能进谏。《明季南略》卷二"韩赞周泣对":"除夕,上在兴宁宫,色忽不怡。韩赞周言:'新宫宜欢。'上曰:'梨园殊少佳者。'赞周泣曰:'臣以陛下令节,或思皇考,或念先帝,乃作此想耶!'赞周泣对,有汲黯、魏徵之风;弘光此想,酷似东昏、后主一辈。"

二月甲寅朔,责嘉兴、绍兴遴选淑女。自太监田成入浙,民间嫁娶几尽,久未竣。　丙辰,太监高起潜请令罪人纳赎,有旨:"纳赀免死,豪墨何所不至。或流罪以下可赎。"下刑部议之。

丁巳，太监王肇基上京城缉捕方略。　　己未，太监李国辅开采衢州云雾山，其勇卫营委卢九德。　　庚申，命都督方国安属太监高起潜，都督曹存性兵属巡捕营。其巡捕营旧兵，太监王肇基同兵部汰阅。太监孙元德核报苏州七年亏饷六十四万、金花银七万。　　乙丑，增浙江、福建赋二十万，充太监高起潜饷。　　丁卯，复故太监刘元斌、王裕民官，予祭葬，荫南京锦衣卫指挥使。

辛未，奖太监卢九德营粮就绪。　　乙亥，太监孙元德报常州逋饷三十三万，命勒限严追。　　己卯，太监田成进淑女程氏，命再进二人。　　癸未，太监李国辅请考成守令大庖亏课。（《国榷》一〇四）

三月甲申朔，命太监高起潜安抚扬州。　　戊子，内官监太监乔用总监两淮盐课，察兵饷。　　乙未，马士英请荫内官高尚义、刘进忠各世锦衣卫千户，曹柱石世锦衣卫百户。（《国榷》一〇四）

四月癸丑朔，罢练湖屯兵太监高起潜。　　甲寅，诚意侯刘孔昭往太平，兵部尚书阮大铖往九江，太监卢九德往扬州。　　丙辰，遣内臣守都门，禁出妇女。　　丁巳，太监屈尚忠同锦衣卫左都督冯可宗讯童氏，备受拷鞫，终无变词。[1]　　癸亥，选淑女阮氏（**阮大铖侄女**），太监田成选浙江王氏、周氏。（《国榷》一〇四）

五月戊子，遣太监卢九德以金、币劳军。　　辛卯，夜十二刻，上从内臣以千余骑出通济门，南走太平，皇太后亦不知也。（《国榷》一〇四）

本卷附

艺文·碑铭·太监王承恩碑

额题：御制旌忠。

阴题：原任总督天下各镇援兵、督察京营戎政勇卫军门、掌御马监、司

---

① 乙酉年（1645）三月，有童氏南来，自称福王旧妃，弘光系之于狱。此案可参看《明季南略》卷二“童妃一案”及“童妃续记”。

设监、巾帽局、宝和等店、大庖厨印务、司礼监秉笔太监王承恩之墓。①

朕闻烈士殉名，赍志而殁；贞臣卫主，立捐躯以从。有明失驭，寇……。怀宗皇帝敦国君死社稷之义，崩于石室。时有司礼监秉笔太监王承恩者，攀龙髯而矢志，甘雉颈以从君，陪缢于旁，殁而犹□。呜呼！承恩可谓事君有礼，不忘其忠者矣。夫人臣事主无二厥心，为其易与？为其难者？途径若分理，道则一。人臣之怀有二心者，倖图苟免，□心事仇，乃在平日侈读诗书、高拥爵位之人。无论生无以为人，死无以为鬼，对若人其亦何地置足耶？朕歼除巨憝，用彰民彝，既礼葬怀宗皇帝于思陵，因赐承恩茔域一区，俾葬兆外以从□□□□之香火田地，监之穹石，使后世知艰危之际，内员中乃尚大忠有如承恩者。大清顺治二年四月。

清世祖福临《御制明司礼监太监王承恩碑》

朕尝考诸史册，见夫忠臣烈士，身殉国难，名炳千载，未尝不掩卷兴叹也。虽忠义之性命之于天，人人可以自尽。然当变乱之际，利害动于中，祸患怵于外，依违瞻顾，多不能引决。求夫风雨不渝其常、霜雪不易其操者，盖难之矣。若夫掖庭之中，貂珥之列，或恪恭著美，或勤慎流徽，若汉之吕强、唐之张承业，亦可谓贤矣。至于国家多难，秉志不移，忠诚贯于金石，气节昭于日星，尤足以激末流而挽颓俗也。如明司礼监太监王承恩者，有可纪焉。当明季寇讧，海内鼎沸，庄烈愍皇帝励精图治，宵旰焦心，原非失德之主，良由有君无臣，孤立于上，将帅拥兵而不战，文吏噂沓而营私，以致群盗纵横，不能奏绩。逮逆渠犯阙，国势莫支，帝遂捐生以殉社稷，而一时戴纵垂缨之士，在平时则背公树党，遇难则苟且偷生，言之可为太息。唯有范景文等十九人无愧臣节，业赐谥致祭，以旌其忠。然多士盈廷，能赴义捐躯者，概不多见，独承恩目击艰危，从容就义，从死愍帝之旁，

① 《明季南略》卷二“北京殉难诸臣谥”：“九月初三日戊子，赐北京殉难文臣二十一人、勋臣二人、戚臣一人祭葬，赠荫祠谥有差。……(《遗闻》云：又予)太监王承恩、王之心谥忠愍，李凤翔谥恭壮，凤翔以降贼被杀者。”《清圣祖实录》卷二一二，康熙四十二年四月戊戌：“上发出熊赐履呈览明神宗、熹宗以下史书四本……谕曰：‘……至于随崇祯殉难者，乃太监王承恩，因此世祖章皇帝作文致祭，并立碑碣。此书载太监王之心从死，明系错误。至于本朝兴兵声讨之故，书并未记载。可问熊赐履、王鸿绪等。’寻大学士等覆奏：‘熊赐履等奉旨复行详察：崇祯死难，太监果系王承恩，非王之心，应遵照谕旨改正。”按，之心实为闯军追赃夹死。

其岳岳之风节，即古之忠臣烈士何以加焉！既乃托体山阿，瘗骸林麓，永近园陵，常依隧道，可谓式慰幽灵，用绥贞魄者矣。朕自践祚以来，斟酌前代之典章，每于有明，用深嘉叹。其列代山陵，近在畿辅，向令永禁樵采，守护维严。于顺治十六年因冬狩，驻跸昌平，睹胜国之松楸，感废丘之霜露，诣陵周览，心恻久之。爰至思陵，念愍皇帝精勤遘乱，亡国非辜，躬奠椒浆，尤增悯泣。顾见陵侧有土一抔，即承恩墓也。特命从臣酹酒焉。迩者时当省敛，展軨宵驾，载履明诸陵，拜陈酭醴，复徘徊于思陵之旁，抚荒墟而洒涕，沥旨酒而痛心。念兹从死之臣，弥兴节义之感，爰手一卮，命大臣拜奠基墓，以劝忠也。谥义'危身奉上，险不辞难'曰忠，故忠君爱国，庸人每未之逮。贞烈之士，毅然行之，使百世之下闻而兴起者慕谊无穷也。矧承恩趋侍宫掖，出入禁闱，其责任不系乎封疆，名位不同乎公辅，而独能视死如归，岂非较然不欺其志者哉？以视世之读书，明大义、负重名者，变故当前，依阿澳涊，幸免旦夕，其为人贤不肖，又何如也。用是勒之贞珉，使尽忠者以为劝，不忠者以为戒，且以告夫天下万世之为人臣者。顺治十七年五月初八日立。[①]

（以上两碑在北京十三陵思陵。《北京图书馆藏中国历代石刻拓本汇编》第61册，第4—5、148页）

艺文·太监王永寿传

宦者王永寿传

会稽董先生有《宦者王永寿传》，意不在永寿也。其传曰：

永寿，燕人。天启中不附魏忠贤。懿安张皇后尝问外庭事，以杨琏[涟]、左光斗等死状告，后为之不豫者累月。熹宗崩，议所立，后意属信王甚坚，命永寿宣于朝。帝既即位，诛忠贤，斥诸宦者在内者，永寿亦隐退。崇祯五、六年，宦官复稍稍用，永寿得事帝。

京师陷，传旨后宫自裁。皇后、周氏以下，使宫监还报谢恩如礼。独长公主幼，未奉诏。帝怒，手砍其臂折，仆地。而永寿方从张皇后宫至，跪白曰："懿安皇后亦缢崩矣。"帝喜，径走煤山。先是，忠贤有养女任氏，美而狡，进熹宗为贵妃。至是贼入，曰："吾天启张皇后也。"贼不敢犯。及贼

① 原碑漫漶字据《清世祖实录》卷一四一顺治十七年十月庚戌条补。

败,任挟宫中宝贿,偕一少年出都。岁余,费其所挟空,恚语于人,遂闻于官,传送京师。京师人谓张皇后不死,惊惋聚观。永寿适在众中,见曰:"此任贵妃,何为者?"手指之,呐呐詈不止。妃亦识永寿,泣下面赪,闭目不语。言永寿去为僧,往来西山中。

邵廷采曰:古寺人、缀衣之职,周官冢宰统治之,其人固有良、有不良。自秦二世委辔,至东汉及唐,祸烈矣。然汉有吕强,唐有张承业,宋有罗铣,明有金英、王安,而终之以王承恩之死节,不必尽杜勋、社[杜]之秩也。……其往来西山,与陵寝相近,志亦足悲矣。

施自西为盱眙丞时语余:有故太监某者,年九十余,逸其姓,僧服守祖陵旁,月日展扫堂埠,焚纸钱,叩头呜哀。亦永寿风节云。

(邵廷采《思复堂文集》卷二《传》)

下编附

艺文·碑铭·东岳庙义会、香会碑[①]

黄洪宪撰《岳庙会众碑记》:"(**岳神以养人为德**。)客为言中贵周公宽、李公坤、郭公进雅重岳山之神,鸠众二百余,于十六年创起会祀之礼,岁于三月二十八日行庆岳神生诞。盖礼以时举,次于朝廷秩宗之后,岂谄渎之谓哉!其所制冠服彩仗皆从神所需而为之,亦古人缁衣之爱,更积诚于一岁而持敬于三年,神人之道,可谓悉矣。(**下略**。)万历十九年,岁在辛卯,季春吉日立。"

碑阴题名:□□监总理太监□安、乾清宫带刀牌子御马监监督提督四卫营太监陈科、内官监米盐库掌库事太监王盈。以上三人在碑上段居中,下为"乾清等宫暖殿及御司房尚冠等各衙门太监等官"、敬侍夫人、内牌子、司房御用监太监、管事司设监佥书,及"会首"尚衣等监太监约300人。

徐显卿撰《东岳庙建立冥用什物圣会碑文》:"(**前略**。)先自潞府执事官赵公云者有兄,既死三日复苏,谓以复生,一言有验,得弟岁供白楮,致兄时脱黄垆。此有感必通,无诚弗格也。以故内府司苑局佥书御马监左监丞刘公经、奉御陈公钦闻之叹息,见以称奇,创立进贡东岳庙白纸簿籍

---

① 各碑均存北京市朝阳区东岳庙。

笔砚墨朱等物圣会，始自乙酉（十三年，1585）、丁亥（十五年，1587），会进三年，复于戊子（十六年，1588）、庚寅（十八年，1590），历兹六载，焚修无懈。（**下略**。）万历十九年，岁在辛卯，季春立石。”

碑阴上段右侧列所供品物，左段题名为乾清宫原任牌子司设监太监孟锐、乾清宫管事前掌司苑局印司礼监管监事太监孙德秀、乾清宫原任管事天寿山守备内官监太监张恩、钦差凤阳□□内官监太监杜用（**右起**），下段为“乾清宫等宫近侍御用监等衙门佥押管理太监等官”及潞府执事等信女、在会供事善信等数百人。

余继登撰《敕建东岳庙会中碑记》：“（**前略**。）都城之东，旧有东岳神庙，为都人士所飨祀，御马监太监柳君贵、彭君进、刘君秉忠、高君昇、王□□□□监局官凡若干人，岁于神降之辰，张羽旗，设供具，以飨神而傲之福，期以三岁。（**下略**。）万历二十年，岁在壬辰，季春之吉立石。”

碑阴为“乾清宫等宫司礼监等衙门佥书太监等官”题名，160余人，及会首高昇、彭进、刘秉忠、王权等。

王锡爵撰《东岳庙碑记》：“岁季春当品汇丛生之候，世相传为青帝诞辰。兹惟大明皇帝贵妃郑氏暨皇三太子集诸宫眷、中官等制帝后冠服、束带、香帛、纸马及宫殿廊庑神祇，咸致礼有差。自庚寅（十八年，1590）讫壬辰（二十年，1592），历三岁，盛典告成，征言勒石，用垂久远。于是中官刘坤、刘朝、孙进，预以状来。（**下略**。）大明万历二十年，岁在壬辰，季春立石。”

碑阴题名，上段居中为乾清宫管事御药房总提督掌尚膳监印太监张明、乾清宫近侍内承运库掌印御马监太监孙顺，下段为“乾清等宫近侍御马监等衙门佥书太监等官”约百人，会首□昇、安宣、吕成、刘忠、魏广、刘朝、刘坤、孙进、杨朝、崔登、陈印、徐朝、夏林，碑右有妃嫔、宫眷近百人。

赵志皋《敕修东岳庙碑记》：“（**庙正统中敕建，万历四年，皇上以圣母慈圣皇太后指，拓而新之**。）维时万历丙子（四年，1576），迄今壬辰（二十年，1592），十又七年矣。皇上寤寐灵岳，肸蠁神交，敬祀重祠，益虔弗懈。于是复出帑储若干缗，命司礼监太监张诚选委内臣陈朝用缮葺藻饰，更于寝殿左右作配殿，缭以楼疏，（**落成于次年三月，命志皋为记**。**略**。）万历二十年。”

黄洪宪《岳庙圣会碑》：“（**略**。）上以□护国家，下以垂祐士民，今鸠众二百余人，于万历十年创起会□□礼，岁于三月□□八日行庆岳神生诞。(**下略**。)万历二十一年三月吉日立。”

碑阴题名有司礼监太监秉笔办理文书魏朝、御马监太监佥书□□管事□□□段□及“乾清宫等宫御用监等衙门太监等官”百余人，碑右为大明昭妃刘氏及宫女 7 人。

黄吉士《神明圣会碑记》：“(**前略**。)每遇圣诞，兹有司礼监太监成敬等官、会首刘朝奉、党用、傅诚、刘大用、王桢等，倡约会众八百余官员，建醮迎神，恭陈贺礼，进贡香楮、冠带、袍笏、朝屐。其来相接，八十余年矣。一岁之间，逢时讽诵佛经，遇节庆作神醮，浴心斋戒，各发虔诚，醮事则延宫观之羽士，经文则招寺院之阇黎，其设有二十七坛，(**略**。)万历三十五年，岁次丁未，孟夏吉旦立石。”

碑阴有司礼监掌监事太监、尚膳监、酒醋面局掌印成敬，司礼监太监原任司苑局掌印孙德秀、乾清宫□□□□官内府供用库掌印太监孙成、司礼监提督太监杨柱、文书房内官监太监卢受等各衙门太监等官数百人题名。

(以上各碑分见《北京图书馆藏中国历代石刻拓本汇编》卷 58 册，第 2—3、5—6、21—22、23—24、34、36—37、192—193 页)

魏广微《东岳庙长香会碑记》：“(**庙在都城朝阳关外三里许**。)特蒙神宗显皇帝命重修内建三十二大殿，七十二司亦复增置神路牌坊，巍楼广庑，画阁层阶，庙貌森严，祀典隆重。惟是岁时四方士庶之祭告斋供有时，必得昼夜宝香缨络之回旋，香火绵长。兹有都内居士蒋君讳琇者，于万历辛亥(三十九年，1611)正月捐资创立长春胜会，每于月终贡献盘香，悬挂不绝。(**略**。)于是钦差提督巡察光禄寺事务尚膳监太监刘公敬及本监赵公进成者，赋性敬礼神明，一念朴诚，如在是故，志同道合，相与共成胜事。(**下略**。)大明万历庚申年(四十八年，1620)孟秋吉旦立。”

《东岳四季进贡白纸圣会碑记》：“(**前略**。)京都明时等坊巷有老善首锦衣牛姓永福领众四十余载，况今年末命，男牛应科同妻王氏，接续领诸善信，各捐净资，每岁年例三月二十八日，恭遇东岳上帝圣诞之辰，进贡冠袍大马并四季白楮等仪，以备岳府冥司应用。(**下略**。)大明天启四年，岁次甲子，季秋七月吉日立。”碑阴有内府官等信官 600 余人题名。

《东岳天齐光生仁元圣帝白纸圣会碑记》:“(**东岳神有福善凶吉之报**。)今合会太监等众,诚知善之善人也,不吝己资,□率众善,每于三月二十八日恭遇圣帝降诞之辰,共洁丹诚,进贡冠袍带履、御用器皿、宝马香驭及岳府诸司曹案空白记录笔墨砚等项钱粮,偕诣圣前恭酬帝德。(**下略**。)天启七年,岁次丁卯季春吉日立。”

碑阴为“司礼监各衙门太监等官”、“乾清宫管事牌子各衙门太监等官”、“御马监草栏三场掌贴场各衙门太监等官”及“乾清宫御马监各衙门太监等官会首刘昇”二百多人题名。

《东岳天齐大生仁元圣帝白纸圣会碑记》:“(**前略**。)今有合会太监众等生成之德,又得保安锡福,焉敢忘报乎?特于三月二十八日乃圣帝降诞之辰,于是捐资建会,历年首率内外众善,虔洁虬诚进贡。(**下略**。)大明天启七年,岁次丁卯季春。”

碑阴为“乾清宫管事御马监太监王朝用”、“司礼监各衙门太监等官”、“乾清宫暖殿管事牌子各衙门掌印太监等官”、“乾清宫御马监各衙门太监等官会首”题名。按,以上两会碑各衙门内官略有一二相同者,惟会首多同。

(以上各碑分见《北京图书馆藏中国历代石刻拓本汇编》第59册,第117、154、186—187、188—189页)

吴炳撰《东岳大帝碑序》(额题“白纸圣会碑记”),(**文略**。)崇祯二年五月吉旦。碑阴题名“信官士”,除尚膳太监及无官衔者数十人外,皆女性,约六百人,会首亦女子。

朱纯臣撰《东岳善会碑》,(**文略**。)崇祯二年(1629)孟秋望日立。碑阴列勋戚、武官及宦官数百人题名。

(以上两碑分见《北京图书馆藏中国历代石刻拓本汇编》第60册,第17—18、21页)

史评

黄宗羲《明夷待访录·奄宦上》:“奄宦之祸,历汉、唐、宋而相寻无已,然未有若有明之为烈也。汉、唐、宋有干与朝政之奄宦,无奉行朝政之奄宦。今夫宰相、六部,朝政所自出也,而本章之批答,先有口传,后有票拟;天下之财赋,先内库而后太仓;天下之刑狱,先东厂而后法司;其他无不皆然。则是宰相、六部,为奄宦奉行之员而已。人主以天下为家,故以府库之有为己有,环卫之强为己强者,尚然末王之事。今也衣服、饮食、马匹、甲仗、礼乐、货贿、造作,无不取办于禁城数里之内,而外庭所设之衙门,所供之财赋,亦遂视之为非其有,哓哓而争。使人主之天下不过此禁城数里之内者,皆奄宦为之也。汉、唐、宋之奄宦,乘人主之昏而后可以得志。有明则格局已定,牵挽相维,以毅宗(**崇祯帝**)之哲王,始而疑之,终不能舍之,卒之临死而不能与廷臣一见,其祸未有若是之烈也!且夫人主之有奄宦,奴婢也;其有廷臣,师友也。所求乎奴婢者使令,所求乎师友者道德。故奴婢以伺喜怒为贤,师友而喜怒其喜怒,则为容悦矣;师友以规过失为贤,奴婢而过失其过失,则为悖逆矣。自夫奄人以为内臣,士大夫以为外臣,奄人既以奴婢之道事其主,其主之妄喜妄怒,外臣从而违之者,奄人曰:'夫非尽人之臣与,奈之何其不敬也!'人主亦即以奴婢之道为人臣之道,以其喜怒加之于奄人而受,加之于士大夫而不受,则曰:'夫非尽人之臣与,奈之何有敬有不敬也!盖内臣爱我者也,外臣自爱者也。'于是天下之为人臣者,见夫上之所贤所否者在是,亦遂舍其师友之道而相趋于奴颜婢膝之一途。习之既久,小儒不通大义,又从而附会之曰:'君父,天也。'故有明奏疏,吾见其是非甚明也,而不敢明言其是非,或举其小过而遗其大恶,或勉以近事而阙于古则,以为事君之道当然。岂知一世之人心学术为奴婢之归者,皆奄宦为之也。祸不若是其烈与!"

《明夷待访录·奄宦下》:"奄宦之如毒药猛兽,数千年以来,人尽知之矣。乃卒遭其裂肝碎首者,曷故哉?岂无法以制之与?则由于人主之多欲也。夫人主受命于天,原非得已。故许由、务光之流,实见其以天下为桎梏而掉臂去之。岂料后世之君,视天下为娱乐之具,崇其宫室,不得不以女谒充之,盛其女谒,不得不以奄寺守之,此相因之势也。其在后世之君,亦何足责!而郑玄之注《周礼》也,乃谓女御八十一人当九夕,世妇二十七人当三夕,九嫔九人当一夕,三夫人当一夕,后当一夕。其视古之贤王与后世无异,则是《周礼》为诲淫之书也。孟子言:'侍妾数百人,我得志弗为也。'是时齐、梁、秦、楚之君,共为奢僭,东、西二周且无此事。若使为周公遗制,则孟子亦安为固然;得志弗为,则是以周公为舛错矣。苟如玄之为言,王之妃百二十人,妃之下又有侍从,则奄之守卫服役者势当数千人。后儒以寺人隶于冢宰，谓《周官》深得治奄之法。夫刑余之人，不顾礼义，凶暴是闻，天下聚凶暴满万，而区区以系属冢宰，纳之钤键，有是理乎？且古今不贵其能治，而贵其能不乱。奄人之众多，即未及乱，亦厝火积薪之下也。吾意为人主者，自三宫以外，一切当罢。如是，则奄之给使令者，不过数十人而足矣。议者窃忧其嗣育之不广也。夫天下何常之有！吾不能治天下，尚欲避之，况于子孙乎？彼鳃鳃然唯恐后之有天下者不出于其子孙，是乃流俗富翁之见。故尧、舜有子，尚不传之。宋徽宗未尝不多子，止以供金人之屠醢耳。"

傅维鳞《明书》卷一五八《宦官传一》："大抵明之珰祸，甚于西京，过于宋，而稍愈于汉唐之季者，以祖宗之防制具在。青宫预建，无迎立废置之权；朝发暮缚，无将相交兵之乱耳。"

《清圣祖实录》卷二一二，康熙四十二年四月戊戌，上（**清康熙帝**）发出熊赐履呈览明神宗、熹宗以下史书四本，谕大学士等曰："朕自冲龄即每事好问，明时之太监，朕皆及见之，所以彼时之事，朕知之甚悉。太监魏忠贤恶迹，史书仅记其大略而已，犹未详载也。明末之君多有不识字者，遇讲书，则垂幔听之，诸事皆任太监办理，所以生杀之权、尽归此辈也。"

《清圣祖实录》卷一五四，康熙三十一年正月己卯，谕修《明史》诸臣："朕自冲龄，即在宫中披览经史。《明实录》，曾阅数过。见其间立言过当、纪载失实者甚多，纂修明史，宜加详酌。如……至于宦官为害，历代有之，明如王振、刘瑾、魏忠贤辈，负罪尤甚。崇祯之诛锄阉党，极为善政。但谓明之亡，亡于太监，则朕殊不以为然。明末朋党纷争，在廷诸臣置封疆社稷于度外，惟以门户胜负为念。不待智者，知其必亡。乃以国祚之颠覆，尽委罪于太监，谓由中官用事之故，乌得为笃论耶？朕宫中所用太监，止令供洒扫奔走之役，一颦一笑，从不假借，所以数十年以来，太监皆极贫乏，有不能自给者。尔诸臣想亦悉知。朕非信用太监之主，惟朕可为此言。作史之道，务在秉公持平，不应胶执私见，为一偏之论。今特与诸臣言之，宜共知此意。"

《国朝宫史》卷二《训谕二》："康熙四十八年十一月十二日，上谕大学士等：明季事迹，卿等所知，往往皆纸上陈言。万历以后所用内监，曾有在御前服役者，故朕知之独详。正统间事，史书所载，不能明确。其在沙漠尝生一子,今有裔孙,现在旗下。天启呼魏忠贤为老伴,凡事委之,己竟不与。杨涟、左光斗受杖,老内监犹有目击者,能具言之。陈新甲所议,本受指于崇祯,及科道交章弹劾,崇祯反畏人言,归咎于陈新甲,实非其罪也。明季诸帝,俱不甚谙经史。崇祯颇读书。流贼将至,京营官兵俱分遣至真定、保定、居庸关诸处堵御,其守城者惟内监数万人而已。贼兵破外罗城,由西便门转攻阜成门,崇祯率内监数人,微行至襄城伯家。其家方闭门演戏,不得入。回登万寿山,四顾无策,犹欲出奔。太监王承恩止之曰:'出恐受辱于贼。'崇祯乃止,以身殉国。明朝费用甚奢,兴作亦广,一日之费,可抵今一年之用。其宫中脂粉银四十万两,供应银数百万两。至世祖皇帝登极,始悉除之。紫禁城内砌地砖,横竖七层,一切工作俱派民间。今则器用朴素,工役皆现钱雇觅。明季宫女至九千人,内监至十万人,饭食不能遍及,日有饿死者。今则宫中不过四五百人而已。明季宫中用马口柴、红炉炭以数千万斤计,俱取诸昌平等州县。今此柴仅天坛焚燎用之。尔等亦知所谓马口柴乎?(原文小字:大学士等奏曰:"不但不知,亦所未闻。")上曰:其柴约长三四尺,净白无黑点,两端刻两口,故谓之马口柴。又明季所行,多迂阔可笑。建极殿后阶石高厚数丈,方整一块,其费不赀。采买搬运至京,不能舁入午门,运石太监参奏'此石不肯入午门',乃命将石捆打六十御棍。崇祯尝学乘马,两人执辔,两人捧镫,两人扶秋,甫乘辄已坠马,乃责马四十,发苦驿当差。马犹有知识,石何所知?如此举动,岂不发噱?总由生于深宫,长于阿保之手,不知人情物理故也。"

《国朝宫史》卷二《训谕二》:"康熙五十三年六月十七日,上谕大学士等曰:太监等不可假以威权,事发即杀之。朕御极之年,去明代不过二十年。万历时太监以及官员,朕俱曾任使。伊等向朕奏明末时事,谓流贼自南而来,将兵尽发往保定,后流贼从居庸关入,跳越京师南关攻城,城内无兵,只太监、百姓、官员家人防守,七日城即陷。平日太监等专权,人主不出听政,大臣官员俱畏惧太监,以致误事。此辈性情与常人异,只足备宫中使令耳。天下大权唯一人操之,不可旁落,岂容假之此辈乎?又万历年间,太监奏库内积银二百万两有余,应入大内,遂尽收养心殿后掘窖埋藏,后欲取用,已无有矣。所以我朝耆旧常言:'明代蓄积,徒资太监侵盗耳。'今我朝库银有数千万两,若收进埋藏,亦安所用?"

附录一　宦官碑传目录[①]

洪武

赠司礼监太监云奇〔？—洪武十三年〕:墓碑铭(嘉靖中刻)

宣德

都知监太监杨庆*〔吴元年(1367)—宣德五年(1430)〕:墓志铭

直殿监太监刘通*〔洪武十四年(1381)—宣德十年(1435)〕:墓志铭

正统

都知监太监洪保*〔洪武三年(1370)—正统中〕:寿藏铭

神宫监太监昌盛*〔洪武十三年(1380)—正统三年(1438)〕:墓志铭

御马监太监刘顺*〔洪武十七年(1384)—正统五年(1440)〕:墓表

内官监太监倪忠〔洪武十五年(1382)—正统六年(1441)〕:寿藏记

内官监太监钱安(僧保)*〔洪武二十六年(1393)—正统十四年(1449)〕:衣冠圹志

○钱安父钱贵甫〔至正十二年(1352)—洪武二十八年(1395)〕:墓志铭

南京守备内官监太监罗智*〔洪武八年(1375)—正统十三年(1448)〕:墓志铭

景泰

○司礼监太监李永昌父李景春〔？—永乐四年(1406)〕:墓表

御用监太监李童〔洪武二十二年(1389)—景泰四年(1453)〕:墓志铭

司礼监太监金英*〔洪武二十七年(1394)—景泰七年(1456)〕:墓志铭(残)

内官监太监成敬〔？—景泰六年(1455)〕:传

赠御用监太监阮浪*〔洪武—景泰三年(1452)〕:墓表

---

① 本目录所列,各以卒年为序,包括宦官墓石、恩荣碑、荣升记等,及部分宦官近属墓志。加*者为《明实录》存名之人(共75人)。后附存目,为知有此志,然其文尚未发表者。本编一共采碑文199份(以志主一人计一份,有数人一人二文,通计为一份),其中宦官183份(存目11份),宦官近属16份。

天顺

尚衣监太监阮公〔？—天顺二年(1458)〕:墓志铭

司礼监太监兴安*〔洪武二十二(1389)—天顺三年(1459)〕:墓碑

镇守宣府内官监太监柏玉*〔洪武二十年(1387)—天顺三年(1459)〕:墓志铭

尚膳监太监张辉*〔洪武二十六(1393)—天顺七年(1463)〕:墓志铭

南京守备司礼监太监怀忠*〔洪武三十一年(1398)—天顺七年(1463)〕:墓志铭

都知监太监姚铎〔洪武十九年(1386)—天顺八年(1464)〕:谕祭碑、墓表

成化

神宫监太监赵琮*〔洪武十七年(1384)—成化三年(1467)〕:墓志铭

南京司设监官奉御陆应〔洪武二十八年(1395)—成化四年(1468)〕:墓志铭

都知监太监阎礼*〔永乐十二年(1414)—成化五年(1469)〕:墓志铭

都知监太监崔保*〔永乐十年(1412)—成化六年(1470)〕:寿藏碑

御用监太监阮□〔永乐—成化八年(1472)〕:寿藏碑

织染局右副使张瑛〔永乐六年(1408)—成化八年(1472)〕:墓志铭

司礼监左监丞黎阴〔？—成化九年(1473)〕:墓志铭

司设监太监夏时*〔永乐元年(1403)—成化十年(1474)〕:墓碑铭

都知监太监弓胜*〔永乐十九年(1421)—成化十四年(1478)〕:墓志铭

内官监太监陈谨*〔洪武二十三年(1390)—成化十五年(1479)〕:墓志铭

内官监太监高通*〔永乐十五年(1417)—成化十五年(1479)〕:墓志铭

都知监太监张广〔永乐十八年(1420)—成化十七年(1481)〕:墓志铭

司设监太监樊坚*〔永乐十七年(1419)—成化十八年(1482)〕:墓志铭

御用监太监钱义*〔宣德九年(1434)—成化二十年(1484)〕:墓志铭

〇太监钱氏兄弟等养母许老老墓志铭

御马监太监刘永诚*〔洪武二十四年(1391)—成化八年(1472)〕:墓志铭

南京内官监太监杨云〔洪武二十四年(1391)—成化九年(1473)〕:寿藏铭

南京内官监左少监杨忠〔永乐九年(1411)—成化十四年(1478)〕:墓志铭

内官监太监张端*〔永乐十七年(1419)—成化十八年(1482)〕:墓志铭

御用监太监龚昇〔正统四年(1439)—成化二十年(1484)〕:墓志铭

〇太监韦力转侄韦胜暨妻常氏衣冠合葬墓志铭

弘治

御用监太监罗祥*〔宣德三年(1428)—弘治二年(1489)〕:墓碑记

尚膳监太监宁英*〔宣德七年(1432)—弘治六年(1493)〕:墓志铭

南京司礼监左监丞梁端〔永乐四年(1406)—弘治七年(1494)〕:寿藏铭

司礼监太监覃昌*〔宣德八年(1433)—弘治八年(1495)〕:墓志铭

内官监太监梁宣〔景泰三年(1452)—弘治九年(1496)〕:墓志铭

镇守福建御用监太监陈道*〔?—弘治九年(1496)〕:墓志铭

都知监太监江德*〔正统七年(1442)—弘治九年(1496)〕:墓志铭

太监陈永安荣贺序

司设监太监罗照〔正统三年(1438)—弘治十年(1497)〕:谕祭碑、墓表

御马监太监阎通〔宣德六年(1431)—弘治十一年(1498)〕:墓志铭

御马监左监丞孛罗〔宣德四年(1429)—弘治十一年(1498)〕:墓志铭

〇孛罗母王老老:墓志铭

御马监太监郑旺　寿藏记

尚膳监太监何琛　寿藏记

都知监右监丞王增*〔正统—弘治〕:墓志铭

司礼监太监牛玉*〔永乐七年(1409)—弘治十三年(1500)〕:墓志铭

尚膳监太监刘赟〔正统二年(1437)—弘治十三年(1500)〕:墓志铭

内官监左监丞赵新〔正统八年(1443)—弘治十三年(1500)〕:墓志铭

内官监右少监韦岍〔景泰三年(1453)—弘治十五年(1503)〕:墓志铭

尚膳监太监黄瑜*〔宣德八年(1433)—弘治十五年(1502)〕:墓志铭

御马监太监景聪〔正统十四年(1449)—弘治十五年(1502)〕:墓表

内官监太监杨穆*〔正统七年(1442)—弘治十六年(1503)〕:墓志铭

○御马监太监陆訚母吴氏墓志铭

秦王府承奉正康景〔正统六年(1441)—弘治十七年(1504)〕:墓志铭

蜀王府承奉副谷清〔正统三年(1438)—弘治十七年(1504)〕:墓志铭

御马监太监黎义〔景泰七年(1456)—弘治十八年(1505)〕:谕祭碑、墓志铭

○内官监太监鲍忠父鲍宣墓志铭

○司礼监太监鲍忠从弟鲍恕墓志

正德

御马监改司礼监太监段聪〔正统十三年(1448)—正德〕:寿藏记

内官监太监荆端〔正统三年(1438)—正德元年(1506)〕:墓志铭

御用监太监董让*〔正统五年(1440)—正德元年(1506)〕:墓志铭

惜薪司右司副王瑀〔正统六年(1441)—正德元年(1506)〕:墓志铭

内官监太监白江〔景泰七年(1456)—正德元年(1506)〕:墓志铭

内官监太监吴振〔正统六年(1441)—正德二年(1507)〕:墓志铭

内官监太监罗秀〔宣德(1433)—正德二年(1507)〕:塔铭

内官监太监陈良*〔永乐二十一年(1423)—正德三年(1508)〕:墓志铭

御用监太监郭通*〔正统十一年(1446)—正德四年(1509)〕:墓志铭

御马监太监李公〔天顺元年(1457)—正德四年(1509)〕:寿藏记铭

○内官监太监焦宣父焦友:墓志铭

南京守备司礼太监傅容*〔正统二年(1437)—正德六年(1511)〕 墓志铭、先茔记

司礼监太监李荣*〔宣德五年(1430)—正德七年(1512)〕:墓志铭

司礼监太监高凤*〔正统四年(1439)—正德七年(1512)〕:墓志铭

○高凤侄高得林妻苏氏〔天顺四年(1460)—正德十二年(1517)〕:墓志铭

○高得林〔景泰七年(1456)—嘉靖五年(1526)〕:墓志铭

○高荣妻左氏〔成化七年(1471)—嘉靖十一年(1532)〕:墓志铭

○高凤侄高荣〔成化九年(1473)—嘉靖十四年(1535)〕:墓志铭

神宫监太监邓贤〔景泰四年(1453)—正德七年(1512)〕:墓志铭

司设监太监房懋*〔正统六年(1441)—正德八年(1513)〕:墓志铭

尚衣监太监杨定〔正统—正德九年(1514)〕:墓志铭

御马监太监梁玉*〔景泰五年(1454)—正德九年(1514)〕:墓志铭

尚膳监太监傅锦〔正统—正德九年(1514)〕:墓志铭

御马监太监王佑〔天顺六年(1462)—正德十年(1515)〕:墓志、墓券

南京守备内官监太监余俊*〔天顺三年(1459)—正德十一年(1516)〕:墓志铭

神宫监太监李瑾*〔正统十四年(1449)—正德十一年(1516)〕:墓志铭

蜀王府门副腾英〔天顺二年(1458)—正德十二年(1517)〕:墓志铭

蜀王府门正苏荣〔景泰七年(1456)—正德十二年(1517)〕:墓志铭

总督粮储内官监太监莫英*〔景泰元年(1450)—正德十三年(1518)〕:白石主人传

内官监太监张诚*〔天顺甲申八年(1464)—正德十四年(1519)〕:墓志铭

神宫监太监苗旺〔正统十年(1445)—正德十四年(1519)〕:墓志铭

御马监太监王钦〔成化三年(1467)—正德十五年(1520)〕:墓志铭

御马监太监姜林〔成化五年(1469)—正德十六年(1521)〕:墓志铭

内官监太监彭喜〔景泰五年(1454)—正德十六年(1521)〕:墓志铭

御用监太监王嵩*〔天顺六年(1462)—正德十六年(1521)〕:墓志铭

嘉靖

○司礼监太监李瓒母王氏墓碑

蜀王府中侍江时〔弘治元年(1488)—嘉靖元年(1522)〕:墓志铭

御马监太监孙洪〔天顺三年(1459)—嘉靖二年(1523)〕:墓志铭

蜀王府中贵永忠〔天顺六年(1462)—嘉靖四年(1525)〕:墓志铭

神宫监太监李质〔景泰六年(1455)—嘉靖五年(1526)〕:墓志铭

内官监太监李堂*〔成化九年(1473)—嘉靖五年(1526)〕:墓志铭

御马监太监邵恩〔成化七年(1471)—嘉靖五年(1526)〕:墓志铭

神宫监太监杜甫*〔成化四年(1468)—嘉靖六年(1527)〕:墓志铭

御用监太监张永*〔成化元年(1465)—嘉靖七年(1528)〕:墓志铭

司礼监太监萧敬*〔正统三年(1438)—嘉靖七年(1528)〕:墓志铭

内官监太监杨瓅〔景泰六年(1455)—嘉靖七年(1528)〕:墓志铭

司设监太监苏瑾*〔成化十四年(1478)—嘉靖十一年(1532)〕:墓志铭

内官监太监刘璟*〔天顺三年(1459)—嘉靖十年(1531)〕:墓志铭

总督东厂司礼监太监芮景贤*〔成化二年(1466)—嘉靖十二年(1533)〕:墓志铭

御马监右少监赵宣〔天顺四年(1460)—嘉靖十二年(1533)〕:墓志铭

尚衣监太监张丙世〔成化七年(1471)—嘉靖十三年(1534)〕:墓志铭

内官监左少监黄庆〔成化二年(1466)—嘉靖十四年(1535)〕:墓志铭

内官监太监张禄*〔?—嘉靖十五年(1536)〕:墓碑

总督东厂司设监太监毕云〔天顺七年(1463)—嘉靖十六年(1537)〕:墓志铭

神宫监太监王玉〔成化九年(1473)—嘉靖十七年(1538)〕:墓志

内官监太监孙彬〔成化二十三年(1487)—嘉靖十七年(1538)〕:墓志铭

蜀王府典膳副张繁〔成化八年(1472)—嘉靖十七年(1538)〕:墓志铭

司设监太监董智〔正德二年(1507)—嘉靖十九年(1540)〕:墓志铭

神宫监右少监杜江〔成化四年(1468)—嘉靖二十年(1541)〕:墓志铭

内官监太监韩锡*〔成化十二年(1476)—嘉靖二十一年(1542)〕:墓志铭

御用监太监丁恭〔弘治六年(1493)—嘉靖二十二年(1543)〕:墓志铭

南京守备司礼监太监潘真*〔成化二年(1466)—嘉靖二十二年(1543)〕:墓志铭

御马监太监刘玉*〔天顺八年(1464)—嘉靖二十二年(1543)〕:墓志铭

尚膳监太监萧平〔弘治八年(1495)—嘉靖二十三年(1544)〕:墓志铭

神宫监太监刘濬〔成化六年(1470)—嘉靖二十三年(1544)〕:墓志铭

东厂总督前司礼、内官监太监宋兴*〔弘治三年(1490)—嘉靖二十四年(1545)〕:墓志铭

御马监太监席良〔弘治八年(1494)—嘉靖二十六年(1547)〕:墓志铭

内官监太监辛寿*〔成化二十年(1484)—嘉靖二十六年(1547)〕:墓志铭

神宫监太监郑恭〔成化三年(1467)—嘉靖二十七年(1548)〕:墓志铭

署惜薪司事阎绶〔成化二十一年(1485)—嘉靖二十七年(1548)〕:墓志铭

司设监太监田斌〔成化九年(1473)—嘉靖二十七年(1548)〕:墓表

尚膳监太监乔宇〔弘治四年(1491)—嘉靖二十八年(1549)〕:墓志铭

司礼监太监崔景〔弘治十八年(1509)—嘉靖二十八年(1549)〕:墓志铭

乾清宫御司房司礼监太监侯国宁〔弘治十三年(1504)—嘉靖二十八年(1549)〕:墓碑

东厂司礼监太监麦福*〔?—嘉靖三十一年(1552)〕:墓志

御马监太监署乙字库刘忠〔成化二十三年(1487)—嘉靖三十三年(1554)〕:墓志铭

提督太和山内官监太监王佐*〔?—嘉靖中〕:恩命碑

神宫监太监潘应〔弘治元年(1488)—嘉靖三十七年(1558)〕:墓碑

内官监太监阎清*〔弘治十年(1497)—嘉靖三十九年(1560)〕:墓志铭

御马监太监张保〔成化十七年(1481)—嘉靖三十九年(1560)〕:寿藏墓志铭

内官监右监丞署广盈库赵旺〔成化二十年(1484)—嘉靖三十九年(1560)〕:墓表

司礼监太监高忠*〔弘治九年(1496)—嘉靖四十三(1564)〕:墓志铭

〇高忠兄高恕墓志

〇高恕妻康氏墓志

管文书内官监太监赵举〔弘治十七年(1504)—嘉靖四十三年(1564)〕:墓志铭

督东厂司礼监太监黄锦*〔?—隆庆元年(1567)〕:神道碑

辽府承奉王大用〔弘治元年(1488)—?〕:墓志、传

隆庆

内官监太监朱宝〔?—隆庆元年(1567)〕:墓志铭

司礼监太监滕祥*〔?—隆庆三年(1569)〕:墓志铭

尚衣监太监马腾〔弘治十二年(1499)—隆庆四年(1570)〕:墓志铭

万历

督东厂司礼监太监冯保*〔？—万历二年(1574)〕:寿藏记

蜀王府门正宁武〔弘治十年(1497)—万历二年(1574)〕:墓志铭

内官监太监宋明〔弘治十六年(1503)—万历四年(1576)〕:墓志铭

德王府承奉正于志清〔成化二十一年(1485)—万历四年(1576)〕

司礼监太监郑真*〔正德十二年(1517)—万历五年(1577)〕:墓志铭

针工局署局事御马监太监徐经〔正德十五年(1520)—万历七年(1579)〕:墓志铭

内官监太监刘温泉〔正德二年(1507)—万历七年(1579)〕:墓碑

御马监太监萧准〔弘治十年(1497)—万历五年(1577)〕:墓志铭

御马监太监王守成〔弘治九年(1496)—万历八年(1580)〕:墓志铭

肃王府典宝副胡朝〔正德七年(1512)—万历十年(1582)〕:墓志

御用监太监赵芬*〔正德三年(1508)—万历十年(1582)〕[1]:墓志铭

司礼监太监张宏*〔？—万历十余年〕:墓表

德府典宝副陈奉〔嘉靖二年(1523)—万历十八年(1590)〕:墓志铭

御马监太监商经颖〔？—万历二十三年(1595)〕:预建碑记

奉御王安〔嘉靖二十年(1541)—万历三十年(1602)〕

司礼监太监田义*〔嘉靖十三年(1534)—万历三十三年(1605)〕:谕祭碑、墓志铭

赠御用监太监李明道〔弘治十二年(1499)—万历三十七年(1558)〕:墓志铭

司礼监太监成敬*〔嘉靖二十五年(1546)—万历三十八年(1610)〕:墓志铭

御马监太监张稳〔嘉靖三十一年(1552)—?〕:长生碑

神宫监管事周贵〔嘉靖十二年(1533)—万历三十二年(1604)〕:生圹碑

---

① 赵芬墓在北京工商大学校园内,同时出土的还有御用监太监董某,及御用监总理滑永形魂墓(万历二十三年),参看《北京工商大学明代太监墓》,知识产权出版社,2005年。

司礼监太监张维〔嘉靖十七年(1538)—万历四十一年(1613)〕:自撰墓志铭

内官监太监羊朝〔? —天启〕:修茔记

司礼监太监杜茂*〔嘉靖十九年(1540)—泰昌元年(1620)〕:墓志铭

天启

牌子尚衣监太监张昇〔嘉靖二十九年(1550)—天启元年(1621)〕:墓志铭

神宫监太监马荣〔嘉靖四十三年(1564)—天启七年(1627)〕:碑记

提督东厂司礼监太监邹义〔嘉靖三十四年(1555)—天启七年(1627)〕:墓志铭

崇祯

尚膳监太监王之佐〔万历十九年(1591)—崇祯十年(1637)〕:墓志铭

司礼监太监王承恩*〔? —崇祯十七年(1644)〕:御制旌忠碑

明代宦官墓志存目

内官监太监韦贵*〔永乐十一年(1413)—弘治六年(1493)〕

《大明故敕镇武当兼分守湖广行都司提督三省八郡军民事内官监太监韦公(贵)墓志铭》,葬均州城南七里屯。弘治九年(1496)立石,王道撰。碑存武当山元和宫,文有云:"公讳贵,字崇勋,韦其姓,广西武源人也。弘治癸丑(六年,1493)秋九月初三,以疾终于均州居第之正寝","哲人其萎,距其生永乐癸巳(十一年,1413),至是享年八十有一。以是岁二月十八日,蒙皇上遣提督大岳太和山尚衣监太监潘记谕祭,兼给宝镪五千。是月二十五日葬于州南六七里屯坐子向午,兼壬丙口分"。参见杨立志《明代帝王与武当道教管理》,《道教杂志》2006年第1期。

尚膳监太监徐伯华〔? —成化二十年(1484)〕

《大明尚膳监太监徐公(伯华)墓志铭》,成化二十年葬,梁储撰,王鏊书,谢迁篆。1962年北京复兴门外南礼士路出土,见《北京市出土墓志目录》第12页。

南京守备司礼监太监郑强*〔正统六年(1441)—正德三年(1508)〕

志石现藏南京博物院,可参看龚巨平、葛鹏云《南京明代外承恩寺与外永宁寺考略》,《江苏地方志》2011 年第 2 期。

蜀王府典服正魏本〔正统十年(1445)—正德五年(1510)〕

志主为蜀府典服所典服正魏本,字存敬,享年六十六岁。见四川省文物管理委员会《成都白马寺第六号明墓清理简报》,《文物参考资料》1956 年第 10 期。

御马监太监魏钦〔? —正德七年(1512)〕

《明故御马监太监魏公(钦)墓志铭》,正德七年(1512)葬,贾铭撰,张师明书,傅亨篆。1956 年北京海淀蔡公庄出土,见《北京市出土墓志目录》第 16 页。

蜀王府门副刘四汉〔成化元年(1465)—嘉靖十六年(1537)〕

见江学礼《成都梁家巷发现明墓》,《考古》1959 年第 8 期

蜀王府典宝正刘镗〔弘治二年(1489)—嘉靖二十七年(1548)〕

蜀王府承奉正宁仪〔成化十九年(1483)—嘉靖三十四年(1555)〕

《皇明蜀藩典宝正远峰刘公(镗)墓志铭》、《皇明敕赐飞鱼品服蜀藩承奉司掌印承奉正菊东宁公(仪)墓志铭》,以上两志 1958 年同时出土于四川华阳桂溪乡,见唐淑琼、任锡光《四川华阳明太监墓清理简报》,《考古通讯》1957 年第 3 期

内官监太监郑时〔? —嘉靖三十四年(1555)〕

《明故内官监太监郑公(时)墓志铭》,嘉靖三十四年(1555)葬,唐臣撰,阮高书,杜承宗篆。1963 年北京海淀区罗道庄普惠寺出土,见《北京市出土墓志目录》第 26 页。

御马监总理太监张赟〔? —万历三十六年(1608)〕

《皇明御马监总理太监玉桥张公(赟)墓志铭》,万历三十六年(1608)葬,陈遇文撰。1958 年北京市海淀区魏公村出土,见《北京市出土墓志目录》第 33 页。

御马监太监李公(不详)

1955 年北京海淀区万寿路出土,见《北京市出土墓志目录》第 37 页。

附录二　征引文献

一、典籍

明代

《北窗琐语》,余永麟撰,文渊阁《四库全书》本

《大明律》,怀效锋点校,法律出版社,1999 年

《大明律集解附例》,台湾学生书局,1970 年

《东里文集》,杨士奇撰,刘伯涵、朱海点校,中华书局,1998 年

《对山集》,康海撰,文渊阁《四库全书》本

《澹园集》,焦竑撰,李剑雄点校,中华书局,1999 年

《奉天靖难记》,佚名撰,《国朝典故》本,北京大学出版社,1993 年

《复斋日记》,许浩撰,《涵芬楼秘笈》,商务印书馆,1916 年

《高皇帝御制文集》,嘉靖十四年刻本(参《全明文》第一册《朱元璋文》,钱伯城等主编,上海古籍出版社,1992 年)

《古今识鉴》,袁忠彻撰,嘉靖六年刻本

《古穰集》,李贤撰,文渊阁《四库全书》本

《国朝典故》,邓士龙辑,许大龄、王天有主点校,北京大学出版社,1993 年

《国朝献征录》,焦竑编,上海书店出版社,1986 年

《国琛集》,唐枢撰,文渊阁《四库全书》本

《国史唯疑》,黄景昉撰,陈士楷、熊德基点校,上海古籍出版社,2002 年

《圭峰集》,罗玘撰,文渊阁《四库全书》本

《鸿猷录》,高岱撰,上海古籍出版社,1992 年

《篁墩文集》,程敏政撰,文渊阁《四库全书》本

《皇明纪略》,皇甫录撰,丛书集成初编本

《皇明名臣经济录》,黄训编,文渊阁《四库全书》本

《皇明象胥录》,茅瑞徵撰,《国立北平图书馆善本丛书》,商务印书馆,1937 年

《皇明制书》,《北京图书馆古籍珍本丛刊》,第46册,北京图书馆出版社,2000年

《皇明祖训录》,朱元璋撰,收入张德信、毛佩琦主编《洪武御制全书》,黄山书社,1995年

《皇明祖训》,朱元璋撰,国家图书馆藏洪武礼部刻本,《四库全书存目丛书》史部264,齐鲁书社,1996年。点校本亦见《洪武御制全书》

《辑校万历起居注》,天津古籍出版社,2010年

《纪事录》(又名《明兴野记》),俞本撰,张大同删定,全文见陈学霖《史林漫识》之附录三,中国友谊出版公司,2001年

《姜氏秘史》,姜清撰,《中国野史集成》第23册,道光刻五卷本附校勘记一卷,巴蜀书社影印,1993年

《戒庵老人漫笔》,李诩撰,中华书局,1984年

《金陵梵刹志》,葛寅亮编撰,何孝荣点校,天津人民出版社,2007年

《景德镇陶录》,蓝浦撰,傅振伦《〈景德镇陶录〉详注》本,书目文献出版社,1993年

《客座赘语》,顾起元撰,中华书局,1987年

《空同集》,李梦阳撰,《明代论著丛刊》,台北伟文图书出版社,1976年

《类博稿》,岳正撰,文渊阁《四库全书》本

《利玛窦中国札记》,利玛窦、金尼阁撰,何高济等译,何兆武校,中华书局,1983年

《立斋闲录》,宋端仪撰,《国朝典故》本

《两朝从信录》,沈国元撰,《续修四库全书》史部编年类,第356册,上海古籍出版社,2000年

《留青日札》,田艺衡撰,中华书局,1985年

《明经世文编》,陈子龙等选辑录,中华书局,1962年

《明实录》,台北"中研院"史语所校印本,1962年

《明太祖〈逆臣录〉》,朱元璋敕修,王天有、张何清点校,北京大学出版社,1991年

《七修类稿》,郎瑛撰,上海书店出版社,2001年

《前鉴录》,谢蕡辑,《国朝典故》本

《前闻记》，祝允明撰，《国朝典故》本

《清河书画舫》，张丑撰，文渊阁《四库全书》本

《日本一鉴》，郑舜功撰，1939 年据旧抄本影印

《三垣笔记》，李清撰，顾思点校，中华书局，1982 年

《始丰稿》，徐一夔撰，文渊阁《四库全书》本

《殊域周咨录》，严从简撰，余思黎点校，中华书局，1993 年

《四友斋丛说》，何良俊撰，中华书局，1959 年

《菽园杂记》，陆容撰，中华书局，1985 年

《双槐岁钞》，黄瑜撰，中华书局，1999 年

《水东日记》，叶盛撰，中华书局，1980 年

《思复堂文集》，邵廷采撰，浙江古籍出版社，1987 年

《太祖皇帝钦录》，朱元璋撰

《天问阁文集》，李长祥撰，《求恕斋丛书》本

《吴都文粹续集》，钱谷编，文渊阁《四库全书》本

《万历明会典》，中华书局排印本，1988 年

《万历野获编》，沈德符撰，中华书局，1959 年

《宛署杂记》，沈榜撰，北京古籍出版社，1983 年

《王琼集》，王琼撰，单锦珩辑校，山西人民出版社，1991 年

《王文恪公笔记》，王鏊撰，《国朝典故》本

《文宪集》，宋濂撰，文渊阁《四库全书》本

《西洋朝贡典录》，黄省曾撰，谢方校注，中华书局，2000 年

《西洋番国志》，巩珍撰，向达校注，《中外交通史籍丛刊》，中华书局，2000 年

《宪章类编》，劳堪编撰，《北京图书馆古籍珍本丛刊》史部政书类，第 46 册，北京图书馆出版社，2000 年

《襄毅文集》，韩雍撰，文渊阁《四库全书》本

《星槎胜览校注》，费信著，冯承钧注，中华书局，1954 年

《燕对录》，李东阳撰，《国朝典故》本

《俨山集》，陆深撰，上海古籍出版社，1993 年

《弇山堂别集》，王世贞撰，中华书局，1985 年

《弇州四部稿》，王世贞撰，文渊阁《四库全书》本

《杨文忠公三录》，杨廷和撰，文渊阁《四库全书》本

《杨一清集》，杨一清撰，唐景绅、谢玉杰点校，中华书局，2001年

《野记》，祝允明撰，《国朝典故》本

《瀛涯胜览校注》，马欢著，冯承钧注，中华书局，1955年

《涌幢小品》，朱国桢撰，文化艺术出版社，1998年

《玉光剑气集》，张怡撰，中华书局，2006年

《玉堂丛语》，焦竑撰，中华书局，1981年

《玉堂荟记》，杨士聪撰，台北伟文图书出版社，1977年

《湛甘泉先生文集》，湛若水撰，《四库全书存目丛书》集部第56册，齐鲁书社，1997年

《张太岳集》，张居正撰，上海古籍出版社影印，1984年

《震泽长语》，王鏊撰，《丛书集成初编》，王云五主编，商务印书馆，1937年

《真迹日录》，张丑撰，文渊阁《四库全书》本

《治世余闻·继世纪闻》，陈洪谟撰，中华书局，1985年

《中官考》，王世贞撰，氏著《弇山堂别集》及《弇州史料前集》均有收载

《濯缨亭笔记》，戴冠撰，《明刻本史料二种要录》，载王春瑜主编《明史论丛》，中国社科出版社，1997年

《酌中志》，刘若愚撰，北京古籍出版社，1994年

《资治通鉴纲目集说》，扶安辑，晏宏校补，哈佛燕京图书馆藏嘉靖晏宏刻本

清代

《昌平山水记》，顾炎武撰，北京出版社，1962年

《崇祯长编》二种，一种为清人汪楫编，六十六卷，纪事起天启七年八月，讫崇祯五年十二月，史语所据所藏钞本影印；一种作者佚名，二卷，分别纪崇祯十六年十月至十二月，及十七年正月至三月事，史语所据民国三年商务印书馆"痛史"本影印。两种均附于校印本《明实录》。

《春明梦余录》，孙承泽撰，王剑英点校，北京古籍出版社，1992年

《东华录》，蒋良骐编，中华书局，1980年

《国朝宫史》，鄂尔泰、张廷玉等编纂，北京古籍出版社，1994 年

《国榷》，谈迁撰，中华书局，1958 年

《弘光实录钞》，古藏室史臣编，中国历史研究社编《中国历史研究资料丛书》，据神州国光社 1951 年版复印，上海书店，1982 年

《湖北通志检存稿》，章学诚纂，《湖北地方古籍文献丛书》，湖北教育出版社，2002 年

《甲申传信录》，钱𫗴撰，《中国历史研究资料丛书》，上海书店，1982 年

《静志居诗话》，朱彝尊撰，人民文学出版社，1990 年

《爝火录》，李天根辑，《台湾文献丛刊》第 177 种，台湾银行经济研究室，1957 年版

《列朝诗集小传》，钱谦益撰，上海古籍出版社，2008 年

《启祯两朝剥复录》，吴应箕撰，清刻《荆驼逸史》本

《钦定四库全书总目(整理本)》，中华书局，1997 年

《青燐屑》，应廷吉撰，《台湾文献丛刊》第 240 种(该本附冯梦龙原本，莫釐山人增补《燕都日记》)

《清世祖实录》，中华书局影印本，1985 年

《清圣祖实录》，中华书局影印本，1985 年

《清高宗实录》，中华书局影印本，1985 年

《名臣经济录》，文渊阁《四库全书》本

《明季北略》，计六奇撰，魏得良、任道斌点校，中华书局，1984 年

《明季南略》，计六奇撰，任道斌、魏得良点校，中华书局，1984 年

《明书》，傅维鳞纂，《中国野史集成》本，第 19—21 册，巴蜀书社，2000 年

《明书》(即《罪惟录》)，查继佐撰，刘天路、倪志云点校，《二十五别史》本，齐鲁书社，1998 年

《明史》，张廷玉等修，中华书局点校本，1974 年

《明史稿》，王鸿绪纂，台湾文海出版社影印清敬慎堂刊本

《明通鉴》，夏燮撰，中华书局，1959 年

《明夷待访录》，黄宗羲撰，《丛书集成初编》本

《圣安本纪》，顾炎武撰，《明季稗史初编》卷九，《万有文库》本，商务印

书馆排印

《天下郡国利病书》，顾炎武撰，《续修四库全书》史部地理类，第595册

《枣林杂俎》，谈迁撰，罗仲辉等点校，中华书局，2006年

《日下旧闻考》，于敏中撰，北京古籍出版社，1985年

《御批历代通鉴辑览》，文渊阁《四库全书》本

《古今图书集成》，据雍正铜活字本影印，齐鲁书社，2006年

民国

《骨董琐记》，邓之诚编，邓珂增订、点校，中国书店，1991年

《金陵古迹名胜影集》，朱偰撰，中华书局，2006年

《金陵大报恩寺塔志》，张惠衣撰，杨献文点校，《南京稀见文献丛刊》，南京出版社，2007年

《历代符牌图录》，罗振玉编辑，中国书店，1998年

《郑和家谱考释》，李士厚著，1937年自刊本

朝鲜

《高丽史》，郑麟趾撰，朝鲜民主主义人民共和国科学院，1958年

《李氏王朝实录》(含《燕山君日记》、《光海君日记》)，首尔韩国国史编纂委员会影印本，1957年(朝鲜实录中的中国史料钞，见吴晗辑《朝鲜李朝实录中的中国史料》，中华书局，1980年)

二、地方志

明代

《云南图经志书》，陈文等纂修，北京图书馆藏明景泰刻本影印，《续修四库全书》史部地理类，第681册，上海古籍出版社，2002年

《八闽通志》，黄仲昭纂，弘治四年刻本，《北京图书馆古籍珍本丛刊》，书目文献出版社，1998年

《贵州图经新志》，沈庠、赵瓒等纂修，北京图书馆藏明弘治刻本，《四库全书存目丛书》史部地理类，第199册，齐鲁书社，1986年

《大同府志》，张钦纂修，湖南图书馆藏明正德刻，嘉靖增修本，《四库全书存目丛书》史部地理类，第186册，齐鲁书社，1986年

《湖广图经志书》，薛刚纂修，吴廷举续修，嘉靖元年刻本，《日本藏中国罕见地方志丛刊》，书目文献出版社，1990 年

《广西通志》，林富、黄佐纂修，嘉靖十年刊本，《北京图书馆古籍珍本丛刊》，书目文献出版社，1998 年

《广东通志初稿》，戴璟、张岳等纂修，北京图书馆藏嘉靖十四年刻本，《四库全书存目丛书》史部地理类，第 189 册，齐鲁书社，1996 年

《辽东志》，毕恭等修，任洛等重修，据天津图书馆藏明嘉靖十六年刻本影印，《续修四库全书》史部地理类，第 646 册，上海古籍出版社，2002 年

《山海关志》，詹荣纂修，据北京图书馆藏嘉靖十四年葛守礼刻本影印，《续修四库全书》史部地理类，第 718 册，上海古籍出版社，2002 年

《嘉靖宁夏新志》，胡汝励纂修，管律重修，宁夏人民出版社，1982 年

《陕西通志》，赵廷瑞修，马理、吕柟纂，嘉靖二十一年刊本，《华东师范大学图书馆藏稀见方志丛刊》，北京图书馆出版社，2005 年

《全辽志》，李辅等修，嘉靖四十四年刻本，《辽海丛书》，辽沈书社，1984 年

《南畿志》，闻人诠、陈新纂修，嘉靖刊本，《北京图书馆古籍珍本丛刊》，书目文献出版社，1998 年

《江西通志》，林庭棉、周广纂修，江西省图书馆藏明嘉靖刻本，《四库全书存目丛书》史部地理类，第 182 册，齐鲁书社，1996 年

《四镇三关志》，刘效祖纂修，北京图书馆藏万历四年刻本

《苍梧总督军门志》，应槚初辑，凌云翼嗣作，刘尧诲重修，万历九年刻本，全国图书馆文献缩微复制中心，1991 年

《河州志》，《中国方志丛书》，万历，第 641 号，成文出版社，1967 年

《承天府志》，孙文龙纂，万历三十年刻本，《日本藏中国罕见地方志丛刊》，书目文献出版社，1990 年

《广东通志》，郭棐纂修，日本内阁文库藏明万历三十年刻本，《四库全书存目丛书》史部，第 197 册

《重修居庸关志》，张绍魁修纂，万历四十年抄本，《中国方志丛书》“塞北地方”，第 31 号，成文出版社，1968 年

《福州府志》，喻政修，万历四十一年刻本，福州市地方志编案委员会

整理，海风出版社，2001年

《闽都记》，王应山纂修，万历间修，道光十年重刊，《中国方志丛书》，第71号，成文出版社，1967年

《湖广总志》，徐学谟纂修，福建省图书馆藏明万历刻本，《四库全书存目丛书》史部，第194—195册

《敕建大岳太和山志》，任自垣纂修，宣德六年刻本

《太岳太和山志》，凌云翼修，卢重华纂，隆庆六年刻本。以上两志皆见杨立志点校《明代武当山志二种》，湖北人民出版社，1999年

《滇志》，刘文徵纂修，天启刻本，据北京大学图书馆藏清抄本影印，《续修四库全书》，第682册

清代

《永平府志》，宋琬纂修，张朝琮续修，北京大学图书馆藏康熙五十年刻本，《四库全书存目丛书》史部，第213册，齐鲁书社，1997年

《龙门县志》，章焞纂修，康熙五十一年刊本，《中国方志丛书》"塞北地方"，第33号，成文出版社，1969年

《云南通志》，范承勋、吴自肃等纂修，康熙刊本，《北京图书馆古籍珍本丛刊》，书目文献出版社，1998年

《福州府志》，徐景熹修，鲁曾煜等纂，乾隆十九年刊本，《中国方志丛书》，第72号，成文出版社，1967年

《甘州府志》，钟庚起纂修，乾隆四十四年刊本，《中国方志丛书》，第561号，成文出版社，1976年(该书有校注版《甘州府志校注》，张志纯等校注，甘肃文化出版社，2008年)

《顺德县志》，郭汝诚修，冯奉初等纂，咸丰三年刊本，《中国方志丛书》"华南地方"，第187号

《同治上江两县志》，莫祥芝、汪士铎等纂修，《中国地方志集成》，江苏古籍出版社，1991年

《深州风土记》，《中国地方志集成》，凤凰出版社，2006年

《番禺县志》，李福泰修，史澄等纂，据同治十年刊本影印，《中国方志丛书》，第48号，成文出版社，1967年

《梧州府志》，吴九龄修，史鸣皋等纂，同治十二年刊本，《中国方志丛

书》,119号,成文出版社,1961年

《蔚州志》,庆之金、杨笃等纂修,光绪三年刊本,《中国方志丛书》"塞北地方",第29号,成文出版社,1968年

《广州府志》,瑞麟、戴肇辰等修,史澄等纂,光绪五年刊本,《中国方志丛书》"华南地方",第1号,成文出版社,1966年

《怀来县志》,朱乃恭修,席之瓒纂,光绪八年刊本,《中国方志丛书》"塞北地方",第24号,成文出版社,1969年

《永昌府志》,刘毓珂等纂修,光绪十一年刊本,《中国方志丛书》,第28号,成文出版社,1967年

《腾越厅志》,陈宗梅修,赵端礼纂,光绪十三年刊本,《中国方志丛书》,第42号,成文出版社,1967年

《滇系》,师范纂,嘉庆十三年修,光绪十三年重修本,《中国方志丛书》,第139号,成文出版社,1967年

《腾越州志》,屠述濂纂修,光绪二十三年重刊本,《中国方志丛书》,第41号,成文出版社,1967年

《均州志(校注本)》(该书收有党居易纂康熙十二年《均州志》及光绪十年马应龙等纂修《续辑均州志》两书),长江出版社,2011年

民国

《密云县志》,臧理臣等修,宗庆煦等纂,民国三年铅印本影印,《中国地方志丛书》"华北地方",第139号,成文出版社,1968年

《雄县新志》,秦廷秀等修,刘崇本等纂,民国十八年铅印本,《中国方志丛书》"华北地方",第218号,成文出版社,1969年

《高阳县志》,李大本等修,李晓泠等纂,民国二十年铅印本,《中国方志丛书》"华北地方",第157号,成文出版社,1968年

《三台县志》,林志茂、谢勷纂修,民国二十年铅印本,江苏古籍出版社等,《中国地方志集成》影印,1990年

《沧县志》,张坪等纂修,民国二十二年铅印本影印,《中国方志丛书》"华北地方",143号,成文出版社,1968年

《霸县新志》,刘廷昌等修,刘崇本等纂,民国二十三年铅印本,《中国方志丛书》"华北地方",第134号,成文出版社,1968年

《东安县志》，李光照纂修，民国二十四年铅印本，《中国方志丛书》“华北地方”，第 130 号，成文出版社

《新城县志》，侯安澜等修，王树枏纂，民国二十四年铅印本，《中国方志丛书》“华北地方”，第 152 号，成文出版社，1968 年

《香河县志》，王葆安等修，马文焕等纂，民国二十五年铅印本影印，《中国方志丛书》“华北地方”，第 131 号，成文出版社，1968 年

三、石刻史料

《北京市出土墓志目录》，北京市文物工作队，1964 年

《明清进士题名碑录索引》，朱保炯、谢沛霖编，上海古籍出版社，1980 年

《北京图书馆藏历代石刻拓本汇编》，北京图书馆金石组编，中州古籍出版社，1991 年

《1949—1989 四十年出土墓志目录》，荣丽华编集，王世民校订，中华书局，1993 年

《明代宦官碑传录》，赵令扬审订，梁绍杰辑录，香港大学中文系，1997 年

《新中国出土墓志·陕西》，中国文物研究所、陕西省古籍整理办公室编，文物出版社，2000 年

《新中国出土墓志·北京》，中国文物研究所、北京石刻艺术博物馆编，文物出版社，2003 年

《北京石景山区历代碑志选》，同心出版社，2003 年

《成都考古发现(2003)》，成都市文物考古研究所编，科学出版社，2005 年

《新中国出土墓志·河北》，中国文物研究所、河北省文物研究所编，文物出版社，2004 年

《北京工商大学明代太监墓》，北京市文物研究所，知识产权出版社，2005 年

《沧州出土墓志》，沧州市文物局编，科学出版社，2007 年

《云居寺贞石录》，北京云居寺文物管理处编，燕山出版社，2008 年

《成都考古发现(2006)》,成都市文物考古研究所编,科学出版社,2008年

《成都考古发现(2007)》,成都市文物考古研究所编,科学出版社,2010年

四、当代编著

《明代奴儿干都司及其卫所研究》,杨旸主编,袁闾琨、付朗云编著,中州书画社,1982年

《郑和史迹文物选》,中国航海史研究会编,人民交通出版社,1985年

《郑和研究资料选编》,中国航海史研究会编,人民交通出版社,1985年

《明史研究论丛》第3辑,中国社科院历史所明史室编,江苏古籍出版社,1985年

《郑和下西洋资料汇编》,郑鹤声、郑一钧编,齐鲁书社,1989年

《古剌桐港》,庄为玑,厦门大学出版社,1989年

《武当道教史略》,王光德、杨立志,华文出版社,1993年

《魏忠贤专权研究》,苗棣,中国社会科学出版社,1994年

《明代二十四衙门宦官与北京佛教》,陈玉女,台湾如闻出版社,2001年

《郑和研究百年论文选》,王天有、万明,北京大学出版社,2003年